2026 대비 최신개정판

1위 해커스

주간동아 2024 한국고객만족도 교육(온·오프라인 취업) 1위

해커스 민간경력자 PSAT 15개년 기출문제집

5·7급 공무원(공채, 민경채) | 국회직 8급 | 공기업 NCS 대비

JN341376

1권 2025~2020년 기출문제

김소원, 복지훈, 최수지, 해커스 PSAT연구소 공저

베스트셀러

무료 바로 채점 및 성적 분석 서비스
해커스잡 ejob.Hackers.com

해커스잡 | ejob.Hackers.com

· 본 교재 인강(할인쿠폰 수록)
· PSAT 최신 기출 해설강의

특별제공
· PSAT 영역별 핵심 이론 노트
· 5급 기출 재구성 모의고사

교보문고 취업/수험서 베스트셀러 공직적성검사(PSAT) 분야(2025.09.02. 온라인 주간 베스트 기준)

공기업 합격을 위한
추가혜택

PSAT 최신 1개년
기출 해설강의 수강권

KK02D0D8K70K9000

이용방법 해커스잡 사이트(ejob.Hackers.com) 접속 후 로그인 ▶
사이트 메인 우측 상단 [나의 정보] 클릭 ▶
[나의 쿠폰 - 쿠폰/수강권 등록]에 위 쿠폰번호 입력 ▶ [마이클래스 - 일반 강좌]에서 수강 가능

* 쿠폰 유효기간: 2026년 12월 31일까지(ID당 1회에 한해 등록 가능)
* 쿠폰 등록 시점부터 30일간 수강 가능합니다.

본 교재 인강
30% 할인쿠폰

K208D0D7K50BK000

이용방법 해커스잡 사이트(ejob.Hackers.com) 접속 후 로그인▶
사이트 메인 우측 상단 [나의 정보] 클릭 ▶
[나의 쿠폰 - 쿠폰/수강권 등록]에 위 쿠폰번호 입력 후 강의 결제 시 사용

* 쿠폰 유효기간: 2026년 12월 31일까지(ID당 1회에 한해 등록 가능)
* 본 교재 인강 외 이벤트 강의 및 프로모션 강의에는 적용 불가, 쿠폰 중복 할인 불가합니다.

PSAT 영역별 핵심 이론 노트
(PDF)

실력 점프를 위한
5급 기출 재구성 모의고사(PDF)

RKA5A3E52MHNR8SH

이용방법 해커스잡 사이트(ejob.Hackers.com) 접속 후 로그인 ▶ 사이트 메인 중앙 [교재정보 - 교재 무료자료] 클릭 ▶
교재 확인 후 이용하길 원하는 무료자료의 [다운로드] 버튼 클릭 ▶ 위 쿠폰번호 입력 후 다운로드

* 쿠폰 유효기간: 2026년 12월 31일까지

FREE

무료 바로 채점 및 성적 분석 서비스

이용방법 해커스잡 사이트(ejob.Hackers.com) 접속 후 로그인 ▶
사이트 메인 상단 [교재정보 - 교재 채점 서비스] 클릭 ▶교재 확인 후 채점하기 버튼 클릭

* 사용 기간: 2026년 12월 31일까지(ID당 1회에 한해 이용 가능)

▲ 바로 이용

해커스ONE 시험 시간 타이머 어플

이용방법 해커스ONE 접속 ▶ 관심학습과정 [공기업취업]으로 선택 ▶ 무료학습 ▶ 학습타이머 ▶
본 교재 선택 후 이용 가능

* 사용 기간: 2026년 12월 31일까지(ID당 1회에 한해 이용 가능)

▲ 해커스ONE 앱 다운받기

* 이 외 쿠폰 관련 문의는 해커스 고객센터(02-537-5000)로 연락 바랍니다.

해커스

민간경력자

PSAT

15개년 기출문제집

1권 2025~2020년 기출문제

해커스

이 책에 참여한 해커스 PSAT 스타강사군단

김소원

이력
- (현) 해커스잡 민간경력자 PSAT 전임강사
- (현) 해커스잡 NCS 직업기초능력 및 직무적성능력 전임강사
- 공공기관 채용정보 박람회 NCS 직업기초능력 초빙강사 (2025, 2024, 2023, 2022, 2021, 2019, 2017, 2016, 2015)
- 금융권 공동취업박람회 초빙강사(2025, 2024, 2023, 2022)
- 충청도, 경상북도, 전라남도 주관 취업박람회 초빙강사
- 국민체육진흥공단, 양천구청 등 지자체/공기업 특강
- 한국직업방송 투데이잡스 취업 전문 컨설턴트 출연
- 성균관대, 이화여대, 경희대, 전북대, 전남대 외 40여 개 대학 및 고등학교 NCS 직업기초능력 특강 진행
- 서울대, 동국대, 성신여대 외 30여 개 대학 직무적성검사 강의 진행

저서
- 해커스공기업 NCS 통합 봉투모의고사 모듈형/피듈형/PSAT형+전공
- 단기 합격 해커스공기업 NCS 통합 기본서
- 해커스 민간경력자 PSAT 15개년 기출문제집
- 해커스 NCS&인적성 응용수리 500제
- 해커스공기업 PSAT 기출로 끝내는 NCS 수리·자료해석 집중 공략

복지훈

이력
- (현) 해커스잡 민간경력자 PSAT 전임강사
- (현) 해커스잡 NCS 직업기초능력 및 직무적성능력 전임강사
- 공공기관 채용정보 박람회 NCS 직업기초능력 초빙강사 (2025, 2024, 2023, 2022, 2021, 2017)
- 금융권 공동 채용박람회 NCS 직업기초능력 강의 진행(2024, 2023, 2022)
- 중앙대, 한양대, 전남대 등 다수 대학 PSAT, LEET 강의 진행
- 이화여대, 동국대, 성균관대, 전북대 등 전국 30여 개 대학 직무적성검사 강의 진행
- 서울대, 카이스트, 성균관대, 서강대 등 전국 30여 개 대학 강의 진행

저서
- 해커스공기업 NCS 통합 봉투모의고사 모듈형/피듈형/PSAT형+전공
- 단기 합격 해커스공기업 NCS 통합 기본서
- 해커스 민간경력자 PSAT 15개년 기출문제집
- 해커스공기업 PSAT 기출로 끝내는 NCS 문제해결·자원관리 집중 공략

최수지

이력
- (현) 해커스잡 민간경력자 PSAT 전임강사
- (현) 해커스잡 자소서 전임강사
- (현) 해커스잡 직무적성/NCS 전임강사
- (현) 해커스자격증 KBS한국어능력시험 전임강사
- 공공기관 채용정보 박람회 초빙강사(2025, 2024, 2023, 2022, 2017)
- 성균관대, 한국기술교육대, 이화여대 등 전국 30여 개 대학 취업 특강 진행
- 동구마케팅고등학교, 서울여자상업고등학교 등 고등학교 취업 특강 진행

저서
- 해커스공기업 NCS 통합 봉투모의고사 모듈형/피듈형/PSAT형+전공
- 단기 합격 해커스공기업 NCS 통합 기본서
- 한달합격 해커스독학사 1단계 국어 최신기출 이론+문제
- 해커스 민간경력자 PSAT 15개년 기출문제집
- 해커스 공기업 논술
- 해커스 KBS 한국어능력시험 최수지 어휘·어법 핵심노트

서문

민간경력자 PSAT 어떻게 대비해야 하나요?

수업을 하다 보면 수험생들이 많은 질문을 합니다.

민간경력자 채용 시험은 수험생이 업무와 시험 대비 공부를 병행하는 경우가 대부분입니다.
이에 따라 민간경력자 PSAT를 어떻게 효율적으로 대비해야 할지 갈피를 잡지 못하고 어려움을 겪는 수험생이 많습니다.

15개년 기출문제를 통해 효과적으로 실전에 대비할 수 있도록,
기출 유형 분석과 유형별 빠른 문제 풀이 전략으로 보다 빠르고 정확하게 문제를 풀 수 있도록,
본인의 약점을 확실히 파악하고 시험 전까지 완벽하게 극복할 수 있도록,

해커스는 수많은 고민을 거듭한 끝에
『해커스 민간경력자 PSAT 15개년 기출문제집』을 출간하게 되었습니다.

『해커스 민간경력자 PSAT 15개년 기출문제집』 교재는

01 2026년 민간경력자 PSAT에 대비할 수 있도록 2025~2011년에 출제된 모든 문제 유형을 철저히 분석하여 유형별 접근법을 확실하게 학습할 수 있습니다.

02 유형별 빠른 문제 풀이 전략과 PSAT 전문가의 Tip으로 기출 유형에 전략적으로 대비하고, 취약 유형 분석표를 통해 본인의 취약 유형을 파악하여 효율적으로 학습할 수 있습니다.

03 해커스잡 사이트(ejob.Hackers.com)에서 제공하는 PSAT 영역별 핵심 이론 노트로 PSAT에 자주 출제되는 이론과 개념을 확실하게 학습하고, 실력 점프를 위한 5급 기출 재구성 모의고사로 고난도 문제를 풀어보며 민간경력자 PSAT 고득점을 달성할 수 있습니다.

『해커스 민간경력자 PSAT 15개년 기출문제집』을 통해
민간경력자 채용에 대비하는 수험생 모두 합격의 기쁨을 누리시기 바랍니다.

김소원·복지훈·최수지·해커스 PSAT연구소

목차

1권 | 2025~2020년 기출문제

민간경력자 PSAT 고득점을 위한 이 책의 활용법
학습 타입별 맞춤 학습 플랜
민간경력자 채용 안내 및 Q&A
최신 PSAT 출제 경향 및 합격생의 대비법
수험생이 꼭 알아야 할 시험장 Tip
민간경력자 PSAT 기출유형공략

2025년 기출문제

언어논리 55
상황판단 69
자료해석 83

2024년 기출문제

언어논리 99
상황판단 113
자료해석 127

2023년 기출문제

언어논리 143
상황판단 157
자료해석 171

2022년 기출문제

언어논리 187
상황판단 201
자료해석 215

2021년 기출문제

언어논리 231
상황판단 245
자료해석 259

2020년 기출문제

언어논리 275
상황판단 289
자료해석 303

[부록]
OCR 답안지
[온라인 제공] 해커스잡 ejob.Hackers.com
PSAT 영역별 핵심 이론 노트 (PDF)
실력 점프를 위한 5급 기출 재구성 모의고사 (PDF)

2권 | 2019~2011년 기출문제

2019년 기출문제
언어논리
상황판단
자료해석
2018년 기출문제
언어논리
상황판단
자료해석
2017년 기출문제
언어논리
상황판단
자료해석
2016년 기출문제
언어논리
상황판단
자료해석
2015년 기출문제
언어논리
상황판단
자료해석
2014년 기출문제
언어논리
상황판단
자료해석
2013년 기출문제
언어논리
상황판단
자료해석
2012년 기출문제
언어논리
상황판단
자료해석
2011년 기출문제
언어논리
상황판단
자료해석

약점 보완 해설집

2025년 기출문제 취약 유형 분석표 & 정답·해설
2024년 기출문제 취약 유형 분석표 & 정답·해설
2023년 기출문제 취약 유형 분석표 & 정답·해설
2022년 기출문제 취약 유형 분석표 & 정답·해설
2021년 기출문제 취약 유형 분석표 & 정답·해설
2020년 기출문제 취약 유형 분석표 & 정답·해설
2019년 기출문제 취약 유형 분석표 & 정답·해설
2018년 기출문제 취약 유형 분석표 & 정답·해설
2017년 기출문제 취약 유형 분석표 & 정답·해설
2016년 기출문제 취약 유형 분석표 & 정답·해설
2015년 기출문제 취약 유형 분석표 & 정답·해설
2014년 기출문제 취약 유형 분석표 & 정답·해설
2013년 기출문제 취약 유형 분석표 & 정답·해설
2012년 기출문제 취약 유형 분석표 & 정답·해설
2011년 기출문제 취약 유형 분석표 & 정답·해설

민간경력자 PSAT 고득점을 위한 이 책의 활용법

1 기출 유형별 접근법을 숙지하여 효율적으로 학습한다!

· 기출유형공략으로 영역별 출제 경향을 확인하고, 영역별 대비 전략을 학습할 수 있습니다.

· 빠른 문제 풀이 전략과 PSAT 전문가의 Tip으로 유형별 학습법과 풀이법을 익힐 수 있습니다.

| 기출유형공략

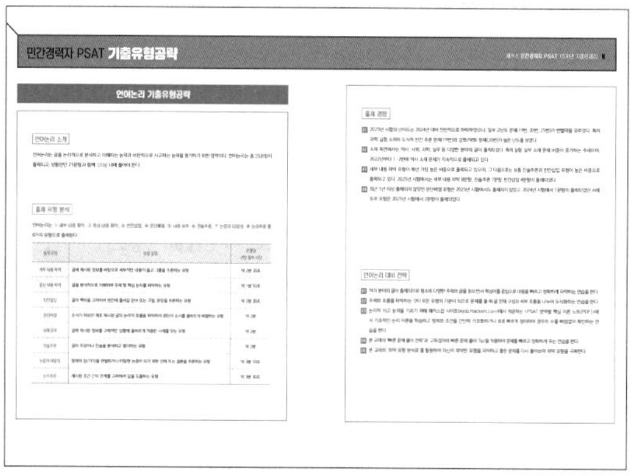

| 빠른 문제 풀이 전략 & PSAT 전문가의 Tip

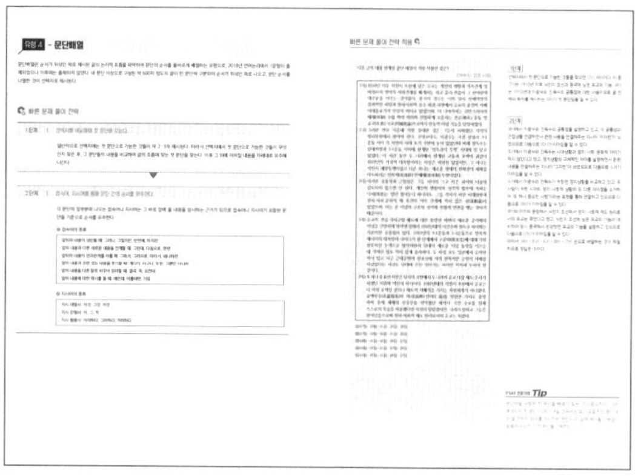

2 전 개년(15개년) 기출문제로 문제풀이 능력을 향상한다!

· 민간경력자 PSAT 기출문제 전 문항을 풀고 분석하면서 문제풀이 능력을 향상할 수 있습니다.

· OCR 답안지로 실제 시험처럼 마킹하며 문제를 풀어봄으로써 시간 관리 연습도 할 수 있습니다. 이때 해커스ONE 애플리케이션에서 제공하는 모바일 타이머를 활용하면 더욱 효과적으로 학습할 수 있습니다.

| 민간경력자 PSAT 기출문제

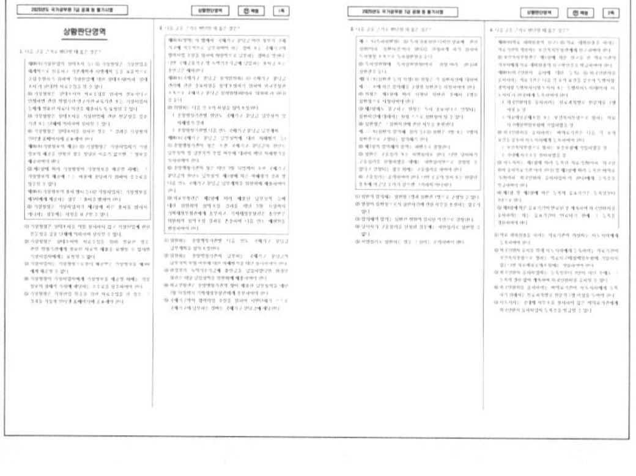

| OCR 답안지

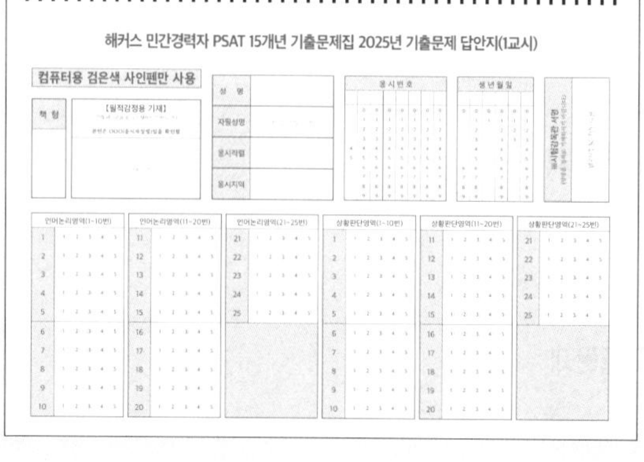

3 꼼꼼한 해설로 실력을 쌓고, 취약점은 극복한다!

· 바로 채점 및 성적 분석 서비스 QR코드와 취약 유형 분석표를 통해 자신의 실력을 점검하고, 취약한 부분에 대한 극복 방안을 수립할 수 있습니다.

· 모든 문제에 대해 상세하고 이해하기 쉬운 해설을 수록하여 꼼꼼히 학습할 수 있으며, 특히 고득점자의 빠른 문제 풀이 Tip을 통해 문제를 빠르고 정확하게 푸는 방법을 익힐 수 있습니다.

| 바로 채점 및 성적 분석 서비스 QR코드 & 취약 유형 분석표

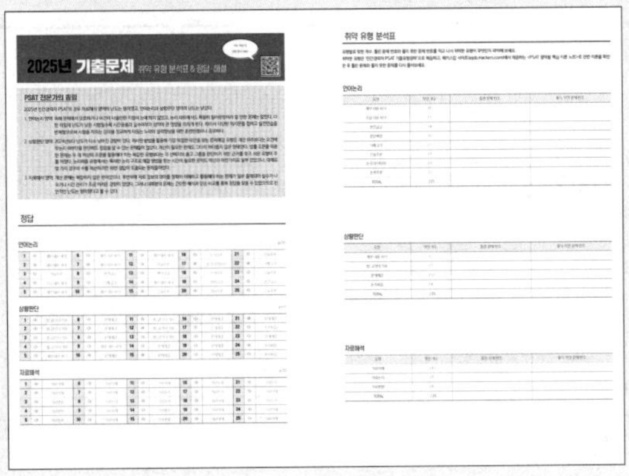

| 해설 & 고득점자의 빠른 문제 풀이 Tip

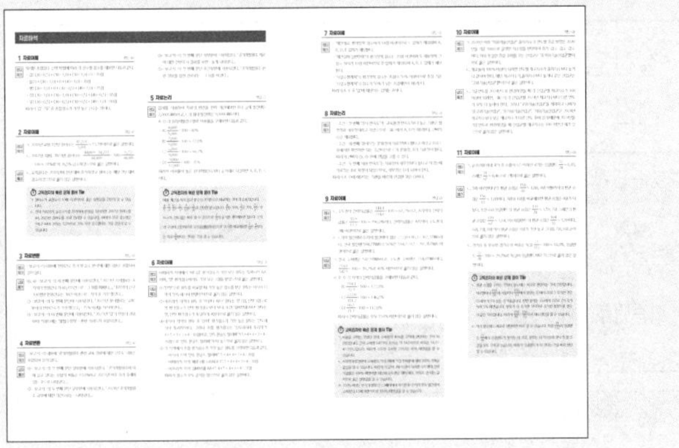

4 무료 자료를 활용하여 실전에 철저히 대비한다!

· PSAT 영역별 핵심 이론 노트는 PSAT 문제 풀이에 필수적으로 알아야 하는 이론 및 개념으로 구성되어, 노트로 기본기를 먼저 다진 다음 본 교재를 학습하거나, 본 교재 학습 후 노트로 기본기를 보완할 수 있습니다.

· 실력 점프를 위한 5급 기출 재구성 모의고사는 5급 PSAT 기출문제 중 민간경력자 PSAT 대비에 도움이 될 문제를 엄선하여 수록하여 고난도 문제를 위한 실력을 한층 더 업그레이드 할 수 있습니다.

| PSAT 영역별 핵심 이론 노트

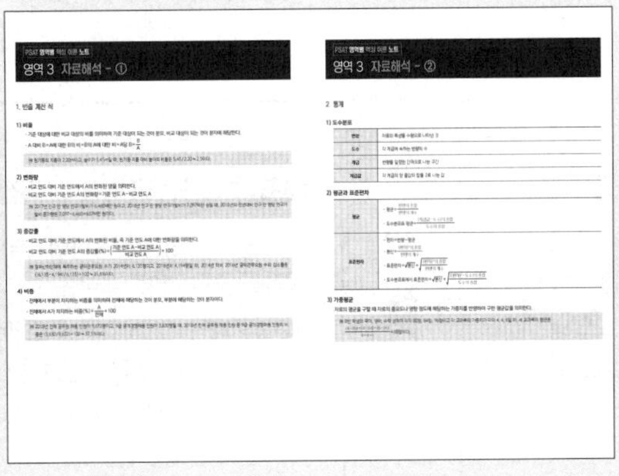

| 실력 점프를 위한 5급 기출 재구성 모의고사

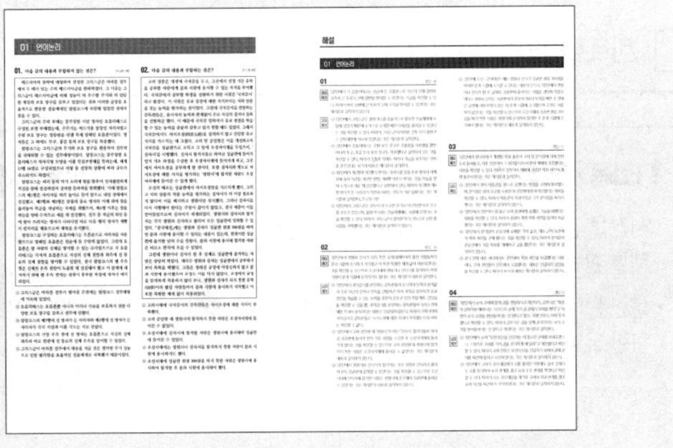

학습 타입별 맞춤 학습 플랜

자신의 타입에 맞는 학습 플랜을 선택하여 계획을 수립하고, 계획에 따라 그날에 해당하는 분량을 공부합니다.
여러 번 반복하여 학습하고 싶은 경우 아래의 회독별 학습 가이드를 참고하여 효과적으로 학습할 수 있습니다.

실전 집중 대비 학습 플랜

이런 분에게 추천합니다.

- 실전 감각을 높이고 싶은 분
- 시간이 부족하여 단기간에 PSAT를 대비해야 하는 분

학습 단계	유형 학습+실전 연습	실전 연습 >>				
날짜	___ 월 ___ 일	___ 월 ___ 일	___ 월 ___ 일	___ 월 ___ 일	___ 월 ___ 일	___ 월 ___ 일
학습내용	· 기출유형공략 학습 · 2025년 기출문제 풀이&복습	2024년 기출문제 풀이&복습	2023년 기출문제 풀이&복습	2022년 기출문제 풀이&복습	2021년 기출문제 풀이&복습	2020년 기출문제 풀이&복습

학습 단계	실전 연습					
날짜	___ 월 ___ 일	___ 월 ___ 일	___ 월 ___ 일	___ 월 ___ 일	___ 월 ___ 일	___ 월 ___ 일
학습내용	2019년 기출문제 풀이&복습	2018년 기출문제 풀이&복습	2017년 기출문제 풀이&복습	2016~2015년 기출문제 풀이&복습	2014~2013년 기출문제 풀이&복습	2012~2011년 기출문제 풀이&복습

* 심화학습을 원하실 경우 해커스잡 사이트(ejob.Hackers.com)에서 유료로 제공되는 본 교재 동영상강의를 수강하실 수 있습니다. (본 교재 내 할인쿠폰 수록)
* 영역별 핵심 이론과 개념에 대한 학습을 원하실 경우 해커스잡 사이트에서 무료로 제공되는 <PSAT 영역별 핵심 이론 노트(PDF)>를 이용하여 보충학습을 할 수 있으며, 보다 고난도 문제 풀이를 원하실 경우 해커스잡 사이트에서 무료로 제공되는 <실력 점프를 위한 5급 기출 재구성 모의고사(PDF)>를 이용하여 5급 기출문제까지 추가로 학습할 수 있습니다.

회독별 학습 가이드

1회독 취약점 파악
- 시간을 정해놓고 실전처럼 모든 영역의 문제를 한번에 푼다.
- 틀린 문제와 풀지 못한 문제를 확인하며 취약한 유형을 파악한다.

2회독 문제 풀이 전략 수립
- 제한 시간을 정해서 틀린 문제와 풀지 못한 문제를 다시 한번 풀어본다.
- 해설을 꼼꼼히 읽어 정답과 오답의 이유를 분석하고 더 빠르고 정확한 문제 풀이 전략을 정리한다.

3회독 취약점 극복 및 고득점 달성
- 문제 풀이 전략을 적용하여 취약한 유형의 문제를 중점적으로 풀어본다.
- <PSAT 영역별 핵심 이론 노트>로 영역별로 빈출되는 핵심 이론과 개념을 숙지한다.
- <실력 점프를 위한 5급 기출 재구성 모의고사>로 고난도 문제까지 풀어본다.

영역 중점 대비 학습 플랜

이런 분에게 추천합니다.

- 기초부터 탄탄하게 학습하고 싶은 분
- 영역별 집중 학습을 원하는 분

학습 단계	기초 학습	유형 학습+실전 연습			실전 연습 >>	
날짜	___월___일	___월___일	___월___일	___월___일	___월___일	___월___일
학습내용	PSAT 영역별 핵심 이론 노트(PDF) 학습	· 언어논리 기출유형 공략 학습 · 2025~2024년 언어논리 풀이&복습	· 상황판단 기출유형 공략 학습 · 2025~2024년 상황판단 풀이&복습	· 자료해석 기출유형 공략 학습 · 2025~2024년 자료해석 풀이&복습	2023~2022년 언어논리 풀이&복습	2023~2022년 상황판단 풀이&복습

학습 단계	실전 연습 >>					
날짜	___월___일	___월___일	___월___일	___월___일	___월___일	___월___일
학습내용	2023~2022년 자료해석 풀이&복습	2021~2020년 언어논리 풀이&복습	2021~2020년 상황판단 풀이&복습	2021~2020년 자료해석 풀이&복습	2019~2018년 언어논리 풀이&복습	2019~2018년 상황판단 풀이&복습

학습 단계	실전 연습 >>					
날짜	___월___일	___월___일	___월___일	___월___일	___월___일	___월___일
학습내용	2019~2018년 자료해석 풀이&복습	2017~2016년 언어논리 풀이&복습	2017~2016년 상황판단 풀이&복습	2017~2016년 자료해석 풀이&복습	2015~2014년 언어논리 풀이&복습	2015~2014년 상황판단 풀이&복습

학습 단계	실전 연습				최종 마무리	
날짜	___월___일	___월___일	___월___일	___월___일	___월___일	___월___일
학습내용	2015~2014년 자료해석 풀이&복습	2013~2011년 언어논리 풀이&복습	2013~2011년 상황판단 풀이&복습	2013~2011년 자료해석 풀이&복습	기출유형공략 및 기출문제 복습	· PSAT 영역별 핵심 이론 노트(PDF) 복습 · 5급 기출 재구성 모의고사 (PDF) 풀이&복습

* 심화학습을 원하실 경우 해커스잡 사이트(ejob.Hackers.com)에서 유료로 제공되는 본 교재 동영상강의를 수강하실 수 있습니다. (본 교재 내 할인쿠폰 수록)

* 영역별 핵심 이론과 개념에 대한 학습을 원하실 경우 해커스잡 사이트에서 무료로 제공되는 <PSAT 영역별 핵심 이론 노트(PDF)>를 이용하여 보충학습을 할 수 있으며, 보다 고난도 문제 풀이를 원하실 경우 해커스잡 사이트에서 무료로 제공되는 <실력 점프를 위한 5급 기출 재구성 모의고사(PDF)>를 이용하여 5급 기출문제까지 추가로 학습할 수 있습니다.

회독별 학습 가이드

1회독 취약점 파악
- 시간을 정해놓고 한 영역의 문제를 꼼꼼히 풀어본다.
- 어렵다고 느낀 문제를 확인하며 취약한 유형을 파악한다.

2회독 문제 풀이 전략 수립
- 해설을 꼼꼼히 읽어 정답과 오답의 이유를 분석한다.
- 취약한 유형의 문제를 여러 가지 방법으로 풀어보며 더 빠르고 정확한 문제 풀이 전략을 정리한다.

3회독 취약점 극복 및 고득점 달성
- 문제 풀이 전략을 적용하여 취약한 유형의 문제를 중점적으로 풀어본다.
- <PSAT 영역별 핵심 이론 노트>로 영역별로 빈출되는 핵심 이론과 개념을 복습한다.
- <실력 점프를 위한 5급 기출 재구성 모의고사>로 고난도 문제까지 풀어본다.

민간경력자 채용 안내 및 Q&A

1. 민간경력자 채용 소개

민간경력자 채용은 다양한 현장 경험과 전문성을 갖춘 민간전문가를 공직자로 선발하는 제도로, 정부는 민간경력자 채용을 통해 공직사회 개방을 촉진하고 현장의 경험을 정책에 접목하여 공직의 전문성과 경쟁력을 높이기 위해 해당 제도를 운영하고 있습니다.

공개경쟁 채용과의 차이점

공개경쟁 채용은 일반적으로 응시연령 외에 특별한 제한이 없고, 인사혁신처에서 시험을 주관합니다. 그러나 민간경력자 채용은 경력, 자격증, 학위 등 일정한 자격 요건이 있으며, 인사혁신처뿐 아니라 각 부처에서 임용을 담당하기도 합니다.

2. 민간경력자 채용 전형

1) 모집시기

시험 공고는 대체로 4월에 발표되며, 2달 간격으로 필기시험, 서류전형, 면접시험이 시행되고 최종합격자 발표는 12월에 이루어집니다.

2) 선발단계 및 평가내용

선발단계	적격성평가		면접시험
	1차 필기시험 (PSAT, 공직적격성평가)	2차 서류전형	
평가내용	기본 적격성 + 경력과 전문성 + 업무역량과 종합적 자질		

3. 민간경력자 채용 Q&A

민간경력자 채용을 준비하는 사람들이 가장 많이 물어보는 질문과 그에 대한 답변입니다.

Q: 시험 접수는 어디서 하나요?

A: 사이버국가고시센터(http://gosi.kr)에 가입한 후 응시원서를 접수할 수 있으며, 온라인 접수만 가능합니다.

Q: 민간경력자 일괄 채용 5급과 7급 시험에 동시에 지원할 수 있나요?

A: 민간경력자 일괄 채용 5급과 7급은 필기시험 날짜가 동일하므로 동시에 지원하는 것은 불가능합니다.

Q: 경력 • 학위 • 자격증 중 복수의 응시자격요건을 충족한다면 어떤 요건을 선택하는 것이 유리한가요?

A: 1개 이상의 응시자격요건을 충족한다면 어떤 요건을 선택하여 응시하든 유불리는 존재하지 않습니다. 다만 응시자가 선택한 요건이 충족되지 않는 경우, 나머지 선택하지 않은 요건이 충족된다고 해도 적격으로 평가될 수 없으므로 신중하게 선택해야 합니다.

Q: 7급공채, 5급공채, 입법고시 PSAT 기출문제로 민간경력자 PSAT를 학습해도 되나요?

A: 7급공채 및 민간경력자 PSAT는 2022년부터 시험 문제가 동일해졌고, 2021년 이전의 7급공채 및 민간경력자 PSAT는 문항 수 및 시험 시간이 동일하고 난이도도 서로 유사하므로 7급공채 PSAT 기출문제로 민간경력자 PSAT를 학습해도 좋습니다. 그러나 5급공채 및 입법고시 PSAT는 민간경력자 PSAT에 비해 난도가 높고 문항 수도 더 많습니다. 따라서 5급공채 및 입법고시 PSAT 기출문제를 참고한다면 난도가 높은 문제로 심화 학습을 하는 데 도움이 될 수는 있지만, 단기간에 민간경력자 PSAT를 효과적으로 대비하기 위해서는 민간경력자 PSAT 기출문제를 중심으로 학습하는 것이 가장 좋습니다.

Q: 실전 시험에서 계산기, 스톱워치, 귀마개 등을 사용할 수 있나요?

A: 실제 시험장에서 계산기를 비롯한 전자기기는 사용이 불가능합니다. 스톱워치와 귀마개의 경우 통신 기능이 장착된 제품이 아니라면 사용할 수 있으나, 시험 당일에 시험감독관에게 승인을 받아야 합니다.

Q: 민간경력자 PSAT를 독학으로 준비할 수 있나요?

A: 충분히 가능합니다. 본 교재를 통해 유형 학습을 철저히 하고, 실전 연습을 충분히 한다면 독학으로 준비할 수 있습니다.

최신 PSAT 출제 경향 및 합격생의 대비법

1. 최신 PSAT 출제 경향

최근 PSAT는 사고력과 논리력을 요구하는 문제가 많이 출제되고 있으며, 여러 자료를 종합적으로 분석하여 빠르고 정확하게 풀어야 하는 문제들의 출제 비중이 높아졌습니다. 5급공채 및 입법고시 PSAT의 경우, 민간경력자 PSAT보다 난도가 높으므로 해당 시험의 본격적인 학습에 앞서 민간경력자 PSAT로 기초 학습을 시작할 수 있습니다. 또한 2022년부터 민간경력자 PSAT와 7급공채 PSAT의 시험 문제가 완전히 동일해졌고, 2021년 이전에도 7급공채와 민간경력자 PSAT의 난이도가 유사하므로 민간경력자 PSAT를 학습하면 7급공채 PSAT도 대비할 수 있습니다.

1) 언어논리 영역

2025년 언어논리 시험은 난도가 낮게 출제되었습니다. 독해와 논리 파트 모두 모호한 지점이나 킬러문항이 없었고, 낮은 난도로 인해 시간관리와 실수 여부가 성적에 큰 영향을 미쳤습니다. 유형별로는 전년과 동일하게 세부 내용 파악이 가장 높은 비중을 차지했으며, 추론 유형의 비중은 전년 대비 감소했습니다.

2) 상황판단 영역

2025년 상황판단 시험도 난도가 낮았습니다. 문제해결 유형은 계산보다 요건 충족 여부 판단 문제가 많았으며, 계산 문제도 비교적 쉬웠습니다. 법·규정의 적용 유형은 단순 근거 찾기 위주로 출제되었고, 논리퍼즐 유형은 일부 시간이 필요한 문제도 있었으나 대체로 경우의 수 계산으로 해결 가능한 수준이었습니다. 유형별 출제 비중은 2024년 시험과 유사했습니다.

3) 자료해석 영역

2025년 자료해석 시험은 일부 문제를 제외하고는 전체적으로 평이한 난도로 출제되었습니다. 그러나 자료이해 유형에서 제시된 정보에 대해 정확한 이해가 필요한 문제가 출제되어 문제 풀이에 시간 관리가 필요한 시험이었습니다. 유형별 출제 비중은 2024년 시험과 비슷하였습니다.

[민간경력자/7급공채/5급공채/입법고시 PSAT 비교]

구분	민간경력자 PSAT	7급공채 PSAT	5급공채 PSAT	입법고시 PSAT
시험 구성	언어논리&상황판단 각 25문항/120분 자료해석 25문항/60분		언어논리 40문항/90분 자료해석 40문항/90분 상황판단 40문항/90분	언어논리 40문항/90분 자료해석 40문항/90분 상황판단 40문항/90분
시험 특징	전반적으로 지문의 길이가 길지 않으며, 계산 과정이 간단한 문제와 복잡한 문제가 유사한 비중으로 출제된다.		지문의 길이가 길고, 제시되는 자료와 계산 과정이 복잡한 문제가 출제된다.	PSAT 시험 중 지문의 길이가 가장 길다. 또한 자료의 수치가 크고 자료의 값을 정확하게 계산해야 하는 문제가 많이 출제된다.
난이도 비교	민간경력자 PSAT ≤ 7급공채 PSAT < 5급공채 PSAT < 입법고시 PSAT			

2. 합격생의 대비법

PSAT 합격생들의 PSAT 대비 방법과 이에 대한 PSAT 전문가의 조언입니다. 학습 시 참고하여 PSAT를 대비할 수 있도록 합니다.

PSAT를 준비할 때, 기출문제를 풀며 시간 관리 연습을 중점적으로 하였습니다.

PSAT는 난도에 따라 차이가 있으나 평균적으로 문항당 풀이 시간이 2~3분입니다. 실전에서는 문제를 푸는 시간뿐만 아니라 OCR 답안지에 답을 마킹하는 데 소요되는 시간도 고려해야 합니다. 따라서 문제를 풀 때는 항상 실전에 임한다는 자세로 시간을 재고 OCR 답안지에 답을 마킹하며 문제를 푸는 연습을 하는 것이 좋습니다.

PSAT 전문가

언어논리 영역을 준비하면서 독해력을 키우기 위해 글을 많이 읽었습니다.

언어논리 영역은 독해력, 논리력이 정말 중요한 영역입니다. 따라서 평소에 다양한 분야의 책과 글을 읽고 인문, 사회, 과학, 정치, 역사 등의 다양한 분야에 대한 지식을 쌓아 독해력을 키우는 것이 중요합니다. 또한, 논리학의 개념을 이용한 문제들이 출제되므로 명제의 '역, 이, 대우', 논리식 표현 등 기본적인 논리학 이론을 학습해두는 것이 좋습니다.

PSAT 전문가

상황판단 영역과 자료해석 영역은 우선 순위를 정하여 문제를 푸는 연습을 했습니다.

상황판단 영역은 다른 영역 대비 난도가 높은 유형의 문제들이 많이 출제되어 대부분의 수험생들이 가장 어렵고 시간이 부족하다고 느끼는 영역이며, 자료해석 영역은 자료에 제시된 수치가 크고 계산 단계가 많은 영역입니다. 특히 2022년 시험부터는 언어논리와 상황판단 영역의 시험 시간이 통합되어 효율적인 시간 안배가 더욱 요구되고 있습니다. 민간경력자 PSAT는 영역별로 과락(만점의 40% 미만 득점한 과목)이 있고, 합격을 하려면 최대한 많은 문제를 맞혀야 하므로 정확하게 풀 수 있는 문제들을 먼저 풀이하는 것이 좋습니다. 즉, 자신 있는 유형의 문제부터 먼저 풀고 시간이 오래 소요되는 유형은 가장 마지막에 풀어야 합니다. 이처럼 자신이 취약한 유형을 미리 파악하여 문제풀이에 우선 순위를 정하고 문제를 푸는 연습을 하여 실전에 대비한다면, 실전에서 보다 많은 문제를 빠르고 정확하게 풀 수 있을 것입니다.

PSAT 전문가

수험생이 꼭 알아야 할 시험장 Tip

1. 시험 진행 순서

시간	단계	진행 방식
12:00~12:50	시험장 입실	· 12:50까지 입실을 완료한다. · 입실한 뒤에는 지정된 좌석에 앉아 시험 감독관의 지시에 따른다.
12:50~13:29	응시자 교육	· 시험 유의사항을 간단히 전달하는 수험생 교육이 39분간 진행된다. · 답안지와 문제지를 배부 받더라도 시험 시작 전에는 시험 문제를 열람하거나 답안을 작성해서는 안 된다.
13:30~15:30	1교시: 언어논리, 상황판단	· 시험이 시작되면 문제책의 과목명과 답안지의 과목명이 일치하는지, 문제 누락이나 파손이 있는지를 확인한다. ※ 언어논리와 상황판단 영역은 문제책과 답안지가 각각 1부씩 배부되며, 과목별 문제풀이 시간은 구분되지 않음
15:30~16:00	휴식 및 입실	· 개인 용무를 마친 후 16:00까지 입실을 완료한다. · 입실한 뒤에는 본인의 좌석에 앉아 시험 감독관의 지시에 따른다.
16:00~16:30	응시자 교육	· 시험 유의사항을 간단히 전달하는 수험생 교육이 30분간 진행된다. · 답안지와 문제지를 배부 받더라도 시험 시작 전에는 시험 문제를 열람하거나 답안을 작성해서는 안 된다.
16:30~17:30	2교시: 자료해석	· 시험이 시작되면 문제책의 과목명과 답안지의 과목명이 일치하는지, 문제 누락이나 파손이 있는지를 확인한다. · 17:30에 시험이 종료되면 답안지를 제출하고, 시험 감독관의 지시에 따라 퇴실한다.

2. 시험장 준비물

- **신분증:** 공공기관에서 발행한 신분증(주민등록증, 운전면허증, 여권, 주민등록번호가 포함된 장애인등록증(복지카드), 국가보훈등록증 중 하나)을 반드시 소지해야 한다.
- **응시표:** 시험 당일 응시표를 확인하므로 응시표를 미리 출력하여 가져가야 한다.
- **손목시계:** 시험 감독관의 시험 종료 예고시간 고지 안내 및 시험실 내 비치된 시계가 있더라도 시간이 정확하지 않을 수 있으므로 본인의 시계를 가져가서 확인하도록 한다.
  단, 통신, 계산 또는 검색이 가능한 시계(스마트워치, 스마트밴드 등)는 사용이 불가능하므로 아날로그 시계를 가져간다.

3. 시험장 유의사항

- 시험 시행 전에 사이버국가고시센터에서 시험 일시, 장소, 운영상 변동사항을 반드시 확인한다.
- 시험 당일에 지각하지 않도록 시험장 교통편과 동선을 미리 확인한다.
- 화장실은 시험 시작 20분 이후~시험 종료 10분 전에 교시별 1회에 한해 이용할 수 있으며, 이외 시간에 화장실을 이용할 경우 재입실을 할 수 없다. 또한 화장실에 다녀온다고 해서 별도의 추가 문제풀이 시간이 주어지는 것은 아니므로 가급적 시험 전 대기시간, 휴식시간을 이용하여 미리 화장실에 다녀오도록 한다.
- 시험 도중 안내되는 감독관의 지시사항을 잘 듣고 이를 준수하여 불이익이 생기는 일이 없도록 한다.

4. 합격을 위한 실전 전략

- 영역별로 과락(만점의 40% 미만 득점한 과목)이 있으므로 모든 영역을 골고루 잘 풀어야 한다. 따라서 이전 시험의 결과에 흔들리지 않도록 틈틈이 컨디션을 관리한다.
- PSAT 문제의 배점은 모두 같으므로 잘 풀리지 않는 문제를 오래 붙잡고 있기보다는 자신이 정확하게 풀 수 있는 문제를 먼저 풀어서 시간 관리를 한다. 특히 1교시에 시행되는 언어논리와 상황판단 영역은 영역별 문제풀이 시간이 구분되지 않으므로 한 문제를 풀이하는 데 너무 많은 시간을 쓰지 않도록 주의한다.
- 시험 종료 후에는 별도의 OCR 답안지 작성 시간이 주어지지 않으므로 시험 시간 내에 OCR 답안지 작성을 완료할 수 있도록 답안지 작성 시간을 고려하여 문제풀이 시간을 조절한다.

언어논리 기출유형공략

언어논리 소개

언어논리는 글을 논리적으로 분석하고 이해하는 능력과 비판적으로 사고하는 능력을 평가하기 위한 영역이다. 언어논리는 총 25문항이 출제되고, 상황판단 25문항과 함께 120분 내에 풀어야 한다.

출제 유형 분석

언어논리는 ① 세부 내용 파악, ② 중심 내용 파악, ③ 빈칸삽입, ④ 문단배열, ⑤ 사례 유추, ⑥ 진술추론, ⑦ 논증의 타당성, ⑧ 논리추론 총 8가지 유형으로 출제된다.

출제 유형	유형 설명	문항당 권장 풀이 시간
세부 내용 파악	글에 제시된 정보를 바탕으로 세부적인 내용의 옳고 그름을 추론하는 유형	약 2분 20초
중심 내용 파악	글을 분석적으로 이해하여 주제 및 핵심 논지를 파악하는 유형	약 1분 50초
빈칸삽입	글의 맥락을 고려하여 빈칸에 들어갈 단어 또는 구절, 문장을 추론하는 유형	약 2분 20초
문단배열	순서가 뒤섞인 채로 제시된 글의 논리적 흐름을 파악하여 문단의 순서를 올바르게 배열하는 유형	약 2분
사례 유추	글에 제시된 정보를 구체적인 상황에 올바르게 적용한 사례를 찾는 유형	약 2분
진술추론	글의 주장이나 진술을 분석하고 평가하는 유형	약 2분
논증의 타당성	명제의 참/거짓을 판별하거나 타당한 논증이 되기 위한 전제 또는 결론을 추론하는 유형	약 3분 10초
논리추론	제시된 조건 간의 관계를 고려하여 답을 도출하는 유형	약 3분 30초

출제 경향

01 2025년 시험의 난이도는 2024년 대비 전반적으로 하락하였으나, 일부 고난도 문제(19번, 20번, 25번)가 변별력을 갖추었다. 특히 과학 실험 소재의 도식적 빈칸 추론 문제(19번)와 강화/약화 문제(20번)가 높은 난도를 보였다.

02 소재 측면에서는 역사, 사회, 과학, 실무 등 다양한 분야의 글이 출제되었다. 특히 실험·실무 소재 문제 비중이 증가하는 추세이며, 2022년부터 1~2번에 역사 소재 문제가 지속적으로 출제되고 있다.

03 세부 내용 파악 유형이 매년 가장 높은 비중으로 출제되고 있으며, 그 다음으로는 보통 진술추론과 빈칸삽입 유형이 높은 비중으로 출제되고 있다. 2025년 시험에서는 세부 내용 파악 8문항, 진술추론 7문항, 빈칸삽입 4문항이 출제되었다.

04 최근 5년 이상 출제되지 않았던 문단배열 유형은 2025년 시험에서도 출제되지 않았고, 2024년 시험에서 1문항이 출제되었던 사례 유추 유형은 2025년 시험에서 2문항이 출제되었다.

언어논리 대비 전략

01 여러 분야의 글이 출제되므로 평소에 다양한 주제의 글을 읽으면서 핵심어를 중심으로 내용을 빠르고 정확하게 파악하는 연습을 한다.

02 주제와 흐름을 파악하는 것이 모든 유형의 기본이 되므로 문제를 풀 때 글 전체 구성과 세부 흐름을 나누어 도식화하는 연습을 한다.

03 논리적 사고 능력을 기르기 위해 해커스잡 사이트(ejob.Hackers.com)에서 제공하는 <PSAT 영역별 핵심 이론 노트(PDF)>에서 기초적인 논리 이론을 학습하고 명제와 조건을 간단히 기호화하거나 표로 빠르게 정리하여 경우의 수를 빠짐없이 확인하는 연습을 한다.

04 본 교재의 '빠른 문제 풀이 전략'과 '고득점자의 빠른 문제 풀이 Tip'을 적용하여 문제를 빠르고 정확하게 푸는 연습을 한다.

05 본 교재의 '취약 유형 분석표'를 활용하여 자신이 취약한 유형을 파악하고 틀린 문제를 다시 풀어보며 취약 유형을 극복한다.

유형 1 - 세부 내용 파악

세부 내용 파악은 글에 제시된 정보를 바탕으로 세부적인 내용의 옳고 그름을 추론하는 유형으로, 2025년 언어논리에서 8문항이 출제되었다. 약 800자 정도의 글이 나오고, 글과 일치하거나 일치하지 않는 내용 또는 글에 제시된 내용을 조합하여 추론할 수 있는 내용이 선택지나 〈보기〉로 제시된다.

빠른 문제 풀이 전략

1단계 | 선택지나 〈보기〉를 읽고 핵심어를 파악한다.

글을 읽기 전 선택지나 〈보기〉를 먼저 읽고 핵심어를 찾아 동그라미 등의 기호로 표시한다. 이때 고유명사나 숫자와 같이 글에서 쉽게 찾을 수 있는 것을 핵심어로 설정하면 문제 풀이 시간을 단축할 수 있다.

▼

2단계 | 핵심어와 관련된 내용을 글에서 찾아 선택지나 〈보기〉의 내용과 대조하여 정답을 찾는다.

글을 읽으면서 선택지나 〈보기〉의 핵심어가 언급된 부분을 찾아 표시하고, 선택지나 〈보기〉의 내용과 글의 내용을 비교하여 각 선택지나 〈보기〉의 내용이 옳은지, 옳지 않은지 확인한다.

다음 글에서 알 수 있는 것은? [2019년 5급공채]

조선 시대에는 어떤 경우라도 피의자로부터 죄를 자백받도록 규정되어 있었고, 죄인이 자백을 한 경우에만 형이 확정되었다. 관리들은 자백을 받기 위해 심문을 했는데, 대개 말로 타일러 자백을 받아내는 '평문'을 시행했다. 그러나 피의자가 자백을 하지 않고 버틸 때에는 매를 쳐 자백을 받는 '형문'을 시행했다. 형문 과정에서 매를 칠 때에는 한 번에 30대를 넘길 수 없었고, 한 번 매를 친 후에는 3일이 지나야만 다시 매를 칠 수 있었다. 이렇게 두 번 매를 친 후에는 형문으로 더 이상 매를 칠 수 없었다.

평문이나 형문을 통해 범죄 사실이 확정되면 '본형'이 집행되었다. 그런데 본형으로 매를 맞을 사람에게는 형문 과정에서 맞은 매의 수만큼 빼 주도록 규정되어 있었다. 또 형문과 본형에서 맞은 매의 합계가 그 죄의 대가로 맞도록 규정된 수를 초과할 수 없었다. 형문과 본형을 막론하고, 맞는 매의 종류는 태형과 장형으로 나뉘어졌다. 태형은 길고 작은 매를 사용해 치는 것인데, 어떤 경우에도 50대를 넘겨서 때릴 수 없었다. 태형보다 더 큰 매로 치는 장형은 '곤장'이라고도 부르는데, 죄목에 따라 60대부터 10대씩 올려 100대까지 칠 수 있었다. 장형을 칠 때, 대개는 두께가 6밀리미터 정도인 '신장'이라는 도구를 사용했다. 그런데 종이 상전을 다치게 했을 경우에는 신장보다 1.5배 정도 더 두꺼운 '성장'이라는 도구를 사용해 매를 쳤다. 또 반역죄와 같이 중한 죄인을 다룰 때에는 더 두꺼운 '국장'을 사용하였다.

매를 때리다가 피의자가 죽는 경우도 있었는데, 이때는 책임자를 파직하거나 그로 하여금 장례 비용을 내게 했다. 단, 반역죄인에게 때리는 매의 수에 제한은 없었고, 형문이나 본형 도중 반역죄인이 사망한다고 해서 책임자를 문책한다는 규정도 없었다.

조선 시대에는 남의 재물을 강탈한 자를 처벌할 때 초범인 경우에는 60대를 쳤다. 그런데 재범이거나 세 사람 이상 무리를 이루어 남의 재물을 강탈했을 때에는 처벌이 더 엄했다. 이런 사람에 대한 처벌로는 100대를 때렸다. 남의 재물을 강탈한 자의 경우 형문할 때와 본형으로 처벌할 때 택하는 매의 종류가 같았다.

① 피의자가 평문을 받다가 사망하면 심문한 사람이 장례 비용을 내야 했다.
② 세 명 이상 무리를 지어 남의 재물을 강제로 빼앗은 자는 장형으로 처벌했다.
③ 반역 혐의가 있는 사람은 자백을 받지 않고 국장으로 때리도록 규정되어 있었다.
④ 상전의 명을 어긴 혐의로 형문을 받는 종은 남의 재물을 강탈한 자보다 더 많은 매를 맞았다.
⑤ 평문 과정에서 죄인이 자신의 죄를 순순히 자백하면 본형에 들어가지 않고 처벌을 면제하였다.

1단계

각 선택지에서 핵심어를 파악하여 표시한다. 각 선택지에서 추려낼 수 있는 핵심어는 아래와 같다.

① 평문, 사망, 장례 비용
② 세 명 이상 무리, 재물, 장형
③ 반역, 자백, 국장
④ 상전의 명, 형문, 종
⑤ 자백, 면제

2단계

2문단에서 태형은 어떤 경우에도 50대를 넘겨서 때릴 수 없으며 장형은 죄목에 따라 60대부터 100대까지 칠 수 있었다고 하였다. 또한 4문단에서 세 사람 이상 무리를 이루어 남의 재물을 강탈했을 때에는 100대를 때렸다고 했으므로 세 명 이상 무리를 지어 남의 재물을 강제로 빼앗은 자는 장형으로 처벌했음을 알 수 있다. 따라서 정답은 ②이다.

오답체크

① 3문단에서 매를 때리다가 피의자가 죽는 경우, 책임자로 하여금 장례 비용을 내게 했다고 했으나 피의자가 평문을 받다가 사망한 경우에도 심문한 사람이 장례 비용을 냈는지는 알 수 없다.
③ 1문단에서 조선 시대에는 어떤 경우라도 죄를 자백받도록 규정되어 있었다고 했으므로 반역 혐의가 있는 사람도 자백을 받아내는 평문을 시행했음을 알 수 있다.
④ 1문단에서 형문 중 매를 칠 때에는 한 번에 30대를 넘길 수 없고, 두 번 이후로는 형문으로 매를 치는 것이 불가능하다고 했으므로 형문 과정에서 매를 치는 것은 최대 60대까지만 가능하다. 또 4문단에서 남의 재물을 강탈한 자는 초범인 경우 60대, 재범인 경우 100대를 때렸다고 했으므로 상전의 명을 어긴 혐의로 형문을 받는 종은 재물을 강탈한 자보다 더 많은 매를 맞을 수 없음을 알 수 있다.
⑤ 2문단에서 평문이나 형문을 통해 범죄 사실이 확정되면 본형이 집행되었다고 했으므로 죄인이 자신의 죄를 순순히 자백하여 형문을 시행하지 않았더라도 본형이 집행되었음을 알 수 있다.

PSAT 전문가의 Tip

세부 내용 파악 유형은 글에 제시된 정보를 바탕으로 세부적인 내용의 옳고 그름을 추론하는 유형이므로 임의로 글의 내용을 확대해석하지 않도록 유의한다.

유형 2 - 중심 내용 파악

중심 내용 파악은 글을 분석적으로 이해하여 주제 및 핵심 논지를 파악하는 유형으로, 2025년 언어논리에서 1문항이 출제되었다. 약 700자 정도의 글이 나오고, 글의 전체 또는 일부 내용과 관련이 있거나 무관한 내용 등이 선택지로 제시된다.

빠른 문제 풀이 전략

1단계 | 글의 앞부분과 뒷부분을 읽는다.

일반적으로 글에서 가장 핵심적인 내용은 맨 앞 또는 맨 뒤에 나올 가능성이 높다. 따라서 글의 앞부분과 뒷부분을 먼저 읽고 이를 토대로 글 전체의 중심 내용을 예측해 본다.

2단계 | 글의 내용과 무관하거나 일부 내용만을 포함한 선택지는 소거한다.

중심 내용은 글에서 반복적으로 언급되는 개념에 관한 세부 내용을 모두 포함할 수 있어야 한다. 따라서 글의 내용과 무관하거나 글에 제시된 일부 내용만을 포함한 선택지는 오답이므로 소거한다.

다음 글의 논지로 가장 적절한 것은? [2020년 7급모의]

사람들은 보통 질병이라고 하면 병균이나 바이러스를 떠올리고, 병에 걸리는 것은 개인적 요인 때문이라고 생각하곤 한다. 어떤 사람이 바이러스에 노출되었다면 그 사람이 평소에 위생 관리를 철저히 하지 않았기 때문이라고 여기는 것이다. 이는 발병 책임을 전적으로 질병에 걸린 사람에게 묻는 생각이다. 꾸준히 건강을 관리하지 않은 사람이나 비만, 허약 체질인 사람이 더 쉽게 병균에 노출된다고 생각하는 경향도 강하다. 그러나 발병한 사람들 전체를 고려하면, 성별, 계층, 직업 등의 사회적 요인에 따라 건강 상태나 질병 종류 및 그 심각성 등이 다르게 나타난다. 따라서 어떤 질병의 성격을 파악할 때 질병의 발생이 개인적 요인뿐만 아니라 계층이나 직업 등의 요인과도 관련될 수 있음을 고려해야 한다.

질병에 대처할 때도 사회적 요인을 고려해야 한다. 물론 어떤 사람들에게는 질병으로 인한 고통과 치료에 대한 부담이 가장 심각한 문제일 수 있다. 그러나 또 다른 사람들에게는 질병에 대한 사회적 편견과 낙인이 오히려 더 심각한 문제일 수 있다. 그들에게는 그러한 편견과 낙인이 더 큰 고통을 안겨 주기 때문이다. 질병이 나타나는 몸은 개인적 영역이면서 동시에 가족이나 직장과도 연결된 사회적인 것이다. 질병의 치료 역시 개인의 문제만으로 그치지 않고 가족과 사회의 문제로 확대되곤 한다. 나의 질병은 내 삶의 위기이자 가족의 근심거리가 되며 나아가 회사와 지역사회에도 긴장을 조성하기 때문이다. 요컨대 질병의 치료가 개인적 영역을 넘어서서 사회적 영역과 관련될 수밖에 없다는 것은 질병의 대처 과정에서 사회적 요인을 반드시 고려해야 한다는 점을 잘 보여준다.

① 병균이나 바이러스로 인한 신체적 이상 증상은 가정이나 지역사회에 위기를 야기할 수 있기에 중요한 사회적 문제이다.
② 한 사람의 몸은 개인적 영역인 동시에 사회적 영역이기에 발병의 책임을 질병에 걸린 사람에게만 묻는 것은 옳지 않다.
③ 질병으로 인한 신체적 고통보다 질병에 대한 사회적 편견으로 인한 고통이 더 크므로 이에 대한 사회적 대책이 필요하다.
④ 질병의 성격을 파악하고 질병에 대처하기 위해서는 사회적인 측면을 고려해야 한다.
⑤ 질병의 치료를 위해서는 개인적 차원보다 사회적 차원의 노력이 더 중요하다.

1단계

글의 앞부분은 일반적으로 사람들은 질병에 걸리는 것이 개인적 요인 때문이라고 여겨 발병 책임을 전적으로 질병에 걸린 사람에게 묻는다는 내용이다. 글의 뒷부분은 질병의 치료가 개인적 영역을 넘어서서 사회적 영역과 관련될 수밖에 없으므로 질병의 대처 과정에서 사회적 요인을 반드시 고려해야 한다는 내용이다. 따라서 이 글의 중심 내용은 질병에 대처할 때 사회적 요인을 반드시 고려해야 한다는 것임을 예측할 수 있다.

2단계

①, ②, ③은 글에서 언급되었으나 전체적인 내용이 아닌 부분적인 내용만을 다루고 있는 선택지이고, ⑤는 글에 언급된 내용과 일치하지 않는 선택지이므로 적절하지 않다. 따라서 정답은 ④이다.

오답체크

① 병균이나 바이러스로 인한 신체적 이상 증상이 가정이나 지역사회에 위기를 야기할 수 있는 사회적 문제라는 것은 글의 내용과 부합하나, 전체 내용을 포괄할 수 없으므로 글의 논지로 적절하지 않다.
② 발병의 책임을 개인에게만 물어서는 안 된다는 것은 글의 내용과 부합하나, 전체 내용을 포괄할 수 없으므로 글의 논지로 적절하지 않다.
③ 질병에 대한 사회적 편견과 낙인이 오히려 더 심각한 문제일 수 있다는 것은 글의 내용과 부합하나, 전체 내용을 포괄할 수 없으므로 글의 논지로 적절하지 않다.
⑤ 글의 논지는 질병에 대처할 때 개인적 요인뿐만 아니라 사회적 요인도 함께 고려해야 한다는 것이므로 질병의 치료에 있어 개인적 차원보다 사회적 차원의 노력이 더 중요하다는 것은 글의 논지로 적절하지 않다.

PSAT 전문가의 Tip

중심 내용 파악 유형은 글에 제시된 단편적인 정보를 찾는 것이 아니라 글의 전체적인 내용을 다루고 있는 선택지를 찾아야 한다는 것에 유의한다.

유형 3 – 빈칸삽입

빈칸삽입은 글의 맥락을 고려하여 빈칸에 들어갈 단어 또는 구절, 문장을 추론하는 유형으로, 2025년 언어논리에서 4문항이 출제되었다. 1~4개의 빈칸이 있는 약 600자 정도의 글이 나오고, 빈칸에 들어갈 단어 또는 구절, 문장이 선택지나 〈보기〉로 제시된다.

빠른 문제 풀이 전략

1단계 | 빈칸의 앞뒤에 오는 1~2개의 문장을 읽는다.

◎ 빈칸이 지문의 중간에 제시된 경우
빈칸 앞 또는 뒤에 위치한 문장이 어떤 내용인지 확인하고, 앞의 문장과 뒤의 문장이 어떤 관계로 연결되고 있는지를 파악한다.

◎ 빈칸이 지문의 마지막에 제시된 경우
빈칸의 앞 또는 뒤에 위치한 문장을 통해 빈칸에 어떤 내용이 들어갈지 유추하고, 이를 토대로 지문 전체에서 주요 내용이 무엇인지 파악한다.

▼

2단계 | 선택지나 〈보기〉에 제시된 단어 또는 구절, 문장을 빈칸에 하나씩 넣어보며 글의 내용이 자연스럽게 이어지는 것을 찾는다.

선택지나 〈보기〉에 나온 단어 또는 구절, 문장을 넣었을 때, 앞뒤 문맥과 자연스럽게 연결되며 글의 전반적인 흐름과도 잘 맞는 것을 찾는다.

다음 글의 빈칸에 들어갈 내용으로 가장 적절한 것은?

[2021년 7급공채]

갑: 안녕하십니까. 저는 시청 토목정책과에 근무합니다. 부정 청탁을 받은 때는 신고해야 한다고 들었습니다.
을: 예, 「부정청탁 및 금품등 수수의 금지에 관한 법률」(이하 '청탁금지법') 에서는, 공직자가 부정 청탁을 받았을 때는 명확히 거절 의사를 표현해야 하고, 그랬는데도 상대방이 이후에 다시 동일한 부정 청탁을 해 온다면 소속 기관의 장에게 신고해야 한다고 규정합니다.
갑: '금품등'에는 접대와 같은 향응도 포함되지요?
을: 물론이지요. 청탁금지법에 따르면, 공직자는 동일인으로부터 명목에 상관없이 1회 100만 원 혹은 매 회계연도에 300만 원을 초과하는 금품이나 접대를 받을 수 없습니다. 직무 관련성이 있는 경우에는 100만 원 이하라도 대가성 여부와 관계없이 처벌을 받습니다.
갑: '동일인'이라 하셨는데, 여러 사람이 청탁을 하는 경우는 어떻게 되나요?
을: 받는 사람을 기준으로 하여 따지게 됩니다. 한 공직자에게 여러 사람이 동일한 부정 청탁을 하며 금품을 제공하려 하였을 때에도 이들의 출처가 같다고 볼 수 있다면 '동일인'으로 해석됩니다. 또한 여러 행위가 계속성 또는 시간적·공간적 근접성이 있다고 판단되면, 합쳐서 1회로 간주될 수 있습니다.
갑: 실은, 연초에 있었던 지역 축제 때 저를 포함한 우리 시청 직원 90명은 행사에 참여한다는 차원으로 장터에 들러 1인당 8천 원씩을 지불하고 식사를 했는데, 이후에 그 식사는 X회사 사장인 A의 축제 후원금이 1인당 1만 2천 원씩 들어간 것이라는 사실을 알게 되었습니다. 이에 대하여는 결국 대가성 있는 접대도 아니고 직무 관련성도 없는 것으로 확정되었으며, 추가된 식사비도 축제 주최 측에 돌려주었습니다. 그리고 이달 초에는 Y회사의 임원인 B가 관급 공사 입찰을 도와달라고 청탁하면서 100만 원을 건네려 하길래 거절한 적이 있습니다. 그런데 어제는 고교 동창인 C가 찾아와 X회사 공장 부지의 용도 변경에 힘써 달라며 200만 원을 주려고 해서 단호히 거절하였습니다.
을: 그러셨군요. 말씀하신 것을 바탕으로 설명드리겠습니다. (　　　　　)

① X회사로부터 받은 접대는 시간적·공간적 근접성으로 보아 청탁금지법을 위반한 향응을 받은 것이 됩니다.
② Y회사로부터 받은 제안의 내용은 청탁금지법상의 금품이라고는 할 수 없지만 향응에는 포함될 수 있습니다.
③ 청탁금지법상 A와 C는 동일인으로서 부정 청탁을 한 것이 됩니다.
④ 직무 관련성이 없다면 B와 C가 제시한 금액은 청탁금지법상의 허용 한도를 벗어나지 않습니다.
⑤ 현재는 청탁금지법상 C의 청탁을 신고할 의무가 생기지 않지만, C가 같은 청탁을 다시 한다면 신고해야 합니다.

1단계

빈칸이 지문의 마지막에 제시되었고, 빈칸의 앞 문장은 갑이 청탁금지법에 관하여 문의한 것을 바탕으로 을이 설명하겠다는 내용이므로 빈칸에는 갑이 청탁금지법에 관하여 문의한 것과 을이 갑의 문의에 대해 설명한 것을 연결하는 내용이 들어가야 한다. 따라서 갑과 을의 대화에서 청탁금지법에 관한 주요 내용을 빠르게 찾는다.

2단계

각 선택지를 빈칸에 넣어보면 ①, ②, ③, ④는 모두 제시된 글의 내용과 일치하지 않아 문맥이 자연스럽게 연결되지 않는다.
을의 첫 번째 대화에 따르면 공직자가 부정 청탁을 받았을 때는 명확히 거절 의사를 표현해야 하고, 그랬는데도 상대방이 이후에 다시 동일한 부정 청탁을 해 온다면 소속 기관의 장에게 신고해야 한다. 또한 갑의 네 번째 대화에 따르면 갑은 고교 동창인 C가 찾아와 X회사 공장 부지의 용도 변경에 힘써 달라며 200만 원을 주려고 해서 단호히 거절하였다. 따라서 빈칸에는 C가 다시 동일한 부정 청탁을 한다면 신고해야 한다는 내용이 들어가야 하므로 정답은 ⑤이다.

오답체크

① X회사로부터 받은 접대가 시간적·공간적 근접성과 무관하므로 빈칸에 들어갈 내용으로 적절하지 않다.
② Y회사로부터 받은 제안의 내용은 청탁금지법상의 금품이므로 빈칸에 들어갈 내용으로 적절하지 않다.
③ X회사 사장인 A의 축제 후원금이 들어간 식사비에 대해서는 갑이 추가된 식사비까지 축제 주최 측에 돌려주었다고 했으므로 빈칸에 들어갈 내용으로 적절하지 않다.
④ 을의 두 번째 대화에서 청탁금지법에 따르면 직무 관련성이 있는 경우에는 100만 원 이하라도 대가성 여부와 관계없이 처벌을 받는다고 했고, B와 C가 제시한 내용은 모두 직무 관련성이 있으며, 금액이 각각 100만 원과 200만 원으로 청탁금지법상의 허용 한도를 벗어나므로 빈칸에 들어갈 내용으로 적절하지 않다.

PSAT 전문가의 Tip

빈칸삽입 유형은 선택지에 주로 빈칸의 앞 또는 뒤에 포함된 단어와 비슷한 단어가 제시되지만, 지문 전체의 주요 내용을 종합적으로 함축한 문장이 제시되기도 한다. 따라서 빈칸의 앞 또는 뒤 문장에 포함된 단어가 선택지에도 포함되어 있는지 확인하거나 지문 전체의 주요 내용을 빠르게 찾아내면 문제 풀이 시간을 단축할 수 있다.

유형 4 - 문단배열

문단배열은 순서가 뒤섞인 채로 제시된 글의 논리적 흐름을 파악하여 문단의 순서를 올바르게 배열하는 유형으로, 2018년 언어논리에서 1문항이 출제되었으나 이후에는 출제되지 않았다. 네 문단 이상으로 구성된 약 600자 정도의 글이 한 문단씩 구분되어 순서가 뒤섞인 채로 나오고, 문단 순서를 나열한 것이 선택지로 제시된다.

빠른 문제 풀이 전략

1단계 | 선택지를 비교하여 첫 문단을 찾는다.

일반적으로 선택지에는 첫 문단으로 가능한 것들이 약 2~3개 제시된다. 따라서 선택지에서 첫 문단으로 가능한 것들이 무엇인지 찾은 후, 그 문단들의 내용을 비교하여 글의 흐름에 맞는 첫 문단을 찾는다. 이후 그 뒤에 이어질 내용을 차례대로 유추해 나간다.

2단계 | 접속어, 지시어를 통해 문단 간의 순서를 유추한다.

각 문단의 앞부분에 나오는 접속어나 지시어는 그 바로 앞에 올 내용을 암시하는 근거가 되므로 접속어나 지시어가 포함된 문단을 기준으로 순서를 유추한다.

◎ 접속어의 종류

- 앞뒤의 내용이 상반될 때: 그러나, 그렇지만, 반면에, 하지만
- 앞의 내용과 다른 새로운 내용을 전개할 때: 그런데, 다음으로, 한편
- 앞뒤의 내용이 인과관계를 이룰 때: 그래서, 그러므로, 따라서, 왜냐하면
- 앞의 내용과 관련 있는 내용을 추가할 때: 게다가, 더구나, 또한, 그뿐만 아니라
- 앞의 내용을 다른 말로 바꾸어 정리할 때: 결국, 즉, 요컨대
- 앞의 내용에 대한 예시를 들 때: 예컨대, 이를테면, 가령

◎ 지시어의 종류

- 지시 대명사: 이것, 그것, 저것
- 지시 관형사: 이, 그, 저
- 지시 형용사: 이러하다, 그러하다, 저러하다

다음 글의 내용 전개상 문단 배열이 가장 적절한 것은?

[2016년 입법고시]

(가) 1910년 이후 식민지 조선에 남은 유교는 개인의 생활과 가족관계 및 비정치적 영역의 사회관계를 매개하는 사고·윤리·관습이 그 잔여량의 대부분을 이루는 것이었다. 중국의 경우는 이와 달리 신해혁명의 결과적인 피탈과 정치·사회적 보수 회귀 과정에서 유교의 봉건적 지배 이데올로기가 완강히 버티고 있었으며, 더 나아가서는 위안스카이의 제제(帝制) 수립 책략 따위와 긴밀하게 호응하는 존공(尊孔) 운동 및 공교(孔敎) 국교론(國敎論)으로까지 반동적 이념 기능을 담당하였다.

(나) 그러한 면모 가운데 가장 중대한 것은 그들이 처하였던 각각의 정치상황에서 찾아야 한다. 무엇보다도, 이광수는 국권 상실과 3·1운동 사이 즉 식민지 시대 초기 국면에 놓여 있었던데 비해 진독수는 신해혁명과 5·4운동 사이에 전개된 '암흑과의 투쟁' 시대에 발 딛고 있었다. 이 시간 동안 두 나라에서 전개된 고통과 모색의 귀결이 1919년의 거국적 대폭발이라는 사실은 외형상 닮았지만, 그 하나는 식민지 해방투쟁이었고 다른 하나는 새로운 형태의 전제권력 체제를 타도하려는 반복벽(反復辟)·반제제(反帝制) 투쟁이었다.

(다) 이러한 공통성과 근접성은 그들 사이의 크고 작은 차이와 더불어 검토되지 않으면 안 된다. 개인적 생활사와 성격의 범주에 속하는 낙차(落差)는 일단 접어둔다 하더라도, 그들 각자가 처한 시대상황과 정치·사회·문화적 제 조건의 역학 관계에 적지 않은 상위(相違)가 있었으며, 이는 곧 이념의 구조와 성격에 직접적 연관을 맺는 것이기 때문이다.

(라) 유교적 관습·가치규범·제도에 대한 통렬한 비판과 새로운 문학에의 이념을 긴밀하게 엮어낸 점에서 1910년대의 이광수와 진독수 사이에는 기본적인 공통점이 있다. 1919년의 3·1운동과 5·4운동으로 민족적 에너지의 대폭발이 나타나기 전 단계에서 구문화(舊文化)에 대해 가장 전투적인 논객으로 활약하면서 당대의 새로운 이념 동향을 이끄는 데 기여한 점도 적지 않게 흡사하다. 두 사람 모두 일본에서 유학한 적이 있고 서구 근대문명의 진보성에 거의 전폭적인 긍정의 자세를 지녔었다는 사실도 당대에 흔한 일이기는 하지만 지적해 두어야 할 것이다.

(마) 또 하나 중요한 사항은 당시의 국면에서 두 나라의 유교 이념·제도·윤리가 처했던 지위와 역할의 차이이다. 1910년대의 식민지 조선에서 유교는 더 이상 공적인 권위나 제도적 지배력을 가지는 사상체계가 아니었다. 공맹정주(孔孟程朱)와 의리(義理)·인의(仁義)를 영원한 가치로 숭앙하며 중세 체제의 상층부를 장악했던 세력이 국권 수호를 위해 스스로의 목숨을 지불했다면 사정이 달랐겠지만, 나라가 망하고 그들은 살아남음으로써 정치·사회적 제도 원리로서의 유교는 죽었다.

① (가) - (라) - (나) - (다) - (마)
② (가) - (라) - (다) - (나) - (마)
③ (라) - (나) - (다) - (마) - (가)
④ (라) - (다) - (나) - (가) - (마)
⑤ (라) - (다) - (나) - (마) - (가)

1단계

선택지에서 첫 문단으로 가능한 것들을 찾으면 (가), (라)이다. 이 중 (가)는 1910년 이후 식민지 조선과 중국에 남은 유교의 기능, (라)는 1910년대 이광수와 진독수의 공통점에 대한 내용이므로 글 전체의 화제를 제시하는 (라)가 첫 문단임을 알 수 있다.

2단계

(라)에서 이광수와 진독수의 공통점을 설명하고 있고, 이 공통성과 근접성을 언급하면서 관련 내용을 연결해주는 지시어 '이러한'이 쓰였으므로 다음으로 (다)가 이어짐을 알 수 있다.

(다)에서 이광수와 진독수는 시대상황과 정치·사회·문화적 차이가 적지 않았다고 했고, 정치상황의 구체적인 차이를 설명하면서 관련 내용을 연결해주는 지시어 '그러한'이 쓰였으므로 다음으로 (나)가 이어짐을 알 수 있다.

(나)에서 이광수와 진독수가 처했던 정치상황을 비교하고 있고, 두 사람이 처한 시대의 정치·사회적 상황의 또 다른 차이점을 소개하며 '또 하나 중요한 사항'이라는 표현을 통해 연결하고 있으므로 다음으로 (마)가 이어짐을 알 수 있다.

(마)의 마지막 문장에서 식민지 조선에서 정치·사회적 제도 원리로서의 유교는 죽었다고 했고, 식민지 조선에 남은 유교의 기능과 대비하여 당시 중국에서 완강했던 유교의 기능을 설명하고 있으므로 다음으로 (가)가 이어짐을 알 수 있다.

따라서 '(라) - (다) - (나) - (마) - (가)' 순으로 배열하는 것이 적절하므로 정답은 ⑤이다.

PSAT 전문가의 Tip

문단배열 유형은 첫 문단을 빠르게 찾는 것이 중요하다. 이때, 예상되는 첫 문단이 여러 개일 경우에는 보다 포괄적인 문단 또는 글 전체의 화제를 제시하는 문단이 더 앞에 배치될 가능성이 높음에 유의하여 첫 문단을 선택한다.

유형 5 - 사례 유추

사례 유추는 글에 제시된 정보를 구체적인 상황에 올바르게 적용한 사례를 찾는 유형으로, 2025년 언어논리에서 2문항이 출제되었다. 약 700자 정도의 글이 나오고, 사례가 적용된 구체적인 상황이나 조건 등이 선택지나 〈보기〉로 제시된다.

빠른 문제 풀이 전략

1단계 | 글에서 밑줄 친 부분이 의미하는 것을 확인한 후, 선택지나 〈보기〉를 읽는다.

사례 유추 유형에서는 대부분 글에서 밑줄 친 부분이 의미하는 것을 설명해주므로 이를 먼저 확인한 후, 선택지나 〈보기〉를 읽고 내용을 정리한다.

2단계 | 선택지나 〈보기〉의 사례와 글의 내용을 대조하여 정답을 찾는다.

글에서 선택지나 〈보기〉의 사례와 관련된 내용이 언급된 부분을 찾고 글과 사례를 대조하여 내용이 일치하는지 확인한다.

다음 ㉠에 따를 때 도덕적으로 허용될 수 없는 것만을 <보기>에서 모두 고르면?

[2017년 5급공채]

> 우리는 어떤 행위를 그것이 가져올 결과가 좋다는 근거만으로 허용할 수는 없다. 예컨대 그 행위 덕분에 더 많은 수의 생명을 구할 수 있다는 사실만으로 그 행위를 허용할 수는 없다는 것이다. ㉠A원리에 따르면 어떤 행위든 무고한 사람의 죽음 자체를 의도하는 것은 언제나 그른 행위이고 따라서 도덕적으로 허용될 수 없다. 여기서 의도란 단순히 자기 행위의 결과가 어떨지 예상하고 그 내용을 이해한다는 것을 넘어서, 그 행위의 결과 자체가 자신이 그 행위를 선택하게 된 이유임을 의미한다.
>
> 예를 들어 우리가 제한된 의료 자원으로 한 명의 환자를 살리는 것과 다수의 환자를 살리는 것 사이에서 선택을 해야만 할 경우, 비록 한 명의 환자가 죽게 되더라도 다수의 환자를 살리는 것이 도덕적으로 허용될 수도 있다. 이때 그의 죽음은 피치 못할 부수적인 결과였기 때문이다. 하지만 만일 그 한 명의 환자를 치료하지 않은 이유가 그가 죽은 후 그의 장기를 장기이식을 기다리는 다른 여러 사람에게 이식하기 위한 것이었다면 그 행위는 허용될 수 없다.

<보 기>

ㄱ. 적국의 산업시설을 폭격하면 그 근처에 거주하는 다수의 민간인이 처참하게 죽게 되고 적국 시민이 그 참상에 공포심을 갖게 되어, 전쟁이 빨리 끝날 것이라는 기대감에 폭격하는 행위

ㄴ. 뛰어난 심장 전문의가 어머니의 임종을 지키기 위해 급하게 길을 가던 중 길거리에서 심장마비를 일으킨 사람을 발견했으나 그 사람을 치료하지 않고 어머니에게 가는 행위

ㄷ. 브레이크가 고장 난 채 달리고 있는 기관차의 선로 앞에 묶여 있는 다섯 명의 어린이를 구하기 위해 다른 선로에 홀로 일하고 있는 인부를 보고도 그 선로로 기관차의 진로를 변경하는 행위

① ㄱ
② ㄴ
③ ㄱ, ㄴ
④ ㄱ, ㄷ
⑤ ㄴ, ㄷ

1단계

밑줄이 포함된 문장을 읽으면 밑줄 친 ㉠ A원리는 어떤 행위든 무고한 사람의 죽음 자체를 의도하는 행위는 도덕적으로 허용될 수 없다는 주장임을 알 수 있다.

각 <보기>의 내용을 정리하면 아래와 같다.

ㄱ. 적국 시민에게 공포심을 주기 위하여 민간인 다수의 죽음을 의도한 폭격행위

ㄴ. 심장 전문의가 심장마비를 일으킨 사람을 발견했으나 그 사람을 치료하지 않은 행위

ㄷ. 다섯 명의 어린이를 구하기 위해 홀로 일하는 인부의 죽음을 의도한 행위

2단계

ㄱ. 1문단에서 무고한 사람의 죽음 자체가 어떤 행위를 선택하게 된 이유라면 도덕적으로 허용될 수 없다고 했고, 죽음으로써 공포심을 유발하기 위해 폭격을 하는 행위는 폭격의 결과 자체가 그 행위를 선택하게 된 이유이므로 ㉠에 따라 도덕적으로 허용될 수 없는 사례이다.

ㄴ. 1문단에서 무고한 사람의 죽음 자체가 어떤 행위를 선택하게 된 이유라면 도덕적으로 허용될 수 없다고 했고, 심장 전문의가 심장마비를 일으킨 사람을 치료하지 않은 이유는 그의 죽음을 의도했기 때문이 아니라 어머니의 임종을 지키기 위한 것이었으므로 ㉠에 따라 도덕적으로 허용될 수 없는 사례가 아니다.

ㄷ. 2문단에서 한 명의 환자가 죽게 되더라도 다수의 환자를 살리는 것이 피치 못할 부수적인 결과라면 도덕적으로 허용될 수 있다고 했으므로 다섯 명의 어린이를 구하기 위해 한 명의 인부를 죽게 한 행위는 ㉠에 따라 도덕적으로 허용될 수 없는 사례가 아니다.

따라서 정답은 ①이다.

PSAT 전문가의 Tip

사례 유추 유형은 글 전체의 내용을 적용한 사례를 찾는 문제도 종종 출제되므로 글의 특정 부분에만 국한하여 답을 찾지 않도록 유의한다.

유형 6 - 진술추론

진술추론은 글의 주장이나 진술을 분석하고 평가하는 유형으로, 2025년 언어논리에서 7문항이 출제되었다. 약 400~600자 길이로 하나의 논증을 제시하는 글이 제시되거나 2~3명의 견해가 각 문단으로 제시된 글이 나오고, 글의 내용을 강화 또는 약화하거나 글의 내용과 무관한 진술이 선택지나 〈보기〉로 제시된다.

빠른 문제 풀이 전략

1단계 | 각 문단의 첫 문장과 마지막 문장을 읽고 필자의 핵심 주장을 파악한다.

문단별 핵심 내용은 첫 문장이나 마지막 문장에 나올 가능성이 높으므로 문단의 첫 문장과 마지막 문장을 읽으면서 필자가 주장하는 바가 무엇인지를 파악한다.

2단계 | 선택지나 〈보기〉의 진술이 필자의 주장과 일치하는지, 무관한지 비교한다.

선택지나 〈보기〉의 진술이 필자의 주장과 일치하면 논지를 강화하고, 필자의 주장에 반례를 제시하면 논지를 약화하고, 필자의 주장과 무관하면 논지를 강화하지도 약화하지도 않는다. 이를 고려하여 진술과 필자의 주장을 비교한 후, 문제에서 요구하는 정답을 찾는다.

다음 글의 ㉠을 강화하는 것만을 <보기>에서 모두 고르면?

[2020년 7급모의]

1977년 캐나다의 실험에서 연구진은 인공 조미료 사카린이 인간에게 암을 일으킬 수 있는지를 밝히려고 약 200마리의 쥐를 사용해 실험했다. 실험 결과가 발표되자 그 활용의 타당성에 관해 비판이 제기되었다. 투여된 사카린의 양이 쥐가 먹는 음식의 5%로 너무 많다는 것이었다. 인간에게 그 양은 음료수 800병에 함유된 사카린 양인데, 누가 하루에 음료수를 800병이나 마시겠느냐는 비판이었다.

일리가 없는 말은 아니지만 ㉠이것은 합당한 비판이 아니다. 물론 인간에게 적용할 실험 결과를 얻으려면 인간이 사카린에 노출되는 상황을 그대로 재현하여 실험하는 것이 바람직하다. 그러나 일상적인 환경에서 대개의 발암물질은 유효성이 아주 낮아서 수천 명 중 한 명 정도의 비율로만 그 효과를 확인할 수 있다. 발암물질의 유효성은 몸에 해당 물질을 받아들인 개체들 가운데 암에 걸리는 개체의 비율에 의존하는데, 이 비율이 낮을수록 발암물질의 유효성이 낮아진다. 물론 발암물질의 유효성이 낮아도 그 피해는 클 수 있다. 예를 들어 유효성이 매우 낮은 경우라도, 관련 모집단이 수천만 명이라면 그로 인해 암에 걸리는 사람은 수만 명에 이를 수 있다. 이런 상황에서 발암물질의 효과를 확인하려는 동물 실험은 최소한 수만 마리의 쥐를 이용한 실험을 해야 유의미한 결과를 얻을 수 있다. 하지만 그렇게 많은 쥐를 이용해서 실험하는 것은 불가능하다.

이럴 때 택하는 전형적인 전략은 실험 대상의 수를 줄이고 발암물질의 투여량을 늘리는 것이다. 예를 들어 어떤 발암물질을 통상적인 수준에서 투여한다면 200마리의 쥐 가운데 암이 발생한 것은 거의 없을 것이다. 하지만 그 발암물질을 전체 음식의 5%로 늘리게 되면 200마리의 쥐 가운데에서도 암이 발생한 쥐의 수는 제법 늘어나게 될 것이다. 이렇게 발암물질의 투여량을 늘리면 실험 대상의 수를 줄이더라도 유의미한 실험 결과를 확보할 수 있는 것이다. 결국 사카린과 암 사이의 인과관계를 밝히려 한 1977년 실험과 그 활용의 타당성에 근본적인 잘못이 있다고 할 수 없다.

<보 기>

ㄱ. 인간이든 쥐든 암이 발생하는 사례의 수는 발암물질의 섭취량에 비례한다.
ㄴ. 쥐에게 다량 투입하였을 때 암을 일으킨 물질 중에는 인간에게 발암물질이 아닌 것이 있다.
ㄷ. 발암물질의 유효성이 클수록 더 많은 수의 실험 대상을 확보해야 유의미한 실험 결과를 얻을 수 있다.

① ㄱ
② ㄷ
③ ㄱ, ㄴ
④ ㄴ, ㄷ
⑤ ㄱ, ㄴ, ㄷ

1단계

2~3문단의 첫 문장 또는 마지막 문장을 통해 필자의 핵심 주장을 파악한다. 2문단에 따르면 유효성이 낮은 발암물질의 효과를 확인하기 위해 많은 쥐를 이용해서 실험하는 것은 불가능하며, 3문단에 따르면 이럴 때 택하는 전형적인 전략이 실험 대상의 수를 줄이고 발암물질의 투여량을 늘리는 것이다. 따라서 ㉠은 사카린과 암 사이의 인과관계를 밝히려 한 실험에서 쥐에게 투여된 사카린 양이 지나치게 많다는 이유로 실험 결과의 타당성을 지적한 것은 합당한 비판이 아니며, 발암물질의 투여량을 늘려 유의미한 실험 결과를 확보할 수 있다는 내용임을 알 수 있다.

2단계

〈보기〉의 진술과 필자의 주장을 비교하여 ㉠을 강화하는 진술을 찾는다.

ㄱ. 인간이든 쥐든 암이 발생하는 사례의 수는 발암물질의 섭취량에 비례한다면 발암물질의 투여량을 늘렸을 때 암이 발생하는 사례의 수도 늘어나 유의미한 실험 결과를 확보할 수 있다는 것이므로 ㉠을 강화한다.

따라서 정답은 ①이다.

오답체크

ㄴ. 쥐에게 다량 투입하였을 때 암을 일으킨 물질 중에 인간에게 발암물질이 아닌 것이 있다면 쥐에게 많은 양의 발암물질을 투여함으로써 얻은 실험 결과를 인간에게 적용하기 어렵다는 의미이므로 ㉠을 약화한다.

ㄷ. 두 번째 단락에서 발암물질의 유효성이 매우 낮은 경우 모집단을 늘려 유의미한 결과를 얻을 수 있다고 했으므로 발암물질의 유효성이 클수록 더 많은 수의 실험 대상을 확보해야 유의미한 실험 결과를 얻을 수 있다는 것은 ㉠을 강화하지 않는다.

PSAT 전문가의 Tip

진술추론 유형은 제시된 글에 필자의 주장과 함께 다른 사람의 주장이 제시되는 경우도 있으므로 필자의 주장을 정확히 파악하고 문제를 풀어야 한다.

유형 7 - 논증의 타당성

논증의 타당성은 명제의 참/거짓을 판별하거나 타당한 논증이 되기 위한 전제 또는 결론을 추론하는 유형으로, 2025년 언어논리에서 1문항이 출제되었다. 3~5개의 문장 또는 약 300자 정도의 짧은 글로 구성된 명제가 제시되고, 선택지나 〈보기〉는 주어진 명제로 도출할 수 있는 결론이나 결론을 도출하기 위해 필요한 전제 등으로 구성된다.

빠른 문제 풀이 전략

1단계 | 제시된 명제를 간결하게 정리하여 명제 간의 관계를 파악한다.

긴 문장으로 제시된 명제를 간결한 문장이나 단어로 정리한 후 명제 사이의 관계가 잘 드러나도록 연결하여 나타낸다.

제시된 명제	정리한 명제
구름이 끼면 비가 온다.	구름 낌 → 비O
해가 비치면 비가 오지 않는다.	해 비침 → 비X

2단계 | 선택지나 〈보기〉를 정리한 명제 간의 연결 관계와 비교한다.

명제를 정리하여 선택지나 〈보기〉와 비교하면 참/거짓 여부를 바로 알 수 있다. 또한 정리한 명제에 선택지나 〈보기〉를 대입하여 특정한 경우만 빠르게 확인할 수도 있다.

◎ 명제

정의	가정과 결론으로 구성되어 참과 거짓을 명확히 판별할 수 있는 문장이다. 예) P이면 Q이다. 가정 결론
명제의 '역', '이', '대우'	· 명제: P이면 Q이다. · 명제의 '역': Q이면 P이다. · 명제의 '이': P가 아니면 Q가 아니다. · 명제의 '대우': Q가 아니면 P가 아니다.
명제 사이의 관계	· 주어진 명제가 참일 때 그 명제의 '대우'만이 반드시 참이고, 주어진 명제가 거짓일 때 그 명제의 '대우'만이 반드시 거짓이다. · 주어진 명제의 참/거짓을 판별할 수 있더라도 그 명제의 '역'과 '이'의 참/거짓은 판별할 수 없다.

◎ 논증

정의	전제와 결론으로 구성된 명제를 논리적으로 연결하는 과정이다. 예) 전제: 모든 고양이는 귀엽다. 결론: 어떤 고양이는 귀엽다.
충분조건과 필요조건	· 충분조건: P가 참이면 Q도 참이다. · 필요조건: P가 참일 때만 Q가 참이다.
논리식 표현	· P이면 Q이다: P → Q · P는 Q이기 위한 충분조건이다: P → Q · P는 Q이기 위한 필요조건이다: Q → P · 오직 P인 경우에만 Q이다: Q → P

다음 글의 <논증>에 대한 분석으로 적절한 것만을 <보기>에서 모두 고르면?
[2022년 5급공채]

철학자 A에 따르면, "오늘 비가 온다."와 같이 참, 거짓을 판단할 수 있는 문장만 의미가 있다. A는 이러한 문장과 달리 신의 존재에 대한 문장은 진위를 판단할 수 없고 따라서 무의미하다고 말한다. 하지만 그는 자신이 무신론자도 불가지론자도 아니라고 한다. 다음은 이와 관련된 A의 논증이다.

<논 증>

무신론자에 따르면 ㉠"신이 존재하지 않는다."가 참이다. 불가지론자는 신의 존재 여부를 알 수 없다고 말한다. 무신론자의 견해는 신의 존재를 주장하는 문장이 무의미하다는 것과 양립할 수 없다. ㉡"신이 존재한다."가 무의미하다면, "신이 존재하지 않는다."도 마찬가지로 무의미하다. 그 이유는 ㉢의미가 있는 문장이어야만 그 문장의 부정문도 의미가 있다는 것이 성립하기 때문이다. 따라서 "신이 존재한다."가 무의미하다면, "신이 존재하지 않는다."가 참이라는 무신론자의 주장은 받아들일 수 없다. 한편 불가지론자는 ㉣"신이 존재한다."가 참인지 거짓인지 알 수 없다고 주장한다. 이 주장은 "신이 존재한다."가 의미가 있다는 것을 전제하고 있다. 그러므로 불가지론자의 주장도 "신이 존재한다."가 무의미하다는 것과 양립할 수 없다.

<보 기>

ㄱ. ㉡과 ㉢으로부터 "신이 존재하지 않는다."가 무의미하다는 것이 도출된다.
ㄴ. ㉡의 부정으로부터 ㉠과 ㉣ 중 적어도 하나가 도출된다.
ㄷ. "의미가 없는 문장은 참인지 거짓인지 알 수 없다."라는 전제가 추가되면 ㉡으로부터 ㉣이 도출된다.

① ㄴ
② ㄷ
③ ㄱ, ㄴ
④ ㄱ, ㄷ
⑤ ㄱ, ㄴ, ㄷ

1단계

제시된 ㉠~㉣의 논증을 간결하게 정리하면 다음과 같다.
㉠: "신 존재 X" 참
㉡: "신 존재 O" 무의미
㉢: 부정문이 의미 → 문장이 의미
㉣: "신 존재O"의 참/거짓 알 수 없음

2단계

ㄱ. ㉡과 ㉢의 대우를 결합하면 '"신 존재O" 무의미 → "신 존재 X" 무의미'이므로 "신이 존재하지 않는다."가 무의미하다는 것이 도출된다.
ㄷ. "의미가 없는 문장은 참인지 거짓인지 알 수 없다."라는 전제가 추가되면, ㉡과 새로 추가된 전제를 결합하여 '"신 존재 O" 무의미 → 참/거짓 알 수 없음'이 되므로 ㉣이 도출된다.
따라서 정답은 ④이다.

오답체크

ㄴ. ㉠은 무신론자의 주장, ㉣은 불가지론자의 주장이고, 〈논증〉에 따르면 ㉠과 ㉡, ㉣과 ㉡은 서로 양립할 수 없다. 양립할 수 없다는 것은 두 주장이 동시에 참이 될 수 없는 것이므로 이를 기호화하면 '㉠ → ㉡ X', '㉣ → ㉡ X'가 된다. 이는 '㉡ X → ㉠'과 '㉡ X → ㉣'의 '역'이므로 ㉡의 부정으로부터 반드시 ㉠과 ㉣ 중 적어도 하나가 도출되는 것은 아니다.

PSAT 전문가의 Tip

논증의 타당성 유형은 명제와 논증에 대한 기초적인 논리 이론을 알지 못하면 문제를 풀기 어렵기 때문에 <PSAT 영역별 핵심 이론 노트>에서 명제와 논증에 대한 기초적인 논리 이론을 반드시 학습해야 한다.

유형 8 - 논리추론

논리추론은 제시된 조건 간의 관계를 고려하여 답을 도출하는 유형으로, 2025년 언어논리에서 2문항이 출제되었다. 3~5개의 조건 또는 약 300자 정도의 짧은 글이 나오고, 순서, 위치 등 조건에 따른 항목이나 설명이 선택지로 제시된다.

빠른 문제 풀이 전략

1단계 | 제시된 조건을 기호화한다.

문장으로 제시된 조건을 기호화하면 파악해야 할 정보가 단순해지기 때문에 문제 이해와 풀이 시간을 단축할 수 있다.

제시된 조건	기호화한 조건
해가 비치거나 구름이 낀다.	해 or 구름
해가 비치고 바람이 분다.	해 and 바람
해가 비치거나 구름이 끼면 우산을 들지 않는다.	해 or 구름 → 우산X

2단계 | 정리한 조건들의 관계를 표나 그림 등으로 보기 쉽게 정리한다.

조건을 표나 그림 등으로 정리하면 조건들 사이의 관계를 파악하기 쉬우므로 조건을 표나 그림 등으로 정리한 후, 빠진 조건이나 경우는 없는지 확인하며 문제를 푼다.

다음 글의 내용이 참일 때, 반드시 참인 것만을 <보기>에서 모두 고르면?
[2021년 5급공채]

도청에서는 올해 새로 온 수습사무관 7명 중 신청자를 대상으로 요가 교실을 운영할 계획이다. 규정상 신청자가 3명 이상일 때에만 요가 교실을 운영한다. 새로 온 수습사무관 A, B, C, D, E, F, G와 관련해 다음과 같은 사실이 알려져 있다.

○ F는 신청한다.
○ C가 신청하면 G가 신청한다.
○ D가 신청하면 F는 신청하지 않는다.
○ A나 C가 신청하면 E는 신청하지 않는다.
○ G나 B가 신청하면 A나 D 중 적어도 한 명이 신청한다.

<보 기>

ㄱ. 요가 교실 신청자는 최대 5명이다.
ㄴ. G와 B 중 적어도 한 명이 신청하는 경우에만 요가 교실이 운영된다.
ㄷ. A가 신청하지 않으면 F를 제외한 어떤 수습사무관도 신청하지 않는다.

① ㄱ
② ㄷ
③ ㄱ, ㄴ
④ ㄴ, ㄷ
⑤ ㄱ, ㄴ, ㄷ

1단계

제시된 명제를 기호화하면 다음과 같다.

- 명제 1: F
- 명제 2: C → G
- 명제 3: D → F X
- 명제 4: A or C → E X
- 명제 5: G or B → A or D

2단계

명제 1과 명제 3에서 'F'와 'D X'가 확정되므로 이를 토대로 A~G의 신청 여부를 표로 정리하면 다음과 같다.

A	B	C	D	E	F	G
			X		O	

ㄱ. 요가 교실 신청자가 최대인 경우는 명제 2, 4, 5에 따라 A, B, C, G가 모두 신청하는 것이다. 따라서 요가 교실 신청자는 최대 5명이다.

ㄴ. 지문에 따르면 규정상 신청자가 3명 이상일 때에만 요가 교실을 운영하므로 G와 B 중 적어도 한 명이 신청하는 경우에만 요가 교실이 운영된다는 것은 '3명 이상 → B or G'임을 의미한다. 이에 따라 'B X and G X → 3명 미만'이 참이라면 G와 B 중 적어도 한 명이 신청하는 경우에만 요가 교실이 운영된다는 것도 참이다. 'B X and G X'인 경우, 명제 2의 대우에 따라 'C X'가 확정되므로 가능한 경우는 다음과 같다.

A	B	C	D	E	F	G
	X	X	X		O	X

이때, 명제 4에 따르면 'A → E X'이고, 명제 4의 대우는 'E → A X'이므로 'B X and G X'인 경우 신청자는 3명 미만이 된다. 이에 따라 G와 B 중 적어도 한 명이 신청하는 경우에만 요가 교실이 운영된다.

따라서 정답은 ③이다.

오답체크

ㄷ. 'A X'이면 명제 5의 대우에 따라 'B X and G X'가 확정되고, 명제 2의 대우에 따라 'C X'도 확정된다. 하지만 E가 신청하는지는 알 수 없으므로 A가 신청하지 않으면 F를 제외한 어떤 수습사무관도 신청하지 않는다는 것은 반드시 참이라고 볼 수 없다.

PSAT 전문가의 Tip

논리추론 유형은 어떤 경우에도 변하지 않는 고정 조건을 찾아 기준으로 정하면 문제 풀이 시간을 단축할 수 있다. 순서나 위치의 기준이 되는 고정 조건을 먼저 찾은 후 나머지 조건들을 서로 연결지어 확인한다.

상황판단 기출유형공략

상황판단 소개

상황판단은 글, 법조문, 표로 제시된 상황을 이해하고 적용하는 능력과 상황에 조건을 적용하여 결과를 도출하는 능력을 평가하기 위한 영역이다. 상황판단은 총 25문항이 출제되고, 언어논리 25문항과 함께 120분 내에 풀어야 한다.

출제 유형 분석

상황판단은 ① 세부 내용 파악, ② 법·규정의 적용, ③ 문제해결, ④ 논리퍼즐 총 4가지 유형으로 출제된다.

출제 유형	유형 설명	문항당 권장 풀이 시간
세부 내용 파악	글에 제시된 정보를 바탕으로 세부적인 내용의 옳고 그름을 추론하는 유형	약 1분 40초
법·규정의 적용	법조문 또는 규정을 바탕으로 구체적인 사례의 적절성을 판단하는 유형	약 2분
문제해결	제시된 조건을 구체적인 상황에 적용하여 문제의 해결 방안을 도출하는 유형	약 3분
논리퍼즐	제시된 조건을 조합하는 과정이나 조건을 조합한 결과를 도출하는 유형	약 3분

출제 경향

01 2025년 시험의 난이도는 2024년 대비 전반적으로 하락하였다. 법·규정의 적용 유형은 모든 문제가 <상황> 제시 없는 단순 법조문 해석으로 출제되어 난도가 낮아졌고, 문제해결과 논리퍼즐 유형에서 상대적으로 고난도 문제(21번, 25번)가 출제되었다.

02 소재 측면에서는 전문적 지식이 필요한 생소한 소재는 줄고 일상·실무 관련 소재가 크게 증가했다. 특히 세부 내용 파악 유형에서는 전년도의 뇌과학, 암호 기술과 같은 전문적인 소재 대신 소금 생산 방법, 복지 제도와 같은 일상적인 소재가 활용되었으며, 이러한 소재의 단순화가 체감 난이도 하락에 영향을 미친 것으로 판단된다.

03 2025년 시험에서도 문제해결 유형이 12문항으로 가장 높은 비중을 차지했으며, 이어서 법·규정의 적용 7문항, 논리퍼즐 4문항, 세부 내용 파악 2문항 순으로 출제되었다. 특히 법·규정의 적용 유형은 2024년보다 2문항 증가한 반면, 논리퍼즐 유형은 2문항 감소했다.

04 문제 배치 측면에서는 전년도와 유사하게 전반부에 법·규정의 적용 유형, 중반부에 세부 내용 파악과 문제해결 유형, 후반부에 논리퍼즐 유형이 배치되었다. 또한 논리퍼즐 유형은 표의 일부만 제공되는 등의 복잡한 형태 없이 비교적 단순하고 간결한 형태로 출제되었다.

상황판단 대비 전략

01 다양한 주제의 글을 읽고 핵심어나 핵심 내용 등의 정보를 빠르게 파악하는 연습을 한다.

02 제시된 글이나 자료에서 결론과 근거를 정확히 파악하는 연습을 한다.

03 문제의 오답률을 줄이기 위해 선택지나 〈보기〉의 근거를 제시된 글이나 자료에 표시하면서 문제를 푸는 연습을 한다.

04 다양한 자료가 제시되므로 글이나 조건의 핵심어를 간단히 도식화하여 빠르게 문제를 푸는 연습을 한다.

05 대부분 제시된 글이나 법조문에 선택지나 〈보기〉의 근거가 그대로 제시되어 비교적 난도가 낮은 세부 내용 파악과 법·규정의 적용 유형을 먼저 풀이하고, 제시된 자료에서 조건을 분석하고, 조합하여 결과를 추론하기 때문에 비교적 난도가 높은 문제해결과 논리퍼즐 유형을 나중에 풀이하여 제한 시간 내 최대한 많은 문제를 푸는 연습을 한다.

06 본 교재의 '빠른 문제 풀이 전략'과 '고득점자의빠른 문제 풀이 Tip'을 적용하여 문제를 빠르고 정확하게 푸는 연습을 한다.

07 본 교재의 '취약 유형 분석표'를 활용하여 자신이 취약한 유형을 파악하고 틀린 문제를 다시 풀어보며 취약 유형을 극복한다.

유형 1 - 세부 내용 파악

세부 내용 파악은 글에 제시된 정보를 바탕으로 세부적인 내용의 옳고 그름을 추론하는 유형으로, 2025년 상황판단에서는 2문항이 출제되었다. 약 700자 정도의 글이 나오고, 글과 일치하거나 일치하지 않는 내용 또는 글에 제시된 내용을 바탕으로 추론할 수 있는 내용이 선택지나 〈보기〉로 제시된다. 언어논리의 세부 내용 파악과 달리 상황판단의 세부 내용 파악은 글에 제시된 정보를 바탕으로 계산을 하거나 상황에 적용하는 문제가 출제되기도 한다.

빠른 문제 풀이 전략

1단계 | 선택지나 〈보기〉를 먼저 읽고 핵심어를 파악한다.

글을 읽기 전 선택지나 〈보기〉를 먼저 읽고 핵심어를 찾아 동그라미 등의 기호로 표시한다. 이때 고유명사나 숫자와 같이 글에서 쉽게 찾을 수 있는 것을 핵심어로 설정하면 문제 풀이 시간을 단축할 수 있다.

▼

2단계 | 핵심어와 관련된 내용을 글에서 찾아 선택지나 <보기>의 내용과 대조하여 정답을 찾는다.

글을 읽으면서 선택지나 〈보기〉의 핵심어가 언급된 부분을 찾아 표시하고, 선택지나 〈보기〉의 내용과 글의 내용을 비교하여 각 선택지나 〈보기〉의 내용이 옳은지, 옳지 않은지 확인한다.

다음 글을 근거로 판단할 때, <보기>에서 옳은 것만을 모두 고르면?

[2022년 5급공채]

사람들은 관리자의 업무지시 능력이 뛰어난 작업장일수록 '업무실수 기록건수'가 적을 것이라고 생각한다. 이런 통념을 검증하기 위해 ○○ 공장의 8개 작업장을 대상으로 연구가 진행되었다. 각 작업장의 인력 구성과 업무량 등은 모두 동일했다. 업무실수 기록건수를 종속변수로 설정하고 6개월 동안 관련 자료를 꼼꼼히 조사하여 업무실수 기록건수 실태를 파악하였다. 또한 공장 구성원에 대한 설문조사와 인터뷰를 통해 관리자의 업무지시 능력, 근로자의 직무만족도, 직장문화 등을 조사했다.

분석 결과 관리자의 업무지시 능력이 우수할수록, 근로자의 직무만족도가 높을수록 업무실수 기록건수가 많았다. 또한 근로자가 상급자의 실수 지적을 두려워하지 않고 자신의 실수를 인정하며 그것을 통해 학습하려는 직장문화에서는 업무실수 기록건수가 많았다. 반면 업무실수 기록건수가 적은 작업장에서는 근로자가 자신의 실수를 보고하면 상급자로부터 질타나 징계를 받을 것이라는 우려 때문에 가급적 실수를 감추었다.

<보 기>

ㄱ. 업무실수 기록건수가 많은 작업장에서는 실수를 통해 학습하려는 직장문화가 약할 것이다.
ㄴ. 업무실수 기록건수가 많다고 해서 근로자의 직무만족도가 낮은 것은 아닐 것이다.
ㄷ. 관리자의 업무지시 능력이 우수한 작업장일수록 업무실수 기록건수가 적을 것이다.
ㄹ. 징계에 대한 우려가 약한 작업장보다 강한 작업장에서 업무실수 기록건수가 적을 것이다.

① ㄱ, ㄴ
② ㄱ, ㄷ
③ ㄴ, ㄷ
④ ㄴ, ㄹ
⑤ ㄷ, ㄹ

1단계

각 〈보기〉에서 '업무실수 기록건수'가 공통적으로 등장하고 있으므로 이를 제외한 핵심어를 파악한다.

ㄱ. 실수를 통해 학습하려는 직장문화
ㄴ. 근로자의 직무만족도
ㄷ. 관리자의 업무지시 능력
ㄹ. 징계에 대한 우려

2단계

ㄴ. 2문단에서 근로자의 직무만족도가 높을수록 업무실수 기록건수가 많았다고 했으므로 업무실수 기록건수가 많다고 해서 근로자의 직무만족도가 낮은 것은 아닐 것임을 알 수 있다.
ㄹ. 2문단에서 업무실수 기록건수가 적은 작업장에서는 근로자가 자신의 실수를 보고하면 상급자로부터 질타나 징계를 받을 것이라는 우려 때문에 가급적 실수를 감추었다고 했으므로 징계에 대한 우려가 약한 작업장보다 강한 작업장에서 업무실수 기록건수가 적을 것임을 알 수 있다.

오답체크

ㄱ. 2문단에서 근로자가 상급자의 실수 지적을 두려워하지 않고 자신의 실수를 인정하며 그것을 통해 학습하려는 직장문화에서는 업무실수 기록건수가 많았다고 했으므로 업무실수 기록건수가 많은 작업장에서는 실수를 통해 학습하려는 직장문화가 약하지 않음을 알 수 있다.
ㄷ. 2문단에서 관리자의 업무지시 능력이 우수할수록, 근로자의 직무만족도가 높을수록 업무실수 기록건수가 많았다고 했으므로 관리자의 업무지시 능력이 우수한 작업장일수록 업무실수 기록건수가 적은 것은 아님을 알 수 있다.

PSAT 전문가의 Tip

세부 내용 파악 유형은 제시된 글에서 구체적인 시기, 접속사, 큰따옴표나 작은 따옴표와 같은 강조 표시, 수치 표현 등이 〈보기〉의 핵심어로 구성될 가능성이 높다.
따라서 〈보기〉에서 구체적인 시기, 접속사, 강조 표시, 수치 표현 등이 포함된 핵심어를 제시된 글의 내용과 비교하면 문제 풀이 시간을 단축할 수 있다.

유형 2 - 법·규정의 적용

법·규정의 적용은 법조문 또는 규정을 바탕으로 구체적인 사례의 적절성을 판단하는 유형으로, 2025년 상황판단에서 7문항이 출제되었다. 약 600자 정도의 법조문과 규정이 제시되고, 선택지나 〈보기〉는 법조문 또는 규정과 일치하거나 일치하지 않는 내용이나 법조문 또는 규정이 적용된 사례로 구성된다.

빠른 문제 풀이 전략

1단계 | 선택지나 〈보기〉를 먼저 읽고, 선택지나 〈보기〉의 내용에서 주체와 행위를 파악한다.

법조문 및 규정은 주체와 행위의 구조로 이루어져 있으므로 선택지나 〈보기〉를 먼저 읽고 주체와 행위를 찾는다.

2단계 | 선택지나 〈보기〉의 주체와 행위가 포함된 법조문 및 규정을 찾아 파악한 후, 이를 선택지나 〈보기〉에 적용한다.

선택지나 〈보기〉에서 찾은 주체와 행위가 해당되는 법조문 및 규정을 파악한 후, 선택지나 <보기>의 주체와 행위에 적용하여 옳은 내용인지 옳지 않은 내용인지 확인한다.

다음 글을 근거로 판단할 때, 옳지 않은 것은? [2021년 7급공채]

제00조 ① 정보공개심의회(이하 '심의회'라 한다)는 다음 각 호의 구분에 따라 10인 이내의 위원으로 구성한다.
1. 내부 위원: 위원장 1인(○○실장)과 각 부서의 정보공개담당관 중 지명된 3인
2. 외부 위원: 관련분야 전문가 중에서 총 위원수의 3분의 1 이상 위촉
② 위원은 특정 성별이 다른 성별의 2분의 1 이하가 되지 않도록 한다.
③ 위원장을 비롯한 내부 위원의 임기는 그 직위에 재직하는 기간으로 하며, 외부 위원의 임기는 2년으로 하되 2회에 한하여 연임할 수 있다.
④ 심의회는 위원장이 소집하고, 회의는 위원장을 포함한 재적위원 3분의 2 이상의 출석으로 개의하고 출석위원 3분의 2 이상의 찬성으로 의결한다.
⑤ 위원은 부득이한 이유로 참석할 수 없는 경우에는 서면으로 의견을 제출할 수 있다. 이 경우 해당 위원은 심의회에 출석한 것으로 본다.

① 외부 위원의 최대 임기는 6년이다.
② 정보공개심의회는 최소 6명의 위원으로 구성된다.
③ 정보공개심의회 내부 위원이 모두 여성일 경우, 정보공개심의회는 7명의 위원으로 구성될 수 있다.
④ 정보공개심의회가 8명의 위원으로 구성되면, 위원 3명의 찬성으로 의결되는 경우가 있다.
⑤ 위원장을 포함한 위원 5명이 직접 출석하여 이들 모두 안건에 찬성하고, 위원 2명이 부득이한 이유로 서면으로 의견을 제출한 경우, 제출된 서면 의견에 상관없이 해당 안건은 찬성으로 의결된다.

1단계

선택지를 읽고 주체와 행위를 파악한다.
① 외부 위원 임기-최대 6년
② 정보공개심의회-최소 6명 구성
③ 내부 위원이 모두 여성일 때 정보공개심의회-7명 구성
④ 위원 8명일 때 의결정족수-최소 3명 찬성으로 의결
⑤ 5명 출석 및 찬성, 2명 서면 제출했을 때 의결 O

2단계

법조문 제4항에 따르면 심의회는 위원장이 소집하고, 회의는 위원장을 포함한 재적위원 3분의 2 이상의 출석으로 개의, 출석위원 3분의 2 이상의 찬성으로 의결한다. 이때 정보공개심의회가 8명의 위원으로 구성되면 재적위원 3분의 2 이상인 6명 이상이 출석하고, 출석위원 3분의 2 이상인 4명 이상이 찬성해야 의결되므로 위원 3명의 찬성으로 의결되는 경우는 없음을 알 수 있다.

오답체크

① 법조문 제3항에서 외부 위원의 임기는 2년으로 하되 2회에 한하여 연임할 수 있다고 했으므로 외부 위원의 임기는 최대 2+2+2=6년이다.
② 법조문 제1항 제1호에 따르면 내부 위원은 4명으로 구성하고, 제2호에 따르면 외부 위원은 관련분야 전문가 중에서 총 위원수의 3분의 1 이상을 위촉하므로 외부 위원을 2명으로 구성하면 정보공개심의회는 최소 6명의 위원으로 구성될 수 있다.
③ 법조문 제2항에서 위원은 특정 성별이 다른 성별의 2분의 1 이하가 되지 않도록 한다고 했고, 내부 위원 4명 모두 여성이고, 외부 인원 3명이 모두 남성일 경우 남성 위원 수는 여성 위원 수의 2분의 1 이상이므로 정보공개심의회는 7명의 위원으로 구성될 수 있다.
⑤ 법조문 제5항에 따르면 위원은 서면으로 의견을 제출할 수 있으며, 서면으로 의견을 제출한 위원은 심의회에 출석한 것으로 본다. 이에 따라 출석위원은 총 7명이며, 이 경우 법조문 제4항에 따라 출석위원 3분의 2 이상인 5명의 찬성으로 의결되므로 직접 출석한 위원 5명이 모두 안건에 찬성하였다면, 제출된 서면 의견에 상관없이 해당 안건은 찬성으로 의결될 수 있다.

PSAT 전문가의 *Tip*

법·규정의 적용 유형은 법조문 또는 규정에서 예외 조항을 포함하고 있을 경우, 예외 조항이 기존에 가능했던 주체의 행위를 제한하거나 제한되어 있던 주체의 행위를 가능하게 하기 때문에 예외 조항을 정확히 파악하고 문제를 풀어야 한다.

유형 3 - 문제해결

문제해결은 제시된 조건을 구체적인 상황에 적용하여 문제의 해결 방안을 도출하는 유형으로 2025년 상황판단에서 12문항이 출제되었다. 약 400자 정도의 짧은 글, 표, 그림 등이 조건으로 제시되고, 선택지나 〈보기〉는 조건에 따른 항목이나 상황, 비용 등으로 구성된다.

빠른 문제 풀이 전략

1단계 | 제시된 자료를 토대로 조건을 정리한다.

제시된 자료를 읽고 조건을 정리한다. 이때 선택지나 〈보기〉에 적용했을 때, 결론이 바로 도출되는 조건은 별도로 표시하여 다른 조건과 구분한다.

2단계 | 정리한 조건을 선택지나 〈보기〉에 적용하여 오답을 소거한다.

결론이 바로 도출되는 조건을 선택지나 〈보기〉에 먼저 적용하여 조건에 맞지 않는 오답을 소거한 후, 나머지 조건을 적용하는 순으로 문제를 푼다.

다음 글을 근거로 판단할 때, 甲이 수강할 과목만을 모두 고르면?

[2021년 5급공채]

○ 甲이 소속된 기관에서는 상시학습 과목을 주기적으로 반복하여 수강하도록 하고 있다.
○ 甲은 2021년 1월 15일 하루 동안 상시학습 과목을 수강하여 '학습점수'를 최대화하고자 한다.
○ 甲이 하루에 수강할 수 있는 최대 시간은 8시간이다.
○ 2021년 1월 15일 기준, 권장 수강주기가 지난 상시학습 과목을 수강하는 경우 수강시간 만큼 학습점수로 인정한다.
○ 2021년 1월 15일 기준, 권장 수강주기 이내에 상시학습 과목을 수강하는 경우 수강시간의 두 배를 학습점수로 인정한다.
○ 과목별 수강시간을 다 채운 경우에 한하여 학습점수를 인정한다.

<상시학습 과목 정보>

과목명	수강시간	권장 수강주기	甲의 직전 수강일자
통일교육	2	12개월	2020년 2월 20일
청렴교육	2	9개월	2020년 4월 11일
장애인식교육	3	6개월	2020년 6월 7일
보안교육	3	3개월	2020년 9월 3일
폭력예방교육	5	6개월	2020년 8월 20일

① 통일교육, 폭력예방교육
② 통일교육, 장애인식교육, 보안교육
③ 통일교육, 청렴교육, 보안교육
④ 청렴교육, 장애인식교육, 폭력예방교육
⑤ 보안교육, 폭력예방교육

1단계

제시된 글을 토대로 정리한 조건은 다음과 같다.

- 조건 1: 甲은 '학습점수'를 최대화하고자 함
- 조건 2: 甲의 하루 최대 수강시간은 8시간
- 조건 3: 2021년 1월 15일 기준, 권장 수강주기가 지난 상시학습 과목 수강하는 경우 수강시간만큼 학습점수로 인정
- 조건 4: 2021년 1월 15일 기준, 권장 수강주기 이내의 상시학습 과목 수강하는 경우 수강시간의 두 배를 학습점수로 인정
- 조건 5: 과목별 수강시간을 다 채운 경우에 한하여 학습점수를 인정함

2단계

조건 2를 적용하면 甲이 하루에 수강할 수 있는 최대 시간인 8시간을 초과하는 ④는 소거된다. 이후 조건 3과 조건 4를 적용하면 甲이 2021년 1월 15일 기준, 직전 수강일자가 권장 수강주기 이내의 상시학습 과목인 통일교육과 폭력예방교육을 수강하면 총 2+5=7시간을 수강하게 되고, 학습점수를 (2×2)+(5×2)=14점으로 최대화할 수 있다. 따라서 학습점수가 14점 미만인 ②, ③, ⑤는 소거되므로 정답은 ①이다.

PSAT 전문가의 Tip

문제해결 유형에서 문제 풀이에 필요한 조건이 누락되지 않도록 유의한다. 또한 조건에 경우의 수가 많을 경우, 반례에 해당하는 경우의 수를 먼저 파악하여 선택지나 〈보기〉들을 소거하면 문제 풀이 시간을 단축할 수 있다.

유형 4 - 논리퍼즐

논리퍼즐은 제시된 조건을 조합하는 과정이나 조건을 조합한 결과를 도출하는 유형으로 2025년 상황판단에서 4문항이 출제되었다. 약 300자 정도의 짧은 글, 표, 그림 등이 조건으로 제시되고, 선택지는 배치나 순서 등 조건을 조합하여 도출되는 결괏값으로 구성된다.

빠른 문제 풀이 전략

1단계 | 제시된 조건 중 고정 조건을 기준으로 정하고, 서로 관련된 조건을 연결하여 조건의 적용 순서를 정리한다.

고정 조건은 어떤 경우에도 변하지 않는 사실이기 때문에 이를 먼저 찾아 기준으로 정한 후에 조건 간의 관계를 파악하여 조건의 적용 순서를 정리한다.

◎ 고정 조건, 변동 조건

고정 조건	· A는 B이다. 예) 甲은 정책팀에 배정된다. · A는 B가 아니다. 예) 乙은 국제팀이 아니다.
변동 조건	· A는 B이거나 C이다. 예) 丙은 한국어 또는 러시아어를 통역한다.

2단계 | 조건을 도식화하여 정리한 후, 조건을 순서대로 적용하여 결과를 파악한다.

제시된 조건을 도식화하면 조건 간의 관계를 파악하기 쉬우므로 조건을 도식화한 후, 조건을 순서대로 적용하여 문제를 푼다.

빠른 문제 풀이 전략 적용

다음 글을 근거로 판단할 때, 사과 사탕 1개와 딸기 사탕 1개를 함께 먹은 사람과 戊가 먹은 사탕을 옳게 짝지은 것은? [2018년 5급공채]

> 사과 사탕, 포도 사탕, 딸기 사탕이 각각 2개씩 있다. 다섯 명의 사람(甲~戊) 중 한 명이 사과 사탕 1개와 딸기 사탕 1개를 함께 먹고, 다른 네 명이 남은 사탕을 각각 1개씩 먹었다. 이 사실만을 알고 甲~戊는 차례대로 다음과 같이 말했으며, 모두 진실을 말하였다.
>
> 甲: 나는 포도 사탕을 먹지 않았어.
> 乙: 나는 사과 사탕만을 먹었어.
> 丙: 나는 사과 사탕을 먹지 않았어.
> 丁: 나는 사탕을 한 종류만 먹었어.
> 戊: 너희 말을 다 듣고 아무리 생각해봐도 나는 딸기 사탕을 먹은 사람 두 명 다 알 수는 없어.

① 甲, 포도 사탕 1개
② 甲, 딸기 사탕 1개
③ 丙, 포도 사탕 1개
④ 丙, 딸기 사탕 1개
⑤ 戊, 사과 사탕 1개와 딸기 사탕 1개

1단계

제시된 글에서 사탕이 각각 2개씩 총 6개가 있다는 것, 한 명은 사과 사탕 1개와 딸기 사탕 1개를 함께 먹고, 네 명은 사탕을 각각 1개씩 먹었다는 것과 甲, 乙, 丙의 말이 고정 조건임을 파악한다. 이를 기준으로 경우의 수가 적은 丁의 조건을 먼저 정리한 후, 戊의 조건을 정리한다.

2단계

제시된 조건 중 고정 조건을 도식화 하면 아래와 같다.

구분	甲	乙	丙	丁	戊
사과		O	X		
포도	X	X			
딸기		X			

사탕은 각각 2개씩 있고, 乙이 사과 사탕만을 먹었으므로 남은 사과 사탕 1개를 먹은 사람이 딸기 사탕 1개를 함께 먹었음을 알 수 있다. 이때 한 종류의 사탕만 먹은 丁은 사과 사탕을 먹지 않았음을 알 수 있다.

구분	甲	乙	丙	丁	戊
사과		O	X	X	
포도	X	X			
딸기		X			

또한 戊가 사과 사탕과 딸기 사탕을 함께 먹거나 딸기 사탕 1개만을 먹었을 경우, 甲은 반드시 딸기 사탕 1개를 먹게 되므로 戊는 딸기 사탕을 먹은 사람 두 명을 다 알게 된다. 이는 戊의 말이 진실이라는 조건과 맞지 않으므로 戊는 포도 사탕 1개를 먹었음을 알 수 있다. 이에 따라 甲이 사과 사탕과 딸기 사탕을 함께 먹었음을 알 수 있다.

구분	甲	乙	丙	丁	戊
사과	O	O	X	X	X
포도	X	X			O
딸기	O	X			X

따라서 정답은 ①이다.

PSAT 전문가의 Tip

논리퍼즐 유형에서 조건들 사이의 관계가 복잡하거나 명확하게 조건을 분석할 수 없을 경우, 선택지를 조건에 대입하여 선택지 중 조건에 충족하지 않는 선택지를 소거하여 문제를 푼다.

자료해석 소개

자료해석은 표나 그래프, 글 형태로 제시된 통계 자료를 분석하고, 자료 간의 연관성을 파악하여 정보를 도출하는 능력을 평가하기 위한 영역이다. 총 **25문항**이 출제되며, **60분** 내에 풀어야 한다.

출제 유형 분석

자료해석은 ① **자료이해**, ② **자료논리**, ③ **자료변환** 총 3가지 유형으로 출제된다.

출제 유형	유형 설명	문항당 권장 풀이 시간
자료이해	제시된 자료에 대한 설명의 옳고 그름을 판단하는 유형	약 2분 25초
자료논리	제시된 자료와 조건을 활용하여 자료의 수치나 항목을 추론하는 유형	약 2분 15초
자료변환	제시된 자료를 다른 형태의 자료로 변환하는 유형	약 2분 15초

출제 경향

01 2025년 시험의 난이도는 일부 문제를 제외하고 전체적으로는 평이한 난도로 출제되었으나, 올해 PSAT 세 영역 중 가장 어려운 영역이었다. 자료이해 유형에서 고난도 문제(22번, 24~25번)가 일부 출제되었고, 특히 24~25번은 복수 기준을 단계별로 이해·적용해야 하는 복합 사고형 문제로 더 어려웠다.

02 행정, 산업, 식품, 농업 등 기존에 활용되던 소재와 함께 환경·에너지 관련 소재(5번, 9번, 18번), 국제적 지표·순위 관련 소재(6번, 11번, 25번)의 증가가 특징적이었다. 전년도 대비 소재의 종류는 유사했으나 특정 분야의 집중 출제 경향이 나타났다.

03 2025년 시험에서는 자료이해 유형이 13문항으로 가장 높은 비중을 차지했으며, 자료논리 유형이 8문항, 자료변환 유형이 4문항 출제되었다. 특히 자료논리 유형 안에서 자료를 계산하는 유형이 눈에 띄게 증가하였다.

04 문제 배치 측면에서는 전년도와 유사하게 후반부에 자료이해 유형의 고난도 문제가 연달아 배치되었다. 또한 전년도에 처음 등장한 '자료이해-사용 자료' 유형이 2문제(3~4번) 출제되었으며, 자료변환 유형에서는 선지에 표가 제시된 특이한 형태의 문제(14번)가 출제되었다.

자료해석 대비 전략

01 기출문제를 반복적으로 풀면서 다양한 분야의 자료를 빠르고 정확하게 분석하는 능력을 기른다.

02 제시된 자료를 해석하는 문제에서 자료의 흐름을 파악하여 정답을 빠르게 찾기 위해 표나 그래프의 수치는 가장 크거나 가장 작은 수치를 먼저 확인하는 연습을 한다.

03 자료의 특정한 값을 추론하는 문제와 같은 수치 계산 문제를 실전에서 빠르고 정확하게 풀 수 있도록 해커스잡 사이트(ejob.Hackers.com)에서 제공하는 <PSAT 영역별 핵심 이론 노트(PDF)>에서 변화량, 증감률, 비중, 평균 등의 빈출 계산 공식을 반드시 암기한다.

04 대부분의 경우 시험지의 앞부분에 낮은 난도의 문제가, 뒷부분에 높은 난도의 문제가 출제되므로 난도가 낮은 문제부터 풀이하여 제한 시간 내 최대한 많은 문제를 푸는 연습을 한다.

05 본 교재의 '빠른 문제 풀이 전략'과 '고득점자의 빠른 문제 풀이 Tip'을 적용하여 문제를 빠르고 정확하게 푸는 연습을 한다.

06 본 교재의 '취약 유형 분석표'를 활용하여 자신이 취약한 유형을 파악하고 틀린 문제를 다시 풀어보며 취약 유형을 극복한다.

유형 1 - 자료이해

자료이해는 제시된 자료에 대한 설명의 옳고 그름을 판단하는 유형으로, 2025년 자료해석에서 13문항이 출제되었다. 자료는 표나 그래프로 제시되고, 선택지나 〈보기〉는 주로 제시된 자료를 해석하는 내용이나 주어진 자료를 통해 특정 수치를 계산하고 비교하는 내용 등으로 구성된다.

빠른 문제 풀이 전략

1단계 | 계산을 하지 않아도 되는 선택지나 〈보기〉부터 확인하여 오답을 소거한다.

선택지나 〈보기〉 중 비율, 비중, 증감률, 평균과 같이 공식에 대입하여 계산하는 것을 제외하고, 증감 추이, 순위, 대소 비교와 같이 계산을 하지 않고 자료 자체를 비교하여 옳고 그름을 파악할 수 있는 내용을 먼저 확인하여 오답을 소거한다.

2단계 | 나머지 선택지나 〈보기〉 중 계산이 비교적 간단한 것부터 확인한다.

나머지 선택지나 〈보기〉 중 배수, 변화량, 합계와 같이 계산이 비교적 간단한 것부터 확인한 후, 비율, 비중, 증감률, 평균과 같이 공식에 대입하여 계산하는 내용을 확인하는 순으로 문제를 푼다.

◎ 빈출 계산식

변화량	A의 비교 연도 대비 기준 연도 변화량=A의 기준 연도-A의 비교 연도
증감률	A의 비교 연도 대비 기준 연도 증감률(%)={(A의 기준 연도-A의 비교 연도)/A의 비교 연도}×100
비중	전체에서 A가 차지하는 비중(%)=(A/전체)×100
평균	산술평균=변량의 총합/변량의 개수

다음 <표>는 2015~2019년 '갑'국의 가스사고 현황에 관한 자료이다. 이에 대한 <보기>의 설명 중 옳은 것만을 모두 고르면? [2020년 7급모의]

<표 1> 원인별 사고건수

(단위: 건)

원인 \ 연도	2015	2016	2017	2018	2019
사용자 취급부주의	41	41	41	38	31
공급자 취급부주의	23	16	22	26	29
제품노후	4	12	19	12	18
고의사고	21	16	16	12	9
타공사	2	6	4	8	7
자연재해	12	9	5	3	3
시설미비	18	20	11	23	24
전체	121	120	118	122	121

<표 2> 사용처별 사고건수

(단위: 건)

사용처 \ 연도	2015	2016	2017	2018	2019
주택	48	50	39	42	47
식품접객업소	21	10	27	14	20
특수허가업소	14	14	16	16	12
공급시설	3	7	5	5	6
차량	4	5	4	5	6
제1종 보호시설	3	8	6	8	5
공장	9	6	7	6	4
다중이용시설	0	0	0	0	1
야외	19	20	14	26	20
전체	121	120	118	122	121

<보 기>

ㄱ. 2015년 대비 2019년 사고건수의 증가율은 '공급자 취급부주의'가 '시설미비'보다 작다.
ㄴ. '주택'과 '차량'의 연도별 사고건수 증감방향은 같다.
ㄷ. 2016년에는 사고건수 기준 상위 2가지 원인에 의한 사고건수의 합이 나머지 원인에 의한 사고건수의 합보다 적다.
ㄹ. 전체 사고건수에서 '주택'이 차지하는 비중은 매년 35% 이상이다.

① ㄱ, ㄴ
② ㄱ, ㄹ
③ ㄴ, ㄷ
④ ㄱ, ㄷ, ㄹ
⑤ ㄴ, ㄷ, ㄹ

1단계

4개의 〈보기〉 중 계산을 하지 않아도 옳고 그름을 판단할 수 있는 ㄴ을 먼저 확인한다. '주택'과 '차량'의 연도별 사고건수는 2017년에만 감소하고 나머지 연도는 모두 증가하여 서로 동일하므로 ㄴ은 옳은 설명이다. 따라서 ㄴ이 포함되지 않은 ②, ④를 소거한다.

2단계

남은 〈보기〉 중 계산이 간단한 ㄷ을 먼저 확인한다. 2016년 사고건수 상위 2가지 원인은 '사용자 취급부주의'와 '시설미비'이고, 2가지 원인에 의한 사고건수의 합은 41+20=61건이다. 전체 사고건수는 120건이므로 사고건수 상위 2가지 원인에 의한 사고건수의 합은 나머지 원인에 의한 사고건수의 합인 120−61=59건보다 크므로 ㄷ은 옳지 않은 설명이다.

한편 ㄱ의 경우 증가율을 묻고 있지만, 변화량만 계산하여 확인할 수 있다. 2015년 대비 2019년 사고건수의 증가량은 '공급자 취급부주의'와 '시설미비' 모두 6건이지만, 2015년 사고건수는 '공급자 취급부주의'가 더 많아 2015년 대비 2019년 사고건수의 증가율은 '공급자 취급부주의'가 '시설미비'보다 더 작으므로 ㄱ은 옳은 설명이다. 따라서 정답은 ①이다.

오답체크

ㄹ. 2017년 전체 사고건수에서 '주택'이 차지하는 비중은 (39/118)×100 ≒33.1%이므로 옳지 않은 설명이다.

PSAT 전문가의 Tip

자료이해 유형의 문제를 풀 때, '미만', '이상'과 같은 단어가 포함된 설명은 일정한 수치를 기준으로 그보다 많고 적음만 판단하면 되므로 정확한 수치가 아닌 대략적인 값만 도출하여 옳고 그름을 파악한다.

유형 2 - 자료논리

자료논리는 제시된 자료와 조건을 활용하여 자료의 수치나 항목을 추론하는 유형으로, 2025년 자료해석에서 8문항이 출제되었다. 자료는 표, 그래프, 조건, 공식 등이 다양하게 제시되고, 선택지는 조건과 공식에 따른 계산 값이나 항목, 그래프 등으로 구성된다.

빠른 문제 풀이 전략

1단계 | 계산을 하지 않아도 되거나 계산이 간단한 조건부터 확인하여 오답을 소거한다.

제시된 자료에서 계산을 하지 않아도 정보를 바로 추론할 수 있거나 계산이 간단한 조건부터 먼저 확인하여 오답을 소거한다.

2단계 | 나머지 선택지나 서로 관련 있는 조건을 차례대로 확인한다.

남아있는 선택지 또는 처음으로 확인한 조건과 관련 있는 조건을 순차적으로 확인하여 정보를 추론해나간다. 이때 배수, 변화량, 합계 등 간단한 계산이 필요한 것부터 확인하는 순으로 문제를 푼다.

다음 <표>와 <정보>는 A~J지역의 지역발전 지표에 관한 자료이다. 이를 근거로 '가'~'라'에 들어갈 수 있는 값으로만 나열한 것은? [2021년 7급공채]

<표> A~J지역의 지역발전 지표

(단위: %, 개)

지표 / 지역	재정 자립도	시가화 면적 비율	10만 명당 문화 시설수	10만 명당 체육 시설수	주택 노후화율	주택 보급률	도로 포장률
A	83.8	61.2	4.1	111.1	17.6	105.9	92.0
B	58.5	24.8	3.1	(다)	22.8	93.6	98.3
C	65.7	35.7	3.5	103.4	13.5	91.2	97.4
D	48.3	25.3	4.3	128.0	15.8	96.6	100.0
E	(가)	20.7	3.7	133.8	12.2	100.3	99.0
F	69.5	22.6	4.1	114.0	8.5	91.0	98.1
G	37.1	22.9	7.7	110.2	20.5	103.8	91.7
H	38.7	28.8	7.8	102.5	19.9	(라)	92.5
I	26.1	(나)	6.9	119.2	33.7	102.5	89.6
J	32.6	21.3	7.5	113.0	26.9	106.1	87.9

<정 보>

○ 재정자립도가 E보다 높은 지역은 A, C, F임.
○ 시가화 면적 비율이 가장 낮은 지역은 주택노후화율이 가장 높은 지역임.
○ 10만 명당 문화시설수가 가장 적은 지역은 10만 명당 체육시설수가 네 번째로 많은 지역임.
○ 주택보급률이 도로포장률보다 낮은 지역은 B, C, D, F임.

	가	나	다	라
①	58.6	20.9	100.9	92.9
②	60.8	19.8	102.4	92.5
③	63.5	20.1	115.7	92.0
④	65.2	20.3	117.1	92.6
⑤	65.8	20.6	118.7	93.7

1단계

네 개의 〈정보〉 중 계산을 하지 않아도 정보를 바로 비교할 수 있는 두 번째 〈정보〉와 네 번째 〈정보〉를 먼저 확인한다. 두 번째 〈정보〉에 따라 시가화 면적 비율이 가장 낮고 주택노후화율이 가장 높은 지역을 찾으면 I이므로 (나)는 시가화 면적 비율이 두 번째로 낮은 지역인 E의 20.7보다 작아야 한다. 이에 따라 선택지에서 (나)가 20.9인 ①을 소거한다.
또한 네 번째 〈정보〉에 따르면 주택보급률이 도로포장률보다 낮은 지역은 B, C, D, F이므로 H의 주택보급률인 (라)는 H의 도로포장률인 92.5보다 커야 한다. 이에 따라 선택지에서 (라)가 92.0인 ③을 소거한다.

2단계

나머지 〈정보〉 중 상대적으로 자료 비교가 용이한 첫 번째 〈정보〉를 먼저 확인한다. 첫 번째 〈정보〉에 따르면 재정자립도가 E보다 높은 지역은 A, C, F이고, 이 중 C의 재정자립도가 65.7%로 가장 낮으므로 선택지에서 (가)가 65.7보다 큰 ⑤를 소거한다. 이후 세 번째 〈정보〉에 따라 10만 명당 문화시설수가 가장 적고, 10만 명당 체육시설수가 네 번째로 많은 지역을 찾으면 B이므로 B의 10만 명당 체육시설 수는 113.0개보다 더 많아야 한다. 이에 따라 선택지에서 (다)가 113.0보다 큰 ②가 소거된다.
따라서 정답은 ④이다.

PSAT 전문가의 Tip

자료논리 유형은 제시된 조건 중 '~를 제외하고, 가장, ~뿐'과 같은 제한적인 표현이 포함된 것부터 먼저 확인하면 정보를 빠르게 추론할 수 있는 경우가 많다.

유형 3 - 자료변환

자료변환은 제시된 자료를 다른 형태의 자료로 변환하는 유형으로, 2025년 자료해석에서 4문항이 출제되었다. 자료는 보고서 또는 표로 제시되고, 선택지는 제시된 자료의 일부 또는 전체 내용을 제시된 자료와는 다른 형식으로 나타낸 표나 그래프로 구성된다.

빠른 문제 풀이 전략

1단계 | 선택지의 제목과 구성 항목을 파악한 후 자료의 수치를 그대로 나타내거나 계산이 간단한 선택지를 먼저 확인한다.

선택지에 제시된 자료의 제목과 구성 항목을 확인한다. 선택지의 구성 항목과 관련 있는 내용만 제시된 자료에서 확인한 후 이에 따라 어떤 방법으로 풀이해야 하는지를 파악한다. 이때 제시된 자료의 값을 그대로 나타내거나 합계, 차이, 배수, 변화량 등 계산이 간단한 선택지부터 먼저 확인한다.

2단계 | 나머지 선택지 중 계산이 비교적 간단한 것부터 확인한다.

남아있는 선택지 중 제시된 자료의 값을 계산해야 하는 경우 계산이 간단하거나 계산 항목이 적은 것부터 확인하여 문제풀이 시간을 단축한다.

다음 <표>는 2014~2018년 공공기관 신규채용 합격자 현황에 관한 자료이다. 이를 이용하여 작성한 그래프로 옳지 않은 것은? [2020년 7급모의]

<표 1> 공공기관 신규채용 합격자 현황

(단위: 명)

합격자 \ 연도		2014	2015	2016	2017	2018
전체		17,601	19,322	20,982	22,547	33,832
	여성	7,502	7,664	8,720	9,918	15,530

<표 2> 공공기관 유형별 신규채용 합격자 현황

(단위: 명)

유형	합격자 \ 연도	2014	2015	2016	2017	2018
공기업	전체	4,937	5,823	5,991	6,805	9,070
	여성	1,068	1,180	1,190	1,646	2,087
준정부기관	전체	5,055	4,892	6,084	6,781	9,847
	여성	2,507	2,206	2,868	3,434	4,947
기타공공기관	전체	7,609	8,607	8,907	8,961	14,915
	여성	3,927	4,278	4,662	4,838	8,496

※ 공공기관은 공기업, 준정부기관, 기타공공기관으로만 구성됨.

① 공공기관 유형별 신규채용 합격자 현황

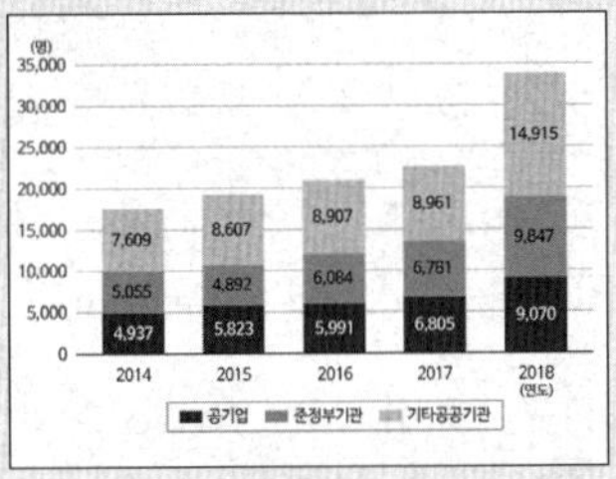

② 2016년 공공기관 유형별 신규채용 남성 합격자 현황

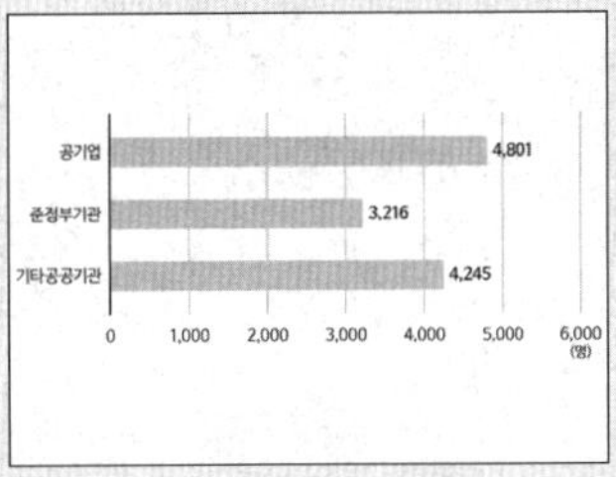

③ 공공기관 유형별 신규채용 합격자 중 여성 비중

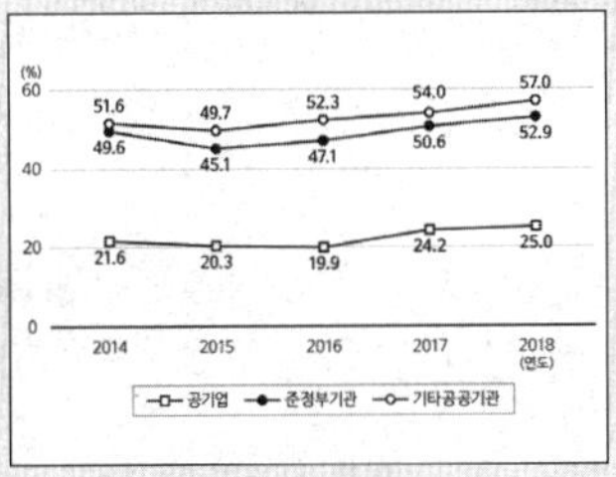

④ 공공기관 신규채용 합격자의 전년대비 증가율

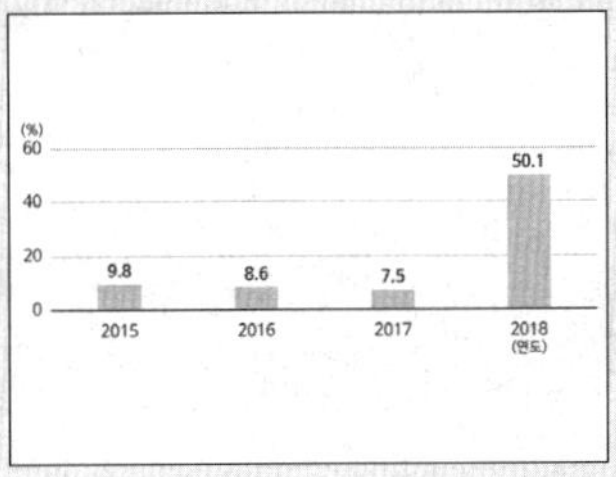

⑤ 2018년 공공기관 신규채용 합격자의 공공기관 유형별 구성비

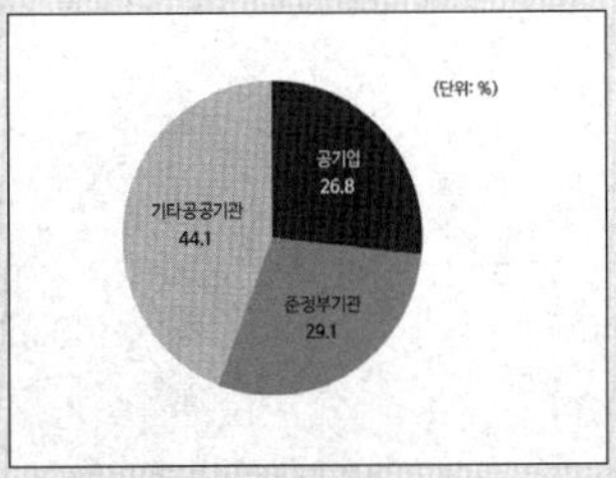

1단계

선택지의 자료 제목과 구성 항목을 통해 ①은 자료의 공공기관 유형별 신규채용 합격자 현황을 그대로 나타낸 선택지이고, ②는 차이를 간단히 계산하는 선택지임을 파악한다. ①은 〈표 2〉의 공공기관 유형별 신규채용 합격자 현황을 바탕으로 옳게 나타낸 것임을 알 수 있다. ②는 2016년 공공기관 유형별 신규채용 합격자 현황에서 여성 합격자 수를 각각 빼서 계산한다. 2016년 공공기관 유형별 신규채용 남성 합격자 현황은 공기업이 5,991−1,190=4,801명, 6,084−2,868=3,216명, 기타공공기관이 8,907−4,662=4,245명이므로 ②는 옳게 나타낸 것임을 알 수 있다.

2단계

나머지 선택지인 ③, ④, ⑤ 중 ③과 ⑤는 비중을 계산하는 선택지이고, ④는 전년대비 증가율을 계산하는 선택지이므로 이 중 계산 항목이 적은 ⑤를 먼저 계산한다. 2018년 공공기관 신규채용 합격자의 공공기관 유형별 구성비는 공기업이 (9,070/33,832)×100≒26.8%, 준정부기관이 (9,847/33,832)×100≒29.1%, 기타공공기관이 (14,915/33,832)×100≒44.1%이므로 ⑤는 옳게 나타낸 것임을 알 수 있다.

이후 ③과 ④ 중 계산이 더 간단한 ③을 먼저 계산한다. 2018년 공기업 신규채용 합격자 중 여성의 비중이 (2,087/9,070)×100≒23.0%이고, 준정부기관 신규채용 합격자 중 여성의 비중이 (4,947/9,847)×100≒50.2%이므로 ③은 옳게 나타낸 것이 아님을 알 수 있다.

따라서 정답은 ③이다.

오답체크

④ 공공기관 신규채용 합격자의 전년대비 증가율은 2015년이 {(19,322−17,601)/17,601}×100≒9.8%, 2016년이 {(20,982−19,322)/19,322}×100≒8.6%, 2017년이 {(22,547−20,982)/20,982}×100≒7.5%, 2018년이 {(33,832−22,547)/22,547}×100≒50.1%이므로 ④는 옳게 나타낸 것임을 알 수 있다.

PSAT 전문가의 Tip

자료변환 유형은 제시되는 자료의 수가 많으므로 비교해야 하는 항목이나 수치에 표시를 하여 정확하게 문제를 풀 수 있도록 유의한다.

해커스 **민간경력자** PSAT 15개년 기출문제집

2025년 기출문제

언어논리

상황판단

자료해석

문제 풀이 시작과 종료 시각을 정하세요.

· 언어논리/상황판단 (120분) ________시 ________분 ~ ________시 ________분

· 자료해석 (60분) ________시 ________분 ~ ________시 ________분

* 교재 뒤에 수록되어 있는 OCR 답안지와 해커스ONE 애플리케이션의 모바일 타이머를 이용하여 실전처럼 모의고사를 풀어보세요.
* 기출문제 풀이 후, 약점 보완 해설집에 있는 '바로 채점 및 성적 분석 서비스' QR코드를 스캔하여 응시 인원 대비 본인의 성적 위치를 확인할 수 있습니다.

언어논리영역

1. 다음 글에서 알 수 있는 것은?

> 신라 수도였던 경주에는 기원후 4세기 후반에서 5세기 초 사이에 조성된 고분이 많은데, 이곳에서 당시 서아시아 사산조 페르시아에서 유행하던 양식의 물건이 많이 나왔다. 실제로 황남대총에서는 길쭉한 금판에 터키석으로 장식한 팔찌가 나왔는데, 사산조 페르시아 귀족들이 쓰던 팔찌와 그 모양이 같다. 계림로 14호 고분에서도 손잡이에 석류석이 박혀 있고 칼집 입구에 길쭉한 직사각형의 장식물이 붙은 보검이 나왔다. 이 역시 사산조 페르시아에서 유행한 모양 그대로이다.
>
> 이런 유물이 신라 고분에서 나온 이유는 무엇일까? 혹자는 신라에 수많은 서아시아인이 살면서 사산조 페르시아산 물건을 팔았기 때문이라고 말한다. 하지만 4세기 후반과 5세기 초 사이에 서아시아인이 신라에 살았다는 증거는 없다. 당시 서아시아인이 신라에 오는 것은 사실상 불가능에 가까운 일이었다.
>
> 4세기 후반 신라의 왕은 내물마립간이었다. 그는 고구려와 가깝게 지내면서 군사·외교적으로 큰 도움을 받았는데, 377년에 고구려 소수림왕의 허락을 받아 사신을 고구려 영토를 거쳐 전진에 보내는 데 성공했다. 이때 신라 사신은 전진의 황제 부견을 알현해 내물마립간의 친서를 전달했다. 부견은 370년에 중국 화북 지역을 장악한 뒤 곧바로 서쪽으로 진출해 서역의 여러 나라를 정복했으며, 실크로드를 통해 사산조 페르시아와 교류했다. 그 영향으로 신라 사신이 방문하기 얼마 전부터 전진에는 무려 만여 명에 달하는 사산조 페르시아 사람이 들어와 살기 시작했다. 내물마립간이 보낸 사신은 이들로부터 사산조 페르시아에서 유행하던 양식을 갖춘 보검과 팔찌를 사들여왔으며, 이 물건들이 황남대총과 계림로 14호 고분에 부장되었다가 오늘날에 이르러 발굴된 것이다.

① 전진의 황제 부견은 신라의 왕 내물마립간이 보낸 사신을 만난 일이 있다.
② 경주에 소재한 계림로 14호 고분에서 터키석으로 장식된 팔찌가 출토되었다.
③ 사산조 페르시아는 전진과 함께 서역의 여러 나라를 정복하고 실크로드를 개척했다.
④ 고구려 소수림왕은 신라의 요청을 받아들여 전진에 사신을 보내 서아시아 지역에서 제작된 보검을 구해 주었다.
⑤ 신라 사신은 부견의 도움으로 서아시아산 물건을 구해달라는 내용의 친서를 사산조 페르시아에 보낼 수 있었다.

2. 다음 글의 내용과 부합하는 것은?

> 우리 역사상 최초의 국가인 고조선이 성장할 무렵 한반도 중·북부와 만주 곳곳에 '예족'이라는 종족이 살았으며, 그 가운데 오늘날의 함경도 일대에 있던 집단들을 통칭해 동예라고 부른다. 이들은 기원전 2세기 무렵 고조선에 복속되었는데, 고조선은 동예가 중국의 한(漢)과 직접 교역하지 못하게 막고 무역 이권을 독점했다. 이에 분노한 한 무제는 기원전 108년 고조선을 멸한 뒤 낙랑군을 비롯한 몇 개의 군현을 설치했다. 이때 한 무제는 동예가 있는 곳에 임둔군을 설치하고 그 아래에 여러 개의 현을 두었다. 그러나 한은 임둔군을 유지하는 데 너무 큰 비용이 든다고 여겨 기원전 82년 임둔군을 없앤 뒤 그에 속한 현들을 낙랑군에 넘겨 관리하게 했다. 하지만 낙랑군도 동예가 너무 험준한 곳에 있어서 관리를 보내기 어렵다고 판단했다. 이에 그곳에서 가장 강한 불내라는 집단의 우두머리에게 '불내후'라는 직위를 주어 동예의 모든 집단을 관리하게 하고, 불내후가 있는 곳에 동부도위라는 기구를 두어 그 동향을 감시하는 데 그쳤다. 그런데 불내후도 동예의 모든 집단을 직접 지배할 정도로 세력이 크지 않았기 때문에 각 집단에 자치권을 주고 집단들 사이에 발생하는 분쟁을 중재하는 역할만 했다.
>
> 이후 낙랑군은 동부도위를 유지하는 데 큰 비용이 든다는 이유로 기원후 30년에 이를 없애고, 동예의 모든 집단으로부터 우호 세력으로 남겠다는 다짐을 받아낸 뒤 독립시켜 주었다. 그러나 이들은 그 약속을 지키지 않고 불내후를 중심으로 뭉쳐 낙랑군을 여러 차례 공격했다. 거듭된 공격에 시달리던 낙랑군은 기원후 245년 대대적으로 군사를 일으켜 동예를 공격했으며, 이때 불내를 비롯한 동예의 모든 집단이 낙랑군에 항복했다. 이로써 동예는 낙랑군의 직접 지배 아래에 들어가게 되었는데, 이후 낙랑군이 고구려에 의해 정복되어 사라지게 되면서 동예가 있던 곳도 고구려 땅이 되었다.

① 불내라는 집단이 있던 곳은 고구려에 의해 낙랑군이 멸망한 뒤 고구려 영토가 되었다.
② 불내후는 오늘날의 함경도 일대에 살던 예족을 직접 다스리기 위해 낙랑군을 두었다.
③ 고구려는 낙랑군을 정복한 뒤 그 지역을 다스리기 위해 동부도위라는 기구를 설치했다.
④ 고조선은 주변에 거주하는 예족의 여러 집단이 복속하자 그들을 다스리기 위해 임둔군을 설치했다.
⑤ 한 무제는 동예가 고조선과 한의 교역을 중간에서 막고 무역 이권을 독점하는 것에 분노해 동예를 정복했다.

3. 다음 글에서 추론할 수 있는 것은?

우리 사회에는 다양한 연령, 신체 조건, 인지능력, 언어능력 등을 지닌 사람들이 함께 살아가고 있다. '유니버설디자인'은 제품과 서비스 등을 디자인할 때 다양한 특성을 지닌 사람들을 모두 포용해야 한다는 관점에서 디자인하는 것이다. 이 용어를 처음 사용한 사람은 미국의 건축가인데, 휠체어를 이용하는 장애인인 그는 장애인을 위해 디자인된 제품이나 서비스가 오히려 그들을 사회에서 격리하거나 소외하는 것을 자주 목격했다. 이에 장애인을 위한 특별한 디자인보다는 모든 사람이 사용할 수 있는 디자인을 만들어야 한다고 생각하고 유니버설디자인을 주장한 것이다.

이와 동일한 관점이 유럽에서는 '인클루시브디자인' 또는 '모두를위한디자인'이라는 용어로 제시된다. 영국 표준연구소의 정의에 따르면, 인클루시브디자인은 디자인을 특화할 필요 없이 최대한 많은 사람들이 접근하고 사용할 수 있도록 제품과 서비스를 디자인하는 것을 의미한다. 용어만 다를 뿐, 고령자, 어린이, 장애인, 임산부, 외국인 등 모두가 사용할 수 있는 디자인을 추구함으로써 인간의 존엄성을 지키고 평등을 실현하려 한다는 점에서 유니버설디자인과 관점이 동일하다.

이러한 디자인 관점은 사용상 걸림돌이 되는 요소를 제거하는 데 초점을 맞추어 온 기존의 '배리어프리디자인'보다 발전된 문제의식을 보여준다. 배리어프리디자인도 고령자 등이 일상에서 겪는 어려움을 해결하는 데 큰 기여를 했지만, 배리어프리디자인이 적용된 제품을 사용하는 과정에서 신체적 특성이 부각되거나 차별감을 느낄 수 있기 때문이다. 휠체어 사용자를 위해 지하철역 계단에 설치된 리프트가 이에 해당한다. 유니버설디자인의 관점은, 배리어프리디자인처럼 사용자를 다르게 취급하는 디자인은 좋은 해결책이 아니라고 본다. 휠체어 사용자를 포함하여 모두가 이용할 수 있는 엘리베이터가 그렇지 않은 리프트보다 바람직한 디자인이라는 것이다.

그러나 하나의 디자인을 모든 사람들이 사용할 수 있도록 만드는 일은 현실적으로 대단히 어렵다. 따라서 배제되는 사람을 최소화할 수 있는 제품과 서비스를 디자인하는 것이 유니버설디자인의 현실적 목표라고 할 수 있다. 예컨대, 원형 손잡이가 아니라 손에 장애가 있거나 양손에 물건을 든 사람도 위에서 살짝 누르기만 하면 문을 열 수 있는 레버형 손잡이가 유니버설디자인이 추구하는 해결책이다.

① 배리어프리디자인을 적용한 제품은 모두 인클루시브디자인이 적용된 제품이다.
② 배리어프리디자인이 적용된 제품을 쓰는 장애인은 차별받는 기분을 느끼지 않는다.
③ 장애인 화장실 대신 장애인과 비장애인 모두가 사용할 수 있는 화장실을 설치하는 것은 유니버설디자인을 추구한 사례이다.
④ 휠체어 사용자를 위해 주출입구 계단과 떨어진 곳에 별도로 설치된 경사로는 인클루시브디자인이 적용된 사례이다.
⑤ 유니버설디자인의 관점은 모두를위한디자인의 관점보다 다양한 특성의 사람들을 더 많이 포용한다.

4. 다음 글의 핵심 논지로 가장 적절한 것은?

미술에 관심이 많지 않은 사람이라도 다빈치의 「모나리자」나 미켈란젤로의 「천지창조」와 같은 유명한 그림의 미적 가치가 형편없다는 말에 동의하지 않을 것이다. 우리는 이 그림 정도는 책이나 온라인상에서 이미 수십 번을 보았을 것이고, 그 과정에서 작품 자체가 지닌 미적 가치의 위대함을 이해한다고 생각한다. 그런데 과연 미술작품의 미적 가치를 우리가 스스로 이해한 것일까?

일부 사람을 제외하면 우리 기억에 있는 「모나리자」나 「천지창조」는 원본을 사실에 가깝게 찍은 사진 이미지에 불과하다. 실제 본 적도 없으면서 우리가 「모나리자」나 「천지창조」에 감동하는 이유는 실제 그 그림에 내재된 미적 가치를 스스로 알아차렸기 때문이 아니라, 미술 분야 전문가들이 해석하는 미적 가치에 대한 설명과 해설을 들어서 생긴 일종의 학습효과 때문이다. 이것은 원본을 본 경우에도 다르지 않다. 루브르박물관이나 시스티나성당에 가서 「모나리자」와 「천지창조」를 직접 보고 올 기회가 생겼다고 하자. 그림을 보는 순간 깊이 감동받아 가슴이 떨릴 수도 있지만, 그것 역시 위대하다고 알려진 미술작품을 직접 알현한 것에 대한 흥분이지 그 대상의 미적 가치에 대한 이해와는 무관하다.

이번에는 「빌렌도르프의 비너스」나 이집트 기자에 있는 피라미드를 생각해 보자. 「빌렌도르프의 비너스」는 원시시대 다산의 상징으로 만들어진 거칠고 투박한 여인상이다. 그런데 거기에 '비너스'라는 이름을 붙이고, 투박한 돌덩어리에 불과한 그것에 질박미라는 미적 가치를 부여한 것은 후대 사람들이다. 다산을 기원하는 모습이라는 해석 역시 후대의 것이다. 그럼 기자의 피라미드는 어떨까? 고대 이집트인들에게 피라미드는 미술작품이 아니라, 귀신이 돌아올 육신을 보존하는 거대한 돌무덤이었다. 그런데 피라미드에 고고학적 가치뿐만 아니라 그 조형성을 바탕으로 미적 가치를 부여한 것은 후대 미술가들이다. 우리는 후대 미술가들의 설명과 해설을 기반으로 미적 가치를 이해한 것이지, 미술작품의 미적 가치를 스스로 이해한 것은 아니다.

① 미술작품의 미적 가치가 위대한지 아닌지는 학습할 수 없다.
② 미술작품의 미적 가치는 다양하기 때문에 단일한 기준으로 평가할 수 없다.
③ 미술작품의 원본을 실제로 보아야 그 작품의 미적 가치를 스스로 이해할 수 있다.
④ 미술작품의 고고학적 가치를 이해하지 않고서는 미술작품의 미적 가치를 이해하지 못한다.
⑤ 미술작품의 미적 가치는 우리 스스로 이해한 것이 아니라 타인의 해석을 바탕으로 이해한 것이다.

5. 다음 글에서 알 수 있는 것은?

오픈사이언스는 디지털 기술을 활용하여 연구성과와 과정 및 그와 관련한 정보를 공개하는 일련의 활동을 총칭한다. 일찍이 오픈사이언스는 과학자들끼리 연구성과를 공개함으로써 상호 검증·발전시키는 연구문화 및 규범을 일컫는 개념이었으나, 디지털 기술의 발달로 성과 공개의 대상과 방식이 확장되면서 개방적인 연구 활동 전반을 일컫는 용어로 재개념화되었다.

연구성과 또는 과정의 개방은 최종 연구성과인 출판논문을 온라인상에 공개하는 오픈액세스라는 활동에서 시작되었다. 오픈액세스는 논문을 오프라인이 아닌 온라인에서 출판하는 활동으로 확장되었는데, 그 결과 기술적으로는 출판물의 생산과 이용에서 시공간적인 접근 제약을 줄이고, 경제적으로는 출판비용 부담의 감소를 통해 이용자의 접근 장벽을 낮췄다.

연구 과정 중 생산된 중간산출물을 공유하는 활동인 오픈데이터도 꾸준히 활성화되고 있다. 출판논문에는 포함되지 않은 연구데이터가 공개되기도 하고, 학술적 가치가 높은 일부 중간산출물은 출판논문과 별도로 연구자 사이에서 공유되기도 한다. 연구 완료 이후 이루어지는 최종 연구성과의 공개인 오픈액세스와 달리, 오픈데이터는 연구 과정의 개방화를 추동한다. 출판논문과 달리 중간산출물은 연구 과정 및 절차와 관련된 상세한 정보를 포함하기 때문이다.

오픈사이언스에 포함되는 활동의 하나로서 오픈콜라보레이션 또한 활성화되고 있다. 오픈콜라보레이션이란 연구의 최종산출물과 중간산출물을 제외한 그 외의 정보들을 온라인 플랫폼을 통해 공유함으로써 연구자들끼리 협력하는 활동을 말한다. 연구자 프로필 웹서비스 이용이나 소셜미디어 활용 등이 이에 해당한다. 오픈콜라보레이션을 통해 연구자들의 활동 영역은 온라인 네트워크로 연결된 가상 공간으로 확장되고 있다.

① 오픈사이언스는 그 용어의 의미가 개방적인 연구 활동을 일컫던 것에서 연구문화 및 규범을 가리키는 것으로 재개념화되었다.
② 오픈데이터는 연구가 종료되기 전의 연구 과정에 관한 정보 및 그 과정에서 생산된 중간산출물의 공유를 촉진한다.
③ 오픈액세스는 연구자들이 오프라인 공간에서 소통하고 협력하기 위한 플랫폼을 제공하는 활동이다.
④ 오픈사이언스는 연구자 간 상호 검증이 가상 공간 바깥에서 이루어지도록 추동한다.
⑤ 오픈콜라보레이션은 연구 절차에 관한 정보 및 출판논문을 공유하는 연구 활동의 하나이다.

6. 다음 글에서 알 수 있는 것은?

1948년 정부 수립 직후에 전기업공업통제협회와 같은 기관이 출범하기도 했지만, 한국에서 전자기술의 산업화에 대한 관심이 싹트기 시작한 것은 한국전쟁이 정전된 1953년 무렵이다. 미군이 전쟁 중 가지고 들어온 라디오와 가전기기 등이 전자기술의 산업화에 대한 관심을 촉발했다. 그런데 전자기술의 하나인 반도체 기술은 1960년대에 외국 반도체 기업들을 통해 국내에 도입되기 시작했다. 따라서 이 시기를 한국 반도체 산업의 태동기라 부를 수 있다.

1960년에 한국은 외자도입의 양적 확대에 초점을 둔 「외자도입촉진법」을 제정했다. 이 법을 통해 한국은 여러 나라와 국제기구로부터의 차관을 확대하여 경제 발전을 이루고자 했다. 1966년에는 「외자도입법」을 제정하였는데, 이 법은 외자도입의 양적 확대를 지양하고 질적 선별을 강화함과 더불어 외국 기업의 투자에 대한 제한을 철폐함으로써, 외국의 선진기술을 받아들이는 것을 장려하였다. 외국 반도체 기업들이 국내 자본과의 합작 또는 직접 투자의 방식으로 한국에 진출하기 시작한 것이 이 법의 제정을 전후한 시기였다. 1965년에 미국의 코미사가 한국 자본과의 합작 투자로 한국 최초의 반도체 조립 업체인 고미전자산업을 설립했다. 당시 반도체 생산을 주도했던 국가는 미국과 일본이었는데, 이들 국가의 기업들은 기술집약적인 공정과 노동집약적인 조립 생산을 분리했다. 그리고 저임금으로 장시간 노동할 수 있는 인력이 풍부해 노동집약적 생산에 적합한 한국에 반도체 제품을 단순 조립할 회사를 연이어 설립했다.

① 외국 반도체 기업 가운데 코미사는 합작 투자가 아닌 방식으로 한국에 진출했다.
② 한국 최초의 반도체 조립 업체가 설립된 것은 「외자도입촉진법」이 제정되기 이전이었다.
③ 전기업공업통제협회가 출범할 당시 한국에 반도체 기술은 아직 도입되지 않은 상태였다.
④ 「외자도입법」이 제정됨으로써 여러 국제기구가 한국의 경제 발전을 위한 차관을 양적으로 확대했다.
⑤ 한국전쟁 발발 이전부터 미군을 통해 유입된 라디오와 가전기기 등은 전자기술에 대한 관심을 촉발했다.

7. 다음 글의 ㉠~㉤을 문맥에 맞게 수정한 것으로 가장 적절한 것은?

> ‘오다’는 ㉠ 화자의 위치를 기준으로 이동의 방향을 지시하는 것이 일반적이다. “창수가 나에게 오면 상세히 설명할게요.”와 같은 표현이 그러하다. 그런데 ‘오다’가 화자의 위치가 아닌 청자의 위치로 이동할 때에 쓰이는 경우가 적지 않다. “창수가 당신에게 오면 잘 타일러 주세요.”는 청자 중심의 표현이라고 할 수 있다.
>
> 그런데 ‘오다’가 ㉡ 화자 또는 청자의 위치와 무관하게 쓰이기도 한다. “여보, 창수가 회사에 오지 않았나 봐요.”의 사례는 창수가 회사에 출근하지 않은 것을 어머니가 알고 나서 아버지에게 하는 발화이다. 여기에서 ‘오다’의 쓰임에 대해서 살펴보면, 창수의 이동 목적지인 회사는 화자나 청자의 위치와는 아무런 관련이 없다. 그런데도 이런 표현이 가능한 것은 ‘오다’가 반드시 대화 참여자의 실제 위치에 기초해서 발화되지 않을 수 있음을 보여준다. 여기서 ‘오다’는 대화 참여자의 실제 위치가 아닌 대화 참여자가 당연하다고 생각하는 규범적 위치, 곧 표준 위치를 기준으로 발화한 것이다. 출근해야 하는 창수에게 회사가 표준 위치라고 생각하는 것은 대화 참여자 누구에게나 충분히 가능한 일이다. 따라서 이때 ‘오다’는 ㉢ 이동체가 표준 위치인 회사를 향해서 이동하는 것을 나타낸다.
>
> ‘오다’의 다른 예를 보자. “창희가 학교에 왔습니까?”는 어머니가 딸의 등교 여부를 알고 싶어서 담임 교사에게 전화로 한 발화이다. 여기에서 ‘오다’의 쓰임은 두 가지 관점에서 해석할 수 있다. 하나는 ‘학교’를 청자인 담임 교사가 있는 위치로 간주하고 청자 중심으로 이동했다고 보는 것이다. 다른 하나는 ‘학교’를 창희가 이동 목표로 삼는 표준 위치로 간주하고 표준 위치로 이동했다고 보는 것이다. 그런데 이 같은 발화는 담임 교사가 학교가 아닌 다른 곳, 예컨대 퇴근 후 집에 있을 때에도 사용할 수 있다. 따라서 여기에서 ‘오다’는 ㉣ 뒤의 해석보다는 앞의 해석으로 보는 것이 설득력이 있다.
>
> 또 다른 예를 보자. “집에 빨리 오너라.”는 어머니가 집에 있으면서 외출 중인 딸에게 한 발화이다. 그런데 모녀가 시내에 함께 나왔다가 딸은 남고 어머니만 먼저 집에 들어가야 하는 상황을 가정해 보자. 이 경우에도 어머니가 딸에게 똑같이 말한다면 이는 ㉤ 화자의 도착 예정지를 기준으로 ‘오다’를 사용하고 있는 것이다.

① ㉠을 ‘화자의 위치에서 청자의 위치로의 이동을 지시하는’으로 수정한다.
② ㉡을 ‘화자의 위치와 관련이 있어야 하는 반면 청자의 위치와 무관하게’로 수정한다.
③ ㉢을 ‘이동체가 표준 위치인 회사에서 벗어나 이동하는’으로 수정한다.
④ ㉣을 ‘앞의 해석보다는 뒤의 해석으로 보는’으로 수정한다.
⑤ ㉤을 ‘화자가 현재 위치한 장소를 기준으로’로 수정한다.

8. 다음 글의 (가)와 (나)에 들어갈 말을 적절하게 나열한 것은?

> 중국계 미국인 경제학자 첸은 언어가 인간의 사고와 행동에 어떻게 영향을 미치는가에 대해 관심을 가졌다. 그는 영어와 중국어의 친족 호칭의 차이점에 주목했다. 영어에서는 조부모의 바로 아래 세대 사람들 중 아버지를 제외한 남성 친족을 모두 ‘엉클’이라 부르지만, 중국어에서는 이 남성이 모계인지 부계인지, 혈연관계인지 결혼을 통해 맺어진 관계인지, 나의 부모보다 나이가 많은지 적은지가 구분되어 호칭에 드러난다. 예를 들어, 한국어의 큰아버지에 해당하는 중국어 ‘백부’라는 호칭을 사용할 때는 (가) 사실을 항상 무의식적으로 기억하게 된다. 이로부터 첸은 언어가 단순한 의사소통의 수단이 아니고 개인이 세상을 인식하는 방식을 재창조하고 편집하는 것이라고 생각하게 되었다.
>
> 이러한 생각에서 첸은 언어가 다르면 경제적 사고나 행동에서도 차이를 보일 것이라는 가설을 세웠다. 이 가설을 검증하기 위해 그가 살펴보고자 한 것은 시간에 관한 언어 표현의 차이였다. 미래 시제가 확실히 존재하는 언어권 사람들은 언어가 지배하는 무의식의 영역에서 미래를 현재와 동떨어진 것으로 인식할 것이고, 미래 시제가 현재 시제와 차이가 없는 언어권 사람들은 미래가 이미 현재와 다름없이 다가와 있다고 인식할 것이라고 생각한 첸은 76개국을 조사하여 흥미로운 사실을 발견하였다. ‘미래 시제가 엄격하게 구분되는’ 언어와 ‘문법상 현재와 미래에 차이가 없는’ 언어를 비교했을 때, 두 언어의 모국어 사용자 집단 사이에 저축률이 현격한 차이가 있었던 것이다. 영어, 그리스어 등과 같은 전자의 언어를 모국어로 쓰는 사람들은 저축률이 낮고, 중국어, 핀란드어 등 후자의 언어를 모국어로 쓰는 사람들은 저축률이 높았다. 사람들이 (나) 는 점을 확인한 것이다. 이를 통해 첸은 언어가 저축과 같은 경제적 의사결정에도 영향을 미친다고 주장했다.

① (가): 그가 나의 부계 남성 혈족이며 내 아버지보다 나이가 많다는
(나): 미래를 예측하기 쉬우면 저축을 적게 하고, 미래를 예측하기 어려우면 저축을 많이 한다
② (가): 그가 나의 부계 남성 혈족이며 내 아버지보다 나이가 많다는
(나): 미래를 현재와 동떨어진 것으로 여기면 저축을 적게 하고, 미래를 곧 다가올 현재라고 여기면 저축을 많이 한다
③ (가): 그와 내가 혈연으로 묶인 한 가족의 일원이라는
(나): 미래를 예측하기 쉬우면 저축을 적게 하고, 미래를 예측하기 어려우면 저축을 많이 한다
④ (가): 그가 나의 조부모의 바로 아래 세대 남성 혈족이라는
(나): 미래를 현재와 동떨어진 것으로 여기면 저축을 적게 하고, 미래를 곧 다가올 현재라고 여기면 저축을 많이 한다
⑤ (가): 그가 나의 조부모의 바로 아래 세대 남성 혈족이라는
(나): 미래를 예측하기 쉬우면 저축을 적게 하고, 미래를 예측하기 어려우면 저축을 많이 한다

9. 다음 대화의 ㉠으로 적절한 것만을 <보기>에서 모두 고르면?

갑: 최근 우리 A시 행정복지센터에서 악성 민원을 견디다 못해 휴직한 직원이 3명이나 됩니다. 악성 민원에 대처하는 방법이라든가 악성 민원을 줄이는 방법이 있을까요?

을: 우리 행정복지센터에는 악성 민원 대응 매뉴얼이 마련되어 있지 않습니다. B시의 모든 공공 기관에서는 악성 민원 대응 매뉴얼대로 악성 민원에 대처하고 있는데, B시는 악성 민원 대응 매뉴얼 도입 이후 담당 직원들의 민원 스트레스가 현저히 감소했다고 합니다. 우리 센터도 악성 민원 대응 매뉴얼을 마련해서, 악성 민원으로 인한 직원들의 민원 스트레스를 줄여야 합니다.

병: 같은 내용의 민원을 반복적으로 제기하는 악성 민원에 대해 담당 직원에게 종결권을 부여하는 것도 좋은 방법입니다. 이 제도를 도입한 기관 직원들의 업무 만족도가 도입 이전보다 높아졌다고 합니다. C시 행정복지센터에도 악성 민원 종결권 제도를 도입하려고 몇 달 전부터 논의 중입니다. 우리 센터도 악성 민원 종결권 제도를 도입해서 직원들의 민원 업무 만족도를 높여야 합니다.

정: 같은 내용의 민원이라도 민원인이 욕설과 폭언을 하지 않도록 사전에 차단해야 합니다. 최근 D시의 모든 행정복지센터에서는 민원 응대 시 캠코더로 녹화되고 있음을 고지하는 정책을 시행하고 있습니다. D시에서는 이 정책 도입 이후 욕설과 폭언을 하는 민원인이 확실히 줄었다고 합니다. 우리 센터도 캠코더 사용 고지 정책을 도입해야 합니다.

갑: 의견 감사합니다. 오늘 제안된 방법의 효과성 검증에 ㉠ 필요한 자료를 조사해 주십시오. 이를 바탕으로 일주일 뒤에 심층 논의를 진행하겠습니다.

<보 기>

ㄱ. B시 공공 기관의 악성 민원 대응 매뉴얼 도입 후 담당 직원들의 민원 스트레스 감소 정도

ㄴ. A시와 C시의 행정복지센터 직원들의 민원 업무 만족도 차이

ㄷ. D시의 행정복지센터의 캠코더 사용 고지 정책 도입 후 욕설과 폭언을 하는 민원인의 감소 정도

① ㄱ
② ㄴ
③ ㄱ, ㄷ
④ ㄴ, ㄷ
⑤ ㄱ, ㄴ, ㄷ

10. 다음 글의 ㉠~㉥에 대한 설명으로 적절한 것은?

○○청은 개인정보가 포함된 온라인 게시물의 삭제를 도와주는 '디지털 지우개' 서비스를 시작하였다. 이 서비스의 취지는 미성년 시절에 개인정보를 노출하였거나 타인이 무단으로 올린 게시물에 개인정보가 노출된 국민을 구제하기 위함이다.

이 서비스를 이용하려면 먼저 신청인이 ○○청 누리집에서 서비스를 신청해야 한다. 신청이 완료되면 ○○청은 신청 내용을 확인하는데, 이 단계에서 삭제 요청 대상 게시물에 신청인의 개인정보가 포함된 것인지를 판단한다. 포함된 것이 인정되면 ○○청은 해당 게시물을 관리하는 기관에 해당 게시물의 삭제를 요청한다.

게시물 삭제를 요청 받은 기관은 해당 게시물을 삭제하고 ○○청에 처리 결과를 알려야 한다. 그 뒤 ○○청은 해당 게시물이 삭제되었는지 검토하는데, 이 단계에서 해당 기관의 조치가 미흡한 경우 ○○청은 해당 기관에 삭제를 재요청한다. 게시물이 완전히 삭제된 것을 최종 확인하면 ○○청은 신청인에게 결과를 통보한다. 디지털 지우개 서비스의 진행 과정은 다음과 같다.

주체	신청인	㉠		㉡		㉢	
단계	㉣ ➡	신청 내용 확인 ➡	㉤ ➡	삭제 ➡	㉥ ➡	검토 ➡	결과 통보

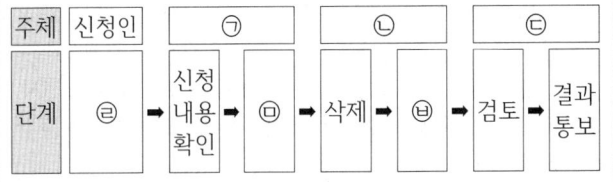

① 신청 내용 확인 단계에서 ㉠은 ㉡에게 신청인의 개인정보가 게시물에 포함되었는지 확인을 요청할 수 있다.
② ㉠과 ㉢은 다른 주체이다.
③ 검토 단계에서 게시물 삭제 조치가 미흡한 것으로 판단되면 ㉣로 돌아간다.
④ 삭제 요청 대상 게시물에 신청인의 개인정보가 포함된 것이 인정되면 ㉤을 수행한다.
⑤ ㉥은 신청인에게 삭제 완료 사실을 통보하는 단계이다.

11. 다음 글에서 알 수 없는 것은?

왜 지구에서 만들 인공태양은 태양보다 더 높은 온도를 갖는 상태를 유지해야 할까? 핵융합 반응은 플라스마의 밀도와 온도를 곱한 값이 일정 수준에 도달했을 때 발생한다. 플라스마 덩어리인 태양의 중심부 온도는 약 1,500만℃이지만, 태양은 큰 질량과 그에 따른 중력에 의해 내부의 플라스마 밀도가 높아서 핵융합 반응이 일어날 수 있다. 하지만 질량이 훨씬 작은 지구에서 태양과 유사한 밀도의 플라스마를 구현하기란 불가능하다. 따라서 플라스마의 온도를 태양보다 훨씬 더 높게, 즉 1억℃가 넘게 만들어야 지구에서도 태양에서와 같은 핵융합 반응이 일어나게 할 수 있다. 이를 위해 과학자들은 다양한 플라스마 가열 방식을 사용한다.

플라스마를 가열하는 방식 중에는 공명 가열과 중성 입자 빔 주입이 있다. 공명 가열은 플라스마 내에 있는 이온과 전자 중 무엇을 가열하는지에 따라 이온 공명 가열과 전자 공명 가열로 나뉜다. 외부에서 가하는 힘의 주파수가 힘이 가해진 이온이나 전자가 가진 고유 주파수와 같으면 공명이 일어난다. 공명이 일어나면 이온이나 전자는 원래보다 더 큰 진폭으로 진동을 하면서 해당 이온이나 전자를 가지고 있는 물질의 온도가 올라가게 된다. 이와 같이 공명을 일으키기 위해, 이온 공명 가열의 경우에는 수십 메가헤르츠 대역의 주파수를, 전자 공명 가열의 경우에는 수만~수십만 메가헤르츠 대역의 주파수를 사용한다.

중성 입자 빔 주입은 외부에서 가속된 고에너지의 중성 입자를 플라스마 속으로 투입하여 플라스마를 가열하는 방식이다. 투입된 중성 입자는 플라스마 내의 이온과 충돌을 일으켜 에너지를 전달하고 온도를 높인다. 중성 입자 빔 주입 방식과 공명 가열 방식을 사용하는 우리나라의 핵융합 연구 장치 케이스타는 1억℃에서 48초간 플라스마를 유지하는 실험에 성공하였다.

① 케이스타는 고온의 플라스마를 얻기 위해 공명 가열 방식을 사용하고 있다.
② 핵융합 장치에서 공명을 일으킬 때 전자의 경우는 이온의 경우보다 더 높은 주파수를 사용한다.
③ 중성 입자 빔 주입 방식을 통해 플라스마 내로 투입되는 중성 입자는 플라스마 속에 들어와서 가속된다.
④ 공명 가열은 외부에서 가해지는 힘의 주파수와 그 힘을 받는 이온이나 전자의 고유 주파수가 같을 때 가능하다.
⑤ 지구에서 플라스마의 밀도를 더 높일 수 있다면 1억℃보다 더 낮은 온도에서 핵융합 반응을 일으키는 것이 가능하다.

12. 다음 글에서 추론할 수 있는 것만을 <보기>에서 모두 고르면?

도체인 금속 내부에는 음전하를 띤 다수의 자유 전자들이 존재하는데, 이것들은 금속 내에 고정된 양이온들 사이에서 자유롭게 움직일 수 있다. 도체 내부에서 자유 전자는 양이온들에 의해 당겨지고 다른 자유 전자들에 의해 밀쳐지면서, 각각에 작용하는 전기력의 합력이 0이 되도록 위치하게 된다.

금속에 전자들을 추가하여 금속을 대전시키면 추가된 전자들은 어디에 위치하게 될까? 대전된 상황에서도 금속 내부의 모든 전자에 작용하는 전기력의 합력은 0이어야 한다. 그런데 만약 금속 내부의 어떤 위치에 전자가 추가된다면, 이 전자는 새로운 전기력을 발생시킬 것이기 때문에 이를 상쇄하기 위해 원래 있던 자유 전자들이 이동할 것이고 이러한 이동으로 인해 또 다른 자유 전자들의 위치도 재조정되어야 한다. 그러나 이러한 위치 재조정은 금속 내부 공간에서는 완료될 수 없다. 따라서 금속 내부에는 새로운 전자가 놓일 자리가 없다.

금속이 대전될 때 추가된 전자들이 내부로 들어갈 수 없다면 그 전자들은 모두 표면에 존재할 수밖에 없다. 이 경우 대전된 금속의 내부에 있는 자유 전자에 작용하는 전기력의 합력은 0인 반면, 표면에 있는 전자에 작용하는 전기력의 합력은 0이 아니다. 이때 표면의 전자에는 표면에 수직인 바깥 방향으로 전기력의 합력이 작용한다.

<보 기>

ㄱ. 대전되지 않은 금속 내부에서 자유 전자에 작용하는 전기력의 합력은 0이 된다.
ㄴ. 금속에 전자들이 추가되면 금속 표면에 있는 전자는 외부로 향하는 전기력의 합력을 받는다.
ㄷ. 도체가 대전되면 도체 내부의 자유 전자에 작용하는 전기력의 합력은 0이 아니다.

① ㄱ
② ㄷ
③ ㄱ, ㄴ
④ ㄴ, ㄷ
⑤ ㄱ, ㄴ, ㄷ

13. 다음 글의 (가)~(다)에 들어갈 말을 적절하게 나열한 것은?

조선 후기에 지주들은 소작인으로부터 소작료를 거둘 때, 수확된 결과물의 절반을 수취하는 정률제 방식, 곧 '타작'을 대부분의 논과 밭에 적용했지만, 일부 농토에는 정액제에 해당하는 '도지'를 적용하기도 했다. 도지는 토지를 이용한 대가인 지대량을 이른 봄철에 지주와 소작인이 미리 정하는 농업경영 형태이므로 풍흉에 따른 지대량의 변화가 없는 것이 원칙이었다. 도지가 적용된 논에서는 평년작의 절반 수준에서, 그리고 밭에서는 평년작의 절반보다 훨씬 낮은 수준에서 지대량이 정해지는 것이 일반적이었다.

(가) 은/는 다음과 같은 점에서 지주에게 여러 장점이 있었다. 첫째, 직접적인 관리가 어려운 원격지 소재 전답을 더 효율적으로 관리할 수 있었다. 소작인들의 수확물 은닉 여부를 일일이 감독할 필요가 없었기 때문이다. 둘째, 밭작물의 경우 수확 시기가 매우 다양한데, 이 방식을 적용하면 수확의 정도를 확인하기 위해 서로 다른 수확 시기마다 먼 곳까지 올 필요가 없었다. 이러한 방식하에서 만약 어느 해에 예상과는 달리 풍년이 들었다면, (나) 에게 훨씬 더 유리했다.

지주들은 18세기 후반부터 '집조'를 적용하기도 했다. 집조란 수확이 임박한 시점에 지주가 농사 상황을 실지 조사하여 그해의 작황 수준을 살펴본 다음, 현장에서 지대량을 결정하는 농업경영 형태이다. 이 방식은 당해 연도의 작황 수준이 비교적 정확히 반영된다는 측면에서 (다) 와/과 유사하다.

	(가)	(나)	(다)
①	도지	소작인	타작
②	도지	소작인	도지
③	도지	지주	타작
④	타작	소작인	도지
⑤	타작	지주	타작

14. 다음 글에서 알 수 있는 것은?

말은 정치·경제 발전의 중요한 수단이었다. 말은 빠르기도 하거니와 지구력이 좋고 힘이 세다. 행정, 농업, 목축업, 광업, 제조업, 운송, 통신, 전투 등 거의 모든 분야에서 말의 이런 능력이 활용되었다. 그렇기에 말의 능력을 활용한 지역은 그렇지 않은 지역보다 더 빠르게 발전하는 양상을 보였다.

말은 인간에게 길들여지기 전에 야생에서 살았는데, 야생말은 시기별로 서식지의 분포가 달랐다. 기원전 1만 년경 후기 홍적세 시기까지 야생말은 유라시아의 전 지역과 아메리카 및 북부 아프리카에 서식했다. 그런데 이 시기부터 기원전 약 6천 년경 중기 충적세 시기에 이르는 동안 야생말의 서식 지역의 분포가 바뀌었다. 이 시기에 유라시아의 중북부 스텝 기후 지역을 제외한 대부분의 유라시아 지역에서 사람들이 식용을 목적으로 야생말을 대규모로 사냥했다. 이로 인해 이 스텝 기후 지역을 제외한 유라시아의 야생말은 거의 멸종하다시피 했다. 이와 달리 유라시아 중북부의 스텝 기후 지역은 인구가 많지 않아 인간으로부터 사냥을 당하는 경우가 적었으며, 이 덕분에 야생말은 생존할 수 있었다.

이후 기원전 3,500년경 당나귀에 이어 야생말이 길들여졌다. 그 당시 메소포타미아 지역의 목축업자들이 북쪽으로 이동하면서 유라시아 중북부의 스텝 기후 지역에 들어갔는데, 그들은 이 지역에 살던 야생말을 길들이기 시작했다. 이때부터 인류는 말을 실생활에 이용했다. 말에 안장을 얹어 장거리 이동 수단으로 사용하기도 했고, 등에 짐을 실어 운송 수단으로 활용하기도 했다. 이뿐 아니라 전쟁과 농업에서도 말이 널리 사용되었다. 이런 과정을 거쳐 말은 인류 발전의 밑바탕이 되었다.

① 중기 충적세 시기에 야생말의 지구력이 좋아지기 시작했다.
② 후기 홍적세 시기 이전부터 북부 아프리카에서는 야생말을 운송 수단으로 썼다.
③ 기원전 3,500년경 유라시아 중북부의 스텝 기후 지역에 살던 야생말이 길들여지기 시작했다.
④ 후기 홍적세 시기부터 초기 충적세 시기 사이에 인류는 농업과 운송 등의 실생활에 말을 이용했다.
⑤ 당나귀를 이동 수단으로 쓰던 지역은 말을 이동 수단으로 이용하던 지역보다 정치·경제적으로 더 발전했다.

15. 다음 글의 ㉠을 약화하는 것으로 가장 적절한 것은?

> 분석은 자연과 사회의 다양한 현상에 대하여 왜 그런 현상이 나타나는지를 설명하기 위한 방법이다. 널리 쓰이는 것은 요소 분석으로, 설명의 대상을 적절한 요소들로 나누어 살피는 분석법이다. 요소 분석의 요체는 분석 대상인 전체와는 다른 속성을 지니면서도 합쳐지면 전체를 구성하는 부분, 즉 '요소'들을 찾아 제시하는 데 있다. 분석자는 그러한 요소들의 속성을 결합하여 대상 전체의 속성을 설명하려 할 것이다.
>
> 그런데 어째서 물이 불을 끌 수 있는가 하는, 물의 속성에 관한 물음을 해명하려는 화학자가 있다고 해 보자. 만일 그가 물을 산소와 수소라는 두 요소로 분석했다면, 그는 수소가 타는 속성을 지닌 기체이고 산소도 연소를 돕는 속성을 지녔다는 사실 앞에서 당황하게 될 것이다. 산소와 수소라는 요소들로 물이 불을 끌 수 있는 이유를 설명할 수 없기 때문이다. 이것은 요소 분석이 지닌 한계를 암시한다. 전체의 속성을 이해하려는 이가 그것을 구성하는 요소들에만 주목할 경우, 이와 유사한 당혹감을 느끼게 될 위험이 크다. 해명되어야 할 속성은 분석 과정에서 증발해 버리고 요소들 간의 관계를 피상적으로 서술하는 일에 그치게 될 위험이 있는 것이다. 그런 분석으로는 설명에 도달할 수 없다.
>
> 따라서 ㉠ <u>우리는 새로운 종류의 분석, 즉 단위 분석을 선택해야 한다</u>. 단위 분석은 복잡하면서도 모종의 통일성을 지닌 전체를 '단위'로 나누는 분석이다. 단위란 앞에서 화학자의 분석이 주목했던 요소와 달리, 전체의 고유한 속성들을 고스란히 갖추고 있으면서 더 이상 나눌 수 없는, 전체의 살아 있는 부분을 가리킨다. 현상을 제대로 설명하려면 먼저 그런 부분들을 찾아내야 한다. 그렇게 할 때, 요소 분석의 한계를 극복하고 분석의 목적을 실현할 수 있다.

① 분석 대상을 시간 요소로 나누어 살피더라도 인과관계는 드러나지 않기 때문에 설명에 도움이 되지 않는다.
② 요소들의 결합으로 대상 전체가 어떻게 구성되는지 보여주는 데 성공하더라도 그것은 대상의 속성을 설명하는 일과 다르다.
③ 요소 분석에서는 전체를 설명하기 위하여 요소들 간의 상호 관계까지 추가로 해명해야 하기 때문에 설명의 경제성이 삭감된다.
④ 단위가 전체의 속성들을 그대로 지닌다면 설명되어야 할 대상 자체와 다를 바 없으므로 단위 분석은 설명에 기여하지 못한다.
⑤ 설명의 적절성은 설명을 요구하는 구체적인 문제의 특성에 따라 달라지기 때문에 설명에는 다양한 단위 분석이 존재할 수 있다.

16. 다음 글의 내용이 참일 때 반드시 참인 것은?

> △△부에서는 10월에 신설되는 ○○위원회에 파견할 인원을 선발하는 중이다. 박 주무관, 이 주무관, 선 주무관, 남 주무관, 오 주무관이 파견 대상 후보인데, 이와 관련하여 다음과 같은 사실이 알려졌다.
>
> ○ 박 주무관이 선발되면, 오 주무관도 선발된다.
> ○ 이 주무관이 선발되면, 남 주무관도 선발된다.
> ○ 선 주무관이 선발되면, 박 주무관도 선발된다.
> ○ 선 주무관이 선발되거나 이 주무관이 선발된다.

① 남 주무관이 선발된다.
② 이 주무관과 선 주무관이 둘 다 선발된다.
③ 박 주무관이 선발되거나 선 주무관이 선발된다.
④ 오 주무관이 선발되지 않으면 박 주무관은 선발된다.
⑤ 남 주무관과 오 주무관 중 적어도 한 사람은 선발된다.

17. 다음 글의 빈칸에 들어갈 말로 가장 적절한 것은?

> 심적 대상이 있다면, 심적 대상은 물리적 대상과 같지 않다. 만약 심적 대상이 있고 심적 대상이 물리적 대상과 같지 않다면, 심적 대상의 소유자는 심적 대상에 접근할 수 있는 인식적 특권을 지닌다. 그런데 심적 대상의 소유자가 심적 대상에 접근할 수 있는 인식적 특권을 지닌다면, 심적 대상에 관해 그 소유자만이 알 수 있는 부분이 있다. 심적 대상에 관해 그 소유자만이 알 수 있는 부분이 있다면, 심적 대상에 관해 검증 불가능한 지식이 존재한다. 그러므로 심적 대상은 없다. 왜냐하면 __________.

① 심적 대상은 물리적 대상과 같지 않기 때문이다
② 심적 대상이 물리적 대상과 같다면 심적 대상은 없기 때문이다
③ 심적 대상에 관해 그 소유자만이 알 수 있는 부분이 있기 때문이다
④ 심적 대상에 관해 검증 불가능한 지식은 존재하지 않기 때문이다
⑤ 심적 대상의 소유자가 심적 대상에 접근할 수 있는 인식적 특권을 지니기 때문이다

18. 다음 글의 내용이 참일 때 반드시 참인 것은?

> △△부에서는 3명의 과학기술 직군 수습 주무관 A, B, C와 3명의 행정 직군 수습 주무관 D, E, F를 4개 부서 갑, 을, 병, 정에 배치할 예정이다. 4개의 부서 중 2개의 부서에는 1명씩 배치되고 남은 2개의 부서에는 2명씩 배치된다. 이 배치와 관련하여 다음과 같은 사실이 알려졌다.
>
> ○ 갑 부서에는 수습 주무관이 1명만 배치된다.
> ○ 을 부서에는 과학기술 직군 수습 주무관이 배치되지 않는다.
> ○ 동일 직군의 수습 주무관은 같은 부서에 배치되지 않는다.
> ○ A와 D는 다른 수습 주무관 없이 혼자 배치된다.

① A가 갑 부서에 배치되고 C가 정 부서에 배치된다.
② B가 병 부서에 배치되면 E가 정 부서에 배치된다.
③ B가 정 부서에 배치되지 않고 C가 병 부서에 배치된다.
④ D가 을 부서에 배치되지 않고 A도 갑 부서에 배치되지 않는다.
⑤ F가 정 부서에 배치되면 E가 병 부서에 배치된다.

19. 다음 글의 (가)~(다)에 들어갈 말을 적절하게 나열한 것은?

> 독이 없는 어떤 개구리 종은 독이 있는 개구리 종의 외형을 모방함으로써 새로부터 잡아먹힐 위험을 줄인다. 이것은 의태의 예이다. 모방의 대상이 될 수 있는 종이 여럿일 경우 모방자는 어떤 종을 모방하는 것이 유리할까? 이를 알아보기 위해 다음의 <실험>을 수행하였다.
>
> <실 험>
>
> ○○지역에는 독성이 강한 개구리 종 a와 독성이 약한 개구리 종 b가 있으며 이 두 종은 외형이 조금 다르다. 또한 그 지역에 있는 독 없는 개구리 종 c는 a를 모방하고, 독 없는 개구리 종 d는 b를 모방한다. 새 종 X는 a~d를 잡아먹을 수 있으며, 독성이 있는 개구리 종을 잡아먹으면 학습이 되어 이후 같은 외형을 가진 개구리를 잡아먹는 것을 회피한다.
>
> 실험 1: a도 b도 잡아먹어 본 적이 없는 X에게 a를 잡아먹게 하였다. 이 새를 X-1이라고 하고 a, c, d를 잡아먹는지 관찰하였다. X-1은 a, c, d 어느 것도 잡아먹으려 하지 않았다.
>
> 실험 2: a도 b도 잡아먹어 본 적이 없는 X에게 b를 잡아먹게 하였다. 이 새를 X-2라고 하고 b, c, d를 잡아먹는지 관찰하였다. X-2는 b와 d를 잡아먹으려 하지 않았지만, c를 잡아먹는 것은 회피하지 않았다.
>
> <실험 해석>
>
> 독성이 [(가)] 개구리 종을 잡아먹어 학습된 새는 독성이 강한 개구리 종을 모방한 개구리 종과 독성이 약한 개구리 종을 모방한 개구리 종 중 어느 것도 잡아먹으려 하지 않았다. 독성이 [(나)] 개구리 종을 잡아먹어 학습된 새는 독성이 강한 개구리 종을 모방한 개구리 종을 잡아먹는 것을 회피하지 않았으나, 독성이 약한 개구리 종을 모방한 개구리 종은 잡아먹으려 하지 않았다. 따라서 ○○지역에 서식하는 독이 없는 개구리가 X에게 잡아먹히지 않으려면 독성이 [(다)] 개구리 종을 모방하는 것이 더 유리하다는 것을 알 수 있다.

	(가)	(나)	(다)
①	강한	강한	강한
②	강한	약한	약한
③	강한	약한	강한
④	약한	강한	약한
⑤	약한	강한	강한

20. 다음 글의 ㉠에 대한 평가로 적절한 것만을 <보기>에서 모두 고르면?

> 곤충 X는 유충에서 변태를 거쳐 성충이 된다. X의 변태에 관여하는 호르몬으로는 α와 β가 있다. 과학자 A가 조사한 결과는 다음과 같았다. X의 유충 시기에 α, β 각각의 혈중 농도는 변함없이 일정하였고, 성충 시기에도 α, β 각각의 혈중 농도는 변함없이 일정하였으나, 변태 시기 동안 α의 혈중 농도는 증가한 반면에 β의 혈중 농도는 감소하였다. X의 유충 시기에는 α의 혈중 농도가 β의 혈중 농도보다 낮았다. 이에 A는 ㉠ <u>X의 유충 시기보다 성충 시기에 α와 β의 혈중 농도 차이가 더 작다</u>는 가설을 세웠다.

<보 기>

ㄱ. X의 성충 시기에 α의 혈중 농도가 β의 혈중 농도보다 높다는 실험 결과가 나오면, ㉠은 강화된다.
ㄴ. X의 성충 시기에 β의 혈중 농도가 α의 혈중 농도보다 높다는 실험 결과가 나오면, ㉠은 강화된다.
ㄷ. X의 성충 시기에 α와 β의 혈중 농도가 같다는 실험 결과가 나오면, ㉠은 강화된다.

① ㄱ
② ㄴ
③ ㄱ, ㄷ
④ ㄴ, ㄷ
⑤ ㄱ, ㄴ, ㄷ

[21~22] 다음 글을 읽고 물음에 답하시오.

다음은 사람들이 확률을 활용하여 어떻게 추론하는지를 연구하기 위해 고안한 설문지이다.

<설문지>

A시에는 택시가 총 100대 있는데, 이 중 초록색 택시가 90%, 파란색 택시가 10%이다. 그런데 안개가 낀 어느 날 밤에 택시 한 대가 사고를 일으키고 달아났다. 사고의 유일한 목격자인 갑은 달아난 택시가 파란색이었다고 증언했다. 이에 법정에서는 갑의 증언이 신뢰할 만한지 판단하기 위해 사고가 난 밤과 동일한 조건에서 실험하였다. 그 결과, 갑의 증언의 정확도는 80%임이 밝혀졌다. 즉, 갑이 초록색 택시를 초록색으로 알아맞힌 비율도, 파란색 택시를 파란색으로 알아맞힌 비율도 80%였다. 이를 바탕으로 올바르게 추론한 결과는 다음 중 어느 것인가?

(a) 그날 사고를 일으키고 달아난 택시가 파란색이었을 확률이 초록색이었을 확률보다 크다.
(b) 그날 사고를 일으키고 달아난 택시가 초록색이었을 확률이 파란색이었을 확률보다 크다.

정답은 (b)이다. 이것은 다음과 같이 설명할 수 있다. 사고 당시와 동일한 조건에서 A시의 모든 택시를 갑에게 보여 주는 실험을 했다고 가정해 보자. 이 실험에서 갑은 90대의 초록색 택시와 10대의 파란색 택시를 본다. 90대의 초록색 택시 중 그가 파란색이라고 부정확하게 식별한 것은 20%, 즉 18대이다. 그리고 10대의 파란색 택시 중 그가 파란색이라고 정확하게 식별한 것은 80%, 즉 8대이다. 결국 이 실험에서 갑이 파란색 택시라고 식별한 것은 모두 26대이지만, 이 중 단 8대만이 실제로 파란색이다. 따라서 갑이 본 달아난 택시가 실제로 파란색일 확률은 8/26로 약 31%이고, 초록색일 확률은 18/26로 약 69%이다.

그런데 설문 조사 결과, 대다수의 사람들이 (a)를 택했다. 그 이유는 사람들이 기저율을 무시하는 경향이 있기 때문인데, 이렇게 기저율을 무시하여 생기는 오류를 기저율 오류라고 한다. 위 설문지에는 A시의 전체 택시 중에서 파란색 택시의 비율 및 A시의 전체 택시 중에서 초록색 택시의 비율이 기저율로 제시되어 있다. (a)를 택했다면 갑의 증언의 정확도가 80%라는 사실에 초점을 맞춰 추론하면서 A시에 있는 대부분의 택시가 초록색이라는 사실을 무시했기 때문일 것이다.

우리가 합리적 추론을 하기 위해 지켜야 할 원칙 중 하나로 전체 증거의 원칙이 있다. 전체 증거의 원칙이란 확보된 모든 증거를 고려하여 추론해야 한다는 것이다. 위 설문지에서 (a)를 택한 사람들은 기저율을 고려하지 않고 갑의 증언의 정확도에만 초점을 맞춰 추론함으로써 전체 증거의 원칙을 어긴 것이다.

21. 위 글에서 추론할 수 있는 것은?

① 설문지에서 (b)가 옳다고 답변한 사람은 합리적 추론을 한 것이 아니다.
② A시의 택시 중 파란색 택시 비율에만 주목하여 (a)가 옳다고 답변한 사람은 합리적 추론을 한 것이다.
③ 설문지의 조건에서 갑의 증언의 정확도만 70%로 바뀌었을 때 (a)가 옳다고 답변한 사람은 기저율 오류를 저지른 것이 아니다.
④ 설문지의 조건에서 A시의 택시 대수만 총 1,000대로 바뀌었을 때 (a)가 옳다고 답변한 사람은 기저율 오류를 저지른 것이 아니다.
⑤ A시의 택시 중 파란색 택시 비율과 갑의 증언의 정확도 중 하나라도 고려하지 않은 사람이 (b)가 답이라고 추론한다면, 그 사람은 전체 증거의 원칙을 지키지 않은 것이다.

22. 위 글에 비추어 볼 때, <사례>에 대한 판단으로 적절한 것만을 <보기>에서 모두 고르면?

<사 례>

을은 100만 명 중 한 명의 비율로 걸리는, 즉 기저율이 1/1,000,000인 병 X에 대한 검사를 받았다. 이 검사법의 정확도는 99%이다. 즉 이 검사법은 X에 걸렸을 때 99%의 확률로 양성 반응이 나타나고, 걸리지 않았을 때 99%의 확률로 음성 반응이 나타난다. 을은 X가 1/1,000,000의 확률로 걸리는 희귀병이라는 점과 그 검사법의 정확도에 대해 알고 있다.

<보 기>

ㄱ. 을은 X에 대한 검사에서 양성 반응이 나올 확률이 그렇지 않을 확률보다 크다고 판단할 것이다.
ㄴ. 을이 기저율을 무시한다면, 을은 X에 대한 검사에서 양성 반응이 나왔을 때, 자신이 X에 실제로 걸렸을 확률이 걸리지 않았을 확률보다 크다고 판단할 것이다.
ㄷ. 을이 기저율을 무시하지 않는다면, 을은 X에 대한 검사에서 양성 반응이 나왔을 때, 자신이 X에 실제로 걸렸을 확률이 걸리지 않았을 확률보다 작다고 판단할 것이다.

① ㄱ
② ㄷ
③ ㄱ, ㄴ
④ ㄴ, ㄷ
⑤ ㄱ, ㄴ, ㄷ

23. 다음 글에서 추론할 수 있는 것만을 <보기>에서 모두 고르면?

△△부는 '적극행정 가산점' 제도를 시행하고 있는데, 각 직원의 가산점은 유형 Ⅰ과 Ⅱ에서 받은 점수의 합으로 계산된다. 각 유형의 활동별 점수는 다음 표와 같다.

유형	활동	점수
Ⅰ	혁신적인 아이디어 제안	0~1
	예산을 절감하는 성과 창출	0~2
	국민 중점 민원 해결	0~3
Ⅱ	타 부서의 적극행정 추진에 협력	1
	적극행정 신규 사례 발굴	2

유형 Ⅰ에 속하는 활동에 대한 점수는 부서장의 요청과 이에 대한 평가단의 검증을 거쳐 확정된다. 이와 달리 유형 Ⅱ에 속하는 활동에 대한 점수는 외부 전문가들로 구성된 적극행정추진위원회가 요청하면 검증 없이 그대로 확정된다. 올해 △△부 직원에 대한 적극행정 가산점이 모두 확정되었는데, △△부에서 취합한 적극행정 가산점 요청 내역은 다음과 같다.

<적극행정 가산점 요청 내역>

○ 부서장의 요청
- 직원 갑: 혁신적인 아이디어 제안
- 직원 을: 국민 중점 민원 해결
- 직원 병: 예산을 절감하는 성과 창출

○ 적극행정추진위원회의 요청
- 직원 갑: 타 부서의 적극행정 추진에 협력
- 직원 병: 적극행정 신규 사례 발굴

<보 기>

ㄱ. 적극행정 가산점은 갑이 을보다 높을 수 없다.
ㄴ. 적극행정 가산점은 을이 병보다 높을 수 없다.
ㄷ. 적극행정 가산점은 갑이 병보다 높을 수 없다.

① ㄱ
② ㄷ
③ ㄱ, ㄴ
④ ㄴ, ㄷ
⑤ ㄱ, ㄴ, ㄷ

24. 다음 대화의 (가)와 (나)에 들어갈 말을 적절하게 나열한 것은?

갑: 최근 우리 시에 있는 A마트가 의무휴업일에 영업을 했으니 이에 대해 조치해 달라는 민원이 접수되었습니다. 어떻게 처리하여야 할까요?

을: A마트가 「유통산업발전법」에 규정된 의무휴업, 개설등록 등이 적용되는 대규모 점포에 해당하는지부터 확인해야 겠군요.

갑: A마트에서 제출한 사용승인 신청서의 내용을 확인해 보니, 「유통산업발전법」 제2조에 규정된 대규모 점포의 요건을 갖춘 것으로 보입니다. 따라서 영업 개시 전에 개설등록을 해야 하고 의무휴업일도 적용됩니다.

을: 그러면 A마트에 대해 의무휴업 적용 대상이라고 안내하고 기왕의 의무휴업 위반에 대한 제재를 부과해야 겠네요. 법령에 의하면 의무휴업 위반 횟수가 2회 이하이면 과태료 부과 대상이고 3회 이상이면 영업정지 처분 대상이니, 우선 A마트의 의무휴업 위반 횟수부터 파악해 봅시다.

갑: 우리 시의 의무휴업일이 매월 2, 4째 주 일요일인데 A마트는 지난주에 영업을 시작했으니까 위반 횟수는 1회이겠군요. 그런데 A마트가 아직 개설등록을 하지 않았는데 그래도 의무휴업이 적용되는 것인지부터 검토할 필요가 있겠네요.

을: 제가 전에 비슷한 사안을 처리했는데, 그때 산업통상자원부에 질의하여 (가) 의무휴업이 적용된다는 내용의 회신을 받았습니다.

갑: 그렇다면 A마트에 대해서는 의무휴업이 적용되지 않겠군요. 그런데 「유통산업발전법」을 보니까 개설등록을 하지 않고 대규모 점포를 개설하여 영업한 것은 위법하고 벌금형 부과 대상이네요.

을: 네, 그렇습니다. 다만 벌금형 부과는 우리 시에서 할 수는 없으니 수사기관에 고발하는 것까지만 할 수 있겠네요.

갑: 잘 알겠습니다. 그러면 민원인에게 A마트의 법령 위반 영업 행위에 대해 (나) 진행하겠다고 회신하겠습니다.

① (가): 개설등록을 하여 적법한 영업 요건을 충족해야
(나): 수사기관에 고발하는 조치를
② (가): 개설등록을 하여 적법한 영업 요건을 충족해야
(나): 수사기관에 고발하는 조치와 과태료 부과 처분을
③ (가): 대규모 점포에 해당해야
(나): 수사기관에 고발하는 조치를
④ (가): 대규모 점포에 해당해야
(나): 수사기관에 고발하는 조치와 영업정지 처분을
⑤ (가): 사용승인 처분을 받아야
(나): 영업정지 처분을

25. 다음 글의 <논쟁>에 대한 분석으로 적절한 것만을 <보기>에서 모두 고르면?

> 갑과 을은 △△국 「주택임차인 보호법」 제3조, 제4조의 해석을 놓고 논쟁하고 있다. 그 조문은 다음과 같다.
>
> 제3조(대항력) ① 임차인이 임차주택에 대한 주민등록을 마친 때에는 임차주택을 매수한 제삼자에게 임대차 계약의 효력을 주장할 수 있다.
> ② 임차주택이 경매된 경우에 임차인이 그 경매 대금으로부터 다른 채권자보다 우선적으로 임대차 보증금을 배당 받으려면 임차주택에 대한 주민등록을 마쳐야 하고 확정일자가 기재된 임대차 계약서를 갖춰야 한다.
> 제4조(계약의 갱신) ① 임대인이 임대차 기간 종료 6개월 전부터 2개월 전까지의 기간에 임차인에게 계약 종료 통지를 하지 않으면 임차인은 임대차 계약이 자동으로 갱신되었다고 주장할 수 있다.
>
> 위 법의 적용 대상인 X주택을 그 소유자인 A가 B에게 임대했다. B는 X주택에 대한 주민등록을 마쳤다. 임대차 계약서에는 A의 자필로 계약일자가 기재되어 있었고 확정일자는 없었다.
>
> <논 쟁>
>
> 쟁점 1: 임대차 기간 중 진행된 X주택에 대한 경매 절차를 통해 C가 X주택의 소유자가 되자 B는 C에게 임대차 계약의 효력을 주장한다. 이러한 B의 주장에 대해 갑은 타당하다고 하지만 을은 부당하다고 한다.
> 쟁점 2: 임대차 기간 중에 경매된 X주택의 경매 대금으로부터 B가 임대차 보증금을 다른 채권자인 D보다 우선적으로 배당 받을 수 있는지에 대해, 갑은 그렇다고 주장하고 을은 그렇지 않다고 주장한다.
> 쟁점 3: 임대차 기간 종료 6개월 전부터 2개월 전까지의 기간에 A가 B에게 계약 종료 통지를 하지 않았다. 임대차 계약 기간이 만료된 후 B는 임대차 계약 종료 통지를 했으나 A는 임대차 계약 갱신을 주장하는 경우, 갑은 임대차 계약이 갱신된 것으로 보아야 한다고 주장하나 을은 임대차 계약이 종료된 것으로 보아야 한다고 주장한다.

<보 기>

ㄱ. 쟁점 1과 관련하여, 경매 절차를 통해 임차주택의 소유권을 취득한 자가 위 법 제3조제1항의 '임차주택을 매수한 제삼자'에 포함된다고 해석하면, 갑의 주장은 옳고 을의 주장은 옳지 않다.
ㄴ. 쟁점 2와 관련하여, 갑은 임대인이 자필로 계약일자를 기재한 것도 위 법 제3조제2항의 확정일자가 기재된 것에 해당한다고 해석하고 을은 그렇지 않다고 해석하고 있다면, 갑과 을의 주장 불일치를 설명할 수 있다.
ㄷ. 쟁점 3과 관련하여, 위 법 제4조제1항의 목적이 임차인의 선택을 최대한 존중하는 것이라고 해석하면, 갑의 주장은 옳지 않지만 을의 주장은 옳다.

① ㄱ ② ㄷ ③ ㄱ, ㄴ
④ ㄴ, ㄷ ⑤ ㄱ, ㄴ, ㄷ

약점 보완 해설집 p.6

상황판단영역

1. 다음 글을 근거로 판단할 때 옳은 것은?

제00조(기상산업의 실태조사 등) ① 기상청장은 기상산업을 체계적으로 진흥하고 기본계획과 시행계획 등을 효율적으로 수립·추진하기 위하여 기상산업에 대한 실태조사(이하 '실태조사'라 한다)와 자료수집을 할 수 있다.
② 기상청장은 실태조사와 자료수집을 위하여 필요하다고 인정하면 관련 행정기관·연구기관·교육기관 또는 기상사업자 등에게 필요한 자료나 의견을 제출하도록 요청할 수 있다.
③ 기상청장은 실태조사를 기상산업에 관한 전문성을 갖춘 기관 또는 단체에 의뢰하여 실시할 수 있다.
④ 기상청장은 실태조사를 실시한 경우 그 결과를 기상청의 인터넷 홈페이지에 공표해야 한다.
제00조(기상정보의 제공) ① 기상청장은 기상사업자가 기상정보의 제공을 신청한 경우 정당한 이유가 없으면 그 정보를 제공하여야 한다.
② 제1항에 따라 기상청장이 기상정보를 제공할 때에는 그 기상정보의 제공에 드는 비용에 충당하기 위하여 수수료를 징수할 수 있다.
제00조(기상정보의 출처 명시 등) ① 기상사업자는 기상정보를 제3자에게 제공하는 경우 그 출처를 밝혀야 한다.
② 기상청장은 기상사업자가 제1항에 따른 출처를 밝히지 아니하는 경우에는 시정을 요구할 수 있다.

① 기상청장은 실태조사를 직접 실시하지 않고 기상산업에 관한 전문성을 갖춘 단체에 의뢰하여 실시할 수 있다.
② 기상청장은 실태조사와 자료수집을 위해 필요한 경우, 관련 행정기관에게 필요한 자료의 제출을 요청할 수 있지만 기상사업자에게는 요청할 수 없다.
③ 기상사업자는 기상청장으로부터 제공받은 기상정보를 제3자에게 제공할 수 없다.
④ 기상청장이 기상사업자에게 기상정보를 제공할 때에는 기상정보의 경제적 가치에 해당하는 수수료를 징수하여야 한다.
⑤ 기상청장은 기상산업 진흥을 위한 자료수집을 한 경우, 그 결과를 기상청 인터넷 홈페이지에 공표해야 한다.

2. 다음 글을 근거로 판단할 때 옳은 것은?

제00조(정의) 이 법에서 '국제기구 분담금'이란 정부가 국제기구에 의무적으로 납부하여야 하는 경비 또는 국제기구와 협력사업 추진을 위하여 재량적으로 납부하는 경비를 말한다. 다만 국제금융기구 및 녹색기후기금에 납입하는 출자금 또는 출연금은 제외한다.
제00조(국제기구 분담금 심의위원회) ① 국제기구 분담금 관리에 관한 주요사항을 심의·조정하기 위하여 외교부장관 소속으로 국제기구 분담금 심의위원회(이하 '위원회'라 한다)를 둔다.
② 위원회는 다음 각 호의 사항을 심의·조정한다.
1. 중앙행정기관별 전년도 국제기구 분담금 납부실적 및 자체평가 결과
2. 중앙행정기관별 다음 연도 국제기구 분담금 납부계획
제00조(국제기구 분담금 납부실적에 대한 자체평가 등) ① 중앙행정기관의 장은 소관 국제기구 분담금의 전년도 납부실적 및 납부목적 부합 여부에 대하여 매년 자체평가를 실시하여야 한다.
② 중앙행정기관의 장은 매년 3월 31일까지 소관 국제기구 분담금의 전년도 납부실적, 제1항에 따른 자체평가 결과 및 다음 연도 국제기구 분담금 납부계획을 위원회에 제출하여야 한다.
③ 외교부장관은 제2항에 따라 제출된 납부실적 등에 대한 위원회의 심의·조정 결과를 매년 5월 31일까지 기획재정부장관에게 송부하고, 기획재정부장관은 송부받은 위원회의 심의·조정 결과를 존중하여 다음 연도 예산안을 편성하여야 한다.

① 위원회는 중앙행정기관별 다음 연도 국제기구 분담금 납부계획을 심의·조정한다.
② 위원회는 중앙행정기관이 납부하는 국제기구 분담금의 납부목적 부합 여부에 대한 자체평가를 매년 실시하여야 한다.
③ 환경부가 녹색기후기금에 출연금을 납입하였다면 환경부장관은 해당 납입실적을 위원회에 제출하여야 한다.
④ 외교부장관은 중앙행정기관의 장이 제출한 납부실적을 매년 3월 31일까지 기획재정부장관에게 송부하여야 한다.
⑤ 국제기구와의 협력사업 추진을 위하여 시민단체가 스스로 국제기구에 납부하는 경비는 국제기구 분담금에 해당한다.

3. 다음 글을 근거로 판단할 때 옳은 것은?

제○○조(특허심판원) ① 특허·실용신안·디자인·상표에 관한 심판(이하 '심판사건'이라 한다)을 관장하게 하기 위하여 특허청장 소속으로 특허심판원을 둔다.
② 특허심판원에 특허심판원장(이하 '원장'이라 한다)과 심판관을 둔다.
제□□조(심판관 등의 지정) ① 원장은 각 심판사건에 대하여 제△△조에 따른 합의체를 구성할 심판관을 지정하여야 한다.
② 원장은 제1항에 따라 지정된 심판관 중에서 1명을 심판장으로 지정하여야 한다.
③ 제2항에도 불구하고 원장은 특히 중요하다고 인정되는 심판사건에 대해서는 원장 스스로 심판장이 될 수 있다.
④ 심판장은 그 심판사건에 관한 사무를 총괄한다.
제△△조(심판의 합의체, 심리 등) ① 심판은 3명 또는 5명의 심판관으로 구성되는 합의체가 한다.
② 제1항의 합의체의 합의는 과반수로 결정한다.
③ 심판은 구술심리 또는 서면심리로 한다. 다만 당사자가 구술심리를 신청하였을 때에는 서면심리만으로 결정할 수 있다고 인정되는 경우 외에는 구술심리를 하여야 한다.
④ 구술심리는 공개하여야 한다. 다만 공공의 질서 또는 선량한 풍속에 어긋날 우려가 있으면 그러하지 아니하다.

① 심판의 합의체는 심판장 1명과 심판관 1명으로 구성될 수 있다.
② 원장이 심판장으로서 심판사건에 관한 사무를 총괄하는 경우가 있다.
③ 합의체의 합의는 심판관 전원의 일치된 의견으로 결정한다.
④ 당사자가 구술심리를 신청한 경우에는 서면심리로 심판할 수 없다.
⑤ 서면심리로 심판하는 경우 그 심리는 공개하여야 한다.

4. 다음 글을 근거로 판단할 때 옳은 것은?

제00조(의료 해외진출의 신고) ① 의료 해외진출을 하려는 의료기관의 개설자는 보건복지부장관에게 신고하여야 한다.
② 보건복지부장관은 제1항에 따른 신고를 한 의료기관의 개설자에게 의료 해외진출의 신고확인증을 발급하여야 한다.
제00조(외국인환자 유치에 대한 등록) ① 외국인환자를 유치하려는 의료기관은 다음 각 호의 요건을 갖추어 특별시장·광역시장·특별자치시장·도지사 또는 특별자치도지사(이하 '시·도지사'라 한다)에게 등록하여야 한다.
1. 외국인환자를 유치하려는 진료과목별로 전문의를 1명 이상 둘 것
2. 의료배상공제조합 또는 보건복지부령으로 정하는 의료사고배상책임보험에 가입하였을 것
② 외국인환자를 유치하려는 비의료기관은 다음 각 호의 요건을 갖추어 시·도지사에게 등록하여야 한다.
1. 보건복지부령으로 정하는 보증보험에 가입하였을 것
2. 국내에 사무소를 설치하였을 것
③ 시·도지사는 제1항에 따라 등록한 의료기관(이하 '외국인환자 유치의료기관'이라 한다) 및 제2항에 따라 등록한 비의료기관(이하 '외국인환자 유치사업자'라 한다)에게 등록증을 발급하여야 한다.
④ 제1항 및 제2항에 따른 등록의 유효기간은 등록일부터 3년으로 한다.
⑤ 제4항에 따른 유효기간이 만료된 후 계속하여 외국인환자를 유치하려는 자는 유효기간이 만료되기 전에 그 등록을 갱신하여야 한다.

① 의료 해외진출을 하려는 의료기관의 개설자는 시·도지사에게 등록하여야 한다.
② 외국인환자 유치를 위해 시·도지사에게 등록하려는 의료기관이 보건복지부령으로 정하는 의료사고배상책임보험에 가입하지 않는다면 의료배상공제조합에는 가입하여야 한다.
③ 외국인환자 유치사업자는 등록일부터 3년이 지난 후에도 그 등록의 갱신 없이 계속하여 외국인환자를 유치할 수 있다.
④ 외국인환자를 유치하려는 비의료기관이 시·도지사에게 등록하기 위해서는 진료과목별로 전문의 1명 이상을 두어야 한다.
⑤ 시·도지사는 국내에 사무소를 설치하지 않은 비의료기관에게 외국인환자 유치사업자 등록증을 발급할 수 있다.

5. 다음 글을 근거로 판단할 때 옳은 것은?

조선시대에는 서해안과 남해안을 중심으로 소금 생산이 활발했다. 소금의 최대 생산지는 평안도에서 전라도에 이르는 서해안의 갯벌 지대로, 대표적인 지역은 전라도 부안과 충청도 태안이었다. 이러한 소금 생산지에는 염장이라는 관청을 설치해 소금 생산을 관리하였다.

동해안의 소금 생산 방법은 서해안이나 남해안과 달랐다. 동해안에서는 바닷물을 끓여서 소금을 만들었다. 바닷물을 끓일 때 나무가 필요했기 때문에 소금 생산 지역의 주변 산은 대부분 민둥산이었다. 반면 서해안과 남해안은 조석(潮汐) 간만의 차를 이용했다. 해안가에 작은 둑을 쌓아 염전을 만들어 보름에 한 번씩 바닷물을 가두고, 가둔 물을 둑 안에서 자연 증발시켜 소금을 얻었다. 이처럼 자연 증발을 통해 얻은 소금이 천일염이다.

소금은 나루터를 중심으로 유통되었다. 예를 들어, 조선시대 경기도 일대 소금은 대부분 한강의 마포나루에 집결되었다. 그런 까닭으로 조선시대에는 마포염이라는 말이 있을 정도였다. 염전 하나 없는 마포가 소금으로 유명해진 것은 소금 유통의 중심지였기 때문이다. 경강상인은 마포나루를 비롯한 한강 일대의 나루터에 창고를 지어 놓고, 소금, 젓갈, 생선 등을 거래하였다.

① 동해안에서는 조석 간만의 차를 이용한 소금 생산 방식을 주로 사용하였다.
② 조선시대에 경강상인에 의한 소금 거래는 이루어지지 않았다.
③ 조선시대 소금의 최대 생산지는 남해안의 갯벌 지대였다.
④ 마포염은 마포에서 생산된 소금을 이르는 말이다.
⑤ 조선시대에 천일염은 염전에서 얻을 수 있었다.

6. 다음 글을 근거로 판단할 때, 乙이 먹은 어묵의 개수는?

甲: 분식집에서 얼마 냈어?
乙: 15,000원.
甲: 어묵 한 개 1,000원, 떡볶이 한 접시 3,000원, 만두 한 접시 2,000원이었잖아. 둘이 먹었는데 그렇게 많이 나왔어?
乙: 떡볶이 한 접시와 만두 한 접시를 먹었지. 그리고 어묵은 여러 개 먹었어. 그런데 사장님이 만둣값은 안 받으셨어.
甲: 어묵을 많이 먹긴 했나 보다.
乙: 네가 나보다 어묵을 두 개나 더 먹었잖아.

① 5
② 6
③ 7
④ 8
⑤ 9

7. 다음 글을 근거로 판단할 때, 16~20번 문항의 정답으로 가능한 것은?

> 甲은 5지선다형 20개 문항으로 구성된 시험을 출제한다. 각 문항의 선택지는 A, B, C, D, E이며, 정답별 문항 개수 및 정답 배열에 관한 조건은 다음과 같다.
>
> ○ A가 정답인 문항은 2개 이상 6개 이하여야 한다. B~E도 마찬가지이다.
> ○ 동일한 정답이 연속해서 3회 이상 나와서는 안 된다.
>
> 甲은 현재 15번 문항까지 출제하였다. 14번과 15번 문항의 정답은 모두 A이며, 15번까지 정답별 문항 개수는 다음과 같다.

정답	A	B	C	D	E
문항 개수	2	0	3	5	5

	16번	17번	18번	19번	20번
①	A	B	B	C	B
②	B	A	B	B	C
③	B	A	D	B	D
④	C	B	B	B	D
⑤	D	B	E	C	A

8. 다음 글을 근거로 판단할 때, 세미나 장소 A~E 중 甲이 선정할 곳은?

> ○ △△부서 주무관 甲은 다음 조건에 따라 정책 세미나 개최를 위한 장소를 선정하고자 한다.
> - 세미나 시간은 14:00~16:00이며, 43명이 참석한다.
> - 세미나 시간 동안 해당 장소에 타 부서의 예약이 없어야 하며, 프로젝터 사용이 가능한 장소여야 한다.
> - 위 조건을 모두 만족하는 장소가 여러 곳인 경우, 그중 다과 제공이 가능한 장소가 있다면 그 장소를 선정한다.
>
> ○ 다음은 세미나 장소 A~E에 관한 정보이다.

장소	세미나 당일 타 부서 예약 현황	프로젝터 사용 가능 여부	최대 수용 가능 인원	다과 제공 가능 여부
A	13:00~15:00	○	65명	○
B	없음	○	40명	○
C	11:00~12:30	○	50명	×
D	없음	×	80명	×
E	없음	○	45명	○

① A
② B
③ C
④ D
⑤ E

[9～10] 다음 글을 읽고 물음에 답하시오.

○○국은 노후의 건강증진 및 생활안정을 도모하고 부양가족의 부담을 덜어줌으로써 국민 삶의 질을 높이기 위해 노인장기요양보험제도를 시행 중이다. 이를 통해 고령이나 노인성 질병 등의 사유로 혼자 일상생활을 하기 어려운 노인에게 신체활동 또는 가사활동 지원 등의 장기요양급여를 제공하고 있다.

노인장기요양보험제도는 소득에 관계없이 심신기능의 상태를 고려한 요양 필요도에 따라 장기요양 인정을 받은 자에게 서비스를 제공하는 것이다. 이는 국민기초생활보장대상자 등 특정 저소득층을 대상으로 제공되는 기존 노인복지서비스와 차이가 있다.

노인장기요양보험제도 수급자(이하 '수급자'라 한다)가 제공받을 수 있는 급여로는 재가(在家)급여, 시설급여, 복지용구급여, 특별현금급여 네 가지가 있다. 재가급여는 노인요양시설에 입소하지 않은 수급자의 가정을 방문하여 제공하는 방문요양, 방문목욕, 방문간호와 재가 노인을 일정 시간 동안 요양기관에서 보호해 주는 주·야간보호로 이루어져 있다. 시설급여는 수급자를 노인요양시설에서 장기간 보호해 주는 것을 말한다. 복지용구급여는 심신기능이 저하되어 일상생활을 영위하는 데 지장이 있는 수급자에게 일상생활·신체활동 지원 및 인지기능의 유지·향상에 필요한 용구를 구입하거나 대여해 주는 것을 말한다. 단, 시설급여 수급자의 경우 복지용구급여는 제공받지 못한다. 특별현금급여는 수급자가 천재지변, 신체 또는 정신 등의 사유로 재가급여나 시설급여를 받을 수 없어 그 가족 등으로부터 방문요양에 상당하는 서비스를 받을 때 지급하는 현금급여를 뜻하며, 수급자에게 매월 15만 원씩 지급한다.

한편 노인장기요양보험제도 수급자에게는 본인부담금이 발생한다. 급여별 본인부담금은 다음과 같다. 재가급여의 경우 해당 장기요양급여비용의 100분의 15, 시설급여는 100분의 20, 복지용구급여는 100분의 15이다. 다만 국민기초생활보장대상자에게는 본인부담금이 발생하지 않는다.

9. 윗글을 근거로 판단할 때, <보기>에서 옳은 것만을 모두 고르면?

<보 기>

ㄱ. 노인장기요양보험제도의 지원 대상은 국민기초생활보장대상자 등 특정 저소득층이다.
ㄴ. 노인요양시설에 입소해 장기간 보호받고 있는 수급자 A는 그 기간 동안 방문목욕급여를 받을 수 없다.
ㄷ. 시설급여 수급자 B는 신체활동 지원에 필요한 용구인 성인용 보행기 대여에 대한 복지용구급여를 받을 수 없다.
ㄹ. 재가급여나 시설급여를 제공받을 수 있음에도 가족으로부터 방문요양에 상당하는 서비스를 받는 C는 특별현금급여를 제공받을 수 있다.

① ㄱ, ㄴ
② ㄱ, ㄹ
③ ㄴ, ㄷ
④ ㄴ, ㄹ
⑤ ㄷ, ㄹ

10. 윗글과 <상황>을 근거로 판단할 때, 甲~丙을 이번 달 수급 현황에 따른 본인부담금이 높은 순서대로 나열한 것은?

<상 황>

○ 노인장기요양보험제도 급여별 장기요양급여비용은 다음과 같다.

급여 유형	급여 내용	급여비용
재가급여	방문요양	2만 원/시간
	방문목욕	7만 원/회
	방문간호	4만 원/시간
	주·야간보호	1만 원/시간
시설급여	노인요양시설 보호	7만 원/일
복지용구급여	복지용구 구입	복지용구 구입비
	복지용구 대여	복지용구 대여료

○ 노인장기요양보험제도 수급자 甲~丙의 이번 달 수급 현황은 다음과 같다.

수급자	수급 내역	비고
甲	방문목욕 10회, 복지용구(전동침대) 구입	전동침대 구입비 30만 원
乙	주·야간보호 45시간, 방문요양 28시간	국민기초생활보장 대상자
丙	노인요양시설 보호 11일	-

① 甲 > 乙 > 丙
② 甲 > 丙 > 乙
③ 乙 > 丙 > 甲
④ 丙 > 甲 > 乙
⑤ 丙 > 乙 > 甲

11. 다음 글을 근거로 판단할 때 옳은 것은?

> 제00조(행위제한) ① 사람이 거주하지 아니하거나 극히 제한된 지역에만 거주하는 섬으로서 자연생태계 보전을 위하여 환경부장관이 지정하여 고시하는 도서(이하 '특정도서'라 한다)에서 다음 각 호의 어느 하나에 해당하는 행위를 하여서는 아니 된다.
> 1. 건축물 또는 공작물의 신축·증축
> 2. 택지의 조성, 토지의 형질변경, 토지의 분할
> 3. 도로의 신설
> 4. 폐기물을 매립하거나 버리는 행위
>
> ② 제1항에도 불구하고 다음 각 호의 어느 하나에 해당하는 경우에는 제1항을 적용하지 아니한다.
> 1. 군사·항해·조난구호 행위
> 2. 재해의 발생 방지 및 대응을 위하여 필요한 행위
> 3. 국가가 시행하는 해양자원개발 행위
>
> ③ 제2항에 따른 행위를 한 자는 그 행위의 내용과 결과를 환경부장관에게 통보하여야 한다.
>
> 제00조(허가) 환경부장관은 특정도서의 지정 목적에 지장이 없다고 인정하는 경우에는 다음 각 호의 어느 하나에 해당하는 행위를 허가할 수 있다. 다만 문화유산으로 지정된 특정도서에 대하여는 미리 국가유산청장과 협의하여야 한다.
> 1. 국가나 지방자치단체가 등산로, 산책로, 공중화장실, 정자 등을 설치하는 행위
> 2. 자연생태계의 연구·조사를 목적으로 하는 행위

① 특정도서에서의 도로 신설이 군사 행위인 경우 그 행위의 내용과 결과를 환경부장관에게 통보할 필요가 없다.
② 특정도서에 거주하는 주민은 재해발생 방지를 위해 필요한 경우에도 특정도서에서의 공작물 신축 행위를 할 수 없다.
③ 환경부장관이 특정도서에서 건축물의 증축을 허가하기 위해서는 미리 국가유산청장과 협의하여야 한다.
④ 민간기업이 영리 목적으로 특정도서에 산책로를 설치하려는 경우 환경부장관은 이를 허가할 수 있다.
⑤ 특정도서에서 자연생태계의 연구·조사를 목적으로 하는 행위에 대해 환경부장관의 허가를 얻으면 그 행위를 할 수 있다.

12. 다음 글을 근거로 판단할 때 옳은 것은?

> 제○○조(특수건강진단 등) ① 사업주는 특수건강진단대상 업무에 종사하는 근로자의 건강관리를 위하여 특수건강진단을 실시하여야 한다.
>
> ② 사업주는 제△△조 제1항에 따른 특수건강진단기관에서 특수건강진단을 실시하여야 한다.
>
> 제□□조(특수건강진단에 관한 사업주의 의무) ① 사업주는 특수건강진단을 실시하는 경우 근로자대표가 요구하면 근로자대표를 참석시켜야 한다.
>
> ② 사업주는 산업안전보건위원회 또는 근로자대표가 요구할 때에는 특수건강진단 결과에 대하여 설명하여야 한다. 다만 개별 근로자의 특수건강진단 결과는 본인의 동의 없이 공개해서는 아니 된다.
>
> ③ 사업주는 특수건강진단의 결과 근로자의 건강을 유지하기 위하여 필요하다고 인정할 때에는 작업장소 변경, 작업 전환, 근로시간 단축, 야간근로(오후 10시부터 다음 날 오전 6시까지 사이의 근로를 말한다)의 제한, 작업환경측정 또는 시설·설비의 설치·개선 등 적절한 조치를 하여야 한다.
>
> 제△△조(특수건강진단기관) ① 의료기관이 특수건강진단을 수행하려는 경우에는 고용노동부장관으로부터 특수건강진단을 할 수 있는 기관(이하 '특수건강진단기관'이라 한다)으로 지정받아야 한다.
>
> ② 고용노동부장관은 특수건강진단기관의 진단·분석 결과에 대한 정확성과 정밀도를 확보하기 위하여 특수건강진단기관의 진단·분석능력을 확인하고, 특수건강진단기관을 지도하거나 교육할 수 있다.
>
> ③ 고용노동부장관은 특수건강진단기관을 평가하고 그 결과(제2항에 따른 진단·분석능력의 확인 결과를 포함한다)를 공개할 수 있다.

① 사업주는 특수건강진단을 실시하는 경우 고용노동부장관이 요구하면 근로자대표를 참석시켜야 한다.
② 근로자대표는 산업안전보건위원회의 동의 없이는 사업주가 특수건강진단 결과에 대하여 설명하도록 요구할 수 없다.
③ 산업안전보건위원회는 특수건강진단의 결과 근로자의 건강을 유지하기 위하여 필요하다고 인정할 때에는 야간근로를 제한하는 조치를 하여야 한다.
④ 고용노동부장관은 특수건강진단기관의 진단·분석능력 확인 결과를 포함하여 특수건강진단기관에 대한 평가 결과를 공개할 수 있다.
⑤ 사업주는 근로자대표의 요구가 있다면 개별 근로자의 특수건강진단 결과를 본인 동의 없이 공개할 수 있다.

13. 다음 글을 근거로 판단할 때 옳은 것은?

> 제○○조(소방활동 종사명령, 소방활동 비용지급) ① 소방대장은 화재가 발생한 현장에서 소방활동을 위하여 필요할 때에는 그 현장에 있는 사람으로 하여금 사람을 구출하는 일 또는 불을 끄거나 불이 번지지 아니하도록 하는 일을 하게 할 수 있다.
> ② 제1항에 따른 명령에 따라 소방활동에 종사한 사람은 시·도지사로부터 소방활동의 비용을 지급받을 수 있다. 다만 다음 각 호의 어느 하나에 해당하는 사람의 경우에는 그러하지 아니하다.
> 1. 건물·차량·선박·산림·인공구조물 또는 물건(이하 '소방대상물'이라고 한다)에 화재가 발생한 경우 그 소방대상물의 소유자·관리자 또는 점유자
> 2. 고의 또는 과실로 화재를 발생시킨 사람
> 3. 화재 또는 구조·구급 현장에서 물건을 가져간 사람
>
> 제□□조(강제처분 등) ① 소방대장은 사람을 구출하거나 불이 번지는 것을 막기 위하여 필요할 때에는 화재가 발생하거나 불이 번질 우려가 있는 소방대상물 및 토지에 대한 일시적 사용·사용제한 등 소방활동에 필요한 처분을 할 수 있다.
> ② 소방대장은 소방활동을 위하여 긴급하게 출동할 때에는 소방자동차의 통행과 소방활동에 방해가 되는 주차 또는 정차된 차량 및 물건 등을 제거하거나 이동시킬 수 있다.
> ③ 소방대장은 제2항에 따른 소방활동에 방해가 되는 주차 또는 정차된 차량의 제거나 이동을 위하여 관할 지방자치단체 등 관련 기관에 견인차량과 인력 등에 대한 지원을 요청할 수 있다.
> ④ 시·도지사는 제3항에 따라 견인차량과 인력 등을 지원한 자에게 비용을 지급할 수 있다.
>
> 제△△조(손실보상) 소방청장 또는 시·도지사는 다음 각 호의 어느 하나에 해당하는 자에게 손실보상을 하여야 한다.
> 1. 제○○조 제1항에 따른 소방활동 종사로 인하여 사망하거나 부상을 입은 자
> 2. 제□□조 제2항에 따른 처분으로 인하여 손실을 입은 자. 다만 법령을 위반하여 소방자동차의 통행과 소방활동에 방해가 된 경우는 제외한다.

① 화재가 발생한 건물의 소유자가 소방대장의 소방활동 종사명령에 따라 해당 건물에서 사람을 구출하는 일을 한 경우, 그는 소방활동의 비용을 지급받을 수 있다.
② 과실로 화재를 발생시킨 사람이 소방대장의 소방활동 종사명령에 따라 불을 끄는 일을 하던 중 부상을 입은 경우, 그는 손실보상을 받을 수 없다.
③ 소방대장은 사람을 구출하기 위하여 필요할 때에는 불이 번질 우려가 있는 토지의 사용을 일시적으로 제한할 수 있다.
④ 소방대장이 화재진압을 위한 소방자동차의 긴급 출동에 방해가 되는 불법 주차 차량을 이동시키던 중 그 차량이 파손된 경우, 해당 차량을 주차한 소유자는 손실보상을 받는다.
⑤ 소방청장은 소방대장의 요청에 따라 견인차량을 지원한 자에게 견인비용을 지급하여야 한다.

14. 다음 글을 근거로 판단할 때, <보기>에서 옳은 것만을 모두 고르면?

> 甲기업은 A, B 두 개의 공장을 가지고 있으며, 두 공장에서 같은 제품을 생산한다. A에서는 제품 생산을 위해 설비를 가동하는 데 1일 100만 원의 가동비용이 발생하며, 제품 1개를 생산할 때마다 1만 원의 비용이 소요된다. B에서는 가동비용이 발생하지 않으며, 제품 1개를 생산할 때마다 2만 원의 비용이 소요된다. A, B 모두 하루에 각각 최대 150개까지 제품 생산이 가능하다. 甲기업은 최소 비용으로 1일 목표 생산량 Q개를 달성하도록 생산량을 A, B에 배분한다.

<보 기>

ㄱ. Q가 120이라면 A에서만 생산해야 한다.
ㄴ. Q가 200이라면 B에서 150개를 생산해야 한다.
ㄷ. Q가 200일 때, A의 가동비용이 1일 50만 원으로 감소해도 A, B에 대한 배분량은 달라지지 않는다.

① ㄱ
② ㄴ
③ ㄱ, ㄷ
④ ㄴ, ㄷ
⑤ ㄱ, ㄴ, ㄷ

15. 다음 글을 근거로 판단할 때 옳은 것은?

甲도는 A~E 총 5개 지역으로 이루어져 있으며, 각 지역의 인구는 서로 다르다. 甲도는 건강행태에 대한 전수조사를 매년 실시하고 있다. 조사하는 지표 중 하나인 건강생활실천율은 거주자 중 금연, 절주, 걷기를 모두 실천하는 사람의 비율이다. 지역별 건강생활실천율은 다음과 같다.

지역	A	B	C	D	E
건강생활실천율(%)	35	30	25	30	30

① A지역에서 금연, 절주, 걷기를 실천하는 사람의 비율이 각각 2%p씩 높아지면 건강생활실천율도 2%p 높아진다.
② 건강생활실천율이 증가하려면 금연, 절주, 걷기를 실천하는 사람의 비율 중 가장 낮은 값이 증가해야만 한다.
③ 금연과 절주를 동시에 실천하는 사람의 비율은 B지역이 C지역보다 높다.
④ D지역에서 걷기를 실천하는 사람의 비율은 최소 30%이다.
⑤ 甲도의 건강생활실천율은 30%이다.

16. 다음 글을 근거로 판단할 때, 甲이 자격증 취득 시 지불해야 하는 최소 수강료는?

甲은 자격증을 취득하려고 한다. 자격증 시험은 각각 100점 만점인 A, B, C 3과목으로 이루어져 있다. 3과목의 점수 합이 150점 이상이면 자격증 취득이 가능하지만, 어느 과목이라도 40점 미만을 받은 경우에는 과락으로 자격증을 취득할 수 없다. 甲은 학원에서 A, B, C 3과목을 모두 수강하되, 그중 2과목은 일반과정, 1과목은 속성과정으로 수강하려고 한다. 甲이 다니는 학원은 수강 과목의 취득점수에 따라 사후적으로 수강료를 부과한다. 다음은 학원에서 수강할 수 있는 과목의 취득점수 1점당 수강료이다.

과목	취득점수 1점당 수강료(원)	
	일반과정	속성과정
A	5,000	10,000
B	3,000	7,000
C	10,000	13,000

① 810,000원
② 930,000원
③ 970,000원
④ 1,010,000원
⑤ 1,030,000원

17. 다음 글과 <대화>를 근거로 판단할 때, 甲과 丙의 근무처와 직위를 옳게 나열한 것은?

> ○ 직급이 5급 이상인 공무원 甲, 乙, 丙은 서로 다른 우체국 A, B, C에서 근무하고 있다.
> ○ 각 우체국의 5급 이상 공무원에게는 국장, 과장, 팀장의 직위가 부여되며 그 현황은 다음과 같다.
> - A우체국: 3급 1명(국장), 4급 2명(과장), 5급 1명(팀장)
> - B우체국: 4급 1명(국장), 5급 3명(과장)
> - C우체국: 5급 1명(국장)

<대 화>

> 甲: 저는 C우체국에서 근무하지 않아요.
> 乙: 저는 甲과 직급이 같아요.
> 丙: 저는 A우체국에서 근무하지 않고, 乙이 근무하는 우체국의 어느 공무원보다도 직급이 높아요.

	甲	丙
①	A우체국 팀장	B우체국 국장
②	A우체국 과장	B우체국 과장
③	A우체국 국장	B우체국 국장
④	B우체국 과장	C우체국 국장
⑤	B우체국 국장	C우체국 국장

18. 다음 글과 <상황>을 근거로 판단할 때, 아파트 매물 A~E 중 甲이 선택할 곳은?

> ○ 甲은 다음 기준에 따라 아파트 매물 중 한 곳을 선택하고자 한다.
> - 10층 이상이고, 2025년 7월 내 입주 가능
> - 담보 대출 없음
> - 전세 보증금 2.3억 원 이하(단, 붙박이장이 있는 경우 2.5억 원 이하)
> ○ 위 기준을 모두 충족하는 매물이 2개 이상인 경우, 그중 대한동 매물이 있다면 그 매물을 선택한다.

<상 황>

다음은 2025년 7월 1일 현재 아파트 매물의 정보이다.

매물	지역	동·호수	입주 가능 시기	전세 보증금 (억 원)	담보 대출	붙박이장
A	대한동	1011동 1601호	즉시	2.5	없음	있음
B	대한동	503동 1704호	즉시	2.3	있음	없음
C	민국동	301동 1504호	즉시	2.0	없음	없음
D	대한동	308동 1306호	2025. 8. 1. 이후	2.0	없음	있음
E	민국동	616동 806호	즉시	2.3	없음	없음

※ 호수가 네 자리 수인 경우 앞 두 자리의 수, 호수가 세 자리 수인 경우 앞 한 자리의 수는 층을 의미한다. 예를 들어 1601호는 16층이다.

① A
② B
③ C
④ D
⑤ E

19. 다음 글과 <상황>을 근거로 판단할 때, A부서의 1개월치 월세 지원액의 합은?

A부서는 거주지와 근무지가 멀리 떨어져 있어 출퇴근에 어려움을 겪는 직원에게 매달 월세를 지원한다.

○ 지원 대상은 주택을 소유하지 않은 직원 중, 거주지와 근무지 간 편도 거리가 50km 이상이거나 통근 시간이 1시간 이상인 직원이다.
○ 지원액은 아래의 지급기준에 따라 지원 대상자 본인의 월세를 초과하지 않는 범위 내에서 최대로 한다. 단, 복수의 지급기준에 해당하는 경우에는 더 높은 지원 한도액을 적용한다.

지급기준	지원 한도액
장애, 질병 등으로 출퇴근에 어려움이 있는 자	35만 원
신규임용일로부터 3년이 지나지 않은 자	25만 원
그 이외의 자	20만 원

<상 황>

A부서의 직원은 甲~戊이며, 이들의 정보는 아래와 같다. 이들 중 甲과 戊는 신규임용일로부터 3년이 지나지 않았으며, 乙은 질병으로 출퇴근에 어려움이 있다.

직원	거주지와 근무지 간 편도 거리	통근 시간	주택 소유 여부	월세
甲	50km	1시간 10분	○	45만 원
乙	45km	1시간	×	30만 원
丙	100km	1시간 30분	×	45만 원
丁	40km	50분	×	40만 원
戊	70km	1시간 40분	×	35만 원

① 70만 원
② 75만 원
③ 80만 원
④ 95만 원
⑤ 100만 원

20. 다음 글과 <상황>을 근거로 판단할 때, A~E 중 세무조사 대상으로 지정될 기업만을 모두 고르면?

甲부처는 2025년 7월 1일 현재, 세무조사 대상 기업을 지정하려고 한다. 아래 기준에 따라 기업 A~E의 점수를 매기고, 그 합산 점수가 7점을 초과하는 경우 세무조사 대상 기업으로 지정한다. 단, 최근 1년 내 세무조사를 받은 기업은 제외한다.

○ 전년도 매출액
  - 500억 원 미만: 1점
  - 500억 원 이상 5,000억 원 미만: 3점
  - 5,000억 원 이상: 5점
○ 최근 1년간 탈세 의심 민원 건수
  - 1건당 0.5점
○ 전년도 부실 거래 건수
  - 1건당 0.3점
○ 최근 5년 내 성실 납세 기업으로 선정된 경우 1점 감해 줌

<상 황>

2025년 7월 1일 현재, 기업 A~E의 정보는 다음과 같다.

기업	전년도 매출액 (억 원)	최근 1년간 탈세 의심 민원(건)	전년도 부실 거래 (건)	성실 납세 기업 선정 연도	최근 1년 내 세무조사 여부
A	1,700	5	7	2021년	×
B	480	10	4	2017년	×
C	6,250	6	2	2022년	○
D	3,000	7	5	2023년	×
E	5,000	3	3	2010년	×

① A, D
② B, D
③ B, E
④ A, C, E
⑤ B, D, E

21. 다음 글을 근거로 판단할 때, 甲의 셔츠의 최소 벌수는?

> 매일 아침 甲은 세탁소에서 찾아온 셔츠를 한 벌 꺼내 입는다. 그는 입었던 셔츠를 한데 모아 놓았다가 매주 월요일 점심에 세탁소에 모두 맡기고 온다. 매주 월요일 저녁에는 세탁이 다 된 셔츠를 세탁소에서 찾아온다. 셔츠 세탁에는 일주일이 소요되므로 찾아오는 셔츠는 그 전주 월요일 점심에 맡겼던 셔츠이다. 단, 세탁소에 다녀올 때는 그날 아침에 꺼내 입은 셔츠를 입는다.

① 7
② 8
③ 14
④ 15
⑤ 16

22. 다음 글을 근거로 판단할 때 옳은 것은?

> 甲~丁 4명은 동물카드를 이용한 게임을 하려 한다. 동물카드의 종류에는 사자, 불곰, 얼룩말, 하이에나 카드가 있으며, 승부를 정하는 방법은 다음과 같다.
>
> ○ 사자 카드는 얼룩말 카드를 이긴다.
> ○ 불곰 카드는 사자 카드를 이긴다.
> ○ 얼룩말 카드는 하이에나 카드를 이긴다.
> ○ 하이에나 카드는 사자 카드를 이긴다.
> ○ 그 외 카드 조합은 무승부로 한다.
>
> 甲~丁은 서로 다른 동물카드를 한 장씩 나누어 가졌으며, 다음과 같은 대화를 나누었다.
>
> 甲: 나는 丁과 겨루면 지게 돼.
> 乙: 내가 丁과 겨루면 이겨.
> 丙: 나와 丁이 겨루면 무승부야.

① 甲의 카드는 얼룩말 카드이다.
② 乙의 카드는 하이에나 카드이다.
③ 丙의 카드는 불곰 카드이다.
④ 丁의 카드는 사자 카드이다.
⑤ 甲~丁이 가지고 있는 카드는 어느 것도 확정할 수 없다.

23. 다음 글과 <상황>을 근거로 판단할 때, 甲이 받을 새로운 식권의 개수는?

> A부처의 구내식당에서는 점심 가격이 상승하여 기존 식권을 4,500원과 5,500원 두 종류의 새로운 식권으로 교환해 주고 있다. 교환할 때에는 식권의 종류에 상관없이 기존 식권의 총액과 새로운 식권의 총액이 동일하도록 교환한다. 그럴 수 없는 경우, 최소의 추가 금액을 결제하여 교환한다.

<상 황>

> 甲은 기존 4,000원 식권 6장과 5,000원 식권 7장을 가지고 있다. 甲은 자신이 가진 모든 식권을 한 번에 교환하려고 한다.

① 10
② 11
③ 12
④ 13
⑤ 14

24. 다음 글을 근거로 판단할 때, 씨앗 A~D의 싹이 튼 순서로 옳은 것은?

> 찬우는 봄을 맞이하여 네 종류의 씨앗(A~D)을 화단에 심었다. 화단에 심은 씨앗의 싹이 트는 조건은 각각 아래와 같다.
>
> 씨앗 A: 이틀 연속 날이 맑으면 다음 날에 싹이 튼다.
> 씨앗 B: 맑은 날 다음 날에 싹이 튼다.
> 씨앗 C: 비가 온 날이 총 사흘이 된 다음 날에 싹이 튼다.
> 씨앗 D: 이틀 연속 비가 오면 다음 날에 싹이 튼다.
>
> 찬우는 4월 1일 0시에 A~D를 하나씩 심었고, 이후 7일 동안 날짜별로 싹이 튼 씨앗의 개수는 다음과 같다.

4월 1일	4월 2일	4월 3일	4월 4일	4월 5일	4월 6일	4월 7일
0	1	0	1	0	1	1

※ 이 기간에 맑은 날은 내내 맑았고, 비가 온 날은 내내 비가 왔다.

① A - B - D - C
② B - A - C - D
③ B - A - D - C
④ B - D - A - C
⑤ B - D - C - A

25. 다음 글과 <상황>을 근거로 판단할 때, 올해 A기업의 1~3분기 안전평가에서 '보완' 등급이 부여된 횟수는?

> A기업에서는 매 분기 전체 5개 부서 중 3개 이상의 부서를 대상으로 안전평가를 실시하여 '우수' 또는 '보완' 등급을 부여한다. 안전평가 대상은 직전 분기 안전평가에서 보완 등급을 받은 부서이다. 다만 직전 분기에 보완 등급을 받은 부서가 2개 이하인 경우, 안전평가를 받은 지 오래된 순서대로 부서를 추가하여 평가한다.

<상 황>

> A기업은 올해 1월 초, 4월 초, 7월 초에 각각 1, 2, 3분기 안전평가를 실시하였다. 아래는 A기업의 서로 다른 부서에 속해 있는 5명(甲~戊)의 7월 말 대화이다.
>
> 甲: 이번 달 안전평가에서 3개 부서가 우수 등급을 받았대.
> 乙: 우리 부서는 1월 안전평가에서 우수 등급을 받았어.
> 丙: 우리 부서는 1월에 안전평가를 받지 않았어.
> 丁: 올해 우리 부서는 안전평가를 받지 않았어.
> 戊: 우리 부서는 매 분기마다 안전평가를 받았어.

① 1
② 2
③ 3
④ 4
⑤ 5

약점 보완 해설집 p.12

자료해석영역

1. 다음은 '갑'~'무'선수의 A퍼즐 대회 결과와 종합점수 산정 방법에 관한 자료이다. 이를 근거로 판단할 때, '갑'~'무' 중 종합점수가 가장 높은 선수는?

<표> '갑'~'무'선수의 A퍼즐 대회 결과

문제	배점	선수: 갑	을	병	정	무
1번	20점	⬓	□	■	■	⬓
2번	30점	■	■	□	■	⬓
3번	30점	■	□	⬓	⬓	⬓
4번	40점	□	■	■	⬓	■

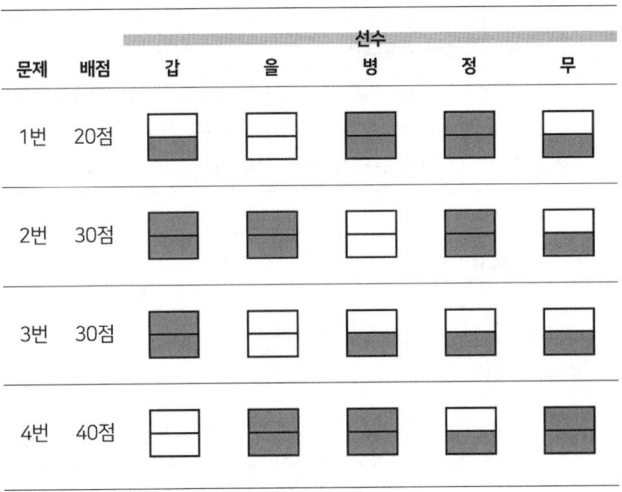

※ A퍼즐 대회 문제는 1~4번뿐임.

<종합점수 산정 방법>

○ 문제별 획득 점수는 다음과 같다.

결과	획득 점수
□	0
⬓	배점×0.5
■	배점×1.0

○ 문제별 획득 점수를 합하여 종합점수를 산정한다.

① 갑
② 을
③ 병
④ 정
⑤ 무

2. 다음 <표>는 2017~2023년 '갑'시의 유치원 현황에 관한 자료이다. 이에 대한 <보기>의 설명 중 옳은 것만을 모두 고르면?

<표> 2017~2023년 '갑'시의 유치원 현황

(단위: 개, 명)

연도 \ 구분	유치원수	원아수	교원수
2017	427	44,009	3,042
2018	430	42,324	3,095
2019	423	39,373	2,853
2020	403	38,319	2,920
2021	399	36,170	2,891
2022	396	35,427	2,909
2023	393	34,777	3,042

<보 기>

ㄱ. 2018년 교원 1인당 원아수는 10명 이상이다.
ㄴ. 전년 대비 증감 방향은 유치원수와 원아수가 매년 동일하다.
ㄷ. 2017년 대비 2023년 원아수는 20% 이상 감소한다.

① ㄱ
② ㄴ
③ ㄷ
④ ㄱ, ㄷ
⑤ ㄱ, ㄴ, ㄷ

3. 다음은 2022년과 2023년 '갑'시의 민원건수에 관한 자료이다. 제시된 <표> 이외에 <보고서>를 작성하는 데 사용되지 않은 자료는?

<표> 2022년과 2023년 '갑'시의 월별 민원건수

(단위: 건)

월 \ 연도	2022	2023
1	10,639	9,834
2	9,163	9,595
3	9,464	12,025
4	9,939	11,417
5	10,879	12,365
6	10,597	12,422
7	11,064	13,961
8	11,186	14,281
9	11,222	13,393
10	11,516	12,890
11	11,324	11,991
12	9,873	11,771

<보고서>

2023년 '갑'시의 전체 민원건수는 145,945건으로 전년 126,866건 대비 15% 이상 증가하였다. 2023년 월별 민원건수는 8월에 가장 많았고, 1월을 제외하고 매월 전년 동월 대비 증가하였다.

2023년 분야별로는 '교통' 분야의 민원건수가 가장 많았고, 다음으로 '도로', '행정' 분야 순으로 많았다. 특히, 민원건수 상위 3개 분야가 전체 민원건수의 75% 이상을 차지하였다.

2023년 지역별로는 A지역의 민원건수가 60,433건으로 '갑'시 전체 민원건수의 40% 이상을 차지하였으며, B지역의 민원건수는 35,904건으로 그 뒤를 따랐다. B지역의 인구 100명당 민원건수는 30건 이상으로 '갑'시에 속한 A~E지역 중 가장 많았다.

2023년 '갑'시 민원의 상위 10대 키워드에는 '불법주정차', '어린이 보호구역' 등 교통법규 관련 키워드와 '철도역 신설', '버스노선 신설' 등 교통환경 관련 키워드, 그리고 '소음', '악취' 등 주거환경 관련 키워드가 포함되었다.

① 2023년 '갑'시의 지역별 인구

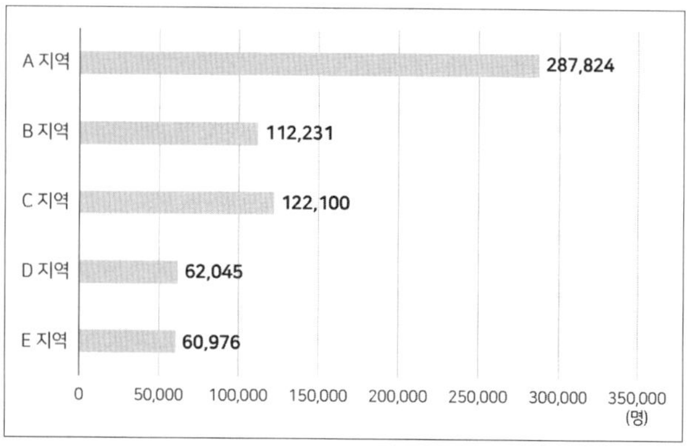

② 2023년 '갑'시의 분야별 민원건수 비중

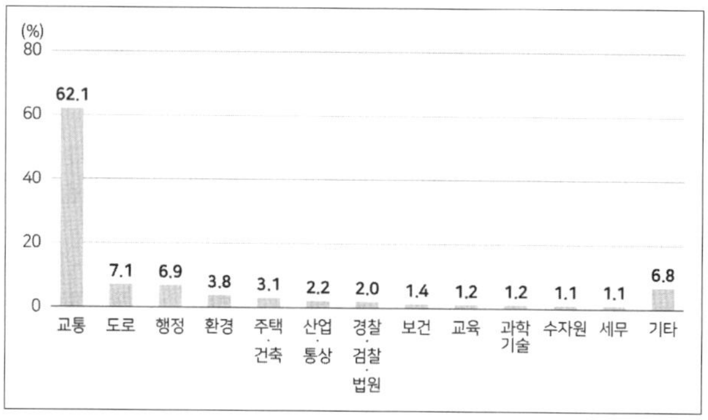

③ 2023년 '갑'시 민원의 상위 10대 키워드

순위	키워드
1	불법주정차
2	어린이 보호구역
3	장애인 전용구역
4	친환경차 충전구역
5	철도역 신설
6	버스노선 신설
7	소음
8	고속도로 개발
9	악취
10	소각장 폐쇄

④ 2023년 '갑'시의 지역별 민원건수

(단위: 건)

지역	A	B	C	D	E
민원건수	60,433	35,904	26,852	12,399	10,357

⑤ 2022년 대비 2023년 '갑'시의 민원건수 증가 및 감소 분야

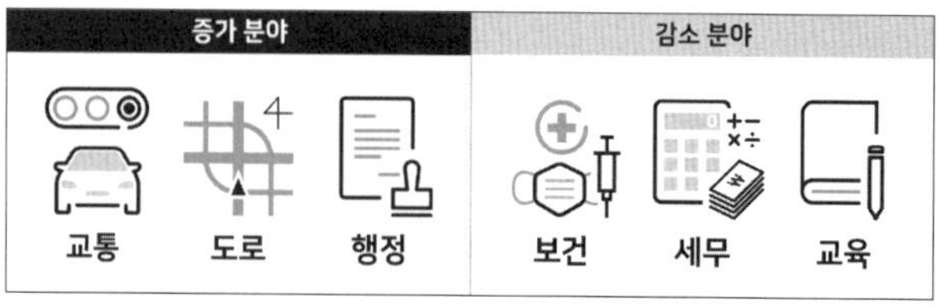

4. 다음은 2024년 '갑'국의 공적개발원조에 대한 국민인식 조사 보고서이다. <보고서>를 작성하는 데 사용되지 않은 자료는?

<보고서>

2024년 '갑'국 국민 1,200명을 대상으로 공적개발원조에 대한 인식을 조사했다. 공적개발원조에 대해 알고 있다는 응답자 비율은 83.8%이고 2021년 이후 증가 추세에 있는 것으로 나타났다. 공적개발원조 관련 정보를 접한 경로로는 'TV 또는 라디오'로 응답한 비율이 가장 높았고, '신문'과 '동영상 플랫폼'이 그 뒤를 이었다. 공적개발원조 제공에 대한 찬반조사 결과를 보면 찬성 비율은 77.8%로 반대 비율보다 높았으며, 특히 여성이 남성보다 찬성 비율이 높게 나타났다.

2024년 공적개발원조 규모에 대한 의견으로는 '부족함'이 48.0%, '적정함'이 31.2%, '과다함'이 20.8%로 나타났다. '갑'국의 2024년 공적개발원조 규모가 과다하다고 응답한 이유로는 '현재 경제상황이 나쁘기 때문에'라는 답변이 46.8%로 가장 많았고, '원조가 어떻게 사용되는지 모르기 때문에'라는 답변이 24.0%로 그 뒤를 이었다. 이에 따라, 공적개발원조 관련 교육의 확대 필요성이 대두되고 있다.

① 2020~2024년 공적개발원조에 대해 알고 있다는 응답자 비율

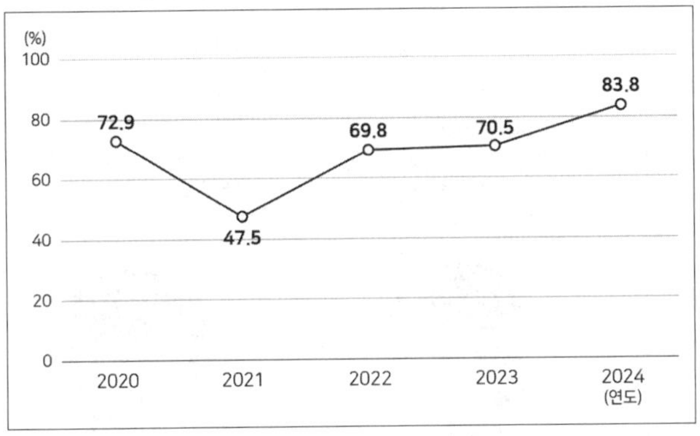

② 2024년 공적개발원조 규모에 대한 의견

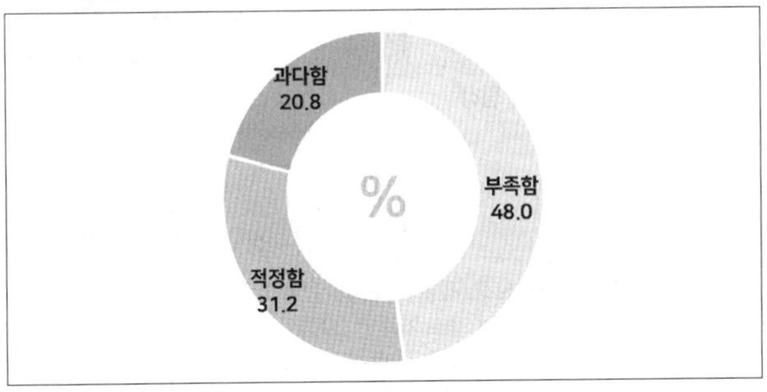

③ 2024년 공적개발원조 제공에 대한 찬반조사 결과

(단위: %)

구분 / 성별	찬성		반대	
	매우 찬성한다	약간 찬성한다	약간 반대한다	매우 반대한다
전체	15.0	62.8	16.8	5.4
남성	18.3	55.6	19.2	6.9
여성	11.5	70.6	14.1	3.8

④ 2024년 공적개발원조 관련 교육 경로에 대한 선호도(중복 응답)

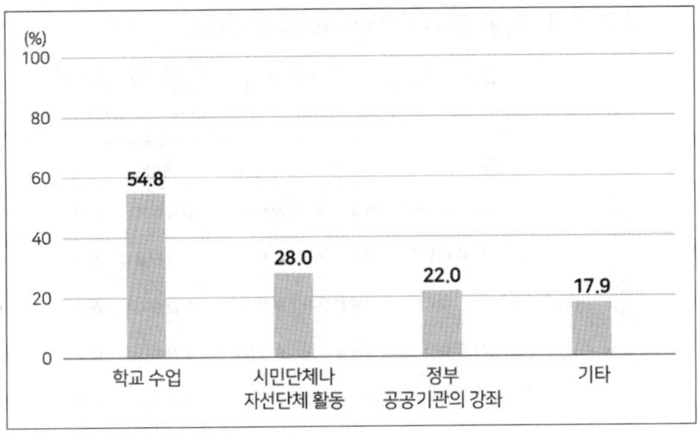

⑤ 2024년 공적개발원조 관련 정보를 접한 경로

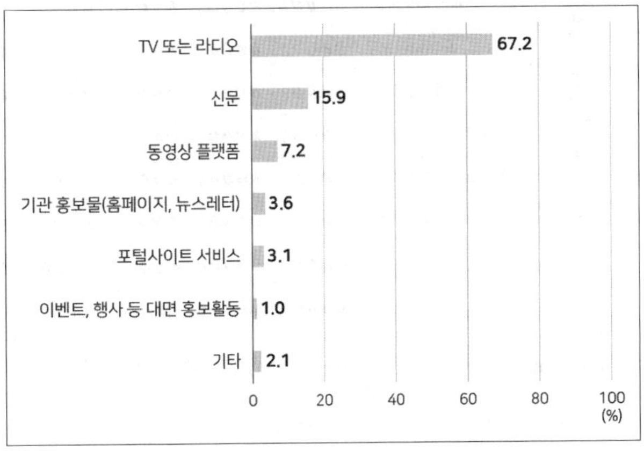

5. 다음 <표>는 2024년 '갑'국 원자력발전소 A~D의 발전량에 관한 자료이다. 이를 근거로 A~D를 이용률이 가장 높은 원자력발전소부터 순서대로 바르게 나열한 것은?

<표> 2024년 '갑'국 원자력발전소 A~D의 발전량 현황

(단위: GWh)

구분 / 원자력발전소	실제 발전량	최대 발전량
A	4,000	5,000
B	( )	9,000
C	6,000	( )
D	9,000	12,000
합계	26,000	35,000

※ 이용률(%) $= \frac{\text{실제 발전량}}{\text{최대 발전량}} \times 100$

① A, B, C, D
② A, B, D, C
③ A, C, B, D
④ B, A, C, D
⑤ B, A, D, C

6. 다음 <표>는 '갑' 연구소가 지역별 커피 원두를 항목별로 평가한 결과이다. 이에 대한 설명으로 옳은 것은?

<표> 지역별 커피 원두의 항목별 평가결과

지역	원두	향	산미	단맛	쓴맛	바디감
아시아	인도네시아 자바	●●●●○	●●○○○	●●●○○	●●○○○	●●●●○
	인도네시아 만델링	●●●●○	●●○○○	●●●●●	●●○○○	●●●●○
	인도네시아 발리 칸타마니	●●●●○	●●○○○	●●●○○	●●○○○	●●●○○
	인도네시아 토리자	●●●●○	●●●●●	●●●○○	●●○○○	●●●●○
	인도 몬순드 말리바	●●●●●	●●●●○	●●●●○	●●●○○	●●●●○
아메리카	콜롬비아 슈프리모	●●●●●	●●●●●	●●●○○	●●○○○	●●●○○
	과테말라 SHB	●●●●●	●●●●○	●●●○○	●●●○○	●●●●○
	도미니카 AA	●●○○○	●●●●○	●●●○○	●●○○○	●○○○○
	브라질 산토스	●●●●○	●●●○○	●●●○○	●●○○○	●●○○○
	페루 HB GRADE1	●●●●●	●●●●○	●●●●○	●●●○○	●●●●○
아프리카	에티오피아 예가체프	●●●●○	●●●●●	●●●○○	●●●○○	●●●●○
	르완다 AB+	●●○○○	●●●○○	●●●○○	●●●○○	●●●●○
	짐바브웨 AA+	●●●●○	●●●●●	●●●●○	●●●●○	●●●●○
	케냐 AA	●●●●○	●●●●●	●●●○○	●●●○○	●●●●○

※ 1) ●(○)는 1(0)점을 나타내며, 항목별로 ● 1개당 1점을 부여하여 5점 척도로 항목별 평가점수를 계산함.
2) 종합 평가점수는 항목별 평가점수의 합임.

① '단맛'으로 원두를 비교할 때 가장 높은 점수를 받은 원두는 아프리카 지역의 원두이다.
② 아프리카 지역의 원두는 모두 '향' 평가점수가 '단맛' 평가점수보다 높다.
③ 아메리카 지역은 '바디감'으로 원두를 비교할 때 가장 낮은 점수를 받은 원두가 '향'으로 원두를 비교할 때도 가장 낮은 점수를 받았다.
④ 아시아 지역은 '산미'로 원두를 비교할 때 가장 높은 점수를 받은 원두가 종합 평가점수도 가장 높다.
⑤ 각 지역에서 종합 평가점수가 가장 높은 원두의 종합 평가점수는 모두 같다.

7. 다음 <표>는 업체 A~E가 제출한 국립묘지 관리사업 제안서를 평가한 결과이고, <대화>는 '갑' 업체의 평가결과에 대한 팀장과 주무관 사이의 대화 내용이다. 이를 근거로 판단할 때, A~E 중 '갑'에 해당하는 업체는?

<표> 업체 A~E의 국립묘지 관리사업 제안서 평가결과

(단위: 점)

평가항목	제안개요		제안업체 일반현황		사업수행계획		총점
세부항목 / 업체	제안요청서 부합성	사업 이해도	조직 관리능력	지식·기술능력	세부 계획	사후 관리	
A	4	10	6	14	32	10	76
B	8	6	10	12	24	8	68
C	6	4	8	16	34	2	70
D	8	6	4	20	36	8	82
E	10	6	10	16	28	6	76

※ 평가항목 점수는 해당 평가항목에 속한 세부항목 점수의 합이며, 총점은 각 평가항목 점수의 합임.

<대 화>

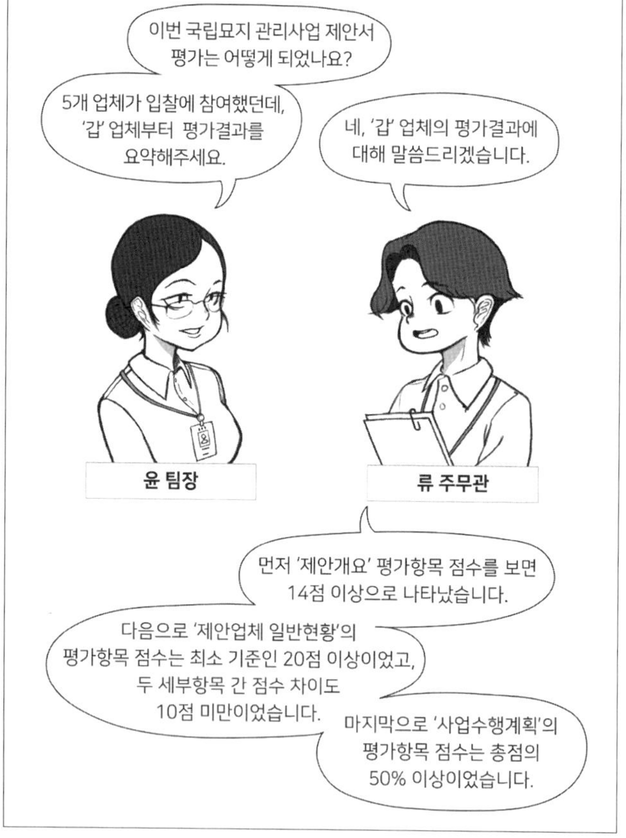
이번 국립묘지 관리사업 제안서 평가는 어떻게 되었나요?
5개 업체가 입찰에 참여했던데, '갑' 업체부터 평가결과를 요약해주세요.
네, '갑' 업체의 평가결과에 대해 말씀드리겠습니다.
윤 팀장
류 주무관
먼저 '제안개요' 평가항목 점수를 보면 14점 이상으로 나타났습니다.
다음으로 '제안업체 일반현황'의 평가항목 점수는 최소 기준인 20점 이상이었고, 두 세부항목 간 점수 차이도 10점 미만이었습니다.
마지막으로 '사업수행계획'의 평가항목 점수는 총점의 50% 이상이었습니다.

① A
② B
③ C
④ D
⑤ E

8. 다음 <표>는 2024년 '갑'국 기관 A~D의 재직자 교육 프로그램에 대한 만족도 조사 결과이다. <표>와 <조건>을 근거로 A~D에 해당하는 기관을 바르게 연결한 것은?

<표> 기관 A~D의 재직자 교육 프로그램 만족도

(단위: 명, 점)

기관	참여자	교육환경 만족도	내용 만족도	강사 만족도
A	190	4.2	4.1	4.3
B	120	3.9	4.0	3.8
C	180	4.6	4.8	4.1
D	150	3.8	3.6	3.9

※ A~D는 문화청, 발명청, 세무청, 자료청 중 하나임.

<조 건>

○ '강사 만족도'가 '교육환경 만족도'보다 높은 기관은 발명청과 세무청이다.
○ '내용 만족도'는 자료청이 세무청보다 높다.
○ '참여자'는 문화청이 자료청보다 많다.

	A	B	C	D
①	문화청	세무청	발명청	자료청
②	발명청	문화청	자료청	세무청
③	발명청	자료청	문화청	세무청
④	세무청	문화청	자료청	발명청
⑤	세무청	자료청	문화청	발명청

9. 다음 <표>는 2024년 '갑'국의 전력수급 현황에 관한 자료이다. 이에 대한 <보기>의 설명 중 옳은 것만을 모두 고르면?

<표> '갑'국의 전력수급 현황

(단위: TWh)

구분	수도권	비수도권					전국
			A지역	B지역	C지역	D지역	
발전량	144.4	450.3	33.9	114.1	222.0	80.3	594.7
소비량	214.8	333.1	17.3	92.9	151.2	71.7	547.9

※ 전력자급률(%) $= \frac{\text{발전량}}{\text{소비량}} \times 100$

<보 기>

ㄱ. 수도권 소비량은 전국 소비량의 40% 이상이다.
ㄴ. 전력자급률은 A지역이 수도권의 2배 이상이다.
ㄷ. C지역 발전량과 D지역 발전량의 합은 전국 발전량의 50% 이상이다.
ㄹ. B~D 각 지역의 전력자급률은 150% 이상이다.

① ㄱ, ㄴ
② ㄱ, ㄹ
③ ㄴ, ㄷ
④ ㄴ, ㄹ
⑤ ㄷ, ㄹ

10. 다음 <표>는 2021~2024년 '갑'국 제조업의 산업군별 재고지수 및 출하지수에 관한 자료이다. 이에 대한 <보기>의 설명 중 옳은 것만을 모두 고르면?

<표> 2021~2024년 산업군별 재고지수 및 출하지수

연도	산업군/지수	고위기술 산업군	중고위기술 산업군	중저위기술 산업군	저위기술 산업군
2021	재고지수	102.9	80.0	89.9	91.8
	출하지수	96.2	102.8	116.7	108.5
2022	재고지수	106.6	91.4	93.8	90.0
	출하지수	92.2	107.1	111.6	107.3
2023	재고지수	112.2	98.9	96.4	95.9
	출하지수	93.4	106.0	106.4	104.7
2024	재고지수	95.0	97.7	97.5	94.9
	출하지수	93.8	104.6	105.9	103.7

※ 1) 산업군은 '고위기술산업군', '중고위기술산업군', '중저위기술산업군', '저위기술산업군'으로만 구성됨.
2) 재고(출하)지수는 기준연도 2020년의 재고(출하)량을 100으로 할 때, 해당 연도 재고(출하)량의 상대적인 값임.
3) 연도별 재고율(%) $= \frac{\text{해당 연도의 재고지수}}{\text{해당 연도의 출하지수}} \times 100$

<보 기>

ㄱ. 2020년 이후 출하지수의 연도별 증감 방향이 '저위기술산업군'과 동일한 산업군은 '중저위기술산업군'뿐이다.
ㄴ. 기준연도를 2024년으로 변경한다면, 모든 산업군별 재고지수는 매년 각각 100 이상이 된다.
ㄷ. 재고율이 매년 100% 이상인 산업군은 '고위기술산업군'뿐이다.

① ㄱ
② ㄴ
③ ㄱ, ㄷ
④ ㄴ, ㄷ
⑤ ㄱ, ㄴ, ㄷ

11. 다음 <표>는 통산 승점 기준 상위 9개 국가의 역대 FIFA 월드컵 본선 성적에 관한 자료이다. 이에 대한 <보기>의 설명 중 옳은 것만을 모두 고르면?

<표> 통산 승점 기준 상위 9개 국가의 역대 FIFA 월드컵 본선 성적

순위	국가	통산 승점	경기수	승리	무승부	패배
1	브라질	247	114	76	19	19
2	독일	225	112	68	21	23
3	아르헨티나	158	88	47	17	24
4	이탈리아	156	83	45	21	17
5	프랑스	131	73	39	14	20
6	잉글랜드	118	74	32	22	20
7	스페인	110	67	31	17	19
8	네덜란드	104	55	30	14	11
9	우루과이	88	59	25	13	21

※ 1) 평균 승점 = $\frac{\text{통산 승점}}{\text{경기수}}$

2) 승률 = $\frac{\text{승리 경기수}}{\text{경기수}}$

<보 기>

ㄱ. 순위 8위 이내 국가 중 승률이 0.5 이하인 국가는 2개이다.
ㄴ. 순위가 높은 국가일수록 평균 승점이 높다.
ㄷ. 경기수 중 무승부 경기수의 비중은 독일이 잉글랜드보다 크다.

① ㄱ
② ㄴ
③ ㄷ
④ ㄱ, ㄴ
⑤ ㄱ, ㄷ

12. 다음 <표>는 '갑'국의 '환경친화적 자동차 구매목표제' 시행에 따른 민간부문과 공공부문의 구매실적에 관한 자료이다. 이를 근거로 작성한 <보고서>의 (가)~(다)에 해당하는 내용을 바르게 연결한 것은?

<표 1> 2024년 민간부문 구매실적

(단위: 대)

업종구분 \ 차종		하이브리드차	전기차	수소차	합계
공시대상기업집단		6,333	8,771	( )	15,177
자동차대여사업자		9,393	7,537	6	16,936
시내버스운송사업자		0	399	( )	407
일반택시운송사업자		0	64	0	64
화물자동차 운수사업자	우수물류	4	68	0	72
	택배서비스	7	62	0	69
전체		15,737	16,901	87	32,725

<표 2> 2019~2024년 공공부문 구매실적

(단위: 대)

연도 \ 차종	하이브리드차	전기차	수소차	합계
2019	833	2,104	61	2,998
2020	1,135	1,486	20	2,641
2021	1,916	2,366	109	4,391
2022	3,422	1,307	136	4,865
2023	682	2,813	174	3,669
2024	307	2,939	95	3,341

※ 환경친화적 자동차는 하이브리드차, 전기차, 수소차뿐임.

<보고서>

'갑'국에서는 에너지 절감을 위한 '환경친화적 자동차 구매목표제'를 2019년부터 시행하고 있다. 2024년 민간부문과 공공부문 구매실적의 합이 가장 큰 차종은 [(가)]였다.

2024년 민간부문의 업종구분별 구매실적을 보면, 자동차대여사업자는 하이브리드차를 가장 많이 구매하였고 그 외의 업종구분에서는 전기차를 가장 많이 구매하였다. 한편, 전기차 구매실적 대비 수소차 구매실적 비율이 가장 높은 업종구분은 [(나)](으)로 나타났다.

2019~2024년 공공부문 구매실적을 보면, 하이브리드차의 공공부문 구매실적은 정책 시행 시작연도인 2019년부터 매년 증가하여 [(다)]년에 최대가 되었다가 이후 매년 감소하였다.

	(가)	(나)	(다)
①	전기차	공시대상기업집단	2022
②	전기차	시내버스운송사업자	2022
③	전기차	시내버스운송사업자	2023
④	하이브리드차	공시대상기업집단	2023
⑤	하이브리드차	시내버스운송사업자	2023

13. 다음 <그림>은 배양기 A~J의 온도지수 및 습도지수이고, <표>는 '갑'세포 생존지수에 따른 배양환경 유형에 관한 자료이다. 이를 근거로 A~J 중 배양환경 유형이 '주의'인 배양기만을 모두 고르면?

<그림> 배양기 A~J의 온도지수 및 습도지수

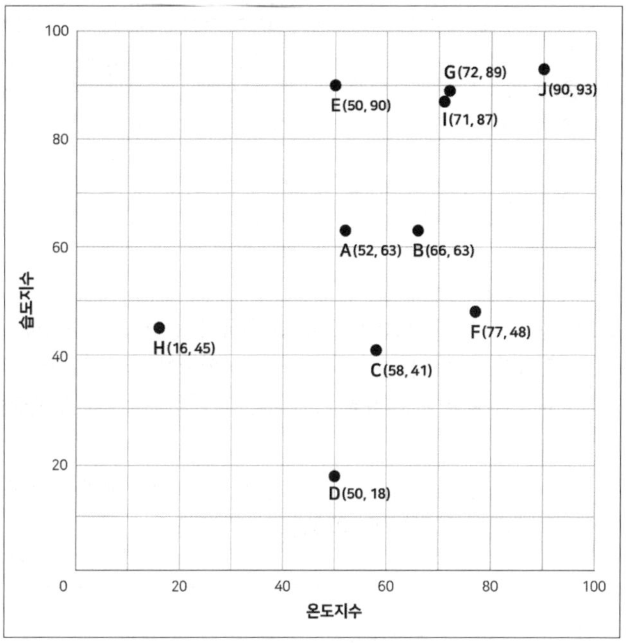

<표> '갑'세포 생존지수에 따른 배양환경 유형

'갑'세포 생존지수	150 미만	150 이상 300 미만	300 이상 350 미만	350 이상
유형	양호	주의	경고	위험

※'갑'세포 생존지수=3×온도지수+2×습도지수

① A, C, D
② B, E, F
③ C, D, H
④ E, G, I, J
⑤ A, B, C, D, F

14. 다음 <보고서>는 2022~2024년 A부처의 정부포상 실적에 관한 자료이다. <보고서>의 내용과 부합하는 자료는?

<보고서>

A부처는 민간기관의 참여 활성화를 위해 매년 정부포상을 실시하고 있다. 정부포상은 「정부 표창 규정」에 따라 '대통령표창', '국무총리표창', 그리고 '장관표창'으로 구분되고, 2022~2024년 A부처의 연도별 정부포상 실적은 다음과 같다.

먼저, '대통령표창'과 '국무총리표창'은 포상분야 및 포상인원이 각각 매년 증가하였다. 특히 '국무총리표창'의 포상분야는 2024년이 2022년 대비 20% 이상 증가하였다. 2024년 정부포상을 포상분야 1개당 포상인원이 많은 표창부터 순서대로 나열하면 '장관표창', '국무총리표창', '대통령표창' 순이다.

①
(단위: 개, 명)

표창 \ 연도	2022		2023		2024	
구분	포상분야	포상인원	포상분야	포상인원	포상분야	포상인원
대통령표창	8	24	12	26	15	27
국무총리표창	25	112	27	132	28	141
장관표창	41	253	37	281	39	277

②
(단위: 개, 명)

표창 \ 연도	2022		2023		2024	
구분	포상분야	포상인원	포상분야	포상인원	포상분야	포상인원
대통령표창	8	21	12	25	9	27
국무총리표창	25	112	31	109	36	117
장관표창	44	253	43	281	45	297

③
(단위: 개, 명)

표창 \ 연도	2022		2023		2024	
구분	포상분야	포상인원	포상분야	포상인원	포상분야	포상인원
대통령표창	4	24	5	26	6	27
국무총리표창	25	112	27	132	30	141
장관표창	41	253	37	281	39	277

④
(단위: 개, 명)

표창 \ 연도	2022		2023		2024	
구분	포상분야	포상인원	포상분야	포상인원	포상분야	포상인원
대통령표창	8	21	9	25	9	27
국무총리표창	25	112	31	115	36	117
장관표창	44	281	43	253	45	257

⑤
(단위: 개, 명)

표창 \ 연도	2022		2023		2024	
구분	포상분야	포상인원	포상분야	포상인원	포상분야	포상인원
대통령표창	4	24	5	26	6	27
국무총리표창	25	129	31	132	36	141
장관표창	41	351	37	281	39	314

15. 다음 <보고서>는 2024년 '갑'국의 행정기관위원회에 관한 자료이다. <보기>의 자료 중 <보고서>의 내용에 부합하는 것만을 모두 고르면?

<보고서>

2024년 '갑'국의 행정기관위원회는 총 590개이고, 이중 행정위원회가 40개, 자문위원회가 550개였다. 행정기관위원회를 소속별로 보면 부처 소속이 514개로 가장 많았고, 다음으로 국무총리, 대통령 소속 순이었다. 그리고 부처 소속 행정기관위원회는 2020년 이후 매년 전체 행정기관위원회의 80% 이상을 차지한 것으로 나타났다.

2024년 행정기관위원회의 회의 개최 횟수를 살펴보면 4회 이상 회의를 개최한 행정기관위원회는 전체 행정기관위원회의 절반에도 미치지 못했다. 특히 회의를 한 번도 개최하지 않은 행정기관위원회는 69개로 나타났다.

2024년 행정기관위원회를 예산규모별로 보면 예산이 5천만 원을 초과한 행정기관위원회는 전체 행정기관위원회의 20%에도 미치지 못했다. 특히 예산이 미편성된 행정기관위원회가 전체 행정기관위원회의 55%를 넘었다.

<보 기>

ㄱ. 2020~2024년 행정기관위원회 중 행정위원회 비중

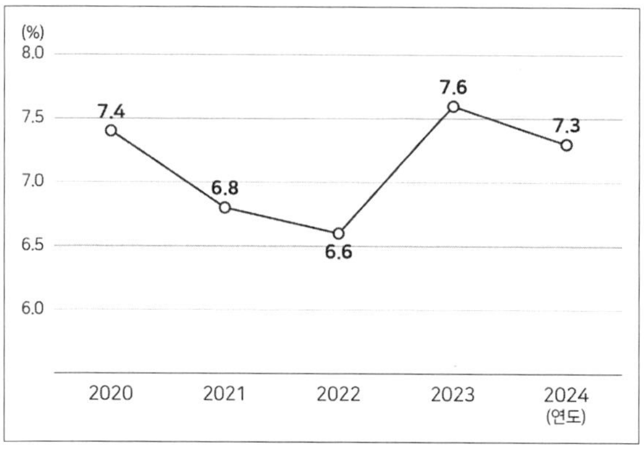

ㄴ. 2020~2024년 소속별 행정기관위원회 수

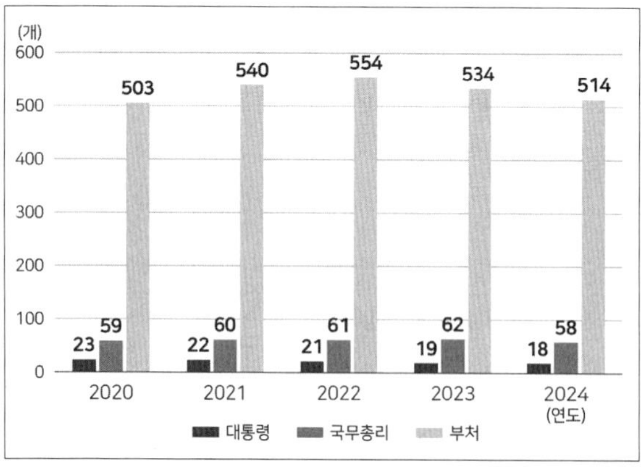

ㄷ. 2024년 회의 개최 횟수별 행정기관위원회 수

(단위: 개)

회의 횟수	0회	1회	2회	3회	4회	5~10회	11~20회	21회 이상	전체
위원회 수	69	88	78	55	62	101	59	78	590

ㄹ. 2024년 예산규모별 행정기관위원회 수

(단위: 백만 원, 개)

예산규모	미편성	0 초과 10 이하	10 초과 50 이하	50 초과 200 이하	200 초과 1,000 이하	1,000 초과
위원회 수	336	71	90	60	27	6

① ㄱ, ㄴ
② ㄱ, ㄷ
③ ㄱ, ㄹ
④ ㄴ, ㄷ
⑤ ㄴ, ㄹ

16. 다음 <표>는 2022년과 2023년 A국의 중고차 수출량에 관한 자료이다. <표>와 <조건>을 근거로 판단할 때, 2023년 A국의 중고차 수출량 기준 상위 10개 수출대상국 중 '갑'국에 해당하는 국가는?

<표> 2023년 A국의 중고차 수출량 기준 상위 10개 수출대상국으로의 2022년과 2023년 중고차 수출량

(단위: 대)

순위	연도 / 수출대상국	2023	2022
1	리비아	150,087	54,826
2	이집트	58,534	37,197
3	튀르키예	48,501	21,689
4	요르단	30,865	40,762
5	키르기스스탄	30,734	13,741
6	아제르바이잔	17,584	7,675
7	아랍에미리트연합	16,777	7,137
8	타지키스탄	15,758	12,000
9	알바니아	13,752	1,811
10	몽골	10,735	5,491
A국 전체		502,028	303,416

<조 건>

○ 2023년 A국 전체 중고차 수출량에서 '갑'국으로의 중고차 수출량이 차지하는 비중은 10% 이하이다.
○ A국 전체 중고차 수출량에서 '갑'국으로의 중고차 수출량이 차지하는 비중은 2023년이 2022년보다 크다.
○ 2021년 대비 2022년 A국에서 '갑'국으로의 중고차 수출량 증가율이 20%라면, 2021년 A국에서 '갑'국으로의 중고차 수출량은 12,000대 이상이다.

① 리비아
② 요르단
③ 키르기스스탄
④ 타지키스탄
⑤ 튀르키예

17. 다음 <표>는 2024년 '갑'시 A~D지역의 도로 현황에 관한 자료이다. 이에 대한 설명으로 옳지 않은 것은?

<표> 2024년 '갑'시 A~D지역의 도로 현황

(단위: km, km^2, %)

지역 \ 구분	도로 연장	도로 면적	시가화 면적	도로율
A	323	3.43	11.79	29.1
B	330	3.20	13.85	23.1
C	442	5.80	( )	22.2
D	257	2.35	( )	23.9

※ 1) '갑'시는 A~D지역으로만 구성됨.
2) 도로율(%) = $\frac{\text{도로 면적}}{\text{시가화 면적}} \times 100$

① '도로 연장'당 '도로 면적'은 A지역이 D지역보다 크다.
② B지역의 '도로 연장'은 '갑'시 '도로 연장'의 25% 이상이다.
③ '도로율'이 가장 낮은 지역은 '시가화 면적'이 가장 크다.
④ D지역의 '시가화 면적'은 10km^2 이하이다.
⑤ '갑'시의 '시가화 면적'은 50km^2 이상이다.

18. 다음 <표>는 2020~2024년 A시의 빛공해 민원건수에 관한 자료이다. 이에 대한 설명으로 옳은 것은?

<표 1> 피해유형별 빛공해 민원건수

(단위: 건)

연도 \ 피해유형	수면방해	생활불편	눈부심	심리불안	전체
2020	2,014	217	177	5	2,413
2021	2,096	294	167	20	2,577
2022	1,490	388	264	26	2,168
2023	1,107	354	333	50	1,844
2024	885	502	390	57	1,834
계	7,592	1,755	1,331	158	10,836

<표 2> 조명종류별 빛공해 민원건수

(단위: 건)

연도 \ 조명종류	공간 조명	광고 조명	전광판 조명	장식 조명	기타	전체
2020	1,792	353	53	75	140	2,413
2021	1,768	464	82	55	208	2,577
2022	1,176	626	41	107	218	2,168
2023	829	560	44	120	291	1,844
2024	827	522	90	101	294	1,834
계	6,392	2,525	310	458	1,151	10,836

① 장식조명 민원건수가 전년 대비 증가한 모든 해에는 전광판조명 민원건수도 전년 대비 증가한다.
② 2023년 공간조명으로 인한 수면방해 민원건수는 92건 이상이다.
③ 2021년 전체 민원건수 중 수면방해 민원건수의 비중은 85% 이상이다.
④ 눈부심 민원건수의 전년 대비 증가율은 2024년이 가장 높다.
⑤ 기타를 제외하고 매년 조명종류의 민원건수 순위는 동일하다.

19. 다음 <표>는 2023년 '갑'항구의 월별 컨테이너 물동량에 관한 자료이다. 이에 대한 <보기>의 설명 중 옳은 것만을 모두 고르면?

<표> 2023년 '갑'항구의 월별 컨테이너 물동량

(단위: 천 TEU)

월 \ 구분	물동량	누적 물동량
1	273	273
2	229	( )
3	( )	( )
4	( )	( )
5	282	1,370
6	280	1,650
7	287	( )
8	( )	2,222
9	307	2,529
10	300	( )
11	312	3,141
12	( )	3,461

※ 1) 누적 물동량은 1월부터 해당 월까지의 물동량을 합한 값임.
2) 월평균 물동량은 1~12월 물동량의 합을 12(개월)로 나눈 값임.

<보 기>

ㄱ. 8월 물동량은 7월 물동량보다 많다.
ㄴ. 1월 대비 12월 물동량의 증가율은 15% 이상이다.
ㄷ. 2023년 월평균 물동량보다 물동량이 많은 달은 5개 이상이다.

① ㄱ
② ㄴ
③ ㄷ
④ ㄱ, ㄴ
⑤ ㄴ, ㄷ

20. 다음은 '갑'국 공공기관 A~D의 예산액에 관한 자료이다. 이에 대한 <보기>의 설명 중 옳은 것만을 모두 고르면?

<그림> 2018~2023년 연도별 공공기관 예산액 중 A~D 예산액 비중

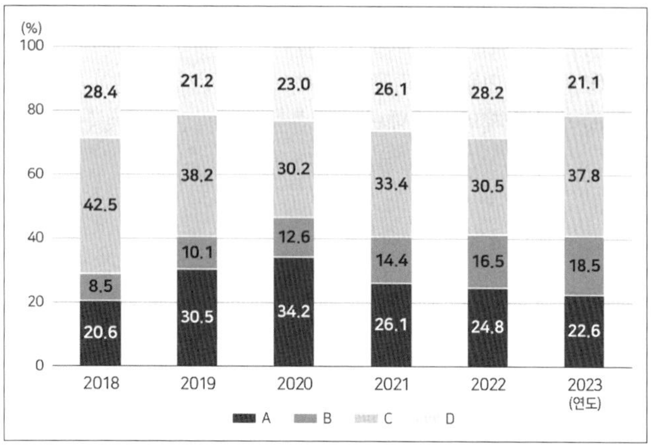

※ '갑'국 공공기관은 A~D뿐임.

<표> 2021~2023년 연도별 공공기관 A의 예산액

(단위: 억 원)

구분 \ 연도		2021	2022	2023
일반관리비	인건비	139	160	135
	경비	70	88	80
사업비		443	581	( )
출연금		250	250	260
합계		902	1,079	1,129

※ 예산액은 일반관리비(인건비, 경비), 사업비, 출연금으로만 구성됨.

<보 기>

ㄱ. 2018~2023년 동안 공공기관 예산액 중 B의 예산액 비중은 매년 1%p 이상 증가하였다.
ㄴ. 2023년 A는 사업비가 출연금의 3배 이상이다.
ㄷ. 2021~2023년 동안 A는 매년 인건비가 일반관리비의 60% 이상이다.
ㄹ. 2022년 C의 예산액은 전년 대비 증가하였다.

① ㄱ, ㄴ
② ㄱ, ㄷ
③ ㄴ, ㄹ
④ ㄱ, ㄷ, ㄹ
⑤ ㄴ, ㄷ, ㄹ

21. 다음은 '갑'국의 2024학년도와 2025학년도 대학입학시험 응시 현황에 관한 자료이다. 이를 근거로 A와 D에 해당하는 값을 바르게 연결한 것은?

<보고서>

2024학년도 대학입학시험 응시 현황을 살펴보면, 응시원서 접수 인원은 504,588명이었고, 응시 인원은 그중 88.2%에 해당하는 444,870명이었다. 응시원서 접수 인원 중 '재학생'은 326,646명, '졸업생 및 검정고시학력 인정자'는 177,942명이었다. 응시 인원 중 '재학생'은 287,502명, '졸업생 및 검정고시학력 인정자'는 157,368명으로, 각각 응시 인원의 64.6%, 35.4%를 차지하였다.

<그림> 2025학년도 대학입학시험 응시 현황

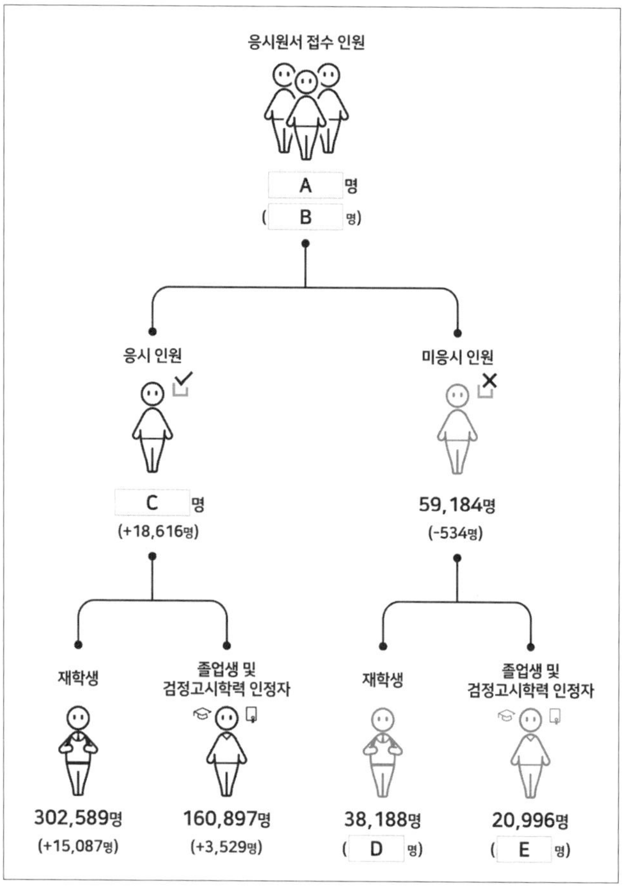

※ 1) ( )안의 수치는 2025학년도 인원에서 2024학년도 인원을 뺀 값임.
2) 응시원서 접수 인원은 '재학생', '졸업생 및 검정고시학력 인정자'로만 구분됨.

	A	D
①	522,670	-956
②	522,670	-926
③	522,670	422
④	523,738	-956
⑤	523,738	422

[22~23] 다음 <표>는 2025년 1월 A도매점 및 B소매점의 수산물 가격과 '갑'~'무'요리사가 1월 5주 B소매점에서 구매한 수산물에 관한 자료이다. 다음 물음에 답하시오.

<표 1> A도매점의 주별 수산물 가격

(단위: 원/kg)

수산물(어종)	수산물(상태) \ 주	1	2	3	4	5	평균
고등어	냉장	7,700	7,300	6,200	6,900	6,700	6,960
	냉동	5,500	5,600	5,300	5,400	5,600	5,480
갈치	냉동	11,600	11,600	12,100	( )	( )	13,000
오징어	냉장	16,500	16,100	13,500	13,800	14,300	14,840
	냉동	12,300	12,900	14,300	13,900	13,600	13,400
명태	냉동	2,400	2,300	2,200	2,100	2,300	2,260
멸치	건조	14,300	14,200	12,800	12,900	12,800	13,400

<표 2> B소매점의 주별 수산물 가격

(단위: 원/kg)

수산물(어종)	수산물(상태) \ 주	1	2	3	4	5	평균
고등어	냉장	11,700	11,200	12,300	12,700	14,100	12,400
	냉동	12,200	13,500	11,500	11,400	12,800	12,280
갈치	냉동	15,200	15,700	13,600	( )	( )	14,000
오징어	냉장	26,700	24,800	26,300	25,300	26,400	25,900
	냉동	20,100	19,300	20,000	19,200	22,400	20,200
명태	냉동	5,700	5,400	5,500	5,400	6,100	5,620
멸치	건조	29,600	29,200	27,500	27,900	28,800	28,600

※ 1) A도매점과 B소매점은 제시된 수산물만 판매함.
2) 주별 수산물 가격은 해당 주 동안 일정함.
3) 평균은 1~5주 가격의 합을 5로 나눈 값임.

<표 3> '갑'~'무'요리사의 1월 5주 B소매점 구매 수산물 및 총구매액

(단위: kg, 원)

수산물(어종)	수산물(상태) \ 요리사	갑	을	병	정	무
고등어	냉장	4	3	5	5	5
오징어	냉장	4	5	3	2	1
명태	냉동	2	2	2	3	4
총구매액		174,200	186,500	161,900	141,600	121,300

22. 위 <표>에 대한 <보기>의 설명 중 옳은 것만을 모두 고르면?

<보 기>

ㄱ. 냉동 고등어 가격의 전주 대비 증감 방향은 A도매점과 B소매점이 동일하다.
ㄴ. 냉장 수산물 중 1주 가격 대비 3주 가격 증감률이 가장 큰 어종은 A도매점과 B소매점이 동일하다.
ㄷ. A도매점이 B소매점보다 주별 냉동 갈치 가격이 높은 주가 있다.

① ㄴ
② ㄷ
③ ㄱ, ㄴ
④ ㄱ, ㄷ
⑤ ㄴ, ㄷ

23. '갑'~'무'요리사가 <표 3>에서 구매한 수산물을 1월 5주에 A도매점에서 구매한다면, 총구매액이 가장 큰 폭으로 감소하는 요리사는?

① 갑
② 을
③ 병
④ 정
⑤ 무

24. 다음은 주요 10개국의 인공지능(AI) 반도체 분야에 대한 국가별 기술점수 산정 방법과 결과에 관한 자료이다. 이에 대한 <보기>의 설명 중 옳은 것만을 모두 고르면?

<국가별 기술점수 산정 방법>

○ 해당 국가의 원점수는 '논문', '특허', '전문가 평가' 3가지 부문별로 집계한다.
○ 해당 국가의 변환점수는 3가지 부문별로 다음과 같이 산출한다.
  - 해당 부문에서 원점수가 가장 높은 국가 원점수 대비 해당 국가 원점수의 비율을 구한다.
  - 위 비율에 해당 부문 배점을 곱하여 변환점수를 산출한다. (단, 3가지 부문 배점의 합은 100점임)
○ 해당 국가의 기술점수는 3가지 부문 변환점수를 합하여 산정한다.

<표> AI 반도체 분야 주요 10개국 기술점수

(단위: 점)

부문 / 국가 \ 점수	논문		특허		전문가 평가		기술점수
	원점수	변환점수	원점수	변환점수	원점수	변환점수	
미국	511	6.7	4,104	20.0	1,000	70.0	96.7
중국	767	10.0	431	2.1	850	59.5	71.6
한국	153	2.0	248	1.2	835	58.5	61.7
영국	138	1.8	167	0.8	760	53.2	55.8
대만	45	0.6	22	0.1	770	53.9	54.6
이스라엘	14	0.2	117	0.6	760	53.2	54.0
일본	47	0.6	430	2.1	725	50.8	53.5
프랑스	56	0.7	143	0.7	710	49.7	51.1
독일	62	0.8	105	0.5	700	49.0	50.3
캐나다	73	1.0	85	0.4	680	47.6	49.0

※ 변환점수는 소수 둘째 자리에서 반올림한 값임.

<보 기>

ㄱ. '전문가 평가' 부문 배점은 '논문'과 '특허' 부문 배점 합의 2배 이상이다.
ㄴ. 독일의 '논문' 부문 원점수만 50점 증가한다면, 기술점수는 독일이 프랑스보다 높아진다.
ㄷ. '논문'과 '특허' 부문 배점이 서로 바뀐다면, 기술점수는 이스라엘이 대만보다 높아진다.

① ㄱ
② ㄷ
③ ㄱ, ㄴ
④ ㄱ, ㄷ
⑤ ㄴ, ㄷ

25. 다음 <표>는 2024년 133개 국가를 대상으로 세계혁신지수(GII)를 조사하고 소득그룹별로 GII 기준 상위 10개 국가씩 나타낸 자료이다. 이에 대한 <보기>의 설명 중 옳은 것만을 모두 고르면?

<표> 2024년 소득그룹별 GII 기준 상위 10개 국가

소득그룹(국가 수) / 소득그룹 내 순위 \ 구분	고소득(51)		중상소득(34)		중저소득(38)		저소득(10)	
	국가	GII 순위	국가	GII 순위	국가	GII 순위	국가	GII 순위
1	스위스	1	중국	11	인도	39	르완다	104
2	스웨덴	2	말레이시아	33	베트남	44	마다가스카르	110
3	미국	3	튀르키예	37	필리핀	53	토고	117
4	싱가포르	4	불가리아	38	우크라이나	60	우간다	121
5	영국	5	태국	41	이란	64	부룬디	127
6	대한민국	6	브라질	50	모로코	66	모잠비크	128
7	핀란드	7	세르비아	52	몽골	67	부르키나파소	129
8	네덜란드	8	인도네시아	54	요르단	73	에티오피아	130
9	독일	9	모리셔스	55	튀니지	81	말리	131
10	덴마크	10	멕시코	56	우즈베키스탄	83	니제르	132

※ 1) 조사 대상 133개 국가는 고소득그룹, 중상소득그룹, 중저소득그룹, 저소득그룹 중 하나로만 분류됨.
2) GII 순위는 133개 국가를 대상으로 부여되었으며 공동 순위는 없음.
3) 소득그룹 내 순위는 소득그룹별로 GII 순위가 높은 국가부터 순서대로 부여됨.

<보 기>

ㄱ. GII 순위가 스위스보다 낮고 중국보다 높은 국가는 모두 고소득그룹 국가이다.
ㄴ. GII 순위 41위부터 50위까지 국가 중 고소득그룹 국가 수는 7개이다.
ㄷ. 마다가스카르보다 GII 순위가 낮으면서 저소득그룹이 아닌 국가 수는 14개이다.
ㄹ. 중상소득그룹과 중저소득그룹을 중소득그룹으로 묶으면, 필리핀의 중소득그룹 내 순위는 10위이다.

① ㄱ, ㄷ
② ㄱ, ㄴ, ㄷ
③ ㄱ, ㄴ, ㄹ
④ ㄱ, ㄷ, ㄹ
⑤ ㄴ, ㄷ, ㄹ

약점 보완 해설집 p.20

해커스 **민간경력자** PSAT 15개년 기출문제집

2024년 기출문제

언어논리

상황판단

자료해석

문제 풀이 시작과 종료 시각을 정하세요.

· 언어논리/상황판단 (120분) ________시 ________분 ~ ________시 ________분

· 자료해석 (60분) ________시 ________분 ~ ________시 ________분

* 교재 뒤에 수록되어 있는 OCR 답안지와 해커스ONE 애플리케이션의 모바일 타이머를 이용하여 실전처럼 모의고사를 풀어보세요.
* 기출문제 풀이 후, 약점 보완 해설집에 있는 '바로 채점 및 성적 분석 서비스' QR코드를 스캔하여 응시 인원 대비 본인의 성적 위치를 확인할 수 있습니다.

언어논리영역

1. 다음 글의 내용과 부합하는 것은?

현재 서울의 청량리 근처에는 홍릉이라는 곳이 있다. 을미사변으로 일본인들에게 시해된 명성황후의 능이 조성된 곳이다. 고종은 홍릉을 자주 찾아 참배했는데, 그때마다 대규모로 가마꾼을 동원하는 등 불편이 작지 않았다. 개항 직후 우리나라에 들어와 경인철도회사를 운영하던 미국인 콜브란은 이 점을 거론하며 서대문에서 청량리까지 전차 노선을 부설해야 한다고 주장했다.

이전부터 전기와 전차 사업에 관심이 많았던 고종은 콜브란의 주장을 받아들여 전차 사업을 목적으로 하는 회사를 설립하기로 결심했다. 고종은 황실이 직접 회사를 설립하는 대신 민간인인 김두승과 이근배로 하여금 농상공부에 회사를 만들겠다는 청원서를 내도록 권유했다. 이에 따라 김두승 등은 전기회사 설립 청원서를 농상공부에 제출한 뒤 허가를 받아 한성전기회사를 설립했다. 한성전기회사는 서울 시내 각지에 전기등을 설치하는 한편 전차 노선 부설 사업을 추진했다. 한성전기회사는 당초 남대문에서 청량리까지 전차 노선을 부설하기로 했으나 당시 부설 중이던 경인철도의 종착역이 서대문역으로 정해졌기 때문에 이와 연결하기 위해 계획을 수정해 서대문에서 청량리까지 부설하기로 변경했다. 이후, 변경된 계획대로 전차 노선이 부설되었으며, 1899년 5월에 정식 개통식이 거행되었다.

한성전기회사는 고종이 단독 출자한 자본금을 바탕으로 설립되고 운영되었지만, 전차 노선 부설에 필요한 공사비가 부족해지자 회사 재산을 담보로 콜브란으로부터 부족분을 빌려 공사를 마무리할 수 있었다. 콜브란은 1902년에 그 상환 기일이 돌아오자 회사 운영을 지원하기 위해 상환 기일을 2년 연장해주었다. 이후 1904년 상환 기일이 다가오자, 고종은 콜브란과 협의하여 채무액의 절반인 75만 원만 상환하고 나머지 금액만큼의 회사 자산을 콜브란에게 넘겨주었다. 이로써 콜브란은 고종과 함께 회사의 대주주가 되어 경영에 참여할 수 있게 되었다. 이때 고종과 콜브란은 한성전기회사를 한미전기회사로 재편하였고, 한미전기회사가 전차 및 전기등 사업을 이어받았다.

① 한성전기회사가 경인철도회사보다 먼저 설립되었다.
② 전차 노선의 시작점은 원래 서대문이었으나 나중에 남대문으로 바뀌었다.
③ 한성전기회사가 전차 노선을 부설하는 데 부족한 자금은 미국인 콜브란이 빌려주었다.
④ 서울 시내에 처음으로 전차 노선을 부설한 회사는 황실이 주도해 농상공부가 설립하였다.
⑤ 서울 시내에서 전기등 설치 사업을 벌인 한미전기회사는 김두승과 이근배의 출자로 설립되었다.

2. 다음 글에서 알 수 있는 것은?

사고(史庫)는 실록을 비롯한 국가의 귀중한 문헌을 보관하는 곳이었으므로 아무나 열 수 없었고, 반드시 중앙 정부에서 파견된 사관이 여는 것이 원칙이었다. 하지만 사관은 그 수가 얼마 되지 않아 사관만으로는 실록 편찬이나 사고의 도서 관리에 관한 모든 일을 담당하기에 벅찼다. 이에 중종 때에 사관을 보좌하기 위해 중앙과 지방에 겸직사관을 여러 명 두었다.

사고에 보관된 도서는 해충이나 곰팡이 피해를 입을 수 있었으므로 관리가 필요했다. 당시 도서를 보존, 관리하는 가장 효과적인 방법은 포쇄였다. 포쇄란 책을 서가에서 꺼내 바람과 햇볕에 일정 시간 노출시켜 책에 생길 수 있는 해충이나 곰팡이 등을 방지하거나 제거하는 것을 말한다. 사고 도서의 포쇄는 3년마다 정기적으로 실시되었다.

사고 도서의 포쇄를 위해서는 사고를 열어 책을 꺼내야 했고, 이 과정에서 귀중한 도서가 분실되거나 훼손될 수 있었다. 따라서 책임 있는 관리가 이 일을 맡아야 했고, 그래서 중앙 정부에서 사관을 파견토록 되어 있었다. 그런데 중종 14년 중종은 사관을 보내는 것은 비용이 많이 드는 등의 폐단이 있다고 하며, 지방 사고의 경우 지방 거주 겸직사관에게 포쇄를 맡기는 것이 효율적이라고 주장했다. 이에 대해 사고 관리의 책임 관청이었던 춘추관이 반대했다. 춘추관은 정식 사관이 아닌 겸직사관에게 포쇄를 맡기는 것은 문헌 보관의 일을 가벼이 볼 수 있는 계기가 될 거라고 주장했다. 그러나 중종은 이 의견을 따르지 않고 사고 도서의 포쇄를 겸직사관에게 맡겼다. 하지만 중종 23년에는 춘추관의 주장에 따라 사관을 파견하는 것으로 결정되었다.

포쇄 때는 반드시 포쇄 상황을 기록한 포쇄형지안이 작성되었다. 포쇄형지안에는 사고를 여닫을 때 이를 책임진 사람의 이름, 사고에서 꺼낸 도서의 목록, 포쇄에 사용한 약품 등을 자세하게 기록했다. 포쇄 때마다 포쇄형지안을 철저하게 작성하여, 사고에 보관된 문헌의 분실이나 훼손을 방지하고 책임 소재를 명확하게 함으로써 귀중한 문헌이 후세에 제대로 전달되도록 했다.

① 겸직사관은 포쇄의 전문가 중에서 선발되어 포쇄의 효율성이 높았다.
② 중종은 포쇄를 위해 사관을 파견하면 문헌이 훼손되는 폐단이 생긴다고 주장했다.
③ 춘추관은 겸직사관이 사고의 관리 책임을 맡으면 문헌 보관의 일을 경시할 수 있게 된다고 하며 겸직사관의 폐지를 주장했다.
④ 사고 도서의 포쇄 상황을 기록한 포쇄형지안은 3년마다 정기적으로 작성되었다.
⑤ 도서에 피해를 입히는 해충을 막기 위해 사고 안에 약품을 살포했다.

3. 다음 글에서 알 수 있는 것은?

> 미국 헌법의 전문은 "우리 미합중국의 사람들은"이라는 구절로 시작한다. 여기서 '사람들'에 해당하는 대한민국 헌법상의 용어는 헌법 제정 주체로서의 '국민'이다. 대한민국 헌법의 전문은 "유구한 역사와 전통에 빛나는 우리 대한국민은"으로 시작한다. 이 구절들에서 '사람들'과 '국민'은 맥락상 동일한 의미를 지닌다. 그러나 이 단어들의 사전적 의미 사이에는 간극이 크다. '사람'은 보편적 인간을, '국민'은 국가의 구성원을 의미하기 때문이다. 그래서 '인민'이 '국민'보다 더 적절한 표현이라는 주장이 종종 제기되는데, 사실 대한민국의 제헌헌법 초안에서는 이 단어가 사용되었다.
>
> 대한민국 역사에서 '인민'은 개화기부터 통용된 자연스러운 말이며 정부 수립 전까지의 헌법 관련 문헌들 대부분에 빈번히 등장한다. 법학자 유진오가 기초한 제헌헌법의 초안도 "유구한 역사와 전통에 빛나는 우리들 조선 인민은"으로 시작한다. 그러나 '인민'은 공산당의 용어인데 어째서 그러한 말을 쓰려고 하느냐는 공박을 당했고, '인민'은 결국 제정된 제헌헌법에서 '국민'으로 대체되었다.
>
> 이에 유진오는 '인민'이 예부터 흔히 사용되어 온 말로 '국민'으로 환원될 수 없는 의미를 지니며, 미국 헌법에서도 국적을 가진 자들로 한정될 수 없는 경우에 '사람들'이 사용되었다고 지적했다. 또한 '국민'은 국가의 구성원이라는 점이 강조된 국가 우월적 표현이기 때문에, 국가조차도 함부로 침범할 수 없는 자유와 권리의 주체로서의 보편적 인간까지 함의하기에는 적절하지 못하다고 비판했다.
>
> '인민'이 모두 '국민'으로 대체되면서 대한민국 헌법에서 혼란의 여지가 생긴 것은 사실이다. '국민'이 국적을 가진 자뿐만 아니라 천부인권을 지니는 보편적 인간까지 지칭하게 되었기 때문이다. 예를 들어 대한민국으로 여행을 온 외국인은 전자에 해당하지 않지만 후자에 속하는 것이 명백하다. 따라서 선거권, 사회권 등 국적을 기반으로 하는 권리까지 주어지는 것은 아니지만, 헌법상의 평등권, 자유권 등 기본적 인권은 보장되는 것이다. 이에 향후 헌법 개정이 있다면 그 기회에 보편적 인간을 의미하는 경우의 '국민'을 '사람들'로 바꾸자는 제안도 있다.

① 대한민국 역사에서 '인민'은 분단 후 공산주의 사상이 금기시되면서 사용되기 시작한 말이다.
② 대한민국으로 여행을 온 외국인은 대한민국 헌법상의 자유권을 보장받지 못한다.
③ 미국 헌법에서 '사람들'은 보편적 인간이 아니라 미국 국적을 가진 자를 의미한다.
④ 법학자 유진오는 '국민'이 보편적 인간을 의미하기에는 적절하지 않다고 비판했다.
⑤ 대한민국 제헌헌법에서는 '인민'이 사용되었으나 비판을 받아 이후의 개정을 통해 헌법에서 삭제되었다.

4. 다음 글에서 알 수 있는 것은?

> 필사문화와 초기 인쇄문화에서 독서는 대개 한 사람이 자신이 속한 집단 내에서 다른 사람들에게 책을 읽어서 들려주는 사회적 활동을 의미했다. 개인이 책을 소유하고 혼자 눈으로 읽는 묵독과 같은 오늘날의 독서 방식은 당시 대다수 사람에게 익숙한 일이 아니었다. 근대 초기만 해도 문맹률이 높았기 때문에 공동체적 독서와 음독이 지속되었다.
>
> '공동체적 독서'는 하나의 읽을거리를 가족이나 지역·직업공동체가 공유하는 것을 의미한다. 이는 같은 책을 여러 사람이 돌려 읽는 윤독이 이루어졌을 뿐 아니라, 구연을 통하여 특정 공간에 모인 사람들이 책의 내용을 공유했음을 알려준다. 여기에는 도시와 농촌의 여염집 사랑방이나 안방에서 소규모로 이루어진 가족 구성원들의 독서, 도시와 촌락의 장시에서 주로 이루어진 구연을 통한 독서가 포함된다. 공동체적 독서의 목적은 독서에 참여한 사람들로 하여금 책의 사상과 정서에 공감하게 하는 데 있다.
>
> 음독은 '소리 내어 읽음'이라는 의미로서 낭송, 낭독, 구연을 포함한다. 낭송은 혼자서 책을 읽으며 암기와 감상을 위하여 읊조리는 행위를, 낭독은 다른 사람들에게 들려주기 위하여 보다 큰 소리로 책을 읽는 행위를 의미한다. 이에 비해 구연은 좀 더 큰 규모의 청중을 상대로 하며 책을 읽는 행위가 연기의 차원으로 높아진 것을 일컫는다. 이런 점에서 볼 때 음독은 공동체적 독서와 긴밀한 연관을 가질 수밖에 없지만, 음독이 꼭 공동체적 독서라고는 할 수 없다.
>
> 전근대 사회에서는 개인적 독서의 경우에도 묵독보다는 낭송이 더 일반적인 독서 형태였다. 그렇다고 해서 도식적으로 공동체적 독서와 음독을 전근대 사회의 독서 형태라 간주하고, 개인적 독서를 근대 이후의 독서 형태라 보는 것은 곤란하다. 현대 사회에서도 필요에 따라 공동체적 독서와 음독이 많이 행해지며, 반대로 전근대 사회에서도 지배계급이나 식자층의 독서는 자주 묵독으로 이루어졌을 것이기 때문이다. 다만 '공동체적 독서'에서 '개인적 독서'로의 이행은 전근대 사회에서 근대 사회로 이행하는 과정에서 확인되는 독서 문화의 추이라고 볼 수 있다.

① 필사문화를 통해 묵독이 유행하기 시작했다.
② 전근대 사회에서 낭송은 공동체적 독서를 의미한다.
③ 공동체적 독서와 개인적 독서 모두 현대사회에서 행해지는 독서 형태이다.
④ 근대 초기 식자층의 독서 방식이었던 음독은 높은 문맹률로 인해 생겨났다.
⑤ 근대 사회에서 윤독은 주로 도시와 촌락의 장시에서 이루어진 독서 형태였다.

5. 다음 글에서 알 수 없는 것은?

의학적 원리만을 놓고 볼 때 '인두법'과 '우두법'은 전혀 차이가 없다. 둘 다 두창을 이미 앓은 개체에서 미량의 딱지나 고름을 취해서 앓지 않은 개체에게 접종하는 방식이다. 그렇지만 인두법 저작인 정약용의 『종두요지』와 우두법 저작인 지석영의 『우두신설』을 비교하면 접종대상자의 선정, 사후 관리, 접종 방식 등 세부적인 측면에서 적지 않은 차이가 발견된다.

먼저, 접종대상자의 선정 과정을 보면 인두법이 훨씬 까다롭다. 접종대상자는 반드시 생후 12개월이 지난 건강한 아이여야 했다. 중병을 앓고 얼마 되지 않은 아이, 몸이 허약한 아이, 위급한 증세가 있는 아이는 제외되었다. 이렇게 접종대상자의 몸 상태에 세심하게 신경을 쓰는 까닭은 비록 소량이라고 하더라도 사람에게서 취한 두(痘)의 독이 강력했기 때문이다. 한편, 『우두신설』에서는 생후 70~100일 정도의 아이를 접종대상자로 하며, 아이의 몸 상태에 특별히 신경을 쓰지 않는다. 이는 우두의 독력이 인두보다 약한 데서 기인한다. 우두법은 접종 시기를 크게 앞당김으로써 두창 감염에 따른 위험을 줄였고, 아이의 몸 상태에 크게 좌우되지 않는다는 장점이 있었다.

인두와 우두의 독력 차이로 사후 관리 또한 달랐음을 위 저작들에서 발견할 수 있다. 정약용은 접종 후에 나타나는 각종 후유증을 치료하기 위한 처방을 상세히 기재하고 있는 데 반해, 지석영은 그런 처방을 매우 간략하게 제시하거나 전혀 언급하지 않는다.

접종 방식의 차이도 두드러진다. 『종두요지』의 대표적인 접종 방식으로 두의 딱지를 말려 코 안으로 불어넣는 한묘법, 두의 딱지를 적셔 코 안에 접종하는 수묘법이 있다. 한묘법은 위험성이 높아서 급하게 효과를 보려고 할 때만 쓴 반면, 수묘법은 일반적으로 통용되었고 안전성 면에서도 보다 좋은 방법이었다. 이에 반해 우두 접종은 의료용 칼을 사용해서 팔뚝 부위에 일부러 흠집을 내어 접종했다. 종래의 인두법에서 코의 점막에 불어넣거나 묻혀서 접종하는 방식은 기도를 통한 발병 위험이 매우 높았기 때문이다.

① 우두법은 접종을 시작할 수 있는 나이가 인두법보다 더 어리다.
② 인두 접종 방식 가운데 수묘법이 한묘법보다 일반적으로 통용되는 접종 방식이었다.
③ 『종두요지』에는 접종 후에 나타나는 후유증을 치료하기 위한 처방이 제시되어 있었다.
④ 인두법은 의료용 칼을 사용하여 팔뚝 부위에 흠집을 낸 후 접종하는 방식이었다.
⑤ 『우두신설』에 따르면 몸이 허약한 아이에게도 접종할 수 있었다.

6. 다음 글에서 알 수 있는 것은?

과학자가 고안한 새로운 이론이 과학적 진보에 기여하는지를 평가할 때, 다음의 세 가지 조건이 고려된다.

첫째는 통합적 설명 조건이다. 새로운 이론은 여러 현상들을 통합하여 설명할 수 있는 단순한 개념 틀을 제공해야 한다. 예컨대 뉴턴의 새로운 이론은 오랫동안 서로 다르다고 여겨졌던 지상계의 운동과 천상계의 운동을 단지 몇 가지 개념을 통해 설명할 방법을 제시하였다. 하지만 통합적 설명 조건만을 만족한다고 해서 과학적 진보에 기여한다고 보기는 어렵다.

둘째는 새로운 현상의 예측 조건이다. 새로운 이론은 기존의 이론이 예측할 수 없는 새로운 현상을 예측해야 한다. 새로운 현상을 예측하면, 과학자들은 그 예측이 맞는지 확인하기 위해 다양한 반증 시도를 하게 된다. 그 과정에서 과학자들은 기존에 관심을 두지 않았던 영역을 탐구하게 되고 새로운 관측 방법을 개발한다. 통합적 설명 조건을 만족하면서 동시에 새로운 현상을 예측하여 반증 시도를 허용하는 이론이 과학적 진보에 기여하게 되는 것이다.

셋째는 통과 조건이다. 이 조건은 위 두 조건을 모두 만족하는 이론이 제시한 새로운 예측이 실제 관측이나 실험 결과에 들어맞아야 한다는 것을 뜻한다. 혹자는 통과 조건을 만족하지 못하고 반증된 이론은 실패한 이론이고 과학적 진보에 기여하지 못한다고 생각하지만, 그렇지 않다. 그런 이론도 새로운 이론을 고안하도록 과학자를 추동하는 역할을 하기 때문이다. 따라서 통과 조건을 만족하지 못하더라도 통합적 설명 조건과 새로운 현상의 예측 조건을 모두 만족하는 이론은 과학적 진보에 기여하는 것으로 평가할 수 있다.

① 단순하면서 통합적인 개념 틀을 제공하는 이론은 통과 조건을 만족한다.
② 통과 조건을 만족하지 못하더라도 과학적 진보에 기여하는 이론이 있을 수 있다.
③ 반증된 이론은 과학자들이 새로운 이론을 고안하도록 추동하는 역할을 하지 못한다.
④ 새로운 현상의 예측 조건을 만족하지 못하는 이론은 통합적 설명 조건을 만족하지 못한다.
⑤ 통합적 설명 조건과 새로운 현상의 예측 조건 중 하나만 만족하는 이론도 과학적 진보에 기여한다.

7. 다음 글의 ㉠~㉤을 문맥에 맞게 수정한 것으로 가장 적절한 것은?

> 『논어』「자한」편 첫 문장은 일반적으로 "공자께서는 이익, 천명, 인(仁)에 대해서 드물게 말씀하셨다."라고 해석된다. 그런데 『논어』 전체에서 인이 총 106회 언급되었다는 사실과 이 문장 안에 포함된 '드물게(罕)'라는 말은 상충하는 것처럼 보인다. 이러한 충돌을 해결하기 위한 시도는 크게 두 가지 방향에서 이루어졌다. 먼저 해당 한자의 의미를 ㉠ 기존과 다르게 해석하여 이 문장에 대한 일반적 해석을 변경하는 방식으로 이를 해결하려는 시도가 있다. 하지만 이와 다른 방식으로 충돌을 해결할 수 있다고 믿었던 이들도 있다. 그들은 이 문장의 일반적 해석을 바꾸지 않고 다음과 같은 방법들로 문제를 풀려고 시도했다.
>
> 첫째, 어떤 이들은 정도를 나타내는 표현이 상대성을 가질 수 있다는 점에 주목했다. 사실, '드물게'라는 것이 과연 어느 정도의 횟수를 의미하는지는 분명하지 않다. '드물다'는 표현은 동일 선상에 있는 다른 것과의 비교를 염두에 둔 것이다. 따라서 ㉡ 인이 106회 언급되었다고 해도 다른 것에 비해서는 드물다고 평가할 수 있다.
>
> 둘째, 다른 이들은 텍스트의 형성 과정에 주목했다. 『논어』는 발화자와 기록자가 서로 다른데, 공자 사후 공자의 제자들은 각자가 기억하는 스승의 말이나 스승에 대한 그간의 기록을 모아서 『논어』를 편찬하였다. 이를 염두에 둔다면 다음과 같은 상황을 상상할 수 있다. 공자는 인에 대해 실제로 드물게 말했다. 공자가 인을 중시하면서도 그에 대해 드물게 언급하다 보니 제자들이 자주 물을 수밖에 없었다. 그 대화의 결과들을 끌어모은 것이 『논어』인 까닭에, 『논어』에는 ㉢ 인에 대한 기록이 많아질 수밖에 없었다.
>
> 셋째, ㉣ 이 문장을 기록한 제자의 개별적 특성에 주목했던 이들도 있다. 즉, 다른 제자들은 인에 대해 여러 차례 들었지만, 이 문장의 기록자만 드물게 들었을 수 있다. 공자는 질문하는 제자가 어떤 사람인지에 따라 각 제자에게 주는 가르침을 달리했다. 그렇다면 '드물게'는 이 문장을 기록한 제자의 어떤 특성 때문에 나타난 결과일 수 있다.
>
> 넷째, 어떤 이들은 시간의 변수를 도입했다. 기록자가 공자의 가르침을 돌아보면서 ㉤ 이 문장을 기록한 시점 이후에 공자는 정말로 인에 대해 드물게 말했는지도 모른다. 그리고 그 뒤 어느 시점부터 공자가 빈번하게 인에 대해 설파하기 시작했으며, 『논어』에 보이는 인에 대한 106회의 언급은 그 결과일 수 있다.

① ㉠을 "기존과 동일하게 해석하여 이 문장에 대한 일반적 해석을 준수하는 방식"으로 고친다.
② ㉡을 "인이 106회 언급되었다면 다른 어떤 것에 비해서도 드물다고 평가할 수 없다"로 고친다.
③ ㉢을 "인에 대한 기록이 적어질 수밖에 없었다"로 고친다.
④ ㉣을 "『논어』를 편찬한 공자 제자들의 공통적 특성"으로 고친다.
⑤ ㉤을 "이 문장을 기록했던 시점까지"로 고친다.

8. 다음 글의 (가)와 (나)에 들어갈 말을 짝지은 것으로 가장 적절한 것은?

> 오늘날 우리는 끊임없이 무엇인가를 전시하고 이에 대한 주변인의 반응을 기다린다. 특히 전시의 공간이 온라인 플랫폼으로 확장되면서 우리의 삶 자체가 전시물이 되는 시대에 살고 있다. 전시된 삶에 공감하는 익명의 사람들은 '좋아요' 버튼을 누른다. '좋아요'의 수가 많을수록 전시된 콘텐츠의 가치가 높아진다. 이제 얼마나 많은 수의 '좋아요'를 확보하느냐가 관건이 된다.
>
> 그러다 보니 우리는 손에 잡히지 않지만 눈으로 확인할 수 있는 누군가의 '좋아요'를 좇게 된다. '좋아요'는 전시된 콘텐츠에 대한 공감의 표현 방식이었지만, 어느 순간 관계가 역전되어 '좋아요'를 얻기 위해 콘텐츠를 가상 공간에 전시하기 시작한다. 이제 우리는 '좋아요'를 많이 얻을 수 있는 콘텐츠를 만들어내는 데 최선의 노력을 기울이게 된다.
>
> 이 관계의 역전은 문제를 일으킨다. '좋아요'의 선택을 받기 위해 노력하다 보면 어느 순간 현실에 존재하는 '나'가 사라지고 만다. 타인이 좋아할 만한 일상과 콘텐츠를 선별하거나 심지어 만들어서라도 전시하기 때문이다. (가) . 타인의 '좋아요'를 얻기 위해 현실에 존재하는 내가 사라지고 마는 아이러니를 직면하는 순간이다.
>
> '좋아요'의 공동체 안에서는 타자도 존재하지 않는다. 이 공동체는 '좋아요'를 매개로 모인 서로 '같음'을 공유하는 사람들로 구성된다. 그래서 같은 것을 좋아하고 긍정하는 '좋아요'의 공동체 안에서 각자의 '다름'은 점차 사라진다. (나) . 이제 공동체에서 그러한 타자를 환대하거나 그의 말을 경청하려는 사람은 점점 줄어들고, '다름'은 '좋아요'가 용납하지 않는 별개의 언어가 된다.
>
> '좋아요'는 그 특유의 긍정성 덕분에 뿌리치기 힘든 유혹으로 다가온다. 하지만 '좋아요'에 함몰되는 순간 나와 타자를 동시에 잃어버릴 수 있다. 우리는 '좋아요'를 거부하는 타자들을 인정하고 그들의 말에 귀를 기울여야 한다. 이렇게 '좋아요'가 축출한 '다름'의 언어를 되찾아오기 시작할 때 '좋아요'의 아이러니에서 벗어날 수 있을 것이다.

① (가): '좋아요'를 얻기 위해 현실의 나와 다른 전시용 나를 제작하는 셈이다
(나): '좋아요'를 거부하고 다른 의견을 내는 사람은 불편한 대상이자 배제의 대상이 된다
② (가): '좋아요'를 얻기 위해 현실의 나와 다른 전시용 나를 제작하는 셈이다
(나): '좋아요'의 공동체에서는 어떠한 갈등이나 의견 대립도 발생하지 않는다
③ (가): '좋아요'를 얻기 위해 나의 내면과 사생활까지도 타인에게 적극적으로 개방한다
(나): '좋아요'를 거부하고 다른 의견을 내는 사람은 불편한 대상이자 배제의 대상이 된다
④ (가): '좋아요'를 얻기 위해 나의 내면과 사생활까지도 타인에게 적극적으로 개방한다
(나): '좋아요'의 공동체에서는 어떠한 갈등이나 의견 대립도 발생하지 않는다
⑤ (가): '좋아요'를 얻기 위해 현실의 내가 가진 매력적 콘텐츠를 더욱 많이 발굴하는 것이다
(나): '좋아요'의 공동체에서는 어떠한 갈등이나 의견 대립도 발생하지 않는다

9. 다음 글의 빈칸에 들어갈 내용으로 가장 적절한 것은?

> 여행가들은 종종 여행으로 세계에 대한 새로운 지식을 얻었을 뿐만 아니라 차별과 편견을 제거할 수 있었다고 말한다. 이 깨달음은 신경과학자들 덕분에 사실로 입증되었다. 신경과학자들은 여행이 뇌의 전측대상피질(ACC)을 자극한다는 것을 알아냈다. ACC는 자신이 가진 세계 모델을 기초로 앞으로 들어올 지각 정보의 기대치를 결정하고 새로 들어오는 지각 정보들을 추적한다. 새로 들어온 정보가 기대치에 맞지 않으면 ACC는 경보를 발령하고, 이 정보에 대한 판단을 지연시켜 새로운 정보를 분석할 시간을 제공한다. 정보에 대한 판단이 지연되면, 그에 대한 말과 행동 또한 미뤄진다. ACC의 경보가 발령되면 우리는 어색함을 느끼고 멈칫한다. 결국 ACC는 주변 환경을 더 면밀히 관찰하라고 촉구한다.
>
> 우리의 뇌는 의식적으로든 반사적으로든 끊임없이 판단을 내린다. 이와 관련하여 인지과학자들은 판단을 늦출수록 판단의 정확성이 높아진다는 사실을 발견했다. 오랜 시간을 들여 더 많은 관련 정보를 파악하는 것이 정확한 판단의 핵심이기 때문이다. 최후의 순간까지 정보에 대한 판단을 유보할수록 정확한 판단을 내릴 가능성이 커진다.
>
> 낯선 장소를 방문할 때 우리는 늘 어색함을 느낀다. 음식, 지리, 날씨 등 모든 게 기존의 세계 모델과 일치하지 않기 때문이다. 여행은 ACC를 자극하고, ACC의 경보 발령으로 우리는 신속한 판단이나 반사적 행동을 자제하게 된다. 따라서 더 이질적인 문화를 경험하면, 우리의 뇌는 (   ).

① ACC를 덜 활성화시킨다
② 더 적은 정보를 처리한다
③ 주변 환경에 더 친숙해진다
④ 기존의 세계 모델을 더 확신한다
⑤ 정보에 대한 판단을 더 지연시킨다

10. 다음 글의 빈칸에 들어갈 내용으로 가장 적절한 것은?

> 갑은 이번에 들어온 신입 사원 민철에 대해서 '그는 결혼하지 않았다.'라는 정보와 '그는 비혼이다.'라는 정보를 획득했다. 한편 을은 민철에 대해서 '그는 결혼하지 않았다.'라는 정보와 '그에게는 아이가 있다.'라는 정보를 획득했다. 갑이 획득한 정보 집합과 을이 획득한 정보 집합 중에서 무엇이 더 정합적인가? 다르게 말해 어떤 집합 내 정보들이 서로 더 잘 들어맞는가? 갑의 정보 집합이 더 정합적이라고 여기는 것이 상식적이다.
>
> 그렇다면 이런 정보 집합의 정합성은 어떻게 측정할 수 있을까? 그 방법 중 하나인 C는 확률을 이용해 그 정합성의 정도, 즉 정합도를 측정한다. 여러 정보로 이루어진 정보 집합 S가 있다고 해보자. 방법 C에 따르면, S의 정합도는 (   )으로 정의된다.
>
> 그 정의에 따라 정합도를 측정하면, 위 갑과 을이 획득한 정보 집합의 정합성을 우리의 상식에 맞춰 비교할 수 있다. 갑이 획득한 정보에서 '그가 결혼하지 않았으며 비혼일 확률'과 '그가 결혼하지 않았거나 비혼일 확률'은 모두 '그가 비혼일 확률'과 같다. 왜냐하면 결혼하지 않았다는 것과 비혼이라는 것은 서로 같은 말이기 때문이다. 따라서 방법 C에 따르면 갑이 획득한 정보 집합의 정합도는 1이다.
>
> 한편, '그가 결혼하지 않았으며 아이가 있을 확률'은 '그가 결혼하지 않았거나 아이가 있을 확률'보다 낮다. 왜냐하면 그가 결혼하지 않았거나 아이가 있는 경우에 비해, 그가 결혼하지 않고 아이가 있는 경우는 드물기 때문이다. 따라서 방법 C에 따르면 을의 정보 집합의 정합도는 1보다 작다. 이런 식으로 방법 C는 갑의 정보 집합의 정합도가 을의 정보 집합의 정합도보다 크다고 말해 준다. 그리고 그 점에서 갑의 정보 집합이 을의 정보 집합보다 더 정합적이라고 판단한다. 이는 우리 상식에 부합하는 결과이다.

① S의 정보 중 적어도 하나가 참일 확률을 S의 모든 정보가 참일 확률로 나눈 값
② S의 모든 정보가 참일 확률을 S의 정보 중 적어도 하나가 참일 확률로 나눈 값
③ S의 정보 중 기껏해야 하나가 참일 확률을 S의 모든 정보가 참일 확률로 나눈 값
④ S의 모든 정보가 참일 확률을 S의 정보 중 기껏해야 하나가 참일 확률로 나눈 값
⑤ S의 정보 중 기껏해야 하나가 참일 확률을 S의 정보 중 적어도 하나가 참일 확률로 나눈 값

11. 다음 글의 ㉠을 이끌어내기 위해 추가해야 할 전제로 가장 적절한 것은?

> 우리는 보고, 듣고, 냄새를 맡는 등 지각적 경험을 한다. 우리가 지각적 경험이 가능한 이유는 이러한 지각을 야기하는 원인이 존재하기 때문이다. 나는 ㉠신의 마음이 바로 나의 지각을 야기하는 원인임을 논증을 통해 보이고자 한다.
>
> 이 세상에 존재하는 모든 것은 지각되는 것이고, 그러한 지각을 야기하는 원인이 존재한다. 그러한 원인이 존재한다면 그 원인은 내 마음속 관념이거나 나의 마음이거나 나 이외의 다른 마음 중 하나일 것이다. 하지만 나의 지각을 야기하는 원인은 내 마음속 관념이 아니다. 왜냐하면 지각이 관념의 원인이 될 수는 있지만 관념이 지각을 야기할 수는 없기 때문이다.
>
> 나의 지각을 야기하는 원인은 내 마음도 아니다. 왜냐하면 내 마음이 내 지각의 원인이라면 나는 내가 지각하는 바를 조종할 수 있어야 한다. 예를 들어, 내가 내 앞의 빨간 사과를 보고 있다고 해보자. 나는 이 사과를 빨간색으로 지각할 수밖에 없다. 아무리 내가 이 사과 색깔을 빨간색 대신 노란색으로 지각하려고 안간힘을 쓰더라도 이를 내 마음대로 바꿀 수는 없다. 그러므로 나의 지각을 야기하는 원인은 나 이외의 다른 마음이다.
>
> 나 이외의 다른 마음은 나 이외의 다른 사람의 마음이거나 사람이 아닌 다른 존재의 마음이다. 다른 사람의 마음이 내 지각을 야기하는 원인이 될 수 없다. 그들이 내가 지각하는 바를 조종할 수는 없기 때문이다. 그러므로 나의 지각을 야기하는 원인은 사람이 아닌 다른 존재의 마음이다.

① 내 마음속 관념이 곧 신이다.
② 사람과 신 이외에 마음을 지닌 존재는 없다.
③ 신의 마음은 나의 마음을 야기하는 원인이다.
④ 감각기관을 통한 지각적 경험은 신뢰할 수 있다.
⑤ 나 이외의 다른 마음만이 내가 지각하는 바를 조종할 수 있다.

12. 다음 글의 내용이 참일 때 반드시 참인 것은?

> A부서에서는 새로 시작된 프로젝트에 다섯 명의 주무관 가은, 나은, 다은, 라은, 마은의 참여 여부를 점검하고 있다. 주무관들의 업무 전문성을 고려할 때, 다음과 같은 예측을 할 수 있었고 그 예측들은 모두 옳은 것으로 밝혀졌다.
>
> ○ 가은이 프로젝트에 참여하면 나은과 다은도 프로젝트에 참여한다.
> ○ 나은이 프로젝트에 참여하지 않으면 라은이 프로젝트에 참여한다.
> ○ 가은이 프로젝트에 참여하거나 마은이 프로젝트에 참여한다.

① 가은이 프로젝트에 참여하지 않으면 나은이 프로젝트에 참여한다.
② 다은이 프로젝트에 참여하면 마은이 프로젝트에 참여한다.
③ 다은이 프로젝트에 참여하거나 마은이 프로젝트에 참여한다.
④ 라은이 프로젝트에 참여하면 마은이 프로젝트에 참여한다.
⑤ 라은이 프로젝트에 참여하거나 마은이 프로젝트에 참여한다.

13. 다음 글의 내용이 참일 때 반드시 참인 것은?

> 가훈은 모든 게임에서 2인 1조로 다른 조를 상대해야 한다. 게임은 구슬치기, 징검다리 건너기, 줄다리기, 설탕 뽑기 순으로 진행되며 다른 게임은 없다. 이에 가훈은 남은 참가자 갑, 을, 병, 정, 무 중 각각의 게임에 적합한 서로 다른 인물을 한 명씩 선택하여 조를 구성할 계획을 세웠다. 게임의 총괄 진행자는 가훈의 선택에 대해 다음과 같이 예측하였다.
>
> ○ 갑은 설탕 뽑기에 선택되고 무는 징검다리 건너기에 선택된다.
> ○ 을이 구슬치기에 선택되거나 정이 줄다리기에 선택된다.
> ○ 을은 구슬치기에 선택되지 않고 무는 징검다리 건너기에 선택되지 않는다.
> ○ 병은 어떤 게임에도 선택되지 않고 정은 줄다리기에 선택된다.
> ○ 무가 징검다리 건너기에 선택되거나 정이 줄다리기에 선택되지 않는다.
>
> 가훈의 조 구성 결과 이 중 네 예측은 옳고 나머지 한 예측은 그른 것으로 밝혀졌다.

① 갑이 어느 게임에도 선택되지 않았다.
② 을이 구슬치기에 선택되었다.
③ 병이 줄다리기에 선택되었다.
④ 정이 징검다리 건너기에 선택되었다.
⑤ 무가 설탕 뽑기에 선택되었다.

14. 다음 글의 빈칸에 들어갈 말로 적절한 것은?

> 문 주무관과 공 주무관은 하나의 팀을 이루어 문공 팀 제안서를 제출하였다. 이와 관련하여 공 주무관은 자신이 수집, 정리한 인사 관련 정보를 문 주무관과 다음과 같이 공유하였다. "강 주무관이 업무 평가에서 S등급을 받았다고 가정하면, 남 주무관이 업무 평가에서 S등급을 받은 경우 문공 팀 제안서가 폐기될 것입니다. 그런데 문공 팀 제안서가 폐기되는 일과 도 주무관이 전보 발령 대상이 되는 일, 둘 중 적어도 하나는 일어날 것입니다. 강 주무관과 남 주무관 둘 중 적어도 한 사람은 S등급을 받은 것이 분명합니다. 그런데 강 주무관만 S등급을 받고 남 주무관은 못 받는 그런 일은 없습니다. 다행히도, 문공 팀 제안서가 폐기되지 않고 심층 검토될 예정이라는 소식입니다."
>
> 그러나 공 주무관이 공유한 정보를 살펴보던 문 주무관은 자신이 입수한 정보를 공유하면서 공 주무관에게 말하였다. "공 주무관님, 그런데 조금 전 확인된 바로, ______. 그렇다고 보면, 공 주무관님이 말씀하신 정보는 내적 일관성이 없고 따라서 전부 참일 수는 없습니다. 어딘가 최소한 한 군데는 잘못된 정보라는 말이지요. 지금으로선 어느 부분이 문제인지 알 수 없으니, 수고스럽더라도 어느 부분에 문제가 있는지 다시 확인해주셔야 하겠습니다."

① 남 주무관은 업무 평가에서 S등급을 받았습니다
② 강 주무관은 업무 평가에서 S등급을 받지 못했습니다
③ 도 주무관이 전보 발령 대상이 아닌 경우, 문공 팀 제안서가 폐기됩니다
④ 남 주무관이 업무 평가에서 S등급을 받은 경우, 도 주무관은 전보 발령 대상이 아닙니다
⑤ 강 주무관이 업무 평가에서 S등급을 받은 경우, 남 주무관도 업무 평가에서 S등급을 받습니다

15. 다음 글에서 추론할 수 있는 것만을 <보기>에서 모두 고르면?

종이와 같이 전류가 흐르지 않는 성질을 가진 물질을 절연체라 한다. 절연체는 전기적으로 중성이며 전하를 띠지 않는다. 그러나 어떤 상황에서는 전하 사이에 작용하는 힘인 전기력에 의한 운동이 가능하다. 어떻게 이러한 절연체의 운동이 가능한가를 알아보자.

절연체는 전기적으로 중성이지만 그 안에는 무수히 많은 전하가 존재한다. 다만, 음전하와 양전하가 똑같은 숫자로 존재하며 물체에 균일하게 분포되어 있다. 이들에게 외부의 전하가 작용할 때 발생하는 전기력인 척력과 인력이 서로 상쇄되어 아무런 힘이 작용하지 않을 것처럼 보인다.

그런데 외부에서 전기력이 작용하면 절연체 내부의 전하들은 개별적으로 그 힘에 반응한다. 가령, 양으로 대전된 물체에 의해서 절연체에 전기력이 작용하는 경우, 절연체 내부의 음전하는 대전된 물체 방향으로 끌려가는 힘인 인력을 받고, 양전하는 밀려나는 힘인 척력을 받는다.

절연체 내부의 전하들은 이러한 전기력에 의해 미세하게 이동할 수 있는데, 음전하는 양으로 대전된 물체와 가까워지는 방향으로, 양전하는 멀어지는 방향으로 이동하게 된다. 그 결과 대전된 물체의 양전하와 절연체의 음전하 간의 인력이 대전된 물체의 양전하와 절연체의 양전하 간의 척력보다 커져 절연체는 대전된 물체 방향으로 끌려가게 된다. 전기력은 전하 간 거리가 멀수록 작아지는 특성이 있기 때문이다. 다만 절연체의 무게가 충분히 작아야만 이러한 전기력이 절연체의 무게를 극복하고 절연체를 끌어당길 수 있다.

<보 기>

ㄱ. 절연체 내부 전하의 위치는 절연체 외부의 영향에 의해서 변할 수 있다.
ㄴ. 대전된 물체는 절연체 내 음전하와 양전하의 구성 비율을 변화시킬 수 있다.
ㄷ. 음으로 대전된 물체를 특정 무게 이하의 절연체에 가까이 함으로써 절연체를 밀어내는 것이 가능하다.

① ㄱ
② ㄴ
③ ㄱ, ㄷ
④ ㄴ, ㄷ
⑤ ㄱ, ㄴ, ㄷ

16. 다음 글에서 추론할 수 있는 것은?

사람의 근육 운동은 근육 세포의 수축과 이완이 반복되면서 일어나며, 근육 세포의 수축과 이완이 정상적으로 일어나지 않으면 근육 마비가 일어난다. 근육 세포의 수축과 이완은 근육 세포와 인접해 있는 운동 신경 세포에서 아세틸콜린의 방출을 조절함으로써 일어날 수 있다.

운동 신경 세포에 작용하는 신호에 의해 운동 신경 세포에서 아세틸콜린이 방출된다. 방출된 아세틸콜린은 근육 세포의 막에 있는 아세틸콜린 결합 단백질에 결합하고 이 근육 세포가 수축되게 한다. 뇌의 운동피질에서 유래한 신호가 운동 신경 세포에 작용하여 이와 같은 현상을 일으킬 수 있다.

운동 신경 세포에서 아세틸콜린의 방출은 운동 신경 세포와 접하고 있는 억제성 신경 세포에 의해서도 조절될 수 있다. 억제성 신경 세포는 글리신을 방출하는데, 이 글리신은 운동 신경 세포에 작용하여 아세틸콜린의 방출을 막음으로써 근육 세포가 이완되게 한다.

사람의 근육 운동에 영향을 미치는 물질 중에는 보툴리눔 독소와 파상풍 독소가 있다. 두 독소는 각각 병원균인 보툴리눔균과 파상풍균이 분비하는 독성 단백질이다. 보툴리눔 독소는 운동 신경 세포에 작용하여 아세틸콜린이 방출되는 것을 막아 근육 세포가 이완된 상태로 있게 하여 근육 마비를 일으킨다. 파상풍 독소는 억제성 신경 세포에 작용하여 글리신이 방출되는 것을 막아 근육 세포가 수축된 상태로 있게 하여 근육 마비를 일으킨다.

① 근육 세포의 막에는 글리신 결합 단백질이 있다.
② 보툴리눔 독소는 근육 세포의 수축이 일어나지 않게 하여 근육 마비를 일으킨다.
③ 운동 신경 세포에서 방출된 아세틸콜린은 억제성 신경 세포에서 글리신의 방출을 막는다.
④ 뇌의 운동피질에서 유래된 신호는 운동 신경 세포에서 아세틸콜린의 방출을 막아서 근육의 수축을 일으킨다.
⑤ 파상풍 독소는 운동 신경 세포에서 방출된 아세틸콜린이 근육 세포의 막에 있는 결합 단백질에 결합할 수 없게 한다.

17. 다음 글의 (가)와 (나)에 들어갈 말을 짝지은 것으로 가장 적절한 것은?

진공 상태에서 금속이나 반도체 물질에 높은 전압을 가하면 그 표면에서 전자가 방출된다. 방출된 전자가 형광체에 충돌하면 빛이 발생하는데, 이 빛을 이용하여 디스플레이를 만들 수 있다. 이런 디스플레이를 만들기 위해, 금속이나 반도체 물질로 만들어진 원기둥 형태의 나노 구조체가 기판에 고밀도로 존재하도록 제작하는 기술이 개발되고 있다.

고밀도의 나노 구조체가 있는 기판을 제작하려는 것은 나노 구조체의 밀도가 높을수록 단위 면적당 더 많은 양의 전자가 방출될 것이라는 가설 H1에 근거하고 있다. 그러나 기판의 단위 면적당 방출되는 전자의 양은 나노 구조체의 밀도가 일정 수준 이상으로 높아지면 오히려 줄어들게 될 것이라는 가설 H2를 주장하는 과학자들의 수가 많아지고 있다. 이는 나노 구조체가 너무 조밀하게 모여 있으면 나노 구조체 각각에 가해지는 실제 전압이 오히려 감소한다는 사실에 기반을 두고 있다.

과학자 L은 가설 H1과 가설 H2를 확인하기 위한 원기둥 형태의 금속 재질의 나노 구조체 X가 있는 기판을 제작하였다. 이 기판에 동일 거리에서 동일 전압을 가하여 다음의 실험을 수행하였다.

<실 험>

실험 1: X가 있는 기판 A와 A보다 면적이 두 배이고 X의 개수가 네 배인 기판 B를 제작하였다. 이때 단위 면적당 방출된 전자의 양은 기판 A와 기판 B가 같았다.

실험 2: 단위 면적당 방출된 전자의 양은, 기판 C에 10,000개의 X가 있을 때보다 20,000개의 X가 있을 때 더 많았고, 기판 C에 20,000개의 X가 있을 때보다 30,000개의 X가 있을 때 더 적었다.

두 실험 중 실험 1은 가설 H1을 [(가)], 실험 2는 가설 H2를 [(나)].

	(가)	(나)
①	강화하고	강화한다
②	강화하고	약화한다
③	약화하지 않고	약화한다
④	약화하고	약화한다
⑤	약화하고	강화한다

18. 다음 글의 실험 결과를 가장 잘 설명하는 것은?

광검출기는 빛을 흡수하고 이를 전기 신호인 광전류로 변환하여 빛의 세기를 측정하는 장치로, 얼마나 넓은 범위의 세기를 측정할 수 있는지가 광검출기의 성능을 결정하는 주요 지표이다.

광검출기에서는 빛이 조사되지 않아도 열에너지의 유입 등 외부 요인에 의해 미세한 전류가 발생할 수 있는데, 이러한 전류를 암전류라 한다. 그런데 어떤 광검출기에 세기가 매우 작은 빛이 입력되어 암전류보다 작은 광전류가 발생한다면, 발생한 전류가 암전류에 의한 것인지 빛의 조사에 의한 것인지 구분할 수 없다. 따라서 이 빛의 세기는 이 광검출기에서 측정할 수 없다.

한편, 광검출기에는 광포화 현상이 발생하는데, 이는 광전류의 크기가 빛의 세기에 따라 증가하다가 특정 세기 이상의 빛이 입력되어도 광전류의 크기가 더 이상 증가하지 않고 일정하게 유지되는 것을 뜻한다. 광포화가 일어나기 위한 빛의 최소 세기를 광포화점이라 하고, 광검출기는 광포화점 이상의 세기를 갖는 서로 다른 빛에 대해서는 각각의 세기를 측정할 수 없다. 결국, 어떤 광검출기가 측정할 수 있는 빛의 최소 세기를 결정하는 암전류의 크기와 빛의 최대 세기를 결정하는 광포화점의 크기는 광검출기의 성능을 결정하는 주요 지표이다.

한 과학자는 세기가 서로 다른 빛 A~D를 이용하여 광검출기 I과 II의 성능 비교 실험을 하였다. 이때 빛의 세기는 A > B > C 이며 D > C이다. 광검출기 I과 II로 A~D 각각의 빛의 세기를 측정할 수 있는 경우를 ○, 측정할 수 없는 경우를 ×로 정리하여 실험 결과를 아래 표에 나타내었다.

광검출기 \ 빛	A	B	C	D
I	○	○	×	×
II	×	○	×	○

① 두 광검출기가 각각 검출할 수 있는 빛의 최소 세기는 I과 II가 같고, 광포화점은 I이 II보다 작다.
② 두 광검출기가 각각 검출할 수 있는 빛의 최소 세기는 I이 II보다 크고, 광포화점은 I이 II보다 작다.
③ 두 광검출기가 각각 검출할 수 있는 빛의 최소 세기는 I이 II보다 작고, 광포화점은 I이 II보다 작다.
④ 두 광검출기가 각각 검출할 수 있는 빛의 최소 세기는 I이 II보다 작고, 광포화점은 I이 II보다 크다.
⑤ 두 광검출기가 각각 검출할 수 있는 빛의 최소 세기는 I이 II보다 크고, 광포화점은 I이 II보다 크다.

[19~20] 다음 글을 읽고 물음에 답하시오.

우리가 임의의 명제 p를 지지하는 증거를 지니면 p에 대한 우리의 믿음은 인식적으로 정당화되고, p를 지지하는 증거를 지니지 않으면 p에 대한 우리의 믿음은 인식적으로 정당화되지 않는다. p에 대한 믿음이 인식적으로 정당화된 상황에서 p를 믿는 것은 우리의 인식적 의무일까? p를 믿는 것이 우리의 인식적 의무라면 이와 관련해 발생하는 문제는 없을까? 이 질문들과 관련해 의무론 논제, 비의지성 논제, 자유주의 논제를 고려해보자.

○ 의무론 논제: ㉠ 만약 우리가 p를 믿는다는 것이 인식적으로 정당화된다면 그것을 믿어야 하고, 만약 우리가 p를 믿는다는 것이 인식적으로 정당화되지 않는다면 그것을 믿어야 하는 것은 아니다. 즉 우리가 p를 믿어야 한다는 것은 우리가 p를 믿는다는 것이 인식적으로 정당화되기 위한 필요충분조건이다. 이것이 의무론 논제라 불리는 이유는 '우리가 p를 믿어야 한다.'는 것을 인식적 의무로 간주하기 때문이다.

○ 비의지성 논제: ㉡ 우리가 p를 믿는다는 것은 자유롭게 선택할 수 있는 것이 아니다. 즉 믿음은 선택의 대상이 아니다. 예를 들어, 갑이 창밖에 있는 나무를 바라보며 창밖에 나무가 있다는 것을 믿는다고 해보자. 이때 갑이 이를 믿지 않으려고 해도 그는 그럴 수 없다.

○ 자유주의 논제: ㉢ 만약 우리가 p를 믿는다는 것이 자유롭게 선택할 수 있는 것이 아니라면, 우리에게 p를 믿어야 할 인식적 의무는 없다. 예를 들어, 창밖에 나무가 있다는 갑의 믿음이 비의지적이라면, 갑에게는 창밖에 나무가 있다는 것을 믿어야 할 인식적 의무가 없다.

그런데 의무론 논제, 비의지성 논제, 자유주의 논제를 모두 받아들이면 ㉣ 우리가 p를 믿는다는 것은 인식적으로 정당화되지 않는다는 받아들이기 힘든 결론을 얻는다. 왜 그러한가? 이 논증은 다음과 같이 구성된다. 우선 우리가 p를 믿는다는 것이 자유롭게 선택할 수 있는 것이 아니라고, 즉 우리의 p에 대한 믿음이 비의지적이라고 하자. 그렇다면 자유주의 논제에 따라, 우리에게 p를 믿어야 할 인식적 의무는 없다. 그리고 의무론 논제에 따라, 우리가 p를 믿는다는 것은 인식적으로 정당화되지 않는다. 이러한 결론을 거부하려면 위 세 논제 중 적어도 하나를 거부해야 한다.

철학자 A는 자유주의 논제와 비의지성 논제는 받아들이면서 의무론 논제를 거부하여 위 논증의 결론을 거부한다. A에 따르면 위 논증에서 우리에게 p를 믿어야 할 인식적 의무가 없다는 것은 성립하지만, 우리에게 인식적 의무가 없더라도 그 믿음이 인식적으로 정당화될 수 있는 그런 경우가 있다. 위 예처럼 창밖에 나무가 있다는 것을 믿어야 할 인식적 의무가 없더라도, 창밖의 나무를 실제로 보고 있다는 것으로부터 그 믿음은 충분히 인식적으로 정당화될 수 있다. 따라서 위 논증의 결론은 거부된다.

철학자 B는 의무론 논제와 비의지성 논제는 받아들이면서 자유주의 논제를 거부하여 위 논증의 결론을 거부한다. B에 따르면 위 논증에서 우리의 p에 대한 믿음이 비의지적이더라도 그 믿음에 대한 인식적 의무는 있을 수 있다. 비유적으로 생각해 보자. 돈이 없어서 빚을 갚을지 말지에 대해 선택의 여지가 없다고 하더라도 빚을 갚아야 한다는 의무는 있다. B에 따르면 이러한 방식으로 비의지적인 믿음에 대한 인식적 의무에 대해 말할 수 있다.

19. 위 글의 ㉠~㉣에 대한 분석으로 적절한 것만을 <보기>에서 모두 고르면?

<보 기>

ㄱ. ㉠과 ㉢만으로는 ㉣이 도출되지 않는다.
ㄴ. ㉡의 부정으로부터 ㉢의 부정이 도출된다.
ㄷ. ㉢과 "'지금 비가 오고 있다.'를 믿는다는 것이 비의지적이다."라는 전제로부터 "우리에게 '지금 비가 오고 있다.'를 믿어야 할 인식적 의무가 없다."는 것이 도출된다.

① ㄱ
② ㄴ
③ ㄱ, ㄷ
④ ㄴ, ㄷ
⑤ ㄱ, ㄴ, ㄷ

20. 위 글에 대한 평가로 적절한 것만을 <보기>에서 모두 고르면?

<보 기>

ㄱ. "우리가 p를 믿는다는 것은 자유롭게 선택할 수 있는 것이다."는 것이 사실이면, 철학자 A의 입장은 약화된다.
ㄴ. "우리에게 p를 믿어야 할 인식적 의무가 있다면 우리의 p에 대한 믿음이 인식적으로 정당화된다."는 것이 사실이면, 철학자 B의 입장은 강화된다.
ㄷ. "우리가 p를 믿는다는 것이 자유롭게 선택할 수 있는 것이 아니더라도 우리에게 p를 믿어야 할 인식적 의무가 있다."는 것이 사실이면, 철학자 A와 B의 입장은 약화된다.

① ㄱ
② ㄷ
③ ㄱ, ㄴ
④ ㄴ, ㄷ
⑤ ㄱ, ㄴ, ㄷ

21. 다음 대화의 ㉠으로 적절한 것만을 <보기>에서 모두 고르면?

갑: 현재 지방자치단체들에서는 아동학대 피해자들을 위해 아동보호 전문기관과 연계하여 적극적인 보호조치를 취하는 대응체계를 구축하고 있는데요. 그럼에도 불구하고 아동학대로부터 제대로 보호 받지 못하는 피해자들이 여전히 많은 이유는 무엇일까요?

을: 제 생각에는 신속한 보호조치가 미흡한 것 같습니다. 현행 대응체계에서는 신고가 접수된 이후부터 실제 아동학대로 판단되어 보호조치가 취해지기까지 긴 시간이 소요됩니다. 신고를 해 놓고 보호조치를 기다리는 동안 또다시 학대를 받는 아동이 많은 것은 아닐까요?

병: 글쎄요. 저는 다른 이유가 있다고 생각합니다. 현행 대응체계에서는 일단 아동학대 신고가 접수되면 실제 아동학대로 판단될 수 있는 사례인지를 조사합니다. 그 결과 아동학대로 판단되지 않은 사례에 대해서는 보호조치가 취해지지 않는데요. 당장은 직접적인 학대 정황이 포착되지 않아 아동학대로 판단되지 않았으나, 실제로는 아동학대였던 경우가 많았을 것이라고 생각합니다.

정: 옳은 지적이긴 합니다. 하지만 저는 더 근본적인 문제가 있다고 생각합니다. 아동학대가 가까운 친인척에 의해 발생한다는 점, 그리고 피해자가 아동이라는 점 등으로 인해 신고 자체가 어려운 경우가 많습니다. 애당초 신고를 하기 어려우니 보호조치가 취해질 가능성 또한 낮은 것이지요.

갑: 모두들 좋은 의견 감사합니다. 오늘 회의에서 제시하신 의견을 뒷받침할 수 있는 ㉠ 자료 조사를 수행해 주세요.

<보 기>

ㄱ. 을의 주장을 뒷받침하기 위해, 신고가 접수된 시점과 아동학대 판단 후 보호조치가 시행된 시점 사이에 아동학대가 재발한 사례의 수를 조사한다.

ㄴ. 병의 주장을 뒷받침하기 위해, 아동학대로 판단되지 않은 신고 사례 가운데 보호조치가 취해지지 않은 사례가 차지하는 비중을 조사한다.

ㄷ. 정의 주장을 뒷받침하기 위해, 아동학대 피해자 가운데 친인척과 동거하지 않으며 보호조치를 받지 못한 사례의 수를 조사한다.

① ㄱ
② ㄴ
③ ㄱ, ㄷ
④ ㄴ, ㄷ
⑤ ㄱ, ㄴ, ㄷ

22. 다음 글에서 추론할 수 있는 것은?

현재 갑국의 소매업자가 상품을 판매할 수 있는 방식을 정리하면 <표>와 같다.

<표> 판매 유형 및 방법에 따른 구분

유형 \ 방법	주문 방법	결제 방법	수령 방법
대면	영업장 방문	영업장 방문	영업장 방문
예약 주문	온라인	영업장 방문	영업장 방문
스마트 오더	온라인	온라인	영업장 방문
완전 비대면	온라인	온라인	배송

갑국은 주류에 대하여 국민 건강 증진 및 청소년 보호를 이유로 스마트 오더 및 완전 비대면 방식으로 판매하는 것을 금지해 왔다. 단, 전통주 제조자가 관할 세무서장의 사전 승인을 받은 경우, 그리고 음식점을 운영하는 음식업자가 주문 받은 배달 음식과 함께 소량의 주류를 배달하는 경우에 예외적으로 주류의 완전 비대면 판매가 가능했다.

그러나 IT 기술 발전으로 인터넷 상점이나 휴대전화 앱 등을 이용한 재화 및 서비스의 구매 비중이 커져 주류 판매 관련 규제도 변해야 한다는 각계의 요청이 있었다. 이에 갑국 국세청은 관련 고시를 최근 개정하여 주류 소매업자가 이전과 다른 방식으로 주류를 판매하는 것도 허용했다.

이전에는 슈퍼마켓, 편의점 등을 운영하는 주류 소매업자는 대면 및 예약 주문 방식으로만 주류를 판매할 수 있었다. 그러나 개정안에 따르면 주류 소매업자가 스마트 오더 방식으로도 소비자에게 주류를 판매할 수 있게 되었다. 다만 완전 비대면 판매는 이전처럼 예외적인 경우에만 허용된다.

① 고시 개정과 무관하게 음식업자는 주류만 완전 비대면으로 판매할 수 있다.
② 고시 개정 이전에는 슈퍼마켓을 운영하는 주류 소매업자는 온라인으로 주류 주문을 받을 수 없었다.
③ 고시 개정 이전에는 주류를 구매하는 소비자는 반드시 영업장을 방문하여 상품을 대면으로 수령해야 했다.
④ 고시 개정 이전에는 편의점을 운영하는 주류 소매업자는 주류 판매 대금을 온라인으로 결제 받을 수 없었다.
⑤ 고시 개정 이후에는 전통주를 구매하는 소비자는 전통주 제조자의 영업장에 방문하여 주류를 구입할 수 없다.

23. 다음 글의 <표>에 대한 판단으로 적절한 것만을 <보기>에서 모두 고르면?

갑 부처는 민감정보 및 대규모 개인정보를 처리하는 공공기관에 대해 매년 「공공기관 개인정보 보호수준 평가」(이하 '보호수준 평가')를 실시한다. 갑 부처는 공공기관의 개인정보 보호 업무에 대한 관심도와 관리 수준을 평가하여 우수기관은 표창하고 취약기관에는 과태료를 부과할 수 있다.

보호수준 평가는 접근권한 관리, 암호화 조치, 접속기록 점검의 총 세 항목에 대해서 이루어진다. 각 항목에 대해 '상', '중', '하' 중 하나의 등급을 부여하며, 평가 대상 기관이 세 항목 모두 하 등급을 받으면 취약기관으로 지정된다. 평가 대상 기관이 두 항목에서 하 등급을 받는다면, 그것만으로는 취약기관으로 지정되지 않는다. 그러나 하 등급을 받은 항목의 수가 2년 연속 둘이라면, 그 기관은 취약기관으로 지정된다.

우수기관으로 지정되기 위해서는 당해 연도와 전년도에 각각 둘 이상의 항목에서 상 등급을 받고 당해 연도에는 하 등급을 받은 항목이 없어야 한다.

A기관과 B기관은 2023년과 2024년에 보호수준 평가를 받았으며, 각 항목에 대한 평가 결과는 <표>와 같다.

<표> 2023년과 2024년 보호수준 평가 결과

기관	항목/연도	접근권한 관리	암호화 조치	접속기록 점검
A	2023	㉠	중	㉡
	2024	㉢	하	상
B	2023	㉣	상	하
	2024	중	㉤	㉥

<보 기>

ㄱ. ㉠과 ㉢이 다르면 A기관은 2024년에 우수기관으로도 취약기관으로도 지정되지 않는다.

ㄴ. ㉤과 ㉥이 모두 '하'라면 B기관은 2024년에 취약기관으로 지정된다.

ㄷ. 2024년에 A기관은 취약기관으로 지정되었고 B기관은 우수기관으로 지정되었다면, ㉡과 ㉣은 같지 않다.

① ㄱ
② ㄴ
③ ㄱ, ㄷ
④ ㄴ, ㄷ
⑤ ㄱ, ㄴ, ㄷ

24. 다음 갑~무의 대화에 대한 분석으로 적절하지 않은 것은?

갑: 2017년부터 우리 A시에 주민등록을 하여 거주해 오는 주민이 출산 직후인 2024년 4월 22일에 출산장려금과 산후관리비의 지원을 신청했습니다. 그런데 그 주민은 2023년 8월 30일부터 2023년 9월 8일까지 다른 지역으로 주민등록을 옮겨서 거주한 일이 있어서, 지원 대상이 될 수 없다고 통보하자 민원을 제기했습니다.

을: 안타까운 일이군요. 민원인은 요건상의 기간 중에 배우자의 직장 문제로 열흘 정도 다른 지역에 계셨을 뿐, 줄곧 우리 A시에 살고 계십니다.

갑: 「A시 산후관리비 및 출산장려금 지원에 관한 조례」(이하 'A시 조례') ㉠ 제3조의 산후관리비 지원 자격 요건은 "출산일 기준으로 12개월 전부터 신청일 현재까지 계속하여 A시에 주민등록을 둔 산모"라고 규정합니다. 어쩔 수 없습니다.

을: ㉡ 제7조의 출산장려금 지원 자격 요건은 제3조에서와 동일하게 규정되어 있는데 "계속하여"라는 문구는 없습니다. 그러니 출산장려금은 지급했어야 하는 것 아닙니까?

병: 그것도 또한 계속성을 요구한다고 해석해야 합니다. 우리와 인접한 B시의 「B시 출산장려금 지원 조례」(이하 'B시 조례') ㉢ 제2조의 출산장려금 지원 자격 요건은 A시 조례 제7조와 같은 취지와 형식의 문구로 되어 있으면서 계속성을 명시합니다. 다른 지방자치단체들의 조례도 마찬가지입니다.

정: 그러나 B시 조례를 잘 보면 출산 전 주민등록의 기간은 우리의 절반밖에 되지 않습니다. 이 점을 고려하면, 둘을 동일 선상에 놓고 보아서는 안 됩니다.

무: 판례를 고려하여 해석하는 것이 적절해 보입니다. 갱신되거나 반복된 근로계약에서는 그 사이 일부 공백 기간이 있더라도 근로관계의 계속성을 인정해야 한다는 판결이 있습니다. 근로자를 보호하는 취지인데요, 자녀를 두는 가정을 보호하려는 A시 조례의 두 지원 사업은 그와 일맥상통합니다. 계속성은 유연하게 해석합시다.

① 갑은 민원인이 ㉠을 갖추었는지 여부에 대한 판단에서 병과는 같고 무와는 다르다.
② 을은 ㉠에 관한 조항에 나오는 "계속하여"라는 문구의 의미를 갑, 병과 달리 이해한다.
③ 병은 ㉢에서처럼 주민등록의 계속성을 명시하는 것이 ㉡과 같은 경우보다 일반적이라고 이해한다.
④ 정은 조문의 해석에서 ㉢에서의 주민등록 기간이 ㉡에서와 다르다는 점을 고려할 수 있다고 본다.
⑤ 무는 ㉠과 관련하여 일시적인 단절이 있어도 계속성의 요건이 충족될 수 있다고 본다.

25. 다음 글의 <논쟁>에 대한 분석으로 적절한 것만을 <보기>에서 모두 고르면?

> K국의 「형법」 제7조(이하 '현행 조항')는 다음과 같다.
>
> > 제7조 죄를 지어 외국에서 형의 전부 또는 일부가 집행된 사람에 대해서는 선고하는 형을 감경 또는 면제할 수 있다.
>
> 최근 K국 의회에서는 현행 조항에서 "할 수 있다"의 문구를 "해야 한다"(이하 '개정 문구')로 개정하려 한다. 이에 대하여 갑과 을이 논쟁한다.
>
> <논 쟁>
>
> 쟁점 1: 갑은, 이중처벌 금지의 원칙에 따르면 외국에서 받은 형 집행은 K국에서 반드시 반영되어야 하는 것인데도 현행 조항은 법관이 그것을 아예 반영하지 않을 수 있는 재량까지 부여하기 때문에 어떻게든 개정은 해야 한다고 주장한다. 그러나 을은, 현행 조항은 이중처벌 금지의 원칙과 무관하기 때문에 개정 문구가 타당한지를 따질 것도 없이 그 원칙을 개정의 논거로 삼을 수 없다고 주장한다.
>
> 쟁점 2: 갑은, 현행 조항은 신체의 자유를 과도하게 제한하는 위헌적 조문이라서 향후 국민 기본권의 침해를 피할 수 없으므로 개정이 필요하다고 주장한다. 그러나 을은, 현재 K국 법원은 법률상의 재량을 합리적으로 행사하여 위헌의 사례 없이 사실상 개정 문구대로 운영하므로 현행 조항을 유지해도 된다고 맞선다.

<보 기>

ㄱ. 쟁점 1과 관련하여, 을은 이중처벌 금지가 하나의 범죄 행위에 대해 동일한 국가가 형벌권을 거듭 행사해서는 안 된다는 의미라고 해석하는 것이라면, 갑과 을 사이의 주장 불일치를 설명할 수 있다.

ㄴ. 쟁점 2와 관련하여, 갑은 현행 조항으로 말미암아 헌법상 신체의 자유가 침해될 것이라고 전망하지만, 을은 그러한 전망에 동의하지 않는다.

ㄷ. '외국에서 형의 집행을 받은 피고인에게 K국 법원이 형을 선고할 때에는 이미 집행된 형량을 공제해야 한다.'는 내용으로 K국 의회가 현행 조항을 개정한다면, 갑과 을은 개정에 반대할 것이다.

① ㄱ
② ㄷ
③ ㄱ, ㄴ
④ ㄴ, ㄷ
⑤ ㄱ, ㄴ, ㄷ

약점 보완 해설집 p.30

상황판단영역

1. 다음 글을 근거로 판단할 때 옳은 것은?

제00조 ① A부장관은 클라우드컴퓨팅(cloud computing)에 관한 정책의 효과적인 수립·시행에 필요한 산업 현황과 통계를 확보하기 위한 실태조사(이하 '실태조사'라 한다)를 할 수 있다.
② A부장관은 실태조사를 위하여 필요한 경우에는 클라우드컴퓨팅서비스 제공자나 그 밖의 관련 기관 또는 단체에 자료의 제출이나 의견의 진술 등을 요청할 수 있다.
③ A부장관은 클라우드컴퓨팅의 발전과 이용 촉진 및 이용자 보호와 관련된 중앙행정기관(이하 '관계 중앙행정기관'이라 한다)의 장이 요구하는 경우 실태조사 결과를 통보하여야 한다.
④ A부장관은 실태조사를 할 때에는 다음 각 호의 사항을 내용에 포함하여야 한다.
1. 클라우드컴퓨팅 관련 기업 현황 및 시장 규모
2. 클라우드컴퓨팅기술 및 클라우드컴퓨팅서비스의 이용·보급 현황
3. 클라우드컴퓨팅 산업의 인력 현황 및 인력 수요 전망
4. 클라우드컴퓨팅 관련 연구개발 및 투자 규모

⑤ 실태조사는 현장조사, 서면조사, 통계조사 및 문헌조사 등의 방법으로 실시하되, 효율적인 실태조사를 위하여 필요한 경우에는 정보통신망 및 전자우편 등의 전자적 방식으로 실시할 수 있다.
제00조 ① 관계 중앙행정기관의 장은 클라우드컴퓨팅기술 및 클라우드컴퓨팅서비스에 관한 연구개발사업을 추진할 수 있다.
② 관계 중앙행정기관의 장은 기업·연구기관 등에 제1항에 따른 연구개발사업을 수행하게 하고 그 사업 수행에 드는 비용의 전부 또는 일부를 지원할 수 있다.
제00조 국가와 지방자치단체는 클라우드컴퓨팅기술 및 클라우드컴퓨팅서비스의 발전과 이용 촉진을 위하여 조세감면을 할 수 있다.

① 실태조사는 전자적 방식으로 실시하는 것을 원칙으로 하되, 필요한 경우 현장조사, 서면조사 등의 방법으로 실시할 수 있다.
② 클라우드컴퓨팅기술 및 클라우드컴퓨팅서비스의 발전과 이용 촉진을 위하여 지방자치단체가 조세감면을 할 수는 없다.
③ A부장관은 실태조사의 내용에 클라우드컴퓨팅 산업의 인력 현황을 포함해야 하지만, 인력 수요에 대한 전망을 포함시킬 필요는 없다.
④ A부장관은 관계 중앙행정기관의 장에게 실태조사 결과를 요구할 수 있고, 이 경우 관계 중앙행정기관의 장은 그 결과를 A부장관에게 통보하여야 한다.
⑤ 관계 중앙행정기관의 장이 연구기관에 클라우드컴퓨팅기술 및 클라우드컴퓨팅서비스에 관한 연구개발사업을 수행하게 한 경우, 그 사업 수행에 드는 비용을 지원할 수 있다.

2. 다음 글을 근거로 판단할 때 옳은 것은?

제00조 이 법에서 사용하는 용어의 뜻은 다음과 같다.
1. "산림병해충"이란 산림에 있는 식물과 산림이 아닌 지역에 있는 수목에 해를 끼치는 병과 해충을 말한다.
2. "예찰"이란 산림병해충이 발생할 우려가 있거나 발생한 지역에 대하여 발생 여부, 발생 정도, 피해 상황 등을 조사하거나 진단하는 것을 말한다.
3. "방제"란 산림병해충이 발생하지 아니하도록 예방하거나, 이미 발생한 산림병해충을 약화시키거나 제거하는 모든 활동을 말한다.

제00조 ① 산림소유자는 산림병해충이 발생할 우려가 있거나 발생하였을 때에는 예찰·방제에 필요한 조치를 하여야 한다.
② 산림청장, 시·도지사, 시장·군수·구청장 또는 지방산림청장은 산림병해충이 발생할 우려가 있거나 발생하였을 때에는 예찰·방제에 필요한 조치를 할 수 있다.
③ 시·도지사, 시장·군수·구청장 또는 지방산림청장(이하 '시·도지사 등'이라 한다)은 산림병해충이 발생할 우려가 있거나 발생하였을 때에는 산림소유자, 산림관리자, 산림사업 종사자, 수목의 소유자 또는 판매자 등에게 다음 각 호의 조치를 하도록 명할 수 있다. 이 경우 명령을 받은 자는 특별한 사유가 없으면 명령에 따라야 한다.
1. 산림병해충이 있는 수목이나 가지 또는 뿌리 등의 제거
2. 산림병해충이 발생할 우려가 있거나 발생한 산림용 종묘, 베어낸 나무, 조경용 수목 등의 이동 제한이나 사용 금지
3. 산림병해충이 발생할 우려가 있거나 발생한 종묘·토양의 소독

④ 시·도지사 등은 제3항 제2호에 따라 산림용 종묘, 베어낸 나무, 조경용 수목 등의 이동 제한이나 사용 금지를 명한 경우에는 그 내용을 해당 기관의 게시판 및 인터넷 홈페이지 등에 10일 이상 공고하여야 한다.
⑤ 시·도지사 등은 제3항 각 호의 조치이행에 따라 발생한 농약대금, 인건비 등의 방제비용을 예산의 범위에서 지원할 수 있다.

① 산림병해충이 발생하지 않도록 예방하는 활동은 방제에 해당하지 않는다.
② 산림병해충이 발생할 우려가 있는 경우, 수목의 판매자는 예찰에 필요한 조치를 하여야 한다.
③ 산림병해충 발생으로 인한 조치 명령을 이행함에 따라 발생한 인건비는 시·도지사 등의 지원 대상이 아니다.
④ 산림병해충이 발생한 종묘에 대해 관할 구청장이 소독을 명한 경우, 그 내용을 구청 게시판 및 인터넷 홈페이지에 10일 이상 공고하여야 한다.
⑤ 산림병해충이 발생하여 관할 지방산림청장이 해당 수목의 소유자에게 수목 제거를 명령하였더라도, 특별한 사유가 있으면 그 명령에 따르지 않을 수 있다.

3. 다음 글을 근거로 판단할 때 옳은 것은?

> 제00조 ① 게임물의 윤리성 및 공공성을 확보하고 사행심 유발 또는 조장을 방지하며 청소년을 보호하고 불법 게임물의 유통을 방지하기 위하여 ○○관리위원회(이하 '위원회'라 한다)를 둔다.
> ② 위원회는 위원장 1명을 포함한 9명 이내의 위원으로 구성하되, 위원장은 상임으로 한다.
> ③ 위원회의 위원은 문화예술·문화산업·청소년·법률·교육·정보통신·역사 분야에 종사하는 사람으로서 게임산업·아동 또는 청소년에 대한 전문성과 경험이 있는 사람 중에서 관련 단체의 장이 추천하는 사람을 A부장관이 위촉하며, 위원장은 위원 중에서 호선한다.
> ④ 위원장 및 위원의 임기는 3년으로 한다.
> 제00조 ① 위원회는 법인으로 한다.
> ② 위원회는 A부장관의 인가를 받아 주된 사무소의 소재지에서 설립등기를 함으로써 성립한다.
> 제00조 ① 위원회의 업무 및 회계에 관한 사항을 감사하기 위하여 위원회에 감사 1인을 둔다.
> ② 감사는 A부장관이 임명하며, 상임으로 한다.
> ③ 감사의 임기는 3년으로 한다.

① 감사와 위원의 임기는 다르다.
② 위원장과 감사는 상임으로 한다.
③ 위원장은 A부장관이 위원 중에서 지명한다.
④ 위원회는 감사를 포함하여 9명으로 구성하여야 한다.
⑤ 위원회는 A부장관의 인가 여부와 관계없이 주된 사무소의 소재지에서 설립등기를 함으로써 성립할 수 있다.

4. 다음 글과 <상황>을 근거로 판단할 때, 제사주재자를 옳게 짝지은 것은?

> 사망한 사람의 제사를 주재하는 사람(이하 '제사주재자'라 한다)은 사망한 사람의 공동상속인들 간 협의에 의해 정하는 것이 원칙이다. 다만 공동상속인들 사이에 협의가 이루어지지 않을 때, 누구를 제사주재자로 결정할 것인지 문제가 된다.
> 종전 대법원 판례는, 제사주재자의 지위를 유지할 수 없는 특별한 사정이 없는 한 사망한 사람의 직계비속으로서 장남(장남이 이미 사망한 경우에는 장손자)이 제사주재자가 되고, 공동상속인들 중 아들이 없는 경우에는 장녀가 제사주재자가 된다고 하였다. 이 판례에 대해, 사망한 사람에게 아들, 손자가 있다는 이유만으로 여성 상속인이 자신의 의사와 무관하게 제사주재자가 되지 못한다는 점에서 양성평등의 원칙에 어긋난다는 비판이 있었다.
> 이를 반영해서 최근 대법원은 연령을 기준으로 하여 제사주재자가 결정되는 것으로 판례를 변경하였다. 즉, 공동상속인들 사이에 협의가 이루어지지 않으면, 제사주재자의 지위를 유지할 수 없는 특별한 사정이 없는 한 사망한 사람의 직계비속 가운데 남녀를 불문하고 최근친(最近親) 중 연장자가 제사주재자가 된다고 하였다.

<상 황>

> 甲과 乙은 혼인하여 자녀 A(딸), B(아들), C(아들)를 두었다. B는 혼인하여 자녀 D(아들)가 있고, A와 C는 자녀가 없다. B는 2023. 5. 1. 43세로 사망하였고, 甲은 2024. 5. 1. 사망하였다. 2024. 6. 1. 현재 甲의 공동상속인인 乙(73세), A(50세), C(40세), D(20세)는 각자 자신이 甲의 제사주재자가 되겠다고 다투고 있다. 이들에게는 제사주재자의 지위를 유지할 수 없는 특별한 사정이 없다.

	종전 대법원 판례	최근 대법원 판례
①	A	C
②	C	A
③	C	乙
④	D	A
⑤	D	乙

5. 다음 글을 근거로 판단할 때 옳은 것은?

> 자기조절력은 스스로 목표를 설정하고 그 목표를 달성하기 위해 집념과 끈기를 발휘하는 능력을 말한다. 또한 자기조절력은 자기 자신의 감정을 잘 조절하는 능력이기도 하며, 내가 나를 존중하는 능력이기도 하다. 자기조절을 하기 위해서는 도달하고 싶으나 아직 구현되지 않은 나의 미래 상태를 현재 나의 상태와 구별해 낼 수 있어야 한다. 자기조절력의 하위 요소로는 자기절제와 목표달성 등이 있다. 이러한 하위 요소들은 신경망과도 관련이 있는 것으로 알려져 있다.
>
> 우선 자기절제는 충동을 통제하고, 일상적이고도 전형적인 혹은 자동적인 행동을 분명한 의도를 바탕으로 억제하는 것이다. 이처럼 특정한 의도를 갖고 자신의 행동이나 생각을 의식적으로 억제하거나 마음먹은 대로 조절하는 능력은 복외측전전두피질과 내측전전두피질을 중심으로 한 신경망과 관련이 깊다.
>
> 한편 목표달성을 위해서는 두 가지 능력이 필요하다. 첫 번째는 자기 자신에 집중할 수 있는 능력이다. 나 자신에 집중하기 위해서는 끊임없이 자신을 되돌아보며 현재 나의 상태를 알아차리는 자기참조과정이 필요하다. 자기참조과정에 주로 관여하는 것은 내측전전두피질을 중심으로 후방대상피질과 설전부를 연결하는 신경망이다. 두 번째는 자신이 도달하고자 하는 대상에 집중할 수 있는 능력이다. 특정 대상에 주의를 집중하는 데 필요한 뇌 부위는 배외측전전두피질로 알려져 있다. 배외측전전두피질은 주로 내측전전두피질과 연결되어 작동한다. 내측전전두피질과 배외측전전두피질 간의 기능적 연결성이 강할수록 목표를 위해 에너지를 집중하고 지속적인 노력을 쏟아 부을 수 있는 능력이 높아진다.

① 자기조절을 위해서는 현재 나의 상태와 아직 구현되지 않은 나의 미래 상태를 구분할 수 있어야 한다.
② 내측전전두피질과 배외측전전두피질 간의 기능적 연결성이 약할수록 목표를 위한 집중력이 높아진다.
③ 목표달성을 위해서는 일상적이고 전형적인 행동을 강화하는 능력이 필요하다.
④ 자신이 도달하고자 하는 대상에 집중하는 과정을 자기참조과정이라 한다.
⑤ 자기조절력은 자기절제의 하위 요소이다.

6. 다음 글을 근거로 판단할 때, 보이지 않는 숫자를 모두 합한 값은?

> 甲~丁은 매일 최대한 많이 걷기로 하고 특정 시간에 만나서 각자의 걸음 수와 그 합을 기록하였다. 그 기록한 걸음 수의 합은 199,998걸음이었다. 그런데 수명이 다 된 펜으로 각자의 걸음 수를 쓴 탓이었는지 다음날에 보니 아래와 같이 다섯 개의 숫자(□)가 보이지 않았다.

甲:	□	5	7	0	1
乙:	8	4	□	9	8
丙:	8	3	□	□	4
丁:	□	6	7	1	5

① 13
② 14
③ 15
④ 16
⑤ 17

7. 다음 글을 근거로 판단할 때, <보기>에서 옳은 것만을 모두 고르면?

甲은 아래 3가지 색의 공을 <조건>에 따라 3개의 상자에 나누어 모두 담으려고 한다.

색	무게(g)	개수
빨강	30	3
노랑	40	2
파랑	50	2

<조 건>

○ 각 상자에는 100g을 초과해 담을 수 없다.
○ 각 상자에는 적어도 2가지 색의 공을 담아야 한다.

<보 기>

ㄱ. 빨간색 공은 모두 서로 다른 상자에 담기게 된다.
ㄴ. 각 상자에 담긴 공 무게의 합은 서로 다르다.
ㄷ. 빨간색 공이 담긴 상자에는 파란색 공이 담기지 않는다.
ㄹ. 3개의 상자 중에서 공 무게의 합이 가장 작은 상자에는 파란색 공이 담기게 된다.

① ㄱ, ㄴ
② ㄱ, ㄷ
③ ㄴ, ㄷ
④ ㄴ, ㄹ
⑤ ㄷ, ㄹ

8. 다음 글을 근거로 판단할 때, A사가 투자할 작품만을 모두 고르면?

○ A사는 투자할 작품을 결정하려고 한다. 작품별 기본점수 등 현황은 다음과 같다.

현황 / 작품	기본 점수 (점)	스태프 인원 (명)	장르	감독의 최근 2개 작품 흥행 여부 (개봉연도)	
성묘	70	55	판타지	성공 (2009)	실패 (2015)
서울의 겨울	85	45	액션	실패 (2018)	실패 (2020)
만날 결심	75	50	추리	실패 (2020)	성공 (2022)
빅 포레스트	65	65	멜로	성공 (2011)	성공 (2018)

○ 최종점수는 작품별 기본점수에 아래 기준에 따른 점수를 가감해 산출한다.

기준	가감 점수
스태프 인원이 50명 미만	감점 10점
장르가 판타지	가점 10점
감독의 최근 2개 작품이 모두 흥행 성공	가점 10점
감독의 직전 작품이 흥행 실패	감점 10점

○ 최종점수가 75점 이상인 작품에 투자한다.

① 성묘, 만날 결심
② 성묘, 빅 포레스트
③ 서울의 겨울, 만날 결심
④ 만날 결심, 빅 포레스트
⑤ 서울의 겨울, 빅 포레스트

[9～10] 다음 글을 읽고 물음에 답하시오.

암호 기술은 일반적인 문장(평문)을 해독 불가능한 암호문으로 변환하거나, 암호문을 해독 가능한 평문으로 변환하기 위한 원리, 수단, 방법 등을 취급하는 기술을 말한다. 이 암호 기술은 암호화와 복호화로 구성된다. 암호화는 평문을 암호문으로 변환하는 것이며, 빈대로 암호문에서 평문으로 변환하는 것은 복호화라 한다.

암호 기술에서 사용되는 알고리즘, 즉 암호 알고리즘은 대상 메시지를 재구성하는 방법이다. 암호 알고리즘에는 메시지의 각 원소를 다른 원소에 대응시키는 '대체'와 메시지의 원소들을 재배열하는 '치환'이 있다. 예를 들어 대체는 각 문자를 다른 문자나 기호로 일대일로 대응시키는 것이고, 치환은 단어, 어절 등의 순서를 바꾸는 것이다.

암호 알고리즘에서는 보안을 강화하기 위해 키(key)를 사용하기도 한다. 키는 암호가 작동하는 데 필요한 값이다. 송신자와 수신자가 같은 키를 사용하면 대칭키 방식이라 하고, 다른 키를 사용하면 비대칭키 방식이라 한다. 대칭키 방식은 동일한 키로 상자를 열고 닫는 것이고, 비대칭키 방식은 서로 다른 키로 상자를 열고 닫는 것이다. 비대칭키 방식의 경우에는 수신자가 송신자의 키를 몰라도 자신의 키만 알면 복호화가 가능하다. 그리고 비대칭키 방식은 서로 다른 키를 사용하기 때문에, 키의 유출 염려가 덜해 조금 더 보안성이 높다고 알려져 있다.

한편 암호 알고리즘에 사용하기 위해 만들 수 있는 키의 수는 키를 구성하는 비트(bit)의 수에 따른다. 비트는 0과 1을 표현할 수 있는 가장 작은 단위인데, 예를 들어 8비트로 만들 수 있는 키의 수는 2^8, 즉 256개이다. 키를 구성하는 비트의 수가 많으면 많을수록 모든 키를 체크하는 데 시간이 오래 걸려 보안성이 높아진다. 256개 정도의 키는 컴퓨터로 짧은 시간에 모두 체크할 수 있으나, 100비트로 구성된 키가 사용되었다면 체크해야 할 키의 수가 2^{100}개에 달해 초당 100만 개의 키를 체크할 수 있는 컴퓨터를 사용하더라도 상당히 많은 시간이 걸릴 것이다.

56비트로 구성된 키를 사용하여 만든 암호 알고리즘에는 DES(Data Encryption Standard)가 있다. 그런데 오늘날 컴퓨팅 기술의 발전으로 인해 DES는 더 이상 안전하지 않아, DES보다는 DES를 세 번 적용한 삼중 DES(triple DES)나 그 뒤를 이은 AES(Advanced Encryption Standard)를 사용하고 있다.

9. 윗글을 근거로 판단할 때, <보기>에서 옳은 것만을 모두 고르면?

<보 기>

ㄱ. 복호화를 통하여 암호문을 평문으로 변환할 수 있다.
ㄴ. 비대칭키 방식의 경우, 수신자는 송신자의 키를 알아야 암호를 해독할 수 있다.
ㄷ. 대체는 단어, 어절 등의 순서를 바꾸는 것이다.
ㄹ. 삼중 DES 알고리즘은 DES 알고리즘보다 안전성이 높다.

① ㄱ, ㄴ
② ㄱ, ㄹ
③ ㄴ, ㄷ
④ ㄴ, ㄹ
⑤ ㄷ, ㄹ

10. 윗글과 <상황>을 근거로 판단할 때, (가)에 해당하는 수는?

<상 황>

2^{56}개의 키를 1초에 모두 체크할 수 있는 컴퓨터의 가격이 1,000,000원이다. 컴퓨터의 체크 속도가 2배가 될 때마다 컴퓨터는 10만 원씩 비싸진다. 60비트로 만들 수 있는 키를 1초에 모두 체크할 수 있는 컴퓨터의 최소 가격은 (가) 원이다.

① 1,100,000
② 1,200,000
③ 1,400,000
④ 1,600,000
⑤ 2,000,000

11. 다음 글을 근거로 판단할 때 옳은 것은?

제00조 ① A부장관은 김치산업의 활성화를 위한 제조기술 및 김치와 어울리는 식문화 보급을 위하여 필요한 전문인력을 양성할 수 있다.
② A부장관은 제1항에 따른 전문인력 양성을 위하여 대학·연구소 등 적절한 시설과 인력을 갖춘 기관·단체를 전문인력 양성기관으로 지정·관리할 수 있다.
③ A부장관은 제2항에 따라 지정된 전문인력 양성기관에 대하여 예산의 범위에서 그 양성에 필요한 경비를 지원할 수 있다.
④ A부장관은 김치산업 전문인력 양성기관이 다음 각 호의 어느 하나에 해당하는 경우에는 지정을 취소하거나 6개월 이내의 범위에서 기간을 정하여 업무의 전부 또는 일부를 정지할 수 있다. 다만, 제1호에 해당하는 경우에는 지정을 취소하여야 한다.
1. 거짓이나 그 밖의 부정한 방법으로 지정을 받은 경우
2. 지정받은 사항을 위반하여 업무를 행한 경우
3. 지정기준에 적합하지 아니하게 된 경우

제00조 ① 국가는 김치종주국의 위상제고, 김치의 연구·전시·체험 등을 위하여 세계 김치연구소를 설립하여야 한다.
② 국가와 지방자치단체는 세계 김치연구소의 효율적인 운영·관리를 위하여 필요한 경비를 예산의 범위에서 지원할 수 있다.

제00조 ① 국가와 지방자치단체는 김치산업의 육성, 김치의 수출 경쟁력 제고 및 해외시장 진출 활성화를 위하여 김치의 대표상품을 홍보하거나 해외시장을 개척하는 개인 또는 단체에 대하여 필요한 지원을 할 수 있다.
② A부장관은 김치의 품질향상과 국가 간 교역을 촉진하기 위하여 김치의 국제규격화를 추진하여야 한다.

① 김치산업 전문인력 양성기관으로 지정된 기관이 부정한 방법으로 지정을 받은 경우, A부장관은 그 지정을 취소하여야 한다.
② A부장관은 김치의 품질향상과 국가 간 교역을 촉진하기 위하여 김치의 국제규격화는 지양하여야 한다.
③ A부장관은 적절한 시설을 갖추지 못한 대학이라도 전문인력 양성을 위하여 해당 대학을 김치산업 전문인력 양성기관으로 지정할 수 있다.
④ 국가와 지방자치단체는 김치종주국의 위상제고를 위해 세계 김치연구소를 설립하여야 한다.
⑤ 지방자치단체가 김치의 해외시장 개척을 지원함에 있어서 개인은 그 지원대상이 아니다.

12. 다음 글을 근거로 판단할 때, 인쇄에 필요한 A4용지의 장수는?

甲주무관은 <인쇄 규칙>에 따라 문서 A~D를 각 1부씩 인쇄하였다.

<인쇄 규칙>

○ 문서는 A4용지에 인쇄한다.
○ A4용지 한 면에 2쪽씩 인쇄한다. 단, 중요도가 상에 해당하는 보도자료는 A4용지 한 면에 1쪽씩 인쇄한다.
○ 단면 인쇄를 기본으로 한다. 단, 중요도가 하에 해당하는 문서는 양면 인쇄한다.
○ 한 장의 A4용지에는 한 종류의 문서만 인쇄한다.

종류	유형	쪽수	중요도
A	보도자료	2	상
B	보도자료	34	중
C	보도자료	5	하
D	설명자료	3	상

① 11장
② 12장
③ 22장
④ 23장
⑤ 24장

13. 다음 글을 근거로 판단할 때 옳은 것은?

> 이름 뒤에 성이 오는 보통의 서양식 작명법과 달리, A국에서는 별도의 성을 사용하지 않고 이름 뒤에 '부칭(父稱)'이 오도록 작명을 한다. 부칭은 이름을 붙이는 대상자의 아버지 이름에 접미사를 붙여서 만든다. 아들의 경우 그 아버지의 이름 뒤에 s와 손(son)을 붙이고, 딸의 경우 s와 도티르(dottir)를 붙여 '~의 아들' 또는 '~의 딸'이라는 의미를 가지는 부칭을 만든다. 예를 들어, 욘 스테파운손(Jon Stefansson)의 아들 피얄라르(Fjalar)는 '피얄라르 욘손(Fjalar Jonsson)', 딸인 카트린(Katrin)은 '카트린 욘스도티르(Katrin Jonsdottir)'가 되는 식이다.
>
> 같은 사회적 집단에 속해 있는 사람끼리 이름과 부칭이 같으면 할아버지의 이름까지 써서 작명하기도 한다. 예를 들어, 욘 토르손이라는 사람이 한 집단에 두 명 있는 경우에는 욘 토르손 아이나르소나르(Jon Thorsson Einarssonar)와 욘 토르손 스테파운소나르(Jon Thorsson Stefanssonar)와 같이 구분한다. 전자의 경우 '아이나르의 아들인 토르의 아들인 욘'을, 후자의 경우 '스테파운의 아들인 토르의 아들인 욘'을 의미한다.
>
> 한편 공식적인 자리에서 A국 사람들은 이름을 부르거나 이름과 부칭을 함께 부르며, 부칭만으로 서로를 부르지는 않는다. 또한 A국에서는 부칭이 아닌 이름의 영어 알파벳 순서로 정렬하여 전화번호부를 발행한다.

① 피얄라르 토르손 아이나르소나르(Fjalar Thorsson Einarssonar)로 불리는 사람의 할아버지의 부칭을 알 수 있다.
② 피얄라르 욘손(Fjalar Jonsson)은 공식적인 자리에서 욘손으로 불린다.
③ A국의 전화번호부에는 피얄라르 욘손(Fjalar Jonsson)의 아버지의 이름이 토르 아이나르손(Thor Einarsson)보다 먼저 나올 것이다.
④ 스테파운(Stefan)의 아들 욘(Jon)의 부칭과 손자 피얄라르(Fjalar)의 부칭은 같을 것이다.
⑤ 욘 스테파운손(Jon Stefansson)의 아들과 욘 토르손(Jon Thorsson)의 딸은 동일한 부칭을 사용할 것이다.

14. 다음 글과 <상황>을 근거로 판단할 때, <보기>에서 옳은 것만을 모두 고르면?

> 甲국은 국내 순위 1~10위 선수 10명 중 4명을 국가대표로 선발하고자 한다. 국가대표는 국내 순위가 높은 선수가 우선 선발되나, A, B, C팀 소속 선수가 최소한 1명씩은 포함되어야 한다.

<상 황>

○ 국내 순위 1~10위 중 공동 순위는 없다.
○ 선수 10명 중 4명은 A팀, 3명은 B팀, 3명은 C팀 소속이다.
○ C팀 선수 중 국내 순위가 가장 낮은 선수가 A팀 선수 중 국내 순위가 가장 높은 선수보다 국내 순위가 높다.
○ B팀 소속 선수 3명의 국내 순위는 각각 2위, 5위, 8위이다.

<보 기>

ㄱ. 국내 순위 1위 선수의 소속팀은 C팀이다.
ㄴ. A팀 소속 선수 중 국내 순위가 가장 낮은 선수는 9위이다.
ㄷ. 국가대표 중 국내 순위가 가장 낮은 선수는 7위이다.
ㄹ. 국내 순위 3위 선수와 4위 선수는 같은 팀이다.

① ㄱ, ㄴ
② ㄱ, ㄷ
③ ㄱ, ㄹ
④ ㄴ, ㄷ
⑤ ㄴ, ㄹ

15. 다음 글을 근거로 판단할 때, Q를 100리터 생산하는 데 드는 최소 비용은?

○ 화학약품 Q를 생산하려면 A와 B를 2:1의 비율로 혼합해야 한다. 이 혼합물을 가공하면 B와 같은 부피의 Q가 생산된다. 예를 들어, A 2리터와 B 1리터를 혼합하여 가공하면 Q 1리터가 생산된다.
○ A는 원료 X와 Y를 1:2의 비율로 혼합하여 만든다. 이 혼합물을 가공하면 X와 같은 부피의 A가 생산된다. 예를 들어, X 1리터와 Y 2리터를 혼합하여 가공하면 A 1리터가 생산된다.
○ B는 원료 Z와 W를 혼합하여 만들거나, Z나 W만 사용하여 만든다. Z와 W를 혼합하여 가공하면 혼합비율에 관계없이 원료 절반 부피의 B가 생산된다. 예를 들어, Z와 W를 1리터씩 혼합하여 가공하면 B 1리터가 생산된다. 두 재료를 혼합하지 않고 Z나 W만 사용하여 가공하는 경우에도 마찬가지로 원료 절반 부피의 B가 생산된다.
○ 각 원료의 리터당 가격은 다음과 같다. 원료비 이외의 비용은 발생하지 않는다.

원료	X	Y	Z	W
가격(만 원/리터)	1	2	4	3

① 1,200만 원
② 1,300만 원
③ 1,400만 원
④ 1,500만 원
⑤ 1,600만 원

16. 다음 글과 <상황>을 근거로 판단할 때, <보기>에서 옳은 것만을 모두 고르면?

두 선수가 맞붙어 승부를 내는 스포츠 경기가 있다. 이 경기는 개별 게임으로 이루어져 있으며, 한 게임의 승부가 결정되면 그 게임의 승자는 1점을 얻고 패자는 점수를 얻지 못한다. 무승부는 없다. 개별 게임을 반복적으로 진행하여 한 선수의 점수가 다른 선수보다 2점 많아지면 그 선수가 경기의 승자가 되고 경기가 종료된다.

<상 황>

두 선수 甲과 乙이 맞붙어 이 경기를 치른 결과, n번째 게임을 끝으로 甲이 경기의 승자가 되고 경기가 종료되었다. 단, n > 3이다.

<보 기>

ㄱ. n이 홀수인 경우가 있다.
ㄴ. (n - 1)번째 게임에서 乙이 이겼을 수도 있다.
ㄷ. (n - 2)번째 게임 종료 후 두 선수의 점수는 같았다.
ㄹ. (n - 3)번째 게임에서 乙이 이겼을 수도 있다.

① ㄱ
② ㄷ
③ ㄱ, ㄴ
④ ㄴ, ㄹ
⑤ ㄷ, ㄹ

17. 다음 글과 <상황>을 근거로 판단할 때, 甲이 치른 3경기의 순위를 모두 합한 수는?

10명의 선수가 참여하는 경기가 있다. 현재까지 3경기가 치러졌다. 참여한 선수에게는 매 경기의 순위에 따라 다음과 같이 점수를 부여한다.

순위	점수	순위	점수
1	100	6	8
2	50	7	6
3	30	8	4
4	20	9	2
5	10	10	1

만약 어떤 순위에 공동 순위가 나온다면, 그 순위를 포함하여 공동 순위자의 수만큼 이어진 순위 각각에 따른 점수의 합을 공동 순위자에게 동일하게 나누어 부여한다. 예를 들어 공동 3위가 3명이면, 공동 3위 각각에게 부여되는 점수는 (30+20+10)÷3으로 20이다. 이 경우 그다음 순위는 6위가 된다.

<상 황>

○ 甲은 3경기에서 총 157점을 획득하였으며, 공동 순위는 한 번 기록하였다.
○ 치러진 3경기에서 공동 순위가 4명 이상인 경우는 없었다.

① 8
② 9
③ 10
④ 11
⑤ 12

18. 다음 글을 근거로 판단할 때 옳지 않은 것은?

인터넷 장애로 인해 甲~丁은 '메일', '공지', '결재', '문의' 중 접속할 수 없는 메뉴가 각자 1개 이상 있다. 다음은 이에 관한 甲~丁의 대화이다.

甲: 나는 결재를 포함한 2개 메뉴에만 접속할 수 없고, 乙, 丙, 丁은 모두 이 2개 메뉴에 접속할 수 있어.
乙: 丙이나 丁이 접속하지 못하는 메뉴는 나도 전부 접속할 수 없어.
丙: 나는 문의에 접속해서 이번 오류에 대해 질문했어.
丁: 나는 공지에 접속할 수 없고, 丙은 공지에 접속할 수 있어.

① 甲은 공지에 접속할 수 없다.
② 乙은 메일에 접속할 수 없다.
③ 乙은 2개의 메뉴에 접속할 수 있다.
④ 丁은 문의에 접속할 수 있다.
⑤ 甲과 丙이 공통으로 접속할 수 있는 메뉴가 있다.

19. 다음 글을 근거로 판단할 때, 1층 바닥면에서 2층 바닥면까지의 높이는?

> 1층 바닥면과 2층 바닥면이 계단으로 연결된 건물이 있다. A가 1층 바닥면에 서 있고, B가 2층 바닥면에 서 있을 때, A의 머리 끝과 B의 머리 끝의 높이 차이는 240cm이다. A와 B가 위치를 서로 바꾸는 경우, A와 B의 머리 끝의 높이 차이는 220cm이다. A와 B의 키는 1층 바닥면에서 2층 바닥면까지의 높이보다 크지 않다.

① 210cm
② 220cm
③ 230cm
④ 240cm
⑤ 250cm

20. 다음 글을 근거로 판단할 때, 가장 많은 액수를 지급받을 예술단체의 배정액은?

> □□부는 2024년도 예술단체 지원사업 예산 4억 원을 배정하려 한다. 지원 대상이 되는 예술단체의 선정 및 배정액 산정·지급 방법은 다음과 같다.
>
> ○ 2023년도 기준 인원이 30명 미만이거나 운영비가 1억 원 미만인 예술단체를 선정한다.
> ○ 사업분야가 공연인 단체의 배정액은 '(운영비×0.2)+(사업비×0.5)'로 산정한다.
> ○ 사업분야가 교육인 단체의 배정액은 '(운영비×0.5)+(사업비×0.2)'로 산정한다.
> ○ 인원이 많은 단체부터 순차적으로 지급한다. 다만 예산 부족으로 산정된 금액 전부를 지급할 수 없는 단체에는 예산 잔액을 배정액으로 한다.
> ○ 2023년도 기준 예술단체(A~D) 현황은 다음과 같다.

단체	인원(명)	사업분야	운영비(억 원)	사업비(억 원)
A	30	공연	1.8	5.5
B	28	교육	2.0	4.0
C	27	공연	3.0	3.0
D	33	교육	0.8	5.0

① 8,000만 원
② 1억 1,000만 원
③ 1억 4,000만 원
④ 1억 8,000만 원
⑤ 2억 1,000만 원

21. 다음 글과 <대화>를 근거로 판단할 때, 직무교육을 이수하지 못한 사람만을 모두 고르면?

> 甲~丁은 월요일부터 금요일까지 5일 동안 실시되는 직무교육을 받게 되었다. 교육장소에는 2×2로 배열된 책상이 있었으며, 앞줄에 2명, 뒷줄에 2명을 각각 나란히 앉게 하였다. 교육기간 동안 자리 이동은 없었다. 교육 첫째 날과 마지막 날은 4명 모두 교육을 받았다. 직무교육을 이수하기 위해서는 4일 이상 교육을 받아야 한다.

<대 화>

> 甲: 교육 둘째 날에 내 바로 앞사람만 결석했어.
> 乙: 교육 둘째 날에 나는 출석했어.
> 丙: 교육 셋째 날에 내 바로 뒷사람만 결석했어.
> 丁: 교육 넷째 날에 내 바로 앞사람과 나만 교육을 받았어.

① 乙
② 丙
③ 甲, 丙
④ 甲, 丁
⑤ 乙, 丁

22. 다음 글을 근거로 판단할 때, (가)에 해당하는 수는?

> A공원의 다람쥐 열 마리는 각자 서로 다른 개수의 도토리를 모았는데, 한 다람쥐가 모은 도토리는 최소 1개부터 최대 10개까지였다. 열 마리 다람쥐는 두 마리씩 쌍을 이루어 그날 모은 도토리 일부를 함께 먹었다. 도토리를 모으고 먹는 이런 모습은 매일 동일하게 반복됐다. 이때 도토리를 먹는 방법은 정해져 있었다. 한 쌍의 다람쥐는 각자가 그날 모은 도토리 개수를 비교해서 그 차이 값에 해당하는 개수의 도토리를 함께 먹는다. 예를 들면, 1개의 도토리를 모은 다람쥐와 9개의 도토리를 모은 다람쥐가 쌍을 이루면 이 두 마리는 8개의 도토리를 함께 먹는다.
>
> 열 마리의 다람쥐를 이틀 동안 관찰한 결과, '첫째 날 각 쌍이 먹은 도토리 개수'는 모두 동일했고, '둘째 날 각 쌍이 먹은 도토리 개수'도 모두 동일했다. 하지만 '첫째 날 각 쌍이 먹은 도토리 개수'와 '둘째 날 각 쌍이 먹은 도토리 개수'는 서로 달랐고, 그 차이는 (가) 개였다.

① 1
② 2
③ 3
④ 4
⑤ 5

23. 다음 글을 근거로 판단할 때, 처음으로 물탱크가 가득 차는 날은?

> 신축 A아파트에는 용량이 10,000리터인 빈 물탱크가 있다. 관리사무소는 입주민의 입주 시작일인 3월 1일 00:00부터 이 물탱크에 물을 채우려고 한다. 관리사무소는 매일 00:00부터 00:10까지 물탱크에 물을 900리터씩 채운다. 전체 입주민의 1일 물 사용량은 3월 1일부터 3월 5일까지 300리터, 3월 6일부터 3월 10일까지 500리터, 3월 11일부터는 계속 700리터이다. 3월 15일에는 아파트 외벽 청소를 위해 청소업체가 물탱크의 물 1,000리터를 추가로 사용한다. 물을 채우는 시간이라도 물탱크가 가득 차면 물 채우기를 중지하고, 물을 채우는 시간에는 물을 사용할 수 없다.

① 4월 4일
② 4월 6일
③ 4월 7일
④ 4월 9일
⑤ 4월 10일

24. 다음 글을 근거로 판단할 때, <보기>에서 옳은 것만을 모두 고르면?

> 甲~丁은 6문제로 구성된 직무능력시험 문제를 풀었다.
>
> ○ 정답을 맞힌 경우, 문제마다 기본점수 1점과 난이도에 따른 추가점수를 부여한다.
>
> ○ 추가점수는 다음 식에 따라 결정한다.
>
> $$\text{추가점수} = \frac{\text{해당 문제를 틀린 사람의 수}}{\text{해당 문제를 맞힌 사람의 수}}$$
>
> ○ 6문제의 기본점수와 추가점수를 모두 합한 총합 점수가 5점 이상인 사람이 합격한다.
>
> 甲~丁이 6문제를 푼 결과는 다음과 같고, 5번과 6번 문제의 결과는 찢어져 알 수가 없다.
>
> (○: 정답, ×: 오답)

구분	1번	2번	3번	4번	5번	6번
甲	○	×	○	○		
乙	○	×	○	×		
丙	○	○	×	×		
丁	×	○	○	×		
정답률(%)	75	50	75	25	50	50

<보 기>

ㄱ. 甲이 최종적으로 받을 수 있는 최대 점수는 $\frac{32}{3}$점이다.
ㄴ. 1~4번 문제에서 받은 점수의 합은 乙이 가장 낮다.
ㄷ. 4명 모두가 합격할 수는 없다.
ㄹ. 4명이 받은 점수의 총합은 24점이다.

① ㄱ, ㄷ
② ㄴ, ㄷ
③ ㄴ, ㄹ
④ ㄱ, ㄴ, ㄷ
⑤ ㄱ, ㄴ, ㄹ

25. 다음 <상황>을 근거로 판단할 때, <보기>에서 옳은 것만을 모두 고르면?

<상 황>

○ 테니스 선수 랭킹은 매달 1일 발표되며, 발표 전날로부터 지난 1년간 선수들이 각종 대회에 참가하여 획득한 점수의 합(이하 '총점수'라 한다)이 높은 순으로 순위가 매겨진다.

○ 매년 12월에는 챔피언십 대회(매년 12월 21일~25일)만 개최된다. 이 대회에는 당해 12월 1일 기준으로 랭킹 1~4위의 선수만 참가한다.

○ 매년 챔피언십 대회의 순위에 따른 획득 점수 및 2023년 챔피언십 대회 전후 랭킹은 아래와 같다. 단, 챔피언십 대회에서 공동 순위는 없다.

챔피언십 대회 성적	점수
우승	2000
준우승	1000
3위	500
4위	250

<2023년 12월 1일>

랭킹	선수	총점수
1위	A	7500
2위	B	7000
3위	C	6500
4위	D	5000
⋮	⋮	⋮

⇨

<2024년 1월 1일>

랭킹	선수	총점수
1위	C	7500
2위	B	7250
3위	D	7000
4위	A	6000
⋮	⋮	⋮

○ 총점수에는 지난 1년간 획득한 점수만 산입되므로, <2024년 1월 1일>의 총점수에는 2022년 챔피언십 대회에서 획득한 점수는 빠지고, 2023년 챔피언십 대회에서 획득한 점수가 산입되었다.

<보 기>

ㄱ. 2022년 챔피언십 대회 우승자는 A였다.
ㄴ. 2023년 챔피언십 대회 4위는 B였다.
ㄷ. 2023년 챔피언십 대회 우승자는 C였다.
ㄹ. 2022년 챔피언십 대회 3위는 D였다.

① ㄱ, ㄴ
② ㄱ, ㄷ
③ ㄴ, ㄷ
④ ㄴ, ㄹ
⑤ ㄱ, ㄴ, ㄹ

약점 보완 해설집 p.36

자료해석영역

1. 다음 <표>는 2023년 도시 A~E의 '갑' 감염병 현황에 관한 자료이다. 이를 근거로 치명률이 가장 높은 도시와 가장 낮은 도시를 바르게 연결한 것은?

<표> 2023년 도시 A~E의 '갑' 감염병 현황

(단위: 명)

구분 / 도시	환자 수	사망자 수
A	300	16
B	20	1
C	50	2
D	100	6
E	200	9

※ 치명률(%) $= \frac{\text{사망자 수}}{\text{환자 수}} \times 100$

	가장 높은 도시	가장 낮은 도시
①	A	C
②	A	E
③	D	B
④	D	C
⑤	D	E

2. 다음 <그림>은 2023년 A~C구 공사 건수 및 평균 공사비를 나타낸 자료이다. 이를 근거로 계산한 2023년 A~C구 전체 공사의 평균 공사비는?

<그림> 2023년 A~C구 공사 건수 및 평균 공사비

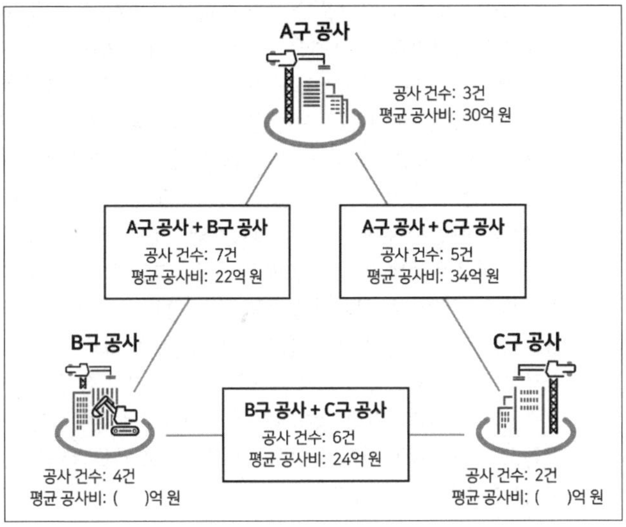

① 26억 원
② 27억 원
③ 28억 원
④ 29억 원
⑤ 30억 원

3. 다음 <보고서>는 '갑'시 시민의 2023년 문화예술교육 수강 현황에 관한 자료이다. <보고서>를 작성하는 데 사용되지 않은 자료는?

<보고서>

'갑'시 시민 1,000명을 대상으로 2023년 한 해 동안의 문화예술교육 수강 현황을 조사한 결과, 316명이 수강 경험이 있다고 응답하였다. 문화예술교육 수강 경험이 있는 응답자가 가장 많이 수강한 상위 5개 분야는 기타를 제외하고 영화, 사진, 음악, 공예, 미술 순이었다. 문화예술교육 수강자의 평균 지출 비용은 38만 8천 원이었는데, 연령대별로는 40대가 48만 4천 원으로 가장 많았다. 또한 문화예술교육 수강자의 동반자 유형 구성을 살펴보면, '혼자(동반자 없음)' 수강한 비율은 50% 이상이었고, '친구 및 연인'과 함께 수강한 비율은 18.4%였다. 문화예술교육 인지 경로는 '인터넷 검색'이 33.2%로 가장 높았고, 다음으로 '주변 지인'이 19.0%였다. 수강한 문화예술교육의 교육방식은 '예술적 기량 향상을 위한 강습'이 27.5%로 가장 높았다. 문화예술교육 수강 장소별 만족도는 미술관이 가장 높았고, 그 다음으로 박물관, 공연장, 지역문화재단의 순이었다.

① 문화예술교육 수강 경험 유무 및 수강 분야 구성비

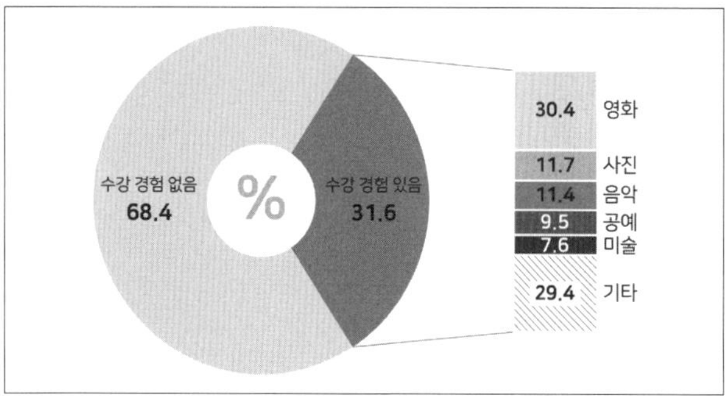

② 문화예술교육 수강자의 연령대별 평균 지출 비용

(단위: 만 원)

연령대	20대 이하	30대	40대	50대	60대 이상	전체
평균 지출 비용	36.8	46.9	48.4	39.5	19.9	38.8

③ 문화예술교육 수강자의 동반자 유형 구성비

(단위: %)

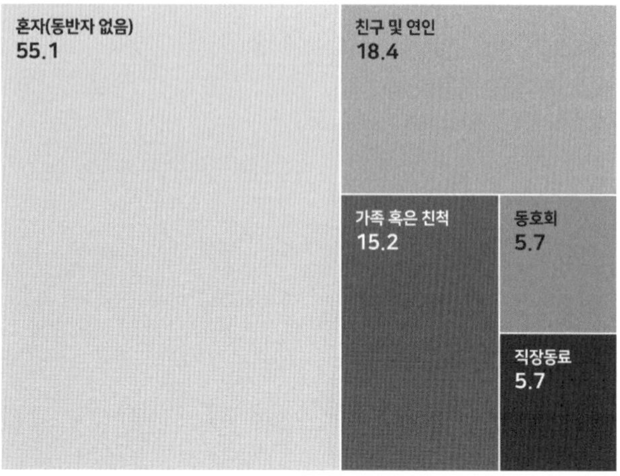

④ 문화예술교육 인지 경로 상위 5개 비율

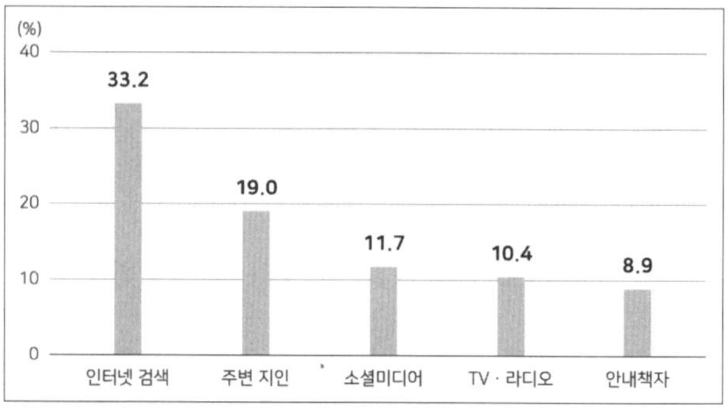

⑤ 문화예술교육 수강 이유 상위 5개 비율

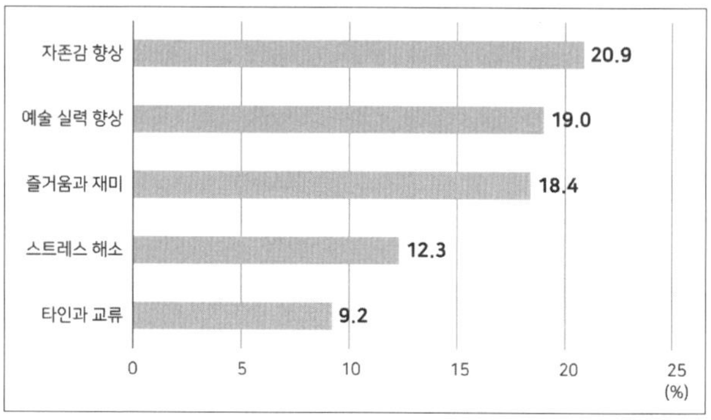

4. 다음은 2023년 '갑'국의 연근해 어선 감척지원금 산정에 관한 자료이다. 이를 근거로 어선 A~D 중 산정된 감척지원금이 가장 많은 어선과 가장 적은 어선을 바르게 연결한 것은?

<정 보>

○ 감척지원금 = 어선 잔존가치 + (평년수익액 × 3) + (선원 수 × 선원당 월 통상임금 고시액 × 6)

○ 선원당 월 통상임금 고시액: 5백만 원/명

<표> 감척지원금 신청 어선 현황

(단위: 백만 원, 명)

어선	어선 잔존가치	평년수익액	선원 수
A	170	60	6
B	350	80	8
C	200	150	10
D	50	40	3

	가장 많은 어선	가장 적은 어선
①	A	B
②	A	C
③	B	A
④	B	D
⑤	C	D

5. 다음은 2022년과 2023년 '갑'국 주택소유통계에 관한 자료이다. 제시된 <표>와 <정보> 이외에 <보고서>를 작성하기 위해 추가로 필요한 자료만을 <보기>에서 모두 고르면?

<표> 2022년과 2023년 주택소유 가구 수

(단위: 만 가구)

연도	2022	2023
주택소유 가구 수	1,146	1,173

<정 보>

$$\text{가구 주택소유율(\%)} = \frac{\text{주택소유 가구 수}}{\text{가구 수}} \times 100$$

<보고서>

'갑'국의 주택 수는 2022년 1,813만 호에서 2023년 1,853만 호로 2.2% 증가하였다. 개인소유 주택 수는 2022년 1,569만 호에서 2023년 1,597만 호로 1.8% 증가하였다. 주택소유 가구 수는 2022년 1,146만 가구에서 2023년 1,173만 가구로 2.4% 증가하였지만, 가구 주택소유율은 2022년 56.3%에서 2023년 56.0%로 감소하였다. 2023년 지역별 가구 주택소유율을 살펴보면, 상위 3개 지역은 A(64.4%), B(63.0%), C(61.0%)로 나타났다.

<보 기>

ㄱ. 2019~2023년 '갑'국 주택 수 및 개인소유 주택 수

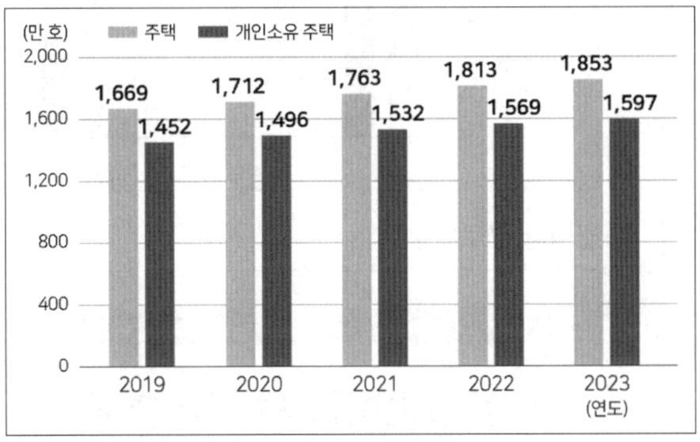

ㄴ. 2022년과 2023년 '갑'국 가구 수

(단위: 만 가구)

연도	2022	2023
가구 수	2,034	2,093

ㄷ. 2023년 '갑'국 지역별 가구 주택소유율 상위 3개 지역

(단위: %)

지역	A	B	C
가구 주택소유율	64.4	63.0	61.0

ㄹ. 2023년 '갑'국 가구주 연령대별 가구 주택소유율

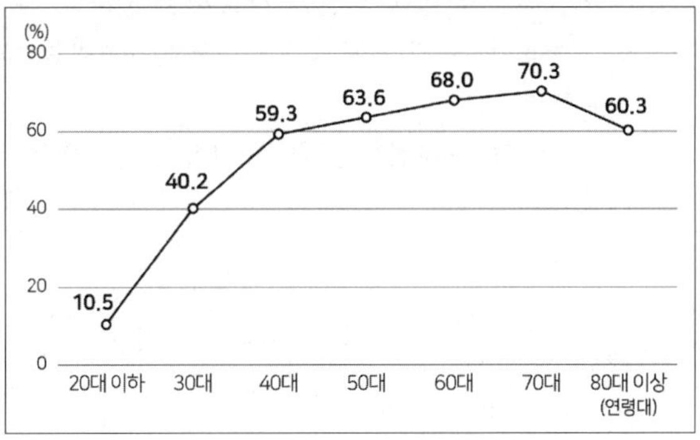

① ㄱ, ㄴ ② ㄱ, ㄹ ③ ㄴ, ㄷ
④ ㄴ, ㄹ ⑤ ㄱ, ㄴ, ㄷ

6. 다음은 '갑'국이 구매를 고려 중인 A~E전투기의 제원과 평가방법에 관한 자료이다. 이를 근거로 A~E 중 '갑'국이 구매할 전투기를 고르면?

<표> A~E전투기의 평가항목별 제원

(단위: 마하, 개, km, 억 달러)

평가항목 \ 전투기	A	B	C	D	E
최고속력	3.0	1.5	2.5	2.0	2.7
미사일 탑재 수	12	14	9	10	8
항속거리	1,400	800	1,200	1,250	1,500
가격	1.4	0.8	0.9	0.7	1.0
공중급유	가능	가능	불가능	가능	불가능
자체수리	불가능	가능	불가능	가능	가능

<평가방법>

○ 평가항목 중 최고속력, 미사일 탑재 수, 항속거리, 가격은 평가항목별로 전투기 간 상대평가를 하여 가장 우수한 전투기부터 5점, 4점, 3점, 2점, 1점 순으로 부여한다.
○ 최고속력은 높을수록, 미사일 탑재 수는 많을수록, 항속거리는 길수록, 가격은 낮을수록 전투기가 우수하다고 평가한다.
○ 평가항목 중 공중급유와 자체수리는 평가항목별로 '가능'이면 1점, '불가능'이면 0점을 부여한다.
○ '갑'국은 평가항목 점수의 합이 가장 큰 전투기를 구매한다. 단, 동점일 경우 그중에서 가격이 가장 낮은 전투기를 구매한다.

① A ② B ③ C ④ D ⑤ E

7. 다음 <표>는 2023년 '갑'국에서 배달대행과 퀵서비스 업종에 종사하는 운전자 실태에 관한 자료이다. 제시된 <표> 이외에 <보고서>를 작성하기 위해 추가로 필요한 자료만을 <보기>에서 모두 고르면?

<표 1> 운전자 연령대 구성비 및 평균 연령

(단위: %, 세)

구분 \ 업종	연령대					평균 연령
	20대 이하	30대	40대	50대	60대 이상	
배달대행	40.0	36.1	17.8	5.4	0.7	33.2
퀵서비스	0.0	3.1	14.1	36.4	46.4	57.8

<표 2> 이륜자동차 운전 경력 및 서비스 제공 경력의 평균

(단위: 년)

업종 \ 구분	배달대행	퀵서비스
이륜자동차 운전 경력	7.4	19.8
서비스 제공 경력	2.8	13.7

<표 3> 일평균 근로시간 및 배달건수

(단위: 시간, 건)

업종 \ 구분	배달대행	퀵서비스
근로시간	10.8	9.8
운행시간	8.5	6.1
운행 외 시간	2.3	3.7
배달건수	41.5	15.1

<보고서>

'갑'국에서 배달대행과 퀵서비스 업종에 종사하는 운전자 실태를 조사한 결과는 다음과 같다. 두 업종 모두 이륜자동차를 이용하여 유사한 형태의 서비스를 제공하지만, 운전자 특성에는 큰 차이가 있었다. 우선, 운전자 평균 연령은 퀵서비스가 57.8세로 배달대행 33.2세보다 높았다. 이는 배달대행은 30대 이하 운전자 비중이 전체의 70% 이상이지만 퀵서비스는 50대 이상 운전자가 전체의 80% 이상을 차지하기 때문이다. 운전자의 이륜자동차 운전 경력의 평균과 서비스 제공 경력의 평균도 각각 퀵서비스가 배달대행에 비해 10년 이상 길었다. 한편, 운전자가 배달대행이나 퀵서비스 시장에 진입하기 위해서는 이륜자동차 구입 비용이 소요되는데, 신차와 중고차 구입 각각에서 배달대행이 퀵서비스보다 평균 구입 비용이 높았다. 또한, 운행시간과 운행 외 시간을 합한 일평균 근로시간은 배달대행이 퀵서비스보다 1.0시간 길었고, 월평균 근로일수도 배달대행이 퀵서비스보다 3일 이상 많은 것으로 나타났다.

<보 기>

ㄱ. 이륜자동차 운전 경력 구성비

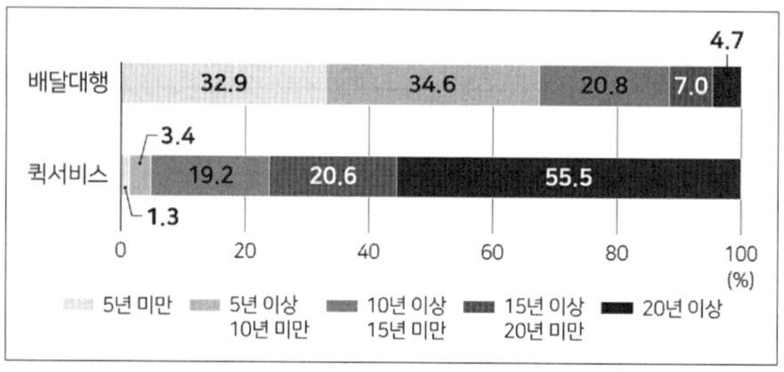

ㄴ. 서비스 제공 경력 구성비

(단위: %)

업종 \ 경력	5년 미만	5년 이상 10년 미만	10년 이상 15년 미만	15년 이상 20년 미만	20년 이상	전체
배달대행	81.9	15.8	2.3	0.0	0.0	100
퀵서비스	14.8	11.3	26.8	14.1	33.0	100

ㄷ. 배달대행 및 퀵서비스 시장 진입을 위한 이륜자동차 평균 구입 비용

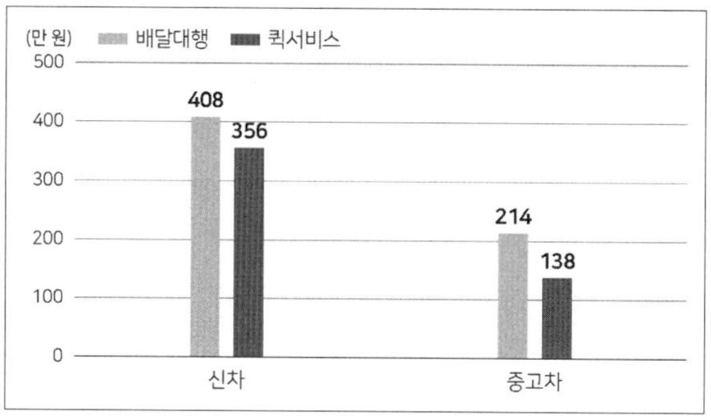

ㄹ. 월평균 근로일수

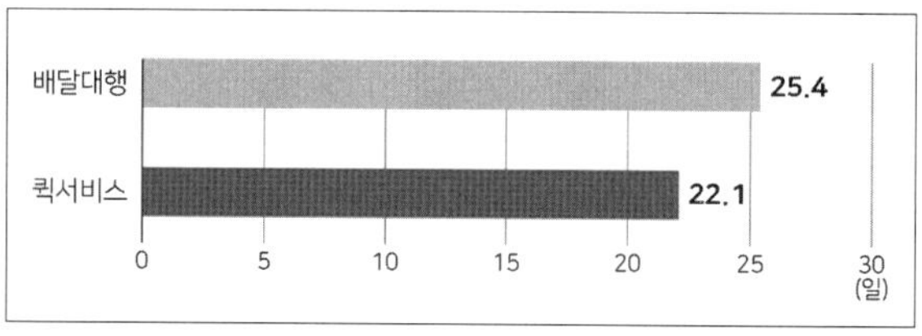

① ㄱ, ㄴ
② ㄴ, ㄷ
③ ㄷ, ㄹ
④ ㄱ, ㄴ, ㄹ
⑤ ㄱ, ㄷ, ㄹ

8. 다음은 2023년 '갑'국 주요 10개 업종의 특허출원 현황에 관한 자료이다. 이를 근거로 A~C에 해당하는 업종을 바르게 연결한 것은?

<표> 주요 10개 업종의 기업규모별 특허출원건수 및 특허출원기업 수

(단위: 건, 개)

구분 \ 업종	기업규모별 특허출원건수			특허출원 기업 수
	대기업	중견기업	중소기업	
A	25,234	1,575	4,730	1,725
전기장비	6,611	501	3,265	1,282
기계	1,314	1,870	5,833	2,360
출판	204	345	8,041	2,550
자동차	5,460	1,606	1,116	617
화학제품	2,978	917	2,026	995
의료	52	533	2,855	1,019
B	18	115	3,223	1,154
건축	113	167	2,129	910
C	29	7	596	370

※ 기업규모는 '대기업', '중견기업', '중소기업'으로만 구분됨.

<정 보>

○ '중소기업' 특허출원건수가 해당 업종 전체 기업 특허출원건수의 90% 이상인 업종은 '연구개발', '전문서비스', '출판'이다.
○ '대기업' 특허출원건수가 '중견기업'과 '중소기업' 특허출원건수 합의 2배 이상인 업종은 '전자부품', '자동차'이다.
○ 특허출원기업당 특허출원건수는 '연구개발'이 '전문서비스'보다 많다.

	A	B	C
①	연구개발	전자부품	전문서비스
②	전자부품	연구개발	전문서비스
③	전자부품	전문서비스	연구개발
④	전문서비스	연구개발	전자부품
⑤	전문서비스	전자부품	연구개발

9. 다음 <표>는 2018~2023년 짜장면 가격 및 가격지수와 짜장면 주재료 품목의 판매단위당 가격에 관한 자료이다. 이에 대한 설명으로 옳은 것은?

<표 1> 2018~2023년 짜장면 가격 및 가격지수

(단위: 원)

연도 \ 구분	2018	2019	2020	2021	2022	2023
가격	5,011	5,201	5,276	5,438	6,025	(　)
가격지수	95.0	98.6	100	103.1	114.2	120.6

※ 가격지수는 2020년 짜장면 가격을 100으로 할 때, 해당 연도 짜장면 가격의 상대적인 값임.

<표 2> 2018~2023년 짜장면 주재료 품목의 판매단위당 가격

(단위: 원)

품목	판매단위 \ 연도	2018	2019	2020	2021	2022	2023
춘장	14kg	26,000	27,500	27,500	33,000	34,500	34,500
식용유	900mL	3,890	3,580	3,980	3,900	4,600	5,180
밀가루	1kg	1,280	1,280	1,280	1,190	1,590	1,880
설탕	1kg	1,630	1,680	1,350	1,790	1,790	1,980
양파	2kg	2,250	3,500	5,000	8,000	5,000	6,000
청오이	2kg	4,000	8,000	8,000	10,000	10,000	15,000
돼지고기	600g	10,000	10,000	10,000	13,000	15,000	13,000

※ 짜장면 주재료 품목은 제시된 7개뿐임.

① 짜장면 가격지수가 80.0이면 짜장면 가격은 4,000원 이하이다.
② 2023년 짜장면 가격은 2018년에 비해 20% 이상 상승하였다.
③ 2018년에 비해 2023년 판매단위당 가격이 2배 이상인 짜장면 주재료 품목은 1개이다.
④ 2020년에 식용유 1,800mL, 밀가루 2kg, 설탕 2kg의 가격 합계는 15,000원 이상이다.
⑤ 매년 판매단위당 가격이 상승한 짜장면 주재료 품목은 2개 이상이다.

10. 다음 <표>는 2017~2023년 '갑'국의 '어린이 안전 체험 교실' 사업 운영 현황에 관한 자료이다. 이를 바탕으로 작성한 <보고서>의 A~C에 해당하는 내용을 바르게 연결한 것은?

<표> 2017~2023년 '어린이 안전 체험 교실' 사업 운영 현황

(단위: 개, 회, 명)

구분 / 연도	참여 자치 단체 수	운영 횟수	교육 참여		자원 봉사자 수
			어린이 수	학부모 수	
2017	9	11	10,265	6,700	2,083
2018	15	30	73,060	19,465	1,600
2019	14	38	55,780	15,785	2,989
2020	18	35	58,680	13,006	2,144
2021	19	39	61,380	11,660	2,568
2022	17	38	59,559	9,071	2,406
2023	18	40	72,261	8,619	2,071

<보고서>

안전 체험 시설이 없는 지역으로 찾아가는 '어린이 안전 체험 교실' 사업이 2017년부터 2023년까지 운영되었다. 해당 기간 동안 참여 자치 단체 수, 운영 횟수 등이 변화하였는데 그중 참여 자치 단체 수와 교육 참여 [A] 수의 전년 대비 증감 방향은 매년 같았다.

2021년은 사업 기간 중 참여 자치 단체 수가 가장 많았던 해로 2020년보다 운영 횟수와 교육 참여 어린이 수가 늘었다. 운영 횟수당 교육 참여 어린이 수는 2021년이 2020년보다 [B].

본 사업에 자원봉사자도 꾸준히 참여하였다. 2019년에는 사업 기간 중 가장 많은 자원봉사자가 참여하였다. 자원봉사자당 교육 참여 어린이 수는 2019년이 2017년보다 [C].

	A	B	C
①	어린이	많았다	많았다
②	어린이	적었다	많았다
③	어린이	적었다	적었다
④	학부모	많았다	적었다
⑤	학부모	적었다	적었다

11. 다음 <표>는 2019~2023년 '갑'국의 항공편 지연 및 결항에 관한 자료이다. 이에 대한 <보기>의 설명 중 옳은 것만을 모두 고르면?

<표 1> 2019~2023년 항공편 지연 현황

(단위: 편)

분기	월	국내선 2019	국내선 2020	국내선 2021	국내선 2022	국내선 2023	국제선 2019	국제선 2020	국제선 2021	국제선 2022	국제선 2023
1	1	0	0	0	0	0	1	0	0	1	0
	2	0	0	0	0	0	0	0	0	0	2
	3	0	0	0	0	0	6	0	0	0	0
2	4	0	0	0	0	0	0	0	2	0	1
	5	1	0	0	0	0	5	0	0	1	0
	6	0	0	0	0	0	0	0	10	11	1
3	7	40	0	0	3	68	53	23	11	83	55
	8	3	0	0	3	1	27	58	61	111	50
	9	0	0	0	0	161	7	48	46	19	368
4	10	0	93	0	23	32	21	45	44	98	72
	11	0	0	0	1	0	0	0	0	5	11
	12	0	0	0	0	0	2	1	6	0	17
전체		44	93	0	30	262	122	175	180	329	577

<표 2> 2019~2023년 항공편 결항 현황

(단위: 편)

분기	월	국내선 2019	국내선 2020	국내선 2021	국내선 2022	국내선 2023	국제선 2019	국제선 2020	국제선 2021	국제선 2022	국제선 2023
1	1	0	0	0	0	0	0	0	0	0	0
	2	0	0	0	0	0	0	0	0	0	14
	3	0	0	0	0	0	0	0	0	0	0
2	4	1	0	0	0	0	0	0	0	0	0
	5	6	0	0	0	0	10	0	0	0	0
	6	0	0	0	0	0	0	0	0	1	0
3	7	311	0	0	187	507	93	11	5	162	143
	8	62	0	0	1,008	115	39	11	71	127	232
	9	0	0	4	0	1,351	16	30	42	203	437
4	10	0	85	0	589	536	4	48	49	112	176
	11	0	0	0	0	0	0	0	0	0	4
	12	0	0	0	0	0	0	4	4	0	22
전체		380	85	4	1,784	2,509	162	104	171	605	1,028

<보 기>

ㄱ. 2022년 3분기 국제선 지연편수는 전년 동기 대비 100편 이상 증가하였다.

ㄴ. 2023년 9월의 결항편수는 국내선이 국제선의 3배 이상이다.

ㄷ. 매년 1월과 3월에는 항공편 결항이 없었다.

① ㄱ ② ㄷ ③ ㄱ, ㄴ
④ ㄴ, ㄷ ⑤ ㄱ, ㄴ, ㄷ

12. 다음 <표>는 2022학년도 '갑'대학교 졸업생의 취업 및 진학 현황에 관한 자료이다. 이에 대한 설명으로 옳지 않은 것은?

<표> 2022학년도 '갑'대학교 졸업생의 취업 및 진학 현황

(단위: 명, %)

구분 \ 계열	졸업생 수	취업자 수	취업률	진학자 수	진학률
A	800	500	(　　)	60	7.5
B	700	400	57.1	50	7.1
C	500	200	40.0	40	(　　)
전체	2,000	1,100	55.0	150	7.5

※ 1) 취업률(%) = $\frac{\text{취업자 수}}{\text{졸업생 수}} \times 100$

2) 진학률(%) = $\frac{\text{진학자 수}}{\text{졸업생 수}} \times 100$

3) 진로 미결정 비율(%) = 100 − (취업률 + 진학률)

① 취업률은 A계열이 B계열보다 높다.
② 진로 미결정 비율은 B계열이 C계열보다 낮다.
③ 진학자 수만 계열별로 20%씩 증가한다면, 전체의 진학률은 10% 이상이 된다.
④ 취업자 수만 계열별로 10%씩 증가한다면, 전체의 취업률은 60% 이상이 된다.
⑤ 진학률은 A~C계열 중 C계열이 가장 높다.

13. 다음 <그림>은 오이와 고추의 재배방식별 파종, 정식, 수확 가능 시기에 관한 자료이다. 이에 대한 설명으로 옳지 않은 것은?

<그림> 오이와 고추의 재배방식별 파종, 정식, 수확 가능 시기

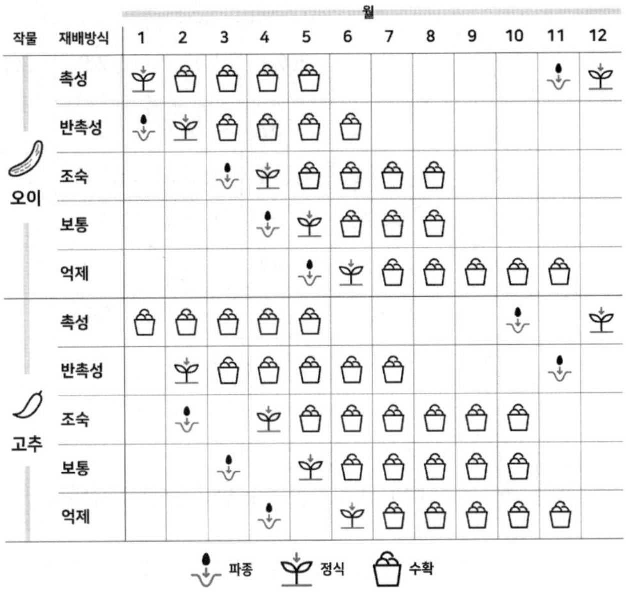

① '촉성' 재배방식에서 정식이 가능한 달의 수는 오이가 고추보다 많다.
② 고추의 각 재배방식에서 파종 가능 시기와 정식 가능 시기의 차이는 1개월 이상이다.
③ 오이는 고추보다 정식과 수확이 모두 가능한 달의 수가 더 많다.
④ 고추의 경우, 수확이 가능한 재배방식의 수는 7월이 가장 많다.
⑤ 오이의 재배방식 중 수확이 가능한 달의 수가 가장 적은 것은 '보통'이다.

14. 다음 <표>는 2019~2023년 '갑'국의 양식 품목별 면허어업 건수에 관한 자료이다. 이에 대한 설명으로 옳은 것은?

<표> 2019~2023년 양식 품목별 면허어업 건수

(단위: 건)

연도 양식 품목	2019	2020	2021	2022	2023
김	781	837	853	880	812
굴	1,292	1,314	1,317	1,293	1,277
새고막	1,076	1,093	1,096	1,115	1,121
바지락	570	587	576	582	565
미역	802	920	898	882	678
전체	4,521	4,751	4,740	4,752	4,453

※ 양식 품목은 '김', '굴', '새고막', '바지락', '미역'뿐임.

① '김' 면허어업 건수는 매년 증가한다.
② '굴'과 '새고막'의 면허어업 건수 합은 매년 전체의 50% 이상이다.
③ '바지락' 면허어업 건수의 전년 대비 증가율은 2020년이 2022년보다 낮다.
④ '미역' 면허어업 건수는 2023년이 2020년보다 많다.
⑤ 2023년에 면허어업 건수가 전년 대비 증가한 양식 품목은 2개이다.

15. 다음은 2019~2022년 우리나라의 원산지별 목재펠릿 수입량에 관한 자료이다. 이를 근거로 A~E국 중 우리나라에 해당하는 국가를 고르면?

<보고서>

목재펠릿은 작은 원통형으로 성형한 목재 연료로, 재생 가능한 청정에너지원이며 바이오매스 발전에 사용되고 있다. 2022년 기준 국내 목재펠릿 이용량의 84%가 수입산으로, 전체 수입량은 전년 대비 10% 이상 증가하였다. 매년 전체 목재펠릿 수입량의 절반 이상이 베트남산으로, 베트남에 대한 과도한 의존이 지속되고 있다. 2021년부터 충청남도 서산과 당진에 있는 바이오매스 발전소에 캐나다산 목재펠릿을 공급하면서 캐나다산 목재펠릿 수입이 증가하여 2022년 캐나다산 목재펠릿 수입량은 2019년 대비 30배 이상이 되었다. 또한, 2022년에는 유럽 시장에 수출길이 막힌 러시아산 목재펠릿의 수입량이 크게 증가하여 2022년 기준 러시아산이 우리나라 목재펠릿 수입량 2위를 차지하였다. 인도네시아산 목재펠릿 수입량은 2019년 이후 꾸준히 증가해 2022년에는 말레이시아산 목재펠릿 수입량을 추월하였다.

<표 1> 2019~2021년 우리나라의 원산지별 목재펠릿 수입량

(단위: 천 톤)

원산지 연도	베트남	말레이시아	캐나다	인도네시아	러시아	기타	전체
2019	1,941	520	11	239	99	191	3,001
2020	1,912	508	52	303	165	64	3,004
2021	2,102	406	329	315	167	39	3,358

<표 2> 2022년 A~E국의 원산지별 목재펠릿 수입량

(단위: 천 톤)

원산지 국가	베트남	말레이시아	캐나다	인도네시아	러시아	기타	전체
A	2,201	400	348	416	453	102	3,920
B	2,245	453	346	400	416	120	3,980
C	2,264	416	400	346	453	106	3,985
D	2,022	322	346	416	400	40	3,546
E	2,010	346	322	400	416	142	3,636

① A
② B
③ C
④ D
⑤ E

16. 다음 <표>는 2017~2022년 '갑'시 공공한옥시설의 유형별 현황에 관한 자료이다. 이에 대한 <보기>의 설명 중 옳은 것만을 모두 고르면?

<표> 2017~2022년 '갑'시 공공한옥시설의 유형별 현황

(단위: 개소)

유형 \ 연도	2017	2018	2019	2020	2021	2022
문화전시시설	8	8	10	11	12	12
전통공예시설	14	14	11	10	( )	9
주민이용시설	3	3	5	6	8	8
주거체험시설	0	0	1	3	4	( )
한옥숙박시설	2	2	( )	0	0	0
전체	27	27	28	30	34	34

※ 공공한옥시설의 유형은 '문화전시시설', '전통공예시설', '주민이용시설', '주거체험시설', '한옥숙박시설'로만 구분됨.

<보 기>

ㄱ. '전통공예시설'과 '한옥숙박시설'의 전년 대비 증감 방향은 매년 같다.
ㄴ. 전체 공공한옥시설 중 '문화전시시설'의 비율은 매년 20% 이상이다.
ㄷ. 2020년 대비 2022년 공공한옥시설의 유형별 증가율은 '주거체험시설'이 '주민이용시설'의 2배이다.
ㄹ. '한옥숙박시설'이 '주거체험시설'보다 많은 해는 2017년과 2018년뿐이다.

① ㄱ, ㄴ
② ㄴ, ㄷ
③ ㄴ, ㄹ
④ ㄱ, ㄷ, ㄹ
⑤ ㄴ, ㄷ, ㄹ

17. 다음 <그림>은 2015~2023년 '갑'국의 해외직접투자 규모와 최저개발국 직접투자 비중에 관한 자료이다. 이에 대한 설명으로 옳은 것은?

<그림> 해외직접투자 규모와 최저개발국 직접투자 비중

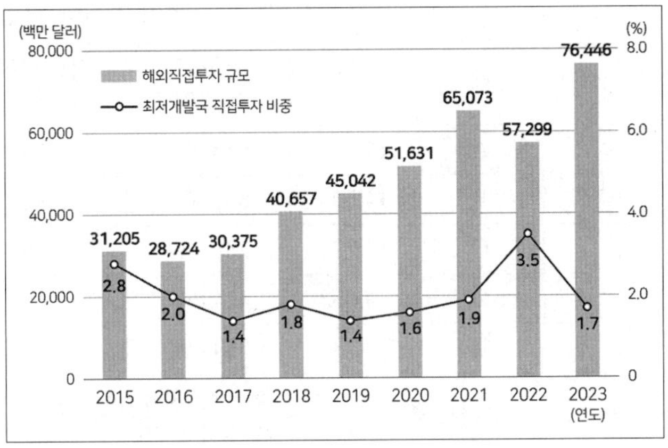

※ 최저개발국 직접투자 비중(%) = $\frac{\text{최저개발국 직접투자 규모}}{\text{해외직접투자 규모}} \times 100$

① 최저개발국 직접투자 규모는 2023년이 2015년보다 크다.
② 2021년 최저개발국 직접투자 비중은 전년보다 감소하였다.
③ 2018년 최저개발국 직접투자 규모는 10억 달러 이상이다.
④ 2023년 해외직접투자 규모는 전년 대비 40% 이상 증가하였다.
⑤ 2017년에 해외직접투자 규모와 최저개발국 직접투자 비중 모두 전년 대비 증가하였다.

18. 다음 <표>는 '갑'국의 가맹점 수 기준 상위 5개 편의점 브랜드 현황에 관한 자료이다. 이에 대한 <보기>의 설명 중 옳은 것만을 모두 고르면?

<표> 가맹점 수 기준 상위 5개 편의점 브랜드 현황

(단위: 개, 천 원/개, 천 원/m²)

순위	브랜드	가맹점 수	가맹점당 매출액	가맹점 면적당 매출액
1	A	14,737	583,999	26,089
2	B	14,593	603,529	32,543
3	C	10,294	465,042	25,483
4	D	4,082	414,841	12,557
5	E	787	559,684	15,448

※ 가맹점 면적당 매출액(천 원/m^2) = $\frac{\text{해당 브랜드 전체 가맹점 매출액의 합}}{\text{해당 브랜드 전체 가맹점 면적의 합}}$

<보 기>

ㄱ. '갑'국의 전체 편의점 가맹점 수가 5만 개라면 편의점 브랜드 수는 최소 14개이다.
ㄴ. A~E 중, 가맹점당 매출액이 가장 큰 브랜드가 전체 가맹점 매출액의 합도 가장 크다.
ㄷ. A~E 중, 해당 브랜드 전체 가맹점 면적의 합이 가장 작은 편의점 브랜드는 E이다.

① ㄱ
② ㄴ
③ ㄷ
④ ㄴ, ㄷ
⑤ ㄱ, ㄴ, ㄷ

19. 다음 <표>는 2023년 '갑'시 소각시설 현황에 관한 자료이다. 이에 대한 설명으로 옳은 것은?

<표> 2023년 '갑'시 소각시설 현황

(단위: 톤/일, 톤, 명)

소각시설	시설용량	연간소각실적	관리인원
전체	2,898	689,052	314
A	800	163,785	66
B	48	12,540	34
C	750	169,781	75
D	400	104,176	65
E	900	238,770	74

※ 시설용량은 1일 가동 시 소각할 수 있는 최대량임.

① '연간소각실적'이 많은 소각시설일수록 '관리인원'이 많다.
② '시설용량' 대비 '연간소각실적' 비율이 가장 높은 소각시설은 E이다.
③ '연간소각실적'은 A가 D의 1.5배 이하이다.
④ C의 '시설용량'은 전체 '시설용량'의 30% 이상이다.
⑤ B의 2023년 가동 일수는 250일 미만이다.

[20 ~ 21] 다음 <표>는 2019~2023년 '갑'국 및 A지역의 식량작물 생산 현황에 관한 자료이다. 다음 물음에 답하시오.

<표 1> 2019~2023년 식량작물 생산량

(단위: 톤)

구분 \ 연도		2019	2020	2021	2022	2023
'갑'국 전체		4,397,532	4,374,899	4,046,574	4,456,952	4,331,597
A지역 전체		223,472	228,111	203,893	237,439	221,271
	미곡	153,944	150,901	127,387	155,501	143,938
	맥류	270	369	398	392	201
	잡곡	29,942	23,823	30,972	33,535	30,740
	두류	9,048	10,952	9,560	10,899	10,054
	서류	30,268	42,066	35,576	37,112	36,338

<표 2> 2019~2023년 식량작물 생산 면적

(단위: ha)

구분 \ 연도		2019	2020	2021	2022	2023
'갑'국 전체		924,470	924,291	906,106	905,034	903,885
A지역 전체		46,724	47,446	46,615	47,487	46,542
	미곡	29,006	28,640	28,405	28,903	28,708
	맥류	128	166	177	180	98
	잡곡	6,804	6,239	6,289	6,883	6,317
	두류	5,172	5,925	5,940	5,275	5,741
	서류	5,614	6,476	5,804	6,246	5,678

※ A지역 식량작물은 미곡, 맥류, 잡곡, 두류, 서류뿐임.

20. 위 <표>에 대한 설명으로 옳지 않은 것은?

① 2023년 식량작물 생산량의 전년 대비 감소율은 A지역 전체가 '갑'국 전체보다 낮다.
② 2019년 대비 2023년 생산량 증감률이 가장 큰 A지역 식량작물은 맥류이다.
③ 미곡은 매년 A지역 전체 식량작물 생산 면적의 절반 이상을 차지한다.
④ 2023년 생산 면적당 생산량이 가장 많은 A지역 식량작물은 서류이다.
⑤ A지역 전체 식량작물 생산량과 A지역 전체 식량작물 생산 면적의 전년 대비 증감 방향은 매년 같다.

21. 위 <표>를 이용하여 작성한 <보기>의 자료 중 옳은 것만을 모두 고르면?

<보 기>

ㄱ. 2020~2023년 '갑'국 전체 식량작물 생산 면적의 전년 대비 감소량

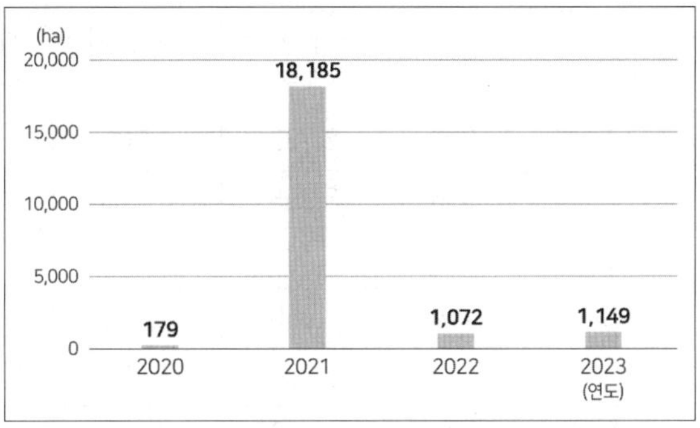

ㄴ. 연도별 A지역 잡곡, 두류, 서류 생산량

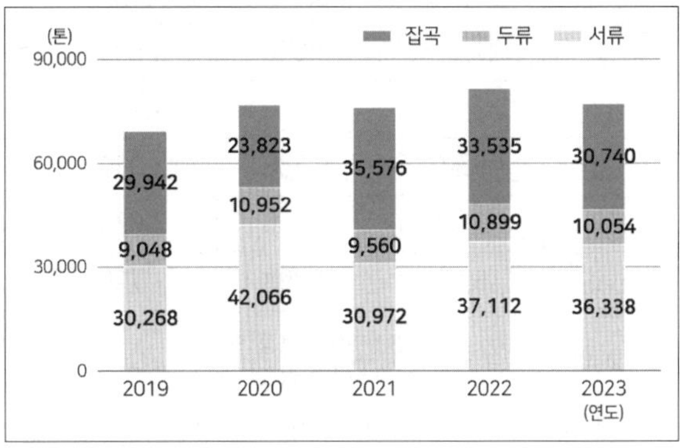

ㄷ. 2019년 대비 연도별 A지역 맥류 생산 면적 증가율

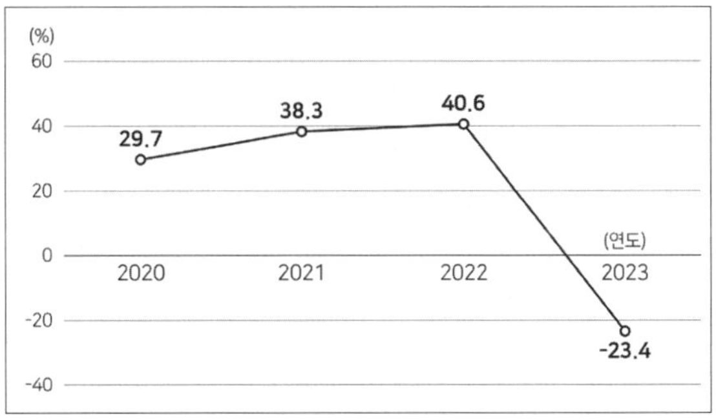

ㄹ. 2023년 A지역 식량작물 생산량 구성비

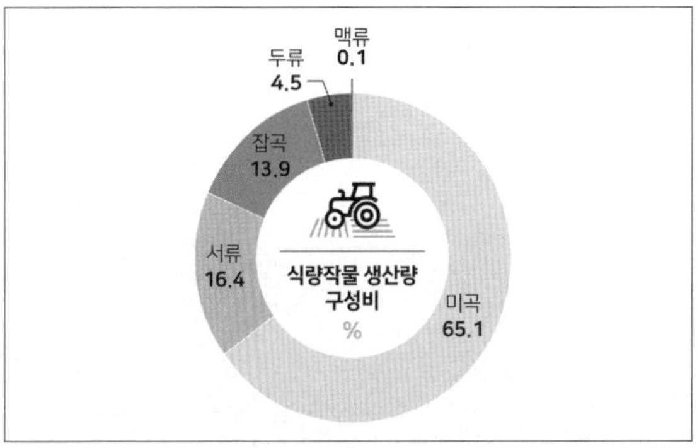

① ㄱ, ㄴ
② ㄱ, ㄷ
③ ㄴ, ㄹ
④ ㄱ, ㄷ, ㄹ
⑤ ㄴ, ㄷ, ㄹ

22. 다음 <표>는 2022년 3월 기준 '갑'시 A~L동의 지방소멸위험지수 및 지방소멸위험 수준에 관한 자료이다. 이에 대한 설명으로 옳지 않은 것은?

<표 1> 2022년 3월 기준 '갑'시 A~L동의 지방소멸위험지수

(단위: 명)

동	총인구	65세 이상 인구	20~39세 여성 인구	지방소멸 위험지수
A	14,056	2,790	1,501	0.54
B	23,556	3,365	(　)	0.88
C	29,204	3,495	3,615	1.03
D	21,779	3,889	2,614	0.67
E	11,224	2,300	1,272	(　)
F	16,792	2,043	2,754	1.35
G	19,163	2,469	3,421	1.39
H	27,146	4,045	4,533	1.12
I	23,813	2,656	4,123	(　)
J	29,649	5,733	3,046	0.53
K	36,326	7,596	3,625	(　)
L	15,226	2,798	1,725	0.62

※ 지방소멸위험지수 = $\frac{\text{20~39세 여성 인구}}{\text{65세 이상 인구}}$

<표 2> 지방소멸위험 수준

지방소멸위험지수	지방소멸위험 수준
1.5 이상	저위험
1.0 이상 1.5 미만	보통
0.5 이상 1.0 미만	주의
0.5 미만	위험

① 지방소멸위험 수준이 '주의'인 동은 5곳이다.
② '20~39세 여성 인구'는 B동이 G동보다 적다.
③ 지방소멸위험지수가 가장 높은 동의 '65세 이상 인구'는 해당 동 '총인구'의 10% 이상이다.
④ '총인구'가 가장 많은 동은 지방소멸위험지수가 가장 낮다.
⑤ 지방소멸위험 수준이 '보통'인 동의 '총인구' 합은 90,000명 이상이다.

23. 다음 <표>는 2023년 '갑'국의 생활계 폐기물 처리실적에 관한 자료이다. 이에 대한 설명으로 옳은 것은?

<표> 2023년 처리방법별, 처리주체별 생활계 폐기물 처리실적

(단위: 만 톤)

처리방법 / 처리주체	재활용	소각	매립	기타	합
공공	403	447	286	7	1,143
자가	14	5	1	1	21
위탁	870	113	4	119	1,106
계	1,287	565	291	127	2,270

① 전체 처리실적 중 '매립'의 비율은 15% 이상이다.
② 기타를 제외하고, 각 처리방법에서 처리실적은 '공공'이 '위탁'보다 많다.
③ 각 처리주체에서 '매립'의 비율은 '공공'이 '자가'보다 높다.
④ 처리주체가 '위탁'인 생활계 폐기물 중 '재활용'의 비율은 75% 이하이다.
⑤ '소각' 처리 생활계 폐기물 중 '공공'의 비율은 90% 이상이다.

24. 다음 자료는 2020~2023년 우리나라 시도 행정심판위원회 사건 처리 현황이다. 이에 대한 <보고서>의 설명 중 옳은 것만을 모두 고르면?

<표> 2020~2022년 시도 행정심판위원회 인용률

(단위: %)

연도 시도	2020	2021	2022
서울	18.4	15.9	16.3
부산	22.6	15.9	12.8
대구	35.9	39.9	38.4
인천	33.3	36.0	38.1
광주	22.2	30.6	36.0
대전	28.1	47.7	35.8
울산	33.0	38.1	50.9
세종	7.7	16.7	0.0
경기	23.3	19.6	22.3
강원	21.4	14.1	18.2
충북	23.6	28.5	24.3
충남	26.7	19.9	23.1
전북	31.7	34.0	22.1
전남	36.2	34.5	23.8
경북	10.6	23.3	22.9
경남	18.5	25.7	12.4
제주	31.6	25.3	26.2

※ 인용률(%) = $\frac{\text{인용 건수}}{\text{처리 건수}} \times 100$

<그림> 2022년과 2023년 시도 행정심판위원회 처리 건수 상위 5개 시도 현황

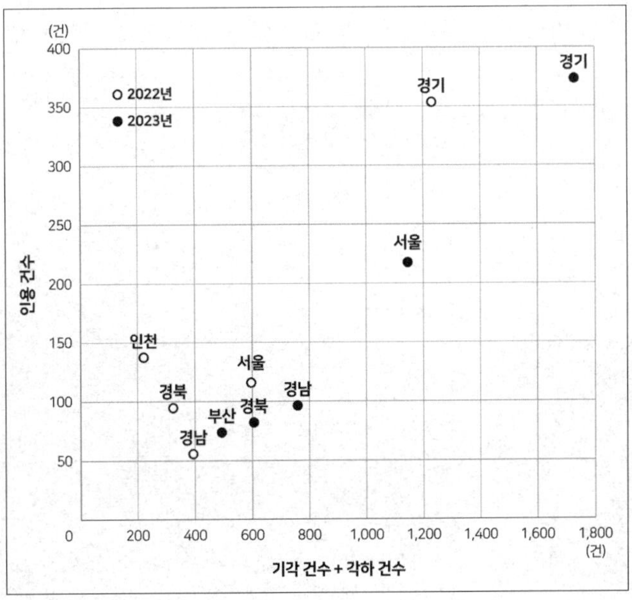

※ 처리 건수 = 인용 건수 + 기각 건수 + 각하 건수

<보고서>

2023년 우리나라 시도 행정심판위원회 처리 건수 상위 5개 시도는 경기, 서울, 경남, 경북, 부산이었다. 2022년에는 인천이 처리 건수 362건으로 상위 5개 시도에 속했으나, 2023년 부산에 자리를 넘겨주었다. 또한, ㉠ 2023년 처리 건수 상위 5개 시도의 처리 건수는 각각 전년 대비 증가하였다. 인용 건수를 살펴보면, ㉡ 2023년 처리 건수가 가장 많은 시도의 2023년 인용 건수는 2022년 인용률이 가장 높은 시도의 2022년 인용 건수의 1.5배 이상이다. 인용률을 살펴보면, ㉢ 2020년부터 2023년까지 인용률이 매년 감소한 시도는 3개이다.

① ㄱ ② ㄴ ③ ㄷ
④ ㄱ, ㄴ ⑤ ㄱ, ㄴ, ㄷ

25. 다음 <표>는 A회사 전체 임직원 100명의 직급별 인원과 시간당 임금에 관한 자료이다. 이에 대한 <보기>의 설명 중 옳은 것만을 모두 고르면?

<표> A회사의 직급별 임직원 수와 시간당 임금

(단위: 명, 원)

구분 직급	임직원 수	시간당 임금					
		평균	최저	Q1	중간값	Q3	최고
공장 관리직	4	25,000	15,000	15,000	25,000	30,000	( )
공장 생산직	52	21,500	12,000	20,500	23,500	26,500	31,000
본사 임원	8	( )	24,000	25,600	48,000	48,000	55,000
본사 직원	36	22,000	11,500	16,800	23,500	27,700	29,000

※ 1) 해당 직급 임직원의 시간당 임금을 낮은 값부터 순서대로 나열하여 4등분한 각 집단을 나열 순서에 따라 1분위, 2분위, 3분위, 4분위로 정함.
2) Q1과 Q3은 각각 1분위와 3분위에 속한 값 중 가장 높은 값임.
3) 해당 직급 임직원 수가 짝수인 경우, 중간값은 2분위에 속한 값 중 가장 높은 값과 3분위에 속한 값 중 가장 낮은 값의 평균임.

<보 기>

ㄱ. 공장 관리직의 '시간당 임금' 최고액은 35,000원이다.
ㄴ. '시간당 임금'이 같은 본사 임원은 3명 이상이다.
ㄷ. 본사 임원의 '시간당 임금' 평균은 40,000원 이상이다.
ㄹ. '시간당 임금'이 23,000원 이상인 임직원은 50명 미만이다.

① ㄱ, ㄴ ② ㄱ, ㄹ ③ ㄴ, ㄷ
④ ㄷ, ㄹ ⑤ ㄱ, ㄴ, ㄷ

약점 보완 해설집 p.42

해커스 **민간경력자** PSAT 15개년 기출문제집

2023년 기출문제

언어논리

상황판단

자료해석

문제 풀이 시작과 종료 시각을 정하세요.

· 언어논리/상황판단 (120분) ________시 ________분 ~ ________시 ________분

· 자료해석 (60분) ________시 ________분 ~ ________시 ________분

* 교재 뒤에 수록되어 있는 OCR 답안지와 해커스ONE 애플리케이션의 모바일 타이머를 이용하여 실전처럼 모의고사를 풀어보세요.
* 기출문제 풀이 후, 약점 보완 해설집에 있는 '바로 채점 및 성적 분석 서비스' QR코드를 스캔하여 응시 인원 대비 본인의 성적 위치를 확인할 수 있습니다.

언어논리영역

1. 다음 글에서 알 수 있는 것은?

고려 정부는 범죄를 예방하고 사회질서를 유지하기 위하여 여러 가지 방책을 마련하였다. 특히, 수도인 개경은 국왕을 위시하여 정부 관료 등 주요 인사들이 거주하고 있을 뿐 아니라 중요 기관이 밀집된 가장 핵심적인 곳이었다. 그래서 고려 정부는 개경의 중요한 기관과 거점을 지키기 위한 군사 조직을 두었다. 도성 안의 관청과 창고를 지키는 간수군, 도성의 여러 성문을 방어하는 위숙군, 시장이나 시가의 주요 장소에 배치되는 검점군이 그것이다. 간수군을 포함한 이들 세 군사 조직은 본연의 업무뿐 아니라 순찰을 비롯한 도성 안의 치안 활동까지 담당하였다.

하지만 개경의 도시화가 진전됨에 따라 전문적인 치안 기구의 필요성이 증대되었다. 이에 성종은 개경 시내를 순찰하고 검문을 실시하는 전문적인 치안 조직인 순검군을 조직하였다. 순검군의 설치는 도성을 방위하고 국왕을 지키는 군대의 기능과 도성의 치안 유지를 위한 경찰의 기능이 분리되고 전문화된 것을 의미한다. 기존 군사 조직은 본연의 업무만을 담당하게 되었으며, 순검군은 치안과 질서 유지를 위하여 도성 안에서 순찰 활동, 도적 체포, 비행이나 불법을 저지르는 사람에 대한 단속 등의 활동을 담당하게 되었다.

그런데 범죄 행위나 정치적 음모, 범죄자의 도피 등은 주로 야간에 많이 일어났다. 이에 정부는 야간 통행을 금지하고 날이 저물면 성문을 닫게 하였으며, 급한 공무나 질병, 출생 등 부득이한 경우에만 사전 신고를 받고 야간에 통행하도록 하였다. 야간 통행이 금지되는 매일 저녁부터 새벽까지 도성 내를 순찰하는 활동, 즉 야경은 순검군의 중요한 업무가 되었다. 순검군은 도성 내의 군사 조직인 간수군, 위숙군, 검점군과 함께 개경의 안전을 책임지는 핵심적인 역할을 수행하였던 것이다.

① 개경은 고려의 다른 어떤 지역보다 범죄 행위가 많이 발생한 곳이었다.
② 순검군이 설치된 이후에도 도성의 성문을 지키는 임무는 위숙군에게 있었다.
③ 야간에 급한 용무로 시내를 통행하려는 사람은 먼저 시가지를 담당하는 검점군에 신고를 하였다.
④ 순검군은 야간 통행이 금지되는 저녁부터 새벽 시간까지 순찰 활동을 하며 성문 방어에도 투입되었다.
⑤ 순검군의 설치 이후에 간수군을 비롯한 개경의 세 군사 조직은 군대의 기능과 경찰의 기능을 모두 수행하였다.

2. 다음 글의 내용과 부합하는 것은?

고려 숙종 9년에 여진이 고려 동북면에 있는 정주성을 공격하였다. 고려는 윤관을 보내 여진을 막게 하였으며, 윤관이 이끄는 군대는 정주성 북쪽의 벽등수라는 곳에서 여진과 싸워 이겼다. 이에 여진은 사신을 보내 화의를 요청하였고, 고려는 이를 받아들였다. 그러나 윤관은 전투 과정에서 여진의 기병을 만나 고전하였기 때문에 대책을 세워야 한다고 생각하고, 숙종의 허락을 받아 별무반을 창설하였다. 별무반에는 기병인 신기군과 보병인 신보군, 적의 기병을 활로 막아내는 경궁군 등 다양한 부대가 편성되어 있었다.

윤관은 숙종의 뒤를 이은 예종 2년에 별무반을 이끌고 여진 정벌에 나섰다. 그는 정주성 북쪽으로 밀고 올라가 여진의 영주, 웅주, 복주, 길주를 점령하고 그곳에 성을 쌓았다. 이듬해 윤관은 정예 병사 8,000여 명을 이끌고 가한촌이라는 곳으로 나아갔다. 그런데 가한촌은 병목 지형이어서 병력을 지휘하기 어려웠다. 여진은 이러한 지형을 이용하여 길 양쪽에 매복하고 있다가 고려군을 기습하였다. 이때 윤관은 큰 위기를 맞이하였지만 멀리서 이를 본 척준경이 10여 명의 결사대를 이끌고 분전한 덕분에 영주로 탈출할 수 있었다. 이후 윤관은 여진의 끈질긴 공격을 물리치면서 함주, 공험진, 의주, 통태진, 평융진에도 성을 쌓아 총 9개의 성을 완성하였다. 윤관이 별무반을 이끌고 출정한 후 여진 지역에 쌓은 성이 모두 9개였기 때문에 그 지역을 동북 9성이라고 부른다.

하지만 여진은 이후 땅을 되찾기 위하여 여러 차례 웅주와 길주 등을 공격하였다. 윤관이 이끄는 고려군은 가까스로 이를 물리쳤지만, 여진이 성을 둘러싸고 길을 끊는 바람에 고립되는 일이 잦았다. 고려는 윤관 외에도 오연총 등을 파견하여 동북 9성에 대한 방비를 강화하였지만, 전투가 거듭될수록 병사들이 계속 희생되었고 물자 소비도 점점 많아졌다. 그래서 예종 4년에 여진이 자세를 낮추며 강화를 요청했을 때 고려는 이를 받아들이고 여진에 동북 9성 지역을 돌려주기로 하였다.

① 고려는 동북 9성을 방어하는 과정에서 병사들이 계속 희생되고 물자 소비도 늘어났기 때문에 여진의 강화 요청을 받아들였다.
② 오연총은 웅주에 있던 윤관이 여진군에 의해 고립된 사실을 알고 길주로부터 출정하여 그를 구출하였다.
③ 윤관은 여진군과의 끈질긴 전투 끝에 가한촌을 점령하고 그곳에 성을 쌓아 동북 9성을 완성하였다.
④ 척준경은 가한촌 전투에서 패배한 고려군을 이끌고 길주로 후퇴하였다.
⑤ 예종이 즉위하고 다음 해에 신기군과 신보군, 경궁군이 창설되었다.

3. 다음 글의 핵심 논지로 가장 적절한 것은?

> 우리는 보통 먹거리의 생산에 대해서는 책임을 묻는 것이 자연스럽다고 생각하면서도 먹거리의 소비는 책임져야 하는 행위로 생각하지 않는다. 우리는 무엇을 먹을 때 좋아하고 익숙한 것 그리고 싸고, 빠르고, 편리한 것을 찾아서 먹을 뿐이다. 그런데 먹는 일에도 윤리적 책임이 동반된다고 생각해 볼 수 있지 않을까?
>
> 먹는 행위를 두고 '잘 먹었다' 혹은 '잘 먹는다'고 말할 때 '잘'을 평가하는 기준은 무엇일까? 신체가 요구하는 영양분을 골고루 섭취하는 것은 생물학적 차원에서 잘 먹는 것이고, 섭취하는 음식을 통해 다양한 감각들을 만족시키며 개인의 취향을 계발하는 것은 문화적인 차원에서 잘 먹는 것이다. 그런데 이 경우들의 '잘'은 윤리적 의미를 띠고 있는 것 같지 않다. 이 두 경우는 먹는 행위를 개인적 경험의 차원으로 축소하기 때문이다.
>
> '잘 먹는다'는 것의 윤리적 차원은 우리의 먹는 행위가 그저 개인적 차원에서 일어나는 일이 아니라, 다른 사람들, 동물들, 식물들, 서식지, 토양 등과 관계를 맺는 행위임을 인식하기 시작할 때 비로소 드러난다. 오늘날 먹거리의 전 지구적인 생산·유통·소비 체계 속에서, 우리는 이들을 경제적 자원으로만 간주하는 특정한 방식으로 이들과 관계를 맺고 있다. 그러한 관계의 방식은 공장식 사육, 심각한 동물 학대, 농약과 화학비료 사용에 따른 토양과 물의 오염, 동식물의 생존에 필수적인 서식지 파괴, 전통적인 농민 공동체의 파괴, 불공정한 노동 착취 등을 동반한다.
>
> 우리가 무엇을 어떻게 먹는가 하는 것은 결국 우리가 그런 관계망에 속한 인간이나 비인간 존재를 어떻게 대우하고 있는가를 드러내며, 불가피하게 이러한 관계망의 형성이나 유지 혹은 변화에 기여하게 된다. 우리의 먹는 행위에 따라 이런 관계망의 모습은 바뀔 수도 있다. 그렇기에 이러한 관계들은 먹는 행위를 윤리적 반성의 대상으로 끌어 올린다.

① 윤리적으로 잘 먹기 위해서는 육식을 지양해야 한다.
② 먹는 행위에 대해서도 윤리적 차원을 고려하여야 한다.
③ 건강 증진이나 취향 만족을 위한 먹는 행위는 개인적 차원의 평가 대상일 뿐이다.
④ 먹는 행위는 동물, 식물, 토양 등의 비인간 존재와 인간 사이의 관계를 만들어낸다.
⑤ 먹는 행위를 평가할 때에는 먹거리의 소비자보다 생산자의 윤리적 책임을 더 고려하여야 한다.

4. 다음 글의 핵심 논지로 가장 적절한 것은?

> 지방분권화 시대를 맞아 지역의 균형 발전과 경제 활성화를 함께 도모할 수 있는 방안으로 지역문화콘텐츠의 역할이 강조되고 있다. 이와 관련하여 생태환경, 문화재, 유적지 등의 지역 자원을 이용해 지역에 생명을 불어넣고 지역의 특화된 가치를 창출하는 사례가 늘고 있다. 지역문화콘텐츠의 성공은 지역 산업의 동력이 될 뿐 아니라 지역민의 문화향유권 확장에 이바지한다는 점에서도 주목할 만하다.
>
> 그러나 지역문화콘텐츠의 전망이 밝기만 한 것은 아니다. 지역 내부의 문제로 우수한 문화자원이 빛을 보지 못하거나 특정 축제를 서로 자기 지역에 유치하기 위한 과잉 경쟁으로 지방자치단체가 몸살을 앓기도 한다. 또한, 불필요한 시설과 인프라 구축, 유사한 콘텐츠의 양산 및 미흡한 활용 등의 문제로 지역 예산을 헛되이 낭비한 사례도 적지 않다.
>
> 이러한 문제들이 많아지자, ○○부는 유사·중복 축제 행사를 통폐합하는 지방재정법 시행령과 심사 규칙 개정안을 내놓았다. 이 개정안은 특색 없는 콘텐츠를 정리하고 경쟁력 있는 콘텐츠 개발을 장려하는 것이 주목적이다. 하지만 이러한 방식만으로는 지역문화콘텐츠의 성공을 기대하기 어렵다.
>
> 그동안 지역문화 정책과 사업이 새로운 콘텐츠를 발굴·제작하는 데만 주력해 온 탓에 향유의 지속성 측면을 고려하지 못했다. 이로 인해, 관련 사업은 일부 향유자만을 대상으로 하거나 단발적인 제작 지원에 그쳐 지역민의 문화자원 향유가 지속되는 데 어려움이 있었다. 향유자에 초점을 둔 실효성 있는 정책을 실현하려면, 향유의 지속성까지 염두에 두어야 한다. 콘텐츠와 향유자를 잇고, 향유자의 향유 경험을 지속시킬 때 콘텐츠는 영속할 수 있다. 향유자에 의한 콘텐츠의 공유와 확산이 활발하게 이루어지는 향유, 아울러 향유자가 콘텐츠의 소비·매개·재생산의 주체가 되는 향유를 위한 방안이 개발되어야 한다. 이러한 방안을 통해 이미 만들어진 우수한 지역문화콘텐츠의 생명력을 연장하고 콘텐츠 향유의 활성화를 꾀할 수 있다.

① 중앙정부와 지방자치단체의 협력을 통해 지역문화콘텐츠의 경쟁력을 강화해야 한다.
② 새로운 콘텐츠의 발굴과 제작을 통해 지역문화콘텐츠의 생명력을 연장하고 활성화해야 한다.
③ 지역문화콘텐츠를 향유자와 연결하고 향유자의 향유 경험을 지속하게 할 방안을 마련해야 한다.
④ 지역문화콘텐츠 향유자 스스로 자신이 콘텐츠의 소비·매개·재생산의 주체임을 인식해야 한다.
⑤ 지역문화콘텐츠가 지역 산업의 발전과 지역민의 문화 향유 기회 확대에 기여할 수 있도록 중앙정부의 경제적 지원이 증대되어야 한다.

5. 다음 글의 내용과 부합하지 않는 것은?

> 정부는 공공사업 수립·추진 과정에서 사회적 갈등이 예상되는 경우 갈등영향분석을 통해 해결책을 마련하여야 한다. 갈등은 다양한 요인 및 양태 그리고 복잡한 이해관계를 갖고 있다. 따라서 갈등영향분석의 실시 여부는 공공사업의 규모, 유형, 사업 관련 이해집단의 분포 등 다양한 지표들을 고려하여 판단하여야 한다.
>
> 갈등영향분석 실시 여부의 대표적인 판단 지표 중 하나는 실시 대상 사업의 경제적 규모이다. 해당 사업을 수행하는 기관장은 예비타당성 조사 실시 기준인 총사업비를 판단 지표로 활용하여 갈등영향분석의 실시 여부를 판단하되, 그 경제적 규모가 실시 기준 이상이라도 갈등 발생 여지가 없거나 미미한 경우에는 갈등관리심의위원회 심의를 거쳐 갈등영향분석을 실시하지 않을 수 있다.
>
> 실시 대상 사업의 유형도 갈등영향분석 실시 여부의 판단 지표가 된다. 쓰레기 매립지, 핵폐기물처리장 등 기피 시설의 입지선정은 지역사회 갈등을 유발하는 대표적 유형이다. 이러한 사업 유형은 경제적 규모와 관계없이 반드시 갈등영향분석이 이루어져야 한다. 해당 사업을 수행하는 기관장은 대상 시설이 기피 시설인지 여부를 판단할 때, 단독으로 판단하지 말고 지역 주민 관점에서 검토할 수 있도록 민간 갈등관리전문가 등의 자문을 거쳐야 한다.
>
> 갈등영향분석을 시행하기로 결정했다면, 해당 사업을 수행하는 기관장 주관으로, 갈등관리심의위원회의 자문을 거쳐 해당 사업과 관련된 주요 이해당사자들이 중립적이라고 인정하는 전문가가 갈등영향분석서를 작성하여야 한다. 이렇게 작성된 갈등영향분석서는 반드시 모든 이해당사자들의 회람 후에 해당 기관장에게 보고되고 갈등관리심의위원회에서 심의되어야 한다.

① 정부가 갈등영향분석 실시 여부를 판단할 때 예비타당성 조사 실시 기준인 총사업비를 판단 지표로 활용한다.
② 기피 시설 여부를 판단할 때 해당 사업을 수행하는 기관장이 별도 절차 없이 단독으로 판단해서는 안 된다.
③ 갈등영향분석서는 정부가 주관하여 중립적 전문가의 자문하에 해당 기관장이 작성하여야 한다.
④ 갈등영향분석서를 작성한 후에는 이해당사자가 회람하는 절차가 있어야 한다.
⑤ 갈등관리심의위원회는 갈등영향분석 실시 여부의 판단에 관여할 수 있다.

6. 다음 글에서 알 수 있는 것은?

> ○○시 교육청은 초·중학교 기초학력 부진학생의 기초학력 향상을 위해 3단계의 체계적인 지원체계를 구축하였다. 이는 학습 사각지대에 놓여있는 학생들을 조기에 발견하고, 학생 여건과 특성에 맞는 서비스를 제공하여 기초학력 부진을 해결하기 위한 조치이다.
>
> 1단계 지원은 기초학력 부진 판정을 받은 모든 학생을 대상으로 하며, 해당 학생에 대한 지도는 학교 내에서 담임교사가 담당한다. 학교 내에서 교사가 특별학습 프로그램을 진행하는 것이다.
>
> 2단계 지원은 기초학력 부진 판정을 받은 학생 중 복합적인 요인으로 어려움을 겪는 것으로 판정된 학생인 복합요인 기초학력 부진학생을 대상으로 권역학습센터에서 이루어진다. 권역학습센터는 권역별 1곳씩 총 5곳에 설치되어 있으며, 이곳에서 학습멘토 프로그램을 운영한다. 이 프로그램에 참여하는 지원 인력은 ○○시의 인증을 받은 학습상담사이며, 기초학력 부진학생의 학습멘토 역할을 담당하게 된다.
>
> 3단계 지원은 복합요인 기초학력 부진학생 중 주의력결핍과잉행동장애 또는 난독증 등의 문제로 학습에 어려움을 겪는 학생을 대상으로 ○○시 학습종합클리닉센터에서 이루어진다. ○○시 학습종합클리닉센터는 교육청 차원에서 지역사회 교육전문가를 초빙하여 해당 학생들을 위한 전문학습클리닉 프로그램을 운영한다. 이에 더해 소아정신과 전문의 등으로 이루어진 의료지원단을 구성하여 의료적 도움을 줄 수 있도록 한다.

① ○○시 학습종합클리닉센터는 ○○시에 총 5곳이 설치되어 있다.
② 기초학력 부진학생으로 판정된 학생은 학습멘토 프로그램에 참여할 수 없다.
③ 복합요인 기초학력 부진학생으로 판정된 학생 중 의료지원단의 의료적 도움을 받는 학생이 있을 수 있다.
④ 학습멘토 프로그램 및 전문학습클리닉 프로그램에 참여하는 지원 인력은 ○○시의 인증을 받지 않아도 된다.
⑤ 난독증이 있는 학생은 기초학력 부진 판정을 받지 않았더라도 ○○시 학습종합클리닉센터에서 운영하는 프로그램에 참여할 수 있다.

7. 다음 대화의 ㉠에 따라 <안내>를 수정한 것으로 적절하지 않은 것은?

> 갑: 지금부터 회의를 시작하겠습니다. 이 자리는 A시 시민안전보험의 안내문을 함께 검토하기 위한 자리입니다. A시 시민안전보험의 내용을 시민들에게 효과적으로 전달하기 위해서 수정 및 보완이 필요한 부분이 있다면 자유롭게 말씀해주시기 바랍니다.
> 을: 시민안전보험의 혜택을 누릴 수 있는 대상이 더 정확하게 표현되면 좋겠습니다. 단순히 A시에서 생활하는 사람이 아닌 A시에 주민으로 등록한 사람이라는 점이 명확하게 드러나야 한다고 생각합니다.
> 병: 2024년도부터는 시민안전보험의 보장 항목이 기존의 8종에서 10종으로 확대되었습니다. 보장 항목을 안내하면서 새롭게 추가된 두 가지 항목인 개 물림 사고와 사회재난 사망 사고를 포함하면 좋겠습니다.
> 정: 시민안전보험의 보험 기간뿐만 아니라 청구 기간에 대한 정보도 필요합니다. 보험 기간 내에 발생한 사고에 대해서 사고 발생 시점을 기준으로 할 때 보험금을 언제까지 청구할 수 있는지에 대한 안내가 추가되면 좋을 것 같습니다.
> 무: 보험금을 어디로 그리고 어떻게 청구할 수 있는지에 대한 구체적 정보도 부족합니다. 시민안전보험에 관심을 가진 시민이라면 연락처 정보만으로는 부족하다고 여길 것 같습니다. 안내문에 보험금 청구에 필요한 대표적인 서류들을 제시하면 어떨까요?
> 갑: 좋은 의견을 개진해주셔서 감사합니다. 참고로 최근 민간 기업과의 업무 협약을 통해 A시 누리집뿐만 아니라 코리아톡 앱을 통해서도 A시 시민안전보험에 관한 정보를 확인할 수 있게 되어 이 점 역시 이번에 안내할 계획입니다. 그럼 ㉠오늘 회의에서 논의된 내용을 반영하여 안내문을 수정하도록 하겠습니다. 감사합니다.

<안 내>

> 우리 모두의 안전은 2024년 A시 시민안전보험 가입으로!
> ○ 가입 대상: A시 구성원 누구나
> ○ 보험 기간: 2024. 1. 1.~2024. 12. 31.
> ○ 보장 항목: 대중교통 이용 중 상해·후유장애 등 총 8종의 사고 보장
> ○ 청구 방법: B보험사 통합상담센터로 문의
> ○ 참고 사항: 자세한 관련 내용은 A시 누리집을 통해서도 확인 가능

① 가입 대상을 'A시에 주민으로 등록한 사람 누구나'로 수정한다.
② 보험 기간을 '2024. 1. 1.~2024. 12. 31. (보험 기간 내 사고 발생일로부터 3년 이내 보험금 청구 가능)'로 수정한다.
③ 보장 항목을 '대중교통 이용 중 상해·후유장애, 개 물림 사고, 사회재난 사망 사고 등 총 10종의 사고 보장'으로 수정한다.
④ 청구 방법을 '청구 절차 및 필요 서류는 B보험사 통합상담센터 (Tel. 15×× - ××××)로 문의'로 수정한다.
⑤ 참고 사항을 '자세한 관련 내용은 A시 누리집 및 코리아톡 앱을 통해서도 확인 가능'으로 수정한다.

8. 다음 대화의 ㉠으로 적절한 것만을 <보기>에서 모두 고르면?

> 갑: 최근 전동킥보드, 전동휠 등 개인형 이동장치 사고가 급증하고 있습니다. 도대체 무엇 때문에 이러한 현상이 나타나는 것일까요? 이에 대해 여러분은 어떤 의견을 가지고 있나요?
> 을: 원동기 면허만 있으면 19세 미만 미성년자도 개인형 이동장치를 이용할 수 있습니다. 하지만 원동기 면허가 없는 사람들도 많이 이용하고 있습니다. 안전 의식이 부족한 이용자가 증가해 사고가 더 많이 발생하는 것이지요.
> 병: 저는 개인형 이동장치의 경음기 부착 여부가 사고 발생 확률에 유의미한 영향을 미친다고 생각합니다. 현재 상당수의 개인형 이동장치는 경고음을 낼 수 있는 경음기가 부착되어 있지 않기 때문에 개인형 이동장치가 빠른 속도로 달려와도 주변에서 이를 인지하지 못하는 경우가 많습니다. 이것이 사고가 발생하는 주요한 원인이라고 생각합니다.
> 정: 저는 개인형 이동장치를 이용할 수 있는 인프라가 부족하다는 점이 가장 큰 원인이라고 생각합니다. 개인형 이동장치 이용자들은 안전한 운행이 가능한 도로를 원하고 있으나, 그러한 개인형 이동장치 전용도로를 갖춘 지역은 드뭅니다. 이처럼 인프라 수요를 공급이 따라가지 못해 사고가 발생하는 것입니다.
> 갑: 여러분 좋은 의견 제시해주셔서 감사합니다. 그렇다면 말씀하신 의견을 검증하기 위해 ㉠필요한 자료를 조사해 주세요.

<보 기>

> ㄱ. 미성년자 중 원동기 면허 취득 비율과 19세 이상 성인 중 원동기 면허 취득 비율
> ㄴ. 경음기가 부착된 개인형 이동장치 1대당 평균 사고 발생 건수와 경음기가 부착되지 않은 개인형 이동장치 1대당 평균 사고 발생 건수
> ㄷ. 개인형 이동장치 등록 대수가 가장 많은 지역의 개인형 이동장치 사고 발생 건수와 개인형 이동장치 등록 대수가 가장 적은 지역의 개인형 이동장치 사고 발생 건수

① ㄱ
② ㄴ
③ ㄱ, ㄷ
④ ㄴ, ㄷ
⑤ ㄱ, ㄴ, ㄷ

9. 다음 글의 (가)와 (나)에 들어갈 말을 적절하게 짝지은 것은?

> 갑은 국민 개인의 삶의 질을 1부터 10까지의 수치로 평가하고 이 수치를 모두 더해 한 국가의 행복 정도를 정량화한다. 예를 들어, 삶의 질이 모두 5인 100명의 국민으로 구성된 국가의 행복 정도는 500이다.
>
> 갑은 이제 국가의 행복 정도가 클수록 더 행복한 국가라고 하면서 어느 국가가 더 행복한 국가인지까지도 서로 비교하고 평가할 수 있다고 주장한다. 하지만 갑의 주장은 받아들이기 어렵다. 행복한 국가라면 그 국가의 대다수 국민이 높은 삶의 질을 누리고 있다고 보는 것이 일반적인 직관인데, 이 직관과 충돌하는 결론이 나오기 때문이다. 예를 들어, A국과 B국의 행복 정도를 비교하는 다음의 경우를 생각해 보자. [(가)], B국에서 가장 높은 삶의 질을 지닌 국민이 A국에서 가장 낮은 삶의 질을 지닌 국민보다 삶의 질 수치가 낮다. 그러면 갑은 [(나)]. 그러나 이러한 결론에 동의할 사람은 거의 없을 것이다.

① (가): A국의 행복 정도가 B국의 행복 정도보다 더 크지만
 (나): B국이 A국보다 더 행복한 국가라고 말해야 할 것이다
② (가): A국의 행복 정도가 B국의 행복 정도보다 더 크지만
 (나): A국이 B국보다 더 행복한 국가라고 말해야 할 것이다
③ (가): A국의 행복 정도와 B국의 행복 정도가 같지만
 (나): B국이 A국보다 더 행복한 국가라고 말해야 할 것이다
④ (가): B국의 행복 정도가 A국의 행복 정도보다 더 크지만
 (나): B국이 A국보다 더 행복한 국가라고 말해야 할 것이다
⑤ (가): B국의 행복 정도가 A국의 행복 정도보다 더 크지만
 (나): A국이 B국보다 더 행복한 국가라고 말해야 할 것이다

10. 다음 글의 (가)와 (나)에 들어갈 말을 <보기>에서 골라 적절하게 짝지은 것은?

> 고대 철학자 A가 궁극적인 목적으로 삼았던 것은 행복한 삶이었다. 그런데 A가 가진 행복 개념은 현대인들이 가지고 있는 행복 개념과 다소 차이가 있다. 우리가 일상적으로 '행복'이라는 말을 사용할 때는 단순히 주관적 심리 상태를 지칭하는 경우가 많다. 하지만 A는 행복이 주관적 심리 상태만으로는 충분하지 않고, 그런 심리 상태를 뒷받침하는 객관적 조건이 반드시 갖추어져 있어야 한다고 생각했다. 요컨대, A가 사용한 행복 개념에 따르면, [(가)]. 그러나 A는 행복이 주관적 심리 상태만으로는 충분하지 않다고 하더라도, 주관적 심리 상태가 행복의 필수 조건임은 부정할 수 없다고 보았다. 따라서 A에게는 [(나)].

<보 기>

ㄱ. 자신이 행복하다고 느끼고 있으면서도 행복하지 않은 경우란 있을 수 없다
ㄴ. 자신이 행복하다고 느끼고 있으면서도 행복하지 않은 경우가 있을 수 있다
ㄷ. 자신이 행복하지 않다고 느끼고 있으면서도 행복한 경우란 있을 수 없다

	(가)	(나)
①	ㄱ	ㄴ
②	ㄱ	ㄷ
③	ㄴ	ㄱ
④	ㄴ	ㄷ
⑤	ㄷ	ㄴ

11. 다음 글에서 추론할 수 있는 것만을 <보기>에서 모두 고르면?

진수는 병원에서 급성 중이염을 진단 받고, 항생제 투여 결과 이틀 만에 크게 호전되었다. 진수의 중이염 증상이 빠르게 호전된 것을 '항생제 투여 때문'이라고 답하는 것은 자연스러운 설명이다. 그런데 이것이 좋은 설명이 되려면, 그러한 증상의 치유에 항생제의 투여가 관련되어 있음을 보여 줄 필요가 있다.

확률의 차이는 이러한 관련성을 보여 주는 한 가지 방식이다. 예컨대 급성 중이염 증상에 대해 항생제 투여 없이 그대로 자연 치유에 맡기는 경우, 그 증상이 치유될 확률이 20%라고 하자. 이를 기준으로 삼아서 항생제 투여가 급성 중이염의 치유에 대해 갖는 긍정적 효과와 부정적 효과를 구분할 수 있다. 가령 항생제 투여를 할 경우에 그 확률이 80%라면, 이는 항생제 투여가 급성 중이염의 치유에 긍정적 효과가 있음을 보여 주는 것이다. 거꾸로, 급성 중이염의 치유를 위해 개발 과정에 있는 신약을 투여했더니 그 확률이 10%라는 조사 결과가 있다면, 이는 신약 투여가 급성 중이염의 치유에 부정적 효과가 있음을 보여 주는 것이다. 물론 두 경우 모두, 급성 중이염의 치유에 투여된 약 이외의 다른 요인이 개입하지 않았다는 점이 보장되어야 한다.

<보 기>

ㄱ. 투여된 약이 증상의 치유에 어떠한 효과도 없다는 것을 보이기 위해서는, 약을 투여하더라도 증상이 치유될 확률에 변화가 없을 뿐 아니라 약의 투여 이외의 다른 요인이 개입되지 않았다는 것이 밝혀져야 한다.

ㄴ. 투여된 약이 증상의 치유에 긍정적인 효과가 있다는 것을 보이기 위해서는 증상이 치유될 확률이 약의 투여 이전보다 이후에 더 높아지는 것을 보이는 것으로 충분하다.

ㄷ. 약 투여 이외의 다른 요인이 개입되지 않았다고 전제할 경우에, 투여된 약이 증상의 치유에 긍정적인 효과가 없다는 것을 보이기 위해서는 증상이 치유될 확률이 약의 투여 이전보다 이후에 더 낮아지는 것을 보이는 것이 필요하다.

① ㄱ
② ㄴ
③ ㄱ, ㄷ
④ ㄴ, ㄷ
⑤ ㄱ, ㄴ, ㄷ

12. 다음 갑~정의 논쟁에 대한 분석으로 적절한 것만을 <보기>에서 모두 고르면?

갑: 우리는 보통 인간이나 동물이 어떤 특성을 지니고 있어서 그에 부합하는 도덕적 지위를 갖는다고 생각한다. 의식이 바로 그런 특성이다. 나는 인공지능 로봇도 같은 방식으로 그 도덕적 지위를 결정해야 한다고 생각한다. 그래서 우리는 그런 로봇에게 의식이 있는지를 따져 봐야 할 것이다. 나는 인공지능 로봇이 의식을 갖는다고 생각한다.

을: 도덕적 지위를 결정하는 기준에 대해서는 나도 갑과 생각이 같다. 하지만 나는 바로 그런 이유에서 인공지능 로봇에게 도덕적 지위를 부여할 수 없다고 생각한다. 로봇은 기계이므로 의식을 갖는 것이 가능하지 않기 때문이다.

병: 나는 인공지능 로봇에게 의식이 있는지 없는지가 그것에게 도덕적 지위를 부여하느냐 마느냐를 결정하는 근거가 될 수 없다고 생각한다. 인공지능 로봇에게 의식이 있을 수도 있겠지만, 인간의 필요에 의해서 만든 도구적 존재에게 도덕적 지위를 부여하는 것은 말이 안 된다.

정: 어떤 존재의 도덕적 지위는 우리가 그 존재와 어떤 관계를 맺고 있는지에 따라 결정된다. 우리가 로봇과 가족이나 친구와 같은 유의미한 관계를 맺고 있다면, 인공지능 로봇이 의식을 갖지 않는 경우라 해도, 로봇에게 도덕적 지위를 부여해야 한다.

<보 기>

ㄱ. 을과 정은 인공지능 로봇에게는 의식이 없다고 생각한다.

ㄴ. 인공지능 로봇에게 의식이 있어도 도덕적 지위를 부여할 수 없다고 생각하는 사람이 있다.

ㄷ. 인공지능 로봇에게 실제로 의식이 있다고 밝혀진다면, 네 명 중 한 명은 인공지능 로봇에게 도덕적 지위를 부여해야 하는가에 대한 입장을 바꿔야 한다.

① ㄱ
② ㄴ
③ ㄱ, ㄷ
④ ㄴ, ㄷ
⑤ ㄱ, ㄴ, ㄷ

13. 다음 글에서 추론할 수 있는 것만을 <보기>에서 모두 고르면?

○○부는 올여름 폭염으로 국가적 전력 부족 사태가 예상됨에 따라 '공공기관 에너지 절약 세부 실천대책'을 발표하였다. 이에 따르면 공공기관은 냉방설비를 가동할 때 냉방 온도를 25℃ 이상으로 설정하여야 한다. 또한 14~17시에는 불필요한 전기 사용을 자제하여야 한다.

○○부는 추가적으로, 예비전력을 기준으로 전력수급 위기단계를 준비단계(500만 kW 미만 400만 kW 이상), 관심단계(400만 kW 미만 300만 kW 이상), 주의단계(300만 kW 미만 200만 kW 이상), 경계단계(200만 kW 미만 100만 kW 이상), 심각단계(100만 kW 미만) 순의 5단계로 설정하였다. 전력수급 상황에 따라 위기단계가 통보되면 공공기관은 아래 <표>에 따라 각 위기단계의 조치 사항을 이행하여야 한다. 이때의 조치 사항에는 그 전 위기단계까지의 조치 사항이 포함되어야 한다.

<표> 전력수급 위기단계별 조치 사항

위기단계	조치 사항
준비단계	실내조명과 승강기 사용 자제
관심단계	냉방 온도 28℃ 이상으로 조정
주의단계	냉방기 사용 중지, 실내조명 50% 이상 소등
경계단계	필수 기기를 제외한 모든 사무기기 전원 차단
심각단계	실내조명 완전 소등, 승강기 가동 중지

다만 장애인 승강기는 전력수급 위기단계와 관계없이 상시 가동하여야 한다. 또한 의료기관, 아동 및 노인 등 취약계층 보호시설은 냉방 온도 제한 예외 시설로서 자체적으로 냉방 온도를 설정하여 운영할 수 있다.

<보 기>

ㄱ. 예비전력이 50만 kW일 때 모든 공공기관은 실내조명을 완전 소등하여야 하며, 예비전력이 180만 kW일 때는 50% 이상 소등하여야 한다.

ㄴ. 취약계층 보호시설에 해당하지 않는 공공기관은 예비전력이 280만 kW일 때 냉방 온도를 24℃로 설정할 수 없으나, 예비전력이 750만 kW일 때는 설정할 수 있다.

ㄷ. 전력수급 위기단계가 심각단계일 때 취약계층 보호시설에 해당하는 공공기관은 장애인 승강기를 가동할 수 있으나 취약계층 보호시설에 해당하지 않는 공공기관은 장애인 승강기 가동을 중지하여야 한다.

① ㄱ
② ㄷ
③ ㄱ, ㄴ
④ ㄴ, ㄷ
⑤ ㄱ, ㄴ, ㄷ

14. 다음 글의 내용이 참일 때, 반드시 참인 것만을 <보기>에서 모두 고르면?

갑은 <공직 자세 교육과정>, <리더십 교육과정>, <글로벌 교육과정>, <직무 교육과정>, <전문성 교육과정>의 다섯 개 과정으로 이루어진 공직자 교육 프로그램에 참여할 것을 고려하고 있다. 갑이 <공직 자세 교육과정>을 이수한다면 <리더십 교육과정>도 이수한다. 또한 갑이 <글로벌 교육과정>을 이수한다면 <직무 교육과정>과 <전문성 교육과정>도 모두 이수한다. 그런데 갑은 <리더십 교육과정>을 이수하지 않거나 <전문성 교육과정>을 이수하지 않는다.

<보 기>

ㄱ. 갑은 <공직 자세 교육과정>을 이수하지 않거나 <글로벌 교육과정>을 이수하지 않는다.

ㄴ. 갑이 <직무 교육과정>을 이수하지 않는다면 <글로벌 교육과정>도 이수하지 않는다.

ㄷ. 갑은 <공직 자세 교육과정>을 이수하지 않는다.

① ㄱ
② ㄷ
③ ㄱ, ㄴ
④ ㄴ, ㄷ
⑤ ㄱ, ㄴ, ㄷ

15. 다음 글에서 갑이 새롭게 입수한 '정보'로 적절한 것은?

> 월요일부터 목요일까지 하루에 한 차례씩 시험 출제 회의가 열렸다. 회의에 참석한 시험위원들에 관한 자료를 정리하던 주무관 갑은 다음의 사실을 파악하였다.
> ○ 월요일에 참석한 시험위원은 모두 수요일에도 참석했다.
> ○ 화요일에 참석한 시험위원은 누구도 수요일에는 참석하지 않았다.
> ○ 수요일에 참석한 시험위원 중 적어도 한 사람은 목요일에도 참석했다.
> 갑은 이 사실에 새롭게 입수한 '정보'를 더하여 "월요일에는 참석하지 않았지만 목요일에는 참석한 시험위원이 적어도 한 사람은 있다."는 것을 알아내었다.

① 월요일에 참석하지 않은 시험위원이 적어도 한 사람은 있다.
② 화요일에 참석하지 않은 시험위원이 적어도 한 사람은 있다.
③ 수요일에 참석한 시험위원 중 적어도 한 사람은 목요일에 참석하지 않았다.
④ 목요일에는 참석하지 않았지만 월요일에는 참석한 시험위원이 적어도 한 사람은 있다.
⑤ 월요일에 참석한 시험위원 중에는 목요일에 참석한 시험위원은 없다.

16. 다음 글의 내용이 참일 때, 반드시 참인 것만을 <보기>에서 모두 고르면?

> 국제해양환경회의에 5명의 대표자가 참석하여 A, B, C, D 4개 정책을 두고 토론회를 열었다. 대표자들은 모두 각 정책에 대해 찬반 중 하나의 입장을 분명하게 표명했으며, 각자 하나 이상의 정책에 찬성하고 하나 이상의 정책에 반대한 것으로 드러났다. 그들의 입장을 정리한 결과는 다음과 같다.
> ○ A에 찬성하는 대표자는 2명이다.
> ○ A에 찬성하는 대표자는 모두 B에 찬성한다.
> ○ B에 찬성하는 대표자 중에 C에 찬성하는 사람과 반대하는 사람은 동수이다.
> ○ B와 D에 모두 찬성하는 대표자는 아무도 없다.
> ○ D에 찬성하는 대표자는 2명이다.
> ○ D에 찬성하는 대표자는 모두 C에 찬성한다.

<보 기>

ㄱ. 3개 정책에 반대하는 대표자가 있다.
ㄴ. B에 찬성하는 대표자는 2명이다.
ㄷ. C에 찬성하는 대표자가 가장 많다.

① ㄱ
② ㄴ
③ ㄱ, ㄷ
④ ㄴ, ㄷ
⑤ ㄱ, ㄴ, ㄷ

17. 다음 글에서 추론할 수 있는 것만을 <보기>에서 모두 고르면?

포유동물의 발생 과정에서 폐는 가장 늦게 그 기능을 발휘하는 기관 중 하나이다. 폐 내부의 폐포는 숨을 들이마시면 부풀어 오르는데 이때 폐포로 들어온 공기와 폐포를 둘러싸고 있는 모세혈관의 혈액 사이에 기체교환이 일어난다. 즉 공기 중의 산소를 혈액으로 전달하고 혈액에 있는 이산화탄소가 폐포 내에 있는 공기로 배출된다. 폐포가 정상적으로 기능을 발휘하려면 폐포가 접촉해도 서로 들러붙지 않도록 하는 충분한 양의 계면 활성제가 필요하다. 폐포 세포가 분비하는 이 계면 활성제는 임신 기간이 거의 끝날 때쯤, 즉 사람의 경우 임신 약 34주째쯤, 충분히 폐포에 분비되어 비로소 호흡할 수 있는 폐가 형성된다.

태아의 폐가 정상 기능을 하게 되면 곧이어 출산이 일어난다. 쥐 실험을 통해 호흡이 가능한 폐의 형성과 출산이 어떻게 연동되는지 확인되었다. 임신한 실험 쥐의 출산일이 다가오면, 쥐의 태아 폐포에서는 충분한 양의 계면 활성제가 분비되고 그중 일부가 양수액으로 이동하여 양수액에 있는 휴면 상태의 대식세포를 활성화시킨다. 활성화된 대식세포는 양수액에서 모태 쥐의 자궁 근육 안으로 이동하여, 자궁 근육 안에서 물질 A를 분비하게 한다. 물질 A는 비활성 상태의 효소 B에 작용하여 그것을 활성 상태로 바꾸고 활성화된 효소 B는 자궁 근육 안에서 물질 C가 만들어지게 하는데, 물질 C는 효소 B가 없으면 만들어지지 않는다. 이렇게 만들어진 물질 C가 일정 수준의 농도가 되면 자궁 근육을 수축하게 하여 쥐의 출산이 일어나게 하는데, 물질 C가 일정 수준의 농도에 이르지 않으면 자궁 근육의 수축이 일어나지 않는다.

<보 기>

ㄱ. 태아 시기 쥐의 폐포에서 물질 A가 충분히 발견되지 않는다면, 그 쥐의 폐는 정상적으로 기능을 발휘할 수 없다.
ㄴ. 임신 초기부터 효소 B가 모두 제거된 상태로 유지된 암쥐는 출산 시기가 되어도 자궁 근육의 수축이 일어나지 않는다.
ㄷ. 출산을 며칠 앞둔 암쥐의 자궁 근육에 물질 C를 주입하여 물질 C가 일정 수준의 농도에 이르게 되면 출산이 유도된다.

① ㄱ
② ㄴ
③ ㄱ, ㄷ
④ ㄴ, ㄷ
⑤ ㄱ, ㄴ, ㄷ

18. 다음 글에서 추론할 수 없는 것은?

물속에서 눈을 뜨면 물체를 뚜렷하게 볼 수 없다. 이는 공기에 대한 각막의 상대 굴절률이 물에 대한 각막의 상대 굴절률과 달라서 물속에서는 상이 망막에 선명하게 맺히기 힘들기 때문이다. 그런데 수경을 쓰면 빛이 공기에서 각막으로 굴절되어 망막에 들어오므로 상이 망막에 선명하게 맺혀서 물체를 뚜렷하게 볼 수 있다.

초기 형태의 수경은 덮개 형태의 두 부분으로 구성되어 있고 두 부분은 각각 오른쪽 눈과 왼쪽 눈을 덮고 있다. 한쪽 부분 안의 공기량이 약 7.5mL인 이 수경을 쓸 경우 3m 이상 잠수하면 결막 출혈이 생길 수 있다. 이런 현상은 다음과 같은 이유로 나타난다. 잠수를 하면 몸은 물의 압력인 수압을 받게 되는데, 수압은 잠수 깊이가 깊어질수록 커진다. 잠수 시 수압에 의해 신체가 압박되어 신체의 부피가 줄어들면서 체내 압력이 커져 수압과 같아지게 되는 반면, 수경 내부 공기의 부피는 변하지 않으므로 수경 내의 공기압인 수경 내압은 변하지 않는다. 이때 체내 압력이 수경 내압보다 일정 수준 이상 커지면 안구 안팎에 큰 압력 차이가 나타나 눈의 혈관이 압력차를 견디지 못하고 파열되어 결막 출혈이 일어난다. 초기 형태의 수경을 사용하던 해녀들은 깊이 잠수해 들어갈 때 흔히 이러한 결막 출혈을 경험하였다.

이러한 문제를 극복할 수 있도록 만들어진 수경 '부글래기'는 기존 수경에 공기가 담긴 고무주머니를 추가한 것인데 이 고무주머니는 수경 내부와 연결되어 있다. 이 수경은 잠수 시 수압에 의해 고무주머니가 압축되면, 고무주머니 내의 공기가 수압과 수경 내압이 같아질 때까지 수경 내로 이동하여 안구 안팎에 압력 차이가 나타나는 것을 막아 잠수 시 나타날 수 있는 결막 출혈을 방지한다. 우리나라에서는 모슬포 지역의 해녀들이 부글래기를 사용한 적이 있다.

오늘날 해녀들은 '큰눈' 또는 '왕눈'으로 불리는, 눈뿐만 아니라 코까지 덮는 수경을 사용한다. 이런 수경을 쓰면 잠수 시 수압에 의하여 폐가 압축되어 수압과 수경 내압이 같아질 때까지 폐의 공기가 기도와 비강을 거쳐 수경 내로 들어온다. 따라서 잠수 시 결막 출혈이 일어나지 않는다.

① 부글래기를 쓰고 잠수하면 빛이 공기에서 각막으로 굴절되어 망막에 들어와 물체를 뚜렷하게 볼 수 있다.
② 수경 내압은 큰눈을 쓰고 잠수했을 때보다 초기 형태의 수경을 쓰고 잠수했을 때가 더 크다.
③ 잠수 시 결막 출혈을 방지할 수 있는 수경이 모슬포 지역에서 사용된 적이 있다.
④ 왕눈을 쓰고 잠수하면 수경 내압과 체내 압력이 같아진다.
⑤ 체내 압력은 잠수하기 전보다 잠수했을 때가 더 크다.

19. 다음 글의 <실험>의 결과를 가장 잘 설명하는 것은?

소자 X는 전류가 흐르게 되면 빛을 발생시키는 반도체 소자로, p형 반도체와 n형 반도체가 접합된 구조를 가지고 있다. X에 전류가 흐르게 되면, p형 반도체 부분에 정공이 주입되고 n형 반도체 부분에 전자가 주입된다. 이때 p형 반도체와 n형 반도체의 접합 부분에서는 정공과 전자가 서로 만나 광자, 즉 빛이 발생한다. 그런데 X에 주입되는 모든 정공과 전자가 빛을 발생시키지는 않는다. 어떤 정공과 전자는 서로 만나지 못하기도 하고, 어떤 정공과 전자는 서로 만나더라도 빛을 발생시키지 못한다. 내부 양자효율은 주입된 정공 - 전자 쌍 중 광자로 변환된 것의 비율을 의미한다. 예를 들어, X에 정공 - 전자 100쌍이 주입되었을 때 이 소자 내부에서 60개의 광자가 발생하였다면, 내부 양자효율은 0.6으로 계산된다. 이는 X의 성능을 나타내는 중요한 지표 중 하나로, X의 불순물 함유율에 의해서만 결정되고, 불순물 함유율이 낮을수록 내부 양자효율은 높아진다.

X의 성능을 나타내는 또 하나의 지표로 외부 양자효율이 있다. 외부 양자효율은 X 내에서 발생한 광자가 X 외부로 방출되는 정도와 관련된 지표이다. X 내에서 발생한 광자가 X를 벗어나는 과정에서 일부는 반사되어 외부로 나가지 못한다. X 내에서 발생한 광자 중 X 외부로 벗어난 광자의 비율이 외부 양자효율로, 예를 들어 X 내에서 발생한 광자가 100개인데 40개의 광자만이 X 외부로 방출되었다면, 외부 양자효율은 0.4인 것이다. 외부 양자효율은 X의 굴절률에 의해서만 결정되며, 굴절률이 클수록 외부 양자효율은 낮아진다. 같은 개수의 정공 - 전자 쌍이 주입될 경우, X에서 방출되는 광자의 개수는 외부 양자효율과 내부 양자효율을 곱한 값이 클수록 많아진다.

한 연구자는 X의 세 종류 A, B, C에 대해 다음과 같은 실험을 수행하였다. A와 B의 굴절률은 서로 같았지만, 모두 C의 굴절률보다는 작았다.

<실 험>

같은 개수의 정공 - 전자 쌍이 주입되는 회로에 A, B, C를 각각 연결하고 방출되는 광자의 개수를 측정하였다. 실험 결과, 방출되는 광자의 개수는 A가 가장 많았고 B와 C는 같았다.

① 불순물 함유율은 B가 가장 높고, A가 가장 낮다.
② 불순물 함유율은 C가 가장 높고, A가 가장 낮다.
③ 내부 양자효율은 C가 가장 높고, A가 가장 낮다.
④ 내부 양자효율은 A가 B보다 높고, C가 B보다 높다.
⑤ 내부 양자효율은 C가 A보다 높고, C가 B보다 높다.

20. 다음 글의 논증에 대한 평가로 적절한 것만을 <보기>에서 모두 고르면?

사람의 특징 중 하나는 옷을 입는다는 것이다. 그렇다면 사람은 언제부터 옷을 입기 시작했을까? 사람이 옷을 입기 시작한 시점을 추정하기 위해 몇몇 생물학자들은 사람에 기생하는 이에 주목하였다. 사람을 숙주로 삼아 기생하는 이에는 두 종이 있는데, 하나는 옷에서 살아가며 사람 몸에서 피를 빨아 먹는 '사람 몸니'이고 다른 하나는 사람 두피에서 피를 빨아 먹으며 사는 '사람 머릿니'이다.

사람 몸니가 의복류에 적응한 것을 볼 때, 그것들은 아마 사람이 옷을 입기 시작했던 무렵에 사람 머릿니에서 진화적으로 분기되었을 것이다. 생물의 DNA 염기서열은 시간이 지나면서 조금씩 무작위적으로 변하는데 특정한 서식 환경에서 특정한 염기서열이 선택되면서 해당 서식 환경에 적응한 새로운 종이 생겨난다. 그러므로 현재 사람 몸니와 사람 머릿니의 염기서열의 차이를 이용하여 두 종의 이가 공통 조상에서 분기된 시점을 추정할 수 있다. 이를 위해 우선 두 종의 염기서열을 분석하여 두 종 간의 염기서열에 차이가 나는 비율을 산출한다. 그러나 이것만으로 두 종이 언제 분기되었는지 결정할 수는 없다.

사람 몸니와 사람 머릿니의 분기 시점을 추정하기 위해 침팬지의 털에서 사는 침팬지 이와 사람 머릿니를 이용할 수 있다. 우선 침팬지 이와 사람 머릿니의 염기서열을 비교하여 두 종 간의 염기서열에 차이가 나는 비율을 산출한다. 침팬지와 사람이 공통 조상에서 분기되면서 침팬지 이와 사람 머릿니도 공통 조상에서 분기되었다고 볼 수 있고, 화석학적 증거에 따르면 침팬지와 사람의 분기 시점이 약 550만 년 전이므로, 침팬지 이와 사람 머릿니 사이의 염기서열 차이는 550만 년 동안 누적된 변화로 볼 수 있다. 이로부터 1만 년당 이의 염기서열이 얼마나 변화하는지 계산할 수 있다. 이렇게 계산된 이의 염기서열의 변화율을 사람 머릿니와 사람 몸니의 염기서열의 차이에 적용하면, 사람이 옷을 입기 시작한 시점을 설득력 있게 추정할 수 있다. 연구 결과, 사람이 옷을 입기 시작한 시점은 약 12만 년 전 이후인 것으로 추정된다.

<보 기>

ㄱ. 염기서열의 변화가 일정한 속도로 축적되는 것이 사실이라면 이 논증은 강화된다.
ㄴ. 침팬지 이와 사람 머릿니의 염기서열의 차이가 사람 몸니와 사람 머릿니의 염기서열의 차이보다 작다면 이 논증은 약화된다.
ㄷ. 염기서열 비교를 통해 침팬지와 사람의 분기 시점이 침팬지 이와 사람 머릿니의 분기 시점보다 50만 년 뒤였음이 밝혀진다면, 이 논증은 약화된다.

① ㄴ ② ㄷ ③ ㄱ, ㄴ
④ ㄱ, ㄷ ⑤ ㄱ, ㄴ, ㄷ

[21~22] 다음 글을 읽고 물음에 답하시오.

공리주의에 따르면, 행복은 쾌락의 총량에서 고통의 총량을 뺀 값으로 수치화하여 나타낼 수 있고, 어떤 행위에 대한 도덕적 판단은 그 행위가 산출하는 행복의 증감에 의존하고, 더 큰 행복을 낳는 선택을 하는 것이 옳은 행위이다.

공리주의자 A는 한 개체로 인한 행복의 증감을 다른 개체로 인한 행복의 증감으로 대체할 수 있다는 대체가능성 논제를 받아들여, 육식이 도덕적으로 옳은 행위가 될 수 있다고 주장한다. 예를 들어, 닭고기를 먹는 일은 닭에게 죽음을 발생시키지만, 더 많은 닭의 탄생에도 기여한다. 태어나는 닭의 수를 고려하면 육식을 위한 도축은 거기 연루된 고통까지 고려하더라도 닭 전체의 행복의 총량을 증진한다. 왜냐하면 한 동물이 일생 동안 누릴 쾌락의 총량은 고통의 총량보다 크기 때문이다.

공리주의자 B는 A의 주장이 틀렸다고 비판한다. A가 받아들이는 대체가능성 논제가 존재하지 않는 대상의 고통과 쾌락을 도덕적 판단의 근거로 삼기 때문이다.

이에 A는 두 여인의 임신에 관한 다음의 사고실험을 토대로 B의 주장을 반박한다. 갑은 임신 3개월 때 의사로부터 태아에게 심각하지만 쉽게 치유 가능한 건강 문제가 있다는 진단을 받았다. 갑이 부작용 없는 약 하나만 먹으면 아이의 건강 문제는 사라진다. 을은 의사로부터 만일 지금 임신하면 아이가 심각한 건강 문제를 갖게 되지만, 3개월 후에 임신하면 아무런 문제가 없을 것이라는 진단을 받았다. 이 상황에서 갑은 약을 먹지 않아서, 을은 기다리지 않고 임신해서 둘 다 심각한 건강 문제를 가진 아이를 낳았다고 하자. B의 주장에 따르면 둘 사이에는 중요한 차이가 있다. 갑의 경우에는 태어난 아이에게 해악을 끼쳤다고 할 수 있는 반면, 을의 경우는 그렇지 않다. 을이 태어난 아이에게 해악을 끼쳤다고 평가하려면 그 아이가 건강하게 태어날 수도 있었다는 전제가 필요한데, 만일 을이 3개월을 기다려 임신했다면 그 아이가 아닌 다른 아이가 잉태되었을 것이기 때문이다. 그러나 A에 따르면, 갑과 마찬가지로 을도 도덕적 잘못을 저질렀다는 것이 일반적인 직관이므로 이에 반하는 B의 주장은 수용하기 어렵다.

A는 B의 주장을 수용하기 어려운 이유를 미래세대에 대한 도덕적 책임 문제에서도 찾을 수 있다고 말한다. 만일 현세대가 지금과 같은 삶의 방식을 고수한다면, 온난화가 가속되어 지구 환경은 나빠질 것이다. 그 결과 미래세대의 고통이 증가되었다면 현세대는 이에 대한 도덕적 책임이 있다는 것이 일반적인 직관이다. 그러나 B의 주장에 따르면 그렇게 평가할 수 없다. 왜냐하면 현세대가 미래세대를 고려하여 기존과 다른 삶의 방식을 취하게 되면, 현세대가 기존 방식을 고수했을 때와는 다른 구성원으로 이루어진 미래세대가 생겨나기 때문이다. 그래서 을이 태어난 아이에게 잘못을 저질렀다고 말할 수 없는 것과 마찬가지로, 현세대도 미래세대가 겪는 고통에 대해 도덕적 책임이 없다고 말해야 한다. 그러나 A가 보기에 ㉠ 이는 수용하기 어렵다.

21. 위 글에 대한 분석으로 적절한 것만을 <보기>에서 모두 고르면?

<보 기>

ㄱ. A의 주장에 따르면, 을의 행위는 도덕적으로 옳은 행위가 아니다.
ㄴ. 갑의 행위에 대한 B의 도덕적 평가는 대체가능성 논제의 수용 여부에 따라 달라지지 않는다.
ㄷ. B의 주장에 따르면, 을의 행위에 대한 도덕적 평가를 할 때 잉태되지 않은 존재의 쾌락이나 고통을 고려해서는 안 된다.

① ㄱ
② ㄷ
③ ㄱ, ㄴ
④ ㄴ, ㄷ
⑤ ㄱ, ㄴ, ㄷ

22. 위 글의 ㉠에 대한 평가로 적절한 것만을 <보기>에서 모두 고르면?

<보 기>

ㄱ. 미래세대 구성원이 달라질 경우 미래세대가 누릴 행복의 총량이 변한다면, ㉠은 약화되지 않는다.
ㄴ. 아직 현실에 존재하지 않는다는 이유로 미래세대를 도덕적 고려에서 배제하는 것이 불합리하다면, ㉠은 약화된다.
ㄷ. 일반적인 직관에 반하는 결론이 도출된다고 해도 그러한 직관이 옳은지의 여부가 별도로 평가되어야 한다면, ㉠은 약화된다.

① ㄱ
② ㄴ
③ ㄱ, ㄷ
④ ㄴ, ㄷ
⑤ ㄱ, ㄴ, ㄷ

23. 다음 글의 <표>에 대한 판단으로 적절한 것만을 <보기>에서 모두 고르면?

> 주무관 갑은 국민이 '적극행정 국민신청'을 하는 경우, '적극행정 국민신청제'의 두 기준을 충족하는지 검토한다. 이때 두 기준을 모두 충족한 신청안에만 적극행정 담당자를 배정하고, 두 기준 중 하나라도 충족하지 못한 신청안은 반려한다.
>
> 우선 신청안에 대해 '신청인이 같은 내용으로 민원이나 국민제안을 제출한 적이 있는지 여부'를 기준으로 하여 '제출한 적 있음'과 '제출한 적 없음'을 판단한다. 그리고 '신청인이 이전에 제출한 민원의 거부 또는 국민제안의 불채택 사유가 근거 법령의 미비나 불명확에 해당하는지 여부'를 기준으로 '해당함'과 '해당하지 않음'을 판단한다. 각각의 기준에서 '제출한 적 있음'과 '해당함'을 충족하는 신청안에만 적극행정 담당자가 배정된다.
>
> 최근에 접수된 안건 (가)는 신청인이 같은 내용의 민원을 제출한 적이 있으나, 근거 법령의 미비나 불명확 때문이 아니라 민원의 내용이 사인(私人) 간의 권리관계에 관한 것이어서 거부되었다. (나)는 신청인이 같은 내용의 국민제안을 제출한 적이 있으나, 근거 법령이 불명확하다는 이유로 불채택되었다. (다)는 신청인이 같은 내용으로 민원을 제출한 적이 있으나 근거 법령의 미비를 이유로 거부되었다. (라)는 신청인이 같은 내용으로 민원이나 국민제안을 제출한 적이 없었다.
>
> 접수된 안건 (가)~(라)에 대해 두 기준 및 그것의 충족 여부를 위의 내용을 바탕으로 다음과 같은 형식의 <표>로 나타내었다.

<표> 적극행정 국민신청안 처리 현황

기준＼안건	(가)	(나)	(다)	(라)
A	㉠	㉡	㉢	㉣
B	㉤	㉥	㉦	㉧

<보 기>

ㄱ. A에 '신청인이 같은 내용의 민원이나 국민제안을 제출한 적이 있는지 여부'가 들어가면 ㉠과 ㉡이 같다.
ㄴ. ㉠과 ㉢이 서로 다르다면, B에 '신청인이 이전에 제출한 민원의 거부 또는 국민제안의 불채택 사유가 근거 법령의 미비나 불명확에 해당하는지 여부'가 들어간다.
ㄷ. ㉤과 ㉥이 같다면 ㉦과 ㉧이 같다.

① ㄱ
② ㄴ
③ ㄱ, ㄷ
④ ㄴ, ㄷ
⑤ ㄱ, ㄴ, ㄷ

24. 다음 대화의 빈칸에 들어갈 말로 가장 적절한 것은?

> 갑: 안녕하세요. 저는 A도의회 사무처에 근무하는 ○○○입니다. 「재난안전법」 제25조의2제5항에 따라, 재난 상황에 대비하여 기능연속성계획을 수립해야 한다는 말씀을 듣고 문의드립니다. A도의회도 기능연속성계획을 수립해야 하는지, 만일 수립해야 한다면 그 업무는 A도의회 의장의 업무인지 궁금합니다.
>
> 을: 「재난안전법」상 기능연속성계획을 수립하도록 규정된 기관에는 재난관리책임기관인 중앙행정기관·지방자치단체, 그리고 국회·법원·헌법재판소·중앙선거관리위원회가 있습니다. 재난관리책임기관에서는 해당 기관의 장인 장관이나 시·도지사가, 국회·법원·헌법재판소·중앙선거관리위원회에서는 해당 기관의 행정사무를 처리하는 조직의 장이 기능연속성계획을 수립해야 합니다.
>
> 갑: 그러면 도의회는 성격상 유사한 의결기관인 국회의 경우에 준하여 도의회 사무처장이 기능연속성계획을 수립하면 될까요?
>
> 을: 도의회가 국회와 같은 의결기관이기는 하지만 국회에 준하여 판단해서는 안 됩니다. 「재난안전법」은 재난관리책임기관을 제3조제5호의 각 목에서 규정하고 있습니다. 가목에서는 중앙행정기관 및 지방자치단체를, 그리고 나목에서는 지방행정기관·공공기관·공공단체 및 재난관리의 대상이 되는 중요 시설의 관리기관 등으로서 대통령령으로 정하는 기관을 규정하고 있습니다. 그리고 「지방자치법」 제37조에 따르면 "지방자치단체에 주민의 대의기관인 의회를 둔다."라고 규정하여 도의회는 지방자치단체의 기관이기 때문에 도의회는 그 자체로 「재난안전법」에 명시된 재난관리책임기관이 아닙니다.
>
> 갑: 그렇다면 도의회에 관한 기능연속성계획은 수립되지 않아도 되는 것인가요?
>
> 을: 재난 발생 상황에서도 도의회가 연속성 있게 수행할 필요가 있는 핵심 기능이 있다고 판단되는지가 관건이겠습니다. 「재난안전법」상 그것을 판단할 권한은 해당 지방자치단체의 장에게 있습니다.
>
> 갑: 예, 그러면 [　　　　　　　　　　].

① 재난 상황이 발생하면 A도의회의 핵심 기능 유지를 위해 A도지사의 판단을 거쳐 신속하게 기능연속성계획을 수립해야 하겠군요
② A도의회는 재난 발생 시에도 수행해야 할 핵심 기능이 있기에 자체적으로 기능연속성계획을 수립해야 하겠군요
③ A도의회는 재난관리책임기관이므로 A도의회 의장이 재난에 대비한 기능연속성계획을 수립해야 하겠군요
④ A도의회는 국회 같은 차원의 의결기능을 갖고 있지 않으므로 기능연속성계획을 수립할 일이 없겠군요
⑤ A도의회에 관한 기능연속성계획이 수립되어야 하는지 여부는 A도지사의 판단에 따라 결정되겠군요

25. 다음 글의 ㉠의 내용으로 적절한 것만을 <보기>에서 모두 고르면?

A시에 주민등록을 두고 거주하는 갑은 B시 관내에 있는 고등학교에, B시에 주민등록을 두고 거주하는 을은 A시 관내에 있는 고등학교에 신입생으로 입학하게 되었다. 갑과 을이 입학할 예정인 고등학교는 모두 교복을 입는 학교이다. 갑과 을은 A시와 B시에서 교복 구입비 지원사업을 시행하는 것을 확인하고, 교복 구입비 지원을 받을 수 있을 것으로 기대하였다. 그러나 확인 결과, 둘 중 한 명은 A시와 B시 어느 곳에서도 교복 구입비 지원을 받을 수 없다는 문제가 드러났다. A시와 B시는 ㉠ 이 학생의 문제를 해결하기 위해 조례의 일부를 개정하려 한다.

「A시 교복 지원 조례」

제2조(정의) 이 조례에서 사용하는 용어의 뜻은 다음과 같다.

1. "학교"란 「초·중등교육법」 제2조에 따른 학교 중 A시 관내 중·고등학교를 말한다.

제4조(지원대상) 교복 구입비 지원 대상은 다음 각 호의 어느 하나에 해당하는 사람으로 한다.

1. 교복을 입는 학교에 신입생으로 입학하는 1학년 학생
2. 다른 시·도 또는 국외에서 제1호의 학교로 전입학하거나 편입학한 학생

「B시 교복 지원 조례」

제2조(정의) 이 조례에서 사용하는 용어의 정의는 다음과 같다.

1. "학교"란 「초·중등교육법」 제2조 규정에 해당하는 학교를 말한다.

제4조(지원대상) ① 교복 구입비 지원 대상은 B시에 주민등록이 되어 있고, 중·고등학교에 입학하는 학생을 대상으로 한다.

② 제1항에 따른 입학생은 당해년도 신입생으로 한다.

<보 기>

ㄱ. 「A시 교복 지원 조례」 제2조제1호의 '학교 중 A시 관내 중·고등학교'를 '학교'로, 제4조제1호의 '교복을 입는 학교에 신입생으로 입학하는 1학년 학생'을 'A시에 주민등록이 되어 있고, 교복을 입는 A시 관내 학교에 입학하는 신입생'으로 개정한다.

ㄴ. 「A시 교복 지원 조례」 제4조제1호의 '교복을 입는 학교에 신입생으로 입학하는 1학년 학생'을 'A시에 주민등록이 되어 있고, 교복을 입는 학교에 신입생으로 입학하는 1학년 학생'으로 개정한다.

ㄷ. 「B시 교복 지원 조례」 제4조제1항의 'B시에 주민등록이 되어 있고, 중·고등학교에 입학하는 학생'을 'B시 관내 중·고등학교에 입학하는 학생'으로 개정한다.

① ㄱ　② ㄷ　③ ㄱ, ㄴ
④ ㄴ, ㄷ　⑤ ㄱ, ㄴ, ㄷ

약점 보완 해설집 p.50

상황판단영역

1. 다음 글을 근거로 판단할 때 옳은 것은?

제00조(정의) 이 법에서 사용하는 용어의 정의는 다음과 같다.
1. "천문업무"란 우주에 대한 관측업무와 그에 따른 부대업무를 말한다.
2. "천문역법"이란 천체운행의 계산을 통하여 산출되는 날짜와 천체의 출몰시각 등을 정하는 방법을 말한다.
3. "윤초"란 지구자전속도의 불규칙성으로 인하여 발생하는 세계시와 세계협정시의 차이가 1초 이내로 되도록 보정하여주는 것을 말한다.
4. "그레고리력"이란 1년의 길이를 365.2425일로 정하는 역법체계로서 윤년을 포함하는 양력을 말한다.
5. "윤년"이란 그레고리력에서 여분의 하루인 2월 29일을 추가하여 1년 동안 날짜의 수가 366일이 되는 해를 말한다.
6. "월력요항"이란 관공서의 공휴일, 기념일, 24절기 등의 자료를 표기한 것으로 달력 제작의 기준이 되는 자료를 말한다.

제00조(천문역법) ① 천문역법을 통하여 계산되는 날짜는 양력인 그레고리력을 기준으로 하되, 음력을 병행하여 사용할 수 있다.
② 과학기술정보통신부장관은 천문역법의 원활한 관리를 위하여 윤초의 결정을 관장하는 국제기구가 결정·통보한 윤초를 언론매체나 과학기술정보통신부 인터넷 홈페이지 등을 통하여 지체 없이 발표하여야 한다.
③ 과학기술정보통신부장관은 한국천문연구원으로부터 필요한 자료를 제출받아 매년 6월 말까지 다음 연도의 월력요항을 작성하여 관보에 게재하여야 한다.

① 그레고리력은 윤년을 제외하는 양력을 말한다.
② 달력 제작의 기준이 되는 자료인 월력요항에는 24절기가 표기된다.
③ 과학기술정보통신부장관은 세계시와 세계협정시를 고려하여 윤초를 결정한다.
④ 천문역법을 통해 계산되는 날짜는 음력을 사용할 수 없고, 양력인 그레고리력을 기준으로 한다.
⑤ 과학기술정보통신부장관은 한국천문연구원으로부터 자료를 제출받아 매년 6월 말까지 그해의 월력요항을 작성하여 관보에 게재하여야 한다.

2. 다음 글을 근거로 판단할 때 옳은 것은?

제00조(법 적용의 기준) ① 새로운 법령등은 법령등에 특별한 규정이 있는 경우를 제외하고는 그 법령등의 효력 발생 전에 완성되거나 종결된 사실관계 또는 법률관계에 대해서는 적용되지 아니한다.
② 당사자의 신청에 따른 처분은 법령등에 특별한 규정이 있거나 처분 당시의 법령등을 적용하기 곤란한 특별한 사정이 있는 경우를 제외하고는 처분 당시의 법령등에 따른다.

제00조(처분의 효력) 처분은 권한이 있는 기관이 취소 또는 철회하거나 기간의 경과 등으로 소멸되기 전까지는 유효한 것으로 통용된다. 다만, 무효인 처분은 처음부터 그 효력이 발생하지 아니한다.

제00조(위법 또는 부당한 처분의 취소) ① 행정청은 위법 또는 부당한 처분의 전부나 일부를 소급하여 취소할 수 있다. 다만, 당사자의 신뢰를 보호할 가치가 있는 등 정당한 사유가 있는 경우에는 장래를 향하여 취소할 수 있다.
② 행정청은 제1항에 따라 당사자에게 권리나 이익을 부여하는 처분을 취소하려는 경우에는 취소로 인하여 당사자가 입게 될 불이익을 취소로 달성되는 공익과 비교·형량(衡量)하여야 한다. 다만, 다음 각 호의 어느 하나에 해당하는 경우에는 그러하지 아니하다.
1. 거짓이나 그 밖의 부정한 방법으로 처분을 받은 경우
2. 당사자가 처분의 위법성을 알고 있었거나 중대한 과실로 알지 못한 경우

① 새로운 법령등은 법령등에 특별한 규정이 있는 경우에는 그 법령등의 효력 발생 전에 종결된 법률관계에 대해 적용될 수 있다.
② 무효인 처분의 경우 그 처분의 효력이 소멸되기 전까지는 유효한 것으로 통용된다.
③ 행정청은 부당한 처분의 일부는 소급하여 취소할 수 있으나 전부를 소급하여 취소할 수는 없다.
④ 당사자의 신청에 따른 처분은 처분 당시의 법령등을 적용하기 곤란한 특별한 사정이 있는 경우에도 처분 당시의 법령등에 따른다.
⑤ 당사자가 부정한 방법으로 자신에게 이익이 부여되는 처분을 받아 행정청이 그 처분을 취소하고자 하는 경우, 취소로 인해 당사자가 입게 될 불이익과 취소로 달성되는 공익을 비교·형량하여야 한다.

3. 다음 글을 근거로 판단할 때 옳은 것은?

제00조(조직 등) ① 자율방범대에는 대장, 부대장, 총무 및 대원을 둔다.
② 경찰서장은 자율방범대장이 추천한 사람을 자율방범대원으로 위촉할 수 있다.
③ 경찰서장은 자율방범대원이 이 법을 위반하여 파출소장이 해촉을 요청한 경우에는 해당 자율방범대원을 해촉해야 한다.
제00조(자율방범활동 등) ① 자율방범대는 다음 각 호의 활동(이하 '자율방범활동'이라 한다)을 한다.
1. 범죄예방을 위한 순찰 및 범죄의 신고, 청소년 선도 및 보호
2. 시·도경찰청장, 경찰서장, 파출소장이 지역사회의 안전을 위해 요청하는 활동
② 자율방범대원은 자율방범활동을 하는 때에는 자율방범활동 중임을 표시하는 복장을 착용하고 자율방범대원의 신분을 증명하는 신분증을 소지해야 한다.
③ 자율방범대원은 경찰과 유사한 복장을 착용해서는 안 되며, 경찰과 유사한 도장이나 표지 등을 한 차량을 운전해서는 안 된다.
제00조(금지의무) ① 자율방범대원은 자율방범대의 명칭을 사용하여 다음 각 호의 어느 하나에 해당하는 행위를 해서는 안 된다.
1. 기부금품을 모집하는 행위
2. 영리목적으로 자율방범대의 명의를 사용하는 행위
3. 특정 정당 또는 특정인의 선거운동을 하는 행위
② 제1항 제3호를 위반한 자에 대해서는 3년 이하의 징역 또는 600만 원 이하의 벌금에 처한다.

① 파출소장은 자율방범대장이 추천한 사람을 자율방범대원으로 위촉할 수 있다.
② 자율방범대원이 범죄예방을 위한 순찰을 하는 경우, 경찰과 유사한 복장을 착용할 수 있다.
③ 자율방범대원이 영리목적으로 자율방범대의 명의를 사용한 경우, 3년 이하의 징역에 처한다.
④ 자율방범대원이 청소년 선도활동을 하는 경우, 자율방범활동 중임을 표시하는 복장을 착용하면 자율방범대원의 신분을 증명하는 신분증을 소지하지 않아도 된다.
⑤ 자율방범대원이 자율방범대의 명칭을 사용하여 기부금품을 모집했고 이를 이유로 파출소장이 그의 해촉을 요청한 경우, 경찰서장은 해당 자율방범대원을 해촉해야 한다.

4. 다음 글과 <상황>을 근거로 판단할 때 옳은 것은?

제○○조(허가신청) ① 대기관리권역에서 총량관리대상 오염물질을 배출량 기준을 초과하여 배출하는 사업장을 설치하거나 이에 해당하는 사업장으로 변경하려는 자는 환경부장관으로부터 사업장 설치의 허가를 받아야 한다. 허가받은 사항을 변경하는 경우에도 같다.
② 제1항의 허가 또는 변경허가를 받으려는 자는 사업장의 설치 또는 변경의 허가신청서를 환경부장관에게 제출하여야 한다.
제□□조(허가제한) 환경부장관은 제○○조 제1항에 따른 설치 또는 변경의 허가신청을 받은 경우, 그 사업장의 설치 또는 변경으로 인하여 지역배출허용총량의 범위를 초과하게 되면 이를 허가하여서는 아니 된다.
제△△조(허가취소 등) ① 사업자가 거짓이나 그 밖의 부정한 방법으로 제○○조 제1항에 따른 허가 또는 변경허가를 받은 경우, 환경부장관은 그 허가 또는 변경허가를 취소할 수 있다.
② 환경부장관은 다음 각 호의 자에 대하여 해당 사업장의 폐쇄를 명할 수 있다.
1. 거짓이나 그 밖의 부정한 방법으로 제○○조 제1항에 따른 허가 또는 변경허가를 받은 자
2. 제○○조 제1항에 따른 허가 또는 변경허가를 받지 아니하고 사업장을 설치·운영하는 자
제◇◇조(벌칙) 다음 각 호의 어느 하나에 해당하는 자는 7년 이하의 징역 또는 2억 원 이하의 벌금에 처한다.
1. 제○○조 제1항에 따른 허가 또는 변경허가를 받지 아니하고 사업장을 설치하거나 변경한 자
2. 제△△조 제2항에 따른 사업장폐쇄명령을 위반한 자

<상 황>

甲~戊는 대기관리권역에서 총량관리대상 오염물질을 배출량 기준을 초과하여 배출하는 사업장을 설치하려 한다.

① 甲이 사업장 설치의 허가를 받은 경우, 이후 허가받은 사항을 변경하는 때에는 별도의 허가가 필요없다.
② 乙이 허가를 받지 않고 사업장을 설치한 경우, 7년의 징역과 2억 원의 벌금에 처한다.
③ 丙이 허가를 받지 않고 사업장을 설치·운영한 경우, 환경부장관은 해당 사업장의 폐쇄를 명할 수 있다.
④ 丁이 사업장 설치의 허가를 신청한 경우, 그 설치로 인해 지역배출허용총량의 범위를 초과하더라도 환경부장관은 이를 허가할 수 있다.
⑤ 戊가 사업장 설치의 허가를 부정한 방법으로 받은 경우에도 환경부장관은 그 허가를 취소할 수 없다.

5. 다음 글을 근거로 판단할 때 옳은 것은?

> 두부의 주재료는 대두(大豆)라는 콩이다. 50여 년 전만 해도, 모내기가 끝나는 5월쯤 대두의 씨앗을 심어 벼 베기가 끝나는 10월쯤 수확했다. 두부를 만들기 위해서 먼저 콩을 물에 불리는데, 겨울이면 하루 종일, 여름이면 반나절 정도 물에 담가둬야 한다. 콩을 적당히 불린 후 맷돌로 콩을 간다. 물을 조금씩 부어가며 콩을 갈면 맷돌 가운데에서 하얀색의 콩비지가 거품처럼 새어 나온다. 이 콩비지를 솥에 넣고 약한 불로 끓인다. 맷돌에서 막 갈려 나온 콩비지에서는 식물성 단백질에서 나는 묘한 비린내가 나는데, 익히면 이 비린내는 없어진다. 함지박 안에 삼베나 무명으로 만든 주머니를 펼쳐 놓고, 끓인 콩비지를 주머니에 담는다. 콩비지가 다 식기 전에 주머니의 입을 양쪽으로 묶고 그 사이에 나무 막대를 꽂아 돌리면서 마치 탕약 짜듯이 콩물을 빼낸다. 이 콩물을 두유라고 한다. 콩에 함유된 단백질은 두유에 녹아 있다.
>
> 두부는 두유를 응고시킨 음식이다. 두유의 응고를 위해 응고제가 필요한데, 예전에는 응고제로 간수를 사용했다. 간수의 주성분은 염화마그네슘이다. 두유에 함유된 식물성 단백질은 염화마그네슘을 만나면 응고된다. 두유에 간수를 넣고 잠시 기다리면 응고된 하얀 덩어리와 물로 분리된다. 하얀 덩어리는 주머니에 옮겨 담는다. 응고가 아직 다 되지 않았기 때문에 덩어리를 싼 주머니에서는 물이 흘러나온다. 함지박 위에 널빤지를 올리고 그 위에 입을 단단히 묶은 주머니를 올려놓는다. 또 다른 널빤지를 주머니 위에 얹고 무거운 돌을 올려놓는다. 이렇게 한참을 누르고 있으면 주머니에서 물이 빠져나오고 덩어리는 굳어져 두부의 모양을 갖추게 된다.

① 50여 년 전에는 5월쯤 그해 수확한 대두로 두부를 만들 수 있었다.
② 콩비지를 염화마그네슘으로 응고시키면 두부와 두유가 나온다.
③ 익힌 콩비지에서는 식물성 단백질로 인해서 비린내가 난다.
④ 간수는 두유에 함유된 식물성 단백질을 응고시키는 성질이 있다.
⑤ 여름에 두부를 만들기 위해서는 콩을 하루 종일 물에 담가둬야 한다.

6. 다음 글을 근거로 판단할 때, 처방에 따라 아기에게 더 먹여야 하는 해열시럽의 양은?

> 아기가 열이 나서 부모는 처방에 따라 해열시럽 4mL를 먹여야 하는데, 아기가 약 먹기를 거부했다. 부모는 꾀를 내어 배즙 4mL와 해열시럽 4mL를 균일하게 섞어 주었지만 아기는 맛이 이상했는지 4분의 1만 먹었다. 부모는 아기가 남긴 것 전부와 사과즙 50mL를 다시 균일하게 섞어 주었다. 아기는 그 절반을 먹더니 더 이상 먹지 않았다.

① 1.5mL
② 1.6mL
③ 2.0mL
④ 2.4mL
⑤ 2.5mL

7. 다음 글을 근거로 판단할 때, 甲주무관이 이용할 주차장은?

○ 甲주무관은 출장 중 총 11시간(09:00~20:00) 동안 요금이 가장 저렴한 주차장 한 곳을 이용하고자 한다.
○ 甲주무관의 자동차는 중형차이며, 3종 저공해차량이다.
○ 주차요금은 기본요금과 추가요금을 합산하여 산정하고, 할인대상인 경우 주차요금에 대하여 할인이 적용된다.
○ 일 주차권이 있는 주차장의 경우, 甲은 주차요금과 일 주차권 중 더 저렴한 것을 선택한다.
○ 주차장별 요금에 대한 정보는 아래와 같다.

구분	기본요금 (최초 1시간)	추가요금 (이후 30분마다)	비고
A주차장	2,000원	1,000원	-
B주차장	3,000원	1,500원	- 경차 전용 주차장 - 저공해차량 30% 할인
C주차장	3,000원	1,750원	- 경차 50% 할인 - 일 주차권 20,000원 (당일 00:00~24:00 이용 가능)
D주차장	5,000원	700원	-
E주차장	5,000원	1,000원	- 경차, 저공해차량 (1, 2종) 50% 할인 - 저공해차량(3종) 20% 할인 - 18:00~익일 07:00 무료

① A주차장
② B주차장
③ C주차장
④ D주차장
⑤ E주차장

8. 다음 글과 <상황>을 근거로 판단할 때, 2023년 현재 甲~戊 중 청년자산형성적금에 가입할 수 있는 사람은?

A국은 청년의 자산형성을 돕기 위해 비과세 혜택을 부여하는 청년자산형성적금을 운영하고 있다.

청년자산형성적금은 가입일이 속한 연도를 기준으로 직전 과세년도의 근로소득과 사업소득의 합이 5,000만 원 이하인 청년이 가입할 수 있다. 단, 직전과세년도에 근로소득과 사업소득이 모두 없는 사람과 직전 2개년도 중 한 번이라도 금융소득 종합과세 대상자였던 사람은 가입할 수 없다.

청년은 19~34세인 사람을 의미한다. 단, 군복무기간은 나이를 계산할 때 포함하지 않는다. 예를 들어, 3년간 군복무를 한 36세인 사람은 군복무기간 3년을 제외하면 33세이므로 청년에 해당한다.

<상 황>

이름	나이	직전과세년도 소득		최근 금융소득 종합과세 해당년도	군복무 기간
		근로소득	사업소득		
甲	20세	0원	0원	없음	없음
乙	36세	0원	5,000만 원	없음	없음
丙	29세	3,500만 원	1,000만 원	2022년	2년
丁	35세	4,500만 원	0원	2020년	2년
戊	27세	4,000만 원	1,500만 원	2021년	없음

① 甲
② 乙
③ 丙
④ 丁
⑤ 戊

[9~10] 다음 글을 읽고 물음에 답하시오.

향수를 만드는 데 사용되는 향료는 천연향료와 합성향료로 나눌 수 있다. 천연향료에는 꽃, 잎, 열매 등의 원료에서 추출한 식물성 향료와 사향, 용연향 등의 동물성 향료가 있다. 합성향료는 채취하기 어렵거나 소량 생산되는 천연향료의 성분을 화학적으로 합성한 것이다. 오늘날 향수의 대부분은 천연향료와 합성향료를 배합하여 만들어진다.

천연향료는 다양한 방법을 통해 얻을 수 있는데, 다음 3가지 방법이 대표적이다. 첫째, 가장 널리 쓰이는 방법은 수증기 증류법이다. 이는 향수 원료에 수증기를 통과시켜서 농축된 향의 원액인 향유를 추출하는 방법이다. 이 방법은 원료를 고온으로 처리하기 때문에 열에 약한 성분이 파괴된다는 단점이 있으나, 한꺼번에 많은 양을 값싸게 얻을 수 있다는 장점이 있다. 둘째, 압착법은 과일 껍질 등과 같은 원료를 압착해서 향유를 얻는 방법이다. 열에 비교적 강하며 물에 잘 녹지 않는 향료에는 수증기 증류법이 이용되지만, 감귤류처럼 열에 약한 것에는 압착법이 이용된다. 셋째, 흡수법은 지방과 같은 비휘발성 용매를 사용하여 향유를 추출하는 방법이다. 원료가 고가이고 향유의 함유량이 적으며 열에 약하고 물에 잘 녹는 경우에는 흡수법이 이용된다.

한편, A국에서 판매되는 향수는 EDC, EDT, EDP, Parfum으로 나뉜다. 이는 부향률, 즉 향료의 함유량 정도에 따른 구분이다. 향수는 부향률이 높을수록 향이 강하고 지속시간이 길다. 먼저 EDC(Eau De Cologne)는 부향률이 2~5%로 지속시간이 1~2시간이다. 향의 지속시간이 가장 짧고 잔향이 거의 없으며, 향이 가볍고 산뜻하다. EDT(Eau De Toilette)는 부향률이 5~15%로 3~5시간 지속되며 일반적으로 가장 많이 사용된다. EDP(Eau De Parfum)는 부향률이 15~20%로 5~8시간 지속된다. 풍부한 향을 가지고 있으며, 오랜 시간 향이 유지되는 것을 선호하는 사람들에게 알맞다. Parfum은 부향률이 20~30%로 8~10시간 지속되며, 가장 향이 강하고 오래간다.

9. 윗글을 근거로 판단할 때 옳은 것은?

① EDP의 부향률이 EDC의 부향률보다 높다.
② 흡수법은 많은 양의 향유를 값싸게 얻을 수 있는 방법이다.
③ 오늘날 많이 사용되는 향수의 대부분은 식물성 천연향료로 만들어진다.
④ 고가이고 향유의 함유량이 적은 원료에서 향유를 추출하고자 할 때는 흡수법보다는 압착법이 이용된다.
⑤ 부향률이 높은 향수일수록 향이 오래 지속되므로, 부향률이 가장 높은 향수가 일반적으로 가장 많이 사용된다.

10. 윗글과 <대화>를 근거로 판단할 때, 甲~戊 중 가장 늦은 시각까지 향수의 향이 남아 있는 사람은?

<대 화>

甲: 나는 오늘 오후 4시에 향수를 뿌렸어. 내 향수에는 EDC라고 적혀 있었어.
乙: 난 오늘 오전 9시 30분에 향수를 뿌렸는데, 우리 중 내가 뿌린 향수의 향이 가장 강해.
丙: 내 향수의 부향률은 18%라고 적혀 있네. 나는 甲보다 5시간 전에 향수를 뿌렸어.
丁: 난 오늘 오후 2시에 戊와 함께 향수 가게에 들렀어. 난 가자마자 EDT라고 적힌 향수를 뿌렸고, 戊는 나보다 1시간 뒤에 EDP라고 적힌 걸 뿌렸어.

① 甲
② 乙
③ 丙
④ 丁
⑤ 戊

2023년
해커스 민간경력자 PSAT 15개년 기출문제집

11. 다음 글을 근거로 판단할 때 옳은 것은?

> 제○○조(해수욕장의 구역) 관리청은 해수욕장을 이용하는 용도에 따라 물놀이구역과 수상레저구역으로 구분하여 관리·운영하여야 한다. 다만, 해수욕장 이용이나 운영에 상당한 불편을 초래하거나 효율성을 떨어뜨린다고 판단되는 경우에는 그러하지 아니하다.
> 제□□조(해수욕장의 개장기간 등) ① 관리청은 해수욕장의 특성이나 여건 등을 고려하여 해수욕장의 개장기간 및 개장시간을 정할 수 있다. 이 경우 관리청은 해수욕장협의회의 의견을 듣고, 미리 관계 행정기관의 장과 협의하여야 한다.
> ② 관리청은 해수욕장 이용자의 안전 확보나 해수욕장의 환경보전 등을 위하여 필요한 경우에는 해수욕장의 개장기간 또는 개장시간을 제한할 수 있다. 이 경우 제1항 후단을 준용한다.
> 제△△조(해수욕장의 관리·운영 등) ① 해수욕장은 관리청이 직접 관리·운영하여야 한다.
> ② 관리청은 제1항에도 불구하고 해수욕장의 효율적인 관리·운영을 위하여 필요한 경우 관할 해수욕장 관리·운영업무의 일부를 위탁할 수 있다.
> ③ 관리청은 제2항에 따라 해수욕장 관리·운영업무를 위탁하려는 경우 지역번영회·어촌계 등 지역공동체 및 공익법인 등을 수탁자로 우선 지정할 수 있다.
> ④ 제2항 및 제3항에 따라 수탁자로 지정받은 자는 위탁받은 관리·운영업무의 전부 또는 일부를 재위탁하여서는 아니 된다.
> 제◇◇조(과태료) ① 다음 각 호의 어느 하나에 해당하는 자에게는 500만 원 이하의 과태료를 부과한다.
> 1. 거짓이나 부정한 방법으로 제△△조에 따른 수탁자로 지정받은 자
> 2. 제△△조 제4항을 위반하여 위탁받은 관리·운영업무의 전부 또는 일부를 재위탁한 자
>
> ② 제1항에 따른 과태료는 관리청이 부과·징수한다.

① 관리청은 해수욕장의 효율적인 관리·운영을 위하여 필요한 경우, 관할 해수욕장 관리·운영업무의 전부를 위탁할 수 있다.
② 관리청은 해수욕장을 운영함에 있어 그 효율성이 떨어진다고 판단하더라도 물놀이구역과 수상레저구역을 구분하여 관리·운영하여야 한다.
③ 관리청이 해수욕장 관리·운영업무를 위탁하려는 경우, 공익법인을 수탁자로 우선 지정할 수 있으나 지역공동체를 수탁자로 우선 지정할 수는 없다.
④ 관리청으로부터 해수욕장 관리·운영업무를 위탁받은 공익법인이 이를 타 기관에 재위탁한 경우, 관리청은 그 공익법인에 대해 300만 원의 과태료를 부과할 수 있다.
⑤ 관리청은 해수욕장의 개장기간 및 개장시간을 정함에 있어 해수욕장의 특성이나 여건 등을 고려해야 하나, 관계 행정기관의 장과 협의할 필요는 없다.

12. 다음 글을 근거로 판단할 때 옳은 것은?

> 제○○조(119구조견교육대의 설치·운영 등) ① 소방청장은 체계적인 구조견 양성·교육훈련 및 보급 등을 위하여 119구조견교육대를 설치·운영하여야 한다.
> ② 119구조견교육대는 중앙119구조본부의 단위조직으로 한다.
> ③ 119구조견교육대가 관리하는 견(犬)은 다음 각 호와 같다.
> 1. 훈련견: 구조견 양성을 목적으로 도입되어 훈련 중인 개
> 2. 종모견: 훈련견 번식을 목적으로 보유 중인 개
>
> 제□□조(훈련견 교육 및 평가 등) ① 119구조견교육대는 관리하는 견에 대하여 입문 교육, 정기 교육, 훈련견 교육 등을 실시한다.
> ② 훈련견 평가는 다음 각 호의 평가로 구분하여 실시하고 각 평가에서 정한 요건을 모두 충족한 경우 합격한 것으로 본다.
> 1. 기초평가: 훈련견에 대한 기본평가
>   가. 생후 12개월 이상 24개월 이하일 것
>   나. 기초평가 기준에 따라 총점 70점 이상을 득점하고, 수의검진 결과 적합판정을 받을 것
> 2. 중간평가: 양성 중인 훈련견의 건강, 성품 변화, 발전 가능성 및 임무 분석 등의 판정을 위해 실시하는 평가
>   가. 훈련 시작 12개월 이상일 것
>   나. 중간평가 기준에 따라 총점 70점 이상을 득점하고, 수의진료소견 결과 적합판정을 받을 것
>   다. 공격성 보유, 능력 상실 등의 결격사유가 없을 것
>
> ③ 훈련견 평가 중 어느 하나라도 불합격한 훈련견은 유관기관 등 외부기관으로 관리전환할 수 있다.
> 제△△조(종모견 도입) 훈련견이 종모견으로 도입되기 위해서는 제□□조 제2항에 따른 훈련견 평가에 모두 합격하여야 하며, 다음 각 호의 요건을 갖추어야 한다.
> 1. 순수한 혈통일 것
> 2. 생후 20개월 이상일 것
> 3. 원친(遠親) 번식에 의한 견일 것

① 중앙119구조본부의 장은 구조견 양성 및 교육훈련 등을 위하여 119구조견교육대를 설치하여야 한다.
② 원친 번식에 의한 생후 20개월인 순수한 혈통의 훈련견은 훈련견 평가결과에 관계없이 종모견으로 도입될 수 있다.
③ 기초평가 기준에 따라 총점 80점을 득점하고, 수의검진 결과 적합판정을 받은 훈련견은 생후 15개월에 종모견으로 도입될 수 있다.
④ 생후 12개월에 훈련을 시작해 반년이 지난 훈련견이 결격사유 없이 중간평가 기준에 따라 총점 75점을 득점하고, 수의진료소견 결과 적합판정을 받는다면 중간평가에 합격한 것으로 본다.
⑤ 기초평가에서 합격했더라도 결격사유가 있어 중간평가에 불합격한 훈련견은 유관기관으로 관리전환할 수 있다.

13. 다음 글을 근거로 판단할 때, ㉠에 해당하는 수는?

○ 산타클로스는 연간 '착한 일 횟수'와 '울음 횟수'에 따라 어린이 甲~戊에게 선물 A, B 중 하나를 주거나 아무것도 주지 않는다.
○ 산타클로스가 선물을 나눠주는 방식은 다음과 같다. 어린이 별로 ('착한 일 횟수' × 5) - ('울음 횟수' × [㉠])의 값을 계산한다. 그 값이 10 이상이면 선물 A를 주고, 0 이상 10 미만이면 선물 B를 주며, 그 값이 음수면 선물을 주지 않는다. 이때, ㉠은 자연수이다.
○ 이 방식을 적용한 결과, 甲~戊 중 1명이 선물 A를 받았고, 3명이 선물 B를 받았으며, 1명은 선물을 받지 못했다.
○ 甲~戊의 연간 '착한 일 횟수'와 '울음 횟수'는 아래와 같다.

구분	착한 일 횟수	울음 횟수
甲	3	3
乙	3	2
丙	2	3
丁	1	0
戊	1	3

① 1
② 2
③ 3
④ 4
⑤ 5

14. 다음 글을 근거로 판단할 때, 甲이 작성한 보고서 한 건의 쪽수의 최댓값은?

A회사 직원인 甲은 근무일마다 동일한 쪽수의 보고서를 한 건씩 작성한다. 甲은 작성한 보고서를 회사의 임원들 각각에게 당일 출력하여 전달한다. 甲은 A회사에 1개월 전 입사하였으며 총 근무일은 20일을 초과하였다. 甲이 현재까지 출력한 총량은 1,000쪽이며, 임원은 2명 이상이다.

① 5
② 8
③ 10
④ 20
⑤ 40

15. 다음 글을 근거로 판단할 때, A~E 중 한 명만 화상강의 시스템에 접속해 있던 시각으로 가능한 것은?

○ 어제 9:00부터 9:30까지 진행된 수업시간 중 학생 A~E가 화상강의 시스템에 접속해 있던 시간은 아래와 같다.

학생	A	B	C	D	E
시간(분)	13	15	17	21	25

○ 학생들의 접속 횟수는 각 1회였다.
○ A와 C가 접속해 있던 시간은 서로 겹치지 않았다.

① 9:04
② 9:10
③ 9:15
④ 9:21
⑤ 9:24

16. 다음 글을 근거로 판단할 때, 甲이 만든 비밀번호 각 자리의 숫자를 모두 곱한 값은?

○ 甲은 1, 2, 3, 4 중에서 숫자를 골라 네 자리 비밀번호를 만들었다.
○ 비밀번호 각 자리의 숫자를 '모두 더한 값'과 '모두 곱한 값'이 같았다.

① 8
② 9
③ 10
④ 12
⑤ 16

17. 다음 글과 <상황>을 근거로 판단할 때, 甲에게 배정되는 금액은?

A부서는 소속 직원에게 원격지 전보에 따른 이전여비를 지원한다. A부서는 다음과 같은 지침에 따라 지원액을 배정하고자 한다.

○ 지원액 배정 지침
- 이전여비 지원 예산 총액: 160만 원
- 심사를 통해 원격지 전보에 해당하는 신청자만 배정대상자로 함
- 예산 한도 내에서 지원 가능한 최대의 금액 배정
- 배정대상자 신청액의 합이 지원 예산 총액을 초과할 경우에는 각 배정대상자의 '신청액 대비 배정액 비율'이 모두 같도록 삭감하여 배정

<상 황>

다음은 이전여비 지원을 신청한 A부서 직원 甲~戊의 신청액과 원격지 전보 해당 여부이다.

구분	이전여비 신청액(원)	원격지 전보 해당 여부
甲	700,000	해당
乙	400,000	해당하지 않음
丙	500,000	해당
丁	300,000	해당
戊	500,000	해당

① 525,000원
② 560,000원
③ 600,000원
④ 620,000원
⑤ 630,000원

18. 다음 글과 <상황>을 근거로 판단할 때, 甲~戊 중 사업자로 선정되는 업체는?

△△부처는 □□사업에 대하여 용역 입찰공고를 하고, 각 입찰업체의 제안서를 평가하여 사업자를 선정하려 한다.

○ 제안서 평가점수는 입찰가격 평가점수(20점 만점)와 기술능력 평가점수(80점 만점)로 이루어진다.
○ 입찰가격 평가점수는 각 입찰업체가 제시한 가격에 따라 산정한다.
○ 기술능력 평가점수는 다음과 같은 방식으로 산정한다.
- 5명의 평가위원이 평가한다.
- 각 평가위원의 평가결과에서 최고점수와 최저점수를 제외한 나머지 3명의 점수를 산술평균하여 산정한다. 이때 최고점수가 복수인 경우 하나를 제외하며, 최저점수가 복수인 경우도 마찬가지이다.
○ 기술능력 평가점수에서 만점의 85% 미만의 점수를 받은 업체는 선정에서 제외한다.
○ 입찰가격 평가점수와 기술능력 평가점수를 합산한 점수가 가장 높은 업체를 선정한다. 이때 동점이 발생할 경우, 기술능력 평가점수가 가장 높은 업체를 선정한다.

<상 황>

○ □□사업의 입찰에 참여한 업체는 甲~戊이다.
○ 각 업체의 입찰가격 평가점수는 다음과 같다.

(단위: 점)

구분	甲	乙	丙	丁	戊
평가점수	13	20	15	14	17

○ 각 업체의 기술능력에 대한 평가위원 5명의 평가결과는 다음과 같다.

(단위: 점)

구분	甲	乙	丙	丁	戊
A위원	68	65	73	75	65
B위원	68	73	69	70	60
C위원	68	62	69	65	60
D위원	68	65	65	65	70
E위원	72	65	69	75	75

① 甲
② 乙
③ 丙
④ 丁
⑤ 戊

19. 다음 글을 근거로 판단할 때, 甲~戊 중 금요일과 토요일의 초과근무 인정시간의 합이 가장 많은 근무자는?

○ A기업에서는 근무자가 출근시각과 퇴근시각을 입력하면 초과근무 '실적시간'과 '인정시간'이 분 단위로 자동 계산된다.
- 실적시간은 근무자의 일과시간(월~금, 09:00~18:00)을 제외한 근무시간을 말한다.
- 인정시간은 실적시간에서 개인용무시간을 제외한 근무시간을 말한다. 하루 최대 인정시간은 월~금요일은 4시간이며, 토요일은 2시간이다.
- 재택근무를 하는 경우 실적시간을 인정하지 않는다.

○ A기업 근무자 甲~戊의 근무현황은 다음과 같다.

구분	금요일			토요일	
	출근 시각	퇴근 시각	비고	출근 시각	퇴근 시각
甲	8:55	20:00	-	10:30	13:30
乙	8:00	19:55	-	-	-
丙	9:00	21:30	개인용무시간 (19:00~19:30)	13:00	14:30
丁	8:30	23:30	재택근무	-	-
戊	7:00	21:30	-	-	-

① 甲
② 乙
③ 丙
④ 丁
⑤ 戊

20. 다음 글을 근거로 판단할 때, <보기>에서 甲의 시험과목별 점수로 옳은 것만을 모두 고르면?

○○국제교육과정 중에 있는 사람은 수료시험에서 5개 과목(A~E) 평균 60점 이상을 받고 한 과목도 과락(50점 미만)이 아니어야 수료할 수 있다.

甲은 수료시험에서 5개 과목 평균 60점을 받았으나 2개 과목이 과락이어서 ○○국제교육과정을 수료하지 못했다. 甲이 돌려받은 답안지에 점수는 기재되어 있지 않았고, 각 문항에 아래와 같은 표시만 되어 있었다. 이는 국적이 서로 다른 각 과목 강사가 자신의 국가에서 사용하는 방식으로 정답·오답 표시만 해놓은 결과였다.

과목	문항									
	1	2	3	4	5	6	7	8	9	10
A	○	○	×	○	×	○	×	○	○	○
B	V	×	V	V	V	×	V	×	V	V
C	/	○	○	○	○	/	/	○	/	○
D	○	○	V	V	V	○	○	V	V	V
E	/	/	/	/	×	×	/	/	/	/

※ 모든 과목은 각 10문항이며, 각 문항별 배점은 10점이다.

<보 기>

	시험과목	점수
ㄱ.	A	70
ㄴ.	B	30
ㄷ.	C	60
ㄹ.	D	40
ㅁ.	E	80

① ㄱ, ㄴ
② ㄱ, ㄷ
③ ㄱ, ㄹ, ㅁ
④ ㄴ, ㄷ, ㄹ
⑤ ㄴ, ㄷ, ㅁ

21. 다음 글을 근거로 판단할 때, 식목일의 요일은?

> 다음은 가원이의 어느 해 일기장에서 서로 다른 요일의 일기를 일부 발췌하여 날짜순으로 나열한 것이다.
>
> (1) 4월 5일 ○요일
> 오늘은 식목일이다. 동생과 한 그루의 사과나무를 심었다.
>
> (2) 4월 11일 ○요일
> 오늘은 아빠와 뒷산에 가서 벚꽃을 봤다.
>
> (3) 4월 □□일 수요일
> 나는 매주 같은 요일에만 데이트를 한다. 오늘 데이트도 즐거웠다.
>
> (4) 4월 15일 ○요일
> 오늘은 친구와 미술관에 갔다. 작품들이 멋있었다.
>
> (5) 4월 □□일 ○요일
> 내일은 대청소를 하는 날이어서 오늘은 휴식을 취했다.
>
> (6) 4월 □□일 ○요일
> 나는 매달 마지막 일요일에만 대청소를 한다. 그래서 오늘 대청소를 했다.

① 월요일
② 화요일
③ 목요일
④ 금요일
⑤ 토요일

22. 다음 글을 근거로 판단할 때, <보기>에서 옳은 것만을 모두 고르면?

> ○ 엘리베이터 안에는 각 층을 나타내는 버튼만 하나씩 있다.
> ○ 버튼을 한 번 누르면 해당 층에 가게 되고, 다시 누르면 취소된다. 취소된 버튼을 다시 누를 수 있다.
> ○ 1층에 계속해서 정지해 있던 빈 엘리베이터에 처음으로 승객 7명이 탔다.
> ○ 승객들이 버튼을 누른 횟수의 합은 10이며, 1층에서만 눌렀다.
> ○ 승객 3명은 4층에서, 2명은 5층에서 내렸다. 나머지 2명은 6층 이상의 서로 다른 층에서 내렸다.
> ○ 1층 외의 층에서 엘리베이터를 탄 승객은 없으며, 엘리베이터는 승객이 타거나 내린 층에서만 정지했다.

<보 기>

ㄱ. 각 승객은 1개 이상의 버튼을 눌렀다.
ㄴ. 5번 누른 버튼이 있다면, 2번 이상 누른 다른 버튼이 있다.
ㄷ. 4층 버튼을 가장 많이 눌렀다.
ㄹ. 승객이 내리지 않은 층의 버튼을 누른 사람은 없다.

① ㄱ
② ㄴ
③ ㄱ, ㄷ
④ ㄴ, ㄹ
⑤ ㄷ, ㄹ

23. 다음 글을 근거로 판단할 때 옳은 것은?

> A~E 간에 갖고 있는 상대방의 연락처에 대한 정보는 다음과 같다.
>
> ○ A는 3명의 연락처를 갖고 있는데, 그 중 2명만 A의 연락처를 갖고 있다. 그런데 A의 연락처를 갖고 있는 사람은 총 3명이다.
> ○ B는 2명의 연락처를 갖고 있는데, 그 2명을 제외한 2명만 B의 연락처를 갖고 있다.
> ○ C는 A의 연락처만 갖고 있는데, A도 C의 연락처를 갖고 있다.
> ○ D는 2명의 연락처를 갖고 있다.
> ○ E는 B의 연락처만 갖고 있다.

① A는 B의 연락처를 갖고 있다.
② B는 D의 연락처를 갖고 있다.
③ C의 연락처를 갖고 있는 사람은 3명이다.
④ D의 연락처를 갖고 있는 사람은 A뿐이다.
⑤ E의 연락처를 갖고 있는 사람은 2명이다.

24. 다음 글을 근거로 판단할 때, ㉠에 들어갈 내용으로 옳은 것은?

> 시계수리공 甲은 고장 난 시계 A를 수리하면서 실수로 시침과 분침을 서로 바꾸어 조립하였다. 잘못 조립한 것을 모르고 있던 甲은 A에 전지를 넣어 작동시킨 후, A를 실제 시각인 정오로 맞추고 작업을 마무리하였다. 그랬더니 A의 시침은 정상일 때의 분침처럼, 분침은 정상일 때의 시침처럼 움직였다. 그 후 A가 처음으로 실제 시각을 가리킨 때는 [㉠] 사이였다.

① 오후 12시 55분 0초부터 오후 1시 정각
② 오후 1시 정각부터 오후 1시 5분 0초
③ 오후 1시 5분 0초부터 오후 1시 10분 0초
④ 오후 1시 10분 0초부터 오후 1시 15분 0초
⑤ 오후 1시 15분 0초부터 오후 1시 20분 0초

25. 다음 글을 근거로 판단할 때 옳은 것은?

제○○조(정의) 이 법에서 사용하는 용어의 뜻은 다음과 같다.
1. "한부모가족"이란 모자가족 또는 부자가족을 말한다.
2. "모(母)" 또는 "부(父)"란 다음 각 목의 어느 하나에 해당하는 자로서 아동인 자녀를 양육하는 자를 말한다.
가. 배우자와 사별 또는 이혼하거나 배우자로부터 유기된 자
나. 정신이나 신체의 장애로 장기간 노동능력을 상실한 배우자를 가진 자
다. 교정시설·치료감호시설에 입소한 배우자 또는 병역복무 중인 배우자를 가진 자
라.미혼자
3. "아동"이란 18세 미만(취학 중인 경우에는 22세 미만을 말하되, 병역의무를 이행하고 취학 중인 경우에는 병역의무를 이행한 기간을 가산한 연령 미만을 말한다)의 자를 말한다.

제□□조(지원대상자의 범위) ① 이 법에 따른 지원대상자는 제○○조 제1호부터 제3호까지의 규정에 해당하는 자로 한다.
② 제1항에도 불구하고 부모가 사망하거나 그 생사가 분명하지 아니한 아동을 양육하는 조부 또는 조모는 이 법에 따른 지원대상자가 된다.

제△△조(복지 급여 등) ① 국가나 지방자치단체는 지원대상자의 복지 급여 신청이 있으면 다음 각 호의 복지 급여를 실시하여야 한다.
1. 생계비
2. 아동교육지원비
3. 아동양육비

② 이 법에 따른 지원대상자가 다른 법령에 따라 지원을 받고 있는 경우에는 그 범위에서 이 법에 따른 급여를 실시하지 아니한다. 다만, 제1항 제3호의 아동양육비는 지급할 수 있다.
③ 제1항 제3호의 아동양육비를 지급할 때에 다음 각 호의 어느 하나에 해당하는 경우에는 예산의 범위에서 추가적인 복지 급여를 실시하여야 한다.
1. 미혼모나 미혼부가 5세 이하의 아동을 양육하는 경우
2. 34세 이하의 모 또는 부가 아동을 양육하는 경우

① 5세인 자녀를 홀로 양육하는 자가 지원대상자가 되기 위해서는 미혼자여야 한다.
② 배우자와 사별한 자가 18개월간 병역의무를 이행한 22세의 대학생 자녀를 양육하는 경우, 지원대상자가 될 수 없다.
③ 부모의 생사가 불분명한 6세인 손자를 양육하는 조모에게는 복지 급여 신청이 없어도 생계비를 지급하여야 한다.
④ 30세인 미혼모가 5세인 자녀를 양육하는 경우, 아동양육비를 지급할 때 추가적인 복지 급여를 실시할 수 없다.
⑤ 지원대상자가 다른 법령에 따른 지원을 받고 있는 경우에도 국가나 지방자치단체는 아동양육비를 지급할 수 있다.

약점 보완 해설집 p.56

자료해석영역

1. 다음 <그림>은 '갑' 지역의 리조트 개발 후보지 A~E의 지리정보 조사 결과이다. 이를 근거로 A~E 중 <입지조건>을 모두 만족하는 리조트 개발 후보지를 고르면?

<그림> 리조트 개발 후보지 A~E의 지리정보 조사 결과

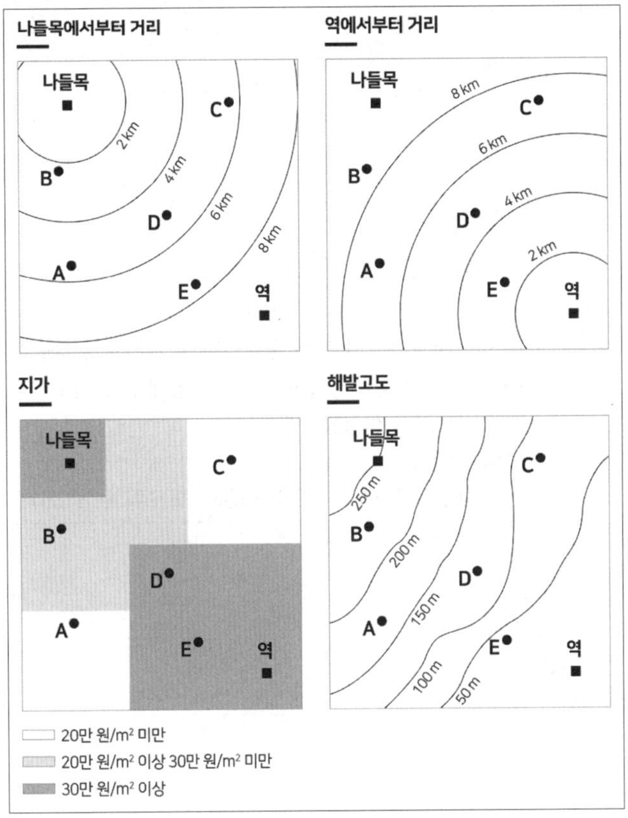

<입지조건>

○ 나들목에서부터 거리가 6km 이내인 장소
○ 역에서부터 거리가 8km 이내인 장소
○ 지가가 30만 원/m^2 미만인 장소
○ 해발고도가 100m 이상인 장소

① A
② B
③ C
④ D
⑤ E

2. 다음 <표>는 4월 5일부터 4월 11일까지 종합병원 A의 날짜별 진료 실적에 관한 자료이다. 4월 7일의 진료의사 1인당 진료환자 수는?

<표> 종합병원 A의 날짜별 진료 실적

(단위: 명)

구분 / 날짜	진료의사 수	진료환자 수	진료의사 1인당 진료환자 수
4월 5일	23	782	34
4월 6일	26	988	38
4월 7일	( )	580	( )
4월 8일	25	700	28
4월 9일	30	1,050	35
4월 10일	15	285	19
4월 11일	4	48	12
계	143	4,433	-

① 20
② 26
③ 29
④ 32
⑤ 38

3. 다음 <표>는 2022년 '갑'국 주요 수입 농산물의 수입경로별 수입량에 관한 자료이다. 이를 근거로 육로수입량 비중을 농산물별로 비교할 때, 육로수입량 비중이 가장 큰 농산물은?

<표> 2022년 '갑'국 주요 수입 농산물의 수입경로별 수입량

(단위: 톤)

수입경로 / 농산물	육로	해상	항공
콩	2,593	105,340	246,117
건고추	2,483	78,437	86,097
땅콩	2,260	8,219	26,146
참깨	2,024	12,986	76,812
팥	2,020	7,102	42,418

※ 1) 농산물별 수입량
= 농산물별 육로수입량 + 농산물별 해상수입량 + 농산물별 항공수입량

2) 농산물별 육로수입량 비중(%) = $\frac{\text{농산물별 육로수입량}}{\text{농산물별 수입량}} \times 100$

① 건고추
② 땅콩
③ 참깨
④ 콩
⑤ 팥

4. 다음 <표>는 '갑'시 공공정책 홍보사업에 입찰한 A~F홍보업체의 온라인 홍보매체 운영현황에 관한 자료이다. 이를 근거로 A~F 홍보업체 중 <선정방식>에 따라 홍보업체를 고르면?

<표> A~F홍보업체의 온라인 홍보매체 운영현황

(단위: 만 명)

구분 / 홍보업체	미디어채널 구독자 수	SNS 팔로워 수	공공정책 홍보경력
A	90	50	유
B	180	0	무
C	50	80	유
D	80	60	무
E	100	40	무
F	60	45	유

<선정방식>

○ 공공정책 홍보경력이 있는 홍보업체 중 인지도가 가장 높은 1곳과 공공정책 홍보경력이 없는 홍보업체 중 인지도가 가장 높은 1곳을 각각 선정함.

○ 홍보업체 인지도 =
(미디어채널 구독자 수 × 0.4) + (SNS 팔로워 수 × 0.6)

① A, D
② A, E
③ B, C
④ B, F
⑤ C, D

5. 다음은 2013~2022년 '갑'국 국방연구소가 출원한 지식재산권에 관한 자료이다. 제시된 <표> 이외에 <보고서>를 작성하기 위해 추가로 필요한 자료만을 <보기>에서 모두 고르면?

<표> 2013~2022년 '갑'국 국방연구소의 특허 출원 건수

(단위: 건)

구분 \ 연도	2013	2014	2015	2016	2017	2018	2019	2020	2021	2022
국내 출원	287	368	385	458	514	481	555	441	189	77
국외 출원	34	17	9	26	21	13	21	16	2	3

<보고서>

'갑'국 국방연구소는 국방에 필요한 무기와 국방과학기술을 연구·개발하면서 특허, 상표권, 실용신안 등 관련 지식재산권을 출원하고 있다.

2013~2022년 '갑'국 국방연구소가 출원한 연도별 특허 건수는 2017년까지 매년 증가하였고, 2019년 이후에는 매년 감소하였다. 2013~2022년 국외 출원 특허 건수를 대상 국가별로 살펴보면, 미국에 출원한 특허가 매년 가장 많았다.

2013~2022년 '갑'국 국방연구소는 2015년에만 상표권을 출원하였으며, 그중 국외 출원은 없었다. 또한, 2016년부터 2년마다 1건씩 총 4건의 실용신안을 국내 출원하였다.

<보 기>

ㄱ. '갑'국 국방연구소의 연도별 전체 특허 출원 건수

(단위: 건)

연도	2013	2014	2015	2016	2017	2018	2019	2020	2021	2022
전체	321	385	394	484	535	494	576	457	191	80

ㄴ. '갑'국 국방연구소의 국외 출원 대상 국가별 특허 출원 건수

(단위: 건)

대상 국가 \ 연도	2013	2014	2015	2016	2017	2018	2019	2020	2021	2022
독일	1	1	1	0	0	0	0	0	0	0
미국	26	15	8	18	20	11	16	15	2	3
일본	0	1	0	2	0	0	1	1	0	0
영국	0	0	0	5	1	1	0	0	0	0
프랑스	7	0	0	0	0	0	0	0	0	0
호주	0	0	0	0	0	0	3	0	0	0
기타	0	0	0	1	0	1	1	0	0	0
계	34	17	9	26	21	13	21	16	2	3

ㄷ. '갑'국 국방연구소의 연도별 상표권 출원 건수

(단위: 건)

구분 \ 연도	2013	2014	2015	2016	2017	2018	2019	2020	2021	2022
국내 출원	0	0	2	0	0	0	0	0	0	0
국외 출원	0	0	0	0	0	0	0	0	0	0

ㄹ. '갑'국 국방연구소의 연도별 실용신안 출원 건수

(단위: 건)

구분 \ 연도	2013	2014	2015	2016	2017	2018	2019	2020	2021	2022
국내 출원	0	0	0	1	0	1	0	1	0	1
국외 출원	0	0	0	0	0	0	0	0	0	0

① ㄱ, ㄴ
② ㄱ, ㄷ
③ ㄴ, ㄷ
④ ㄷ, ㄹ
⑤ ㄴ, ㄷ, ㄹ

6. 다음 <표>는 2022년 A~E국의 연구개발 세액감면 현황에 관한 자료이다. 이에 대한 <보기>의 설명 중 옳은 것만을 모두 고르면?

<표> 2022년 A~E국의 연구개발 세액감면 현황

(단위: 백만 달러, %)

국가 \ 구분	연구개발 세액감면액	GDP 대비 연구개발 세액감면액 비율	연구개발 총지출액 대비 연구개발 세액감면액 비율
A	3,613	0.20	4.97
B	12,567	0.07	2.85
C	2,104	0.13	8.15
D	4,316	0.16	10.62
E	6,547	0.13	4.14

<보 기>

ㄱ. GDP는 C국이 E국보다 크다.
ㄴ. 연구개발 총지출액이 가장 큰 국가는 B국이다.
ㄷ. GDP 대비 연구개발 총지출액 비율은 A국이 B국보다 높다.

① ㄱ
② ㄴ
③ ㄷ
④ ㄴ, ㄷ
⑤ ㄱ, ㄴ, ㄷ

7. 다음 <표>는 2013~2022년 '갑'국의 농업진흥지역 면적에 관한 자료이다. 이에 대한 <보고서>의 설명 중 옳은 것만을 모두 고르면?

<표> 2013~2022년 '갑'국의 농업진흥지역 면적

(단위: 만ha)

구분 \ 연도	전체 농지	농업진흥지역		
			논	밭
2013	180.1	91.5	76.9	14.6
2014	175.9	81.5	71.6	9.9
2015	171.5	80.7	71.0	9.7
2016	173.0	80.9	71.2	9.7
2017	169.1	81.1	71.4	9.7
2018	167.9	81.0	71.3	9.7
2019	164.4	78.0	67.9	10.1
2020	162.1	77.7	67.9	9.8
2021	159.6	77.8	68.2	9.6
2022	158.1	77.6	68.7	8.9

<보고서>

'갑'국은 우량농지를 보전하고 농지이용률을 높인다는 취지로 농업진흥지역을 지정하고 있다. 그러나, ㉠ 2014년부터 2022년까지 매년 농업진흥지역 면적은 전체 농지 면적의 50% 이하에 그치고 있다. 또한, ㉡ 같은 기간 농업진흥지역 면적은 매년 감소하여, 농업기반이 취약해지는 것으로 분석된다.

농업진흥지역 면적은 2013년 91.5만ha에서 2022년 77.6만ha로 15% 이상 감소했으며, 이는 같은 기간 전체 농지 면적의 감소율보다 크다. 한편, ㉢ 농업진흥지역 면적에서 밭 면적이 차지하는 비중은 2013년 이후 매년 15% 이하이다.

① ㄱ
② ㄴ
③ ㄱ, ㄴ
④ ㄱ, ㄷ
⑤ ㄴ, ㄷ

8. 다음은 '갑'군의 농촌관광 사업에 관한 <방송뉴스>이다. <방송뉴스>의 내용과 부합하는 자료는?

<방송뉴스>

앵커: 농촌경제 활성화를 위하여 ○○부가 추진해오고 있는 농촌관광 사업이 있습니다. 최근 감염병으로 인해 농촌관광 사업도 큰 어려움을 겪고 있다고 합니다. □□□기자가 어려움을 겪고 있는 농촌관광 사업에 대해 보도합니다.

기자: …(중략)… '갑'군은 농촌의 소득 다변화를 위하여 다양한 농촌관광 사업을 추진했습니다. 하지만 감염병 확산으로 2020년 '갑'군의 농촌관광 방문객 수와 매출액이 크게 줄었습니다. 농촌체험마을은 2020년 방문객 수와 매출액이 2019년에 비해 75% 이상 감소하였습니다. 농촌민박도 2020년 방문객 수와 매출액이 전년과 비교하여 30% 이상 줄어들었습니다. 다만, 농촌융복합사업장은 2020년 방문객 수와 매출액이 전년과 비교해 줄어든 비율이 농촌체험마을보다는 작았습니다.

①

(단위: 명, 천 원)

구분 \ 연도	농촌체험마을		농촌민박		농촌융복합사업장	
	방문객 수	매출액	방문객 수	매출액	방문객 수	매출액
2019	1,118	12,280	2,968	98,932	395	6,109
2020	266	3,030	2,035	67,832	199	1,827

②

(단위: 명, 천 원)

구분 \ 연도	농촌체험마을		농촌민박		농촌융복합사업장	
	방문객 수	매출액	방문객 수	매출액	방문객 수	매출액
2019	1,118	12,320	2,968	98,932	395	6,109
2020	266	3,180	2,035	67,832	199	1,827

③

(단위: 명, 천 원)

구분 \ 연도	농촌체험마을		농촌민박		농촌융복합사업장	
	방문객 수	매출액	방문객 수	매출액	방문객 수	매출액
2019	1,118	12,280	2,968	98,932	395	6,309
2020	266	3,030	2,035	67,832	199	1,290

④

(단위: 명, 천 원)

구분 \ 연도	농촌체험마을		농촌민박		농촌융복합사업장	
	방문객 수	매출액	방문객 수	매출액	방문객 수	매출액
2019	1,118	12,320	2,968	96,932	395	6,309
2020	266	3,180	2,035	70,069	199	1,290

⑤

(단위: 명, 천 원)

구분 \ 연도	농촌체험마을		농촌민박		농촌융복합사업장	
	방문객 수	매출액	방문객 수	매출액	방문객 수	매출액
2019	1,118	12,280	2,968	96,932	395	6,109
2020	266	3,030	2,035	70,069	199	1,827

9. 다음 <그림>은 2020년과 2021년 '갑'국의 농림축수산물 종류별 수출입량에 관한 자료이다. 이에 대한 <보기>의 설명 중 옳은 것만을 모두 고르면?

<그림> 2020년과 2021년 농림축수산물 종류별 수출입량

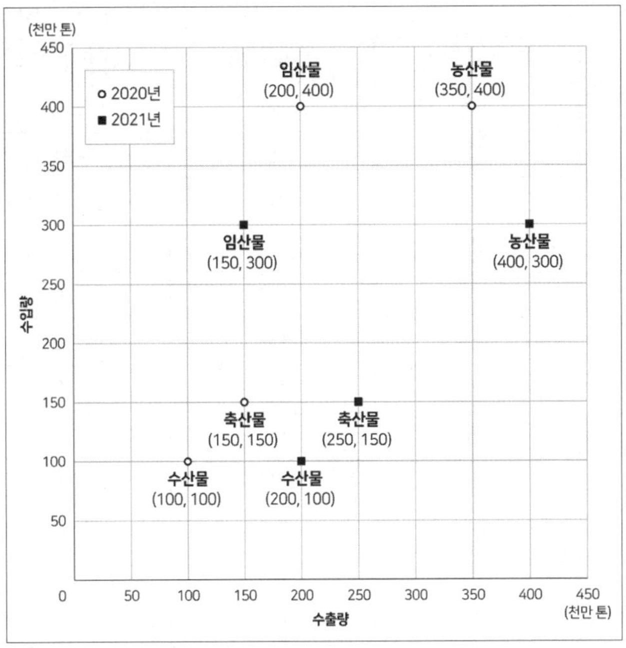

※ 농림축수산물 종류는 농산물, 임산물, 축산물, 수산물로만 구분됨.

<보 기>

ㄱ. 2021년 농산물, 축산물, 수산물의 수출량은 각각 전년 대비 증가하였다.

ㄴ. 2021년 농림축수산물 총수입량은 전년 대비 증가하였다.

ㄷ. 수출량 대비 수입량 비율이 가장 높은 농림축수산물 종류는 2020년과 2021년이 같다.

ㄹ. 2021년 수출량의 전년 대비 증가율은 축산물이 가장 높다.

① ㄱ, ㄴ
② ㄱ, ㄷ
③ ㄱ, ㄹ
④ ㄴ, ㄷ
⑤ ㄴ, ㄹ

10. 다음 <표>는 조선왕조실록에 수록된 1401~1418년의 이상 기상 및 자연재해 발생 건수에 관한 자료이다. 이에 대한 <보기>의 설명 중 옳은 것만을 모두 고르면?

<표> 1401~1418년 이상 기상 및 자연재해 발생 건수

(단위: 건)

유형 / 연도	천둥번개	큰 비	벼락	폭설	큰 바람	우박	한파 및 이상 고온	서리	짙은 안개	황충 피해	가뭄 및 홍수	지진 및 해일	전체
1401	2	1	6	0	2	8	3	7	5	1	3	1	39
1402	3	0	5	3	1	3	5	0	( )	2	2	2	41
1403	7	13	12	3	1	3	2	3	9	0	4	0	57
1404	1	18	0	0	1	4	2	0	3	0	0	0	29
1405	8	27	0	6	7	9	5	4	0	5	1	2	74
1406	4	( )	11	3	1	3	3	10	1	0	2	0	59
1407	4	14	8	4	1	3	4	2	2	3	4	0	49
1408	0	4	3	1	1	3	1	0	( )	3	0	0	23
1409	4	7	6	5	2	8	3	2	4	0	2	0	43
1410	14	14	5	1	2	6	1	1	5	2	6	1	58
1411	3	11	6	1	2	6	1	3	1	0	9	1	44
1412	4	8	4	2	5	6	2	0	3	2	2	0	38
1413	5	20	4	3	6	1	0	2	1	5	5	0	52
1414	5	21	7	3	3	3	5	5	0	0	6	0	58
1415	9	18	9	1	3	2	3	2	3	3	2	2	57
1416	5	11	5	1	5	2	0	3	4	1	3	0	40
1417	0	9	5	1	7	4	3	6	1	7	3	0	46
1418	5	17	0	0	6	2	0	2	0	3	3	1	39
합	83	( )	96	38	56	76	43	52	64	37	57	10	846

<보 기>

ㄱ. 연도별 전체 발생 건수 상위 2개 연도의 발생 건수 합은 하위 2개 연도의 발생 건수 합의 3배 이상이다.

ㄴ. '큰 비'가 가장 많이 발생한 해에는 '우박'도 가장 많이 발생했다.

ㄷ. 1401~1418년 동안의 발생 건수 합 상위 5개 유형은 '천둥번개', '큰 비', '벼락', '우박', '짙은 안개'이다.

ㄹ. 1402년에 가장 많이 발생한 유형은 1408년에도 가장 많이 발생했다.

① ㄱ, ㄴ
② ㄱ, ㄷ
③ ㄴ, ㄹ
④ ㄷ, ㄹ
⑤ ㄴ, ㄷ, ㄹ

11. 다음 <표>는 위원회 회의참석수당 지급규정에 대한 자료이다. 이를 근거로 <회의>의 (가)~(라) 중 총지급액이 가장 큰 회의와 세 번째로 큰 회의를 바르게 연결한 것은?

<표 1> 위원회 회의참석수당 지급규정

(단위: 천 원/인)

구분		전체위원회		조정위원회		전문 위원회	기타 위원회
		전체 회의	소위	전체 회의	소위		
안건 검토비	위원장	300	250	200	150	200	150
	위원	250	200	150	100	150	100
회의참석비		회의시간이 2시간 미만인 경우 150 회의시간이 2시간 이상인 경우 200					
교통비		교통비 지급규정에 따라 정액 지급					

※ 1) 총지급액은 위원장과 위원의 회의참석수당 합임.
2) 위원(장) 회의참석수당=위원(장) 안건검토비+회의참석비+교통비

<표 2> 교통비 지급규정

(단위: 천 원/인)

회의개최장소	1급지	2급지	3급지	4급지
교통비	12	16	25	30

※ 교통비는 회의개최장소의 등급에 따라 지급하고, 회의개최장소는 1~4급지로 구분됨.

<회 의>

(가) 1급지에서 개최되고 위원장 1인과 위원 2인이 참석하며, 회의시간이 1시간인 전체위원회 소위
(나) 2급지에서 개최되고 위원장 1인과 위원 2인이 참석하며, 회의시간이 3시간인 조정위원회 전체회의
(다) 3급지에서 개최되고 위원장 1인과 위원 2인이 참석하며, 회의시간이 1시간인 전문위원회
(라) 4급지에서 개최되고 위원장 1인과 위원 2인이 참석하며, 회의시간이 4시간인 기타 위원회

	총지급액이 가장 큰 회의	총지급액이 세 번째로 큰 회의
①	(나)	(가)
②	(나)	(다)
③	(나)	(라)
④	(라)	(나)
⑤	(라)	(다)

12. 다음은 '갑'국의 특허 출원인 A~E의 IT 분야 등록특허별 피인용 횟수에 관한 자료이다. 이를 근거로 영향력 지수가 가장 큰 출원인과 기술력 지수가 가장 작은 출원인을 바르게 연결한 것은?

<표> '갑'국의 특허 출원인 A~E의 IT 분야 등록특허별 피인용 횟수

(단위: 회)

특허 출원인	등록특허	피인용 횟수
A	A1	3
	A2	25
B	B1	1
	B2	3
	B3	20
C	C1	3
	C2	2
	C3	10
	C4	5
	C5	6
D	D1	12
	D2	21
	D3	15
E	E1	6
	E2	56
	E3	4
	E4	12

※ A~E는 IT 분야 외 등록특허가 없음.

<정 보>

○ 해당 출원인의 영향력 지수 = $\frac{\text{해당 출원인의 피인용도 지수}}{\text{IT 분야 전체 등록특허의 피인용도 지수}}$

○ 해당 출원인의 기술력 지수 = 해당 출원인의 영향력 지수 × 해당 출원인의 등록특허 수

○ 해당 출원인의 피인용도 지수 = $\frac{\text{해당 출원인의 등록특허 피인용 횟수의 합}}{\text{해당 출원인의 등록특허 수}}$

○ IT 분야 전체 등록특허의 피인용도 지수 = $\frac{\text{IT 분야 전체의 등록특허 피인용 횟수의 합}}{\text{IT 분야 전체의 등록특허 수}}$

	영향력 지수가 가장 큰 출원인	기술력 지수가 가장 작은 출원인
①	A	B
②	D	A
③	D	C
④	E	B
⑤	E	C

13. 다음 <표>는 2018~2022년 '갑'국의 양자기술 분야별 정부 R&D 투자금액에 관한 자료이다. <표>를 이용하여 작성한 자료로 옳지 않은 것은?

<표> 양자기술 분야별 정부 R&D 투자금액

(단위: 백만 원)

분야 \ 연도	2018	2019	2020	2021	2022	합
양자컴퓨팅	61	119	200	285	558	1,223
양자내성암호	102	209	314	395	754	1,774
양자통신	110	192	289	358	723	1,672
양자센서	77	106	125	124	209	641
계	350	626	928	1,162	2,244	5,310

※ 양자기술은 양자컴퓨팅, 양자내성암호, 양자통신, 양자센서 분야로만 구분됨.

① 2019~2022년 양자통신 분야 정부 R&D 투자금액의 전년 대비 증가율

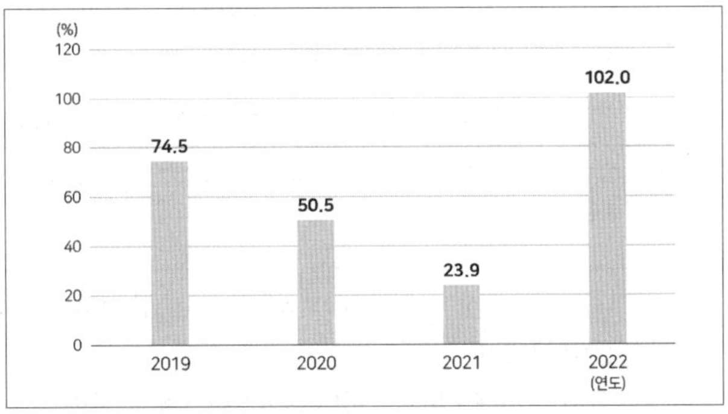

② 연도별 양자컴퓨팅, 양자통신 분야 정부 R&D 투자금액

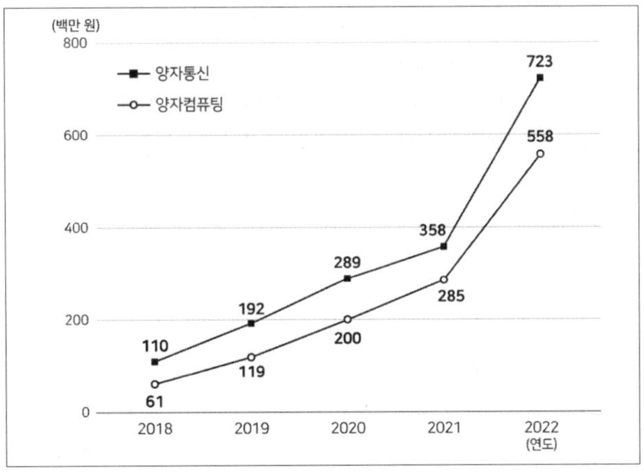

③ 2018~2022년 양자기술 정부 R&D 총투자금액의 분야별 구성비

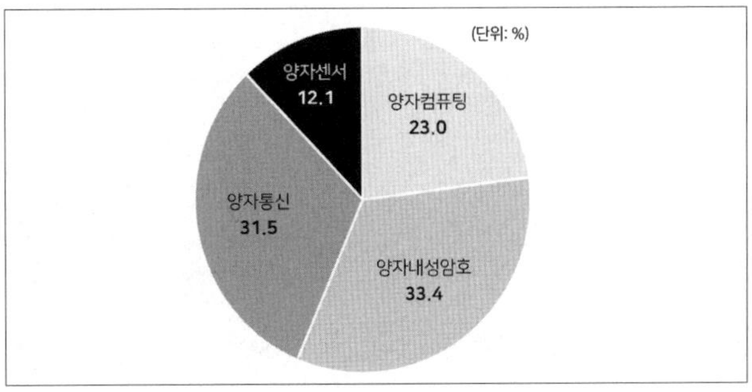

④ 연도별 양자내성암호 분야 정부 R&D 투자금액 대비 양자센서 분야 정부 R&D 투자금액 비율

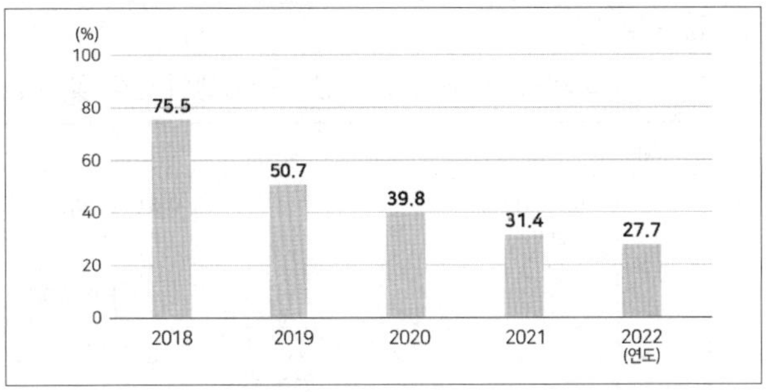

⑤ 2018~2022년 양자기술 정부 R&D 투자금액의 분야별 비중

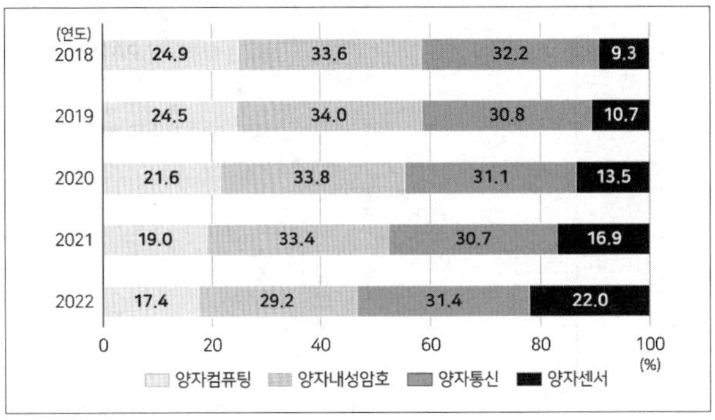

14. 다음 <표>는 2017~2022년 '갑'국의 병해충 발생면적에 관한 자료이다. 이에 대한 <보기>의 설명 중 옳은 것만을 모두 고르면?

<표> 2017~2022년 '갑'국의 병해충 발생면적

(단위: ha)

병해충 \ 연도	2017	2018	2019	2020	2021	2022
흰불나방	35,964	32,235	29,325	29,332	28,522	32,627
솔잎혹파리	35,707	38,976	(　)	27,530	27,638	20,840
솔껍질깍지벌레	4,043	7,718	6,380	5,024	3,566	3,497
참나무시들음병	1,733	1,636	1,576	1,560	1,240	(　)
전체	77,447	(　)	69,812	63,446	60,966	58,451

<보 기>

ㄱ. 2019~2022년 발생면적이 매년 감소한 병해충은 '솔껍질깍지벌레'뿐이다.

ㄴ. 전체 병해충 발생면적이 전년 대비 증가한 해는 2018년뿐이다.

ㄷ. 2019년 '솔잎혹파리' 발생면적은 2022년 '참나무시들음병' 발생면적의 30배 이상이다.

ㄹ. 2022년 병해충 발생면적의 전년 대비 증가율은 '참나무시들음병'이 '흰불나방'보다 낮다.

① ㄱ　② ㄷ　③ ㄱ, ㄴ　④ ㄷ, ㄹ　⑤ ㄱ, ㄴ, ㄹ

15. 다음은 '갑'국의 2017년과 2022년 A~H학생의 신장 및 체중과 체질량지수 분류기준에 관한 자료이다. 이에 대한 설명으로 옳지 않은 것은?

<그림> 2017년과 2022년 A~H학생의 신장 및 체중

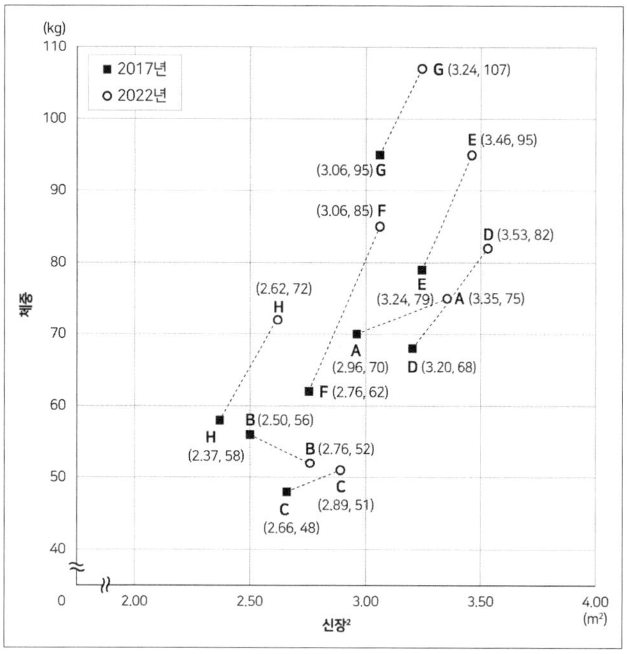

<표> '갑'국의 체질량지수 분류기준

(단위: kg/m²)

체질량지수	분류
20 미만	저체중
20 이상 25 미만	정상
25 이상 30 미만	과체중
30 이상 40 미만	비만
40 이상	고도비만

※ 체질량지수(kg/m²) = $\frac{\text{체중}}{\text{신장}^2}$

① '저체중'으로 분류된 학생의 수는 2022년이 2017년보다 많다.
② 2022년 A~H학생 체중의 평균은 2017년 대비 10% 이상 증가하였다.
③ 2017년과 2022년에 모두 '정상'으로 분류된 학생은 2명이다.
④ 2017년과 2022년 신장의 차이가 가장 큰 학생은 A이다.
⑤ 2022년 A~H학생의 체질량지수 중 가장 큰 값은 가장 작은 값의 2배 이상이다.

16. 다음은 2016~2022년 '갑'국의 스마트농업 정부연구비에 관한 자료이다. 이에 대한 <보기>의 설명 중 옳은 것만을 모두 고르면?

<그림> 연도별 스마트농업 정부연구비 및 연구과제 수

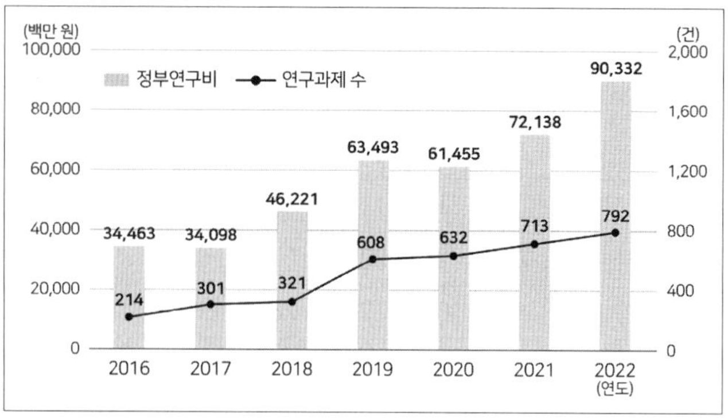

<표> 연도별·분야별 스마트농업 정부연구비

(단위: 백만 원)

분야 \ 연도	2016	2017	2018	2019	2020	2021	2022	전체
데이터기반구축	3,520	4,583	8,021	10,603	11,677	16,581	18,226	73,211
자동화설비기기	27,082	19,975	23,046	25,377	22,949	24,330	31,383	(　　)
융합연구	3,861	9,540	15,154	27,513	26,829	31,227	40,723	(　　)

※ 스마트농업은 데이터기반구축, 자동화설비기기, 융합연구 분야로만 구분됨.

<보 기>

ㄱ. 스마트농업의 연구과제당 정부연구비가 가장 많은 해는 2016년이다.
ㄴ. 전체 정부연구비가 가장 많은 스마트농업 분야는 '자동화설비기기'이다.
ㄷ. 스마트농업 정부연구비의 전년 대비 증가율이 가장 높은 해는 2022년이다.
ㄹ. 2019년 대비 2022년 정부연구비 증가율이 가장 높은 스마트농업 분야는 '데이터기반구축'이다.

① ㄱ, ㄴ
② ㄱ, ㄷ
③ ㄷ, ㄹ
④ ㄱ, ㄴ, ㄹ
⑤ ㄴ, ㄷ, ㄹ

17. 다음 <표>는 A지역 산불피해 복구에 대한 국비 및 지방비 지원금액에 관한 자료이다. 이에 대한 <보기>의 설명 중 옳은 것만을 모두 고르면?

<표 1> A지역 산불피해 복구에 대한 지원항목별, 재원별 지원금액

(단위: 천만 원)

재원 / 지원항목	국비	지방비	합
산림시설 복구	32,594	9,000	41,594
주택 복구	5,200	1,800	7,000
이재민 구호	2,954	532	3,486
상·하수도 복구	10,930	260	11,190
농경지 복구	1,540	340	1,880
생계안정 지원	1,320	660	1,980
기타	520	0	520
전체	55,058	( )	( )

<표 2> A지역 산불피해 복구에 대한 부처별 국비 지원금액

(단위: 천만 원)

부처	행정안전부	산림청	국토교통부	환경부	보건복지부	그 외	전체
지원금액	2,930	33,008	( )	9,520	350	240	55,058

<보 기>

ㄱ. 기타를 제외하고, 국비 지원금액 대비 지방비 지원금액 비율이 가장 높은 지원항목은 '주택 복구'이다.

ㄴ. 산림청의 '산림시설 복구' 지원금액은 1,000억 원 이상이다.

ㄷ. 국토교통부의 지원금액은 전체 국비 지원금액의 20% 이상이다.

ㄹ. 전체 지방비 지원금액은 '상·하수도 복구' 국비 지원금액보다 크다.

① ㄱ, ㄴ
② ㄱ, ㄷ
③ ㄴ, ㄷ
④ ㄴ, ㄹ
⑤ ㄷ, ㄹ

18. 다음 <표>는 2022년도 '갑'국의 운전면허 종류별 응시자 및 합격자 수에 관한 자료이다. 이에 대한 설명으로 옳은 것은?

<표> '갑'국의 운전면허 종류별 응시자 및 합격자 수

(단위: 명)

구분 / 종류	응시자	응시자 남자	응시자 여자	합격자	합격자 남자	합격자 여자
전체	71,976	56,330	15,646	44,012	33,150	10,862
1종	29,507	( )	1,316	16,550	15,736	814
1종 대형	4,199	4,149	50	995	991	4
1종 보통	24,388	23,133	1,255	15,346	14,536	810
1종 특수	920	909	11	209	209	0
2종	( )	( )	14,330	27,462	17,414	10,048
2종 보통	39,312	25,047	14,265	26,289	16,276	10,013
2종 소형	1,758	1,753	5	350	349	1
2종 원동기	1,399	1,339	60	823	789	34

※ 합격률(%) = $\frac{\text{합격자 수}}{\text{응시자 수}} \times 100$

① 2종 면허 응시자 수는 1종 면허 응시자 수의 2배 이상이다.
② 전체 합격률은 60% 미만이다.
③ 1종 보통 면허 합격률은 2종 보통 면허 합격률보다 높다.
④ 1종 면허 남자 응시자 수는 2종 면허 남자 응시자 수보다 많다.
⑤ 1종 대형 면허 여자 합격률은 2종 소형 면허 여자 합격률보다 높다.

19. 다음 <표>는 2022년 A~E국의 국방비와 GDP, 군병력, 인구에 관한 자료이다. 이에 대한 <보기>의 설명 중 옳은 것만을 모두 고르면?

<표> 2022년 A~E국의 국방비와 GDP, 군병력, 인구

(단위: 억 달러, 만 명)

구분 / 국가	국방비	GDP	군병력	인구
A	8,010	254,645	133	33,499
B	195	13,899	12	4,722
C	502	16,652	60	5,197
D	320	20,120	17	6,102
E	684	30,706	20	6,814

<보 기>

ㄱ. 국방비가 가장 많은 국가의 국방비는 A~E국 국방비 합의 80% 이상이다.
ㄴ. 인구 1인당 GDP는 B국이 C국보다 크다.
ㄷ. 국방비가 많은 국가일수록 GDP 대비 국방비 비율이 높다.
ㄹ. 군병력 1인당 국방비는 A국이 D국의 3배 이상이다.

① ㄱ, ㄴ
② ㄱ, ㄹ
③ ㄴ, ㄷ
④ ㄱ, ㄷ, ㄹ
⑤ ㄴ, ㄷ, ㄹ

20. 다음은 '갑'국의 건설공사 안전관리비에 관한 자료이다. 이에 대한 <보기>의 설명 중 옳은 것만을 모두 고르면?

<표> '갑'국의 건설공사 종류 및 대상액별 안전관리비 산정 기준

대상액 / 구분 / 공사 종류	5억 원 미만	5억 원 이상 50억 원 미만		50억 원 이상
	요율(%)	요율(%)	기초액(천 원)	요율(%)
일반건설공사(갑)	2.93	1.86	5,350	1.97
일반건설공사(을)	3.09	1.99	5,500	2.10
중건설공사	3.43	2.35	5,400	2.46
철도·궤도신설공사	2.45	1.57	4,400	1.66
특수 및 기타 건설공사	1.85	1.20	3,250	1.27

<안전관리비 산정 방식>

○ 대상액이 5억 원 미만 또는 50억 원 이상인 경우,
안전관리비 = 대상액 × 요율
○ 대상액이 5억 원 이상 50억 원 미만인 경우,
안전관리비 = 대상액 × 요율 + 기초액

<보 기>

ㄱ. 대상액이 10억 원인 경우, 안전관리비는 '일반건설공사(을)'가 '중건설공사'보다 적다.
ㄴ. 대상액이 4억 원인 경우, '일반건설공사(갑)'와 '철도·궤도신설공사'의 안전관리비 차이는 200만 원 이상이다.
ㄷ. '특수 및 기타 건설공사' 안전관리비는 대상액이 100억 원인 경우가 대상액이 10억 원인 경우의 10배 이상이다.

① ㄱ
② ㄴ
③ ㄱ, ㄷ
④ ㄴ, ㄷ
⑤ ㄱ, ㄴ, ㄷ

21. 다음 <표>는 '갑'국 재외국민의 5개 지역별 투표 결과에 관한 자료이다. 이에 대한 <보기>의 설명 중 옳은 것만을 모두 고르면?

<표> 재외국민 지역별 투표 결과

(단위: 개소, 명, %)

지역 \ 구분	제20대 선거				제19대 선거	
	투표소 수	선거인 수	투표자 수	투표율	투표자 수	투표율
아주	( )	110,818	78,051	70.4	106,496	74.0
미주	62	( )	50,440	68.7	68,213	71.7
유럽	47	32,591	25,629	( )	36,170	84.9
중동	21	6,818	5,658	83.0	8,210	84.9
아프리카	21	2,554	2,100	82.2	2,892	85.4
전체	219	226,162	161,878	71.6	221,981	75.3

※ 1) 투표율(%) = $\frac{\text{투표자 수}}{\text{선거인 수}} \times 100$

2) '아주'는 '중동'을 제외한 아시아 및 오세아니아 지역을 의미함.

<보 기>

ㄱ. 제20대 선거에서 투표소 수는 '아주'가 '중동'의 4배 이상이다.

ㄴ. 제20대 선거에서 투표율이 가장 높은 지역과 가장 낮은 지역의 투표율 차이는 15%p 이상이다.

ㄷ. 제20대 선거에서 투표소당 선거인 수는 '미주'가 '유럽'보다 많다.

ㄹ. 제20대 선거와 제19대 선거의 선거인 수 차이가 큰 지역부터 순서대로 나열하면 '아주', '미주', '유럽', '중동', '아프리카' 순이다.

① ㄱ

② ㄹ

③ ㄷ, ㄹ

④ ㄱ, ㄴ, ㄷ

⑤ ㄴ, ㄷ, ㄹ

22. 다음 <표>는 2017~2021년 '갑'국의 해양사고 유형별 발생 건수와 인명피해 인원 현황이다. <표>와 <조건>을 근거로 A~E에 해당하는 유형을 바르게 연결한 것은?

<표 1> 2017~2021년 해양사고 유형별 발생 건수

(단위: 건)

연도 \ 유형	A	B	C	D	E
2017	258	65	29	96	160
2018	250	46	38	119	162
2019	244	110	61	132	228
2020	277	108	69	128	203
2021	246	96	54	149	174

<표 2> 2017~2021년 해양사고 유형별 인명피해 인원

(단위: 명)

연도 \ 유형	A	B	C	D	E
2017	35	20	25	3	60
2018	19	25	1	0	52
2019	10	19	0	16	52
2020	8	25	2	8	79
2021	9	27	3	3	76

※ 해양사고 유형은 '안전사고', '전복', '충돌', '침몰', '화재폭발' 중 하나로만 구분됨.

<조 건>

○ 2017~2019년 동안 '안전사고' 발생 건수는 매년 증가한다.

○ 2020년 해양사고 발생 건수 대비 인명피해 인원의 비율이 두 번째로 높은 유형은 '전복'이다.

○ 해양사고 발생 건수는 매년 '충돌'이 '전복'의 2배 이상이다.

○ 2017~2021년 동안의 해양사고 인명피해 인원 합은 '침몰'이 '안전사고'의 50% 이하이다.

○ 2020년과 2021년의 해양사고 인명피해 인원 차이가 가장 큰 유형은 '화재폭발'이다.

	A	B	C	D	E
①	충돌	전복	침몰	화재폭발	안전사고
②	충돌	전복	화재폭발	안전사고	침몰
③	충돌	침몰	전복	화재폭발	안전사고
④	침몰	전복	안전사고	화재폭발	충돌
⑤	침몰	충돌	전복	안전사고	화재폭발

23. 다음 <표>는 2017~2022년 '갑'시의 택시 위법행위 유형별 단속건수에 관한 자료이다. 이에 대한 설명으로 옳은 것은?

<표> 2017~2022년 '갑'시의 택시 위법행위 유형별 단속건수

(단위: 건)

연도 \ 유형	승차거부	정류소 정차 질서문란	부당요금	방범등 소등위반	사업구역 외 영업	기타	전체
2017	( )	1,110	125	1,001	123	241	4,166
2018	1,694	701	301	( )	174	382	4,131
2019	1,991	1,194	441	825	554	349	5,354
2020	717	1,128	51	769	2,845	475	( )
2021	130	355	40	1,214	1,064	484	( )
2022	43	193	268	( )	114	187	2,067

① 위법행위 단속건수 상위 2개 유형은 2017년과 2018년이 같다.
② '부당요금' 단속건수 대비 '승차거부' 단속건수 비율이 가장 높은 연도는 2017년이다.
③ 전체 단속건수가 가장 많은 연도는 2020년이다.
④ 전체 단속건수 중 '방범등 소등위반' 단속건수가 차지하는 비중은 매년 감소한다.
⑤ 2017년 '승차거부' 단속건수는 2022년 '방범등 소등위반' 단속건수보다 적다.

[24~25] 다음 <표>는 '갑'국의 2022년 4~6월 A~D정유사의 휘발유와 경유 가격에 관한 자료이다. 다음 물음에 답하시오.

<표> 정유사별 휘발유와 경유 가격

(단위: 원/L)

유종	휘발유			경유		
정유사 \ 월	4	5	6	4	5	6
A	1,840	1,825	1,979	1,843	1,852	2,014
B	1,795	1,849	1,982	1,806	1,894	2,029
C	1,801	1,867	2,006	1,806	1,885	2,013
D	1,807	1,852	1,979	1,827	1,895	2,024

※ 가격은 해당 월의 정유사별 공시가임.

24. 위 <표>에 대한 설명으로 옳은 것은?

① 휘발유와 경유의 가격 차이가 가장 큰 정유사는 매월 같다.
② 4월에 휘발유 가격보다 경유 가격이 낮은 정유사는 1개이다.
③ 5월 휘발유 가격이 가장 높은 정유사는 5월 경유 가격도 가장 높다.
④ 각 정유사의 경유 가격은 매월 높아졌다.
⑤ 각 정유사의 5월과 6월 가격 차이는 경유가 휘발유보다 크다.

25. 위 <표>와 다음 <정보>를 근거로 <보기>의 설명 중 옳은 것만을 모두 고르면?

<정 보>

○ 가격 = 원가 + 유류세 + 부가가치세
○ 4월 유류세는 원가의 50%임.
○ 부가가치세는 원가와 유류세를 합한 금액의 10%임.

<보 기>

ㄱ. 5월 B의 휘발유 유류세가 원가의 40%라면, 5월 B의 휘발유 원가는 1,300원/L 이상이다.
ㄴ. 5월 C의 경유 원가가 전월과 같다면, 5월 C의 경유 유류세는 600원/L 이상이다.
ㄷ. 6월 D의 경유 유류세가 4월과 같은 금액이라면, 6월 D의 경유 유류세는 원가의 50% 이상이다.

① ㄱ
② ㄴ
③ ㄷ
④ ㄱ, ㄴ
⑤ ㄴ, ㄷ

약점 보완 해설집 p.62

해커스 **민간경력자** PSAT 15개년 기출문제집

2022년 기출문제

언어논리

상황판단

자료해석

문제 풀이 시작과 종료 시각을 정하세요.

· 언어논리/상황판단 (120분) ________시 ________분 ~ ________시 ________분

· 자료해석 (60분) ________시 ________분 ~ ________시 ________분

* 교재 뒤에 수록되어 있는 OCR 답안지와 해커스ONE 애플리케이션의 모바일 타이머를 이용하여 실전처럼 모의고사를 풀어보세요.
* 기출문제 풀이 후, 약점 보완 해설집에 있는 '바로 채점 및 성적 분석 서비스' QR코드를 스캔하여 응시 인원 대비 본인의 성적 위치를 확인할 수 있습니다.

언어논리영역

1. 다음 글의 내용과 부합하는 것은?

979년 송 태종은 거란을 공격하러 가는 길에 고려에 원병을 요청했다. 거란은 고려가 참전할 수도 있다는 염려에서 크게 동요했다. 하지만 고려는 송 태종의 요청에 응하지 않았다. 이후 거란은 송에 보복할 기회를 엿보는 한편, 송과 다시 싸우기 전에 고려를 압박해 앞으로도 송을 군사적으로 돕지 않겠다는 약속을 받아내고자 했다.

당시 거란과 고려 사이에는 압록강이 있었는데, 그 하류 유역에는 여진족이 살고 있었다. 이 여진족은 발해의 지배를 받았었지만, 발해가 거란에 의해 멸망한 후에는 어느 나라에도 속하지 않은 채 독자적 세력을 이루고 있었다. 거란은 이 여진족이 사는 땅을 여러 차례 침범해 대군을 고려로 보내는 데 적합한 길을 확보했다. 이후 993년에 거란 장수 소손녕은 군사를 이끌고 고려에 들어와 몇 개의 성을 공격했다. 이때 소손녕은 "고구려 옛 땅은 거란의 것인데 고려가 감히 그 영역을 차지하고 있으니 군사를 일으켜 그 땅을 찾아가고자 한다."라는 내용의 서신을 보냈다. 이 서신이 오자 고려 국왕 성종과 대다수 대신은 "옛 고구려의 영토에 해당하는 땅을 모두 내놓아야 군대를 거두겠다는 뜻이 아니냐?"라며 놀랐다. 하지만 서희는 소손녕이 보낸 서신의 내용은 핑계일 뿐이라고 주장했다. 그는 고려가 병력을 동원해 거란을 치는 일이 없도록 하겠다는 언질을 주면 소손녕이 철군할 것이라고 말했다. 이렇게 논의가 이어지고 있을 때 안융진에 있는 고려군이 소손녕과 싸워 이겼다는 보고가 들어왔다.

패배한 소손녕은 진군을 멈추고 협상을 원한다는 서신을 보내왔다. 이 서신을 받은 성종은 서희를 보내 협상하게 했다. 소손녕은 서희가 오자 "실은 고려가 송과 친하고 우리와는 소원하게 지내고 있어 침입하게 되었다."라고 했다. 이에 서희는 압록강 하류의 여진족 땅을 고려가 지배할 수 있게 묵인해 준다면, 거란과 국교를 맺을 뿐 아니라 거란과 송이 싸울 때 송을 군사적으로 돕지 않겠다는 뜻을 내비쳤다. 이 말을 들은 소손녕은 서희의 요구를 수용하기로 하고 퇴각했다. 이후 고려는 북쪽 국경 너머로 병력을 보내 압록강 하류의 여진족 땅까지 밀고 들어가 영토를 넓혔으며, 그 지역에 강동 6주를 두었다.

① 거란은 압록강 유역에 살던 여진족이 고려의 백성이라고 주장하였다.
② 여진족은 발해의 지배에서 벗어나기 위해 거란과 함께 고려를 공격하였다.
③ 소손녕은 압록강 유역의 여진족 땅을 빼앗아 강동 6주를 둔 후 그곳을 고려에 넘겼다.
④ 고려는 압록강 하류 유역에 있는 여진족의 땅으로 세력을 확대한 거란을 공격하고자 송 태종과 군사동맹을 맺었다.
⑤ 서희는 고려가 거란에 군사적 적대 행위를 하지 않겠다고 약속하면 소손녕이 군대를 이끌고 돌아갈 것이라고 보았다.

2. 다음 글에서 알 수 있는 것은?

세종이 즉위한 이듬해 5월에 대마도의 왜구가 충청도 해안에 와서 노략질하는 일이 벌어졌다. 이 왜구는 황해도 해주 앞바다에도 나타나 조선군과 교전을 벌인 후 명의 땅인 요동반도 방향으로 북상했다. 세종에게 왕위를 물려주고 상왕으로 있던 태종은 이종무에게 "북상한 왜구가 본거지로 되돌아가기 전에 대마도를 정벌하라!"라고 명했다. 이에 따라 이종무는 군사를 모아 대마도 정벌에 나섰다.

남북으로 긴 대마도에는 섬을 남과 북의 두 부분으로 나누는 중간에 아소만이라는 곳이 있는데, 이 만의 초입에 두지포라는 요충지가 있었다. 이종무는 이곳을 공격한 후 귀순을 요구하면 대마도주가 응할 것이라 보았다. 그는 6월 20일 두지포에 상륙해 왜인 마을을 불사른 후 계획대로 대마도주에게 서신을 보내 귀순을 요구했다. 하지만 대마도주는 이에 반응을 보이지 않았다. 분노한 이종무는 대마도주를 사로잡아 항복을 받아내기로 하고, 니로라는 곳에 병력을 상륙시켰다. 하지만 그곳에서 조선군은 매복한 적의 공격으로 크게 패했다. 이에 이종무는 군사를 거두어 거제도 견내량으로 돌아왔다.

이종무가 견내량으로 돌아온 다음 날, 태종은 요동반도로 북상했던 대마도의 왜구가 그곳으로부터 남하하던 도중 충청도에서 조운선을 공격했다는 보고를 받았다. 이 사건이 일어난 지 며칠 지나지 않았음을 알게 된 태종은 왜구가 대마도에 당도하기 전에 바다에서 격파해야 한다고 생각하고, 이종무에게 그들을 공격하라고 명했다. 그런데 이 명이 내려진 후에 새로운 보고가 들어왔다. 대마도의 왜구가 요동반도에 상륙했다가 크게 패배하는 바람에 살아남은 자가 겨우 300여 명에 불과하다는 것이었다. 이 보고를 접한 태종은 대마도주가 거느린 병사가 많이 죽어 그 세력이 꺾였으니 그에게 다시금 귀순을 요구하면 응할 것으로 판단했다. 이에 그는 이종무에게 내린 출진 명령을 취소하고, 측근 중 적임자를 골라 대마도주에게 귀순을 요구하는 사신으로 보냈다. 이 사신을 만난 대마도주는 고심 끝에 조선에 귀순하기로 했다.

① 해주 앞바다에 나타나 조선군과 싸운 대마도의 왜구가 요동반도를 향해 북상한 뒤 이종무의 군대가 대마도로 건너갔다.
② 조선이 왜구의 본거지인 대마도를 공격하기로 하자 명의 군대도 대마도까지 가서 정벌에 참여하였다.
③ 이종무는 세종이 대마도에 보내는 사절단에 포함되어 대마도를 여러 차례 방문하였다.
④ 태종은 대마도 정벌을 준비하였지만, 세종의 반대로 뜻을 이루지 못하였다.
⑤ 조선군이 대마도주를 사로잡기 위해 상륙하였다가 패배한 곳은 견내량이다.

3. 다음 글에서 알 수 없는 것은?

> 인간에 대한 혐오의 감정을 긍정적으로 바라보는 인식을 바탕으로, 이를 사회 안정의 도구로 활용해야 한다거나 법적 판단의 근거로 삼아야 한다는 주장은 영미법의 오래된 역사에서 그리 낯설지 않다. 그러나 혐오의 감정이 특정 개인과 집단을 배척하기 위한 강력한 무기로 이용되었다는 사실을 고려하면 이러한 주장이 얼마나 그릇된 것인지 이해할 수 있다.
>
> 일반적으로 우리는 분비물이나 배설물, 악취 등에 대해 그리고 시체와 같이 부패하고 퇴화하는 것들에 대해 혐오의 감정을 갖는다. 인간은 타자를 공격하는 데 이러한 오염물의 이미지를 사용한다. 이때 혐오는 특정 집단을 오염물인 것처럼 취급하고 자신은 오염되지 않은 쪽에 속함으로써 얻게 되는 심리적인 우월감 및 만족감과 연결되어 있다. 역사적으로 볼 때 이런 과정을 거쳐 오염물로 취급된 집단 중 하나가 유대인이다.
>
> 중세 이후 반유대주의 세력이 유대인에게 부여한 부정적 이미지는 점액성, 악취, 부패, 불결함과 같은 혐오스러운 것들과 결부되어 있다. 히틀러는 유대인을 깨끗하고 건강한 독일 민족의 몸속에 숨겨진, 썩어 가는 시체 속의 구더기라고 표현했다. 혐오스러운 적대자를 설정함으로써 자신의 야욕을 달성하려 했던 것이다. 불행하게도 대다수의 독일인은 이러한 야만적인 정치적 선동에 동의를 표했다. 심지어 유대인을 암세포, 종양, 세균 등으로 묘사하면서 이들을 비인간적 존재로 전락시키는 의학적 담론이 유행하기도 했다. 비인간적으로 묘사되는 유대인의 이미지는 나치가 만든 허상이었음에도 불구하고, 유대인과 연관된 혐오의 이미지는 아이들이 보는 당대의 동화 속에 담겨 있을 정도로 널리 퍼져 있었다.

① 혐오는 정치적 선동의 도구로 이용되지 않았다.
② 개인뿐만 아니라 집단도 혐오의 대상이 될 수 있다.
③ 혐오의 대상이 되는 집단은 비인간적으로 묘사되기도 한다.
④ 혐오의 감정을 법적 판단의 근거로 삼아야 한다는 입장이 있었다.
⑤ 인간에 대한 혐오의 감정은 타자를 혐오함으로써 주체가 얻을 수 있는 심리적인 만족감과 연관되어 있다.

4. 다음 글에서 알 수 없는 것은?

> '계획적 진부화'는 의도적으로 수명이 짧은 제품이나 서비스를 생산함으로써 소비자들이 새로운 제품을 구매하도록 유도하는 마케팅 전략 중 하나이다. 여기에는 단순히 부품만 교체하는 것이 가능함에도 불구하고 새로운 제품을 구매하도록 유도하는 것도 포함된다.
>
> 계획적 진부화의 이유는 무엇일까? 첫째, 기업이 기존 제품의 가격을 인상하기 곤란한 경우, 신제품을 출시한 뒤 여기에 인상된 가격을 매길 수 있기 때문이다. 특히 제품의 기능은 거의 변함없이 디자인만 약간 개선한 신제품을 내놓고 가격을 인상하는 경우도 쉽게 볼 수 있다. 둘째, 중고품 시장에서 거래되는 기존 제품과의 경쟁을 피할 수 있기 때문이다. 자동차처럼 사용 기간이 긴 제품의 경우, 기업은 동일 유형의 제품을 팔고 있는 중고품 판매 업체와 경쟁해야만 한다. 그러나 기업이 새로운 제품을 출시하면, 중고품 시장에서 판매되는 기존 제품은 진부화되고 그 경쟁력도 하락한다. 셋째, 소비자들의 취향이 급속히 변화하는 상황에서 계획적 진부화로 소비자들의 만족도를 높일 수 있기 때문이다. 전통적으로 제품의 사용 기간을 결정짓는 요인은 기능적 특성이나 노후화·손상 등 물리적 특성이 주를 이루었지만, 최근에는 심리적 특성에도 많은 영향을 받고 있다. 이처럼 소비자들의 요구가 다양해지고 그 변화 속도도 빨라지고 있어, 기업들은 이에 대응하기 위해 계획적 진부화를 수행하기도 한다.
>
> 기업들은 계획적 진부화를 통해 매출을 확대하고 이익을 늘릴 수 있다. 기존 제품이 사용 가능한 상황에서도 신제품에 대한 소비자들의 수요를 자극하면 구매 의사가 커지기 때문이다. 반면, 기존 제품을 사용하는 소비자 입장에서는 크게 다를 것 없는 신제품 구입으로 불필요한 지출과 실질적인 손실이 발생할 수 있다는 점에서 계획적 진부화는 부정적으로 인식된다. 또한 환경이나 생태를 고려하는 거시적 관점에서도, 계획적 진부화는 소비자들에게 제공하는 가치에 비해 에너지나 자원의 낭비가 심하다는 비판을 받고 있다.

① 계획적 진부화로 소비자들은 불필요한 지출을 할 수 있다.
② 계획적 진부화는 기존 제품과 동일한 중고품의 경쟁력을 높인다.
③ 계획적 진부화는 소비자들의 요구에 대응하기 위하여 수행되기도 한다.
④ 계획적 진부화를 통해 기업은 기존 제품보다 비싼 신제품을 출시할 수 있다.
⑤ 계획적 진부화로 인하여 제품의 실제 사용 기간은 물리적으로 사용 가능한 수명보다 짧아질 수 있다.

5. 다음 글에서 알 수 없는 것은?

> 재화나 용역 중에는 비경합적이고 비배제적인 방식으로 소비되는 것들이 있다. 먼저 재화나 용역이 비경합적으로 소비된다는 말은, 그것에 대한 누군가의 소비가 다른 사람의 소비 가능성을 줄어들게 하지 않는다는 것을 뜻한다. 예컨대 10개의 사탕이 있는데 내가 8개를 먹어 버리면 다른 사람이 그 사탕을 소비할 가능성은 그만큼 줄어들게 된다. 반면에 라디오 방송 서비스 같은 경우는 내가 그것을 이용한다고 해서 다른 사람의 소비 가능성이 줄어들게 되지 않는다는 점에서 비경합적이다.
>
> 재화나 용역이 비배제적으로 소비된다는 말은, 그것이 공급되었을 때 누군가 그 대가를 지불하지 않았다고 해서 그 사람이 그 재화나 용역을 소비하지 못하도록 배제할 수 없다는 것을 뜻한다. 이러한 의미에서 국방 서비스는 비배제적으로 소비된다. 정부가 국방 서비스를 제공받는 모든 국민에게 그 비용을 지불하도록 하는 정책을 채택했다고 하자. 이때 어떤 국민이 이런 정책에 불만을 표하며 비용 지불을 거부한다고 해도 정부는 그를 국방 서비스의 수혜에서 배제하기 어렵다. 설령 그를 구속하여 감옥에 가두더라도 그는 국방 서비스의 수혜자 범위에서 제외되지 않는다.
>
> 비경합적이고 비배제적인 방식으로 소비되는 재화와 용역의 생산과 배분이 시장에서 제대로 이루어질 수 있을까? 국방의 예를 이어나가 보자. 대부분의 국민은 자신의 생명과 재산을 보호받고자 하는 욕구가 있고 국방 서비스에 대한 수요도 있기 마련이다. 그러나 만약 국방 서비스를 시장에서 생산하여 판매한다면, 경제적으로 합리적인 국민은 국방 서비스를 구매하지 않을 것이다. 왜냐하면 다른 이가 구매하는 국방 서비스에 자신도 무임승차할 수 있기 때문이다. 결과적으로 국방 서비스는 과소 생산되는 문제가 발생하고, 그 피해는 모든 국민에게 돌아가게 될 것이다. 따라서 이와 같은 유형의 재화나 용역을 사회적으로 필요한 만큼 생산하기 위해서는 국가가 개입해야 하기에 이런 재화나 용역에는 공공재라는 이름을 붙이는 것이다.

① 유료 공연에서 일정한 돈을 지불하지 않은 사람의 공연장 입장을 차단한다면, 그 공연은 배제적으로 소비될 수 있다.
② 국방 서비스를 소비하는 모든 국민에게 그 비용을 지불하도록 한다면, 그 서비스는 비경합적으로 소비될 수 없다.
③ 이용할 수 있는 수가 한정된 여객기 좌석은 경합적으로 소비될 수 있다.
④ 무임승차를 쉽게 방지할 수 없는 재화나 용역은 과소 생산될 수 있다.
⑤ 라디오 방송 서비스는 여러 사람이 비경합적으로 소비할 수 있다.

6. 다음 글의 핵심 논지로 가장 적절한 것은?

> 독일 통일을 지칭하는 '흡수 통일'이라는 용어는 동독이 일방적으로 서독에 흡수되었다는 인상을 준다. 그러나 통일 과정에서 동독 주민들이 보여준 행동을 고려하면 흡수 통일은 오해의 여지를 주는 용어일 수 있다.
>
> 1989년에 동독에서는 지방선거 부정 의혹을 둘러싼 내부 혼란이 발생했다. 그 과정에서 체제에 환멸을 느낀 많은 동독 주민들이 서독으로 탈출했고, 동독 곳곳에서 개혁과 개방을 주장하는 시위의 물결이 일어나기 시작했다. 초기 시위에서 동독 주민들은 여행·신앙·언론의 자유를 중심에 둔 내부 개혁을 주장했지만 이후 "우리는 하나의 민족이다!"라는 구호와 함께 동독과 서독의 통일을 요구하기 시작했다. 그렇게 변화하는 사회적 분위기 속에서 1990년 3월 18일에 동독 최초이자 최후의 자유총선거가 실시되었다.
>
> 동독 자유총선거를 위한 선거운동 과정에서 서독과 협력하는 동독 정당들이 생겨났고, 이들 정당의 선거운동에 서독 정당과 정치인들이 적극적으로 유세 지원을 하기도 했다. 초반에는 서독 사민당의 지원을 받으며 점진적 통일을 주장하던 동독 사민당이 우세했지만, 실제 선거에서는 서독 기민당의 지원을 받으며 급속한 통일을 주장하던 독일동맹이 승리하게 되었다. 동독 주민들이 자유총선거에서 독일동맹을 선택한 것은 그들 스스로 급속한 통일을 지지한 것이라고 할 수 있다. 이후 동독은 서독과 1990년 5월 18일에 「통화·경제·사회보장동맹의 창설에 관한 조약」을, 1990년 8월 31일에 「통일조약」을 체결했고, 마침내 1990년 10월 3일에 동서독 통일을 이루게 되었다.
>
> 이처럼 독일 통일의 과정에서 동독 주민들의 주체적인 참여를 확인할 수 있다. 독일 통일을 단순히 흡수 통일이라고 부른다면, 통일 과정에서 중요한 역할을 담당했던 동독 주민들을 배제한다는 오해를 불러일으킬 수 있다. 독일 통일의 과정을 온전히 이해하기 위해서는 동독 주민들의 활동에도 주목할 필요가 있다.

① 자유총선거에서 동독 주민들은 점진적 통일보다 급속한 통일을 지지하는 모습을 보여주었다.
② 독일 통일은 동독이 일방적으로 서독에 흡수되었다는 점에서 흔히 흡수 통일이라고 부른다.
③ 독일 통일은 분단국가가 합의된 절차를 거쳐 통일을 이루었다는 점에서 의의가 있다.
④ 독일 통일 전부터 서독의 정당은 물론 개인도 동독의 선거에 개입할 수 있었다.
⑤ 독일 통일의 과정에서 동독 주민들의 주체적 참여가 큰 역할을 하였다.

7. 다음 글의 (가)와 (나)에 들어갈 말을 적절하게 나열한 것은?

서양 사람들은 옛날부터 신이 자연 속에 진리를 감추어 놓았다고 믿고 그 진리를 찾기 위해 노력했다. 그들은 숨겨진 진리가 바로 수학이며 자연물 속에 비례의 형태로 숨어 있다고 생각했다. 또한 신이 자연물에 숨겨 놓은 수많은 진리 중에서도 인체 비례야말로 가장 아름다운 진리의 정수로 여겼다. 그래서 서양 사람들은 예로부터 이러한 신의 진리를 드러내기 위해서 완벽한 인체를 구현하는 데 몰두했다. 레오나르도 다빈치의 「인체 비례도」를 보면, 원과 정사각형을 배치하여 사람의 몸을 표현하고 있다. 가장 기본적인 기하 도형이 인체 비례와 관련 있다는 점에 착안하였던 것이다. 르네상스 시대 건축가들은 이러한 기본 기하 도형으로 건축물을 디자인하면 (가) 위대한 건물을 지을 수 있다고 생각했다.

건축에서 미적 표준으로 인체 비례를 활용하는 조형적 안목은 서양뿐 아니라 동양에서도 찾을 수 있다. 고대부터 중국이나 우리나라에서도 인체 비례를 건축물 축조에 활용하였다. 불국사의 청운교와 백운교는 3:4:5 비례의 직각삼각형으로 이루어져 있다. 이와 같은 비례로 건축하는 것을 '구고현(勾股弦)법'이라 한다. 뒤꿈치를 바닥에 대고 무릎을 직각으로 구부린 채 누우면 바닥과 다리 사이에 삼각형이 이루어지는데, 이것이 구고현법의 삼각형이다. 짧은 변인 구(勾)는 넓적다리에, 긴 변인 고(股)는 장딴지에 대응하고, 빗변인 현(弦)은 바닥의 선에 대응한다. 이 삼각형은 고대 서양에서 신성불가침의 삼각형이라 불렀던 것과 동일한 비례를 가지고 있다. 동일한 비례를 아름다움의 기준으로 삼았다는 점에서 (나) 는 것을 알 수 있다.

① (가): 인체 비례에 숨겨진 신의 진리를 구현한
  (나): 조형미에 대한 동서양의 안목이 유사하였다
② (가): 신의 진리를 넘어서는 인간의 진리를 구현한
  (나): 인체 실측에 대한 동서양의 계산법이 동일하였다
③ (가): 인체 비례에 숨겨진 신의 진리를 구현한
  (나): 건축물에 대한 동서양의 공간 활용법이 유사하였다
④ (가): 신의 진리를 넘어서는 인간의 진리를 구현한
  (나): 조형미에 대한 동서양의 안목이 유사하였다
⑤ (가): 인체 비례에 숨겨진 신의 진리를 구현한
  (나): 인체 실측에 대한 동서양의 계산법이 동일하였다

8. 다음 글의 ㉠~㉤에서 문맥에 맞지 않는 곳을 찾아 적절하게 수정한 것은?

반세기 동안 지속되던 냉전 체제가 1991년을 기점으로 붕괴되면서 동유럽 체제가 재편되었다. 동유럽에서는 연방에서 벗어나 많은 국가들이 독립하였다. 이 국가들은 자연스럽게 자본주의 시장경제를 받아들였는데, 이후 몇 년 동안 공통적으로 극심한 경제 위기를 경험하게 되었다. 급기야 IMF(국제통화기금)의 자금 지원을 받게 되는데, 이는 ㉠ 갑작스럽게 외부로부터 도입한 자본주의 시스템에 적응하는 일이 결코 쉽지 않다는 점을 보여준다.

이 과정에서 해당 국가 국민의 평균 수명이 급격하게 줄어들었는데, 이는 같은 시기 미국, 서유럽 국가들의 평균 수명이 꾸준히 늘었다는 것과 대조적이다. 이러한 현상에 대해 ㉡ 자본주의 시스템 도입을 적극적으로 지지했던 일부 경제학자들은 오래전부터 이어진 ㉢ 동유럽 지역 남성들의 과도한 음주와 흡연, 폭력과 살인 같은 비경제적 요소를 주된 원인으로 꼽았다. 즉 경제 체제의 변화와는 관련이 없다는 것이다.

이러한 주장에 의문을 품은 영국의 한 연구자는 해당 국가들의 건강 지표가 IMF의 자금 지원 전후로 어떻게 달라졌는지를 살펴보았다. 여러 사회적 상황을 고려하여 통계 모형을 만들고, ㉣ IMF의 자금 지원을 받은 국가와 다른 기관에서 자금 지원을 받은 국가를 비교하였다. 같은 시기 독립한 동유럽 국가 중 슬로베니아만 유일하게 IMF가 아닌 다른 기관에서 돈을 빌렸다. 이때 두 곳의 차이는, IMF는 자금을 지원받은 국가에게 경제와 관련된 구조조정 프로그램을 실시하게 한 반면, 슬로베니아를 지원한 곳은 그렇게 하지 않았다는 점이다. IMF 구조조정 프로그램을 실시한 국가들은 ㉤ 실시 이전부터 결핵 발생률이 크게 증가했던 것으로 나타났다. 그러나 슬로베니아는 같은 기간에 오히려 결핵 사망률이 감소했다. IMF 구조조정 프로그램의 실시 여부는 국가별 결핵 사망률과 일정한 상관관계가 있었던 것이다.

① ㉠을 "자본주의 시스템을 갖추지 않고 지원을 받는 일"로 수정한다.
② ㉡을 "자본주의 시스템 도입을 적극적으로 반대했던"으로 수정한다.
③ ㉢을 "수출입과 같은 국제 경제적 요소"로 수정한다.
④ ㉣을 "IMF의 자금 지원 직후 경제 성장률이 상승한 국가와 하락한 국가"로 수정한다.
⑤ ㉤을 "실시 이후부터 결핵 사망률이 크게 증가했던 것"으로 수정한다.

9. 다음 글에서 추론할 수 없는 것은?

감염병 우려로 인해 △△시험 관리본부가 마련한 대책은 다음과 같다. 먼저 모든 수험생을 확진, 자가격리, 일반 수험생의 세 유형으로 구분한다. 그리고 수험생 유형별로 시험 장소를 안내하고 마스크 착용 규정을 준수하도록 한다.

<표> 수험생 유형과 증상에 따른 시험장의 구분

수험생	시험장	증상	세부 시험장
확진 수험생	생활치료센터	유·무 모두	센터장이 지정한 센터 내 장소
자가격리 수험생	특별 방역 시험장	유	외부 차단 1인용 부스
		무	회의실
일반 수험생	최초 공지한 시험장	유	소형 강의실
		무	중대형 강의실

모든 시험장에 공통적으로 적용되는 마스크 착용 규정은 다음과 같다. 첫째, 모든 수험생은 입실부터 퇴실 시점까지 의무적으로 마스크를 착용해야 한다. 둘째, 마스크는 KF99, KF94, KF80의 3개 등급만 허용한다. 마스크 등급을 표시하는 숫자가 클수록 방역 효과가 크다. 셋째, 마스크 착용 규정에서 특정 등급의 마스크 의무 착용을 명시한 경우, 해당 등급보다 높은 등급의 마스크 착용은 가능하지만 낮은 등급의 마스크 착용은 허용되지 않는다.

시험장에 따라 달리 적용되는 마스크 착용 규정은 다음과 같다. 첫째, 생활치료센터에서는 각 센터장이 내린 지침을 의무적으로 따라야 한다. 둘째, 특별 방역 시험장에서는 KF99 마스크를 의무적으로 착용해야 한다. 셋째, 소형 강의실과 중대형 강의실에서는 각각 KF99와 KF94 마스크 착용을 권장하지만 의무 사항은 아니다.

① 일반 수험생 중 유증상자는 KF80 마스크를 착용하고 시험을 치를 수 없다.
② 일반 수험생 중 무증상자는 KF80 마스크를 착용하고 시험을 치를 수 있다.
③ 자가격리 수험생 중 유증상자는 KF99 마스크를 착용하고 시험을 치를 수 있다.
④ 자가격리 수험생 중 무증상자는 KF94 마스크를 착용하고 시험을 치를 수 없다.
⑤ 확진 수험생은 생활치료센터장이 허용하는 경우 KF80 마스크를 착용하고 시험을 치를 수 있다.

10. 다음 글의 <표>를 수정한 것으로 적절한 것만을 <보기>에서 모두 고르면?

○○부는 철새로 인한 국내 야생 조류 및 가금류 조류 인플루엔자(Avian Influenza, AI) 바이러스 감염 확산 여부를 추적 조사하고 있다. AI 바이러스는 병원성 정도에 따라 고병원성과 저병원성 AI 바이러스로 구분한다. 발표 자료에 따르면, 2020년 10월 25일 충남 천안시에서는 야생 조류 분변에서 고병원성 AI 바이러스가 검출되었으며 이는 2018년 2월 1일 충남 아산시에서 검출된 이래 2년 8개월 만의 검출 사례였다.

최근 야생 조류 고병원성 AI 바이러스 검출 사례는 2020년 10월 25일부터 11월 21일까지 경기도에서 3건, 충남에서 2건이 발표되었고, 가금류 고병원성 AI 바이러스 검출 사례는 전국에서 총 3건이 발표되었다. 같은 기간에 야생 조류 저병원성 AI 바이러스 검출 후 발표된 사례는 전국에 총 8건이다. 또한 채집된 의심 야생 조류의 분변 검사 결과, 고병원성·저병원성 AI 바이러스 모두에 해당하지 않아 바이러스 미분리로 분류된 사례는 총 7건이다. 야생 조류 AI 바이러스 검출 현황은 고병원성 AI, 저병원성 AI, 검사 중으로 분류하고 바이러스 미분리는 야생 조류 AI 바이러스 검출 현황에 포함하지 않는다. 야생 조류 AI 바이러스가 검출되고 나서 고병원성 여부를 확인하기 위해 정밀 검사를 하는 데 상당한 기간이 소요되므로, 아직 검사 중인 것이 9건이다. 그중 하나인 제주도 하도리의 경우 11월 22일 고병원성 AI 바이러스 검출 여부를 발표할 예정이다.

○○부 주무관 갑은 2020년 10월 25일부터 11월 21일까지 발표된 야생 조류 AI 바이러스 검출 현황을 아래와 같이 <표>로 작성하였으나 검출 현황을 적절히 반영하지 않아 수정이 필요하다.

<표> 야생 조류 AI 바이러스 검출 현황
(기간: 2020년 10월 25일~2020년 11월 21일)

고병원성 AI	저병원성 AI	검사 중	바이러스 미분리
8건	8건	9건	7건

<보 기>

ㄱ. 고병원성 AI 항목의 "8건"을 "5건"으로 수정한다.
ㄴ. 검사 중 항목의 "9건"을 "8건"으로 수정한다.
ㄷ. "바이러스 미분리" 항목을 삭제한다.

① ㄱ
② ㄴ
③ ㄱ, ㄷ
④ ㄴ, ㄷ
⑤ ㄱ, ㄴ, ㄷ

11. 다음 글의 A~C에 대한 평가로 적절한 것만을 <보기>에서 모두 고르면?

인간 존엄성은 모든 인간이 단지 인간이기 때문에 갖는 것으로서, 인간의 숭고한 도덕적 지위나 인간에 대한 윤리적 대우의 근거로 여겨진다. 다음은 인간 존엄성 개념에 대한 A~C의 비판이다.

A: 인간 존엄성은 그 의미가 무엇인지에 대해 사람마다 생각이 달라서 불명료할 뿐 아니라 무용한 개념이다. 가령 존엄성은 존엄사를 옹호하거나 반대하는 논증 모두에서 각각의 주장을 정당화하는 데 사용된다. 어떤 이는 존엄성이란 말을 '자율성의 존중'이라는 뜻으로, 어떤 이는 '생명의 신성함'이라는 뜻으로 사용한다. 결국 쟁점은 존엄성이 아니라 자율성의 존중이나 생명의 가치에 관한 문제이며, 존엄성이란 개념 자체는 그 논의에서 실질적으로 중요한 기여를 하지 않는다.

B: 인간의 권리에 대한 문서에서 존엄성이 광범위하게 사용되는 것은 기독교 신학과 같이 인간 존엄성을 언급하는 많은 종교적 문헌의 영향으로 보인다. 이러한 종교적 뿌리는 어떤 이에게는 가치 있는 것이지만, 다른 이에겐 그런 존엄성 개념을 의심할 근거가 되기도 한다. 특히 존엄성을 신이 인간에게 부여한 독특한 지위로 생각함으로써 인간이 스스로를 지나치게 높게 보도록 했다는 점은 비판을 받아 마땅하다. 이는 인간으로 하여금 인간이 아닌 종과 환경에 대해 인간 자신들이 원하는 것을 마음대로 해도 된다는 오만을 낳았다.

C: 인간 존엄성은 인간이 이성적 존재임을 들어 동물이나 세계에 대해 인간 중심적인 견해를 옹호해 온 근대 휴머니즘의 유산이다. 존엄성은 인간종이 그 자체로 다른 종이나 심지어 환경 자체보다 더 큰 가치가 있다고 생각하는 종족주의의 한 표현에 불과하다. 인간 존엄성은 우리가 서로를 가치 있게 여기도록 만들기도 하지만, 인간 외의 다른 존재에 대해서는 그 대상이 인간이라면 결코 용납하지 않았을 폭력적 처사를 정당화하는 근거로 활용된다.

<보 기>

ㄱ. 많은 논란에도 불구하고 존엄사를 인정한 연명의료결정법의 시행은 A의 주장을 약화시키는 사례이다.
ㄴ. C의 주장은 화장품의 안전성 검사를 위한 동물실험의 금지를 촉구하는 캠페인의 근거로 활용될 수 있다.
ㄷ. B와 C는 인간에게 특권적 지위를 부여하는 인간 중심적인 생각을 비판한다는 점에서 공통적이다.

① ㄱ
② ㄷ
③ ㄱ, ㄴ
④ ㄴ, ㄷ
⑤ ㄱ, ㄴ, ㄷ

12. 다음 글의 <논증>에 대한 분석으로 적절한 것만을 <보기>에서 모두 고르면?

우리는 죽음이 나쁜 것이라고 믿는다. 죽고 나면 우리가 존재하지 않기 때문이다. 루크레티우스는 우리가 존재하지 않기 때문에 죽음이 나쁜 것이라면 우리가 태어나기 이전의 비존재도 나쁘다고 말해야 한다고 생각했다. 그러나 우리는 태어나기 이전에 우리가 존재하지 않았다는 사실에 대해서 애석해 하지 않는다. 따라서 루크레티우스는 죽음 이후의 비존재에 대해서도 애석해 할 필요가 없다고 주장했다. 다음은 이러한 루크레티우스의 주장을 반박하는 논증이다.

<논 증>

우리는 죽음의 시기가 뒤로 미루어짐으로써 더 오래 사는 상황을 상상해 볼 수 있다. 예를 들어, 50살에 교통사고로 세상을 떠난 누군가를 생각해 보자. 그 사고가 아니었다면 그는 70살이나 80살까지 더 살 수도 있었을 것이다. 그렇다면 50살에 그가 죽은 것은 그의 인생에 일어날 수 있는 여러 가능성 중에 하나였다. 그런데 ㉠ 내가 더 일찍 태어나는 것은 상상할 수 없다. 물론, 조산이나 제왕절개로 내가 조금 더 일찍 세상에 태어날 수도 있었을 것이다. 하지만 여기서 고려해야 할 것은 나의 존재의 시작이다. 나를 있게 하는 것은 특정한 정자와 난자의 결합이다. 누군가는 내 부모님이 10년 앞서 임신할 수 있었다고 주장할 수도 있다. 그러나 그랬다면 내가 아니라 나의 형제가 태어났을 것이다. 그렇기 때문에 '더 일찍 태어났더라면'이라고 말해도 그것이 실제로 내가 더 일찍 태어났을 가능성을 상상한 것은 아니다. 나의 존재는 내가 수정된 바로 그 특정 정자와 난자의 결합에 기초한다. 그러므로 ㉡ 내가 더 일찍 태어나는 일은 불가능하다. 나의 사망 시점은 달라질 수 있지만, 나의 출생 시점은 그렇지 않다. 그런 의미에서 출생은 내 인생 전체를 놓고 볼 때 하나의 필연적인 사건이다. 결국 죽음의 시기를 뒤로 미뤄 더 오래 사는 것은 가능하지만, 출생의 시기를 앞당겨 더 오래 사는 것은 불가능하다. 따라서 내가 더 일찍 태어나지 않은 것은 나쁜 일이 될 수 없다. 즉 죽음 이후와는 달리 ㉢ 태어나기 이전의 비존재는 나쁘다고 말할 수 없다.

<보 기>

ㄱ. 냉동 보관된 정자와 난자가 수정되어 태어난 사람의 경우를 고려하면, ㉠은 거짓이다.
ㄴ. ㉠에 "어떤 사건이 가능하면, 그것의 발생을 상상할 수 있다."라는 전제를 추가하면, ㉡을 이끌어 낼 수 있다.
ㄷ. ㉢에 "태어나기 이전의 비존재가 나쁘다면, 내가 더 일찍 태어나는 것이 가능하다."라는 전제를 추가하면, ㉡의 부정을 이끌어 낼 수 있다.

① ㄱ
② ㄷ
③ ㄱ, ㄴ
④ ㄴ, ㄷ
⑤ ㄱ, ㄴ, ㄷ

[13~14] 다음 글을 읽고 물음에 답하시오.

인간은 지구상의 생명이 대량 멸종하는 사태를 맞이하고 있지만, 다른 한편으로는 실험실에서 인공적으로 새로운 생명체를 창조하고 있다. 이런 상황에서, 자연적으로 존재하는 종을 멸종으로부터 보존해야 한다는 생물 다양성의 보존 문제를 어떤 시각으로 바라보아야 할까? A는 생물 다양성을 보존해야 한다고 주장한다. 이를 위해 A는 다음과 같은 도구적 정당화를 제시한다. 우리는 의학적, 농업적, 경제적, 과학적 측면에서 이익을 얻기를 원한다. '생물 다양성 보존'은 이를 위한 하나의 수단으로 간주될 수 있다. 바로 그 수단이 우리가 원하는 이익을 얻는 최선의 수단이라는 것이 A의 첫 번째 전제이다. 그리고 (가) 는 것이 A의 두 번째 전제이다. 이 전제들로부터 우리에게는 생물 다양성을 보존할 의무와 필요성이 있다는 결론이 나온다.

이에 대해 B는 생물 다양성 보존이 우리가 원하는 이익을 얻는 최선의 수단이 아님을 지적한다. 특히 합성 생물학은 자연에 존재하는 DNA, 유전자, 세포 등을 인공적으로 합성하고 재구성해 새로운 생명체를 창조하는 것을 목표로 한다. B는 우리가 원하는 이익을 얻고자 한다면, 자연적으로 존재하는 생명체들을 대상으로 보존에 애쓰는 것보다는 합성 생물학을 통해 원하는 목표를 더 합리적이고 체계적으로 성취할 수 있을 것이라고 주장한다. 인공적인 생명체의 창조가 우리가 원하는 이익을 얻는 더 좋은 수단이므로, 생물 다양성 보존을 지지하는 도구적 정당화는 설득력을 잃는다는 것이다. 그래서 B는 A가 제시하는 도구적 정당화에 근거하여 생물 다양성을 보존하자고 주장하는 것은 옹호될 수 없다고 말한다.

한편 C는 모든 종은 보존되어야 한다고 주장하면서 생물 다양성 보존을 옹호한다. C는 대상의 가치를 평가할 때 그 대상이 갖는 도구적 가치와 내재적 가치를 구별한다. 대상의 도구적 가치란 그것이 특정 목적을 달성하는 데 얼마나 쓸모가 있느냐에 따라 인정되는 가치이며, 대상의 내재적 가치란 그 대상이 그 자체로 본래부터 갖고 있다고 인정되는 고유한 가치를 말한다. C에 따르면 생명체는 단지 도구적 가치만을 갖는 것이 아니다. 생명체를 오로지 도구적 가치로만 평가하는 것은 생명체를 그저 인간의 목적을 위해 이용되는 수단으로 보는 인간 중심적 태도이지만, C는 그런 태도는 받아들일 수 없다고 본다. 생명체의 내재적 가치 또한 인정해야 한다는 것이다. 그 생명체들이 속한 종 또한 그 쓸모에 따라서만 가치가 있는 것이 아니다. 그리고 내재적 가치를 지니는 것은 모두 보존되어야 한다. 이로부터 모든 종은 보존되어야 한다는 결론에 다다른다. 왜냐하면 (나) 때문이다.

13. 위 글의 (가)와 (나)에 들어갈 내용을 적절하게 나열한 것은?

① (가): 어떤 것이 우리가 원하는 이익을 얻는 최선의 수단이라면 우리에게는 그것을 실행할 의무와 필요성이 있다
(나): 생명체의 내재적 가치는 종의 다양성으로부터 비롯되기

② (가): 어떤 것이 우리가 원하는 이익을 얻는 최선의 수단이 아니라면 우리에게는 그것을 실행할 의무와 필요성이 없다
(나): 생명체의 내재적 가치는 종의 다양성으로부터 비롯되기

③ (가): 어떤 것이 우리가 원하는 이익을 얻는 최선의 수단이라면 우리에게는 그것을 실행할 의무와 필요성이 있다
(나): 모든 종은 그 자체가 본래부터 고유의 가치를 지니기

④ (가): 어떤 것이 우리가 원하는 이익을 얻는 최선의 수단이 아니라면 우리에게는 그것을 실행할 의무와 필요성이 없다
(나): 모든 종은 그 자체가 본래부터 고유의 가치를 지니기

⑤ (가): 우리에게 이익을 제공하는 수단 가운데 생물 다양성의 보존보다 더 나은 수단은 없다
(나): 모든 종은 그 자체가 본래부터 고유의 가치를 지니기

14. 위 글에 대한 분석으로 적절한 것만을 <보기>에서 모두 고르면?

<보 기>

ㄱ. A는 생물 다양성을 보존해야 한다고 주장하지만, B는 보존하지 않아도 된다고 주장한다.
ㄴ. B는 A의 두 전제가 참이더라도 A의 결론이 반드시 참이 되지는 않는다고 비판한다.
ㄷ. 자연적으로 존재하는 생명체가 도구적 가치를 가지느냐에 대한 A와 C의 평가는 양립할 수 있다.

① ㄱ
② ㄷ
③ ㄱ, ㄴ
④ ㄴ, ㄷ
⑤ ㄱ, ㄴ, ㄷ

15. 다음 논쟁에 대한 분석으로 적절한 것만을 <보기>에서 모두 고르면?

> 갑: 입증은 증거와 가설 시이의 관계에 대한 것이다. 내가 받아들이는 입증에 대한 입장은 다음과 같다. 증거 발견 후 가설의 확률 증가분이 있다면, 증거가 가설을 입증한다. 즉 증거 발견 후 가설이 참일 확률에서 증거 발견 전 가설이 참일 확률을 뺀 값이 0보다 크다면, 증거가 가설을 입증한다. 예를 들어보자. 사건 현장에서 용의자 X의 것과 유사한 발자국이 발견되었다. 그럼 발자국이 발견되기 전보다 X가 해당 사건의 범인일 확률은 높아질 것이다. 그렇다면 발자국 증거는 X가 범인이라는 가설을 입증한다. 그리고 증거 발견 후 가설의 확률 증가분이 클수록, 증거가 가설을 입증하는 정도가 더 커진다.
>
> 을: 증거가 가설이 참일 확률을 높인다고 하더라도, 그 증거가 해당 가설을 입증하지 못할 수 있다. 가령, X에게 강력한 알리바이가 있다고 해보자. 사건이 일어난 시간에 사건 현장과 멀리 떨어져 있는 X의 모습이 CCTV에 포착된 것이다. 그러면 발자국 증거가 X가 범인일 확률을 높인다고 하더라도, 그가 범인일 확률은 여전히 높지 않을 것이다. 그럼에도 불구하고 갑의 입장은 이러한 상황에서 발자국 증거가 X가 범인이라는 가설을 입증한다고 보게 만드는 문제가 있다. 이 문제는 내가 받아들이는 입증에 대한 다음 입장을 통해 해결될 수 있다. 증거 발견 후 가설의 확률 증가분이 있고 증거 발견 후 가설이 참일 확률이 1/2보다 크다면, 그리고 그런 경우에만 증거가 가설을 입증한다. 가령, 발자국 증거가 X가 범인일 확률을 높이더라도 증거 획득 후 확률이 1/2보다 작다면 발자국 증거는 X가 범인이라는 가설을 입증하지 못한다.

<보 기>

ㄱ. 갑의 입장에서, 증거 발견 후 가설의 확률 증가분이 없다면 그 증거가 해당 가설을 입증하지 못한다.
ㄴ. 을의 입장에서, 어떤 증거가 주어진 가설을 입증할 경우 그 증거 획득 이전 해당 가설이 참일 확률은 1/2보다 크다.
ㄷ. 갑의 입장에서 어떤 증거가 주어진 가설을 입증하는 정도가 작더라도, 을의 입장에서 그 증거가 해당 가설을 입증할 수 있다.

① ㄴ
② ㄷ
③ ㄱ, ㄴ
④ ㄱ, ㄷ
⑤ ㄱ, ㄴ, ㄷ

16. 다음 글에서 추론할 수 있는 것은?

> 국제표준도서번호(ISBN)는 전세계에서 출판되는 각종 도서에 부여하는 고유한 식별 번호이다. 2007년부터는 13자리의 숫자로 구성된 ISBN인 ISBN - 13이 부여되고 있지만, 2006년까지 출판된 도서에는 10자리의 숫자로 구성된 ISBN인 ISBN - 10이 부여되었다.
>
> ISBN - 10은 네 부분으로 되어 있다. 첫 번째 부분은 책이 출판된 국가 또는 언어 권역을 나타내며 1~5자리를 가질 수 있다. 예를 들면, 대한민국은 89, 영어권은 0, 프랑스어권은 2, 중국은 7 그리고 부탄은 99936을 쓴다. 두 번째 부분은 국가별 ISBN 기관에서 그 국가에 있는 각 출판사에 할당한 번호를 나타낸다. 세 번째 부분은 출판사에서 그 책에 임의로 붙인 번호를 나타낸다. 마지막 네 번째 부분은 확인 숫자이다. 이 숫자는 0에서 10까지의 숫자 중 하나가 되는데, 10을 써야 할 때는 로마 숫자인 X를 사용한다. 부여된 ISBN - 10이 유효한 것이라면 이 ISBN - 10의 열 개 숫자에 각각 순서대로 10, 9, …, 2, 1의 가중치를 곱해서 각 곱셈의 값을 모두 더한 값이 반드시 11로 나누어 떨어져야 한다. 예를 들어, 어떤 책에 부여된 ISBN - 10인 '89 - 89422 - 42 - 6'이 유효한 것인지 검사해 보자. $(8\times10) + (9\times9) + (8\times8) + (9\times7) + (4\times6) + (2\times5) + (2\times4) + (4\times3) + (2\times2) + (6\times1) = 352$이고, 이 값은 11로 나누어 떨어지기 때문에 이 ISBN - 10은 유효한 번호이다. 만약 어떤 ISBN - 10의 숫자 중 어느 하나를 잘못 입력했다면 서점에 있는 컴퓨터는 즉시 오류 메시지를 화면에 보여줄 것이다.

① ISBN - 10의 첫 번째 부분에 있는 숫자가 같으면 같은 나라에서 출판된 책이다.
② 임의의 책의 ISBN - 10에 숫자 3자리를 추가하면 그 책의 ISBN - 13을 얻는다.
③ ISBN - 10이 '0 - 285 - 00424 - 7'인 책은 해당 출판사에서 424번째로 출판한 책이다.
④ ISBN - 10의 두 번째 부분에 있는 숫자가 같은 서로 다른 두 권의 책은 동일한 출판사에서 출판된 책이다.
⑤ 확인 숫자 앞의 아홉 개의 숫자에 정해진 가중치를 곱하여 합한 값이 11의 배수인 ISBN - 10이 유효하다면 그 확인 숫자는 반드시 0이어야 한다.

17. 다음 글의 내용이 참일 때, 갑이 반드시 수강해야 할 과목은?

> 갑은 A~E 과목에 대해 수강신청을 준비하고 있다. 갑이 수강하기 위해 충족해야 하는 조건은 다음과 같다.
> ○ A를 수강하면 B를 수강하지 않고, B를 수강하지 않으면 C를 수강하지 않는다.
> ○ D를 수강하지 않으면 C를 수강하고, A를 수강하지 않으면 E를 수강하지 않는다.
> ○ E를 수강하지 않으면 C를 수강하지 않는다.

① A
② B
③ C
④ D
⑤ E

18. 다음 글의 내용이 참일 때, 반드시 참인 것만을 <보기>에서 모두 고르면?

> △△처에서는 채용 후보자들을 대상으로 A, B, C, D 네 종류의 자격증 소지 여부를 조사하였다. 그 결과 다음과 같은 사실이 밝혀졌다.
> ○ A와 D를 둘 다 가진 후보자가 있다.
> ○ B와 D를 둘 다 가진 후보자는 없다.
> ○ A나 B를 가진 후보자는 모두 C는 가지고 있지 않다.
> ○ A를 가진 후보자는 모두 B는 가지고 있지 않다는 것은 사실이 아니다.

<보 기>

ㄱ. 네 종류 중 세 종류의 자격증을 가지고 있는 후보자는 없다.
ㄴ. 어떤 후보자는 B를 가지고 있지 않고, 또 다른 후보자는 D를 가지고 있지 않다.
ㄷ. D를 가지고 있지 않은 후보자는 누구나 C를 가지고 있지 않다면, 네 종류 중 한 종류의 자격증만 가지고 있는 후보자가 있다.

① ㄱ
② ㄷ
③ ㄱ, ㄴ
④ ㄴ, ㄷ
⑤ ㄱ, ㄴ, ㄷ

19. 다음 글의 내용이 참일 때, 반드시 참인 것만을 <보기>에서 모두 고르면?

> 신입사원을 대상으로 민원, 홍보, 인사, 기획 업무에 대한 선호를 조사하였다. 조사 결과 민원 업무를 선호하는 신입사원은 모두 홍보 업무를 선호하였지만, 그 역은 성립하지 않았다. 모든 업무 중 인사 업무만을 선호하는 신입사원은 있었지만, 민원 업무와 인사 업무를 모두 선호하는 신입사원은 없었다. 그리고 넷 중 세 개 이상의 업무를 선호하는 신입사원도 없었다. 신입사원 갑이 선호하는 업무에는 기획 업무가 포함되어 있었으며, 신입사원 을이 선호하는 업무에는 민원 업무가 포함되어 있었다.

<보 기>

ㄱ. 어떤 업무는 갑도 을도 선호하지 않는다.
ㄴ. 적어도 두 명 이상의 신입사원이 홍보 업무를 선호한다.
ㄷ. 조사 대상이 된 업무 중에, 어떤 신입사원도 선호하지 않는 업무는 없다.

① ㄱ
② ㄷ
③ ㄱ, ㄴ
④ ㄴ, ㄷ
⑤ ㄱ, ㄴ, ㄷ

20. 다음 글에서 추론할 수 있는 것만을 <보기>에서 모두 고르면?

> 식물의 잎에 있는 기공은 대기로부터 광합성에 필요한 이산화탄소를 흡수하는 통로이다. 기공은 잎에 있는 세포 중 하나인 공변세포의 부피가 커지면 열리고 부피가 작아지면 닫힌다.
>
> 그렇다면 무엇이 공변세포의 부피에 변화를 일으킬까? 햇빛이 있는 낮에, 햇빛 속에 있는 청색광이 공변세포에 있는 양성자 펌프를 작동시킨다. 양성자 펌프의 작동은 공변세포 밖에 있는 칼륨이온과 염소이온이 공변세포 안으로 들어오게 한다. 공변세포 안에 이 이온들의 양이 많아짐에 따라 물이 공변세포 안으로 들어오고, 그 결과로 공변세포의 부피가 커져서 기공이 열린다. 햇빛이 없는 밤이 되면, 공변세포에 있는 양성자 펌프가 작동하지 않고 공변세포 안에 있던 칼륨이온과 염소이온은 밖으로 빠져나간다. 이에 따라 공변세포 안에 있던 물이 밖으로 나가면서 세포의 부피가 작아져서 기공이 닫힌다.
>
> 공변세포의 부피는 식물이 겪는 수분스트레스 반응에 의해 조절될 수도 있다. 식물 안의 수분량이 줄어듦으로써 식물이 수분스트레스를 받는다. 수분스트레스를 받은 식물은 호르몬 A를 분비한다. 호르몬 A는 공변세포에 있는 수용체에 결합하여 공변세포 안에 있던 칼륨이온과 염소이온이 밖으로 빠져나가게 한다. 이에 따라 공변세포 안에 있던 물이 밖으로 나가면서 세포의 부피가 작아진다. 결국 식물이 수분스트레스를 받으면 햇빛이 있더라도 기공이 열리지 않는다.
>
> 또한 기공의 여닫힘은 미생물에 의해 조절되기도 한다. 예를 들면, 식물을 감염시킨 병원균 α는 공변세포의 양성자 펌프를 작동시키는 독소 B를 만든다. 이 독소 B는 공변세포의 부피를 늘려 기공이 닫혀 있어야 하는 때에도 열리게 하고, 결국 식물은 물을 잃어 시들게 된다.

<보 기>

ㄱ. 한 식물의 동일한 공변세포 안에 있는 칼륨이온의 양은, 햇빛이 있는 낮에 햇빛의 청색광만 차단하는 필름으로 식물을 덮은 경우가 덮지 않은 경우보다 적다.
ㄴ. 수분스트레스를 받은 식물에 양성자 펌프의 작동을 못하게 하면 햇빛이 있는 낮에 기공이 열린다.
ㄷ. 호르몬 A를 분비하는 식물이 햇빛이 있는 낮에 보이는 기공 개폐 상태와 병원균 α에 감염된 식물이 햇빛이 없는 밤에 보이는 기공 개폐 상태는 다르다.

① ㄱ
② ㄴ
③ ㄱ, ㄷ
④ ㄴ, ㄷ
⑤ ㄱ, ㄴ, ㄷ

21. 다음 글의 ㉠과 ㉡에 대한 평가로 적절한 것만을 <보기>에서 모두 고르면?

> 진화론에 따르면 개체는 배우자 선택에 있어서 생존과 번식에 유리한 개체를 선호할 것으로 예측된다. 그런데 생존과 번식에 유리한 능력은 한 가지가 아니므로 합리적 선택은 단순하지 않다. 예를 들어 배우자 후보 α와 β가 있는데, 사냥 능력은 α가 우수한 반면, 위험 회피 능력은 β가 우수하다고 하자. 이 경우 개체는 더 중요하다고 판단하는 능력에 기초하여 배우자를 선택하는 것이 합리적이다. 이를테면 사냥 능력에 가중치를 둔다면 α를 선택하는 것이 합리적이라는 것이다. 그런데 α와 β보다 사냥 능력은 떨어지나 위험 회피 능력은 β와 α의 중간쯤 되는 새로운 배우자 후보 γ가 나타난 경우를 생각해 보자. 이때 개체는 애초의 판단 기준을 유지할 수도 있고 변경할 수도 있다. 즉 애초의 판단 기준에 따르면 선택이 바뀔 이유가 없음에도 불구하고, 새로운 후보의 출현에 의해 판단 기준이 바뀌어 위험 회피 능력이 우수한 β를 선택할 수 있다.
>
> 한 과학자는 동물의 배우자 선택에 있어 새로운 배우자 후보가 출현하는 경우, ㉠ 애초의 판단 기준을 유지한다는 가설과 ㉡ 판단 기준에 변화가 발생한다는 가설을 검증하기 위해 다음과 같은 실험을 수행하였다.
>
> <실 험>
>
> X 개구리의 경우, 암컷은 두 가지 기준으로 수컷을 고르는데, 수컷의 울음소리 톤이 일정할수록 선호하고 울음소리 빈도가 높을수록 선호한다. 세 마리의 수컷 A~C는 각각 다른 소리를 내는데, 울음소리 톤은 C가 가장 일정하고 B가 가장 일정하지 않다. 울음소리 빈도는 A가 가장 높고 C가 가장 낮다. 과학자는 A~C의 울음소리를 발정기의 암컷으로부터 동일한 거리에 있는 서로 다른 위치에서 들려주었다. 상황 1에서는 수컷 두 마리의 울음소리만을 들려주었으며, 상황 2에서는 수컷 세 마리의 울음소리를 모두 들려주고 각 상황에서 암컷이 어느 쪽으로 이동하는지 비교하였다. 암컷은 들려준 울음소리 중 가장 선호하는 쪽으로 이동한다.

<보 기>

ㄱ. 상황 1에서 암컷에게 들려준 소리가 A, B인 경우 암컷이 A로, 상황 2에서는 C로 이동했다면, ㉠은 강화되지 않지만 ㉡은 강화된다.
ㄴ. 상황 1에서 암컷에게 들려준 소리가 B, C인 경우 암컷이 B로, 상황 2에서는 A로 이동했다면, ㉠은 강화되지만 ㉡은 강화되지 않는다.
ㄷ. 상황 1에서 암컷에게 들려준 소리가 A, C인 경우 암컷이 C로, 상황 2에서는 A로 이동했다면, ㉠은 강화되지 않지만 ㉡은 강화된다.

① ㄱ
② ㄷ
③ ㄱ, ㄴ
④ ㄴ, ㄷ
⑤ ㄱ, ㄴ, ㄷ

22. 다음 글의 ㉠과 ㉡에 대한 평가로 적절한 것만을 <보기>에서 모두 고르면?

> 18세기에는 빛의 본성에 관한 두 이론이 경쟁하고 있었다. ㉠ 입자이론은 빛이 빠르게 운동하고 있는 아주 작은 입자들의 흐름으로 구성되어 있다고 설명한다. 이에 따르면, 물속에서 빛이 굴절하는 것은 물이 빛을 끌어당기기 때문이며, 공기 중에서는 이런 현상이 발생하지 않기 때문에 결과적으로 물속에서의 빛의 속도가 공기 중에서보다 더 빠르다. 한편 ㉡ 파동이론은 빛이 매질을 통하여 파동처럼 퍼져 나간다는 가설에 기초한다. 이에 따르면, 물속에서 빛이 굴절하는 것은 파동이 전파되는 매질의 밀도가 달라지기 때문이며, 밀도가 높아질수록 파동의 속도는 느려지므로 결과적으로 물속에서의 빛의 속도가 공기 중에서보다 더 느리다.
>
> 또한 파동이론에 따르면 빛의 색깔은 파장에 따라 달라진다. 공기 중에서는 파장에 따라 파동의 속도가 달라지지 않지만, 물속에서는 파장에 따라 파동의 속도가 달라진다. 반면 입자이론에 따르면 공기 중에서건 물속에서건 빛의 속도는 색깔에 따라 달라지지 않는다.
>
> 두 이론을 검증하기 위해 다음과 같은 실험이 고안되었다. 두 빛이 같은 시점에 발진하여 경로 1 또는 경로 2를 통과한 뒤 빠른 속도로 회전하는 평면거울에 도달한다. 두 개의 경로에서 빛이 진행하는 거리는 같으나, 경로 1에서는 물속을 통과하고, 경로 2에서는 공기만을 통과한다. 평면거울에서 반사된 빛은 반사된 빛이 향하는 방향에 설치된 스크린에 맺힌다. 평면거울에 도달한 빛 중 속도가 빠른 빛은 먼저 도달하고 속도가 느린 빛은 나중에 도달하게 되는데, 평면거울이 빠르게 회전하고 있으므로 먼저 도달한 빛과 늦게 도달한 빛은 반사 각도에 차이가 생기게 된다. 따라서 두 빛이 서로 다른 속도를 가진다면 반사된 두 빛이 도착하는 지점이 서로 달라지며, 더 빨리 평면거울에 도달한 빛일수록 스크린의 오른쪽에, 더 늦게 도달한 빛일수록 스크린의 왼쪽에 맺히게 된다.

<보 기>

ㄱ. 색깔이 같은 두 빛이 각각 경로 1과 2를 통과했을 때, 경로 1을 통과한 빛이 경로 2를 통과한 빛보다 스크린의 오른쪽에 맺힌다면 ㉠은 강화되고 ㉡은 약화된다.
ㄴ. 색깔이 다른 두 빛 중 하나는 경로 1을, 다른 하나는 경로 2를 통과했을 때, 경로 1을 통과한 빛이 경로 2를 통과한 빛보다 스크린의 왼쪽에 맺힌다면 ㉠은 약화되고 ㉡은 강화된다.
ㄷ. 색깔이 다른 두 빛이 모두 경로 1을 통과했을 때, 두 빛이 스크린에 맺힌 위치가 다르다면 ㉠은 약화되고 ㉡은 강화된다.

① ㄱ
② ㄴ
③ ㄱ, ㄷ
④ ㄴ, ㄷ
⑤ ㄱ, ㄴ, ㄷ

23. 다음 대화의 빈칸에 들어갈 내용으로 가장 적절한 것은?

> 갑: 2022년에 A보조금이 B보조금으로 개편되었다고 들었습니다. 2021년에 A보조금을 수령한 민원인이 B보조금의 신청과 관련하여 문의하였습니다. 민원인이 중앙부처로 바로 연락하였다는데 B보조금 신청 자격을 알 수 있을까요?
> 을: B보조금 신청 자격은 A보조금과 같습니다. 해당 지자체에 농업경영정보를 등록한 농업인이어야 하고 지급 대상 토지도 해당 지자체에 등록된 농지 또는 초지여야 합니다.
> 갑: 네. 민원인의 자격 요건에 변동 사항은 없다는 것을 확인했습니다. 그 외에 다른 제한 사항은 없을까요?
> 을: 대상자 및 토지 요건을 모두 충족하더라도 전년도에 A보조금을 부정한 방법으로 수령했다고 판정된 경우에는 B보조금을 신청할 수가 없어요. 다만 부정한 방법으로 수령했다고 해당 지자체에서 판정하더라도 수령인은 일정 기간 동안 중앙부처에 이의를 제기할 수 있습니다. 이의 제기 심의 기간에는 수령인이 부정한 방법으로 수령하지 않은 것으로 봅니다.
> 갑: 우리 중앙부처의 2021년 A보조금 부정 수령 판정 현황이 어떻게 되죠?
> 을: 2021년 A보조금 부정 수령 판정 이의 제기 신청 기간은 만료되었습니다. 부정 수령 판정이 총 15건이 있었는데, 그중 11건에 대한 이의 제기 신청이 들어왔고 1건은 심의 후 이의 제기가 받아들여져 인용되었습니다. 9건은 이의 제기가 받아들여지지 않아 기각되었고 나머지 1건은 아직 이의 제기 심의 절차가 진행 중입니다.
> 갑: 그렇다면 제가 추가로 ＿＿＿＿＿＿만 확인하고 나면 다른 사유를 확인하지 않고서도 민원인이 현재 B보조금 신청 자격이 되는지를 바로 알 수 있겠네요.

① 민원인의 부정 수령 판정 여부, 민원인의 이의 제기 여부, 이의 제기 심의 절차 진행 중인 건이 민원인이 제기한 건인지 여부
② 민원인의 부정 수령 판정 여부, 민원인의 이의 제기 여부, 이의 제기 기각 건에 민원인이 제기한 건이 포함되었는지 여부
③ 민원인의 농업인 및 농지 등록 여부, 민원인의 이의 제기 어부, 이의 제기 심의 절차 진행 중인 건의 심의 완료 여부
④ 민원인의 부정 수령 판정 여부, 민원인의 이의 제기 여부, 이의 제기 인용 건이 민원인이 제기한 건인지 여부
⑤ 민원인의 농업인 및 농지 등록 여부, 민원인의 부정 수령 판정 여부, 민원인의 이의 제기 여부

24. 다음 대화의 빈칸에 들어갈 내용으로 가장 적절한 것은?

> 갑: 안녕하십니까? 저는 공립학교인 A 고등학교 교감입니다. 우리 학교의 교육 방침을 명확히 밝히는 조항을 학교 규칙(이하 '학칙')에 새로 추가하려고 합니다. 이때 준수해야 할 것이 무엇입니까?
> 을: 네. 학교에서 학칙을 제정하고자 할 때에는 「초·중등교육법」(이하 '교육법')에 어긋나지 않는 범위에서 제정이 이루어져야 합니다.
> 갑: 그렇군요. 그래서 교육법 제8조제1항의 학교의 장은 '법령'의 범위에서 학칙을 제정할 수 있다는 규정에 근거해서 학칙을 만들고 있습니다. 그런데 최근 우리 도(道) 의회에서 제정한 「학생인권조례」의 내용을 보니, 우리 학교에서 만들고 있는 학칙과 어긋나는 것이 있습니다. 이러한 경우에 법적 판단은 어떻게 됩니까?
> 을: ＿＿＿＿＿＿＿＿＿＿＿＿＿＿＿＿＿＿＿＿.
> 갑: 교육법 제8조제1항에서는 '법령'이라는 용어를 사용하고, 제10조제2항에서는 '조례'라는 용어를 사용하고 있으니 교육법에서는 법령과 조례를 구분하는 것으로 보입니다.
> 을: 그것은 다른 문제입니다. 교육법 제10조제2항의 조례는 법령의 위임을 받아 제정되는 위임 입법입니다. 제8조제1항에서의 법령에는 조례가 포함된다고 해석하고 있으며, 이 경우에 제10조제2항의 조례와는 그 성격이 다르다고 할 수 있습니다.
> 갑: 교육법 제8조제1항은 초·중등학교 운영의 자율과 책임을 위한 것인데 이러한 조례로 인해서 오히려 학교 교육과 운영이 침해당하는 것 아닙니까?
> 을: 교육법 제8조제1항의 목적은 학교의 자율과 책임을 당연히 존중하는 것입니다. 다만 학칙을 제정할 때에도 국가나 지자체에서 반드시 지킬 것을 요구하는 최소한의 한계를 법령의 범위라는 말로 표현한 것입니다. 더욱이 학생들의 학습권, 개성을 실현할 권리 등은 헌법에서 보장된 기본권에서 나오고 교육법 제18조의4에서도 학생의 인권을 보장하도록 규정하고 있습니다. 최근 「학생인권조례」도 이러한 취지에서 제정되었습니다.

① 학칙의 제정을 통하여 학교 운영의 자율과 책임뿐 아니라 학생들의 학습권과 개성을 실현할 권리가 제한될 수 있습니다
② 법령에 조례가 포함된다고 해석할 여지는 없지만 교육법의 체계상 「학생인권조례」를 따라야 합니다
③ 교육법 제10조제2항에 따라 조례는 입법 목적이나 취지와 관계없이 법령에 포함됩니다
④ 「학생인권조례」에는 교육법에 어긋나는 규정이 있지만 학칙은 이 조례를 따라야 합니다
⑤ 법령의 범위에 있는 「학생인권조례」의 내용에 반하는 학칙은 교육법에 저촉됩니다

25. 다음 글의 <논쟁>에 대한 분석으로 적절한 것만을 <보기>에서 모두 고르면?

갑과 을은 △△국 「주거법」 제○○조의 해석에 대해 논쟁하고 있다. 그 조문은 다음과 같다.

> 제○○조(비거주자의 구분) ① 다음 각 호에 해당하는 △△국 국민은 비거주자로 본다.
> 1. 외국에서 영업활동에 종사하고 있는 사람
> 2. 2년 이상 외국에 체재하고 있는 사람. 이 경우 일시 귀국하여 3개월 이내의 기간 동안 체재한 경우 그 기간은 외국에 체재한 기간에 포함되는 것으로 본다.
> 3. 외국인과 혼인하여 배우자의 국적국에 6개월 이상 체재하는 사람
>
> ② 국내에서 영업활동에 종사하였거나 6개월 이상 체재하였던 외국인으로서 출국하여 외국에서 3개월 이상 체재 중인 사람의 경우에도 비거주자로 본다.

<논 쟁>

쟁점 1: △△국 국민인 A는 일본에서 2년 1개월째 학교에 다니고 있다. A는 매년 여름방학과 겨울방학 기간에 일시 귀국하여 2개월씩 체재하였다. 이에 대해, 갑은 A가 △△국 비거주자로 구분된다고 주장하는 반면, 을은 그렇지 않다고 주장한다.

쟁점 2: △△국과 미국 국적을 모두 보유한 복수 국적자 B는 △△국 C 법인에서 임원으로 근무하였다. B는 올해 C 법인의 미국 사무소로 발령받아 1개월째 영업활동에 종사 중이다. 이에 대해, 갑은 B가 △△국 비거주자로 구분된다고 주장하는 반면, 을은 그렇지 않다고 주장한다.

쟁점 3: △△국 국민인 D는 독일 국적의 E와 결혼하여 독일에서 체재 시작 직후부터 5개월째 길거리 음악 연주를 하고 있다. 이에 대해, 갑은 D가 △△국 비거주자로 구분된다고 주장하는 반면, 을은 그렇지 않다고 주장한다.

<보 기>

ㄱ. 쟁점 1과 관련하여, 일시 귀국하여 체재한 '3개월 이내의 기간'이 귀국할 때마다 체재한 기간의 합으로 확정된다면, 갑의 주장은 옳고 을의 주장은 그르다.

ㄴ. 쟁점 2와 관련하여, 갑은 B를 △△국 국민이라고 생각하지만 을은 외국인이라고 생각하기 때문이라고 하면, 갑과 을 사이의 주장 불일치를 설명할 수 있다.

ㄷ. 쟁점 3과 관련하여, D의 길거리 음악 연주가 영업활동이 아닌 것으로 확정된다면, 갑의 주장은 그르고 을의 주장은 옳다.

① ㄱ
② ㄷ
③ ㄱ, ㄴ
④ ㄴ, ㄷ
⑤ ㄱ, ㄴ, ㄷ

약점 보완 해설집 p.70

상황판단영역

1. 다음 글을 근거로 판단할 때 옳은 것은?

> 제00조 재해경감 우수기업(이하 '우수기업'이라 한다)이란 재난으로부터 피해를 최소화하기 위한 새해경감활동으로 우수기업 인증을 받은 기업을 말한다.
> 제00조 ① 우수기업으로 인증받고자 하는 기업은 A부 장관에게 신청하여야 한다.
> ② A부 장관은 제1항에 따라 신청한 기업의 재해경감활동에 대하여 다음 각 호의 기준에 따라 평가를 실시하고 우수기업으로 인증할 수 있다.
> 1. 재난관리 전담조직을 갖출 것
> 2. 매년 1회 이상 종사자에게 재난관리 교육을 실시할 것
> 3. 재해경감활동 비용으로 총 예산의 5% 이상 할애할 것
> 4. 방재관련 인력을 총 인원의 2% 이상 갖출 것
>
> ③ 제2항 각 호의 충족 여부는 매년 1월 말을 기준으로 평가하며, 모든 요건을 갖춘 경우 우수기업으로 인증한다. 다만 제3호의 경우 최초 평가에 한하여 해당 기준을 3개월 내에 충족할 것을 조건으로 인증할 수 있다.
> ④ 제3항에서 정하는 평가 및 인증에 소요되는 비용은 신청하는 자가 부담한다.
> 제00조 A부 장관은 인증받은 우수기업을 6개월마다 재평가하여 다음 각 호의 어느 하나에 해당하는 때에는 인증을 취소할 수 있다. 다만 제1호의 경우에는 인증을 취소하여야 한다.
> 1. 거짓이나 그 밖의 부정한 방법으로 인증을 받은 경우
> 2. 인증 평가기준에 미달되는 경우
> 3. 양도·양수·합병 등에 의하여 인증받은 요건이 변경된 경우

① 처음 우수기업 인증을 받고자 하는 甲기업이 총 예산의 4%를 재해경감활동 비용으로 할애하였다면, 다른 모든 기준을 충족하였더라도 우수기업으로 인증받을 여지가 없다.
② A부 장관이 乙기업을 평가하여 2022. 2. 25. 우수기업으로 인증한 경우, A부 장관은 2022. 6. 25.까지 재평가를 해야 한다.
③ 丙기업이 우수기업 인증을 신청하는 경우, 인증에 소요되는 비용은 A부 장관이 부담한다.
④ 丁기업이 재난관리 전담조직을 갖춘 것처럼 거짓으로 신청서를 작성하여 우수기업으로 인증을 받은 경우라도, A부 장관은 인증을 취소하지 않을 수 있다.
⑤ 우수기업인 戊기업이 己기업을 흡수합병하면서 재평가 당시 일시적으로 방재관련 인력이 총 인원의 1.5%가 되었더라도, A부 장관은 戊기업의 인증을 취소하지 않을 수 있다.

2. 다음 글과 <상황>을 근거로 판단할 때, 김가을의 가족관계등록부에 기록해야 하는 내용이 아닌 것은?

> 제○○조 ① 가족관계등록부는 전산정보처리조직에 의하여 입력·처리된 가족관계 등록사항에 관한 전산정보자료를 제□□조의 등록기준지에 따라 개인별로 구분하여 작성한다.
> ② 가족관계등록부에는 다음 사항을 기록하여야 한다.
> 1. 등록기준지
> 2. 성명·본·성별·출생연월일 및 주민등록번호
> 3. 출생·혼인·사망 등 가족관계의 발생 및 변동에 관한 사항
>
> 제□□조 출생을 사유로 처음 등록을 하는 경우에는 등록기준지를 자녀가 따르는 성과 본을 가진 부 또는 모의 등록기준지로 한다.

<상 황>

> 경기도 과천시 ☆☆로 1 - 11에 거주하는 김여름(金海 김씨)과 박겨울(密陽 박씨) 부부 사이에 2021년 10월 10일 경기도 수원시 영통구 소재 병원에서 남자아이가 태어났다. 이 부부는 태어난 아이의 이름을 김가을로 하고 과천시 ▽▽주민센터에 출생신고를 하였다. 김여름의 등록기준지는 부산광역시 남구 ◇◇로 2 - 22이며, 박겨울은 서울특별시 마포구 △△로 3 - 33이다.

① 서울특별시 마포구 △△로 3 - 33
② 부산광역시 남구 ◇◇로 2 - 22
③ 2021년 10월 10일
④ 金海
⑤ 남

3. 다음 글을 근거로 판단할 때 옳은 것은?

제00조 정비사업이란 도시기능을 회복하기 위하여 정비구역에서 정비사업시설을 정비하거나 주택 등 건축물을 개량 또는 건설하는 주거환경개선사업, 재개발사업, 재건축사업 등을 말한다.
제00조 특별자치시장·특별자치도지사·시장·군수·구청장(이하 '시장 등'이라 한다)은 노후불량건축물이 밀집하는 구역에 대하여 정비계획에 따라 정비구역을 지정할 수 있다.
제00조 시장 등이 아닌 자가 정비사업을 시행하려는 경우에는 토지 등 소유자로 구성된 조합을 설립해야 한다.
제00조 ① 시장 등이 아닌 사업시행자가 정비사업 공사를 완료한 때에는 시장 등의 준공인가를 받아야 한다.
② 제1항에 따라 준공인가신청을 받은 시장 등은 지체 없이 준공검사를 실시해야 한다.
③ 시장 등은 제2항에 따른 준공검사를 실시한 결과 정비사업이 인가받은 사업시행 계획대로 완료되었다고 인정되는 때에는 준공인가를 하고 공사의 완료를 해당 지방자치단체의 공보에 고시해야 한다.
④ 시장 등은 직접 시행하는 정비사업에 관한 공사가 완료된 때에는 그 완료를 해당 지방자치단체의 공보에 고시해야 한다.
제00조 ① 정비구역의 지정은 공사완료의 고시가 있은 날의 다음 날에 해제된 것으로 본다.
② 제1항에 따른 정비구역의 해제는 조합의 존속에 영향을 주지 않는다.

① 甲특별자치시장이 직접 정비사업을 시행하려는 경우에는 토지 등 소유자로 구성된 조합을 설립해야 한다.
② A도 乙군수가 직접 시행하는 정비사업에 관한 공사가 완료된 때에는 A도지사에게 준공인가신청을 해야 한다.
③ 丙시장이 사업시행자 B의 정비사업에 관해 준공인가를 하면, 토지 등 소유자로 구성된 조합은 해산된다.
④ 丁시장이 사업시행자 C의 정비사업에 관해 공사완료를 고시하면, 정비구역의 지정은 고시한 날 해제된다.
⑤ 戊시장이 직접 시행하는 정비사업에 관한 공사가 완료된 때에는 그 완료를 戊시의 공보에 고시해야 한다.

4. 다음 글을 근거로 판단할 때 옳은 것은?

제00조 ① 선박이란 수상 또는 수중에서 항행용으로 사용하거나 사용할 수 있는 배 종류를 말하며 그 구분은 다음 각 호와 같다.
1. 기선: 기관(機關)을 사용하여 추진하는 선박과 수면비행선박(표면효과 작용을 이용하여 수면에 근접하여 비행하는 선박)
2. 범선: 돛을 사용하여 추진하는 선박
3. 부선: 자력(自力) 항행능력이 없어 다른 선박에 의하여 끌리거나 밀려서 항행되는 선박

② 소형선박이란 다음 각 호의 어느 하나에 해당하는 선박을 말한다.
1. 총톤수 20톤 미만인 기선 및 범선
2. 총톤수 100톤 미만인 부선

제00조 ① 매매계약에 의한 선박 소유권의 이전은 계약당사자 사이의 양도합의만으로 효력이 생긴다. 다만 소형선박 소유권의 이전은 계약당사자 사이의 양도합의와 선박의 등록으로 효력이 생긴다.
② 선박의 소유자(제1항 단서의 경우에는 선박의 매수인)는 선박을 취득(제1항 단서의 경우에는 매수)한 날부터 60일 이내에 선적항을 관할하는 지방해양수산청장에게 선박의 등록을 신청하여야 한다. 이 경우 총톤수 20톤 이상인 기선과 범선 및 총톤수 100톤 이상인 부선은 선박의 등기를 한 후에 선박의 등록을 신청하여야 한다.
③ 지방해양수산청장은 제2항의 등록신청을 받으면 이를 선박원부(船舶原簿)에 등록하고 신청인에게 선박국적증서를 발급하여야 한다.
제00조 선박의 등기는 등기할 선박의 선적항을 관할하는 지방법원, 그 지원 또는 등기소를 관할 등기소로 한다.

① 총톤수 80톤인 부선의 매수인 甲이 선박의 소유권을 취득하기 위해서는 매도인과 양도합의를 하고 선박을 등록해야 한다.
② 총톤수 100톤인 기선의 소유자 乙이 선박의 등기를 하기 위해서는 먼저 관할 지방해양수산청장에게 선박의 등록을 신청해야 한다.
③ 총톤수 60톤인 기선의 소유자 丙은 선박을 매수한 날부터 60일 이내에 해양수산부장관에게 선박의 등록을 신청해야 한다.
④ 총톤수 200톤인 부선의 소유자 丁이 선적항을 관할하는 등기소에 선박의 등기를 신청하면, 등기소는 丁에게 선박국적증서를 발급해야 한다.
⑤ 총톤수 20톤 미만인 범선의 매수인 戊가 선박의 등록을 신청하면, 관할 법원은 이를 선박원부에 등록하고 戊에게 선박국적증서를 발급해야 한다.

5. 다음 글을 근거로 판단할 때 옳은 것은?

> 조선 시대 쌀의 종류에는 가을철 논에서 수확한 벼를 가공한 흰색 쌀 외에 밭에서 자란 곡식을 가공함으로써 얻게 되는 회색 쌀과 노란색 쌀이 있었다. 회색 쌀은 보리의 껍질을 벗긴 보리쌀이었고, 노란색 쌀은 조의 껍질을 벗긴 좁쌀이었다.
>
> 남부 지역에서는 보리가 특히 중요시되었다. 가을 곡식이 바닥을 보이기 시작하는 봄철, 농민들의 희망은 들판에 넘실거리는 보리뿐이었다. 보리가 익을 때까지는 주린 배를 움켜쥐고 생활할 수밖에 없었고, 이를 보릿고개라 하였다. 그것은 보리를 수확하는 하지, 즉 낮이 가장 길고 밤이 가장 짧은 시기까지 지속되다가 사라지는 고개였다. 보리 수확기는 여름이었지만 파종 시기는 보리 종류에 따라 달랐다. 가을철에 파종하여 이듬해 수확하는 보리는 가을보리, 봄에 파종하여 그해 수확하는 보리는 봄보리라고 불렀다.
>
> 적지 않은 농부들은 보리를 수확하고 그 자리에 다시 콩을 심기도 했다. 이처럼 같은 밭에서 1년 동안 보리와 콩을 교대로 경작하는 방식을 그루갈이라고 한다. 그렇지만 모든 콩이 그루갈이로 재배된 것은 아니었다. 콩 수확기는 가을이었으나, 어떤 콩은 봄철에 파종해야만 제대로 자랄 수 있었고 어떤 콩은 여름에 심을 수도 있었다. 한편 조는 보리, 콩과 달리 모두 봄에 심었다. 그래서 봄철 밭에서는 보리, 콩, 조가 함께 자라는 것을 볼 수 있었다.

① 흰색 쌀과 여름에 심는 콩은 서로 다른 계절에 수확했다.
② 봄보리의 재배 기간은 가을보리의 재배 기간보다 짧았다.
③ 흰색 쌀과 회색 쌀은 논에서 수확된 곡식을 가공한 것이었다.
④ 남부 지역의 보릿고개는 가을 곡식이 바닥을 보이는 하지가 지나면서 더 심해졌다.
⑤ 보리와 콩이 함께 자라는 것은 볼 수 있었지만, 조가 이들과 함께 자라는 것은 볼 수 없었다.

6. 다음 글을 근거로 판단할 때, <보기>에서 옳은 것만을 모두 고르면?

> 甲의 자동차에 장착된 내비게이션 시스템은 목적지까지 운행하는 도중 대안경로를 제안하는 경우가 있다. 이때 이 시스템은 기존경로와 비교하여 남은 거리와 시간이 어떻게 달라지는지 알려준다. 즉 목적지까지의 잔여거리(A)가 몇 km 증가·감소하는지, 잔여시간(B)이 몇 분 증가·감소하는지 알려준다. 甲은 기존경로와 대안경로 중 출발지부터 목적지까지의 평균속력이 더 높을 것으로 예상되는 경로를 항상 선택한다.

<보 기>

ㄱ. A가 증가하고 B가 감소하면 甲은 항상 대안경로를 선택한다.
ㄴ. A와 B가 모두 증가하면 甲은 항상 대안경로를 선택한다.
ㄷ. A와 B가 모두 감소할 때 甲이 대안경로를 선택하는 경우가 있다.
ㄹ. A가 감소하고 B가 증가할 때 甲이 대안경로를 선택하는 경우가 있다.

① ㄱ, ㄴ
② ㄱ, ㄷ
③ ㄴ, ㄷ
④ ㄴ, ㄹ
⑤ ㄷ, ㄹ

7. 다음 글을 근거로 판단할 때 옳은 것은?

甲은 정기모임의 간식을 준비하기 위해 과일 가게에 들렀다. 甲이 산 과일의 가격과 수량은 아래 표와 같다. 과일 가게 사장이 준 영수증을 보니, 총 228,000원이어야 할 결제 금액이 총 237,300원이었다.

구분	사과	귤	복숭아	딸기
1상자 가격(원)	30,700	25,500	14,300	23,600
구입 수량(상자)	2	3	3	2

① 한 과일이 2상자 더 계산되었다.
② 두 과일이 각각 1상자 더 계산되었다.
③ 한 과일이 1상자 더 계산되고, 다른 한 과일이 1상자 덜 계산되었다.
④ 한 과일이 1상자 더 계산되고, 다른 두 과일이 각각 1상자 덜 계산되었다.
⑤ 두 과일이 각각 1상자 더 계산되고, 다른 두 과일이 각각 1상자 덜 계산되었다.

8. 다음 글과 <상황>을 근거로 판단할 때, 甲~戊 중 휴가지원사업에 참여할 수 있는 사람만을 모두 고르면?

<2023년 휴가지원사업 모집 공고>

□ 사업 목적
 ○ 직장 내 자유로운 휴가문화 조성 및 국내 여행 활성화
□ 참여 대상
 ○ 중소기업·비영리민간단체·사회복지법인·의료법인 근로자. 단, 아래 근로자는 참여 제외
  - 병·의원 소속 의사
  - 회계법인 및 세무법인 소속 회계사·세무사·노무사
  - 법무법인 소속 변호사·변리사
 ○ 대표 및 임원은 참여 대상에서 제외하나, 아래의 경우는 참여 가능
  - 중소기업 및 비영리민간단체의 임원
  - 사회복지법인의 대표 및 임원

<상 황>

甲~戊의 재직정보는 아래와 같다.

구분	직장명	직장 유형	비고
간호사 甲	A병원	의료법인	근로자
노무사 乙	B회계법인	중소기업	근로자
사회복지사 丙	C복지센터	사회복지법인	대표
회사원 丁	D물산	대기업	근로자
의사 戊	E재단	비영리민간단체	임원

① 甲, 丙
② 甲, 戊
③ 乙, 丁
④ 甲, 丙, 戊
⑤ 乙, 丙, 丁

[9 ~ 10] 다음 글을 읽고 물음에 답하시오.

'국민참여예산제도'는 국가 예산사업의 제안, 심사, 우선순위 결정과정에 국민을 참여케 함으로써 예산에 대한 국민의 관심도를 높이고 정부 재정운영의 투명성을 제고하기 위한 제도이다. 이 제도는 정부의 예산편성권과 국회의 예산심의·의결권 틀 내에서 운영된다.

국민참여예산제도는 기존 제도인 국민제안제도나 주민참여예산제도와 차이점을 지닌다. 먼저 '국민제안제도'가 국민들이 제안한 사항에 대해 관계부처가 채택 여부를 결정하는 방식이라면, 국민참여예산제도는 국민의 제안 이후 사업심사와 우선순위 결정과정에도 국민의 참여를 가능하게 함으로써 국민의 역할을 확대하는 방식이다. 또한 '주민참여예산제도'가 지방자치단체의 사무를 대상으로 하는 반면, 국민참여예산제도는 중앙정부가 재정을 지원하는 예산사업을 대상으로 한다.

국민참여예산제도에서는 3~4월에 국민사업제안과 제안사업 적격성 검사를 실시하고, 이후 5월까지 각 부처에 예산안을 요구한다. 6월에는 예산국민참여단을 발족하여 참여예산 후보사업을 압축한다. 7월에는 일반국민 설문조사와 더불어 예산국민참여단 투표를 통해 사업선호도 조사를 한다. 이러한 과정을 통해 선호순위가 높은 후보사업은 국민참여예산사업으로 결정되며, 8월에 재정정책자문회의의 논의를 거쳐 국무회의에서 정부예산안에 반영된다. 정부예산안은 국회에 제출되며, 국회는 심의·의결을 거쳐 12월까지 예산안을 확정한다.

예산국민참여단은 일반국민을 대상으로 전화를 통해 참여의사를 타진하여 구성한다. 무작위로 표본을 추출하되 성·연령·지역별 대표성을 확보하는 통계적 구성방법이 사용된다. 예산국민참여단원은 예산학교를 통해 국가재정에 대한 교육을 이수한 후, 참여예산 후보사업을 압축하는 역할을 맡는다. 예산국민참여단이 압축한 후보사업에 대한 일반국민의 선호도는 통계적 대표성이 확보된 표본을 대상으로 한 설문을 통해, 예산국민참여단의 사업선호도는 오프라인 투표를 통해 조사한다.

정부는 2017년에 2018년도 예산을 편성하면서 국민참여예산제도를 시범 도입하였는데, 그 결과 6개의 국민참여예산사업이 선정되었다. 2019년도 예산에는 총 39개 국민참여예산사업에 대해 800억 원이 반영되었다.

9. 윗글을 근거로 판단할 때 옳은 것은?

① 국민제안제도에서는 중앙정부가 재정을 지원하는 예산사업의 우선순위를 국민이 정할 수 있다.
② 국민참여예산사업은 국회 심의·의결 전에 국무회의에서 정부예산안에 반영된다.
③ 국민참여예산제도는 정부의 예산편성권 범위 밖에서 운영된다.
④ 참여예산 후보사업은 재정정책자문회의의 논의를 거쳐 제안된다.
⑤ 예산국민참여단의 사업선호도 조사는 전화설문을 통해 이루어진다.

10. 윗글과 <상황>을 근거로 판단할 때, 甲이 보고할 수치를 옳게 짝지은 것은?

<상 황>

2019년도 국민참여예산사업 예산 가운데 688억 원이 생활밀착형사업 예산이고 나머지는 취약계층지원사업 예산이었다. 2020년도 국민참여예산사업 예산 규모는 2019년도에 비해 25% 증가했는데, 이 중 870억 원이 생활밀착형사업 예산이고 나머지는 취약계층지원사업 예산이었다. 국민참여예산제도에 관한 정부부처 담당자 甲은 2019년도와 2020년도 각각에 대해 국민참여예산사업 예산에서 취약계층지원사업 예산이 차지한 비율을 보고하려고 한다.

	2019년도	2020년도
①	13%	12%
②	13%	13%
③	14%	13%
④	14%	14%
⑤	15%	14%

11. 다음 글을 근거로 판단할 때, 네 번째로 보고되는 개정안은?

△△처에서 소관 법규 개정안 보고회를 개최하고자 한다. 보고회는 아래와 같은 기준에 따라 진행한다.

○ 법규 체계 순위에 따라 법 - 시행령 - 시행규칙의 순서로 보고한다. 법규 체계 순위가 같은 개정안이 여러 개 있는 경우 소관 부서명의 가나다순으로 보고한다.

○ 한 부서에서 보고해야 하는 개정안이 여럿인 경우, 해당 부서의 첫 번째 보고 이후 위 기준에도 불구하고 그 부서의 나머지 소관 개정안을 법규 체계 순위에 따라 연달아 보고한다.

○ 이상의 모든 기준과 무관하게 보고자가 국장인 경우 가장 먼저 보고한다.

보고 예정인 개정안은 다음과 같다.

개정안명	소관 부서	보고자
A법 개정안	예산담당관	甲사무관
B법 개정안	기획담당관	乙과장
C법 시행령 개정안	기획담당관	乙과장
D법 시행령 개정안	국제화담당관	丙국장
E법 시행규칙 개정안	예산담당관	甲사무관

① A법 개정안
② B법 개정안
③ C법 시행령 개정안
④ D법 시행령 개정안
⑤ E법 시행규칙 개정안

12. 다음 글과 <상황>을 근거로 판단할 때, 甲이 선택할 사업과 받을 수 있는 지원금을 옳게 짝지은 것은?

○○군은 집수리지원사업인 A와 B를 운영하고 있다. 신청자는 하나의 사업을 선택하여 지원받을 수 있다. 수리 항목은 외부(방수, 지붕, 담장, 쉼터)와 내부(단열, 설비, 창호)로 나누어진다.

<사업 A의 지원기준>

○ 외부는 본인부담 10%를 제외한 나머지 소요비용을 1,250만 원 한도 내에서 전액 지원
○ 내부는 지원하지 않음

<사업 B의 지원기준>

○ 담장과 쉼터는 둘 중 하나의 항목만 지원하며, 각각 300만 원과 50만 원 한도 내에서 소요비용 전액 지원
○ 담장과 쉼터를 제외한 나머지 항목은 내·외부와 관계없이 본인부담 50%를 제외한 나머지 소요비용을 1,200만 원 한도 내에서 전액 지원

<상 황>

甲은 본인 집의 창호와 쉼터를 수리하고자 한다. 소요비용은 각각 500만 원과 900만 원이다. 甲은 사업 A와 B 중 지원금이 더 많은 사업을 선택하여 신청하려고 한다.

	사업	지원금
①	A	1,250만 원
②	A	810만 원
③	B	1,250만 원
④	B	810만 원
⑤	B	300만 원

13. 다음 글을 근거로 판단할 때, <보기>에서 옳은 것만을 모두 고르면?

이번 주 甲의 요일별 기본업무량은 다음과 같다.

요일	월	화	수	목	금
기본업무량	60	50	60	50	60

甲은 기본업무량을 초과하여 업무를 처리한 날에 '칭찬'을, 기본업무량 미만으로 업무를 처리한 날에 '꾸중'을 듣는다. 정확히 기본업무량만큼 업무를 처리한 날에는 칭찬도 꾸중도 듣지 않는다.

이번 주 甲은 방식1~방식3 중 하나를 선택하여 업무를 처리한다.

방식1: 월요일에 100의 업무량을 처리하고, 그다음 날부터는 매일 전날 대비 20 적은 업무량을 처리한다.
방식2: 월요일에 0의 업무량을 처리하고, 그다음 날부터는 매일 전날 대비 30 많은 업무량을 처리한다.
방식3: 매일 60의 업무량을 처리한다.

<보 기>

ㄱ. 방식1을 선택할 경우 화요일에 꾸중을 듣는다.
ㄴ. 어느 방식을 선택하더라도 수요일에는 칭찬도 꾸중도 듣지 않는다.
ㄷ. 어느 방식을 선택하더라도 칭찬을 듣는 날수는 동일하다.
ㄹ. 칭찬을 듣는 날수에서 꾸중을 듣는 날수를 뺀 값을 최대로 하려면 방식2를 선택하여야 한다.

① ㄱ, ㄷ
② ㄱ, ㄹ
③ ㄴ, ㄷ
④ ㄴ, ㄹ
⑤ ㄴ, ㄷ, ㄹ

14. 다음 글을 근거로 판단할 때, <보기>에서 옳은 것만을 모두 고르면?

○○부의 甲국장은 직원 연수 프로그램을 마련하기 위하여 乙주무관에게 직원 1,000명 전원을 대상으로 연수 희망 여부와 희망 지역에 대한 의견을 수렴할 것을 요청하였다. 이에 따라 乙은 실문조사를 실시하였고, 甲과 乙은 그 결과에 내해 대화를 나누고 있다.

甲: 설문조사는 잘 시행되었나요?
乙: 예. 직원 1,000명 모두 연수 희망 여부에 대해 응답하였습니다. 연수를 희망하는 응답자는 43%였으며, 남자직원의 40%와 여자직원의 50%가 연수를 희망하는 것으로 나타났습니다.
甲: 연수 희망자 전원이 희망 지역에 대해 응답했나요?
乙: 예. A지역과 B지역 두 곳 중에서 희망하는 지역을 선택하라고 했더니 B지역을 희망하는 비율이 약간 더 높았습니다. 그리고 연수를 희망하는 여자직원 중 B지역 희망 비율은 연수를 희망하는 남자직원 중 B지역 희망 비율의 2배인 80%였습니다.

<보 기>

ㄱ. 전체 직원 중 남자직원의 비율은 50%를 넘는다.
ㄴ. 연수 희망자 중 여자직원의 비율은 40%를 넘는다.
ㄷ. A지역 연수를 희망하는 직원은 200명을 넘지 않는다.
ㄹ. B지역 연수를 희망하는 남자직원은 100명을 넘는다.

① ㄱ, ㄷ
② ㄴ, ㄷ
③ ㄴ, ㄹ
④ ㄱ, ㄴ, ㄹ
⑤ ㄱ, ㄷ, ㄹ

15. 다음 글을 근거로 판단할 때, <보기>에서 甲이 지원금을 받는 경우만을 모두 고르면?

○ 정부는 자영업자를 지원하기 위하여 2020년 대비 2021년의 이익이 감소한 경우 이익 감소액의 10%를 자영업자에게 지원금으로 지급하기로 하였다.
○ 이익은 매출액에서 변동원가와 고정원가를 뺀 금액으로, 자영업자 甲의 2020년 이익은 아래와 같이 계산된다.

구분	금액	비고
매출액	8억 원	판매량(400,000단위) × 판매가격(2,000원)
변동원가	6.4억 원	판매량(400,000단위) × 단위당 변동원가(1,600원)
고정원가	1억 원	판매량과 관계없이 일정함
이익	0.6억 원	8억 원 - 6.4억 원 - 1억 원

<보 기>

ㄱ. 2021년의 판매량, 판매가격, 단위당 변동원가, 고정원가는 모두 2020년과 같았다.
ㄴ. 2020년에 비해 2021년에 판매가격을 5% 인하하였고, 판매량, 단위당 변동원가, 고정원가는 2020년과 같았다.
ㄷ. 2020년에 비해 2021년에 판매량은 10% 증가하고 고정원가는 5% 감소하였으나, 판매가격과 단위당 변동원가는 2020년과 같았다.
ㄹ. 2020년에 비해 2021년에 판매가격을 5% 인상했음에도 불구하고 판매량이 25% 증가하였고, 단위당 변동원가와 고정원가는 2020년과 같았다.

① ㄴ
② ㄹ
③ ㄱ, ㄴ
④ ㄴ, ㄷ
⑤ ㄷ, ㄹ

16. 다음 글과 <상황>을 근거로 판단할 때 옳지 않은 것은?

□□시는 부서 성과 및 개인 성과에 따라 등급을 매겨 직원들에게 성과급을 지급하고 있다.
○ 부서 등급과 개인 등급은 각각 S, A, B, C로 나뉘고, 등급별 성과급 산정비율은 다음과 같다.

성과 등급	S	A	B	C
성과급 산정비율(%)	40	20	10	0

○ 작년까지 부서 등급과 개인 등급에 따른 성과급 산정비율의 산술평균을 연봉에 곱해 직원의 성과급을 산정해왔다.
성과급 = 연봉 × {(부서 산정비율 + 개인 산정비율)/2}
○ 올해부터 부서 등급과 개인 등급에 따른 성과급 산정비율 중 더 큰 값을 연봉에 곱해 성과급을 산정하도록 개편하였다.
성과급 = 연봉 × max{부서 산정비율, 개인 산정비율}

※ max{a, b} = a와 b 중 더 큰 값

<상 황>

작년과 올해 □□시 소속 직원 甲~丙의 연봉과 성과 등급은 다음과 같다.

구분	작년			올해		
	연봉(만 원)	성과 등급		연봉(만 원)	성과 등급	
		부서	개인		부서	개인
甲	3,500	S	A	4,000	A	S
乙	4,000	B	S	4,000	S	A
丙	3,000	B	A	3,500	C	B

① 甲의 작년 성과급은 1,050만 원이다.
② 甲과 乙의 올해 성과급은 동일하다.
③ 甲~丙 모두 작년 대비 올해 성과급이 증가한다.
④ 올해 연봉과 성과급의 합이 가장 작은 사람은 丙이다.
⑤ 작년 대비 올해 성과급 상승률이 가장 큰 사람은 乙이다.

17. 다음 글을 근거로 판단할 때 옳은 것은?

甲부처 신입직원 선발시험은 전공, 영어, 적성 3개 과목으로 이루어진다. 3개 과목 합계 점수가 높은 사람순으로 정원까지 합격한다. 응시자는 7명(A~G)이며, 7명의 각 과목 성적에 대해서는 다음과 같은 사실이 알려졌다.

○ 전공시험 점수: A는 B보다 높고, B는 E보다 높고, C는 D보다 높다.
○ 영어시험 점수: E는 F보다 높고, F는 G보다 높다.
○ 적성시험 점수: G는 B보다도 높고 C보다도 높다.

합격자 선발 결과, 전공시험 점수가 일정 점수 이상인 응시자는 모두 합격한 반면 그 점수에 달하지 않은 응시자는 모두 불합격한 것으로 밝혀졌고, 이는 영어시험과 적성시험에서도 마찬가지였다.

① A가 합격하였다면, B도 합격하였다.
② G가 합격하였다면, C도 합격하였다.
③ A와 B가 합격하였다면, C와 D도 합격하였다.
④ B와 E가 합격하였다면, F와 G도 합격하였다.
⑤ B가 합격하였다면, B를 포함하여 적어도 6명이 합격하였다.

18. 다음 글을 근거로 판단할 때, <보기>에서 옳은 것만을 모두 고르면?

○ 甲과 乙이 아래와 같은 방식으로 농구공 던지기 놀이를 하였다.
- 甲과 乙은 각 5회씩 도전하고, 합계 점수가 더 높은 사람이 승리한다.
- 2점 슛과 3점 슛을 자유롭게 선택하여 도전할 수 있으며, 성공하면 해당 점수를 획득한다.
- 5회의 도전 중 4점 슛 도전이 1번 가능한데, '4점 도전'이라고 외친 후 뒤돌아서서 슛을 하여 성공하면 4점을 획득하고, 실패하면 1점을 잃는다.

○ 甲과 乙의 던지기 결과는 다음과 같았다.

(성공: ○, 실패: ×)

구분	1회	2회	3회	4회	5회
甲	○	×	○	○	○
乙	○	○	×	×	○

<보 기>

ㄱ. 甲의 합계 점수는 8점 이상이었다.
ㄴ. 甲이 3점 슛에 2번 도전하였고 乙이 승리하였다면, 乙은 4점 슛에 도전하였을 것이다.
ㄷ. 4점 슛뿐만 아니라 2점 슛, 3점 슛에 대해서도 실패 시 1점을 차감하였다면, 甲이 승리하였을 것이다.

① ㄱ
② ㄴ
③ ㄱ, ㄴ
④ ㄱ, ㄷ
⑤ ㄴ, ㄷ

19. 다음 글을 근거로 판단할 때, A군 양봉농가의 최대 수는?

> ○ A군청은 양봉농가가 안정적으로 꿀을 생산할 수 있도록 양봉농가 간 거리가 12km 이상인 경우에만 양봉을 허가하고 있다.
> ○ A군은 반지름이 12km인 원 모양의 평지이며 군 경계를 포함한다.
> ○ A군의 외부에는 양봉농가가 존재하지 않는다.

※ 양봉농가의 면적은 고려하지 않음

① 5개
② 6개
③ 7개
④ 8개
⑤ 9개

20. 다음 글을 근거로 판단할 때, ㉠에 해당하는 수는?

> 甲: 그저께 나는 만 21살이었는데, 올해 안에 만 23살이 될 거야.
> 乙: 올해가 몇 년이지?
> 甲: 올해는 2022년이야.
> 乙: 그러면 네 주민등록번호 앞 6자리의 각 숫자를 모두 곱하면 [㉠]이구나.
> 甲: 그래, 맞아!

① 0
② 81
③ 486
④ 648
⑤ 2,916

21. 다음 글과 <상황>을 근거로 판단할 때, 올해 말 A검사국이 인사부서에 증원을 요청할 인원은?

농식품 품질 검사를 수행하는 A검사국은 매년 말 다음과 같은 기준에 따라 인사부서에 인력 증원을 요청한다.

○ 다음 해 A검사국의 예상 검사 건수를 모두 검사하는 데 필요한 최소 직원 수에서 올해 직원 수를 뺀 인원을 증원 요청한다.
○ 직원별로 한 해 동안 수행할 수 있는 최대 검사 건수는 매년 정해지는 '기준 검사 건수'에서 아래와 같이 차감하여 정해진다.
- 국장은 '기준 검사 건수'의 100%를 차감한다.
- 사무 처리 직원은 '기준 검사 건수'의 100%를 차감한다.
- 국장 및 사무 처리 직원을 제외한 모든 직원은 매년 근무시간 중에 품질 검사 교육을 이수해야 하므로, '기준 검사 건수'의 10%를 차감한다.
- 과장은 '기준 검사 건수'의 50%를 추가 차감한다.

<상 황>

○ 올해 A검사국에는 국장 1명, 과장 9명, 사무 처리 직원 10명을 포함하여 총 100명의 직원이 있다.
○ 내년에도 국장, 과장, 사무 처리 직원의 수는 올해와 동일하다.
○ 올해 '기준 검사 건수'는 100건이나, 내년부터는 검사 품질 향상을 위해 90건으로 하향 조정한다.
○ A검사국의 올해 검사 건수는 현 직원 모두가 한 해 동안 수행할 수 있는 최대 검사 건수와 같다.
○ 내년 A검사국의 예상 검사 건수는 올해 검사 건수의 120%이다.

① 10명
② 14명
③ 18명
④ 21명
⑤ 28명

22. 다음 글을 근거로 판단할 때, <보기>에서 옳은 것만을 모두 고르면?

○ 甲, 乙, 丙 세 사람은 25개 문제(1~25번)로 구성된 문제집을 푼다.
○ 1회차에는 세 사람 모두 1번 문제를 풀고, 2회차부터는 직전 회차 풀이 결과에 따라 풀 문제가 다음과 같이 정해진다.
- 직전 회차가 정답인 경우:
  직전 회차의 문제 번호에 2를 곱한 후 1을 더한 번호의 문제
- 직전 회차가 오답인 경우:
  직전 회차의 문제 번호를 2로 나누어 소수점 이하를 버린 후 1을 더한 번호의 문제
○ 풀 문제의 번호가 25번을 넘어갈 경우, 25번 문제를 풀고 더 이상 문제를 풀지 않는다.
○ 7회차까지 문제를 푼 결과, 세 사람이 맞힌 정답의 개수는 같았고 한 사람이 같은 번호의 문제를 두 번 이상 푼 경우는 없었다.
○ 4, 5회차를 제외한 회차별 풀이 결과는 아래와 같다.

(정답: ○, 오답: ×)

구분	1	2	3	4	5	6	7
甲	○	○	×			○	×
乙	○	○	○			×	○
丙	○	×	○			○	×

<보 기>

ㄱ. 甲과 丙이 4회차에 푼 문제 번호는 같다.
ㄴ. 4회차에 정답을 맞힌 사람은 2명이다.
ㄷ. 5회차에 정답을 맞힌 사람은 없다.
ㄹ. 乙은 7회차에 9번 문제를 풀었다.

① ㄱ, ㄴ
② ㄱ, ㄷ
③ ㄴ, ㄷ
④ ㄴ, ㄹ
⑤ ㄷ, ㄹ

23. 다음 글을 근거로 판단할 때 옳지 않은 것은?

> △△팀원 7명(A~G)은 새로 부임한 팀장 甲과 함께 하는 환영식사를 계획하고 있다. 모든 팀원은 아래 조건을 전부 만족시키며 甲과 한 번씩만 식사하려 한다.
>
> ○ 함께 식사하는 총 인원은 4명 이하여야 한다.
> ○ 단둘이 식사하지 않는다.
> ○ 부팀장은 A, B뿐이며, 이 둘은 함께 식사하지 않는다.
> ○ 같은 학교 출신인 C, D는 함께 식사하지 않는다.
> ○ 입사 동기인 E, F는 함께 식사한다.
> ○ 신입사원 G는 부팀장과 함께 식사한다.

① A는 E와 함께 환영식사에 참석할 수 있다.
② B는 C와 함께 환영식사에 참석할 수 있다.
③ C는 G와 함께 환영식사에 참석할 수 있다.
④ D가 E와 함께 환영식사에 참석하는 경우, C는 부팀장과 함께 환영식사에 참석하게 된다.
⑤ G를 포함하여 총 4명이 함께 환영식사에 참석하는 경우, F가 참석하는 환영식사의 인원은 총 3명이다.

24. 다음 글을 근거로 판단할 때, ㉠에 해당하는 수는?

> 甲과 乙은 같은 층의 서로 다른 사무실에서 근무하고 있다. 각 사무실은 일직선 복도의 양쪽 끝에 위치하고 있으며, 두 사람은 복도에서 항상 자신만의 일정한 속력으로 걷는다.
>
> 甲은 약속한 시각에 乙에게 서류를 직접 전달하기 위해 자신의 사무실을 나섰다. 甲은 乙의 사무실에 도착하여 서류를 전달하고 곧바로 자신의 사무실로 돌아올 계획이었다.
>
> 한편 甲을 기다리고 있던 乙에게 甲의 사무실 쪽으로 가야 할 일이 생겼다. 그래서 乙은 甲이 도착하기로 약속한 시각보다 [㉠]분 일찍 자신의 사무실을 나섰다. 乙은 출발한 지 4분 뒤 복도에서 甲을 만나 서류를 받았다. 서류 전달 후 곧바로 사무실로 돌아온 甲은 원래 예상했던 시각보다 2분 일찍 사무실로 복귀한 사실을 알게 되었다.

① 2
② 3
③ 4
④ 5
⑤ 6

25. 다음 글과 <상황>을 근거로 판단할 때 옳은 것은?

제00조 ① 재외공관에 근무하는 공무원(이하 '재외공무원'이라 한다)이 공무로 일시귀국하고자 하는 경우에는 장관의 허가를 받아야 한다.
② 공관장이 아닌 재외공무원이 공무 외의 목적으로 일시귀국하려는 경우에는 공관장의 허가를, 공관장이 공무 외의 목적으로 일시귀국하려는 경우에는 장관의 허가를 받아야 한다. 다만 재외공무원 또는 그 배우자의 직계존·비속이 사망하거나 위독한 경우에는 공관장이 아닌 재외공무원은 공관장에게, 공관장은 장관에게 각각 신고하고 일시귀국할 수 있다.
③ 재외공무원이 공무 외의 목적으로 일시귀국할 수 있는 기간은 연 1회 20일 이내로 한다. 다만 다음 각 호의 어느 하나에 해당하는 경우에는 이를 일시귀국의 횟수 및 기간에 산입하지 아니한다.
1. 재외공무원의 직계존·비속이 사망하거나 위독하여 일시귀국하는 경우
2. 재외공무원 또는 그 동반가족의 치료를 위하여 일시귀국하는 경우
④ 제2항에도 불구하고 다음 각 호의 어느 하나에 해당하는 경우에는 장관의 허가를 받아야 한다.
1. 재외공무원이 연 1회 또는 20일을 초과하여 공무 외의 목적으로 일시귀국하려는 경우
2. 재외공무원이 일시귀국 후 국내 체류기간을 연장하는 경우

<상 황>

A국 소재 대사관에는 공관장 甲을 포함하여 총 3명의 재외공무원(甲~丙)이 근무하고 있다. 아래는 올해 1월부터 7월 현재까지 甲~丙의 일시귀국 현황이다.
○ 甲: 공무상 회의 참석을 위해 총 2회(총 25일)
○ 乙: 동반자녀의 관절 치료를 위해 총 1회(치료가 더 필요하여 국내 체류기간 1회 연장, 총 17일)
○ 丙: 직계존속의 회갑으로 총 1회(총 3일)

① 甲은 일시귀국 시 장관에게 신고하였을 것이다.
② 甲은 배우자의 직계존속이 위독하여 올해 추가로 일시귀국하기 위해서는 장관의 허가를 받아야 한다.
③ 乙이 직계존속의 회갑으로 인해 올해 3일간 추가로 일시귀국하기 위해서는 장관의 허가를 받아야 한다.
④ 乙이 공관장의 허가를 받아 일시귀국하였더라도 국내 체류기간을 연장하였을 때에는 장관의 허가를 받았을 것이다.
⑤ 丙이 자신의 혼인으로 인해 올해 추가로 일시귀국하기 위해서는 공관장의 허가를 받아야 한다.

약점 보완 해설집 p.77

자료해석영역

1. 다음 <그림>은 2021년 7월 '갑'지역의 15세 이상 인구를 대상으로 한 경제활동인구조사 결과를 정리한 자료이다. <그림>의 A, B에 해당하는 값을 바르게 나열한 것은?

<그림> 2021년 7월 경제활동인구조사 결과

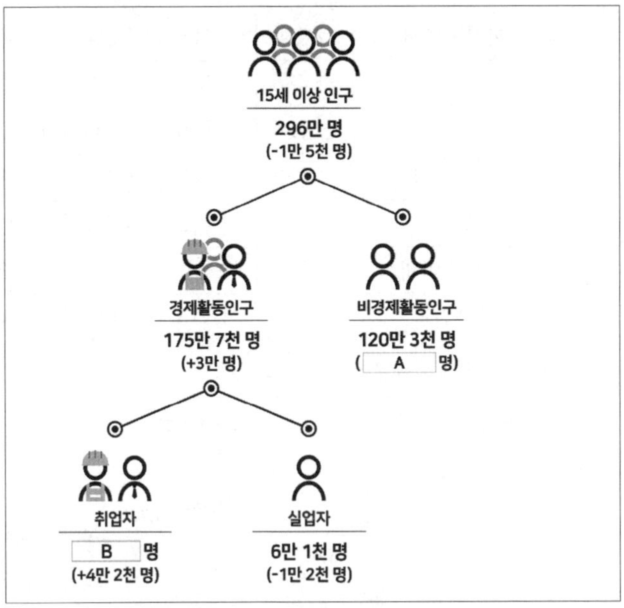

※ ( )는 2020년 7월 대비 증감 인구수임.

	A	B
①	- 4만 5천	169만 6천
②	- 4만 5천	165만 4천
③	- 1만 2천	172만 7천
④	- 1만 2천	169만 6천
⑤	+ 4만 2천	172만 7천

2. 다음 <표>는 2017~2021년 '갑'국의 청구인과 피청구인에 따른 특허심판 청구건수에 관한 자료이다. 이에 대한 <보기>의 설명 중 옳은 것만을 모두 고르면?

<표> 청구인과 피청구인에 따른 특허심판 청구건수

(단위: 건)

청구인 / 연도 \ 피청구인	내국인		외국인	
	내국인	외국인	내국인	외국인
2017	765	270	204	172
2018	889	1,970	156	119
2019	795	359	191	72
2020	771	401	93	230
2021	741	213	152	46

<보 기>

ㄱ. 2019년 청구인이 내국인인 특허심판 청구건수의 전년 대비 감소율은 50% 이상이다.

ㄴ. 2021년 피청구인이 내국인인 특허심판 청구건수는 피청구인이 외국인인 특허심판 청구건수의 3배 이상이다.

ㄷ. 2017년 내국인이 외국인에게 청구한 특허심판 청구건수는 2020년 외국인이 외국인에게 청구한 특허심판 청구건수보다 많다.

① ㄱ
② ㄷ
③ ㄱ, ㄴ
④ ㄴ, ㄷ
⑤ ㄱ, ㄴ, ㄷ

3. 다음 <보고서>는 2018~2021년 '갑'국의 생활밀접업종 현황에 대한 자료이다. <보고서>의 내용과 부합하지 않는 자료는?

<보고서>

생활밀접업종은 소매, 음식, 숙박, 서비스 등과 같이 일상생활과 밀접하게 관련된 재화 또는 용역을 공급하는 업종이다. 생활밀접업종 사업자 수는 2021년 현재 2,215천 명으로 2018년 대비 10% 이상 증가하였다. 2018년 대비 2021년 생활밀접업종 중 73개 업종에서 사업자 수가 증가하였는데, 이 중 스포츠시설 운영업이 가장 높은 증가율을 기록하였고 펜션·게스트하우스, 애완용품점이 그 뒤를 이었다.

그러나 혼인건수와 출생아 수가 줄어드는 사회적 현상은 관련 업종에도 직접 영향을 미친 것으로 나타났다. 산부인과 병·의원 사업자 수는 2018년 이후 매년 감소하였다. 또한, 2018년 이후 예식장과 결혼상담소의 사업자 수도 각각 매년 감소하는 것으로 나타났다.

한편 복잡한 현대사회에서 전문직에 대한 수요는 꾸준히 증가하고 있다. 생활밀접업종을 소매, 음식, 숙박, 병·의원, 전문직, 교육, 서비스의 7개 그룹으로 분류했을 때 전문직 그룹의 2018년 대비 2021년 사업자 수 증가율이 17.6%로 가장 높았다.

① 생활밀접업종 사업자 수

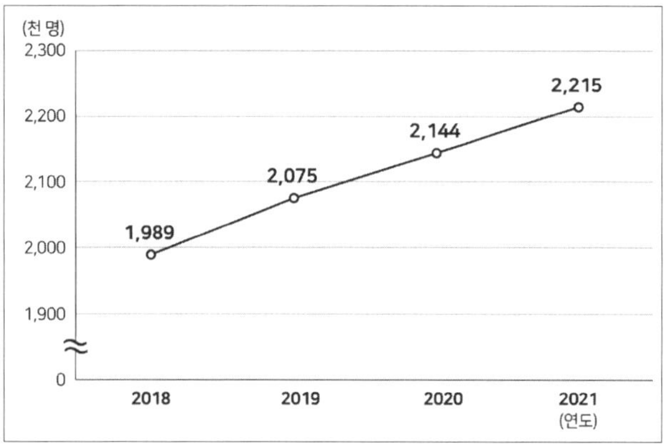

② 2018년 대비 2021년 생활밀접업종 사업자 수 증가율 상위 10개 업종

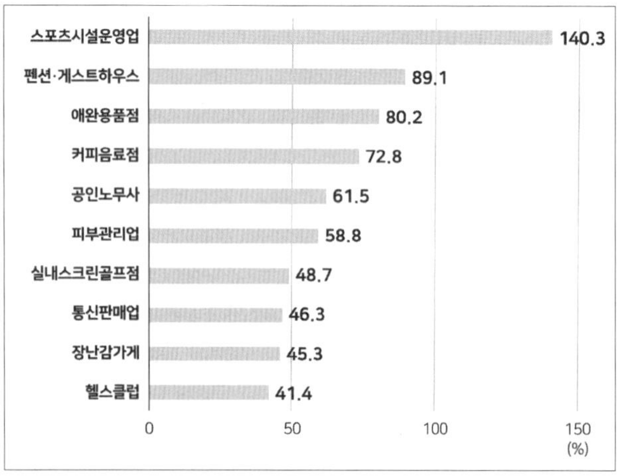

③ 주요 진료과목별 병·의원 사업자 수

(단위: 명)

진료과목 \ 연도	2018	2019	2020	2021
신경정신과	1,270	1,317	1,392	1,488
가정의학과	2,699	2,812	2,952	3,057
피부과·비뇨의학과	3,267	3,393	3,521	3,639
이비인후과	2,259	2,305	2,380	2,461
안과	1,485	1,519	1,573	1,603
치과	16,424	16,879	17,217	17,621
일반외과	4,282	4,369	4,474	4,566
성형외과	1,332	1,349	1,372	1,414
내과·소아과	10,677	10,861	10,975	11,130
산부인과	1,726	1,713	1,686	1,663

④ 예식장 및 결혼상담소 사업자 수

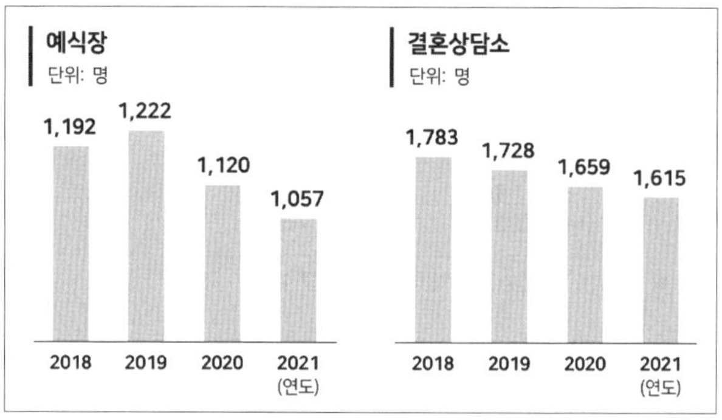

⑤ 2018년 대비 2021년 생활밀접업종의 7개 그룹별 사업자 수 증가율

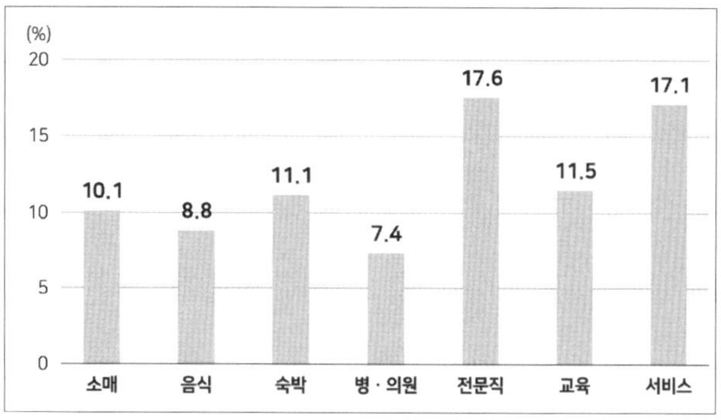

4. 다음 <표>는 '갑'국 A 위원회의 24~26차 회의 심의결과에 관한 자료이다. 이에 대한 <보기>의 설명 중 옳은 것만을 모두 고르면?

<표> A 위원회의 24~26차 회의 심의결과

회차 / 동의 여부 / 위원	24		25		26	
	동의	부동의	동의	부동의	동의	부동의
기획재정부장관	○		○		○	
교육부장관	○			○	○	
과학기술정보통신부장관	○		○			○
행정안전부장관	○			○	○	
문화체육관광부장관	○			○	○	
농림축산식품부장관		○	○		○	
산업통상자원부장관		○		○		○
보건복지부장관	○		○		○	
환경부장관		○	○			○
고용노동부장관		○		○	○	
여성가족부장관	○		○		○	
국토교통부장관	○		○		○	
해양수산부장관	○		○		○	
중소벤처기업부장관		○	○			○
문화재청장	○		○		○	
산림청장	○			○	○	

※ 1) A 위원회는 <표>에 제시된 16명의 위원으로만 구성됨.
2) A 위원회는 매 회차 개최 시 1건의 안건만을 심의함.

<보 기>

ㄱ. 24~26차 회의의 심의안건에 모두 동의한 위원은 6명이다.
ㄴ. 심의안건에 부동의한 위원 수는 매 회차 증가하였다.
ㄷ. 전체 위원의 $\frac{2}{3}$ 이상이 동의해야 심의안건이 의결된다면, 24~26차 회의의 심의안건은 모두 의결되었다.

① ㄱ
② ㄴ
③ ㄱ, ㄷ
④ ㄴ, ㄷ
⑤ ㄱ, ㄴ, ㄷ

5. 다음 <표>는 1990년대 이후 A~E 도시의 시기별 및 자본금액별 창업 건수에 관한 자료이고, <보고서>는 A~E 중 한 도시의 창업 건수에 관한 설명이다. 이를 근거로 판단할 때, <보고서>의 내용에 부합하는 도시는?

<표> A~E 도시의 시기별 및 자본금액별 창업 건수

(단위: 건)

시기 / 자본금액 / 도시	1990년대		2000년대		2010년대		2020년 이후	
	1천만 원 미만	1천만 원 이상	1천만 원 미만	1천만 원 이상	1천만 원 미만	1천만 원 이상	1천만 원 미만	1천만 원 이상
A	198	11	206	32	461	26	788	101
B	46	0	101	5	233	4	458	16
C	12	2	19	17	16	17	76	14
D	27	3	73	34	101	24	225	27
E	4	0	25	0	53	3	246	7

<보고서>

이 도시의 시기별 및 자본금액별 창업 건수는 다음과 같은 특징이 있다. 첫째, 1990년대 이후 모든 시기에서 자본금액 1천만 원 미만 창업 건수가 자본금액 1천만 원 이상 창업 건수보다 많다. 둘째, 자본금액 1천만 원 미만 창업 건수와 1천만 원 이상 창업 건수의 차이는 2010년대가 2000년대의 2배 이상이다. 셋째, 2020년 이후 전체 창업 건수는 1990년대 전체 창업 건수의 10배 이상이다. 넷째, 2020년 이후 전체 창업 건수 중 자본금액 1천만 원 이상 창업 건수의 비중은 3% 이상이다.

① A
② B
③ C
④ D
⑤ E

6. 다음 <표>는 '갑'국의 원료곡종별 및 등급별 가공단가와 A~C 지역의 가공량에 관한 자료이다. 이에 대한 <보기>의 설명 중 옳은 것만을 모두 고르면?

<표 1> 원료곡종별 및 등급별 가공단가

(단위: 천 원/톤)

원료곡종 \ 등급	1등급	2등급	3등급
쌀	118	109	100
현미	105	97	89
보리	65	60	55

<표 2> A~C 지역의 원료곡종별 및 등급별 가공량

(단위: 톤)

지역	원료곡종 \ 등급	1등급	2등급	3등급	합계
A	쌀	27	35	25	87
	현미	43	20	10	73
	보리	5	3	7	15
B	쌀	23	25	55	103
	현미	33	25	21	79
	보리	9	9	5	23
C	쌀	30	35	20	85
	현미	30	37	25	92
	보리	8	30	2	40
전체	쌀	80	95	100	275
	현미	106	82	56	244
	보리	22	42	14	78

※ 가공비용 = 가공단가 × 가공량

<보 기>

ㄱ. A 지역의 3등급 쌀 가공비용은 B 지역의 2등급 현미 가공비용보다 크다.

ㄴ. 1등급 현미 전체의 가공비용은 2등급 현미 전체 가공비용의 2배 이상이다.

ㄷ. 3등급 쌀과 3등급 보리의 가공단가가 각각 90천 원/톤, 50천 원/톤으로 변경될 경우, 지역별 가공비용 총액 감소폭이 가장 작은 지역은 A이다.

① ㄱ
② ㄷ
③ ㄱ, ㄴ
④ ㄱ, ㄷ
⑤ ㄴ, ㄷ

7. 다음 <표>는 재해위험지구 '갑', '을', '병'지역을 대상으로 정비사업 투자의 우선순위를 결정하기 위한 자료이다. '편익', '피해액', '재해발생위험도' 3개 평가 항목 점수의 합이 큰 지역일수록 우선순위가 높다. 이에 대한 <보기>의 설명 중 옳은 것만을 모두 고르면?

<표 1> '갑'~'병'지역의 평가 항목별 등급

지역 \ 평가 항목	편익	피해액	재해발생위험도
갑	C	A	B
을	B	D	A
병	A	B	C

<표 2> 평가 항목의 등급별 배점

(단위: 점)

등급 \ 평가 항목	편익	피해액	재해발생위험도
A	10	15	25
B	8	12	17
C	6	9	10
D	4	6	0

<보 기>

ㄱ. '재해발생위험도' 점수가 높은 지역일수록 우선순위가 높다.

ㄴ. 우선순위가 가장 높은 지역과 가장 낮은 지역의 '피해액' 점수 차이는 '재해발생위험도' 점수 차이보다 크다.

ㄷ. '피해액' 점수와 '재해발생위험도' 점수의 합이 가장 큰 지역은 '갑'이다.

ㄹ. '갑'지역의 '편익' 등급이 B로 변경되면, 우선순위가 가장 높은 지역은 '갑'이다.

① ㄱ, ㄴ
② ㄱ, ㄷ
③ ㄴ, ㄹ
④ ㄱ, ㄷ, ㄹ
⑤ ㄴ, ㄷ, ㄹ

8. 다음 <그림>은 2017~2021년 '갑'국의 반려동물 사료 유형별 특허 출원건수에 관한 자료이다. 이에 대한 <보기>의 설명 중 옳은 것만을 모두 고르면?

<그림> 반려동물 사료 유형별 특허 출원건수

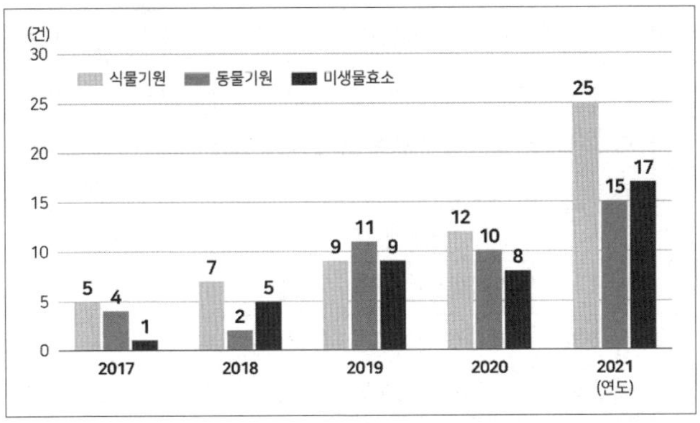

※ 반려동물 사료 유형은 식물기원, 동물기원, 미생물효소로만 구분함.

<보 기>

ㄱ. 2017~2021년 동안의 특허 출원건수 합이 가장 작은 사료 유형은 '미생물효소'이다.
ㄴ. 연도별 전체 특허 출원건수 대비 각 사료 유형의 특허 출원건수 비율은 '식물기원'이 매년 가장 높다.
ㄷ. 2021년 특허 출원건수의 전년 대비 증가율이 가장 높은 사료 유형은 '식물기원'이다.

① ㄱ
② ㄷ
③ ㄱ, ㄴ
④ ㄱ, ㄷ
⑤ ㄴ, ㄷ

9. 다음 <표>는 2019년과 2020년 지역별 전체주택 및 빈집 현황에 관한 자료이다. 이를 바탕으로 작성한 <보고서>의 A~C에 해당하는 내용을 바르게 나열한 것은?

<표> 2019년과 2020년 지역별 전체주택 및 빈집 현황

(단위: 호, %)

연도 / 지역 \ 구분	2019			2020		
	전체주택	빈집	빈집비율	전체주택	빈집	빈집비율
서울특별시	2,953,964	93,402	3.2	3,015,371	96,629	3.2
부산광역시	1,249,757	109,651	8.8	1,275,859	113,410	8.9
대구광역시	800,340	40,721	5.1	809,802	39,069	4.8
인천광역시	1,019,365	66,695	6.5	1,032,774	65,861	6.4
광주광역시	526,161	39,625	7.5	538,275	41,585	7.7
대전광역시	492,797	29,640	6.0	496,875	26,983	5.4
울산광역시	391,596	33,114	8.5	394,634	30,241	7.7
세종특별자치시	132,257	16,437	12.4	136,887	14,385	10.5
경기도	4,354,776	278,815	6.4	4,495,115	272,358	6.1
강원도	627,376	84,382	13.4	644,023	84,106	13.1
충청북도	625,957	77,520	12.4	640,256	76,877	12.0
충청남도	850,525	107,609	12.7	865,008	106,430	12.3
전라북도	724,524	91,138	12.6	741,221	95,412	12.9
전라남도	787,816	121,767	15.5	802,043	122,103	15.2
경상북도	1,081,216	143,560	13.3	1,094,306	139,770	12.8
경상남도	1,266,739	147,173	11.6	1,296,944	150,982	11.6
제주특별자치도	241,788	36,566	15.1	246,451	35,105	14.2
전국	18,126,954	1,517,815	8.4	18,525,844	1,511,306	8.2

※ 빈집비율(%) = $\frac{\text{빈집}}{\text{전체주택}} \times 100$

<보고서>

2020년 우리나라 전체주택 수는 전년 대비 39만 호 이상 증가하였으나 빈집 수는 6천 호 이상 감소하여 빈집비율은 전년 대비 감소하였다. 특히 세종특별자치시의 빈집비율이 가장 큰 폭으로 감소하였다.

하지만 2020년에는 [A]개 지역에서 빈집 수가 전년 대비 증가하였고, 전년 대비 빈집비율이 가장 큰 폭으로 증가한 지역은 [B]였다. 빈집비율이 가장 높은 지역과 가장 낮은 지역의 빈집비율 차이는 2019년에 비해 2020년이 [C]하였다.

	A	B	C
①	5	광주광역시	감소
②	5	전라북도	증가
③	6	광주광역시	증가
④	6	전라북도	증가
⑤	6	전라북도	감소

10. 다음 <표>와 <보고서>는 2021년 '갑'국의 초등돌봄교실에 관한 자료이다. 제시된 <표> 이외에 <보고서>를 작성하기 위해 추가로 필요한 자료만을 <보기>에서 모두 고르면?

<표 1> 2021년 초등돌봄교실 이용학생 현황

(단위: 명, %)

구분 \ 학년		1	2	3	4	5	6	합
오후돌봄교실	학생 수	124,000	91,166	16,421	7,708	3,399	2,609	245,303
	비율	50.5	37.2	6.7	3.1	1.4	1.1	100.0
저녁돌봄교실	학생 수	5,215	3,355	772	471	223	202	10,238
	비율	50.9	32.8	7.5	4.6	2.2	2.0	100.0

<표 2> 2021년 지원대상 유형별 오후돌봄교실 이용학생 현황

(단위: 명, %)

구분 \ 지원대상 유형		우선지원대상					일반지원대상	합
		저소득층	한부모	맞벌이	기타	소계		
오후돌봄교실	학생 수	23,066	6,855	174,297	17,298	221,516	23,787	245,303
	비율	9.4	2.8	71.1	7.1	90.3	9.7	100.0

<보고서>

2021년 '갑'국의 초등돌봄교실 이용학생은 오후돌봄교실 245,303명, 저녁돌봄교실 10,238명이다. 오후돌봄교실의 경우 2021년 기준 전체 초등학교의 98.9%가 참여하고 있다.

오후돌봄교실의 우선지원대상은 저소득층 가정, 한부모 가정, 맞벌이 가정, 기타로 구분되며, 맞벌이 가정이 전체 오후돌봄교실 이용학생의 71.1%로 가장 많고 다음으로 저소득층 가정이 9.4%로 많다.

저녁돌봄교실의 경우 17시부터 22시까지 운영하고 있으나, 19시를 넘는 늦은 시간까지 이용하는 학생 비중은 11.2%에 불과하다. 2021년 현재 저녁돌봄교실 이용학생은 1~2학년이 8,570명으로 전체 저녁돌봄교실 이용학생의 83.7%를 차지한다.

초등돌봄교실 담당인력은 돌봄전담사, 현직교사, 민간위탁업체로 다양하다. 담당인력 구성은 돌봄전담사가 10,237명으로 가장 많고, 다음으로 현직교사 1,480명, 민간위탁업체 565명 순이다. 그중 돌봄전담사는 무기계약직이 6,830명이고 기간제가 3,407명이다.

<보 기>

ㄱ. 연도별 오후돌봄교실 참여 초등학교 수 및 참여율

(단위: 개, %)

구분 \ 연도	2016	2017	2018	2019	2020	2021
학교 수	5,652	5,784	5,938	5,972	5,998	6,054
참여율	96.0	97.3	97.3	96.9	97.0	98.9

ㄴ. 2021년 저녁돌봄교실 이용학생의 이용시간별 분포

(단위: 명, %)

구분 \ 이용시간	17~18시	17~19시	17~20시	17~21시	17~22시	합
이용학생 수	6,446	2,644	1,005	143	0	10,238
비율	63.0	25.8	9.8	1.4	0.0	100.0

ㄷ. 2021년 저녁돌봄교실 이용학생의 학년별 분포

(단위: 명, %)

구분 \ 학년	1~2	3~4	5~6	합
이용학생 수	8,570	1,243	425	10,238
비율	83.7	12.1	4.2	100.0

ㄹ. 2021년 초등돌봄교실 담당인력 현황

(단위: 명, %)

구분	돌봄전담사			현직교사	민간위탁업체	합
	무기계약직	기간제	소계			
인력	6,830	3,407	10,237	1,480	565	12,282
비율	55.6	27.7	83.3	12.1	4.6	100.0

① ㄱ, ㄴ ② ㄱ, ㄷ ③ ㄷ, ㄹ
④ ㄱ, ㄴ, ㄹ ⑤ ㄴ, ㄷ, ㄹ

11. 다음 <표>는 2016~2020년 '갑'국의 해양사고 심판현황이다. 이에 대한 <보기>의 설명 중 옳은 것만을 모두 고르면?

<표> 2016~2020년 해양사고 심판현황

(단위: 건)

구분 \ 연도	2016	2017	2018	2019	2020
전년 이월	96	100	( )	71	89
해당 연도 접수	226	223	168	204	252
심판대상	322	( )	258	275	341
재결	222	233	187	186	210

※ '심판대상' 중 '재결'되지 않은 건은 다음 연도로 이월함.

<보 기>

ㄱ. '심판대상' 중 '전년 이월'의 비중은 2018년이 2016년보다 높다.

ㄴ. 다음 연도로 이월되는 건수가 가장 많은 연도는 2016년이다.

ㄷ. 2017년 이후 '해당 연도 접수' 건수의 전년 대비 증가율이 가장 높은 연도는 2020년이다.

ㄹ. '재결' 건수가 가장 적은 연도에는 '해당 연도 접수' 건수도 가장 적다.

① ㄱ, ㄴ ② ㄱ, ㄷ ③ ㄴ, ㄷ
④ ㄴ, ㄹ ⑤ ㄷ, ㄹ

12. 다음 <표>는 '갑'주무관이 해양포유류 416종을 4가지 부류(A~D)로 나눈 후 2022년 기준 국제자연보전연맹(IUCN) 적색 목록 지표에 따라 분류한 자료이다. 이를 근거로 작성한 <보고서>의 A, B에 해당하는 해양포유류 부류를 바르게 연결한 것은?

<표> 해양포유류의 IUCN 적색 목록 지표별 분류 현황

(단위: 종)

지표 \ 해양포유류 부류	A	B	C	D	합
절멸종(EX)	3	-	2	8	13
야생절멸종(EW)	-	-	-	2	2
심각한위기종(CR)	-	-	-	15	15
멸종위기종(EN)	11	1	-	48	60
취약종(VU)	7	2	8	57	74
위기근접종(NT)	2	-	-	38	40
관심필요종(LC)	42	2	1	141	186
자료부족종(DD)	2	-	-	24	26
미평가종(NE)	-	-	-	-	0
계	67	5	11	333	416

<보고서>

국제자연보전연맹(IUCN)의 적색 목록(Red List)은 지구 동식물종의 보전 상태를 나타내며, 각 동식물종의 보전 상태는 9개의 지표 중 1개로만 분류된다. 이 중 심각한위기종(CR), 멸종위기종(EN), 취약종(VU) 3개 지표 중 하나로 분류되는 동식물종을 멸종우려종(threatened species)이라 한다.

조사대상 416종의 해양포유류를 '고래류', '기각류', '해달류 및 북극곰', '해우류' 4가지 부류로 나눈 후, IUCN의 적색 목록 지표에 따라 분류해 보면 전체 조사대상의 약 36%가 멸종우려종에 속하고 있다. 특히, 멸종우려종 중 '고래류'가 차지하는 비중은 80% 이상이다. 또한 '해달류 및 북극곰'은 9개의 지표 중 멸종우려종 또는 관심필요종(LC)으로만 분류된 것으로 나타났다.

한편 해양포유류에 대한 과학적인 이해가 부족하여 26종은 자료부족종(DD)으로 분류되고 있다. 다만 '해달류 및 북극곰'과 '해우류'는 자료부족종(DD)으로 분류된 종이 없다.

	A	B
①	고래류	기각류
②	고래류	해우류
③	기각류	해달류 및 북극곰
④	기각류	해우류
⑤	해우류	해달류 및 북극곰

13. 다음 <표>와 <조건>은 공유킥보드 운영사 A~D의 2022년 1월 기준 대여요금제와 대여방식이고 <보고서>는 공유킥보드 대여요금제 변경 이력에 관한 자료이다. <보고서>에서 (다)에 해당하는 값은?

<표> 공유킥보드 운영사 A~D의 2022년 1월 기준 대여요금제

(단위: 원)

구분 \ 운영사	A	B	C	D
잠금해제료	0	250	750	1,600
분당대여료	200	150	120	60

<조 건>

○ 대여요금 = 잠금해제료 + 분당대여료 × 대여시간
○ 공유킥보드 이용자는 공유킥보드 대여시간을 분단위로 미리 결정하고 운영사 A~D의 대여요금을 산정한다.
○ 공유킥보드 이용자는 산정된 대여요금이 가장 낮은 운영사의 공유킥보드를 대여한다.

<보고서>

2022년 1월 기준 대여요금제에 따르면 운영사 (가) 는 이용자의 대여시간이 몇 분이더라도 해당 대여시간에 대해 운영사 A~D 중 가장 낮은 대여요금을 제공하지 못하는 것으로 나타났다. 자사 공유킥보드가 1대도 대여되지 않고 있음을 확인한 운영사 (가) 는 2월부터 잠금해제 이후 처음 5분간 분당대여료를 면제하는 것으로 대여요금제를 변경하였다.

운영사 (나) 가 2월 기준 대여요금제로 운영사 A~D의 대여요금을 재산정한 결과, 이용자의 대여시간이 몇 분이더라도 해당 대여시간에 대해 운영사 A~D 중 가장 낮은 대여요금을 제공하지 못하는 것을 파악하였다. 이에 운영사 (나) 는 3월부터 분당대여료를 50원 인하하는 것으로 대여요금제를 변경하였다.

그 결과 대여시간이 20분일 때, 3월 기준 대여요금제로 산정된 운영사 (가) 와 (나) 의 공유킥보드 대여요금 차이는 (다) 원이다.

① 200
② 250
③ 300
④ 350
⑤ 400

14. 다음 <보고서>는 2021년 '갑'국 사교육비 조사결과에 대한 자료이다. <보고서>의 내용과 부합하지 않는 자료는?

<보고서>

2021년 전체 학생 수는 532만 명으로 전년보다 감소하였지만, 사교육비 총액은 23조 4천억 원으로 전년 대비 20% 이상 증가하였다. 또한, 사교육의 참여율과 주당 참여시간도 전년 대비 증가한 것으로 나타났다.

2021년 전체 학생의 1인당 월평균 사교육비는 전년 대비 20% 이상 증가하였고, 사교육 참여학생의 1인당 월평균 사교육비 또한 전년 대비 6% 이상 증가하였다. 2021년 전체 학생 중 월평균 사교육비를 20만 원 미만 지출한 학생의 비중은 전년 대비 감소하였으나, 60만 원 이상 지출한 학생의 비중은 전년 대비 증가한 것으로 나타났다.

한편, 2021년 방과후학교 지출 총액은 4,434억 원으로 2019년 대비 50% 이상 감소하였으며, 방과후학교 참여율 또한 28.9%로 2019년 대비 15.0%p 이상 감소하였다.

① 전체 학생 수와 사교육비 총액

(단위: 만 명, 조 원)

구분 \ 연도	2020	2021
전체 학생 수	535	532
사교육비 총액	19.4	23.4

② 사교육의 참여율과 주당 참여시간

(단위: %, 시간)

구분 \ 연도	2020	2021
참여율	67.1	75.5
주당 참여시간	5.3	6.7

③ 학생 1인당 월평균 사교육비

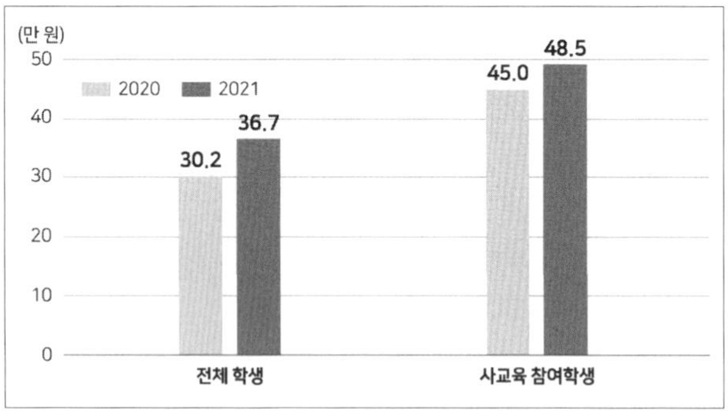

④ 전체 학생의 월평균 사교육비 지출 수준에 따른 분포

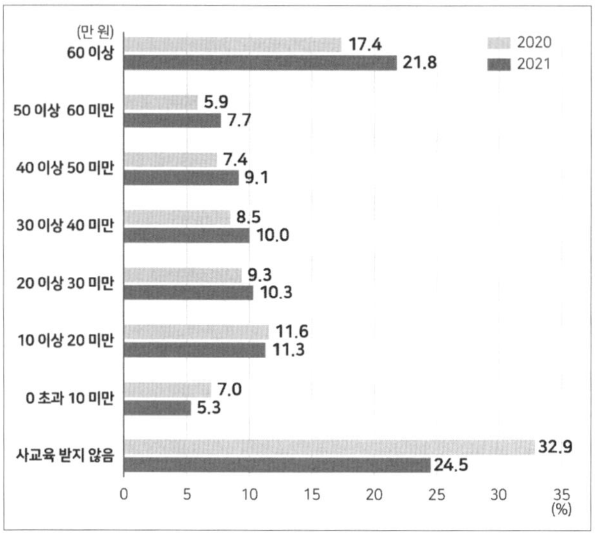

⑤ 방과후학교의 지출 총액과 참여율

(단위: 억 원, %)

구분 \ 연도	2019	2021
지출 총액	8,250	4,434
참여율	48.4	28.9

15. 다음 <표>는 '갑'국의 학교급별 여성 교장 수와 비율을 1980년부터 5년마다 조사한 자료이다. 이에 대한 설명으로 옳은 것은?

<표> 학교급별 여성 교장 수와 비율

(단위: 명, %)

학교급	초등학교		중학교		고등학교	
조사연도 \ 구분	여성 교장 수	비율	여성 교장 수	비율	여성 교장 수	비율
1980	117	1.8	66	3.6	47	3.4
1985	122	1.9	98	4.9	60	4.0
1990	159	2.5	136	6.3	64	4.0
1995	222	3.8	181	7.6	66	3.8
2000	490	8.7	255	9.9	132	6.5
2005	832	14.3	330	12.0	139	6.4
2010	1,701	28.7	680	23.2	218	9.5
2015	2,058	34.5	713	24.3	229	9.9
2020	2,418	40.3	747	25.4	242	10.4

※ 1) 학교급별 여성 교장 비율(%) = $\frac{\text{학교급별 여성 교장 수}}{\text{학교급별 전체 교장 수}} \times 100$

2) 교장이 없는 학교는 없으며, 각 학교의 교장은 1명임.

① 2000년 이후 중학교 여성 교장 비율은 매년 증가한다.
② 초등학교 수는 2020년이 1980년보다 많다.
③ 고등학교 남성 교장 수는 1985년이 1990년보다 많다.
④ 1995년 초등학교 수는 같은 해 중학교 수와 고등학교 수의 합보다 많다.
⑤ 초등학교 여성 교장 수는 2020년이 2000년의 5배 이상이다.

16. 다음 <표>는 도지사 선거 후보자 A와 B의 TV 토론회 전후 '가'~'마'지역 유권자의 지지율에 대한 자료이고, <보고서>는 이 중 한 지역의 지지율 변화를 분석한 자료이다. <보고서>의 내용에 해당하는 지역을 '가'~'마' 중에서 고르면?

<표> 도지사 선거 후보자 TV 토론회 전후 지지율

(단위: %)

시기 / 지역 / 후보자	TV 토론회 전		TV 토론회 후	
	A	B	A	B
가	38	52	50	46
나	28	40	39	41
다	31	59	37	36
라	35	49	31	57
마	29	36	43	41

※ 1) 도지사 선거 후보자는 A와 B뿐임.
2) 응답자는 '후보자 A 지지', '후보자 B 지지', '지지 후보자 없음' 중 하나만 응답하고, 무응답은 없음.

<보고서>

도지사 선거 후보자 TV 토론회를 진행하기 전과 후에 실시한 이 지역의 여론조사 결과, 도지사 후보자 지지율 변화는 다음과 같다. TV 토론회 전에는 B 후보자에 대한 지지율이 A 후보자보다 10%p 이상 높게 집계되어 B 후보자가 선거에 유리한 것으로 보였으나, TV 토론회 후에는 지지율 양상에 변화가 있는 것으로 분석된다.

TV 토론회 후 '지지 후보자 없음'으로 응답한 비율이 줄어 TV 토론회가 그동안 어떤 후보자에 투표할지 고민하던 유권자의 선택에 영향을 미친 것으로 판단된다. 또한, A 후보자에 대한 지지율 증가폭이 B 후보자보다 큰 것으로 나타나 TV 토론회를 통해 A 후보자의 강점이 더 잘 드러났던 것으로 분석된다. 그러나 TV 토론회 후 두 후보자간 지지율 차이가 3%p 이내에 불과하여 이 지역에서 선거의 결과는 예측하기 어렵다.

① 가
② 나
③ 다
④ 라
⑤ 마

17. 다음 <그림>은 '갑'공업단지 내 8개 업종 업체 수와 업종별 스마트시스템 도입률 및 고도화율에 관한 자료이다. 이에 대한 <보기>의 설명 중 옳은 것만을 모두 고르면?

<그림 1> 업종별 업체 수

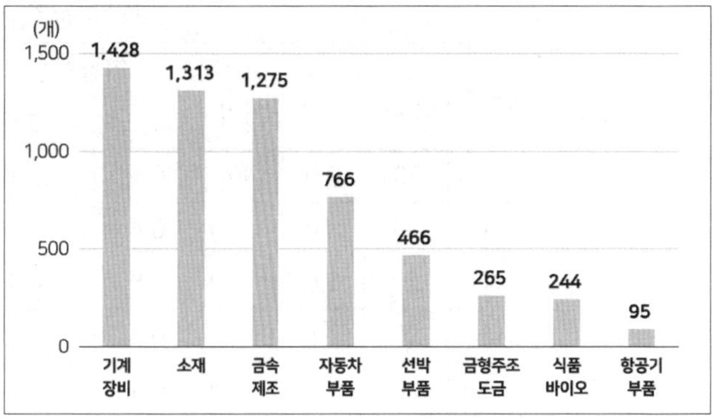

<그림 2> 업종별 스마트시스템 도입률 및 고도화율

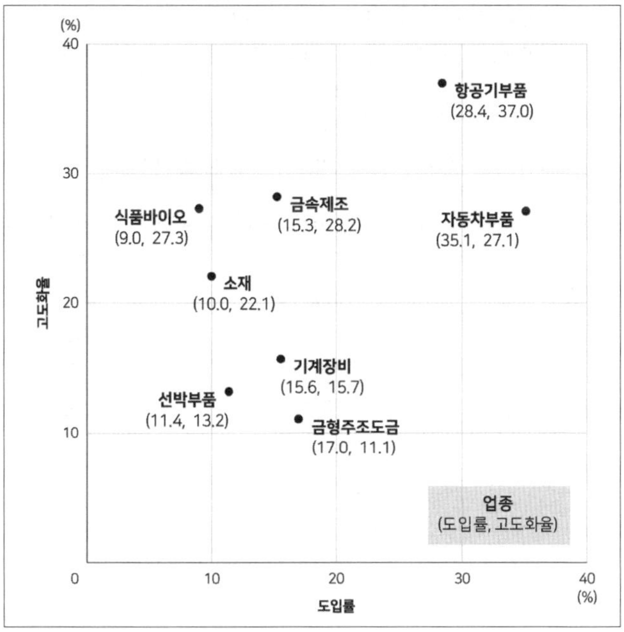

※ 1) 도입률(%) = $\frac{\text{업종별 스마트시스템 도입 업체 수}}{\text{업종별 업체 수}} \times 100$

2) 고도화율(%) = $\frac{\text{업종별 스마트시스템 고도화 업체 수}}{\text{업종별 스마트시스템 도입 업체 수}} \times 100$

<보 기>

ㄱ. 스마트시스템 도입 업체 수가 가장 많은 업종은 '자동차부품'이다.
ㄴ. 고도화율이 가장 높은 업종은 스마트시스템 고도화 업체 수도 가장 많다.
ㄷ. 업체 수 대비 스마트시스템 고도화 업체 수가 가장 높은 업종은 '항공기부품'이다.
ㄹ. 도입률이 가장 낮은 업종은 고도화율도 가장 낮다.

① ㄱ, ㄴ
② ㄱ, ㄷ
③ ㄱ, ㄹ
④ ㄴ, ㄷ
⑤ ㄴ, ㄹ

18. 다음 <표>는 운전자 A~E의 정지시거 산정을 위해 '갑'시험장에서 측정한 자료이다. <표>와 <정보>에 근거하여 맑은 날과 비 오는 날의 운전자별 정지시거를 바르게 연결한 것은?

<표> 운전자 A~E의 정지시거 산정을 위한 자료

(단위: m/초, 초, m)

구분 운전자	자동차	운행속력	반응시간	반응거리	마찰계수	
					맑은 날	비 오는 날
A	가	20	2.0	40	0.4	0.1
B	나	20	2.0	( )	0.4	0.2
C	다	20	1.6	( )	0.8	0.4
D	나	20	2.4	( )	0.4	0.2
E	나	20	1.4	( )	0.4	0.2

<정 보>

○ 정지시거 = 반응거리 + 제동거리

○ 반응거리 = 운행속력 × 반응시간

○ 제동거리 = $\frac{(\text{운행속력})^2}{2 \times \text{마찰계수} \times g}$

(단, g는 중력가속도이며 10m/초^{2}으로 가정함)

	운전자	맑은 날 정지시거[m]	비 오는 날 정지시거[m]
①	A	120	240
②	B	90	160
③	C	72	82
④	D	98	158
⑤	E	78	128

19. 다음 <표>와 <그림>은 '갑'국 8개 어종의 2020년 어획량에 관한 자료이다. 이에 대한 <보기>의 설명 중 옳은 것만을 모두 고르면?

<표> 8개 어종의 2020년 어획량

(단위: 톤)

어종	갈치	고등어	광어	멸치	오징어	전갱이	조기	참다랑어
어획량	20,666	64,609	5,453	26,473	23,703	19,769	23,696	482

<그림> 8개 어종 2020년 어획량의 전년비 및 평년비

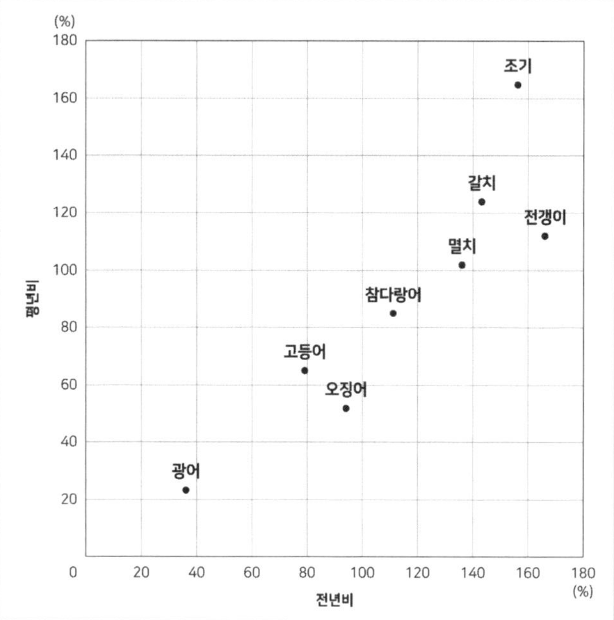

※ 1) 전년비(%) = $\frac{\text{2020년 어획량}}{\text{2019년 어획량}} \times 100$

2) 평년비(%) = $\frac{\text{2020년 어획량}}{\text{2011~2020년 연도별 어획량의 평균}} \times 100$

<보 기>

ㄱ. 8개 어종 중 2019년 어획량이 가장 많은 어종은 고등어이다.

ㄴ. 8개 어종 각각의 2019년 어획량은 해당 어종의 2011~2020년 연도별 어획량의 평균보다 적다.

ㄷ. 2021년 갈치 어획량이 2020년과 동일하다면, 갈치의 2011~2021년 연도별 어획량의 평균은 2011~2020년 연도별 어획량의 평균보다 크다.

① ㄱ

② ㄴ

③ ㄱ, ㄷ

④ ㄴ, ㄷ

⑤ ㄱ, ㄴ, ㄷ

20. 다음 <표>는 2021년 A시에서 개최된 철인3종경기 기록이다. 이에 대한 <보기>의 설명 중 옳은 것만을 모두 고르면?

<표> A시 개최 철인3종경기 기록

(단위: 시간)

종합기록 순위	국적	종합	수영	T1	자전거	T2	달리기
1	러시아	9:22:28	0:48:18	0:02:43	5:04:50	0:02:47	3:23:50
2	브라질	9:34:36	0:57:44	0:02:27	5:02:30	0:01:48	3:30:07
3	대한민국	9:37:41	1:04:14	0:04:08	5:04:21	0:03:05	3:21:53
4	대한민국	9:42:03	1:06:34	0:03:33	5:11:01	0:03:33	3:17:22
5	대한민국	9:43:50	(　)	0:03:20	5:00:33	0:02:14	3:17:24
6	일본	9:44:34	0:52:01	0:03:28	5:25:59	0:02:56	3:20:10
7	러시아	9:45:06	1:08:32	0:03:55	5:07:46	0:03:02	3:21:51
8	독일	9:46:48	1:03:49	0:03:53	4:59:20	0:03:00	(　)
9	영국	(　)	1:07:01	0:03:37	5:07:07	0:03:55	3:26:27
10	중국	9:48:18	1:02:28	0:03:29	5:16:09	0:03:47	3:22:25

※ 1) 기록 '1:01:01'은 1시간 1분 1초를 의미함.
2) 'T1', 'T2'는 각각 '수영'에서 '자전거', '자전거'에서 '달리기'로 전환하는 데 걸리는 시간임.
3) 경기 참가 선수는 10명뿐이고, 기록이 짧을수록 순위가 높음.

<보 기>

ㄱ. '수영'기록이 한 시간 이하인 선수는 'T2'기록이 모두 3분 미만이다.
ㄴ. 종합기록 순위 2~10위인 선수 중, 종합기록 순위가 한 단계 더 높은 선수와의 '종합'기록 차이가 1분 미만인 선수는 3명뿐이다.
ㄷ. '달리기'기록 상위 3명의 국적은 모두 대한민국이다.
ㄹ. 종합기록 순위 10위인 선수의 '수영'기록 순위는 '수영'기록과 'T1'기록의 합산 기록 순위와 다르다.

① ㄱ, ㄴ
② ㄱ, ㄷ
③ ㄷ, ㄹ
④ ㄱ, ㄴ, ㄹ
⑤ ㄴ, ㄷ, ㄹ

21. 다음 <표>는 제품 A~E의 제조원가에 관한 자료이다. 제품 A~E 중 매출액이 가장 작은 제품은?

<표> 제품 A~E의 고정원가, 변동원가율, 제조원가율

(단위: 원, %)

제품 \ 구분	고정원가	변동원가율	제조원가율
A	60,000	40	25
B	36,000	60	30
C	33,000	40	30
D	50,000	20	10
E	10,000	50	10

※ 1) 제조원가 = 고정원가 + 변동원가
2) $\text{고정원가율(\%)} = \frac{\text{고정원가}}{\text{제조원가}} \times 100$
3) $\text{변동원가율(\%)} = \frac{\text{변동원가}}{\text{제조원가}} \times 100$
4) $\text{제조원가율(\%)} = \frac{\text{제조원가}}{\text{매출액}} \times 100$

① A
② B
③ C
④ D
⑤ E

[22 ~ 23] 다음 <표>는 2018~2020년 '갑'국 방위산업의 매출액 및 종사자 수에 관한 자료이다. 다음 물음에 답하시오.

<표 1> 2018~2020년 '갑'국 방위산업의 국내외 매출액

(단위: 억 원)

구분 \ 연도	2018	2019	2020
총매출액	136,493	144,521	153,867
국내 매출액	116,502	( )	( )
국외 매출액	19,991	21,048	17,624

<표 2> 2020년 '갑'국 방위산업의 기업유형별 매출액 및 종사자 수

(단위: 억 원, 명)

기업유형 \ 구분	총매출액	국내 매출액	국외 매출액	종사자 수
대기업	136,198	119,586	16,612	27,249
중소기업	17,669	16,657	1,012	5,855
전체	153,867	( )	17,624	33,104

<표 3> 2018~2020년 '갑'국 방위산업의 분야별 매출액

(단위: 억 원)

분야 \ 연도	2018	2019	2020
항공유도	41,984	45,412	49,024
탄약	24,742	21,243	25,351
화력	20,140	20,191	21,031
함정	18,862	25,679	20,619
기동	14,027	14,877	18,270
통신전자	14,898	15,055	16,892
화생방	726	517	749
기타	1,114	1,547	1,931
전체	136,493	144,521	153,867

<표 4> 2018~2020년 '갑'국 방위산업의 분야별 종사자 수

(단위: 명)

분야 \ 연도	2018	2019	2020
A	9,651	10,133	10,108
B	6,969	6,948	6,680
C	3,996	4,537	4,523
D	3,781	3,852	4,053
E	3,988	4,016	3,543
화력	3,312	3,228	3,295
화생방	329	282	228
기타	583	726	674
전체	32,609	33,722	33,104

※ '갑'국 방위산업 분야는 기타를 제외하고 항공유도, 탄약, 화력, 함정, 기동, 통신전자, 화생방으로만 구분함.

22. 위 <표>에 근거한 <보기>의 설명 중 옳은 것만을 모두 고르면?

<보 기>

ㄱ. 방위산업의 국내 매출액이 가장 큰 연도에 방위산업 총매출액 중 국외 매출액 비중이 가장 작다.

ㄴ. '기타'를 제외하고, 2018년 대비 2020년 매출액 증가율이 가장 낮은 방위산업 분야는 '탄약'이다.

ㄷ. 2020년 방위산업의 기업유형별 종사자당 국외 매출액은 대기업이 중소기업의 4배 이상이다.

ㄹ. 2020년 '항공유도' 분야 대기업 국내 매출액은 14,500억 원 이상이다.

① ㄱ, ㄴ
② ㄱ, ㄷ
③ ㄴ, ㄹ
④ ㄷ, ㄹ
⑤ ㄱ, ㄴ, ㄹ

23. 위 <표>와 다음 <보고서>를 근거로 '항공유도'에 해당하는 방위산업 분야를 <표 4>의 A~E 중에서 고르면?

<보고서>

2018년 대비 2020년 '갑'국 방위산업의 총매출액은 약 12.7% 증가하였으나 방위산업 전체 종사자 수는 약 1.5% 증가하는 데 그쳤다. '기타'를 제외한 7개 분야에 대해 이를 구체적으로 분석하면 다음과 같다.

2018년 대비 2020년 방위산업 분야별 매출액은 모두 증가하였으나 종사자 수는 '통신전자', '함정', '항공유도' 분야만 증가하고 나머지 분야는 감소한 것으로 나타났다. 2018~2020년 동안 매출액과 종사자 수 모두 매년 증가한 방위산업 분야는 '통신전자'뿐이고, '탄약'과 '화생방' 분야는 종사자 수가 매년 감소하였다. 특히, '기동' 분야는 2018년 대비 2020년 매출액 증가율이 방위산업 분야 중 가장 높았지만 종사자 수는 가장 많이 감소하였다. 2018년 대비 2020년 '함정' 분야 매출액 증가율은 방위산업 전체 매출액 증가율보다 낮았으나 종사자 수는 방위산업 분야 중 가장 많이 증가하였다. 이에 따라 방위산업의 분야별 종사자당 매출액 순위에도 변동이 있었다. 2018년에는 '화력' 분야의 종사자당 매출액이 가장 컸고, 다음으로 '함정', '항공유도' 순으로 컸다. 한편, 2020년에는 '화력' 분야의 종사자당 매출액이 가장 컸고, 다음으로 '기동', '항공유도' 순으로 컸다.

① A
② B
③ C
④ D
⑤ E

24. 다음 <표>는 2021년 국가 A~D의 국내총생산, 1인당 국내총생산, 1인당 이산화탄소 배출량에 관한 자료이다. 이를 근거로 국가 A~D를 이산화탄소 총배출량이 가장 적은 국가부터 순서대로 바르게 나열한 것은?

<표> 국가별 국내총생산, 1인당 국내총생산, 1인당 이산화탄소 배출량

(단위: 달러, 톤CO_2eq.)

구분 / 국가	국내총생산	1인당 국내총생산	1인당 이산화탄소 배출량
A	20조 4,941억	62,795	16.6
B	4조 9,709억	39,290	9.1
C	1조 6,194억	31,363	12.4
D	13조 6,082억	9,771	7.0

※ 1) 1인당 국내총생산 = $\frac{\text{국내총생산}}{\text{총인구}}$

2) 1인당 이산화탄소 배출량 = $\frac{\text{이산화탄소 총배출량}}{\text{총인구}}$

① A, C, B, D
② A, D, C, B
③ C, A, D, B
④ C, B, A, D
⑤ D, B, C, A

25. 다음 <표>는 2019~2021년 '갑'국의 장소별 전기차 급속충전기 수에 관한 자료이다. 이에 대한 <보기>의 설명 중 옳은 것만을 모두 고르면?

<표> 장소별 전기차 급속충전기 수

(단위: 대)

구분	장소 \ 연도	2019	2020	2021
다중이용시설	쇼핑몰	807	1,701	2,701
	주유소	125	496	( )
	휴게소	( )	( )	2,099
	문화시설	757	1,152	1,646
	체육시설	272	498	604
	숙박시설	79	146	227
	여객시설	64	198	378
	병원	27	98	152
	소계	2,606	5,438	8,858
일반시설	공공시설	1,595	( )	( )
	주차전용시설	565	898	1,275
	자동차정비소	119	303	375
	공동주택	( )	102	221
	기타	476	499	522
	소계	2,784	4,550	6,145
전체		5,390	9,988	15,003

<보 기>

ㄱ. 전체 급속충전기 수 대비 '다중이용시설' 급속충전기 수의 비율은 매년 증가한다.
ㄴ. '공공시설' 급속충전기 수는 '주차전용시설'과 '쇼핑몰' 급속충전기 수의 합보다 매년 많다.
ㄷ. '기타'를 제외하고, 2019년 대비 2021년 급속충전기 수의 증가율이 가장 큰 장소는 '주유소'이다.
ㄹ. 급속충전기 수는 '휴게소'가 '문화시설'보다 매년 많다.

① ㄱ, ㄴ
② ㄱ, ㄷ
③ ㄱ, ㄹ
④ ㄴ, ㄷ
⑤ ㄴ, ㄹ

약점 보완 해설집 p.85

2021년 기출문제

언어논리

상황판단

자료해석

문제 풀이 시작과 종료 시각을 정하세요.

· 언어논리/상황판단 (120분) ________시 ________분 ~ ________시 ________분

· 자료해석 (60분) ________시 ________분 ~ ________시 ________분

* 교재 뒤에 수록되어 있는 OCR 답안지와 해커스ONE 애플리케이션의 모바일 타이머를 이용하여 실전처럼 모의고사를 풀어보세요.
* 기출문제 풀이 후, 약점 보완 해설집에 있는 '바로 채점 및 성적 분석 서비스' QR코드를 스캔하여 응시 인원 대비 본인의 성적 위치를 확인할 수 있습니다.

언어논리영역

1. 다음 글의 내용과 부합하는 것은?

고려 초기에는 지방 여러 곳에 불교 신자들이 모여 활동하는 '향도(香徒)'라는 이름의 단체가 있었다. 당시에 향도는 식탑을 만들어 사찰에 기부하는 활동과 '매향(埋香)'이라고 불리는 일을 했다. 매향이란 향나무를 갯벌에 묻어두는 행위를 뜻한다. 오랫동안 묻어둔 향나무를 침향이라고 하는데, 그 향이 특히 좋았다. 불교 신자들은 매향한 자리에서 나는 침향의 향기를 미륵불에게 바치는 제물이라고 여겼다. 매향과 석탑 조성에는 상당한 비용이 들어갔는데, 향도는 그 비용을 구성원으로부터 거두어들여 마련했다. 고려 초기에는 향도가 주도하는 매향과 석탑 조성 공사가 많았으며, 지방 향리들이 향도를 만들어 운영하는 것이 일반적이었다. 향리가 지방에 거주하는 사람들 가운데 비교적 재산이 많았기 때문이다. 고려 왕조는 건국 초에 불교를 진흥했는데, 당시 지방 향리들도 불교 신앙을 갖고 자기 지역의 불교 진흥을 위해 향도 활동에 참여했다.

향리들이 향도의 운영을 주도하던 때에는 같은 군현에 속한 향리들이 모두 힘을 합쳐 그 군현 안에 하나의 향도만 만드는 경우가 대다수였다. 그러한 곳에서는 향리들이 자신이 속한 향도가 매향과 석탑 조성 공사를 할 때마다 군현 내 주민들을 마음대로 동원해 필요한 노동을 시키는 일이 자주 벌어졌다. 그런데 12세기에 접어들어 향도가 주도하는 공사의 규모가 이전에 비해 작아지고 매향과 석탑 조성 공사의 횟수도 줄었다. 이러한 분위기 속에서도 하나의 군현 안에 여러 개의 향도가 만들어져 그 숫자가 늘었는데, 그 중에는 같은 마을 주민들만을 구성원으로 한 것도 있었다. 13세기 이후를 고려 후기라고 하는데, 그 시기에는 마을마다 향도가 만들어졌다. 마을 단위로 만들어진 향도는 주민들이 자발적으로 만든 것으로서 그 대부분은 해당 마을의 모든 주민을 구성원으로 한 것이었다. 이런 향도들은 마을 사람들이 관혼상제를 치를 때 그것을 지원했으며 자기 마을 사람들을 위해 하천을 정비하거나 다리를 놓는 등의 일까지 했다.

① 고려 왕조는 불교 진흥을 위해 지방 각 군현에 향도를 조직하였다.
② 향도는 매향으로 얻은 침향을 이용해 향을 만들어 판매하는 일을 하였다.
③ 고려 후기에는 구성원이 장례식을 치를 때 그것을 돕는 일을 하는 향도가 있었다.
④ 고려 초기에는 지방 향리들이 자신이 관할하는 군현의 하천 정비를 위해 향도를 조직하였다.
⑤ 고려 후기로 갈수록 석탑 조성 공사의 횟수가 늘었으며 그로 인해 같은 마을 주민을 구성원으로 하는 향도가 나타났다.

2. 다음 글에서 알 수 있는 것은?

1883년에 조선과 일본이 맺은 조일통상장정 제41관에는 "일본인이 조선의 전라도, 경상도, 강원도, 함경도 연해에서 어업 활동을 할 수 있도록 허용한다."라는 내용이 있다. 당시 양측은 이 조항에 적시되지 않은 지방 연해에서 일본인이 어업 활동을 하는 것은 금하기로 했다. 이 장정 체결 직후에 일본은 자국의 각 부·현에 조선해통어조합을 만들어 조선 어장에 대한 정보를 제공하기 시작했다. 이러한 지원으로 조선 연해에서 조업하는 일본인이 늘었는데, 특히 제주도에는 일본인들이 많이 들어와 전복을 마구 잡는 바람에 주민들의 전복 채취량이 급감했다. 이에 제주목사는 1886년 6월에 일본인의 제주도 연해 조업을 금했다. 일본은 이 조치가 조일통상장정 제41관을 위반한 것이라며 항의했고, 조선도 이를 받아들여 조업 금지 조치를 철회하게 했다. 이후 조선은 일본인이 아무런 제약 없이 어업 활동을 하게 해서는 안 된다고 여기게 되었으며, 일본과 여러 차례 협상을 벌여 1889년에 조일통어장정을 맺었다.

조일통어장정에는 일본인이 조일통상장정 제41관에 적시된 지방의 해안선으로부터 3해리 이내 해역에서 어업 활동을 하고자 할 때는 조업하려는 지방의 관리로부터 어업준단을 발급받아야 한다는 내용이 있다. 어업준단의 유효기간은 발급일로부터 1년이었으며, 이를 받고자 하는 자는 소정의 어업세를 먼저 내야 했다. 이 장정 체결 직후에 일본은 조선해통어조합연합회를 만들어 자국민의 어업준단 발급 신청을 지원하게 했다. 이후 일본은 1908년에 '어업에 관한 협정'을 강요해 맺었다. 여기에는 앞으로 한반도 연해에서 어업 활동을 하려는 일본인은 대한제국 어업 법령의 적용을 받도록 한다는 조항이 있다. 대한제국은 이듬해에 한반도 해역에서 어업을 영위하고자 하는 자는 먼저 어업 면허를 취득해야 한다는 내용의 어업법을 공포했고, 일본은 자국민도 이 법의 적용을 받게 해야 한다는 입장을 관철했다. 일본은 1902년에 조선해통어조합연합회를 없애고 조선해수산조합을 만들었는데, 이 조합은 어업법 공포 후 일본인의 어업 면허 신청을 대행하는 등의 일을 했다.

① 조선해통어조합은 '어업에 관한 협정'에 따라 일본인의 어업 면허 신청을 대행하는 업무를 보았다.
② 조일통어장정에는 제주도 해안선으로부터 3해리 밖에서 조선인이 어업 활동을 하는 것을 모두 금한다는 조항이 있다.
③ 조선해통어조합연합회가 만들어져 활동하던 당시에 어업준단을 발급받고자 하는 일본인은 어업세를 내도록 되어 있었다.
④ 조일통상장정에는 조선해통어조합연합회를 조직해 일본인이 한반도 연해에서 조업할 수 있도록 지원한다는 내용이 있다.
⑤ 한반도 해역에서 조업하는 일본인은 조일통상장정 제41관에 따라 조선해통어조합으로부터 어업 면허를 발급받아야 하였다.

3. 다음 글에서 알 수 있는 것은?

비정규직 근로자들이 늘어나면서 '프레카리아트'라고 불리는 새로운 계급이 형성되고 있다. 프레카리아트란 '불안한(precarious)'이라는 단어와 '무산계급(proletariat)'이라는 단어를 합친 용어로 불안정한 고용 상태에 놓여 있는 사람들을 의미한다. 프레카리아트에 속한 사람들은 직장 생활을 하다가 쫓겨나 실업자가 되었다가 다시 직장에 복귀하기를 반복한다. 이들은 고용 보장, 직무 보장, 근로안전 보장 등 노동 보장을 받지 못하며, 직장 소속감도 없을 뿐만 아니라, 자신의 직업에 대한 전망이나 직업 정체성도 결여되어있다. 프레카리아트는 분노, 무력감, 걱정, 소외를 경험할 수밖에 없는 '위험한 계급'으로 전락한다. 이는 의미 있는 삶의 길이 막혀 있다는 좌절감과 상대적 박탈감, 계속된 실패의 반복 때문이다. 이러한 사람들이 늘어나면 자연히 갈등, 폭력, 범죄와 같은 사회적 병폐들이 성행하여 우리 사회는 점점 더 불안해지게 된다.

프레카리아트와 비슷하지만 약간 다른 노동자 집단이 있다. 이른바 '긱 노동자'다. '긱(gig)'이란 기업들이 필요에 따라 단기 계약 등을 통해 임시로 인력을 충원하고 그때그때 대가를 지불하는 것을 의미한다. 예를 들어 방송사에서는 드라마를 제작할 때마다 적합한 사람들을 섭외하여 팀을 꾸리고 작업에 착수한다. 긱 노동자들은 고용주가 누구든 간에 자신이 보유한 고유의 직업 역량을 고용주에게 판매하면서, 자신의 직업을 독립적인 '프리랜서' 또는 '개인 사업자' 형태로 인식한다. 정보통신 기술의 발달은 긱을 더욱더 활성화한다. 정보통신 기술을 이용하면 긱 노동자의 모집이 아주 쉬워진다. 기업은 사업 아이디어만 좋으면 인터넷을 이용하여 필요한 긱 노동자를 모집할 수 있다. 기업이 긱을 잘 활용하면 경쟁력을 높여 정규직 위주의 기존 기업들을 앞서나갈 수 있다.

① 긱 노동자가 자신의 직업 형태에 대해 갖는 인식은 자신을 고용한 기업에 따라 달라지지 않는다.
② 정보통신 기술의 발달은 프레카리아트 계급과 긱 노동자 집단을 확산시킨다.
③ 긱 노동자 집단이 확산하면 프레카리아트 계급은 축소된다.
④ '위험한 계급'이 겪는 부정적인 경험이 적은 프레카리아트일수록 정규직 근로자로 변모할 가능성이 크다.
⑤ 비정규직 근로자에 대한 노동 보장의 강화는 프레카리아트 계급을 축소시키고 긱 노동자 집단을 확산시킨다.

4. 다음 글에서 알 수 없는 것은?

1859년에 프랑스의 수학자인 르베리에는 태양과 수성 사이에 미지의 행성이 존재한다는 가설을 세웠고, 그 미지의 행성을 '불칸'이라고 이름 붙였다. 당시의 천문학자들은 르베리에를 따라 불칸의 존재를 확신하고 그 첫 번째 관찰자가 되기 위해서 노력했다. 이렇게 확신한 이유는 르베리에가 불칸을 예측하는 데 사용한 방식이 해왕성을 성공적으로 예측하는 데 사용한 방식과 동일했기 때문이다. 해왕성 예측의 성공으로 인해 르베리에에 대한, 그리고 불칸의 예측 방법에 대한 신뢰가 높았던 것이다.

르베리에 또한 죽을 때까지 불칸의 존재를 확신했는데, 그가 그렇게 확신할 수 있었던 것 역시 해왕성 예측의 성공 덕분이었다. 1781년에 천왕성이 처음 발견된 뒤, 천문학자들은 천왕성보다 더 먼 위치에 다른 행성이 존재할 경우에만 천왕성의 궤도에 대한 관찰 결과가 뉴턴의 중력 법칙에 따라 설명될 수 있다고 생각했다. 이에 르베리에는 관찰을 통해 얻은 천왕성의 궤도와 뉴턴의 중력 법칙에 따라 산출한 궤도 사이의 차이를 수학적으로 계산하여 해왕성의 위치를 예측했다. 천문학자인 갈레는 베를린 천문대에서 르베리에의 편지를 받은 그날 밤, 르베리에가 예측한 바로 그 위치에 해왕성이 존재한다는 사실을 확인하였다.

르베리에는 수성의 운동에 대해서도 일찍부터 관심을 가지고 있었다. 르베리에는 수성의 궤도에 대한 관찰 결과 역시 뉴턴의 중력 법칙으로 예측한 궤도와 차이가 있음을 제일 먼저 밝힌 뒤, 1859년에 그 이유를 천왕성 - 해왕성의 경우와 마찬가지로 수성의 궤도에 미지의 행성이 영향을 끼치기 때문이라는 가설을 세운다. 르베리에는 이 미지의 행성에 '불칸'이라는 이름까지 미리 붙였던 것이며, 마침 르베리에의 가설에 따라 이 행성을 발견했다고 주장하는 천문학자까지 나타났던 것이다. 하지만 불칸의 존재에 대해 의심하는 천문학자들 또한 있었고, 이후 아인슈타인의 상대성이론을 이용해 수성의 궤도를 정확하게 설명하는 데 성공함으로써 가상의 행성인 불칸을 상정해야 할 이유는 사라졌다.

① 르베리에에 의하면 수성의 궤도를 정확하게 설명하기 위해서는 뉴턴의 중력 법칙을 대신할 다른 법칙이 필요하지 않다.
② 르베리에에 의하면 천왕성의 궤도를 정확하게 설명하기 위해서는 뉴턴의 중력 법칙을 대신할 다른 법칙이 필요하다.
③ 수성의 궤도에 대한 르베리에의 가설에 기반하여 연구한 천문학자가 있었다.
④ 르베리에는 해왕성의 위치를 수학적으로 계산하여 추정하였다.
⑤ 르베리에는 불칸의 존재를 수학적으로 계산하여 추정하였다.

5. 다음 글의 빈칸에 들어갈 말로 가장 적절한 것은?

서구사회의 기독교적 전통 하에서 이 전통에 속하는 이들은 자신들을 정상적인 존재로, 이러한 전통에 속하지 않는 이들을 비정상적인 존재로 구별하려 했다. 후자에 해당하는 대표적인 것이 적그리스도, 이교도들, 그리고 나병과 흑사병에 걸린 환자들이었는데, 그들에게 부과한 비정상성을 구체적인 형상을 통해 재현함으로써 그들이 전통 바깥의 존재라는 사실을 명확히 했다.

당연하게도 기독교에서 가장 큰 적으로 꼽는 것은 사탄의 대리자인 적그리스도였다. 기독교 초기, 몽티에랑데르나 힐데가르트 등이 쓴 유명한 저서들뿐만 아니라 적그리스도의 얼굴이 묘사된 모든 종류의 텍스트들에서 그의 모습은 충격적일 정도로 외설스러울 뿐만 아니라 받아들이기 힘들 정도로 추악하게 나타난다.

두 번째는 이교도들이었는데, 서유럽과 동유럽의 기독교인들이 이교도들에 대해 사용했던 무기 중 하나가 그들을 추악한 얼굴의 악마로 묘사하는 것이었다. 또한 이교도들이 즐겨 입는 의복이나 진미로 여기는 음식을 끔찍하게 묘사하여 이교도들을 자신들과는 분명히 구분되는 존재로 만들었다.

마지막으로, 나병과 흑사병에 걸린 환자들을 꼽을 수 있다. 당시의 의학 수준으로 그런 병들은 치료가 불가능했으며, 전염성이 있다고 믿어졌다. 때문에 자신을 정상적 존재라고 생각하는 사람들은 해당 병에 걸린 불행한 사람들을 신에게서 버림받은 죄인이자 공동체에서 추방해야 할 공공의 적으로 여겼다. 그들의 외모나 신체 또한 실제 여부와 무관하게 항상 뒤틀어지고 지극히 흉측한 모습으로 형상화되었다.

정리하자면, [　　　　　　　　]

① 서구의 종교인과 예술가들은 이방인을 추악한 이미지로 각인시키는 데 있어 중심적인 역할을 하였다.
② 서구의 기독교인들은 자신들보다 강한 존재를 추악한 존재로 묘사함으로써 심리적인 우월감을 확보하였다.
③ 정상적 존재와 비정상적 존재의 명확한 구별을 위해 추악한 형상을 활용하는 것은 동서고금을 막론하고 지속되어 왔다.
④ 서구의 기독교적 전통 하에서 추악한 형상은 그 전통에 속하지 않는 이들을 전통에 속한 이들과 구분짓기 위해 활용되었다.
⑤ 서구의 기독교인들이 자신들과는 다른 타자들을 추악하게 묘사했던 것은 다른 종교에 의해 자신들의 종교가 침해되는 것을 두려워했기 때문이다.

6. 다음 글의 흐름에 맞지 않는 곳을 ㉠~㉤에서 찾아 수정할 때 가장 적절한 것은?

에르고딕 이론에 따르면 그룹의 평균을 활용해 개인에 대한 예측치를 이끌어낼 수 있는데, 이를 위해서는 다음의 두 가지 조건을 먼저 충족해야 한다. 첫째는 그룹의 모든 구성원이 ㉠ 질적으로 동일해야 하며, 둘째는 그 그룹의 모든 구성원이 미래에도 여전히 동일해야 한다는 것이다. 특정 그룹이 이 두 가지 조건을 충족하면 해당 그룹은 '에르고딕'으로 인정되면서, ㉡ 그룹의 평균적 행동을 통해 해당 그룹에 속해 있는 개인에 대한 예측을 이끌어낼 수 있다.

그런데 이 이론에 대해 심리학자 몰레나는 다음과 같은 설명을 덧붙였다. "그룹 평균을 활용해 개인을 평가하는 것은 인간이 모두 동일하고 변하지 않는 냉동 클론이어야만 가능하겠지요? 그런데 인간은 냉동 클론이 아닙니다." 그런데도 등급화와 유형화 같은 평균주의의 결과물들은 정책 결정의 과정에서 중요한 근거로 쓰였다. 몰레나는 이와 같은 위험한 가정을 '에르고딕 스위치'라고 명명했다. 이는 평균주의의 유혹에 속아 집단의 평균에 의해 개인을 파악함으로써 ㉢ 실재하는 개인적 특성을 모조리 무시하게 되는 것을 의미한다.

지금 타이핑 실력이 뛰어나지 않은 당신이 타이핑 속도의 변화를 통해 오타를 줄이고 싶어 한다고 가정해 보자. 평균주의식으로 접근할 경우 여러 사람의 타이핑 실력을 측정한 뒤에 평균 타이핑 속도와 평균 오타 수를 비교하게 된다. 그 결과 평균적으로 타이핑 속도가 더 빠를수록 오타 수가 더 적은 것으로 나타났다고 하자. 이때 평균주의자는 당신이 타이핑의 오타 수를 줄이고 싶다면 ㉣ 타이핑을 더 빠른 속도로 해야 한다고 말할 것이다. 바로 여기가 '에르고딕 스위치'에 해당하는 지점인데, 사실 타이핑 속도가 빠른 사람들은 대체로 타이핑 실력이 뛰어난 편이며 그만큼 오타 수는 적을 수밖에 없다. 더구나 ㉤ 타이핑 실력이라는 요인이 통제된 상태에서 도출된 평균치를 근거로 당신에게 내린 처방은 적절하지 않을 가능성이 높다.

① ㉠을 '질적으로 다양해야 하며'로 고친다.
② ㉡을 '개인의 특성을 종합하여 집단의 특성에 대한 예측'으로 고친다.
③ ㉢을 '실재하는 그룹 간 편차를 모조리 무시'로 고친다.
④ ㉣을 '타이핑을 더 느린 속도로 해야 한다'로 고친다.
⑤ ㉤을 '타이핑 실력이라는 요인이 통제되지 않은 상태에서'로 고친다.

7. 다음 대화의 빈칸에 들어갈 내용으로 가장 적절한 것은?

> 갑: 이번 프로젝트는 정보 보안이 매우 중요해서 1인당 2대의 업무용 PC를 사용하기로 하였습니다. 원칙적으로, 1대는 외부 인터넷 접속만 할 수 있는 외부용 PC이고 다른 1대는 내부 통신망만 이용할 수 있는 내부용 PC입니다. 둘 다 통신을 제외한 다른 기능을 사용하는 데는 아무런 제한이 없습니다.
> 을: 외부용 PC와 내부용 PC는 각각 별도의 저장 공간을 사용하나요?
> 갑: 네, 맞습니다. 그러나 두 PC 간 자료를 공유하려면 두 가지 방법만 쓰도록 되어 있습니다. 첫 번째 방법은 이메일을 이용하는 것입니다. 본래 내부용 PC는 내부 통신망용이라 이메일 계정에 접속할 수 없지만, 프로젝트 팀장의 승인을 받아 ○○메일 계정에 접속한 뒤 자신의 ○○메일 계정으로 자료를 보내는 것만 허용하였습니다.
> 을: 그러면 첫 번째 방법은 내부용 PC에서 외부용 PC로 자료를 보낼 때만 가능하겠군요. 두 번째 방법을 이용하면 외부용 PC에서 내부용 PC로도 자료를 보낼 수 있나요?
> 갑: 물론입니다. 두 번째 방법은 내부용 PC와 외부용 PC에 설치된 자료 공유 프로그램을 이용하는 것인데, 이를 이용하면 두 PC 간 자료의 상호 공유가 가능합니다.
> 을: 말씀하신 자료 공유 프로그램을 이용하면 두 PC 사이에 자료를 자유롭게 공유할 수 있는 건가요?
> 갑: 파일 개수, 용량, 공유 횟수에는 제한이 없습니다. 다만, 이 프로그램을 사용할 때는 보안을 위해 프로젝트 팀장이 비밀번호를 입력해 주어야만 합니다.
> 을: 그렇군요. 그런데 외부용 PC로 ○○메일이 아닌 일반 이메일 계정에도 접속할 수 있나요?
> 갑: 아닙니다. 원칙적으로는 외부용 PC에서 자료를 보내거나 받기 위하여 사용 가능한 이메일 계정은 ○○메일뿐입니다. 그러나 예외적으로 필요한 경우에 한해 보안 부서에 공문으로 요청하여 승인을 받으면, 일반 이메일 계정에 접속하여 자료를 보내거나 받을 수 있습니다.
> 을: 아하! 외부 자문위원의 자료를 전달 받아 내부용 PC에 저장하기 위해서는 [   ]

① 굳이 프로젝트 팀장이 비밀번호를 입력할 필요가 없겠군요.
② 사전에 보안 부서에 요청하여 외부용 PC로 일반 이메일 계정에 접속할 수 있는 권한을 부여받는 방법밖에 없겠네요.
③ 외부 자문위원의 PC에서 ○○메일 계정으로 자료를 보낸 뒤, 내부용 PC로 ○○메일 계정에 접속하여 자료를 내려받으면 되겠군요.
④ 외부 자문위원의 PC에서 일반 이메일 계정으로 자료를 보낸 뒤, 사전에 보안 부서의 승인을 받아 내부용 PC로 일반 이메일 계정에 접속하여 자료를 내려받으면 되겠네요.
⑤ 외부 자문위원의 PC에서 ○○메일 계정으로 자료를 보낸 뒤, 외부용 PC로 ○○메일 계정에 접속해 자료를 내려받아 자료 공유 프로그램을 이용하여 내부용 PC로 보내면 되겠네요.

8. 다음 글에 비추어 볼 때, 아래 <그림>의 ㉠~㉣에 들어갈 말을 적절하게 나열한 것은?

> 도시재생 사업의 목표는 지역 역량의 강화와 지역 가치의 제고라는 두 마리 토끼를 잡는 것이다. 그 결과, 아래 <그림>에서 지역의 상태는 A에서 A′으로 변화한다. 둘 중 하나라도 이루어지지 않는다면 도시재생 사업의 목표가 달성되었다고 볼 수 없다. 그러한 실패 사례의 하나가 젠트리피케이션이다. 이는 지역 역량이 강화되지 않은 채 지역 가치만 상승하는 현상을 의미한다.
> 도시재생 사업의 모범적인 양상은 지역 자산화이다. 지역 자산화는 두 단계로 이루어진다. 첫 번째 단계는 공동체 역량 강화 과정이다. 이는 지역 문제 해결을 위한 프로그램 및 정책 수립, 물리적 시설의 개선, 운영 관리 등으로 구성된 공공 주도 과정이다. 이를 통해 지역 가치와 지역 역량이 모두 낮은 상태에서 일단 지역 역량을 키워 지역 기반의 사회적 자본을 형성하게 된다. 그 다음 두 번째 단계로 전문화 과정이 이어진다. 전문화는 민간의 전문성과 창의성을 적극적으로 활용함으로써, 강화된 지역 역량의 토대 위에서 지역 가치 제고를 이끌어낸다. 이 과정에서 주민과 민간 조직의 전문성에 대한 신뢰를 바탕으로, 공유 시설이나 공간의 설계, 관리, 운영 등 많은 권한이 시민단체를 비롯한 중간 지원 조직에 통합적으로 위임된다.

<그 림>

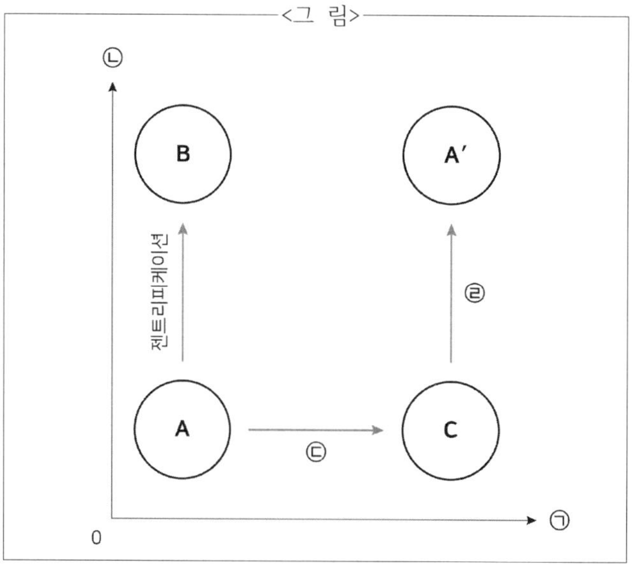

	㉠	㉡	㉢	㉣
①	지역 역량	지역 가치	공동체 역량 강화	전문화
②	지역 역량	지역 가치	공동체 역량 강화	지역 자산화
③	지역 역량	지역 가치	지역 자산화	전문화
④	지역 가치	지역 역량	공동체 역량 강화	지역 자산화
⑤	지역 가치	지역 역량	지역 자산화	전문화

9. 다음 글의 (가)와 (나)에 대한 판단으로 적절한 것만을 <보기>에서 모두 고르면?

> 확률적으로 가능성이 희박한 사건이 우리 주변에서 생각보다 자주 일어나는 것처럼 보인다. 왜 이러한 현상이 발생하는지를 설명하는 다음과 같은 두 입장이 있다.
>
> (가) 만일 당신이 가능한 모든 결과들의 목록을 완전하게 작성한다면, 그 결과들 중 하나는 반드시 나타난다. 표준적인 정육면체 주사위를 던지면 1에서 6까지의 수 중 하나가 나오거나 어떤 다른 결과, 이를테면 주사위가 탁자 아래로 떨어져 찾을 수 없게 되는 일 등이 벌어질 수 있다. 동전을 던지면 앞면 또는 뒷면이 나오거나, 동전이 똑바로 서는 등의 일이 일어날 수 있다. 아무튼 가능한 결과 중 하나가 일어나리라는 것만큼은 확실하다.
>
> (나) 한 사람에게 특정한 사건이 발생할 확률이 매우 낮더라도, 충분히 많은 사람에게는 그 사건이 일어날 확률이 매우 높을 수 있다. 예컨대 어떤 불행한 사건이 당신에게 일어날 확률은 낮을지 몰라도, 지구에 현재 약 70억 명이 살고 있으므로, 이들 중 한두 사람이 그 불행한 일을 겪고 있다는 것은 이상한 일이 아니다.

<보 기>

ㄱ. 로또 복권 1장을 살 경우 1등에 당첨될 확률은 낮지만, 모든 가능한 숫자의 조합을 모조리 샀을 때 추첨이 이루어진다면 무조건 당첨된다는 사례는 (가)로 설명할 수 있다.
ㄴ. 어떤 사람이 교통사고를 당할 확률은 매우 낮지만, 대한민국에서 교통사고는 거의 매일 발생한다는 사례는 (나)로 설명할 수 있다.
ㄷ. 주사위를 수십 번 던졌을 때 1이 연속으로 여섯 번 나올 확률은 매우 낮지만, 수십만 번 던졌을 때는 이런 사건을 종종 볼 수 있다는 사례는 (가)로 설명할 수 있으나 (나)로는 설명할 수 없다.

① ㄱ
② ㄷ
③ ㄱ, ㄴ
④ ㄴ, ㄷ
⑤ ㄱ, ㄴ, ㄷ

10. 다음 논쟁에 대한 평가로 적절한 것만을 <보기>에서 모두 고르면?

> A: 현실적으로 과학 연구를 위해서는 상당한 규모의 연구비가 필요하기 때문에, 연구자들에게 공공 자원을 배분하는 역할을 하는 사람들은 자신들의 결정이 해당 분야의 발전에 큰 영향을 미친다는 사실을 유념해야 한다. 그들의 의사결정에서 가장 중요한 문제는 공공 자원을 어떤 원칙에 따라 배분할 것인가이다. 각 분야의 주류 견해를 형성하고 있는 연구자들에게만 자원이 편중되어 비주류 연구들이 고사된다면, 그 결과 해당 분야 전체의 발전은 저해될 것이다.
>
> B: 과학 연구에 공공 자원을 배분하는 기준으로는 무엇보다 연구 성과가 우선되어야 한다. 객관적으로 드러난 연구 성과가 가장 우수한 연구자에게 자원을 우선 배분하는 것이 공정성에도 부합할 뿐 아니라, 투자의 사회적 효율성도 높일 수 있다.
>
> A: 그와 같은 원칙으로는 한 분야의 주류 연구자들이 자원을 독점하게 될 가능성이 높다. 비주류 연구에서 우수한 연구 성과가 나오는 일은 상대적으로 드물거나 오랜 시간이 걸리기 때문이다. 특정 분야 내에 상충되는 내용을 가진 연구들이 많을수록 그 분야의 발전 가능성도 커진다. 이는 한 연구의 문제점을 파악하는 것이 자체 시각만으로는 쉽지 않으며, 문제가 감지되더라도 다른 연구자의 관점이 개입되어야 그 문제의 성격이 명확히 파악될 수 있다는 것을 뜻한다.
>
> B: 우수한 연구에 자원을 집중하는 것이 효율성 측면에서 바람직하다. 최근의 과학 연구에서는 연구비 규모가 큰 과제일수록 더 우수한 성과를 얻는 경향이 강해지고 있기 때문이다. 과학의 발전을 위해 성과가 저조한 연구자들이 난립하는 것보다 우수한 연구자에게 자원을 집중적으로 투입하는 것이 낫다.

<보 기>

ㄱ. 공공 자원을 연구 성과에 따라 배분하지 않으면 도덕적 해이가 발생할 가능성이 커진다는 사실은 A의 주장을 강화한다.
ㄴ. 연구 성과에 대한 평가가 시간이 지나 뒤집히는 경우가 자주 있다는 사실은 B의 주장을 강화한다.
ㄷ. 성과만을 기준으로 연구자들을 차등 대우하면 연구자들의 사기가 저하되어 해당 분야 전체의 발전이 저해된다는 사실은 A의 주장을 강화하지만 B의 주장은 강화하지 않는다.

① ㄴ
② ㄷ
③ ㄱ, ㄴ
④ ㄱ, ㄷ
⑤ ㄱ, ㄴ, ㄷ

11. 다음 글에서 알 수 있는 것은?

우리나라 국기인 태극기에는 태극 문양과 4괘가 그려져 있는데, 중앙에 있는 태극 문양은 만물이 음양 조화로 생장한다는 것을 상징한다. 또 태극 문양의 좌측 하단에 있는 이괘는 불, 우측 상단에 있는 감괘는 물, 좌측 상단에 있는 건괘는 하늘, 우측 하단에 있는 곤괘는 땅을 각각 상징한다. 4괘가 상징하는 바는 그것이 처음 만들어질 때부터 오늘날까지 변함이 없다.

태극 문양을 그린 기는 개항 이전에도 조선 수군이 사용한 깃발 등 여러 개가 있는데, 태극 문양과 4괘만 사용한 기는 개항 후에 처음 나타났다. 1882년 5월 조미수호조규 체결을 위한 전권대신으로 임명된 이응준은 회담 장소에 내걸 국기가 없어 곤란해 하다가 회담 직전 태극 문양을 활용해 기를 만들고 그것을 회담장에 걸어두었다. 그 기에 어떤 문양이 담겼는지는 오랫동안 알려지지 않았다. 그런데 2004년 1월 미국 어느 고서점에서 미국 해군부가 조미수호조규 체결 한 달 후에 만든 『해상 국가들의 깃발들』이라는 책이 발견되었다. 이 책에는 이응준이 그린 것으로 짐작되는 '조선의 기'라는 이름의 기가 실려 있다. 그 기의 중앙에는 태극 문양이 있으며 네 모서리에 괘가 하나씩 있는데, 좌측 상단에 감괘, 우측 상단에 건괘, 좌측 하단에 곤괘, 우측 하단에 이괘가 있다.

조선이 국기를 공식적으로 처음 정한 것은 1883년의 일이다. 1882년 9월에 고종은 박영효를 수신사로 삼아 일본에 보내면서, 그에게 조선을 상징하는 기를 만들어 사용해본 다음 귀국하는 즉시 제출하게 했다. 이에 박영효는 태극 문양이 가운데 있고 4개의 모서리에 각각 하나씩 괘가 있는 기를 만들어 사용한 후 그것을 고종에게 바쳤다. 고종은 이를 조선 국기로 채택하고 통리교섭사무아문으로 하여금 각국 공사관에 배포하게 했다. 이 기는 일본에 의해 강제 병합되기까지 국기로 사용되었는데, 언뜻 보기에 『해상 국가들의 깃발들』에 실린 '조선의 기'와 비슷하다. 하지만 자세히 보면 두 기는 서로 다르다. 조선 국기 좌측 상단에 있는 괘가 '조선의 기'에는 우측 상단에 있고, '조선의 기'의 좌측 상단에 있는 괘는 조선 국기의 우측 상단에 있다. 또 조선 국기의 좌측 하단에 있는 괘는 '조선의 기'의 우측 하단에 있고, '조선의 기'의 좌측 하단에 있는 괘는 조선 국기의 우측 하단에 있다.

① 미국 해군부는 통리교섭사무아문이 각국 공사관에 배포한 국기를 『해상 국가들의 깃발들』에 수록하였다.
② 조미수호조규 체결을 위한 회담 장소에서 사용하고자 이응준이 만든 기는 태극 문양이 담긴 최초의 기다.
③ 통리교섭사무아문이 배포한 기의 우측 상단에 있는 괘와 '조선의 기'의 좌측 하단에 있는 괘가 상징하는 것은 같다.
④ 오늘날 태극기의 우측 하단에 있는 괘와 고종이 조선 국기로 채택한 기의 우측 하단에 있는 괘는 모두 땅을 상징한다.
⑤ 박영효가 그린 기의 좌측 상단에 있는 괘는 물을 상징하고 이응준이 그린 기의 좌측 상단에 있는 괘는 불을 상징한다.

12. 다음 대화의 빈칸에 들어갈 내용으로 가장 적절한 것은?

갑: 국회에서 법률들을 제정하거나 개정할 때, 법률에서 조례를 제정하여 시행하도록 위임하는 경우가 있습니다. 그리고 이런 위임에 따라 지방자치단체에서는 조례를 새로 제정하게 됩니다. 각 지방자치단체가 법률의 위임에 따라 몇 개의 조례를 제정했는지 집계하여 '조례 제정 비율'을 계산하는데, 이 지표는 작년에 이어 올해도 지방자치단체의 업무 평가 기준에 포함되었습니다.

을: 그렇군요. 그 평가 방식이 구체적으로 어떻게 되고, A시의 작년 평가 결과는 어땠는지 말씀해 주세요.

갑: 먼저 그 해 1월 1일부터 12월 31일까지 법률에서 조례를 제정하도록 위임한 사항이 몇 건인지 확인한 뒤, 그 중 12월 31일까지 몇 건이나 조례로 제정되었는지로 평가합니다. 작년에는 법률에서 조례를 제정하도록 위임한 사항이 15건이었는데, 그 중 A시에서 제정한 조례는 9건으로 그 비율은 60%였습니다.

을: 그러면 올해는 조례 제정 상황이 어떻습니까?

갑: 1월 1일부터 7월 10일 현재까지 법률에서 조례를 제정하도록 위임한 사항은 10건인데, A시는 이 중 7건을 조례로 제정하였으며 조례로 제정하기 위하여 입법 예고 중인 것은 2건입니다. 현재 시의회에서 조례로 제정되기를 기다리며 계류 중인 것은 없습니다.

을: 모든 조례는 입법 예고를 거친 뒤 시의회에서 제정되므로, 현재 입법 예고 중인 2건은 입법 예고 기간이 끝나야만 제정될 수 있겠네요. 이 2건의 제정 가능성은 예상할 수 있나요?

갑: 어떤 조례는 신속히 제정되기도 합니다. 그러나 때로는 시의회가 계속 파행하기도 하고 의원들의 입장에 차이가 커 공전될 수도 있기 때문에 현재 시점에서 조례 제정 가능성을 단정하기는 어렵습니다.

을: 그러면 A시의 조례 제정 비율과 관련하여 알 수 있는 것은 무엇이 있을까요?

갑: A시는 [   ]

① 현재 조례로 제정하기 위하여 입법 예고가 필요한 것이 1건입니다.
② 올 한 해의 조례 제정 비율이 작년보다 높아집니다.
③ 올 한 해 총 9건의 조례를 제정하게 됩니다.
④ 현재 시점을 기준으로 평가를 받으면 조례 제정 비율이 90%입니다.
⑤ 올 한 해 법률에서 조례를 제정하도록 위임 받은 사항이 작년보다 줄어듭니다.

13. 다음 글의 A~C에 대한 판단으로 가장 적절한 것은?

정책 네트워크는 다원주의 사회에서 정책 영역에 따라 실질적인 정책 결정권을 공유하고 있는 집합체이다. 정책 네트워크는 구성원 간의 상호 의존성, 외부로부터 다른 사회 구성원들의 참여 가능성, 의사결정의 합의 효율성, 지속성의 특징을 고려할 때 다음 세 가지 모형으로 분류될 수 있다.

특징 / 모형	상호 의존성	외부 참여 가능성	합의 효율성	지속성
A	높음	낮음	높음	높음
B	보통	보통	보통	보통
C	낮음	높음	낮음	낮음

A는 의회의 상임위원회, 행정 부처, 이익집단이 형성하는 정책 네트워크로서 안정성이 높아 마치 소정부와 같다. 행정부 수반의 영향력이 작은 정책 분야에서 집중적으로 나타나는 형태이다. A에서는 참여자 간의 결속과 폐쇄적 경계를 강조하며, 배타성이 매우 강해 다른 이익집단의 참여를 철저하게 배제하는 것이 특징이다.

B는 특정 정책과 관련해 이해관계를 같이하는 참여자들로 구성된다. B가 특정 이슈에 대해 유기적인 연계 속에서 기능하면, 전통적인 관료제나 A의 방식보다 더 효과적으로 정책 목표를 달성할 수 있다. B의 주요 참여자는 정치인, 관료, 조직화된 이익집단, 전문가 집단이며, 정책 결정은 주요 참여자 간의 합의와 협력에 의해 일어난다.

C는 특정 이슈를 중심으로 이해관계나 전문성을 가진 이익집단, 개인, 조직으로 구성되고, 참여자는 매우 자율적이고 주도적인 행위자이며 수시로 변경된다. 배타성이 강한 A만으로 정책을 모색하면 정책 결정에 영향을 미칠 수 있는 C와 같은 개방적 참여자들의 네트워크를 놓치기 쉽다. C는 관료제의 영향력이 작고 통제가 약한 분야에서 주로 작동하는데, 참여자가 많아 합의가 어려워 결국 정부가 위원회나 청문회를 활용하여 의견을 조정하려는 경우가 종종 발생한다.

① 외부 참여 가능성이 높은 모형은 관료제의 영향력이 작고 통제가 약한 분야에서 나타나기 쉽다.
② 상호 의존성이 보통인 모형에서는 배타성이 강해 다른 이익집단의 참여를 철저하게 배제한다.
③ 합의 효율성이 높은 모형이 가장 효과적으로 정책 목표를 달성할 수 있다.
④ A에 참여하는 이익집단의 정책 결정 영향력이 B에 참여하는 이익집단의 정책 결정 영향력보다 크다.
⑤ C에서는 참여자의 수가 많아질수록 네트워크의 지속성이 높아진다.

14. 다음 글에서 추론할 수 있는 것만을 <보기>에서 모두 고르면?

두 입자만으로 이루어지고 이들이 세 가지의 양자 상태 1, 2, 3 중 하나에만 있을 수 있는 계(system)가 있다고 하자. 여기서 양자 상태란 입자가 있을 수 있는 구별 가능한 어떤 상태를 지시하며, 입자는 세 가지 양자 상태 중 하나에 반드시 있어야 한다. 이때 그 계에서 입자들이 어떻게 분포할 수 있는지 경우의 수를 세는 문제는, 각 양자 상태에 대응하는 세 개의 상자 [1|2|3]에 두 입자가 있는 경우의 수를 세는 것과 같다. 경우의 수는 입자들끼리 서로 구별 가능한지와 여러 개의 입자가 하나의 양자 상태에 동시에 있을 수 있는지에 따라 달라진다.

두 입자가 구별 가능하고, 하나의 양자 상태에 여러 개의 입자가 있을 수 있다고 가정하자. 이것을 'MB 방식'이라고 부르며, 두 입자는 각각 a, b로 표시할 수 있다. a가 1의 양자 상태에 있는 경우는 [ab| |], [a|b|], [a| |b]의 세 가지이고, a가 2의 양자 상태에 있는 경우와 a가 3의 양자 상태에 있는 경우도 각각 세 가지이다. 그러므로 MB 방식에서 경우의 수는 9이다.

두 입자가 구별되지 않고, 하나의 양자 상태에 여러 개의 입자가 있을 수 있다고 가정하자. 이것을 'BE 방식'이라고 부른다. 이때에는 두 입자 모두 a로 표시하게 되므로 [aa| |], [|aa|], [| |aa], [a|a|], [a| |a], [|a|a]가 가능하다. 그러므로 BE 방식에서 경우의 수는 6이다.

두 입자가 구별되지 않고, 하나의 양자 상태에 하나의 입자만 있을 수 있다고 가정하자. 이것을 'FD 방식'이라고 부른다. 여기에서는 BE 방식과 달리 하나의 양자 상태에 두 개의 입자가 동시에 있는 경우는 허용되지 않으므로 [a|a|], [a| |a], [|a|a]만 가능하다. 그러므로 FD 방식에서 경우의 수는 3이다.

양자 상태의 가짓수가 다를 때에도 MB, BE, FD 방식 모두 위에서 설명한 대로 입자들이 놓이게 되고, 이때 경우의 수는 달라질 수 있다.

<보 기>

ㄱ. 두 개의 입자에 대해, 양자 상태가 두 가지이면 BE 방식에서 경우의 수는 2이다.
ㄴ. 두 개의 입자에 대해, 양자 상태의 가짓수가 많아지면 FD 방식에서 두 입자가 서로 다른 양자 상태에 각각 있는 경우의 수는 커진다.
ㄷ. 두 개의 입자에 대해, 양자 상태가 두 가지 이상이면 경우의 수는 BE 방식에서보다 MB 방식에서 언제나 크다.

① ㄱ
② ㄷ
③ ㄱ, ㄴ
④ ㄴ, ㄷ
⑤ ㄱ, ㄴ, ㄷ

15. 다음 글에서 추론할 수 있는 것은?

생쥐가 새로운 소리 자극을 받으면 이 자극 신호는 뇌의 시상에 있는 청각시상으로 전달된다. 청각시상으로 전달된 자극 신호는 뇌의 편도에 있는 측핵으로 전달된다. 측핵에 전달된 신호는 편도의 중핵으로 전달되고, 중핵은 신체의 여러 기관에 전달할 신호를 만들어서 반응이 일어나게 한다.

연구자 K는 '공포' 또는 '안정'을 학습시켰을 때 나타나는 신경생물학적 특징을 탐구하기 위해 두 개의 실험을 수행했다.

첫 번째 실험에서 공포를 학습시켰다. 이를 위해 K는 생쥐에게 소리 자극을 준 뒤에 언제나 공포를 일으킬 만한 충격을 가하여, 생쥐에게 이 소리가 충격을 예고한다는 것을 학습시켰다. 이렇게 학습된 생쥐는 해당 소리 자극을 받으면 방어적인 행동을 취했다. 이 생쥐의 경우, 청각시상으로 전달된 소리 자극 신호는 학습을 수행하기 전 상태에서 전달되는 것보다 훨씬 센 강도의 신호로 증폭되어 측핵으로 전달된다. 이 증폭된 강도의 신호는 중핵을 거쳐 신체의 여러 기관에 전달되고 이는 학습된 공포 반응을 일으킨다.

두 번째 실험에서는 안정을 학습시켰다. 이를 위해 K는 다른 생쥐에게 소리 자극을 준 뒤에 항상 어떤 충격도 주지 않아서, 생쥐에게 이 소리가 안정을 예고한다는 것을 학습시켰다. 이렇게 학습된 생쥐는 이 소리를 들어도 방어적인 행동을 전혀 취하지 않았다. 이 경우 소리 자극 신호를 받은 청각시상에서 만들어진 신호가 측핵으로 전달되는 것이 억제되기 때문에 측핵에 전달된 신호는 매우 미약해진다. 대신 청각시상은 뇌의 선조체에서 반응을 일으킬 수 있는 자극 신호를 만들어서 선조체에 전달한다. 선조체는 안정 상태와 같은 긍정적이고 좋은 느낌을 느낄 수 있게 하는 것에 관여하는 뇌 영역인데, 선조체에서 반응이 세게 나타나면 안정감을 느끼게 되어 학습된 안정 반응을 일으킨다.

① 중핵에서 만들어진 신호의 세기가 강한 경우에는 학습된 안정 반응이 나타난다.
② 학습된 공포 반응을 일으키지 않는 소리 자극은 선조체에서 약한 반응이 일어나게 한다.
③ 학습된 공포 반응을 일으키는 소리 자극은 청각시상에서 선조체로 전달되는 자극 신호를 억제한다.
④ 학습된 안정 반응을 일으키는 청각시상에서 받는 소리 자극 신호는 학습된 공포 반응을 일으키는 청각시상에서 받는 소리 자극 신호보다 약하다.
⑤ 학습된 안정 반응을 일으키는 경우와 학습된 공포 반응을 일으키는 경우 모두, 청각시상에서 측핵으로 전달되는 신호의 세기가 학습하기 전과 달라진다.

16. 다음 글의 빈칸에 들어갈 내용으로 가장 적절한 것은?

민간 문화 교류 증진을 목적으로 열리는 국제 예술 공연의 개최가 확정되었다. 이번 공연이 민간 문화 교류 증진을 목적으로 열린다면, 공연 예술단의 수석대표는 정부 관료가 맡아서는 안 된다. 만일 공연이 민간 문화 교류 증진을 목적으로 열리고 공연 예술단의 수석대표는 정부 관료가 맡아서는 안 된다면, 공연 예술단의 수석대표는 고전음악 지휘자나 대중음악 제작자가 맡아야 한다. 현재 정부 관료 가운데 고전음악 지휘자나 대중음악 제작자는 없다. 예술단에 수석대표는 반드시 있어야 하며 두 사람 이상이 공동으로 맡을 수도 있다. 전체 세대를 아우를 수 있는 사람이 아니라면 수석대표를 맡아서는 안 된다. 전체 세대를 아우를 수 있는 사람이 극히 드물기에, 위에 나열된 조건을 다 갖춘 사람은 모두 수석대표를 맡는다.

누가 공연 예술단의 수석대표를 맡을 것인가와 더불어, 참가하는 예술인이 누구인가도 많은 관심의 대상이다. 그런데 아이돌 그룹 A가 공연 예술단에 참가하는 것은 분명하다. 왜냐하면 만일 갑이나 을이 수석대표를 맡는다면 A가 공연 예술단에 참가하는데, ＿＿＿＿＿＿＿＿ 때문이다.

① 갑은 고전음악 지휘자이며 전체 세대를 아우를 수 있기
② 갑이나 을은 대중음악 제작자 또는 고전음악 지휘자이기
③ 갑과 을은 둘 다 정부 관료가 아니며 전체 세대를 아우를 수 있기
④ 을이 대중음악 제작자가 아니라면 전체 세대를 아우를 수 없을 것이기
⑤ 대중음악 제작자나 고전음악 지휘자라면 누구나 전체 세대를 아우를 수 있기

17. 다음 글의 내용이 참일 때, 반드시 참인 것만을 <보기>에서 모두 고르면?

A기술원 해수자원화기술 연구센터는 2014년 세계 최초로 해수전지 원천 기술을 개발한 바 있다. 연구센터는 해수전지 상용화를 위한 학술대회를 열었는데 학술대회로 연구원들이 자리를 비운 사이 누군가 해수전지 상용화를 위한 핵심 기술이 들어 있는 기밀 자료를 훔쳐 갔다. 경찰은 수사 끝에 바다, 다은, 은경, 경아를 용의자로 지목해 학술대회 당일의 상황을 물으며 이들을 심문했는데 이들의 답변은 아래와 같았다.

바다: 학술대회에서 발표된 상용화 아이디어 중 적어도 하나는 학술대회에 참석한 모든 사람들의 관심을 받았어요. 다은은 범인이 아니에요.

다은: 학술대회에 참석한 사람들은 누구나 학술대회에서 발표된 하나 이상의 상용화 아이디어에 관심을 가졌어요. 범인은 은경이거나 경아예요.

은경: 학술대회에 참석한 몇몇 사람은 학술대회에서 발표된 상용화 아이디어 중 적어도 하나에 관심이 있었어요. 경아는 범인이 아니에요.

경아: 학술대회에 참석한 모든 사람들이 어떤 상용화 아이디어에도 관심이 없었어요. 범인은 바다예요.

수사 결과 이들은 각각 참만을 말하거나 거짓만을 말한 것으로 드러났다. 그리고 네 명 중 한 명만 범인이었다는 것이 밝혀졌다.

<보 기>

ㄱ. 바다와 은경의 말이 모두 참일 수 있다.
ㄴ. 다은과 은경의 말이 모두 참인 것은 가능하지 않다.
ㄷ. 용의자 중 거짓말한 사람이 단 한 명이면, 은경이 범인이다.

① ㄱ
② ㄴ
③ ㄱ, ㄷ
④ ㄴ, ㄷ
⑤ ㄱ, ㄴ, ㄷ

18. 다음 글의 내용이 참일 때, 반드시 참인 것만을 <보기>에서 모두 고르면?

최근 두 주 동안 직원들은 다음 주에 있을 연례 정책 브리핑을 준비해 왔다. 브리핑의 내용과 진행에 관해 알려진 바는 다음과 같다. 개인건강정보 관리 방식 변경에 관한 가안이 정책제안에 포함된다면, 보건정보의 공적 관리에 관한 가안도 정책제안에 포함될 것이다. 그리고 정책제안을 위해 구성되었던 국민건강 2025팀이 재편된다면, 앞에서 언급한 두 개의 가안이 모두 정책제안에 포함될 것이다. 개인건강정보 관리 방식 변경에 관한 가안이 정책제안에 포함되고 국민건강 2025팀 리더인 최팀장이 다음 주 정책 브리핑을 총괄한다면, 프레젠테이션은 국민건강 2025팀의 팀원인 손공정씨가 맡게 될 것이다. 그런데 보건정보의 공적 관리에 관한 가안이 정책제안에 포함될 경우, 국민건강 2025팀이 재편되거나 다음 주 정책 브리핑을 위해 준비한 보도자료가 대폭 수정될 것이다. 한편, 직원들 사이에서는, 최팀장이 다음 주 정책 브리핑을 총괄하면 팀원 손공정씨가 프레젠테이션을 담당한다는 말이 돌았는데 그 말은 틀린 것으로 밝혀졌다.

<보 기>

ㄱ. 개인건강정보 관리 방식 변경에 관한 가안과 보건정보의 공적 관리에 관한 가안 중 어느 것도 정책제안에 포함되지 않는다.
ㄴ. 국민건강 2025팀은 재편되지 않고, 이 팀의 최팀장이 다음 주 정책 브리핑을 총괄한다.
ㄷ. 보건정보의 공적 관리에 관한 가안이 정책제안에 포함된다면, 다음 주 정책 브리핑을 위해 준비한 보도자료가 대폭 수정될 것이다.

① ㄱ
② ㄴ
③ ㄱ, ㄷ
④ ㄴ, ㄷ
⑤ ㄱ, ㄴ, ㄷ

19. 다음 글의 내용이 참일 때, 반드시 참인 것은?

> A, B, C, D를 포함해 총 8명이 학회에 참석했다. 이들에 관해서 알려진 정보는 다음과 같다.
> ○ 아인슈타인 해석, 많은 세계 해석, 코펜하겐 해석, 보른 해석 말고도 다른 해석들이 있고, 학회에 참석한 이들은 각각 하나의 해석만을 받아들인다.
> ○ 상태 오그라듦 가설을 받아들이는 이들은 모두 5명이고, 나머지는 이 가설을 받아들이지 않는다.
> ○ 상태 오그라듦 가설을 받아들이는 이들은 코펜하겐 해석이나 보른 해석을 받아들인다.
> ○ 코펜하겐 해석이나 보른 해석을 받아들이는 이들은 상태 오그라듦 가설을 받아들인다.
> ○ B는 코펜하겐 해석을 받아들이고, C는 보른 해석을 받아들인다.
> ○ A와 D는 상태 오그라듦 가설을 받아들인다.
> ○ 아인슈타인 해석을 받아들이는 이가 있다.

① 적어도 한 명은 많은 세계 해석을 받아들인다.
② 만일 보른 해석을 받아들이는 이가 두 명이면, A와 D가 받아들이는 해석은 다르다.
③ 만일 A와 D가 받아들이는 해석이 다르다면, 적어도 두 명은 코펜하겐 해석을 받아들인다.
④ 만일 오직 한 명만이 많은 세계 해석을 받아들인다면, 아인슈타인 해석을 받아들이는 이는 두 명이다.
⑤ 만일 코펜하겐 해석을 받아들이는 이가 세 명이면, A와 D 가운데 적어도 한 명은 보른 해석을 받아들인다.

20. 다음 글의 <실험 결과>에서 추론할 수 있는 것은?

> 연구자 K는 동물의 뇌 구조 변화가 일어나는 방식을 규명하기 위해 다음의 실험을 수행했다. 실험용 쥐를 총 세 개의 실험군으로 나누었다. 실험군1의 쥐에게는 운동은 최소화하면서 학습을 시키는 '학습 위주 경험'을 하도록 훈련시켰다. 실험군2의 쥐에게는 특별한 기술을 학습할 필요 없이 수행할 수 있는 쳇바퀴 돌리기를 통해 '운동 위주 경험'을 하도록 훈련시켰다. 실험군3의 쥐에게는 어떠한 학습이나 운동도 시키지 않았다.
>
> <실험 결과>
>
> ○ 뇌 신경세포 한 개당 시냅스의 수는 실험군1의 쥐에서 크게 증가했고 실험군2와 3의 쥐에서는 거의 변하지 않았다.
> ○ 뇌 신경세포 한 개당 모세혈관의 수는 실험군 2의 쥐에서 크게 증가했고 실험군1과 3의 쥐에서는 거의 변하지 않았다.
> ○ 실험군1의 쥐에서는 대뇌 피질의 지각 영역에서 구조 변화가 나타났고, 실험군2의 쥐에서는 대뇌 피질의 운동 영역과 더불어 운동 활동을 조절하는 소뇌에서 구조 변화가 나타났다. 실험군3의 쥐에서는 뇌 구조 변화가 거의 나타나지 않았다.

① 대뇌 피질의 구조 변화는 학습 위주 경험보다 운동 위주 경험에 더 큰 영향을 받는다.
② 학습 위주 경험은 뇌의 신경세포당 시냅스의 수에, 운동 위주 경험은 뇌의 신경세포당 모세혈관의 수에 영향을 미친다.
③ 학습 위주 경험과 운동 위주 경험은 뇌의 특정 부위에 있는 신경세포의 수를 늘려 그 부위의 뇌 구조를 변하게 한다.
④ 특정 형태의 경험으로 인해 뇌의 특정 영역에 발생한 구조 변화가 뇌의 신경세포당 모세혈관 또는 시냅스의 수를 변화시킨다.
⑤ 뇌가 영역별로 특별한 구조를 갖는 것이 그 영역에서 신경세포당 모세혈관 또는 시냅스의 수를 변화시켜 특정 형태의 경험을 더 잘 수행할 수 있게 한다.

21. 다음 글의 <실험 결과>에 대한 판단으로 적절한 것만을 <보기>에서 모두 고르면?

박쥐 X가 잡아먹을 수컷 개구리의 위치를 찾기 위해 사용하는 방법에는 두 가지가 있다. 하나는 수컷 개구리의 울음소리를 듣고 위치를 찾아내는 '음탐지' 방법이다. 다른 하나는 X가 초음파를 사용하여, 울음소리를 낼 때 커졌다 작아졌다 하는 울음주머니의 움직임을 포착하여 위치를 찾아내는 '초음파탐지' 방법이다. 울음주머니의 움직임이 없으면 이 방법으로 수컷 개구리의 위치를 찾을 수 없다.

<실 험>

한 과학자가 수컷 개구리를 모방한 두 종류의 로봇개구리를 제작했다. 로봇개구리 A는 수컷 개구리의 울음소리를 내고, 커졌다 작아졌다 하는 울음주머니도 가지고 있다. 로봇개구리 B는 수컷 개구리의 울음소리만 내고, 커졌다 작아졌다 하는 울음주머니는 없다. 같은 수의 A 또는 B를 크기는 같지만 서로 다른 환경의 세 방 안에 같은 위치에 두었다. 세 방의 환경은 다음과 같다.

○ 방1: 로봇개구리 소리만 들리는 환경
○ 방2: 로봇개구리 소리뿐만 아니라, 로봇개구리가 있는 곳과 다른 위치에서 로봇개구리 소리와 같은 소리가 추가로 들리는 환경
○ 방3: 로봇개구리 소리뿐만 아니라, 로봇개구리가 있는 곳과 다른 위치에서 로봇개구리 소리와 전혀 다른 소리가 추가로 들리는 환경

각 방에 같은 수의 X를 넣고 실제로 로봇개구리를 잡아먹기 위해 공격하는 데 걸리는 평균 시간을 측정했다. X가 로봇개구리의 위치를 빨리 알아낼수록 공격하는 데 걸리는 시간은 짧다.

<실험 결과>

○ 방1: A를 넣은 경우는 3.4초였고 B를 넣은 경우는 3.3초로 둘 사이에 유의미한 차이는 없었다.
○ 방2: A를 넣은 경우는 8.2초였고 B를 넣은 경우는 공격하지 않았다.
○ 방3: A를 넣은 경우는 3.4초였고 B를 넣은 경우는 3.3초로 둘 사이에 유의미한 차이는 없었다.

<보 기>

ㄱ. 방1과 2의 <실험 결과>는, X가 음탐지 방법이 방해를 받는 환경에서는 초음파탐지 방법을 사용한다는 가설을 강화한다.
ㄴ. 방2와 3의 <실험 결과>는, X가 소리의 종류를 구별할 수 있다는 가설을 강화한다.
ㄷ. 방1과 3의 <실험 결과>는, 수컷 개구리의 울음소리와 전혀 다른 소리가 들리는 환경에서는 X가 초음파탐지 방법을 사용한다는 가설을 강화한다.

① ㄱ ② ㄷ ③ ㄱ, ㄴ
④ ㄴ, ㄷ ⑤ ㄱ, ㄴ, ㄷ

22. 다음 글에 대한 분석으로 적절한 것만을 <보기>에서 모두 고르면?

'자연화'란 자연과학의 방법론에 따라 자연과학이 수용하는 존재론을 토대 삼아 연구를 수행한다는 의미이다. 심리학을 자연과학의 하나라고 생각하는 철학자 A는, 인식론의 자연화를 주장하기 위해 다음의 <논증>을 제시하였다.

<논 증>

(1) 전통적 인식론은 적어도 다음의 두 가지 목표를 가진다. 첫째, 세계에 관한 믿음을 정당화하는 것이고, 둘째, 세계에 관한 믿음을 나타내는 문장을 감각 경험을 나타내는 문장으로 번역하는 것이다.
(2) 전통적 인식론은 첫째 목표도 달성할 수 없고 둘째 목표도 달성할 수 없다.
(3) 만약 전통적 인식론이 이 두 가지 목표 중 어느 하나라도 달성할 수가 없다면, 전통적 인식론은 폐기되어야 한다.
(4) 전통적 인식론은 폐기되어야 한다.
(5) 만약 전통적 인식론이 폐기되어야 한다면, 인식론자는 전통적 인식론 대신 심리학을 연구해야 한다.
(6) 인식론자는 전통적 인식론 대신 심리학을 연구해야 한다.

<보 기>

ㄱ. 전통적 인식론의 목표에 (1)의 '두 가지 목표' 외에 "세계에 관한 믿음이 형성되는 과정을 규명하는 것"이 추가된다면, 위 논증에서 (6)은 도출되지 않는다.
ㄴ. (2)를 "전통적 인식론은 첫째 목표를 달성할 수 없거나 둘째 목표를 달성할 수 없다."로 바꾸어도 위 논증에서 (6)이 도출된다.
ㄷ. (4)는 논증 안의 어떤 진술들로부터 나오는 결론일 뿐만 아니라 논증 안의 다른 진술의 전제이기도 하다.

① ㄱ
② ㄷ
③ ㄱ, ㄴ
④ ㄴ, ㄷ
⑤ ㄱ, ㄴ, ㄷ

23. 다음 글에 대한 분석으로 적절한 것만을 <보기>에서 모두 고르면?

어떤 사람이 당신에게 다음과 같이 제안했다고 하자. 당신은 호화 여행을 즐기게 된다. 다만 먼저 10만 원을 내야 한다. 여기에 하나의 추가 조건이 있다. 그것은 제안자의 말인 아래의 (1)이 참이면 그는 10만 원을 돌려주지 않고 약속대로 호화 여행은 제공하는 반면, (1)이 거짓이면 그는 10만 원을 돌려주고 약속대로 호화 여행도 제공한다는 것이다.

(1) 나는 당신에게 10만 원을 돌려주거나 ⓐ 당신은 나에게 10억 원을 지불한다.

당신은 이 제안을 받아들였고 10만 원을 그에게 주었다.

이때 어떤 결과가 따를지 검토해 보자. (1)은 참이거나 거짓일 것이다. (1)이 거짓이라고 가정해 보자. 그러면 추가 조건에 따라 그는 당신에게 10만 원을 돌려준다. 또한 가정상 (1)이 거짓이므로, ㉠ 그는 당신에게 10만 원을 돌려주지 않는다. 결국 (1)이 거짓이라고 가정하면 그는 당신에게 10만 원을 돌려준다는 것과 돌려주지 않는다는 것이 모두 성립한다. 이는 가능하지 않다. 따라서 ㉡ (1)은 참일 수밖에 없다. 그런데 (1)이 참이라면 추가 조건에 따라 그는 당신에게 10만 원을 돌려주지 않는다. 따라서 ⓐ가 반드시 참이어야 한다. 즉, ㉢ 당신은 그에게 10억 원을 지불한다.

<보 기>

ㄱ. ㉠을 추론하는 데는 'A이거나 B'의 형식을 가진 문장이 거짓이면 A도 B도 모두 반드시 거짓이라는 원리가 사용되었다.
ㄴ. ㉡을 추론하는 데는 어떤 가정 하에서 같은 문장의 긍정과 부정이 모두 성립하는 경우 그 가정의 부정은 반드시 참이라는 원리가 사용되었다.
ㄷ. ㉢을 추론하는 데는 'A이거나 B'라는 형식의 참인 문장에서 A가 거짓인 경우 B는 반드시 참이라는 원리가 사용되었다.

① ㄱ
② ㄷ
③ ㄱ, ㄴ
④ ㄴ, ㄷ
⑤ ㄱ, ㄴ, ㄷ

24. 다음 글의 ㉠과 ㉡에 대한 평가로 적절한 것만을 <보기>에서 모두 고르면?

연역과 귀납, 이 두 종류의 방법은 지적 작업에서 사용될 수 있는 모든 추론을 포괄한다. 철학과 과학을 비롯한 모든 지적 작업에 연역적 방법이 필수적이라는 것을 부정하는 사람은 아무도 없다. 귀납적 방법의 경우 사정은 크게 다르다. 귀납적 방법이 철학적 작업에 들어설 여지가 없다고 믿는 사람이 있는가 하면, 한 걸음 더 나아가 어떠한 지적 작업에도 귀납적 방법이 불필요하다고 주장하는 사람들도 있다.

㉠ 귀납적 방법이 철학이라는 지적 작업에서 불필요하다는 견해는 독단적인 철학관에 근거한다. 이런 견해에 따르면 철학적 주장의 정당성은 선험적인 것으로, 경험적 지식을 확장하기 위해 사용되는 귀납적 방법에 의존할 수 없다. 그러나 이런 견해는 철학적 주장이 경험적 가설에 의존해서는 안 된다는 부당하게 편협한 철학관과 '귀납적 방법'의 모호성을 딛고 서 있다. 실제로 철학사에 나타나는 목적론적 신 존재 증명이나 외부 세계의 존재에 관한 형이상학적 논증 가운데는 귀납적 방법인 유비 논증과 귀추법을 교묘히 적용하고 있는 것도 있다.

㉡ 모든 지적 작업에서 귀납적 방법의 필요성을 부정하는 견해는 중요한 철학적 성과를 낳기도 하였다. 포퍼의 철학이 그런 사례 가운데 하나이다. 포퍼는 귀납적 방법의 정당화 가능성에 관한 회의적 결론을 받아들이고, 과학의 탐구가 귀납적 방법으로 진행된다는 견해는 근거가 없음을 보인다. 그에 따르면, 과학의 탐구 과정은 연역 논리 법칙에 따라 전개되는 추측과 반박의 작업으로 이루어진다. 이런 포퍼의 이론은 귀납적 방법의 필요성에 대한 전면적인 부정이 낳을 수 있는 흥미로운 결과 가운데 하나라고 할 수 있다.

<보 기>

ㄱ. 과학의 탐구가 귀납적 방법에 의해 진행된다는 주장은 ㉠을 반박한다.
ㄴ. 철학의 일부 논증에서 귀추법의 사용이 불가피하다는 주장은 ㉡을 반박한다.
ㄷ. 연역 논리와 경험적 가설 모두에 의존하는 지적 작업이 있다는 주장은 ㉠과 ㉡을 모두 반박한다.

① ㄱ
② ㄴ
③ ㄱ, ㄷ
④ ㄴ, ㄷ
⑤ ㄱ, ㄴ, ㄷ

25. 다음 글의 갑~병에 대한 판단으로 적절한 것만을 <보기>에서 모두 고르면?

다음 두 삼단논법을 보자.

(1) 모든 춘천시민은 강원도민이다.
모든 강원도민은 한국인이다.
따라서 모든 춘천시민은 한국인이다.

(2) 모든 수학 고득점자는 우등생이다.
모든 과학 고득점자는 우등생이다.
따라서 모든 수학 고득점자는 과학 고득점자이다.

(1)은 타당한 삼단논법이지만 (2)는 부당한 삼단논법이다. 하지만 어떤 사람들은 (2)도 타당한 논증이라고 잘못 판단한다. 왜 이런 오류가 발생하는지 설명하기 위해 세 가지 입장이 제시되었다.

갑: 사람들은 '모든 A는 B이다'를 '모든 B는 A이다'로 잘못 바꾸는 경향이 있다. '어떤 A도 B가 아니다'나 '어떤 A는 B이다'라는 형태에서는 A와 B의 자리를 바꾸더라도 아무런 문제가 없다. 하지만 '모든 A는 B이다'라는 형태에서는 A와 B의 자리를 바꾸면 논리적 오류가 생겨난다.

을: 사람들은 '모든 A는 B이다'를 약한 의미로 이해해야 하는데도 강한 의미로 이해하는 잘못을 저지르는 경향이 있다. 여기서 약한 의미란 그것을 'A는 B에 포함된다'로 이해하는 것이고, 강한 의미란 그것을 'A는 B에 포함되고 또한 B는 A에 포함된다'는 뜻에서 'A와 B가 동일하다'로 이해하는 것이다.

병: 사람들은 전제가 모두 '모든 A는 B이다'라는 형태의 명제로 이루어진 것일 경우에는 결론도 그런 형태이기만 하면 타당하다고 생각하고, 전제 가운데 하나가 '어떤 A는 B이다'라는 형태의 명제로 이루어진 것일 경우에는 결론도 그런 형태이기만 하면 타당하다고 생각하는 경향이 있다.

<보 기>

ㄱ. 대다수의 사람이 "어떤 과학자는 운동선수이다. 어떤 철학자도 과학자가 아니다."라는 전제로부터 "어떤 철학자도 운동선수가 아니다."를 타당하게 도출할 수 있는 결론이라고 응답했다는 심리 실험 결과는 갑에 의해 설명된다.
ㄴ. 대다수의 사람이 "모든 적색 블록은 구멍이 난 블록이다. 모든 적색 블록은 삼각 블록이다."라는 전제로부터 "모든 구멍이 난 블록은 삼각 블록이다."를 타당하게 도출할 수 있는 결론이라고 응답했다는 심리 실험 결과는 을에 의해 설명된다.
ㄷ. 대다수의 사람이 "모든 물리학자는 과학자이다. 어떤 컴퓨터 프로그래머는 과학자이다."라는 전제로부터 "어떤 컴퓨터 프로그래머는 물리학자이다."를 타당하게 도출할 수 있는 결론이라고 응답했다는 심리 실험 결과는 병에 의해 설명된다.

① ㄱ
② ㄷ
③ ㄱ, ㄴ
④ ㄴ, ㄷ
⑤ ㄱ, ㄴ, ㄷ

약점 보완 해설집 p.94

상황판단영역

1. 다음 글을 근거로 판단할 때 옳은 것은?

> 제00조 ① 사업주는 근로자가 조부모, 부모, 배우자, 배우자의 부모, 자녀 또는 손자녀(이하 '가족'이라 한다)의 질병, 사고, 노령으로 인하여 그 가족을 돌보기 위한 휴직(이하 '가족돌봄휴직'이라 한다)을 신청하는 경우 이를 허용하여야 한다. 다만 대체인력 채용이 불가능한 경우, 정상적인 사업 운영에 중대한 지장을 초래하는 경우, 근로자 본인 외에도 조부모의 직계비속 또는 손자녀의 직계존속이 있는 경우에는 그러하지 아니하다.
> ② 사업주는 근로자가 가족(조부모 또는 손자녀의 경우 근로자 본인 외에도 직계비속 또는 직계존속이 있는 경우는 제외한다)의 질병, 사고, 노령 또는 자녀의 양육으로 인하여 긴급하게 그 가족을 돌보기 위한 휴가(이하 '가족돌봄휴가'라 한다)를 신청하는 경우 이를 허용하여야 한다. 다만 근로자가 청구한 시기에 가족돌봄휴가를 주는 것이 정상적인 사업 운영에 중대한 지장을 초래하는 경우에는 근로자와 협의하여 그 시기를 변경할 수 있다.
> ③ 제1항 단서에 따라 사업주가 가족돌봄휴직을 허용하지 아니하는 경우에는 해당 근로자에게 그 사유를 서면으로 통보하여야 한다.
> ④ 가족돌봄휴직 및 가족돌봄휴가의 사용기간은 다음 각 호에 따른다.
> 1. 가족돌봄휴직 기간은 연간 최장 90일로 하며, 이를 나누어 사용할 수 있을 것
> 2. 가족돌봄휴가 기간은 연간 최장 10일로 하며, 일 단위로 사용할 수 있을 것. 다만 가족돌봄휴가 기간은 가족돌봄휴직 기간에 포함된다.
> 3. ○○부 장관은 감염병의 확산 등을 원인으로 심각단계의 위기경보가 발령되는 경우, 가족돌봄휴가 기간을 연간 10일의 범위에서 연장할 수 있다.

① 조부모와 부모를 함께 모시고 사는 근로자가 조부모의 질병을 이유로 가족돌봄휴직을 신청한 경우, 사업주는 가족돌봄휴직을 허용하지 않을 수 있다.
② 사업주는 근로자가 신청한 가족돌봄휴직을 허용하지 않는 경우, 해당 근로자에게 그 사유를 구술 또는 서면으로 통보해야 한다.
③ 정상적인 사업 운영에 중대한 지장을 초래하는 경우, 사업주는 근로자의 가족돌봄휴가 시기를 근로자와 협의 없이 변경할 수 있다.
④ 근로자가 가족돌봄휴가를 8일 사용한 경우, 사업주는 이와 별도로 그에게 가족돌봄휴직을 연간 90일까지 허용해야 한다.
⑤ 감염병의 확산으로 심각단계의 위기경보가 발령되고 가족돌봄휴가 기간이 5일 연장된 경우, 사업주는 근로자에게 연간 20일의 가족돌봄휴가를 허용해야 한다.

2. 다음 글을 근거로 판단할 때 옳은 것은?

> 제00조 ① 영화업자는 제작 또는 수입한 영화(예고편영화를 포함한다)에 대하여 그 상영 전까지 영상물등급위원회로부터 상영등급을 분류받아야 한다. 다만 다음 각 호의 어느 하나에 해당하는 영화에 대하여는 그러하지 아니하다.
> 1. 대가를 받지 아니하고 청소년이 포함되지 아니한 특정인에 한하여 상영하는 단편영화
> 2. 영화진흥위원회가 추천하는 영화제에서 상영하는 영화
> ② 제1항 본문의 규정에 의한 영화의 상영등급은 영화의 내용 및 영상 등의 표현 정도에 따라 다음 각 호와 같이 분류한다. 다만 예고편영화는 제1호 또는 제4호로 분류하고 청소년 관람불가 예고편영화는 청소년 관람불가 영화의 상영 전후에만 상영할 수 있다.
> 1. 전체관람가: 모든 연령에 해당하는 자가 관람할 수 있는 영화
> 2. 12세 이상 관람가: 12세 이상의 자가 관람할 수 있는 영화
> 3. 15세 이상 관람가: 15세 이상의 자가 관람할 수 있는 영화
> 4. 청소년 관람불가: 청소년은 관람할 수 없는 영화
> ③ 누구든지 제1항 및 제2항의 규정을 위반하여 상영등급을 분류받지 아니한 영화를 상영하여서는 안 된다.
> ④ 누구든지 제2항 제2호 또는 제3호의 규정에 의한 상영등급에 해당하는 영화의 경우에는 해당 영화를 관람할 수 있는 연령에 도달하지 아니한 자를 입장시켜서는 안 된다. 다만 부모 등 보호자를 동반하여 관람하는 경우에는 그러하지 아니하다.
> ⑤ 누구든지 제2항 제4호의 규정에 의한 상영등급에 해당하는 영화의 경우에는 청소년을 입장시켜서는 안 된다.

① 예고편영화는 12세 이상 관람가 상영등급을 받을 수 있다.
② 청소년 관람불가 영화의 경우, 청소년은 부모와 함께 영화관에 입장하여 관람할 수 있다.
③ 상영등급 분류를 받지 않은 영화의 경우, 영화업자는 영화진흥위원회가 추천한 △△영화제에서 상영할 수 없다.
④ 영화업자는 청소년 관람불가 예고편영화를 15세 이상 관람가 영화의 상영 직전에 상영할 수 있다.
⑤ 영화업자는 초청한 노인을 대상으로 상영등급을 분류받지 않은 단편영화를 무료로 상영할 수 있다.

3. 다음 글과 <상황>을 근거로 판단할 때 옳은 것은?

제00조 ① 집합건물을 건축하여 분양한 분양자와 분양자와의 계약에 따라 건물을 건축한 시공자는 구분소유자에게 제2항 각 호의 하자에 대하여 과실이 없더라도 담보책임을 진다.
② 제1항의 담보책임 존속기간은 다음 각 호와 같다.
1. 내력벽, 주기둥, 바닥, 보, 지붕틀 및 지반공사의 하자: 10년
2. 대지조성공사, 철근콘크리트공사, 철골공사, 조적(組積)공사, 지붕 및 방수공사의 하자: 5년
3. 목공사, 창호공사 및 조경공사의 하자: 3년
③ 제2항의 기간은 다음 각 호의 날부터 기산한다.
1. 전유부분: 구분소유자에게 인도한 날
2. 공용부분: 사용승인일
④ 제2항 및 제3항에도 불구하고 제2항 각 호의 하자로 인하여 건물이 멸실(滅失)된 경우에는 담보책임 존속기간은 멸실된 날로부터 1년으로 한다.
⑤ 분양자와 시공자의 담보책임에 관하여 이 법에 규정된 것보다 매수인에게 불리한 특약은 효력이 없다.

※ 구분소유자: 집합건물(예: 아파트, 공동주택 등) 각 호실의 소유자
※ 담보책임: 집합건물의 하자로 인해 분양자, 시공자가 구분소유자에 대하여 지는 손해배상, 하자보수 등의 책임

<상 황>

甲은 乙이 분양하는 아파트를 매수하려고 乙과 아파트 분양계약을 체결하였다. 丙건설사는 乙과의 계약에 따라 아파트를 시공하였고, 준공검사 후 아파트는 2020. 5. 1. 사용승인을 받았다. 甲은 아파트를 2020. 7. 1. 인도받고 등기를 완료하였다.

① 丙은 창호공사의 하자에 대해 2025. 7. 1.까지 담보책임을 진다.
② 丙은 철골공사의 하자에 과실이 없으면 담보책임을 지지 않는다.
③ 乙은 甲의 전유부분인 거실에 물이 새는 방수공사의 하자에 대해 2025. 5. 1.까지 담보책임을 진다.
④ 대지조성공사의 하자로 인하여 2023. 10. 1. 공용부분인 주차장 건물이 멸실된다면 丙은 2024. 7. 1. 이후에는 담보책임을 지지 않는다.
⑤ 乙이 甲과의 분양계약에서 지반공사의 하자에 대한 담보책임 존속기간을 5년으로 정한 경우라도, 2027. 10. 1. 그 하자가 발생한다면 담보책임을 진다.

4. 다음 글과 <상황>을 근거로 판단할 때, 甲의 계약 의뢰 날짜와 공고 종료 후 결과통지 날짜를 옳게 짝지은 것은?

○ A국의 정책연구용역 계약 체결을 위한 절차는 다음과 같다.

순서	단계	소요기간
1	계약 의뢰	1일
2	서류 검토	2일
3	입찰 공고	40일 (긴급계약의 경우 10일)
4	공고 종료 후 결과통지	1일
5	입찰서류 평가	10일
6	우선순위 대상자와 협상	7일

※ 소요기간은 해당 절차의 시작부터 종료까지 걸리는 기간이다. 모든 절차는 하루 단위로 주말(토, 일) 및 공휴일에도 중단이나 중복 없이 진행된다.

<상 황>

A국 공무원인 甲은 정책연구용역 계약을 4월 30일에 체결하는 것을 목표로 계약부서에 긴급계약으로 의뢰하려 한다. 계약은 우선순위 대상자와 협상이 끝난 날의 다음 날에 체결된다.

	계약 의뢰 날짜	공고 종료 후 결과통지 날짜
①	3월 30일	4월 11일
②	3월 30일	4월 12일
③	3월 30일	4월 13일
④	3월 31일	4월 12일
⑤	3월 31일	4월 13일

5. 다음 글을 근거로 판단할 때, A에게 전달할 책의 제목과 A의 연구실 번호를 옳게 짝지은 것은?

> ○ 5명의 연구원(A~E)에게 책 1권씩을 전달해야 하고, 책 제목은 모두 다르다.
> ○ 5명은 모두 각자의 연구실에 있고, 연구실 번호는 311호부터 315호까지이다.
> ○ C는 315호, D는 312호, E는 311호에 있다.
> ○ B에게 「연구개발」, D에게 「공공정책」을 전달해야 한다.
> ○ 「전환이론」은 311호에, 「사회혁신」은 314호에, 「복지실천」은 315호에 전달해야 한다.

	책 제목	연구실 번호
①	「전환이론」	311호
②	「공공정책」	312호
③	「연구개발」	313호
④	「사회혁신」	314호
⑤	「복지실천」	315호

6. 다음 글을 근거로 판단할 때, ㉠에 해당하는 수는?

> ○○부처의 주무관은 모두 20명이며, 성과등급은 4단계(S, A, B, C)로 구성된다. 아래는 ○○부처 소속 직원들의 대화 내용이다.
>
> 甲주무관: 乙주무관 축하해! 작년에 비해 올해 성과등급이 비약적으로 올랐던데? 우리 부처에서 성과등급이 세 단계나 변한 주무관은 乙주무관 외에 없잖아.
>
> 乙주무관: 고마워. 올해는 평가방식을 많이 바꿨다며? 작년이랑 똑같은 성과등급을 받은 주무관은 우리 부처에서 한 명밖에 없어.
>
> 甲주무관: 그렇구나. 우리 부처에서 작년에 비해 성과등급이 한 단계 변한 주무관 수는 두 단계 변한 주무관 수의 2배라고 해.
>
> 乙주무관: 그러면 우리 부처에서 성과등급이 한 단계 변한 주무관은 (㉠)명이네.

① 4
② 6
③ 8
④ 10
⑤ 12

7. 다음 글을 근거로 판단할 때, <보기>에서 옳은 것만을 모두 고르면?

A지역에는 독특한 결혼 풍습이 있다. 남자는 4개의 부족인 '잇파이·굼보·물으리·굿피'로 나뉘어 있고, 여자도 4개의 부족인 '잇파타·뿌타·마타·카포타'로 나뉘어 있다. 아래 <표>는 결혼을 할 수 있는 부족과 그 사이에서 출생하는 자녀가 어떤 부족이 되는지를 나타낸다. 예컨대 '잇파이' 남자는 '카포타' 여자와만 결혼할 수 있고, 그 사이에 낳은 아이가 남아면 '물으리', 여아면 '마타'로 분류된다. 모든 부족에게는 결혼할 수 있는 서로 다른 부족이 1:1로 대응하여 존재한다.

<표>

결혼할 수 있는 부족		자녀의 부족	
남자	여자	남아	여아
잇파이	카포타	물으리	마타
굼보	마타	굿피	카포타
물으리	뿌타	잇파이	잇파타
굿피	잇파타	굼보	뿌타

<보 기>

ㄱ. 물으리와 뿌타의 친손자는 뿌타와 결혼할 수 있다.
ㄴ. 잇파이와 카포타의 친손자는 굿피이다.
ㄷ. 굼보와 마타의 외손녀는 카포타이다.
ㄹ. 굿피와 잇파타의 친손녀는 물으리와 결혼할 수 있다.

① ㄱ
② ㄱ, ㄹ
③ ㄷ, ㄹ
④ ㄱ, ㄴ, ㄷ
⑤ ㄴ, ㄷ, ㄹ

8. 다음 글을 근거로 판단할 때, 7월 1일부터 6일까지 지역 농산물 유통센터에서 판매된 甲의 수박 총 판매액은?

○ A시는 농산물의 판매를 촉진하기 위하여 지역 농산물 유통센터를 운영하고 있다. 해당 유통센터는 농산물을 수확 당일 모두 판매하는 것을 목표로 운영하며, 당일 판매하지 못한 농산물은 판매가에서 20%를 할인하여 다음 날 판매한다.
○ 농부 甲은 7월 1일부터 5일까지 매일 수확한 수박 100개씩을 수확 당일 A시 지역 농산물 유통센터에 공급하였다.
○ 甲으로부터 공급받은 수박의 당일 판매가는 개당 1만 원이며, 매일 판매된 수박 개수는 아래와 같았다. 단, 수확 당일 판매되지 않은 수박은 다음 날 모두 판매되었다.

날짜(일)	1	2	3	4	5	6
판매된 수박(개)	80	100	110	100	100	10

① 482만 원
② 484만 원
③ 486만 원
④ 488만 원
⑤ 490만 원

9. 다음 글을 근거로 판단할 때, <보기>에서 옳은 것만을 모두 고르면?

> A부처는 CO_2 배출량 감소를 위해 전기와 도시가스 사용을 줄이는 가구를 대상으로 CO_2 배출 감소량에 비례하여 현금처럼 사용할 수 있는 포인트를 지급하는 제도를 시행하고 있다. 전기는 5kWh, 도시가스는 $1m^3$를 사용할 때 각각 2kg의 CO_2가 배출되며, 전기 1kWh당 사용 요금은 20원, 도시가스 $1m^3$당 사용 요금은 60원이다.

<보 기>

ㄱ. 매월 전기 요금과 도시가스 요금을 각각 1만 2천 원씩 부담하는 가구는 전기 사용으로 인한 월 CO_2 배출량이 도시가스 사용으로 인한 월 CO_2 배출량보다 적다.
ㄴ. 매월 전기 요금을 5만 원, 도시가스 요금을 3만 원 부담하는 가구는 전기와 도시가스 사용에 따른 월 CO_2 배출량이 동일하다.
ㄷ. 전기 1kWh를 절약한 가구는 도시가스 $1m^3$를 절약한 가구보다 많은 포인트를 지급받는다.

① ㄱ
② ㄷ
③ ㄱ, ㄴ
④ ㄴ, ㄷ
⑤ ㄱ, ㄴ, ㄷ

10. 다음 글과 <상황>을 근거로 판단할 때, <보기>에서 옳은 것만을 모두 고르면?

○ 지방자치단체는 공립 박물관·미술관을 설립하려는 경우 □□부로부터 설립타당성에 관한 사전평가(이하 '사전평가')를 받아야 한다.
○ 사전평가는 연 2회(상반기, 하반기) 진행한다.
 - 신청기한: 1월 31일(상반기), 7월 31일(하반기)
 - 평가기간: 2월 1일~4월 30일(상반기)
   8월 1일~10월 31일(하반기)
○ 사전평가 결과는 '적정' 또는 '부적정'으로 판정한다.
○ 지방자치단체가 동일한 공립 박물관·미술관 설립에 대해 3회 연속으로 사전평가를 신청하여 모두 '부적정'으로 판정받았다면, 그 박물관·미술관 설립에 대해서는 향후 1년간 사전평가 신청이 불가능하다.
○ 사전평가 결과 '적정'으로 판정되는 경우, 지방자치단체는 부지매입비를 제외한 건립비의 최대 40%를 국비로 지원받을 수 있다.

<상 황>

아래의 <표>는 지방자치단체 A~C가 설립하려는 공립 박물관·미술관과 건립비를 나타낸 것이다.

<표>

지방자치단체	설립 예정 공립 박물관·미술관	건립비(원)	
		부지매입비	건물건축비
A	甲미술관	30억	70억
B	乙박물관	40억	40억
C	丙박물관	10억	80억

<보 기>

ㄱ. 甲미술관을 국비 지원 없이 설립하기로 했다면, A는 사전평가를 거치지 않고도 甲미술관을 설립할 수 있다.
ㄴ. 乙박물관이 사전평가에서 '적정'으로 판정될 경우, B는 최대 32억 원까지 국비를 지원받을 수 있다.
ㄷ. 丙박물관이 2019년 하반기, 2020년 상반기, 2020년 하반기 사전평가에서 모두 '부적정'으로 판정된 경우, C는 丙박물관에 대한 2021년 상반기 사전평가를 신청할 수 없다.

① ㄱ
② ㄷ
③ ㄱ, ㄴ
④ ㄴ, ㄷ
⑤ ㄱ, ㄴ, ㄷ

11. 다음 글과 <상황>을 근거로 판단할 때 옳은 것은?

제00조 ① 다음 각 호의 어느 하나에 해당하는 사람은 주민등록지의 시장(특별시장·광역시장은 제외하고 특별자치도지사는 포함한다. 이하 같다)·군수 또는 구청장에게 주민등록번호(이하 '번호'라 한다)의 변경을 신청할 수 있다.

1. 유출된 번호로 인하여 생명·신체에 위해를 입거나 입을 우려가 있다고 인정되는 사람
2. 유출된 번호로 인하여 재산에 피해를 입거나 입을 우려가 있다고 인정되는 사람
3. 성폭력피해자, 성매매피해자, 가정폭력피해자로서 유출된 번호로 인하여 피해를 입거나 입을 우려가 있다고 인정되는 사람

② 제1항의 신청 또는 제5항의 이의신청을 받은 주민등록지의 시장·군수·구청장(이하 '시장 등'이라 한다)은 ○○부의 주민등록번호변경위원회(이하 '변경위원회'라 한다)에 번호변경 여부에 관한 결정을 청구해야 한다.

③ 주민등록지의 시장 등은 변경위원회로부터 번호변경 인용결정을 통보받은 경우에는 신청인의 번호를 다음 각 호의 기준에 따라 지체 없이 변경하고 이를 신청인에게 통지해야 한다.

1. 번호의 앞 6자리(생년월일) 및 뒤 7자리 중 첫째 자리는 변경할 수 없음
2. 제1호 이외의 나머지 6자리는 임의의 숫자로 변경함

④ 제3항의 번호변경 통지를 받은 신청인은 주민등록증, 운전면허증, 여권, 장애인등록증 등에 기재된 번호의 변경을 위해서는 그 번호의 변경을 신청해야 한다.

⑤ 주민등록지의 시장 등은 변경위원회로부터 번호변경 기각결정을 통보받은 경우에는 그 사실을 신청인에게 통지해야 하며, 신청인은 통지를 받은 날부터 30일 이내에 그 시장 등에게 이의신청을 할 수 있다.

<상 황>

甲은 주민등록번호 유출로 인해 재산상 피해를 입게 되자 주민등록번호 변경신청을 하였다. 甲의 주민등록지는 A광역시 B구이고, 주민등록번호는 980101-23456□□이다.

① A광역시장이 주민등록번호변경위원회에 甲의 주민등록번호 변경 여부에 관한 결정을 청구해야 한다.
② 주민등록번호변경위원회는 번호변경 인용결정을 하면서 甲의 주민등록번호를 다른 번호로 변경할 수 있다.
③ 주민등록번호변경위원회의 번호변경 인용결정이 있는 경우, 甲의 주민등록번호는 980101-45678□□으로 변경될 수 있다.
④ 甲의 주민등록번호가 변경된 경우, 甲이 운전면허증에 기재된 주민등록번호를 변경하기 위해서는 변경신청을 해야 한다.
⑤ 甲은 번호변경 기각결정을 통지받은 날부터 30일 이내에 주민등록번호변경위원회에 이의신청을 할 수 있다.

12. 다음 글을 근거로 판단할 때 옳은 것은?

제00조 ① 각 중앙관서의 장은 그 소관 물품관리에 관한 사무를 소속 공무원에게 위임할 수 있고, 필요하면 다른 중앙관서의 소속 공무원에게 위임할 수 있다.

② 제1항에 따라 각 중앙관서의 장으로부터 물품관리에 관한 사무를 위임받은 공무원을 물품관리관이라 한다.

제00조 ① 물품관리관은 물품수급관리계획에 정하여진 물품에 대하여는 그 계획의 범위에서, 그 밖의 물품에 대하여는 필요할 때마다 계약담당공무원에게 물품의 취득에 관한 필요한 조치를 할 것을 청구하여야 한다.

② 계약담당공무원은 제1항에 따른 청구가 있으면 예산의 범위에서 해당 물품을 취득하기 위한 필요한 조치를 하여야 한다.

제00조 물품은 국가의 시설에 보관하여야 한다. 다만 물품관리관이 국가의 시설에 보관하는 것이 물품의 사용이나 처분에 부적당하다고 인정하거나 그 밖에 특별한 사유가 있으면 국가 외의 자의 시설에 보관할 수 있다.

제00조 ① 물품관리관은 물품을 출납하게 하려면 물품출납공무원에게 출납하여야 할 물품의 분류를 명백히 하여 그 출납을 명하여야 한다.

② 물품출납공무원은 제1항에 따른 명령이 없으면 물품을 출납할 수 없다.

제00조 ① 물품출납공무원은 보관 중인 물품 중 사용할 수 없거나 수선 또는 개조가 필요한 물품이 있다고 인정하면 그 사실을 물품관리관에게 보고하여야 한다.

② 물품관리관은 제1항에 따른 보고에 의하여 수선이나 개조가 필요한 물품이 있다고 인정하면 계약담당공무원이나 그 밖의 관계 공무원에게 그 수선이나 개조를 위한 필요한 조치를 할 것을 청구하여야 한다.

① 물품출납공무원은 물품관리관의 명령이 없으면 자신의 재량으로 물품을 출납할 수 없다.
② A중앙관서의 장이 그 소관 물품관리에 관한 사무를 위임하고자 할 경우, B중앙관서의 소속 공무원에게는 위임할 수 없다.
③ 계약담당공무원은 물품을 국가의 시설에 보관하는 것이 그 사용이나 처분에 부적당하다고 인정하는 경우, 그 물품을 국가 외의 자의 시설에 보관할 수 있다.
④ 물품수급관리계획에 정해진 물품 이외의 물품이 필요한 경우, 물품관리관은 필요할 때마다 물품출납공무원에게 물품의 취득에 관한 필요한 조치를 할 것을 청구해야 한다.
⑤ 물품출납공무원은 보관 중인 물품 중 수선이 필요한 물품이 있다고 인정하는 경우, 계약담당공무원에게 수선에 필요한 조치를 할 것을 청구해야 한다.

13. 다음 글을 근거로 판단할 때 옳은 것은?

> 제○○조 ① 누구든지 법률에 의하지 아니하고는 우편물의 검열·전기통신의 감청 또는 통신사실확인자료의 제공을 하거나 공개되지 아니한 타인 상호간의 대화를 녹음 또는 청취하지 못한다.
> ② 다음 각 호의 어느 하나에 해당하는 자는 1년 이상 10년 이하의 징역과 5년 이하의 자격정지에 처한다.
> 1. 제1항에 위반하여 우편물의 검열 또는 전기통신의 감청을 하거나 공개되지 아니한 타인 상호간의 대화를 녹음 또는 청취한 자
> 2. 제1호에 따라 알게 된 통신 또는 대화의 내용을 공개하거나 누설한 자
>
> ③ 누구든지 단말기기 고유번호를 제공하거나 제공받아서는 안 된다. 다만 이동전화단말기 제조업체 또는 이동통신사업자가 단말기의 개통처리 및 수리 등 정당한 업무의 이행을 위하여 제공하거나 제공받는 경우에는 그러하지 아니하다.
> ④ 제3항을 위반하여 단말기기 고유번호를 제공하거나 제공받은 자는 3년 이하의 징역 또는 1천만 원 이하의 벌금에 처한다.
> 제□□조 제○○조의 규정에 위반하여, 불법검열에 의하여 취득한 우편물이나 그 내용, 불법감청에 의하여 지득(知得) 또는 채록(採錄)된 전기통신의 내용, 공개되지 아니한 타인 상호간의 대화를 녹음 또는 청취한 내용은 재판 또는 징계절차에서 증거로 사용할 수 없다.

① 甲이 불법검열에 의하여 취득한 乙의 우편물은 징계절차에서 증거로 사용할 수 있다.
② 甲이 乙과 정책용역을 수행하면서 乙과의 대화를 녹음한 내용은 재판에서 증거로 사용할 수 없다.
③ 甲이 乙과 丙 사이의 공개되지 않은 대화를 녹음하여 공개한 경우, 1천만 원의 벌금에 처해질 수 있다.
④ 이동통신사업자 甲이 乙의 단말기를 개통하기 위하여 단말기기 고유번호를 제공받은 경우, 1년의 징역에 처해질 수 있다.
⑤ 甲이 乙과 丙 사이의 우편물을 불법으로 검열한 경우, 2년의 징역과 3년의 자격정지에 처해질 수 있다.

14. 다음 글과 <지원대상 후보 현황>을 근거로 판단할 때, 기업 F가 받는 지원금은?

> □□부는 2021년도 중소기업 광고비 지원사업 예산 6억 원을 기업에 지원하려 하며, 지원대상 선정 및 지원금 산정 방법은 다음과 같다.
>
> ○ 2020년도 총매출이 500억 원 미만인 기업만 지원하며, 우선 지원대상 사업분야는 백신, 비대면, 인공지능이다.
> ○ 우선 지원대상 사업분야 내 또는 우선 지원대상이 아닌 사업분야 내에서는 '소요 광고비 × 2020년도 총매출'이 작은 기업부터 먼저 선정한다.
> ○ 지원금 상한액은 1억 2,000만 원이나, 해당 기업의 2020년도 총매출이 100억 원 이하인 경우 상한액의 2배까지 지원할 수 있다. 단, 지원금은 소요 광고비의 2분의 1을 초과할 수 없다.
> ○ 위의 지원금 산정 방법에 따라 예산 범위 내에서 지급 가능한 최대 금액을 예산이 소진될 때까지 지원대상 기업에 순차로 배정한다.

<지원대상 후보 현황>

기업	2020년도 총매출(억 원)	소요 광고비 (억 원)	사업분야
A	600	1	백신
B	500	2	비대면
C	400	3	농산물
D	300	4	인공지능
E	200	5	비대면
F	100	6	의류
G	30	4	백신

① 없음
② 8,000만 원
③ 1억 2,000만 원
④ 1억 6,000만 원
⑤ 2억 4,000만 원

15. 다음 글의 ㉠과 ㉡에 해당하는 수를 옳게 짝지은 것은?

> 甲담당관: 우리 부서 전 직원 57명으로 구성되는 혁신조직을 출범시켰으면 합니다.
> 乙주무관: 조직은 어떻게 구성할까요?
> 甲담당관: 5~7명으로 구성된 10개의 소조직을 만들되, 5명, 6명, 7명 소조직이 각각 하나 이상 있었으면 합니다. 단, 각 직원은 하나의 소조직에만 소속되어야 합니다.
> 乙주무관: 그렇게 할 경우 5명으로 구성되는 소조직은 최소 (㉠)개, 최대 (㉡)개가 가능합니다.

	㉠	㉡
①	1	5
②	3	5
③	3	6
④	4	6
⑤	4	7

16. 다음 글을 근거로 판단할 때, 甲이 통합력에 투입해야 하는 노력의 최솟값은?

> ○ 업무역량은 기획력, 창의력, 추진력, 통합력의 4가지 부문으로 나뉜다.
> ○ 부문별 업무역량 값을 수식으로 나타내면 다음과 같다.
>
> 부문별 업무역량 값
> =(해당 업무역량 재능 × 4)+(해당 업무역량 노력 × 3)
> ※ 재능과 노력의 값은 음이 아닌 정수이다.
>
> ○ 甲의 부문별 업무역량의 재능은 다음과 같다.
>
> | 기획력 | 창의력 | 추진력 | 통합력 |
> |---|---|---|---|
> | 90 | 100 | 110 | 60 |
>
> ○ 甲은 통합력의 업무역량 값을 다른 어떤 부문의 값보다 크게 만들고자 한다. 단, 甲이 투입 가능한 노력은 총 100이며 甲은 가능한 노력을 남김없이 투입한다.

① 67
② 68
③ 69
④ 70
⑤ 71

17. 다음 글을 근거로 판단할 때, 마지막에 송편을 먹었다면 그 직전에 먹은 떡은?

> 원 쟁반의 둘레를 따라 쑥떡, 인절미, 송편, 무지개떡, 팥떡, 호박떡이 순서대로 한 개씩 시계방향으로 놓여 있다. 이 떡을 먹는 순서는 다음과 같은 규칙에 따른다. 특정한 떡을 시작점(첫 번째)으로 하여 시계방향으로 떡을 세다가 여섯 번째에 해당하는 떡을 먹는다. 떡을 먹고 나면 시계방향으로 이어지는 바로 다음 떡이 새로운 시작점이 된다. 이 과정을 반복하여 떡이 한 개 남게 되면 마지막으로 그 떡을 먹는다.

① 무지개떡
② 쑥떡
③ 인절미
④ 팥떡
⑤ 호박떡

18. 다음 글을 근거로 판단할 때, 甲이 구매하려는 두 상품의 무게로 옳은 것은?

> ○○마트에서는 쌀 상품 A~D를 판매하고 있다. 상품 무게는 A가 가장 무겁고, B, C, D 순서대로 무게가 가볍다. 무게 측정을 위해 서로 다른 두 상품을 저울에 올린 결과, 각각 35kg, 39kg, 44kg, 45kg, 50kg, 54kg으로 측정되었다. 甲은 가장 무거운 상품과 가장 가벼운 상품을 제외하고 두 상품을 구매하기로 하였다.

※ 상품 무게(kg)의 값은 정수이다.

① 19kg, 25kg
② 19kg, 26kg
③ 20kg, 24kg
④ 21kg, 25kg
⑤ 22kg, 26kg

19. 다음 글을 근거로 판단할 때, A 괘종시계가 11시 정각을 알리기 위한 마지막 종을 치는 시각은?

> A 괘종시계는 매시 정각을 알리기 위해 매시 정각부터 일정한 시간 간격으로 해당 시의 수만큼 종을 친다. 예를 들어 7시 정각을 알리기 위해서는 7시 정각에 첫 종을 치기 시작하여 일정한 시간 간격으로 총 7번의 종을 치는 것이다. 이 괘종시계가 정각을 알리기 위해 2번 이상 종을 칠 때, 종을 치는 시간 간격은 몇 시 정각을 알리기 위한 것이든 동일하다. A 괘종시계가 6시 정각을 알리기 위한 마지막 6번째 종을 치는 시각은 6시 6초이다.

① 11시 11초
② 11시 12초
③ 11시 13초
④ 11시 14초
⑤ 11시 15초

20. 다음 글을 근거로 판단할 때, 현재 시점에서 두 번째로 많은 양의 일을 한 사람은?

> A부서 주무관 5명(甲~戊)은 오늘 해야 하는 일의 양이 같다. 오늘 업무 개시 후 현재까지 한 일을 비교해 보면 다음과 같다.
>
> 甲은 丙이 아직 하지 못한 일의 절반에 해당하는 양의 일을 했다. 乙은 丁이 남겨 놓고 있는 일의 2배에 해당하는 양의 일을 했다. 丙은 자신이 현재까지 했던 일의 절반에 해당하는 일을 남겨 놓고 있다. 丁은 甲이 남겨 놓고 있는 일과 동일한 양의 일을 했다. 戊는 乙이 남겨 놓은 일의 절반에 해당하는 양의 일을 했다.

① 甲
② 乙
③ 丙
④ 丁
⑤ 戊

21. 다음 글과 <대화>를 근거로 판단할 때, 丙이 받을 수 있는 최대 성과점수는?

○ A과는 과장 1명과 주무관 4명(甲~丁)으로 구성되어 있으며, 주무관의 직급은 甲이 가장 높고, 乙, 丙, 丁 순으로 낮아진다.
○ A과는 프로젝트를 성공적으로 마친 보상으로 성과점수 30점을 부여받았다. 과장은 A과에 부여된 30점을 자신을 제외한 주무관들에게 분배할 계획을 세우고 있다.
○ 과장은 주무관들의 요구를 모두 반영하여 성과점수를 분배하려 한다.
○ 주무관들이 받는 성과점수는 모두 다른 자연수이다.

<대 화>

甲: 과장님이 주시는 대로 받아야죠. 아! 그렇지만 丁보다는 제가 높아야 합니다.
乙: 이번 프로젝트 성공에는 제가 가장 큰 기여를 했으니, 제가 가장 높은 성과점수를 받아야 합니다.
丙: 기여도를 고려했을 때, 제 경우에는 상급자보다는 낮게 받고 하급자보다는 높게 받아야 합니다.
丁: 저는 내년 승진에 필요한 최소 성과점수인 4점만 받겠습니다.

① 6
② 7
③ 8
④ 9
⑤ 10

22. 다음 글을 근거로 판단할 때, 아기 돼지 삼형제와 각각의 집을 옳게 짝지은 것은?

○ 아기 돼지 삼형제는 엄마 돼지로부터 독립하여 벽돌집, 나무집, 지푸라기집 중 각각 다른 한 채씩을 선택하여 짓는다.
○ 벽돌집을 지을 때에는 벽돌만 필요하지만, 나무집은 나무와 지지대가, 지푸라기집은 지푸라기와 지지대가 재료로 필요하다. 지지대에 소요되는 비용은 집의 면적과 상관없이 나무집의 경우 20만 원, 지푸라기집의 경우 5만 원이다.
○ 재료의 1개당 가격 및 집의 면적 $1m^2$당 필요 개수는 아래와 같다.

구분	벽돌	나무	지푸라기
1개당 가격(원)	6,000	3,000	1,000
$1m^2$당 필요 개수	15	20	30

○ 첫째 돼지 집의 면적은 둘째 돼지 집의 2배이고, 셋째 돼지 집의 3배이다. 삼형제 집의 면적의 총합은 $11m^2$이다.
○ 모두 집을 짓고 나니, 둘째 돼지 집을 짓는 재료 비용이 가장 많이 들었다.

	첫째	둘째	셋째
①	벽돌집	나무집	지푸라기집
②	벽돌집	지푸라기집	나무집
③	나무집	벽돌집	지푸라기집
④	지푸라기집	벽돌집	나무집
⑤	지푸라기집	나무집	벽돌집

23. 다음 <A기관 특허대리인 보수 지급 기준>과 <상황>을 근거로 판단할 때, 甲과 乙이 지급받는 보수의 차이는?

<A기관 특허대리인 보수 지급 기준>

○ A기관은 특허출원을 특허대리인(이하 '대리인')에게 의뢰하고, 이에 따라 특허출원 건을 수임한 대리인에게 보수를 지급한다.
○ 보수는 착수금과 사례금의 합이다.
○ 착수금은 대리인이 작성한 출원서의 내용에 따라 <착수금 산정 기준>의 세부항목을 합산하여 산정한다. 단, 세부항목을 합산한 금액이 140만 원을 초과할 경우 착수금은 140만 원으로 한다.

<착수금 산정 기준>

세부항목	금액(원)
기본료	1,200,000
독립항 1개 초과분(1개당)	100,000
종속항(1개당)	35,000
명세서 20면 초과분(1면당)	9,000
도면(1도당)	15,000

※ 독립항 1개 또는 명세서 20면 이하는 해당 항목에 대한 착수금을 산정하지 않는다.

○ 사례금은 출원한 특허가 '등록결정'된 경우 착수금과 동일한 금액으로 지급하고, '거절결정'된 경우 0원으로 한다.

<상 황>

○ 특허대리인 甲과 乙은 A기관이 의뢰한 특허출원을 각각 1건씩 수임하였다.
○ 甲은 독립항 1개, 종속항 2개, 명세서 14면, 도면 3도로 출원서를 작성하여 특허를 출원하였고, '등록결정'되었다.
○ 乙은 독립항 5개, 종속항 16개, 명세서 50면, 도면 12도로 출원서를 작성하여 특허를 출원하였고, '거절결정'되었다.

① 2만 원
② 8만 5천 원
③ 123만 원
④ 129만 5천 원
⑤ 259만 원

24. 다음 글과 <상황>을 근거로 판단할 때, <보기>에서 옳은 것만을 모두 고르면?

□□부서는 매년 △△사업에 대해 사업자 자격 요건 재허가 심사를 실시한다.

○ 기본심사 점수에서 감점 점수를 뺀 최종심사 점수가 70점 이상이면 '재허가', 60점 이상 70점 미만이면 '허가 정지', 60점 미만이면 '허가 취소'로 판정한다.
  - 기본심사 점수: 100점 만점으로, ㉮~㉱의 4가지 항목(각 25점 만점) 점수의 합으로 한다. 단, 점수는 자연수이다.
  - 감점 점수: 과태료 부과의 경우 1회당 2점, 제재 조치의 경우 경고 1회당 3점, 주의 1회당 1.5점, 권고 1회당 0.5점으로 한다.

<상 황>

2020년 사업자 A~C의 기본심사 점수 및 감점 사항은 아래와 같다.

사업자	기본심사 항목별 점수			
	㉮	㉯	㉰	㉱
A	20	23	17	?
B	18	21	18	?
C	23	18	21	16

사업자	과태료 부과 횟수	제재 조치 횟수		
		경고	주의	권고
A	3	-	-	6
B	5	-	3	2
C	4	1	2	-

<보 기>

ㄱ. A의 ㉱ 항목 점수가 15점이라면 A는 재허가를 받을 수 있다.
ㄴ. B의 허가가 취소되지 않으려면 B의 ㉱ 항목 점수가 19점 이상이어야 한다.
ㄷ. C가 2020년에 과태료를 부과받은 적이 없다면 판정 결과가 달라진다.
ㄹ. 기본심사 점수와 최종심사 점수 간의 차이가 가장 큰 사업자는 C이다.

① ㄱ
② ㄴ
③ ㄱ, ㄴ
④ ㄴ, ㄷ
⑤ ㄷ, ㄹ

25. 다음 글과 <상황>을 근거로 판단할 때, 수질검사빈도와 수질 기준을 둘 다 충족한 검사지점만을 모두 고르면?

□□법 제00조(수질검사빈도와 수질기준) ① 기초자치단체의 장인 시장·군수·구청장은 다음 각 호의 구분에 따라 지방 상수도의 수질검사를 실시하여야 한다.

1. 정수장에서의 검사
   가. 냄새, 맛, 색도, 탁도(濁度), 잔류염소에 관한 검사: 매일 1회 이상
   나. 일반세균, 대장균, 암모니아성 질소, 질산성 질소, 과망간산칼륨 소비량 및 증발잔류물에 관한 검사: 매주 1회 이상
   단, 일반세균, 대장균을 제외한 항목 중 지난 1년간 검사를 실시한 결과, 수질기준의 10퍼센트를 초과한 적이 없는 항목에 대하여는 매월 1회 이상
2. 수도꼭지에서의 검사
   가. 일반세균, 대장균, 잔류염소에 관한 검사: 매월 1회 이상
   나. 정수장별 수도관 노후지역에 대한 일반세균, 대장균, 암모니아성 질소, 동, 아연, 철, 망간, 잔류염소에 관한 검사: 매월 1회 이상
3. 수돗물 급수과정별 시설(배수지 등)에서의 검사
   일반세균, 대장균, 암모니아성 질소, 동, 수소이온 농도, 아연, 철, 잔류염소에 관한 검사: 매 분기 1회 이상

② 수질기준은 아래와 같다.

항목	기준	항목	기준
대장균	불검출/100mL	일반세균	100CFU/mL 이하
잔류염소	4mg/L 이하	질산성 질소	10mg/L 이하

<상 황>

甲시장은 □□법 제00조에 따라 수질검사를 실시하고 있다. 甲시 관할의 검사지점(A~E)은 이전 검사에서 매번 수질기준을 충족하였고, 이번 수질검사에서 아래와 같은 결과를 보였다.

검사지점	검사대상	검사결과	검사빈도
정수장 A	잔류염소	2mg/L	매일 1회
정수장 B	질산성 질소	11mg/L	매일 1회
정수장 C	일반세균	70CFU/mL	매월 1회
수도꼭지 D	대장균	불검출/100mL	매주 1회
배수지 E	잔류염소	2mg/L	매주 1회

※ 제시된 검사대상 외의 수질검사빈도와 수질기준은 모두 충족한 것으로 본다.

① A, D
② B, D
③ A, D, E
④ A, B, C, E
⑤ A, C, D, E

약점 보완 해설집 p.101

자료해석영역

1. 다음 <표>는 2021년 우리나라 17개 지역의 도시재생사업비이다. 이에 대한 <보기>의 설명 중 옳은 것만을 모두 고르면?

<표> 지역별 도시재생사업비

(단위: 억 원)

지역	사업비
서울	160
부산	240
대구	200
인천	80
광주	160
대전	160
울산	120
세종	0
경기	360
강원	420
충북	300
충남	320
전북	280
전남	320
경북	320
경남	440
제주	120
전체	( )

<보 기>

ㄱ. 부산보다 사업비가 많은 지역은 8개이다.
ㄴ. 사업비 상위 2개 지역의 사업비 합은 사업비 하위 4개 지역의 사업비 합의 2배 이상이다.
ㄷ. 사업비가 전체 사업비의 10% 이상인 지역은 2개이다.

① ㄱ
② ㄷ
③ ㄱ, ㄴ
④ ㄴ, ㄷ
⑤ ㄱ, ㄴ, ㄷ

2. 다음 <표>는 전분기 대비 2분기의 권역별 지역경제 동향을 부문별로 정리한 자료이다. 이에 대한 <보고서>의 내용이 <표>와 부합하지 않은 부문은?

<표> 전분기 대비 2분기의 권역별 지역경제 동향

부문 \ 권역	수도권	동남권	충청권	호남권	대경권	강원권	제주권
제조업 생산	▲	-	▲	▲	▲	-	▽
서비스업 생산	-	▽	-	▽	-	-	▲
소비	▲	▽	-	-	-	-	-
설비투자	▲	-	▲	▲	▲	-	-
건설투자	-	▲	▽	▽	-	▽	▽
수출	▲	▽	▲	▲	▲	▲	-

※ 전분기 대비 경제동향은 ▲(증가), -(보합), ▽(감소)로만 구분됨.

<보고서>

제조업 생산은 수도권과 충청권, 호남권, 대경권이 '증가'이고, 동남권 및 강원권이 '보합', 제주권이 '감소'였다. 서비스업 생산은 제주권이 '증가'이고, 동남권과 호남권이 '감소'인 가운데 나머지 권역이 '보합'이었다. 소비는 수도권이 '증가'이고 동남권이 '감소'였으며, 나머지 권역의 소비는 모두 '보합'이었다. 설비투자는 수도권과 충청권, 호남권, 대경권이 '증가'이고 나머지 권역이 '보합'이었다. 건설투자는 동남권만 '증가'인 반면, 수출은 동남권을 제외한 모든 권역이 '증가'였다.

① 제조업 생산 ② 서비스업 생산 ③ 소비
④ 건설투자 ⑤ 수출

3. 다음 <표>는 2014~2018년 독립유공자 포상 인원에 관한 자료이다. 이에 대한 <보기>의 설명 중 옳은 것만을 모두 고르면?

<표> 연도별 독립유공자 포상 인원

(단위: 명)

연도 \ 훈격	전체	건국훈장	독립장	애국장	애족장	건국포장	대통령표창
2014	341(10)	266(2)	4(0)	111(1)	151(1)	30(2)	45(6)
2015	510(21)	326(3)	2(0)	130(0)	194(3)	74(5)	110(13)
2016	312(14)	204(4)	0(0)	87(0)	117(4)	36(2)	72(8)
2017	269(11)	152(8)	1(0)	43(0)	108(8)	43(1)	74(2)
2018	355(60)	150(11)	0(0)	51(2)	99(9)	51(9)	154(40)

※ ( ) 안은 포상 인원 중 여성 포상 인원임.

<보 기>

ㄱ. 여성 건국훈장 포상 인원은 매년 증가한다.
ㄴ. 매년 건국훈장 포상 인원은 전체 포상 인원의 절반 이상이다.
ㄷ. 남성 애국장 포상 인원과 남성 애족장 포상 인원의 차이가 가장 큰 해는 2015년이다.
ㄹ. 건국포장 포상 인원 중 여성 비율이 가장 낮은 해에는 대통령표창 포상 인원 중 여성 비율도 가장 낮다.

① ㄱ, ㄴ ② ㄱ, ㄹ ③ ㄴ, ㄷ
④ ㄱ, ㄷ, ㄹ ⑤ ㄴ, ㄷ, ㄹ

4. 다음 <표>는 2020년 '갑'국 관세청의 민원 상담 현황에 관한 자료이고, <그림>은 상담내용 A와 B의 민원인별 상담건수 구성비를 나타낸 자료이다. 이를 근거로 A와 B를 바르게 나열한 것은?

<표> 2020년 민원 상담 현황

(단위: 건)

민원인 \ 상담내용	관세사	무역업체	개인	세관	선사/항공사	기타	합계
전산처리	24,496	63,475	48,658	1,603	4,851	4,308	147,391
수입	24,857	5,361	4,290	7,941	400	664	43,513
사전검증	22,228	5,179	1,692	241	2,247	3,586	35,173
징수	9,948	5,482	3,963	3,753	182	476	23,804
요건신청	4,944	12,072	380	37	131	251	17,815
수출	6,678	4,196	3,053	1,605	424	337	16,293
화물	3,846	896	36	3,835	2,619	3,107	14,339
환급	3,809	1,040	79	1,815	13	101	6,857

<그림> 상담내용 A와 B의 민원인별 상담건수 구성비(2020년)

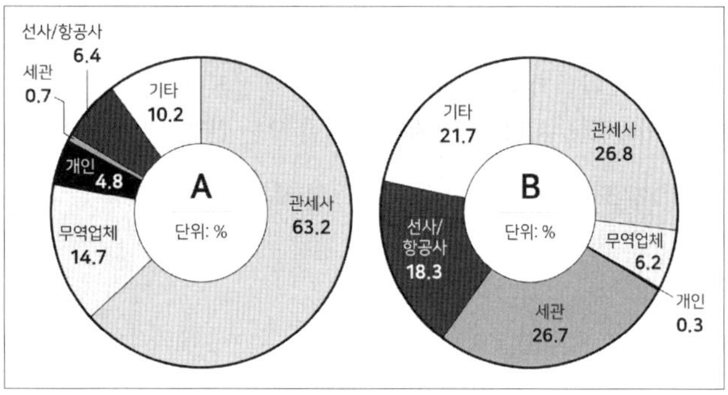

	A	B
①	수입	요건신청
②	사전검증	화물
③	사전검증	환급
④	환급	요건신청
⑤	환급	화물

5. 다음 <표>는 '갑'잡지가 발표한 세계 스포츠 구단 중 2020년 가치액 기준 상위 10개 구단에 관한 자료이다. 이에 대한 <보기>의 설명 중 옳은 것만을 모두 고르면?

<표> 2020년 가치액 상위 10개 스포츠 구단

(단위: 억 달러)

순위	구단	종목	가치액
1(1)	A	미식축구	58(58)
2(2)	B	야구	50(50)
3(5)	C	농구	45(39)
4(8)	D	농구	44(36)
5(9)	E	농구	42(33)
6(3)	F	축구	41(42)
7(7)	G	미식축구	40(37)
8(4)	H	축구	39(41)
9(11)	I	미식축구	37(31)
10(6)	J	축구	36(38)

※ ( ) 안은 2019년도 값임.

<보 기>

ㄱ. 2020년 상위 10개 스포츠 구단 중 전년보다 순위가 상승한 구단이 순위가 하락한 구단보다 많다.
ㄴ. 2020년 상위 10개 스포츠 구단 중 미식축구 구단 가치액 합은 농구 구단 가치액 합보다 크다.
ㄷ. 2020년 상위 10개 스포츠 구단 중 전년 대비 가치액 상승률이 가장 큰 구단의 종목은 미식축구이다.
ㄹ. 연도별 상위 10개 스포츠 구단의 가치액 합은 2019년이 2020년보다 크다.

① ㄱ, ㄴ
② ㄱ, ㄹ
③ ㄷ, ㄹ
④ ㄱ, ㄴ, ㄷ
⑤ ㄴ, ㄷ, ㄹ

6. 다음 <표>와 <보고서>는 A시 청년의 희망직업 취업 여부에 관한 조사 결과이다. 제시된 <표> 이외에 <보고서>를 작성하기 위해 추가로 이용한 자료만을 <보기>에서 모두 고르면?

<표> 전공계열별 희망직업 취업 현황

(단위: 명, %)

구분 \ 전공계열	전체	인문사회계열	이공계열	의약/교육/예체능계열
취업자 수	2,988	1,090	1,054	844
희망직업 취업률	52.3	52.4	43.0	63.7
희망직업 외 취업률	47.7	47.6	57.0	36.3

<보고서>

A시의 취업한 청년 2,988명을 대상으로 조사한 결과 52.3%가 희망직업에 취업했다고 응답하였다. 전공계열별로 살펴보면 의약/교육/예체능계열, 인문사회계열, 이공계열 순으로 희망직업 취업률이 높게 나타났다.

전공계열별로 희망직업을 선택한 동기를 살펴보면 이공계열과 의약/교육/예체능계열의 경우 '전공분야'라고 응답한 비율이 각각 50.3%와 49.9%였고, 인문사회계열은 그 비율이 33.3%였다. 전공계열별 희망직업의 선호도 분포를 분석한 결과, 인문사회계열은 '경영', 이공계열은 '연구직', 그리고 의약/교육/예체능계열은 '보건·의료·교육'에 대한 선호도가 가장 높았다.

한편, 전공계열별로 희망직업에 취업한 청년과 희망직업 외에 취업한 청년의 직장만족도를 살펴보면 차이가 가장 큰 계열은 이공계열로 0.41점이었다.

<보 기>

ㄱ. 구인·구직 추이

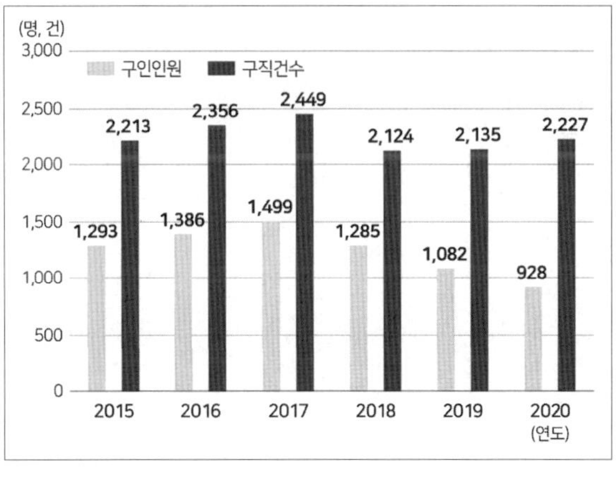

ㄴ. 전공계열별 희망직업 선호도 분포

(단위: %)

희망직업 \ 전공계열	전체	인문사회계열	이공계열	의약/교육/예체능계열
경영	24.2	47.7	15.4	5.1
연구직	19.8	1.9	52.8	1.8
보건·의료·교육	33.2	28.6	14.6	62.2
예술·스포츠	10.7	8.9	4.2	21.2
여행·요식	8.7	12.2	5.5	8.0
생산·농림어업	3.4	0.7	7.5	1.7

ㄷ. 전공계열별 희망직업 선택 동기 구성비

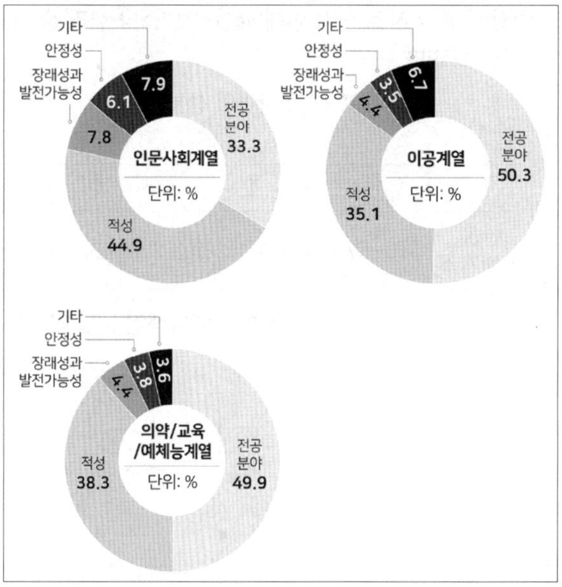

ㄹ. 희망직업 취업여부에 따른 항목별 직장 만족도(5점 만점)

(단위: 점)

희망직업 취업여부 \ 항목	업무내용	소득	고용안정
전체	3.72	3.57	3.28
희망직업 취업	3.83	3.70	3.35
희망직업 외 취업	3.59	3.42	3.21

① ㄱ, ㄷ ② ㄱ, ㄹ ③ ㄴ, ㄷ
④ ㄱ, ㄴ, ㄹ ⑤ ㄴ, ㄷ, ㄹ

7. 다음 <표>는 A프로세서 성능 평가를 위한 8개 프로그램 수행 결과에 관한 자료이다. 이에 대한 설명으로 옳은 것은?

<표> A프로세서 성능 평가를 위한 8개 프로그램 수행 결과

(단위: 십억 개, 초)

프로그램 \ 항목	명령어 수	CPI	수행시간	기준시간	성능지표
숫자 정렬	2,390	0.70	669	9,634	14.4
문서 편집	221	2.66	235	9,120	38.8
인공지능 바둑	1,274	1.10	( )	10,490	18.7
유전체 분석	2,616	0.60	628	9,357	14.9
인공지능 체스	1,948	0.80	623	12,100	19.4
양자 컴퓨팅	659	0.44	116	20,720	178.6
영상 압축	3,793	0.50	759	22,163	29.2
내비게이션	1,250	1.00	500	7,020	( )

※ 1) CPI(clock cycles per instruction) = $\frac{\text{클럭 사이클 수}}{\text{명령어 수}}$

2) 성능지표 = $\frac{\text{기준시간}}{\text{수행시간}}$

① 명령어 수가 많은 프로그램일수록 수행시간이 길다.
② CPI가 가장 낮은 프로그램은 기준시간이 가장 길다.
③ 수행시간은 인공지능 바둑이 내비게이션보다 짧다.
④ 기준시간이 짧은 프로그램일수록 클럭 사이클 수가 적다.
⑤ 성능지표가 가장 낮은 프로그램은 내비게이션이다.

8. 다음 <표>와 <그림>은 2019년 '갑'국의 A~J 지역별 산불피해 현황에 관한 자료이다. 이에 대한 <보기>의 설명 중 옳은 것만을 모두 고르면?

<표> A~J 지역별 산불 발생건수

(단위: 건)

지역	A	B	C	D	E	F	G	H	I	J
산불 발생건수	516	570	350	277	197	296	492	623	391	165

<그림 1> A~J 지역별 산불 발생건수 및 피해액

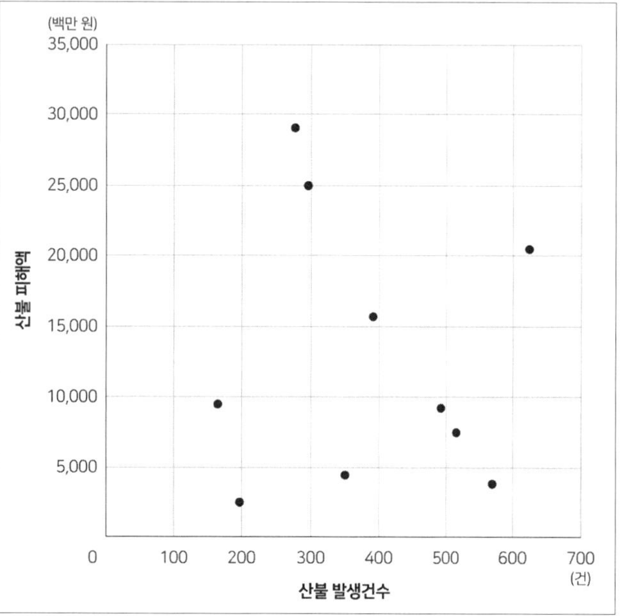

※ 산불 피해액은 산불로 인한 손실 금액을 의미함.

<그림 2> A~J 지역별 산불 발생건수 및 피해재적

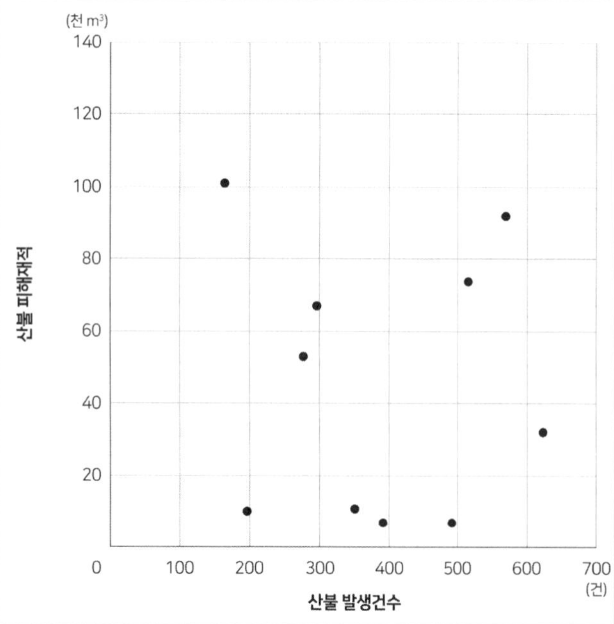

※ 산불 피해재적은 산불 피해를 입은 입목의 재적을 의미함.

<그림 3> A~J 지역별 산불 발생건수 및 발생건당 피해면적

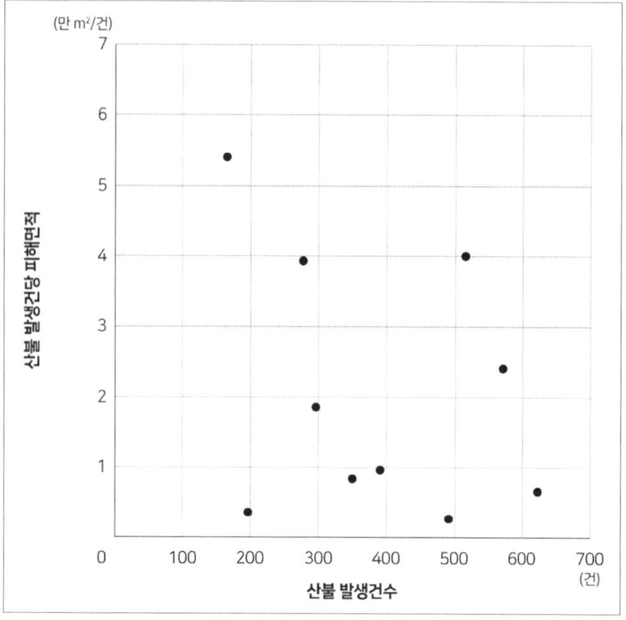

※ 산불 피해면적은 산불이 발생하여 지상입목, 관목, 시초 등을 연소시키면서 지나간 면적을 의미함.

<보 기>

ㄱ. 산불 발생건당 피해면적은 J지역이 가장 크다.

ㄴ. 산불 발생건당 피해재적은 B지역이 가장 크고 E지역이 가장 작다.

ㄷ. 산불 발생건당 피해액은 D지역이 가장 크고 B지역이 가장 작다.

ㄹ. 산불 피해면적은 H지역이 가장 크고 E지역이 가장 작다.

① ㄱ, ㄴ
② ㄱ, ㄷ
③ ㄱ, ㄹ
④ ㄴ, ㄷ
⑤ ㄷ, ㄹ

9. 다음 <표>는 2020년 '갑'국 A~E지역의 월별 최대 순간 풍속과 타워크레인 작업 유형별 작업제한 기준 순간 풍속에 관한 자료이다. <표>와 <정보>에 근거하여 '가'~'다'를 큰 것부터 순서대로 나열한 것은?

<표 1> A~E지역의 월별 최대 순간 풍속

(단위: m/s)

월 \ 지역	A	B	C	D	E
1	15.7	12.8	18.4	26.9	23.4
2	14.5	13.5	19.0	25.7	(다)
3	19.5	17.5	21.5	23.5	24.5
4	18.9	16.7	19.8	24.7	26.0
5	13.7	21.0	14.1	22.8	21.5
6	16.5	18.8	17.0	29.0	24.0
7	16.8	22.0	25.0	32.3	31.5
8	15.8	29.6	25.2	33.0	31.6
9	21.5	19.9	(나)	32.7	34.2
10	18.2	16.3	19.5	21.4	28.8
11	12.0	17.3	20.1	22.2	19.2
12	19.4	(가)	20.3	26.0	23.9

<표 2> 타워크레인 작업 유형별 작업제한 기준 순간 풍속

(단위: m/s)

타워크레인 작업 유형	설치	운전
작업제한 기준 순간 풍속	15	20

※ 순간 풍속이 타워크레인 작업 유형별 작업제한 기준 이상인 경우, 해당 작업 유형에 대한 작업제한 조치가 시행됨.

<정 보>

- ○ B지역에서 타워크레인 작업제한 조치가 한 번도 시행되지 않은 '월'은 3개이다.
- ○ 매월 C지역의 최대 순간 풍속은 A지역보다 높고 D지역보다 낮다.
- ○ E지역에서 '설치' 작업제한 조치는 매월 시행되었고 '운전' 작업제한 조치는 2개 '월'을 제외한 모든 '월'에 시행되었다.

① 가, 나, 다
② 가, 다, 나
③ 나, 가, 다
④ 나, 다, 가
⑤ 다, 가, 나

10. 다음 <표>는 5개국의 발전원별 발전량 및 비중에 관한 자료이다. 이에 대한 설명으로 옳지 않은 것은?

<표> 5개국의 발전원별 발전량 및 비중

(단위: TWh, %)

국가	연도 \ 발전원	원자력	화력			수력	신재생 에너지	전체
			석탄	LNG	유류			
독일	2010	140.6 (22.2)	237.5 (43.2)	90.4 (14.3)	8.7 (1.4)	27.4 (4.3)	92.5 (14.6)	633.1 (100.0)
	2015	91.8 (14.2)	283.7 (43.9)	63.0 (9.7)	6.2 (1.0)	24.9 (3.8)	177.3 (27.4)	646.9 (100.0)
미국	2010	838.9 (19.2)	1,994.2 (45.5)	1,017.9 (23.2)	48.1 (1.1)	286.3 (6.5)	193.0 (4.4)	4,378.4 (100.0)
	2015	830.3 (19.2)	1,471.0 (34.1)	1,372.6 (31.8)	38.8 (0.9)	271.1 (6.3)	333.3 ( )	4,317.1 (100.0)
프랑스	2010	428.5 (75.3)	26.3 (4.6)	23.8 (4.2)	5.5 (1.0)	67.5 (11.9)	17.5 (3.1)	569.1 (100.0)
	2015	437.4 ( )	12.2 (2.1)	19.8 (3.5)	2.2 (0.4)	59.4 (10.4)	37.5 (6.6)	568.5 (100.0)
영국	2010	62.1 (16.3)	108.8 (28.5)	175.3 (45.9)	5.0 (1.3)	6.7 (1.8)	23.7 (6.2)	381.6 (100.0)
	2015	70.4 (20.8)	76.7 (22.6)	100.0 (29.5)	2.1 (0.6)	9.0 (2.7)	80.9 ( )	339.1 (100.0)
일본	2010	288.2 (25.1)	309.5 (26.9)	318.6 (27.7)	100.2 (8.7)	90.7 (7.9)	41.3 (3.6)	1,148.5 (100.0)
	2015	9.4 (0.9)	343.2 (33.0)	409.8 (39.4)	102.5 (9.8)	91.3 (8.8)	85.1 (8.2)	1,041.3 (100.0)

※ 발전원은 원자력, 화력, 수력, 신재생 에너지로만 구성됨.

① 2015년 프랑스의 전체 발전량 중 원자력 발전량의 비중은 75% 이하이다.
② 영국의 전체 발전량 중 신재생 에너지 발전량의 비중은 2010년 대비 2015년에 15%p 이상 증가하였다.
③ 2010년 석탄 발전량은 미국이 일본의 6배 이상이다.
④ 2010년 대비 2015년 전체 발전량이 증가한 국가는 독일뿐이다.
⑤ 2010년 대비 2015년 각 국가에서 신재생 에너지의 발전량과 비중은 모두 증가하였다.

11. 다음 <표>와 <보고서>는 2019년 전국 안전체험관과 생활안전에 관한 자료이다. 제시된 <표> 이외에 <보고서>를 작성하기 위해 추가로 이용한 자료만을 <보기>에서 모두 고르면?

<표> 2019년 전국 안전체험관 규모별 현황

(단위: 개소)

전체	대형		중형		소형
	일반	특성화	일반	특성화	
473	25	7	5	2	434

<보고서>

2019년 생활안전 통계에 따르면 전국 473개소의 안전체험관이 운영 중인 것으로 확인되었다. 전국 안전체험관을 규모별로 살펴보면, 대형이 32개소, 중형이 7개소, 소형이 434개소였다. 이 중 대형 안전체험관은 서울이 가장 많고 경북, 충남이 그 뒤를 이었다.

전국 안전사고 사망자 수는 2015년 이후 매년 감소하다가 2018년에는 증가하였다. 교통사고 사망자 수는 2015년 이후 매년 줄어들었고, 특히 2018년에 전년 대비 11.2% 감소하였다.

2019년 분야별 지역안전지수 1등급 지역을 살펴보면 교통사고 분야는 서울, 경기, 화재 분야는 광주, 생활안전 분야는 경기, 부산으로 나타났다.

<보 기>

ㄱ. 연도별 전국 교통사고 사망자 수

(단위: 명)

연도	2015	2016	2017	2018
사망자 수	4,380	4,019	3,973	3,529

ㄴ. 분야별 지역안전지수 4년 연속(2015~2018년) 1등급, 5등급 지역(시·도)

분야 / 등급	교통사고	화재	범죄	생활안전	자살
1등급	서울, 경기	-	세종	경기	경기
5등급	전남	세종	제주	제주	부산

ㄷ. 연도별 전국 안전사고 사망자 수

(단위: 명)

연도	2015	2016	2017	2018
사망자 수	31,582	30,944	29,545	31,111

ㄹ. 2018년 지역별 안전체험관 수

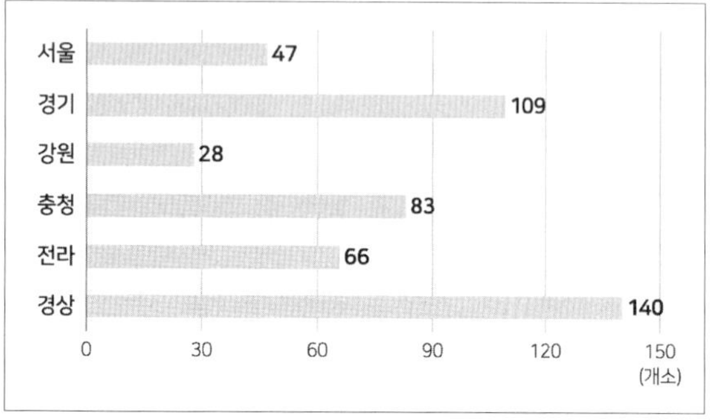

① ㄱ, ㄴ ② ㄱ, ㄷ ③ ㄴ, ㄹ
④ ㄱ, ㄷ, ㄹ ⑤ ㄴ, ㄷ, ㄹ

12. 다음 <표>는 아프리카연합이 주도한 임무단의 평화유지활동에 관한 자료이다. 이를 바탕으로 작성한 <보고서>의 설명 중 옳지 않은 것은?

<표> 임무단의 평화유지활동(2021년 5월 기준)

(단위: 명)

임무단	파견지	활동기간	주요 임무	파견규모
부룬디 임무단	부룬디	2003. 4.~ 2004. 6.	평화협정 이행 지원	3,128
수단 임무단	수단	2004. 10.~ 2007. 12.	다르푸르 지역 정전 감시	300
코모로 선거감시 지원 임무단	코모로	2006. 3.~ 2006. 6.	코모로 대통령 선거 감시	462
소말리아 임무단	소말리아	2007. 1.~ 현재	구호 활동 지원	6,000
코모로 치안 지원 임무단	코모로	2007. 5.~ 2008. 10.	앙주앙 섬 치안 지원	350
다르푸르 지역 임무단	수단	2007. 7.~ 현재	민간인 보호	6,000
우간다 임무단	우간다	2012. 3.~ 현재	반군 소탕작전	3,350
말리 임무단	말리	2012. 12.~ 2013. 7.	정부 지원	1,450
중앙아프리카 공화국 임무단	중앙아프리카 공화국	2013. 12.~ 2014. 9.	안정 유지	5,961

<보고서>

아프리카연합은 아프리카 지역 분쟁 해결 및 평화 구축을 위하여 2021년 5월 현재까지 9개의 임무단을 구성하고 평화유지활동을 주도하였다. ㉠ 평화유지활동 중 가장 오랜 기간 동안 활동한 임무단은 '소말리아 임무단'이다. 이 임무는 소말리아 과도 연방정부가 아프리카연합에 평화유지군을 요청한 것을 계기로 시작되어 현재에 이르고 있다. 한편, ㉡ '코모로 선거감시 지원 임무단'은 가장 짧은 기간 동안 활동하였다. 2006년 코모로는 대통령 선거를 앞두고 아프리카연합에 지원을 요청하였고 같은 해 3월 시작된 평화유지활동은 선거가 끝난 6월에 임무가 종료되었다.

㉢ 아프리카연합이 현재까지 평화유지활동을 위해 파견한 임무단의 총규모는 25,000명 이상이며, 현재 활동 중인 임무단의 규모는 소말리아 6,000명, 수단 6,000명, 우간다 3,350명으로 총 15,000여 명이다.

아프리카연합은 아프리카 내의 문제를 자체적으로 해결하기 위해 다양한 임무단 활동을 활발히 수행하였다. 특히 ㉣ 수단과 코모로에서는 각각 2개의 임무단이 활동하였다.

현재 평화유지활동을 수행 중인 임무단은 3개이지만 ㉤ 2007년 10월 기준 평화유지활동을 수행 중이었던 임무단은 5개였다.

① ㄱ ② ㄴ ③ ㄷ
④ ㄹ ⑤ ㅁ

13. 다음 <그림>은 2014~2020년 연말 기준 '갑'국의 국가채무 및 GDP에 관한 자료이다. 이에 대한 <보기>의 설명 중 옳은 것만을 모두 고르면?

<그림 1> GDP 대비 국가채무 및 적자성채무 비율 추이

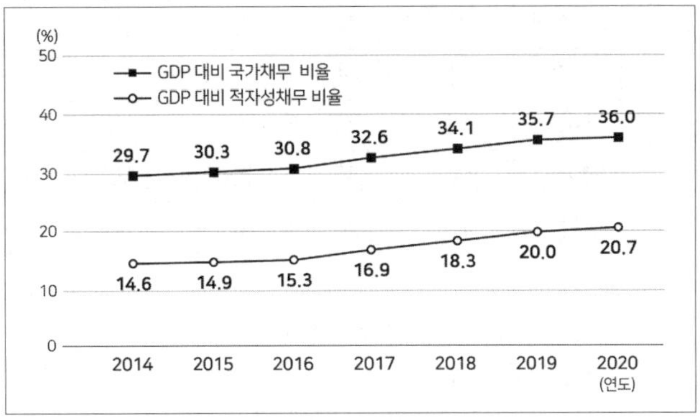

※ 국가채무 = 적자성채무 + 금융성채무

<그림 2> GDP 추이

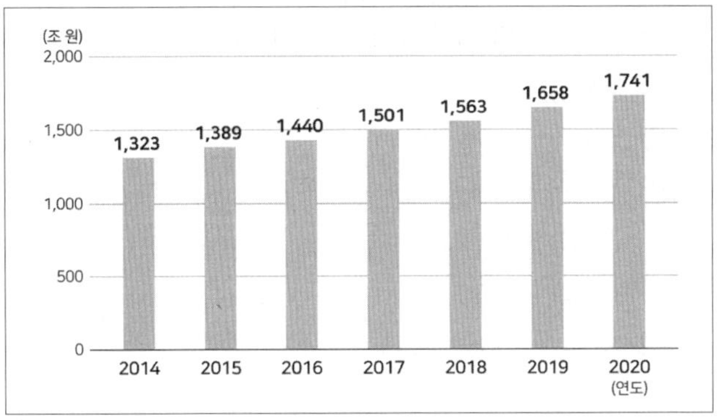

<보 기>

ㄱ. 2020년 국가채무는 2014년의 1.5배 이상이다.
ㄴ. GDP 대비 금융성채무 비율은 매년 증가한다.
ㄷ. 적자성채무는 2019년부터 300조 원 이상이다.
ㄹ. 금융성채무는 매년 국가채무의 50% 이상이다.

① ㄱ, ㄴ
② ㄱ, ㄷ
③ ㄴ, ㄹ
④ ㄱ, ㄷ, ㄹ
⑤ ㄴ, ㄷ, ㄹ

14. 다음 <표>는 최근 이사한 100가구의 이사 전후 주택규모에 관한 조사 결과이다. 이에 대한 <보기>의 설명 중 옳은 것만을 모두 고르면?

<표> 이사 전후 주택규모 조사 결과

(단위: 가구)

이사 전 / 이사 후	소형	중형	대형	합
소형	15	10	( )	30
중형	( )	30	10	( )
대형	5	10	15	( )
계	( )	( )	( )	100

※ 주택규모는 '소형', '중형', '대형'으로만 구분하며, 동일한 주택규모는 크기도 같음.

<보 기>

ㄱ. 주택규모가 이사 전 '소형'에서 이사 후 '중형'으로 달라진 가구는 없다.
ㄴ. 이사 전후 주택규모가 달라진 가구 수는 전체 가구 수의 50% 이하이다.
ㄷ. 주택규모가 '대형'인 가구 수는 이사 전이 이사 후보다 적다.
ㄹ. 이사 후 주택규모가 커진 가구 수는 이사 후 주택규모가 작아진 가구 수보다 많다.

① ㄱ, ㄴ　② ㄱ, ㄷ　③ ㄴ, ㄹ
④ ㄷ, ㄹ　⑤ ㄱ, ㄴ, ㄷ

15. 다음 <그림>은 A사 플라스틱 제품의 제조공정도이다. 1,000kg의 재료가 '혼합' 공정에 투입되는 경우, '폐기처리' 공정에 전달되어 투입되는 재료의 총량은 몇 kg인가?

<그림> A사 플라스틱 제품의 제조공정도

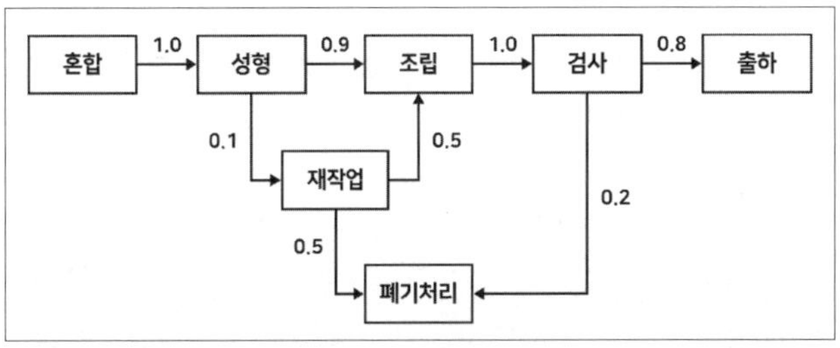

※ 제조공정도 내 수치는 직진율 $\left(=\frac{\text{다음 공정에 전달되는 재료의 양}}{\text{해당 공정에 투입되는 재료의 양}}\right)$을 의미 함. 예를 들어, [가] —0.2→ [나]는 해당 공정 '가'에 100kg의 재료가 투입되면 이 중 20kg(= 100kg×0.2)의 재료가 다음 공정 '나'에 전달되어 투입됨을 의미함.

① 50　② 190　③ 230
④ 240　⑤ 280

16. 다음 <그림>은 12개 국가의 수자원 현황에 관한 자료이며, A~H는 각각 특정 국가를 나타낸다. <그림>과 <조건>을 근거로 판단할 때, 국가명을 알 수 없는 것은?

<그림> 12개 국가의 수자원 현황

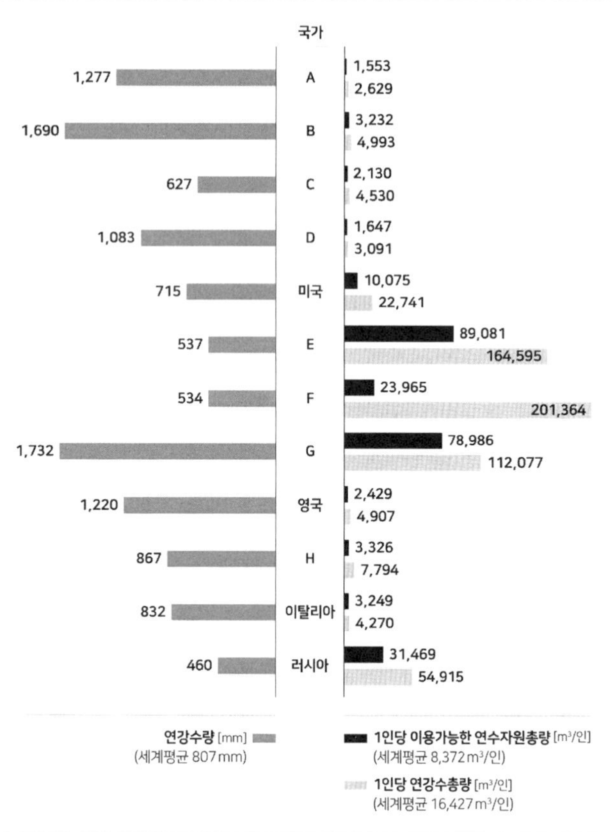

<조 건>

○ '연강수량'이 세계평균의 2배 이상인 국가는 일본과 뉴질랜드이다.
○ '연강수량'이 세계평균보다 많은 국가 중 '1인당 이용가능한 연수자원총량'이 가장 적은 국가는 대한민국이다.
○ '1인당 연강수총량'이 세계평균의 5배 이상인 국가를 '연강수량'이 많은 국가부터 나열하면 뉴질랜드, 캐나다, 호주이다.
○ '1인당 이용가능한 연수자원총량'이 영국보다 적은 국가 중 '1인당 연강수총량'이 세계평균의 25% 이상인 국가는 중국이다.
○ '1인당 이용가능한 연수자원총량'이 6번째로 많은 국가는 프랑스이다.

① B
② C
③ D
④ E
⑤ F

17. 다음 <표>는 학생 '갑'~'무'의 중간고사 3개 과목 점수에 관한 자료이다. 이에 대한 <보기>의 설명 중 옳은 것만을 모두 고르면?

<표> '갑'~'무'의 중간고사 3개 과목 점수

(단위: 점)

과목 \ 학생	갑	을	병	정	무
성별	남	여	( )	여	남
국어	90	85	60	95	75
영어	90	85	100	65	100
수학	75	70	85	100	100

<보 기>

ㄱ. 국어 평균 점수는 80점 이상이다.
ㄴ. 3개 과목 평균 점수가 가장 높은 학생과 가장 낮은 학생의 평균 점수 차이는 10점 이하이다.
ㄷ. 국어, 영어, 수학 점수에 각각 0.4, 0.2, 0.4의 가중치를 곱한 점수의 합이 가장 큰 학생은 '정'이다.
ㄹ. '갑'~'무'의 성별 수학 평균 점수는 남학생이 여학생보다 높다.

① ㄱ, ㄷ ② ㄱ, ㄹ ③ ㄴ, ㄷ
④ ㄱ, ㄷ, ㄹ ⑤ ㄴ, ㄷ, ㄹ

18. 다음 <표>는 2021~2027년 시스템반도체 중 인공지능반도체의 세계 시장규모 전망이다. 이에 대한 <보기>의 설명 중 옳은 것만을 모두 고르면?

<표> 시스템반도체 중 인공지능반도체의 세계 시장규모 전망

(단위: 억 달러, %)

구분 \ 연도	2021	2022	2023	2024	2025	2026	2027
시스템반도체	2,500	2,310	2,686	2,832	( )	3,525	( )
인공지능반도체	70	185	325	439	657	927	1,179
비중	2.8	8.0	( )	15.5	19.9	26.3	31.3

<보 기>

ㄱ. 인공지능반도체 비중은 매년 증가한다.
ㄴ. 2027년 시스템반도체 시장규모는 2021년보다 1,000억 달러 이상 증가한다.
ㄷ. 2022년 대비 2025년의 시장규모 증가율은 인공지능반도체가 시스템반도체의 5배 이상이다.

① ㄷ ② ㄱ, ㄴ ③ ㄱ, ㄷ
④ ㄴ, ㄷ ⑤ ㄱ, ㄴ, ㄷ

19. 다음 <표>는 A~H지역의 화물 이동 현황에 관한 자료이다. 이에 대한 <보기>의 설명 중 옳은 것만을 모두 고르면?

<표> 화물의 지역 내, 지역 간 이동 현황

(단위: 개)

출발 지역 \ 도착 지역	A	B	C	D	E	F	G	H	합
A	65	121	54	52	172	198	226	89	977
B	56	152	61	55	172	164	214	70	944
C	29	47	30	22	62	61	85	30	366
D	24	61	30	37	82	80	113	45	472
E	61	112	54	47	187	150	202	72	885
F	50	87	38	41	120	188	150	55	729
G	78	151	83	73	227	208	359	115	1,294
H	27	66	31	28	94	81	116	46	489
계	390	797	381	355	1,116	1,130	1,465	522	6,156

※ 출발 지역과 도착 지역이 동일한 경우는 해당 지역 내에서 화물이 이동한 것임.

<보 기>

ㄱ. 도착 화물보다 출발 화물이 많은 지역은 3개이다.

ㄴ. 지역 내 이동 화물이 가장 적은 지역은 도착 화물도 가장 적다.

ㄷ. 지역 내 이동 화물을 제외할 때, 출발 화물과 도착 화물의 합이 가장 작은 지역은 출발 화물과 도착 화물의 차이도 가장 작다.

ㄹ. 도착 화물이 가장 많은 지역은 출발 화물 중 지역 내 이동 화물의 비중도 가장 크다.

① ㄱ, ㄴ
② ㄱ, ㄷ
③ ㄴ, ㄷ
④ ㄴ, ㄹ
⑤ ㄱ, ㄷ, ㄹ

20. 다음 <표>와 <대화>는 4월 4일 기준 지자체별 자가격리자 및 모니터링 요원에 관한 자료이다. <표>와 <대화>를 근거로 C와 D에 해당하는 지자체를 바르게 나열한 것은?

<표> 지자체별 자가격리자 및 모니터링 요원 현황(4월 4일 기준)

(단위: 명)

구분		A	B	C	D
내국인	자가격리자	9,778	1,287	1,147	9,263
	신규 인원	900	70	20	839
	해제 인원	560	195	7	704
외국인	자가격리자	7,796	508	141	7,626
	신규 인원	646	52	15	741
	해제 인원	600	33	5	666
모니터링 요원		10,142	710	196	8,898

※ 해당일 기준 자가격리자 = 전일 기준 자가격리자 + 신규 인원 − 해제 인원

<대 화>

갑: 감염병 확산에 대응하기 위한 회의를 시작합시다. 오늘은 대전, 세종, 충북, 충남의 4월 4일 기준 자가격리자 및 모니터링 요원 현황을 보기로 했는데, 각 지자체의 상황이 어떤가요?

을: 4개 지자체 중 세종을 제외한 3개 지자체에서 4월 4일 기준 자가격리자가 전일 기준 자가격리자보다 늘어났습니다.

갑: 모니터링 요원의 업무 부담과 관련된 통계 자료도 있나요?

을: 4월 4일 기준으로 대전, 세종, 충북은 모니터링 요원 대비 자가격리자의 비율이 1.8 이상입니다.

갑: 지자체에 모니터링 요원을 추가로 배치해야 할 것 같습니다. 자가격리자 중 외국인이 차지하는 비중이 4개 지자체 가운데 대전이 가장 높으니, 외국어 구사가 가능한 모니터링 요원을 대전에 우선 배치하는 방향으로 검토해 봅시다.

	C	D
①	충북	충남
②	충북	대전
③	충남	충북
④	세종	대전
⑤	대전	충북

21. 다음 <그림>과 <조건>은 직장인 '갑'~'병'이 마일리지 혜택이 있는 알뜰교통카드를 사용하여 출근하는 방법 및 교통비에 관한 자료이다. 이에 근거하여 월간 출근 교통비를 많이 지출하는 직장인부터 순서대로 나열하면?

<그림> 직장인 '갑'~'병'의 출근 방법 및 교통비 관련 정보

직장인	이동거리 A [m]	출근 1회당 대중교통요금 [원]	이동거리 B [m]	월간 출근 횟수 [회]	저소득층 여부
갑	600	3,200	200	15	○
을	500	2,300	500	22	×
병	400	1,800	200	22	○

<조 건>

○ 월간 출근 교통비

$= \{$출근1회당대중교통요금 $-$ (기본마일리지 $+$ 추가마일리지) $\times \left(\frac{\text{마일리지 적용거리}}{800}\right)\} \times$ 월간 출근 횟수

○ 기본 마일리지는 출근 1회당 대중교통요금에 따라 다음과 같이 지급함.

출근 1회당 대중교통요금	2천 원 이하	2천 원 초과 3천 원 이하	3천 원 초과
기본 마일리지 (원)	250	350	450

○ 추가 마일리지는 저소득층에만 다음과 같이 지급함.

출근 1회당 대중교통요금	2천 원 이하	2천 원 초과 3천 원 이하	3천 원 초과
추가 마일리지 (원)	100	150	200

○ 마일리지 적용거리(m)는 출근 1회당 도보·자전거로 이동한 거리의 합이며 최대 800m까지만 인정함.

① 갑, 을, 병
② 갑, 병, 을
③ 을, 갑, 병
④ 을, 병, 갑
⑤ 병, 을, 갑

22. 다음 <그림>은 개발원조위원회 29개 회원국 중 공적개발원조액 상위 15개국과 국민총소득 대비 공적개발원조액 비율 상위 15개국 자료이다. 이에 대한 <보기>의 설명 중 옳은 것만을 모두 고르면?

<그림 1> 공적개발원조액 상위 15개 회원국

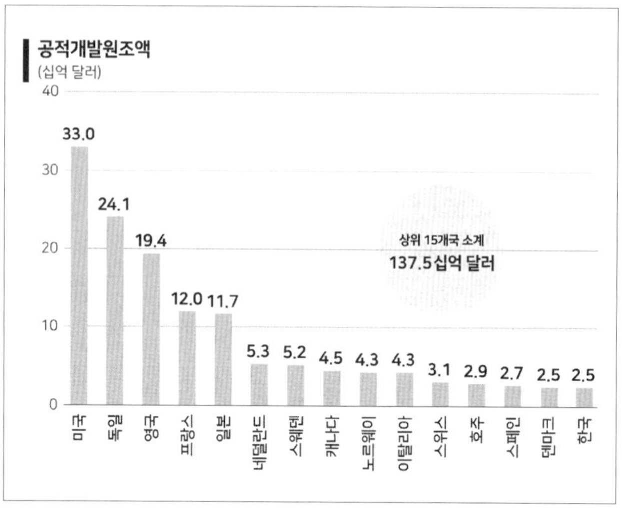

<그림 2> 국민총소득 대비 공적개발원조액 비율 상위 15개 회원국

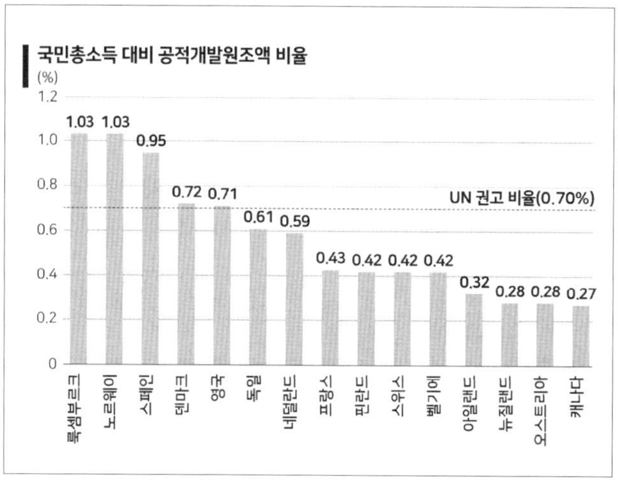

<보 기>

ㄱ. 국민총소득 대비 공적개발원조액 비율이 UN 권고 비율보다 큰 국가의 공적개발원조액 합은 250억 달러 이상이다.

ㄴ. 공적개발원조액 상위 5개국의 공적개발원조액 합은 개발원조위원회 29개 회원국 공적개발원조액 합의 50% 이상이다.

ㄷ. 독일이 공적개발원조액만 30억 달러 증액하면 독일의 국민총소득 대비 공적개발원조액 비율은 UN 권고 비율 이상이 된다.

① ㄱ
② ㄷ
③ ㄱ, ㄴ
④ ㄴ, ㄷ
⑤ ㄱ, ㄴ, ㄷ

23. 다음 <표>는 '갑'국의 2020년 농업 생산액 현황 및 2021~2023년의 전년 대비 생산액 변화율 전망치에 관한 자료이다. 이에 대한 <보기>의 설명 중 옳은 것만을 모두 고르면?

<표> 농업 생산액 현황 및 변화율 전망치

(단위: 십억 원, %)

구분	2020년 생산액	전년 대비 생산액 변화율 전망치		
		2021년	2022년	2023년
농업	50,052	0.77	0.02	1.38
재배업	30,270	1.50	-0.42	0.60
축산업	19,782	-0.34	0.70	2.57
소	5,668	3.11	0.53	3.51
돼지	7,119	-3.91	0.20	1.79
닭	2,259	1.20	-2.10	2.82
달걀	1,278	5.48	3.78	3.93
우유	2,131	0.52	1.12	0.88
오리	1,327	-5.58	5.27	3.34

※ 축산업은 소, 돼지, 닭, 달걀, 우유, 오리의 6개 세부항목으로만 구성됨.

<보 기>

ㄱ. 2021년 '오리' 생산액 전망치는 1.2조 원 이상이다.
ㄴ. 2021년 '돼지' 생산액 전망치는 같은 해 '농업' 생산액 전망치의 15% 이상이다.
ㄷ. '축산업' 중 전년 대비 생산액 변화율 전망치가 2022년보다 2023년이 낮은 세부항목은 2개이다.
ㄹ. 2020년 생산액 대비 2022년 생산액 전망치의 증감폭은 '재배업'이 '축산업'보다 크다.

① ㄱ, ㄴ
② ㄱ, ㄷ
③ ㄴ, ㄹ
④ ㄱ, ㄷ, ㄹ
⑤ ㄴ, ㄷ, ㄹ

24. 다음 <그림>은 2020년 기준 A 공제회 현황에 관한 자료이다. 이에 대한 설명으로 옳지 않은 것은?

<그림> 2020년 기준 A 공제회 현황

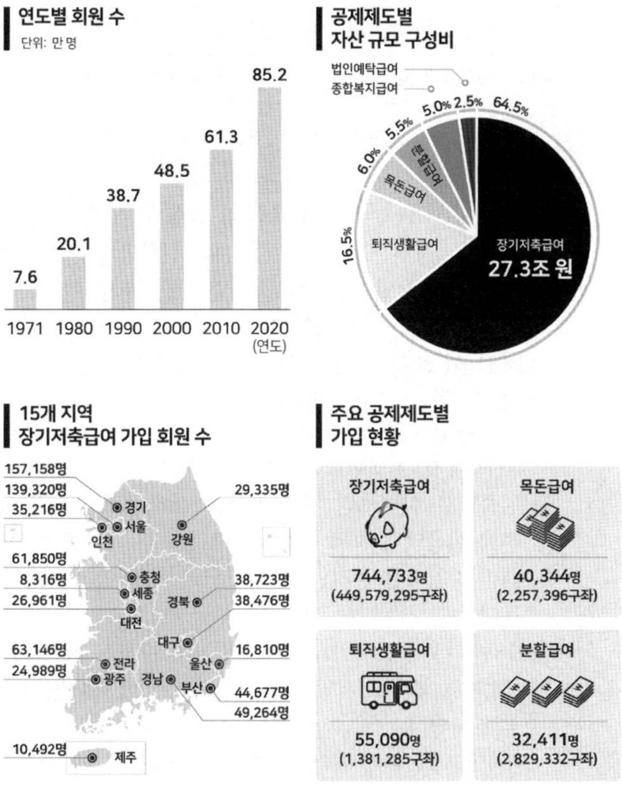

※ 1) 공제제도는 장기저축급여, 퇴직생활급여, 목돈급여, 분할급여, 종합복지급여, 법인예탁급여로만 구성됨.
2) 모든 회원은 1개 또는 2개의 공제제도에 가입함.

① 장기저축급여 가입 회원 수는 전체 회원의 85% 이하이다.
② 공제제도의 총자산 규모는 40조 원 이상이다.
③ 자산 규모 상위 4개 공제제도 중 2개의 공제제도에 가입한 회원은 2만 명 이상이다.
④ 충청의 장기저축급여 가입 회원 수는 15개 지역 평균 장기저축급여 가입 회원 수보다 많다.
⑤ 공제제도별 1인당 구좌 수는 장기저축급여가 분할급여의 5배 이상이다.

25. 다음은 국내 광고산업에 관한 문화체육관광부의 보도자료이다. 이에 부합하지 않는 자료는?

문화체육관광부	보도자료		사람이 있는 문화
보도일시	배포 즉시 보도해 주시기 바랍니다.		
배포일시	2020. 2. XX.	담당부서	□□□□국
담당과장	○○○(044-203-○○○○)	담당자	사무관△△△ (044-203-○○○○)

2018년 국내 광고산업 성장세 지속

○ 문화체육관광부는 국내 광고사업체의 현황과 동향을 조사한 '2019년 광고산업조사(2018년 기준)' 결과를 발표했다.

○ 이번 조사 결과에 따르면 2018년 기준 광고산업 규모는 17조 2,119억 원(광고사업체 취급액* 기준)으로, 전년 대비 4.5% 이상 증가했고, 광고사업체당 취급액 역시 증가했다.

* 광고사업체 취급액은 광고주가 매체(방송국, 신문사 등)와 매체 외 서비스에 지불하는 비용 전체(수수료 포함)임.

- 업종별로 살펴보면 광고대행업이 6조 6,239억 원으로 전체 취급액의 38% 이상을 차지했으나, 취급액의 전년 대비 증가율은 온라인광고대행업이 16% 이상으로 가장 높다.

○ 2018년 기준 광고사업체의 매체 광고비* 규모는 11조 362억 원(64.1%), 매체 외 서비스 취급액은 6조 1,757억 원(35.9%)으로 조사됐다.

* 매체 광고비는 방송매체, 인터넷매체, 옥외광고매체, 인쇄매체 취급액의 합임.

- 매체 광고비 중 방송매체 취급액은 4조 266억 원으로 가장 큰 비중을 차지하고 있으며, 그 다음으로 인터넷매체, 옥외광고매체, 인쇄매체 순으로 나타났다.
- 인터넷매체 취급액은 3조 8,804억 원으로 전년 대비 6% 이상 증가했다. 특히, 모바일 취급액은 전년 대비 20% 이상 증가하여 인터넷 광고시장의 성장세를 이끌었다.
- 한편, 간접광고(PPL) 취급액은 전년 대비 14% 이상 증가하여 1,270억 원으로 나타났으며, 그 중 지상파TV와 케이블TV 간 비중의 격차는 5%p 이하로 조사됐다.

① 광고사업체 취급액 현황(2018년 기준)

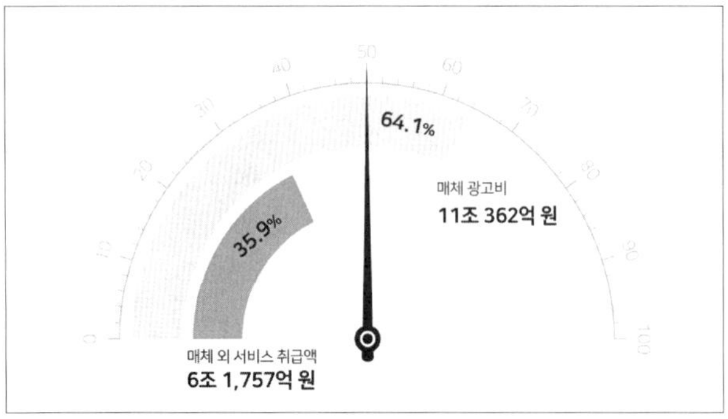

② 인터넷매체(PC, 모바일) 취급액 현황

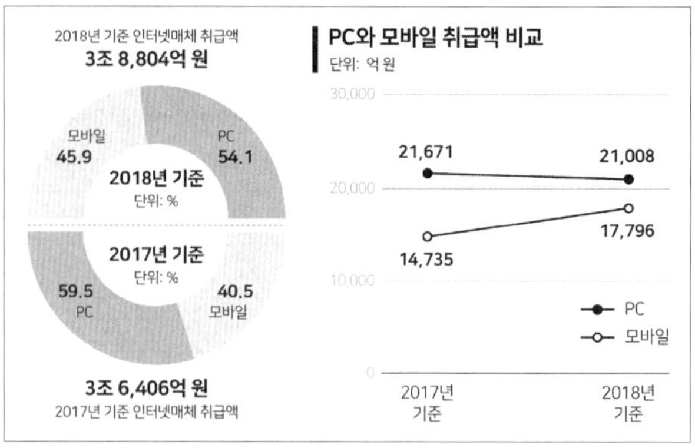

③ 간접광고(PPL) 취급액 현황

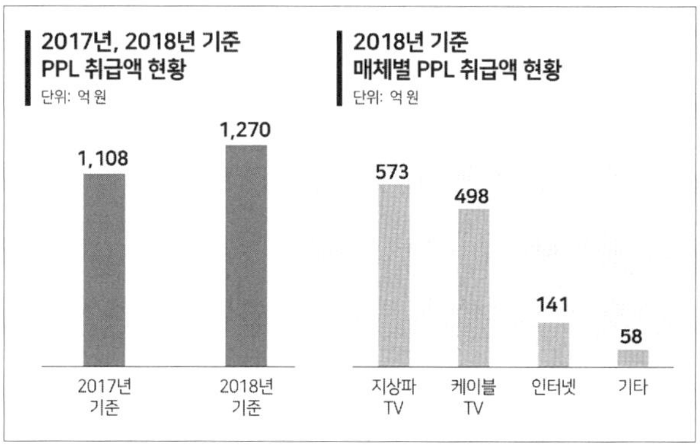

④ 업종별 광고사업체 취급액 현황

(단위: 개소, 억 원)

업종 \ 구분	2018년 조사(2017년 기준)		2019년 조사(2018년 기준)	
	사업체 수	취급액	사업체 수	취급액
전체	7,234	164,133	7,256	172,119
광고대행업	1,910	64,050	1,887	66,239
광고제작업	1,374	20,102	1,388	20,434
광고전문서비스업	1,558	31,535	1,553	33,267
인쇄업	921	7,374	921	8,057
온라인광고대행업	780	27,335	900	31,953
옥외광고업	691	13,737	607	12,169

⑤ 매체별 광고사업체 취급액 현황(2018년 기준)

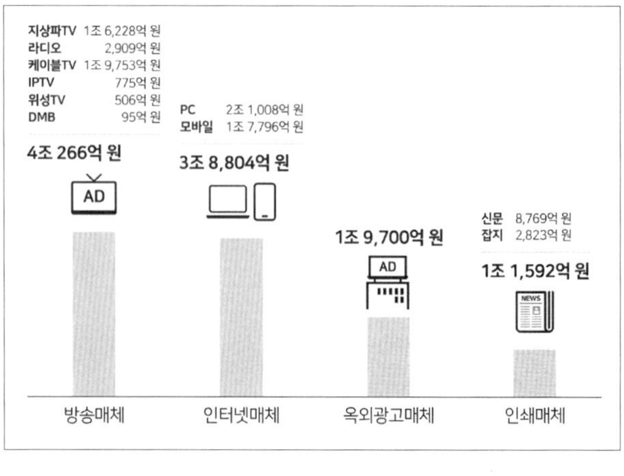

약점 보완 해설집 p.108

해커스 **민간경력자** PSAT 15개년 기출문제집

2020년 기출문제

언어논리

상황판단

자료해석

문제 풀이 시작과 종료 시각을 정하세요.

· 언어논리/상황판단 (120분) ________시 ________분 ~ ________시 ________분

· 자료해석 (60분) ________시 ________분 ~ ________시 ________분

* 교재 뒤에 수록되어 있는 OCR 답안지와 해커스ONE 애플리케이션의 모바일 타이머를 이용하여 실전처럼 모의고사를 풀어보세요.

* 기출문제 풀이 후, 약점 보완 해설집에 있는 '바로 채점 및 성적 분석 서비스' QR코드를 스캔하여 응시 인원 대비 본인의 성적 위치를 확인할 수 있습니다.

언어논리영역

1. 다음 글의 내용과 부합하지 않는 것은?

> 우리나라 헌법상 정부는 대통령과 행정부로 구성된다. 행정부에는 국무총리, 행정각부, 감사원 등이 있으며, 이들은 모두 대통령 소속 하에 있다. 이외에도 행정부에는 국무회의와 각종 대통령 자문기관들이 있다.
>
> 우리나라 국무회의는 정부의 중요 정책에 대한 최고 심의기관으로, 그 설치를 헌법에서 규정하고 있다. 미국 대통령제의 각료회의는 헌법에 규정이 없는 편의상의 기구라는 점에서, 영국 의원내각제의 내각은 의결기관이라는 점에서 우리나라의 국무회의는 이들과 법적 성격이 다르다.
>
> 대통령이 국무회의 심의 결과에 구속되지 않는다는 점에서 국무회의는 자문기관과 큰 차이가 없다. 그러나 일반 대통령 자문기관들은 대통령이 임의적으로 요청하는 사항에 응하여 자문을 개진하는 것과 달리 국무회의는 심의 사항이 헌법에 명시되어 있으며 해당 심의는 필수적이라는 점에서 단순한 자문기관도 아니다.
>
> 행정각부의 장은 대통령, 국무총리와 함께 국무회의를 구성하는 국무위원임과 동시에 대통령이 결정한 정책을 집행하는 행정관청이다. 그러나 행정각부의 장이 국무위원으로서 갖는 지위와 행정관청으로서 갖는 지위는 구별된다. 국무위원으로서 행정각부의 장은 대통령, 국무총리와 법적으로 동등한 지위를 갖지만, 행정관청으로서 행정각부의 장은 대통령은 물론 상급행정관청인 국무총리의 지휘와 감독에 따라야 한다.

① 감사원은 대통령 소속 하에 있는 기관이다.
② 국무회의는 의결기관도 단순 자문기관도 아닌 심의기관이다.
③ 국무회의 심의 결과는 대통령을 구속한다는 점에서 국가의사를 표시한다.
④ 우리나라 헌법은 국무회의에서 반드시 심의하여야 할 사항을 규정하고 있다.
⑤ 국무총리와 행정각부의 장은 국무회의 심의 석상에서는 국무위원으로서 법적으로 동등한 지위를 갖는다.

2. 다음 글의 내용과 부합하는 것은?

> 조선 시대에는 각 고을에 '유향소'라는 기구가 있었다. 이 기구는 해당 지역의 명망가들로 구성되어 있었으며, 지방관을 보좌하고 아전을 감독하는 역할을 했다. 유향소는 그 회원들의 이름을 '향안'이라는 책자에 기록해 두었다. 향안에 이름이 오른 사람은 유향소의 장(長)인 좌수 혹은 별감을 선출하는 선거에 참여할 수 있었고, 유향소가 개최하는 회의에 참석해 지방행정에 관한 의견을 개진할 수 있었다. 또 회원 자격을 획득한 후 일정한 기간이 지나면 좌수와 별감으로 뽑힐 수도 있었다.
>
> 향안에 이름이 오르는 것을 '입록'이라고 불렀다. 향안에 입록되는 것은 당시로서는 큰 영예였다. 16세기에 대부분의 유향소는 부친, 모친, 처가 모두 그 지역 출신이어야 향안에 입록될 수 있도록 했는데, 이 조건을 '삼향'이라고 불렀다. 그런데 당시에는 멀리 떨어진 고을의 가문과 혼인 관계를 맺는 일이 잦아 삼향의 조건을 갖춘 사람은 드물었다. 유향소가 이 조건을 고수한다면 전국적인 명망가라고 하더라도 유향소 회원이 되기 어려웠다. 이런 까닭에 삼향이라는 조건을 거두어들이는 유향소가 늘어났다. 그 결과 17세기에는 삼향의 조건을 갖추지 않았다는 이유로 향안 입록을 거부하는 유향소가 크게 줄었다.
>
> 한편 서얼이나 상민과 혼인한 사람은 어떤 경우라도 향안에 입록될 수 없었고, 이 규정이 사라진 적도 없었다. 향안에 들어가고자 하는 사람은 기존 유향소 회원들의 동의도 받아야 했다. 향안 입록 신청자가 생기면 유향소 회원들은 한 곳에 모여 투표를 해 허용 여부를 결정했다. 입록 신청자를 받아들일지 결정하는 투표를 '권점'이라고 불렀다. 권점을 통과하기 위해서는 일정한 비율 이상의 찬성표가 나와야 했다. 이 때문에 향안에 이름을 올리려는 자는 평소 나쁜 평판이 퍼지지 않게 행실에 주의를 기울였다.

① 향안에 입록된 사람은 해당 지역 유향소의 별감이나 좌수를 뽑는 데 참여할 수 있었다.
② 각 지역 유향소들은 아전의 부정행위를 막기 위해 17세기에 향안 입록 조건을 완화하였다.
③ 유향소 회의에 참여할 자격을 얻기 위해서는 향안에 입록된 후에 다시 권점을 통과해야 하였다.
④ 16세기에는 서얼 가문과 혼인한 사람이 향안에 입록될 수 없었으나, 17세기에는 입록될 수 있었다.
⑤ 17세기에 새로이 유향소 회원이 된 사람들은 모두 삼향의 조건을 갖추고 권점을 통과한 인물이었다.

3. 다음 글에서 알 수 있는 것은?

부처의 말씀을 담은 경장과 그 해설서인 논장, 수행자의 계율을 담은 율장 외에 여러 가지 불교 관련 자료들을 모아 펴낸 것을 대장경이라고 부른다. 고려는 몇 차례 대장경 간행 사업을 벌였는데, 처음 대장경 간행에 돌입한 것은 거란의 침입을 받았던 현종 때 일이다. 당시 고려는 대장경을 만드는 데 필요한 자료들을 확보하지 못해 애를 먹다가 거란에서 만든 대장경을 수입해 분석한 후 선종 때 이를 완성했다. 이 대장경을 '초조대장경'이라고 부른다.

한편 고려는 몽골이 침략해 들어오자 불교 신앙으로 국난을 극복하겠다는 뜻에서 다시 대장경 제작 사업에 돌입했다. 이 대장경은 두 번째로 만든 것이라고 해서 '재조대장경'이라 불렀다. 고려는 재조대장경을 활자로 인쇄하기로 하고, 전국 각지에서 나무를 베어 경판을 만들었다. 완성된 경판의 숫자가 8만여 개에 이르기 때문에 이 대장경을 '팔만대장경'이라고도 부른다. 재조대장경을 찍어내기 위해 만든 경판은 현재까지 남아 있는데, 이는 전세계에 남아 있는 대장경 인쇄용 경판 가운데 가장 오래된 것이다. 재조대장경판은 그 규모가 무척 커서 제작을 시작한 지 16년 만에 완성할 수 있었다.

재조대장경을 찍어내고자 수많은 경판을 만들었다는 사실에서 알 수 있듯이 한반도에서는 인쇄술이 일찍부터 발달해 있었다. 이를 잘 보여주는 유물이 불국사에서 발견된 『무구정광대다라니경』이다. 분석 결과, 이 유물은 통일신라 경덕왕 때 목판으로 찍어낸 것으로 밝혀졌다. 『무구정광대다라니경』은 목판으로 인쇄되어 전하는 자료 가운데 세계에서 가장 오래된 것이다. 금속활자를 이용한 인쇄술도 일찍부터 발달했다. 몽골의 1차 고려 침략이 시작된 해에 세계 최초로 금속활자를 이용한 『상정고금예문』이 고려에서 발간되었다고 알려져 있다. 이처럼 고려 사람들은 선진 인쇄술을 바탕으로 문화를 발전시켜 나갔다.

① 재조대장경판의 제작이 완료되기 전에 금속활자로 『상정고금예문』을 발간한 일이 있었던 것으로 전해진다.
② 재조대장경은 고려 현종 때 외적의 침입을 막고자 거란에서 들여온 대장경을 참고해 만든 것이다.
③ 고려 시대에 만들어진 대장경판으로서 현재 남아있는 것 중 가장 오래된 것은 초조대장경판이다.
④ 『무구정광대다라니경』은 목판으로 인쇄되었으며, 재조대장경은 금속활자로 인쇄되었다.
⑤ 불교 진흥을 위해 고려 시대에 만들어진 최초의 대장경은 팔만대장경이다.

4. 다음 글에서 알 수 있는 것은?

많은 국가들의 소년사법 제도는 영국의 관습법에서 유래한다. 영국 관습법에 따르면 7세 이하 소년은 범죄 의도를 소유할 능력이 없는 것으로 간주되고, 8세 이상 14세 미만의 소년은 형사책임을 물을 수 없고, 14세 이상의 소년에 대해서는 형사책임을 물을 수 있다.

우리나라의 소년사법 역시 소년의 나이에 따라 세 그룹으로 구분하여 범죄 의도 소유 능력 여부와 형사책임 여부를 결정한다. 다만 그 나이의 기준을 9세 이하, 10세 이상 14세 미만, 그리고 14세 이상 19세 미만으로 구분할 뿐이다. 우리나라 『소년법』은 10세 이상 14세 미만의 소년 중 형벌 법령에 저촉되는 행위를 한 자를 촉법소년으로 규정하여 소년사법의 대상으로 하고 있다. 또한, 10세 이상 19세 미만의 소년 중 이유 없는 가출을 하거나 술을 마시는 행동을 하는 등 그대로 두면 장래에 범법행위를 할 우려가 있는 소년을 우범소년으로 규정하여 소년사법의 대상으로 하고 있다. 일부에서는 단순히 불량성이 있을 뿐 범죄를 저지르지 않았음에도 소년사법의 대상이 되는 우범소년 제도에 의문을 품기도 한다.

소년사법은 범죄를 저지르지 않은 소년까지도 사법의 대상으로 한다는 점에서 자기책임주의를 엄격히 적용하는 성인사법과 구별된다. 소년사법의 이러한 특징은 국가가 궁극적 보호자로서 아동을 양육하고 보호해야 한다는 국친 사상에 근거를 둔다. 과거 봉건 국가 시대에는 친부모가 자녀에 대한 양육·보호를 제대로 하지 못하는 경우 왕이 양육·보호책임을 진다고 믿었다. 이런 취지에서 오늘날에도 비록 죄를 범하지는 않았지만 그대로 둔다면 범행을 할 가능성이 있는 소년까지 소년사법의 대상으로 보는 것이다. 이처럼 소년사법의 철학적 기초에는 국친 사상이 있다.

① 국친 사상은 소년사법의 대상 범위를 축소하는 철학적 기초이다.
② 성인범도 국친 사상의 대상이 되어 범행할 가능성이 있으면 처벌을 받는다.
③ 우리나라 소년법상 촉법소년은 범죄 의도를 소유할 수 없는 것으로 간주된다.
④ 영국의 관습법상 7세의 소년은 범죄 의도는 소유할 수 있지만, 형사책임이 없는 것으로 간주된다.
⑤ 우리나라 소년법상 10세 이상 19세 미만의 소년은 범죄를 저지를 우려가 있으면 범죄를 저지르지 않아도 소년사법의 적용을 받을 수 있다.

5. 다음 글에서 알 수 있는 것은?

바르트는 언어를 '랑그', '스틸', '에크리튀르'로 구분해서 파악했다. 랑그는 영어의 'language'에 해당한다. 인간은 한국어, 중국어, 영어 등 어떤 언어를 공유하는 집단에서 태어난다. 그때 부모나 주변 사람들이 이야기하는 언어가 '모어(母語)'이고 그것이 랑그이다.

랑그에 대해 유일하게 말할 수 있는 사실은, 태어날 때부터 부모가 쓰는 언어여서 우리에게 선택권이 없다는 것이다. 인간은 '모어 속에 던져지는' 방식으로 태어나기 때문에 랑그에는 관여할 수 없다. 태어나면서 쉼 없이 랑그를 듣고 자라기 때문에 어느새 그 언어로 사고하고, 그 언어로 숫자를 세고, 그 언어로 말장난을 하고, 그 언어로 신어(新語)를 창조한다.

스틸의 사전적인 번역어는 '문체'이지만 실제 의미는 '어감'에 가깝다. 이는 언어에 대한 개인적인 호오(好惡)의 감각을 말한다. 누구나 언어의 소리나 리듬에 대한 호오가 있다. 글자 모양에 대해서도 사람마다 취향이 다르다. 이는 좋고 싫음의 문제이기 때문에 어쩔 도리가 없다. 따라서 스틸은 기호에 대한 개인적 호오라고 해도 좋다. 다시 말해 스틸은 몸에 각인된 것이어서 주체가 자유롭게 선택할 수 없다.

인간이 언어기호를 조작할 때에는 두 가지 규제가 있다. 랑그는 외적인 규제, 스틸은 내적인 규제이다. 에크리튀르는 이 두 가지 규제의 중간에 위치한다. 에크리튀르는 한국어로 옮기기 어려운데, 굳이 말하자면 '사회방언'이라고 할 수 있다. 방언은 한 언어의 큰 틀 속에 산재하고 있으며, 국소적으로 형성된 것이다. 흔히 방언이라고 하면 '지역방언'을 떠올리는데, 이는 태어나 자란 지역의 언어이므로 랑그로 분류된다. 하지만 사회적으로 형성된 방언은 직업이나 생활양식을 선택할 때 동시에 따라온다. 불량청소년의 말, 영업사원의 말 등은 우리가 선택할 수 있다.

① 랑그는 선택의 여지가 없지만, 스틸과 에크리튀르는 자유로운 선택이 가능하다.
② 방언에 대한 선택은 언어에 대한 개인의 호오 감각에 기인한다.
③ 동일한 에크리튀르를 사용하는 사람들은 같은 지역 출신이다.
④ 같은 모어를 사용하는 형제라도 스틸은 다를 수 있다.
⑤ 스틸과 에크리튀르는 언어 규제상 성격이 같다.

6. 다음 글에서 알 수 있는 것은?

도덕에 관한 이론인 정서주의는 언어 사용의 세 가지 목적에 주목한다. 첫째, 화자가 청자에게 정보를 전달하는 목적이다. 예를 들어, "세종대왕은 조선의 왕이다."라는 문장은 참 혹은 거짓을 판단할 수 있는 정보를 전달하고 있다. 둘째, 화자가 청자에게 행위를 하도록 요구하는 목적이다. "백성을 사랑하라."라는 명령문 형식의 문장은 청자에게 특정한 행위를 요구한다. 셋째, 화자의 태도를 청자에게 표현하는 목적이다. "세종대왕은 정말 멋져!"라는 감탄문 형식의 문장은 세종대왕에 대한 화자의 태도를 표현하고 있다.

정서주의자들은 도덕적 언어를 정보 전달의 목적으로 사용하는 것이 아니라, 사람의 행위에 영향을 주거나 자신의 태도를 표현하는 목적으로 사용한다고 말한다. "너는 거짓말을 해서는 안 된다."라고 말한다면, 화자는 청자가 그러한 행위를 하지 못하게 하려는 것이다. 따라서 이러한 진술은 정보를 전달하는 것이 아니라, "거짓말을 하지 마라."라고 명령하는 것이다.

정서주의자들에 따르면 태도를 표현하는 목적으로 도덕적 언어를 사용하는 것은 태도를 보고하는 것이 아니다. 만약 "나는 세종대왕을 존경한다."라고 말한다면 이 말은 화자가 세종대왕에 대해 긍정적인 태도를 지니고 있다는 사실을 보고하는 것이다. 즉, 이는 참 혹은 거짓을 판단할 수 있는 정보를 전달하는 문장이다. 반면, "세종대왕은 정말 멋져!"라고 외친다면 화자는 결코 어떤 종류에 관한 사실을 전달하거나, 태도를 갖고 있다고 보고하는 것이 아니다. 이는 화자의 세종대왕에 대한 태도를 표현하고 있는 것이다.

① 정서주의에 따르면 화자의 태도를 표현하는 문장은 참이거나 거짓이다.
② 정서주의에 따르면 도덕적 언어는 화자의 태도를 보고하는 데 사용된다.
③ 정서주의에 따르면 "세종대왕은 한글을 창제하였다."는 참도 거짓도 아니다.
④ 정서주의에 따르면 언어 사용의 가장 중요한 목적은 정보를 전달하는 것이다.
⑤ 정서주의에 따르면 도덕적 언어의 사용은 명령을 하거나 화자의 태도를 표현하기 위한 것이다.

7. 다음 글의 빈칸에 들어갈 내용으로 가장 적절한 것은?

> 텔레비전이라는 단어는 '멀리'라는 뜻의 그리스어 '텔레'와 '시야'를 뜻하는 라틴어 '비지오'에서 왔다. 원래 텔레비전은 우리가 멀리서도 볼 수 있도록 해주는 기기로 인식됐다. 하지만 조만간 텔레비전은 멀리에서 우리를 보이게 해 줄 것이다. 오웰의 『1984』에서 상상한 것처럼, 우리가 텔레비전을 보는 동안 텔레비전이 우리를 감시할 것이다. 우리는 텔레비전에서 본 내용을 대부분 잊어버리겠지만, 텔레비전에 영상을 공급하는 기업은 우리가 만들어낸 데이터를 기반으로 하여 알고리즘을 통해 우리 입맛에 맞는 영화를 골라 줄 것이다. 나아가 인생에서 중요한 것들, 이를테면 어디서 일해야 하는지, 누구와 결혼해야 하는지도 대신 결정해 줄 것이다.
>
> 그들의 답이 늘 옳지는 않을 것이다. 그것은 불가능하다. 데이터 부족, 프로그램 오류, 삶의 근본적인 무질서 때문에 알고리즘은 실수를 범할 수밖에 없다. 하지만 완벽해야 할 필요는 없다. 평균적으로 우리 인간보다 낫기만 하면 된다. 그 정도는 그리 어려운 일이 아니다. 왜냐하면 대부분의 사람은 자신을 잘 모르기 때문이다. 사람들은 인생의 중요한 결정을 내리면서도 끔찍한 실수를 저지를 때가 많다. 데이터 부족, 프로그램 오류, 삶의 근본적인 무질서로 인한 고충도 인간이 알고리즘보다 훨씬 더 크게 겪는다.
>
> 우리는 알고리즘을 둘러싼 많은 문제들을 열거하고 나서, 그렇기 때문에 사람들은 결코 알고리즘을 신뢰하지 않을 거라고 결론 내릴 수도 있다. 하지만 그것은 민주주의의 모든 결점들을 나열한 후에 '제정신인 사람이라면 그런 체제는 지지하려 들지 않을 것'이라고 결론짓는 것과 비슷하다. 처칠의 유명한 말이 있지 않은가? "민주주의는 세상에서 가장 나쁜 정치 체제다. 다른 모든 체제를 제외하면." 알고리즘에 대해서도 마찬가지로 다음과 같은 결론을 내릴 수 있다.
>
> [   ]

① 알고리즘의 모든 결점을 제거하면 최선의 선택이 가능할 것이다.
② 우리는 자신이 무엇을 원하는지를 알기 위해서 점점 더 알고리즘에 의존한다.
③ 데이터를 가진 기업이 다수의 사람을 은밀히 감시하는 사례는 더 늘어날 것이다.
④ 실수를 범하기는 하지만 현실적으로 알고리즘보다 더 신뢰할 만한 대안을 찾기 어렵다.
⑤ 알고리즘이 갖는 결점이 지금은 보이지 않지만, 어느 순간 이 결점 때문에 우리의 질서가 무너질 것이다.

8. 다음 글에서 추론할 수 없는 것은?

> 아이를 엄격하게 키우는 것은 부모와 다른 사람들에 대해 반감과 공격성을 일으킬 수 있고, 그 결과 죄책감과 불안감을 낳으며, 결국에는 아이의 창조적인 잠재성을 해치게 된다. 반면에 아이를 너그럽게 키우는 것은 그와 같은 결과를 피하고, 더 행복한 인간관계를 만들며, 풍요로운 마음과 자기신뢰를 고취하고, 자신의 잠재력을 발전시킬 수 있도록 한다. 이와 같은 진술은 과학적 탐구의 범위에 속하는 진술이다. 논의의 편의상 이 두 주장이 실제로 강력하게 입증되었다고 가정해보자. 그렇다면 우리는 이로부터 엄격한 방식보다는 너그러운 방식으로 아이를 키우는 것이 더 좋다는 점이 과학적 연구에 의해 객관적으로 확립되었다고 말할 수 있을까?
>
> 위의 연구를 통해 확립된 것은 다음과 같은 조건부 진술일 뿐이다. 만약 우리의 아이를 죄책감을 지닌 혼란스러운 영혼이 아니라 행복하고 정서적으로 안정된 창조적인 개인으로 키우고자 한다면, 아이를 엄격한 방식보다는 너그러운 방식으로 키우는 것이 더 좋다. 이와 같은 진술은 상대적인 가치판단을 나타낸다. 상대적인 가치판단은 특정한 목표를 달성하려면 어떤 행위가 좋다는 것을 진술하는데, 이런 종류의 진술은 경험적 진술이고, 경험적 진술은 모두 관찰을 통해 객관적인 과학적 테스트가 가능하다. 반면 "아이를 엄격한 방식보다는 너그러운 방식으로 키우는 것이 더 좋다."라는 문장은 가령 "살인은 악이다."와 같은 문장처럼 절대적인 가치판단을 표현한다. 그런 문장은 관찰에 의해 테스트할 수 있는 주장을 표현하지 않는다. 오히려 그런 문장은 행위의 도덕적 평가기준 또는 행위의 규범을 표현한다. 절대적인 가치판단은 과학적 테스트를 통한 입증의 대상이 될 수 없다. 왜냐하면 그와 같은 판단은 주장을 표현하는 것이 아니라 행위의 기준이나 규범을 나타내기 때문이다.

① 아이를 엄격한 방식보다는 너그러운 방식으로 키우는 것이 더 좋다는 것은 경험적 진술이 아니다.
② 아이를 엄격한 방식보다는 너그러운 방식으로 키우는 것이 더 좋다는 것은 상대적인 가치판단이다.
③ 아이를 엄격한 방식보다는 너그러운 방식으로 키우는 것이 더 좋다는 것은 과학적 연구에 의해 객관적으로 입증될 수 있는 주장이 아니다.
④ 정서적으로 안정된 창조적 개인으로 키우려면, 아이를 엄격한 방식보다는 너그러운 방식으로 키우는 것이 더 좋다는 것은 상대적인 가치판단이다.
⑤ 정서적으로 안정된 창조적 개인으로 키우려면, 아이를 엄격한 방식보다는 너그러운 방식으로 키우는 것이 더 좋다는 것은 과학적으로 테스트할 수 있다.

9. 다음 글의 실험 결과를 가장 잘 설명하는 가설은?

> 한 무리의 개미들에게 둥지에서 먹이통 사이를 오가는 왕복 훈련을 시킨 후 120마리를 포획하여 20마리씩 6그룹으로 나눴다.
>
> 먼저 1~3그룹의 개미들을 10m 거리에 있는 먹이통으로 가게 한 후, 다음처럼 일부 그룹의 다리 길이를 조절하는 처치를 했다. 1그룹은 모든 다리의 끝 분절을 제거하여 다리 길이를 줄이고, 2그룹은 모든 다리에 돼지의 거친 털을 붙여 다리 길이를 늘이고, 3그룹은 다리 길이를 그대로 둔 것이다. 이렇게 처치를 끝낸 1~3그룹의 개미들을 둥지로 돌아가게 한 결과, 1그룹 개미들은 둥지에 훨씬 못 미쳐 멈췄고, 2그룹 개미들은 둥지를 훨씬 지나 멈췄으며, 3그룹 개미들만 둥지에서 멈췄다.
>
> 이제 4~6그룹의 개미들은 먹이통으로 출발하기 전에 미리 앞서와 같은 방식으로 일부 그룹의 다리 길이를 조절하는 처치를 했다. 즉, 4그룹은 다리 길이를 줄이고, 5그룹은 다리 길이를 늘이고, 6그룹은 다리 길이를 그대로 두었다. 이 개미들을 10m 거리에 있는 먹이통까지 갔다 오게 했더니, 4~6그룹의 개미 모두가 먹이통까지 갔다가 되돌아와 둥지에서 멈췄다. 4~6그룹의 개미들은 그룹별로 이동 거리의 차이가 없었다.

① 개미의 이동 거리는 다리 길이에 비례한다.
② 개미는 걸음 수에 따라서 이동 거리를 판단한다.
③ 개미의 다리 끝 분절은 개미의 이동에 필수적인 부위이다.
④ 개미는 다리 길이가 조절되고 나면 이동 거리를 측정하지 못한다.
⑤ 개미는 먹이를 찾으러 갈 때와 둥지로 되돌아올 때, 이동 거리를 측정하는 방법이 다르다.

10. 다음 글의 ㉠~㉢에 들어갈 일반 원칙을 바르게 나열한 것은?

> 우리가 하는 주장 가운데 어떤 것은 도덕적 주장이고 어떤 것은 도덕과 무관한 주장이다. 가령 아래의 (1)은 도덕적 주장인 반면 (2)는 도덕과 무관한 주장이라는 데 모두 동의할 것이다.
>
> (1) 갑은 선한 사람이다.
>
> (2) 을은 병을 싫어한다.
>
> 이런 종류의 주장과 관련한 일반 원칙으로 우리가 다음 세 가지를 받아들인다고 하자.
>
> A: 어떤 주장이 도덕적 주장이라면, 그 주장의 부정도 도덕적 주장이다.
>
> B: 어떤 주장이 도덕과 무관한 주장이라면, 그 주장의 부정도 도덕과 무관한 주장이다.
>
> C: 도덕과 무관한 주장으로부터 도출된 것은 모두 도덕과 무관한 주장이다.
>
> 나아가 어떠한 주장이든지 그것은 도덕적 주장이거나 도덕과 무관한 주장이라고 해보자. 이때 우리는 다음의 (3)이 도덕적 주장이라는 것을 증명할 수 있다.
>
> (3) 갑은 선한 사람이거나 을은 병을 싫어한다.
>
> 이를 위해 먼저 (3)이 도덕과 무관한 주장이라고 가정해보자. 우리는 이런 가정이 모순을 초래한다는 사실을 보일 것이다. (3)이 도덕과 무관한 주장이므로 일반 원칙 [㉠]에 따라 우리는 다음의 (4)도 도덕과 무관한 주장이라고 해야 한다.
>
> (4) 갑은 선한 사람이 아니고 을은 병을 싫어하지 않는다.
>
> (4)가 도덕과 무관한 주장이므로 일반 원칙 [㉡]에 따라 우리는 (4)로부터 도출되는 다음의 (5)도 도덕과 무관한 주장이라고 해야 한다.
>
> (5) 갑은 선한 사람이 아니다.
>
> 하지만 우리는 애초에 (1)이 도덕적 주장이라는 점을 받아들였다. 그러므로 일반 원칙 [㉢]에 따라 우리는 (1)을 부정한 것인 (5)가 도덕적 주장이라고 해야 한다. 마침내 우리는 (5)가 도덕과 무관한 주장이면서 또한 도덕적 주장이라는 모순된 결과에 다다르게 되었다. (3)이 도덕과 무관한 주장이라는 가정은 이처럼 모순을 초래하므로, 결국 우리는 (3)이 도덕적 주장이라고 결론내려야 한다.

	㉠	㉡	㉢
①	A	B	C
②	A	C	B
③	B	A	C
④	B	C	A
⑤	C	B	A

11. 다음 대화의 ㉠과 ㉡에 들어갈 말을 적절하게 짝지은 것은?

> 갑: 신입직원 가운데 일부가 봉사활동에 지원했습니다. 그리고 [㉠]
> 을: 지금 하신 말씀에 따르자면, 제 판단으로는 하계연수에 참여하지 않은 사람 중에 신입직원이 있다는 결론이 나오는군요.
> 갑: 그렇게 판단하신 게 정확히 맞습니다. 아니, 잠깐만요. 아차, 제가 앞에서 말씀드린 부분 중에 오류가 있었군요. 죄송합니다. 신입직원 가운데 일부가 봉사활동에 지원했다는 것은 맞는데, 그 다음이 틀렸습니다. 봉사활동 지원자는 전부 하계연수에도 참여했다고 말씀드렸어야 했습니다.
> 을: 알겠습니다. 그렇다면 아까와 달리 "[㉡]"라는 결론이 나오는 것이로군요.
> 갑: 바로 그렇습니다.

① ㉠: 하계연수 참여자 가운데는 봉사활동에 지원했던 사람이 없습니다.
   ㉡: 신입직원 가운데 하계연수 참여자가 있다.
② ㉠: 하계연수 참여자 가운데는 봉사활동에 지원했던 사람이 없습니다.
   ㉡: 신입직원 가운데 하계연수 참여자는 한 명도 없다.
③ ㉠: 하계연수 참여자는 모두 봉사활동에도 지원했던 사람입니다.
   ㉡: 신입직원 가운데 하계연수 참여자는 한 명도 없다.
④ ㉠: 하계연수 참여자 가운데 봉사활동에도 지원했던 사람이 있습니다.
   ㉡: 신입직원 가운데 하계연수 참여자가 있다.
⑤ ㉠: 하계연수 참여자 가운데 봉사활동에도 지원했던 사람이 있습니다.
   ㉡: 신입직원은 모두 하계연수 참여자이다.

12. 다음 글의 내용이 참일 때, 대책회의에 참석하는 전문가의 최대 인원 수는?

> 8명의 전문가 A~H를 대상으로 코로나19 대책회의 참석 여부에 관해 조사한 결과 다음과 같은 정보를 얻었다.
> ○ A, B, C 세 사람이 모두 참석하면, D나 E 가운데 적어도 한 사람은 참석한다.
> ○ C와 D 두 사람이 모두 참석하면, F도 참석한다.
> ○ E는 참석하지 않는다.
> ○ F나 G 가운데 적어도 한 사람이 참석하면, C와 E 두 사람도 참석한다.
> ○ H가 참석하면, F나 G 가운데 적어도 한 사람은 참석하지 않는다.

① 3명
② 4명
③ 5명
④ 6명
⑤ 7명

13. 다음 글의 내용과 부합하는 것은?

조선 시대에는 왕실과 관청이 필요로 하는 물품을 '공물'이라는 이름으로 백성들로부터 수취하는 제도가 있었다. 조선 왕조는 각 지역의 특산물이 무엇인지 조사한 후, 그 결과를 바탕으로 백성들이 내야 할 공물의 종류와 양을 지역마다 미리 규정해두었다. 그런데 시간이 지남에 따라 환경 변화 등으로 그 물품이 생산되지 않는 곳이 많아졌다. 이에 백성들은 부과된 공물을 상인으로 하여금 생산지에서 구매해 대납하게 했는데, 이를 '방납'이라고 부른다.

방납은 16세기 이후 크게 성행했다. 그런데 방납을 의뢰받은 상인들은 대개 시세보다 높은 값을 부르거나 품질이 떨어지는 물품을 대납해 부당 이익을 취했다. 이런 폐단이 날로 심해지자 "공물을 면포나 쌀로 거둔 후, 그것으로 필요한 물품을 관청이 직접 구매하자."라는 주장이 나타났다. 이런 주장은 임진왜란이 끝난 후 거세졌다. 한백겸과 이원익 등은 광해군 즉위 초에 경기도에 한해 '백성들이 소유한 토지의 다과에 따라 쌀을 공물로 거두고, 이렇게 수납한 쌀을 선혜청으로 운반해 국가가 필요로 하는 물품을 구매'하는 정책, 즉 '대동법'을 시행하자고 했다. 광해군이 이를 받아들이자 경기도민들은 크게 환영했다. 광해군은 이 정책에 대한 반응이 좋다는 것을 알고 경기도 외에 다른 곳으로 확대 시행할 것을 고려했으나 그렇게 하지는 못했다.

광해군을 몰아내고 왕이 된 인조는 김육의 주장을 받아들여 강원도, 충청도, 전라도까지 대동법을 확대 시행했다. 그런데 그 직후 전국에 흉년이 들어 농민들이 제대로 쌀을 구하지 못할 정도가 되었다. 이에 인조는 충청도와 전라도에 대동법을 시행한다는 결정을 철회했다. 인조의 뒤를 이은 효종은 전라도 일부 지역과 충청도가 흉년에서 벗어났다고 생각해 그 지역들에 대동법을 다시 시행했고, 효종을 이은 현종도 전라도 전역에 대동법을 확대 시행했다. 이처럼 대동법 시행 지역은 조금씩 늘어났다.

① 현종은 방납의 폐단을 없애기 위해 대동법을 전국 모든 지역에 시행하였다.
② 효종은 김육의 요청대로 충청도, 전라도, 경상도에 대동법을 적용하였다.
③ 광해군이 국왕으로 재위할 때 공물을 쌀로 내게 하는 조치가 경기도에 취해졌다.
④ 인조는 이원익 등의 제안대로 방납이라는 방식으로 공물을 납부하는 행위를 전면 금지하였다.
⑤ 한백겸은 상인이 관청의 의뢰를 받아 특산물을 생산지에서 구매해 대납하는 것은 부당하다고 하였다.

14. 다음 글에서 알 수 있는 것은?

불교가 이 땅에 전래된 후 불교신앙을 전파하고자 신앙결사를 만든 승려가 여러 명 나타났다. 통일신라 초기에 왕실은 화엄종을 후원했는데, 화엄종 계통의 승려들은 수도에 대규모 신앙결사를 만들어 놓고 불교신앙에 관심을 가진 귀족들을 대상으로 불교 수행법을 전파했다. 통일신라가 쇠퇴기에 접어든 신라 하대에는 지방에도 신앙결사가 만들어졌다. 신라 하대에 나타난 신앙결사는 대부분 미륵신앙을 지향하는 정토종 승려들이 만든 것이었다.

신앙결사 운동이 더욱 확장된 것은 고려 때의 일이다. 고려 시대 가장 유명한 신앙결사는 지눌의 정혜사다. 지눌은 명종 때 거조사라는 절에서 정혜사라는 이름의 신앙결사를 만들었다. 그는 돈오점수 사상을 내세우고, 조계선이라는 수행 방법을 강조했다. 지눌이 만든 신앙결사에 참여해 함께 수행하는 승려가 날로 늘었다. 그 가운데 가장 유명한 사람이 요세라는 승려다. 요세는 무신집권자 최충헌이 명종을 쫓아내고 신종을 국왕으로 옹립한 해에 지눌과 함께 순천으로 근거지를 옮기는 도중에 따로 독립했다. 순천으로 옮겨 간 지눌은 그곳에서 정혜사라는 명칭을 수선사로 바꾸어 활동했고, 요세는 강진에서 백련사라는 결사를 새로 만들어 활동했다.

지눌의 수선사는 불교에 대한 이해가 높은 사람들을 대상으로 다소 난해한 돈오점수 사상을 전파하는 데 주력했다. 그 때문에 대중적이지 않다는 평을 받았다. 요세는 지눌과 달리 불교 지식을 갖추지 못한 평민도 쉽게 수행할 수 있도록 간명하게 수행법을 제시한 천태종을 중시했다. 또 그는 평민들이 백련사에 참여하는 것을 당연하다고 여겼다. 백련사가 세워진 후 많은 사람들이 참여하자 권력층도 관심을 갖고 후원하기 시작했다. 명종 때부터 권력을 줄곧 독차지하고 있던 최충헌을 비롯해 여러 명의 고위 관료들이 백련사에 토지와 재물을 헌납해 그 활동을 도왔다.

① 화엄종은 돈오점수 사상을 전파하고자 신앙결사를 만들어 활동하였다.
② 백련사는 수선사와는 달리 조계선이라는 수행 방법을 고수해 주목받았다.
③ 요세는 무신이 권력을 잡고 있던 시기에 불교 신앙결사를 만들어 활동하였다.
④ 정혜사는 강진에서 조직되었던 반면 백련사는 순천에 근거지를 두고 활동하였다.
⑤ 지눌은 정토종 출신의 승려인 요세가 정혜사에 참여하자 그를 설득해 천태종으로 끌어들였다.

15. 다음 글의 빈칸에 들어갈 내용으로 가장 적절한 것은?

> 대안적 분쟁해결절차(ADR)는 재판보다 분쟁을 신속하게 해결한다고 알려져 있다. 그러나 재판이 서면 심리를 중심으로 진행되는 반면, ADR은 당사자 의견도 충분히 청취하기 때문에 재판보다 더 많은 시간이 소요된다. 그럼에도 불구하고 ADR이 재판보다 신속하다고 알려진 이유는 법원에 지나치게 많은 사건이 밀려 있어 재판이 더디게 이루어지기 때문이다.
>
> 법원행정처는 재판이 너무 더디다는 비난에 대응하기 위해 일선 법원에서도 사법형 ADR인 조정제도를 적극적으로 활용할 것을 독려하고 있다. 그러나 이는 법관이 신속한 조정안 도출을 위해 사건 당사자에게 화해를 압박하는 부작용을 낳을 수 있다. 사법형 ADR 활성화 정책은 법관의 증원 없이 과도한 사건 부담 문제를 해결하려는 미봉책일 뿐이다. 결국, 사법형 ADR 활성화 정책은 사법 불신으로 이어져 재판 정당성에 대한 국민의 인식을 더욱 떨어뜨리게 한다.
>
> 또한 사법형 ADR 활성화 정책은 민간형 ADR이 활성화되는 것을 저해한다. 분쟁 당사자들이 민간형 ADR의 조정안을 따르도록 하려면, 재판에서도 거의 같은 결과가 나온다는 확신이 들게 해야 한다. 그러기 위해서는 법원이 확고한 판례를 제시하여야 한다. 그런데 사법형 ADR 활성화 정책은 새롭고 복잡한 사건을 재판보다는 ADR로 유도하게 된다. 이렇게 되면 새롭고 복잡한 사건에 대한 판례가 만들어지지 않고, 민간형 ADR에서 분쟁을 해결할 기준도 마련되지 않게 된다. 결국 판례가 없는 수많은 사건들이 끊임없이 법원으로 밀려들게 된다.
>
> 따라서 [　　　　] 먼저 법원은 본연의 임무인 재판을 통해 당사자의 응어리를 풀어주겠다는 의식으로 접근해야 할 것이다. 그것이 현재 법원의 실정으로 어렵다고 판단되면, 국민의 동의를 구해 예산과 인력을 확충하는 방향으로 나아가는 것이 옳은 방법이다. 법원의 인프라를 확충하고 판례를 충실히 쌓아가면, 민간형 ADR도 활성화될 것이다.

① 분쟁 해결에 대한 사회적 관심을 높이도록 유도해야 한다.
② 재판이 추구하는 목표와 ADR이 추구하는 목표는 서로 다르지 않다.
③ 법원으로 폭주하는 사건 수를 줄이기 위해 시민들의 준법의식을 강화하여야 한다.
④ 법원은 재판에 주력하여야 하며 그것이 결과적으로 민간형 ADR의 활성화에도 도움이 된다.
⑤ 민간형 ADR 기관의 전문성을 제고하여 분쟁 당사자들이 굳이 법원에 가지 않더라도 신속하게 분쟁을 해결할 수 있게 만들어야 한다.

16. 다음 글의 흐름에 맞지 않는 곳을 ㉠~㉤에서 찾아 수정할 때 가장 적절한 것은?

> 경제적 차원에서 가장 불리한 계층, 예컨대 노예와 날품팔이는 ㉠ 특정한 종교 세력에 편입되거나 포교의 대상이 된 적이 없었다. 기독교 등 고대 종교의 포교활동은 이들보다는 소시민층, 즉 야심을 가지고 열심히 노동하며 경제적으로 합리적인 생활을 하는 계층을 겨냥하였다. 고대사회의 대농장에서 일하던 노예들에게 관심을 갖는 종교는 없었다.
>
> 모든 시대의 하층 수공업자 대부분은 ㉡ 독특한 소시민적 종교 경향을 지니고 있었다. 이들은 특히 공인되지 않은 종파적 종교성에 기우는 경우가 매우 흔하였다. 곤궁한 일상과 불안정한 생계 활동에 시달리며 동료의 도움에 의존해야 하는 하층 수공업자층은 공인되지 않은 신흥 종교집단이나 비주류 종교집단의 주된 포교 대상이었다.
>
> 근대에 형성된 프롤레타리아트는 ㉢ 종교에 우호적이며 관심이 많았다. 이들은 자신의 처지가 자신의 능력과 업적에 의존한다는 의식이 약하고 그 대신 사회적 상황이나 경기 변동, 법적으로 보장된 권력관계에 종속되어 있다는 의식이 강하였다. 이에 반해 자신의 처지가 주술적 힘, 신이나 우주의 섭리와 같은 것에 종속되어 있다는 견해에는 부정적이었다.
>
> 프롤레타리아트가 스스로의 힘으로 ㉣ 특정 종교 이념을 창출하는 것은 쉽지 않았다. 이들에게는 비종교적인 이념들이 삶을 지배하는 경향이 훨씬 우세했기 때문이다. 물론 프롤레타리아트 가운데 경제적으로 불안정한 최하위 계층과 지속적인 곤궁으로 인해 프롤레타리아트화의 위험에 처한 몰락하는 소시민계층은 ㉤ 종교적 포교의 대상이 되기 쉬웠다. 특히 이들을 포섭한 많은 종교는 원초적 주술을 사용하거나, 아니면 주술적·광란적 은총 수여에 대한 대용물을 제공했다. 이 계층에서 종교 윤리의 합리적 요소보다 감정적 요소가 훨씬 더 쉽게 성장할 수 있었다.

① ㉠을 "고대 종교에서는 주요한 세력이자 포섭 대상이었다."로 수정한다.
② ㉡을 "종교나 정치와는 괴리된 삶을 살았다."로 수정한다.
③ ㉢을 "종교에 우호적이지도 관심이 많지도 않았다."로 수정한다.
④ ㉣을 "특정 종교 이념을 창출한 경우가 많았다."로 수정한다.
⑤ ㉤을 "종교보다는 정치집단의 포섭 대상이 되었다."로 수정한다.

17. 다음 글의 빈칸에 들어갈 내용으로 가장 적절한 것은?

A는 말벌이 어떻게 둥지를 찾아가는지 알아내고자 했다. 이에 A는 말벌이 둥지에 있을 때, 둥지를 중심으로 솔방울들을 원형으로 배치했는데, 그 말벌은 먹이를 찾아 둥지를 떠났다가 다시 둥지로 잘 돌아왔다. 이번에는 말벌이 먹이를 찾아 둥지를 떠난 사이, A가 그 솔방울들을 수거하여 둥지 부근 다른 곳으로 옮겨 똑같이 원형으로 배치했다. 그랬더니 돌아온 말벌은 솔방울들이 치워진 그 둥지로 가지 않고 원형으로 배치된 솔방울들의 중심으로 날아갔다.

이러한 결과를 관찰한 A는 말벌이 방향을 찾을 때 솔방울이라는 물체의 재질에 의존한 것인지 혹은 솔방울들로 만든 모양에 의존한 것인지를 알아내고자 하였다. 그래서 이번에는 말벌이 다시 먹이를 찾아 둥지를 떠난 사이, 앞서 원형으로 배치했던 솔방울들을 치우고 그 자리에 돌멩이들을 원형으로 배치했다. 그리고 거기 있던 솔방울들을 다시 가져와 둥지를 중심으로 삼각형으로 배치했다. 그러자 A는 돌아온 말벌이 원형으로 배치된 돌멩이들의 중심으로 날아가는 것을 관찰할 수 있었다.

이 실험을 통해 A는 먹이를 찾으러 간 말벌이 둥지로 돌아올 때, [　　　　　]는 결론에 이르렀다.

① 물체의 재질보다 물체로 만든 모양에 의존하여 방향을 찾는다
② 물체로 만든 모양보다 물체의 재질에 의존하여 방향을 찾는다
③ 물체의 재질과 물체로 만든 모양 모두에 의존하여 방향을 찾는다
④ 물체의 재질이나 물체로 만든 모양에 의존하지 않고 방향을 찾는다
⑤ 경우에 따라 물체의 재질에 의존하기도 하고 물체로 만든 모양에 의존하기도 하면서 방향을 찾는다

18. 다음 글의 ㉠에 대한 진술로 적절하지 않은 것은?

해녀들이 고무 잠수복을 받아들일 때 잠수복 바지, 저고리, 모자, 버선은 받아들였으나 흥미롭게도 장갑은 제외시켰다. 손은 부피당 표면적이 커서 수중에서 열손실이 쉽게 일어나는 부위이다. 손의 온도가 떨어지면 움직임이 둔해지고 정확도가 떨어지므로 물속에서의 작업 수행 능력이 감소된다. 이런 점을 고려할 때 장갑 착용은 작업 능률을 향상시킬 것으로 생각되는데 수온이 낮은 겨울철에도 해녀들이 잠수 장갑을 끼지 않는 데는 어떤 이유가 있을 것이다. 그 이유를 알아보기 위하여 ㉠ <u>겨울철 해녀의 작업</u> 시 장갑 착용이 손의 열손실에 어떤 영향을 미치는지 연구하였다.

겨울철에 해녀가 작업을 할 때, 장갑을 끼는 경우와 끼지 않는 경우에 손의 열손실을 측정하였다. 열손실은 단위시간당 손실되는 열의 양으로 측정하였다. 입수 초기에는 장갑을 낄 때나 안 낄 때나 손의 열손실이 증가하는데 장갑을 낄 때보다 안 낄 때 더 빠르게 증가한다. 그런데 입수 초기가 지나면 손의 열손실은 시간에 따라 점차 감소하는데 장갑을 낄 때보다 안 낄 때 더 빠르게 감소한다. 그래서 입수 후 약 20분이 지나면 손의 열손실이 장갑을 낄 때보다 안 낄 때 더 작아지는 기현상이 생긴다.

이러한 현상은 입수 시 나타나는 손의 열절연도 변화로 설명할 수 있다. 물체의 열손실은 그 물체의 열절연도에 의해 좌우되는데 열절연도가 커질수록 열손실이 작아진다. 입수 후 손의 열절연도는 장갑을 낄 때보다 안 낄 때 더 빠르게 증가하여 입수 후 약 20분이 지나면 손의 열손실이 장갑을 낄 때보다 안 낄 때 더 작아진다. 또한 팔의 열절연도도 입수 후 시간이 지남에 따라 장갑을 낄 때보다 안 낄 때 더 빠르게 증가하여 팔의 열손실은 장갑을 낄 때보다 안 낄 때 더 빠르게 감소한다.

① 손의 온도는 해녀의 작업 수행 능력에 영향을 준다.
② 장갑 착용 여부는 손과 팔의 열손실에 영향을 준다.
③ 입수 초기에는 장갑을 낄 때보다 안 낄 때 손의 열손실이 더 빠르게 증가한다.
④ 입수 후 시간이 지남에 따라 손의 열절연도는 장갑을 낄 때보다 안 낄 때 더 빠르게 증가한다.
⑤ 입수 후 장갑을 안 낄 때는 손의 열손실이 시간이 지남에 따라 증가한 후 감소하지만 장갑을 낄 때는 그렇지 않다.

19. 다음 글의 내용이 참일 때, 반드시 참인 것만을 <보기>에서 모두 고르면?

A, B, C, D, E는 스키, 봅슬레이, 컬링, 쇼트트랙, 아이스하키 등 총 다섯 종목 중 각자 한 종목을 관람하고자 한다. 스키와 봅슬레이는 산악지역에서 열리며, 나머지 종목은 해안지역에서 열린다. 다섯 명의 관람 종목에 대한 조건은 다음과 같다.
○ A, B, C, D, E는 서로 다른 종목을 관람한다.
○ A와 B는 서로 다른 지역에서 열리는 종목을 관람한다.
○ C는 스키를 관람한다.
○ B가 쇼트트랙을 관람하면, D가 봅슬레이를 관람한다.
○ E가 쇼트트랙이나 아이스하키를 관람하면, A는 봅슬레이를 관람한다.

<보 기>

ㄱ. A가 봅슬레이를 관람하면, D는 아이스하키를 관람한다.
ㄴ. B는 쇼트트랙을 관람하지 않는다.
ㄷ. E가 쇼트트랙을 관람하면, B는 컬링이나 아이스하키를 관람한다.

① ㄱ
② ㄴ
③ ㄱ, ㄷ
④ ㄴ, ㄷ
⑤ ㄱ, ㄴ, ㄷ

20. 다음 글의 내용이 참일 때, 반드시 참인 것은?

도시발전계획의 하나로 관할 지역 안에 문화특화지역과 경제특화지역을 지정하여 활성화하는 정책을 추진하고 있는 A시와 관련하여 다음 사항이 알려졌다.
○ A시의 관할 지역은 동구와 서구로 나뉘어 있고 갑, 을, 병, 정, 무는 이 시에 거주하는 주민이다.
○ A시는 문화특화지역과 경제특화지역을 곳곳에 지정하였으나, 두 지역이 서로 겹치는 경우는 없다.
○ 문화특화지역으로 지정된 곳에서는 모두 유물이 발견되었다.
○ 동구에서 경제특화지역으로 지정된 곳의 주민은 모두 부유하다.
○ 서구에 거주하는 주민은 모두 아파트에 산다.

① 갑이 유물이 발견된 지역에 거주한다면, 그는 부유하지 않다.
② 을이 부유하다면, 그는 경제특화지역에 거주하고 있다.
③ 병이 아파트에 살지는 않지만 경제특화지역에 거주한다면, 그는 부유하다.
④ 정이 아파트에 살지 않는다면, 그는 유물이 발견되지 않은 지역에 거주한다.
⑤ 무가 문화특화지역에 거주한다면, 그는 아파트에 살지 않는다.

21. 다음 글의 ㉠으로 적절한 것은?

> 규범윤리학의 핵심 물음은 "무엇이 도덕적으로 올바른 행위인가?"이다. 이에 답하기 위해서는 '도덕 규범'이라고 불리는 도덕적 판단 기준에 대한 논의가 필요하다. 도덕적 판단 기준이 개개인의 주관적 판단에 의존한다고 여기는 사람들이 다수 있지만 이는 옳지 않은 생각이다. 도덕 규범은 그것이 무엇이든 우리의 주관적 판단에 의존하지 않는다. 이러한 주장이 반드시 참임은 다음 논증을 통해 보일 수 있다.
>
> 도덕 규범이면서 우리의 주관적 판단에 의존하는 규범이 있다고 가정하면, 문제가 생긴다. 우리는 다음 명제들을 의심의 여지없이 참이라고 받아들이기 때문이다. 첫째, 주관적 판단에 의존하는 규범은 모두 우연적 요소에 좌우된다. 둘째, 우연적 요소에 좌우되는 규범은 어느 것도 보편적으로 적용되지 않는다. 셋째, 보편적으로 적용되지 않는 규범은 그것이 무엇이든 객관성이 보장되지 않는다. 이 세 명제에 ㉠ 하나의 명제를 추가하기만 하면 주관적 판단에 의존하는 규범은 어느 것도 도덕 규범이 아니라는 것을 이끌어낼 수 있다. 이는 앞의 가정과 모순된다. 따라서 도덕 규범은 어느 것도 우리의 주관적 판단에 의존하지 않는다.

① 우연적 요소에 좌우되는 도덕 규범이 있다.
② 객관성이 보장되지 않는 규범은 어느 것도 도덕 규범이 아니다.
③ 객관성이 보장되는 규범은 그것이 무엇이든 보편적으로 적용된다.
④ 보편적으로 적용되는 규범은 어느 것도 우연적 요소에 좌우되지 않는다.
⑤ 주관적 판단에 의존하면서 보편적으로 적용되지 않는 도덕 규범이 있다.

22. 다음 갑~병의 주장에 대한 평가로 적절한 것만을 <보기>에서 모두 고르면?

> 갑: 어떤 나라의 법이 불공정하거나 악법이라고 해도 그 나라의 시민은 그것을 준수해야 한다. 그 나라의 시민으로 살아간다는 것이 법을 준수하겠다는 암묵적인 합의를 한 것이나 마찬가지이기 때문이다. 우리에게는 약속을 지켜야 할 의무가 있다. 만일 우리의 법이 마음에 들지 않았다면 처음부터 이 나라를 떠나 이웃 나라로 이주할 수 있는 자유가 언제나 있었던 것이다. 이 나라에서 시민으로 일정 기간 이상 살았다면 법을 그것의 공정 여부와 무관하게 마땅히 지켜야만 하는 것이 우리 시민의 의무이다.
>
> 을: 법을 지키겠다는 암묵적 합의는 그 법이 공정한 것인 한에서만 유효한 것이다. 만일 어떤 법이 공정하지 않다면 그런 법을 지키는 것은 오히려 타인의 인권을 침해할 소지가 있고, 따라서 그런 법의 준수를 암묵적 합의의 일부로 간주해서는 안 될 것이다. 그러므로 공정한 법에 대해서만 선별적으로 준수의 의무를 부과하는 것이 타당하다.
>
> 병: 법은 정합적인 체계로 구성되어 있어서 어떤 개별 법 조항도 다른 법과 무관하게 독자적으로 주어질 수 없다. 모든 법은 상호 의존적이어서 어느 한 법의 준수를 거부하면 반드시 다른 법의 준수 여부에도 영향을 미칠 수밖에 없다. 예를 들어, 조세법이 부자에게 유리하고 빈자에게 불리한 불공정한 법이라고 해서 그것 하나만 따로 떼어내어 선별적으로 거부한다는 것은 불가능하다. 그렇게 했다가는 결국 아무 문제가 없는 공정한 법의 준수 여부에까지 영향을 미치게 될 것이다. 따라서 법의 선별적 준수는 전체 법체계의 유지에 큰 혼란을 불러올 우려가 있으므로 받아들여서는 안 된다.

<보 기>

ㄱ. 예외적인 경우에 약속을 지키지 않아도 된다면 갑의 주장은 강화된다.
ㄴ. 법의 공정성을 판단하는 별도의 기준이 없다면 을의 주장은 약화된다.
ㄷ. 이민자를 차별하는 법이 존재한다면 병의 주장은 약화된다.

① ㄱ
② ㄴ
③ ㄱ, ㄷ
④ ㄴ, ㄷ
⑤ ㄱ, ㄴ, ㄷ

23. 다음 글에 비추어 볼 때, <실험>에 대한 분석으로 적절한 것만을 <보기>에서 모두 고르면?

> 통계학자들은 오직 두 가설, 즉 영가설과 대립가설만을 고려하는 경우가 있다. 여기서 영가설이란 취해진 조치가 조치의 대상에 아무런 영향을 주지 않는다는 가설이고, 대립가설이란 영향을 준다는 가설이다. 예컨대 의사의 조치가 특정 질병 치료에 아무런 효과도 없다는 가설은 영가설이고, 의사의 조치가 그 질병을 치료하는 데 효과가 있다는 가설은 대립가설이다.

<실 험>

A는 다음의 두 가설과 관련하여 아래 실험을 수행하였다.

○ 가설 1: 쥐가 동일한 행동을 반복할 때 이전 행동에서 이루어진 강제조치가 다음 번 행동에 영향을 준다.
○ 가설 2: 쥐가 동일한 행동을 반복할 때 이전 행동에서 이루어진 강제조치가 다음 번 행동에 영향을 주지 않는다.

왼쪽 방향 또는 오른쪽 방향으로 갈 수 있는 갈림길이 있는 미로가 있다. 실험자는 쥐 1마리를 이 미로의 입구에 집어넣었다. 미로에 들어간 쥐가 갈림길에 도달하면 실험자가 개입하여 쥐가 한 쪽 방향으로 가도록 강제조치했다. 그런 다음 실험자는 미로의 출구 부분에서 쥐를 꺼내 다시 미로의 입구에 집어넣고 쥐가 갈림길에서 어느 방향으로 가는지를 관찰하였다. 100마리의 쥐를 대상으로 이러한 실험을 실시한 결과 대부분의 쥐들은 이전에 가지 않았던 방향으로 갔다.

<보 기>

ㄱ. 가설 1은 대립가설이고 가설 2는 영가설이다.
ㄴ. <실험>의 결과는 대립가설을 강화한다.
ㄷ. <실험>에서 미로에 처음 들어간 쥐들에게 갈림길에서 50마리의 쥐들은 왼쪽 방향으로, 나머지 50마리의 쥐들은 오른쪽 방향으로 가도록 실험자가 강제조치하였다는 사실이 밝혀진다면 영가설은 강화된다.

① ㄱ
② ㄷ
③ ㄱ, ㄴ
④ ㄴ, ㄷ
⑤ ㄱ, ㄴ, ㄷ

24. 다음 글의 ㉠을 강화하는 것만을 <보기>에서 모두 고르면?

> 동물의 감각이나 반응을 일으키는 최소한의 자극을 '식역'이라고 한다. 인간의 경우 일반적으로 40밀리 초 이하의 시각적 자극은 '보았다'고 답하는 경우가 거의 없다. 그렇다면 식역 이하의 시각적 자극은 우리에게 아무런 영향도 주지 않는 것일까?
>
> 연구자들은 사람들에게 식역 이하의 짧은 시간 동안 문자열을 먼저 제시한 후 뒤이어 의식적으로 지각할 수 있을 만큼 문자열을 제시하는 실험을 진행했다. 이 실험에서 연구자들은 먼저 제시된 문자열을 '프라임'으로, 뒤이어 제시된 문자열을 '타깃'으로 불렀다. 프라임을 식역 이하로 제시한 후 뒤이어 타깃을 의식적으로 볼 수 있을 만큼 제시했을 때 피험자들은 타깃 앞에 프라임이 있었다는 사실조차 알아차리지 못했다.
>
> 거듭된 실험을 통해 밝혀진 사실 가운데 하나는 피험자가 비록 보았다고 의식하지 못한 낱말일지라도 제시된 프라임이 타깃과 동일한 낱말인 경우 처리속도가 빨라진다는 것이었다. 예컨대 'radio' 앞에 'house'가 제시되었을 때보다 'radio'가 제시되었을 때 반응이 빨라졌다. 동일한 낱말의 반복이 인지 반응을 촉진한 것이었다. 식역 이하로 제시된 낱말임에도 불구하고 뒤이어 나온 낱말의 처리속도에 영향을 미친 이런 효과를 가리켜 '식역 이하의 반복 점화'라고 부른다.
>
> 흥미로운 점은, 프라임이 소문자로 된 낱말 'radio'이고 타깃이 대문자로 된 낱말 'RADIO'일 때 점화 효과가 나타났다는 것이다. 시각적으로 그 둘의 외양은 다르다. 그렇다면 두 종류의 표기에 익숙한 언어적, 문화적 관습에 따라 'radio'와 'RADIO'를 같은 낱말로 인지한 것으로 볼 수 있다. 이에 비추어 볼 때, ㉠ <u>식역 이하의 반복 점화는 추상적인 수준에서 나타나는 것으로 보인다.</u>

<보 기>

ㄱ. 같은 낱말을 식역 이하로 반복하여 여러 번 눈앞에 제시해도 피험자들은 그 낱말을 인지하지 못하였다.
ㄴ. 샛별이 금성이라는 것을 아는 사람에게 프라임으로 '금성'을 식역 이하로 제시한 후 타깃으로 '샛별'을 의식적으로 볼 수 있을 만큼 제시했을 때, 점화 효과가 나타나지 않았다.
ㄷ. 한국어와 영어에 능숙한 사람에게 'five'만을 의식적으로 볼 수 있을 만큼 제시한 경우보다 프라임으로 '다섯'을 식역 이하로 제시한 후 타깃으로 'five'를 의식적으로 볼 수 있을 만큼 제시했을 때, 'five'에 대한 반응이 더 빨랐다.

① ㄱ
② ㄷ
③ ㄱ, ㄴ
④ ㄴ, ㄷ
⑤ ㄱ, ㄴ, ㄷ

25. 다음 글에 대한 분석으로 적절한 것만을 <보기>에서 모두 고르면?

갑: 우리는 예전에 몰랐던 많은 과학 지식을 가지고 있다. 예를 들어, 과거에는 물이 산소와 수소로 구성된다는 것을 몰랐지만 현재는 그 사실을 알고 있다. 과거에는 어떤 기준 좌표에서 관찰하더라도 빛의 속도가 일정하다는 것을 몰랐지만 현재의 우리는 그 사실을 알고 있다. 이처럼 우리가 알게 된 과학 지식의 수는 누적적으로 증가하고 있으며, 이 점에서 과학은 성장한다고 말할 수 있다.

을: 과학의 역사에서 과거에 과학 지식이었던 것이 더 이상 과학 지식이 아닌 것으로 판정된 사례는 많다. 예를 들어, 과거에 우리는 플로지스톤 이론이 옳다고 생각했지만 현재 그 이론이 옳다고 생각하는 사람은 아무도 없다. 이런 점에서 과학 지식의 수는 누적적으로 증가하고 있지 않다.

병: 그렇다고 해서 과학이 성장한다고 말할 수 없는 것은 아니다. 과학에서 해결해야 할 문제들은 정해져 있으며, 그 중 해결된 문제의 수는 증가하고 있다. 예를 들어 과거의 뉴턴 역학은 수성의 근일점 이동을 정확하게 예측할 수 없었지만 현재의 상대성 이론은 정확하게 예측할 수 있다. 따라서 해결된 문제의 수가 증가하고 있다는 이유에서 과학은 성장한다고 말할 수 있다.

정: 그렇게 말할 수 없다. 우리가 어떤 과학 이론을 받아들이냐에 따라서 해결해야 할 문제가 달라지고, 해결된 문제의 수가 증가했는지 판단할 수도 없기 때문이다. 서로 다른 이론을 받아들이는 사람들이 해결한 문제의 수는 서로 비교할 수 없다.

<보 기>

ㄱ. 갑과 병은 모두 과학의 성장 여부를 평가할 수 있는 어떤 기준이 있다는 것을 인정한다.
ㄴ. 을은 과학 지식의 수가 실제로 누적적으로 증가하지 않는다는 이유로 갑을 비판한다.
ㄷ. 정은 과학의 성장 여부를 말할 수 있는 근거의 진위를 판단할 수 없다는 점을 들어 병을 비판한다.

① ㄱ
② ㄷ
③ ㄱ, ㄴ
④ ㄴ, ㄷ
⑤ ㄱ, ㄴ, ㄷ

약점 보완 해설집 p.116

상황판단영역

1. 다음 글을 근거로 판단할 때 옳은 것은?

제00조 ① 광역교통위원회는 위원장 1명과 상임위원 1명 및 다음 각 호의 위원을 포함하여 30명 이내로 구성한다.
1. 대도시권 광역교통 관련 업무를 담당하는 중앙행정기관 소속 고위공무원 중 대통령령으로 정하는 사람
2. 대도시권에 포함되는 광역지방자치단체의 부단체장 중 대통령령으로 정하는 사람
3. 그 밖에 광역교통 관련 전문지식과 경험이 풍부한 사람

② 광역교통위원회의 위원장은 국토교통부장관의 제청으로 대통령이 임명하고, 위원은 국토교통부장관이 임명 또는 위촉한다.

제00조 ① 실무위원회는 다음 각 호의 사항을 심의한다.
1. 광역교통위원회에 부칠 안건의 사전검토 또는 조정에 관한 사항
2. 그 밖에 실무위원회의 위원장이 심의가 필요하다고 인정하는 사항

② 실무위원회의 위원장은 광역교통위원회의 상임위원이 된다.
③ 실무위원회의 위원은 다음 각 호의 사람이 된다.
1. 기획재정부·행정안전부·국토교통부 및 행정중심복합도시건설청 소속 공무원 중 소속 기관의 장이 지명하는 사람
2. 대도시권에 포함되는 시·도 또는 시·군·구(자치구를 말한다) 소속 공무원 중 소속 기관의 장이 광역교통위원회와 협의해 지명하는 사람
3. 교통·도시계획·재정·행정·환경 등 광역교통에 관한 학식과 경험이 풍부한 사람 중에서 광역교통위원회의 위원장이 성별을 고려해 위촉하는 50명 이내의 사람

① 실무위원회의 위원 위촉 시 성별은 고려하지 않는다.
② 광역교통위원회의 구성원은 실무위원회의 구성원이 될 수 없다.
③ 광역교통위원회 위원장의 위촉 없이도 실무위원회의 위원이 될 수 있다.
④ 공무원이 아닌 사람은 실무위원회의 위원은 될 수 있으나, 광역교통위원회의 위원은 될 수 없다.
⑤ 광역교통위원회의 위원으로 행정안전부 소속 공무원을 선정하는 경우 행정안전부장관이 임명한다.

2. 다음 글을 근거로 판단할 때 옳은 것은?

제○○조 이 법에서 사용하는 용어의 뜻은 다음과 같다.
1. '배아'란 인간의 수정란 및 수정된 때부터 발생학적으로 모든 기관이 형성되기 전까지의 분열된 세포군을 말한다.
2. '잔여배아'란 체외수정으로 생성된 배아 중 임신의 목적으로 이용하고 남은 배아를 말한다.

제△△조 ① 누구든지 임신 외의 목적으로 배아를 생성하여서는 아니 된다.
② 누구든지 배아를 생성할 때 다음 각 호의 어느 하나에 해당하는 행위를 하여서는 아니 된다.
1. 특정의 성을 선택할 목적으로 난자와 정자를 선별하여 수정시키는 행위
2. 사망한 사람의 난자 또는 정자로 수정하는 행위
3. 미성년자의 난자 또는 정자로 수정하는 행위. 다만 혼인한 미성년자가 그 자녀를 얻기 위하여 수정하는 경우는 제외한다.

③ 누구든지 금전, 재산상의 이익 또는 그 밖의 반대급부를 조건으로 배아나 난자 또는 정자를 제공 또는 이용하거나 이를 유인하거나 알선하여서는 아니 된다.

제□□조 ① 배아의 보존기간은 5년으로 한다. 다만 난자 또는 정자의 기증자가 배아의 보존기간을 5년 미만으로 정한 경우에는 이를 보존기간으로 한다.
② 제1항에도 불구하고 제1항의 기증자가 항암치료를 받는 경우 그 기증자는 보존기간을 5년 이상으로 정할 수 있다.
③ 배아생성의료기관은 제1항 또는 제2항에 따른 보존기간이 끝난 배아 중 제◇◇조에 따른 연구의 목적으로 이용하지 아니할 배아는 폐기하여야 한다.

제◇◇조 제□□조에 따른 배아의 보존기간이 지난 잔여배아는 발생학적으로 원시선(原始線)이 나타나기 전까지만 체외에서 다음 각 호의 연구 목적으로 이용할 수 있다.
1. 난임치료법 및 피임기술의 개발을 위한 연구
2. 희귀·난치병의 치료를 위한 연구

※ 원시선: 중배엽 형성 초기에 세포의 이동에 의해서 형성되는 배반(胚盤)의 꼬리쪽 끝에서 볼 수 있는 얇은 선

① 배아생성의료기관은 불임부부를 위해 반대급부를 조건으로 배아의 제공을 알선할 수 있다.
② 난자 또는 정자의 기증자는 항암치료를 받지 않더라도 배아의 보존기간을 6년으로 정할 수 있다.
③ 배아생성의료기관은 혼인한 미성년자의 정자를 임신 외의 목적으로 수정하여 배아를 생성할 수 있다.
④ 보존기간이 남은 잔여배아는 발생학적으로 원시선이 나타나기 전이라면 체내에서 난치병 치료를 위한 연구 목적으로 이용할 수 있다.
⑤ 생성 후 5년이 지나지 않은 잔여배아도 발생학적으로 원시선이 나타나기 전까지 체외에서 피임기술 개발을 위한 연구에 이용하는 것이 가능한 경우가 있다.

3. 다음 글을 근거로 판단할 때 옳은 것은?

> 제00조 ① 수입신고를 하려는 자(업소를 포함한다)는 해당 수입식품의 안전성 확보 등을 위하여 식품의약품안전처장이 정하는 기준에 따라 해외제조업소에 대하여 위생관리 상태를 점검할 수 있다.
> ② 제1항에 따라 위생관리 상태를 점검한 자는 식품의약품안전처장에게 우수수입업소 등록을 신청할 수 있다.
> ③ 식품의약품안전처장은 제2항에 따라 신청된 내용이 식품의약품안전처장이 정하는 기준에 적합한 경우에는 우수수입업소 등록증을 신청인에게 발급하여야 한다.
> ④ 우수수입업소 등록의 유효기간은 등록된 날부터 3년으로 한다.
> ⑤ 식품의약품안전처장은 우수수입업소가 다음 각 호의 어느 하나에 해당하는 경우에는 그 등록을 취소하거나 시정을 명할 수 있다. 다만 우수수입업소가 제1호에 해당하는 경우에는 등록을 취소하여야 한다.
> 1. 거짓이나 그 밖의 부정한 방법으로 등록된 경우
> 2. 수입식품 수입·판매업의 시설기준을 위배하여 영업정지 2개월 이상의 행정처분을 받은 경우
> 3. 수입식품에 대한 부당한 표시를 하여 영업정지 2개월 이상의 행정처분을 받은 경우
>
> ⑥ 제5항에 따라 등록이 취소된 업소는 그 취소가 있은 날부터 3년 동안 우수수입업소 등록을 신청할 수 없다.
> 제00조 ① 식품의약품안전처장은 수입신고된 수입식품에 대하여 관계공무원으로 하여금 필요한 검사를 하게 하여야 한다.
> ② 식품의약품안전처장은 수입신고된 수입식품이 다음 각 호의 어느 하나에 해당하는 경우에는 제1항에도 불구하고 수입식품의 검사 전부 또는 일부를 생략할 수 있다.
> 1. 우수수입업소로 등록된 자가 수입하는 수입식품
> 2. 해외우수제조업소로 등록된 자가 수출하는 수입식품

① 업소 甲이 우수수입업소 등록을 신청하기 위해서는 식품의약품안전처장이 정하는 기준에 따라 국내 자기업소에 대한 위생관리 상태를 점검하여야 한다.
② 업소 乙이 2020년 2월 20일에 우수수입업소로 등록되었다면, 그 등록은 2024년 2월 20일까지 유효하다.
③ 업소 丙이 부정한 방법으로 우수수입업소로 등록된 경우 식품의약품안전처장은 등록을 취소하지 않고 시정을 명할 수 있다.
④ 우수수입업소 丁이 수입식품 수입·판매업의 시설기준을 위배하여 영업정지 1개월의 행정처분을 받았다면, 그 때로부터 3년 동안 丁은 우수수입업소 등록을 신청할 수 없다.
⑤ 식품의약품안전처장은 우수수입업소 戊가 수입신고한 수입식품에 대한 검사를 전부 생략할 수 있다.

4. 다음 글을 근거로 판단할 때, <보기>에서 저작권자의 허락없이 허용되는 행위만을 모두 고르면?

> 제00조 타인의 공표된 저작물의 내용·형식을 변환하거나 그 저작물을 복제·배포·공연 또는 공중송신(방송·전송을 포함한다) 하기 위해서는 특별한 규정이 없는 한 저작권자의 허락을 받아야 한다.
> 제00조 ① 누구든지 공표된 저작물을 저작권자의 허락없이 시각장애인을 위하여 점자로 복제·배포할 수 있다.
> ② 시각장애인을 보호하고 있는 시설, 시각장애인을 위한 특수학교 또는 점자도서관은 영리를 목적으로 하지 아니하고 시각장애인의 이용에 제공하기 위하여, 공표된 어문저작물을 저작권자의 허락없이 녹음하여 복제하거나 디지털음성정보기록방식으로 복제·배포 또는 전송할 수 있다.
> 제00조 ① 누구든지 공표된 저작물을 저작권자의 허락없이 청각장애인을 위하여 한국수어로 변환할 수 있으며 이러한 한국수어를 복제·배포·공연 또는 공중송신할 수 있다.
> ② 청각장애인을 보호하고 있는 시설, 청각장애인을 위한 특수학교 또는 한국어수어통역센터는 영리를 목적으로 하지 아니하고 청각장애인의 이용에 제공하기 위하여, 공표된 저작물에 포함된 음성 및 음향 등을 저작권자의 허락없이 자막 등 청각장애인이 인지할 수 있는 방식으로 변환할 수 있으며 이러한 자막 등을 청각장애인이 이용할 수 있도록 복제·배포·공연 또는 공중송신할 수 있다.

※ 어문저작물: 소설·시·논문·각본 등 문자로 이루어진 저작물

<보 기>

ㄱ. 학교도서관이 공표된 소설을 청각장애인을 위하여 한국수어로 변환하고 이 한국수어를 복제·공중송신하는 행위
ㄴ. 한국어수어통역센터가 영리를 목적으로 청각장애인의 이용에 제공하기 위하여, 공표된 영화에 포함된 음성을 자막으로 변환하여 배포하는 행위
ㄷ. 점자도서관이 영리를 목적으로 하지 아니하고 시각장애인의 이용에 제공하기 위하여, 공표된 피아니스트의 연주 음악을 녹음하여 복제·전송하는 행위

① ㄱ
② ㄴ
③ ㄱ, ㄷ
④ ㄴ, ㄷ
⑤ ㄱ, ㄴ, ㄷ

5. 다음 글을 근거로 판단할 때 옳지 않은 것은?

> 이해충돌은 공직자들에게 부여된 공적 의무와 사적 이익이 충돌하는 갈등상황을 지칭한다. 공적 의무와 사적 이익이 충돌한다는 점에서 이해충돌은 공직부패와 공통점이 있다. 하지만 공직부패가 사적 이익을 위해 공적 의무를 저버리고 권력을 남용하는 것이라면, 이해충돌은 공적 의무와 사적 이익이 대립하는 객관적 상황 자체를 의미한다. 이해충돌 하에서 공직자는 공적 의무가 아닌 사적 이익을 추구하는 결정을 내릴 위험성이 있지만 항상 그런 결정을 내리는 것은 아니다.
>
> 공직자의 이해충돌은 공직부패 발생의 상황요인이며 공직부패의 사전 단계가 될 수 있기 때문에 이에 대한 적절한 규제가 필요하다. 공직부패가 의도적 행위의 결과인 반면, 이해충돌은 의도하지 않은 상태에서 발생하는 상황이다. 또한 공직부패는 드문 현상이지만 이해충돌은 일상적으로 발생하기 때문에 직무수행 과정에서 빈번하게 나타날 수 있다. 그런 이유로 이해충돌에 대한 전통적인 규제는 공직부패의 사전예방에 초점이 맞추어져 있었다.
>
> 최근에는 이해충돌에 대한 규제의 초점이 정부의 의사결정 과정과 결과에 대한 신뢰성 확보로 변화되고 있다. 이는 정부의 의사결정 과정의 정당성과 공정성 자체에 대한 불신이 커지고, 그 결과가 시민의 요구와 선호를 충족하지 못하고 있다는 의구심이 제기되고 있는 상황을 반영하고 있다. 신뢰성 확보로 규제의 초점이 변화되면서 이해충돌의 개념이 확대되어, 외관상 발생 가능성이 있는 것만으로도 이해충돌에 대해 규제하는 것이 정당화되고 있다.

① 공직부패는 권력 남용과 관계없이 공적 의무와 사적 이익이 대립하는 객관적 상황 자체를 의미한다.
② 이해충돌 발생 가능성이 외관상으로만 존재해도 이해충돌에 대해 규제하는 것이 정당화되고 있다.
③ 공직자의 이해충돌과 공직부패는 공적 의무와 사적 이익의 충돌이라는 점에서 공통점이 있다.
④ 공직자의 이해충돌은 직무수행 과정에서 빈번하게 발생할 가능성이 있다.
⑤ 이해충돌에 대한 규제의 초점은 공직부패의 사전예방에서 정부의 의사결정 과정과 결과에 대한 신뢰성 확보로 변화되고 있다.

6. 다음 글을 근거로 판단할 때, A서비스를 이용할 수 있는 경우는?

> A서비스는 공항에서 출국하는 승객이 공항 외의 지정된 곳에서 수하물을 보내고 목적지에 도착한 후 찾아가는 신개념 수하물 위탁서비스이다.
>
> A서비스를 이용하고자 하는 승객은 ○○호텔에 마련된 체크인 카운터에서 본인 확인과 보안 절차를 거친 후 탑승권을 발급받고 수하물을 위탁하면 된다. ○○호텔 투숙객이 아니더라도 이 서비스를 이용할 수 있다.
>
> ○○호텔에 마련된 체크인 카운터는 매일 08:00~16:00에 운영된다. 인천공항에서 13:00~24:00에 출발하는 국제선 이용 승객을 대상으로 A서비스가 제공된다. 단, 미주노선(괌/사이판 포함)은 제외된다.

	숙박 호텔	항공기 출발 시각	출발지	목적지
①	○○호텔	15:30	김포공항	제주
②	◇◇호텔	14:00	김포공항	베이징
③	○○호텔	15:30	인천공항	사이판
④	◇◇호텔	21:00	인천공항	홍콩
⑤	○○호텔	10:00	인천공항	베이징

7. 다음 글을 근거로 판단할 때, 2019년의 무역의존도가 높은 순서대로 세 국가(A~C)를 나열한 것은?

> A, B, C 세 국가는 서로 간에만 무역을 하고 있다. 2019년 세 국가의 수출액은 다음과 같다.
>
> ○ A의 B와 C에 대한 수출액은 각각 200억 달러와 100억 달러였다.
>
> ○ B의 A와 C에 대한 수출액은 각각 150억 달러와 100억 달러였다.
>
> ○ C의 A와 B에 대한 수출액은 각각 150억 달러와 50억 달러였다.
>
> A, B, C의 2019년 국내총생산은 각각 1,000억 달러, 3,000억 달러, 2,000억 달러였고, 각 국가의 무역의존도는 다음과 같이 계산한다.
>
> $$\text{무역의존도} = \frac{\text{총 수출액} + \text{총 수입액}}{\text{국내총생산}}$$

① A, B, C
② A, C, B
③ B, A, C
④ B, C, A
⑤ C, A, B

8. 다음 글을 근거로 판단할 때, <보기>에서 옳은 것만을 모두 고르면?

> △△부처는 직원 교육에 사용할 교재를 외부 업체에 위탁하여 제작하려 한다. 업체가 제출한 시안을 5개의 항목으로 평가하고, 평가 점수의 총합이 가장 높은 시안을 채택한다. 평가 점수의 총합이 동점일 경우, 평가 항목 중 학습내용 점수가 가장 높은 시안을 채택한다. 5개의 업체가 제출한 시안(A~E)의 평가 결과는 다음과 같다.

(단위: 점)

평가 항목(배점) \ 시안	A	B	C	D	E
학습내용(30)	25	30	20	25	20
학습체계(30)	25	(㉠)	30	25	20
교수법(20)	20	17	(㉡)	20	15
학습평가(10)	10	10	10	5	10
학습매체(10)	10	10	10	10	10

<보 기>

ㄱ. D와 E는 채택되지 않는다.
ㄴ. ㉡의 점수와 상관없이 C는 채택되지 않는다.
ㄷ. ㉠이 23점이라면 B가 채택된다.

① ㄱ
② ㄷ
③ ㄱ, ㄴ
④ ㄴ, ㄷ
⑤ ㄱ, ㄴ, ㄷ

9. 다음 글을 근거로 판단할 때, 숫자코드가 될 수 있는 것은?

숫자코드를 만드는 규칙은 다음과 같다.

○ 그림과 같이 작은 정사각형 4개로 이루어진 큰 정사각형이 있고, 작은 정사각형의 꼭짓점마다 1~9의 번호가 지정되어 있다.

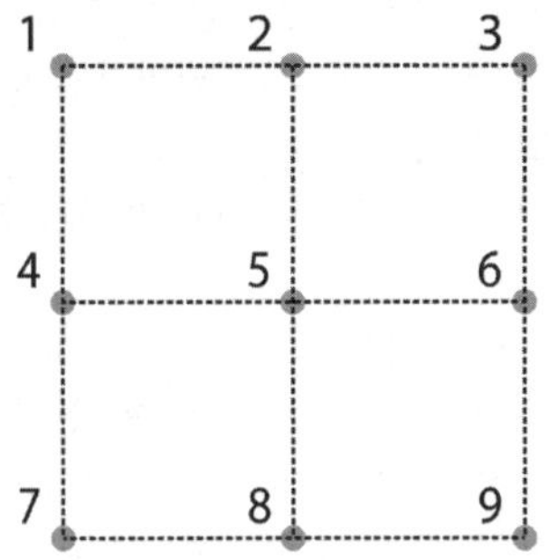

○ 펜을 이용해서 9개의 점 중 임의의 하나의 점에서 시작하여 (이하 시작점이라 한다) 다른 점으로 직선을 그어 나간다.
○ 다른 점에 도달하면 펜을 종이 위에서 떼지 않고 또 다른 점으로 계속해서 직선을 그어 나간다. 단, 한번 그은 직선 위에 또 다른 직선을 겹쳐서 그을 수 없다.
○ 시작점을 포함하여 4개 이상의 점에 도달한 후 펜을 종이 위에서 뗄 수 있다. 단, 시작점과 동일한 점에서는 뗄 수 없다.
○ 펜을 종이에서 뗀 후, 그어진 직선이 지나는 점의 번호를 순서대로 모두 나열한 것이 숫자코드가 된다. 예를 들어 1번 점에서 시작하여 6번, 5번, 8번 순으로 직선을 그었다면 숫자코드는 1658이다.

① 596
② 15953
③ 53695
④ 642987
⑤ 9874126

10. 다음 <지정 기준>과 <신청 현황>을 근거로 판단할 때, 신청병원(甲~戊) 중 산재보험 의료기관으로 지정되는 것은?

<지정 기준>

○ 신청병원 중 인력 점수, 경력 점수, 행정처분 점수, 지역별 분포점수의 총합이 가장 높은 병원을 산재보험 의료기관으로 지정한다.
○ 전문의 수가 2명 이하이거나, 가장 가까이 있는 기존 산재보험 의료기관까지의 거리가 1km 미만인 병원은 지정 대상에서 제외한다.
○ 각각의 점수는 아래의 항목별 배점 기준에 따라 부여한다.

항목	배점 기준
인력 점수	전문의 수 7명 이상은 10점
	전문의 수 4명 이상 6명 이하는 8점
	전문의 수 3명 이하는 3점
경력 점수	전문의 평균 임상경력 1년당 2점(단, 평균 임상경력이 10년 이상이면 20점)
행정처분 점수	2명 이하의 의사가 행정처분을 받은 적이 있는 경우 10점
	3명 이상의 의사가 행정처분을 받은 적이 있는 경우 2점
지역별 분포 점수	가장 가까이 있는 기존 산재보험 의료기관이 8km 이상 떨어져 있을 경우, 인력 점수와 경력 점수 합의 20%에 해당하는 점수
	가장 가까이 있는 기존 산재보험 의료기관이 3km 이상 8km 미만 떨어져 있을 경우, 인력 점수와 경력 점수 합의 10%에 해당하는 점수
	가장 가까이 있는 기존 산재보험 의료기관이 3km 미만 떨어져 있을 경우, 인력 점수와 경력 점수 합의 20%에 해당하는 점수 감점

<신청 현황>

신청병원	전문의 수	전문의 평균 임상경력	행정처분을 받은 적이 있는 의사 수	가장 가까이 있는 기존 산재보험 의료기관까지의 거리
甲	6명	7년	4명	10km
乙	2명	17년	1명	8km
丙	8명	5년	0명	1km
丁	4명	11년	3명	2km
戊	3명	12년	2명	500m

① 甲
② 乙
③ 丙
④ 丁
⑤ 戊

11. 다음 글을 근거로 판단할 때 옳은 것은?

> 제00조 이 규칙은 법원이 소지하는 국가기밀에 속하는 문서 등의 보안업무에 관한 사항을 규정함을 목적으로 한다.
> 제00조 이 규칙에서 비밀이라 함은 그 내용이 누설되는 경우 국가안전보장에 유해한 결과를 초래할 우려가 있는 국가기밀로서 이 규칙에 의하여 비밀로 분류된 것을 말한다.
> 제00조 ① Ⅰ급비밀 취급 인가권자는 대법원장, 대법관, 법원행정처장으로 한다.
> ② Ⅱ급 및 Ⅲ급비밀 취급 인가권자는 다음과 같다.
> 1. Ⅰ급비밀 취급 인가권자
> 2. 사법연수원장, 고등법원장, 특허법원장, 사법정책연구원장, 법원공무원교육원장, 법원도서관장
> 3. 지방법원장, 가정법원장, 행정법원장, 회생법원장
> 제00조 ① 비밀 취급 인가권자는 비밀을 취급 또는 비밀에 접근할 직원에 대하여 해당 등급의 비밀 취급을 인가한다.
> ② 비밀 취급의 인가는 대상자의 직책에 따라 필요한 최소한의 인원으로 제한하여야 한다.
> ③ 비밀 취급 인가를 받은 자가 다음 각 호의 어느 하나에 해당하는 경우에는 그 취급의 인가를 해제하여야 한다.
> 1. 고의 또는 중대한 과실로 중대한 보안 사고를 범한 때
> 2. 비밀 취급이 불필요하게 된 때
> ④ 비밀 취급의 인가 및 해제와 인가 등급의 변경은 문서로 하여야 하며 직원의 인사기록사항에 이를 기록하여야 한다.
> 제00조 ① 비밀 취급 인가권자는 임무 및 직책상 해당 등급의 비밀을 항상 사무적으로 취급하는 자에 한하여 비밀 취급을 인가하여야 한다.
> ② 비밀 취급 인가권자는 소속직원의 인사기록카드에 기록된 비밀 취급의 인가 및 해제사유와 임용시의 신원조사회보서에 의하여 새로 신원조사를 행하지 아니하고 비밀 취급을 인가할 수 있다. 다만 Ⅰ급비밀 취급을 인가하는 때에는 새로 신원조사를 실시하여야 한다.

① 비밀 취급 인가의 해제는 구술로 할 수 있다.
② 법원행정처장은 Ⅰ급비밀, Ⅱ급비밀, Ⅲ급비밀 모두에 대해 취급 인가권을 가진다.
③ 비밀 취급 인가는 대상자의 직책에 따라 가능한 한 제한 없이 충분한 인원에게 하여야 한다.
④ 비밀 취급 인가를 받은 자가 중대한 보안 사고를 범한 경우 고의가 없었다면 그 취급의 인가를 해제할 수 없다.
⑤ 비밀 취급 인가권자는 소속직원에 대해 새로 신원조사를 행하지 아니하고 Ⅰ급비밀 취급을 인가할 수 있다.

12. 다음 글을 근거로 판단할 때 옳은 것은?

> 제○○조 ① 국유재산은 다음 각 호의 어느 하나에 해당하지 않는 경우에는 매각할 수 있다.
> 1. 제△△조에 의한 매각제한의 대상에 해당하는 경우
> 2. 제□□조에 의한 총괄청의 매각승인을 받지 않은 경우
> ② 국유재산의 매각은 일반경쟁입찰을 원칙으로 한다. 다만 필요한 경우에는 제한경쟁, 지명경쟁 또는 수의계약의 방법으로 매각할 수 있다.
> 제△△조 다음 각 호의 어느 하나에 해당하는 경우에는 매각할 수 없다.
> 1. 중앙관서의 장이 행정목적으로 사용하기 위하여 그 국유재산을 행정재산으로 사용 승인한 경우
> 2. 소유자 없는 부동산에 대하여 공고를 거쳐 국유재산으로 취득한 후 10년이 지나지 아니한 경우. 다만 해당 국유재산에 대하여 중앙관서의 장이 공익사업에 필요하다고 인정한 경우와 행정재산의 용도로 사용하던 소유자 없는 부동산을 행정재산으로 취득하였으나 그 행정재산을 당해 용도로 사용하지 아니하게 된 경우에는 그러하지 아니하다.
> 제□□조 ① 국유일반재산인 토지의 면적이 특별시·광역시 지역에서는 1,000제곱미터를, 그 밖의 시 지역에서는 2,000제곱미터를 초과하는 재산을 매각하고자 하는 경우에는 총괄청의 승인을 받아야 한다.
> ② 제1항에도 불구하고 다음 각 호의 어느 하나에 해당하는 경우에는 총괄청의 승인을 요하지 아니한다.
> 1. 수의계약의 방법으로 매각하는 경우
> 2. 다른 법률에 따른 무상귀속
> 3. 법원의 확정판결·결정 등에 따른 소유권의 변경

① 중앙관서의 장이 행정목적으로 사용하기 위하여 행정재산으로 사용 승인한 국유재산인 건물은 총괄청의 매각승인을 받아야 매각될 수 있다.
② 총괄청의 매각승인 대상인 국유일반재산이더라도 그 매각방법이 지명경쟁인 경우에는 총괄청의 승인없이 매각할 수 있다.
③ 법원의 확정판결로 국유일반재산의 소유권을 변경하려는 경우 총괄청의 승인을 받아야 한다.
④ 광역시에 소재하는 국유일반재산인 1,500제곱미터 면적의 토지를 수의계약의 방법으로 매각하려는 경우에는 총괄청의 승인을 받아야 한다.
⑤ 행정재산의 용도로 사용하던 소유자 없는 500제곱미터 면적의 토지를 공고를 거쳐 행정재산으로 취득한 후 이를 당해 용도로 사용하지 않게 된 경우, 취득한 때로부터 10년이 경과하지 않았더라도 매각할 수 있다.

13. 다음 글을 근거로 판단할 때 옳은 것은?

A국은 다음 5가지 사항을 반영하여 특허법을 제정하였다.

(1) 새로운 기술에 의한 발명을 한 사람에게 특허권이라는 독점권을 주는 제도와 정부가 금전적 보상을 해주는 보상제도 중, A국은 전자를 선택하였다.

(2) 특허권을 별도의 특허심사절차 없이 부여하는 방식과 신청에 의한 특허심사절차를 통해 부여하는 방식 중, A국은 후자를 선택하였다.

(3) 새로운 기술에 의한 발명인지를 판단하는 데 있어서 전세계에서의 새로운 기술을 기준으로 하는 것과 국내에서의 새로운 기술을 기준으로 하는 것 중, A국은 후자를 선택하였다.

(4) 특허권의 효력발생범위를 A국 영토 내로 한정하는 것과 A국 영토 밖으로 확대하는 것 중, A국은 전자를 선택하였다. 따라서 특허권이 부여된 발명을 A국 영토 내에서 특허권자의 허락없이 무단으로 제조·판매하는 행위를 금지하며, 이를 위반한 자에게는 손해배상의무를 부과한다.

(5) 특허권의 보호기간을 한정하는 방법과 한정하지 않는 방법 중, A국은 전자를 선택하였다. 그리고 그 보호기간은 특허권을 부여받은 날로부터 10년으로 한정하였다.

① A국에서 알려지지 않은 새로운 기술로 알코올램프를 발명한 자는 그 기술이 이미 다른 나라에서 널리 알려진 것이라도 A국에서 특허권을 부여받을 수 있다.
② A국에서 특허권을 부여받은 날로부터 11년이 지난 손전등을 제조·판매하기 위해서는 발명자로부터 허락을 받아야 한다.
③ A국에서 새로운 기술로 석유램프를 발명한 자는 A국 정부로부터 그 발명에 대해 금전적 보상을 받을 수 있다.
④ A국에서 새로운 기술로 필기구를 발명한 자는 특허심사절차를 밟지 않더라도 A국 내에서 다른 사람이 그 필기구를 무단으로 제조·판매하는 것을 금지시킬 수 있다.
⑤ A국에서 망원경에 대해 특허권을 부여받은 자는 다른 나라에서 그 망원경을 무단으로 제조 및 판매한 자로부터 A국 특허법에 따라 손해배상을 받을 수 있다.

14. 다음 글을 근거로 판단할 때 옳지 않은 것은?

최근 공직자의 재산상태와 같은 세세한 사생활 정보까지 공개하라는 요구가 높아지고 있다. 공직자의 사생활은 일반 시민의 사생활만큼 보호될 필요가 없다는 것이 그 이유다. 비슷한 맥락에서 일찍이 플라톤은 통치자는 가족과 사유재산을 갖지 말아야 한다고 주장했다.

공직자의 사생활 보호에 대한 논의는 '동등한 사생활 보호의 원칙'과 '축소된 사생활 보호의 원칙'으로 구분된다. 동등한 사생활 보호의 원칙은 공직자의 사생활도 일반시민과 동등한 정도로 보호되어야 한다고 본다. 이 원칙의 지지자들은 우선 공직자의 사생활 보호로 공적으로 활용가능한 인재가 증가한다는 점을 강조한다. 사생활이 보장되지 않으면 공직 희망자가 적어져 인재 활용이 제한되고 다양성도 줄어들게 된다는 것이다. 또한 이들은 선정적인 사생활 폭로가 난무하여 공공정책에 대한 실질적 토론과 민주적 숙고가 사라져 버릴 위험성에 대해서도 경고한다.

반면, 공직자는 일반시민보다 우월한 권력을 가지고 있다는 것과 시민을 대표한다는 것 때문에 축소된 사생활 보호의 원칙이 적용되어야 한다는 주장도 있다. 공직자는 일반시민이 아니기 때문에 동등한 사생활 보호의 원칙을 적용할 수 없다는 것이다. 이 원칙의 지지자들은 공직자들이 시민 생활에 영향을 미치는 결정을 내리기 때문에, 사적 목적을 위해 권력을 남용하지 않고 부당한 압력에 굴복하지 않으며 시민이 기대하는 정책을 추구할 가능성이 높은 사람이어야 한다고 주장한다. 즉 이러한 공직자가 행사하는 권력에 대해 책임을 묻기 위해서는 사생활 중 관련된 내용은 공개되어야 한다는 것이다. 또한 공직자는 시민을 대표하기 때문에 훌륭한 인간상으로 시민의 모범이 되어야 한다는 이유도 들고 있다.

① 축소된 사생활 보호의 원칙은 공직자와 일반시민의 사생활 보장의 정도가 달라야 한다고 본다.
② 통치자의 사생활에 대한 플라톤의 생각은 동등한 사생활 보호의 원칙보다 축소된 사생활 보호의 원칙에 더 가깝다.
③ 동등한 사생활 보호의 원칙을 지지하는 이유 중 하나는 공직자가 시민을 대표하는 훌륭한 인간상이어야 하기 때문이다.
④ 동등한 사생활 보호의 원칙을 지지하는 이유 중 하나는 사생활이 보장되지 않으면 공직 희망자가 적어질 수 있다고 보기 때문이다.
⑤ 축소된 사생활 보호의 원칙을 지지하는 이유 중 하나는 공직자가 일반시민보다 우월한 권력을 가지고 있다고 보기 때문이다.

15. 다음 글을 근거로 판단할 때, <보기>에서 옳은 것만을 모두 고르면?

> 일반적인 내연기관에서는 휘발유와 공기가 엔진 내부의 실린더 속에서 압축된 후 점화 장치에 의하여 점화되어 연소된다. 이 때의 연소는 휘발유의 주성분인 탄화수소가 공기 중의 산소와 반응하여 이산화탄소와 물을 생성하는 것이다. 여러 개의 실린더에서 규칙적이고 연속적으로 일어나는 '공기·휘발유' 혼합물의 연소에서 발생하는 힘으로 자동차는 달리게 된다. 그런데 간혹 실린더 내의 과도한 열이나 압력, 혹은 질 낮은 연료의 사용 등으로 인해 '노킹(knocking)' 현상이 발생하기도 한다. 노킹 현상이란 공기·휘발유 혼합물의 조기 연소 현상을 지칭한다. 공기·휘발유 혼합물이 점화되기도 전에 연소되는 노킹 현상이 지속되면 엔진의 성능은 급격히 저하된다.
>
> 자동차 연료로 사용되는 휘발유에는 '옥탄가(octane number)'라는 값에 따른 등급이 부여된다. 옥탄가는 휘발유의 특성을 나타내는 수치 중 하나로, 이 값이 높을수록 노킹 현상이 발생할 가능성은 줄어든다. 甲국에서는 보통, 중급, 고급으로 분류되는 세 가지 등급의 휘발유가 판매되고 있는데, 이 등급을 구분하는 최소 옥탄가의 기준은 각각 87, 89, 93이다. 하지만 甲국의 고산지대에 위치한 A시에서 판매되는 휘발유는 다른 지역의 휘발유보다 등급을 구분하는 최소 옥탄가의 기준이 등급별로 2씩 낮다. 이는 산소의 밀도가 낮아 노킹 현상이 발생할 가능성이 더 낮은 고산지대의 특징을 반영한 것이다.

<보 기>

ㄱ. A시에서 고급 휘발유로 판매되는 휘발유의 옥탄가는 91 이상이다.

ㄴ. 실린더 내에 과도한 열이 발생하면 노킹 현상이 발생할 수 있다.

ㄷ. 노킹 현상이 일어나지 않는다면, 일반적인 내연기관 내부의 실린더 속에서 공기·휘발유 혼합물은 점화가 된 후에 연소된다.

ㄹ. 내연기관 내에서의 연소는 이산화탄소와 산소가 반응하여 물을 생성하는 것이다.

① ㄱ, ㄴ
② ㄱ, ㄹ
③ ㄷ, ㄹ
④ ㄱ, ㄴ, ㄷ
⑤ ㄴ, ㄷ, ㄹ

16. 다음 글과 <국내이전비 신청현황>을 근거로 판단할 때, 국내이전비를 지급받는 공무원만을 모두 고르면?

> 청사 소재지 이전에 따라 거주지를 이전하거나, 현 근무지 외의 지역으로 부임의 명을 받아 거주지를 이전하는 공무원은 다음 요건에 모두 부합하는 경우 국내이전비를 지급받는다.
>
> 첫째, 전임지에서 신임지로 거주지를 이전하고 이사화물도 옮겨야 한다. 다만 동일한 시(특별시, 광역시 및 특별자치시 포함)·군 및 섬(제주특별자치도 제외) 안에서 거주지를 이전하는 공무원에게는 국내이전비를 지급하지 않는다. 둘째, 거주지와 이사화물은 발령을 받은 후에 이전하여야 한다.

<국내이전비 신청현황>

공무원	전임지	신임지	발령 일자	이전 일자	이전여부	
					거주지	이사화물
甲	울산 광역시 중구	울산 광역시 북구	'20.2.13.	'20.2.20.	○	○
乙	경기도 고양시	세종특별 자치시	'19.12.3.	'19.12.5.	○	×
丙	광주 광역시	대구 광역시	'19.6.1.	'19.6.15.	×	○
丁	제주특별 자치도 서귀포시	제주특별 자치도 제주시	'20.1.2.	'20.1.13.	○	○
戊	서울 특별시	충청북도 청주시	'19.9.3.	'19.9.8.	○	○
己	부산 광역시	서울 특별시	'20.4.25.	'20.4.1.	○	○

① 甲, 乙
② 乙, 丁
③ 丙, 己
④ 丁, 戊
⑤ 戊, 己

17. 다음 글과 <상황>을 근거로 판단할 때, 甲의 말이 최종적으로 위치하는 칸은?

○ 참가자는 그림과 같이 A~L까지 12개의 칸으로 구성된 게임판에서, A칸에 말을 놓고 시작한다.

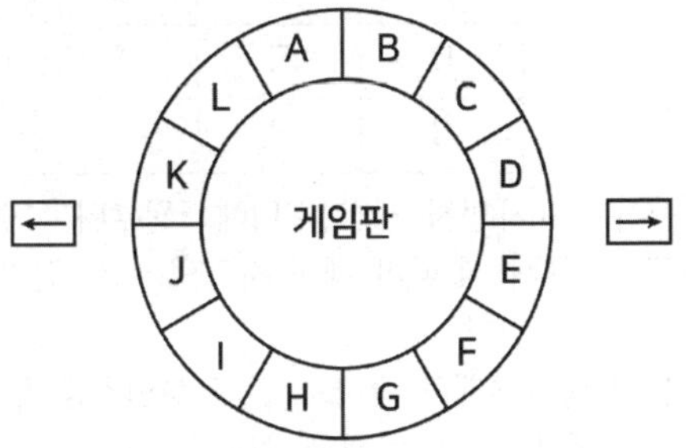

○ 참가자는 [←] 또는 [→] 버튼을 누를 수 있다.

○ 버튼을 맨 처음 누를 때, [←] 버튼을 누르면 말을 반시계방향으로 1칸 이동하고 [→] 버튼을 누르면 말을 시계방향으로 1칸 이동한다.

○ 그 다음부터는 매번 버튼을 누르면, 그 버튼을 누르기 직전에 누른 버튼에 따라 아래와 같이 말을 이동한다.

누른 버튼	직전에 누른 버튼	말의 이동
[←]	[←]	반시계방향으로 2칸 이동
	[→]	움직이지 않음
[→]	[←]	움직이지 않음
	[→]	시계방향으로 2칸 이동

○ 참가자는 버튼을 총 5회 누른다.

<상 황>

甲은 다음과 같이 버튼을 눌렀다.

누른 순서	1	2	3	4	5
누른 버튼	[←]	[→]	[→]	[←]	[←]

① A칸
② C칸
③ H칸
④ J칸
⑤ L칸

18. 다음 <상황>과 <기준>을 근거로 판단할 때, A기관이 원천징수 후 甲에게 지급하는 금액은?

<상 황>

○○국 A기관은 甲을 '지역경제 활성화 위원회'의 외부 위원으로 위촉하였다. 甲은 2020년 2월 24일 오후 2시부터 5시까지 위원회에 참석해서 지역경제 활성화와 관련한 내용을 슬라이드 20면으로 발표하였다. A기관은 아래 <기준>에 따라 甲에게 해당 위원회 참석수당과 원고료를 지급한다.

<기 준>

○ 참석수당 지급기준액

구분	단가
참석수당	• 기본료(2시간): 100,000원 • 2시간 초과 후 1시간마다 50,000원

○ 원고료 지급기준액

구분	단가
원고료	10,000원/A4 1면

※슬라이드 2면을 A4 1면으로 한다.

○ 위원회 참석수당 및 원고료는 기타소득이다.

○ 위원회 참석수당 및 원고료는 지급기준액에서 다음과 같은 기타소득세와 주민세를 원천징수하고 지급한다.

- 기타소득세: (지급기준액 - 필요경비) × 소득세율(20%)
- 주민세: 기타소득세 × 주민세율(10%)

※ 필요경비는 지급기준액의 60%로 한다.

① 220,000원
② 228,000원
③ 256,000원
④ 263,000원
⑤ 270,000원

19. 다음 글을 근거로 판단할 때, 비밀번호의 둘째 자리 숫자와 넷째 자리 숫자의 합은?

> 甲은 친구의 자전거를 빌려 타기로 했다. 친구의 자전거는 다이얼을 돌려 다섯 자리의 비밀번호를 맞춰야 열리는 자물쇠로 잠겨 있다. 각 다이얼은 0~9 중 하나가 표시된다. 자물쇠에 현재 표시된 숫자는 첫째 자리부터 순서대로 3-6-4-4-9이다. 친구는 비밀번호에 대해 다음과 같은 힌트를 주었다.
>
> ○ 비밀번호는 모두 다른 숫자로 구성되어 있다.
> ○ 자물쇠에 현재 표시된 모든 숫자는 비밀번호에 쓰이지 않는다.
> ○ 현재 짝수가 표시된 자리에는 홀수가, 현재 홀수가 표시된 자리에는 짝수가 온다. 단, 0은 짝수로 간주한다.
> ○ 비밀번호를 구성하는 숫자 중 가장 큰 숫자가 첫째 자리에 오고, 가장 작은 숫자가 다섯째 자리에 온다.
> ○ 비밀번호 둘째 자리 숫자는 현재 둘째 자리에 표시된 숫자보다 크다.
> ○ 서로 인접한 두 숫자의 차이는 5보다 작다.

① 7
② 8
③ 10
④ 12
⑤ 13

20. 다음 글을 근거로 판단할 때, <보기>에서 옳은 것만을 모두 고르면?

○ 다음과 같이 9개의 도시(A~I)가 위치하고 있다.

A	B	C
D	E	F
G	H	I

○ A~I시가 미세먼지 저감을 위해 5월부터 차량 운행 제한 정책을 시행함에 따라 제한 차량의 도시 진입 및 도시 내 운행이 금지된다.
○ 모든 차량은 4개의 숫자로 된 차량번호를 부여받으며 각 도시의 제한 요건은 아래와 같다.

도시	제한 차량	
A, E, F, I	홀수일	차량번호가 홀수로 끝나는 차량
	짝수일	차량번호가 짝수로 끝나는 차량
B, G, H	홀수일	차량번호가 짝수로 끝나는 차량
	짝수일	차량번호가 홀수로 끝나는 차량
C, D	월요일	차량번호가 1 또는 6으로 끝나는 차량
	화요일	차량번호가 2 또는 7로 끝나는 차량
	수요일	차량번호가 3 또는 8로 끝나는 차량
	목요일	차량번호가 4 또는 9로 끝나는 차량
	금요일	차량번호가 0 또는 5로 끝나는 차량
	토·일요일	없음

※ 단, 0은 짝수로 간주한다.

○ 도시 간 이동 시에는 도시 경계선이 서로 맞닿아 있지 않은 도시로 바로 이동할 수 없다. 예컨대 A시에서 E시로 이동하기 위해서는 반드시 B시나 D시를 거쳐야 한다.

<보 기>

ㄱ. 甲은 5월 1일(토)에 E시에서 차량번호가 1234인 차량을 운행할 수 있다.
ㄴ. 乙은 5월 6일(목)에 차량번호가 5639인 차량으로 A시에서 D시로 이동할 수 있다.
ㄷ. 丙은 5월 중 어느 하루에 동일한 차량으로 A시에서 H시로 이동할 수 있다.
ㄹ. 丁은 5월 15일(토)에 차량번호가 9790인 차량으로 D시에서 F시로 이동할 수 있다.

① ㄱ, ㄴ
② ㄱ, ㄷ
③ ㄱ, ㄹ
④ ㄴ, ㄷ
⑤ ㄴ, ㄹ

21. 다음 글을 근거로 판단할 때, <보기>에서 옳은 것만을 모두 고르면?

키가 서로 다른 6명의 어린이를 다음 그림과 같이 한 방향을 바라보도록 일렬로 세우려고 한다. 그림은 일렬로 세운 하나의 예이다. 한 어린이(이하 甲이라 한다)의 등 뒤에 甲보다 키가 큰 어린이가 1명이라도 있으면 A방향에서 甲의 뒤통수는 보이지 않고, 1명도 없으면 A방향에서 甲의 뒤통수는 보인다. 반대로 甲의 앞에 甲보다 키가 큰 어린이가 1명이라도 있으면 B방향에서 甲의 얼굴은 보이지 않고, 1명도 없으면 B방향에서 甲의 얼굴은 보인다.

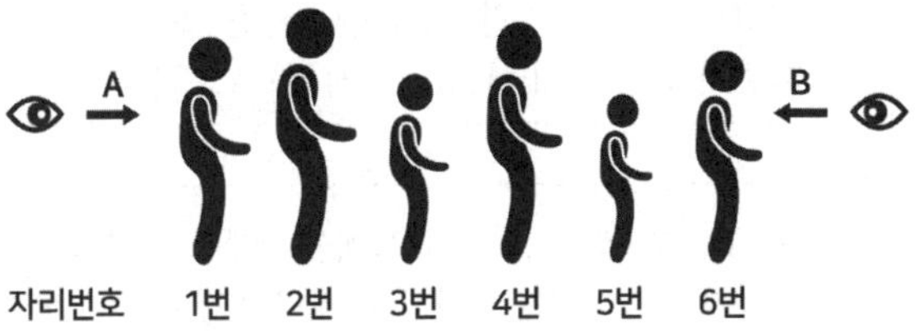

<보 기>

ㄱ. A방향에서 보았을 때 모든 어린이의 뒤통수가 다 보이게 세우는 방법은 1가지뿐이다.
ㄴ. 키가 세 번째로 큰 어린이를 5번 자리에 세운다면, A방향에서 보았을 때 그 어린이의 뒤통수는 보이지 않는다.
ㄷ. B방향에서 2명의 얼굴만 보이도록 어린이들을 세웠을 때, A방향에서 6번 자리에 서 있는 어린이의 뒤통수는 보이지 않는다.
ㄹ. B방향에서 3명의 얼굴이 보인다면, A방향에서 4명의 뒤통수가 보일 수 없다.

① ㄱ, ㄴ
② ㄷ, ㄹ
③ ㄱ, ㄴ, ㄷ
④ ㄱ, ㄷ, ㄹ
⑤ ㄴ, ㄷ, ㄹ

22. 다음 글과 <상황>을 근거로 판단할 때, <보기>에서 옳은 것만을 모두 고르면?

A팀과 B팀은 다음과 같이 게임을 한다. A팀과 B팀은 각각 3명으로 구성되며, 왼손잡이, 오른손잡이, 양손잡이가 각 1명씩이다. 총 5라운드에 걸쳐 가위바위보를 하며 규칙은 아래와 같다.

○ 모든 선수는 1개 라운드 이상 출전하여야 한다.
○ 왼손잡이는 '가위'만 내고 오른손잡이는 '보'만 내며, 양손잡이는 '바위'만 낸다.
○ 각 라운드마다 가위바위보를 이긴 선수의 팀이 획득하는 점수는 다음과 같다.
  - 이긴 선수가 왼손잡이인 경우: 2점
  - 이긴 선수가 오른손잡이인 경우: 0점
  - 이긴 선수가 양손잡이인 경우: 3점
○ 두 팀은 1라운드를 시작하기 전에 각 라운드에 출전할 선수를 결정하여 명단을 제출한다.
○ 5라운드를 마쳤을 때 획득한 총 점수가 더 높은 팀이 게임에서 승리한다.

<상 황>

다음은 3라운드를 마친 현재까지의 결과이다.

구분	1라운드	2라운드	3라운드	4라운드	5라운드
A팀	왼손잡이	왼손잡이	양손잡이		
B팀	오른손잡이	오른손잡이	오른손잡이		

※ 각 라운드에서 가위바위보가 비긴 경우는 없다.

<보 기>

ㄱ. 3라운드까지 A팀이 획득한 점수와 B팀이 획득한 점수의 합은 4점이다.
ㄴ. A팀이 잔여 라운드에서 모두 오른손잡이를 출전시킨다면 B팀이 게임에서 승리한다.
ㄷ. B팀이 게임에서 승리하는 경우가 있다.

① ㄴ
② ㄷ
③ ㄱ, ㄴ
④ ㄱ, ㄷ
⑤ ㄱ, ㄴ, ㄷ

23. 다음 글을 근거로 판단할 때 옳은 것은?

> 네 사람(甲~丁)은 각각 주식, 채권, 선물, 옵션 중 서로 다른 하나의 금융상품에 투자하고 있으며, 투자액과 수익률도 각각 다르다.
> ○ 네 사람 중 투자액이 가장 큰 50대 주부는 주식에 투자하였다.
> ○ 30대 회사원 丙은 네 사람 중 가장 높은 수익률을 올려 아내와 여행을 다녀왔다.
> ○ 甲은 주식과 옵션에는 투자하지 않았다.
> ○ 40대 회사원 乙은 옵션에 투자하지 않았다.
> ○ 60대 사업가는 채권에 투자하지 않았다.

① 채권 투자자는 甲이다.
② 선물 투자자는 사업가이다.
③ 투자액이 가장 큰 사람은 乙이다.
④ 회사원은 옵션에 투자하지 않았다.
⑤ 가장 높은 수익률을 올린 사람은 선물 투자자이다.

24. 다음 글과 <상황>을 근거로 판단할 때, 공기청정기가 자동으로 꺼지는 시각은?

> ○ A학교 학생들은 방과 후에 자기주도학습을 위해 교실을 이용한다.
> ○ 교실 안에 있는 학생 각각은 매 순간 일정한 양의 미세먼지를 발생시켜, 10분마다 5를 증가시킨다.
> ○ 교실에 설치된 공기청정기는 매 순간 일정한 양의 미세먼지를 제거하여, 10분마다 15를 감소시킨다.
> ○ 미세먼지는 사람에 의해서만 발생하고, 공기청정기에 의해서만 제거된다.
> ○ 공기청정기는 매 순간 미세먼지 양을 표시하며 교실 내 미세먼지 양이 30이 되는 순간 자동으로 꺼진다.

<상 황>

> 15시 50분 현재, A학교의 교실에는 아무도 없었고 켜져 있는 공기청정기가 나타내는 교실 내 미세먼지 양은 90이었다. 16시 정각에 학생 두 명이 교실에 들어와 공부를 시작하였고, 40분 후 학생 세 명이 더 들어와 공부를 시작하였다. 학생들은 모두 18시 정각에 교실에서 나왔다.

① 18시 50분
② 19시 00분
③ 19시 10분
④ 19시 20분
⑤ 19시 30분

25. 다음 글과 <상황>을 근거로 판단할 때, 갑돌이가 할 수 없는 행위는?

'AD카드'란 올림픽 및 패럴림픽에서 정해진 구역을 출입하거나 차량을 탑승하기 위한 권한을 증명하는 일종의 신분증이다. 모든 관계자들은 반드시 AD카드를 패용해야 해당 구역에 출입하거나 차량을 탑승할 수 있다. 아래는 AD카드에 담긴 정보에 대한 설명이다.

< AD카드 예시 >

대회 구분

○ 올림픽 AD카드에는 다섯 개의 원이 겹쳐진 '오륜기'가, 패럴림픽 AD카드에는 세 개의 반달이 나열된 '아지토스'가 부착된다.
○ 올림픽 기간 동안에는 올림픽 AD카드만이, 패럴림픽 기간 동안에는 패럴림픽 AD카드만이 유효하다.
○ 두 대회의 기간은 겹치지 않는다.

탑승 권한

○ AD카드 소지자가 탑승 가능한 교통서비스를 나타낸다. 탑승권한 코드는 복수로 부여될 수 있다.

코드	탑승 가능 교통서비스
T1	VIP용 지정차량
TA	선수단 셔틀버스
TM	미디어 셔틀버스

시설 입장 권한

○ AD카드 소지자가 입장 가능한 시설을 나타낸다. 시설입장권한 코드는 복수로 부여될 수 있다.

코드	입장 가능 시설
IBC	국제 방송센터
HAL	알파인 경기장
HCC	컬링센터
OFH	올림픽 패밀리 호텔
ALL	모든 시설

특수 구역 접근 권한

○ AD카드 소지자가 시설 내부에서 접근 가능한 특수구역을 나타낸다. 특수구역 접근권한 코드는 복수로 부여될 수 있다.

코드	접근 가능 구역
2	선수준비 구역
4	프레스 구역
6	VIP 구역

<상 황>

갑돌이는 올림픽 및 패럴림픽 관계자이다. 다음은 갑돌이가 패용한 AD카드이다.

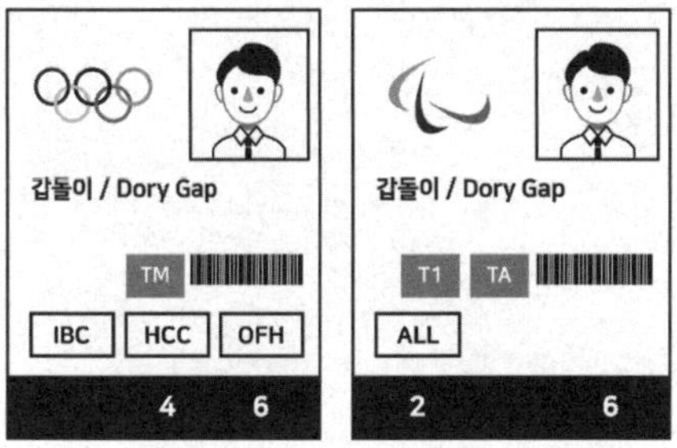

① 패럴림픽 기간 동안 알파인 경기장에 들어간다.
② 패럴림픽 기간 동안 VIP용 지정차량에 탑승한다.
③ 올림픽 기간 동안 올림픽 패밀리 호텔에 들어간다.
④ 올림픽 기간 동안 컬링센터 내부에 있는 선수준비 구역에 들어간다.
⑤ 올림픽 기간 동안 미디어 셔틀버스를 타고 이동한 후 국제 방송센터에 들어간다.

약점 보완 해설집 p.123

자료해석영역

1. 다음은 회계부정행위 신고 및 포상금 지급에 관한 <보고서>이다. 이를 작성하기 위해 사용된 자료만을 <보기>에서 모두 고르면?

<보고서>

2019년 회계부정행위 신고 건수는 모두 64건으로 2018년보다 29건 감소하였다. 회계부정행위 신고에 대한 최대 포상금 한도가 2017년 11월 규정 개정 후에는 1억 원에서 10억 원으로 상향됨에 따라 회계부정행위 신고에 대한 사회적 관심이 증가하여 2018년에는 신고 건수가 전년 대비 크게 증가(111.4%)하였다. 2019년 회계부정행위 신고 건수는 전년 대비 31.2% 감소하였지만 2013년부터 2016년까지 연간 최대 32건에 불과하였던 점을 감안하면 2017년 11월 포상금 규정 개정 전보다 여전히 높은 수준이었다.

<보 기>

ㄱ. 회계부정행위 신고 현황

(단위: 건, %)

구분 \ 연도	2017	2018	2019
회계부정행위 신고 건수	44	93	64
전년 대비 증가율	-	111.4	-31.2

ㄴ. 연도별 회계부정행위 신고 건수 추이(2013~2016년)

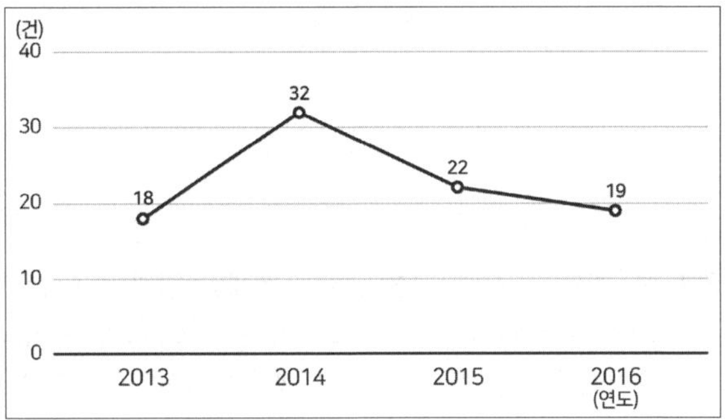

ㄷ. 회계부정행위 신고에 대한 최대 포상금 규정

(단위: 만 원)

시점 \ 구분		최대 포상금 한도	
		자산총액 5천억 원 미만 기업	자산총액 5천억 원 이상 기업
2017년 11월 규정 개정	개정 후	50,000	100,000
	개정 전	5,000	10,000

ㄹ. 회계부정행위 신고 포상금 지급 현황

(단위: 건, 만 원)

구분 \ 연도	2008~2015	2016	2017	2018	2019	합계
지급 건수	6	2	2	1	2	13
지급액	5,010	2,740	3,610	330	11,940	23,630

① ㄱ, ㄷ ② ㄴ, ㄹ ③ ㄷ, ㄹ
④ ㄱ, ㄴ, ㄷ ⑤ ㄱ, ㄴ, ㄹ

2. 다음 <표>는 '갑'건축물을 건설하기 위한 공종의 공법별 공사기간 및 항목별 공사비에 관한 자료이다. <표>와 <조건>에 근거하여 총공사비를 최소화하도록 공법을 적용할 때, 총공사기간은?

<표> 공종의 공법별 공사기간 및 항목별 공사비

(단위: 개월, 억 원)

공종 \ 공법 (구분)		공사기간	항목별 공사비		
			재료비	노무비	경비
토공사	A	4	4	6	4
	B	3	7	5	3
	C	3	5	5	3
골조공사	D	12	30	20	14
	E	14	24	20	15
	F	15	24	24	16
마감공사	G	6	50	30	10
	H	7	50	24	12

<조 건>

○ 공종, 공법, 항목별 공사비는 각각 제시된 3가지, 8종류, 3항목만 있음.
○ 공사는 세 가지 공종을 모두 포함하고, 공종별로 한 종류의 공법만을 적용함.
○ 항목별 공사비는 해당 공법의 공사기간 동안 소요되는 해당 항목의 총비용임.
○ 총공사기간은 공종별로 적용한 공법의 공사기간의 합이고, 총공사비는 공종별로 적용한 공법의 항목별 공사비의 총합임.

① 22개월
② 23개월
③ 24개월
④ 25개월
⑤ 26개월

3. 다음 <표>는 2017~2019년 '갑'대학의 장학금 유형(A~E)별 지급 현황에 관한 자료이다. 이에 대한 <보기>의 설명 중 옳은 것만을 고르면?

<표> 2017~2019년 '갑'대학의 장학금 유형별 지급 현황

(단위: 명, 백만 원)

학기		장학금 유형 / 구분	A	B	C	D	E
2017년	1학기	장학생 수	112	22	66	543	2,004
		장학금 총액	404	78	230	963	2,181
	2학기	장학생 수	106	26	70	542	1,963
		장학금 총액	379	91	230	969	2,118
2018년	1학기	장학생 수	108	21	79	555	1,888
		장학금 총액	391	74	273	989	2,025
	2학기	장학생 수	112	20	103	687	2,060
		장학금 총액	404	70	355	1,216	2,243
2019년	1학기	장학생 수	110	20	137	749	2,188
		장학금 총액	398	70	481	1,330	2,379
	2학기	장학생 수	104	20	122	584	1,767
		장학금 총액	372	70	419	1,039	1,904

※ '갑'대학의 학기는 매년 1학기와 2학기만 존재함.

<보 기>

ㄱ. 2017~2019년 동안 매학기 장학생 수가 증가하는 장학금 유형은 1개이다.
ㄴ. 2018년 1학기에 비해 2018년 2학기에 장학생 수와 장학금 총액이 모두 증가한 장학금 유형은 4개이다.
ㄷ. 2019년 2학기 장학생 1인당 장학금이 가장 많은 장학금 유형은 B이다.
ㄹ. E장학금 유형에서 장학생 수와 장학금 총액이 가장 많은 학기는 2019년 1학기이다.

① ㄱ, ㄴ
② ㄱ, ㄷ
③ ㄴ, ㄷ
④ ㄴ, ㄹ
⑤ ㄷ, ㄹ

4. 다음 <표>는 2019년 '갑'회사의 지점(A~E)별 매출 관련 현황에 관한 자료이다. 이에 대한 <보기>의 설명 중 옳은 것만을 모두 고르면?

<표> '갑'회사의 지점별 매출 관련 현황

(단위: 억 원, 명)

구분 \ 지점	A	B	C	D	E	전체
매출액	10	21	18	10	12	71
목표매출액	15	26	20	13	16	90
직원수	5	10	8	3	6	32

※ 목표매출액 달성률(%) = $\frac{\text{매출액}}{\text{목표매출액}} \times 100$

<보 기>

ㄱ. 직원 1인당 매출액이 가장 많은 지점은 D이다.
ㄴ. 목표매출액 달성률이 가장 높은 지점은 C이다.
ㄷ. 지점 매출액이 5개 지점 매출액의 평균을 초과하는 지점은 3곳이다.
ㄹ. 5개 지점의 매출액이 각각 20%씩 증가한다면, 전체 매출액은 전체 목표매출액을 초과한다.

① ㄱ, ㄴ ② ㄱ, ㄷ ③ ㄷ, ㄹ
④ ㄱ, ㄴ, ㄹ ⑤ ㄴ, ㄷ, ㄹ

5. 다음 <표>는 A~C가 참가한 사격게임 결과에 대한 자료이다. <표>와 <조건>을 근거로 1~5라운드 후 A의 총적중 횟수의 최솟값과 C의 총적중 횟수의 최댓값의 차이를 구하면?

<표> 참가자의 라운드별 적중률 현황

(단위: %)

참가자 \ 라운드	1	2	3	4	5
A	20.0	(　)	60.0	37.5	(　)
B	40.0	62.5	100.0	12.5	12.5
C	(　)	62.5	80.0	(　)	62.5

※ 사격게임 결과는 적중과 미적중으로만 구분함.

<조 건>

○ 1, 3라운드에는 각각 5발을 발사하고, 2, 4, 5라운드에는 각각 8발을 발사함.
○ 각 참가자의 라운드별 적중 횟수는 최소 1발부터 최대 5발까지임.
○ 참가자별로 1발만 적중시킨 라운드 횟수는 2회 이하임.

① 10 ② 11 ③ 12
④ 13 ⑤ 14

6. 다음 <그림>은 2015년 16개 지역의 초미세먼지 농도, 연령표준화사망률 및 초미세먼지로 인한 조기사망자수를 조사한 자료이다. 이에 대한 <보기>의 설명 중 옳은 것만을 고르면?

<그림> 지역별 초미세먼지 농도, 연령표준화사망률 및 초미세먼지로 인한 조기사망자수

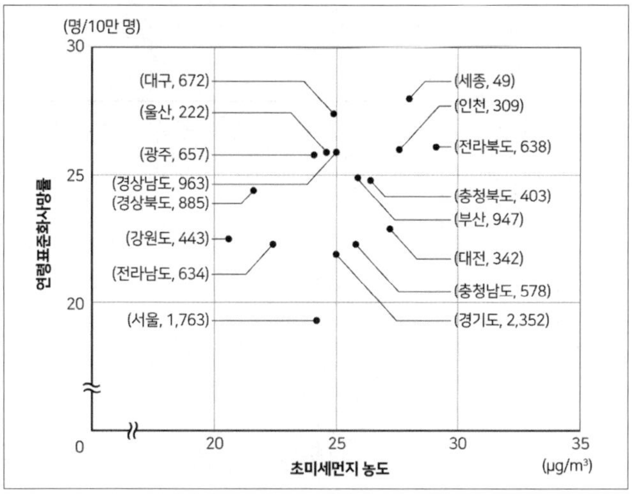

※ 1) (지역, N)은 해당 지역의 초미세먼지로 인한 조기사망자수가 N명임을 의미함.
2) 연령표준화사망률은 인구구조가 다른 집단 간의 사망 수준을 비교하기 위하여 연령 구조가 사망률에 미치는 영향을 제거한 사망률을 의미함.

<보 기>

ㄱ. 초미세먼지로 인한 조기사망자수가 가장 많은 지역은 서울이다.
ㄴ. 연령표준화사망률이 높은 지역일수록 초미세먼지로 인한 조기사망자수는 적다.
ㄷ. 초미세먼지 농도가 가장 낮은 지역의 초미세먼지로 인한 조기사망자수는 충청북도보다 많다.
ㄹ. 대구는 부산보다 연령표준화사망률은 높지만 초미세먼지로 인한 조기사망자수는 적다.

① ㄱ, ㄴ
② ㄱ, ㄷ
③ ㄴ, ㄷ
④ ㄴ, ㄹ
⑤ ㄷ, ㄹ

7. 다음 <표>는 2018년과 2019년 14개 지역에 등록된 5톤 미만 어선 수에 관한 자료이다. 이에 대한 설명으로 옳은 것은?

<표> 2018년과 2019년 14개 지역에 등록된 5톤 미만 어선 수

(단위: 척)

연도	톤급 / 지역	1톤 미만	1톤 이상 2톤 미만	2톤 이상 3톤 미만	3톤 이상 4톤 미만	4톤 이상 5톤 미만
2019	부산	746	1,401	374	134	117
	대구	6	0	0	0	0
	인천	98	244	170	174	168
	울산	134	378	83	51	32
	세종	8	0	0	0	0
	경기	910	283	158	114	118
	강원	467	735	541	296	179
	충북	427	5	1	0	0
	충남	901	1,316	743	758	438
	전북	348	1,055	544	168	184
	전남	6,861	10,318	2,413	1,106	2,278
	경북	608	640	370	303	366
	경남	2,612	4,548	2,253	1,327	1,631
	제주	123	145	156	349	246
2018	부산	793	1,412	351	136	117
	대구	6	0	0	0	0
	인천	147	355	184	191	177
	울산	138	389	83	52	33
	세종	7	0	0	0	0
	경기	946	330	175	135	117
	강원	473	724	536	292	181
	충북	434	5	1	0	0
	충남	1,036	1,429	777	743	468
	전북	434	1,203	550	151	188
	전남	7,023	10,246	2,332	1,102	2,297
	경북	634	652	372	300	368
	경남	2,789	4,637	2,326	1,313	1,601
	제주	142	163	153	335	250

① 2019년 경기의 5톤 미만 어선 수의 전년 대비 증감률은 10% 미만이다.
② 2019년 대구를 제외한 각 지역에서 '1톤 미만' 어선 수는 전년보다 감소한다.
③ 2018년 대구, 세종, 충북을 제외한 각 지역에서 '1톤 이상 2톤 미만'부터 '4톤 이상 5톤 미만'까지 톤급이 증가할수록 어선 수는 감소한다.
④ 2018년과 2019년 모두 '1톤 이상 2톤 미만' 어선 수는 충남이 세 번째로 크다.
⑤ 2018년과 2019년 모두 '1톤 미만' 어선 수 대비 '3톤 이상 4톤 미만' 어선 수의 비가 가장 높은 지역은 인천이다.

8. 다음 <표>는 2008~2018년 '갑'국의 황산화물 배출권 거래 현황에 대한 자료이다. <표>를 이용하여 작성한 그래프로 옳지 않은 것은?

<표> 2008~2018년 '갑'국의 황산화물 배출권 거래 현황

(단위: 건, kg, 원/kg)

연도	전체		무상거래		유상거래				
	거래 건수	거래량	거래 건수	거래량	거래 건수	거래량	거래가격		
							최고	최저	평균
2008	10	115,894	3	42,500	7	73,394	1,000	30	319
2009	8	241,004	4	121,624	4	119,380	500	60	96
2010	32	1,712,694	9	192,639	23	1,520,055	500	50	58
2011	25	1,568,065	6	28,300	19	1,539,765	400	10	53
2012	32	1,401,374	7	30,910	25	1,370,464	400	30	92
2013	59	2,901,457	5	31,500	54	2,869,957	600	60	180
2014	22	547,500	1	2,000	21	545,500	500	65	269
2015	12	66,200	5	22,000	7	44,200	450	100	140
2016	10	89,500	3	12,000	7	77,500	500	150	197
2017	20	150,966	5	38,100	15	112,866	160	100	124
2018	28	143,324	3	5,524	25	137,800	250	74	140

① 2010~2013년 연도별 전체 거래의 건당 거래량

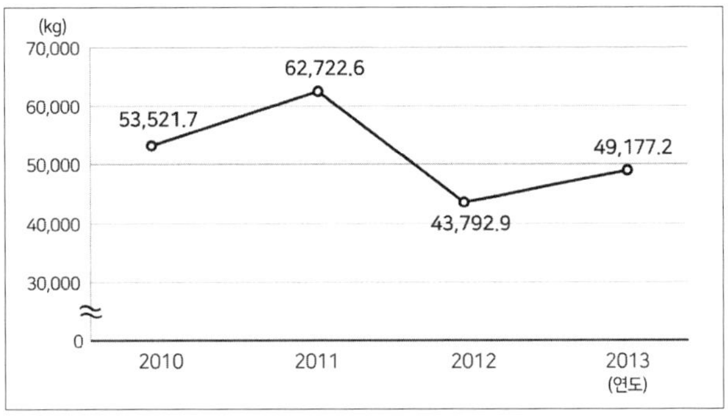

② 2009~2013년 유상거래 최고 가격과 최저 가격

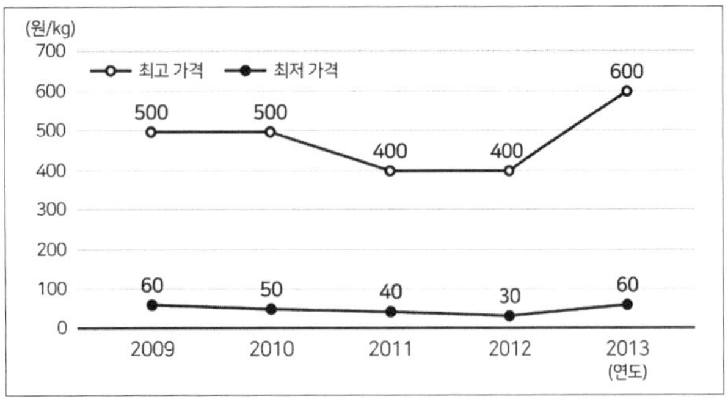

③ 2013~2017년 유상거래 평균 가격

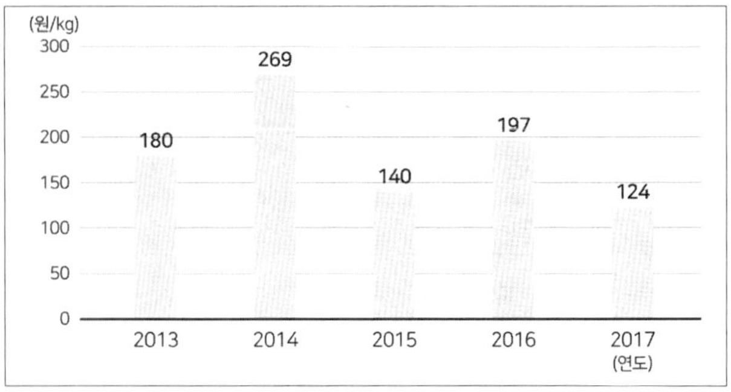

④ 2008년 전체 거래량 구성비

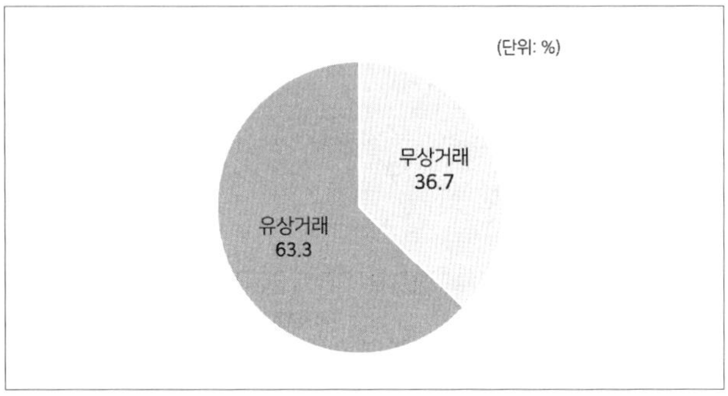

⑤ 2010~2013년 무상거래 건수와 유상거래 건수

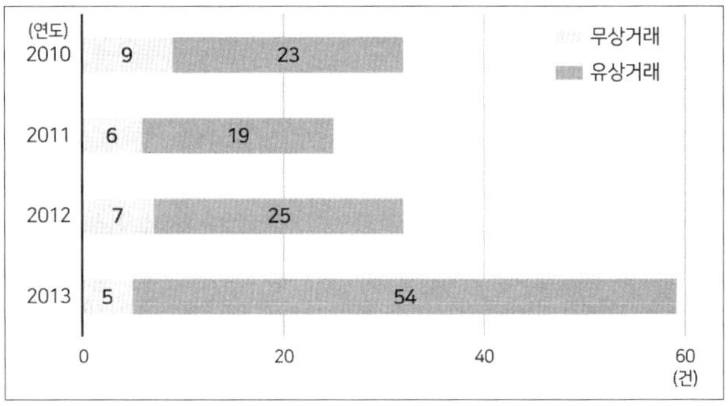

9. 다음 <표>는 성인 남녀 1,500명을 대상으로 탈모 증상 경험 여부와 탈모 증상 경험자의 탈모 증상 완화 시도 방법에 관해 설문조사한 결과이다. 이에 대한 설명으로 옳지 않은 것은?

<표 1> 탈모 증상 경험 여부

구분			응답자 수(명)	탈모 증상 경험 여부(%) 있음	없음
성별	남성		743	28.8	71.2
	여성		757	15.2	84.8
연령대	20대		259	4.6	95.4
	30대		253	12.6	87.4
	40대		295	21.4	78.6
	50대		301	25.6	74.4
	60대		392	37.0	63.0
성별·연령대	남성	20대	136	5.1	94.9
		30대	130	16.2	83.8
		40대	150	30.0	70.0
		50대	151	35.8	64.2
		60대	176	49.4	50.6
	여성	20대	123	4.1	95.9
		30대	123	8.9	91.1
		40대	145	12.4	87.6
		50대	150	15.3	84.7
		60대	216	26.9	73.1

※ 1) 무응답과 복수응답은 없음.
2) 소수점 아래 둘째 자리에서 반올림한 값임.

<표 2> 탈모 증상 경험자의 탈모 증상 완화 시도 여부 및 방법

구분		응답자 수(명)	탈모 증상 완화 시도 방법(%) 모발관리제품사용	민간요법	치료제구입	병원진료	미용실탈모관리	시도하지 않음(%)
성별	남성	214	38.8	14.0	9.8	8.9	4.2	49.1
	여성	115	45.2	7.0	2.6	4.3	11.3	44.3
연령대	20대	12	50.0	0.0	16.7	16.7	16.7	0.0
	30대	32	62.5	12.5	6.3	9.4	9.4	25.0
	40대	63	52.4	7.9	6.3	12.7	7.9	36.5
	50대	77	46.8	15.6	10.4	5.2	10.4	39.0
	60대	145	26.2	11.7	6.2	4.1	2.8	62.8
부모의 탈모경험 여부	있음	236	47.0	14.8	8.1	7.2	8.9	41.1
	없음	93	24.7	4.3	7.5	7.5	1.1	62.4
탈모 증상의 심각성	심각함	150	45.3	16.0	13.3	13.3	10.0	34.0
	심각하지 않음	179	36.9	7.8	2.8	2.2	2.8	58.1

※ 1) 무응답은 없으며, 탈모 증상 완화 시도 방법에 대한 복수응답을 허용함.
2) 소수점 아래 둘째 자리에서 반올림한 값임.

① 남녀 각각 연령대가 높을수록 탈모 증상 경험자의 비율도 높다.
② 탈모 증상 경험자 중 탈모 증상 완화 시도 방법으로 미용실 탈모 관리를 받았다고 한 응답자의 수는 남성이 여성보다 많다.
③ 탈모 증상 경험자의 연령대가 낮을수록 탈모 증상 완화를 시도한 응답자의 비율이 높다.
④ 탈모 증상 경험자 중 부모의 탈모 경험이 있다고 한 응답자의 비율은 70% 이상이다.
⑤ 탈모 증상이 심각하다고 한 응답자 중 부모의 탈모 경험이 있다고 한 응답자는 57명 이상이다.

10. 다음 <표>는 도입과 출산을 통한 반달가슴곰 복원 현황에 관한 자료이다. 이에 대한 <보기>의 설명 중 옳은 것만을 모두 고르면?

<표> 도입과 출산을 통한 반달가슴곰 복원 현황

(단위: 개체)

구분		생존	자연적응	학습장	폐사	전체	폐사원인
도입처	러시아	13	5	8	9	22	자연사: 8 올무: 3 농약: 1 기타: 3
	북한	3	2	1	4	7	
	중국	3	0	3	1	4	
	서울대공원	6	5	1	1	7	
	청주동물원	1	0	1	0	1	
	소계	26	12	14	15	41	
출산방식	자연출산	41	39	2	5	46	자연사: 4 올무: 2
	증식장출산	7	4	3	1	8	
	소계	48	43	5	6	54	
계		74	55	19	21	95	-

※ 1) 도입처(출산방식)별 자연적응률(%)
$= \frac{\text{도입처(출산방식)별 자연적응 반달가슴곰 수}}{\text{도입처(출산방식)별 전체 반달가슴곰 수}} \times 100$
2) 도입처(출산방식)별 생존율(%)
$= \frac{\text{도입처(출산방식)별 생존 반달가슴곰 수}}{\text{도입처(출산방식)별 전체 반달가슴곰 수}} \times 100$
3) 도입처(출산방식)별 폐사율(%)
$= \frac{\text{도입처(출산방식)별 폐사 반달가슴곰 수}}{\text{도입처(출산방식)별 전체 반달가슴곰 수}} \times 100$

<보 기>

ㄱ. 도입처가 서울대공원인 반달가슴곰의 자연적응률은 자연출산 반달가슴곰의 자연적응률보다 낮다.
ㄴ. 자연출산 반달가슴곰의 생존율은 90%를 넘는다.
ㄷ. 반달가슴곰의 폐사율은 자연출산이 증식장출산보다 낮다.
ㄹ. 도입처가 러시아인 반달가슴곰 중 적어도 두 개체의 폐사원인은 '자연사'이다.

① ㄱ, ㄴ ② ㄱ, ㄷ ③ ㄴ, ㄹ
④ ㄱ, ㄷ, ㄹ ⑤ ㄴ, ㄷ, ㄹ

11. 다음은 세계 및 국내 드론 산업 현황에 관한 <보고서>이다. 이를 작성하기 위해 사용하지 않은 자료는?

<보고서>

세계의 드론 산업 시장은 주로 미국과 유럽을 중심으로 형성되어 왔으나, 2013년과 비교하여 2018년에는 유럽 시장보다 오히려 아시아·태평양 시장의 점유율이 더 높아졌다.

2017년 국내 드론 활용 분야별 사업체수를 살펴보면, 농업과 콘텐츠 제작 분야의 사업체수가 전체의 80% 이상을 차지하였고, 사업체수의 전년 대비 증가율에 있어서는 교육 분야가 농업과 콘텐츠 제작 분야보다 각각 높았다. 2017년 국내 드론 활용 산업의 주요 관리 항목을 2013년 대비 증가율이 높은 항목부터 순서대로 나열하면, 조종자격 취득자수, 장치신고 대수, 드론 활용 사업체수 순이다.

우리나라는 성장 잠재력이 큰 드론 산업 육성을 위해 다양한 정책을 추진하고 있다. 특히 세계 최고 수준과의 기술 격차를 줄이기 위해 정부 R&D 예산 비중을 꾸준히 확대하고 있다. 2015~2017년 기술 분야별로 정부 R&D 예산 비중을 살펴보면, 기반기술과 응용서비스기술의 예산 비중의 합은 매년 65% 이상이다.

① 2016~2017년 국내 드론 활용 분야별 사업체수 현황

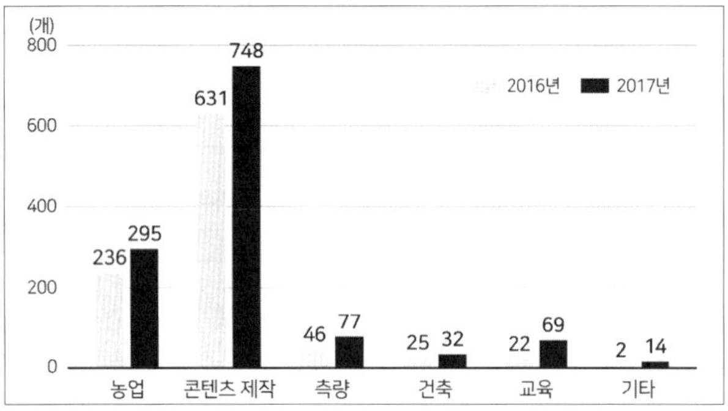

② 2013년과 2018년 세계 드론 시장 점유율 현황

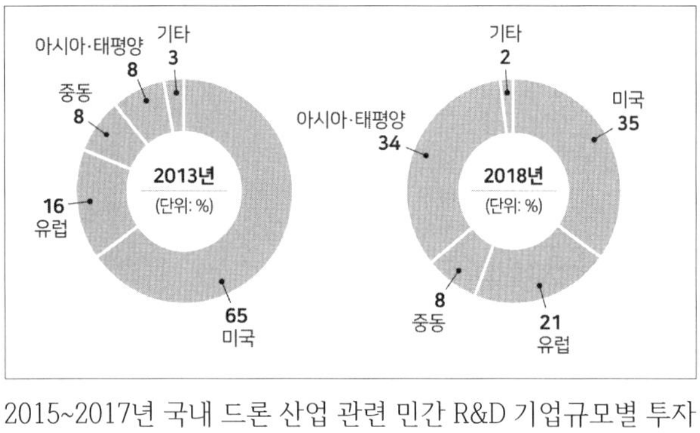

③ 2015~2017년 국내 드론 산업 관련 민간 R&D 기업규모별 투자 현황

(단위: 백만 원)

구분 \ 연도	2015	2016	2017
대기업	2,138	10,583	11,060
중견기업	4,122	3,769	1,280
중소기업	11,500	29,477	43,312

④ 2015~2017년 국내 드론 산업 관련 기술 분야별 정부 R&D 예산 비중 현황

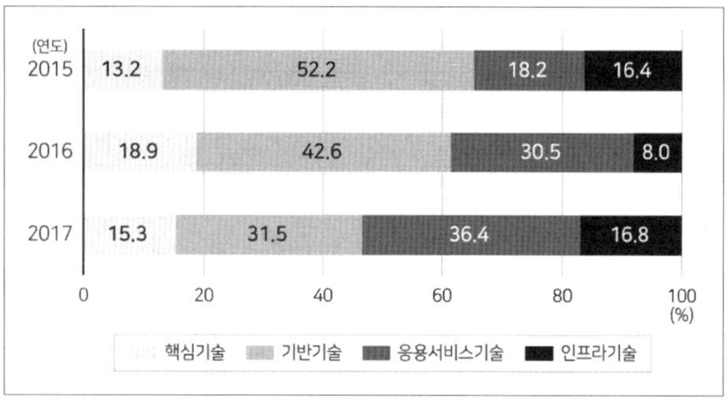

⑤ 2013~2017년 국내 드론 활용 산업의 주요 관리 항목별 현황

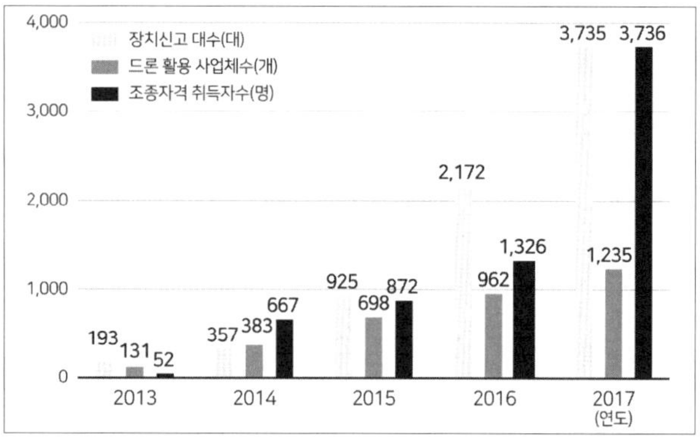

12. 다음 <표>는 A대학 재학생 교육 만족도 조사 결과에 관한 자료이다. 이에 대한 <보기>의 설명 중 옳은 것만을 고르면?

<표> A대학 재학생 교육 만족도 조사 결과

(단위: 명, 점)

학년 \ 항목	응답인원	전공	교양	시설	기자재	행정
1	2,374	3.90	3.70	3.78	3.73	3.63
2	2,349	3.95	3.75	3.76	3.71	3.64
3	2,615	3.96	3.74	3.74	3.69	3.66
4	2,781	3.94	3.77	3.75	3.70	3.65

※ 점수는 5점 만점이며, 점수가 높을수록 만족도가 높음.

<보 기>

ㄱ. '시설'과 '기자재' 항목은 응답인원이 많은 학년일수록 항목별 교육 만족도가 높다.
ㄴ. 항목별로 교육 만족도가 높은 순서대로 학년을 나열할 때, 순서가 일치하는 항목들이 있다.
ㄷ. 학년이 높아질수록 항목별 교육 만족도가 높아지는 항목은 1개이다.
ㄹ. 각 학년에서 교육 만족도가 가장 높은 항목은 모두 '전공'이다.

① ㄱ, ㄴ　② ㄱ, ㄷ　③ ㄴ, ㄷ
④ ㄴ, ㄹ　⑤ ㄷ, ㄹ

13. 다음 <표>는 2017~2019년 '갑'국 A~D지역의 1인 1일당 단백질 섭취량과 지역별 전체 인구에 대한 자료이다. <표>를 이용하여 작성한 그래프로 옳지 않은 것은?

<표 1> 지역별 1인 1일당 단백질 섭취량

(단위: g)

연도 / 지역	2017	2018	2019
A	50	60	75
B	100	100	110
C	100	90	80
D	50	50	50

※ 단백질은 동물성 단백질과 식물성 단백질로만 구성됨.

<표 2> 지역별 1인 1일당 식물성 단백질 섭취량

(단위: g)

연도 / 지역	2017	2018	2019
A	25	25	25
B	10	30	50
C	20	20	20
D	10	5	5

<표 3> 지역별 전체 인구

(단위: 명)

연도 / 지역	2017	2018	2019
A	1,000	1,000	1,100
B	1,000	1,000	1,000
C	800	700	600
D	100	100	100

① 2017~2019년 B와 D지역의 1인 1일당 동물성 단백질 섭취량

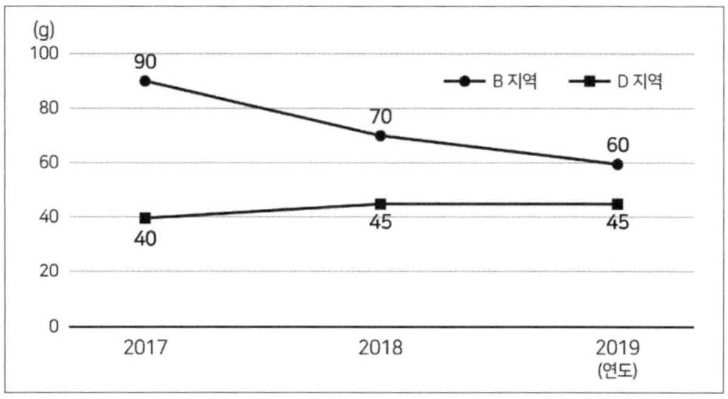

② 2019년 지역별 1일 단백질 총섭취량

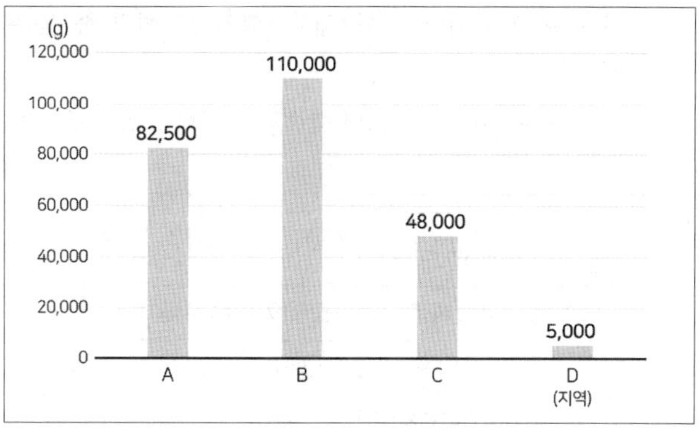

③ 2017년 지역별 1인 1일당 단백질 섭취량 구성비

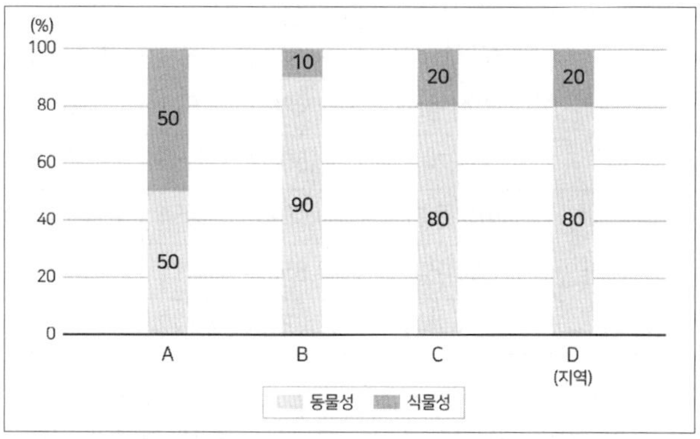

④ 2017~2019년 A와 C지역의 1인 1일당 동물성 단백질 섭취량과 1인 1일당 식물성 단백질 섭취량의 차이

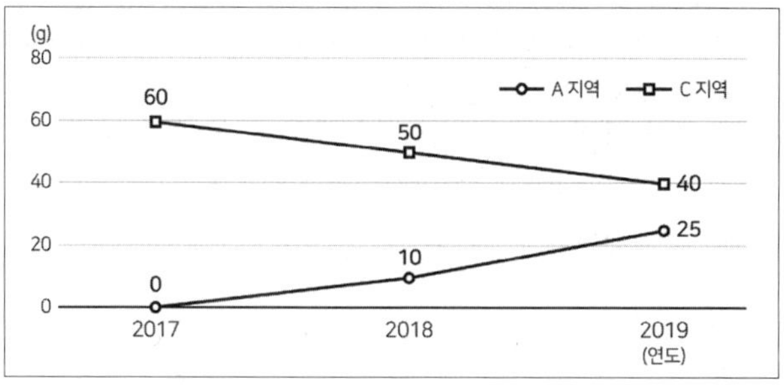

⑤ 지역별 2017년 대비 2018년 1인 1일당 식물성 단백질 섭취량 증감률

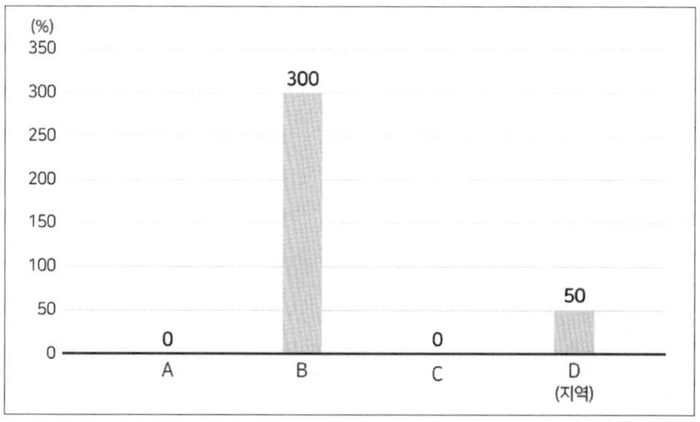

14. 다음 <표>는 2016~2019년 '갑'국의 방송통신 매체별 광고매출액에 관한 자료이다. 이에 대한 <보기>의 설명 중 옳은 것만을 고르면?

<표> 2016~2019년 방송통신 매체별 광고매출액

(단위: 억 원)

매체	세부 매체 \ 연도	2016	2017	2018	2019
방송	지상파TV	15,517	14,219	12,352	12,310
	라디오	2,530	2,073	1,943	1,816
	지상파DMB	53	44	36	35
	케이블PP	18,537	17,130	16,646	( )
	케이블SO	1,391	1,408	1,275	1,369
	위성방송	480	511	504	503
	소계	38,508	35,385	32,756	31,041
온라인	인터넷(PC)	19,092	20,554	19,614	19,109
	모바일	28,659	36,618	45,678	54,781
	소계	47,751	57,172	65,292	73,890

<보 기>

ㄱ. 2017~2019년 동안 모바일 광고매출액의 전년 대비 증가율은 매년 30% 이상이다.
ㄴ. 2017년의 경우, 방송 매체 중 지상파TV 광고매출액이 차지하는 비중은 온라인 매체 중 인터넷(PC) 광고매출액이 차지하는 비중보다 작다.
ㄷ. 케이블PP의 광고매출액은 매년 감소한다.
ㄹ. 2016년 대비 2019년 광고매출액 증감률이 가장 큰 세부 매체는 모바일이다.

① ㄱ, ㄴ
② ㄱ, ㄷ
③ ㄴ, ㄷ
④ ㄴ, ㄹ
⑤ ㄷ, ㄹ

15. 다음 <그림>은 '갑'국 6개 지방청 전체의 부동산과 자동차 압류건수의 지방청별 구성비에 관한 자료이다. <그림>과 <조건>을 근거로 B와 D에 해당하는 지방청을 바르게 나열한 것은?

<그림 1> 부동산 압류건수의 지방청별 구성비

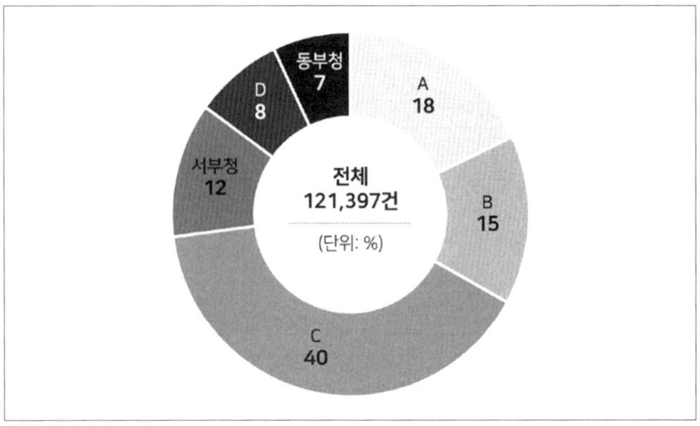

※ 지방청은 동부청, 서부청, 남부청, 북부청, 남동청, 중부청으로만 구성됨.

<그림 2> 자동차 압류건수의 지방청별 구성비

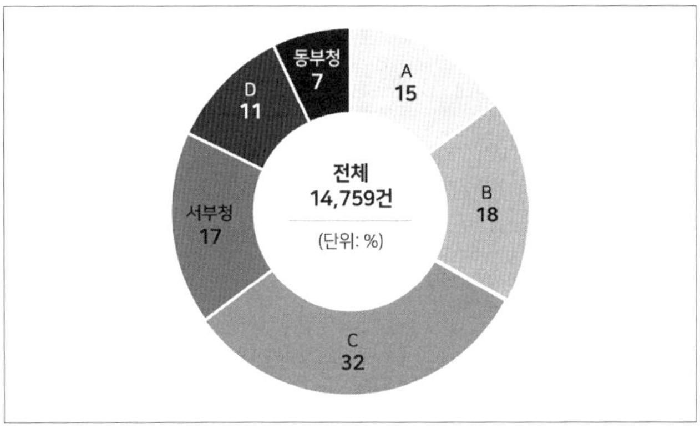

<조 건>

○ 자동차 압류건수는 중부청이 남동청의 2배 이상이다.
○ 남부청과 북부청의 부동산 압류건수는 각각 2만 건 이하이다.
○ 지방청을 부동산 압류건수와 자동차 압류건수가 큰 값부터 순서대로 각각 나열할 때, 순서가 동일한 지방청은 동부청, 남부청, 중부청이다.

	B	D
①	남동청	남부청
②	남동청	북부청
③	남부청	북부청
④	북부청	남부청
⑤	중부청	남부청

16. 다음 <표>는 조사연도별 국세 및 국세청세수와 국세청세수 징세비 및 국세청 직원수 현황에 대한 자료이다. <보고서>를 작성하기 위해 <표> 이외에 추가로 필요한 자료만을 <보기>에서 모두 고르면?

<표 1> 국세 및 국세청세수 현황

(단위: 억 원)

구분 / 조사연도	국세	국세청세수		
			일반회계	특별회계
2002	1,039,678	966,166	876,844	89,322
2007	1,614,591	1,530,628	1,479,753	50,875
2012	2,030,149	1,920,926	1,863,469	57,457
2017	2,653,849	2,555,932	2,499,810	56,122

<표 2> 국세청세수 징세비 및 국세청 직원수 현황

(단위: 백만 원, 명)

구분 / 조사연도	징세비	국세청 직원수
2002	817,385	15,158
2007	1,081,983	18,362
2012	1,339,749	18,797
2017	1,592,674	19,131

<보고서>

2017년 국세청세수는 255.6조 원으로, 전년도보다 22.3조 원 증가하였다. 세목별로는 소득세(76.8조 원), 부가가치세(67.1조 원), 법인세(59.2조 원) 순으로 높다. 세무서별로 살펴보면 세수 1위는 남대문세무서(11.6조 원), 2위는 수영세무서(10.9조 원)이다. 2017년 기준 국세청세수에서 특별회계가 차지하는 비중은 2.2%로서, 2002년 기준 9.2%와 비교해 감소하였다. 국세는 국세청세수에 관세청 소관분과 지방자치단체 소관분을 합한 금액으로, 2002년부터 2017년까지 국세 대비 국세청세수의 비율은 매년 증가 추세를 보인다. 2002년 기준 92.9%였던 국세 대비 국세청세수의 비율은 2017년에는 96.3%로 3.0%p 이상 증가하였다.

구체적으로 살펴보면, 국세청 직원 1인당 국세청세수는 2007년 8,336백만 원, 2017년 13,360백만 원으로 큰 폭의 상승세를 보인다. 국세청세수 100원당 징세비는 2017년 기준 0.62원으로 2002년 0.85원에 비해 20% 이상 감소하였다. 2017년 현재 19,131명의 국세청 직원들이 세수확보를 위해 노력 중이며, 국세청 직원수는 2002년 대비 25% 이상 증가하였다.

<보 기>

ㄱ. 2003~2016년의 국세 및 국세청세수
ㄴ. 2003~2016년의 관세청 소관분
ㄷ. 2017년의 세무서별·세목별 세수 실적
ㄹ. 2002~2017년의 국세청 직원 1인당 국세청세수

① ㄱ, ㄴ　② ㄱ, ㄷ　③ ㄴ, ㄹ
④ ㄱ, ㄷ, ㄹ　⑤ ㄴ, ㄷ, ㄹ

17. 다음 <표>는 '가'곤충도감에 기록된 분류군별 경제적 중요도와 '갑~병'국의 종의 수에 관한 자료이다. 이에 대한 <보기>의 설명 중 옳은 것만을 고르면?

<표> 분류군별 경제적 중요도와 '갑~병'국의 종의 수

(단위: 종)

분류군	경제적 중요도	국가			전체
		갑	을	병	
무시류	C	303	462	435	11,500
고시류	C	187	307	1,031	8,600
메뚜기목	A	297	372	1,161	34,300
강도래목	C	47	163	400	2,000
다듬이벌레목	B	12	83	280	4,400
털이목	C	4	150	320	2,800
이목	C	22	32	70	500
총채벌레목	A	87	176	600	5,000
노린재목	S	1,886	2,744	11,300	90,000
풀잠자리목	A	52	160	350	6,500
딱정벌레목	S	3,658	9,992	30,000	350,000
부채벌레목	C	7	22	60	300
벌목	S	2,791	4,870	17,400	125,000
밑들이목	C	11	44	85	600
벼룩목	C	40	72	250	2,500
파리목	S	1,594	4,692	18,000	120,000
날도래목	C	202	339	975	11,000
나비목	S	3,702	5,057	11,000	150,000

※ 해당 국가의 분류군별 종 다양성(%)

$$= \frac{\text{해당 국가의 분류군별 종의 수}}{\text{분류군별 전체 종의 수}} \times 100$$

<보 기>

ㄱ. 경제적 중요도가 S인 분류군 중, '갑'국에서 종의 수가 세 번째로 많은 분류군은 노린재목이다.
ㄴ. 경제적 중요도가 A인 분류군 중, '을'국에서 종의 수가 두 번째로 많은 분류군은 총채벌레목이다.
ㄷ. 경제적 중요도가 C인 분류군 중, '갑'국의 분류군별 종 다양성이 가장 낮은 분류군은 털이목이다.
ㄹ. 경제적 중요도가 S인 분류군 중, '병'국의 분류군별 종 다양성이 10% 이상인 분류군은 4개이다.

① ㄱ, ㄴ
② ㄱ, ㄷ
③ ㄴ, ㄷ
④ ㄴ, ㄹ
⑤ ㄷ, ㄹ

18. 다음 <표>는 '갑'공기업의 신규 사업 선정을 위한 2개 사업(A, B) 평가에 관한 자료이다. <표>와 <조건>에 근거한 <보기>의 설명 중 옳은 것만을 고르면?

<표 1> A와 B사업의 평가 항목별 원점수

(단위: 점)

구분	평가 항목	A사업	B사업
사업적 가치	경영전략 달성 기여도	80	90
	수익창출 기여도	80	90
공적 가치	정부정책 지원 기여도	90	80
	사회적 편익 기여도	90	80
참여 여건	전문인력 확보 정도	70	70
	사내 공감대 형성 정도	70	70

※ 평가 항목별 원점수는 100점 만점임.

<표 2> 평가 항목별 가중치

구분	평가 항목	가중치
사업적 가치	경영전략 달성 기여도	0.2
	수익창출 기여도	0.1
공적 가치	정부정책 지원 기여도	0.3
	사회적 편익 기여도	0.2
참여 여건	전문인력 확보 정도	0.1
	사내 공감대 형성 정도	0.1
계		1.0

<조 건>

○ 신규 사업 선정을 위한 각 사업의 최종 점수는 평가 항목별 원점수에 해당 평가 항목의 가중치를 곱한 값을 모두 합하여 산정함.

○ A와 B사업 중 최종 점수가 더 높은 사업을 신규 사업으로 최종 선정함.

<보 기>

ㄱ. 각 사업의 6개 평가 항목 원점수의 합은 A사업과 B사업이 같다.

ㄴ. '공적 가치'에 할당된 가중치의 합은 '참여 여건'에 할당된 가중치의 합보다 작고, '사업적 가치'에 할당된 가중치의 합보다 크다.

ㄷ. '갑'공기업은 A사업을 신규 사업으로 최종 선정한다.

ㄹ. '정부정책 지원 기여도' 가중치와 '수익창출 기여도' 가중치를 서로 바꾸더라도 최종 선정되는 신규 사업은 동일하다.

① ㄱ, ㄴ
② ㄱ, ㄷ
③ ㄱ, ㄹ
④ ㄴ, ㄹ
⑤ ㄷ, ㄹ

19. 다음 <표>는 2016~2019년 '갑'조사기관이 발표한 이미지 분야 및 실체 분야 국가브랜드 상위 10개국을 나타낸 자료이다. 이를 바탕으로 작성한 <보고서>의 A~C에 해당하는 내용을 바르게 나열한 것은?

<표> 2016~2019년 국가브랜드 상위 10개국

연도	2016	2017	2018	2019	
순위 \ 분야	이미지	이미지	이미지	이미지	실체
1	프랑스	독일	일본	미국	미국
2	일본	캐나다	독일	독일	독일
3	스웨덴	일본	미국	영국	프랑스
4	영국	미국	캐나다	일본	영국
5	독일	영국	영국	스위스	일본
6	미국	스위스	프랑스	스웨덴	스위스
7	스위스	프랑스	스웨덴	캐나다	호주
8	캐나다	스웨덴	호주	프랑스	스웨덴
9	네덜란드	이탈리아	스위스	호주	네덜란드
10	이탈리아	호주	오스트리아	네덜란드	캐나다

※ 1) 국가브랜드는 이미지 분야와 실체 분야로 나누어 각각 순위가 결정되며 공동 순위는 없음.
2) 조사대상 국가는 매년 동일함.

<보고서>

최근 국가브랜드의 중요성이 커지면서 국가브랜드 순위에 대한 관심이 높아지고 있다. '갑'조사기관이 발표한 2016~2019년 이미지 분야 및 실체 분야 국가브랜드 순위를 살펴보면, 미국의 이미지 분야 순위는 매년 [A]하고 있다. 또한, 이 기간에 연도별 이미지 분야 순위가 모두 상위 10위 이내에 든 국가는 총 8개국이다.

2019년 이미지 분야 순위가 상위 10위 이내에 든 국가는 모두 2019년 실체 분야 순위도 상위 10위 이내에 들었다. 2019년 이미지 분야 순위 상위 10개국 중 2019년 이미지 분야 순위와 실체 분야 순위의 차이가 가장 큰 국가는 [B]인 것으로 나타났다. 2017년 이미지 분야 순위 상위 10개국 중 2016년에 비해 2017년 이미지 분야 순위가 상승한 국가는 총 [C]개국이었고, 특히 캐나다의 높은 순위 상승이 눈에 띈다. 2019년에는 2018년과 비교하여 이미지 분야 순위가 하락한 국가가 많았으나, 네덜란드의 경우 이미지 분야 순위가 상승하여 주목받고 있다.

	A	B	C
①	상승	캐나다	6
②	상승	프랑스	5
③	상승	프랑스	6
④	하락	스웨덴	5
⑤	하락	캐나다	6

20. 다음 <그림>은 W경제포럼이 발표한 25개 글로벌 리스크의 분류와 영향도 및 발생가능성 지수에 관한 자료이다. 이에 대한 설명으로 옳지 않은 것은?

<그림> 글로벌 리스크의 분류와 영향도 및 발생가능성 지수

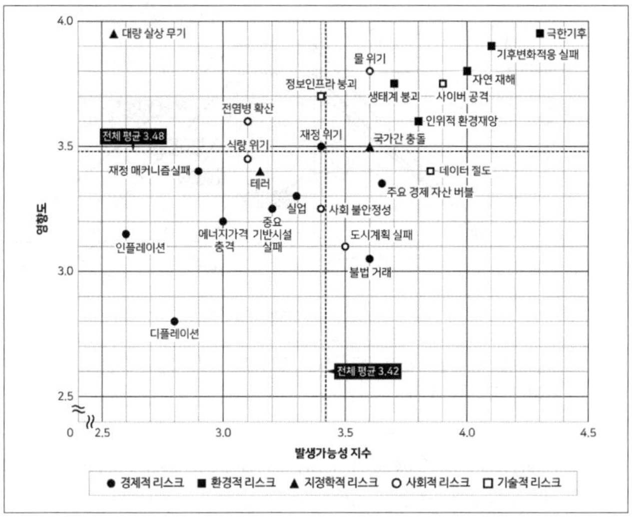

① 모든 환경적 리스크의 발생가능성 지수 대비 영향도의 비는 1 이상이다.
② 영향도와 발생가능성 지수의 차이가 가장 큰 글로벌 리스크는 '대량 살상 무기'이다.
③ '에너지가격 충격'의 영향도 대비 발생가능성 지수의 비는 1 이하이다.
④ 영향도와 발생가능성 지수가 각각의 '전체 평균' 이하인 경제적 리스크의 수는 영향도나 발생가능성 지수가 각각의 '전체 평균' 이상인 경제적 리스크의 수보다 많다.
⑤ 모든 환경적 리스크는 영향도와 발생가능성 지수가 각각의 '전체 평균' 이상이다.

21. 다음 <표>는 '갑'국의 멸종위기종 지정 현황에 관한 자료이다. 이에 대한 설명으로 옳지 않은 것은?

<표> 멸종위기종 지정 현황

(단위: 종)

분류 \ 지정	멸종위기종	멸종위기 I 급	멸종위기 II 급
포유류	20	12	8
조류	63	14	49
양서·파충류	8	2	6
어류	27	11	16
곤충류	26	6	20
무척추동물	32	4	28
식물	88	11	77
전체	264	60	204

※ 멸종위기종은 멸종위기 I 급과 멸종위기 II 급으로 구분함.

① 멸종위기종으로 '포유류'만 10종을 추가로 지정한다면, 전체 멸종위기종 중 '포유류'의 비율은 10% 이상이다.
② 각 분류에서 멸종위기종 중 멸종위기 I 급의 비율은 '무척추동물'과 '식물'이 동일하다.
③ 각 분류의 멸종위기종에서 5종씩 지정을 취소한다면, 전체 멸종위기종 중 '조류'의 비율은 감소한다.
④ 각 분류에서 멸종위기종 중 멸종위기 II 급의 비율은 '조류'가 '양서·파충류'보다 높다.
⑤ '포유류'를 제외한 모든 분류에서 각 분류의 멸종위기종 중 멸종위기 II 급의 비율은 각 분류의 멸종위기종 중 멸종위기 I 급의 비율보다 높다.

22. 다음 <조사개요>와 <표>는 A기관 5개 지방청에 대한 외부고객 만족도 조사 결과이다. 이에 대한 설명으로 옳지 않은 것은?

<조사개요>

○ 조사기간: 2019년 7월 28일~2019년 8월 8일
○ 조사방법: 전화 조사
○ 조사목적: A기관 5개 지방청 외부고객의 주소지 관할 지방청에 대한 만족도 조사
○ 응답자 수: 총 101명(조사항목별 무응답은 없음)
○ 조사항목: 업무 만족도, 인적 만족도, 시설 만족도

<표> A기관 5개 지방청 외부고객 만족도 조사 결과

(단위: 점)

구분 \ 조사항목		업무 만족도	인적 만족도	시설 만족도
전체		4.12	4.29	4.20
성별	남자	4.07	4.33	4.19
	여자	4.15	4.27	4.20
연령대	30세 미만	3.82	3.83	3.70
	30세 이상 40세 미만	3.97	4.18	4.25
	40세 이상 50세 미만	4.17	4.39	4.19
	50세 이상	4.48	4.56	4.37
지방청	경인청	4.35	4.48	4.30
	동북청	4.20	4.39	4.28
	호남청	4.00	4.03	4.04
	동남청	4.19	4.39	4.30
	충청청	3.73	4.16	4.00

※ 1) 주어진 점수는 응답자의 조사항목별 만족도의 평균이며, 점수가 높을수록 만족도가 높음(5점 만점).
2) 점수는 소수점 아래 셋째 자리에서 반올림한 값임.

① 모든 연령대에서 '업무 만족도'보다 '인적 만족도'가 높다.
② '업무 만족도'가 높은 지방청일수록 '인적 만족도'도 높다.
③ 응답자의 연령대가 높을수록 '업무 만족도'와 '인적 만족도'가 모두 높다.
④ '업무 만족도', '인적 만족도', '시설 만족도'의 합이 가장 큰 지방청은 경인청이다.
⑤ 남자 응답자보다 여자 응답자가 많다.

23. 다음 <그림>은 2019년 '갑'국의 가구별 근로장려금 산정기준에 관한 자료이다. 이에 대한 <보기>의 설명 중 옳은 것만을 모두 고르면?

<그림> 2019년 가구별 근로장려금 산정기준

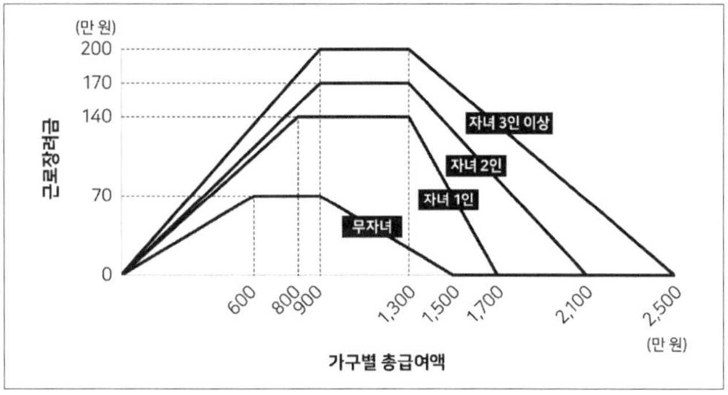

※ 2019년 가구별 근로장려금은 2018년 가구별 자녀수와 총급여액을 기준으로 산정함.

<보 기>

ㄱ. 2018년 총급여액이 1,000만 원이고 자녀가 1명인 가구의 2019년 근로장려금은 140만 원이다.
ㄴ. 2018년 총급여액이 800만 원 이하인 무자녀 가구는 2018년 총급여액이 많을수록 2019년 근로장려금도 많다.
ㄷ. 2018년 총급여액이 2,200만 원이고 자녀가 3명 이상인 가구의 2019년 근로장려금은 2018년 총급여액이 600만 원이고 자녀가 1명인 가구의 2019년 근로장려금보다 적다.
ㄹ. 2018년 총급여액이 2,000만 원인 가구의 경우, 자녀가 많을수록 2019년 근로장려금도 많다.

① ㄱ, ㄷ
② ㄱ, ㄹ
③ ㄴ, ㄷ
④ ㄱ, ㄴ, ㄹ
⑤ ㄴ, ㄷ, ㄹ

24. 다음 <그림>은 '갑'지역의 주민을 대상으로 육교 설치에 대한 찬성 또는 반대 의견을 3차례 조사한 결과이다. 이에 대한 설명으로 옳은 것은?

<그림> '갑'지역 육교 설치에 대한 1~3차 조사 결과

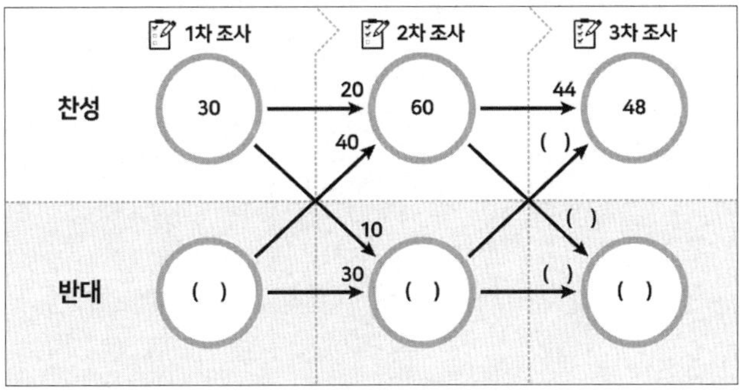

※ 1) 1~3차 조사에 응답한 사람은 모두 같고, 무응답과 복수응답은 없음.
2) 예를 들어, 1차 조사 찬성 30 —20→ 2차 조사 60 은 1차 조사에서 찬성한다고 응답한 30명 중 20명이 2차 조사에서도 찬성한다고 응답하였고, 2차 조사에서 찬성한다고 응답한 사람은 총 60명임을 의미함.

① 3차 조사에 응답한 사람은 130명 이상이다.
② 2차 조사에서 반대한다고 응답한 사람 중 3차 조사에서도 반대한다고 응답한 사람은 32명이다.
③ 2차 조사에서 찬성한다고 응답한 사람 중 3차 조사에서 반대한다고 응답한 사람은 20명이다.
④ 1차 조사에서 반대한다고 응답한 사람 중 3차 조사에서 찬성한다고 응답한 사람은 45명 이상이다.
⑤ 1~3차 조사에서 한 번도 의견을 바꾸지 않은 사람은 30명 이상이다.

25. 다음 <그림>과 <표>는 조사연도별 '갑'국 병사의 계급별 월급과 군내매점에서 판매하는 주요품목 가격에 관한 자료이다. 이에 대한 설명으로 옳은 것은?

<그림> 조사연도별 병사의 계급별 월급

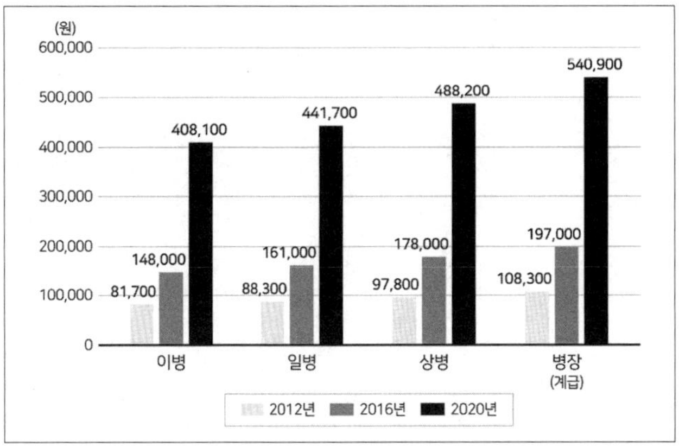

<표> 조사연도별 군내매점 주요품목 가격

(단위: 원/개)

품목 / 조사연도	캔커피	단팥빵	햄버거
2012	250	600	2,400
2016	300	1,000	2,800
2020	500	1,400	3,500

① 이병 월급은 2020년이 2012년보다 500% 이상 증액되었다.
② 2012년 대비 2016년 상병 월급 증가율은 2016년 대비 2020년 상병 월급 증가율보다 더 높다.
③ 군내매점 주요품목 각각의 2012년 대비 2016년 가격인상률은 2016년 대비 2020년 가격인상률보다 낮다.
④ 일병이 한 달 월급만을 사용하여 군내매점에서 해당 연도 가격으로 140개의 단팥빵을 구매하고 남은 금액은 2016년이 2012년보다 15,000원 이상 더 많다.
⑤ 병장이 한 달 월급만을 사용하여 군내매점에서 해당 연도 가격으로 구매할 수 있는 햄버거의 최대 개수는 2020년이 2012년의 3배 이하이다.

약점 보완 해설집 p.129

✂ 자르는 선

해커스 민간경력자 PSAT 15개년 기출문제집 2025년 기출문제 답안지(1교시)

컴퓨터용 검은색 사인펜만 사용

책 형

【필적감정용 기재】
*아래 예시문을 옮겨 기재하시기 바랍니다.

본인은 OOO(응시자성명)임을 확인함

기 재 란

성 명	
자필성명	본인 성명 기재
응시직렬	
응시지역	

응시번호

	⓪	⓪	⓪	⓪	⓪	⓪	⓪
	①	①	①	①	①	①	①
	②	②	②	②	②	②	②
	③	③	③	③	③	③	③
④	④	④	④	④	④	④	④
⑤	⑤	⑤	⑤	⑤	⑤	⑤	⑤
	⑥	⑥	⑥	⑥	⑥	⑥	⑥
	⑦	⑦	⑦	⑦	⑦	⑦	⑦
	⑧	⑧	⑧	⑧	⑧	⑧	⑧
	⑨	⑨	⑨	⑨	⑨	⑨	⑨

생년월일

⓪	⓪	⓪	⓪	⓪	⓪
	①	①	①	①	①
	②		②	②	②
	③		③	③	③
	④		④		④
	⑤		⑤		⑤
⑥	⑥		⑥		⑥
⑦	⑦		⑦		⑦
⑧	⑧		⑧		⑧
⑨	⑨		⑨		⑨

※시험감독관 서명 (성명을 정자로 기재하시기 바랍니다.)	빨간색 볼펜만 사용

언어논리영역(1~10번)

1	①	②	③	④	⑤
2	①	②	③	④	⑤
3	①	②	③	④	⑤
4	①	②	③	④	⑤
5	①	②	③	④	⑤
6	①	②	③	④	⑤
7	①	②	③	④	⑤
8	①	②	③	④	⑤
9	①	②	③	④	⑤
10	①	②	③	④	⑤

언어논리영역(11~20번)

11	①	②	③	④	⑤
12	①	②	③	④	⑤
13	①	②	③	④	⑤
14	①	②	③	④	⑤
15	①	②	③	④	⑤
16	①	②	③	④	⑤
17	①	②	③	④	⑤
18	①	②	③	④	⑤
19	①	②	③	④	⑤
20	①	②	③	④	⑤

언어논리영역(21~25번)

21	①	②	③	④	⑤
22	①	②	③	④	⑤
23	①	②	③	④	⑤
24	①	②	③	④	⑤
25	①	②	③	④	⑤

상황판단영역(1~10번)

1	①	②	③	④	⑤
2	①	②	③	④	⑤
3	①	②	③	④	⑤
4	①	②	③	④	⑤
5	①	②	③	④	⑤
6	①	②	③	④	⑤
7	①	②	③	④	⑤
8	①	②	③	④	⑤
9	①	②	③	④	⑤
10	①	②	③	④	⑤

상황판단영역(11~20번)

11	①	②	③	④	⑤
12	①	②	③	④	⑤
13	①	②	③	④	⑤
14	①	②	③	④	⑤
15	①	②	③	④	⑤
16	①	②	③	④	⑤
17	①	②	③	④	⑤
18	①	②	③	④	⑤
19	①	②	③	④	⑤
20	①	②	③	④	⑤

상황판단영역(21~25번)

21	①	②	③	④	⑤
22	①	②	③	④	⑤
23	①	②	③	④	⑤
24	①	②	③	④	⑤
25	①	②	③	④	⑤

✂ 자르는 선

해커스 민간경력자 PSAT 15개년 기출문제집 2025년 기출문제 답안지(2교시)

컴퓨터용 검은색 사인펜만 사용

책 형

【필적감정용 기재】
*아래 예시문을 옮겨 기재하시기 바랍니다.
본인은 OOO(응시자성명)임을 확인함

기 재 란

성 명	
자필성명	본인 성명 기재
응시직렬	
응시지역	

응시번호							
	⓪	⓪	⓪	⓪	⓪	⓪	⓪
	①	①	①	①	①	①	①
	②	②	②	②	②	②	②
	③	③	③	③	③	③	③
④	④	④	④	④	④	④	④
⑤	⑤	⑤	⑤	⑤	⑤	⑤	⑤
	⑥	⑥	⑥	⑥	⑥	⑥	⑥
	⑦	⑦	⑦	⑦	⑦	⑦	⑦
	⑧	⑧	⑧	⑧	⑧	⑧	⑧
	⑨	⑨	⑨	⑨	⑨	⑨	⑨

생년월일					
⓪	⓪	⓪	⓪	⓪	⓪
	①	①	①	①	①
	②		②	②	②
	③		③	③	③
	④		④		④
	⑤		⑤		⑤
⑥	⑥		⑥		⑥
⑦	⑦		⑦		⑦
⑧	⑧		⑧		⑧
⑨	⑨		⑨		⑨

※시험감독관 서명
(성명을 정자로 기재하시기 바랍니다.)
빨간색 볼펜만 사용

자료해석영역(1~10번)					
1	①	②	③	④	⑤
2	①	②	③	④	⑤
3	①	②	③	④	⑤
4	①	②	③	④	⑤
5	①	②	③	④	⑤
6	①	②	③	④	⑤
7	①	②	③	④	⑤
8	①	②	③	④	⑤
9	①	②	③	④	⑤
10	①	②	③	④	⑤

자료해석영역(11~20번)					
11	①	②	③	④	⑤
12	①	②	③	④	⑤
13	①	②	③	④	⑤
14	①	②	③	④	⑤
15	①	②	③	④	⑤
16	①	②	③	④	⑤
17	①	②	③	④	⑤
18	①	②	③	④	⑤
19	①	②	③	④	⑤
20	①	②	③	④	⑤

자료해석영역(21~25번)					
21	①	②	③	④	⑤
22	①	②	③	④	⑤
23	①	②	③	④	⑤
24	①	②	③	④	⑤
25	①	②	③	④	⑤

자르는 선

해커스 민간경력자 PSAT 15개년 기출문제집 2024년 기출문제 답안지(1교시)

컴퓨터용 검은색 사인펜만 사용

책 형

【필적감정용 기재】
*아래 예시문을 옮겨 기재하시기 바랍니다.
본인은 OOO(응시자성명)임을 확인함
기 재 란

성 명	
자필성명	본인 성명 기재
응시직렬	
응시지역	

응 시 번 호

	⓪	⓪	⓪	⓪	⓪	⓪	⓪
	①	①	①	①	①	①	①
	②	②	②	②	②	②	②
	③	③	③	③	③	③	③
④	④	④	④	④	④	④	④
⑤	⑤	⑤	⑤	⑤	⑤	⑤	⑤
	⑥	⑥	⑥	⑥	⑥	⑥	⑥
	⑦	⑦	⑦	⑦	⑦	⑦	⑦
	⑧	⑧	⑧	⑧	⑧	⑧	⑧
	⑨	⑨	⑨	⑨	⑨	⑨	⑨

생 년 월 일

⓪	⓪	⓪	⓪	⓪	⓪
	①	①	①	①	①
	②		②	②	②
	③		③	③	③
	④		④		④
	⑤		⑤		⑤
⑥	⑥		⑥		⑥
⑦	⑦		⑦		⑦
⑧	⑧		⑧		⑧
⑨	⑨		⑨		⑨

※시험감독관 서명 (성명을 정자로 기재하시기 바랍니다.)	빨간색 볼펜만 사용

언어논리영역(1~10번)

1	①	②	③	④	⑤
2	①	②	③	④	⑤
3	①	②	③	④	⑤
4	①	②	③	④	⑤
5	①	②	③	④	⑤
6	①	②	③	④	⑤
7	①	②	③	④	⑤
8	①	②	③	④	⑤
9	①	②	③	④	⑤
10	①	②	③	④	⑤

언어논리영역(11~20번)

11	①	②	③	④	⑤
12	①	②	③	④	⑤
13	①	②	③	④	⑤
14	①	②	③	④	⑤
15	①	②	③	④	⑤
16	①	②	③	④	⑤
17	①	②	③	④	⑤
18	①	②	③	④	⑤
19	①	②	③	④	⑤
20	①	②	③	④	⑤

언어논리영역(21~25번)

21	①	②	③	④	⑤
22	①	②	③	④	⑤
23	①	②	③	④	⑤
24	①	②	③	④	⑤
25	①	②	③	④	⑤

상황판단영역(1~10번)

1	①	②	③	④	⑤
2	①	②	③	④	⑤
3	①	②	③	④	⑤
4	①	②	③	④	⑤
5	①	②	③	④	⑤
6	①	②	③	④	⑤
7	①	②	③	④	⑤
8	①	②	③	④	⑤
9	①	②	③	④	⑤
10	①	②	③	④	⑤

상황판단영역(11~20번)

11	①	②	③	④	⑤
12	①	②	③	④	⑤
13	①	②	③	④	⑤
14	①	②	③	④	⑤
15	①	②	③	④	⑤
16	①	②	③	④	⑤
17	①	②	③	④	⑤
18	①	②	③	④	⑤
19	①	②	③	④	⑤
20	①	②	③	④	⑤

상황판단영역(21~25번)

21	①	②	③	④	⑤
22	①	②	③	④	⑤
23	①	②	③	④	⑤
24	①	②	③	④	⑤
25	①	②	③	④	⑤

자르는 선

해커스 민간경력자 PSAT 15개년 기출문제집 2024년 기출문제 답안지(2교시)

컴퓨터용 검은색 사인펜만 사용

책 형

【필적감정용 기재】
*아래 예시문을 옮겨 기재하시기 바랍니다.

본인은 OOO(응시자성명)임을 확인함

기 재 란

성 명	
자필성명	본인 성명 기재
응시직렬	
응시지역	

응 시 번 호							
	⓪	⓪	⓪	⓪	⓪	⓪	⓪
	①	①	①	①	①	①	①
	②	②	②	②	②	②	②
	③	③	③	③	③	③	③
④	④	④	④	④	④	④	④
⑤	⑤	⑤	⑤	⑤	⑤	⑤	⑤
	⑥	⑥	⑥	⑥	⑥	⑥	⑥
	⑦	⑦	⑦	⑦	⑦	⑦	⑦
	⑧	⑧	⑧	⑧	⑧	⑧	⑧
	⑨	⑨	⑨	⑨	⑨	⑨	⑨

생 년 월 일					
⓪	⓪	⓪	⓪	⓪	⓪
	①	①	①	①	①
	②		②	②	②
	③		③	③	③
	④		④		④
	⑤		⑤		⑤
⑥	⑥		⑥		⑥
⑦	⑦		⑦		⑦
⑧	⑧		⑧		⑧
⑨	⑨		⑨		⑨

※시험감독관 서명
(성명을 정자로 기재하시기 바랍니다.)

빨간색 볼펜만 사용

자료해석영역(1~10번)					
1	①	②	③	④	⑤
2	①	②	③	④	⑤
3	①	②	③	④	⑤
4	①	②	③	④	⑤
5	①	②	③	④	⑤
6	①	②	③	④	⑤
7	①	②	③	④	⑤
8	①	②	③	④	⑤
9	①	②	③	④	⑤
10	①	②	③	④	⑤

자료해석영역(11~20번)					
11	①	②	③	④	⑤
12	①	②	③	④	⑤
13	①	②	③	④	⑤
14	①	②	③	④	⑤
15	①	②	③	④	⑤
16	①	②	③	④	⑤
17	①	②	③	④	⑤
18	①	②	③	④	⑤
19	①	②	③	④	⑤
20	①	②	③	④	⑤

자료해석영역(21~25번)					
21	①	②	③	④	⑤
22	①	②	③	④	⑤
23	①	②	③	④	⑤
24	①	②	③	④	⑤
25	①	②	③	④	⑤

✂ 자르는 선

해커스 민간경력자 PSAT 15개년 기출문제집 2023년 기출문제 답안지(1교시)

컴퓨터용 검은색 사인펜만 사용

책 형

【필적감정용 기재】
*아래 예시문을 옮겨 기재하시기 바랍니다.

본인은 OOO(응시자성명)임을 확인함

기 재 란

성 명	
자필성명	본인 성명 기재
응시직렬	
응시지역	

응 시 번 호							
	⓪	⓪	⓪	⓪	⓪	⓪	⓪
	①	①	①	①	①	①	①
	②	②	②	②	②	②	②
	③	③	③	③	③	③	③
④	④	④	④	④	④	④	④
⑤	⑤	⑤	⑤	⑤	⑤	⑤	⑤
	⑥	⑥	⑥	⑥	⑥	⑥	⑥
	⑦	⑦	⑦	⑦	⑦	⑦	⑦
	⑧	⑧	⑧	⑧	⑧	⑧	⑧
	⑨	⑨	⑨	⑨	⑨	⑨	⑨

생 년 월 일					
⓪	⓪	⓪	⓪	⓪	⓪
	①	①	①	①	①
	②		②	②	②
	③		③	③	③
	④		④		④
	⑤		⑤		⑤
⑥	⑥		⑥		⑥
⑦	⑦		⑦		⑦
⑧	⑧		⑧		⑧
⑨	⑨		⑨		⑨

※시험감독관 서명
(성명을 정자로 기재하시기 바랍니다.)

빨간색 볼펜만 사용

언어논리영역(1~10번)	
1	① ② ③ ④ ⑤
2	① ② ③ ④ ⑤
3	① ② ③ ④ ⑤
4	① ② ③ ④ ⑤
5	① ② ③ ④ ⑤
6	① ② ③ ④ ⑤
7	① ② ③ ④ ⑤
8	① ② ③ ④ ⑤
9	① ② ③ ④ ⑤
10	① ② ③ ④ ⑤

언어논리영역(11~20번)	
11	① ② ③ ④ ⑤
12	① ② ③ ④ ⑤
13	① ② ③ ④ ⑤
14	① ② ③ ④ ⑤
15	① ② ③ ④ ⑤
16	① ② ③ ④ ⑤
17	① ② ③ ④ ⑤
18	① ② ③ ④ ⑤
19	① ② ③ ④ ⑤
20	① ② ③ ④ ⑤

언어논리영역(21~25번)	
21	① ② ③ ④ ⑤
22	① ② ③ ④ ⑤
23	① ② ③ ④ ⑤
24	① ② ③ ④ ⑤
25	① ② ③ ④ ⑤

상황판단영역(1~10번)	
1	① ② ③ ④ ⑤
2	① ② ③ ④ ⑤
3	① ② ③ ④ ⑤
4	① ② ③ ④ ⑤
5	① ② ③ ④ ⑤
6	① ② ③ ④ ⑤
7	① ② ③ ④ ⑤
8	① ② ③ ④ ⑤
9	① ② ③ ④ ⑤
10	① ② ③ ④ ⑤

상황판단영역(11~20번)	
11	① ② ③ ④ ⑤
12	① ② ③ ④ ⑤
13	① ② ③ ④ ⑤
14	① ② ③ ④ ⑤
15	① ② ③ ④ ⑤
16	① ② ③ ④ ⑤
17	① ② ③ ④ ⑤
18	① ② ③ ④ ⑤
19	① ② ③ ④ ⑤
20	① ② ③ ④ ⑤

상황판단영역(21~25번)	
21	① ② ③ ④ ⑤
22	① ② ③ ④ ⑤
23	① ② ③ ④ ⑤
24	① ② ③ ④ ⑤
25	① ② ③ ④ ⑤

✂ 자르는 선

해커스 민간경력자 PSAT 15개년 기출문제집 2023년 기출문제 답안지(2교시)

컴퓨터용 검은색 사인펜만 사용

책 형

【필적감정용 기재】 *아래 예시문을 옮겨 기재하시기 바랍니다.
본인은 OOO(응시자성명)임을 확인함
기 재 란

성 명	
자필성명	본인 성명 기재
응시직렬	
응시지역	

응 시 번 호							
	⓪	⓪	⓪	⓪	⓪	⓪	⓪
	①	①	①	①	①	①	①
	②	②	②	②	②	②	②
	③	③	③	③	③	③	③
④	④	④	④	④	④	④	④
⑤	⑤	⑤	⑤	⑤	⑤	⑤	⑤
	⑥	⑥	⑥	⑥	⑥	⑥	⑥
	⑦	⑦	⑦	⑦	⑦	⑦	⑦
	⑧	⑧	⑧	⑧	⑧	⑧	⑧
	⑨	⑨	⑨	⑨	⑨	⑨	⑨

생 년 월 일					
⓪	⓪	⓪	⓪	⓪	⓪
	①	①	①	①	①
	②		②	②	②
	③		③	③	③
	④		④		④
	⑤		⑤		⑤
⑥	⑥		⑥		⑥
⑦	⑦		⑦		⑦
⑧	⑧		⑧		⑧
⑨	⑨		⑨		⑨

※시험감독관 서명 (성명을 정자로 기재하시기 바랍니다.)	빨간색 볼펜만 사용

자료해석영역(1~10번)					
1	①	②	③	④	⑤
2	①	②	③	④	⑤
3	①	②	③	④	⑤
4	①	②	③	④	⑤
5	①	②	③	④	⑤
6	①	②	③	④	⑤
7	①	②	③	④	⑤
8	①	②	③	④	⑤
9	①	②	③	④	⑤
10	①	②	③	④	⑤

자료해석영역(11~20번)					
11	①	②	③	④	⑤
12	①	②	③	④	⑤
13	①	②	③	④	⑤
14	①	②	③	④	⑤
15	①	②	③	④	⑤
16	①	②	③	④	⑤
17	①	②	③	④	⑤
18	①	②	③	④	⑤
19	①	②	③	④	⑤
20	①	②	③	④	⑤

자료해석영역(21~25번)					
21	①	②	③	④	⑤
22	①	②	③	④	⑤
23	①	②	③	④	⑤
24	①	②	③	④	⑤
25	①	②	③	④	⑤

✂ 자르는 선

해커스 민간경력자 PSAT 15개년 기출문제집 2022년 기출문제 답안지(1교시)

컴퓨터용 검은색 사인펜만 사용

책 형

【필적감정용 기재】
*아래 예시문을 옮겨 기재하시기 바랍니다.

본인은 OOO(응시자성명)임을 확인함

기 재 란

성 명	
자필성명	본인 성명 기재
응시직렬	
응시지역	

응시번호

- ④ ⑤
- ⓪ ① ② ③ ④ ⑤ ⑥ ⑦ ⑧ ⑨ (7 columns)

생년월일

- ⓪ ⑥ ⑦ ⑧ ⑨
- ⓪ ① ② ③ ④ ⑤ ⑥ ⑦ ⑧ ⑨
- ⓪ ①
- ⓪ ① ② ③ ④ ⑤ ⑥ ⑦ ⑧ ⑨
- ⓪ ① ② ③
- ⓪ ① ② ③ ④ ⑤ ⑥ ⑦ ⑧ ⑨

※시험감독관 서명
(성명을 정자로 기재하시기 바랍니다.)

빨간색 볼펜만 사용

언어논리영역(1~10번)	
1	① ② ③ ④ ⑤
2	① ② ③ ④ ⑤
3	① ② ③ ④ ⑤
4	① ② ③ ④ ⑤
5	① ② ③ ④ ⑤
6	① ② ③ ④ ⑤
7	① ② ③ ④ ⑤
8	① ② ③ ④ ⑤
9	① ② ③ ④ ⑤
10	① ② ③ ④ ⑤

언어논리영역(11~20번)	
11	① ② ③ ④ ⑤
12	① ② ③ ④ ⑤
13	① ② ③ ④ ⑤
14	① ② ③ ④ ⑤
15	① ② ③ ④ ⑤
16	① ② ③ ④ ⑤
17	① ② ③ ④ ⑤
18	① ② ③ ④ ⑤
19	① ② ③ ④ ⑤
20	① ② ③ ④ ⑤

언어논리영역(21~25번)	
21	① ② ③ ④ ⑤
22	① ② ③ ④ ⑤
23	① ② ③ ④ ⑤
24	① ② ③ ④ ⑤
25	① ② ③ ④ ⑤

상황판단영역(1~10번)	
1	① ② ③ ④ ⑤
2	① ② ③ ④ ⑤
3	① ② ③ ④ ⑤
4	① ② ③ ④ ⑤
5	① ② ③ ④ ⑤
6	① ② ③ ④ ⑤
7	① ② ③ ④ ⑤
8	① ② ③ ④ ⑤
9	① ② ③ ④ ⑤
10	① ② ③ ④ ⑤

상황판단영역(11~20번)	
11	① ② ③ ④ ⑤
12	① ② ③ ④ ⑤
13	① ② ③ ④ ⑤
14	① ② ③ ④ ⑤
15	① ② ③ ④ ⑤
16	① ② ③ ④ ⑤
17	① ② ③ ④ ⑤
18	① ② ③ ④ ⑤
19	① ② ③ ④ ⑤
20	① ② ③ ④ ⑤

상황판단영역(21~25번)	
21	① ② ③ ④ ⑤
22	① ② ③ ④ ⑤
23	① ② ③ ④ ⑤
24	① ② ③ ④ ⑤
25	① ② ③ ④ ⑤

✂ 자르는 선

해커스 민간경력자 PSAT 15개년 기출문제집 2022년 기출문제 답안지(2교시)

컴퓨터용 검은색 사인펜만 사용

책 형

【필적감정용 기재】
*아래 예시문을 옮겨 기재하시기 바랍니다.

본인은 OOO(응시자성명)임을 확인함

기 재 란

성 명	
자필성명	본인 성명 기재
응시직렬	
응시지역	

응시번호

	⓪	⓪	⓪	⓪	⓪	⓪	⓪
	①	①	①	①	①	①	①
	②	②	②	②	②	②	②
	③	③	③	③	③	③	③
④	④	④	④	④	④	④	④
⑤	⑤	⑤	⑤	⑤	⑤	⑤	⑤
	⑥	⑥	⑥	⑥	⑥	⑥	⑥
	⑦	⑦	⑦	⑦	⑦	⑦	⑦
	⑧	⑧	⑧	⑧	⑧	⑧	⑧
	⑨	⑨	⑨	⑨	⑨	⑨	⑨

생년월일

⓪	⓪	⓪	⓪	⓪	⓪
	①	①	①	①	①
	②		②	②	②
	③		③	③	③
	④		④		④
	⑤		⑤		⑤
⑥	⑥		⑥		⑥
⑦	⑦		⑦		⑦
⑧	⑧		⑧		⑧
⑨	⑨		⑨		⑨

※시험감독관 서명
(성명을 정자로 기재하시기 바랍니다.)

빨간색 볼펜만 사용

자료해석영역(1~10번)

1	①	②	③	④	⑤
2	①	②	③	④	⑤
3	①	②	③	④	⑤
4	①	②	③	④	⑤
5	①	②	③	④	⑤
6	①	②	③	④	⑤
7	①	②	③	④	⑤
8	①	②	③	④	⑤
9	①	②	③	④	⑤
10	①	②	③	④	⑤

자료해석영역(11~20번)

11	①	②	③	④	⑤
12	①	②	③	④	⑤
13	①	②	③	④	⑤
14	①	②	③	④	⑤
15	①	②	③	④	⑤
16	①	②	③	④	⑤
17	①	②	③	④	⑤
18	①	②	③	④	⑤
19	①	②	③	④	⑤
20	①	②	③	④	⑤

자료해석영역(21~25번)

21	①	②	③	④	⑤
22	①	②	③	④	⑤
23	①	②	③	④	⑤
24	①	②	③	④	⑤
25	①	②	③	④	⑤

자르는 선

해커스 민간경력자 PSAT 15개년 기출문제집 2021년 기출문제 답안지(1교시)

컴퓨터용 검은색 사인펜만 사용

책 형

【필적감정용 기재】
*아래 예시문을 옮겨 기재하시기 바랍니다.
본인은 OOO(응시자성명)임을 확인함
기 재 란

성 명	
자필성명	본인 성명 기재
응시직렬	
응시지역	

응시번호							
	⓪	⓪	⓪	⓪	⓪	⓪	⓪
	①	①	①	①	①	①	①
	②	②	②	②	②	②	②
	③	③	③	③	③	③	③
④	④	④	④	④	④	④	④
⑤	⑤	⑤	⑤	⑤	⑤	⑤	⑤
	⑥	⑥	⑥	⑥	⑥	⑥	⑥
	⑦	⑦	⑦	⑦	⑦	⑦	⑦
	⑧	⑧	⑧	⑧	⑧	⑧	⑧
	⑨	⑨	⑨	⑨	⑨	⑨	⑨

생년월일					
⓪	⓪	⓪	⓪	⓪	⓪
	①	①	①	①	①
	②		②	②	②
	③		③	③	③
	④		④		④
	⑤		⑤		⑤
⑥	⑥		⑥		⑥
⑦	⑦		⑦		⑦
⑧	⑧		⑧		⑧
⑨	⑨		⑨		⑨

※시험감독관 서명 (성명을 정자로 기재하시기 바랍니다.)	빨간색 볼펜만 사용

언어논리영역(1~10번)	
1	① ② ③ ④ ⑤
2	① ② ③ ④ ⑤
3	① ② ③ ④ ⑤
4	① ② ③ ④ ⑤
5	① ② ③ ④ ⑤
6	① ② ③ ④ ⑤
7	① ② ③ ④ ⑤
8	① ② ③ ④ ⑤
9	① ② ③ ④ ⑤
10	① ② ③ ④ ⑤

언어논리영역(11~20번)	
11	① ② ③ ④ ⑤
12	① ② ③ ④ ⑤
13	① ② ③ ④ ⑤
14	① ② ③ ④ ⑤
15	① ② ③ ④ ⑤
16	① ② ③ ④ ⑤
17	① ② ③ ④ ⑤
18	① ② ③ ④ ⑤
19	① ② ③ ④ ⑤
20	① ② ③ ④ ⑤

언어논리영역(21~25번)	
21	① ② ③ ④ ⑤
22	① ② ③ ④ ⑤
23	① ② ③ ④ ⑤
24	① ② ③ ④ ⑤
25	① ② ③ ④ ⑤

상황판단영역(1~10번)	
1	① ② ③ ④ ⑤
2	① ② ③ ④ ⑤
3	① ② ③ ④ ⑤
4	① ② ③ ④ ⑤
5	① ② ③ ④ ⑤
6	① ② ③ ④ ⑤
7	① ② ③ ④ ⑤
8	① ② ③ ④ ⑤
9	① ② ③ ④ ⑤
10	① ② ③ ④ ⑤

상황판단영역(11~20번)	
11	① ② ③ ④ ⑤
12	① ② ③ ④ ⑤
13	① ② ③ ④ ⑤
14	① ② ③ ④ ⑤
15	① ② ③ ④ ⑤
16	① ② ③ ④ ⑤
17	① ② ③ ④ ⑤
18	① ② ③ ④ ⑤
19	① ② ③ ④ ⑤
20	① ② ③ ④ ⑤

상황판단영역(21~25번)	
21	① ② ③ ④ ⑤
22	① ② ③ ④ ⑤
23	① ② ③ ④ ⑤
24	① ② ③ ④ ⑤
25	① ② ③ ④ ⑤

✂ 자르는 선

해커스 민간경력자 PSAT 15개년 기출문제집 2021년 기출문제 답안지(2교시)

컴퓨터용 검은색 사인펜만 사용

책 형

【필적감정용 기재】

*아래 예시문을 옮겨 기재하시기 바랍니다.

본인은 OOO(응시자성명)임을 확인함

기 재 란

성 명	
자필성명	본인 성명 기재
응시직렬	
응시지역	

응 시 번 호							
	⓪	⓪	⓪	⓪	⓪	⓪	⓪
	①	①	①	①	①	①	①
	②	②	②	②	②	②	②
	③	③	③	③	③	③	③
④	④	④	④	④	④	④	④
⑤	⑤	⑤	⑤	⑤	⑤	⑤	⑤
	⑥	⑥	⑥	⑥	⑥	⑥	⑥
	⑦	⑦	⑦	⑦	⑦	⑦	⑦
	⑧	⑧	⑧	⑧	⑧	⑧	⑧
	⑨	⑨	⑨	⑨	⑨	⑨	⑨

생 년 월 일					
⓪	⓪	⓪	⓪	⓪	⓪
	①	①	①	①	①
	②		②	②	②
	③		③	③	③
	④		④		④
	⑤		⑤		⑤
⑥	⑥		⑥		⑥
⑦	⑦		⑦		⑦
⑧	⑧		⑧		⑧
⑨	⑨		⑨		⑨

※시험감독관 서명
(성명을 정자로 기재하시기 바랍니다.)

빨간색 볼펜만 사용

자료해석영역(1~10번)					
1	①	②	③	④	⑤
2	①	②	③	④	⑤
3	①	②	③	④	⑤
4	①	②	③	④	⑤
5	①	②	③	④	⑤
6	①	②	③	④	⑤
7	①	②	③	④	⑤
8	①	②	③	④	⑤
9	①	②	③	④	⑤
10	①	②	③	④	⑤

자료해석영역(11~20번)					
11	①	②	③	④	⑤
12	①	②	③	④	⑤
13	①	②	③	④	⑤
14	①	②	③	④	⑤
15	①	②	③	④	⑤
16	①	②	③	④	⑤
17	①	②	③	④	⑤
18	①	②	③	④	⑤
19	①	②	③	④	⑤
20	①	②	③	④	⑤

자료해석영역(21~25번)					
21	①	②	③	④	⑤
22	①	②	③	④	⑤
23	①	②	③	④	⑤
24	①	②	③	④	⑤
25	①	②	③	④	⑤

✂ 자르는 선

해커스 민간경력자 PSAT 15개년 기출문제집 2020년 기출문제 답안지(1교시)

컴퓨터용 검은색 사인펜만 사용

책 형

【필적감정용 기재】
*아래 예시문을 옮겨 기재하시기 바랍니다.

본인은 OOO(응시자성명)임을 확인함

기 재 란

성 명	
자필성명	본인 성명 기재
응시직렬	
응시지역	

응시번호

	⓪	⓪	⓪	⓪	⓪	⓪	⓪
	①	①	①	①	①	①	①
	②	②	②	②	②	②	②
	③	③	③	③	③	③	③
④	④	④	④	④	④	④	④
⑤	⑤	⑤	⑤	⑤	⑤	⑤	⑤
	⑥	⑥	⑥	⑥	⑥	⑥	⑥
	⑦	⑦	⑦	⑦	⑦	⑦	⑦
	⑧	⑧	⑧	⑧	⑧	⑧	⑧
	⑨	⑨	⑨	⑨	⑨	⑨	⑨

생 년 월 일

⓪	⓪	⓪	⓪	⓪	⓪
	①	①	①	①	①
	②		②	②	②
	③		③	③	③
	④		④		④
	⑤		⑤		⑤
⑥	⑥		⑥		⑥
⑦	⑦		⑦		⑦
⑧	⑧		⑧		⑧
⑨	⑨		⑨		⑨

※시험감독관 서명
(성명을 정자로 기재하시기 바랍니다.)

빨간색 볼펜만 사용

언어논리영역(1~10번)

1	①	②	③	④	⑤
2	①	②	③	④	⑤
3	①	②	③	④	⑤
4	①	②	③	④	⑤
5	①	②	③	④	⑤
6	①	②	③	④	⑤
7	①	②	③	④	⑤
8	①	②	③	④	⑤
9	①	②	③	④	⑤
10	①	②	③	④	⑤

언어논리영역(11~20번)

11	①	②	③	④	⑤
12	①	②	③	④	⑤
13	①	②	③	④	⑤
14	①	②	③	④	⑤
15	①	②	③	④	⑤
16	①	②	③	④	⑤
17	①	②	③	④	⑤
18	①	②	③	④	⑤
19	①	②	③	④	⑤
20	①	②	③	④	⑤

언어논리영역(21~25번)

21	①	②	③	④	⑤
22	①	②	③	④	⑤
23	①	②	③	④	⑤
24	①	②	③	④	⑤
25	①	②	③	④	⑤

상황판단영역(1~10번)

1	①	②	③	④	⑤
2	①	②	③	④	⑤
3	①	②	③	④	⑤
4	①	②	③	④	⑤
5	①	②	③	④	⑤
6	①	②	③	④	⑤
7	①	②	③	④	⑤
8	①	②	③	④	⑤
9	①	②	③	④	⑤
10	①	②	③	④	⑤

상황판단영역(11~20번)

11	①	②	③	④	⑤
12	①	②	③	④	⑤
13	①	②	③	④	⑤
14	①	②	③	④	⑤
15	①	②	③	④	⑤
16	①	②	③	④	⑤
17	①	②	③	④	⑤
18	①	②	③	④	⑤
19	①	②	③	④	⑤
20	①	②	③	④	⑤

상황판단영역(21~25번)

21	①	②	③	④	⑤
22	①	②	③	④	⑤
23	①	②	③	④	⑤
24	①	②	③	④	⑤
25	①	②	③	④	⑤

자르는 선

해커스 민간경력자 PSAT 15개년 기출문제집 2020년 기출문제 답안지(2교시)

컴퓨터용 검은색 사인펜만 사용

책 형

【필적감정용 기재】
*아래 예시문을 옮겨 기재하시기 바랍니다.

본인은 OOO(응시자성명)임을 확인함

기 재 란

성 명	
자필성명	본인 성명 기재
응시직렬	
응시지역	

응 시 번 호

	⓪	⓪	⓪	⓪	⓪	⓪	⓪
	①	①	①	①	①	①	①
	②	②	②	②	②	②	②
	③	③	③	③	③	③	③
④	④	④	④	④	④	④	④
⑤	⑤	⑤	⑤	⑤	⑤	⑤	⑤
	⑥	⑥	⑥	⑥	⑥	⑥	⑥
	⑦	⑦	⑦	⑦	⑦	⑦	⑦
	⑧	⑧	⑧	⑧	⑧	⑧	⑧
	⑨	⑨	⑨	⑨	⑨	⑨	⑨

생 년 월 일

⓪	⓪	⓪	⓪	⓪	⓪
	①	①	①	①	①
	②		②	②	②
	③		③	③	③
	④		④		④
	⑤		⑤		⑤
⑥	⑥		⑥		⑥
⑦	⑦		⑦		⑦
⑧	⑧		⑧		⑧
⑨	⑨		⑨		⑨

※시험감독관 서명
(성명을 정자로 기재하시기 바랍니다.)

빨간색 볼펜만 사용

자료해석영역(1~10번)

1	①	②	③	④	⑤
2	①	②	③	④	⑤
3	①	②	③	④	⑤
4	①	②	③	④	⑤
5	①	②	③	④	⑤
6	①	②	③	④	⑤
7	①	②	③	④	⑤
8	①	②	③	④	⑤
9	①	②	③	④	⑤
10	①	②	③	④	⑤

자료해석영역(11~20번)

11	①	②	③	④	⑤
12	①	②	③	④	⑤
13	①	②	③	④	⑤
14	①	②	③	④	⑤
15	①	②	③	④	⑤
16	①	②	③	④	⑤
17	①	②	③	④	⑤
18	①	②	③	④	⑤
19	①	②	③	④	⑤
20	①	②	③	④	⑤

자료해석영역(21~25번)

21	①	②	③	④	⑤
22	①	②	③	④	⑤
23	①	②	③	④	⑤
24	①	②	③	④	⑤
25	①	②	③	④	⑤

2026 대비 최신개정판

해커스 민간경력자 PSAT 15개년 기출문제집

개정 8판 1쇄 발행 2025년 8월 28일

지은이	김소원, 복지훈, 최수지, 해커스 PSAT연구소 공저
펴낸곳	㈜챔프스터디
펴낸이	챔프스터디 출판팀
주소	서울특별시 서초구 강남대로61길 23 ㈜챔프스터디
고객센터	02-537-5000
교재 관련 문의	publishing@hackers.com 해커스잡 사이트(ejob.Hackers.com) 교재 Q&A 게시판
학원 강의 및 동영상강의	ejob.Hackers.com
ISBN	978-89-6965-654-4 (13320)
Serial Number	08-01-01

해커스

민 간 경 력 자

PSAT

15개년 기출문제집

1권 2025~2020년 기출문제

함께 학습하면 좋은 교재

해커스
NCS&인적성
필수영역
기초 완성

단기 합격
해커스공기업 NCS
직업기초능력평가
입문서

단기 합격
해커스공기업 NCS
통합 기본서

해커스공기업
NCS 모듈형
통합 기본서
이론+실전모의고사

해커스공기업 NCS
통합 봉투모의고사
모듈형/피듈형/
PSAT형+전공

해커스공기업
휴노형·PSAT형
NCS 기출동형모의고사

해커스공기업 NCS
피듈형 통합
봉투모의고사

해커스공기업 NCS
모듈형 통합
봉투모의고사

해커스공기업
PSAT 기출로 끝내는
NCS 의사소통능력

해커스공기업 PSAT
기출로 끝내는 NCS
수리·자료해석
집중 공략

해커스공기업 PSAT
기출로 끝내는 NCS
문제해결·자원관리
집중 공략

해커스
한 권으로 끝내는
만능 일반상식

"쉽고 빠른 합격의 비결, 해커스!
QR찍고, 더 많은 해커스 취업 교재를 확인하세요."

13320
9 788969 656544
ISBN 978-89-6965-654-4

2026 대비 최신개정판

1위 해커스

주간동아 2024 한국고객만족도 교육(온·오프라인 취업) 1위

해커스 민간경력자 PSAT 15개년 기출문제집

5·7급 공무원(공채, 민경채) | 국회직 8급 | 공기업 NCS 대비

2권 2019~2011년 기출문제

김소원, 복지훈, 최수지, 해커스 PSAT연구소 공저

베스트셀러

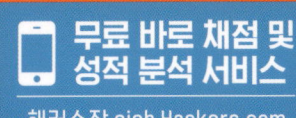

무료 바로 채점 및 성적 분석 서비스
해커스잡 ejob.Hackers.com

해커스잡 | ejob.Hackers.com

· 본 교재 인강(할인쿠폰 수록)
· PSAT 최신 기출 해설강의

특별제공
· PSAT 영역별 핵심 이론 노트
· 5급 기출 재구성 모의고사

교보문고 취업/수험서 베스트셀러 공직적성검사(PSAT) 분야(2025.09.02. 온라인 주간 베스트 기준)

공기업 합격을 위한 추가혜택

PSAT 최신 1개년 기출 해설강의 수강권

KK02D0D8K70K9000

이용방법 해커스잡 사이트(ejob.Hackers.com) 접속 후 로그인 ▶
사이트 메인 우측 상단 [나의 정보] 클릭 ▶
[나의 쿠폰 - 쿠폰/수강권 등록]에 위 쿠폰번호 입력 ▶ [마이클래스 - 일반 강좌]에서 수강 가능

* 쿠폰 유효기간: 2026년 12월 31일까지(ID당 1회에 한해 등록 가능)
* 쿠폰 등록 시점부터 30일간 수강 가능합니다.

본 교재 인강 30% 할인쿠폰

K208D0D7K50BK000

이용방법 해커스잡 사이트(ejob.Hackers.com) 접속 후 로그인▶
사이트 메인 우측 상단 [나의 정보] 클릭 ▶
[나의 쿠폰 - 쿠폰/수강권 등록]에 위 쿠폰번호 입력 후 강의 결제 시 사용

* 쿠폰 유효기간: 2026년 12월 31일까지(ID당 1회에 한해 등록 가능)
* 본 교재 인강 외 이벤트 강의 및 프로모션 강의에는 적용 불가, 쿠폰 중복 할인 불가합니다.

PSAT 영역별 핵심 이론 노트 (PDF)

실력 점프를 위한 5급 기출 재구성 모의고사(PDF)

RKA5A3E52MHNR8SH

이용방법 해커스잡 사이트(ejob.Hackers.com) 접속 후 로그인 ▶ 사이트 메인 중앙 [교재정보 - 교재 무료자료] 클릭 ▶
교재 확인 후 이용하길 원하는 무료자료의 [다운로드] 버튼 클릭 ▶ 위 쿠폰번호 입력 후 다운로드

* 쿠폰 유효기간: 2026년 12월 31일까지

FREE

무료 바로 채점 및 성적 분석 서비스

이용방법 해커스잡 사이트(ejob.Hackers.com) 접속 후 로그인 ▶
사이트 메인 상단 [교재정보 - 교재 채점 서비스] 클릭 ▶교재 확인 후 채점하기 버튼 클릭

* 사용 기간: 2026년 12월 31일까지(ID당 1회에 한해 이용 가능)

▲ 바로 이용

해커스ONE 시험 시간 타이머 어플

이용방법 해커스ONE 접속 ▶ 관심학습과정 [공기업취업]으로 선택 ▶ 무료학습 ▶ 학습타이머 ▶
본 교재 선택 후 이용 가능

* 사용 기간: 2026년 12월 31일까지(ID당 1회에 한해 이용 가능)

▲ 해커스ONE 앱 다운받기

* 이 외 쿠폰 관련 문의는 해커스 고객센터(02-537-5000)로 연락 바랍니다.

해커스

민간경력자

PSAT

15개년 기출문제집

2권 2019~2011년 기출문제

해커스

목차

2권 | 2019~2011년 기출문제

2019년 기출문제

언어논리 7
상황판단 21
자료해석 35

2018년 기출문제

언어논리 51
상황판단 65
자료해석 79

2017년 기출문제

언어논리 95
상황판단 109
자료해석 123

2016년 기출문제

언어논리 139
상황판단 153
자료해석 167

2015년 기출문제

언어논리 183
상황판단 197
자료해석 211

2014년 기출문제

언어논리 227
상황판단 241
자료해석 255

2013년 기출문제

언어논리 271
상황판단 285
자료해석 299

2012년 기출문제

언어논리 317
상황판단 331
자료해석 345

2011년 기출문제

언어논리 361
상황판단 375
자료해석 389

[부록]

OCR 답안지

[온라인 제공] 해커스잡 ejob.Hackers.com

PSAT 영역별 핵심 이론 노트 (PDF)
실력 점프를 위한 5급 기출 재구성 모의고사 (PDF)

1권 | 2025~2020년 기출문제

민간경력자 PSAT 고득점을 위한 이 책의 활용법
학습 타입별 맞춤 학습 플랜
민간경력자 채용 안내 및 Q&A
최신 PSAT 출제 경향 및 합격생의 대비법
수험생이 꼭 알아야 할 시험장 Tip
민간경력자 PSAT 기출유형공략

2025년 기출문제
언어논리
상황판단
자료해석

2024년 기출문제
언어논리
상황판단
자료해석

2023년 기출문제
언어논리
상황판단
자료해석

2022년 기출문제
언어논리
상황판단
자료해석

2021년 기출문제
언어논리
상황판단
자료해석

2020년 기출문제
언어논리
상황판단
자료해석

약점 보완 해설집

2025년 **기출문제 취약 유형 분석표 & 정답·해설**
2024년 **기출문제 취약 유형 분석표 & 정답·해설**
2023년 **기출문제 취약 유형 분석표 & 정답·해설**
2022년 **기출문제 취약 유형 분석표 & 정답·해설**
2021년 **기출문제 취약 유형 분석표 & 정답·해설**
2020년 **기출문제 취약 유형 분석표 & 정답·해설**
2019년 **기출문제 취약 유형 분석표 & 정답·해설**
2018년 **기출문제 취약 유형 분석표 & 정답·해설**
2017년 **기출문제 취약 유형 분석표 & 정답·해설**
2016년 **기출문제 취약 유형 분석표 & 정답·해설**
2015년 **기출문제 취약 유형 분석표 & 정답·해설**
2014년 **기출문제 취약 유형 분석표 & 정답·해설**
2013년 **기출문제 취약 유형 분석표 & 정답·해설**
2012년 **기출문제 취약 유형 분석표 & 정답·해설**
2011년 **기출문제 취약 유형 분석표 & 정답·해설**

해커스 **민간경력자 PSAT** 15개년 기출문제집

취업강의 1위, 해커스잡 **ejob.Hackers.com**

2019년 기출문제

언어논리

상황판단

자료해석

문제 풀이 시작과 종료 시각을 정하세요.

· 언어논리/상황판단 (120분) ________시 ________분 ~ ________시 ________분

· 자료해석 (60분) ________시 ________분 ~ ________시 ________분

* 교재 뒤에 수록되어 있는 OCR 답안지와 해커스ONE 애플리케이션의 모바일 타이머를 이용하여 실전처럼 모의고사를 풀어보세요.
* 기출문제 풀이 후, 약점 보완 해설집에 있는 '바로 채점 및 성적 분석 서비스' QR코드를 스캔하여 응시 인원 대비 본인의 성적 위치를 확인할 수 있습니다.

언어논리영역

1. 다음 글의 문맥상 (가)~(마)에 들어갈 내용으로 적절하지 않은 것은?

> ‘방언(方言)’이라는 용어는 표준어와 대립되는 개념으로 사용될 수 있다. 이때 방언이란 ‘교양 있는 사람들이 두루 쓰는 현대 서울말’로서의 표준어가 아닌 말, 즉 비표준어라는 뜻을 갖는다. 가령 (가) 는 생각에는 방언을 비표준어로서 낮잡아 보는 인식이 담겨 있다. 이러한 개념으로서의 방언은 ‘사투리’라는 용어로 바뀌어 쓰이는 수가 많다. ‘충청도 사투리’, ‘평안도 사투리’라고 할 때의 사투리는 대개 이러한 개념으로 쓰이는 경우이다. 이때의 방언이나 사투리는, 말하자면 표준어인 서울말이 아닌 어느 지역의 말을 가리키거나, 더 나아가 (나) 을 일컫는다. 이러한 용법에는 방언이 표준어보다 열등하다는 오해와 편견이 포함되어 있다. 여기에는 표준어보다 못하다거나 세련되지 못하고 규칙에 엄격하지 않다와 같은 부정적 평가가 담겨 있는 것이다. 그런가 하면 사투리는 한 지역의 언어 체계 전반을 뜻하기보다 그 지역의 말 가운데 표준어에는 없는, 그 지역 특유의 언어 요소만을 일컫기도 한다. (다) 고 할 때의 사투리가 그러한 경우에 해당된다.
>
> 언어학에서의 방언은 한 언어를 형성하고 있는 하위 단위로서의 언어 체계 전부를 일컫는 말로 사용된다. 가령 한국어를 예로 들면 한국어를 이루고 있는 각 지역의 말 하나하나, 즉 그 지역의 언어 체계 전부를 방언이라 한다. 서울말은 이 경우 표준어이면서 한국어의 한 방언이다. 그리고 나머지 지역의 방언들은 (라) . 이러한 의미에서의 ‘충청도 방언’은, 충청도에서만 쓰이는, 표준어에도 없고 다른 도의 말에도 없는 충청도 특유의 언어 요소만을 가리키는 것이 아니다. ‘충청도 방언’은 충청도의 토박이들이 전래적으로 써 온 한국어 전부를 가리킨다. 이 점에서 한국어는 (마) .

① (가): 바른말을 써야 하는 아나운서가 방언을 써서는 안 된다
② (나): 표준어가 아닌, 세련되지 못하고 격을 갖추지 못한 말
③ (다): 사투리를 많이 쓰는 사람과는 의사소통이 어렵다
④ (라): 한국어라는 한 언어의 하위 단위이기 때문에 방언이다
⑤ (마): 표준어와 지역 방언의 공통부분을 지칭하는 개념이다

2. 다음 글에서 알 수 있는 것은?

> 고려의 수도 개경 안에는 궁궐이 있고, 그 주변으로 가옥과 상점이 모여 시가지를 형성하고 있었다. 이 궁궐과 시가지를 둘러싼 성벽을 개경 도성이라고 불렀다. 개경 도성에는 여러 개의 출입문이 있었는데, 서쪽에 있는 문 가운데 가장 많은 사람이 드나든 곳은 선의문이었다. 동쪽에는 숭인문이라는 문도 있었다. 도성 안에는 선의문과 숭인문을 잇는 큰 도로가 있었다. 이 도로는 궁궐의 출입문인 광화문으로부터 도성 남쪽 출입문 방향으로 나 있는 다른 도로와 만나는데, 두 도로의 교차점을 십자가라고 불렀다.
>
> 고려 때에는 개경의 십자가로부터 광화문까지 난 거리를 남대가라고 불렀다. 남대가 양편에는 관청의 허가를 받아 영업하는 상점인 시전들이 도로를 따라 나란히 위치해 있었다. 이 거리는 비단이나 신발을 파는 시전, 과일 파는 시전 등이 밀집한 번화가였다. 고려 정부는 이 거리를 관리하기 위해 남대가의 남쪽 끝 지점에 경시서라는 관청을 두었다.
>
> 개경에는 남대가에만 시전이 있는 것이 아니었다. 십자가에서 숭인문 방향으로 몇백 미터를 걸어가면 그 도로 북쪽 편에 자남산이라는 조그마한 산이 있었다. 이 산은 도로에서 불과 몇십 미터 떨어져 있지 않은데, 그 산과 남대가 사이의 공간에 기름만 취급하는 시전들이 따로 모인 유시 골목이 있었다. 또 십자가에서 남쪽으로 이어진 길로 백여 미터만 가도 그 길에 접한 서쪽면에 돼지고기만 따로 파는 저전들이 있었다. 이외에도 십자가와 선의문 사이를 잇는 길의 중간 지점에 수륙교라는 다리가 있었는데, 그 옆에 종이만 파는 저시 골목이 있었다.

① 남대가의 북쪽 끝에 궁궐의 출입문이 자리잡고 있었다.
② 수륙교가 있던 곳으로부터 서북쪽 방향에 자남산이 있다.
③ 숭인문과 경시서의 중간 지점에 저시 골목이 위치해 있었다.
④ 선의문과 십자가를 연결하는 길의 중간 지점에 저전이 모여 있었다.
⑤ 십자가에서 유시 골목으로 가는 길의 중간 지점에 수륙교가 위치해 있었다.

3. 다음 글에서 알 수 없는 것은?

A효과란 기업이 시장에 최초로 진입하여 무형 및 유형의 이익을 얻는 것을 의미한다. 반면 뒤늦게 뛰어든 기업이 앞서 진출한 기업의 투자를 징검다리로 이용하여 성공적으로 시장에 안착하는 것을 B효과라고 한다. 물론 B효과는 후발진입기업이 최초진입기업과 동등한 수준의 기술 및 제품을 보다 낮은 비용으로 개발할 수 있을 때만 가능하다.

생산량이 증가할수록 평균생산비용이 감소하는 규모의 경제 효과 측면에서, 후발진입기업에 비해 최초진입기업이 유리하다. 즉, 대량 생산, 인프라 구축 등에서 우위를 조기에 확보하여 효율성 증대와 생산성 향상을 꾀할 수 있다. 반면 후발진입기업 역시 연구개발 투자 측면에서 최초진입기업에 비해 상대적으로 유리한 면이 있다. 후발진입기업의 모방 비용은 최초진입기업이 신제품 개발에 투자한 비용 대비 65% 수준이기 때문이다. 최초진입기업의 경우, 규모의 경제 효과를 얼마나 단기간에 이룰 수 있는가가 성공의 필수 요건이 된다. 후발진입기업의 경우, 절감된 비용을 마케팅 등에 효과적으로 투자하여 최초진입기업의 시장 점유율을 단기간에 빼앗아 오는 것이 성공의 핵심 조건이다.

규모의 경제 달성으로 인한 비용상의 이점 이외에도 최초진입기업이 누릴 수 있는 강점은 강력한 진입 장벽을 구축할 수 있다는 것이다. 시장에 최초로 진입했기에 소비자에게 우선적으로 인식된다. 그로 인해 후발진입기업에 비해 적어도 인지도 측면에서는 월등한 우위를 확보한다. 또한 기술적 우위를 확보하여 라이센스, 특허 전략 등을 통해 후발진입기업의 시장 진입을 방해하기도 한다. 뿐만 아니라 소비자들이 후발진입기업의 브랜드로 전환하려고 할 때 발생하는 노력, 비용, 심리적 위험 등을 마케팅에 활용하여 후발진입기업이 시장에 진입하기 어렵게 할 수도 있다. 결국 A효과를 극대화할 수 있는지는 규모의 경제 달성 이외에도 얼마나 오랫동안 후발주자가 진입하지 못하도록 할 수 있는가에 달려 있다.

① 최초진입기업은 후발진입기업에 비해 매년 더 많은 마케팅 비용을 사용한다.
② 후발진입기업의 모방 비용은 최초진입기업이 신제품 개발에 투자한 비용보다 적다.
③ 최초진입기업이 후발진입기업에 비해 인지도 측면에서 우위에 있다는 것은 A효과에 해당한다.
④ 후발진입기업이 성공하려면 절감된 비용을 효과적으로 투자하여 최초진입기업의 시장점유율을 단기간에 빼앗아 와야 한다.
⑤ 후발진입기업이 최초진입기업과 동등한 수준의 기술 및 제품을 보다 낮은 비용으로 개발할 수 없다면 B효과를 얻을 수 없다.

4. 다음 글에서 알 수 있는 것은?

1996년 미국, EU 및 캐나다는 일본에서 위스키의 주세율이 소주에 비해 지나치게 높다는 이유로 일본을 WTO에 제소했다. WTO 패널은 제소국인 미국, EU 및 캐나다의 손을 들어주었다. 이 판정을 근거로 미국과 EU는 한국에 대해서도 소주와 위스키의 주세율을 조정해줄 것을 요구했는데, 받아들여지지 않자 한국을 WTO에 제소했다. 당시 소주의 주세율은 증류식이 50%, 희석식이 35%였는데, 위스키의 주세율은 100%로 소주에 비해 크게 높았다. 한국에 위스키 원액을 수출하던 EU는 1997년 4월에 한국을 제소했고, 5월에는 미국도 한국을 제소했다. 패널은 1998년 7월에 한국의 패소를 결정했다.

패널의 판정은, 소주와 위스키가 직접적인 경쟁 관계에 있고 동시에 대체 관계가 존재하므로 국산품인 소주에 비해 수입품인 위스키에 높은 주세율을 적용하고 있는 한국의 주세제도가 WTO 협정의 내국민대우 조항에 위배된다는 것이었다. 그리고 3개월 후 한국이 패널의 판정에 대해 상소했으나 상소기구에서 패널의 판정이 그대로 인정되었다. 따라서 한국은 소주와 위스키 간 주세율의 차이를 해소해야 했는데, 그 방안은 위스키의 주세를 낮추거나 소주의 주세를 올리는 것이었다. 당시 어느 것이 옳은가에 대한 논쟁이 적지 않았다. 결국 소주의 주세율은 올리고 위스키의 주세율은 내려서, 똑같이 72%로 맞추는 방식으로 2000년 1월 주세법을 개정하여 차이를 해소했다.

① WTO 협정에 따르면, 제품 간 대체 관계가 존재하면 세율이 같아야 한다.
② 2000년 주세법 개정 결과 희석식 소주가 증류식 소주보다 주세율 상승폭이 컸다.
③ 2000년 주세법 개정 이후 소주와 위스키의 세금 총액은 개정 전에 비해 증가하였다.
④ 미국, EU 및 캐나다는 일본과의 WTO 분쟁 판정 결과를 근거로 한국에서도 주세율을 조정하고자 했다.
⑤ 한국의 소주와 위스키의 주세율을 일본과 동일하게 하라는 권고가 WTO 패널의 판정에 포함되어 있다.

5. 다음 글에서 추론할 수 있는 것은?

종자와 농약을 생산하는 대기업들은 자신들이 유전자 기술로 조작한 종자가 농약을 현저히 적게 사용해도 되기 때문에 농부들이 더 많은 이윤을 낼 수 있다고 주장하였다. 그러나 미국에서 유전자 변형 작물을 재배한 16년(1996년~2011년) 동안의 농약 사용량을 살펴보면, 이 주장은 사실이 아님을 알 수 있다.

유전자 변형 작물은 해충에 훨씬 더 잘 견디는 장점이 있다. 유전자 변형 작물이 해충을 막기 위해 자체적으로 독소를 만들어내기 때문이다. 독소를 함유한 유전자 변형 작물을 재배함으로써 일반 작물 재배와 비교하여 16년 동안 살충제 소비를 약 56,000톤 줄일 수 있었다. 그런데 제초제의 경우는 달랐다. 처음 4~5년 동안에는 제초제의 사용이 감소하였다. 그렇지만 전체 재배 기간을 고려하면 일반 작물 재배와 비교할 때 약 239,000톤이 더 소비되었다. 늘어난 제초제의 양에서 줄어든 살충제의 양을 빼면 일반 작물 재배와 비교하여 농약 사용이 재배 기간 16년 동안 183,000톤 증가했다.

M사의 제초제인 글리포세이트에 내성을 가진 유전자 변형 작물을 재배하기 시작한 농부들은 그 제초제를 매년 반복해서 사용했다. 이로 인해 그 지역에서는 글리포세이트에 대해 내성을 가진 잡초가 생겨났다. 이와 같이 제초제에 내성을 가진 잡초를 슈퍼잡초라고 부른다. 유전자 변형 작물을 재배하는 농지는 대부분 이러한 슈퍼잡초로 인해 어려움을 겪게 되었다. 슈퍼잡초를 제거하기 위해서는 제초제를 더 자주 사용하거나 여러 제초제를 섞어서 사용하거나 아니면 새로 개발된 제초제를 사용해야 한다. 이로 인해 농부들은 더 많은 비용을 지불할 수밖에 없었다.

① 유전자 변형 작물을 재배하는 지역에서는 모든 종류의 농약 사용이 증가했다.
② 유전자 변형 작물을 도입한 해부터 그 작물을 재배하는 지역에 슈퍼잡초가 나타났다.
③ 유전자 변형 작물을 도입한 후 일반 작물 재배의 경우에도 살충제의 사용이 증가했다.
④ 유전자 변형 작물 재배로 슈퍼잡초가 발생한 지역에서는 작물 생산 비용이 증가했다.
⑤ 유전자 변형 작물을 재배하는 지역과 일반 작물을 재배하는 지역에서 슈퍼잡초의 발생 정도가 비슷했다.

6. 다음 글의 빈칸에 들어갈 내용으로 가장 적절한 것은?

알레르기는 도시화와 산업화가 진행되는 지역에서 매우 빠르게 증가하고 있는데, 알레르기의 발병 원인에 대한 20세기의 지배적 이론은 알레르기는 병원균의 침입에 의해 발생하는 감염성 질병이라는 것이다. 하지만 1989년 영국 의사 S는 이 전통적인 이론에 맞서 다음 가설을 제시했다.

[   ]

S는 1958년 3월 둘째 주에 태어난 17,000명 이상의 영국 어린이를 대상으로 그들이 23세가 될 때까지 수집한 개인 정보 데이터베이스를 분석하여, 이 가설을 뒷받침하는 증거를 찾았다. 이들의 가족 관계, 사회적 지위, 경제력, 거주 지역, 건강 등의 정보를 비교 분석한 결과, 두 개 항목이 꽃가루 알레르기와 상관관계를 가졌다. 첫째, 함께 자란 형제자매의 수이다. 외동으로 자란 아이의 경우 형제가 서넛인 아이에 비해 꽃가루 알레르기에 취약했다. 둘째, 가족 관계에서 차지하는 서열이다. 동생이 많은 아이보다 손위 형제가 많은 아이가 알레르기에 걸릴 확률이 낮았다.

S의 주장에 따르면 가족 구성원이 많은 집에 사는 아이들은 가족 구성원, 특히 손위 형제들이 집안으로 끌고 들어오는 온갖 병균에 의한 잦은 감염 덕분에 장기적으로는 알레르기 예방에 오히려 유리하다. S는 유년기에 걲은 이런 감염이 꽃가루 알레르기를 비롯한 알레르기성 질환으로부터 아이들을 보호해 왔다고 생각했다.

① 알레르기는 유년기에 병원균 노출의 기회가 적을수록 발생 확률이 높아진다.
② 알레르기는 가족 관계에서 서열이 높은 가족 구성원에게 더 많이 발생한다.
③ 알레르기는 성인보다 유년기의 아이들에게 더 많이 발생한다.
④ 알레르기는 도시화에 따른 전염병의 증가로 인해 유발된다.
⑤ 알레르기는 형제가 많을수록 발생 확률이 낮아진다.

7. 다음 글에 대한 평가로 적절하지 않은 것은?

당신은 '행복 기계'에 들어갈 것인지 망설이고 있다. 만일 들어간다면 그 순간 당신은 기계에 들어왔다는 것을 완전히 잊게 되고, 이 기계를 만나기 전에는 맛보기 힘든 멋진 시간을 가상현실 기술을 통해 경험하게 된다. 단, 누구든 한 번 그 기계에 들어가면 삶을 마칠 때까지 거기서 나올 수 없다. 이 기계에는 고장도 오작동도 없다. 당신은 이 기계에 들어가겠는가? 우리의 삶은 고난과 좌절로 가득 차 있지만, 우리는 그것들이 실제로 사라지기를 원하지 그저 사라졌다고 믿기를 원하지 않는다. 이러한 사실은, 참인 믿음이 우리에게 아무런 이익이 되지 않거나 심지어 손해를 가져오는 경우에도 우리가 거짓인 믿음보다 참인 믿음을 가지기를 선호한다는 견해를 뒷받침한다.

돈의 가치는 숫자가 적힌 종이 자체에 있지 않다. 돈이 가치를 지니는 것은 그것이 좋은 것들을 얻는 도구로 기능하기 때문이다. 참인 믿음을 가지는 것이 유용한 경우가 많은 것은 사실이지만, 다른 것들을 얻기 위한 수단인 돈과 달리 참인 믿음은 그 자체로 가치가 있다. 그리고 행복 기계에 관한 우리의 태도는 이를 분명하게 보여준다.

다른 것에 대한 선호로는 설명될 수 없는 원초적인 선호를 '기초 선호'라고 부른다. 가령 신체의 고통을 피하려는 것은 기초 선호로 보인다. 참인 믿음은 어떤가? 만약 참인 믿음이 기초 선호의 대상이 아니라면, 참인 믿음과 거짓인 믿음이 실용적 손익에서 동등할 경우 전자를 후자보다 더 선호해야 할 이유는 없다. 여기서 확인하게 되는 결론은, 참인 믿음이 기초 선호의 대상이라는 것이다. 그렇지 않다면, 사람들이 행복 기계에 들어가 행복한 거짓 믿음 속에 사는 편을 택하지 않을 이유가 없을 것이다.

① 대부분의 사람이 행복 기계에 들어가는 편을 택할 경우, 논지는 강화된다.
② 행복 기계가 현실에 존재하지 않는다는 사실이 논지를 약화하지는 않는다.
③ 치료를 위해 신체의 고통을 기꺼이 견디는 사람들이 있다고 해도 논지는 약화되지 않는다.
④ 행복 기계에 들어가지 않는 유일한 이유가 참과 무관한 실용적 이익임이 확인될 경우, 논지는 약화된다.
⑤ 실용적 이익이 없음에도 불구하고 우리가 수학적 참인 정리를 믿는 것을 선호한다는 사실은 논지를 강화한다.

8. 다음 글에 대한 분석으로 적절하지 않은 것은?

공포영화에 자주 등장하는 좀비는 철학에서도 자주 논의된다. 철학적 논의에서 좀비는 '의식을 갖지는 않지만 겉으로 드러나는 행동에서는 인간과 구별되지 않는 존재'로 정의된다. 이를 '철학적 좀비'라고 하자. ㉠인간은 고통을 느끼지만, 철학적 좀비는 고통을 느끼지 못한다. 즉 고통에 대한 의식을 가질 수 없는 존재라는 것이다. 그러나 ㉡철학적 좀비도 압정을 밟으면 인간과 마찬가지로 비명을 지르며 상처 부위를 부여잡을 것이다. 즉 행동 성향에서는 인간과 차이가 없다. 그렇기 때문에 겉으로 드러나는 모습만으로는 철학적 좀비와 인간을 구별할 수 없다. 그러나 ㉢인간과 철학적 좀비는 동일한 존재가 아니다. ㉣인간이 철학적 좀비와 동일한 존재라면, 인간도 고통을 느끼지 못하는 존재여야 한다.

물론 철학적 좀비는 상상의 산물이다. 그러나 우리가 철학적 좀비를 모순 없이 상상할 수 있다는 사실은 마음에 관한 이론인 행동주의에 문제가 있다는 점을 보여준다. 행동주의는 마음을 행동 성향과 동일시하는 입장이다. 이에 따르면, ㉤마음은 특정 자극에 따라 이러저러한 행동을 하려는 성향이다. ㉥행동주의가 옳다면, 인간이 철학적 좀비와 동일한 존재라는 점을 인정할 수밖에 없다. 그러나 인간과 달리 철학적 좀비는 마음이 없어서 어떤 의식도 가질 수 없는 존재다. 따라서 ㉦행동주의는 옳지 않다.

① ㉠과 ㉡은 동시에 참일 수 있다.
② ㉠과 ㉣이 모두 참이면, ㉢도 반드시 참이다.
③ ㉡과 ㉥이 모두 참이면, ㉤도 반드시 참이다.
④ ㉢과 ㉥이 모두 참이면, ㉦도 반드시 참이다.
⑤ ㉤과 ㉦은 동시에 거짓일 수 없다.

9. 다음 글의 내용이 참일 때, 참인지 거짓인지 알 수 있는 것만을 <보기>에서 모두 고르면?

> 머신러닝은 컴퓨터 공학에서 최근 주목 받고 있는 분야이다. 이 중 샤펠식 과정은 성공적인 적용 사례들로 인해 우리에게 많이 알려진 학습 방법이다. 머신러닝의 사례 가운데 샤펠식 과정에 해당하면서 의사결정트리 방식을 따르지 않는 경우는 없다.
>
> 머신러닝은 지도학습과 비지도학습이라는 두 배타적 유형으로 나눌 수 있고, 모든 머신러닝의 사례는 이 두 유형 중 어디엔가 속한다. 샤펠식 과정은 모두 전자에 속한다. 머신러닝에서 새로 떠오르는 방법은 강화학습인데, 강화학습을 활용하는 모든 경우는 후자에 속한다. 그리고 의사결정트리 방식을 적용한 사례들 가운데 강화학습을 활용하는 머신러닝의 사례도 있다.

<보 기>

ㄱ. 의사결정트리 방식을 적용한 모든 사례는 지도학습의 사례이다.
ㄴ. 샤펠식 과정의 적용 사례가 아니면서 의사결정트리 방식을 적용한 경우가 존재한다.
ㄷ. 강화학습을 활용하는 머신러닝 사례들 가운데 의사결정트리 방식이 적용되지 않은 경우는 없다.

① ㄴ
② ㄷ
③ ㄱ, ㄴ
④ ㄱ, ㄷ
⑤ ㄱ, ㄴ, ㄷ

10. 다음 글의 내용이 참일 때, 반드시 참인 것만을 <보기>에서 모두 고르면?

> 전통문화 활성화 정책의 일환으로 일부 도시를 선정하여 문화관광특구로 지정할 예정이다. 특구 지정 신청을 받아본 결과, A, B, C, D, 네 개의 도시가 신청하였다. 선정과 관련하여 다음 사실이 밝혀졌다.
>
> ○ A가 선정되면 B도 선정된다.
> ○ B와 C가 모두 선정되는 것은 아니다.
> ○ B와 D 중 적어도 한 도시는 선정된다.
> ○ C가 선정되지 않으면 B도 선정되지 않는다.

<보 기>

ㄱ. A와 B 가운데 적어도 한 도시는 선정되지 않는다.
ㄴ. B도 선정되지 않고 C도 선정되지 않는다.
ㄷ. D는 선정된다.

① ㄱ
② ㄴ
③ ㄱ, ㄷ
④ ㄴ, ㄷ
⑤ ㄱ, ㄴ, ㄷ

11. 다음 글의 내용과 부합하지 않는 것은?

기원전 3천 년쯤 처음 나타난 원시 수메르어 문자 체계는 두 종류의 기호를 사용했다. 한 종류는 숫자를 나타냈고, 1, 10, 60 등에 해당하는 기호가 있었다. 다른 종류의 기호는 사람, 동물, 사유물, 토지 등을 나타냈다. 두 종류의 기호를 사용하여 수메르인들은 많은 정보를 보존할 수 있었다.

이 시기의 수메르어 기록은 사물과 숫자에 한정되었다. 쓰기는 시간과 노고를 요구하는 일이었고, 기호를 읽고 쓸 줄 아는 사람은 얼마 되지 않았다. 이런 고비용의 기호를 장부 기록 이외의 일에 활용할 이유가 없었다. 현존하는 원시 수메르어 문서 가운데 예외는 하나뿐이고, 그 내용은 기록하는 일을 맡게 된 견습생이 교육을 받으면서 반복해서 썼던 단어들이다. 지루해진 견습생이 자기 마음을 표현하는 시를 적고 싶었더라도 그는 그렇게 할 수 없었다. 원시 수메르어 문자 체계는 완전한 문자 체계가 아니었기 때문이다. 완전한 문자 체계란 구어의 범위를 포괄하는 기호 체계, 즉 시를 포함하여 사람들이 말하는 것은 무엇이든 표현할 수 있는 체계이다. 반면에 불완전한 문자 체계는 인간 행동의 제한된 영역에 속하는 특정한 종류의 정보만 표현할 수 있는 기호 체계다. 라틴어, 고대 이집트 상형문자, 브라유 점자는 완전한 문자 체계이다. 이것들로는 상거래를 기록하고, 상법을 명문화하고, 역사책을 쓰고, 연애시를 쓸 수 있다. 이와 달리 원시 수메르어 문자 체계는 수학의 언어나 음악 기호처럼 불완전했다. 그러나 수메르인들은 불편함을 느끼지 않았다. 그들이 문자를 만들어 쓴 이유는 구어를 고스란히 베끼기 위해서가 아니라 거래 기록의 보존처럼 구어로는 하지 못할 일을 하기 위해서였기 때문이다.

① 원시 수메르어 문자 체계는 구어를 보완하는 도구였다.
② 원시 수메르어 문자 체계는 감정을 표현하는 일에 적합하지 않았다.
③ 원시 수메르어 문자를 당시 모든 구성원이 사용할 줄 아는 것은 아니었다.
④ 원시 수메르어 문자는 사물과 숫자를 나타내는 데 상이한 종류의 기호를 사용하였다.
⑤ 원시 수메르어 문자와 마찬가지로 고대 이집트 상형문자는 구어의 범위를 포괄하지 못했다.

12. 다음 글에서 알 수 있는 것은?

조선 왕조가 개창될 당시에는 승려에게 군역을 부과하지 않는 것이 상례였는데, 이를 노리고 승려가 되어 군역을 피하는 자가 많았다. 태조 이성계는 이를 막기 위해 국왕이 되자마자 앞으로 승려가 되려는 자는 빠짐없이 일종의 승려 신분증인 도첩을 발급 받으라고 명했다. 그는 도첩을 받은 자만 승려가 될 수 있으며 도첩을 신청할 때는 반드시 면포 150필을 내야 한다는 규정을 공포했다. 그런데 평범한 사람이 면포 150필을 마련하기란 쉽지 않았다. 이 때문에 도첩을 위조해 승려 행세하는 자들이 생겨났다.

태종은 이 문제를 해결하고자 즉위한 지 16년째 되는 해에 담당 관청으로 하여금 도첩을 위조해 승려 행세하는 자를 색출하게 했다. 이처럼 엄한 대응책 탓에 도첩을 위조해 승려 행세하는 사람은 크게 줄어들었다. 하지만 정식으로 도첩을 받은 후 승려 명부에 이름만 올려놓고 실제로는 승려 생활을 하지 않는 부자가 많은 것이 드러났다. 이런 자들은 불교 지식도 갖추지 않은 것으로 나타났다. 태종과 태종의 뒤를 이은 세종은 태조가 세운 방침을 준수할 뿐 이 문제에 대해 특별한 대책을 내놓지 않았다.

세조는 이 문제를 해결하기 위해 즉위하자마자 담당 관청에 대책을 세우라고 명했다. 그는 수 년 후 담당 관청이 작성한 방안을 바탕으로 새 규정을 시행하였다. 이 방침에는 도첩을 신청한 자가 내야 할 면포 수량을 30필로 낮추되 불교 경전인 심경, 금강경, 살달타를 암송하는 자에게만 도첩을 준다는 내용이 있었다. 세조의 뒤를 이은 예종은 규정을 고쳐 도첩 신청자가 납부해야 할 면포 수량을 20필 더 늘리고, 암송할 불경에 법화경을 추가하였다. 이처럼 기준이 강화되자 도첩 신청자 수가 줄어들었다. 이에 성종 때에는 세조가 정한 규정으로 돌아가자는 주장이 나왔다. 하지만 성종은 이를 거부하고, 예종 때 만들어진 규정을 그대로 유지했다.

① 태종은 도첩을 위조해 승려가 된 자를 색출한 후 면포 30필을 내게 했다.
② 태조는 자신이 국왕이 되기 전부터 승려였던 자들에게 면포 150필을 일괄적으로 거두어들였다.
③ 세조가 즉위한 해부터 심경, 금강경, 살달타를 암송한 자에게만 도첩을 발급한다는 규정이 시행되었다.
④ 성종은 법화경을 암송할 수 있다는 사실을 인정받은 자가 면포 20필을 납부할 때에만 도첩을 내주게 했다.
⑤ 세종 때 도첩 신청자가 내도록 규정된 면포 수량은 예종 때 도첩 신청자가 내도록 규정된 면포 수량보다 많았다.

13. 다음 글에서 알 수 있는 것은?

> 대부분의 미국 경찰관은 총격 사건을 경험하지 않고 은퇴하지만, 그럼에도 매년 약 600명이 총에 맞아 사망하고, 약 200명은 부상당한다. 미국에서 총격 사건 중 총기 발사 경험이 있는 경찰관 대부분이 심리적 문제를 보인다.
>
> 총격 사건을 겪은 경찰관을 조사한 결과, 총격 사건이 일어나는 동안 발생하는 중요한 심리현상 중의 하나가 시간·시각·청각왜곡을 포함하는 지각왜곡이었다. 83%의 경찰관이 총격이 오가는 동안 시간왜곡을 경험했는데, 그들 대부분은 한 시점에서 시간이 감속하여 모든 것이 느려진다고 느꼈다. 또한 56%가 시각왜곡을, 63%가 청각왜곡을 겪었다. 시각왜곡 중에서 가장 빈번한 증상은 한 가지 물체에만 주의가 집중되고 그 밖의 장면은 무시되는 것이다. 청각왜곡은 권총 소리, 고함 소리, 지시 사항 등의 소리를 제대로 듣지 못하는 것이다.
>
> 총격 사건에서 총기를 발사한 경찰관은 사건 후 수많은 심리증상을 경험한다. 가장 일반적인 심리증상은 높은 위험 지각, 분노, 불면, 고립감 등인데, 이러한 반응은 특히 총격 피해자 사망 시에 잘 나타난다. 총격 사건을 겪은 경찰관은 이전에 생각했던 것보다 자신의 직업이 더욱 위험하다고 지각하게 된다. 그들은 총격 피해자, 부서, 동료, 또는 사회에 분노를 느끼기도 하는데, 이는 자신을 누군가에게 총을 쏴야만 하는 상황으로 몰아넣었다는 생각 때문에 발생한다. 이러한 심리증상은 그 정도에서 큰 차이를 보였다. 37%의 경찰관은 심리증상이 경미했고, 35%는 중간 정도이며, 28%는 심각했다. 이러한 심리증상의 정도는 총격 사건이 발생한 상황에서 경찰관 자신의 총기 사용이 얼마나 정당했는가와 반비례하는 것으로 보인다. 수적으로 열세인 것, 권총으로 강력한 자동화기를 상대해야 하는 것 등의 요소가 총기 사용의 정당성을 높여준다.

① 총격 사건 중에 경험하는 지각왜곡 중에서 청각왜곡이 가장 빈번하게 나타난다.
② 전체 미국 경찰관 중 총격 사건을 경험하는 사람이 경험하지 않는 사람보다 많다.
③ 총격 피해자가 사망했을 경우 경찰관이 경험하는 청각왜곡은 그렇지 않은 경우보다 심각할 것이다.
④ 총격 사건 후 경찰관이 느끼는 높은 위험 지각, 분노 등의 심리증상은 지각왜곡의 정도에 의해 영향을 받는다.
⑤ 범죄자가 경찰관보다 강력한 무기로 무장했을 경우 경찰관이 총격 사건 후 경험하는 심리증상은 반대의 경우보다 약할 것이다.

14. 다음 글에서 알 수 있는 것은?

> 탁주는 혼탁한 술이다. 탁주는 알코올 농도가 낮고, 맑지 않아 맛이 텁텁하다. 반면 청주는 탁주에 비해 알코올 농도가 높고 맑은 술이다. 그러나 얼마만큼 맑아야 청주이고 얼마나 흐려야 탁주인가 하는 질문에는 명쾌하게 답을 내리기가 쉽지 않다. 탁주의 정의 자체에 혼탁이라는 다소 불분명한 용어가 쓰이기 때문이다. 과학적이라고 볼 수는 없지만, 투명한 병에 술을 담고 그 병 뒤에 작은 물체를 두었을 경우 그 물체가 희미하게 보이거나 아예 보이지 않으면 탁주라고 부른다. 술을 담은 병 뒤에 둔 작은 물체가 희미하게 보일 때 이 술의 탁도는 350ebc 정도이다. 청주의 탁도는 18ebc 이하이며, 탁주 중에 막걸리는 탁도가 1,500ebc 이상인 술이다.
>
> 막걸리를 만들기 위해서는 찹쌀, 보리, 밀가루 등을 시루에 쪄서 만든 지에밥이 필요하다. 적당히 말린 지에밥에 누룩, 효모와 물을 섞어 술독에 넣고 나서 며칠 지나면 막걸리가 만들어진다. 술독에서는 미생물에 의한 당화과정과 발효과정이 거의 동시에 일어나며, 이 두 과정을 통해 지에밥의 녹말이 알코올로 바뀌게 된다. 효모가 녹말을 바로 분해하지 못하므로, 지에밥에 들어있는 녹말을 엿당이나 포도당으로 분해하는 당화과정에서는 누룩곰팡이가 중요한 역할을 한다. 누룩곰팡이가 갖고 있는 아밀라아제는 녹말을 잘게 잘라 엿당이나 포도당으로 분해한다. 이 당화과정에서 만들어진 엿당이나 포도당을 효모가 알코올로 분해하는 과정을 발효과정이라 한다. 당화과정과 발효과정 중에 나오는 에너지로 인하여 열이 발생하게 되며, 이 열로 술독 내부의 온도인 품온(品溫)이 높아진다. 품온은 막걸리의 질과 풍미를 결정하기에 적정 품온이 유지되도록 술독을 관리해야 하는데, 일반적인 적정 품온은 23~28℃이다.

※ ebc: 유럽양조협회에서 정한 탁도의 단위

① 청주와 막걸리의 탁도는 다르지만 알코올 농도는 같다.
② 지에밥의 녹말이 알코올로 변하면서 발생하는 열이 품온을 높인다.
③ 누룩곰팡이가 지닌 아밀라아제는 엿당이나 포도당을 알코올로 분해한다.
④ 술독에 넣는 효모의 양을 조절하면 청주와 막걸리를 구분하여 만들 수 있다.
⑤ 막걸리를 만들 때, 술독 안의 당화과정은 발효과정이 완료된 이후에 시작된다.

15. 다음 글에서 추론할 수 있는 것만을 <보기>에서 모두 고르면?

생산자가 어떤 자원을 투입물로 사용해서 어떤 제품이나 서비스 등의 산출물을 만드는 생산과정을 생각하자. 산출물의 가치에서 생산하는 데 소요된 모든 비용을 뺀 것이 '순생산가치'이다. 생산자가 생산과정에서 투입물 1단위를 추가할 때 순생산가치의 증가분이 '한계순생산가치'이다. 경제학자 P는 이를 ⓐ '사적(私的) 한계순생산가치'와 ⓑ '사회적 한계순생산가치'로 구분했다.

사적 한계순생산가치란 한 기업이 생산과정에서 투입물 1단위를 추가할 때 그 기업에 직접 발생하는 순생산가치의 증가분이다. 사회적 한계순생산가치란 한 기업이 투입물 1단위를 추가할 때 발생하는 사적 한계순생산가치에 그 생산에 의해 부가적으로 발생하는 사회적 비용을 빼고 편익을 더한 것이다. 여기서 이 생산과정에서 부가적으로 발생하는 사회적 비용이나 편익에는 그 기업의 사적 한계순생산가치가 포함되지 않는다.

<보 기>

ㄱ. ⓐ의 크기는 기업의 생산이 사회에 부가적인 편익을 발생시키는지의 여부와 무관하게 결정된다.
ㄴ. 어떤 기업이 투입물 1단위를 추가할 때 사회에 발생하는 부가적인 편익이나 비용이 없는 경우, 이 기업이 야기하는 ⓐ와 ⓑ의 크기는 같다.
ㄷ. 기업 A와 기업 B가 동일한 투입물 1단위를 추가했을 때 각 기업에 의해 사회에 부가적으로 발생하는 비용이 같을 경우, 두 기업이 야기하는 ⓑ의 크기는 같다.

① ㄱ
② ㄷ
③ ㄱ, ㄴ
④ ㄴ, ㄷ
⑤ ㄱ, ㄴ, ㄷ

16. 다음 글의 ⓐ와 ⓑ에 들어가기에 적절한 것을 <보기>에서 골라 알맞게 짝지은 것은?

귀납주의란 과학적 탐구 방법의 핵심이 귀납이라는 입장이다. 즉, 과학적 이론은 귀납을 통해 만들어지고, 그 정당화 역시 귀납을 통해 이루어진다는 것이다. 그러나 실제 과학의 역사를 고려하면 귀납주의는 문제에 처하게 된다. 이러한 문제 상황은 다음과 같은 타당한 논증을 통해 제시될 수 있다.

만약 귀납이 과학의 역사에서 사용된 경우가 드물다면, 과학의 역사는 바람직한 방향으로 발전하지 않았거나 또는 귀납주의는 실제로 행해진 과학적 탐구 방법의 특징을 드러내는 데 실패했다고 보아야 한다. 과학의 역사가 바람직한 방향으로 발전하지 않았다면, 귀납주의에서는 수많은 과학적 지식을 정당화되지 않은 것으로 간주해야 한다. 그리고 귀납주의가 실제로 행해진 과학적 탐구 방법의 특징을 드러내는 데 실패했다면, 귀납주의는 과학적 탐구 방법에 대한 잘못된 이론이다. 그런데 우리는 과학의 역사가 바람직한 방향으로 발전하지 않았거나, 귀납주의가 실제로 행해진 과학적 탐구 방법의 특징을 드러내는 데 실패했다고 보아야 한다. 그 이유는 [ⓐ]는 것이다. 그리고 이로부터 우리는 다음 결론을 도출하게 된다. [ⓑ].

<보 기>

ㄱ. 과학의 역사에서 귀납이 사용된 경우는 드물다
ㄴ. 과학의 역사에서 귀납 외에도 다양한 방법들이 사용되었다
ㄷ. 귀납주의는 과학적 탐구 방법에 대한 잘못된 이론이고, 귀납주의에서는 수많은 과학적 지식을 정당화되지 않은 것으로 간주해야 한다
ㄹ. 귀납주의가 과학적 탐구 방법에 대한 잘못된 이론이라면, 귀납주의에서는 수많은 과학적 지식을 정당화되지 않은 것으로 간주해야 한다
ㅁ. 귀납주의가 과학적 탐구 방법에 대한 잘못된 이론이 아니라면, 귀납주의에서는 수많은 과학적 지식을 정당화되지 않은 것으로 간주해야 한다

	ⓐ	ⓑ
①	ㄱ	ㄷ
②	ㄱ	ㄹ
③	ㄱ	ㅁ
④	ㄴ	ㄹ
⑤	ㄴ	ㅁ

17. 다음 글의 ㉠에 대한 비판으로 가장 적절한 것은?

> "프랑스 수도가 어디지?"라는 가영의 물음에 나정이 "프랑스 수도는 로마지."라고 대답했다고 하자. 나정이 가영에게 제공한 것을 정보라고 할 수 있을까? 정보의 일반적 정의는 '올바른 문법 형식을 갖추어 의미를 갖는 자료'다. 이 정의에 따르면 나정의 대답은 정보를 담고 있다. 다음 진술은 이런 관점을 대변하는 진리 중립성 논제를 표현한다. "정보를 준다는 것이 반드시 그 내용이 참이라는 것을 의미하지는 않는다." 이 논제의 관점에서 보자면, 올바른 문법 형식을 갖추어 의미를 해석할 수 있는 자료는 모두 정보의 자격을 갖는다. 그 내용이 어떤 사태를 표상하든, 참을 말하든, 거짓을 말하든 상관없다.
>
> 그러나 이 조건만으로는 불충분하다는 지적이 있다. 철학자 플로리디는 전달된 자료를 정보라고 하려면 그 내용이 참이어야 한다고 주장한다. 즉, 정보란 올바른 문법 형식을 갖춘, 의미 있고 참인 자료라는 것이다. 이를 ㉠진리성 논제라고 한다. 그라이스는 이렇게 말한다. "거짓 '정보'는 저급한 종류의 정보가 아니다. 그것은 아예 정보가 아니기 때문이다." 이 점에서 그 역시 이 논제를 받아들이고 있다.
>
> 이런 논쟁은 용어법에 관한 시시한 언쟁처럼 보일 수도 있지만, 두 진영 간에는 정보 개념이 어떤 역할을 해야 하는가에 대한 근본적인 견해 차이가 있다. 진리성 논제를 비판하는 사람들은 틀린 '정보'도 정보로 인정되어야 한다고 말한다. 자료의 내용이 그것을 이해하는 주체의 인지 행위에서 분명한 역할을 수행한다는 이유에서다. '프랑스 수도가 로마'라는 말을 토대로 가영은 이런저런 행동을 할 수 있다. 가령, 프랑스어를 배우기 위해 로마로 떠날 수도 있고, 프랑스 수도를 묻는 퀴즈에서 오답을 낼 수도 있다. 거짓인 자료는 정보가 아니라고 볼 경우, '정보'라는 말이 적절하게 사용되는 사례들의 범위를 부당하게 제한하는 꼴이 된다.

① '정보'라는 표현이 일상적으로 사용되는 사례가 모두 적절한 것은 아니다.
② 올바른 문법 형식을 갖추지 못한 자료는 정보라는 지위에 도달할 수 없다.
③ 사실과 다른 내용의 자료를 숙지하고 있는 사람은 정보를 안다고 볼 수 없다.
④ 내용이 거짓인 자료를 토대로 행동을 하는 사람은 자신이 의도한 결과에 도달할 수 없다.
⑤ 거짓으로 밝혀질 자료도 그것을 믿는 사람의 인지 행위에서 분명한 역할을 한다면 정보라고 볼 수 있다.

18. 다음 글의 논증을 약화하는 것만을 <보기>에서 모두 고르면?

> 인간 본성은 기나긴 진화 과정의 결과로 생긴 복잡한 전체다. 여기서 '복잡한 전체'란 그 전체가 단순한 부분들의 합보다 더 크다는 의미이다. 인간을 인간답게 만드는 것, 즉 인간에게 존엄성을 부여하는 것은 인간이 갖고 있는 개별적인 요소들이 아니라 이것들이 모여 만들어내는 복잡한 전체이다. 또한 인간 본성이라는 복잡한 전체를 구성하고 있는 하부 체계들은 상호 간에 극단적으로 밀접하게 연관되어 있다. 따라서 그중 일부라도 인위적으로 변경하면, 이는 불가피하게 전체의 통일성을 무너지게 한다. 이 때문에 과학기술을 이용해 인간 본성을 인위적으로 변경하여 지금의 인간을 보다 향상된 인간으로 만들려는 시도는 금지되어야 한다. 이런 시도를 하는 사람들은 인간이 가져야 할 훌륭함이 무엇인지 스스로 잘 안다고 생각하며, 거기에 부합하지 않는 특성들을 선택해 이를 개선하고자 한다. 그러나 인간 본성의 '좋은' 특성은 '나쁜' 특성과 밀접하게 연결되어 있기 때문에, 후자를 개선하려는 시도는 전자에 대해서도 영향을 미칠 수밖에 없다. 예를 들어, 우리가 질투심을 느끼지 못한다면 사랑 또한 느끼지 못하게 된다는 것이다. 사랑을 느끼지 못하는 인간들이 살아가는 사회에서 어떤 불행이 펼쳐질지 우리는 가늠조차 할 수 없다. 즉 인간 본성을 선별적으로 개선하려 들면, 복잡한 전체를 무너뜨리는 위험성이 불가피하게 발생하게 된다. 따라서 우리는 인간 본성을 구성하는 어떠한 특성에 대해서도 그것을 인위적으로 개선하려는 시도에 반대해야 한다.

<보 기>

ㄱ. 인간 본성은 인간이 갖는 도덕적 지위와 존엄성의 궁극적 근거이다.
ㄴ. 모든 인간은 자신을 포함하여 인간 본성을 지닌 모든 존재가 지금의 상태보다 더 훌륭하게 되길 희망한다.
ㄷ. 인간 본성의 하부 체계는 상호 분리된 모듈들로 구성되어 있기 때문에 인간 본성의 특정 부분을 인위적으로 변경하더라도 그 변화는 모듈 내로 제한된다.

① ㄱ
② ㄷ
③ ㄱ, ㄴ
④ ㄴ, ㄷ
⑤ ㄱ, ㄴ, ㄷ

19. 다음 글의 내용이 참일 때, 반드시 참인 것만을 <보기>에서 모두 고르면?

> 공군이 차기 전투기 도입에서 고려해야 하는 사항은 비행시간이 길어야 한다는 것, 정비시간이 짧아야 한다는 것, 폭탄 적재량이 많아야 한다는 것, 그리고 공대공 전투능력이 높아야 한다는 것, 이상 네 가지이다. 그리고 이 네 가지는 각각 그런 경우와 그런 경우의 반대 둘 중의 하나이며 그 중간은 없다.
>
> 전투기의 폭탄 적재량이 많거나 공대공 전투능력이 높다면, 정비시간은 길다. 반면에 비행시간이 길면 공대공 전투능력은 낮다. 공군은 네 가지 고려사항 중에서 최소한 두 가지 이상을 통과한 기종을 선정해야 한다. 그런데 공군은 위 고려사항 중에서 정비시간이 짧아야 한다는 조건만큼은 결코 포기할 수 없다는 입장이다. 따라서 정비시간이 짧아야 한다는 것은 차기 전투기로 선정되기 위한 필수적인 조건이다.
>
> 한편, 이번 전투기 도입 사업에 입찰한 업체들 중 하나인 A사는 비행시간이 길고 폭탄 적재량이 많은 기종을 제안했다. 언론에서는 A사의 기종이 선정될 것이라고 예측하였다. 이후 공군에서는 선정 조건에 맞게 네 고려사항 중 둘 이상을 통과한 기종의 전투기를 도입하였는데 그것이 A사의 기종이었는지는 아직 알려지지 않았다.

<보 기>

ㄱ. 언론의 예측은 옳았다.
ㄴ. 공군이 도입한 기종은 비행시간이 길다.
ㄷ. 입찰한 업체의 기종이 공대공 전투능력이 높다면, 그 기종은 비행시간이 짧다.

① ㄱ
② ㄴ
③ ㄱ, ㄷ
④ ㄴ, ㄷ
⑤ ㄱ, ㄴ, ㄷ

20. 다음 대화 내용이 참일 때, ㉠으로 적절한 것은?

> 서희: 우리 회사 전 직원을 대상으로 A, B, C 업무 중에서 자신이 선호하는 것을 모두 고르라는 설문 조사를 실시했는데, A와 B를 둘 다 선호한 사람은 없었어.
> 영민: 나도 그건 알고 있어. 그뿐만 아니라 C를 선호한 사람은 A를 선호하거나 B를 선호한다는 것도 이미 알고 있지.
> 서희: A는 선호하지 않지만 B는 선호하는 사람이 있다는 것도 이미 확인된 사실이야.
> 영민: 그럼, ㉠ 종범이 말한 것이 참이라면, B만 선호한 사람이 적어도 한 명 있겠군.

① A를 선호하는 사람은 모두 C를 선호한다.
② A를 선호하는 사람은 누구도 C를 선호하지 않는다.
③ B를 선호하는 사람은 모두 C를 선호한다.
④ B를 선호하는 사람은 누구도 C를 선호하지 않는다.
⑤ C를 선호하는 사람은 모두 B를 선호한다.

21. 다음 글에서 알 수 있는 것은?

무신 집권자 최우는 몽골이 침입하자 항복하고, 매년 공물을 보내기로 약속하였다. 그러나 그는 약속을 어기고, 강화도로 수도를 옮겼다. 이에 몽골은 살리타를 대장으로 삼아 두 번째로 침입하였다. 몽골군은 한동안 고려의 여러 지방을 공격하다가 살리타가 처인성에서 전사하자 퇴각하였다. 몽골은 이후 몇 차례 고려에 개경 복귀를 요구하였다. 당시 대신 중에는 이를 받아들이자고 주장하는 사람이 많았다. 하지만 최우는 몽골이 결국 자기의 권력을 빼앗을 것이라고 걱정해 이를 묵살하였다. 이에 몽골은 1235년에 세 번째로 침입하였다. 이때 최우는 강화도를 지키는 데 급급할 뿐 항전을 하지 않았다. 아무런 저항을 받지 않은 몽골군은 고려에 무려 4년 동안 머물며 전국을 유린하다가 철군하였다. 몽골은 이후 한동안 침입하지 않다가 1247년에 다시 침입해 약탈을 자행하다가 2년 후 돌아갔다. 그 직후에 최우가 죽고, 뒤를 이어 최항이 집권하였다.

몽골은 1253년에 예쿠라는 장수를 보내 또 침입해 왔다. 몽골군은 고려군의 저항을 쉽사리 물리치며 남하해 충주성까지 공격했다. 충주성의 천민들은 관군의 도움 없이 몽골군에 맞서 끝까지 성을 지켜냈다. 남하를 멈춘 몽골군이 개경 인근으로 되돌아온다는 소식을 들은 최항은 강화 협상에 나서기로 했으나 육지로 나오라는 요구는 묵살했다. 몽골은 군대를 일단 철수했다가 이듬해인 1254년에 잔인하기로 이름난 자랄타이로 하여금 다시 침입하게 했다. 그는 무려 20만 명을 포로로 잡아 그해 말 돌아갔다.

거듭된 전란에도 아랑곳하지 않고 강화도에서 권력을 휘두르던 최항은 집권한 지 9년 만에 죽었다. 그해에 자랄타이는 다시금 고려를 침입했는데, 최항의 뒤를 이은 최의가 집권 11개월 만에 김준, 유경에 의해 죽자 고려가 완전히 항복할 것이라 보고 군대를 모두 철수하였다. 실제로 고려 정부는 항복 의사를 전달했으며, 이로써 장기간 고려를 괴롭힌 전쟁은 끝날 수 있게 되었다.

① 몽골군은 최우가 집권한 이후 모두 다섯 차례 고려를 침입하였다.
② 자랄타이가 고려를 처음으로 침입하기 직전에 최의가 집권하였다.
③ 김준과 유경은 무신 집권자 최의를 죽이고 고려 국왕에게 권력을 되돌려 주었다.
④ 최항이 집권한 시기에 예쿠가 이끄는 몽골군은 충주성을 공격했으나 점령하지 못했다.
⑤ 고려를 침입한 살리타가 처인성에서 사망하자 최우는 개경에서 강화도로 수도를 옮겼다.

22. 다음 글의 ㉠과 ㉡에 대한 평가로 적절하지 않은 것은?

미국 수정헌법 제1조는 국가가 시민들에게 진리에 대한 권위주의적 시각을 강제하는 일을 금지함으로써 정부가 다양한 견해들에 중립적이어야 한다는 중립성 원칙을 명시하였다. 특히 표현에 관한 중립성 원칙은 지난 수십 년에 걸쳐 발전해 왔다. 이 발전 과정의 초기에 미국 연방대법원은 표현의 자유를 부르짖는 급진주의자들의 요구에 선동적 표현의 위험성을 근거로 내세우며 맞섰다. 1940~50년대에 연방대법원은 수정헌법 제1조가 보호하는 표현과 그렇지 않은 표현을 구분하는 ㉠ 이중기준론을 표방하면서, 수정헌법 제1조의 보호대상이 아닌 표현들이 있다고 판결했다. 추잡하고 음란한 말, 신성 모독적인 말, 인신공격이나 타인을 모욕하는 말, 즉 발언만으로도 누군가에게 해를 입히거나 사회의 양속을 해칠 말이 이에 포함되었다.

이중기준론의 비판자들은 연방대법원이 표현의 범주를 구분하는 과정에서 표현의 내용에 관한 가치 판단을 내림으로써 실제로 표현의 자유를 침해했다고 공격하였다. 1960~70년대를 거치며 연방대법원은 점차 비판자들의 견해를 수용했다. 1976년 연방대법원이 상업적 표현도 수정헌법 제1조의 보호범위에 포함된다고 판결한 데 이어, 인신 비방 발언과 음란성 표현 등도 표현의 자유에 포함되기에 이르렀다.

정부가 모든 표현에 대해 중립적이어야 한다는 원칙은 1970~80년대에 ㉡ 내용중립성 원칙을 통해 한층 더 또렷이 표명되었다. 내용중립성 원칙이란, 정부가 어떤 경우에도 표현되는 내용에 대한 평가에 근거하여 표현을 제한해서는 안 된다는 것이다. 다시 말해 정부는 표현되는 사상이나 주제나 내용을 이유로 표현을 제한할 수 없다. 이렇게 해석된 수정헌법 제1조에 따르면, 미국 정부는 특정 견해를 편들 수 없을 뿐만 아니라 어떤 문제가 공공의 영역에서 토론하거나 논쟁할 가치가 있는지 없는지 미리 판단하여 선택해서도 안 된다.

① 시민을 보호하기 위해 제한해야 할 만큼 저속한 표현의 기준을 정부가 정하는 것은 ㉠과 상충하지 않는다.
② 음란물이 저속하고 부도덕하다는 이유에서 음란물 유포를 금하는 법령은 ㉠과 상충한다.
③ 어떤 영화의 주제가 나치즘 찬미라는 이유에서 상영을 금하는 법령은 ㉡에 저촉된다.
④ 경쟁 기업을 비방하는 내용의 광고라는 이유로 광고의 방영을 금지하는 법령은 ㉡에 저촉된다.
⑤ 인신공격하는 표현으로 특정 정치인을 힐난하는 내용의 기획물이라는 이유로 TV 방송을 제재할 것인지에 관해 ㉠과 ㉡은 상반되게 답할 것이다.

23. 다음 글에서 알 수 없는 것은?

휴대전화를 뜻하는 '셀룰러폰'은 이동 통신 서비스에서 하나의 기지국이 담당하는 지역을 셀이라고 말한 것에서 유래하였다. 이동 통신은 주어진 총 주파수 대역폭을 다수의 사용자가 이용하므로 통화 채널당 할당된 주파수 대역을 재사용하는 기술이 무엇보다 중요하다. 이동 통신 회사들은 제한된 주파수 자원을 보다 효율적으로 사용하기 위하여 넓은 지역을 작은 셀로 나누고, 셀의 중심에 기지국을 만든다. 각 기지국마다 특정 주파수 대역을 사용해 서비스를 제공하는데, 일정 거리 이상 떨어진 기지국은 동일한 주파수 대역을 다시 사용함으로써 주파수 재사용률을 높인다. 예를 들면, 아래 그림은 특정 지역에 이동 통신 서비스를 제공하기 위하여 네 종류의 주파수 대역(F_1, F_2, F_3, F_4)을 사용하고 있다. 주파수 간섭 문제를 피하기 위해 인접한 셀들은 서로 다른 주파수 대역을 사용하지만, 인접하지 않은 셀에서는 이미 사용하고 있는 주파수 대역을 다시 사용하는 것을 볼 수 있다. 이렇게 셀을 구성하여 방대한 지역을 제한된 몇 개의 주파수 대역으로 서비스할 수 있다.

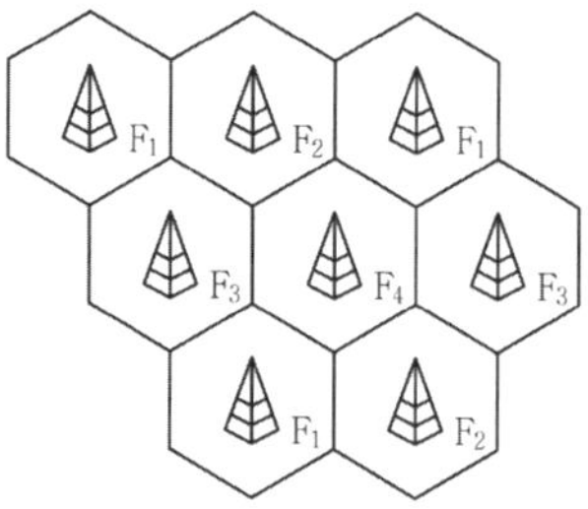

하나의 기지국이 감당할 수 있는 최대 통화량은 일정하다. 평지에서 기지국이 전파를 발사하면 전파의 장은 기지국을 중심으로 한 원 모양이지만, 서비스 지역에 셀을 배치하는 시스템 설계자는 해당 지역을 육각형의 셀로 디자인하여 중심에 기지국을 배치한다. 기지국의 전파 강도를 조절하여 셀의 반지름을 반으로 줄이면 면적은 약 1/4로 줄어들게 된다. 따라서 셀의 반지름을 반으로 줄일 경우 동일한 지역에는 셀의 수가 약 4배가 되고, 수용 가능한 통화량도 약 4배로 증가하게 된다. 이를 이용하여 시스템 설계자는 평소 통화량이 많은 곳은 셀의 반지름을 줄이고 통화량이 적은 곳은 셀의 반지름을 늘려 서비스 효율성을 높인다.

① 주파수 재사용률을 높이기 위해 기지국의 전파 강도를 높여 이동 통신 서비스를 제공한다.
② 제한된 수의 주파수 대역으로 넓은 지역에 이동 통신 서비스를 제공할 수 있다.
③ 인접 셀에서 같은 주파수 대역을 사용하면 주파수 간섭 문제가 발생할 수 있다.
④ 시스템 설계자는 서비스 지역의 통화량에 따라 셀의 반지름을 정한다.
⑤ 기지국 수를 늘리면 수용 가능한 통화량이 증가한다.

24. 다음 글에서 알 수 있는 것만을 <보기>에서 모두 고르면?

코페르니쿠스 체계에 대한 당대의 부정적 평가는, 일반적으로 그 당시 천문학자들이 가지고 있었던 비합리적인 종교적 편견에서 비롯되었다고 이해된다. 그러나 그들이 코페르니쿠스 체계를 거부한 데에는 나름 합리적인 이유가 있었다. 그들은 당대 최고의 천문학자였던 티코 브라헤가 코페르니쿠스 체계를 반증했다고 믿었기 때문이다.

티코 브라헤는, 코페르니쿠스 체계가 옳다면 공전 궤도상 서로 마주 보는 두 지점에서 한 별을 관찰했을 때 서로 다른 각도로 관찰된다는 점에 주목했다. 이처럼 지구가 공전 궤도에서 차지하는 상대적 위치에 따라 달라지는 별의 겉보기 각도 차이를 '연주시차'라고 한다. 티코 브라헤는 이 연주시차가 관찰되는지를 오랜 시간에 걸쳐 꼼꼼하게 조사했는데, 연주시차는 전혀 관찰되지 않았다. 티코 브라헤는 논리적 절차에 따라 코페르니쿠스 체계를 반증했다.

그러나 티코 브라헤의 반증은 후일 오류로 판명되었다. 현재 알려진 사실은 가장 가까운 별조차 연주시차가 너무 작아서 당시의 천문학 기술로는 누구도 연주시차를 관측할 수 없었다는 것이다. 이는 별이 태양계로부터 아주 멀리 떨어져 있다는 것을 의미한다. 흥미로운 점은 티코 브라헤가 자신이 관찰한 별이 너무 멀리 떨어져 있어서 당시의 관측 기술로는 연주시차가 관찰되지 않을 가능성을 고려했다는 사실이다. 그러나 티코 브라헤는 이런 가능성을 부정했다. 당시, 천체의 운동을 설명하는 유일한 이론은 아리스토텔레스의 자연학이었다. 그러나 연주시차가 관찰될 수 없을 만큼 별들이 멀리 떨어져 있다는 생각은 아리스토텔레스의 자연학과 양립할 수 없었다. 천체 운동에 대한 설명을 포기할 수 없었던 티코 브라헤는 결국 별이 그토록 멀리 떨어져 있다는 가능성을 부정할 수밖에 없었다.

<보 기>

ㄱ. 티코 브라헤는 기술적 한계 때문에 연주시차가 관찰되지 않았을 가능성을 당시 천체 운동을 설명하던 이론에 근거하여 부정하였다.
ㄴ. 티코 브라헤는 반증 과정에서 관찰 내용에 대한 최선의 이론적 설명이 아니라 종교적 편견에 따른 비합리적 설명을 선택함으로써 오류에 빠지게 되었다.
ㄷ. 티코 브라헤의 반증은, '코페르니쿠스 체계가 옳다면 연주시차가 관찰된다. 연주시차는 관찰되지 않았다. 따라서 코페르니쿠스 체계는 옳지 않다.'의 절차로 재구성할 수 있다.

① ㄱ
② ㄴ
③ ㄱ, ㄷ
④ ㄴ, ㄷ
⑤ ㄱ, ㄴ, ㄷ

25. 다음 글의 빈칸에 들어갈 내용으로 가장 적절한 것은?

> 노랑초파리에 있는 Ir75a 유전자는 시큼한 냄새가 나는 아세트산을 감지하는 후각수용체 단백질을 만들 수 있다. 하지만 세이셸 군도의 토착종인 세셸리아초파리는 Ir75a 유전자를 가지고 있지만 아세트산 냄새를 못 맡는다. 따라서 이 세셸리아초파리의 Ir75a 유전자는 해당 단백질을 만들지 못하는 '위유전자(pseudogene)'라고 여겨졌다. 세셸리아초파리는 노니의 열매만 먹고 살기 때문에 아세트산의 시큼한 냄새를 못 맡아도 별 문제가 없다. 그런데 스위스 로잔대 연구진은 세셸리아초파리가 땀 냄새가 연상되는 프로피온산 냄새를 맡을 수 있다는 사실을 발견했다.
>
> 이 발견이 중요한 이유는 [　　　　] 그렇다면 세셸리아초파리의 Ir75a 유전자도 후각수용체 단백질을 만든다는 것인데, 왜 세셸리아초파리는 아세트산 냄새를 못 맡을까? 세셸리아초파리와 노랑초파리의 Ir75a 유전자가 만드는 후각수용체 단백질의 아미노산 서열을 비교한 결과, 냄새 분자가 달라붙는 걸로 추정되는 부위에서 세 군데가 달랐다. 단백질의 구조가 바뀌어 감지할 수 있는 냄새 분자의 목록이 달라진 것이다. 즉 노랑초파리의 Ir75a 유전자가 만드는 후각수용체는 아세트산과 프로피온산에 반응하고, 세셸리아초파리의 이것은 프로피온산과 들쩍지근한 다소 불쾌한 냄새가 나는 부티르산에 반응한다.
>
> 흥미롭게도 세셸리아초파리의 주식인 노니의 열매는 익으면서 부티르산이 연상되는 냄새가 강해진다. 연구자들은 세셸리아초파리의 Ir75a 유전자는 위유전자가 아니라 노랑초파리와는 다른 기능을 하는 후각수용체 단백질을 만드는 유전자로 진화한 것이라 주장하며, 세셸리아초파리의 Ir75a 유전자를 '위 - 위유전자(pseudo-pseudogene)'라고 불렀다.

① 세셸리아초파리가 주로 먹는 노니의 열매는 프로피온산 냄새가 나지 않기 때문이다.
② 프로피온산 냄새를 담당하는 후각수용체 단백질은 Ir75a 유전자와 상관이 없기 때문이다.
③ 노랑초파리에서 프로피온산 냄새를 담당하는 후각수용체 유전자는 위유전자가 되었기 때문이다.
④ 세셸리아초파리와 노랑초파리에서 Ir75a 유전자가 만드는 후각수용체 단백질이 똑같기 때문이다.
⑤ 노랑초파리에서 프로피온산 냄새를 담당하는 후각수용체 단백질을 만드는 것이 Ir75a 유전자이기 때문이다.

약점 보완 해설집 p.138

상황판단영역

1. 다음 글을 근거로 판단할 때, <보기>에서 옳은 것만을 모두 고르면?

제00조 지방자치단체의 장은 행정재산에 대하여 그 목적 또는 용도에 장애가 되지 않는 범위에서 사용 또는 수익을 허가할 수 있다.
제00조 ① 행정재산의 사용·수익허가기간은 그 허가를 받은 날부터 5년 이내로 한다.
② 지방자치단체의 장은 허가기간이 끝나기 전에 사용·수익허가를 갱신할 수 있다.
③ 제2항에 따라 사용·수익허가를 갱신 받으려는 자는 사용·수익허가기간이 끝나기 1개월 전에 지방자치단체의 장에게 사용·수익허가의 갱신을 신청하여야 한다.
제00조 ① 지방자치단체의 장은 행정재산의 사용·수익을 허가하였을 때에는 매년 사용료를 징수한다.
② 지방자치단체의 장은 행정재산의 사용·수익을 허가할 때 다음 각 호의 어느 하나에 해당하면 제1항에도 불구하고 그 사용료를 면제할 수 있다.
  1. 국가나 다른 지방자치단체가 직접 해당 행정재산을 공용·공공용 또는 비영리 공익사업용으로 사용하려는 경우
  2. 천재지변이나 재난을 입은 지역주민에게 일정기간 사용·수익을 허가하는 경우
제00조 ① 지방자치단체의 장은 행정재산의 사용·수익허가를 받은 자가 다음 각 호의 어느 하나에 해당하면 그 허가를 취소할 수 있다.
  1. 지방자치단체의 장의 승인 없이 사용·수익의 허가를 받은 행정재산의 원상을 변경한 경우
  2. 해당 행정재산의 관리를 게을리하거나 그 사용 목적에 위배되게 사용한 경우
② 지방자치단체의 장은 사용·수익을 허가한 행정재산을 국가나 지방자치단체가 직접 공용 또는 공공용으로 사용하기 위하여 필요로 하게 된 경우에는 그 허가를 취소할 수 있다.
③ 제2항의 경우에 그 취소로 인하여 해당 허가를 받은 자에게 손실이 발생한 경우에는 이를 보상한다.

<보 기>

ㄱ. A시의 장은 A시의 행정재산에 대하여 B기업에게 사용허가를 했더라도 국가가 그 행정재산을 직접 공용으로 사용하기 위해 필요로 하게 된 경우, 그 허가를 취소할 수 있다.
ㄴ. C시의 행정재산에 대하여 C시의 장이 천재지변으로 주택을 잃은 지역주민에게 임시 거처로 사용하도록 허가한 경우, C시의 장은 그 사용료를 면제할 수 있다.
ㄷ. D시의 행정재산에 대하여 사용허가를 받은 E기업이 사용 목적에 위배되게 사용한다는 이유로 허가가 취소되었다면, D시의 장은 E기업의 손실을 보상하여야 한다.
ㄹ. 2014년 3월 1일에 5년 기한으로 F시의 행정재산에 대하여 수익허가를 받은 G가 허가 갱신을 받으려면, 2019년 2월 28일까지 허가 갱신을 신청하여야 한다.

① ㄱ, ㄴ ② ㄴ, ㄷ ③ ㄷ, ㄹ
④ ㄱ, ㄴ, ㄹ ⑤ ㄴ, ㄷ, ㄹ

2. 다음 글과 <상황>을 근거로 판단할 때 옳은 것은?

제00조 이 법에서 사용하는 용어의 뜻은 다음과 같다.
  1. '자연장(自然葬)'이란 화장한 유골의 골분(骨粉)을 수목·화초·잔디 등의 밑이나 주변에 묻어 장사하는 것을 말한다.
  2. '개장(改葬)'이란 매장한 시신이나 유골을 다른 분묘에 옮기거나 화장 또는 자연장하는 것을 말한다.
제00조 ① 사망한 때부터 24시간이 지난 후가 아니면 매장 또는 화장을 하지 못한다.
② 누구든지 허가를 받은 공설묘지, 공설자연장지, 사설묘지 및 사설자연장지 외의 구역에 매장하여서는 안 된다.
제00조 ① 매장(단, 자연장 제외)을 한 자는 매장 후 30일 이내에 매장지를 관할하는 시장·군수·구청장(이하 '시장 등'이라 한다)에게 신고하여야 한다.
② 화장을 하려는 자는 화장시설을 관할하는 시장 등에게 신고하여야 한다.
③ 개장을 하려는 자는 다음 각 호의 구분에 따라 시신 또는 유골의 현존지(現存地) 또는 개장지(改葬地)를 관할하는 시장 등에게 각각 신고하여야 한다.
  1. 매장한 시신 또는 유골을 다른 분묘로 옮기거나 화장하는 경우: 시신 또는 유골의 현존지와 개장지
  2. 매장한 시신 또는 유골을 자연장하는 경우: 시신 또는 유골의 현존지
제00조 ① 국가, 시·도지사 또는 시장 등이 아닌 자는 가족묘지, 종중·문중묘지 등을 설치·관리할 수 있다.
② 제1항의 묘지를 설치·관리하려는 자는 해당 묘지 소재지를 관할하는 시장 등의 허가를 받아야 한다.

<상 황>

甲은 90세의 나이로 2019년 7월 10일 아침 7시 A시에서 사망하였다. 이에 甲의 자녀는 이미 사망한 甲의 배우자 乙의 묘지(B시 소재 공설묘지)에서 유골을 옮겨 가족묘지를 만드는 것을 포함하여 장례에 대하여 논의하였다.

① 甲을 2019년 7월 10일 매장할 수 있다.
② 甲을 C시 소재 화장시설에서 화장하려는 경우, 그 시설을 관할하는 C시의 장에게 신고하여야 한다.
③ 甲의 자녀가 가족묘지를 설치·관리하려는 경우, 그 소재지의 관할 시장 등에게 신고하여야 한다.
④ 甲의 유골의 골분을 자연장한 경우, 자연장지 소재지의 관할 시장에게 2019년 8월 10일까지는 허가를 받아야 한다.
⑤ 乙의 유골을 甲과 함께 D시 소재 공설묘지에 합장하려는 경우, B시의 장과 D시의 장의 허가를 각각 받아야 한다.

3. 다음 글과 <상황>을 근거로 판단할 때, 甲이 납부해야 할 수수료를 옳게 짝지은 것은?

특허에 관한 절차를 밟는 사람은 다음 각 호의 수수료를 내야 한다.

1. 특허출원료
   가. 특허출원을 국어로 작성된 전자문서로 제출하는 경우: 매건 46,000원. 다만 전자문서를 특허청에서 제공하지 아니한 소프트웨어로 작성하여 제출한 경우에는 매건 56,000원으로 한다.
   나. 특허출원을 국어로 작성된 서면으로 제출하는 경우: 매건 66,000원에 서면이 20면을 초과하는 경우 초과하는 1면마다 1,000원을 가산한 금액
   다. 특허출원을 외국어로 작성된 전자문서로 제출하는 경우: 매건 73,000원
   라. 특허출원을 외국어로 작성된 서면으로 제출하는 경우: 매건 93,000원에 서면이 20면을 초과하는 경우 초과하는 1면마다 1,000원을 가산한 금액
2. 특허심사청구료: 매건 143,000원에 청구범위의 1항마다 44,000원을 가산한 금액

<상 황>

甲은 청구범위가 3개 항으로 구성된 총 27면의 서면을 작성하여 1건의 특허출원을 하면서, 이에 대한 특허심사도 함께 청구한다.

	국어로 작성한 경우	외국어로 작성한 경우
①	66,000원	275,000원
②	73,000원	343,000원
③	348,000원	343,000원
④	348,000원	375,000원
⑤	349,000원	375,000원

4. 다음 글을 근거로 판단할 때 옳지 않은 것은?

조선시대 임금에게 올리는 진지상을 수라상이라 하였다. 수라는 올리는 시간 순서에 따라 각각 조(朝)수라, 주(晝)수라, 석(夕)수라로 구분되고, 조수라 전에 밥 대신 죽을 주식으로 올리는 죽(粥)수라도 있었다. 수라상은 두 개의 상, 즉 원(元)반과 협(狹)반에 차려졌다.

수라 전후에 반과(盤果)상이나 미음(米飮)상이 차려지기도 했는데, 반과상은 올리는 시간 순서에 따라 조다(早茶), 주다(晝茶), 만다(晚茶), 야다(夜茶) 등을 앞에 붙여서 달리 불렀다. 반과상은 국수를 주식으로 하고, 찬과 후식류를 자기(磁器)에 담아 한 상에 차렸다. 미음상은 미음을 주식으로 하고, 육류 음식인 고음(膏飮)과 후식류를 한 상에 차렸다.

다음은 경복궁을 출발한 행차 첫째 날과 둘째 날에 임금에게 올리기 위해 차린 전체 상차림이다.

첫째 날		둘째 날	
장소	상차림	장소	상차림
노량참	조다반과	화성참	죽수라
노량참	조수라	화성참	조수라
시흥참	주다반과	화성참	주다반과
시흥참	석수라	화성참	석수라
시흥참	야다반과	화성참	야다반과
중로	미음		

① 행차 둘째 날에 협반은 총 1회 사용되었다.
② 화성참에서는 미음이 주식인 상이 차려지지 않았다.
③ 행차 첫째 날 낮과 둘째 날 낮에는 주수라가 차려지지 않았다.
④ 행차 첫째 날 밤과 둘째 날 밤에는 후식류를 자기에 담은 상차림이 있었다.
⑤ 국수를 주식으로 한 상은 행차 첫째 날과 둘째 날을 통틀어 총 5회 차려졌다.

5. 다음 <조건>을 근거로 판단할 때, <보기>에서 옳은 것만을 모두 고르면?

<조 건>

○ 한글 단어의 '단어점수'는 그 단어를 구성하는 자음으로만 결정된다.
○ '단어점수'는 각기 다른 자음의 '자음점수'를 모두 더한 값을 그 단어를 구성하는 자음 종류의 개수로 나눈 값이다.
○ '자음점수'는 그 자음이 단어에 사용된 횟수만큼 2를 거듭제곱한 값이다. 단, 사용되지 않는 자음의 '자음점수'는 0이다.
○ 예를 들어 글자 수가 4개인 '셋방살이'는 ㅅ 3개, ㅇ 2개, ㅂ 1개, ㄹ 1개의 자음으로 구성되므로 '단어점수'는 $(2^3+2^2+2^1+2^1)/4$의 값인 4점이다.

※ 의미가 없는 글자의 나열도 단어로 인정한다.

<보 기>

ㄱ. '각기'는 '논리'보다 단어점수가 더 높다.
ㄴ. 단어의 글자 수가 달라도 단어점수가 같을 수 있다.
ㄷ. 글자 수가 4개인 단어의 단어점수는 250점을 넘을 수 없다.

① ㄴ
② ㄷ
③ ㄱ, ㄴ
④ ㄱ, ㄷ
⑤ ㄱ, ㄴ, ㄷ

6. 다음 글을 근거로 판단할 때, 국제행사의 개최도시로 선정될 곳은?

甲사무관은 대한민국에서 열리는 국제행사의 개최도시를 선정하기 위해 다음과 같은 <후보도시 평가표>를 만들었다. <후보도시 평가표>에 따른 점수와 <국제해양기구의 의견>을 모두 반영하여, 합산점수가 가장 높은 도시를 개최도시로 선정하고자 한다.

<후보도시 평가표>

구분	서울	인천	대전	부산	제주
1) 회의 시설 1,500명 이상 수용가능한 대회의장 보유 등	A	A	C	B	C
2) 숙박 시설 도보거리에 특급 호텔 보유 등	A	B	A	A	C
3) 교통 공항접근성 등	B	A	C	B	B
4) 개최 역량 대규모 국제행사 개최 경험 등	A	C	C	A	B

※ A: 10점, B: 7점, C: 3점

<국제해양기구의 의견>

○ 외국인 참석자의 편의를 위해 '교통'에서 A를 받은 도시의 경우 추가로 5점을 부여해 줄 것
○ 바다를 끼고 있는 도시의 경우 추가로 5점을 부여해 줄 것
○ 예상 참석자가 2,000명 이상이므로 '회의 시설'에서 C를 받은 도시는 제외할 것

① 서울
② 인천
③ 대전
④ 부산
⑤ 제주

7. 다음 글을 근거로 판단할 때, B구역 청소를 하는 요일은?

> 甲레스토랑은 매주 1회 휴업일(수요일)을 제외하고 매일 영업한다. 甲레스토랑의 청소시간은 영업일 저녁 9시부터 10시까지이다. 이 시간에 A구역, B구역, C구역 중 하나를 청소한다. 청소의 효율성을 위하여 청소를 한 구역은 바로 다음 영업일에는 하지 않는다. 각 구역은 매주 다음과 같이 청소한다.
> ○ A구역 청소는 일주일에 1회 한다.
> ○ B구역 청소는 일주일에 2회 하되, B구역 청소를 한 후 영업일과 휴업일을 가리지 않고 이틀 간은 B구역 청소를 하지 않는다.
> ○ C구역 청소는 일주일에 3회 하되, 그 중 1회는 일요일에 한다.

① 월요일과 목요일
② 월요일과 금요일
③ 월요일과 토요일
④ 화요일과 금요일
⑤ 화요일과 토요일

8. 다음 글을 근거로 판단할 때, <보기>에서 옳은 것만을 모두 고르면?

> 甲은 결혼 준비를 위해 스튜디오 업체(A, B), 드레스 업체(C, D), 메이크업 업체(E, F)의 견적서를 각각 받았는데, 최근 생긴 B업체만 정가에서 10% 할인한 가격을 제시하였다. 아래 <표>는 각 업체가 제시한 가격의 총액을 계산한 결과이다. (단, A~F 각 업체의 가격은 모두 상이하다)

<표>

스튜디오	드레스	메이크업	총액
A	C	E	76만 원
이용 안함	C	F	58만 원
A	D	E	100만 원
이용 안함	D	F	82만 원
B	D	F	127만 원

<보 기>

ㄱ. A업체 가격이 26만 원이라면, E업체 가격이 F업체 가격보다 8만 원 비싸다.
ㄴ. B업체의 할인 전 가격은 50만 원이다.
ㄷ. C업체 가격이 30만 원이라면, E업체 가격은 28만 원이다.
ㄹ. D업체 가격이 C업체 가격보다 26만 원 비싸다.

① ㄱ
② ㄴ
③ ㄷ
④ ㄴ, ㄷ
⑤ ㄷ, ㄹ

9. 다음 글과 <상황>을 근거로 판단할 때, <보기>에서 옳은 것만을 모두 고르면?

K국에서는 모든 법인에 대하여 다음과 같이 구분하여 주민세를 부과하고 있다.

구분	세액(원)
○ 자본금액 100억 원을 초과하는 법인으로서 종업원 수가 100명을 초과하는 법인	500,000
○ 자본금액 50억 원 초과 100억 원 이하 법인으로서 종업원 수가 100명을 초과하는 법인	350,000
○ 자본금액 50억 원을 초과하는 법인으로서 종업원 수가 100명 이하인 법인 ○ 자본금액 30억 원 초과 50억 원 이하 법인으로서 종업원 수가 100명을 초과하는 법인	200,000
○ 자본금액 30억 원 초과 50억 원 이하 법인으로서 종업원 수가 100명 이하인 법인 ○ 자본금액 10억 원 초과 30억 원 이하 법인으로서 종업원 수가 100명을 초과하는 법인	100,000
○ 그 밖의 법인	50,000

<상 황>

법인	자본금액(억 원)	종업원 수(명)
甲	200	?
乙	20	?
丙	?	200

<보 기>

ㄱ. 甲이 납부해야 할 주민세 최소 금액은 20만 원이다.
ㄴ. 乙의 종업원이 50명인 경우 10만 원의 주민세를 납부해야 한다.
ㄷ. 丙이 납부해야 할 주민세 최소 금액은 10만 원이다.
ㄹ. 甲, 乙, 丙이 납부해야 할 주민세 금액의 합계는 최대 110만 원이다.

① ㄱ, ㄴ
② ㄱ, ㄷ
③ ㄱ, ㄹ
④ ㄴ, ㄷ
⑤ ㄴ, ㄹ

10. 다음 <재난관리 평가지침>과 <상황>을 근거로 판단할 때 옳은 것은?

<재난관리 평가지침>

□ 순위산정 기준
○ 최종순위 결정
- 정량평가 점수(80점)와 정성평가 점수(20점)의 합으로 계산된 최종점수가 높은 순서대로 순위 결정
○ 동점기관 처리
- 최종점수가 동점일 경우에는 정성평가 점수가 높은 순서대로 순위 결정

□ 정성평가 기준
○ 지자체 및 민간분야와의 재난안전분야 협력(10점 만점)

평가	상	중	하
선정비율	20%	60%	20%
배점	10점	6점	3점

○ 재난관리에 대한 종합평가(10점 만점)

평가	상	중	하
선정비율	20%	60%	20%
배점	10점	5점	1점

<상 황>

일부 훼손된 평가표는 아래와 같다. (단, 평가대상기관은 5개이다)

기관 \ 평가	정량평가 (80점 만점)	정성평가 (20점 만점)
A	71	20
B	80	11
C	69	11
D	74	
E	66	

① A기관이 2위일 수도 있다.
② B기관이 3위일 수도 있다.
③ C기관이 4위일 가능성은 없다.
④ D기관이 3위일 가능성은 없다.
⑤ E기관은 어떠한 경우에도 5위일 것이다.

11. 다음 글과 <상황>을 근거로 판단할 때, <보기>에서 옳은 것만을 모두 고르면?

> 제00조 ① 기획재정부장관은 각 국제금융기구에 출자를 할 때에는 국무회의의 심의를 거쳐 대통령의 승인을 받아 미합중국통화 또는 그 밖의 자유교환성 통화나 금(金) 또는 내국통화로 그 출자금을 한꺼번에 또는 분할하여 납입할 수 있다.
> ② 기획재정부장관은 제1항에 따라 내국통화로 출자하는 경우에 그 출자금의 전부 또는 일부를 국무회의의 심의를 거쳐 대통령의 승인을 받아 내국통화로 표시된 증권으로 출자할 수 있다.
> 제00조 ① 기획재정부장관은 전조(前條) 제2항에 따라 출자한 증권의 전부 또는 일부에 대하여 각 국제금융기구가 지급을 청구하면 지체 없이 이를 지급하여야 한다.
> ② 기획재정부장관은 제1항에 따른 지급의 청구를 받은 경우에 지급할 재원(財源)이 부족하여 그 청구금액의 전부 또는 일부를 지급할 수 없을 때에는 국무회의의 심의를 거쳐 대통령의 승인을 받아 한국은행으로부터 차입하여 지급하거나 한국은행으로 하여금 그 금액에 상당하는 증권을 해당 국제금융기구로부터 매입하게 할 수 있다.

<상 황>

> 기획재정부장관은 적법한 절차에 따라 A국제금융기구에 일정액을 출자한다.

<보 기>

ㄱ. 기획재정부장관은 출자금을 자유교환성 통화로 납입할 수 있다.
ㄴ. 기획재정부장관은 출자금을 내국통화로 분할하여 납입할 수 없다.
ㄷ. 출자금 전부를 내국통화로 출자하는 경우, 그 중 일부액을 미합중국통화로 표시된 증권으로 출자할 수 있다.
ㄹ. 만약 출자금을 내국통화로 표시된 증권으로 출자한다면, A국제금융기구가 그 지급을 청구할 경우에 한국은행장은 지체 없이 이를 지급하여야 한다.

① ㄱ
② ㄴ
③ ㄱ, ㄹ
④ ㄷ, ㄹ
⑤ ㄴ, ㄷ, ㄹ

12. 다음 글과 <상황>을 근거로 판단할 때 옳은 것은?

> 매매목적물에 하자가 있는 경우, 하자가 있는 사실을 과실 없이 알지 못한 매수인은 매도인에 대하여 하자담보책임을 물어 계약을 해제하거나, 손해배상을 청구할 수 있다. 이때 매도인이 하자를 알았는지 여부나 그의 과실 유무를 묻지 않는다. 매매목적물의 하자는 통상 거래상의 관념에 비추어 그 물건이 지니고 있어야 할 품질·성질·견고성·성분 등을 갖추지 못해서 계약의 적합성을 갖지 못한 경우를 말한다. 가령 진품인 줄 알고 매수한 그림이 위작인 경우가 그렇다. 매수인은 이러한 계약해제권·손해배상청구권을 하자가 있는 사실을 안 날로부터 6개월 내에 행사하여야 한다.
> 한편 계약의 중요 부분에 착오가 있는 경우, 착오에 중대한 과실이 없는 계약당사자는 계약을 취소할 수 있다. 여기서 착오는 계약을 맺을 때에 실제로 없는 사실을 있는 사실로 잘못 알았거나 아니면 실제로 있는 사실을 없는 사실로 잘못 생각하듯이, 계약당사자(의사표시자)의 인식과 그 실제 사실이 어긋나는 경우를 가리킨다. 가령 위작을 진품으로 알고 매수한 경우가 그렇다. 이러한 취소권을 행사하려면, 착오자(착오로 의사표시를 한 사람)가 착오 상태에서 벗어난 날(예: 진품이 위작임을 안 날)로부터 3년 이내에, 계약을 체결한 날로부터 10년 이내에 행사하여야 한다. 착오로 인한 취소는 매도인의 하자담보책임과 다른 제도이다. 따라서 매매계약 내용의 중요 부분에 착오가 있는 경우, 매수인은 매도인의 하자담보책임이 성립하는지와 상관없이 착오를 이유로 매매계약을 취소할 수 있다.

<상 황>

> 2018년 3월 10일 매수인 甲은 매도인 乙 소유의 '나루터그림'을 과실 없이 진품으로 믿고 1,000만 원에 매매계약을 체결한 당일 그림을 넘겨받았다. 그 후 2018년 6월 20일 甲은 나루터그림이 위작이라는 사실을 알게 되었다.

① 2018년 6월 20일 乙은 하자를 이유로 甲과의 매매계약을 해제할 수 있다.
② 2019년 6월 20일 甲은 乙에게 하자를 이유로 손해배상을 청구할 수 있다.
③ 2019년 6월 20일 甲은 착오를 이유로 乙과의 매매계약을 취소할 수 없다.
④ 乙이 매매계약 당시 위작이라는 사실을 과실 없이 알지 못하였더라도, 2019년 6월 20일 甲은 하자를 이유로 乙과의 매매계약을 해제할 수 있다.
⑤ 乙이 위작임을 알았더라도 2019년 6월 20일 甲은 하자를 이유로 乙과의 매매계약을 해제할 수 없지만, 착오를 이유로 취소할 수 있다.

13. 다음 글을 근거로 판단할 때 옳은 것은?

제00조 ① 재산명시절차의 관할법원은 재산명시절차에서 채무자가 제출한 재산목록의 재산만으로 집행채권의 만족을 얻기에 부족한 경우, 그 재산명시를 신청한 채권자의 신청에 따라 개인의 재산 및 신용에 관한 전산망을 관리하는 공공기관·금융기관·단체 등에 채무자 명의의 재산에 관하여 조회할 수 있다.
② 채권자가 제1항의 신청을 할 경우에는 조회할 기관·단체를 특정하여야 하며 조회에 드는 비용을 미리 내야 한다.
③ 법원이 제1항의 규정에 따라 조회할 경우에는 채무자의 인적사항을 적은 문서에 의하여 해당 기관·단체의 장에게 채무자의 재산 및 신용에 관하여 그 기관·단체가 보유하고 있는 자료를 한꺼번에 모아 제출하도록 요구할 수 있다.
④ 공공기관·금융기관·단체 등은 정당한 사유 없이 제1항 및 제3항의 조회를 거부하지 못한다.
⑤ 제1항 및 제3항의 조회를 받은 기관·단체의 장이 정당한 사유 없이 거짓 자료를 제출하거나 자료를 제출할 것을 거부한 때에는 결정으로 500만 원 이하의 과태료에 처한다.
제00조 ① 누구든지 재산조회의 결과를 강제집행 외의 목적으로 사용하여서는 안 된다.
② 제1항의 규정에 위반한 사람은 2년 이하의 징역 또는 500만 원 이하의 벌금에 처한다.

① 채무자 甲이 제출한 재산목록의 재산만으로 집행채권의 만족을 얻기 부족한 경우에는 재산명시절차의 관할법원은 직권으로 금융기관에 甲 명의의 재산에 관해 조회할 수 있다.
② 재산명시절차의 관할법원으로부터 채무자 명의의 재산에 관해 조회를 받은 공공기관은 정당한 사유가 있는 경우 이를 거부할 수 있다.
③ 채무자 乙의 재산조회 결과를 획득한 채권자 丙은 해당 결과를 강제집행 외의 목적으로도 사용할 수 있다.
④ 재산명시절차의 관할법원으로부터 채무자 명의의 재산에 관해 조회를 받은 기관의 장이 정당한 사유 없이 자료제출을 거부하였다면, 법원은 결정으로 500만 원의 벌금에 처한다.
⑤ 채권자 丁이 채무자 명의의 재산에 관한 조회를 신청할 경우, 조회에 드는 비용은 재산조회가 종료된 후 납부하면 된다.

14. 다음 글을 근거로 판단할 때, <보기>에서 옳은 것만을 모두 고르면?

현대적 의미의 시력 검사법은 1909년 이탈리아의 나폴리에서 개최된 국제안과학회에서 란돌트 고리를 이용한 검사법을 국제 기준으로 결정하면서 탄생하였다. 란돌트 고리란 시력 검사표에서 흔히 볼 수 있는 C자형 고리를 말한다. 란돌트 고리를 이용한 시력 검사에서는 5m 거리에서 직경이 7.5mm인 원형 고리에 있는 1.5mm 벌어진 틈을 식별할 수 있는지 없는지를 판단한다. 5m 거리의 1.5mm이면 각도로 따져서 약 1′(1분)에 해당한다. 1°(1도)의 1/60이 1′이고, 1′의 1/60이 1″(1초)이다.

이 시력 검사법에서는 구분 가능한 최소 각도가 1′일 때를 1.0의 시력으로 본다. 시력은 구분 가능한 최소 각도와 반비례한다. 예를 들어 구분할 수 있는 최소 각도가 1′의 2배인 2′이라면 시력은 1.0의 1/2배인 0.5이다. 만약 이 최소 각도가 0.5′이라면, 즉 1′의 1/2배라면 시력은 1.0의 2배인 2.0이다. 마찬가지로 최소 각도가 1′의 4배인 4′이라면 시력은 1.0의 1/4배인 0.25이다. 일반적으로 시력 검사표에는 2.0까지 나와 있지만 실제로는 이보다 시력이 좋은 사람도 있다. 천문학자 A는 5″까지의 차이도 구분할 수 있었던 것으로 알려져 있다.

<보 기>

ㄱ. 구분할 수 있는 최소 각도가 10′인 사람의 시력은 0.1이다.
ㄴ. 천문학자 A의 시력은 12인 것으로 추정된다.
ㄷ. 구분할 수 있는 최소 각도가 1.25′인 甲은 구분할 수 있는 최소 각도가 0.1′인 乙보다 시력이 더 좋다.

① ㄱ
② ㄱ, ㄴ
③ ㄴ, ㄷ
④ ㄱ, ㄷ
⑤ ㄱ, ㄴ, ㄷ

15. 다음 글을 근거로 판단할 때, <가락>을 연주하기 위해 ㉵를 누른 상태로 줄을 튕기는 횟수는?

> 줄이 하나인 현악기가 있다. 이 악기는 줄을 누를 수 있는 지점이 ㉮부터 ㉰까지 총 11곳 있고, 이 중 어느 한 지점을 누른 상태로 줄을 튕겨서 연주한다. ㉮를 누르고 줄을 튕기면 A음이 나고, ㉯를 누르고 줄을 튕기면 A음보다 반음 높은 소리가 난다. 이런 식으로 ㉮~㉰순으로 누르는 지점을 옮길 때마다 반음씩 더 높은 소리가 나며, 최저 A음부터 최고 G음까지 낼 수 있다.
>
> 이들 음은 다음과 같은 특징이 있다.
> ○ 반음 차이 두 개의 합은 한음 차이와 같다.
> ○ A음보다 B음이, C음보다 D음이, D음보다 E음이, F음보다 G음이 한음 높고, 둘 중 낮은 음보다 반음 높은 음은 낮은 음의 이름 오른쪽에 #을 붙여 표시한다.
> ○ B음보다 C음이, E음보다 F음이 반음 높다.

<가 락>

E D# E D# E B D C A A A A B E G B C

① 0
② 1
③ 2
④ 3
⑤ 4

16. 다음 글을 근거로 판단할 때, <상황>의 ㉠과 ㉡을 옳게 짝지은 것은?

> 채용에서 가장 중요한 점은 조직에 적합한 인재의 선발, 즉 필요한 수준의 기본적 직무적성·태도 등 전반적 잠재력을 가진 지원자를 선발하는 것이다. 그러나 채용 과정에서 적합한 사람을 채용하지 않거나, 적합하지 않은 사람을 채용하는 경우도 있다. 적합한 지원자 중 탈락시킨 지원자의 비율을 오탈락률이라 하고, 적합하지 않은 지원자 중 채용한 지원자의 비율을 오채용률이라 한다.

<상 황>

> 甲회사의 신입사원 채용 공고에 1,200명이 지원하여, 이 중에 360명이 채용되었다. 신입사원 채용 후 조사해보니 1,200명의 지원자 중 회사에 적합한 지원자는 800명이었고, 적합하지 않은 지원자는 400명이었다. 채용된 360명의 신입사원 중 회사에 적합하지 않은 인원은 40명으로 확인되었다. 이에 따르면 오탈락률은 (㉠)%이고, 오채용률은 (㉡)%이다.

	㉠	㉡
①	40	5
②	40	10
③	55	10
④	60	5
⑤	60	10

17. 다음 글과 <상황>을 근거로 판단할 때, 甲, 乙, 丙의 자동차 번호 끝자리 숫자의 합으로 가능한 최댓값은?

○ A사는 자동차 요일제를 시행하고 있으며, 각 요일별로 운행할 수 없는 자동차 번호 끝자리 숫자는 아래와 같다.

요일	월	화	수	목	금
숫자	1, 2	3, 4	5, 6	7, 8	9, 0

○ 미세먼지 비상저감조치가 시행될 경우 A사는 자동차 요일제가 아닌 차량 홀짝제를 시행한다. 차량 홀짝제를 시행하는 날에는 시행일이 홀수이면 자동차 번호 끝자리 숫자가 홀수인 차량만 운행할 수 있고, 시행일이 짝수이면 자동차 번호 끝자리 숫자가 홀수가 아닌 차량만 운행할 수 있다.

<상 황>

A사의 직원인 甲, 乙, 丙은 12일(월)부터 16일(금)까지 5일 모두 출근했고, 12일, 13일, 14일에는 미세먼지 비상저감조치가 시행되었다. 자동차 요일제와 차량 홀짝제로 인해 자동차를 운행할 수 없는 경우를 제외하면, 3명 모두 자신이 소유한 자동차로 출근을 했다. 다음은 甲, 乙, 丙이 16일에 출근한 후 나눈 대화이다.

○ 甲: 나는 12일에 내 자동차로 출근을 했어. 따져보니 이번 주에 총 4일이나 내 자동차로 출근했어.
○ 乙: 저는 이번 주에 이틀만 제 자동차로 출근했어요.
○ 丙: 나는 이번 주엔 13일, 15일, 16일만 내 자동차로 출근할 수 있었어.

※ 甲, 乙, 丙은 자동차를 각각 1대씩 소유하고 있다.

① 14
② 16
③ 18
④ 20
⑤ 22

18. 다음 글을 근거로 판단할 때, 방에 출입한 사람의 순서는?

방에는 1부터 6까지의 번호가 각각 적힌 6개의 전구가 다음과 같이 놓여있다.

왼쪽 ← → 오른쪽

전구 번호	1	2	3	4	5	6
상태	켜짐	켜짐	켜짐	꺼짐	꺼짐	꺼짐

총 3명(A~C)이 각각 한 번씩 홀로 방에 들어가 자신이 정한 규칙에 의해서만 전구를 켜거나 끄고 나왔다.

○ A는 번호가 3의 배수인 전구가 켜진 상태라면 그 전구를 끄고, 꺼진 상태라면 그대로 둔다.
○ B는 번호가 2의 배수인 전구가 켜진 상태라면 그 전구를 끄고, 꺼진 상태라면 그 전구를 켠다.
○ C는 3번 전구는 그대로 두고, 3번 전구를 기준으로 왼쪽과 오른쪽 중 켜진 전구의 개수가 많은 쪽의 전구를 전부 끈다. 다만 켜진 전구의 개수가 같다면 양쪽에 켜진 전구를 모두 끈다.

마지막 사람이 방에서 나왔을 때, 방의 전구는 모두 꺼져 있었다.

① A - B - C
② A - C - B
③ B - A - C
④ B - C - A
⑤ C - B - A

19. 다음 글을 근거로 판단할 때, <보기>에서 옳은 것만을 모두 고르면?

K국의 「영유아보육법」은 영유아가 안전하고 쾌적한 환경에서 건강하게 성장할 수 있도록 다음과 같이 어린이집의 보육교사 최소 배치 기준을 규정하고 있다.

연령	보육교사 대 영유아비율
(1) 만 1세 미만	1 : 3
(2) 만 1세 이상 만 2세 미만	1 : 5
(3) 만 2세 이상 만 3세 미만	1 : 7

위와 같이 각 연령별로 반을 편성하고 각 반마다 보육교사를 배치하되, 다음 기준에 따라 혼합반을 운영할 수 있다.

혼합반 편성	보육교사 대 영유아비율
(1)과 (2)	1 : 3
(2)와 (3)	1 : 5
(1)과 (3)	편성 불가능

<보 기>

ㄱ. 만 1세 미만 영유아 4명, 만 1세 이상 만 2세 미만 영유아 5명을 보육하는 어린이집은 보육교사를 최소 3명 배치해야 한다.

ㄴ. 만 1세 이상 만 2세 미만 영유아 6명, 만 2세 이상 만 3세 미만 영유아 12명을 보육하는 어린이집은 보육교사를 최소 3명 배치해야 한다.

ㄷ. 만 1세 미만 영유아 1명, 만 2세 이상 만 3세 미만 영유아 2명을 보육하는 어린이집은 보육교사를 최소 1명 배치해야 한다.

① ㄱ
② ㄴ
③ ㄷ
④ ㄱ, ㄴ
⑤ ㄱ, ㄷ

20. 다음 글과 <상황>을 근거로 판단할 때, <보기>에서 옳은 것만을 모두 고르면?

K대학교 교과목 성적 평정(학점)은 총점을 기준으로 상위 점수부터 하위 점수까지 A^+, A^0, B^+~F 순으로 한다. 각 등급별 비율은 아래 <성적 평정 기준표>를 따르되, 상위 등급의 비율을 최대 기준보다 낮게 배정할 경우에는 잔여 비율을 하위 등급 비율에 가산하여 배정할 수 있다. 예컨대 A등급 배정 비율은 10~30%이나, 만일 25%로 배정한 경우에는 잔여 비율인 5%를 하위 등급 하나에 배정하거나 여러 하위 등급에 나누어 배정할 수 있다. 한편 A, B, C, D 각 등급 내에서 +와 0의 비율은 교수 재량으로 정할 수 있다.

<성적 평정 기준표>

등급	A		B		C		D		F
학점	A^+	A^0	B^+	B^0	C^+	C^0	D^+	D^0	
비율(%)	10~30		20~35		20~40		0~40		0~40

※ 평정대상 총원 중 해당 등급 인원 비율

<상 황>

<△△교과목 성적 산출 자료>

성명	총점	순위	성명	총점	순위
양다경	99	1	양대원	74	11
이지후	97	2	권치원	72	12
이태연	93	3	김도윤	68	13
남소연	89	4	권세연	66	14
김윤채	86	5	남원중	65	15
엄선민	84	6	권수진	64	16
이태근	79	7	양호정	61	17
김경민	78	8	정호채	59	18
이연후	77	9	이신영	57	19
엄주용	75	10	전희연	57	19

※ 평정대상은 총 20명임

<보 기>

ㄱ. 평정대상 전원에게 C+ 이상의 학점을 부여할 수 있다.

ㄴ. 79점을 받은 학생이 받을 수 있는 가장 낮은 학점은 B^0이다.

ㄷ. 5명에게 A등급을 부여하면, 최대 8명의 학생에게 B^+ 학점을 부여할 수 있다.

ㄹ. 59점을 받은 학생에게 부여할 수 있는 학점은 C^+, C^0, D^+, D^0, F 중 하나이다.

① ㄱ, ㄴ
② ㄱ, ㄹ
③ ㄷ, ㄹ
④ ㄱ, ㄷ, ㄹ
⑤ ㄴ, ㄷ, ㄹ

21. 다음 글을 근거로 판단할 때, A시에서 B시까지의 거리는?

> 甲은 乙이 운전하는 자동차를 타고 A시에서 B시를 거쳐 C시로 가는 중이었다. A, B, C는 일직선 상에 순서대로 있으며, 乙은 자동차를 일정한 속력으로 운전하여 도시 간 최단 경로로 이동했다. A시를 출발한지 20분 후 甲은 乙에게 지금까지 얼마나 왔는지 물어보았다.
> "여기서부터 B시까지 거리의 딱 절반만큼 왔어."라고 乙이 대답하였다.
> 그로부터 75km를 더 간 후에 甲은 다시 물어보았다.
> "C시까지는 얼마나 남았지?"
> 乙은 다음과 같이 대답했다.
> "여기서부터 B시까지 거리의 딱 절반만큼 남았어."
> 그로부터 30분 뒤에 甲과 乙은 C시에 도착하였다.

① 35km
② 40km
③ 45km
④ 50km
⑤ 55km

22. 다음 <상황>과 <대화>를 근거로 판단할 때 6월생은?

<상황>

○ 같은 해에 태어난 5명(지나, 정선, 혜명, 민경, 효인)은 각자 자신의 생일을 알고 있다.
○ 5명은 자신을 제외한 나머지 4명의 생일이 언제인지는 모르지만, 3월생이 2명, 6월생이 1명, 9월생이 2명이라는 사실은 알고 있다.
○ 아래 <대화>는 5명이 한 자리에 모여 나눈 대화를 순서대로 기록한 것이다.
○ 5명은 <대화>의 진행에 따라 상황을 논리적으로 판단하고, 솔직하게 대답한다.

<대 화>

민경: 지나야, 네 생일이 5명 중에서 제일 빠르니?
지나: 그럴 수도 있지만 확실히는 모르겠어.
정선: 혜명아, 네가 지나보다 생일이 빠르니?
혜명: 그럴 수도 있지만 확실히는 모르겠어.
지나: 민경아, 넌 정선이가 몇 월생인지 알겠니?
민경: 아니, 모르겠어.
혜명: 효인아, 넌 민경이보다 생일이 빠르니?
효인: 그럴 수도 있지만 확실히는 모르겠어.

① 지나
② 정선
③ 혜명
④ 민경
⑤ 효인

23. 다음 글과 <상황>을 근거로 판단할 때 옳은 것은?

○○시는 A정류장을 출발지로 하는 40인승 시내버스를 운영하고 있다. 승객은 정류장에서만 시내버스에 승·하차할 수 있다. 또한 시내버스는 좌석제로 운영되어 버스에 빈 좌석이 없는 경우 승객은 더 이상 승차할 수 없으며, 탑승객 1인은 1개의 좌석을 차지한다.

한편 ○○시는 애플리케이션을 통해 시내버스의 구간별 혼잡도 정보를 제공한다. 탑승객이 0~5명일 때는 '매우쾌적', 6~15명일 때는 '쾌적', 16~25명일 때는 '보통', 26~35명일 때는 '혼잡', 36~40명일 때는 '매우혼잡'으로 표시된다.

구간별 혼잡도는 시내버스의 한 정류장에서 다음 정류장까지 탑승객의 수를 측정하여 표시한다. 예를 들어 'A-B' 구간의 혼잡도는 A정류장에서 출발한 후 B정류장에 도착하기 전까지 탑승객의 수에 따라 표시된다.

※ 버스기사는 고려하지 않는다.

<상 황>

A정류장에서 07:00에 출발한 시내버스의 <승·하차내역>과 <구간별 혼잡도 정보>는 다음과 같다.

<승·하차내역>

정류장	승차(명)	하차(명)
A	20	0
B	(㉠)	10
C	5	( )
D	( )	10
E	15	( )
F	0	( )

※ 승·하차는 동시에 이루어진다.

<구간별 혼잡도 정보>

구간	표시
A-B	(㉡)
B-C	매우혼잡
C-D	매우혼잡
D-E	(㉢)
E-F	보통

① C정류장에서 하차한 사람은 아무도 없다.
② E정류장에서 하차한 사람은 10명 이하이다.
③ ㉠에 들어갈 수 있는 최솟값과 최댓값의 합은 55이다.
④ ㉡은 혼잡이다.
⑤ ㉢은 혼잡 또는 매우혼잡이다.

24. 다음 글을 근거로 판단할 때, <보기>에서 옳은 것만을 모두 고르면?

사슴은 맹수에게 계속 괴롭힘을 당하자 자신을 맹수로 바꾸어 달라고 산신령에게 빌었다. 사슴을 불쌍하게 여긴 산신령은 사슴에게 남은 수명 중 n년(n은 자연수)을 포기하면 여생을 아래 5가지의 맹수 중 하나로 살 수 있게 해주겠다고 했다.

사슴으로 살 경우의 1년당 효용은 40이며, 다른 맹수로 살 경우의 1년당 효용과 그 맹수로 살기 위해 사슴이 포기해야 하는 수명은 아래의 <표>와 같다. 예를 들어 사슴의 남은 수명이 12년일 경우 사슴으로 계속 산다면 12 × 40 = 480의 총 효용을 얻지만, 독수리로 사는 것을 선택한다면 (12 - 5) × 50 = 350의 총 효용을 얻는다.

사슴은 여생의 총 효용이 줄어드는 선택은 하지 않으며, 포기해야 하는 수명이 사슴의 남은 수명 이상인 맹수는 선택할 수 없다. 1년당 효용이 큰 맹수일수록, 사슴은 그 맹수가 되기 위해 더 많은 수명을 포기해야 한다. 사슴은 자신의 남은 수명과 <표>의 '?'로 표시된 수를 알고 있다.

<표>

맹수	1년당 효용	포기해야 하는 수명(년)
사자	250	14
호랑이	200	?
곰	170	11
악어	70	?
독수리	50	5

<보 기>

ㄱ. 사슴의 남은 수명이 13년이라면, 사슴은 곰을 선택할 것이다.
ㄴ. 사슴의 남은 수명이 20년이라면, 사슴은 독수리를 선택하지는 않을 것이다.
ㄷ. 호랑이로 살기 위해 포기해야 하는 수명이 13년이라면, 사슴의 남은 수명에 따라 사자를 선택했을 때와 호랑이를 선택했을 때 여생의 총 효용이 같은 경우가 있다.

① ㄴ
② ㄷ
③ ㄱ, ㄴ
④ ㄴ, ㄷ
⑤ ㄱ, ㄴ, ㄷ

25. 다음 글과 <상황>을 근거로 판단할 때, <보기>에서 옳은 것만을 모두 고르면?

소송절차의 '정지'란 소송이 개시된 뒤 절차가 종료되기 전에 소송절차가 법률상 진행되지 않는 상태를 말한다. 여기에는 '중단'과 '중지'가 있다.

소송절차의 중단은 소송진행 중 당사자에게 소송을 수행할 수 없는 사유가 발생하였을 경우, 새로운 소송수행자가 나타나 소송에 관여할 수 있을 때까지 법률상 당연히 절차진행이 정지되는 것이다. 예컨대 당사자가 사망한 경우, 그 상속인이 소송을 수행할 수 있을 때까지 절차진행이 정지되며, 이후 상속인의 수계신청 또는 법원의 속행명령에 의해 중단이 해소되고 절차는 다시 진행된다. 다만 사망한 당사자에게 이미 변호사가 소송대리인으로 선임되어 있을 때는 변호사가 소송을 대리하는 데 지장이 없으므로 절차는 중단되지 않는다. 소송대리인인 변호사의 사망도 중단사유가 아니다. 당사자가 절차를 진행할 수 있기 때문이다.

소송절차의 중지는 법원이나 당사자에게 소송을 진행할 수 없는 장애가 생겼거나 진행에 부적당한 사유가 발생하여 법률상 당연히 또는 법원의 재판에 의하여 절차가 정지되는 것이다. 이는 새로운 소송수행자로 교체되지 않는다는 점에서 중단과 다르다. 소송절차의 중지에는 당연중지와 재판중지가 있다. 당연중지는 천재지변이나 그 밖의 사고로 법원이 직무수행을 할 수 없게 된 경우에 법원의 재판 없이 당연히 절차진행이 정지되는 것을 말한다. 이 경우 법원의 직무수행불능 상태가 소멸함과 동시에 중지도 해소되고 절차는 진행된다. 재판중지는 법원이 직무수행을 할 수 있지만 당사자가 법원에 출석하여 소송을 진행할 수 없는 장애사유가 발생한 경우, 예컨대 전쟁이나 그 밖의 사유로 교통이 두절되어 당사자가 출석할 수 없는 경우에 법원의 재판에 의해 절차진행이 정지되는 것을 의미한다. 이때는 법원의 취소재판에 의하여 중지가 해소되고 절차는 진행된다.

※ 수계신청: 법원에 대해 중단된 절차의 속행을 구하는 신청

<상 황>

원고 甲과 피고 乙 사이에 대여금반환청구소송이 A법원에서 진행 중이다. 甲은 변호사 丙을 소송대리인으로 선임하였지만, 乙은 소송대리인을 선임하지 않았다.

<보 기>

ㄱ. 소송진행 중 甲이 사망하였다면, 절차진행은 중단되며 甲의 상속인의 수계신청에 의해 중단이 해소되고 절차가 진행된다.

ㄴ. 소송진행 중 丙이 사망하였다면, 절차진행은 중단되며 甲이 새로운 변호사를 소송대리인으로 선임하면 중단은 해소되고 절차가 진행된다.

ㄷ. 소송진행 중 A법원의 건물이 화재로 전소(全燒)되어 직무수행이 불가능해졌다면, 절차진행은 중단되며 이후 A법원의 속행명령이 있으면 절차가 진행된다.

ㄹ. 소송진행 중 乙이 거주하고 있는 장소에서만 발생한 지진으로 교통이 두절되어 乙이 A법원에 출석할 수 없는 경우, A법원의 재판에 의해 절차진행이 중지되며 이후 A법원의 취소재판에 의해 중지는 해소되고 절차가 진행된다.

① ㄹ
② ㄱ, ㄴ
③ ㄱ, ㄹ
④ ㄴ, ㄷ
⑤ ㄷ, ㄹ

약점 보완 해설집 p.145

자료해석영역

1. 다음 <표>와 <보고서>는 '갑'국 13~19대 국회 의원입법안 발의 및 처리 현황에 대한 자료이다. <보고서>를 작성하기 위해 <표> 이외에 추가로 필요한 자료만을 <보기>에서 모두 고르면?

<표> 국회 의원입법안 발의 및 처리 법안수 현황

(단위: 건)

구분 \ 국회	13대	14대	15대	16대	17대	18대	19대
발의 법안수	570	321	1,144	1,912	6,387	12,220	16,728
처리 법안수	352	167	687	1,028	2,893	4,890	6,626

※ 1) 법안 반영률(%) = $\frac{\text{처리 법안수}}{\text{발의 법안수}} \times 100$

2) 각 국회별로 국회의원 임기는 4년이고, 해당 국회에서 처리되지 않은 법안은 폐기됨.

<보고서>

19대 국회의 의원입법안을 분석한 결과 16,728건이 발의되었고 이는 19대 국회 동안 월평균 340건 이상, 국회의원 1인당 50건 이상의 법안이 제출된 셈이다.

국회 상임위원회 활동으로 보면 상임위원회당 처리 법안수가 13대 20.7건에서 19대 414.1건으로 20배 이상이 되었다. 하지만 국회 상임위원회 법안소위에도 오르지 않은 법안의 증가로 인해 13대 국회에서 61.8%에 달했던 법안 반영률은 19대에 39.6%까지 낮아졌다.

이처럼 국회 본연의 임무인 입법 기능이 저하되는 가운데 국회 국민청원건수는 16대 이후로 감소하고 있다. 구체적으로는 13대 503건에서 지속적으로 증가해 16대에 765건으로 정점을 찍은 후 급감하였고, 19대 들어 227건에 그쳐 13대 이후 최저 수준을 기록하였다.

<보 기>

ㄱ. 국회 국민청원건수

국회	13대	14대	15대	16대	17대	18대	19대
건수(건)	503	534	595	765	432	272	227

ㄴ. 국회 국민청원 중 본회의 처리건수

국회	13대	14대	15대	16대	17대	18대	19대
건수(건)	13	11	3	4	4	3	2

ㄷ. 국회 상임위원회수

국회	13대	14대	15대	16대	17대	18대	19대
상임위원회 수(개)	17	16	16	17	17	16	16

ㄹ. 국회의원수

국회	13대	14대	15대	16대	17대	18대	19대
의원수(명)	299	299	299	273	299	299	300

① ㄱ, ㄴ ② ㄱ, ㄹ ③ ㄱ, ㄴ, ㄷ
④ ㄱ, ㄷ, ㄹ ⑤ ㄴ, ㄷ, ㄹ

2. 다음 <그림>과 <표>는 주요 10개국의 인간개발지수와 시민지식 평균점수 및 주요 지표에 관한 자료이다. 이에 대한 <보기>의 설명 중 옳은 것만을 모두 고르면?

<그림> 국가별 인간개발지수와 시민지식 평균점수의 산포도

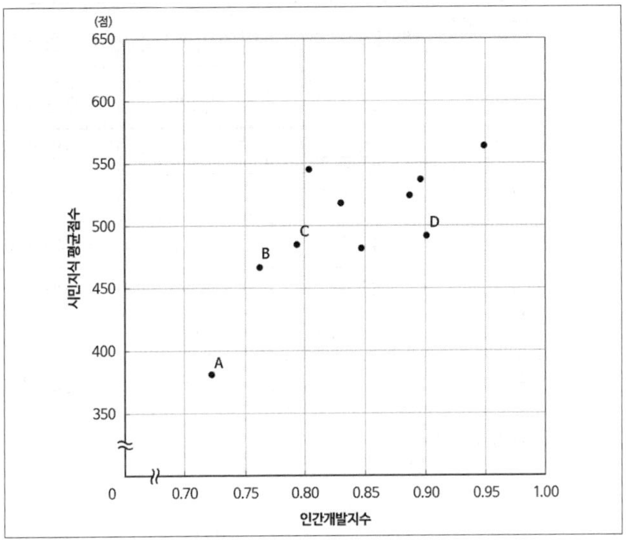

<표> 국가별 주요 지표

국가 \ 구분	인간개발 지수	최근 국회의원 선거 투표율(%)	GDP 대비 공교육비 비율(%)	인터넷 사용률(%)	1인당 GDP(달러)
벨기에	0.896	92.5	6.4	85	41,138
불가리아	0.794	54.1	3.5	57	16,956
칠레	0.847	49.3	4.6	64	22,145
도미니카 공화국	0.722	69.6	2.1	52	13,375
이탈리아	0.887	75.2	4.1	66	33,587
대한민국	0.901	58.0	4.6	90	34,387
라트비아	0.830	58.9	4.9	79	22,628
멕시코	0.762	47.7	5.2	57	16,502
노르웨이	0.949	78.2	7.4	97	64,451
러시아	0.804	60.1	4.2	73	23,895

<보 기>

ㄱ. A국의 인터넷 사용률은 60% 미만이다.
ㄴ. B국은 C국보다 GDP 대비 공교육비 비율이 낮다.
ㄷ. D국은 최근 국회의원 선거 투표율 하위 3개국 중 하나이다.
ㄹ. 1인당 GDP가 가장 높은 국가는 시민지식 평균점수도 가장 높다.

① ㄱ, ㄴ
② ㄱ, ㄷ
③ ㄱ, ㄹ
④ ㄴ, ㄷ
⑤ ㄴ, ㄹ

3. 다음 <표>는 2012~2017년 '갑'국의 화재발생 현황에 대한 자료이다. 이를 이용하여 작성한 그래프로 옳지 않은 것은?

<표> '갑'국의 화재발생 현황

(단위: 건, 명)

구분 / 연도	화재발생건수	인명피해자수	구조활동건수
2012	43,249	2,222	427,735
2013	40,932	2,184	400,089
2014	42,135	2,180	451,050
2015	44,435	2,093	479,786
2016	43,413	2,024	609,211
2017	44,178	2,197	655,485
평균	43,057	2,150	503,893

① 화재발생건수

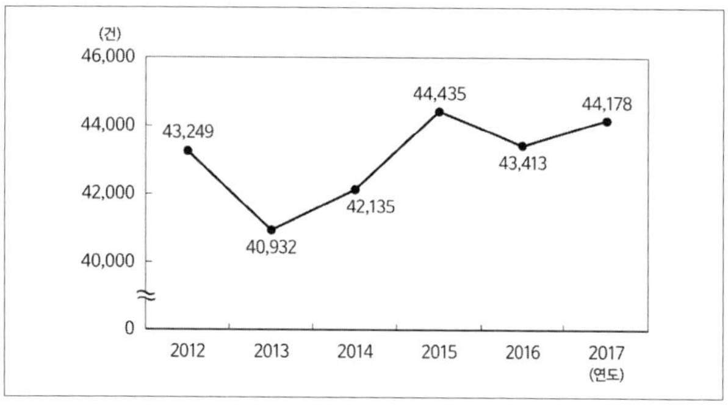

② 인명피해자수 편차의 절댓값

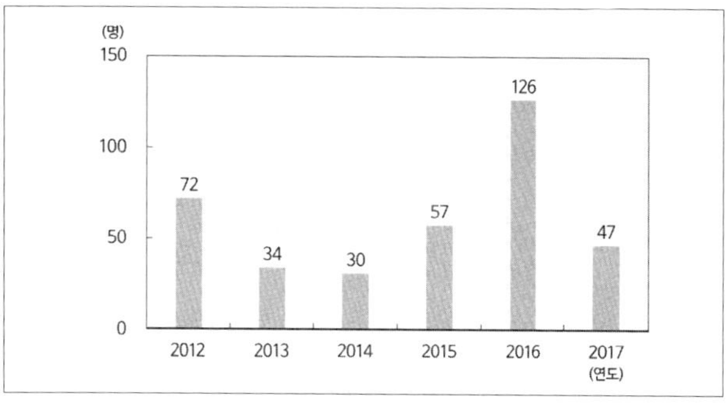

※ 인명피해자수 편차는 해당년도 인명피해자수에서 평균 인명피해자수를 뺀 값임.

③ 구조활동건수의 전년대비 증가량

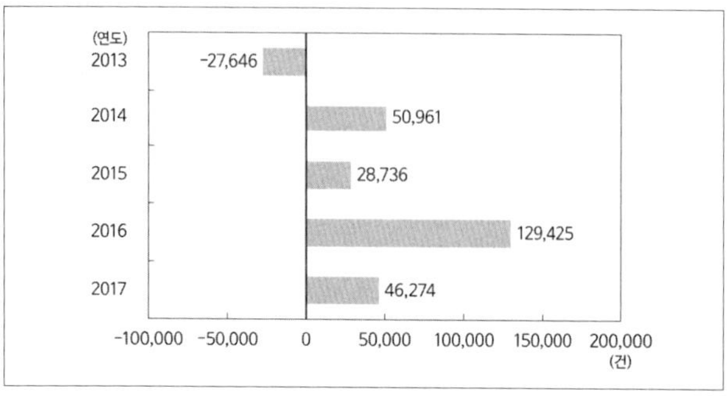

④ 화재발생건수 대비 인명피해자수 비율

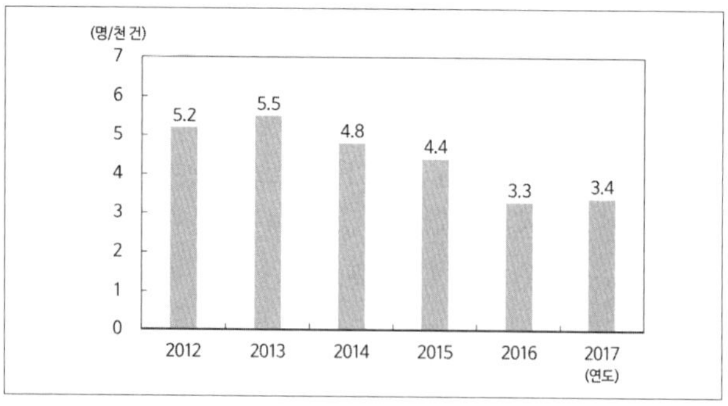

⑤ 화재발생건수의 전년대비 증가율

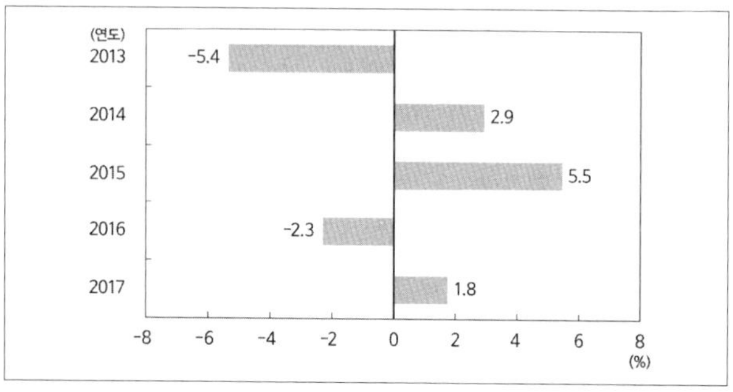

4. 다음 <표>는 2012~2018년 '갑'국의 지가변동률에 대한 자료이다. 이에 대한 <보기>의 설명 중 옳은 것만을 모두 고르면?

<표> 연도별 지가변동률

(단위: %)

지역 / 연도	수도권	비수도권
2012	0.37	1.47
2013	1.20	1.30
2014	2.68	2.06
2015	1.90	2.77
2016	2.99	2.97
2017	4.31	3.97
2018	6.11	3.64

<보 기>

ㄱ. 비수도권의 지가변동률은 매년 상승하였다.

ㄴ. 비수도권의 지가변동률이 수도권의 지가변동률보다 높은 연도는 3개이다.

ㄷ. 전년대비 지가변동률 차이가 가장 큰 연도는 수도권과 비수도권이 동일하다.

① ㄱ ② ㄴ ③ ㄱ, ㄷ

④ ㄴ, ㄷ ⑤ ㄱ, ㄴ, ㄷ

5. 다음 <그림>과 <표>는 '갑'국을 포함한 주요 10개국의 학업성취도 평가 자료이다. 이에 대한 설명으로 옳은 것은?

<그림> 1998~2018년 '갑'국의 성별 학업성취도 평균점수

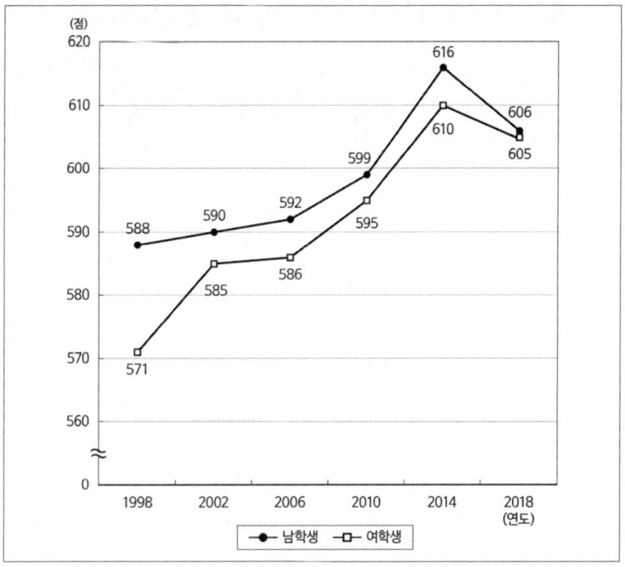

※ 학업성취도 평균점수는 소수점 아래 첫째 자리에서 반올림한 값임.

<표> 2018년 주요 10개국의 학업성취도 평균점수 및 점수대별 누적 학생비율

(단위: 점, %)

구분 국가	평균 점수	학업성취도 점수대별 누적 학생비율			
		625점 이상	550점 이상	475점 이상	400점 이상
A	621	54	81	94	99
갑	606	43	75	93	99
B	599	42	72	88	97
C	594	37	75	92	98
D	586	34	67	89	98
E	538	14	46	78	95
F	528	12	41	71	91
G	527	7	39	78	96
H	523	7	38	76	94
I	518	10	36	69	93

※ 학업성취수준은 수월수준(625점 이상), 우수수준(550점 이상 625점 미만), 보통수준(475점 이상 550점 미만), 기초수준(400점 이상 475점 미만), 기초수준 미달(400점 미만)로 구분됨.

① '갑'국 남학생과 여학생의 평균점수 차이는 2018년이 1998년보다 크다.
② '갑'국의 평균점수는 2018년이 2014년보다 크다.
③ 2018년 주요 10개 국가는 '수월수준'의 학생비율이 높을수록 평균점수가 높다.
④ 2018년 주요 10개 국가 중 '기초수준 미달'의 학생비율이 가장 높은 국가는 I국이다.
⑤ 2018년 '우수수준'의 학생비율은 D국이 B국보다 높다.

6. 다음 <표>는 2017년과 2018년 주요 10개 자동차 브랜드 가치평가에 관한 자료이다. 이에 대한 <보기>의 설명 중 옳은 것만을 모두 고르면?

<표 1> 브랜드 가치평가액

(단위: 억 달러)

연도 브랜드	2017	2018
TO	248	279
BE	200	218
BM	171	196
HO	158	170
FO	132	110
WO	56	60
AU	37	42
HY	35	41
XO	38	39
NI	32	31

<표 2> 브랜드 가치평가액 순위

구분 연도 브랜드	전체 제조업계 내 순위		자동차업계 내 순위	
	2017	2018	2017	2018
TO	9	7	1	1
BE	11	10	2	2
BM	16	15	3	3
HO	19	19	4	4
FO	22	29	5	5
WO	56	56	6	6
AU	78	74	8	7
HY	84	75	9	8
XO	76	80	7	9
NI	85	90	10	10

<보 기>

ㄱ. 2017년 대비 2018년 '전체 제조업계 내 순위'가 하락한 브랜드는 2017년 대비 2018년 브랜드 가치평가액도 감소하였다.
ㄴ. 2017년과 2018년의 브랜드 가치평가액 차이가 세 번째로 큰 브랜드는 BE이다.
ㄷ. 2017년 대비 2018년 '전체 제조업계 내 순위'와 '자동차업계 내 순위'가 모두 상승한 브랜드는 2개뿐이다.
ㄹ. 연도별 '자동차업계 내 순위' 기준 상위 7개 브랜드 가치평가액 평균은 2018년이 2017년보다 크다.

① ㄱ, ㄴ ② ㄱ, ㄹ ③ ㄴ, ㄷ
④ ㄴ, ㄹ ⑤ ㄷ, ㄹ

7. 다음 <표>는 2019년 5월 10일 A프랜차이즈의 지역별 가맹점수와 결제 실적에 관한 자료이다. 이에 대한 설명으로 옳지 않은 것은?

<표 1> A프랜차이즈의 지역별 가맹점수, 결제건수 및 결제금액

(단위: 개, 건, 만 원)

지역 \ 구분		가맹점수	결제건수	결제금액
서울		1,269	142,248	241,442
6대 광역시	부산	34	3,082	7,639
	대구	8	291	2,431
	인천	20	1,317	2,548
	광주	8	306	793
	대전	13	874	1,811
	울산	11	205	635
전체		1,363	148,323	257,299

<표 2> A프랜차이즈의 가맹점 규모별 결제건수 및 결제금액

(단위: 건, 만 원)

가맹점 규모 \ 구분	결제건수	결제금액
소규모	143,565	250,390
중규모	3,476	4,426
대규모	1,282	2,483
전체	148,323	257,299

① '서울' 지역 소규모 가맹점의 결제건수는 137,000건 이하이다.
② 6대 광역시 가맹점의 결제건수 합은 6,000건 이상이다.
③ 결제건수 대비 결제금액을 가맹점 규모별로 비교할 때 가장 작은 가맹점 규모는 중규모이다.
④ 가맹점수 대비 결제금액이 가장 큰 지역은 '대구'이다.
⑤ 전체 가맹점수에서 '서울' 지역 가맹점수 비중은 90% 이상이다.

8. 다음 <표>와 <그림>은 '갑'국의 방송사별 만족도지수, 질평가지수, 시청자평가지수를 나타낸 자료이다. 이에 대한 <보기>의 설명 중 옳은 것만을 모두 고르면?

<표> 방송사별 전체 및 주시청 시간대의 만족도지수와 질평가지수

유형	방송사 \ 구분	전체 시간대 만족도지수	전체 시간대 질평가지수	주시청 시간대 만족도지수	주시청 시간대 질평가지수
지상파	A	7.37	7.33	( )	7.20
	B	7.22	7.05	7.23	( )
	C	7.14	6.97	7.11	6.93
	D	7.32	7.16	( )	7.23
종합편성	E	6.94	6.90	7.10	7.02
	F	7.75	7.67	( )	7.88
	G	7.14	7.04	7.20	( )
	H	7.03	6.95	7.08	7.00

<그림> 방송사별 주시청 시간대의 시청자평가지수

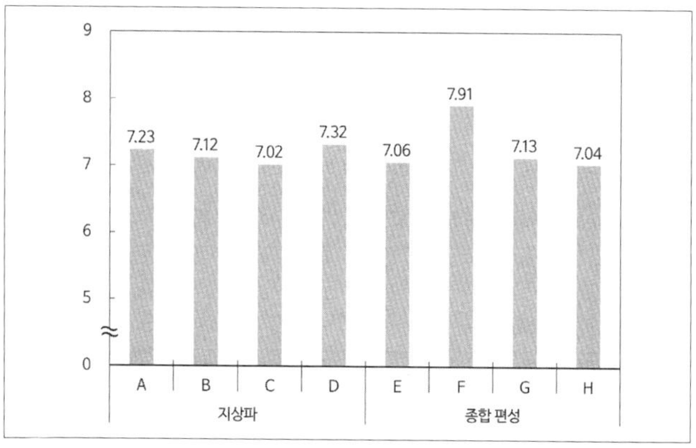

※ 전체(주시청)시간대 시청자평가지수 = $\left(\frac{\text{전체(주시청)시간대 만족도지수} + \text{전체(주시청)시간대 질평가지수}}{2}\right)$

<보 기>

ㄱ. 각 지상파 방송사는 전체 시간대와 주시청 시간대 모두 만족도지수가 질평가지수보다 높다.
ㄴ. 각 종합편성 방송사의 질평가지수는 주시청 시간대가 전체 시간대보다 높다.
ㄷ. 각 지상파 방송사의 시청자평가지수는 전체 시간대가 주시청 시간대보다 높다.
ㄹ. 만족도지수는 주시청 시간대가 전체 시간대보다 높으면서 시청자평가지수는 주시청 시간대가 전체 시간대보다 낮은 방송사는 2개이다.

① ㄱ, ㄴ
② ㄱ, ㄷ
③ ㄴ, ㄹ
④ ㄱ, ㄷ, ㄹ
⑤ ㄴ, ㄷ, ㄹ

9. 다음 <표>와 <그림>은 2018년 A대학의 학생상담 현황에 대한 자료이다. 이에 대한 <보기>의 설명 중 옳은 것만을 모두 고르면?

<표> 상담자별, 학년별 상담건수

(단위: 건)

상담자 \ 학년	1학년	2학년	3학년	4학년	합
교수	1,085	1,020	911	1,269	4,285
상담직원	154	97	107	56	414
진로컨설턴트	67	112	64	398	641
전체	1,306	1,229	1,082	1,723	5,340

<그림 1> 상담횟수별 학생 수

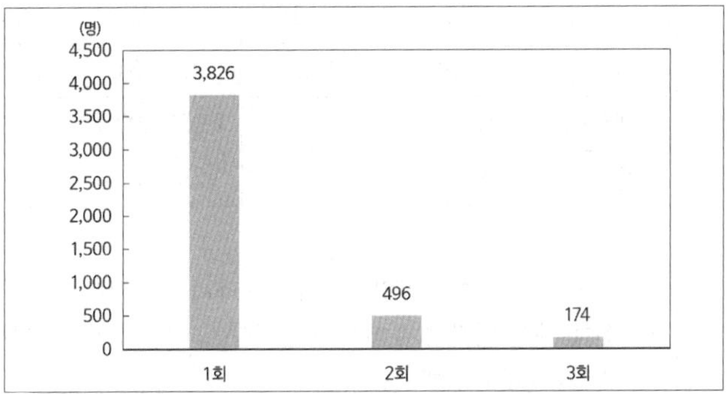

<그림 2> 전체 상담건수의 유형별 구성비

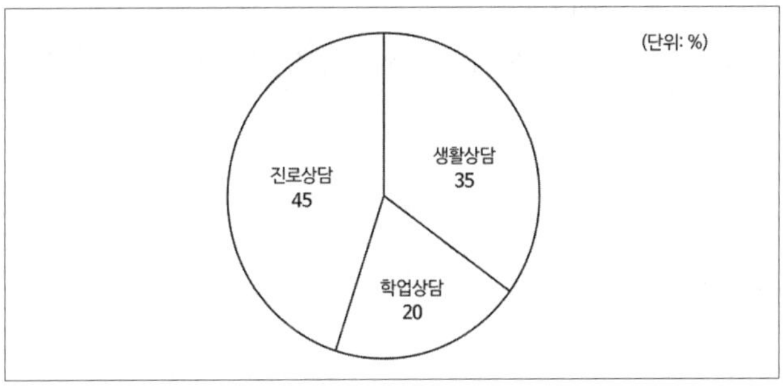

<보 기>

ㄱ. 학년별 전체 상담건수 중 '상담직원'의 상담건수가 차지하는 비중이 큰 학년부터 순서대로 나열하면 1학년, 2학년, 3학년, 4학년 순이다.

ㄴ. '진로컨설턴트'가 상담한 유형이 모두 진로상담이고, '상담직원'이 상담한 유형이 모두 생활상담 또는 학업상담이라면, '교수'가 상담한 유형 중 진로상담이 차지하는 비중은 30% 이상이다.

ㄷ. 상담건수가 많은 학년부터 순서대로 나열하면 4학년, 1학년, 2학년, 3학년 순이다.

ㄹ. 최소 한 번이라도 상담을 받은 학생 수는 4,600명 이하이다.

① ㄱ, ㄷ
② ㄴ, ㄹ
③ ㄱ, ㄴ, ㄷ
④ ㄱ, ㄷ, ㄹ
⑤ ㄴ, ㄷ, ㄹ

10. 다음 <표>는 2018년 A~E기업의 영업이익, 직원 1인당 영업이익, 평균연봉을 나타낸 자료이다. <보기>의 설명을 근거로 '나', '라'에 해당하는 기업을 바르게 나열한 것은?

<표> A~E기업의 영업이익, 직원 1인당 영업이익, 평균연봉

(단위: 백만 원)

기업 \ 항목	영업이익	직원 1인당 영업이익	평균연봉
가	83,600	34	66
나	33,900	34	34
다	21,600	18	58
라	24,600	7	66
마	50,100	30	75

<보 기>

○ A는 B, C, E에 비해 직원 수가 많다.
○ C는 B, D, E에 비해 평균연봉 대비 직원 1인당 영업이익이 적다.
○ A, B, C의 영업이익을 합쳐도 D의 영업이익보다 적다.
○ E는 B에 비해 직원 1인당 영업이익이 적다.

	나	라
①	B	A
②	B	D
③	C	B
④	C	E
⑤	D	A

11. 다음 <보고서>는 2017년 세종특별자치시의 자원봉사 현황을 요약한 자료이다. <보고서>의 내용을 작성하는 데 직접적인 근거로 활용되지 않은 자료는?

<보고서>

○ 자원봉사자 등록 현황

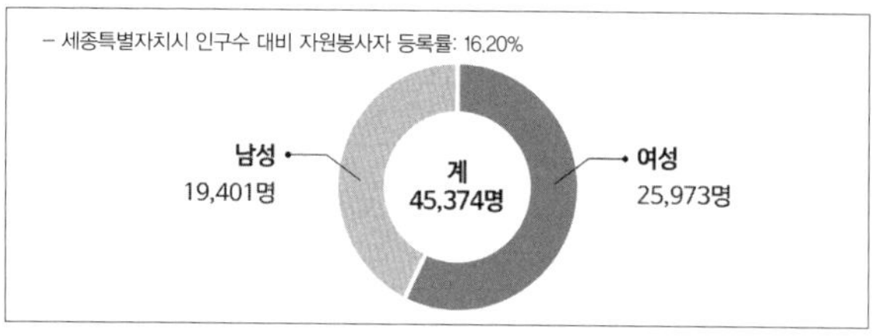

○ 자원봉사단체 등록 현황

○ 연령대별 자원봉사자 등록 현황

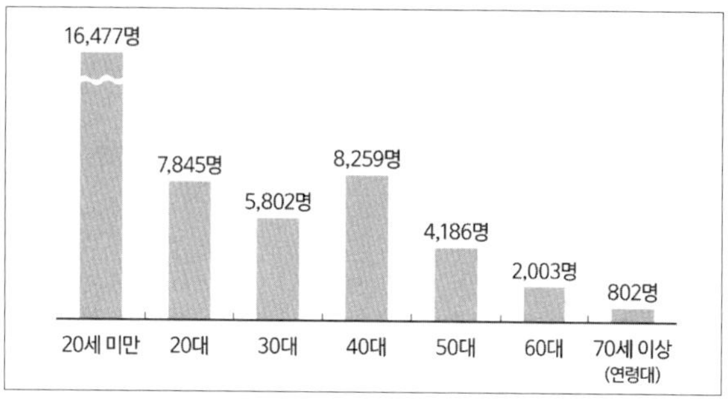

○ 자원봉사자 활동 현황

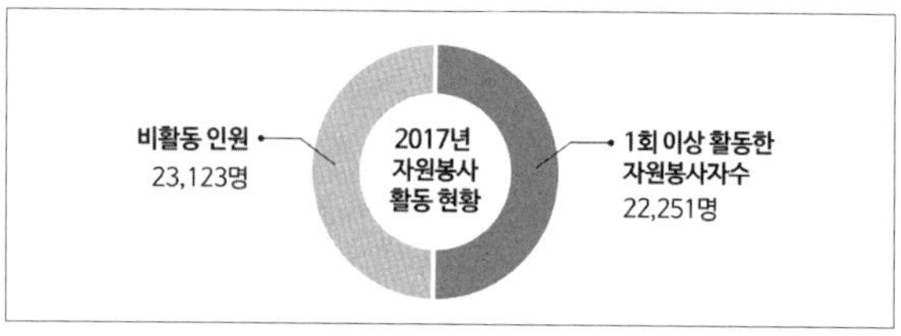

○ 자원봉사 누적시간대별 자원봉사 참여자수 현황

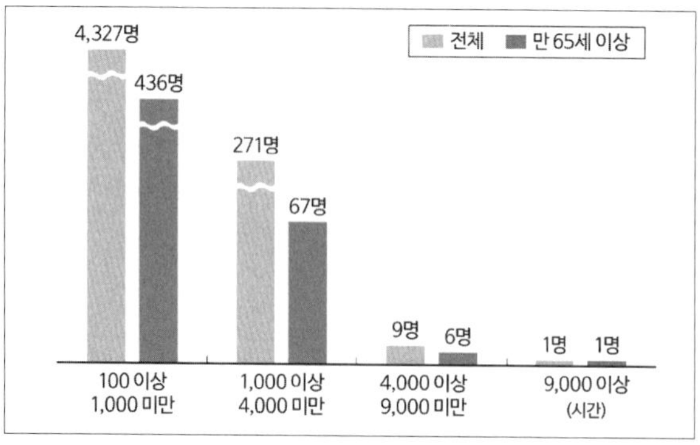

① 2017년 세종특별자치시에 등록된 자원봉사단체별 회원수 현황
② 2017년 세종특별자치시 인구 현황
③ 2017년 세종특별자치시에 등록된 성별, 연령별 자원봉사자수 현황
④ 2017년 세종특별자치시 연간 1회 이상 활동한 자원봉사자수 현황
⑤ 2017년 세종특별자치시 연령별, 1일 시간대별 자원봉사 참여자수 현황

12. 다음 <표>는 2018년 '갑'국의 대학유형별 현황에 관한 자료이다. 이에 대한 <보기>의 설명 중 옳은 것만을 모두 고르면?

<표> 대학유형별 현황

(단위: 개, 명)

구분 \ 유형	국립대학	공립대학	사립대학	전체
학교	34	1	154	189
학과	2,776	40	8,353	11,169
교원	15,299	354	49,770	65,423
여성	2,131	43	12,266	14,440
직원	8,987	205	17,459	26,651
여성	3,254	115	5,259	8,628
입학생	78,888	1,923	274,961	355,772
재적생	471,465	13,331	1,628,497	2,113,293
졸업생	66,890	1,941	253,582	322,413

<보 기>

ㄱ. 학과당 교원 수는 공립대학이 사립대학보다 많다.
ㄴ. 전체 대학 입학생 수에서 국립대학 입학생 수가 차지하는 비율은 20% 이상이다.
ㄷ. 입학생 수 대비 졸업생 수의 비율은 공립대학이 국립대학보다 높다.
ㄹ. 각 대학유형에서 남성 직원 수가 여성 직원 수보다 많다.

① ㄱ, ㄷ
② ㄱ, ㄹ
③ ㄴ, ㄹ
④ ㄱ, ㄴ, ㄷ
⑤ ㄴ, ㄷ, ㄹ

13. 다음 <표>는 2014~2018년 '갑'국 체류외국인수 및 체류외국인 범죄건수에 대한 자료이다. 이에 대한 <보기>의 설명 중 옳은 것만을 모두 고르면?

<표> 체류외국인수 및 체류외국인 범죄건수

(단위: 명, 건)

구분 \ 연도	2014	2015	2016	2017	2018
체류외국인수	1,168,477	1,261,415	1,395,077	1,445,103	1,576,034
합법체류외국인수	990,522	1,092,900	1,227,297	1,267,249	1,392,928
불법체류외국인수	177,955	168,515	167,780	177,854	183,106
체류외국인 범죄건수	21,235	19,445	25,507	22,914	24,984
합법체류외국인 범죄건수	18,645	17,538	23,970	21,323	22,951
불법체류외국인 범죄건수	2,590	1,907	1,537	1,591	2,033

<보 기>

ㄱ. 매년 불법체류외국인수는 체류외국인수의 10% 이상이다.
ㄴ. 불법체류외국인 범죄건수의 전년대비 증가율이 가장 높은 해에 합법체류외국인 범죄건수의 전년대비 증가율도 가장 높다.
ㄷ. 체류외국인 범죄건수가 전년에 비해 감소한 해에는 합법체류외국인 범죄건수와 불법체류외국인 범죄건수도 각각 전년에 비해 감소하였다.
ㄹ. 매년 합법체류외국인 범죄건수는 체류외국인 범죄건수의 80% 이상이다.

① ㄱ, ㄹ
② ㄴ, ㄷ
③ ㄴ, ㄹ
④ ㄱ, ㄴ, ㄷ
⑤ ㄱ, ㄷ, ㄹ

14. 다음 <그림>은 한국, 일본, 미국, 벨기에의 2010년, 2015년, 2020년 자동차 온실가스 배출량 기준에 관한 자료이다. <그림>과 <조건>에 근거하여 A~D에 해당하는 국가를 바르게 나열한 것은?

<그림> 자동차 온실가스 배출량 기준

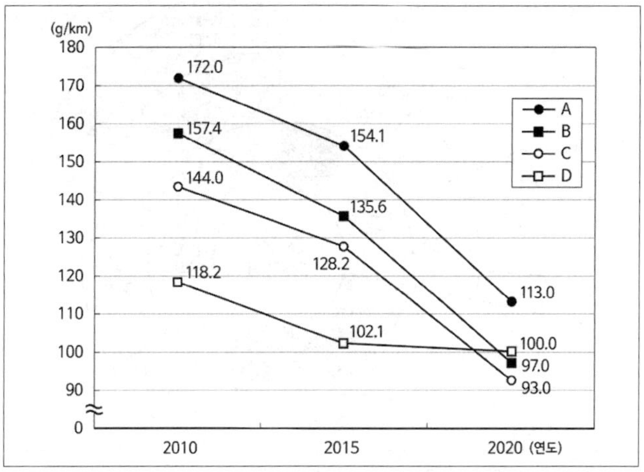

<조 건>

○ 2010년 대비 2020년 자동차 온실가스 배출량 기준 감소율은 한국이 일본, 미국, 벨기에보다 높다.
○ 2015년 한국과 일본의 자동차 온실가스 배출량 기준 차이는 30g/km 이상이다.
○ 2020년 자동차 온실가스 배출량 기준은 미국이 한국과 벨기에보다 높다.

	A	B	C	D
①	미국	벨기에	한국	일본
②	미국	한국	벨기에	일본
③	벨기에	한국	미국	일본
④	일본	벨기에	한국	미국
⑤	한국	일본	벨기에	미국

15. 다음 <그림>은 '갑' 자치구의 예산내역에 관한 자료이다. 이에 대한 <보기>의 설명 중 옳은 것만을 모두 고르면?

<그림> '갑' 자치구 예산내역

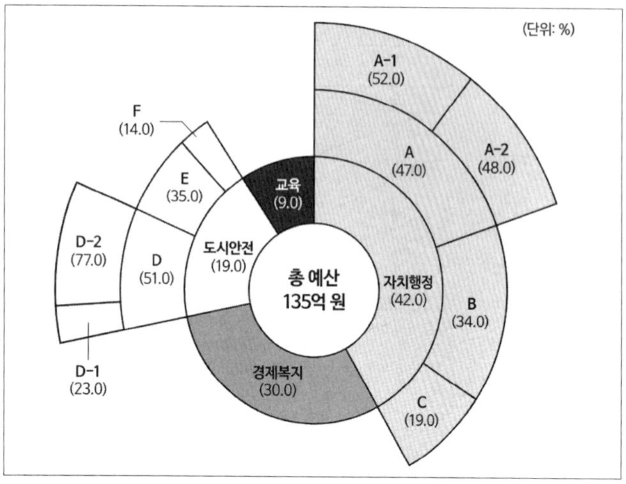

※ 1) 괄호 안의 값은 예산 비중을 의미함.
2) 예를 들어, A(47.0)은 A사업의 예산이 '자치행정' 분야 예산의 47.0%임을 나타내고, D-1사업의 예산은 3.0억 원임.

<보 기>

ㄱ. '교육' 분야 예산은 13억 원 이상이다.
ㄴ. C사업 예산은 D사업 예산보다 적다.
ㄷ. '경제복지' 분야 예산은 B사업과 C사업 예산의 합보다 많다.
ㄹ. '도시안전' 분야 예산은 A-2사업 예산의 3배 이상이다.

① ㄱ, ㄴ
② ㄱ, ㄷ
③ ㄴ, ㄷ
④ ㄴ, ㄹ
⑤ ㄷ, ㄹ

16. 다음 <표>는 고려시대 왕의 혼인종류별 후비(后妃) 수를 조사한 것이다. 이에 대한 설명으로 옳지 않은 것은?

<표> 고려시대 왕의 혼인종류별 후비 수

(단위: 명)

혼인종류 / 왕		족외혼	족내혼	몽골출신	혼인종류 / 왕		족외혼	족내혼	몽골출신
1대	태조	29	0	-	19대	명종	0	1	-
2대	혜종	4	0	-	20대	신종	0	1	-
3대	정종	3	0	-	21대	희종	0	1	-
4대	광종	0	2	-	22대	강종	1	1	-
5대	경종	1	( )	-	23대	고종	0	1	-
6대	성종	2	1	-	24대	원종	1	1	-
7대	목종	1	1	-	25대	충렬왕	1	1	1
8대	현종	10	3	-	26대	충선왕	3	1	2
9대	덕종	3	2	-	27대	충숙왕	2	0	( )
10대	정종	5	0	-	28대	충혜왕	3	1	1
11대	문종	4	1	-	29대	충목왕	0	0	0
12대	순종	2	1	-	30대	충정왕	0	0	0
13대	선종	3	0	-	31대	공민왕	3	1	1
14대	헌종	0	0	-	32대	우왕	2	0	0
15대	숙종	1	0	-	33대	창왕	0	0	0
16대	예종	2	2	-	34대	공양왕	1	0	0
17대	인종	4	0	-	전체		( )	28	8
18대	의종	1	1	-					

※ 혼인종류는 족외혼, 족내혼, 몽골출신만으로 구성되며, 몽골출신과의 혼인은 충렬왕부터임.

① 전체 족외혼 후비 수는 전체 족내혼 후비 수의 3배 이상이다.
② 몽골출신 후비 수가 가장 많은 왕은 충숙왕이다.
③ 태조부터 경종까지의 족내혼 후비 수의 합은 문종부터 희종까지의 족내혼 후비 수의 합과 같다.
④ 태조의 후비 수는 광종과 경종의 모든 후비 수의 합의 4배 이상이다.
⑤ 경종의 족내혼 후비 수가 충숙왕의 몽골출신 후비 수보다 많다.

17. 다음 <그림>은 '갑'국 국회의원 선거의 지역별 정당지지율에 관한 자료이다. <그림>과 <조건>에 근거하여 선거구를 획정할 때, <보기> 중 B정당의 국회의원이 가장 많이 선출되는 선거구 획정방법을 고르면?

<그림> 국회의원 선거의 지역별 정당지지율

(단위: %)

가 (90:10:0)	나 (80:20:0)	다 (70:20:10)	라 (40:50:10)
마 (60:20:20)	바 (60:10:30)	사 (30:30:40)	아 (10:60:30)
자 (30:60:10)	차 (20:40:40)	카 (20:20:60)	타 (10:80:10)

※ 괄호 안의 수치는 해당 지역의 각 정당지지율(A정당:B정당:C정당)을 의미함.

<조 건>

○ 3개 지역을 묶어서 1개의 선거구로 획정한다.
- 지역 경계는 점선(---)으로 표시되며, 선거구 경계는 실선(—)으로 표시된다.
- 아래 그림은 '가', '나', '바' 지역이 1개의 선거구로 획정됨을 의미한다.

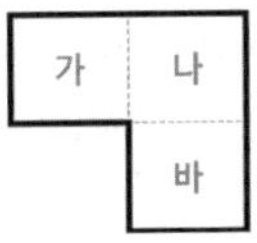

○ 선거구당 1명의 국회의원을 선출한다.
○ 선거구 내 지역별 각 정당지지율의 합이 가장 큰 정당의 후보가 국회의원으로 선출된다.

<보 기>

ㄱ.
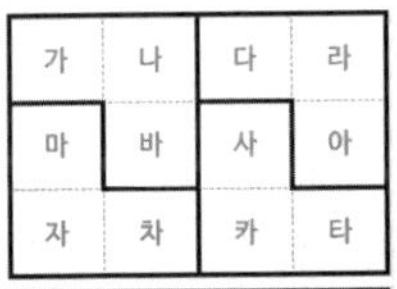

ㄴ.
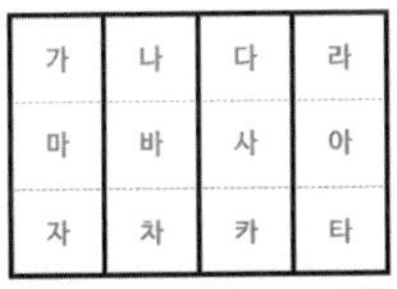

ㄷ.
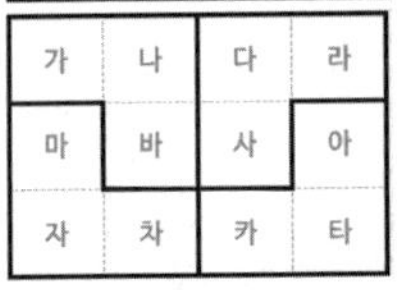

ㄹ.
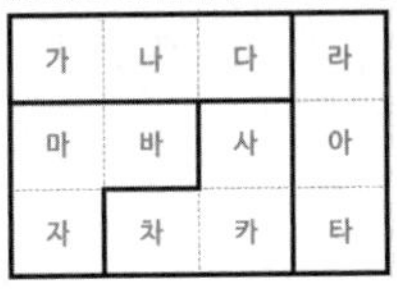

ㅁ.
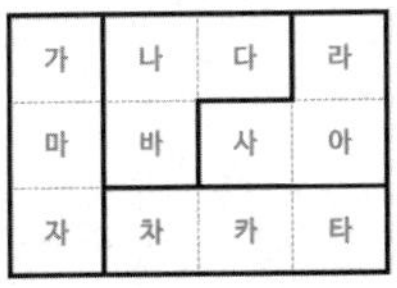

① ㄱ
② ㄴ
③ ㄷ
④ ㄹ
⑤ ㅁ

18. 다음 <표>는 '갑'국 A~E대학의 재학생수 및 재직 교원수와 법정 필요 교원수 산정기준에 관한 자료이다. 이에 근거하여 법정 필요 교원수를 충족시키기 위해 충원해야 할 교원수가 많은 대학부터 순서대로 나열하면?

<표 1> 재학생수 및 재직 교원수

(단위: 명)

구분 \ 대학	A	B	C	D	E
재학생수	900	30,000	13,300	4,200	18,000
재직 교원수	44	1,260	450	130	860

<표 2> 법정 필요 교원수 산정기준

재학생수	법정 필요 교원수
1,000명 미만	재학생 22명당 교원 1명
1,000명 이상 10,000명 미만	재학생 21명당 교원 1명
10,000명 이상 20,000명 미만	재학생 20명당 교원 1명
20,000명 이상	재학생 19명당 교원 1명

※ 법정 필요 교원수 계산 시 소수점 아래 첫째 자리에서 올림.

① B, C, D, A, E
② B, C, D, E, A
③ B, D, C, E, A
④ C, B, D, A, E
⑤ C, B, D, E, A

19. 다음 <표>는 2018년 행정구역별 공동주택의 실내 라돈 농도에 대한 자료이다. 이에 대한 <보고서>의 설명 중 옳은 것만을 모두 고르면?

<표> 행정구역별 공동주택 실내 라돈 농도

항목 / 행정구역	조사대상 공동주택수 (호)	평균값 (Bq/m^3)	중앙값 (Bq/m^3)	$200Bq/m^3$ 초과 공동주택수 (호)
서울특별시	532	66.5	45.4	25
부산광역시	434	51.4	35.3	12
대구광역시	437	61.5	41.6	16
인천광역시	378	48.5	33.8	9
광주광역시	308	58.3	48.2	6
대전광역시	201	110.1	84.2	27
울산광역시	247	55.0	35.3	7
세종특별자치시	30	83.8	69.8	1
경기도	697	74.3	52.5	37
강원도	508	93.4	63.6	47
충청북도	472	86.3	57.8	32
충청남도	448	93.3	59.9	46
전라북도	576	85.7	56.7	40
전라남도	569	75.5	51.5	32
경상북도	610	72.4	48.3	34
경상남도	640	57.5	36.7	21
제주특별자치도	154	68.2	40.9	11
전국	7,241	-	-	403

<보고서>

우리나라에서는 2018년 처음으로 공동주택에 대한 '실내 라돈 권고 기준치'를 $200Bq/m^3$ 이하로 정하고 공동주택의 실내 라돈 농도를 조사하였다.

이번 공동주택 실내 라돈 농도 조사에서 ㉠조사대상 공동주택의 실내 라돈 농도 평균값은 경기도가 서울특별시의 1.1배 이상이다. 한편, ㉡행정구역별로 비교했을 때 실내 라돈 농도의 평균값이 클수록 중앙값도 컸으며 두 항목 모두 대전광역시가 가장 높았다. ㉢조사대상 공동주택 중 실내 라돈 농도가 실내 라돈 권고 기준치를 초과하는 공동주택의 비율이 5% 이상인 행정구역은 9곳이며, 10% 이상인 행정구역은 2곳으로 조사되었다.

① ㄱ
② ㄴ
③ ㄱ, ㄷ
④ ㄴ, ㄷ
⑤ ㄱ, ㄴ, ㄷ

20. 다음 <표>는 콘크리트 유형별 기준강도 및 시험체 강도판정결과에 관한 자료이다. <표>와 <판정기준>에 근거하여 (가), (나), (다)에 해당하는 강도판정결과를 바르게 나열한 것은?

<표> 콘크리트 유형별 기준강도 및 시험체 강도판정결과

(단위: MPa)

구분 / 콘크리트 유형	기준 강도	시험체 강도				강도판정 결과
		시험체 1	시험체 2	시험체 3	평균	
A	24	22.8	29.0	20.8	( )	(가)
B	27	26.1	25.0	28.1	( )	불합격
C	35	36.9	36.8	31.6	( )	(나)
D	40	36.4	36.3	47.6	40.1	합격
E	45	40.3	49.4	46.8	( )	(다)

※ 강도판정결과는 '합격'과 '불합격'으로 구분됨.

<판정기준>

○ 아래 조건을 모두 만족하는 경우에만 강도판정결과가 '합격'이다.
- 시험체 강도의 평균은 기준강도 이상이어야 한다.
- 기준강도가 35MPa 초과인 경우에는 각 시험체 강도가 모두 기준강도의 90% 이상이어야 한다.
- 기준강도가 35MPa 이하인 경우에는 각 시험체 강도가 모두 기준강도에서 3.5MPa을 뺀 값 이상이어야 한다.

	(가)	(나)	(다)
①	합격	합격	합격
②	합격	합격	불합격
③	합격	불합격	불합격
④	불합격	합격	합격
⑤	불합격	합격	불합격

21. 다음 <표>는 2017~2018년 '갑' 학교 학생식당의 메뉴별 제공횟수 및 만족도에 대한 자료이다. <표>와 <조건>에 근거한 설명으로 옳지 않은 것은?

<표> 메뉴별 제공횟수 및 만족도

(단위: 회, 점)

구분 / 메뉴 \ 연도	제공횟수	만족도	
	2017	2017	2018
A	40	87	75
B	34	71	72
C	45	53	35
D	31	79	79
E	40	62	77
F	60	74	68
G	-	-	73
전체	250	-	-

<조 건>

○ 전체 메뉴 제공횟수는 매년 250회로 일정하며, 2018년에는 메뉴 G만 추가되었고, 2019년에는 메뉴 H만 추가되었다.

○ 각 메뉴의 다음 연도 제공횟수는 당해 연도 만족도에 따라 아래와 같이 결정된다.

만족도	다음 연도 제공횟수
0점 이상 50점 미만	당해 연도 제공횟수 대비 100% 감소
50점 이상 60점 미만	당해 연도 제공횟수 대비 20% 감소
60점 이상 70점 미만	당해 연도 제공횟수 대비 10% 감소
70점 이상 80점 미만	당해 연도 제공횟수와 동일
80점 이상 90점 미만	당해 연도 제공횟수 대비 10% 증가
90점 이상 100점 이하	당해 연도 제공횟수 대비 20% 증가

① 메뉴 A~F 중 2017년 대비 2019년 제공횟수가 증가한 메뉴는 1개이다.
② 2018년 메뉴 G의 제공횟수는 9회이다.
③ 2019년 메뉴 H의 제공횟수는 42회이다.
④ 2019년 메뉴 E의 제공횟수는 메뉴 A의 제공횟수보다 많다.
⑤ 메뉴 A~G 중 2018년과 2019년 제공횟수의 차이가 두 번째로 큰 메뉴는 F이다.

22. 다음 <그림>과 <표>는 2017~2018년 A, B기업이 '갑' 자동차 회사에 납품한 엔진과 변속기에 관한 자료이다. 이에 대한 설명으로 옳은 것은?

<그림 1> 연도별 '갑' 자동차 회사가 납품받은 엔진과 변속기 개수의 합

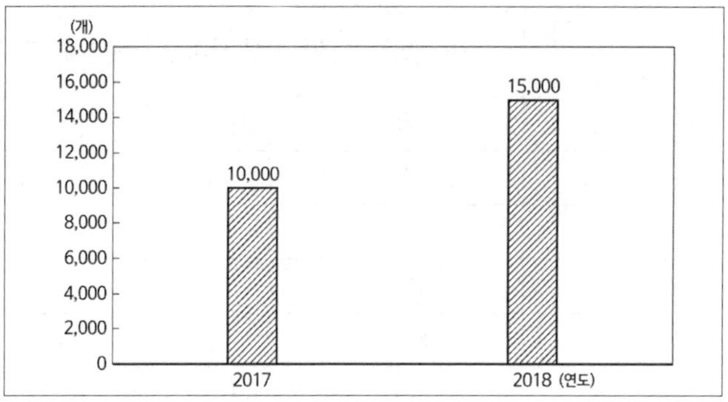

<그림 2> 2018년 기업별 엔진과 변속기 납품 개수의 합

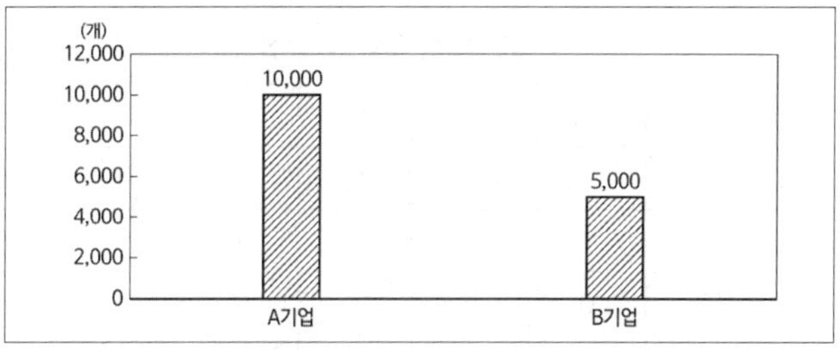

<그림 3> A기업의 연도별 엔진과 변속기 납품 개수 비율

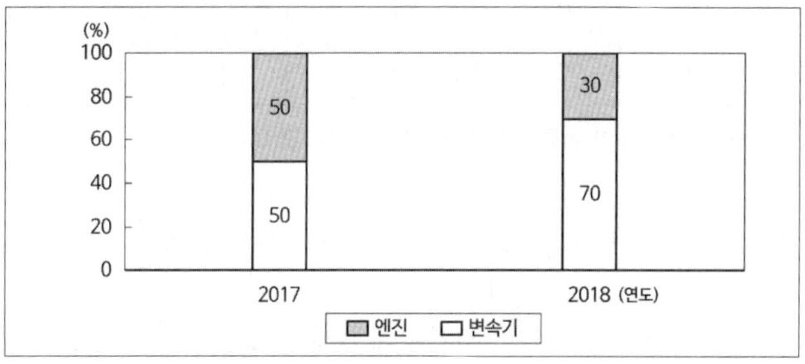

※ 1) '갑' 자동차 회사는 엔진과 변속기를 2017년에는 A기업으로부터만 납품받았으며, 2018년에는 A, B 두 기업에서만 납품받았음.
2) A, B기업은 '갑' 자동차 회사에만 납품함.
3) 매년 '갑' 자동차 회사가 납품받는 엔진 개수는 변속기 개수와 같음.

<표> A, B기업의 연도별 엔진과 변속기의 납품 단가

(단위: 만 원/개)

구분 / 연도	엔진	변속기
2017	100	80
2018	90	75

① A기업의 엔진 납품 개수는 2018년이 2017년의 80%이다.
② 2018년 B기업은 변속기 납품 개수가 엔진 납품 개수의 12.5%이다.
③ '갑' 자동차 회사가 납품받은 엔진과 변속기 납품액 합은 2018년이 2017년에 비해 30% 이상 증가하였다.
④ '갑' 자동차 회사가 납품받은 변속기 납품 개수는 2018년이 2017년의 2배 이상이다.
⑤ 2018년 A, B기업의 엔진 납품액 합은 변속기 납품액 합보다 작다.

23. 다음 <표>는 A~F 행정동으로 구성된 '갑'시의 자치구 개편 및 행정동 간 인접 현황에 관한 자료이다. <표>와 <조건>에 근거한 설명으로 옳지 않은 것은?

<표 1> 행정동별 인구와 개편 전·후 자치구 현황

구분 \ 행정동	인구(명)	개편 전 자치구	개편 후 자치구
A	1,500	가	( )
B	2,000	( )	( )
C	1,500	나	( )
D	1,500	( )	라
E	1,000	( )	마
F	1,500	다	( )

※ 자치구 개편 전·후 각 행정동의 인구수는 변화없음.

<표 2> 행정동 간 인접 현황

행정동	A	B	C	D	E	F
A		1	0	1	0	0
B	1		1	1	1	0
C	0	1		0	1	1
D	1	1	0		1	0
E	0	1	1	1		1
F	0	0	1	0	1	

※ 두 행정동이 인접하면 1, 인접하지 않으면 0임.

<조 건>

○ 개편 전 자치구는 '가', '나', '다' 3개이며, 개편 후 자치구는 '라', '마' 2개이다.

○ 개편 전에는 한 자치구에 2개의 행정동이 속하고, 개편 후에는 3개의 행정동이 속한다.

○ 동일 자치구에 속하는 행정동은 서로 인접하고 있으며, 행정동 간 인접 여부는 <표 2>에 따라 판단한다.

① 자치구 개편 전, 행정동 E는 자치구 '다'에 속한다.

② 자치구 개편 후, 행정동 C와 행정동 E는 같은 자치구에 속한다.

③ 자치구 개편 전, 자치구 '가'의 인구가 자치구 '나'의 인구보다 많다.

④ 자치구 개편 후, 자치구 '라'의 인구가 자치구 '마'의 인구보다 많다.

⑤ 행정동 B는 개편 전 자치구 '나'에 속하고, 개편 후 자치구 '라'에 속한다.

24. 다음 <그림>은 A기업 4개팀 체육대회의 종목별 대진표 및 중간경기결과이며, <표>는 종목별 승점 배점표이다. 이에 근거하여 남은 경기결과에 따른 최종 대회성적에 대한 설명으로 옳지 않은 것은?

<그림> A기업 체육대회의 종목별 대진표 및 중간경기결과

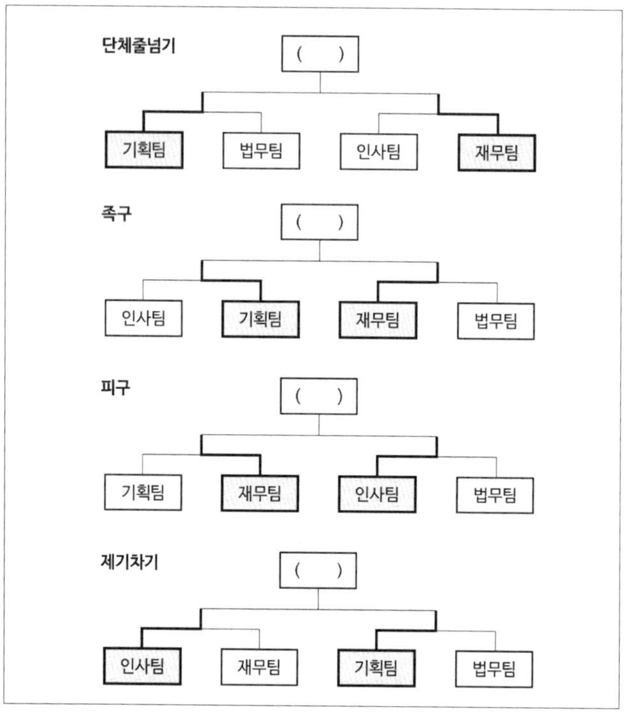

※ 굵은 선과 음영(▭)으로 표시된 팀은 이긴 팀을 의미하며, 결승전만을 남긴 상황임.

<표> 종목별 승점 배점표

종목 \ 순위	단체줄넘기	족구	피구	제기차기
1위	120	90	90	60
2위	80	60	60	40
3·4위	40	30	30	20

※ 1) 최종 대회성적은 종목별 승점합계가 가장 높은 팀이 종합 우승, 두 번째로 높은 팀이 종합 준우승임.
2) 승점합계가 동일한 팀이 나올 경우, 단체줄넘기 종목의 순위가 높은 팀이 최종 순위가 높음.
3) 모든 경기에 무승부는 없음.

① 남은 경기결과와 상관없이 법무팀은 종합 우승을 할 수 없다.

② 재무팀이 남은 경기 중 2종목에서 이기더라도 기획팀이 종합 우승을 할 수 있다.

③ 기획팀이 남은 경기에서 모두 지면, 재무팀이 종합 우승을 한다.

④ 재무팀이 남은 경기에서 모두 지더라도 재무팀은 종합 준우승을 한다.

⑤ 인사팀이 남은 경기에서 모두 이기더라도 인사팀은 종합 우승을 할 수 없다.

25. 다음 <표>, <정보>, <그림>은 A사의 공장에서 물류센터까지의 수송량과 수송비용에 관한 자료이다. 이에 대한 설명으로 옳지 않은 것은?

<표> 공장에서 물류센터까지의 수송량

(단위: 개)

물류센터 / 공장	서울	부산	대구	광주
구미	0	200	(　)	(　)
청주	300	(　)	0	0
덕평	300	0	0	0

<정 보>

○ 해당 공장에서 각 물류센터까지의 수송량의 합은 해당 공장의 '최대공급량'보다 작거나 같다.
○ 각 공장에서 해당 물류센터까지의 수송량의 합은 해당 물류센터의 '최소요구량'보다 크거나 같다.
○ 공장별 '최대공급량'은 구미 600개, 청주 500개, 덕평 300개이다.
○ 물류센터별 '최소요구량'은 서울 600개, 부산 400개, 대구 200개, 광주 150개이다.
○ 수송비용 = (수송량) × (개당 수송비용)
○ 총 수송비용은 각 공장에서 각 물류센터까지의 수송비용의 합이다.

<그림> 공장에서 물류센터까지의 개당 수송비용

(단위: 천 원/개)

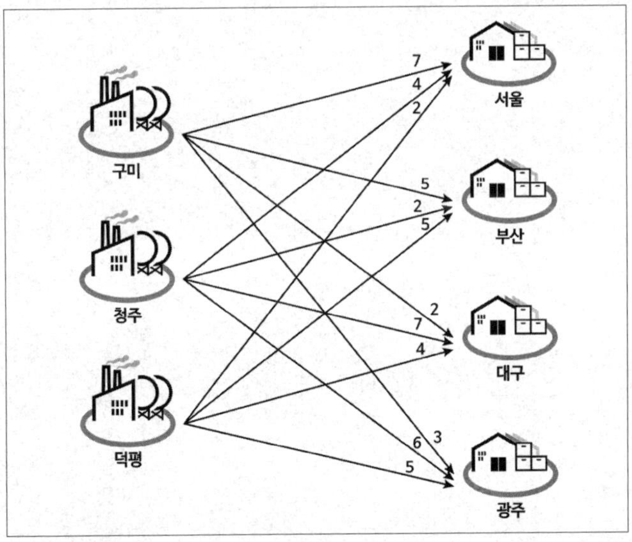

※ 예시: '청주 $\xrightarrow{2}$ 부산'은 청주 공장에서 부산 물류센터까지의 개당 수송비용이 2천 원임을 의미함.

① 청주 공장에서 부산 물류센터까지의 수송량은 200개이다.
② 총 수송비용을 최소화할 때, 구미 공장에서 광주 물류센터까지의 수송량은 150개이다.
③ 총 수송비용의 최소 금액은 405만 원이다.
④ 구미 공장에서 서울 물류센터까지의 개당 수송비용이 7천 원에서 8천 원으로 증가해도 총 수송비용의 최소 금액은 증가하지 않는다.
⑤ 구미 공장의 '최대공급량'이 600개에서 550개로 줄어들면, 총 수송비용의 최소 금액은 감소한다.

약점 보완 해설집 p.153

해커스 **민간경력자** PSAT 15개년 기출문제집

2018년 기출문제

언어논리

상황판단

자료해석

문제 풀이 시작과 종료 시각을 정하세요.

· 언어논리/상황판단 (120분) ________시 ________분 ~ ________시 ________분

· 자료해석 (60분) ________시 ________분 ~ ________시 ________분

* 교재 뒤에 수록되어 있는 OCR 답안지와 해커스ONE 애플리케이션의 모바일 타이머를 이용하여 실전처럼 모의고사를 풀어보세요.
* 기출문제 풀이 후, 약점 보완 해설집에 있는 '바로 채점 및 성적 분석 서비스' QR코드를 스캔하여 응시 인원 대비 본인의 성적 위치를 확인할 수 있습니다.

언어논리영역

1. 다음 글의 빈칸에 들어갈 진술로 가장 적절한 것은?

> 조선 후기에는 이앙법이 전국적으로 확산되었다. 이앙법을 수용하면 잡초 제거에 드는 시간과 노동력이 줄어든다. 상당수 역사학자들은 조선 후기 이앙법의 확대 수용 결과 광작(廣作)이 확산되고 상업적 농업 경영이 가능하게 되었다고 생각한다. 즉 한 사람이 경작할 수 있는 면적이 늘어남은 물론 많은 양의 다양한 농작물 수확이 가능하게 되어 판매까지 활성화되었다는 것이다. 그 결과 양반과 농민 가운데 다수의 부농이 나타나게 되었다고 주장한다.
>
> 그런데 A는 조선 후기에 다수의 양반이 광작을 통해 부농이 되었다는 주장을 근거가 없다고 비판한다. 그에 의하면 조선 전기에는 자녀 균분 상속이 일반적이었다. 그런데 균분 상속을 하게 되면 자식들이 소유하게 될 땅의 면적이 선대에 비해 줄어들게 된다. 이에 조선 후기 양반들은 가문의 경제력을 보전해야 한다고 생각해 대를 이을 장자에게만 전답을 상속해주기 시작했고, 그 결과 장자를 제외한 사람들은 영세한 소작인으로 전락했다는 것이 그의 주장이다.
>
> 또한 A는 조선 후기의 대다수 농민은 소작인이었으며, 그나마 이들이 소작할 수 있는 땅도 적었다고 주장한다. 그는 반복된 자연재해로 전답의 상당수가 황폐해져 전체적으로 경작지가 줄어들었기 때문에 이앙법 확산의 효과를 기대하기 어려운 여건이었다고 하였다. 이런 여건에서 정부의 재정 지출 증가로 농민의 부세 부담 또한 늘어났고, 늘어난 부세를 부담하기 위해 한정된 경작지에 되도록 많은 작물을 경작하려 한 결과 집약적 농업이 성행하게 되었다고 보았다. 그런데 집약적으로 농사를 짓게 되면 농업 생산력이 높아질 리 없다는 것이 그의 주장이다. 가령 면화를 재배하면서도 동시에 다른 작물을 면화 사이에 심어 기르는 경우가 많았는데, 이렇듯 제한된 면적에 한꺼번에 많은 양의 작물을 재배하면 지력이 떨어지고 수확량은 줄어들어 자연히 시장에 농산물을 내다 팔 여력이 거의 없게 된다는 것이다.
>
> 요컨대 A의 주장은 [　　　　　　] 는 것이다.

① 이앙법의 확산 효과는 시기별, 신분별로 다르게 나타났다
② 자녀 균분 상속제가 사라져 농작물 수확량이 급속히 감소하였다
③ 집약적 농업이 성행하였기 때문에 이앙법의 확산을 기대하기 어려웠다
④ 조선 후기에는 양반이든 농민이든 부농으로 성장할 수 있는 가능성이 높지 않았다
⑤ 대다수 농민이 광작과 상업적 농업에 주력했음에도 불구하고 자연재해로 인해 생산력은 오히려 낮아졌다

2. 다음 글의 ㉠~㉤에서 전체 흐름과 맞지 않는 한 곳을 찾아 수정할 때, 가장 적절한 것은?

> 상업적 농업이란 전통적인 자급자족 형태의 농업과 달리 ㉠판매를 위해 경작하는 농업을 일컫는다. 농업이 상업화된다는 것은 산출할 수 있는 최대의 수익을 얻기 위해 경작이 이루어짐을 뜻한다. 이를 위해 쟁기질, 제초작업 등과 같은 생산 과정의 일부를 인간보다 효율이 높은 기계로 작업하게 되고, 농장에서 일하는 노동자도 다른 산업 분야처럼 경영상의 이유에 따라 쉽게 고용되고 해고된다. 이처럼 상업적 농업의 도입은 근대 사회의 상업화를 촉진한 측면이 있다.
>
> 홉스봄은 18세기 유럽에 상업적 농업이 도입되면서 일어난 몇 가지 변화에 주목했다. 중세 말기 장원의 해체로 인해 지주와 소작인 간의 인간적이었던 관계가 사라진 것처럼, ㉡농장주와 농장 노동자의 친밀하고 가까웠던 관계가 상업적 농업의 도입으로 인해 사라졌다. 토지는 삶의 터전이라기보다는 수익의 원천으로 여겨지게 되었고, 농장 노동자는 시세대로 고용되어 임금을 받는 존재로 변화하였다. 결국 대량 판매 시장을 위한 ㉢대규모 생산이 점점 더 강조되면서 기계가 인간을 대체하기 시작했다.
>
> 또한 상업적 농업의 도입은 중요한 사회적 결과를 가져왔다. 점차적으로 ㉣중간 계급으로의 수렴현상이 나타난 것이다. 저임금 구조의 고착화로 농장주와 농장 노동자 간의 소득 격차는 갈수록 벌어졌고, 농장 노동자의 처지는 위생과 복지의 양 측면에서 이전보다 더욱 열악해졌다.
>
> 나아가 상업화로 인해 그 동안 호혜성의 원리가 적용되어 왔던 대상들의 성격이 변화하였는데, 특히 돈과 관련된 것, 즉 재산권이 그러했다. 수익을 얻기 위한 토지 매매가 본격화되면서 ㉤재산권은 공유되기보다는 개별화되었다. 이에 따라 이전에 평등주의 가치관이 우세했던 일부 유럽 국가에서조차 자원의 불평등한 분배와 사회적 양극화가 심화되었다.

① ㉠을 "개인적인 소비를 위해 경작하는 농업"으로 고친다.
② ㉡을 "농장주와 농장 노동자의 이질적이고 사용 관계에 가까웠던 관계"로 고친다.
③ ㉢을 "기술적 전문성이 점점 더 강조되면서 인간이 기계를 대체"로 고친다.
④ ㉣을 "계급의 양극화가 나타난 것이다."로 고친다.
⑤ ㉤을 "재산권은 개별화되기보다는 사회 구성원 내에서 공유되었다."로 고친다.

3. 다음 글에서 알 수 있는 것은?

> 공동의 번영과 조화를 뜻하는 공화(共和)에서 비롯된 공화국이라는 용어는 국가라는 정치 공동체 전체를 위해 때로는 개인의 양보가 필요할 수 있음을 전제하고 있다는 점에서 사회적 공공성 개념과 연결된다. 이미 1919년 임시정부가 출범하면서 '민주공화국'이라는 표현이 등장하였고 헌법 제1조에도 '대한민국은 민주공화국'이라고 명시되어 있지만, 분단 이후 북한도 '공화국'이라는 용어를 사용함에 따라 한국에서는 이 용어의 사용이 기피되었다. 냉전 체제의 고착화로 인해 반공이 국시가 되면서 '공화국'보다는 오히려 '자유민주주의'라는 용어가 훨씬 더 널리 사용되었는데, 이때에도 민주주의보다는 자유가 강조되었다.
>
> 그런데 해방 이후 한국 사회에 널리 유포된 자유의 개념은 대체로 서구의 고전적 자유주의 전통에서 비롯된 것이다. 이 전통에서 보자면, 자유란 '국가의 강제에 대립하여 자신의 사유 재산권을 자기 마음대로 행사할 수 있는 것'을 의미한다. 이 같은 자유 개념에 기초하고 있는 자유민주주의에서는 개인의 자유를 강조할수록 사회적 공공성은 약화될 수밖에 없다.
>
> 자유민주주의가 1960년대 이후 급속히 팽배하기 시작한 개인주의와 결합하면서 사회적 공공성은 더욱 후퇴하였다. 이 시기 군사정권이 내세웠던 "잘 살아보세."라는 표어는 우리 공동체 전체가 다 함께 잘 사는 것이라기보다는 사실상 나 또는 내 가족만큼은 잘 살아보자는 개인적 욕망의 합리화를 의미했다. 그 결과 공동체 전체의 번영을 위한 사회 전반의 공공성이 강화되기보다는 사유 재산의 증대를 위해 국가의 간섭을 배제해야 한다는 논리가 강화되었던 것이다.

① 한국 사회에서 자유민주주의라는 용어는 공화국의 이념을 충실하게 수용한 것이다.
② 임시 정부에서 민주공화국이라는 용어를 사용한 것은 자유주의 전통에 따른 것이다.
③ 고전적 자유주의에서 비롯된 자유 개념을 강조할수록 사회적 공공성이 약화될 수 있다.
④ 반공이 국시가 된 이후 국가 공동체에 대한 충성을 강조한 결과 공공성에 대한 관심이 증대되었다.
⑤ 1960년대 이후 개인주의와 자유민주주의의 결합은 공동체 전체의 번영이라는 사회적 결과를 낳았다.

4. 다음 글에서 알 수 있는 것은?

> 구글의 디지털도서관은 출판된 모든 책을 디지털화하여 온라인을 통해 제공하는 프로젝트이다. 이는 전 세계 모든 정보를 취합하여 정리한다는 목표에 따라 진행되며, 이미 1,500만 권의 도서를 스캔하였다. 덕분에 셰익스피어 저작집 등 저작권 보호 기간이 지난 책들이 무료로 서비스되고 있다.
>
> 이에 대해 미국 출판업계가 소송을 제기하였고, 2008년에 구글이 1억 2,500만 달러를 출판업계에 지급하는 것으로 양자 간 합의안이 도출되었다. 그러나 연방법원은 이 합의안을 거부하였다. 디지털도서관은 많은 사람들에게 혜택을 줄 수 있지만, 이는 구글의 시장독점을 초래할 우려가 있으며, 저작권 침해의 소지도 있기에 저작권자도 소송에 참여하라고 주문하였다.
>
> 구글의 지식 통합 작업은 많은 이점을 가져오겠지만, 모든 지식을 한곳에 집중시키는 것이 옳은 방향인가에 대해서는 숙고가 필요하다. 문명사회를 지탱하고 있는 사회계약이란 시민과 국가 간의 책임과 권리에 관한 암묵적 동의이며, 집단과 구성원 간, 또는 개인 간의 계약을 의미한다. 이러한 계약을 위해서는 쌍방이 서로에 대해 비슷한 정도의 지식을 가지고 있어야 한다는 전제조건이 충족되어야 한다. 그런데 지식 통합 작업을 통한 지식의 독점은 한쪽 편이 상대방보다 훨씬 많은 지식을 가지는 지식의 비대칭성을 강화한다. 따라서 사회계약의 토대 자체가 무너질 수 있다. 또한 지식 통합 작업은 지식을 수집하여 독자들에게 제공하고자 하는 것이지만, 더 나아가면 지식의 수집뿐만 아니라 선별하고 배치하는 편집 권한까지 포함하게 된다. 이에 따라 사람들이 알아도 될 것과 그렇지 않은 것을 결정하는 막강한 권력을 구글이 갖게 되는 상황이 초래될 수 있다.

① 구글과 저작권자의 갈등은 소송을 통해 해결되었다.
② 구글의 지식 통합 작업은 사회계약의 전제조건을 더 공고하게 할 것이다.
③ 구글의 지식 통합 작업은 독자들과 구글 사이에 평등한 권력 관계를 확대할 것이다.
④ 구글의 디지털도서관은 지금까지 스캔한 1,500만 권의 책을 무료로 서비스하고 있다.
⑤ 구글의 지식 통합 작업은 지식의 수집에서 편집권을 포함하는 것까지 확대될 수 있다.

5. 다음 글에서 알 수 있는 것은?

> 체험사업을 운영하는 이들은 아이들에게 다양한 직업의 현장과 삶의 실상, 즉 현실을 체험하게 해준다고 홍보한다. 직접 겪지 못하는 현실을 잠시나마 체험함으로써 미래에 더 좋은 선택을 할 수 있게 한다는 것이다. 체험은 생산자에게는 홍보와 돈벌이 수단이 되고, 소비자에게는 교육의 연장이자 주말 나들이 거리가 된다. 이런 필요와 전략이 맞물려 체험사업이 번성한다. 그러나 이때의 현실은 체험하는 사람의 필요와 여건에 맞추어 미리 짜놓은 현실, 치밀하게 계산된 현실이다. 다른 말로 하면 가상현실이다. 아이들의 상황을 고려해서 눈앞에 보일 만한 것, 손에 닿을 만한 것, 짧은 시간에 마칠 수 있는 것을 잘 계산해서 마련해 놓은 맞춤형 가상현실인 것이다. 눈에 보이지 않는 구조, 손에 닿지 않는 제도, 장기간 반복되는 일상은 체험행사에서는 제공될 수 없다.
>
> 여기서 주목해야 할 것은 경험과 체험의 차이이다. 경험은 타자와의 만남이다. 반면 체험 속에서 인간은 언제나 자기 자신만을 볼 뿐이다. 타자들로 가득한 현실을 경험함으로써 인간은 스스로 변화하는 동시에 현실을 변화시킬 동력을 얻는다. 이와 달리 가상현실에서는 그것을 체험하고 있는 자신을 재확인하는 것으로 귀결되기 마련이다. 경험 대신 체험을 제공하는 가상현실은 실제와 가상의 경계를 모호하게 할 뿐만 아니라 우리를 현실에 순응하도록 이끈다. 요즘 미래 기술로 각광받는 디지털 가상현실 기술은 경험을 체험으로 대체하려는 오랜 시도의 결정판이다. 버튼 하나만 누르면 3차원으로 재현된 세계가 바로 앞에 펼쳐진다. 한층 빠르고 정교한 계산으로 구현한 가상현실은 우리에게 필요한 모든 것을 눈앞에서 체험할 수 있는 본격 체험사회를 예고하는 것만 같다.

① 체험사업은 장기간의 반복적 일상을 가상현실을 통해 경험하도록 해준다.
② 현실을 변화시킬 수 있는 동력은 체험이 아닌 현실을 경험함으로써 얻게 된다.
③ 가상현실은 실제와 가상 세계의 경계를 구분하여 자기 자신을 체험할 수 없도록 한다.
④ 체험사업은 아이들에게 타자와의 만남을 경험하게 해줌으로써 경제적 이윤을 얻고 있다.
⑤ 디지털 가상현실 기술은 아이들에게 현실을 경험하게 함으로써 미래에 더 좋은 선택을 하도록 돕는다.

6. 다음 글에서 알 수 없는 것은?

> 고대에는 별이 뜨고 지는 것을 통해 방위를 파악했다. 최근까지 서태평양 캐롤라인 제도의 주민은 현대식 항해 장치 없이도 방위를 파악하여 카누 하나만으로 드넓은 열대 바다를 항해하였다. 인류학자들에 따르면, 그들은 별을 나침반처럼 이용하여 여러 섬을 찾아다녔고 이때의 방위는 북쪽의 북극성, 남쪽의 남십자성, 그 밖에 특별히 선정한 별이 뜨고 지는 것에 따라 정해졌다.
>
> 캐롤라인 제도는 적도의 북쪽에 있어서 그 주민들은 북쪽 수평선의 바로 위쪽에서 북극성을 볼 수 있다. 북극성은 천구의 북극점으로부터 매우 가까운 거리에서 작은 원을 그리며 공전한다. 천구의 북극점은 지구 자전축의 북쪽 연장선상에 있기 때문에 천구의 북극점에 있는 별은 공전을 하지 않고 정지된 것처럼 보인다. 이처럼 천구의 북극점에 있는 별을 제외하고 북극성을 포함한 별이 천구의 북극점을 중심으로 공전하는 것처럼 보이는 것은 지구가 자전하기 때문이다.
>
> 캐롤라인 제도의 주민이 북쪽을 찾기 위해 이용했던 북극성은 자기(磁氣) 나침반보다 더 정확하게 천구의 북극점을 가리킨다. 이는 나침반의 바늘이 지구의 자전축으로부터 거리가 멀리 떨어져 있는 지구자기의 북극점을 향하기 때문이다. 또한 천구의 남극점 근처에서 쉽게 관측할 수 있는 고정된 별은 없으므로 캐롤라인 제도의 주민은 남극점 자체를 볼 수 없다. 그러나 남십자성이 천구의 남극점 주위를 돌고 있으므로 남쪽을 파악하는 데는 큰 어려움이 없다.

① 고대에 사용되었던 방위 파악 방법 중에는 최근까지 이용된 것도 있다.
② 캐롤라인 제도의 주민은 밤하늘에 있는 남십자성을 이용하여 남쪽을 알아낼 수 있었다.
③ 지구 자전축의 연장선상에 별이 있다면, 밤하늘을 보았을 때 그 별은 정지된 것처럼 보인다.
④ 자기 나침반을 이용하면 북극성을 이용할 때보다 더 정확히 천구의 북극점을 찾을 수 있다.
⑤ 캐롤라인 제도의 주민이 관찰한 별이 천구의 북극점을 중심으로 공전하는 것처럼 보이는 이유는 지구가 자전하기 때문이다.

7. 다음 글의 ⓐ와 ⓑ에 들어갈 말을 <보기>에서 골라 적절하게 나열한 것은?

> 갈릴레오는 망원경으로 목성을 항상 따라다니는 네 개의 위성을 관찰하였다. 이 관찰 결과는 지동설을 지지해 줄 수 있는 것이었다. 당시 지동설에 대한 반대 논증 중 하나는 다음과 같은 타당한 논증이었다.
>
> (가) ______ⓐ______.
>
> (나) 달은 지구를 항상 따라다닌다.
>
> 따라서 (다) 지구는 공전하지 않는다.
>
> 갈릴레오의 관찰 결과는 이 논증의 (가)를 반박할 수 있는 것이었다. 왜냐하면 목성이 공전한다는 것은 당시 천동설 학자들도 받아들이고 있었고 그의 관찰로 인해 위성들이 공전하는 목성을 따라다닌다는 것이 밝혀지는 셈이기 때문이다. 그런데 문제는 당시의 학자들이 망원경을 통한 관찰을 신뢰하지 않는다는 데 있었다. 당시 학자들 대부분은 육안을 통한 관찰로만 실제 존재를 파악할 수 있다고 믿었다. 따라서 갈릴레오는 망원경을 통한 관찰이 육안을 통한 관찰만큼 신뢰할 만하다는 것을 입증해야 했다. 이를 보이기 위해 그는 '빛 번짐 현상'을 활용하였다.
>
> 빛 번짐 현상이란, 멀리 떨어져 있는 작고 밝은 광원을 어두운 배경에서 볼 때 실제 크기보다 광원이 크게 보이는 현상이다. 육안으로 금성을 관찰할 경우, 금성이 주변 환경에 비해 더 밝게 보이는 밤에 관찰하는 것보다 낮에 관찰하는 것이 더 정확하다. 그런데 낮에 관찰한 결과는 연중 금성의 외견상 크기가 변한다는 것을 보여준다.
>
> 그렇다면 망원경을 통한 관찰이 신뢰할 만하다는 것은 어떻게 보일 수 있었을까? 갈릴레오는 밤에 금성을 관찰할 때 망원경을 사용하면 빛 번짐 현상을 없앨 수 있다는 것을 강조하면서 다음과 같은 논증을 펼쳤다.
>
> (라) ____ⓑ____면, 망원경에 의한 관찰 자료를 신뢰할 수 있다.
>
> (마) ____ⓑ____.
>
> 따라서 (바) 망원경에 의한 관찰 자료를 신뢰할 수 있다.
>
> 결국 갈릴레오는 (마)를 입증함으로써, (바)를 보일 수 있었다.

<보 기>

ㄱ. 지구가 공전한다면, 달은 지구를 따라다니지 못한다

ㄴ. 달이 지구를 따라다니지 못한다면, 지구는 공전한다

ㄷ. 낮에 망원경을 통해 본 금성의 크기 변화와 낮에 육안으로 관찰한 금성의 크기 변화가 유사하다

ㄹ. 낮에 망원경을 통해 본 금성의 크기 변화와 밤에 망원경을 통해 본 금성의 크기 변화가 유사하다

ㅁ. 낮에 육안으로 관찰한 금성의 크기 변화와 밤에 망원경을 통해 본 금성의 크기 변화가 유사하다

	ⓐ	ⓑ
①	ㄱ	ㄷ
②	ㄱ	ㅁ
③	ㄴ	ㄷ
④	ㄴ	ㄹ
⑤	ㄴ	ㅁ

8. 다음 글에 대한 분석으로 적절한 것만을 <보기>에서 모두 고르면?

> 우리는 흔히 행위를 윤리적 관점에서 '해야 하는 행위'와 '하지 말아야 하는 행위'로 구분한다. 그리고 전자에는 '윤리적으로 옳음'이라는 가치 속성을, 후자에는 '윤리적으로 그름'이라는 가치 속성을 부여한다. 그런데 윤리적 담론의 대상이 되는 행위 중에는 윤리적으로 권장되는 행위나 윤리적으로 허용되는 행위도 존재한다.
>
> 윤리적으로 권장되는 행위는 자선을 베푸는 것과 같이 윤리적인 의무는 아니지만 윤리적으로 바람직하다고 판단되는 행위를 의미한다. 이와 달리 윤리적으로 허용되는 행위는 윤리적으로 그르지 않으면서 정당화 가능한 행위를 의미한다. 예를 들어, 응급환자를 태우고 병원 응급실로 달려가던 중 신호를 위반하고 질주하는 행위는 맥락에 따라 윤리적으로 정당화 가능한 행위라고 판단될 것이다. 우리가 윤리적으로 권장되는 행위나 윤리적으로 허용되는 행위에 대해 옳음이나 그름이라는 윤리적 가치 속성을 부여한다면, 이 행위들에는 윤리적으로 옳음이라는 속성이 부여될 것이다.
>
> 이런 점에서 '윤리적으로 옳음'이란 윤리적으로 해야 하는 행위, 권장되는 행위, 허용되는 행위 모두에 적용되는 매우 포괄적인 용어임에 유의할 필요가 있다. '윤리적으로 옳은 행위가 무엇인가?'라는 질문에 답할 때, 이러한 포괄성을 염두에 두지 않고, 윤리적으로 해야 하는 행위, 즉 적극적인 윤리적 의무에 대해서만 주목하는 경향이 있다. 하지만 구체적인 행위에 대해 '윤리적으로 옳은가?'라는 질문을 할 때에는 위와 같은 분류를 바탕으로 해당 행위가 해야 하는 행위인지, 권장되는 행위인지, 혹은 허용되는 행위인지 따져볼 필요가 있다.

<보 기>

ㄱ. 어떤 행위는 그 행위가 이루어진 맥락에 따라 윤리적으로 허용되는지의 여부가 결정된다.

ㄴ. '윤리적으로 옳은 행위가 무엇인가?'라는 질문에 답하기 위해서는 적극적인 윤리적 의무에만 주목해야 한다.

ㄷ. 윤리적으로 권장되는 행위와 윤리적으로 허용되는 행위에 대해서는 윤리적으로 옳음이라는 가치 속성이 부여될 수 있다.

① ㄱ

② ㄴ

③ ㄱ, ㄷ

④ ㄴ, ㄷ

⑤ ㄱ, ㄴ, ㄷ

9. 다음 글에서 추론할 수 없는 것은?

동물의 행동을 선하다거나 악하다고 평가할 수 없는 이유는 동물이 단지 본능적 욕구에 따라 행동할 뿐이기 때문이다. 오직 인간만이 욕구와 감정에 맞서서 행동할 수 있다. 인간만이 이성을 가지고 있다. 그러나 인간이 전적으로 이성적인 존재는 아니다. 다른 동물과 마찬가지로 인간 또한 감정과 욕구를 가진 존재다. 그래서 인간은 이성과 감정의 갈등을 겪게 된다.

그러한 갈등에도 불구하고 인간이 도덕적 행위를 할 수 있는 까닭은 이성이 우리에게 도덕적인 명령을 내리기 때문이다. 도덕적 명령에 따를 때에야 비로소 우리는 의무에서 비롯된 행위를 한 것이다. 만약 어떤 행위가 이성의 명령에 따른 것이 아닐 경우 그것이 결과적으로 의무와 부합할지라도 의무에서 나온 행위는 아니다. 의무에서 나온 행위가 아니라면 심리적 성향에서 비롯된 행위가 되는데, 심리적 성향에서 비롯된 행위는 도덕성과 무관하다. 불쌍한 사람을 보고 마음이 아파서 도움을 주었다면 이는 결국 심리적 성향에 따라 행동한 것이다. 그것은 감정과 욕구에 따른 것이기 때문에 도덕적 행위일 수가 없다.

감정이나 욕구와 같은 심리적 성향에 따른 행위가 도덕적일 수 없는 또 다른 이유는, 그것이 상대적이기 때문이다. 감정이나 욕구는 주관적이어서 사람마다 다르며, 같은 사람이라도 상황에 따라 변하기 마련이다. 때문에 이는 시공간을 넘어 모든 인간에게 적용될 수 있는 보편적인 도덕의 원리가 될 수 없다. 감정이나 욕구가 어떠하든지 간에 이성의 명령에 따르는 것이 도덕이다. 이러한 입장이 사랑이나 연민과 같은 감정에서 나온 행위를 인정하지 않는다거나 가치가 없다고 평가하는 것은 아니다. 단지 사랑이나 연민은 도덕적 차원의 문제가 아닐 뿐이다.

① 동물의 행위는 도덕적 평가의 대상이 아니다.
② 감정이나 욕구는 보편적인 도덕의 원리가 될 수 없다.
③ 심리적 성향에서 비롯된 행위는 도덕적 행위일 수 없다.
④ 이성의 명령에 따른 행위가 심리적 성향에 따른 행위와 일치하는 경우는 없다.
⑤ 인간의 행위 중에는 심리적 성향에서 비롯된 것도 있고 의무에서 나온 것도 있다.

10. 다음 글의 내용이 참일 때, 최종 선정되는 단체는?

○○부는 우수 문화예술 단체A, B, C, D, E 중 한 곳을 선정하여 지원하려 한다. ○○부의 금번 선정 방침은 다음 두 가지다. 첫째, 어떤 형태로든 지원을 받고 있는 단체는 최종 후보가 될 수 없다. 둘째, 최종 선정 시 올림픽 관련 단체를 엔터테인먼트 사업(드라마, 영화, K-pop) 단체보다 우선한다.

A단체는 자유무역협정을 체결한 갑국에 드라마 컨텐츠를 수출하고 있지만 올림픽과 관련된 사업은 하지 않는다. B는 올림픽의 개막식 행사를, C는 폐막식 행사를 각각 주관하는 단체다. E는 오랫동안 한국 음식문화를 세계에 보급해 온 단체다. A와 C 중 적어도 한 단체가 최종 후보가 되지 못한다면, 대신 B와 E 중 적어도 한 단체는 최종 후보가 된다. 반면 게임 개발로 각광을 받은 단체인 D가 최종 후보가 된다면, 한국과 자유무역협정을 체결한 국가와 교역을 하는 단체는 모두 최종 후보가 될 수 없다. 후보 단체들 중 가장 적은 부가가치를 창출한 단체는 최종 후보가 될 수 없고, 최종 선정은 최종 후보가 된 단체 중에서만 이루어진다.

○○부의 조사 결과, 올림픽의 개막식 행사를 주관하는 모든 단체는 이미 ㅇㅇ부로부터 지원을 받고 있다. 그리고 위 문화예술 단체 가운데 한국 음식문화 보급과 관련된 단체의 부가가치 창출이 가장 저조하였다.

① A
② B
③ C
④ D
⑤ E

11. 다음 글에서 알 수 있는 것은?

> 불교가 삼국에 전래될 때 대개 불경과 불상 그리고 사리가 들어왔다. 이에 예불을 올리고 불상과 사리를 모실 공간으로 사찰이 건립되었다. 불교가 전래된 초기에는 불상보다는 석가모니의 진신사리를 모시는 탑이 예배의 중심이 되었다.
>
> 불교에서 전하기를, 석가모니가 보리수 아래에서 열반에 든 후 화장(火葬)을 하자 여덟 말의 사리가 나왔다고 한다. 이것이 진신사리이며 이를 모시는 공간이 탑이다. 탑은 석가모니의 분신을 모신 곳으로 간주되어 사찰의 중심에 놓였다. 그러나 진신사리는 그 수가 한정되어 있었기 때문에 삼국시대 말기에는 사리를 대신하여 작은 불상이나 불경을 모셨다. 이제 탑은 석가모니의 분신을 모신 곳이 아니라 사찰의 상징적 건축물로 그 의미가 변했고, 예배의 중심은 탑에서 불상을 모신 금당으로 자연스럽게 옮겨갔다.
>
> 삼국시대 사찰은 탑을 중심으로 하고 그 주위를 회랑※으로 두른 다음 부속 건물들을 정연한 비례에 의해 좌우대칭으로 배치하는 구성을 보였다. 그리하여 이 시기 사찰에서는 기본적으로 남문·중문·탑·금당·강당·승방 등이 남북으로 일직선상에 놓였다. 그리고 반드시 중문과 강당 사이를 회랑으로 연결하여 탑을 감쌌다. 동서양을 막론하고 모든 고대국가의 신전에는 이러한 회랑이 공통적으로 보이는데, 이는 신전이 성역임을 나타내기 위한 건축적 장치가 회랑이기 때문이다. 특히 삼국시대 사찰은 후대의 산사와 달리 도심 속 평지 사찰이었기 때문에 회랑이 필수적이었다.

※ 회랑: 종교 건축이나 궁궐 등에서 중요 부분을 둘러싸고 있는 지붕 달린 복도

① 삼국시대의 사찰에서 탑은 중문과 강당 사이에 위치한다.
② 진신사리를 모시는 곳은 탑에서 금당의 불상으로 바뀌었다.
③ 삼국시대 말기에는 진신사리가 부족하여 탑 안을 비워두었다.
④ 삼국시대 이후에는 평지 사찰과 산사를 막론하고 회랑을 세우지 않았다.
⑤ 탑을 사찰의 중심에 세웠던 것은 사찰이 성역임을 나타내기 위해서였다.

12. 다음 글의 내용 흐름상 가장 적절한 문단 배열의 순서는?

> (가) 회전문의 축은 중심에 있다. 축을 중심으로 통상 네 짝의 문이 계속 돌게 되어 있다. 마치 계속 열려 있는 듯한 착각을 일으키지만, 사실은 네 짝의 문이 계속 안 또는 밖을 차단하도록 만든 것이다. 실질적으로는 열려 있는 순간 없이 계속 닫혀 있는 셈이다.
>
> (나) 문은 열림과 닫힘을 위해 존재한다. 이 본연의 기능을 하지 못한다는 점에서 계속 닫혀 있는 문이 무의미하듯이, 계속 열려 있는 문 또한 그 존재 가치와 의미가 없다. 그런데 현대 사회의 문은 대부분의 경우 닫힌 구조로 사람들을 맞고 있다. 따라서 사람들을 환대하는 것이 아니라 박대하고 있다고 할 수 있다. 그 대표적인 예가 회전문이다. 가만히 회전문의 구조와 그 기능을 머릿속에 그려보라. 그것이 어떤 식으로 열리고 닫히는지 알고는 놀랄 것이다.
>
> (다) 회전문은 인간이 만들고 실용화한 문 가운데 가장 문명적이고 가장 발전된 형태로 보일지 모르지만, 사실상 열림을 가장한 닫힘의 연속이기 때문에 오히려 가장 야만적이며 가장 미개한 형태의 문이다.
>
> (라) 또한 회전문을 이용하는 사람들은 회전문의 구조와 운동 메커니즘에 맞추어야 실수 없이 문을 통과해 안으로 들어가거나 밖으로 나올 수 있다. 어린아이, 허약한 사람, 또는 민첩하지 못한 노인은 쉽게 그것에 맞출 수 없다. 더구나 휠체어를 탄 사람이라면 더 말할 나위도 없다. 이들에게 회전문은 문이 아니다. 실질적으로 닫혀 있는 기능만 하는 문은 문이 아니기 때문이다.

① (가) - (나) - (라) - (다)
② (가) - (라) - (나) - (다)
③ (나) - (가) - (라) - (다)
④ (나) - (다) - (라) - (가)
⑤ (다) - (가) - (라) - (나)

13. 다음 글의 내용과 부합하는 것은?

유교 전통에서는 이상적 정치가 군주 개인의 윤리적 실천에 의해 실현된다고 보았을 뿐 윤리와 구별되는 정치 그 자체의 독자적 영역을 설정하지는 않았다. 달리 말하면 유교 전통에서는 통치자의 윤리만을 문제 삼았을 뿐, 갈등하는 세력들 간의 공존을 위한 정치나 정치제도에는 관심을 두지 않았다. 유교 전통의 이런 측면은 동아시아에서의 민주주의의 실현 가능성을 제한하였다.

'조화(調和)'를 이상으로 생각하는 유교의 전통 또한 차이와 갈등을 긍정하는 서구의 민주주의 정치 전통과는 거리가 있다. 유교 전통에 따르면, 인간의 행위와 사회 제도는 모두 자연의 운행처럼 조화를 이루어야 한다. 조화를 이루지 못하는 것은 근본적으로 그릇된 것이기 때문에 모든 것은 계절이 자연스럽게 변화하듯 조화를 실현해야 한다. 그러나 서구의 개인주의적 맥락에서 보자면 정치란 서로 다른 개인들 간의 갈등을 조정하는 제도적 장치를 마련하는 과정이었다. 그 결과 서구의 민주주의 사회에서는 다양한 정치적 입장들이 독자적인 형태를 취하면서 경쟁하며 공존할 수 있었다.

물론 유교 전통 하에서도 다양한 정치적 입장들이 존재했다고 주장할 수 있다. 군주 절대권이 인정되었다고 해도, 실질적 국가운영을 맡았던 것은 문사(文士) 계층이었고 이들은 다양한 정치적 견해를 군주에게 전달할 수 있었다. 문사 계층은 윤리적 덕목을 군주가 실천하도록 함으로써 갈등 자체가 발생하지 않도록 힘썼다. 또한 이들은 유교 윤리에서 벗어난 군주의 그릇된 행위를 비판하기도 하였다. 그렇다고 하더라도 이들이 서구의 계몽사상가들처럼 기존의 유교적 질서와 다른 정치적 대안을 제시할 수는 없었다. 이들에게 정치는 윤리와 구별되는 독자적 영역으로 인식되지 못하였다.

① 유교 전통에서 사회적 갈등을 원활히 관리하지 못하는 군주는 교체될 수 있었다.
② 유교 전통에서 문사 계층은 기존 유교적 질서와 다른 정치적 대안을 제시하지는 못했다.
③ 조화를 강조하는 유교 전통에서는 서구의 민주주의와 다른 새로운 유형의 민주주의가 등장하였다.
④ 유교 전통에서는 조화의 이상에 따라 군주의 주도로 갈등하는 세력이 공존하는 정치가 유지될 수 있었다.
⑤ 군주의 통치 행위에 대해 다양하게 비판할 수 있었던 유교 전통으로 인해 동아시아에서 민주주의가 발전하였다.

14. 다음 글에서 알 수 없는 것은?

루머는 구전과 인터넷을 통해 확산되고, 그 과정에서 여러 사람들의 의견이 더해진다. 루머는 특히 사회적 불안감이 형성되었을 때 빠르게 확산되는데, 이는 사람들이 사회적·개인적 불안감을 해소하기 위한 수단으로 루머에 의지하기 때문이다.

나아가 루머가 확산되는 데는 사회적 동조가 중요한 영향을 미친다. 사회적 동조란 '다수의 의견이나 사회적 규범에 개인의 의견과 행동을 맞추거나 동화시키는 경향'을 뜻한다. 사회적 동조는 루머가 사실로 인식되고 대중적으로 수용되는 과정에서도 큰 영향력을 행사한다.

사회적 동조는 개인이 어떤 정보에 대해 판단하거나 그에 대한 태도를 결정하는 데 정당성을 제공한다. 다수의 의견을 따름으로써 어떤 정보를 믿는 것에 대한 합리적 이유를 갖게 되는 것이다. 실제로 루머에 대한 지지 댓글을 많이 본 사람들은 루머에 대한 반박 댓글을 많이 본 사람들에 비해 루머를 사실로 믿는 경향이 더욱 강한 것으로 나타났다. 또한 사회적 동조가 있는 상태에서는 개인의 성향과 상관없이 루머를 사실이라고 믿는 경우가 많았다.

사회적 동조의 또 다른 역할은 사람들이 자신의 의견을 제시할 때 사회적 분위기를 고려하게 하는 것이다. 소속된 집단으로부터 소외되지 않기 위해서 다수에 의해 지지되는 의견을 따라가는 현상이 발생하기도 한다. 이와 같은 현상은 개인주의 문화권보다는 집단주의 문화권에 있는 사람들에게서 더 잘 나타난다. 집단주의 문화권 사람들은 루머를 믿는 사람들로부터 루머에 대한 정보를 얻고 그것을 근거로 하여 판단하며, 다른 사람들의 의견에 개인의 생각을 일치시키는 경향이 두드러진다.

① 사람들은 루머를 사회적 불안감을 해소하기 위한 수단으로 삼기도 한다.
② 사회적 동조는 개인이 루머를 사실로 받아들이는 결정을 함에 있어 정당성을 제공한다.
③ 집단주의 문화권에서는 개인주의 문화권보다 사회적 동조가 루머의 확산에 미치는 영향이 더 크게 나타난다.
④ 루머에 대한 반박 댓글을 많이 본 사람들이 지지 댓글을 많이 본 사람들보다 루머를 사실로 믿는 경향이 더 약하다.
⑤ 사회적 동조가 있을 때, 충동적인 사람들은 충동적이지 않은 사람들에 비해 루머를 사실로 믿는 경향이 더 강하다.

15. 다음 (가)~(다)에 대한 평가로 적절한 것만을 <보기>에서 모두 고르면?

(가) 기술의 발전 덕분에 더 풍요로운 세계를 만들 수 있다. 원료, 자본, 노동 같은 생산요소의 투입량을 줄이면서 산출량은 더 늘릴 수 있는 세계 말이다. 디지털 기술의 발전은 경외감을 불러일으키는 개선과 풍요의 엔진이 된다. 반면 그것은 시간이 흐를수록 부, 소득, 생활수준, 발전 기회 등에서 점점 더 큰 격차를 만드는 엔진이기도 하다. 즉 기술의 발전은 경제적 풍요와 격차를 모두 가져온다.

(나) 기술의 발전에 따른 풍요가 더 중요한 현상이며, 격차도 풍요라는 기반 위에 있기 때문에 모든 사람의 삶이 풍요로워지는 데 초점을 맞추어야 한다. 고도로 숙련된 노동자와 나머지 사람들과의 격차가 벌어지고 있다는 것을 인정하지만, 모든 사람들의 경제적 삶이 나아지고 있기에 누군가의 삶이 다른 사람보다 더 많이 나아지고 있다는 사실에 관심을 둘 필요가 없다.

(다) 중산층들이 과거에 비해 경제적으로 더 취약해졌기 때문에 기술의 발전에 따른 풍요보다 격차에 초점을 맞추어야 한다. 실제로 주택, 보건, 의료 등과 같이 그들의 삶에서 중요한 항목에 들어가는 비용의 증가율은 시간이 흐르면서 가계 소득의 증가율에 비해 훨씬 더 높아지고 있다. 설상가상으로 소득 분포의 밑바닥에 속한 가정에서 태어난 아이가 상층으로 이동할 기회는 점점 더 줄어들고 있다.

<보 기>

ㄱ. 현재의 정보기술은 덜 숙련된 노동자보다 숙련된 노동자를 선호하고, 노동자보다 자본가에게 돌아가는 수익을 늘린다는 사실은 (가)의 논지를 약화한다.

ㄴ. 기술의 발전이 전 세계의 가난한 사람들에게도 도움을 주며, 휴대전화와 같은 혁신사례들이 모든 사람들의 소득과 기타 행복의 수준을 개선한다는 연구결과는 (나)의 논지를 강화한다.

ㄷ. 기술의 발전이 가져온 경제적 풍요가 엄청나게 벌어진 격차를 보상할 만큼은 아니라는 것을 보여주는 자료는 (다)의 논지를 약화한다.

① ㄱ
② ㄴ
③ ㄱ, ㄷ
④ ㄴ, ㄷ
⑤ ㄱ, ㄴ, ㄷ

16. 다음 글에서 알 수 있는 것만을 <보기>에서 모두 고르면?

사람은 사진이나 영상만 보고도 어떤 사물의 이미지인지 아주 쉽게 분별하지만 컴퓨터는 매우 복잡한 과정을 거쳐야만 분별할 수 있다. 이를 해결하기 위해 컴퓨터가 스스로 학습하면서 패턴을 찾아내 분류하는 기술적 방식인 '기계학습'이 고안됐다. 기계학습을 통해 컴퓨터가 입력되는 수많은 데이터 중에서 비슷한 것들끼리 분류할 수 있도록 학습시킨다. 데이터 분류 방식을 컴퓨터에게 학습시키기 위해 많은 기계학습 알고리즘이 개발되었다.

기계학습 알고리즘은 컴퓨터에서 사용되는 사물 분별 방식에 기반하고 있는데, 이러한 사물 분별 방식은 크게 '지도 학습'과 '자율 학습' 두 가지로 나뉜다. 초기의 기계 학습 알고리즘들은 대부분 지도 학습에 기초하고 있다. 지도 학습 방식에서는 컴퓨터에 먼저 '이런 이미지가 고양이야'라고 학습시키면, 컴퓨터는 학습된 결과를 바탕으로 고양이 사진을 분별하게 된다. 따라서 사전 학습 데이터가 반드시 제공되어야 한다. 사전 학습 데이터가 적으면 오류가 커지므로 데이터의 양도 충분해야만 한다. 반면 지도 학습 방식보다 진일보한 방식인 자율 학습에서는 이 과정이 생략된다. '이런 이미지가 고양이야'라고 학습시키지 않아도 컴퓨터는 자율적으로 '이런 이미지가 고양이군'이라고 학습하게 된다. 이러한 자율 학습 방식을 응용하여 '심화신경망' 알고리즘을 활용한 기계학습 분야를 '딥러닝'이라고 일컫는다.

그러나 딥러닝 작업은 고도의 연산 능력이 요구되기 때문에, 웬만한 컴퓨팅 능력으로는 이를 시도하기 쉽지 않았다. A 교수가 1989년에 필기체 인식을 위해 심화신경망 알고리즘을 도입했을 때 연산에만 3일이 걸렸다는 사실은 잘 알려져 있다. 하지만 고성능 CPU가 등장하면서 연산을 위한 시간의 문제는 자연스럽게 해소되었다. 딥러닝 기술의 활용 범위는 RBM과 드롭아웃이라는 새로운 알고리즘이 개발된 후에야 비로소 넓어졌다.

<보 기>

ㄱ. 지도 학습 방식을 사용하여 컴퓨터가 사물을 분별하기 위해서는 사전 학습 데이터가 주어져야 한다.

ㄴ. 자율 학습은 지도 학습보다 학습의 단계가 단축되었기에 낮은 연산 능력으로도 수행 가능하다.

ㄷ. 딥러닝 기술의 활용 범위는 새로운 알고리즘 개발보다는 고성능 CPU 등장 때문에 넓어졌다.

① ㄱ
② ㄷ
③ ㄱ, ㄴ
④ ㄴ, ㄷ
⑤ ㄱ, ㄴ, ㄷ

17. 다음 글의 주장을 강화하는 것만을 <보기>에서 모두 고르면?

> 우리는 물체까지의 거리 자체를 직접 볼 수는 없다. 거리는 눈과 그 물체를 이은 직선의 길이인데, 우리의 망막에는 직선의 한쪽 끝 점이 투영될 뿐이기 때문이다. 그러므로 물체까지의 거리 판단은 경험을 통한 추론에 의해서 이루어진다고 보아야 한다. 예컨대 우리는 건물, 나무 같은 친숙한 대상들의 크기가 얼마나 되는지, 이들이 주변 배경에서 얼마나 공간을 차지하는지 등을 경험을 통해 이미 알고 있다. 우리는 물체와 우리 사이에 혹은 물체 주위에 이런 친숙한 대상들이 어느 정도 거리에 위치해 있는지를 우선 지각한다. 이로부터 우리는 그 물체가 얼마나 멀리 떨어져 있는지를 추론하게 된다. 또한 그 정도 떨어진 다른 사물들이 보이는 방식에 대한 경험을 토대로, 그보다 작고 희미하게 보이는 대상들은 더 멀리 떨어져 있다고 판단한다. 거리에 대한 이런 추론은 과거의 경험에 기초하는 것이다.
>
> 반면에 물체가 손이 닿을 정도로 아주 가까이에 있는 경우, 물체까지의 거리를 지각하는 방식은 이와 다르다. 우리의 두 눈은 약간의 간격을 두고 서로 떨어져 있다. 이에 우리는 두 눈과 대상이 위치한 한 점을 연결하는 두 직선이 이루는 각의 크기를 감지함으로써 물체까지의 거리를 알게 된다. 물체를 바라보는 두 눈의 시선에 해당하는 두 직선이 이루는 각은 물체까지의 거리가 멀어질수록 필연적으로 더 작아진다. 대상까지의 거리가 몇 미터만 넘어도 그 각의 차이는 너무 미세해서 우리가 감지할 수 없다. 하지만 팔 뻗는 거리 안의 가까운 물체에 대해서는 그 각도를 감지하는 것이 가능하다.

<보 기>

ㄱ. 100미터 떨어진 지점에 민수가 한 번도 본 적이 없는 대상만 보이도록 두고 다른 사물들은 보이지 않도록 민수의 시야 나머지 부분을 가리는 경우, 민수는 그 대상을 보고도 얼마나 떨어져 있는지 판단하지 못한다.

ㄴ. 아무것도 보이지 않는 캄캄한 밤에 안개 속의 숲길을 걷다가 앞쪽 멀리서 반짝이는 불빛을 발견한 태훈이가 불빛이 있는 곳까지의 거리를 어렵잖게 짐작한다.

ㄷ. 태어날 때부터 한쪽 눈이 실명인 영호가 30센티미터 거리에 있는 낯선 물체 외엔 어떤 것도 보이지 않는 상황에서 그 물체까지의 거리를 옳게 판단한다.

① ㄱ
② ㄷ
③ ㄱ, ㄴ
④ ㄴ, ㄷ
⑤ ㄱ, ㄴ, ㄷ

18. 다음 글의 '나'의 견해와 부합하는 것만을 <보기>에서 모두 고르면?

> 이제 '나'는 사람들이 동물실험의 모순적 상황을 직시하기를 바랍니다. 생리에 대한 실험이건, 심리에 대한 실험이건, 동물을 대상으로 하는 실험은 동물이 어떤 자극에 대해 반응하고 행동하는 양상이 인간과 유사하다는 것을 전제합니다. 동물실험을 옹호하는 측에서는 인간과 동물이 유사하기 때문에 실험결과에 실효성이 있다고 주장합니다. 그런데 설령 동물실험을 통해 아무리 큰 성과를 얻을지라도 동물실험 옹호론자들은 중대한 모순을 피할 수 없습니다. 그들은 인간과 동물이 다르다는 것을 실험에서 동물을 이용해도 된다는 이유로 제시하고 있기 때문입니다. 이것은 명백히 모순적인 상황이 아닐 수 없습니다.
>
> 이러한 모순적 상황은 영장류의 심리를 연구할 때 확연히 드러납니다. 최근 어느 실험에서 심리 연구를 위해 아기 원숭이를 장기간 어미 원숭이와 떼어놓아 정서적으로 고립시켰습니다. 사람들은 이 실험이 우울증과 같은 인간의 심리적 질환을 이해하기 위한 연구라는 구실을 앞세워 이 잔인한 행위를 합리화하고자 했습니다. 즉 이 실험은 원숭이가 인간과 유사하게 고통과 우울을 느끼는 존재라는 사실을 가정하고 있습니다. 인간과 동물이 심리적으로 유사하다는 사실을 인정하면서도 사람에게는 차마 하지 못할 잔인한 행동을 동물에게 하고 있는 것입니다.
>
> 또 동물의 피부나 혈액을 이용해서 제품을 실험할 때, 동물실험 옹호론자들은 이 실험이 오로지 인간과 동물 사이의 '생리적 유사성'에만 바탕을 두고 있을 뿐이라고 변명합니다. 이처럼 인간과 동물이 오로지 '생리적'으로만 유사할 뿐이라고 생각한다면, 이는 동물실험의 모순적 상황을 외면하는 것입니다.

<보 기>

ㄱ. 동물실험은 동물이 인간과 유사하면서도 유사하지 않다고 가정하는 모순적 상황에 놓여 있다.

ㄴ. 인간과 동물 간 생리적 유사성에도 불구하고 심리적 유사성이 불확실하기 때문에 동물실험은 모순적 상황에 있다.

ㄷ. 인간과 원숭이 간에 심리적 유사성이 존재하기 때문에 인간의 우울증 연구를 위해 아기 원숭이를 정서적으로 고립시키는 실험은 윤리적으로 정당화된다.

① ㄱ
② ㄴ
③ ㄱ, ㄷ
④ ㄴ, ㄷ
⑤ ㄱ, ㄴ, ㄷ

19. 다음 글의 빈칸에 들어갈 진술로 가장 적절한 것은?

> 모두가 서로를 알고 지내는 작은 규모의 사회에서는 거짓이나 사기가 번성할 수 없다. 반면 그렇지 않은 사회에서는 누군가를 기만하여 이득을 보는 경우가 많이 발생한다. 이런 현상이 발생하는 이유를 확인하는 연구가 이루어졌다. A교수는 그가 마키아벨리아니즘이라고 칭한 성격 특성을 지닌 사람을 판별하는 검사를 고안해냈다. 이 성격 특성은 다른 사람을 교묘하게 이용하고 기만하는 능력을 포함한다. 그의 연구는 사람들 중 일부는 다른 사람들을 교묘하게 이용하거나 기만하여 자기 이익을 챙긴다는 사실을 보여준다. 수백 명의 학생을 대상으로 한 조사에서, 마키아벨리아니즘을 갖는 것으로 분류된 학생들은 대체로 대도시 출신임이 밝혀졌다.
>
> 위 연구들이 보여주는 바를 대도시 사람들의 상호작용을 이해하기 위해 확장시켜 보자. 일반적으로 낯선 사람들이 모여 사는 대도시에서는 자기 이익을 위해 다른 사람을 이용하는 성향을 지닌 사람이 많다고 생각하기 쉽다. 대도시 사람들은 모두가 사기꾼처럼 보인다는 주장이 일리 있게 들리기도 한다. 그러나 다른 사람들의 협조 성향을 이용하여 도움을 받으면서도 다른 사람에게 도움을 주지 않는 사람이 존재하기 위해서는 일정한 틈새가 만들어져 있어야 한다. [빈칸] 때문에 이 틈새가 존재할 수 있는 것이다. 이는 기생 식물이 양분을 빨아먹기 위해서는 건강한 나무가 있어야 하는 것과 같다. 나무가 건강을 잃게 되면 기생 식물 또한 기생할 터전을 잃게 된다. 그렇다면 어떤 의미에서는 모든 사람들이 사기꾼이라는 냉소적인 견해는 낯선 사람과의 상호작용을 잘못 이해한 것이다. 모든 사람들이 사기꾼이라면 사기를 칠 가능성도 사라지게 된다고 이해하는 것이 맞다.

① 대도시라는 환경적 특성
② 인간은 사회를 필요로 하기
③ 많은 사람들이 진정으로 협조하기
④ 많은 사람들이 이기적 동기에 따라 행동하기
⑤ 누가 마키아벨리아니즘을 갖고 있는지 판별하기 어렵기

20. 다음 글의 내용이 참일 때, 반드시 거짓인 것은?

> 사무관 갑, 을, 병, 정, 무는 정책조정부서에 근무하고 있다. 이 부서에서는 지방자치단체와의 업무 협조를 위해 지방의 네 지역으로 사무관들을 출장 보낼 계획을 수립하였다. 원활한 업무 수행을 위해서, 모든 출장은 위 사무관들 중 두 명 또는 세 명으로 구성된 팀 단위로 이루어진다. 네 팀이 구성되어 네 지역에 각각 한 팀씩 출장이 배정된다. 네 지역 출장 날짜는 모두 다르며, 모든 사무관은 최소한 한 번 출장에 참가한다. 이번 출장 업무를 총괄하는 사무관은 단 한 명밖에 없으며, 그는 네 지역 모두의 출장에 참가한다. 더불어 업무 경력을 고려하여, 단 한 지역의 출장에만 참가하는 것은 신임 사무관으로 제한한다. 정책조정부서에 근무하는 신임 사무관은 한 명밖에 없다. 이런 기준 아래에서 출장 계획을 수립한 결과, 을은 갑과 단둘이 가는 한 번의 출장 이외에 다른 어떤 출장도 가지 않으며, 병과 정이 함께 출장을 가는 경우는 단 한 번밖에 없다. 그리고 네 지역 가운데 광역시가 두 곳인데, 단 두 명의 사무관만이 두 광역시 모두에 출장을 간다.

① 갑은 이번 출장 업무를 총괄하는 사무관이다.
② 을은 광역시에 출장을 가지 않는다.
③ 병이 갑, 무와 함께 출장을 가는 지역이 있다.
④ 정은 총 세 곳에 출장을 간다.
⑤ 무가 출장을 가는 지역은 두 곳이고 그 중 한 곳은 정과 함께 간다.

21. 다음 글에서 추론할 수 없는 것은?

미국과 영국은 1921년 워싱턴 강화회의를 기점으로 태평양 및 중국에 대한 일본의 침략을 견제하기 시작하였다. 가중되는 외교적 고립으로 인해 일본은 광물과 곡물을 수입하는 태평양 경로를 상실할 위험에 처하였다. 이에 대처하기 위해 일본은 식민지 조선의 북부 지역에서 광물과 목재 등 군수산업 원료를 약탈하는 데 주력하게 되었다. 콩 또한 확보해야 할 주요 물자 중 하나였는데, 콩은 당시 일본에서 선호하던 식량일 뿐만 아니라 군수산업을 위한 원료이기도 하였다.

일본은 확보된 공업 원료와 식량 자원을 자국으로 수송하는 물류 거점으로 함경도를 주목하였다. 특히 청진·나진·웅기 등 대륙 종단의 시발점이 되는 항구와 조선의 최북단 지역이던 무산·회령·종성·온성을 중시하였다. 또한 조선의 남부 지방에서는 면화, 북부 지방에서는 양모 생산을 장려하였던 조선 총독부의 정책에 따라 두만강을 통해 바로 만주로 진출할 수 있는 회령·종성·온성은 양을 목축하는 축산 거점으로 부상하였다. 일본은 만주와 함경도에서 생산된 광물자원과 콩, 두만강변 원시림의 목재를 일본으로 수송하기 위해 함경선, 백무선 등의 철도를 잇따라 부설하였다. 더불어 무산과 회령, 경흥에서는 석탄 및 철광 광산을 본격적으로 개발하였다. 이에 따라 오지의 작은 읍이었던 무산·회령·종성·온성의 개발이 촉진되어 근대적 도시로 발전하였다. 일본의 정책들은 함경도를 만주와 같은 경제권으로 묶음으로써 조선의 다른 지역과 경제적으로 분리시켰다.

철도 부설 및 광산 개발을 위해 일본은 조선 노동자들을 강제 동원하였고, 수많은 조선 노동자들이 강제 노동 끝에 산록과 땅 속 깊은 곳에서 비참한 삶을 마쳤다. 1935년 회령의 유선탄광에서 폭약이 터져 800여 명의 광부가 매몰돼 사망했던 사건은 그 단적인 예이다. 영화 <아리랑>의 감독 겸 주연이었던 나운규는 그의 고향 회령에서 청진까지 부설되었던 철도 공사에 조선인 노동자들이 강제 동원되어 잔혹한 노동에 혹사되는 참상을 목도하였다. 그때 그는 노동자들이 부르던 아리랑의 애달픈 노랫가락을 듣고 영화 <아리랑>의 기본 줄거리를 착상하였다.

① 영화 <아리랑> 감독의 고향에서 탄광 폭발사고가 발생하였다.
② 조선 최북단 지역의 몇몇 작은 읍들은 근대적 도시로 발전하였다.
③ 축산 거점에서 대륙 종단의 시발점이 되는 항구까지 부설된 철도가 있었다.
④ 군수산업 원료를 일본으로 수송하는 것이 함경선 부설의 목적 중 하나였다.
⑤ 일본은 함경도를 포함하여 한반도와 만주를 같은 경제권으로 묶는 정책을 폈다.

22. 다음 글에서 추론할 수 있는 것만을 <보기>에서 모두 고르면?

우리가 가진 믿음들은 때때로 여러 방식으로 표현된다. 예를 들어, 영희가 일으킨 교통사고 현장을 목격한 철수를 생각해보자. 영희는 철수가 아는 사람이므로, 현장을 목격한 철수는 영희가 사고를 일으켰다는 믿음을 가지게 되었다. 철수의 이런 믿음을 표현하는 한 가지 방법은 "철수는 영희가 교통사고를 일으켰다고 믿는다."라고 표현하는 것이다. 이것을 진술A라고 하자. 진술A의 의미를 분명히 생각해보기 위해서, "영희는 민호의 아내다."라고 가정해보자. 그럼 진술A로부터 "철수는 민호의 아내가 교통사고를 일으켰다고 믿는다."가 참이라는 것이 반드시 도출되는가? 그렇지 않다. 왜냐하면 철수는 영희가 민호의 아내라는 것을 모를 수도 있고, 다른 사람의 아내로 잘못 알 수도 있기 때문이다.

한편 철수의 믿음은 "교통사고를 일으켰다고 철수가 믿고 있는 사람은 영희다."라고도 표현될 수 있다. 이것을 진술B라고 하자. 다시 "영희는 민호의 아내다."라고 가정해보자. 그리고 진술B로부터 "교통사고를 일으켰다고 철수가 믿고 있는 사람은 민호의 아내다."가 도출되는지 생각해보자. 진술B는 '교통사고를 일으켰다고 철수가 믿고 있는 사람'이 가리키는 것과 '영희'가 가리키는 것이 동일하다는 것을 의미한다. 그리고 '영희'가 가리키는 것은 '민호의 아내'가 가리키는 것과 동일하다. 그러므로 '교통사고를 일으켰다고 철수가 믿고 있는 사람'이 가리키는 것은 '민호의 아내'가 가리키는 것과 동일하다. 따라서 진술B로부터 "교통사고를 일으켰다고 철수가 믿고 있는 사람은 민호의 아내다."가 도출된다. 이처럼 철수의 믿음을 표현하는 두 방식 사이에는 차이가 있다.

<보 기>

ㄱ. "영희는 민호의 아내가 아니다."라고 가정한다면, 진술A로부터 "철수는 민호의 아내가 교통사고를 일으켰다고 믿지 않는다."가 도출된다.
ㄴ. "영희가 초보운전자이고 철수가 이 사실을 알고 있다."라고 가정한다면, 진술A로부터 "철수는 어떤 초보운전자가 교통사고를 일으켰다고 믿는다."가 도출된다.
ㄷ. "영희가 동철의 엄마이지만 철수는 이 사실을 모르고 있다."라고 가정한다면, 진술B로부터 "교통사고를 일으켰다고 철수가 믿고 있는 사람은 동철의 엄마다."가 도출된다.

① ㄱ
② ㄴ
③ ㄱ, ㄷ
④ ㄴ, ㄷ
⑤ ㄱ, ㄴ, ㄷ

23. 다음 글에서 알 수 있는 것은?

> 주주 자본주의는 주주의 이윤을 극대화하는 것을 회사 경영의 목표로 하는 시스템을 말한다. 이 시스템은 자본가 계급을 사업가와 투자가로 나누어 놓았다. 그런데 주주 자본주의가 바꿔놓은 것이 하나 더 있다. 그것은 바로 노동자의 지위다. 주식회사가 생기기 이전에는 노동자가 생산수단들을 소유할 수 없었지만 이제는 거의 모든 생산수단이 잘게 쪼개져 누구나 그 일부를 구입할 수 있다. 노동자는 사업가를 위해서 일하고 사업가는 투자가를 위해 일하지만, 투자가들 중에는 노동자도 있는 것이다.
>
> 주주 자본주의를 비판하는 사람들은 기업이 주주의 이익만을 고려한다면, 다수의 사람들이 이익을 얻는 것이 아니라 소수의 독점적인 투자가들만 이익을 보장받는다고 지적한다. 또한 그들은 주주의 이익뿐만 아니라 기업과 연계되어 있는 이해관계자들 전체, 즉 노동자, 소비자, 지역사회 등을 고려해야 한다고 주장한다. 이러한 입장을 이해관계자 자본주의라고 한다.
>
> 주주 자본주의와 이해관계자 자본주의는 '기업이 존재하는 목적이 무엇인가?'라는 물음에 대한 답변이라고 할 수 있다. 물론 오늘날의 기업들은 극단적으로 한 가지 형태를 띠는 것이 아니라 양자가 혼합된 모습을 보인다. 기업은 주주의 이익을 최우선적으로 고려하지만, 노조 활동을 인정하고, 지역과 환경에 투자하며, 기부와 봉사 등 사회적 활동을 위해 노력하기도 한다.

① 주주 자본주의에서 주주의 이익과 사회적 공헌이 상충할 때 기업은 사회적 공헌을 우선적으로 선택한다.
② 주주 자본주의에서는 과거에 생산수단을 소유할 수 없었던 이들이 그것을 부분적으로 소유할 수 있게 되었다.
③ 이해관계자 자본주의에서는 지역사회의 일반 주민까지도 기업 경영의 전반적 영역에서 주도적인 역할을 담당한다.
④ 주주 자본주의와 이해관계자 자본주의가 혼합되면 기업의 사회적 공헌활동은 주주 자본주의에서보다 약화될 것이다.
⑤ 주주 자본주의와 이해관계자 자본주의가 혼합된 형태의 기업은 지역사회의 이익을 높이는 것을 최우선적으로 고려한다.

24. 다음 ㉠과 ㉡에 들어갈 말을 가장 적절하게 나열한 것은?

> 음향학에 관련된 다음의 두 가지 명제는 세 개의 원형 판을 가지고 실험함으로써 입증될 수 있다. 하나의 명제는 "지름과 모양이 같은 동일 재질의 원형 판이 진동할 때 발생하는 진동수는 두께에 비례한다."이고 다른 명제는 "모양과 두께가 같은 동일 재질의 원형 판이 진동할 때 발생하는 진동수는 판 지름의 제곱에 반비례한다."이다. 이를 입증하기 위해 모양이 같은 동일 재질의 원형 판 A, B 그리고 C를 준비하되 A와 B는 두께가 같고 C는 두께가 A의 두께의 두 배이며, A와 C는 지름이 같고 B의 지름은 A의 지름의 절반이 되도록 한다. 판을 때려서 발생하는 음을 듣고 B는 A보다 [㉠] 음을 내고, C는 A보다 [㉡] 음을 내는 것을 확인한다. 진동수가 두 배가 될 때 한 옥타브 높은 음이 나므로 두 명제는 입증이 된다.

	㉠	㉡
①	한 옥타브 낮은	두 옥타브 낮은
②	한 옥타브 높은	두 옥타브 높은
③	두 옥타브 낮은	한 옥타브 높은
④	두 옥타브 높은	한 옥타브 낮은
⑤	두 옥타브 높은	한 옥타브 높은

25. 다음 글의 내용이 참일 때, 가해자인 것이 확실한 사람(들)과 가해자가 아닌 것이 확실한 사람(들)의 쌍으로 적절한 것은?

> 폭력 사건의 용의자로 A, B, C가 지목되었다. 조사 과정에서 A, B, C가 각각 <아래>와 같이 진술하였는데, 이들 가운데 가해자는 거짓만을 진술하고 가해자가 아닌 사람은 참만을 진술한 것으로 드러났다.

〈아 래〉

A: 우리 셋 중 정확히 한 명이 거짓말을 하고 있다.
B: 우리 셋 중 정확히 두 명이 거짓말을 하고 있다.
C: A, B 중 정확히 한 명이 거짓말을 하고 있다.

	가해자인 것이 확실	가해자가 아닌 것이 확실
①	A	C
②	B	없음
③	B	A, C
④	A, C	B
⑤	A, B, C	없음

약점 보완 해설집 p.162

상황판단영역

1. 다음 글을 근거로 판단할 때 옳은 것은?

> 정책의 쟁점 관리는 정책 쟁점에 대한 부정적 인식을 최소화하여 정책의 결정 및 집행에 우호적인 환경을 조성하기 위한 행위를 말한다. 이는 정책 쟁점이 미디어 의제로 전환된 후부터 진행된다.
>
> 정책의 쟁점 관리에서는 쟁점에 대한 지식수준과 관여도에 따라 공중(公衆)의 유형을 구분하여 공중의 특성에 맞는 전략적 대응방안을 제시한다. 어떤 쟁점에 대해 지식수준과 관여도가 모두 낮은 공중은 '비활동 공중'이라고 한다. 그러나 쟁점에 대한 지식수준이 낮더라도 쟁점에 노출되어 쟁점에 대한 관여도가 높아지게 되면 이들은 '환기 공중'으로 변화한다. 이러한 환기 공중이 쟁점에 대한 지식수준까지 높아지면 지식수준과 관여도가 모두 높은 '활동 공중'으로 변하게 된다. 쟁점에 대한 지식수준이 높지만 관여도가 높지 않은 공중은 '인지 공중'이라고 한다.
>
> 인지 공중은 사회의 다양한 쟁점에 관한 지식을 가지고 있지만 적극적으로 활동하지 않아 이른바 행동하지 않는 지식인이라고도 불리는데, 이들의 관여도를 높여 활동 공중으로 이끄는 것은 매우 어렵다. 이 때문에 이들이 정책 쟁점에 긍정적 태도를 가지게 하는 것만으로도 전략적 성공이라고 볼 수 있다. 반면 환기 공중은 지식수준은 낮지만 쟁점 관여도가 높은 편이어서 문제해결에 필요한 지식을 얻게 된다면 활동 공중으로 변화한다. 따라서 이들에게는 쟁점에 대한 미디어 노출을 증가시키거나 다른 사람과 쟁점에 대해 토론하게 함으로써 지식수준을 높이는 전략을 취할 필요가 있다. 한편 활동 공중은 쟁점에 대한 지식수준과 관여도가 모두 높기 때문에 조직화될 개연성이 크고, 자신의 목적을 이루기 위해 시간과 노력을 아낌없이 투자할 자세가 되어 있다. 정책의 쟁점 관리를 제대로 하려면 이들이 정책을 우호적으로 판단할 수 있도록 하는 다양한 전략을 마련하여야 한다.

① 정책의 쟁점 관리는 정책 쟁점이 미디어 의제로 전환되기 전에 이루어진다.
② 어떤 쟁점에 대한 지식수준이 높지만 관여도가 낮은 공중을 비활동 공중이라고 한다.
③ 비활동 공중이 어떤 쟁점에 노출되면서 관여도가 높아지면 환기 공중으로 변한다.
④ 공중은 한 유형에서 다른 유형으로 변화할 수 없기 때문에 정책의 쟁점 관리를 할 필요가 없다.
⑤ 인지 공중의 경우, 쟁점에 대한 미디어 노출을 증가시키고 다른 사람과 쟁점에 대해 토론하게 만든다면 활동 공중으로 쉽게 변한다.

2. 다음 글을 근거로 판단할 때 옳은 것은?

> 제○○조 ① 지방자치단체의 장은 하수도정비기본계획에 따라 공공하수도를 설치하여야 한다.
> ② 시·도지사는 공공하수도를 설치하고자 하는 때에는 사업시행지의 위치 및 면적, 설치하고자 하는 시설의 종류, 사업시행기간 등을 고시하여야 한다. 고시한 사항을 변경 또는 폐지하고자 하는 때에도 또한 같다.
> ③ 시장·군수·구청장(자치구의 구청장을 말한다. 이하 같다)은 공공하수도를 설치하려면 시·도지사의 인가를 받아야 한다.
> ④ 시장·군수·구청장은 제3항에 따라 인가받은 사항을 변경하거나 폐지하려면 시·도지사의 인가를 받아야 한다.
> ⑤ 시·도지사는 국가의 보조를 받아 설치하고자 하는 공공하수도에 대하여 제2항에 따른 고시 또는 제3항의 규정에 따른 인가를 하고자 할 때에는 그 설치에 필요한 재원의 조달 및 사용에 관하여 환경부장관과 미리 협의하여야 한다.
> 제□□조 ① 공공하수도관리청(이하 '관리청'이라 한다)은 관할 지방자치단체의 장이 된다.
> ② 공공하수도가 둘 이상의 지방자치단체의 장의 관할구역에 걸치는 경우, 관리청이 되는 자는 제○○조 제2항에 따른 공공하수도 설치의 고시를 한 시·도지사 또는 같은 조 제3항에 따른 인가를 받은 시장·군수·구청장으로 한다.

※ 공공하수도: 지방자치단체가 설치 또는 관리하는 하수도

① A자치구의 구청장이 관할구역 내에 공공하수도를 설치하려고 인가를 받았는데, 그 공공하수도가 B자치구에 걸치는 경우, 설치하려는 공공하수도의 관리청은 B자치구의 구청장이다.
② 시·도지사가 국가의 보조를 받아 공공하수도를 설치하려면, 그 설치에 필요한 재원의 조달 등에 관하여 환경부장관의 인가를 받아야 한다.
③ 시장·군수·구청장이 공공하수도 설치에 관하여 인가받은 사항을 폐지할 경우에는 시·도지사의 인가를 필요로 하지 않는다.
④ 시·도지사가 공공하수도 설치를 위해 고시한 사항은 변경할 수 없다.
⑤ 시장·군수·구청장이 공공하수도를 설치하려면 시·도지사의 인가를 받아야 한다.

3. 다음 글을 근거로 판단할 때 옳은 것은?

> 다산 정약용은 아전의 핵심적인 직책으로 향승(鄕丞)과 좌수(座首), 좌우별감(左右別監)을 들고 있다. 향승은 지방관서장인 현령의 행정보좌역이고, 좌수는 지방자치기관인 향청의 우두머리로 이방과 병방의 직무를 관장한다. 좌우별감은 좌수의 아랫자리인데, 좌별감은 호방과 예방의 직무를 관장하고, 우별감은 형방과 공방의 직무를 관장한다.
>
> 다산은 향승이 현령을 보좌해야 하는 자리이기 때문에 반드시 그 고을에서 가장 착한 사람, 즉 도덕성이 가장 높은 사람에게 그 직책을 맡겨야 한다고 하였다. 또한 좌수는 그 자리의 중요성을 감안하여 진실로 마땅한 사람으로 얻어야 한다고 강조하였다. 좌수를 선발하기 위해 다산이 제시한 방법은 다음과 같다. 먼저 좌수후보자들에게 모두 종사랑(從仕郎)의 품계를 주고 해마다 공적을 평가해 감사나 어사로 하여금 식년(式年)에 각각 9명씩을 추천하게 한다. 그리고 그 가운데 3명을 뽑아 경관(京官)에 임명하면, 자신을 갈고 닦아 명성이 있고 품행이 바른 사람이 그 속에서 반드시 나올 것이라고 주장했다. 좌우별감을 선발할 때에도 역시 마땅히 쓸 만한 사람을 골라 정사를 의논해야 한다고 했다.
>
> 다산은 아전을 임명할 때, 진실로 쓸 만한 사람을 얻지 못하면 그저 자리를 채우기는 하되 정사는 맡기지 말라고 했다. 아울러 아첨을 잘하는 자는 충성스럽지 못하므로 이를 잘 살피도록 권고했다. 한편 다산은 문관뿐만 아니라 무관의 자질에 대해서도 언급하였다. 그에 따르면 무관의 반열에 서는 자는 모두 굳세고 씩씩해 적을 막아낼 만한 기색이 있는 사람으로 뽑되, 도덕성을 첫째의 자질로 삼고 재주와 슬기를 다음으로 해야 한다고 강조하였다.

※ 식년(式年): 과거를 보는 시기로 정한 해

① 관직의 서열로 보면 좌우별감은 좌수의 상관이다.
② 다산이 주장하는 좌수 선발방법에 따르면, 향승은 식년에 3명의 좌수후보자를 추천한다.
③ 다산은 아전으로 쓸 만한 사람이 없을 때에는 자리를 채우지 말아야 한다고 하였다.
④ 다산은 경관 가운데 우수한 공적이 있는 사람에게 종사랑의 품계를 주어야 한다고 주장했다.
⑤ 다산은 무관의 자질로 재주와 슬기보다 도덕성이 우선한다고 보았다.

4. 다음 <A도서관 자료 폐기 지침>을 근거로 판단할 때 옳은 것은?

<A도서관 자료 폐기 지침>

가. 자료 선정
도서관 직원은 누구든지 수시로 서가를 살펴보고, 이용하기 곤란하다고 생각되는 자료는 발견 즉시 회수하여 사무실로 옮겨야 한다.

나. 목록 작성
사무실에 회수된 자료는 사서들이 일차적으로 갱신 대상을 추려내어 갱신하고, 폐기 대상 자료로 판단되는 것은 폐기심의대상 목록으로 작성하여 폐기심의위원회에 제출한다.

다. 폐기심의위원회 운영
폐기심의위원회 회의(이하 '회의'라 한다)는 연 2회 정기적으로 개최한다. 회의는 폐기심의대상 목록과 자료의 실물을 비치한 회의실에서 진행되고, 위원들은 실물과 목록을 대조하여 확인하여야 한다. 폐기심의위원회는 폐기 여부만을 판정하며 폐기 방법의 결정은 사서에게 위임한다. 폐기 대상 판정시 위원들 사이에 이견(異見)이 있는 자료는 당해 연도의 폐기 대상에서 제외하고, 다음 연도의 회의에서 재결정한다.

라. 폐기 방법
(1) 기증: 상태가 양호하여 다른 도서관에서 이용될 수 있다고 판단되는 자료는 기증 의사를 공고하고 다른 도서관 등 희망하는 기관에 기증한다.
(2) 이관: 상태가 양호하고 나름의 가치가 있는 자료는 자체 기록보존소, 지역 및 국가의 보존전문도서관 등에 이관한다.
(3) 매각과 소각: 폐지로 재활용 가능한 자료는 매각하고, 폐지로도 매각할 수 없는 자료는 최종적으로 소각 처리한다.

마. 기록 보존 및 목록 최신화
연도별로 폐기한 자료의 목록과 폐기 경위에 관한 기록을 보존하되, 폐기한 자료에 대한 내용을 도서관의 각종 현행자료 목록에서 삭제하여 목록을 최신화한다.

※ 갱신: 손상된 자료의 외형을 수선하거나 복사본을 만듦

① 사서는 폐기심의대상 목록만을 작성하고, 자료의 폐기 방법은 폐기심의위원회가 결정한다.
② 폐기 대상 판정시 폐기심의위원들 간에 이견이 있는 자료의 경우, 바로 다음 회의에서 그 자료의 폐기 여부가 논의되지 않을 수 있다.
③ 폐기심의위원회는 자료의 실물을 확인하지 않고 폐기 여부를 판정할 수 있다.
④ 매각 또는 소각한 자료는 현행자료 목록에서 삭제하고, 폐기 경위에 관한 기록도 제거하여야 한다.
⑤ 사서가 아닌 도서관 직원은, 이용하기 곤란하다고 생각되는 자료를 발견하면 갱신하거나 폐기심의대상 목록을 작성하여야 한다.

5. 다음 글을 근거로 판단할 때, <보기>에서 옳은 것만을 모두 고르면?

> 제00조 ① 민사에 관한 분쟁의 당사자는 법원에 조정을 신청할 수 있다.
> ② 조정을 신청하는 당사자를 신청인이라고 하고, 그 상대방을 피신청인이라고 한다.
> 제00조 ① 신청인은 다음 각 호의 어느 하나에 해당하는 곳을 관할하는 지방법원에 조정을 신청해야 한다.
> 1. 피신청인의 주소지, 피신청인의 사무소 또는 영업소 소재지, 피신청인의 근무지
> 2. 분쟁의 목적물 소재지, 손해 발생지
>
> ② 조정사건은 조정담당판사가 처리한다.
> 제00조 ① 조정담당판사는 사건이 그 성질상 조정을 하기에 적당하지 아니하다고 인정하거나 신청인이 부당한 목적으로 조정신청을 한 것임을 인정하는 경우에는 조정을 하지 아니하는 결정으로 사건을 종결시킬 수 있다. 신청인은 이 결정에 대해서 불복할 수 없다.
> ② 조정담당판사는 신청인과 피신청인 사이에 합의가 성립되지 아니한 경우 조정 불성립으로 사건을 종결시킬 수 있다.
> ③ 조정담당판사는 신청인과 피신청인 사이에 합의된 사항이 조정조서에 기재되면 조정 성립으로 사건을 종결시킨다. 조정조서는 판결과 동일한 효력이 있다.
> 제00조 다음 각 호의 어느 하나에 해당하는 경우에는 조정신청을 한 때에 민사소송이 제기된 것으로 본다.
> 1. 조정을 하지 아니하는 결정이 있는 경우
> 2. 조정 불성립으로 사건이 종결된 경우

<보 기>

ㄱ. 신청인은 피신청인의 근무지를 관할하는 지방법원에 조정을 신청할 수 있다.
ㄴ. 조정을 하지 아니하는 결정을 조정담당판사가 한 경우, 신청인은 이에 대해 불복할 수 있다.
ㄷ. 신청인과 피신청인 사이에 합의된 사항이 기재된 조정조서는 판결과 동일한 효력을 갖는다.
ㄹ. 조정 불성립으로 사건이 종결된 경우, 사건이 종결된 때를 민사소송이 제기된 시점으로 본다.
ㅁ. 조정담당판사는 신청인이 부당한 목적으로 조정신청을 한 것으로 인정하는 경우, 조정 불성립으로 사건을 종결시킬 수 있다.

① ㄱ, ㄷ
② ㄴ, ㄹ
③ ㄱ, ㄷ, ㄹ
④ ㄱ, ㄷ, ㅁ
⑤ ㄴ, ㄹ, ㅁ

6. 다음 글을 근거로 판단할 때, <보기>에서 옳은 것만을 모두 고르면?

> 제○○조 이 법에서 '폐교'란 학생 수 감소, 학교 통폐합 등의 사유로 폐지된 공립학교를 말한다.
> 제△△조 ① 시·도 교육감은 폐교재산을 교육용시설, 사회복지시설, 문화시설, 공공체육시설로 활용하려는 자 또는 소득증대시설로 활용하려는 자에게 그 폐교재산의 용도와 사용기간을 정하여 임대할 수 있다.
> ② 제1항에 따라 폐교재산을 임대하는 경우, 연간 임대료는 해당 폐교재산평정가격의 1천분의 10을 하한으로 한다.
> 제□□조 ① 제△△조 제2항에도 불구하고 시·도 교육감은 다음 각 호의 어느 하나에 해당하는 경우에는 폐교재산의 연간 임대료를 감액하여 임대할 수 있다.
> 1. 국가 또는 지방자치단체가 폐교재산을 교육용시설, 사회복지시설, 문화시설, 공공체육시설 또는 소득증대 시설로 사용하려는 경우
> 2. 단체 또는 사인(私人)이 폐교재산을 교육용시설, 사회복지시설, 문화시설 또는 공공체육시설로 사용하려는 경우
> 3. 폐교가 소재한 시·군·구에 주민등록이 되어 있고 실제 거주하는 지역주민이 공동으로 폐교재산을 소득증대 시설로 사용하려는 경우
>
> ② 전항에 따라 폐교재산의 임대료를 감액하는 경우 연간 임대료의 감액분은 다음 각 호에서 정한 바를 초과하지 아니하는 범위에서 정한다.
> 1. 교육용시설, 사회복지시설, 문화시설, 공공체육시설로 사용하는 경우: 제△△조 제2항에 따른 연간 임대료의 1천분의 500
> 2. 소득증대시설로 사용하는 경우: 제△△조 제2항에 따른 연간 임대료의 1천분의 300

<보 기>

ㄱ. 시·도 교육감은, 폐교가 소재하는 시·군·구에 거주하지 않으면서 폐교재산을 사회복지시설로 활용하려는 자에게 그 폐교재산을 임대할 수 있다.
ㄴ. 폐교재산평정가격이 5억 원인 폐교재산을 지방자치단체가 문화시설로 사용하려는 경우, 연간 임대료의 최저액은 250만 원이다.
ㄷ. 폐교가 소재한 군에 주민등록이 되어 있고 실제 거주하는 지역주민이 단독으로 폐교재산을 소득증대시설로 사용하려는 경우, 연간 임대료로 지불해야 할 최저액은 폐교재산평정가격의 0.7%이다.
ㄹ. 폐교재산을 활용하려는 자가 폐교 소재 지역주민이 아니어도 그 폐교재산을 공공체육시설로 사용할 수 있으나 임대료 감액은 받을 수 없다.

① ㄱ, ㄴ
② ㄱ, ㄷ
③ ㄱ, ㄴ, ㄹ
④ ㄱ, ㄷ, ㄹ
⑤ ㄴ, ㄷ, ㄹ

7. 다음 <측량학 수업 필기>를 근거로 판단할 때, <예제>의 괄호 안에 들어갈 수는?

<측량학 수업 필기>

축　척: 실제 수평 거리를 지도상에 얼마나 축소해서 나타냈는지를 보여주는 비율. 1/50,000, 1/25,000, 1/10,000, 1/5,000 등을 일반적으로 사용함

ex) 1/50,000은 실제 수평 거리 50,000cm를 지도상에 1cm로 나타냄

등고선: 지도에서 표고가 같은 지점들을 연결한 선

→ 표준 해면으로부터 지표의 어느 지점까지의 수직 거리

축척 1/50,000 지도에서는 표고 20m마다, 1/25,000 지도에서는 표고 10m마다, 1/10,000 지도에서는 표고 5m마다 등고선을 그림

ex) 축척 1/50,000 지도에서 등고선이 그려진 모습

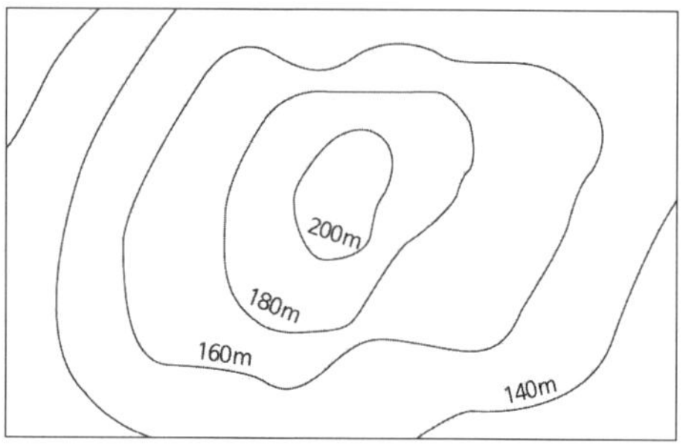

경사도: 어떤 두 지점 X와 Y를 잇는 사면의 경사도는 다음의 식으로 계산

$$\text{경사도} = \frac{\text{두 지점 사이의 표고 차이}}{\text{두 지점 사이의 실제 수평 거리}}$$

<예 제>

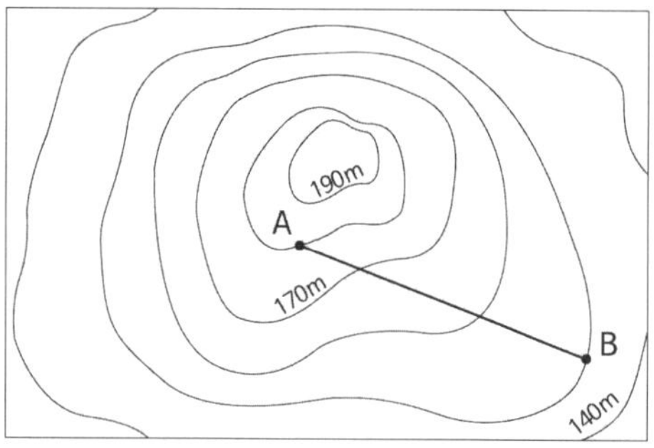

위의 지도는 축척 1/25,000로 제작되었다. 지도상의 지점 A와 B를 잇는 선분을 자로 재어 보니 길이가 4cm였다. 이때 두 지점 A와 B를 잇는 사면의 경사도는 (　　)이다.

① 0.015
② 0.025
③ 0.03
④ 0.055
⑤ 0.7

8. 다음 글을 근거로 판단할 때, <보기>에서 옳은 것만을 모두 고르면?

소아기 예방접종 프로그램에 포함된 백신(A~C)은 지속적인 항체 반응을 위해서 2회 이상 접종이 필요하다.

최소 접종연령(첫 접종의 최소연령) 및 최소 접종간격을 지켰을 때 적절한 예방력이 생기며, 이러한 예방접종을 유효하다고 한다. 다만 최소 접종연령 및 최소 접종간격에서 4일 이내로 앞당겨서 일찍 접종을 한 경우에도 유효한 것으로 본다. 그러나 만약 5일 이상 앞당겨서 일찍 접종했다면 무효로 간주하고 최소 접종연령 및 최소 접종간격에 맞춰 다시 접종하여야 한다.

다음은 각 백신의 최소 접종연령 및 최소 접종간격을 나타낸 표이다.

종류	최소 접종연령	최소 접종간격			
		1, 2차 사이	2, 3차 사이	3, 4차 사이	4, 5차 사이
백신A	12개월	12개월	-	-	-
백신B	6주	4주	4주	6개월	-
백신C	6주	4주	4주	6개월	6개월

다만 백신B의 경우 만 4세 이후에 3차 접종을 유효하게 했다면, 4차 접종은 생략한다.

<보 기>

ㄱ. 만 2세가 되기 전에 백신A의 예방접종을 2회 모두 유효하게 실시할 수 있다.
ㄴ. 생후 45개월에 백신B를 1차 접종했다면, 4차 접종은 반드시 생략한다.
ㄷ. 생후 40일에 백신C를 1차 접종했다면, 생후 60일에 한 2차 접종은 유효하다.

① ㄱ
② ㄴ
③ ㄷ
④ ㄱ, ㄴ
⑤ ㄱ, ㄷ

9. 다음 글을 근거로 판단할 때, <그림 2>의 정육면체 아랫면에 쓰인 36개 숫자의 합은?

> 정육면체인 하얀 블록 5개와 검은 블록 1개를 일렬로 붙인 막대를 30개 만든다. 각 막대의 윗면에는 가장 위에 있는 블록부터, 아랫면에는 가장 아래에 있는 블록부터 세어 검은 블록이 몇 번째 블록인지를 나타내는 숫자를 쓴다. 이런 규칙에 따르면 <그림 1>의 예에서는 윗면에 2를, 아랫면에 5를 쓰게 된다.
>
> 다음으로 검은 블록 없이 하얀 블록 6개를 일렬로 붙인 막대를 6개 만든다. 검은 블록이 없으므로 윗면과 아랫면 모두에 0을 쓴다.
>
> 이렇게 만든 36개의 막대를 붙여 <그림 2>와 같은 큰 정육면체를 만들었더니, 윗면에 쓰인 36개 숫자의 합이 109였다.
>
> <그림 1>
>
> 
>
> <그림 2>
>
> 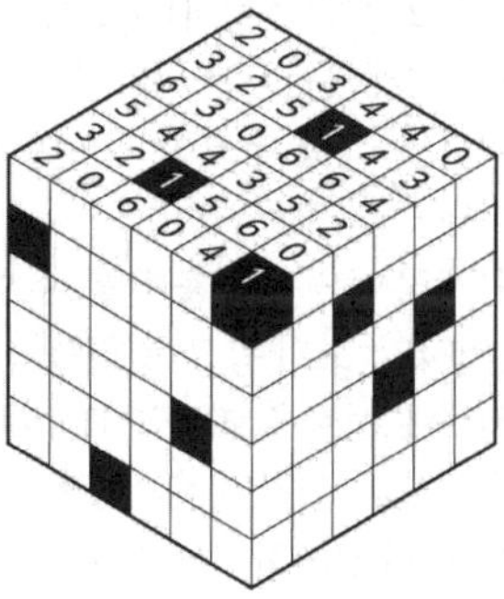

① 97
② 100
③ 101
④ 103
⑤ 104

10. 다음 글과 <상황>을 근거로 판단할 때, A복지관에 채용될 2명의 후보자는?

> A복지관은 청소년업무 담당자 2명을 채용하고자 한다. 청소년업무 담당자들은 심리상담, 위기청소년지원, 진학지도, 지역안전망구축 등 4가지 업무를 수행해야 한다. 채용되는 2명은 서로 다른 업무를 맡아 4가지 업무를 빠짐없이 분담해야 한다.
>
> 4가지 업무에 관련된 직무역량으로는 의사소통역량, 대인관계역량, 문제해결역량, 정보수집역량, 자원관리역량 등 5가지가 있다. 각 업무를 수행하기 위해서는 반드시 해당 업무에 필요한 직무역량을 모두 갖춰야 한다. 아래는 이를 표로 정리한 것이다.

업무	필요 직무역량
심리상담	의사소통역량, 대인관계역량
위기청소년지원	의사소통역량, 문제해결역량
진학지도	문제해결역량, 정보수집역량
지역안전망구축	대인관계역량, 자원관리역량

<상 황>

○ A복지관의 채용후보자는 4명(甲, 乙, 丙, 丁)이며, 각 채용후보자는 5가지 직무역량 중 3가지씩을 갖추고 있다.
○ 자원관리역량은 丙을 제외한 모든 채용후보자가 갖추고 있다.
○ 丁이 진학지도업무를 제외한 모든 업무를 수행하려면, 의사소통역량만 추가로 갖추면 된다.
○ 甲은 심리상담업무를 수행할 수 있고, 乙과 丙은 진학지도업무를 수행할 수 있다.
○ 대인관계역량을 갖춘 채용후보자는 2명이다.

① 甲, 乙
② 甲, 丙
③ 乙, 丙
④ 乙, 丁
⑤ 丙, 丁

11. 다음 글을 근거로 판단할 때 옳지 않은 것은?

> 정부는 저출산 문제 해소를 위해 공무원이 안심하고 일과 출산·육아를 병행할 수 있도록 관련 제도를 정비하여 시행 중이다.
>
> 먼저 임신 12주 이내 또는 임신 36주 이상인 여성 공무원을 대상으로 하던 '모성보호시간'을 임신 기간 전체로 확대하여 임신부터 출산시까지 근무시간을 1일에 2시간씩 단축할 수 있게 하였다.
>
> 다음으로 생후 1년 미만의 영아를 자녀로 둔 공무원을 대상으로 1주일에 2일에 한해 1일에 1시간씩 단축근무를 허용하던 '육아시간'을, 만 5세 이하 자녀를 둔 공무원을 대상으로 1주일에 2일에 한해 1일에 2시간 범위 내에서 사용할 수 있도록 하였다. 또한 부부 공동육아 실현을 위해 '배우자 출산휴가'를 10일(기존 5일)로 확대하였다.
>
> 마지막으로 어린이집, 유치원, 초·중·고등학교에서 공식적으로 주최하는 행사와 공식적인 상담에만 허용되었던 '자녀돌봄휴가'(공무원 1인당 연간 최대 2일)를 자녀의 병원진료·검진·예방접종 등에도 쓸 수 있도록 하고, 자녀가 3명 이상일 경우 1일을 가산할 수 있도록 하였다.

① 변경된 현행 제도에서는 변경 전에 비해 '육아시간'의 적용 대상 및 시간이 확대되었다.
② 변경된 현행 제도에 따르면, 초등학생 자녀 3명을 둔 공무원은 연간 3일의 '자녀돌봄휴가'를 사용할 수 있다.
③ 변경된 현행 제도에 따르면, 임신 5개월인 여성 공무원은 산부인과 진료를 받기 위해 '모성보호시간'을 사용할 수 있다.
④ 변경 전 제도에서 공무원은 초등학교 1학년인 자녀의 병원 진료를 위해 '자녀돌봄휴가'를 사용할 수 있었다.
⑤ 변경된 현행 제도에 따르면, 만 2세 자녀를 둔 공무원은 '육아시간'을 사용하여 근무시간을 1주일에 총 4시간 단축할 수 있다.

12. 다음 글을 근거로 판단할 때, <보기>에서 옳은 것만을 모두 고르면?

> 제○○조 ① 사업자는 소비자를 속이거나 소비자로 하여금 잘못 알게 할 우려가 있는 표시·광고 행위로서 공정한 거래질서를 해칠 우려가 있는 다음 각 호의 행위를 하거나 다른 사업자로 하여금 하게 하여서는 안 된다.
>
> 1. 거짓·과장의 표시·광고
> 2. 기만적인 표시·광고
> 3. 부당하게 비교하는 표시·광고
> 4. 비방적인 표시·광고
>
> ② 제1항을 위반하여 제1항 각 호의 행위를 하거나 다른 사업자로 하여금 하게 한 사업자는 2년 이하의 징역 또는 1억 5천만 원 이하의 벌금에 처한다.
>
> 제△△조 ① 공정거래위원회는 상품 등이나 거래 분야의 성질에 비추어 소비자 보호 또는 공정한 거래질서 유지를 위하여 필요한 경우에는 사업자가 표시·광고에 포함하여야 하는 사항(이하 '중요정보'라 한다)과 표시·광고의 방법을 고시할 수 있다.
>
> ② 공정거래위원회는 제1항에 따라 고시를 하려면 관계 행정기관의 장과 미리 협의하여야 한다. 이 경우 필요하다고 인정하면 공청회를 개최하여 사업자단체, 소비자단체, 그 밖의 이해관계인 등의 의견을 들을 수 있다.
>
> ③ 사업자가 표시·광고 행위를 하는 경우에는 제1항에 따라 고시된 중요정보를 표시·광고하여야 한다.
>
> 제□□조 ① 사업자가 제△△조 제3항을 위반하여 고시된 중요정보를 표시·광고하지 않은 경우에는 1억 원 이하의 과태료를 부과한다.
>
> ② 제1항에 따른 과태료는 공정거래위원회가 부과·징수한다.

<보 기>

ㄱ. 공정거래위원회가 중요정보 고시 여부를 결정함에 있어 상품 등이나 거래 분야는 고려의 대상이 아니다.
ㄴ. 사업자 A가 다른 사업자 B로 하여금 공정한 거래질서를 해칠 우려가 있는 비방적인 표시·광고를 하게 한 경우, 공정거래위원회는 사업자 A에게 과태료를 부과한다.
ㄷ. 사업자가 표시·광고 행위를 하면서 고시된 중요정보를 표시·광고하지 않은 경우, 공정거래위원회는 5천만 원의 과태료를 부과할 수 있다.
ㄹ. 공정거래위원회는 소비자 보호를 위해 필요한 경우, 사업자가 표시·광고에 포함하여야 하는 사항과 함께 그 표시·광고의 방법도 고시할 수 있다.

① ㄱ, ㄴ
② ㄱ, ㄷ
③ ㄴ, ㄷ
④ ㄴ, ㄹ
⑤ ㄷ, ㄹ

13. 다음 글을 근거로 판단할 때 옳은 것은?

> 군국기무처는 1894년 7월 27일부터 같은 해 12월 17일까지 존속한 최고 정책결정 기관이었다. 1894년 7월 흥선대원군을 추대한 새로운 정권이 수립되자, 그 이전부터 논의되어 오던 제도개혁을 실시하고자 합의체 형식의 초정부적 정책 결정 기구인 군국기무처를 구성하였다. 이 기구의 이름은 1882년부터 1883년까지 존속하였던 기무처의 이름을 따서 흥선대원군이 명명하였다.
>
> 군국기무처가 실제로 활동한 기간은 약 3개월이었다. 이 기간 중 군국기무처는 40회의 회의를 통해 약 210건의 의안을 심의하여 통과시켰는데, 그 중에는 189개의 개혁의안도 포함되어 있었다. 군국기무처가 심의하여 통과시킨 의안은 국왕의 재가를 거쳐 국법으로 시행하였는데, 그 가운데는 전제왕권의 제약이나 재정제도의 일원화뿐만 아니라, 양반·상인 등 계급의 타파, 공·사노비제의 폐지, 조혼의 금지, 과부의 재가 허용 등 조선사회의 경제·사회 질서를 근본적으로 변혁시키는 내용도 있었다. 여기에는 1880년대 이래 개화운동에서 강조한 개혁안과 더불어 동학운동에서 요구한 개혁안이 포함되기도 하였다. 군국기무처가 추진한 이때의 개혁을 갑오개혁이라고 부른다.
>
> 그러나 군국기무처의 기능은 청일전쟁에서 일본이 최초의 결정적인 승리를 거둔 1894년 9월 중순 이후 서서히 약화되기 시작하였다. 청일전쟁의 초기에는 조선의 개혁정권에 대해 회유정책을 쓰며 군국기무처의 활동에 간섭을 하지 않았던 일본이 청일전쟁의 승리가 확실해지자 적극적인 개입정책을 쓰기 시작하였던 것이다. 일본 정부가 새로 임명한 주한공사 이노우에는 군국기무처를 자신이 추진하려는 일본의 제도적 개입의 방해물로 간주하여 11월 20일 고종에게 요구한 20개의 안건에 군국기무처의 폐지를 포함시켰다. 고종도 그의 전제왕권을 제약한 군국기무처의 존재를 탐탁지 않게 여기던 터였으므로 이 기구를 12월 17일 칙령으로 폐지하였다.

① 흥선대원군은 군국기무처를 칙령으로 폐지하였다.
② 군국기무처는 기무처의 이름을 따서 고종이 명명하였다.
③ 일본의 청일전쟁 승리가 확실해지면서 군국기무처의 기능은 더욱 강화되었다.
④ 군국기무처는 실제 활동 기간 동안 월 평균 210건 이상의 개혁의안을 통과시켰다.
⑤ 군국기무처가 통과시킨 의안에는 동학운동에서 요구한 개혁안이 담기기도 하였다.

14. 다음 글을 근거로 판단할 때, <보기>에서 옳은 것만을 모두 고르면?

> 국회의원 선거는 목적에 따라 총선거, 재선거, 보궐선거 등으로 나누어진다. 대통령제 국가에서는 의원의 임기가 만료될 때 총선거가 실시된다. 반면 의원내각제 국가에서는 의원의 임기가 만료될 때뿐만 아니라 의원의 임기가 남아 있으나 총리(수상)에 의해 의회가 해산된 때에도 총선거가 실시된다.
>
> 대다수의 국가는 총선거로 전체 의원을 동시에 새롭게 선출하지만, 의회의 안정성과 연속성을 고려하여 전체 의석 중 일부만 교체하기도 한다. 이러한 예는 미국, 일본, 프랑스 등의 상원선거에서 나타나는데, 미국은 임기 6년의 상원의원을 매 2년마다 1/3씩, 일본은 임기 6년의 참의원을 매 3년마다 1/2씩 선출한다. 프랑스 역시 임기 6년의 상원의원을 매 3년마다 1/2씩 선출한다.
>
> 재선거는 총선거가 실시된 이후에 당선 무효나 선거 자체의 무효 사유가 발생하였을 때 다시 실시되는 선거를 말한다. 예를 들어 우리나라에서는 선거 무효 판결, 당선 무효, 당선인의 임기 개시 전 사망 등의 사유가 있는 경우에 재선거를 실시한다.
>
> 보궐선거는 의원이 임기 중 직책을 사퇴하거나 사망하는 등 부득이한 사유로 의정 활동을 수행할 수 없는 경우에 이를 보충하기 위해 실시되는 선거이다. 다수대표제를 사용하는 대부분의 국가는 보궐선거를 실시하는 반면, 비례대표제를 사용하는 대부분의 국가는 필요시 의원직을 수행할 승계인을 총선거 때 함께 정해 두어 보궐선거를 실시하지 않는다.

<보 기>

ㄱ. 일본 참의원의 임기는 프랑스 상원의원의 임기와 같다.
ㄴ. 미국은 2년마다 전체 상원의원을 새로 선출한다.
ㄷ. 우리나라에서는 국회의원 당선인이 임기 개시 전 사망한 경우 재선거가 실시된다.
ㄹ. 다수대표제를 사용하는 대부분의 국가에서는 의원이 임기 중 사망하였을 때 보궐선거를 실시한다.

① ㄱ, ㄴ
② ㄱ, ㄷ
③ ㄴ, ㄹ
④ ㄱ, ㄷ, ㄹ
⑤ ㄴ, ㄷ, ㄹ

15. 다음 글을 근거로 판단할 때 옳은 것은?

> 제○○조 ① 무죄재판을 받아 확정된 사건(이하 '무죄재판 사건'이라 한다)의 피고인은 무죄재판이 확정된 때부터 3년 이내에, 확정된 무죄재판사건의 재판서(이하 '무죄재판서'라 한다)를 법무부 인터넷 홈페이지에 게재하도록 해당 사건을 기소한 검사의 소속 지방검찰청에 청구할 수 있다.
> ② 피고인이 제1항의 무죄재판서 게재 청구를 하지 아니하고 사망한 때에는 그 상속인이 이를 청구할 수 있다. 이 경우 같은 순위의 상속인이 여러 명일 때에는 상속인 모두가 그 청구에 동의하였음을 소명하는 자료도 함께 제출하여야 한다.
> ③ 무죄재판서 게재 청구가 취소된 경우에는 다시 그 청구를 할 수 없다.
> 제□□조 ① 제○○조의 청구를 받은 날부터 1개월 이내에 무죄재판서를 법무부 인터넷 홈페이지에 게재하여야 한다.
> ② 다음 각 호의 어느 하나에 해당할 때에는 무죄재판서의 일부를 삭제하여 게재할 수 있다.
> 1. 청구인이 무죄재판서 중 일부 내용의 삭제를 원하는 의사를 명시적으로 밝힌 경우
> 2. 무죄재판서의 공개로 인하여 사건 관계인의 명예나 사생활의 비밀 또는 생명·신체의 안전이나 생활의 평온을 현저히 해칠 우려가 있는 경우
>
> ③ 제2항 제1호의 경우에는 청구인의 의사를 서면으로 확인하여야 한다.
> ④ 제1항에 따른 무죄재판서의 게재기간은 1년으로 한다.

① 무죄재판이 확정된 피고인 甲은 무죄재판이 확정된 때부터 3년 이내에 관할법원에 무죄재판서 게재 청구를 할 수 있다.
② 무죄재판이 확정된 피고인 乙이 무죄재판서 게재 청구를 취소한 후 사망한 경우, 乙의 상속인은 무죄재판이 확정된 때부터 3년 이내에 무죄재판서 게재 청구를 할 수 있다.
③ 무죄재판이 확정된 피고인 丙이 무죄재판서 게재 청구 없이 사망한 경우, 丙의 상속인은 같은 순위의 다른 상속인의 동의 없이 무죄재판서 게재 청구를 할 수 있다.
④ 무죄재판이 확정된 피고인 丁이 무죄재판서 게재 청구를 하면 그의 무죄재판서는 법무부 인터넷 홈페이지에 3년간 게재된다.
⑤ 무죄재판이 확정된 피고인 戊의 청구로 무죄재판서가 공개되면 사건 관계인의 명예를 현저히 해칠 우려가 있는 경우, 무죄재판서의 일부를 삭제하여 게재할 수 있다.

16. 다음 글과 <상황>을 근거로 판단할 때, <보기>에서 옳은 것만을 모두 고르면?

> 제00조(유치권의 내용) 타인의 물건 또는 유가증권을 점유한 자는 그 물건이나 유가증권에 관하여 생긴 채권이 변제기에 있는 경우에는 변제를 받을 때까지 그 물건 또는 유가증권을 유치할 권리가 있다.
> 제00조(유치권의 불가분성) 유치권자는 채권 전부의 변제를 받을 때까지 유치물 전부에 대하여 그 권리를 행사할 수 있다.
> 제00조(유치권자의 선관의무) ① 유치권자는 선량한 관리자의 주의로 유치물을 점유하여야 한다.
> ② 유치권자는 채무자의 승낙 없이 유치물의 사용, 대여 또는 담보제공을 하지 못한다. 그러나 유치물의 보존에 필요한 사용은 그러하지 아니하다.
> 제00조(경매) 유치권자는 채권의 변제를 받기 위하여 유치물을 경매할 수 있다.
> 제00조(점유상실과 유치권소멸) 유치권은 점유의 상실로 인하여 소멸한다.

※ 유치: 물건 등을 일정한 지배 아래 둠

<상 황>

> 甲은 아버지의 양복을 면접시험에서 입으려고 乙에게 수선을 맡겼다. 수선비는 다음 날까지 계좌로 송금하기로 하고 옷은 일주일 후 찾기로 하였다. 甲은 수선비를 송금하지 않은 채 일주일 후 옷을 찾으러 갔고, 옷 수선을 마친 乙은 수선비를 받을 때까지 수선한 옷을 돌려주지 않겠다며 유치권을 행사하고 있다.

<보 기>

> ㄱ. 甲이 수선비의 일부라도 지급한다면 乙은 수선한 옷을 돌려주어야 한다.
> ㄴ. 甲이 수선한 옷을 돌려받지 못한 채 면접시험을 치렀고 이후 필요가 없어 옷을 찾으러 가지 않겠다고 한 경우, 乙은 수선비의 변제를 받기 위해 그 옷을 경매할 수 있다.
> ㄷ. 甲이 수선을 맡긴 옷을 乙이 도둑맞아 점유를 상실하였다면 乙의 유치권은 소멸한다.
> ㄹ. 甲이 수선비를 지급할 때까지, 乙은 수선한 옷을 甲의 승낙 없이 다른 사람에게 대여할 수 있다.

① ㄱ, ㄴ
② ㄱ, ㄹ
③ ㄴ, ㄷ
④ ㄷ, ㄹ
⑤ ㄴ, ㄷ, ㄹ

17. 다음 글을 근거로 판단할 때, <보기>의 각 괄호 안에 들어갈 숫자의 합은?

> A부처와 B부처에 소속된 공무원 수는 각각 100명이고, 모두 소속된 부처에 있었다. 그런데 A부처는 국가 행사를 담당하게 되어 B부처에 9명의 인력지원을 요청하였다. B부처는 소속 공무원 100명 중 9명을 무작위로 선정해서 A부처에 지원 인력으로 보냈다. 얼마 후 B부처 역시 또 다른 국가 행사를 담당하게 되어 A부처에 인력지원을 요청하였다. A부처는 B부처로부터 지원받았던 인력을 포함한 109명 중 9명을 무작위로 선정해서 B부처에 지원 인력으로 보냈다.

<보 기>

ㄱ. A부처와 B부처 간 인력지원이 한 차례씩 이루어진 후, A부처에 B부처 소속 공무원이 3명 남아있다면 B부처에는 A부처 소속 공무원이 ( )명 있다.

ㄴ. A부처와 B부처 간 인력지원이 한 차례씩 이루어진 후, B부처에 A부처 소속 공무원이 2명 남아있다면 A부처에는 B부처 소속 공무원이 ( )명 있다.

① 5
② 8
③ 10
④ 13
⑤ 15

18. 다음 글을 근거로 판단할 때, 甲~戊 중 가장 많은 지원금을 받는 신청자는?

A국은 신재생에너지 보급 사업 활성화를 위하여 신재생에너지 설비에 대한 지원 내용을 공고하였다. <지원 기준>과 <지원 신청 현황>은 아래와 같다.

<지원 기준>

구분		용량(성능)	지원금 단가
태양광	단독주택	2kW 이하	kW당 80만 원
		2kW 초과 3kW 이하	kW당 60만 원
	공동주택	30kW 이하	kW당 80만 원
태양열	평판형·진공관형	$10m^2$ 이하	m^2당 50만 원
		$10m^2$ 초과 $20m^2$ 이하	m^2당 30만 원
지열	수직밀폐형	10kW 이하	kW당 60만 원
		10kW 초과	kW당 50만 원
연료전지	인산형 등	1kW 이하	kW당 2,100만 원

○ 지원금은 '용량(성능) × 지원금 단가'로 산정
○ 국가 및 지방자치단체 소유 건물은 지원 대상에서 제외
○ 전월 전력사용량이 450kWh 이상인 건물은 태양열 설비 지원 대상에서 제외
○ 용량(성능)이 <지원 기준>의 범위를 벗어나는 신청은 지원 대상에서 제외

<지원 신청 현황>

신청자	설비 종류	용량 (성능)	건물 소유자	전월 전력사용량	비고
甲	태양광	8kW	개인	350kWh	공동주택
乙	태양열	$15m^2$	개인	550kWh	진공관형
丙	태양열	$5m^2$	국가	400kWh	평판형
丁	지열	15kW	개인	200kWh	수직밀폐형
戊	연료전지	3kW	개인	500kWh	인산형

① 甲
② 乙
③ 丙
④ 丁
⑤ 戊

19. 다음 글을 근거로 판단할 때, <보기>에서 옳은 것만을 모두 고르면?

1부터 5까지 숫자가 하나씩 적힌 5장의 카드와 3개의 구역이 있는 다트판이 있다. 甲과 乙은 다음 방법에 따라 점수를 얻는 게임을 하기로 했다.

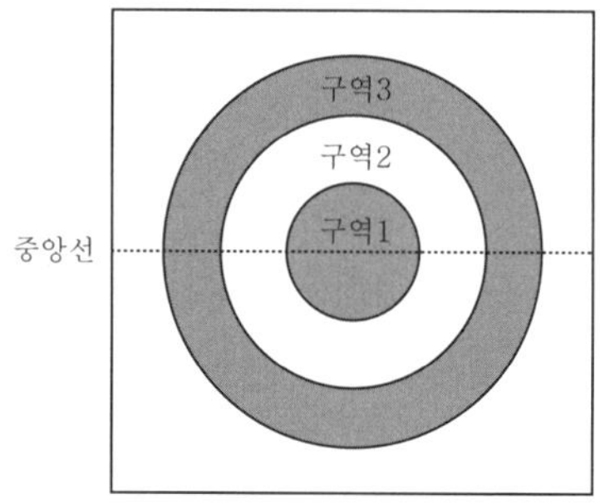

○ 우선 5장의 카드 중 1장을 임의로 뽑고, 그 후 다트를 1차 시기와 2차 시기에 각 1번씩 총 2번 던진다.
○ 뽑힌 카드에 적혀 있는 숫자가 '카드점수'가 되며 점수를 얻는 방법은 다음과 같다.

<1차 시기 점수 산정 방법>
- 다트가 구역1에 꽂힐 경우: 카드점수 × 3
- 다트가 구역2에 꽂힐 경우: 카드점수 × 2
- 다트가 구역3에 꽂힐 경우: 카드점수 × 1
- 다트가 그 외 영역에 꽂힐 경우: 카드점수 × 0

<2차 시기 점수 산정 방법>
- 다트가 다트판의 중앙선 위쪽에 꽂힐 경우: 2점
- 다트가 다트판의 중앙선 아래쪽에 꽂힐 경우: 0점

<최종점수 산정 방법>
- 최종점수: 1차 시기 점수 + 2차 시기 점수

※ 다트판의 선에 꽂히는 경우 등 그 외 조건은 고려하지 않는다.

<보 기>

ㄱ. 甲이 짝수가 적힌 카드를 뽑았다면, 최종점수는 홀수가 될 수 없다.
ㄴ. 甲이 숫자 2가 적힌 카드를 뽑았다면, 가능한 최종점수는 8가지이다.
ㄷ. 甲이 숫자 4가 적힌 카드를, 乙이 숫자 2가 적힌 카드를 뽑았다면, 가능한 甲의 최종점수 최댓값과 乙의 최종점수 최솟값의 차이는 14점이다.

① ㄱ
② ㄷ
③ ㄱ, ㄴ
④ ㄱ, ㄷ
⑤ ㄴ, ㄷ

20. 다음 글과 <대화>를 근거로 판단할 때 대장 두더지는?

○ 甲은 튀어나온 두더지를 뿅망치로 때리는 '두더지 게임'을 했다.
○ 두더지는 총 5마리(A~E)이며, 이 중 1마리는 대장 두더지이고 나머지 4마리는 부하 두더지이다.
○ 대장 두더지를 맞혔을 때는 2점, 부하 두더지를 맞혔을 때는 1점을 획득한다.
○ 두더지 게임 결과, 甲은 총 14점을 획득하였다.
○ 두더지 게임이 끝난 후 두더지들은 아래와 같은 <대화>를 하였다.

<대 화>

두더지 A: 나는 맞은 두더지 중에 가장 적게 맞았고, 맞은 횟수는 짝수야.
두더지 B: 나는 두더지 C와 똑같은 횟수로 맞았어.
두더지 C: 나와 두더지 A, 두더지 D가 맞은 횟수를 모두 더하면 모든 두더지가 맞은 횟수의 3/4이야.
두더지 D: 우리 중에 한 번도 맞지 않은 두더지가 1마리 있지만 나는 아니야.
두더지 E: 우리가 맞은 횟수를 모두 더하면 12번이야.

① 두더지 A
② 두더지 B
③ 두더지 C
④ 두더지 D
⑤ 두더지 E

21. 다음 <상황>을 근거로 판단할 때, <보기>에서 옳은 것만을 모두 고르면?

<상 황>

○ A위원회는 12명의 위원으로 구성되며, 위원 중에서 위원장을 선출한다.
○ 12명의 위원은 자신을 제외한 11명 중 서로 다른 2명에게 1표씩 투표하여 최다 득표자를 위원장으로 결정한다.
○ 최다 득표자가 여러 명인 경우 추첨을 통해 이들 중 1명을 위원장으로 결정한다.

※ 기권 및 무효표는 없다.

<보 기>

ㄱ. 득표자 중 5표를 얻은 위원이 존재하고 추첨을 통해 위원장이 결정되었다면, 득표자는 3명 이하이다.
ㄴ. 득표자가 총 3명이고 그 중 1명이 7표를 얻었다면, 위원장을 추첨으로 결정하지 않아도 된다.
ㄷ. 득표자 중 최다 득표자가 8표를 얻었고 추첨 없이 위원장이 결정되었다면, 득표자는 4명 이상이다.

① ㄴ
② ㄷ
③ ㄱ, ㄴ
④ ㄱ, ㄷ
⑤ ㄴ, ㄷ

22. 다음 글을 근거로 판단할 때, <보기>에서 옳은 것만을 모두 고르면?

○ 甲시청은 관내 도장업체(A~C)에 청사 바닥(면적: 60m^2) 도장공사를 의뢰하려 한다.

<관내 도장업체 정보>

업체	1m^{2}당 작업시간	시간당 비용
A	30분	10만 원
B	1시간	8만 원
C	40분	9만 원

○ 개별 업체의 작업속도는 항상 일정하다.
○ 여러 업체가 참여하는 경우, 각 참여 업체는 언제나 동시에 작업하며 업체당 작업시간은 동일하다. 이때 각 참여 업체가 작업하는 면은 겹치지 않는다.
○ 모든 업체는 시간당 비용에 비례하여 분당 비용을 받는다. (예: A가 6분 동안 작업한 경우 1만 원을 받는다)

<보 기>

ㄱ. 작업을 가장 빠르게 끝내기 위해서는 A와 C에게만 작업을 맡겨야 한다.
ㄴ. B와 C에게 작업을 맡기는 경우, 작업 완료까지 24시간이 소요된다.
ㄷ. A, B, C에게 작업을 맡기는 경우, B와 C에게 작업을 맡기는 경우보다 많은 비용이 든다.

① ㄱ
② ㄴ
③ ㄷ
④ ㄱ, ㄴ
⑤ ㄴ, ㄷ

23. 다음 글을 근거로 판단할 때, <보기>에서 옳은 것만을 모두 고르면?

○ 손글씨 대회 참가자 100명을 왼손으로만 필기할 수 있는 왼손잡이, 오른손으로만 필기할 수 있는 오른손잡이, 양손으로 모두 필기할 수 있는 양손잡이로 분류하고자 한다.
○ 참가자를 대상으로 아래 세 가지 질문을 차례대로 하여 해당하는 참가자는 한 번만 손을 들도록 하였다.
[질문 1] 왼손으로만 필기할 수 있는 사람은?
[질문 2] 오른손으로만 필기할 수 있는 사람은?
[질문 3] 양손으로 모두 필기할 수 있는 사람은?
○ 양손잡이 중 일부는 제대로 알아듣지 못해 질문 1, 2, 3에 모두 손을 들었고, 그 외 모든 참가자는 올바르게 손을 들었다.
○ 질문 1에 손을 든 참가자는 16명, 질문 2에 손을 든 참가자는 80명, 질문 3에 손을 든 참가자는 10명이다.

<보 기>

ㄱ. 양손잡이는 총 10명이다.
ㄴ. 왼손잡이 수는 양손잡이 수보다 많다.
ㄷ. 오른손잡이 수는 왼손잡이 수의 6배 이상이다.

① ㄱ
② ㄴ
③ ㄱ, ㄴ
④ ㄱ, ㄷ
⑤ ㄴ, ㄷ

24. 다음 글을 근거로 판단할 때, <보기>에서 옳은 것만을 모두 고르면?

엘로 평점 시스템(Elo Rating System)은 체스 등 일대일 방식의 종목에서 선수들의 실력을 표현하는 방법으로 물리학자 아르파드 엘로(Arpad Elo)가 고안했다.

임의의 두 선수 X, Y의 엘로 점수를 각각 E_X, E_Y라 하고 X가 Y에게 승리할 확률을 P_{XY}, Y가 X에게 승리할 확률을 P_{YX}라고 하면, 각 선수가 승리할 확률은 다음 식과 같이 계산된다. 무승부는 고려하지 않으므로 두 선수가 승리할 확률의 합은 항상 1이 된다.

$$P_{XY} = \frac{1}{1+10^{-(E_X-E_Y)/400}} \quad P_{YX} = \frac{1}{1+10^{-(E_Y-E_X)/400}}$$

두 선수의 엘로 점수가 같다면, 각 선수가 승리할 확률은 0.5로 같다. 만약 한 선수가 다른 선수보다 엘로 점수가 200점 높다면, 그 선수가 승리할 확률은 약 0.76이 된다.

경기 결과에 따라 각 선수의 엘로 점수는 변화한다. 경기에서 승리한 선수는 그 경기에서 패배할 확률에 K를 곱한 만큼 점수를 얻고, 경기에서 패배한 선수는 그 경기에서 승리할 확률에 K를 곱한 만큼 점수를 잃는다(K는 상수로, 보통 32를 사용한다). 승리할 확률이 높은 경기보다 승리할 확률이 낮은 경기에서 승리했을 경우 더 많은 점수를 얻는다.

<보 기>

ㄱ. 경기에서 승리한 선수가 얻는 엘로 점수와 그 경기에서 패배한 선수가 잃는 엘로 점수는 다를 수 있다.
ㄴ. K = 32라면, 한 경기에서 아무리 강한 상대에게 승리해도 얻을 수 있는 엘로 점수는 32점 이하이다.
ㄷ. A가 B에게 패배할 확률이 0.1이라면, A와 B의 엘로 점수 차이는 400점 이상이다.
ㄹ. A가 B에게 승리할 확률이 0.8, B가 C에게 승리할 확률이 0.8이라면, A가 C에게 승리할 확률은 0.9 이상이다.

① ㄱ, ㄴ
② ㄴ, ㄹ
③ ㄱ, ㄴ, ㄷ
④ ㄱ, ㄷ, ㄹ
⑤ ㄴ, ㄷ, ㄹ

25. 다음 <상황>과 <목차>를 근거로 판단할 때, <보기>에서 옳은 것만을 모두 고르면?

<상 황>

○ 책A는 <목차>와 같이 구성되어 있고, 비어 있는 쪽은 없다.
○ 책A의 각 쪽은 모두 제1절부터 제14절까지 14개의 절 중 하나의 절에 포함된다.
○ 甲은 3월 1일부터 책A를 읽기 시작해서, 1쪽부터 마지막 쪽인 133쪽까지 순서대로 읽는다.
○ 甲은 한번 읽기 시작한 절은 그날 모두 읽되, 하루에 최대 40쪽을 읽을 수 있다.
○ 甲은 절 제목에 '과학' 또는 '정책'이 들어간 절을 하루에 한 개 이상 읽는다.

○ 시민참여
제1절 시민참여의 등장 배경과 개념적 특성 1
제2절 과학기술정책의 특성과 시민참여 4
제3절 결 론 21
○ 거버넌스 구조
제4절 서 론 31
제5절 제3세대 과학기술혁신 정책이론과 거버넌스 34
제6절 과학기술정책의 거버넌스 구조분석 모형 49
제7절 결 론 62
○ 연구기관 평가지표
제8절 서 론 65
제9절 지적자본의 개념과 성과평가로의 활용가능성 68
제10절 평가지표 전환을 위한 정책방향 89
제11절 결 론 92
○ 기초연구의 경제적 편익
제12절 과학기술연구와 경제성장 간의 관계 104
제13절 공적으로 투자된 기초연구의 경제적 편익 107
제14절 맺음말: 정책적 시사점 130

<보 기>

ㄱ. 3월 1일에 甲은 책A를 20쪽 이상 읽는다.
ㄴ. 3월 3일에 甲이 제6절까지 읽었다면, 甲은 3월 5일까지 책A를 다 읽을 수 있다.
ㄷ. 甲이 책A를 다 읽으려면 최소 5일 걸린다.

① ㄱ
② ㄴ
③ ㄱ, ㄴ
④ ㄱ, ㄷ
⑤ ㄴ, ㄷ

2018년 해커스 민간경력자 PSAT 15개년 기출문제집

약점 보완 해설집 p.168

자료해석영역

1. 다음 <표>는 '갑' 연구소에서 제습기 A~E의 습도별 연간소비전력량을 측정한 자료이다. 이에 대한 <보기>의 설명 중 옳은 것만을 모두 고르면?

<표> 제습기 A~E의 습도별 연간소비전력량

(단위: kWh)

제습기 \ 습도	40%	50%	60%	70%	80%
A	550	620	680	790	840
B	560	640	740	810	890
C	580	650	730	800	880
D	600	700	810	880	950
E	660	730	800	920	970

<보 기>

ㄱ. 습도가 70%일 때 연간소비전력량이 가장 적은 제습기는 A이다.
ㄴ. 각 습도에서 연간소비전력량이 많은 제습기부터 순서대로 나열하면, 습도 60%일 때와 습도 70%일 때의 순서는 동일하다.
ㄷ. 습도가 40%일 때 제습기 E의 연간소비전력량은 습도가 50%일 때 제습기 B의 연간소비전력량보다 많다.
ㄹ. 제습기 각각에서 연간소비전력량은 습도가 80%일 때가 40%일 때의 1.5배 이상이다.

① ㄱ, ㄴ
② ㄱ, ㄷ
③ ㄴ, ㄹ
④ ㄱ, ㄷ, ㄹ
⑤ ㄴ, ㄷ, ㄹ

2. 다음 <표>는 통신사 '갑', '을', '병'의 스마트폰 소매가격 및 평가점수 자료이다. 이에 대한 <보기>의 설명 중 옳은 것만을 모두 고르면?

<표> 통신사별 스마트폰의 소매가격 및 평가점수

(단위: 달러, 점)

통신사	스마트폰	소매가격	평가항목					종합품질점수
			화질	내비게이션	멀티미디어	배터리수명	통화성능	
갑	A	150	3	3	3	3	1	13
	B	200	2	2	3	1	2	( )
	C	200	3	3	3	1	1	( )
을	D	180	3	3	3	2	1	( )
	E	100	2	3	3	2	1	11
	F	70	2	1	3	2	1	( )
병	G	200	3	3	3	2	2	( )
	H	50	3	2	3	2	1	( )
	I	150	3	2	2	3	2	12

※ 스마트폰의 '종합품질점수'는 해당 스마트폰의 평가항목별 평가점수의 합임.

<보 기>

ㄱ. 소매가격이 200달러인 스마트폰 중 '종합품질점수'가 가장 높은 스마트폰은 C이다.
ㄴ. 소매가격이 가장 낮은 스마트폰은 '종합품질점수'도 가장 낮다.
ㄷ. 통신사 각각에 대해서 해당 통신사 스마트폰의 '통화성능' 평가점수의 평균을 계산하여 통신사별로 비교하면 '병'이 가장 높다.
ㄹ. 평가항목 각각에 대해서 스마트폰 A~I 평가점수의 합을 계산하여 평가항목별로 비교하면 '멀티미디어'가 가장 높다.

① ㄱ
② ㄷ
③ ㄱ, ㄴ
④ ㄴ, ㄹ
⑤ ㄷ, ㄹ

3. 다음 <표>는 2016년과 2017년 A~F항공사의 공급석 및 탑승객 수를 나타낸 자료이다. <표>를 이용하여 작성한 그래프로 옳지 않은 것은?

<표> 항공사별 공급석 및 탑승객 수

(단위: 만 개, 만 명)

항공사 \ 구분 연도	공급석 수		탑승객 수	
	2016	2017	2016	2017
A	260	360	220	300
B	20	110	10	70
C	240	300	210	250
D	490	660	410	580
E	450	570	380	480
F	250	390	200	320
전체	1,710	2,390	1,430	2,000

① 연도별 A~F항공사 전체의 공급석 및 탑승객 수

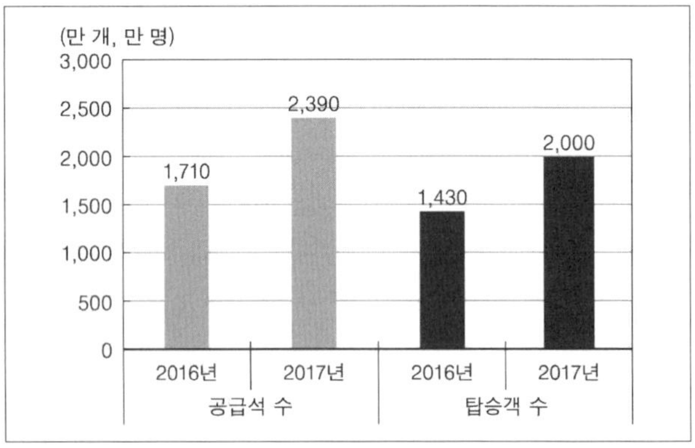

② 항공사별 탑승객 수

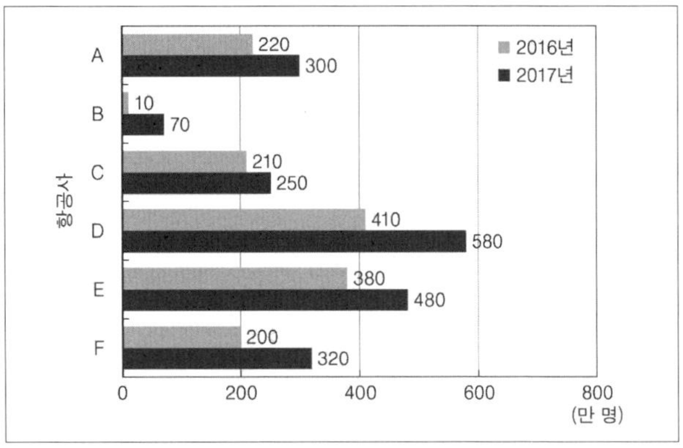

③ 2017년 탑승객 수의 항공사별 구성비

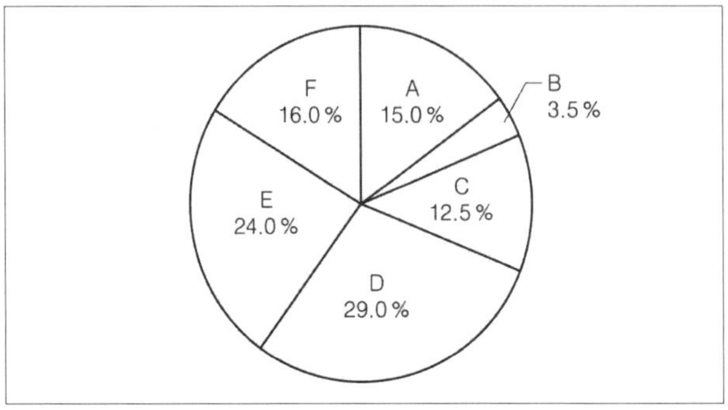

④ 2016년 대비 2017년 항공사별 공급석 수 증가량

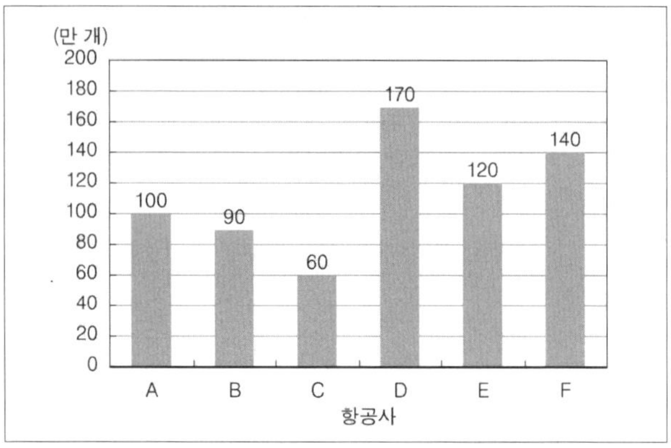

⑤ 2017년 항공사별 잔여석 수

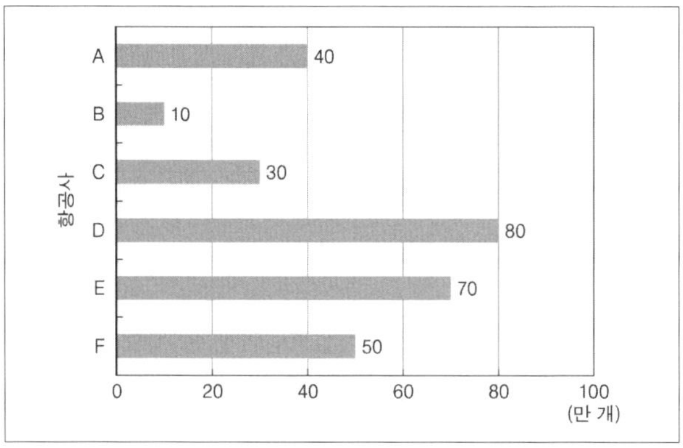

※ 잔여석 수 = 공급석 수 − 탑승객 수

4. 다음 <그림>은 A국의 2012~2017년 태양광 산업 분야 투자액 및 투자건수에 관한 자료이다. 이에 대한 설명으로 옳지 않은 것은?

<그림> 태양광 산업 분야 투자액 및 투자건수

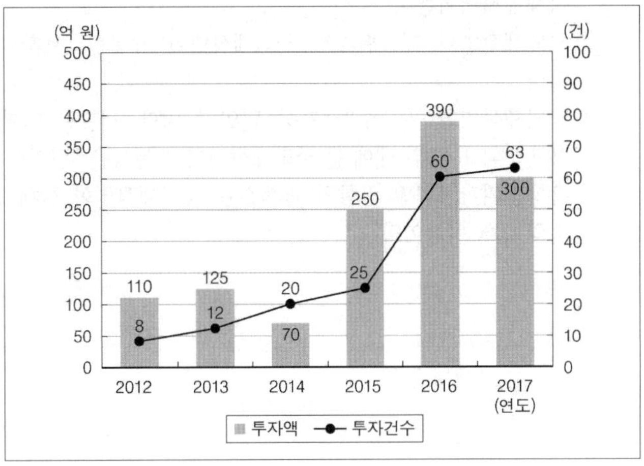

① 2013~2017년 동안 투자액의 전년대비 증가율은 2016년이 가장 높다.
② 2013~2017년 동안 투자건수의 전년대비 증가율은 2017년이 가장 낮다.
③ 2012년과 2015년 투자건수의 합은 2017년 투자건수보다 작다.
④ 투자액이 가장 큰 연도는 2016년이다.
⑤ 투자건수는 매년 증가하였다.

5. 다음 <표>는 15개 종목이 개최된 2018 평창 동계올림픽 참가국 A~D의 메달 획득 결과를 나타낸 자료이다. 이에 대한 설명으로 옳은 것은?

<표> 2018 평창 동계올림픽 참가국 A~D의 메달 획득 결과

(단위: 개)

종목 \ 국가/메달	A국			B국			C국			D국		
	금	은	동	금	은	동	금	은	동	금	은	동
노르딕복합	3	1	1					1				
루지	3	1	2		1						1	1
바이애슬론	3	1	3				1	3	2			
봅슬레이	3	1			1					1		1
쇼트트랙					1					1	1	3
스노보드		1	1	4	2	1				1	2	1
스켈레톤		1										
스키점프	1	3					2	1	2			
스피드스케이팅						1	2	1	1	1	1	
아이스하키		1		1							1	1
알파인스키				1	1	1	1	4	2			
컬링				1					1	1		
크로스컨트리				1			7	4	3			
프리스타일스키				1	2	1	1			4	2	1
피겨스케이팅	1					2				2		2

※ 빈칸은 0을 의미함.

① 동일 종목에서, A국이 획득한 모든 메달 수와 B국이 획득한 모든 메달 수를 합하여 종목별로 비교하면, 15개 종목 중 스노보드가 가장 많다.
② A국이 획득한 금메달 수와 C국이 획득한 동메달 수는 같다.
③ A국이 루지, 봅슬레이, 스켈레톤 종목에서 획득한 모든 메달 수의 합은 C국이 크로스컨트리 종목에서 획득한 모든 메달 수보다 많다.
④ A~D국 중 메달을 획득한 종목의 수가 가장 많은 국가는 D국이다.
⑤ 획득한 은메달 수가 많은 국가부터 순서대로 나열하면 C, B, A, D국 순이다.

2018년

해커스 민간경력자 PSAT 15개년 기출문제집

6. 다음 <표>는 A국의 흥행순위별 2017년 영화개봉작 정보와 월별 개봉편수 및 관객수에 대한 자료이다. 이에 대한 설명으로 옳지 않은 것은?

<표 1> A국의 흥행순위별 2017년 영화개봉작 정보

(단위: 천 명)

흥행순위	영화명	개봉시기	제작	관객수
1	버스운전사	8월	국내	12,100
2	님과 함께	12월	국내	8,540
3	동조	1월	국내	7,817
4	거미인간	7월	국외	7,258
5	착한도시	10월	국내	6,851
6	군함만	7월	국내	6,592
7	소년경찰	8월	국내	5,636
8	더 퀸	1월	국내	5,316
9	투수와 야수	3월	국외	5,138
10	퀸스맨	9월	국외	4,945
11	썬더맨	10월	국외	4,854
12	꾸러기	11월	국내	4,018
13	가랑비	12월	국내	4,013
14	동래산성	10월	국내	3,823
15	좀비	6월	국외	3,689
16	행복의 질주	4월	국외	3,653
17	나의 이름은	4월	국외	3,637
18	슈퍼카인드	7월	국외	3,325
19	아이 캔 토크	9월	국내	3,279
20	캐리비안	5월	국외	3,050

※ 관객수는 개봉일로부터 2017년 12월 31일까지 누적한 값임.

<표 2> A국의 2017년 월별 개봉편수 및 관객수

(단위: 편, 천 명)

제작 / 월 \ 구분	국내		국외	
	개봉편수	관객수	개봉편수	관객수
1	35	12,682	105	10,570
2	39	8,900	96	6,282
3	31	4,369	116	9,486
4	29	4,285	80	6,929
5	31	6,470	131	12,210
6	49	4,910	124	10,194
7	50	6,863	96	14,495
8	49	21,382	110	8,504
9	48	5,987	123	6,733
10	35	12,964	91	8,622
11	56	6,427	104	6,729
12	43	18,666	95	5,215
전체	495	113,905	1,271	105,969

※ 관객수는 당월 상영영화에 대해 월말 집계한 값임.

① 흥행순위 1~20위 내의 영화 중 한 편의 영화도 개봉되지 않았던 달에는 국외제작영화 관객수가 국내제작영화 관객수보다 적다.
② 10월에 개봉된 영화 중 흥행순위 1~20위 내에 든 영화는 국내제작영화뿐이다.
③ 국외제작영화 개봉편수는 국내제작영화 개봉편수보다 매달 많다.
④ 국외제작영화 관객수가 가장 많았던 달에 개봉된 영화 중 흥행순위 1~20위 내에 든 국외제작영화 개봉작은 2편이다.
⑤ 흥행순위가 1위인 영화의 관객수는 국내제작영화 전체 관객수의 10% 이상이다.

7. 다음 <표>는 조선시대 A지역 인구 및 사노비 비율에 대한 자료이다. 이에 대한 <보기>의 설명 중 옳은 것만을 모두 고르면?

<표> A지역 인구 및 사노비 비율

구분 / 조사년도	인구(명)	인구 중 사노비 비율(%)			
		솔거노비	외거노비	도망노비	전체
1720	2,228	18.5	10.0	11.5	40.0
1735	3,143	13.8	6.8	12.8	33.4
1762	3,380	11.5	8.5	11.7	31.7
1774	3,189	14.0	8.8	12.0	34.8
1783	3,056	14.9	6.7	9.3	30.9
1795	2,359	18.2	4.3	6.5	29.0

※ 1) 사노비는 솔거노비, 외거노비, 도망노비로만 구분됨.
2) 비율은 소수점 둘째 자리에서 반올림한 값임.

<보 기>

ㄱ. A지역 인구 중 도망노비를 제외한 사노비가 차지하는 비율은 조사년도 중 1720년이 가장 높다.
ㄴ. A지역 사노비 수는 1774년이 1720년보다 많다.
ㄷ. A지역 사노비 중 외거노비가 차지하는 비율은 1720년이 1762년보다 높다.
ㄹ. A지역 인구 중 솔거노비가 차지하는 비율은 매 조사년도마다 낮아진다.

① ㄱ, ㄴ
② ㄱ, ㄷ
③ ㄷ, ㄹ
④ ㄱ, ㄴ, ㄹ
⑤ ㄴ, ㄷ, ㄹ

8. 다음 <표>는 2013~2017년 '갑'국의 사회간접자본(SOC) 투자규모에 관한 자료이다. 이에 대한 설명으로 옳지 않은 것은?

<표> '갑'국의 사회간접자본(SOC) 투자규모

(단위: 조 원, %)

구분 \ 연도	2013	2014	2015	2016	2017
SOC 투자규모	20.5	25.4	25.1	24.4	23.1
총지출 대비 SOC 투자규모 비중	7.8	8.4	8.6	7.9	6.9

① 2017년 총지출은 300조 원 이상이다.
② 2014년 'SOC 투자규모'의 전년대비 증가율은 30% 이하이다.
③ 2014~2017년 동안 'SOC 투자규모'가 전년에 비해 가장 큰 비율로 감소한 해는 2017년이다.
④ 2014~2017년 동안 'SOC 투자규모'와 '총지출 대비 SOC 투자규모 비중'의 전년대비 증감방향은 동일하다.
⑤ 2018년 'SOC 투자규모'의 전년대비 감소율이 2017년과 동일하다면, 2018년 'SOC 투자규모'는 20조 원 이상이다.

9. 다음 <표>는 물품 A~E의 가격에 대한 자료이다. <조건>에 부합하는 (가), (나), (다)로 가능한 것은?

<표> 물품 A~E의 가격

(단위: 원/개)

물품	가격
A	24,000
B	(가)
C	(나)
D	(다)
E	16,000

<조 건>

○ '갑', '을', '병'의 배낭에 담긴 물품은 각각 다음과 같다.
- 갑: B, C, D
- 을: A, C
- 병: B, D, E

○ 배낭에는 해당 물품이 한 개씩만 담겨있다.
○ 배낭에 담긴 물품 가격의 합이 높은 사람부터 순서대로 나열하면 '갑', '을', '병' 순이다.
○ '병'의 배낭에 담긴 물품 가격의 합은 44,000원이다.

	(가)	(나)	(다)
①	11,000	23,000	14,000
②	12,000	14,000	16,000
③	12,000	19,000	16,000
④	13,000	19,000	15,000
⑤	13,000	23,000	15,000

10. 다음 <표>와 <그림>은 A국 초·중·고등학생 평균 키 및 평균 체중과 비만에 대한 자료이다. 이에 대한 <보기>의 설명 중 옳은 것만을 모두 고르면?

<표 1> 학교급별 평균 키 및 평균 체중 현황

(단위: cm, kg)

학교급	성별	2017년		2016년		2015년		2014년		2013년	
		키	체중	키	체중	키	체중	키	체중	키	체중
초	남	152.1	48.2	151.4	46.8	151.4	46.8	150.4	46.0	150.0	44.7
	여	152.3	45.5	151.9	45.2	151.8	45.1	151.1	44.4	151.0	43.7
중	남	170.0	63.7	169.7	62.3	169.2	61.9	168.9	61.6	168.7	60.5
	여	159.8	54.4	159.8	54.3	159.8	54.1	159.5	53.6	160.0	52.9
고	남	173.5	70.0	173.5	69.4	173.5	68.5	173.7	68.3	174.0	68.2
	여	160.9	57.2	160.9	57.1	160.9	56.8	161.1	56.2	161.1	55.4

<표 2> 2017년 학교급별 비만학생 구성비

(단위: %)

학교급 \ 구분	성별	비만 아닌 학생	비만학생			학생 비만율
			경도 비만	중등도 비만	고도 비만	
초	남	82.6	8.5	7.3	1.6	17.4
	여	88.3	6.5	4.4	0.8	11.7
중	남	81.5	9.0	7.5	2.0	18.5
	여	86.2	7.5	4.9	1.4	13.8
고	남	79.5	8.7	8.4	3.4	20.5
	여	81.2	8.6	7.5	2.7	18.8
전체		83.5	8.1	6.5	1.9	16.5

※ '학생비만율'은 학생 중 비만학생(경도 비만 + 중등도 비만 + 고도 비만)의 구성비임.

<그림> 연도별 초·중·고 전체의 비만학생 구성비

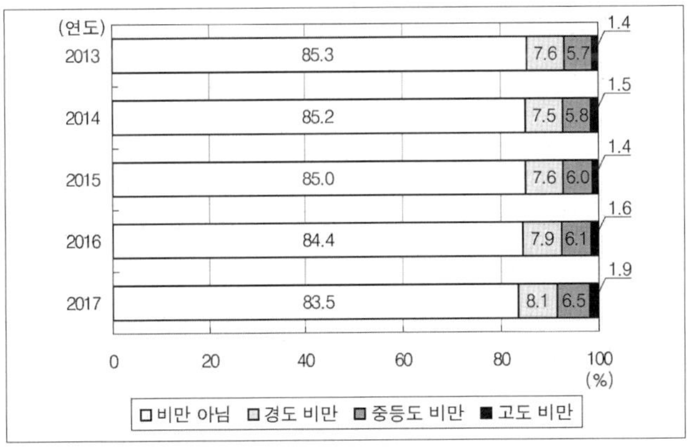

<보 기>

ㄱ. 중학교 여학생의 평균 키는 매년 증가하였다.
ㄴ. 초·중·고 전체의 '학생비만율'은 매년 증가하였다.
ㄷ. 고등학교 남학생의 '학생비만율'은 2013년이 2017년보다 작다.
ㄹ. 2017년 '학생비만율'의 남녀 학생 간 차이는 중학생이 초등학생보다 작다.

① ㄱ, ㄴ　② ㄴ, ㄷ　③ ㄴ, ㄹ
④ ㄷ, ㄹ　⑤ ㄱ, ㄷ, ㄹ

11. 다음 <그림>은 A~F국의 2016년 GDP와 'GDP 대비 국가자산총액'을 나타낸 자료이다. 이에 대한 <보기>의 설명 중 옳은 것만을 모두 고르면?

<그림> A~F국의 2016년 GDP와 'GDP 대비 국가자산총액'

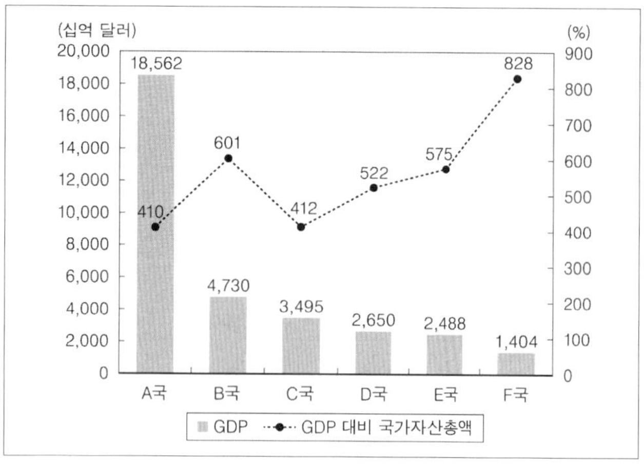

※ GDP 대비 국가자산총액(%) = $\frac{\text{국가자산총액}}{\text{GDP}} \times 100$

<보 기>

ㄱ. GDP가 높은 국가일수록 'GDP 대비 국가자산총액'이 작다.
ㄴ. A국의 GDP는 나머지 5개국 GDP의 합보다 크다.
ㄷ. 국가자산총액은 F국이 D국보다 크다.

① ㄱ
② ㄴ
③ ㄷ
④ ㄱ, ㄴ
⑤ ㄴ, ㄷ

12. 다음 <그림>은 아래 <규칙>에 따라 2에서 10까지의 서로 다른 자연수의 관계를 나타낸 것이다. 이때 '가', '나', '다'에 해당하는 수의 합은?

<그 림>

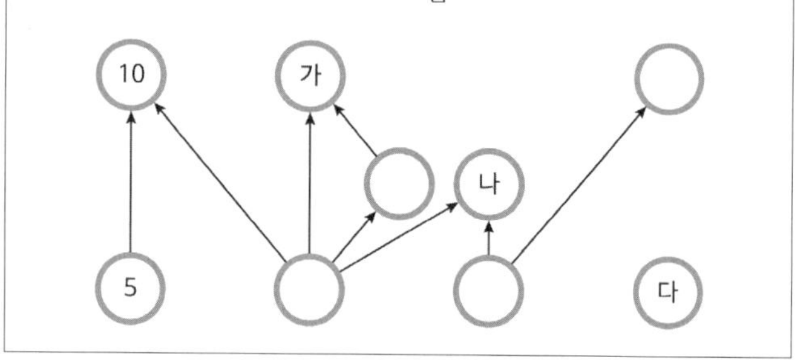

<규 칙>

○ <그림>에서 2에서 10까지의 자연수는 ○ 안에 한 개씩만 사용되고, 사용되지 않는 자연수는 없다.
○ 2에서 10까지의 서로 다른 임의의 자연수 3개를 x, y, z라고 할 때,
  - ⓧ → ⓨ는 y가 x의 배수임을 나타낸다.
  - 화살표로 연결되지 않은 ⓩ는 z가 x, y와 약수나 배수 관계가 없음을 나타낸다.

① 20
② 21
③ 22
④ 23
⑤ 24

13. 다음 <표>는 7월 1~10일 동안 도시 A~E에 대한 인공지능 시스템의 예측 날씨와 실제 날씨이다. 이에 대한 <보기>의 설명 중 옳은 것만을 모두 고르면?

<표> 도시 A~E에 대한 예측 날씨와 실제 날씨

도시	구분＼날짜	7.1.	7.2.	7.3.	7.4.	7.5.	7.6.	7.7.	7.8.	7.9.	7.10.
A	예측	☂	☁	☼	☂	☼	☼	☂	☂	☼	☁
	실제	☂	☼	☂	☂	☼	☼	☂	☼	☼	☂
B	예측	☼	☂	☼	☂	☁	☼	☂	☼	☼	☼
	실제	☂	☼	☼	☂	☁	☼	☂	☂	☼	☼
C	예측	☂	☼	☂	☂	☼	☂	☼	☂	☂	☂
	실제	☂	☂	☼	☁	☂	☂	☁	☂	☂	☂
D	예측	☂	☂	☼	☼	☼	☂	☂	☼	☼	☂
	실제	☂	☁	☂	☂	☂	☂	☂	☂	☼	☼
E	예측	☂	☼	☼	☂	☂	☂	☼	☁	☼	☂
	실제	☂	☂	☁	☂	☂	☼	☂	☼	☂	☼

※ ☼: 맑음, ☁: 흐림, ☂: 비

<보 기>

ㄱ. 도시 A에서는 예측 날씨가 '비'인 날 실제 날씨도 모두 '비'였다.
ㄴ. 도시 A~E 중 예측 날씨와 실제 날씨가 일치한 일수가 가장 많은 도시는 B이다.
ㄷ. 7월 1~10일 중 예측 날씨와 실제 날씨가 일치한 도시수가 가장 적은 날짜는 7월 2일이다.

① ㄱ
② ㄴ
③ ㄷ
④ ㄴ, ㄷ
⑤ ㄱ, ㄴ, ㄷ

14. 다음 <표>는 1930~1934년 동안 A지역의 곡물 재배면적 및 생산량을 정리한 자료이다. 이에 대한 설명으로 옳은 것은?

<표> A지역의 곡물 재배면적 및 생산량

(단위: 천 정보, 천 석)

곡물	구분＼연도	1930	1931	1932	1933	1934
미곡	재배면적	1,148	1,100	998	1,118	1,164
	생산량	15,276	14,145	13,057	15,553	18,585
맥류	재배면적	1,146	773	829	963	1,034
	생산량	7,347	4,407	4,407	6,339	7,795
두류	재배면적	450	283	301	317	339
	생산량	1,940	1,140	1,143	1,215	1,362
잡곡	재배면적	334	224	264	215	208
	생산량	1,136	600	750	633	772
서류	재배면적	59	88	87	101	138
	생산량	821	1,093	1,228	1,436	2,612
전체	재배면적	3,137	2,468	2,479	2,714	2,883
	생산량	26,520	21,385	20,585	25,176	31,126

① 1931~1934년 동안 재배면적의 전년대비 증감방향은 미곡과 두류가 동일하다.
② 생산량은 매년 두류가 서류보다 많다.
③ 재배면적은 매년 잡곡이 서류의 2배 이상이다.
④ 1934년 재배면적당 생산량이 가장 큰 곡물은 미곡이다.
⑤ 1933년 미곡과 맥류 재배면적의 합은 1933년 곡물 재배면적 전체의 70% 이상이다.

15. 다음 <그림>은 주요국(한국, 미국, 일본, 프랑스)이 화장품산업 경쟁력 4대 분야에서 획득한 점수에 대한 자료이다. 이에 대한 설명으로 옳은 것은?

<그림> 주요국의 화장품산업 경쟁력 4대 분야별 점수

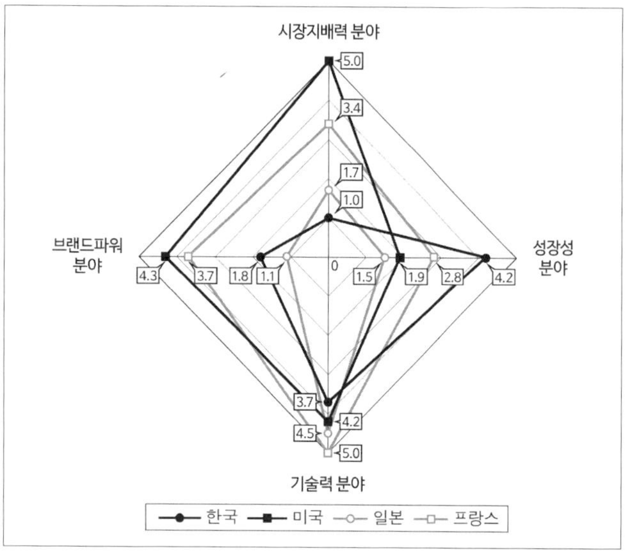

① 기술력 분야에서는 한국의 점수가 가장 높다.
② 성장성 분야에서 점수가 가장 높은 국가는 시장지배력 분야에서도 점수가 가장 높다.
③ 브랜드파워 분야에서 각국이 획득한 점수의 최댓값과 최솟값의 차이는 3 이하이다.
④ 미국이 4대 분야에서 획득한 점수의 합은 프랑스가 4대 분야에서 획득한 점수의 합보다 크다.
⑤ 시장지배력 분야의 점수는 일본이 프랑스보다 높지만 미국보다는 낮다.

16. 다음 <그림>은 기업A, B의 2014~2017년 에너지원단위 및 매출액 자료이다. 이에 대한 <보기>의 설명 중 옳은 것만을 모두 고르면?

<그림> 기업A, B의 2014~2017년 에너지원단위 및 매출액

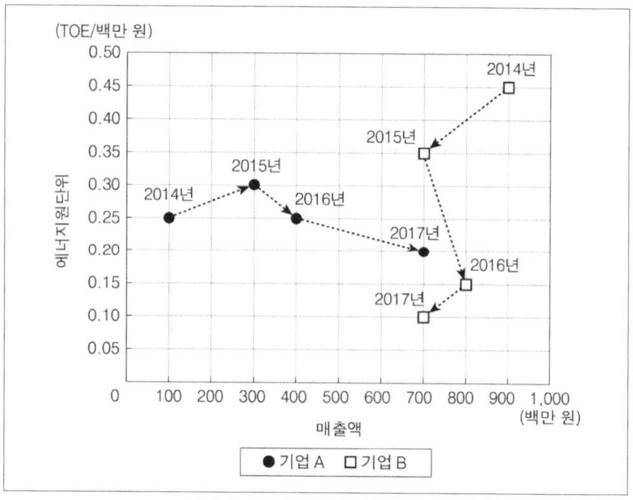

※ 에너지원단위(TOE/백만 원) $= \frac{\text{에너지소비량(TOE)}}{\text{매출액(백만 원)}}$

<보 기>

ㄱ. 기업 A, B는 각각 에너지원단위가 매년 감소하였다.
ㄴ. 기업 A의 에너지소비량은 매년 증가하였다.
ㄷ. 2016년 에너지소비량은 기업B가 기업A보다 많다.

① ㄱ
② ㄴ
③ ㄷ
④ ㄱ, ㄴ
⑤ ㄴ, ㄷ

17. 다음 <표>와 <그림>은 A지역 2016년 주요 버섯의 도·소매가와 주요 버섯 소매가의 전년 동분기 대비 등락액을 나타낸 자료이다. 이에 대한 <보기>의 설명 중 옳은 것만을 모두 고르면?

<표> 2016년 주요 버섯의 도·소매가

(단위: 원/kg)

버섯종류	구분 \ 분기	1분기	2분기	3분기	4분기
느타리	도매	5,779	6,752	7,505	7,088
	소매	9,393	9,237	10,007	10,027
새송이	도매	4,235	4,201	4,231	4,423
	소매	5,233	5,267	5,357	5,363
팽이	도매	1,886	1,727	1,798	2,116
	소매	3,136	3,080	3,080	3,516

<그림> 2016년 주요 버섯 소매가의 전년 동분기 대비 등락액

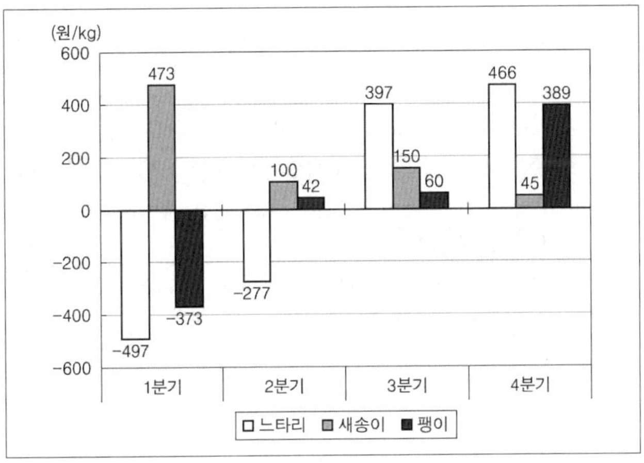

<보 기>

ㄱ. 2016년 매분기 '느타리' 1kg의 도매가는 '팽이' 3kg의 도매가보다 높다.
ㄴ. 2015년 매분기 '팽이'의 소매가는 3,000원/kg 이상이다.
ㄷ. 2016년 1분기 '새송이'의 소매가는 2015년 4분기에 비해 상승했다.
ㄹ. 2016년 매분기 '느타리'의 소매가는 도매가의 1.5배 미만이다.

① ㄱ, ㄴ
② ㄱ, ㄷ
③ ㄴ, ㄷ
④ ㄴ, ㄹ
⑤ ㄷ, ㄹ

18. 다음 <표>는 A~E 면접관이 '갑'~'정' 응시자에게 부여한 면접 점수이다. 이에 대한 <보기>의 설명 중 옳은 것만을 모두 고르면?

<표> '갑'~'정' 응시자의 면접 점수

(단위: 점)

면접관 \ 응시자	갑	을	병	정	범위
A	7	8	8	6	2
B	4	6	8	10	( )
C	5	9	8	8	( )
D	6	10	9	7	4
E	9	7	6	5	4
중앙값	( )	( )	8	( )	-
교정점수	( )	8	( )	7	-

※ 1) 범위: 해당 면접관이 각 응시자에게 부여한 면접 점수 중 최댓값에서 최솟값을 뺀 값
2) 중앙값: 해당 응시자가 A~E면접관에게 받은 모든 면접 점수를 크기 순으로 나열할 때 한가운데 값
3) 교정점수: 해당 응시자가 A~E면접관에게 받은 모든 면접 점수 중 최댓값과 최솟값을 제외한 면접 점수의 산술 평균값

<보 기>

ㄱ. 면접관 중 범위가 가장 큰 면접관은 B이다.
ㄴ. 응시자 중 중앙값이 가장 작은 응시자는 '정'이다.
ㄷ. 교정점수는 '병'이 '갑'보다 크다.

① ㄱ
② ㄴ
③ ㄱ, ㄷ
④ ㄴ, ㄷ
⑤ ㄱ, ㄴ, ㄷ

19. 다음 <표>는 2000년과 2013년 한국, 중국, 일본의 재화 수출액 및 수입액 자료이고, <용어 정의>는 무역수지와 무역특화지수에 대한 설명이다. 이에 대한 <보기>의 설명 중 옳은 것만을 모두 고르면?

<표> 한국, 중국, 일본의 재화 수출액 및 수입액

(단위: 억 달러)

연도	재화 \ 국가, 수출입액	한국		중국		일본	
		수출액	수입액	수출액	수입액	수출액	수입액
2000	원자재	578	832	741	1,122	905	1,707
	소비재	117	104	796	138	305	847
	자본재	1,028	668	955	991	3,583	1,243
2013	원자재	2,015	3,232	5,954	9,172	2,089	4,760
	소비재	138	375	4,083	2,119	521	1,362
	자본재	3,444	1,549	12,054	8,209	4,541	2,209

<용어 정의>

○ 무역수지 = 수출액 - 수입액
- 무역수지 값이 양(+)이면 흑자, 음(-)이면 적자이다.

○ 무역특화지수 = $\frac{\text{수출액} - \text{수입액}}{\text{수출액} + \text{수입액}}$
- 무역특화지수의 값이 클수록 수출경쟁력이 높다.

<보 기>

ㄱ. 2013년 한국, 중국, 일본 각각에서 원자재 무역수지는 적자이다.

ㄴ. 2013년 한국의 원자재, 소비재, 자본재 수출액은 2000년에 비해 각각 50% 이상 증가하였다.

ㄷ. 2013년 자본재 수출경쟁력은 일본이 한국보다 높다.

① ㄱ
② ㄴ
③ ㄱ, ㄴ
④ ㄱ, ㄷ
⑤ ㄴ, ㄷ

20. 다음 <표>는 A~D국의 성별 평균소득과 대학진학률의 격차지수만으로 계산한 '간이 성평등지수'에 관한 자료이다. 이에 대한 <보기>의 설명 중 옳은 것만을 모두 고르면?

<표> A~D국의 성별 평균소득, 대학진학률 및 '간이 성평등지수'

(단위: 달러, %)

국가 \ 항목	평균소득			대학진학률			간이 성평등지수
	여성	남성	격차지수	여성	남성	격차지수	
A	8,000	16,000	0.50	68	48	1.00	0.75
B	36,000	60,000	0.60	( )	80	( )	( )
C	20,000	25,000	0.80	70	84	0.83	0.82
D	3,500	5,000	0.70	11	15	0.73	0.72

※ 1) 격차지수는 남성 항목값 대비 여성 항목값의 비율로 계산하며, 그 값이 1을 넘으면 1로 함.
2) '간이 성평등지수'는 평균소득 격차지수와 대학진학률 격차지수의 산술 평균임.
3) 격차지수와 '간이 성평등지수'는 소수점 셋째자리에서 반올림한 값임.

<보 기>

ㄱ. A국의 여성 평균소득과 남성 평균소득이 각각 1,000달러씩 증가하면 A국의 '간이 성평등지수'는 0.80 이상이 된다.

ㄴ. B국의 여성 대학진학률이 85%이면 '간이 성평등지수'는 B국이 C국보다 높다.

ㄷ. D국의 여성 대학진학률이 4%p 상승하면 D국의 '간이 성평등지수'는 0.80 이상이 된다.

① ㄱ
② ㄴ
③ ㄷ
④ ㄱ, ㄴ
⑤ ㄱ, ㄷ

21. 다음 <표>와 <그림>은 2018년 테니스 팀 A~E의 선수 인원수 및 총 연봉과 각각의 전년대비 증가율에 대한 자료이다. 이에 대한 설명으로 옳지 않은 것은?

<표> 2018년 테니스 팀 A~E의 선수 인원수 및 총 연봉

(단위: 명, 억 원)

테니스 팀	선수 인원수	총 연봉
A	5	15
B	10	25
C	8	24
D	6	30
E	6	24

※ 팀 선수 평균 연봉 = $\frac{\text{총 연봉}}{\text{선수 인원수}}$

<그림> 2018년 테니스 팀 A~E의 선수 인원수 및 총 연봉의 전년대비 증가율

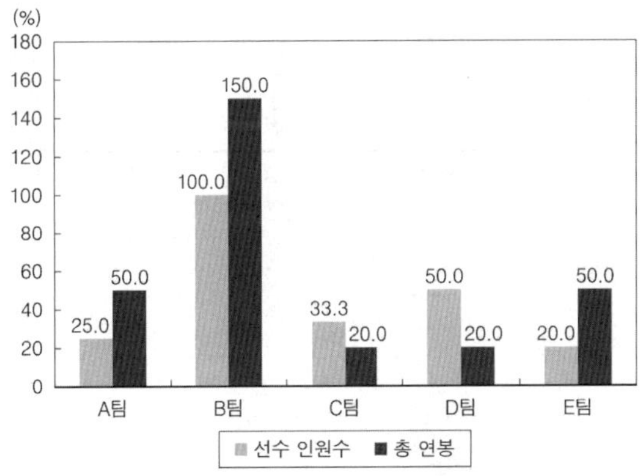

※ 전년대비 증가율은 소수점 둘째자리에서 반올림한 값임.

① 2018년 '팀 선수 평균 연봉'은 D팀이 가장 많다.
② 2018년 전년대비 증가한 선수 인원수는 C팀과 D팀이 동일하다.
③ 2018년 A팀의 '팀 선수 평균 연봉'은 전년대비 증가하였다.
④ 2018년 선수 인원수가 전년대비 가장 많이 증가한 팀은 총 연봉도 가장 많이 증가하였다.
⑤ 2017년 총 연봉은 A팀이 E팀보다 많다.

22. 다음 <표>는 A~D국의 연구개발비에 대한 자료이다. 다음 <보고서>를 작성하기 위해 <표> 이외에 추가로 필요한 자료만을 <보기>에서 모두 고르면?

<표> A~D국의 연구개발비

연도	구분 \ 국가	A	B	C	D
2016	연구개발비(억 달러)	605	4,569	1,709	1,064
	GDP 대비(%)	4.29	2.73	3.47	2.85
2015	민간연구개발비:정부연구개발비	24:76	35:65	25:75	30:70

※ 연구개발비 = 정부연구개발비 + 민간연구개발비

<보고서>

A~D국 모두 2015년에 비하여 2016년 연구개발비가 증가하였지만, A국은 약 3% 증가에 불과하여 A~D국 평균 증가율인 6% 수준에도 미치지 못했다. 특히, 2016년에 A국은 정부연구개발비 대비 민간연구개발비 비율이 가장 작다. 이는 2014~2016년 동안, A국 민간연구개발에 대한 정부의 지원금액이 매년 감소한 데 따른 것으로 분석된다.

<보 기>

ㄱ. 2013~2015년 A~D국 전년대비 GDP 증가율
ㄴ. 2015~2016년 연도별 A~D국 민간연구개발비
ㄷ. 2013~2016년 연도별 A국 민간연구개발에 대한 정부의 지원금액
ㄹ. 2014~2015년 A~D국 전년대비 연구개발비 증가율

① ㄱ, ㄴ
② ㄱ, ㄹ
③ ㄴ, ㄷ
④ ㄴ, ㄹ
⑤ ㄷ, ㄹ

23. 다음 <표>는 근무지 이동 전 '갑' 회사의 근무 현황에 대한 자료이다. <표>와 <근무지 이동 지침>에 따라 이동한 후 근무지별 인원수로 가능한 것은?

<표> 근무지 이동 전 '갑' 회사의 근무 현황

(단위: 명)

근무지	팀명	인원수
본관 1층	인사팀	10
	지원팀	16
	기획1팀	16
본관 2층	기획2팀	21
	영업1팀	27
본관 3층	영업2팀	30
	영업3팀	23
별관	-	0
전체		143

※ 1) '갑' 회사의 근무지는 본관 1, 2, 3층과 별관만 있음.
2) 팀별 인원수의 변동은 없음.

<근무지 이동 지침>

○ 본관 내 이동은 없고, 인사팀은 이동하지 않음.
○ 팀별로 전원 이동하며, 본관에서 별관으로 2개 팀만 이동함.
○ 1개 층에서는 최대 1개 팀만 별관으로 이동할 수 있음.
○ 이동한 후 별관 인원수는 40명을 넘지 않도록 함.

①
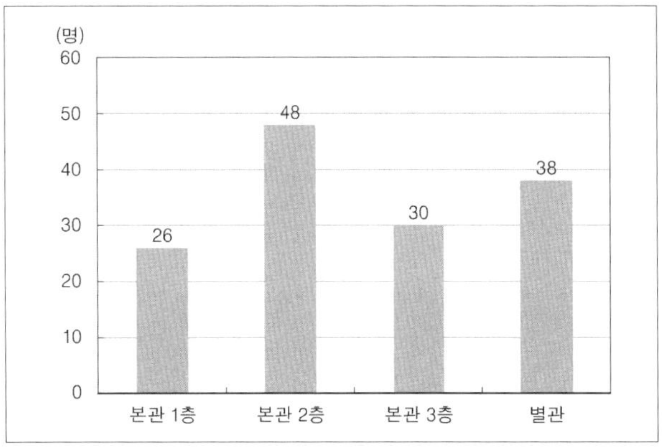

②
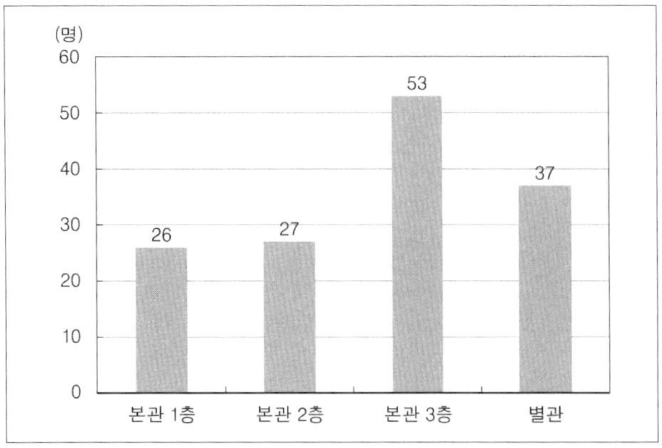

③
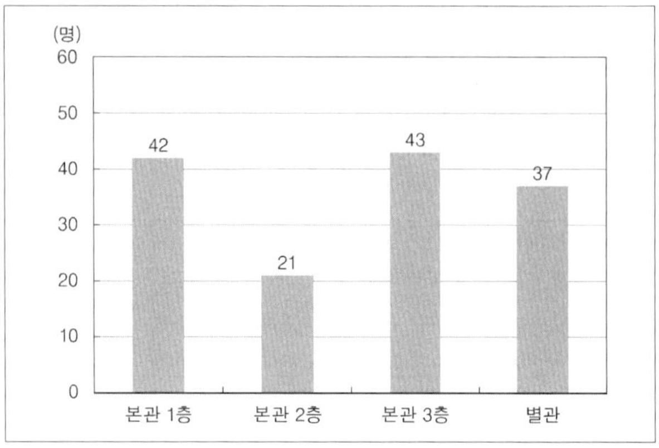

④
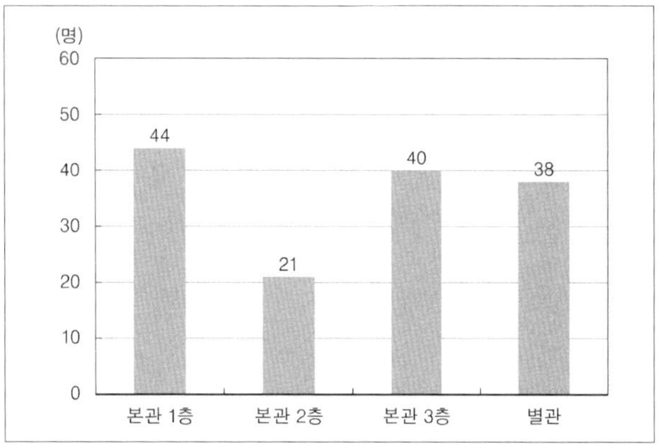

⑤
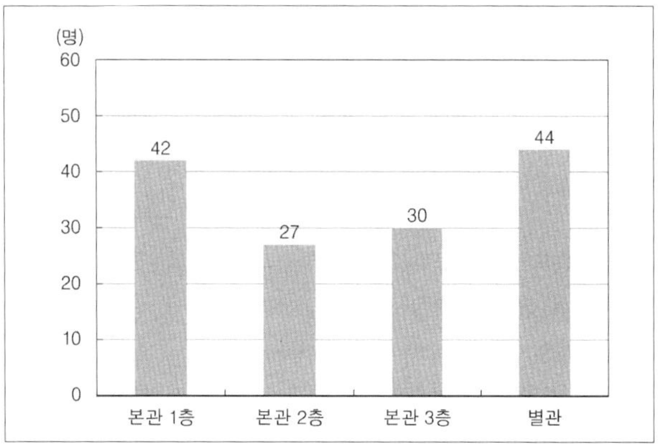

24. 다음 <표 1>은 창의경진대회에 참가한 팀 A, B, C의 '팀 인원수' 및 '팀 평균점수'이며, <표 2>는 <표 1>에 기초하여 '팀 연합 인원수' 및 '팀 연합 평균점수'를 각각 산출한 자료이다. (가)와 (나)에 들어갈 값을 바르게 나열한 것은?

<표 1> 팀 인원수 및 팀 평균점수

(단위: 명, 점)

팀	A	B	C
인원수	( )	( )	( )
평균점수	40.0	60.0	90.0

※ 1) 각 참가자는 A, B, C팀 중 하나의 팀에만 속하고, 개인별로 점수를 획득함.

2) 팀 평균점수 = $\frac{\text{해당 팀 참가자 개인별 점수의 합}}{\text{해당 팀 참가자 인원수}}$

<표 2> 팀 연합 인원수 및 팀 연합 평균점수

(단위: 명, 점)

팀 연합	A+B	B+C	C+A
인원수	80	120	(가)
평균점수	52.5	77.5	(나)

※ 1) A+B는 A팀과 B팀, B+C는 B팀과 C팀, C+A는 C팀과 A팀의 인원을 합친 팀 연합임.

2) 팀 연합 평균점수 = $\frac{\text{해당 팀 연합 참가자 개인별 점수의 합}}{\text{해당 팀 연합 참가자 인원수}}$

	(가)	(나)
①	90	72.5
②	90	75.0
③	100	72.5
④	100	75.0
⑤	110	72.5

25. 다음 <표>는 참가자 A~D의 회차별 가위·바위·보 게임 기록 및 판정이고, <그림>은 아래 <규칙>에 따른 5회차 게임 종료 후 A~D의 위치를 나타낸 것이다. 이때 (가), (나), (다)에 해당하는 것을 바르게 나열한 것은?

<표> 가위·바위·보 게임 기록 및 판정

회차 \ 구분 \ 참가자	1		2		3		4		5	
	기록	판정	기록	판정	기록	판정	기록	판정	기록	판정
A	가위	승	바위	승	보	승	바위	( )	보	( )
B	가위	승	(가)	( )	바위	패	가위	( )	보	( )
C	보	패	가위	패	바위	패	(나)	( )	보	( )
D	보	패	가위	패	바위	패	가위	( )	(다)	( )

<그림> 5회차 게임 종료 후 A~D의 위치

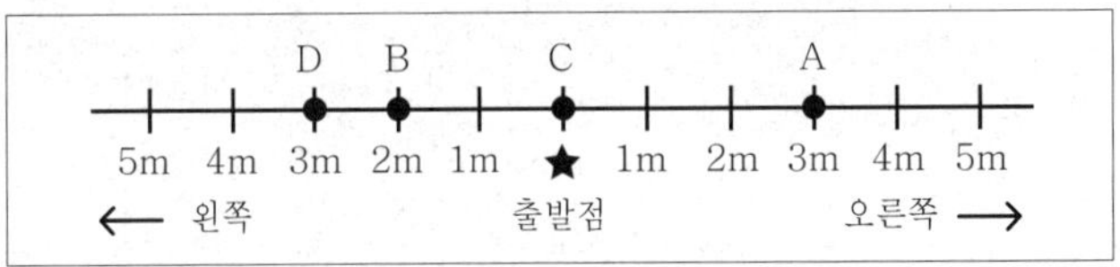

<규 칙>

○ A~D는 모두 출발점(★)에서 1회차 가위·바위·보 게임을 하고, 2회차부터는 직전 회차 게임 종료 후 각자의 위치에서 게임을 한다.

○ 각 회차의 판정에 따라 지거나 비기면 이동하지 않고, 가위로 이긴 사람은 왼쪽으로 3m, 바위로 이긴 사람은 오른쪽으로 1m, 보로 이긴 사람은 오른쪽으로 5m를 각각 이동하여 해당 회차 게임을 종료한다.

	(가)	(나)	(다)
①	가위	바위	보
②	가위	보	바위
③	바위	가위	보
④	바위	보	가위
⑤	보	바위	가위

약점 보완 해설집 p.175

해커스 **민간경력자** PSAT 15개년 기출문제집

2017년 기출문제

언어논리

상황판단

자료해석

문제 풀이 시작과 종료 시각을 정하세요.

· 언어논리/상황판단 (120분) ________시 ________분 ~ ________시 ________분

· 자료해석 (60분) ________시 ________분 ~ ________시 ________분

* 교재 뒤에 수록되어 있는 OCR 답안지와 해커스ONE 애플리케이션의 모바일 타이머를 이용하여 실전처럼 모의고사를 풀어보세요.
* 기출문제 풀이 후, 약점 보완 해설집에 있는 '바로 채점 및 성적 분석 서비스' QR코드를 스캔하여 응시 인원 대비 본인의 성적 위치를 확인할 수 있습니다.

언어논리영역

1. 다음 글에서 알 수 있는 것은?

1937년 중일전쟁 이후 일제가 앞세운 내선일체(內鮮一體)와 황국신민화(皇國臣民化)의 구호는 조선인의 민족의식과 저항 정신을 상실케 하려는 기만적 통치술이었다. 일제는 조선인이 일본인과의 차이를 극복하고 혼연일체가 된 것이 내선일체이고 그 혼연일체 상태가 심화되면 조선인 또한 황국의 신민이 될 수 있다고 주장하였다. 조선인이 황국의 진정한 신민으로 거듭난다면 일왕과 신민의 관계가 군신 관계에서 부자 관계로 변화하여 일대가족국가를 이루게 된다는 것이 그들이 획책한 황국신민화의 논리였다. 이를 위해 일제는 조선인에게 '국가총동원령'에 충실히 부응함으로써 대동아공영권(大東亞共榮圈) 건설에 복무하고 일왕에 충심을 다함으로써 내선의 차이를 해소하는 데 총력을 기울일 것을 강요하였다.

그러나 일제의 황국신민화 정책은 현실과 필연적으로 괴리될 수밖에 없었다. 일본인이 중심부를 형성하고 조선인이 주변부에 위치하는 엄연한 현실 속에서 그들이 내세우는 황국신민화의 논리는 허구에 불과했다. 일제는 황국신민화 정책을 통해 조선인을 명목상의 일본 국민으로 삼아 제국주의 전쟁에 동원하고자 하였다. 일제는 1945년 4월부터 조선인의 참정권을 허용한다고 하였으나 실제 선거는 한 번도 시행되지 않았다. 그럼에도 불구하고 조선의 친일파는 황국신민화가 그리는 모호한 이상과 미래를 적극적으로 내면화하여 자신들의 친일 행위를 합리화하였다. 그들은 황국신민화의 이상이 실현되면 조선인과 일본인 그 누구도 우월한 지위를 가질 수 없다는 일제의 주장을 맹신하였다. 그리고 이러한 단계에 도달하기 위해서는 먼저 조선인 스스로 진정한 '일본인'이 되기 위한 노력을 다해야 한다고 선동하였다. 어리석게도 친일파는 일제의 내선차별은 문명화가 덜 된 조선인에게 원인이 있으며, 제국의 황민으로 인정받겠다는 조선인의 자각과 노력이 우선될 때 그 차별이 해소될 수 있다고 보았던 것이다. 이와 같은 헛된 믿음으로 친일파는 일제의 강제 징용과 징병에 적극적으로 응하도록 조선인을 독려했다.

① 황국신민화의 이상이 실현되면 일왕과 신민의 군신 관계가 강화된다.
② 친일파는 조선인들이 노력하기에 따라 일본인과 같은 황민이 될 수 있다고 믿었다.
③ 황국신민화 정책은 친일파를 제외한 조선인이 독립운동의 필요성을 자각하는 계기가 되었다.
④ 친일파는 내선의 차별을 해소하기 위해 먼저 일본이 조선인에게 참정권을 허용해야 한다고 주장하였다.
⑤ 일제는 황국신민화의 논리로써 일본인과 조선인이 중심부와 주변부의 관계로 위계화된 현실을 극복하고자 하였다.

2. 다음 글에서 알 수 있는 것은?

내가 어렸을 때만 하더라도 원래 북아메리카에는 100만 명 가량의 원주민밖에 없었다고 배웠다. 이렇게 적은 수라면 거의 빈 대륙이라고 할 수 있으므로 백인들의 아메리카 침략은 정당해 보였다. 그러나 고고학 발굴과 미국의 해안 지방을 처음 밟은 유럽 탐험가들의 기록을 자세히 검토한 결과 원주민들이 처음에는 수천만 명에 달했다는 것을 알게 되었다. 아메리카 전체를 놓고 보았을 때 콜럼버스가 도착한 이후 한두 세기에 걸쳐 원주민 인구는 최대 95%가 감소한 것으로 추정된다.

그런데 유럽의 총칼에 의해 전쟁터에서 목숨을 잃은 아메리카 원주민보다 유럽에서 온 전염병에 의해 목숨을 잃은 원주민 수가 훨씬 많았다. 이 전염병은 대부분의 원주민들과 그 지도자들을 죽이고 생존자들의 사기를 떨어뜨림으로써 그들의 저항을 약화시켰다. 예를 들자면 1519년에 코르테스는 인구 수천만의 아스텍 제국을 침탈하기 위해 멕시코 해안에 상륙했다. 코르테스는 단 600명의 스페인 병사를 이끌고 아스텍의 수도인 테노치티틀란을 무모하게 공격했지만 병력의 3분의 2만 잃고 무사히 퇴각할 수 있었다. 여기에는 스페인의 군사적 강점과 아스텍족의 어리숙함이 함께 작용했다. 코르테스가 다시 쳐들어왔을 때 아스텍인들은 더 이상 그렇게 어리숙하지 않았고 몹시 격렬한 싸움을 벌였다. 그런데도 스페인이 우위를 점할 수 있었던 것은 바로 천연두 때문이었다. 이 병은 1520년에 스페인령 쿠바에서 감염된 한 노예와 더불어 멕시코에 도착했다. 그때부터 시작된 유행병은 거의 절반에 가까운 아스텍족을 몰살시켰으며 거기에는 쿠이틀라우악 아스텍 황제도 포함되어 있었다. 이 수수께끼의 질병은 마치 스페인인들이 무적임을 알리려는 듯 스페인인은 내버려 두고 원주민만 골라 죽였다. 그리하여 처음에는 약 2,000만에 달했던 멕시코 원주민 인구가 1618년에는 약 160만으로 곤두박질치고 말았다.

① 전염병에 대한 유럽인의 면역력은 그들의 호전성을 높여주었다.
② 스페인의 군사력이 아스텍 제국의 저항을 무력화하는 원동력이 되었다.
③ 아메리카 원주민의 수가 급격히 감소한 주된 원인은 전염병 감염이다.
④ 유럽인과 아메리카 원주민의 면역력 차이가 스페인과 아스텍 제국의 1519년 전투 양상을 변화시켰다.
⑤ 코르테스가 다시 침입했을 때 아스텍인들이 격렬히 저항한 것은 아스텍 황제의 죽음에 분노했기 때문이다.

3. 다음 글의 중심 내용으로 가장 적절한 것은?

2015년 한국직업능력개발원 보고서에 따르면 전체 대졸 취업자의 전공 불일치 비율이 6년 간 3.6%p 상승했다. 이는 우리 대학교육이 취업 환경의 급속한 변화를 따라가지 못하고 있음을 보여준다. 기존의 교육 패러다임으로는 오늘 같은 직업생태계의 빠른 변화에 대응하기 어려워 보인다. 중고등학교 때부터 직업을 염두에 둔 맞춤 교육을 하는 것이 어떨까? 그것은 두 가지 점에서 어리석은 방안이다. 한 사람의 타고난 재능과 역량이 가시화되는 데 훨씬 더 오랜 시간과 경험이 필요하다는 것이 첫 번째 이유이고, 사회가 필요로 하는 직업 자체가 빠르게 변하고 있다는 것이 두 번째 이유이다.

그렇다면 학교는 우리 아이들에게 무엇을 가르쳐야 할까? 교육이 아이들의 삶뿐만 아니라 한 나라의 미래를 결정한다는 사실을 고려하면 이것은 우리 모두의 운명을 좌우할 물음이다. 문제는 세계의 환경이 급속히 변하고 있다는 것이다. 2030년이면 현존하는 직종 가운데 80%가 사라질 것이고, 2011년에 초등학교에 입학한 어린이 중 65%는 아직 존재하지도 않는 직업에 종사하게 되리라는 예측이 있다. 이런 상황에서 교육이 가장 먼저 고려해야 할 것은 변화하는 직업 환경에 성공적으로 대응하는 능력에 초점을 맞추는 일이다.

이미 세계 여러 나라가 이런 관점에서 교육을 개혁하고 있다. 핀란드는 2020년까지 학교 수업을 소통, 창의성, 비판적 사고, 협동을 강조하는 내용으로 개편한다는 계획을 발표했다. 이와 같은 능력들은 빠르게 현실화되고 있는 '초연결 사회'에서의 삶에 필수적이기 때문이다. 말레이시아의 학교들은 문제해결 능력, 네트워크형 팀워크 등을 교과과정에 포함시키고 있고, 아르헨티나는 초등학교와 중학교에서 코딩을 가르치고 있다. 우리 교육도 개혁을 생각하지 않으면 안 된다.

① 한 국가의 교육은 당대의 직업구조의 영향을 받는다.
② 미래에는 현존하는 직업 중 대부분이 사라지는 큰 변화가 있을 것이다.
③ 세계 여러 국가는 변화하는 세상에 대응하여 전통적인 교육을 개편하고 있다.
④ 빠르게 변하는 불확실성의 세계에서는 미래의 유망 직업을 예측하는 일이 중요하다.
⑤ 교육은 다음 세대가 사회 환경의 변화에 대응하는 데 필요한 역량을 함양하는 방향으로 변해야 한다.

4. 다음 글에서 알 수 없는 것은?

현대 심신의학의 기초를 수립한 연구는 1974년 심리학자 애더에 의해 이루어졌다. 애더는 쥐의 면역계에서 학습이 가능하다는 주장을 발표하였는데, 그것은 면역계에서는 학습이 이루어지지 않는다고 믿었던 당시의 과학적 견해를 뒤엎는 발표였다. 당시까지는 학습이란 뇌와 같은 중추 신경계에서만 일어날 수 있을 뿐 면역계에서는 일어날 수 없다고 생각했다.

애더는 시클로포스파미드가 면역세포인 T세포의 수를 감소시켜 쥐의 면역계 기능을 억제한다는 사실을 알고 있었다. 어느 날 그는 구토를 야기하는 시클로포스파미드를 투여하기 전 사카린 용액을 먼저 쥐에게 투여했다. 그러자 그 쥐는 이후 사카린 용액을 회피하는 반응을 일으켰다. 그 원인을 찾던 애더는 쥐에게 시클로포스파미드는 투여하지 않고 단지 사카린 용액만 먹여도 쥐의 혈류 속에서 T세포의 수가 감소된다는 것을 알아내었다. 이것은 사카린 용액이라는 조건자극이 T세포 수의 감소라는 반응을 일으킨 것을 의미한다.

심리학자들은 자극 - 반응 관계 중 우리가 태어날 때부터 가지고 있는 것을 '무조건자극 - 반응'이라고 부른다. '음식물 - 침 분비'를 예로 들 수 있고, 애더의 실험에서는 '시클로포스파미드 - T세포 수의 감소'가 그 예이다. 반면에 무조건자극이 새로운 조건자극과 연결되어 반응이 일어나는 과정을 '파블로프의 조건형성'이라고 부른다. 애더의 실험에서 쥐는 조건형성 때문에 사카린 용액만 먹여도 시클로포스파미드를 투여받았을 때처럼 T세포 수의 감소 반응을 일으킨 것이다. 이런 조건형성 과정은 경험을 통한 행동의 변화라는 의미에서 학습과정이라 할 수 있다.

이 연구 결과는 몇 가지 점에서 중요하다고 할 수 있다. 심리적 학습은 중추신경계의 작용으로 이루어진다. 그런데 면역계에서도 학습이 이루어진다는 것은 중추신경계와 면역계가 독립적이지 않으며 어떤 방식으로든 상호작용한다는 것을 말해준다. 이 발견으로 연구자들은 마음의 작용이나 정서 상태에 의해 중추신경계의 뇌세포에서 분비된 신경전달물질이나 호르몬이 우리의 신체 상태에 어떠한 영향을 끼치게 되는지를 더 면밀히 탐구하게 되었다.

① 쥐에게 시클로포스파미드를 투여하면 T세포 수가 감소한다.
② 애더의 실험에서 사카린 용액은 새로운 조건자극의 역할을 한다.
③ 애더의 실험은 면역계가 중추신경계와 상호작용할 수 있음을 보여준다.
④ 애더의 실험 이전에는 중추신경계에서 학습이 가능하다는 것이 알려지지 않았다.
⑤ 애더의 실험에서 사카린 용액을 먹은 쥐의 T세포 수가 감소하는 것은 면역계의 반응이다.

5. 다음 글에 비추어 ㉠이 적절하게 이루어진 사례만을 <보기>에서 모두 고르면?

> 국제·외교관계에서 조약은 국가 간, 국제기구 간, 국가와 국제기구 간 서면형식으로 체결되며 국제법에 의해 규율되는 합의이다. 반면, ㉠ 기관 간 약정은 국가를 제외한 정부기관이 동일 또는 유사 업무를 수행하는 외국의 정부기관과 체결하는 합의로 법적 구속력이 없다. 이때 기관 간 약정의 서명은 해당 기관의 장이 하는 것이 원칙이다. 다만 해당 기관의 장이 사정상 직접 서명할 수 없는 경우에는 그의 위임을 받은 해당 기관의 고위직 인사가 서명을 할 수도 있다. 만일 기관 간 약정을 조속히 체결할 필요성이 있으나 양국 관계부처 간의 방문 계획이 없어서 체결이 지연되고 이로 인해 양국 관계부처 간 불편이 야기될 가능성이 있는 등의 경우에는, 우편으로 서명문서를 교환하거나 외교통상부 재외공관을 통하여 서명문서를 교환하는 방법으로 그 체결을 행할 수 있다.
>
> 해당 기관의 장이 사정상 직접 서명할 수 없어서 그의 위임을 받은 고위직 인사가 서명을 대신할 때, 정부기관장 명의의 전권위임장을 만들어 제출하는 경우가 있는데, 이는 적절하지 않다. 전권위임장이란 국가 간 조약문안의 교섭·채택이나 인증을 위하여 또는 조약에 대한 국가의 기속적 동의를 표시하기 위하여 어떤 사람으로 하여금 국가를 대표하도록 임명하는 문서이기 때문이다. 만약 상대국에서 굳이 서명 위임에 대한 인증 문건의 제출을 요구한다면, 위임장을 제출하는 방향으로 검토해 볼 수 있을 것이다. 또한 기관 간 약정에 서명을 할 때 양국 정상이 임석하는 경우가 있는데, 이는 기관 간 약정이 양국 간의 조약으로 오해될 소지가 있으므로 부적절하다.

<보 기>

ㄱ. A국 산업통상자원부 장관 명의의 전권위임장을 제출한 산업통상자원부 차관과 B국 기업에너지산업전략부 장관 간에 '에너지산업협력 약정'이 체결된 사례
ㄴ. 국외출장이 어려운 상황에서 시급한 약정의 조속한 체결을 위해 A국 산업통상자원부 장관과 B국 자원개발부 장관 간에 우편으로 서명문서를 교환한 사례
ㄷ. A국 대통령의 B국 방문을 계기로 양국 정상의 임석 하에 A국 기술무역부 장관과 B국 과학기술부 장관 간에 '과학기술협력에 관한 약정'이 체결된 사례

① ㄱ
② ㄴ
③ ㄱ, ㄷ
④ ㄴ, ㄷ
⑤ ㄱ, ㄴ, ㄷ

6. 다음 글의 내용이 참일 때, 반드시 참인 것만을 <보기>에서 모두 고르면?

> 교수 갑~정 중에서 적어도 한 명을 국가공무원 5급 및 7급 민간경력자 일괄채용 면접위원으로 위촉한다. 위촉 조건은 아래와 같다.
> ○ 갑과 을 모두 위촉되면, 병도 위촉된다.
> ○ 병이 위촉되면, 정도 위촉된다.
> ○ 정은 위촉되지 않는다.

<보 기>

ㄱ. 갑과 병 모두 위촉된다.
ㄴ. 정과 을 누구도 위촉되지 않는다.
ㄷ. 갑이 위촉되지 않으면, 을이 위촉된다.

① ㄱ
② ㄷ
③ ㄱ, ㄴ
④ ㄴ, ㄷ
⑤ ㄱ, ㄴ, ㄷ

7. 다음 글에서 추론할 수 있는 것만을 <보기>에서 모두 고르면?

> 전전두엽 피질에는 뇌의 중요한 기제가 있는데, 이 기제는 당신이 다른 사람과 실시간으로 대화하고 있는 동안 당신과 그 사람을 동시에 감시한다. 이는 상대에게 적절하고 부드럽게 응답하도록 하며, 무례하게 행동하거나 분노를 표출하려는 충동을 억제하는 역할을 한다.
>
> 이 조절 기제가 잘 작동하기 위해서는 얼굴을 맞대고 대화하면서 실시간으로 피드백을 받을 수 있어야 한다. 하지만 인터넷은 그러한 피드백을 허용하지 않는다. 이는 전전두엽에 있는 충동억제회로를 당황하게 만든다. 서로를 바라보며 대화 상대방의 반응을 관찰할 수 없기 때문이다. 이로 인해 '탈억제' 현상, 즉 충동이 억제에서 풀려나는 현상이 나타날 수 있다.
>
> 탈억제는 사람들이 긍정적이거나 중립적인 감정 상태에 있는 동안에는 잘 일어나지 않는 경향이 있다. 인터넷에서 의사소통이 원활하게 이루어지는 경우는 이러한 경향 때문이다. 탈억제는 사람들이 부정적인 감정을 강하게 느낄 때 훨씬 더 잘 일어난다. 그 결과 충동이 억제되지 못하고 화를 내거나 감정적으로 거친 메시지를 보내는 현상이 나타난다. 만약 상대방을 마주 보고 있었더라면 쓰지 않았을 말을 인터넷상에서 쓰는 식이다. 충동억제회로가 제대로 작동하면 인터넷상에서는 물론 오프라인과 일상생활에서도 조심스러운 매너로 상대를 대하게 된다. 그런 경우 상호교제는 더 매끄럽게 진행될 수 있다.

<보 기>

ㄱ. 부정적인 감정을 조절하는 교육 프로그램은 탈억제 현상을 감소시키는 데 도움이 될 것이다.
ㄴ. 전전두엽의 충동억제회로에 이상이 생기면 상대방에게 무례한 응답을 할 가능성이 높아질 것이다.
ㄷ. 기술의 발전으로 인터넷상에서도 면대면 실시간 대화의 효과를 낼 수 있다면, 인터넷상에서 탈억제 현상이 감소할 수 있다.

① ㄱ
② ㄴ
③ ㄱ, ㄷ
④ ㄴ, ㄷ
⑤ ㄱ, ㄴ, ㄷ

8. 다음 글의 (가)~(다)에 대한 분석으로 옳은 것만을 <보기>에서 모두 고르면?

> 바람직한 목적을 지닌 정책을 달성하기 위해 옳지 않은 수단을 사용하는 것이 정당화될 수 있는가? 공동선의 증진을 위해 일반적인 도덕률을 벗어난 행동을 할 수밖에 없을 때, 공직자들은 이러한 문제에 직면한다. 이에 대해서 다음과 같은 세 가지 주장이 제기되었다.
>
> (가) 공직자가 공동선을 증진하기 위해 전문적 역할을 수행할 때는 일반적인 도덕률이 적용되어서는 안 된다. 공직자의 비난받을 만한 행동은 그 행동의 결과에 의해서 정당화될 수 있다. 즉 공동선을 증진하는 결과를 가져온다면 일반적인 도덕률을 벗어난 공직자의 행위도 정당화될 수 있다.
>
> (나) 공직자의 행위를 평가함에 있어 결과의 중요성을 과장해서는 안 된다. 일반적인 도덕률을 어긴 공직자의 행위가 특정 상황에서 최선의 것이었다고 하더라도, 그가 잘못된 행위를 했다는 것은 부정할 수 없다. 공직자 역시 일반적인 도덕률을 공유하는 일반 시민 중 한 사람이며, 이에 따라 일반 시민이 가지는 도덕률에서 자유로울 수 없다.
>
> (다) 민주사회에서 권력은 선거를 통해 일반 시민들로부터 위임받은 것이고, 이에 의해 공직자들이 시민들을 대리한다. 따라서 공직자들의 공적 업무 방식은 일반 시민들의 의지를 반영한 것일 뿐만 아니라 동의를 얻은 것이다. 그러므로 민주사회에서 공직자의 모든 공적 행위는 정당화될 수 있다.

<보 기>

ㄱ. (가)와 (나) 모두 공직자가 공동선의 증진을 위해 일반적인 도덕률을 벗어난 행위를 하는 경우는 사실상 일어날 수 없다는 것을 전제하고 있다.
ㄴ. 어떤 공직자가 일반적인 도덕률을 어기면서 공적 업무를 수행하여 공동선을 증진했을 경우, (가)와 (다) 모두 그 행위는 정당화될 수 있다고 주장할 것이다.
ㄷ. (나)와 (다) 모두 공직자도 일반 시민이라는 것을 주요 근거로 삼고 있다.

① ㄱ
② ㄴ
③ ㄱ, ㄷ
④ ㄴ, ㄷ
⑤ ㄱ, ㄴ, ㄷ

9. 다음 글에서 추론할 수 있는 것은?

> 인간이 부락집단을 형성하고 인간의 삶 전체가 반영된 이야기가 시작되었을 때부터 설화가 존재하였다. 설화에는 직설적인 표현도 있지만, 풍부한 상징성을 가진 것이 많다. 이 이야기들에는 민중이 믿고 숭상했던 신들에 관한 신성한 이야기인 신화, 현장과 증거물을 중심으로 엮은 역사적인 이야기인 전설, 민중의 욕망과 가치관을 보여주는 허구적 이야기인 민담이 있다. 설화 속에는 원(願)도 있고 한(恨)도 있으며, 아름답고 슬픈 사연도 있다. 설화는 한 시대의 인간들의 삶과 문화이며 바로 그 시대에 살았던 인간의식 그 자체이기에 설화 수집은 중요한 일이다.
>
> 상주지방에 전해오는 '공갈못설화'를 놓고 볼 때 공갈못의 생성은 과거 우리의 농경사회에서 중요한 역사적 사건으로서 구전되고 인식되었지만, 이에 관한 당시의 문헌 기록은 단 한 줄도 전해지지 않고 있다. 이는 당시 신라의 지배층이나 관의 입장에서 공갈못 생성에 관한 것이 기록할 가치가 있는 정치적 사건은 아니라는 인식을 보여준다. 공갈못 생성은 다만 농경생활에 필요한 농경민들의 사건이었던 것이다.
>
> 공갈못 관련 기록은 조선시대에 와서야 발견된다. 이에 따르면 공갈못은 삼국시대에 형성된 우리나라 3대 저수지의 하나로 그 중요성이 인정되었다. 당대에 기록되지 못하고 한참 후에서야 단편적인 기록들만이 전해진 것이다. 일본은 고대 역사를 제대로 정리한 기록이 없는데도 주변에 흩어진 기록과 구전(口傳)을 모아 『일본서기』라는 그럴싸한 역사책을 완성하였다. 이 점을 고려할 때 역사성과 현장성이 있는 전설을 가볍게 취급해서는 결코 안 된다. 이러한 의미에서 상주지방에 전하는 지금의 공갈못에 관한 이야기도 공갈못 생성의 증거가 될 수 있는 역사성을 가진 귀중한 자료인 것이다.

① 공갈못설화는 전설에 해당한다.
② 설화가 기록되기 위해서는 원이나 한이 배제되어야 한다.
③ 삼국의 사서에는 농경생활 관련 사건이 기록되어 있지 않다.
④ 한국의 3대 저수지 생성 사건은 조선시대에 처음 기록되었다.
⑤ 조선과 일본의 역사기술 방식의 차이는 전설에 대한 기록 여부에 있다.

10. 다음 글의 ㉠~㉢을 <정보>로 평가한 것으로 적절한 것은?

> '사람 한 명당 쥐 한 마리', 즉 지구상에 사람 수만큼의 쥐가 있다는 통계에 대한 믿음은 1백 년쯤 된 것이지만 잘못된 믿음이다. 이 가설은 1909년 뵐터가 쓴 『문제』라는 책에서 비롯되었다. 영국의 지방을 순회하던 뵐터에게 문득 이런 생각이 떠올랐다. "1에이커(약 4천 제곱미터)에 쥐 한 마리쯤 있다고 봐도 별 무리가 없지 않을까?" 이것은 근거가 박약한 단순한 추측에 불과했지만, 그는 무심코 떠오른 이런 추측에서 추론을 시작했다. 뵐터는 이 추측을 ㉠ 첫 번째 전제로 삼고 영국의 국토 면적이 4천만 에이커 정도라는 사실을 추가 전제로 고려하여 영국에 쥐가 4천만 마리쯤 있으리라는 ㉡ 중간 결론에 도달했다. 그런데 마침 당시 영국의 인구가 약 4천만 명이었고, 이런 우연한 사실을 발판 삼아 그는 세상 어디에나 인구 한 명당 쥐도 한 마리쯤 있을 것이라는 ㉢ 최종 결론을 내렸다. 이것은 논리적 관점에서 타당성이 의심스러운 추론이었지만, 사람들은 이 결론을 이상하리만큼 좋아했다. 쥐의 개체수를 실제로 조사하는 노고도 없이 '한 사람당 쥐 한 마리'라는 어림값은 어느새 사람들의 믿음으로 굳어졌다. 이 믿음은 국경마저 뛰어넘어, 미국의 방역업체나 보건을 담당하는 정부 기관이 이를 참고하기도 했다. 지금도 인구 약 900만인 뉴욕시에 가면 뉴욕시에 900만 마리쯤의 쥐가 있다고 믿는 사람을 어렵잖게 만날 수 있다.

<정 보>

(가) 최근 조사에 의하면 뉴욕시에는 약 30만 마리의 쥐가 있는 것으로 추정된다.
(나) 20세기 초의 한 통계조사에 의하면 런던의 주거 밀집 지역에는 가구당 평균 세 마리의 쥐가 있었다.
(다) 사람들이 자기 집에 있다고 생각하는 쥐의 수는 실제 조사를 통해 추정된 쥐의 수보다 20% 정도 더 많다.
(라) 쥐의 개체수 조사에는 특정 건물을 표본으로 취해 쥐구멍을 세고 쥐 배설물 같은 통행 흔적을 살피는 방법과 일정 면적마다 설치한 쥐덫을 활용하는 방법 등이 있는데, 다양한 방법으로 조사한 결과가 서로 높은 수준의 일치를 보인다.

① (가)는 ㉢을 약화한다.
② (나)는 ㉠을 강화한다.
③ (다)는 ㉢을 강화한다.
④ (라)는 ㉡을 약화한다.
⑤ (나)와 (다)가 참인 경우, ㉡은 참일 수 없다.

11. 다음 글에서 알 수 없는 것은?

> 무인정변 이후 집권자들의 권력 쟁탈로 지방에 대한 통제력이 이완되고 지배층의 수탈이 더욱 심해지자 백성들은 이에 저항하는 민란을 일으켰다. 이들은 당시 사료에 '산적'이나 '화적', 또는 '초적'이라는 이름의 도적으로 일컬어졌다. 최우는 집권 후 야별초를 만들어 이들을 진압하려 했다. 야별초는 집권자의 사병처럼 이용되어 주로 민란을 진압하고 정적을 제거하는 데 동원되었다. 이들은 그 대가로 월등한 녹봉이나 상여금과 함께 진급에서 특혜를 누렸고, 최씨 정권은 안팎의 위협으로부터 안전할 수 있었다. 이후 규모가 방대해진 야별초는 좌별초와 우별초로 나뉘었고 여기에 신의군이 합해져 삼별초로 계승되었다.
>
> 1231년 몽고의 공격이 시작되자 최우를 중심으로 한 무인 정권은 항전을 주장하였으나, 왕과 문신관료들은 왕권회복을 희망하여 몽고와의 강화(講和)를 바랐다. 대몽항전을 정권 유지를 위한 방책으로 활용하려 했던 최우는 다수의 반대를 무릅쓰고 강화도 천도를 결행하였으나 이는 지배세력 내의 불만을 증폭시켰으며 백성들에게는 권력자들의 안전만을 도모하는 일종의 배신행위로 받아들여졌다.
>
> 이후 무인 정권이 붕괴되자 그 주력부대였던 삼별초는 개경으로 환도한 고려 정부에 불복해 강화도에서 반란을 일으켰다. 삼별초의 난이 일어나자 전쟁 중에 몽고 침략 및 지배층의 과중한 수탈에 맞서 싸워 왔던 일반 백성들의 호응이 뒤따랐다. 1270년 봉기하여 1273년 진압될 때까지 약 3년에 걸쳐 진행된 삼별초의 난에는 서로 다른 두 가지 성격이 양립하고 있었다. 하나는 지배층 내부의 정쟁에서 패배한 무인 정권의 잔존세력이 일으킨 정치적 반란이고, 다른 하나는 민란의 전통과 대몽 항쟁의 전통을 계승한 백성들의 항쟁이다. 전자는 무너진 무인 정권을 회복하고 눈앞에 닥친 정치적 보복에서 벗어나기 위해 몽고와 고려 정부에 항쟁하던 삼별초의 반란이었다. 후자는 새로운 권력층과 침략자의 결탁 속에서 가중되는 수탈에 저항하던 백성들이 때마침 삼별초의 난을 만나 이에 합류하는 형태로 일으킨 민란이었다.

① 최우의 강화도 천도는 국왕과 문신 및 백성들의 지지를 얻지 못하였다.
② 야별초가 주로 상대한 도적은 지배층의 수탈에 저항하던 백성들이었다.
③ 삼별초의 난에서 삼별초와 일반 백성들은 항전의 대상과 목적이 같았다.
④ 설립 이후 진압될 때까지 삼별초는 무인 정권을 옹호하는 성격을 지닌 집단이었다.
⑤ 삼별초는 개경의 중앙 정부에 반대하고 몰락한 무인 정권을 회복하기 위해 반란을 일으켰다.

12. 다음 글에서 알 수 있는 것은?

> 우리들 대부분이 당연시하지만 세상을 이해하는 데 필요한 몇몇 범주는 표준화를 위해 노력한 국가적 사업에 그 기원이 있다. 성(姓)의 세습이 대표적인 사례이다.
>
> 부계(父系) 성의 고착화는 대부분의 경우 국가적 프로젝트였으며, 관리가 시민들의 신원을 분명하게 확인할 수 있도록 설계되었다. 이 프로젝트의 성공은 국민을 '읽기 쉬운' 대상으로 만드는 데 달려 있다. 개개인의 신원을 확보하고 이를 친족 집단과 연결시키는 방법 없이는 세금 징수, 소유권 증서 발행, 징병 대상자 목록 작성 등은 어렵기 때문이다. 여기서 짐작할 수 있는 것처럼 부계 성을 고착화하려는 노력은 한층 견고하고 수지맞는 재정 시스템을 구축하려는 국가의 의도에서 비롯되었다.
>
> 국민을 효율적으로 통치하기 위한 성의 세습은 시기적으로 일찍 발전한 국가에서 나타났다. 이 점과 관련해 중국은 인상적인 사례이다. 대략 기원전 4세기에 진(秦)나라는 세금 부과, 노역, 징집 등에 이용하기 위해 백성 대다수에게 성을 부여한 다음 그들의 호구를 파악한 것으로 알려져 있다. 이러한 시도가 '라오바이싱'[老百姓]이라는 용어의 기원이 되었으며, 이는 문자 그대로 '오래된 100개의 성'이란 뜻으로 중국에서 '백성'을 의미하게 되었다.
>
> 예로부터 중국에 부계전통이 있었지만 진나라 이전에는 몇몇 지배 계층의 가문 및 그 일족을 제외한 백성은 성이 없었다. 그들은 성이 없었을 뿐만 아니라 지배 계층을 따라 성을 가질 생각도 하지 않았다. 부계 성을 따르도록 하는 진나라의 국가 정책은 가족 내에서 남편에게 우월한 지위를 부여하고, 부인, 자식, 손아랫사람에 대한 법적인 지배권을 주면서 가족 전체에 대한 재정적 의무를 지도록 했다. 이러한 정책은 모든 백성에게 인구 등록을 요구했다. 아무렇게나 불리던 사람들의 이름에 성을 붙여 분류한 다음, 아버지의 성을 후손에게 영구히 물려주도록 한 것이다.

① 부계전통의 확립은 중국에서 처음 이루어졌다.
② 진나라는 모든 백성에게 새로운 100개의 성을 부여하였다.
③ 중국의 부계전통은 진나라가 부계 성 정책을 시행함에 따라 만들어졌다.
④ 진나라의 부계 성 정책은 몇몇 지배 계층의 기존 성을 확산하려는 시도였다.
⑤ 진나라가 백성에게 성을 부여한 목적은 통치의 효율성을 높이고자 한 것이었다.

13. 다음 글에서 추론할 수 있는 것은?

> 조선후기 숙종 때 서울 시내의 무뢰배가 검계를 결성하여 무술훈련을 하였다. 좌의정 민정중이 '검계의 군사훈련 때문에 한양의 백성들이 공포에 떨고 있으니 이들을 처벌해야 한다.' 고 상소하자 임금이 포도청에 명하여 검계 일당을 잡아들이게 하였다. 포도대장 장붕익은 몸에 칼자국이 있는 자들을 잡아들였는데, 이는 검계 일당이 모두 몸에 칼자국을 내어 자신들과 남을 구별하는 징표로 삼았기 때문이다.
>
> 검계는 원래 향도계에서 비롯하였다. 향도계는 장례를 치르기 위해 결성된 계였다. 비용이 많이 소요되는 장례에 대비하기 위해 계를 구성하여 평소 얼마간 금전을 갹출하고, 구성원 중에 상을 당한 자가 있으면 갹출한 금전에 얼마를 더하여 비용을 마련해주는 방식이었다. 향도계는 서울 시내 백성들에게 널리 퍼져 있었으며, 양반들 중에도 가입하는 이들이 있었다. 향도계를 관리하는 조직을 도가라 하였는데, 도가는 점차 죄를 지어 법망을 피하려는 자들을 숨겨주는 소굴이 되었다. 이 도가 내부의 비밀조직이 검계였다.
>
> 검계의 구성원들은 스스로를 왈짜라 부르고 있었다. 왈짜는 도박장이나 기생집, 술집 등 도시의 유흥공간을 세력권으로 삼아 활동하는 이들이었다. 하지만 모든 왈짜가 검계의 구성원이었던 것은 아니다. 왈짜와 검계는 모두 폭력성을 지녔고 활동하는 주 무대도 같았지만 왈짜는 검계와 달리 조직화된 집단은 아니었다. 부유한 집안의 아들이었던 김홍연은 대과를 준비하다가 너무 답답하다는 이유로 중도에 그만두고 무과 공부를 하였다. 그는 무예에 탁월했지만 지방 출신이라는 점이 출세하는 데 장애가 될 것을 염려하여 무과 역시 포기하고 왈짜가 되었다. 김홍연은 왈짜였지만 검계의 일원은 아니었다.

① 도가의 장은 향도계의 장을 겸임하였다.
② 향도계의 구성원 중에는 검계 출신이 많았다.
③ 향도계는 공공연한 조직이었지만 검계는 비밀조직이었다.
④ 몸에 칼자국이 없으면서 검계의 구성원인 왈짜도 있었다.
⑤ 김홍연이 검계의 일원이 되지 못하고 왈짜에 머물렀던 것은 지방 출신이었기 때문이다.

14. 다음 글의 (가)~(다)에 들어갈 진술을 <보기>에서 골라 짝지은 것으로 가장 적절한 것은?

> 비어즐리는 '제도론적 예술가'와 '낭만주의적 예술가'의 개념을 대비시킨다. 낭만주의적 예술가는 사회의 모든 행정과 교육의 제도로부터 독립하여 작업하는 사람이다. 그는 자기만의 상아탑에 칩거하며, 혼자 캔버스 위에서 일하고, 자신의 돌을 깎고, 자신의 소중한 서정시의 운율을 다듬는다.
>
> 그러나 사회와 동떨어져 혼자 작업하더라도 예술가는 작품을 만드는 동안 예술 제도로부터 단절될 수 없다. (가) 즉 예술가는 특정 예술 제도 속에서 예술의 사례들을 경험하고, 예술적 기술의 훈련이나 교육을 받음으로써 예술에 대한 배경지식을 얻게 된다. 그리고 이와 같은 배경지식이 예술가의 작품 활동에 반영된다.
>
> 낭만주의적 예술가 개념은 예술 창조의 주도권이 완전히 개인에게 있으며 예술가가 문화의 진공 상태 안에서 작품을 창조할 수 있다고 가정한다. 하지만 그런 낭만주의적 예술가는 사실상 존재하기 어렵다. 심지어 어린 아이들의 그림이나 놀이조차도 문화의 진공 상태에서 이루어지지 않는다. (나)
>
> 어떤 사람이 예술작품을 전혀 본 적 없는 상태에서 진흙으로 어떤 형상을 만들어냈다고 가정해 보자. 이것이 지금까지 본 적이 없던 새로운 형상이라 하더라도, 그 사람은 예술작품을 창조한 것이라 볼 수 없다. (다) 비어즐리의 주장과는 달리 예술가는 아무 맥락 없는 진공 상태에서 창작하지 않는다. 예술은 어떤 사람이 문화적 역할을 수행한 산물이며, 언제나 문화적 주형(鑄型) 안에 존재한다.

<보 기>

ㄱ. 왜냐하면 어떤 사람이 예술작품을 창조하였다고 하기 위해서는 그는 예술작품이 무엇인가에 대한 개념을 가지고 있어야 하기 때문이다.
ㄴ. 왜냐하면 사람은 두세 살만 되어도 인지구조가 형성되고, 이 과정에서 문화의 영향을 받을 수밖에 없기 때문이다.
ㄷ. 왜냐하면 예술가들은 예술작품을 만들 때 의식적이든 무의식적이든 예술교육을 받으면서 수용한 가치 등을 고려하는데, 그러한 교육은 예술 제도 안에서 이루어지기 때문이다.

	(가)	(나)	(다)
①	ㄱ	ㄴ	ㄷ
②	ㄴ	ㄱ	ㄷ
③	ㄴ	ㄷ	ㄱ
④	ㄷ	ㄱ	ㄴ
⑤	ㄷ	ㄴ	ㄱ

15. 다음 글에서 알 수 있는 것은?

> 아리스토텔레스는 정치체제를 세 가지로 구분하는데, 군주정, 귀족정, 제헌정이 그것이다. 세 번째 정치체제는 재산의 등급에 기초한 정치체제로서, 금권정으로 불러야 마땅하지만, 대부분의 사람들은 제헌정이라고 부른다. 이것들 가운데 최선은 군주정이며 최악은 금권정이다.
> 또한 그는 세 가지 정치체제가 각기 타락한 세 가지 형태를 제시한다. 참주정은 군주정의 타락한 형태이다. 양자 모두 일인 통치 체제이긴 하지만 그 차이는 엄청나다. 군주는 모든 좋은 점에 있어서 다른 사람들을 능가하기 때문에 자신을 위해 어떤 것도 필요로 하지 않는다. 그래서 군주는 자기 자신에게 이익이 되는 것이 아니라 다스림을 받는 사람에게 이익이 되는 것을 추구한다. 반면 참주는 군주의 반대이다. 못된 군주가 참주가 된다. 참주는 자신에게만 이익이 되는 것을 추구하기에, 참주정은 최악의 정치체제이다.
> 귀족정이 과두정으로 타락하는 것은 지배자 집단의 악덕 때문이다. 그 지배자 집단은 도시의 소유물을 올바르게 배분하지 않으며, 좋은 것들 전부 혹은 대부분을 자신들에게 배분하고 공직은 항상 자신들이 차지한다. 그들이 가장 중요하게 생각하는 것은 부를 축적하는 일이다. 과두정에서는 소수만이 다스리는데, 훌륭한 사람들이 아니라 못된 사람들이 다스린다.
> 민주정은 다수가 통치하는 체제이다. 민주정은 금권정으로부터 나온다. 금권정 역시 다수가 통치하는 체제인데, 일정 재산 이상의 자격 요건을 갖춘 사람들은 모두 동등하기 때문이다. 타락한 정치체제 중에서는 민주정이 가장 덜 나쁜 것이다. 제헌정의 기본 틀에서 약간만 타락한 것이기 때문이다.

① 정치체제의 형태는 일곱 가지이다.
② 군주정은 민주정보다 나쁜 정치체제이다.
③ 제헌정, 참주정, 귀족정, 과두정 중에서 최악의 정치체제는 제헌정이다.
④ 금권정에서 타락한 형태의 정치체제가 과두정보다 더 나쁜 정치체제이다.
⑤ 군주정과 참주정은 일인 통치 체제이지만, 제헌정과 민주정은 다수가 통치하는 체제이다.

16. 다음 글의 결론을 이끌어내기 위해 추가해야 할 전제만을 <보기>에서 모두 고르면?

> 젊고 섬세하고 유연한 자는 아름답다. 아테나는 섬세하고 유연하다. 아름다운 자가 모두 훌륭한 것은 아니다. 덕을 가진 자는 훌륭하다. 아테나는 덕을 가졌다. 아름답고 훌륭한 자는 행복하다. 따라서 아테나는 행복하다.

<보 기>

ㄱ. 아테나는 젊다.
ㄴ. 아테나는 훌륭하다.
ㄷ. 아름다운 자는 행복하다.

① ㄱ
② ㄷ
③ ㄱ, ㄴ
④ ㄴ, ㄷ
⑤ ㄱ, ㄴ, ㄷ

17. 다음 글의 논지를 지지하는 진술로 적절한 것만을 <보기>에서 모두 고르면?

> 과학과 예술이 무관하다는 주장의 첫 번째 근거는 과학과 예술이 인간의 지적 능력의 상이한 측면을 반영한다는 것이다. 즉 과학은 주로 분석·추론·합리적 판단과 같은 지적 능력에 기인하는 반면에, 예술은 종합·상상력·직관과 같은 지적 능력에 기인한다고 생각한다. 두 번째 근거는 과학과 예술이 상이한 대상을 다룬다는 것이다. 과학은 인간 외부에 실재하는 자연의 사실과 법칙을 다루기에 과학자는 사실과 법칙을 발견하지만, 예술은 인간의 내면에 존재하는 심성을 탐구하며, 미적 가치를 창작하고 구성하는 활동이라고 본다. 그러나 이렇게 과학과 예술을 대립시키는 태도는 과학과 예술의 특성을 지나치게 단순화하는 것이다. 과학이 단순한 발견의 과정이 아니듯이 예술도 순수한 창조와 구성의 과정이 아니기 때문이다. 과학에는 상상력을 이용하는 주체의 창의적 과정이 개입하며, 예술 활동은 전적으로 임의적인 창작이 아니라 논리적 요소를 포함하는 창작이다. 과학 이론이 만들어지기 위해 필요한 것은 냉철한 이성과 객관적 관찰만이 아니다. 새로운 과학 이론의 발견을 위해서는 상상력과 예술적 감수성이 필요하다. 반대로 최근의 예술적 성과 중에는 과학기술의 발달에 의해 뒷받침된 것이 많다.

<보 기>

ㄱ. 과학자 왓슨과 크릭이 없었더라도 누군가 DNA 이중나선 구조를 발견하였겠지만, 셰익스피어가 없었다면 『오셀로』는 결코 창작되지 못하였을 것이다.
ㄴ. 물리학자 파인만이 주장했듯이 과학에서 이론을 정립하는 과정은 가장 아름다운 그림을 그려나가는 예술가의 창작 작업과 흡사하다.
ㄷ. 입체파 화가들은 수학자 푸앵카레의 기하학 연구를 자신들의 그림에 적용하고자 하였으며, 이런 의미에서 피카소는 “내 그림은 모두 연구와 실험의 산물이다.”라고 말하였다.

① ㄱ
② ㄷ
③ ㄱ, ㄴ
④ ㄴ, ㄷ
⑤ ㄱ, ㄴ, ㄷ

18. 다음 글의 ㉠을 지지하는 것만을 <보기>에서 모두 고르면?

> 카나리아의 수컷과 암컷은 해부학적으로 동일한 구조의 발성기관을 가지고 있다. 또 새끼 때 모든 카나리아는 종 특유의 지저귀는 소리를 들으며 자란다. 그러나 성체가 되면 수컷만이 종 특유의 소리로 지저귄다. 수컷 카나리아는 다른 수컷들과 경쟁하거나 세력권을 주장할 때 이 소리를 낸다. 수컷은 암컷을 유혹할 때도 이 소리를 내는데, 이는 암컷이 종 특유의 소리를 내지는 못해도 그것을 알고 있음을 시사한다.
>
> 아비의 울음소리를 들으며 자라던 어린 카나리아는 둥지를 떠나 서식지를 이동하면서 다른 종의 새들과도 만나게 된다. 둥지를 떠난 후에도 어린 카나리아는 한동안 그들 종 특유의 울음소리를 내지 못할뿐만 아니라 지저귀지도 않는다. 그러나 이듬해 봄이 가까워 오고 낮이 차츰 길어지면서 어린 수컷 카나리아의 몸에서는 수컷에만 있는 기관A가 발달해 커지기 시작하고, 기관A에서 분비되는 물질B의 분비량도 증가한다. 이로 인해 수컷의 몸에서 물질B의 혈중 농도가 높아지고, 그에 따라 수컷은 지저귀는 소리를 내려고 하기 시작한다. 수컷 카나리아가 처음 내는 소리는 종 특유의 울음소리가 아니다. 그러나 다른 수컷들에게서 그 소리를 배울 수 없는 상황에서도 수컷 카나리아가 내는 소리는 종 특유의 소리에 점점 가까워지고 결국 종 특유의 소리가 된다.
>
> 과학자들은 왜 카나리아의 수컷만 종 특유의 소리로 지저귀는지를 연구하였다. 그리고 ㉠ 그 이유가 수컷의 몸에서만 분비되는 물질B가 종 특유의 소리를 내는 데 필요한 뇌의 특정 부분을 발달시키기 때문이라는 것을 알아냈다.

<보 기>

ㄱ. 봄이 시작될 무렵부터 조금씩 양을 늘려가면서 어린 암컷 카나리아에게 물질B를 주사하였더니 결국 종 특유의 소리로 지저귀게 되었다.
ㄴ. 어린 수컷 카나리아의 뇌에 물질B의 효과를 억제하는 성분의 약물을 꾸준히 투여하였더니 성체가 되어도 종 특유의 울음소리를 내지 못하였다.
ㄷ. 둥지를 떠나기 직전에 어린 수컷 카나리아의 기관A를 제거하였지만 다음 봄에는 종 특유의 소리로 지저귈 수 있었다.

① ㄱ
② ㄷ
③ ㄱ, ㄴ
④ ㄴ, ㄷ
⑤ ㄱ, ㄴ, ㄷ

19. 다음 글의 ㉠의 의미로 가장 적절한 것은?

> 이스라엘 공군 소속 장교들은 훈련생들이 유난히 비행을 잘했을 때에는 칭찬을 해봤자 비행 능력 향상에 도움이 안 된다고 믿는다. 실제로 훈련생들은 칭찬을 받고 나면 다음 번 비행이 이전 비행보다 못했다. 그렇지만 장교들은 비행을 아주 못한 훈련생을 꾸짖으면 비판에 자극받은 훈련생이 거의 항상 다음 비행에서 향상된 모습을 보여준다고 생각한다. 그래서 장교들은 상급 장교에게 저조한 비행 성과는 비판하되 뛰어난 성과에 대해서는 칭찬하지 않는 게 바람직하다고 건의했다. 하지만 이런 추론의 이면에는 ㉠ 오류가 있다.
>
> 유난히 비행을 잘하거나 유난히 비행을 못하는 경우는 둘 다 흔치 않다. 따라서 칭찬과 비판 여부에 상관없이 어느 조종사가 유난히 비행을 잘하거나 못했다면 그 다음 번 비행에서는 평균적인 수준으로 돌아갈 확률이 높다. 평균적인 수준의 비행은 극도로 뛰어나거나 떨어지는 비행보다는 훨씬 빈번하게 나타난다. 그러므로 어쩌다 뛰어난 비행을 한 조종사는 아마 다음 번 비행에서는 그보다 못할 것이다. 어쩌다 실력을 발휘하지 못한 조종사는 아마 다음 번 비행에서 훨씬 나은 모습을 보여줄 것이다.
>
> 어떤 사건이 극단적일 때에 같은 종류의 다음 번 사건은 그만큼 극단적이지 않기 마련이다. 예를 들어, 지능 지수가 아주 높은 부모가 있다고 하자. 그 부모는 예외적으로 유전자들이 잘 조합되어 그렇게 태어났을 수도 있고 특별히 지능을 계발하기에 유리한 환경에서 자랐을 수도 있다. 이 부모는 극단적인 사례이기 때문에 이들은 자기보다 지능이 낮은 자녀를 둘 확률이 높다.

① 비행 이후보다는 비행 이전에 칭찬을 해야 한다는 점을 깨닫지 못하는 오류
② 비행을 잘한 훈련생에게는 칭찬보다는 비판이 유효하다는 점을 깨닫지 못하는 오류
③ 훈련에 충분한 시간을 투입하면 훈련생의 비행 실력은 향상된다는 점을 깨닫지 못하는 오류
④ 훈련생의 비행에 대한 과도한 칭찬과 비판이 역효과를 낼 수 있다는 점을 깨닫지 못하는 오류
⑤ 뛰어난 비행은 평균에서 크게 벗어난 사례라서 연속해서 발생하기 어렵다는 점을 깨닫지 못하는 오류

20. 다음 논쟁에 대한 분석으로 적절한 것만을 <보기>에서 모두 고르면?

> 갑: 17세기 화가 페르메르의 작품을 메헤렌이 위조한 사건은 세상을 떠들썩하게 했지. 메헤렌의 그 위조품이 지금도 높은 가격에 거래된다고 하는데, 이 일은 예술 감상에서 무엇이 중요한지를 생각하게 만들어.
> 을: 눈으로 위조품과 진품을 구별할 수 없다고 하더라도 위조품은 결코 예술적 가치를 가질 수 없어. 예술품이라면 창의적이어야 하는데 위조품은 창의적이지 않기 때문이지. 예술적 가치는 진품만이 가질 수 있어.
> 병: 메헤렌의 작품이 페르메르의 작품보다 반드시 예술적으로 못하다고 할 수 있을까? 메헤렌의 작품이 부정적으로 평가되는 것은 메헤렌이 사람들을 속였기 때문이지 그의 작품이 예술적으로 열등해서가 아니야.
> 갑: 예술적 가치는 시각적으로 식별할 수 있는 특성으로 결정돼. 그런데 많은 사람들이 위조품과 진품을 식별할 수 없다고 해서 식별이 불가능한 것은 아니야. 전문적인 훈련을 받은 사람은 두 작품에서 시각적으로 식별 가능한 차이를 찾아내겠지.
> 을: 위작이라고 알려진 다음에도 그 작품을 칭송하는 것은 이해할 수 없는 일이야. 왜 많은 사람들이 <모나리자>의 원작을 보려고 몰려들겠어? <모나리자>를 완벽하게 복제한 작품이라면 분명히 그렇게 많은 사람들의 관심을 끌지는 못할 거야.
> 병: 사람들이 <모나리자>에서 감상하는 것이 무엇이겠어? 그것이 원작이라는 사실은 감상할 수 있는 대상이 아니야. 결국 사람들은 <모나리자>가 갖고 있는 시각적 특징에 예술적 가치를 부여하는 것이지.

<보 기>

ㄱ. 예술적 가치로서의 창의성은 시각적 특성으로 드러나야 한다는 데 갑과 을은 동의할 것이다.
ㄴ. 시각적 특성만으로는 그 누구도 진품과 위조품을 구별할 수 없다면 이 둘의 예술적 가치가 같을 수 있다는 데 갑과 병은 동의할 것이다.
ㄷ. 메헤렌의 위조품이 고가에 거래되는 이유가 그 작품의 예술적 가치에 있다는 데 을과 병은 동의할 것이다.

① ㄱ
② ㄴ
③ ㄱ, ㄷ
④ ㄴ, ㄷ
⑤ ㄱ, ㄴ, ㄷ

21. 다음 글의 ㉠을 약화하는 증거로 가장 적절한 것은?

> 1966년 석가탑 해체 보수 작업은 뜻밖에도 엄청난 보물을 발견하는 계기가 되었다. 이때 발견된 다라니경은 한국뿐만 아니라 전 세계의 이목을 끌었다. 이 놀라운 발견 이전에는 770년에 목판 인쇄된 일본의 불경이 세계사에서 최고(最古)의 현존 인쇄본으로 여겨졌다. 그러나 이 한국의 경전을 조사한 결과, 일본의 것보다 앞서 만들어진 것으로 밝혀졌다.
>
> 불국사가 751년에 완공된 것이 알려져 있으므로 석가탑의 축조는 같은 시기이거나 그 이전일 것임에 틀림없다. 이 경전의 연대 확정에 도움을 준 것은 그 문서가 측천무후가 최초로 사용한 12개의 특이한 한자를 포함하고 있다는 사실이었다. 측천무후는 690년에 제위에 올랐고 705년 11월에 죽었다. 측천무후가 만든 한자들이 그녀의 사후에 중국에서 사용된 사례는 발견되지 않았다. 그러므로 신라에서도 그녀가 죽은 뒤에는 이 한자들을 사용하지 않았을 것이라는 추정이 가능하다. 이러한 증거로 다라니경이 늦어도 705년경에 인쇄되었다고 판단할 수 있다.
>
> 그러나 이 특이한 한자들 때문에 몇몇 중국의 학자들은 ㉠ '다라니경이 신라에서 인쇄된 것이 아니라 중국 인쇄물이다.' 라고 주장하였다. 그들은 신라가 그 당시 중국과 독립적이었기 때문에 신라인들이 측천무후 치세 동안 사용된 특이한 한자들을 사용하지는 않았을 것이라고 주장한다. 그러나 중국인들의 이 견해는 『삼국사기』에서 얻을 수 있는 명확한 반대 증거로 인해 반박된다. 『삼국사기』는 신라가 695년에 측천무후의 역법을 도입하는 등 당나라의 새로운 정책을 자발적으로 수용하고 있었음을 보여준다. 그러므로 신라인들이 당시에 중국의 역법 개정을 채택했다면 마찬가지로 측천무후에 의해 도입된 특이한 한자들도 채용했을 것이라고 추정하는 것이 합리적이다.

① 서역에서 온 다라니경 원전을 처음으로 한역(漢譯)한 사람은 측천무후 시대의 중국의 국사(國師)였던 법장임이 밝혀졌다.
② 측천무후 사후에 나온 신라의 문서들에 측천무후가 발명한 한자가 쓰이지 않았음이 밝혀졌다.
③ 측천무후 즉위 이후 중국의 문서에 쓸 수 없었던 글자가 다라니경에서 쓰인 것이 발견되었다.
④ 705년경에 중국에서 제작된 문서들이 다라니경과 같은 종이를 사용한 것이 발견되었다.
⑤ 다라니경의 서체는 705년경부터 751년까지 중국에서 유행하였던 것으로 밝혀졌다.

22. 다음 글의 장치 A에 대하여 바르게 판단한 것만을 <보기>에서 모두 고르면?

> 신용카드 거래가 사기 거래일 확률은 1,000분의 1이다. 신용카드 사기를 감별하는 장치 A는 정당한 거래의 99%를 정당한 거래로 판정하지만 1%는 사기 거래로 오판한다. 또한 A는 사기 거래의 99%를 사기 거래로 판정하지만 1%는 정당한 거래로 오판한다. A가 어떤 거래를 사기 거래라고 판단하면, 신용카드 회사는 해당 카드를 정지시켜 후속 거래를 막는다. A에 의해 카드 사용이 정지된 사례가 오판에 의한 카드 정지 사례일 확률이 50%보다 크면, A는 폐기되어야 한다.

<보 기>

ㄱ. A가 정당한 거래로 판정한 거래는 모두 정당한 거래이다.
ㄴ. 무작위로 10만 건의 거래를 검사했을 때, A가 사기 거래를 정당한 거래라고 오판하는 건수는 정당한 거래를 사기 거래라고 오판하는 건수보다 적을 것이다.
ㄷ. A는 폐기되어야 한다.

① ㄱ
② ㄴ
③ ㄱ, ㄷ
④ ㄴ, ㄷ
⑤ ㄱ, ㄴ, ㄷ

23. 다음 글에서 알 수 없는 것은?

> 갈릴레오는 『두 가지 주된 세계 체계에 관한 대화』에서 등장인물인 살비아티에게 자신을 대변하는 역할을 맡겼다. 심플리치오는 아리스토텔레스의 자연철학을 대변하는 인물로서 살비아티의 대화 상대역을 맡고 있다. 또 다른 등장인물인 사그레도는 건전한 판단력을 지닌 자로서 살비아티와 심플리치오 사이에서 중재자 역할을 맡고 있다.
>
> 이 책의 마지막 부분에서 사그레도는 나흘간의 대화를 마무리하며 코페르니쿠스의 지동설을 옳은 견해로 인정한다. 그리고 그는 그 견해를 지지하는 세 가지 근거를 제시한다. 첫째는 행성의 겉보기 운동과 역행 운동에서, 둘째는 태양이 자전한다는 것과 그 흑점들의 운동에서, 셋째는 조수 현상에서 찾아낸다.
>
> 이에 반해 살비아티는 지동설의 근거로서 사그레도가 언급하지 않은 항성의 시차(視差)를 중요하게 다룬다. 살비아티는 지구의 공전을 입증하기 위한 첫 번째 단계로 지구의 공전을 전제로 한 코페르니쿠스의 이론이 행성의 겉보기 운동을 얼마나 간단하고 조화롭게 설명할 수 있는지를 보여준다. 그런 다음 그는 지구의 공전을 전제로 할 때, 공전 궤도의 두 맞은편 지점에서 관측자에게 보이는 항성의 위치가 달라지는 현상, 곧 항성의 시차를 기하학적으로 설명한다.
>
> 그렇다면 사그레도는 왜 이 중요한 사실을 거론하지 않았을까? 그것은 세 번째 날의 대화에서 심플리치오가 아리스토텔레스의 이론을 옹호하면서 지동설에 대한 반박 근거로 공전에 의한 항성의 시차가 관측되지 않음을 지적한 것과 관련이 있다. 당시 갈릴레오는 자신의 망원경을 통해 별의 시차를 관측하지 못했다. 그는 그 이유가 항성이 당시 알려진 것보다 훨씬 멀리 있기 때문이라고 주장하였지만, 반대자들에게 그것은 임기응변적인 가설로 치부될 뿐이었다. 결국 그 작은 각도가 나중에 더 좋은 망원경에 의해 관측되기까지 항성의 시차는 지동설의 옹호자들에게 '불편한 진실'로 남아 있었다.

① 아리스토텔레스의 철학을 따르는 심플리치오는 지구가 공전하지 않음을 주장한다.
② 사그레도는 항성의 시차에 관한 기하학적 예측에 근거하여 코페르니쿠스의 지동설을 받아들인다.
③ 사그레도와 살비아티는 둘 다 행성의 겉보기 운동을 근거로 하여 코페르니쿠스의 지동설을 옹호한다.
④ 심플리치오는 관측자에게 항성의 시차가 관측되지 않았다는 사실에 근거하여 코페르니쿠스의 지동설을 반박한다.
⑤ 살비아티는 지구가 공전한다면 공전궤도상의 지구의 위치에 따라 항성의 시차가 존재할 수밖에 없다고 예측한다.

24. 다음 세 진술이 모두 거짓일 때, 유물 A~D 중에서 전시되는 유물의 총 개수는?

> ○ A와 B 가운데 어느 하나만 전시되거나, 둘 중 어느 것도 전시되지 않는다.
> ○ B와 C 중 적어도 하나가 전시되면, D도 전시된다.
> ○ C와 D 어느 것도 전시되지 않는다.

① 0개
② 1개
③ 2개
④ 3개
⑤ 4개

25. 다음 글의 A의 가설을 약화하는 것만을 <보기>에서 모두 고르면?

얼룩말의 얼룩무늬가 어떻게 생겨났는지는 과학계의 오랜 논쟁거리다. 월러스는 "얼룩말이 물을 마시러 가는 해 질 녘에 보면 얼룩무늬가 위장 효과를 낸다."라고 주장했지만, 다윈은 "눈에 잘 띌 뿐"이라며 그 주장을 일축했다. 검은 무늬는 쉽게 더워져 공기를 상승시키고 상승한 공기가 흰 무늬 부위로 이동하면서 작은 소용돌이가 일어나 체온조절을 돕는다는 가설도 있다. 위험한 체체파리나 사자의 눈에 얼룩무늬가 잘 보이지 않는다거나, 고유의 무늬 덕에 얼룩말들이 자기 무리를 쉽게 찾는다는 견해도 있다.

최근 A는 실험을 토대로 새로운 가설을 제시했다. 그는 얼룩말과 같은 속(屬)에 속하는 검은 말, 갈색 말, 흰 말을 대상으로 몸통에서 반사되는 빛의 특성을 살펴보았다. 검정이나 갈색처럼 짙은 색 몸통에서 반사되는 빛은 수평 편광으로 나타났다. 수평 편광은 물 표면에서 반사되는 빛의 특성이기도 한데, 물에서 짝짓기를 하고 알을 낳는 말파리가 아주 좋아하는 빛이다. 편광이 없는 빛을 반사하는 흰색 몸통에는 말파리가 훨씬 덜 꼬였다. A는 몸통 색과 말파리의 행태 간에 상관관계가 있다고 생각하고, 말처럼 생긴 일정 크기의 모형에 검은색, 흰색, 갈색, 얼룩무늬를 입힌 뒤 끈끈이를 발라 각각에 말파리가 얼마나 꼬이는지를 조사했다. 이틀간의 실험 결과 검은색 말 모형에는 562마리, 갈색에는 334마리, 흰색에 22마리의 말파리가 붙은 데 비해 얼룩무늬를 가진 모형에는 8마리가 붙었을 뿐이었다. 이것은 실제 얼룩말의 무늬와 유사한 얼룩무늬가 말파리를 가장 덜 유인한다는 결과였다. A는 이를 바탕으로 얼룩말의 얼룩무늬가 말의 피를 빠는 말파리를 피하는 방향으로 진행된 진화의 결과라는 가설을 제시했다.

<보 기>

ㄱ. 실제 말에 대한 말파리의 행동반응이 말 모형에 대한 말파리의 행동반응과 다르다는 연구결과

ㄴ. 말파리가 실제로 흡혈한 피의 99% 이상이 검은색이나 진한 갈색 몸통을 가진 말의 것이라는 연구결과

ㄷ. 얼룩말 고유의 무늬 때문에 초원 위의 얼룩말이 사자같은 포식자 눈에 잘 띈다는 연구결과

① ㄱ
② ㄷ
③ ㄱ, ㄴ
④ ㄴ, ㄷ
⑤ ㄱ, ㄴ, ㄷ

약점 보완 해설집 p.182

상황판단영역

1. 다음 글을 근거로 판단할 때 옳은 것은?

> 우리나라는 1948년 7월 17일 공포된 제헌 헌법에서 처음으로 근대적인 지방자치제도의 도입 근거를 마련하였다. 이후 1949년 7월 4일 지방자치법이 제정되어 지방선거를 통해 지방의회를 구성할 수 있게 되었다. 지방자치법의 주요 내용을 살펴보면 다음과 같다. 첫째, 지방자치단체의 종류는 서울특별시와 도, 시·읍·면으로 한다. 둘째, 의결기관과 집행기관을 따로 둔다. 셋째, 지방자치단체장 중 서울특별시장과 도지사는 대통령이 임명하고, 시·읍·면장은 지방의회가 선출한다. 넷째, 지방의회의원은 임기 4년의 명예직으로 한다. 다섯째, 지방의회에는 지방자치단체장에 대한 불신임권을, 지방자치단체장에게는 지방의회해산권을 부여한다.
>
> 그러나 실제로 지방자치법에 따른 지방선거는 사회가 불안정하다는 이유로 실시되지 못한 채 연기되었다. 이후 대통령은 1951년 12월 31일 헌법 개정과 함께 갑작스럽게 지방선거 실시를 발표하였다. 이에 따라 전쟁 중인 1952년 4월 25일에 치안 불안 지역과 미수복 지역을 제외한 지역에서 시·읍·면의회 의원선거를 실시하였고, 5월 10일에 서울특별시, 경기도, 강원도 등을 제외한 7개 도에서 도의회 의원선거를 실시하였다. 1953년 5월에는 선거를 치르지 못했던 지역에서 도의회의원을 선출하는 선거가 실시되었다.
>
> 1956년에는 지방자치법을 개정하여 시·읍·면장을 주민직선을 통해 선출하도록 하였다. 이에 따라 같은 해 8월 8일 제2차 시·읍·면의회 의원선거와 동시에 최초로 주민직선에 의한 시·읍·면장 선거가 실시되었다. 그리고 8월 13일에는 서울특별시의회 및 도의회 의원선거가 실시되었다. 4년 뒤인 1960년 12월에는 지방자치법을 다시 개정하고, 서울특별시장 및 도지사도 주민직선제로 선출하도록 하였다. 이에 따라 같은 해 12월 12일에 서울특별시의회 및 도의회 의원선거, 19일에 시·읍·면의회 의원선거, 26일에 시·읍·면장 선거, 29일에 서울특별시장 및 도지사 선거가 실시되었다.

① 1949년 제정 당시 지방자치법에 따르면, 주민들이 지방자치단체장을 직접 선출하도록 되어 있었다.
② 1949년 제정 당시 지방자치법에 따르면, 대통령이 시·읍·면장을 지명하도록 되어 있었다.
③ 1952년에는 모든 지역에서 지방선거를 통해 지방의회의원이 선출되었다.
④ 1956년에는 지방선거를 통해 시·읍·면장이 처음으로 주민에 의해 직접 선출되었다.
⑤ 1960년 12월에는 전국적으로 두 차례의 지방선거가 실시되었다.

2. 다음 글을 근거로 판단할 때, <보기>에서 옳은 것만을 모두 고르면?

> 태어난 아기에게 처음 입히는 옷을 배냇저고리라고 하는데, 보드라운 신생아의 목에 거친 깃이 닿지 않도록 깃 없이 만들어 '무령의(無領衣)'라고도 하였다. 배냇저고리는 대개 생후 삼칠일까지 입혔기 때문에 지역에 따라 '삼저고리', '이레안저고리' 등으로도 불리었다. 보통 저고리를 여미는 고름 대신 무명실 끈을 길게 달아 장수를 기원했는데, 이는 남아, 여아 모두 공통적이었다. 남자아기의 배냇저고리는 재수가 좋다고 하여 시험이나 송사를 치르는 사람이 부적같이 몸에 지니는 풍습이 있었다.
>
> 아기가 태어난 지 약 20일이 지나면 배냇저고리를 벗기고 돌띠저고리를 입혔다. 돌띠저고리에는 돌띠라는 긴 고름이 달려있는데 길이가 길어 한 바퀴 돌려 맬 수 있을 정도이다. 이런 돌띠저고리에는 긴 고름처럼 장수하기를 바라는 의미가 담겨있다.
>
> 백일에는 아기에게 백줄을 누빈 저고리를 입히기도 하였는데, 이는 장수하기를 바라는 의미를 담고 있다. 그리고 첫 생일인 돌에 남자아기에게는 색동저고리를 입히고 복건(幅巾)이나 호건(虎巾)을 씌우며, 여자아기에게는 색동저고리를 입히고 굴레를 씌웠다.

<보 기>

ㄱ. 배냇저고리는 아기가 태어난 후 약 3주 간 입히는 옷이다.
ㄴ. 시험을 잘 보기 위해 여자아기의 배냇저고리를 몸에 지니는 풍습이 있었다.
ㄷ. 돌띠저고리와 백줄을 누빈 저고리에 담긴 의미는 동일하다.
ㄹ. 남자아기뿐만 아니라 여자아기에게도 첫 생일에는 색동저고리를 입혔다.

① ㄴ
② ㄱ, ㄴ
③ ㄱ, ㄷ
④ ㄱ, ㄹ
⑤ ㄱ, ㄷ, ㄹ

3. 다음 글을 근거로 판단할 때, <보기>에서 옳은 것만을 모두 고르면?

지진의 강도는 '리히터 규모'와 '진도'로 나타낼 수 있다. 리히터 규모는 미국 지질학자인 찰스 리히터가 지진의 강도를 절대적 수치로 나타내기 위해 제안한 개념이다. 리히터 규모는 지진계에 기록된 지진파의 최대 진폭을 측정하여 수학적으로 계산한 값이며, 지진이 발생하면 각 지진마다 고유의 리히터 규모 값이 매겨진다. 리히터 규모는 지진파의 최대 진폭이 10배가 될 때마다 1씩 증가하는데, 이 때 지진에너지는 약 32배가 된다. 리히터 규모는 소수점 아래 한 자리까지 나타내는데, 예를 들어 'M5.6' 또는 '규모 5.6'의 지진으로 표시된다.

진도는 지진이 일어났을 때 어떤 한 지점에서 사람이 느끼는 정도와 건물의 피해 정도 등을 상대적으로 등급화한 수치로, 동일한 지진에 대해서도 각 지역에 따라 진도가 달라질 수 있다. 예를 들어, 어떤 지진이 발생했을 때 발생지점에서 거리가 멀어질수록 진도는 낮게 나타난다. 또한 진도는 각 나라별 실정에 따라 다른 기준이 채택된다. 우리나라는 12단계의 '수정 메르칼리 진도'를 사용하고 있으며, 진도를 나타내는 수치는 로마 숫자를 이용하여 '진도Ⅲ'과 같이 표시한다. 표시되는 로마 숫자가 클수록 지진을 느끼는 정도나 피해의 정도가 크다는 것을 의미한다.

<보 기>

ㄱ. M5.6인 지진을 진도로 표시하면 나라별로 다르게 표시될 수 있다.
ㄴ. M4.0인 지진의 지진파 최대 진폭은 M2.0인 지진의 지진파 최대 진폭의 100배이다.
ㄷ. 진도Ⅱ인 지진이 일어났을 때, 어떤 한 지점에서 사람이 느끼는 정도와 건물의 피해 정도는 진도Ⅳ인 지진의 2배이다.
ㄹ. M6.0인 지진의 지진에너지는 M3.0인 지진의 1,000배이다.

① ㄱ, ㄴ
② ㄱ, ㄷ
③ ㄴ, ㄷ
④ ㄴ, ㄹ
⑤ ㄷ, ㄹ

4. 다음 <연구용역 계약사항>을 근거로 판단할 때, <보기>에서 옳은 것만을 모두 고르면?

<연구용역 계약사항>

□ 과업수행 전체회의 및 보고
- ○ 참석대상: 발주기관 과업 담당자, 연구진 전원
- ○ 착수보고: 계약일로부터 10일 이내
- ○ 중간보고: 계약기간 중 2회
  - 과업 진척상황 및 중간결과 보고, 향후 연구계획 및 내용 협의
- ○ 최종보고: 계약만료 7일 전까지
- ○ 수시보고: 연구 수행상황 보고 요청 시, 긴급을 요하거나 특이사항 발생 시 등
- ○ 전체회의: 착수보고 전, 각 중간보고 전, 최종보고 전

□ 과업 산출물
- ○ 중간보고서 20부, 최종보고서 50부, 연구 데이터 및 관련 자료 CD 1매

□ 연구진 구성 및 관리
- ○ 연구진 구성: 책임연구원, 공동연구원, 연구보조원
- ○ 연구진 관리
  - 연구 수행기간 중 연구진은 구성원을 임의로 교체할 수 없음. 단, 부득이한 경우 사전에 변동사유와 교체될 구성원의 경력 등에 관한 서류를 발주기관에 제출하여 승인을 받은 후 교체할 수 있음

□ 과업의 일반조건
- ○ 연구진은 연구과제의 시작부터 종료(최종보고서 제출)까지 과업과 관련된 제반 비용의 지출행위에 대해 책임을 지고 과업을 진행해야 함
- ○ 연구진은 용역완료(납품) 후에라도 발주기관이 연구결과와 관련된 자료를 요청할 경우에는 관련 자료를 성실히 제출하여야 함

<보 기>

ㄱ. 발주기관은 연구용역이 완료된 후에도 연구결과와 관련된 자료를 요청할 수 있다.
ㄴ. 과업수행을 위한 전체회의 및 보고 횟수는 최소 8회이다.
ㄷ. 연구진은 연구 수행기간 중 책임연구원과 공동연구원을 변경할 수 없지만 연구보조원의 경우 임의로 교체할 수 있다.
ㄹ. 중간보고서의 경우 그 출력과 제본 비용의 지출행위에 대해 발주기관이 책임을 진다.

① ㄱ, ㄴ
② ㄱ, ㄷ
③ ㄱ, ㄹ
④ ㄴ, ㄷ
⑤ ㄷ, ㄹ

5. 다음 글을 근거로 판단할 때, <보기>에서 규정을 위반한 행위만을 모두 고르면?

제00조(청렴의 의무) ① 공무원은 직무와 관련하여 직접적이든 간접적이든 사례·증여 또는 향응을 주거나 받을 수 없다.
② 공무원은 직무상의 관계가 있든 없든 그 소속 상관에게 증여하거나 소속 공무원으로부터 증여를 받아서는 아니 된다.
제00조(정치운동의 금지) ① 공무원은 정당이나 그 밖의 정치단체의 결성에 관여하거나 이에 가입할 수 없다.
② 공무원은 선거에서 특정 정당 또는 특정인을 지지 또는 반대하기 위한 다음의 행위를 하여서는 아니 된다.
1. 투표를 하거나 하지 아니하도록 권유 운동을 하는 것
2. 기부금을 모집 또는 모집하게 하거나, 공공자금을 이용 또는 이용하게 하는 것
3. 타인에게 정당이나 그 밖의 정치단체에 가입하게 하거나 가입하지 아니하도록 권유 운동을 하는 것
③ 공무원은 다른 공무원에게 제1항과 제2항에 위배되는 행위를 하도록 요구하거나, 정치적 행위에 대한 보상 또는 보복으로서 이익 또는 불이익을 약속하여서는 아니 된다.
제00조(집단행위의 금지) ① 공무원은 노동운동이나 그 밖에 공무 외의 일을 위한 집단행위를 하여서는 아니 된다. 다만, 사실상 노무에 종사하는 공무원은 예외로 한다.
② 제1항 단서에 규정된 공무원으로서 노동조합에 가입된 자가 조합 업무에 전임하려면 소속 장관의 허가를 받아야 한다.

<보 기>

ㄱ. 공무원 甲은 그 소속 상관에게 직무상 관계 없이 고가의 도자기를 증여하였다.
ㄴ. 사실상 노무에 종사하는 공무원으로서 노동조합에 가입된 乙은 소속 장관의 허가를 받아 조합 업무에 전임하고 있다.
ㄷ. 공무원 丙은 동료 공무원 丁에게 선거에서 A정당을 지지하기 위한 기부금을 모집하도록 요구하였다.
ㄹ. 공무원 戊는 국회의원 선거기간에 B후보를 낙선시키기 위해 해당 지역구 지인들을 대상으로 다른 후보에게 투표하도록 권유 운동을 하였다.

① ㄱ, ㄴ
② ㄴ, ㄷ
③ ㄷ, ㄹ
④ ㄱ, ㄴ, ㄹ
⑤ ㄱ, ㄷ, ㄹ

6. 다음 글과 <상황>을 근거로 판단할 때 옳은 것은?

민사소송에서 당사자가 질병, 장애, 연령, 그 밖의 사유로 인한 정신적·신체적 제약으로 소송관계를 분명하게 하기 위하여 필요한 진술을 하기 어려운 경우가 있다. 이때 당사자는 법원의 허가를 받아 진술을 도와주는 사람(진술보조인)과 함께 출석하여 진술할 수 있는데, 이를 '진술보조인제도'라 한다. 이 제도는 말이 어눌하거나 말귀를 잘 알아듣지 못하는 당사자가 재판에서 받을 수 있는 불이익을 방지하기 위하여 그와 의사소통이 잘되는 사람이 법정에 출석하여 당사자를 보조하게 하는 것이다.

진술보조인이 될 수 있는 사람은 당사자의 배우자, 직계친족, 형제자매, 가족, 그 밖에 동거인으로서 당사자와의 생활관계에 비추어 충분한 자격이 인정되는 경우 등으로 제한된다. 이 제도를 이용하려는 당사자는 1심, 2심, 3심의 각 법원마다 서면으로 진술보조인에 대한 허가신청을 해야 한다. 법원은 이를 허가한 이후에도 언제든지 그 허가를 취소할 수 있다.

법원의 허가를 받은 진술보조인은 변론기일에 당사자 본인과 동석하여 당사자 본인의 진술을 법원과 상대방 당사자, 그 밖의 소송관계인이 이해할 수 있도록 중개하거나 설명할 수 있다. 이때 당사자 본인은 진술보조인의 중개 또는 설명을 즉시 취소할 수 있다. 한편, 진술보조인에 의한 중개 또는 설명의 정확성을 확인하기 위해 진술보조인에게 질문할 수 있는데 그 질문은 법원만이 한다. 진술보조인은 변론에서 당사자의 진술을 조력하는 사람일 뿐이다. 따라서 진술보조인은 당사자를 대신해서 출석하여 진술할 수 없고, 상소의 제기와 같이 당사자만이 할 수 있는 행위도 할 수 없다.

<상 황>

甲은 乙을 피고로 하여 A주택의 인도를 구하는 민사소송을 제기하였다. 한편, 乙은 교통사고를 당하여 현재 소송관계를 분명하게 하기 위하여 필요한 진술을 하기 어려운 상태에 있다. 이에 1심 법원은 乙로부터 진술보조인에 대한 허가신청을 받아 乙의 배우자 丙을 진술보조인으로 허가하였다. 1심 변론기일에 乙과 丙은 함께 출석하였다.

① 변론기일에 丙이 한 설명에 대한 정확성을 확인하기 위해 甲은 재판에서 직접 丙에게 질문할 수 있다.
② 변론기일에 丙이 한 설명은 乙을 위한 것이므로, 乙은 즉시라 할지라도 그 설명을 취소할 수 없다.
③ 1심 법원은 丙을 진술보조인으로 한 허가를 취소할 수 없다.
④ 1심 법원이 乙에게 패소판결을 선고한 경우 이 판결에 대해 丙은 상소를 제기할 수 없다.
⑤ 2심이 진행되는 경우, 2심 법원에 진술보조인에 대한 허가신청을 하지 않아도 丙의 진술보조인 자격은 그대로 유지된다.

7. 다음 글과 <상황>을 근거로 판단할 때, <보기>에서 옳은 것만을 모두 고르면?

제00조(우수현상광고) ① 광고에 정한 행위를 완료한 자가 수인(數人)인 경우에 그 우수한 자에 한하여 보수(報酬)를 지급할 것을 정하는 때에는 그 광고에 응모기간을 정한 때에 한하여 그 효력이 생긴다.
② 전항의 경우에 우수의 판정은 광고에서 정한 자가 한다. 광고에서 판정자를 정하지 아니한 때에는 광고자가 판정한다.
③ 우수한 자가 없다는 판정은 할 수 없다. 그러나 광고에서 다른 의사표시가 있거나 광고의 성질상 판정의 표준이 정하여져 있는 때에는 그러하지 아니하다.
④ 응모자는 제2항 및 제3항의 판정에 대하여 이의를 제기하지 못한다.
⑤ 수인의 행위가 동등으로 판정된 때에는 각각 균등한 비율로 보수를 받을 권리가 있다. 그러나 보수가 그 성질상 분할할 수 없거나 광고에 1인만이 보수를 받을 것으로 정한 때에는 추첨에 의하여 결정한다.

※ 현상광고: 어떤 목적으로 조건을 붙여 보수(상금, 상품 등)를 지급할 것을 약속한 광고

<상 황>

A청은 아래와 같은 내용으로 우수논문공모를 위한 우수현상광고를 하였고, 대학생 甲, 乙, 丙 등이 응모하였다.

우수논문공모
○ 논문주제: 청렴한 공직사회 구현을 위한 정책방안
○ 참여대상: 대학생
○ 응모기간: 2017년 4월 3일~4월 28일
○ 제 출 처: A청
○ 수 상 자: 1명(아래 상금 전액 지급)
○ 상　　금: 금 1,000만 원정
○ 특이사항
- 논문의 작성 및 응모는 단독으로 하여야 한다.
- 기준을 충족한 논문이 없다고 판정된 경우, 우수논문을 선정하지 않을 수 있다.

<보 기>

ㄱ. 우수논문의 판정은 A청이 한다.
ㄴ. 우수논문이 없다는 판정이 이루어질 수 있다.
ㄷ. 甲, 乙, 丙 등은 우수의 판정에 대해 이의를 제기할 수 있다.
ㄹ. 심사결과 甲과 乙의 논문이 동등한 최고점수로 판정되었다면, 甲과 乙은 500만 원씩 상금을 나누어 받는다.

① ㄱ, ㄴ
② ㄱ, ㄷ
③ ㄷ, ㄹ
④ ㄱ, ㄴ, ㄹ
⑤ ㄴ, ㄷ, ㄹ

8. 다음 <상황>을 근거로 판단할 때, 준석이가 가장 많은 식물을 재배할 수 있는 온도와 상품가치의 총합이 가장 큰 온도는? (단, 주어진 조건 외에 다른 조건은 고려하지 않는다)

<상 황>

○ 준석이는 같은 온실에서 5가지 식물(A~E)을 하나씩 동시에 재배하고자 한다.
○ A~E의 재배가능 온도와 각각의 상품가치는 다음과 같다.

식물 종류	재배가능 온도(℃)	상품가치(원)
A	0 이상 20 이하	10,000
B	5 이상 15 이하	25,000
C	25 이상 55 이하	50,000
D	15 이상 30 이하	15,000
E	15 이상 25 이하	35,000

○ 준석이는 온도만 조절할 수 있으며, 식물의 상품가치를 결정하는 유일한 것은 온도이다.
○ 온실의 온도는 0℃를 기준으로 5℃ 간격으로 조절할 수 있고, 한 번 설정하면 변경할 수 없다.

	가장 많은 식물을 재배할 수 있는 온도	상품가치의 총합이 가장 큰 온도
①	15℃	15℃
②	15℃	20℃
③	15℃	25℃
④	20℃	20℃
⑤	20℃	25℃

9. 다음 글과 <상황>을 근거로 판단할 때, A사무관이 3월 출장여비로 받을 수 있는 총액은?

○ 출장여비 기준
- 출장여비는 출장수당과 교통비의 합이다.
  1) 세종시 출장
     - 출장수당: 1만 원
     - 교통비: 2만 원
  2) 세종시 이외 출장
     - 출장수당: 2만 원(13시 이후 출장 시작 또는 15시 이전 출장 종료 시 1만 원 차감)
     - 교통비: 3만 원

○ 출장수당의 경우 업무추진비 사용 시 1만 원이 차감되며, 교통비의 경우 관용차량 사용 시 1만 원이 차감된다.

<상 황>

A사무관 3월 출장내역	출장지	출장 시작 및 종료 시각	비고
출장 1	세종시	14시~16시	관용차량 사용
출장 2	인천시	14시~18시	
출장 3	서울시	09시~16시	업무추진비 사용

① 6만 원
② 7만 원
③ 8만 원
④ 9만 원
⑤ 10만 원

10. 다음 글과 <A여행사 해외여행 상품>을 근거로 판단할 때, 세훈이 선택할 여행지는?

인희: 다음 달 셋째 주에 연휴던데, 그때 여행갈 계획 있어?
세훈: 응, 이번에는 꼭 가야지. 월요일, 수요일, 금요일이 공휴일이잖아. 그래서 우리 회사에서는 화요일과 목요일에만 연가를 쓰면 앞뒤 주말 포함해서 최대 9일 연휴가 되더라고. 그런데 난 연가가 하루밖에 남지 않아서 그렇게 길게는 안 돼. 그래도 이번엔 꼭 해외여행을 갈 거야.
인희: 어디로 갈 생각이야?
세훈: 나는 어디로 가든 상관없는데 여행지에 도착할 때까지 비행기를 오래 타면 너무 힘들더라고. 그래서 편도 총 비행시간이 8시간 이내면서 직항 노선이 있는 곳으로 가려고.
인희: 여행기간은 어느 정도로 할 거야?
세훈: 남은 연가를 잘 활용해서 주어진 기간 내에서 최대한 길게 다녀오려고 해. A여행사 해외여행 상품 중에 하나를 정해서 다녀올 거야.

<A여행사 해외여행 상품>

여행지	여행기간 (한국시각 기준)	총비행시간 (편도)	비행기 환승 여부
두바이	4박 5일	8시간	직항
모스크바	6박 8일	8시간	직항
방콕	4박 5일	7시간	1회 환승
홍콩	3박 4일	5시간	직항
뉴욕	4박 5일	14시간	직항

① 두바이
② 모스크바
③ 방콕
④ 홍콩
⑤ 뉴욕

11. 다음 글을 근거로 판단할 때, <보기>에서 옳은 것만을 모두 고르면?

> 주민투표제도는 주민에게 과도한 부담을 주거나 중대한 영향을 미치는 주요사항을 결정하는 과정에서 주민에게 직접 의사를 표시할 수 있는 기회를 주기 위해 2004년 1월 주민투표법에 의해 도입되었다. 주민투표법에서는 주민투표를 실시할 수 있는 권한을 지방자치단체장에게만 부여하고 있다. 한편 중앙행정기관의 장은 지방자치단체장에게 주민투표 실시를 요구할 수 있고, 지방의회와 지역주민은 지방자치단체장에게 주민투표 실시를 청구할 수 있다.
>
> 주민이 직접 조례의 제정 및 개폐를 청구할 수 있는 주민발의제도는 1998년 8월 지방자치법의 개정으로 도입되었다. 주민발의는 지방자치단체장에게 청구하도록 되어있는데, 지방자치단체장은 청구를 수리한 날로부터 60일 이내에 조례의 제정 또는 개폐안을 작성하여 지방의회에 부의하여야 한다. 주민발의를 지방자치단체장에게 청구하려면 선거권이 있는 19세 이상 주민 일정 수 이상의 서명을 받아야 한다. 청구에 필요한 주민의 수는 지방자치단체의 조례로 정하되 인구가 50만 명 이상인 대도시에서는 19세 이상 주민 총수의 100분의 1 이상 70분의 1 이하의 범위 내에서, 그리고 그 외의 시·군 및 자치구에서는 19세 이상 주민 총수의 50분의 1 이상 20분의 1 이하의 범위 내에서 정하도록 하고 있다.
>
> 주민소환제도는 선출직 지방자치단체장 또는 지방의회의원의 위법·부당행위, 직무유기 또는 직권남용 등에 대한 책임을 묻는 제도로, 2006년 5월 지방자치법 개정으로 도입되었다. 주민소환 실시의 청구를 위해서도 주민소환에 관한 법률에 따라 일정 수 이상 주민의 서명을 받아야 한다. 광역자치단체장을 소환하고자 할 때는 선거권이 있는 19세 이상 주민 총수의 100분의 10 이상, 기초자치단체장에 대해서는 100분의 15 이상, 지방의회 지역구의원에 대해서는 100분의 20 이상의 서명을 받아야 주민소환 실시를 청구할 수 있다.

<보 기>

ㄱ. 주민투표법에서 주민투표를 실시할 수 있는 권한은 지방자치단체장만이 가지고 있다.
ㄴ. 인구 70만 명인 甲시에서 주민발의 청구를 위해서는 19세 이상 주민 총수의 50분의 1 이상 20분의 1 이하의 범위에서 서명을 받아야 한다.
ㄷ. 주민발의제도에 근거할 때 주민은 조례의 제정 및 개폐에 관한 사항을 지방의회에 대해 직접 청구할 수 없다.
ㄹ. 기초자치단체인 乙시의 丙시장에 대한 주민소환 실시의 청구를 위해서는 선거권이 있는 19세 이상 주민의 100분의 20 이상의 서명을 받아야 한다.

① ㄱ, ㄷ
② ㄱ, ㄹ
③ ㄴ, ㄷ
④ ㄱ, ㄴ, ㄹ
⑤ ㄴ, ㄷ, ㄹ

12. 다음 글을 근거로 판단할 때 옳은 것은?

> 파스타(pasta)는 밀가루와 물을 주재료로 하여 만든 반죽을 소금물에 넣고 삶아 만드는 이탈리아 요리를 총칭하는데, 파스타 요리의 가장 중요한 재료인 면을 의미하기도 한다.
>
> 파스타는 350여 가지가 넘는 다양한 종류가 있는데, 형태에 따라 크게 롱(long) 파스타와 쇼트(short) 파스타로 나눌 수 있다. 롱 파스타의 예로는 가늘고 기다란 원통형인 스파게티, 넓적하고 얇은 면 형태인 라자냐를 들 수 있고, 쇼트 파스타로는 속이 빈 원통형인 마카로니, 나선 모양인 푸실리를 예로 들 수 있다.
>
> 역사를 살펴보면, 기원전 1세기경에 고대 로마시대의 이탈리아 지역에서 라자냐를 먹었다는 기록이 전해진다. 이후 기원후 9~11세기에는 이탈리아 남부의 시칠리아에서 아랍인들로부터 제조 방법을 전수받아 건파스타(driedpasta)의 생산이 처음으로 이루어졌다고 한다. 건파스타는 밀가루에 물만 섞은 반죽으로 만든 면을 말린 것인데, 이는 시칠리아에서 재배된 듀럼(durum) 밀이 곰팡이나 해충에 취약해 장기 보관이 어려웠기 때문에 저장기간을 늘리고 수송을 쉽게 하기 위함이었다.
>
> 듀럼 밀은 주로 파스타를 만들 때 사용하는 특수한 품종으로 일반 밀과 여러 가지 측면에서 차이가 난다. 일반 밀이 강수량이 많고 온화한 기후에서 잘 자라는 반면, 듀럼 밀은 주로 지중해 지역과 같이 건조하고 더운 기후에서 잘 자란다. 또한 일반 밀로 만든 하얀 분말 형태의 고운 밀가루는 이스트를 넣어 발효시킨 빵과 같은 제품들에 주로 사용되고, 듀럼 밀을 거칠게 갈아 만든 황색의 세몰라 가루는 파스타를 만드는 데 적합하다.

① 속이 빈 원통형인 마카로니는 롱 파스타의 한 종류이다.
② 건파스타 제조 방법은 시칠리아인들로부터 아랍인들에게 최초로 전수되었다.
③ 이탈리아 지역에서는 기원전부터 롱 파스타를 먹은 것으로 보인다.
④ 파스타를 만드는 데 사용하는 세몰라 가루는 곱게 갈아 만든 흰색의 가루이다.
⑤ 듀럼 밀은 곰팡이나 해충에 강해 건파스타의 주재료로 적합하다.

13. 다음 글을 근거로 판단할 때, <보기>에서 옳은 것만을 모두 고르면?

인류 역사상 불공정거래 문제가 나타난 것은 먼 옛날부터이다. 자급자족경제에서 벗어나 물물교환이 이루어지고 상업이 시작된 시점부터 불공정거래 문제가 나타났고, 법을 만들어 이를 규율하기 시작하였다. 불공정거래 문제가 법적으로 다루어진 것으로 알려진 최초의 사건은 기원전 4세기 아테네에서 발생한 곡물 중간상 사건이다. 기원전 388년 겨울, 곡물 수입 항로가 스파르타로부터 위협을 받게 되자 곡물 중간상들의 물량 확보 경쟁이 치열해졌고 입찰가격은 급등하였다. 이에 모든 곡물 중간상들이 담합하여 동일한 가격으로 응찰함으로써 곡물 매입가격을 크게 하락시켰고, 이를 다시 높은 가격에 판매하였다. 이로 인해 그들은 아테네 법원에 형사상 소추되어 유죄 판결을 받았다. 당시 아테네는 곡물 중간상들이 담합하여 일정 비율 이상의 이윤을 붙일 수 없도록 성문법으로 규정하고 있었으며, 해당 규정 위반 시 사형에 처해졌다.

곡물의 공정거래를 규율하는 고대 아테네의 성문법은 로마로 계승되어 더욱 발전되었다. 그리고 로마의 공정거래 관련법은 13세기부터 15세기까지 이탈리아의 우루비노와 피렌체, 독일의 뉘른베르크 등의 도시국가와 프랑스 등 중세유럽 각국의 공정거래 관련법 제정에까지 영향을 미쳤다. 영국에서도 로마의 공정거래 관련법의 영향을 받아 1353년에 에드워드 3세의 공정거래 관련법이 만들어졌다.

<보 기>

ㄱ. 인류 역사상 불공정거래 문제는 자급자족경제 시기부터 나타났다.
ㄴ. 기원전 4세기 아테네의 공정거래 관련법에 규정된 최고형은 벌금형이었다.
ㄷ. 로마의 공정거래 관련법은 영국 에드워드 3세의 공정거래 관련법 제정에 영향을 미쳤다.
ㄹ. 기원전 4세기 아테네 곡물 중간상 사건은 곡물 중간상들이 곡물을 1년 이상 유통하지 않음으로 인해 발생하였다.

① ㄱ
② ㄷ
③ ㄱ, ㄴ
④ ㄴ, ㄹ
⑤ ㄷ, ㄹ

14. 다음 글을 근거로 판단할 때, <보기>에서 옳은 것만을 모두 고르면?

A국과 B국은 대기오염 정도를 측정하여 통합지수를 산정하고 이를 바탕으로 경보를 한다.

A국은 5가지 대기오염 물질 농도를 각각 측정하여 대기환경지수를 산정하고, 그 평균값을 통합지수로 한다. 통합지수의 범위에 따라 호흡 시 건강에 미치는 영향이 달라지며, 이를 기준으로 그 등급을 아래와 같이 6단계로 나눈다.

<A국 대기오염 등급 및 경보기준>

등급	좋음	보통	민감군에게 해로움	해로움	매우 해로움	심각함
통합지수	0~50	51~100	101~150	151~200	201~300	301~500
경보색깔	초록	노랑	주황	빨강	보라	적갈
행동지침	외부활동 가능		외부활동 자제			

※ 민감군: 노약자, 호흡기 환자 등 대기오염에 취약한 사람

B국은 A국의 5가지 대기오염 물질을 포함한 총 6가지 대기오염 물질의 농도를 각각 측정하여 대기환경지수를 산정하고, 이 가운데 가장 높은 대기환경지수를 통합지수로 사용한다. 다만 오염물질별 대기환경지수 중 101 이상인 것이 2개 이상일 경우에는 가장 높은 대기환경지수에 20을 더하여 통합지수를 산정한다. 통합지수는 그 등급을 아래와 같이 4단계로 나눈다.

<B국 대기오염 등급 및 경보기준>

등급	좋음	보통	나쁨	매우 나쁨
통합지수	0~50	51~100	101~250	251~500
경보색깔	파랑	초록	노랑	빨강
행동지침	외부활동 가능		외부활동 자제	

<보 기>

ㄱ. A국과 B국의 통합지수가 동일하더라도, 각 대기오염 물질의 농도는 다를 수 있다.
ㄴ. B국의 통합지수가 180이라면, 6가지 대기오염 물질의 대기환경지수 중 가장 높은 것은 180 미만일 수 없다.
ㄷ. A국이 대기오염 등급을 '해로움'으로 경보한 경우, 그 정보만으로는 특정 대기오염 물질 농도에 대한 정확한 수치를 알 수 없을 것이다.
ㄹ. B국 국민이 A국에 방문하여 경보색깔이 노랑인 것을 확인하고 B국의 경보기준을 따른다면, 외부활동을 자제할 것이다.

① ㄱ, ㄴ
② ㄱ, ㄷ
③ ㄴ, ㄹ
④ ㄱ, ㄷ, ㄹ
⑤ ㄴ, ㄷ, ㄹ

15. 다음 글을 근거로 판단할 때, <보기>에서 옳은 것만을 모두 고르면?

제00조(술에 취한 상태에서의 운전 금지) ① 누구든지 술에 취한 상태에서 자동차를 운전하여서는 아니 된다.
② 경찰공무원은 제1항을 위반하여 술에 취한 상태에서 자동차를 운전하였다고 인정할 만한 상당한 이유가 있는 경우에는 운전자가 술에 취하였는지를 호흡조사로 측정(이하 '음주측정'이라 한다)할 수 있다. 이 경우 운전자는 경찰공무원의 음주측정에 응하여야 한다.
③ 제1항을 위반하여 술에 취한 상태에서 자동차를 운전한 사람은 다음 각 호의 구분에 따라 처벌한다.
1. 혈중알콜농도가 0.2퍼센트 이상인 사람은 1년 이상 3년 이하의 징역이나 500만 원 이상 1천만 원 이하의 벌금
2. 혈중알콜농도가 0.1퍼센트 이상 0.2퍼센트 미만인 사람은 6개월 이상 1년 이하의 징역이나 300만 원 이상 500만 원 이하의 벌금
3. 혈중알콜농도가 0.05퍼센트 이상 0.1퍼센트 미만인 사람은 6개월 이하의 징역이나 300만 원 이하의 벌금
④ 다음 각 호의 어느 하나에 해당하는 사람은 1년 이상 3년 이하의 징역이나 500만 원 이상 1천만 원 이하의 벌금에 처한다.
1. 제3항에도 불구하고 제1항을 2회 이상 위반한 사람으로서 다시 술에 취한 상태에서 자동차를 운전한 사람
2. 술에 취한 상태에 있다고 인정할 만한 상당한 이유가 있는 사람으로서 제2항에 따른 경찰공무원의 음주측정에 응하지 아니한 사람

<보 기>

ㄱ. 혈중알콜농도 0.05퍼센트의 상태에서 운전하여 1회 적발된 행위는, 술에 취한 상태에서 운전을 하고 있다고 인정할 만한 상당한 이유가 있는 사람이 경찰공무원의 음주측정을 거부하는 행위보다 불법의 정도가 크다.
ㄴ. 술에 취한 상태에서 자동차를 운전하는 행위는 혈중알콜농도 또는 적발된 횟수에 따라 처벌의 정도가 달라질 수 있다.
ㄷ. 술에 취한 상태에서의 자동차 운전으로 2회 적발된 자가 다시 혈중알콜농도 0.15퍼센트 상태의 운전으로 적발된 경우, 6개월 이상 1년 이하의 징역이나 300만 원 이상 500만 원 이하의 벌금에 처해진다.

① ㄱ
② ㄴ
③ ㄱ, ㄷ
④ ㄴ, ㄷ
⑤ ㄱ, ㄴ, ㄷ

16. 다음 글을 근거로 판단할 때 옳은 것은?

제00조(성년후견) ① 가정법원은 질병, 장애, 노령, 그 밖의 사유로 인한 정신적 제약으로 사무를 처리할 능력이 지속적으로 결여된 사람에 대하여 본인, 배우자, 4촌 이내의 친족, 검사 또는 지방자치단체의 장의 청구에 의하여 성년후견개시의 심판을 한다.
② 성년후견인은 피성년후견인의 법률행위를 취소할 수 있다.
③ 제2항에도 불구하고 일용품의 구입 등 일상생활에 필요하고 그 대가가 과도하지 아니한 법률행위는 성년후견인이 취소할 수 없다.
제00조(피성년후견인의 신상결정) ① 피성년후견인은 자신의 신상에 관하여 그의 상태가 허락하는 범위에서 단독으로 결정한다.
② 성년후견인이 피성년후견인을 치료 등의 목적으로 정신병원이나 그 밖의 다른 장소에 격리하려는 경우에는 가정법원의 허가를 받아야 한다.
제00조(성년후견인의 선임) ① 성년후견인은 가정법원이 직권으로 선임한다.
② 가정법원은 성년후견인이 선임된 경우에도 필요하다고 인정하면 직권으로 또는 청구권자의 청구에 의하여 추가로 성년후견인을 선임할 수 있다.

① 성년후견인의 수는 1인으로 제한된다.
② 지방자치단체의 장은 가정법원에 성년후견개시의 심판을 청구할 수 있다.
③ 성년후견인은 피성년후견인이 행한 일용품 구입행위를 그 대가의 정도와 관계없이 취소할 수 없다.
④ 가정법원은 성년후견개시의 심판절차에서 직권으로 성년후견인을 선임할 수 없다.
⑤ 성년후견인은 가정법원의 허가 없이 단독으로 결정하여 피성년후견인을 치료하기 위해 정신병원에 격리할 수 있다.

17. 다음 글과 <상황>을 근거로 판단할 때 옳은 것은?

제00조(경계표, 담의 설치권) ① 인접하여 토지를 소유한 자는 공동비용으로 통상의 경계표나 담을 설치할 수 있다. 이 경우 그 비용은 쌍방이 절반하여 부담한다.

② 전항에도 불구하고 토지의 경계를 정하기 위한 측량비용은 토지의 면적에 비례하여 부담한다.

제00조(경계선 부근의 건축) ① 건물을 축조함에는 경계로부터 반미터 이상의 거리를 두어야 한다.

② 인접지소유자는 전항의 규정에 위반한 자에 대하여 건물의 변경이나 철거를 청구할 수 있다. 그러나 건축에 착수한 후 1년을 경과하거나 건물이 완성된 후에는 손해배상만을 청구할 수 있다.

제00조(차면시설의무) 경계로부터 2미터 이내의 거리에서 이웃 주택의 내부를 관망할 수 있는 창이나 마루를 설치하는 경우에는 적당한 차면(遮面)시설을 하여야 한다.

제00조(지하시설 등에 대한 제한) 우물을 파거나 용수, 하수 또는 오물 등을 저치(貯置)할 지하시설을 하는 때에는 경계로부터 2미터 이상의 거리를 두어야 하며, 지하실공사를 하는 때에는 경계로부터 그 깊이의 반 이상의 거리를 두어야 한다.

※ 차면(遮面)시설: 서로 안 보이도록 가리는 시설
※ 저치(貯置): 저축하거나 저장하여 둠

<상 황>

○ 甲과 乙은 1,000m^2의 토지를 공동으로 구매하였다. 그리고 다음과 같이 A토지와 B토지로 나누어 A토지는 甲이, B토지는 乙이 소유하게 되었다.

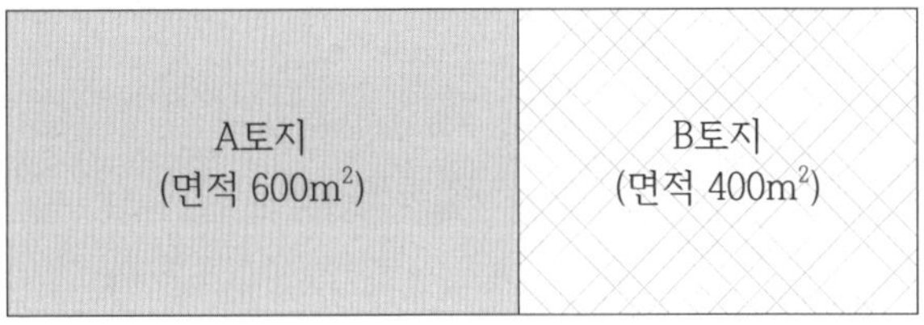

○ 甲은 A토지와 B토지의 경계에 담을 설치하고, A토지 위에 C건물을 짓고자 한다. 乙은 B토지를 주차장으로만 사용한다.

① 토지의 경계를 정하기 위해 측량을 하는 데 비용이 100만 원이 든다면 甲과 乙이 각각 50만 원씩 부담한다.
② 통상의 담을 설치하는 비용이 100만 원이라면 甲이 60만 원, 乙이 40만 원을 부담한다.
③ 甲이 B토지와의 경계로부터 반미터 이상의 거리를 두지 않고 C건물을 완성한 경우, 乙은 그 건물의 철거를 청구할 수 없다.
④ C건물을 B토지와의 경계로부터 2미터 이내의 거리에 축조한다면, 甲은 C건물에 B토지를 향한 창을 설치할 수 없다.
⑤ 甲이 C건물에 지하 깊이 2미터의 지하실공사를 하는 경우, B토지와의 경계로부터 2미터 이상의 거리를 두어야 한다.

18. 다음 <조건>과 <상황>을 근거로 판단할 때, 甲이 향후 1년 간 자동차를 유지하는 데 소요될 총비용은?

<조 건>

1. 자동차 유지비는 연 감가상각비, 연 자동차 보험료, 연 주유비용으로 구성되며 그 외의 비용은 고려하지 않는다.
2. 연 감가상각비 계산 공식
   연 감가상각비 = (자동차 구매비용 - 운행가능기간 종료 시 잔존가치) ÷ 운행가능기간(년)
3. 연 자동차 보험료

(단위: 만 원)

구 분		차 종		
		소형차	중형차	대형차
보험 가입 시 운전 경력	1년 미만	120	150	200
	1년 이상 2년 미만	110	135	180
	2년 이상 3년 미만	100	120	160
	3년 이상	90	105	140

※ 차량 구매 시 보험 가입은 필수이며 1년 단위로 가입
※ 보험 가입 시 해당 차량에 블랙박스가 설치되어 있으면 보험료 10% 할인

4. 주유비용
   1리터당 10km를 운행할 수 있으며, 리터당 비용은 연중 내내 1,500원이다.

<상 황>

○ 甲은 1,000만 원에 중형차 1대를 구입하여 바로 운행을 시작하였다.
○ 차는 10년 동안 운행가능하며, 운행가능기간 종료 시 잔존가치는 100만 원이다.
○ 자동차 보험 가입 시, 甲의 운전 경력은 2년 6개월이며 차에는 블랙박스가 설치되어 있다.
○ 甲은 매달 500km씩 차를 운행한다.

① 192만 원
② 288만 원
③ 298만 원
④ 300만 원
⑤ 330만 원

19. 다음 글을 근거로 판단할 때, 2017학년도 A대학교 ○○학과 입학전형 합격자는?

○ A대학교 ○○학과 입학 전형
- 2017학년도 대학수학능력시험의 국어, 수학, 영어 3개 과목을 반영하여 지원자 중 1명을 선발한다.
- 3개 과목 평균등급이 2등급(3개 과목 등급의 합이 6) 이내인 자를 선발한다. 이 조건을 만족하는 지원자가 여러 명일 경우, 3개 과목 원점수의 합산 점수가 가장 높은 자를 선발한다.

○ 2017학년도 대학수학능력시험 과목별 등급-원점수 커트라인

(단위: 점)

과목 \ 등급	1	2	3	4	5	6	7	8
국어	96	93	88	79	67	51	40	26
수학	89	80	71	54	42	33	22	14
영어	94	89	85	77	69	54	41	28

※ 예를 들어, 국어 1등급은 100~96점, 국어 2등급은 95~93점

○ 2017학년도 A대학교 ○○학과 지원자 원점수 성적

(단위: 점)

지원자	국어	수학	영어
甲	90	96	88
乙	89	89	89
丙	93	84	89
丁	79	93	92
戊	98	60	100

① 甲
② 乙
③ 丙
④ 丁
⑤ 戊

20. 다음 글과 <필요 물품 목록>을 근거로 판단할 때, ○○부 아동방과후교육 사업에서 허용되는 사업비 지출품목만을 모두 고르면?

○○부는 아동방과후교육 사업을 운영하고 있다. 원칙적으로 사업비는 사용목적이 '사업 운영'인 경우에만 지출할 수 있다. 다만 다음 중 어느 하나에 해당하면 예외적으로 허용된다. 첫째, 품목당 단가가 10만 원 이하로 사용목적이 '서비스 제공'인 경우에 지출할 수 있다. 둘째, 사용연한이 1년 이내인 경우에 지출할 수 있다.

<필요 물품 목록>

품목	단가(원)	사용목적	사용연한
인형탈	120,000	사업 운영	2년
프로그램 대여	300,000	보고서 작성	6개월
의자	110,000	서비스 제공	5년
컴퓨터	950,000	서비스 제공	3년
클리어파일	500	상담일지 보관	2년
블라인드	99,000	서비스 제공	5년

① 프로그램 대여, 의자
② 컴퓨터, 클리어파일
③ 클리어파일, 블라인드
④ 인형탈, 프로그램 대여, 블라인드
⑤ 인형탈, 의자, 컴퓨터

21. 다음 <상황>을 근거로 판단할 때, 짜장면 1그릇의 가격은?

<상 황>

○ A중식당의 각 테이블별 주문 내역과 그 총액은 아래 <표>와 같다.
○ 각 테이블에서는 음식을 주문 내역별로 1그릇씩 주문하였다.

<표>

테이블	주문 내역	총액(원)
1	짜장면, 탕수육	17,000
2	짬뽕, 깐풍기	20,000
3	짜장면, 볶음밥	14,000
4	짬뽕, 탕수육	18,000
5	볶음밥, 깐풍기	21,000

① 4,000원
② 5,000원
③ 6,000원
④ 7,000원
⑤ 8,000원

22. 다음 글과 <표>를 근거로 판단할 때, 백설공주의 친구 7명(A~G) 중 왕자의 부하는 누구인가?

○ A~G 중 2명은 왕자의 부하이다.
○ B~F는 모두 20대이다.
○ A~G 중 가장 나이가 많은 사람은 왕자의 부하가 아니다.
○ A~G 중 여자보다 남자가 많다.
○ 왕자의 두 부하는 성별이 서로 다르고, 국적은 동일하다.

<표>

친구	나이	성별	국적
A	37살	?	한국
B	28살	?	한국
C	22살	여자	중국
D	?	여자	일본
E	?	?	중국
F	?	?	한국
G	38살	여자	중국

① A, B
② B, F
③ C, E
④ D, F
⑤ E, G

23. 다음 글을 근거로 판단할 때, 甲연구소 신입직원 7명(A~G)의 부서배치 결과로 옳지 않은 것은?

甲연구소에서는 신입직원 7명을 선발하였으며, 신입직원들을 각 부서에 배치하고자 한다. 각 부서에서 요구한 인원은 다음과 같다.

정책팀	재정팀	국제팀
2명	4명	1명

신입직원들은 각자 원하는 부서를 2지망까지 지원하며, 1, 2지망을 고려하여 이들을 부서에 배치한다. 먼저 1지망 지원부서에 배치하는데, 요구인원보다 지원인원이 많은 경우에는 입사성적이 높은 신입직원을 우선적으로 배치한다. 1지망 지원부서에 배치되지 못한 신입직원은 2지망 지원부서에 배치되는데, 이때 역시 1지망에 따른 배치 후 남은 요구인원보다 지원인원이 많은 경우 입사성적이 높은 신입직원을 우선적으로 배치한다. 1, 2지망 지원부서 모두에 배치되지 못한 신입직원은 요구인원을 채우지 못한 부서에 배치된다.

신입직원 7명의 입사성적 및 1, 2지망 지원부서는 아래와 같다. A의 입사성적만 전산에 아직 입력되지 않았는데, 82점 이상이라는 것만 확인되었다. 단, 입사성적의 동점자는 없다.

신입직원	A	B	C	D	E	F	G
입사성적	?	81	84	78	96	80	93
1지망	국제	국제	재정	국제	재정	정책	국제
2지망	정책	재정	정책	정책	국제	재정	정책

① A의 입사성적이 90점이라면, A는 정책팀에 배치된다.
② A의 입사성적이 95점이라면, A는 국제팀에 배치된다.
③ B는 재정팀에 배치된다.
④ C는 재정팀에 배치된다.
⑤ D는 정책팀에 배치된다.

24. 다음 글을 근거로 판단할 때, 재생된 곡의 순서로 옳은 것은?

○ 찬우는 A, B, C, D 4개의 곡으로 구성된 앨범을 감상하고 있다. A는 1분 10초, B는 1분 20초, C는 1분 00초, D는 2분 10초간 재생되며, 각각의 곡 첫 30초는 전주 부분이다.
○ 재생순서는 처음에 설정하여 이후 변경되지 않으며, 찬우는 자신의 선호에 따라 곡당 1회씩 포함하여 설정하였다.
○ 한 곡의 재생이 끝나면 시차 없이 다음 곡이 자동적으로 재생된다.
○ 마지막 곡 재생이 끝나고 나면 첫 곡부터 다시 재생된다.
○ 모든 곡은 처음부터 끝까지 건너뛰지 않고 재생된다.
○ 찬우는 13시 20분 00초부터 첫 곡을 듣기 시작했다.
○ 13시 23분 00초에 C가 재생되고 있었다.
○ A를 듣고 있던 어느 한 시점부터 3분 00초가 되는 때에는 C가 재생되고 있었다.
○ 13시 45분 00초에 어떤 곡의 전주 부분이 재생되고 있었다.

① A-B-C-D
② B-A-C-D
③ C-A-D-B
④ D-C-A-B
⑤ D-C-B-A

25. 다음 <조건>과 <관광지 운영시간 및 이동시간>을 근거로 판단할 때, <보기>에서 옳은 것만을 모두 고르면?

<조 건>

○ 하루에 4개 관광지를 모두 한 번씩 관광한다.
○ 궁궐에서는 가이드투어만 가능하다. 가이드투어는 10시와 14시에 시작하며, 시작 시각까지 도착하지 못하면 가이드투어를 할 수 없다.
○ 각 관광에 소요되는 시간은 2시간이며, 관광지 운영시간 외에는 관광할 수 없다.

<관광지 운영시간 및 이동시간>

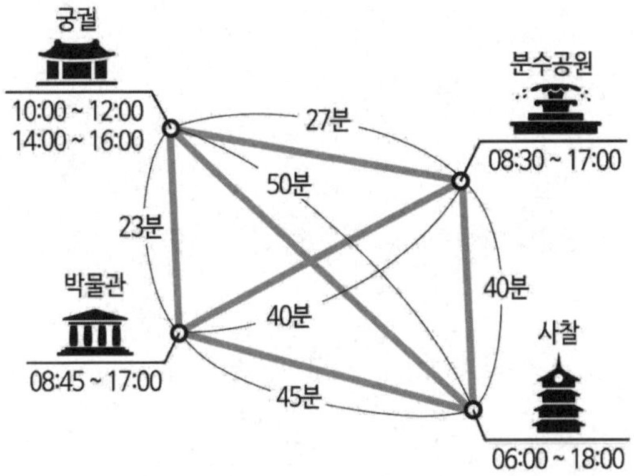

<보 기>

ㄱ. 사찰에서부터 관광을 시작해야 한다.
ㄴ. 마지막 관광을 종료하는 시각은 16시 30분 이후이다.
ㄷ. 박물관과 분수공원의 관광 순서가 바뀌어도 무방하다.

① ㄴ
② ㄷ
③ ㄱ, ㄴ
④ ㄱ, ㄷ
⑤ ㄱ, ㄴ, ㄷ

약점 보완 해설집 p.188

자료해석영역

1. 다음 <표>는 OECD 주요 국가별 삶의 만족도 및 관련 지표를 나타낸 것이다. 이에 대한 설명으로 옳지 않은 것은?

<표> OECD 주요 국가별 삶의 만족도 및 관련 지표

(단위: 점, %, 시간)

국가 \ 구분	삶의 만족도	장시간 근로자비율	여가·개인 돌봄시간
덴마크	7.6	2.1	16.1
아이슬란드	7.5	13.7	14.6
호주	7.4	14.2	14.4
멕시코	7.4	28.8	13.9
미국	7.0	11.4	14.3
영국	6.9	12.3	14.8
프랑스	6.7	8.7	15.3
이탈리아	6.0	5.4	15.0
일본	6.0	22.6	14.9
한국	6.0	28.1	14.6
에스토니아	5.4	3.6	15.1
포르투갈	5.2	9.3	15.0
헝가리	4.9	2.7	15.0

※ 장시간근로자비율은 전체 근로자 중 주 50시간 이상 근무한 근로자의 비율임.

① 삶의 만족도가 가장 높은 국가는 장시간근로자비율이 가장 낮다.
② 한국의 장시간근로자비율은 삶의 만족도가 가장 낮은 국가의 장시간근로자비율의 10배 이상이다.
③ 삶의 만족도가 한국보다 낮은 국가들의 장시간근로자비율의 산술평균은 이탈리아의 장시간근로자비율보다 높다.
④ 여가·개인돌봄시간이 가장 긴 국가와 가장 짧은 국가의 삶의 만족도 차이는 0.3점 이하이다.
⑤ 장시간근로자비율이 미국보다 낮은 국가의 여가·개인돌봄시간은 모두 미국의 여가·개인돌봄시간보다 길다.

2. 다음 <표>는 A성씨의 가구 및 인구 분포에 대한 자료이다. 이에 대한 설명으로 옳은 것은?

<표 1> A성씨의 광역자치단체별 가구 및 인구 분포

(단위: 가구, 명)

광역자치단체 \ 연도·구분		1980 가구	1980 인구	2010 가구	2010 인구
특별시	서울	28	122	73	183
광역시	부산	5	12	11	34
	대구	1	2	2	7
	인천	11	40	18	51
	광주	0	0	9	23
	대전	0	0	8	23
	울산	0	0	2	7
	소계	17	54	50	145
도	경기	( )	124	( )	216
	강원	0	0	7	16
	충북	0	0	2	10
	충남	1	5	6	8
	전북	0	( )	4	13
	전남	0	0	4	10
	경북	1	( )	6	17
	경남	1	( )	8	25
	제주	1	( )	4	12
	소계	35	140	105	327
전체		80	316	228	655

※ 광역자치단체 구분과 명칭은 2010년을 기준으로 함.

<표 2> A성씨의 읍·면·동 지역별 가구 및 인구 분포

(단위: 가구, 명)

지역 \ 연도·구분	1980 가구	1980 인구	2010 가구	2010 인구
읍	10	30	19	46
면	10	56	19	53
동	60	230	190	556
전체	80	316	228	655

※ 읍·면·동 지역 구분은 2010년을 기준으로 함.

① 2010년 A성씨의 전체 가구는 1980년의 3배 이상이다.
② 2010년 경기의 A성씨 가구는 1980년의 3배 이상이다.
③ 2010년 A성씨의 동 지역 인구는 2010년 A성씨의 면 지역 인구의 10배 이상이다.
④ 1980년 A성씨의 인구가 부산보다 많은 광역자치단체는 4곳 이상이다.
⑤ 1980년 대비 2010년의 A성씨 인구 증가폭이 서울보다 큰 광역자치단체는 없다.

3. 다음 <보고서>는 2016년 A시의 생활체육 참여실태에 관한 것이다. <보고서>의 내용을 작성하는 데 직접적인 근거로 활용되지 않은 자료는?

<보고서>

2016년에 A시 시민을 대상으로 생활체육 참여실태에 대해 조사한 결과 생활체육을 '전혀 하지 않음'이라고 응답한 비율은 51.8%로 나타났다. 반면, 주 4회 이상 생활체육에 참여한다고 응답한 비율은 28.6%이었다.

생활체육에 참여하지 않는 이유에 대해서는 '시설부족'이라고 응답한 비율이 30.3%로 가장 높아 공공체육시설을 확충하는 정책이 필요할 것으로 보인다. 2016년 A시의 공공체육시설은 총 388개소로 B시, C시의 공공체육시설 수의 50%에도 미치지 못하는 수준이다. 그러나 A시는 초등학교 운동장을 개방하여 간이운동장으로 활용할 계획이므로 향후 체육시설에 대한 접근성이 더 높아질 것으로 기대된다.

한편, 2016년 A시 생활체육지도자를 자치구별로 살펴보면, 동구 16명, 서구 17명, 남구 16명, 북구 18명, 중구 18명으로 고르게 분포된 것처럼 보인다. 그러나 2016년 북구의 인구가 445,489명, 동구의 인구가 103,016명임을 고려할 때 생활체육지도자 일인당 인구수는 북구가 24,749명으로 동구 6,439명에 비해 현저히 많아 지역 편중 현상이 존재한다. 따라서 자치구 인구 분포를 고려한 생활체육지도자 양성 전략이 필요해 보인다.

① 연도별 A시 시민의 생활체육 미참여 이유 조사결과

(단위: %)

연도 \ 이유	시설부족	정보부재	지도자부재	동반자부재	흥미부족	기타
2012	25.1	20.8	14.3	8.2	9.5	22.1
2013	30.7	18.6	16.4	12.8	9.2	12.3
2014	28.1	17.2	15.1	11.6	11.0	17.0
2015	31.5	18.0	17.2	10.9	12.1	10.3
2016	30.3	15.2	16.0	10.0	10.4	18.1

② 2016년 A시 시민의 생활체육 참여 빈도 조사결과

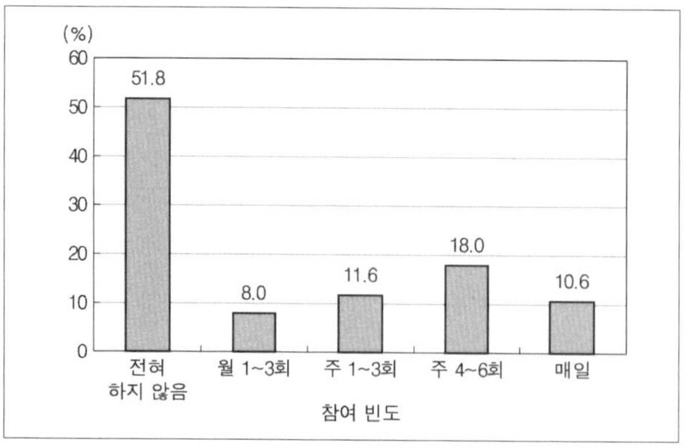

③ 2016년 A시의 자치구·성별 인구

(단위: 명)

성별 \ 자치구	동구	서구	남구	북구	중구	합
남자	51,584	155,104	104,891	221,433	197,204	730,216
여자	51,432	160,172	111,363	224,056	195,671	742,694
계	103,016	315,276	216,254	445,489	392,875	1,472,910

④ 2016년 도시별 공공체육시설 현황

(단위: 개소)

구분 \ 도시	A시	B시	C시	D시	E시
육상경기장	2	3	3	19	2
간이운동장	313	2,354	751	382	685
체육관	16	112	24	15	16
수영장	9	86	15	4	11
빙상장	1	3	1	1	0
기타	47	193	95	50	59
계	388	2,751	889	471	773

⑤ 2016년 생활체육지도자의 도시별 분포

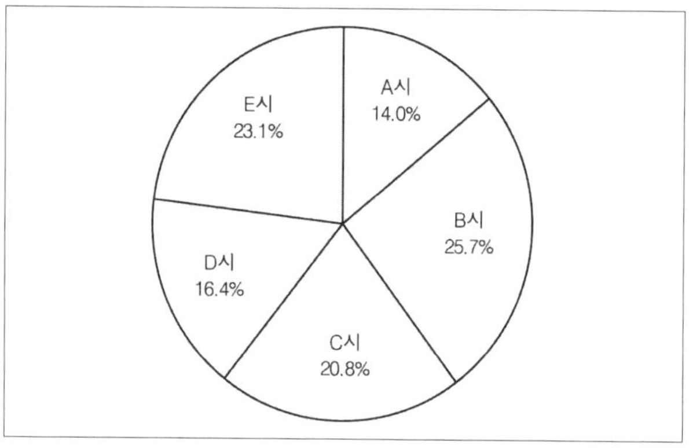

4. 다음 <표>는 세계 주요 터널화재 사고 A~F에 관한 자료이다. 이에 대한 설명으로 옳은 것은?

<표> 세계 주요 터널화재 사고 통계

사고 \ 구분	터널길이 (km)	화재규모 (MW)	복구비용 (억 원)	복구기간 (개월)	사망자 (명)
A	50.5	350	4,200	6	1
B	11.6	40	3,276	36	39
C	6.4	120	72	3	12
D	16.9	150	312	2	11
E	0.2	100	570	10	192
F	1.0	20	18	8	0

※ 사고비용(억 원) = 복구비용(억 원) + 사망자(명) × 5(억 원/명)

① 터널길이가 길수록 사망자가 많다.
② 화재규모가 클수록 복구기간이 길다.
③ 사고A를 제외하면 복구기간이 길수록 복구비용이 크다.
④ 사망자가 가장 많은 사고E는 사고비용도 가장 크다.
⑤ 사망자가 30명 이상인 사고를 제외하면 화재규모가 클수록 복구비용이 크다.

5. 다음 <표>는 2015년 9개 국가의 실질세부담률에 관한 자료이다. <표>와 <조건>에 근거하여 A~D에 해당하는 국가를 바르게 나열한 것은?

<표> 2015년 국가별 실질세부담률

구분 \ 국가	독신 가구 실질세부담률(%)			다자녀 가구 실질세부담률(%)	독신 가구와 다자녀 가구의 실질세부담률 차이(%p)
		2005년 대비 증감(%p)	전년대비 증감(%p)		
A	55.3	-0.20	-0.28	40.5	14.8
일본	32.2	4.49	0.26	26.8	5.4
B	39.0	-2.00	-1.27	38.1	0.9
C	42.1	5.26	0.86	30.7	11.4
한국	21.9	4.59	0.19	19.6	2.3
D	31.6	-0.23	0.05	18.8	12.8
멕시코	19.7	4.98	0.20	19.7	0.0
E	39.6	0.59	-1.16	33.8	5.8
덴마크	36.4	-2.36	0.21	26.0	10.4

<조 건>

○ 2015년 독신 가구와 다자녀 가구의 실질세부담률 차이가 덴마크보다 큰 국가는 캐나다, 벨기에, 포르투갈이다.
○ 2015년 독신 가구 실질세부담률이 전년대비 감소한 국가는 벨기에, 그리스, 스페인이다.
○ 스페인의 2015년 독신 가구 실질세부담률은 그리스의 2015년 독신 가구 실질세부담률보다 높다.
○ 2005년 대비 2015년 독신 가구 실질세부담률이 가장 큰 폭으로 증가한 국가는 포르투갈이다.

	A	B	C	D
①	벨기에	그리스	포르투갈	캐나다
②	벨기에	스페인	캐나다	포르투갈
③	벨기에	스페인	포르투갈	캐나다
④	캐나다	그리스	스페인	포르투갈
⑤	캐나다	스페인	포르투갈	벨기에

6. 다음 <표>는 조선전기(1392~1550년) 홍수재해 및 가뭄재해 발생건수에 대한 자료이다. 이에 대한 <보기>의 설명 중 옳은 것만을 모두 고르면?

<표 1> 조선전기 홍수재해 발생건수

(단위: 건)

월 \ 분류기간	1	2	3	4	5	6	7	8	9	10	11	12	합
1392~1450년	0	0	0	0	4	12	8	3	0	0	0	0	27
1451~1500년	0	0	0	0	1	3	4	0	0	0	0	0	( )
1501~1550년	0	0	0	0	5	7	9	15	1	0	0	0	37
계	0	0	0	0	( )	22	21	( )	1	0	0	0	( )

<표 2> 조선전기 가뭄재해 발생건수

(단위: 건)

월 \ 분류기간	1	2	3	4	5	6	7	8	9	10	11	12	합
1392~1450년	0	1	1	5	9	8	9	2	1	0	0	1	37
1451~1500년	0	0	0	5	2	5	4	1	0	0	0	0	17
1501~1550년	0	0	0	4	7	7	6	1	0	0	0	0	( )
계	0	1	1	( )	18	( )	19	4	1	0	0	1	( )

<보 기>

ㄱ. 홍수재해 발생건수는 총 72건이며, 분류기간별로는 1501~1550년에 37건으로 가장 많이 발생했다.
ㄴ. 홍수재해는 모두 5~8월에만 발생했다.
ㄷ. 2~7월의 가뭄재해 발생건수는 전체 가뭄재해 발생건수의 90% 이상을 차지한다.
ㄹ. 매 분류기간마다 가뭄재해 발생건수는 홍수재해 발생건수보다 많다.

① ㄱ, ㄴ
② ㄱ, ㄷ
③ ㄴ, ㄹ
④ ㄱ, ㄷ, ㄹ
⑤ ㄴ, ㄷ, ㄹ

7. 다음 <표>와 <그림>은 2008~2016년 A국의 국세 및 지방세에 관한 자료이다. 이에 대한 설명으로 옳지 않은 것은?

<표> 국세 및 지방세 징수액과 감면액

(단위: 조 원)

구분 \ 연도		2008	2009	2010	2011	2012	2013	2014	2015	2016
국세	징수액	138	161	167	165	178	192	203	202	216
	감면액	21	23	29	31	30	30	33	34	33
지방세	징수액	41	44	45	45	49	52	54	54	62
	감면액	8	10	11	15	15	17	15	14	11

<그림> 국세 및 지방세 감면율 추이

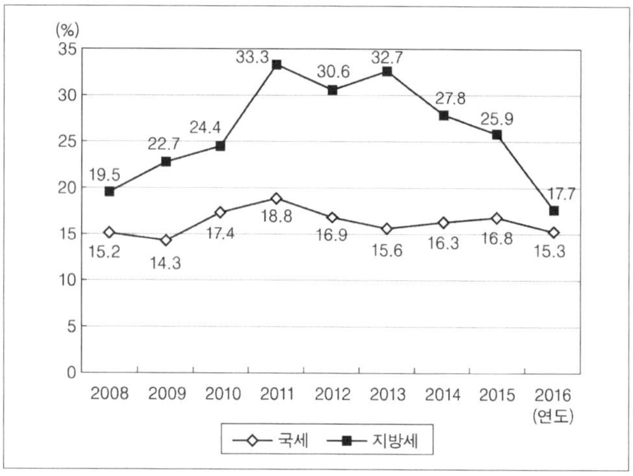

① 감면액은 국세가 지방세보다 매년 많다.
② 감면율은 지방세가 국세보다 매년 높다.
③ 2008년 대비 2016년 징수액 증가율은 국세가 지방세보다 높다.
④ 국세 징수액과 지방세 징수액의 차이가 가장 큰 해에는 국세 감면율과 지방세 감면율의 차이도 가장 크다.
⑤ 2014~2016년 동안 국세 감면액과 지방세 감면액의 차이는 매년 증가한다.

8. 다음 <표>는 학생 A~F의 시험점수에 관한 자료이다. <표>와 <조건>을 이용하여 학생 A, B, C의 시험점수를 바르게 나열한 것은?

<표> 학생 A~F의 시험점수

(단위: 점)

학생	A	B	C	D	E	F
점수	( )	( )	( )	( )	9	9

<조 건>

○ 시험점수는 자연수이다.
○ 시험점수가 같은 학생은 A, E, F뿐이다.
○ 산술평균은 8.5점이다.
○ 최댓값은 10점이다.
○ 학생 D의 시험점수는 학생 C보다 4점 높다.

	A	B	C
①	8	9	5
②	8	10	4
③	9	8	6
④	9	10	5
⑤	9	10	6

9. 다음 <그림>과 <표>는 F국제기구가 발표한 2014년 3월~2015년 3월 동안의 식량 가격지수와 품목별 가격지수에 대한 자료이다. 이에 대한 설명으로 옳지 않은 것은?

<그림> 식량 가격지수

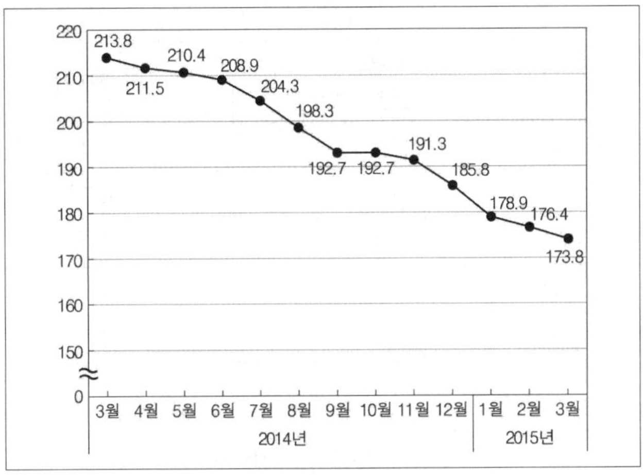

<표> 품목별 가격지수

시기		육류	낙농품	곡물	유지류	설탕
2014년	3월	185.5	268.5	208.9	204.8	254.0
	4월	190.4	251.5	209.2	199.0	249.9
	5월	194.6	238.9	207.0	195.3	259.3
	6월	202.8	236.5	196.1	188.8	258.0
	7월	205.9	226.1	185.2	181.1	259.1
	8월	212.0	200.8	182.5	166.6	244.3
	9월	211.0	187.8	178.2	162.0	228.1
	10월	210.2	184.3	178.3	163.7	237.6
	11월	206.4	178.1	183.2	164.9	229.7
	12월	196.4	174.0	183.9	160.7	217.5
2015년	1월	183.5	173.8	177.4	156.0	217.7
	2월	178.8	181.8	171.7	156.6	207.1
	3월	177.0	184.9	169.8	151.7	187.9

※ 기준년도인 2002년의 가격지수는 100임.

① 2015년 3월의 식량 가격지수는 2014년 3월에 비해 15% 이상 하락했다.
② 2014년 4월부터 2014년 9월까지 식량 가격지수는 매월 하락했다.
③ 2014년 3월에 비해 2015년 3월 가격지수가 가장 큰 폭으로 하락한 품목은 낙농품이다.
④ 육류 가격지수는 2014년 8월까지 매월 상승하다가 그 이후에는 매월 하락했다.
⑤ 2002년 가격지수 대비 2015년 3월 가격지수의 상승률이 가장 낮은 품목은 육류이다.

10. A시는 2016년에 폐업 신고한 전체 자영업자를 대상으로 창업교육 이수 여부와 창업부터 폐업까지의 기간을 조사하였다. 다음 <그림>은 조사결과를 이용하여 창업교육 이수 여부에 따른 기간별 생존비율을 비교한 자료이다. 이에 대한 설명으로 옳은 것은?

<그림> 창업교육 이수 여부에 따른 기간별 생존비율

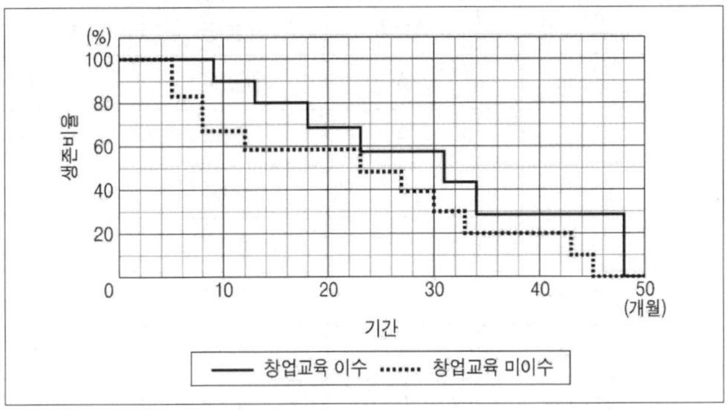

※ 1) 창업교육을 이수(미이수)한 폐업 자영업자의 기간별 생존비율은 창업교육을 이수(미이수)한 폐업 자영업자 중 생존기간이 해당 기간 이상인 자영업자의 비율임.
2) 생존기간은 창업부터 폐업까지의 기간을 의미함.

① 창업교육을 이수한 폐업 자영업자 수가 창업교육을 미이수한 폐업 자영업자 수보다 더 많다.
② 창업교육을 미이수한 폐업 자영업자의 평균 생존기간은 창업교육을 이수한 폐업 자영업자의 평균 생존기간보다 더 길다.
③ 창업교육을 이수한 폐업 자영업자의 생존비율과 창업교육을 미이수한 폐업 자영업자의 생존비율의 차이는 창업 후 20개월에 가장 크다.
④ 창업교육을 이수한 폐업 자영업자 중 생존기간이 32개월 이상인 자영업자의 비율은 50% 이상이다.
⑤ 창업교육을 미이수한 폐업 자영업자 중 생존기간이 10개월 미만인 자영업자의 비율은 20% 이상이다.

11. 다음 <표>는 AIIB(Asian Infrastructure Investment Bank)의 지분율 상위 10개 회원국의 지분율과 투표권 비율에 대한 자료이다. 이에 대한 <보기>의 설명 중 옳은 것만을 모두 고르면?

<표> 지분율 상위 10개 회원국의 지분율과 투표권 비율

(단위: %)

회원국	지역	지분율	투표권 비율
중국	A	30.34	26.06
인도	A	8.52	7.51
러시아	B	6.66	5.93
독일	B	4.57	4.15
한국	A	3.81	3.50
호주	A	3.76	3.46
프랑스	B	3.44	3.19
인도네시아	A	3.42	3.17
브라질	B	3.24	3.02
영국	B	3.11	2.91

※ 1) 회원국의 지분율(%) = $\frac{\text{해당 회원국이 AIIB에 출자한 자본금}}{\text{AIIB의 자본금 총액}} \times 100$

2) 지분율이 높을수록 투표권 비율이 높아짐.

<보 기>

ㄱ. 지분율 상위 4개 회원국의 투표권 비율을 합하면 40% 이상이다.

ㄴ. 중국을 제외한 지분율 상위 9개 회원국 중 지분율과 투표권 비율의 차이가 가장 큰 회원국은 인도이다.

ㄷ. 지분율 상위 10개 회원국 중에서, A지역 회원국의 지분율 합은 B지역 회원국의 지분율 합의 3배 이상이다.

ㄹ. AIIB의 자본금 총액이 2,000억 달러라면, 독일과 프랑스가 AIIB에 출자한 자본금의 합은 160억 달러 이상이다.

① ㄱ, ㄴ
② ㄴ, ㄷ
③ ㄷ, ㄹ
④ ㄱ, ㄴ, ㄹ
⑤ ㄱ, ㄷ, ㄹ

12. 다음 <표>는 2016년 '갑'시 5개 구 주민의 돼지고기 소비량에 관한 자료이다. <조건>을 이용하여 변동계수가 3번째로 큰 구와 4번째로 큰 구를 바르게 나열한 것은?

<표> 5개 구 주민의 돼지고기 소비량 통계

(단위: kg)

구	평균 (1인당 소비량)	표준편차
A	( )	5.0
B	( )	4.0
C	30.0	6.0
D	12.0	4.0
E	( )	8.0

※ 변동계수(%) = $\frac{\text{표준편차}}{\text{평균}} \times 100$

<조 건>

○ A구의 1인당 소비량과 B구의 1인당 소비량을 합하면 C구의 1인당 소비량과 같다.

○ A구의 1인당 소비량과 D구의 1인당 소비량을 합하면 E구 1인당 소비량의 2배와 같다.

○ E구의 1인당 소비량은 B구의 1인당 소비량보다 6.0kg 더 많다.

	3번째	4번째
①	B	A
②	B	C
③	B	E
④	D	A
⑤	D	C

13. 다음 <표>는 지역별 마약류 단속에 관한 자료이다. 이에 대한 설명으로 옳은 것은?

<표> 지역별 마약류 단속 건수

(단위: 건, %)

마약류 / 지역	대마	마약	향정신성 의약품	합	비중
서울	49	18	323	390	22.1
인천·경기	55	24	552	631	35.8
부산	6	6	166	178	10.1
울산·경남	13	4	129	146	8.3
대구·경북	8	1	138	147	8.3
대전·충남	20	4	101	125	7.1
강원	13	0	35	48	2.7
전북	1	4	25	30	1.7
광주·전남	2	4	38	44	2.5
충북	0	0	21	21	1.2
제주	0	0	4	4	0.2
전체	167	65	1,532	1,764	100.0

※ 1) 수도권은 서울과 인천·경기를 합한 지역임.
2) 마약류는 대마, 마약, 향정신성의약품으로만 구성됨.

① 대마 단속 전체 건수는 마약 단속 전체 건수의 3배 이상이다.
② 수도권의 마약류 단속 건수는 마약류 단속 전체 건수의 50% 이상이다.
③ 마약 단속 건수가 없는 지역은 5곳이다.
④ 향정신성의약품 단속 건수는 대구·경북 지역이 광주·전남 지역의 4배 이상이다.
⑤ 강원 지역은 향정신성의약품 단속 건수가 대마 단속 건수의 3배 이상이다.

14. 다음 <표>는 '갑' 기관의 10개 정책(가~차)에 대한 평가결과이다. '갑' 기관은 정책별로 심사위원 A~D의 점수를 합산하여 총점이 낮은 정책부터 순서대로 4개 정책을 폐기할 계획이다. 폐기할 정책만을 모두 고르면?

<표> 정책에 대한 평가결과

심사위원 / 정책	A	B	C	D
가	●	●	◑	○
나	●	●	◑	●
다	◑	○	●	◑
라	( )	●	◑	( )
마	●	( )	●	◑
바	◑	◑	◑	●
사	◑	◑	◑	●
아	◑	◑	●	( )
자	◑	◑	( )	●
차	( )	●	◑	○
평균(점)	0.55	0.70	0.70	0.50

※ 정책은 ○(0점), ◑(0.5점), ●(1.0점)으로만 평가됨.

① 가, 다, 바, 사
② 나, 마, 아, 자
③ 다, 라, 바, 사
④ 다, 라, 아, 차
⑤ 라, 아, 자, 차

15. 다음 <표>는 2013~2016년 기관별 R&D 과제 건수와 비율에 관한 자료이다. <표>를 이용하여 작성한 그래프로 옳지 않은 것은?

<표> 2013~2016년 기관별 R&D 과제 건수와 비율

(단위: 건, %)

연도 / 구분 / 기관	2013 과제건수	2013 비율	2014 과제건수	2014 비율	2015 과제건수	2015 비율	2016 과제건수	2016 비율
기업	31	13.5	80	9.4	93	7.6	91	8.5
대학	47	20.4	423	49.7	626	51.4	526	49.3
정부	141	61.3	330	38.8	486	39.9	419	39.2
기타	11	4.8	18	2.1	13	1.1	32	3.0
전체	230	100.0	851	100.0	1,218	100.0	1,068	100.0

① 연도별 기업 및 대학 R&D 과제 건수

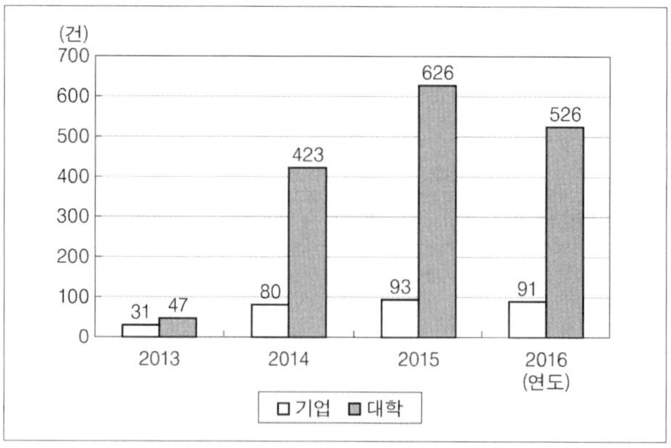

② 연도별 정부 및 전체 R&D 과제 건수

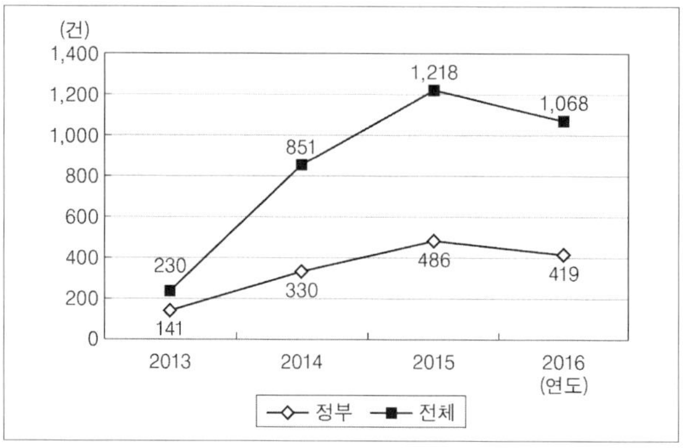

③ 2016년 기관별 R&D 과제 건수 구성비

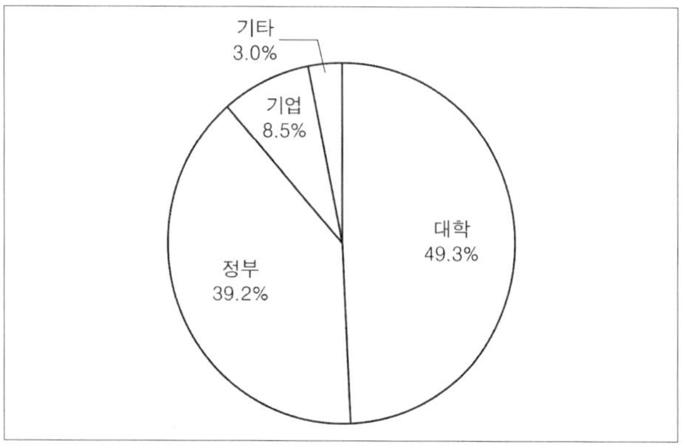

④ 전체 R&D 과제 건수의 전년대비 증가율(2014~2016년)

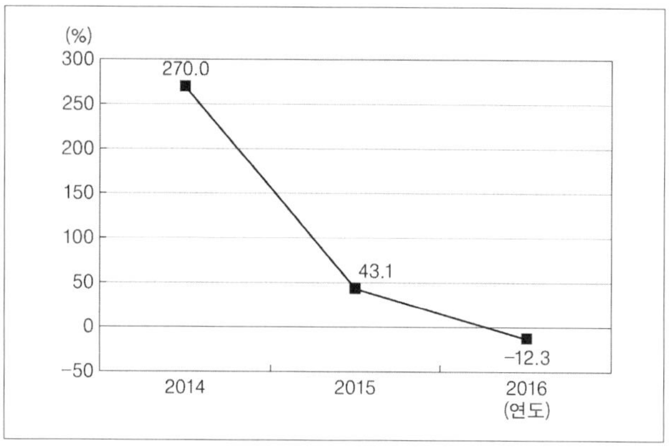

⑤ 연도별 기업 및 정부 R&D 과제 건수의 전년대비 증가율(2014~2016년)

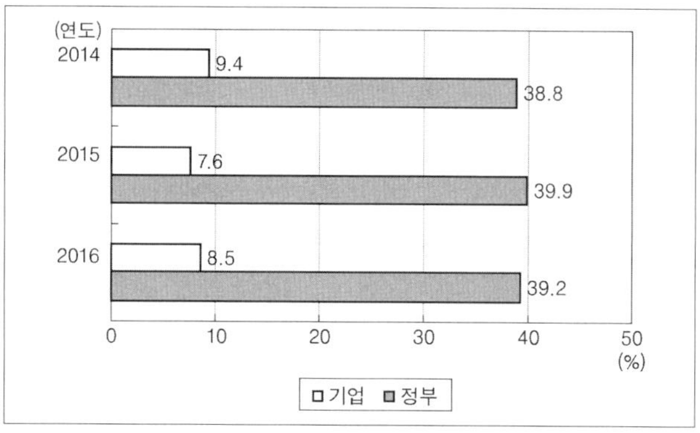

16. 다음 <표>는 5개 팀으로 구성된 '갑'국 프로야구 리그의 2016 시즌 팀별 상대전적을 시즌 종료 후 종합한 것이다. 이에 대한 설명으로 옳지 않은 것은?

<표> 2016 시즌 팀별 상대전적

팀 \ 상대팀	A	B	C	D	E
A	-	(가)	(　)	(　)	(　)
B	6-10-0	-	(　)	(　)	(　)
C	7-9-0	8-8-0	-	8-8-0	(　)
D	6-9-1	8-8-0	8-8-0	-	(　)
E	4-12-0	8-8-0	6-10-0	10-6-0	-

※ 1) 표 안의 수는 승리-패배-무승부의 순으로 표시됨. 예를 들어, B팀의 A팀에 대한 전적(6-10-0)은 6승 10패 0무임.

2) 팀의 시즌 승률(%) $= \frac{\text{해당 팀의 시즌 승리 경기수}}{\text{해당 팀의 시즌 경기수}} \times 100$

① (가)에 들어갈 내용은 10-6-0이다.

② B팀의 시즌 승률은 50% 이하이다.

③ 시즌 승률이 50% 이상인 팀은 1팀이다.

④ C팀은 E팀을 상대로 승리한 경기가 패배한 경기보다 많다.

⑤ 시즌 전체 경기 결과 중 무승부는 1경기이다.

17. 다음 <표>는 동일한 상품군을 판매하는 백화점과 TV홈쇼핑의 상품군별 2015년 판매수수료율에 대한 자료이다. 이에 대한 <보고서>의 설명 중 옳은 것만을 모두 고르면?

<표 1> 백화점 판매수수료율 순위

(단위: %)

판매수수료율 상위 5개			판매수수료율 하위 5개		
순위	상품군	판매수수료율	순위	상품군	판매수수료율
1	셔츠	33.9	1	디지털기기	11.0
2	레저용품	32.0	2	대형가전	14.4
3	잡화	31.8	3	소형가전	18.6
4	여성정장	31.7	4	문구	18.7
5	모피	31.1	5	신선식품	20.8

<표 2> TV홈쇼핑 판매수수료율 순위

(단위: %)

판매수수료율 상위 5개			판매수수료율 하위 5개		
순위	상품군	판매수수료율	순위	상품군	판매수수료율
1	셔츠	42.0	1	여행패키지	8.4
2	여성캐주얼	39.7	2	디지털기기	21.9
3	진	37.8	3	유아용품	28.1
4	남성정장	37.4	4	건강용품	28.2
5	화장품	36.8	5	보석	28.7

<보고서>

백화점과 TV홈쇼핑의 전체 상품군별 판매수수료율을 조사한 결과, ㉠백화점, TV홈쇼핑 모두 셔츠 상품군의 판매수수료율이 전체 상품군 중 가장 높았다. 그리고 백화점, TV홈쇼핑 모두 상위 5개 상품군의 판매수수료율이 30%를 넘어섰다. ㉡여성정장 상품군과 모피 상품군의 판매수수료율은 TV홈쇼핑이 백화점보다 더 낮았으며, ㉢디지털기기 상품군의 판매수수료율은 TV홈쇼핑이 백화점보다 더 높았다. ㉣여행패키지 상품군의 판매수수료율은 백화점이 TV홈쇼핑의 2배 이상이었다.

① ㄱ, ㄴ
② ㄱ, ㄷ
③ ㄴ, ㄹ
④ ㄱ, ㄷ, ㄹ
⑤ ㄴ, ㄷ, ㄹ

18. 다음 <표>는 A국에서 2016년에 채용된 공무원 인원에 관한 자료이다. 이에 대한 <보기>의 설명 중 옳은 것만을 모두 고르면?

<표> A국의 2016년 공무원 채용 인원

(단위: 명)

공무원구분 \ 채용방식	공개경쟁 채용	경력경쟁 채용	합
고위공무원	-	73	73
3급	-	17	17
4급	-	99	99
5급	296	205	501
6급	-	193	193
7급	639	509	1,148
8급	-	481	481
9급	3,000	1,466	4,466
연구직	17	357	374
지도직	-	3	3
우정직	-	599	599
전문경력관	-	104	104
전문임기제	-	241	241
한시임기제	-	743	743
전체	3,952	5,090	9,042

※ 1) 채용방식은 공개경쟁채용과 경력경쟁채용으로만 이루어짐.
2) 공무원구분은 <표>에 제시된 것으로 한정됨.

<보 기>

ㄱ. 2016년에 공개경쟁채용을 통해 채용이 이루어진 공무원 구분은 총 4개이다.
ㄴ. 2016년 우정직 채용 인원은 7급 채용 인원의 절반보다 많다.
ㄷ. 2016년에 공개경쟁채용을 통해 채용이 이루어진 공무원 구분 각각에서는 공개경쟁채용 인원이 경력경쟁채용 인원보다 많다.
ㄹ. 2017년부터 공무원 채용 인원 중 9급 공개경쟁채용 인원만을 해마다 전년대비 10%씩 늘리고 그 외 나머지 채용 인원을 2016년과 동일하게 유지하여 채용한다면, 2018년 전체 공무원 채용 인원 중 9급 공개경쟁채용 인원의 비중은 40% 이하이다.

① ㄱ, ㄴ
② ㄱ, ㄷ
③ ㄷ, ㄹ
④ ㄱ, ㄴ, ㄹ
⑤ ㄴ, ㄷ, ㄹ

19. 다음 <표>는 '갑'국 6개 수종의 기건비중 및 강도에 대한 자료이다. <조건>을 이용하여 A와 C에 해당하는 수종을 바르게 나열한 것은?

<표> 6개 수종의 기건비중 및 강도

수종	기건비중 (ton/m^3)	강도(N/mm^2)			
		압축강도	인장강도	휨강도	전단강도
A	0.53	48	52	88	10
B	0.89	64	125	118	12
C	0.61	63	69	82	9
삼나무	0.37	41	45	72	7
D	0.31	24	21	39	6
E	0.43	51	59	80	7

<조 건>

○ 전단강도 대비 압축강도 비가 큰 상위 2개 수종은 낙엽송과 전나무이다.
○ 휨강도와 압축강도 차가 큰 상위 2개 수종은 소나무와 참나무이다.
○ 참나무의 기건비중은 오동나무 기건비중의 2.5배 이상이다.
○ 인장강도와 압축강도의 차가 두 번째로 큰 수종은 전나무이다.

	A	C
①	소나무	낙엽송
②	소나무	전나무
③	오동나무	낙엽송
④	참나무	소나무
⑤	참나무	전나무

20. 다음 <표>와 <그림>은 2009~2012년 도시폐기물량 상위 10개국의 도시폐기물량지수와 한국의 도시폐기물량을 나타낸 것이다. 이에 대한 <보기>의 설명 중 옳은 것만을 모두 고르면?

<표> 도시폐기물량 상위 10개국의 도시폐기물량지수

순위	2009년		2010년		2011년		2012년	
	국가	지수	국가	지수	국가	지수	국가	지수
1	미국	12.05	미국	11.94	미국	12.72	미국	12.73
2	러시아	3.40	러시아	3.60	러시아	3.87	러시아	4.51
3	독일	2.54	브라질	2.85	브라질	2.97	브라질	3.24
4	일본	2.53	독일	2.61	독일	2.81	독일	2.78
5	멕시코	1.98	일본	2.49	일본	2.54	일본	2.53
6	프랑스	1.83	멕시코	2.06	멕시코	2.30	멕시코	2.35
7	영국	1.76	프랑스	1.86	프랑스	1.96	프랑스	1.91
8	이탈리아	1.71	영국	1.75	이탈리아	1.76	터키	1.72
9	터키	1.50	이탈리아	1.73	영국	1.74	영국	1.70
10	스페인	1.33	터키	1.63	터키	1.73	이탈리아	1.40

※ 도시폐기물량지수 = $\frac{\text{해당년도 해당 국가의 도시폐기물량}}{\text{해당년도 한국의 도시폐기물량}}$

<그림> 한국의 도시폐기물량

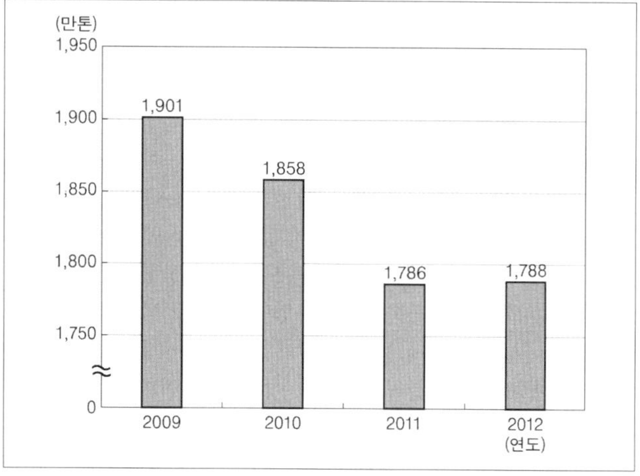

<보 기>

ㄱ. 2012년 도시폐기물량은 미국이 일본의 4배 이상이다.
ㄴ. 2011년 러시아의 도시폐기물량은 8,000만 톤 이상이다.
ㄷ. 2012년 스페인의 도시폐기물량은 2009년에 비해 감소하였다.
ㄹ. 영국의 도시폐기물량은 터키의 도시폐기물량보다 매년 많다.

① ㄱ, ㄷ
② ㄱ, ㄹ
③ ㄴ, ㄷ
④ ㄱ, ㄴ, ㄹ
⑤ ㄴ, ㄷ, ㄹ

21. 다음 <표>와 <그림>을 이용하여 환경 R&D 예산 현황에 관한 <보고서>를 작성하였다. 제시된 <표>와 <그림> 이외에 <보고서> 작성을 위하여 추가로 필요한 자료만을 <보기>에서 모두 고르면?

<표> 대한민국 정부 부처 전체 및 주요 부처별 환경 R&D 예산 현황

(단위: 억 원)

구분 / 연도	정부 부처 전체	A부처	B부처	C부처	D부처	E부처
2002	61,417	14,338	18,431	1,734	1,189	1,049
2003	65,154	16,170	17,510	1,963	1,318	1,074
2004	70,827	19,851	25,730	1,949	1,544	1,301
2005	77,996	24,484	28,550	2,856	1,663	1,365
2006	89,096	27,245	31,584	3,934	1,877	1,469
2007	97,629	30,838	32,350	4,277	1,805	1,663
2008	108,423	34,970	35,927	4,730	2,265	1,840
2009	123,437	39,117	41,053	5,603	2,773	1,969
2010	137,014	43,871	44,385	5,750	3,085	2,142
2011	148,902	47,497	45,269	6,161	3,371	2,355

<그림> 2009년 OECD 주요 국가별 전체 예산 중 환경 R&D 예산의 비중

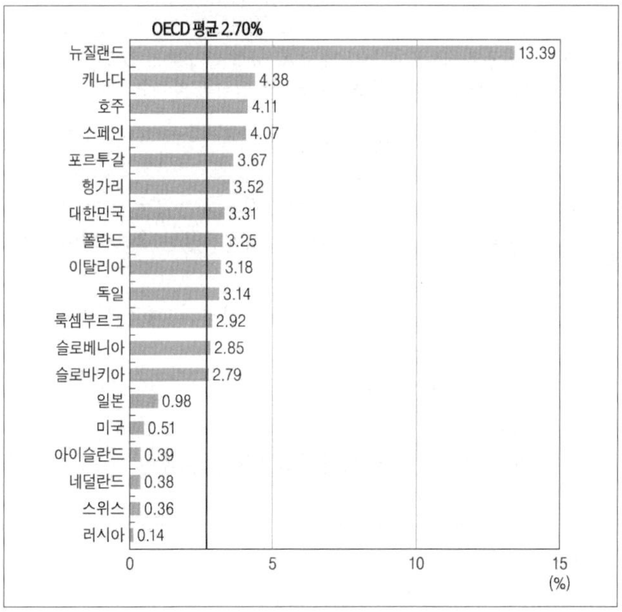

<보고서>

○ 환경에 대한 중요성이 강조됨에 따라 미국의 환경 R&D 예산은 2002년부터 2011년까지 증가 추세에 있음.
○ 대한민국의 2009년 전체 예산 중 환경 R&D 예산의 비중은 3.31%로 OECD 평균 2.70%에 비해 0.61%p 큼.
○ 미국의 2009년 전체 예산 중 환경 R&D 예산의 비중은 OECD 평균보다 작았지만, 2010년에는 환경 R&D 예산이 2009년 대비 30% 이상 증가하여 전체 예산 중 환경 R&D 예산의 비중이 커짐.
○ 2011년 대한민국 정부 부처 전체의 환경 R&D 예산은 약 14.9조 원 규모로 2002년 이후 연평균 10% 이상의 증가율을 보이고 있음.
○ 2011년 대한민국 E부처의 환경 R&D 예산은 정부 부처 전체 환경 R&D 예산의 1.6% 수준으로 정부 부처 중 8위에 해당함.

<보 기>

ㄱ. 2002년부터 2011년까지 미국의 전체 예산 및 환경 R&D 예산
ㄴ. 2002년부터 2011년까지 뉴질랜드의 부처별, 분야별 R&D 예산
ㄷ. 2011년 대한민국 모든 정부 부처의 부처별 환경 R&D 예산
ㄹ. 2010년 대한민국 모든 정부 부처 산하기관의 전체 R&D 예산

① ㄱ, ㄴ
② ㄱ, ㄷ
③ ㄴ, ㄹ
④ ㄱ, ㄷ, ㄹ
⑤ ㄴ, ㄷ, ㄹ

22. 다음 <표>는 2012~2016년 조세심판원의 연도별 사건처리 건수에 관한 자료이다. 이에 대한 <보기>의 설명 중 옳은 것만을 모두 고르면?

<표> 조세심판원의 연도별 사건처리 건수

(단위: 건)

구분 \ 연도		2012	2013	2014	2015	2016
처리대상건수	전년이월건수	1,854	( )	2,403	2,127	2,223
	당년접수건수	6,424	7,883	8,474	8,273	6,003
	소계	8,278	( )	10,877	10,400	8,226
처리건수	취하 건수	90	136	163	222	163
	각하 건수	346	301	482	459	506
	기각 건수	4,214	5,074	6,200	5,579	4,322
	재조사건수	27	0	465	611	299
	인용 건수	1,767	1,803	1,440	1,306	1,338
	소계	6,444	7,314	8,750	8,177	6,628

※ 1) 당해 연도 전년이월 건수 = 전년도 처리대상 건수 − 전년도 처리 건수

2) 처리율(%) = $\frac{\text{처리 건수}}{\text{처리대상 건수}} \times 100$

3) 인용률(%) = $\frac{\text{인용 건수}}{\text{각하 건수} + \text{기각 건수} + \text{인용 건수}} \times 100$

<보 기>

ㄱ. 처리대상 건수가 가장 적은 연도의 처리율은 75% 이상이다.
ㄴ. 2013~2016년 동안 취하 건수와 기각 건수의 전년대비 증감방향은 동일하다.
ㄷ. 2013년 처리율은 80% 이상이다.
ㄹ. 인용률은 2012년이 2014년보다 높다.

① ㄱ, ㄴ
② ㄱ, ㄹ
③ ㄴ, ㄷ
④ ㄱ, ㄷ, ㄹ
⑤ ㄴ, ㄷ, ㄹ

23. 다음 <표>와 <그림>은 '갑'국 정당A~D의 지방의회 의석수에 관한 자료이다. 이에 대한 <보기>의 설명 중 옳은 것만을 모두 고르면?

<표> 정당별 전국 지방의회 의석수

(단위: 석)

연도 \ 정당	A	B	C	D	합
2010	224	271	82	39	616
2014	252	318	38	61	669

<그림> 정당별 수도권 지방의회 의석수

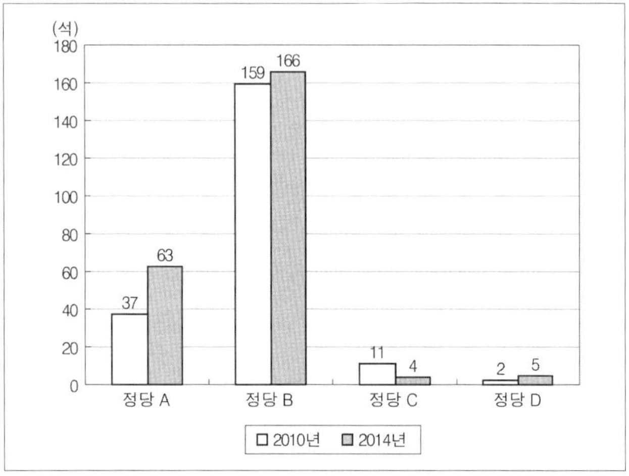

※ 1) '갑'국 지방의회 의원은 정당 A, B, C, D 소속만 있고, 무소속은 없음.

2) 전국 지방의회 의석수 = 수도권 지방의회 의석수 + 비수도권 지방의회 의석수

3) 정당별 지방의회 의석점유율(%) = $\frac{\text{정당별 지방의회 의석수}}{\text{지방의회 의석수}} \times 100$

<보 기>

ㄱ. 정당D의 전국 지방의회 의석점유율은 2014년이 2010년보다 높다.
ㄴ. 2010년에 비해 2014년 모든 정당의 전국 지방의회 의석수는 증가하였다.
ㄷ. 2014년 비수도권 지방의회 의석수는 정당B가 정당A보다 많다.
ㄹ. 정당B의 수도권 지방의회 의석점유율은 2014년이 2010년보다 낮다.

① ㄱ, ㄴ
② ㄱ, ㄹ
③ ㄴ, ㄷ
④ ㄱ, ㄷ, ㄹ
⑤ ㄴ, ㄷ, ㄹ

24. 다음 <표>는 2016년 '갑'국 10개 항공사의 항공기 지연 현황에 대한 자료이다. 이에 대한 <보기>의 설명 중 옳은 것만을 모두 고르면?

<표> 10개 항공사의 지연사유별 항공기 지연 대수

(단위: 대)

항공사	총 운항 대수	총 지연 대수	지연사유별 지연 대수			
			연결편 접속	항공기 정비	기상 악화	기타
EK	86,592	21,374	20,646	118	214	396
JL	71,264	12,487	11,531	121	147	688
EZ	26,644	4,037	3,628	41	156	212
WT	7,308	1,137	1,021	17	23	76
HO	6,563	761	695	7	21	38
8L	6,272	1,162	1,109	4	36	13
ZH	3,129	417	135	7	2	273
BK	2,818	110	101	3	1	5
9C	2,675	229	223	3	0	3
PR	1,062	126	112	3	5	6
계	214,327	41,840	39,201	324	605	1,710

※ 지연율(%) = $\frac{\text{총 지연 대수}}{\text{총 운항 대수}} \times 100$

<보 기>

ㄱ. 지연율이 가장 낮은 항공사는 BK항공이다.

ㄴ. 항공사별 총 지연 대수 중 항공기 정비, 기상 악화, 기타로 인한 지연 대수의 합이 차지하는 비중은 ZH항공이 가장 높다.

ㄷ. 기상 악화로 인한 전체 지연 대수 중 EK항공과 JL항공의 기상 악화로 인한 지연 대수 합이 차지하는 비중은 50% 이하이다.

ㄹ. 항공기 정비로 인한 지연 대수 대비 기상 악화로 인한 지연 대수 비율이 가장 높은 항공사는 EZ항공이다.

① ㄱ, ㄴ
② ㄱ, ㄷ
③ ㄴ, ㄹ
④ ㄱ, ㄷ, ㄹ
⑤ ㄴ, ㄷ, ㄹ

25. 다음 <표>는 2015년과 2016년 '갑' 회사의 강사 A~E의 시급과 수강생 만족도에 관한 자료이다. <표>와 <조건>에 근거한 설명으로 옳은 것은?

<표> 강사의 시급 및 수강생 만족도

(단위: 원, 점)

연도 / 구분 / 강사	2015		2016	
	시급	수강생 만족도	시급	수강생 만족도
A	50,000	4.6	55,000	4.1
B	45,000	3.5	45,000	4.2
C	52,000	( )	54,600	4.8
D	54,000	4.9	59,400	4.4
E	48,000	3.2	( )	3.5

<조 건>

○ 당해 연도 시급 대비 다음 연도 시급의 인상률은 당해 연도 수강생 만족도에 따라 아래와 같이 결정됨. 단, 강사가 받을 수 있는 시급은 최대 60,000원임.

수강생 만족도	인상률
4.5점 이상	10% 인상
4.0점 이상 4.5점 미만	5% 인상
3.0점 이상 4.0점 미만	동결
3.0점 미만	5% 인하

① 강사E의 2016년 시급은 45,600원이다.
② 2017년 시급은 강사D가 강사C보다 높다.
③ 2016년과 2017년 시급 차이가 가장 큰 강사는 C이다.
④ 강사C의 2015년 수강생 만족도 점수는 4.5점 이상이다.
⑤ 2017년 강사A와 강사B의 시급 차이는 10,000원이다.

약점 보완 해설집 p.195

해커스 **민간경력자** PSAT 15개년 기출문제집

취업강의 1위, 해커스잡 **ejob.Hackers.com**

2016년 기출문제

언어논리

상황판단

자료해석

문제 풀이 시작과 종료 시각을 정하세요.

· 언어논리/상황판단 (120분) ________시 ________분 ~ ________시 ________분

· 자료해석 (60분) ________시 ________분 ~ ________시 ________분

* 교재 뒤에 수록되어 있는 OCR 답안지와 해커스ONE 애플리케이션의 모바일 타이머를 이용하여 실전처럼 모의고사를 풀어보세요.
* 기출문제 풀이 후, 약점 보완 해설집에 있는 '바로 채점 및 성적 분석 서비스' QR코드를 스캔하여 응시 인원 대비 본인의 성적 위치를 확인할 수 있습니다.

언어논리영역

1. 다음 글의 내용과 부합하는 것은?

'청렴(淸廉)'은 현대 사회에서 좁게는 반부패와 동의어로 사용되며 넓게는 투명성과 책임성 등을 포괄하는 통합적 개념으로 사용되고 있다. 유학자들은 청렴을 효제와 같은 인륜의 덕목보다는 하위에 두었지만 군자라면 마땅히 지켜야 할 일상의 덕목으로 중시하였다. 조선의 대표적 유학자였던 이황과 이이는 청렴을 사회 규율이자 개인 처세의 지침으로 강조하였다. 특히 공적 업무에 종사하는 사람이라면 사회 규율로서의 청렴이 개인의 처세와 직결된다는 점에 유념해야 한다고 보았다.

청렴에 대한 논의는 정약용의 『목민심서』에서 본격적으로 나타난다. 정약용은 청렴이야말로 목민관이 지켜야 할 근본적인 덕목이며 목민관의 직무는 청렴이 없이는 불가능하다고 강조하였다. 정약용은 청렴을 당위의 차원에서 주장하는 기존의 학자들과 달리 행위자 자신에게 실질적 이익이 된다는 점을 들어 설득하고자 한다. 그는 청렴은 큰 이득이 남는 장사라고 말하면서, 지혜롭고 욕심이 큰 사람은 청렴을 택하지만 지혜가 짧고 욕심이 작은 사람은 탐욕을 택한다고 설명한다. 정약용은 "지자(知者)는 인(仁)을 이롭게 여긴다."라는 공자의 말을 빌려 "지혜로운 자는 청렴함을 이롭게 여긴다."라고 하였다. 비록 재물을 얻는 데 뜻이 있더라도 청렴함을 택하는 것이 결과적으로는 지혜로운 선택이라고 정약용은 말한다. 목민관의 작은 탐욕은 단기적으로 보면 눈앞의 재물을 취하여 이익을 얻을 수 있겠지만 궁극에는 개인의 몰락과 가문의 불명예를 가져올 수 있기 때문이다.

정약용은 청렴을 지키는 것은 두 가지 효과가 있다고 보았다. 첫째, 청렴은 다른 사람에게 긍정적 효과를 미친다. 목민관이 청렴할 경우 백성을 비롯한 공동체 구성원에게 좋은 혜택이 돌아갈 것이다. 둘째, 청렴한 행위를 하는 것은 목민관 자신에게도 좋은 결과를 가져다준다. 청렴은 그 자신의 덕을 높이는 것일 뿐 아니라 자신의 가문에 빛나는 명성과 영광을 가져다줄 것이다.

① 정약용은 청렴이 목민관이 반드시 지켜야 할 덕목임을 당위론 차원에서 정당화하였다.
② 정약용은 탐욕을 택하는 것보다 청렴을 택하는 것이 이롭다는 공자의 뜻을 계승하였다.
③ 정약용은 청렴한 사람은 욕심이 작기 때문에 재물에 대한 탐욕에 빠지지 않는다고 보았다.
④ 정약용은 청렴이 백성에게 이로움을 줄 뿐 아니라 목민관 자신에게도 이로운 행위라고 보았다.
⑤ 이황과 이이는 청렴을 개인의 처세에 있어 주요 지침으로 여겼으나 사회 규율로는 보지 않았다.

2. 다음 글에서 알 수 있는 것은?

중국에서는 기원전 8~7세기 이후 주나라에서부터 청동전이 유통되었다. 이후 진시황이 중국을 통일하면서 화폐를 통일해 가운데 네모난 구멍이 뚫린 원형 청동 엽전이 등장했고, 이후 중국 통화의 주축으로 자리 잡았다. 하지만 엽전은 가치가 낮고 금화와 은화는 아직 주조되지 않았기 때문에 고액 거래를 위해서는 지폐가 필요했다. 결국 11세기경 송나라에서 최초의 법정 지폐인 교자(交子)가 발행되었다. 13세기 원나라에서는 강력한 국가 권력을 통해 엽전을 억제하고 교초(交鈔)라는 지폐를 유일한 공식 통화로 삼아 재정 문제를 해결했다.

아시아와 유럽에서 지폐의 등장과 발달 과정은 달랐다. 우선 유럽에서는 금화가 비교적 자유롭게 사용되어 대중들 사이에서 널리 유통되었다. 반면에 아시아의 통치자들은 금의 아름다움과 금이 상징하는 권력을 즐겼다는 점에서는 서구인들과 같았지만, 비천한 사람들이 화폐로 사용하기에는 금이 너무 소중하다고 여겼다. 대중들 사이에서 유통되도록 금을 방출하면 권력이 약화된다고 본 것이다. 대신에 일찍부터 지폐가 널리 통용되었다.

마르코 폴로는 쿠빌라이 칸이 모든 거래를 지폐로 이루어지게 하는 것을 보고 깊은 인상을 받았다. 사실상 종잇조각에 불과한 지폐가 그렇게 널리 통용되었던 이유는 무엇 때문일까? 칸이 만든 지폐에 찍힌 그의 도장은 금이나 은과 같은 권위가 있었다. 이것은 지폐의 가치를 확립하고 유지하는 데 국가 권력이 핵심 요소라는 사실을 보여준다.

유럽의 지폐는 그 초기 형태가 민간에서 발행한 어음이었으나, 아시아의 지폐는 처음부터 국가가 발행권을 갖고 있었다. 금속 주화와는 달리 내재적 가치가 없는 지폐가 화폐로 받아들여지고 사용되기 위해서는 신뢰가 필수적이다. 중국은 강력한 왕권이 이 신뢰를 담보할 수 있었지만, 유럽에서 지폐가 사람들의 신뢰를 얻기까지는 그보다 오랜 시간과 성숙된 환경이 필요했다. 유럽의 왕들은 종이에 마음대로 숫자를 적어 놓고 화폐로 사용하라고 강제할 수 없었다. 그래서 서로 잘 아는 일부 동업자들끼리 신뢰를 바탕으로 자체 지폐를 만들어 사용해야 했다. 하지만 민간에서 발행한 지폐는 신뢰 확보가 쉽지 않아 주기적으로 금융 위기를 초래했다. 정부가 나서기까지는 오랜 시간이 걸렸고, 17~18세기에 지폐의 법정화와 중앙은행의 설립이 이루어졌다. 중앙은행은 금을 보관하고 이를 바탕으로 금 태환(兌換)을 보장하는 증서를 발행해 화폐로 사용하기 시작했고, 그것이 오늘날의 지폐로 이어졌다.

① 유럽에서 금화의 대중적 확산은 지폐가 널리 통용되는 결정적인 계기가 되었다.
② 유럽에서는 민간 거래의 신뢰를 기반으로 지폐가 중국에 비해 일찍부터 통용되었다.
③ 중국에서 청동으로 만든 최초의 화폐는 네모난 구멍이 뚫린 원형 엽전의 형태였다.
④ 중국에서 지폐 거래의 신뢰를 확보할 수 있었던 것은 강력한 국가 권력이 있었기 때문이다.
⑤ 아시아와 유럽에서는 금화의 사용을 권력의 상징으로 여겨 금화의 제한적인 유통이 이루어졌다.

3. 다음 글에서 알 수 없는 것은?

> 광장의 기원은 고대 그리스의 아고라에서 찾을 수 있다. '아고라'는 사람들이 모이는 곳이란 뜻을 담고 있다. 호메로스의 작품에 처음 나오는 이 표현은 물리적 장소만이 아니라 사람들이 모여서 하는 각종 활동과 모임도 의미한다. 아고라는 사람들이 모이는 도심의 한복판에 자리 잡되 그 주변으로 사원, 가게, 공공시설, 사교장 등이 자연스럽게 둘러싸고 있는 형태를 갖는다. 물론 그 안에 분수도 있고 나무도 있어 휴식 공간이 되기는 하지만 그것은 부수적 기능일 뿐이다. 아고라 곧 광장의 주요 기능은 시민들이 모여 행하는 다양한 활동 그 자체에 있다.
>
> 르네상스 이후 광장은 유럽의 여러 제후들이 도시를 조성할 때 일차적으로 고려하는 사항이 된다. 광장은 제후들이 권력 의지를 실현하는 데 중요한 역할을 할 수 있었기 때문이다. 이 시기 유럽의 도시에서는 고대 그리스 이후 자연스럽게 발전해 온 광장이 의식적으로 조성되기 시작한다. 도시를 설계할 때 광장의 위치와 넓이, 기능이 제후들의 목적에 따라 결정된다.
>
> 『광장』을 쓴 프랑코 만쿠조는 유럽의 역사가 곧 광장의 역사라고 말한다. 그에 따르면, 유럽인들에게 광장은 일상생활의 통행과 회합, 교환의 장소이자 동시에 권력과 그 의지를 실현하는 장이고 프랑스 혁명 이후 근대 유럽에서는 저항하는 대중의 연대와 소통의 장이라는 의미도 갖게 된다. 우리나라의 역사적 경험에서도 광장은 그와 같은 공간이었다. 우리의 마당이나 장터는 유럽과 형태는 다를지라도 만쿠조가 말한 광장의 기능과 의미를 담당해 왔기 때문이다.
>
> 이처럼 광장은 인류의 모든 활동이 수렴되고 확산되는 공간이며 문화 마당이고 예술이 구현되는 장이며 더 많은 자유를 향한 열정이 집결하는 곳이다. 특히 근대 이후 광장을 이런 용도로 사용하는 것은 시민의 정당한 권리가 된다. 광장은 권력의 의지가 발현되는 공간이면서 동시에 시민에게는 그것을 넘어서고자 하는 자유의 열망이 빚어지는 장이다.

① 근대 이후 광장은 시민의 자유에 대한 열망이 모이는 장이었다.
② 고대 그리스의 아고라는 사람들이 모이는 장소 이상의 의미를 갖는다.
③ 유럽의 여러 제후들이 광장을 중요시한 것은 거주민의 의견을 반영하기 위해서였다.
④ 프랑스 혁명 이후 유럽에서 광장은 저항하는 이들의 소통 공간이라는 의미도 갖는다.
⑤ 우리나라의 역사적 경험에서도 광장은 권력과 그 의지를 실현하는 장이자 저항하는 대중의 연대와 소통의 장이었다.

4. 다음 글의 빈 칸에 들어갈 내용으로 가장 적절한 것은?

> 현상의 원인을 찾는 방법들 가운데 최선의 설명을 이용하는 방법이 있다. 우리는 주어진 현상을 일으키는 원인을 찾아 이 원인이 그 현상을 일으켰다고 말함으로써 현상을 설명하곤 한다. 우리는 여러 가지 가능한 설명들 중에서 가장 좋은 설명에 나오는 원인이 현상의 진정한 원인이라고 결론 내릴 수 있다.
>
> 지구에 조수 현상이 있는데 이 현상의 원인은 무엇일까? 우리는 조수 현상을 일으킬 수 있는 원인들을 일종의 가설로서 설정할 수 있다. 만일 지구의 물과 달 사이에 중력이나 자기력 같은 인력이 작용한다면, 이런 인력은 지구에 조수 현상을 일으키는 원인일 수 있다. 지구와 달 사이에 유동 물질이 있고 그 물질이 지구를 누른다면, 이런 누름은 지구에 조수 현상을 일으키는 원인일 수 있다. 지구가 등속도로 자전하지 않아 지구 전체가 흔들거린다면, 이런 지구의 흔들거림은 지구에 조수 현상을 일으키는 원인일 수 있다.
>
> 우리는 이런 설명들을 견주어 어떤 것이 다른 것보다 낫다는 것을 언제든 주장할 수 있으며, 나은 순으로 줄을 세워 가장 좋은 설명을 찾을 수 있다. 우리는 조수 현상에 대한 설명들로, 지구의 물과 달 사이에 인력 때문에 조수가 생긴다는 설명, 지구와 달 사이의 물질이 지구를 누르기 때문에 조수가 생긴다는 설명, 지구 전체의 흔들거림 때문에 조수가 생긴다는 설명을 갖고 있다. 이 설명들 가운데 지구 전체의 흔들거림 때문에 조수가 생긴다는 설명보다 지구와 달 사이의 물질이 지구를 누르기 때문에 조수가 생긴다는 설명이 더 낫다. [   ]. 따라서 우리는 조수 현상의 원인이 지구의 물과 달 사이에 작용하는 인력이라고 결론 내릴 수 있다.

① 지구 전체의 흔들거림 때문에 조수가 생긴다는 설명보다 지구와 달 사이에 인력 때문에 조수가 생긴다는 설명이 더 낫다
② 지구의 물과 달 사이에 인력 때문에 조수가 생긴다는 설명보다 지구 전체의 흔들거림 때문에 조수가 생긴다는 설명이 더 낫다
③ 지구와 달 사이의 물질이 지구를 누르기 때문에 조수가 생긴다는 설명보다 지구 전체의 흔들거림 때문에 조수가 생긴다는 설명이 더 낫다
④ 지구의 물과 달 사이에 인력 때문에 조수가 생긴다는 설명보다 지구와 달 사이의 물질이 지구를 누르기 때문에 조수가 생긴다는 설명이 더 낫다
⑤ 지구와 달 사이의 물질이 지구를 누르기 때문에 조수가 생긴다는 설명보다 지구의 물과 달 사이에 인력 때문에 조수가 생긴다는 설명이 더 낫다

5. 다음 글에서 추론할 수 있는 것만을 <보기>에서 모두 고르면?

'독재형' 어머니는 아이가 실제로 어떠한 욕망을 지니고 있는지에 무관심하며, 자신의 욕망을 아이에게 공격적으로 강요한다. 독재형 어머니는 자신의 규칙과 지시에 아이가 순응하기를 기대하며, 그것을 따르지 않을 경우 폭력을 행사하는 경우가 많다. 독재형 어머니 밑에서 자란 아이들은 공격적 성향과 파괴적 성향을 많이 보이는 것이 특징이다. 또한, 어린 시절 받은 학대로 인해 상상이나 판타지 속에 머무르는 시간이 많고, 이것은 심각한 망상으로 나타나기도 한다.

'허용형' 어머니는 오로지 아이의 욕망에만 관심을 지니면서, '아이의 욕망을 내가 채워 주고 싶다'는 식으로 자기 욕망을 형성한다. 허용형 어머니는 자녀가 요구하는 것은 무엇이든 해주기 때문에 이런 어머니 밑에서 양육된 아이들은 자아 통제가 부족하기 쉽다. 따라서 이 아이들은 충동적이고 즉흥적인 성향이 강하며, 도덕적 책임 의식이 결여된 경우가 많다.

한편, '방임형' 어머니의 경우 아이와 정서적으로 차단되어 있기 때문에 아이의 욕망에 무관심할 뿐만 아니라, 아이 입장에서도 어머니의 욕망을 전혀 파악할 수 없다. 방치된 아이들은 자신의 욕망도 모르고 어머니의 욕망도 파악하지 못하기 때문에, 어떤 방식으로든 오직 어머니의 관심을 끄는 것만이 아이의 유일한 욕망이 된다. 이 아이들은 "엄마, 제발 나를 봐주세요.", "엄마, 내가 나쁜 짓을 해야 나를 볼 것인가요?", "엄마, 내가 정말 잔인한 짓을 할지도 몰라요." 라면서 어머니의 관심을 끊임없이 요구한다.

<보 기>

ㄱ. 허용형 어머니는 방임형 어머니에 비해 아이의 욕망에 높은 관심을 갖는다.

ㄴ. 허용형 어머니의 아이는 독재형 어머니의 아이보다 도덕적 의식이 높은 경우가 많다.

ㄷ. 방임형 어머니의 아이는 독재형 어머니의 아이보다 어머니의 욕망을 더 잘 파악한다.

① ㄱ
② ㄴ
③ ㄱ, ㄷ
④ ㄴ, ㄷ
⑤ ㄱ, ㄴ, ㄷ

6. 다음을 참이라고 가정할 때, 회의를 반드시 개최해야 하는 날의 수는?

○ 회의는 다음 주에 개최한다.
○ 월요일에는 회의를 개최하지 않는다.
○ 화요일과 목요일에 회의를 개최하거나 월요일에 회의를 개최한다.
○ 금요일에 회의를 개최하지 않으면, 화요일에도 회의를 개최하지 않고 수요일에도 개최하지 않는다.

① 0
② 1
③ 2
④ 3
⑤ 4

7. 다음 글에서 추론할 수 있는 것은?

두뇌 연구는 지금까지 뉴런을 중심으로 진행되어 왔다. 뉴런 연구로 노벨상을 받은 카얄은 뉴런이 '생각의 전화선'이라는 이론을 확립하여 사고와 기억 등 두뇌에서 일어나는 모든 현상을 뉴런의 연결망과 뉴런 간의 전기 신호로 설명했다. 그러나 두뇌에는 뉴런 외에도 신경교 세포가 존재한다. 신경교 세포는 뉴런처럼 그 수가 많지만 전기 신호를 전달하지 못한다. 이 때문에 과학자들은 신경교 세포가 단지 두뇌 유지에 필요한 영양 공급과 두뇌 보호를 위한 전기 절연의 역할만을 가진다고 여겼다.

최근 과학자들은 신경교 세포에서 그 이상의 기능을 발견했다. 신경교 세포 중에도 '성상세포'라 불리는 별 모양의 세포는 자신만의 화학적 신호를 가진다는 것이 밝혀졌다. 성상세포는 뉴런처럼 전기를 이용하지는 않지만, '뉴런송신기'라고 불리는 화학물질을 방출하고 감지한다. 과학자들은 이러한 화학적 신호의 연쇄반응을 통해 신경교 세포가 전체 뉴런을 조정한다고 추론했다.

A연구팀은 신경교 세포가 전체 뉴런을 조정하면서 기억력과 사고력을 향상시킨다고 예상하고서, 이를 확인하기 위해 인간의 신경교 세포를 갓 태어난 생쥐의 두뇌에 주입했다. 쥐가 자라면서 주입된 인간의 신경교 세포도 성장했다. 이 세포들은 쥐의 뉴런들과 완벽하게 결합되어 쥐의 두뇌 전체에 걸쳐 퍼지게 되었다. 심지어 어느 두뇌 영역에서는 쥐의 뉴런의 숫자를 능가하기도 했다. 뉴런과 달리 쥐와 인간의 신경교 세포는 비교적 쉽게 구별된다. 인간의 신경교 세포는 매우 길고 무성한 섬유질을 가지기 때문이다. 쥐에 주입된 인간의 신경교 세포는 그 기능을 그대로 간직한다. 그렇게 성장한 쥐들은 다른 쥐들과 잘 어울렸고, 다른 쥐들의 관심을 끄는 것에 흥미를 보였다. 이 쥐들은 미로를 통과해 치즈를 찾는 테스트에서 더 뛰어났다. 보통의 쥐들은 네다섯 번의 시도 끝에 올바른 길을 배웠지만, 인간의 신경교 세포를 주입받은 쥐들은 두 번 만에 학습했다.

① 인간의 신경교 세포를 쥐에게 주입하면, 쥐의 뉴런은 전기 신호를 전달하지 못할 것이다.
② 인간의 뉴런 세포를 쥐에게 주입하면, 쥐의 두뇌에는 화학적 신호의 연쇄 반응이 더 활발해질 것이다.
③ 인간의 뉴런 세포를 쥐에게 주입하면, 그 뉴런 세포는 쥐의 두뇌 유지에 필요한 영양을 공급할 것이다.
④ 인간의 신경교 세포를 쥐에게 주입하면, 그 신경교 세포는 쥐의 뉴런을 보다 효과적으로 조정할 것이다.
⑤ 인간의 신경교 세포를 쥐에게 주입하면, 그 신경교 세포는 쥐의 신경교 세포의 기능을 갖도록 변화할 것이다.

8. 다음 글의 <가설>을 강화하는 사례가 아닌 것만을 <보기>에서 모두 고르면?

성염색체만이 개체의 성(性)을 결정하는 요소는 아니다. 일부 파충류의 경우에는 알이 부화되는 동안의 주변 온도에 의해 개체의 성이 결정된다. 예를 들어, 낮은 온도에서는 일부 종은 수컷으로만 발달하고, 일부 종은 암컷으로만 발달한다. 또 어떤 종에서는 낮은 온도와 높은 온도에서 모든 개체가 암컷으로만 발달하는 경우도 있다. 그 사이의 온도에서는 특정 온도에 가까워질수록 수컷으로 발달하는 개체의 비율이 증가하다가 결국 그 특정 온도에 이르러서는 모든 개체가 수컷으로 발달하기도 한다.

다음은 온도와 성 결정 간의 상관관계를 설명하기 위해 제시된 가설이다.

<가 설>

파충류의 성 결정은 물질B를 필요로 한다. 물질B는 단백질 '가'에 의해 물질A로, 단백질 '나'에 의해 물질C로 바뀐다. 이때 물질A와 물질C의 비율은 단백질 '가'와 단백질 '나'의 비율과 동일하다. 파충류의 알은 단백질 '가'와 '나' 모두를 가지고 있지만 온도에 따라 각각의 양이 달라진다. 암컷을 생산하는 온도에서 배양된 알에서는 물질A의 농도가 더 높고, 수컷을 생산하는 온도에서 배양된 알에서는 물질C의 농도가 더 높다. 온도의 차에 의해 알의 내부에 물질A와 C의 상대적 농도 차이가 발생하고, 이것이 파충류 성을 결정하는 것이다.

<보 기>

ㄱ. 수컷만 생산하는 온도에서 부화되고 있는 알은 단백질 '가'보다 훨씬 많은 양의 단백질 '나'를 가지고 있다.
ㄴ. 물질B의 농도는 수컷만 생산하는 온도에서 부화되고 있는 알보다 암컷만 생산하는 온도에서 부화되고 있는 알에서 더 높다.
ㄷ. 수컷만 생산하는 온도에서 부화되고 있는 알에 고농도의 물질A를 투여하여 물질C보다 그 농도를 높였더니 암컷이 생산되었다.

① ㄱ
② ㄴ
③ ㄷ
④ ㄱ, ㄷ
⑤ ㄴ, ㄷ

9. 다음 글의 논지를 비판하는 진술로 가장 적절한 것은?

> 자신의 스마트폰 없이는 도무지 일과를 진행하지 못하는 K의 경우를 생각해 보자. 그의 일과표는 전부 그의 스마트폰에 저장되어 있어서 그의 스마트폰은 적절한 때가 되면 그가 해야 할 일을 알려줄 뿐만 아니라 약속 장소로 가기 위해 무엇을 타고 어떻게 움직여야 할지까지 알려준다. K는 어릴 때 보통 사람보다 기억력이 매우 나쁘다는 진단을 받았지만 스마트폰 덕분에 어느 동료에게도 뒤지지 않는 업무 능력을 발휘하고 있다. 이와 같은 경우, K는 스마트폰 덕분에 인지 능력이 보강된 것으로 볼 수 있는데, 그 보강된 인지 능력을 K 자신의 것으로 볼 수 있는가? 이 물음에 대한 답은 긍정이다. 즉 우리는 K의 스마트폰이 그 자체로 K의 인지 능력 일부를 실현하고 있다고 보아야 한다. 그런 판단의 기준은 명료하다. 스마트폰의 메커니즘이 K의 손바닥 위나 책상 위가 아니라 그의 두뇌 속에서 작동하고 있다고 가정해 보면 된다. 물론 사실과 다른 가정이지만 만일 그렇게 가정한다면 우리는 필경 K 자신이 모든 일과를 정확하게 기억하고 있고 또 약속 장소를 잘 찾아간다고 평가할 것이다. 이처럼 '만일 K의 두뇌 속에서 일어난다면'이라는 상황을 가정했을 때 그것을 K 자신의 기억이나 판단이라고 인정할 수 있다면, 그런 과정은 K 자신의 인지 능력이라고 평가해야 한다.

① K가 자신이 미리 적어 놓은 메모를 참조해서 기억력 시험 문제에 답한다면 누구도 K가 그 문제의 답을 기억한다고 인정하지 않는다.
② K가 종이 위에 연필로 써가며 253 × 87 같은 곱셈을 할 경우 종이와 연필의 도움을 받은 연산 능력 역시 K 자신의 인지 능력으로 인정해야 한다.
③ K가 집에 두고 나온 스마트폰에 원격으로 접속하여 거기 담긴 모든 정보를 알아낼 수 있다면 그는 그 스마트폰을 손에 가지고 있는 것과 다름없다.
④ 스마트폰의 모든 기능을 두뇌 속에서 작동하게 하는 것이 두뇌 밖에서 작동하게 하는 경우보다 우리의 기억력과 인지 능력을 향상시키지 않는다.
⑤ 전화번호를 찾으려는 사람의 이름조차 기억이 나지 않을 때에도 스마트폰에 저장된 전화번호 목록을 보면서 그 사람의 이름을 상기하고 전화번호를 알아낼 수 있다.

10. 다음 논증에 대한 평가로 적절한 것만을 <보기>에서 모두 고르면?

> 합리적 판단과 윤리적 판단의 관계는 무엇일까? 나는 합리적 판단만이 윤리적 판단이라고 생각한다. 즉, 어떤 판단이 합리적인 것이 아닐 경우 그 판단은 윤리적인 것도 아니라는 것이다. 그 이유는 다음과 같다. 일단 ㉠ 보편적으로 수용될 수 있는 판단만이 윤리적 판단이다. 즉 개인이나 사회의 특성에 따라 수용 여부에서 차이가 나는 판단은 윤리적 판단이 아니라는 것이다. 그리고 ㉡ 모든 이성적 판단은 보편적으로 수용될 수 있는 판단이다. 예를 들어, "모든 사람은 죽는다."와 "소크라테스는 사람이다."라는 전제들로부터 "소크라테스는 죽는다."라는 결론으로 나아가는 이성적인 판단은 보편적으로 수용될 수 있는 것이다. 이러한 판단이 나에게는 타당하면서, 너에게 타당하지 않을 수는 없다. 이것은 이성적 판단이 갖는 일반적 특징이다. 따라서 ㉢ 보편적으로 수용될 수 있는 판단만이 합리적 판단이다. ㉣ 모든 합리적 판단은 이성적 판단이다라는 것은 부정할 수 없기 때문이다. 결국 우리는 ㉤ 합리적 판단만이 윤리적 판단이다라는 결론에 도달할 수 있다.

<보 기>

ㄱ. ㉠은 받아들일 수 없는 것이다. '1 + 1 = 2'와 같은 수학적 판단은 보편적으로 수용될 수 있는 것이지만, 수학적 판단이 윤리적 판단은 아니기 때문이다.
ㄴ. ㉡과 ㉣이 참일 경우 ㉢은 반드시 참이 된다.
ㄷ. ㉠과 ㉢이 참이라고 할지라도 ㉤이 반드시 참이 되는 것은 아니다.

① ㄱ
② ㄴ
③ ㄱ, ㄷ
④ ㄴ, ㄷ
⑤ ㄱ, ㄴ, ㄷ

11. 다음 글의 중심 주제로 가장 적절한 것은?

> 맹자는 다음과 같은 이야기를 전한다. 송나라의 한 농부가 밭에 나갔다 돌아오면서 처자에게 말한다. "오늘 일을 너무 많이 했다. 밭의 싹들이 빨리 자라도록 하나하나 잡아당겨 줬더니 피곤하구나." 아내와 아이가 밭에 나가보았더니 싹들이 모두 말라 죽어 있었다. 이렇게 자라는 것을 억지로 돕는 일, 즉 조장(助長)을 하지 말라고 맹자는 말한다. 싹이 빨리 자라기를 바란다고 싹을 억지로 잡아 올려서는 안 된다. 목적을 이루기 위해 가장 빠른 효과를 얻고 싶겠지만 이는 도리어 효과를 놓치는 길이다. 억지로 효과를 내려고 했기 때문이다. 싹이 자라기를 바라 싹을 잡아당기는 것은 이미 시작된 과정을 거스르는 일이다. 효과가 자연스럽게 나타날 가능성을 방해하고 막는 일이기 때문이다. 당연히 싹의 성장 가능성은 땅속의 씨앗에 들어있는 것이다. 개입하고 힘을 쏟고자 하는 대신에 이 잠재력을 발휘할 수 있도록 하는 것이 중요하다.
>
> 피해야 할 두 개의 암초가 있다. 첫째는 싹을 잡아당겨서 직접적으로 성장을 이루려는 것이다. 이는 목적성이 있는 적극적 행동주의로서 성장의 자연스러운 과정을 존중하지 않는 것이다. 달리 말하면 효과가 숙성되도록 놔두지 않는 것이다. 둘째는 밭의 가장자리에 서서 자라는 것을 지켜보는 것이다. 싹을 잡아당겨서도 안 되고 그렇다고 단지 싹이 자라는 것을 지켜만 봐서도 안 된다. 그렇다면 무엇을 해야 하는가? 싹 밑의 잡초를 뽑고 김을 매주는 일을 해야 하는 것이다. 경작이 용이한 땅을 조성하고 공기를 통하게 함으로써 성장을 보조해야 한다. 기다리지 못함도 삼가고 아무것도 안 함도 삼가야 한다. 작동 중에 있는 자연스런 성향이 발휘되도록 기다리면서도 전력을 다할 수 있도록 돕는 노력도 멈추지 말아야 한다.

① 인류사회는 자연의 한계를 극복하려는 인위적 노력에 의해 발전해 왔다.

② 싹이 스스로 성장하도록 그대로 두는 것이 수확량을 극대화하는 방법이다.

③ 어떤 일을 진행할 때 가장 중요한 것은 명확한 목적성을 설정하는 것이다.

④ 자연의 순조로운 운행을 방해하는 인간의 개입은 예기치 못한 화를 초래할 것이다.

⑤ 잠재력을 발휘하도록 하려면 의도적 개입과 방관적 태도 모두를 경계해야 한다.

12. 다음 글에서 알 수 있는 것은?

> 우리가 조선의 왕을 부를 때 흔히 이야기하는 태종, 세조 등의 호칭은 묘호(廟號)라고 한다. 왕은 묘호뿐 아니라 시호(諡號), 존호(尊號) 등도 받았으므로 정식 칭호는 매우 길었다. 예를 들어 선조의 정식 칭호는 '선조소경정륜입극성덕홍렬지성대의격천희운현문의무성예달효대왕(宣祖昭敬正倫立極盛德洪烈至誠大義格天熙運顯文毅武聖睿達孝大王)'이다. 이 중 '선조'는 묘호, '소경'은 명에서 내려준 시호, '정륜입극성덕홍렬'은 1590년에 올린 존호, '지성대의격천희운'은 1604년에 올린 존호, '현문의무성예달효대왕'은 신하들이 올린 시호다.
>
> 묘호는 왕이 사망하여 삼년상을 마친 뒤 그 신주를 종묘에 모실 때 사용하는 칭호이다. 묘호에는 왕의 재위 당시의 행적에 대한 평가가 담겨 있다. 시호는 왕의 사후 생전의 업적을 평가하여 붙여졌는데, 중국 천자가 내린 시호와 조선의 신하들이 올리는 시호 두 가지가 있었다. 존호는 왕의 공덕을 찬양하기 위해 올리는 칭호이다. 기본적으로 왕의 생전에 올렸지만 경우에 따라서는 '추상존호(追上尊號)'라 하여 왕의 승하 후 생전의 공덕을 새롭게 평가하여 존호를 올리는 경우도 있었다.
>
> 왕실의 일원들을 부르는 호칭도 경우에 따라 달랐다. 왕비의 아들은 '대군'이라 부르고, 후궁의 아들은 '군'이라 불렀다. 또한 왕비의 딸은 '공주'라 하고, 후궁의 딸은 '옹주'라 했으며, 세자의 딸도 적실 소생은 '군주', 부실 소생은 '현주'라 불렀다. 왕실에 관련된 다른 호칭으로 '대원군'과 '부원군'도 있었다. 비슷한 듯 보이지만 크게 차이가 있었다. 대원군은 왕을 낳아준 아버지, 즉 생부를 가리키고, 부원군은 왕비의 아버지를 가리키는 말이었다. 조선시대에 선조, 인조, 철종, 고종은 모두 방계에서 왕위를 계승했기 때문에 그들의 생부가 모두 대원군의 칭호를 얻게 되었다. 그런데 이들 중 살아 있을 때 대원군의 칭호를 받은 이는 고종의 아버지 흥선대원군 한 사람뿐이었다. 왕비의 아버지를 부르는 호칭인 부원군은 경우에 따라 책봉된 공신(功臣)에게도 붙여졌다.

① 세자가 왕이 되면 적실의 딸은 옹주로 호칭이 바뀔 것이다.

② 조선시대 왕의 묘호에는 명나라 천자로부터 부여받은 것이 있다.

③ 왕비의 아버지가 아님에도 부원군이라는 칭호를 받은 신하가 있다.

④ 우리가 조선시대 왕을 지칭할 때 사용하는 일반적인 칭호는 존호이다.

⑤ 흥선대원군은 왕의 생부이지만 고종이 왕이 되었을 때 생존하지 않았더라면 대원군이라는 칭호를 부여받지 못했을 것이다.

13. 다음 글에서 알 수 있는 것은?

경제학자들은 환경자원을 보존하고 환경오염을 억제하는 방편으로 환경세 도입을 제안했다. 환경자원을 이용하거나 오염물질을 배출하는 제품에 환경세를 부과하면 제품 가격 상승으로 인해 그 제품의 소비가 감소함에 따라 환경자원을 아낄 수 있고 환경오염을 줄일 수 있다.

일부에서는 환경세가 소비자의 경제적 부담을 늘리고 소비와 생산의 위축을 가져올 수 있다고 우려한다. 그러나 많은 경제학자들은 환경세 세수만큼 근로소득세를 경감하는 경우 환경보존과 경제성장이 조화를 이룰 수 있다고 본다.

환경세는 환경오염을 유발하는 상품의 가격을 인상시킴으로써 가계의 경제적 부담을 늘려 실질소득을 떨어뜨리는 측면이 있다. 하지만 환경세 세수만큼 근로소득세를 경감하게 되면 근로자의 실질소득이 증대되고, 그 증대효과는 환경세 부과로 인한 상품가격 상승효과를 넘어설 정도로 크다. 왜냐하면 상품가격 상승으로 인한 경제적 부담은 연금생활자나 실업자처럼 고용된 근로자가 아닌 사람들 사이에도 분산되는 반면, 근로소득세 경감의 효과는 근로자에게 집중되기 때문이다. 근로자의 실질소득 증대는 사실상 근로자의 실질임금을 높이고, 이것은 대체로 노동공급을 증가시키는 경향이 있다.

또한, 환경세가 부과되더라도 노동수요가 늘어날 수 있다. 근로소득세 경감은 기업의 입장에서 노동이 그만큼 저렴해지는 효과가 있다. 더욱이 환경세는 노동자원보다는 환경자원의 가격을 인상시켜 상대적으로 노동을 저렴하게 하는 효과가 있다. 이렇게 되면 기업의 노동수요가 늘어난다.

결국 환경세 세수를 근로소득세 경감으로 재순환시키는 조세구조 개편은 한편으로는 노동의 공급을 늘리고, 다른 한편으로는 노동에 대한 수요를 늘린다. 이것은 고용의 증대를 낳고, 결국 경제 활성화를 가져온다.

① 환경세의 환경오염 억제 효과는 근로소득세 경감에 의해 상쇄된다.
② 환경세를 부과하더라도 그만큼 근로소득세를 경감할 경우, 근로자의 실질소득은 늘어난다.
③ 환경세를 부과할 경우 근로소득세 경감이 기업의 고용 증대에 미치는 효과가 나타나지 않는다.
④ 환경세를 부과하더라도 노동집약적 상품의 상대가격이 낮아진다면 기업의 고용은 늘어나지 않는다.
⑤ 환경세 부과로 인한 상품가격 상승효과는 근로소득세 경감으로 인한 근로자의 실질소득 상승효과보다 크다.

14. 다음 글의 ㉠과 ㉡에 들어갈 말을 가장 적절하게 나열한 것은?

아담 스미스의 '보이지 않는 손'이라는 가정은 시장에서 개인의 이익추구 활동을 제한하지 않는 것이 전체 이윤을 극대화하는 최선의 방책임을 보여주는 것으로 간주되었다. 그렇다면 다음의 경우는 어떠한가?

공동 소유의 목초지에 양을 치기에 알맞은 풀이 자라고 있다고 생각해 보자. 일정 넓이의 목초지에 방목할 수 있는 가축 두수에는 일정한 한계가 있기 마련이다. 즉 '수용 한계'가 존재하는 것이다. 그 목초지에 한 마리를 더 방목시킨다고 해서 다른 가축들이 갑자기 죽거나 병에 걸리는 것은 아니다. 하지만 목초지의 수용 한계를 넘어 양을 키울 경우, 목초가 줄어들어 그 목초지에서 양을 키워 얻을 수 있는 전체 생산량이 줄어든다. 나아가 수용 한계를 과도하게 초과할 정도로 사육 두수가 늘어날 경우 목초지 자체가 거의 황폐화된다.

예를 들어 수용 한계가 양 20마리인 공동 목초지에서 4명의 농부가 각각 5마리의 양을 키우고 있다고 해 보자. 그 목초지의 수용 한계에 이미 도달한 상태이지만, 그중 한 농부가 자신의 이익을 늘리고자 방목하는 양의 두수를 늘리려 한다. 그러면 5마리를 키우고 있는 농부들은 목초지의 수용 한계로 인하여 기존보다 이익이 줄어들지만, 두수를 늘린 농부의 경우 그의 이익이 기존보다 조금 늘어난다. 손실을 만회하기 위해 다른 농부들도 사육 두수를 늘리고자 할 것이다. 이러한 상황이 장기화될 경우, [㉠]

이와 같이 아담 스미스의 '보이지 않는 손'에 시장을 맡겨 둘 경우 [㉡] 결과가 나타날 것이다.

① ㉠: 농부들의 총이익은 기존보다 증가할 것이다.
  ㉡: 한 사회의 공공 영역이 확장되는
② ㉠: 농부들의 총이익은 기존보다 감소할 것이다.
  ㉡: 한 사회의 전체 이윤이 감소하는
③ ㉠: 농부들의 총이익은 기존보다 감소할 것이다.
  ㉡: 한 사회의 전체 이윤이 유지되는
④ ㉠: 농부들의 총이익은 기존과 동일하게 될 것이다.
  ㉡: 한 사회의 전체 이윤이 유지되는
⑤ ㉠: 농부들의 총이익은 기존과 동일하게 될 것이다.
  ㉡: 한 사회의 공공 영역이 보호되는

15. 다음 글의 ㉠과 ㉡이 모방하는 군집 현상의 특성을 가장 적절하게 짝지은 것은?

> 다양한 생물체의 행동 원리를 관찰하여 모델링한 알고리즘을 생체모방 알고리즘이라 한다. 날아다니는 새 떼, 야생 동물 떼, 물고기 떼, 그리고 박테리아 떼 등과 같은 생물 집단에서 쉽게 관찰할 수 있는 군집 현상에 관한 연구가 최근 활발히 진행되고 있다. 군집 현상은 무질서한 개체들이 외부 작용 없이 스스로 질서화된 상태로 변해가는 현상을 총칭하며, 분리성, 정렬성, 확장성, 결합성의 네 가지 특성을 나타낸다. 첫째, 분리성은 각 개체가 서로 일정한 간격을 유지하여 독립적 공간을 확보하는 특성을 의미하고 둘째, 정렬성은 각 개체가 다수의 개체들이 선택하는 경로를 이용하여 자신의 이동 방향을 결정하는 특성을 의미하며 셋째, 확장성은 개체수가 증가해도 군집의 형태를 유지하는 특성을 의미한다. 마지막으로 결합성은 각 개체가 주변 개체들과 동일한 행동을 하는 특성을 의미한다.
>
> ㉠ 알고리즘A는 시력이 없는 개미 집단이 개미집으로부터 멀리 떨어져 있는 먹이를 가장 빠른 경로를 통해 운반하는 행위로부터 영감을 얻어 개발된 알고리즘이다. 개미가 먹이를 발견하면 길에 남아 있는 페로몬을 따라 개미집으로 먹이를 운반하게 된다. 이러한 방식으로 개미 떼가 여러 경로를 통해 먹이를 운반하다 보면 개미집과 먹이와의 거리가 가장 짧은 경로에 많은 페로몬이 쌓이게 된다. 개미는 페로몬이 많은 쪽의 경로를 선택하여 이동하는 특징이 있어 일정 시간이 지나면 개미 떼는 가장 짧은 경로를 통해서 먹이를 운반하게 된다. 이 알고리즘은 통신망 설계, 이동체 경로 탐색, 임무 할당 등의 다양한 최적화 문제에 적용되어 왔다.
>
> ㉡ 알고리즘B는 반딧불이들이 반짝거릴 때 초기에는 각자의 고유한 진동수에 따라 반짝거리다가 점차 시간이 지날수록 상대방의 반짝거림에 맞춰 결국엔 한 마리의 거대한 반딧불이처럼 반짝거리는 것을 지속하는 현상에서 영감을 얻어 개발된 알고리즘이다. 개체들이 초기 상태에서는 각자 고유의 진동수에 따라 진동하지만, 점차 상호 작용을 통해 그 고유 진동수에 변화가 생기고 결국에는 진동수가 같아지는 특성을 반영한 것이다. 이 알고리즘은 집단 동기화 현상을 효과적으로 모델링하는 데 적용되어 왔다.

	㉠	㉡
①	정렬성	결합성
②	확장성	정렬성
③	분리성	결합성
④	결합성	분리성
⑤	정렬성	확장성

16. 다음 대화의 ㉠과 ㉡에 들어갈 말을 가장 적절하게 나열한 것은?

> 갑: A와 B 모두 회의에 참석한다면, C도 참석해.
> 을: C는 회의 기간 중 해외 출장이라 참석하지 못해.
> 갑: 그럼 A와 B 중 적어도 한 사람은 참석하지 못하겠네.
> 을: 그래도 A와 D 중 적어도 한 사람은 참석해.
> 갑: 그럼 A는 회의에 반드시 참석하겠군.
> 을: 너는 ___㉠___ 고 생각하고 있구나?
> 갑: 맞아. 그리고 우리 생각이 모두 참이면, E와 F 모두 참석해.
> 을: 그래. 그 까닭은 ___㉡___ 때문이지.

① ㉠: B와 D가 모두 불참한다
㉡: E와 F 모두 회의에 참석하면 B는 불참하기
② ㉠: B와 D가 모두 불참한다
㉡: E와 F 모두 회의에 참석하면 B도 참석하기
③ ㉠: B가 회의에 불참한다
㉡: B가 회의에 참석하면 E와 F 모두 참석하기
④ ㉠: D가 회의에 불참한다
㉡: B가 회의에 불참하면 E와 F 모두 참석하기
⑤ ㉠: D가 회의에 불참한다
㉡: E와 F 모두 회의에 참석하면 B도 참석하기

17. 다음 글의 ㉠과 ㉡에 들어갈 말을 가장 적절하게 짝지은 것은?

> 칼로리 섭취를 줄이는 소식이 장수의 비결이라는 것을 입증하기 위해 A연구팀은 붉은털원숭이를 대상으로 20년에 걸친 칼로리 섭취를 제한한 연구결과를 발표하였으며, 그 결과는 예상대로 칼로리 제한군이 대조군에 비해 수명이 긴 것으로 나타났다.
>
> 그런데 A연구팀의 발표 이후, 곧이어 B연구팀은 붉은털원숭이를 대상으로 25년 동안 비교 연구한 결과를 발표하였으며, 그들의 연구결과는 칼로리 제한군과 대조군의 수명에 별 차이가 없다는 것을 보여주었다. A연구팀과 다른 결과가 도출된 것에 대해 B연구팀은 A연구팀의 실험 설계가 잘못되었기 때문이라고 주장했다. 즉 영양분을 정확하게 맞추기 위해 칼로리가 높은 사료를 먹인데다가 대조군은 식사 제한이 없어 사실상 칼로리 섭취량이 높아 건강한 상태가 아니기 때문에 칼로리 제한군이 건강하게 오래 사는 건 당연하다는 것이다.
>
> B연구팀의 연구결과 발표 이후, A연구팀은 처음 발표한 연구결과에 대한 후속 연구의 결과를 발표하였다. 처음 연구결과를 발표한 지 5년이 경과하였기 때문에 25년에 걸친 연구결과를 정리한 것이다. 이번 연구결과도 5년 전과 마찬가지로 역시 칼로리 제한군이 더 오래 사는 것으로 나타났다.
>
> 이 연구결과를 바탕으로 A연구팀은 자신들의 결론과 다른 B연구팀의 연구결과는 B연구팀이 실험설계를 잘못 했기 때문이라고 주장하면서 역공을 펼쳤다. B연구팀은 대조군에게 마음대로 먹게 하는 대신 정량을 줬는데, 그 양이 보통 원숭이가 섭취하는 칼로리보다 낮기 때문에 사실상 대조군도 칼로리 제한을 약하게라도 한 셈이라는 것이다. 즉 B연구팀은 칼로리 제한을 심하게 한 집단과 약하게 한 집단을 비교한 셈이었고, 그 결과로 인해 유의미한 차이가 없는 것으로 나타났다는 것이다.
>
> A연구팀은 자신들의 주장을 입증하기 위해 각지의 연구소에 있는 붉은털원숭이 총 878마리의 체중 데이터를 입수해 자신들의 대조군 원숭이 체중과 B연구팀의 대조군 원숭이 체중을 비교하였다. 그 결과 총 878마리 붉은털원숭이의 평균 체중은 A연구팀의 대조군 원숭이의 평균 체중 [㉠], B연구팀의 대조군 원숭이의 평균 체중 [㉡]. 따라서 체중과 칼로리 섭취량이 비례한다는 사실에 입각했을 때, 서로의 대조군 설계에 대한 A연구팀과 B연구팀의 비판이 모두 설득력이 있는 것으로 밝혀진 셈이다.

	㉠	㉡
①	보다 더 나갔고	보다 덜 나갔다
②	보다 덜 나갔고	보다 더 나갔다
③	과 차이가 없었고	과 차이가 없었다
④	보다 더 나갔고	보다 더 나갔다
⑤	보다 덜 나갔고	보다 덜 나갔다

18. 다음 정보를 따를 때 추론할 수 없는 것은?

> ○ 혈당이 낮아지면 혈중L의 양이 줄어들고, 혈당이 높아지면 그 양이 늘어난다.
> ○ 혈중L의 양이 늘어나면 시상하부 알파 부분에서 호르몬A가 분비되고, 혈중L의 양이 줄어들면 시상하부 알파 부분에서 호르몬B가 분비된다.
> ○ 시상하부 알파 부분에서 호르몬A가 분비되면, 시상하부 베타 부분에서 호르몬C가 분비되고 시상하부 감마 부분의 호르몬D의 분비가 억제된다.
> ○ 시상하부 알파 부분에서 호르몬B가 분비되면, 시상하부 감마 부분에서 호르몬D가 분비되고 시상하부 베타 부분의 호르몬C의 분비가 억제된다.
> ○ 시상하부 베타 부분에서 분비되는 호르몬C는 물질대사를 증가시키고, 이 호르몬의 분비가 억제될 경우 물질대사가 감소한다.
> ○ 시상하부 감마 부분에서 분비되는 호르몬D는 식욕을 증가시키고, 이 호르몬의 분비가 억제될 경우 식욕이 감소한다.

① 혈당이 낮아지면, 식욕이 증가한다.
② 혈당이 높아지면, 식욕이 감소한다.
③ 혈당이 높아지면, 물질대사가 증가한다.
④ 혈당이 낮아지면, 시상하부 감마 부분에서 호르몬의 분비가 억제된다.
⑤ 혈당이 높아지면, 시상하부 알파 부분과 베타 부분에서 각각 분비되는 호르몬이 있다.

19. 다음 논증에 대한 평가로 적절한 것만을 <보기>에서 모두 고르면?

> 집단 내지 국가의 청렴도를 평가하는 잣대로 종종 공공물품을 사적으로 사용하는 정도가 활용된다. 이와 관련하여 M시의 경우 회사원들이 사내용 물품을 개인적인 용도로 사용하는 정도가 꽤 높은 것으로 밝혀졌다. 이는 M시의 대표적 회사A에서 직원 200명을 대상으로 회사물품을 사적인 용도로 사용한 적이 있는지를 설문조사해 본 결과에 따른 것이다. 조사 결과 '늘 그랬다'는 직원은 5%, '종종 그랬다'는 직원은 15%, '가끔 그랬다'는 직원은 35%, '어쩌다 한두 번 그랬다'는 직원은 25%, '전혀 그런 적이 없다'는 직원은 10%, 응답을 거부한 직원은 10%였다. 설문조사에 응한 직원들 중에서 가끔이라도 사용한 적이 있다고 답한 직원의 비율이 절반을 넘었다. 따라서 M시의 회사원들은 낮은 청렴도를 가졌다고 평가할 수 있다.

<보 기>

ㄱ. 설문조사에 응한 회사A의 직원들 중 회사물품에 대한 사적 사용 정도를 실제보다 축소하여 답한 직원들이 많다는 사실은 위 논증의 결론을 강화한다.
ㄴ. M시에 있는 또 다른 대표적 회사B에서 동일한 설문 조사를 했는데 회사A에서와 거의 비슷한 결과가 나왔다는 사실은 위 논증의 결론을 강화한다.
ㄷ. M시에 있는 대부분의 회사들에 비해 회사A의 직원들이 회사물품을 사적으로 사용한 정도가 심했던 것으로 밝혀졌다는 사실은 위 논증의 결론을 약화한다.

① ㄱ
② ㄷ
③ ㄱ, ㄴ
④ ㄴ, ㄷ
⑤ ㄱ, ㄴ, ㄷ

20. 갑~병의 주장의 관계에 대한 평가로 적절한 것만을 <보기>에서 모두 고르면?

> 갑: 어떠한 경우에도 자살은 옳지 않은 행위이다. 신의 뜻에 어긋날 뿐만 아니라 공동체에 해악을 끼치기 때문이다. 자살은 사회로부터 능력 있는 사람들을 빼앗아 가는 행위이다. 물론 그러한 행위는 공동체에 피해를 주는 것이다. 따라서 자살은 죄악이다.
> 을: 자살하는 사람은 사회에 해악을 끼치는 것이 아니다. 그는 단지 선을 행하는 것을 멈추는 것일 뿐이다. 사회에 선을 행해야 한다는 우리의 모든 의무는 상호성을 함축한다. 즉 나는 사회로부터 혜택을 얻으므로 사회의 이익을 증진시켜야 한다. 그러나 내가 만약 사회로부터 완전히 물러난다면 그러한 의무를 계속 짊어져야 하는 것은 아니다.
> 병: 인간의 행위는 자신에게만 관련된 것과 타인이 관련된 것으로 구분될 수 있다. 원칙적으로 인간은 타인에게 해가 되지 않는 한 원하는 것은 무엇이든지 행할 수 있다. 다만 타인에게 해악을 주는 행위만이 도덕적 비판의 대상이 된다고 할 수 있다. 이러한 원칙은 자살의 경우에도 적용된다.

<보 기>

ㄱ. 갑의 주장은 을의 주장과 양립할 수 없다.
ㄴ. 을의 주장은 병의 주장과 양립할 수 있다.
ㄷ. 자살이 타인이 아닌 자신에게만 관련된 행위일 경우 병은 갑의 주장에 찬성할 것이다.

① ㄱ
② ㄷ
③ ㄱ, ㄴ
④ ㄴ, ㄷ
⑤ ㄱ, ㄴ, ㄷ

21. (가)~(라)에 대한 설명으로 적절한 것만을 <보기>에서 모두 고르면?

최근 우리 사회에는 인문학 열풍이 불고 있는데, 이 열풍을 바라보는 여러 다른 시각이 존재한다. 다음은 그러한 사례들의 일부이다.

(가) 한 방송국 PD는 인문학 관련 대중 강좌가 인기를 끌고 있는 현상에 대해 교양 있는 삶에 대한 열망을 원인으로 꼽는다. 그는 "직장 내 교육 프로그램은 어학이나 컴퓨터 활용처럼 직능 향상을 위한 것으로, 노동시간의 연장이다. 삶이 온통 노동으로 채워지는 상황에서 정신적 가치에 대한 성찰의 기회를 박탈당한 직장인들의 갈증을 인문학 관련 대중 강좌가 채워주고 있다."고 한다.

(나) 한 문학평론가는 인문학 열풍이 인문학을 시장 논리와 결부시켜 상품화하고 있다고 본다. 그는 "삶의 가치에 대해 근본적인 문제제기를 함으로써 정치적 시민의 복권을 이루는 것이 인문학의 본질적인 과제 중 하나인데, 인문학이 시장의 영역에 포섭됨으로써 오히려 말랑말랑한 수준으로 전락하고 있다."고 주장한다.

(다) A구청 공무원은 최근 불고 있는 인문학 열풍에 따라 '동네 인문학'이라는 개념을 주민자치와 연결시키고 있다. 그는 "동네 인문학은 동네라는 공간에서 지역 주민들이 담당 강사의 지속적인 지도 아래 자기 성찰의 기회를 얻고, 삶에 대한 지혜를 얻어 동네를 살기 좋은 공동체로 만드는 과정이다."라고 말한다.

(라) B대학에서는 세계적인 기업인, 정치인들 중에 인문학 마니아가 많이 탄생해야 한다는 취지로 CEO 인문학 최고위 과정을 개설했다. 한 교수는 이를 인문학 열풍의 하나로 보고, "진정한 인문학적 성찰을 바탕으로 다양한 학문 분야에 몰두해야 할 대학이 오히려 인문학의 대중화를 내세워 인문학을 상품화한다."고 평가한다.

<보 기>

ㄱ. (가)의 PD와 (나)의 평론가는 인문학 열풍이 교양 있는 삶에 대한 동경을 지닌 시민들 중심으로 일어난 자발적 현상이라 보고 있다.

ㄴ. (가)의 PD와 (다)의 공무원은 인문학 열풍이 개인의 성찰을 넘어 공동체의 개선에까지 긍정적인 영향을 미친다고 보고 있다.

ㄷ. (나)의 평론가와 (라)의 교수는 인문학 열풍이 인문학을 상품화한다는 시각에서 이 열풍을 부정적으로 바라보고 있다.

① ㄱ
② ㄷ
③ ㄱ, ㄴ
④ ㄴ, ㄷ
⑤ ㄱ, ㄴ, ㄷ

22. 다음 글에서 밑줄 친 결론을 이끌어내기 위해 추가해야 할 전제만을 <보기>에서 모두 고르면?

이미지란 우리가 세계에 대해 시각을 통해 얻는 표상을 가리킨다. 상형문자나 그림문자를 통해서 얻은 표상도 여기에 포함된다. 이미지는 세계의 실제 모습을 아주 많이 닮았으며 그러한 모습을 우리 뇌 속에 복제한 결과이다. 그런데 우리의 뇌는 시각적 신호를 받아들일 때 시야에 들어온 세계를 한꺼번에 하나의 전체로 받아들이게 된다. 즉 대다수의 이미지는 한꺼번에 지각된다. 예를 들어 우리는 새의 전체 모습을 한꺼번에 지각하지 머리, 날개, 꼬리 등을 개별적으로 지각한 후 이를 머릿속에서 조합하는 것이 아니다.

표음문자로 이루어진 글을 읽는 것은 이와는 다른 과정이다. 표음문자로 구성된 문장에 대한 이해는 그 문장의 개별적인 문법적 구성요소들로 이루어진 특정한 수평적 연속에 의존한다. 문장을 구성하는 개별 단어들, 혹은 각 단어를 구성하는 개별 문자들이 하나로 결합되어 비로소 의미 전체가 이해되는 것이다. 비록 이 과정이 너무도 신속하고 무의식적으로 이루어지기는 하지만 말이다. 알파벳을 구성하는 기호들은 개별적으로는 아무런 의미도 가지지 않으며 어떠한 이미지도 나타내지 않는다. 일련의 단어군은 한꺼번에 파악될 수도 있겠지만, 표음문자의 경우 대부분 언어는 개별 구성 요소들이 하나의 전체로 결합되는 과정을 통해 이해된다.

남성적인 사고는, 사고 대상 전체를 구성요소 부분으로 분해한 후 그들 각각을 개별화시키고 이를 다시 재조합하는 과정으로 진행된다. 그에 비해 여성적인 사고는, 분해되지 않은 전체 이미지를 통해서 의미를 이해하는 특징을 지닌다. 그림문자로 구성된 글의 이해는 여성적인 사고 과정을, 표음문자로 구성된 글의 이해는 남성적인 사고 과정을 거친다. 여성은 대체로 여성적 사고를, 남성은 대체로 남성적 사고를 한다는 점을 고려할 때 <u>표음문자 체계의 보편화는 여성의 사회적 권력을 약화시키는 결과를 낳게 된다.</u>

<보 기>

ㄱ. 그림문자를 쓰는 사회에서는 남성의 사회적 권력이 여성의 그것보다 우월하였다.

ㄴ. 표음문자 체계는 기능적으로 분화된 복잡한 의사소통을 가능하도록 하였다.

ㄷ. 글을 읽고 이해하는 능력은 사회적 권력에 영향을 미친다.

① ㄱ
② ㄴ
③ ㄷ
④ ㄱ, ㄴ
⑤ ㄴ, ㄷ

23. 그런 포럼의 일정을 조정하고 있는 A행정관이 고려해야 할 사항들이 다음과 같을 때, 반드시 참이라고는 할 수 없는 것은?

> ○ 포럼은 개회사, 발표, 토론, 휴식으로 구성하며, 휴식은 생략할 수 있다.
> ○ 포럼은 오전 9시에 시작하여 늦어도 당일 정오까지는 마쳐야 한다.
> ○ 개회사는 포럼 맨 처음에 10분 또는 20분으로 한다.
> ○ 발표는 3회까지 계획할 수 있으며, 각 발표시간은 동일하게 40분으로 하거나 동일하게 50분으로 한다.
> ○ 각 발표마다 토론은 10분으로 한다.
> ○ 휴식은 최대 2회까지 가질 수 있으며, 1회 휴식은 20분으로 한다.

① 발표를 2회 계획한다면, 휴식을 2회 가질 수 있는 방법이 있다.
② 발표를 2회 계획한다면, 오전 11시 이전에 포럼을 마칠 방법이 있다.
③ 발표를 3회 계획하더라도, 휴식을 1회 가질 수 있는 방법이 있다.
④ 각 발표를 50분으로 하더라도, 발표를 3회 가질 수 있는 방법이 있다.
⑤ 각 발표를 40분으로 하고 개회사를 20분으로 하더라도, 휴식을 2회 가질 수 있는 방법이 있다.

24. 다음 글의 ㉠을 설명하는 가설로 가장 적절한 것은?

> 한 개체의 발생은 한 개의 세포가 세포분열을 통해 여러 세포로 분열되면서 진행된다. 따라서 한 개체를 구성하는 모든 세포는 동일한 유전자를 가지고 있다. 하지만 발생 과정에서 발현되는 유전자의 차이 때문에 세포는 다른 형태의 세포로 분화된다. 이와 같은 유전자 발현의 차이는 다양한 원인에 의해 이루어지는데 ㉠ 애기장대 뿌리에서 일어나는 세포 분화를 그 예로 알아보자.
>
> 분화가 완료되어 성숙한 애기장대 뿌리의 표면에는 두 종류의 세포가 있는데 하나는 뿌리털세포이고 다른 하나는 털이 없는 분화된 표피세포이다. 하지만 애기장대 뿌리의 표면이 처음부터 이 두 세포 형태를 가지고 있었던 것은 아니다. 발생 과정에서 미분화된 애기장대 뿌리의 중심부에는 피층세포가 서로 나란히 연결되어 원형으로 구성된 한 층의 피층세포층이 있으며, 이 층과 접하여 뿌리의 바깥쪽에 원형으로 미분화된 표피세포로 구성된 한 층의 미분화 표피세포층이 있다.
>
> 미분화된 표피세포가 그 안쪽의 피층세포층에 있는 두 개의 피층세포와 접촉하는 경우엔 뿌리털세포로 분화되어 발달하지만, 한 개의 피층세포와 접촉하는 경우엔 분화된 표피세포로 발달한다. 한편 미분화된 표피세포가 서로 다른 형태의 세포로 분화되기 위해서는 유전자A의 발현에 차이가 있어야 하는데, 미분화된 표피세포에서 유전자A가 발현되지 않으면 그 세포는 뿌리털세포로 분화되며 유전자A가 발현되면 분화된 표피세포로 분화된다.

① 미분화 표피세포에서 유전자A의 발현 조절은 분화될 세포에 뿌리털이 있는지에 따라 결정된다.
② 미분화된 세포가 뿌리털세포나 분화된 표피세포로 분화되는 것은 그 세포가 어느 세포로부터 유래하였는지에 따라 결정된다.
③ 미분화 표피세포가 뿌리털세포 또는 분화된 표피세포로 분화되는 것은 미분화 표피세포가 유전자A를 가지고 있는지에 따라 결정된다.
④ 미분화 표피세포가 뿌리털세포 또는 분화된 표피세포로 분화가 되는 것은 미분화된 뿌리에서 미분화 표피세포층과 피층세포층의 위치에 의해 결정된다.
⑤ 미분화 표피세포가 어떤 세포로 분화될 것인지는 각 미분화 표피세포가 발생 중에 접촉하는 피층세포의 수에 따라 조절되는 유전자A의 발현에 의해 결정된다.

25. 다음 글의 (가)와 (나)에 들어갈 말을 <보기>에서 골라 가장 적절하게 짝지은 것은?

> 가설과 보조가설로부터 시험 명제 I를 연역적으로 이끌어냈지만, I가 거짓임이 실험 결과로 밝혀졌다고 해보자. 이 실험 결과를 수용하려면 어느 쪽인가는 수정하여야 한다. 가설을 수정하거나 완전히 폐기할 수도 있고, 아니면 가설은 그대로 유지하면서 보조가설만을 적절히 변경할 수도 있다. 결국 가설이 심각하게 불리한 실험 결과에 직면했을 때조차도 원리상으로는 가설을 유지시킬 수 있는 가능성이 언제나 남아 있는 것이다.
>
> 과학사의 예를 하나 생각해 보자. 토리첼리가 대기층의 압력이라는 착상을 도입하기 전에는 단순 펌프의 기능이 자연은 진공을 싫어한다는 가설에 입각하여 설명되었다. 다시 말해 피스톤이 끌려 올라감으로써 펌프통 속에 진공이 생기는데, 자연은 진공을 싫어하기 때문에 그 진공을 채우려고 물이 올라온다는 것이다. 하지만 페리에는 산꼭대기에서 기압계의 수은주가 산기슭에서보다 3인치 이상 짧아진다는 실험 결과를 제시하였다. 파스칼은 이 실험 결과가 자연은 진공을 싫어한다는 가설을 반박한다고 주장하며 다음처럼 말한다. "만일 수은주의 높이가 산기슭에서의 높이보다 산꼭대기에서 짧아지는 현상이 일어난다면, 그것은 공기의 무게와 압력 때문이지 자연이 진공을 싫어하기 때문이 아니라는 결론이 따라 나오네. 왜냐하면 산꼭대기에 압력을 가하는 공기량보다 산기슭에 압력을 가하는 공기량이 훨씬 많으며, 누구도 자연이 산꼭대기에서보다 산기슭에서 진공을 더 싫어한다고 주장할 수는 없기 때문일세."
>
> 파스칼의 이런 언급은 진공에 대한 자연의 혐오라는 가설이 구제될 수 있는 실마리를 제공한다. 페리에의 실험 결과는, 자연이 진공을 싫어한다는 가설이 함께 전제하고 있는 보조가설들 가운데 [(가)]를 반박하는 증거였다. 진공에 대한 자연의 혐오라는 가설과 페리에가 발견한 명백하게 불리한 증거를 수용하기 위해서는 앞의 보조가설 대신 [(나)]를 보조가설로 끌어들이는 것으로 충분하다.

<보 기>

ㄱ. 진공에 대한 자연의 혐오 강도는 고도에 구애받지 않는다
ㄴ. 진공에 대한 자연의 혐오가 고도의 증가에 따라 증가한다
ㄷ. 진공에 대한 자연의 혐오가 고도의 증가에 따라 감소한다

	(가)	(나)
①	ㄱ	ㄴ
②	ㄱ	ㄷ
③	ㄴ	ㄱ
④	ㄴ	ㄷ
⑤	ㄷ	ㄱ

약점 보완 해설집 p.204

상황판단영역

1. 다음 글을 근거로 판단할 때 옳은 것은?

온돌(溫突)은 조선시대 건축에서 가장 일반적으로 사용된 바닥구조로 아궁이, 고래, 구들장, 불목, 개자리, 바람막이, 굴뚝 등으로 구성된다.

아궁이는 불을 때는 곳이고, 고래는 아궁이에서 발생한 열기와 연기가 흐르는 곳이다. 고래는 30cm 정도의 깊이로 파인 여러 개의 골이고, 그 위에 구들장을 올려놓는다. 아궁이에서 불을 지피면 고래를 타고 흐르는 열기와 연기가 구들장을 데운다. 고래 바닥은 아궁이가 있는 아랫목에서 윗목으로 가면서 높아지도록 경사를 주는데, 이는 열기와 연기가 윗목 쪽으로 쉽게 들어갈 수 있도록 하기 위한 것이다.

불목은 아궁이와 고래 사이에 턱이 진 부분으로 불이 넘어가는 고개라는 뜻이다. 불목은 아궁이 바닥과 고래 바닥을 연결시켜서 고래로 가는 열기와 연기를 분산시킨다. 또한 아궁이에서 타고 남은 재가 고래 속으로 들어가지 못하도록 막아준다. 고래가 끝나는 윗목 쪽에도 바람막이라는 턱이 있는데, 이 턱은 굴뚝에서 불어내리는 바람에 의해 열기와 연기가 역류되는 것을 방지한다.

바람막이 뒤에는 개자리라 부르는 깊이 파인 부분이 있다. 개자리는 굴뚝으로 빠져 나가는 열기와 연기를 잔류시켜 윗목에 열기를 유지하는 기능을 한다. 개자리가 깊을수록 열기와 연기를 머금는 용량이 커진다.

① 아궁이는 불목과 개자리 사이에 있을 것이다.
② 고래 바닥은 아랫목에서 윗목으로 갈수록 낮아질 것이다.
③ 개자리가 깊을수록 윗목의 열기를 유지하기 어려울 것이다.
④ 불목은 아랫목 쪽에 가깝고, 바람막이는 윗목 쪽에 가까울 것이다.
⑤ 바람막이는 타고 남은 재가 고래 안에 들어가지 못하도록 하는 기능을 할 것이다.

2. 다음 글을 근거로 판단할 때, <보기>에서 옳은 것만을 모두 고르면?

청백리(淸白吏)는 전통적으로 우리나라를 비롯한 동아시아 유교 문화권에서 청렴결백한 공직자를 지칭할 때 사용하는 말이다. 청백리를 선발하고 표창하는 제도는 중국에서 처음 시작되었다. 우리나라는 중국보다 늦었지만 이미 고려 때부터 이 제도를 도입한 것으로 보인다. 고려 인종 14년(1136년)에 청렴하고 절개 있는 사람들을 뽑아 벼슬을 준 기록이 있다.

조선시대에는 국가에 의해 선발되어 청백리 대장에 이름이 올랐던 사람을 청백리라고 하였다. 정확히 구분하면 청백리는 작고한 사람들에 대한 호칭이었고, 살아있을 때는 염근리(廉謹吏) 또는 염리(廉吏)라고 불렀다. 염근리로 선발된 사람은 청백리 대장에 수록되어 승진이나 보직에서 많은 특혜를 받았고, 죽은 후에는 그 자손들에게 벼슬이 내려지는 등 여러 혜택이 있었다. 반대로 부정부패한 관료는 탐관오리 또는 장리(贓吏)라고 불렀다. 탐관오리로 지목돼 탄핵되었거나 처벌받은 관리는 장리 대장에 수록되어 본인의 관직생활에 불이익을 받는 것은 물론이고, 그 자손들이 과거를 보는 것도 허용되지 않았다.

조선시대에 청백리를 선발하는 방법은 일정하지 않았다. 일반적으로는 청백리를 선발하라는 임금의 지시가 있거나 신하의 건의가 있어 임금이 승낙을 하면 2품 이상의 관리나 감사가 대상자를 예조에 추천하였다. 예조에서 후보자를 뽑아 의정부에 올리면 의정부의 대신들이 심의하여 임금에게 보고하였다. 어떤 때는 사헌부, 사간원 등에서 후보자를 의정부에 추천하기도 하였다.

<보 기>

ㄱ. 동아시아 유교 문화권에서 청백리를 선발하는 제도는 고려에서 처음 시작되었을 것이다.
ㄴ. 조선시대에 염근리로 선발된 사람은 죽은 후에 청백리라고 불렸을 것이다.
ㄷ. 조선시대에 관리가 장리 대장에 수록되면 본인은 물론 그 자손까지 영향을 받았을 것이다.
ㄹ. 조선시대에 예조의 추천을 받지 못한 사람은 청백리가 될 수 없었을 것이다.

① ㄱ
② ㄴ, ㄷ
③ ㄷ, ㄹ
④ ㄱ, ㄴ, ㄹ
⑤ ㄴ, ㄷ, ㄹ

3. 다음 글을 근거로 판단할 때 옳은 것은?

종래의 철도는 일정한 간격으로 된 2개의 강철레일 위를 강철바퀴 차량이 주행하는 것이다. 반면 모노레일은 높은 지주 위에 설치된 콘크리트 빔(beam) 위를 복렬(複列)의 고무타이어 바퀴 차량이 주행하는 것이다. 빔 위에 다시 레일을 고정하고, 그 위를 강철바퀴 차량이 주행하는 모노레일도 있다.

처음으로 실용화된 모노레일은 1880년경 아일랜드의 밸리뷰니온사(社)에서 건설한 것이었다. 1901년에는 현수 장치를 사용하는 모노레일이 등장하였는데, 이 모노레일은 독일 부퍼탈시(市)의 전철교식 복선으로 건설되어 본격적인 운송수단으로서의 역할을 하였다. 그 후 여러 나라에서 각종 모노레일 개발 노력이 이어졌다.

제2차 세계대전이 끝난 뒤 독일의 알베그사(社)를 창설한 베너그렌은 1952년 1/2.5 크기의 시제품을 만들고, 실험과 연구를 거듭하여 1957년 알베그식(式) 모노레일을 완성하였다. 그리고 1958년에는 기존의 강철레일·강철바퀴 방식에서 콘크리트 빔·고무타이어 방식으로 개량하여 최고 속력이 80km/h에 달하는 모노레일이 등장하기에 이르렀다.

프랑스에서도 1950년 말엽 사페즈사(社)가 독자적으로 사페즈식(式) 모노레일을 개발하였다. 이것은 쌍레일 방식과 공기식 타이어차량 운용 경험을 살려 개발한 현수식 모노레일로, 1960년 오를레앙 교외에 시험선(線)이 건설되었다.

① 콘크리트 빔·고무타이어 방식은 1960년대까지 개발되지 않았다.
② 독일에서 모노레일이 본격적인 운송수단 역할을 수행한 것은 1950년대부터이다.
③ 주행에 강철바퀴가 이용되느냐의 여부에 따라 종래의 철도와 모노레일이 구분된다.
④ 아일랜드의 밸리뷰니온사는 오를레앙 교외에 전철교식 복선 모노레일을 건설하였다.
⑤ 베너그렌이 개발한 알베그식 모노레일은 오를레앙 교외에 건설된 사페즈식 모노레일 시험선보다 먼저 완성되었다.

4. 다음 글을 근거로 판단할 때, <사례>의 '공공누리 마크' 이용조건에 부합하는 甲의 행위는?

K국 정부는 공공저작물 이용활성화를 위해 '공공누리'라는 표시기준을 정하였고, 공공저작물을 이용하는 사람이 그 이용조건을 쉽게 확인할 수 있도록 '공공누리 마크'를 만들었다. 그 의미는 아래와 같다.

공공누리 마크	이용조건의 의미
OPEN	• 공공저작물을 일정한 조건 하에 자유롭게 이용할 수 있다.
출처표시	• 이용하는 공공저작물의 출처를 표시해야 한다. 예컨대 "본 저작물은 ○○공공기관에서 △△년 작성하여 개방한 □□ 저작물을 이용하였음"과 같이 출처를 표시해야 한다.
상업용금지	• 공공저작물의 상업적 이용은 금지되고 비상업적으로만 이용할 수 있다. • 이 마크가 표시되어 있지 않으면, 이용자는 해당 공공저작물을 상업적 및 비상업적으로 이용할 수 있다.
변경금지	• 공공저작물의 변경이 금지된다. 예컨대 공공저작물의 번역·편곡·변형·각색 등이 금지된다. • 이 마크가 표시되어 있지 않으면, 이용자는 해당 공공저작물의 내용이나 형식을 변경하여 이용할 수 있다.

<사 례>

甲은 환경관련 보고서(이하 '보고서')를 작성하기 위하여 A공공기관이 발간한 『환경백서』에 수록되어 있는 사진(이하 '사진저작물')과 그 설명문을 근거자료로 이용하고자 한다. 『환경백서』에는 다음과 같은 공공누리 마크가 표시되어 있다.

OPEN 출처표시 변경금지

① 출처를 표시하지 않고 사진저작물과 그 설명문을 그대로 보고서에 수록하는 행위
② 사진저작물의 색상을 다른 색상으로 변형하여 이를 보고서에 수록하는 행위
③ 상업적인 목적으로 보고서를 작성하면서 출처를 표시하고 사진저작물과 그 설명문을 그대로 수록하는 행위
④ 비상업적인 목적으로 보고서를 작성하면서 사진저작물을 다른 사진과 합성하여 수록하는 행위
⑤ 출처를 표시하고 사진저작물의 설명문을 영어로 번역하여 그 사진저작물과 번역문을 보고서에 수록하는 행위

5. 동산 X를 甲, 乙, 丙 세 사람이 공유하고 있다. 다음 A국의 규정을 근거로 판단할 때, <보기>에서 옳은 것만을 모두 고르면?

> 제00조(물건의 공유) ① 물건이 지분에 의하여 여러 사람의 소유로 된 때에는 공유로 한다.
> ② 공유자의 지분은 균등한 것으로 추정한다.
> 제00조(공유지분의 처분과 공유물의 사용, 수익) 공유자는 자신의 지분을 다른 공유자의 동의 없이 처분할 수 있고 공유물 전부를 지분의 비율로 사용, 수익할 수 있다.
> 제00조(공유물의 처분, 변경) 공유자는 다른 공유자의 동의 없이 공유물을 처분하거나 변경하지 못한다.
> 제00조(공유물의 관리, 보존) 공유물의 관리에 관한 사항은 공유자의 지분의 과반수로써 결정한다. 그러나 보존행위는 각자가 할 수 있다.
> 제00조(지분포기 등의 경우의 귀속) 공유자가 그 지분을 포기하거나 상속인 없이 사망한 때에는 그 지분은 다른 공유자에게 각 지분의 비율로 귀속한다.

<보 기>

ㄱ. 甲, 乙, 丙은 X에 대해 각자 1/3씩 지분을 갖는 것으로 추정된다.
ㄴ. 甲은 단독으로 X에 대한 보존행위를 할 수 있다.
ㄷ. 甲이 X에 대한 자신의 지분을 처분하기 위해서는 乙과 丙의 동의를 얻어야 한다.
ㄹ. 甲이 상속인 없이 사망한 경우, X에 대한 甲의 지분은 乙과 丙에게 각 지분의 비율에 따라 귀속된다.

① ㄱ, ㄴ
② ㄴ, ㄷ
③ ㄷ, ㄹ
④ ㄱ, ㄴ, ㄹ
⑤ ㄱ, ㄷ, ㄹ

6. 다음 글을 근거로 판단할 때, <사례>에서 甲이 乙에게 지급을 청구하여 받을 수 있는 최대 손해배상액은?

> 채무자가 고의 또는 과실로 인하여 채무의 내용에 따른 이행을 하지 않으면 채권자는 채무자에게 손해배상을 청구할 수 있다. 채권자가 채무불이행을 이유로 채무자로부터 손해배상을 받으려면 손해의 발생사실과 손해액을 증명하여야 하는데, 증명의 어려움을 해소하기 위해 손해배상액을 예정하는 경우가 있다.
> 손해배상액의 예정은 장래의 채무불이행 시 지급해야 할 손해배상액을 사전에 정하는 약정을 말한다. 채권자와 채무자 사이에 손해배상액의 예정이 있으면 채권자는 실손해액과 상관없이 예정된 배상액을 청구할 수 있지만, 실손해액이 예정액을 초과하더라도 그 초과액을 배상받을 수 없다. 그리고 손해배상액을 예정한 사유가 아닌 다른 사유로 발생한 손해에 대해서는 손해배상액 예정의 효력이 미치지 않는다. 따라서 이로 인한 손해를 배상받으려면 별도로 손해의 발생사실과 손해액을 증명해야 한다.

<사 례>

甲과 乙은 다음과 같은 공사도급계약을 체결하였다.

- ○ 계약당사자: 甲(X건물 소유주)/乙(건축업자)
- ○ 계약내용: X건물의 리모델링
- ○ 공사대금: 1억 원
- ○ 공사기간: 2015. 10. 1.~2016. 3. 31.
- ○ 손해배상액의 예정: 공사기간 내에 X건물의 리모델링을 완료하지 못할 경우, 지연기간 1일당 위 공사대금의 0.1%를 乙이 甲에게 지급

그런데 乙의 과실로 인해 X건물 리모델링의 완료가 30일이 지연되었고, 이로 인해 甲은 500만 원의 손해를 입었다. 또한 乙이 고의로 불량자재를 사용하여 부실공사가 이루어졌고, 이로 인해 甲은 1,000만 원의 손해를 입었다. 甲은 각각의 손해발생사실과 손해액을 증명하여 乙에게 손해배상을 청구하였다.

① 500만 원
② 800만 원
③ 1,300만 원
④ 1,500만 원
⑤ 1,800만 원

7. 다음 글과 <상황>을 근거로 판단할 때 옳은 것은?

K국의 현행법상 상속인으로는 혈족상속인과 배우자상속인이 있다. 제1순위 상속인은 피상속인의 직계비속이며, 직계비속이 없는 경우 직계존속이 상속인이 된다. 태아는 사산되어 출생하지 못한 경우를 제외하고 상속인이 된다. 배우자는 직계비속과 동순위로 공동상속인이 되고, 직계비속이 없는 경우에 피상속인의 직계존속과 공동상속인이 되며, 피상속인에게 직계비속과 직계존속이 없으면 단독상속인이 된다. 현행 상속분 규정은 상속재산을 배우자에게 직계존속·직계비속보다 50%를 더 주도록 정하고 있다. 예를 들어 상속인이 배우자(X)와 2명의 자녀(Y, Z)라면, '1.5(X) : 1(Y) : 1(Z)'의 비율로 상속이 이루어진다.

그런데 K국에서는 부부의 공동재산 기여분을 보장하기 위한 차원에서 상속법 개정을 추진하고 있다. '개정안'은 상속재산의 절반을 배우자에게 우선 배분하고, 나머지 절반은 현행 규정대로 배분하는 내용을 골자로 한다. 즉, 피상속인이 사망하였을 경우 상속재산의 50%를 그 배우자에게 먼저 배분하고, 이를 제외한 나머지 50%에 대해서는 다시 현행법상의 비율대로 상속이 이루어진다.

<상 황>

甲은 심장마비로 갑자기 사망하였다. 甲의 유족으로는 어머니 A, 배우자 B, 아들 C, 딸 D가 있고, B는 현재 태아 E를 임신 중이다. 甲은 9억 원의 상속재산을 남겼다.

① 현행법에 의하면, E가 출생한 경우 B는 30% 이하의 상속분을 갖게 된다.
② 개정안에 의하면, E가 출생한 경우 B는 6억 원을 상속받게 된다.
③ 현행법에 의하면, E가 사산된 경우 B는 3억 원을 상속받게 된다.
④ 개정안에 의하면, E가 사산된 경우 B는 4억 원을 상속받게 된다.
⑤ 개정안에 의하면, E의 사산여부에 관계없이 B가 상속받게 되는 금액은 현행법에 의할 때보다 50% 증가한다.

8. 다음 <설명>을 근거로 <수식>을 계산한 값은?

<설 명>

연산자 A, B, C, D는 다음과 같이 정의한다.

A: 좌우에 있는 두 수를 더한다. 단, 더한 값이 10 미만이면 좌우에 있는 두 수를 곱한다. (예: 2 A 3 = 6)

B: 좌우에 있는 두 수 가운데 큰 수에서 작은 수를 뺀다. 단, 두 수가 같거나 뺀 값이 10 미만이면 두 수를 곱한다.

C: 좌우에 있는 두 수를 곱한다. 단, 곱한 값이 10 미만이면 좌우에 있는 두 수를 더한다.

D: 좌우에 있는 두 수 가운데 큰 수를 작은 수로 나눈다. 단, 두 수가 같거나 나눈 값이 10 미만이면 두 수를 곱한다.

※ 연산은 '( )', '{ }'의 순으로 한다.

<수 식>

{(1 A 5) B (3 C 4)} D 6

① 10
② 12
③ 90
④ 210
⑤ 360

9. 다음 글과 <상황>을 근거로 판단할 때, <보기>에서 옳은 것만을 모두 고르면?

A국 사람들은 아래와 같이 한 손으로 1부터 10까지의 숫자를 표현한다.

숫자	1	2	3	4	5
펼친 손가락 개수	1개	2개	3개	4개	5개
펼친 손가락 모양					
숫자	6	7	8	9	10
펼친 손가락 개수	2개	3개	2개	1개	2개
펼친 손가락 모양					

<상 황>

A국에 출장을 간 甲은 A국의 언어를 하지 못하여 물건을 살 때 상인의 손가락을 보고 물건의 가격을 추측한다. A국 사람의 숫자 표현법을 제대로 이해하지 못한 甲은 상인이 금액을 표현하기 위해 펼친 손가락 1개당 1원씩 돈을 지불하려고 한다. (단, 甲은 하나의 물건을 구매하며, 물건의 가격은 최소 1원부터 최대 10원까지라고 가정한다)

<보 기>

ㄱ. 물건의 가격과 甲이 지불하려는 금액이 일치했다면, 물건의 가격은 5원 이하이다.
ㄴ. 상인이 손가락 3개를 펼쳤다면, 물건의 가격은 최대 7원이다.
ㄷ. 물건의 가격과 甲이 지불하려는 금액이 8원 만큼 차이가 난다면, 물건의 가격은 9원이거나 10원이다.
ㄹ. 甲이 물건의 가격을 초과하는 금액을 지불하려는 경우가 발생할 수 있다.

① ㄱ, ㄴ
② ㄷ, ㄹ
③ ㄱ, ㄴ, ㄷ
④ ㄱ, ㄷ, ㄹ
⑤ ㄴ, ㄷ, ㄹ

10. 다음 글을 근거로 판단할 때, 사자바둑기사단이 선발할 수 있는 출전선수 조합의 총 가짓수는?

○ 사자바둑기사단과 호랑이바둑기사단이 바둑시합을 한다.
○ 시합은 일대일 대결로 총 3라운드로 진행되며, 한 명의 선수는 하나의 라운드에만 출전할 수 있다.
○ 호랑이바둑기사단은 1라운드에는 甲을, 2라운드에는 乙을, 3라운드에는 丙을 출전시킨다.
○ 사자바둑기사단은 각 라운드별로 이길 수 있는 확률이 0.6 이상이 되도록 7명의 선수(A~G) 중 3명을 선발한다.
○ A~G가 甲, 乙, 丙에 대하여 이길 수 있는 확률은 다음 <표>와 같다.

<표>

선수	甲	乙	丙
A	0.42	0.67	0.31
B	0.35	0.82	0.49
C	0.81	0.72	0.15
D	0.13	0.19	0.76
E	0.66	0.51	0.59
F	0.54	0.28	0.99
G	0.59	0.11	0.64

① 18가지
② 17가지
③ 16가지
④ 15가지
⑤ 14가지

11. 다음 글을 근거로 판단할 때 옳은 것은?

> 2009년 미국의 설탕, 옥수수 시럽, 기타 천연당의 1인당 연평균 소비량은 140파운드로 독일, 프랑스보다 50%가 많았고, 중국보다는 9배가 많았다. 그런데 설탕이 비만을 야기하고 당뇨병 환자의 건강에 해롭다는 인식이 확산되면서 사카린과 같은 인공감미료의 수요가 증가하였다.
>
> 세계 최초의 인공감미료인 사카린은 1879년 미국 존스 홉킨스 대학에서 화학물질의 산화반응을 연구하다가 우연히 발견됐다. 당도가 설탕보다 약 500배 정도 높은 사카린은 대표적인 인공감미료로 체내에서 대사되지 않고 그대로 배출된다는 특징이 있다. 그런데 1977년 캐나다에서 쥐를 대상으로 한 사카린 실험 이후 유해성 논란이 촉발되었다. 사카린을 섭취한 쥐가 방광암에 걸렸기 때문이다. 그러나 사카린의 무해성을 입증한 다양한 연구결과로 인해 2001년 미국 FDA는 사카린을 다시 안전한 식품첨가물로 공식 인정하였고, 현재도 설탕의 대체재로 사용되고 있다.
>
> 아스파탐은 1965년 위궤양 치료제를 개발하던 중 우연히 발견된 인공감미료로 당도가 설탕보다 약 200배 높다. 그러나 아스파탐도 발암성 논란이 끊이지 않았다. 미국 암협회가 안전하다고 발표했지만 이탈리아의 한 과학자가 쥐를 대상으로 한 실험에서 아스파탐이 암을 유발한다고 결론 내렸기 때문이다.

① 사카린과 아스파탐은 설탕보다 당도가 높고, 사카린은 아스파탐보다 당도가 높다.
② 사카린과 아스파탐은 모두 설탕을 대체하기 위해 거액을 투자해 개발한 인공감미료이다.
③ 사카린은 유해성 논란으로 현재 미국에서는 더 이상 식품첨가물로 사용되지 않을 것이다.
④ 2009년 기준 중국의 설탕, 옥수수 시럽, 기타 천연당의 1인당 연평균 소비량은 20파운드 이상이었을 것이다.
⑤ 아스파탐은 암 유발 논란에 휩싸였지만, 2001년 미국 FDA로부터 안전한 식품첨가물로 처음 공식 인정받았다.

12. 다음 글을 근거로 판단할 때, <보기>에서 옳은 것만을 모두 고르면?

> 조선시대 지방행정제도는 기본적으로 8도(道) 아래 부(府), 대도호부(大都護府), 목(牧), 도호부(都護府), 군(郡), 현(縣)을 두는 체제였다. 이들 지방행정기관은 6조(六曹)를 중심으로 한 중앙행정기관의 지시를 받았으나 중앙행정기관의 완전한 하부기관은 아니었다. 지방행정기관도 중앙행정기관과 같이 왕에 직속되어 있었기 때문에 중앙행정기관과 의견이 다르거나 쟁의가 있을 때는 왕의 재결을 바로 품의(稟議)할 수 있었다.
>
> 지방행정기관의 장으로는 도에 관찰사(觀察使), 부에 부윤(府尹), 대도호부에 대도호부사(大都護府使), 목에 목사(牧使), 도호부에 도호부사(都護府使), 군에 군수(郡守), 그리고 현에 현감(縣監)을 두었다. 관찰사는 도의 행정·군사·사법에 관한 전반적인 사항을 다스리고, 관내의 지방행정기관장을 지휘·감독하는 일을 하였다. 제도 시행 초기에 관찰사는 순력(巡歷)이라 하여 일정한 사무소를 두지 않고 각 군·현을 순례하면서 지방행정을 감시하였으나, 나중에는 고정된 근무처를 가지게 되었다. 관찰사를 제외한 지방행정기관장은 수령(首領)으로 통칭되었는데, 이들 역시 행정업무와 함께 일정한 수준의 군사·사법업무를 같이 담당하였다.
>
> 중앙에서는 파견한 지방행정기관장에 대한 관리와 감독을 철저히 했다. 권력남용 등의 부조리나 지방세력과 연합하여 독자세력으로 발전하는 것을 막기 위한 조치였다. 일례로 관찰사의 임기를 360일로 제한하여 지방토호나 지방영주로 변질되는 것을 막고자 하였다.

<보 기>

ㄱ. 조선시대 지방행정기관은 왕의 직속기관이었을 것이다.
ㄴ. 지방행정기관의 우두머리라는 의미에서 관찰사를 수령이라고 불렀을 것이다.
ㄷ. 군수와 현감은 행정업무뿐만 아니라 군사업무와 사법업무도 담당했을 것이다.
ㄹ. 관찰사의 임기를 제한한 이유 중 하나는 지방세력과 연합하여 독자세력으로 발전하는 것을 막으려는 것이었다.

① ㄱ, ㄴ
② ㄱ, ㄹ
③ ㄴ, ㄷ
④ ㄱ, ㄷ, ㄹ
⑤ ㄴ, ㄷ, ㄹ

13. 다음 글을 근거로 판단할 때 옳은 것은?

> 이슬람권 국가에서는 여성들이 베일을 쓴 모습을 흔히 볼 수 있다. 그런데 이슬람교 경전인 코란이 여성의 정숙함을 강조하지만, 베일로 얼굴을 감싸는 것을 의무로 규정하고 있는 것은 아니다. 겸허한 태도를 지키고 몸의 윤곽, 그것도 얼굴이 아니라 상반신을 베일로 가리라고 충고할 뿐이다. 베일로 얼굴을 감싸는 관습은 코란에 따른 의무라기보다는, 예전부터 존재했던 겸허와 존중의 표시였다.
>
> 날씨가 더운 나라의 여성들도 베일을 착용하였는데, 남성에 대한 순종의 의미보다 햇볕이나 사막의 뜨거운 모래바람으로부터 얼굴을 보호하려는 것이 목적이었다. 이란의 반다르 에아바스에 사는 수니파 여성들은 얼굴 보호를 위해 자수 장식이 있는 두꺼운 면직물로 된 붉은색 마스크를 썼다. 이것도 이슬람 전통이 정착되기 전부터 존재했을 가능성이 크다. 사우디아라비아의 베두인족 여성들은 은과 진주로 장식한 천이나 가죽 소재의 부르카로 얼굴 전체를 감쌌다. 부르카 위에 다시 커다란 검은색 베일을 쓰기도 했다.
>
> 외부 침입이 잦은 일부 지역에서 베일은 낯선 이방인의 시선으로부터 자신을 보호하는 수단으로 사용됐다. 북아프리카의 투아레그족 남자들이 리탐이라고 부르는 남색의 면직물로 된 큰 베일을 썼던 것이 그 예이다. 전설에 따르면 전쟁에서 패하고 돌아온 투아레그족 남자들이 수치심 때문에 머리에 감았던 터번으로 얼굴을 가리고 다녔는데, 그 뒤로는 타인의 시선으로부터 자신을 보호하기 위해 계속해서 얼굴을 감싸게 되었다고 한다.

① 베일은 여성만 착용하는 것으로 남성에 대한 겸허의 의미를 담고 있었을 것이다.
② 반다르 에아바스 지역의 수니파 여성들은 은으로 장식한 가죽으로 얼굴을 감쌌을 것이다.
③ 이슬람권 여성이 베일로 얼굴을 감싸는 것은 코란의 의무 규정으로부터 시작되었을 것이다.
④ 타인의 시선으로부터 자신을 보호하는 것도 사람들이 베일을 쓰는 이유 중 하나였을 것이다.
⑤ 사우디아라비아 베두인족 여성의 부르카와 북아프리카 투아레그족의 리탐은 모두 가죽 소재로 만들었을 것이다.

14. 다음 글을 근거로 판단할 때 옳은 것은?

> 아파트를 분양받을 경우 전용면적, 공용면적, 공급면적, 계약면적, 서비스면적이라는 용어를 자주 접하게 된다.
>
> 전용면적은 아파트의 방이나 거실, 주방, 화장실 등을 모두 포함한 면적으로, 개별 세대 현관문 안쪽의 전용 생활공간을 말한다. 다만 발코니 면적은 전용면적에서 제외된다.
>
> 공용면적은 주거공용면적과 기타공용면적으로 나뉜다. 주거공용면적은 세대가 거주를 위하여 공유하는 면적으로 세대가 속한 건물의 공용계단, 공용복도 등의 면적을 더한 것을 말한다. 기타공용면적은 주거공용면적을 제외한 지하층, 관리사무소, 노인정 등의 면적을 더한 것이다.
>
> 공급면적은 통상적으로 분양에 사용되는 용어로 전용면적과 주거공용면적을 더한 것이다. 계약면적은 공급면적과 기타공용면적을 더한 것이다. 서비스면적은 발코니 같은 공간의 면적으로 전용면적과 공용면적에서 제외된다.

① 발코니 면적은 계약면적에 포함된다.
② 관리사무소 면적은 공급면적에 포함된다.
③ 계약면적은 전용면적, 주거공용면적, 기타공용면적을 더한 것이다.
④ 공용계단과 공용복도의 면적은 공급면적에 포함되지 않는다.
⑤ 개별 세대 내 거실과 주방의 면적은 주거공용면적에 포함된다.

15. 다음 A국의 규정을 근거로 판단할 때 옳은 것은?

제00조 ① 법령 등을 제정·개정 또는 폐지(이하 "입법"이라 한다)하려는 경우에는 해당 입법안을 마련한 행정청은 이를 예고하여야 한다. 다만, 다음 각 호의 어느 하나에 해당하는 경우에는 예고를 하지 아니할 수 있다.
1. 신속한 국민의 권리 보호 또는 예측 곤란한 특별한 사정의 발생 등으로 입법이 긴급을 요하는 경우
2. 상위 법령 등의 단순한 집행을 위한 경우
3. 예고함이 공공의 안전 또는 복리를 현저히 해칠 우려가 있는 경우

② 법제처장은 입법예고를 하지 아니한 법령안의 심사 요청을 받은 경우에 입법예고를 하는 것이 적당하다고 판단할 때에는 해당 행정청에 입법예고를 권고하거나 직접 예고할 수 있다.

제00조 ① 행정청은 입법안의 취지, 주요 내용 또는 전문(全文)을 관보·공보나 인터넷·신문·방송 등을 통하여 널리 공고하여야 한다.

② 행정청은 입법예고를 할 때에 입법안과 관련이 있다고 인정되는 중앙행정기관, 지방자치단체, 그 밖의 단체 등이 예고사항을 알 수 있도록 예고사항을 통지하거나 그 밖의 방법으로 알려야 한다.

③ 행정청은 예고된 입법안의 전문에 대한 열람 또는 복사를 요청받았을 때에는 특별한 사유가 없으면 그 요청에 따라야 하며, 복사에 드는 비용을 복사를 요청한 자에게 부담시킬 수 있다.

① 행정청은 신속한 국민의 권리 보호를 위해 입법이 긴급을 요하는 경우 입법예고를 하지 않을 수 있다.
② 행정청은 예고된 입법안 전문에 대한 복사 요청을 받은 경우 복사에 드는 비용을 부담하여야만 한다.
③ 행정청은 법령의 단순한 집행을 위해 그 하위 법령을 개정하는 경우 입법예고를 하여야만 한다.
④ 법제처장은 입법예고를 하지 않은 법령안의 심사를 요청받은 경우 그 법령안의 입법예고를 직접 할 수 없다.
⑤ 행정청은 법령을 폐지하는 경우 입법예고를 하지 않는다.

16. 다음 글을 근거로 판단할 때 옳은 것은?

토지와 그 정착물을 부동산이라 하고, 부동산 이외의 물건을 동산이라 한다. 계약(예: 매매, 증여 등)에 의하여 부동산의 소유권을 취득하려면 양수인(예: 매수인, 수증자) 명의로 소유권이전등기를 마쳐야 한다. 반면에 상속·공용징수(강제수용)·판결·경매나 그 밖의 법률규정에 의하여 부동산의 소유권을 취득하는 경우에는 등기를 필요로 하지 않는다. 다만 등기를 하지 않으면 그 부동산을 처분하지 못한다. 한편 계약에 의하여 동산의 소유권을 취득하려면 양도인(예: 매도인, 증여자)이 양수인에게 그 동산을 인도하여야 한다.

① 甲이 자신의 부동산 X를 乙에게 1억 원에 팔기로 한 경우, 乙이 甲에게 1억 원을 지급할 때 부동산 X의 소유권을 취득한다.
② 甲의 부동산 X를 경매를 통해 취득한 乙이 그 부동산을 丙에게 증여하고 인도하면, 丙은 소유권이전등기 없이 부동산 X의 소유권을 취득한다.
③ 甲이 점유하고 있는 자신의 동산 X를 乙에게 증여하기로 한 경우, 甲이 乙에게 동산 X를 인도하지 않더라도 乙은 동산 X의 소유권을 취득한다.
④ 甲의 상속인으로 乙과 丙이 있는 경우, 乙과 丙이 상속으로 甲의 부동산 X에 대한 소유권을 취득하려면 乙과 丙명의로 소유권이전등기를 마쳐야 한다.
⑤ 甲과의 부동산 X에 대한 매매계약에 따라 乙이 甲에게 매매대금을 지급하였더라도 乙명의로 부동산 X에 대한 소유권이전등기를 마치지 않은 경우, 乙은 그 소유권을 취득하지 못한다.

17. 다음 글을 근거로 판단할 때, A에 해당하는 숫자는?

□ △△원자력발전소에서 매년 사용후핵연료봉(이하 '폐연료봉'이라 한다)이 50,000개씩 발생하고, 이를 저장하기 위해 발전소 부지 내 2가지 방식(습식과 건식)의 임시저장소를 운영
  1. 습식저장소
    - 원전 내 저장수조에서 물을 이용하여 폐연료봉의 열을 냉각시키고 방사선을 차폐하는 저장방식으로 총 100,000개의 폐연료봉 저장 가능
  2. 건식저장소
    ○ X저장소
      - 원통형의 커다란 금속 캔에 폐연료봉을 저장하는 방식으로 총 300기의 캐니스터로 구성되고, 한 기의 캐니스터는 9층으로 이루어져 있으며, 한 개의 층에 60개의 폐연료봉 저장 가능
    ○ Y저장소
      - 기체로 열을 냉각시키고 직사각형의 콘크리트 내에 저장함으로써 방사선을 차폐하는 저장방식으로 이 방식을 이용하여 저장소 내에 총 138,000개의 폐연료봉 저장 가능

□ 현재 습식저장소는 1개로 저장용량의 50%가 채워져 있고, 건식저장소 X, Y는 각각 1개로 모두 비어 있는 상황

□ 따라서 발생하는 폐연료봉의 양이 항상 일정하다고 가정하면, △△원자력발전소에서 최대 (A)년 동안 발생하는 폐연료봉을 현재의 임시저장소에 저장 가능

① 3
② 4
③ 5
④ 6
⑤ 7

18. 다음 글과 <상황>을 근거로 판단할 때, 甲이 둘째 딸에게 물려주려는 땅의 크기는?

한 도형이 다른 도형과 접할 때, 안쪽에서 접하는 것을 내접, 바깥쪽에서 접하는 것을 외접이라고 한다. 이를테면 한 개의 원이 다각형의 모든 변에 접할 때, 그 다각형은 원에 외접한다고 하며 원은 다각형에 내접한다고 한다. 한편 원이 한 다각형의 각 꼭짓점을 모두 지날 때 그 원은 다각형에 외접한다고 하며, 다각형은 원에 내접한다고 한다. 정다각형은 반드시 내접원과 외접원을 가지게 된다.

<상 황>

甲은 죽기 전 자신이 가진 가로와 세로가 각각 100m인 정사각형의 땅을 다음과 같이 나누어 주겠다는 유서를 작성하였다.

"내 전 재산인 정사각형의 땅에 내접하는 원을 그리고, 다시 그 원에 내접하는 정사각형을 그린다. 그 내접하는 정사각형에 해당하는 땅을 첫째 딸에게 주고, 나머지 부분은 둘째 딸에게 물려준다."

① 4,000m²
② 5,000m²
③ 6,000m²
④ 7,000m²
⑤ 8,000m²

19. 다음 글과 <평가 결과>를 근거로 판단할 때, <보기>에서 옳은 것만을 모두 고르면?

X국에서는 현재 정부 재정지원을 받고 있는 복지시설(A～D)을 대상으로 다섯 가지 항목(환경개선, 복지관리, 복지지원, 복지성과, 중장기 발전계획)에 대한 종합적인 평가를 진행하였다.

평가점수의 총점은 각 평가항목에 대해 해당 시설이 받은 점수와 해당 평가항목별 가중치를 곱한 것을 합산하여 구하고, 총점 90점 이상은 1등급, 80점 이상 90점 미만은 2등급, 70점 이상 80점 미만은 3등급, 70점 미만은 4등급으로 한다.

평가 결과, 1등급 시설은 특별한 조치를 취하지 않으며, 2등급 시설은 관리 정원의 5%를, 3등급 이하 시설은 관리 정원의 10%를 감축해야 하고, 4등급을 받으면 정부의 재정지원도 받을 수 없다.

<평가 결과>

평가항목 (가중치)	A시설	B시설	C시설	D시설
환경개선 (0.2)	90	90	80	90
복지관리 (0.2)	95	70	65	70
복지지원 (0.2)	95	70	55	80
복지성과 (0.2)	95	70	60	60
중장기 발전계획 (0.2)	90	95	50	65

<보 기>

ㄱ. A시설은 관리 정원을 감축하지 않아도 된다.
ㄴ. B시설은 관리 정원을 감축해야 하나 정부의 재정지원은 받을 수 있다.
ㄷ. 만약 평가항목에서 환경개선의 가중치를 0.3으로, 복지성과의 가중치를 0.1로 바꾼다면 C시설은 정부의 재정지원을 받을 수 있다.
ㄹ. D시설은 관리 정원을 감축해야 하고 정부의 재정지원도 받을 수 없다.

① ㄱ, ㄴ
② ㄴ, ㄹ
③ ㄷ, ㄹ
④ ㄱ, ㄴ, ㄷ
⑤ ㄱ, ㄷ, ㄹ

20. 다음 글을 근거로 판단할 때, <보기>에서 옳은 것만을 모두 고르면?

甲과 乙이 '사냥게임'을 한다. 1, 2, 3, 4의 번호가 매겨진 4개의 칸이 아래와 같이 있다.

1	2	3	4

여기에 甲은 네 칸 중 괴물이 위치할 연속된 두 칸을 정하고, 乙은 네 칸 중 화살이 명중할 하나의 칸을 정한다. 甲과 乙은 동시에 자신들이 정한 칸을 말한다. 그 결과 화살이 괴물이 위치하는 칸에 명중하면 乙이 승리하고, 명중하지 않으면 甲이 승리한다.

예를 들면 甲이 [1|2], 乙이 [1] 또는 [2]를 선택한 경우 괴물이 화살에 맞은 것으로 간주하여 乙이 승리한다. 만약 甲이 [1|2], 乙이 [3] 또는 [4]를 선택했다면 괴물이 화살을 피한 것으로 간주하여 甲이 승리한다.

<보 기>

ㄱ. 괴물이 위치할 칸을 甲이 무작위로 정할 경우 乙은 [1]보다는 [2]를 선택하는 것이 승리할 확률이 높다.
ㄴ. 화살이 명중할 칸을 乙이 무작위로 정할 경우 甲은 [2|3]보다는 [3|4]를 선택하는 것이 승리할 확률이 높다.
ㄷ. 이 게임에서 甲이 선택할 수 있는 대안은 3개이고 乙이 선택할 수 있는 대안은 4개이므로 乙이 이기는 경우의 수가 더 많다.

① ㄱ
② ㄴ
③ ㄷ
④ ㄱ, ㄴ
⑤ ㄱ, ㄷ

21. 다음 글을 근거로 판단할 때, 1단계에서 甲이 나눈 두 묶음의 구슬 개수로 옳은 것은?

甲은 아래 세 개의 단계를 순서대로 거쳐 16개의 구슬을 네 묶음으로 나누었다. 네 묶음의 구슬 개수는 각각 1개, 5개, 5개, 5개이다.

○ 1단계: 16개의 구슬을 두 묶음으로 나누어, 한 묶음의 구슬 개수가 다른 묶음의 구슬 개수의 n배(n은 자연수)가 되도록 했다.
○ 2단계: 5개 이상의 구슬이 있던 한 묶음에서 다른 묶음으로 5개의 구슬을 옮겼다.
○ 3단계: 두 묶음을 각각 두 묶음씩으로 다시 나누어 총 네 묶음이 되도록 했다.

① 8개, 8개
② 11개, 5개
③ 12개, 4개
④ 14개, 2개
⑤ 15개, 1개

22. 다음 글을 근거로 판단할 때 옳지 않은 것은?

甲은 <가격표>를 참고하여 <조건>에 따라 동네 치킨 가게(A~D)에서 치킨을 배달시켰다.

<조 건>

조건 1. 프라이드치킨, 양념치킨, 간장치킨을 한 마리씩 주문한다.
조건 2. 동일한 가게에 세 마리를 주문하지 않는다.
조건 3. 주문금액(치킨 가격+배달료)의 총 합계가 최소가 되도록 한다.

<가격표>

(단위: 원)

동네 치킨 가게	치킨 가격 (마리당 가격)			배달료	배달가능 최소금액
	프라이드 치킨	양념 치킨	간장 치킨		
A	7,000	8,000	9,000	0	10,000
B	7,000	7,000	10,000	2,000	5,000
C	5,000	8,000	8,000	1,000	7,000
D	8,000	8,000	8,000	1,000	5,000

※ 배달료는 가게당 한 번만 지불한다.

① A가게에는 주문하지 않았다.
② 총 주문금액은 23,000원이다.
③ 주문이 가능한 경우의 조합은 총 네 가지이다.
④ B가게가 휴업했더라도 총 주문금액은 달라지지 않는다.
⑤ '조건 2'를 고려하지 않는다면 총 주문금액은 22,000원이다.

23. 다음 글을 근거로 판단할 때, <보기>에서 옳은 것만을 모두 고르면?

○ '○○코드'는 아래 그림과 같이 총 25칸(5 × 5)으로 이루어져 있으며, 각 칸을 흰색으로 채우거나 검정색으로 채우는 조합에 따라 다른 코드가 만들어진다.

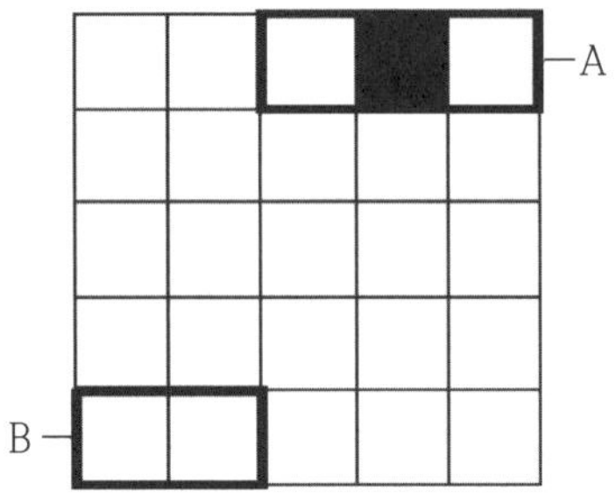

○ 상단 오른쪽의 3칸(A)은 항상 '흰색 - 검정색 - 흰색'으로 ○○코드의 고유표시를 나타낸다.
○ 하단 왼쪽의 2칸(B)은 코드를 제작한 지역을 표시하는 것으로 전 세계를 총 4개의 지역으로 분류하고, 甲지역은 '흰색 - 흰색'으로 표시한다

※ 코드를 회전시키는 경우는 고려하지 않는다.

<보 기>

ㄱ. 甲지역에서 만들 수 있는 코드 개수는 100만 개를 초과한다.
ㄴ. 甲지역에서 만들 수 있는 코드와 다른 지역에서 만들 수 있는 코드는 최대 20칸이 동일하다.
ㄷ. 각 칸을 기존의 흰색과 검정색뿐만 아니라 빨간색과 파란색으로도 채울 수 있다면, 만들 수 있는 코드 개수는 기존보다 100만 배 이상 증가한다.
ㄹ. 만약 상단 오른쪽의 3칸(A)도 다른 칸과 마찬가지로 코드 만드는 것에 사용토록 개방한다면, 만들 수 있는 코드 개수는 기존의 6배로 증가한다.

① ㄱ, ㄴ
② ㄱ, ㄷ
③ ㄴ, ㄹ
④ ㄱ, ㄷ, ㄹ
⑤ ㄴ, ㄷ, ㄹ

24. 다음 <조건>을 따를 때, 5에 인접한 숫자를 모두 더한 값은? (단, 숫자가 인접한다는 것은 숫자가 쓰인 칸이 인접함을 의미한다)

<조 건>

○ 1~10까지의 자연수를 모두 사용하여, <숫자판>의 각 칸에 하나의 자연수를 쓴다. 단, 6과 7은 <숫자판>에 쓰여 있다.
○ 1은 소수와만 인접한다.
○ 2는 모든 홀수와 인접한다.
○ 3에 인접한 숫자를 모두 더하면 16이 된다.
○ 5는 가장 많은 짝수와 인접한다.
○ 10은 어느 짝수와도 인접하지 않는다.

※ 소수: 1과 자신만을 약수로 갖는 자연수

<숫자판>

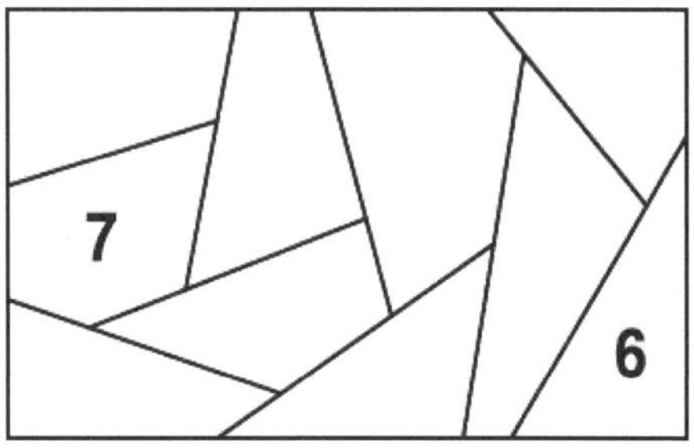

① 22
② 23
③ 24
④ 25
⑤ 26

25. 다음 글을 근거로 판단할 때 옳지 않은 것은?

○○군에서는 관내 임업인 중 정부 보조금 지원 대상자를 선정하기 위하여 <평가기준>을 홈페이지에 게시하였다. 이에 임업인 甲, 乙, 丙, 丁이 관련 서류를 완비하여 보조금 지원을 신청하였으며, ○○군은 평가를 거쳐 <선정결과>를 발표하였다.

<평가기준>

구분	평가항목	배점기준		배점	평가자료
1	보조금 수급 이력	없음		40	정부 보유자료
		있음	3백만 원 미만	26	
			3백만 원 이상	10	
2	임산물 판매규모	2천만 원 이상		30	2015년 연간 판매액 증빙자료
		1천만 원 이상 2천만 원 미만		25	
		5백만 원 이상 1천만 원 미만		19	
		5백만 원 미만		12	
3	전문 임업인	해당		10	군청 보유자료
		해당 없음		5	
4	임산물 관련 교육 이수	해당		10	이수증, 수료증
		해당 없음		5	
5	2015년 산림청 통계조사 표본농가	해당		10	산림청 보유자료
		해당 없음		7	

□ 선정기준: 평가기준에 따른 총점이 가장 높은 임업인 1인

□ 임업인이 제출해야 할 서류

○ 2번 항목: 2015년 임산물 판매 영수증, 세금계산서

○ 4번 항목: 이수증 또는 수료증

□ 선정제외 대상: 보조금을 부당하게 사용하였거나 관련 법령을 위반한 자

□ 동점 시 우선 선정기준

1. 보조금 수급 이력 점수가 높은 자
2. 임산물 판매규모 점수가 높은 자
3. 연령이 높은 자

<선정결과>

항목 / 임업인	1	2	3	4	5	총점	선정 여부
甲	40	25	10	5	7	87	X
乙	40	19	5	10	10	84	X
丙	40	19	10	5	10	84	O
丁	26	30	5	10	7	78	X

① 甲은 관련 법령을 위반한 적이 있을 것이다.

② 甲과 丁은 2015년 산림청통계조사 표본농가에 포함되지 않았을 것이다.

③ 乙이 관련 법령위반 경력이 없다면, 丙은 乙보다 연령이 높을 것이다.

④ 丁은 300만 원 이상에 해당되는 보조금 수급 이력 서류를 제출하였을 것이다.

⑤ 乙과 丁은 임산물 관련 교육 이수 사실 증명을 위해 이수증이나 수료증을 제출하였을 것이다.

약점 보완 해설집 p.209

자료해석영역

1. 다음 <그림>은 국가 A~J의 1인당 GDP와 1인당 의료비지출액을 나타낸 것이다. 이에 대한 <보기>의 설명 중 옳은 것만을 모두 고르면?

<그림> 1인당 GDP와 1인당 의료비지출액

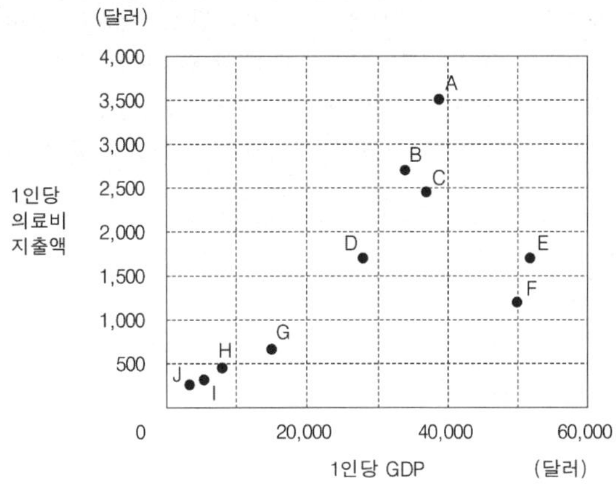

<보 기>

ㄱ. 1인당 GDP가 2만 달러 이상인 국가의 1인당 의료비지출액은 1천 달러 이상이다.
ㄴ. 1인당 의료비지출액이 가장 많은 국가와 가장 적은 국가의 1인당 의료비지출액 차이는 3천 달러 이상이다.
ㄷ. 1인당 GDP가 가장 높은 국가와 가장 낮은 국가의 1인당 의료비지출액 차이는 2천 달러 이상이다.
ㄹ. 1인당 GDP 상위 5개 국가의 1인당 의료비지출액 합은 1인당 GDP 하위 5개 국가의 1인당 의료비지출액 합의 5배 이상이다.

① ㄱ, ㄴ
② ㄱ, ㄷ
③ ㄷ, ㄹ
④ ㄱ, ㄴ, ㄹ
⑤ ㄴ, ㄷ, ㄹ

2. 다음 <표>는 과목 등급 산정기준과 과목별 이수단위 및 민수의 과목별 석차에 대한 자료이다. <표>와 <평균등급 산출 공식>에 따라 산정한 민수의 4개 과목 평균등급을 M이라 할 때, M의 범위로 옳은 것은?

<표 1> 과목 등급 산정기준

등급	과목석차 백분율
1	0% 초과 4% 이하
2	4% 초과 11% 이하
3	11% 초과 23% 이하
4	23% 초과 40% 이하
5	40% 초과 60% 이하
6	60% 초과 77% 이하
7	77% 초과 89% 이하
8	89% 초과 96% 이하
9	96% 초과 100% 이하

※ 과목석차 백분율(%) = $\frac{\text{과목석차}}{\text{과목이수인원}} \times 100$

<표 2> 과목별 이수단위 및 민수의 과목별 석차

구분 / 과목	이수단위(단위)	석차(등)	이수인원(명)
국어	3	270	300
영어	3	44	300
수학	2	27	300
과학	3	165	300

<평균등급 산출 공식>

$$\text{평균등급} = \frac{(\text{과목별 등급} \times \text{과목별 이수단위})\text{의 합}}{\text{과목별 이수단위의 합}}$$

① $3 \leq M < 4$
② $4 \leq M < 5$
③ $5 \leq M < 6$
④ $6 \leq M < 7$
⑤ $7 \leq M < 8$

3. 다음 <표>는 2013년과 2014년 '갑'국 국제협력단이 공여한 공적개발원조액에 관한 자료이다. 이에 대한 <보고서>의 내용 중 옳은 것만을 모두 고르면?

<표 1> 지원형태별 공적개발원조액

(단위: 백만 원)

지원형태 \ 연도	2013	2014
양자	500,139	542,725
다자	22,644	37,827
전체	522,783	580,552

<표 2> 지원분야별 공적개발원조액

(단위: 백만 원, %)

지원분야 \ 구분	2013년		2014년	
	금액	비중	금액	비중
교육	153,539	29.4	138,007	23.8
보건	81,876	15.7	97,082	16.7
공공행정	75,200	14.4	95,501	16.5
농림수산	72,309	13.8	85,284	14.7
산업에너지	79,945	15.3	82,622	14.2
긴급구호	1,245	0.2	13,879	2.4
기타	58,669	11.2	68,177	11.7
전체	522,783	100.0	580,552	100.0

<표 3> 사업유형별 공적개발원조액

(단위: 백만 원, %)

사업유형 \ 구분	2013년		2014년	
	금액	비중	금액	비중
프로젝트	217,624	41.6	226,884	39.1
개발조사	33,839	6.5	42,612	7.3
연수생초청	52,646	10.1	55,214	9.5
봉사단파견	97,259	18.6	109,658	18.9
민관협력	35,957	6.9	34,595	6.0
물자지원	5,001	1.0	6,155	1.1
행정성경비	42,428	8.1	49,830	8.6
개발인식증진	15,386	2.9	17,677	3.0
국제기구사업	22,643	4.3	37,927	6.5
전체	522,783	100.0	580,552	100.0

<표 4> 지역별 공적개발원조액

(단위: 백만 원, %)

지역 \ 구분	2013년		2014년	
	금액	비중	금액	비중
동남아시아	230,758	44.1	236,096	40.7
아프리카	104,940	20.1	125,780	21.7
중남미	60,582	11.6	63,388	10.9
중동	23,847	4.6	16,115	2.8
유럽	22,493	4.3	33,839	5.8
서남아시아	22,644	4.3	37,827	6.5
기타	57,519	11.0	67,507	11.6
전체	522,783	100.0	580,552	100.0

<보고서>

㉠2014년 '갑'국 국제협력단이 공여한 전체 공적개발원조액(이하 원조액)은 전년대비 10% 이상 증가하여 5,800억 원을 상회하였다. ㉡2013년과 2014년 '양자' 지원형태로 공여한 원조액은 매년 전체 원조액의 90% 이상이다. ㉢지원분야별 원조액을 살펴보면, '기타'를 제외하고 2013년과 2014년 지원분야의 원조액 순위는 동일하였다. ㉣2013년에 비해 2014년에 공적개발원조액 전체에서 차지하는 비중이 낮아진 사업유형은 모두 3개였다. 지역별 원조액을 살펴보면, 2013년 대비 2014년 동남아시아에 대한 원조액은 증가한 반면에, 전체 원조액에서 동남아시아가 차지하는 비중은 감소하였다. ㉤2014년 지역별 원조액은 '기타'를 제외하고 살펴보면, 모든 지역에서 각각 전년대비 증가하였다.

① ㄱ, ㄴ, ㄹ
② ㄱ, ㄴ, ㅁ
③ ㄱ, ㄷ, ㅁ
④ ㄴ, ㄷ, ㄹ
⑤ ㄷ, ㄹ, ㅁ

4. 다음 <그림>은 국가 A~H의 GDP와 에너지사용량에 관한 자료이다. 이에 대한 설명으로 옳지 않은 것은?

<그림> 국가A~H의 GDP와 에너지사용량

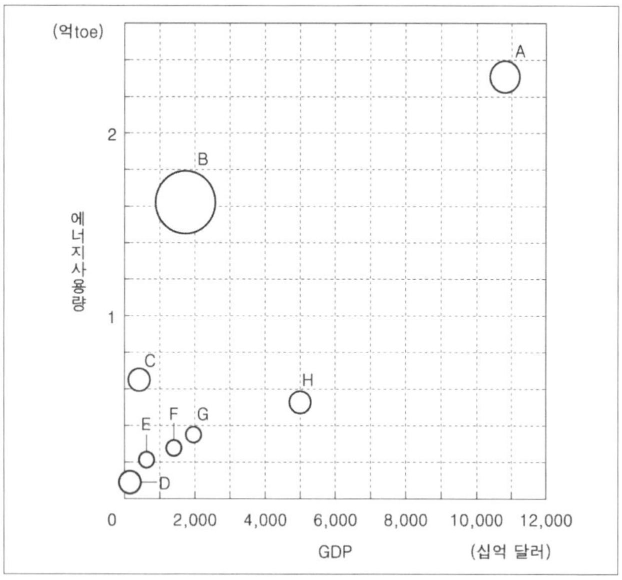

※ 1) 원의 면적은 각 국가 인구수에 정비례함.
2) 각 원의 중심좌표는 각 국가의 GDP와 에너지사용량을 나타냄.

① 에너지사용량이 가장 많은 국가는 A국이고 가장 적은 국가는 D국이다.
② 1인당 에너지사용량은 C국이 D국보다 많다.
③ GDP가 가장 낮은 국가는 D국이고 가장 높은 국가는 A국이다.
④ 1인당 GDP는 H국이 B국보다 높다.
⑤ 에너지사용량 대비 GDP는 A국이 B국보다 낮다.

5. 다음 <표>는 2012~2014년 A국 농축수산물 생산액 상위 10개 품목에 대한 자료이다. 이에 대한 <보기>의 설명 중 옳은 것만을 모두 고르면?

<표> A국 농축수산물 생산액 상위 10개 품목

(단위: 억 원)

순위 \ 구분 \ 연도	2012		2013		2014	
	품목	생산액	품목	생산액	품목	생산액
1	쌀	105,046	쌀	85,368	쌀	86,800
2	돼지	23,720	돼지	37,586	돼지	54,734
3	소	18,788	소	31,479	소	38,054
4	우유	13,517	우유	15,513	닭	20,229
5	고추	10,439	닭	11,132	우유	17,384
6	닭	8,208	달걀	10,853	달걀	13,590
7	달걀	6,512	수박	8,920	오리	12,323
8	감귤	6,336	고추	8,606	고추	9,913
9	수박	5,598	감귤	8,108	인삼	9,412
10	마늘	5,324	오리	6,490	감귤	9,065
농축수산물 전체		319,678		350,889		413,643

<보 기>

ㄱ. 2013년에 비해 2014년에 감귤 생산액 순위는 떨어졌으나 감귤 생산액이 농축수산물 전체 생산액에서 차지하는 비중은 증가하였다.
ㄴ. 쌀 생산액이 농축수산물 전체 생산액에서 차지하는 비중은 매년 감소하였다.
ㄷ. 상위 10위 이내에 매년 포함된 품목은 7개이다.
ㄹ. 오리 생산액은 매년 증가하였다.

① ㄱ, ㄴ
② ㄱ, ㄹ
③ ㄴ, ㄷ
④ ㄴ, ㄹ
⑤ ㄷ, ㄹ

6. 다음 <표>는 2013~2016년 '갑' 기업 사원 A~D의 연봉 및 성과평가등급별 연봉인상률에 대한 자료이다. 이에 대한 <보기>의 설명으로 옳은 것만을 모두 고르면?

<표 1> '갑' 기업 사원 A~D의 연봉

(단위: 천 원)

사원 \ 연도	2013	2014	2015	2016
A	24,000	28,800	34,560	38,016
B	25,000	25,000	26,250	28,875
C	24,000	25,200	27,720	33,264
D	25,000	27,500	27,500	30,250

<표 2> '갑' 기업의 성과평가등급별 연봉인상률

(단위: %)

성과평가등급	Ⅰ	Ⅱ	Ⅲ	Ⅳ
연봉인상률	20	10	5	0

※ 1) 성과평가는 해당연도 연말에 1회만 실시하며, 각 사원은 Ⅰ, Ⅱ, Ⅲ, Ⅳ 중 하나의 성과평가등급을 받음.
2) 성과평가등급을 높은 것부터 순서대로 나열하면 Ⅰ, Ⅱ, Ⅲ, Ⅳ의 순임.
3) 당해년도 연봉 = 전년도 연봉 × (1 + 전년도 성과평가등급에 따른 연봉인상률)

<보 기>

ㄱ. 2013년 성과평가등급이 높은 사원부터 순서대로 나열하면 D, A, C, B이다.
ㄴ. 2015년에 A와 B는 동일한 성과평가등급을 받았다.
ㄷ. 2013~2015년 동안 C는 성과평가에서 Ⅰ등급을 받은 적이 있다.
ㄹ. 2013~2015년 동안 D는 성과평가에서 Ⅲ등급을 받은 적이 있다.

① ㄱ, ㄴ
② ㄱ, ㄷ
③ ㄱ, ㄹ
④ ㄴ, ㄷ
⑤ ㄴ, ㄹ

7. 다음 <표>와 <그림>은 2002년과 2012년 '갑'국의 국적별 외국인 방문객에 관한 자료이다. 이에 대한 설명으로 옳은 것은?

<표> 외국인 방문객 현황

(단위: 명)

연도	2002	2012
외국인 방문객 수	5,347,468	9,794,796

<그림 1> 2002년 국적별 외국인 방문객 수(상위 10개국)

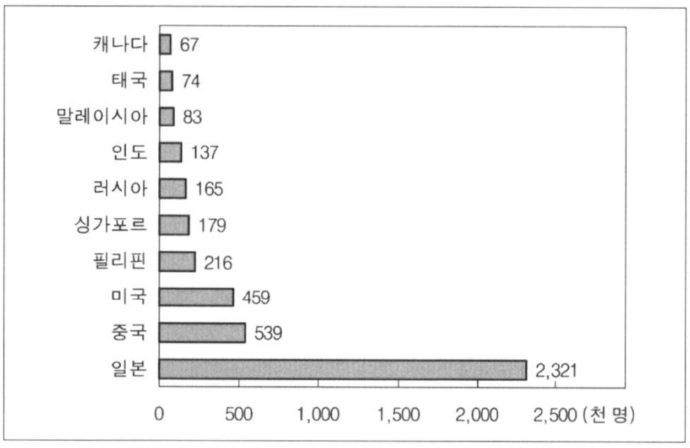

<그림 2> 2012년 국적별 외국인 방문객 수(상위 10개국)

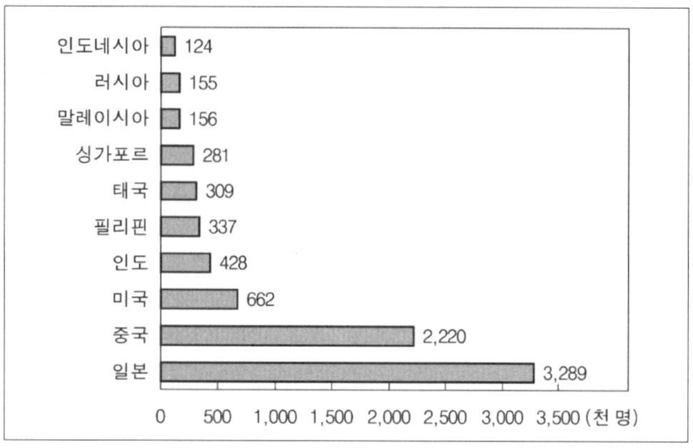

① 미국인, 중국인, 일본인 방문객 수의 합은 2012년이 2002년의 2배 이상이다.
② 2002년 대비 2012년 미국인 방문객 수의 증가율은 말레이시아인 방문객 수의 증가율보다 높다.
③ 전체 외국인 방문객 중 중국인 방문객 비중은 2012년이 2002년의 3배 이상이다.
④ 2002년 외국인 방문객 수 상위 10개국 중 2012년 외국인 방문객 수 상위 10개국에 포함되지 않은 국가는 2개이다.
⑤ 인도네시아인 방문객 수는 2002년에 비해 2012년에 55,000명 이상 증가하였다.

8. 다음 <표>와 <그림>은 수종별 원목생산량과 원목생산량 구성비에 관한 자료이다. 이에 대한 <보기>의 설명 중 옳은 것만을 모두 고르면?

<표> 2006~2011년 수종별 원목생산량

(단위: 만 m^3)

수종 \ 연도	2006	2007	2008	2009	2010	2011
소나무	30.9	25.8	28.1	38.6	77.1	92.2
잣나무	7.2	6.8	5.6	8.3	12.8	(　)
전나무	50.4	54.3	50.4	54.0	58.2	56.2
낙엽송	22.7	23.8	37.3	38.7	50.5	63.3
참나무	41.4	47.7	52.5	69.4	76.0	87.7
기타	9.0	11.8	21.7	42.7	97.9	85.7
전체	161.6	170.2	195.6	(　)	372.5	(　)

<그림> 2011년 수종별 원목생산량 구성비

(단위: %)

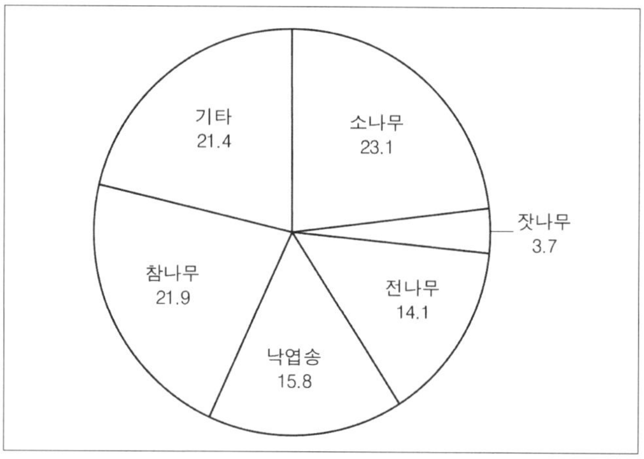

<보 기>

ㄱ. '기타'를 제외하고 2006년 대비 2011년 원목생산량 증가율이 가장 큰 수종은 소나무이다.
ㄴ. '기타'를 제외하고 2006~2011년 동안 원목생산량이 매년 증가한 수종은 3개이다.
ㄷ. 2010년 참나무 원목생산량은 2010년 잣나무 원목생산량의 6배 이상이다.
ㄹ. 전체 원목생산량 중 소나무 원목생산량의 비중은 2011년이 2009년보다 크다.

① ㄱ, ㄴ
② ㄱ, ㄷ
③ ㄱ, ㄹ
④ ㄴ, ㄷ
⑤ ㄷ, ㄹ

9. 다음 <그림>은 국가 A~D의 정부신뢰에 관한 자료이다. <그림>과 <조건>에 근거하여 A~D에 해당하는 국가를 바르게 나열한 것은?

<그림 1> 국가별 전체국민 정부신뢰율

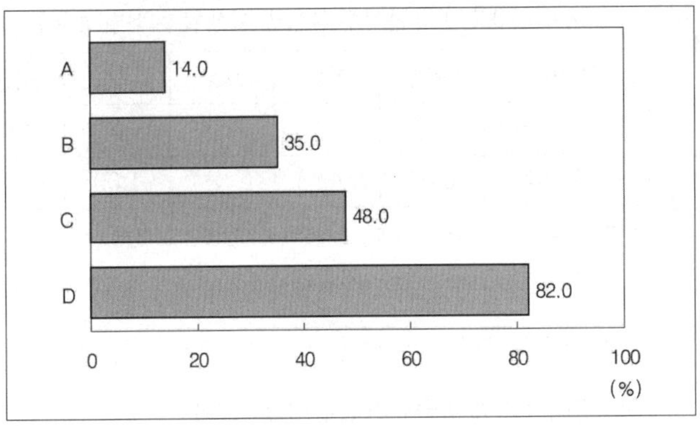

<그림 2> 국가별 청년층의 상대적 정부신뢰지수

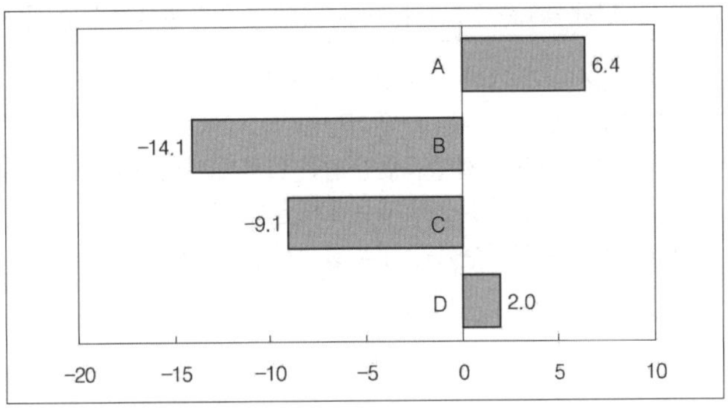

※ 1) 전체국민 정부신뢰율(%)

$= \frac{\text{정부를 신뢰한다고 응답한 응답자 수}}{\text{전체응답자 수}} \times 100$

2) 청년층 정부신뢰율(%)

$= \frac{\text{정부를 신뢰한다고 응답한 청년층 응답자 수}}{\text{청년층 응답자 수}} \times 100$

3) 청년층의 상대적 정부신뢰지수

= 전체국민 정부신뢰율(%) - 청년층 정부신뢰율(%)

<조 건>

○ 청년층 정부신뢰율은 스위스가 그리스의 10배 이상이다.

○ 영국과 미국에서는 청년층 정부신뢰율이 전체국민 정부신뢰율보다 높다.

○ 청년층 정부신뢰율은 미국이 스위스보다 30%p 이상 낮다.

	A	B	C	D
①	그리스	영국	미국	스위스
②	스위스	영국	미국	그리스
③	스위스	미국	영국	그리스
④	그리스	미국	영국	스위스
⑤	영국	그리스	미국	스위스

10. 다음 <표>는 조사년도별 우리나라의 도시수, 도시인구 및 도시화율에 대한 자료이다. 이에 대한 <보기>의 설명 중 옳은 것만을 모두 고르면?

<표> 조사년도별 우리나라의 도시수, 도시인구 및 도시화율

(단위: 개, 명, %)

조사년도	도시수	도시인구	도시화율
1910	12	1,122,412	8.4
1915	7	456,430	2.8
1920	7	508,396	2.9
1925	19	1,058,706	5.7
1930	30	1,605,669	7.9
1935	38	2,163,453	10.1
1940	58	3,998,079	16.9
1944	74	5,067,123	19.6
1949	60	4,595,061	23.9
1955	65	6,320,823	29.4
1960	89	12,303,103	35.4
1966	111	15,385,382	42.4
1970	114	20,857,782	49.8
1975	141	24,792,199	58.3
1980	136	29,634,297	66.2
1985	150	34,527,278	73.3
1990	149	39,710,959	79.5
1995	135	39,882,316	82.6
2000	138	38,784,556	84.0
2005	151	41,017,759	86.7
2010	156	42,564,502	87.6

※ 1) 도시화율(%) $= \frac{\text{도시인구}}{\text{전체인구}} \times 100$

2) 평균도시인구 $= \frac{\text{도시인구}}{\text{도시수}} \times 100$

<보 기>

ㄱ. 1949~2010년 동안 직전 조사년도에 비해 도시수가 증가한 조사년도에는 직전 조사년도에 비해 도시화율도 모두 증가한다.

ㄴ. 1949~2010년 동안 직전 조사년도 대비 도시인구 증가폭이 가장 큰 조사년도에는 직전 조사년도 대비 도시화율 증가폭도 가장 크다.

ㄷ. 전체인구가 처음으로 4천만 명을 초과한 조사년도는 1970년이다.

ㄹ. 조사년도 1955년의 평균도시인구는 10만 명 이상이다.

① ㄱ, ㄴ ② ㄱ, ㄷ ③ ㄴ, ㄷ
④ ㄴ, ㄹ ⑤ ㄱ, ㄷ, ㄹ

11. 다음 <표>는 지역별, 등급별, 병원유형별 요양기관 수를 나타낸 자료이다. 이에 대한 <보기>의 설명 중 옳은 것만을 모두 고르면?

<표 1> 지역별, 등급별 요양기관 수

(단위: 개소)

지역 \ 등급	1등급	2등급	3등급	4등급	5등급
서울	22	2	1	0	4
경기	17	2	0	0	1
경상	16	0	0	1	0
충청	5	2	0	0	2
전라	4	2	0	0	1
강원	1	2	0	1	0
제주	2	0	0	0	0
계	67	10	1	2	8

<표 2> 병원유형별, 등급별 요양기관 수

(단위: 개소)

병원유형 \ 등급	1등급	2등급	3등급	4등급	5등급	합
상급종합병원	37	5	0	0	0	42
종합병원	30	5	1	2	8	46

<보 기>

ㄱ. 경상지역 요양기관 중 1등급 요양기관의 비중은 서울지역 요양기관 중 1등급 요양기관의 비중보다 작다.

ㄴ. 5등급 요양기관 중 서울지역 요양기관의 비중은 2등급 요양기관 중 강원지역 요양기관의 비중보다 크다.

ㄷ. 1등급 '상급종합병원' 요양기관 수는 5등급을 제외한 '종합병원' 요양기관 수의 합보다 적다.

ㄹ. '상급종합병원' 요양기관 중 1등급 요양기관의 비중은 1등급 요양기관 중 '종합병원' 요양기관의 비중보다 크다.

① ㄱ, ㄴ
② ㄱ, ㄷ
③ ㄴ, ㄷ
④ ㄴ, ㄹ
⑤ ㄴ, ㄷ, ㄹ

12. 다음 <표>는 2000년 극한기후 유형별 발생일수와 발생지수에 관한 자료이다. <표>와 <산정식>에 따라 2000년 극한기후 유형별 발생지수를 산출할 때, 이에 대한 설명으로 옳은 것은?

<표> 2000년 극한기후 유형별 발생일수와 발생지수

유형	폭염	한파	호우	대설	강풍
발생일수(일)	16	5	3	0	1
발생지수	5.00	( )	( )	1.00	( )

※ 극한기후 유형은 폭염, 한파, 호우, 대설, 강풍만 존재함.

<산정식>

$$\text{극한기후 발생지수} = 4 \times \left(\frac{A-B}{C-B}\right) + 1$$

A = 당해년도 해당 극한기후 유형 발생일수
B = 당해년도 폭염, 한파, 호우, 대설, 강풍의 발생일수 중 최솟값
C = 당해년도 폭염, 한파, 호우, 대설, 강풍의 발생일수 중 최댓값

① 발생지수가 가장 높은 유형은 한파이다.
② 호우의 발생지수는 2.00 이상이다.
③ 대설과 강풍의 발생지수의 합은 호우의 발생지수보다 크다.
④ 극한기후 유형별 발생지수의 평균은 3.00 이상이다.
⑤ 폭염의 발생지수는 강풍의 발생지수의 5배이다.

13. 다음 <표>는 갑, 을, 병 회사의 부서 간 정보교환을 나타낸 것이다. <표>와 <조건>을 이용하여 작성한 각 회사의 부서 간 정보교환 형태가 <그림>과 같을 때, <그림>의 (A)~(C)에 해당하는 회사를 바르게 나열한 것은?

<표 1> '갑' 회사의 부서 간 정보교환

부서	a	b	c	d	e	f	g
a		1	1	1	1	1	1
b	1		0	0	0	0	0
c	1	0		0	0	0	0
d	1	0	0		0	0	0
e	1	0	0	0		0	0
f	1	0	0	0	0		0
g	1	0	0	0	0	0	

<표 2> '을' 회사의 부서 간 정보교환

부서	a	b	c	d	e	f	g
a		1	1	0	0	0	0
b	1		0	1	1	0	0
c	1	0		0	0	1	1
d	0	1	0		0	0	0
e	0	1	0	0		0	0
f	0	0	1	0	0		0
g	0	0	1	0	0	0	

<표 3> '병' 회사의 부서 간 정보교환

부서	a	b	c	d	e	f	g
a		1	0	0	0	0	1
b	1		1	0	0	0	0
c	0	1		1	0	0	0
d	0	0	1		1	0	0
e	0	0	0	1		1	0
f	0	0	0	0	1		1
g	1	0	0	0	0	1	

※ 갑, 을, 병 회사는 각각 a~g의 7개 부서만으로 이루어지며, 부서 간 정보교환이 있으면 1, 없으면 0으로 표시함.

<조 건>

○ 점(●)은 부서를 의미한다.
○ 두 부서 간 정보교환이 있으면 두 점을 선(—)으로 직접 연결한다.
○ 두 부서 간 정보교환이 없으면 두 점을 선(—)으로 직접 연결하지 않는다.

<그 림>

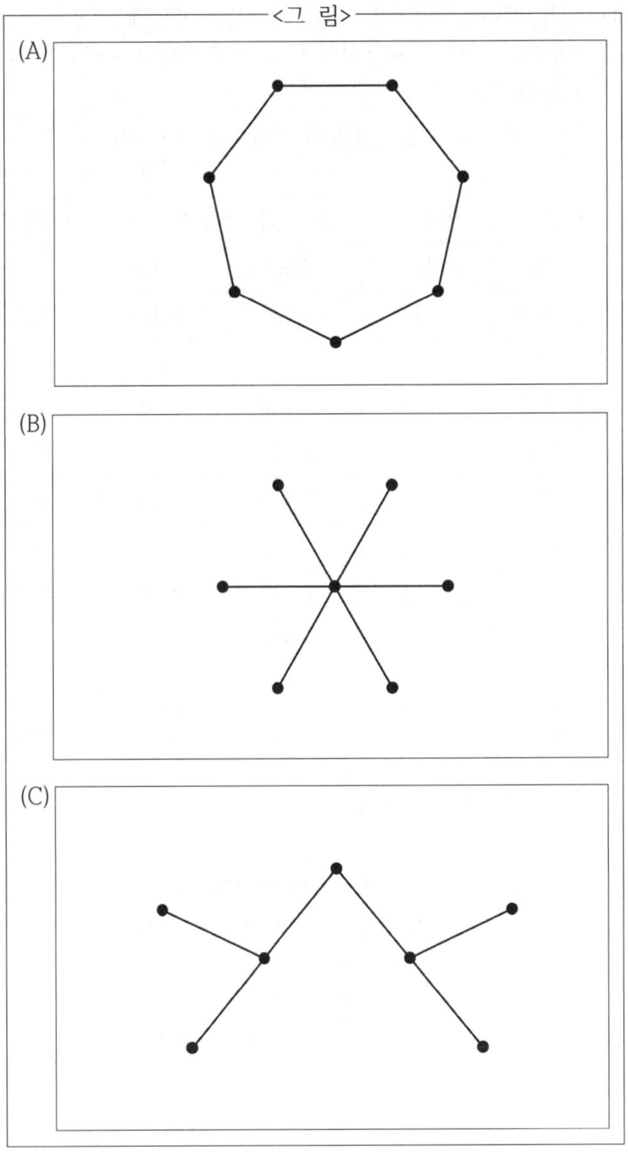

	(A)	(B)	(C)
①	갑	을	병
②	갑	병	을
③	을	갑	병
④	을	병	갑
⑤	병	갑	을

14. 다음 <표>는 '갑'국의 10대 미래산업 현황에 대한 자료이다. <표>와 <조건>을 이용하여 B, C, E에 해당하는 산업을 바르게 나열한 것은?

<표> '갑'국의 10대 미래산업 현황

(단위: 개, 명, 억 원, %)

산업	업체수	종사자수	부가가치액	부가가치율
A	403	7,500	788	33.4
기계	345	3,600	2,487	48.3
B	302	22,500	8,949	41.4
조선	103	1,100	282	37.0
에너지	51	2,300	887	27.7
C	48	2,900	4,002	42.4
안전	15	2,100	1,801	35.2
D	4	2,800	4,268	40.5
E	2	300	113	36.3
F	2	100	61	39.1
전체	1,275	45,200	23,638	40.3

※ 부가가치율(%) = $\frac{\text{부가가치액}}{\text{매출액}} \times 100$

<조 건>

○ 의료 종사자수는 IT 종사자수의 3배이다.
○ 의료와 석유화학의 부가가치액 합은 10대 미래산업 전체 부가가치액의 50% 이상이다.
○ 매출액이 가장 낮은 산업은 항공우주이다.
○ 철강 업체수는 지식서비스 업체수의 2배이다.

	B	C	E
①	의료	철강	지식서비스
②	의료	석유화학	지식서비스
③	의료	철강	항공우주
④	지식서비스	석유화학	의료
⑤	지식서비스	철강	의료

15. 다음 <표>는 성인 500명이 응답한 온라인 도박과 오프라인 도박 관련 조사결과이다. 이에 대한 <보기>의 설명 중 옳은 것만을 모두 고르면?

<표> 온라인 도박과 오프라인 도박 관련 조사결과

(단위: 명)

온라인 \ 오프라인	×	△	○	합
×	250	21	2	(　)
△	113	25	6	144
○	59	16	8	(　)
계	422	(　)	(　)	500

※ 1) ×: 경험이 없고 충동을 느낀 적도 없음.
2) △: 경험은 없으나 충동을 느낀 적이 있음.
3) ○: 경험이 있음.

<보 기>

ㄱ. 온라인 도박 경험이 있다고 응답한 사람은 83명이다.
ㄴ. 오프라인 도박에 대해, '경험은 없으나 충동을 느낀 적이 있음'으로 응답한 사람은 전체 응답자의 10% 미만이다.
ㄷ. 온라인 도박 경험이 있다고 응답한 사람 중 오프라인 도박 경험이 있다고 응답한 사람의 비중은 전체 응답자 중 오프라인 도박 경험이 있다고 응답한 사람의 비중보다 크다.
ㄹ. 온라인 도박에 대해, '경험이 없고 충동을 느낀 적도 없음'으로 응답한 사람은 전체 응답자의 50% 이하이다.

① ㄱ, ㄴ
② ㄱ, ㄷ
③ ㄷ, ㄹ
④ ㄱ, ㄴ, ㄷ
⑤ ㄱ, ㄷ, ㄹ

16. 사무관A는 다음 <표>와 <전문가 자문회의>를 바탕으로 <업무보고 자료>를 작성하였다. <업무보고 자료>의 ㉠~㉣ 중 <표>와 <전문가 자문회의> 내용에 부합하는 것만을 모두 고르면?

<표> 산업단지별 유해물질 배출 현황

(단위: kg/톤, 톤/일)

산업단지 \ 구분	배출농도	배출유량
가	1.5	10
나	2.4	5
다	3.0	8
라	1.0	11

<전문가 자문회의>

사무관A: 지금까지 산업단지별 유해물질 배출 현황을 말씀드렸습니다. 향후 환경오염 방지를 위하여 유해물질 배출농도 허용기준을 강화하고자 합니다. 배출농도 허용기준을 현행보다 20% 낮추어 '2.0kg/톤 이하'로 하면 어떨까 합니다.

전문가 1: 현재보다 20% 낮추어 배출농도 허용기준을 강화하면 허용기준을 만족하지 못하는 산업단지가 추가로 생기게 됩니다.

전문가 2: 배출농도 허용기준 강화로 자칫 산업 활동에 위축을 가져오지 않을까 우려됩니다.

전문가 3: 배출 규제 방식을 바꾸면 어떨까 합니다. 허용기준을 정할 때 배출농도 대신, 배출농도와 배출유량을 곱한 총 배출량을 사용하면 어떨까요?

전문가 1: 배출농도가 높더라도 배출유량이 극히 적다면 유해물질 하루 총 배출량은 적을 수도 있고, 반대로 배출농도는 낮지만 배출유량이 매우 많다면 총 배출량도 많아지겠군요.

전문가 3: 그렇습니다. 배출되는 유해물질의 농도와 양을 종합적으로 고려하자는 것이죠. 유해물질 배출 규제를 개선하려면 총 배출량 허용기준을 '12kg/일 이하'로 정하면 될 것 같습니다.

사무관A: 제안하신 방식에 대한 문제점은 없을까요?

전문가 2: 배출유량의 정확한 측정이 어렵고 작은 오차라도 결과값에는 매우 큰 차이를 가져올 수 있습니다.

사무관A: 전문가 분들의 소중한 의견 감사드립니다.

<업무보고 자료>

I. 현황 및 추진배경
- □ ㉠현행 유해물질 배출농도 허용기준 적용 시 총 4개 산업단지 중 2곳만 허용기준을 만족함
- □ 유해물질 배출 규제 개선을 통해 환경오염을 미연에 방지하고 생태계 건강성을 유지하고자 함

II. 유해물질 배출 규제 개선(안)
- □ 배출농도 허용기준 강화
  - ○ 현행 허용기준보다 20% 낮추는 방안
    - ㉡현행 대비 20%를 낮출 경우 배출농도 허용기준은 '2.0kg/톤 이하'로 강화됨
    - ㉢강화된 기준 적용 시 총 4개 산업단지 중 1곳만 배출농도 허용기준을 만족함
  - ○ 문제점
    - 배출농도 허용기준 강화로 산업 활동 위축이 우려됨
- □ 배출 규제 방식 변경
  - ○ 총 배출량을 기준으로 유해물질 배출 규제
    - 총 배출량 = 배출농도 × 배출유량
    - 총 배출량 허용기준: 12kg/일 이하
    - ㉣새로운 배출 규제 방식 적용 시 총 4개 산업단지 중 2곳만 허용기준을 만족함
  - ○ 문제점
    - 배출유량의 정확한 측정이 어렵고 작은 오차라도 결과값에 큰 영향을 줄 수 있음

① ㄱ, ㄴ ② ㄱ, ㄷ ③ ㄴ, ㄹ
④ ㄱ, ㄷ, ㄹ ⑤ ㄴ, ㄷ, ㄹ

17. 다음 <표>는 임차인 A~E의 전·월세 전환 현황에 대한 자료이다. 이에 대한 <보기>의 설명 중 옳은 것만을 모두 고르면?

<표> 임차인 A~E의 전·월세 전환 현황

(단위: 만 원)

임차인	전세금	월세보증금	월세
A	(　)	25,000	50
B	42,000	30,000	60
C	60,000	(　)	70
D	38,000	30,000	80
E	58,000	53,000	(　)

※ 전·월세 전환율(%) = $\frac{\text{월세} \times 12}{\text{전세금} - \text{월세보증금}} \times 100$

<보 기>

ㄱ. A의 전·월세 전환율이 6%라면, 전세금은 3억 5천만 원이다.
ㄴ. B의 전·월세 전환율은 10%이다.
ㄷ. C의 전·월세 전환율이 3%라면, 월세보증금은 3억 6천만 원이다.
ㄹ. E의 전·월세 전환율이 12%라면, 월세는 50만 원이다.

① ㄱ, ㄴ ② ㄱ, ㄷ ③ ㄱ, ㄹ
④ ㄴ, ㄹ ⑤ ㄷ, ㄹ

18. 다음 <표>는 2000~2013년 동안 세대문제 키워드별 검색 건수에 대한 자료이다. 이에 대한 <보기>의 설명 중 옳은 것만을 모두 고르면?

<표> 세대문제 키워드별 검색 건수

(단위: 건)

연도	부정적 키워드		긍정적 키워드		전체
	세대갈등	세대격차	세대소통	세대통합	
2000	575	260	164	638	1,637
2001	520	209	109	648	1,486
2002	912	469	218	1,448	3,047
2003	1,419	431	264	1,363	3,477
2004	1,539	505	262	1,105	3,411
2005	1,196	49	413	1,247	3,405
2006	940	494	423	990	2,847
2007	1,094	631	628	1,964	4,317
2008	1,726	803	1,637	2,542	6,708
2009	2,036	866	1,854	2,843	7,599
2010	2,668	1,150	3,573	4,140	11,531
2011	2,816	1,279	3,772	4,008	11,875
2012	3,603	1,903	4,263	8,468	18,237
2013	3,542	1,173	3,809	4,424	12,948

<보 기>

ㄱ. 부정적 키워드 검색 건수에 비해 긍정적 키워드 검색 건수가 많았던 연도의 횟수는 8번 이상이다.
ㄴ. '세대소통' 키워드의 검색 건수는 2005년 이후 매년 증가하였다.
ㄷ. 2001~2013년 동안 전년대비 전체 검색 건수 증가율이 가장 높은 해는 2002년이다.
ㄹ. 2002년에 전년대비 검색 건수 증가율이 가장 낮은 키워드는 '세대소통'이다.

① ㄱ, ㄴ
② ㄱ, ㄷ
③ ㄴ, ㄹ
④ ㄱ, ㄷ, ㄹ
⑤ ㄴ, ㄷ, ㄹ

19. 다음 <그림>은 약품A~C 투입량에 따른 오염물질 제거량을 측정한 자료이다. 이에 대한 <보기>의 설명 중 옳은 것만을 모두 고르면?

<그림> 약품A~C 투입량에 따른 오염물질 제거량

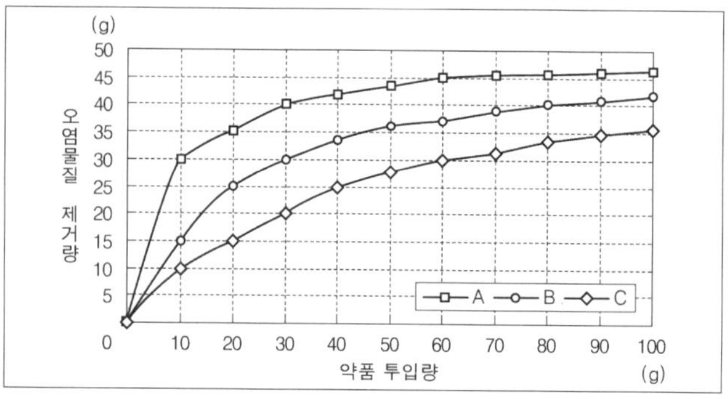

※ 약품은 혼합하여 투입하지 않으며, 측정은 모든 조건이 동일한 가운데 이루어짐.

<보 기>

ㄱ. 각 약품의 투입량이 20g일 때와 60g일 때를 비교하면, A의 오염물질 제거량 차이가 가장 작다.
ㄴ. 각 약품의 투입량이 20g일 때, 오염물질 제거량은 A가 C의 2배 이상이다.
ㄷ. 오염물질 30g을 제거하기 위해 필요한 투입량이 가장 적은 약품은 B이다.
ㄹ. 약품 투입량이 같으면 B와 C의 오염물질 제거량 차이는 7g 미만이다.

① ㄱ, ㄴ ② ㄴ, ㄹ ③ ㄷ, ㄹ
④ ㄱ, ㄴ, ㄷ ⑤ ㄴ, ㄷ, ㄹ

20. 다음 <표>는 2009~2012년 A추모공원의 신규 안치건수 및 매출액 현황을 나타낸 자료이다. 이에 대한 <보기>의 설명 중 옳은 것만을 모두 고르면?

<표> A추모공원의 신규 안치건수 및 매출액 현황

(단위: 건, 만 원)

안치유형 \ 구분		신규 안치건수		매출액	
		2009~2011년	2012년	2009~2011년	2012년
개인단	관내	719	606	291,500	289,000
	관외	176	132	160,000	128,500
부부단	관내	632	557	323,900	330,000
	관외	221	134	291,800	171,000
계		1,748	1,429	1,067,200	918,500

<보 기>

ㄱ. 2012년 개인단의 신규 안치건수는 2009~2012년 개인단 신규 안치건수 합의 50% 이하이다.
ㄴ. 2009~2012년 신규 안치건수의 합은 관내가 관외보다 크다.
ㄷ. 2012년 부부단 관내와 부부단 관외의 매출액이 2011년에 비해 각각 50%가 증가한 것이라면, 2009~2010년 매출액의 합은 부부단 관내가 부부단 관외보다 작다.
ㄹ. 2009~2012년 4개 안치유형 중 신규 안치건수의 합이 가장 큰 안치유형은 부부단 관내이다.

① ㄱ, ㄴ ② ㄴ, ㄷ ③ ㄷ, ㄹ
④ ㄱ, ㄴ, ㄷ ⑤ ㄱ, ㄷ, ㄹ

21. 다음 <그림>은 A자선단체의 수입액과 지출액에 관한 자료이다. 이에 대한 설명 중 옳은 것은?

<그림 1> 수입액 구성비

(단위: %)

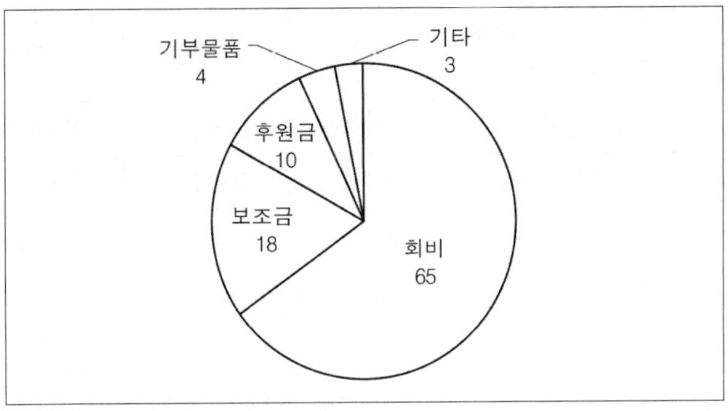

<그림 2> 지출액 구성비

(단위: %)

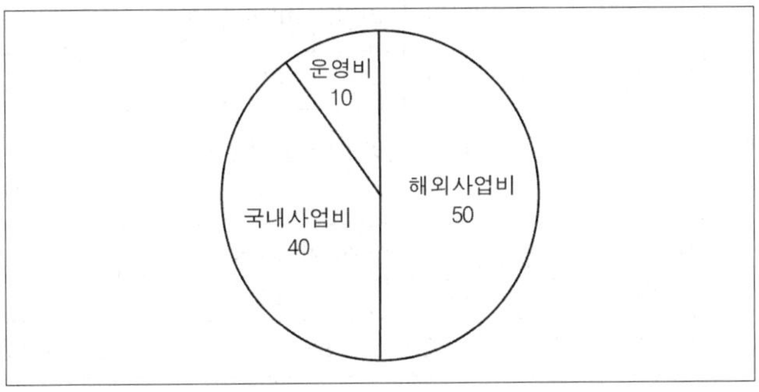

※ A자선단체의 수입액과 지출액은 항상 같음.

<그림 3> 국내사업비 지출액 세부 구성비

(단위: %)

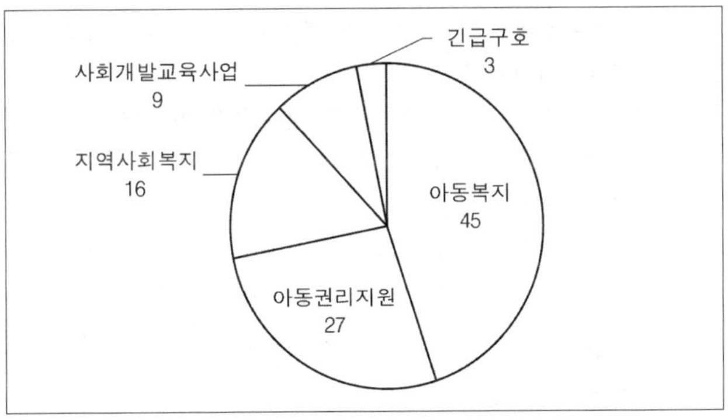

<그림 4> 해외사업비 지출액 세부 구성비

(단위: %)

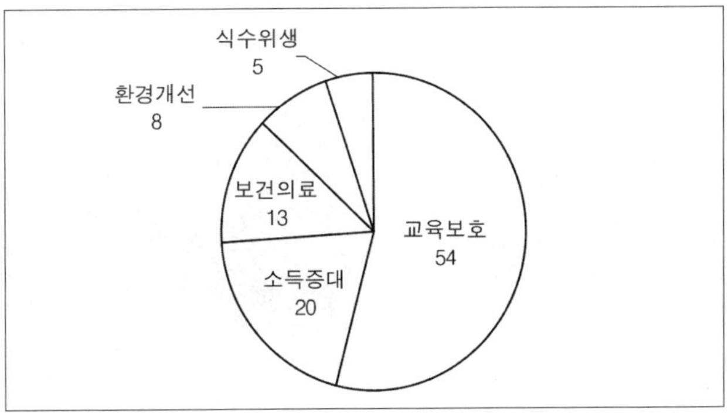

① 전체 수입액 중 후원금 수입액은 국내사업비 지출액 중 아동복지 지출액보다 많다.

② 국내사업비 지출액 중 아동권리지원 지출액은 해외사업비 지출액 중 소득증대 지출액보다 적다.

③ 국내사업비 지출액 중 아동복지 지출액과 해외사업비 지출액 중 교육보호 지출액의 합은 A자선단체 전체 지출액의 45%이다.

④ 해외사업비 지출액 중 식수위생 지출액은 A자선단체 전체 지출액의 2% 미만이다.

⑤ A자선단체 전체 수입액이 6% 증가하고 지역사회복지 지출액을 제외한 다른 모든 지출액이 동일하게 유지된다면, 지역사회복지 지출액은 2배 이상이 된다.

22. 다음 <표>는 지점 A~E의 지점 간 주행 가능한 도로 현황 및 자동차 '갑'과 '을'의 지점 간 이동정보이다. <표>와 <조건>에 근거한 설명으로 옳은 것은?

<표 1> 지점 간 주행 가능한 도로 현황

(단위: km)

출발지점 \ 도착지점	B	C	D	E
A	200	*	*	*
B	-	400	200	*
C	*	-	*	200
D	*	*	-	400

※ 1) *는 출발지점에서 도착지점까지 주행 가능한 도로가 없음을 의미함.
2) 지점 간 주행 가능한 도로는 1개씩만 존재함.

<표 2> 자동차 '갑'과 '을'의 지점 간 이동정보

자동차	출발		도착	
	지점	시각	지점	시각
갑	A	10:00	B	(　)
	B	(　)	C	16:00
을	B	12:00	C	16:00
	C	16:00	E	18:00

※ 최초 출발지점에서 최종 도착지점까지 24시간 이내에 이동함을 가정함.

<조 건>

○ '갑'은 A → B → C, '을'은 B → C → E로 이동하였다.
○ A → B는 A 지점에서 출발하여 다른 지점을 경유하지 않고 B 지점에 도착하는 이동을 의미한다.
○ 이동시 왔던 길은 되돌아갈 수 없다.
○ 평균속력은 출발지점부터 도착지점까지의 이동거리를 소요시간으로 나눈 값이다.
○ 자동차의 최고속력은 200km/h이다.

① '갑'은 B 지점에서 13:00 이전에 출발하였다.
② '갑'이 B 지점에서 1시간 이상 머물렀다면 A → B 또는 B → C 구간에서 속력이 120km/h 이상인 적이 있다.
③ '을'의 경우, B → C 구간의 평균속력보다 C → E 구간의 평균속력이 빠르다.
④ B → C 구간의 평균속력은 '갑'이 '을'보다 빠르다.
⑤ B → C → E 구간보다 B → D → E 구간의 거리가 더 짧다.

23. 다음 <표>는 A지역의 저수지 현황에 대한 자료이다. 이에 대한 <보기>의 설명 중 옳은 것만을 모두 고르면?

<표 1> 관리기관별 저수지 현황

(단위: 개소, 천 m^3, ha)

관리기관 \ 구분	저수지 수	총 저수용량	총 수혜면적
농어촌공사	996	598,954	69,912
자치단체	2,230	108,658	29,371
전체	3,226	707,612	99,283

<표 2> 저수용량별 저수지 수

(단위: 개소)

저수용량 (m^3)	10만 미만	10만 이상 50만 미만	50만 이상 100만 미만	100만 이상 500만 미만	500만 이상 1,000만 미만	1,000만 이상	합
저수지 수	2,668	360	100	88	3	7	3,226

<표 3> 제방높이별 저수지 수

(단위: 개소)

제방높이 (m)	10 미만	10 이상 20 미만	20 이상 30 미만	30 이상 40 미만	40 이상	합
저수지 수	2,566	533	99	20	8	3,226

<보 기>

ㄱ. 관리기관이 자치단체이고 제방높이가 '10 미만'인 저수지 수는 1,600개소 이상이다.
ㄴ. 저수용량이 '10만 미만'인 저수지 수는 전체 저수지 수의 80% 이상이다.
ㄷ. 관리기관이 농어촌공사인 저수지의 개소당 수혜면적은 관리기관이 자치단체인 저수지의 개소당 수혜면적의 5배 이상이다.
ㄹ. 저수용량이 '50만 이상 100만 미만'인 저수지의 저수용량 합은 전체 저수지 총 저수용량의 5% 이상이다.

① ㄴ, ㄷ
② ㄷ, ㄹ
③ ㄱ, ㄴ, ㄷ
④ ㄱ, ㄴ, ㄹ
⑤ ㄴ, ㄷ, ㄹ

24. 다음 <표>는 2015년 '갑'국 공항의 운항 현황을 나타낸 자료이다. 이에 대한 설명 중 옳은 것은?

<표 1> 운항 횟수 상위 5개 공항

(단위: 회)

국내선			국제선		
순위	공항	운항 횟수	순위	공항	운항 횟수
1	AJ	65,838	1	IC	273,866
2	KP	56,309	2	KH	39,235
3	KH	20,062	3	KP	18,643
4	KJ	5,638	4	AJ	13,311
5	TG	5,321	5	CJ	3,567
'갑'국 전체		167,040	'갑'국 전체		353,272

※ 일부 공항은 국내선만 운항함.

<표 2> 전년대비 운항 횟수 증가율 상위 5개 공항

(단위: %)

국내선			국제선		
순위	공항	증가율	순위	공항	증가율
1	MA	229.0	1	TG	55.8
2	CJ	23.0	2	AJ	25.3
3	KP	17.3	3	KH	15.1
4	TG	16.1	4	KP	5.6
5	AJ	11.2	5	IC	5.5

① 2015년 국제선 운항 공항 수는 7개 이상이다.
② 2015년 KP공항의 운항 횟수는 국제선이 국내선의 $\frac{1}{3}$ 이상이다.
③ 전년대비 국내선 운항 횟수가 가장 많이 증가한 공항은 MA공항이다.
④ 국내선 운항 횟수 상위 5개 공항의 국내선 운항 횟수 합은 전체 국내선 운항 횟수의 90% 미만이다.
⑤ 국내선 운항 횟수와 전년대비 국내선 운항 횟수 증가율 모두 상위 5개 안에 포함된 공항은 AJ 공항이 유일하다.

25. 다음 <표>는 A~D국 화폐 대비 원화 환율 및 음식가격에 대한 자료이다. 이에 대한 <보기>의 설명 중 옳은 것만을 모두 고르면?

<표 1> A~D국 화폐 대비 원화 환율

국가	화폐단위	환율 (원/각 국의 화폐 1단위)
A	a	1,200
B	b	2,000
C	c	200
D	d	1,000

<표 2> A~D국 판매단위별 음식가격

음식 / 판매단위 / 국가	햄버거	피자	치킨	삼겹살
판매단위	1개	1조각	1마리	1인분
A	5a	2a	15a	8a
B	6b	1b	9b	3b
C	40c	30c	120c	30c
D	10d	3d	20d	9d

<보 기>

ㄱ. 원화 120,000원으로 가장 많은 개수의 햄버거를 구매할 수 있는 국가는 A국이다.
ㄴ. B국에서 치킨 1마리 가격은 삼겹살 3인분 가격과 동일하다.
ㄷ. C국의 삼겹살 4인분과 A국의 햄버거 5개는 동일한 액수의 원화로 구매할 수 있다.
ㄹ. D국 화폐 대비 원화 환율이 1,000원/d에서 1,200원/d로 상승하면, D국에서 원화 600,000원으로 구매할 수 있는 치킨의 마리 수는 20% 이상 감소한다.

① ㄱ, ㄴ
② ㄱ, ㄷ
③ ㄴ, ㄷ
④ ㄱ, ㄴ, ㄹ
⑤ ㄴ, ㄷ, ㄹ

약점 보완 해설집 p.216

해커스 **민간경력자** PSAT 15개년 기출문제집

2015년 기출문제

언어논리

상황판단

자료해석

문제 풀이 시작과 종료 시각을 정하세요.

· 언어논리/상황판단 (120분) ________시 ________분 ~ ________시 ________분

· 자료해석 (60분) ________시 ________분 ~ ________시 ________분

* 교재 뒤에 수록되어 있는 OCR 답안지와 해커스ONE 애플리케이션의 모바일 타이머를 이용하여 실전처럼 모의고사를 풀어보세요.
* 기출문제 풀이 후, 약점 보완 해설집에 있는 '바로 채점 및 성적 분석 서비스' QR코드를 스캔하여 응시 인원 대비 본인의 성적 위치를 확인할 수 있습니다.

언어논리영역

1. 다음 글에서 알 수 있는 것만을 <보기>에서 모두 고르면?

공직의 기강은 상령하행(上令下行)만을 일컫는 것이 아니다. 법으로 규성된 직분을 지켜 위에서 명령하고 아래에서 따르되, 그 명령이 공공성에 기반한 국가 법제를 벗어나지 않았을 때 기강은 바로 설 수 있다. 만약 명령이 법 바깥의 사적인 것인데 그것을 수행한다면 이는 상령하행의 원칙을 잘못 이해한 것이다. 무릇 고위의 상급자라 하더라도 그가 한 개인으로서 하급자를 반드시 복종하게 할 권위가 있는 것은 아니다. 권위는 오직 그 명령이 국가의 법제를 충실히 따랐을 때 비로소 갖춰지는 것이다.

조선시대에는 6조의 수장인 판서가 공적인 절차와 내용에 따라 무엇을 행하라 명령하는데 아랫사람이 시행하지 않으면 사안의 대소에 관계없이 아랫사람을 파직하였다. 그러나 판서가 공적인 절차를 벗어나 법 외로 사적인 명령을 내리면 비록 미관말직이라 해도 이를 따르지 않는 것이 올바른 것으로 인정되었다. 이처럼 공적인 것에 반드시 복종하는 것이 기강이요, 사적인 것에 복종하지 않는 것도 기강이다. 만약 세력에 압도되고 이욕에 이끌려, 부당하게 직무의 분한(分限)을 넘나들며 간섭하고 간섭받게 된다면 공적인 지휘 체계는 혼란에 빠지고 기강은 무너질 것이다. 그러므로 기강을 확립할 때, 그 근간이 되는 상령하행과 공적 직분의 엄수는 둘이 아니라 하나이다. 공직의 기강은 곧 국가의 동맥이니, 이 맥이 찰나라도 끊어지면 어떤 지경에 이를 것인가? 공직자들은 깊이 생각해 보아야 할 것이다.

<보 기>

ㄱ. 상급자의 직위가 높아야만 명령의 권위가 갖춰진다.
ㄴ. 조선시대에는 상령하행이 제대로 준수되지 않았다.
ㄷ. 하급자가 상급자의 명령을 언제나 수행해야 하는 것은 아니다.

① ㄱ
② ㄷ
③ ㄱ, ㄴ
④ ㄴ, ㄷ
⑤ ㄱ, ㄴ, ㄷ

2. 문맥상 다음 글에 이어질 내용으로 가장 적절한 것은?

테레민이라는 악기는 손을 대지 않고 연주하는 악기이다. 이 악기를 연주하기 위해 연주자는 허리 높이쯤에 위치한 상자 앞에 선다. 연주자의 오른손은 상자에 수직으로 세워진 안테나 주위에서 움직인다. 오른손의 엄지와 집게손가락으로 고리를 만들고 손을 흔들면서 나머지 손가락을 하나씩 펴면 안테나에 손이 닿지 않고서도 음이 들린다. 이때 들리는 음은 피아노 건반을 눌렀을 때 나는 것처럼 정해진 음이 아니고 현악기를 연주하는 것과 같은 연속음이며, 소리는 손과 손가락의 움직임에 따라 변한다. 왼손은 손가락을 펼친 채로 상자에서 수평으로 뻗은 안테나 위에서 서서히 오르내리면서 소리를 조절한다.

오른손으로는 수직 안테나와의 거리에 따라 음고(音高)를 조절하고 왼손으로는 수평 안테나와의 거리에 따라 음량을 조절한다. 따라서 오른손과 수직 안테나는 음고를 조절하는 회로에 속하고 왼손과 수평 안테나는 음량을 조절하는 또 다른 회로에 속한다. 이 두 회로가 하나로 합쳐지면서 두 손의 움직임에 따라 음고와 음량을 변화시킬 수 있다.

어떻게 테레민에서 다른 음고의 음이 발생되는지 알아보자. 음고를 조절하는 회로는 가청주파수 범위 바깥의 주파수를 갖는 서로 다른 두 개의 음파를 발생시킨다. 이 두 개의 음파 사이에 존재하는 주파수의 차이값에 의해 가청주파수를 갖는 새로운 진동이 발생하는데 그것으로 소리를 만든다. 가청주파수 범위 바깥의 주파수 중 하나는 고정된 주파수를 갖고 다른 하나는 연주자의 손 움직임에 따라 주파수가 바뀐다. 이렇게 발생한 주파수의 변화에 의해 진동이 발생되고 이 진동의 주파수는 가청주파수 범위 내에 있기 때문에 그 진동을 증폭시켜 스피커로 보내면 소리가 들린다.

① 수직 안테나에 손이 닿으면 소리가 발생하는 원리
② 왼손의 손가락의 모양에 따라 음고가 바뀌는 원리
③ 수평 안테나와 왼손 사이의 거리에 따라 음량이 조절되는 원리
④ 음고를 조절하는 회로에서 가청주파수의 진동이 발생하는 원리
⑤ 오른손 손가락으로 가상의 피아노 건반을 눌러 음량을 변경하는 원리

3. 다음 글의 전체 흐름과 맞지 않는 한 곳을 ㉠~㉤에서 찾아 수정하려고 할 때, 가장 적절한 것은?

> 소아시아 지역에 위치한 비잔틴 제국의 수도 콘스탄티노플이 이슬람교를 신봉하는 오스만인들에 의해 함락되었다는 소식이 인접해 있는 유럽 지역에까지 전해지자 그 곳 교회의 한 수도원 서기는 "㉠ 지금까지 이보다 더 끔찍했던 사건은 없었으며, 앞으로도 결코 없을 것이다."라고 기록했다. 1453년 5월 29일 화요일, 해가 뜨자마자 오스만 제국의 군대는 난공불락으로 유명한 케르코포르타 성벽의 작은 문을 뚫고 진군하기 시작했다. 해가 질 무렵, 약탈당한 도시에 남아있는 모든 것들은 그들의 차지가 되었다. 비잔틴 제국의 86번째 황제였던 콘스탄티노스 11세는 서쪽 성벽 아래에 있는 좁은 골목에서 전사하였다. 이것으로 ㉡ 1,100년 이상 존재했던 소아시아 지역의 기독교도 황제가 사라졌다.
>
> 잿빛 말을 타고 화요일 오후 늦게 콘스탄티노플에 입성한 술탄 메흐메드 2세는 우선 성소피아 대성당으로 갔다. 그는 이 성당을 파괴하는 대신 이슬람 사원으로 개조하라는 명령을 내렸고, 우선 그 성당을 철저하게 자신의 보호하에 두었다. 또한 학식이 풍부한 그리스 정교회 수사에게 격식을 갖추어 공석중인 총대주교직을 수여하고자 했다. 그는 이슬람 세계를 위해 ㉢ 기독교의 제단뿐만 아니라 그 이상의 것들도 활용했다. 역대 비잔틴 황제들이 제정한 법을 그가 주도하고 있던 법제화의 모델로 이용하였던 것이다. 이러한 행위들은 ㉣ 단절을 추구하는 정복왕 메흐메드 2세의 의도에서 비롯된 것이라고 할 수 있다.
>
> 그는 자신이야말로 지중해를 '우리의 바다'라고 불렀던 로마 제국의 진정한 계승자임을 선언하고 싶었던 것이다. 일례로 그는 한때 유럽과 아시아를 포함한 지중해 전역을 지배했던 제국의 정통 상속자임을 선언하면서, 의미심장하게도 자신의 직함에 '룸 카이세리', 즉 로마의 황제라는 칭호를 추가했다. 또한 그는 패권 국가였던 로마의 옛 명성을 다시 찾기 위한 노력의 일환으로 로마 사람의 땅이라는 뜻을 지닌 루멜리아에 새로 수도를 정했다. 이렇게 함으로써 그는 ㉤ 오스만 제국이 유럽으로 확대될 것이라는 자신의 확신을 보여주었다.

① ㉠을 '지금까지 이보다 더 영광스러운 사건은 없었으며'로 고친다.
② ㉡을 '1,100년 이상 존재했던 소아시아 지역의 이슬람 황제가 사라졌다'로 고친다.
③ ㉢을 '기독교의 제단뿐만 아니라 그 이상의 것들도 파괴했다'로 고친다.
④ ㉣을 '연속성을 추구하는 정복왕 메흐메드 2세의 의도에서 비롯된 것'으로 고친다.
⑤ ㉤을 '오스만 제국이 아시아로 확대될 것이라는 자신의 확신을 보여주었다'로 고친다.

4. 다음 '철학의 여인'의 논지를 따를 때, ㉠으로 적절한 것만을 <보기>에서 모두 고르면?

> 다음은 철학의 여인이 비탄에 잠긴 보에티우스에게 건네는 말이다.
>
> "나는 이제 네 병의 원인을 알겠구나. 이제 네 병의 원인을 알게 되었으니 ㉠ 너의 건강을 회복할 수 있는 방법을 찾을 수 있게 되었다. 그 방법은 병의 원인이 되는 잘못된 생각을 바로잡아 주는 것이다.
>
> 너는 너의 모든 소유물을 박탈당했다고, 사악한 자들이 행복을 누리게 되었다고, 네 운명의 결과가 불의하게도 제멋대로 바뀌었다는 생각으로 비탄에 빠져 있다. 그런데 그런 생각은 잘못된 전제에서 비롯된 것이다. 네가 눈물을 흘리며 너 자신이 추방당하고 너의 모든 소유물들을 박탈당했다고 생각하는 것은 행운이 네게서 떠났다고 슬퍼하는 것과 다름없는데, 그것은 네가 운명의 본모습을 모르기 때문이다. 그리고 사악한 자들이 행복을 가졌다고 생각하는 것이나 사악한 자가 선한 자보다 더 행복을 누린다고 한탄하는 것은 네가 실로 만물의 목적이 무엇인지 모르고 있기 때문이다. 다시 말해 만물의 궁극적인 목적이 선을 지향하는 데 있다는 것을 모르고 있기 때문이다. 또한 너는 세상이 어떤 통치 원리에 의해 다스려지는지 잊어버렸기 때문에 제멋대로 흘러가는 것이라고 믿고 있다. 그러나 만물의 목적에 따르면 악은 결코 선을 이길 수 없으며 사악한 자들이 행복할 수는 없다. 따라서 세상은 결국에는 불의가 아닌 정의에 의해 다스려지게 된다. 그럼에도 불구하고 너는 세상의 통치 원리가 정의와는 거리가 멀다고 믿고 있다. 이는 그저 병의 원인일 뿐 아니라 죽음에 이르는 원인이 되기도 한다. 그러나 다행스럽게도 자연은 너를 완전히 버리지는 않았다. 이제 너의 건강을 회복할 수 있는 작은 불씨가 생명의 불길로 타올랐으니 너는 조금도 두려워할 필요가 없다."

<보 기>

ㄱ. 만물의 궁극적인 목적이 선을 지향하는 데 있다는 것을 아는 것
ㄴ. 세상이 제멋대로 흘러가는 것이 아니라 정의에 의해 다스려진다는 것을 깨닫는 것
ㄷ. 자신이 박탈당했다고 여기는 모든 것들, 즉 재산, 품위, 권좌, 명성 등을 되찾을 방도를 아는 것

① ㄱ
② ㄴ
③ ㄱ, ㄴ
④ ㄴ, ㄷ
⑤ ㄱ, ㄴ, ㄷ

5. A사무관의 추론이 올바를 때, 다음 글의 빈 칸에 들어갈 진술로 적절한 것만을 <보기>에서 모두 고르면?

A사무관은 인사과에서 인사고과를 담당하고 있다. 그는 올해 우수 직원을 선정하여 표창하기로 했으니 인사고과에서 우수한 평가를 받은 직원을 후보자로 추천하라는 과장의 지시를 받았다. 평가 항목은 대민봉사, 업무역량, 성실성, 청렴도이고 각 항목은 상(3점), 중(2점), 하(1점)로 평가한다. A사무관이 추천한 표창 후보자는 갑돌, 을순, 병만, 정애 네 명이며, 이들이 받은 평가는 다음과 같다.

	대민봉사	업무역량	성실성	청렴도
갑돌	상	상	상	하
을순	중	상	하	상
병만	하	상	상	중
정애	중	중	중	상

A사무관은 네 명의 후보자에 대한 평가표를 과장에게 제출하였다. 과장은 "평가 점수 총합이 높은 순으로 선발한다. 단, 동점자 사이에서는 ______"라고 하였다. A사무관은 과장과의 면담 후 이들 중 세 명이 표창을 받게 된다고 추론하였다.

<보 기>

ㄱ. 두 개 이상의 항목에서 상의 평가를 받은 후보자를 선발한다.
ㄴ. 청렴도에서 하의 평가를 받은 후보자를 제외한 나머지 후보자를 선발한다.
ㄷ. 하의 평가를 받은 항목이 있는 후보자를 제외한 나머지 후보자를 선발한다.

① ㄱ
② ㄷ
③ ㄱ, ㄴ
④ ㄴ, ㄷ
⑤ ㄱ, ㄷ

6. 다음 글의 내용이 참일 때, 반드시 참인 것은?

도덕성에 결함이 있는 어떤 사람도 공무원으로 채용되지 않는다. 업무 능력을 검증받았고 인사추천위원회의 추천을 받았으며 공직관이 투철한, 즉 이 세 조건을 모두 만족하는 지원자는 누구나 올해 공무원으로 채용된다. 올해 공무원으로 채용되는 사람들 중에 봉사정신이 없는 사람은 아무도 없다. 공직관이 투철한 철수는 올해 공무원 채용 시험에 지원하여 업무 능력을 검증받았다.

① 만일 철수가 도덕성에 결함이 없다면, 그는 올해 공무원으로 채용된다.
② 만일 철수가 봉사정신을 갖고 있다면, 그는 올해 공무원으로 채용된다.
③ 만일 철수가 도덕성에 결함이 있다면, 그는 인사추천위원회의 추천을 받지 않았다.
④ 만일 철수가 올해 공무원으로 채용된다면, 그는 인사추천위원회의 추천을 받았다.
⑤ 만일 철수가 올해 공무원으로 채용되지 않는다면, 그는 도덕성에 결함이 있고 또한 봉사정신도 없다.

7. 다음 <원칙>을 바르게 적용한 것만을 <보기>에서 모두 고르면?

〈원 칙〉

○ 문장X가 참일 경우 문장Y는 반드시 참이지만 그 역은 성립하지 않는다면, 문장Y의 확률은 문장X의 확률보다 높다.
○ 문장X의 확률이 문장Y의 확률보다 낮다면, 문장X가 담고 있는 정보의 양은 문장Y가 담고 있는 정보의 양보다 많다.

<보 기>

ㄱ. "정상적인 주사위를 던질 때 3이 나올 것이다."는 "정상적인 동전을 던질 때 앞면이 나올 것이다."보다 더 많은 정보를 담고 있다.
ㄴ. "월성 원자력 발전소에 문제가 생기거나 고리 원자력 발전소에 문제가 생긴다."는 "월성 원자력 발전소에 문제가 생긴다."보다 더 많은 정보를 담고 있다.
ㄷ. "내년 예산에서는 국가균형발전 예산, 복지 예산, 에너지절감 관련 기술개발 예산이 모두 늘어난다."는 "내년 예산에서는 국가균형발전 예산, 에너지절감 관련 기술개발 예산이 모두 늘어난다."보다 더 적은 정보를 담고 있다.

① ㄱ
② ㄴ
③ ㄱ, ㄷ
④ ㄴ, ㄷ
⑤ ㄱ, ㄴ, ㄷ

8. 다음 글의 빈 칸에 들어갈 내용으로 가장 적절한 것은?

다른 사람의 증언은 얼마나 신뢰할 만할까? 증언의 신뢰성은 두 가지 요인에 의해서 결정된다. 첫 번째 요인은 증언하는 사람이다. 만약 증언하는 사람이 거짓말을 자주 해서 신뢰하기 어려운 사람이라면 그의 말의 신뢰성은 떨어질 수밖에 없다. 두 번째 요인은 증언 내용이다. 만약 증언 내용이 우리의 상식과 상당히 동떨어져 있어 보인다면 증언의 신뢰성은 떨어질 수밖에 없다. 그렇다면 이 두 요인이 서로 대립하는 경우는 어떨까? 가령 매우 신뢰할 만한 사람이 기적이 일어났다고 증언하는 경우에 우리는 그 증언을 얼마나 신뢰해야 하는가?

이 질문에는 [   ]는 원칙을 적용해서 답할 수 있다. 이 원칙을 기적에 대한 증언에 적용시키기 위해서는 먼저 기적에 대해서 생각해 볼 필요가 있다. 기적이란 자연법칙을 위반한 사건이다. 여기서 자연법칙이란 지금까지 우주의 전체 역사에서 일어났던 모든 사건들이 따랐던 규칙이다. 그렇다면 자연법칙을 위반하는 사건 즉 기적은 아직까지 한 번도 일어나지 않은 사건이다. 한편 우리는 충분히 신뢰할 만한 사람이 자신의 의지와 무관하게 거짓을 말하는 경우를 이따금 관찰할 수 있다. 따라서 그런 사건이 일어날 확률은 매우 신뢰할 만한 사람이 거짓 증언을 할 확률보다 작을 수밖에 없다. 결국 우리는 기적이 일어났다는 증언을 신뢰해서는 안 된다.

① 어떤 사람이 참인 증언을 할 확률이 그 증언 내용이 실제로 일어날 확률보다 작은 경우에만 증언을 신뢰해야 한다
② 어떤 사람이 거짓 증언을 할 확률이 그 증언 내용이 실제로 일어날 확률보다 작은 경우에만 증언을 신뢰해야 한다
③ 어떤 사람이 거짓 증언을 할 확률이 그 증언 내용이 실제로 일어나지 않을 확률보다 작은 경우에만 증언을 신뢰해야 한다
④ 어떤 사람이 제시한 증언 내용이 일어날 확률이 그것이 일어나지 않을 확률보다 더 큰 경우에만 그 증언을 신뢰해야 한다
⑤ 어떤 사람이 제시한 증언 내용이 일어날 확률이 그것이 일어나지 않을 확률보다 더 작은 경우에만 그 증언을 신뢰해야 한다

9. 다음 글의 <연구결과>에 대한 평가로 적절한 것만을 <보기>에서 모두 고르면?

> 콩 속에는 식물성 단백질과 불포화 지방산 등 건강에 이로운 물질들이 풍부하다. 약콩, 서리태 등으로 불리는 검은 콩 껍질에는 황색 콩 껍질에서 발견되지 않는 특수한 항암 물질이 들어 있다. 검은 콩은 항암 효과는 물론 항산화 작용 및 신장 기능과 시력 강화에도 좋은 것으로 알려져 있다. A~C팀은 콩의 효능을 다음과 같이 연구했다.
>
> <연구결과>
>
> ○ A팀 연구진: 콩 속 제니스틴의 성인병 예방 효능을 실험을 통해 세계 최초로 입증했다. 또한 제니스틴은 발암 물질에 노출된 비정상 세포가 악성 종양 세포로 진행되지 않도록 억제하는 효능을 갖고 있다는 사실을 흰쥐 실험을 통해 밝혔다. 암이 발생하는 과정은 세포 내의 유전자가 손상되는 개시 단계와 손상된 세포의 분열이 빨라지는 촉진 단계로 나뉘는데 제니스틴은 촉진 단계에서 억제효과가 있다는 것이다.
>
> ○ B팀 연구진: 200명의 여성을 조사해 본 결과, 매일 흰 콩 식품을 섭취한 사람은 한 달에 세 번 이하로 섭취한 사람에 비해 폐암에 걸릴 위험이 절반으로 줄었다.
>
> ○ C팀 연구진: 식이요법으로 원형탈모증을 완치할 수 있을 것으로 보고 원형탈모증을 가지고 있는 쥐에게 콩기름에서 추출된 화합물을 투여해 효과를 관찰하는 실험을 했다. 실험 결과 콩기름에서 추출된 화합물을 각각 0.1ml, 0.5ml, 2.0ml씩 투여한 쥐에서 원형탈모증 완치율은 각각 18%, 39%, 86%를 기록했다.

<보 기>

ㄱ. A팀의 연구결과는 콩이 암의 발생을 억제하는 효과가 있다는 것을 뒷받침한다.
ㄴ. C팀의 연구결과는 콩기름 함유가 높은 음식을 섭취할수록 원형탈모증 발생률이 높게 나타난다는 것을 뒷받침한다.
ㄷ. 세 팀의 연구결과는 검은 콩이 성인병, 폐암의 예방과 원형탈모증 치료에 효과가 있다는 것을 뒷받침한다.

① ㄱ
② ㄴ
③ ㄱ, ㄷ
④ ㄴ, ㄷ
⑤ ㄱ, ㄴ, ㄷ

10. 다음 글에서 추론할 수 있는 것은?

> 조선이 임진왜란 중 필사적으로 보존하고자 한 서적은 바로 조선왕조실록이다. 실록은 원래 서울의 춘추관과 성주·충주·전주 4곳의 사고(史庫)에 보관되었으나, 임진왜란 이후 전주 사고의 실록만 온전한 상태였다. 전란이 끝난 후 단 1벌 남은 실록을 다시 여러 벌 등서하자는 주장이 제기되었다. 우여곡절 끝에 실록 인쇄가 끝난 것은 1606년이었다. 재인쇄 작업의 결과 원본을 포함해 모두 5벌의 실록을 갖추게 되었다. 원본은 강화도 마니산에 봉안하고 나머지 4벌은 서울의 춘추관과 평안도 묘향산, 강원도의 태백산과 오대산에 봉안했다.
>
> 이 5벌 중에서 서울 춘추관의 것은 1624년 이괄의 난 때 불에 타 없어졌고, 묘향산의 것은 1633년 후금과의 관계가 악화되자 전라도 무주의 적상산에 사고를 새로 지어 옮겼다. 강화도 마니산의 것은 1636년 병자호란 때 청군에 의해 일부 훼손되었던 것을 현종 때 보수하여 숙종 때 강화도 정족산에 다시 봉안했다. 결국 내란과 외적 침입으로 인해 5곳 가운데 1곳의 실록은 소실되었고, 1곳의 실록은 장소를 옮겼으며, 1곳의 실록은 손상을 입었던 것이다.
>
> 정족산, 태백산, 적상산, 오대산 4곳의 실록은 그 후 안전하게 지켜졌다. 그러나 일본이 다시 여기에 손을 대었다. 1910년 조선 강점 이후 일제는 정족산과 태백산에 있던 실록을 조선총독부로 이관하고 적상산의 실록은 구황궁 장서각으로 옮겼으며 오대산의 실록은 일본 동경제국대학으로 반출했다. 일본으로 반출한 것은 1923년 관동대지진 때 거의 소실되었다. 정족산과 태백산의 실록은 1930년에 경성제국대학으로 옮겨져 지금까지 서울대학교에 보존되어 있다. 한편 장서각의 실록은 6·25전쟁 때 북으로 옮겨져 현재 김일성종합대학에 소장되어 있다.

① 재인쇄하였던 실록은 모두 5벌이다.
② 태백산에 보관하였던 실록은 현재 일본에 있다.
③ 현재 한반도에 남아 있는 실록은 모두 4벌이다.
④ 적상산에 보관하였던 실록은 일부가 훼손되었다.
⑤ 현존하는 가장 오래된 실록은 서울대학교에 있다.

11. 다음 글의 내용과 상충하는 것만을 <보기>에서 모두 고르면?

벼슬에 나아감과 물러남의 도리에 밝은 옛 군자는 조금이라도 관직에 책임을 다하지 못하거나 의리의 기준으로 보아 직책을 더 이상 수행할 수 없을 경우, 반드시 몸을 이끌고 급히 물러났습니다. 그들도 임금을 사랑하는 정(情)이 있기에 차마 물러나기 어려웠을 터이나, 정 때문에 주저하여 자신이 물러나야 할 때를 놓치지는 않았으니, 이는 정보다는 의리를 지키지 않을 수 없었기 때문입니다.

임금과 어버이는 일체이므로 모두 죽음으로 섬겨야 할 대상입니다. 그러나 부자관계는 천륜이어서 자식이 어버이를 봉양하는 데 한계가 없지만, 군신관계는 의리로 합쳐진 것이라, 신하가 임금을 받드는 데 한계가 있습니다. 한계가 없는 경우에는 은혜가 항상 의리에 우선하므로 관계를 떠날 수 없지만, 한계가 있는 경우에는 때때로 의리가 은혜보다 앞서기도 하므로 떠날 수 있는 상황이 생기는 것입니다. 의리의 문제는 사람과 때에 따라 같지 않습니다. 여러 공들의 경우는 벼슬에 나가는 것이 의리가 되지만 나에게 여러 공들처럼 하도록 요구해서는 안 되며, 내 경우는 물러나는 것이 의리가 되니 여러 공들에게 나처럼 하도록 바라서도 안 됩니다.

<보 기>

ㄱ. 부자관계에서는 은혜가 의리보다 중요하다.
ㄴ. 군신관계에서 의리가 은혜에 항상 우선하는 것은 아니다.
ㄷ. 군신관계에서 신하들이 임금에 대해 의리를 실천하는 방식은 누구에게나 동일하다.

① ㄱ
② ㄷ
③ ㄱ, ㄴ
④ ㄴ, ㄷ
⑤ ㄱ, ㄴ, ㄷ

12. 다음 글의 내용과 부합하지 않는 것은?

고대 철학자인 피타고라스는 현이 하나 달린 음향 측정 기구인 일현금을 사용하여 음정 간격과 수치 비율이 대응하는 원리를 발견하였다. 이를 바탕으로 피타고라스는 모든 것이 숫자 또는 비율에 의해 표현될 수 있다고 주장하였다.

그를 신봉한 피타고라스주의자들은 수와 기하학의 규칙이 무질서하게 보이는 자연과 불가해한 가변성의 세계에 질서를 부여한다고 믿었다. 즉 피타고라스주의자들은 자연의 온갖 변화는 조화로운 규칙으로 환원될 수 있다고 믿었다. 이는 피타고라스주의자들이 물리적 세계가 수학적 용어로 분석될 수 있다는 현대 수학자들의 사고에 단초를 제공한 것이라고 할 수 있다.

그러나 피타고라스주의자들은 현대 수학자들과는 달리 수에 상징적이고 심지어 신비적인 의미를 부여했다. 피타고라스주의자들은 '기회', '정의', '결혼'과 같은 추상적인 개념을 특정한 수의 가상적 특징, 즉 특정한 수에 깃들어 있으리라고 추정되는 특징과 연계시켰다. 또한 이들은 여러 물질적 대상에 수를 대응시켰다. 예를 들면 고양이를 그릴 때 다른 동물과 구별되는 고양이의 뚜렷한 특징을 드러내려면 특정한 개수의 점이 필요했다. 이때 점의 개수는 곧 고양이를 가리키는 수가 된다. 이것은 세계에 대한 일종의 원자적 관점과도 관련된다. 이 관점에서는 단위(unity), 즉 숫자 1은 공간상의 한 물리적 점으로 간주되기 때문에 물리적 대상들은 수 형태인 단위 점들로 나타낼 수 있다. 이처럼 피타고라스주의자들은 수를 실재라고 여겼는데 여기서 수는 실재와 무관한 수가 아니라 실재를 구성하는 수를 가리킨다.

피타고라스의 사상이 수의 실재성이라는 신비주의적이고 형이상학적인 관념에 기반하고 있다는 점은 틀림없다. 그럼에도 불구하고 피타고라스주의자들은 자연을 이해하는 데 있어 수학이 중요하다는 점을 알아차린 최초의 사상가들임이 분명하다.

① 피타고라스는 음정 간격을 수치 비율로 나타낼 수 있다는 것을 발견하였다.
② 피타고라스주의자들은 자연을 이해하는 데 있어 수학의 중요성을 인식하였다.
③ 피타고라스주의자들은 물질적 대상뿐만 아니라 추상적 개념 또한 수와 연관시켰다.
④ 피타고라스주의자들은 물리적 대상을 원자적 관점에서 실재와 무관한 단위 점으로 나타낼 수 있다고 믿었다.
⑤ 피타고라스주의자들은 수와 기하학적 규칙을 통해 자연의 변화를 조화로운 규칙으로 환원할 수 있다고 믿었다.

13. 다음 글의 핵심 내용으로 가장 적절한 것은?

> 1948년에 제정된 대한민국 헌법은 공동체의 정치적 문제는 기본적으로 국민의 의사에 의해 결정된다는 점을 구체적인 조문으로 명시하고 있다. 그러나 이러한 공화제적 원리는 1948년에 이르러 갑작스럽게 등장한 것이 아니다. 이미 19세기 후반부터 한반도에서는 이와 같은 원리가 공공 영역의 담론 및 정치적 실천 차원에서 표명되고 있었다.
>
> 공화제적 원리는 1885년부터 발행되기 시작한 근대적 신문인 『한성주보』에서도 어느 정도 언급된 바 있지만 특히 1898년에 출현한 만민공동회에서 그 내용이 명확하게 드러난다. 독립협회를 중심으로 촉발되었던 만민공동회는 민회를 통해 공론을 형성하고 이를 국정에 반영하고자 했던 완전히 새로운 형태의 정치운동이었다. 이것은 전통적인 집단상소나 민란과는 전혀 달랐다. 이 민회는 자치에 대한 국민의 자각을 기반으로 공동생활의 문제들을 협의하고 함께 행동해나가려 하였다. 이것은 자신들이 속한 정치공동체에 대한 소속감과 연대감을 갖지 않고서는 불가능한 현상이었다. 즉 만민공동회는 국민이 스스로 정치적 주체가 되고자 했던 시도였다. 전제적인 정부가 법을 통해 제한하려고 했던 정치 참여를 국민들이 스스로 쟁취하여 정치체제를 변화시키고자 하였던 것이다.
>
> 19세기 후반부터 한반도에 공화제적 원리가 표명되고 있었다는 사례는 이뿐만이 아니다. 당시 독립협회가 정부와 함께 개최한 관민공동회에서 발표한 「헌의6조」를 살펴보면 제3조에 "예산과 결산은 국민에게 공표할 일"이라고 명시하고 있는 것을 확인할 수 있다. 이것은 오늘날의 재정운용의 기본 원칙으로 여겨지는 예산공개의 원칙과 정확하게 일치하는 것으로 국민과 함께 협의하여 정치를 하여야 한다는 공화주의 원리를 보여주고 있다.

① 만민공동회는 전제 정부의 법적 제한에 맞서 국민의 정치 참여를 쟁취하고자 했다.
② 한반도에서 예산공개의 원칙은 19세기 후반 관민공동회에서 처음으로 표명되었다.
③ 예산과 결산이라는 용어는 관민공동회가 열렸던 19세기 후반에 이미 소개되어 있었다.
④ 만민공동회를 통해 대한민국 헌법에 공화제적 원리를 포함시키는 것이 결정되었다.
⑤ 한반도에서 공화제적 원리는 이미 19세기 후반부터 담론 및 실천의 차원에서 표명되고 있었다.

14. 다음 글의 A와 B의 견해에 대한 평가로 올바른 것만을 <보기>에서 모두 고르면?

> 여성의 사회 활동이 활발한 편에 속하는 미국에서조차 공과대학에서 여학생이 차지하는 비율은 20%를 넘지 않는다. 독일 대학의 경우도 전기 공학이나 기계 공학 분야의 여학생 비율이 2.3%를 넘지 않는다. 우리나라 역시 공과대학의 여학생 비율은 15%를 밑돌고 있고, 여교수의 비율도 매우 낮다.
>
> 여성주의자들 중 A는 기술에 각인된 '남성성'을 강조함으로써 이 현상을 설명하려고 한다. 그에 따르면, 지금까지의 기술은 자연과 여성에 대한 지배와 통제를 끊임없이 추구해 온 남성들의 속성이 반영된, 본질적으로 남성적인 것이다. 이에 반해 여성은 타고난 출산 기능 때문에 자연에 적대적일 수 없고 자연과 조화를 추구한다고 한다. 남성성은 공격적인 태도로 자연을 지배하려 하지만, 여성성은 순응적인 태도로 자연과 조화를 이루려 한다. 때문에 여성성은 자연을 지배하는 기술과 대립할 수밖에 없다. 이에 따라 A는 여성성에 바탕을 둔 기술을 적극적으로 개발해야만 비로소 여성과 기술의 조화가 가능해진다고 주장한다.
>
> 다른 여성주의자 B는 여성성과 남성성 사이에 근본적인 차이가 존재하지 않는다고 주장한다. 그는 여성에게 주입된 성별 분업 이데올로기와 불평등한 사회 제도에 의해 여성의 능력이 억눌리고 있다고 생각한다. 그에 따르면, 여성은 '기술은 남성의 것'이라는 이데올로기를 어릴 적부터 주입 받게 되어 결국 기술 분야 진출을 거의 고려하지 않게 된다. 설령 소수의 여성이 기술 분야에 어렵게 진출하더라도 남성에게 유리한 각종 제도의 벽에 부딪치면서 자신의 능력을 사장시키게 된다. 이에 따라 B는 여성과 기술의 관계에 대한 인식을 제고하는 교육을 강화하고 여성의 기술 분야 진출과 승진을 용이하게 하는 제도적 장치를 마련해야 한다고 주장한다. 그래야만 기술 분야에서 여성이 겪는 소외를 극복하고 여성이 자기 능력을 충분히 발휘할 수 있는 여건이 만들어질 수 있다고 보기 때문이다.

<보 기>

ㄱ. A에 따르면 여성과 기술의 조화를 위해서는 자연과 조화를 추구하는 기술을 개발해야 한다.
ㄴ. B에 따르면 여성이 남성보다 기술 분야에 많이 참여하지 않는 것은 신체적인 한계 때문이다.
ㄷ. A와 B에 따르면 한 사람은 남성성과 여성성을 동시에 갖고 있다.

① ㄱ
② ㄴ
③ ㄱ, ㄷ
④ ㄴ, ㄷ
⑤ ㄱ, ㄴ, ㄷ

15. 다음 글의 내용이 참일 때, 반드시 참인 것은?

A교육청은 관할지역 내 중학생의 학력 저하가 심각한 수준에 달했다고 우려하고 있다. A교육청은 이러한 학력 저하의 원인이 스마트폰의 사용에 있다고 보고 학력 저하를 방지하기 위한 방안을 마련하기로 하였다. 자료 수집을 위해 A교육청은 B중학교를 조사하였다. 조사 결과에 따르면, B중학교에서 스마트폰을 가지고 등교하는 학생들 중에서 국어 성적이 60점 미만인 학생이 20명, 영어 성적이 60점 미만인 학생이 20명이었다.

B중학교에 스마트폰을 가지고 등교하지만 학교에 있는 동안은 사용하지 않는 학생들 중에 영어 성적이 60점 미만인 학생은 없다. 그리고 B중학교에서 방과 후 보충 수업을 받아야 하는 학생 가운데 영어 성적이 60점 이상인 학생은 없다.

① 이 조사의 대상이 된 B중학교 학생은 적어도 40명 이상이다.
② B중학교 학생인 성열이의 영어 성적이 60점 미만이라면, 성열이는 방과 후 보충 수업을 받아야할 것이다.
③ B중학교 학생인 대석이의 국어 성적이 60점 미만이라면, 대석이는 학교에 있는 동안에 스마트폰을 사용할 것이다.
④ 스마트폰을 가지고 등교하더라도 학교에 있는 동안은 사용하지 않는 B중학교 학생 가운데 방과 후 보충 수업을 받아야 하는 학생은 없다.
⑤ B중학교에서 스마트폰을 가지고 등교하는 학생들 가운데 학교에 있는 동안은 스마트폰을 사용하지 않는 학생은 적어도 20명 이상이다.

16. 다음 글의 내용이 참일 때, 반드시 참인 것만을 <보기>에서 모두 고르면?

지혜로운 사람은 정열을 갖지 않는다. 정열을 가진 사람은 고통을 피할 수 없다. 정열은 고통을 수반하기 때문이다. 그런데 사랑을 원하는 사람은 정열을 가진 사람이다. 정열을 가진 사람은 행복하지 않다. 지혜롭지 않은 사람은 사랑을 원하면서 동시에 고통을 피하고자 한다. 그러나 지혜로운 사람만이 고통을 피할 수 있다.

<보 기>

ㄱ. 지혜로운 사람은 행복하다.
ㄴ. 사랑을 원하는 사람은 행복하지 않다.
ㄷ. 지혜로운 사람은 사랑을 원하지 않는다.

① ㄱ
② ㄴ
③ ㄱ, ㄷ
④ ㄴ, ㄷ
⑤ ㄱ, ㄴ, ㄷ

17. 다음 글의 내용이 참일 때, 밑줄 친 결론을 이끌어내기 위해 추가해야 할 전제로 적절한 것은?

> A팀이 제작하는 운영체제를 C팀의 전산 시스템에 설치하면 C팀의 보안 시스템에 오류를 발생시킨다. B팀이 제작하는 전원 공급 장치는 5%의 결함률이 있다. 즉 B팀이 제작하는 전원 공급 장치 중 5%의 제품은 결함이 있고 나머지는 결함이 없다. C팀의 전산 시스템에는 반드시 B팀이 제작한 전원 공급 장치를 장착한다. 만일 C팀의 보안 시스템에 오류가 있거나 전원 공급 장치에 결함이 있다면, C팀의 전산 시스템에는 오류가 발생한다. 그러므로 C팀의 전산 시스템에는 반드시 오류가 발생한다.

① A팀이 제작하는 운영체제를 B팀의 전산 시스템에 설치한다.
② A팀이 제작하는 운영체제를 C팀의 전산 시스템에 설치하지 않는다.
③ B팀이 제작하여 C팀에 제공하는 전원 공급 장치에 결함이 있다.
④ B팀에서 제작한 결함이 없는 95%의 전원 공급 장치를 C팀의 전산 시스템에 장착한다.
⑤ C팀의 전산 시스템 오류는 다른 결함요인에 의해서도 발생한다.

18. 다음 논증에 대한 평가로 적절한 것은?

> 전제1: 절대빈곤은 모두 나쁘다.
> 전제2: 비슷하게 중요한 다른 일을 소홀히 하지 않고도 우리가 막을 수 있는 절대빈곤이 존재한다.
> 전제3: 우리가 비슷하게 중요한 다른 일을 소홀히 하지 않고도 나쁜 일을 막을 수 있다면, 우리는 그 일을 막아야 한다.
> 결론: 우리가 막아야 하는 절대빈곤이 존재한다.

① 모든 전제가 참이라고 할지라도 결론은 참이 아닐 수 있다.
② 전제1을 논증에서 뺀다고 하더라도, 전제2와 전제3만으로 결론이 도출될 수 있다.
③ 비슷하게 중요한 다른 일을 소홀히 해도 막을 수 없는 절대빈곤이 있다면, 결론은 도출되지 않는다.
④ 절대빈곤을 막는 일에 비슷하게 중요한 다른 일을 소홀히 하게 되는 경우가 많다면, 결론은 도출되지 않는다.
⑤ 비슷하게 중요한 다른 일을 소홀히 하지 않고도 막을 수 있는 나쁜 일이 존재한다는 것을 전제로 추가하지 않아도, 주어진 전제만으로 결론은 도출될 수 있다.

19. 다음 글의 실험 결과를 가장 잘 설명하는 가설은?

> 상추씨를 임의로 (가)~(라)군으로 나눈 후, (가)군에는 적색광을 1분간 조사(照射)했다. (나)군에는 (가)군과 같이 처리한 후 근적외선을 4분간 추가로 조사했다. (다)군에는 (나)군과 같이 처리한 후 적색광을 1분간 추가로 조사했다. (라)군에는 (다)군과 같이 처리한 후 근적외선을 2분간 추가로 조사했다. 광선의 조사가 끝난 각 군의 상추씨들은 바로 암실로 옮겨졌다. 다음날 상추씨의 발아율을 측정해 보니, (가)군과 (다)군의 발아율은 80% 이상이었으며, (나)군은 2%, (라)군은 3%로 나타났다. 처음부터 암실에 두고 광선을 전혀 조사하지 않은 대조군의 발아율은 3%였다.

① 상추씨의 발아율을 높이려면 근적외선을 조사해야 한다.
② 상추씨의 발아율을 높이려면 적색광을 마지막에 조사해야 한다.
③ 상추씨의 발아율을 높이려면 적색광과 근적외선을 번갈아 조사해야 한다.
④ 상추씨의 발아율을 높이려면 근적외선의 효과가 적색광의 효과를 상쇄해야 한다.
⑤ 상추씨의 발아율을 높이려면 적색광을 조사한 횟수가 근적외선을 조사한 횟수보다 더 적어야 한다.

20. 다음 글에서 추론할 수 있는 것만을 <보기>에서 모두 고르면?

> 의학이나 공학, 혹은 과학에서는 다양한 검사법을 사용한다. 가령, 의학에서 사용되는 HIV 감염 여부에 대한 진단은 HIV 항체 검사법에 크게 의존한다. 흔히 항체 검사법의 결과는 양성 반응과 음성 반응으로 나뉜다. HIV 양성 반응이라는 것은 HIV에 감염되었다는 검사 결과가 나왔다는 것을 말하며, HIV 음성 반응이라는 것은 HIV에 감염되지 않았다는 검사 결과가 나왔다는 것을 말한다.
>
> 이런 검사법의 품질은 어떻게 평가되는가? 가장 좋은 검사법은 HIV에 감염되었을 때는 언제나 양성 반응이 나오고, HIV에 감염되지 않았을 때는 언제나 음성 반응이 나오는 것이라고 할 수 있다. 하지만 여러 기술적 한계 때문에 그런 검사법을 만들기는 쉽지 않다. 많은 검사법은 HIV에 감염되었다고 하더라도 음성 반응이 나올 가능성, HIV에 감염되지 않아도 양성 반응이 나올 가능성을 가지고 있다. 이 두 가지 가능성이 높은 검사법은 좋은 검사법이라고 말할 수 없을 것이다.
>
> 반면 HIV에 감염되었을 때 양성 반응이 나올 확률과 HIV에 감염되지 않았을 때 음성 반응이 나올 확률이 매우 높은 검사법은 비교적 좋은 품질을 가지고 있다고 말할 수 있다. 통계학자들은 전자에 해당하는 확률을 '민감도'라고 부르며, 후자에 해당하는 확률을 '특이도'라고 부른다. 민감도는 '참 양성 비율'이라고 불리기도 하며, 이는 실제로 감염된 사람들 중 양성 반응을 보인 사람들의 비율이다. 마찬가지로 특이도는 '참 음성 비율'이라고 불리기도 하며, 이는 실제로는 감염되지 않은 사람들 중 음성 반응을 보인 사람들의 비율로 정의된다. 물론 '거짓 양성 비율'은 실제로 병에 걸리지 않은 사람들 중 양성 반응을 보인 사람들의 비율을 뜻하며, '거짓 음성 비율'은 실제로 병에 걸린 사람들 중 음성 반응을 보인 사람들의 비율을 가리킨다.

<보 기>

ㄱ. 어떤 검사법의 민감도가 높을수록 그 검사법의 특이도도 높다.
ㄴ. 어떤 검사법의 특이도가 100%라면 그 검사법의 거짓 양성 비율은 0%이다.
ㄷ. 민감도가 100%인 HIV 항체 검사법을 이용해 어떤 사람을 검사한 결과 양성 반응이 나왔다면 그 사람이 HIV에 감염되었을 확률은 100%이다.

① ㄱ
② ㄴ
③ ㄷ
④ ㄱ, ㄴ
⑤ ㄴ, ㄷ

21. 다음 글의 내용과 부합하지 않는 것은?

> 정보화로 인해 폭발적으로 늘어난 큰 규모의 정보를 활용하는 빅데이터 분석이 샘플링과 설문조사 전문가들의 작업을 대체하고 있다. 이제 연구에 필요한 정보는 사람들이 평소대로 행동하는 동안 자동적으로 수집된다. 그 결과 샘플링과 설문지 사용에서 기인하는 편향이 사라졌다. 또한 휴대전화 통화정보로 드러나는 인맥이나 트위터를 통해 알 수 있는 사람들의 정서처럼 전에는 수집이 불가능했던 정보의 수집이 가능해졌다. 그리고 가장 중요한 점은 샘플을 추출해야 할 필요성이 사라졌다는 사실이다.
>
> 네트워크 이론에 관한 세계적인 권위자 바라바시는 전체 인구의 규모에서 사람들 간의 소통을 연구하고 싶었다. 그래서 유럽의 한 국가 전체 인구의 1/5을 고객으로 하고 있는 무선통신 사업자로부터 4개월 치의 휴대전화 통화 내역을 제공받아 네트워크 분석을 행하였다. 그렇게 큰 규모로 통화기록을 분석하자 다른 방식으로는 결코 밝혀낼 수 없었을 사실을 알아냈다.
>
> 흥미롭게도 그가 발견한 사실은 더 작은 규모의 연구 결과들과 상반된 것이었다. 그는 한 커뮤니티 내에서 링크를 많이 가진 사람을 네트워크로부터 제거하면 네트워크의 질은 저하되지만, 기능이 상실되는 수준은 아님을 발견하였다. 반면 커뮤니티 외부와 링크를 많이 가진 사람을 네트워크에서 제거하면 갑자기 네트워크가 와해되어 버렸다. 구조가 허물어지는 것처럼 말이다. 이것은 기존 연구를 통해서는 예상할 수 없었던 중요한 결과였다. 네트워크 구조의 안정성이라는 측면에서 봤을 때, 친한 친구를 많이 가진 사람보다 친하지 않은 사람들과 연락을 많이 하는 사람이 훨씬 더 중요할 거라고 누가 생각이나 해보았겠는가? 이것은 사회나 그룹 내에서 중요한 것이 동질성보다는 다양성일 수 있다는 점을 시사한다.
>
> 사실 기존의 통계학적 샘플링은 만들어진 지 채 100년도 되지 않는 통계 기법으로서 기술적 제약이 있던 시대에 개발된 것이다. 이제 더 이상 그런 제약들은 그때와 같은 정도로 존재하지는 않는다. 빅데이터 시대에 무작위 샘플을 찾는 것은 자동차 시대에 말채찍을 드는 것과 같다. 특정한 경우에는 여전히 샘플링을 사용할 수 있겠지만 더 이상 샘플링이 사회현상 분석의 주된 방법일 수는 없다. 우리는 이제 샘플이 아닌 전체를 분석할 수 있게 되었기 때문이다.

① 빅데이터 분석이 설문조사 전문가들의 작업을 대체하고 있다.
② 샘플링 기법은 현재보다 기술적 제약이 컸던 시대의 산물이다.
③ 샘플링이나 설문지를 사용하는 연구의 경우에는 어느 정도의 편향이 발생한다.
④ 빅데이터 시대에 샘플링은 더 이상 사회현상 연구의 주된 방법으로 간주되지 않게 되었다.
⑤ 바라바시의 연구에 의하면 커뮤니티 외부와 링크를 많이 가진 사람을 네트워크에서 제거해도 네트워크가 와해되지는 않는다.

22. 다음 글의 내용이 참일 때, A부처의 공무원으로 채용될 수 있는 지원자들의 최대 인원은?

> 금년도 공무원 채용 시 A부처에서 요구되는 자질은 자유민주주의 가치확립, 건전한 국가관, 헌법가치 인식, 나라사랑이다. A부처는 이 네 가지 자질 중 적어도 세 가지 자질을 지닌 사람을 채용할 것이다. 지원자는 갑, 을, 병, 정이다. 이 네 사람이 지닌 자질을 평가했고 다음과 같은 정보가 주어졌다.
>
> ○ 갑이 지닌 자질과 정이 지닌 자질 중 적어도 두 개는 일치한다.
> ○ 헌법가치 인식은 병만 가진 자질이다.
> ○ 만약 지원자가 건전한 국가관의 자질을 지녔다면, 그는 헌법가치 인식의 자질도 지닌다.
> ○ 건전한 국가관의 자질을 지닌 지원자는 한 명이다.
> ○ 갑, 병, 정은 자유민주주의 가치확립이라는 자질을 지니고 있다.

① 0명
② 1명
③ 2명
④ 3명
⑤ 4명

23. 다음 A~C의 주장에 대한 평가로 적절한 것만을 <보기>에서 모두 고르면?

A: 정당에 대한 충성도와 공헌도를 공직자 임용 기준으로 삼아야 한다. 이는 전쟁에서 전리품은 승자에게 속한다는 국제법의 규정에 비유할 수 있다. 즉 주기적으로 실시되는 대통령 선거에서 승리한 정당이 공직자 임용의 권한을 가져야 한다. 이러한 임용 방식은 공무원에 대한 정치 지도자의 지배력을 강화시켜 지도자가 구상한 정책 실현을 용이하게 할 수 있다.

B: 공직자 임용 기준은 개인의 능력·자격·적성에 두어야 하며 공개경쟁 시험을 통해 공무원을 선발하는 것이 좋다. 그러면 신규 채용 과정에서 공개와 경쟁의 원칙이 준수되기 때문에 정실 개입의 여지가 줄어든다. 공개경쟁 시험은 무엇보다 공직자 임용에서 기회균등을 보장하여 우수한 인재를 임용함으로써 행정의 능률을 높일 수 있고 공무원의 정치적 중립을 통하여 행정의 공정성이 확보될 수 있다는 장점을 가지고 있다. 또한 공무원의 신분보장으로 행정의 연속성과 직업적 안정성도 강화될 수 있다.

C: 사회를 구성하는 모든 지역 및 계층으로부터 인구 비례에 따라 공무원을 선발하고, 그들을 정부 조직 내의 각 직급에 비례적으로 배치함으로써 정부 조직이 사회의 모든 지역과 계층에 가능한 한 공평하게 대응하도록 구성되어야 한다. 공무원들은 가치중립적인 존재가 아니다. 그들은 자신의 출신 집단의 영향을 받은 가치관과 신념을 가지고 정책 결정과 정책 집행에 깊숙이 개입하고 있으며, 이 과정에서 자신의 견해나 가치를 반영하고자 노력한다.

<보 기>

ㄱ. 공직자 임용의 정치적 중립성을 보장할 필요성이 대두된다면, A의 주장은 설득력을 얻는다.

ㄴ. 공직자 임용과정의 공정성을 높일 필요성이 부각된다면, B의 주장은 설득력을 얻는다.

ㄷ. 인구의 절반을 차지하는 비수도권 출신 공무원의 비율이 1/4에 그쳐 지역 편향성을 완화할 필요성이 제기된다면, C의 주장은 설득력을 얻는다.

① ㄱ
② ㄴ
③ ㄷ
④ ㄱ, ㄷ
⑤ ㄴ, ㄷ

24. 다음 ㉠과 ㉡에 들어갈 말을 바르게 나열한 것은?

이동통신이 유선통신에 비하여 어려운 점은 다중 경로에 의해 통신채널이 계속적으로 변화하여 통신 품질이 저하된다는 것이다. 다중 경로는 송신기에서 발생한 신호가 수신기에 어떠한 장애물을 거치지 않고 직접적으로 도달하기도 하고 장애물을 통과하거나 반사하여 간접적으로 도달하기도 하기 때문에 발생한다. 이 다중 경로 때문에 송신기에서 발생한 신호가 안테나에 도달할 때 신호들마다 시간 차이가 발생한다. 이렇게 하나의 송신 신호가 시시각각 수신기에 다르게 도달하기 때문에 이동통신 채널은 일반적으로 유선통신 채널에 비해 빈번히 변화한다. 일반적으로 거쳐 오는 경로가 길수록 수신되는 진폭은 작아지고 지연 시간도 길어지게 된다. 다중 경로를 통해 전파가 전송되어 오면 각 경로의 거리 및 전송 특성 등의 차이에 의해 수신기에 도달하는 시간과 신호 세기의 차이가 발생한다.

시간에 따라 변화하는 이동통신의 품질을 극복하기 위해 개발된 것이 A기술이다. 이 기술을 사용하면 하나의 송신기로부터 전송된 하나의 신호가 다중 경로를 통해 안테나에 수신된다. 이때 안테나에 수신된 신호들 중 일부 경로를 통해 수신된 신호의 크기가 작더라도 나머지 다른 경로를 통해 수신된 신호의 크기가 크면 수신된 신호들 중 가장 큰 것을 선택하여 안정적인 송수신을 이루려는 것이 A기술이다. A기술은 마치 한 종류의 액체를 여러 배수관에 동시에 흘려 보내 가장 빨리 나오는 배수관의 액체를 선택하는 것에 비유할 수 있다. 여기서 액체는 [㉠]에 해당하고, 배수관은 [㉡]에 해당한다.

	㉠	㉡
①	송신기	안테나
②	신호	경로
③	신호	안테나
④	안테나	경로
⑤	안테나	신호

25. 다음 글의 결론을 지지하지 않는 것은?

> 지구와 태양 사이의 거리와 지구가 태양 주위를 도는 방식은 인간의 생존에 유리한 여러 특징을 지니고 있다. 인간을 비롯한 생명이 생존하려면 행성은 액체 상태의 물을 포함하면서 너무 뜨겁거나 차갑지 않아야 한다. 이를 위해 행성은 태양과 같은 별에서 적당히 떨어져 있어야 한다. 이 적당한 영역을 '골디락스 영역'이라고 한다. 또한 지구가 태양의 중력장 주위를 도는 타원 궤도는 충분히 원에 가깝다. 따라서 연중 태양에서 오는 열에너지가 비교적 일정하게 유지될 수 있다. 만약 태양과의 거리가 일정하지 않았다면 지구는 여름에는 바다가 모두 끓어 넘치고 겨울에는 거대한 얼음 덩어리가 되는 불모의 행성이었을 것이다.
>
> 우리 우주에 작용하는 근본적인 힘의 세기나 물리법칙도 인간을 비롯한 생명의 탄생에 유리하도록 미세하게 조정되어 있다. 예를 들어 근본적인 힘인 강한 핵력이나 전기력의 크기가 현재 값에서 조금만 달랐다면, 별의 내부에서 탄소처럼 무거운 원소는 만들어질 수 없었고 행성도 만들어질 수 없었을 것이다. 최근 들어 물리학자들은 이들 힘을 지배하는 법칙이 현재와 다르다면 우주는 구체적으로 어떤 모습이 될지 컴퓨터 모형으로 계산했다. 그 결과를 보면 강한 핵력의 강도가 겨우 0.5% 다르거나 전기력의 강도가 겨우 4% 다를 경우에도 탄소나 산소는 우주에서 합성되지 않는다. 따라서 생명 탄생의 가능성도 사라진다. 결국 강한 핵력이나 전기력을 지배하는 법칙들을 조금이라도 건드리면 우리가 존재할 가능성은 사라지는 것이다.
>
> 결론적으로 지구 주위 환경뿐만 아니라 보편적 자연법칙까지도 인류와 같은 생명이 진화해 살아가기에 알맞은 범위 안에 제한되어 있다고 할 수 있다. 만일 그러한 제한이 없었다면 태양계나 지구가 탄생할 수 없었을 뿐만 아니라 생명 또한 진화할 수 없었을 것이다. 우리가 아는 행성이나 생명이 탄생할 가능성을 열어두면서 물리법칙을 변경할 수 있는 폭은 매우 좁다.

① 탄소가 없는 상황에서도 생명은 자연적으로 진화할 수 있다.
② 중력법칙이 현재와 조금만 달라도 지구는 태양으로 빨려 들어간다.
③ 원자핵의 질량이 현재보다 조금 더 크다면 우리 몸을 이루는 원소는 합성되지 않는다.
④ 별 주위의 '골디락스 영역'에 행성이 위치할 확률은 매우 낮지만 지구는 그 영역에 위치한다.
⑤ 핵력의 강도가 현재와 약간만 달라도 별의 내부에서 무거운 원소가 거의 전부 사라진다.

약점 보완 해설집 p.224

상황판단영역

1. 다음 글을 근거로 판단할 때 옳은 것은?

> 1896년『독립신문』창간을 계기로 여러 가지의 애국가 가사가 신문에 게재되기 시작했는데, 어떤 곡조에 따라 이 가사들을 노래로 불렀는지는 명확하지 않다. 다만 대한제국이 서구식 군악대를 조직해 1902년 '대한제국 애국가'라는 이름의 국가(國歌)를 만들어 나라의 주요 행사에 사용했다는 기록은 남아 있다. 오늘날 우리가 부르는 애국가의 노랫말은 외세의 침략으로 나라가 위기에 처해 있던 1907년을 전후하여 조국애와 충성심을 북돋우기 위하여 만들어졌다.
>
> 1935년 해외에서 활동 중이던 안익태는 오늘날 우리가 부르고 있는 국가를 작곡하였다. 대한민국 임시정부는 이 곡을 애국가로 채택해 사용했으나 이는 해외에서만 퍼져 나갔을 뿐, 국내에서는 광복 이후 정부수립 무렵까지 애국가 노랫말을 스코틀랜드 민요에 맞춰 부르고 있었다. 그러다가 1948년 대한민국 정부가 수립된 이후 현재의 노랫말과 함께 안익태가 작곡한 곡조의 애국가가 정부의 공식 행사에 사용되고 각급 학교 교과서에도 실리면서 전국적으로 애창되기 시작하였다.
>
> 애국가가 국가로 공식화되면서 1950년대에는 대한뉴스 등을 통해 적극적으로 홍보가 이루어졌다. 그리고 「국기게양 및 애국가 제창 시의 예의에 관한 지시(1966)」 등에 의해 점차 국가의례의 하나로 간주되었다.
>
> 1970년대 초에는 공연장에서 본공연 전에 애국가가 상영되기 시작하였다. 이후 1980년대 중반까지 주요 방송국에서 국기강하식에 맞춰 애국가를 방송하였다. 주요 방송국의 국기강하식 방송, 극장에서의 애국가 상영 등은 1980년대 후반 중지되었으며 음악회와 같은 공연 시 애국가 연주도 이때 자율화되었다.
>
> 오늘날 주요 행사 등에서 애국가를 제창하는 경우에는 부득이한 경우를 제외하고 4절까지 제창하여야 한다. 애국가는 모두 함께 부르는 경우에는 전주곡을 연주한다. 다만, 약식 절차로 국민의례를 행할 때 애국가를 부르지 않고 연주만 하는 의전행사(외국에서 하는 경우 포함)나 시상식·공연 등에서는 전주곡을 연주해서는 안 된다.

① 1940년에 해외에서는 안익태가 만든 애국가 곡조를 들을 수 없었다.
② 1990년대 초반에는 국기강하식 방송과 극장에서의 애국가 상영이 의무화되었다.
③ 오늘날 우리가 부르는 애국가의 노랫말은 1896년『독립신문』에 게재되지 않았다.
④ 시상식에서 애국가를 부르지 않고 연주만 하는 경우에는 전주곡을 연주할 수 있다.
⑤ 안익태가 애국가 곡조를 작곡한 해로부터 대한민국 정부 공식 행사에 사용될 때까지 채 10년이 걸리지 않았다.

2. 다음 글을 근거로 판단할 때, <보기>에서 옳은 것만을 모두 고르면?

> 조선시대 복식은 신분과 직업에 따라 다르게 규정되었다. 상민들은 흰색 두루마기만 입을 수 있었던 데 비해 중인들은 청색 도포를 입고 다녔다. 조선시대 백관들의 공복(公服) 규정에 따르면, 중인의 경우 정3품은 홍포(紅袍)에 복두(幞頭)를 쓰고, 협지금(劦枝金)띠를 두르고 흑피화(黑皮靴)를 신었다. 4품 이하는 청포(靑袍)에 흑각(黑角)띠를 둘렀고, 7품 이하는 녹포(綠袍)에 흑의화(黑衣靴)를 신었다.
>
> 여자들의 복장은 남편의 벼슬이나 본가의 신분에 따라 달랐다. 조선 후기로 오면서 서울의 높은 양반집 여자들은 외출할 때 남자들과 내외하기 위해 장옷을 썼는데 중인 이하의 여자들은 장옷 대신 치마를 썼다. 또 양반집 여자들은 치마를 왼쪽으로 여며 입었는데 상민이 그렇게 입으면 망신을 당하고 쫓겨났다고 한다.
>
> 조선시대 공복에는 아청(鴉靑), 초록, 목홍(木紅) 등의 색을 사용했다.『경국대전』에 따르면 1470년대에는 경공장에서 청색 물을 들이는 장인이 30여 명에 달할 만큼 청색 염색이 활발했다. 남색 역시 많이 사용되었다.『임원십육지』에 따르면 6~7월에 쪽잎을 따서 만든 즙으로 남색 물을 들였다. 쪽잎으로 만든 남색 염료는 햇빛에 강해 색이 잘 변하지 않는 성질이 있어서 세계적으로 많이 사용되었다. 이 염료는 조선 초기까지는 사용이 드물었으나 조선 중기에 염료의 으뜸으로 등장했다가 합성염료의 출현으로 다시 왕좌에서 물러나게 되었다.

<보 기>

ㄱ. 조선 후기에 중인 여자들은 외출할 때 장옷을 썼다.
ㄴ. 1470년대에 청색 염색이 활발했음을 보여주는 기록이『경국대전』에 남아 있다.
ㄷ. 조선시대 정3품에 해당하는 중인들은 규정에 따라 청포에 흑각띠를 두르고 흑피화를 신었다.
ㄹ. 조선에서는 합성염료의 출현 이후에도 초봄에 쪽잎을 따서 만든 남색 염료가 합성염료보다 더 많이 사용되었다.

① ㄱ
② ㄴ
③ ㄱ, ㄷ
④ ㄴ, ㄹ
⑤ ㄷ, ㄹ

3. 다음 글을 근거로 판단할 때 옳은 것은?

청렴은 수령의 본분으로 모든 선(善)의 원천이며 모든 덕(德)의 근본이다. 청렴하지 않으면서 수령 노릇을 잘한 자는 없다. 『상산록』에 이런 말이 있다. "청렴에는 세 등급이 있다. 최상은 봉급 외에 아무것도 먹지 않고, 먹고 남은 것은 가져가지 않으며, 낙향할 때는 한 필의 말로 조촐하게 가니 이것이 '아주 옛날'의 청렴한 관리다. 그 다음은 봉급 외에는 명분이 바른 것만 먹고 바르지 않은 것은 먹지 않으며, 먹고 남은 것은 집으로 보내니 이것이 '조금 옛날'의 청렴한 관리다. 최하는 이미 규례(規例)가 된 것이라면 명분이 바르지 않아도 먹지만 규례가 되어 있지 않은 것은 먹지 않으며, 향임(鄕任)의 자리를 팔지 않고, 송사(訟事)와 옥사(獄事)를 팔아 먹지 않으며, 조세를 더 부과하여 나머지를 착복하지 않으니 이것이 '오늘날'의 청렴한 관리다. 최상이 진실로 좋지만 그럴 수 없다면 그 다음 것도 좋다. 최하는 옛날 같으면 형벌에 처했을 것이니 선을 좋아하고 악을 부끄럽게 여기는 사람은 결코 그렇게 하지 않을 것이다."

하지만 청렴하다 하여도 과격한 행동과 각박한 정사(政事)는 인정에 맞지 않기 때문에 내치는 바이니 군자가 따를 바가 못 된다. 북제(北齊)의 수령이었던 고적사문은 성질이 꼿꼿하고 모질어 국가의 봉급도 받지 않았다. 사소한 잘못도 용서치 않고 모두 귀양을 보내고 선처를 호소하는 친척들까지 잡아 때려 원성만 더해 갔다. 임금이 이를 듣고 고적사문의 포악함이 사나운 맹수보다 더하다며 그를 파면했다.

※ 규례(規例): 일정한 규칙과 정해진 관례
※ 향임(鄕任): 좌수, 별감 등 향청의 직책

① 정사가 각박할지라도 청렴한 수령은 군자가 따를 만한 수령이다.
② 『상산록』에 따르면 청렴에는 세 등급이 있는데 '조금 옛날'의 청렴한 관리가 최상이다.
③ 『상산록』에 따르면 명분과 관계없이 규례가 된 것만 먹는 수령은 '오늘날'과 '아주 옛날' 모두 청렴한 관리로 여겨졌다.
④ 『상산록』은 '오늘날'의 청렴한 관리보다 '아주 옛날'의 청렴한 관리가 상대적으로 더 청렴하다고 평가했다.
⑤ 북제의 고적사문은 『상산록』의 청렴 등급으로 볼 때 '조금 옛날'의 청렴한 관리에 해당하므로 모범이 될 만한 수령이다.

4. 다음 글을 근거로 판단할 때, 재산등록 의무자(A~E)의 재산등록 대상으로 옳은 것은?

재산등록 및 공개 제도는 재산등록 의무자가 본인, 배우자 및 직계존·비속의 재산을 주기적으로 등록·공개하도록 하는 제도이다. 이 제도는 재산등록 의무자의 재산 및 변동사항을 국민에게 투명하게 공개함으로써 부정이 개입될 소지를 사전에 차단하여 공직 사회의 윤리성을 높이기 위해 도입되었다.

○ 재산등록 의무자: 대통령, 국무총리, 국무위원, 지방자치단체장 등 국가 및 지방자치단체의 정무직 공무원, 4급 이상의 일반직·지방직 공무원 및 이에 상당하는 보수를 받는 별정직 공무원, 대통령령으로 정하는 외무공무원 등
○ 등록대상 친족의 범위: 본인, 배우자, 본인의 직계존·비속. 다만, 혼인한 직계비속인 여성, 외증조부모, 외조부모 및 외손자녀, 외증손자녀는 제외한다.
○ 등록대상 재산: 부동산에 관한 소유권·지상권 및 전세권, 자동차·건설기계·선박 및 항공기, 합명회사·합자회사 및 유한회사의 출자 지분, 소유자별 합계액 1천만 원 이상의 현금·예금·증권·채권·채무, 품목당 5백만 원 이상의 보석류, 소유자별 연간 1천만 원 이상의 소득이 있는 지식재산권

※ 직계존속: 부모, 조부모, 증조부모 등 조상으로부터 자기에 이르기까지 직계로 이어 내려온 혈족
※ 직계비속: 자녀, 손자, 증손 등 자기로부터 아래로 직계로 이어 내려가는 혈족

① 시청에 근무하는 4급 공무원 A의 동생이 소유한 아파트
② 시장B의 결혼한 딸이 소유한 1,500만 원의 정기예금
③ 도지사 C의 아버지가 소유한 연간 600만 원의 소득이 있는 지식재산권
④ 정부부처 4급 공무원 상당의 보수를 받는 별정직 공무원 D의 아들이 소유한 승용차
⑤ 정부부처 4급 공무원 E의 이혼한 전처가 소유한 1,000만 원 상당의 다이아몬드

5. 다음 글을 근거로 판단할 때, <보기>에서 옳은 것만을 모두 고르면?

방사선은 원자핵이 분열하면서 방출되는 것으로 우리의 몸속을 비집고 들어오면 인체를 구성하는 분자들에 피해를 준다. 인체에 미치는 방사선 피해 정도는 'rem'이라는 단위로 표현된다. 1rem은 몸무게 1g당 감마선 입자 5천만 개가 흡수된 양으로 사람의 몸무게를 80kg으로 가정하면 4조 개의 감마선 입자에 해당한다. 감마선은 방사선 중에 관통력이 가장 강하다. 체르노빌 사고 현장에서 소방대원의 몸에 흡수된 감마선 입자는 각종 보호 장구에도 불구하고 400조 개 이상이었다.

만일 우리 몸이 방사선에 100rem 미만으로 피해를 입는다면 별다른 증상이 없다. 이처럼 가벼운 손상은 몸이 스스로 짧은 시간에 회복할 뿐만 아니라, 정상적인 신체 기능에 거의 영향을 미치지 않는다. 이 경우 '문턱효과'가 있다고 한다. 일정량 이하 바이러스가 체내에 들어오는 경우 우리 몸이 스스로 바이러스를 제거하여 질병에 걸리지 않는 것도 문턱효과의 예라 할 수 있다. 방사선에 200rem 정도로 피해를 입는다면 머리카락이 빠지기 시작하고, 몸에 기운이 없어지고 구역질이 난다. 항암 치료로 방사선 치료를 받는 사람에게 이런 증상이 나타나는 것을 본 적이 있을 것이다. 300rem 정도라면 수혈이나 집중적인 치료를 받지 않는 한 방사선 피폭에 의한 사망 확률이 50%에 달하고, 1,000rem 정도면 한 시간 내에 행동불능 상태가 되어 어떤 치료를 받아도 살 수 없다.

※ 모든 감마선 입자의 에너지는 동일하다.

<보 기>

ㄱ. 몸무게 120kg 이상인 사람은 방사선에 300rem 정도로 피해를 입은 경우 수혈이나 치료를 받지 않아도 사망할 확률이 거의 없다.

ㄴ. 몸무게 50kg인 사람이 500조 개의 감마선 입자에 해당하는 방사선을 흡수한 경우 머리카락이 빠지기 시작하고 구역질을 할 것이다.

ㄷ. 인체에 유입된 일정량 이하의 유해 물질이 정상적인 신체 기능에 거의 영향을 주지 않으면서 우리 몸에 의해 자연스럽게 제거되는 경우 문턱효과가 있다고 할 수 있다.

ㄹ. 체르노빌 사고 현장에 투입된 몸무게 80kg의 소방대원 A가 입은 방사선 피해는 100rem 이상이었다.

① ㄱ, ㄴ
② ㄴ, ㄷ
③ ㄱ, ㄴ, ㄹ
④ ㄱ, ㄷ, ㄹ
⑤ ㄴ, ㄷ, ㄹ

6. 다음 글과 <상황>을 근거로 판단할 때 옳은 것은?

제00조(국회의 정기회) 정기회는 매년 9월 1일에 집회한다. 그러나 그 날이 공휴일인 때에는 그 다음날에 집회한다.

제00조(국회의 임시회) ① 임시회의 집회요구가 있을 때에는 의장은 집회기일 3일 전에 공고한다. 이 경우 둘 이상의 집회요구가 있을 때에는 집회일이 빠른 것을 공고하되, 집회일이 같은 때에는 그 요구서가 먼저 제출된 것을 공고한다.

② 국회의원 총선거 후 최초의 임시회는 의원의 임기개시 후 7일째에 집회한다.

제00조(연간 국회운영기본일정 등) ① 의장은 국회의 연중 상시운영을 위하여 각 교섭단체대표의원과의 협의를 거쳐 매년 12월 31일까지 다음 연도의 국회운영기본일정을 정하여야 한다. 다만, 국회의원 총선거 후 처음 구성되는 국회의 당해 연도의 국회운영기본일정은 6월 30일까지 정하여야 한다.

② 제1항의 연간 국회운영기본일정은 다음 각 호의 기준에 따른다.

1. 매 짝수월(8월·10월 및 12월을 제외한다) 1일(그 날이 공휴일인 때에는 그 다음날)에 임시회를 집회한다. 다만, 국회의원 총선거가 있는 월의 경우에는 그러하지 아니하다.
2. 정기회의 회기는 100일, 제1호의 규정에 의한 임시회의 회기는 매 회 30일을 초과할 수 없다.

<상 황>

○ 국회의원 총선거는 4년마다 실시하며, 그 임기는 4년이다.
○ 제△△대 국회의원 총선거는 금년 4월 20일(수)에 실시되며 5월 30일부터 국회의원의 임기가 시작된다.

① 제△△대 국회의 첫 번째 임시회는 4월 27일에 집회한다.
② 올해 국회의 정기회는 9월 1일에 집회하여 12월 31일에 폐회한다.
③ 내년도 국회의 회기는 정기회와 임시회의 회기를 합하여 연간 130일을 초과할 수 없다.
④ 내년 4월 30일에 임시회의 집회요구가 있을 때에는 국회의장의 임시회 집회공고 없이 5월 1일에 임시회가 집회된다.
⑤ 제△△대 국회의 의장은 각 교섭단체대표의원과의 협의를 거쳐 내년도 국회운영기본일정을 올해 12월 31일까지 정해야 한다.

7. 다음 글과 <상황>을 근거로 판단할 때 옳은 것은?

헌법재판소가 위헌으로 결정한 법률 또는 법률조항은 그 위헌결정이 있는 날부터 효력을 상실한다. 그러나 위헌으로 결정된 형벌에 관한 법률 또는 법률조항(이하 '형벌조항'이라고 함)은 소급하여 그 효력을 상실한다. 이는 죄형법정주의 원칙에 의할 때, 효력이 상실된 형벌조항에 따라 유죄의 책임을 지는 것은 타당하지 않다는 점을 고려한 것이다.

그러나 위헌인 형벌조항에 대해서 일률적으로 해당 조항의 제정 시점까지 소급효를 인정하는 것은 문제가 있다. 왜냐하면 헌법재판소가 기존에 어느 형벌조항에 대해서 합헌결정을 하였지만 그 후 시대 상황이나 국민의 법감정 등 사정변경으로 위헌결정을 한 경우, 해당 조항의 제정 시점까지 소급하여 그 효력을 상실하게 하여 과거에 형사처벌을 받은 사람들까지도 재심을 청구할 수 있게 하는 것은 부당하기 때문이다. 따라서 위헌으로 결정된 형벌조항에 대해서 종전에 합헌결정이 있었던 경우에는 그 결정이 선고된 날의 다음 날로 소급하여 효력을 상실하는 것으로 규정함으로써 그 소급효를 제한한다. 이러한 소급효 제한의 취지로 인해 동일한 형벌조항에 대해서 헌법재판소가 여러 차례 합헌결정을 한 때에는 최후에 합헌결정을 선고한 날의 다음 날로 소급하여 그 형벌조항의 효력이 상실되는 것으로 본다.

한편, 헌법재판소의 위헌결정이 내려진 형벌조항에 근거하여 유죄의 확정판결을 받은 사람은 '무죄임을 확인해 달라'는 취지의 재심청구가 인정된다. 또한 그 유죄판결로 인해 실형을 선고받고 교도소에서 복역하였던 사람은 구금 일수에 따른 형사보상금 청구가 인정되며, 벌금형을 선고받아 이를 납부한 사람도 형사보상금 청구가 인정된다.

※ 소급효: 법률이나 판결 등의 효력이 과거 일정 시점으로 거슬러 올라가서 미치는 것

<상 황>

1953.9.18.에 제정된 형법 제241조의 간통죄에 대해서, 헌법재판소는 1990.9.10., 1993.3.31., 2001.10.25., 2008.10.30.에 합헌결정을 하였지만, 2015.2.26.에 위헌결정을 하였다. 다음과 같이 형사처벌을 받았던 甲, 乙, 丙은 재심청구와 형사보상금 청구를 하였다.

甲: 2007.10.1. 간통죄로 1년의 징역형이 확정되어 1년간 교도소에서 복역하였다.

乙: 2010.6.1. 간통죄로 징역 1년과 집행유예 2년을 선고받고, 교도소에서 복역한 바 없이 집행유예기간이 경과되었다.

丙: 2013.8.1. 간통죄로 1년의 징역형이 확정되어 1년간 교도소에서 복역하였다.

※ 집행유예: 유죄판결을 받은 사람에 대하여 일정 기간 형의 집행을 유예하고, 그 기간을 무사히 지내면 형의 선고는 효력을 상실하는 것으로 하여 실형을 과하지 않는 제도

① 甲의 재심청구는 인정되나 형사보상금 청구는 인정되지 않는다.
② 乙의 재심청구와 형사보상금 청구는 모두 인정된다.
③ 乙의 재심청구는 인정되나 형사보상금 청구는 인정되지 않는다.
④ 丙의 재심청구와 형사보상금 청구는 모두 인정되지 않는다.
⑤ 丙의 재심청구는 인정되나 형사보상금 청구는 인정되지 않는다.

8. 다음 <규칙>을 근거로 판단할 때, <보기>에서 옳은 것만을 모두 고르면?

<규 칙>

○ △△배 씨름대회는 아래와 같은 대진표에 따라 진행되며, 11명의 참가자는 추첨을 통해 동일한 확률로 A부터 K까지의 자리 중에서 하나를 배정받아 대회에 참가한다.

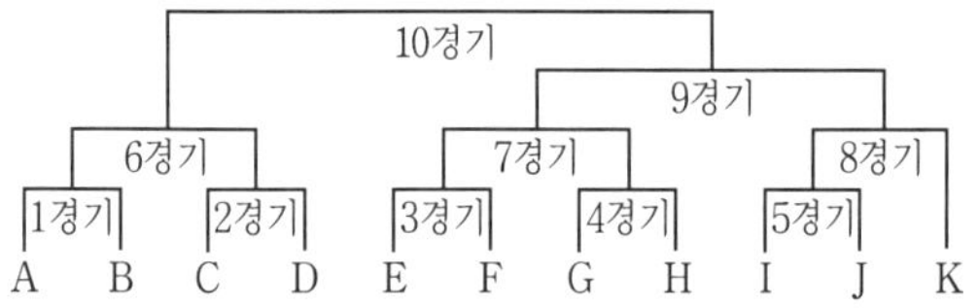

○ 대회는 첫째 날에 1경기부터 시작되어 10경기까지 순서대로 매일 하루에 한 경기씩 쉬는 날 없이 진행되며, 매 경기에서는 무승부 없이 승자와 패자가 가려진다.
○ 각 경기를 거듭할 때마다 패자는 제외시키면서 승자끼리 겨루어 최후에 남은 두 참가자 간에 우승을 가리는 승자 진출전 방식으로 대회를 진행한다.

<보 기>

ㄱ. 이틀 연속 경기를 하지 않으면서 최소한의 경기로 우승할 수 있는 자리는 총 5개이다.
ㄴ. 첫 번째 경기에 승리한 경우 두 번째 경기 전까지 3일 이상을 경기 없이 쉴 수 있는 자리에 배정될 확률은 50% 미만이다.
ㄷ. 총 4번의 경기를 치러야 우승할 수 있는 자리에 배정될 확률이 총 3번의 경기를 치르고 우승할 수 있는 자리에 배정될 확률보다 높다.

① ㄱ
② ㄴ
③ ㄷ
④ ㄱ, ㄷ
⑤ ㄴ, ㄷ

9. 다음 글과 <상황>을 근거로 판단할 때, 甲과 乙의 최대 배상금액으로 모두 옳은 것은?

A국의 층간소음 배상에 대한 기준은 아래와 같다.
○ 층간소음 수인(受忍)한도
- 주간 최고소음도: 55dB(A)
- 야간 최고소음도: 50dB(A)
- 주간 등가소음도: 40dB(A)
- 야간 등가소음도: 35dB(A)

○ 층간소음 배상 기준금액: 수인한도 중 하나라도 초과 시

피해기간	피해자 1인당 배상 기준금액
6개월 이내	500,000원
6개월 초과~1년 이내	650,000원
1년 초과~2년 이내	800,000원

○ 배상금액 가산기준
(1) 주간 혹은 야간에 최고소음도와 등가소음도가 모두 수인한도를 초과한 경우에는 30% 이내에서 가산
(2) 최고소음도 혹은 등가소음도가 주간과 야간에 모두 수인한도를 초과한 경우에는 30% 이내에서 가산
(3) 피해자가 환자, 1세 미만 유아, 수험생인 경우에는 해당 피해자 개인에게 20% 이내에서 가산

○ 둘 이상의 가산기준에 해당하는 경우 기준금액을 기준으로 각각의 가산금액을 산출한 후 합산

예) 피해기간은 3개월이고, 주간의 최고소음도와 등가소음도가 수인한도를 모두 초과하였고, 피해자가 1인이며 환자인 경우 최대 배상금액: 500,000원 + (500,000원 × 0.3) + (500,000원 × 0.2)

※ 등가소음도: 변동하는 소음의 평균치

<상 황>

○ 아파트 위층에 사는 甲이 10개월 전부터 지속적으로 소음을 발생시키자, 아래층 부부는 문제를 제기하였다. 소음을 측정한 결과 주간과 야간 모두 최고소음도는 수인한도를 초과하지 않았으나, 주간 등가소음도는 45dB(A)였으며, 야간 등가소음도는 38dB(A)였다. 아래층 피해자 부부는 모두 가산기준 (3)에 해당되지 않는다.

○ 아파트 위층에 사는 乙이 1년 6개월 전부터 야간에만 지속적으로 소음을 발생시키자, 아래층에 사는 가족은 문제를 제기하였다. 야간에 소음을 측정한 결과 등가소음도는 42dB(A)였으며, 최고소음도는 52dB(A)이었다. 아래층 피해자 가족은 4명이며, 그 중 수험생 1명만 가산기준 (3)에 해당된다.

	甲	乙
①	1,690,000원	4,320,000원
②	1,690,000원	4,160,000원
③	1,690,000원	3,840,000원
④	1,300,000원	4,320,000원
⑤	1,300,000원	4,160,000원

10. ○○시의 <버스정류소 명칭 관리 및 운영계획>을 근거로 판단할 때 옳은 것은? (단, 모든 정류소는 ○○시 내에 있다)

<버스정류소 명칭 관리 및 운영계획>

□ 정류소 명칭 부여기준
○ 글자 수: 15자 이내로 제한
○ 명칭 수: 2개 이내로 제한
- 정류소 명칭은 지역대표성 명칭을 우선으로 부여
- 2개를 병기할 경우 우선순위대로 하되, ·으로 구분

우선순위	지역대표성 명칭			특정법인(개인) 명칭	
	1	2	3	4	5
명칭	고유지명	공공기관, 공공시설	관광지	시장, 아파트, 상가, 빌딩	기타 (회사, 상점 등)

□ 정류소 명칭 변경 절차
○ 자치구에서 명칭 부여기준에 맞게 홀수달 1일에 신청
- 홀수달 1일에 하지 않은 신청은 그 다음 홀수달 1일 신청으로 간주
○ 부여기준에 적합한지를 판단하여 시장이 승인 여부를 결정
○ 관련기관은 정류소 명칭 변경에 따른 정비를 수행
○ 관련기관은 정비결과를 시장에게 보고

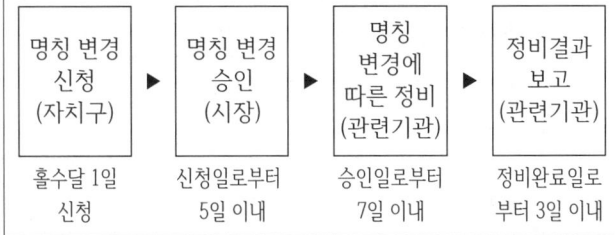

명칭 변경 신청 (자치구)	▶	명칭 변경 승인 (시장)	▶	명칭 변경에 따른 정비 (관련기관)	▶	정비결과 보고 (관련기관)
홀수달 1일 신청		신청일로부터 5일 이내		승인일로부터 7일 이내		정비완료일로부터 3일 이내

※ 단, 주말 및 공휴일도 일수(日數)에 산입하며, 당일(신청일, 승인일, 정비완료일)은 일수에 산입하지 않는다.

① 자치구가 7월 2일에 정류소 명칭 변경을 신청한 경우, ○○시의 시장은 늦어도 7월 7일까지는 승인 여부를 결정해야 한다.
② 자치구가 8월 16일에 신청한 정류소 명칭 변경이 승인될 경우, 늦어도 9월 16일까지는 정비결과가 시장에게 보고된다.
③ '가나시영3단지'라는 정류소 명칭을 '가나서점·가나3단지 아파트'로 변경하는 것은 명칭 부여기준에 적합하다.
④ '다라중학교·다라동1차아파트'라는 정류소 명칭은 글자 수가 많아 명칭 부여기준에 적합하지 않다.
⑤ 명칭을 변경하는 정류소에 '마바구도서관·마바시장·마바물산'이라는 명칭이 부여될 수 있다.

11. 다음 글을 근거로 판단할 때 옳은 것은?

> 무궁화에 관한 가장 오래된 기록은 중국 동진시대의 문인 곽복이 쓴 『산해경』이라는 지리서에 있다. 이 책에는 "군자의 나라에 무궁화가 많은데 아침에 피고 저녁에 진다."는 기록이 남아 있다. 또한 중국의 고전 『고금기』에도 "군자의 나라는 지방이 천리인데 무궁화가 많이 피었다."는 기록이 있다. 신라시대 최치원이 중국 당나라에 보낸 국서에는 신라를 근화향(槿花鄕), 즉 무궁화 나라로 표기하였으며, 고려 예종도 고려를 근화향이라 지칭하였다.
>
> 갑오개혁 이후 민중은 무궁화를 왕실의 꽃이 아닌 민중의 꽃으로 인식하였다. 일제가 국권을 강탈한 후에도 무궁화에 대한 민중의 사랑은 더욱 깊어졌다. 일제는 이러한 민중의 정서를 잘 알고 있었기에 무궁화를 말살하려 했다. 예를 들어 무궁화를 캐 온 학생에게 상을 주고, 무궁화를 캐낸 자리에는 벚꽃을 심었다. 또한 무궁화를 가까이에서 보면 눈에 핏발이 서고 만지면 부스럼이 생긴다는 유언비어를 퍼뜨리고, 무궁화를 보면 침을 뱉고 멀리 돌아가라고 가르쳤다.
>
> 이러한 핍박 속에서도 일부 단체나 학교는 무궁화를 겨레의 상징물로 사용하였다. 1937년 7월 31일 종로 파고다 공원에서 개최된 시국강연회에 참석한 조선소년군은 무궁화가 새겨진 스카프를 착용했다. 일제는 이것을 저항으로 해석하여 스카프를 압수하고 조선소년군 간부를 구금했다. 또한, 서울중앙학교는 모자에 무궁화를 새겼다가 문제가 되어 무궁화를 월계수로 대체하여야 했다.

① 일제는 무궁화 말살을 위해 학생들이 무궁화를 캐도록 유도했다.
② 민중의 무궁화에 대한 사랑은 일제가 국권을 강탈한 후 자연히 시들해졌다.
③ 최치원의 국서는 무궁화에 관한 가장 오래된 기록으로 신라를 근화향으로 표기했다.
④ 일제의 무궁화 말살 정책으로 무궁화를 구하기 어려워지자 모든 단체와 학교는 벚꽃을 겨레의 상징물로 사용했다.
⑤ 조선소년군은 시국강연회에 참석할 때 착용한 스카프에 무궁화가 새겨진 것이 문제가 되자 무궁화를 월계수로 대체했다.

12. 다음 글을 근거로 판단할 때, <보기>에서 옳은 것만을 모두 고르면?

> <일월오봉도>는 하늘과 땅, 다섯 개의 산봉우리로 상징되는 '삼라만상'과 해와 달로 표상되는 '음양오행'의 원리를 시각화한 것이다. 이는 각각 조선의 왕이 '통치하는 대상'과 '치세의 이데올로기'를 시각적으로 응축한 것이기도 하다. 조선 후기 대다수의 <일월오봉도>는 크기에 관계없이 다음과 같은 형식을 취한다. 화면(畵面)의 중앙에는 다섯 개의 봉우리 가운데 가장 큰 산봉우리가 위치하고 그 양쪽으로 각각 두 개의 작은 봉우리가 배치되어 있다. 해는 오른편에 위치한 두 작은 봉우리 사이의 하늘에, 달은 왼편의 두 작은 봉우리 사이의 하늘에 보름달의 형상으로 떠 있다. 화면의 양쪽 구석을 차지하고 있는 바위 위에 키 큰 적갈색 소나무 네 그루가 대칭으로 서 있다. 화면의 하단을 완전히 가로질러 채워진 물은 비늘 모양으로 형식화되어 반복되는 물결 무늬로 그려져 있다.
>
> <일월오봉도>는 왕이 정무를 보는 궁궐의 정전(正殿)뿐 아니라 왕이 참석하는 행사장에 임시로 설치된 어좌(御座)에도 배설(排設)되었으며 왕이 죽고 나면 그 시신을 모시던 빈전(殯殿)과 혼전(魂殿)에도 사용되었고 제사에 배향(配享)된 영정 초상 뒤에도 놓였다. 이는 <일월오봉도>가 살아 있는 왕을 위해서만이 아니라 왕의 사후에도 왕의 존재를 표상하기 위한 곳이라면 어디든 사용되었다는 것을 시사한다. 즉, <일월오봉도>는 그 자체로 왕의 존재를 지시하는 동시에 왕만이 전유(專有)할 수 있는 것이었다.

※ 배설(排設): 의식에 쓰이는 도구들을 벌여 놓음
※ 빈전(殯殿): 발인 때까지 왕이나 왕비의 관(棺)을 모시던 전각
※ 혼전(魂殿): 임금이나 왕비의 국장 후에 위패를 모시던 전각
※ 배향(配享): 종묘에 죽은 사람의 위패를 모심

<보 기>

ㄱ. 왕의 죽음과 관련된 장소에는 <일월오봉도>를 배치하지 않았다.
ㄴ. 조선 후기 대다수의 <일월오봉도>에서는 해가 달보다 오른쪽에 그려져 있다.
ㄷ. <일월오봉도>는 왕비나 세자의 존재를 표상하기 위해 사용되었다.
ㄹ. <일월오봉도>에서 다섯 개의 산봉우리는 왕을 나타내는 상징물이다.

① ㄴ
② ㄹ
③ ㄱ, ㄴ
④ ㄴ, ㄷ
⑤ ㄱ, ㄷ, ㄹ

13. 다음 글을 근거로 판단할 때, 우리나라에서 기단을 표시한 기호로 모두 옳은 것은?

> 기단(氣團)은 기온, 습도 등의 대기 상태가 거의 일정한 성질을 가진 공기 덩어리이다. 기단은 발생한 지역에 따라 분류할 수 있다. 대륙에서 발생하는 대륙성기단은 건조한 성질을 가지며, 해양에서 발생하는 해양성기단은 습한 성질을 갖는다. 또한 기단의 온도에 따라 한대기단, 열대기단, 적도기단, 극기단으로 나뉜다.
>
> 기단은 그 성질을 기호로 표시하기도 한다. 해양성기단은 알파벳 소문자 m을 기호 처음에 표기하고, 대륙성기단은 알파벳 소문자 c를 기호 처음에 표기한다. 이어서 한대 기단은 알파벳 대문자 P로 표기하고, 열대기단은 알파벳 대문자 T로 표기한다. 예를 들어 해양성한대기단은 mP가 되는 것이다. 또한 기단이 이동하면서 나타나는 열역학적 특성에 따라 알파벳 소문자 w나 k를 마지막에 추가한다. w는 기단이 그 하층의 지표면보다 따뜻할 때 사용하며 k는 기단이 그 하층의 지표면보다 차가울 때 사용한다. 한편 적도기단은 E로, 북극기단은 A로 표시한다.
>
> 겨울철 우리나라에 영향을 주는 대표적인 기단은 시베리아 기단으로 우리나라 지표면보다 차가운 대륙성한대기단이다. 북극기단이 우리나라에 영향을 주기도 하는데, 북극기단은 극기단의 일종으로 최근 우리나라 겨울철 혹한의 주범으로 지목되고 있다. 여름철에 우리나라에 영향을 주는 대표적 열대 기단은 북태평양기단이다. 북태평양기단은 해수 온도가 높은 북태평양에서 발생하여 우리나라 지표면보다 덥고 습한 성질을 가져 고온다습한 날씨를 야기한다. 또다른 여름철 기단인 오호츠크해기단은 해양성한대기단으로 우리나라 지표면보다 차갑고 습한 성질을 갖는다. 적도 지방에서 발생하여 북상하는 적도기단도 우리나라 여름철에 영향을 준다.

	시베리아기단	북태평양기단	오호츠크해기단
①	mPk	mTk	cPk
②	mPk	cTw	cPk
③	cPk	cTw	mPk
④	cPk	mTw	mTk
⑤	cPk	mTw	mPk

14. 다음 글과 <상황>을 근거로 판단할 때, 甲에게 가장 적절한 유연근무제는?

> 유연근무제는 획일화된 공무원의 근무형태를 개인·업무·기관별 특성에 맞게 다양화하여 일과 삶의 균형을 꾀하고 공직생산성을 향상시키는 것을 목적으로 하며, 시간제근무, 탄력근무제, 원격근무제로 나눌 수 있다.
>
> 시간제근무는 다른 유연근무제와 달리 주 40시간보다 짧은 시간을 근무하는 것이다. 수시로 신청할 수 있으며 보수 및 연가는 근무시간에 비례하여 적용한다.
>
> 탄력근무제에는 네 가지 유형이 있다. '시차출퇴근형'은 1일 8시간 근무체제를 유지하면서 출퇴근시간을 자율적으로 조정할 수 있다. 07:00~10:00에 30분 단위로 출근시간을 스스로 조정하여 8시간 근무 후 퇴근한다. '근무시간선택형'은 주 5일 근무를 준수해야 하지만 1일 8시간을 반드시 근무해야 하는 것은 아니다. 근무가능 시간대는 06:00~24:00이며 1일 최대 근무시간은 12시간이다. '집약근무형'은 1일 8시간 근무체제에 구애받지 않으며, 주 3.5~4일만을 근무한다. 근무가능 시간대는 06:00~24:00이며 1일 최대 근무시간은 12시간이다. 이 경우 정액급식비 등 출퇴근을 전제로 지급되는 수당은 출근하는 일수만큼만 지급한다. '재량근무형'은 출퇴근 의무 없이 프로젝트 수행으로 주 40시간의 근무를 인정하는 형태이며 기관과 개인이 협의하여 수시로 신청한다.
>
> 원격근무제에는 '재택근무형'과 '스마트워크근무형'이 있는데, 실시 1주일 전까지 신청하면 된다. 재택근무형은 사무실이 아닌 자택에서 근무하는 것이며, 초과근무는 불인정된다. 스마트워크근무형은 자택 인근의 스마트워크 센터 등 별도 사무실에서 근무하며, 초과근무를 위해서는 사전에 부서장의 승인이 필요하다.

<상 황>

> A부서의 공무원 甲은 유연근무제를 신청하고자 한다. 甲은 원격근무보다는 A부서 사무실에 출근하여 일하는 것을 원하며, 주 40시간의 근무시간은 지킬 예정이다. 이틀은 아침 7시에 출근하여 12시간씩 근무하고, 나머지 사흘은 5~6시간의 근무를 하고 일찍 퇴근하려는 계획을 세웠다.

① 근무시간선택형
② 시차출퇴근형
③ 시간제근무
④ 집약근무형
⑤ 재택근무형

15. 다음 글을 근거로 판단할 때, <보기>에서 방정식 $x^3+4x+2=0$의 표현으로 옳은 것만을 모두 고르면?

> 과거에는 방정식을 현재의 표현 방식과는 다르게 표현하였다.
> 카르다노는 x를 reb9라고 쓰고 x^3을 cub9라고 했으며 +를 p:과 같이 써서 $x^3+6x=18$을
>
> cub9 p: 6reb9 aeq̄lis 18
>
> 이라고 했다.
> 스테빈은 $x^3+3=2x+6$을
>
> 1③+3 egales á 2①+6
>
> 이라고 썼다. 여기서 egales á는 =를 나타낸다.
> 기랄드는 x를 (1), x^2을 (2), x^3을 (3)과 같이 사용했다. 즉, $x^3+21x^2+4=0$을
>
> 1(3)+21(2)+4=0
>
> 이라고 쓴 것이다.
> 헤리옷은 $x^3+3x=0$을
>
> $xxx+3\cdot x=0$
>
> 과 같이 표현했다.

<보 기>

ㄱ. 카르다노는 cub9 p: 4reb9 p: 2 aeq̄lis 0이라고 썼을 것이다.
ㄴ. 스테빈은 1③+4①+2 egales á 0이라고 썼을 것이다.
ㄷ. 기랄드는 1(2)+4(1)+2=0이라고 썼을 것이다.
ㄹ. 헤리옷은 $xxx+4\cdot x+2=0$이라고 썼을 것이다.

① ㄱ, ㄷ
② ㄴ, ㄹ
③ ㄱ, ㄴ, ㄷ
④ ㄱ, ㄴ, ㄹ
⑤ ㄴ, ㄷ, ㄹ

16. 다음 글을 근거로 판단할 때, <표>의 ㉠~㉣에 들어갈 기호로 모두 옳은 것은?

> 법 제○○조(학교환경위생 정화구역) 시·도의 교육감은 학교환경위생 정화구역(이하 '정화구역'이라 한다)을 절대 정화구역과 상대정화구역으로 구분하여 설정하되, 절대 정화구역은 학교출입문으로부터 직선거리로 50미터까지인 지역으로 하고, 상대정화구역은 학교경계선으로부터 직선거리로 200미터까지인 지역 중 절대정화구역을 제외한 지역으로 한다.
> 법 제△△조(정화구역에서의 금지시설) ① 누구든지 정화 구역에서는 다음 각 호의 어느 하나에 해당하는 시설을 하여서는 아니 된다.
> 1. 도축장, 화장장 또는 납골시설
> 2. 고압가스·천연가스·액화석유가스·제조소 및 저장소
> 3. 폐기물수집장소
> 4. 폐기물처리시설, 폐수종말처리시설, 축산폐수배출시설
> 5. 만화가게(유치원 및 대학교의 정화구역은 제외한다)
> 6. 노래연습장(유치원 및 대학교의 정화구역은 제외한다)
> 7. 당구장(유치원 및 대학교의 정화구역은 제외한다)
> 8. 호텔, 여관, 여인숙
>
> ② 제1항에도 불구하고 대통령령으로 정하는 구역에서는 제1항의 제2호, 제3호, 제5호부터 제8호까지에 규정된 시설 중 교육감이 학교환경위생정화위원회의 심의를 거쳐 학습과 학교보건위생에 나쁜 영향을 주지 아니한다고 인정하는 시설은 허용될 수 있다.
> 대통령령 제□□조(제한이 완화되는 구역) 법 제△△조 제2항에서 '대통령령으로 정하는 구역'이란 법 제○○조에 따른 상대정화구역(법 제△△조 제1항 제7호에 따른 당구장 시설을 하는 경우에는 정화구역 전체)을 말한다.

<표>

구역 / 시설	초·중·고등학교		유치원·대학교	
	절대정화 구역	상대정화 구역	절대정화 구역	상대정화 구역
폐기물 처리시설	×	×	×	×
폐기물 수집장소	×	△	×	△
당구장	㉠		㉢	
만화가게		㉡		
호텔				㉣

×: 금지되는 시설
△: 학교환경위생정화위원회의 심의를 거쳐 허용될 수 있는 시설
○: 허용되는 시설

	㉠	㉡	㉢	㉣
①	△	○	○	△
②	△	△	○	△
③	×	△	○	△
④	×	△	△	×
⑤	×	×	△	×

17. 다음 글을 근거로 판단할 때 옳은 것은?

> 헌법 제29조 제1항은 "공무원의 직무상 불법행위로 손해를 받은 국민은 법률이 정하는 바에 의하여 국가 또는 공공단체에 정당한 배상을 청구할 수 있다. 이 경우 공무원 자신의 책임은 면제되지 아니한다."라고 규정하고 있다. 대법원은 이 헌법 조항의 의미에 대하여 다음과 같이 판단하였다.
>
> [다수의견] 헌법 제29조 제1항은 공무원의 직무상 불법행위로 인하여 국가 등이 배상책임을 진다고 할지라도 그 때문에 공무원 자신의 민·형사책임이나 징계책임이 면제되지 아니한다는 원칙을 규정한 것이나, 그 조항 자체로 피해자에 대한 공무원 개인의 구체적인 손해배상책임의 범위까지 규정한 것으로 보기는 어렵다. 따라서 공무원이 직무수행 중 불법행위로 국민에게 손해를 입힌 경우에 국가 또는 공공단체가 국가배상책임을 부담하는 외에 공무원 개인도 고의 또는 중과실이 있는 경우에는 피해자에게 불법행위로 인한 손해배상 책임을 진다고 할 것이다. 그러나 공무원에게 경과실만 있는 경우에는 공무원 개인은 피해자에게 손해배상책임을 부담하지 아니한다고 해석하여야 한다.
>
> [별개의견] 헌법 제29조 제1항의 공무원의 책임은 직무상 불법행위를 한 그 공무원 개인의 불법행위책임임이 분명하다. 여기에서 말하는 불법행위의 개념은 법적인 일반 개념으로서, 그것은 고의 또는 과실로 인한 위법행위로 타인에게 손해를 가한 것을 의미하고, 이때의 과실은 중과실과 경과실을 구별하지 않는다. 따라서 공무원의 경과실로 인한 직무상 불법행위의 경우에도, 국가 또는 공공단체의 책임은 물론, 공무원 개인의 피해자에 대한 손해배상책임도 면제되지 아니한다고 해석하는 것이, 우리 헌법의 관계 규정의 연혁에 비추어 그 명문에 충실한 것일 뿐만 아니라 헌법의 기본권 보장 정신과 법치주의의 이념에도 부응한다.
>
> [반대의견] 헌법 제29조 제1항의 규정은 직무상 불법행위를 한 공무원 개인의 피해자에 대한 손해배상책임이 면제되지 아니한다는 것을 규정한 것으로 볼 수는 없고, 이는 다만 직무상 불법행위를 한 공무원의 국가 또는 공공단체에 대한 내부적 책임 등이 면제되지 아니한다는 취지를 규정한 것으로 보아야 한다. 따라서 공무원이 직무상 불법행위를 한 경우에 국가 또는 공공단체만이 피해자에 대하여 국가 배상법에 의한 손해배상책임을 부담할 뿐, 공무원 개인은 고의 또는 중과실이 있는 경우에도 피해자에 대하여 손해 배상책임을 부담하지 않는 것으로 보아야 한다.

① 공무원의 경과실로 인한 직무상 불법행위로 국민에게 손해가 발생한 경우, 공무원 개인이 피해자에게 배상책임을 지지 않는다는 것이 [다수의견]과 [별개의견]의 일치된 입장이다.
② 공무원의 경과실로 인한 직무상 불법행위로 국민에게 손해가 발생한 경우, 국가 또는 공공단체가 피해자에게 배상책임을 진다는 점에서는 [다수의견], [별개의견], [반대의견]의 입장이 모두 일치한다.
③ 공무원이 직무상 불법행위로 국민에게 손해배상책임을 지는 데 있어서, [다수의견]과 [반대의견]은 모두 경과실과 중과실을 구분하지 않는다.
④ 공무원의 중과실로 인한 직무상 불법행위로 국민에게 손해가 발생한 경우, 피해자에 대해서 뿐만 아니라 국가 또는 공공단체에 대한 공무원의 책임도 면제된다는 것이 [반대의견]의 입장이다.
⑤ 공무원의 고의 또는 중과실로 인한 직무상 불법행위로 국민에게 손해가 발생한 경우, 공무원 개인이 피해자에게 배상책임을 진다는 점에서는 [다수의견], [별개의견], [반대의견]의 입장이 모두 일치한다.

18. 다음 글과 <상황>을 근거로 판단할 때, 주택(A~E) 중 관리대상 주택의 수는?

> ○○나라는 주택에 도달하는 빛의 조도를 다음과 같이 예측한다.
>
> 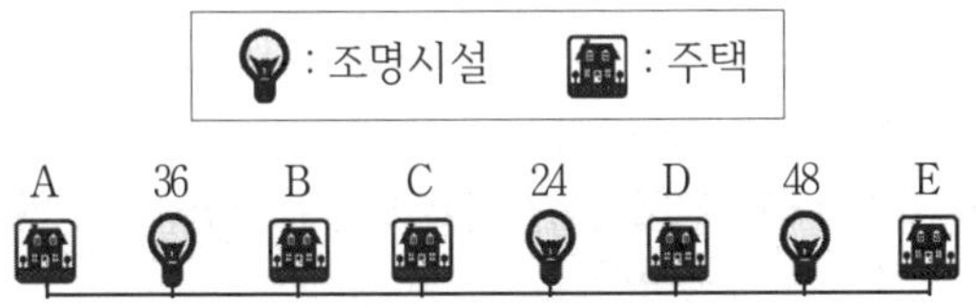
>
>
> 1. 각 조명시설에서 방출되는 광량은 그림에 표시된 값이다.
> 2. 위 그림에서 1칸의 거리는 2이며, 빛의 조도는 조명시설에서 방출되는 광량을 거리로 나눈 값이다.
> 3. 여러 조명시설로부터 동시에 빛이 도달할 경우, 각 조명시설로부터 주택에 도달한 빛의 조도를 예측하여 단순 합산한다.
> 4. 주택에 도달하는 빛은 그림에 표시된 세 개의 조명시설 에서 방출되는 빛 외에는 없다고 가정한다.

<상 황>

> 빛공해로부터 주민생활을 보호하기 위해, 주택에서 예측된 빛의 조도가 30을 초과할 경우 관리대상주택으로 지정한다.

① 1채　② 2채　③ 3채
④ 4채　⑤ 5채

19. 다음 글을 근거로 판단할 때 옳지 않은 것은?

1678년 영의정 허적(許積)의 제의로 상평통보(常平通寶)가 주조·발행되어 널리 유통된 이유는 다음과 같다. 첫째, 국내적으로 조정이 운영하는 수공업이 쇠퇴하고 민간이 운영하는 수공업이 발전함으로써 국내 시장의 상품교류가 확대되고, 1645년 회령 지방을 시초로 국경무역이 활발해짐에 따라 화폐의 필요성이 제기되었기 때문이다. 둘째, 임진왜란 이후 국가재정이 궁핍하였으나 재정 지출은 계속해서 증가함에 따라 재원 마련의 필요성이 있었기 때문이다.

1678년에 발행된 상평통보는 초주단자전(初鑄單字錢)이라 불리는데, 상평통보 1문(개)의 중량은 1전 2푼이고 화폐 가치는 은 1냥을 기준으로 400문으로 정하였으며 쌀 1되가 4문이었다.

1679년 조정은 상평통보의 규격을 변경하였다. 초주단자전을 대신하여 당이전(當二錢) 또는 절이전(折二錢)이라는 대형전을 주조·발행하였는데, 중량은 2전 5푼이었고 은 1냥에 대한 공인 교환율도 100문으로 변경하였다.

1678년부터 1680년까지 상평통보 주조·발행량은 약 6만 관으로 추정되고 있다. 당이전의 화폐 가치는 처음에는 제대로 유지되었지만 조정이 부족한 재원을 마련하기 위해 발행을 증대하면서 1689년에 이르러서는 은 1냥이 당이전 400~800문이 될 정도로 그 가치가 폭락하였다. 1681년부터 1689년까지의 상평통보 주조·발행량은 약 17만 관이었다.

1752년에는 훈련도감, 어영청, 금위영 등 중앙의 3개 군사부서와 지방의 통영에서도 중형상평통보(中型常平通寶)를 주조·발행하도록 하였다. 중형상평통보의 액면가치는 당이전과 동일하지만 중량이 약 1전 7푼(1757년에는 1전 2푼)으로 당이전보다 줄어들고 크기도 축소되었다.

※ 상평통보 묶음단위: 1관 = 10냥 = 100전 = 1,000문

※ 중량단위: 1냥 = 10전 = 100푼 = 1,000리 = $\frac{1}{16}$근

① 초주단자전, 당이전, 중형상평통보 중 가장 무거운 것은 당이전이다.

② 은을 기준으로 환산할 때 상평통보의 가치는 경우에 따라 $\frac{1}{4}$ 이하로 떨어지기도 하였다.

③ 1678년부터 1689년까지 주조·발행된 상평통보는 약 2억 3,000만 문으로 추정된다.

④ 1678년을 기준으로 은 1근은 같은 해에 주조·발행된 상평통보 4,600문의 가치를 가진다.

⑤ 상품교류 및 무역 활성화뿐만 아니라 국가 재정상 필요에 따라 상평통보가 주조·발행되었다.

20. 다음 글을 근거로 판단할 때, 사용자 아이디 KDHong의 패스워드로 가장 안전한 것은?

○ 패스워드를 구성하는 문자의 종류는 4가지로, 알파벳 대문자, 알파벳 소문자, 특수문자, 숫자이다.
○ 세 가지 종류 이상의 문자로 구성된 경우, 8자 이상의 패스워드는 10점, 7자 이하의 패스워드는 8점을 부여한다.
○ 두 가지 종류 이하의 문자로 구성된 경우, 10자 이상의 패스워드는 10점, 9자 이하의 패스워드는 8점을 부여한다.
○ 동일한 문자가 연속되어 나타나는 패스워드는 2점을 감점한다.
○ 아래 <키보드> 가로열 상에서 인접한 키에 있는 문자가 연속되어 나타나는 패스워드는 2점을 감점한다.
예) [^ 6]과 [& 7]은 인접한 키로, 6과 7뿐만 아니라 ^와 7도 인접한 키에 있는 문자이다.
○ 사용자 아이디 전체가 그대로 포함된 패스워드는 3점을 감점한다.
○ 점수가 높을수록 더 안전한 패스워드이다.

※ 특수문자는 !, @, #, $, %, ^, &, *, (,) 뿐이라고 가정한다.

<키보드>

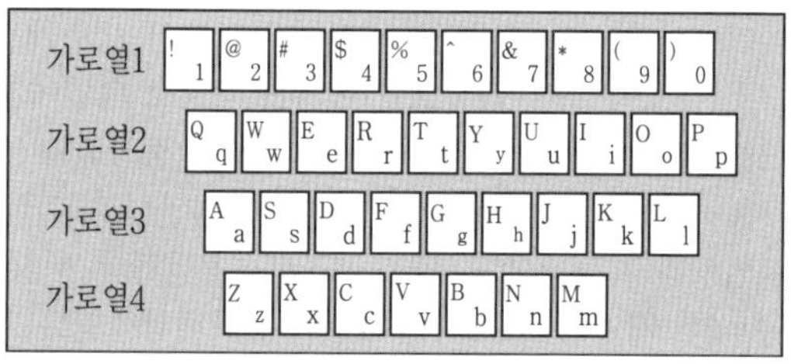

① 10H&20Mzw

② KDHong!

③ asjpeblove

④ SeCuRiTy*

⑤ 1249dhqtgml

21. 다음 <정렬 방법>을 근거로 판단할 때, <정렬 대상>에서 두 번째로 위치를 교환해야 하는 두 수로 옳은 것은?

<정렬 방법>

아래는 정렬되지 않은 여러 개의 서로 다른 수를 작은 것에서 큰 것 순으로 정렬하는 방법이다.

(1) 가로로 나열된 수 중 가장 오른쪽의 수를 피벗(pivot)이라 하며, 나열된 수에서 제외시킨다.
예) 나열된 수가 5, 3, 7, 1, 2, 6, 4라고 할 때, 4가 피벗이고 남은 수는 5, 3, 7, 1, 2, 6이다.

(2) 피벗보다 큰 수 중 가장 왼쪽의 수를 찾는다.
예) 5, 3, 7, 1, 2, 6에서는 5이다.

(3) 피벗보다 작은 수 중 가장 오른쪽의 수를 찾는다.
예) 5, 3, 7, 1, 2, 6에서는 2이다.

(4) (2)와 (3)에서 찾은 두 수의 위치를 교환한다.
예) 5와 2를 교환하여(첫 번째 위치 교환) 2, 3, 7, 1, 5, 6이 된다.

(5) 피벗보다 작은 모든 수가 피벗보다 큰 모든 수보다 왼쪽에 위치할 때까지 (2)~(4)의 과정을 반복한다.
예) 2, 3, 7, 1, 5, 6에서 7은 피벗 4보다 큰 수 중 가장 왼쪽의 수이며, 1은 피벗 4보다 작은 수 중 가장 오른쪽의 수이다. 이 두 수를 교환하면(두 번째 위치 교환) 2, 3, 1, 7, 5, 6이 되어, 피벗 4보다 작은 모든 수는 피벗 4보다 큰 모든 수보다 왼쪽에 있다.

⋮

(후략)

<정렬 대상>

15, 22, 13, 27, 12, 10, 25, 20

① 15와 10
② 20과 13
③ 22와 10
④ 25와 20
⑤ 27과 12

22. 다음 글을 근거로 판단할 때, <보기>에서 옳은 것만을 모두 고르면?

거짓말 탐지기는 진술 내용의 참, 거짓을 판단하는 장치이다. 거짓말 탐지기의 정확도(%)는 탐지 대상이 되는 진술이 참인 것을 [참]으로, 거짓인 것을 [거짓]으로 옳은 판단을 내릴 확률을 의미하며, 참인 진술과 거짓인 진술 각각에 대하여 동일한 정확도를 나타낸다. 甲이 사용하는 거짓말 탐지기의 정확도는 80%이다.

<보 기>

ㄱ. 탐지 대상이 되는 진술이 총 100건이라면, 甲의 거짓말 탐지기는 20건에 대하여 옳지 않은 판단을 내릴 가능성이 가장 높다.
ㄴ. 탐지 대상이 되는 진술 100건 가운데 참인 진술이 20건이라면, 甲의 거짓말 탐지기가 이 100건 중 [참]으로 판단하는 것은 총 32건일 가능성이 가장 높다.
ㄷ. 탐지 대상이 되는 진술 100건 가운데 참인 진술이 10건인 경우, 甲이 사용하는 거짓말 탐지기의 정확도가 높아진다면 이 100건 중 [참]으로 판단하는 진술이 많아진다.
ㄹ. 거짓말 탐지기의 정확도가 90%이고 탐지 대상이 되는 진술 100건 가운데 참인 진술이 10건인 경우, 탐지기가 18건을 [참]으로 판단했다면 그 중 거짓인 진술이 9건일 가능성이 가장 높다.

① ㄱ, ㄴ
② ㄱ, ㄷ
③ ㄱ, ㄴ, ㄹ
④ ㄱ, ㄷ, ㄹ
⑤ ㄴ, ㄷ, ㄹ

23. 다음 글을 근거로 판단할 때 옳은 것은?

> ○○리그는 10개의 경기장에서 진행되는데, 각 경기장은 서로 다른 도시에 있다. 또 이 10개 도시 중 5개는 대도시이고 5개는 중소도시이다. 매일 5개 경기장에서 각각 한 경기가 열리며 한 시즌 당 각 경기장에서 열리는 경기의 횟수는 10개 경기장 모두 동일하다.
>
> 대도시의 경기장은 최대수용인원이 3만 명이고, 중소 도시의 경기장은 최대수용인원이 2만 명이다. 대도시 경기장의 경우는 매 경기 60%의 좌석 점유율을 나타내고 있는 반면 중소도시 경기장의 경우는 매 경기 70%의 좌석 점유율을 보이고 있다. 특정 경기장의 관중수는 그 경기장의 좌석 점유율에 최대수용인원을 곱하여 구한다.

① ○○리그의 1일 최대 관중수는 16만 명이다.
② 중소도시 경기장의 좌석 점유율이 10%p 높아진다면 대도시 경기장 한 곳의 관중수보다 중소도시 경기장 한 곳의 관중수가 더 많아진다.
③ 내년 시즌부터 4개의 대도시와 6개의 중소도시에서 경기가 열린다면 ○○리그의 한 시즌 전체 누적 관중수는 올 시즌 대비 2.5% 줄어든다.
④ 대도시 경기장의 좌석 점유율이 중소도시 경기장과 같고 최대수용인원은 그대로라면, ○○리그의 1일 평균 관중수는 11만 명을 초과하게 된다.
⑤ 중소도시 경기장의 최대수용인원이 대도시 경기장과 같고 좌석 점유율은 그대로라면, ○○리그의 1일 평균 관중수는 11만 명을 초과하게 된다.

24. 다음 글을 근거로 판단할 때 ○○년 8월 1일의 요일은?

> ○○년 7월의 첫날 甲은 자동차 수리를 맡겼다. 甲은 그 달 마지막 월요일인 네 번째 월요일에 자동차를 찾아가려 했으나, 사정이 생겨 그 달 마지막 금요일인 네 번째 금요일에 찾아갔다.

※ 날짜는 양력 기준

① 월요일
② 화요일
③ 수요일
④ 목요일
⑤ 금요일

25. 다음 <조건>을 근거로 판단할 때, 초록 모자를 쓰고 있는 사람과 A 입장에서 왼편에 앉은 사람으로 모두 옳은 것은?

> <조 건>
>
> ○ A, B, C, D 네 명이 정사각형 테이블의 각 면에 한 명씩 둘러앉아 있다.
> ○ 빨강, 파랑, 노랑, 초록 색깔의 모자 4개가 있다. A, B, C, D는 이 중 서로 다른 색깔의 모자 하나씩을 쓰고 있다.
> ○ A와 B는 여자이고 C와 D는 남자이다.
> ○ A 입장에서 왼편에 앉은 사람은 파란 모자를 쓰고 있다.
> ○ B 입장에서 왼편에 앉은 사람은 초록 모자를 쓰고 있지 않다.
> ○ C 맞은편에 앉은 사람은 빨간 모자를 쓰고 있다.
> ○ D 맞은편에 앉은 사람은 노란 모자를 쓰고 있지 않다.
> ○ 노란 모자를 쓴 사람과 초록 모자를 쓴 사람 중 한 명은 남자이고 한 명은 여자이다.

	초록 모자를 쓰고 있는 사람	A 입장에서 왼편에 앉은 사람
①	A	B
②	A	D
③	B	C
④	B	D
⑤	C	B

약점 보완 해설집 p.230

자료해석영역

1. 다음 <그림>은 보육 관련 6대 과제별 성과 점수 및 추진 필요성 점수를 나타낸 것이다. 이에 대한 <보기>의 설명 중 옳은 것만을 모두 고르면?

<그림 1> 보육 관련 6대 과제별 성과 점수

(단위: 점)

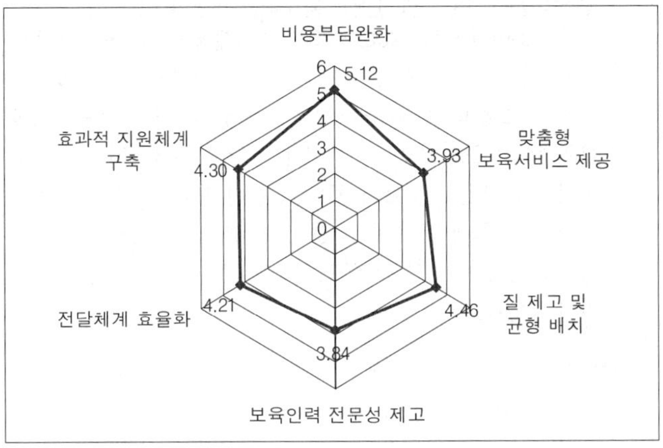

<그림 2> 보육 관련 6대 과제별 추진 필요성 점수

(단위: 점)

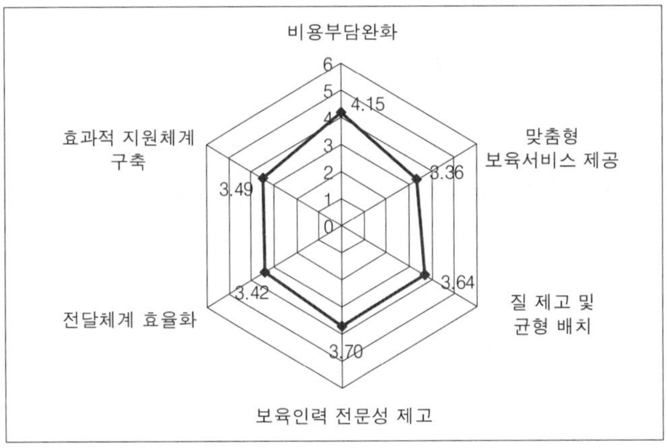

<보 기>

ㄱ. 성과 점수가 가장 높은 과제와 가장 낮은 과제의 점수 차이는 1.00점보다 크다.

ㄴ. 성과 점수와 추진 필요성 점수의 차이가 가장 작은 과제는 '보육인력 전문성 제고' 과제이다.

ㄷ. 6대 과제의 추진 필요성 점수 평균은 3.70점 이상이다.

① ㄴ
② ㄱ, ㄴ
③ ㄱ, ㄷ
④ ㄴ, ㄷ
⑤ ㄱ, ㄴ, ㄷ

2. 다음 <표>는 행정심판위원회 연도별 사건처리현황에 관한 자료이다. 이에 대한 <보기>의 설명 중 옳은 것만을 모두 고르면?

<표> 행정심판위원회 연도별 사건처리현황

(단위: 건)

구분 / 연도	접수	심리·의결				취하·이송
		인용	기각	각하	소계	
2010	31,473	4,990	24,320	1,162	30,472	1,001
2011	29,986	4,640	23,284	(　)	28,923	1,063
2012	26,002	3,983	19,974	1,030	24,987	1,015
2013	26,255	4,713	18,334	1,358	24,405	1,850
2014	26,014	4,131	19,164	(　)	25,270	744

※ 1) 당해연도에 접수된 사건은 당해연도에 심리·의결 또는 취하·이송됨.

2) 인용률(%) = $\frac{\text{인용 건수}}{\text{심리·의결 건수}} \times 100$

<보 기>

ㄱ. 인용률이 가장 높은 해는 2013년이다.

ㄴ. 취하·이송 건수는 매년 감소하였다.

ㄷ. 각하 건수가 가장 적은 해는 2011년이다.

ㄹ. 접수 건수와 심리·의결 건수의 연도별 증감방향은 동일하다.

① ㄱ, ㄴ
② ㄱ, ㄷ
③ ㄷ, ㄹ
④ ㄱ, ㄷ, ㄹ
⑤ ㄴ, ㄷ, ㄹ

3. 다음 <표>와 <그림>은 2000~2010년 3개국(한국, 일본, 미국)의 3D 입체영상 및 CG 분야 특허출원에 관한 자료이다. 이를 바탕으로 작성된 <보고서>의 내용 중 옳은 것만을 모두 고르면?

<표> 2000~2010년 3개국 3D 입체영상 및 CG 분야 특허출원 현황

(단위: 건)

국가 \ 분야	3D 입체영상	CG
한국	1,155	785
일본	3,620	2,380
미국	880	820
3개국 전체	5,655	3,985

<그림 1> 연도별 3D 입체영상 분야 3개국 특허출원 추이

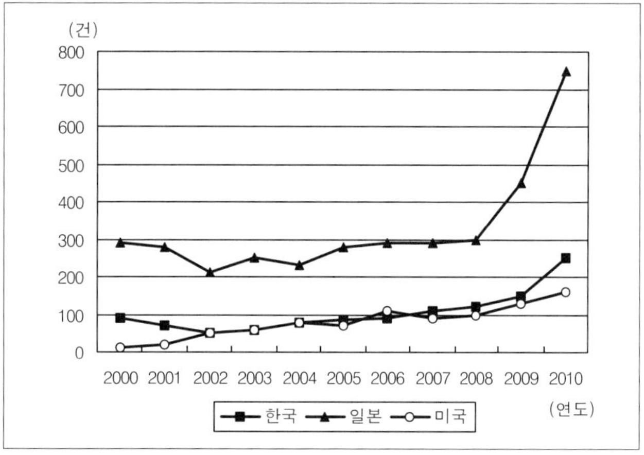

<그림 2> 연도별 CG 분야 3개국 특허출원 추이

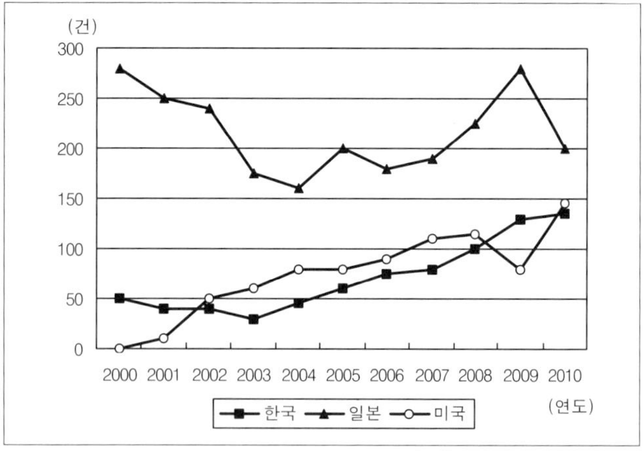

<보고서>

3D 입체영상 및 CG 분야에 대한 특허출원 경쟁은 한국, 일본, 미국을 중심으로 전개되고 있다. 일본이 기술개발을 선도하고 있는 ㉠3D 입체영상 분야의 경우 2000~2010년 일본 특허출원 건수는 3개국 전체 특허출원 건수의 60% 이상을 차지하였다. 하지만 2006년 이후부터 한국에서 관련 기술에 대한 연구가 활발히 진행되어 특허출원 건수가 증가하고 있다. 그 결과 ㉡3D 입체영상 분야에서 2007~2010년 동안 한국 특허출원 건수는 매년 미국 특허출원 건수를 초과하였다.

CG 분야에서도, 2000~2010년 3개국 전체 특허출원 건수 대비 일본 특허출원 건수가 차지하는 비중이 가장 높았으며, 그 다음으로 미국, 한국 순으로 나타났다. 이를 연도별로 살펴보면 ㉢2003년 이후 CG 분야에서 한국 특허출원 건수는 매년 미국 특허출원 건수보다 적지만, 관련 기술의 특허출원이 매년 증가하는 추세를 보이고 있다. 한편, ㉣2000~2010년 동안 한국과 일본의 CG 분야 특허출원 건수의 차이는 2010년에 가장 작았다.

① ㄱ, ㄴ ② ㄱ, ㄷ ③ ㄷ, ㄹ
④ ㄱ, ㄴ, ㄹ ⑤ ㄴ, ㄷ, ㄹ

4. 다음 <표>는 2005~2012년 A 기업의 콘텐츠 유형별 매출액에 관한 자료이다. 이에 대한 설명으로 옳지 않은 것은?

<표> 2005~2012년 A 기업의 콘텐츠 유형별 매출액

(단위: 백만 원)

연도 \ 콘텐츠 유형	게임	음원	영화	SNS	전체
2005	235	108	371	30	744
2006	144	175	355	45	719
2007	178	186	391	42	797
2008	269	184	508	59	1,020
2009	485	199	758	58	1,500
2010	470	302	1,031	308	2,111
2011	603	411	1,148	104	2,266
2012	689	419	1,510	341	2,959

① 2007년 이후 매출액이 매년 증가한 콘텐츠 유형은 영화뿐이다.
② 2012년에 전년대비 매출액 증가율이 가장 큰 콘텐츠 유형은 SNS이다.
③ 영화 매출액은 매년 전체 매출액의 40% 이상이다.
④ 2006~2012년 동안 콘텐츠 유형별 매출액이 각각 전년보다 모두 증가한 해는 2012년뿐이다.
⑤ 2009~2012년 동안 매년 게임 매출액은 음원 매출액의 2배 이상이다.

5. 다음 <표>는 탄소포인트제 가입자 A~D의 에너지 사용량 감축률 현황을 나타낸 자료이다. 아래의 <지급 방식>에 따라 가입자 A~D가 탄소포인트를 지급받을 때, 탄소포인트를 가장 많이 지급받는 가입자와 가장 적게 지급받는 가입자를 바르게 나열한 것은?

<표> 가입자 A~D의 에너지 사용량 감축률 현황

(단위: %)

에너지 사용유형 \ 가입자	A	B	C	D
전기	2.9	15.0	14.3	6.3
수도	16.0	15.0	5.7	21.1
가스	28.6	26.1	11.1	5.9

<지급 방식>

○ 탄소포인트 지급 기준

(단위: 포인트)

에너지 사용유형 \ 에너지 사용량 감축률	5% 미만	5% 이상 10% 미만	10% 이상
전기	0	5,000	10,000
수도	0	1,250	2,500
가스	0	2,500	5,000

○ 가입자가 지급받는 탄소포인트
= 전기 탄소포인트 + 수도 탄소포인트 + 가스 탄소포인트
예) 가입자D가 지급받는 탄소포인트
= 5,000 + 2,500 + 2,500 = 10,000

	가장 많이 지급받는 가입자	가장 적게 지급받는 가입자
①	B	A
②	B	C
③	B	D
④	C	A
⑤	C	D

6. 다음 <표>는 A, B, C 세 구역으로 구성된 '갑'시 거주구역별, 성별 인구분포에 관한 자료이다. '갑'시의 남성 인구는 200명, 여성 인구는 300명일 때 이에 대한 <보기>의 설명 중 옳은 것만을 모두 고르면?

<표> '갑'시 거주구역별, 성별 인구분포

(단위: %)

성별 \ 거주구역	A	B	C	합
남성	15	55	30	100
여성	42	30	28	100

<보 기>

ㄱ. A 구역 남성 인구는 B 구역 여성 인구의 절반이다.
ㄴ. C 구역 인구보다 A 구역 인구가 더 많다.
ㄷ. C 구역은 여성 인구보다 남성 인구가 더 많다.
ㄹ. B 구역 남성 인구의 절반이 C 구역으로 이주하더라도, C 구역 인구는 '갑'시 전체 인구의 40% 이하이다.

① ㄱ, ㄴ
② ㄱ, ㄷ
③ ㄴ, ㄷ
④ ㄴ, ㄹ
⑤ ㄷ, ㄹ

7. 다음 <표>는 '갑'국의 2013년 복지종합지원센터, 노인복지관, 자원봉사자, 등록노인 현황에 관한 자료이다. 이에 대한 <보기>의 설명 중 옳은 것만을 모두 고르면?

<표> 복지종합지원센터, 노인복지관, 자원봉사자, 등록노인 현황

(단위: 개소, 명)

구분 \ 지역	복지종합지원센터	노인복지관	자원봉사자	등록노인
A	20	1,336	8,252	397,656
B	2	126	878	45,113
C	1	121	970	51,476
D	2	208	1,388	69,395
E	1	164	1,188	59,050
F	1	122	1,032	56,334
G	2	227	1,501	73,825
H	3	362	2,185	106,745
I	1	60	529	27,256
전국	69	4,377	30,171	1,486,980

<보 기>

ㄱ. 전국의 노인복지관, 자원봉사자 중 A 지역의 노인복지관, 자원봉사자의 비중은 각각 25% 이상이다.

ㄴ. A~I 지역 중 복지종합지원센터 1개소당 노인복지관 수가 100개소 이하인 지역은 A, B, D, I이다.

ㄷ. A~I 지역 중 복지종합지원센터 1개소당 자원봉사자 수가 가장 많은 지역과 복지종합지원센터 1개소당 등록노인 수가 가장 많은 지역은 동일하다.

ㄹ. 노인복지관 1개소당 자원봉사자 수는 H 지역이 C 지역보다 많다.

① ㄱ, ㄴ
② ㄱ, ㄷ
③ ㄱ, ㄹ
④ ㄴ, ㄷ
⑤ ㄴ, ㄹ

8. 다음 <표>는 '갑'국의 8개국 대상 해외직구 반입동향을 나타낸 자료이다. 다음 <조건>의 설명에 근거하여 <표>의 A~D에 해당하는 국가를 바르게 나열한 것은?

<표> '갑'국의 8개국 대상 해외직구 반입동향

(단위: 건, 천 달러)

연도	반입방법 \ 국가	목록통관		EDI 수입		전체	
		건수	금액	건수	금액	건수	금액
2013	미국	3,254,813	305,070	5,149,901	474,807	8,404,714	779,877
	중국	119,930	6,162	1,179,373	102,315	1,299,303	108,477
	독일	71,687	3,104	418,403	37,780	490,090	40,884
	영국	82,584	4,893	123,001	24,806	205,585	29,699
	프랑스	172,448	6,385	118,721	20,646	291,169	27,031
	일본	53,055	2,755	138,034	21,028	191,089	23,783
	뉴질랜드	161	4	90,330	4,082	90,491	4,086
	호주	215	14	28,176	2,521	28,391	2,535
2014	미국	5,659,107	526,546	5,753,634	595,206	11,412,741	1,121,752
	(A)	170,683	7,798	1,526,315	156,352	1,696,998	164,150
	독일	170,475	7,662	668,993	72,509	839,468	80,171
	프랑스	231,857	8,483	336,371	47,456	568,228	55,939
	(B)	149,473	7,874	215,602	35,326	365,075	43,200
	(C)	87,396	5,429	131,993	36,963	219,389	42,392
	뉴질랜드	504	16	108,282	5,283	108,786	5,299
	(D)	2,089	92	46,330	3,772	48,419	3,864

<조 건>

○ 2014년 중국 대상 해외직구 반입 전체 금액은 같은 해 독일 대상 해외직구 반입 전체 금액의 2배 이상이다.

○ 2014년 영국과 호주 대상 EDI 수입 건수 합은 같은 해 뉴질랜드 대상 EDI 수입 건수의 2배보다 작다.

○ 2014년 호주 대상 해외직구 반입 전체 금액은 2013년 호주 대상 해외직구 반입 전체 금액의 10배 미만이다.

○ 2014년 일본 대상 목록통관 금액은 2013년 일본 대상 목록통관 금액의 2배 이상이다.

	A	B	C	D
①	중국	일본	영국	호주
②	중국	일본	호주	영국
③	중국	영국	일본	호주
④	일본	영국	중국	호주
⑤	일본	중국	호주	영국

9. 다음 <표>는 로봇 시장현황과 R&D 예산의 분야별 구성비에 대한 자료이다. 이에 대한 <보기>의 설명 중 옳은 것만을 모두 고르면?

<표 1> 용도별 로봇 시장현황(2013년)

구분 / 용도	시장규모 (백만 달러)	수량 (천 개)	평균단가 (천 달러/개)
제조용	9,719	178	54.6
전문 서비스용	3,340	21	159.0
개인 서비스용	1,941	4,000	0.5
전체	15,000	4,199	3.6

<표 2> 분야별 로봇 시장규모(2011~2013년)

(단위: 백만 달러)

용도	분야 \ 연도	2011	2012	2013
제조용	제조	8,926	9,453	9,719
전문 서비스용	건설	879	847	883
	물류	166	196	216
	의료	1,356	1,499	1,449
	국방	748	818	792
개인 서비스용	가사	454	697	799
	여가	166	524	911
	교육	436	279	231

※ 로봇의 용도 및 분야는 중복되지 않음.

<표 3> 로봇 R&D 예산의 분야별 구성비(2013년)

(단위: %)

분야	제조	건설	물류	의료	국방	가사	여가	교육	합계
구성비	21	13	3	22	12	12	14	3	100

<보 기>

ㄱ. 2013년 전체 로봇 시장규모 대비 제조용 로봇 시장규모의 비중은 70% 이상이다.
ㄴ. 2013년 전문 서비스용 로봇 평균단가는 제조용 로봇 평균단가의 3배 이하이다.
ㄷ. 2013년 전체 로봇 R&D 예산 대비 전문 서비스용 로봇 R&D 예산의 비중은 50%이다.
ㄹ. 개인 서비스용 로봇 시장규모는 각 분야에서 매년 증가했다.

① ㄱ, ㄴ
② ㄱ, ㄹ
③ ㄴ, ㄷ
④ ㄴ, ㄹ
⑤ ㄷ, ㄹ

10. 다음 <표>는 A 발전회사의 연도별 발전량 및 신재생에너지 공급 현황에 관한 자료이다. 이에 대한 <보기>의 설명 중 옳은 것만을 모두 고르면?

<표> A 발전회사의 연도별 발전량 및 신재생에너지 공급 현황

구분		2012	2013	2014
발전량(GWh)		55,000	51,000	52,000
신재생에너지	공급의무율(%)	1.4	2.0	3.0
	자체공급량(GWh)	75	380	690
	인증서구입량(GWh)	15	70	160

※ 1) 공급의무율(%) = $\frac{\text{공급의무량}}{\text{발전량}} \times 100$
2) 이행량(GWh) = 자체공급량 + 인증서구입량

<보 기>

ㄱ. 공급의무량은 매년 증가한다.
ㄴ. 2012년 대비 2014년 자체공급량의 증가율은 2012년 대비 2014년 인증서구입량의 증가율보다 작다.
ㄷ. 공급의무량과 이행량의 차이는 매년 증가한다.
ㄹ. 이행량에서 자체공급량이 차지하는 비중은 매년 감소한다.

① ㄱ, ㄴ
② ㄱ, ㄷ
③ ㄷ, ㄹ
④ ㄱ, ㄴ, ㄹ
⑤ ㄴ, ㄷ, ㄹ

11. 다음 <표>는 2012년 지역별 PC 보유율과 인터넷 이용률에 관한 자료이다. 이에 대한 <보기>의 설명 중 옳은 것만을 모두 고르면?

<표> 2012년 지역별 PC 보유율과 인터넷 이용률

(단위: %)

구분 / 지역	PC 보유율	인터넷 이용률
서울	88.4	80.9
부산	84.6	75.8
대구	81.8	75.9
인천	87.0	81.7
광주	84.8	81.0
대전	85.3	80.4
울산	88.1	85.0
세종	86.0	80.7
경기	86.3	82.9
강원	77.3	71.2
충북	76.5	72.1
충남	69.9	69.7
전북	71.8	72.2
전남	66.7	67.8
경북	68.8	68.4
경남	72.0	72.5
제주	77.3	73.6

<보 기>

ㄱ. PC 보유율이 네 번째로 높은 지역은 인터넷 이용률도 네 번째로 높다.
ㄴ. 경남보다 PC 보유율이 낮은 지역의 인터넷 이용률은 모두 경남의 인터넷 이용률보다 낮다.
ㄷ. 울산의 인터넷 이용률은 인터넷 이용률이 가장 낮은 지역의 1.3배 이상이다.
ㄹ. PC 보유율보다 인터넷 이용률이 높은 지역은 전북, 전남, 경남이다.

① ㄱ, ㄴ
② ㄱ, ㄷ
③ ㄱ, ㄹ
④ ㄴ, ㄷ
⑤ ㄴ, ㄹ

12. 사무관A는 다음 <표>와 추가적인 자료를 이용하여 과학기술 논문 발표현황에 관한 <보고서>를 작성하였다. 추가로 필요한 자료만을 <보기>에서 모두 고르면?

<표> 우리나라 SCI 과학기술 논문 발표현황

(단위: 편, %)

연도	2007	2008	2009	2010	2011	2012	2013
발표수	29,565	34,353	37,742	41,481	45,588	49,374	51,051
세계 점유율	2.23	2.40	2.50	2.62	2.68	2.75	2.77

<보고서>

최근 우리나라는 과학기술 분야의 연구에 많은 투자를 하고 있다. 2013년도 우리나라 SCI 과학기술 논문 발표수는 51,051편으로 전년대비 약 3.40% 증가했다. 우리나라 SCI 과학기술 논문 발표수의 세계 점유율은 2007년 2.23%에서 매년 증가하여 2013년 2.77%가 되었다. 이는 2007년 이후 기초·원천기술연구에 대한 투자규모의 지속적인 확대로 SCI 과학기술 논문 발표수가 꾸준히 증가하고 있는 것으로 분석된다. 2013년의 논문 1편당 평균 피인용횟수는 4.55회로 SCI 과학기술 논문 발표수 상위 50개 국가 중 32위를 기록했다.

<보 기>

ㄱ. 2007년 이후 우리나라 기초·원천기술연구 투자규모 현황
ㄴ. 2009~2013년 연도별 SCI 과학기술 논문 발표수 상위 50개 국가의 논문 1편당 평균 피인용횟수
ㄷ. 2007년 이후 세계 총 SCI 과학기술 학술지 수
ㄹ. 2009~2013년 우리나라 SCI 과학기술 논문 발표수의 전년대비 증가율

① ㄱ, ㄴ
② ㄱ, ㄷ
③ ㄴ, ㄷ
④ ㄴ, ㄹ
⑤ ㄷ, ㄹ

13. 다음 <표>와 <그림>은 A~E국의 국민부담률, 재정적자 비율 및 잠재적부담률과 공채의존도를 나타낸 자료이다. 이에 대한 <보기>의 설명 중 옳은 것만을 모두 고르면?

<표> 국민부담률, 재정적자 비율 및 잠재적부담률

(단위: %)

구분 \ 국가	A	B	C	D	E
국민부담률	38.9	34.7	49.3	( )	62.4
사회보장부담률	( )	8.6	10.8	22.9	24.6
조세부담률	23.0	26.1	( )	29.1	37.8
재정적자 비율	8.8	9.9	6.7	1.1	5.1
잠재적부담률	47.7	( )	56.0	53.1	( )

※ 1) 국민부담률(%) = 사회보장부담률 + 조세부담률
2) 잠재적부담률(%) = 국민부담률 + 재정적자 비율

<그림> 공채의존도

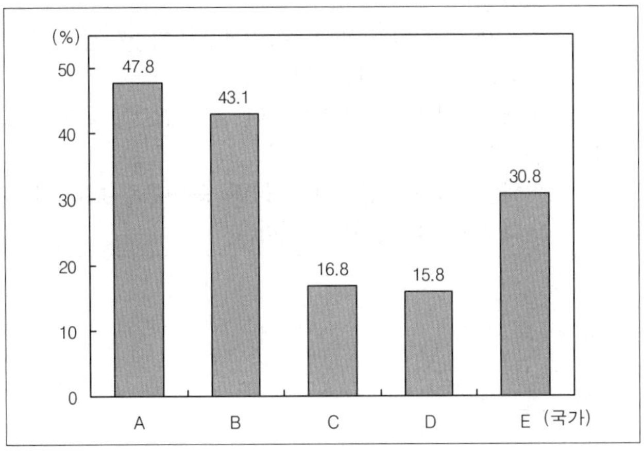

<보 기>

ㄱ. 잠재적부담률이 가장 높은 국가의 조세부담률이 가장 높다.
ㄴ. 공채의존도가 가장 낮은 국가의 국민부담률이 두 번째로 높다.
ㄷ. 사회보장부담률이 가장 높은 국가의 공채의존도가 가장 높다.
ㄹ. 잠재적부담률이 가장 낮은 국가는 B이다.

① ㄱ, ㄴ
② ㄱ, ㄷ
③ ㄴ, ㄷ
④ ㄴ, ㄹ
⑤ ㄷ, ㄹ

14. 다음 <표>는 2013년 A시 '가'~'다' 지역의 아파트실거래가격지수를 나타낸 자료이다. 이에 대한 설명으로 옳은 것은?

<표> 2013년 A시 '가'~'다' 지역의 아파트실거래가격지수

월 \ 지역	가	나	다
1	100.0	100.0	100.0
2	101.1	101.6	99.9
3	101.9	103.2	100.0
4	102.6	104.5	99.8
5	103.0	105.5	99.6
6	103.8	106.1	100.6
7	104.0	106.6	100.4
8	105.1	108.3	101.3
9	106.3	110.7	101.9
10	110.0	116.9	102.4
11	113.7	123.2	103.0
12	114.8	126.3	102.6

※ N월 아파트실거래가격지수

$= \frac{\text{해당 지역의 N월 아파트 실거래 가격}}{\text{해당 지역의 1월 아파트 실거래 가격}} \times 100$

① '가' 지역의 12월 아파트 실거래 가격은 '다' 지역의 12월 아파트 실거래 가격보다 높다.
② '나' 지역의 아파트 실거래 가격은 다른 두 지역의 아파트 실거래 가격보다 매월 높다.
③ '다' 지역의 1월 아파트 실거래 가격과 3월 아파트 실거래 가격은 같다.
④ '가' 지역의 1월 아파트 실거래 가격이 1억 원이면 '가' 지역의 7월 아파트 실거래 가격은 1억 4천만 원이다.
⑤ 2013년 7~12월 동안 아파트 실거래 가격이 각 지역에서 매월 상승하였다.

15. 다음 <표>는 쥐 A~E의 에탄올 주입량별 렘(REM)수면시간을 측정한 결과이다. 이에 대한 <보기>의 설명 중 옳은 것만을 모두 고르면?

<표> 에탄올 주입량별 쥐의 렘수면시간

(단위: 분)

쥐 / 에탄올 주입량(g)	A	B	C	D	E
0.0	88	73	91	68	75
1.0	64	54	70	50	72
2.0	45	60	40	56	39
4.0	31	40	46	24	24

<보 기>

ㄱ. 에탄올 주입량이 0.0g일 때 쥐 A~E 렘수면시간 평균은 에탄올 주입량이 4.0g일 때 쥐 A~E 렘수면시간 평균의 2배 이상이다.

ㄴ. 에탄올 주입량이 2.0g일 때 쥐 B와 쥐 E의 렘수면시간 차이는 20분 이하이다.

ㄷ. 에탄올 주입량이 0.0g일 때와 에탄올 주입량이 1.0g일 때의 렘수면시간 차이가 가장 큰 쥐는 A이다.

ㄹ. 쥐 A~E는 각각 에탄올 주입량이 많을수록 렘수면시간이 감소한다.

① ㄱ, ㄴ
② ㄱ, ㄷ
③ ㄴ, ㄷ
④ ㄴ, ㄹ
⑤ ㄷ, ㄹ

16. 다음 <표>는 2004~2013년 5개 자연재해 유형별 피해금액에 관한 자료이다. 이에 대한 <보기>의 설명 중 옳은 것만을 모두 고르면?

<표> 5개 자연재해 유형별 피해금액

(단위: 억 원)

연도 / 유형	2004	2005	2006	2007	2008	2009	2010	2011	2012	2013
태풍	3,416	1,385	118	1,609	9	0	1,725	2,183	8,765	17
호우	2,150	3,520	19,063	435	581	2,549	1,808	5,276	384	1,581
대설	6,739	5,500	52	74	36	128	663	480	204	113
강풍	0	93	140	69	11	70	2	0	267	9
풍랑	0	0	57	331	0	241	70	3	0	0
전체	12,305	10,498	19,430	2,518	637	2,988	4,268	7,942	9,620	1,720

<보 기>

ㄱ. 2004~2013년 강풍 피해금액 합계는 풍랑 피해금액 합계보다 작다.

ㄴ. 2012년 태풍 피해금액은 2012년 5개 자연재해 유형 전체 피해금액의 90% 이상이다.

ㄷ. 피해금액이 매년 10억 원보다 큰 자연재해 유형은 호우뿐이다.

ㄹ. 피해금액이 큰 자연재해 유형부터 순서대로 나열하면 2010년과 2011년의 순서는 동일하다.

① ㄱ, ㄴ
② ㄱ, ㄷ
③ ㄷ, ㄹ
④ ㄱ, ㄴ, ㄹ
⑤ ㄴ, ㄷ, ㄹ

17. 다음 <표>는 2009~2014년 건설공사 공종별 수주액 현황을 나타낸 것이다. 이를 이용하여 작성한 그래프로 옳지 않은 것은?

<표> 건설공사 공종별 수주액 현황

(단위: 조 원, %)

연도 \ 구분	전체	전년대비 증감률	토목	전년대비 증감률	건축	전년대비 증감률	주거용	비주거용
2009	118.7	−1.1	54.1	31.2	64.6	-18.1	39.1	25.5
2010	103.2	-13.1	41.4	-23.5	61.8	-4.3	31.6	30.2
2011	110.7	7.3	38.8	-6.3	71.9	16.3	38.7	33.2
2012	99.8	-9.8	34.0	-12.4	65.8	-8.5	34.3	31.5
2013	90.4	-9.4	29.9	-12.1	60.5	-8.1	29.3	31.2
2014	107.4	18.8	32.7	9.4	74.7	23.5	41.1	33.6

① 건축 공종의 수주액

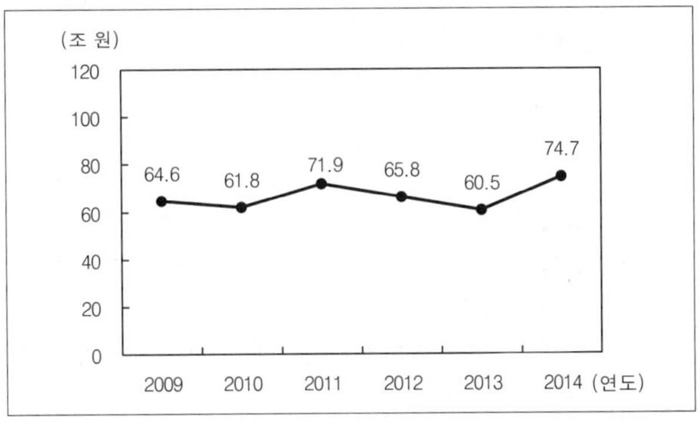

② 토목 공종의 수주액 및 전년대비 증감률

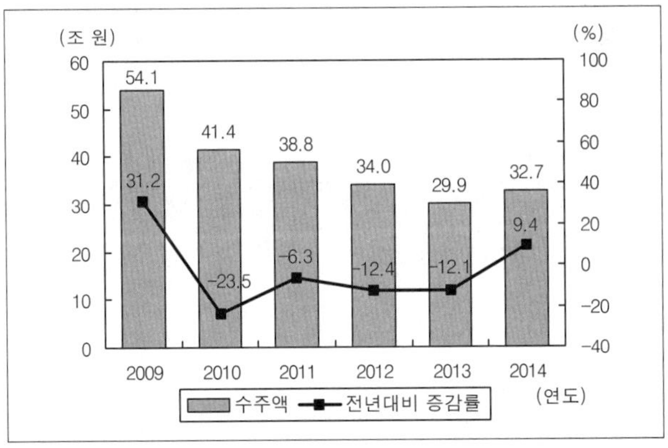

③ 건설공사 전체 수주액의 공종별 구성비

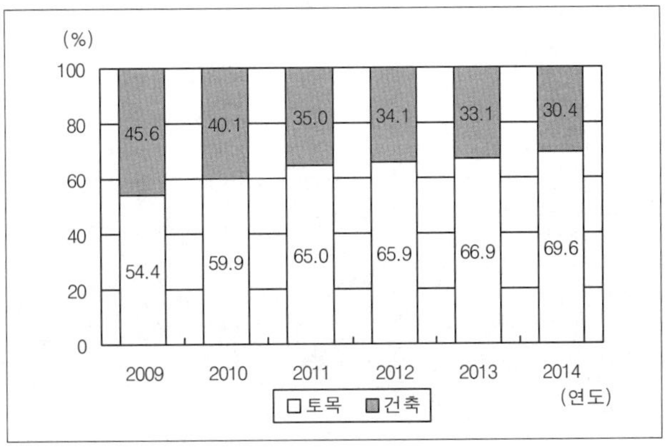

④ 건축 공종 중 주거용 및 비주거용 수주액

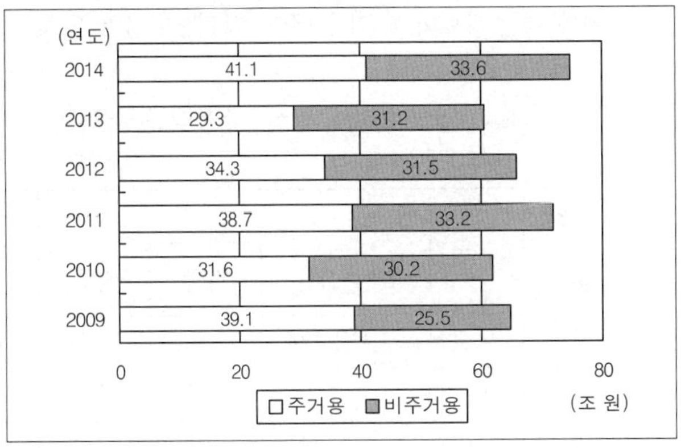

⑤ 건설공사 전체 및 건축 공종 수주액의 전년대비 증감률

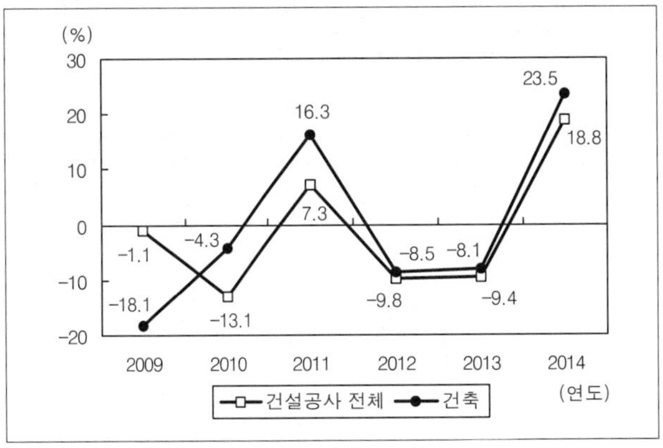

18. 다음 <표>는 2010~2014년 A 시의회의 발의 주체별 조례발의 현황에 관한 자료이다. 이에 대한 설명으로 옳지 않은 것은?

<표> A 시의회 발의 주체별 조례발의 현황

(단위: 건)

연도 \ 발의 주체	단체장	의원	주민	합
2010	527	( )	23	924
2011	( )	486	35	1,149
2012	751	626	39	( )
2013	828	804	51	1,683
2014	905	865	( )	1,824
전체	3,639	3,155	202	( )

※ 조례발의 주체는 단체장, 의원, 주민으로만 구성됨.

① 2012년 조례발의 건수 중 단체장발의 건수가 50% 이상이다.
② 2011년 단체장발의 건수는 2013년 의원발의 건수보다 적다.
③ 주민발의 건수는 매년 증가하였다.
④ 2014년 의원발의 건수는 2010년과 2011년 의원발의 건수의 합보다 많다.
⑤ 2014년 조례발의 건수는 2012년 조례발의 건수의 1.5배 이상이다.

19. 다음 <표>는 섬유수출액 상위 10개국과 한국의 섬유수출액 현황에 대한 자료이다. 이에 대한 <보기>의 설명 중 옳은 것만을 모두 고르면?

<표 1> 상위 10개국의 섬유수출액 현황(2010년)

(단위: 억 달러, %)

순위 \ 구분	국가	섬유	원단	의류	전년대비 증가율
1	중국	2,424	882	1,542	21.1
2	이탈리아	1,660	671	989	3.1
3	인도	241	129	112	14.2
4	터키	218	90	128	12.7
5	방글라데시	170	13	157	26.2
6	미국	169	122	47	19.4
7	베트남	135	27	108	28.0
8	한국	126	110	16	21.2
9	파키스탄	117	78	39	19.4
10	인도네시아	110	42	68	20.2
세계 전체		6,085	2,570	3,515	14.6

<표 2> 한국의 섬유수출액 현황(2006~2010년)

(단위: 억 달러, %)

구분 \ 연도	2006	2007	2008	2009	2010
섬유	177 (5.0)	123 (2.1)	121 (2.0)	104 (2.0)	126 (2.1)
원단	127 (8.2)	104 (4.4)	104 (4.2)	90 (4.4)	110 (4.3)
의류	50 (2.5)	19 (0.6)	17 (0.5)	14 (0.4)	16 (0.5)

※ 괄호 안의 숫자는 세계 전체의 해당분야 수출액에서 한국의 해당분야 수출액이 차지하는 비중으로, 소수점 아래 둘째자리에서 반올림한 값임.

<보 기>

ㄱ. 2010년 한국과 인도의 섬유수출액 차이는 100억 달러 이상이다.
ㄴ. 2010년 세계 전체의 섬유수출액은 2006년의 2배 이하이다.
ㄷ. 2010년 한국 원단수출액의 전년대비 증가율과 의류수출액의 전년대비 증가율의 차이는 10%p 이상이다.
ㄹ. 2010년 중국의 의류수출액은 세계 전체 의류수출액의 50% 이하이다.

① ㄱ, ㄴ
② ㄱ, ㄷ
③ ㄷ, ㄹ
④ ㄱ, ㄴ, ㄹ
⑤ ㄴ, ㄷ, ㄹ

20. 다음 <표>는 2014년 '갑'국 지방법원(A~E)의 배심원 출석 현황에 관한 자료이다. 이에 대한 <보기>의 설명 중 옳은 것만을 모두 고르면?

<표> 2014년 '갑'국 지방법원(A~E)의 배심원 출석 현황

(단위: 명)

지방법원 \ 구분	소환인원	송달 불능자	출석취소 통지자	출석의무자	
					출석자
A	1,880	533	573	( )	411
B	1,740	495	508	( )	453
C	716	160	213	343	189
D	191	38	65	88	57
E	420	126	120	174	115

※ 1) 출석의무자 수 = 소환인원 − 송달불능자 수 − 출석취소통지자 수

2) $\text{출석률(\%)} = \frac{\text{출석자 수}}{\text{소환인원}} \times 100$

3) $\text{실질출석률(\%)} = \frac{\text{출석자 수}}{\text{출석의무자 수}} \times 100$

<보 기>

ㄱ. 출석의무자 수는 B지방법원이 A지방법원보다 많다.
ㄴ. 실질출석률은 E지방법원이 C지방법원보다 낮다.
ㄷ. D지방법원의 출석률은 25% 이상이다.
ㄹ. A~E지방법원 전체 소환인원에서 A지방법원의 소환인원이 차지하는 비율은 35% 이상이다.

① ㄱ, ㄴ
② ㄱ, ㄷ
③ ㄴ, ㄷ
④ ㄴ, ㄹ
⑤ ㄷ, ㄹ

21. 다음은 2011~2014년 주택건설 인허가 실적에 대한 <보고서>이다. <보고서>의 내용을 작성하는 데 직접적인 근거로 활용되지 않은 자료는?

<보고서>

○ 2014년 주택건설 인허가 실적은 전국 51.5만 호(수도권 24.2만 호, 지방 27.3만 호)로 2013년(44.1만 호) 대비 16.8% 증가하였다. 이는 당초 계획(37.4만 호)에 비하여 증가한 것이지만, 2014년의 인허가 실적은 2011년 55.0만 호, 2012년 58.6만 호, 2013년 44.1만 호 등 3년평균(2011~2013년, 52.6만 호)에 미치지 못하였다.

○ 2014년 아파트의 인허가 실적(34.8만 호)은 2013년 대비 24.7% 증가하였다. 아파트외 주택의 인허가 실적(16.7만 호)은 2013년 대비 3.1% 증가하였으나, 2013년부터 도시형생활주택 인허가 실적이 감소하면서 3년평균(2011~2013년, 18.9만 호) 대비 11.6% 감소하였다.

○ 2014년 공공부문의 인허가 실적(6.3만 호)은 일부 분양물량의 수급 조절에 따라 2013년 대비 21.3% 감소하였으며, 3년평균(2011~2013년, 10.2만 호) 대비로는 38.2% 감소하였다. 민간부문(45.2만 호)은 2013년 대비 25.2% 증가하였으며, 3년평균(2011~2013년, 42.4만 호) 대비 6.6% 증가하였다.

○ 2014년의 소형(60m²이하), 중형(60m²초과 85m²이하), 대형(85m²초과) 주택건설 인허가 실적은 2013년 대비 각각 1.2%, 36.4%, 4.9% 증가하였고, 2014년 85m²이하 주택건설 인허가 실적의 비중은 2014년 전체 주택건설 인허가 실적의 약 83.5%이었다.

① 지역별 주택건설 인허가 실적 및 증감률

(단위: 만 호, %)

구분	2013년	3년평균 (2011~2013)	2014년		
				전년대비 증감률	3년평균 대비 증감률
전국	44.1	52.6	51.5	16.8	-2.1
수도권	19.3	24.5	24.2	25.4	-1.2
지방	24.8	28.1	27.3	10.1	-2.8

② 2011~2013년 지역별 주택건설 인허가 실적

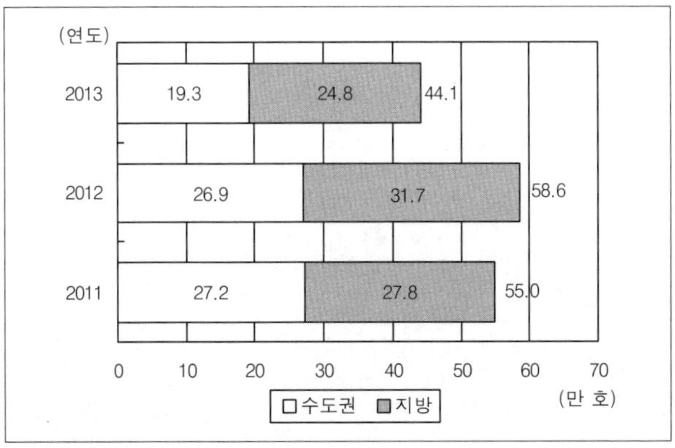

③ 공공임대주택 공급 실적 및 증감률

(단위: 만 호, %)

구분	2013년	3년평균 (2011~2013)	2014년		
				전년대비 증감률	3년평균 대비 증감률
영구·국민	2.7	2.3	2.6	-3.7	13.0
공공	3.1	2.9	3.6	16.1	24.1
매입·전세	3.8	3.4	3.4	-10.5	0.0

④ 유형별 주택건설 인허가 실적 및 증감률

(단위: 만 호, %)

구분	2013년	3년평균 (2011~2013)	2014년		
				전년대비 증감률	3년평균 대비 증감률
아파트	27.9	33.7	34.8	24.7	3.3
아파트외	16.2	18.9	16.7	3.1	-11.6

⑤ 건설 주체별·규모별 주택건설 인허가 실적 및 증감률

(단위: 만 호, %)

구분		2013년	3년평균 (2011~2013)	2014년		
					전년대비 증감률	3년평균 대비 증감률
건설 주체	공공부문	8.0	10.2	6.3	-21.3	-38.2
	민간부문	36.1	42.4	45.2	25.2	6.6
규모	60m²이하	17.3	21.3	17.5	1.2	-17.8
	60m²초과 85m²이하	18.7	21.7	25.5	36.4	17.5
	85m²초과	8.1	9.6	8.5	4.9	-11.5

22. 다음 <표>는 '갑'국의 주택보급률 및 주거공간 현황에 대한 자료이다. 이에 대한 <보기>의 설명 중 옳은 것만을 모두 고르면?

<표> '갑'국의 주택보급률 및 주거공간 현황

연도	가구수(천 가구)	주택보급률(%)	주거공간	
			가구당(m^2/가구)	1인당(m^2/인)
2000	10,167	72.4	58.5	13.8
2001	11,133	86.0	69.4	17.2
2002	11,928	96.2	78.6	20.2
2003	12,491	105.9	88.2	22.9
2004	12,995	112.9	94.2	24.9

※ 1) 주택보급률(%) = $\frac{\text{주택수}}{\text{가구수}} \times 100$

2) 가구당 주거공간(m^2/가구) = $\frac{\text{주거공간 총면적}}{\text{가구수}}$

3) 1인당 주거공간(m^2/인) = $\frac{\text{주거공간 총면적}}{\text{인구수}}$

<보 기>

ㄱ. 주택수는 매년 증가하였다.

ㄴ. 2003년 주택을 두 채 이상 소유한 가구수는 2002년보다 증가하였다.

ㄷ. 2001~2004년 동안 1인당 주거공간의 전년대비 증가율이 가장 큰 해는 2001년이다.

ㄹ. 2004년 주거공간 총면적은 2000년 주거공간 총면적의 2배 이상이다.

① ㄱ, ㄴ
② ㄱ, ㄷ
③ ㄴ, ㄹ
④ ㄱ, ㄷ, ㄹ
⑤ ㄴ, ㄷ, ㄹ

23. 다음 <정보>와 <표>는 2014년 A~E 기업의 기본생산능력과 초과생산량 및 1~3월 생산이력에 관한 자료이다. 이에 근거하여 기본생산능력이 가장 큰 기업과 세 번째로 큰 기업을 바르게 나열한 것은?

<정 보>

○ 각 기업의 기본생산능력(개/월)은 변하지 않는다.

○ A 기업의 기본생산능력은 15,000개/월이고 C 기업과 E 기업의 기본생산능력은 동일하다.

○ B, C, D 기업의 경우 2014년 1~3월 동안 초과생산량이 발생하지 않았다.

○ E 기업의 경우 2014년 3월에 기본생산능력에 해당하는 생산량 이외에 기본생산능력의 20%에 해당하는 초과생산량이 발생하였다.

○ 생산 참여기업의 월 생산량
=기본생산능력에 해당하는 월 생산량 + 월 초과생산량

<표> 2014년 1~3월 생산이력

구분	1월	2월	3월
생산 참여기업	B, C	B, D	C, E
손실비	0.0	0.5	0.0
총생산량(개)	23,000	17,000	22,000

※ 해당월 총생산량 = 해당월 '생산 참여기업의 월 생산량'의 합 × (1 − 손실비)

	가장 큰 기업	세 번째로 큰 기업
①	A	B
②	A	D
③	B	D
④	D	A
⑤	D	B

24. 다음 <표>는 '가'국의 PC와 스마트폰 기반 웹 브라우저 이용에 대한 설문조사를 바탕으로, 2013년 10월~2014년 1월 동안 매월 이용률 상위 5종 웹 브라우저의 이용률 현황을 정리한 자료이다. 이에 대한 설명으로 옳은 것은?

<표 1> PC 기반 웹 브라우저

(단위: %)

조사시기 / 웹 브라우저 종류	2013년			2014년
	10월	11월	12월	1월
인터넷 익스플로러	58.22	58.36	57.91	58.21
파이어폭스	17.70	17.54	17.22	17.35
크롬	16.42	16.44	17.35	17.02
사파리	5.84	5.90	5.82	5.78
오페라	1.42	1.39	1.33	1.28
상위 5종 전체	99.60	99.63	99.63	99.64

※ 무응답자는 없으며, 응답자는 1종의 웹 브라우저만을 이용한 것으로 응답함.

<표 2> 스마트폰 기반 웹 브라우저

(단위: %)

조사시기 / 웹 브라우저 종류	2013년			2014년
	10월	11월	12월	1월
사파리	55.88	55.61	54.82	54.97
안드로이드 기본 브라우저	23.45	25.22	25.43	23.49
크롬	6.85	8.33	9.70	10.87
오페라	6.91	4.81	4.15	4.51
인터넷 익스플로러	1.30	1.56	1.58	1.63
상위 5종 전체	94.39	95.53	95.68	95.47

※ 무응답자는 없으며, 응답자는 1종의 웹 브라우저만을 이용한 것으로 응답함.

① 2013년 10월 전체 설문조사 대상 스마트폰 기반 웹 브라우저는 10종 이상이다.
② 2014년 1월 이용률 상위 5종 웹 브라우저 중 PC 기반 이용률 순위와 스마트폰 기반 이용률 순위가 일치하는 웹 브라우저는 없다.
③ PC 기반 이용률 상위 5종 웹 브라우저의 이용률 순위는 매월 동일하다.
④ 스마트폰 기반 이용률 상위 5종 웹 브라우저 중 2013년 10월과 2014년 1월 이용률의 차이가 2%p 이상인 것은 크롬뿐이다.
⑤ 스마트폰 기반 이용률 상위 3종 웹 브라우저 이용률의 합은 매월 90% 이상이다.

25. 다음 <표>는 조선 후기 이후 인구 현황에 대한 자료이다. 이에 대한 <보기>의 설명 중 옳은 것만을 모두 고르면?

<표 1> 지역별 인구분포(1648년)

(단위: 천 명, %)

구분	전체	한성	경기	충청	전라	경상	강원	황해	평안	함경
인구	1,532	96	81	174	432	425	54	55	146	69
비중	100.0	6.3	5.3	11.4	28.2	27.7	3.5	3.6	9.5	4.5

<표 2> 지역별 인구지수

지역 / 연도	한성	경기	충청	전라	경상	강원	황해	평안	함경
1648	100	100	100	100	100	100	100	100	100
1753	181	793	535	276	391	724	982	868	722
1789	197	793	499	283	374	615	1,033	888	1,009
1837	213	812	486	253	353	589	995	584	1,000
1864	211	832	505	251	358	615	1,033	598	1,009
1904	200	831	445	216	261	559	695	557	1,087

※ 1) 인구지수 = $\frac{\text{해당연도 해당지역 인구}}{\text{1648년 해당지역 인구}} \times 100$

2) 조선 후기 이후 전체 인구는 9개 지역 인구의 합임.

<보 기>

ㄱ. 1753년 강원 지역 인구는 1648년 전라 지역 인구보다 많다.
ㄴ. 1789년 대비 1837년 인구 감소율이 가장 큰 지역은 평안이다.
ㄷ. 1864년 인구가 가장 많은 지역은 경상이다.
ㄹ. 1904년 전체 인구 대비 경기 지역 인구의 비중은 함경 지역 인구의 비중보다 크다.

① ㄱ, ㄴ
② ㄱ, ㄹ
③ ㄴ, ㄷ
④ ㄱ, ㄷ, ㄹ
⑤ ㄴ, ㄷ, ㄹ

약점 보완 해설집 p.238

해커스 **민간경력자** PSAT 15개년 기출문제집

2014년 기출문제

언어논리

상황판단

자료해석

문제 풀이 시작과 종료 시각을 정하세요.

· 언어논리/상황판단 (120분) ________시 ________분 ~ ________시 ________분

· 자료해석 (60분) ________시 ________분 ~ ________시 ________분

* 교재 뒤에 수록되어 있는 OCR 답안지와 해커스ONE 애플리케이션의 모바일 타이머를 이용하여 실전처럼 모의고사를 풀어보세요.
* 기출문제 풀이 후, 약점 보완 해설집에 있는 '바로 채점 및 성적 분석 서비스' QR코드를 스캔하여 응시 인원 대비 본인의 성적 위치를 확인할 수 있습니다.

언어논리영역

1. 다음 글의 내용과 부합하는 것은?

화랑도는 군사력 강화와 인재 양성을 위해 신라 진흥왕대에 공식화되었다. 화랑도는 신라가 삼국을 통일하기까지 국가가 필요로 하는 많은 인재를 배출하였다. 화랑도 내에는 여러 무리가 있었는데 각 무리는 화랑 한 명과 자문 역할의 승려 한 명 그리고 진골 이하 평민에 이르는 천 명 가까운 낭도들로 이루어졌다. 화랑은 이 무리의 중심인물로 진골 귀족 가운데 낭도의 추대를 받아 선발되었다. 낭도들은 자발적으로 화랑도에 가입하였으며 연령은 대체로 15세에서 18세까지였다. 수련 기간 동안 무예는 물론 춤과 음악을 익혔고, 산천 유람을 통해 심신을 단련하였다. 수련 중인 낭도들은 유사시에 군사 작전에 동원되기도 하였고, 수련을 마친 낭도들은 정규 부대에 편입되어 정식 군인이 되었다.

화랑도는 불교의 미륵 신앙과 결부되어 있었다. 진골 출신만이 될 수 있었던 화랑은 도솔천에서 내려온 미륵으로 여겨졌고 그 집단 자체가 미륵을 숭상하는 무리로 일컬어졌다. 화랑 김유신이 거느린 무리를 당시 사람들은 '용화향도'라고 불렀다. 용화라는 이름은 미륵이 인간세계에 내려와 용화수 아래에서 설법을 한다는 말에서 유래했으며, 향도는 불교 신앙 단체를 가리키는 말이다.

화랑도가 크게 활동하던 시기는 골품제라는 신분제도가 확립되고 확산되어 가던 시기였는데 화랑도는 신분 계층 사회에서 발생하기 쉬운 알력이나 갈등을 조정하는 데도 부분적으로 기여하였다. 이는 화랑도가 여러 신분 계층으로 구성되어 있으면서도 그 집단 자체가 하나의 목적과 가치를 공유하여 구성원 상호 간의 결속이 긴밀하게 이루어졌기 때문이다.

① 평민도 화랑이 될 수 있었다.
② 화랑도의 본래 이름은 용화향도였다.
③ 미륵이라고 간주되는 화랑은 여러 명이 있었다.
④ 낭도는 화랑의 추천을 거쳐 화랑도에 가입하였다.
⑤ 화랑도는 신라의 신분제도를 해체하는 데 기여하였다.

2. 다음 글의 내용과 부합하는 것은?

금군이란 왕과 왕실 및 궁궐을 호위하는 임무를 띤 특수 부대였다. 금군의 임무는 크게 국왕의 신변을 보호하는 시위 임무와 왕실 및 궁궐을 지키는 입직 임무로 나누어지는데, 시위의 경우 시립, 배종, 의장의 임무로 세분된다. 시립은 궁내의 행사 때 국왕의 곁에 서서 국왕의 신번을 보호하는 것이고, 배종은 어가가 움직일 때 호위하는 것이며, 의장은 왕이 참석하는 중요한 의식에서 병장기와 의복을 갖추고 격식대로 행동하는 것을 말한다.

조선 전기에 금군은 내금위, 겸사복, 우림위의 세 부대로 구성되었다. 이들 세 부대를 합하여 금군삼청이라 하였으며 왕의 친병으로 가장 좋은 대우를 받았다. 내금위는 1407년에 조직되었다. 190명의 인원으로 편성하였는데 왕의 가장 가까이에서 임무를 수행하였으므로 무예는 물론 왕의 신임이 중요한 선발 기준이었다. 이들은 주로 양반 자제들로 편성되었으며, 금군 중에서 가장 우대를 받았다. 1409년에는 50인으로 구성된 겸사복이 만들어졌는데, 금군 중 최고 정예 부대였다. 서얼과 양민에 이르기까지 두루 선발되었고 특별히 함경도, 평안도 지역 출신이 우대되었다. 겸사복은 기병이 중심이며 시립과 배종을 주로 담당하였다. 우림위는 1492년에 궁성 수비를 목적으로 서얼 출신 50인으로 편성되었다. 내금위와 겸사복의 다수가 변방으로 파견되자 이를 보충하기 위한 목적과 함께 서얼 출신의 관직 진출을 열어 주기 위한 목적도 가지고 있었다. 이들은 겸사복이나 내금위보다는 낮은 대우를 받았다. 하지만 중앙군 소속의 갑사보다는 높은 대우를 받았다.

① 양민은 원칙상 금군이 될 수 없었다.
② 갑사는 금군보다 높은 대우를 받았다.
③ 우림위가 겸사복보다 먼저 만들어졌다.
④ 내금위 병사들의 무예가 가장 뛰어났다.
⑤ 어가 호위는 겸사복의 주요 임무 중 하나였다.

3. 다음 글에서 알 수 있는 것은?

> 소설과 영화는 둘 다 '이야기'를 '전달'해 주는 예술 양식이다. 그래서 역사적으로 소설과 영화는 매우 가까운 관계였다. 초기 영화들은 소설에서 이야기의 소재를 많이 차용했으며, 원작 소설을 각색하여 영화의 시나리오로 만들었다.
>
> 하지만 소설과 영화는 인물, 배경, 사건과 같은 이야기 구성 요소들을 공유하고 있다 하더라도 이야기를 전달하는 방법에 뚜렷한 차이를 보인다. 예컨대 어떤 인물의 내면 의식을 드러낼 때 소설은 문자 언어를 통해 표현하지만, 영화는 인물의 대사나 화면 밖의 목소리를 통해 전달하거나 혹은 연기자의 표정이나 행위를 통해 암시적으로 표현한다. 또한 소설과 영화의 중개자는 각각 서술자와 카메라이기에 그로 인한 서술 방식의 차이도 크다. 가령 1인칭 시점의 원작 소설과 이를 각색한 영화를 비교해 보면, 소설의 서술자 '나'의 경우 영화에서는 화면에 인물로 등장해야 하므로 이들의 서술 방식은 달라진다.
>
> 이처럼 원작 소설과 각색 영화 사이에는 이야기가 전달되는 방식에서 큰 차이가 발생한다. 소설은 시공간의 얽매임을 받지 않고 풍부한 재현이나 표현의 수단을 가지고 있지만, 영화는 모든 것을 직접적인 감각성에 의존한 영상과 음향으로 표현해야 하기 때문에 재현이 어려운 심리적 갈등이나 내면 묘사, 내적 독백 등을 소설과 다른 방식으로 나타내야 하는 것이다. 요컨대 소설과 영화는 상호 유사한 성격을 지니고 있으면서도 각자 독자적인 예술 양식으로서의 특징을 지니고 있다.

① 영화는 소설과 달리 인물의 내면 의식을 직접적으로 표현하지 못한다.
② 소설과 영화는 매체가 다르므로 두 양식의 이야기 전달 방식도 다르다.
③ 매체의 표현 방식에도 진보가 있는데 영화가 소설보다 발달된 매체이다.
④ 소설과 달리 영화는 카메라의 촬영 기술과 효과에 따라 주제가 달라진다.
⑤ 문자가 영상의 기초가 되므로 영화도 소설처럼 문자 언어적 표현 방식에 따라 화면이 구성된다.

4. 다음 글의 내용과 부합하지 않는 것은?

> 오늘날 대부분의 경제 정책은 경제의 규모를 확대하거나 좀 더 공평하게 배분하는 것을 도모한다. 하지만 뉴딜 시기 이전의 상당 기간 동안 미국의 경제 정책은 성장과 분배의 문제보다는 '자치(self-rule)에 가장 적절한 경제 정책은 무엇인가?'의 문제를 중시했다.
>
> 그 시기에 정치인 A와 B는 거대화된 자본 세력에 대해 서로 다르게 대응하였다. A는 거대 기업에 대항하기 위해 거대 정부로 맞서기보다 기업 담합과 독점을 무너뜨려 경제권력을 분산시키는 것을 대안으로 내세웠다. 그는 산업 민주주의를 옹호했는데 그 까닭은 그것이 노동자들의 소득을 증진시키기 때문이 아니라 자치에 적합한 시민의 역량을 증진시키기 때문이었다. 반면 B는 경제 분산화를 꾀하기보다 연방 정부의 역량을 증가시켜 독점자본을 통제하는 노선을 택했다. 그에 따르면, 민주주의가 성공하기 위해서는 거대 기업에 대응할 만한 전국 단위의 정치권력과 시민 정신이 필요하기 때문이었다. 이렇게 A와 B의 경제 정책에는 차이점이 있지만, 둘 다 경제 정책이 자치에 적합한 시민 도덕을 장려하는 경향을 지녀야 한다고 보았다는 점에서는 일치한다.
>
> 하지만 뉴딜 후반기에 시작된 성장과 분배 중심의 정치경제학은 시민 정신 중심의 정치경제학을 밀어내게 된다. 실제로 1930년대 대공황 이후 미국의 경제 회복은 시민의 자치 역량과 시민 도덕을 육성하는 경제 구조 개혁보다는 케인즈 경제학에 입각한 중앙정부의 지출 증가에서 시작되었다. 그에 따라 미국은 자치에 적합한 시민 도덕을 강조할 필요가 없는 경제 정책을 펼쳐나갔다. 또한 모든 가치에 대한 판단은 시민 도덕에 의지하는 것이 아니라 개인이 알아서 해야 하는 것이며 국가는 그 가치관에 중립적이어야만 공정한 것이라는 자유주의 철학이 우세하게 되었다. 모든 이들은 자신이 추구하는 가치와 상관없이 일정 정도의 복지 혜택을 받을 권리를 가지게 되었다. 하지만 공정하게 분배될 복지 자원을 만들기 위해 경제 규모는 확장되어야 했으며, 정부는 거대화된 경제권력들이 망하지 않도록 국민의 세금을 투입하여 관리하기 시작했다. 그리고 시민들은 자치하는 자 즉 스스로 통치하는 자가 되기보다 공정한 분배를 받는 수혜자로 전락하게 되었다.

① A는 시민의 소득 증진을 위하여 경제권력을 분산시키는 방식을 택하였다.
② B는 거대 기업을 규제할 수 있는 전국 단위의 정치권력이 필요하다는 입장이다.
③ A와 B는 시민 자치 증진에 적합한 경제 정책이 필요하다는 입장이다.
④ A와 B의 정치경제학은 모두 1930년대 미국의 경제 위기 해결에 주도적 역할을 하지 못하였다.
⑤ 케인즈 경제학에 기초한 정책은 시민의 자치 역량을 육성하기 위한 경제 구조 개혁 정책이 아니었다.

5. 다음 글의 결론으로 가장 적절한 것은?

이론P에 따르면 복지란 다른 시민의 기본권을 침해하지 않는 한, 각 시민이 갖고 있는 현재의 선호들만 만족시키는 것이다. 현재 선호만을 만족시켜야 한다고 주장하는 근거는 크게 두 가지이다. 첫째, 지금은 사라진 그 어떤 과거 선호들보다 현재의 선호가 더 강렬하다는 것이다. 둘째, 어떤 사람이 지금 선호하지 않는 것을 그에게 지금 제공하는 것은 그에게 만족의 기쁨을 주지 못한다는 사실이다. 만일 이 근거들이 약점을 갖고 있다면 우리는 이론P를 받아들일 이유가 없다.

첫째 근거에 대해 이런 반론을 제기할 수 있다. 현재 선호와 과거 선호의 강렬함을 현재 시점에서 비교하는 것은 공정하지 않다. 시간에서 벗어나 둘을 비교한다면 현재의 선호보다 더 강렬했던 과거 선호가 있을 수 있다. 예컨대 10년 전 김 씨가 자신의 고향인 개성에 방문하기를 바랐던 것이 일생에서 가장 강렬한 선호였을 수 있다. 둘째 근거에 대해서는 이런 반론을 제기할 수 있다. 선호하는 시점과 만족하는 시점은 대부분의 경우 시간차가 존재한다. 만일 사람들의 선호가 자주 바뀐다면 그들의 현재 선호가 그것이 만족되는 시점까지 지속하리라는 보장이 없다. 이것이 사실이라면 정부가 시민의 현재 선호를 만족시키려고 노력하는 것은 낭비를 낳는다. 이처럼 현재 선호만을 만족시켜야 한다는 주장을 뒷받침하는 근거들은 허점이 많다.

① 사람들의 선호는 시간이 지남에 따라 변하기 때문에 그의 현재 선호도 만족시킬 수 없다.
② 복지를 시민의 현재 선호를 만족시키는 것으로 보는 이론은 받아들이기 어렵다.
③ 어느 선호가 더 강렬한 선호인지를 결정하는 것은 중요하지 않다.
④ 복지 문제에서 과거 선호를 만족시키는 것도 중요하다.
⑤ 복지가 무엇인지 정의하는 것은 불가능하다.

6. 다음 글에서 알 수 있는 것은?

우리에게 입력된 감각 정보는 모두 저장되는 것이 아니라 극히 일부분만 특정한 메커니즘을 통해 단기간 또는 장기간 저장된다. 신경과학자들은 장기 또는 단기기억의 저장 장소가 뇌의 어디에 존재하는지 연구해 왔고, 그 결과 두 기억은 모두 대뇌피질에 저장된다는 것을 알아냈다.

여러 감각 기관을 통해 입력된 감각 정보는 대부분 대뇌피질에서 인식된다. 인식된 일부 정보는 해마와 대뇌피질 간에 이미 형성되어 있는 신경세포 간 연결이 일시적으로 변화하는 과정에서 단기기억으로 저장된다. 해마와 대뇌피질 간 연결의 일시적인 변화가 대뇌피질 내에서 새로운 연결로 교체되어 영구히 지속되면 그 단기기억은 장기기억으로 저장된다. 해마는 입력된 정보를 단기기억으로 유지하고 또 새로운 장기기억을 획득하는 데 필수적이지만, 기존의 장기기억을 유지하거나 변형하는 부위는 아니다.

걷기, 자전거 타기와 같은 운동 기술은 반복을 통해서 학습되고, 일단 학습되면 잊혀지기 어렵다. 자전거 타기와 같은 기술에 관한 기억은 뇌의 성장과 발달에서 보이는 신경세포들 간에 새로운 연결이 이루어지는 메커니즘을 통해서 장기기억이 된다. 반면에 전화번호, 사건, 장소를 단기기억할 때는 새로운 연결이 생기는 대신 대뇌피질과 해마 간에 이미 존재하는 신경세포의 연결을 통한 신호 강도가 높아지고 그 상태가 수분에서 수개월까지 유지됨으로써 가능하다. 이처럼 신경세포 간 연결 신호의 강도가 상당 기간 동안 증가된 상태로 유지되는 '장기 상승 작용' 현상은 해마 조직에서 처음 밝혀졌으며, 이 현상에는 흥분성 신경 전달 물질인 글루탐산의 역할이 중요하다는 것이 추가로 밝혀졌다.

① 방금 들은 전화번호를 받아 적기 위한 기억에는 신경세포 간 연결의 장기 상승 작용이 중요하다.
② 해마가 손상되면 이미 습득한 자전거 타기와 같은 운동 기술을 실행할 수 없게 된다.
③ 장기기억은 대뇌피질에 저장되지만 단기기억은 해마에 저장된다.
④ 새로운 단기기억은 이전에 저장되었던 장기기억에 영향을 준다.
⑤ 글루탐산은 신경세포 간의 새로운 연결의 형성을 유도한다.

7. 다음 글의 ㉠을 <보기>에 올바르게 적용한 것은?

뇌의 특정 부위에 활동이 증가하면 산소를 수송하는 헤모글로빈의 비율이 그 부위에 증가한다. 헤모글로빈이 많이 공급된 부위는 주변에 비해 높은 자기 신호 강도를 갖는다. 우리는 피실험자가 지각, 운동, 언어, 기억, 정서 등 다양한 수행 과제에 관여하는 때와 그렇지 않을 때의 두뇌 각 부위의 자기 신호 강도를 비교 측정함으로써, 각 수행 과제를 관장하는 두뇌 영역을 추정할 수 있다. 이 방법을 '기능자기공명영상법' 즉 'fMRI'라 한다. 이 영상법을 이해하는 데 중요한 논리 중에 하나는 ㉠ 차감법이다. 피실험자가 과제P를 수행할 때 두뇌의 자기 신호 강도 양상을 X라고 하자. 그 피실험자가 다른 사정이 같고 과제P를 수행하지 않을 때 두뇌의 자기 신호 강도 양상을 Y라고 하자. 여기서 과제P를 수행하지 않는다는 말, 예컨대 오른손으로 도구를 사용하는 과제를 수행하지 않는다는 말은 도구를 사용하지 않을 뿐만 아니라 오른손도 움직이지 않는다는 뜻이다. 이제 수행 과제P를 관장하는 두뇌 영역을 알고 싶다면 우리는 양상X에서 양상Y를 차감하면 될 것이다.

<보 기>

피실험자가 누워 아무 동작도 하지 않는 상태를 '알파'라고 하자. 그가 알파 상태에 있을 때 두뇌의 자기 신호 강도 양상은 A이다. 그가 알파 상태에서 벗어나 단순히 왼손만을 움직일 때 두뇌의 자기 신호 강도 양상은 B이다. 그가 알파 상태에서 벗어나 단순히 오른손만 움직일 때 두뇌의 자기 신호 강도 양상은 C이다. 그가 알파 상태에서 벗어나 왼손으로 도구를 사용하는 것만 할 때 두뇌의 자기 신호 강도 양상은 D이다.

① 피실험자가 손으로 도구를 사용하지도 않고 단순한 손동작도 하지 않을 때 두뇌의 자기 신호 강도는 0이다.
② 왼손의 단순한 움직임을 관장하는 두뇌 영역을 알고 싶다면 양상C에서 양상B를 차감하면 된다.
③ 오른손의 단순한 움직임을 관장하는 두뇌 영역을 알고 싶다면 양상C에서 양상A를 차감하면 된다.
④ 왼손으로 도구를 사용하는 과제를 관장하는 두뇌 영역을 알고 싶다면 양상D에서 양상B를 차감하면 된다.
⑤ 도구를 사용하는 과제를 관장하는 두뇌 영역을 알고 싶다면 양상C에서 양상D를 차감하면 된다.

8. 다음을 참이라고 가정할 때, 반드시 참인 것만을 <보기>에서 모두 고르면?

○ A, B, C, D 중 한 명의 근무지는 서울이다.
○ A, B, C, D는 각기 다른 한 도시에서 근무한다.
○ 갑, 을, 병 각각의 두 진술 중 하나는 참이고 다른 하나는 거짓이다.
○ 갑은 "A의 근무지는 광주이다."와 "D의 근무지는 서울이다." 라고 진술했다.
○ 을은 "B의 근무지는 광주이다."와 "C의 근무지는 세종이다." 라고 진술했다.
○ 병은 "C의 근무지는 광주이다."와 "D의 근무지는 부산이다." 라고 진술했다.

<보 기>

ㄱ. A의 근무지는 광주이다.
ㄴ. B의 근무지는 서울이다.
ㄷ. C의 근무지는 세종이다.

① ㄱ
② ㄷ
③ ㄱ, ㄴ
④ ㄴ, ㄷ
⑤ ㄱ, ㄴ, ㄷ

9. 다음 글의 ㉠의 사례로 보기 어려운 것은?

디지털 이미지는 사용자가 가장 손쉽게 정보를 전달할 수 있는 멀티미디어 객체이다. 일반적으로 디지털 이미지는 화소에 의해 정보가 표현되는데, M × N개의 화소로 이루어져 있다. 여기서 M과 N은 가로와 세로의 화소 수를 의미하며, M 곱하기 N을 한 값을 해상도라 한다.

무선 네트워크와 모바일 기기의 사용이 보편화되면서 다양한 스마트 기기의 보급이 진행되고 있다. 스마트 기기는 그 사용 목적이나 제조 방식, 가격 등의 요인에 의해 각각의 화면 표시 장치들이 서로 다른 해상도와 화면 비율을 가진다. 이에 대응하여 동일한 이미지를 다양한 화면 표시 장치 환경에 맞출 필요성이 발생했다. 하나의 멀티미디어의 객체를 텔레비전용, 영화용, 모바일 기기용 등 표준적인 화면 표시 장치에 맞추어 각기 독립적인 이미지 소스로 따로 제공하는 것이 아니라, 하나의 이미지 소스를 다양한 화면 표시 장치에 맞도록 적절히 변환하는 기술을 요구하고 있다.

이러한 변환 기술을 '이미지 리타겟팅'이라고 한다. 이는 A × B의 이미지를 C × D 화면에 맞추기 위해 해상도와 화면 비율을 조절하거나 이미지의 일부를 잘라 내는 방법 등으로 이미지를 수정하는 것이다. 이러한 수정에서 입력 이미지에 있는 콘텐츠 중 주요 콘텐츠는 그대로 유지되어야 한다. 즉 리타겟팅 처리 후에도 원래 이미지의 중요한 부분을 그대로 유지하면서 동시에 왜곡을 최소화하는 형태로 주어진 화면에 맞게 이미지를 변형하여야 한다. 이러한 조건을 만족하기 위해 ㉠ 다양한 접근이 일어나고 있는데, 이미지의 주요한 콘텐츠 및 구조를 분석하는 방법과 분석된 주요 사항을 바탕으로 어떤 식으로 이미지 해상도를 조절하느냐가 주요 연구 방향이다.

① 광고 사진에서 화면 전반에 걸쳐 흩어져 있는 콘텐츠를 무작위로 추출하여 화면을 재구성하는 방법
② 풍경 사진에서 전체 풍경에 대한 구도를 추출하고 구도가 그대로 유지될 수 있도록 해상도를 조절하는 방법
③ 인물 사진에서 얼굴 추출 기법을 사용하여 인물의 주요 부분을 왜곡하지 않고 필요 없는 부분을 잘라 내는 방법
④ 정물 사진에서 대상물의 영역은 그대로 두고 배경 영역에 대해서는 왜곡을 최소로 하며 이미지를 축소하는 방법
⑤ 상품 사진에서 상품을 충분히 인지할 수 있을 정도의 범위 내에서 가로와 세로의 비율을 화면에 맞게 조절하는 방법

10. 다음 글의 ㉠~㉤ 사이의 관계를 바르게 기술한 것은?

㉠ 지구에서 유전자가 자연발생할 확률은 $1/10^{100}$보다 작지만, 지구 외부 우주에서 유전자가 자연발생할 확률은 $1/10^{50}$보다 크다. 유전자가 자연발생하지 않았다면 생명체도 자연발생할 수 없다. 그런데 생명체가 자연발생하였다는 것이 밝혀졌다. 따라서 ㉡ 유전자는 자연발생했다. ㉢ 지구에서 유전자가 자연발생할 확률이 지구 외부 우주에서 유전자가 자연발생할 확률보다 작으며 유전자가 자연발생하였다면, 유전자가 우주에서 지구로 유입되었을 가능성이 크다. 이를 볼 때, ㉣ 유전자는 우주에서 지구로 유입되었을 가능성이 크다고 판단할 수 있다. 왜냐하면 ㉤ 지구에서 유전자가 자연발생할 확률은 지구 외부 우주에서 유전자가 자연발생할 확률보다 훨씬 작다는 것이 참이기 때문이다.

① ㉡이 참이면, ㉤은 반드시 참이다.
② ㉤이 참이면, ㉠은 반드시 참이다.
③ ㉠, ㉡이 모두 참이면, ㉢은 반드시 참이다.
④ ㉡, ㉣이 모두 참이면, ㉤은 반드시 참이다.
⑤ ㉠, ㉡, ㉢이 모두 참이면, ㉣은 반드시 참이다.

11. 다음 글의 논지로 가장 적절한 것은?

> 최근 다도해 지역을 해양사의 관점에서 새롭게 주목하는 논의가 많아졌다. 그들은 주로 다도해 지역의 해로를 통한 국제 교역과 사신의 왕래 등을 거론하면서 해로와 포구의 기능과 해양 문화의 개방성을 강조하고 있다. 한편 다도해는 오래전부터 유배지로 이용되었다는 사실이 자주 언급됨으로써 그동안 우리에게 고립과 단절의 이미지로 강하게 남아 있다. 이처럼 다도해는 개방성의 측면과 고립성의 측면에서 모두 조명될 수 있다. 이는 섬이 바다에 의해 격리되는 한편 그 바다를 통해 외부 세계와 연결되기 때문이다.
>
> 다도해의 문화적 특징을 말할 때 흔히 육지에 비해 옛 모습의 문화가 많이 남아 있다는 점이 거론된다. 섬이 단절된 곳이므로 육지에서는 이미 사라진 문화가 섬에는 아직 많이 남아 있다고 여기는 것이다. 또한 섬이라는 특수성 때문에 무속이 성하고 마을굿도 풍성하다고 생각하는 이들도 있다. 이런 견해는 다도해를 고립되고 정체된 곳이라고 생각하는 관점과 통한다. 실제로는 육지에도 무당과 굿당이 많은데도 관념적으로 섬을 특별하게 여기는 것이다.
>
> 이런 관점에서 '진도 다시래기'와 같은 축제식 장례 풍속을 다도해 토속 문화의 대표적인 사례로 드는 경우도 있다. 지금도 진도나 신안 등지에 가면 상가(喪家)에서 노래하고 춤을 추며 굿을 하는 것을 볼 수 있는데, 이런 모습은 고대 역사서의 기록과 흡사하므로 그 풍속이 고풍스러운 것은 분명하다. 하지만 기존 연구에서 밝혀졌듯이 진도 다시래기가 지금의 모습을 갖추게 된 데에는 육지의 남사당패와 같은 유희 유랑 집단에서 유입된 요소들의 영향도 적지 않다. 이런 연구 결과도 다도해의 문화적 특징을 일방적인 관점에서 접근해서는 안 된다는 점을 시사해 준다.

① 유배지로서의 다도해 역사를 제대로 이해해야 한다.
② 옛 모습이 많이 남아 있는 다도해의 문화를 잘 보존해야 한다.
③ 다도해의 문화적 특징을 논의할 때 개방성의 측면을 간과해서는 안 된다.
④ 다도해의 관념적 측면을 소홀히 해서는 그 풍속을 제대로 이해하기 어렵다.
⑤ 다도해의 토속 문화를 제대로 이해하기 위해서는 고전의 기록을 잘 살펴봐야 한다.

12. 다음 글에서 알 수 있는 것은?

> 유럽 국가들은 대부분 가장 먼저 철도를 개통한 영국의 규격을 채택하여 철로의 간격을 1.435m로 하였다. 이러한 이유로 영국의 철로는 '표준궤'로 불렸다. 하지만 일부 국가들은 전시에 주변 국가들이 철도를 이용해 침입할 것을 우려하여 궤간을 다르게 하였다. 또한 열차 속력과 운송량, 건설 비용 등을 고려하여 궤간을 조정하였다.
>
> 일본은 첫 해외 식민지였던 타이완에서는 자국의 철도와 같이 협궤(狹軌)를 설치하였으나 조선의 철도는 대륙 철도와의 연결을 고려하여 표준궤로 하고자 하였다. 청일전쟁 이후 러시아의 영향력이 강해져 조선의 철도 궤간으로 광궤(廣軌)를 채택할 것인지 아니면 표준궤를 채택할 것인지를 두고 러시아와 대립하기도 했지만 결국 일본은 표준궤를 강행하였다.
>
> 서구 열강이 중국에 건설한 철도는 기본적으로 표준궤였다. 하지만 만주 지역에 건설된 철도 중 러시아가 건설한 구간은 1.524m의 광궤였다. 러일전쟁 과정에서 일본은 자국의 열차를 그대로 사용하기 위해 러시아가 건설한 그 철도 구간을 협궤로 개조하는 작업을 시작했다. 그러다가 러일전쟁 이후 포츠머스 조약으로 일본이 러시아로부터 그 구간의 철도를 얻게 되자 표준궤로 개편하였다.
>
> 1911년 압록강 철교가 준공되자 표준궤를 채택한 조선 철도는 만주의 철도와 바로 연결이 가능해졌다. 1912년 일본 신바시에서 출발해 시모노세키-부산 항로를 건너 조선의 경부선과 경의선을 따라 압록강 대교를 통과해 만주까지 이어지는 철도 수송 체계가 구축되었다.

① 러일전쟁 당시 일본 국내의 철도는 표준궤였다.
② 부산에서 만주까지를 잇는 철도는 광궤로 구축되었다.
③ 러일전쟁 이전 만주 지역의 철도는 모두 광궤로 건설되었다.
④ 청일전쟁 이후 러시아는 조선의 철도를 광궤로 할 것을 주장하였다.
⑤ 영국의 표준궤는 유럽 국가들이 철도를 건설하는 데 경제적 부담을 줄여 주었다.

13. 다음 글의 내용과 부합하지 않는 것은?

> 한국 사회의 근대화 과정은 급속한 산업화와 도시화라는 특징을 가진다. 1960년대 이후 급속한 근대화에 따라 전통적인 농촌공동체를 떠나 도시로 이주하는 사람들이 급격하게 증가하였으며, 이로 인해 전통적인 사회구조가 해체되었다. 이 과정에서 직계가족이 가치판단의 중심이 되는 가족주의가 강조되었다. 이는 전통적 공동체가 힘을 잃은 상황에서 가족이 매우 중요한 역할을 담당했기 때문이다. 국가의 복지가 부실한 상황에서 가족은 노동력의 재생산 비용을 담당했다.
>
> 가족은 물질적 생존의 측면뿐만 아니라 정서적 생존을 위해서도 중요한 보호막으로 기능했다. 말하자면, 전통적 사회구조가 약화되면서 나타나는 사회적 긴장과 불안을 해소하는 역할을 해 왔다는 것이다. 서구 사회의 근대화 과정에서는 개인의 자율적 판단과 선택을 강조하는 개인주의 윤리나 문화가 그러한 사회적 긴장과 불안을 해소하는 역할을 담당했다. 하지만 한국 사회의 경우 근대화가 급속하게 압축적으로 이루어졌기 때문에 서구 사회와 같은 근대적 개인주의 문화가 제대로 정착하지 못했다. 그래서 한국 사회에서는 가족주의 문화가 근대화 과정의 긴장과 불안을 해소하는 역할을 담당하게 되었다.
>
> 한편, 전통적 공동체 문화는 학연과 지연을 매개로 하여 유사가족주의 형태로 나타났다. 1960년대 이후 농촌을 떠나온 사람들이 도시에서 만든 계나 동창회와 같은 것들이 유사가족주의의 단적인 사례이다.

① 근대화 과정을 거치면서 한국 사회에서는 가족주의가 강조되었다.
② 한국의 근대화 과정에서 전통적 공동체 문화는 유사가족주의로 변형되기도 했다.
③ 근대화 과정에서 한국의 가족주의 문화와 서구의 개인주의 문화는 유사한 역할을 수행했다.
④ 한국의 근대화 과정에서 서구의 개인주의 문화가 정착하지 못한 것은 가족주의 문화 때문이었다.
⑤ 한국의 근대화 과정에서 가족주의 문화는 급속한 산업화가 야기한 불안과 긴장을 해소하는 기제로 작용했다.

14. 다음 글의 내용과 부합하는 것을 <보기>에서 모두 고르면?

> 이슬람 금융 방식은 돈만 빌려주고 금전적인 이자만을 받는 행위를 금지하는 이슬람 율법에 따라 실물자산을 동반하는 거래의 대가로서 수익을 분배하는 방식을 말한다. 이슬람 금융 방식에는 '무라바하', '이자라', '무다라바', '무샤라카', '이스티스나' 등이 있다.
>
> 무라바하와 이자라는 은행이 채무자가 원하는 실물자산을 매입할 경우 그것의 소유권이 누구에게 있느냐에 따라 구별된다. 실물자산의 소유권이 은행에서 채무자로 이전되면 무라바하이고, 은행이 소유권을 그대로 보유하면 이자라이다. 무다라바와 무샤라카는 주로 투자 펀드나 신탁 금융에서 활용되는 방식으로서 투자자와 사업자의 책임 여부에 따라 구별된다. 사업 시 발생하는 손실에 대한 책임이 투자자에게만 있으면 무다라바이다. 양자의 협상에 따라 사업에 대한 이익을 배분하긴 하지만, 손실이 발생할 경우 사업자는 그 손실에 대한 책임을 가지지 않는다. 반면에 투자자와 사업자가 공동으로 사업에 대한 책임과 이익을 나누어 가지면 무샤라카이다. 이스티스나는 장기 대규모 건설 프로젝트에 활용되는 금융 지원 방식으로서 투자자인 은행은 건설 자금을 투자하고 사업자는 건설을 담당한다. 완공 시 소유권은 투자자에게 귀속되고, 사업자는 그 자산을 사용해서 얻은 수입으로 투자자에게 임차료를 지불한다.

<보 기>

ㄱ. 사업에 대한 책임이 투자자가 아니라 사업자에게만 있으면 무다라바가 아니라 무샤라카이다.
ㄴ. 은행과 사업자가 공동으로 투자하여 사업을 수행하고 이익을 배분하면 무샤라카가 아니라 이스티스나이다.
ㄷ. 은행이 채무자가 원하는 부동산을 직접 매입 후 소유권 이전 없이 채무자에게 임대하면 무라바하가 아니라 이자라이다.

① ㄱ
② ㄷ
③ ㄱ, ㄴ
④ ㄴ, ㄷ
⑤ ㄱ, ㄴ, ㄷ

15. 다음 글의 논지로 가장 적절한 것은?

최근에 사이버공동체를 중심으로 한 시민의 자발적 정치 참여 현상이 많은 관심을 끌고 있다. 이러한 현상과 관련하여 A의 연구가 새삼 주목받고 있다. A의 연구에 따르면 공동체의 구성원이 됨으로써 얻게 되는 '사회적 자본'이 시민사회의 성숙과 민주주의 발전을 가져오는 원동력이다. A의 이론에서는 공동체에 대한 자발적 참여를 통해 사회 구성원 간의 상호 의무감과 신뢰, 구성원들이 공유하는 규칙과 관행, 사회적 유대 관계와 같은 사회적 자본이 늘어나면, 사회 구성원 간의 협조적인 행위가 가능하게 된다고 보았다. 더 나아가 A는 자원봉사자와 같이 공동체 참여도가 높은 사람이 투표할 가능성이 높고 정부 정책에 대한 의견 개진도 활발해지는 등 정치 참여도가 높아진다고 주장하였다.

몇몇 학자들은 A의 이론을 적용하여 면대면 접촉에 따른 인간관계의 산물인 사회적 자본이 사이버공동체에서도 충분히 형성될 수 있다고 보았다. 그리고 사이버공동체에서 사회적 자본의 증가는 곧 정치 참여도 활성화시킬 것으로 기대했다. 하지만 이러한 기대와는 달리 정치 참여가 활성화되지 않았다. 요즘 젊은이들을 보면 각종 사이버공동체에 자발적으로 참여하는 수준은 높지만 투표나 다른 정치 활동에는 무관심하거나 심지어 정치를 혐오하기도 한다. 이런 측면에서 A의 주장은 사이버공동체가 활성화된 오늘날에는 잘 맞지 않는다.

이러한 이유 때문에 오늘날 사이버공동체를 중심으로 한 정치 참여를 더 잘 이해하기 위해서 '정치적 자본' 개념의 도입이 필요하다. 정치적 자본은 사회적 자본의 구성 요소와는 달리 정치 정보의 습득과 이용, 정치적 토론과 대화, 정치적 효능감 등으로 구성된다. 정치적 자본은 사회적 자본과 마찬가지로 공동체 참여를 통해서 획득되지만, 정치 과정에의 관여를 촉진한다는 점에서 사회적 자본과는 구분될 필요가 있다. 사회적 자본만으로 정치 참여를 기대하기 어렵고, 사회적 자본과 정치 참여 사이를 정치적 자본이 매개할 때 비로소 정치 참여가 활성화된다.

① 사이버공동체를 통해 축적된 사회적 자본에 정치적 자본이 더해질 때 정치 참여가 활성화된다.
② 사회적 자본은 정치적 자본을 포함하기 때문에 그 자체로 정치 참여의 활성화를 가져온다.
③ 사회적 자본이 많은 사회는 정치 참여가 활발하기 때문에 민주주의가 실현된다.
④ 사이버공동체의 특수성으로 인해 시민들의 정치 참여가 어렵게 되었다.
⑤ 사이버공동체에의 자발적 참여 증가는 정치 참여를 활성화 시킨다.

16. 다음 글에서 알 수 있는 것은?

대부분의 컴퓨터 게임 프로그램은 컴퓨터의 무작위적 행동을 필요로 한다. 이것은 말처럼 그렇게 쉬운 일이 아니다. 모든 컴퓨터는 주어진 규칙과 공식에 따라 결과를 산출하도록 만들어질 수밖에 없기 때문이다.

비록 현재의 컴퓨터는 완전히 무작위적으로 수들을 골라내지는 못하지만, 무작위적인 것처럼 보이는 수들을 산출하는 수학 공식 프로그램을 내장하고 있다. 즉, 일련의 정확한 계산 결과로 만든 것이지만, 무작위적인 것처럼 보이는 수열을 만들어 낸다. 그러한 일련의 수들을 만들어 내는 방법은 수백 가지이지만, 모두 처음에 시작할 시작수의 입력이 필수적이다. 이 시작수는 사용자가 직접 입력할 수도 있고, 컴퓨터에 내장된 시계에서 얻을 수도 있다. 예컨대 자판을 두드리는 순간 측정된 초의 수치를 시작수로 삼는 것이다.

문제는 이렇게 만들어 낸 수열이 얼마나 완전히 무작위적인 수열에 가까운가이다. 완전히 무작위적인 수열이 되기 위해서는 다음의 두 가지 기준을 모두 통과해야 한다. 첫째, 모든 수가 다른 수들과 거의 같은 횟수만큼 나와야 한다. 둘째, 그 수열은 인간의 능력으로 예측이 가능한 어떤 패턴도 나타내지 않아야 한다. 수열 1, 2, 3, 4, 5, 6, 7, 8, 9, 0은 첫 번째 조건은 통과하지만, 두 번째 조건은 통과하지 못한다. 수열 5, 8, 3, 1, 4, 5, 9, 4, 3, 7, 0은 얼핏 두 번째 조건을 통과하는 것처럼 보이지만 그렇지 않다. 곰곰이 생각해 보면 0 다음의 수가 무엇이 될 것인지를 예측할 수 있기 때문이다. (앞의 두 수를 합한 값의 일의 자리 수를 생각해 보라.) 현재의 컴퓨터가 내놓는 수열들이 이 두 가지 기준 모두를 통과하는 것은 아니다. 즉, 완전히 무작위적인 수열을 아직 만들어 내지 못하고 있는 것이다. 그리고 컴퓨터의 작동 원리를 생각하면, 이는 앞으로도 불가능할 수밖에 없다.

① 인간은 완전히 무작위적인 규칙과 공식들을 컴퓨터에 입력할 수 있다.
② 완전히 무작위적인 수열이라면 같은 수가 5번 이상 연속으로 나올 수 없다.
③ 사용자가 시작수를 직접 입력하지 않았다면 컴퓨터는 어떤 수열도 만들어 낼 수 없다.
④ 컴퓨터가 만들어 내는 수열 중에는 인간의 능력으로 예측하기 어려운 것처럼 보이는 경우도 있다.
⑤ 어떤 수열의 패턴이 인간의 능력으로 예측 가능하다면 그 수열에는 모든 수가 거의 같은 횟수만큼 나올 수밖에 없다.

17. 다음 글에서 추론할 수 있는 것을 <보기>에서 모두 고르면?

수학을 이해하기 위해서는 연역적인 공리적 증명 방법에 대해 정확히 이해할 필요가 있다. 우리는 2보다 큰 짝수들을 원하는 만큼 많이 조사하여 각각이 두 소수(素數)의 합이라는 것을 알아낼 수 있다. 그러나 이러한 과정을 통해 얻은 결과를 '수학적 정리'라고 말할 수 없다. 이와 비슷하게, 한 과학자가 다양한 크기와 모양을 가진 1,000개의 삼각형의 각을 측정하여, 측정 도구의 정확도 범위 안에서 그 각의 합이 180도라는 것을 알아냈다고 가정하자. 이 과학자는 임의의 삼각형의 세 각의 합이 180도가 확실하다고 결론 내릴 것이다. 그러나 이러한 측정의 결과는 근삿값일 뿐이라는 문제와, 측정되지 않은 어떤 삼각형에서는 현저하게 다른 결과가 나타날지도 모른다는 의문이 남는다. 이러한 과학자의 증명은 수학적으로 받아들일 수 없다. 반면에, 수학자들은 모두 의심할 수 없는 공리들로부터 시작한다. 두 점을 잇는 직선을 하나만 그을 수 있다는 것을 누가 의심할 수 있는가? 이와 같이 의심할 수 없는 공리들을 참이라고 받아들이면, 이로부터 연역적 증명을 통해 나오는 임의의 삼각형의 세 각의 합이 180도라는 것이 참이라는 것을 받아들여야만 한다. 이런 식으로 증명된 결론을 수학적 정리라고 한다.

<보 기>

ㄱ. 연역적으로 증명된 것은 모두 수학적 정리이다.
ㄴ. 연역적으로 증명된 수학적 정리를 거부하려면, 공리 역시 거부해야 한다.
ㄷ. 어떤 삼각형의 세 각의 합이 오차 없이 측정되었다면, 그 결과는 수학적 정리로 받아들일 수 있다.

① ㄱ
② ㄴ
③ ㄱ, ㄷ
④ ㄴ, ㄷ
⑤ ㄱ, ㄴ, ㄷ

18. 복지사A의 결론을 이끌어내기 위해 추가해야 할 두 전제를 <보기>에서 고르면?

복지사A는 담당 지역에서 경제적 곤란을 겪고 있는 아동을 찾아 급식 지원을 하는 역할을 담당하고 있다. 갑순, 을순, 병순, 정순이 급식 지원을 받을 후보이다. 복지사A는 이들 중 적어도 병순은 급식 지원을 받게 된다고 결론 내렸다. 왜냐하면 갑순과 정순 중 적어도 한 명은 급식 지원을 받는데, 갑순이 받지 않으면 병순이 받기 때문이었다.

<보 기>

ㄱ. 갑순이 급식 지원을 받는다.
ㄴ. 을순이 급식 지원을 받는다.
ㄷ. 을순이 급식 지원을 받으면, 갑순은 급식 지원을 받지 않는다.
ㄹ. 을순과 정순 둘 다 급식 지원을 받지 않으면, 병순이 급식 지원을 받는다.

① ㄱ, ㄴ
② ㄱ, ㄹ
③ ㄴ, ㄷ
④ ㄴ, ㄹ
⑤ ㄷ, ㄹ

19. 다음 글의 ㉠으로 가장 적절한 것은?

> 골란드는 자신의 가설을 검증하기 위해서 20가구가 소유한 488곳의 밭에서 나온 연간 작물 수확량을 수십 년 동안 조사했다. 그는 수십 년 간 각 밭들의 $1m^2$당 연간 수확량 자료를 축적했다. 이 방대한 자료를 토대로 그는 한 가구가 경작할 전체 면적은 매년 동일하지만, 경작할 밭들을 한 곳에 모아 놓았을 경우와 여러 곳으로 분산시켰을 경우에, 그 가구의 총 수확량이 어떻게 달라질지 계산해 보았다. 그 가구가 경작할 밭들이 여러 곳으로 따로 떨어져 있을수록 경작 및 추수 노동이 많이 들기 때문에, 단위면적당 연간 수확량의 수십 년 간 평균은 낮아졌다.
>
> 골란드가 Q라고 명명한 3인 가구를 예로 들어 보자. Q가 경작할 밭의 총면적을 감안하여, Q가 당해에 기아를 피하려면 $1m^2$당 연간 334g 이상의 감자를 수확해야 했다. 그들이 한 구역에 몰려 있는 밭들에 감자를 심었다고 가정할 경우, $1m^2$당 연간 수확량의 수십 년간 평균은 상당히 높게 나왔다. 하지만 이와 같은 방식으로 경작할 경우, $1m^2$당 연간 수확량이 334g 미만으로 떨어진 해들이 자료가 수집된 전체 기간 중 1/3이 넘는 것으로 계산되었다. 어떤 해는 풍작으로 많이 수확하지만 어떤 해는 흉작으로 $1m^2$당 연간 수확량이 334g 미만으로 떨어진다는 말이다. 총면적은 동일하게 유지하면서 6군데로 분산된 밭들에서 경작했을 때도 기아의 위험에서 완전히 자유롭지 않았다. 하지만 7군데 이상으로 분산했을 때 수확량은 매년 $1m^2$당 연간 371g 이상이었다. 골란드는 구성원이 Q와 다른 가구들의 경우에도 같은 방식으로 추산해 보았다. 경작할 밭들을 몇 군데로 분산시켜야 기아를 피할 최소 수확량이 보장되는지에 대해서는 가구마다 다른 값들이 나왔지만, 연간 수확량들의 패턴은 Q의 경우와 크게 다르지 않았다. 이로써 골란드는 ㉠ 자신의 가설이 통계 자료들에 의해 뒷받침된다는 것을 보일 수 있었다.

① 넓은 면적을 경작하는 것은 기아의 위험에서 벗어나는 데 도움이 되지 못한다.
② 경작하는 밭들을 일정 군데 이상으로 분산시킨다면 기아의 위험을 피할 수 있다.
③ 경작할 밭들을 몇 군데로 분산시켜야 단위면적당 연간 수확량이 최대가 되는지는 가구마다 다르다.
④ 경작하는 밭들을 여러 군데로 분산시킬수록 단위면적당 연간 수확량의 평균이 증가하여 기아의 위험이 감소한다.
⑤ 경작하는 밭들을 여러 군데로 분산시킬수록 단위면적당 연간 수확량의 최댓값은 증가하여 기아의 위험이 감소한다.

20. 다음 빈 칸에 들어갈 말로 가장 적절한 것은?

> A국 정부는 유전 관리 부서 업무에 적합한 민간경력자 전문관을 한 명 이상 임용하려고 한다. 그런데 지원자들 중 갑은 경쟁국인 B국에 여러 번 드나든 기록이 있다. 그래서 정보 당국은 갑의 신원을 조사했다. 조사 결과 갑이 부적격 판정을 받는다면, 그는 전문관으로 임용되지 못할 것이다. 한편, A국 정부는 임용 심사에서 지역과 성별을 고려한 기준도 적용한다. 동일 지역 출신은 두 사람 이상을 임용하지 않는다. 그리고 적어도 여성 한 명을 임용해야 한다. 이번 임용 시험에 응시한 여성은 갑과 을 둘밖에 없다. 또한 지원자들 중에서 병과 을이 동일 지역 출신이므로, 만약 병이 임용된다면 을은 임용될 수 없다. 그런데 [   ] 따라서 병은 전문관으로 임용되지 못할 것이다.

① 갑이 전문관으로 임용될 것이다.
② 을이 전문관으로 임용되지 못할 것이다.
③ 갑은 조사 결과 부적격 판정을 받을 것이다.
④ 병이 전문관으로 임용된다면, 갑도 전문관으로 임용될 것이다.
⑤ 갑이 조사 결과 적격 판정을 받는다면, 갑이 전문관으로 임용될 것이다.

21. 다음 갑~정의 주장에 대한 분석으로 적절한 것을 <보기>에서 모두 고르면?

북미 지역의 많은 불임 여성들이 체외수정을 시도하고 있다. 그런데 젊은 여성들의 난자를 사용한 체외수정의 성공률이 높기 때문에 젊은 여성의 난자에 대한 선호도가 높다. 처음에는 젊은 여성들이 자발적으로 난자를 기증하였지만, 이러한 자발적인 기증만으로는 수요를 감당할 수가 없게 되었다. 이 시점에 난자 제공에 대한 금전적 대가 지불에 대해 논란이 제기되었다.

갑: 난자 기증은 상업적이 아닌 이타주의적인 이유에서만 이루어져야 한다. 난자만이 아니라 정자를 매매하거나 거래하는 것도 불법화해야 한다는 데 동의한다. 물론 상업적인 대리모도 금지해야 한다.

을: 인간은 각자 본연의 가치가 있으므로 시장에서 값을 매길 수 없다. 또한 인간관계를 상업화하거나 난자 등과 같은 신체의 일부를 금전적인 대가 지불의 대상으로 만들어선 안 된다.

병: 불임 부부가 아기를 가질 기회를 박탈해선 안 된다. 그런데 젊은 여성들이 자발적으로 난자를 기증하는 것을 기대하기가 어렵다. 난자 기증은 여러 가지 부담을 감수해야 하기에 보상 없이 이루어지기에는 한계가 있다. 결과적으로 난자 제공에 대한 금전적 대가 지불을 허용하지 않을 경우에 난자를 얻을 수 없을 것이고, 불임 여성들은 원하는 아기를 가질 수 없게 될 것이다.

정: 난자 기증은 정자 기증과 근본적으로 다르다. 난자를 채취하는 것은 정자를 얻는 것보다 훨씬 복잡하고 어려운 일이며 위험을 감수해야 할 경우도 있다. 예컨대, 과배란을 유도하기 위해 여성들은 한 달 이상 매일 약을 먹어야 한다. 그 다음에는 가늘고 긴 바늘을 난소에 찔러 난자를 뽑아내는 과정을 거쳐야 한다. 한 여성 경험자는 난소에서 난자를 뽑아낼 때마다 '누가 그 부위를 발로 차는 것 같은' 느낌을 받았다고 보고하였다. 이처럼 난자 제공은 고통과 위험을 감수해야 하는 일이다.

<보 기>

ㄱ. 을은 갑의 주장을 지지한다.
ㄴ. 정의 주장은 병의 주장을 지지하는 근거로 사용될 수 있다.
ㄷ. 난자 제공에 대한 금전적 대가 지불에 대해서 을의 입장과 병의 입장은 양립 불가능하다.

① ㄱ
② ㄷ
③ ㄱ, ㄴ
④ ㄴ, ㄷ
⑤ ㄱ, ㄴ, ㄷ

22. 다음 글의 입장을 강화하는 내용으로 가장 적절한 것은?

고대사회를 정의하는 기준 중의 하나로 '생계경제'가 사용되곤 한다. 생계경제 사회란 구성원들이 겨우 먹고 살 수 있는 정도의 식량만을 확보하고 있어서 식량 자원이 줄어들게 되면 자동적으로 구성원 전부를 먹여 살릴 수 없게 되고, 심하지 않은 가뭄이나 홍수 등의 자연재해에 의해서도 유지가 어렵게 될 수 있는 사회를 의미한다. 그러므로 고대사회에서의 삶은 근근이 버텨가는 것이고, 그 생활은 기아와의 끊임없는 투쟁이다. 왜냐하면 그 사회에서는 기술적인 결함과 그 이상의 문화적인 결함으로 인해 잉여 식량을 생산할 수 없기 때문이다.

고대사회에 대한 이러한 견해보다 더 뿌리 깊은 오해도 없다. 소위 생계경제의 성격을 지닌 것으로 간주되는 많은 고대사회들, 예를 들어 남아메리카에서는 종종 공동체의 연간 필요 소비량에 맞먹는 잉여 식량을 생산했다는 점에 주의를 기울일 필요가 있다. 기아와의 끊임없는 투쟁을 의미하는 생계경제가 고대사회를 특징짓는 개념이라면 오히려 프롤레타리아가 기아에 허덕이던 19세기 유럽 사회야말로 고대사회라고 할 수 있을 것이다. 사실상 생계경제라는 개념은 서구의 근대적인 이데올로기의 영역에 속하는 것으로 결코 과학적 개념도구가 아니다. 민족학을 위시한 근대 과학이 이토록 터무니없는 기만에 희생되어 왔다는 것은 역설적이며, 더군다나 산업 국가들이 이른바 저발전 세계에 대한 전략의 방향을 잡는 데 기여했다는 사실은 두렵기까지 하다.

① 고대사회가 경제적으로 풍요로웠던 것은 생계경제 체제 때문이었다.
② 산업사회로 이행하면서 경제적 잉여가 발생하였고 계급이 형성되었다.
③ 자연재해나 전쟁으로 인해 고대사회는 항상 불안정한 상황에 처해 있었다.
④ 고대사회에서 존재하였던 축제는 경제적인 잉여를 해소하는 기제로 작용했다.
⑤ 유럽의 산업 국가들에 의한 문명화 과정을 통해 저발전된 아프리카의 생활 여건이 개선되었다.

23. 다음 글의 가설A, B에 대한 평가로 가장 적절한 것은?

> 진화론에서는 인류 진화 계통의 초기인 약 700만 년 전에 인간에게 털이 거의 없어졌다고 보고 있다. 털이 없어진 이유에 대해서 학자들은 해부학적, 생리학적, 행태학적 정보들을 이용하는 한편 다양한 상상력까지 동원해서 이와 관련된 진화론적 시나리오들을 제안해 왔다.
>
> 가설A는 단순하게 고안되어 1970년대 당시 많은 사람들이 고개를 끄덕였던 설명으로, 현대적 인간의 출현을 무자비한 폭력과 투쟁의 산물로 설명하던 당시의 모든 가설을 대체할 수 있을 정도로 매력적으로 보였다. 이 가설에 따르면 인간은 진화 초기에 수상생활을 시작하였다. 인간 선조들은 수영을 하고 물속에서 아기를 키우는 등 즐거운 활동을 하기 위해서 수상생활을 하였다. 오랜 물속 생활로 인해 고대 초기 인류들은 몸의 털이 거의 없어졌다. 그 대신 피부 아래에 지방층이 생겨났다.
>
> 그 이후에 나타난 가설B는 인간의 피부에 털이 없으면 털에 사는 기생충들이 감염시키는 질병이 줄어들기 때문에 생존과 생식에 유리하다고 주장하였다. 털은 따뜻하여 이나 벼룩처럼 질병을 일으키는 체외 기생충들이 살기에 적당하기 때문에 신체에 털이 없으면 그러한 병원체들이 자리 잡기 어렵다는 것이다. 이 가설에 따르면 인간이 자신을 더 효과적으로 보호할 수 있는 의복이나 다른 수단들을 활용할 수 있었을 때 비로소 털이 없어지는 진화가 가능하다. 옷이 기생충에 감염되면 벗어서 씻어 내면 간단한데, 굳이 영구적인 털로 몸을 덮을 필요가 있겠는가?

① 인간 선조들의 화석이 고대 호수 근처에서 가장 많이 발견되었다는 사실은 가설A를 약화한다.
② 털 없는 신체나 피하 지방 같은 현대 인류의 해부학적 특징들을 고래나 돌고래 같은 수생 포유류들도 가지고 있다는 사실은 가설A를 약화한다.
③ 호수나 강에는 인간의 생존을 위협하는 수인성 바이러스가 광범위하게 퍼져 있었으며 인간의 피부에 그에 대한 방어력이 없다는 사실은 가설A를 약화한다.
④ 열대 아프리카 지역에서 고대로부터 내려온 전통 생활을 유지하고 있는 주민들이 옷을 거의 입지 않는다는 사실은 가설B를 강화한다.
⑤ 피부를 보호할 수 있는 옷이나 다른 수단을 만들 수 있는 인공물들이 사용된 시기는 인류 진화의 마지막 단계에 한정된다는 사실은 가설B를 강화한다.

24. 다음 글의 '도덕적 딜레마 논증'에 대한 비판으로 적절한 것만을 <보기>에서 모두 고르면?

> 1890년대에 이르러 어린이를 의료 실험 대상에서 배제시켜야 한다는 주장이 대두되었다. 그 주장의 핵심적인 근거는 어린이가 의료 실험과 관련하여 제한적인 동의능력만을 가지고 있다는 것이었다. 여기서 동의능력이란, 충분히 자율적인 존재가 제안된 실험의 특성이나 위험성 등에 대한 적절한 정보를 인식하고 그것에 기초하여 그 실험을 자발적으로 받아들일 수 있는 능력을 일컫는다. 그렇기 때문에 어린이를 실험 대상으로 하는 연구는 항상 도덕적 논란을 불러일으켰고, 1962년 이후 미국에서는 어린이에 대한 실험이 거의 시행되지 않았다. 이러한 상황에서 1968년 미국의 소아 약물학자 셔키는 다음과 같은 '도덕적 딜레마 논증'을 제시하였다. 어린이를 실험 대상에서 배제시키면, 어린이 환자 집단에 대해 충분한 실험을 하지 않은 약품들로 어린이를 치료하게 되어 어린이를 더욱 커다란 위험에 몰아넣게 된다. 따라서 어린이를 실험 대상에서 배제시키는 것은 도덕적으로 올바르지 않다. 반면, 어린이를 실험 대상에서 배제시키지 않으면, 제한적인 동의능력만을 가진 존재를 실험 대상에 포함시키게 된다. 제한된 동의능력만을 가진 이를 실험 대상에 포함시키는 것은 도덕적으로 올바르지 않다. 따라서 어린이를 실험 대상에 포함시키는 것은 도덕적으로 올바르지 않다. 우리의 선택지는 어린이를 실험 대상에서 배제시키거나 배제시키지 않는 것뿐이다. 결국 어떠한 선택을 하든 도덕적인 잘못을 저지를 수밖에 없다.

<보 기>

ㄱ. 어린이를 실험 대상으로 하는 연구는 그 위험성의 여부와는 상관없이 모두 거부되어야 한다. 왜냐하면 적합한 사전 동의 없이 행해지는 어떠한 실험도 도덕적 잘못이기 때문이다.
ㄴ. 동물실험이나 성인에 대한 임상 실험을 통해서도 어린이 환자를 위한 안전한 약물을 만들어낼 수 있다. 따라서 어린이를 실험 대상에 포함시키지 않더라도 어린이 환자가 안전하게 치료받지 못하는 위험에 빠지지 않을 수 있다.
ㄷ. 부모나 법정 대리인을 통해 어린이의 동의능력을 적합하게 보완할 수 있다. 어린이의 동의능력이 부모나 법정 대리인에 의해 적합하게 보완된다면 어린이를 실험 대상에 포함시켜도 도덕적 잘못이 아닐 수 있다. 따라서 이런 경우의 어린이를 실험 대상에 포함시켜도 도덕적 잘못이 아닐 수 있다.

① ㄱ
② ㄴ
③ ㄱ, ㄷ
④ ㄴ, ㄷ
⑤ ㄱ, ㄴ, ㄷ

25. 다음 글의 (가)와 (나)에 들어가기에 가장 적절한 것을 ㉠~㉤ 중 골라 알맞게 짝지은 것은?

> 일반적으로 결정론은 도덕적 책임과 양립할 수 없는 것으로 간주된다. 그 이유는 다음과 같다. ㉠ 결정론이 참일 경우 우리의 실제 행동과는 다른 행동을 할 가능성이 없다. 그런데 ㉡ 우리에게 실제로 행한 것과는 다른 행동을 할 가능성이 있을 경우에만 우리는 행동의 자유를 가진 존재이다. 또한 ㉢ 우리가 행동의 자유를 가진 존재가 아니라면, 우리는 도덕적 책임을 가질 필요가 없다. 따라서 ㉣ 결정론이 참일 경우 우리는 행동의 자유를 가진 존재가 아니다. 결론적으로, ㉤ 결정론이 참일 경우 우리는 도덕적 책임을 가지는 존재가 아니다. 이런 주장에 대해서 철학자 A는 다음 <사례>를 통해 [(가)]가 거짓이라고 보임으로써 [(나)]를 반박하였다.

〈사 례〉

> 차를 운전하고 있던 어느 날, 나는 우회전을 하기 위해서 차의 핸들을 오른쪽으로 돌리는 행동을 하였다. 이런 행동 이후, 오른쪽으로 움직인 나의 차는 길을 가는 행인을 치는 사고를 일으켰다. 당연히 나는 그 행인을 다치게 만든 것에 대해 도덕적 책임을 느꼈다. 내가 핸들을 오른쪽으로 돌리는 행동이 그 사고를 야기했기 때문이다. 그러나 사실 내 차의 핸들은 오른쪽으로 돌리기 직전에 망가져서 핸들이 오른쪽으로 돌아갈 수밖에 없었고, 그 사고는 일어날 수밖에 없었다. 이와 더불어 여러 다른 사정으로 나에게는 다른 행동의 가능성이 전혀 없었으며, 이에 나에겐 행동의 자유가 존재하지 않았던 것이다. 나는 이런 사실을 모른 채 핸들을 오른쪽으로 돌리는 행동을 하였고 내 차는 오른쪽으로 움직였다. 그 핸들은 내 행동에 따라 움직였고, 내 차도 핸들에 아무런 문제가 없었을 경우와 같이 움직인 뒤 행인을 치었던 것이다. 그렇기 때문에 내 차의 핸들이 망가져 있다는 사실을 알고 난 후에도 나는 행인을 친 것에 대한 도덕적 책임을 가져야 한다는 것을 당연하게 생각했다.

	(가)	(나)
①	㉠	㉣
②	㉡	㉣
③	㉡	㉤
④	㉢	㉣
⑤	㉢	㉤

약점 보완 해설집 p.246

상황판단영역

1. 다음 글을 근거로 판단할 때, <보기>에서 옳은 것만을 모두 고르면?

> 우리나라는 건국헌법 이래 문화국가의 원리를 헌법의 기본원리로 채택하고 있다. 우리 현행 헌법은 전문에서 '문화의 …(중략)… 영역에 있어서 각인(各人)의 기회를 균등히' 할 것을 선언하고 있을 뿐 아니라, 문화국가를 실현하기 위하여 보장되어야 할 정신적 기본권으로 양심과 사상의 자유, 종교의 자유, 언론·출판의 자유, 학문과 예술의 자유 등을 규정하고 있다. 개별성·고유성·다양성으로 표현되는 문화는 사회의 자율영역을 바탕으로 한다고 할 것이고, 이들 기본권은 견해와 사상의 다양성을 그 본질로 하는 문화국가원리의 불가결의 조건이라고 할 것이다.
>
> 문화국가원리는 국가의 문화국가실현에 관한 과제 또는 책임을 통하여 실현되므로 국가의 문화정책과 밀접한 관계를 맺고 있다. 과거 국가절대주의 사상의 국가관이 지배하던 시대에는 국가의 적극적인 문화간섭정책이 당연한 것으로 여겨졌다. 이와 달리 오늘날에는 국가가 어떤 문화현상에 대하여도 이를 선호하거나 우대하는 경향을 보이지 않는 불편부당의 원칙이 가장 바람직한 정책으로 평가받고 있다. 오늘날 문화국가에서의 문화정책은 그 초점이 문화 그 자체에 있는 것이 아니라 문화가 생겨날 수 있는 문화 풍토를 조성하는 데 두어야 한다.
>
> 문화국가원리의 이러한 특성은 문화의 개방성 내지 다원성의 표지와 연결되는데, 국가의 문화육성의 대상에는 원칙적으로 모든 사람에게 문화창조의 기회를 부여한다는 의미에서 모든 문화가 포함된다. 따라서 엘리트문화뿐만 아니라 서민문화, 대중문화도 그 가치를 인정하고 정책적인 배려의 대상으로 하여야 한다.

<보 기>

ㄱ. 우리나라 건국헌법에서는 문화국가원리를 채택하지 않았다.
ㄴ. 문화국가원리에 의하면 엘리트문화는 정부의 정책적 배려 대상이 아니다.
ㄷ. 다양한 문화가 생겨날 수 있는 문화풍토를 조성하는 정책은 문화국가원리에 부합한다.
ㄹ. 국가절대주의 사상의 국가관이 지배하던 시대에는 국가가 특정 문화만을 선호하여 지원할 수 있었다.

① ㄱ
② ㄴ
③ ㄱ, ㄷ
④ ㄷ, ㄹ
⑤ ㄱ, ㄷ, ㄹ

2. 다음 글을 근거로 판단할 때, <보기>에서 옳은 것만을 모두 고르면?

> 진경산수화(眞景山水畵)는 18세기 초반에 우리 실경(實景)을 많이 그렸던 겸재 정선(鄭敾)의 산수화를 대표로 하여, 이후 18세기 후반에 계속 그려진 우리 산천이 담긴 산수화를 지칭하는 말이다. 여기에서 사용된 '진경(眞景)'과 달리 '진경(眞境)'은 이전 시대의 기록에도 많이 나타나지만, 그 의미는 선경(仙境)의 뜻으로만 사용되었다. 여기에 새 의미를 부여한 사람은 실학자 이익이고, 경계 '경(境)'자 대신에 경치 '경(景)'자를 쓴 사람은 강세황이다. 실학자 이익은 실재하는 경물이라는 의미로서 진경(眞境)을 사용하였으며, 우리 산수를 실제로 마주 대하는 사실정신을 강조하여 선경의 탈속성(脫俗性)을 제거하였다. 이것이 18세기 후반 강세황에 의해 적극 수용되어 진경(眞景)이란 말로 자리 잡게 된 것이다.
>
> 실재하는 경치를 그린 예는 고려시대나 조선시대 초·중기에도 있었다. 그러나 우리 회화에서 '진경산수화'가 새로운 회화영역으로서 본격적으로 발전한 것은 중국의 남종화(南宗畵) 양식에 바탕을 두고 우리나라에 실재하는 경관을 특유의 화풍으로 그린 겸재 정선에게서 비롯되었다. 사전적 해석으로 진경(眞景)은 '실재하는 풍경'이라는 뜻의 실경(實景)을 말한다. 그러나 진(眞)이라는 한자는 『설문해자(說問解字)』에 따르면 '선인이 변형해 놓고 하늘에 오른 땅'이라는 뜻을 지닌다. 이로 보아 진경(眞景)은 실경으로서의 단순한 경치뿐만 아니라 선경(仙境)의 의미, 즉 이상 세계까지 내포하고 있음을 알 수 있다. 그러므로 진경(眞景)이라는 말을 조선 후기의 맥락에서 이해하자면 참된 경치, 마음 속 경치를 포함하며 경치의 본질 혹은 진실까지 포함한 넓은 개념으로 보면 된다. 따라서 진경산수화는 실경을 바탕으로 작가가 경치를 보고 느낀 감동과 환희까지 투영한 그림으로 보면 될 것이다.

<보 기>

ㄱ. 진경산수화는 중국 남종화 양식의 영향을 받았다.
ㄴ. 진경산수화는 이익에 의해 본격적으로 발전하기 시작하였다.
ㄷ. 진경산수화는 작가가 현실세계와 무관한 이상세계를 상상하여 그린 그림이다.
ㄹ. 선경(仙境)의 탈속성을 제거한 의미인 진경(眞景)이란 단어는 18세기 초반에 이미 정착되어 있었다.

① ㄱ
② ㄱ, ㄴ
③ ㄴ, ㄷ
④ ㄷ, ㄹ
⑤ ㄱ, ㄷ, ㄹ

3. 다음 글을 근거로 판단할 때 옳은 것은?

> 최초의 자전거는 1790년 시브락 백작이 발명한 '셀레리페르'라는 것이 정설이다. 이후 1813년 만하임의 드라이스 폰 자이에르브론 남작이 '드레지엔'을 선보였다. 방향 전환이 가능한 핸들이 추가된 이 자전거는 1817년 파리 티볼리 정원의 구불구불한 길을 단번에 통과한 후 인기를 끌었다. 19세기 중엽에는 '벨로시페드'라는 자전거가 등장했는데, 이 자전거는 앞바퀴 쪽에 달려 있는 페달을 밟아 이동이 가능했다. 이 페달은 1861년 에르네스트 미쇼가 드레지엔을 수리하다가 아이디어를 얻어 발명한 것이었다.
>
> 자전거가 인기를 끌자, 1868년 5월 생클루드 공원에서는 처음으로 자전거 스피드 경주가 열렸다. 이 대회의 우승은 제임스 무어가 차지했다. 그는 다음 해 열린 파리 - 루앙 간 최초의 도로 사이클 경주에서도 우승했다.
>
> 이로부터 상당한 시일이 흐른 후 금속제 자전거가 등장했다. 1879년에는 큰 기어와 뒷바퀴 사이에 체인이 달린 자전거가, 그리고 1885년에는 안전 커버가 부착되고 두 바퀴의 지름이 똑같은 자전거가 발명되었다. 1888년에는 스코틀랜드의 수의사 던롭이 공기 타이어를 고안했으며, 이후 19세기 말 유럽의 길거리에는 자전거가 붐비기 시작했다.

① 18세기에 발명된 셀레리페르는 핸들로 방향을 전환할 수 있었다.
② 벨로시페드의 페달은 드레지엔의 수리과정에서 얻은 아이디어를 바탕으로 발명되었다.
③ 대중적으로 자전거의 인기가 높아지자 19세기 초에 도로 사이클 경주가 개최되었다.
④ 최초의 자전거 스피드 경주에 사용된 자전거는 두 바퀴의 지름이 같았다.
⑤ 공기 타이어가 부착된 자전거가 체인을 단 자전거보다 먼저 발명되었다.

4. 다음 글을 근거로 추론할 때, <보기>에서 옳은 것만을 모두 고르면?

> 스위스에는 독일어, 프랑스어, 이탈리아어, 레토로만어 등 4개 언어가 공식어로 지정되어 있다. 스위스는 '칸톤'이라 불리는 20개의 주(州)와 6개의 '할프칸톤(半州)'으로 구성되어 있으며, 이들 지방자치단체들 간의 사회적·경제적 격차는 그다지 심하지 않고 완벽에 가까운 사회보장제도가 시행되고 있다.
>
> 연방국가인 스위스의 정치제도적 특징은 직접민주주의(국민발의와 국민투표)에 있다. 직접민주주의 제도를 통해 헌법이나 법률의 개정을 제안하거나 연방정부 또는 연방 의회가 이미 인준한 헌법이나 법률조항을 거부하기도 한다. 안건도 매우 다양하여 출산보험 도입, 신예전투기 도입, 외국인의 귀화절차와 난민권, 알프스 산맥의 철도터널 신설, 쥐라주의 독립문제 등을 대상으로 삼았다. 더 나아가 외교정책도 다루어졌는데 1986년에는 유엔가입 여부를 국민투표에 부쳤고, 그 결과 의회가 가결한 유엔가입안을 부결시킨 적이 있다.
>
> 연방정부는 7인의 연방장관(4대 정당 대표와 3대 언어권 대표)으로 구성되며 모든 안건은 이들이 만장일치 혹은 압도적 다수로 결정한다. 따라서 국가수반이나 행정부의 수반은 없는 것과 다름없다. 이러한 제도는 타협이 이루어질 때까지 많은 시간이 소요되므로 시급한 문제의 처리나 위급상황 발생시에는 문제점이 나타날 수 있다.

<보 기>

ㄱ. 스위스 국민은 어느 주에 살더라도 사회보장을 잘 받을 수 있을 것이다.
ㄴ. 스위스에서는 연방정부에서 결정된 사항을 국민투표에 부칠 수 없을 것이다.
ㄷ. 스위스는 독일, 프랑스, 이탈리아 등 강대국 사이에 위치하고 있기 때문에 국가수반은 강력한 리더십을 발휘할 것이다.
ㄹ. 스위스에서는 연방정부의 의사결정 방식으로 인해 국가의 중요 안건을 신속하게 결정하기 어려울 수 있다.

① ㄱ
② ㄴ
③ ㄱ, ㄷ
④ ㄱ, ㄹ
⑤ ㄷ, ㄹ

5. 다음 글을 근거로 판단할 때, <보기>에서 옳은 것만을 모두 고르면?

□ 사업개요

1. 사업목적
   ○ 취약계층 아동에게 맞춤형 통합서비스를 제공하여 아동의 건강한 성장과 발달을 도모하고, 공평한 출발 기회를 보장함으로써 건강하고 행복한 사회구성원으로 성장할 수 있도록 지원함
2. 사업대상
   ○ 0세~만 12세 취약계층 아동
   ※ 0세는 출생 이전의 태아와 임산부를 포함
   ※ 초등학교 재학생이라면 만 13세 이상도 포함

□ 운영계획

1. 지역별 인력구성
   ○ 전담공무원: 3명
   ○ 아동통합서비스 전문요원: 4명 이상
   ※ 아동통합서비스 전문요원은 대상 아동 수에 따라 최대 7명까지 배치 가능
2. 사업예산
   ○ 시·군·구별 최대 3억 원(국비 100%) 한도에서 사업 환경을 반영하여 차등지원
   ※ 단, 사업예산의 최대 금액은 기존사업지역 3억 원, 신규사업지역 1억 5천만 원으로 제한

<보 기>

ㄱ. 임신 6개월째인 취약계층 임산부는 사업대상에 해당되지 않는다.

ㄴ. 내년 초등학교 졸업을 앞둔 만 14세 취약계층 학생은 사업대상에 해당한다.

ㄷ. 대상 아동 수가 많은 지역이더라도 해당 사업의 전담 공무원과 아동통합서비스 전문요원을 합한 인원은 10명을 넘을 수 없다.

ㄹ. 해당 사업을 신규로 추진하고자 하는 △△시는 사업예산을 최대 3억 원까지 국비로 지원받을 수 있다.

① ㄱ, ㄴ
② ㄱ, ㄹ
③ ㄴ, ㄷ
④ ㄴ, ㄹ
⑤ ㄷ, ㄹ

6. 다음 글의 (가)~(라)와 <보기>의 ㄱ~ㄹ을 옳게 짝지은 것은?

법의 폐지란 법이 가진 효력을 명시적·묵시적으로 소멸시키는 것을 말한다. 여기에는 4가지 경우가 있다.

(가) 법에 시행기간(유효기간)을 두고 있는 때에는 그 기간의 종료로 당연히 그 법은 폐지된다. 이렇게 일정기간 동안만 효력을 발생하도록 제정된 법을 '한시법'이라 한다.

(나) 신법에서 구법의 규정 일부 또는 전부를 폐지한다고 명시적으로 정한 때에는 그 규정은 당연히 폐지된다. 이러한 경우에 신법은 구법을 대신하여 효력을 갖는다.

(다) 동일 사항에 관하여 구법과 서로 모순·저촉되는 신법이 제정되면 그 범위 내에서 구법은 묵시적으로 폐지된다. 이처럼 신법은 구법을 폐지한다. 그러나 특별법은 일반법에 우선하여 적용되므로 신일반법은 구특별법을 폐지하지 못한다.

(라) 처음부터 일정한 조건의 성취, 목적의 달성을 위하여 제정된 법은 그 조건의 성취, 목적의 달성이나 소멸로 인해 당연히 폐지된다.

<보 기>

ㄱ. A법에는 "공포 후 2014년 12월 31일까지 시행한다"고 규정되어 있다.

ㄴ. "B법의 제00조는 폐지한다"는 규정을 신법C에 두었다.

ㄷ. D법으로 규율하고자 했던 목적이 완전히 달성되었다.

ㄹ. 동일 사항에 대하여, 새로 제정된 E법(일반법)에 F법(특별법)과 다른 규정이 있는 경우에는 F법이 적용된다.

	(가)	(나)	(다)	(라)
①	ㄱ	ㄴ	ㄷ	ㄹ
②	ㄱ	ㄴ	ㄹ	ㄷ
③	ㄴ	ㄱ	ㄷ	ㄹ
④	ㄴ	ㄹ	ㄱ	ㄷ
⑤	ㄷ	ㄹ	ㄴ	ㄱ

7. 다음 글을 근거로 판단할 때, 스프링클러설비를 설치해야 하는 곳은?

> 스프링클러설비를 설치해야 하는 곳은 다음과 같다.
> 1. 종교시설(사찰·제실·사당은 제외한다), 운동시설(물놀이형 시설은 제외한다)로서 수용인원이 100명 이상인 경우에는 모든 층
> 2. 판매시설, 운수시설 및 창고시설 중 물류터미널로서 다음의 어느 하나에 해당하는 경우에는 모든 층
>   ○ 층수가 3층 이하인 건축물로서 바닥면적 합계가 6,000m^2 이상인 것
>   ○ 층수가 4층 이상인 건축물로서 바닥면적 합계가 5,000m^2 이상인 것
> 3. 다음의 어느 하나에 해당하는 경우에는 모든 층
>   ○ 의료시설 중 정신의료기관, 노인 및 어린이 시설로서 해당 용도로 사용되는 바닥면적의 합계가 600m^2 이상인 것
>   ○ 숙박이 가능한 수련시설로서 해당 용도로 사용되는 바닥면적의 합계가 600m^2 이상인 것
> 4. 기숙사(교육연구시설·수련시설 내에 있는 학생 수용을 위한 것을 말한다) 또는 복합건축물로서 연면적 5,000m^2 이상인 경우에는 모든 층
> 5. 교정 및 군사시설 중 다음의 어느 하나에 해당하는 경우에는 해당 장소
>   ○ 보호감호소, 교도소, 구치소, 보호관찰소, 갱생보호시설, 치료감호시설, 소년원의 수용거실
>   ○ 경찰서 유치장

① 경찰서 민원실
② 수용인원이 500명인 사찰의 모든 층
③ 연면적 15,000m^2인 5층 복합건축물의 모든 층
④ 2층 건축물로서 바닥면적 합계가 5,000m^2인 물류터미널의 모든 층
⑤ 외부에서 입주한 편의점의 바닥면적을 포함한 바닥면적 합계가 500m^2인 정신의료기관의 모든 층

8. 다음 글을 근거로 판단할 때, <보기>에서 옳은 것만을 모두 고르면?

> □ 증여세의 납세의무자는 누구이며 부과대상은 무엇입니까?
>   ○ 증여세는 타인으로부터 재산을 무상으로 받은 사람, 즉 수증자가 원칙적으로 납세의무를 부담합니다.
>   ○ 또한 법인 아닌 사단·재단, 비영리법인은 증여세 납세의무를 부담합니다. 다만 증여받은 재산에 대해 법인세가 과세되는 영리법인은 증여세 납부의무가 없습니다.
>   ○ 수증자가 국내거주자이면 증여받은 '국내외 모든 재산', 수증자가 국외거주자이면 증여받은 '국내소재 재산, 국외 예금과 국외 적금'이 증여세 부과대상입니다.
>
> □ 증여자가 예외적으로 수증자와 함께 납세의무를 부담하는 경우도 있습니까?
>   ○ 수증자가 국외거주자인 경우, 증여자는 연대납세의무를 부담합니다.
>   ○ 또한 수증자가 다음 중 어느 하나에 해당하는 경우에도 증여자는 연대납세의무를 부담합니다.
>   - 수증자의 주소 또는 거소가 분명하지 아니한 경우로서 조세채권의 확보가 곤란한 경우
>   - 수증자가 증여세를 납부할 능력이 없다고 인정되는 경우로서 체납처분을 하여도 조세채권의 확보가 곤란한 경우

<보 기>

ㄱ. 甲이 국내거주자 장남에게 자신의 강릉 소재 빌딩(시가 10억 원 상당)을 증여한 경우, 甲은 원칙적으로 증여세를 납부할 의무가 있다.
ㄴ. 乙이 평생 모은 재산 10억 원을 국내소재 사회복지법인 丙(비영리법인)에게 기부한 경우, 丙은 증여세를 납부할 의무가 있다.
ㄷ. 丁이 자신의 국외 예금(10억 원 상당)을 해외에 거주하고 있는 아들에게 증여한 경우, 丁은 연대납세의무를 진다.
ㄹ. 戊로부터 10억 원을 증여받은 국내거주자 己가 현재 파산상태로 인해 체납처분을 하여도 조세채권의 확보가 곤란한 경우, 己는 증여세 납부의무가 없다.

① ㄱ, ㄴ
② ㄱ, ㄷ
③ ㄴ, ㄷ
④ ㄴ, ㄹ
⑤ ㄷ, ㄹ

9. 다음 글을 근거로 판단할 때 옳은 것은?

> 제00조(국민공천배심원단) ① 공정하고 투명한 국회의원 후보자 선발을 위하여 국민공천배심원단을 둔다.
> ② 국민공천배심원단은 국회의원 후보자 중 비전략지역 후보자를 제외한 전략지역 및 비례대표 후보자를 심사대상으로 한다.
> 제00조(지역구 국회의원 후보자의 확정) ① 지역구 국회의원 후보자는 공천위원회의 추천을 받아 최고위원회의 의결로 확정한다.
> ② 공천위원회는 후보자의 적격여부에 대한 심사를 거쳐 단수 후보자를 최고위원회에 추천하거나 복수의 후보자를 선정한다.
> ③ 공천위원회는 제2항에 따라 선정된 복수의 후보자를 대상으로 여론조사를 실시하여 결정된 단수 후보자를 최고위원회에 추천한다.
> ④ 국민공천배심원단은 공천위원회에서 추천한 전략지역 후보자에 대해 적격여부를 심사하여 부적격하다고 판단할 경우, 재적 3분의 2 이상의 의결로 최고위원회에 재의요구를 권고할 수 있다.
> 제00조(비례대표 국회의원 후보자 확정) 비례대표 국회의원 후보자는 공천위원회에서 지역 및 직역별로 공모를 실시한 후 후보자와 그 순위를 정하고, 국민공천배심원단의 심사를 거쳐 최고위원회의 의결로 확정한다.

① 국민공천배심원단은 비례대표 국회의원 후보자를 최종적으로 확정한다.
② 국민공천배심원단은 전략지역 국회의원 후보자를 추천할 수 있다.
③ 국민공천배심원단은 공천위원회가 추천한 비전략지역 국회의원 후보자에 대해 재의를 요구할 수 있다.
④ 최고위원회는 공천위원회의 추천을 받아 비전략지역 국회의원 후보자를 의결로 확정한다.
⑤ 전략지역 국회의원 후보자에 대하여 최고위원회에 재의요구를 권고할 수 있는 국민공천배심원단의 의결정족수는 재적 3분의 1 이상이다.

10. 다음 숫자 배열 (가)~(다)의 공통적인 특성만을 <보기>에서 모두 고르면?

> (가) 2, 3, 6, 7, 8
> (나) 1, 4, 5, 6, 9
> (다) 6, 5, 8, 3, 9

<보 기>

ㄱ. 홀수 다음에 홀수가 연이어 오지 않는다.
ㄴ. 짝수 다음에 짝수가 연이어 오지 않는다.
ㄷ. 동일한 숫자는 반복하여 사용되지 않는다.
ㄹ. 어떤 숫자 바로 다음에는 그 숫자의 배수가 오지 않는다.

① ㄱ, ㄴ
② ㄴ, ㄷ
③ ㄴ, ㄹ
④ ㄷ, ㄹ
⑤ ㄱ, ㄷ, ㄹ

11. 다음 글을 근거로 판단할 때, <보기>에서 옳은 것만을 모두 고르면?

> 1493년 콜럼버스에 의해 에스파냐에 소개된 옥수수는 16세기 초에는 카스티야, 안달루시아, 카탈류냐, 포르투갈에서 재배되었고, 그 후에 프랑스, 이탈리아, 판노니아, 발칸 지역 등으로 보급되었다. 그러나 이 시기에는 옥수수를 휴경지에 심어 사료로 사용하거나 가끔 텃밭에서 재배하는 정도였다. 따라서 옥수수는 주곡의 자리를 차지하지 못했다.
>
> 감자는 1539년 페루에서 처음 눈에 띄었다. 이 무렵 에스파냐를 통해 이탈리아에 전해진 감자는 '타르투폴로'라는 이름을 가지게 되었다. 감자를 식용으로 사용한 초기 기록 중 하나는 1573년 세비야 상그레 병원의 물품 구입 목록이다. 이후 독일과 영국에서 감자를 식용으로 사용한 사례가 간혹 있었지만, 18세기에 이르러서야 주곡의 자리를 차지하였다.
>
> 한편 18세기 유럽에서는 인구가 크게 증가하였고, 정치, 경제, 문화 등 모든 면에서 활기가 넘쳤다. 늘어난 인구를 부양하는 데 감자와 옥수수 보급이 기여하는 바가 컸다. 18세기 기록을 보면 파종량 대 수확량은 호밀의 경우 1 대 6인데 비해 옥수수는 무려 1 대 80이었다. 그렇지만 감자와 옥수수는 하층민의 음식으로 알려졌고, 더욱이 구루병, 결핵, 콜레라 등을 일으킨다는 믿음 때문에 보급에 큰 어려움이 있었다. 그러나 대규모 기근을 계기로 감자와 옥수수는 널리 보급되었다. 굶어죽기 직전의 상황에서 전통적인 미각을 고집할 이유가 없었으니, 감자와 옥수수 같은 고수확작물 재배의 증가는 필연적이었다.

<보 기>

ㄱ. 유럽에는 감자보다 옥수수가 먼저 들어왔을 것이다.
ㄴ. 유럽에서 감자와 옥수수를 처음으로 재배한 곳은 이탈리아였다.
ㄷ. 18세기에는 옥수수의 파종량 대비 수확량이 호밀보다 10배 이상 높았을 것이다.
ㄹ. 감자와 옥수수는 인구증가와 기근으로 유럽 전역에 확산되어 16세기에 주곡의 자리를 차지하였다.

① ㄱ, ㄴ
② ㄱ, ㄷ
③ ㄴ, ㄹ
④ ㄱ, ㄷ, ㄹ
⑤ ㄴ, ㄷ, ㄹ

12. 다음 글을 근거로 추론할 때, <보기>에서 옳은 것만을 모두 고르면?

> 작위 등급을 5개로 하는 오등작제(五等爵制)는 중국 주나라와 당나라의 제도를 따른 것이다. 오등작제의 작위는 높은 순부터 공(公), 후(侯), 백(伯), 자(子), 남(男)으로 불렀다. 작위를 받으면 봉건귀족으로 인정되며 나라에서 주는 식읍(食邑)을 받기도 했다.
>
> 왕족이나 공신을 작위에 봉하는 봉작제(封爵制)는 고려 때 처음 들여왔다. 왕족은 공·후·백의 삼등작제를 사용한 것으로 보인다. 이와 달리 비왕족에 대해서는 오등작제를 사용하였다. 비왕족에 대한 오등작제가 제도적으로 완성된 것은 고려 문종 때로, 국공(國公)은 식읍 3,000호에 품계는 정2품으로, 군공(郡公)은 2,000호에 종2품으로, 현후(縣侯)는 식읍 1,000호, 현백(縣伯)은 700호, 개국자(開國子)는 500호에 품계는 셋 모두 정5품으로, 현남(縣男)은 300호에 종5품으로 하였다. 그러나 제도가 정한대로 식읍을 주는 것은 아니었고 실제 받는 식읍은 달랐다.
>
> 조선 개국 후인 1401년 조선 태종은 명나라와의 관계를 고려하여 왕족인 공(公)을 부원대군(府院大君)으로, 공신인 후(侯)와 백(伯)을 각각 군(君)과 부원군(府院君)으로 바꾸도록 했다. 이후 1897년 조선이 대한제국으로 격상되었지만 여전히 군(君)으로 봉했다.

<보 기>

ㄱ. 조선 태종시대의 공신은 부원군 작위를 받을 수 있었을 것이다.
ㄴ. 고려 문종 때 완성된 봉작제에 따르면 현후와 현백이 받는 품계는 달랐을 것이다.
ㄷ. 고려 문종 때 완성된 봉작제에 따라 종5품 품계와 식읍 300호로 정해진 현남 작위에 봉해진 사람은 왕족이었을 것이다.

① ㄱ
② ㄴ
③ ㄱ, ㄴ
④ ㄱ, ㄷ
⑤ ㄴ, ㄷ

13. 다음 글을 근거로 판단할 때, <보기>에서 옳은 것만을 모두 고르면?

> 사람들은 검은 후추와 흰 후추를 서로 다른 종류라고 생각한다. 그런데 사실 검은 후추는 열매가 완전히 익기 전에 따서 건조시킨 것이다. 그래서 검은 후추열매의 외관은 주름져 있다. 반대로 흰 후추는 열매가 완전히 익었을 때 따서 따뜻한 물에 담가 과피와 과육을 제거한 것이다.
>
> 맛을 잘 아는 미식가는 후추를 가능하면 사용하기 직전에 갈아서 쓰곤 한다. 왜냐하면 후추는 통후추 상태로는 향미가 오랫동안 보존되지만 갈아놓으면 향미를 빨리 잃기 때문이다. 그 때문에 일반 가정의 식탁에도 후추 분쇄기가 놓이게 되었다.
>
> 후추는 열매에 들어있는 피페린이라는 성분 때문에 매운 맛이 난다. 피페린을 5~8% 함유하고 있는 검은 후추는 피페린의 함유량이 더 적은 흰 후추보다 매운 맛이 강하다. 반면 흰 후추는 매운 맛은 덜하지만 더 향기롭다.

<보 기>

ㄱ. 피페린이 4% 함유된 후추는 7% 함유된 후추보다 더 매울 것이다.
ㄴ. 흰 후추를 얻기 위해서는 후추열매가 완전히 익기 전에 수확해야 한다.
ㄷ. 더 매운 후추 맛을 원하는 사람은 흰 후추보다 검은 후추를 선택할 것이다.
ㄹ. 일반적으로 후추는 사용 직전에 갈아 쓰는 것이 미리 갈아놓은 것보다 향미가 더 강할 것이다.

① ㄱ, ㄴ
② ㄱ, ㄷ
③ ㄱ, ㄹ
④ ㄴ, ㄷ
⑤ ㄷ, ㄹ

14. 다음 글을 근거로 판단할 때 옳지 않은 것은?

> 우리는 영국의 빅토리아시대에 보도된 불량식품에 관한 기사들을 읽을 때 경악하게 된다. 대도시의 빈곤층이 주식으로 삼았던 빵이나 그들이 마셨던 홍차도 불량식품 목록에서 예외가 아니었기 때문이다. 이는 유럽대륙이나 북아메리카에서도 흔히 볼 수 있었던 일로, 식품과 의약품의 성분에 관한 법률이 각국 의회에서 통과되어 이에 대한 제재가 이루어질 때까지 계속되었다. 예컨대 초콜릿의 경우 그 수요가 늘어나자 악덕 생산업자나 상인들의 좋은 표적이 되었다. 1815년 왕정복고 후 프랑스에서는 흙, 완두콩 분말, 감자 전분 등을 섞어 만든 초콜릿이 판매될 정도였다.
>
> 마침내 각국 정부는 대책을 세우게 되었다. 1850년 발간된 의학 잡지 『란세트』는 식품 분석을 위한 영국 위생위원회가 창설된다고 발표하였다. 이 위생위원회의 활동으로 그때까지 의심스러웠던 초콜릿의 첨가물이 명확히 밝혀지게 되었다. 그 결과 초콜릿 견본 70개 가운데 벽돌가루를 이용해 적갈색을 낸 초콜릿이 39개에 달한다는 사실이 밝혀졌다. 또한 대부분의 견본은 감자나 칡에서 뽑은 전분 등을 함유하고 있었다. 이후 영국에서는 1860년 식품의약품법이, 1872년 식품첨가물법이 제정되었다.

① 북아메리카에서도 불량식품 문제는 있었다.
② 영국 위생위원회는 1850년 이후 창설되었다.
③ 영국의 빅토리아시대에 기사로 보도된 불량식품 중에는 홍차도 있었다.
④ 영국에서는 식품의약품법이 제정된 지 채 10년도 되지 않아 식품첨가물법이 제정되었다.
⑤ 영국 위생위원회의 분석 대상에 오른 초콜릿 견본 중 벽돌가루가 들어간 것의 비율이 50%를 넘었다.

15. 다음 <사업설명서>를 근거로 판단할 때, <보기>에서 옳은 것만을 모두 고르면?

<사업설명서>

<table>
<tr><td colspan="2">총지원금</td><td>2013년</td><td>14,000백만 원</td><td>2014년</td><td colspan="2">13,000백만 원</td></tr>
<tr><td colspan="2">지원 인원</td><td>2013년</td><td>3,000명</td><td>2014년</td><td colspan="2">2,000명</td></tr>
<tr><td rowspan="4">사업 개요</td><td>시작년도</td><td colspan="5">1998년</td></tr>
<tr><td>추진경위</td><td colspan="5">IMF 대량실업사태 극복을 위해 출발</td></tr>
<tr><td>사업목적</td><td colspan="5">실업자에 대한 일자리 제공으로 생활 안정 및 사회 안전망 제공</td></tr>
<tr><td>모집시기</td><td colspan="5">연간 2회(5월, 12월)</td></tr>
<tr><td rowspan="3">근로 조건</td><td>근무조건</td><td>월 소정 근로시간</td><td>112시간 이하</td><td>주당 근로일수</td><td colspan="2">5일</td></tr>
<tr><td rowspan="2">4대 사회보험 보장여부</td><td>국민연금</td><td>건강보험</td><td>고용보험</td><td colspan="2">산재보험</td></tr>
<tr><td>○</td><td>○</td><td>○</td><td colspan="2">○</td></tr>
<tr><td rowspan="3">참여자</td><td rowspan="2">주된 참여자</td><td>청년 (35세 미만)</td><td>중장년 (50~64세)</td><td>노인 (65세 이상)</td><td>여성</td><td>장애인</td></tr>
<tr><td></td><td>○</td><td></td><td></td><td></td></tr>
<tr><td>기타</td><td>우대 요건</td><td>저소득층, 장기 실업자, 여성가장 등 취업취약계층 우대</td><td>취업 취약계층 목표비율</td><td colspan="2">70%</td></tr>
</table>

<보 기>

ㄱ. 2014년에는 2013년보다 총지원금은 줄었지만 지원 인원 1인당 평균 지원금은 더 많아졌다.
ㄴ. 저소득층, 장기실업자, 여성가장이 아니라면 이 사업에 참여할 수 없다.
ㄷ. 이 사업 참여자들은 4대 사회보험을 보장받지 못한다.
ㄹ. 이 사업은 청년층이 주된 참여자이다.

① ㄱ
② ㄱ, ㄴ
③ ㄴ, ㄷ
④ ㄷ, ㄹ
⑤ ㄱ, ㄷ, ㄹ

16. 다음 글을 근거로 판단할 때, <사례>의 甲과 乙 사업이 각각 받아야 하는 평가의 수는?

○ A평가

평가의 대상은 총사업비가 500억 원 이상인 사업 중 중앙정부의 재정지원(국비) 규모가 300억 원 이상인 신규사업으로 건설공사가 포함된 사업, 정보화·국가연구개발사업, 사회복지·보건·교육·노동·문화·관광·환경보호·농림·해양수산·산업·중소기업 분야의 사업이다.

단, 법령에 따라 설치하거나 추진하여야 하는 사업, 공공청사 신·증축사업, 도로·상수도 등 기존 시설의 단순개량 및 유지보수사업, 재해예방 및 복구지원 등으로 시급한 추진이 필요한 사업은 평가 대상에서 제외된다.

※ 법령: 국회에서 제정한 법률과 행정부에서 제정한 명령(대통령령·총리령·부령)을 의미한다.

○ B평가

신규사업의 시행이 환경에 미치는 영향을 미리 조사·예측·평가하는 것이다. 평가 대상은 도시개발사업, 도로건설사업, 철도건설사업(도시철도 포함), 공항건설사업이다.

○ C평가

대량의 교통수요를 유발할 우려가 있는 신규사업을 시행할 경우, 미리 주변지역의 교통체계에 미치는 제반 영향을 분석·평가하여 이에 따른 대책을 강구하는 평가이다. 평가의 대상은 다음과 같다.

종류	기준
도시개발사업	부지면적 10만m^2 이상
철도건설사업	정거장 1개소 이상, 총길이 5km 이상

<사 례>

甲사업: ○○광역시가 시행주체가 되어 추진하는 부지면적 12만 5천m^2에 보금자리주택을 건설하는 신규 도시개발사업으로, 총사업비 520억 원 중 100억 원을 국비로, 420억 원을 시비로 조달함

乙사업: 최근 국회에서 제정한 '△△광역시 철도건설특별 법률'에 따라 △△광역시에 정거장 7개소, 총길이 18km의 철도를 건설하는 신규사업으로, 총사업비 4,300억 원을 전액 국비로 지원받음

	甲사업	乙사업
①	2	2
②	2	3
③	3	1
④	3	2
⑤	3	3

17. 다음 글을 근거로 판단할 때, <사례>의 甲~丁 중에서 사업자등록을 하여야 하는 사람만을 모두 고르면?

> 다음 요건을 모두 갖춘 경우 사업자등록을 하여야 한다.
> ○ 사업자이어야 한다.
> 사업자란 사업목적이 영리이든 비영리이든 관계없이 사업상 독립적으로 재화 또는 용역을 공급하는 사람(법인 포함)을 말한다.
> ○ 계속성·반복성을 가져야 한다.
> 재화나 용역을 계속적이고 반복적으로 공급하여야 한다. 계속적이고 반복적인 공급이란 시간을 두고 여러 차례에 걸쳐 이루어지는 것을 말한다.
> ○ 독립성을 가져야 한다.
> 사업의 독립성이란 사업과 관련하여 재화 또는 용역을 공급하는 주체가 다른 사업자에게 고용되거나 종속되지 않은 경우를 말한다.

<사 례>

> ○ 용돈이 필요하여 자신이 사용하던 200만 원 가치의 카메라 1대를 인터넷 중고매매 카페에 매물로 1회 등록한 甲
> ○ 자사의 제품을 판매하기 위해 열심히 일하는 영업사원 乙
> ○ 결식 어린이 돕기 성금 모금을 위하여 자원봉사자들이 직접 만든 공예품을 8년째 판매하고 있는 비영리법인 丙
> ○ 자신이 개발한 발명품을 10년 동안 직접 판매하면서 생활비 정도를 벌고 있는 丁

① 甲, 乙
② 甲, 丙
③ 乙, 丙
④ 乙, 丁
⑤ 丙, 丁

18. 다음 글을 근거로 판단할 때, <보기>에서 옳은 것만을 모두 고르면?

> 제00조 ① 개발부담금을 징수할 수 있는 권리(개발부담금 징수권)와 개발부담금의 과오납금을 환급받을 권리(환급청구권)는 행사할 수 있는 시점부터 5년간 행사하지 아니하면 소멸시효가 완성된다.
> ② 제1항에 따른 개발부담금 징수권의 소멸시효는 다음 각 호의 어느 하나의 사유로 중단된다.
> 1. 납부고지
> 2. 납부독촉
> 3. 교부청구
> 4. 압류
>
> ③ 제2항에 따라 중단된 소멸시효는 다음 각 호의 어느 하나에 해당하는 기간이 지난 시점부터 새로이 진행한다.
> 1. 고지한 납부기간
> 2. 독촉으로 재설정된 납부기간
> 3. 교부청구 중의 기간
> 4. 압류해제까지의 기간
>
> ④ 제1항에 따른 환급청구권의 소멸시효는 환급청구권 행사로 중단된다.

※ 개발부담금이란 개발이익 중 국가가 부과·징수하는 금액을 말한다.
※ 소멸시효는 일정한 기간 권리자가 권리를 행사하지 않으면 권리가 소멸하는 것을 말한다.

<보 기>

> ㄱ. 개발부담금 징수권의 소멸시효는 고지한 납부기간이 지난 시점부터 중단된다.
> ㄴ. 국가가 개발부담금을 징수할 수 있는 때로부터 3년간 징수하지 않으면 개발부담금 징수권의 소멸시효가 완성된다.
> ㄷ. 국가가 개발부담금을 징수할 수 있는 날로부터 2년이 경과한 후 납부의무자에게 납부고지하면, 개발부담금 징수권의 소멸시효가 중단된다.
> ㄹ. 납부의무자가 개발부담금을 기준보다 많이 납부한 경우, 그 환급을 받을 수 있는 때로부터 환급청구권을 3년간 행사하지 않으면 소멸시효가 완성된다.

① ㄱ
② ㄷ
③ ㄱ, ㄹ
④ ㄴ, ㄷ
⑤ ㄴ, ㄹ

19. 다음 글을 근거로 판단할 때, <사례>의 甲국과 乙국의 한 선거구에서 당선에 필요한 최소 득표율은?

○ 민주주의 국가는 대표를 선출하기 위한 다양한 형태의 선거제도를 운용하고 있다. 이 중 '제한 투표제'는 한 선거구에서 여러 명의 대표를 선출하는 제도이다. 이 제도에서 유권자는 해당 선거구의 의석수보다 적은 수의 표를 갖게 된다. 예를 들어 한 선거구에서 4명의 대표를 선출한다면, 유권자에게 4표보다 적은 2표 혹은 3표를 부여하여 투표하도록 하는 제도이다.

○ 학자 A는 이 같은 선거제도에서 당선에 필요한 최소 득표율을 다음 공식으로 구할 수 있다고 주장한다.

$$\text{최소득표율(\%)} = \frac{\text{유권자 1인당 투표수}}{\text{유권자 1인당 투표수} + \text{선거구당 의석수}} \times 100$$

<사 례>

○ 甲국: 한 선거구에서 3명의 의원을 선출하며, 유권자는 2표를 행사한다.

○ 乙국: 한 선거구에서 5명의 의원을 선출하며, 유권자는 3표를 행사한다.

	甲국	乙국
①	20%	32.5%
②	20%	37.5%
③	40%	27.5%
④	40%	32.5%
⑤	40%	37.5%

20. 다음 <기준>과 <현황>을 근거로 판단할 때, 지방자치단체 A~D 중 중점관리대상만을 모두 고르면?

<기 준>

○ 지방재정위기 사전경보지표

(단위: %)

지표 / 경보 구분	통합재정 수지적자 비율	예산대비 채무비율	채무 상환비 비율	지방세 징수액 비율	금고잔액 비율	공기업 부채비율
주의	25 초과 50 이하	25 초과 50 이하	12 초과 25 이하	25 이상 50 미만	10 이상 20 미만	400 초과 600 이하
심각	50 초과	50 초과	25 초과	25 미만	10 미만	600 초과

○ 중점관리대상 지방자치단체 지정기준
- 6개의 사전경보지표 중 '심각'이 2개 이상이면 중점관리대상으로 지정
- '주의' 2개는 '심각' 1개로 간주

<현 황>

(단위: %)

지표 / 지방 자치단체	통합재정 수지적자 비율	예산대비 채무비율	채무 상환비 비율	지방세 징수액 비율	금고잔액 비율	공기업 부채비율
A	30	20	15	60	30	250
B	40	30	10	40	15	350
C	15	20	6	45	17	650
D	60	30	30	55	25	150

① A, C
② A, D
③ B, C
④ B, D
⑤ B, C, D

21. 다음 글을 근거로 판단할 때, 신장 180cm, 체중 85kg인 甲의 비만 정도를 옳게 짝지은 것은?

> 과다한 영양소 섭취와 적은 체내 에너지 소비로 인한 에너지 대사의 불균형으로 지방이 체내에 지나치게 축적되어 체중이 과다해지는 것을 비만이라 한다.
>
> 비만 정도를 측정하는 방법은 Broca 보정식과 체질량 지수를 이용하는 것이 대표적이다. Broca 보정식은 신장과 체중을 이용하여 비만 정도를 측정하는 간단한 방법이다.
>
> 이 방법에 의하면 신장(cm)에서 100을 뺀 수치에 0.9를 곱한 수치가 '표준체중(kg)'이며, 표준체중의 110% 이상 120% 미만의 체중을 '체중과잉', 120% 이상의 체중을 '비만'이라고 한다.
>
> 한편 체질량 지수는 체중(kg)을 '신장(m)'의 제곱으로 나눈 값을 의미한다. 체질량 지수에 따른 비만 정도는 다음 <표>와 같다.
>
> <표>
>
> | 체질량 지수 | 비만 정도 |
> |---|---|
> | 18.5 미만 | 저체중 |
> | 18.5 이상 ~ 23.0 미만 | 정상 |
> | 23.0 이상 ~ 25.0 미만 | 과체중 |
> | 25.0 이상 ~ 30.0 미만 | 경도비만 |
> | 30.0 이상 ~ 35.0 미만 | 중등도비만 |
> | 35.0 이상 | 고도비만 |

	Broca 보정식	체질량 지수
①	체중과잉	경도비만
②	표준체중	정상
③	비만	과체중
④	체중과잉	정상
⑤	비만	경도비만

22. 다음 글과 <표>를 근거로 판단할 때, 여섯 사람이 서울을 출발하여 대전에 도착할 수 있는 가장 이른 예정시각은? (단, 다른 조건은 고려하지 않는다)

> 아래 여섯 사람은 서울 출장을 마치고 같은 고속버스를 타고 함께 대전으로 돌아가려고 한다. 고속버스터미널에는 은행, 편의점, 화장실, 패스트푸드점, 서점 등이 있다.
>
> 다음은 고속버스터미널에 도착해서 나눈 대화내용이다.
>
> 가은: 버스표를 사야하니 저쪽 은행에 가서 현금을 찾아 올게.
> 나중: 그럼 그 사이에 난 잠깐 저쪽 편의점에서 간단히 먹을 김밥이라도 사올게.
> 다동: 그럼 난 잠깐 화장실에 다녀올게. 그리고 저기 보이는 패스트푸드점에서 햄버거라도 사와야겠어. 너무 배고프네.
> 라민: 나는 버스에서 읽을 책을 서점에서 사야지. 그리고 화장실도 들러야겠어.
> 마란: 그럼 난 여기서 바솜이랑 기다리고 있을게.
> 바솜: 지금이 오전 11시 50분이니까 다들 각자 볼일 마치고 빨리 돌아와.
>
> 각 시설별 이용 소요시간은 은행 30분, 편의점 10분, 화장실 20분, 패스트푸드점 25분, 서점 20분이다.

<표>

서울 출발 시각	대전 도착 예정시각	잔여좌석 수
12:00	14:00	7
12:15	14:15	12
12:30	14:30	9
12:45	14:45	5
13:00	15:00	10
13:20	15:20	15
13:40	15:40	6
14:00	16:00	8
14:15	16:15	21

① 14:15
② 14:45
③ 15:00
④ 15:20
⑤ 16:15

23. 다음 글을 근거로 판단할 때, <표>의 화장 단계 중 7개만을 선택하였을 경우 甲의 최대 매력 지수는?

> ○ 아침마다 화장을 하고 출근하는 甲의 목표는 매력 지수의 합을 최대한 높이는 것이다.
> ○ 화장 단계별 매력 지수와 소요 시간은 아래의 <표>와 같다.
> ○ 20분 만에 화장을 하면 지각하지 않고 정시에 출근할 수 있다.
> ○ 회사에 1분 지각할 때마다 매력 지수가 4점씩 깎인다.
> ○ 화장은 반드시 '로션 바르기 → 수분크림 바르기 → 썬크림 바르기 → 피부화장 하기' 순으로 해야 하며, 이 4개 단계는 생략할 수 없다.
> ○ 피부화장을 한 후에 눈썹 그리기, 눈화장 하기, 립스틱 바르기, 속눈썹 붙이기를 할 수 있으며, 이 중에서는 어떤 것을 선택해도 상관없다.
> ○ 동일 화장 단계는 반복하지 않으며, 2개 이상의 화장 단계는 동시에 할 수 없다.

<표>

화장 단계	매력 지수(점)	소요 시간(분)
로션 바르기	2	1
수분크림 바르기	2	1
썬크림 바르기	6	1.5
피부화장 하기	20	7
눈썹 그리기	12	3
눈화장 하기	25	10
립스틱 바르기	10	0.5
속눈썹 붙이기	60	15

① 53점
② 61점
③ 76점
④ 129점
⑤ 137점

24. 다음 글을 근거로 판단할 때, <보기>에서 옳은 것만을 모두 고르면? (단, 다른 조건은 고려하지 않는다)

> 다양한 무게의 짐 12개를 아래의 방법에 따라 최소 개수의 상자에 넣으려고 한다. 각각의 짐 무게는 아래와 같고, 좌측부터 순서대로 도착했다. 하나의 짐을 분리하여 여러 상자에 나누어 넣을 수 없으며, 포장된 상자에는 짐을 추가로 넣을 수 없다.
>
> 6, 5, 5, 4, 2, 3, 6, 5, 4, 5, 7, 8 (단위: kg)
>
> 방법 1. 도착한 순서대로 짐을 상자에 넣는다. 짐을 상자에 넣어 10kg이 넘을 경우, 그 짐을 넣지 않고 상자를 포장한다. 그 후 짐을 다음 상자에 넣는다.
>
> 방법 2. 모든 짐을 무게 순으로 재배열한 후 무거운 짐부터 순서대로 상자에 넣는다. 짐을 상자에 넣어 10kg이 넘을 경우, 그 짐을 넣지 않고 상자를 포장한다. 그 후 짐을 다음 상자에 넣는다.

<보 기>

ㄱ. 방법 1과 방법 2의 경우, 필요한 상자의 개수가 다르다.
ㄴ. 방법 1의 경우, 10kg까지 채워지지 않은 상자들에 들어간 짐의 무게의 합은 50kg이다.
ㄷ. 방법 2의 경우, 10kg이 채워진 상자의 수는 2개이다.

① ㄴ
② ㄷ
③ ㄱ, ㄴ
④ ㄱ, ㄷ
⑤ ㄴ, ㄷ

25. 다음 글을 근거로 판단할 때, B 전시관 앞을 지나가거나 관람한 총인원은?

○ 전시관은 A → B → C → D 순서로 배정되어 있다. <행사장 출입구>는 아래 그림과 같이 두 곳이며 다른 곳으로는 출입이 불가능하다.
○ 관람객은 <행사장 출입구> 두 곳 중 한 곳으로 들어와서 시계 반대 방향으로 돌며, 모든 관람객은 4개의 전시관 중 2개의 전시관만을 골라 관람한다.
○ 자신이 원하는 2개의 전시관을 모두 관람하면 그 다음 만나게 되는 첫 번째 <행사장 출입구>를 통해 나가기 때문에, 관람객 중 일부는 반 바퀴를, 일부는 한 바퀴를 돌게 되지만 한 바퀴를 초과해서 도는 관람객은 없다.
○ <행사장 출입구> 두 곳을 통해 행사장에 입장한 관람객 수의 합은 400명이며, 이 중 한 바퀴를 돈 관람객은 200명이고 D 전시관 앞을 지나가거나 관람한 인원은 350명이다.

<행사장 출입구>

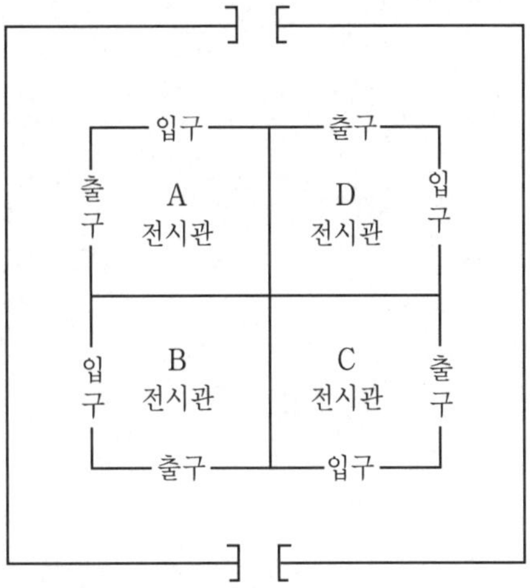

<행사장 출입구>

① 50명
② 100명
③ 200명
④ 250명
⑤ 350명

약점 보완 해설집 p.253

자료해석영역

1. 다음 <표>와 <정보>는 2014년 1월 전국 4개 도시에 각각 위치한 '갑' 회사의 공장(A~D)별 실제 가동시간과 가능 가동시간에 관한 자료이다. 이에 근거하여 공장A와 D가 위치한 도시를 바르게 나열한 것은?

<표> 공장별 실제 가동시간 및 가능 가동시간

(단위: 시간)

구분 \ 공장	A	B	C	D
실제 가동시간	300	150	250	300
가능 가동시간	400	200	300	500

※ 실가동률(%) = $\frac{\text{실제 가동시간}}{\text{가능 가동시간}} \times 100$

<정 보>

○ 광주와 인천 공장의 가능 가동시간 합은 서울과 부산 공장의 가능 가동시간 합보다 크다.
○ 부산과 광주 공장의 실제 가동시간 합은 서울과 인천 공장의 실제 가동시간 합보다 작다.
○ 서울과 부산 공장의 실가동률은 같다.
○ 인천 공장의 가능 가동시간이 가장 길다.

	A가 위치한 도시	D가 위치한 도시
①	서울	부산
②	서울	인천
③	부산	인천
④	부산	광주
⑤	광주	인천

2. 다음 <표>는 4개 안건(A~D)에 대한 심사위원(갑, 을, 병)의 선호를 나타낸 자료이다. 이 안건들 중 서로 다른 두 안건을 임의로 상정하고 위 3명의 심사위원이 한 표씩 투표하여 다수결 원칙에 따라 하나의 안건을 채택한다고 할 때, <보기>의 설명 중 옳은 것만을 모두 고르면?

<표> 4개 안건에 대한 심사위원의 선호

선호순위 \ 심사위원	갑	을	병
1순위	C	A	B
2순위	B	B	C
3순위	D	C	A
4순위	A	D	D

※ 각 심사위원은 상정된 두 안건 중 자신의 선호순위가 더 높은 안건에 반드시 투표함.

<보 기>

ㄱ. A 안건과 C 안건이 상정되면 C 안건이 채택된다.
ㄴ. B 안건은 어떠한 다른 안건과 함께 상정되어도 항상 채택된다.
ㄷ. C 안건이 상정되어 채택되는 경우는 모두 3가지이다.
ㄹ. D 안건은 어떠한 다른 안건과 함께 상정되어도 항상 채택되지 못한다.

① ㄱ, ㄴ ② ㄱ, ㄷ ③ ㄴ, ㄹ
④ ㄱ, ㄴ, ㄹ ⑤ ㄴ, ㄷ, ㄹ

3. 다음 <표>는 A지역 유치원 유형별 교지면적과 교사면적에 대한 자료이다. 이에 대한 설명으로 옳지 않은 것은?

<표> A지역 유치원 유형별 교지면적과 교사면적

(단위: m^2)

구분 \ 유치원 유형		국립	공립	사립
교지면적	유치원당	255.0	170.8	1,478.4
	원아 1인당	3.4	6.1	13.2
교사면적	유치원당	562.5	81.2	806.4
	원아 1인당	7.5	2.9	7.2

① 원아 1인당 교지면적은 사립이 공립의 2배 이상이다.
② 유치원당 교사면적이 가장 큰 유형부터 순서대로 나열하면 사립, 국립, 공립 순이다.
③ 유치원당 교지면적이 유치원당 교사면적보다 작은 유치원 유형은 국립뿐이다.
④ 유치원당 교지면적은 사립이 국립의 5.5배 이상이고 유치원당 교사면적은 사립이 국립의 1.4배 이상이다.
⑤ 유치원당 교지면적과 원아 1인당 교사면적은 국립이 사립보다 모두 작다.

4. 다음 <표>는 농산물 도매시장의 품목별 조사단위당 가격에 대한 자료이다. 이를 이용하여 작성한 그래프로 옳지 않은 것은?

<표> 품목별 조사단위당 가격

(단위: kg, 원)

구분	품목	조사단위	조사단위당 가격		
			금일	전일	전년 평균
곡물	쌀	20	52,500	52,500	47,500
	찹쌀	60	180,000	180,000	250,000
	검정쌀	30	120,000	120,000	106,500
	콩	60	624,000	624,000	660,000
	참깨	30	129,000	129,000	127,500
채소	오이	10	23,600	24,400	20,800
	부추	10	68,100	65,500	41,900
	토마토	10	34,100	33,100	20,800
	배추	10	9,500	9,200	6,200
	무	15	8,500	8,500	6,500
	고추	10	43,300	44,800	31,300

① 쌀, 찹쌀, 검정쌀의 조사단위당 가격

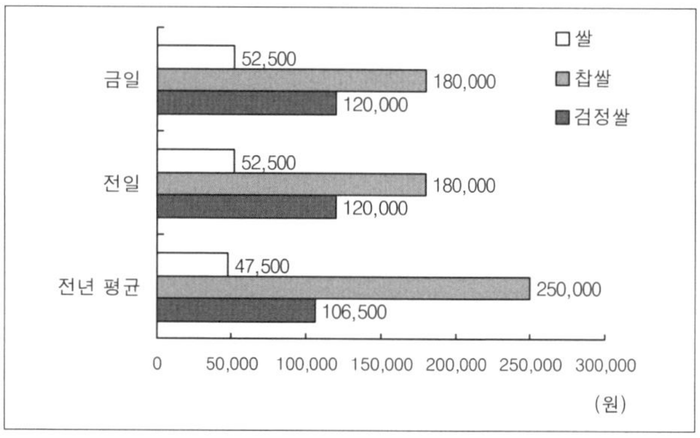

② 채소의 조사단위당 전일가격 대비 금일가격 등락액

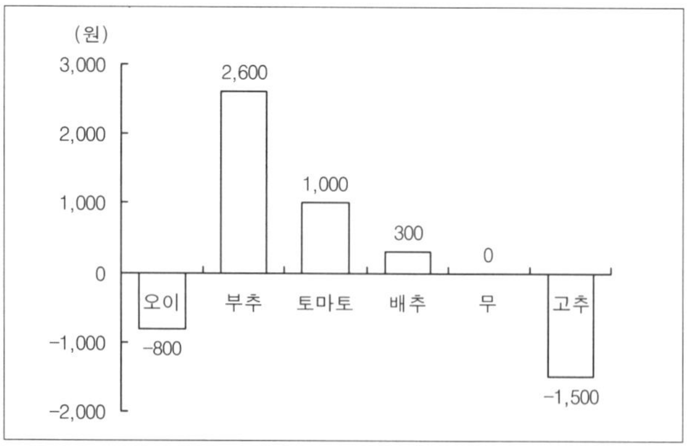

③ 채소 1kg당 금일가격

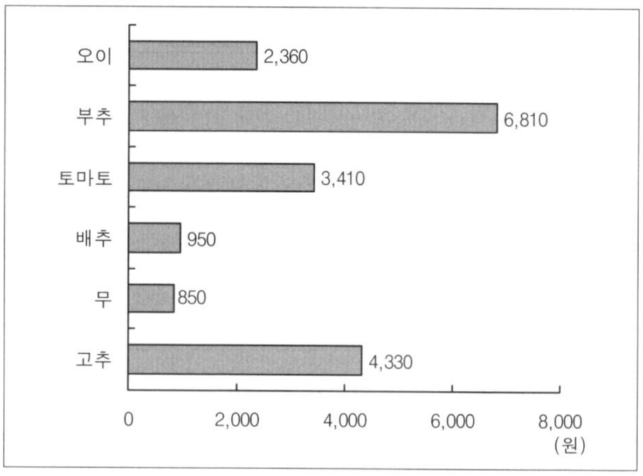

④ 곡물 1kg당 금일가격

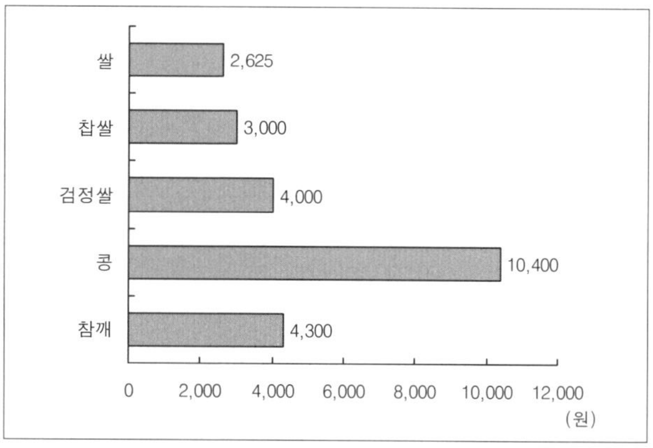

⑤ 채소의 조사단위당 전년 평균가격 대비 금일가격 비율

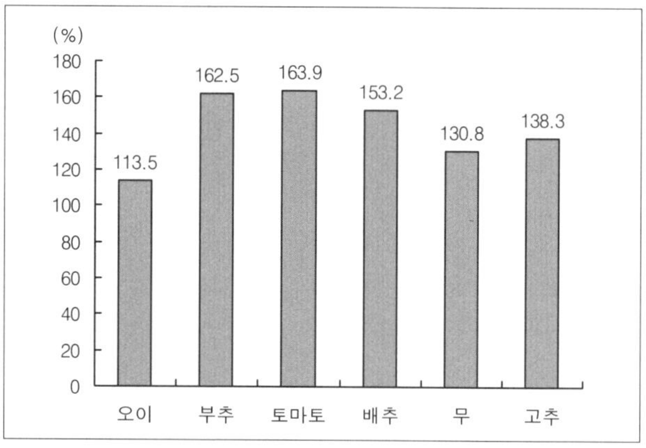

5. 다음 <표>는 어느 해 전국 농경지(논과 밭)의 가뭄 피해 현황에 대한 자료이다. 이에 대한 <보기>의 설명 중 옳은 것만을 모두 고르면?

<표 1> 지역별 논 가뭄 피해 현황

(단위: ha)

지역	재배면적	피해면적	피해 발생기간
충북	65,812	1,794	7.26.~7.31.
충남	171,409	106	7.15.~7.31.
전북	163,914	52,399	7.15.~8.9.
전남	221,202	59,953	7.11.~8.9.
경북	157,213	5,071	7.13.~7.31.
경남	130,007	25,235	7.12.~8.9.
대구	1,901	106	7.25.~7.26.
광주	10,016	3,226	7.18.~7.31.
기타	223,621	0	-
전체	1,145,095	147,890	7.11.~8.9.

<표 2> 지역별 밭 가뭄 피해 현황

(단위: ha)

지역	재배면적	피해면적	피해 발생기간
전북	65,065	6,212	7.19.~7.31.
전남	162,924	33,787	7.19.~7.31.
경북	152,137	16,702	7.19.~7.31.
경남	72,686	6,756	7.12.~7.31.
제주	65,294	8,723	7.20.~7.31.
대구	4,198	42	7.25.~7.26.
광주	5,315	5	7.24.~7.31.
기타	347,316	0	-
전체	874,935	72,227	7.12.~7.31.

<보 기>

ㄱ. 논 가뭄 피해면적이 가장 큰 지역은 밭 가뭄 피해면적도 가장 크다.

ㄴ. 논 가뭄 피해 발생기간이 가장 긴 지역과 밭 가뭄 피해 발생기간이 가장 긴 지역은 같다.

ㄷ. 전체 논 재배면적 대비 전체 논 가뭄 피해면적 비율은 15% 이하이다.

ㄹ. 밭 재배면적 대비 밭 가뭄 피해면적 비율은 경북이 경남보다 크다.

① ㄱ, ㄴ
② ㄱ, ㄷ
③ ㄴ, ㄹ
④ ㄱ, ㄷ, ㄹ
⑤ ㄴ, ㄷ, ㄹ

6. 다음 <그림>과 같이 3개의 항아리가 있다. 이를 이용하여 아래 <조건>을 만족시키면서 <수행순서>의 모든 단계를 완료한 후, '10L 항아리'에 남아 있는 물의 양을 구하면?

<그 림>

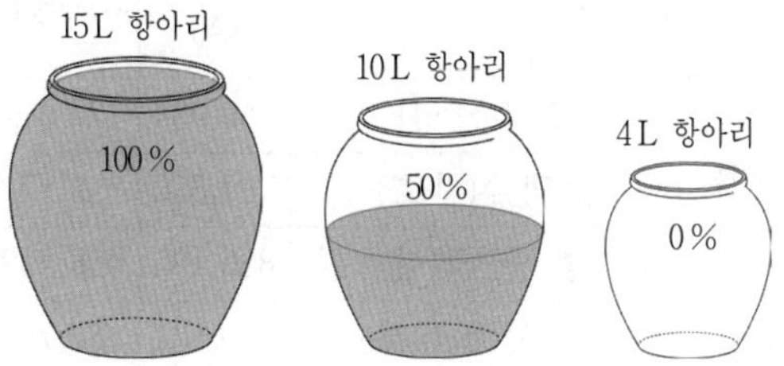

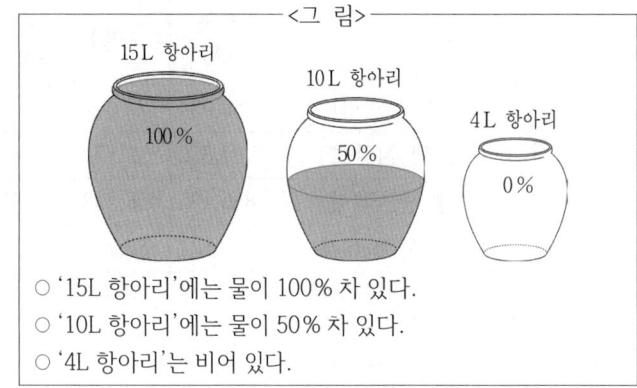

○ '15L 항아리'에는 물이 100% 차 있다.
○ '10L 항아리'에는 물이 50% 차 있다.
○ '4L 항아리'는 비어 있다.

<조 건>

○ 한 항아리에서 다른 항아리로 물을 부을 때, 주는 항아리가 완전히 비거나 받는 항아리가 가득 찰 때까지 물을 붓는다.
○ <수행순서> 각 단계에서 물의 손실은 없다.

<수행순서>

1단계: '15L 항아리'의 물을 '4L 항아리'에 붓는다.
2단계: '15L 항아리'의 물을 '10L 항아리'에 붓는다.
3단계: '4L 항아리'의 물을 '15L 항아리'에 붓는다.
4단계: '10L 항아리'의 물을 '4L 항아리'에 붓는다.
5단계: '4L 항아리'의 물을 '15L 항아리'에 붓는다.
6단계: '10L 항아리'의 물을 '15L 항아리'에 붓는다.

① 4L
② 5L
③ 6L
④ 7L
⑤ 8L

7. 다음 <표>는 2013년 '갑'국의 수도권 집중 현황에 관한 자료이다. <보고서>의 내용 중 <표>의 자료에서 도출할 수 있는 것은?

<표> 수도권 집중 현황

구분		전국(A)	수도권(B)	$\frac{B}{A}\times 100$ (%)
인구 및 주택	인구(천 명)	50,034	24,472	48.9
	주택 수(천 호)	17,672	8,173	46.2
산업	지역 총 생산액(십억 원)	856,192	408,592	47.7
	제조업체 수(개)	119,181	67,799	56.9
	서비스업체 수(개)	765,817	370,015	48.3
금융	금융예금액(십억 원)	592,721	407,361	68.7
	금융대출액(십억 원)	699,430	469,374	67.1
기능	4년제 대학 수(개)	175	68	38.9
	공공기관 수(개)	409	345	84.4
	의료기관 수(개)	54,728	26,999	49.3

<보고서>

○ 전국 대비 수도권 인구 비중은 48.9%이다. ㉠수도권 인구밀도는 전국 인구밀도의 2배 이상이고, ㉡수도권 1인당 주택면적은 전국 1인당 주택면적보다 작다.

○ 산업측면에서 ㉢수도권 제조업과 서비스업 생산액이 전국 제조업과 서비스업 생산액에서 차지하는 비중은 각각 50% 이상이다.

○ 수도권 금융예금액은 전국 금융예금액의 65% 이상을 차지하고, ㉣수도권 1인당 금융대출액은 전국 1인당 금융대출액보다 많다.

○ 전국 대비 수도권의 의료기관 수 비중은 49.3%이고 공공기관 수 비중은 84.4%이다. ㉤4년제 대학 재학생 수는 수도권이 비수도권보다 적다.

① ㄱ
② ㄴ
③ ㄷ
④ ㄹ
⑤ ㅁ

8. 다음 <표>는 2006~2010년 '갑'국 연구개발비에 관한 자료이다. 이에 대한 설명으로 옳은 것은?

<표> 연도별 연구개발비

구분 \ 연도	2006	2007	2008	2009	2010
연구개발비(십억 원)	27,346	31,301	34,498	37,929	43,855
전년대비 증가율(%)	13.2	14.5	10.2	9.9	15.6
공공부담 비중(%)	24.3	26.1	26.8	28.7	28.0
인구 만 명당 연구개발비(백만 원)	5,662	6,460	7,097	7,781	8,452

※ 연구개발비 = 공공부담 연구개발비 + 민간부담 연구개발비

① 연구개발비의 공공부담 비중은 매년 증가하였다.
② 전년에 비해 인구 만 명당 연구개발비가 가장 많이 증가한 해는 2010년이다.
③ 2009년에 비해 2010년 '갑'국 인구는 증가하였다.
④ 전년대비 연구개발비 증가액이 가장 작은 해는 2009년이다.
⑤ 연구개발비의 전년대비 증가율이 가장 작은 해와 연구개발비의 민간부담 비중이 가장 큰 해는 같다.

9. 다음 <표>는 2001~2012년 '갑'국 식품산업 매출액 및 생산액 추이에 대한 자료이다. 이에 대한 <보기>의 설명 중 옳은 것만을 모두 고르면?

<표> '갑'국 식품산업 매출액 및 생산액 추이

(단위: 십억 원, %)

구분 / 연도	식품산업 매출액	식품산업 생산액	제조업 생산액 대비 식품산업 생산액 비중	GDP 대비 식품산업 생산액 비중
2001	30,781	27,685	17.98	4.25
2002	36,388	35,388	21.17	4.91
2003	23,909	21,046	11.96	2.74
2004	33,181	30,045	14.60	3.63
2005	33,335	29,579	13.84	3.42
2006	35,699	32,695	14.80	3.60
2007	37,366	33,148	13.89	3.40
2008	39,299	36,650	14.30	3.57
2009	44,441	40,408	15.16	3.79
2010	38,791	34,548	10.82	2.94
2011	44,448	40,318	11.58	3.26
2012	47,328	43,478	12.22	3.42

<보 기>

ㄱ. 2012년 제조업 생산액은 2001년 제조업 생산액의 4배 이상이다.

ㄴ. 2005년 이후 식품산업 매출액의 전년대비 증가율이 가장 큰 해는 2009년이다.

ㄷ. GDP 대비 제조업 생산액 비중은 2012년이 2007년보다 크다.

ㄹ. 2008년 '갑'국 GDP는 1,000조 원 이상이다.

① ㄱ, ㄴ
② ㄱ, ㄷ
③ ㄱ, ㄹ
④ ㄴ, ㄹ
⑤ ㄷ, ㄹ

10. 다음 <표>는 2013년 11월 7개 도시의 아파트 전세가격 지수 및 전세수급 동향 지수에 대한 자료이다. 이에 관한 <보기>의 설명 중 옳은 것만을 모두 고르면?

<표> 아파트 전세가격 지수 및 전세수급 동향 지수

지수 / 도시	면적별 전세가격 지수			전세수급 동향 지수
	소형	중형	대형	
서울	115.9	112.5	113.5	114.6
부산	103.9	105.6	102.2	115.4
대구	123.0	126.7	118.2	124.0
인천	117.1	119.8	117.4	127.4
광주	104.0	104.2	101.5	101.3
대전	111.5	107.8	108.1	112.3
울산	104.3	102.7	104.1	101.0

※ 1) 2013년 11월 전세가격 지수 = $\frac{\text{2013년 11월 평균 전세가격}}{\text{2012년 11월 평균 전세가격}} \times 100$

2) 전세수급 동향 지수는 각 지역 공인중개사에게 해당 도시의 아파트 전세공급 상황에 대해 부족·적당·충분 중 하나를 선택하여 응답하게 한 후, '부족'이라고 응답한 비율에서 '충분'이라고 응답한 비율을 빼고 100을 더한 값임.

예: '부족' 응답비율 30%, '충분' 응답비율 50%인 경우 전세수급 동향 지수는 (30 − 50) + 100 = 80

3) 아파트는 소형, 중형, 대형으로만 구분됨.

<보 기>

ㄱ. 2012년 11월에 비해 2013년 11월 7개 도시 모두에서 아파트 평균 전세가격이 상승하였다.

ㄴ. 중형 아파트의 2012년 11월 대비 2013년 11월 평균 전세가격 상승액이 가장 큰 도시는 대구이다.

ㄷ. 각 도시에서 아파트 전세공급 상황에 대해 '부족'이라고 응답한 공인중개사는 '충분'이라고 응답한 공인중개사보다 많다.

ㄹ. 광주의 공인중개사 중 60% 이상이 광주의 아파트 전세공급 상황에 대해 '부족'이라고 응답하였다.

① ㄱ, ㄴ
② ㄱ, ㄷ
③ ㄴ, ㄷ
④ ㄴ, ㄹ
⑤ ㄷ, ㄹ

11. 다음 <표>와 <정보>는 어느 상담센터에서 2013년에 실시한 상담가 유형별 가족상담건수에 관한 자료이다. 이에 근거할 때, 2013년 하반기 전문상담가에 의한 가족상담건수는?

<표> 2013년 상담가 유형별 가족상담건수

(단위: 건)

상담가 유형	가족상담건수
일반상담가	120
전문상담가	60

※ 가족상담은 일반상담가에 의한 가족상담과 전문상담가에 의한 가족상담으로만 구분됨.

<정 보>

○ 2013년 가족상담의 30%는 상반기에, 70%는 하반기에 실시되었다.
○ 2013년 일반상담가에 의한 가족상담의 40%는 상반기에, 60%는 하반기에 실시되었다.

① 38
② 40
③ 48
④ 54
⑤ 56

12. 다음 <표>는 '갑'국의 2008~2013년 연도별 산업 신기술검증 현황에 대한 자료이다. 이에 대한 설명으로 옳은 것은?

<표> 산업 신기술검증 연간건수 및 연간비용

(단위: 건, 천만 원)

구분 \ 연도		2008	2009	2010	2011	2012	2013
서류검증	건수	755	691	( )	767	725	812
	비용	54	( )	57	41	102	68
현장검증	건수	576	650	630	691	( )	760
	비용	824	1,074	1,091	( )	2,546	1,609
전체	건수	1,331	1,341	1,395	1,458	1,577	1,572
	비용	878	1,134	1,148	1,745	2,648	( )

※ 신기술검증은 서류검증과 현장검증으로만 구분됨.

① 산업 신기술검증 전체비용은 매년 증가하였다.
② 서류검증 건수는 매년 현장검증 건수보다 많다.
③ 서류검증 건당 비용은 2008년에 가장 크다.
④ 전년에 비해 현장검증 비용이 감소한 연도는 2개이다.
⑤ 전년에 비해 현장검증 건수가 감소한 해에는 전년에 비해 서류검증 건수가 증가하였다.

13. 다음 <표>는 지난 1개월간 패밀리레스토랑 방문경험이 있는 20~35세 여성 113명을 대상으로 연령대별 방문횟수와 직업을 조사한 자료이다. 이에 대한 설명으로 옳은 것은?

<표 1> 응답자의 연령대별 방문횟수 조사결과

(단위: 명)

방문횟수 \ 연령대	20~25세	26~30세	31~35세	합
1회	19	12	3	34
2~3회	27	32	4	63
4~5회	6	5	2	13
6회 이상	1	2	0	3
계	53	51	9	113

<표 2> 응답자의 직업 조사결과

(단위: 명)

직업	응답자
학생	49
회사원	43
공무원	2
전문직	7
자영업	9
가정주부	3
계	113

※ 복수응답과 무응답은 없음.

① 전체 응답자 중 20~25세 응답자가 차지하는 비율은 50% 이상이다.
② 26~30세 응답자 중 4회 이상 방문한 응답자 비율은 15% 미만이다.
③ 31~35세 응답자의 1인당 평균 방문횟수는 2회 미만이다.
④ 전체 응답자 중 직업이 학생 또는 공무원인 응답자 비율은 50% 이상이다.
⑤ 전체 응답자 중 20~25세인 전문직 응답자 비율은 5% 미만이다.

14. 다음 <그림>은 2013년 전국 지역별, 월별 영상회의 개최실적에 관한 자료이다. 이에 대한 설명으로 옳지 않은 것은?

<그림 1> 전국 지역별 영상회의 개최건수

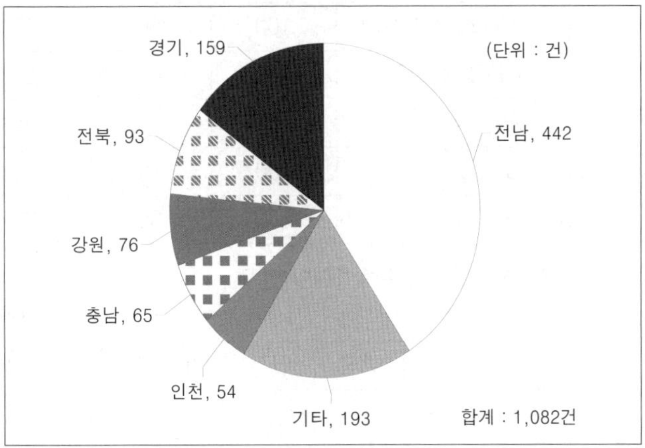

<그림 2> 전국 월별 영상회의 개최건수

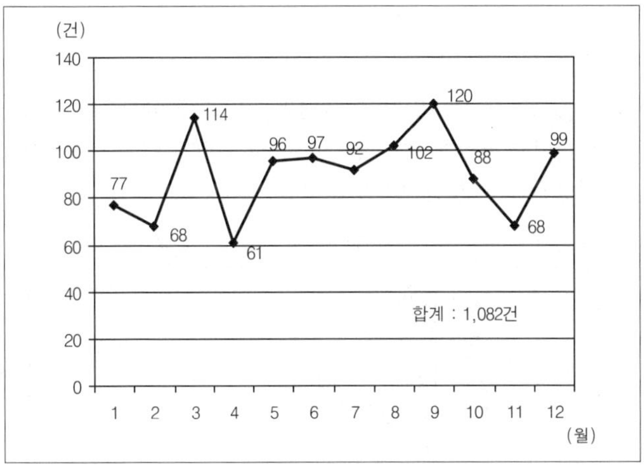

① 전국 월별 영상회의 개최건수의 전월대비 증가율은 5월이 가장 높다.
② 전국 월별 영상회의 개최건수를 분기별로 비교하면 3/4분기에 가장 많다.
③ 영상회의 개최건수가 가장 많은 지역은 전남이다.
④ 인천과 충남이 모든 영상회의를 9월에 개최했다면 9월에 영상회의를 개최한 지역은 모두 3개이다.
⑤ 강원, 전북, 전남의 영상회의 개최건수의 합은 전국 영상회의 개최건수의 50% 이상이다.

15. 다음 <그림>과 <표>는 전산장비(A~F) 연간유지비와 전산장비 가격 대비 연간유지비 비율을 나타낸 자료이다. 이에 대한 설명으로 옳은 것은?

<그림> 전산장비 연간유지비

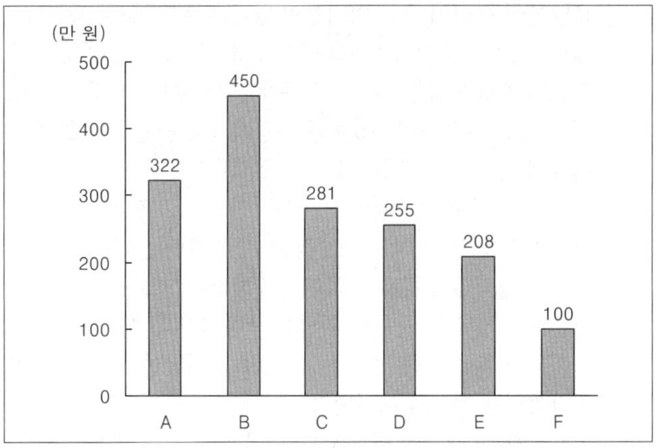

<표> 전산장비 가격 대비 연간유지비 비율

(단위: %)

전산장비	A	B	C	D	E	F
비율	8.0	7.5	7.0	5.0	4.0	3.0

① B의 연간유지비가 D의 연간유지비의 2배 이상이다.
② 가격이 가장 높은 전산장비는 A이다.
③ 가격이 가장 낮은 전산장비는 F이다.
④ C의 가격은 E의 가격보다 높다.
⑤ A를 제외한 전산장비는 가격이 높을수록 연간유지비도 더 높다.

16. 다음 <보고서>는 자동차 오염물질 및 배출가스 관리여건에 관한 것이다. <보고서>를 작성하는 데 활용되지 않은 자료는?

<보고서>

우리나라는 국토면적에 비해 자동차 수가 많아 자동차 배기오염물질 관리에 많은 어려움이 있다. 국내 자동차 등록대수는 매년 꾸준히 증가하여 2008년 1,732만 대를 넘어섰다. 운송수단별 수송분담률에서도 자동차가 차지하는 비중은 2008년 75% 이상이다. 한편 2008년 자동차 1대당 인구는 2.9명으로 미국에 비해 2배 이상이다.

국내 자동차 등록현황을 사용 연료별로 살펴보면 휘발유 차량이 가장 많고 다음으로 경유, LPG 차량 순이다. 최근 국내 휘발유 가격대비 경유 가격이 상승하였다. 그 여파로 국내에서 경유 차량의 신규 등록이 휘발유 차량에 비해 줄어드는 추세를 보이고 있다. 이런 추세는 OECD 선진국에서 경유 차량이 일반화되는 현상과 대비된다.

자동차 등록대수의 빠른 증가는 대기오염은 물론이고 지구온난화를 야기하는 자동차 배기가스 배출량에 큰 영향을 미치고 있다. 2007년 기준으로 국내 대기오염물질 배출량 중 자동차 배기가스가 차지하는 비중은 일산화탄소(CO) 67.5%, 질소산화물(NO_x) 41.7%, 미세먼지(PM_{10}) 23.5%이다. 특히 질소산화물은 태양광선에 의해 광화학반응을 일으켜 오존을 발생시키고 호흡기질환 등을 유발하므로 이에 대한 저감 대책이 필요하다.

① 연도별 국내 자동차 등록현황

(단위: 천 대)

연도	2002	2003	2004	2005	2006	2007	2008
등록대수	14,586	14,934	15,397	15,895	16,428	16,794	17,325

② 2007년 국내 주요 대기오염물질 배출량

(단위: 천 톤/년)

구분	배출량	자동차 배기가스 (비중)
일산화탄소(CO)	809	546(67.5%)
질소산화물(NO_x)	1,188	495(41.7%)
이산화황(SO_2)	403	1(0.2%)
미세먼지(PM_{10})	98	23(23.5%)
휘발성유기화합물(VOCs)	875	95(10.9%)
암모니아(NH_3)	309	10(3.2%)
계	3,682	1,170(31.8%)

③ 2008년 국내 운송수단별 수송분담률

(단위: 백만 명, %)

구분	자동차	지하철	철도	항공	해운	합
수송인구	9,798	2,142	1,020	16	14	12,990
수송분담률	75.4	16.5	7.9	0.1	0.1	100.0

④ 2008년 OECD 국가의 자동차 연료별 상대가격

(휘발유 기준)

구분	휘발유	경유	LPG
OECD 회원국 전체	100	86	45
OECD 선진국	100	85	42
OECD 비선진국	100	87	54
OECD 산유국	100	86	50
OECD 비산유국	100	85	31

⑤ 2008년 국가별 자동차 1대당 인구

(단위: 명)

국가	한국	일본	미국	독일	프랑스
자동차 1대당 인구	2.9	1.7	1.2	1.9	1.7

17. 다음 <그림>은 2011년과 2012년 A 대학 학생들의 10개 소셜미디어 이용률에 관한 설문조사 자료이다. 이에 대한 <보기>의 설명 중 옳은 것만을 모두 고르면?

<그림> 소셜미디어 이용률

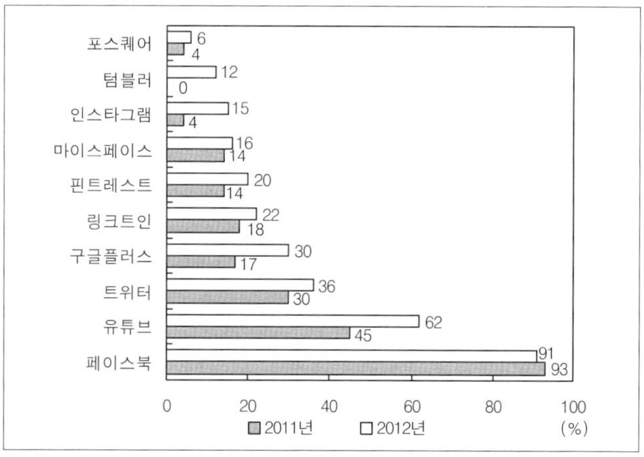

※ 1) 제시된 소셜미디어 외 다른 소셜미디어는 없는 것으로 가정함.
2) 각 소셜미디어 이용률은 전체 응답자 중 해당 소셜미디어를 이용한다고 응답한 학생의 비율임.

<보 기>

ㄱ. 2011년과 2012년 모두 이용률이 가장 높은 소셜미디어는 페이스북이다.
ㄴ. 2012년 소셜미디어 이용률 상위 5개 순위는 2011년과 다르다.
ㄷ. 2011년에 비해 2012년 이용률이 가장 큰 폭으로 증가한 소셜미디어는 구글플러스이다.
ㄹ. 2011년에 비해 2012년 이용률이 감소한 소셜미디어는 1개이다.
ㅁ. 2011년 이용률이 50% 이상인 소셜미디어는 유튜브와 페이스북이다.

① ㄱ, ㄴ, ㄹ ② ㄱ, ㄴ, ㅁ ③ ㄱ, ㄷ, ㄹ
④ ㄴ, ㄷ, ㅁ ⑤ ㄷ, ㄹ, ㅁ

18. 다음 <표>는 2013년 수도권 3개 지역의 지역 간 화물 유동량에 대한 자료이다. 이를 이용하여 작성한 그림으로 옳지 않은 것은?

<표> 2013년 수도권 3개 지역 간 화물 유동량

(단위: 백만 톤)

출발 지역 \ 도착 지역	서울	인천	경기	합
서울	59.6	8.5	0.6	68.7
인천	30.3	55.3	0.7	86.3
경기	78.4	23.0	3.2	104.6
계	168.3	86.8	4.5	-

※ 수도권 외부와의 화물 이동은 고려하지 않음.

① 수도권 출발 지역별 경기 도착 화물 유동량

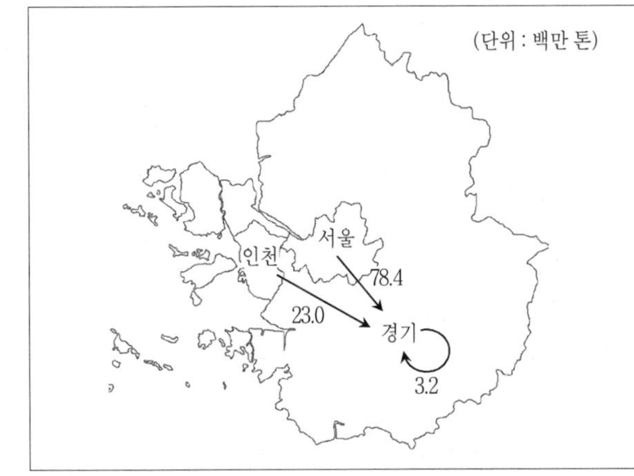

② 수도권 3개 지역별 도착 화물 유동량

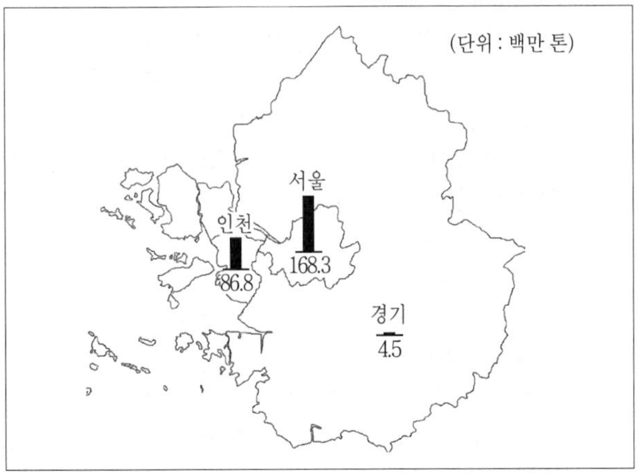

③ 수도권 3개 지역의 상호 간 화물 유동량

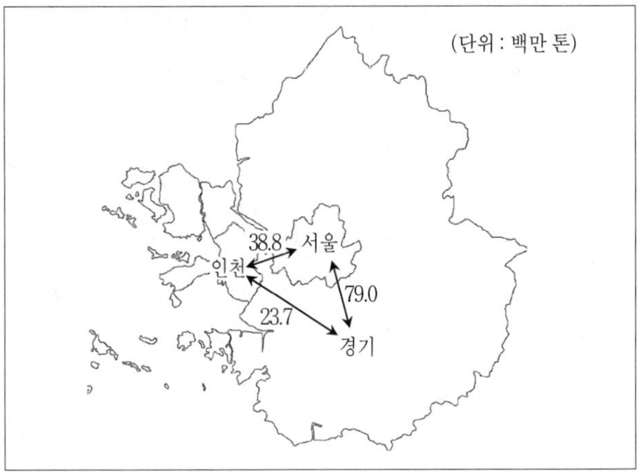

※ '상호 간 화물 유동량'은 두 지역 간 출발 화물 유동량과 도착 화물 유동량의 합임.

④ 수도권 3개 지역별 출발 화물 유동량

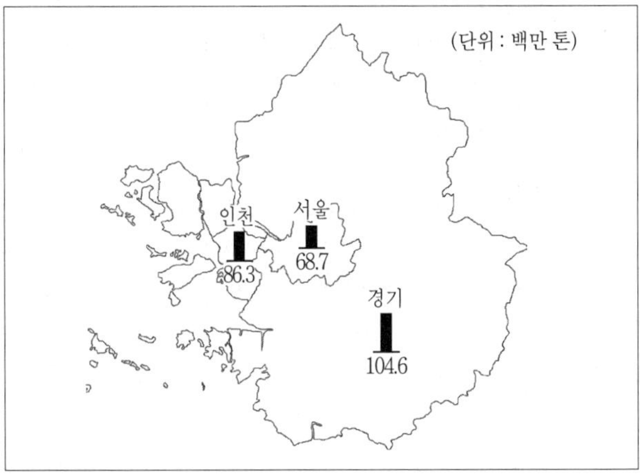

⑤ 인천 도착 화물 유동량의 수도권 출발 지역별 비중

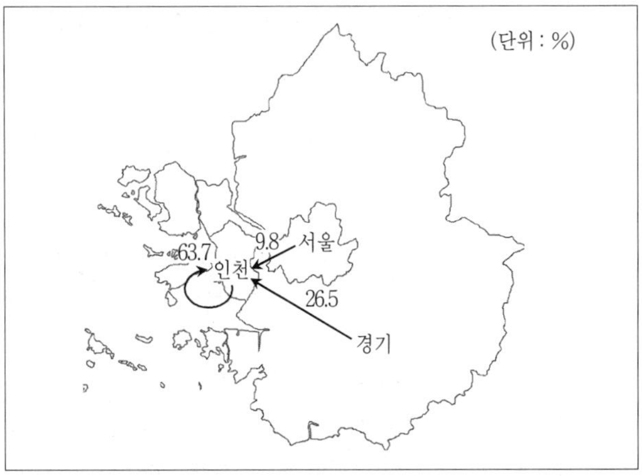

19. 다음 <표>는 11개 전통 건축물에 대해 조사한 자료이다. 이에 대한 <보고서>의 설명 중 옳은 것만을 모두 고르면?

<표> 11개 전통 건축물의 공포양식과 주요 구조물 치수

(단위: 척)

명칭	현 소재지	공포 양식	기둥 지름	처마 서까래 지름	부연	
					폭	높이
숭례문	서울	다포	1.80	0.60	0.40	0.50
관덕정	제주	익공	1.50	0.50	0.25	0.30
봉정사 화엄강당	경북	주심포	1.50	0.55	0.40	0.50
문묘 대성전	서울	다포	1.75	0.55	0.35	0.45
창덕궁 인정전	서울	다포	2.00	0.70	0.40	0.60
남원 광한루	전북	익공	1.40	0.60	0.55	0.55
화엄사 각황전	전남	다포	1.82	0.70	0.50	0.60
창의문	서울	익공	1.40	0.50	0.30	0.40
장곡사 상대웅전	충남	주심포	1.60	0.60	0.40	0.60
무량사 극락전	충남	다포	2.20	0.80	0.35	0.50
덕수궁 중화전	서울	다포	1.70	0.70	0.40	0.50

<보고서>

문화재연구소는 11개 전통 건축물의 공포양식과 기둥 지름, 처마서까래 지름, 그리고 부연의 치수를 조사하였다. 건축물 유형은 궁궐, 사찰, 성문, 누각 등으로 구분된다.

㉠11개 전통 건축물을 공포양식별로 구분하면 다포양식 6개, 주심포양식 2개, 익공양식 3개이다. 건축물의 현 소재지는 서울이 5곳으로 가장 많다.

㉡11개 전통 건축물의 기둥 지름은 최소 1.40척, 최대 2.00척이고, 처마서까래 지름은 최소 0.50척, 최대 0.80척이다. 각 건축물의 기둥 지름 대비 처마서까래 지름 비율은 0.30보다 크고 0.50보다 작다.

㉢11개 전통 건축물의 부연은 폭이 최소 0.25척, 최대 0.55척이고 높이는 최소 0.30척, 최대 0.60척으로, 모든 건축물의 부연은 높이가 폭보다 크다. ㉣기둥 지름 대비 부연 폭의 비율은 0.15보다 크고 0.40보다 작다.

① ㄱ, ㄴ
② ㄱ, ㄹ
③ ㄴ, ㄷ
④ ㄱ, ㄷ, ㄹ
⑤ ㄴ, ㄷ, ㄹ

20. 다음 <표>는 대학 졸업생과 산업체 고용주를 대상으로 12개 학습성과 항목별 보유도와 중요도를 설문조사한 자료이다. 이에 대한 설명으로 옳지 않은 것은?

<표> 학습성과 항목별 보유도 및 중요도 설문결과

학습성과 항목	대학 졸업생		산업체 고용주	
	보유도	중요도	보유도	중요도
기본지식	3.7	3.7	4.1	4.2
실험능력	3.7	4.1	3.7	4.0
설계능력	3.2	3.9	3.5	4.0
문제해결능력	3.3	3.0	3.3	3.8
실무능력	3.6	3.9	4.1	4.0
협업능력	3.3	3.9	3.7	4.0
의사전달능력	3.3	3.9	3.8	3.8
평생교육능력	3.5	3.4	3.3	3.3
사회적 영향	3.1	3.6	3.2	3.3
시사지식	2.6	3.1	3.0	2.5
직업윤리	3.1	3.3	4.0	4.1
국제적 감각	2.8	3.7	2.8	4.0

※ 1) 보유도는 대학 졸업생과 산업체 고용주가 각 학습성과 항목에 대해 대학 졸업생이 보유하고 있다고 생각하는 정도를 조사하여 평균한 값임.
2) 중요도는 대학 졸업생과 산업체 고용주가 각 학습성과 항목에 대해 중요하다고 생각하는 정도를 조사하여 평균한 값임.
3) 값이 클수록 보유도와 중요도가 높음.

① 대학 졸업생의 보유도와 중요도 간의 차이가 가장 큰 학습성과 항목과 산업체 고용주의 보유도와 중요도 간의 차이가 가장 큰 학습성과 항목은 모두 '국제적 감각'이다.
② 대학 졸업생 설문결과에서 중요도가 가장 높은 학습성과 항목은 '실험능력'이다.
③ 산업체 고용주 설문결과에서 중요도가 가장 높은 학습성과 항목은 '기본지식'이다.
④ 대학 졸업생 설문결과에서 보유도가 가장 낮은 학습성과 항목은 '시사지식'이다.
⑤ 학습성과 항목 각각에 대해 대학 졸업생 보유도와 산업체 고용주 보유도 차이를 구하면, 그 값이 가장 큰 학습성과 항목은 '실무능력'이다.

21. 다음 <표>와 <그림>은 묘목(A~E)의 건강성을 평가하기 위한 자료이다. 아래의 <평가방법>에 따라 묘목의 건강성 평가점수를 계산할 때, 평가점수가 두 번째로 높은 묘목과 가장 낮은 묘목을 바르게 나열한 것은?

<표> 묘목의 활착률과 병해충 감염여부

구분 \ 묘목	A	B	C	D	E
활착률	0.7	0.7	0.7	0.9	0.8
병해충 감염여부	감염	비감염	비감염	감염	비감염

<그림> 묘목의 줄기길이와 뿌리길이

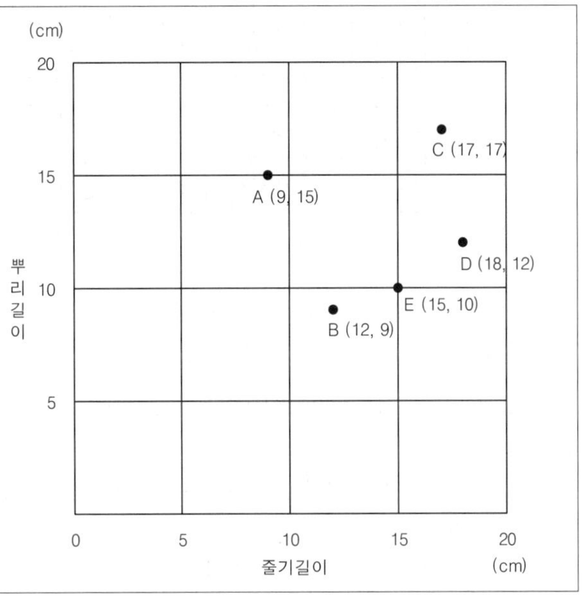

※ (,) 안의 수치는 각각 해당묘목의 줄기길이, 뿌리길이를 의미함.

<평가방법>

○ 묘목의 건강성 평가점수

$$= 활착률 \times 30 + \frac{뿌리길이}{줄기길이} \times 30 + 병해충\ 감염여부 \times 40$$

○ '병해충 감염여부'는 '감염'이면 0, '비감염'이면 1을 부여함.

	두 번째로 높은 묘목	가장 낮은 묘목
①	B	A
②	C	A
③	C	D
④	E	A
⑤	E	D

22. 다음 <표>는 3개 기업(A~C)의 반기별 수익률에 관한 자료이다. 다음 <조건>을 근거로 하여 △와 □에 해당하는 숫자를 바르게 나열한 것은?

<표> 기업의 반기별 수익률

(단위: %)

기업 \ 기간	상반기	하반기
A	☆△□	☆○△
B	□☆○	□△☆
C	○□☆	○△☆

<조 건>

○ 각 기호는 서로 다른 한 자리 자연수를 나타낸다.
○ 수익률 중 가장 높은 값은 532이다.
○ A의 수익률은 상반기보다 하반기에 높다.
○ B의 수익률은 하반기보다 상반기에 높다.
○ C의 수익률은 상반기보다 하반기에 높다.

	△	□
①	1	2
②	2	1
③	2	3
④	3	1
⑤	3	2

23. 다음 <표>는 '갑'국의 2013년 11월 군인 소속별 1인당 월지급액에 대한 자료이다. 이에 대한 설명으로 옳지 않은 것은?

<표> 2013년 11월 군인 소속별 1인당 월지급액

(단위: 원, %)

구분 \ 소속	육군	해군	공군	해병대
1인당 월지급액	105,000	120,000	125,000	100,000
군인수 비중	30	20	30	20

※ 1) '갑'국 군인의 소속은 육군, 해군, 공군, 해병대로만 구분됨.
2) 2013년 11월, 12월 '갑'국의 소속별 군인수는 변동 없음.

① 2013년 12월에 1인당 월지급액이 모두 동일한 액수만큼 증가한다면, 전월대비 1인당 월지급액 증가율은 해병대가 가장 높다.
② 2013년 12월에 1인당 월지급액이 해군 10%, 해병대 12% 증가한다면, 해군의 전월대비 월지급액 증가분은 해병대의 전월대비 월지급액 증가분과 같다.
③ 2013년 11월 '갑'국 전체 군인의 1인당 월지급액은 115,000원이다.
④ 2013년 11월 육군, 해군, 공군의 월지급액을 모두 합하면 해병대 월지급액의 4배 이상이다.
⑤ 2013년 11월 공군과 해병대의 월지급액 차이는 육군과 해군의 월지급액 차이의 2배 이상이다.

24. 다음 <표>는 농산물을 유전자 변형한 GMO 품목 가운데 전세계에서 승인받은 200개 품목의 현황에 관한 자료이다. 이에 대한 설명으로 옳은 것은?

<표> 승인받은 GMO 품목 현황

(단위: 개)

구분	승인 국가 수	전세계 승인 품목			국내 승인 품목		
		합	A유형	B유형	합	A유형	B유형
콩	21	20	18	2	11	9	2
옥수수	22	72	32	40	51	19	32
면화	14	35	25	10	18	9	9
유채	11	22	19	3	6	6	0
사탕무	13	3	3	0	1	1	0
감자	8	21	21	0	4	4	0
알팔파	8	3	3	0	1	1	0
쌀	10	4	4	0	0	0	0
아마	2	1	1	0	0	0	0
자두	1	1	1	0	0	0	0
치커리	1	3	3	0	0	0	0
토마토	4	11	11	0	0	0	0
파파야	3	2	2	0	0	0	0
호박	2	2	2	0	0	0	0

※ 전세계 승인 품목은 국내 승인 품목을 포함함.

① 승인 품목이 하나 이상인 국가는 모두 120개이다.
② 국내에서 92개, 국외에서 108개 품목이 각각 승인되었다.
③ 전세계 승인 품목 중 국내에서 승인되지 않은 품목의 비율은 50% 이상이다.
④ 옥수수, 면화의 국내 승인 품목은 각각 B유형이 A유형보다 많다.
⑤ 옥수수, 면화, 감자의 전세계 승인 품목은 각각 B유형이 20개 이상이다.

25. 다음 <그림>은 2012~2013년 16개 기업(A~P)의 평균연봉 순위와 평균연봉비에 관한 자료이다. 이에 대한 <보기>의 설명 중 옳은 것만을 모두 고르면?

<그림> 16개 기업 평균연봉 순위와 평균연봉비

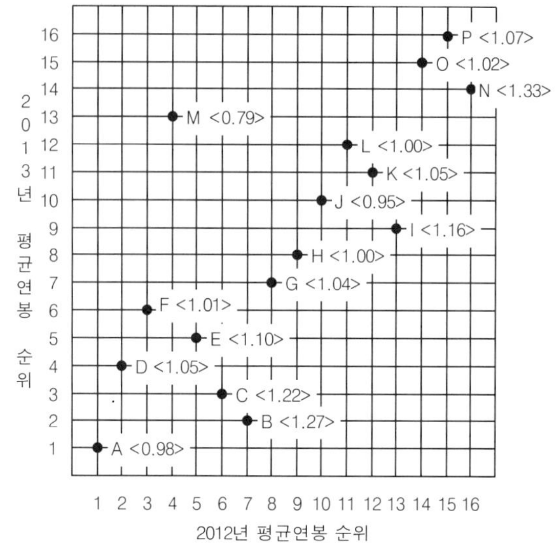

※ 1) < > 안의 수치는 해당기업의 평균연봉비를 나타냄.

$$\text{평균연봉비} = \frac{\text{2013년 평균연봉}}{\text{2012년 평균연봉}}$$

2) 점의 좌표는 해당기업의 2012년과 2013년 평균연봉 순위를 의미함.

<보 기>

ㄱ. 2012년에 비해 2013년 평균연봉 순위가 상승한 기업은 7개이다.
ㄴ. 2012년 대비 2013년 평균연봉 순위 하락폭이 가장 큰 기업은 평균연봉 감소율도 가장 크다.
ㄷ. 2012년 대비 2013년 평균연봉 순위 상승폭이 가장 큰 기업은 평균연봉 증가율도 가장 크다.
ㄹ. 2012년에 비해 2013년 평균연봉이 감소한 기업은 모두 평균연봉 순위도 하락하였다.
ㅁ. 2012년 평균연봉 순위 10위 이내 기업은 모두 2013년에도 10위 이내에 있다.

① ㄱ, ㄴ
② ㄱ, ㄷ
③ ㄱ, ㄴ, ㅁ
④ ㄴ, ㄷ, ㄹ
⑤ ㄷ, ㄹ, ㅁ

약점 보완 해설집 p.259

해커스 **민간경력자** PSAT 15개년 기출문제집

2013년 기출문제

언어논리

상황판단

자료해석

문제 풀이 시작과 종료 시각을 정하세요.

· 언어논리/상황판단 (120분) ________시 ________분 ~ ________시 ________분

· 자료해석 (60분) ________시 ________분 ~ ________시 ________분

* 교재 뒤에 수록되어 있는 OCR 답안지와 해커스ONE 애플리케이션의 모바일 타이머를 이용하여 실전처럼 모의고사를 풀어보세요.
* 기출문제 풀이 후, 약점 보완 해설집에 있는 '바로 채점 및 성적 분석 서비스' QR코드를 스캔하여 응시 인원 대비 본인의 성적 위치를 확인할 수 있습니다.

언어논리영역

1. 다음 글의 내용과 부합하는 것은?

> 중세 동아시아 의학의 특징은 강력한 중앙권력의 주도 아래 통치수단의 방편으로서 활용되었다는 점이다. 권력자들은 최상의 의료 인력과 물자를 독점적으로 소유함으로써 의료를 충성에 대한 반대급부로 삼았다. 이러한 특징은 국가 간의 관계에서도 나타나 중국의 황제는 조공국에게 약재를 하사함으로써 위세와 권위를 과시했다. 고려의 국왕 또한 가부장적 이데올로기에 입각하여 의료를 신민 지배의 한 수단으로 삼았다. 국왕은 일년 중 정해진 날에 종4품 이상의 신료에게 약재를 내렸는데, 이를 납약(臘藥)이라 하였다. 납약은 중세 국가에서 약재가 일종의 위세품(威勢品)으로 작용하였음을 잘 보여주는 사례이다.
>
> 역병이 유행하면 고려의 국왕은 이에 상응하는 약재를 분배하였다. 1018년 개경에 유행성 열병인 장역(瘴疫)이 유행하자 현종은 관의(官醫)에게 병에 걸린 문무백관의 치료를 명령하고 필요한 약재를 하사하였다. 하층 신민에 대해서는 혜민국과 구제도감 등 다양한 의료 기관을 설립하여 살피게 했다. 전염병이 유행하면 빈민들의 희생이 컸기에 소극적이나마 빈민을 위한 의료대책을 시행하지 않을 수 없었다. 1110년과 1348년 전염병이 유행하였을 때에는 개경 시내에 빈민의 주검이 많이 방치되어 있었고, 이는 전염병이 유행하게 되는 또 다른 요인이 되었다. 이들 빈민 환자를 한곳에 모아 관리해야 할 필요성에서 빈민의료가 시작되었다. 그러나 혜민국은 상설 기관이 아니라 전염병 유행과 같은 비상시에 주로 기능하는 임시 기관이었다. 애민(愛民) 정책 아래 만들어진 이들 기관의 실상은 치료보다는 통치를 위한 격리를 목적으로 하였다.

① 고려는 역병을 예방하기 위해 혜민국을 설치하였다.
② 고려 국왕은 병든 문무백관의 치료를 위해 납약을 하사하였다.
③ 가부장적 이데올로기는 고려시대 전염병의 발병률 감소에 기여하였다.
④ 중세 동아시아 의학은 상·하층 신민의 질병을 치료하기 위한 목적으로 발전하였다.
⑤ 중세 동아시아의 권력자는 의료 인력과 약재를 독점하여 신료의 충성을 유도하였다.

2. 다음 글의 내용과 부합하지 않는 것은?

> 컴퓨터 매체에 의존한 전자 심의가 민주정치의 발전을 가져올 수 있을까? 이 질문에 답하는 데 도움이 될 만한 실험들이 있었다. 한 실험에 따르면, 전자 심의에서는 시각적 커뮤니케이션이 없었지만 토론이 지루해지지 않았고 오히려 대면 심의에서는 드러나지 않았던 내밀한 내용들이 쉽게 표출되었다. 이것으로 미루어 보건대, 인터넷은 소극적이고 내성적인 사람들이 자신의 의견을 적극 표출하도록 만들 수 있다는 장점이 있다. 하지만 다른 실험은 대면 심의 집단이 질적 판단을 요하는 복합적 문제를 다루는 경우 전자 심의 집단보다 우월하다는 결과를 보여주었다.
>
> 이런 관점에서 보면 전자 심의는 소극적인 시민들의 생활에 숨어있는 다양한 의견들을 표출하기에 적합하며, 대면 심의는 책임감을 요하는 정치적 영역의 심의에 더 적합하다고 볼 수 있다. 정치적 영역의 심의는 복합적 성격의 쟁점, 도덕적 갈등 상황, 그리고 최종 판단의 타당성 여부가 불확실한 문제들과 깊이 관련되어 있기 때문이다. 어려운 정치적 결정일수록 참여자들 사이에 타협과 협상을 필요로 하는데, 그 타협은 일정 수준의 신뢰 등 '사회적 자본'이 확보되어 있을 때 용이해진다. 정치적 사안을 심의하려면 토론자들이 서로 간에 신뢰하고 있을 뿐 아니라 심의 결과에 대해 책임의식을 느끼고 있어야 하고, 이런 바탕 위에서만 이성적 심의나 분별력 있는 심의가 가능하다. 하지만 이것은 인터넷 공간에서는 확보되기 어려운 것으로 보인다.

① 인터넷을 통한 전자 심의는 내밀한 내용이 표출된다는 점에서 신뢰를 증진시킬 수 있다.
② 질적 판단을 요하는 복합적 문제를 다루는 데에는 대면 심의 집단이 우월한 경우가 있다.
③ 인터넷은 소극적이고 내성적인 사람들이 자신의 의견을 표출하도록 만들 수 있다는 장점이 있다.
④ 정치적 사안을 심의하려면 토론자들이 서로 신뢰하고 심의 결과에 대해 책임의식을 느껴야 한다.
⑤ 불확실성이 개입된 복합적 문제에 대한 정치적 결정에서는 참여자들 사이에 타협과 협상이 필요하다.

3. 다음 글에서 추론할 수 있는 것은?

> 원래 '문명'은 진보 사관을 지닌 18세기 프랑스 계몽주의자들이 착안한 개념으로, 무엇보다 야만성이나 미개성에 대비된 것이었다. 그러나 독일 낭만주의자들은 '문화'를 민족의 혼이나 정신적 특성으로 규정하면서, 문명을 물질적인 것에 국한시키고 비하했다. 또한 문화는 상류층의 고상한 취향이나 스타일 혹은 에티켓 등 지식인층의 교양을 뜻하기도 했다. 아놀드를 포함해서 빅토리아 시대의 지성인들은 대체로 이런 구분을 받아들였다. 그래서 문명이 외적이며 물질적인 것이라면, 문화는 내적이며 정신과 영혼의 차원에 속하는 것이었다. 따라서 문명이 곧 문화를 동반하는 것은 아니었다. 아놀드는 그 당시 산업혁명이 진행 중인 도시의 하층민과 그들의 저급한 삶을 비판적으로 바라보았다. 이를 치유하기 위해 그는 문화라는 해결책을 제시하였다. 그에 따르면 문화는 인간다운 능력의 배양에서 비롯되는 것이다.
>
> 한편 19세기 인문주의자들은 문화라는 어휘를 광범위한 의미에서 동물과 대비하여 인간이 후천적으로 습득한 지식이나 삶의 양식을 총체적으로 지칭하는 데 사용하였다. 인류학의 토대를 마련한 타일러도 기본적으로 이를 계승하였다. 그는 문화를 "인간이 사회 집단의 구성원으로서 습득한 지식, 믿음, 기술, 도덕, 법, 관습 그리고 그 밖의 능력이나 습관으로 구성된 복합체"라고 정의하였다. 그는 독일 낭만주의자들의 문화와 문명에 대한 개념적 구분을 배격하고, 18세기 프랑스 계몽주의자들이 야만성이나 미개성과 대비하기 위해 착안한 문명이라는 개념을 받아들였다. 즉 문화와 문명이 별개의 것이 아니라, 문명은 단지 문화가 발전된 단계로 본 것이다. 이것은 아놀드가 가졌던 문화에 대한 규범적 시각에서 탈피하여 원시적이든 문명적이든 차별을 두지 않고 문화의 보편적 실체를 확립했다는 점에서 의의가 있다.

① 독일 낭만주의자들의 시각에 따르면 문명은 문화가 발전된 단계이다.
② 타일러의 시각에 따르면 원시적이고 야만적인 사회에서도 문화는 존재한다.
③ 프랑스 계몽주의자들의 시각에 따르면 문화와 문명은 본질적으로 다른 것이다.
④ 아놀드의 시각에 따르면 문화의 다양성은 집단이 발전해 온 단계가 다른 데서 비롯된다.
⑤ 타일러의 시각에 따르면 문명은 고귀한 정신적 측면이 강조된다는 점에서 보편적 실체라고 할 수 없다.

4. 다음 글에서 추론할 수 있는 것은?

> 나균은 1,600개의 제 기능을 하는 정상 유전자와 1,100개의 제 기능을 하지 못하는 화석화된 유전자를 가지고 있다. 이에 반해 분류학적으로 나균과 가까운 종인 결핵균은 4,000개의 정상 유전자와 단 6개의 화석화된 유전자를 가지고 있다. 이는 화석화된 유전자의 비율이 결핵균보다 나균에서 매우 높다는 것을 보여준다. 왜 이런 차이가 날까?
>
> 결핵균과 달리 나균은 오로지 숙주세포 안에서만 살 수 있기 때문에 수많은 대사과정을 숙주에 의존한다. 숙주세포의 유전자들이 나균의 유전자가 수행해야 하는 온갖 일을 도맡아 해주다 보니, 나균이 가지고 있던 많은 유전자의 기능이 필요 없게 되었다. 이에 따라 세포 내에 기생하는 기생충과 병균처럼 나균에서도 유전자 기능의 대량 상실이 일어나게 되었다.
>
> 유전자의 화석화는 후손의 진화 방향에 중요한 영향을 미친다. 기능을 상실하기 시작한 유전자는 복합적인 결함을 일으키기 때문에, 한번 잃은 기능은 돌이킬 수 없게 된다. 즉 유전자 기능의 상실은 일방통행이다. 유전자의 화석화와 기능 상실은 특정 계통의 진화 방향에 제약을 가하는 것이다. 이는 아주 오랜 시간이 흘러 새로운 환경에 적응하기 위해 화석화된 유전자의 기능이 필요하다고 하더라도 이 유전자의 기능을 잃어버린 종은 그 기능을 다시 회복할 수 없다는 것을 의미한다.

① 결핵균은 과거에 숙주세포 없이는 살 수 없었을 것이다.
② 현재의 나균과 달리 기생충에서는 유전자의 화석화가 일어나지 않았을 것이다.
③ 숙주세포 유전자의 화석화는 나균 유전자의 소멸과 밀접한 관련이 있을 것이다.
④ 어떤 균의 화석화된 유전자는 이 균이 새로운 환경에 적응하는 데 기능할 것이다.
⑤ 화석화된 나균 유전자의 대부분은 나균이 숙주세포에 의존하는 대사과정과 관련된 유전자일 것이다.

5. 다음 글에서 알 수 있는 것은?

조선의 수령은 그가 다스리는 군현의 행정권과 사법권을 독점하는 존재로서 막강한 권력을 행사하였다. 수령은 범죄의 유형이나 정도에 상관없이 태형 50대 이하의 처벌은 언제나 실행할 수 있고 경우에 따라서는 최고 형벌인 사형도 내릴 수 있는 사법권을 가지고 있었다.

수령이 사법권을 행사할 때에는 법전의 규정에 따라 신중하게 실행할 것이 요구되었다. 하지만 이러한 원칙은 어디까지나 법전 속 문구에 지나지 않았다. 실제로 수령 중에는 죄인을 마음대로 처벌하는 남형(濫刑)이나 법규 이상으로 혹독하게 처벌하는 혹형(酷刑), 죄인을 함부로 죽이는 남살(濫殺)을 행사하는 이들이 많았다. 예를 들어 고령현감에 재직 중이던 김수묵은 자신을 모함했다는 이유로 향리 이진신을 비롯한 가족 3명을 잔혹하게 곤장으로 쳐 죽였다. 그는 그들의 숨이 끊어질 때까지 형벌을 가했지만 어떤 문책도 당하지 않았다. 오히려 해이해진 기강을 단속하여 백성을 잘 다스린다는 평가를 받는 수령들은 남형이나 혹형, 남살을 일삼는 경우가 많았다.

그런데 수령의 남형이나 혹형, 남살보다 더 큰 문제는 하급 관속이 백성들에게 사적인 형벌을 마구 휘둘렀던 데 있었다. 특히 도적 체포와 치안 유지를 위해 백성들과 직접 접촉을 했던 포교, 포졸, 관교 등의 비리나 폭력이 심각하였다. 범죄자를 잡는다거나 치안을 유지한다는 명목으로 이들이 죄 없는 백성들에 대해 자행한 불법적인 폭력은 수령의 과도한 사법권 행사와 함께 사회 불안을 조장하는 주요 요소였다.

① 포교의 비리보다 포졸의 비리가 더 많았다.
② 법적으로 허용된 수령의 처벌권은 50대 이하의 태형에 국한되었다.
③ 남형, 혹형, 남살을 일삼는 수령들이 유능하다는 평가를 받기도 하였다.
④ 법전에 규정된 수령의 사법권은 사회 불안을 조장하는 주요 요소였다.
⑤ 백성에게 비리와 폭력을 일삼는 하급 관속들은 법규에 따라 처벌되었다.

6. 다음 글에서 알 수 없는 것은?

공영(公營)방송은 세 번의 위기를 겪었다. 첫 번째는 사영(私營)방송의 등장이었다. 서유럽에서 방송은 1920년대 탄생 초기부터 공영으로 운영되는 것이 일반적이었는데 1950년대 이후 사영방송이라는 경쟁자가 나타나게 된 것이다. 그러나 이러한 사영방송의 등장은 공영방송에 '위협'이 되었을 뿐, 진정한 '위기'를 불러오지는 않았다. 경제적으로 꾸준히 발전하던 이 시기에 공영방송은 사영방송과 함께 시장을 장악했다.

두 번째 위기는 케이블 TV 등 다채널 방송의 등장이었다. 서구에서는 1980년대, 한국에서는 1990년대 후반에 시작한 다채널 서비스의 등장은 공영방송의 존재에 큰 회의를 품게 하였다. 다채널 방송은 공영방송이 제공해 온 차별적인 장르들, 즉 뉴스, 다큐멘터리, 어린이 프로그램들을 훨씬 더 전문적인 내용으로, 더 많은 시간 동안 제공하게 되었다. 공영방송은 양질의 프로그램 제작을 위해 상대적으로 더 많은 재원을 필요로 하게 되었고, 이를 위해 수신료 인상이 필요했지만, 시청자들은 이에 동의하지 않았다. 그러나 이러한 위기에도 불구하고 공영방송은 어느 정도의 시청률을 유지한 채 주류 방송으로서의 지위를 굳건히 지켜냈다.

최근 들어 디지털 융합형 미디어의 발전이라는 세 번째 위기가 시작되었다. 이는 채널 제공 경쟁자가 늘어나는 것이 아니라 수용자의 미디어 소비 패턴 자체를 바꾸는 변화이기 때문에 훨씬 더 위협적이다. 디지털 미디어에 익숙한 젊은 시청자들은 채널을 통해 제공하는 일방향 서비스에 의존적이지 않다. 개별 국가의 정체성 형성을 담당하던 공영방송은 유튜브와 팟캐스트 등 국경을 넘나드는 새로운 플랫폼에 속수무책인 상황에 처하게 되었다.

① 공영방송은 일방향 서비스를 제공해왔다.
② 공영방송은 국가의 정체성과 관련되는 개념이다.
③ 다채널 방송 중에서는 공영방송의 프로그램과 동일한 장르의 채널도 존재하였다.
④ 새로운 플랫폼이 탄생하기 전에 공영방송이 주류방송의 위치를 차지하고 있었다.
⑤ 다채널 방송으로 경쟁 환경이 조성되면서 시청자들이 양질의 공영방송 프로그램을 즐기게 되었다.

7. 다음 글에서 추론할 수 있는 것만을 <보기>에서 모두 고르면?

아기를 키우다 보면 정확히 확인해야 할 것이 정말 많다. 육아 훈수를 두는 주변 사람들이 많은데 어디까지 믿어야 할지 헷갈리는 때가 대부분이다. 특히 아기가 먹는 음식에 관한 것이라면 난감하기 그지없다. 이럴 때는 전문가의 답을 들어보는 것이 우리가 선택할 수 있는 최상책이다.

A박사는 아기 음식에 대한 권위자다. 미국 유명 어린이 병원의 진료 부장인 그의 저서에는 아기의 건강과 성장 등에 관한 200여 개 속설이 담겨 있고, 그것들이 왜 잘못된 것인지가 설명되어 있다. 다음은 A박사의 설명 중 대표적인 두 가지이다.

속설에 따르면 어떤 아기는 모유에 대해 알레르기 반응을 보인다. 하지만 이것은 사실이 아니다. 엄마의 모유에 대해서 알레르기 반응을 일으키는 아기는 없다. 이는 생물학적으로 불가능한 이야기이다. 어떤 아기가 모유를 뱉어낸다고 해서 알레르기가 있는 것은 아니다. A박사에 따르면 이러한 생각은 착각일 뿐이다.

또 다른 속설은 당분을 섭취하면 아기가 흥분한다는 것이다. 하지만 이것도 사실이 아니다. 아기는 생일 케이크의 당분 때문이 아니라 생일이 좋아서 흥분하는 것인데 부모가 이를 혼동하는 것이다. 이는 대부분의 부모가 믿고 있어서 정말로 부수기 어려운 속설이다. 당분을 섭취하면 흥분한다는 어떤 연구 결과도 보고된 바가 없다.

<보 기>

ㄱ. 엄마가 갖지 않은 알레르기는 아기도 갖지 않는다.
ㄴ. 아기의 흥분된 행동과 당분 섭취 간의 인과적 관계는 확인된 바 없다.
ㄷ. 육아에 관한 주변 사람들의 훈수는 모두 비과학적인 속설에 근거하고 있다.

① ㄴ
② ㄷ
③ ㄱ, ㄴ
④ ㄱ, ㄷ
⑤ ㄱ, ㄴ, ㄷ

8. 다음 논증에 대한 평가로 적절한 것만을 <보기>에서 모두 고르면?

눈이나 귀에는 각각 고유의 기능이 있다. 그 기능을 잘 수행하는 상태가 훌륭한 상태이고, 그 기능을 잘 수행하지 못하는 상태가 나쁜 상태이다. 혼이나 정신은 다스리는 기능을 한다. 혼이나 정신도 눈이나 귀와 마찬가지로 훌륭한 상태에서 고유의 기능을 가장 잘 수행한다. 따라서 훌륭한 상태의 혼은 잘 다스리지만 나쁜 상태에 있는 혼은 잘못 다스린다.

올바름 혹은 도덕적임은 혼이나 정신의 훌륭한 상태이지만, 올바르지 못함은 혼이나 정신의 나쁜 상태이다. 올바른 혼과 정신을 가진 사람은 훌륭하게 살지만, 그렇지 못한 사람은 잘못 산다. 또한 훌륭하게 사는 사람, 즉 도덕적인 사람은 행복할 것이며, 행복한 것은 그에게 이익을 준다. 따라서 도덕적인 것은 이익이 되는 것이다.

<보 기>

ㄱ. 도덕적으로 살고 있음에도 불행한 사람이 존재한다는 것은 이 논증을 약화한다.
ㄴ. 도덕적으로 살지 않는 것은 이익이 되지 않는다는 주장이 이 논증으로부터 추론된다.
ㄷ. 눈이나 귀가 고유의 기능을 잘 수행하더라도 눈이나 귀를 도덕적이라고 하지 않는 것은 이 논증을 강화한다.

① ㄱ
② ㄷ
③ ㄱ, ㄴ
④ ㄴ, ㄷ
⑤ ㄱ, ㄴ, ㄷ

9. 전제가 참일 때 결론이 반드시 참인 논증을 펼친 사람만을 모두 고르면?

> 영희: 갑이 A부처에 발령을 받으면, 을은 B부처에 발령을 받아. 그런데 을이 B부처에 발령을 받지 않았어. 그러므로 갑은 A부처에 발령을 받지 않았어.
> 철수: 갑이 A부처에 발령을 받으면, 을도 A부처에 발령을 받아. 그런데 을이 B부처가 아닌 A부처에 발령을 받았어. 따라서 갑은 A부처에 발령을 받았어.
> 현주: 갑이 A부처에 발령을 받지 않거나, 을과 병이 C부처에 발령을 받아. 그런데 갑이 A부처에 발령을 받았어. 그러므로 을과 병 모두 C부처에 발령을 받았어.

① 영희
② 철수
③ 영희, 철수
④ 영희, 현주
⑤ 철수, 현주

10. 다음 밑줄 친 결론을 이끌어내기 위해 추가해야 할 전제는?

> A국은 현실적으로 실행 가능한 대안만을 채택하는 합리적인 국가이다. A국의 외교는 B원칙의 실현을 목표로 하고 있으며 앞으로도 이 목표는 변하지 않는다. 그러나 문제는 B원칙을 실현하는 방안이다. B원칙을 실현하기 위해서는 적어도 하나의 전략이 실행되어야 한다. 최근 외교전문가들 간에 뜨거운 토론의 대상이 되었던 C전략은 B원칙을 실현하기에 충분한 방안으로 평가된다. 그러나 C전략의 실행을 위해서는 과다한 비용이 소요되기 때문에, A국이 C전략을 실행하는 것은 현실적으로 불가능하다. 한편 일부 전문가가 제시했던 D전략은 그 자체로는 B원칙을 실현하기에 충분하지 않다. 하지만 금년부터 A국 외교정책의 기조로서 일관성 있게 실행될 E정책과 더불어 D전략이 실행될 경우, B원칙은 실현될 것이다. 뿐만 아니라 E정책하에서 D전략의 실행 가능성도 충분하다. 그러므로 A국의 외교정책에서 D전략이 채택될 것은 확실하다.

① D전략은 C전략과 목표가 같다.
② A국의 외교정책상 C전략은 B원칙에 부합한다.
③ C전략과 D전략 이외에 B원칙을 실현할 다른 전략은 없다.
④ B원칙의 실현을 위해 C전략과 D전략은 함께 실행될 수 없다.
⑤ B원칙의 실현을 위해 C전략과 E정책은 함께 실행될 수 없다.

11. 다음 글의 내용과 부합하는 것은?

1876년 개항 이후 제당업은 많은 변화를 거치며 지금에 이르렀다. 처음 조선에 수입되기 시작한 영국 자본계 정제당은 1905년 러일전쟁 이후 일본정부가 정책적으로 지원한 일본의 정제당으로 교체되었다. 한말에는 일본제품이 유입되는 여러 경로가 있었으나 1907년에 '대일본제당(大日本製糖)'으로 단일화되었다. 제1차 세계대전 발발 후에도 세계적으로 설탕 시세가 고가를 유지하자 대일본제당은 제당업의 장래를 밝게 전망했다. 1920년대 후반 세계적인 설탕 가격 하락과 일본 내 과잉 공급으로 제당회사 간의 경쟁이 과열되었다. 이에 당업연합회는 설탕 가격 하락을 막기 위해 강력한 카르텔로 전환하여 가격 통제를 강화하였다.

대일본제당은 조선총독부의 후원 아래 독점적 제당회사인 대일본제당 조선지점을 설립하고, 1920년부터 원료비 절감을 위해 평안남도와 황해도 일대에 사탕무를 재배하기 시작하였다. 하지만 생산성이 매우 낮아 국제적인 경쟁력이 없는 것으로 판명되었다. 이에 대일본제당 조선지점은 1922년부터 원료당을 수입해 가공하는 정제당업으로 전환하여, 저렴한 자바 원료당을 조선에 독점적으로 공급하면서 생산 기반을 구축하였다. 또한 상품 시장인 만주와 지리적으로 근접한 이점을 활용하여 운송비를 절감함으로써 1930년대 후반까지 호황을 누렸다.

해방 후 한국은 일제 강점기의 제당업 생산체제와 단절되어 공급량이 줄었음에도 불구하고 설탕 소비는 계속 증가하였다. 사업 기회를 포착한 설탕 무역업자들이 정부로부터 생산 설비를 위한 자금을 지원받고, 미국이 원조하는 원료당의 배정에서도 특혜를 받으며 제당업에 뛰어들었다. 더구나 설탕은 가격 통제 대상이 아니었기 때문에 제당회사들은 설탕 가격을 담합하여 높은 가격을 유지했다. 제당회사들 간 과잉 투자로 후발업체가 도태되는 상황이 벌어져도 국내 설탕 가격은 하락하지 않았다.

① 개항 이후 제당업 성장의 배경에는 정책적 지원과 특혜가 있었다.
② 제1차 세계대전으로 인한 설탕 수급 불균형은 국제적인 설탕 가격 폭락을 초래하였다.
③ 대일본제당 조선지점은 설탕의 운송비를 절감하기 위해 정제당업으로 전환하였다.
④ 대일본제당은 조선을 설탕의 상품 시장이자 원료 공급지로 개발하여 큰 이득을 거두었다.
⑤ 해방 후 설탕에 대한 수요가 증가하자 정부는 제당회사들의 설탕 가격 담합을 단속하였다.

12. 다음 글의 내용과 부합하지 않는 것은?

2007년부터 시작되어 역사상 유례없는 전 세계의 동시 불황을 촉발시킨 금융 위기로 신자유주의의 권위는 흔들리기 시작했고, 향후 하나의 사조로서 신자유주의는 더 이상 주류적 지위를 유지하지 못하고 퇴조해갈 것이 거의 확실하다. 경제정책으로서의 신자유주의 역시 앞으로 대부분의 국가에서 예전과 같은 지지를 받기는 어려울 것이다.

세계 각국은 금융 위기로부터의 탈출과 함께 조속한 경기 회복을 위한 대책을 강구하는 데 총력을 기울일 것이다. 이 과정에서 기존의 경제 시스템을 각국의 실정에 부합하도록 전환하기 위한 다양한 모색도 활발해질 것으로 보인다. 국가별로 내부 시스템의 전환을 위한 모색이 방향을 잡아감에 따라 새로운 국제 경제 질서에 대한 논의도 동시에 진행될 것이다.

그렇다면 각국은 내부 경제 시스템의 전환과 위기 탈출을 위해 어떤 선택을 할 수 있을까? 물론 모든 문제를 해결하는 보편적 해법은 없다. 변형된 신자유주의부터 1929년 대공황 이후 약 40년간 세계 경제를 지배했던 케인즈주의, 신자유주의의 이식 정도가 낮아서 금융 위기의 충격을 덜 받고 있는 북유럽 모델, 그리고 남미에서 실험되고 있는 21세기 사회주의까지 대단히 폭넓은 선택지를 두고 생존을 위한 실험이 시작될 것이다.

그렇다면 우리나라는 신자유주의 이후의 모델을 어디서부터 모색할 것인가? 해답은 고전적 문헌 속이나 기상천외한 이론에 있지 않다. 경제는 오늘과 내일을 살아가는 수많은 사람들의 삶의 틀을 규정하는 문제이기 때문이다. 새로운 모색은 현재 벌어지고 있는 세계적 금융 위기의 현실과 경제 침체가 고용대란으로 이어질 가능성마저 보이고 있는 우리 경제의 현실에서 이루어져야 한다.

① 신자유주의의 권위는 세계적 불황을 촉발시킨 금융 위기로 인해 위협받고 있다.
② 우리는 신자유주의의 후속 모델을 현재의 세계적 금융 위기의 현실에서 찾아야 한다.
③ 신자유주의의 이식 정도가 낮은 북유럽에서는 금융 위기에 의한 충격을 상대적으로 덜 받고 있다.
④ 각국은 경제 위기를 극복하기 위해 새로운 단일 경제체제를 공동 개발하는 방안을 활발히 논의하고 있다.
⑤ 경기 회복 대책 수립 과정에서 기존의 경제 시스템을 새로운 시스템으로 전환하는 방안이 활발하게 검토될 것이다.

13. 다음 글에서 추론할 수 없는 것은?

언뜻 보아서는 살쾡이와 고양이를 구별하기 힘들다. 살쾡이가 고양잇과의 포유동물이어서 고양이와 흡사하기 때문이다. 그래서인지 '살쾡이'란 단어는 '고양이'와 연관이 있다. '살쾡이'의 '쾡이'가 '괭이'와 연관이 있는데, '괭이'는 '고양이'의 준말이기 때문이다.

'살쾡이'는 원래 '삵'에 '괭이'가 붙어서 만들어진 단어이다. '삵'은 그 자체로 살쾡이를 뜻하는 단어였다. 살쾡이의 모습이 고양이와 비슷해도 단어 '삵'은 '고양이'와는 아무런 연관이 없다. 그런데도 '삵'에 고양이를 뜻하는 '괭이'가 덧붙게 되었다. 그렇다고 '살쾡이'가 '삵과 고양이', 즉 '살쾡이와 고양이'란 의미를 가지는 것은 아니다. 단지 '삵'에 비해 '살쾡이'가 후대에 생겨난 단어일 뿐이다. '호랑이'란 단어도 이런 식으로 생겨났다. '호랑이'는 '호'(虎, 범)와 '랑'(狼, 이리)으로 구성되어 있으면서도 '호랑이와 이리'란 뜻을 가진 것이 아니라 그 뜻은 역시 '범'인 것이다.

'살쾡이'는 '삵'과 '괭이'가 합쳐져 만들어진 단어이기 때문에 '삵괭이' 또는 '삭괭이'로도 말하는 지역이 있으며, '삵'의 'ㄱ' 때문에 뒤의 '괭이'가 된소리인 '꽹이'가 되어 '삭꽹이' 또는 '살꽹이'로 말하는 지역도 있다. 그리고 '삵'에 거센소리가 발생하여 '살쾡이'로 발음하는 지역도 있다. 주로 서울 지역에서 '살쾡이'로 발음하기 때문에 '살쾡이'를 표준어로 삼았다. 반면에 북한의 사전에서는 '살쾡이'를 찾을 수 없고 '살괭이'만 찾을 수 있다. 남한에서 '살괭이'를 '살쾡이'의 방언으로 처리한 것과는 다르다.

① '호랑이'는 '호'(虎, 범)보다 나중에 형성되었다.
② 두 단어가 합쳐져 하나의 대상을 지시할 수 있다.
③ '살쾡이'가 남·북한 사전 모두에 실려 있는 것은 아니다.
④ '살쾡이'는 가장 광범위하게 사용되기 때문에 표준어로 정해졌다.
⑤ '살쾡이'의 방언이 다양하게 나타나는 것은 지역의 발음 차이 때문이다.

14. 다음 글에서 추론할 수 있는 것만을 <보기>에서 모두 고르면?

하나의 세포가 표적세포로 신호를 전달하는 방법에는 여러 종류가 있다. 이 중 직접 결합 방법은 세포가 표적세포와 직접 결합하여 신호를 전달하는 방법이다. 또한 측분비 방법은 세포가 신호 전달 물질을 분비하여 근접한 거리에 있는 표적세포에 신호를 전달하는 방법이다. 그리고 내분비 방법은 세포가 신호 전달 물질의 일종인 호르몬을 분비하여 이 물질이 순환계를 통해 비교적 먼 거리를 이동한 후 표적세포에 신호를 전달하는 방법이다.

동물의 면역세포에서 분비되는 신호 전달 물질은 세포 사이에 존재하는 공간을 통해 확산되어 근거리에 위치한 표적세포에 작용한다. 특정 면역세포가 히스타민을 분비하여 알레르기 반응을 일으키는 것이 대표적인 예이다. 신경세포 사이의 신호 전달은 신경세포에서 분비되는 신경전달물질에 의해 일어난다. 신경전달물질은 세포 사이에 존재하는 공간을 통해 확산되어 근거리에 있는 표적세포에 작용한다.

내분비샘 세포에서 분비된 호르몬은 모세혈관으로 확산되어 혈액을 따라 이동하고 표적세포의 근처에 도달했을 때 혈관으로부터 빠져나와 표적세포에 작용한다. 따라서 표적세포에서 반응을 일으키는 데 걸리는 시간은 호르몬이 신경전달물질보다 더 오래 걸린다.

<보 기>

ㄱ. 신경전달물질에 의한 신호 전달은 측분비 방법을 통해 이루어진다.
ㄴ. 내분비 방법이 측분비 방법보다 표적세포에서 더 빠른 반응을 일으킨다.
ㄷ. 하나의 세포가 표적세포로 신호를 전달하기 위해서는 신호 전달 물질의 분비가 필수적이다.

① ㄱ
② ㄷ
③ ㄱ, ㄴ
④ ㄴ, ㄷ
⑤ ㄱ, ㄴ, ㄷ

15. 다음 <개요>에 따라 보고서를 작성할 때, 현황 분석 부분에 들어갈 내용만을 <보기>에서 모두 고르면?

<개 요>

Ⅰ. 서론: 정책 제안 배경
Ⅱ. 본론: 현황 분석과 정책 방안
 1. 현황 분석
  ○ 연말정산 자동계산 프로그램 사용 방법의 복잡성과 그에 대한 설명 부재로 인해 이용자 불만 증가
  ○ 연말정산 기간 중 세무서에 연말정산 자동계산 프로그램 사용 방법에 관한 상담 수요 폭증
 2. 정책 방안
  ○ 문제점을 개선한 프로그램 개발과 활용 매뉴얼 보급
  ○ 연말정산 자동 상담 시스템 개발
Ⅲ. 결론: 예상되는 효과 전망

<보 기>

ㄱ. 연말정산 자동 상담 시스템을 개발할 경우 15%의 이용자 불만 감소 효과가 전망된다.
ㄴ. 연말정산 기간을 정확하게 알지 못해 마감 기한이 지나서 세무서를 방문하는 사람이 전년 대비 15% 증가하였다.
ㄷ. 연말정산 기간 중 세무서 전체 월 평균 상담 건수는 약 128만 건으로 평상시 11만 건보다 크게 증가했는데, 그 이유는 연말정산 자동계산 프로그램 사용 방법에 관한 문의 전화가 폭주했기 때문이다.

① ㄱ
② ㄷ
③ ㄱ, ㄴ
④ ㄴ, ㄷ
⑤ ㄱ, ㄴ, ㄷ

16. 다음 글에서 알 수 있는 것만을 <보기>에서 모두 고르면?

영국의 식민지였던 시기의 미국 남부와 북부 지역에서는 사회 형성과 관련하여 전혀 다른 상황이 전개되었다. 가난한 형편을 면하기 위해 남부로 이주한 영국 이주민들은 행실이 방정하지 못하고 교육도 받지 못한 하층민이었다. 이들 중에는 황금에 눈이 먼 모험가와 투기꾼 기질이 강한 사람들도 있었다. 반면에 뉴잉글랜드 해안에 정착한 북부 이주민들은 모두 영국에서 경제적으로 여유 있던 사람들로서, 새 보금자리인 아메리카에서 빈부귀천의 차이가 없는 특이한 사회 유형을 만들어냈다. 적은 인구에도 불구하고 그들은 거의 예외 없이 훌륭한 교육을 받았으며, 상당수는 뛰어난 재능과 업적으로 유럽 대륙에도 이미 널리 알려져 있었다.

북부 이주민들을 아메리카로 이끈 것은 순수한 종교적 신념과 새로운 사회에 대한 열망이었다. 그들은 청교도라는 별칭을 가진 교파에 속한 이들로, 스스로를 '순례자'로 칭했을 만큼 엄격한 규율을 지켰다. 이들의 종교적 교리는 민주공화이론과 일치했다. 뉴잉글랜드의 이주자들이 가족을 데리고 황량한 해안에 상륙하자마자 맨 먼저 한 일은 자치를 위한 사회 규약을 만드는 일이었다. 유럽인들이 전제적인 신분질서에 얽매여 있는 동안, 뉴잉글랜드에서는 평등한 공동사회가 점점 모습을 드러냈다. 반면에 남부 이주민들은 부양가족이 없는 모험가들로서 기존의 사회 체계를 기반으로 자신들의 사회를 건설하였다.

<보 기>

ㄱ. 북부 이주민은 종교 규율과 사회 규약을 중시했다.
ㄴ. 남·북부 이주민 사이에 이주 목적의 차이가 있었다.
ㄷ. 북부 이주민은 남부 이주민보다 영국의 사회 체계를 유지하려는 성향이 강했다.

① ㄱ
② ㄷ
③ ㄱ, ㄴ
④ ㄴ, ㄷ
⑤ ㄱ, ㄴ, ㄷ

17. 다음 글에서 추론할 수 있는 것만을 <보기>에서 모두 고르면?

20세기 초만 해도 전체 사망자 중 폐암으로 인한 사망자의 비율은 극히 낮았다. 그러나 20세기 중반에 들어서면서, 이 병으로 인한 사망률은 크게 높아졌다. 이러한 변화를 우리는 어떻게 설명할 수 있을까? 여러 가지 가설이 가능한 것으로 보인다. 예를 들어 자동차를 이용하면서 운동 부족으로 사람들의 폐가 약해졌을지도 모른다. 또는 산업화 과정에서 증가한 대기 중의 독성 물질이 도시 거주자들의 폐에 영향을 주었을지도 모른다.

하지만 담배가 그 자체로 독인 니코틴을 함유하고 있다는 것이 사실로 판명되면서, 흡연이 폐암으로 인한 사망의 주요 요인이라는 가설은 다른 가설들보다 더 그럴듯해 보이기 시작한다. 담배 두 갑에 들어 있는 니코틴이 화학적으로 정제되어 혈류 속으로 주입된다면, 그것은 치사량이 된다. 이러한 가설을 지지하는 또 다른 근거는 담배 연기로부터 추출된 타르를 쥐의 피부에 바르면 쥐가 피부암에 걸린다는 사실에 기초해 있다. 이미 18세기 이후 영국에서는 타르를 함유한 그을음 속에서 일하는 굴뚝 청소부들이 다른 사람들보다 피부암에 더 잘 걸린다는 것이 정설이었다.

이러한 증거들은 흡연이 폐암의 주요 원인이라는 가설을 뒷받침해 주지만, 그것들만으로 이 가설을 증명하기에는 충분하지 않다. 의학자들은 흡연과 폐암을 인과적으로 연관시키기 위해서는 훨씬 더 많은 증거가 필요하다는 점을 깨닫고, 수십 가지 연구를 수행하고 있다.

<보 기>

ㄱ. 화학적으로 정제된 니코틴은 폐암을 유발한다.
ㄴ. 19세기에 타르와 암의 관련성이 이미 보고되어 있었다.
ㄷ. 니코틴이 타르와 동시에 신체에 흡입될 경우 폐암 발생률은 급격히 증가한다.

① ㄱ
② ㄴ
③ ㄱ, ㄴ
④ ㄴ, ㄷ
⑤ ㄱ, ㄴ, ㄷ

18. 다음 글에서 추론할 수 있는 것만을 <보기>에서 모두 고르면?

빌케와 블랙은 얼음이 녹는점에 있다 해도 이를 완전히 물로 녹이려면 상당히 많은 열이 필요함을 발견하였다. 당시 널리 퍼진 속설은 얼음이 녹는점에 이르면 즉시 녹는다는 것이었다. 빌케는 쌓여있는 눈에 뜨거운 물을 끼얹어 녹이는 과정에서 이 속설에 오류가 있음을 알게 되었다. 눈이 녹는점에 있음에도 불구하고 많은 양의 뜨거운 물은 눈을 조금밖에 녹이지 못했기 때문이다.

블랙은 1757년에 이 속설의 오류를 설명할 수 있는 실험을 수행하였다. 블랙은 따뜻한 방에 두 개의 플라스크 A와 B를 두었는데, A에는 얼음이, B에는 물이 담겨 있었다. 얼음과 물은 양이 같고 모두 같은 온도, 즉 얼음의 녹는점에 있었다. 시간이 지남에 따라 B에 있는 물의 온도는 계속해서 올라갔다. 하지만 A에서는 얼음이 녹으면서 생긴 물과 녹고 있는 얼음의 온도가 녹는점에서 일정하게 유지되었는데 이 상태는 얼음이 완전히 녹을 때까지 지속되었다. 얼음을 녹이는 데 필요한 열량은 같은 양의 물의 온도를 녹는점에서 화씨 140도까지 올릴 수 있는 정도의 열량과 같았다. 블랙은 이 열이 실제로 온도계에 변화를 주지 않기 때문에 이를 '잠열(潛熱)'이라 불렀다.

<보 기>

ㄱ. A의 온도계로는 잠열을 직접 측정할 수 없었다.
ㄴ. 얼음이 녹는점에 이르러도 완전히 녹지 않는 것은 잠열 때문이다.
ㄷ. A의 얼음이 완전히 물로 바뀔 때까지, A의 얼음물 온도는 일정하게 유지된다.

① ㄱ
② ㄴ
③ ㄱ, ㄷ
④ ㄴ, ㄷ
⑤ ㄱ, ㄴ, ㄷ

19. 다음 밑줄 친 결론을 이끌어내기 위해 추가해야 할 전제는?

> 만약 국제적으로 테러가 증가한다면, A국의 국방비 지출은 늘어날 것이다. 그런데 A국 앞에 놓인 선택은 국방비 지출을 늘리지 않거나 증세 정책을 실행하는 것이다. 그러나 A국이 증세 정책을 실행한다면, 세계 경제는 반드시 침체한다. 그러므로 세계 경제는 결국 침체하고 말 것이다.

① 국제적으로 테러가 증가한다.
② A국이 감세 정책을 실행한다.
③ A국의 국방비 지출이 늘어나지 않는다.
④ 만약 A국이 증세 정책을 실행한다면, A국의 국방비 지출은 늘어날 것이다.
⑤ 만약 A국의 국방비 지출이 늘어난다면, 국제적으로 테러는 증가하지 않을 것이다.

20. 다음 글에 제시된 논리적 오류의 사례로 적절하지 않은 것은?

> 흔히 주변에서 암 검진 결과 암의 징후가 없다는 판정을 받은 후 암이 발견되면 검진이 엉터리였다고 비난하는 것을 본다. 우리 몸의 세포들을 모두 살펴보지 않은 이상 암세포가 없다고 결론지을 수 없다는 것은 논리적으로 명확한데 말이다. 우리는 1,000마리의 까마귀를 관찰하여 모두 까맣다고 해서 까맣지 않은 까마귀가 없다고 단정할 수는 없다고 학교에서 배웠다. 하지만 교실에서 범하지 않는 논리적 오류를 실생활에서는 흔히 범하곤 한다. 예를 들어, 1960년대에 의사들은 모유가 분유에 비해 이점이 있다는 증거를 찾지 못하였다. 그러자 당시 의사들은 모유가 특별한 이점이 없다고 결론지었다. 그 결과, 많은 사람들이 대가를 치러야만 했다. 수십 년이 지난 후에, 유아기에 모유를 먹지 않은 사람들은 특정 암을 비롯하여 여러 가지 질병에 걸릴 위험성이 높다는 사실이 밝혀진 것이다. 이와 같이 우리는 '증거의 없음'을 '없음의 증거'로 오인하곤 한다.

① 다양한 물질의 전기 저항을 조사한 결과 전기 저항이 0인 경우는 없었다. 따라서 전기 저항이 0인 물질은 없다.
② 어떤 사람이 술과 담배를 즐겼지만 몸에 어떤 이상도 발견되지 않았다. 따라서 그 사람에게는 술과 담배가 무해하다.
③ 경찰은 어떤 피의자가 확실한 알리바이가 있다는 것을 확인했다. 따라서 그 피의자는 해당 범죄 현장에 있지 않았다.
④ 주변에서 빛을 내는 것을 조사해보니 열 발생이 동반되지 않는 것이 없었다. 그러므로 열을 내지 않는 발광체는 없다.
⑤ 현재까지 수많은 노력에도 불구하고 외계 지적 생명체는 발견되지 않았다. 그러므로 외계 지적 생명체는 존재하지 않는다.

21. 다음 글의 핵심 주장을 강화하는 진술로 가장 적절한 것은?

> 뉴턴의 역학 이론은 아인슈타인의 상대성 이론으로부터 도출되는가? 상대성 이론의 핵심 법칙들을 나타내고 있는 진술들 $E_1, E_2, \cdots E_i, \cdots E_n$의 집합을 생각해 보자. 이 진술들은 공간적 위치, 시간, 질량 등을 나타내는 변수들을 포함하고 있다. 그리고 이 집합으로부터 관찰에 의해서 확인할 수 있는 것들을 포함하여 상대성 이론의 다양한 진술들을 도출할 수 있다. 그리고 변수들의 범위를 제약하는 진술들을 이용하면 상대성 이론이 어떤 특수한 경우에 적용될 때 성립하는 법칙들도 도출할 수 있다. 가령, 물체의 속도가 광속에 비하여 현저하게 느린 경우에는 계산을 통하여 뉴턴의 운동 법칙, 만유인력 법칙 등과 형태가 같은 진술들 $N_1, N_2, \cdots N_i, \cdots N_m$을 도출할 수 있다.
>
> 이런 점에서 몇몇 제약 조건을 붙임으로써 뉴턴의 역학은 아인슈타인의 상대성 이론으로부터 도출되는 것으로 보인다. 그렇지만 N_i는 상대성 이론의 특수 경우에 해당하는 법칙일 뿐이지 뉴턴 역학의 법칙들이 아니다. E_i에서 공간적 위치, 시간, 질량 등을 나타냈던 변수들이 N_i에서도 나타난다. 여기서 우리는 N_i에 있는 변수들이 가리키는 것은 뉴턴 이론의 공간적 위치, 시간, 질량 등이 아니라 아인슈타인 이론의 공간적 위치, 시간, 질량 등이라는 것을 주의해야 한다. 같은 이름을 가지고 있지만, 아인슈타인의 이론 속에서 변수들이 가리키는 물리적 대상이 뉴턴 이론 속에서 변수들이 가리키는 물리적 대상과 같은 것은 아니다. 따라서 N_i에 등장하는 변수들에 대한 정의를 바꾸지 않는다면, N_i는 뉴턴의 법칙에 속할 수 없다. 그것은 단지 아인슈타인 상대성 이론의 특수 사례일 뿐이다.

① 뉴턴 역학보다 상대성 이론에 의해 태양계 행성들의 공전 궤도를 더 정확히 계산할 수 있다.
② 어떤 물체의 속도가 광속보다 훨씬 느릴 때 그 물체의 운동의 기술에서 뉴턴 역학과 상대성 이론은 서로 양립 가능하다.
③ 일상적으로 만나는 물체들의 운동을 상대성 이론을 써서 기술하면 뉴턴 역학이 내놓는 것과 동일한 결론에 도달한다.
④ 뉴턴 역학에 등장하는 질량은 속도와 무관하지만 상대성 이론에 등장하는 질량은 에너지의 일종이므로 속도에 의존하여 변할 수 있다.
⑤ 매우 빠르게 운동하는 우주선(cosmic ray)의 구성 입자의 반감기가 길어지는 현상은 상대성 이론으로는 설명되지만 뉴턴 역학으로는 설명되지 않는다.

22. 다음 글을 통해 알 수 있는 소크라테스의 견해가 아닌 것은?

> 소크라테스: 그림에다 적합한 색과 형태들을 모두 배정할 수도 있고, 어떤 것들은 빼고 어떤 것들은 덧붙일 수도 있는 것이네. 그런데 적합한 색이나 형태들을 모두 배정하는 사람은 좋은 그림과 상(像)을 만들어내지만, 덧붙이거나 빼는 사람은 그림과 상을 만들어내기는 하나 나쁜 것을 만들어내는 것이겠지?
> 크라틸로스: 그렇습니다.
> 소크라테스: 같은 이치에 따라서 적합한 음절이나 자모를 모두 배정한다면 이름이 훌륭하겠지만, 조금이라도 빼거나 덧붙인다면 훌륭하지는 않겠지?
> 크라틸로스: 하지만 음절과 자모를 이름에 배정할 때 우리가 어떤 자모를 빼거나 덧붙인다면, 우리는 이름을 쓰기는 했지만 틀리게 쓴 것이 아니고 아예 쓰지 못한 것입니다.
> 소크라테스: 그런 식으로 보아서는 우리가 제대로 살펴보지 못한 것이네.
> 크라틸로스: 왜 그렇죠?
> 소크라테스: 수(數)의 경우에는 자네 말이 적용되는 것 같네. 모든 수는 자신과 같거나 자신과 다른 수일 수 밖에 없으니까. 이를테면 10에서 어떤 수를 빼거나 더하면 곧바로 다른 수가 되어 버리지. 그러나 이것은 상 일반에 적용되는 이치는 아니네. 오히려 정반대로 상은, 그것이 상이려면, 상이 묘사하는 대상의 성질 모두를 상에 배정해서는 결코 안 되네. 예컨대 어떤 신이 자네가 가진 모든 것의 복제를 자네 곁에 놓는다고 해보세. 이때 크라틸로스와 크라틸로스의 상이 있는 것일까, 아니면 두 크라틸로스가 있는 것일까?
> 크라틸로스: 제가 보기에는 두 크라틸로스가 있을 것 같습니다.
> 소크라테스: 그렇다면 상이나 이름에 대해서는 다른 종류의 이치를 찾아야 하며, 무엇이 빠지거나 더해지면 더 이상 상이 아니라고 해서는 안 된다는 것을 알겠지? 상은 상이 묘사하는 대상과 똑같은 성질을 갖지 못한다는 것을 깨닫지 않았나?

① 어떤 사물과 완전히 일치하는 복제물은 상이 아니다.
② 훌륭한 이름에 자모 한 둘을 더하거나 빼더라도 그것은 여전히 이름이다.
③ 훌륭한 상에 색이나 형태를 조금 더하거나 빼더라도 그것은 여전히 상이다.
④ 이름에 자모를 더하거나 빼는 것과 수에 수를 더하거나 빼는 것은 같은 이치를 따른다.
⑤ 이름에 자모를 더하거나 빼는 것과 상에 색이나 형태를 더하거나 빼는 것은 같은 이치를 따른다.

23. (가)와 (나)에 대한 평가로 적절한 것만을 <보기>에서 모두 고르면?

(가) 어린 시절 과학 선생님에게 가을에 단풍이 드는 까닭을 물어본 적이 있다면, 단풍은 "나무가 겨울을 나려고 잎을 떨어뜨리다 보니 생기는 부수적인 현상"이라는 답을 들었을 것이다. 보통 때는 초록빛을 내는 색소인 엽록소가 카로틴, 크산토필 같은 색소를 가리므로 우리는 잎에서 다른 빛깔을 보지 못한다. 가을이 오면, 잎을 떨어뜨리고자 잎자루 끝에 떨켜가 생기면서 가지와 잎 사이의 물질 이동이 중단된다. 이에 따라 엽록소가 파괴되면서 감춰졌던 다른 색소들이 자연스럽게 드러나서 잎이 노랗거나 주홍빛을 띠게 된다. 요컨대 단풍은 나무가 월동 준비 과정에서 우연히 생기는 부산물이다.

(나) 생물의 내부를 들여다보면 화려한 색은 거의 눈에 띄지 않는다. 물론 척추동물의 몸 속에 흐르는 피는 예외이다. 상처가 난 당사자에게 피의 강렬한 색이 사태의 시급성을 알려 준다면, 피의 붉은 색깔은 특정한 목적을 가지고 진화적으로 출현했다고 볼 수 있다. 마찬가지로 타는 듯한 가을 단풍은 나무가 해충에 보내는 경계 신호라고 볼 수 있다. 진딧물처럼 겨울을 나기 위해 가을에 적당한 나무를 골라서 알을 낳는 곤충들을 향해 나무가 자신의 경계 태세가 얼마나 철저한지 알려 주는 신호가 가을 단풍이라는 것이다. 단풍의 색소를 만드는 데는 적지 않은 비용이 따르므로, 오직 건강한 나무만이 진하고 뚜렷한 가을 빛깔을 낼 수 있다. 진딧물은 이러한 신호들에 반응해서 가장 형편없이 단풍이 든 나무에 내려앉는다. 휘황찬란한 단풍은 나무와 곤충이 진화하면서 만들어 낸 적응의 결과물이다.

<보 기>

ㄱ. 단풍이 드는 나무 중에서 떨켜를 만들지 않는 종이 있다는 연구 결과는 (가)의 주장을 강화한다.
ㄴ. 식물의 잎에서 주홍빛을 내는 색소가 가을에 새롭게 만들어진다는 연구 결과는 (가)의 주장을 강화한다.
ㄷ. 가을에 인위적으로 어떤 나무의 단풍색을 더 진하게 만들었더니 그 나무에 알을 낳는 진딧물의 수가 줄었다는 연구 결과는 (나)의 주장을 강화한다.

① ㄱ
② ㄷ
③ ㄱ, ㄴ
④ ㄴ, ㄷ
⑤ ㄱ, ㄴ, ㄷ

24. 다음 글의 밑줄 친 주장을 강화하는 사례만을 <보기>에서 모두 고르면?

최근에 트랜스 지방은 그 건강상의 위해 효과 때문에 주목받고 있다. 우리가 즐겨 먹는 많은 식품에는 트랜스 지방이 숨어 있다. 그렇다면 트랜스 지방이란 무엇일까?

지방에는 불포화 지방과 포화 지방이 있다. 식물성 기름의 주성분인 불포화 지방은 포화 지방에 비하여 수소의 함유 비율이 낮고 녹는점도 낮아 상온에서 액체인 경우가 많다.

불포화 지방은 그 안에 존재하는 이중 결합에서 수소 원자들의 결합 형태에 따라 시스(*cis*)형과 트랜스(*trans*)형으로 나뉘는데 자연계에 존재하는 대부분의 불포화 지방은 시스형이다. 그런데 조리와 보존의 편의를 위해 액체 상태인 식물성 기름에 수소를 첨가하여 고체 혹은 반고체 상태로 만드는 과정에서 트랜스 지방이 만들어진다. 그래서 대두, 땅콩, 면실유를 경화시켜 얻은 마가린이나 쇼트닝은 트랜스 지방의 함량이 높다. 또한 트랜스 지방은 식물성 기름을 고온으로 가열하여 음식을 튀길 때도 발생한다. 따라서 튀긴 음식이나 패스트푸드에는 트랜스 지방이 많이 들어 있다.

<u>트랜스 지방은 포화 지방인 동물성 지방처럼 심혈관계에 해롭다.</u> 트랜스 지방은 혈관에 나쁜 저밀도지방단백질(LDL)의 혈중 농도를 증가시키는 한편 혈관에 좋은 고밀도지방단백질(HDL)의 혈중 농도는 감소시켜 혈관벽을 딱딱하게 만들어 심장병이나 동맥경화를 유발하고 악화시킨다.

<보 기>

ㄱ. 쥐의 먹이에 함유된 트랜스 지방 함량을 2% 증가시키자 쥐의 심장병 발병률이 25% 증가하였다.
ㄴ. 사람들이 마가린을 많이 먹는 지역에서 마가린의 트랜스 지방 함량을 낮추자 동맥경화의 발병률이 1년 사이에 10% 감소하였다.
ㄷ. 성인 1,000명에게 패스트푸드를 일정 기간 지속적으로 섭취하게 한 후 검사해 보니, HDL의 혈중 농도가 섭취 전에 비해 20% 감소하였다.

① ㄱ
② ㄴ
③ ㄱ, ㄷ
④ ㄴ, ㄷ
⑤ ㄱ, ㄴ, ㄷ

25. 갑~병의 논증에 대한 분석으로 적절한 것만을 <보기>에서 모두 고르면?

> 갑: 절대적으로 확실한 지식은 존재하지 않는다. 왜냐하면 그런 지식으로 인도해 줄 방법은 없기 때문이다. 첫째, 사람의 감각은 믿을 수가 없으며, 실제 외부세계의 본질에 대해서 아무것도 말해 주지 않는다. 둘째, 확실한 것으로 받아들여지는 논리적 방법도, 주어진 사실에 바탕을 두고 그것을 전제로 해서 새로운 사실을 결론짓는 것이므로, 결국 불확실한 것에 바탕을 두었을 따름이다.
> 을: 정상적인 감각기관을 통하여 얻어낸 감각 경험은 믿을 만하고, 우리는 이 감각 경험에 기초한 판단이 참인지 아닌지를 가릴 수 있다. 그러므로 감각 경험을 통해서 우리는 절대적으로 확실한 지식을 얻게 된다.
> 병: 나는 인간의 경험에 의존한 방법이나 이성적 추론을 통한 방법은 의심이 가능하며 믿을 수 없다고 생각했었다. 하지만 이런 의심을 거듭한 결과 나는 놀라운 결론에 이르렀다. 그것은 모든 것을 의심한다고 하더라도 의심할 수 없는 것이 있다는 사실이다. 그것은 바로 의심하는 내가 있다는 것이다. 결국 나는 거듭 의심하는 방법을 사용하여 절대적으로 확실한 지식을 발견하였다.

<보 기>

ㄱ. 갑의 결론은 을의 결론과 양립 불가능하다.
ㄴ. 갑의 결론은 병의 결론과 양립 불가능하다.
ㄷ. 을과 병은 모두 절대적으로 확실한 지식이 있다고 주장한다.

① ㄱ
② ㄴ
③ ㄱ, ㄷ
④ ㄴ, ㄷ
⑤ ㄱ, ㄴ, ㄷ

약점 보완 해설집 p.266

상황판단영역

1. 다음 글을 근거로 판단할 때 옳은 것은?

승정원은 조선시대 왕명 출납을 관장하던 관청으로 오늘날 대통령 비서실에 해당한다. 조선시대 대부분의 관청이 왕 - 의정부 - 육조 - 일반 관청이라는 계통 속에 포함된 것과는 달리 승정원은 국왕 직속 관청이었다.

승정원에는 대통령 비서실장 격인 도승지를 비롯하여 좌승지, 우승지, 좌부승지, 우부승지, 동부승지를 각각 1인씩 두었는데, 이를 통칭 6승지라 부른다. 이들은 모두 같은 품계인 정3품 당상관이었으며, 6승지 아래에는 각각 정7품 주서 2인이 있었다. 통상 6승지는 분방(分房)이라 하여 부서를 나누어 업무를 담당하였는데, 도승지가 이방, 좌승지가 호방, 우승지가 예방, 좌부승지가 병방, 우부승지가 형방, 동부승지가 공방 업무를 맡았다. 이는 당시 중앙부처 업무 분담이 크게 육조(이조, 호조, 예조, 병조, 형조, 공조)로 나누어져 있었고, 경국대전 구성이 6전 체제로 되어 있던 것과도 맥을 같이 한다.

한편 6명의 승지가 동등하게 대우받는 것은 아니었다. 같은 승지라 하더라도 도승지는 다른 나머지 승지들과 대우가 달랐고, 좌승지·우승지와 좌부승지·우부승지·동부승지의 관청 내 위계질서 역시 현격한 차이가 있었다. 관청 청사에 출입할 때도 위계를 준수하여야 했고, 도승지가 4일에 한 번 숙직하는 반면 하위인 동부승지는 연속 3일을 숙직해야만 하였다.

주서는 고려 이래의 당후관(堂後官)을 개칭한 것으로 승정원을 통과한 모든 공사(公事)와 문서를 기록하는 것이 그 임무였다. 주서를 역임한 직후에는 성균관 전적이나 예문관 한림 등을 거쳐, 뒤에는 조선시대 청직(淸職)으로 불리는 홍문관·사간원·사헌부 등의 언관으로 진출하였다가 승지를 거쳐 정승의 자리에 이르는 사람이 많았다. 따라서 주서의 자격 요건은 엄격하였다. 반드시 문과 출신자여야 하였고, 인물이 용렬하거나 여론이 좋지 않은 등 개인적인 문제가 있거나 출신이 분명하지 않은 경우에는 주서에 임명될 수 없었다.

① 승정원 내에는 총 2명의 주서가 있었다.
② 승정원 도승지와 동부승지의 품계는 달랐다.
③ 양반자제로서 무과 출신자는 주서로 임명될 수 없었다.
④ 좌부승지는 병조에 소속되어 병방 업무를 담당하였다.
⑤ 홍문원·사간원 등의 언관이 승진한 후 승정원 주서를 역임하는 사례가 많았다.

2. 다음 글을 근거로 판단할 때, <보기>에서 옳은 것만을 모두 고르면?

'피카레스크 소설'은 스페인만이 가진 독특한 문학 장르로 하류층의 삶을 소재로 해서 매우 현실적인 내용을 숨김없이 표현한다. 피카레스크 소설에서는 주인공을 '피카로'로 지칭하는데, 피카로는 장난꾸러기, 악동, 악당 등을 뜻하는 스페인어이다. 피카레스크 소설에서 주인공인 피카로는 항상 '나'의 시점에서 자신의 경험을 생생하게 서술한다. 주인공은 뚜렷한 직업이 없는 소년으로 구걸과 도둑질을 일삼으면서 양심의 가책 없이 다른 사람을 희생시켜 살아가다가 오히려 자신의 계략에 희생당하는 인물이다.

피카레스크 소설은 그 배경이 된 시대의 사회상, 특히 여러 계층의 사람들이 살아가는 모습을 생생하게 그려냄으로써 사실주의적 경향을 극명하게 보여준다. 피카레스크 소설은 다른 유럽 국가들에도 큰 영향을 끼쳐서 18, 19세기에 사실주의 소설이 발전하는데 이바지했다.

피카레스크 소설 중 가장 대표적인 작품으로는 1554년에 쓰여진 작가 미상의 『라사리요 데 토르메스』가 있다. 이 소설은 출판되자마자 커다란 성공을 거두었으나, 그 속에 담긴 반(反)교회, 반(反)교권주의적인 내용 때문에 종교 재판소로부터 출판을 금지당하기도 했다. 한편 이 작품은 역사적·문화적 관점에서뿐만 아니라 심리학적 견지에서도 우수한 작품으로 평가받고 있으며 세계문학사상 최초의 근대 풍속소설로 꼽히고 있다.

<보 기>

ㄱ. 피카레스크 소설을 통해 그 배경이 된 시대의 생활상을 파악할 수 있다.
ㄴ. 피카레스크 소설 속에서 주인공은 자신의 경험을 1인칭 시점에서 이야기한다.
ㄷ. 피카레스크 소설은 주인공이 행복한 삶을 영위하는 것으로 결말지어진다.
ㄹ. 『라사리요 데 토르메스』는 종교 재판소의 금지로 인해 출판되지도 못한 채 구전으로만 전해져 내려왔다.

① ㄱ, ㄴ
② ㄱ, ㄷ
③ ㄴ, ㄹ
④ ㄷ, ㄹ
⑤ ㄴ, ㄷ, ㄹ

3. 다음 글을 근거로 판단할 때, <보기>에서 옳은 것만을 모두 고르면?

> 건축은 자연으로부터 인간을 보호하기 위한 인위적인 시설인 지붕을 만들기 위한 구축술(構築術)에서 시작되었다고 할 수 있다. 우리가 중력의 법칙이 작용하는 곳에 살고 있는 이상 지붕은 모든 건축에서 고려해야 할 필수적인 요소이다. 건축은 바닥과 벽 그리고 지붕의 세 요소로 이루어진다. 하지만 인류 최초의 건축 바닥은 지면이었고 별도의 벽은 없었다. 뿔형이나 삼각형 단면 구조에 의해 이루어지는 지붕이 벽의 기능을 하였을 뿐이다.
>
> 그러나 지붕만 있는 건축으로는 넓은 공간을 만들 수 없다. 천장도 낮아서 공간의 효율성이 떨어지고 불편했다. 따라서 공간에 대한 욕구가 커지고 건축술이 발달하면서 건축은 점차 수직으로 선 구조체가 지붕을 받치는 구조로 발전하였다. 그로 인해 지붕의 처마는 지면에서 떨어질 수 있게 되었고, 수직의 벽도 출현하게 되었다. 수직 벽체의 출현은 건축의 발달 과정에서 획기적인 전환이었다. 이후 수직 벽체는 건축구조에서 가장 중요한 부분의 하나가 되었고, 그것을 만드는 재료와 방법에 따라서 다양한 구조와 형태의 건축이 출현하였다.
>
> 흙을 사용하여 수직 벽체를 만드는 건축 방식에는 항토(夯土)건축과 토담, 전축(塼築) 등의 방식이 있다. 항토건축은 거푸집을 대고 흙 또는 흙에 강회(생석회)와 짚여물 등을 섞은 것을 넣고 다져 벽을 만든 것이다. 토담 방식은 햇볕에 말려 만든 흙벽돌을 쌓아올려 벽을 만든 것이다. 그리고 전축은 흙벽돌을 고온의 불에 구워 만든 전돌을 이용해 벽을 만든 것이다.
>
> 항토건축은 기단이나 담장, 혹은 성벽을 만드는 구조로 사용되었을 뿐 대형 건축물의 구조방식으로는 사용되지 않았고, 토담 방식으로 건물을 지은 예는 많지 않았다. 한편 전축은 전탑, 담장, 굴뚝 등에 많이 활용되었고 조선 후기에는 화성(華城)의 건설에 이용되었다. 여름철에 비가 많고 겨울이 유난히 추운 곳에서는 수분의 침투와 동파를 막기 위해서 높은 온도에서 구워낸 전돌을 사용해야 했는데, 경제적인 부담이 커서 대량생산을 할 수 없었다.

<보 기>

ㄱ. 수직 벽체를 만들게 됨에 따라서 지붕만 있는 건축물보다는 더 넓은 공간의 건축물을 지을 수 있게 되었다.
ㄴ. 항토건축 방식은 대형 건축물의 수직 벽체로 활용되었을 뿐 성벽에는 사용되지 않았다.
ㄷ. 토담 방식은 흙을 다져 전체 벽을 만든 것으로 당시 대부분의 건축물에 활용되었다.
ㄹ. 화성의 건설에 이용된 전축은 높은 온도에서 구워낸 전돌을 사용한 것이다.

① ㄱ, ㄴ
② ㄱ, ㄹ
③ ㄴ, ㄷ
④ ㄱ, ㄷ, ㄹ
⑤ ㄴ, ㄷ, ㄹ

4. 다음 글을 근거로 판단할 때 옳은 것은?

> 첨단산업·지적소유권·건축공사·국제금융·파생상품 등 전문적 지식이 요구되는 민사소송사건에서는 전문심리위원제도를 활용할 수 있다. 이는 증거조사·화해 등 소송절차의 원활한 진행을 위한 것으로, 법원이 당해 사건의 관계전문가를 전문심리위원으로 재판절차에 참여시키고 그로부터 전문적 지식에 관해 조언을 받을 수 있도록 한 제도이다. 전문심리위원이 재판에 참여하면 당사자의 허위 진술을 방지할 수 있으며, 그의 전문지식을 통해 사안을 밝힐 수 있기 때문에 감정을 할 때 소요되는 값비싼 감정료를 절감할 수 있는 등의 장점이 있다.
>
> 법원은 직권 또는 당사자의 신청에 따른 결정으로 1인 이상의 전문심리위원을 지정한다. 전문심리위원은 당해 소송절차에서 설명 또는 의견을 기재한 서면을 제출하거나, 변론기일 또는 변론준비기일에 출석하여 설명을 하거나 의견을 제시하는 등으로 재판절차에 참여한다. 그러나 전문심리위원은 증인이나 감정인이 아니기 때문에 그의 설명이나 의견은 증거자료가 아니다. 한편 전문심리위원이 당사자, 증인 또는 감정인 등 소송관계인에게 질문하기 위해서는 재판장의 허가를 얻어야 한다. 또한 전문심리위원은 재판부의 구성원이 아니므로 판결 내용을 정하기 위한 판결의 합의나 판결문 작성에는 참여할 수 없다.
>
> 법원은 상당한 이유가 있는 때에는 직권 또는 당사자의 신청에 의해 전문심리위원의 지정결정을 취소할 수 있다. 다만 당사자의 합의로 그 지정결정을 취소할 것을 신청한 때에는 법원은 그 결정을 취소하여야 한다. 한편 전문심리 위원의 공정성을 확보하기 위해서, 전문심리위원이 당사자의 배우자가 되거나 친족이 된 경우 또는 그가 당해 사건에 관하여 증언이나 감정을 한 경우 등에는 법원이 그에 대한 별도의 조처를 하지 않더라도 그는 당연히 이후의 재판절차에 참여할 수 없게 된다.

① 소송당사자의 동의가 있으면 전문심리위원은 당사자에게 직접 질문할 수 있다.
② 전문심리위원은 판결 내용을 결정하기 위해 진행되는 판결의 합의에 참여할 수 있다.
③ 전문심리위원이 변론에서 행한 설명 또는 의견은 증거자료에 해당하기 때문에 법원은 그의 설명 또는 의견에 의거하여 재판하여야 한다.
④ 소송당사자가 합의하여 전문심리위원 지정결정의 취소를 신청한 경우일지라도 법원은 상당한 이유가 있으면 그 지정결정을 취소하지 않아도 된다.
⑤ 전문심리위원이 당해 사건에서 증언을 하였다면, 법원의 전문심리위원 지정결정 취소가 없더라도 그는 전문심리위원으로서 이후의 재판절차에 참여할 수 없게 된다.

5. 다음 글을 근거로 판단할 때 옳은 것은?

법 제00조(정의) 이 법에서 "재외동포"란 다음 각 호의 어느 하나에 해당하는 자를 말한다.
1. 대한민국의 국민으로서 외국의 영주권(永住權)을 취득한 자 또는 영주할 목적으로 외국에 거주하고 있는 자(이하 "재외국민"이라 한다)
2. 대한민국의 국적을 보유하였던 자(대한민국정부 수립 전에 국외로 이주한 동포를 포함한다) 또는 그 직계비속(直系卑屬)으로서 외국국적을 취득한 자 중 대통령령으로 정하는 자(이하 "외국국적동포"라 한다)

시행령 제00조(재외국민의 정의) ① 법 제00조 제1호에서 "외국의 영주권을 취득한 자"라 함은 거주국으로부터 영주권 또는 이에 준하는 거주목적의 장기체류자격을 취득한 자를 말한다.

② 법 제00조 제1호에서 "영주할 목적으로 외국에 거주하고 있는 자"라 함은 해외이주자로서 거주국으로부터 영주권을 취득하지 아니한 자를 말한다.

제00조(외국국적동포의 정의) 법 제00조 제2호에서 "대한민국의 국적을 보유하였던 자(대한민국정부 수립 이전에 국외로 이주한 동포를 포함한다) 또는 그 직계비속으로서 외국국적을 취득한 자 중 대통령령이 정하는 자"란 다음 각 호의 어느 하나에 해당하는 자를 말한다.
1. 대한민국의 국적을 보유하였던 자(대한민국정부 수립 이전에 국외로 이주한 동포를 포함한다. 이하 이 조에서 같다)로서 외국국적을 취득한 자
2. 부모의 일방 또는 조부모의 일방이 대한민국의 국적을 보유하였던 자로서 외국국적을 취득한 자

① 대한민국 국민은 재외동포가 될 수 없다.
② 재외국민이 되기 위한 필수 요건은 거주국의 영주권 취득이다.
③ 할아버지가 대한민국 국적을 보유하였던 미국 국적자는 재외국민이다.
④ 대한민국 국민으로서 회사업무를 위해 중국출장 중인 사람은 외국국적동포이다.
⑤ 과거에 대한민국 국적을 보유하였던 자로서 현재 브라질 국적을 취득한 자는 외국국적동포이다.

6. 다음 <근대 문물의 수용 연대>를 근거로 판단할 때, <A사건>이 발생한 해에 볼 수 있었던 광경으로 옳게 추론한 것은?

<근대 문물의 수용 연대>

신문	한성순보(1883년 개간/1884년 폐간)
교통	철도: 경인선(1899년), 경부선(1905년) 전차: 서대문~청량리(1898년)
의료	광혜원(1885년), 세브란스 병원(1904년)
건축	독립문(1897년), 명동성당(1898년)
전기 통신	전신(1885년), 전등(1887년 경복궁 내), 전화(1896년)

<A사건>

경복궁 내에 여러 가지 기계가 설치되었다. 궁내의 큰 마루와 뜰에 등롱(燈籠) 같은 것이 설치되어 서양인이 기계를 움직이자 연못의 물이 빨아 올려져 끓는 소리와 우렛소리와 같은 시끄러운 소리가 났다. 그리고 얼마 있지 않아 가지 모양의 유리에 휘황한 불빛이 대낮 같이 점화되어 모두가 놀라움을 금치 못했다. 궁궐에 있는 궁인들이 이 최초의 놀라운 광경을 구경하기 위해 내전 안으로 몰려들었다.

① 광혜원에서 전화를 거는 의사
② 독립문 준공식을 보고 있는 군중
③ 서대문에서 청량리 구간의 전차를 타는 상인
④ <A사건>을 보도한 한성순보를 읽고 있는 관리
⑤ 전신을 이용하여 어머니께 소식을 전하는 아들

7. 다음 글을 근거로 판단할 때, <보기>의 甲~丁이 권장 시기에 맞춰 정기검진을 받는다면 첫 정기검진까지의 기간이 가장 적게 남은 사람부터 순서대로 나열한 것은? (단, 甲~丁은 지금까지 건강검진을 받은 적이 없다)

> 암 검진은 암을 조기 발견하여 생존률을 높일 수 있기 때문에 매우 중요하다. 일반적으로 권장하는 정기검진의 시작 시기와 주기는 위암은 만 40세부터 2년 주기, 대장암은 만 50세부터 1년 주기, 유방암은 만 40세부터 2년 주기 등이다. 폐암은 흡연자인 경우 만 40세부터 1년 주기로, 비흡연 여성도 만 60세부터 검진을 받아야 한다. 간경변증을 앓고 있는 사람이거나 B형 또는 C형 간염 바이러스 보균자는 만 30세부터 6개월 간격으로 간암 정기검진을 받아야 한다.
>
> 그런데 많은 암환자들이 가족력을 가지고 있는 것으로 알려져 있다. 우리나라 암 사망 원인 1위인 폐암은 부모나 형제자매 가운데 해당 질병을 앓은 사람이 있으면 발병 확률이 일반인의 1.95배나 된다. 대장암 환자의 30%도 가족력이 있다. 부모나 형제자매 중에 한 명의 대장암 환자가 있으면 발병 확률은 일반인의 2~3배가 되고, 두 명이 있으면 그 확률은 4~6배로 높아진다. 우리나라 여성들이 많이 걸리는 유방암도 가족력이 큰 영향을 미친다. 따라서 가족력이 있으면 대장암은 검진 시기를 10년 앞당겨야 하며, 유방암도 검진 시기를 15년 앞당기고 검사 주기도 1년으로 줄여야 한다.

<보 기>

ㄱ. 매운 음식을 자주 먹는 만 38세 남성 甲의 위암 검진
ㄴ. 대장암 가족력이 있는 만 33세 남성 乙의 대장암 검진
ㄷ. 유방암 가족력이 있는 만 25세 여성 丙의 유방암 검진
ㄹ. 흡연자인 만 36세 여성 丁의 폐암 검진

① 甲, 乙, 丙, 丁
② 甲, 丙, 丁, 乙
③ 丙, 甲, 丁, 乙
④ 丙, 丁, 乙, 甲
⑤ 丁, 乙, 丙, 甲

8. 다음 글과 <조건>을 근거로 판단할 때, 2순위와 4순위가 옳게 짝지어진 것은?

> 심야에 오토바이 폭주족들이 굉음을 내고 도로를 질주하여 주민들이 잠을 잘 수가 없다는 민원이 경찰청에 끊임없이 제기되고 있다. 경찰청은 이 문제를 해결하기 위해 대책을 논의하였다. 그 결과 안전그물 설치, 전담반 편성, CCTV 설치, 처벌 강화, 시민자율방범의 5가지 대안을 마련하였고, 그 대안별 우선순위를 알고자 한다.

<조 건>

평가기준 \ 대안	(ㄱ) 안전그물 설치	(ㄴ) 전담반 편성	(ㄷ) CCTV 설치	(ㄹ) 처벌 강화	(ㅁ) 시민자율 방범
효과성	8	5	5	9	4
기술적 실현가능성	7	2	1	6	3
경제적 실현가능성	6	1	3	8	1
행정적 실현가능성	6	6	5	5	5
법적 실현가능성	6	5	5	5	5

○ 우선순위는 각 대안별 평가기준 점수의 합계가 높은 순으로 정한다.
○ 합계점수가 같은 경우에는 법적 실현가능성 점수가 높은 대안이 우선순위가 높고, 법적 실현가능성 점수도 같은 경우에는 효과성 점수, 효과성 점수도 같은 경우에는 행정적 실현가능성 점수, 행정적 실현가능성 점수도 같은 경우에는 기술적 실현가능성 점수가 높은 대안 순으로 우선순위를 정한다.

	2순위	4순위
①	ㄱ	ㄴ
②	ㄴ	ㄹ
③	ㄹ	ㄴ
④	ㄹ	ㄷ
⑤	ㄹ	ㅁ

9. 다음 <규칙>과 <결과>에 근거하여 판단할 때, 甲과 乙 중 승리한 사람과 甲이 사냥한 동물의 종류 및 수량으로 가능한 조합은?

<규 칙>

○ 이동한 거리, 채집한 과일, 사냥한 동물 각각에 점수를 부여하여 합계 점수가 높은 사람이 승리하는 게임이다.
○ 게임시간은 1시간이며, 주어진 시간 동안 이동을 하면서 과일을 채집하거나 사냥을 한다.
○ 이동거리 1미터 당 1점을 부여한다.
○ 사과는 1개 당 5점, 복숭아는 1개 당 10점을 부여한다.
○ 토끼는 1마리 당 30점, 여우는 1마리 당 50점, 사슴은 1마리 당 100점을 부여한다.

<결 과>

○ 甲의 합계 점수는 1,590점이다. 甲은 과일을 채집하지 않고 사냥에만 집중하였으며, 총 1,400미터를 이동하는 동안 모두 4마리의 동물을 잡았다.
○ 乙은 총 1,250미터를 이동했으며, 사과 2개와 복숭아 5개를 채집하였다. 또한 여우를 1마리 잡고 사슴을 2마리 잡았다.

	승리한 사람	甲이 사냥한 동물의 종류 및 수량
①	甲	토끼 3마리와 사슴 1마리
②	甲	토끼 2마리와 여우 2마리
③	乙	토끼 3마리와 여우 1마리
④	乙	토끼 2마리와 여우 2마리
⑤	乙	토끼 1마리와 사슴 3마리

10. 다음 <규칙>을 근거로 판단할 때, '도토리'와 '하트'를 각각 가장 많이 획득할 수 있는 꽃은?

<규 칙>

○ 게임 시작과 동시에 주어지는 12개의 물방울을 가지고 1시간 동안 한 종류만의 꽃을 선택하여 재배·수확을 반복한다.
○ 12개의 물방울은 재배·수확이 끝나면 자동 충전된다.
○ 꽃을 1회 재배·수확하기 위해서는 꽃 종류별로 각각 일정한 '재배·수확시간'과 '물방울'이 필요하다.
○ 재배·수확된 꽃은 '도토리'나 '하트' 중 어느 하나를 선택하여 교환할 수 있다.
○ 이외의 조건은 고려하지 않는다.

구분	재배·수확 시간(회 당)	물방울 (송이 당)	도토리 (송이 당)	하트 (송이 당)
나팔꽃	3분	2개	2개	1개
무궁화	5분	4개	3개	5개
수선화	10분	2개	5개	10개
장미	12분	6개	10개	15개
해바라기	20분	4개	25개	20개

예) 나팔꽃 1송이를 재배·수확하는데 필요한 물방울은 2개이므로 12개의 물방울로 3분 동안 6송이의 나팔꽃을 재배·수확하여 도토리 12개 또는 하트 6개로 교환할 수 있다.

	도토리	하트
①	해바라기	수선화
②	해바라기	해바라기
③	무궁화	장미
④	나팔꽃	해바라기
⑤	나팔꽃	수선화

11. 다음 글을 근거로 판단할 때, <보기>에서 옳은 것만을 모두 고르면?

목련은 연꽃처럼 생긴 꽃이 나무에 달린다고 하여 목련(木蓮)이라 한다. 우리나라 원산(原産)의 목련을 포함한 대부분의 목련은 찬바람이 채 가시지도 않은 이른 봄에 잎이 돋아나는 것을 기다릴 새도 없이 어른 주먹만한 흰 꽃을 먼저 피우는데, 성급하게 핀 꽃 치고는 그 자태가 우아하고 향기 또한 그윽하다.

주위에 흔히 보이는 목련은 대개가 중국에서 들여온 백목련이다. 우리나라 원산의 목련은 꽃잎이 좁고 얇으며 꽃잎이 뒤로 젖혀질 만큼 활짝 핀다. 또 꽃잎 안쪽에 붉은 선이 있고 꽃받침이 뚜렷하게 구분된다. 반면 백목련은 꽃받침이 꽃잎처럼 변해 버려 구분하기 어려우며 꽃이 다 피어도 절반 정도밖에 벌어지지 않는다는 점에서 우리나라 원산의 목련과 다르다.

이외에도 일본에서 들여온 일본목련이 있다. 우리나라 원산의 목련과는 달리 잎이 핀 다음에 꽃이 피고, 잎과 꽃의 크기가 훨씬 크기 때문에 이 둘을 구별하는 데 어려움은 없다. 하지만 엉뚱하게도 일본목련을 우리나라에서 자라는 늘푸른나무인 후박나무로 잘못 알고 있는 경우가 많다. 일본인들은 일본목련을 그들 말로 '호오노끼'라 부르면서 한자로는 '후박(厚朴)'이라고 표기한다. 그런데 일본목련을 수입해 올 때 일본어의 한자이름만 보고 그대로 '후박나무'로 번역해 버린 탓에 이 같은 혼란이 생긴 것이다.

<보 기>

ㄱ. 백목련은 중국에서, 일본목련은 일본에서 들여왔다.
ㄴ. 백목련과 우리나라 원산의 목련은 꽃이 벌어지는 정도로 구별 가능하다.
ㄷ. 우리나라 원산의 목련은 꽃이 핀 다음에 잎이 핀다.
ㄹ. 우리나라의 늘푸른나무인 후박나무와 일본의 호오노끼는 같은 나무이다.

① ㄱ, ㄹ
② ㄴ, ㄷ
③ ㄴ, ㄹ
④ ㄱ, ㄴ, ㄷ
⑤ ㄱ, ㄷ, ㄹ

12. 다음 글을 근거로 판단할 때 옳은 것은?

'스마트 엔트리 서비스(Smart Entry Service)'는 대한민국 자동출입국심사시스템의 명칭으로, 사전에 여권정보와 바이오정보(지문, 안면)를 등록한 후 스마트 엔트리 서비스 게이트에서 이를 활용하여 출입국심사를 진행하는 첨단 시스템이다. 이 서비스 이용자는 출입국심사관의 대면심사를 대신하여 자동출입국심사대를 이용해 약 12초 이내에 출입국 심사를 마칠 수 있다.

17세 이상의 주민등록증을 발급받은 대한민국 국민 및 국내체류 중인 등록외국인은 스마트 엔트리 서비스에 가입할 수 있다. 단, 복수국적자인 대한민국 국민은 외국여권으로는 가입할 수 없다. 미국인의 경우 한·미 자동출입국심사서비스 상호이용 프로그램에 따라 국내체류 중인 등록 외국인이 아니어도 가입이 가능하다.

스마트 엔트리 서비스 가입 희망자는 자동판독이 가능한 전자여권을 소지하여야 한다. 그리고 바이오정보로 본인 여부를 확인할 수 있도록 지문정보 취득 및 얼굴사진 촬영이 가능해야 한다. 따라서 지문의 상태가 좋지 않아 본인확인이 어려운 경우에는 가입이 제한된다. 대한민국 국민과 국내 체류 중인 등록외국인은 스마트 엔트리 서비스 가입을 위한 수수료가 면제되고, 한·미 자동출입국심사서비스 상호 이용 프로그램을 통해 스마트 엔트리 서비스에 가입하려는 미국인은 100달러의 수수료를 지불해야 한다.

가입 후, 스마트 엔트리 서비스 이용 중에 여권 또는 개인정보가 변경된 경우에는 등록센터를 방문하여 변경사항을 수정하여야 하며, 심사대에서 지문 인식이 불가능한 경우에는 등록센터를 방문하여 지문을 재등록 하여야 한다. 스마트 엔트리 서비스에 가입한 사람은 출입국시 스마트 엔트리 서비스 게이트 또는 일반심사대에서 심사를 받을 수 있고, 스마트 엔트리 서비스 게이트를 이용하는 경우에는 출입국심사인 날인이 생략된다.

① 복수국적자인 대한민국 국민은 스마트 엔트리 서비스에 가입할 수 없다.
② 외국인의 경우 국내체류 중인 등록외국인 외에는 스마트 엔트리 서비스 가입이 불가능하다.
③ 스마트 엔트리 서비스에 가입한 자는 출입국시 항상 스마트 엔트리 서비스 게이트에서 심사를 받아야 한다.
④ 한·미 자동출입국심사서비스 상호이용 프로그램을 통해 스마트 엔트리 서비스에 가입하려는 대한민국 국민은 100달러를 수수료로 지불해야 한다.
⑤ 스마트 엔트리 서비스 가입 후 여권을 재발급 받아 여권정보가 변경된 경우, 이 서비스를 계속 이용하기 위해서는 등록센터를 방문하여 여권정보를 수정하여야 한다.

13. 다음 글을 근거로 판단할 때 옳은 것은?

일반적으로 간단한 과학 기술 원리를 적용하여 저소득층의 기본적인 욕구를 충족시키는 제품을 개발하는 데 사용되는 기술을 '적정 기술' 혹은 '따뜻한 기술'이라고 한다. 이와 같은 적정 기술의 기원은 작고 지역적이며 시골의 필요를 충족시키고자 했던 간디의 물레에서 찾아볼 수 있다.

그러나 적정 기술이 반드시 첨단 기술을 배제하는 것은 아니다. 최근 영국에서는 최첨단 나노 기술을 적용하여 미세한 바이러스 입자까지 걸러내는 정수필터를 개발하였다. 이 정수필터를 장착한 물통은 2만 5천 리터의 물을 정수할 수 있는데, 이를 통해 하루에 단돈 0.5센트로 4명의 가족이 3년간 마실 수 있는 물을 확보할 수 있다. 어쩌면 이 물통의 보급이 아프리카에 우물을 파는 것보다 훨씬 적은 비용으로 더 많은 사람들에게 혜택을 줄 수 있을 것이다.

이러한 적정 기술은 세계의 빈곤 문제를 해결할 수 있는 하나의 대안이 될 수도 있다. 현재 세계의 지도자들이 논의하고 있는 불균형 발전의 문제는 충분히 의제화되어 있기도 하고, 그 원인에 대해서도 어느 정도 규명이 이루어지고 있다. 그러나 이러한 논의들은 하루 1달러 미만으로 매순간 절망 속에서 살아가는 14억 인구가 당장 오늘의 생계유지와 더 나은 미래를 위해 무엇을 어떻게 해야 할 것인가에 관해서는 구체적이고 명확한 방안을 제시하지 못하고 있다. 하지만 적정 기술은 이러한 문제해결에 획기적인 수준에는 미치지 못하더라도 상당한 수준의 기여를 할 수 있다.

지금도 많은 과학자 혹은 공학자들이 연구실과 작업현장에서 수많은 적정 기술을 개발하여 이를 적용한 제품을 만들어 내고 있다. 그러나 문제는 대부분의 제품들이 온라인 상이나 보고책자 상에만 존재하고 있으며, 실용화되어 널리 쓰이고 있는 제품을 찾아보기가 매우 힘들다는 점이다. 대부분의 제품 개발자들은 다국적 기업에 비해 사업 규모나 유통 인프라가 매우 영세하여, 제품을 꼭 필요로 하는 사람들에게 구매의 기회조차 제공해 주지 못하기 때문이다.

① 적정 기술은 실제 활용의 측면에서 해결해야 할 과제가 있다.
② 적정 기술은 기술력이 앞선 다국적 기업에 의해 전적으로 개발되고 있다.
③ 첨단 기술은 단순하지 않기 때문에 적정 기술 개발에 적용되지 않는다.
④ 적정 기술은 빈곤과 불균형 문제의 해결보다는 현상과 원인을 규명한다는 점에서 더 의미가 있다.
⑤ 적정 기술은 자선의 목적으로 소외 지역에 무상 공급하는 제품에 적용되는 기술로 국한된다.

14. 다음 글을 근거로 판단할 때, A~E 중 유통이력 신고의무가 있는 사람은?

甲국의 유통이력관리제도는 사회안전 및 국민보건을 위해 관세청장이 지정하는 수입물품(이하 "지정물품"이라 한다)에 대해 유통단계별 물품 거래내역(이하 "유통이력"이라 한다)을 추적·관리하는 제도이다. 유통이력에 대한 신고의무가 있는 사람은 수입자와 유통업자이며, 이들이 지정물품을 양도(판매, 재판매 등)한 경우 유통이력을 관세청장에게 신고하여야 한다. 지정물품의 유통이력 신고 의무는 아래 <표>의 시행일자부터 발생한다.

○ 수입자: 지정물품을 수입하여 세관에 신고하는 자
○ 유통업자: 수입자로부터 지정물품을 양도받아 소매업자 또는 최종소비자에게 양도하는 자(도매상 등)
○ 소매업자: 지정물품을 최종소비자에게 판매하는 자
○ 최종소비자: 지정물품의 형체를 변형해서 사용하는 자를 포함하는 최종단계 소비자(개인, 식당, 제조공장 등)

<표> 유통이력신고 대상물품

시행일자	지정물품
2009.8.1.	공업용 천일염, 냉동복어, 안경테
2010.2.1.	황기, 백삼, 냉동고추, 뱀장어, 선글라스
2010.8.1.	구기자, 당귀, 곶감, 냉동송어, 냉동조기
2011.3.1.	건고추, 향어, 활낙지, 지황, 천궁, 설탕
2012.5.1.	산수유, 오미자
2013.2.1.	냉동옥돔, 작약, 황금

※ 위의 <표>에서 제시되지 않은 물품은 신고의무가 없는 것으로 간주한다.

① 수입한 선글라스를 2009년 10월 안경전문점에 판매한 안경테 도매상 A
② 당귀를 수입하여 2010년 5월 동네 한약방에 판매한 한약재 전문 수입자 B
③ 구기자를 수입하여 2012년 2월 건강음료 제조공장에 판매한 식품 수입자 C
④ 도매상으로부터 수입 냉동복어를 구입하여 만든 매운탕을 2011년 1월 소비자에게 판매한 음식점 주인 D
⑤ 수입자로부터 냉동옥돔을 구입하여 2012년 8월 음식점에 양도한 도매상 E

15. 다음 글을 근거로 판단할 때, <보기>에서 인공임신중절수술이 허용되는 경우만을 모두 고르면?

법 제00조(인공임신중절수술의 허용한계) ① 의사는 다음 각 호의 어느 하나에 해당되는 경우에만 본인과 배우자(사실상의 혼인관계에 있는 사람을 포함한다. 이하 같다)의 동의를 받아 인공임신중절수술을 할 수 있다.

1. 본인이나 배우자가 대통령령으로 정하는 우생학적(優生學的) 또는 유전학적 정신장애나 신체질환이 있는 경우
2. 본인이나 배우자가 대통령령으로 정하는 전염성 질환이 있는 경우
3. 강간 또는 준강간(準强姦)에 의하여 임신된 경우
4. 법률상 혼인할 수 없는 혈족 또는 인척 간에 임신된 경우
5. 임신의 지속이 보건의학적 이유로 모체의 건강을 심각하게 해치고 있거나 해칠 우려가 있는 경우

② 제1항의 경우에 배우자의 사망·실종·행방불명, 그 밖에 부득이한 사유로 동의를 받을 수 없으면 본인의 동의만으로 그 수술을 할 수 있다.

③ 제1항의 경우 본인이나 배우자가 심신장애로 의사표시를 할 수 없을 때에는 그 친권자나 후견인의 동의로, 친권자나 후견인이 없을 때에는 부양의무자의 동의로 각각 그 동의를 갈음할 수 있다.

시행령 제00조(인공임신중절수술의 허용한계) ① 법 제00조에 따른 인공임신중절수술은 임신 24주일 이내인 사람만 할 수 있다.

② 법 제00조 제1항 제1호에 따라 인공임신중절수술을 할 수 있는 우생학적 또는 유전학적 정신장애나 신체질환은 연골무형성증, 낭성섬유증 및 그 밖의 유전성 질환으로서 그 질환이 태아에 미치는 위험성이 높은 질환으로 한다.

③ 법 제00조 제1항 제2호에 따라 인공임신중절수술을 할 수 있는 전염성 질환은 풍진, 톡소플라즈마증 및 그 밖에 의학적으로 태아에 미치는 위험성이 높은 전염성 질환으로 한다.

<보 기>

ㄱ. 태아에 미치는 위험성이 높은 연골무형성증의 질환이 있는 임신 20주일 임산부와 그 남편이 동의한 경우
ㄴ. 풍진을 앓고 있는 임신 28주일 임산부가 동의한 경우
ㄷ. 남편이 실종 중인 상황에서 임신중독증으로 생명이 위험한 임신 20주일 임산부가 동의한 경우
ㄹ. 남편이 실업자가 되어 도저히 아이를 키울 수 없다고 판단한 임신 16주일 임산부와 그 남편이 동의한 경우

① ㄱ, ㄴ
② ㄱ, ㄷ
③ ㄴ, ㄹ
④ ㄱ, ㄷ, ㄹ
⑤ ㄴ, ㄷ, ㄹ

16. 다음 <상황>과 <대화>를 근거로 판단할 때, <보기>에서 옳은 것만을 모두 고르면?

<상 황>

지구와 거대한 운석이 충돌할 것으로 예상되자, A국 정부는 인류의 멸망을 막기 위해 甲, 乙, 丙 세 사람을 각각 냉동캡슐에 넣어 보존하기로 했다. 운석 충돌 후 시간이 흘러 지구에 다시 사람이 살 수 있는 환경이 조성되자, 3개의 냉동캡슐은 각각 다른 시점에 해동이 시작되어 하루 만에 완료되었다. 그 후 甲, 乙, 丙 세 사람은 2120년 9월 7일 한 자리에 모여 다음과 같은 <대화>를 나누었다.

<대 화>

甲: 나는 2086년에 태어났습니다. 19살에 냉동캡슐에 들어갔고, 캡슐에서 해동된 지는 정확히 7년이 되었어요.
乙: 나는 2075년생입니다. 26살에 냉동캡슐에 들어갔고, 캡슐에서 해동된 것은 지금으로부터 1년 5개월 전입니다.
丙: 난 2083년 5월 17일에 태어났어요. 21살이 되기 두 달 전에 냉동캡슐에 들어갔고, 해동된 건 일주일 전이에요.

※ 이들이 밝히는 나이는 만 나이이며, 냉동되어 있는 기간은 나이에 산입되지 않는다.

<보 기>

ㄱ. 甲, 乙, 丙이 냉동되어 있던 기간은 모두 다르다.
ㄴ. 대화를 나눈 시점에 甲이 丙보다 나이가 어리다.
ㄷ. 가장 이른 연도에 냉동캡슐에 들어간 사람은 甲이다.

① ㄱ
② ㄱ, ㄴ
③ ㄱ, ㄷ
④ ㄴ, ㄷ
⑤ ㄱ, ㄴ, ㄷ

17. 다음 글을 근거로 판단할 때, <보기>에서 옳지 않은 것만을 모두 고르면?

> 맥아음료 중 일정 비율을 초과한 알코올을 함유하고 있는 것을 맥주라고 한다. 수입 맥아음료에 대한 관세율 및 주세율은 다음과 같다.
> ○ 관세의 부과기준 및 관세율
> 가. 알코올을 함유하지 않은 맥아음료(알코올 함유량 100분의 0.5 이하 포함): 8%
> 나. 맥주(알코올 함유량 100분의 0.5 초과): 30%
> ○ 주세의 부과기준 및 주세율
> 알코올 함유량이 100분의 1 이상인 맥주: 72%

<보 기>

ㄱ. 알코올 함유량이 1%인 수입 맥아음료는 30%의 관세와 72%의 주세를 모두 납부해야 한다.
ㄴ. 주세 납부 대상이지만 관세는 내지 않아도 되는 수입 맥아음료가 있다.
ㄷ. 알코올 함유량이 0.8%인 수입 맥아음료는 8%의 관세를 납부해야 한다.

① ㄱ
② ㄴ
③ ㄱ, ㄷ
④ ㄴ, ㄷ
⑤ ㄱ, ㄴ, ㄷ

18. 다음 글을 근거로 판단할 때, <보기>에서 같이 사용하면 부작용을 일으키는 화장품의 조합만을 모두 고르면?

> 화장품 간에도 궁합이 있다. 같이 사용하면 각 화장품의 효과가 극대화되거나 보완되는 경우가 있는 반면 부작용을 일으키는 경우도 있다. 요즘은 화장품에 포함된 모든 성분이 표시되어 있으므로 기본 원칙만 알고 있으면 제대로 짝을 맞춰 쓸 수 있다.
> ○ 트러블의 원인이 되는 묵은 각질을 제거하고 외부 자극으로부터 피부 저항력을 키우는 비타민B 성분이 포함된 제품을 트러블과 홍조 완화에 탁월한 비타민K 성분이 포함된 제품과 함께 사용하면, 양 성분의 효과가 극대화되어 깨끗하고 건강하게 피부를 관리하는데 도움이 된다.
> ○ 일반적으로 세안제는 알칼리성 성분이어서 세안 후 피부는 약알칼리성이 된다. 따라서 산성에서 효과를 발휘하는 비타민A 성분이 포함된 제품을 사용할 때는 세안 후 약산성 토너로 피부를 정리한 뒤 사용해야 한다. 한편 비타민A 성분이 포함된 제품은 오래된 각질을 제거하는 기능도 있다. 그러므로 각질관리 제품과 같이 사용하면 과도하게 각질이 제거되어 피부에 자극을 주고 염증을 일으킨다.
> ○ AHA 성분은 각질 결합을 느슨하게 해 묵은 각질이나 블랙헤드를 제거하고 모공을 축소시키지만, 피부의 수분을 빼앗고 탄력을 떨어뜨리며 자외선에 약한 특성도 함께 지니고 있다. 따라서 AHA 성분이 포함된 제품을 사용할 때는 보습 및 탄력관리에 유의해야 하며 자외선 차단제를 함께 사용해야 한다.

<보 기>

ㄱ. 보습기능이 있는 자외선 차단제와 AHA 성분이 포함된 모공축소 제품
ㄴ. 비타민A 성분이 포함된 주름개선 제품과 비타민B 성분이 포함된 각질관리 제품
ㄷ. 비타민B 성분이 포함된 로션과 비타민K 성분이 포함된 영양크림

① ㄱ
② ㄴ
③ ㄷ
④ ㄱ, ㄴ
⑤ ㄴ, ㄷ

19. 다음 <축제 안내문>과 <조건>을 근거로 판단할 때, 甲이 공연을 볼 수 있는 최대 일수는?

<축제 안내문>

○ 공연장소: A도시 예술의 전당
○ 축제기간: 4월 1일부터 4월 14일까지
○ 공연시간: 오후 7시(공연 시작 이후 공연장 입장은 불가합니다)
○ 참고사항: 모든 곡은 <작품별 공연개시일>에 표시된 날부터 연속하여 총 3일 동안 공연되고, 브루크너의 곡은 하루만 공연됩니다.

<작품별 공연개시일>

4/1(월)	4/2(화)	4/3(수)	4/4(목)	4/5(금)	4/6(토)	4/7(일)
•드보르작 - 교향곡 제9번 •베르디 - 리골레토 서곡	•쇼팽 - 즉흥환상곡 •드보르작 - 교향곡 제8번	•브람스 - 바이올린 협주곡 •생상스 - 교향곡 제1번	•파가니니 - 바이올린 협주곡 제1번 •베토벤 - 전원교향곡	•시벨리우스 - 교향시 <핀란디아> 서곡 •닐센 - 오페라 <사울과 다윗>	•바흐 - 요한수난곡 •베를리오즈 - 환상교향곡	•브람스 - 교향곡 제3번 •멘델스존 - 엘리야

4/8(월)	4/9(화)	4/10(수)	4/11(목)	4/12(금)	4/13(토)	4/14(일)
•베를리오즈 - 로마의 카니발 서곡 •라벨 - 볼레로	•비발디 - 사계 중 봄 •바그너 - 탄호이저 서곡	•슈만 - 사육제 •브람스 - 교향곡 제2번	•브람스 - 교향곡 제11번 •헨델 - 스페인 칸타타	•바흐 - 브란덴브르크 협주곡 •쇼팽 - 야상곡	•브루크너 - 교향곡 제6번 •브루크너 - 교향곡 제3번	•브루크너 - 교향곡 제9번

<조 건>

○ 甲은 매주 토요일 오후 2시에 B도시를 출발하여 주말을 A도시에서 보내고, 월요일 아침에 B도시로 돌아간다.
○ 甲은 레슨이 있는 날을 제외하고 평일에는 B도시에서 오전 9시부터 오후 6시까지 수업을 듣는다.
○ 레슨은 A도시에서 매주 수요일 오후 2시에 시작하여 오후 6시에 종료된다.
○ 레슨 장소에서 예술의 전당까지 이동시간은 30분이며, B도시에서 예술의 전당까지 이동시간은 3시간이다.
○ 甲은 베토벤 또는 브람스의 곡이 최소한 1곡이라도 공연되는 날짜에만 공연을 본다.

① 2일
② 3일
③ 4일
④ 5일
⑤ 6일

20. 다음 <상황>에서 기존의 승점제와 새로운 승점제를 적용할 때, A팀의 순위로 옳게 짝지어진 것은?

<상 황>

○ 대회에 참가하는 팀은 총 13팀이다.
○ 각 팀은 다른 모든 팀과 한 번씩 경기를 한다.
○ A팀의 최종성적은 5승 7패이다.
○ A팀과의 경기를 제외한 12팀 간의 경기는 모두 무승부이다.
○ 기존의 승점제는 승리시 2점, 무승부시 1점, 패배시 0점을 부여한다.
○ 새로운 승점제는 승리시 3점, 무승부시 1점, 패배시 0점을 부여한다.

	기존의 승점제	새로운 승점제
①	8위	1위
②	8위	8위
③	13위	1위
④	13위	5위
⑤	13위	13위

21. 다음 글을 근거로 판단할 때, <보기>의 빈칸에 들어가는 것을 옳게 짝지은 것은?

> A국에서는 1~49까지 숫자를 셀 때 다음과 같은 명칭과 규칙을 사용한다. 1~5는 아래와 같이 표현한다.
>
> 1 → tai
> 2 → lua
> 3 → tolu
> 4 → vari
> 5 → luna
>
> 6에서 9까지의 수는 위 명칭에 '새로운'이라는 뜻을 가진 'o'를 앞에 붙여 쓰는데, 6은 otai(새로운 하나), 7은 olua(새로운 둘), 8은 otolu(새로운 셋), …(으)로 표현한다.
>
> 10은 5가 두 개 더해진 것이므로 '두 개의 다섯'이란 뜻에서 lualuna(2 × 5), 15는 '세 개의 다섯'이란 뜻에서 toluluna(3 × 5), 20은 variluna(4 × 5), …(으)로 표현한다. 즉, 5를 포함하는 두 개 숫자의 곱이다.
>
> 11부터는 '더하기'라는 뜻을 가진 'i'를 중간에 넣고, 그 다음에 1~4 사이의 숫자 하나를 순서대로 넣어서 표현한다. 따라서 11은 lualuna i tai(2 × 5 + 1), 12는 lualuna i lua(2 × 5 + 2), …, 16은 toluluna i tai(3 × 5 + 1), 17은 toluluna i lua(3 × 5 + 2), …(으)로 표현한다.

<보 기>

ㄱ. 30은 (　　)로 표현한다.
ㄴ. ovariluna i tolu는 숫자 (　　)이다.

	ㄱ	ㄴ
①	otailuna	48
②	otailuna	23
③	lualualuna	48
④	tolulualuna	17
⑤	tolulualuna	23

22. 다음 <그림>처럼 Ⓟ가 1회 이동할 때는 선을 따라 한 칸 움직인 지점에서 우측으로 45도 꺾어서 한 칸 더 나아가는 방식으로 움직인다. 하지만 Ⓟ가 이동하려는 경로 상에 장애물(☒)이 있으면 움직이지 못한다. <보기> A~E에서 Ⓟ가 3회 이하로 이동해서 위치할 수 있는 곳만을 옳게 묶은 것은?

<그 림>

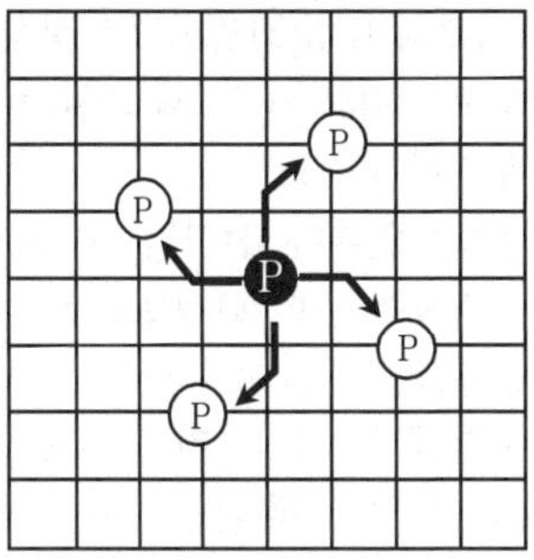

<보 기>

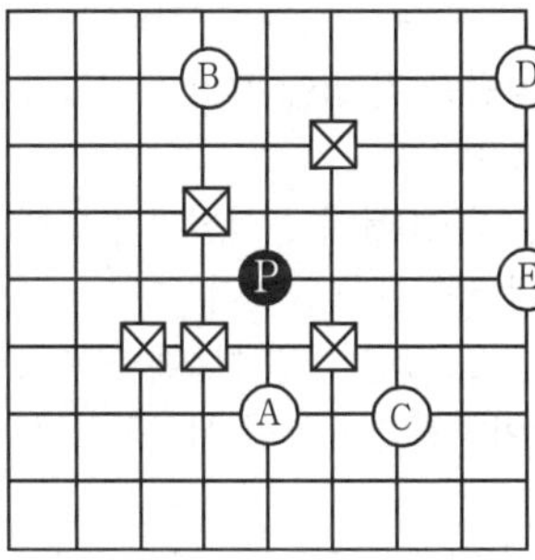

① A, B
② B, D
③ A, C, E
④ B, D, E
⑤ C, D, E

23. 다음 글과 <상황>을 근거로 판단할 때, 甲국 A정당 회계책임자가 2011년 1월 1일부터 2012년 12월 31일까지 중앙선거관리위원회에 회계보고를 한 총 횟수는?

> 법 제00조 정당 회계책임자는 중앙선거관리위원회에 다음 각 호에 정한 대로 회계보고를 하여야 한다.
> 1. 공직선거에 참여하지 아니한 연도
> 매년 1월 1일부터 12월 31일까지의 정치자금 수입과 지출에 관한 회계보고는 다음 연도 2월 15일에 한다.
> 2. 공직선거에 참여한 연도
> 가. 매년 1월 1일부터 선거일 후 20일까지의 정치자금 수입과 지출에 관한 회계보고는 당해 선거일 후 30일(대통령선거는 40일)에 한다.
> 나. 당해 선거일 후 21일부터 당해 연도 12월 31일까지의 정치자금 수입과 지출에 관한 회계보고는 다음 연도 2월 15일에 한다.

<상 황>

○ 甲국의 A정당은 위 법에 따라 정치자금 수입과 지출에 관한 회계보고를 했다.
○ 甲국에서는 2010년에 공직선거가 없었고, 따라서 A정당은 공직선거에 참여하지 않았다.
○ 甲국에서는 2011년 12월 5일에 대통령선거를, 2012년 3월 15일에 국회의원 총선거를 실시하였고, 그 밖의 공직선거는 없었다.
○ 甲국의 A정당은 2011년 대통령선거에 후보를 공천해 참여하였고, 2012년 국회의원 총선거에도 후보를 공천해 참여하였다.

① 3회
② 4회
③ 5회
④ 6회
⑤ 7회

24. 다음 글을 근거로 판단할 때, <보기>에서 옳은 것만을 모두 고르면?

> 8개 국가의 장관이 회담을 위해 ○○에 모였다. 각국의 장관은 자신이 사용하는 언어로 의사소통을 하려고 한다. 그런데 회담이 갑자기 개최되어 통역관을 충분히 확보하지 못한 상황이다. 따라서 의사소통을 위해서는 여러 단계의 통역을 거칠 수도 있고, 2개 이상의 언어를 사용하는 장관이 통역관의 역할을 겸할 수도 있다.
> 현재 회담에 참여하는 장관과 배석 가능한 통역관은 다음과 같다.

장관	사용언어
A	네팔어
B	영어
C	우즈베크어, 러시아어
D	카자흐어, 러시아어
E	영어, 스와힐리어
F	에스파냐어
G	스와힐리어
H	한국어

통역관	통역 가능한 언어
甲	한국어, 우즈베크어
乙	영어, 네팔어
丙	한국어, 에스파냐어
丁	한국어, 영어, 스와힐리어

<보 기>

ㄱ. A장관이 F장관과 의사소통을 하기 위해서는 최소한 3명의 통역관이 배석하여야 한다.
ㄴ. 통역관이 丁밖에 없다면 H장관은 최대 3명의 장관과 의사소통을 할 수 있다.
ㄷ. 통역관 丁이 없으면 G장관은 어느 장관과도 의사소통을 할 수 없다.
ㄹ. 8명의 장관과 4명의 통역관이 모두 회담에 참석하면 모든 장관들은 서로 의사소통이 가능하다.

① ㄱ, ㄴ
② ㄱ, ㄷ
③ ㄱ, ㄴ, ㄹ
④ ㄱ, ㄷ, ㄹ
⑤ ㄴ, ㄷ, ㄹ

25. 다음 글을 근거로 판단할 때, <보기>에서 옳은 것만을 모두 고르면?

전 세계 벼 재배면적의 90%가 아시아에 분포한다. 현재 벼를 재배하는 면적을 나라별로 보면, 인도가 4,300헥타르로 가장 넓고, 중국이 3,300헥타르로 그 다음을 잇고 있으며, 인도네시아, 방글라데시, 베트남, 타이, 미얀마, 일본의 순으로 이어지고 있다. A국은 일본 다음이다.

반면 쌀을 가장 많이 생산하고 있는 나라는 중국으로 전 세계 생산량의 30%를 차지하고 있으며, 그 다음이 20%를 생산하는 인도이다. 단위면적 당 쌀 생산량을 보면 A국이 헥타르 당 5.0톤으로 가장 많고 일본이 헥타르 당 4.5톤이다. A국의 단위면적 당 쌀 생산량은 인도의 3배에 달하는 수치로 현재 A국의 단위면적 당 쌀 생산능력은 세계에서 제일 높다.

<보 기>

ㄱ. 중국의 단위면적 당 쌀 생산량은 인도의 약 2배이다.
ㄴ. 일본의 벼 재배면적이 A국보다 400헥타르가 크다면, 일본의 연간 쌀 생산량은 A국보다 많다.
ㄷ. 인도의 연간 쌀 생산량은 11,000톤 이상이다.

① ㄱ
② ㄴ
③ ㄷ
④ ㄱ, ㄴ
⑤ ㄴ, ㄷ

약점 보완 해설집 p.271

자료해석영역

1. 다음 <표>와 <그림>은 2001~2008년 동안 A국의 비행단계별, 연도별 항공기사고 발생 건수에 대한 자료이다. 이에 대한 <보기>의 설명 중 옳은 것만을 모두 고르면?

<표> 비행단계별 항공기사고 발생 건수(2001~2008년)

(단위: 건, %)

단계	발생 건수	비율
지상이동	4	6.9
이륙	2	3.4
상승	7	12.1
순항	22	37.9
접근	6	10.3
착륙	17	29.4
계	58	100.0

<그림> 연도별 항공기사고 발생 건수

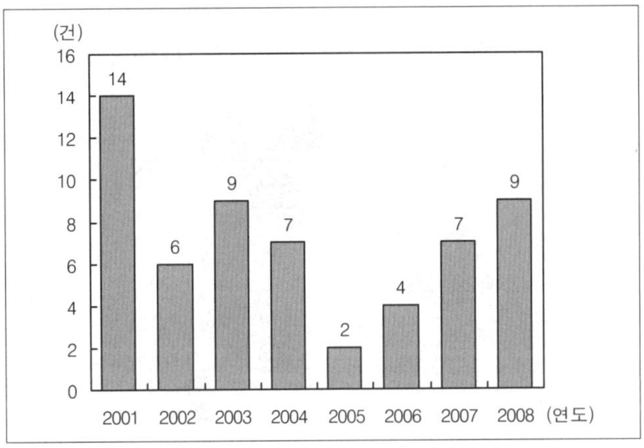

<보 기>

ㄱ. 2005년 이후 항공기사고 발생 건수는 매년 증가하였다.

ㄴ. 비행단계별 항공기사고 발생 건수가 많은 것부터 순서대로 나열하면 순항, 착륙, 접근, 상승 순이다.

ㄷ. 순항단계와 착륙단계의 항공기사고 발생 건수의 합은 총 항공기사고 발생 건수의 60% 이상이다.

ㄹ. 2006~2008년 동안 항공기사고 발생 건수의 전년대비 증가율은 매년 100% 이상이다.

① ㄱ, ㄴ
② ㄱ, ㄷ
③ ㄴ, ㄹ
④ ㄱ, ㄷ, ㄹ
⑤ ㄴ, ㄷ, ㄹ

2. 다음 <그림>은 2006~2010년 A~D국의 특허 및 상표출원 건수에 대한 자료이다. 이에 대한 <보기>의 설명을 이용하여 A~D에 해당하는 국가를 바르게 나열한 것은?

<그림 1> 연도별·국가별 특허출원 건수

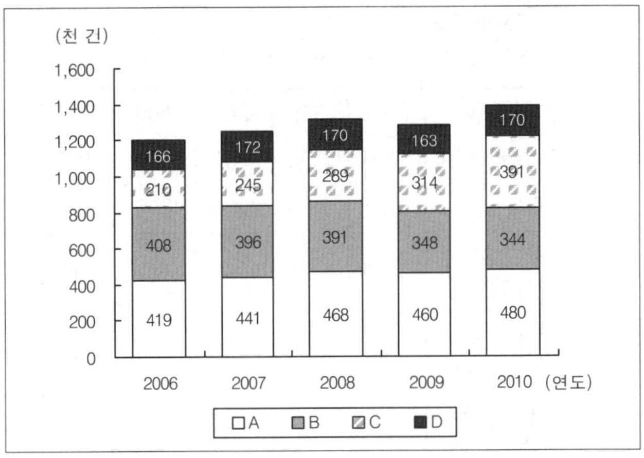

<그림 2> 연도별·국가별 상표출원 건수

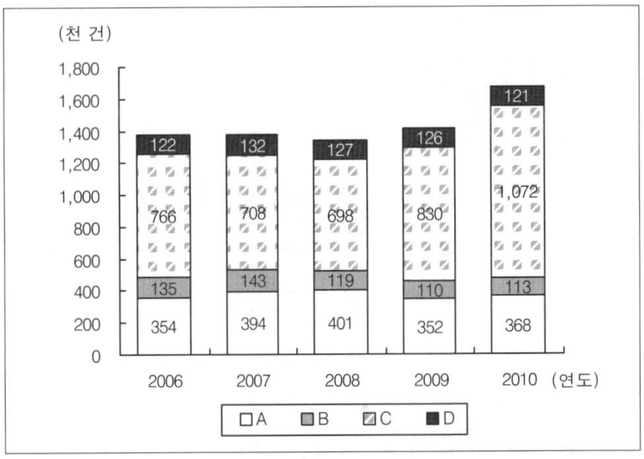

<보 기>

○ 2006년 대비 2010년 특허출원 건수 증가율이 가장 높은 국가는 중국이다.

○ 2007년 대비 2010년 특허출원 건수가 가장 큰 폭으로 감소한 국가는 일본이다.

○ 2007년 이후 한국의 상표출원 건수는 매년 감소하였다.

○ 2010년 상표출원 건수는 미국이 일본보다 10만 건 이상 많다.

	A	B	C	D
①	한국	일본	중국	미국
②	미국	일본	중국	한국
③	중국	한국	미국	일본
④	중국	미국	한국	일본
⑤	미국	중국	일본	한국

3. 다음 <표>와 <그림>은 2010년 대전광역시 행정구역별 교통 관련 현황 및 행정구역도이다. 이를 이용하여 작성한 그래프로 옳지 않은 것은?

<표> 2010년 대전광역시 행정구역별 교통 관련 현황

구분 \ 행정구역	전체	동구	중구	서구	유성구	대덕구
인구(천 명)	1,506	249	265	500	285	207
가구수(천 가구)	557	99	101	180	102	75
주차장 확보율(%)	81.5	78.6	68.0	87.2	90.5	75.3
승용차 보유대수(천 대)	569	84	97	187	116	85
가구당 승용차 보유대수(대)	1.02	0.85	0.96	1.04	1.14	1.13
승용차 통행 발생량(만 통행)	179	28	32	61	33	25
화물차 수송 도착량에 대한 화물차 수송 발생량 비율(%)	51.5	46.8	36.0	30.1	45.7	91.8

※ 승용차 1대당 통행발생량(통행) = $\frac{\text{승용차 통행발생량}}{\text{승용차 보유대수}}$

<그림> 대전광역시 행정구역도

① 행정구역별 인구

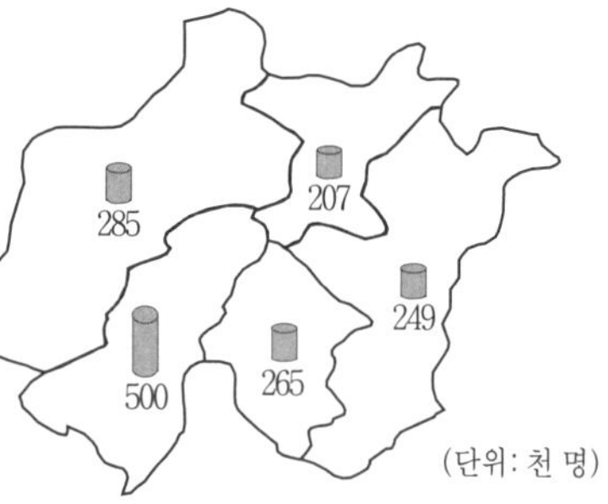

② 행정구역별 주차장 확보율

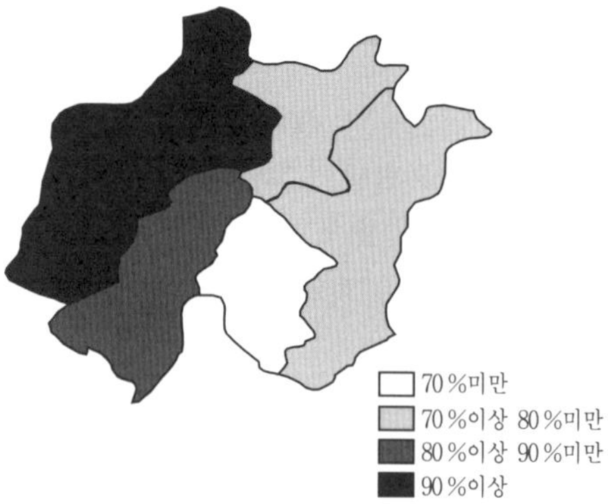

③ 행정구역별 가구당 승용차 보유대수

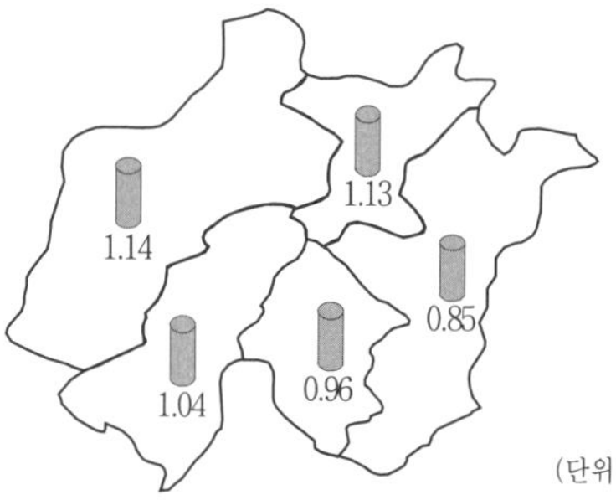

④ 행정구역별 화물차 수송도착량에 대한 화물차 수송발생량 비율

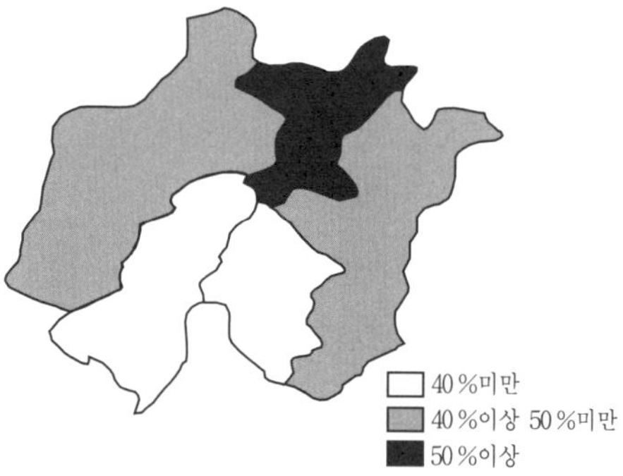

⑤ 행정구역별 승용차 1대당 통행발생량

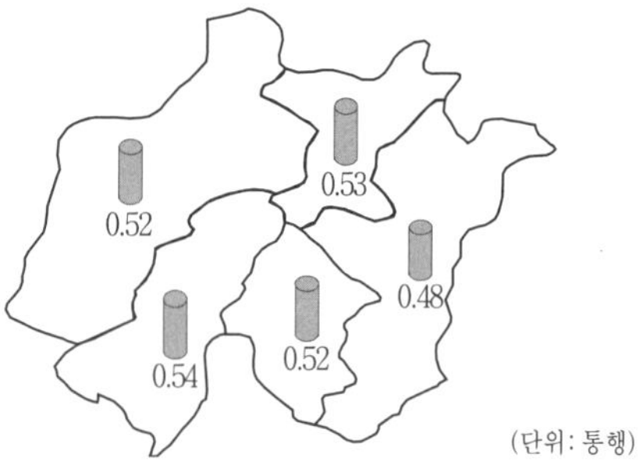

4. 다음 <표>는 어느 나라의 세목별 징수세액에 대한 자료이다. 이에 대한 <보기>의 설명을 이용하여 A~D에 해당하는 세목을 바르게 나열한 것은?

<표> 세목별 징수세액

(단위: 억 원)

세목＼연도	1989	1999	2009
소득세	35,569	158,546	344,233
법인세	31,079	93,654	352,514
A	395	4,807	12,207
증여세	1,035	4,205	12,096
B	897	10,173	10,163
C	52,602	203,690	469,915
개별소비세	12,570	27,133	26,420
주세	8,930	20,780	20,641
전화세	2,374	11,914	11,910
D	4,155	13,537	35,339

<보 기>

○ 1989년 징수세액이 5,000억 원보다 적은 세목은 상속세, 자산재평가세, 전화세, 증권거래세, 증여세이다.
○ 1989년에 비해 1999년에 징수세액이 10배 이상 증가한 세목은 상속세와 자산재평가세이다.
○ 1999년에 비해 2009년에 징수세액이 증가한 세목은 법인세, 부가가치세, 상속세, 소득세, 증권거래세, 증여세이다.

	A	B	C	D
①	상속세	자산재평가세	부가가치세	증권거래세
②	상속세	증권거래세	자산재평가세	부가가치세
③	자산재평가세	상속세	부가가치세	증권거래세
④	자산재평가세	부가가치세	상속세	증권거래세
⑤	증권거래세	상속세	부가가치세	자산재평가세

5. 다음 <표>는 어느 노래의 3월 24~27일 음원차트별 순위에 대한 자료 중 일부가 지워진 것이다. 이에 대한 설명으로 옳은 것은?

<표> 음원차트별 순위

날짜	음원차트					평균 순위
	A	B	C	D	E	
3월 24일	□(↑)	6(↑)	□(↑)	4(↑)	2(↑)	4.2
3월 25일	6(↑)	2(↑)	2(-)	2(↑)	1(↑)	2.6
3월 26일	7(↓)	6(↓)	5(↓)	6(↓)	5(↓)	5.8
3월 27일	□(-)	□(↑)	□(□)	7(↓)	□(-)	6.0

※ 1) □는 지워진 자료를 의미하며, ( )안의 ↑는 전일대비 순위 상승, ↓는 전일대비 순위 하락, -는 전일과 순위가 동일함을 의미함.
2) 순위의 숫자가 작을수록 순위가 높음을 의미함.
3) 평균 순위 = $\frac{\text{5개 음원차트별 순위의 합}}{5}$

① 평균 순위가 가장 높았던 날은 5개 음원차트별 순위가 전일대비 모두 상승하였다.
② 3월 24일 A음원차트에서의 순위는 8위였다.
③ 5개 음원차트별 순위가 전일대비 모두 하락한 날은 평균 순위가 가장 낮았다.
④ 3월 27일 C음원차트에서는 순위가 전일대비 하락하였다.
⑤ 평균 순위는 매일 하락하였다.

6. 다음 <표>는 2000~2007년 7개 도시 실질 성장률에 대한 자료이다. 이에 대한 설명으로 옳은 것은?

<표> 7개 도시 실질 성장률

(단위: %)

도시＼연도	2000	2001	2002	2003	2004	2005	2006	2007
서울	9.0	3.4	8.0	1.3	1.0	2.2	4.3	4.4
부산	5.3	7.9	6.7	4.8	0.6	3.0	3.4	4.6
대구	7.4	1.0	4.4	2.6	3.2	0.6	3.9	4.5
인천	6.8	4.9	10.7	2.4	3.8	3.7	6.8	7.4
광주	10.1	3.4	9.5	1.6	1.5	6.5	6.5	3.7
대전	9.1	4.6	8.1	7.4	1.6	2.6	3.4	3.2
울산	8.5	0.5	15.8	2.6	4.3	4.6	1.9	4.6

① 2005년 서울, 부산, 광주의 실질 성장률은 각각 2004년의 2배 이상이다.
② 2004년과 2005년 실질 성장률이 가장 높은 도시는 동일하다.
③ 2001년 각 도시의 실질 성장률은 2000년에 비해 감소하였다.
④ 2002년 대비 2003년 실질 성장률이 5%p 이상 감소한 도시는 모두 3개이다.
⑤ 2000년 실질 성장률이 가장 높은 도시가 2007년에는 실질 성장률이 가장 낮았다.

7. 다음 <그림>은 2006~2010년 동남권의 양파와 마늘 재배면적 및 생산량 추이를 나타낸 것이고, <표>는 2010년, 2011년 동남권의 양파와 마늘 재배면적의 지역별 분포를 나타낸 것이다. 이에 대한 설명으로 옳은 것은?

<그림> 동남권의 양파와 마늘 재배면적 및 생산량 추이

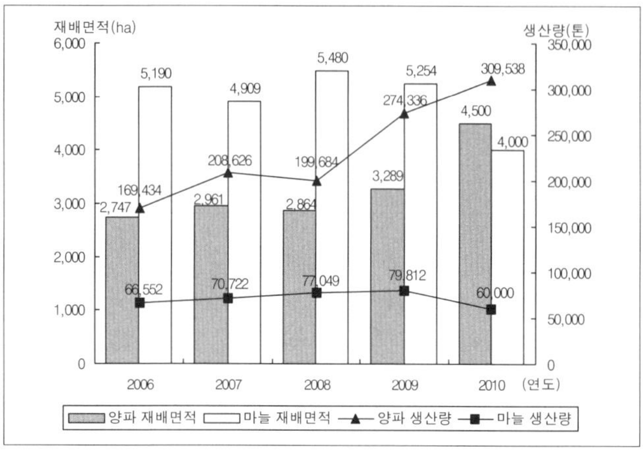

<표> 동남권의 양파와 마늘 재배면적의 지역별 분포

(단위: ha)

재배작물	지역	연도	
		2010	2011
양파	부산	56	40
	울산	( )	( )
	경남	4,100	4,900
	소계	( )	5,100
마늘	부산	24	29
	울산	42	66
	경남	3,934	4,905
	소계	4,000	5,000

※ 동남권은 부산, 울산, 경남으로만 구성됨.

① 2006~2010년 동안 동남권의 마늘 생산량은 매년 증가하였다.
② 2006~2010년 동안 동남권의 단위 재배면적당 양파 생산량은 매년 증가하였다.
③ 2011년 울산의 양파 재배면적은 전년에 비해 증가하였다.
④ 2006~2011년 동안 동남권의 마늘 재배면적은 양파 재배면적보다 매년 크다.
⑤ 2011년 동남권의 단위 재배면적당 마늘 생산량이 2010년과 동일하다면 2011년 동남권의 마늘 생산량은 75,000톤이다.

8. 다음 <표>는 '갑'사 공채 지원자에 대한 평가 자료이다. 이 <표>와 <평가점수와 평가등급의 결정방식>에 근거한 설명으로 옳지 않은 것은?

<표> '갑'사 공채 지원자 평가 자료

(단위: 점)

구분 \ 지원자	창의성 점수	성실성 점수	체력 점수	최종 학위	평가 점수
가	80	90	95	박사	( )
나	90	60	80	학사	310
다	70	60	75	석사	300
라	85	( )	50	학사	255
마	95	80	60	학사	295
바	55	95	65	학사	280
사	60	95	90	석사	355
아	80	( )	85	박사	375
자	75	90	95	석사	( )
차	60	70	( )	학사	290

<평가점수와 평가등급의 결정방식>

○ 최종학위점수는 학사 0점, 석사 1점, 박사 2점임.
○ 지원자 평가점수
=창의성점수+성실성점수+체력점수×2+최종학위점수×20
○ 평가등급 및 평가점수

평가등급	평가점수
S	350점 이상
A	300점 이상 350점 미만
B	300점 미만

① '가'의 평가점수는 400점으로 지원자 중 가장 높다.
② '라'의 성실성점수는 '다'보다 높지만 '마'보다는 낮다.
③ '아'의 성실성점수는 '라'와 같다.
④ S등급인 지원자는 4명이다.
⑤ '차'는 체력점수를 원래 점수보다 5점 더 받으면 A등급이 된다.

9. 다음 <표>와 <그림>은 1991년과 2010년의 품목별 항만 수출 실적 및 A항만 처리 분담률에 대한 자료이다. 이에 대한 <보기>의 설명 중 옳은 것만을 모두 고르면?

<표> 품목별 항만 수출 실적

(단위: 백만 달러)

품목	1991년		2010년	
	총 항만 수출액	A항만 수출액	총 항만 수출액	A항만 수출액
전기·전자	16,750	10,318	110,789	19,475
기계류	6,065	4,118	52,031	23,206
자동차	2,686	537	53,445	14,873
광학·정밀기기	766	335	37,829	11,415
플라스틱제품	1,863	1,747	23,953	11,878
철강	3,287	766	21,751	6,276
계	31,417	17,821	299,798	87,123

<그림 1> 1991년 품목별 A항만 처리 분담률

(단위: %)

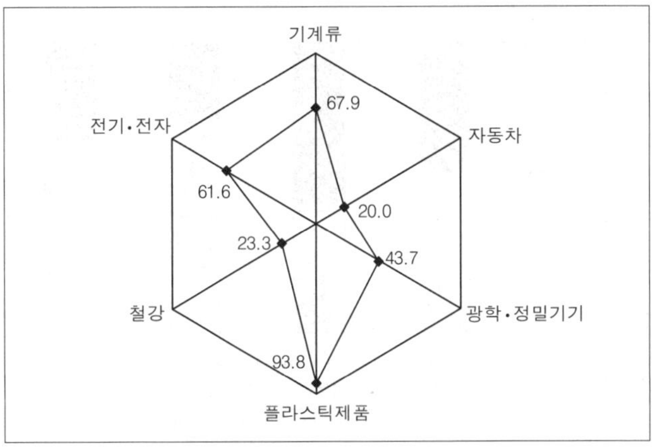

<그림 2> 2010년 품목별 A항만 처리 분담률

(단위: %)

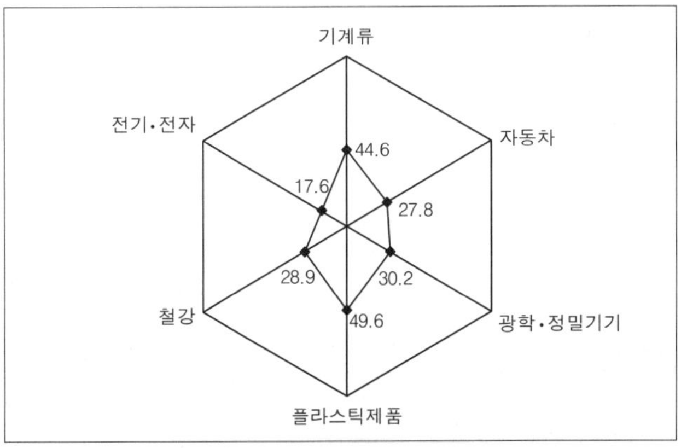

※ 해당 항만 처리 분담률(%) = $\frac{\text{해당 항만 수출액}}{\text{총 항만 수출액}} \times 100$

<보 기>

ㄱ. 품목별 총 항만 수출액과 A항만 수출액은 1991년 대비 2010년에 각각 증가하였다.

ㄴ. A항만 처리 분담률이 1991년 대비 2010년에 감소한 품목은 모두 4개이다.

ㄷ. 1991년 대비 2010년의 A항만 수출액 증가율이 가장 큰 품목은 자동차이다.

ㄹ. 플라스틱제품의 A항만 처리 분담률은 1991년 대비 2010년에 70% 이상 감소하였다.

① ㄱ, ㄴ

② ㄱ, ㄹ

③ ㄷ, ㄹ

④ ㄱ, ㄴ, ㄷ

⑤ ㄴ, ㄷ, ㄹ

10. 다음 <표>는 시설유형별 에너지 효율화 시장규모의 현황 및 전망에 대한 자료이다. 이에 대한 설명으로 옳은 것은?

<표> 시설유형별 에너지 효율화 시장규모의 현황 및 전망

(단위: 억 달러)

시설유형 \ 연도	2010	2011	2012	2015 (예상)	2020 (예상)
사무시설	11.3	12.8	14.6	21.7	41.0
산업시설	20.8	23.9	27.4	41.7	82.4
주거시설	5.7	6.4	7.2	10.1	18.0
공공시설	2.5	2.9	3.4	5.0	10.0
전체	40.3	46.0	52.6	78.5	151.4

① 2010~2012년 동안 '주거시설' 유형의 에너지 효율화 시장규모는 매년 15% 이상 증가하였다.

② 2015년 전체 에너지 효율화 시장규모에서 '사무시설' 유형이 차지하는 비중은 30% 이하일 것으로 전망된다.

③ 2015~2020년 동안 '공공시설' 유형의 에너지 효율화 시장규모는 매년 30% 이상 증가할 것으로 전망된다.

④ 2011년 '산업시설' 유형의 에너지 효율화 시장규모는 전체 에너지 효율화 시장규모의 50% 이하이다.

⑤ 2010년 대비 2020년 에너지 효율화 시장규모의 증가율이 가장 높을 것으로 전망되는 시설유형은 '산업시설'이다.

11. 다음 <그림>은 어느 도시의 미혼남과 미혼녀의 인원수 추이 및 미혼남녀의 직업별 분포를 나타낸 자료이다. 이에 대한 설명으로 옳지 않은 것은?

<그림 1> 2001~2007년 미혼남과 미혼녀의 인원수 추이

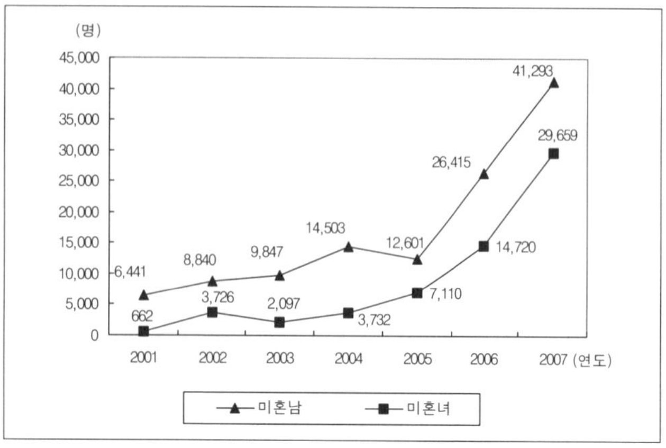

<그림 2> 2007년 미혼남녀의 직업별 분포

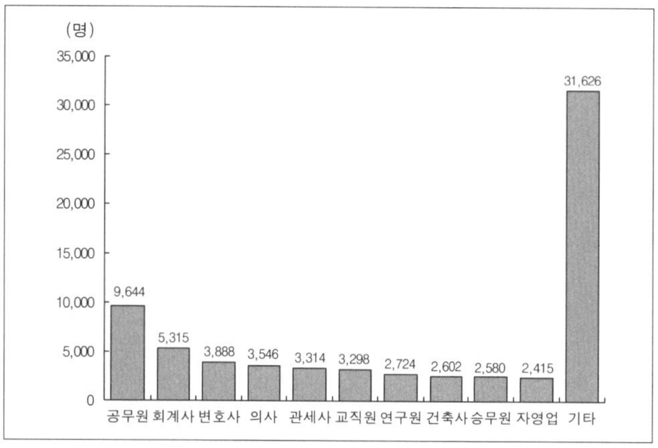

① 2004년 이후 미혼녀 인원수는 매년 증가하였다.
② 2007년 미혼녀 인원수는 2006년의 2배 이상이다.
③ 2007년 미혼녀와 미혼남의 인원수 차이는 2006년의 2배 이상이다.
④ 2007년 미혼남녀의 직업별 분포에서 공무원 수는 변호사 수의 2배 이상이다.
⑤ 2007년 미혼남녀의 직업별 분포에서 회계사 수는 승무원 수의 2배 이상이다.

12. 다음 <그림>은 2011년 영업팀 A~D의 분기별 매출액과 분기별 매출액에서 영업팀 A~D의 매출액이 차지하는 비중에 대한 자료이다. 이를 근거로 A~D 중 2011년 연매출액이 가장 많은 영업팀과 가장 적은 영업팀을 순서에 상관없이 바르게 짝지은 것은?

<그림 1> 영업팀 A~D의 분기별 매출액

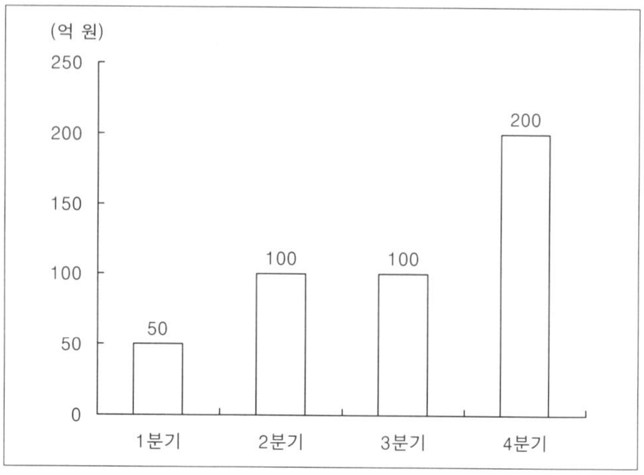

<그림 2> 분기별 매출액의 영업팀별 비중

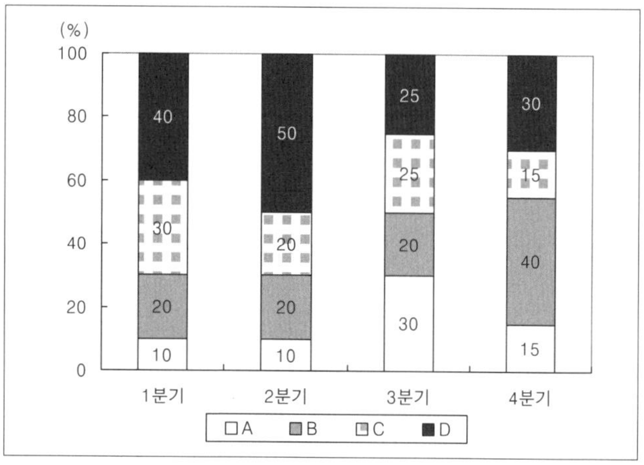

① A, B
② A, C
③ A, D
④ B, C
⑤ C, D

13. 다음 <그림>은 2012년 1~4월 동안 월별 학교폭력 신고에 대한 자료이다. 이에 대한 설명으로 옳은 것은?

<그림 1> 월별 학교폭력 신고 건수

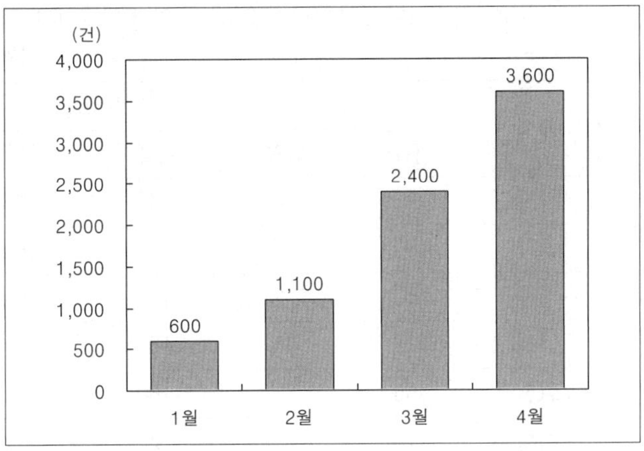

<그림 2> 월별 학교폭력 주요 신고자 유형별 비율

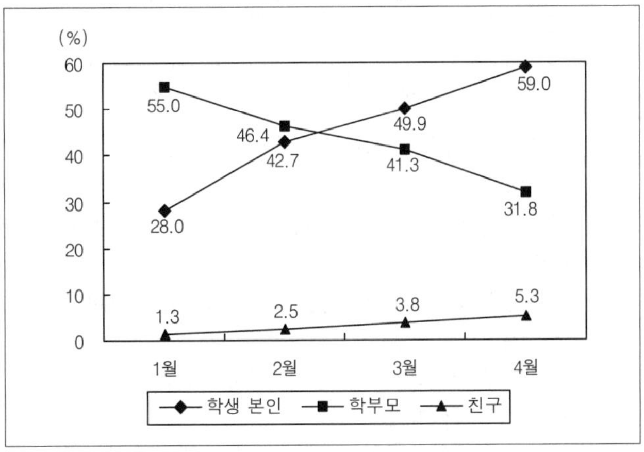

① 1월에 학부모의 학교폭력 신고 건수는 학생 본인의 학교폭력 신고 건수의 2배 이상이다.
② 학부모의 학교폭력 신고 건수는 매월 감소하였다.
③ 2~4월 중에서 전월대비 학교폭력 신고 건수 증가율이 가장 높은 달은 3월이다.
④ 학생 본인의 학교폭력 신고 건수는 1월이 4월의 10% 이상이다.
⑤ 학교폭력 발생 건수는 매월 증가하였다.

14. 다음 <그림>은 6가지 운동종목별 남자 및 여자 국가대표선수의 평균 연령과 평균 신장에 대한 자료이다. 이에 대한 <보기>의 설명 중 옳지 않은 것만을 모두 고르면?

<그림 1> 남자 국가대표선수의 평균 연령과 평균 신장

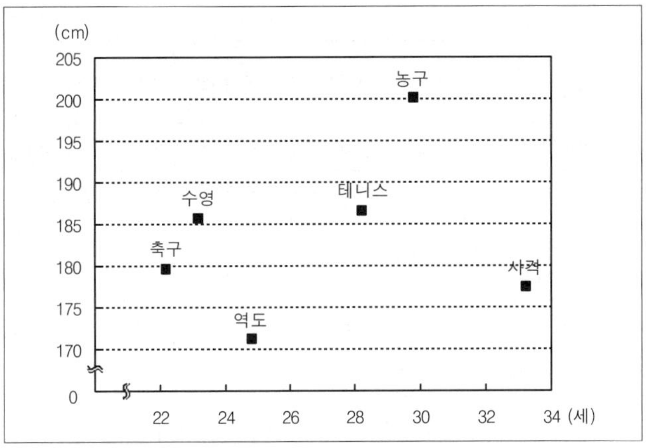

<그림 2> 여자 국가대표선수의 평균 연령과 평균 신장

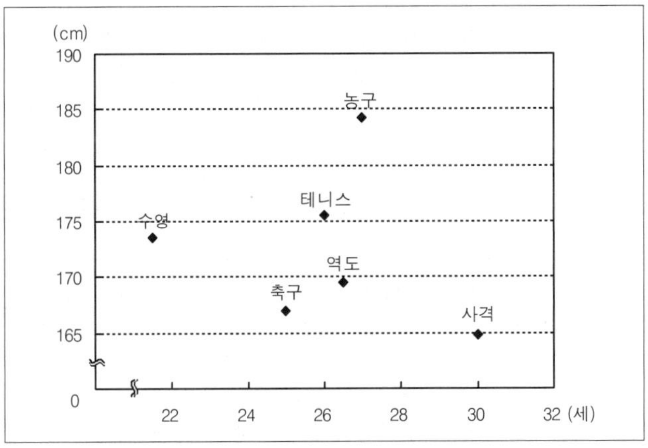

<보 기>

ㄱ. 평균 연령이 높은 순서대로 나열하면, 남자 국가대표선수의 종목 순서와 여자 국가대표선수의 종목 순서는 동일하다.
ㄴ. 평균 신장이 큰 순서대로 나열하면, 남자 국가대표선수의 종목 순서와 여자 국가대표선수의 종목 순서는 동일하다.
ㄷ. 종목별로 볼 때, 남자 국가대표선수의 평균 연령은 해당 종목 여자 국가대표선수의 평균 연령보다 높다.
ㄹ. 종목별로 볼 때, 남자 국가대표선수의 평균 신장은 해당 종목 여자 국가대표선수의 평균 신장보다 크다.

① ㄱ, ㄴ
② ㄴ, ㄹ
③ ㄷ, ㄹ
④ ㄱ, ㄴ, ㄷ
⑤ ㄱ, ㄷ, ㄹ

15. 다음 <표>는 1991~2000년 5개국의 국가별 인구변동에 대한 자료이다. 이를 근거로 <보기>의 A~C에 해당하는 국가를 바르게 나열한 것은?

<표 1> 국가별 출생률

(단위: 명)

국가 \ 연도	1991	1992	1993	1994	1995	1996	1997	1998	1999	2000
아프가니스탄	48.3	50.7	52.6	53.2	51.6	50.8	48.9	47.1	49.7	41.8
아랍에미리트	49.8	47.5	43.6	38.6	33.0	30.5	29.5	27.9	21.0	18.7
보스니아 헤르체고비나	37.1	34.7	31.1	25.1	21.3	19.6	18.2	17.1	12.6	6.5
르완다	47.3	49.6	51.2	52.4	52.9	52.8	50.4	45.2	43.9	35.8
라이베리아	48.0	49.5	50.3	49.6	48.1	47.4	47.2	47.3	49.1	47.5

<표 2> 국가별 인구자연증가율

(단위: 명)

국가 \ 연도	1991	1992	1993	1994	1995	1996	1997	1998	1999	2000
아프가니스탄	16.6	20.3	22.7	25.2	25.6	26.8	25.9	24.4	28.0	23.8
아랍에미리트	27.0	26.8	26.3	26.3	23.1	23.1	25.5	25.1	18.3	16.1
보스니아 헤르체고비나	24.2	24.1	22.2	17.6	14.4	13.1	11.4	10.0	5.6	-9.0
르완다	24.0	27.3	29.8	31.6	32.4	32.6	31.7	27.8	-0.7	14.8
라이베리아	20.8	24.0	26.5	27.8	28.5	29.3	30.5	31.5	21.2	32.2

<보 기>

1991년 이후 인구자연증가율이 매년 감소한 나라는 (A)이고, 1999년 출생률이 가장 높은 나라는 (B)이다. 1991년 이후 출생률이 매년 감소한 나라는 (C)와 보스니아 헤르체고비나이다.

	A	B	C
①	보스니아 헤르체고비나	라이베리아	아랍에미리트
②	보스니아 헤르체고비나	아프가니스탄	아랍에미리트
③	보스니아 헤르체고비나	아프가니스탄	르완다
④	아랍에미리트	라이베리아	아프가니스탄
⑤	아랍에미리트	라이베리아	르완다

16. 다음 <표>는 2013년 어느 금요일과 토요일 A씨 부부의 전체 양육활동유형 9가지에 대한 참여시간을 조사한 자료이다. 이에 대한 설명으로 옳지 않은 것은?

<표> 금요일과 토요일의 양육활동유형별 참여시간

(단위: 분)

유형	금요일		토요일	
	아내	남편	아내	남편
위생	48	4	48	8
식사	199	4	234	14
가사	110	2	108	9
정서	128	25	161	73
취침	55	3	60	6
배설	18	1	21	2
외출	70	5	101	24
의료간호	11	1	10	1
교육	24	1	20	3

① 토요일에 남편의 참여시간이 가장 많았던 양육활동유형은 정서활동이다.
② 아내의 총 양육활동 참여시간은 금요일에 비해 토요일에 감소하였다.
③ 남편의 양육활동 참여시간은 금요일에는 총 46분이었고, 토요일에는 총 140분이었다.
④ 금요일에 아내는 식사, 정서, 가사, 외출활동의 순으로 양육활동 참여시간이 많았다.
⑤ 아내의 양육활동유형 중 금요일에 비해 토요일에 참여시간이 가장 많이 감소한 것은 교육활동이다.

17. 다음 <표>는 A시 주철 수도관의 파손원인별 파손 건수에 대한 자료이다. 이에 대한 설명으로 옳지 않은 것은?

<표> A시 주철 수도관의 파손원인별 파손 건수

(단위: 건)

파손원인	주철 수도관 유형		합
	회주철	덕타일주철	
시설노후	105	71	176
부분 부식	1	10	11
수격압	51	98	149
외부충격	83	17	100
자연재해	1	1	2
재질불량	6	3	9
타공사	43	22	65
부실시공	1	4	5
보수과정 실수	43	6	49
계	334	232	566

※ 파손원인의 중복은 없음.

① 덕타일주철 수도관의 파손 건수가 50건 이상인 파손원인은 2가지이다.

② 회주철 수도관의 총 파손 건수가 덕타일주철 수도관의 총 파손 건수보다 많다.

③ 주철 수도관의 파손원인별 파손 건수에서 '자연재해' 파손 건수가 가장 적다.

④ 주철 수도관의 '시설노후' 파손 건수가 주철 수도관의 총 파손 건수에서 차지하는 비율은 30% 이상이다.

⑤ 회주철 수도관의 '보수과정 실수' 파손 건수가 회주철 수도관의 총 파손 건수에서 차지하는 비율은 10% 미만이다.

18. 다음 <그림>은 2011년 국내 원목 벌채와 이용의 흐름에 대한 자료이다. 이에 대한 설명으로 옳은 것은?

<그림> 2011년 국내 원목 벌채와 이용의 흐름

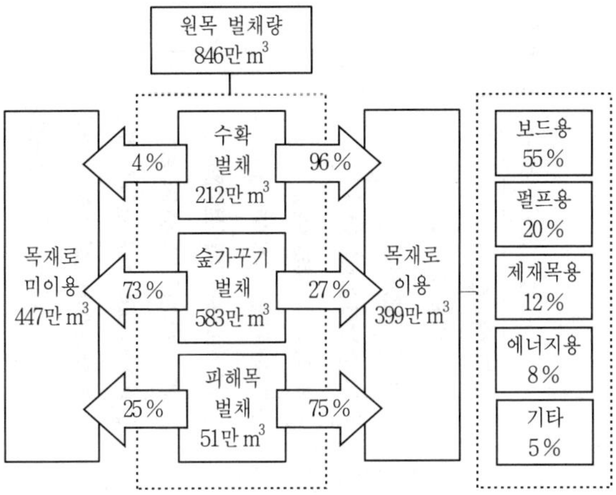

① 원목 벌채량 중 목재로 이용된 양이 목재로 미이용된 양보다 많았다.

② '숲가꾸기 벌채'로 얻은 원목이 목재로 이용된 원목에서 차지하는 비율이 가장 높았다.

③ 보드용으로 이용된 원목의 양은 200만 m^3보다 적었다.

④ '수확 벌채'로 얻은 원목 중 적어도 일부는 보드용으로 이용되었다.

⑤ '피해목 벌채'로 얻은 원목 중 목재로 미이용된 양은 10만 m^3보다 적었다.

19. 다음 <그림>은 우리나라의 직장어린이집 수에 대한 자료이다. 이에 대한 설명으로 옳은 것은?

<그림 1> 2000~2010년 전국 직장어린이집 수

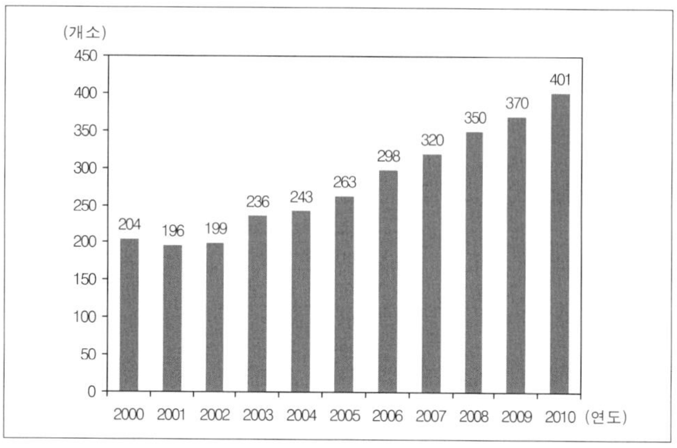

<그림 2> 2010년 지역별 직장어린이집 수

(단위: 개소)

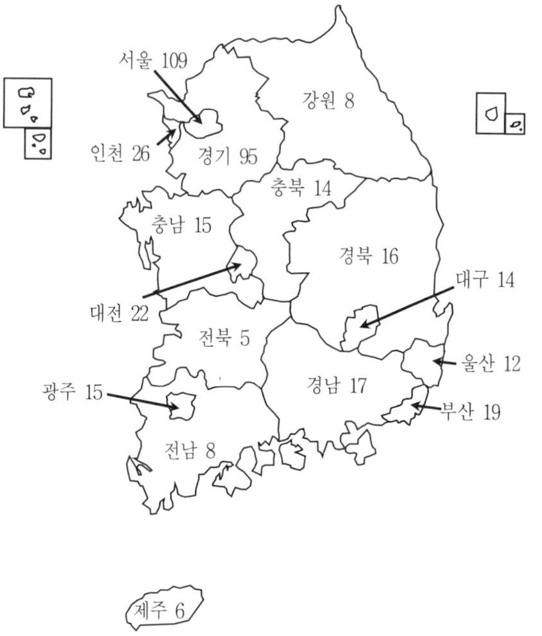

① 2000~2010년 동안 전국 직장어린이집 수는 매년 증가하였다.
② 2006년 대비 2008년 전국 직장어린이집 수는 20% 이상 증가하였다.
③ 2010년 인천 지역 직장어린이집 수는 2010년 전국 직장어린이집 수의 5% 이하이다.
④ 2000~2010년 동안 전국 직장어린이집 수의 전년대비 증가율이 10% 이상인 연도는 2003년뿐이다.
⑤ 2010년 서울과 경기 지역 직장어린이집 수의 합은 2010년 전국 직장어린이집 수의 절반 이상이다.

20. 다음 <표>를 이용하여 <보고서>를 작성하였다. 제시된 <표> 이외에 <보고서>를 작성하기 위해 추가로 필요한 자료만을 <보기>에서 모두 고르면?

<표 1> 연도별 세수 상위 세무서

(단위: 억 원)

구분	1위		2위		3위	
	세무서	세수	세무서	세수	세무서	세수
2005년	남대문	70,314	울산	70,017	영등포	62,982
2006년	남대문	83,158	영등포	74,291	울산	62,414
2007년	남대문	105,637	영등포	104,562	울산	70,281
2008년	남대문	107,933	영등포	88,417	울산	70,332
2009년	남대문	104,169	영등포	86,193	울산	64,911

<표 2> 연도별 세수 하위 세무서

(단위: 억 원)

구분	1위		2위		3위	
	세무서	세수	세무서	세수	세무서	세수
2005년	영주	346	영덕	354	홍성	369
2006년	영주	343	영덕	385	홍성	477
2007년	영주	194	영덕	416	거창	549
2008년	영주	13	해남	136	영덕	429
2009년	해남	166	영덕	508	홍성	540

<보고서>

2009년 세수 1위 세무서는 10조 4,169억 원(국세청 세입의 약 7%)을 거두어들인 남대문세무서이다. 한편, 2위와 3위는 각각 영등포세무서(8조 6,193억 원), 울산세무서(6조 4,911억 원)로 2006년 이후 순위변동이 없었다.

2009년 세수 최하위 세무서는 해남세무서(166억 원)로 남대문세무서 세수 규모의 0.2%에도 못 미치는 수준인 것으로 나타났다. 서울지역에서는 도봉세무서의 세수 규모가 2,862억 원으로 가장 적은 것으로 나타났다.

국세청 세입은 1966년 국세청 개청 당시 700억 원에서 2009년 154조 3,305억 원으로 약 2,200배 증가하였으며, 전국 세무서 수는 1966년 77개에서 1997년 136개로 증가하였다가 2009년 107개로 감소하였다.

<보 기>

ㄱ. 1966~2009년 연도별 국세청 세입액
ㄴ. 2009년 국세청 세입총액의 세원별 구성비
ㄷ. 2009년 서울 소재 세무서별 세수 규모
ㄹ. 1966~2009년 연도별 전국 세무서 수

① ㄱ, ㄴ
② ㄱ, ㄹ
③ ㄴ, ㄷ
④ ㄱ, ㄷ, ㄹ
⑤ ㄴ, ㄷ, ㄹ

21. 다음은 1995년과 2007년 도시근로자가구당 월평균 소비지출액 및 교통비지출액 현황에 대한 <보고서>이다. <보고서>의 내용과 부합하지 않는 자료는?

<보고서>

○ 도시근로자가구당 월평균 소비지출액은 1995년 1,231천 원에서 2007년 2,349천 원으로 증가하였다.

○ 도시근로자가구당 월평균 교통비지출액은 1995년 120.3천 원에서 2007년 282.4천 원으로 증가하였다.

○ 도시근로자가구당 월평균 교통비지출액 비중이 큰 세부 항목부터 순서대로 나열하면, 1995년에는 자동차구입(29.9%), 연료비(21.9%), 버스(18.3%), 보험료(7.9%), 택시(7.1%)의 순이었으나, 2007년에는 연료비(39.0%), 자동차구입(23.3%), 버스(12.0%), 보험료(6.2%), 정비 및 수리비(3.7%)의 순으로 변동되었다.

○ 사무직 도시근로자가구당 월평균 교통비지출액은 1995년 151.8천 원에서 2007년 341.4천 원으로 증가하였으며, 생산직 도시근로자가구당 월평균 교통비지출액은 1995년 96.3천 원에서 2007년 233.1천 원으로 증가하였다.

○ 1995년과 2007년 도시근로자가구당 월평균 교통비지출액 비중의 차이는 소득 10분위가 소득 1분위보다 작았다.

① 소득분위별 도시근로자가구당 월평균 교통비지출액 현황

(단위: 천 원, %)

소득분위	소비지출액 (A)		교통비지출액 (B)		교통비지출액 비중$\left(\frac{B}{A} \times 100\right)$	
	1995년	2007년	1995년	2007년	1995년	2007년
1분위	655.5	1,124.8	46.1	97.6	7.0	8.7
2분위	827.3	1,450.6	64.8	149.2	7.8	10.3
3분위	931.1	1,703.2	81.4	195.8	8.7	11.5
4분위	1,028.0	1,878.7	91.8	210.0	8.9	11.2
5분위	1,107.7	2,203.2	108.4	285.0	9.8	12.9
6분위	1,191.8	2,357.9	114.3	279.3	9.6	11.8
7분위	1,275.0	2,567.6	121.6	289.1	9.5	11.3
8분위	1,441.4	2,768.8	166.1	328.8	11.5	11.9
9분위	1,640.0	3,167.2	181.4	366.4	11.1	11.6
10분위	2,207.0	4,263.7	226.7	622.5	10.3	14.6

② 도시근로자가구당 월평균 교통비지출액 현황

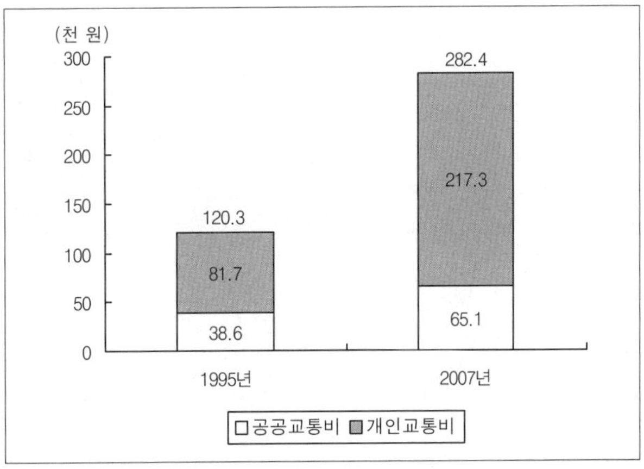

③ 세부항목별 도시근로자가구당 월평균 교통비지출액 현황

(단위: 원, %)

세부항목	1995년		2007년	
	지출액	비중	지출액	비중
버스	22,031	18.3	33,945	12.0
지하철 및 전철	3,101	2.6	9,859	3.5
택시	8,562	7.1	9,419	3.3
기차	2,195	1.8	2,989	1.1
자동차임차료	212	0.2	346	0.1
화물운송료	1,013	0.8	3,951	1.4
항공	1,410	1.2	4,212	1.5
기타공공교통	97	0.1	419	0.1
자동차구입	35,923	29.9	65,895	23.3
오토바이구입	581	0.5	569	0.2
자전거구입	431	0.4	697	0.3
부품 및 관련용품구입	1,033	0.9	4,417	1.6
연료비	26,338	21.9	110,150	39.0
정비 및 수리비	5,745	4.8	10,478	3.7
보험료	9,560	7.9	17,357	6.2
주차료	863	0.7	1,764	0.6
통행료	868	0.7	4,025	1.4
기타개인교통	310	0.2	1,902	0.7

④ 직업형태별 도시근로자가구당 월평균 교통비지출액 현황

(단위: 천 원)

직업형태	교통비	1995년	2000년	2005년	2006년	2007년
사무직	공공	39.8	54.1	62.5	64.4	67.0
	개인	112.0	190.5	240.9	254.1	274.4
	소계	151.8	244.6	303.4	318.5	341.4
생산직	공공	37.7	52.3	61.5	61.7	63.6
	개인	58.6	98.6	124.1	147.2	169.5
	소계	96.3	150.9	185.6	208.9	233.1

⑤ 연도별 도시근로자기구당 월평균 소비지출액 현황

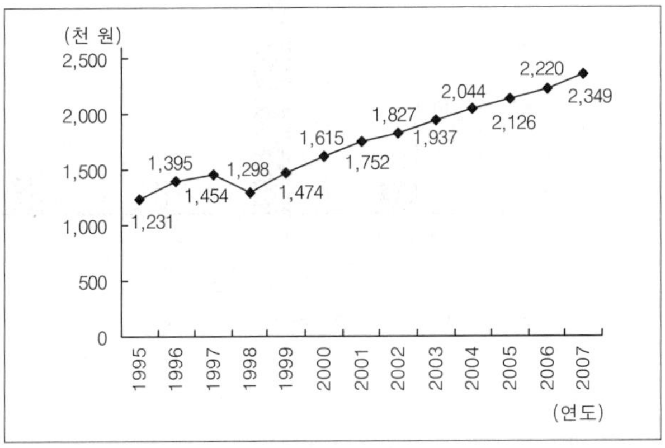

22. 다음 <표>는 4개 국가의 여성과 남성의 흡연율과 기대수명에 대한 자료이다. 이를 이용하여 작성한 그래프로 옳지 않은 것은?

<표 1> 여성과 남성의 흡연율

(단위: %)

연도 국가 \ 성별	1980		1990		2000		2010	
	여성	남성	여성	남성	여성	남성	여성	남성
덴마크	44.0	57.0	42.0	47.0	29.0	33.5	20.0	20.0
일본	14.4	54.3	9.7	53.1	11.5	47.4	8.4	32.2
영국	37.0	42.0	30.0	31.0	26.0	28.0	20.7	22.3
미국	29.3	37.4	22.8	28.4	17.3	21.2	13.6	16.7

<표 2> 여성과 남성의 기대수명

(단위: 세)

연도 국가 \ 성별	1980		1990		2000		2010	
	여성	남성	여성	남성	여성	남성	여성	남성
덴마크	77.3	71.2	77.8	72.0	79.2	74.5	81.4	77.2
일본	78.8	73.3	81.9	75.9	84.6	77.7	86.4	79.6
영국	76.2	70.2	78.5	72.9	80.3	75.5	82.6	78.6
미국	77.4	70.0	78.8	71.8	79.3	74.1	81.1	76.2

① 국가별 여성의 흡연율

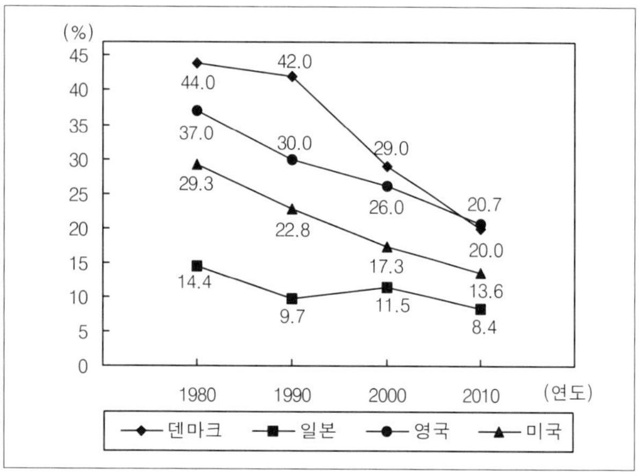

② 국가별 여성과 남성의 흡연율 차이

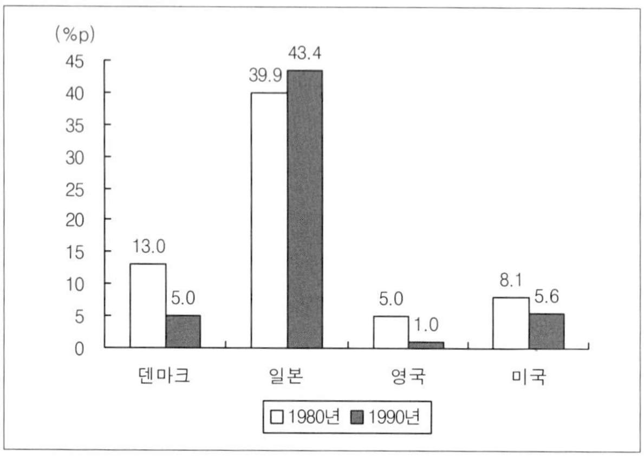

③ 국가별 흡연율

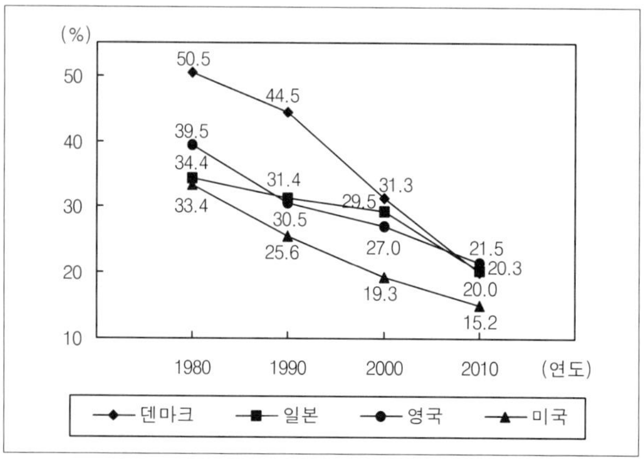

④ 국가별 여성과 남성의 기대수명 차이

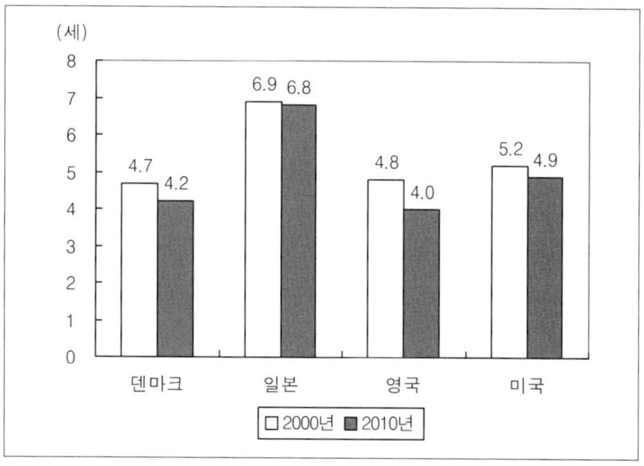

⑤ 일본 남성과 미국 남성의 흡연율과 기대수명

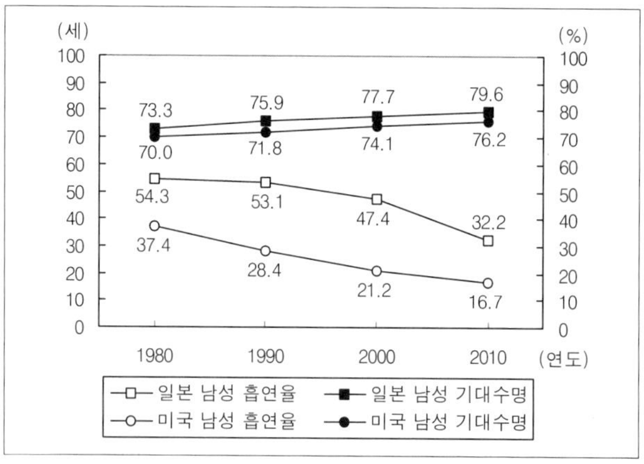

23. 다음 <표>는 '갑'국의 2012년 지급유형별·아동월령별 양육수당 월 지급금액과 신청가구별 아동 현황에 대한 자료이다. 이 <표>와 <2012년 양육수당 지급조건>에 근거하여 2012년 5월분의 양육수당이 많은 가구부터 순서대로 바르게 나열한 것은?

<2012년 양육수당 지급조건>

○ 만 5세 이하 아동을 양육하고 있는 가구를 대상으로 함.
○ 양육수당 신청시점의 지급유형 및 아동월령에 따라 양육수당 지급함.
○ 양육수당 신청일 현재 90일 이상 해외에 체류하고 있는 아동은 지급대상에서 제외함.
○ 가구별 양육수당은 수급가능한 모든 자녀의 양육수당을 합한 금액임.
○ 양육수당은 매월 15일에 신청받아 해당 월 말일에 지급함.

<표 1> 지급유형별·아동월령별 양육수당 월 지급금액

(단위: 만 원)

지급유형 \ 아동월령	12개월 이하	12개월 초과 24개월 이하	24개월 초과 36개월 이하	36개월 초과 48개월 이하	48개월 초과 60개월 이하
일반	20.0	15.0	10.0	10.0	10.0
농어촌	20.0	17.7	15.6	12.9	10.0
장애아동	22.0	20.5	18.0	16.5	15.0

<표 2> 신청가구별 아동 현황(2012년 5월 15일 현재)

신청가구	자녀 구분	자녀 아동월령(개월)	지급유형	비고
가	A	22	일반	
나	B	16	농어촌	
	C	2	농어촌	
다	D	23	장애아동	
라	E	40	일반	
	F	26	일반	
마	G	58	일반	2011년 1월부터 해외 체류 중
	H	35	일반	
	I	5	일반	

① 나 - 마 - 다 - 라 - 가
② 나 - 마 - 라 - 다 - 가
③ 다 - 라 - 나 - 마 - 가
④ 마 - 나 - 라 - 가 - 다
⑤ 마 - 나 - 다 - 라 - 가

24. 다음 <그림>은 1~7월 동안 A사 주식의 이론가격과 시장가격의 관계에 대한 자료이다. 이에 대한 <보기>의 설명 중 옳은 것만을 모두 고르면?

<그림> A사 주식의 이론가격과 시장가격의 관계

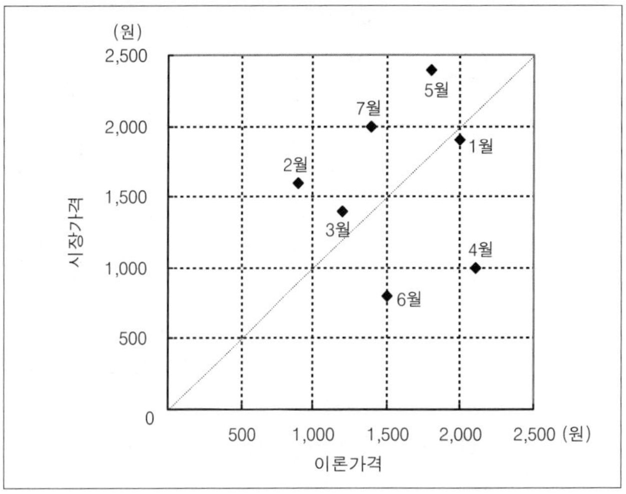

※ 해당 월 가격 괴리율(%) = $\left(\frac{\text{해당 월 시장가격} - \text{해당 월 이론가격}}{\text{해당 월 이론가격}}\right) \times 100$

<보 기>

ㄱ. 가격 괴리율이 0% 이상인 달은 4개이다.
ㄴ. 전월대비 이론가격이 증가한 달은 3월, 4월, 7월이다.
ㄷ. 전월대비 가격 괴리율이 증가한 달은 3개 이상이다.
ㄹ. 전월대비 시장가격이 가장 큰 폭으로 증가한 달은 6월이다.

① ㄱ, ㄴ
② ㄱ, ㄷ
③ ㄷ, ㄹ
④ ㄱ, ㄴ, ㄹ
⑤ ㄴ, ㄷ, ㄹ

25. 다음 <표>는 '갑'국 개인 A~D의 연소득에 대한 자료이고, 개인별 소득세산출액은 <소득세 결정기준>에 따라 계산한다. 이를 근거로 A~D 중 소득세산출액이 가장 많은 사람과 가장 적은 사람을 바르게 나열한 것은?

<표> 개인별 연소득 현황

(단위: 만 원)

개인	근로소득	금융소득
A	15,000	5,000
B	25,000	0
C	20,000	0
D	0	30,000

※ 1) 근로소득과 금융소득 이외의 소득은 존재하지 않음.
2) 모든 소득은 과세대상이고, 어떤 종류의 공제·감면도 존재하지 않음.

<소득세 결정기준>

○ 5천만 원 이하의 금융소득에 대해서는 15%의 '금융소득세'를 부과함.
○ 과세표준은 금융소득 중 5천만 원을 초과하는 부분과 근로소득의 합이고, <과세표준에 따른 근로소득세율>에 따라 '근로소득세'를 부과함.
○ 소득세산출액은 '금융소득세'와 '근로소득세'의 합임.

<과세표준에 따른 근로소득세율>

(단위: %)

과세표준	세율
1,000만 원 이하분	5
1,000만 원 초과 5,000만 원 이하분	10
5,000만 원 초과 1억 원 이하분	15
1억 원 초과 2억 원 이하분	20
2억 원 초과분	25

○ 예를 들어, 과세표준이 2,500만 원인 사람의 '근로소득세'는 다음과 같음.
1,000만 원 × 5% + (2,500만 원 - 1,000만 원) × 10%
= 200만 원

	가장 많은 사람	가장 적은 사람
①	A	B
②	A	D
③	B	A
④	D	A
⑤	D	C

약점 보완 해설집 p.278

해커스 **민간경력자** PSAT 15개년 기출문제집

2012년 기출문제

언어논리

상황판단

자료해석

문제 풀이 시작과 종료 시각을 정하세요.

· 언어논리/상황판단 (120분) ________시 ________분 ~ ________시 ________분

· 자료해석 (60분) ________시 ________분 ~ ________시 ________분

* 교재 뒤에 수록되어 있는 OCR 답안지와 해커스ONE 애플리케이션의 모바일 타이머를 이용하여 실전처럼 모의고사를 풀어보세요.
* 기출문제 풀이 후, 약점 보완 해설집에 있는 '바로 채점 및 성적 분석 서비스' QR코드를 스캔하여 응시 인원 대비 본인의 성적 위치를 확인할 수 있습니다.

언어논리영역

1. 다음 글의 내용과 부합하는 것은?

> 우리는 음악을 일반적으로 감정의 예술로 이해한다. 아름다운 선율과 화음은 듣는 사람들의 마음속으로 파고든다. 그래서인지 음악을 수(數) 또는 수학(數學)과 연결시키기 어렵다고 생각하는 경우가 많다. 하지만 음악 작품은 다양한 화성과 리듬으로 구성되고, 이들은 3도 음정, 1도 화음, 3/4 박자, 8분 음표처럼 수와 관련되어 나타난다. 음악을 구성하는 원리로 수학의 원칙과 질서 등이 활용되는 것이다.
>
> 고대에도 음악과 수, 음악과 수학의 관계는 음악을 설명하는 중요한 사고의 틀로 작동했다. 중세 시대의 『아이소리듬 모테트』와 르네상스 시대 오케겜의 『36성부 카논』은 서양 전통 음악 장르에서 사용되는 작곡 기법도 수의 비율 관계로 설명할 수 있다는 것을 보여준다. 음정과 음계는 수학적 질서를 통해 음악의 예술적 특성과 음악의 미적 가치를 효과적으로 전달했다. 20세기에 들어와 음악과 수, 음악과 수학의 관계는 더욱 밀접해졌다. 피보나치 수열을 작품의 중심 모티브로 연결한 바르톡, 건축가 르 코르뷔지에와의 공동 작업으로 건축적 비례를 음악에 연결시킨 제나키스의 현대 음악 작품들은 좋은 사례이다. 12음 기법과 총렬음악, 분석 이론의 일종인 집합론을 활용한 현대 음악 이론에서도 음악과 수, 음악과 수학의 밀접한 관계는 잘 드러난다.

① 수학을 통해 음악을 설명하려는 경향은 현대에 생겨났다.
② 음악의 미적 가치는 수학적 질서를 통해 드러날 수 있다.
③ 건축학 이론은 현대 음악의 특성을 건축설계에 반영한다.
④ 음악은 감정의 예술이 아니라 감각의 예술로 이해해야 한다.
⑤ 수의 상징적 의미는 음악의 수학적 질서를 통해 구체화된다.

2. 다음 글의 철학자의 주장으로부터 추론할 수 없는 것은?

> 어떤 고대 그리스 철학자는 눈, 우박, 얼음의 생성에 대해 다음과 같이 주장했다. 특정한 구름이 바람에 의해 강력하고 지속적으로 압축될 때 그 구름에 구멍이 있다면, 작은 물 입자들이 구멍을 통해서 구름 밖으로 배출된다. 그리고 배출된 물은 하강하여 더 낮은 지역에 있는 구름 내부의 극심한 추위 때문에 동결되어 눈이 된다. 또는 습기를 포함하고 있는 구름들이 옆에 나란히 놓여서 서로 압박할 때, 이를 통해 압축된 구름 속에서 물이 동결되어 배출되면서 눈이 된다. 구름은 물을 응고시켜서 우박을 만드는데, 특히 봄에 이런 현상이 빈번하게 생긴다.
>
> 얼음은 물에 있던 둥근 모양의 입자가 밀려나가고 이미 물 안에 있던 삼각형 모양의 입자들이 함께 결합하여 만들어진다. 또는 밖으로부터 들어온 삼각형 모양의 물 입자가 함께 결합하여 둥근 모양의 물 입자를 몰아내고 물을 응고시킬 수도 있다.

① 구름의 압축은 바람에 의해 발생하는 경우도 있고, 구름들의 압박에 의해 발생하는 경우도 있다.
② 날씨가 추워지면 둥근 모양의 물 입자가 삼각형 모양의 물 입자로 변화한다.
③ 물에는 둥근 모양의 입자뿐 아니라 삼각형 모양의 입자도 있다.
④ 봄에는 구름이 물을 응고시키는 경우가 자주 발생한다.
⑤ 얼음에는 삼각형 모양의 물 입자들이 결합되어 있다.

3. 다음 글의 내용과 부합하지 않는 것은?

1970년대 이후 미국의 사회 규범과 제도는 소득 불균형을 심화시켰고 그런 불균형을 묵과했다고 볼 수 있다. 그 예로 노동조합의 역사를 보자. 한때 노동조합은 소득 불균형을 제한하는 역할을 하였고, 노동조합이 몰락하자 불균형을 억제하던 힘이 사라졌다.

제조업이 미국경제를 주도할 때 노동조합도 제조업 분야에서 가장 활발했다. 그러나 지금 미국경제를 주도하는 것은 서비스업이다. 이와 같은 산업구조의 변화는 기술의 발전이 주된 요인이지만 많은 제조업 제품을 주로 수입에 의존하게 된 것이 또 다른 요인이다. 이러한 사실에 기초하여 노동조합의 몰락은 산업구조의 변화가 그 원인이라는 견해가 지배적이었다. 그러나 노동조합이 전반적으로 몰락한 주요 원인을 제조업 분야의 쇠퇴에서 찾는 이러한 견해는 틀린 것으로 판명되었다.

1973년 전체 제조업 종사자 중 39%였던 노동조합원의 비율이 2005년에는 13%로 줄어들었을뿐더러, 새롭게 부상한 서비스업 분야에서도 조합원들을 확보하지 못했다. 예를 들어 대표적인 서비스 기업인 월마트는 제조업에 비해 노동조합이 생기기에 더 좋은 조건을 갖추고 있었다. 월마트 직원들이 더 높은 임금과 더 나은 복리후생 제도를 요구할 수 있는 노동조합에 가입되어 있었더라면, 미국의 중산층은 수십만 명 더 늘었을 것이다. 그런데도 월마트에는 왜 노동조합이 없는가?

1960년대에는 노동조합을 인정하던 기업과 이에 관련된 이해집단들이 1970년대부터는 노동조합을 공격하기 시작했다. 1970년대 말과 1980년대 초에는, 노동조합을 지지하는 노동자 20명 중 적어도 한 명이 불법적으로 해고되었다. 1970년대 중반 이후 기업들은 보수적 성향의 정치적 영향력에 힘입어서 노동조합을 압도할 수 있게 되었다. 소득의 불균형에 강력하게 맞섰던 노동조합이 축소된 것이다. 이처럼 노동조합의 몰락은 정치와 기업이 결속한 결과이다.

① 1973년부터 2005년 사이에 미국 제조업에서는 노동조합원의 비율이 감소하였다.
② 1970년대 중반 이후 노동조합의 몰락에는 기업뿐 아니라 보수주의적 정치도 일조하였다.
③ 미국에서 제조업 상품의 수입의존도 상승은 서비스업이 경제를 주도하는 산업 분야가 되는 요인 중 하나였다.
④ 미국 제조업 분야 내에서의 노동조합 가입률 하락은 산업구조의 변화로 인한 서비스업의 성장 때문이다.
⑤ 1970년대 말 이후 미국 기업이 노동조합을 지지하는 노동자들에게 행한 조치 중에는 합법적이지 못한 경우도 있었다.

4. 다음 글에서 알 수 없는 것은?

왕세자는 다음 왕위를 계승할 후계자로서 왕세자의 위상을 높이는 각종 통과의례를 거쳐야 했다. 책봉례(冊封禮), 입학례(入學禮), 관례(冠禮), 가례(嘉禮)가 대표적인 의례이다. 책봉례는 왕세자가 왕의 후계자가 되는 가장 중요한 공식 의식으로, 왕이 왕세자로 책봉한다는 임명서를 수여하고 왕세자가 이를 하사받는 의식이다. 왕세자의 책봉을 위해 책례도감을 설치하였는데, 책례도감에서는 의장과 물품을 준비하고, 행사가 끝나면 책례도감의궤를 작성하였다. 왕세자는 적장자 세습 원칙에 따라 왕비 소생의 장자가 책봉되어야 하는 것이 원칙이었다. 그러나 실제로 조선시대를 통틀어 적장자로서 왕위에 오른 왕은 문종, 단종, 연산군, 인종, 현종, 숙종, 순종 이렇게 일곱 명에 불과했다. 적장자로 태어나 왕세자로 책봉은 되었지만 왕위에 오르지 못한 왕세자도 여러 명이었다. 덕종, 순회세자, 소현세자, 효명세자, 양녕대군, 연산군의 장자 등이 그들이다.

책봉례 후 왕세자는 조선시대 최고 교육기관인 성균관에서 입학례를 치렀다. 성균관에 입학하는 사대부 자녀와 마찬가지로 대성전에 있는 공자의 신위에 잔을 올리고, 명륜당에서 스승에게 예를 행하고 가르침을 받는 의식을 거쳐야 했다. 왕세자의 신분으로 입학례를 처음 치른 사람은 문종으로 8세가 되던 해에 성균관 입학례를 치렀다. 왕세자 입학례는 '차기의 태양'인 왕세자를 위한 중요한 통과의례였기에 기록화로 남겨졌다. 입학례 이후에 거행되는 관례는 왕세자가 성인이 되는 통과의례이다. 이것은 오늘날의 성년식과 같다. 관례를 치르면 상투를 틀고 관을 쓰기 때문에 관례라 하였다. 일반 사대부의 자녀는 보통 혼례를 치르기 전 15세에서 20세에 관례를 치르지만, 왕세자는 책봉된 후인 8세에서 12세 정도에 관례를 치렀다. 관례를 치르고 어엿한 성인이 된 왕세자는 곧이어 가례, 즉 혼례를 행하였다. 혼례식은 관례를 행한 직후에 이루어졌다. 관례가 8세에서 12세 정도에 이루어진 만큼 혼례식은 10세에서 13세 정도에 거행되었다. 왕이나 왕세자의 혼례식 전 과정은 가례도감의궤로 남겨졌다.

① 왕이 된 왕세자가 모두 적장자는 아니었다.
② 사대부 자녀도 입학례, 관례, 혼례의 통과의례를 거칠 수 있었다.
③ 왕세자의 통과의례가 거행될 때마다 행사의 내용을 의궤로 남겼다.
④ 왕세자의 대표적 통과의례 중 성인이 된 후 치른 의례는 가례였다.
⑤ 왕세자의 통과의례는 대개 책봉례, 입학례, 관례, 가례의 순서로 거행되었다.

5. (가)~(다)에 들어갈 예시를 <보기>에서 골라 알맞게 짝지은 것은?

첫째, 필요조건으로서 원인은 "어떤 결과의 원인이 없었다면 그 결과도 없다."는 말로 표현할 수 있다. 예를 들어 (가) 만일 원치 않는 결과를 제거하고자 할 때 그 결과의 원인이 필요조건으로서 원인이라면, 우리는 그 원인을 제거하여 결과가 일어나지 않게 할 수 있다.

둘째, 충분조건으로서 원인은 "어떤 결과의 원인이 있었다면 그 결과도 있다."는 말로 표현할 수 있다. 예를 들어 (나) 만일 특정한 결과를 원할 때 그것의 원인이 충분조건으로서 원인이라면, 우리는 그 원인을 발생시켜 그것의 결과가 일어나게 할 수 있다.

셋째, 필요충분조건으로서 원인은 "어떤 결과의 원인이 없다면 그 결과는 없고, 동시에 그 원인이 있다면 그 결과도 있다."는 말로 표현할 수 있다. 예를 들어 (다) 필요충분조건으로서 원인의 경우, 원인을 일으켜서 그 결과를 일으키고 원인을 제거해서 그 결과를 제거할 수 있다.

<보 기>

ㄱ. 물체 속도 변화의 원인은 물체에 힘을 가하는 것이다. 물체에 힘이 가해지면 물체의 속도가 변하고, 물체에 힘이 가해지지 않는다면 물체의 속도는 변하지 않는다.

ㄴ. 뇌염모기에 물리는 것은 뇌염 발생의 원인이다. 뇌염모기에 물린다고 해서 언제나 뇌염에 걸리는 것은 아니다. 하지만 뇌염모기에 물리지 않으면 뇌염은 발생하지 않는다. 그래서 원인에 해당하는 뇌염모기를 박멸한다면 뇌염 발생을 막을 수 있다.

ㄷ. 콜라병이 총알에 맞는 것은 콜라병이 깨지는 원인이다. 콜라병을 깨뜨리는 원인은 콜라병을 맞히는 총알 이외에도 다양하다. 누군가 던진 돌도 콜라병을 깨뜨릴 수 있다. 하지만 콜라병이 총알에 맞는다면 그것이 깨지는 것은 분명하다.

	(가)	(나)	(다)
①	ㄱ	ㄴ	ㄷ
②	ㄱ	ㄷ	ㄴ
③	ㄴ	ㄱ	ㄷ
④	ㄴ	ㄷ	ㄱ
⑤	ㄷ	ㄴ	ㄱ

6. 다음 글에 서술된 연구결과에 대한 판단으로 가장 적절한 것은?

320여 년 전 아일랜드의 윌리엄 몰리눅스가 제기했던 이른바 '몰리눅스의 물음'에 답하기 위한 실험이 최근 이루어졌다. 몰리눅스는 철학자 로크에게 보낸 편지에서 다음과 같이 물었다. "태어날 때부터 시각장애인인 사람이 둥근 공 모양과 정육면체의 형태 등을 단지 손으로 만져서 알게 된 후 어느 날 갑자기 눈으로 사물을 볼 수 있게 된다면, 그 사람은 손으로 만져보지 않고도 눈앞에 놓인 물체가 공 모양인지 주사위 모양인지 알아낼 수 있을까요?"

경험론자들은 인간이 아무것도 적혀 있지 않은 '빈 서판' 같은 마음을 가지고 태어나며 모든 관념과 지식은 경험에 의해 형성된다고 주장한 반면, 생득론자들은 인간이 태어날 때 이미 외부의 정보를 처리하는 데 필요한 관념들을 가지고 있다고 주장했다. 만일 인간의 정신 속에 그런 관념들이 존재한다면, 눈으로 보든 손으로 만지든 상관없이 사람들은 해당되는 관념을 찾아낼 것이다. 따라서 몰리눅스의 물음이 명확히 답변될 수 있다면 이런 양 편의 주장에 대한 적절한 판정이 내려질 것이다.

2003년에 인도의 한 연구팀이 뉴델리의 슈로프 자선안과 병원과 협력하여 문제의 실험을 수행하였다. 실험은 태어날 때부터 시각장애인이었다가 수술을 통해 상당한 시력을 얻게 된 8세부터 17세 사이의 남녀 환자 6명을 대상으로 진행되었다. 연구자들은 수술 후 환자의 눈에서 붕대를 제거한 후 주변이 환히 보이는지 먼저 확인하고, 레고 블록 같은 물건을 이용해서 그들이 세밀한 시각 능력을 충분히 회복했음을 확인했다. 또 그들이 여전히 수술 이전 수준의 촉각 능력을 갖고 있음도 확인했다. 이제 연구자들은 일단 환자의 눈을 가리고 특정한 형태의 물체를 손으로 만지게 한 뒤, 서로 비슷하지만 뚜렷이 구별될 만한 두 물체를 눈앞에 내놓고 조금 전 만졌던 것이 어느 쪽인지 말하도록 했다. 환자가 촉각을 통해 인지한 형태와 시각만으로 인지한 형태를 성공적으로 연결할 수 있는지를 시험한 것이다. 그런데 이 실험에서 각 환자들이 답을 맞힌 비율은 50%, 즉 둘 중 아무 것이나 마구 고른 경우와 거의 차이가 없었다. 한편 환자들은 눈으로 사물을 읽는 법을 빠르게 배우는 것으로 나타났다. 연구팀은 그들이 대략 한 주 안에 정상인과 똑같이 시각만으로 사물의 형태를 정확히 읽을 수 있게 되었다고 보고하였다. 이로 인해 경험론자들과 생득론자들의 견해 중 한 입장이 강화되었다.

① 몰리눅스의 물음에 부정적인 답변이 나와 경험론자들의 견해가 강화되었다.
② 몰리눅스의 물음에 부정적인 답변이 나와 생득론자들의 견해가 강화되었다.
③ 몰리눅스의 물음에 긍정적인 답변이 나와 경험론자들의 견해가 강화되었다.
④ 몰리눅스의 물음에 긍정적인 답변이 나와 생득론자들의 견해가 강화되었다.
⑤ 몰리눅스의 물음에 긍정적인 답변이 나왔지만, 어느 견해를 강화할 수 있는지는 판명되지 않았다.

7. 다음 글에서 추론할 수 있는 것은?

> 고려시대에 지방에서 의료를 담당했던 사람으로는 의학박사, 의사, 약점사가 있었다. 의학박사는 지방에 파견된 최초의 의관으로서, 12목에 파견되어 지방의 인재들을 뽑아 의학을 가르쳤다. 반면 의사는 지방 군현에 주재하면서 약재 채취와 백성의 치료를 담당하였다. 의사는 의학박사만큼 교육에 종사하기는 어려웠지만 의학교육의 일부를 담당했다. 의학박사에 비해 관품이 낮은 의사들은 실력이 뒤지거나 경력이 부족했으며 행정업무를 병행하기도 하였다.
>
> 한편 지방 관청에는 약점이 설치되었고, 그곳에 약점사를 배치하였다. 약점사는 향리들 중에서 임명하였는데, 향리가 없는 개경과 서경을 제외한 전국의 모든 고을에 있었다. 약점은 약점사들이 환자들을 치료하는 공간이자 약재의 유통 공간이었다. 지방 관청에는 향리들의 관청인 읍사가 있었다. 큰 고을은 100여 칸, 중간 크기 고을은 10여 칸, 작은 고을은 4~5칸 정도의 규모였다. 약점도 읍사 건물의 일부를 사용하였다. 약점사들이 담당한 여러 일 중 가장 중요한 것은 인삼, 생강, 백자인 등 백성들이 공물로 바치는 약재를 수취하고 관리하여 중앙정부에 전달하는 일이었다. 약점사는 국왕이 하사한 약재들을 관리하는 일과 환자들을 치료하는 일도 담당하였다. 지방마다 의사를 두지는 못하였으므로 의사가 없는 지방에서는 의사의 업무 모두를 약점사가 담당했다.

① 의사들 가운데 실력이 뛰어난 사람이 의학박사로 임명되었다.
② 약점사의 의학 실력은 의사들보다 뛰어났다.
③ 약점사가 의학교육을 담당할 수도 있었다.
④ 의사는 향리들 중에서 임명되었다.
⑤ 의사들의 진료 공간은 약점이었다.

8. 다음 (가)~(마) 각각의 논증에서 전제가 모두 참일 때, 결론이 반드시 참인 것을 모두 고르면?

> (가) 삼촌은 우리를 어린이대공원에 데리고 간다고 약속했다. 삼촌이 이 약속을 지킨다면, 우리는 어린이대공원에 갈 것이다. 우리는 어린이대공원에 갔다. 따라서 삼촌이 이 약속을 지킨 것은 확실하다.
>
> (나) 내일 비가 오면, 우리는 박물관에 갈 것이다. 내일 날씨가 좋으면, 우리는 소풍을 갈 것이다. 내일 비가 오거나 날씨가 좋을 것이다. 따라서 우리는 박물관에 가거나 소풍을 갈 것이다.
>
> (다) 영희는 학생이다. 그녀는 철학도이거나 과학도임이 틀림없다. 그녀는 과학도가 아니라는 것이 밝혀졌다. 따라서 그녀는 철학도이다.
>
> (라) 그가 나를 싫어하지 않는다면, 나를 데리러 올 것이다. 그는 나를 싫어한다. 따라서 그는 나를 데리러 오지 않을 것이다.
>
> (마) 그가 유학을 간다면, 그는 군대에 갈 수 없다. 그가 군대에 갈 수 없다면, 결혼을 미루어야 한다. 그가 결혼을 미룬다면, 그녀와 헤어지게 될 것이다. 따라서 그녀와 헤어지지 않으려면, 그는 군대에 가서는 안 된다.

① (가), (나)
② (가), (라)
③ (나), (다)
④ (나), (마)
⑤ (다), (마)

9. 다음 글로부터 옳게 추론한 것을 <보기>에서 모두 고르면?

정상적인 애기장대의 꽃은 바깥쪽에서부터 안쪽으로 꽃받침, 꽃잎, 수술 그리고 암술을 가지는 구조로 되어 있다. 이 꽃의 발생에 미치는 유전자의 영향에 대한 연구를 통해 유전자A는 단독으로 꽃받침의 발생에 영향을 주고, 유전자A와 B는 함께 작용하여 꽃잎의 발생에 영향을 준다는 것을 알아냈다. 그리고 유전자B와 C는 함께 작용하여 수술의 발생에 영향을 미치며, 유전자C는 단독으로 암술의 발생에 영향을 미치는 것을 알아냈다. 또한, 돌연변이로 유전자A가 결여된다면 유전자A가 정상적으로 발현하게 될 꽃의 위치에 유전자C가 발현하고, 유전자C가 결여된다면 유전자C가 정상적으로 발현하게 될 꽃의 위치에 유전자A가 발현한다는 것을 알아냈다.

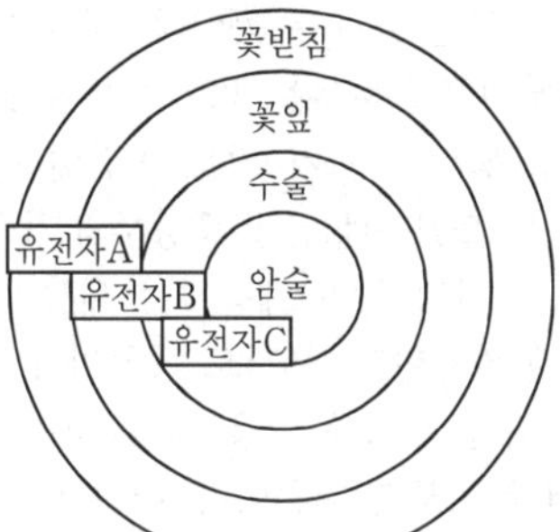

<정상적인 애기장대 꽃 모형>

<보 기>

ㄱ. 유전자A가 결여된 돌연변이 애기장대는 가장 바깥쪽으로부터 암술, 수술, 수술 그리고 암술의 구조를 가질 것이다.
ㄴ. 유전자B가 결여된 돌연변이 애기장대는 가장 바깥쪽으로부터 꽃받침, 암술, 암술 그리고 꽃받침의 구조를 가질 것이다.
ㄷ. 유전자C가 결여된 돌연변이 애기장대는 가장 바깥쪽으로부터 꽃받침, 꽃잎, 꽃잎 그리고 꽃받침의 구조를 가질 것이다.
ㄹ. 유전자A와 B가 결여된 돌연변이 애기장대는 수술과 암술만 존재하는 구조를 가질 것이다.

① ㄱ, ㄴ
② ㄱ, ㄷ
③ ㄴ, ㄷ
④ ㄴ, ㄹ
⑤ ㄷ, ㄹ

10. 다음 글에 대한 평가로 적절한 것은?

김 과장은 아들 철수가 최근 출시된 '디아별로' 게임에 몰두한 나머지 학업을 소홀히 하고 있다는 것을 알았다. 그러던 중 컴퓨터 게임과 학업 성적에 대한 다음과 같은 연구 결과를 접하게 되었다. 그 연구 결과에 의하면, 하루 1시간 이내로 게임을 하는 아이들은 1시간 이상 게임을 하는 아이들보다 성적이 높았고 상위권에 속했으나, 하루 1시간 이상 게임을 하는 아이들의 경우 게임을 더 오래 하는 아이들이 성적이 더 낮은 것으로 나타났다. 연구보고서는 아이들이 게임을 하는 시간을 부모가 1시간 이내로 통제한다면, 아이들의 학교 성적이 상위권에서 유지될 것이라고 결론을 내리고 있다.

① 게임을 하는 시간보다 책 읽는 시간이 더 많은 아이들이 그렇지 않은 아이들보다 성적이 더 높았다면, 이는 위 글의 결론을 강화한다.
② 하루 1시간 이상 3시간 이내 게임을 하던 아이들의 게임 시간을 줄였으나 성적이 오르지 않았다면, 이는 위 글의 결론을 강화한다.
③ 하루에 게임을 하는 시간을 1시간 이내로 줄인 아이들이 여분의 시간을 책 읽는 데 썼다면, 이는 위 글의 결론을 약화한다.
④ 평균 이하의 성적을 보이는 아이들이 대부분 하루에 3시간 이상씩 게임을 하였다면, 이는 위 글의 결론을 약화한다.
⑤ 아이들의 게임 시간을 하루 1시간 이상으로 늘려도 성적에 변화가 없었다면, 이는 위 글의 결론을 약화한다.

11. 다음 글의 내용과 부합하는 것은?

대체재와 대안재의 구별은 소비자뿐만 아니라 판매자에게도 중요하다. 형태는 달라도 동일한 핵심 기능을 제공하는 제품이나 서비스는 각각 서로의 대체재가 될 수 있다. 대안재는 기능과 형태는 다르나 동일한 목적을 충족하는 제품이나 서비스를 의미한다.

사람들은 회계 작업을 위해 재무 소프트웨어를 구매하여 활용하거나 회계사를 고용해 처리하기도 한다. 회계 작업을 수행한다는 측면에서, 형태는 다르지만 동일한 기능을 갖고 있는 두 방법 중 하나를 선택할 수 있다.

이와는 달리 형태와 기능이 다르지만 같은 목적을 충족시켜주는 제품이나 서비스가 있다. 여가 시간을 즐기고자 영화관 또는 카페를 선택해야 하는 상황을 보자. 카페는 물리적으로 영화관과 유사하지도 않고 기능도 다르다. 하지만 이런 차이에도 불구하고 사람들은 여가 시간을 보내기 위한 목적으로 영화관 또는 카페를 선택한다.

소비자들은 구매를 결정하기 전에 대안적인 상품들을 놓고 저울질한다. 일반 소비자나 기업 구매자 모두 그러한 의사결정 과정을 갖는다. 그러나 어떤 이유에서인지 우리가 파는 사람의 입장이 됐을 때는 그런 과정을 생각하지 못한다. 판매자들은 고객들이 대안 산업군 전체에서 하나를 선택하게 되는 과정을 주목하지 못한다. 반면에 대체재의 가격 변동, 상품 모델의 변화, 광고 캠페인 등에 대한 새로운 정보는 판매자들에게 매우 큰 관심거리이므로 그들의 의사결정에 중요한 역할을 한다.

① 판매자들은 대안재보다 대체재 관련 정보에 민감하게 반응한다.
② 판매자들은 소비자들의 대안재 선택 과정을 잘 이해한다.
③ 재무 소프트웨어와 회계사는 서로 대안재의 관계에 있다.
④ 소비자들은 대안재보다 대체재를 선호하는 경향이 있다.
⑤ 영화관과 카페는 서로 대체재의 관계에 있다.

12. 다음 글에서 추론할 수 없는 것은?

조선시대의 궁궐은 남쪽에서 북쪽에 걸쳐 외전(外殿), 내전(內殿), 후원(後苑)의 순서로 구성되었다. 공간배치상 가장 앞쪽에 배치된 외전은 왕이 의례, 외교, 연회 등 정치 행사를 공식적으로 치르는 공간이며, 그 중심은 정전(正殿) 혹은 법전(法殿)이라고 부르는 건물이었다. 정전은 회랑(回廊)으로 둘러싸여 있는데, 그 회랑으로 둘러싸인 넓은 마당이 엄격한 의미에서 조정(朝庭)이 된다.

내전은 왕과 왕비의 공식 활동과 일상적인 생활이 이루어지는 공간으로서 위치상으로 궁궐의 중앙부를 차지할 뿐만 아니라 그 기능에서도 궁궐의 핵을 이루는 곳이다. 그 가운데서도 왕이 일상적으로 기거하는 연거지소(燕居之所)는 왕이 가장 많은 시간을 보내는 곳이다. 주요 인물들을 만나 정치 현안에 대해 의견을 나누는 곳으로 실질적인 궁궐의 핵심이라 할 수 있다. 왕비의 기거 활동 공간인 중궁전은 중전 또는 중궁이라고도 불렸는데 궁궐 중앙부의 가장 깊숙한 곳에 위치한다. 동궁은 차기 왕위 계승자인 세자의 활동 공간으로 내전의 동편에 위치한다. 세자도 동궁이라 불리기도 하였는데, 그 이유는 다음 왕위를 이을 사람이기에 '떠오르는 해'라는 상징적 의미를 가졌기 때문이다. 내전과 동궁 일대는 왕, 왕비, 세자와 같은 주요 인물의 공간이다. 그들을 시중드는 사람들의 기거 활동 공간은 내전의 뒤편에 배치되었다. 이 공간은 내전의 연장으로 볼 수 있고, 뚜렷한 명칭이 따로 있지는 않았다.

후원은 궁궐의 북쪽 산자락에 있는 원유(苑囿)를 가리킨다. 위치 때문에 북원(北苑)으로 부르거나, 아무나 들어갈 수 없는 금단의 구역이기에 금원(禁苑)이라고도 불렀다. 후원은 일차적으로는 휴식 공간이었다. 또한 부차적으로는 내농포(內農圃)라는 소규모 논을 두고 왕이 직접 농사를 체험하며 농민들에게 권농(勸農)의 모범을 보이는 실습장의 기능도 가지고 있었다.

① 내농포는 금원에 배치되었다.
② 내전에서는 국왕의 일상생활과 정치가 병행되었다.
③ 궁궐 남쪽에서 공간적으로 가장 멀리 위치한 곳은 중궁전이다.
④ 외국 사신을 응대하는 국가의 공식 의식은 외전에서 거행되었다.
⑤ 동궁은 세자가 활동하는 공간의 이름이기도 하고 세자를 가리키는 별칭이기도 하였다.

13. 다음 글에서 추론할 수 없는 것은?

아래 표는 각각의 물체가 1g당 가지고 있는 에너지를 표시한 것이다.

구분	1g당 에너지 (단위: kcal)	TNT에 대한 에너지 상댓값
컴퓨터 충전기	0.1	0.15
TNT	0.65	1
초코칩 과자	5	8
우라늄 - 235	2천만	3천만

TNT(trinitrotoluene)와 초코칩 과자 모두는 원자들로 구성된다. 이들 원자 사이에는 힘이 작용하며 이 힘에는 에너지가 저장되어 있다. 이런 에너지를 화학적 에너지라고 부른다. 화학적 에너지는 우리에게 놀라운 사건을 보여줄 수 있다. TNT의 폭발이란, 원자들 사이의 힘이 원자들을 아주 빠른 속도로 밀어내는 것이다. 마치 용수철을 압축했다 놓으면 용수철이 갑자기 팽창하는 것과 같다.

위의 표에서 가장 놀라운 사실은 초코칩 과자에 저장된 에너지가 같은 질량의 TNT보다 8배나 많다는 것이다. 어떻게 이것이 가능한가? 왜 우리는 TNT 대신에 초코칩 과자로 건물을 날려 버릴 수 없는 것인가?

파괴하는 용도로 TNT가 유용한 이유는 TNT가 아주 빠르게 에너지를 방출하기 때문이다. 이 과정에서 발생하는 열은 매우 고온이므로, TNT는 순식간에 기체 상태로 팽창하여 주변에 있는 물체들을 밀면서 부수어 버린다. 1g의 TNT가 가지고 있는 에너지를 방출하는 데 걸리는 시간은 1백만분의 1초이다. 이런 갑작스런 에너지 방출은 매우 단단한 물질도 파괴할 수 있다. 에너지가 방출되는 빠르기를 '일률'이라 한다.

초코칩 과자가 같은 질량의 TNT보다 더 많은 에너지를 갖고 있지만, 물질 대사라는 화학 과정을 거쳐서 훨씬 더 느리게 에너지를 방출한다. 위에서 음식물을 산으로 섞거나 장에서 효소로 섞는 소화 과정은 화학적 변화들을 필요로 한다. 마지막으로 소화된 산물인 포도당은 세포 내에서, 폐에서 얻어지고 혈액 세포에 의해 운반된 산소와 반응하여 에너지를 생산하는 데 쓰인다.

① 우라늄 - 235는 같은 질량의 초코칩 과자나 TNT보다 훨씬 많은 에너지를 갖고 있다.
② 동일한 양의 에너지를 저장하는 데 필요한 질량은 컴퓨터 충전기가 TNT보다 더 크다.
③ 어떤 물체에 화학적 에너지가 많이 저장되어 있다고 해서 빠르게 방출되는 것은 아니다.
④ 초코칩 과자를 에너지로 전환하더라도 일률이 낮아서 그 에너지는 같은 질량의 TNT가 가진 에너지보다 적다.
⑤ 초코칩 과자가 물질 대사를 통해 에너지를 방출하는 데 걸리는 시간은 TNT가 에너지를 방출하는 데 걸리는 시간보다 길다.

14. 다음 글의 문맥상 (가)~(라)에 들어가기에 가장 적절한 것을 <보기>에서 골라 알맞게 짝지은 것은?

플라톤은 아테네에서 진행되던 민주주의에 대해 탐탁하지 않게 생각했다. 플라톤은 지혜를 갖춘 전문가가 정치를 담당해야 한다고 보았다. 자격을 갖춘 능력 있는 소수를 뒷전으로 밀어내고 무능하고 무책임한 다수 대중에게 권력을 이양하는 민주주의의 정치 게임에 플라톤은 분노했다. 특히 플라톤은 궤변으로 떠들어대는 무능한 민주주의 정치 지도자들을 비판했다. (가)

이랬던 플라톤이 자신의 마지막 저서인 『법률』에서는 대중에게 적정한 수준에서 자유를 허용하는 체제, 즉 왕정과 민주정의 요소를 고루 내포한 혼합 체제의 필요성을 역설했다. 일정 정도의 자유와 정치 참여를 대중들에게 허용하면, 그들은 국가에 애착을 느끼고 필요하다면 자신을 희생하기도 한다고 플라톤은 강조했다. 대중들의 정치 참여가 국가의 발전 가능성을 높여준다고 생각한 것이다. (나)

그렇다고 해서 플라톤이 전적으로 민주주의에 투항한 것은 결코 아니다. 『법률』의 경우에도 여전히 민주주의를 찬양하는 대목보다 그것을 강경하게 비판하는 대목이 더 많이 눈에 띈다. 민주정과 왕정의 혼합 체제를 지향하기는 했지만, 플라톤에게 민주주의는 중심적 요소가 아닌 부차적 요소에 지나지 않았다. 플라톤이 지향한 혼합 체제는 대중들의 승인을 받은 귀족주의에 가까운 것이었다. 그에게 대중이란 주권자일 수는 있어도 결코 지배자가 될 수는 없는 존재였다. (다)

플라톤이 대중들의 정치 참여를 어느 정도 수용하면서도 민주주의를 인정하지 않았던 것은 의미심장한 대목이다. 해석하기에 따라, 플라톤의 태도는 대중들을 정치의 주인인 것처럼 착각하게 만든 후 그들의 충성을 끌어내고, 정치적 실권은 실상 소수 엘리트들에게 넘겨주는 '사이비' 민주주의 체제를 가능하게 한 것처럼 보이기 때문이다. (라)

<보 기>

ㄱ. 생각해 보면 이는 일인 독재 정치 체제보다 더욱 기만적인 정치 체제일 수 있다.
ㄴ. 이것을 액면 그대로 받아들이면 플라톤이야말로 참여 민주주의의 원조 격이 아닐 수 없다.
ㄷ. 민주주의를 내세우지만 동시에 대중들의 정치 참여를 제한하는 것이 플라톤 정치 이론의 실체이다.
ㄹ. 플라톤은 민주주의를 이끄는 정치인들의 실체가 수술을 요하는 환자에게 메스 대신 비타민을 내미는 엉터리 의사와 같다고 생각했다.

	(가)	(나)	(다)	(라)
①	ㄱ	ㄹ	ㄴ	ㄷ
②	ㄴ	ㄱ	ㄹ	ㄷ
③	ㄴ	ㄹ	ㄱ	ㄷ
④	ㄹ	ㄱ	ㄷ	ㄴ
⑤	ㄹ	ㄴ	ㄷ	ㄱ

15. 다음 글에서 추론할 수 없는 것은?

> 목조 건축물에서 골조 구조의 가장 기본적인 양식은 기둥과 보가 결합된 것으로서 두 기둥 사이에 보를 연결한 구조이다. 두 개의 기둥 사이에 보를 연결하여 건물의 한 단면이 형성되고 이런 연결을 계속 반복하여 공간을 만들어 갈 수 있다. 이런 구조는 기둥에 대해 수직으로 작용하는 하중에는 강하지만 수평으로 가해지는 하중에는 취약하다. 따라서 기둥과 보 사이에 가새를 넣어 주어야 하며, 이를 통해 견고한 구조가 실현된다.
>
> 가새는 보와 기둥 사이에 대각선을 이루며 연결하는 부재(部材)이다. 기둥과 보 그리고 가새가 서로 연결되어 삼각형 형태를 이루면 목조 건축물의 골조는 더 안정된 구조를 이룰 수 있다. 이러한 삼각형 형태 때문에 보에 가해지는 수평 하중이 가새를 통해 기둥으로 전달된다. 대부분의 가새는 하나의 보와 이 보의 양 끝에 수직으로 연결된 두 기둥에 설치되므로 마주보는 짝으로 구성된다. 가새는 보에 가해지는 수직 하중의 일부도 기둥으로 전달하는 역할을 한다. 그러나 가새의 크기와 그것이 설치될 위치를 설계할 때에는 수평 하중의 영향만을 고려한다.

① 가새는 수직 하중에 약한 구조를 보완한다.
② 가새는 수직 하중의 일부를 기둥으로 보낸다.
③ 가새는 목조 골조 구조의 안정성을 향상시킨다.
④ 가새를 얼마나 크게 할지, 어디에 설치할지를 설계할 경우에 수평 하중의 영향만을 생각한다.
⑤ 가새는 대부분 하나의 보를 받치는 두 개의 기둥 각각에 설치되므로 한 쌍으로 이루어진다.

16. 다음 글에서 알 수 있는 것은?

> 1937년 영국에서 거행된 조지 6세의 대관식에 귀족들은 대부분 자동차를 타고 왔다. 대관식에 동원된 마차는 단 세 대밖에 없었을 정도로 의례에서 마차가 차지하는 비중이 작아졌다. 당시 마차에 관련된 서적에서 나타나듯이, 대귀족 가문들조차 더 이상 호화로운 마차를 사용하지 않았다. 당시 마차들은 조각이 새겨진 황금빛 왕실 마차와 같이 순전히 의례용으로 이용되는 경우를 제외하고는 거의 사용되지 않은 채 방치되었다.
>
> 제2차 세계대전 이후 전투기와 탱크와 핵폭탄이 세계를 지배하면서, 대중은 급격한 과학 기술의 발전에 두려움과 어지러움을 느끼게 되었다. 이런 배경에서 영국 왕실의 의례에서는 말과 마차와 검과 깃털 장식 모자의 장엄한 전통이 정치적으로 부활했다. 1953년 엘리자베스 2세의 대관식은 전통적인 방식으로 성대하게 치러졌다. 대관식에 참여한 모든 외국 왕족과 국가 원수를 마차에 태웠고, 이때 부족한 일곱 대의 마차를 한 영화사에서 추가로 임대할 정도였다.
>
> 왕실의 고풍스러운 의례가 전파로 송출되기 시작하면서, 급변하는 사회를 혼란스러워 하던 대중은 전통적 왕실 의례에서 위안을 찾았다. 국민의 환호와 열광 속에 화려한 마차를 타고 개선로를 통과하는 군주에게는 어수선한 시대의 안정적 구심점이라는 이미지가 부여되었다. 군주는 전후 경제적 피폐와 정치적 혼란의 양상을 수습하고 국가의 질서를 재건하는 상징적 존재로 부상하였다.

① 1953년 영국 왕실의 의전 행사 방식은 1937년의 그것과 같았다.
② 영국 왕실 의례는 영국의 지역 간 통합에 순기능으로 작동했다.
③ 영화는 영국 왕실 의례가 대중에 미치는 영향력을 잘 보여 주었다.
④ 시대의 변화에 따라 영국 왕실 의례의 장엄함과 섬세함은 왕실 외부로 알려지지 않게 되었다.
⑤ 제2차 세계대전 이후 전통적 영국 왕실 의례의 부활은 대중들에게 위안과 안정을 주는 역할을 하였다.

17. (가), (나)에 들어갈 말을 올바르게 짝지은 것은?

> 갑: 예술가의 작업이란, 자신이 경험한 감정을 타인도 경험할 수 있도록 색이나 소리와 같이 감각될 수 있는 여러 형태로 표현하는 것이지.
> 을: 그렇다면 훌륭한 예술과 그렇지 못한 예술을 구별하는 기준은 무엇이지?
> 갑: 그것이야 예술가가 해야 할 작업을 성공적으로 수행하면 훌륭한 예술이고, 그런 작업에 실패한다면 훌륭하지 못한 예술이지. 즉 예술가가 경험한 감정이 잘 전달되어 감상자도 그런 감정을 느끼게 되는 예술을 훌륭한 예술이라고 할 수 있어.
> 을: 예술가가 느낀 감정 중에서 천박한 감정이 있을까? 아니면 예술가가 느낀 감정은 모두 고상하다고 할 수 있을까?
> 갑: 물론 여느 사람과 마찬가지로 예술가 역시 천박한 감정을 가질 수 있지. 만약 어떤 예술가가 남의 고통을 보고 고소함을 느꼈다면 이는 천박한 감정이라고 해야 할 텐데, 예술가라고 해서 모두 천박한 감정을 갖지 않는다고 할 수는 없어.
> 을: 그렇다면 천박한 감정을 느낀 예술가가 그 감정을 표현하여 감상자 역시 그런 감정을 느낀다면, 그런 예술이 훌륭한 예술인가?
> 갑: (가)
> 을: 너의 대답은 모순이야. 왜냐하면 네 대답은 (나) 때문이야.

(가)	(나)
① 그렇다.	훌륭한 예술에 대한 너의 정의와 앞뒤가 맞지 않기
② 그렇다.	예술가의 작업에 대한 너의 정의와 앞뒤가 맞지 않기
③ 그렇다.	예술가가 느낀 감정이 모두 고상하지는 않다는 너의 주장과 앞뒤가 맞지 않기
④ 아니다.	훌륭한 예술에 대한 너의 정의와 앞뒤가 맞지 않기
⑤ 아니다.	예술가가 느낀 감정이 모두 고상하지는 않다는 너의 주장과 앞뒤가 맞지 않기

18. 사무관 A, B, C, D, E는 다음 조건에 따라 회의에 참석할 예정이다. 반드시 참이라고는 할 수 없는 것은?

> ○ A가 회의에 참석하면, B도 참석한다.
> ○ A가 참석하면 E도 참석하고, C가 참석하면 E도 참석한다.
> ○ D가 참석하면, B도 참석한다.
> ○ C가 참석하지 않으면, B도 참석하지 않는다.

① A가 참석하면, C도 참석한다.
② A가 참석하면, D도 참석한다.
③ C가 참석하지 않으면, D도 참석하지 않는다.
④ D가 참석하면, C도 참석한다.
⑤ E가 참석하지 않으면, B도 참석하지 않는다.

19. 다음 글의 밑줄 친 원리를 지지하는 진술을 <보기>에서 모두 고르면?

> 배리 반스와 데이빗 블로어 등이 주도한 <u>강한 프로그램의 원리</u>를 과학의 영역에 적용하면, 자연과학자들의 활동과 인문학자나 사회과학자들의 활동이 동일한 방식으로 설명되어야 한다. 그리고 자연과학과 인문·사회과학의 영역에서 동일한 설명방식을 사용하기 위해 수정해야 할 부분은 사회과학의 탐구에 대한 견해가 아니라 자연과학의 탐구에 대한 견해이다. 즉 강한 프로그램의 원리에 의하면, 우리는 자연과학이 제공하는 믿음이 특정 전문가 집단의 공동체적 활동에 의해 생산된다는 점에 유의해야 한다. 이런 공동체들은 저마다 특수한 역사와 사회적 특성을 갖고 있으며 또 그렇게 형성된 집단 내부의 의사결정 구조를 가지고 있다. 어떤 문제가 우선적으로 탐구되어야 할 중요한 문제인지, 그 문제를 어떤 방식으로 풀어야 옳은지 등에 대한 판단도 역시 이런 사회적 맥락 속에서 이루어진다. 그렇다면 주어진 문제에 대한 답으로 제안되는 이론들 가운데 어떤 것이 채택되고 당대의 정설로 자리 잡게 되는지도 마찬가지라는 것을 알 수 있다.

<보 기>

ㄱ. 자연과학자들의 탐구조차도 과학자들의 공동체에서 이루어지는 활동의 산물이다.
ㄴ. 어떤 연구 주제가 중요한지, 어떤 이론을 선택할지 등은 사회적 맥락 속에서 결정된다.
ㄷ. 자연과학 이론은 사회과학 이론보다 더 객관적 사실에 근거하여 형성된다.
ㄹ. 전문 학술지에 발표되는 논문의 수로 분야별 생산성을 평가하자면 자연과학 분야의 연구들이 학문의 발전을 선도하고 있다.

① ㄱ, ㄴ　② ㄱ, ㄷ　③ ㄴ, ㄷ
④ ㄴ, ㄹ　⑤ ㄷ, ㄹ

20. 다음 글을 토대로 할 때, 흄이 반대하는 주장은?

의무와 합의의 관계에 대한 데이빗 흄의 생각이 시험대에 오르는 일이 발생했다. 흄은 집을 한 채 갖고 있었는데, 이 집을 자신의 친구에게 임대해 주었고, 그 친구는 이 집을 다시 다른 사람에게 임대했다. 이렇게 임대받은 사람은 집을 수리해야겠다고 생각했고, 흄과 상의도 없이 사람을 불러 일을 시켰다. 집을 수리한 사람은 일을 끝낸 뒤 흄에게 청구서를 보냈다. 흄은 집수리에 합의한 적이 없다는 이유로 지불을 거절했다. 그는 집을 수리할 사람을 부른 적이 없었다. 사건은 법정 공방으로 이어졌다. 집을 수리한 사람은 흄이 합의한 적이 없다는 사실을 인정했다. 그러나 집은 수리해야 하는 상태였기에 수리를 마쳤다고 그는 말했다. 집을 수리한 사람은 단순히 '그 일은 꼭 필요했다'고 주장했다. 흄은 "그런 논리라면, 에든버러에 있는 집을 전부 돌아다니면서 수리할 곳이 있으면 집주인과 합의도 하지 않은 채 수리를 해놓고 지금처럼 자기는 꼭 필요한 일을 했으니 집수리 비용을 달라고 하지 않겠는가."라고 주장했다.

① 공정한 절차를 거쳐 집수리에 대한 합의에 이르지 못했다면 집수리 비용을 지불할 의무는 없다.
② 집수리에 대한 합의가 없었다면 필요한 집수리를 했더라도 집수리 비용을 지불할 의무는 없다.
③ 집수리에 대한 합의가 있었더라도 필요한 집수리를 하지 않았다면, 집수리 비용을 지불할 의무는 없다.
④ 집수리에 대한 합의가 있었고 필요한 집수리를 했다면, 집수리 비용을 지불할 의무가 생겨난다.
⑤ 집수리에 대한 합의가 없었더라도 필요한 집수리를 했다면, 집수리 비용을 지불할 의무가 생겨난다.

21. 다음 글로부터 추론한 내용으로 가장 적절한 것은?

많은 재화나 서비스는 경합성과 배제성을 지닌 '사유재'이다. 여기서 경합성이란 한 사람이 어떤 재화나 서비스를 소비하면 다른 사람의 소비를 제한하는 특성을 의미하며, 배제성이란 공급자에게 대가를 지불하지 않으면 그 재화를 소비하지 못하는 특성을 의미한다. 반면 '공공재'란 사유재와는 반대로 비경합적이면서도 비배제적인 특성을 가진 재화나 서비스를 말한다.

그러나 우리 주위에서는 이렇듯 순수한 사유재나 공공재와는 또 다른 특성을 지닌 재화나 서비스도 많이 찾아볼 수 있다. 예를 들어 영화 관람이라는 소비 행위는 비경합적이지만 배제가 가능하다. 왜냐하면 영화는 사람들과 동시에 즐길 수 있으나 대가를 지불하지 않고서는 영화관에 입장할 수 없기 때문이다. 마찬가지로 케이블 TV를 즐기기 위해서는 시청료를 지불해야 한다.

비배제적이지만 경합적인 재화들도 찾아낼 수 있다. 예를 들어 출퇴근 시간대의 무료 도로를 생각해보자. 자가용으로 집을 출발해서 직장에 도달하는 동안 도로에 진입하는 데에 요금을 지불하지 않으므로 도로의 소비는 비배제적이다. 하지만 출퇴근 시간대의 체증이 심한 도로는 내가 그 도로에 존재함으로 인해서 다른 사람의 소비를 제한하게 된다. 따라서 출퇴근 시간대의 도로 사용은 경합적인 성격을 갖는다.

이상의 내용을 아래의 표에 분류해 보면 다음과 같다.

경합성 \ 배제성	배제적	비배제적
경합적	a	b
비경합적	c	d

① 체증이 심한 유료 도로 이용은 a에 해당한다.
② 케이블 TV 시청은 b에 해당한다.
③ 사먹는 아이스크림과 같은 사유재는 b에 해당한다.
④ 국방 서비스와 같은 공공재는 c에 해당한다.
⑤ 영화 관람이라는 소비 행위는 d에 해당한다.

22. 다음 (가)~(라)의 주장 간의 관계를 바르게 파악한 사람을 <보기>에서 모두 고르면?

(가) 도덕성의 기초는 이성이지 동정심이 아니다. 동정심은 타인의 고통을 공유하려는 선한 마음이지만, 그것은 일관적이지 않으며 때로는 변덕스럽고 편협하다.

(나) 인간의 동정심은 신뢰할 만하지 않다. 예컨대, 같은 종류의 불행을 당했다고 해도 내 가족에 대해서는 동정심이 일어나지만 모르는 사람에 대해서는 동정심이 생기지 않기도 한다.

(다) 도덕성의 기초는 이성이 아니라 오히려 동정심이다. 즉 동정심은 타인의 곤경을 자신의 곤경처럼 느끼며 타인의 고난을 위로해 주고 싶은 욕구이다. 타인의 고통을 나의 고통처럼 느끼고, 그로부터 타인의 고통을 막으려는 행동이 나오게 된다. 이렇게 동정심은 도덕성의 원천이 된다.

(라) 동정심과 도덕성의 관계에서 중요한 문제는 어떻게 동정심을 함양할 것인가의 문제이지, 그 자체로 도덕성의 기초가 될 수 있는지 없는지의 문제가 아니다. 동정심은 전적으로 신뢰할 만한 것은 아니며 때로는 왜곡될 수도 있다. 그렇다고 그 때문에 도덕성의 기반에서 동정심을 완전히 제거하는 것은 도덕의 풍부한 원천을 모두 내다 버리는 것과 같다. 오히려 동정심이나 공감의 능력은 성숙하게 함양해야 하는 도덕적 소질에 가까운 것이다.

<보 기>

갑: (가)와 (다)는 양립할 수 없는 주장이다.
을: (나)는 (가)를 지지하는 관계이다.
병: (가)와 (라)는 동정심의 도덕적 역할을 전적으로 부정하고 있다.
정: (나)와 (라)는 모순관계이다.

① 갑, 을
② 을, 정
③ 갑, 을, 병
④ 갑, 병, 정
⑤ 을, 병, 정

23. 다음 논증이 타당하기 위해서 괄호 안에 들어갈 진술로 가장 적절한 것은?

실천적 지혜가 있는 사람은 덕이 있는 성품을 가진 사람이다. 그런데 덕을 아는 것만으로 실천적 지혜가 있는 사람이 될 수는 없다. 실천적 지혜가 있는 사람은 덕을 알 뿐만 아니라 그것을 실행에 옮기는 사람이다. 그리고 그런 사람이 실천적 지혜가 있다고 할 수 있다. 그런데 (　　) 따라서 실천적 지혜가 있는 사람은 자제력도 있다.

① 자제력이 없는 사람은 성품이 나약한 사람이다.
② 덕이 있는 성품을 가진 사람도 자제력이 없을 수 있다.
③ 덕이 있는 성품을 가진 사람은 실천적 지혜가 있는 사람이다.
④ 자제력이 없는 사람은 올바른 선택을 따르지 않는 사람이다.
⑤ 자제력이 없는 사람은 아는 덕을 실행에 옮기는 사람이 아니다.

24. 다음 내용이 참일 때, 반드시 참이라고는 할 수 없는 것은?

어떤 국가에 7개 행정구역 A, B, C, D, E, F, G가 있다.
○ A는 C 이외의 모든 구역들과 인접해 있다.
○ B는 A, C, E, G와만 인접해 있다.
○ C는 B, E와만 인접해 있다.
○ D는 A, G와만 인접해 있다.
○ E는 A, B, C와만 인접해 있다.
○ F는 A와만 인접해 있다.
○ G는 A, B, D와만 인접해 있다.

각 구역은 4개 정책 a, b, c, d 중 하나만 추진할 수 있고, 각 정책은 적어도 한 번씩은 추진된다. 또한 다음 조건을 만족해야 한다.
○ 인접한 구역끼리는 같은 정책을 추진해서는 안 된다.
○ A, B, C는 각각 a, b, c정책을 추진한다.

① E는 d정책을 추진할 수 있다.
② F는 b나 c나 d 중 하나의 정책만 추진할 수 있다.
③ D가 d정책을 추진하면, G는 c정책만 추진할 수 있다.
④ E가 d정책을 추진하면, G는 c정책만 추진할 수 있다.
⑤ G가 d정책을 추진하면, D는 b 혹은 c정책만 추진할 수 있다.

25. 다음 글에 의해 반박될 수 있는 주장을 <보기>에서 모두 고르면?

신약의 효능이나 독성을 검사할 때 동물 실험을 하는 것이 일반적이다. 이때 반드시 짚고 넘어가야 할 문제가 있다. 그것은 동물 실험 결과를 인간에게 적용할 수 있는가 하는 문제이다. 동물과 인간의 생리적 특성이 달라 동물 실험의 결과를 인간에게 적용할 수 없는 경우가 있기 때문이다. 따라서 임상 시험에 들어가기 전 동물 실험을 통해 효능이나 독성 검사를 하는 것이 과연 얼마나 의미가 있는지에 대한 물음이 제기되고 있다.

이와 관련한 대표적인 사례인 '탈리도마이드 사건'을 살펴보자. 탈리도마이드는 1954년 독일 회사가 합성해 4년 후부터 안정제로 판매되기 시작했다. 동물 실험 결과 이 약은 그 안전성을 인정받았다. 생쥐에게 엄청난 양(몸무게 1kg당 10g 정도까지 실험)을 투여해도 생명에 지장이 없었다. 그래서 입덧으로 고생하는 임신부들까지 이를 복용했고, 그 결과 1959년부터 1961년 사이에 팔다리가 형성되지 않은 기형아가 1만여 명이나 태어났다. 반대의 사례도 있는데, 항생제로 지금까지도 널리 사용되는 페니실린은 일부 설치류에게 치명적인 독성을 나타낸다.

이에 따라 기존에 동물 실험이나 임상 시험에서 독성이 나타나 후보 목록에서 제외되었던 물질이 최근 들어 재조명되는 사례가 늘고 있다. 동물에게 독성이 나타나더라도 사람에게 독성이 없는 것으로 판명되거나, 일부 사람에게는 독성이 나타나더라도 이에 내성이 있는 사람에게는 투여 가능한 경우도 있기 때문이다.

<보 기>

ㄱ. 동물 실험 결과, 안전하다고 판단된 약물은 사람에게도 안전하다.
ㄴ. 어떤 약물이 사람에게 안전하다면, 동물에게도 안전하다.
ㄷ. 신약 개발을 위한 임상 시험에서 독성이 나타난 물질은 어느 누구에게도 투여해서는 안 된다.
ㄹ. 내성이 있는 사람에게 부작용이 나타난 약물은 모든 사람에게 부작용이 나타난다.

① ㄱ, ㄷ
② ㄴ, ㄹ
③ ㄱ, ㄴ, ㄷ
④ ㄴ, ㄷ, ㄹ
⑤ ㄱ, ㄴ, ㄷ, ㄹ

약점 보완 해설집 p.286

상황판단영역

1. 甲, 乙, 丙, 丁은 A국의 건강보험 가입자이다. 다음 글을 근거로 판단할 때, <보기>에서 옳지 않은 것을 모두 고르면?

> A국의 건강보험공단(이하 '공단'이라 한다)이 제공하는 건강보험의 급여는 현물급여와 현금급여로 나눌 수 있다. 현물급여는 지정된 요양기관(병·의원)을 통하여 가입자 및 피부양자에게 직접 의료서비스를 제공하는 것으로, 요양급여와 건강검진이 있다. 요양급여는 가입자 및 피부양자의 질병·부상·출산 등에 대한 지정된 요양기관의 진찰, 처치·수술 기타의 치료, 재활, 입원, 간호 등을 말한다. 또한 공단은 질병의 조기 발견과 그에 따른 요양급여를 제공하기 위하여 가입자 및 피부양자에게 2년마다 1회 무료로 건강검진을 실시한다.
>
> 현금급여는 가입자 또는 피부양자가 긴급하거나 기타 부득이한 사유로 인하여 지정된 요양기관 이외의 의료기관에서 질병·부상·출산 등에 대하여 요양을 받은 경우와 요양기관 외의 장소에서 출산을 한 경우, 공단이 그 요양 급여에 상당하는 금액을 가입자 또는 피부양자에게 요양비로 지급하는 것을 말한다. 이러한 요양비를 지급받기 위하여 요양을 제공받은 자는 요양기관이 발행한 요양비용명세서나 요양내역을 기재한 영수증 등을 공단에 제출하여야 한다. 또한 본인부담액보상금도 현금급여에 해당한다. 이는 전체 보험가입자의 보험료 수준별로 하위 50%는 연간 200만 원, 중위 30%는 연간 300만 원, 상위 20%는 연간 400만 원의 진료비를 초과하는 경우, 그 초과액을 공단이 부담하는 제도이다.

<보 기>

ㄱ. 甲의 피부양자는 작년에 이어 올해도 질병의 조기 발견을 위해 공단이 지정한 요양기관으로부터 건강검진을 무료로 받을 수 있다.
ㄴ. 乙이 갑작스러운 진통으로 인해 자기 집에서 출산한 경우, 공단으로부터 요양비를 지급받을 수 있다.
ㄷ. 丙이 혼자 섬으로 낚시를 갔다가 다리를 다쳐 낚시터에서 그 마을 주민으로부터 치료를 받은 경우, 공단으로부터 요양비를 지급받을 수 있다.
ㄹ. 상위 10% 수준의 보험료를 내고 있는 丁이 진료비로 연간 400만 원을 지출한 경우, 진료비의 일부를 공단으로부터 지원받을 수 있다.

① ㄱ, ㄴ
② ㄴ, ㄷ
③ ㄷ, ㄹ
④ ㄱ, ㄴ, ㄹ
⑤ ㄱ, ㄷ, ㄹ

2. 다음 글을 근거로 판단할 때 옳은 것은?

> 한복(韓服)은 한민족 고유의 옷이다. 삼국시대의 사람들은 저고리, 바지, 치마, 두루마기를 기본적으로 입었다. 저고리와 바지는 남녀 공용이었으며, 상하귀천에 관계없이 모두 저고리 위에 두루마기를 덧입었다. 삼국시대 이후인 남북국시대에는 서민과 귀족이 모두 우리 고유의 두루마기인 직령포(直領袍)를 입었다. 그런데 귀족은 직령포를 평상복으로만 입었고, 서민과 달리 의례와 같은 공식적인 행사에는 입지 않았다. 고려시대에는 복식 구조가 크게 변했다. 특히 귀족층은 중국옷을 그대로 받아들여 입었지만, 서민층은 우리 고유의 복식을 유지하여, 복식의 이중 구조가 나타났다. 조선시대에도 한복의 기본 구성은 지속되었다. 중기나 후기에 들어서면서 한복 디자인은 한층 단순해졌고, 띠 대신 고름을 매기 시작했다. 조선 후기에는 마고자와 조끼를 입기 시작했는데, 조끼는 서양 문물의 영향을 받은 것이었다.
>
> 한편 조선시대 관복에는 여러 종류가 있었다. 곤룡포(袞龍袍)는 임금이 일반 집무를 볼 때 입었던 집무복[상복: 常服]으로, 그 흉배(胸背)에는 금색실로 용을 수놓았다. 문무백관의 상복도 곤룡포와 모양은 비슷했다. 그러나 무관 상복의 흉배에는 호랑이를, 문관 상복의 흉배에는 학을 수놓았다. 무관들이 주로 대례복으로 입었던 구군복(具軍服)은 무관 최고의 복식이었다. 임금도 전쟁 시에는 구군복을 입었는데, 임금이 입었던 구군복에만 흉배를 붙였다.

※ 흉배는 왕을 비롯한 문무백관이 입던 관복의 가슴과 등에 덧붙였던 사각형의 장식품이다.

① 남북국시대의 서민들은 직령포를 공식적인 행사에도 입었다.
② 고려시대에는 복식 구조가 크게 변하여 모든 계층에서 중국옷을 그대로 받아들여 입는 현상이 나타났다.
③ 조선시대 중기에 들어서면서 고름을 매기 시작했고, 후기에는 서양 문물의 영향으로 인해 마고자를 입기 시작했다.
④ 조선시대 무관이 입던 구군복의 흉배에는 호랑이가 수놓아져 있었다.
⑤ 조선시대 문관의 경우 곤룡포와 비슷한 모양의 상복에 호랑이가 수놓아진 흉배를 붙였다.

3. 다음 글에 근거할 때, <보기>의 甲, 乙 각각의 부양가족 수가 바르게 연결된 것은? (단, 위 각 세대 모든 구성원은 주민등록표상 같은 주소에 등재되어 있고 현실적으로 생계를 같이하고 있다)

부양가족이란 주민등록표상 부양의무자와 세대를 같이하는 사람으로서 해당 부양의무자의 주소에서 현실적으로 생계를 같이하는 다음 중 어느 하나에 해당하는 사람을 말한다.

1. 배우자
2. 본인 및 배우자의 60세(여성인 경우에는 55세) 이상의 직계존속과 60세 미만의 직계존속 중 장애의 정도가 심한 사람
3. 본인 및 배우자의 20세 미만의 직계비속과 20세 이상의 직계비속 중 장애의 정도가 심한 사람
4. 본인 및 배우자의 형제자매 중 장애의 정도가 심한 사람

※ '장애의 정도가 심한 사람'이란 다음 중 어느 하나에 해당하는 사람을 말한다.

가. 장애등급 제1급부터 제6급까지
나. 상이등급 제1급부터 제7급까지
다. 장해등급 제1급부터 제6급까지

<보 기>

ㄱ. 부양의무자 甲은 배우자, 75세 아버지, 15세 자녀 1명, 20세 자녀 1명, 장애 6급을 가진 39세 처제 1명과 함께 살고 있다.
ㄴ. 부양의무자 乙은 배우자, 58세 장인과 56세 장모, 16세 조카 1명, 18세 동생 1명과 함께 살고 있다.

	甲	乙
①	4명	2명
②	4명	3명
③	5명	2명
④	5명	3명
⑤	5명	4명

4. 다음 <표>를 근거로 할 때, <보기>에서 옳은 것을 모두 고르면?

<표> 원산지 표시방법

구분	표시방법
(가) 돼지고기, 닭고기, 오리고기	육류의 원산지 등은 국내산과 수입산으로 구분하고, 다음 항목의 구분에 따라 표시한다. 1) 국내산의 경우 괄호 안에 '국내산'으로 표시한다. 다만 수입한 돼지를 국내에서 2개월 이상 사육한 후 국내산으로 유통하거나, 수입한 닭 또는 오리를 국내에서 1개월 이상 사육한 후 국내산으로 유통하는 경우에는 '국내산'으로 표시하되, 괄호 안에 축산물명 및 수입국가명을 함께 표시한다. [예시] 삼겹살(국내산), 삼계탕 국내산(닭, 프랑스산), 훈제오리 국내산(오리, 일본산) 2) 수입산의 경우 수입국가명을 표시한다. [예시] 삼겹살(독일산) 3) 원산지가 다른 돼지고기 또는 닭고기를 섞은 경우 그 사실을 표시한다. [예시] 닭갈비(국내산과 중국산을 섞음)
(나) 배달을 통하여 판매·제공되는 닭고기	1) 조리한 닭고기를 배달을 통하여 판매·제공하는 경우, 그 조리한 음식에 사용된 닭고기의 원산지를 포장재에 표시한다. 2) 1)에 따른 원산지 표시는 위 (가)의 기준에 따른다. [예시] 찜닭(국내산), 양념치킨(브라질산)

※ 수입국가명은 우리나라에 축산물을 수출한 국가명을 말한다.

<보 기>

ㄱ. 국내산 돼지고기와 프랑스산 돼지고기를 섞은 돼지갈비를 유통할 때, '돼지갈비(국내산과 프랑스산을 섞음)'로 표시한다.
ㄴ. 덴마크산 돼지를 수입하여 1개월 간 사육한 후 그 삼겹살을 유통할 때, '삼겹살 국내산(돼지, 덴마크산)'으로 표시한다.
ㄷ. 중국산 훈제오리를 수입하여 2개월 후 유통할 때, '훈제오리 국내산(오리, 중국산)'으로 표시한다.
ㄹ. 국내산 닭을 이용하여 양념치킨으로 조리한 후 배달 판매할 때, '양념치킨(국내산)'으로 표시한다.

① ㄱ, ㄴ
② ㄱ, ㄹ
③ ㄴ, ㄷ
④ ㄱ, ㄷ, ㄹ
⑤ ㄴ, ㄷ, ㄹ

5. 다음의 <커피의 종류>, <은희의 취향> 및 <오늘 아침의 상황>으로 판단할 때, 오늘 아침에 은희가 주문할 커피는?

<커피의 종류>

에스프레소	카페 아메리카노
 • 에스프레소	 • 에스프레소 • 따뜻한 물
카페 라떼	카푸치노
 • 에스프레소 • 데운 우유	 • 에스프레소 • 데운 우유 • 우유거품
카페 비엔나	카페 모카
 • 에스프레소 • 따뜻한 물 • 휘핑크림	 • 에스프레소 • 초코시럽 • 데운 우유 • 휘핑크림

<은희의 취향>

○ 배가 고플 때에는 데운 우유가 들어간 커피를 마신다.
○ 다른 음식과 함께 커피를 마실 때에는 데운 우유를 넣지 않는다.
○ 스트레스를 받으면 휘핑크림이나 우유거품을 추가한다.
○ 피곤하면 휘핑크림이 들어간 경우에 한하여 초코시럽을 추가한다.

<오늘 아침의 상황>

출근을 하기 위해 지하철을 탄 은희는 꽉 들어찬 사람들 사이에서 스트레스를 받으며 내리기만을 기다리고 있었다. 목적지에 도착한 은희는 커피를 마시며 기분을 달래기 위해 커피전문점에 들렀다. 아침식사를 하지 못해 배가 고프고 고된 출근길에 피곤하지만, 시간 여유가 없어 오늘 아침은 커피만 마실 생각이다. 그런데 은희는 요즘 체중이 늘어 휘핑크림은 넣지 않기로 하였다.

① 카페 라떼
② 카페 아메리카노
③ 카푸치노
④ 카페 모카
⑤ 카페 비엔나

6. 다음 글을 근거로 판단할 때, <보기>에서 옳은 것을 모두 고르면?

○ A학자는 청소년들이 폭력성이 강한 드라마를 자주 보면 폭력성향이 강해지고, 이것이 청소년 폭력행위의 증가로 이어진다고 주장한다. 따라서 텔레비전에서 폭력성이 강한 드라마가 방영되는 것에 대해 심각한 우려를 표명하고 있다.
○ B학자는 폭력성이 강한 드라마가 일부 청소년들 사이에서 인기가 높고, 청소년들의 폭력행위도 늘어나고 있다는 사실을 인식하고 있다. 하지만 폭력성향이 강한 청소년들은 폭력을 일삼는 드라마에 더 끌리는 경향이 있을 뿐, 이를 시청한다고 해서 청소년 폭력행위가 증가하는 것은 아니라고 주장한다.

<보 기>

ㄱ. A의 주장에 따르면, 텔레비전에서 폭력물을 방영하는 것을 금지한다면 청소년 폭력행위는 줄어들 것이다.
ㄴ. A의 주장에 따르면, 남성 청소년들은 여성 청소년들보다 폭력물에서 보이는 세계가 현실이라고 믿는 경향이 더 강하다.
ㄷ. B의 주장에 따르면, 폭력물을 자주 본다는 것은 강한 폭력성향의 원인이 아니라 결과이다.
ㄹ. A와 B의 주장에 따르면, 청소년 폭력성향과 폭력물 시청은 상관관계가 있다.

① ㄱ
② ㄱ, ㄷ
③ ㄴ, ㄹ
④ ㄱ, ㄷ, ㄹ
⑤ ㄴ, ㄷ, ㄹ

7. 다음 글에 근거할 때, <보기>의 암호문을 해석하여 찾아낸 원문으로 옳은 것은?

> 아래의 <암호표>를 이용하여 암호문을 만드는 방법은 다음과 같다. 암호문은 암호화하고자 하는 원문의 알파벳과 암호 변환키의 알파벳을 조합하여 만든다. 먼저 원문 알파벳을 표의 맨 왼쪽 줄에서 찾고, 암호 변환키의 알파벳을 표의 맨 위쪽 줄에서 찾아 그 교차점에 있는 알파벳을 암호문으로 한다.
>
> <암호표>
>
> → 암호 변환키
> ↓ 원문

	A	B	C	D	E	F	G	H	I	J	K	L	M	N
A	A	B	C	D	E	F	G	H	I	J	K	L	M	N
B	B	C	D	E	F	G	H	I	J	K	L	M	N	A
C	C	D	E	F	G	H	I	J	K	L	M	N	A	B
D	D	E	F	G	H	I	J	K	L	M	N	A	B	C
E	E	F	G	H	I	J	K	L	M	N	A	B	C	D
F	F	G	H	I	J	K	L	M	N	A	B	C	D	E
G	G	H	I	J	K	L	M	N	A	B	C	D	E	F
H	H	I	J	K	L	M	N	A	B	C	D	E	F	G
I	I	J	K	L	M	N	A	B	C	D	E	F	G	H
J	J	K	L	M	N	A	B	C	D	E	F	G	H	I
K	K	L	M	N	A	B	C	D	E	F	G	H	I	J
L	L	M	N	A	B	C	D	E	F	G	H	I	J	K
M	M	N	A	B	C	D	E	F	G	H	I	J	K	L
N	N	A	B	C	D	E	F	G	H	I	J	K	L	M

<예 시>

원문	F	A	C	E
암호 변환키	C	E	G	I
암호문	H	E	I	M

<보 기>

암호 변환키 BHEMGI
암호문 IBNMIE

① HIJACK
② HIDDEN
③ HANDLE
④ JINGLE
⑤ JACKIE

8. 甲과 乙이 아래 <조건>에 따라 게임을 할 때 옳지 않은 것은?

<조 건>

○ 甲과 乙은 다음과 같이 시각을 표시하는 하나의 시계를 가지고 게임을 한다.

0	9	:	1	5

○ 甲, 乙 각자가 일어났을 때, 시계에 표시된 4개의 숫자를 합산하여 게임의 승패를 결정한다. 숫자의 합이 더 작은 사람이 이기고, 숫자의 합이 같을 때에는 비긴다.
○ 甲은 반드시 오전 6시에서 오전 6시 59분 사이에 일어나고, 乙은 반드시 오전 7시에서 오전 7시 59분 사이에 일어난다.

① 甲이 오전 6시 정각에 일어나면, 반드시 甲이 이긴다.
② 乙이 오전 7시 59분에 일어나면, 반드시 乙이 진다.
③ 乙이 오전 7시 30분에 일어나고, 甲이 오전 6시 30분 전에 일어나면 반드시 甲이 이긴다.
④ 甲과 乙이 정확히 1시간 간격으로 일어나면, 반드시 甲이 이긴다.
⑤ 甲과 乙이 정확히 50분 간격으로 일어나면, 甲과 乙은 비긴다.

9. 다음 글에 근거할 때, 甲이 내년 1월 1일부터 12월 31일까지 아래 작물(A~D)만을 재배하여 최대로 얻을 수 있는 소득은?

甲은 각 작물별 재배 기간과 재배 가능 시기를 고려하여 작물 재배 계획을 세우고자 한다. 아래 <표>의 네 가지 작물 중 어느 작물이든 재배할 수 있으나, 동시에 두 가지 작물을 재배할 수는 없다. 또한 하나의 작물을 같은 해에 두 번 재배할 수도 없다.

<표> 작물 재배 조건

작물	1회 재배 기간	재배 가능 시기	1회 재배로 얻을 수 있는 소득
A	4개월	3월 1일~11월 30일	800만 원
B	5개월	2월 1일~11월 30일	1,000만 원
C	3개월	3월 1일~11월 30일	500만 원
D	3개월	2월 1일~12월 31일	350만 원

① 1,500만 원
② 1,650만 원
③ 1,800만 원
④ 1,850만 원
⑤ 2,150만 원

10. 다음은 9개 구역으로 이루어진 <A지역>과 그 지역을 구성하는 <구역 유형별 유권자 수>이다. A지역을 <조건>에 따라 유권자 수가 동일한 3개의 선거구로 나누려고 할 때 가능한 경우의 수는?

<A지역>

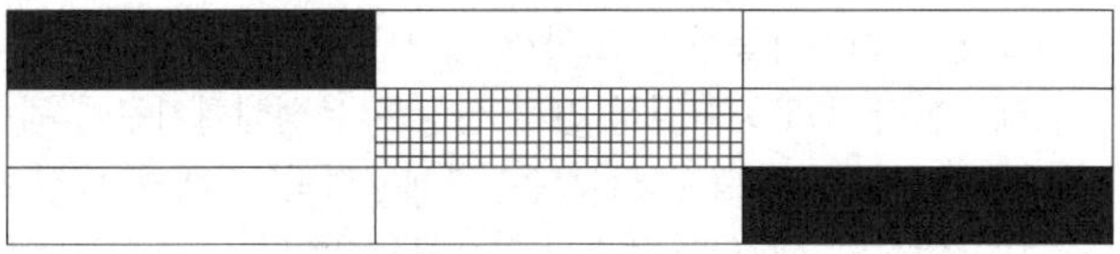

<구역 유형별 유권자 수>

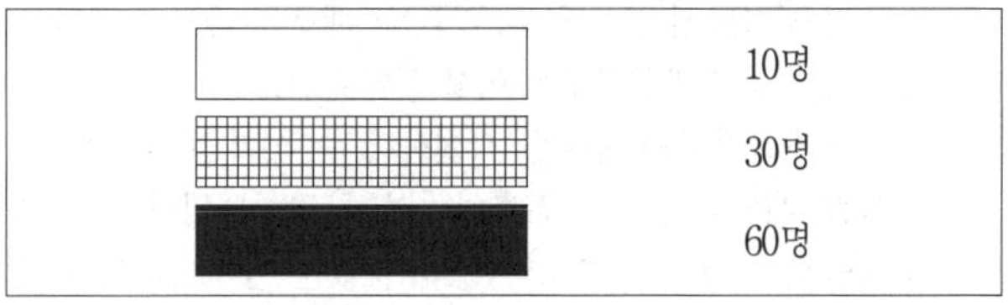

<조 건>

같은 선거구에 속하는 구역들은 사각형의 한 변이 적어도 그 선거구에 속하는 다른 한 구역의 사각형의 한 변과 맞닿아 있어야 한다.

① 1가지
② 2가지
③ 3가지
④ 4가지
⑤ 5가지

11. A국은 B국을 WTO협정 위반을 이유로 WTO 분쟁해결기구에 제소하였다. 다음 글을 근거로 판단할 때 옳은 것은?

> 일반적으로 상대 회원국의 조치가 WTO협정에 어긋난다고 판단하는 회원국은 먼저 상대 회원국과 '외교적 교섭'을 하고, 그래도 해결가능성이 보이지 않으면 WTO 분쟁해결기구에 제소한다. WTO 회원국 간의 분쟁은 분쟁해결기구에 의하여 처리되는데, 분쟁해결절차는 크게 '협의', '패널', '상소'로 이루어진다. WTO에 제소한 이후에도 양국은 우호적인 해결을 위하여 비공개로 60일 간의 협의를 가진다. 그 협의를 통해 분쟁이 해결되지 않은 경우, WTO에 제소한 국가가 패널설치를 요구하면 분쟁해결기구는 이를 설치한다.
>
> 분쟁해결기구는 충분한 자질을 갖춘 정부인사 또는 비정부 인사를 패널위원으로 위촉하여야 하며, 분쟁당사국 국민은 분쟁당사국 사이에 별도의 합의가 없는 한 패널위원이 될 수 없다. 패널은 별도의 합의가 없으면 3인으로 구성된다. 패널은 분쟁사실, 관련 규정 적용가능성과 분쟁해결에 대한 제안을 수록한 패널보고서를 분쟁해결기구에 제출하고, 분쟁당사국이 분쟁해결기구에 상소의사를 통보하지 않는 한 패널보고서는 회원국 전체에 회람된 날로부터 60일 이내에 분쟁해결기구에서 채택된다.
>
> 상소기구는 패널보고서에서 다루어진 법률문제와 패널이 내린 법률해석만을 대상으로 심의한다. 상소기구보고서는 분쟁당사국의 참여 없이 작성되는데, 패널에서의 법률적 조사 결과나 결론을 확정, 변경 또는 파기할 수 있다.

① 협의는 A국, B국 및 제3자가 공개적으로 진행한다.
② 패널위원은 원칙적으로 A국과 B국의 국민을 포함한 3인이다.
③ 패널보고서와 상소기구보고서는 분쟁당사국과 합의하여 작성된다.
④ A국은 협의를 통해 분쟁이 해결되지 않으면 분쟁해결기구에 패널설치를 요구할 수 있다.
⑤ B국이 패널보고서를 회람한 후 60일 이내에 상소의사를 통보하더라도 분쟁해결기구는 패널보고서를 채택하여야 한다.

12. 다음은 신라시대의 골품제도에 관한 어느 사학자의 주장이다. 이를 근거로 판단할 때, <보기>에서 옳지 않은 것을 모두 고르면?

> 신라시대의 신분제도인 골품제도는 왕족을 대상으로 한 골제(骨制)와 그 외의 사람을 대상으로 한 두품제(頭品制)로 구성되었다. 골족(骨族)은 성골(聖骨)과 진골(眞骨)로 구분되었으며, 성골은 골족 가운데서도 왕이 될 수 있는 최고의 신분이었다. 진골 역시 왕족으로서 신라 지배계층의 핵심을 이루면서 모든 정치적 실권을 장악하고 있었다.
>
> 두품층은 6두품에서 1두품까지 있었는데 숫자가 클수록 신분이 높았고, 6두품에서 4두품까지는 상위 신분층이었다. 이 가운데 6두품은 진골에 비해 관직 진출 및 신분상의 제약이 강했지만, 전체적으로는 득난(得難)으로 불릴 정도로 귀성(貴姓)이었다. 5두품과 4두품에 대한 기록은 거의 전해지지 않으나, 국가기관의 잡다한 실무는 이들에 의해 이루어졌던 것으로 보인다. 골품에 따른 신분 등급은 고정된 것이 아니어서, 진골의 신분이었다가도 경우에 따라서는 한 등급 강등되어 6두품이 되는 사례도 있었다. 한편 3두품 이하에 대한 기록은 없는데, 아마도 율령반포 초기에 일반 평민의 신분을 삼분(三分)하였다가 현실적으로 구분할 필요성이 거의 없게 되자 소멸된 것으로 보인다.
>
> 골품제도에서 가장 큰 특징은 신분에 따라 맡을 수 있는 관등에 상한이 있었다는 점이다. 신라 17개 관등 가운데 제1관등인 이벌찬(伊伐飡)에서 제5관등인 대아찬(大阿飡)까지는 진골만이 맡을 수 있었고, 두품층은 대아찬 이상의 관등에 올라갈 수 없었다. 6두품에서 4두품까지는 제6관등인 아찬(阿飡)에서 제17관등인 조위(造位)까지의 관직을 가질 수 있었다. 두품층은 골품제의 신분에 따라 관등이 제한되는 것에 불만이 많았다. 이를 무마하기 위해 상한 관등에 몇 개의 관등을 더 세분해서 두는 중위제(重位制)가 실시되었으나, 골품제 자체의 신분제적 성격이 변화하지는 않았다.

<보 기>

ㄱ. 4두품은 상위 신분층에 해당하였지만 5두품보다는 낮은 신분층이었다.
ㄴ. 진골이 오를 수 있는 최고 관등은 이벌찬이었다.
ㄷ. 골품제도에 불만을 지닌 사람을 위한 제도가 마련되기도 하였다.
ㄹ. 성골·진골은 왕족이었기 때문에 신분이 강등되는 경우는 없었다.

① ㄱ
② ㄹ
③ ㄱ, ㄴ
④ ㄴ, ㄷ
⑤ ㄷ, ㄹ

13. 다음 <약관>의 규정에 근거할 때, 신용카드사용이 일시정지 또는 해지될 수 없는 경우는?

<약 관>

제00조(회원의 종류) ① 회원은 본인회원과 가족회원으로 구분합니다.
② 본인회원이란 이 약관을 승인하고 당해 신용카드 회사(이하 '카드사'로 약칭함)에 신용카드(이하 '카드'로 약칭함)의 발급을 신청하여 카드사로부터 카드를 발급받은 분을 말합니다.
③ 가족회원이란 본인회원이 지정하고 대금의 지급 및 기타 카드사용에 관한 책임을 본인회원이 부담할 것을 승낙한 분으로서, 이 약관을 승인하고 카드사로부터 카드를 발급받은 분을 말합니다.
제00조(카드사용의 일시정지 또는 해지) ① 카드사는 다음 각 호의 1에 해당되는 회원에게 그 사유와 그로 인한 카드 사용의 일시정지 또는 카드사와 회원 사이의 카드이용계약(이하 '계약'으로 약칭함)의 해지를 통보할 수 있습니다.
1. 입회신청서의 기재사항을 허위로 작성한 경우
2. 카드사용 대금을 3회 연속하여 연체한 경우
3. 이민, 구속, 사망 등으로 회원의 채무변제가 불가능하거나 현저히 곤란하다고 판단되는 경우
② 회원은 카드사에 언제든지 카드사용의 일시정지 또는 해지를 통보할 수 있습니다.
③ 본인회원은 가족회원의 동의 없이 가족회원의 카드사용의 일시정지 또는 해지를 통보할 수 있습니다.
④ 제1항부터 제3항의 일시정지 또는 해지는 상대방에게 통보한 때 그 효력이 발생합니다.
제00조(카드사의 의무 등) ① 회원이 최종 사용일로부터 1년 이상 카드를 사용하지 않은 경우 카드사는 전화, 서면, 전자우편(e-mail), 단문메시지서비스(SMS), 자동응답시스템(ARS) 등으로 회원의 계약 해지의사를 확인하여야 합니다.
② 제1항에 의해 회원이 전화, 서면, 전자우편, 단문메시지서비스, 자동응답시스템 등으로 해지의사를 밝히면 그 시점에 계약이 해지됩니다.

① 본인회원인 A가 가족회원인 딸 B의 동의 없이 B의 카드사용 해지를 카드사에 통보한 경우
② 가족회원인 C가 자신의 카드사용의 일시정지를 카드사에 통보한 경우
③ 카드사가 최근 1년 간 카드사용 실적이 없는 회원 D에게 전화로 계약 해지의사를 묻자, D가 해지의사를 밝힌 경우
④ 카드사가 회원 E에게 2회의 카드사용 대금 연체 사실을 통보한 경우
⑤ 입회신청서를 허위로 기재한 회원 F에게 카드사가 그 사실과 카드사용의 일시정지를 통보한 경우

14. 다음 A국의 법률을 근거로 할 때, ○○장관의 조치로 옳지 않은 것은?

제00조(출국의 금지) ① ○○장관은 다음 각 호의 어느 하나에 해당하는 사람에 대하여는 6개월 이내의 기간을 정하여 출국을 금지할 수 있다.
1. 형사재판에 계류 중인 사람
2. 징역형이나 금고형의 집행이 끝나지 아니한 사람
3. 1천만 원 이상의 벌금이나 2천만 원 이상의 추징금을 내지 아니한 사람
4. 5천만 원 이상의 국세·관세 또는 지방세를 정당한 사유 없이 그 납부기한까지 내지 아니한 사람
② ○○장관은 범죄 수사를 위하여 출국이 적당하지 아니하다고 인정되는 사람에 대하여는 1개월 이내의 기간을 정하여 출국을 금지할 수 있다. 다만 다음 각 호에 해당하는 사람은 그 호에서 정한 기간으로 한다.
1. 소재를 알 수 없어 기소중지결정이 된 사람 또는 도주 등 특별한 사유가 있어 수사진행이 어려운 사람: 3개월 이내
2. 기소중지결정이 된 경우로서 체포영장 또는 구속영장이 발부된 사람: 영장 유효기간 이내

① 사기사건으로 인해 유죄판결을 받고 현재 고등법원에서 항소심이 진행 중인 甲에 대하여 5개월 간 출국을 금지할 수 있다.
② 추징금 2천 5백만 원을 내지 않은 乙에 대하여 3개월 간 출국을 금지할 수 있다.
③ 소재를 알 수 없어 기소중지결정이 된 강도사건 피의자 丙에 대하여 2개월 간 출국을 금지할 수 있다.
④ 징역 2년을 선고받고 그 집행이 끝나지 않은 丁에 대하여 3개월 간 출국을 금지할 수 있다.
⑤ 정당한 사유 없이 2천만 원의 지방세를 납부기한까지 내지 않은 戊에 대하여 4개월 간 출국을 금지할 수 있다.

15. 다음 글에 근거할 때, <보기>에서 옳지 않은 것을 모두 고르면?

청소년 비행의 원인을 설명하는 이론에는 다음과 같은 세 가지가 있다. A이론에서는 자기통제력이라는 내적 성향이 유년기의 문제행동, 청소년 비행뿐만 아니라 성인의 범죄도 설명할 수 있는 중요한 원인 중 하나라고 본다. 자기통제력은 부모의 양육에 의해 어릴 때 형성되는 것으로, 목표 달성을 위해 충동을 조절할 수 있는 능력, 유혹에 저항하는 능력, 만족을 지연할 수 있는 능력 등을 말한다.

B이론에서는 청소년의 연령에 따라 비행의 원인이 다르다고 주장하면서 부모의 양육 방법뿐만 아니라 비행친구와의 접촉 여부에 대해서도 주목한다. 이 이론은 청소년 시기를 초기(11~13세), 중기(14~16세), 후기(17~19세)로 구분하고, 초기에는 부모의 양육 방법 차이가 청소년 비행에 영향을 크게 미치지만 중기를 거쳐 후기에 이를수록 그 영향력은 작아진다고 주장한다. 반면 비행친구와의 접촉이 청소년 비행에 미치는 영향력의 정도는 상대적으로 초기보다는 중기를 거쳐 후기에 이를수록 커진다고 한다.

C이론 역시 부모의 양육 방법이 청소년 비행에 영향을 미치는 요인 중 하나라고 본다. 그런데 위의 이론들과 달리 C이론은 비행청소년을 '초기 진입자(early - starter)'와 '후기 진입자(late - starter)'로 구분하여 설명한다. 전자는 어려서부터 부모의 부적절한 양육 등으로 인해 문제성향과 문제행동을 보이는 청소년들을 지칭한다. 반면 후자는 어려서는 문제성향을 보이지는 않았으나, 성장 과정에서 비행친구와 접촉하면서 모방 등을 통해 청소년기에 일시적으로 비행을 저지르는 비행청소년들을 말한다.

<보 기>

ㄱ. A이론에서는 자기통제력이라는 내적 성향이 청소년 비행을 설명하는 주요 요인이라고 본다.
ㄴ. B이론에서는 청소년 비행에 있어 청소년의 연령과 비행친구의 영향력 간에는 반비례의 관계가 있다고 본다.
ㄷ. C이론에서는 모범생인 청소년도 고교시절 비행친구를 사귀게 되면, 성인이 되어서도 지속적으로 비행을 저지를 가능성이 높다고 본다.

① ㄱ
② ㄴ
③ ㄱ, ㄴ
④ ㄱ, ㄷ
⑤ ㄴ, ㄷ

16. 다음 글을 근거로 판단할 때 옳지 않은 것은?

법원은 증인신문기일에 증인을 신문하여야 한다. 법원으로부터 증인출석요구를 받은 증인은 지정된 일시·장소에 출석할 의무가 있다. 증인의 출석을 확보하기 위해서 증인이 질병·관혼상제·교통기관의 두절·천재지변 등의 정당한 사유 없이 출석하지 않은 경우, 그 증인에 대해서는 아래의 일정한 제재가 뒤따른다.

첫째, 법원은 정당한 사유 없이 출석하지 아니한 증인에게 이로 말미암은 소송비용을 부담하도록 명하고, 500만 원 이하의 과태료를 부과하는 결정을 할 수 있다. 법원은 과태료 결정을 한 이후 증인의 증언이나 이의 등에 따라 그 결정 자체를 취소하거나 과태료를 감할 수 있다.

둘째, 증인이 과태료결정을 받고도 정당한 사유 없이 출석하지 아니한 경우, 법원은 증인을 7일 이내의 감치(監置)에 처하는 결정을 할 수 있다. 감치결정이 있으면, 법원공무원 또는 국가경찰공무원이 증인을 교도소, 구치소, 경찰서 유치장에 유치(留置)함으로써 이를 집행한다. 증인이 감치의 집행 중에 증언을 한 때에는 법원은 바로 감치결정을 취소하고 그 증인을 석방하여야 한다.

셋째, 법원은 정당한 사유 없이 출석하지 아니한 증인을 구인(拘引)하도록 명할 수 있다. 구인을 하기 위해서는 법원에 의한 구속영장 발부가 필요하다. 증인을 구인하면 법원에 그를 인치(引致)하며, 인치한 때부터 24시간 내에 석방하여야 한다. 또한 법원은 필요한 경우에 인치한 증인을 교도소, 구치소, 경찰서 유치장에 유치할 수 있는데, 그 유치기간은 인치한 때부터 24시간을 초과할 수 없다.

※ 감치(監置): 법원의 결정에 의하여 증인을 경찰서 유치장 등에 유치하는 것
유치(留置): 사람이나 물건을 어떤 사람이나 기관의 지배 하에 두는 것
구인(拘引): 사람을 강제로 잡아 끌고 가는 것
인치(引致): 사람을 강제로 끌어 가거나 끌어 오는 것

① 증인 甲이 정당한 사유 없이 출석하지 아니한 경우, 법원은 구속영장을 발부하여 증인을 구인할 수 있다.
② 과태료결정을 받은 증인 乙이 증인신문기일에 출석하여 증언한 경우, 법원은 과태료결정을 취소할 수 있다.
③ 증인 丙을 구인한 경우, 법원은 증인신문을 마치지 못하더라도 인치한 때부터 24시간 이내에 그를 석방하여야 한다.
④ 7일의 감치결정을 받고 교도소에 유치 중인 증인 丁이 그 유치 후 3일이 지난 때에 증언을 했다면, 법원은 그를 석방하여야 한다.
⑤ 감치결정을 받은 증인 戊에 대하여, 법원공무원은 그를 경찰서 유치장에 유치할 수 없다.

17. 甲이 다음의 <조건>과 <기준>에 근거할 때 구입할 컴퓨터는?

<조 건>

항목 컴퓨터	램 메모리 용량 (Giga Bytes)	하드 디스크 용량 (Tera Bytes)	가격 (천 원)
A	4	2	500
B	16	1	1,500
C	4	3	2,500
D	16	2	2,500
E	8	1	1,500

<기 준>

○ 컴퓨터를 구입할 때, 램 메모리 용량, 하드 디스크 용량, 가격을 모두 고려한다.
○ 램 메모리와 하드 디스크 용량이 크면 클수록, 가격은 저렴하면 저렴할수록 선호한다.
○ 각 항목별로 가장 선호하는 경우 100점, 가장 선호하지 않는 경우 0점, 그 외의 경우 50점을 각각 부여한다. 단, 가격은 다른 항목보다 중요하다고 생각하여 2배의 점수를 부여한다.
○ 각 항목별 점수의 합이 가장 큰 컴퓨터를 구입한다.

① A
② B
③ C
④ D
⑤ E

18. 甲은 키보드를 이용해 숫자를 계산하는 과정에서 키보드의 숫자 배열을 휴대폰의 숫자 배열로 착각하고 숫자를 입력하였다. 휴대폰과 키보드의 숫자 배열이 다음과 같다고 할 때, <보기>에서 옳은 것을 모두 고르면?

<휴대폰의 숫자 배열>

1	2	3
4	5	6
7	8	9
@	0	#

<키보드의 숫자 배열>

7	8	9
4	5	6
1	2	3
0		.

<보 기>

ㄱ. '46 × 5'의 계산 결과는 옳게 산출되었다.
ㄴ. '789 + 123'의 계산 결과는 옳게 산출되었다.
ㄷ. '159 + 753'의 계산 결과는 옳게 산출되었다.
ㄹ. '753 + 951'의 계산 결과는 옳게 산출되었다.
ㅁ. '789 - 123'의 계산 결과는 옳게 산출되었다.

① ㄱ, ㄴ, ㄷ
② ㄱ, ㄴ, ㄹ
③ ㄱ, ㄷ, ㅁ
④ ㄴ, ㄷ, ㄹ
⑤ ㄴ, ㄹ, ㅁ

19. 甲, 乙, 丙, 丁이 다음과 같은 경기를 하였을 때, 평균속력이 가장 빠른 사람부터 순서대로 나열한 것은?

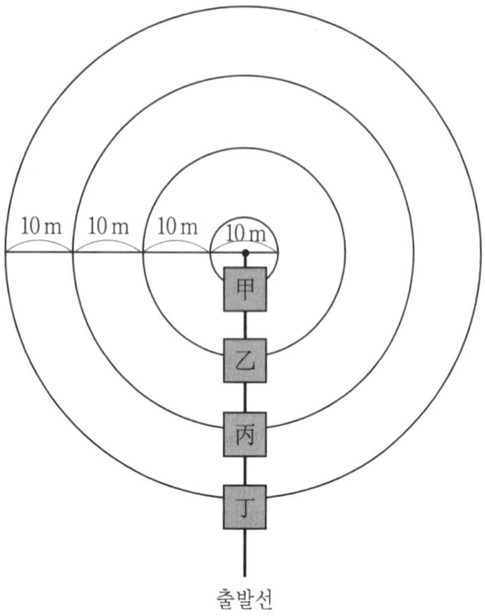

○ 甲, 乙, 丙, 丁은 동심원인 위의 그림과 같이 일직선상의 출발선에서 경기를 시작한다.
○ 甲, 乙, 丙, 丁은 위의 경기장에서 각자 자신에게 정해진 원 위를 10분 동안 걷는다.
○ 甲, 乙, 丙, 丁은 정해진 원 이외의 다른 원으로 넘어갈 수 없다.
○ 甲, 乙, 丙, 丁이 10분 동안에 각자 걸었던 거리는 다음과 같다.

甲	乙	丙	丁
7바퀴	5바퀴	3바퀴	1바퀴

① 乙, 丙, 甲, 丁
② 丙, 乙, 丁, 甲
③ 乙 = 丙, 甲 = 丁
④ 甲, 丁 = 乙, 丙
⑤ 甲, 丁, 乙, 丙

20. 甲은 ○○주차장에 4시간 45분 간 주차했던 차량의 주차 요금을 정산하려고 한다. 이 주차장에서는 총 주차 시간 중 최초 1시간의 주차 요금을 면제하고, 다음의 <주차 요금 기준>에 따라 요금을 부과한다. 甲이 지불해야 할 금액은?

<주차 요금 기준>

구분	총 주차 시간	
	1시간 초과~3시간인 경우	3시간 초과인 경우
요금	○ 30분마다 500원	○ 1시간 초과~3시간: 30분마다 500원 ○ 3시간 초과: 30분마다 2,000원

※ 주차 요금은 30분 단위로 부과되고, 잔여시간이 30분 미만일 경우 30분으로 간주한다.

① 5,000원
② 9,000원
③ 10,000원
④ 11,000원
⑤ 20,000원

21. A회사의 월차 및 월차수당에 관한 다음 글에 근거할 때 옳지 않은 것은?

○ 어느 월(月)에 12일 이상 근무한 근로자에게 1일의 유급휴일을 부여하며, 이를 '월차'라 한다. 월차는 발생 다음 월부터 같은 해 말일까지 사용할 수 있으며, 합산하여 사용할 수도 있다. 다만 해당 연도의 월차는 그 다음 해로 이월되지 않는다.
○ 해당 연도 마지막 월까지 사용하지 않은 월차는 그 해 마지막 월의 급여 지급일에 월차 1일당 1일분의 급여로 지급하는데, 이를 '월차수당'이라 한다. 근로자가 퇴직하는 경우, 퇴직일까지 사용하지 않은 월차는 퇴직일에 월급여와 함께 월차수당으로 지급한다. 다만 매년 12월 또는 퇴직한 월의 근무로 인해 발생한 월차는 유급휴일로 사용할 수 없고, 월차수당으로만 지급한다.

※ '월'은 매월 1일부터 말일까지이며, '월급여'는 매월 말일에 지급한다.

① 甲이 7월 20일에 퇴직한다면 7월 말일에 월급여와 월차수당을 함께 지급받는다.
② 乙이 6월 9일에 퇴직한다면 6월의 근무로 발생한 6월분의 월차수당을 받을 수 없을 것이다.
③ 丙이 3월 12일 입사하여 같은 해 7월 20일에 퇴직할 때까지 결근 없이 근무하였다면 최대 4일의 월차를 사용할 수 있다.
④ 1월 초부터 같은 해 12월 말까지 결근 없이 근무한 근로자 丁은 최대 11일의 월차를 사용할 수 있다.
⑤ 9월 20일에 입사하여 같은 해 12월 31일까지 매월 발생된 월차를 한 번도 사용하지 않고 결근 없이 근무한 戊는 최대 3일분의 월차수당을 받을 수 있다.

22. 다음 글을 근거로 판단할 때, <보기>에서 옳은 것을 모두 고르면?

○ 첫차는 06:00에 출발하며, 24:00 이내에 모든 버스가 운행을 마치고 종착지에 들어온다.
○ 버스의 출발지와 종착지는 같고 한 방향으로만 운행되며, 한 대의 버스가 1회 운행하는 데 소요되는 총 시간은 2시간이다. 이 때 교통체증 등의 도로사정은 고려하지 않는다.
○ 출발지를 기준으로 시간대별 배차 간격은 아래와 같다. 예를 들면 평일의 경우 버스 출발지를 기준으로 한 버스 출발 시간은 …, 11:40, 12:00, 12:30,… 순이다.

구분	A시간대 (06:00~12:00)	B시간대 (12:00~14:00)	C시간대 (14:00~24:00)
평일	20분	30분	40분
토요일	30분	40분	60분
일요일 (공휴일)	40분	60분	75분

<보 기>

ㄱ. 공휴일인 어린이날에는 출발지에서 13:00에 버스가 출발한다.
ㄴ. 막차는 출발지에서 반드시 22:00 이전에 출발한다.
ㄷ. 일요일에 막차가 종착지에 도착하는 시간은 23:20이다.
ㄹ. 출발지에서 09:30에 버스가 출발한다면, 이 날은 토요일이다.

① ㄱ, ㄴ
② ㄱ, ㄷ
③ ㄷ, ㄹ
④ ㄱ, ㄴ, ㄹ
⑤ ㄴ, ㄷ, ㄹ

23. 다음 글과 <사례>에 근거할 때, <보기>의 금액으로 바르게 연결된 것은?

> 감세에 따른 세수 감소 총액을 계산하는 방식은 다음과 같은 두 가지가 사용될 수 있다.
> ○ A방식: 감세안이 시행된 해부터 매년 전년도와 비교했을 때, 발생하는 감소분을 누적적으로 합계하는 방식
> ○ B방식: 감세안이 시행된 해의 직전 연도를 기준년도로 하여 기준년도와 비교했을 때, 매년 발생하는 감소분을 누적적으로 합계하는 방식

<사 례>

정부는 경기활성화를 위해 감세안을 만들어 2013년부터 시행하고자 한다. 감세 효과 파악을 위해 2015년까지 감세안에 따른 세수 변화 규모를 추산했다.

<연도별 세수 총액>

연도	세수 총액(단위: 원)
2012	42조 5,000억
2013	41조 8,000억
2014	41조 4,000억
2015	41조 3,000억

<보 기>

ㄱ. A방식에 따라 계산한 2013년의 세수 감소액은?
ㄴ. B방식에 따라 계산한 2014년까지의 세수 감소 총액은?
ㄷ. A방식, B방식에 따라 각각 계산한 2015년까지의 세수 감소 총액의 차이는?

	ㄱ	ㄴ	ㄷ
①	3,000억 원	1조 1,000억 원	1조 2,000억 원
②	3,000억 원	1조 8,000억 원	1조 8,000억 원
③	7,000억 원	1조 1,000억 원	1조 2,000억 원
④	7,000억 원	1조 8,000억 원	1조 2,000억 원
⑤	7,000억 원	1조 8,000억 원	1조 8,000억 원

24. 다음 글에 근거할 때, <보기>에서 옳게 추론한 것을 모두 고르면?

> ○ LOFI(Little Out From Inside)는 한 지역 내에서 생산된 제품이 그 지역 내에서 소비된 비율을 의미한다. LOFI가 75% 이상이면 해당 지역은 독립적인 시장으로 본다.
> ○ A도, B도, C도, D도에는 각각 자도(自道)소주인 a소주, b소주, c소주, d소주를 생산하는 회사가 도별로 1개씩만 있다. 각 회사는 소주를 해당 도 내에서만 생산하지만, 판매는 다른 도에서도 할 수 있다.
> ○ 다음 그림은 전체 지역의 지난 1년 간 도별 소주 생산량과 각 도 사이의 물류량을 표시한 것이다. 동그라미 안의 숫자는 각 도별 소주 생산량을 의미하고, 화살표는 이동의 방향을 나타낸다. 그리고 화살표 옆의 숫자는 소주의 이동량을 의미한다. 예를 들어 A도에서 B도를 향한 화살표의 40은 a소주의 이동량을 나타낸다.

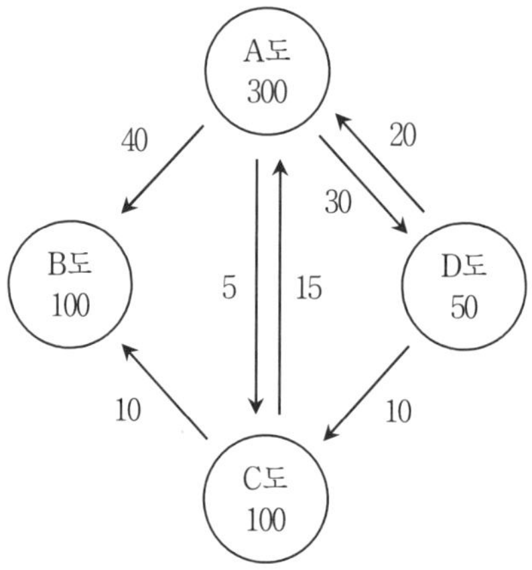

> ○ 다만 D도의 d소주가 A도를 거쳐 B도에서 판매되는 것과 같이 2번 이상의 이동은 일어날 수 없다. 또한 1년 간 생산된 소주는 그 해에 모두 소비된다고 가정한다. 이 경우 자도소주의 LOFI를 구하는 공식은 다음과 같다.

$$\text{LOFI}_{\text{자도소주}}(\%) = \frac{\text{해당 도내 자도소주 소비량}}{\text{해당 도의 자도소주 생산량}} \times 100$$

<보 기>

ㄱ. A도에서는 소주의 생산량보다 소비량이 더 많다.
ㄴ. A도와 B도가 하나의 도라면, 그 도는 독립적인 시장으로 볼 수 있다.
ㄷ. C도는 독립적인 시장으로 볼 수 없다.

① ㄱ
② ㄴ
③ ㄷ
④ ㄱ, ㄴ
⑤ ㄴ, ㄷ

25. 5명(A~E)이 다음 규칙에 따라 게임을 하고 있다. 4→1→1의 순서로 숫자가 호명되어 게임이 진행되었다면 네 번째 술래는?

> ○ A→B→C→D→E 순으로 반시계방향으로 동그랗게 앉아 있다.
> ○ 한 명의 술래를 기준으로, 술래는 항상 숫자 3을 배정 받고, 반시계방향으로 술래 다음 사람이 숫자 4를, 그 다음 사람이 숫자 5를, 술래 이전 사람이 숫자 2를, 그 이전 사람이 숫자 1을 배정받는다.
> ○ 술래는 1~5의 숫자 중 하나를 호명하고, 호명된 숫자에 해당하는 사람이 다음 술래가 된다. 새로운 술래를 기준으로 다시 위의 조건에 따라 숫자가 배정되며 게임이 반복된다.
> ○ 첫 번째 술래는 A다.

① A
② B
③ C
④ D
⑤ E

약점 보완 해설집 p.292

자료해석영역

1. 다음 <그림>은 A강의 지점별 폭-수심비의 변화를 나타낸 것이다. 이에 대한 <보기>의 설명 중 옳은 것을 모두 고르면?

<그림> A강의 지점별 폭-수심비의 변화

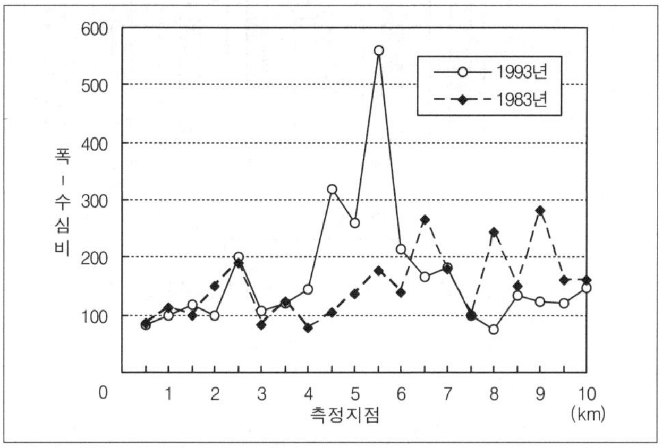

※ 폭-수심비는 전체 10km 측정구간 중 하류지점부터 매 500m마다의 측정지점에서 폭과 수심을 측정하여 계산한 결과임.

<보 기>

ㄱ. 1993년 폭-수심비 최댓값은 500보다 크다.

ㄴ. 1983년과 1993년의 폭-수심비 차이가 가장 큰 측정지점은 6.5km 지점이다.

ㄷ. 1983년 폭-수심비 최댓값과 최솟값의 차이는 300보다 크다.

① ㄱ ② ㄴ ③ ㄱ, ㄷ
④ ㄴ, ㄷ ⑤ ㄱ, ㄴ, ㄷ

2. 다음은 2007~2010년 우리나라 국민건강영양조사 결과에 관한 <보고서>이다. <보고서>에 제시된 내용과 부합하지 않는 것은?

<보고서>

○ 2010년 19세 이상 성인의 비만율은 남성 36.3%, 여성 24.8%였고, 30세 이상 성인 중 남성의 경우 30대의 비만율이 가장 높았으며, 여성의 경우 60대의 비만율이 가장 높았다.

○ 2007~2010년 동안 19세 이상 성인 남성의 현재흡연율과 월평균음주율은 각각 매년 증가하였다. 같은 기간 동안 19세 이상 성인 남성과 여성의 간접흡연노출률도 각각 매년 증가하였다.

① 19세 이상 성인의 현재흡연율

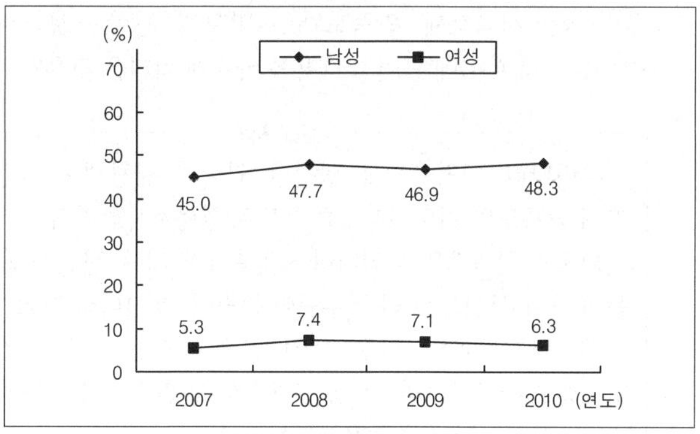

② 30세 이상 성인의 연령대별 비만율(2010년)

(단위: %)

30대		40대		50대		60대		70대 이상	
남성	여성	남성	여성	남성	여성	남성	여성	남성	여성
42.3	19.0	41.2	26.7	36.8	33.8	37.8	43.3	24.5	34.4

③ 19세 이상 성인의 월평균음주율

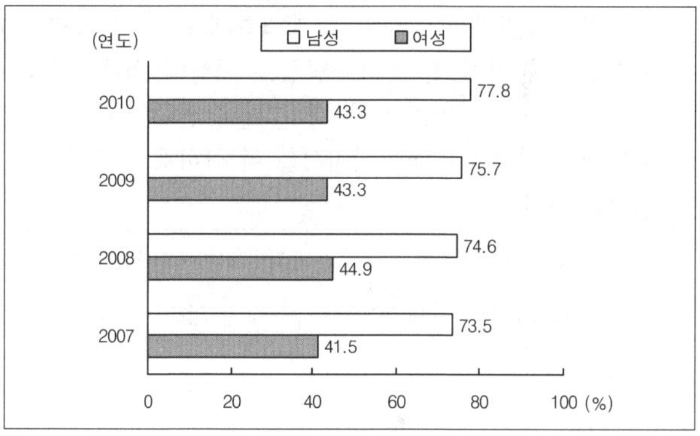

④ 19세 이상 성인의 비만율

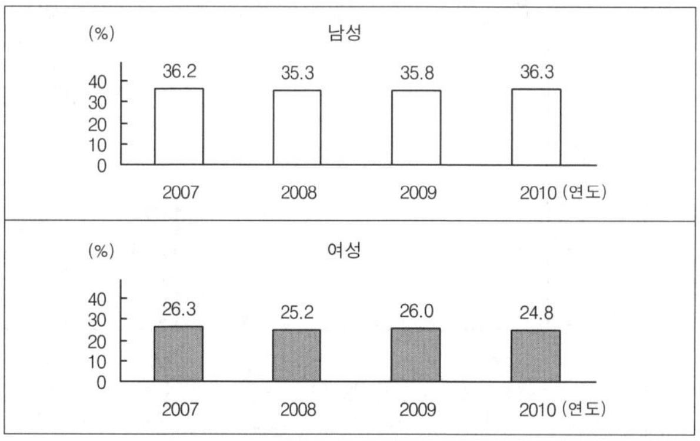

⑤ 19세 이상 성인의 간접흡연노출률

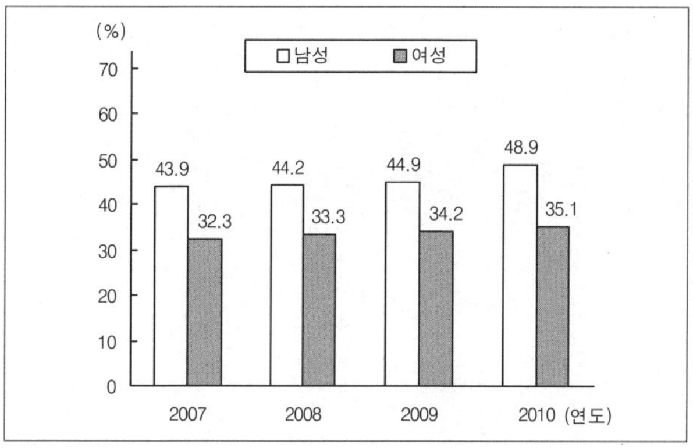

3. 다음은 <그림>과 <표>를 참고하여 작성한 외국인 관광객의 우리나라 지역축제 만족도와 이미지에 관한 <보고서>이다. <보고서>의 A~D에 들어갈 내용을 바르게 짝지은 것은?

<보고서>

우리나라 지역축제를 방문한 외국인 관광객을 대상으로 축제 만족도와 이미지를 5점 척도로 설문조사하였다.

외국인 관광객의 우리나라 지역축제에 대한 '전반적 만족도'는 평균 4.61점으로 만족 수준이 높았다. 우리나라 지역축제에 대해 '만족'('매우 만족'+'약간 만족')한다는 응답이 전체의 96.1%로 나타났으며, '보통'은 3.0%, '불만족'('매우 불만족'+'약간 불만족')은 (A)에 불과하였다.

외국인 관광객의 부문별 만족도를 성별로 살펴보면, (B) 부문만이 여성의 만족도가 남성의 만족도보다 높게 나타났으며, 그 외 부문은 남성의 만족도가 더 높은 것으로 나타났다.

연령대별로 살펴보면, '전반적 만족도'는 '50대 이상', '40대', '20대', '10대', '30대' 순으로 높았고, '음식', '쇼핑', '안내정보서비스' 부문에서는 (C) 연령대가 모든 연령대 중 가장 높은 만족도를 보였다.

외국인 관광객의 우리나라 지역축제에 대한 항목별 이미지를 성별로 분석해 본 결과, 남성은 여성에 비해 '다양하다'와 '역동적이다'는 이미지를 더 강하게 인식하는 반면, 여성은 남성에 비해 (D)의 이미지를 더 강하게 인식하고 있는 것으로 나타났다.

※ 5점 척도 값이 클수록 만족도가 높거나 이미지가 강한 것을 나타냄.

<그림 1> 외국인 관광객의 지역축제에 대한 '전반적 만족도' 응답 분포

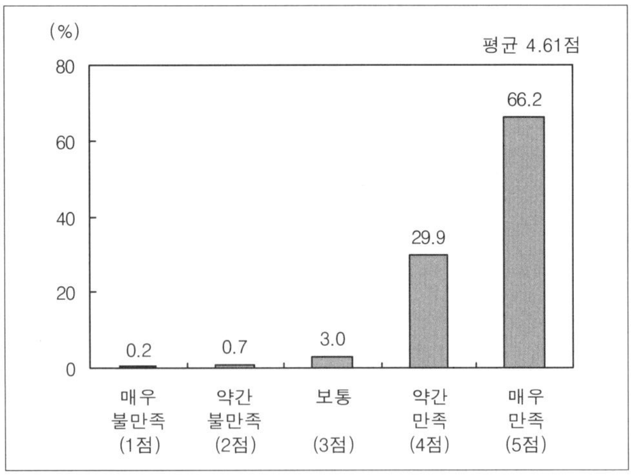

<그림 2> 외국인 관광객 성별 부문별 지역축제 만족도

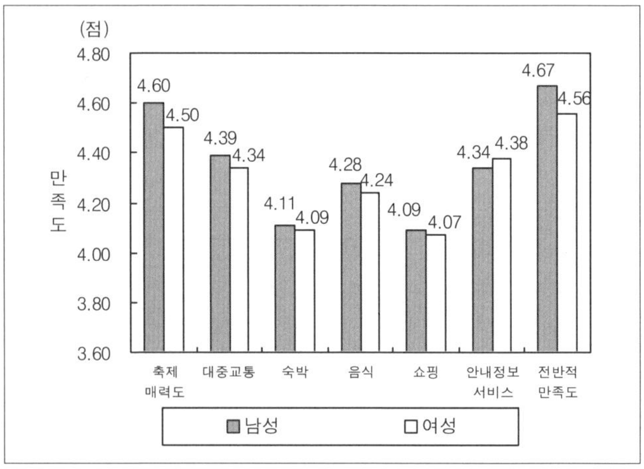

<그림 3> 외국인 관광객 성별 지역축제에 대한 이미지

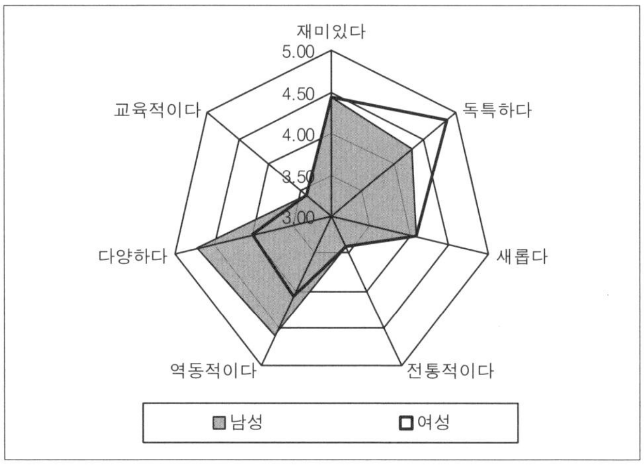

<표> 외국인 관광객 연령대별 부문별 지역축제 만족도

(단위: 점)

부문 \ 연령대	10대	20대	30대	40대	50대 이상	평균
축제 매력도	4.45	4.56	4.45	4.78	4.58	4.55
대중교통	4.37	4.34	4.41	4.65	4.60	4.36
숙박	4.42	4.07	4.09	4.45	4.43	4.10
음식	4.39	4.26	4.16	4.41	4.63	4.26
쇼핑	4.33	4.03	4.15	4.20	4.43	4.08
안내정보서비스	4.56	4.38	4.15	4.32	4.62	4.36
전반적 만족도	4.45	4.64	4.44	4.70	4.83	4.61

	A	B	C	D
①	0.7%	대중교통	40대	재미있다
②	0.7%	숙박	20대	새롭다
③	0.9%	안내정보서비스	20대	독특하다
④	0.9%	안내정보서비스	50대 이상	독특하다
⑤	0.9%	대중교통	50대 이상	재미있다

4. 다음 <그림>과 <표>는 2011~2014년 소셜네트워크 서비스 이용자 및 소셜광고 시장에 관한 자료이다. 이를 바탕으로 작성한 <보고서>의 내용 중 옳지 않은 것은?

<그림 1> 세계 소셜네트워크 서비스 이용자 현황 및 전망

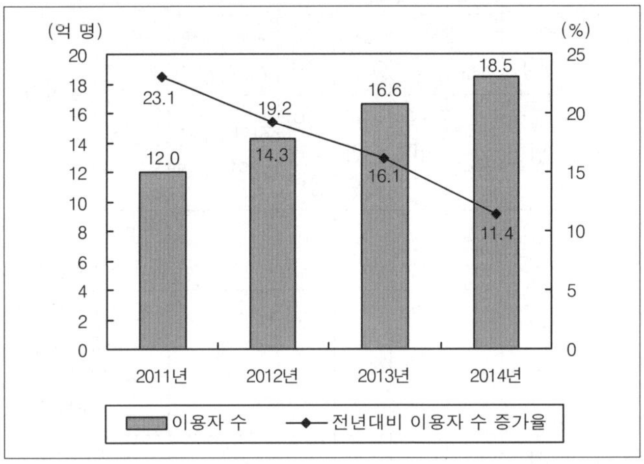

<그림 2> 세계 소셜광고 시장 현황 및 전망

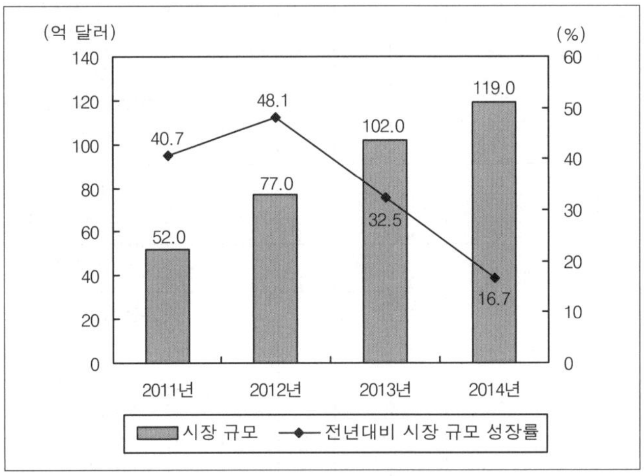

<표> 미국 소셜광고 사업자별 시장 현황 및 전망

(단위: 억 달러, %)

구분 \ 연도		2011	2012	2013	2014
시장 규모		25.4	36.3	47.3	55.9
시장 점유율	페이스북	67	71	70	67
	소셜게임	8	7	6	6
	트위터	5	6	7	8
	링크드인	4	4	4	4
	기타	16	12	13	15
합계		100	100	100	100

※ 기타는 시장점유율 3% 미만 업체의 시장점유율을 모두 합한 수치임.

<보고서>

㉠세계 소셜네트워크 서비스 이용자는 2011년의 12.0억 명에서 2014년에는 18.5억 명으로 50% 이상 증가할 것으로 전망된다. 소셜네트워크 서비스가 새로운 미디어 매체로 대두되면서 소셜광고 시장 또한 급성장하고 있다. ㉡세계 소셜광고 시장 규모는 2012년에 전년대비 48.1%의 성장률을 보이면서 77.0억 달러에 이를 것으로 예측되며, 이후에도 계속 성장하여 2014년에는 119.0억 달러를 기록할 것으로 전망된다. ㉢미국 소셜광고 시장 규모는 2011년 25.4억 달러에서 2014년에는 55.9억 달러로 성장하여 세계 소셜광고 시장의 50% 이상을 차지할 것으로 전망된다. 미국 소셜광고 사업자별 시장 현황 및 전망을 살펴보면 ㉣2011년 기준으로 페이스북이 67%로 가장 높은 시장 점유율을 나타내고 있으며, 소셜게임, 트위터, 링크드인이 그 뒤를 잇고 있다. ㉤2014년에는 페이스북의 시장 점유율이 2012년 대비 4%p 감소할 전망이나 여전히 높은 시장 점유율을 유지할 것으로 예측된다.

① ㄱ ② ㄴ ③ ㄷ
④ ㄹ ⑤ ㅁ

5. 다음 <표>는 2004~2011년 우리나라 연령대별 여성취업자에 관한 자료 중 일부이다. 이에 대한 설명 중 옳지 않은 것은?

<표> 연령대별 여성취업자

(단위: 천 명)

연도	전체 여성취업자	연령대		
		20대	50대	60대 이상
2004	9,364	2,233	1,283	993
2005	9,526	2,208	1,407	1,034
2006	9,706	2,128	1,510	1,073
2007	9,826	2,096	1,612	1,118
2008	9,874	2,051	1,714	1,123
2009	9,772	1,978	1,794	1,132
2010	9,914	1,946	1,921	1,135
2011	10,091	1,918	2,051	1,191

① 20대 여성취업자는 매년 감소하였다.
② 2011년 20대 여성취업자는 전년대비 3% 이상 감소하였다.
③ 50대 여성취업자가 20대 여성취업자보다 많은 연도는 2011년 한 해이다.
④ 2007~2010년 동안 전체 여성취업자의 전년대비 증감폭은 2010년이 가장 크다.
⑤ 전체 여성취업자 중 50대 여성취업자가 차지하는 비율은 2011년이 2005년보다 높다.

6. 다음 <그림>과 <표>는 OECD국가와 한국인의 성별 기대수명에 관한 자료이다. 이에 대한 설명 중 옳은 것은?

<그림> 2009년 OECD국가의 성별 기대수명(상위 10개국)

(단위: 세)

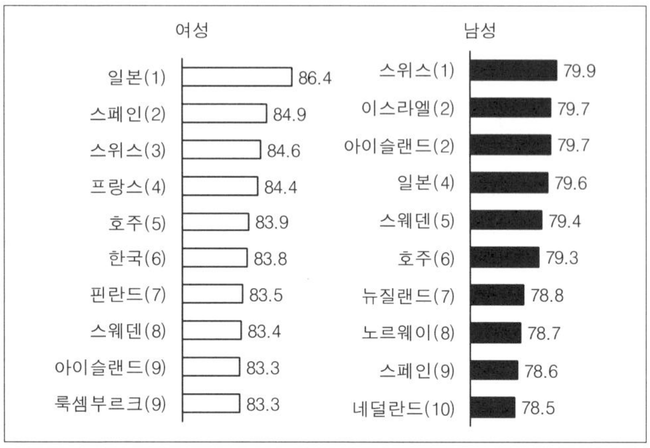

※ ( ) 안의 숫자는 OECD국가 중 해당 국가의 순위임.

<표> 한국인의 성별 기대수명(2003~2009년)

성별 / 연도 구분	여성		남성	
	순위	기대수명(세)	순위	기대수명(세)
2003	19	80.8	26	73.9
2006	13	82.4	23	75.7
2009	6	83.8	20	76.8

※ 순위는 OECD국가 중 한국의 순위임.

① 2003년 대비 2009년 한국 남성의 기대수명은 5% 이상 증가하였다.

② 2009년의 경우, 일본 남성의 기대수명은 일본 여성의 기대수명의 90% 이하이다.

③ 2009년 여성과 남성의 기대수명이 모두 상위 5위 이내인 OECD 국가의 수는 2개이다.

④ 2006년과 2009년 한국 남성의 기대수명 차이는 2006년과 2009년 한국 여성의 기대수명 차이보다 크다.

⑤ 2009년 스위스 여성과 스웨덴 여성의 기대수명 차이는 두 나라 남성의 기대수명 차이보다 작다.

7. 다음 <표>는 세계 38개 국가의 공적연금 체계를 비교한 자료이다. 이에 대한 설명 중 옳지 않은 것은?

<표> 세계 38개 국가의 공적연금 체계 비교

본인부담 여부	부담 방식				비부담 방식		해당국가
사회기여 방식	사회 보험식		퇴직 준비금식	강제 가입식	사회 수당식	사회 부조식	
체계 / 급여 방식	정액 급여	소득 비례 급여	기여 비례 급여	기여 비례 급여	정액 급여	보충 급여	
일원 체계	○						네덜란드, 아이슬랜드
		○					독일, 오스트리아, 미국, 스페인, 포르투갈, 중국, 한국
					○		뉴질랜드, 브루나이
						○	호주, 남아프리카공화국
			○				싱가포르, 말레이시아, 인도, 인도네시아
이원 체계	○	○					일본, 영국, 노르웨이, 핀란드
	○					○	아일랜드
		○				○	이탈리아, 스웨덴, 프랑스, 벨기에, 불가리아, 루마니아, 스위스
		○		○			칠레, 멕시코, 아르헨티나, 페루, 콜롬비아
삼원 체계	○	○				○	이스라엘, 라트비아
	○				○	○	덴마크
		○			○	○	캐나다

※ '○'은 해당 국가에서 해당 방식을 도입한 것을 의미함.

① 기여비례급여를 도입한 국가는 모두 9개이다.

② 삼원체계로 분류된 국가 중 비부담 방식을 도입한 국가는 4개이다.

③ 일원체계로 분류된 국가의 수와 이원체계로 분류된 국가의 수는 같다.

④ 보충급여를 도입한 국가의 수는 소득비례급여를 도입한 국가의 수보다 많다.

⑤ 정액급여를 도입한 국가의 경우, 일원체계로 분류된 국가의 수는 이원체계로 분류된 국가의 수보다 적다.

8. 다음 <표>는 2004~2011년 참여공동체 및 참여어업인 현황에 대한 자료이다. 이에 대한 설명 중 옳지 않은 것은?

<표 1> 어업유형별 참여공동체 현황

(단위: 개소)

연도 / 어업유형	2004	2005	2006	2007	2008	2009	2010	2011
마을어업	32	61	159	294	341	391	438	465
양식어업	11	15	46	72	78	80	85	89
어선어업	8	29	52	102	115	135	156	175
복합어업	12	17	43	94	102	124	143	153
내수면어업	0	0	8	17	23	28	41	50
전체	63	122	308	579	659	758	863	932

<표 2> 지역별 참여공동체 현황

(단위: 개소)

연도 / 지역	2004	2005	2006	2007	2008	2009	2010	2011
부산	1	4	5	15	15	18	21	25
인천	6	7	13	25	29	36	40	43
울산	1	3	10	15	15	16	18	20
경기	2	5	12	23	24	24	29	32
강원	7	15	21	39	47	58	71	82
충북	0	0	5	7	8	12	16	17
충남	4	10	27	49	50	63	74	82
전북	5	9	25	38	41	41	41	44
전남	20	32	99	184	215	236	258	271
경북	7	15	37	69	73	78	87	91
경남	8	16	33	76	100	134	163	177
제주	2	6	21	39	42	42	45	48
전체	63	122	308	579	659	758	863	932

<표 3> 참여어업인 현황

(단위: 명)

연도 / 구분	2004	2005	2006	2007	2008	2009	2010	2011
참여어업인	5,107	10,765	24,805	44,061	50,728	56,100	60,902	63,860

① 참여어업인은 매년 증가하였다.
② 2005년 전체 참여공동체 중 전남지역 참여공동체가 차지하는 비율은 30% 이상이다.
③ 충북지역을 제외하고, 2004년 대비 2011년 참여공동체 증가율이 가장 낮은 지역은 인천이다.
④ 2006년 이후 각 어업유형에서 참여공동체는 매년 증가하였다.
⑤ 참여공동체가 많은 지역부터 나열하면, 충남지역의 순위는 2009년과 2010년이 동일하다.

9. 다음 <표>는 어느 축구대회 1조에 속한 4개국(A~D)의 최종 성적을 정리한 자료이다. 이에 대한 설명 중 옳지 않은 것은?

<표> 1조의 최종 성적

구분	승	무	패	득점	실점	승점
A국	0	( )	2	1	4	1
B국	( )	1	( )	3	5	( )
C국	1	( )	1	3	( )	( )
D국	( )	1	0	4	0	( )

※ 1) 각 국가는 나머지 세 국가와 한 경기씩 총 세 경기를 하였음.
2) 국가별 승점 = 3 × 승리한 경기 수 + 1 × 무승부 경기 수 + 0 × 패배한 경기 수

① B국의 성적은 1승 1무 1패이다.
② 모든 국가는 각각 1무씩 거두었다.
③ D국은 2승을 거두었다.
④ C국의 실점은 2이다.
⑤ B국이 C국보다 승점이 더 높다.

10. 다음 <그림>과 <표>는 어느 도시의 엥겔계수 및 슈바베계수 추이와 소비지출 현황을 나타낸 것이다. 빈 칸 A~E에 들어갈 값으로 잘못 짝지어진 것은?

<그림> 엥겔계수 및 슈바베계수 추이(2005~2011년)

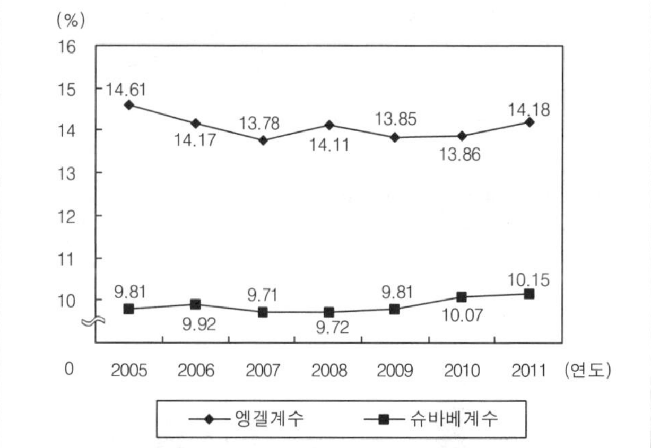

<표> 연도별 소비지출 현황(2008~2011년)

(단위: 억 원, %p)

구분 / 연도	총소비지출	식료품·비주류 음료 소비지출	주거·수도·광열 소비지출	계수 차이
2008	100,000	(A)	9,720	4.39
2009	120,000	16,620	(B)	4.04
2010	150,000	20,790	15,105	(C)
2011	(D)	(E)	20,300	4.03

※ 1) 엥겔계수(%) = $\frac{\text{식료품·비주류음료 소비지출}}{\text{총소비지출}} \times 100$
2) 슈바베계수(%) = $\frac{\text{주거·수도·광열 소비지출}}{\text{총소비지출}} \times 100$
3) 계수 차이 = |엥겔계수 − 슈바베계수|

① A: 14,110 ② B: 11,772 ③ C: 3.79
④ D: 200,000 ⑤ E: 27,720

11. 다음 <표>는 2007~2009년 방송사 A~D의 방송심의규정 위반에 따른 제재 현황을 나타낸 것이다. 이 <표>를 이용하여 작성한 그래프로 옳지 않은 것은?

<표> 방송사별 제재 건수

(단위: 건)

방송사 \ 제재 \ 연도	2007		2008		2009	
	법정제재	권고	법정제재	권고	법정제재	권고
A	21	1	12	36	5	15
B	25	3	13	29	20	20
C	12	1	8	25	14	20
D	32	1	14	30	24	34
전체	90	6	47	120	63	89

※ 제재는 법정제재와 권고로 구분됨.

① 방송사별 법정제재 건수 변화

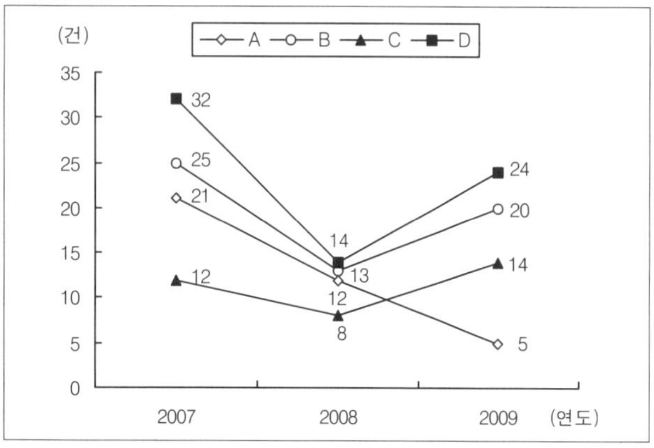

② 연도별 방송사 전체의 법정제재 및 권고 건수

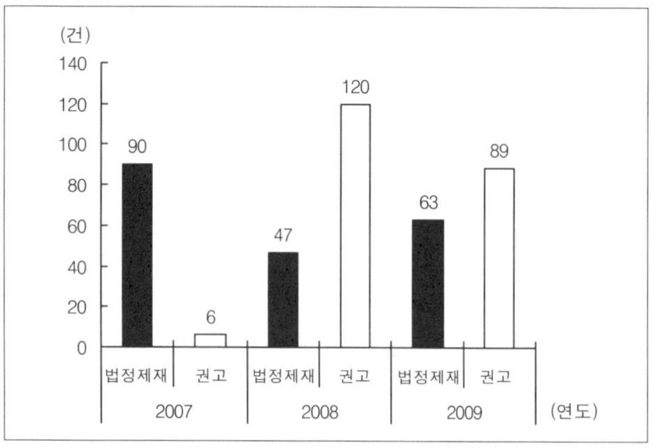

③ 2007년 법정제재 건수의 방송사별 구성비

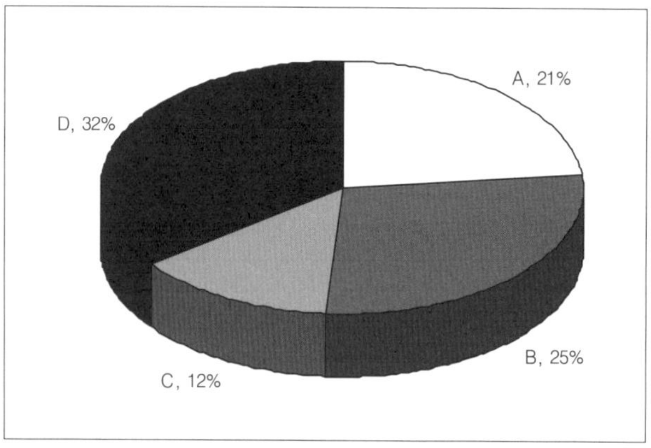

④ 2008년 방송사별 법정제재 및 권고 건수

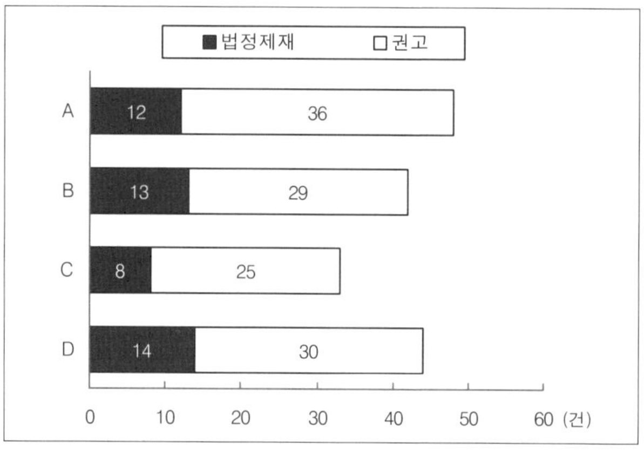

⑤ 2008년과 2009년 방송사별 권고 건수

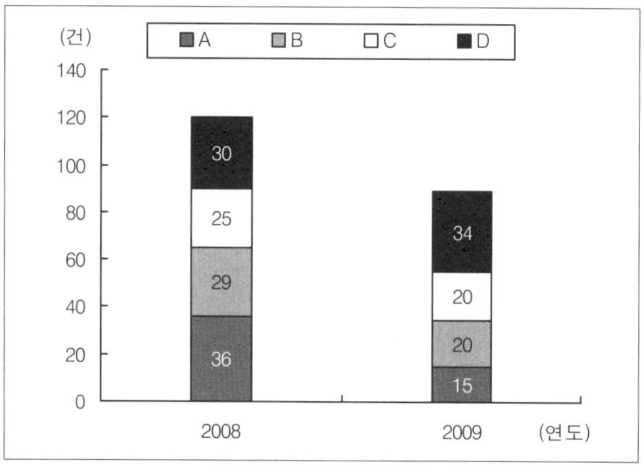

12. 다음 <표>는 어느 학급 전체 학생 55명의 체육점수 분포이다. 이에 대한 <보기>의 설명 중 옳은 것을 모두 고르면?

<표> 체육점수 분포

점수(점)	1	2	3	4	5	6	7	8	9	10
학생 수(명)	1	0	5	10	23	10	5	0	1	0

※ 점수는 1점 단위로 1~10점까지 주어짐.

<보 기>

ㄱ. 전체 학생을 체육점수가 낮은 학생부터 나열하면 중앙에 위치한 학생의 점수는 5점이다.
ㄴ. 4~6점을 받은 학생 수는 전체 학생 수의 86% 이상이다.
ㄷ. 학급의 체육점수 산술평균은 전체 학생이 받은 체육점수 중 최고점과 최저점을 제외하고 구한 산술평균과 다르다.
ㄹ. 학급에서 가장 많은 학생이 받은 체육점수는 5점이다.

① ㄱ ② ㄴ ③ ㄱ, ㄹ
④ ㄴ, ㄷ ⑤ ㄱ, ㄷ, ㄹ

13. 다음 <보고서>는 방송통신정책환경에 관한 내용이다. <보고서>를 작성하는 데 직접적인 근거로 활용되지 않은 것은?

<보고서>

2009년 세계 지역별 통신서비스 시장 매출액의 합계는 1조 3,720억 달러에 달하였으며, 2012년에는 1조 4,920억 달러일 것으로 추정된다. 2010년 세계 통신서비스 형태별 가입자 수를 살펴보면, 이동전화 서비스 가입자 수는 세계 인구의 79%에 해당하는 51억 6,700만 명으로 가장 많았고, 그 다음으로는 유선전화, 인터넷, 브로드밴드 순서로 가입자가 많았다.

한편 우리나라의 경우 2008~2010년 GDP에서 정보통신기술(ICT) 산업이 차지하는 비중은 매년 증가하여 2010년에는 11.2%였다. 2010년 4사분기 국내 IPTV 서비스 가입자 수는 308만 6천 명이고, Pre-IPTV와 IPTV 서비스 가입자 수의 합계는 365만 9천 명이다.

① 국내 Pre-IPTV와 IPTV 서비스 가입자 수 추이

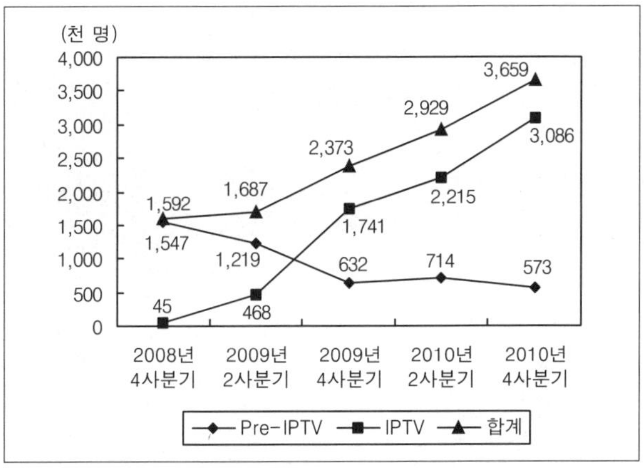

② 국내 IPTV 서비스 매출액

(단위: 억 원)

구분	2009년	2010년	2011년
매출액	807	4,168	5,320

③ 2010년 세계 통신서비스 형태별 가입자 수

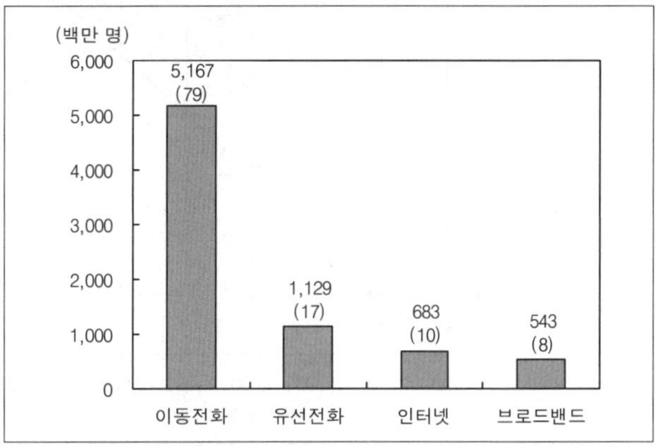

※ ( ) 안의 숫자는 세계 인구수 대비 비율(%)임.

④ 세계 지역별 통신서비스 시장 매출액

(단위: 십억 달러)

지역 \ 연도	2009	2010	2011	2012
북미	347	349	352	355
유럽	416	413	415	421
아시아/태평양	386	399	419	439
남미	131	141	152	163
중동/아프리카	92	99	107	114
합계	1,372	1,401	1,445	1,492

※ 2012년 자료는 추정치임.

⑤ 우리나라 GDP 대비 ICT산업 비중

(단위: %)

구분 \ 연도	2008	2009	2010
GDP 성장률	2.3	0.2	6.1
ICT산업 성장률	6.8	5.3	14.0
GDP 대비 ICT산업 비중	9.9	10.4	11.2

※ 백분율(%)은 소수점 아래 둘째 자리에서 반올림한 값임.

14. 다음 <그림>은 2011년 어느 회사에서 판매한 전체 10가지 제품유형(A~J)의 수요예측치와 실제수요의 관계를 나타낸 자료이다. 이에 대한 설명 중 옳은 것은?

<그림> 제품유형별 수요예측치와 실제수요

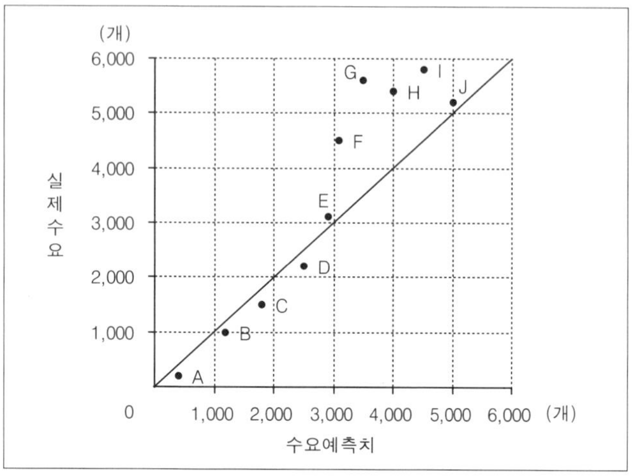

※ 수요예측 오차 = |수요예측치 − 실제수요|

① 수요예측 오차가 가장 작은 제품유형은 G이다.
② 실제수요가 큰 제품유형일수록 수요예측 오차가 작다.
③ 수요예측치가 가장 큰 제품유형은 실제수요도 가장 크다.
④ 실제수요가 3,000개를 초과한 제품유형 수는 전체 제품유형 수의 50% 이하이다.
⑤ 실제수요가 3,000개 이하인 제품유형은 각각 수요예측치가 실제수요보다 크다.

15. 다음 <표>는 피트니스 클럽의 입장료 및 사우나 유무에 대한 선호도 조사 결과이다. <표>와 <산식>을 이용하여 이용객 선호도를 구할 때, 입장료와 사우나 유무의 조합 중 이용객 선호도가 세 번째로 큰 조합은?

<표 1> 입장료 선호도 조사 결과

입장료	선호도
5,000원	4.0점
10,000원	3.0점
20,000원	0.5점

<표 2> 사우나 유무 선호도 조사 결과

사우나	선호도
유	3.3점
무	1.7점

<산 식>

이용객 선호도 = 입장료 선호도 + 사우나 유무 선호도

	입장료	사우나 유무
①	5,000원	유
②	5,000원	무
③	10,000원	유
④	10,000원	무
⑤	20,000원	유

16. 다음 <그림>은 20개 국가(A~T)의 1인당 GDP와 자살률의 관계를 나타낸 것이다. 이에 대한 설명 중 옳은 것은?

<그림> 20개 국가의 1인당 GDP와 자살률

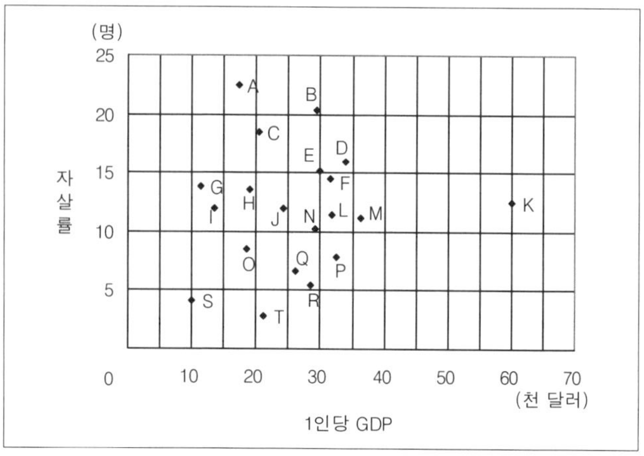

① 1인당 GDP가 가장 낮은 국가는 자살률도 가장 낮다.
② 1인당 GDP가 4만 달러 이상인 국가의 자살률은 10명 미만이다.
③ 자살률이 가장 높은 국가와 가장 낮은 국가의 자살률 차이는 15명 이하이다.
④ 자살률이 가장 높은 국가의 1인당 GDP는 자살률이 두 번째로 높은 국가의 1인당 GDP의 50% 이상이다.
⑤ C국보다 자살률과 1인당 GDP가 모두 낮은 국가의 수는 C국보다 자살률과 1인당 GDP가 모두 높은 국가의 수와 같다.

17. 다음 <그림>은 A~D 음료의 8개 항목에 대한 소비자평가 결과를 나타낸 것이다. 이에 대한 설명 중 옳은 것은?

<그림> A~D 음료의 항목별 소비자평가 결과

(단위: 점)

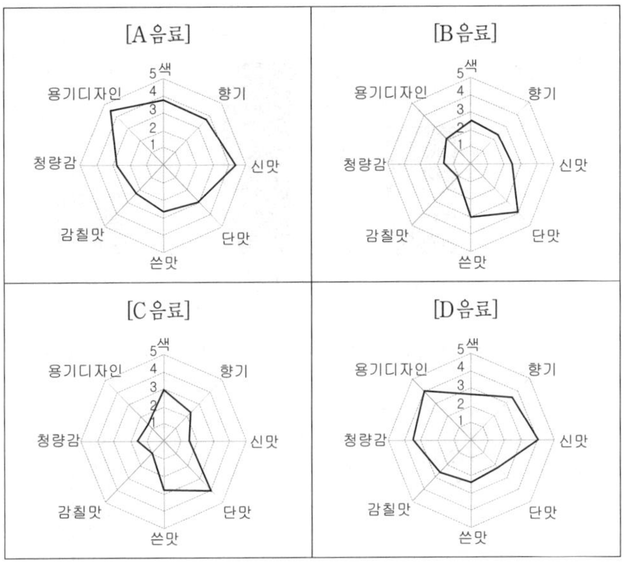

※ 1점이 가장 낮은 점수이고 5점이 가장 높은 점수임.

① C 음료는 8개 항목 중 '쓴맛'의 점수가 가장 높다.
② '용기디자인'의 점수는 A 음료가 가장 높고, C 음료가 가장 낮다.
③ A 음료는 B 음료보다 7개 항목에서 각각 높은 점수를 받았다.
④ 소비자평가 결과의 항목별 점수의 합은 B 음료가 D 음료보다 크다.
⑤ A~D 음료 간 '색'의 점수를 비교할 때 점수가 가장 높은 음료는 '단맛'의 점수를 비교할 때에도 점수가 가장 높다.

18. 다음 <표>는 2006~2011년 어느 나라 5개 프로 스포츠 종목의 연간 경기장 수용규모 및 관중수용률을 나타낸 것이다. 이에 대한 설명 중 옳은 것은?

<표> 프로 스포츠 종목의 연간 경기장 수용규모 및 관중수용률

(단위: 천 명, %)

종목	구분 \ 연도	2006	2007	2008	2009	2010	2011
야구	수용규모	20,429	20,429	20,429	20,429	19,675	19,450
	관중수용률	30.6	41.7	53.3	56.6	58.0	65.7
축구	수용규모	40,255	40,574	40,574	37,865	36,952	33,314
	관중수용률	21.9	26.7	28.7	29.0	29.4	34.9
농구	수용규모	5,899	6,347	6,354	6,354	6,354	6,653
	관중수용률	65.0	62.8	66.2	65.2	60.9	59.5
핸드볼	수용규모	3,230	2,756	2,756	2,756	2,066	2,732
	관중수용률	26.9	23.5	48.2	43.8	34.1	52.9
배구	수용규모	5,129	5,129	5,089	4,843	4,409	4,598
	관중수용률	16.3	27.3	24.6	30.4	33.4	38.6

※ 관중수용률(%) = $\frac{\text{연간 관중 수}}{\text{연간 경기장 수용규모}} \times 100$

① 축구의 연간 관중 수는 매년 증가한다.
② 관중수용률은 농구가 야구보다 매년 높다.
③ 관중수용률이 매년 증가한 종목은 3개이다.
④ 2009년 연간 관중 수는 배구가 핸드볼보다 많다.
⑤ 2007~2011년 동안 연간 경기장 수용규모의 전년대비 증감 방향은 농구와 핸드볼이 동일하다.

19. 다음 <그림>은 2010~2011년 동안 변리사 A와 B의 특허출원 건수에 대한 자료이다. 2011년 변리사 B의 특허출원 건수는 2010년 변리사 B의 특허출원 건수의 몇 배인가? (단, 특허출원은 변리사 A 또는 B 단독으로만 이루어진다)

<그림 1> 2010~2011년 동안 변리사별 전체 특허출원 건수

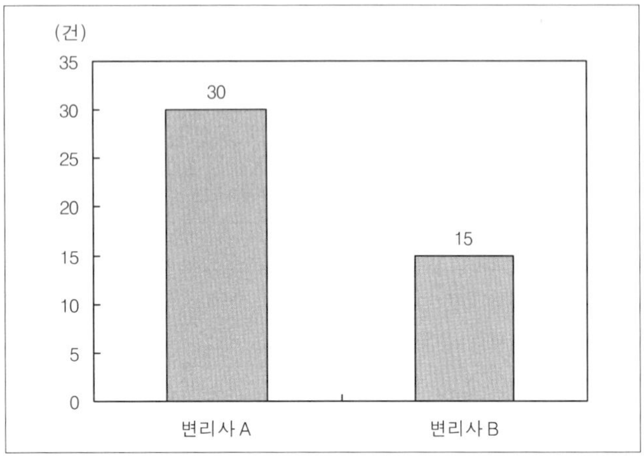

<그림 2> 변리사 A와 B의 전체 특허출원 건수 연도별 구성비

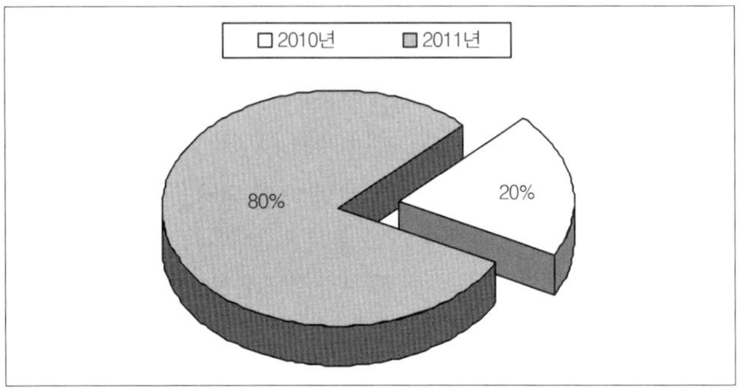

<그림 3> 변리사 A의 전체 특허출원 건수 연도별 구성비

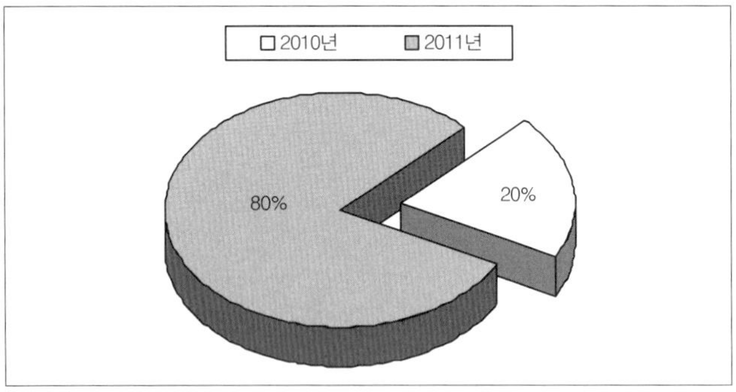

① 2배
② 3배
③ 4배
④ 5배
⑤ 6배

20. 다음 <그림>은 2011년 어느 회사 사원 A~C의 매출에 관한 자료이다. 2011년 4사분기의 매출액이 큰 사원부터 나열하면?

<그림 1> 2011년 1사분기의 사원별 매출액

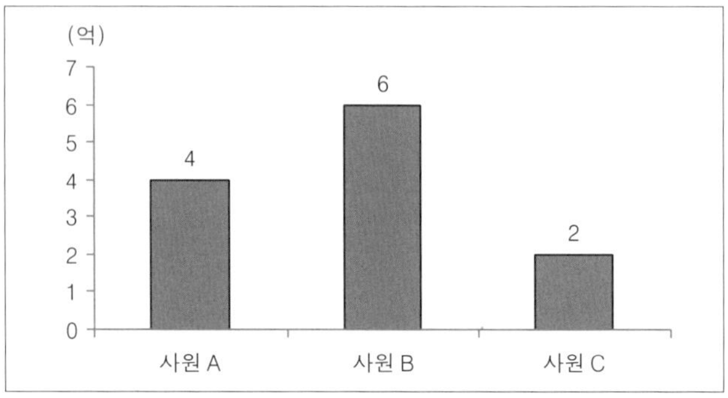

<그림 2> 2011년 2~4사분기 사원별 매출액 증감계수

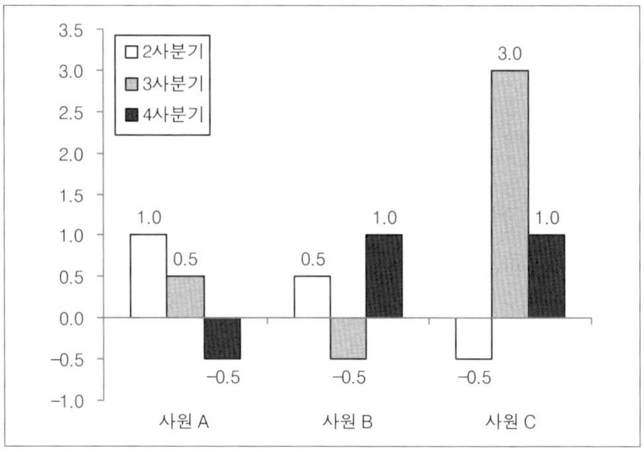

※ $\text{해당 사분기 매출액 증감계수} = \frac{\text{해당 사분기 매출액} - \text{직전 사분기 매출액}}{\text{직전 사분기 매출액}}$

① A, B, C
② A, C, B
③ B, A, C
④ B, C, A
⑤ C, A, B

21. 다음 <표>는 2010년과 2011년 주요 화재장소별 화재건수를 나타낸 것이다. <보기>를 이용하여 A~F를 구할 때 A, C, F에 해당하는 화재장소를 바르게 짝지은 것은?

<표> 주요 화재장소별 화재건수

(단위: 건)

구분	계	A	B	C	D	E	F
2011년 8월	2,200	679	1,111	394	4	4	8
2010년 8월	2,535	785	1,265	471	1	7	6
2011년 1~8월	24,879	7,140	11,355	3,699	24	49	2,612
2010년 1~8월	23,447	6,664	10,864	4,206	21	75	1,617

<보 기>

○ 2011년 8월에 전년동월대비 화재건수가 증가한 화재장소는 위험물보관소와 임야이다.
○ 2011년 1~8월 동안 화재건수가 많은 상위 두 곳은 사무실과 주택이다.
○ 2011년 1~8월 동안 화재건수가 100건이 넘지 않는 화재장소는 위험물보관소와 선박이다.
○ 2011년 1~8월 동안 주택과 차량에서 발생한 화재건수의 합은 사무실에서 발생한 화재건수보다 적다.

	A	C	F
①	사무실	선박	위험물보관소
②	사무실	차량	임야
③	주택	선박	임야
④	주택	선박	위험물보관소
⑤	주택	차량	임야

22. 다음 <표>는 2007~2011년 A국의 금융서비스 제공방식별 업무처리 건수 비중 현황이다. 이에 대한 <보기>의 설명 중 옳은 것을 모두 고르면?

<표> 금융서비스 제공방식별 업무처리 건수 비중 현황

(단위: %)

연도 \ 구분	대면거래	비대면거래			합
		CD/ATM	텔레뱅킹	인터넷뱅킹	
2007	13.6	38.0	12.2	36.2	100.0
2008	13.8	39.5	13.1	33.6	100.0
2009	13.7	39.3	12.6	34.4	100.0
2010	13.6	39.8	12.4	34.2	100.0
2011	12.2	39.1	12.4	36.3	100.0

<보 기>

ㄱ. 2011년의 비대면거래 건수 비중은 2009년 대비 1.5%p 증가하였다.
ㄴ. 2008~2011년 동안 대면거래 건수는 매년 감소하였다.
ㄷ. 2007~2011년 동안 매년 비대면거래 중 업무처리 건수가 가장 적은 제공방식은 텔레뱅킹이다.
ㄹ. 2007~2011년 중 대면거래 금액이 가장 많았던 연도는 2008년이다.

① ㄱ, ㄷ ② ㄱ, ㄹ ③ ㄴ, ㄷ ④ ㄴ, ㄹ ⑤ ㄷ, ㄹ

23. 다음 <표>는 2008~2010년 동안 도로화물운송업의 분야별 에너지 효율성에 관한 자료이다. 이에 대한 <보기>의 설명 중 옳은 것을 모두 고르면?

<표> 도로화물운송업의 분야별 에너지 효율성

(단위: 리터, 톤·km, 톤·km/리터)

연도 \ 분야 / 구분	일반화물			개별화물			용달화물		
	A	B	C	A	B	C	A	B	C
2008	4,541	125,153	27.6	1,722	37,642	21.9	761	3,714	4.9
2009	4,285	110,269	25.7	1,863	30,232	16.2	875	4,576	5.2
2010	3,970	107,943	27.2	1,667	18,523	11.1	683	2,790	4.1

※ 1) 도로화물운송업의 분야는 일반화물, 개별화물, 용달화물로 구분됨.
2) A: 화물차 1대당 월평균 에너지 사용량(리터)
B: 화물차 1대당 월평균 화물운송실적(톤·km)
C: 화물차 1대당 월평균 에너지 효율성(톤·km/리터) $= \frac{B}{A}$

<보 기>

ㄱ. 2008년 화물차 1대당 월평균 에너지 사용량이 가장 적은 분야는 용달화물이다.
ㄴ. 2009년 화물운송실적이 가장 큰 분야는 일반화물이다.
ㄷ. 2010년 화물차 1대당 월평균 에너지 효율성이 큰 분야부터 나열하면 일반화물, 개별화물, 용달화물이다.
ㄹ. 각 분야의 화물차 1대당 월평균 에너지 효율성은 매년 증가하였다.

① ㄱ, ㄴ
② ㄱ, ㄷ
③ ㄱ, ㄹ
④ ㄴ, ㄷ
⑤ ㄴ, ㄹ

24. 다음 <표>는 어느 해 주식 거래일 8일 동안 A사의 일별 주가와 <산식>을 활용한 5일이동평균을 나타낸 것이다. 이에 대한 <보기>의 설명 중 옳은 것을 모두 고르면?

<표> 주식 거래일 8일 동안 A사의 일별 주가 추이

(단위: 원)

거래일	일별 주가	5일이동평균
1	7,550	-
2	7,590	-
3	7,620	-
4	7,720	-
5	7,780	7,652
6	7,820	7,706
7	7,830	(　　)
8	(　　)	7,790

<산 식>

5일이동평균 =

$$\frac{\text{해당거래일 포함 최근 거래일 5일 동안의 일별 주가의 합}}{5}$$

[예] 6거래일의 5일이동평균 =

$$\frac{7{,}590+7{,}620+7{,}720+7{,}780+7{,}820}{5}=7{,}706$$

<보 기>

ㄱ. 일별 주가는 거래일마다 상승하였다.
ㄴ. 5거래일 이후 5일이동평균은 거래일마다 상승하였다.
ㄷ. 2거래일 이후 일별 주가가 직전거래일 대비 가장 많이 상승한 날은 4거래일이다.
ㄹ. 5거래일 이후 해당거래일의 일별 주가와 5일이동평균 간의 차이는 거래일마다 감소하였다.

① ㄱ, ㄴ
② ㄴ, ㄷ
③ ㄷ, ㄹ
④ ㄱ, ㄴ, ㄷ
⑤ ㄴ, ㄷ, ㄹ

25. 다음 <그림>은 2008~2011년 외국기업의 국내 투자 현황에 대한 자료이다. 이에 대한 설명 중 옳은 것은?

<그림 1> 외국기업 국내 투자건수의 산업별 비율

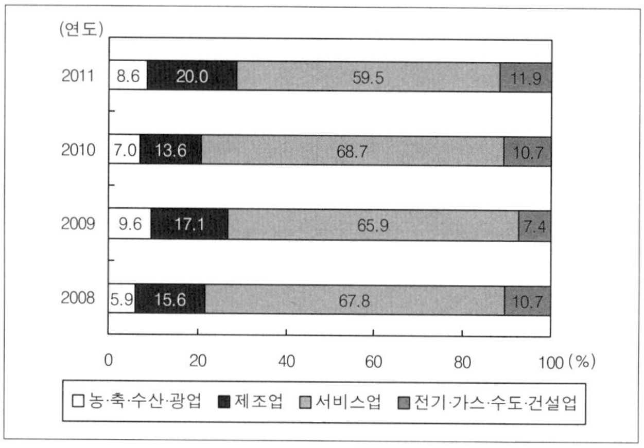

※ 비율은 소수점 아래 둘째자리에서 반올림한 값임.

<그림 2> 외국기업의 국내 서비스업 투자건수 및 총투자금액

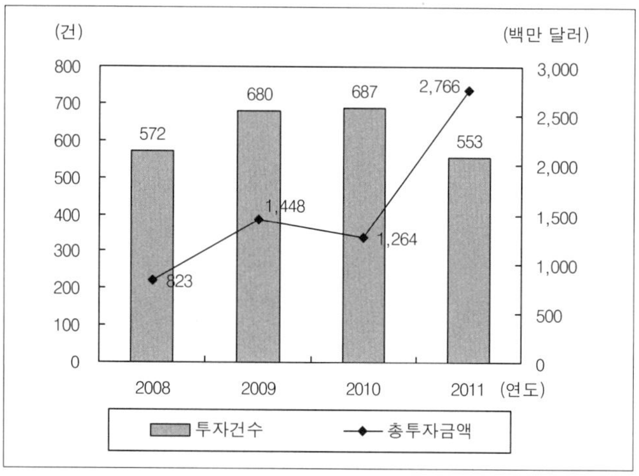

① 외국기업 국내 투자건수는 2010년이 2009년보다 적다.
② 2008년 외국기업의 국내 농·축·수산·광업에 대한 투자건수는 60건 이상이다.
③ 외국기업 국내 투자건수 중 제조업이 차지하는 비율은 매년 증가하였다.
④ 외국기업 국내 투자건수 중 각 산업이 차지하는 비율의 순위는 매년 동일하다.
⑤ 외국기업의 국내 서비스업 투자건당 투자금액은 매년 증가하였다.

약점 보완 해설집 p.299

해커스 **민간경력자 PSAT** 15개년 기출문제집

취업강의 1위, 해커스잡 **ejob.Hackers.com**

2011년 기출문제

언어논리

상황판단

자료해석

문제 풀이 시작과 종료 시각을 정하세요.

· 언어논리/상황판단 (120분) ________시 ________분 ~ ________시 ________분

· 자료해석 (60분) ________시 ________분 ~ ________시 ________분

* 교재 뒤에 수록되어 있는 OCR 답안지와 해커스ONE 애플리케이션의 모바일 타이머를 이용하여 실전처럼 모의고사를 풀어보세요.
* 기출문제 풀이 후, 약점 보완 해설집에 있는 '바로 채점 및 성적 분석 서비스' QR코드를 스캔하여 응시 인원 대비 본인의 성적 위치를 확인할 수 있습니다.

언어논리영역

1. 다음 글에서 알 수 있는 것은?

고려시대에 철제품 생산을 담당한 것은 철소(鐵所)였다. 철소는 기본적으로 철산지나 그 인근의 채광과 제련이 용이한 곳에 설치되었다. 철소 설치에는 몇 가지 요소가 갖추어져야 유리하였다. 철소는 철광석을 원활하게 공급받을 수 있고, 철을 제련하는 데 필수적인 숯의 공급이 용이해야 하며, 채광, 선광, 제련 기술을 가진 장인 및 채광이나 숯을 만드는 데 필요한 노동력이 존재해야 했다. 또한 철 제련에 필요한 물이 풍부하게 있는 곳이어야 했다.

망이와 망소이가 반란을 일으킨 공주의 명학소는 철소였다. 하지만 다른 철소와 달리 그곳에서 철이 생산된 것은 아니었다. 철산지는 인근의 마현이었다. 명학소는 제련에 필요한 숯을 생산하고, 마현으로부터 가져온 철광석을 가공하여 철제품을 생산하는 곳이었다. 마현에서 채취된 철광석은 육로를 통해 명학소로 운반되었고, 이곳에서 생산된 철제품은 명학소의 갑천을 통해 공주로 납부되었다. 갑천의 풍부한 수량은 철제품을 운송하는 수로로 적합했을 뿐 아니라, 제련에 필요한 물을 공급하는 데에도 유용하였다.

하지만 명학소민의 입장에서 보면, 마현에서 철광석을 채굴하고 선광하여 명학소로 운반하는 작업, 철광석 제련에 필요한 숯을 생산하는 작업, 철제품을 생산하는 작업, 생산된 철제품을 납부하는 작업에 이르기까지 감당할 수 없는 과중한 부담을 지고 있었다. 이는 일반 군현민의 부담뿐만 아니라 다른 철소민의 부담과 비교해 보아도 훨씬 무거운 것이었다. 더군다나 명종 무렵에는 철 생산이 이미 서서히 한계를 드러내고 있었음에도 할당된 철제품의 양은 줄어들지 않았다. 이러한 것이 복합되어 망이와 망소이의 반란이 일어난 것이다.

① 모든 철소에서 철이 생산되었다.
② 명학소에서는 숯이 생산되지 않았다.
③ 망이와 망소이는 철제품 생산 기술자였다.
④ 명학소민은 다른 철소민보다 부담이 적었다.
⑤ 풍부한 물은 명학소에 철소를 설치하는 데 이점이었다.

2. 다음 글에서 알 수 있는 것은?

유토피아는 우리가 살고 있는 세계와는 다른 '또 다른 세계'이며, 나아가 전적으로 인간의 지혜로 설계된 세계이다. 유토피아를 설계하는 사람은, 완전히 뜯어고쳐야 할 만큼 이 세상이 잘못되어 있다고 생각한다. 또한 그는 새 세계를 만들고 관리할 능력이 인간에게 있다고 믿는다. 어떤 사람이 유토피아를 꿈꾸고 설계하는지 않는지는 그 사람이 세상을 대하는 태도와 밀접하게 연관되어 있다.

인간이 세상을 대하는 태도는 다음 세 가지로 나눌 수 있다. 첫째, 산지기의 태도이다. 산지기의 주요 임무는, 인위적인 간섭을 최소화하면서 맡겨진 땅을 지키는 것이다. 이른바 땅의 자연적 균형을 유지하는 것이 그의 목적이다. 신의 설계에 담긴 지혜와 조화, 질서를 인간이 다 이해할 수는 없으나, 삼라만상이 적재적소에 놓여 있는 신성한 존재의 사슬이라는 것이 산지기의 신념이다.

둘째, 정원사의 태도이다. 정원사는 자기가 끊임없이 보살피고 노력하지 않으면 이 세상이 무질서해질 것이라고 여긴다. 그는 우선 바람직한 배치도를 머리에 떠올린 후 정원을 그 이미지에 맞추어 개조한다. 그는 적합한 종류의 식물을 키우고 잡초들은 뽑아 버림으로써 자신이 생각해 놓은 대로 대지를 디자인한다.

셋째, 사냥꾼의 태도이다. 사냥꾼은 사물의 전체적인 균형에 대해서는 무관심하다. 사냥꾼이 하는 유일한 일은 사냥감으로 자기 자루를 최대한 채우는 것이다. 사냥이 끝난 후에 숲에 동물들이 남아 있도록 할 의무가 자기에게 있다고 생각하지 않는다.

① 유토피아는 인간이 지향하고 신이 완성한다.
② 정원사는 세상에 대한 인간의 적극적 개입을 지양한다.
③ 산지기는 인간과 자연이 조화되는 유토피아를 설계한다.
④ 사냥꾼은 세상을 바꾸는 일보다 이용하는 데에 관심이 있다.
⑤ 신이 부여한 정연한 질서가 세계에 있다는 믿음은 세 태도 중 둘에서 나타난다.

3. 다음 글의 문맥상 (가)~(라)에 가장 적절한 말을 <보기>에서 골라 알맞게 짝지은 것은?

> 심각한 수준의 멸종 위기에 처한 생태계를 보호하기 위해 생물다양성 관련 정책이 시행되고 있다. 먼저 보호지역 지정은 생물다양성을 보존하는 데 반드시 필요한 정책 수단이다. 이 정책 수단은 각국에 의해 빈번히 사용되었다. 그러나 보호지역의 숫자는 생물다양성의 보존과 지속가능한 이용 정책의 성공 여부를 피상적으로 알려주는 지표에 지나지 않으며, (가) 없이는 생물다양성의 감소를 막을 수 없다. 세계자연보전연맹에 따르면, 보호지역으로 지정되었음에도 실제로는 최소한의 것도 실시되지 않는 곳이 많다. 보호지역 관리에 충분한 인력을 투입하는 것은 보호지역 수를 늘리는 것만큼이나 필요하다.
>
> (나) 은(는) 민간시장에서 '생물다양성 관련 제품과 서비스'가 갖는 가치와 사회 전체 내에서 그것이 갖는 가치 간의 격차를 해소하기 위해 도입된다. 이를 통해 생태계 훼손에 대한 비용 부담은 높이고 생물다양성의 보존, 강화, 복구 노력에 대해서는 보상을 한다. 상품으로서의 가치와 공공재로서의 가치 간의 격차를 좁히는 데에 원칙적으로 이 제도만큼 적합한 것이 없다.
>
> 생물다양성을 증가시키는 유인책 중에서 (다) 의 효과가 큰 편이다. 시장 형성이 마땅치 않아 이전에는 무료로 이용할 수 있었던 것에 대해 요금을 부과함으로써 생태계의 무분별한 이용을 억제하는 것이 이 제도의 골자이다. 최근 이 제도의 도입 사례가 증가하고 있으며 앞으로도 늘어날 전망이다.
>
> 생물다양성 친화적 제품 시장에 대한 전망에는 관련 정보를 지닌 소비자들이 (라) 을(를) 선택할 것이라는 가정이 전제되어야 한다. 친환경 농산물, 무공해 비누, 생태 관광 등에 대한 인기가 증대되고 있는 현상은 소비자들이 친환경 제품이나 서비스에 더 비싼 값을 지불할 수도 있다는 사실을 보여주는 사례이다.

<보 기>

ㄱ. 생태계 사용료
ㄴ. 경제 유인책
ㄷ. 생물다양성 보호 제품
ㄹ. 보호조치

	(가)	(나)	(다)	(라)
①	ㄱ	ㄴ	ㄹ	ㄷ
②	ㄴ	ㄱ	ㄷ	ㄹ
③	ㄴ	ㄹ	ㄷ	ㄱ
④	ㄹ	ㄱ	ㄷ	ㄴ
⑤	ㄹ	ㄴ	ㄱ	ㄷ

4. 다음 글에서 알 수 있는 것은?

> 국내에서 벤처버블이 발생한 1999~2000년 동안 한국뿐 아니라 미국, 유럽 등 전 세계 주요 국가에서 벤처버블이 나타났다. 미국 나스닥의 경우 1999년 초 이후에 주가가 급상승하여 2000년 3월을 전후해서 정점에 이르렀는데, 이는 한국의 주가 흐름과 거의 일치한다. 또한 한국에서는 1998년 5월부터 외국인의 종목별 투자한도를 완전 자유화하였는데, 외환위기 이후 해외투자를 유치하기 위한 이런 주식시장의 개방은 주가 상승에 영향을 미쳤다. 외국인 투자자들은 벤처버블이 정점에 이르렀던 1999년 12월에 벤처기업으로 구성되어 있는 코스닥 시장에서 투자금액을 이전 달의 1조 4천억 원에서 8조 원으로 늘렸으며, 투자비중도 늘렸다.
>
> 또한 벤처버블 당시 국내에서는 인터넷이 급속히 확산되고 있었다. 초고속 인터넷 서비스는 1998년 첫해에 1만 3천 가구에 보급되었지만 1999년에는 34만 가구로 확대되었다. 또한 1997년 163만 명이던 인터넷 이용자는 1999년에 천만 명으로 폭발적으로 증가하였다. 이처럼 초고속 인터넷의 보급과 인터넷 사용인구의 급증은 뚜렷한 수익모델이 없는 업체라 할지라도 인터넷을 활용한 비즈니스를 내세우면 투자자들 사이에서 높은 잠재력을 가진 기업으로 인식되는 효과를 낳았다.
>
> 한편 1997년 8월에 시행된 벤처기업 육성에 관한 특별 조치법은 다음과 같은 상황으로 인해 제정되었다. 법 제정 당시 우리 경제는 혁신적 기술이나 비즈니스 모델에 의한 성장보다는 설비확장에 토대한 외형성장에 주력해 왔다. 그러나 급격한 임금상승, 공장용지와 물류 및 금융 관련 비용 부담 증가, 후발국가의 추격 등은 우리 경제가 하루빨리 기술과 지식을 경쟁력의 기반으로 하는 구조로 변화해야 할 필요성을 높였다. 게다가 1997년 말 외환위기로 30대 재벌의 절반이 부도 또는 법정관리에 들어가게 되면서 재벌을 중심으로 하는 경제성장 방식의 한계가 지적되었고, 이에 따라 우리 경제는 고용창출과 경제성장을 주도할 새로운 기업군을 필요로 하게 되었다. 이로 인해 시행된 벤처기업 육성 정책은 벤처기업에 세제 혜택은 물론, 기술개발, 인력공급, 입지공급까지 다양한 지원을 제공하면서 벤처기업의 폭증에 많은 영향을 주게 되었다.

① 해외 주식시장의 주가 상승은 국내 벤처버블 발생의 주요 원인이 되었다.
② 벤처버블은 한국뿐 아니라 전 세계 모든 국가에서 거의 비슷한 시기에 발생했다.
③ 국내의 벤처기업 육성책 실행은 한국 경제구조 변화의 필요성과 관련을 맺고 있다.
④ 국내 초고속 인터넷 서비스 확대는 벤처기업을 활성화 시켰으나 대기업 침체의 요인이 되었다.
⑤ 외환위기는 새로운 기업과 일자리 창출의 필요성을 불러왔고 해외 주식을 대규모로 매입하는 계기가 되었다.

5. 다음 글에서 알 수 있는 것을 <보기>에서 모두 고르면?

1964년 1월에 열린 아랍 정상회담의 결정에 따라 같은 해 5월 팔레스타인 사람들은 팔레스타인 해방기구(PLO)를 조직했다. 아랍연맹은 팔레스타인 해방기구를 팔레스타인의 유엔 대표로 인정하였으며, 팔레스타인 해방기구는 아랍 전역에 흩어진 난민들을 무장시켜 해방군을 조직했다. 바야흐로 주변 아랍국가들의 지원에 의지하던 팔레스타인 사람들이 자기 힘으로 영토를 되찾기 위해 총을 든 것이다. 그러나 팔레스타인 해방기구의 앞길이 순탄한 것은 결코 아니었다. 아랍국가 중 군주제 국가들은 이스라엘과 정면충돌할까 두려워 팔레스타인 해방기구를 자기 영토 안에 받아들이지 않으려 했고, 소련과 같은 사회주의 국가들과 이집트, 시리아만이 팔레스타인 해방기구를 지원했다.

1967년 6월 5일에 이스라엘의 기습공격으로 제 3차 중동전쟁이 시작되었다. 이 '6일 전쟁'에서 아랍연합군은 참패했고, 이집트는 시나이반도를 빼앗겼다. 참패 이후 팔레스타인 해방기구의 온건한 노선을 비판하며 여러 게릴라 조직들이 탄생하였다. 팔레스타인 해방인민전선(PFLP)을 비롯한 수많은 게릴라 조직들은 이스라엘은 물론이고 제국주의에 봉사하는 아랍국가들의 집권층, 그리고 미국을 공격 목표로 삼았다. 1970년 9월에 아랍민족주의와 비동맹운동의 기수였던 이집트 대통령 나세르가 사망함으로써 팔레스타인 해방운동은 더욱 불리해졌다. 왜냐하면 사회주의로 기울었던 나세르와 달리 후임 대통령 사다트는 국영기업을 민영화하고 친미 정책을 시행했기 때문이다.

<보 기>

ㄱ. 팔레스타인 해방기구는 자신들의 힘으로 잃어버린 영토를 회복하려 하였다.
ㄴ. 중동전쟁으로 인해 이집트에는 팔레스타인 해방운동을 지지했던 정권이 무너지고 반 아랍민족주의 정권이 들어섰다.
ㄷ. 팔레스타인 해방기구와 달리 강경 노선을 취하는 게릴라 조직들은 아랍권 내 세력들도 공격 대상으로 삼았다.
ㄹ. 사회주의에 경도된 아랍민족주의는 군주제를 부정했기 때문에 아랍의 군주제 국가들이 팔레스타인 해방기구를 꺼려했다.

① ㄱ, ㄴ
② ㄱ, ㄷ
③ ㄱ, ㄴ, ㄷ
④ ㄴ, ㄷ, ㄹ
⑤ ㄱ, ㄴ, ㄷ, ㄹ

6. 다음 글의 핵심 논지로 가장 적절한 것은?

폴란은 동물의 가축화를 '노예화 또는 착취'로 바라보는 시각은 잘못이라고 주장한다. 그에 따르면, 가축화는 '종들 사이의 상호주의'의 일환이며 정치적이 아니라 진화론적 현상이다. 그는 "소수의, 특히 운이 좋았던 종들이 다윈식의 시행착오와 적응과정을 거쳐, 인간과의 동맹을 통해 생존과 번성의 길을 발견한 것이 축산의 기원"이라고 말한다. 예컨대 이러한 동맹에 참여한 소, 돼지, 닭은 번성했지만 그 조상뻘 되는 동물들 중에서 계속 야생의 길을 걸었던 것들은 쇠퇴했다는 것이다. 지금 북미 지역에 살아남은 늑대는 1만 마리 남짓인데 개들은 5천만 마리나 된다는 것을 통해 이 점을 다시 확인할 수 있다. 이로부터 폴란은 '그 동물들의 관점에서 인간과의 거래는 엄청난 성공'이었다고 주장한다. 그래서 스티븐 울프는 "인도주의에 근거한 채식주의 옹호론만큼 설득력 없는 논변도 없다. 베이컨을 원하는 인간이 많아지는 것은 돼지에게 좋은 일이다."라고 주장하기도 한다.

그런데 어떤 생명체가 태어나도록 하는 것이 항상 좋은 일인가? 어떤 돼지가 깨끗한 농장에서 태어나 쾌적하게 살다가 이른 죽음을 맞게 된다면, 그 돼지가 태어나도록 하는 것이 좋은 일인가? 좋은 일이라고 한다면 돼지를 잘 기르는 농장에서 나온 돼지고기를 먹는 것은 그 돼지에게 나쁜 일이 아니라는 말이 된다. 아무도 고기를 먹지 않는다면 그 돼지는 태어날 수 없기 때문이다. 하지만 그 돼지를 먹기 위해서는 먼저 그 돼지를 죽여야 한다. 그렇다면 그 살해는 정당해야 한다. 폴란은 자신의 주장이 갖는 이런 함축에 불편함을 느껴야 한다. 이러한 불편함을 폴란은 해결하지 못할 것이다.

① 종 다양성을 보존하기 위한 목적으로 생명체를 죽이는 일은 지양해야 한다.
② 생명체를 죽이기 위해서 그 생명체를 태어나게 하는 일은 정당화되기 어렵다.
③ 어떤 생명체가 태어나서 쾌적하게 산다면 그 생명체를 태어나게 하는 것은 좋은 일이다.
④ 가축화에 대한 폴란의 진화론적 설명이 기초하는 '종들 사이의 상호주의'는 틀린 정보에 근거한다.
⑤ 어떤 생명체를 태어나게 해서 그 생명체가 속한 종의 생존과 번성에 도움을 준다면 이는 좋은 일이다.

7. 다음 글에서 이끌어낼 수 있는 것은?

> 현대의 과학사가들과 과학사회학자들은 지금 우리가 당연시하는 과학과 비과학의 범주가 오랜 시간에 걸쳐 구성된 범주임을 강조하면서 과학자와 대중이라는 범주의 형성에 연구의 시각을 맞출 것을 주장한다. 특히 과학 지식에 대한 구성주의자들은 과학과 비과학의 경계, 과학자와 대중의 경계 자체가 처음부터 고정된 경계가 아니라 오랜 역사적 투쟁을 통해서 만들어진 문화적 경계라는 점을 강조한다.
>
> 과학자와 대중을 가르는 가장 중요한 기준은 문화적 능력이라고 할 수 있는데 이것은 과학자가 대중과 구별되는 인지 능력이나 조작 기술을 가지고 있다는 것을 의미한다. 부르디외의 표현을 빌자면, 과학자들은 대중이 결여한 '문화 자본'을 소유하고 있다는 것이다. 이러한 문화 자본 때문에 과학자들과 대중 사이에 불연속성이 생겨난다. 여기서 중요한 것은 이러한 불연속성의 형태와 정도이다.
>
> 예를 들어 수리물리학, 광학, 천문학 등의 분야는 대중과 유리된 불연속성의 정도가 상대적으로 컸다. 고대부터 16세기 코페르니쿠스에 이르는 천문학자들이나 17세기 과학혁명 당시의 수리물리학자들은 그들의 연구가 보통의 교육을 받은 사람들을 대상으로 한 것이 아니고, 그들과 같은 작업을 하고 전문성을 공유하고 있던 사람들만을 위한 것이라는 점을 분명히 했다. 갈릴레오에 따르면 자연이라는 책은 수학의 언어로 쓰여 있으며 따라서 이 언어를 익힌 사람만이 자연의 책을 읽어낼 수 있다. 반면 유전학이나 지질학 등은 20세기 중반 전까지 대중 영역과 일정 정도의 연속성을 가지고 있었으며 거기서 영향을 받았던 것이 사실이다. 특히 20세기 초 유전학은 멘델 유전학의 재발견을 통해 눈부시게 발전할 수 있었는데 이러한 발전은 실제로 오랫동안 동식물을 교배하고 품종개량을 해왔던 육종가들의 기여 없이는 불가능했다.

① 과학과 비과학의 경계는 존재하지 않는다.
② 과학자들은 과학혁명 시기에 처음 '문화 자본'을 획득했다.
③ 과학과 비과학을 가르는 보편적 기준은 수학 언어의 유무이다.
④ 과학자와 대중의 불연속성은 동일한 정도로 나타나지 않는다.
⑤ 과학과 비과학의 경계는 수리물리학에서 가장 먼저 생겨났다.

8. 다음 글의 밑줄 친 주장을 강화하는 사례로 가장 적절한 것은?

> 어떤 집단의 특성을 드러내고, 집단들 사이의 특성을 비교하기 위해 흔히 사용되고 있는 것이 평균값이다. 이는 우리가 일상적으로 '평균 연령', '평균 신장', '평균 점수' 등의 용어를 자주 사용하고 있는 데에서 잘 드러난다. 예를 들어 우리는 어떤 지역 사람들의 평균 수명이 다른 지역 사람들의 평균 수명보다 월등하게 높다는 것을 이유로 '장수마을'이라는 명칭을 붙이기도 하고, 이 지역 사람들은 대체로 오래 살 것이라 생각한다. 이렇게 평균값을 사용하여 어떤 집단의 특성을 드러내는 것은 편리하고 유용한 방식이라고 할 수 있다. 그러나 <u>어떤 속성에 대한 평균값만으로 그 속성에 관한 집단의 실상을 드러내는 데에는 한계가 있다.</u>

① A지역 사람들은 대학진학률이 높지만, B지역 사람들은 취업률이 높다.
② C지역의 평균 소득은 매우 높지만, 그 지역 사람들 대부분은 빈곤하다.
③ D지역 사람들의 평균 신장은 크지만, 그 지역 사람들 대부분은 뚱뚱하지 않다.
④ E지역 사람들의 평균 수명은 짧지만, F지역 사람들의 평균 수명은 그렇지 않다.
⑤ G지역의 평균 기온은 25도 내외지만, 그 지역 사람들 대부분은 수영을 하지 못한다.

9. 다음 조건에 따라 A, B, C, D, E, F, G 일곱 도시를 인구 순위대로 빠짐없이 배열하려고 한다. 추가로 필요한 정보는?

> ○ 인구가 같은 도시는 없다.
> ○ C시의 인구는 D시의 인구보다 적다.
> ○ F시의 인구는 G시의 인구보다 적다.
> ○ C시와 F시는 인구 순위에서 바로 인접해 있다.
> ○ B시의 인구가 가장 많고, E시의 인구가 가장 적다.
> ○ C시의 인구는 A시의 인구와 F시의 인구를 합친 것보다 많다.

① A시의 인구가 F시의 인구보다 많다.
② C시와 D시는 인구 순위에서 바로 인접해 있다.
③ C시의 인구는 G시의 인구보다 적다.
④ D시의 인구는 F시의 인구보다 많고 B시의 인구보다 적다.
⑤ G시의 인구가 A시의 인구보다 많다.

10. 다음 글의 의사들이 오류를 범한 까닭으로 가장 적절한 것은?

> 로젠햄 교수의 연구원들은 몇몇 정신병원에 위장 입원했다. 연구원들은 병원의 의사들이 자신을 어떻게 대하는지 알아보았다. 그들은 모두 완벽하게 정상이었으며 정신병자인 것처럼 가장하지 않고 정상적으로 행동했음에도 불구하고, 다만 그들이 병원에 입원해 있다는 사실 하나만으로 그들에게 정신적인 문제가 있는 것으로 간주되었다. 다시 말해 이 가짜 환자들의 모든 행위가 입원 당시의 서류에 적혀 있는 정신병의 증상으로 해석되고 있었다. 연구원들이 자신은 환자가 아니라고 주장하는 것조차 오히려 정신병의 일종으로 해석되었다. 진짜 환자 중 한 명이 그들에게 이런 주의를 주었다. "절대로 의사에게 다 나았다는 말을 하지 마세요. 안 믿을 테니까요." 의사들 중 연구원들의 정체를 알아차린 사람은 한 명도 없었지만 진짜 환자들은 오히려 이들이 가짜 환자라는 사실을 간파하였다.
>
> 의사들은 한 행동이 정신병 증상인지 아닌지를 판정하는 기준에 대한 가설을 세우고, 이 가설하에서 모든 행동을 이해하려고 들었다. 모든 행위가 그 가설에 맞는 방식으로 해석되었다. 하지만 그 가설을 통해 사람들의 모든 행동을 나름대로 해석할 수 있다고 해서 그 가설이 옳다는 것이 증명된 것은 아니다. 누군가 '어미 코끼리는 소형 냉장고에 통째로 들어간다'라는 가설을 세웠다고 해보자. 우리는 이 가설이 참이 되는 상황과 거짓이 되는 상황을 명료하게 판정할 수 있다. 가령 우리가 어미 코끼리를 냉장고에 직접 넣어 본다고 해보자. 우리는 그 때 벌어진 상황이 어미 코끼리가 통째로 냉장고에 들어가 있는 상황인지 그렇지 않은 상황인지 잘 판별할 수 있다. 이럴 수 있는 가설이 좋은 가설이다. 의사들이 세웠던 가설은 좋은 가설이 갖는 이런 특성을 갖지 못했기 때문에 의사들은 가짜 환자들을 계속 알아볼 수 없었다.

① 의사들은 자신의 가설이 옳다는 것을 자각하지 못했다.
② 의사들의 가설은 진위 여부가 명료하게 판별되지 않는 가설이었다.
③ 의사들의 가설은 정신병이 치료될 수 있다는 사실을 반영하지 않았다.
④ 의사들은 자신의 가설이 정신병자의 주장과 부합되어야 한다는 점을 알지 못했다.
⑤ 의사들은 자신의 가설이 정상인의 행동을 해석하지 못한다는 점을 인정하지 못했다.

11. 다음 글의 내용과 부합하는 것을 <보기>에서 모두 고르면?

> 조선정부가 부과하던 세금 중에서 농민들을 가장 고통스럽게 했던 것은 공물(貢物)이었다. 공물은 지방의 특산물을 세금으로 바치는 것이다. 하지만 그 지방에서 생산되지 않는 물품을 바치도록 함으로써 공물을 준비하는 데 많은 어려움이 있었다. 이에 따라 공물을 대신 납부하고 농민들에게 대가를 받는 방납(防納)이 성행하였는데, 방납 과정에서 관료와 결탁한 상인들이 높은 대가를 농민들에게 부담시켰으므로 농민들의 부담은 가중되었다.
>
> 임진왜란과 병자호란을 거치는 동안 농촌경제는 파탄이 났고 정부는 재정적자에 시달렸다. 이러한 체제 위기를 수습하기 위한 대책으로 마련된 것이 대동법(大同法)이다. 대동법은 특산물 대신 쌀을 바치도록 하고, 과세 기준도 호(戶)에서 토지로 바뀌었다. 이에 따라 방납으로 인한 폐단이 줄어들고, 토지가 많은 양반들의 부담이 늘어난 반면 농민들의 부담은 감소되었다.
>
> 대동법의 시행과 더불어 동전으로 세금을 납부하는 대전납(代錢納)의 추세도 확대되었다. 대전납의 실시로 화폐의 수요가 급속히 늘어나 상평통보와 같은 동전이 다량으로 주조되었다. 체제 수호를 위해 실시된 대동법과 조세금납화는 상품화폐경제의 발달을 촉진하면서 상업이 성장할 수 있는 여건을 제공하였다.
>
> 1894년 갑오개혁을 계기로 조선에서는 현물인 쌀 대신에 금속 화폐인 동전으로 조세를 납부하는 것이 전면화되었다. 토지에 부과되던 원래의 세금 액수에 따라 납세액이 정해져 내야 하는 세금은 전에 비해 큰 차이가 없었다. 하지만 조세 수취 과정에서 발생했던 여러 잡세(雜稅)들은 없어지게 되었다. 갑오개혁에 부정적이었던 한말의 지사 황현(黃玹)조차 갑오정권의 조세금납화 정책에 대해 긍정적인 평가를 한 것은 "새로 개정된 신법이 반포되자 백성들은 모두 발을 구르고 손뼉을 치며 기뻐하여, 서양법을 따르든 일본법을 따르든 그들이 다시 태어난 듯 희색을 감추지 못하였"기 때문이었다.

<보 기>

ㄱ. 백성들은 조세금납 전면화를 환영하였다.
ㄴ. 대동법 시행에 따라 방납과 잡세가 사라졌다.
ㄷ. 일본법과 서양법에 따라 조세금납화가 처음 시행되었다.
ㄹ. 대동법 시행에 따라 양반과 농민의 부담이 모두 감소되었다.

① ㄱ
② ㄱ, ㄷ
③ ㄴ, ㄹ
④ ㄷ, ㄹ
⑤ ㄱ, ㄴ, ㄷ

12. 다음 글에서 알 수 있는 것은?

> 1950년대 이후 부국이 빈국에 재정지원을 하는 개발원조계획이 점차 시행되었다. 하지만 그 결과는 그다지 좋지 못했다. 부국이 개발협력에 배정하는 액수는 수혜국의 필요가 아니라 공여국의 재량에 따라 결정되었고, 개발지원의 효과는 보잘 것 없었다. 원조에도 불구하고 빈국은 대부분 더욱 가난해졌다. 개발원조를 받았어도 라틴 아메리카와 아프리카의 많은 나라들이 부채에 시달리고 있다.
>
> 공여국과 수혜국 간에는 문화 차이가 있기 마련이다. 공여국은 개인주의적 문화가 강한 반면 수혜국은 집단주의적 문화가 강하다. 공여국 쪽에서는 실제 도움이 절실한 개인들에게 우선적으로 혜택이 가기를 원하지만, 수혜국 쪽에서는 자국의 경제 개발에 필요한 부문에 개발원조를 우선 지원하려고 한다.
>
> 개발협력의 성과는 두 사회 성원의 문화 간 상호 이해 정도에 따라 결정된다는 것이 최근 분명해졌다. 자국민 말고는 어느 누구도 그 나라를 효율적으로 개발할 수 없다. 그러므로 외국 전문가는 현지 맥락을 고려하여 자신의 기술과 지식을 이전해야 한다. 원조 내용도 수혜국에서 느끼는 필요와 우선순위에 부합해야 효과적이다. 이 일은 문화 간 이해와 원활한 의사소통을 필요로 한다.

① 공여국은 수혜국의 문화 부문에 원조의 혜택이 돌아가기를 원한다.
② 수혜국은 자국의 빈민에게 원조의 혜택이 우선적으로 돌아가기를 원한다.
③ 수혜국의 집단주의적 경향은 공여국의 개발원조계획 참여를 저조하게 만든다.
④ 개발원조에서 공여국과 수혜국이 생각하는 지원의 우선순위는 일치하지 않는다.
⑤ 라틴 아메리카와 아프리카의 많은 나라들이 시달리고 있는 부채위기는 원조정책에 기인한다.

13. 다음 글의 내용과 부합하는 것을 <보기>에서 모두 고르면?

> 묵자(墨子)의 '겸애(兼愛)'는 '차별이 없는 사랑' 그리고 '서로 간의 사랑'을 의미한다. 얼핏 묵자의 이런 겸애는 모든 사람이 평등한 지위에서 서로를 존중하고 사랑하는 관계를 뜻하는 듯 보이지만, 이는 겸애를 잘못 이해한 것이다. 겸애는 "남의 부모를 나의 부모처럼 여기고, 남의 집안을 내 집안처럼 여기고, 남의 국가를 나의 국가처럼 여기는 것"이다. 그것은 '나'와 '남'이라는 관점의 차별을 지양하자는 것이지 사회적 위계질서를 철폐하자는 것이 아니다. 겸애는 정치적 질서나 위계적 구조를 긍정한다는 특징을 지니고 있다. 이런 의미에서 묵자의 겸애는 평등한 사랑이라기보다 불평등한 위계질서 속에서의 사랑이라고 규정할 수 있다.
>
> 또 겸애의 개념에는 일종의 공리주의적 요소가 들어있다. 즉 묵자에게 있어 누군가를 사랑한다는 것은 그 사람을 현실적으로 이롭게 하겠다는 의지를 함축한다. 겸애는 단지 아끼고 사랑하는 마음이나 감정을 넘어선다. 묵자가 살았던 전국시대에 민중의 삶은 고통 그 자체였다. 묵자는 "굶주린 자가 먹을 것을 얻지 못하고, 추운 자가 옷을 얻지 못하며, 수고하는 자가 휴식을 얻지 못하는 것, 이 세 가지가 백성들의 커다란 어려움이다."라고 했다. 군주의 겸애는 백성을 향한 사랑의 마음만으로 결코 완성될 수 없다. 군주는 굶주린 백성에게 먹을 것을 주어야 하고, 추운 자에게 옷을 주어야 하며, 노동이나 병역으로 지친 자는 쉬게 해 주어야 한다. 이처럼 백성에게 요긴한 이익을 베풀 수 있는 사람이 바로 군주다. 이런 까닭에 묵자는 "윗사람을 높이 받들고 따라야 한다."는 이념을 세울 수 있었다. 군주는 그런 이익을 베풀 수 있는 재력과 힘을 지니고 있었기 때문이다.

<보 기>

ㄱ. 이웃의 부모를 자기 부모처럼 여기는 것은 겸애이다.
ㄴ. 묵자의 겸애에는 상대방에게 실질적인 이익을 베푸는 것이 함축되어 있다.
ㄷ. 겸애는 군주와 백성이 서로를 사랑하고 섬기게 함으로써 만민평등이라는 이념의 실현을 촉진한다.

① ㄱ
② ㄴ
③ ㄱ, ㄴ
④ ㄱ, ㄷ
⑤ ㄱ, ㄴ, ㄷ

14. 다음 글의 내용과 상충하는 것을 <보기>에서 모두 고르면?

> 17, 18세기에 걸쳐 각 지역 양반들에 의해 서원이나 사당 건립이 활발하게 진행되었다. 서원이나 사당 대부분은 일정 지역의 유력 가문이 주도하여 자신들의 지위를 유지하고 지역 사회에서 영향력을 행사하는 구심점으로 건립·운영되었다.
>
> 이러한 경향은 향리층에게도 파급되어 18세기 후반에 들어서면 안동, 충주, 원주 등에서 향리들이 사당을 신설하거나 중창 또는 확장하였다. 향리들이 건립한 사당은 양반들이 건립한 것에 비하면 얼마 되지 않는다. 하지만 향리들에 의한 사당 건립은 향촌사회에서 향리들의 위세를 짐작할 수 있는 좋은 지표이다.
>
> 향리들이 건립한 사당은 그 지역 향리 집단의 공동노력으로 건립한 경우도 있지만, 대부분은 향리 일족 내의 특정한 가계(家系)가 중심이 되어 독자적으로 건립한 것이었다. 이러한 사당은 건립과 운영에 있어서 향리 일족 내의 특정 가계의 이해를 반영하고 있는데, 대표적인 것으로 경상도 거창에 건립된 창충사(彰忠祠)를 들 수 있다.
>
> 창충사는 거창의 여러 향리 가운데 신씨가 중심이 되어 세운 사당이다. 영조 4년(1728) 무신란(戊申亂)을 진압하다가 신씨 가문의 다섯 향리가 죽는데, 이들을 추모하기 위해 무신란이 일어난 지 50년이 되는 정조 2년(1778)에 건립되었다. 처음에는 죽은 향리의 자손들이 힘을 모아 사적으로 세웠으나, 10년 후인 정조 12년에 국가에서 제수(祭需)를 지급하는 사당으로 승격하였다.
>
> 원래 무신란에서 죽은 향리 중 신씨는 일곱 명이며, 이들의 공로는 모두 비슷하였다. 하지만 두 명의 신씨는 사당에 모셔지지 않았고, 관직이 추증되지도 않았다. 창충사에 모셔진 다섯 명의 향리는 모두 그 직계 자손의 노력에 의한 것이었고, 국가로부터의 포상도 이들의 노력에 의한 것이었다. 반면 두 명의 자손들은 같은 신씨임에도 불구하고 가세가 빈약하여 향촌사회에서 조상을 모실 만큼 힘을 쓸 수 없었다. 향리사회를 주도해 가는 가계는 독점적인 위치를 확고하게 구축하려고 노력하였으며, 사당의 건립은 그러한 노력의 산물이었다.

<보 기>

ㄱ. 창충사는 양반 가문이 세운 사당이다.
ㄴ. 양반보다 향리가 세운 사당이 더 많다.
ㄷ. 양반뿐 아니라 향리가 세운 서원도 존재하였다.
ㄹ. 창충사에 모셔진 신씨 가문의 향리는 다섯 명이다.

① ㄱ, ㄴ
② ㄱ, ㄹ
③ ㄷ, ㄹ
④ ㄱ, ㄴ, ㄷ
⑤ ㄴ, ㄷ, ㄹ

15. 다음 글의 내용과 부합하는 것은?

> 인간이 서로 협력하지 않을 수 없게 하는 힘은 무엇인가? 사회는 타인과 어울리고 싶어 하는 끊임없는 충동이나 노동의 필요 때문에 생겨나지 않았다. 인간이 협력하고 단합하는 원인은 다름 아닌 폭력의 경험이다. 사회란 공동체의 구성원들끼리 공동의 보호를 위해 만든 예방조치이다. 사회가 구성되면 모든 것이 허용되는 시절은 끝나게 된다. 무제약적으로 자유를 추구하던 시절이 끝나게 되는 것이다.
>
> 행동을 제한하는 규약이 없다면 도처에 수시로 간섭이나 침해가 이뤄질 수밖에 없다. 결국 살아남기 위한 투쟁이 불가피해진다. 그런데 이 말은 누구나 항상 폭력을 행사하고 무법천지의 상태를 만든다는 뜻이 아니라, 누구나 언제든지 의도적이건 의도적이지 않건 간에 주먹질을 할 가능성이 열려 있다는 뜻이다. 만인에 대한 만인의 투쟁 상태는 끊임없는 유혈 사태가 아니라 그런 사태가 일어날 가능성으로 인한 지속적인 불안감에서 비롯된다. 사회를 구성하는 동기와 근거는 바로 인간이 서로에 대해 느끼는 공포와 불안이다.
>
> 모든 인간은 신체를 갖고 있다는 점에서 동등하다. 사람들은 상처를 받을 수 있기 때문에, 그리고 자신의 몸에 발생할지도 모르는 고통의 가능성을 너무나 두려워하기 때문에 각종 계약을 맺어야 할 필요성을 느낀다. 상대방으로부터 안전을 확보하기 위해 서로 손을 잡고, 서로 관계를 맺음으로써 스스로를 보존한다. 결국 사회의 탄생은 인간이라는 존재의 육체적 속성에 뿌리를 두고 있다. 사회가 생겨난 근원은 신체상의 고통이다. 그래서 인간은 자신의 대인 기피증을 완화하며 동시에 자신의 신체를 방어하기 위해 다양한 사회 형태를 고안했다.

① 인간이 계약을 통해 고안해 낸 다양한 사회 형태는 상호 간의 폭력에 대한 불안을 완화시키지 못한다.
② 인간 행동에 대한 지나친 규제는 타인에 대한 간섭과 침해를 발생시켜 투쟁을 불가피하게 만든다.
③ 인간이 사회를 구성하는 원인은 공동체를 통해 타인과 어울리고 싶어하는 충동 때문이다.
④ 인간이 계약을 맺어 공동체를 만든 이유는 자유를 제약 없이 누리기 위해서이다.
⑤ 인간은 타인의 침해로 인한 신체적 고통을 피하기 위해 계약을 맺는다.

16. 다음 글을 통해 알 수 있는 로크의 견해가 아닌 것은?

> 18세기 양대 시민혁명인 미국혁명과 프랑스혁명에 직·간접적으로 크게 영향을 미친 시민사상은 존 로크의 정치사상이다. 로크는 명예혁명을 이론적으로 옹호하기 위해 『시민 정부론』을 썼다. 이 책의 전반부에서 로크는 구세력인 왕당파의 정치 이론인 왕권신수설과 가족국가관을 논박하고 있다. 동서양을 막론하고 왕의 지배권은 신이 내린 것으로 여겨졌는데, 이는 지배를 정당화하는 수단이 되었고 동시에 왕에게 신성성을 부여했다. 또한 왕을 가장에 비유하여 어버이의 모습으로 내세움으로써 신민을 복종시켰고, 권력기구로서의 국가의 속성을 은폐했다. 로크는 이와 같은 종래 왕당파의 낡은 왕권 신격화 이론과 가부장제 사상을 부정했다.
>
> 책의 후반부는 왕권과 국가라는 권력기구가 왜 만들어졌는가, 그리고 어떠해야 하는가에 대해 쓰고 있다. 로크는 국가가 생겨나기 이전의 상태를 자연 상태라고 했다. 인간은 사교성이 있어서 서로 협조할 수 있으며, 이성을 지녀서 자연법을 인식할 수 있다. 실정법이 만들어지기 이전의 자연법은 생명, 자유 및 재산에 대한 권리인 천부인권을 내용으로 한다. 자연 상태에서 각 개인은 이 자연법의 질서에 따라 권리를 누려 왔다. 그런데 사회가 점점 복잡해지고 분업화되었다. 이 과정에서 화폐의 유통을 통해 많은 재물을 축적한 사람들과 그렇지 못한 사람들이 나누어지면서 갈등이 생겨나게 되었다. 이 갈등은 각자의 선의로 해결될 수 없기 때문에 사람들은 사회계약을 통해 권력기구를 만들기로 합의한다. 이렇게 만들어진 권력기구는 입법권을 담당하는 국회와 집행권을 담당하는 왕으로 구성된다. 이 권력기구의 목적은 신민의 자연권인 천부인권 보장에 있으므로, 만일 정부권력자가 본래의 약속을 어기고 신민의 인권을 침해·유린하면 신민들은 저항권을 행사하여 새로운 정부를 수립할 수 있다.

① 왕은 신성한 사람이 아니며, 신은 왕에게 통치권을 부여하지 않았다.
② 신민들의 자발적인 합의로 구성된 권력기구라 하더라도 해체될 수 있다.
③ 인간은 자연 상태에서 자유를 지키기 위해 분업화와 분권화를 추진했다.
④ 실정법이 만들어지기 이전에 인간은 자연법에 따라 천부인권을 누릴 수 있었다.
⑤ 인간은 복잡화된 사회에서 발생하는 갈등을 해결하기 위해서 권력기구를 만들었다.

17. 다음 글에서 이끌어낼 수 있는 것은?

> 인종차별주의는 사람을 인종에 따라 구분하고 이에 근거해 한 인종 집단의 이익이 다른 인종 집단의 이익보다 더 중요하다고 본다. 그 결과로 한 인종 집단의 구성원은 다른 인종 집단의 구성원보다 더 나은 대우를 받게 된다. 특정 종교에 대한 편견이나 민족주의도 이와 다르지 않다. 그러나 여기에는 심각한 문제가 있다. 왜냐하면 특정 집단들 사이의 차별 대우가 정당화되기 위해서는 그 집단들 사이에 합당한 차이가 있어야 하는데 그렇지 않기 때문이다. 인종차별주의, 종교적 편견, 민족주의에서는 합당한 차이를 찾을 수 없다. 물론 차별 대우가 정당화되는 경우는 있다. 예를 들어 국가에서 객관적인 평가를 통해 대학마다 차별적인 지원을 하기로 결정했다고 가정해보자. 이 결정은 대학들 사이의 합당한 차이를 통해 정당화될 수 있다. 만약 어떤 대학이 국가에서 제시한 평가 기준에 부합하는 조건을 갖추고 있고 다른 대학은 그렇지 못하다면, 이에 근거해 국가의 차별적 지원은 정당화될 수 있다. 그렇지만 인종차별주의, 종교적 편견, 민족주의에 따른 차별 대우는 이렇게 정당화될 수 없다. 합당한 차이를 찾을 수 없기 때문이다.

① 특정 집단이 다른 집단보다 더 큰 이익을 획득해서는 안 된다.
② 특정 집단 내에서 구성원들 사이의 차별 대우는 정당화될 수 없다.
③ 특정 집단에 속한 구성원들은 다른 집단 구성원들의 이익을 고려해야 한다.
④ 특정 집단들 사이의 차별 대우가 정당화되기 위해서는 합당한 차이가 있어야 한다.
⑤ 특정 집단에 속한 구성원들 사이에 합당한 차이가 있더라도 차별 대우를 정당화해서는 안 된다.

18. 다음 글의 ㉠에 해당하는 것은?

> 시각도란 대상물의 크기가 관찰자의 눈에 파악되는 상대적인 각도이다. 대상의 윤곽선으로부터 관찰자 눈의 수정체로 선을 확장시킴으로써 시각도를 측정할 수 있는데, 대상의 위아래 또는 좌우의 최외각 윤곽선과 수정체가 이루는 두 선 사이의 예각이 시각도가 된다. 시각도는 대상의 크기와 대상에서 관찰자까지의 거리 두 가지 모두에 의존하며, 대상이 가까울수록 그 시각도가 커진다. 따라서 ㉠다른 크기의 대상들이 동일한 시각도를 만들어 내는 사례들이 생길 수 있다.
>
> 작은 원이 관찰자에게 가까이 위치하도록 하고, 큰 원이 멀리 위치하도록 해서 두 원이 1도의 시각도를 유지하도록 하는 실험을 한다고 가정해 보자. 이 실험에서 눈과 원의 거리를 가늠할 수 있게 하는 모든 정보를 제거하면 두 원의 크기가 같다고 판단된다. 즉 두 원은 관찰자의 망막에 동일한 크기의 영상을 낳기 때문에 다른 정보가 없는 한 동일한 크기의 원으로 인식된다. 왜냐하면 관찰자의 크기 지각이 대상의 실제 크기에 의해 결정되지 않고 관찰자의 망막에 맺힌 영상의 크기에 의해 결정되기 때문이다.

① 어떤 물체의 크기가 옆에 같이 놓인 연필의 크기를 통해 지각된다.
② 고공을 날고 있는 비행기에서 지상에 있는 사물은 매우 작게 보인다.
③ 가까운 화분의 크기가 멀리 떨어진 고층 빌딩과 같은 크기로 지각된다.
④ 차창 밖으로 보이는 집의 크기를 이용해 차와 집과의 거리를 지각한다.
⑤ 빠르게 달리는 차 안에서 보면 가까이 있는 물체는 멀리 있는 물체에 비해 빠르게 지나간다.

19. A, B, C, D 네 개의 국책 사업 추진 여부를 두고, 정부가 다음과 같은 기본 방침을 정했다고 하자. 이를 따를 때 반드시 참이라고는 할 수 없는 것은?

> ○ A를 추진한다면, B도 추진한다.
> ○ C를 추진한다면, D도 추진한다.
> ○ A나 C 가운데 적어도 한 사업은 추진한다.

① 적어도 두 사업은 추진한다.
② A를 추진하지 않기로 결정한다면, 추진하는 사업은 정확히 두 개이다.
③ B를 추진하지 않기로 결정한다면, C는 추진한다.
④ C를 추진하지 않기로 결정한다면, B는 추진한다.
⑤ D를 추진하지 않기로 결정한다면, 다른 세 사업의 추진 여부도 모두 정해진다.

20. 다음 글에 나오는 답변에 대한 반박으로 적절한 것을 <보기>에서 모두 고르면?

> 물음: 신이 어떤 행위를 하라고 명령했기 때문에 그 행위가 착한 것인가, 아니면 오히려 그런 행위가 착한 행위이기 때문에 신이 그 행위를 하라고 명령한 것인가?
>
> 답변: 여러 경전에서 신은 우리에게 정직할 것을 명령한다. 우리가 정직해야 하는 이유는 단지 신이 정직하라고 명령했기 때문이다. 따라서 한 행위가 착한 행위가 되기 위해서는 신이 그 행위를 하라고 명령해야 한다. 다시 말해 만일 신이 어떤 행위를 하라고 명령하지 않는다면, 그 행위는 착한 것이 아니다.

<보 기>

ㄱ. 만일 신이 우리에게 정직하라고 명령하지 않았다면, 정직한 것은 착한 행위도 못된 행위도 아니다. 정직함을 착한 행위로 만드는 것은 바로 신의 명령이다.

ㄴ. 만일 신이 이산화탄소 배출량을 줄이기 위해 재생에너지를 쓰라고 명령하지 않았다면 그 행위는 착한 행위가 될 수 없을 것이다. 하지만 신이 그렇게 명령한 적이 없더라도 그 행위는 착한 행위이다.

ㄷ. 장기 기증은 착한 행위이다. 하지만 신이 장기 기증을 하라고 명령했다는 그 어떤 증거나 문서도 존재하지 않으며 신이 그것을 명령했다고 주장하는 사람도 없다.

ㄹ. 어떤 사람은 원수를 죽이는 것이 신의 명령이라고 말하고 다른 사람은 원수를 죽이는 것이 신의 명령이 아니라고 말한다. 사람들이 신의 명령이라고 말한다고 해서 그것이 정말로 신의 명령인 것은 아니다.

① ㄷ
② ㄹ
③ ㄴ, ㄷ
④ ㄱ, ㄴ, ㄹ
⑤ ㄱ, ㄴ, ㄷ, ㄹ

21. 다음 글의 내용과 양립할 수 있는 것은?

> 자본주의 초기 독일에서 종교적 소수집단인 가톨릭이 영리활동에 적극적으로 참여하지 않았다는 것은 다음과 같은 일반적 인식과 배치된다. 민족적, 종교적 소수자는 자의건 타의건 정치적으로 영향력 있는 자리에서 배제되기 때문에 영리활동에 몰두하는 경향이 있다. 이 소수자 중 뛰어난 재능을 가진 자들은 관직에서 실현할 수 없는 공명심을 영리활동으로 만족시키려 한다. 이는 19세기 러시아와 프러시아 동부지역의 폴란드인들, 그 이전 루이 14세 치하 프랑스의 위그노 교도들, 영국의 비국교도들과 퀘이커 교도들, 그리고 2천 년 동안 이방인으로 살아온 유태인들에게 적용되는 것이다. 그러나 독일 가톨릭의 경우에는 그러한 경향이 전혀 없거나 뚜렷하게 나타나지 않는다. 이는 다른 유럽국가들의 프로테스탄트가 종교적 이유로 박해를 받을 때조차 적극적인 경제활동으로 사회의 자본주의 발전에 기여했던 것과 대조적이다. 이러한 현상은 독일을 넘어 유럽사회에 일반적인 현상이었다. 프로테스탄트는 정치적 위상이나 수적 상황과 무관하게 자본주의적 영리활동에 적극적으로 참여하는 뚜렷한 경향을 보였다. 반면 가톨릭은 어떤 사회적 조건에 처해있든 간에 이러한 경향을 나타내지 않았고 현재도 그러하다.

① 소수자이든 다수자이든 유럽의 종교집단은 사회의 자본주의 발전에 기여하지 못했다.
② 독일에서 가톨릭은 정치 영역에서 배제되었기 때문에 영리활동에 적극적으로 참여하였다.
③ 독일 가톨릭의 경제적 태도는 모든 종교적 소수집단에 폭넓게 나타나는 보편적인 경향이다.
④ 프로테스탄트와 가톨릭에 공통적인 금욕적 성격은 두 종교집단이 사회에서 소수자이든 다수자이든 동일한 경제적 행동을 하도록 추동했다.
⑤ 종교집단에 따라 경제적 태도에 차이가 나타나는 원인은 특정 종교집단이 처한 정치적, 사회적 상황이 아니라 종교 내적인 특성에 있다.

22. 다음 글의 주장에 대한 반박으로 가장 적절한 것은?

1880년 조지 풀맨은 미국 일리노이 주에 풀맨 마을을 건설했다. 이 마을은 그가 경영하는 풀맨 공장 노동자들을 위해 기획한 공동체이다. 이 마을의 소유자이자 경영자인 풀맨은 마을의 교회 수 및 주류 판매 여부 등을 결정했다. 1898년 일리노이 최고법원은 이런 방식의 마을 경영이 민주주의 정신과 제도에 맞지 않는다고 판결하고, 풀맨에게 공장 경영과 직접 관련되지 않은 정치적 권한을 포기할 것을 명령했다. 이 판결이 보여주는 것은 민주주의 사회에서 소유권을 인정하는 것이 자동적으로 정치적 권력에 대한 인정을 함축하지 않는다는 점이다. 즉 풀맨이 자신의 마을에서 모든 집과 가게를 소유하는 것은 적법하지만, 그가 노동자들의 삶을 통제하며 그 마을에서 민주적 자치의 방법을 배제했기 때문에 결과적으로 민주주의 정신을 위배했다는 것이다.

이 결정은 분명히 미국 민주주의 정신에 부합한다. 하지만 문제는 미국이 이와 비슷한 다른 사안에는 동일한 민주주의 정신을 적용하지 않았다는 것이다. 미국은 누군가의 소유물인 마을에서 노동자들이 민주적 결정을 하지 못하게 하는 소유자의 권력을 제지한 반면, 누군가의 소유물인 공장에서 노동자들이 민주적 의사결정을 도입하고자 하는 것에는 반대했다. 만약 미국의 민주주의 정신에 따라 마을에서 재산 소유권과 정치적 권력을 분리하라고 명령할 수 있다면, 공장 내에서도 재산 소유권과 정치적 권력은 분리되어야 한다고 명령할 수 있어야 한다. 공장 소유주의 명령이 공장 내에서 절대적 정치권력이 되어서는 안 된다는 것이다. 하지만 미국은 공장 내에서 소유주의 명령이 공장 운영에 대한 노동자의 민주적 결정을 압도하는 것을 묵인한다. 공장에서도 민주적 원리가 적용되어야만 미국의 민주주의가 일관성을 가진다.

① 미국의 경우 마을 운영과 달리 공장 운영에 관한 법적 판단은 주 법원이 아닌 연방 법원에서 다루어야 한다.
② 대부분의 미국 자본가들은 풀맨 마을과 같은 마을을 경영하지 않으므로 미국의 민주적 가치를 훼손하지 않는다.
③ 미국이 내세우는 민주적 가치는 모든 시민이 자신의 거주지 안에서 자유롭게 살 수 있는 권리를 가장 우선시한다.
④ 마을 운영이 정치적 문제에 속하는 것과 달리 공장 운영은 경제적 문제에 속하므로 전적으로 소유주의 권한에 속한다.
⑤ 공장에서 이루어지고 있는 소유와 경영의 분리는 공장뿐 아니라 마을 공동체 등 사회의 다른 영역에도 적용되어야 한다.

23. 다음 글에 나타난 논증에 대한 반박으로 적절하지 않은 것은?

쾌락과 관련된 사실에 대해서 충분한 정보를 갖고, 오랜 시간 숙고하여 자신의 선호를 합리적으로 판별할 수 있는 사람을 높은 수준의 합리적 사람이라고 한다. 이런 사람은 가치 수준이 다른 두 종류의 쾌락에 대해서 충분히 판단할 만한 위치에 있다. 그리하여 높은 수준의 합리적 사람이 선호하는 쾌락은 실제로 더 가치 있는 쾌락이다. 예컨대 그가 호떡 한 개를 먹고 느끼는 쾌락보다 수준 높은 시 한 편이 주는 쾌락을 선호한다면 시 한 편이 주는 쾌락이 더 가치 있다. 그것이 더 가치가 있는 것은 높은 수준의 합리적 사람이 더 선호하기 때문이다. 이런 방법으로 우리는 높은 수준의 합리적 사람이 선호하는 것을 통해서 쾌락의 가치 서열을 정할 수 있다. 나아가 우리는 최고 가치에 도달할 수 있다. 가령 높은 수준의 합리적 사람이 그 어떤 쾌락보다도 행복을 선호한다면, 이는 행복이 최고 가치라는 것을 뜻한다. 따라서 우리는 최고 가치가 무엇인지 알 수 있다.

① 대부분의 사람은 시 한 편과 호떡 한 개 중에서 호떡을 선택한다.
② 높은 수준의 합리적 개인들 사이에서도 쾌락의 선호가 다를 수 있다.
③ 높은 수준의 합리적 사람이 행복을 최고 가치로 여긴다고 해서 행복이 최고 가치인 것은 아니다.
④ 자신의 선호를 판별할 수 있는 높은 수준의 합리적 능력을 지닌 사람들은 실제로 존재하지 않는다.
⑤ 충분한 정보를 갖고 있고 오랜 시간 숙고한다 하더라도 질적 가치의 위계를 정할 수 있는 사람은 없다.

24. 다음 글의 논지에 대한 평가로 가장 적절한 것은?

> 팝아트는 대중문화를 찬양한다. 팝아트는 모든 사람이 늘 알고 있는 것을 예술로 변용시킨다. 나아가 팝아트는 순수 미술의 종언을 선언한다. 이것은 전통적 철학의 종언을 선언하는 분석철학과 유사하다. 분석철학이 플라톤에서부터 시작해 하이데거에 이르는 철학 전체와 맞섰다면, 팝아트는 일상 생활의 편에서 지금까지의 미술 전체에 맞선다.
>
> 그런데 순수 미술의 종언 이후에 예술은 어떠한 양상으로 전개되는가? 더 이상 미술이나 예술은 없는 것인가? 아니다. 어떤 목표를 추구했던 순수 미술의 역사가 종언을 고한 이후에 더 이상 일상에서 분리된 순수함이 강요될 필요는 없다. 이제 모든 것이 가능하며, 그 어떠한 것이라도 예술이 될 수 있다. 따라서 이러한 종언 이후의 예술작품은 더 이상 어떤 예술적 본질을 구현하는 것이 아니다. 가령 무엇을 모방 혹은 표현하는 본질적 기능을 수행하거나 미적 형식을 구현하기 때문에 어떤 것이 예술작품이 되는 것은 아니다. 더 이상 모든 예술작품에 공통적인 단 하나의 순수한 본질, 즉 가시적(可視的)인 어떤 본질은 요구되지 않는다.
>
> 그렇다면 예술작품에 고유한 미적 가치가 사라진 오늘날 예술작품의 기준이 무엇인가? 평범한 소변기를 『샘』이라는 제목으로 전시한 뒤샹의 예술작품은 외관상 실재 소변기와 식별 불가능하다. 그럼에도 뒤샹의 소변기는 예술작품이 된다. 분명히 뒤샹의 작품은 소변기가 갖고 있는 성질과 다른 무엇을 갖고 있어야 한다. 그것은 순수 미술이 추구했던 미적인 본질이 아니다. 그것은 오히려 뒤샹이 소변기에 부여하는 어떤 의미이다. 뒤샹의 소변기는 더 이상 소변기가 아니라 대담함, 뻔뻔함, 불경스러움, 재치 등을 담고 있는 의미 대상이다. 뒤샹의 소변기는 비가시적(非可視的) 의미 대상이기 때문에 한갓 일상적 대상이 아니라 예술작품이 되는 것이다. 따라서 미적 본질이 없기 때문에 그 어떤 일상 사물도 예술작품이 될 수 있고, 그럼에도 예술작품과 일상 사물이 구분된다는 것은 부정되지 않는다.

① 예술작품에 고유한 미적 본질이 없다는 것은 이 글의 논지를 약화시킨다.
② 소변기가 고유한 미적 가치를 갖고 있다는 것은 이 글의 논지를 강화시킨다.
③ 분석철학과 팝아트가 서로 다른 영역이라는 것은 이 글의 논지를 약화시킨다.
④ 순수 미술 대상과 일상적 대상이 명백하게 다르다는 것은 이 글의 논지를 약화시킨다.
⑤ 가시적 본질이 예술과 비예술의 구분 기준이 된다는 것은 이 글의 논지를 강화시킨다.

25. 다음 글에서 알 수 있는 것은?

> 소리를 내는 것, 즉 음원의 위치를 판단하는 일은 복잡한 과정을 거친다. 사람의 청각은 '청자의 머리와 두 귀가 소리와 상호작용하는 방식'을 단서로 음원의 위치를 파악한다.
>
> 음원의 위치가 정중앙이 아니라 어느 한쪽으로 치우쳐 있으면, 소리가 두 귀 중에서 어느 한쪽에 먼저 도달한다. 왼쪽에서 나는 소리는 왼쪽 귀가 먼저 듣고, 오른쪽에서 나는 소리는 오른쪽 귀가 먼저 듣는다. 따라서 소리가 두 귀에 도달하는 데 걸리는 시간차를 이용하면 소리가 오는 방향을 알아낼 수 있다. 소리가 두 귀에 도달하는 시간의 차이는 음원이 정중앙에서 한쪽으로 치우칠수록 커진다.
>
> 양 귀를 이용해 음원의 위치를 알 수 있는 또 다른 단서는 두 귀에 도달하는 소리의 크기 차이이다. 왼쪽에서 나는 소리는 왼쪽 귀에 더 크게 들리고, 오른쪽에서 나는 소리는 오른쪽 귀에 더 크게 들린다. 이런 차이는 머리가 소리 전달을 막는 장애물로 작용하기 때문이다. 하지만 이런 차이는 소리에 섞여 있는 여러 음파들 중 고주파에서만 일어나고 저주파에서는 일어나지 않는다. 따라서 소리가 저주파로만 구성되어 있는 경우 소리의 크기 차이를 이용한 위치 추적은 효과적이지 않다.
>
> 또 다른 단서는 음색의 차이이다. 고막에 도달하기 전에 소리는 머리와 귓바퀴를 지나는데 이때 머리와 귓바퀴의 굴곡은 소리를 변형시키는 필터 역할을 한다. 이 때문에 두 고막에 도달하는 소리의 음색 차이가 생겨난다. 이러한 차이를 통해 음원의 위치를 파악할 수 있다.

① 다른 조건이 같다면 고주파로만 구성된 소리가 저주파로만 구성된 소리보다 음원의 위치를 파악하기 쉽다.
② 두 귀에 도달하는 소리의 시간차가 클수록 청자와 음원의 거리는 멀다.
③ 저주파로만 구성된 소리의 경우 그 음원의 위치를 파악할 수 없다.
④ 머리가 소리를 막지 않는다면 음원의 위치를 파악할 수 없다.
⑤ 두 귀에 도달하는 소리의 음색 차이는 음원에서 발생한다.

약점 보완 해설집 p.308

상황판단영역

1. 다음 글에 부합하는 것은?

> 녹색성장에서 중요시되고 있는 것은 신재생에너지 분야이다. 유망 산업으로 주목받고 있는 신재생에너지 분야는 국가의 성장 동력으로 집중 육성될 필요가 있다. 우리 정부가 2030년까지 전체 에너지 중 신재생에너지의 비율을 11%로 확대하려는 것은 탄소배출량 감축과 성장동력 육성이라는 두 마리 토끼를 잡기 위한 전략이다. 우리나라에서 신재생 에너지란 수소, 연료전지, 석탄 가스화 복합발전 등의 신에너지와 태양열, 태양광, 풍력, 바이오, 수력, 지열, 폐기물 등의 재생가능에너지를 통칭해 부르는 용어이다. 2007년을 기준으로 신재생에너지의 구성비를 살펴보면 폐기물이 77%, 수력이 14%, 바이오가 6.6%, 풍력이 1.4%, 기타가 1%이었으며, 이들 신재생에너지가 전체 에너지에서 차지하는 비율은 2.4%에 불과했다.
> 따라서 정부는 '에너지 및 자원 사업 특별회계'와 '전력기금'으로 신재생에너지 기술개발 지원사업을 확대할 필요가 있다. 특히 산업파급효과가 큰 태양광, 연료전지, 풍력 분야에 대한 국산화 지원과 더불어 예산 대비 보급효과가 큰 바이오 연료, 폐기물 연료 분야에 대한 지원을 강화하기 위한 정책도 개발되어야 한다. 이러한 지원정책과 함께 정부는 신재생에너지의 공급을 위한 다양한 규제정책도 도입해야 할 것이다.

① 환경보전을 위해 경제성장을 제한하고 삶의 질을 높여야 한다.
② 신에너지가 전체 에너지에서 차지하는 비율은 재생가능에너지보다 크다.
③ 2007년을 기준으로 폐기물을 이용한 에너지가 전체 에너지에서 차지하는 비율은 매우 낮다.
④ 정부는 녹색성장을 위해 규제정책을 포기하고 시장친화정책을 도입해야 한다.
⑤ 산업파급효과가 큰 에너지 분야보다 예산 대비 보급효과가 큰 에너지 분야에 대한 지원이 시급하다.

2. 다음 글을 근거로 판단할 때, 옳지 않은 것은?

> 훈민정음이란 우리말의 표기체계인 한글의 본래 이름이다. 한글의 제자원리에 대해 훈민정음 <제자해(制字解)>에는 "정음 28자는 각각 그 모양을 본떠 만들었다."고 기술되어 있는데, 이것을 『주역』의 천지인(天地人) 삼재(三才)와 음양오행원리로 설명할 수 있다. 즉 중성의 기본 모음자 'ㆍ'는 하늘의 둥근 모양을, 'ㅡ'는 땅의 평평한 모양을, 'ㅣ'는 사람이 서 있는 모양을 각각 본뜬 것이다. 하늘과 땅이 한 번 더 분화하면 사계절 모음이 나온다. 입안을 자연스레 오므리면 하늘 소리 'ㆍ'가, 입술을 둥글게 오므리면 겨울소리 'ㅗ'가 되고, 환하게 펴면 봄소리 'ㅏ'가 되니, 모두 양에 해당한다. 땅소리 'ㅡ'를 쭉 내밀면 여름소리 'ㅜ'가 되고, 어둡게 하면 가을소리 'ㅓ'가 되니, 모두 음에 해당한다. 음양오행 상으로 봄은 목, 여름은 화, 가을은 금, 겨울은 수이다.
> 자음 역시 오행설의 원리에 따라 만든 것이다. 기본 자음을 각각 오행에 대입하였으며, 나머지 자음은 이 기본자에 획을 더하여 만든 것이다. 오음(五音)은 오행의 상생순서에 따라 나온다. 축축하고 둥근 목구멍에서 물소리[水] 'ㅇ'이 나오면 뒤이어 혀뿌리에서 힘찬 나무소리[木] 'ㄱ'이 나오고, 이어서 혓바닥을 나불대는 불소리[火] 'ㄴ'이 나오면, 입술이 합해져서 흙소리[土] 'ㅁ'이 된다. 마지막으로 이빨에 부딪혀 나는 쇳소리[金] 'ㅅ'이 된다.

① 기본 자음은 ㄱ, ㄴ, ㅁ, ㅅ, ㅇ이다.
② 중성의 기본 모음자는 삼재에 근거하여 만든 것이다.
③ 오행의 상생순서는 수 → 목 → 화 → 토 → 금이다.
④ 자음 ㅇ과 모음 ㅓ는 계절상으로 겨울에 해당한다.
⑤ 한글 자음은 자음의 기본자와 그 기본자에 획을 더한 것으로 구성되어 있다.

3. 다음 규정을 근거로 판단할 때, '차'에 해당하는 것을 <보기>에서 모두 고르면?

> 제00조(정의) 이 법에서 사용하는 용어의 정의는 다음과 같다.
> 1. '차'라 함은 다음의 어느 하나에 해당하는 것을 말한다.
>   가. 자동차
>   나. 건설기계
>   다. 원동기장치자전거
>   라. 자전거
>   마. 사람 또는 가축의 힘이나 그 밖의 동력에 의하여 운전되는 것. 다만, 철길이나 가설된 선에 의하여 운전되는 것과 유모차 및 보행보조용 의자차는 제외한다.
> 2. '자동차'라 함은 철길이나 가설된 선에 의하지 아니하고 원동기를 사용하여 운전되는 차(견인되는 자동차도 자동차의 일부로 본다)를 말한다.
> 3. '원동기장치자전거'라 함은 다음 각 목의 어느 하나에 해당하는 차를 말한다.
>   가. 이륜자동차 가운데 배기량 125cc 이하의 이륜자동차
>   나. 배기량 50cc 미만(전기를 동력으로 하는 경우에는 정격출력 0.59kw 미만)의 원동기를 단 차

<보 기>

ㄱ. 경운기
ㄴ. 자전거
ㄷ. 유모차
ㄹ. 기차
ㅁ. 50cc 스쿠터

① ㄱ, ㄴ
② ㄴ, ㄷ
③ ㄷ, ㄹ
④ ㄱ, ㄴ, ㅁ
⑤ ㄴ, ㄹ, ㅁ

4. 다음 규정을 근거로 판단할 때, <보기>에서 옳은 것을 모두 고르면?

> 제00조 ① 의회의 정기회는 법률이 정하는 바에 의하여 매년 1회 집회되며, 의회의 임시회는 대통령 또는 의회재적의원 4분의 1 이상의 요구에 의하여 집회된다.
> ② 정기회의 회기는 100일을, 임시회의 회기는 30일을 초과할 수 없다.
> ③ 대통령이 임시회의 집회를 요구할 때에는 기간과 집회 요구의 이유를 명시하여야 한다.
> 제00조 의회는 헌법 또는 법률에 특별한 규정이 없는 한 재적의원 과반수의 출석과 출석의원 과반수의 찬성으로 의결한다. 가부동수(可否同數)인 때에는 부결된 것으로 본다.
> 제00조 의회에 제출된 법률안 및 기타의 의안은 회기 중에 의결되지 못한 이유로 폐기되지 아니한다. 다만, 의회의원의 임기가 만료된 때에는 그러하지 아니하다.
> 제00조 부결된 안건은 같은 회기 중에 다시 발의 또는 제출하지 못한다.

<보 기>

ㄱ. 甲의원이 임시회의 기간과 이유를 명시하여 집회요구를 하는 경우 임시회가 소집된다.
ㄴ. 정기회와 임시회 회기의 상한일수는 상이하나 의결정족수는 특별한 규정이 없는 한 동일하다.
ㄷ. 乙의원이 제출한 의안이 계속해서 의결되지 못한 상태에서 乙의원의 임기가 만료되면 이 의안은 폐기된다.
ㄹ. 임시회에서 丙의원이 제출한 의안이 표결에서 가부동수인 경우, 丙의원은 동일 회기 중에 그 의안을 다시 발의할 수 없다.

① ㄱ, ㄴ
② ㄱ, ㄷ
③ ㄴ, ㄹ
④ ㄱ, ㄷ, ㄹ
⑤ ㄴ, ㄷ, ㄹ

5. 다음 규정을 근거로 판단할 때, <보기>에서 옳지 않은 것을 모두 고르면? (단, 각 회사는 상시 5명 이상의 근로자를 사용하고 있음을 전제로 한다)

제00조(해고 등의 제한) 사용자는 근로자에게 정당한 이유 없이 해고, 휴직, 정직, 전직, 감봉, 그 밖의 징벌(懲罰)을 하지 못한다.
제00조(경영상 이유에 의한 해고의 제한) ① 사용자가 경영상 이유에 의하여 근로자를 해고하려면 긴박한 경영상의 필요가 있어야 한다. 이 경우 경영 악화를 방지하기 위한 사업의 양도·인수·합병은 긴박한 경영상의 필요가 있는 것으로 본다.
② 제1항의 경우에 사용자는 해고를 피하기 위한 노력을 다하여야 하며, 합리적이고 공정한 해고의 기준을 정하고 이에 따라 그 대상자를 선정하여야 한다. 이 경우 남녀의 성을 이유로 차별하여서는 아니 된다.
③ 사용자는 제2항에 따른 해고를 피하기 위한 방법과 해고의 기준 등에 관하여 그 사업 또는 사업장에 근로자의 과반수로 조직된 노동조합이 있는 경우에는 그 노동조합(근로자의 과반수로 조직된 노동조합이 없는 경우에는 근로자의 과반수를 대표하는 자를 말한다)에 해고를 하려는 날의 50일 전까지 통보하고 성실하게 협의하여야 한다.
④ 사용자가 제1항부터 제3항까지의 규정에 따른 요건을 갖추어 근로자를 해고한 경우에는 정당한 이유가 있는 해고를 한 것으로 본다.
제00조(해고의 예고) 사용자는 근로자를 해고(경영상 이유에 의한 해고를 포함한다)하려면 적어도 30일 전에 예고를 하여야 하고, 30일 전에 예고를 하지 아니하였을 때에는 30일분 이상의 통상임금을 지급하여야 한다. 다만, 천재·사변, 그 밖의 부득이한 사유로 사업을 계속하는 것이 불가능한 경우 또는 근로자가 고의로 사업에 막대한 지장을 초래하거나 재산상 손해를 끼친 경우에는 그러하지 아니하다.
제00조(해고사유 등의 서면통지) ① 사용자는 근로자를 해고하려면 해고사유와 해고시기를 서면으로 통지하여야 한다.
② 근로자에 대한 해고는 제1항에 따라 서면으로 통지하여야 효력이 있다.

<보 기>

ㄱ. 부도위기에 직면한 甲회사가 근로자의 과반수로 조직된 노동조합이 있음에도 불구하고, 그 노동조합과 협의하지 않고 전체 근로자의 절반을 정리해고한 경우, 그 해고는 정당한 이유가 있는 해고이다.
ㄴ. 乙회사가 무단결근을 이유로 근로자를 해고하면서 그 사실을 구두로 통지한 경우, 그 해고는 효력이 있는 해고이다.
ㄷ. 丙회사가 고의는 없었으나 부주의로 사업에 막대한 지장을 초래한 근로자를 예고 없이 즉시 해고한 경우에는, 그 근로자에게 30일분 이상의 통상임금을 지불하지 않아도 된다.
ㄹ. 丁회사가 고의로 사업에 막대한 지장을 초래한 근로자를 해고하면서 그 사실을 서면으로 통지하지 않은 경우, 그 해고는 효력이 없다.

① ㄱ, ㄴ
② ㄱ, ㄹ
③ ㄷ, ㄹ
④ ㄱ, ㄴ, ㄷ
⑤ ㄴ, ㄷ, ㄹ

6. 두 개의 직육면체 건물이 아래와 같다고 할 때, (나)건물을 페인트칠 하는 작업에 필요한 페인트는 최소 몇 통인가? (단, 사용되는 페인트 통의 용량은 동일하다)

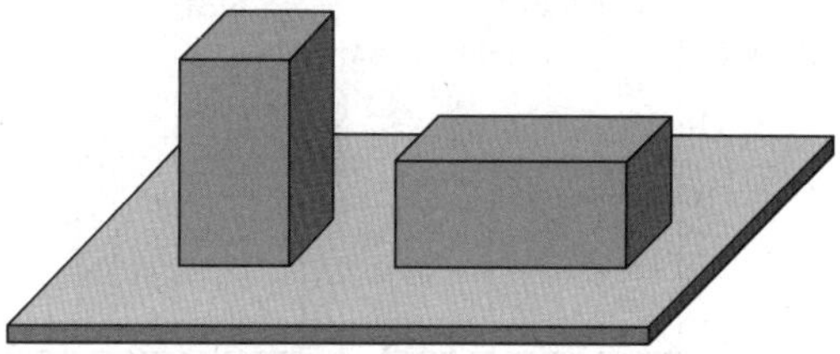

○ (가)건물 밑면은 정사각형이며, 높이는 밑면 한 변 길이의 2배이다.
○ (나)건물은 (가)건물을 그대로 눕혀놓은 것이다.
○ 페인트는 각 건물의 옆면 4개와 윗면에 (가)와 (나)건물 모두 같은 방식으로 칠한다.
○ (가)건물을 페인트칠 하는 작업에는 최소 36통의 페인트가 필요했다.

① 30통
② 32통
③ 36통
④ 42통
⑤ 45통

7. 다음 <조건>을 근거로 판단할 때, <보기>에서 옳은 것을 모두 고르면?

<조 건>

○ 생산성 유형별로 일일 근로시간과 생산량은 다음과 같다.

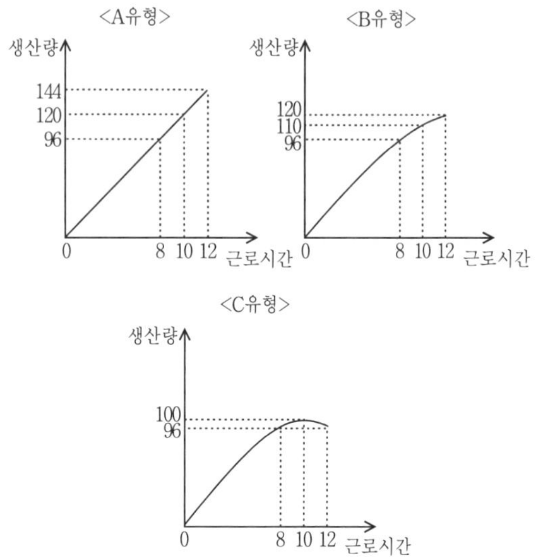

○ 일일 기본 근로시간은 8시간이고, 일일 최대 4시간까지 초과근무할 수 있다.

○ 생산성 = 생산량/근로시간이다.

<보 기>

ㄱ. 기본 근로시간만 근무할 때, 세 가지 유형의 일일 생산성은 같다.

ㄴ. 초과근무 시간이 증가함에 따라 B유형의 생산성은 하락하지 않으나, C유형의 생산성은 하락한다.

ㄷ. B유형 근로자가 이틀 동안 10시간씩 근무하는 경우의 총생산량은 첫째 날 12시간, 둘째 날 8시간 근무하는 경우의 총생산량보다 많다.

ㄹ. 초과근무 시 최초 두 시간 동안의 생산성은 A유형 > B유형 > C유형 순으로 나타난다.

① ㄱ, ㄴ
② ㄱ, ㄷ
③ ㄴ, ㄹ
④ ㄱ, ㄷ, ㄹ
⑤ ㄴ, ㄷ, ㄹ

8. 다음 글을 근거로 판단할 때, 위계에 의한 공무집행방해죄에 해당하는 것을 <보기>에서 모두 고르면?

A. 직무를 집행하는 공무원에 대하여 폭행 또는 협박한 자, 공무원에 대하여 그 직무상의 행위를 강요 또는 저지하거나 그 직(職)을 사퇴하게 할 목적으로 폭행 또는 협박한 자는 '공무집행방해죄'로 처벌된다. 여기서 직무란 공무원의 직무인 이상 그 종류 및 성질을 가리지 않는다. 다만 공무원의 직무는 적법한 것이어야 한다.

B. 위계(僞計)로써 공무원의 직무집행을 방해하는 자는 '위계에 의한 공무집행방해죄'로 처벌된다. 위계에 의한 공무집행방해죄도 공무집행방해죄와 마찬가지로 공무원의 적법한 직무집행의 보호를 그 목적으로 하지만, 그 행위수단이 '위계'라는 점에서 '폭행 또는 협박'을 그 행위수단으로 하는 공무집행방해죄와 구별된다. 여기에서 위계라 함은 사람을 착오에 빠지게 하는 기망이나 유혹 등 널리 사람의 판단을 그르치게 하는 술책을 말한다. 위계의 상대방에는 직무를 집행하는 공무원 외에 제3자도 포함된다. 따라서 제3자를 기망하여 공무원의 직무를 방해하는 경우도 당해 죄를 구성한다.

<보 기>

ㄱ. 시험감독자를 속이고 국가시행의 자동차운전면허시험에 타인을 대리하여 응시한 경우

ㄴ. 수산업협동조합 조합장이 조합관련 비리를 수사하고 있는 해양경찰서 경찰공무원에게 전화로 폭언하며 협박한 경우

ㄷ. 출입국관리공무원이 甲회사의 사업장 관리자를 기망하여 그 사업장에 진입한 후, 불법체류자 단속업무를 실시한 경우

ㄹ. 타인의 소변을 자신의 소변인 것으로 속여 수사기관에 건네주어 필로폰 음성반응이 나오게 한 경우

① ㄱ, ㄴ
② ㄱ, ㄹ
③ ㄴ, ㄷ
④ ㄷ, ㄹ
⑤ ㄱ, ㄷ, ㄹ

9. 다음 글을 읽고 <보기>에서 옳게 추론한 것을 모두 고르면?

> 甲: 한 사회에서 무엇이 옳은가는 그 사회의 도덕률에 의해 결정됩니다. 그런데 서로 다른 사회에는 서로 다른 도덕률이 존재하기 마련입니다. 이는 결국 어떤 특정 사회의 규칙이 다른 사회의 규칙보다 더 좋다고 판단할 수 있는 객관적인 기준이 없다는 것을 의미합니다. 또한 우리 사회의 도덕률이라고 해서 특별한 지위를 갖고 있는 것은 아니며, 많은 도덕률 중의 하나일 뿐임을 의미합니다. 무엇보다도 다른 사회 구성원의 행위를 우리 사회의 잣대로 판단하려 하는 것은 오만한 태도임을 기억해야 합니다. 따라서 우리는 다른 문화의 관습에 대해 관용적이고 개방적인 태도를 취해야 합니다.
>
> 乙: 甲의 입장을 받아들이는 경우 다음과 같은 문제가 발생할 수 있습니다. 첫째, 우리는 더 이상 다른 사회의 관습이 우리 사회의 관습보다 도덕적으로 열등하다고 말할 수 없을 것입니다. 둘째, 다른 사회의 규칙을 비판하는 것이 허용되지 않을 뿐만 아니라 우리 사회의 규칙을 비판하는 것 또한 허용되지 않을 것입니다. 셋째, 어쩌면 가장 심각한 문제는 우리가 보편적 도덕과 도덕적 진보에 관한 일체의 믿음을 갖지 못하게 된다는 것입니다. 따라서 무조건적인 관용은 결코 바람직하지 않습니다.

<보 기>

ㄱ. 甲은 일부 이슬람 국가에서 여성들에게 운전면허증을 발급하지 않는 관습을 다른 국가가 비판하는 것이 옳지 않다고 주장할 것이다.
ㄴ. 乙은 싱가포르 정부가 절도죄로 체포된 자에게 태형(笞刑)을 가한 일을 야만적인 행위라며 비난한 미국 정부의 행동을 정당하다고 옹호할 것이다.
ㄷ. 甲은 다른 사회의 문화에 대한 상대주의적 태도가 자국 문화의 절대적 우월성에 대한 믿음으로 이어질 것으로 본다.
ㄹ. 乙은 서로 다른 문화를 가진 사회들 간에 도덕적 수준의 차이가 존재할 수 있다고 본다.

① ㄱ, ㄴ
② ㄱ, ㄷ
③ ㄷ, ㄹ
④ ㄱ, ㄴ, ㄹ
⑤ ㄴ, ㄷ, ㄹ

10. 다음 규정을 근거로 판단할 때, <보기>에서 옳은 것을 모두 고르면?

> 제00조(성립) ① 정당은 중앙당이 중앙선거관리위원회에 등록함으로써 성립한다.
> ② 제1항의 등록에는 다음 각 호의 요건을 구비하여야 한다.
> 1. 정당은 5개 이상의 시·도당을 가져야 한다.
> 2. 시·도당은 각 1,000명 이상의 당원을 가져야 한다.
>
> 제00조(창당준비위원회) 정당의 창당활동은 발기인으로 구성하는 창당준비위원회가 한다.
>
> 제00조(창당준비위원회의 활동범위) ① 중앙당창당준비위원회는 중앙선거관리위원회에의 결성신고일부터 6월 이내에 한하여 창당활동을 할 수 있다.
> ② 중앙당창당준비위원회가 제1항의 기간 이내에 중앙당의 창당등록신청을 하지 아니한 때에는 그 기간만료일의 다음날에 그 창당준비위원회는 소멸된 것으로 본다.
>
> 제00조(발기인) 창당준비위원회는 중앙당의 경우에는 200명 이상의, 시·도당의 경우에는 각 100명 이상의 발기인으로 구성한다.
>
> 제00조(등록신청) 창당준비위원회가 창당준비를 완료한 때에는 그 대표자는 관할 선거관리위원회에 정당의 등록을 신청하여야 한다.
>
> 제00조(등록의 취소) ① 정당이 다음 각 호의 어느 하나에 해당하는 때에는 당해 선거관리위원회는 그 등록을 취소한다.
> 1. 정당성립의 등록에 필요한 시·도당 수 및 시·도당의 당원수의 요건을 구비하지 못하게 된 때. 다만, 요건의 흠결이 공직선거의 선거일 전 3월 이내에 생긴 때에는 선거일 후 3월까지, 그 외의 경우에는 요건 흠결시부터 3월까지 그 취소를 유예한다.
> 2. 의회의원 총선거에 참여하여 의석을 얻지 못하고 유효투표총수의 100분의 2 이상을 득표하지 못한 때

<보 기>

ㄱ. 2010년 2월 1일, 정치인 甲은 5개 시·도에서 600명의 발기인으로 구성된 창당준비위원회를 결성하고 신고한 뒤, 이들 시·도에서 총 4,000명의 당원을 모집하였고, 같은 해 7월 30일 중앙선거관리위원회에 등록을 신청하여 정당으로 성립되었다.
ㄴ. 2010년 3월 15일, 정치인 乙은 중앙당 300명, 5개 시·도에서 각각 150명의 발기인으로 창당준비위원회를 결성하고 신고한 뒤, 이들 시·도에서 각 2,000명씩 총 10,000명의 당원을 모집한 후, 같은 해 9월 30일 중앙선거관리위원회에 등록을 신청하여 정당으로 성립되었다.
ㄷ. 중앙선거관리위원회에 등록되어 활동해오던 정당 丙은 의회의원 총선거를 2개월 앞둔 시점에서 2개 도의 당원수가 각각 2,000명에서 절반으로 줄어 선거 1개월 후에 등록이 취소되었다.
ㄹ. 중앙선거관리위원회에 등록되어 활동해오던 정당 丁은 최근에 실시되었던 의회의원 총선거에 참여하여 한 명의 후보도 당선시키지 못하였으나, 유효투표총수인 1,000만 표 중 25만 표를 획득함으로써 등록이 유지되었다.

① ㄹ　② ㄱ, ㄴ　③ ㄴ, ㄷ
④ ㄷ, ㄹ　⑤ ㄱ, ㄴ, ㄹ

11. 다음 글을 근거로 판단할 때 옳은 것은?

> 소나무재선충은 매개충의 몸 안에 서식하다가 새순을 갉아 먹을 때 상처부위를 통하여 나무에 침입한다. 침입한 재선충은 빠르게 증식하여 수분과 양분의 이동통로를 막아 나무를 죽게 한다. 소나무재선충병에 걸린 나무는 치료약이 없어 잎이 붉은 색으로 변하면서 100% 고사한다. 주로 감염되는 수종은 소나무, 해송 및 잣나무 등이다.
>
> 소나무재선충병은 1988년 부산 금정산에서 처음 발생한 이후 계속 피해가 증가하여 총 67개의 시·군·구에서 발생하였다. 그러나 「소나무재선충병 방제특별법」이 시행된 2007년부터 피해가 급격히 감소하고 있는 추세이다. 피해 면적은 2000년 1,677ha에서 2006년 최대 7,871ha로 급증하였는데 정부의 방역대책으로 2010년에는 3,547ha로 감소하였다. 감염목의 수도 2000년에 2만 8천 그루에서 2005년 최대 51만 그루로 급증하였지만 2010년에는 1만 6천 그루로 감소하였다. 정부는 2009년에 산림병해충 예찰·방제단을 조직하여 능동적 예찰·방제체계를 구축하였고, 2013년 완전방제를 목표로 선제적 완전방제 대책을 추진하고 있다.
>
> 소나무재선충병을 예방하기 위해서는 외관상 건강한 소나무에 아바멕틴 나무주사를 2년에 1회 실시한다. 소나무 잎의 상태를 육안으로 관찰하여 이상 징후가 있는 나무는 대상목에서 제외한다. 나무주사 방법 외에도 지상과 항공에서 약제를 살포하는 방법을 통해 방제를 할 수 있는데, 5월에서 8월 사이에 3~5회 정도 실시해야 한다.

① 소나무재선충병에 대처하기 위해서는 무엇보다도 사전예방이 중요하다.
② 소나무재선충은 2005년에 가장 넓은 지역에서 가장 많은 수목을 감염시켰다.
③ 소나무재선충병은 소나무에서만 발생하기 때문에 이 수종에 대한 관리가 매우 중요하다.
④ 나무주사를 놓기 직전에 소나무의 상태를 파악하기 위한 별도의 화학실험을 해야 한다.
⑤ 소나무재선충으로 인해 잎이 붉은 색으로 변색된 소나무도 나무주사를 통해서 소생시킬 수가 있다.

12. 다음 글을 근거로 판단할 때, 적극적 다문화주의 정책에 해당하는 것을 <보기>에서 모두 고르면?

> 한 사회 내의 소수집단을 위한 정부의 정책 가운데 다문화주의 정책은 크게 소극적 다문화주의 정책과 적극적 다문화주의 정책으로 구분할 수 있다. 소극적 다문화주의 정책은 소수집단과 그 구성원들에 대한 차별적인 대우를 철폐하는 것이다. 한편 적극적 다문화주의 정책은 이와 다른 정책을 그 내용으로 하는데, 크게 다음 네 가지로 구성된다. 첫째, 소수집단의 고유한 관습과 규칙이 일반 법체계에 수용되도록 한다. 둘째, 소수집단의 원활한 사회진출을 위해 특별한 지원을 제공한다. 셋째, 소수집단의 정치참여의 기회를 확대시킨다. 넷째, 일정한 영역에서 소수집단에게 자치권을 부여한다.

<보 기>

ㄱ. 교육이나 취업에서 소수집단 출신에게 불리한 차별적인 규정을 폐지한다.
ㄴ. 의회의원 비례대표선거를 위한 각 정당명부에서 소수집단 출신 후보자의 공천비율을 확대한다.
ㄷ. 공무원 시험이나 공공기관 입사 시험에서 소수집단 출신에게 가산점을 부여한다.
ㄹ. 특정 지역의 다수 주민을 이루는 소수집단에게 그 지역의 치안유지를 위한 자치경찰권을 부여한다.

① ㄱ, ㄷ
② ㄴ, ㄷ
③ ㄴ, ㄹ
④ ㄱ, ㄴ, ㄹ
⑤ ㄴ, ㄷ, ㄹ

13. 다음 글을 근거로 판단할 때, 연결이 서로 잘못된 것은? (단, 음식에서 언급되지 않은 재료는 고려하지 않는다)

> 채식주의자 중에는 육류와 함께 계란, 유제품(치즈, 버터, 생크림 등) 및 생선조차 먹지 않는 사람이 있는가 하면 때때로 육식을 하는 채식주의자도 있다. 또한 채식이라고 하면 채소와 과일 등을 생각하기 쉽지만, 여기서 말하는 채식에는 곡물도 포함된다.
>
> 아래 표는 채식주의자의 유형별 특성을 분류한 것이다.

채식주의자의 유형	특성
과식(果食)주의자	모든 식물의 잎이나 뿌리는 섭취하지 않고, 오직 견과류나 과일 등 열매 부분만을 먹는다.
순수 채식주의자	동물로부터 얻은 모든 것을 먹지 않고, 식물로부터 나온 것만을 먹는다.
우유 채식주의자	순수 채식주의자가 먹는 음식에 더하여, 유제품은 먹되 계란은 먹지 않는다.
난류(卵類) 채식주의자	순수 채식주의자가 먹는 음식에 더하여, 계란은 먹되 유제품은 먹지 않는다.
유란(乳卵) 채식주의자	순수 채식주의자가 먹는 음식에 더하여, 유제품과 계란도 먹으며, 우유도 먹는다.
생선 채식주의자	유란 채식주의자가 먹는 음식에 더하여, 생선도 먹는다.
준(準) 채식주의자	생선 채식주의자가 먹는 음식에 더하여, 육류도 그 양을 줄여가며 먹는다.

	채식주의자의 유형	음식
①	과식주의자	호두를 으깨어 얹은 모듬 생과일
②	우유 채식주의자	단호박 치즈오븐구이
③	난류 채식주의자	치즈계란토스트
④	유란 채식주의자	생크림을 곁들인 삶은 계란
⑤	생선 채식주의자 및 준 채식주의자	연어훈제구이

14. 다음 규정을 근거로 판단할 때, <보기>에서 옳은 것을 모두 고르면?

> 제00조(감사) ① 감사는 총회에서 선임한다.
> ② 감사는 감사업무를 총괄하며, 감사결과를 총회에 서면으로 보고하여야 한다.
> 제00조(감사의 보조기구) ① 감사는 직무수행을 위하여 감사인과 직원으로 구성된 보조기구를 둔다.
> ② 단체장은 다음 각 호의 어느 하나에 해당하는 자를 감사인으로 임명할 수 있다.
> 1. 4급 이상으로 그 근무기간이 1년 이상이 경과된 자로서, 계약심사·IT·회계·인사분야 업무에서 3년 이상 근무한 경력이 있는 자
> 2. 공인회계사(CPA), 공인내부감사사(CIA) 또는 정보시스템감사사(CISA) 자격증을 갖고 있는 직원
>
> ③ 제2항에도 불구하고 다음 각 호의 결격사유 중 어느 하나에 해당하는 자는 감사인이 될 수 없다.
> 1. 형사처벌을 받은 자
> 2. 징계 이상의 처분을 받은 날로부터 3년이 경과되지 않은 자
>
> ④ 감사가 당해 감사업무에 필요하다고 인정할 때에는 소관 부서장과 협의하여 그 소속 직원으로 하여금 감사업무를 수행하게 할 수 있다.

<보 기>

ㄱ. 계약심사 업무를 4년 간 담당한 5급 직원 甲은 원칙적으로 감사인으로 임명될 수 있다.
ㄴ. 정보시스템감사사 자격증을 가지고 있고 규정에 정한 결격사유가 없는 경력 2년의 5급 직원 乙은 감사인으로 임명될 수 있다.
ㄷ. 2년 전 징계를 받은 적이 있고 공인내부감사사 자격증을 가지고 있는 직원 丙은 감사인으로 임명될 수 있다.
ㄹ. 감사는 인사부서장과 협의하여, 계약심사 업무를 2년 간 담당하고 현재 인사부서에서 일하고 있는 5급 직원 丁으로 하여금 감사업무를 수행하게 할 수 있다.

① ㄱ, ㄴ
② ㄱ, ㄷ
③ ㄴ, ㄷ
④ ㄴ, ㄹ
⑤ ㄷ, ㄹ

15. 다음 규정을 근거로 판단할 때, <보기>에서 옳은 것을 모두 고르면?

> 제00조 ① 의회는 다음 각 호의 사유를 제외하고는 재적의원 과반수의 출석과 출석의원 과반수의 찬성으로 안건을 의결한다. 가부동수(可否同數)인 때에는 부결된 것으로 한다.
> 1. 국무총리 또는 국무위원의 해임 건의
> 2. 국무총리·국무위원·행정각부의 장·헌법재판소재판관·법관에 대한 탄핵소추
> 3. 대통령에 대한 탄핵소추
> 4. 헌법개정안
> 5. 의회의원 제명
> 6. 대통령이 재의를 요구한 법률안에 대한 재의결
>
> ② 제1항 제1호와 제2호는 재적의원 과반수의 찬성으로 의결한다.
> ③ 제1항 제3호, 제4호, 제5호는 재적의원 3분의 2 이상의 찬성으로 의결한다.
> ④ 제1항 제6호는 재적의원 과반수의 출석과 출석의원 3분의 2 이상의 찬성으로 의결한다.

<보 기>

ㄱ. 탄핵소추의 대상에 따라 탄핵소추를 의결하는데 필요한 정족수가 다르다.
ㄴ. 의회 재적의원 과반수의 찬성이 있더라도 의회는 직접 국무위원을 해임시킬 수 없다.
ㄷ. 의회의 의결정족수 중 대통령이 재의를 요구한 법률안을 의회가 재의결하는 데 필요한 의결정족수가 가장 크다.
ㄹ. 헌법개정안을 의회에서 의결하기 위해서는 의회 재적의원 과반수의 출석과 출석의원 과반수의 찬성을 요한다.

① ㄱ, ㄴ
② ㄴ, ㄷ
③ ㄷ, ㄹ
④ ㄱ, ㄴ, ㄷ
⑤ ㄴ, ㄷ, ㄹ

16. 다음 글을 근거로 판단할 때, <비행기 좌석표>의 주어진 5개 좌석 중 생존가능성이 가장 높은 좌석은?

> A국 항공담당 부처는 비행기 화재사고 시 좌석에 따른 생존가능성을 조사하였다. 그 결과 다음과 같이 좌석의 조건에 따라 생존가능성이 다르게 나타났다.
> ○ 각 비상구에서 앞뒤로 두 번째 열 이내에 앉은 승객은 그렇지 않은 승객에 비해 생존할 가능성이 높다.
> ○ 복도(통로)측 좌석 승객이 창측 승객보다 생존할 가능성이 높다.
> ○ 기내의 가운데 열을 기준으로 앞쪽과 뒤쪽으로 나누어 볼 때 앞쪽 승객이 뒤쪽 승객보다 생존할 가능성이 높다.

<비행기 좌석표>

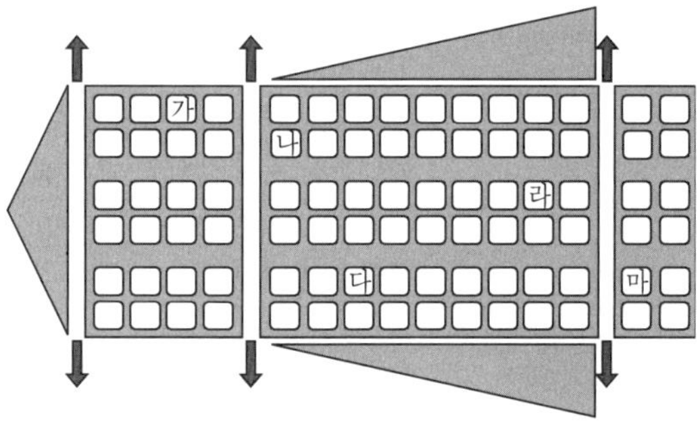

※ 화살표는 비상구를 나타내며, 그림의 왼쪽이 비행기의 앞쪽 방향이다. 또한 비행기 좌석은 총 15열이다.

① 가
② 나
③ 다
④ 라
⑤ 마

17. 다음 글을 근거로 판단할 때, <보기>에서 옳은 것을 모두 고르면?

> 최근 가창력이 뛰어난 가수들이 매주 공연을 한 뒤, 청중 투표를 통해 탈락자를 결정하는 프로그램이 인기를 얻고 있다. 100명의 청중평가단이 가수 4명의 공연을 보고, 본인의 선호에 따라 가장 마음에 드는 가수 1명에게 투표를 한다. 이 결과를 토대로 득표수가 가장 적은 사람이 탈락하는 방식이다.
>
> 그러나 기존 투표 방식에 문제가 있다는 지적이 계속되자, 제작진은 가수 4명의 공연이 끝난 뒤 청중평가단에게 선호도에 따라 1위부터 4위까지의 순위를 매겨 제출하도록 하였다. 그 결과는 다음 표와 같다.

<선호도 조사결과>

(단위: 명)

가수 \ 선호순위	1	2	3	4
A	10	50	30	10
B	20	30	20	30
C	30	10	20	40
D	40	10	30	20

※ 위 표의 청중평가단 선호순위는 어떤 투표방식 하에서도 동일하며, 청중평가단은 그 선호순위에 따라 투표한다.

<보 기>

ㄱ. 기존의 탈락자 선정방식은 청중평가단 선호도의 1순위만을 반영하기 때문에 다수의 청중평가단이 2순위로 선호하는 가수도 탈락할 수 있다.

ㄴ. 가장 선호하는 가수 한 명에게만 투표하는 기존의 방식을 그대로 적용하게 되면 탈락자는 A가 된다.

ㄷ. 4순위 표가 가장 많은 사람을 탈락시킬 경우, 탈락자는 C가 된다.

ㄹ. 가장 선호하는 가수 두 명의 이름을 우선순위 없이 적어서 제출하는 방식으로 투표할 경우, 최저득표자는 A가 된다.

① ㄱ, ㄴ
② ㄱ, ㄹ
③ ㄷ, ㄹ
④ ㄱ, ㄴ, ㄷ
⑤ ㄴ, ㄷ, ㄹ

18. 정부포상 대상자 추천의 제한요건에 관한 다음 규정을 근거로 판단할 때, 2011년 8월 현재 정부포상 대상자로 추천을 받을 수 있는 자는?

> 1) 형사처벌 등을 받은 자
> 가) 형사재판에 계류 중인 자
> 나) 금고 이상의 형을 받고 그 집행이 종료된 후 5년을 경과하지 아니한 자
> 다) 금고 이상의 형의 집행유예를 받은 경우 그 집행유예의 기간이 완료된 날로부터 3년을 경과하지 아니한 자
> 라) 금고 이상의 형의 선고유예를 받은 경우에는 그 기간 중에 있는 자
> 마) 포상추천일 전 2년 이내에 벌금형 처벌을 받은 자로서 1회 벌금액이 200만 원 이상이거나 2회 이상의 벌금형 처분을 받은 자
>
> 2) 공정거래관련법 위반 법인 및 그 임원
> 가) 최근 2년 이내 3회 이상 고발 또는 과징금 처분을 받은 법인 및 그 대표자와 책임 있는 임원 (단, 고발에 따른 과징금 처분은 1회로 간주)
> 나) 최근 1년 이내 3회 이상 시정명령 처분을 받은 법인 및 그 대표자와 책임 있는 임원

① 금고 1년 형을 선고 받아 복역한 후 2009년 10월 출소한 자
② 2011년 8월 현재 형사재판에 계류 중인 자
③ 2010년 10월 이후 현재까지, 공정거래관련법 위반으로 3회 시정명령 처분을 받은 기업의 대표자
④ 2010년 1월, 교통사고 후 필요한 구호조치를 하지 않아 500만 원의 벌금형 처분을 받은 자
⑤ 2009년 7월 이후 현재까지, 공정거래관련법 위반으로 고발에 따른 과징금 처분을 2회 받은 기업

19. 다음 글을 근거로 판단할 때, 국제형사재판소(ICC)가 재판관할권을 행사하기 위한 전제조건이 충족된 경우를 <보기>에서 모두 고르면?

> 네덜란드의 헤이그에 위치한 국제형사재판소(International Criminal Court, 이하 'ICC'라 한다.)는 4대 중대범죄인 대량학살, 인도주의(人道主義)에 반하는 범죄, 전쟁범죄, 침략범죄에 대한 개인의 책임을 묻고자 '국제형사재판소에 관한 로마규정'(이하 '로마규정'이라 한다)에 따라 2002년 7월 1일 설립되었다. 로마규정에 의하면 ICC는 위의 4대 중대범죄에 대해 재판관할권을 가진다.
>
> ICC가 재판관할권을 행사하기 위해서는 다음의 전제조건이 충족되어야 한다. 즉, 범죄가 발생한 국가가 범죄발생 당시 ICC 재판관할권을 인정하고 있던 국가이거나, 범죄 가해자의 현재 국적국이 ICC 재판관할권을 인정한 국가이어야 한다.

<보 기>

ㄱ. ICC 재판관할권을 인정하지 않은 A국 정부는 자국 국민 甲이 ICC 재판관할권을 인정하고 있던 B국에서 인도주의에 반하는 범죄를 저지르고 자국으로 도망쳐 오자 그를 체포했지만, 범죄인 인도협정이 체결되어 있지 않다는 이유로 甲의 인도를 요구하는 B국의 요청을 거부했다.

ㄴ. ICC 재판관할권을 인정하지 않고 있는 C국의 국민인 乙은 ICC 재판관할권을 현재까지 인정하지 않고 있는 D국에 주둔 중인 E국의 군인들을 대상으로 잔혹한 전쟁범죄를 저질렀다. 위 전쟁범죄 발생 당시 E국은 ICC 재판관할권을 인정하고 있었다.

ㄷ. ICC 재판관할권을 인정해오던 F국은 최근 자국에서 발생한 인도주의에 반하는 범죄를 저지른 민병대 지도자 丙을 국제사회의 압력에 밀려 체포했지만, 별다른 이유를 제시하지 않은 채 丙에 대한 기소와 재판을 차일피일 미루고 있다.

ㄹ. 현재까지 ICC 재판관할권을 인정하지 않고 있는 G국의 대통령 丁은 자국에서 소수민족을 대량학살하였다. 그 후 丁이 학살당한 소수민족의 모국인 H국을 방문하던 중 ICC 재판관할권을 인정하는 H국 정부는 丁을 체포하였다.

① ㄱ, ㄴ
② ㄱ, ㄷ
③ ㄱ, ㄹ
④ ㄴ, ㄹ
⑤ ㄷ, ㄹ

20. A국에서는 부동산을 매매·상속 등의 방법으로 취득하는 사람은 취득세, 농어촌특별세, 등록세, 지방교육세를 납부하여야 한다. 다음 글을 근거로 할 때, 자경농민인 甲이 공시지가 3억 5천만 원의 농지를 상속받아 주변농지의 시가 5억 원으로 신고한 경우, 甲이 납부하여야 할 세금액은? (단, 신고불성실가산세, 상속세, 증여세 등은 고려하지 않는다)

<부동산 취득시 납부하여야 할 세금의 산출방법>

○ 취득세는 부동산 취득 당시 가액에 2%의 세율을 곱하여 산정한다. 다만 자경농민이 농지를 상속으로 취득하는 경우에는 취득세가 비과세된다. 그리고 농어촌특별세는 결정된 취득세액에 10%의 세율을 곱하여 산정한다.
○ 등록세는 부동산 취득 당시 가액에 0.8%의 세율을 곱하여 산정한다. 다만 자경농민이 농지를 취득하는 때 등록세의 세율은 상속의 경우 취득가액의 0.3%, 매매의 경우 1%이다. 그리고 지방교육세는 결정된 등록세액에 20%의 세율을 곱하여 산정한다.
○ 부동산 취득 당시 가액은 취득자가 신고한 가액과 공시지가(시가표준액) 중 큰 금액으로 하며, 신고 또는 신고가액의 표시가 없는 때에는 공시지가를 과세표준으로 한다.

① 75만 원
② 126만 원
③ 180만 원
④ 280만 원
⑤ 1,280만 원

21. 다음 글을 근거로 판단할 때, <보기>에서 옳게 추론한 것을 모두 고르면?

종묘는 역대 왕들의 신위를 모시는 곳이었다. 『예기』에 따르면 조선은 원칙적으로 5묘제를 실시하도록 되어 있었다. 5묘제란 건국시조와 현재왕의 직계 선왕 4대의 신위를 종묘의 정전에 모시고 그 외 신위는 없애는 것을 말한다. 처음 종묘를 건축했을 당시 태조는 자신의 4대조(목조 - 익조 - 탁조 - 환조)까지 왕으로 추존(追尊)하고, 서쪽을 상석으로 하여 제1실에 목조를, 제2실에 익조의 신위를 모셨다. 태조가 승하하고 그의 신위가 종묘의 정전에 모셔지면서 비로소 5묘제가 시작되었다.

세종은 제2대 정종이 승하하자 그 신위를 정전에 모시고, 5묘제로 모실 수 없는 첫 신위를 별도의 사당인 영녕전을 지어 그곳에 옮겨 모셨다. 그런 의미에서 조선왕조는 『예기』의 5묘제를 그대로 지키지 않은 셈이다. 한편 후대로 가면서 태종, 세종과 같이 위대한 업적을 남긴 왕의 신위를 그대로 정전에 두기 위해 건물을 일렬로 잇대어 증축하였다. 그 밖의 신주는 영녕전으로 옮겨 모셨다. 그 결과 종묘의 정전에는 19위의 왕과 30위의 왕후 신주가 모셔졌으며, 영녕전에는 정전에서 옮겨진 15위의 왕과 17위의 왕후 신주가 모셔졌다.

신주의 봉안 순서는 정전의 경우 서쪽을 상석으로 하고, 제1실에 태조의 신위를 봉안한 이후, 그 신위는 옮겨지지 않았다. 영녕전에는 추존조(追尊祖)인 4왕(목조 - 익조 - 탁조 - 환조)을 정중앙에 모시고, 정전과 마찬가지로 서쪽을 상석으로 하여 차례대로 모셨다.

※ 조선의 왕은 태조 – 정종 – 태종 – 세종 – 문종… 순이었다.
※ 신위(神位): 신령이 의지할 자리
　신주(神主): 죽은 사람의 위(位)를 베푸는 나무 패

<보 기>

ㄱ. 정전에는 총 49위의 신주가 모셔져 있을 것이다.
ㄴ. 영녕전 서쪽 제1실에 익조의 신위가 모셔져 있을 것이다.
ㄷ. 시대가 지남에 따라 정전은 동쪽으로 증축되었을 것이다.
ㄹ. 종묘를 건축했을 당시 정전 서쪽 제3실에는 탁조의 신위를 모셨을 것이다.

① ㄱ, ㄴ
② ㄴ, ㄹ
③ ㄷ, ㄹ
④ ㄱ, ㄴ, ㄷ
⑤ ㄱ, ㄷ, ㄹ

22. 다음 글을 근거로 판단할 때, <보기>에서 옳은 것을 모두 고르면?

○○축구대회에는 모두 32개 팀이 참가하여 한 조에 4개 팀씩 8개 조로 나누어 경기를 한다. 각 조의 4개 팀이 서로 한 번씩 경기를 하여 승점 - 골득실차 - 다득점 - 승자승 - 추첨의 순서에 의해 각 조의 1, 2위 팀이 16강에 진출한다. 각 팀은 16강에 오르기까지 총 3번의 경기를 치르게 되며, 매 경기마다 승리한 팀은 승점 3점을 얻게 되고, 무승부를 기록한 팀은 승점 1점, 패배한 팀은 0점을 획득한다.

그 중 1조에 속한 A, B, C, D팀은 현재까지 각 2경기씩 치렀으며, 그 결과는 A:B=4:1, A:D=1:0, B:C=2:0, C:D=2:1이었다. 아래의 표는 그 결과를 정리한 것이다. 내일 각 팀은 16강에 오르기 위한 마지막 경기를 치르는데, A팀은 C팀과, B팀은 D팀과 경기를 갖는다.

<마지막 경기를 남겨 놓은 각 팀의 전적>

	승	무	패	득/실점	승점
A팀	2	0	0	5/1	6
B팀	1	0	1	3/4	3
C팀	1	0	1	2/3	3
D팀	0	0	2	1/3	0

<보 기>

ㄱ. A팀이 C팀과의 경기에서 이긴다면, A팀은 B팀과 D팀의 경기 결과에 상관없이 16강에 진출한다.
ㄴ. A팀이 C팀과 1:1로 비기고 B팀이 D팀과 0:0으로 비기면 A팀과 B팀이 16강에 진출한다.
ㄷ. C팀과 D팀이 함께 16강에 진출할 가능성은 전혀 없다.
ㄹ. D팀은 마지막 경기의 결과에 관계없이 16강에 진출할 수 없다.

① ㄱ, ㄴ
② ㄱ, ㄹ
③ ㄷ, ㄹ
④ ㄱ, ㄴ, ㄷ
⑤ ㄴ, ㄷ, ㄹ

23. 다음 규정과 서울에서 대전으로 출장을 다녀온 <甲의 지출 내역>에 근거하였을 때, 甲이 정산 받는 여비의 총액은?

제00조(여비의 종류) 여비는 운임·숙박비·식비·일비 등으로 구분한다.
1. 운임: 여행 목적지로 이동하기 위해 교통수단을 이용함에 있어 소요되는 비용을 충당하기 위한 여비
2. 숙박비: 여행 중 숙박에 소요되는 비용을 충당하기 위한 여비
3. 식비: 여행 중 식사에 소요되는 비용을 충당하기 위한 여비
4. 일비: 여행 중 출장지에서 소요되는 교통비 등 각종 비용을 충당하기 위한 여비

제00조(운임의 지급) ① 운임은 철도운임·선박운임·항공운임으로 구분한다.
② 국내 철도운임은 [별표 1]에 따라 지급한다.

제00조(일비·숙박비·식비의 지급) ① 국내 여행자의 일비·숙박비·식비는 [별표 1]에 따라 지급한다.
② 일비는 여행일수에 따라 지급한다.
③ 숙박비는 숙박하는 밤의 수에 따라 지급한다. 다만, 출장기간이 2일 이상인 경우에 지급액은 출장기간 전체의 총액 한도 내 실비로 계산한다.
④ 식비는 여행일수에 따라 지급한다.

[별표 1] 국내 여비 지급표

(단위: 원)

철도운임	선박운임	항공운임	일비(1일당)	숙박비(1박당)	식비(1일당)
실비(일반실)	실비(2등급)	실비	20,000	실비(상한액: 40,000)	20,000

<甲의 지출내역>

(단위: 원)

항 목	1일차	2일차	3일차
KTX 운임(일반실)	20,000		20,000
대전 시내 버스요금	5,000	10,000	2,000
대전 시내 택시요금			10,000
식비	10,000	30,000	10,000
숙박비	45,000	30,000	

① 182,000원
② 187,000원
③ 192,000원
④ 230,000원
⑤ 235,000원

24. A, B, C, D 네 팀이 참여하여 체육대회를 하고 있다. 다음 <순위 결정 기준>과 각 팀의 현재까지 <득점 현황>에 근거하여 판단할 때, 항상 옳은 추론을 <보기>에서 모두 고르면?

<순위 결정 기준>

○ 각 종목의 1위에게는 4점, 2위에게는 3점, 3위에게는 2점, 4위에게는 1점을 준다.
○ 각 종목에서 획득한 점수를 합산한 총점이 높은 순으로 종합 순위를 결정한다.
○ 총점에서 동점이 나올 경우에는 1위를 한 종목이 많은 팀이 높은 순위를 차지한다.
- 만약 1위 종목의 수가 같은 경우에는 2위 종목이 많은 팀이 높은 순위를 차지한다.
- 만약 1위 종목의 수가 같고, 2위 종목의 수도 같은 경우에는 공동 순위로 결정한다.

<득점 현황>

종목명 \ 팀명	A	B	C	D
가	4	3	2	1
나	2	1	3	4
다	3	1	2	4
라	2	4	1	3
마	?	?	?	?
합계	?	?	?	?

※ 종목별 순위는 반드시 결정되고, 동순위는 나오지 않는다.

<보 기>

ㄱ. A팀이 종목 마에서 1위를 한다면 종합 순위 1위가 확정된다.
ㄴ. B팀이 종목 마에서 C팀에게 순위에서 뒤지면 종합 순위에서도 C팀에게 뒤지게 된다.
ㄷ. C팀은 종목 마의 결과와 관계없이 종합 순위에서 최하위가 확정되었다.
ㄹ. D팀이 종목 마에서 2위를 한다면 종합 순위 1위가 확정된다.

① ㄱ
② ㄹ
③ ㄱ, ㄴ
④ ㄴ, ㄷ
⑤ ㄷ, ㄹ

25. 다음 <관세 관련 규정>에 따를 때, 甲이 전자기기의 구입으로 지출한 총 금액은?

<관세 관련 규정>

○ 물품을 수입할 경우 과세표준에 품목별 관세율을 곱한 금액을 관세로 납부해야 한다. 단, 과세표준이 15만 원 미만이고, 개인이 사용할 목적으로 수입하는 물건에 대해서는 관세를 면제한다.
○ 과세표준은 판매자에게 지급한 물품가격, 미국에 납부한 세금, 미국 내 운송료, 미국에서 한국까지의 운송료를 합한 금액을 원화로 환산한 금액으로 한다. 단, 미국에서 한국까지의 운송료는 실제 지불한 운송료가 아닌 다음의 <국제선편요금>을 적용한다.

<국제선편요금>

중량	0.5kg~1kg 미만	1kg~1.5kg 미만
금액(원)	10,000	15,000

○ 과세표준 환산 시 환율은 관세청장이 정한 '고시환율'에 따른다. (현재 고시환율: ₩1,100/$)

<甲의 구매 내역>

한국에서 甲은 개인이 사용할 목적으로 미국 소재 인터넷 쇼핑몰에서 물품가격과 운송료를 지불하고 전자기기를 구입했다.
• 전자기기 가격: $120
• 미국에서 한국까지의 운송료: $30
• 지불시 적용된 환율: ₩1,200/$
• 전자기기 중량: 0.9kg
• 전자기기에 적용되는 관세율: 10%
• 미국 내 세금 및 미국 내 운송료는 없다.

① 142,000원
② 156,200원
③ 180,000원
④ 181,500원
⑤ 198,000원

약점 보완 해설집 p.314

자료해석영역

1. 다음 <그림>은 A사와 B사가 조사한 주요 TV프로그램의 2011년 7월 넷째주 주간 시청률을 나타낸 자료이다. 이에 대한 <보기>의 설명 중 옳은 것을 모두 고르면?

<그림> 주요 TV프로그램의 주간 시청률(2011년 7월 넷째주)

(단위: %)

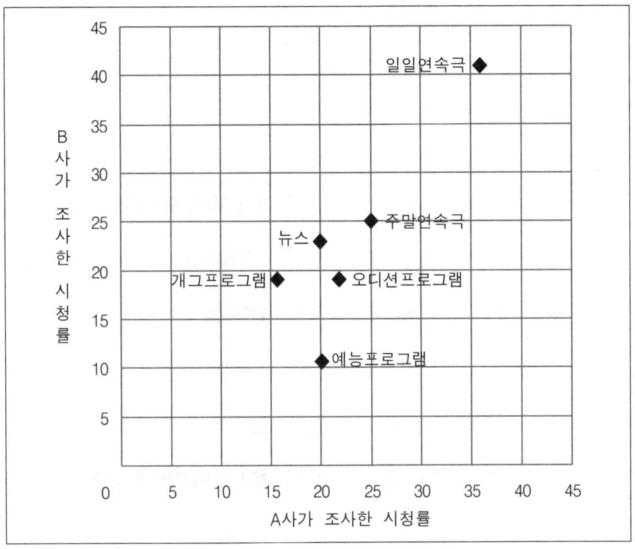

<보 기>

ㄱ. B사가 조사한 일일연속극 시청률은 40% 미만이다.

ㄴ. A사가 조사한 시청률과 B사가 조사한 시청률 간의 차이가 가장 큰 것은 예능프로그램이다.

ㄷ. 오디션프로그램의 시청률은 B사의 조사결과가 A사의 조사결과보다 높다.

ㄹ. 주말연속극의 시청률은 A사의 조사결과가 B사의 조사결과보다 높다.

ㅁ. A사의 조사에서는 오디션프로그램이 뉴스보다 시청률이 높으나 B사의 조사에서는 뉴스가 오디션프로그램보다 시청률이 높다.

① ㄱ, ㄷ
② ㄱ, ㅁ
③ ㄴ, ㄹ
④ ㄴ, ㅁ
⑤ ㄷ, ㄹ

2. 다음 <표>는 '갑'기업의 사채발행차금 상각 과정을 나타낸 것이다. 이에 대한 설명으로 옳지 않은 것은?

<표> 사채발행차금 상각 과정

(단위: 백만 원)

구분 \ 연도		1차년도	2차년도	3차년도	4차년도
이자비용(A)[=(전년도 E)×0.1]		-	900	( )	( )
액면이자(B)		-	600	600	600
사채발행차금	상각액(C) [=(당해년도 A)-(당해년도 B)]	-	300	( )	( )
	미상각잔액(D) [=(전년도 D)-(당해년도 C)]	3,000	2,700	( )	( )
사채장부가액(E) [=(전년도 E)+(당해년도 C)]		9,000	9,300	( )	9,993

※ 1차년도의 미상각잔액(3,000백만 원)과 사채장부가액(9,000백만 원)은 주어진 값임.

① 3차년도의 사채장부가액은 96억 원 이하이다.
② 3차년도, 4차년도의 상각액은 전년도 대비 매년 증가한다.
③ 3차년도, 4차년도의 이자비용은 전년도 대비 매년 증가한다.
④ 3차년도, 4차년도의 미상각잔액은 전년도 대비 매년 감소한다.
⑤ 3차년도 대비 4차년도의 사채장부가액 증가액은 4차년도의 상각액과 일치한다.

3. 다음 <표>는 성별에 따른 2008년도 국가별 암 발생률에 대한 자료이다. 이에 근거하여 정리한 것 중 옳지 않은 것은?

<표 1> 국가별 암 발생률(남자)

(단위: 명)

한국		일본		미국		영국	
위	63.8	위	46.8	전립선	83.8	전립선	62.1
폐	46.9	대장	41.7	폐	49.5	폐	41.6
대장	45.9	폐	38.7	대장	34.1	대장	36.2
간	38.9	전립선	22.7	방광	21.1	방광	13.0
전립선	23.0	간	17.6	림프종	16.3	림프종	12.0
기타	95.7	기타	79.8	기타	130.2	기타	115.9
계	314.2	계	247.3	계	335.0	계	280.8

※ 암 발생률: 특정기간 동안 해당 집단의 인구 10만 명당 새롭게 발생한 암 환자 수

<표 2> 국가별 암 발생률(여자)

(단위: 명)

한국		일본		미국		영국	
갑상선	68.6	유방	42.7	유방	76.0	유방	87.9
유방	36.8	대장	22.8	폐	36.2	대장	23.7
위	24.9	위	18.2	대장	25.0	폐	23.5
대장	24.7	폐	13.3	자궁체부	16.5	난소	12.8
폐	13.9	자궁경부	9.8	갑상선	15.1	자궁체부	11.1
기타	72.7	기타	60.8	기타	105.6	기타	90.5
계	241.6	계	167.6	계	274.4	계	249.5

① 성별에 따른 국가별 암 발생률의 계

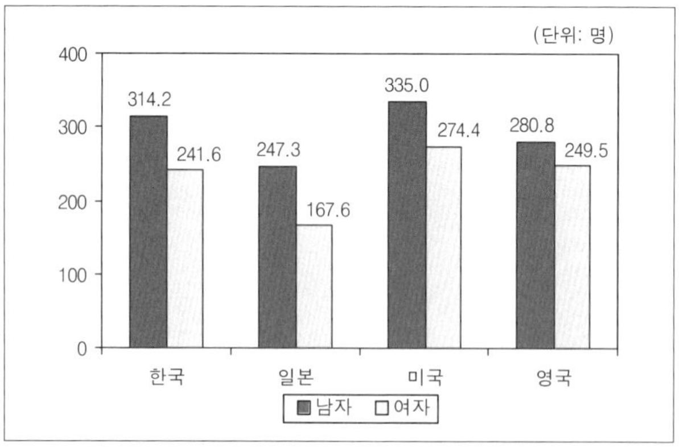

② 국가별 여성 유방암 발생자 수

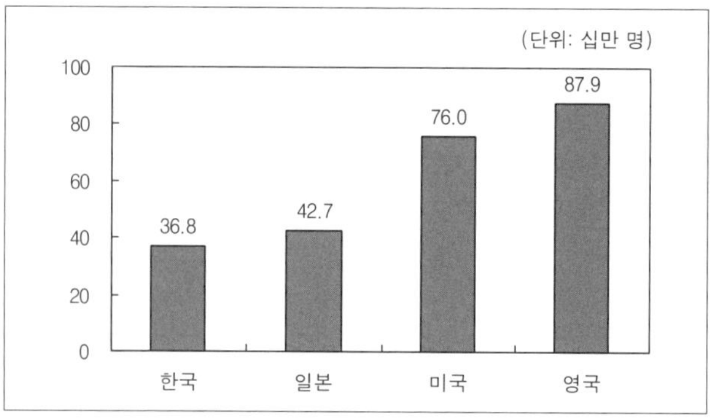

③ 한국의 성별 암 발생률

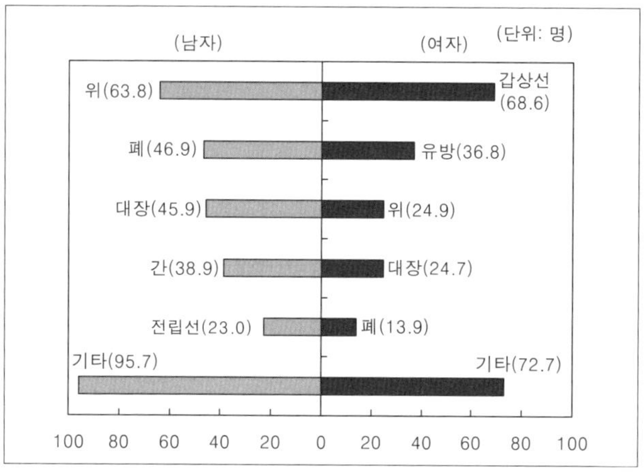

④ 한국과 일본의 암 발생률(남자)

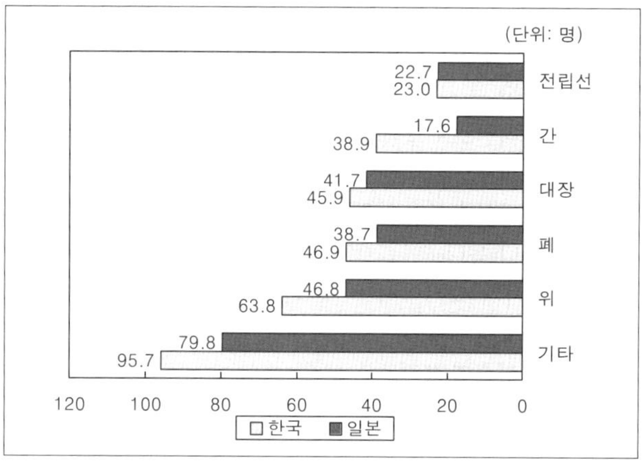

⑤ 한국 여성의 암 발생률의 구성비

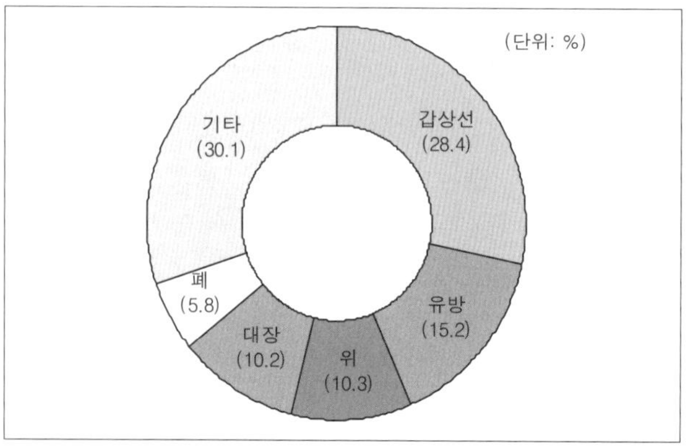

4. 다음 <표>는 2006년부터 2010년까지 정부지원 직업훈련 현황에 대한 자료이다. 이에 대한 <보기>의 설명 중 옳은 것을 모두 고르면?

<표> 연도별 정부지원 직업훈련 현황

(단위: 천 명, 억 원)

구분	연도	2006	2007	2008	2009	2010
훈련인원	실업자	102	117	113	153	304
	재직자	2,914	3,576	4,007	4,949	4,243
	계	3,016	3,693	4,120	5,102	4,547
훈련지원금	실업자	3,236	3,638	3,402	4,659	4,362
	재직자	3,361	4,075	4,741	5,597	4,669
	계	6,597	7,713	8,143	10,256	9,031

<보 기>

ㄱ. 실업자 훈련인원과 실업자 훈련지원금의 연도별 증감방향은 서로 일치한다.
ㄴ. 훈련지원금 총액은 2009년에 1조 원을 넘어 최고치를 기록하였다.
ㄷ. 2006년 대비 2010년 실업자 훈련인원의 증가율은 실업자 훈련지원금 증가율의 7배 이상이다.
ㄹ. 훈련인원은 매년 실업자가 재직자보다 적었다.
ㅁ. 1인당 훈련지원금은 매년 실업자가 재직자보다 많았다.

① ㄱ, ㄴ, ㄷ
② ㄱ, ㄷ, ㄹ
③ ㄱ, ㄹ, ㅁ
④ ㄴ, ㄷ, ㅁ
⑤ ㄴ, ㄹ, ㅁ

5. 다음 <표>는 '갑' 공제회의 회원기금원금, 회원 수 및 1인당 평균 계좌 수, 자산 현황에 관한 자료이다. 이에 대한 <보기>의 설명 중 옳지 않은 것을 모두 고르면?

<표 1> 공제회 회원기금원금(연말 기준)

(단위: 억 원)

원금구분 \ 년	2005	2006	2007	2008	2009	2010
회원급여저축원금	19,361	21,622	21,932	22,030	23,933	26,081
목돈수탁원금	7,761	7,844	6,270	6,157	10,068	12,639
계	27,122	29,466	28,202	28,187	34,001	38,720

<표 2> 공제회 회원 수 및 1인당 평균 계좌 수(연말 기준)

(단위: 명, 개)

구분 \ 년	2005	2006	2007	2008	2009	2010
회원 수	166,346	169,745	162,425	159,398	162,727	164,751
1인당 평균 계좌 수	65.19	64.27	58.02	61.15	67.12	70.93

<표 3> 2010년 공제회 자산 현황(연말 기준)

(단위: 억 원, %)

구분	금액(비중)
회원급여저축총액	37,952 (46.8)
차입금	17,976 (22.1)
보조금 등	7,295 (9.0)
안정기금	5,281 (6.5)
목돈수탁원금	12,639 (15.6)
계	81,143(100.0)

※ 회원급여저축총액 = 회원급여저축원금 + 누적이자총액

<보 기>

ㄱ. 회원기금원금은 매년 증가하였다.
ㄴ. 공제회의 회원 수가 가장 적은 해에 목돈수탁원금도 가장 적다.
ㄷ. 2010년에 회원급여저축총액에서 누적이자총액이 차지하는 비중은 50% 이상이다.
ㄹ. 1인당 평균 계좌 수가 가장 많은 해에 회원기금원금도 가장 많다.

① ㄱ, ㄴ
② ㄱ, ㄷ
③ ㄴ, ㄷ
④ ㄴ, ㄹ
⑤ ㄱ, ㄷ, ㄹ

6. 다음 <표>는 2004년부터 2010년까지 친환경 농산물 생산량에 대한 자료이다. 이에 대한 설명 중 옳은 것은?

<표> 친환경 농산물 생산량 추이

(단위: 백 톤)

구분	2004년	2005년	2006년	2007년	2008년	2009년	2010년
유기 농산물	1,721	2,536	2,969	4,090	7,037	11,134	15,989
무농약 농산물	6,312	9,193	10,756	14,345	25,368	38,082	54,687
저농약 농산물	13,766	20,198	23,632	22,505	18,550	-	-
계	21,799	31,927	37,357	40,940	50,955	49,216	70,676

※ 1) 모든 친환경 농산물은 유기, 무농약, 저농약 중 한 가지 인증을 받아야 함.
2) 단, 2007년 1월 1일부터 저농약 신규 인증은 중단되며, 2009년 1월 1일부터 저농약 인증 자체가 폐지됨.

① 저농약 신규 인증 중단 이후 친환경 농산물 총생산량은 매년 감소하였다.
② 저농약 인증 폐지 전 저농약 농산물 생산량은 매년 친환경 농산물 총생산량의 절반 이상을 차지하였다.
③ 저농약 신규 인증 중단 이후 매년 무농약 농산물 생산량은 친환경 농산물 총생산량의 50% 이상을 차지하였다.
④ 2005년 이후 전년에 비해 친환경 농산물 총생산량이 처음으로 감소한 시기는 저농약 인증이 폐지된 해이다.
⑤ 2005년 이후 전년에 비해 무농약 농산물 생산량의 증가폭이 가장 큰 시기는 2008년이다.

7. 다음 <표>는 양성평등정책에 대한 의견을 성별 및 연령별로 정리한 자료이다. 이에 대한 <보기>의 설명 중 옳은 것을 모두 고르면?

<표> 양성평등정책에 대한 성별 및 연령별 의견

(단위: 명)

구분	30세 미만		30세 이상	
	여성	남성	여성	남성
찬성	90	78	60	48
반대	10	22	40	52
계	100	100	100	100

<보 기>

ㄱ. 30세 미만 여성이 30세 이상 여성보다 양성평등정책에 찬성하는 비율이 높다.
ㄴ. 30세 이상 여성이 30세 이상 남성보다 양성평등정책에 찬성하는 비율이 높다.
ㄷ. 양성평등정책에 찬성하는 비율의 성별 차이는 연령별 차이보다 크다.
ㄹ. 남성의 절반 이상이 양성평등정책에 찬성하고 있다.

① ㄱ, ㄷ ② ㄴ, ㄹ ③ ㄱ, ㄴ, ㄷ
④ ㄱ, ㄴ, ㄹ ⑤ ㄴ, ㄷ, ㄹ

8. 다음 <표>와 <그림>은 어느 지역의 교통사고 발생건수에 대한 자료이다. 이에 대한 <보기>의 설명 중 옳은 것을 모두 고르면?

<표> 연도별 교통사고 발생건수 현황

(단위: 천 건)

구분 \ 연도	2006	2007	2008	2009	2010
전체교통사고	231	240	220	214	213
음주교통사고	25	31	25	26	30

<그림> 2010년 교통사고 발생건수의 월별 구성비

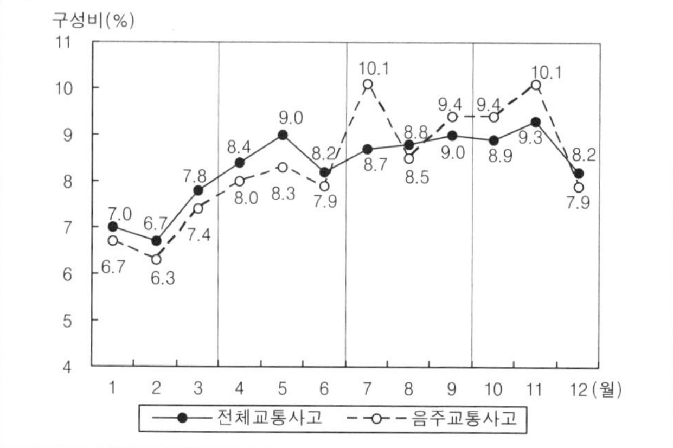

※ 전체(음주)교통사고 발생건수의 월별 구성비(%)

$$= \frac{\text{해당월 전체(음주)교통사고 발생건수}}{\text{해당연도 전체(음주)교통사고 발생건수}} \times 100$$

<보 기>

ㄱ. 2008년 이후 전체교통사고 발생건수는 매년 감소하였다.
ㄴ. 2010년 음주교통사고 발생건수는 2006년 대비 30% 이상 증가하였다.
ㄷ. 전체교통사고 발생건수 중 음주교통사고 발생건수의 비중은 2010년에 가장 높았다.
ㄹ. 2010년 음주교통사고의 분기별 발생건수는 3사분기(7, 8, 9월)에 가장 많았다.

① ㄱ, ㄹ
② ㄴ, ㄷ
③ ㄴ, ㄹ
④ ㄱ, ㄴ, ㄷ
⑤ ㄱ, ㄷ, ㄹ

9. 다음 <그림>은 국내 7개 시중은행의 경영통계(총자산, 당기순이익, 직원수)를 나타낸 그림이다. 이에 대한 <보기>의 설명으로 옳은 것을 모두 고르면?

<그림> 국내 7개 시중은행의 경영통계

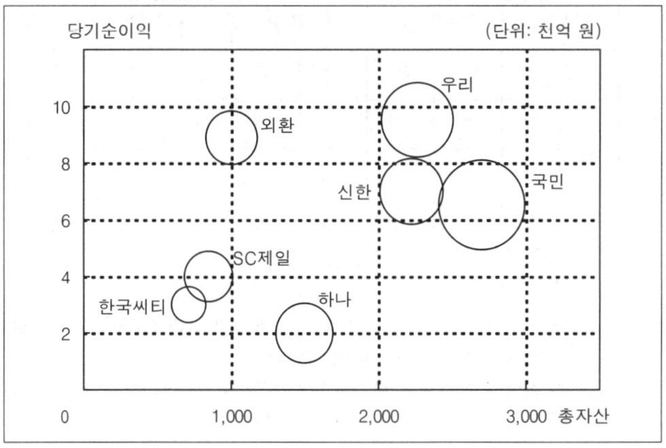

※ 1) 원의 면적은 직원수와 정비례함.
2) 직원수는 한국씨티은행(3,000명)이 가장 적고, 국민은행(18,000명)이 가장 많음.
3) 각 원의 중심 좌표는 총자산(X축)과 당기순이익(Y축)을 각각 나타냄.

<보 기>

ㄱ. 직원 1인당 총자산은 한국씨티은행이 국민은행보다 많다.
ㄴ. 총자산순이익률$\left(=\frac{\text{당기순이익}}{\text{총자산}}\right)$이 가장 낮은 은행은 하나은행이고, 가장 높은 은행은 외환은행이다.
ㄷ. 직원 1인당 당기순이익은 신한은행이 외환은행보다 많다.
ㄹ. 당기순이익이 가장 많은 은행은 우리은행이고, 가장 적은 은행은 한국씨티은행이다.

① ㄱ, ㄴ
② ㄱ, ㄹ
③ ㄴ, ㄷ
④ ㄷ, ㄹ
⑤ ㄱ, ㄴ, ㄹ

10. 다음 <표>는 6개 기관(가~바)에서 제시한 2011년 경제 전망을 나타낸 자료이다. <보고서>의 설명을 바탕으로 <표>의 A~F에 해당하는 기관을 바르게 짝지은 것은?

<표> 기관별 2011년 경제 전망

(단위: %)

기관	경제 성장률	민간소비 증가율	설비투자 증가율	소비자물가 상승률	실업률
A	4.5	4.1	6.5	3.5	3.5
B	4.2	4.1	8.5	3.2	3.6
C	4.1	3.8	7.6	3.2	3.7
D	4.1	3.9	5.2	3.1	3.7
E	3.8	3.6	5.1	2.8	3.5
F	5.0	4.0	7.0	3.0	3.4

<보고서>

'가' 기관과 '나' 기관은 2011년 실업률을 동일하게 전망하였으나, '가' 기관이 '나' 기관보다 소비자물가 상승률을 높게 전망하였다. 한편, '마' 기관은 '나' 기관보다 민간소비 증가율이 0.5%p 더 높을 것으로 전망하였으며, '다' 기관은 경제 성장률을 6개 기관 중 가장 높게 전망하였다. 설비투자 증가율을 7% 이상으로 전망한 기관은 '다', '라', '마' 3개 기관이었다.

	A	B	C	D	E	F
①	가	라	마	나	바	다
②	가	마	다	라	나	바
③	가	마	라	바	나	다
④	다	라	나	가	바	마
⑤	마	라	가	나	바	다

11. 다음 <표>는 국내 입지별 지식산업센터 수에 대한 자료이다. 이에 대한 설명 중 옳지 않은 것은?

<표> 국내 입지별 지식산업센터 수

(단위: 개)

지역 \ 구분		개별입지	계획입지	합
서울		54	73	127
6대 광역시	부산	3	6	9
	대구	2	2	4
	인천	7	11	( )
	광주	0	2	2
	대전	( )	4	6
	울산	1	0	1
경기		100	( )	133
강원		1	0	1
충북		0	0	0
충남		0	1	1
전북		0	1	1
전남		1	1	2
경북		2	0	2
경남		2	15	( )
제주		0	0	0
전국 합계		175	149	324

※ 지식산업센터가 조성된 입지는 개별입지와 계획입지로 구분됨.

① 국내 지식산업센터는 60% 이상이 개별입지에 조성되어 있다.
② 수도권(서울, 인천, 경기)의 지식산업센터 수는 전국 합계의 80%가 넘는다.
③ 경기지역의 지식산업센터는 계획입지보다 개별입지에 많이 조성되어 있다.
④ 동남권(부산, 울산, 경남)의 지식산업센터 수는 대경권(대구, 경북)의 4배 이상이다.
⑤ 6대 광역시 중 계획입지에 조성된 지식산업센터 수가 개별입지에 조성된 지식산업센터 수보다 적은 지역은 울산광역시뿐이다.

12. 다음 <표>는 약물 투여 후 특정기간이 지나 완치된 환자수에 관한 자료이다. 이에 대한 <보기>의 설명 중 옳은 것을 모두 고르면?

<표> 약물종류별, 성별, 질병별 완치 환자의 수

(단위: 명)

약물종류		약물 A		약물 B		약물 C		약물 D	
성별		남	여	남	여	남	여	남	여
질병	가	2	3	2	4	1	2	4	2
	나	3	4	6	4	2	1	2	5
	다	6	3	4	6	5	3	4	6
계		11	10	12	14	8	6	10	13

※ 1) 세 가지 질병(가~다)중 한 가지 질병에만 걸린 환자를 각 질병별로 40명씩, 총 120명을 선정하여 실험함.
2) 각 질병별 환자 40명을 무작위로 10명씩 4개 집단으로 나눠, 각 집단에 네 가지 약물(A~D) 중 하나씩 투여함.

<보 기>

ㄱ. 완치된 전체 남성 환자수가 완치된 전체 여성 환자수보다 많다.
ㄴ. 네 가지 약물 중 완치된 환자수가 많은 약물부터 나열하면 B, D, A, C이다.
ㄷ. '다' 질병의 경우 완치된 환자수가 가장 많다.
ㄹ. 전체 환자수 대비 약물 D를 투여 받고 완치된 환자수의 비율은 25% 이상이다.

① ㄱ
② ㄱ, ㄷ
③ ㄴ, ㄷ
④ ㄴ, ㄹ
⑤ ㄷ, ㄹ

13. 다음 <표>는 소비자 '갑'의 연도별 소득 및 X 재화의 구매량에 대한 자료이다. 아래의 <정보>를 활용한 <보기>의 설명 중 옳은 것을 모두 고르면?

<표> '갑'의 연도별 소득 및 X 재화의 구매량

연도	소득 (천 원)	X 재화 구매량 (개)	전년대비 소득변화율 (%)	X 재화의 전년대비 구매량 변화율 (%)
2000	8,000	5	-	-
2001	12,000	10	50.0	100.0
2002	16,000	15	33.3	50.0
2003	20,000	18	25.0	20.0
2004	24,000	20	20.0	11.1
2005	28,000	19	16.7	-5.0
2006	32,000	18	14.3	-5.3

<정 보>

○ X 재화의 소득탄력성 = $\frac{\text{X 재화의 전년대비 구매량 변화율}}{\text{전년대비 소득변화율}}$

○ 정상재: 소득이 증가할 때 구매량이 증가하는 재화로 소득탄력성이 0보다 크다. 특히 소득탄력성이 1보다 큰 정상재는 사치재라 한다.

○ 열등재: 소득이 증가할 때 구매량이 감소하는 재화로 소득탄력성이 0보다 작다.

<보 기>

ㄱ. 2000~2004년 동안 '갑'의 소득과 X 재화 구매량은 각각 매년 증가하였다.

ㄴ. 2001년 '갑'의 X 재화의 전년대비 구매량 증가율은 전년대비 소득증가율보다 크다.

ㄷ. 2004년에 X 재화는 '갑'에게 사치재이다.

ㄹ. 2006년에 X 재화는 '갑'에게 열등재이다.

① ㄱ, ㄴ
② ㄱ, ㄷ
③ ㄷ, ㄹ
④ ㄱ, ㄴ, ㄹ
⑤ ㄴ, ㄷ, ㄹ

14. 다음 <표>는 조업방법별 어업생산량과 어종별 양식어획량에 대한 자료이다. 이에 대한 설명 중 옳지 않은 것은?

<표 1> 조업방법별 어업생산량

(단위: 만 톤)

조업방법 \ 연도	2005	2006	2007	2008	2009
해면어업	109.7	110.9	115.2	128.5	122.7
양식어업	104.1	125.9	138.6	138.1	131.3
원양어업	55.2	63.9	71.0	66.6	60.5
내수면어업	2.4	2.5	2.7	2.9	3.0
계	271.4	303.2	327.5	336.1	317.5

※ 조업방법은 해면어업, 양식어업, 원양어업, 내수면어업으로 이루어짐.

<표 2> 어종별 양식어획량

(단위: 백만 마리)

어종 \ 연도	2005	2006	2007	2008	2009
조피볼락	367	377	316	280	254
넙치류	97	94	97	98	106
감성돔	44	50	48	46	35
참돔	53	32	26	45	37
숭어	33	35	30	26	29
농어	20	17	13	15	14
기타 어류	28	51	39	36	45
계	642	656	569	546	520

① 총어업생산량의 전년대비 증가율은 2007년이 2008년보다 크다.
② 2005년부터 2009년까지 어업생산량이 매년 증가한 조업방법은 내수면어업이다.
③ 2005년부터 2009년까지 연도별 총양식어획량에서 조피볼락이 차지하는 비율은 매년 50% 이상이다.
④ 기타 어류를 제외하고, 2009년 양식어획량이 전년대비 감소한 어종 중 감소율이 가장 작은 어종은 농어이다.
⑤ 기타 어류를 제외하고, 양식어획량이 많은 어종을 순서대로 나열하면, 2005년의 순서와 2009년의 순서는 동일하다.

15. 다음은 우리나라의 2011년 2월 출입국 현황에 대한 <보고서>이다. 다음 중 <보고서>의 작성에 사용되지 않은 자료는?

<보고서>

연평도 포격 사건 이후 안전에 대한 불안감, 구제역 등 악재의 영향이 계속되어 2011년 2월 외국인 입국자 수는 전년 동월 대비 약 4.4%의 낮은 증가에 그쳐 667,089명을 기록하였다. 한편 2011년 2월 국내 거주 외국인의 해외 출국자 수는 전년 동월에 비해 큰 변화가 없었다.

외국인의 입국 현황을 국가별로 살펴보면 태국, 말레이시아, 베트남 등으로부터의 입국자 수는 전년 동월 대비 증가하였으나, 대만으로부터의 입국자 수는 감소했다. 목적별로 살펴보면 승무원, 유학·연수, 기타 목적이 전년 동월 대비 각각 13.5%, 19.6%, 38.3% 증가하였으나, 업무와 관광 목적은 각각 2.3%, 3.5% 감소하였다. 또한 성별로는 남성이 335,215명, 여성은 331,874명이 입국하여 남녀 입국자 수는 비슷한 수준이었다.

① 연도별 2월 외국인 입국자 수

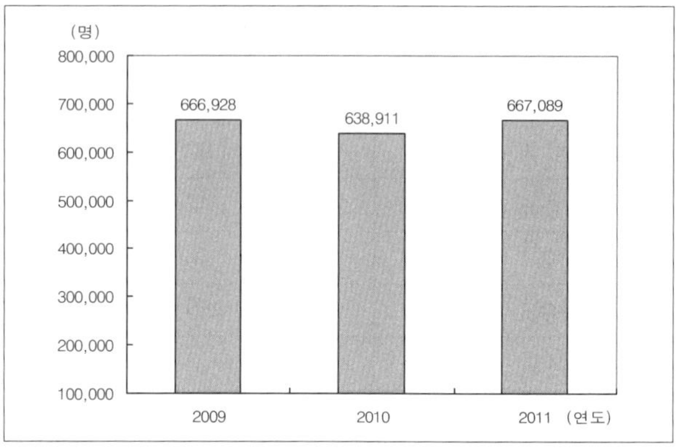

② 2011년 2월의 전년 동월 대비 국가별 외국인 입국자 수 증감률

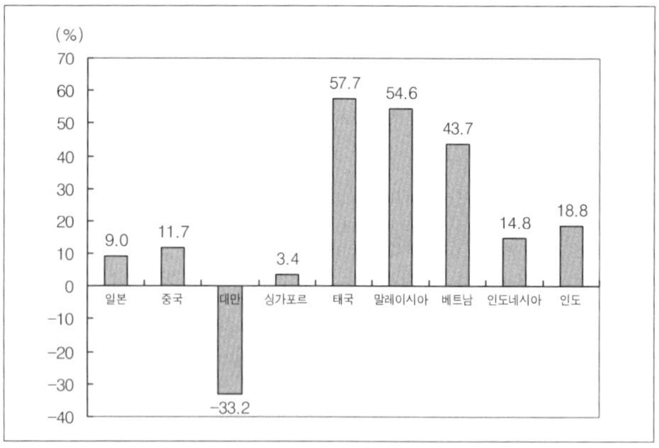

③ 2011년 2월 목적별 외국인 입국현황

입국목적	입국자(명)	전년 동월 대비 증감률(%)
관광	430,922	-3.5
업무	18,921	-2.3
유학·연수	42,644	19.6
승무원	70,118	13.5
기타	104,484	38.3

④ 2011년 2월 성별 외국인 입국자 수

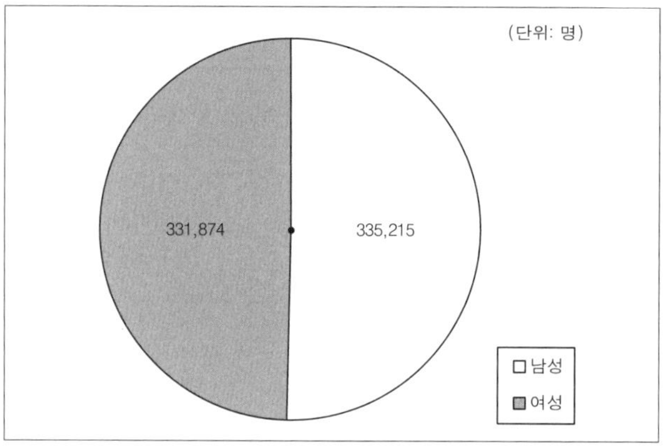

⑤ 2011년 2월 내국인의 해외 출국현황

방문국가	출국자(명)	전년 동월 대비 증감률(%)
일본	2,415,362	52.2
중국	4,076,400	27.5
대만	216,901	29.4
태국	815,970	32.0
말레이시아	264,052	16.2
싱가포르	360,652	32.6
필리핀	740,622	48.7
인도네시아	299,336	17.1
베트남	495,902	36.9

16. 다음 <그림>과 <표>는 A은행의 영업수익 추이와 2008년 주요 은행의 영업수익 현황에 대한 자료이다. 이에 대한 <보기>의 설명 중 옳은 것을 모두 고르면?

<그림> A은행의 영업수익 추이

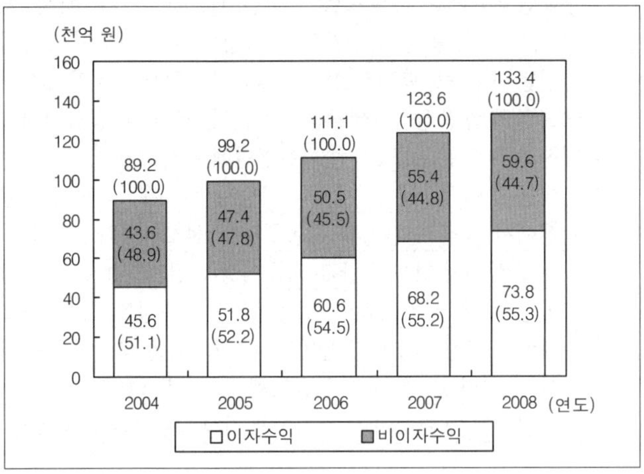

※ 1) 영업수익 = 이자수익 + 비이자수익
2) 괄호 안은 연도별 영업수익에서 차지하는 구성비(%)임.

<표> 2008년 주요 은행의 영업수익 현황

(단위: %)

구분 \ 은행	A	B	C	D	E	시중은행 평균
총자산 대비 영업수익 비율	5.2	12.8	8.6	4.7	5.6	7.2
총자산 대비 이자수익 비율	2.9	6.1	5.0	2.2	4.1	5.2

<보 기>

ㄱ. 2008년 총자산 대비 이자수익 비율은 A은행이 B은행의 절반에 미치지 못한다.

ㄴ. 2008년 총자산 대비 비이자수익 비율은 A은행이 시중은행 평균에 미치지 못한다.

ㄷ. 2005년부터 2008년까지 A은행 영업수익의 전년대비 증가율은 매년 10%를 상회하였다.

ㄹ. A은행은 영업수익에서 이자수익이 차지하는 비중이 2004년에 비해 2008년에 3.0%p 이상 증가하였다.

① ㄱ, ㄷ
② ㄱ, ㄹ
③ ㄴ, ㄷ
④ ㄴ, ㄹ
⑤ ㄷ, ㄹ

17. 다음 <표>와 <그림>은 복무기관별 공익근무요원 현황에 대한 자료이다. 이에 대한 <보기>의 설명 중 옳은 것을 모두 고르면?

<표> 복무기관별 공익근무요원 수 추이

(단위: 명)

복무기관 \ 연도	2004	2005	2006	2007	2008	2009
중앙정부기관	6,536	5,283	4,275	4,679	2,962	5,872
지방자치단체	19,514	14,861	10,935	12,335	11,404	12,837
정부산하단체	6,135	4,875	4,074	4,969	4,829	4,194
기타 기관	808	827	1,290	1,513	4,134	4,719
계	32,993	25,846	20,574	23,496	23,329	27,622

<그림> 공익근무요원의 복무기관별 비중

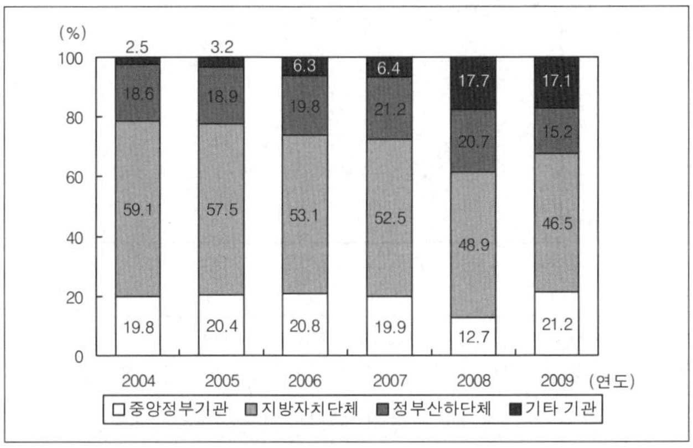

<보 기>

ㄱ. 전체 공익근무요원 수 중 기타 기관에 복무하는 공익근무요원 수가 차지하는 비중은 매년 증가하였다.

ㄴ. 2005년부터 2009년까지 중앙정부기관에 복무하는 공익근무요원 수의 증감방향은 전체 공익근무요원 수의 증감방향과 일치한다.

ㄷ. 정부산하단체에 복무하는 공익근무요원 수는 2004년 대비 2009년에 30% 이상 감소하였다.

ㄹ. 기타 기관을 제외하고, 2005년 공익근무요원 수의 전년대비 감소율이 가장 큰 복무기관은 지방자치단체이다.

① ㄱ, ㄴ
② ㄱ, ㄹ
③ ㄴ, ㄷ
④ ㄷ, ㄹ
⑤ ㄴ, ㄷ, ㄹ

18. 다음 <그림>은 외식업체 구매담당자들의 공급업체 유형별 신선편이농산물 속성에 대한 선호도 평가 결과이다. 이를 바탕으로 작성된 <보고서>의 내용 중 옳은 것을 모두 고르면?

<그림 1> 공급업체 유형별 신선편이농산물의 가격적정성·품질 선호도 평가

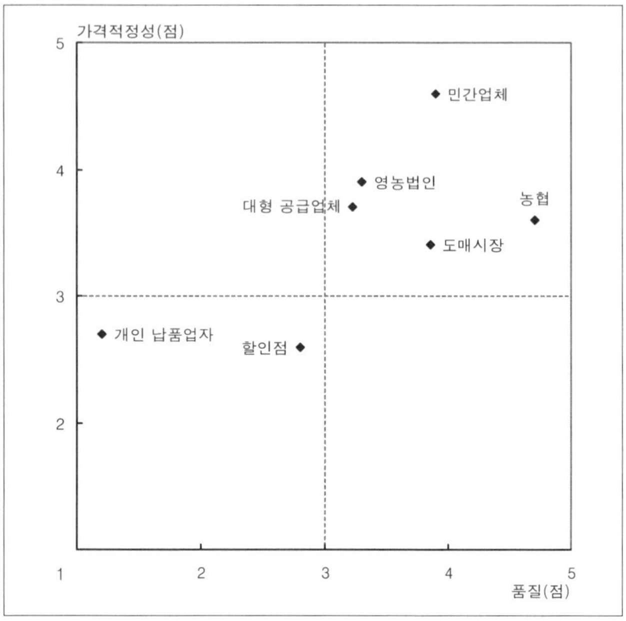

※ 1) 점선은 각 척도(1~5점)의 중간값을 표시함.
2) 각 속성별로 축의 숫자가 클수록 선호도가 높음을 의미함.

<그림 2> 공급업체 유형별 신선편이농산물의 위생안전성·공급력 선호도 평가

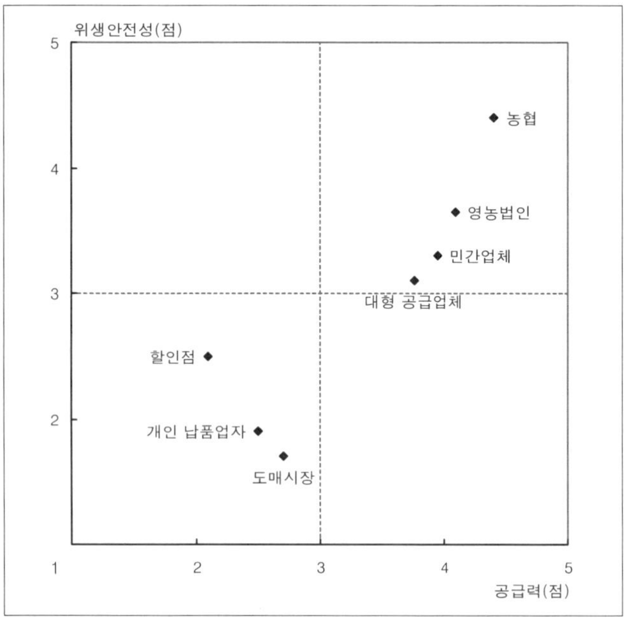

<보고서>

소비자의 제품 구입 의도는 제품에 대한 선호도에 의해 결정되므로 개별 속성에 대한 소비자의 인식을 파악하는 것이 중요하다. 신선편이농산물의 주된 소비자인 외식업체 구매담당자들을 대상으로 신선편이농산물의 네 가지 속성(가격적정성, 품질, 위생안전성, 공급력)에 의거하여 공급업체 유형별 선호도를 측정하였다. 그 결과를 바탕으로 두 가지 속성씩(가격적정성·품질, 위생안전성·공급력) 짝지어 공급업체들에 대한 선호도 분포를 2차원 좌표평면에 표시하였다.

이를 보면, ㉠외식업체 구매담당자들은 가격적정성과 품질 속성에서 각각 민간업체를 농협보다 선호하였다. ㉡네 가지 모든 속성에서 척도 중간값(3점) 이상의 평가를 받은 공급업체 유형은 총 네 개였고, ㉢특히 농협은 가격적정성, 품질, 공급력 속성에서 가장 선호도가 높았다. ㉣할인점은 공급력 속성에서 가장 낮은 선호도를 보인 공급업체 유형으로 나타났다. ㉤개인 납품업자는 네 가지 속성 각각에서 가장 낮은 선호도를 보였다.

① ㄱ, ㄷ
② ㄴ, ㄹ
③ ㄱ, ㄷ, ㅁ
④ ㄴ, ㄷ, ㄹ
⑤ ㄴ, ㄹ, ㅁ

19. 윤 사무관은 <표>를 비롯한 몇 가지 자료를 이용하여 세계 에너지 수요에 관한 <보고서>를 작성하였다. 제시된 <표> 이외에 추가로 이용한 자료를 <보기>에서 모두 고르면?

<표> 세계 에너지 수요 현황 및 전망

(단위: QBtu, %)

지역 \ 구분 / 연도		현황 1990	현황 2000	현황 2010	전망 2015	전망 2025	전망 2035	연평균 증가율 (2015~2035)
OECD	북미	101	120	121	126	138	149	0.9
	유럽	70	81	81	84	89	92	0.5
	아시아/오세아니아	27	37	38	39	43	45	0.8
		198	238	240	249	270	286	0.7
비OECD	유럽	67	50	51	55	63	69	1.3
	아시아/오세아니아	58	122	133	163	222	277	3.5
	아프리카	10	14	14	17	21	24	2.1
	중남미	15	23	23	28	33	38	1.8
		150	209	221	263	339	408	2.8
전체		348	447	461	512	609	694	1.8

<보고서>

전 세계 에너지 수요는 2010년 461QBtu(Quadrillion British thermal units)에서 2035년 694QBtu로 50% 이상 증가할 것으로 전망된다. 이 기간 동안 국제 유가와 천연가스 가격상승이 예측되어 장기적으로 에너지 수요를 다소 둔화시키는 요인으로 작용하겠으나, 비OECD 국가들의 높은 경제성장률과 인구증가율로 인해 세계 에너지 수요 증가율은 높은 수준을 유지할 것이다.

OECD 국가들의 에너지 수요는 2015~2035년 기간 중 연평균 0.7%씩 증가할 것으로 전망되어 2035년에는 2010년 수준에 비해 19.2% 늘어날 것으로 예상된다. 반면, 같은 기간 비OECD 국가들의 에너지 수요는 연평균 2.8%씩 증가하여 2035년에는 2010년 수준에 비해 84.6%나 늘어날 것으로 예상된다.

비OECD 국가들 중에서도 중국과 인도의 경제성장률이 가장 높게 전망되고 있으며, 두 국가의 2035년 에너지 수요는 2010년 수준보다 두 배 이상으로 증가하여 전 세계 에너지 수요의 25%를 점유할 것으로 예측되고 있다. 한편 전 세계에서 미국의 에너지 수요가 차지하는 비중은 2010년 22%에서 2035년 17%로 줄어들 것으로 보인다.

<보 기>

ㄱ. 1990~2035년 국제 유가와 천연가스 가격 현황 및 전망
ㄴ. 1990~2035년 국가별 경제성장률 현황 및 전망
ㄷ. 1990~2035년 국가별 인구증가율 현황 및 전망
ㄹ. 1990~2035년 국가별 에너지 생산 현황 및 전망

① ㄱ, ㄴ
② ㄱ, ㄹ
③ ㄷ, ㄹ
④ ㄱ, ㄴ, ㄷ
⑤ ㄴ, ㄷ, ㄹ

20. 다음 <그림>은 남미, 인도, 중국, 중동 지역의 2010년 대비 2030년 부문별 석유수요의 증감규모를 예측한 자료이다. <보기>의 설명을 참고하여 A~D에 해당하는 지역을 바르게 나열한 것은?

<그림> 2010년 대비 2030년 지역별, 부문별 석유수요의 증감규모

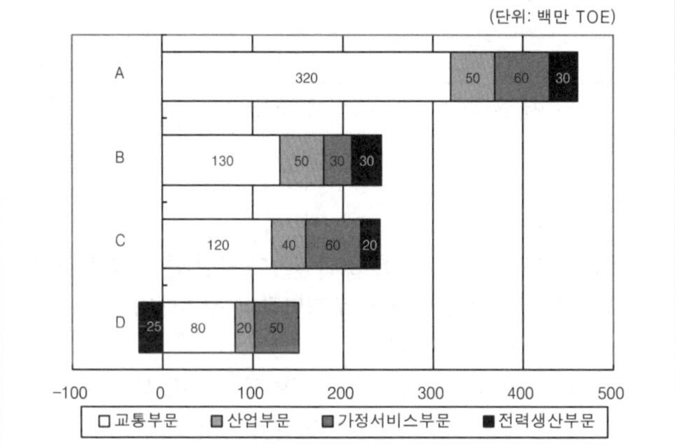

※ 주어진 네 부문 이외 석유수요의 증감은 없음.

<보 기>

○ 인도와 중동의 2010년 대비 2030년 전체 석유수요 증가규모는 동일하다.
○ 2010년 대비 2030년에 전체 석유수요 증가규모가 가장 큰 지역은 중국이다.
○ 2010년 대비 2030년에 전력생산부문의 석유수요 규모가 감소하는 지역은 남미이다.
○ 2010년 대비 2030년에 교통부문의 석유수요 증가규모가 해당 지역 전체 석유수요 증가규모의 50%인 지역은 중동이다.

	A	B	C	D
①	중국	인도	중동	남미
②	중국	중동	인도	남미
③	중국	인도	남미	중동
④	인도	중국	중동	남미
⑤	인도	중국	남미	중동

21. 다음 <표>는 2010년 지역별 외국인 소유 토지면적에 대한 자료이다. 이에 대한 <보기>의 설명 중 옳은 것을 모두 고르면?

<표> 2010년 지역별 외국인 소유 토지면적

(단위: 천 m^2)

지역	면적	전년대비 증감면적
서울	3,918	332
부산	4,894	-23
대구	1,492	-4
인천	5,462	-22
광주	3,315	4
대전	1,509	36
울산	6,832	37
경기	38,999	1,144
강원	21,747	623
충북	10,215	340
충남	20,848	1,142
전북	11,700	289
전남	38,044	128
경북	29,756	603
경남	13,173	530
제주	11,813	103
계	223,717	5,262

<보 기>

ㄱ. 2009년 외국인 소유 토지면적이 가장 큰 지역은 경기이다.

ㄴ. 2010년 외국인 소유 토지면적의 전년대비 증가율이 가장 큰 지역은 서울이다.

ㄷ. 2010년에 외국인 소유 토지면적이 가장 작은 지역이 2009년에도 외국인 소유 토지면적이 가장 작다.

ㄹ. 2009년 외국인 소유 토지면적이 세 번째로 큰 지역은 경북이다.

① ㄱ, ㄷ
② ㄴ, ㄷ
③ ㄴ, ㄹ
④ ㄱ, ㄴ, ㄹ
⑤ ㄱ, ㄷ, ㄹ

22. 다음 <표>는 어느 국가의 지역별 영유아 인구수, 보육시설 정원 및 현원에 관한 자료이다. 이에 대한 <보기>의 설명 중 옳은 것을 모두 고르면?

<표> 지역별 영유아 인구수, 보육시설 정원 및 현원

(단위: 천 명)

구분 / 지역	영유아 인구수	보육시설 정원	보육시설 현원
A	512	231	196
B	152	71	59
C	86	( )	35
D	66	28	24
E	726	375	283
F	77	49	38
G	118	67	52
H	96	66	51
I	188	109	84
J	35	28	25

※ 1) 보육시설 공급률(%) = $\frac{\text{보육시설 정원}}{\text{영유아 인구수}} \times 100$

2) 보육시설 이용률(%) = $\frac{\text{보육시설 현원}}{\text{영유아 인구수}} \times 100$

3) 보육시설 정원충족률(%) = $\frac{\text{보육시설 현원}}{\text{보육시설 정원}} \times 100$

<보 기>

ㄱ. A 지역의 보육시설 공급률과 보육시설 이용률의 차이는 10%p 미만이다.

ㄴ. 영유아 인구수가 10만 명 이상인 지역 중 보육시설 공급률이 50% 미만인 지역은 2곳이다.

ㄷ. 영유아 인구수가 가장 많은 지역과 가장 적은 지역 간 보육시설 이용률의 차이는 40%p 이상이다.

ㄹ. C 지역의 보육시설 공급률이 50%라고 가정하면 이 지역의 보육시설 정원충족률은 80% 이상이다.

① ㄱ, ㄴ
② ㄱ, ㄷ
③ ㄷ, ㄹ
④ ㄱ, ㄴ, ㄹ
⑤ ㄴ, ㄷ, ㄹ

23. 다음 <표>는 2010년 1월 1일자 '갑'기업의 팀(A~F)간 전출·입으로 인한 직원 이동에 관한 자료이다. 이에 대한 <보기>의 설명 중 옳은 것을 모두 고르면?

<표> '갑'기업의 팀별 전출·입 직원수

(단위: 명)

전출부서 \ 전입부서		식품 사업부				외식 사업부				전출합계
		A팀	B팀	C팀	소계	D팀	E팀	F팀	소계	
식품 사업부	A팀	-	4	2	6	0	4	3	7	13
	B팀	8	-	0	8	2	1	1	4	12
	C팀	0	3	-	3	3	0	4	7	10
	소계	8	7	2	17	5	5	8	18	35
외식 사업부	D팀	0	2	4	6	-	0	3	3	9
	E팀	6	1	7	14	2	-	4	6	20
	F팀	2	3	0	5	1	5	-	6	11
	소계	8	6	11	25	3	5	7	15	40
전입합계		16	13	13	42	8	10	15	33	75

※ 1) '갑'기업은 식품 사업부와 외식 사업부로만 구성됨.
2) 표읽기 예시: A팀에서 전출하여 B팀으로 전입한 직원수는 4명임.

<보 기>

ㄱ. 전출한 직원보다 전입한 직원이 많은 팀들의 전입 직원수의 합은 기업 내 전체 전출·입 직원수의 70%를 초과한다.
ㄴ. 직원이 가장 많이 전출한 팀에서 전출한 직원의 40%는 직원이 가장 많이 전입한 팀에 배치되었다.
ㄷ. 식품 사업부에서 외식 사업부로 전출한 직원수는 외식 사업부에서 식품 사업부로 전출한 직원수보다 많다.
ㄹ. 동일한 사업부 내에서 전출·입한 직원수는 기업 내 전체 전출·입 직원수의 50% 미만이다.

① ㄱ, ㄴ
② ㄱ, ㄷ
③ ㄱ, ㄹ
④ ㄴ, ㄷ
⑤ ㄷ, ㄹ

24. 다음 <표>는 A국에 출원된 의약품 특허출원에 관한 자료이다. 이를 바탕으로 작성된 <보고서>의 내용 중 옳은 것을 모두 고르면?

<표 1> 의약품별 특허출원 현황

(단위: 건)

구분 \ 연도	2008	2009	2010
완제의약품	7,137	4,394	2,999
원료의약품	1,757	797	500
기타 의약품	2,236	1,517	1,220
계	11,130	6,708	4,719

<표 2> 의약품별 특허출원 중 다국적기업 출원 현황

(단위: 건)

구분 \ 연도	2008	2009	2010
완제의약품	404	284	200
원료의약품	274	149	103
기타 의약품	215	170	141
계	893	603	444

<표 3> 완제의약품 특허출원 중 다이어트제 출원 현황

(단위: 건)

구분 \ 연도	2008	2009	2010
출원건수	53	32	22

<보고서>

㉠2008년부터 2010년까지 의약품의 특허출원은 매년 감소하였다. 그러나 기타 의약품이 전체 의약품 특허출원에서 차지하는 비중은 매년 증가하여 ㉡2010년 전체 의약품 특허출원의 30% 이상이 기타 의약품 특허출원이었다. 다국적기업의 의약품 특허출원 현황을 보면, 원료의약품에서 다국적기업 특허출원이 차지하는 비중이 다른 의약품에 비해 매년 높아 ㉢2010년 원료의약품 특허출원의 20% 이상이 다국적기업 특허출원이었다. 한편, ㉣2010년 다국적기업에서 출원한 완제의약품 특허출원 중 다이어트제 특허출원은 11%였다.

① ㄱ, ㄴ
② ㄱ, ㄷ
③ ㄴ, ㄹ
④ ㄱ, ㄷ, ㄹ
⑤ ㄴ, ㄷ, ㄹ

25. 다음 <표>는 A회사의 2010년 월별 상품 판매고에 대한 자료이다. 2010년 7월부터 12월까지의 단순이동평균을 나타낸 그래프로 옳은 것은?

<표> A회사의 2010년 월별 상품 판매고

(단위: 백만 원)

월	판매고	단순이동평균
1월	330	-
2월	410	-
3월	408	-
4월	514	-
5월	402	-
6월	343	-
7월	438	401.2
8월	419	( )
9월	374	( )
10월	415	( )
11월	451	( )
12월	333	( )

※ 단순이동평균은 해당 월 직전 6개월간 판매고의 평균을 말함. 예를 들어, 2010년 7월의 단순이동평균(401.2)은 2010년 1월부터 6월까지 판매고의 평균임.

①
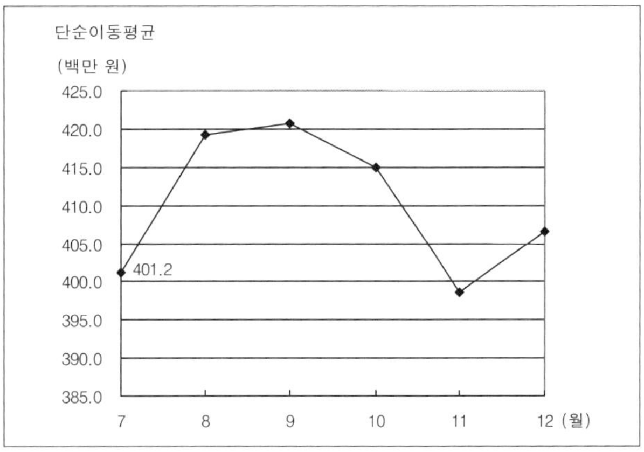

②
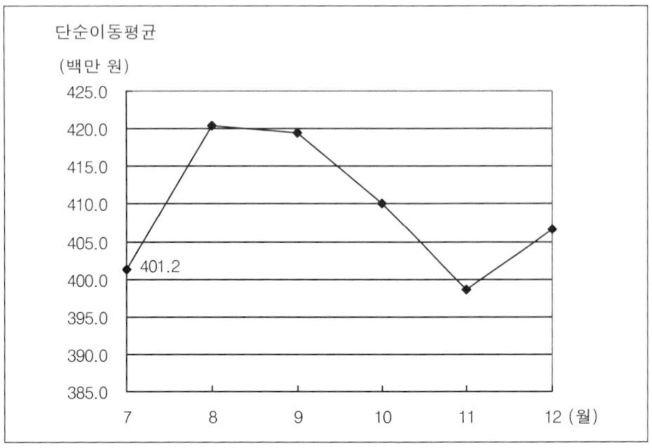

③
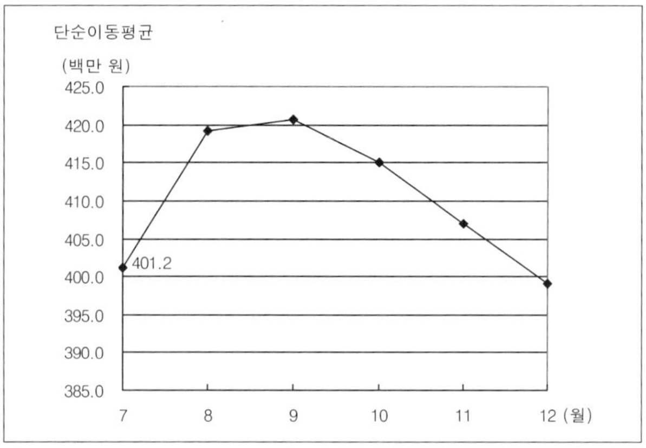

④
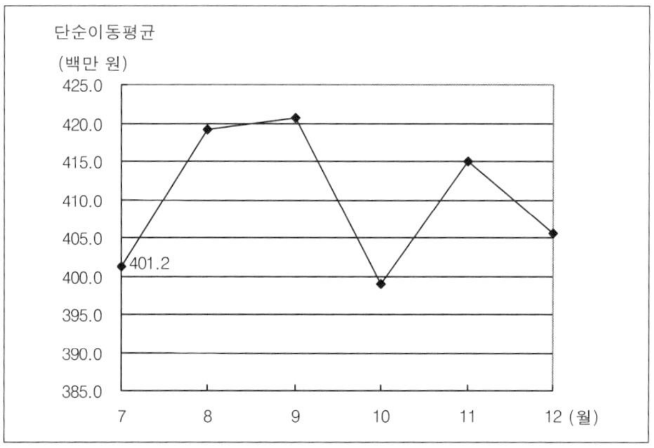

⑤
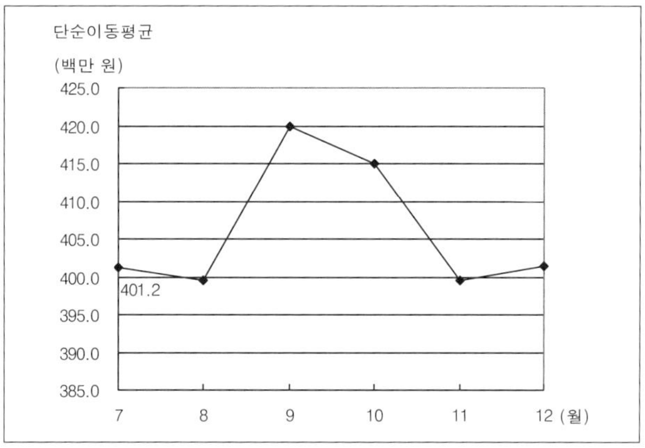

약점 보완 해설집 p.321

자르는 선

해커스 민간경력자 PSAT 15개년 기출문제집 2019년 기출문제 답안지(1교시)

컴퓨터용 검은색 사인펜만 사용

책 형

【필적감정용 기재】

*아래 예시문을 옮겨 기재하시기 바랍니다.

본인은 OOO(응시자성명)임을 확인함

기 재 란

성 명	
자필성명	본인 성명 기재
응시직렬	
응시지역	

응 시 번 호

	⓪	⓪	⓪	⓪	⓪	⓪
	①	①	①	①	①	①
	②	②	②	②	②	②
	③	③	③	③	③	③
④	④	④	④	④	④	④
⑤	⑤	⑤	⑤	⑤	⑤	⑤
	⑥	⑥	⑥	⑥	⑥	⑥
	⑦	⑦	⑦	⑦	⑦	⑦
	⑧	⑧	⑧	⑧	⑧	⑧
	⑨	⑨	⑨	⑨	⑨	⑨

생 년 월 일

⓪	⓪	⓪	⓪	⓪	⓪
	①	①	①	①	①
	②		②	②	②
	③		③	③	③
	④		④		④
	⑤		⑤		⑤
⑥	⑥		⑥		⑥
⑦	⑦		⑦		⑦
⑧	⑧		⑧		⑧
⑨	⑨		⑨		⑨

※시험감독관 서명

(성명을 정자로 기재하시기 바랍니다.)

빨간색 볼펜만 사용

언어논리영역(1~10번)		언어논리영역(11~20번)		언어논리영역(21~25번)		상황판단영역(1~10번)		상황판단영역(11~20번)		상황판단영역(21~25번)	
1	① ② ③ ④ ⑤	11	① ② ③ ④ ⑤	21	① ② ③ ④ ⑤	1	① ② ③ ④ ⑤	11	① ② ③ ④ ⑤	21	① ② ③ ④ ⑤
2	① ② ③ ④ ⑤	12	① ② ③ ④ ⑤	22	① ② ③ ④ ⑤	2	① ② ③ ④ ⑤	12	① ② ③ ④ ⑤	22	① ② ③ ④ ⑤
3	① ② ③ ④ ⑤	13	① ② ③ ④ ⑤	23	① ② ③ ④ ⑤	3	① ② ③ ④ ⑤	13	① ② ③ ④ ⑤	23	① ② ③ ④ ⑤
4	① ② ③ ④ ⑤	14	① ② ③ ④ ⑤	24	① ② ③ ④ ⑤	4	① ② ③ ④ ⑤	14	① ② ③ ④ ⑤	24	① ② ③ ④ ⑤
5	① ② ③ ④ ⑤	15	① ② ③ ④ ⑤	25	① ② ③ ④ ⑤	5	① ② ③ ④ ⑤	15	① ② ③ ④ ⑤	25	① ② ③ ④ ⑤
6	① ② ③ ④ ⑤	16	① ② ③ ④ ⑤			6	① ② ③ ④ ⑤	16	① ② ③ ④ ⑤		
7	① ② ③ ④ ⑤	17	① ② ③ ④ ⑤			7	① ② ③ ④ ⑤	17	① ② ③ ④ ⑤		
8	① ② ③ ④ ⑤	18	① ② ③ ④ ⑤			8	① ② ③ ④ ⑤	18	① ② ③ ④ ⑤		
9	① ② ③ ④ ⑤	19	① ② ③ ④ ⑤			9	① ② ③ ④ ⑤	19	① ② ③ ④ ⑤		
10	① ② ③ ④ ⑤	20	① ② ③ ④ ⑤			10	① ② ③ ④ ⑤	20	① ② ③ ④ ⑤		

자르는 선

해커스 민간경력자 PSAT 15개년 기출문제집 2019년 기출문제 답안지(2교시)

컴퓨터용 검은색 사인펜만 사용

책 형

【필적감정용 기재】
*아래 예시문을 옮겨 기재하시기 바랍니다.
본인은 OOO(응시자성명)임을 확인함
기 재 란

성 명	
자필성명	본인 성명 기재
응시직렬	
응시지역	

응시번호							
	⓪	⓪	⓪	⓪	⓪	⓪	⓪
	①	①	①	①	①	①	①
	②	②	②	②	②	②	②
	③	③	③	③	③	③	③
④	④	④	④	④	④	④	④
⑤	⑤	⑤	⑤	⑤	⑤	⑤	⑤
	⑥	⑥	⑥	⑥	⑥	⑥	⑥
	⑦	⑦	⑦	⑦	⑦	⑦	⑦
	⑧	⑧	⑧	⑧	⑧	⑧	⑧
	⑨	⑨	⑨	⑨	⑨	⑨	⑨

생년월일					
⓪	⓪	⓪	⓪	⓪	⓪
	①	①	①	①	①
	②		②	②	②
	③		③	③	③
	④		④		④
	⑤		⑤		⑤
⑥	⑥		⑥		⑥
⑦	⑦		⑦		⑦
⑧	⑧		⑧		⑧
⑨	⑨		⑨		⑨

※시험감독관 서명
(성명을 정자로 기재하시기 바랍니다.)
빨간색 볼펜만 사용

자료해석영역(1~10번)					
1	①	②	③	④	⑤
2	①	②	③	④	⑤
3	①	②	③	④	⑤
4	①	②	③	④	⑤
5	①	②	③	④	⑤
6	①	②	③	④	⑤
7	①	②	③	④	⑤
8	①	②	③	④	⑤
9	①	②	③	④	⑤
10	①	②	③	④	⑤

자료해석영역(11~20번)					
11	①	②	③	④	⑤
12	①	②	③	④	⑤
13	①	②	③	④	⑤
14	①	②	③	④	⑤
15	①	②	③	④	⑤
16	①	②	③	④	⑤
17	①	②	③	④	⑤
18	①	②	③	④	⑤
19	①	②	③	④	⑤
20	①	②	③	④	⑤

자료해석영역(21~25번)					
21	①	②	③	④	⑤
22	①	②	③	④	⑤
23	①	②	③	④	⑤
24	①	②	③	④	⑤
25	①	②	③	④	⑤

자르는 선

해커스 민간경력자 PSAT 15개년 기출문제집 2018년 기출문제 답안지(1교시)

컴퓨터용 검은색 사인펜만 사용

책 형

【필적감정용 기재】
*아래 예시문을 옮겨 기재하시기 바랍니다.

본인은 OOO(응시자성명)임을 확인함

기 재 란

성 명	
자필성명	본인 성명 기재
응시직렬	
응시지역	

응시번호							
	⓪	⓪	⓪	⓪	⓪	⓪	⓪
	①	①	①	①	①	①	①
	②	②	②	②	②	②	②
	③	③	③	③	③	③	③
④	④	④	④	④	④	④	④
⑤	⑤	⑤	⑤	⑤	⑤	⑤	⑤
	⑥	⑥	⑥	⑥	⑥	⑥	⑥
	⑦	⑦	⑦	⑦	⑦	⑦	⑦
	⑧	⑧	⑧	⑧	⑧	⑧	⑧
	⑨	⑨	⑨	⑨	⑨	⑨	⑨

생년월일					
⓪	⓪	⓪	⓪	⓪	⓪
	①	①	①	①	①
	②		②	②	②
	③		③	③	③
	④		④		④
	⑤		⑤		⑤
⑥	⑥		⑥		⑥
⑦	⑦		⑦		⑦
⑧	⑧		⑧		⑧
⑨	⑨		⑨		⑨

※시험감독관 서명
(성명을 정자로 기재하시기 바랍니다.)

빨간색 볼펜만 사용

언어논리영역(1~10번)					
1	①	②	③	④	⑤
2	①	②	③	④	⑤
3	①	②	③	④	⑤
4	①	②	③	④	⑤
5	①	②	③	④	⑤
6	①	②	③	④	⑤
7	①	②	③	④	⑤
8	①	②	③	④	⑤
9	①	②	③	④	⑤
10	①	②	③	④	⑤

언어논리영역(11~20번)					
11	①	②	③	④	⑤
12	①	②	③	④	⑤
13	①	②	③	④	⑤
14	①	②	③	④	⑤
15	①	②	③	④	⑤
16	①	②	③	④	⑤
17	①	②	③	④	⑤
18	①	②	③	④	⑤
19	①	②	③	④	⑤
20	①	②	③	④	⑤

언어논리영역(21~25번)					
21	①	②	③	④	⑤
22	①	②	③	④	⑤
23	①	②	③	④	⑤
24	①	②	③	④	⑤
25	①	②	③	④	⑤

상황판단영역(1~10번)					
1	①	②	③	④	⑤
2	①	②	③	④	⑤
3	①	②	③	④	⑤
4	①	②	③	④	⑤
5	①	②	③	④	⑤
6	①	②	③	④	⑤
7	①	②	③	④	⑤
8	①	②	③	④	⑤
9	①	②	③	④	⑤
10	①	②	③	④	⑤

상황판단영역(11~20번)					
11	①	②	③	④	⑤
12	①	②	③	④	⑤
13	①	②	③	④	⑤
14	①	②	③	④	⑤
15	①	②	③	④	⑤
16	①	②	③	④	⑤
17	①	②	③	④	⑤
18	①	②	③	④	⑤
19	①	②	③	④	⑤
20	①	②	③	④	⑤

상황판단영역(21~25번)					
21	①	②	③	④	⑤
22	①	②	③	④	⑤
23	①	②	③	④	⑤
24	①	②	③	④	⑤
25	①	②	③	④	⑤

자르는 선

해커스 민간경력자 PSAT 15개년 기출문제집 2018년 기출문제 답안지(2교시)

컴퓨터용 검은색 사인펜만 사용

책 형

【필적감정용 기재】
*아래 예시문을 옮겨 기재하시기 바랍니다.

본인은 OOO(응시자성명)임을 확인함

기 재 란

성 명	
자필성명	본인 성명 기재
응시직렬	
응시지역	

응 시 번 호							
	⓪	⓪	⓪	⓪	⓪	⓪	⓪
	①	①	①	①	①	①	①
	②	②	②	②	②	②	②
	③	③	③	③	③	③	③
④	④	④	④	④	④	④	④
⑤	⑤	⑤	⑤	⑤	⑤	⑤	⑤
	⑥	⑥	⑥	⑥	⑥	⑥	⑥
	⑦	⑦	⑦	⑦	⑦	⑦	⑦
	⑧	⑧	⑧	⑧	⑧	⑧	⑧
	⑨	⑨	⑨	⑨	⑨	⑨	⑨

생 년 월 일					
⓪	⓪	⓪	⓪	⓪	⓪
	①	①	①	①	①
	②		②	②	②
	③		③	③	③
	④		④		④
	⑤		⑤		⑤
⑥	⑥		⑥		⑥
⑦	⑦		⑦		⑦
⑧	⑧		⑧		⑧
⑨	⑨		⑨		⑨

※시험감독관 서명
(성명을 정자로 기재하시기 바랍니다.)

빨간색 볼펜만 사용

자료해석영역(1~10번)					
1	①	②	③	④	⑤
2	①	②	③	④	⑤
3	①	②	③	④	⑤
4	①	②	③	④	⑤
5	①	②	③	④	⑤
6	①	②	③	④	⑤
7	①	②	③	④	⑤
8	①	②	③	④	⑤
9	①	②	③	④	⑤
10	①	②	③	④	⑤

자료해석영역(11~20번)					
11	①	②	③	④	⑤
12	①	②	③	④	⑤
13	①	②	③	④	⑤
14	①	②	③	④	⑤
15	①	②	③	④	⑤
16	①	②	③	④	⑤
17	①	②	③	④	⑤
18	①	②	③	④	⑤
19	①	②	③	④	⑤
20	①	②	③	④	⑤

자료해석영역(21~25번)					
21	①	②	③	④	⑤
22	①	②	③	④	⑤
23	①	②	③	④	⑤
24	①	②	③	④	⑤
25	①	②	③	④	⑤

✂ 자르는 선

해커스 민간경력자 PSAT 15개년 기출문제집 2017년 기출문제 답안지(1교시)

컴퓨터용 검은색 사인펜만 사용

책 형

【필적감정용 기재】
*아래 예시문을 옮겨 기재하시기 바랍니다.

본인은 OOO(응시자성명)임을 확인함

기 재 란

성 명	
자필성명	본인 성명 기재
응시직렬	
응시지역	

응 시 번 호

	⓪	⓪	⓪	⓪	⓪	⓪	⓪
	①	①	①	①	①	①	①
	②	②	②	②	②	②	②
	③	③	③	③	③	③	③
④	④	④	④	④	④	④	④
⑤	⑤	⑤	⑤	⑤	⑤	⑤	⑤
	⑥	⑥	⑥	⑥	⑥	⑥	⑥
	⑦	⑦	⑦	⑦	⑦	⑦	⑦
	⑧	⑧	⑧	⑧	⑧	⑧	⑧
	⑨	⑨	⑨	⑨	⑨	⑨	⑨

생 년 월 일

⓪	⓪	⓪	⓪	⓪	⓪
	①	①	①	①	①
	②		②	②	②
	③		③	③	③
	④		④		④
	⑤		⑤		⑤
⑥	⑥		⑥		⑥
⑦	⑦		⑦		⑦
⑧	⑧		⑧		⑧
⑨	⑨		⑨		⑨

※시험감독관 서명
(성명을 정자로 기재하시기 바랍니다.)

빨간색 볼펜만 사용

언어논리영역(1~10번)

1	①	②	③	④	⑤
2	①	②	③	④	⑤
3	①	②	③	④	⑤
4	①	②	③	④	⑤
5	①	②	③	④	⑤
6	①	②	③	④	⑤
7	①	②	③	④	⑤
8	①	②	③	④	⑤
9	①	②	③	④	⑤
10	①	②	③	④	⑤

언어논리영역(11~20번)

11	①	②	③	④	⑤
12	①	②	③	④	⑤
13	①	②	③	④	⑤
14	①	②	③	④	⑤
15	①	②	③	④	⑤
16	①	②	③	④	⑤
17	①	②	③	④	⑤
18	①	②	③	④	⑤
19	①	②	③	④	⑤
20	①	②	③	④	⑤

언어논리영역(21~25번)

21	①	②	③	④	⑤
22	①	②	③	④	⑤
23	①	②	③	④	⑤
24	①	②	③	④	⑤
25	①	②	③	④	⑤

상황판단영역(1~10번)

1	①	②	③	④	⑤
2	①	②	③	④	⑤
3	①	②	③	④	⑤
4	①	②	③	④	⑤
5	①	②	③	④	⑤
6	①	②	③	④	⑤
7	①	②	③	④	⑤
8	①	②	③	④	⑤
9	①	②	③	④	⑤
10	①	②	③	④	⑤

상황판단영역(11~20번)

11	①	②	③	④	⑤
12	①	②	③	④	⑤
13	①	②	③	④	⑤
14	①	②	③	④	⑤
15	①	②	③	④	⑤
16	①	②	③	④	⑤
17	①	②	③	④	⑤
18	①	②	③	④	⑤
19	①	②	③	④	⑤
20	①	②	③	④	⑤

상황판단영역(21~25번)

21	①	②	③	④	⑤
22	①	②	③	④	⑤
23	①	②	③	④	⑤
24	①	②	③	④	⑤
25	①	②	③	④	⑤

✂ 자르는 선

해커스 민간경력자 PSAT 15개년 기출문제집 2017년 기출문제 답안지(2교시)

컴퓨터용 검은색 사인펜만 사용

책 형

【필적감정용 기재】
*아래 예시문을 옮겨 기재하시기 바랍니다.

본인은 OOO(응시자성명)임을 확인함

기 재 란

성 명	
자필성명	본인 성명 기재
응시직렬	
응시지역	

응 시 번 호							
	⓪	⓪	⓪	⓪	⓪	⓪	⓪
	①	①	①	①	①	①	①
	②	②	②	②	②	②	②
	③	③	③	③	③	③	③
④	④	④	④	④	④	④	④
⑤	⑤	⑤	⑤	⑤	⑤	⑤	⑤
	⑥	⑥	⑥	⑥	⑥	⑥	⑥
	⑦	⑦	⑦	⑦	⑦	⑦	⑦
	⑧	⑧	⑧	⑧	⑧	⑧	⑧
	⑨	⑨	⑨	⑨	⑨	⑨	⑨

생 년 월 일					
⓪	⓪	⓪	⓪	⓪	⓪
	①	①	①	①	①
	②		②	②	②
	③		③	③	③
	④		④		④
	⑤		⑤		⑤
⑥	⑥		⑥		⑥
⑦	⑦		⑦		⑦
⑧	⑧		⑧		⑧
⑨	⑨		⑨		⑨

※시험감독관 서명
(성명을 정자로 기재하시기 바랍니다.)

빨간색 볼펜만 사용

자료해석영역(1~10번)					
1	①	②	③	④	⑤
2	①	②	③	④	⑤
3	①	②	③	④	⑤
4	①	②	③	④	⑤
5	①	②	③	④	⑤
6	①	②	③	④	⑤
7	①	②	③	④	⑤
8	①	②	③	④	⑤
9	①	②	③	④	⑤
10	①	②	③	④	⑤

자료해석영역(11~20번)					
11	①	②	③	④	⑤
12	①	②	③	④	⑤
13	①	②	③	④	⑤
14	①	②	③	④	⑤
15	①	②	③	④	⑤
16	①	②	③	④	⑤
17	①	②	③	④	⑤
18	①	②	③	④	⑤
19	①	②	③	④	⑤
20	①	②	③	④	⑤

자료해석영역(21~25번)					
21	①	②	③	④	⑤
22	①	②	③	④	⑤
23	①	②	③	④	⑤
24	①	②	③	④	⑤
25	①	②	③	④	⑤

✂ 자르는 선

해커스 민간경력자 PSAT 15개년 기출문제집 2016년 기출문제 답안지(1교시)

컴퓨터용 검은색 사인펜만 사용

책 형

【필적감정용 기재】 *아래 예시문을 옮겨 기재하시기 바랍니다.
본인은 OOO(응시자성명)임을 확인함
기 재 란

성 명	
자필성명	본인 성명 기재
응시직렬	
응시지역	

응 시 번 호

	⓪	⓪	⓪	⓪	⓪	⓪	⓪
	①	①	①	①	①	①	①
	②	②	②	②	②	②	②
	③	③	③	③	③	③	③
④	④	④	④	④	④	④	④
⑤	⑤	⑤	⑤	⑤	⑤	⑤	⑤
	⑥	⑥	⑥	⑥	⑥	⑥	⑥
	⑦	⑦	⑦	⑦	⑦	⑦	⑦
	⑧	⑧	⑧	⑧	⑧	⑧	⑧
	⑨	⑨	⑨	⑨	⑨	⑨	⑨

생 년 월 일

⓪	⓪	⓪	⓪	⓪	⓪
	①	①	①	①	①
	②		②	②	②
	③		③	③	③
	④		④		④
	⑤		⑤		⑤
⑥	⑥		⑥		⑥
⑦	⑦		⑦		⑦
⑧	⑧		⑧		⑧
⑨	⑨		⑨		⑨

※시험감독관 서명 (성명을 정자로 기재하시기 바랍니다.)	빨간색 볼펜만 사용

언어논리영역(1~10번)	
1	① ② ③ ④ ⑤
2	① ② ③ ④ ⑤
3	① ② ③ ④ ⑤
4	① ② ③ ④ ⑤
5	① ② ③ ④ ⑤
6	① ② ③ ④ ⑤
7	① ② ③ ④ ⑤
8	① ② ③ ④ ⑤
9	① ② ③ ④ ⑤
10	① ② ③ ④ ⑤

언어논리영역(11~20번)	
11	① ② ③ ④ ⑤
12	① ② ③ ④ ⑤
13	① ② ③ ④ ⑤
14	① ② ③ ④ ⑤
15	① ② ③ ④ ⑤
16	① ② ③ ④ ⑤
17	① ② ③ ④ ⑤
18	① ② ③ ④ ⑤
19	① ② ③ ④ ⑤
20	① ② ③ ④ ⑤

언어논리영역(21~25번)	
21	① ② ③ ④ ⑤
22	① ② ③ ④ ⑤
23	① ② ③ ④ ⑤
24	① ② ③ ④ ⑤
25	① ② ③ ④ ⑤

상황판단영역(1~10번)	
1	① ② ③ ④ ⑤
2	① ② ③ ④ ⑤
3	① ② ③ ④ ⑤
4	① ② ③ ④ ⑤
5	① ② ③ ④ ⑤
6	① ② ③ ④ ⑤
7	① ② ③ ④ ⑤
8	① ② ③ ④ ⑤
9	① ② ③ ④ ⑤
10	① ② ③ ④ ⑤

상황판단영역(11~20번)	
11	① ② ③ ④ ⑤
12	① ② ③ ④ ⑤
13	① ② ③ ④ ⑤
14	① ② ③ ④ ⑤
15	① ② ③ ④ ⑤
16	① ② ③ ④ ⑤
17	① ② ③ ④ ⑤
18	① ② ③ ④ ⑤
19	① ② ③ ④ ⑤
20	① ② ③ ④ ⑤

상황판단영역(21~25번)	
21	① ② ③ ④ ⑤
22	① ② ③ ④ ⑤
23	① ② ③ ④ ⑤
24	① ② ③ ④ ⑤
25	① ② ③ ④ ⑤

자르는 선

해커스 민간경력자 PSAT 15개년 기출문제집 2016년 기출문제 답안지(2교시)

컴퓨터용 검은색 사인펜만 사용

책 형

【필적감정용 기재】 *아래 예시문을 옮겨 기재하시기 바랍니다.
본인은 OOO(응시자성명)임을 확인함
기 재 란

성 명	
자필성명	본인 성명 기재
응시직렬	
응시지역	

응 시 번 호						
	⓪	⓪	⓪	⓪	⓪	⓪
	①	①	①	①	①	①
	②	②	②	②	②	②
	③	③	③	③	③	③
④	④	④	④	④	④	④
⑤	⑤	⑤	⑤	⑤	⑤	⑤
	⑥	⑥	⑥	⑥	⑥	⑥
	⑦	⑦	⑦	⑦	⑦	⑦
	⑧	⑧	⑧	⑧	⑧	⑧
	⑨	⑨	⑨	⑨	⑨	⑨

생 년 월 일					
⓪	⓪	⓪	⓪	⓪	⓪
	①	①	①	①	①
	②		②	②	②
	③		③	③	③
	④		④		④
	⑤		⑤		⑤
⑥	⑥		⑥		⑥
⑦	⑦		⑦		⑦
⑧	⑧		⑧		⑧
⑨	⑨		⑨		⑨

※시험감독관 서명 (성명을 정자로 기재하시기 바랍니다.)
빨간색 볼펜만 사용

자료해석영역(1~10번)					
1	①	②	③	④	⑤
2	①	②	③	④	⑤
3	①	②	③	④	⑤
4	①	②	③	④	⑤
5	①	②	③	④	⑤
6	①	②	③	④	⑤
7	①	②	③	④	⑤
8	①	②	③	④	⑤
9	①	②	③	④	⑤
10	①	②	③	④	⑤

자료해석영역(11~20번)					
11	①	②	③	④	⑤
12	①	②	③	④	⑤
13	①	②	③	④	⑤
14	①	②	③	④	⑤
15	①	②	③	④	⑤
16	①	②	③	④	⑤
17	①	②	③	④	⑤
18	①	②	③	④	⑤
19	①	②	③	④	⑤
20	①	②	③	④	⑤

자료해석영역(21~25번)					
21	①	②	③	④	⑤
22	①	②	③	④	⑤
23	①	②	③	④	⑤
24	①	②	③	④	⑤
25	①	②	③	④	⑤

자르는 선

해커스 민간경력자 PSAT 15개년 기출문제집 2015년 기출문제 답안지(1교시)

컴퓨터용 검은색 사인펜만 사용

책 형

【필적감정용 기재】
*아래 예시문을 옮겨 기재하시기 바랍니다.

본인은 OOO(응시자성명)임을 확인함

기 재 란

성 명	
자필성명	본인 성명 기재
응시직렬	
응시지역	

응 시 번 호

	⓪	⓪	⓪	⓪	⓪	⓪
	①	①	①	①	①	①
	②	②	②	②	②	②
	③	③	③	③	③	③
④	④	④	④	④	④	④
⑤	⑤	⑤	⑤	⑤	⑤	⑤
	⑥	⑥	⑥	⑥	⑥	⑥
	⑦	⑦	⑦	⑦	⑦	⑦
	⑧	⑧	⑧	⑧	⑧	⑧
	⑨	⑨	⑨	⑨	⑨	⑨

생 년 월 일

⓪	⓪	⓪	⓪	⓪	⓪
	①	①	①	①	①
	②		②	②	②
	③		③	③	③
	④		④		④
	⑤		⑤		⑤
⑥	⑥		⑥		⑥
⑦	⑦		⑦		⑦
⑧	⑧		⑧		⑧
⑨	⑨		⑨		⑨

※시험감독관 서명
(성명을 정자로 기재하시기 바랍니다)

빨간색 볼펜만 사용

언어논리영역(1~10번)	
1	① ② ③ ④ ⑤
2	① ② ③ ④ ⑤
3	① ② ③ ④ ⑤
4	① ② ③ ④ ⑤
5	① ② ③ ④ ⑤
6	① ② ③ ④ ⑤
7	① ② ③ ④ ⑤
8	① ② ③ ④ ⑤
9	① ② ③ ④ ⑤
10	① ② ③ ④ ⑤

언어논리영역(11~20번)	
11	① ② ③ ④ ⑤
12	① ② ③ ④ ⑤
13	① ② ③ ④ ⑤
14	① ② ③ ④ ⑤
15	① ② ③ ④ ⑤
16	① ② ③ ④ ⑤
17	① ② ③ ④ ⑤
18	① ② ③ ④ ⑤
19	① ② ③ ④ ⑤
20	① ② ③ ④ ⑤

언어논리영역(21~25번)	
21	① ② ③ ④ ⑤
22	① ② ③ ④ ⑤
23	① ② ③ ④ ⑤
24	① ② ③ ④ ⑤
25	① ② ③ ④ ⑤

상황판단영역(1~10번)	
1	① ② ③ ④ ⑤
2	① ② ③ ④ ⑤
3	① ② ③ ④ ⑤
4	① ② ③ ④ ⑤
5	① ② ③ ④ ⑤
6	① ② ③ ④ ⑤
7	① ② ③ ④ ⑤
8	① ② ③ ④ ⑤
9	① ② ③ ④ ⑤
10	① ② ③ ④ ⑤

상황판단영역(11~20번)	
11	① ② ③ ④ ⑤
12	① ② ③ ④ ⑤
13	① ② ③ ④ ⑤
14	① ② ③ ④ ⑤
15	① ② ③ ④ ⑤
16	① ② ③ ④ ⑤
17	① ② ③ ④ ⑤
18	① ② ③ ④ ⑤
19	① ② ③ ④ ⑤
20	① ② ③ ④ ⑤

상황판단영역(21~25번)	
21	① ② ③ ④ ⑤
22	① ② ③ ④ ⑤
23	① ② ③ ④ ⑤
24	① ② ③ ④ ⑤
25	① ② ③ ④ ⑤

✂ 자르는 선

해커스 민간경력자 PSAT 15개년 기출문제집 2015년 기출문제 답안지(2교시)

컴퓨터용 검은색 사인펜만 사용

책 형

【필적감정용 기재】
*아래 예시문을 옮겨 기재하시기 바랍니다.

본인은 OOO(응시자성명)임을 확인함

기 재 란

성 명	
자필성명	본인 성명 기재
응시직렬	
응시지역	

응 시 번 호

	⓪	⓪	⓪	⓪	⓪	⓪
	①	①	①	①	①	①
	②	②	②	②	②	②
	③	③	③	③	③	③
④	④	④	④	④	④	④
⑤	⑤	⑤	⑤	⑤	⑤	⑤
	⑥	⑥	⑥	⑥	⑥	⑥
	⑦	⑦	⑦	⑦	⑦	⑦
	⑧	⑧	⑧	⑧	⑧	⑧
	⑨	⑨	⑨	⑨	⑨	⑨

생 년 월 일

⓪	⓪	⓪	⓪	⓪	⓪
	①	①	①	①	①
	②		②	②	②
	③		③	③	③
	④		④		④
	⑤		⑤		⑤
⑥	⑥		⑥		⑥
⑦	⑦		⑦		⑦
⑧	⑧		⑧		⑧
⑨	⑨		⑨		⑨

※시험감독관 서명
(성명을 정자로 기재하시기 바랍니다.)

빨간색 볼펜만 사용

자료해석영역(1~10번)

1	①	②	③	④	⑤
2	①	②	③	④	⑤
3	①	②	③	④	⑤
4	①	②	③	④	⑤
5	①	②	③	④	⑤
6	①	②	③	④	⑤
7	①	②	③	④	⑤
8	①	②	③	④	⑤
9	①	②	③	④	⑤
10	①	②	③	④	⑤

자료해석영역(11~20번)

11	①	②	③	④	⑤
12	①	②	③	④	⑤
13	①	②	③	④	⑤
14	①	②	③	④	⑤
15	①	②	③	④	⑤
16	①	②	③	④	⑤
17	①	②	③	④	⑤
18	①	②	③	④	⑤
19	①	②	③	④	⑤
20	①	②	③	④	⑤

자료해석영역(21~25번)

21	①	②	③	④	⑤
22	①	②	③	④	⑤
23	①	②	③	④	⑤
24	①	②	③	④	⑤
25	①	②	③	④	⑤

✂ 자르는 선

해커스 민간경력자 PSAT 15개년 기출문제집 2014년 기출문제 답안지(1교시)

컴퓨터용 검은색 사인펜만 사용

책 형

【필적감정용 기재】
*아래 예시문을 옮겨 기재하시기 바랍니다.
본인은 OOO(응시자성명)임을 확인함
기 재 란

성 명	
자필성명	본인 성명 기재
응시직렬	
응시지역	

응시번호							
	⓪	⓪	⓪	⓪	⓪	⓪	⓪
	①	①	①	①	①	①	①
	②	②	②	②	②	②	②
	③	③	③	③	③	③	③
④	④	④	④	④	④	④	④
⑤	⑤	⑤	⑤	⑤	⑤	⑤	⑤
	⑥	⑥	⑥	⑥	⑥	⑥	⑥
	⑦	⑦	⑦	⑦	⑦	⑦	⑦
	⑧	⑧	⑧	⑧	⑧	⑧	⑧
	⑨	⑨	⑨	⑨	⑨	⑨	⑨

생년월일					
⓪	⓪	⓪	⓪	⓪	⓪
	①	①	①	①	①
	②		②	②	②
	③		③	③	③
	④		④		④
	⑤		⑤		⑤
⑥	⑥		⑥		⑥
⑦	⑦		⑦		⑦
⑧	⑧		⑧		⑧
⑨	⑨		⑨		⑨

※시험감독관 서명 (성명을 정자로 기재하시기 바랍니다.)
빨간색 볼펜만 사용

언어논리영역(1~10번)					
1	①	②	③	④	⑤
2	①	②	③	④	⑤
3	①	②	③	④	⑤
4	①	②	③	④	⑤
5	①	②	③	④	⑤
6	①	②	③	④	⑤
7	①	②	③	④	⑤
8	①	②	③	④	⑤
9	①	②	③	④	⑤
10	①	②	③	④	⑤

언어논리영역(11~20번)					
11	①	②	③	④	⑤
12	①	②	③	④	⑤
13	①	②	③	④	⑤
14	①	②	③	④	⑤
15	①	②	③	④	⑤
16	①	②	③	④	⑤
17	①	②	③	④	⑤
18	①	②	③	④	⑤
19	①	②	③	④	⑤
20	①	②	③	④	⑤

언어논리영역(21~25번)					
21	①	②	③	④	⑤
22	①	②	③	④	⑤
23	①	②	③	④	⑤
24	①	②	③	④	⑤
25	①	②	③	④	⑤

상황판단영역(1~10번)					
1	①	②	③	④	⑤
2	①	②	③	④	⑤
3	①	②	③	④	⑤
4	①	②	③	④	⑤
5	①	②	③	④	⑤
6	①	②	③	④	⑤
7	①	②	③	④	⑤
8	①	②	③	④	⑤
9	①	②	③	④	⑤
10	①	②	③	④	⑤

상황판단영역(11~20번)					
11	①	②	③	④	⑤
12	①	②	③	④	⑤
13	①	②	③	④	⑤
14	①	②	③	④	⑤
15	①	②	③	④	⑤
16	①	②	③	④	⑤
17	①	②	③	④	⑤
18	①	②	③	④	⑤
19	①	②	③	④	⑤
20	①	②	③	④	⑤

상황판단영역(21~25번)					
21	①	②	③	④	⑤
22	①	②	③	④	⑤
23	①	②	③	④	⑤
24	①	②	③	④	⑤
25	①	②	③	④	⑤

자르는 선

해커스 민간경력자 PSAT 15개년 기출문제집 2014년 기출문제 답안지(2교시)

컴퓨터용 검은색 사인펜만 사용

책 형

【필적감정용 기재】
*아래 예시문을 옮겨 기재하시기 바랍니다.
본인은 OOO(응시자성명)임을 확인함
기 재 란

성 명	
자필성명	본인 성명 기재
응시직렬	
응시지역	

응 시 번 호						
	⓪	⓪	⓪	⓪	⓪	⓪
	①	①	①	①	①	①
	②	②	②	②	②	②
	③	③	③	③	③	③
④	④	④	④	④	④	④
⑤	⑤	⑤	⑤	⑤	⑤	⑤
	⑥	⑥	⑥	⑥	⑥	⑥
	⑦	⑦	⑦	⑦	⑦	⑦
	⑧	⑧	⑧	⑧	⑧	⑧
	⑨	⑨	⑨	⑨	⑨	⑨

생 년 월 일					
⓪	⓪	⓪	⓪	⓪	⓪
	①	①	①	①	①
	②		②	②	②
	③		③	③	③
	④		④		④
	⑤		⑤		⑤
⑥	⑥		⑥		⑥
⑦	⑦		⑦		⑦
⑧	⑧		⑧		⑧
⑨	⑨		⑨		⑨

※시험감독관 서명
(성명을 정자로 기재하시기 바랍니다.)

빨간색 볼펜만 사용

자료해석영역(1~10번)					
1	①	②	③	④	⑤
2	①	②	③	④	⑤
3	①	②	③	④	⑤
4	①	②	③	④	⑤
5	①	②	③	④	⑤
6	①	②	③	④	⑤
7	①	②	③	④	⑤
8	①	②	③	④	⑤
9	①	②	③	④	⑤
10	①	②	③	④	⑤

자료해석영역(11~20번)					
11	①	②	③	④	⑤
12	①	②	③	④	⑤
13	①	②	③	④	⑤
14	①	②	③	④	⑤
15	①	②	③	④	⑤
16	①	②	③	④	⑤
17	①	②	③	④	⑤
18	①	②	③	④	⑤
19	①	②	③	④	⑤
20	①	②	③	④	⑤

자료해석영역(21~25번)					
21	①	②	③	④	⑤
22	①	②	③	④	⑤
23	①	②	③	④	⑤
24	①	②	③	④	⑤
25	①	②	③	④	⑤

자르는 선

해커스 민간경력자 PSAT 15개년 기출문제집 2013년 기출문제 답안지(1교시)

컴퓨터용 검은색 사인펜만 사용

책 형

【필적감정용 기재】
*아래 예시문을 옮겨 기재하시기 바랍니다.
본인은 OOO(응시자성명)임을 확인함

기 재 란

성 명	
자필성명	본인 성명 기재
응시직렬	
응시지역	

응 시 번 호							
	⓪	⓪	⓪	⓪	⓪	⓪	⓪
	①	①	①	①	①	①	①
	②	②	②	②	②	②	②
	③	③	③	③	③	③	③
④	④	④	④	④	④	④	④
⑤	⑤	⑤	⑤	⑤	⑤	⑤	⑤
	⑥	⑥	⑥	⑥	⑥	⑥	⑥
	⑦	⑦	⑦	⑦	⑦	⑦	⑦
	⑧	⑧	⑧	⑧	⑧	⑧	⑧
	⑨	⑨	⑨	⑨	⑨	⑨	⑨

생 년 월 일					
⓪	⓪	⓪	⓪	⓪	⓪
	①	①	①	①	①
	②		②	②	②
	③		③	③	③
	④		④		④
	⑤		⑤		⑤
⑥	⑥		⑥		⑥
⑦	⑦		⑦		⑦
⑧	⑧		⑧		⑧
⑨	⑨		⑨		⑨

※시험감독관 서명 (성명을 정자로 기재하시기 바랍니다.)
빨간색 볼펜만 사용

언어논리영역(1~10번)					
1	①	②	③	④	⑤
2	①	②	③	④	⑤
3	①	②	③	④	⑤
4	①	②	③	④	⑤
5	①	②	③	④	⑤
6	①	②	③	④	⑤
7	①	②	③	④	⑤
8	①	②	③	④	⑤
9	①	②	③	④	⑤
10	①	②	③	④	⑤

언어논리영역(11~20번)					
11	①	②	③	④	⑤
12	①	②	③	④	⑤
13	①	②	③	④	⑤
14	①	②	③	④	⑤
15	①	②	③	④	⑤
16	①	②	③	④	⑤
17	①	②	③	④	⑤
18	①	②	③	④	⑤
19	①	②	③	④	⑤
20	①	②	③	④	⑤

언어논리영역(21~25번)					
21	①	②	③	④	⑤
22	①	②	③	④	⑤
23	①	②	③	④	⑤
24	①	②	③	④	⑤
25	①	②	③	④	⑤

상황판단영역(1~10번)					
1	①	②	③	④	⑤
2	①	②	③	④	⑤
3	①	②	③	④	⑤
4	①	②	③	④	⑤
5	①	②	③	④	⑤
6	①	②	③	④	⑤
7	①	②	③	④	⑤
8	①	②	③	④	⑤
9	①	②	③	④	⑤
10	①	②	③	④	⑤

상황판단영역(11~20번)					
11	①	②	③	④	⑤
12	①	②	③	④	⑤
13	①	②	③	④	⑤
14	①	②	③	④	⑤
15	①	②	③	④	⑤
16	①	②	③	④	⑤
17	①	②	③	④	⑤
18	①	②	③	④	⑤
19	①	②	③	④	⑤
20	①	②	③	④	⑤

상황판단영역(21~25번)					
21	①	②	③	④	⑤
22	①	②	③	④	⑤
23	①	②	③	④	⑤
24	①	②	③	④	⑤
25	①	②	③	④	⑤

자르는 선

해커스 민간경력자 PSAT 15개년 기출문제집 2013년 기출문제 답안지(2교시)

컴퓨터용 검은색 사인펜만 사용

책 형

【필적감정용 기재】
*아래 예시문을 옮겨 기재하시기 바랍니다.
본인은 OOO(응시자성명)임을 확인함
기 재 란

성 명	
자필성명	본인 성명 기재
응시직렬	
응시지역	

응시번호						
	⓪	⓪	⓪	⓪	⓪	⓪
	①	①	①	①	①	①
	②	②	②	②	②	②
	③	③	③	③	③	③
④	④	④	④	④	④	④
⑤	⑤	⑤	⑤	⑤	⑤	⑤
	⑥	⑥	⑥	⑥	⑥	⑥
	⑦	⑦	⑦	⑦	⑦	⑦
	⑧	⑧	⑧	⑧	⑧	⑧
	⑨	⑨	⑨	⑨	⑨	⑨

생년월일					
⓪	⓪	⓪	⓪	⓪	⓪
	①	①	①	①	①
	②		②	②	②
	③		③	③	③
	④		④		④
	⑤		⑤		⑤
⑥	⑥		⑥		⑥
⑦	⑦		⑦		⑦
⑧	⑧		⑧		⑧
⑨	⑨		⑨		⑨

※시험감독관 서명 (성명을 정자로 기재하시기 바랍니다.)	빨간색 볼펜만 사용

자료해석영역(1~10번)

1	①	②	③	④	⑤
2	①	②	③	④	⑤
3	①	②	③	④	⑤
4	①	②	③	④	⑤
5	①	②	③	④	⑤
6	①	②	③	④	⑤
7	①	②	③	④	⑤
8	①	②	③	④	⑤
9	①	②	③	④	⑤
10	①	②	③	④	⑤

자료해석영역(11~20번)

11	①	②	③	④	⑤
12	①	②	③	④	⑤
13	①	②	③	④	⑤
14	①	②	③	④	⑤
15	①	②	③	④	⑤
16	①	②	③	④	⑤
17	①	②	③	④	⑤
18	①	②	③	④	⑤
19	①	②	③	④	⑤
20	①	②	③	④	⑤

자료해석영역(21~25번)

21	①	②	③	④	⑤
22	①	②	③	④	⑤
23	①	②	③	④	⑤
24	①	②	③	④	⑤
25	①	②	③	④	⑤

자르는 선

해커스 민간경력자 PSAT 15개년 기출문제집 2012년 기출문제 답안지(1교시)

컴퓨터용 검은색 사인펜만 사용

책 형

【필적감정용 기재】
*아래 예시문을 옮겨 기재하시기 바랍니다.
본인은 OOO(응시자성명)임을 확인함
기 재 란

성 명	
자필성명	본인 성명 기재
응시직렬	
응시지역	

응시번호							
	⓪	⓪	⓪	⓪	⓪	⓪	⓪
	①	①	①	①	①	①	①
	②	②	②	②	②	②	②
	③	③	③	③	③	③	③
④	④	④	④	④	④	④	④
⑤	⑤	⑤	⑤	⑤	⑤	⑤	⑤
	⑥	⑥	⑥	⑥	⑥	⑥	⑥
	⑦	⑦	⑦	⑦	⑦	⑦	⑦
	⑧	⑧	⑧	⑧	⑧	⑧	⑧
	⑨	⑨	⑨	⑨	⑨	⑨	⑨

생년월일					
⓪	⓪	⓪	⓪	⓪	⓪
	①	①	①	①	①
	②		②	②	②
	③		③	③	③
	④		④		④
	⑤		⑤		⑤
⑥	⑥		⑥		⑥
⑦	⑦		⑦		⑦
⑧	⑧		⑧		⑧
⑨	⑨		⑨		⑨

※시험감독관 서명 (성명을 정자로 기재하시기 바랍니다.)	빨간색 볼펜만 사용

언어논리영역(1~10번)	
1	① ② ③ ④ ⑤
2	① ② ③ ④ ⑤
3	① ② ③ ④ ⑤
4	① ② ③ ④ ⑤
5	① ② ③ ④ ⑤
6	① ② ③ ④ ⑤
7	① ② ③ ④ ⑤
8	① ② ③ ④ ⑤
9	① ② ③ ④ ⑤
10	① ② ③ ④ ⑤

언어논리영역(11~20번)	
11	① ② ③ ④ ⑤
12	① ② ③ ④ ⑤
13	① ② ③ ④ ⑤
14	① ② ③ ④ ⑤
15	① ② ③ ④ ⑤
16	① ② ③ ④ ⑤
17	① ② ③ ④ ⑤
18	① ② ③ ④ ⑤
19	① ② ③ ④ ⑤
20	① ② ③ ④ ⑤

언어논리영역(21~25번)	
21	① ② ③ ④ ⑤
22	① ② ③ ④ ⑤
23	① ② ③ ④ ⑤
24	① ② ③ ④ ⑤
25	① ② ③ ④ ⑤

상황판단영역(1~10번)	
1	① ② ③ ④ ⑤
2	① ② ③ ④ ⑤
3	① ② ③ ④ ⑤
4	① ② ③ ④ ⑤
5	① ② ③ ④ ⑤
6	① ② ③ ④ ⑤
7	① ② ③ ④ ⑤
8	① ② ③ ④ ⑤
9	① ② ③ ④ ⑤
10	① ② ③ ④ ⑤

상황판단영역(11~20번)	
11	① ② ③ ④ ⑤
12	① ② ③ ④ ⑤
13	① ② ③ ④ ⑤
14	① ② ③ ④ ⑤
15	① ② ③ ④ ⑤
16	① ② ③ ④ ⑤
17	① ② ③ ④ ⑤
18	① ② ③ ④ ⑤
19	① ② ③ ④ ⑤
20	① ② ③ ④ ⑤

상황판단영역(21~25번)	
21	① ② ③ ④ ⑤
22	① ② ③ ④ ⑤
23	① ② ③ ④ ⑤
24	① ② ③ ④ ⑤
25	① ② ③ ④ ⑤

✂ 자르는 선

해커스 민간경력자 PSAT 15개년 기출문제집 2012년 기출문제 답안지(2교시)

컴퓨터용 검은색 사인펜만 사용

책 형

【필적감정용 기재】
*아래 예시문을 옮겨 기재하시기 바랍니다.

본인은 OOO(응시자성명)임을 확인함

기 재 란

성 명	
자필성명	본인 성명 기재
응시직렬	
응시지역	

응 시 번 호						
	⓪	⓪	⓪	⓪	⓪	⓪
	①	①	①	①	①	①
	②	②	②	②	②	②
	③	③	③	③	③	③
④	④	④	④	④	④	④
⑤	⑤	⑤	⑤	⑤	⑤	⑤
	⑥	⑥	⑥	⑥	⑥	⑥
	⑦	⑦	⑦	⑦	⑦	⑦
	⑧	⑧	⑧	⑧	⑧	⑧
	⑨	⑨	⑨	⑨	⑨	⑨

생 년 월 일					
⓪	⓪	⓪	⓪	⓪	⓪
	①	①	①	①	①
	②		②	②	②
	③		③	③	③
	④		④		④
	⑤		⑤		⑤
⑥	⑥		⑥		⑥
⑦	⑦		⑦		⑦
⑧	⑧		⑧		⑧
⑨	⑨		⑨		⑨

※시험감독관 서명
(성명을 정자로 기재하시기 바랍니다.)

빨간색 볼펜만 사용

자료해석영역(1~10번)					
1	①	②	③	④	⑤
2	①	②	③	④	⑤
3	①	②	③	④	⑤
4	①	②	③	④	⑤
5	①	②	③	④	⑤
6	①	②	③	④	⑤
7	①	②	③	④	⑤
8	①	②	③	④	⑤
9	①	②	③	④	⑤
10	①	②	③	④	⑤

자료해석영역(11~20번)					
11	①	②	③	④	⑤
12	①	②	③	④	⑤
13	①	②	③	④	⑤
14	①	②	③	④	⑤
15	①	②	③	④	⑤
16	①	②	③	④	⑤
17	①	②	③	④	⑤
18	①	②	③	④	⑤
19	①	②	③	④	⑤
20	①	②	③	④	⑤

자료해석영역(21~25번)					
21	①	②	③	④	⑤
22	①	②	③	④	⑤
23	①	②	③	④	⑤
24	①	②	③	④	⑤
25	①	②	③	④	⑤

자르는 선

해커스 민간경력자 PSAT 15개년 기출문제집 2011년 기출문제 답안지(1교시)

컴퓨터용 검은색 사인펜만 사용

책 형

【필적감정용 기재】 *아래 예시문을 옮겨 기재하시기 바랍니다.
본인은 OOO(응시자성명)임을 확인함
기 재 란

성 명	
자필성명	본인 성명 기재
응시직렬	
응시지역	

응 시 번 호							
	⓪	⓪	⓪	⓪	⓪	⓪	⓪
	①	①	①	①	①	①	①
	②	②	②	②	②	②	②
	③	③	③	③	③	③	③
④	④	④	④	④	④	④	④
⑤	⑤	⑤	⑤	⑤	⑤	⑤	⑤
	⑥	⑥	⑥	⑥	⑥	⑥	⑥
	⑦	⑦	⑦	⑦	⑦	⑦	⑦
	⑧	⑧	⑧	⑧	⑧	⑧	⑧
	⑨	⑨	⑨	⑨	⑨	⑨	⑨

생 년 월 일					
⓪	⓪	⓪	⓪	⓪	⓪
	①	①	①	①	①
	②		②	②	②
	③		③	③	③
	④		④		④
	⑤		⑤		⑤
⑥	⑥		⑥		⑥
⑦	⑦		⑦		⑦
⑧	⑧		⑧		⑧
⑨	⑨		⑨		⑨

※시험감독관 서명 (성명을 정자로 기재하시기 바랍니다.)	빨간색 볼펜만 사용

언어논리영역(1~10번)	
1	① ② ③ ④ ⑤
2	① ② ③ ④ ⑤
3	① ② ③ ④ ⑤
4	① ② ③ ④ ⑤
5	① ② ③ ④ ⑤
6	① ② ③ ④ ⑤
7	① ② ③ ④ ⑤
8	① ② ③ ④ ⑤
9	① ② ③ ④ ⑤
10	① ② ③ ④ ⑤

언어논리영역(11~20번)	
11	① ② ③ ④ ⑤
12	① ② ③ ④ ⑤
13	① ② ③ ④ ⑤
14	① ② ③ ④ ⑤
15	① ② ③ ④ ⑤
16	① ② ③ ④ ⑤
17	① ② ③ ④ ⑤
18	① ② ③ ④ ⑤
19	① ② ③ ④ ⑤
20	① ② ③ ④ ⑤

언어논리영역(21~25번)	
21	① ② ③ ④ ⑤
22	① ② ③ ④ ⑤
23	① ② ③ ④ ⑤
24	① ② ③ ④ ⑤
25	① ② ③ ④ ⑤

상황판단영역(1~10번)	
1	① ② ③ ④ ⑤
2	① ② ③ ④ ⑤
3	① ② ③ ④ ⑤
4	① ② ③ ④ ⑤
5	① ② ③ ④ ⑤
6	① ② ③ ④ ⑤
7	① ② ③ ④ ⑤
8	① ② ③ ④ ⑤
9	① ② ③ ④ ⑤
10	① ② ③ ④ ⑤

상황판단영역(11~20번)	
11	① ② ③ ④ ⑤
12	① ② ③ ④ ⑤
13	① ② ③ ④ ⑤
14	① ② ③ ④ ⑤
15	① ② ③ ④ ⑤
16	① ② ③ ④ ⑤
17	① ② ③ ④ ⑤
18	① ② ③ ④ ⑤
19	① ② ③ ④ ⑤
20	① ② ③ ④ ⑤

상황판단영역(21~25번)	
21	① ② ③ ④ ⑤
22	① ② ③ ④ ⑤
23	① ② ③ ④ ⑤
24	① ② ③ ④ ⑤
25	① ② ③ ④ ⑤

자르는 선

해커스 민간경력자 PSAT 15개년 기출문제집 2011년 기출문제 답안지(2교시)

컴퓨터용 검은색 사인펜만 사용

책 형

【필적감정용 기재】
*아래 예시문을 옮겨 기재하시기 바랍니다.

본인은 OOO(응시자성명)임을 확인함

기 재 란

성 명	
자필성명	본인 성명 기재
응시직렬	
응시지역	

응 시 번 호

	⓪	⓪	⓪	⓪	⓪	⓪	⓪
	①	①	①	①	①	①	①
	②	②	②	②	②	②	②
	③	③	③	③	③	③	③
④	④	④	④	④	④	④	④
⑤	⑤	⑤	⑤	⑤	⑤	⑤	⑤
	⑥	⑥	⑥	⑥	⑥	⑥	⑥
	⑦	⑦	⑦	⑦	⑦	⑦	⑦
	⑧	⑧	⑧	⑧	⑧	⑧	⑧
	⑨	⑨	⑨	⑨	⑨	⑨	⑨

생 년 월 일

⓪	⓪	⓪	⓪	⓪	⓪
	①	①	①	①	①
	②		②	②	②
	③		③	③	③
	④		④		④
	⑤		⑤		⑤
⑥	⑥		⑥		⑥
⑦	⑦		⑦		⑦
⑧	⑧		⑧		⑧
⑨	⑨		⑨		⑨

※시험감독관 서명
(성명을 정자로 기재하시기 바랍니다.)

빨간색 볼펜만 사용

자료해석영역(1~10번)					
1	①	②	③	④	⑤
2	①	②	③	④	⑤
3	①	②	③	④	⑤
4	①	②	③	④	⑤
5	①	②	③	④	⑤
6	①	②	③	④	⑤
7	①	②	③	④	⑤
8	①	②	③	④	⑤
9	①	②	③	④	⑤
10	①	②	③	④	⑤

자료해석영역(11~20번)					
11	①	②	③	④	⑤
12	①	②	③	④	⑤
13	①	②	③	④	⑤
14	①	②	③	④	⑤
15	①	②	③	④	⑤
16	①	②	③	④	⑤
17	①	②	③	④	⑤
18	①	②	③	④	⑤
19	①	②	③	④	⑤
20	①	②	③	④	⑤

자료해석영역(21~25번)					
21	①	②	③	④	⑤
22	①	②	③	④	⑤
23	①	②	③	④	⑤
24	①	②	③	④	⑤
25	①	②	③	④	⑤

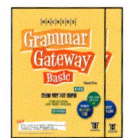

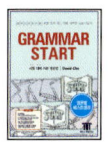

해커스

민 간 경 력 자

PSAT

15개년 기출문제집

2권 2019~2011년 기출문제

13320
9 788969 656544
ISBN 978-89-6965-654-4

2026 대비 최신개정판

1위 해커스

주간동아 2024 한국고객만족도 교육(온·오프라인 취업) 1위

해커스 민간경력자 PSAT 15개년 기출문제집

5·7급 공무원(공채, 민경채) | 국회직 8급 | 공기업 NCS 대비

약점 보완 해설집

김소원, 복지훈, 최수지, 해커스 PSAT연구소 공저

베스트 셀러

무료 바로 채점 및 성적 분석 서비스

해커스잡 ejob.Hackers.com

해커스잡 | ejob.Hackers.com

· 본 교재 인강(할인쿠폰 수록)
· PSAT 최신 기출 해설강의

특별 제공

· PSAT 영역별 핵심 이론 노트
· 5급 기출 재구성 모의고사

교보문고 취업/수험서 베스트셀러 공직적성검사(PSAT) 분야(2025.09.02. 온라인 주간 베스트 기준)

해커스

민간경력자

PSAT

15개년 기출문제집

약점 보완 해설집

해커스

목차

약점 보완 해설집

2025년 **기출문제** 취약 유형 분석표 & 정답·해설 4
2024년 **기출문제** 취약 유형 분석표 & 정답·해설 28
2023년 **기출문제** 취약 유형 분석표 & 정답·해설 48
2022년 **기출문제** 취약 유형 분석표 & 정답·해설 68
2021년 **기출문제** 취약 유형 분석표 & 정답·해설 92
2020년 **기출문제** 취약 유형 분석표 & 정답·해설 114
2019년 **기출문제** 취약 유형 분석표 & 정답·해설 136
2018년 **기출문제** 취약 유형 분석표 & 정답·해설 160
2017년 **기출문제** 취약 유형 분석표 & 정답·해설 180
2016년 **기출문제** 취약 유형 분석표 & 정답·해설 202
2015년 **기출문제** 취약 유형 분석표 & 정답·해설 222
2014년 **기출문제** 취약 유형 분석표 & 정답·해설 244
2013년 **기출문제** 취약 유형 분석표 & 정답·해설 264
2012년 **기출문제** 취약 유형 분석표 & 정답·해설 284
2011년 **기출문제** 취약 유형 분석표 & 정답·해설 306

[부록]
OCR 답안지
[온라인 제공] 해커스잡 ejob.Hackers.com
PSAT 영역별 핵심 이론 노트 (PDF)
실력 점프를 위한 5급 기출 재구성 모의고사 (PDF)

1권 | 2025~2020년 기출문제

민간경력자 PSAT 고득점을 위한 이 책의 활용법
학습 타입별 맞춤 학습 플랜
민간경력자 채용 안내 및 Q&A
최신 PSAT 출제 경향 및 합격생의 대비법
수험생이 꼭 알아야 할 시험장 Tip
민간경력자 PSAT 기출유형공략

2025년 기출문제
언어논리
상황판단
자료해석

2024년 기출문제
언어논리
상황판단
자료해석

2023년 기출문제
언어논리
상황판단
자료해석

2022년 기출문제
언어논리
상황판단
자료해석

2021년 기출문제
언어논리
상황판단
자료해석

2020년 기출문제
언어논리
상황판단
자료해석

2권 | 2019~2011년 기출문제

2019년 기출문제
언어논리
상황판단
자료해석

2018년 기출문제
언어논리
상황판단
자료해석

2017년 기출문제
언어논리
상황판단
자료해석

2016년 기출문제
언어논리
상황판단
자료해석

2015년 기출문제
언어논리
상황판단
자료해석

2014년 기출문제
언어논리
상황판단
자료해석

2013년 기출문제
언어논리
상황판단
자료해석

2012년 기출문제
언어논리
상황판단
자료해석

2011년 기출문제
언어논리
상황판단
자료해석

2025년 기출문제 취약 유형 분석표 & 정답·해설

바로 채점 및
성적 분석 서비스

PSAT 전문가의 총평

2025년 민간경력자 PSAT의 경우 자료해석 영역의 난도는 평이했고, 언어논리와 상황판단 영역의 난도는 낮았다.

1. 언어논리 영역: 독해 문제에서 모호하거나 이견이 나올만한 지점이 눈에 띄지 않았고, 논리 파트에서도 특별히 킬러문항이라 할 만한 문제는 없었다. 다만 이렇게 난도가 낮은 시험일수록 시간운용과 실수여부가 성적에 큰 영향을 미치게 된다. 따라서 다양한 제시문을 접하고 실전연습을 반복함으로써 시험을 치르는 감각을 정교하게 다듬는 노력이 실력향상을 위한 훈련만큼이나 중요하다.
2. 상황판단 영역: 2024년보다 난도가 다소 낮아진 경향이 있다. 제시된 방법을 활용해 가장 적절한 대안을 찾는 문제해결 유형은 계산 위주보다는 요건에 맞는지 여부만을 판단해도 정답을 알 수 있는 문제들이 많았다. 계산이 필요한 문제도 그다지 까다롭지 않은 형태였다. 법률 조문을 이용한 문제는 두 개 이상의 조문을 활용해야 하는 복잡한 유형보다는 각 선택지의 옳고 그름을 판단하기 위한 근거를 찾기 쉬운 유형이 주를 이뤘다. 논리퍼즐 유형에서는 특이한 논리 구조로 해결 방법을 찾는 시간이 필요한 문제도 예년과 마찬가지로 일부 있었으나, 대체로 몇 가지 경우의 수를 계산하기만 하면 정답이 도출되는 문제들이었다.
3. 자료해석 영역: 계산 문제는 복잡하지 않은 편이었으나, 후반부에 자료 정보의 의미를 정확히 이해하고 활용해야 하는 문제가 일부 출제되어 실수가 나오거나 시간 관리가 조금 어려운 경향이 있었다. 그러나 대부분의 문제는 간단한 해석과 단순 비교를 통해 정답을 찾을 수 있었으므로 전반적인 난도는 평이했다고 볼 수 있다.

정답

언어논리

p.55

1	①	세부 내용 파악	6	③	세부 내용 파악	11	③	세부 내용 파악	16	⑤	논리추론	21	⑤	진술추론
2	①	세부 내용 파악	7	④	세부 내용 파악	12	③	진술추론	17	④	논증의 타당성	22	④	사례 유추
3	③	진술추론	8	②	빈칸삽입	13	①	빈칸삽입	18	⑤	논리추론	23	②	진술추론
4	⑤	중심 내용 파악	9	③	사례 유추	14	③	세부 내용 파악	19	②	빈칸삽입	24	①	빈칸삽입
5	②	세부 내용 파악	10	④	세부 내용 파악	15	④	진술추론	20	④	진술추론	25	⑤	진술추론

상황판단

p.69

1	①	법·규정의 적용	6	①	문제해결	11	⑤	법·규정의 적용	16	②	문제해결	21	④	문제해결
2	①	법·규정의 적용	7	②	문제해결	12	④	법·규정의 적용	17	①	논리퍼즐	22	③	논리퍼즐
3	②	법·규정의 적용	8	⑤	문제해결	13	③	법·규정의 적용	18	①	문제해결	23	③	문제해결
4	②	법·규정의 적용	9	③	세부 내용 파악	14	③	문제해결	19	②	문제해결	24	④	논리퍼즐
5	⑤	세부 내용 파악	10	④	문제해결	15	④	문제해결	20	③	문제해결	25	⑤	논리퍼즐

자료해석

p.83

1	④	자료이해	6	③	자료이해	11	①	자료이해	16	⑤	자료논리	21	①	자료논리
2	④	자료이해	7	①	자료이해	12	②	자료논리	17	②	자료논리	22	⑤	자료이해
3	⑤	자료변환	8	③	자료논리	13	①	자료논리	18	②	자료이해	23	②	자료논리
4	④	자료변환	9	③	자료이해	14	③	자료변환	19	⑤	자료이해	24	①	자료이해
5	②	자료논리	10	③	자료이해	15	⑤	자료변환	20	④	자료이해	25	③	자료이해

취약 유형 분석표

유형별로 맞힌 개수, 틀린 문제 번호와 풀지 못한 문제 번호를 적고 나서 취약한 유형이 무엇인지 파악해 보세요.
취약한 유형은 '민간경력자 PSAT 기출유형공략'으로 복습하고, 해커스잡 사이트(ejob.Hackers.com)에서 제공하는 <PSAT 영역별 핵심 이론 노트>로 관련 이론을 확인한 후 틀린 문제와 풀지 못한 문제를 다시 풀어보세요.

언어논리

유형	맞힌 개수	틀린 문제 번호	풀지 못한 문제 번호
세부 내용 파악	/8		
중심 내용 파악	/1		
빈칸삽입	/4		
문단배열	/0		
사례 유추	/2		
진술추론	/7		
논증의 타당성	/1		
논리추론	/2		
TOTAL	/25		

상황판단

유형	맞힌 개수	틀린 문제 번호	풀지 못한 문제 번호
세부 내용 파악	/2		
법·규정의 적용	/7		
문제해결	/12		
논리퍼즐	/4		
TOTAL	/25		

자료해석

유형	맞힌 개수	틀린 문제 번호	풀지 못한 문제 번호
자료이해	/13		
자료논리	/8		
자료변환	/4		
TOTAL	/25		

언어논리

1 세부 내용 파악

정답 ①

정답 체크 3문단에서 신라의 왕 내물마립간이 고구려 소수림왕의 허락을 받아 사신을 고구려 영토를 거쳐 전진에 보내는 데 성공했고, 이때 신라 사신이 전진의 황제 부견을 알현해 내물마립간의 친서를 전달했음을 확인할 수 있다.

오답 체크 ② 1문단에서 터키석으로 장식한 팔찌는 계림로 14호 고분이 아닌 황남대총에서 나왔음을 확인할 수 있으므로 제시문의 내용과 일치하지 않는다.

③ 3문단에서 부견이 서역의 여러 나라를 정복한 후 실크로드를 통해 사산조 페르시아와 교류했고, 그 영향으로 전진에 만여 명에 해당하는 사산조 페르시아 사람이 살았음을 확인할 수 있으므로 전진과 함께 서역의 여러 나라를 정복하고 실크로드를 개척했다는 것은 제시문의 내용과 일치하지 않는다.

④ 3문단에서 신라의 왕 내물마립간은 고구려 소수림왕의 허락을 받아 신라의 사신을 고구려 영토를 거쳐 전진에 보내는 데 성공했음을 확인할 수 있을 뿐, 소수림왕이 전진에 사신을 보내 서아시아 지역에서 제작된 보검을 구해 주었는지의 여부는 확인할 수 없다.

⑤ 3문단에서 신라의 왕 내물마립간이 사신을 통해 전진의 황제 부견에게 친서를 보냈음을 확인할 수 있을 뿐 신라의 사신이 부견의 도움으로 서아시아산 물건을 구해달라는 내용의 친서를 사산조 페르시아에 보냈는지의 여부는 확인할 수 없다.

고득점자의 빠른 문제 풀이 Tip

알 수 있는 것을 묻는 문제에서 정답 선택지에 해당하는 '알 수 있는 것'이란 제시문에서 확인할 수 있고, 제시문과 일치하는 내용이어야 합니다.

2 세부 내용 파악

정답 ①

정답 체크 1문단에서 낙랑군이 동예를 관리하기 어려워 불내라는 집단의 우두머리에게 동부도위라는 기구를 두어 이를 관리하게 했음을 확인할 수 있다. 또한 2문단에서 기원후 245년 낙랑군이 동예를 공격하여 동예의 모든 집단이 낙랑군에 항복했고, 이후 낙랑군이 고구려에 의해 정복된 후 동예가 있던 곳이 고구려 땅이 되었음을 확인할 수 있으므로 불내라는 집단이 있던 곳은 고구려에 의해 낙랑군이 멸망한 뒤 고구려 영토가 되었다는 내용은 제시문과 부합한다.

오답 체크 ② 1문단에서 동예는 오늘날의 함경도 일대에 있던 집단들을 통칭하는 것이며, 불내후는 동예의 모든 집단을 직접 지배할 정도로 세력이 크지 않아 각 집단에 자치권을 주고 집단들 사이에 발생하는 분쟁을 중재하는 역할만 했음을 확인할 수 있으므로 제시문의 내용과 부합하지 않는다.

③ 1문단에서 동부도위는 낙랑군이 동예를 직접 관리하기 어려워 불내라는 집단의 우두머리인 불내후가 있는 곳에 설치함으로써 동예의 동향을 감시하고자 한 기구이므로 제시문의 내용과 부합하지 않는다.

④ 1문단에서 임둔군은 한 무제가 고조선을 멸하고 동예가 있는 곳에 설치한 군임을 확인할 수 있으므로 제시문의 내용과 부합하지 않는다.

⑤ 1문단에서 한 무제는 고조선이 동예가 중국의 한(漢)과 직접 교역하지 못하게 막고 무역 이권을 독점한 것에 분노하여 고조선을 멸했음을 확인할 수 있으므로 제시문과 부합하지 않는다.

고득점자의 빠른 문제 풀이 Tip

제시문의 순서와 선택지의 순서가 항상 일치하는 것은 아니므로 제시문의 전반적인 흐름과 맥락을 먼저 파악해야 각 선택지의 내용이 제시문의 어느 부분에 해당되는 것인지를 빠르고 정확하게 찾을 수 있습니다.

3 진술추론

정답 ③

정답 체크 1문단에서 '유니버설디자인'은 장애인을 위한 특별한 디자인보다는 모든 사람이 사용할 수 있는 디자인임을 확인할 수 있으므로 '장애인 화장실 대신 장애인과 비장애인 모두가 사용할 수 있는 화장실을 설치하는 것은 유니버설디자인을 추구한 사례'로 추론할 수 있다.

오답 체크 ① 2문단에서 '인클루시브디자인'은 최대한 많은 사람들이 접근하고 사용할 수 있도록 제품과 서비스를 디자인하는 것임을 확인할 수 있고, 3문단에서 이러한 '인클루시브디자인'은 기존의 '배리어프리디자인'보다 발전된 문제의식이 전제된 것임을 확인할 수 있으므로 '배리어프리디자인을 적용한 제품은 모두 인클루시브디자인이 적용된 제품'으로 볼 수는 없다.

② 3문단에서 '배리어프리디자인'이 적용된 제품을 사용하는 과정에서 신체적 특성이 부각되거나 차별감을 느낄 수 있음을 확인할 수 있으므로 '배리어프리디자인이 적용된 제품을 쓰는 장애인은 차별받는 기분을 느끼지 않는다'는 것은 제시문과 일치하지 않는다.

④ 2문단에서 '인클루시브디자인'은 디자인을 특화할 필요 없이 최대한 많은 사람들이 접근하고 사용할 수 있도록 제품과 서비스를 디자인하는 것임을 확인할 수 있으므로 '휠체어 사용자를 위해 주출입구 계단과 떨어진 곳에 별도로 설치된 경사로'는 인클루시브디자인이 적용된 사례로 보기 어렵다.

⑤ 2문단에서 '모두를위한디자인'은 1문단의 유니버설디자인의 관점과 동일한 것임을 확인할 수 있으므로 '유니버설디자인의 관점은 모두를위한디자인의 관점보다 다양한 특성의 사람들을 더 많이 포용한다'는 것은 제시문과 일치하지 않는다.

고득점자의 빠른 문제 풀이 Tip

제시문을 통해 추론할 수 있는 내용은 결국 제시문을 바탕으로 한 추론인지가 적절성을 가름하는 근거가 되므로 제시문과의 일치여부를 확인하는 것이 중요합니다.

4 중심 내용 파악

정답 ⑤

정답 체크 제시문에서는 미술작품의 미적 가치는 우리가 스스로 이해한 것이 아니라 미술 분야 전문가나 후대 미술가들의 해석과 설명을 통해 발생한 학습효과의 영향을 받은 것임을 주장하고 있다.

따라서 제시문의 핵심 논지는 '미술작품의 미적 가치는 우리 스스로 이해한 것이 아니라 타인의 해석을 바탕으로 이해한 것이다'가 적절하다.

5 세부 내용 파악
정답 ②

정답 체크 3문단에서 오픈데이터는 연구 과정 중 생산된 중간산출물을 공유하는 활동이며 연구 과정의 개방화를 추동한다는 것을 확인할 수 있으므로 '오픈데이터는 연구가 종료되기 전의 연구 과정에 관한 정보 및 그 과정에서 생산된 중간산출물의 공유를 촉진한다'는 것을 알 수 있다.

오답 체크
① 1문단에서 오픈사이언스는 과학자들끼리 연구성과를 공개함으로써 상호 검증·발전시키는 연구문화 및 규범을 일컫는 개념이었으나 개방적인 연구 활동 전반을 일컫는 용어로 재개념화되었음을 확인할 수 있으므로 '개방적인 연구 활동을 일컫던 것에서 연구문화 및 규범을 가리키는 것으로 재개념화되었다'는 것은 제시문과 일치하지 않는다.
③ 2문단에서 '오픈액세스'는 출판논문을 온라인상에 공개하는 것임을 확인할 수 있으므로 '연구자들이 오프라인 공간에서 소통하고 협력하기 위한 플랫폼을 제공하는 활동'으로 보는 것은 제시문과 일치하지 않는다.
④ 1문단에서 오픈사이언스는 디지털 기술을 활용하여 연구성과와 과정 및 그와 관련한 정보를 공개하는 일련의 활동을 총칭하는 것임을 확인할 수 있고, 2문단에서 이러한 오픈사이언스는 출판논문을 온라인상에 공개하는 오픈액세스라는 활동에서 시작되어 논문을 온라인에서 출판하는 활동으로 확장되었음을 알 수 있으므로 '오픈사이언스는 연구자 간 상호 검증이 가상 공간 바깥에서 이루어지도록 추동한다'는 것은 제시문과 일치하지 않는다.
⑤ 4문단에서 오픈콜라보레이션은 연구의 최종산출물과 중간산출물을 제외한 그 외의 정보들을 온라인 플랫폼으로 공유하는 것임을 확인할 수 있으므로 '오픈콜라보레이션은 연구 절차에 관한 정보 및 출판논문을 공유하는 연구 활동의 하나'로 보는 것은 제시문과 일치하지 않는다.

6 세부 내용 파악
정답 ③

정답 체크 1문단에서 전기업공업통제협회는 1948년에 출범했다는 것과 한국에 반도체 기술이 1960년대에 도입되기 시작했다는 것을 확인할 수 있으므로 '전기업공업통제협회가 출범할 당시 한국에 반도체 기술은 아직 도입되지 않은 상태'였음을 알 수 있다.

오답 체크
① 2문단에서 1965년에 미국의 코미사는 한국 자본과의 합작 투자로 한국 최초의 반도체 조립 업체인 고미전자산업을 설립했음을 확인할 수 있으므로 '외국 반도체 기업 가운데 코미사는 합작 투자가 아닌 방식으로 한국에 진출했다'는 것은 제시문과 일치하지 않는다.
② 2문단에서 한국 최초의 반도체 조립 업체가 설립된 것은 1965년이라는 것과 「외자도입촉진법」이 제정된 것은 1960년이라는 것을 확인할 수 있으므로 '한국 최초의 반도체 조립 업체가 설립된 것은 「외자도입촉진법」이 제정되기 이전'이라는 것은 제시문과 일치하지 않는다.
④ 2문단에서 「외자도입법」은 외자도입의 양적 확대를 지양하고 질적 선별을 강화했음을 확인할 수 있으므로 '「외자도입법」이 제정됨으로써 여러 국제기구가 한국의 경제 발전을 위한 차관을 양적으로 확대했다'는 것은 제시문과 일치하지 않는다.
⑤ 1문단에서 미군이 한국전쟁 중 가지고 들어온 라디오와 가전기기 등이 전자기술의 산업화에 대한 관심을 촉발했음을 확인할 수 있으므로 '한국전쟁 발발 이전부터 미군을 통해 유입된 라디오와 가전기기 등은 전자기술에 대한 관심을 촉발했다'는 것은 제시문의 내용과 일치하지 않는다.

7 세부 내용 파악
정답 ④

정답 체크 "창희가 학교에 왔습니까?"의 사례에서 '오다'는 청자인 담임 교사가 있는 위치로의 이동이 아닌, 창희가 이동 목표로 삼는 표준 위치로의 이동을 의미하는 것이므로 앞의 해석이 아닌 뒤의 해석으로 보는 것이 설득력이 있다. 따라서 ㉣은 적절한 수정으로 볼 수 있다.

오답 체크
① "창수가 나에게 오면 상세히 설명할게요."와 같은 예문을 통해 '오다'라는 어휘가 화자의 위치를 기준으로 이동의 방향을 지시하는 것임을 알 수 있으므로 ㉠은 적절한 수정으로 볼 수 없다.
② "여보, 창수가 회사에 오지 않았나 봐요."의 사례는 화자도 청자도 아닌 창수의 위치를 표현하고 있으므로 ㉡은 적절한 수정으로 볼 수 없다.
③ "여보, 창수가 회사에 오지 않았나 봐요."의 사례에서 '회사'는 창수가 출근해야 하는 표준 위치이며 이 경우 '오다'는 표준 위치를 향해서 이동하는 것을 의미하므로 ㉢은 적절한 수정으로 볼 수 없다.
⑤ 어머니가 딸과 함께 있다가 먼저 집에 들어가면서 딸에게 "집에 빨리 오너라."라고 말했다면 이는 화자인 어머니의 도착 예정지를 기준으로 '오다'를 쓴 것이므로 ㉤은 적절한 수정으로 볼 수 없다.

8 빈칸삽입
정답 ②

정답 체크 (가) 앞부분에서 중국어의 친족 호칭표현에는 모계인지 부계인지, 혈연관계인지 결혼을 통해 맺어진 관계인지, 나의 부모보다 나이가 많은지 적은지가 구분되어 드러난다는 것을 확인할 수 있으므로 '백부'라는 호칭 역시 이와 같은 세 가지 정보가 포함된 것임을 알 수 있다. 따라서 (가)에는 '그가 나의 부계, 남성 혈족이며 내 아버지보다 나이가 많다는'이 들어가는 것이 적절하다. 또한 (나) 앞부분에서 '미래 시제가 엄격하게 구분되는' 언어와 '문법상 현재와 미래에 차이가 없는' 언어를 비교했을 때 전자는 저축률이 낮고, 후자는 저축률이 높았다는 것을 확인할 수 있으므로 (나)에는 '미래를 현재와 동떨어진 것으로 여기면 저축을 적게 하고, 미래를 곧 다가올 현재라고 여기면 저축을 많이 한다'가 들어가는 것이 적절하다.

고득점자의 빠른 문제 풀이 Tip
빈칸 문제는 빈칸 주변의 정보를 통해 빈칸 내용의 적절성을 판단해야 하며, 특별한 표지가 없는 한 빈칸 주변의 정보와 일치하는 내용이 들어가는 것이 적절합니다.

9 사례 유추
정답 ③

정답 체크
ㄱ. 을의 발언에서 B시는 악성 민원 대응 매뉴얼을 도입한 이후 담당 직원들의 민원 스트레스가 현저히 감소했음을 확인할 수 있으므로 '악성 민원에 대처하는 방법 또는 악성 민원을 줄이는 방법'의 효과성 검증을 위한 자료로 'B시 공공 기관의 악성 민원 대응 매뉴얼 도입 후 담당 직원들의 민원 스트레스 감소 정도'는 적절하다.
ㄷ. 정의 발언에서 D시는 민원 응대 시 캠코더로 녹화되고 있음을 고지하는 정책을 시행한 이후 욕설과 폭언을 하는 민원인이 확실히 줄었음을 확인할 수 있으므로 '악성 민원에 대처하는 방법 또는 악성 민원을 줄이는 방법'의 효과성 검증을 위한 자료로 'D시의 행정복지센터의 캠코더 사용 고지 정책 도입 후 욕설과 폭언을 하는 민원인의 감소 정도'는 적절하다.

오답 체크
ㄴ. ㉠의 '필요한 자료'는 '악성 민원에 대처하는 방법 또는 악성 민원을 줄이는 방법'의 효과성 검증을 위한 자료이므로 'A시와 C시의 행정복지센터 직원들의 민원 업무 만족도 차이'는 적절하지 않다.

10 세부 내용 파악

정답 ④

정답 체크 제시문의 내용을 바탕으로 ㉠~㉥에 들어갈 내용은 각각 '㉠ OO청, ㉡ 관리기관, ㉢ OO청, ㉣ 서비스 신청, ㉤ 게시물 삭제 요청, ㉥ 처리 결과 알림'임을 알 수 있다. 또한 2문단에서 OO청에서 삭제 요청 대상 게시물에 신청인의 개인정보가 포함된 것이 인정되면 OO청은 해당 게시물을 관리하는 기관에 게시물 삭제를 요청한다는 것을 확인할 수 있으므로 '삭제 요청 대상 게시물에 신청인의 개인정보가 포함된 것이 인정되면 ㉤을 수행한다'는 것은 적절하다.

오답 체크
① 2문단에서 신청 내용 확인 단계에서는 OO청이 삭제 요청 대상 게시물에 신청인의 개인정보가 포함된 것인지를 판단해야 한다는 것을 확인할 수 있으므로 '신청 내용 확인 단계에서 ㉠이 ㉡에게 신청인의 개인정보가 게시물에 포함되었는지 확인을 요청할 수 있다'는 것은 제시문과 일치하지 않는다.
② ㉠, ㉢ 모두 OO청이므로 같은 주체임을 알 수 있다.
③ 3문단에서 검토 단계에서 게시물 삭제 조치가 미흡한 것으로 판단되면 OO청은 게시물을 관리하는 기관에 삭제를 재요청한다는 것을 확인할 수 있으므로 ㉣이 아닌 ㉤으로 돌아가야 함을 알 수 있다.
⑤ 3문단에서 게시물 삭제를 요청 받은 기관은 OO청에 처리 결과를 알려야 한다는 것을 확인할 수 있으므로 ㉥을 '신청인에게 삭제 완료 사실을 통보하는 단계'로 보는 것은 제시문과 일치하지 않는다.

11 세부 내용 파악

정답 ③

정답 체크 3문단에서 중성 입자 빔 주입 방식에서 투입된 중성 입자는 플라스마 내의 이온과 충돌을 일으켜 에너지를 전달하고 온도를 높인다는 것을 확인할 수 있으나 플라스마 내로 투입되는 중성 입자가 플라스마 속에 들어와서 가속되는지의 여부는 알 수 없으므로 ③은 적절하지 않다.

오답 체크
① 3문단에서 중성 입자 빔 주입 방식과 공명 가열 방식을 사용하는 우리나라의 핵융합 연구 장치 케이스타는 1억℃에서 48초간 플라스마를 유지하는 실험에 성공했음을 확인할 수 있으므로 '케이스타는 고온의 플라스마를 얻기 위해 공명 가열 방식을 사용하고 있다'는 것은 제시문을 통해 알 수 있다.
② 2문단에서 공명을 일으키기 위해 이온 공명 가열에서는 수십 메가헤르츠 대역의 주파수를, 전자 공명 가열에서는 수만~수십만 메가헤르츠 대역의 주파수를 사용한다는 것을 확인할 수 있으므로 '핵융합 장치에서 공명을 일으킬 때 전자의 경우는 이온의 경우보다 더 높은 주파수를 사용한다'는 것은 제시문을 통해 알 수 있다.
④ 2문단에서 공명 가열은 외부에서 가하는 힘의 주파수가 힘이 가해진 이온이나 전자가 가진 고유 주파수와 같으면 공명이 일어나는 원리를 활용한 것임을 확인할 수 있으므로 '공명 가열은 외부에서 가해지는 힘의 주파수와 그 힘을 받는 이온이나 전자의 고유 주파수가 같을 때 가능하다'는 것은 제시문을 통해 알 수 있다.
⑤ 1문단에서 태양은 큰 질량과 그에 따른 중력에 의해 내부의 플라스마 밀도가 높아서 핵융합 반응이 일어날 수 있지만 질량이 상대적으로 작은 지구에서는 태양과 유사한 밀도의 플라스마를 구현할 수 없기에 플라스마의 온도가 1억℃가 넘어야 지구에서도 태양에서와 같은 핵융합 반응이 일어나게 할 수 있음을 확인할 수 있다. 따라서 이를 통해 '지구에서 플라스마의 밀도를 더 높일 수 있다면 1억℃보다 더 낮은 온도에서 핵융합 반응을 일으키는 것이 가능함'을 알 수 있다.

12 진술추론

정답 ③

정답 체크
ㄱ. 1문단에서 도체 내부에서 자유 전자는 양이온들에 의해 당겨지고 다른 자유 전자들에 의해 밀쳐지면서 각각에 작용하는 전기력의 합력은 0이 된다는 것을 확인할 수 있으므로 ㄱ은 적절하다.
ㄴ. 2문단에서 금속에 전자들을 추가하여 금속을 대전시키더라도 전자들이 금속 내부로 들어갈 수 없다는 것을 확인할 수 있고, 3문단에서 금속 내부로 전자들이 들어갈 수 없다면 이 전자들은 금속 표면에 존재하며, 이때 표면의 전자에는 표면에 수직인 바깥 방향으로 전기력의 합력이 작용한다는 것을 알 수 있으므로 ㄴ은 적절하다.

오답 체크
ㄷ. 2문단에서 금속에 전자들을 추가하여 금속을 대전시키더라도 금속 내부의 모든 전자에 작용하는 전기력의 합력은 0이어야 함을 알 수 있으므로 ㄷ은 적절하지 않다.

13 빈칸삽입

정답 ①

정답 체크 1문단에서 '타작'은 수확된 결과물의 절반을 수취하는 정률제 방식, '도지'는 정액제라는 것과 도지는 풍흉에 따른 지대량의 변화가 없는 것이 원칙이었음을 확인할 수 있다. 따라서 2문단에서 소작인들의 수확물 은닉 여부를 감독할 필요가 없고, 수확 시기마다 수확의 정도를 확인하기 위해 올 필요가 없다는 장점을 고려하면 (가)에는 '도지'가 들어가는 것이 적절하다. 또한 도지는 풍흉에 따른 지대량의 변화가 없으므로 예상과 달리 풍년이 들면 도지의 방식이 소작인에게 유리함을 알 수 있다. 따라서 (나)에는 '소작인'이 들어가는 것이 적절하다. 마지막으로 '집조'는 당해 연도의 작황 수준이 반영된다고 했으므로 (다)에는 '타작'이 들어가는 것이 적절하다.

14 세부 내용 파악

정답 ③

정답 체크 3문단에서 기원전 3,500년경 당시 메소포타미아 지역의 목축업자들이 북쪽으로 이동하면서 유라시아 중북부의 스텝 기후 지역에 들어갔는데 그들이 이 지역에 살던 야생말을 길들이기 시작했음을 확인할 수 있으므로 '기원전 3,500년경 유라시아 중북부의 스텝 기후 지역에 살던 야생말이 길들여지기 시작했다'는 것은 제시문을 통해 알 수 있는 내용이다.

오답 체크
① 1문단에서 말은 지구력이 좋다는 것과 2문단에서 후기 홍적세 시기까지 야생말이 유라시아의 전 지역과 아메리카 및 북부 아프리카에 서식했다는 것을 확인할 수 있을 뿐 중기 충적세 시기에 야생말의 지구력이 좋아지기 시작했는지의 여부는 제시문을 통해 알 수 없다.
② 3문단에서 기원전 3,500년경부터 야생말을 길들여 운송 수단으로 활용했음을 확인할 수 있으므로 후기 홍적세 시기 이전부터 북부 아프리카에서 야생말을 운송 수단으로 썼다는 것은 제시문과 일치하지 않는다.
④ 2문단에서 후기 홍적세 시기까지 야생말은 유라시아 전 지역과 아메리카 및 북부 아프리카에 서식했고, 이때부터 중기 충적세 시기에 이르는 동안 서식 지역의 분포가 바뀌었음을 확인할 수 있다. 또한 3문단에서 기원전 3,500년경부터 인류가 말을 실생활에 이용했음을 알 수 있으므로 후기 홍적세 시기부터 초기 충적세 시기 사이에 인류는 농업과 운송 등의 실생활에 말을 이용했다는 것은 제시문과 일치하지 않는다.
⑤ 1문단에서 말이 정치·경제 발전의 중요한 수단이었고, 3문단에서 기원전 3,500년경부터 당나귀에 이어 야생말도 길들여지면서 실생활에 이용되었음을 확인할 수 있을 뿐 당나귀를 이동 수단으로 쓰던 지역이 말을 이동 수단으로 이용하던 지역보다 정치·경제적으로 더 발전했는지의 여부는 알 수 없다.

15 진술추론

정답 ④

정답 체크 ㉠에서는 단위 분석을 해야 설명에 도달할 수 있음을 제시하고 있기에 단위 분석을 하더라도 단위가 전체의 속성을 그대로 지닌다면 설명되어야 할 대상 자체와 다를 바 없으므로 단위 분석이 설명에 기여하지 못한다는 진술이 ㉠을 약화한다.

오답 체크
① 분석 대상을 시간 요소로 나누어 살피더라도 인과관계가 드러나지 않기 때문에 설명에 도움이 되지 않는다는 진술은 '단위 분석을 선택해야 한다'는 주장과 무관하므로 ㉠을 약화하는 것으로 볼 수 없다.
② 요소들의 결합으로 대상 전체가 어떻게 구성되는지 보여주는 데 성공하더라도 그것은 대상의 속성을 설명하는 일과 다르다는 진술은 '단위 분석을 선택해야 한다'는 주장과 무관하므로 ㉠을 약화하는 것으로 볼 수 없다.
③ 요소 분석에서는 전체를 설명하기 위하여 요소들 간의 상호 관계까지 추가로 해명해야 하기 때문에 설명의 경제성이 삭감된다는 진술은 '단위 분석을 선택해야 한다'는 주장과 무관하므로 ㉠을 약화하는 것으로 볼 수 없다.
⑤ 설명의 적절성은 설명을 요구하는 구체적인 문제의 특성에 따라 달라지기 때문에 설명에는 다양한 단위 분석이 존재할 수 있다는 진술은 '단위 분석을 선택해야 한다'는 당위와 무관하게 단위 분석의 다양성을 제시하고 있는 것이므로 ㉠을 약화하는 것으로 볼 수 없다.

16 논리추론

정답 ⑤

정답 체크 제시된 내용을 정리하면 다음과 같다.
가. 박 O → 오 O
나. 이 O → 남 O
다. 선 O → 박 O
라. 선 O or 이 O
이 가운데 라. 조건의 경우의 수가 가장 적으므로 이를 토대로 경우의 수를 나눠보면 다음과 같다.

구분	박	이	선	남	오
경우 1		O	O		
경우 2		O	X		
경우 3		X	O		

나. 조건에 의해 경우 1과 경우 2는 남 O가 성립하고 다. 조건에 의해 경우 1과 경우 3에는 박 O가 성립한다.

구분	박	이	선	남	오
경우 1	O	O	O	O	
경우 2		O	X	O	
경우 3	O	X	O		

가. 조건에 의해 경우 1과 경우 3에는 오 O가 성립한다. 한편 경우 2는 박 O와 박 X 두 가지 경우로 나눠볼 수 있는데 박 O인 경우 오 O도 성립한다.

구분		박	이	선	남	오
경우 1		O	O	O	O	O
경우	2	O	O	X	O	O
	2-1	X	O	X	O	
경우 3		O	X	O		O

모든 조건이 성립되었으므로 남은 빈칸은 O, X 두 경우가 모두 가능하다.

구분		박	이	선	남	오
경우 1		O	O	O	O	O
경우	2	O	O	X	O	O
	2-1	X	O	X	O	O/X
경우 3		O	X	O	O/X	O

따라서 모든 경우에서 남 주무관이나 오 주무관 중 적어도 한 사람은 반드시 선발됨을 알 수 있다.

오답 체크
① 경우 3에서 남 주무관이 선발되지 않을 수도 있다.
② 경우 2, 2-1, 3에서는 이 주무관과 선 주무관 중 한 명이 선발되지 않는다.
③ 경우 2-1에서는 박 주무관과 선 주무관이 모두 선발되지 않는다.
④ 오 주무관이 선발되지 않는 경우는 경우 2-1에서 가능한데 그 경우에 박 주무관은 선발되지 않는다.

17 논증의 타당성

정답 ④

정답 체크 제시된 내용을 정리하면 다음과 같다.
가. 심적 대상 O → 심적 대상은 물리적 대상과 같지 않음
나. 심적 대상 O and 심적 대상이 물리적 대상과 같지 않음
→ 인식적 특권 O
다. 인식적 특권 O → 소유자만 알 수 있는 부분 O
라. 소유자만 알 수 있는 부분 O → 검증 불가능 지식 O
마. ______________________
바. 따라서 심적 대상 X
바.의 '심적 대상 X'로 끝나는 명제는 가의 대우 혹은 나의 대우를 이용하여 도출할 수 있는데 여기서 마.에 ④ 검증 불가능 지식 X가 들어가게 되면 라의 대우, 다의 대우, 나의 대우가 순서대로 연결되어 '심적 대상 X or 심적 대상이 물리적 대상과 같음'이 도출된다. 그런데 가의 대우에 의하면 '심적 대상은 물리적 대상과 같음 → 심적 대상 X'이므로 이를 '심적 대상 X or 심적 대상이 물리적 대상과 같음'에 적용하면 '심적 대상 X or 심적 대상 X'가 되므로 '심적 대상 X'라는 결론을 도출할 수 있다.
따라서 빈칸에 들어갈 말로 가장 적절한 것은 ④이다.

오답 체크
① '심적 대상은 물리적 대상과 같지 않음'은 가.의 후건인데 이것만으로는 어떤 명제의 대우도 이용할 수 없어서 '심적 대상 X'를 도출할 수 없다.
② '심적 대상이 물리적 대상과 같음 → 심적 대상 X'는 가.의 대우이므로 이미 알고 있는 정보일 뿐이어서 이것이 추가된다고 하더라도 '심적 대상 X'가 도출될 수는 없다.
③ '소유자만 알 수 있는 부분 O'는 다.의 후건이고 라.의 전건인데 이것만으로는 어떤 명제의 대우도 이용할 수 없어서 '심적 대상 X'를 도출할 수 없다.
⑤ '인식적 특권 O'는 나.의 후건이고 다.의 전건인데 이것만으로는 어떤 명제의 대우도 이용할 수 없어서 '심적 대상 X'를 도출할 수 없다.

18 논리추론

정답 ⑤

정답 체크 각 조건을 정리하면 다음과 같다.
가. A, B, C는 과학기술 직군, D, E, F는 행정 직군
나. 4개 부서 중 2개 부서에는 1명씩, 2개 부서에는 2명씩 배치
다. 갑 부서에는 수습 주무관이 1명만 배치
라. 을 부서에는 과학기술 직군 수습 주무관이 배치되지 않음
마. 동일 직군의 수습 주무관은 같은 부서에 배치되지 않음
바. A와 D는 다른 수습 주무관 없이 혼자 배치

라. 조건에 의해 을에는 D, E, F 중에 최소 1명이 배치되어야 하는데 바. 조건에 의해 D는 혼자 배치되어야 하므로 가능한 경우는 다음 4가지이다.

구분	갑	을	병	정
경우 1		D		
경우 2		E		
경우 3		F		
경우 4		E, F		

그런데 경우 2와 3에서는 바. 조건에 의해 A와 D가 각각 다른 곳에 배치되어야 하는데 그러면 A와 D가 배치되고 남은 나머지 한 부서에는 3명이 배치되므로 나. 조건에 어긋나게 된다. 그리고 경우 4는 마. 조건에 어긋나게 된다. 결국 가능한 것은 D 혼자 을에 배치되는 것뿐이다. 한편 갑에는 1명만 배치된다고 하였는데 여기에 A가 배치되지 않으면 갑에 1명, 을에 D 1명, A가 배치된 부서에 1명이 되어 나머지 한 부서에는 3명이 배치되어 나. 조건에 어긋난다. 따라서 갑에는 A가 배치되어야 한다.

갑	을	병	정
A	D		

나. 조건에 의해 병과 정에는 2명이 배치되어야 하고 마. 조건에 의해 과학기술 직군 1명, 행정 직군 1명이 짝을 이루어 배치되어야 한다.

갑	을	병	정
A(과학)	D(행정)	과학 1명 행정 1명	과학 1명 행정 1명

따라서 F가 정 부서에 배치되면 남은 한 명의 행정 직군인 E는 병에 배치될 수밖에 없다.

오답 체크
① A가 갑 부서에 배치되는 것은 맞지만 C가 병 부서에 배치될 수도 있다.
② B가 병 부서에 배치되더라도 E가 정 부서에 배치되지 않을 수도 있다.
③ B가 정 부서에 배치되지 않고 C가 병 부서에 배치되는 경우는 없다.
④ D는 반드시 을 부서에 배치되고 A도 반드시 갑 부서에 배치된다.

19 빈칸삽입

정답 ②

정답 체크
<실험 1>에서 a를 잡아먹은 X-1은 a, c, d 어느 것도 잡아먹으려 하지 않고, <실험 2>에서 b를 잡아먹은 X-2는 b, d는 잡아먹으려 하지 않았지만, c를 잡아먹는 것은 회피하지 않았음을 알 수 있다. 따라서 <실험 해석>에서 독성이 강한 개구리 종을 모방한 개구리 종과 독성이 약한 개구리 종을 모방한 개구리 종 중 어느 것도 잡아먹으려 하지 않는 것은 a, c, d를 잡아먹으려 하지 않는 X-1이므로 (가)에는 '강한'이 들어가는 것이 적절하다. 또한 독성이 강한 개구리 종을 모방한 개구리 종을 잡아먹는 것을 회피하지 않았으나, 독성이 약한 개구리 종을 모방한 개구리 종은 잡아먹으려 하지 않는 것은 b, d는 잡아먹으려 하지 않았지만 c를 잡아먹는 것은 회피하지 않은 X-2이므로 (나)에는 '약한'이 들어가는 것이 적절하다. 따라서 독이 없는 개구리가 어떤 경우에도 X에게 잡아먹히지 않으려면 독성이 약한 개구리 종을 모방하는 것이 유리하므로 (다)에는 '약한'이 들어가는 것이 적절하다.

20 진술추론

정답 ④

정답 체크
ㄴ. 제시문에서 유충 시기와 성충 시기 모두 α와 β의 농도가 일정하다고 했으므로 X의 성충 시기에 β의 혈중 농도가 α의 혈중 농도보다 높다는 실험 결과가 나오면 ㉠은 강화된다.
ㄷ. 제시문에서 X는 유충에서 변태를 거쳐 성충이 된다고 했고, 변태 시기 동안 α의 혈중 농도는 증가하고, β의 혈중 농도는 감소했다고 했으므로 X의 성충 시기에 α와 β의 혈중 농도가 같다는 실험 결과가 나오면 ㉠은 강화된다.

오답 체크
ㄱ. 제시문에서 X는 유충에서 변태를 거쳐 성충이 된다고 했고, 변태 시기 동안 α의 혈중 농도는 증가하고, β의 혈중 농도는 감소했다고 했으므로 X의 성충 시기에 α의 혈중 농도가 β의 혈중 농도보다 높다는 실험 결과가 나온다고 해도 변태 시기의 증가폭 또는 감소폭을 정확히 알 수 없으므로 ㉠이 항상 강화된다고 볼 수 없다.

고득점자의 빠른 문제 풀이 Tip

유충 시기의 혈중 농도는 α < β이므로 α = 10, β = 20으로 가정했을 때, ㄱ에서 경우 1 상황이면 ㉠이 강화되지도, 약화되지도 않고, 경우 2의 상황이면 ㉠이 강화되는 것이고, 경우 3의 상황이면 ㉠이 약화되는 것이므로 ㄱ은 적절하지 않습니다.

구분	유충	ㄱ			ㄴ	ㄷ
		경우 1	경우 2	경우 3		
a	10	20	11	25	11	15
b	20	10	19	5	19	15

21 진술추론

정답 ⑤

정답 체크
네 번째 단락에서 전체 증거의 원칙이란 확보된 모든 증거를 고려해서 추론해야 하는 것임을 확인할 수 있다. 따라서 A시의 택시 중 파란색 택시 비율과 갑의 증언의 정확도 중 하나라도 고려하지 않은 사람이 (b)가 답이라고 추론한다면 그는 확보된 모든 증거를 고려하지 않은 셈이므로 전체 증거의 원칙을 지키지 않은 것이다.

오답 체크
① 두 번째 단락에서 정답이 (b)임을 확인할 수 있으므로 설문에서 (b)가 옳다고 답변한 사람은 합리적 추론을 한 것이다.
② 두 번째 단락에서 정답이 (b)임을 확인할 수 있고, 세 번째 단락에서 파란색 택시의 비율에만 주목하면 기저율 오류가 발생한다는 것을 알 수 있으므로 합리적 추론을 한 것으로 볼 수 없다.
③ 세 번째 단락에서 기저율 오류는 기저율을 무시해서 생기는 오류임을 확인할 수 있으므로 증언의 정확도를 바꾼다고 해서 기저율 오류 여부가 달라지는 것은 아니다.
④ 세 번째 단락에서 기저율 오류는 기저율을 무시해서 생기는 오류임을 확인할 수 있으므로 택시의 대수를 바꾼다고 해서 기저율 오류 여부가 달라지는 것은 아니다.

22 사례 유추

정답 ④

정답 체크
제시문을 통해 합리적 추론을 위해서는 기저율과 증언의 정확도를 모두 고려해야 함을 확인할 수 있다(전체 증거의 원칙).
ㄴ. 을이 기저율을 무시한다면 99%의 정확도를 보이는 검사에서 양성 반응이 나왔을 때 자신이 X에 실제로 걸렸을 확률이 걸리지 않았을 확률보다 크다고 판단할 것이므로 ㄴ은 적절한 판단이다.
ㄷ. 양성 반응이 나왔을 때 X에 실제로 걸렸을 경우는 0.99×(1/1,000,000) = 0.00000099, 양성 반응이 나왔을 때 X에 걸리지 않았을 경우는 0.01×(999,999/1,000,000) = 0.00999999이다. 따라서 검사에서 양성 반응이 나왔을 때 X에 실제로 걸렸을 확률은 0.00000099/(0.00000099 + 0.00999999) ≒ 0.000099 ≒ 0.01%이고, X에 실제로 걸리지 않았을 확률은 0.00999999/

(0.00000099 + 0.00999999) ≒ 0.9999 ≒ 99.9%이다. 따라서 을이 기저율을 무시하지 않는다면 을은 검사에서 양성 반응이 나왔을 때 자신이 X에 실제로 걸렸을 확률이 걸리지 않았을 확률보다 작다고 판단할 것이므로 ㄷ은 적절한 판단이다.

오답체크 ㄱ. 검사에서 양성 반응이 나올 확률은 1 / 1,000,000 × 0.99 + 999,999 / 1,000,000 × 0.01 = 0.01000098 ≒ 1%, 음성 반응이 나올 확률은 1 / 1,000,000 × 0.01 + 999,999 / 1,000,000 × 0.99 = 0.98999902 ≒ 99%이기에 양성 반응이 나올 확률이 그렇지 않을 확률보다 작다고 판단할 것이므로 ㄱ은 적절하지 않은 판단이다.

고득점자의 빠른 문제 풀이 Tip

제시문의 내용을 바탕으로 한 사례는 결국 제시문의 내용을 구체화한 것으로 볼 수 있습니다. 제시문에서 정확도에만 집중할 경우 기저율을 무시하는 오류를 범할 수 있다는 것을 강조하고 있으므로 <사례> 역시 이러한 기저율의 오류가 발생될 수 있는 상황을 제시한 것임을 파악해야 합니다.

23 진술추론

정답 ②

정답체크 부서장의 요청과 적극행정추진위원회의 요청에 따른 점수를 더해서 갑, 을, 병이 받을 수 있는 가산점을 구하면 갑은 1~2점, 을은 0~3점, 병은 2~4점임을 알 수 있다.

ㄷ. 갑의 최고점은 2점이고 병의 최저점은 2점이므로 갑이 병보다 높을 수 없다.

오답체크 ㄱ. 갑의 최고점은 2점이고 을의 최저점은 0점이므로 갑>을이 가능하다.

ㄴ. 을의 최고점은 3점이고 병의 최저점은 2점이므로 을>병이 가능하다.

24 빈칸삽입

정답 ①

정답체크 갑의 두 번째 말을 통해 A마트는 대규모 점포의 요건을 갖추었으므로 영업 개시 전에 개설등록을 해야 하고 의무휴업일도 적용된다는 것을 알 수 있다. 그런데 갑의 세 번째 말을 통해 A마트는 아직 개설등록을 하지 않은 상황인데 갑의 네 번째 말에서 의무휴업이 적용되지 않을 것임을 확인할 수 있으므로 (가)에는 '개설등록을 하여 적법한 영업 요건을 충족해야'가 들어가는 것이 적절하다. 또한 갑의 네 번째 말에서 개설등록을 하지 않고 대규모 점포를 개설해서 영업한 것은 위법이고 벌금형 부과 대상임을 확인할 수 있으나 을의 네 번째 말에서 벌금형 부과를 시에서 할 수는 없고 수사기관에 고발하는 것까지만 가능하다고 했으므로 (나)에는 '수사기관에 고발하는 조치를'이 들어가는 것이 적절하다.

25 진술추론

정답 ⑤

정답체크 ㄱ. 「주택임차인 보호법」 제3조제1항에서는 임차인이 임차주택을 매수한 제삼자에게 임대차 계약의 효력을 주장할 수 있다고 했으므로 경매 절차를 통해 임차주택의 소유권을 취득한 자가 제3조제1항의 '임차주택을 매수한 제삼자'에 포함된다고 해석하면 B가 C에게 임대차 계약의 효력을 주장할 수 있다. 따라서 갑의 주장은 옳고 을의 주장은 옳지 않다.

ㄴ. 「주택임차인 보호법」 제3조제2항에서는 임차주택이 경매된 경우 임차인이 그 경매 대금으로부터 다른 채권자보다 우선적으로 임대차 보증금을 배당 받으려면 임차주택에 대한 주민등록을 마쳐야 하고 확정일자가 기재된 임대차 계약서를 갖춰야 함을 확인할 수 있다. 따라서 갑과 같이 자필로 계약일자를 기재한 것도 확정일자가 기재된 것에 해당되는 것으로 해석한다면 모든 요건이 충족되었으므로 B가 임대차 보증금을 다른 채권자보다 우선적으로 받을 수 있다고 볼 수 있으나 을과 같이 자필로 계약일자를 기재한 것이 확정일자가 기재된 것으로 보지 않는다면 B의 임대차 보증금이 우선시 될 수 없다고 주장할 것이다.

ㄷ. 「주택임차인 보호법」 제4조제1항에서는 임대인이 임대차 기간 종료 6개월에서 2개월 전까지의 기간에 임차인에게 계약 종료 통지를 하지 않으면 임차인은 임대차 계약이 자동으로 갱신된다고 주장할 수 있음을 확인할 수 있다. 이와 같은 조항의 목적이 임차인의 선택을 최대한 존중하는 것이라고 해석하면 임대차 계약 기간 만료 후 임차인의 계약 종료 통지는 받아들여져야 하므로 갑의 주장은 옳지 않지만 을의 주장은 옳다.

1 법·규정의 적용

정답 ①

정답 체크 첫 번째 조문(기상산업의 실태조사 등) ③항 "기상청장은 실태조사를 기상산업에 관한 전문성을 갖춘 기관 또는 단체에 의뢰하여 실시할 수 있다."라는 부분에 의하면 기상청장이 실태조사를 직접 실시하지 않고도 전문성을 갖춘 단체에 의뢰하여 수행할 수 있다는 것을 알 수 있으므로 옳다.

오답 체크
② 첫 번째 조문(기상산업의 실태조사 등) ②항 "기상청장은 실태조사와 자료수집을 위하여 필요하다고 인정하면 관련 행정기관·연구기관·교육기관 또는 기상사업자 등에게 필요한 자료나 의견을 제출하도록 요청할 수 있다."라는 부분에 의하면 관련 행정기관뿐만 아니라 기상사업자에게도 자료 제출을 요청할 수 있다는 것을 알 수 있으므로 옳지 않다.
③ 세 번째 조문(기상정보의 출처 명시 등) ①항 "기상사업자는 기상정보를 제3자에게 제공하는 경우 그 출처를 밝혀야 한다."라는 부분에 의하면 기상사업자가 기상청장으로부터 제공받은 기상정보를 제3자에게 제공하는 경우 그 출처를 밝혀야 한다고 하고 있는데 이는 기상청장으로부터 제공받은 기상정보를 제공할 수 있음을 전제로 하고 있으므로 옳지 않다.
④ 두 번째 조문(기상정보의 제공) ②항 "그 기상정보의 제공에 드는 비용에 충당하기 위하여 수수료를 징수할 수 있다."라는 부분에 의하면 수수료 징수의 목적이 '기상정보의 경제적 가치'가 아닌 '제공에 드는 비용'에 충당하기 위함이며, '징수하여야 한다'가 아닌 '징수할 수 있다'이기에 의무 사항이 아니라는 것을 알 수 있으므로 옳지 않다.
⑤ 첫 번째 조문(기상산업의 실태조사 등) ④항 "기상청장은 실태조사를 실시한 경우 그 결과를 기상청의 인터넷 홈페이지에 공표해야 한다."라는 부분에 의하면 기상산업 진흥을 위한 '자료수집'의 결과가 아닌, '실태조사'를 실시한 경우에만 그 결과를 공표할 의무가 있다는 것을 알 수 있으므로 옳지 않다.

고득점자의 빠른 문제 풀이 Tip

법조문을 이용한 문제에서는 각 조문의 제목을 통해 대체적으로 어떤 내용에 대한 것인지를 유추하는 것이 좋습니다. 각 조문을 읽을 때에는 주어와 서술어만 먼저 읽어 대체적인 내용을 파악한 후 나머지 부분을 채우면서 정확한 이해를 하는 순서로 파악하는 것이 도움이 될 수 있습니다.

2 법·규정의 적용

정답 ①

정답 체크 두 번째 조문(국제기구 분담금 심의위원회) ②항 2호에서 위원회는 중앙행정기관별 다음 연도 국제기구 분담금 납부계획을 심의·조정한다는 것을 알 수 있으므로 옳다.

오답 체크
② 세 번째 조문(국제기구 분담금 납부실적에 대한 자체평가 등) ①항에 "중앙행정기관의 장은 소관 국제기구 분담금의 전년도 납부실적 및 납부목적 부합 여부에 대하여 매년 자체평가를 실시하여야 한다."라는 부분에 의하면 자체평가는 중앙행정기관의 장이 실시하는 것이지 위원회가 실시하는 것이 아니므로 옳지 않다.
③ 첫 번째 조문(정의)에 "이 법에서 '국제기구 분담금'이란 정부가 국제기구에 의무적으로 납부하여야 하는 경비 또는 국제기구와 협력사업 추진을 위하여 재량적으로 납부하는 경비를 말한다. 다만 국제금융기구 및 녹색기후기금에 납입하는 출자금 또는 출연금은 제외한다."라는 부분에 의하면 녹색기후기금에 납입하는 출연금은 국제기구 분담금에서 제외된다는 것을 알 수 있다. 따라서 해당 납입실적을 위원회에 제출할 의무가 없으므로 옳지 않다.
④ 세 번째 조문(국제기구 분담금 납부실적에 대한 자체평가 등) ③항에 "외교부장관은 제2항에 따라 제출된 납부실적 등에 대한 위원회의 심의·조정 결과를 매년 5월 31일까지 기획재정부장관에게 송부하고"라는 부분에 의하면 외교부장관이 기획재정부장관에게 송부해야 하는 기한은 3월 31일이 아닌 5월 31일이라는 것을 알 수 있으므로 옳지 않다.
⑤ 첫 번째 조문(정의)에 "이 법에서 '국제기구 분담금'이란 정부가 국제기구에 의무적으로 납부하여야 하는 경비 또는 국제기구와 협력사업 추진을 위하여 재량적으로 납부하는 경비를 말한다."라는 부분에 의하면 국제기구 분담금은 정부가 납부하는 경비를 의미하며, 시민단체가 납부하는 경비는 해당하지 않는다는 것을 알 수 있으므로 옳지 않다.

3 법·규정의 적용

정답 ②

정답 체크 두 번째 조문(심판관 등의 지정) ③항 "원장은 특히 중요하다고 인정되는 심판사건에 대해서는 원장 스스로 심판장이 될 수 있다." 및 ④항 "심판장은 그 심판사건에 관한 사무를 총괄한다."라는 부분에 의하면 원장이 중요한 심판사건의 심판장이 될 수 있고, 심판장은 해당 사건의 사무를 총괄하기에 원장이 심판사건에 관한 사무를 총괄하는 경우가 있다는 것을 알 수 있으므로 옳다.

오답 체크
① 세 번째 조문(심판의 합의체, 심리 등) ①항 "심판은 3명 또는 5명의 심판관으로 구성되는 합의체가 한다."라는 부분에 의하면 심판의 합의체는 최소 3명 이상의 심판관으로 구성되기에 심판장 1명과 심판관 1명(총 2명)으로는 합의체가 구성될 수 없다는 것을 알 수 있으므로 옳지 않다.
③ 세 번째 조문(심판의 합의체, 심리 등) ②항 "제1항의 합의체의 합의는 과반수로 결정한다."라는 부분에 의하면 합의체의 합의는 심판관 전원의 일치된 의견이 아닌 과반수로 결정한다는 것을 알 수 있으므로 옳지 않다.
④ 세 번째 조문(심판의 합의체, 심리 등) ③항 "심판은 구술심리 또는 서면심리로 한다. 다만 당사자가 구술심리를 신청하였을 때에는 서면심리만으로 결정할 수 있다고 인정되는 경우 외에는 구술심리를 하여야 한다."라는 부분에 의하면 당사자가 구술심리를 신청했더라도 서면심리만으로 결정할 수 있다고 인정되면 서면심리로 심판할 수 있다는 것을 알 수 있으므로 옳지 않다.
⑤ 세 번째 조문(심판의 합의체, 심리 등) ④항 "구술심리는 공개하여야 한다. 다만 공공의 질서 또는 선량한 풍속에 어긋날 우려가 있으면 그러하지 아니하다."라는 부분에 의하면 구술심리만 공개 의무가 있으며, 서면심리에 대해서는 공개 의무가 명시되어 있지 않다는 것을 알 수 있으므로 옳지 않다.

4 법·규정의 적용
정답 ②

정답 체크 두 번째 조문(외국인환자 유치에 대한 등록) ①항 2호에서 외국인환자를 유치하려는 의료기관은 의료배상공제조합 또는 보건복지부령으로 정하는 의료사고배상책임보험에 가입하여야 한다는 것을 알 수 있는데 이에 의하면 외국인환자 유치를 위해 의료기관이 등록하려는 경우 의료사고배상책임보험에 가입하지 않는다면 의료배상공제조합에 가입해야 하므로 옳다.

오답 체크 ① 첫 번째 조문(의료 해외진출의 신고) ①항 "의료 해외진출을 하려는 의료기관의 개설자는 보건복지부장관에게 신고하여야 한다."라는 부분에 의하면 의료 해외진출은 시·도지사에게 등록해야 하는 것이 아닌 보건복지부장관에게 신고해야 한다는 것을 알 수 있으므로 옳지 않다.

③ 두 번째 조문(외국인환자 유치에 대한 등록) ⑤항 "제4항에 따른 유효기간이 만료된 후 계속하여 외국인환자를 유치하려는 자는 유효기간이 만료되기 전에 그 등록을 갱신하여야 한다."라는 부분에 의하면 외국인환자 유치사업자는 등록 유효기간(3년) 만료 후 계속 유치하려면 갱신해야 한다는 것을 알 수 있으므로 옳지 않다.

④ 두 번째 조문(외국인환자 유치에 대한 등록) ①항 1호 "외국인환자를 유치하려는 진료과목별로 전문의를 1명 이상 둘 것"은 의료기관의 등록 요건이며, ②항에 따른 비의료기관의 등록 요건은 1호의 '보건복지부령으로 정하는 보증보험에 가입하였을 것'과 2호의 '국내에 사무소를 설치하였을 것'이라고 명시되어 있다. 이 부분에 의하면 비의료기관은 전문의를 둘 필요가 없다는 것을 알 수 있으므로 옳지 않다.

⑤ 두 번째 조문(외국인환자 유치에 대한 등록) ②항 2호에 의하면 외국인환자를 유치하려는 비의료기관이 시·도지사에게 등록하기 위해서는 국내에 사무소를 설치하여야 한다. 따라서 국내에 사무소를 설치하지 않은 비의료기관에게는 등록증을 발급할 수 없다는 것을 알 수 있으므로 옳지 않다.

5 세부 내용 파악
정답 ⑤

정답 체크 두 번째 문단의 "해안가에 작은 둑을 쌓아 염전을 만들어 보름에 한 번씩 바닷물을 가두고, 가둔 물을 둑 안에서 자연 증발시켜 소금을 얻었다. 이처럼 자연 증발을 통해 얻은 소금이 천일염이다."라는 부분에 의하면 천일염은 염전에서 얻을 수 있었다는 것을 알 수 있으므로 옳다.

오답 체크 ① 두 번째 문단의 "동해안의 소금 생산 방법은 서해안이나 남해안과 달랐다. 동해안에서는 바닷물을 끓여서 소금을 만들었다."라는 부분과 "반면 서해안과 남해안은 조석(潮汐) 간만의 차를 이용했다."라는 부분에 의하면 동해안에서는 조석 간만의 차를 이용한 생산 방식을 주로 사용하지 않았다는 것을 알 수 있으므로 옳지 않다.

② 세 번째 문단의 "경강상인은 마포나루를 비롯한 한강 일대의 나루터에 창고를 지어 놓고, 소금, 젓갈, 생선 등을 거래하였다."라는 부분에 의하면 경강상인에 의한 소금 거래가 활발하게 이루어졌다는 것을 알 수 있으므로 옳지 않다.

③ 첫 번째 문단의 "소금의 최대 생산지는 평안도에서 전라도에 이르는 서해안의 갯벌 지대로, 대표적인 지역은 전라도 부안과 충청도 태안이었다."라는 부분에 의하면 남해안이 아닌 서해안의 갯벌 지대가 최대 생산지였다는 것을 알 수 있으므로 옳지 않다.

④ 세 번째 문단의 "염전 하나 없는 마포가 소금으로 유명해진 것은 소금 유통의 중심지였기 때문이다."라는 부분에 의하면 '마포염'은 마포에서 생산된 소금이 아니라 마포를 통해 유통된 소금을 이르는 말이라는 것을 알 수 있으므로 옳지 않다.

고득점자의 빠른 문제 풀이 Tip
설명문 형태의 제시문을 읽을 때에는 제시문의 내용을 완벽하고 정확하게 이해하려는 것보다는 중요해 보이는 단어, 지명, 연도, 고유명사 등의 위치 정도만을 파악한 후 선택지를 보고, 선택지에서 묻는 부분에 대한 정보가 어디 있는지를 다시 찾으러 오는 것도 방법이 될 수 있습니다.

6 문제해결
정답 ①

정답 체크 이들이 먹은 것과 지불 금액 등을 정리하면 다음과 같다.
- 총 지불 금액: 15,000원
- 먹은 것: 떡볶이 한 접시(3,000원), 만두 한 접시(2,000원), 어묵 여러 개(각 1,000원)

이 중에 사장님이 만두 한 접시 값은 받지 않으셨으므로 15,000원은 어묵 값과 떡볶이 값의 합이고 그 가운데 떡볶이 값은 3,000원이므로 어묵 값은 12,000원이다.
그러므로 어묵은 12개를 먹은 것이 되는데 갑이 을보다 2개를 더 먹었으므로 갑이 먹은 것은 7개, 을이 먹은 것은 5개가 된다.
따라서 을이 먹은 어묵의 개수는 5개이다.

7 문제해결
정답 ②

정답 체크 주어진 조건을 정리하여 조건에 어긋나는 선택지를 삭제하는 것이 바람직하다. 주어진 조건을 정리하면 다음과 같다.
가. 15번까지의 정답 문항 개수

정답	A	B	C	D	E
문항 개수	2	0	3	5	5

나. 14번, 15번 정답 모두 A
다. A~E까지의 각 정답은 2개 이상 6개 이하
라. 동일한 정답 연속 3회 이상 금지
이 조건을 토대로 각 선택지를 살펴보면 ② 선택지만이 어긋나는 조건이 없으므로 16~20번 문항의 정답으로 가능하다.

오답 체크 ① 16번이 A인데 나. 조건과 결합하면 14, 15, 16번에서 A가 연속 3회 나오게 된다. 이는 라. 조건에 어긋난다.

③ 18번과 20번이 D인데 가. 조건에 의하면 D가 이미 5회 나왔으므로 D가 정답인 문항이 7개가 된다. 이는 다. 조건에 어긋난다.

④ 17, 18, 19번이 모두 B인데 이는 라. 조건에 어긋난다.

⑤ 17번이 B인데 가. 조건에 의하면 현재까지 B의 개수가 0개이므로 B가 정답인 문항이 1개가 된다. 이는 다. 조건에 어긋난다.

고득점자의 빠른 문제 풀이 Tip
선택지가 결과물로 구성된 문제는 조건을 이용하여 결과물을 만들려고 하지 말고 각 선택지에서 어디가 잘못된 부분인지를 파악하여 잘못된 선택지를 지워나가는 방법이 바람직합니다.

8 문제해결
정답 ⑤

정답 체크 주어진 조건을 정리하여 조건에 어긋나는 선택지를 삭제하는 것이 바람직하다. 주어진 조건을 정리하면 다음과 같다.
가. 세미나 시간: 14:00~16:00

나. 참석 인원인 43명을 수용할 수 있을 것
다. 세미나 시간 동안 타 부서의 예약이 없을 것
라. 프로젝터 사용이 가능할 것
마. 위 조건을 모두 만족하는 경우 다과 제공 가능한 장소가 있다면 그 장소로 선정할 것
이 조건을 토대로 각 장소를 살펴보면 C와 E가 가능한데 E가 다과 제공이 가능하므로 마. 조건에 의해 E가 선정된다.

오답 체크
① A는 타 부서에서 13:00~15:00에 예약이 되어 있어 다. 조건에 어긋난다.
② B는 최대 수용 가능 인원이 40명이어서 나. 조건에 어긋난다.
③ C는 모든 조건에 어긋나지 않지만 E가 다과 제공이 가능하므로 마. 조건에 따라 E가 선정되고 C는 선정되지 못한다.
④ D는 프로젝터를 사용할 수 없으므로 라. 조건에 어긋난다.

9 세부 내용 파악

정답 ③

정답 체크
ㄴ. 세 번째 문단의 "재가급여는 노인요양시설에 입소하지 않은 수급자의 가정을 방문하여 제공하는 방문요양, 방문목욕, 방문간호와 재가 노인을 일정 시간 동안 요양기관에서 보호해 주는 주·야간보호로 이루어져 있다."라는 부분에 의하면 방문목욕은 재가급여의 일종으로 노인요양시설에 입소하지 않은 수급자에게 제공된다는 것을 알 수 있다. 따라서 시설에 입소한 수급자는 방문목욕급여를 받을 수 없으므로 옳다.
ㄷ. 세 번째 문단의 "복지용구급여는 심신기능이 저하되어 일상생활을 영위하는 데 지장이 있는 수급자에게 일상생활·신체활동 지원 및 인지기능의 유지·향상에 필요한 용구를 구입하거나 대여해 주는 것을 말한다. 단, 시설급여 수급자의 경우 복지용구급여는 제공받지 못한다."라는 부분에 의하면 시설급여 수급자는 복지용구급여를 제공받지 못한다는 것을 알 수 있으므로 옳다.

오답 체크
ㄱ. 두 번째 문단의 "노인장기요양보험제도는 소득에 관계없이 심신기능의 상태를 고려한 요양 필요도에 따라 장기요양 인정을 받은 자에게 서비스를 제공하는 것이다. 이는 국민기초생활보장대상자 등 특정 저소득층을 대상으로 제공되는 기존 노인복지서비스와 차이가 있다."라는 부분에 의하면 노인장기요양보험제도는 소득과 관계없이 요양 필요도에 따라 지원된다는 것을 알 수 있다. 따라서 특정 저소득층만을 대상으로 한다는 것은 옳지 않다.
ㄹ. 세 번째 문단의 "특별현금급여는 수급자가 천재지변, 신체 또는 정신 등의 사유로 재가급여나 시설급여를 받을 수 없어 그 가족 등으로부터 방문요양에 상당하는 서비스를 받을 때 지급하는 현금급여를 뜻하며"라는 부분에 의하면 재가급여나 시설급여를 받을 수 없는 경우에만 특별현금급여를 받을 수 있으며, 재가급여나 시설급여를 받을 수 있는 경우에는 특별현금급여를 받을 수 없다는 것을 알 수 있다. 따라서 재가급여나 시설급여를 제공받을 수 있음에도 가족으로부터 서비스를 받는 경우에는 특별현금급여를 받을 수 있다는 것은 옳지 않다.

10 문제해결

정답 ④

정답 체크
네 번째 문단에 의하면 본인부담금은 다음과 같다.
가. 재가급여: 해당 장기요양급여비용의 15%
나. 시설급여: 해당 장기요양급여비용의 20%
다. 복지용구급여: 해당 장기요양급여비용의 15%
라. 국민기초생활보장대상자는 본인부담금이 발생하지 않는다.
이에 따라 각 수급자의 본인부담금을 정리하면 다음과 같다.

수급자	수급 내역	급여 유형	총 급여비용	본인 부담률	본인부담금	합계
甲	방문목욕 10회	재가 급여	7만 원×10회 =70만 원	15%	70만 원×0.15 =10만 5천 원	15만 원
甲	복지용구 (전동침대) 구입	복지 용구 급여	30만 원	15%	30만 원×0.15 =4만 5천 원	15만 원
乙	국민기초생활보장대상자로 본인부담금 면제					0원
丙	노인요양 시설 보호 11일	시설 급여	7만 원×11일 =77만 원	20%	77만 원×0.20 =15만 4천 원	15만 4천 원

따라서 본인부담금이 높은 순서대로 나열하면 丙>甲>乙이 된다.

11 법·규정의 적용

정답 ⑤

정답 체크
두 번째 조문(허가)의 2호에서 환경부장관은 특정도서의 지정 목적에 지장이 없다고 인정하는 경우에는 자연생태계의 연구·조사를 목적으로 하는 행위를 허가할 수 있다는 것을 알 수 있다. 따라서 특정도서에서 자연생태계 연구·조사를 목적으로 하는 행위에 대해 환경부장관의 허가를 얻으면 그 행위를 할 수 있다는 것은 옳다.

오답 체크
① 첫 번째 조문(행위제한) ③항 "제2항에 따른 행위를 한 자는 그 행위의 내용과 결과를 환경부장관에게 통보하여야 한다."라는 부분에 의하면 2항 1호에 해당하는 군사 행위의 내용과 결과는 환경부장관에게 통보해야 한다는 것을 알 수 있으므로 옳지 않다.
② 첫 번째 조문(행위제한) ②항 2호에서 재해의 발생 방지 및 대응을 위하여 필요한 행위는 제1항을 적용하지 아니한다는 것을 알 수 있다. 이에 의하면 재해 발생 방지를 위한 행위는 행위 제한의 예외에 해당한다는 것을 알 수 있기에 특정도서 주민이 재해 방지를 위해 공작물 신축 행위를 하는 것은 가능하므로 옳지 않다.
③ 두 번째 조문(허가)에서 환경부장관이 허가할 수 있는 행위는 1. 국가나 지방자치단체가 등산로, 산책로, 공중화장실, 정자 등을 설치하는 행위, 2. 자연생태계의 연구·조사를 목적으로 하는 행위이다. 건축물의 증축은 허가 대상에 명시되어 있지 않다. 또한, '미리 국가유산청장과 협의하여야 한다'는 조건은 '문화유산으로 지정된 특정도서'에 대하여 적용되는 것일 뿐이다. 따라서 특정도서에서 건축물의 증축을 허가하기 위해서 미리 국가유산청장과 협의하여야 한다는 것은 옳지 않다.
④ 두 번째 조문(허가) 1호에서 환경부장관이 특정도서의 지정 목적에 지장이 없다고 인정하는 경우에는 국가나 지방자치단체가 등산로, 산책로, 공중화장실, 정자 등을 설치하는 행위를 허가할 수 있음을 알 수 있다. 그런데 여기서 환경부장관이 허가할 수 있는 대상은 국가나 지방자치단체의 행위일 뿐 민간기업의 행위는 허가 대상이 아니라는 것을 알 수 있으므로 옳지 않다.

12 법·규정의 적용

정답 ④

정답 체크
세 번째 조문(특수건강진단기관) ③항 "고용노동부장관은 특수건강진단기관을 평가하고 그 결과(제2항에 따른 진단·분석능력의 확인 결과를 포함한다)를 공개할 수 있다."라는 부분에 의하면 고용노동부장관은 특수건강진단기관의 진단·분석능력 확인 결과를 포함하여 특수건강진단기관에 대한 평가 결과를 공개할 수 있다는 것을 알 수 있으므로 옳다.

오답 체크 ① 두 번째 조문(특수건강진단에 관한 사업주의 의무) ①항 "사업주는 특수건강진단을 실시하는 경우 근로자대표가 요구하면 근로자대표를 참석시켜야 한다."라는 부분에 의하면 근로자대표의 참석은 고용노동부장관의 요구가 아닌 근로자대표의 요구에 따라 이루어진다는 것을 알 수 있으므로 옳지 않다.

② 두 번째 조문(특수건강진단에 관한 사업주의 의무) ②항 "사업주는 산업안전보건위원회 또는 근로자대표가 요구할 때에는 특수건강진단 결과에 대하여 설명하여야 한다."라는 부분에 의하면 근로자대표는 산업안전보건위원회의 동의 없이도 사업주에게 특수건강진단 결과에 대한 설명을 요구할 수 있다는 것을 알 수 있으므로 옳지 않다.

③ 두 번째 조문(특수건강진단에 관한 사업주의 의무) ③항 "사업주는 특수건강진단의 결과 근로자의 건강을 유지하기 위하여 필요하다고 인정할 때에는 작업장소 변경, 작업 전환, 근로시간 단축, 야간근로(오후 10시부터 다음 날 오전 6시까지 사이의 근로를 말한다)의 제한, 작업환경측정 또는 시설·설비의 설치·개선 등 적절한 조치를 하여야 한다."라는 부분에 의하면 야간근로 제한 등의 조치는 사업주가 하는 것이지 산업안전보건위원회가 직접 하는 것이 아니라는 것을 알 수 있으므로 옳지 않다.

⑤ 두 번째 조문(특수건강진단에 관한 사업주의 의무) ②항 "다만 개별 근로자의 특수건강진단 결과는 본인의 동의 없이 공개해서는 아니 된다."라는 부분에 의하면 근로자대표가 요구하더라도 개별 근로자의 특수건강진단 결과는 본인의 동의 없이는 공개할 수 없다는 것을 알 수 있으므로 옳지 않다.

13 법·규정의 적용

정답 ③

정답 체크 두 번째 조문(강제처분 등) ①항 "소방대장은 사람을 구출하거나 불이 번지는 것을 막기 위하여 필요할 때에는 화재가 발생하거나 불이 번질 우려가 있는 소방대상물 및 토지에 대한 일시적 사용·사용제한 등 소방활동에 필요한 처분을 할 수 있다."라는 부분에 의하면 소방대장은 사람을 구출하기 위해 필요할 때 불이 번질 우려가 있는 토지의 사용을 일시적으로 제한할 수 있다는 것을 알 수 있으므로 옳다.

오답 체크 ① 첫 번째 조문(소방활동 종사명령, 소방활동 비용지급) ②항에 "제1항에 따른 명령에 따라 소방활동에 종사한 사람은 시·도지사로부터 소방활동의 비용을 지급받을 수 있다. 다만 다음 각 호의 어느 하나에 해당하는 사람의 경우에는 그러하지 아니하다."라고 되어 있고 1호에서 "건물·차량·선박·산림·인공구조물 또는 물건(이하 '소방대상물'이라고 한다)에 화재가 발생한 경우 그 소방대상물의 소유자·관리자 또는 점유자"라고 되어 있다. 따라서 화재가 발생한 건물의 소유자는 소방활동에 종사했더라도 비용을 지급받을 수 없다는 것을 알 수 있으므로 옳지 않다.

② 세 번째 조문(손실보상)에 "소방청장 또는 시·도지사는 다음 각 호의 어느 하나에 해당하는 자에게 손실보상을 하여야 한다."라고 되어 있고 1호에 "제○○조 제1항에 따른 소방활동 종사로 인하여 사망하거나 부상을 입은 자"라고 되어 있다. 따라서 과실로 화재를 발생시킨 사람이라 할지라도, 소방활동 종사명령에 따라 활동하다 부상을 입었다면 손실보상을 받을 수 있다는 것을 알 수 있으므로 옳지 않다. 과실로 화재를 발생시킨 사람에 대한 내용은 첫 번째 조문 2항 2호에서 언급되고 있지만 비용 지급과 손실보상은 별개이므로 과실로 화재를 발생시킨 사람도 손실보상을 받을 수 있다.

④ 세 번째 조문(손실보상) 2호에 "제□□조 제2항에 따른 처분으로 인하여 손실을 입은 자. 다만 법령을 위반하여 소방자동차의 통행과 소방활동에 방해가 된 경우는 제외한다."라고 되어 있다. 불법 주차 차량은 법령을 위반한 경우에 해당하고 이 규정에 의하면 불법 주차 차량이 파손되더라도 소유자는 손실보상을 받을 수 없다는 것을 알 수 있으므로 옳지 않다.

⑤ 두 번째 조문(강제처분 등) ④항 "시·도지사는 제3항에 따라 견인차량과 인력 등을 지원한 자에게 비용을 지급할 수 있다."라는 부분에 의하면 견인비용을 지급할 수 있는 주체는 시·도지사이다. 또한 '지급할 수 있다'고 되어 있으므로 의무 사항도 아니라는 것을 알 수 있으므로 옳지 않다.

14 문제해결

정답 ③

정답 체크 ㄱ. A공장에서 제품을 생산할 때 소요되는 비용은 100만 원 + (1만 원 × 생산량)이고 B공장에서 제품을 생산할 때 소요되는 비용은 2만 원 × 생산량이다. 이에 따라 특정한 개수를 생산할 때의 총비용과 개당 생산비용을 정리하면 다음과 같다.

생산량(개)	총비용(원)		개당 생산비용(원)	
	A	B	A	B
1	1,010,000	20,000	1,010,000	20,000
10	1,100,000	200,000	110,000	20,000
50	1,500,000	1,000,000	30,000	20,000
100	2,000,000	2,000,000	20,000	20,000
120	2,200,000	2,400,000	18,333.33	20,000
150	2,500,000	3,000,000	16,666.67	20,000

이에 의하면 100개까지는 B공장에서 생산하는 것이, 101개부터는 A공장에서 생산하는 것이 효율적이다. 따라서 120개를 생산하기 위해서는 A에서만 생산하는 것이 효율적이다.

ㄷ. A의 가동비용이 50만 원으로 감소하면 총비용과 생산비용은 다음과 같이 정리할 수 있다.

생산량(개)	총비용(원)		개당 생산비용(원)	
	A	B	A	B
1	510,000	20,000	510,000	20,000
10	600,000	200,000	60,000	20,000
50	1,000,000	1,000,000	20,000	20,000
100	1,500,000	2,000,000	15,000	20,000
120	1,700,000	2,400,000	14,166.67	20,000
150	2,000,000	3,000,000	13,333.33	20,000

이에 의하면 50개까지는 B공장에서 생산하는 것이, 51개부터는 A공장에서 생산하는 것이 효율적이다. 따라서 200개를 생산하기 위해서는 A의 생산량을 최대로 하고 B의 생산량을 최소로 하는 것이 효율적이므로 A에서 150개를 생산하고 B에서는 50개만 생산하는 것이 효율적이다. 이는 A의 가동비용이 100만 원일 때도 동일하므로, A의 가동비용이 1일 50만 원으로 감소해도 A, B에 대한 배분량은 달라지지 않는다는 내용은 옳다.

오답 체크 ㄴ. B의 생산량을 늘리면 A의 생산량은 줄어들게 되는데 B는 생산량이 늘어나도 개당 생산비용이 동일한 반면, A는 생산량이 줄어들수록 개당 생산비용이 늘어난다. 따라서 A의 생산량을 최대로 하고 B의 생산량을 최소로 하는 것이 효율적이므로 A에서 150개를 생산하고 B에서는 50개만 생산하는 것이 효율적이다.

고득점자의 빠른 문제 풀이 Tip

각 공장에서 생산할 때의 개당 생산비용을 계산하여 둘이 같아지는 지점을 찾은 뒤 그 지점보다 생산량이 많을 때에는 A가, 적을 때에는 B가 유리하다는 사실을 파악하는 것이 필요합니다.

15 문제해결

정답 ④

정답 체크 D지역의 건강생활실천율이 30%라는 것은 D지역 거주자 중 30%가 금연, 절주, 걷기를 모두 실천한다는 의미이다. 만약 걷기를 실천하는 사람의 비율이 30% 미만이라면, 세 가지를 모두 실천하는 사람을 나타내는 건강생활실천율이 30%가 나올 수 없다. 따라서 걷기를 실천하는 사람의 비율은 최소한 30% 이상이어야만 한다.

오답 체크

① A지역의 건강생활실천율은 금연, 절주, 걷기를 모두 실천하는 사람의 비율을 의미한다. 만약 금연, 절주, 걷기를 실천하는 사람의 '개별적인' 비율이 각각 2%p씩 높아진다고 해도 그 세 가지를 모두 실천하는 사람의 비율(즉, 건강생활실천율)이 반드시 2%p 높아진다고 단정할 수 없다. 예를 들어, 걷기를 하지 않던 사람이 걷기를 시작해서 걷기 실천율이 높아졌다고 해도, 그 사람이 동시에 금연과 절주도 하던 사람이어야만 건강생활실천율에 포함된다. 건강생활실천율은 세 가지 조건의 교집합이므로 개별 실천율의 변화가 건강생활실천율에 직접적으로 같은 폭으로 반영되는 것은 아니다.

② 건강생활실천율은 금연, 절주, 걷기를 모두 실천하는 사람의 비율이다. 이 비율이 증가하려면 해당 조건을 모두 만족하는 사람의 수가 늘어야 한다. 이는 반드시 세 가지 개별 실천율 중 '가장 낮은 값'이 증가해야만 하는 것은 아니다. 예를 들어, 이미 높은 비율을 보이던 '걷기' 실천율이 더 높아지면서, 결과적으로 금연, 절주, 걷기를 모두 실천하는 사람의 수가 증가할 수도 있다.

③ 주어진 건강생활실천율은 금연, 절주, 걷기를 '모두' 실천하는 사람의 비율일 뿐 '금연과 절주를 동시에 실천하는 사람의 비율'에 대한 정보는 없다. B지역의 건강생활실천율(30%)이 C지역(25%)보다 높다고 해서, 금연과 절주만을 동시에 실천하는 사람의 비율까지 B지역이 C지역보다 높다고 추론할 수는 없다.

⑤ 甲도의 건강생활실천율은 각 지역의 건강생활실천율과 인구 비율을 고려한 가중평균으로 계산되어야 한다. 지문에 "각 지역의 인구는 서로 다르다"고 명시되어 있으므로, 단순히 A~E지역의 건강생활실천율을 산술평균한 값(30%)이 甲도 전체의 건강생활실천율이라고 단정할 수 없다. 각 지역의 인구 규모에 대한 정보가 없기 때문에 甲도 전체의 건강생활실천율을 알 수는 없다.

16 문제해결

정답 ②

정답 체크 각 과목에서 40점 이상을 받아야 하고 합계 150점 이상을 받기 위해서는 가장 비싼 과목과 그 다음으로 비싼 과목에서 각 40점을 받고 가장 싼 과목에서 70점을 받는 것이 가장 바람직하다(40+40+70=150). 그런데 이 때 가장 비싼 과목은 각 과목에서 속성과정을 선택하는지 일반과정을 선택하는지에 따라 달라질 수 있으므로 어떤 과목이 가장 비싼지 여부를 판단하기가 번거롭다. 따라서 효율적인 방법을 생각하기보다는 A, B, C를 순서대로 속성과정을 수강한다고 가정했을 때의 총비용을 계산하는 것이 효율적이다.

우선 속성과정의 과목을 정해 해당 과목에서 40점을 얻은 후, 일반과정에서 상대적으로 비싼 과목에서 40점, 가장 싼 과목에서 70점을 얻는 비용을 정리하면 다음과 같다.

구분	A를 속성과정으로 선택	B를 속성과정으로 선택	C를 속성과정으로 선택
선택 과목 및 1점당 수강료	A(속성): 10,000원 B(일반): 3,000원 C(일반): 10,000원	A(일반): 5,000원 B(속성): 7,000원 C(일반): 10,000원	A(일반): 5,000원 B(일반): 3,000원 C(속성): 13,000원
배분	A-40, B-70, C-40	A-70, B-40, C-40	A-40, B-70, C-40
A 과목 점수 및 수강료	40점×10,000원 =400,000원	70점×5,000원 =350,000원	40점×5,000원 =200,000원
B 과목 점수 및 수강료	70점×3,000원 =210,000원	40점×7,000원 =280,000원	70점×3,000원 =210,000원
C 과목 점수 및 수강료	40점×10,000원 =400,000원	40점×10,000원 =400,000원	40점×13,000원 =520,000원
총 수강료	1,010,000원	1,030,000원	930,000원

따라서 C를 속성과정으로 하는 경우가 930,000원으로 최소 수강료가 된다.

고득점자의 빠른 문제 풀이 Tip

전부 계산하지 않고 특별한 원리를 이용한 해결방법이 잘 보이지 않는 경우에는 단순계산을 빠르게 반복하는 것이 나을 수도 있습니다.

17 논리퍼즐

정답 ①

정답 체크 문제에 제시된 내용을 정리하면 다음과 같다.

우체국	국장	과장	팀장
A	3급(1명)	4급(2명)	5급(1명)
B	4급(1명)	5급(3명)	-
C	5급(1명)	-	-

한편 이들의 진술과 진술에서 알 수 있는 내용을 정리하면 다음과 같다.

- 甲: "저는 C우체국에서 근무하지 않아요." → 甲은 A 또는 B우체국 근무
- 乙: "저는 甲과 직급이 같아요." → 甲과 乙은 동일 직급
- 丙: "저는 A우체국에서 근무하지 않고, 乙이 근무하는 우체국의 어느 공무원보다도 직급이 높아요." → 丙은 B 또는 C우체국 근무, 丙의 직급 > 乙이 근무하는 우체국의 최고 직급

丙이 C우체국에 근무하면 乙이 어디에 근무하든 丙의 "乙이 근무하는 우체국의 어느 공무원보다도 직급이 높아요"라는 말이 성립될 수 없다. 따라서 丙은 B우체국에 근무하고 乙은 C우체국에 근무하는 5급 국장이 되며, 자연히 甲은 A우체국에 근무한다.

구분	우체국	직급	직위
甲	A		
乙	C	5급	국장
丙	B		

丙의 "乙이 근무하는 우체국의 어느 공무원보다도 직급이 높아요"라는 말이 성립되려면 丙은 3급이나 4급이어야 한다. 그런데 B우체국에는 3급이 없으므로 丙은 4급 국장임을 알 수 있다. 한편, 乙의 말에 의하면 甲과 乙은 동일 직급이므로 甲도 5급이어야 하는데 A우체국에서 5급은 팀장뿐이다. 이를 정리하면 다음과 같다.

구분	우체국	직급	직위
甲	A	5급	팀장
乙	C	5급	국장
丙	B	4급	국장

따라서 옳게 반영한 것은 ①뿐이다.

18 문제해결

정답 ①

정답 체크 주어진 조건을 정리하여 조건에 어긋나는 선택지를 삭제하는 것이 바람직하다. 주어진 조건을 정리하면 다음과 같다.

가. 10층 이상
나. 2025년 7월 내 입주 가능
다. 담보 대출 없음
라. 전세 보증금 2.3억 원 이하(단, 붙박이장이 있는 경우 2.5억 원 이하)
마. 위 기준을 모두 충족하는 매물이 2개 이상인 경우 대한동 매물이 있으면 그 매물을 선택

이 조건을 토대로 각 매물을 살펴보면 A와 C가 가능한데 A가 대한동 매물이므로 마. 조건에 의해 A가 선택된다.

오답 체크
② B는 담보 대출이 있으므로 다. 조건에 어긋난다.
③ C는 모든 조건에 어긋나지 않지만 A가 대한동 매물이므로 마. 조건에 따라 A를 선택하고 C는 선택하지 않는다.
④ D는 2025년 7월 내 입주가 불가능하므로 나. 조건에 어긋난다.
⑤ E는 8층이므로 가. 조건에 어긋난다.

19 문제해결

정답 ②

정답 체크 월세 지원 조건을 정리하면 다음과 같다.

가. 무주택일 것
나. 편도 거리가 50km 이상이거나 통근 시간이 1시간 이상일 것
다. 월세를 초과하지 않는 범위 내에서 지급기준에 따라 35, 25, 20만 원을 지급

각각의 상황에 따라 지급받는 금액을 정리하면 다음과 같다.

직원	편도 거리	통근 시간	주택 소유	조건 충족	지급기준	본인 월세	최종 지원액
甲	50km	1시간 10분	O	불충족 (가. 위배)	-	45만 원	0원
乙	45km	1시간	X	충족 (통근 시간)	질병 (35만 원)	30만 원	30만 원 (월세 한도)
丙	100km	1시간 30분	X	충족 (거리)	그 외 (20만 원)	45만 원	20만 원
丁	40km	50분	X	불충족 (나. 위배)	-	40만 원	0원
戊	70km	1시간 40분	X	충족 (거리)	신규임용 (25만 원)	35만 원	25만 원

따라서 월세 지원액은 乙 30만 원, 丙 20만 원, 戊 25만 원으로 도합 75만 원이 된다.

20 문제해결

정답 ③

정답 체크 제시된 내용을 토대로 각 기업의 상황을 정리하면 다음과 같다.

기업	전년도 매출액 (점수)	탈세 의심 민원 (점수)	부실 거래 (점수)	성실 납세 (점수)	합계	최근 1년 내 세무조사	세무조사 대상 여부
A	1,700억 (3점)	5건 (2.5점)	7건 (2.1점)	2021년 선정 (−1점)	6.6점	X	비대상
B	480억 (1점)	10건 (5점)	4건 (1.2점)	2017년 선정 (5년 초과로 0점)	7.2점	X	대상
C	6,250억 (5점)	6건 (3점)	2건 (0.6점)	2022년 선정 (−1점)	7.6점	O	비대상 (최근 1년 내 세무조사)
D	3,000억 (3점)	7건 (3.5점)	5건 (1.5점)	2023년 선정 (−1점)	7.0점	X	비대상
E	5,000억 (5점)	3건 (1.5점)	3건 (0.9점)	2010년 선정 (5년 초과로 0점)	7.4점	X	대상

따라서 세무조사 대상으로 지정될 기업은 B, E 두 곳이다.

21 문제해결

정답 ④

정답 체크 1주 차 월요일부터 셔츠를 입는다고 가정하고 매일 입어야 하는 셔츠를 정리하면 다음과 같다.

구분	월	화	수	목	금	토	일
1주	A	B	C	D	E	F	G

2주 차 월요일에는 1주 차에 입은 A~G를 맡겨야 하므로 새로운 H셔츠를 입으며 A~G는 세탁소에 있으므로 2주 차 내내 새로운 셔츠를 입게 된다.

구분	월	화	수	목	금	토	일
1주	A	B	C	D	E	F	G
2주	H A~G 맡김	I	J	K	L	M	N

3주 차 월요일 점심에는 2주 차에 입은 H~N을 맡겨야 하는데 아침에는 아직 세탁소에서 찾아온 셔츠가 없으므로 새로운 셔츠를 입는다. 저녁에는 1주 차에 입은 A~G셔츠를 찾아왔으므로 3주 차 화요일부터는 다시 A~G 셔츠를 입을 수 있게 된다.

구분	월	화	수	목	금	토	일
1주	A	B	C	D	E	F	G
2주	H A~G 맡김	I	J	K	L	M	N
3주	O H~N 맡김 A~G 찾음	A	B	C	D	E	F

따라서 A~O, 최소 15벌의 셔츠가 필요함을 알 수 있다.

고득점자의 빠른 문제 풀이 Tip

머리로만 생각하면 2주이므로 14벌이면 된다고 판단하거나 맡기는 월요일과 찾는 월요일에 각각 1벌씩, 2벌이 더 필요해서 16벌이 된다고 판단하는 등 실수할 여지가 있을 수 있으므로 각 요일에 필요한 옷을 실제로 정리해보는 것도 좋습니다.

22 논리퍼즐

정답 ③

정답 체크 승리를 O, 패배를 X, 무승부를 △로 표시하여 승부를 정하는 방법을 정리하면 다음과 같다.

공격 카드 \ 방어 카드	사자	불곰	얼룩말	하이에나
사자	-	X	O	X
불곰	O	-	△	△
얼룩말	X	△	-	O
하이에나	O	△	X	-

각각의 말을 정리하면 다음과 같다.

- 갑: 정 vs 갑 = 정 O : 갑 X
- 을: 을 vs 정 = 을 O : 정 X
- 병: 병 vs 정 = 병 △ : 정 △

이에 의할 때 정은 갑에게 이기고, 을에게 지고 병과는 무승부가 된다. 이렇게 이길 수도 있고 질 수도 있고 비길 수도 있는 카드는 얼룩말과 하이에나가 가능하다. 정이 얼룩말인 경우와 하이에나인 경우 두 가지로 나누어 생각해보자.

<경우 1> 정이 얼룩말인 경우

정은 갑에게 이겼는데 얼룩말이 이길 수 있는 카드는 하이에나이므로 갑은 하이에나가 된다. 한편 정은 을에게 졌는데 얼룩말이 지는 카드는 사자이므로 을은 사자가 된다. 자연히 정과 비긴 병은 불곰이 된다.

갑	을	병	정
하이에나	사자	불곰	얼룩말

<경우 2> 정이 하이에나인 경우

정은 갑에게 이겼는데 하이에나가 이길 수 있는 카드는 사자이므로 갑은 사자가 된다. 한편 정은 을에게 졌는데 하이에나가 지는 카드는 얼룩말이므로 을은 얼룩말이 된다. 자연히 정과 비긴 병은 불곰이 된다.

갑	을	병	정
사자	얼룩말	불곰	하이에나

따라서 이를 토대로 선택지를 살펴보면 ③만이 옳음을 알 수 있다.

고득점자의 빠른 문제 풀이 Tip

각 카드의 승패를 글로 나타내기보다는 표로 나타내어 한 눈에 보기 쉽게 정리하는 것이 좋습니다.

23 문제해결

정답 ③

정답 체크 甲이 가진 기존 식권의 총액은 4,000원 식권 6장인 4,000 × 6 = 24,000원과 5,000원 식권 7장인 5,000 × 7 = 35,000원의 합인 59,000원이다.

새로운 식권은 4,500원과 5,500원 두 종류인데 교환 시 기존 식권의 총액(59,000원)과 새로운 식권의 총액이 동일해야 하고 정확히 맞출 수 없다면, 최소의 추가 금액을 결제하여 교환해야 한다. 다시 말해, 새로운 식권의 총액을 59,000원으로 맞출 수 있는지 살펴보고 그것이 불가능하다면 59,000원 이상이면서, 4,500원과 5,500원 식권의 조합으로 만들 수 있는 가장 적은 금액을 찾아야 한다.

우선 새로운 식권의 합으로 59,000원을 맞출 수 있는지 살펴보기 위해 4,500n + 5,500m = 59,000이 성립되게 할 수 있는 n, m의 조합을 찾아보자. 이 식은 양변이 500으로 나누어지므로 9n + 11m = 118로 나타낼 수 있는데 m을 0부터 차례로 대입해보면 다음과 같다.

- m = 0일 때: 9n = 118 (정수 n 없음)
- m = 1일 때: 9n = 107 (정수 n 없음)
- m = 2일 때: 9n = 96 (정수 n 없음)
- m = 3일 때: 9n = 85 (정수 n 없음)
- m = 4일 때: 9n = 74 (정수 n 없음)
- m = 5일 때: 9n = 63 → n = 7

이는 n이 7이고 m이 5이면 나머지가 없다는 뜻이므로, 4,500원 식권 7장과 5,500원 식권 5장을 받으면 정확히 59,000원이 되어 추가 금액을 결제할 필요 없이 기존 식권 총액과 동일하게 교환할 수 있다는 것을 알 수 있다.

따라서 갑이 받을 새로운 식권의 개수는 7 + 5 = 12개가 된다.

24 논리퍼즐

정답 ④

정답 체크 씨앗별로 싹 트는 조건을 확인하면 다음과 같다.

- 씨앗 A: 이틀 연속 날이 맑으면 다음 날에 싹이 튼다.
- 씨앗 B: 맑은 날 다음 날에 싹이 튼다.
- 씨앗 C: 비가 온 날이 총 사흘이 된 다음 날에 싹이 튼다.
- 씨앗 D: 이틀 연속 비가 오면 다음 날에 싹이 튼다.

이에 의할 때 1일에 씨앗을 심은 후 2일에 싹이 튼 경우는 1일이 맑은 날이고 씨앗 B인 경우만 가능하다.

구분	4월 1일	4월 2일	4월 3일	4월 4일	4월 5일	4월 6일	4월 7일
개수	0	1	0	1	0	1	1
씨앗		B					
날씨	맑음						

4일에 싹이 튼 경우는 2일, 3일이 모두 맑은 날이고 씨앗 A인 경우이거나, 2일, 3일이 모두 비가 오고 씨앗 D인 경우가 가능하다. 그런데 2일, 3일이 모두 맑은 날이면 씨앗 A는 4일이 아니라 3일에 싹이 텄어야 한다. 따라서 4일에 싹이 튼 것은 씨앗 D이고 2일, 3일은 모두 비가 왔다.

구분	4월 1일	4월 2일	4월 3일	4월 4일	4월 5일	4월 6일	4월 7일
개수	0	1	0	1	0	1	1
씨앗		B		D			
날씨	맑음	비	비				

6일에 싹이 트려면 4일, 5일이 모두 맑은 날이고 씨앗 A인 경우와 4일, 5일이 모두 비가 오고 씨앗 C인 경우가 가능한데 4일, 5일이 모두 비가 오면 씨앗 C는 6일이 아니라 5일에 싹이 텄어야 한다. 따라서 6일에 싹이 튼 것은 씨앗 A이고 4일, 5일은 모두 맑은 날이었다.

구분	4월 1일	4월 2일	4월 3일	4월 4일	4월 5일	4월 6일	4월 7일
개수	0	1	0	1	0	1	1
씨앗		B		D		A	
날씨	맑음	비	비	맑음	맑음		

그러면 7일에 싹이 튼 것은 씨앗 C인데 씨앗 C는 비가 온 날이 총 사흘이 된 다음 날에 싹이 튼다. 따라서 6일은 비가 와야 한다.

구분	4월 1일	4월 2일	4월 3일	4월 4일	4월 5일	4월 6일	4월 7일
개수	0	1	0	1	0	1	1
씨앗		B		D		A	C
날씨	맑음	비	비	맑음	맑음	비	

따라서 싹이 튼 순서는 B-D-A-C가 된다.

25 논리퍼즐

정답 ⑤

정답 체크 을, 병, 정, 무의 말에서 알 수 있는 정보를 정리하면 다음과 같다.
(받은 경우 O, 받지 않은 경우 –, 등급이 부여된 경우 O 뒤에 표시)

구분	1분기	2분기	3분기
갑			
을	O(우수)		
병	–		
정	–	–	–
무	O	O	O

한편 A기업에서 안전평가를 실시하는 규칙을 정리하면 다음과 같다.
가. 3개 이상 부서를 평가
나. '우수' 또는 '보완'
다. 직전 분기 '보완' 등급을 받은 부서가 우선 평가 대상
라. '보완' 부서가 2개 이하일 경우, 평가받은 지 오래된 순서로 부서를 추가
그러면 가. 조건에 의해 1분기에 갑은 평가를 받았다는 것을 알 수 있다.

구분	1분기	2분기	3분기
갑	O		
을	O(우수)		
병	–		
정	–	–	–
무	O	O	O

2분기에도 3개 이상의 부서가 평가를 받아야 한다. 정은 평가를 받지 않았고 무는 평가를 받았으므로, 남은 갑, 을, 병 중 최소 2개 부서가 평가를 받아야 한다. 을은 우수 등급을 받았기에 다. 조건에 따른 2분기 평가 대상이 아니다. 또한, 평가받은 지 오래된 순서대로 평가하는 라. 조건에 의하더라도, 1분기에 평가받은 을이 다시 평가받고 1분기에 평가받지 않은 정이 2분기에도 평가를 받지 않는 것은 불합리하다. 따라서 을은 다, 라. 어떤 조건에 의하더라도 2분기에 평가를 받지 않으며, 갑과 병이 평가를 받게 된다.

구분	1분기	2분기	3분기
갑	O	O	
을	O(우수)	–	
병	–	O	
정	–	–	–
무	O	O	O

갑과 무가 2분기에 다시 평가를 받은 것을 보면 다. 조건에 의해 갑과 무의 1분기는 보완 등급을 받았음을 알 수 있다.

구분	1분기	2분기	3분기
갑	O(보완)	O	
을	O(우수)	–	
병	–	O	
정	–	–	–
무	O(보완)	O	O(우수)

3분기에도 정은 평가를 받지 않았고 무는 평가를 받았으므로, 남은 갑, 을, 병 중 최소 2개 부서가 평가를 받아야 한다. 을은 2분기에 평가를 받지 않았으므로 다. 조건에 따른 3분기 평가 대상이 아니다. 또한, 평가받은 지 오래된 순서대로 평가하는 라. 조건에 의하더라도, 1분기에 평가받은 을이 3분기 평가를 받고 1, 2분기에 평가받지 않은 정이 3분기에도 평가를 받지 않는 것은 불합리하다. 따라서 을은 다, 라. 어떤 조건에 의하더라도 3분기에 평가를 받지 않으며, 갑과 병이 평가를 받게 된다. 그런데 갑의 말에 의하면 이번 달 안전평가에서 3개 부서가 우수 등급을 받았다고 하였으므로 3분기에 안전평가를 받은 갑, 병, 무는 우수 등급을 받은 것이 되며, 2분기에 안전평가를 받은 갑, 병, 무가 3분기에도 안전평가를 받았다는 것은 모두 2분기에 보완 등급을 받았음을 의미한다.

구분	1분기	2분기	3분기
갑	O(보완)	O(보완)	O(우수)
을	O(우수)	–	–
병	–	O(보완)	O(우수)
정	–	–	–
무	O(보완)	O(보완)	O(우수)

따라서 올해 A기업의 1~3분기 안전평가에서 '보완' 등급이 부여된 횟수는 5회이다.

1 자료이해

정답 ④

정답 체크 제시된 종합점수 산정 방법에 따라 각 선수별 점수를 내보면 다음과 같다.

- 갑: (20×0.5)+(30×1.0)+(30×1.0)+0=70점
- 을: 0+(30×1.0)+0+(40×1.0)=70점
- 병: (20×1.0)+0+(30×0.5)+(40×1.0)=75점
- 정: (20×1.0)+(30×1.0)+(30×0.5)+(40×0.5)=85점
- 무: (20×0.5)+(30×0.5)+(30×0.5)+(40×1.0)=80점

따라서 '갑'~'무' 중 종합점수가 가장 높은 선수는 정이다.

2 자료이해

정답 ④

정답 체크 ㄱ. 2018년 교원 1인당 원아수는 $\frac{42,324}{3,095}$ ≒ 13.7명이므로 옳은 설명이다.

ㄷ. 2017년 대비 2023년 원아수는 $\frac{44,009-34,777}{44,009}\times100=\frac{9,232}{44,009}$ ×100 ≒ 21%로 약 21% 감소하였으므로 옳은 설명이다.

오답 체크 ㄴ. 유치원수는 2018년에 전년 대비 증가하였고 원아수는 매년 전년 대비 감소하였으므로 옳지 않은 설명이다.

고득점자의 빠른 문제 풀이 Tip

ㄱ. 원아수가 교원수의 10배 이상이므로 옳은 설명임을 간단히 알 수 있습니다.

ㄷ. 천의 자리까지 유효숫자를 정리하여 반올림 처리하면 2017년 원아수를 44, 2023년 원아수를 35로 정리할 수 있습니다. 44에서 35로 감소량은 9이고 44의 20%는 8.8이므로 20% 이상 감소했다는 것을 간단히 알 수 있습니다.

3 자료변환

정답 ⑤

정답 체크 <보고서>의 내용에 '민원건수 증가 및 감소 분야'에 대한 내용은 포함되어 있지 않다.

오답 체크 ①, ④ <보고서>의 세 번째 문단에 사용되었다. 「2023년 지역별로는 A 지역의 민원건수가 60,433건으로~ 그 뒤를 따랐다.」, 「B지역의 인구 100명당 민원건수는 30건 이상으로~ 지역 중 가장 많았다.」

② <보고서>의 두 번째 문단에 사용되었다. 「2023년 분야별로는 '교통' 분야의 민원건수가 가장 많았고,~ 75% 이상을 차지하였다.」

③ <보고서>의 네 번째 문단에 사용되었다. 「2023년 '갑'시 민원의 상위 10대 키워드에는 '불법주정차'~ 관련 키워드가 포함되었다.」

4 자료변환

정답 ④

정답 체크 <보고서>의 내용에 '공적개발원조 관련 교육 경로에 대한 선호도' 내용은 포함되어 있지 않다.

오답 체크 ① <보고서>의 첫 번째 문단 앞부분에 사용되었다. 「공적개발원조에 대해 알고 있다는 응답자 비율은 83.8%이고 2021년 이후 증가 추세에 있는 것으로 나타났다.」

② <보고서>의 두 번째 문단 앞부분에 사용되었다. 「2024년 공적개발원조 규모에 대한 의견으로는~ 나타났다.」

③ <보고서>의 첫 번째 문단 뒷부분에 사용되었다. 「공적개발원조 제공에 대한 찬반조사 결과를 보면~ 높게 나타났다.」

⑤ <보고서>의 첫 번째 문단 중간부분에 사용되었다. 「공적개발원소 관련 정보를 접한 경로로는~ 그 뒤를 이었다.」

5 자료논리

정답 ②

정답 체크 합계를 이용하여 자료의 빈칸을 먼저 계산해보면 B의 실제 발전량은 7,000GWh이고, C의 최대 발전량은 9,000GWh이다.

A~D 각 원자력발전소별로 이용률을 구해보면 다음과 같다.

- A: $\frac{4,000}{5,000}\times100=80\%$
- B: $\frac{7,000}{9,000}\times100$ ≒ 77.8%
- C: $\frac{6,000}{9,000}\times100$ ≒ 66.7%
- D: $\frac{9,000}{12,000}\times100=75\%$

따라서 이용률이 높은 원자력발전소부터 순서대로 나열하면 A, B, D, C이다.

고득점자의 빠른 문제 풀이 Tip

비율 계산을 하지 않고 분수의 크기만으로 비교하는 것이 더 효율적입니다. $\frac{4}{5}$, $\frac{7}{9}$, $\frac{6}{9}(=\frac{2}{3})$, $\frac{9}{12}(=\frac{3}{4})$로 간단한 분수입니다. $\frac{4}{5}$는 80%, $\frac{3}{4}$은 75%, $\frac{2}{3}$는 약 66.6% 정도임은 바로 알 수 있으므로 $\frac{7}{9}$의 순서만 생각해보면 됩니다. 숫자의 구성이 간단하므로 교차곱셈법(통분)으로 크기를 비교해보면 $\frac{7}{9}$은 $\frac{4}{5}$보다는 작고 $\frac{3}{4}$보다는 크다는 것을 알 수 있습니다.

6 자료이해

정답 ③

정답 체크 아메리카 지역에서 '바디감' 평가점수가 가장 낮은 원두는 '도미니카 AA'이며, '향' 평가점수에서도 가장 낮은 2점을 받았으므로 옳은 설명이다.

오답 체크 ① '단맛'으로 원두를 비교할 때 가장 높은 점수를 받은 원두는 아시아 지역의 '인도네시아 만델링'이므로 옳지 않은 설명이다.

② 아프리카 지역의 원두 중 '르완다 AB+' 원두는 향 2점, 단맛 3점으로 향 평가점수가 단맛 평가점수보다 낮다. 또한 '짐바브웨 AA+' 원두는 향, 단맛 평가점수가 동일하게 4점이므로 옳지 않은 설명이다.

④ 아시아 지역의 원두 중 '산미' 평가점수가 가장 높은 원두는 '인도네시아 토리자'이다. 그러나 종합 평가점수는 '인도네시아 토리자'가 4+5+3+2+4=18점이고, '인도 몬순드 말리바'가 5+4+4+3+4=20점으로 '인도 몬순드 말리바'가 더 높으므로 옳지 않은 설명이다.

⑤ 각 지역에서 종합 평가점수가 가장 높은 원두를 선정하면 다음과 같다.

- 아시아 지역 '인도 몬순드 말리바': 5+4+4+3+4=20점
- 아메리카 지역 '페루 HB GRADE1': 5+4+4+3+4=20점
- 아프리카 지역 '짐바브웨 AA+': 4+5+4+4+4=21점

따라서 점수가 모두 같지는 않으므로 옳지 않은 설명이다.

7 자료이해

정답 ①

정답 체크

- '제안개요' 평가항목 점수에서 14점 이상이므로 C 업체가 제외되며 A, B, D, E 업체가 해당된다.
- '제안업체 일반현황'의 평가항목 점수는 20점 이상이며 두 세부항목 간 점수 차이가 10점 미만이므로 D 업체가 제외되며 A, B, E 업체가 해당된다.
- '사업수행계획'의 평가항목 점수는 총점의 50% 이상이므로 총점 기준 '사업수행계획'의 점수가 50%가 넘는 A업체만이 해당된다.

따라서 A~E 중 '갑'에 해당하는 업체는 A이다.

8 자료논리

정답 ③

정답 체크

- <조건> 첫 번째 '강사 만족도'가 '교육환경 만족도'보다 높은 기관은 발명청과 세무청이라고 하였으므로 <표>에서 A, D가 해당된다. 선택지 ①은 제외된다.
- <조건> 세 번째 '참여자'는 문화청이 자료청보다 많다고 하였고 B와 C 중에서만 확인하면 되는 조건이므로 C가 문화청, B가 자료청이 된다. 따라서 선택지 ③, ⑤ 중에 정답을 고를 수 있다.
- <조건> 두 번째 '내용 만족도'는 자료청이 세무청보다 높다고 하였는데 자료청은 B로 확정이 되었으므로, 세무청은 D가 되어야 한다.

따라서 A~D에 해당하는 기관을 바르게 연결한 것은 ③이다.

9 자료이해

정답 ③

정답 체크

ㄴ. 수도권의 전력자급률은 $\frac{144.4}{214.8}\times100 ≒ 67.2\%$이고, A지역의 전력자급률은 $\frac{33.9}{17.3}\times100 ≒ 196.0\%$이다. 전력자급률은 A지역이 수도권의 2배 이상이므로 옳은 설명이다.

ㄷ. C지역 발전량과 D지역 발전량의 합은 222.0+80.3=302.3TWh이다. 전국 발전량 594.7TWh의 50%인 594.7×0.5=297.35TWh 이상이므로 옳은 설명이다.

오답 체크

ㄱ. 전국 소비량은 547.9TWh이고, 수도권 소비량은 214.8TWh이다. $\frac{214.8}{547.9}\times100 ≒ 39.2\%$로 40% 미만이므로 옳지 않은 설명이다.

ㄹ. B~D 각 지역의 전력자급률을 구해보면 다음과 같다.

- B: $\frac{114.1}{92.9}\times100 ≒ 122.8\%$
- C: $\frac{222.0}{151.2}\times100 ≒ 146.8\%$
- D: $\frac{80.3}{71.7}\times100 ≒ 112.0\%$

따라서 전력자급률은 모두 150% 미만이므로 옳지 않은 설명이다.

고득점자의 빠른 문제 풀이 Tip

ㄱ. 비율을 구하는 것보다 전국 소비량의 40%를 구하여 판단하는 것이 더 간단합니다. 전국 소비량 547.9의 10%는 약 54.8이므로 40%는 54.8×4=219.2입니다. 따라서 수도권 소비량 214.8은 40% 미만임을 알 수 있습니다.

ㄴ. A지역의 발전량이 소비량의 거의 2배에 가깝기 때문에 대략 200% 가까운 값임을 알 수 있습니다. 따라서 이 값이 2배 이상이 되려면 수도권의 전력자급률은 100% 미만이면 되는데 수도권은 대략 봐도 70%도 안 되는 값이므로 옳은 설명임을 알 수 있습니다.

ㄹ. 150% 이상은 분자가 분모의 1.5배이어야 하지만 B~D지역 모두 발전량이 소비량의 1.5배 미만이므로 150% 미만임을 알 수 있습니다.

10 자료이해

정답 ③

정답 체크

ㄱ. 2020년 이후 '저위기술산업군' 출하지수의 연도별 증감 방향은 2020년을 기준 100으로 설정한 지수임을 반영하여 증가-감소-감소-감소이다. 이와 동일한 증감 추이를 갖는 산업군은 '중저위기술산업군'뿐이므로 옳은 설명이다.

ㄷ. 재고율이 100% 이상이 되려면 연도별 재고지수가 출하지수보다 높거나 같아야 한다. 매년 재고지수가 출하지수보다 높거나 같은 산업군은 '고위기술산업군'뿐이므로 옳은 설명이다.

오답 체크

ㄴ. 기준연도를 2024년으로 변경하였을 때 각 산업군별 재고지수가 100 이상이 되려면, <표>의 각 산업군별 2024년 재고지수보다 다른 연도가 모두 더 높아야 한다. 그러나 '고위기술산업군'을 제외하고 나머지 '중고위기술산업군', '중저위기술산업군', '저위기술산업군'은 2024년 재고지수보다 낮은 재고지수가 다른 연도 중에 있기 때문에 2024년을 기준연도로 변경하였을 때 산업군별 재고지수는 100 미만인 해가 있으므로 옳지 않은 설명이다.

11 자료이해

정답 ①

정답 체크

ㄱ. 순위 8위 이내 국가 중 승률이 0.5 이하인 국가는 잉글랜드 $\frac{32}{74} ≒ 0.43$, 스페인 $\frac{31}{67} ≒ 0.46$으로 2개이므로 옳은 설명이다.

오답 체크

ㄴ. 3위 아르헨티나의 평균 승점은 $\frac{158}{88} ≒ 1.80$, 4위 이탈리아의 평균 승점은 $\frac{156}{83} ≒ 1.88$이다. 3위와 4위를 비교해보면 평균 승점은 4위가 더 높다. 또한 6위 잉글랜드의 평균 승점은 $\frac{118}{74} ≒ 1.59$, 7위 스페인의 평균 승점은 $\frac{110}{67} ≒ 1.64$, 8위 네덜란드의 평균 승점은 $\frac{104}{55} ≒ 1.89$이다. 6위, 7위, 8위 역시 평균 승점은 8위가 가장 높고 그다음 7위, 6위 순이므로 옳지 않은 설명이다.

ㄷ. 경기수 중 무승부 경기수의 비중은 독일 $\frac{21}{112}\times100 ≒ 18.8\%$, 잉글랜드 $\frac{22}{74}\times100 ≒ 29.7\%$로 독일이 잉글랜드보다 작으므로 옳지 않은 설명이다.

고득점자의 빠른 문제 풀이 Tip

ㄴ. 평균 승점을 구하는 것보다 분수대소 비교로 판단하는 것이 간단합니다. 아르헨티나 $\frac{158}{88}$과 이탈리아 $\frac{156}{83}$에서 분모는 83에서 88로 5 증가한 것은 83에서 약 5% 넘는 증가율입니다. 반면 분자는 156에서 158로 2가 증가하여 5% 미만입니다. 분모가 더 증가한 것이므로 증가한 방향으로 분수의 값은 작아집니다. 따라서 $\frac{158}{88}<\frac{156}{83}$으로 대소판단을 할 수 있습니다.

ㄷ. 역시 분수대소 비교로 판단하면 바로 알 수 있습니다. 독일 $\frac{21}{112}$과 잉글랜드 $\frac{22}{74}$에서 잉글랜드가 분자는 더 크고, 분모는 더 작으므로 분수가 클 조건을 모두 갖추고 있습니다. 따라서 잉글랜드가 더 크다는 것을 바로 판단할 수 있습니다.

12 자료논리

정답 ②

정답 체크

(가) 2024년 차종별로 민간부문과 공공부문 구매실적의 합을 구해보면 다음과 같다.

- 하이브리드차: 15,737 + 307 = 16,044대
- 전기차: 16,901 + 2,939 = 19,840대
- 수소차: 87 + 95 = 182대

따라서 구매실적의 합이 가장 큰 차종은 전기차이다.

(나) 먼저 자료의 합계를 통해 업종별 수소차의 구매실적 빈칸을 구해보면 공시대상기업집단은 15,177 − 6,333 − 8,771 = 73대, 시내버스운송사업자는 407 − 399 = 8대이다.

업종별 전기차 구매실적 대비 수소차 구매실적 비율을 구해보면 다음과 같다.

- 공시대상기업집단: $\frac{73}{8,771} \times 100 ≒ 0.83\%$
- 자동차대여사업자: $\frac{6}{7,537} \times 100 ≒ 0.08\%$
- 시내버스운송사업자: $\frac{8}{399} \times 100 ≒ 2.01\%$

따라서 비율이 가장 높은 업종은 시내버스운송사업자이다.

(다) <표 2>에서 하이브리드차의 공공부문 구매실적은 2019년부터 매년 증가하여 2022년에 3,422대로 최대가 되었다가 이후 매년 감소하였다.

따라서 (가)~(다)에 해당하는 내용을 바르게 연결한 것은 ②이다.

고득점자의 빠른 문제 풀이 Tip

(나) 비율을 완벽히 구하지 않아도 $\frac{8}{399}$의 비율을 암산으로 간단히 생각해보면 분자 8은 분모 399의 1%인 3.99, 약 4의 2배이므로 비율은 1%의 2배인 2% 정도임을 알 수 있는 반면 나머지 $\frac{73}{8,771}$과 $\frac{6}{7,537}$은 모두 1%도 안 되는 값이므로 $\frac{8}{399}$이 가장 높은 값임을 간단히 판단할 수 있습니다.

13 자료논리

정답 ①

정답 체크

배양기 A~J의 생존지수를 구해보면 다음과 같다.

- A: (3×52) + (2×63) = 282
- B: (3×66) + (2×63) = 324
- C: (3×58) + (2×41) = 256
- D: (3×50) + (2×18) = 186
- E: (3×50) + (2×90) = 330
- F: (3×77) + (2×48) = 327
- G: (3×72) + (2×89) = 394
- H: (3×16) + (2×45) = 138
- I: (3×71) + (2×87) = 387
- J: (3×90) + (2×93) = 456

따라서 <표>에서 배양환경 유형이 '주의'인 것은 생존지수가 150 이상 300 미만인 경우이므로 A, C, D가 해당된다.

14 자료변환

정답 ③

정답 체크

<보고서>에서 '대통령표창'과 '국무총리표창'은 포상분야 및 포상인원이 각각 매년 증가하였다고 되어있으므로 ②, ④는 제외되며 ①, ③, ⑤는 자료로 추가 내용을 확인한다.

'국무총리표창'의 포상분야는 2024년이 2022년 대비 20% 이상 증가하였다는 내용에 의해 ①, ③, ⑤ 자료의 해당 구간 증가율을 구해보면 다음과 같다.

① $\frac{28-25}{25} \times 100 = 12\%$

③ $\frac{30-25}{25} \times 100 = 20\%$

⑤ $\frac{36-25}{25} \times 100 = 44\%$

따라서 ①이 제외되며 ③, ⑤로 추가 내용을 확인한다.

2024년 포상분야 1개당 포상인원이 많은 표창부터 순서대로 나열하면 '장관표창', '국무총리표창', '대통령표창' 순이라는 내용에 의해 ③, ⑤ 자료의 포상분야 1개당 포상인원을 구해보면 다음과 같다.

③ 대통령표창: $\frac{27}{6} = 4.5$명, 국무총리표창: $\frac{141}{30} = 4.7$명,

장관표창: $\frac{277}{39} ≒ 7.1$명

⑤ 대통령표창: $\frac{27}{6} = 4.5$명, 국무총리표창: $\frac{141}{36} ≒ 3.9$명,

장관표창: $\frac{314}{39} ≒ 8.1$명

따라서 2024년 포상분야 1개당 포상인원이 장관표창-국무총리표창-대통령표창 순으로 많은 자료는 ③이다.

고득점자의 빠른 문제 풀이 Tip

포상분야 1개당 포상인원의 값을 구하는 과정에서 분수대소 비교를 이용하여 판단해보면 간단히 확인할 수 있습니다. ③의 경우 $\frac{27}{6}$과 $\frac{141}{30}$의 관계에서 분모는 6에서 30으로 5배 증가하였으나 분자는 27의 5배인 135보다 더 큰 141로 분자의 증가율이 더 높으므로 $\frac{141}{30}$이 더 크다는 것을 알 수 있습니다. 반면, ⑤의 $\frac{141}{36}$은 ③의 $\frac{141}{30}$과 비교하였을 때 분자는 같고 분모는 더 크기 때문에 값이 작다는 것을 판단할 수 있고, $\frac{141}{36}$의 값은 대략 4보다 작다는 것으로 <보고서>에 제시된 조건 순서에 맞지 않다는 것을 알 수 있습니다.

15 자료변환

정답 ⑤

정답 체크

ㄴ. <보고서>에 2024년 행정기관위원회 중 부처 소속이 514개, 다음으로 국무총리, 대통령 순이며, 부처 소속 행정기관위원회가 2020년 이후 매년 전체 행정기관위원회의 80% 이상을 차지한다고 제시되어 있다. <보기> ㄴ 그래프에서 각 연도별 전체 행정기관위원회에서 부처 소속 행정기관위원회의 비중을 구해보면 다음과 같다.

- 2020년: $\frac{503}{23+59+503} \times 100 ≒ 86\%$
- 2021년: $\frac{540}{22+60+540} \times 100 ≒ 87\%$
- 2022년: $\frac{554}{21+61+554} \times 100 ≒ 87\%$
- 2023년: $\frac{534}{19+62+534} \times 100 ≒ 87\%$
- 2024년: $\frac{514}{18+58+514} \times 100 ≒ 87\%$

따라서 옳은 자료이다.

ㄹ. <보고서>에 따르면 2024년 행정기관위원회 예산이 5천만 원을 초과한 행정기관위원회는 전체 행정기관위원회의 20%에도 미치지 못했으며, 예산이 미편성된 행정기관위원회가 전체 행정기관위원회의 55%를 넘는다고 제시되어 있다. <보기> ㄹ 표에서 예산이 5천만 원을 초과한 행정기관위원회는 60 + 27 + 6 = 93개이며 전체 행정기관위원회에서 차지하는 비중은 $\frac{93}{590} \times 100 ≒ 15.8\%$이다. 또한 예산이 미편성된 행정기관위원회는 336개이며 전체 행정기관위원회에서 차지하는 비중은 $\frac{336}{590} \times 100 ≒ 56.9\%$이다. 따라서 옳은 자료이다.

오답 체크

ㄱ. <보고서>에 2024년 '갑'국의 행정기관위원회는 총 590개이고, 이중 행정위원회가 40개라고 되어있으므로 행정기관위원회 중 행정위원회 비중은 $\frac{40}{590} \times 100 ≒ 6.8\%$이다. 따라서 옳지 않은 자료이다.

ㄷ. <보고서>에 2024년 행정기관위원회의 회의 개최 횟수에서 4회 이상 회의를 개최한 행정기관위원회는 전체 행정기관위원회의 절반에도 미치지 못했으며 한 번도 개최하지 않은 행정기관위원회는 69개로 나타났다고 제시되어 있다. <보기> ㄷ 표에서 회의횟수가 4회 이상인 행정기관위원회 수는 62 + 101 + 59 + 78 = 300개로 전체 590개의 절반 이상이다. 따라서 옳지 않은 자료이다.

고득점자의 빠른 문제 풀이 Tip

ㄴ. 상대비 개념을 활용하면 간단히 판단할 수 있습니다. 전체에서 부처 소속 행정기관위원회가 80% 이상이 되려면 대통령, 국무총리 소속 행정기관위원회가 20% 미만이어야 합니다. 20% 미만과 80% 이상의 관계로 비교하면 부처 소속이 대통령, 국무총리 합의 4배 이상이면 전체에서 80% 이상이 되는 것입니다. 그래프에는 대통령과 국무총리 소속 행정기관위원회 합은 매년 100개가 안 되는 반면 부처 소속 행정기관위원회는 매년 500개 이상이므로 매년 80%가 넘는다는 것을 알 수 있습니다.

16 자료논리

정답 ⑤

정답 체크

· <조건> 첫 번째에서 2023년 A국 전체 중고차 수출량에서 '갑'국으로의 중고차 수출량이 차지하는 비중은 10% 이하라고 하였으므로 502,028 × 0.1 = 50,202.8대보다 높은 리비아와 이집트는 제외된다.

· <조건> 두 번째에서 A국 전체 중고차 수출량에서 '갑'국으로의 중고차 수출량이 차지하는 비중은 2023년이 2022년보다 크다고 하였으므로 A국 전체 수출량의 증가율과 각 국가의 수출량 증가율을 비교하여 2023년이 2022년보다 비중이 높아진 국가를 확인한다.

- A국 전체 수출량 증가율: $\frac{502,028 - 303,416}{303,416} \times 100 ≒ 65.5\%$
- 튀르키예: $\frac{48,501 - 21,689}{21,689} \times 100 ≒ 123.6\%$
- 요르단: $\frac{30,865 - 40,762}{40,762} \times 100 ≒ -24.3\%$
- 키르기스스탄: $\frac{30,734 - 13,741}{13,741} \times 100 ≒ 123.7\%$
- 아제르바이잔: $\frac{17,584 - 7,675}{7,675} \times 100 ≒ 129.1\%$
- 아랍에미리트연합: $\frac{16,777 - 7,137}{7,137} \times 100 ≒ 135.1\%$
- 타지키스탄: $\frac{15,758 - 12,000}{12,000} \times 100 ≒ 31.3\%$
- 알바니아: $\frac{13,752 - 1,811}{1,811} \times 100 ≒ 659.4\%$
- 몽골: $\frac{10,735 - 5,491}{5,491} \times 100 ≒ 95.5\%$

따라서 A국 전체 수출량 증가율인 65.5%보다 낮은 증가율을 나타낸 요르단, 타지키스탄은 제외된다.

· <조건> 세 번째에서 2021년 대비 2022년 A국에서 '갑'국으로의 중고차 수출량 증가율이 20%라면 2022년 수출량을 1.2로 나누어 2021년 수출량을 구할 수 있다.

- 튀르키예: $\frac{21,689}{1.2} ≒ 18,074$대
- 키르기스스탄: $\frac{13,741}{1.2} ≒ 11,451$대
- 아제르바이잔: $\frac{7,675}{1.2} ≒ 6,396$대
- 아랍에미리트연합: $\frac{7,137}{1.2} ≒ 5,948$대
- 알바니아: $\frac{1,811}{1.2} ≒ 1,509$대
- 몽골: $\frac{5,491}{1.2} ≒ 4,576$대

따라서 2021년 수출량이 12,000대 이상인 국가는 튀르키예이므로 '갑'국에 해당하는 국가는 튀르키예이다.

고득점자의 빠른 문제 풀이 Tip

<조건> 두 번째 풀이 시 A국 전체의 증가율은 대략 30만에서 50만으로 $\frac{2}{3}$, 약 60% 이상 증가하였으므로 각 국가별 증가율이 그 이상이면 전체에서 차지하는 비중은 증가합니다. 이때, 튀르키예, 키르기스스탄, 아제르바이잔, 아랍에미리트연합, 알바니아는 수출량이 두 배 이상이므로 모두 증가율은 100% 이상이며 몽골 역시 두 배에 가까운 값이므로 전체 증가율보다는 크다는 것을 알 수 있습니다. 반면, 요르단은 감소하였고, 타지키스탄도 제대로 구하지 않아도 1.5배가 안 되는 것으로 50% 미만 증가율임을 판단할 수 있습니다.
<조건> 세 번째 풀이 시 2022년 수출량이 12,000보다 작은 아제르바이잔, 아랍에미리트연합, 알바니아, 몽골은 바로 제외됩니다. 2021년 수출량을 12,000으로 가정하여 20%를 증가시켜보면 12,000 × 1.2 = 14,400대이므로 2022년 수출량이 14,400대 이상이면 2021년 수출량이 12,000대 이상입니다. 따라서 튀르키예만 해당되는 것을 알 수 있습니다.

17 자료논리

정답 ②

정답 체크

B지역의 '도로 연장'은 330km로 '갑'시 '도로 연장' 323 + 330 + 442 + 257 = 1,352km의 25%인 1,352 × 0.25 = 338km 미만이므로 옳지 않은 설명이다.

오답 체크

① '도로 연장'당 '도로 면적'은 A지역이 $\frac{3.43}{323} ≒ 0.011$, D지역이 $\frac{2.35}{257} ≒ 0.009$로 A지역이 D지역보다 크므로 옳은 설명이다.

③ '도로율'이 가장 낮은 지역은 22.2%인 C지역이며, C지역과 D지역의 '시가화 면적'을 구해보면 C지역 $\frac{5.80}{22.2} \times 100 ≒ 26.13km^2$, D지역 $\frac{2.35}{23.9} \times 100 ≒ 9.83km^2$로 '시가화 면적'은 C가 가장 크므로 옳은 설명이다.

④ D지역의 '시가화 면적'은 $\frac{2.35}{23.9} \times 100 ≒ 9.83km^2$로 $10km^2$ 이하이므로 옳은 설명이다.

⑤ '갑'시의 '시가화 면적'은 $11.79 + 13.85 + 26.13 + 9.83 = 61.6km^2$로 $50km^2$ 이상이므로 옳은 설명이다.

고득점자의 빠른 문제 풀이 Tip

① 계산 결과를 내지 않고 간단히 판단할 수 있습니다. 도로 면적을 동일하게 100배 하여 정리해보면 A지역은 $\frac{343}{323}$으로 1보다 큰 가분수이며, D지역은 $\frac{235}{257}$로 1보다 작습니다. 따라서 A지역이 더 크다는 것을 알 수 있습니다.

③ C지역의 시가화 면적을 구하지 않아도 C의 도로율이 가장 낮고, 도로 면적은 가장 크기 때문에 시가화 면적은 가장 크다는 것을 알 수 있습니다.

18 자료이해

정답 ②

정답 체크 2023년에 공간조명 민원건수는 829건이며, 같은 해 수면방해를 제외한 나머지 피해유형의 합은 전체에서 수면방해 건수를 제외한 1,844 − 1,107 = 737건이다. 따라서 나머지 737건이 모두 공간조명으로 인한 민원건수라고 하더라도 829 − 737 = 92이기에 최소 92건 이상은 공간조명으로 인한 수면방해 민원건수일 수밖에 없으므로 옳은 설명이다.

오답 체크

① 장식조명 민원건수가 전년 대비 증가한 해는 2022년, 2023년이다. 그러나 전광판조명 민원건수는 2022년에 전년 대비 감소하였으므로 옳지 않은 설명이다.

③ 2021년 전체 민원건수 중 수면방해 민원건수의 비중은 $\frac{2,096}{2,577} \times 100 ≒ 81.3\%$로 85% 미만이므로 옳지 않은 설명이다.

④ 눈부심 민원건수가 전년 대비 증가한 해의 증가율을 구해보면 다음과 같다.

- 2022년: $\frac{264-167}{167} \times 100 ≒ 58\%$
- 2023년: $\frac{333-264}{264} \times 100 ≒ 26\%$
- 2024년: $\frac{390-333}{333} \times 100 ≒ 17\%$

따라서 전년 대비 증가율이 가장 높은 해는 2022년이므로 옳지 않은 설명이다.

⑤ 기타를 제외한 조명종류의 민원건수 순위를 살펴보면, 2020, 2022, 2023, 2024년에는 장식조명이 전광판조명 건수보다 많지만, 2021년에는 전광판조명이 장식조명 건수보다 많으므로 옳지 않은 설명이다.

고득점자의 빠른 문제 풀이 Tip

④ 증가율을 계산하지 않아도 눈부심 건수가 전년 대비 증가한 연도 중에서 2022년의 전년 대비 증가량이 약 100건으로 다른 해보다 더 많고, 전년도 건수가 167건으로 다른 해보다 적은 값이므로 증가율은 가장 크다는 것을 판단할 수 있습니다.

19 자료이해

정답 ⑤

정답 체크 먼저, 물동량과 누적 물동량의 정보를 통해 확인이 가능한 빈칸을 채워보면 다음과 같다.

구분	물동량	누적 물동량
1	273	273
2	229	(502)
3	( )	( )
4	( )	(1,088)
5	282	1,370
6	280	1,650
7	287	(1,937)
8	(285)	2,222
9	307	2,529
10	300	(2,829)
11	312	3,141
12	(320)	3,461

ㄴ. 12월 물동량은 3,461 − 3,141 = 320천 TEU이다. 1월 대비 12월 물동량의 증가율은 $\frac{320-273}{273} \times 100 ≒ 17.2\%$로 15% 이상이므로 옳은 설명이다.

ㄷ. 2023년 월평균 물동량은 $\frac{3,461}{12} ≒ 288$천 TEU이다. 3월과 4월 물동량의 합은 1,088 − 502 = 586천 TEU이므로 두 달 평균 물동량은 $\frac{586}{2} = 293$천 TEU이다. 3월과 4월 중 최소 1개 또는 2개 모두 평균보다 많을 수 있다. 3, 4월 중 최소 1개 이상은 반드시 평균보다 많은 달에 포함되기 때문에 9~12월까지 4개와 3, 4월 중 1개 이상이 월평균 물동량보다 많은 달이므로 5개 이상은 옳은 설명이다.

오답 체크 ㄱ. 8월 물동량은 285천 TEU로 7월 물동량 287천 TEU보다 적으므로 옳지 않은 설명이다.

20 자료이해

정답 ④

정답 체크

ㄱ. 2018~2023년 동안 공공기관 예산액 중 B의 예산액 비중은 8.5%, 10.1%, 12.6%, 14.4%, 16.5%, 18.5%로 매년 1%p 이상 증가하였으므로 옳은 설명이다.

ㄷ. 2021~2023년 동안 A의 일반관리비에서 인건비가 차지하는 비중을 구해보면 다음과 같다.

- 2021년: $\frac{139}{139+70} \times 100 ≒ 66.5\%$
- 2022년: $\frac{160}{160+88} \times 100 ≒ 64.5\%$
- 2023년: $\frac{135}{135+80} \times 100 ≒ 62.8\%$

따라서 매년 인건비가 일반관리비의 60% 이상이므로 옳은 설명이다.

ㄹ. <그림>에서 2021년 A 예산액의 비중은 26.1%이고 <표>에서 2021년 A의 예산액은 902억 원이다. 따라서 2021년 '갑'국의 A~D 예산 총액은 $\frac{902}{26.1} \times 100 ≒ 3,456$억 원이다. 이때 C의 비중은 33.4%이므로 2021년 C의 예산액은 3,456 × 33.4% ≒ 1,154억 원이다.

같은 방법으로 2022년 '갑'국의 A~D 예산 총액을 구해보면 $\frac{1,079}{24.8} \times 100 ≒ 4,351$억 원이고, 2022년 C의 예산액은 4,351 × 30.5% ≒ 1,327억 원이다.

따라서 2022년 C의 예산액은 전년 대비 증가하였으므로 옳은 설명이다.

오답 체크 ㄴ. 2023년 A의 사업비는 1,129 - (135 + 80 + 260) = 654억 원이다. 출연금 260의 3배인 780보다 적으므로 옳지 않은 설명이다.

고득점자의 빠른 문제 풀이 Tip

ㄷ. 상대비의 개념을 활용하여 간단히 판단할 수 있습니다. 인건비가 60%이면 경비는 40%이므로 60:40, 즉 3:2의 비율입니다. 다시 말해 인건비가 경비보다 1.5배 이상이면, 인건비가 60% 이상이며 <표>에서 1.5배 이상이 되는 것은 쉽게 확인할 수 있습니다.

ㄹ. 2021년과 2022년 C의 예산액은 곱셈식 대소비교를 통해 증가여부를 판단할 수 있습니다. % 단위는 동일하게 제외하고 2021년 3,456 × 33.4와 2022년 4,351 × 30.5 두 식의 주고받은 증가율을 비교해보면, 3,456에서 4,351까지는 약 900 정도가 증가하여 증가율이 대략 20% 넘는 반면, 30.5에서 33.4로 약 3이 증가하여 증가율은 약 10%가 안 됩니다. 따라서 더 큰 증가율은 받은 2022년 4,351 × 30.5 결과가 더 크다는 것을 판단할 수 있습니다.

21 자료논리

정답 ①

정답 체크 먼저 C를 구해보면 302,589 + 160,897 = 463,486이다. 따라서 A는 463,486 + 59,184 = 522,670이며, B는 18,616 - 534 = 18,082이다.

<보고서>의 내용에 따라 2024년 응시원서 접수한 '재학생' 인원에서 응시한 '재학생' 수를 제외하여 2024년 미응시한 '재학생' 인원을 구해보면, 326,646 - 287,502 = 39,144명이다.

따라서 D는 38,188 - 39,144 = -956이다.

22 자료이해

정답 ⑤

정답 체크 ㄴ. 냉장 수산물은 고등어와 오징어이며, A도매점과 B소매점의 냉장 수산물 1주 가격 대비 3주 가격의 증감률을 구해보면 다음과 같다.

- A도매점
  - 고등어: $\frac{6,200 - 7,700}{7,700} \times 100 ≒ -19.5\%$
  - 오징어: $\frac{13,500 - 16,500}{16,500} \times 100 ≒ -18.2\%$
- B소매점
  - 고등어: $\frac{12,300 - 11,700}{11,700} \times 100 ≒ 5.1\%$
  - 오징어: $\frac{26,300 - 26,700}{26,700} \times 100 ≒ -1.5\%$

따라서 A도매점과 B소매점 모두 고등어 증감률이 가장 큰 어종이므로 옳은 설명이다.

ㄷ. A도매점 냉동 갈치의 평균 가격이 13,000원이므로 $\frac{11,600 + 11,600 + 12,100 + (\quad) + (\quad)}{5} = 13,000$에서 4, 5주의 가격의 합은 29,700원이다.

B소매점 냉동 갈치의 평균 가격은 14,000원이므로 $\frac{15,200 + 15,700 + 13,600 + (\quad) + (\quad)}{5} = 14,000$에서 4, 5주의 가격의 합은 25,500원이다.

따라서 A도매점의 4, 5주 가격의 합이 B소매점보다 크기에 4, 5주 중 적어도 한 주 이상은 A도매점의 가격이 높은 주가 있을 수밖에 없으므로 옳은 설명이다.

오답 체크 ㄱ. 냉동 고등어 4주 가격이 A도매점은 전주 대비 증가하였으나, B소매점은 감소하였으므로 옳지 않은 설명이다.

23 자료논리

정답 ②

정답 체크 '갑'~'무' 각 요리사가 공통적으로 구매한 냉장 고등어, 냉장 오징어, 냉동 명태의 A도매점과 B소매점의 1월 5주 가격의 차이를 먼저 구해보면 다음과 같다.

- 냉장 고등어: 14,100 - 6,700 = 7,400원
- 냉장 오징어: 26,400 - 14,300 = 12,100원
- 냉동 명태: 6,100 - 2,300 = 3,800원

이를 통해 '갑'~'무' 각 요리사의 총 구매액 차이를 구해보면 다음과 같다.

- 갑: (7,400 × 4) + (12,100 × 4) + (3,800 × 2) = 85,600원
- 을: (7,400 × 3) + (12,100 × 5) + (3,800 × 2) = 90,300원
- 병: (7,400 × 5) + (12,100 × 3) + (3,800 × 2) = 80,900원
- 정: (7,400 × 5) + (12,100 × 2) + (3,800 × 3) = 72,600원
- 무: (7,400 × 5) + (12,100 × 1) + (3,800 × 4) = 64,300원

따라서 요리사 '을'의 총 구매액 감소폭이 가장 크다.

고득점자의 빠른 문제 풀이 Tip

냉장 오징어의 A도매점과 B소매점 가격 차이가 12,100원으로 가장 크며, 명태의 차이 금액인 3,800원보다 3배 이상 큰 차이입니다. '갑'~'무'요리사는 모두 총합 10kg으로 동일한 양을 구매하였고 그중 을의 냉장 오징어 구매량이 5kg으로 가장 많기 때문에 을의 총 구매액 감소폭이 가장 크다는 것을 판단할 수 있습니다.

24 자료이해

정답 ①

정답 체크 ㄱ. <국가별 기술점수 산정 방법>에서 원점수가 가장 높은 국가 원점수 대비 해당 국가 원점수의 비율을 구하여 해당 부문 배점을 곱한 값으로 변환점수를 산출한다고 제시되어 있다. 따라서 부문별 원점수가 가장 높은 국가는 비율이 1이 되는 것이므로 이를 통해 <표>에서 각 부문별 배점을 확인할 수 있다.

'논문'의 원점수가 가장 높은 국가는 중국이므로 비율은 1이고 비율에 배점을 곱하여 구하는 변환점수가 10.0이므로 논문의 배점은 10점이다. '특허'의 원점수가 가장 높은 국가는 미국이며 변환점수가 20.0이므로 특허의 배점은 20점이다. '전문가 평가' 역시 원점수가 가장 높은 국가는 미국이며 변환점수가 70.0이므로 전문가 평가의 배점은 70점이다. 따라서 '전문가 평가' 부문 배점 70점은 '논문'과 '특허' 부문 배점의 합 10 + 20 = 30점의 2배 이상이므로 옳은 설명이다.

오답 체크

ㄴ. 독일의 '논문' 부문 원점수가 50점 증가한다면, 원점수는 112점이 되며 가장 높은 국가 대비 비율은 $\frac{112}{767} \fallingdotseq 0.146$이다. 비율에 논문의 배점을 곱한 변환점수는 $0.146 \times 10 = 1.46$에서 둘째 자리 반올림하여 나타내므로 1.5점이 되어 변환점수가 0.8점에서 1.5점으로 0.7점 높아진다. 이에 따라 기술점수 역시 50.3점에서 0.7점 높아진 51.0점이지만, 프랑스 51.1점보다는 낮은 점수이므로 옳지 않은 설명이다.

ㄷ. '논문'과 '특허' 부문 배점이 서로 바뀐다면, '논문'이 20점으로 기존의 두 배, '특허'는 10점으로 기존의 절반이 된다. 이때 변환점수는 소수 둘째 자리 반올림하기 때문에 대만의 특허 변환점수는 0.1점의 절반으로 줄어든 0.05점이지만 반올림하여 그대로 0.1점으로 나타낸다. 이스라엘과 대만의 기술점수를 구해보면 다음과 같다.

- 이스라엘: $(0.2 \times 2) + \frac{0.6}{2} + 53.2 \rightarrow 0.4 + 0.3 + 53.2 = 53.9$점
- 대만: $(0.6 \times 2) + \frac{0.1}{2} + 53.9 \rightarrow 1.2 + 0.1 + 53.9 = 55.2$점

따라서 기술점수는 이스라엘이 대만보다 낮으므로 옳지 않은 설명이다.

고득점자의 빠른 문제 풀이 Tip

ㄷ. 먼저 <표>에서 이스라엘과 대만의 '논문'과 '특허' 변환점수를 비교해보면 '논문'은 대만이 더 높고, '특허'는 이스라엘이 더 높으며, 이때 변환점수의 총점인 기술점수는 대만이 더 높습니다. 그런데 '논문'과 '특허'의 배점을 서로 바꾼다면 '논문'의 변환점수가 더 높아지며, 이는 오히려 대만의 점수를 더 높이는 의미가 됩니다. 따라서 굳이 계산을 하지 않아도 기술점수는 이스라엘보다 대만이 더 높은 것을 알 수 있습니다.

25 자료이해

정답 ③

정답 체크

ㄱ. <표>에서 GII 순위는 스위스 1위, 중국이 11위이며 2~10위까지 모두 고소득그룹 국가임을 확인할 수 있으므로 옳은 설명이다.

ㄴ. <표>는 각 소득그룹 내 GII 순위가 높은 국가 순으로 나열된 것이며, 41~50위 순위 중 41위와 50위는 중상소득에 포함되어 있고, 44위는 중저소득에 포함되어 있기에 나머지 7개 국가는 고소득그룹 국가에 포함되는 것을 알 수 있으므로 옳은 설명이다.

ㄹ. <표>는 각 소득그룹 내 GII 순위가 높은 국가 순으로 나열된 것이며, 중상소득그룹과 중저소득그룹을 묶었을 때의 그룹 내 순위는 <표>에 제시된 GII 순위만으로 순서를 확인할 수 있다. 필리핀의 GII 순위는 53위이고, <표>의 중상소득, 중저소득그룹의 국가 중 53위보다 높은 국가는 중상소득의 1~7위, 중저소득의 1~2위까지 총 9개 국가이기에 필리핀의 중소득그룹 내 순위는 10위이므로 옳은 설명이다.

오답 체크

ㄷ. 전체 133개 국가 중 마다가스카르의 GII 순위는 110위이므로 마다가스카르보다 GII 순위가 낮은 국가는 23개이다. 마다가스카르의 저소득그룹 내에서의 순위는 2위이기에 3~10위의 8개 국가는 마다가스카르보다 GII 순위가 낮은 국가이며, 23개 중 8개 국가를 제외한 나머지 15개 국가는 저소득그룹이 아닌 국가임을 알 수 있으므로 옳지 않은 설명이다.

2024년 기출문제 취약 유형 분석표 & 정답·해설

바로 채점 및 성적 분석 서비스

PSAT 전문가의 총평

2024년 민간경력자 PSAT의 경우 세 영역의 난도는 모두 평이했다.

1. 언어논리 영역: 세부 내용을 확인하는 문제의 경우에는 정답의 근거를 비교적 쉽게 찾을 수 있었으나, 빈칸삽입, 논리추론 유형에서는 정확한 독해와 논리적인 사고를 요구하는 문제들이 다수 출제되었다. 유형별 출제 비중은 2023년 시험과 큰 차이가 없었으며, 2024년 시험의 난도는 2023년 시험과 비교하였을 때, 큰 차이 없이 평이한 난도로 출제되었다.
2. 상황판단 영역: 문제해결 유형에서 여러 가지 경우의 수를 고려해야 하는 문제가 다수 출제되었고, 수치 계산에서 변수를 고려해야 하는 문제도 있었으나 법·규정의 적용 유형에서는 판단의 근거가 정확한 문제가 출제되어 전반적인 난도는 평이했다.
3. 자료해석 영역: 각주의 정보를 잘 이해하고 활용하는 문제와 정보량이 많은 <보고서> 형태의 문제가 높은 비중으로 출제되었으나, 자료에 대한 이해와 계산이 필요한 일부 문제를 제외하고는 간단한 해석과 단순 비교를 통해 정답을 찾을 수 있는 문제가 다수 출제되었으므로 전반적인 난도는 평이했다.

정답

언어논리

p.99

1	③	세부 내용 파악	**6**	②	세부 내용 파악	**11**	②	논증의 타당성	**16**	②	진술추론	**21**	①	사례 유추
2	④	세부 내용 파악	**7**	⑤	세부 내용 파악	**12**	③	논리추론	**17**	⑤	빈칸추론	**22**	④	진술추론
3	④	세부 내용 파악	**8**	①	빈칸삽입	**13**	②	논리추론	**18**	⑤	진술추론	**23**	③	세부 내용 파악
4	③	세부 내용 파악	**9**	⑤	빈칸삽입	**14**	④	논리추론	**19**	③	진술추론	**24**	②	진술추론
5	④	세부 내용 파악	**10**	②	빈칸삽입	**15**	①	진술추론	**20**	③	진술추론	**25**	③	진술추론

상황판단

p.113

1	⑤	법·규정의 적용	**6**	②	문제해결	**11**	①	법·규정의 적용	**16**	⑤	논리퍼즐	**21**	③	논리퍼즐
2	⑤	법·규정의 적용	**7**	④	문제해결	**12**	④	문제해결	**17**	②	논리퍼즐	**22**	④	논리퍼즐
3	②	법·규정의 적용	**8**	④	문제해결	**13**	③	세부 내용 파악	**18**	①	논리퍼즐	**23**	②	문제해결
4	④	법·규정의 적용	**9**	②	세부 내용 파악	**14**	③	논리퍼즐	**19**	③	문제해결	**24**	⑤	문제해결
5	①	세부 내용 파악	**10**	③	문제해결	**15**	⑤	문제해결	**20**	④	문제해결	**25**	①	문제해결

자료해석

p.127

1	④	자료이해	**6**	④	자료이해	**11**	④	자료이해	**16**	⑤	자료이해	**21**	④	자료변환
2	①	자료이해	**7**	③	자료변환	**12**	③	자료이해	**17**	①	자료이해	**22**	①	자료이해
3	⑤	자료변환	**8**	②	자료논리	**13**	③	자료이해	**18**	④	자료이해	**23**	③	자료이해
4	⑤	자료이해	**9**	②	자료이해	**14**	②	자료이해	**19**	②	자료이해	**24**	④	자료이해
5	⑤	자료변환	**10**	②	자료논리	**15**	①	자료이해	**20**	①	자료이해	**25**	⑤	자료이해

취약 유형 분석표

유형별로 맞힌 개수, 틀린 문제 번호와 풀지 못한 문제 번호를 적고 나서 취약한 유형이 무엇인지 파악해 보세요.
취약한 유형은 '민간경력자 PSAT 기출유형공략'으로 복습하고, 해커스잡 사이트(ejob.Hackers.com)에서 제공하는 <PSAT 영역별 핵심 이론 노트>로 관련 이론을 확인한 후 틀린 문제와 풀지 못한 문제를 다시 풀어보세요.

언어논리

유형	맞힌 개수	틀린 문제 번호	풀지 못한 문제 번호
세부 내용 파악	/8		
중심 내용 파악	/0		
빈칸삽입	/4		
문단배열	/0		
사례 유추	/1		
진술추론	/8		
논증의 타당성	/1		
논리추론	/3		
TOTAL	/25		

상황판단

유형	맞힌 개수	틀린 문제 번호	풀지 못한 문제 번호
세부 내용 파악	/3		
법·규정의 적용	/5		
문제해결	/11		
논리퍼즐	/6		
TOTAL	/25		

자료해석

유형	맞힌 개수	틀린 문제 번호	풀지 못한 문제 번호
자료이해	/19		
자료논리	/2		
자료변환	/4		
TOTAL	/25		

해설

언어논리

1 세부 내용 파악

정답 ③

정답 체크 3문단에서 한성전기회사가 전차 노선 부설에 필요한 공사비가 부족해지자 회사 재산을 담보로 콜브란으로부터 부족분을 빌려 공사를 마무리할 수 있었다고 했으므로 '한성전기회사가 전차 노선을 부설하는 데 부족한 자금은 미국인 콜브란이 빌려주었다'는 제시된 글의 내용과 부합한다.

오답 체크
① 1문단에서 경인철도회사를 운영하던 미국인 콜브란이 전차 노선 부설을 주장했고, 2문단에서 이후 한성전기회사가 설립되었음을 확인할 수 있으므로 '한성전기회사가 경인철도회사보다 먼저 설립되었다'는 것은 제시된 글의 내용과 부합하지 않는다.
② 2문단에서 한성전기회사는 당초 남대문에서 청량리까지 전차 노선을 부설하기로 했으나 이후 서대문에서 청량리로 변경되었음을 확인할 수 있으므로 '전차 노선의 시작점은 원래 서대문이었으나 나중에 남대문으로 바뀌었다.'는 것은 제시된 글의 내용과 부합하지 않는다.
④ 2문단에서 고종이 민간인인 김두승과 이근배로 하여금 농상공부에 회사를 만들겠다는 청원서를 내도록 권유했고, 이후 농상공부의 허가를 받아 한성전기회사를 설립했다고 했으므로 '서울 시내에 처음으로 전차 노선을 부설한 회사는 황실이 주도해 농상공부가 설립하였다.'는 것은 제시된 글의 내용과 부합하지 않는다.
⑤ 3문단에서 고종이 남은 채무액만큼 회사의 자산을 콜브란에게 넘겨준 결과 콜브란은 한성전기회사의 대주주가 되었고, 고종과 콜브란은 한성전기회사를 한미전기회사로 재편하였음을 알 수 있으므로 '서울 시내에서 전기등 설치 사업을 벌인 한미전기회사는 김두승과 이근배의 출자로 설립되었다.'는 것은 제시된 글의 내용과 부합하지 않는다.

고득점자의 빠른 문제 풀이 Tip

부합하는지 찾는 일치 문제는 사건의 주체와 객체, 사건 진행의 선후와 인과 관계 등을 꼼꼼히 확인하면서 제시문과 선택지의 부합 여부를 살펴야 합니다.

2 세부 내용 파악

정답 ④

정답 체크 2문단에서 사고 도서의 포쇄는 3년마다 정기적으로 실시되었다고 했고, 4문단에서 포쇄 때는 반드시 포쇄 상황을 기록한 포쇄지형안이 작성되었다고 했으므로 사고 도서의 포쇄 상황을 기록한 포쇄지형안은 3년마다 정기적으로 작성되었음을 알 수 있다.

오답 체크
① 3문단에서 춘추관이 겸직사관에게 포쇄를 맡기는 것은 문헌 보관의 일을 가벼이 볼 수 있는 계기가 될 거라고 주장하며 반대했음을 알 수 있을 뿐, 겸직사관이 포쇄의 전문가 중에서 선발될 것인지의 여부와 포쇄의 효율성이 높아지는지는 알 수 없다.
② 3문단에서 중종은 춘추관의 반대를 따르지 않고 도서의 포쇄를 겸직사관에게 맡기고, 이후에는 다시 춘추관의 주장에 따라 사관을 파견했음을 알 수 있을 뿐, 중종이 사관을 파견하면 문헌이 훼손되는 폐단이 생긴다고 주장했는지는 알 수 없다.
③ 3문단에서 춘추관이 겸직사관에게 포쇄를 맡기는 것은 문헌 보관의 일을 가벼이 볼 수 있는 계기가 될 거라고 주장하며 겸직사관 임명에 반대했음을 알 수 있을 뿐, 겸직사관이 사고관리의 책임을 맡으면 문헌 보관의 일을 경시할 수 있게 된다고 생각했는지는 알 수 없다.
⑤ 2문단에서 사고에 보관된 도서는 해충이나 곰팡이 피해를 방지하기 위해 서가에서 책을 꺼내 바람과 햇볕에 일정 시간 노출시키는 포쇄를 했음을 확인할 수 있을 뿐, 사고 안에 약품을 살포했는지의 여부는 알 수 없다.

고득점자의 빠른 문제 풀이 Tip

알 수 있는 것을 고르는 문제는 결국 제시문의 내용을 통해서 선택지에서 제시문의 내용을 확인할 수 있는 것을 고르는 것이므로 확인 가능 여부가 정·오답의 근거가 되어야 합니다.

3 세부 내용 파악

정답 ④

정답 체크 3문단에서 유진오는 '인민'이 '국민'으로 환원될 수 없으며 '국민'은 국가의 구성원이라는 점이 강조된 국가 우월적 표현이기 때문에 국가조차도 함부로 침범할 수 없는 자유와 권리의 주체로서의 보편적 인간까지 함의하기에는 적절하지 못하다고 비판했다고 하였으므로 법학자 유진오는 '국민'이 보편적 인간을 의미하기에는 적절하지 않다고 비판했음을 알 수 있다.

오답 체크
① 3문단에서 유진오는 '인민'이 예부터 흔히 사용되어 온 말임을 주장했다는 것을 확인할 수 있을 뿐 대한민국 역사에서 '인민'이 분단 후 공산주의 사상이 금기시되면서 사용되기 시작한 말인지는 알 수 없다.
② 4문단에서 대한민국으로 여행을 온 외국인은 천부인권을 지니는 보편적 인간으로서의 권리를 보장받으며 이는 헌법상의 평등권, 자유권을 보장받는 것이라고 했으므로 대한민국으로 여행을 온 외국인은 대한민국 헌법상의 자유권을 보장받지 못한다는 것은 제시문의 내용과 일치하지 않는다.
③ 1문단에 따르면 미국 헌법 전문에 제시된 "우리 합중국의 사람들은"이라는 구절에서 '사람'은 보편적 인간을 의미한다는 것을 확인할 수 있으므로 미국 헌법에서 '사람들'은 보편적 인간이 아니라 미국 국적을 가진 자를 의미한다는 것은 제시문의 내용과 일치하지 않는다.
⑤ 1문단에서 대한민국의 제헌헌법 초안에는 '인민'이 사용되었으나 2문단에서 이후 제정된 제헌헌법에서 '국민'으로 대체되었다고 했으므로 대한민국 제헌헌법에서는 '인민'이 사용되었으나 비판을 받아 이후의 개정을 통해 헌법에서 삭제되었다는 것은 제시문의 내용과 일치하지 않는다.

4 세부 내용 파악

정답 ③

정답 체크 3문단에서 음독에는 낭송, 낭독, 구연이 포함되고 낭송은 혼자서 책을 읽으며 암기와 감상을 위해 읊조리는 행위임을, 4문단에서 현대사회에서도 필요에 따라 공동체적 독서와 음독이 많이 행해졌음을 알 수 있다. 따라서 공동체적 독서와 개인적 독서 모두 현대사회에서 행해지는 독서 형태임을 알 수 있다.

오답 체크
① 1문단에서 필사문화와 초기 인쇄문화에서 독서는 사회적 활동이고, 묵독은 개인이 책을 소유하고 혼자 눈으로 읽는 독서 형태라고 했으므로 필사문화를 통해 묵독이 유행하기 시작한 것은 아님을 알 수 있다.

② 3문단에서 낭송은 혼자서 책을 읽으며 암기와 감상을 위해 읊조리는 행위라는 것과 낭송이 포함된 음독이 꼭 공동체적 독서라고 할 수 없다고 했으므로 제시문의 내용과 일치하지 않는다.
④ 1문단에서 근대 초기만 해도 문맹률이 높았기 때문에 공동체적 독서와 음독이 지속되었다고 했으나, 음독이 높은 문맹률로 인해 생겨났는지는 알 수 없다.
⑤ 2문단에서 도시와 촌락의 장시에서 주로 이루어진 독서 형태는 구연임을 확인할 수 있으므로 윤독이 주로 도시와 촌락의 장시에서 이루어진 독서 형태였던 것은 아님을 알 수 있다.

5 세부 내용 파악

정답 ④

정답 체크 4문단에서 우두 접종이 의료용 칼을 사용해서 팔뚝 부위에 흠집을 내는 방식임을 확인할 수 있으므로 제시문의 내용과 일치하지 않는다.

오답 체크 ① 2문단에서 인두법은 생후 12개월이 지난 아이를, 우두법에서는 생후 70~100일 정도의 아이를 접종대상자로 함을 확인할 수 있으므로 우두법 접종 시작 시기가 인두법보다 어리다는 것은 제시문의 내용과 일치한다.
② 4문단에서 한묘법은 위험성이 높아서 급하게 효과를 보려고 할 때만 쓴 밤년, 수묘법은 일반적으로 통용되었음을 확인할 수 있으므로 인두 접종 방식 가운데 수묘법이 한묘법보다 일반적으로 통용되는 접종방식이라는 것은 제시문의 내용과 일치한다.
③ 1문단에서 「종두요지」가 정약용의 저작임을 알 수 있고, 3문단에서 정약용은 접종 후에 나타나는 후유증을 치료하기 위한 처방을 매우 상세히 기재하고 있음을 확인할 수 있으므로 「종두요지」에는 접종 후에 나타나는 후유증을 치료하기 위한 처방이 제시되어 있었다는 것은 제시문의 내용과 일치한다.
⑤ 2문단에서 「우두신설」에서는 접종대상자 아이의 몸 상태에 크게 신경쓰지 않았다는 것을 확인할 수 있으므로 몸이 허약한 아이에게도 접종할 수 있었다는 것은 제시문의 내용과 일치한다.

6 세부 내용 파악

정답 ②

정답 체크 4문단에서 통과 조건을 만족하지 못한 이론도 새로운 이론을 고안하도록 과학자를 추동하는 역할을 했기 때문에 과학적 진보에 기여한 이론임을 확인할 수 있으므로 제시문의 내용과 일치한다.

오답 체크 ① 2문단에서 새로운 이론은 여러 현상을 통합하여 설명할 수 있는 단순한 개념 틀을 제공해야 함을 확인할 수 있을 뿐, 단순하면서 통합적인 개념 틀을 제공하는 이론이 통과 조건을 만족하는지는 알 수 없다.
③ 4문단에서 통과 조건을 만족하지 못하고 반증된 이론도 새로운 이론을 고안하도록 과학자를 추동하는 역할을 하기 때문에 과학적 진보에 기여하는 이론임을 확인할 수 있으므로 반증된 이론은 과학자들이 새로운 이론을 고안하도록 추동하는 역할을 하지 못한다는 것은 제시문의 내용과 일치하지 않는다.
④ 3문단에서 통합적 설명 조건을 만족하면서 동시에 새로운 현상의 예측 조건을 만족한 이론이 과학적 진보에 기여하게 됨을 확인할 수 있을 뿐, 새로운 현상의 예측 조건을 만족하지 못하는 이론은 통합적 설명 조건을 만족하지 못하는지는 알 수 없다.
⑤ 3문단에서 통합적 설명 조건을 만족하면서 동시에 새로운 현상의 예측 조건을 만족한 이론이 과학적 진보에 기여하게 됨을 확인할 수 있으므로 통합적 설명 조건과 새로운 현상의 예측 조건 중 하나만 만족하는 이론도 과학적 진보에 기여한다는 것은 제시문의 내용과 일치하지 않는다.

7 세부 내용 파악

정답 ⑤

정답 체크 제시문에서는 공자가 인(仁)을 드물게 말씀하셨다는 것에 대한 해석의 방법을 다양하게 제시하고 있다. 이 과정에서 시간 변수를 도입하는 방법은 기록자가 공자의 가르침을 돌아보며 해당 문장을 기록했던 시점까지는 실제로 드물게 말했을 수 있으나 이후 빈번하게 이야기했을 수 있다는 것으로 해석하는 것이 자연스러우므로 ⓜ은 적절하게 수정한 것으로 볼 수 있다.

오답 체크 ① 드물다는 의미를 가진 한자의 의미를 기존과 다르게 해석해서 이 문장에 대한 일반적 해설을 변경하는 방식으로 이해하는 것이 문맥상 자연스러우므로 ㉠은 적절한 수정으로 볼 수 없다.
② 첫 번째 방법은 드물다는 표현이 상대성을 가진다고 생각하는 방식이다. 따라서 인(仁)이 106회 언급되었다고 해도 다른 것에 비해서는 드물다고 평가할 수 있다고 표현하는 것이 문맥상 자연스러우므로 ㉡은 적절한 수정으로 볼 수 없다.
③ 두 번째 방법은 텍스트의 형성 과정에 주목하는 방식이다. 따라서 공자가 실제로는 인(仁)을 드물게 말했더라도 제자들이 자주 묻게 되면서 언급의 회수가 늘어났다는 것으로 이해하는 것이 문맥상 자연스러우므로 ㉢은 적절한 수정으로 볼 수 없다.
④ 세 번째 방법은 다른 제자들과 달리 이 문장의 기록자만 드물게 들었을 경우로 이해하는 것이므로 이 문장을 기록한 제자의 개별적 특성에 주목하는 방식이다. 따라서 ㉣은 적절한 수정으로 볼 수 없다.

8 빈칸삽입

정답 ①

정답 체크 빈칸 (가) 앞에서 '좋아요'의 선택을 받기 위해 노력하다 보면 어느 순간 현실에 존재하는 '나'가 사라지고 만다는 것과 그래서 타인이 좋아할 만한 일상과 콘텐츠를 선별하거나 심지어 만들어서라도 전시한다는 내용을 통해 빈칸 (가)에는 "좋아요'를 얻기 위해 현실의 나와 다른 전시용 나를 제작하는 셈이다'가 들어가는 것이 적절하다.
또한 빈칸 (나) 앞에서는 '좋아요'를 매개로 모인 공동체는 '같음'을 공유하는 사람들로 구성되며 '다름'은 사라진다는 내용과 빈칸 (나) 뒤에서 '다름'은 '좋아요'가 용납하지 않는 별개의 언어가 된다는 내용을 통해 빈칸 (나)에는 "좋아요'를 거부하고 다른 의견을 내는 사람은 불편한 대상이자 배제의 대상이 된다'가 들어가는 것이 적절하다.

고득점자의 빠른 문제 풀이 Tip

빈칸 문제는 빈칸 앞뒤 문장을 통해 내용적 유사성을 바탕으로 적절한 문장을 추려낼 수 있어야 합니다. 즉, 해석과 추론이 아닌 주변 문장의 의미 확인이 정교하게 이루어졌을 때 정답을 빠르고 정확하게 고를 수 있습니다.

9 빈칸삽입

정답 ⑤

정답 체크 3문단에서 여행은 ACC를 자극하고, ACC의 경보 발령으로 신속한 판단이나 반사적 행동을 자제하게 된다는 것을 확인할 수 있으므로 여행과 같은 이질적 문화의 경험은 우리의 뇌가 신속한 판단이나 반사적 행동을 자제하게 한다. 즉, 정보에 대한 판단을 더 지연시키는 것임을 알 수 있다. 따라서 글의 빈칸에 들어갈 내용은 '정보에 대한 판단을 더 지연시킨다'가 가장 적절하다.

10 빈칸삽입

정답 ②

정답 체크 3문단에서 그가 결혼하지 않았으며 비혼일 확률과 그가 결혼하지 않았거나 비혼일 확률은 모두 그가 비혼일 확률과 같다는 것을 확인할 수 있다. 따라서 갑의 정보 집합의 정합도의 경우 S의 모든 정보가 참일 확률을 S의 정보 중 적어도 하나가 참일 확률로 나눈 값은 1이다. 그러나 을의 정보 집합의 정합도는 그가 결혼하지 않았으며 아이가 있을 확률은 그가 결혼하지 않았거나 아이가 있을 확률보다 낮기 때문에 1보다 낮다. 이에 따라 S의 정합도는 S의 모든 정보가 참일 확률을 S의 정보 중 적어도 하나가 참일 확률로 나눈 값으로 보아야 한다. 따라서 빈칸에 들어갈 내용은 'S의 모든 정보가 참일 확률을 S의 정보 중 적어도 하나가 참일 확률로 나눈 값'이 가장 적절하다.

오답 체크
① S의 정보 중 적어도 하나가 참일 확률을 S의 모든 정보가 참일 확률로 나누면 갑의 정보 집합의 정합도는 1이 되지만 을의 정보 집합의 정합도는 1보다 큰 값이 나오므로 적절하지 않다.
③ S의 정보 중 기껏해야 하나가 참일 확률을 S의 모든 정보가 참일 확률로 나누면 갑의 정보 집합의 정합도는 0이 된다. 그가 결혼하지 않았을 확률과 그가 비혼일 확률이 같으므로 둘 중 하나만 참일 확률은 0이기 때문이다. 을의 경우 그는 결혼하지 않았다와 아이가 있다 중 하나만 참일 확률을 알 수 없다. 따라서 을의 정보 집합의 정합도를 확정할 수 없으므로 적절하지 않다.
④ S의 모든 정보가 참일 확률을 S의 정보 중 기껏해야 하나가 참일 확률로 나누면 갑의 정보 적합성 정합도를 확정할 수 없다. 그가 결혼하지 않았을 확률과 그가 비혼일 확률이 같으므로 둘 중 하나만 참일 확률은 0이기 때문이다. 을의 경우 그는 결혼하지 않았을 확률과 아이가 있을 확률, 결혼하지 않았으면서 아이가 있을 확률을 이 중 하나가 참일 확률로 나누는 것이므로 1보다 작은 값이 나온다. 따라서 제시문의 내용과 일치하지 않으므로 적절하지 않다.
⑤ S의 정보 중 기껏해야 하나가 참일 확률을 S의 정보 중 적어도 하나가 참일 확률로 나누면 갑의 정보 집합의 정합도는 0이 된다. 그가 결혼하지 않았을 확률과 그가 비혼일 확률이 같으므로 둘 중 하나만 참일 확률은 0이기 때문이다. 을의 경우 그는 결혼하지 않았을 확률과 아이가 있을 확률, 결혼하지 않았으면서 아이가 있을 확률을 결혼하지 않았을 확률과 아이가 있을 확률로 나누는 것이므로 1보다 작은 값이 나온다. 따라서 제시문의 내용과 일치하지 않으므로 적절하지 않다.

11 논증의 타당성

정답 ②

정답 체크 1문단을 통해 지각을 야기하는 원인이 존재하고, 신의 마음이 바로 나의 지각을 야기하는 원인이므로 우리는 보고, 듣고, 냄새를 맡는 등 지각적 경험을 한다는 것을 알 수 있다. 또한 2문단에서 지각을 야기하는 원인은 내 마음속 관념이거나 나의 마음이거나 나 이외의 다른 마음 중 하나임을 알 수 있는데, 2문단과 3문단을 통해 내 마음속 관념과 나의 마음은 아니라는 것을 알 수 있고, 4문단에서 나 이외의 다른 마음은 사람이 아닌 다른 존재의 마음임을 알 수 있다. 따라서 ㉠을 이끌어내기 위해서는 '사람과 신 이외에 마음을 지닌 존재는 없다.'는 전제를 추가하여 다른 존재의 마음이 신의 마음이며 이것이 나의 지각을 야기하는 원인임을 확정할 수 있다.

오답 체크
① 내 마음속 관념이 신이라 하더라도 2문단에서 내 마음속 관념이 나의 지각을 야기하는 원인이 아님을 밝히고 있으므로 적절하지 않다.
③ 신의 마음이 나의 마음을 야기하는 원인이라 하더라도 3문단에서 나의 마음은 지각을 야기하는 원인이 아님을 밝히고 있으므로 적절하지 않다.
④ 감각기관을 통한 지각적 경험의 신뢰 유무가 신의 마음이 나의 지각을 야기하는 원인과 무관하므로 적절하지 않다.
⑤ 4문단에서 나 이외의 다른 사람이 내가 지각하는 바를 조종할 수 없다고 했으므로 제시문의 내용과 일치하지 않는다.

12 논리추론

정답 ③

정답 체크 제시문의 예측을 기호로 정리하면 다음과 같다.
· 가은O → 나은O and 다은O
· 나은X → 라은O
· 가은O or 마은O

그런데 후건이 and로 연결된 문장은 명제의 분리가 가능하고 P or Q와 PX → QO는 논리적으로 동일한 명제이므로 P or Q 형태의 명제를 PX → QO 형태로 변환하여 제시된 내용을 정리하면 다음과 같다.
1. 가은O → 나은O
2. 가은O → 다은O
3. 나은X → 라은O
4. 가은X → 마은O

③의 '다은O or 마은O'는 '다은X → 마은O'로 나타낼 수 있는데, 이는 2번째 명제의 대우와 4번째 명제를 순서대로 연결하면 나타낼 수 있으므로 반드시 참인 명제이다.

오답 체크
① 4번째 명제의 전건에서 '가은X'가 도출되고 1번째 명제의 후건이나 3번째 명제 대우의 후건에서 '나은O'가 도출되지만 이를 연결할 수 없으므로 가은이 프로젝트에 참여하지 않으면 나은이 프로젝트에 참여한다는 결론을 도출할 수 없다.
② 주어진 명제에서 '다은O'이 전건이 명제가 없으므로 다은이 프로젝트에 참여하면 마은이 프로젝트에 참여한다는 결론은 도출될 수 없다.
④ 주어진 명제에서 '라은O'이 전건이 명제가 없으므로 라은이 프로젝트에 참여하면 마은이 프로젝트에 참여한다는 결론은 도출될 수 없다.
⑤ 라은O or 마은O는 '라은X → 마은O'로 변형할 수 있는데 3번째 명제 대우의 전건에서 '라은X'가 도출되고 4번째 명제에서 '마은O'가 도출되지만 이를 연결할 수 없으므로 라은이 프로젝트에 참여하거나 마은이 프로젝트에 참여한다는 결론은 도출될 수 없다.

13 논리추론

정답 ②

정답 체크 총괄진행자의 예측을 정리하면 다음과 같다.
1. 갑 설탕 뽑기O and 무 징검다리O
2. 을 구슬치기O or 정 줄다리기O
3. 을 구슬치기X and 무 징검다리X
4. 병 선택X and 정 줄다리기O
5. 무 징검다리O or 정 줄다리기X

1번과 3번 예측에서 무가 징검다리는 하는지 여부에 대해 의견이 엇갈리므로 이 두 예측 가운데 최소 하나는 반드시 거짓일 수 밖에 없다. 그런데 문제에서 예측들 가운데 네 예측은 옳고 나머지 한 예측은 그른 것으로 밝혀졌다고 하였으므로 그른 예측은 1번과 3번 가운데 있을 것이다. 결국 2, 4, 5번 예측은 반드시 옳은 예측이 되는데 우선 4번 예측에 의해 병은 참가하지 않고 정은 줄다리기를 한다.

참가자	갑	을	병	정	무
게임			선택X	줄다리기	

5번 예측에서 정이 줄다리기를 하지 않는다는 예측은 틀렸으므로 반드시 무는 징검다리를 해야만 한다.

참가자	갑	을	병	정	무
게임			참가X	줄다리기	징검다리

3번 예측에서 무가 징검다리를 하지 않는다는 예측은 틀렸으므로 3번 예측이 그른 예측이고 1, 2번 예측은 옳다는 것을 알 수 있다. 따라서 1번 예측에 의해 갑은 설탕 뽑기가 되고, 을은 자연히 하나 남은 구슬치기가 됨을 알 수 있다.

참가자	갑	을	병	정	무
게임	설탕 뽑기	구슬치기	참가X	줄다리기	징검다리

따라서 을이 구슬치기에 선택되었다는 것은 반드시 참이다.

오답 체크

① 갑은 설탕 뽑기에 선택되었으므로 갑이 어느 게임에도 선택되지 않았다는 것은 옳지 않다.

③ 병은 참가하지 않았으므로 병이 줄다리기에 선택되었다는 것은 옳지 않다.

④ 정은 줄다리기에 선택되었으므로 정이 징검다리 건너기에 선택되었다는 것은 옳지 않다.

⑤ 무는 징검다리에 선택되었으므로 무가 설탕 뽑기에 선택되었다는 것은 옳지 않다.

14 논리추론

정답 ④

정답 체크

제시된 내용을 정리하면 다음과 같다.

1. 강S → (남S → 제안서 폐기)
2. 제안서 폐기O or 도 전보 발령
3. 강S or 남S
4. (강S and 남S X) X
5. 제안서 폐기X

이를 토대로 가능한 경우의 수를 파악해 보자. 먼저 세 번째 정보에서 강S or 남S이지만 네 번째 정보에서 (강S and 남S X)인 경우는 없다고 하였으므로 이를 경우의 수로 나누면 다음 두 가지 경우가 가능하다.

구분	강S	남S	제안서 폐기	도 전보 발령
경우 1	O	O		
경우 2	X	O		

다섯 번째 정보에서 제안서는 폐기되지 않는다고 하였으므로 두 번째 정보와 연결하여 정리하면 도 주무관은 반드시 전보 발령 대상이 된다.

구분	강S	남S	제안서 폐기	도 전보 발령
경우 1	O	O	X	O
경우 2	X	O	X	O

한편 첫 번째 정보에서 강 주무관이 업무 평가에서 S등급을 받았다고 가정하면, 남 주무관이 업무 평가에서 S등급을 받은 경우 문공 팀 제안서가 폐기된다고 하였으므로 경우 1은 불가능하다. 결국 남는 경우의 수는 다음과 같다.

강S	남S	제안서 폐기	도 전보 발령
X	O	X	O

제시문에서 '조금 전 확인된 바로, [ ]. 그렇다고 보면, 공 주무관님이 말씀하신 정보는 내적 일관성이 없고 따라서 전부 참일 수는 없습니다.'라고 하였는데 이는 [ ]에 의하면 위 상황이 불가능하다는 의미가 된다.

그런데 위 상황을 불가능하게 만들 수 있는 것은 선택지 가운데 '④ 남 주무관이 업무 평가에서 S등급을 받은 경우, 도 주무관은 전보 발령 대상이 아닙니다' 내용이 추가될 때뿐이므로 빈칸에 들어갈 내용은 ④만이 가능하다.

오답 체크

① 남 주무관이 업무 평가에서 S등급을 받았다는 정보는 위 상황과 일치한다.

② 강 주무관은 업무 평가에서 S등급을 받지 못했다는 정보는 위 상황과 일치한다.

③ 도 주무관이 전보 발령 대상이 아닌 경우, 문공 팀 제안서가 폐기된다는 정보가 추가된다고 하더라도 위 상황에 어긋나지 않는다.

⑤ 강 주무관이 업무 평가에서 S등급을 받은 경우, 남 주무관도 업무 평가에서 S등급을 받는다는 정보가 추가된다고 하더라도 위 상황에 어긋나지 않는다.

15 진술추론

정답 ①

정답 체크

ㄱ. 3문단에서 외부에서 전기력이 작용하면 절연체 내부의 전하들은 개별적으로 그 힘에 반응하여 인력과 척력을 받아 끌려가거나 밀려나는 것을 확인할 수 있으므로 절연체 내부 전하의 위치는 절연체 외부의 영향에 의해서 변할 수 있다고 추론할 수 있다.

오답 체크

ㄴ. 제시문을 통해 절연체 내부의 전하들은 전기력에 의해 대전된 물체와 가까워지거나 멀어질 수 있음을 알 수 있으나 대전된 물체가 절연체 내 음전하와 양전하의 구성 비율을 변화시킬 수 있다고 추론할 수는 없다.

ㄷ. 3문단에서 양으로 대전된 물체에 의해서 절연체에 전기력이 작용하는 경우 절연체 내부의 음전하는 인력을 받고 양전하는 척력을 받는다는 것을 확인할 수 있으나 음으로 대전된 물체를 특정 무게 이하의 절연체에 가까이함으로써 절연체를 밀어내는 것이 가능하다고 추론할 수는 없다.

16 진술추론

정답 ②

정답 체크

4문단에서 보툴리눔 독소는 근육세포가 이완된 상태로 있게 하여 근육 마비를 일으킨다는 것을 확인할 수 있으므로 보툴리눔 독소가 근육 세포의 수축이 일어나지 않게 하여 근육 세포를 마비를 일으킨다는 추론은 적절하다.

오답 체크

① 2문단에서 근육 세포의 막에는 아세틸콜린 결합 단백질이 있음을 확인할 수 있으나 글리신 결합 단백질이 있는지는 추론할 수 없다.

③ 3문단에서 억제성 신경 세포는 글리신을 방출하는 것을 확인할 수 있으므로 운동 신경 세포에서 방출된 아세틸콜린이 억제성 신경 세포에서 글리신의 방출을 막는다는 추론은 적절하지 않다.

④ 2문단에서 뇌의 운동 피질에서 유래한 신호가 운동 신경 세포에 작용하여 운동 신경 세포에서 아세틸콜린이 방출되고, 이것이 근육세포의 막에 있는 아세틸콜린 결합 단백질에 결합하여 근육 세포가 수축되게 한다는 것을 알 수 있으므로 뇌의 운동피질에서 유래된 신호는 운동 신경 세포에서 아세틸콜린의 방출을 막아서 근육의 수축을 일으키는 것은 아님을 알 수 있다.

⑤ 4문단에서 파상풍 독소는 억제성 신경 세포에 작용하여 글리신이 방출되는 것을 막아 근육 세포가 수축된 상태로 있게 하여 근육 마비를 일으키는 것을 확인할 수 있을 뿐 파상풍 독소가 운동 신경 세포에서 방출된 아세틸콜린이 근육 세포의 막에 있는 결합 단백질에 결합할 수 없게 하는지는 확인할 수 없으므로 이와 같은 추론은 적절하지 않다.

고득점자의 빠른 문제 풀이 Tip

추론 여부의 적절성은 제시문과 일치하는 내용을 근거로 한 추론인지의 여부에 따라 달라집니다. 즉, 제시문과 일치하는 내용을 근거로 한 추론은 적절한 것이고, 제시문과 일치하지 않거나 제시문을 통해 확인할 수 없는 근거를 바탕으로 한 추론은 적절하지 않은 것입니다.

17 빈칸추론

정답 ⑤

정답 체크 가설 H1은 나노 구조체의 밀도가 높을수록 기판의 단위 면적당 더 많은 양의 전자가 방출될 것을 전제로 한다. 따라서 A보다 면적이 두 배이고 X의 개수가 네 배인 기판 B에서 면적당 방출된 전자의 양이 A와 B가 동일하다면 이는 밀도가 높아도 방출된 전자의 양이 동일한 것이므로 H1을 약화한다. 또한 가설 H2는 구조체의 밀도가 일정 수준 이상으로 높아지면 오히려 기판의 단위 면적당 방출되는 전자의 양이 오히려 줄어들게 될 것을 전제로 한다. 따라서 동일한 기판 C에서 10,000개의 X가 있을 때보다 20,000개의 X가 있을 때 더 많고, 20,000개의 X가 있을 때보다 30,000개의 X가 있을 때 더 적었다면 밀도가 일정 이상이 될 경우 방출되는 전자의 양이 줄어드는 현상을 보여주는 것이므로 실험 2는 가설 H2를 강화한다.

따라서 (가)에는 '약화하고'가 들어가고 (나)에는 '강화한다'가 들어가야 가장 적절하다.

18 진술추론

정답 ⑤

정답 체크 2문단에서 광검출기에서 암전류보다 작은 광전류가 발생한다면 발생한 전류가 암전류에 의한 것인지 빛의 조사에 의한 것인지 구분할 수 없다는 것을 확인할 수 있다. 한편, 3문단에서 광전류의 크기가 빛의 세기에 따라 증가하다가 특정 세기 이상의 빛이 입력되어도 광전류의 크기가 더 이상 증가하지 않고 일정하게 유지되는 광포화 현상을 확인할 수 있다. 이에 따라 빛의 세기가 A > B > C, D > C라고 했을 때 광검출기 I과 광검출기 II가 측정한 빛의 세기는 다음과 같이 정리 가능하다.

빛 / 광검출기	C	D	B	A
	최소	→		최대
I	X	X	O	O
II	X	O	O	X

따라서 두 광검출기가 각각 검출할 수 있는 빛의 최소 세기는 I이 II보다 크고, 광포화점은 I이 II보다 크다는 것을 알 수 있다.

19 진술추론

정답 ③

정답 체크 ㄱ. 결론 ㉣을 도출하기 위해서는 '㉡ 우리가 p를 믿는다는 것은 자유롭게 선택할 수 있는 것이 아니다.'와 같은 전제가 있어야 이를 바탕으로 '㉢ 만약 우리가 p를 믿는다는 것이 자유롭게 선택할 수 있는 것이 아니라면, 우리에게 p를 믿어야 할 인식적 의무는 없다.'를 추가하고, '㉠ 만약 우리가 p를 믿는다는 것이 인식적으로 정당화된다면 그것을 믿어야 하고, 만약 우리가 p를 믿는다는 것이 인식적으로 정당화되지 않는다면 그것을 믿어야 하는 것은 아니다.'의 대우 명제(우리에게 p를 믿어야 할 인식적 의무가 없다면 우리가 p를 믿는다는 것은 인식적으로 정당화되지 않는다)를 통해 결론 ㉣을 도출할 수 있다. 따라서 ㉠과 ㉢만으로는 ㉣이 도출되지 않음을 알 수 있다.

ㄷ. "'지금 비가 오고 있다.'를 믿는다는 것은 비의지적이다."는 결국 우리가 p를 믿는다는 것은 자유롭게 선택할 수 있는 것이 아니라는 의미이므로 '㉢ 만약 우리가 p를 믿는다는 것이 자유롭게 선택할 수 있는 것이 아니라면, 우리에게 p를 믿어야 할 인식적 의무는 없다.'에 근거하여 우리에게 p를 믿어야 할 인식적 의무는 없다. 즉, "우리에게 '지금 비가 오고 있다.'를 믿어야 할 인식적 의무가 없다."는 것이 도출된다.

오답 체크 ㄴ. ㉡의 부정은 '우리가 p를 믿는다는 것은 자유롭게 선택할 수 있는 것이다.'이므로 ㉢의 부정, 즉 '우리가 p를 믿는다는 것이 자유롭게 선택할 수 있는 것이 아니더라도, 우리에게 p를 믿어야 할 인식적 의무가 있다.'가 도출되지 않는다.

20 진술추론

정답 ③

정답 체크 ㄱ. 철학자 A는 자유주의 논제와 비의지성 논제는 받아들이면서 의무론 논제를 거부하여 위 논증의 결론을 거부한다. A는 우리에게 p를 믿어야 할 인식적 의무가 없다는 것은 성립하지만 우리에게 인식적 의무가 없더라도 그 믿음이 인식적으로 정당화될 수 있는 경우가 있음을 제시하고 있으므로 ㄱ과 같이 "우리가 p를 믿는다는 것은 자유롭게 선택할 수 있는 것이다."는 것이 사실이면 비의지성 논제를 받아들이는 철학자 A의 입장은 약화된다.

ㄴ. 철학자 B는 의무론 논제와 비의지성 논제는 받아들이면서 자유주의 논제를 거부하여 위 논증의 결론을 거부한다. B에 따르면 위 논증에서 우리의 p에 대한 믿음이 비의지적이더라도 그 믿음에 대한 인식적 의무는 있을 수 있다. 따라서 "우리에게 p를 믿어야 할 인식적 의무가 있다면 우리의 p에 대한 믿음이 인식적으로 정당화된다."는 것이 사실이면 의무적 논제를 받아들이는 철학자 B의 입장은 강화된다.

오답 체크 ㄷ. "우리가 p를 믿는다는 것이 자유롭게 선택할 수 있는 것이 아니더라도 우리에게 p를 믿어야 할 인식적 의무가 있다."는 것이 사실이면 자유주의적 논제를 받아들이는 철학자 A의 입장은 약화되지만, 자유주의 논제를 거부하는 철학자 B의 입장은 강화된다.

21 사례 유추

정답 ①

정답 체크 ㄱ. 을은 신고가 접수된 이후부터 실제 아동학대로 판단되어 보호조치가 취해지기까지 긴 시간이 소요되는 점을 문제 삼고 있으므로 이를 뒷받침하기 위해 신고가 접수된 시점과 아동 학대 판단 후 보호조치가 시행된 시점 사이에 아동학대가 재발한 사례의 수를 조사하는 것은 ㉠으로 적절하다.

오답 체크 ㄴ. 병은 당장은 직접적인 학대 정황이 포착되지 않아 아동학대로 판단되지 않았으나 실제로는 아동학대였던 경우가 많았을 것임을 우려하고 있으므로 이를 뒷받침하기 위해 아동학대로 판단되지 않은 사례 가운데 보호조치가 취해지지 않은 사례가 차지하는 비중을 조사하는 것은 적절하지 않다.

ㄷ. 정은 아동학대가 가까운 친인척에 의해 발생하고 피해자가 아동이라는 점에서 신고가 어려운 부분을 우려하고 있으므로 이를 뒷받침하기 위해 아동학대 피해자 가운데 친인척과 동거하지 않으며 보호조치를 받지 못한 사례의 수를 조사하는 것은 적절하지 않다.

22 진술추론

정답 ④

정답 체크 고시 개정 이전에는 슈퍼마켓, 편의점 등을 운영하는 주류 소매업자는 대면 및 예약 주문 방식으로만 주류를 판매할 수 있었다. <표>에 따르면 대면 및 예약 주문 방식의 결제 방법은 모두 영업장 방문이므로 판매 대금을 온라인으로 결제 받을 수 없었다는 것을 추론할 수 있다.

오답 체크 ① 고시 개정 이전에는 음식업자의 경우 스마트 오더에 의한 판매는 금지되었지만 주문받은 배달 음식과 함께 소량의 주류를 배달하는 경우에 예외적으로 주류의 완전 비대면 판매가 가능했다. 그러나 개정과 무관하게 대면 및 예약 주문에 대해서는 주류 판매가 가능하므로 '고시 개정과 무관하게 음식업자는 주류만 완전 비대면으로 판매할 수 있다.'와 같은 추론은 적절하지 않다.

② 고시 개정 이전에는 슈퍼마켓을 운영하는 주류 소매업자의 경우 온라인으로 주류 주문을 받을 수 있었으므로 '고시 개정 이전에는 슈퍼마켓을 운영하는 주류 소매업자는 온라인으로 주류 주문을 받을 수 없었다.'와 같은 추론은 적절하지 않다.

③ 고시 개정 이전에는 주류를 구매하는 소비자가 배송의 방법으로 주류를 수령할 수 있었으므로 '고시 개정 이전에는 주류를 구매하는 소비자는 반드시 영업장을 방문하여 상품을 대면으로 수령해야 했다.'와 같은 추론은 적절하지 않다.

⑤ 고시 개정 이전에는 전통주 제조자가 판매하는 주류의 경우 예외적으로 주류의 완전 비대면 판매가 가능하다는 것을 확인할 수 있을 뿐, 고시 개정과 무관하게 전통주를 구매하는 소비자는 전통주 제조자의 영업장에 방문해서 주류를 구입할 수 있다. 따라서 '고시 개정 이후에는 전통주를 구매하는 소비자는 전통주 제조자의 영업장에 방문하여 주류를 구입할 수 없다.'와 같은 추론은 적절하지 않다.

23 세부 내용 파악

정답 ③

정답 체크 ㄱ. A기관은 ㉡, ㉢이 하 등급을 받는다고 하더라도 ㉠에서 하 등급을 받지 못하기 때문에 취약기관으로 지정되지 않는다. 또한 2024년에 암호화 조치 항목에서 하 등급을 받았기 때문에 우수기관으로 지정되지도 않는다. 따라서 ㄱ은 적절하다.

ㄷ. A기관이 취약기관으로 지정되었다면 ㉠, ㉡, ㉢이 모두 하 등급을 받았다는 뜻이고, B기관이 우수기관으로 지정되었다면 ㉢은 상 등급을 받아야 하므로 ㉡과 ㉣은 같지 않다. 따라서 ㄷ은 적절하다.

오답 체크 ㄴ. ㉤과 ㉥이 모두 하 등급이라고 하더라도 ㉣의 등급을 알 수 없으므로 B기관이 2024년에 취약기관으로 지정되는지의 여부는 확인할 수 없다. 따라서 ㄴ은 적절하지 않다.

고득점자의 빠른 문제 풀이 Tip

특정한 기준을 충족하는지를 점검할 때는 주어진 정보를 통해 확인할 수 있는 내용만을 가지고 판단해야 합니다.

24 진술추론

정답 ②

정답 체크 을은 ㉡에서 "계속하여"라는 문구가 없기 때문에 출산장려금을 지급했어야 한다고 주장하고 있다. 따라서 "계속하여"라는 문구의 의미를 갑, 병과 다르게 이해한 것은 아니므로 '을은 ㉠에 관한 조항에 나오는 "계속하여"라는 문구의 의미를 갑, 병과 달리 이해한다.'는 분석은 적절하지 않다.

오답 체크 ① 갑과 병은 중간에 공백 기간 없이 계속해서 거주해야 한다는 입장이지만 무는 일부 공백 기간이 있더라도 근로관계의 계속성을 인정해야 한다는 판결을 따라야 한다는 입장이므로 '갑은 민원인이 ㉠을 갖추었는지 여부에 대한 판단에서 병과는 같고 무와는 다르다.'는 분석은 적절하다.

③ 병은 B시 조례, 즉 제2조의 출산장려금 지원 자격 요건이 A시 조례 7조와 같은 취지와 형식의 문구로 되어 있으면서 계속성을 명시하고 있다고 했고, 다른 지방자치단체들의 조례도 마찬가지임을 주장하고 있으므로 ㉢이 ㉡보다 일반적인 경우라고 이해하는 것으로 볼 수 있다. 따라서 '병은 ㉢에서처럼 주민등록의 계속성을 명시하는 것이 ㉡과 같은 경우보다 일반적이라고 이해한다.'는 분석은 적절하다.

④ 정은 B시 조례에서 출산 전 주민등록의 기간이 우리(A시)의 절반밖에 되지 않음을 고려하고 있으므로 ㉢에서의 주민등록의 기간이 ㉡에서와 다르다는 점을 고려하는 것으로 볼 수 있다. 따라서 '정은 조문의 해석에서 ㉢에서의 주민등록 기간이 ㉡에서와 다르다는 점을 고려할 수 있다고 본다.'는 분석은 적절하다.

⑤ 무는 일부 공백 기간이 있더라도 근로관계의 계속성을 인정해야 한다는 판결을 바탕으로 근로자를 보호하려는 취지를 이해해야 함을 주장하고 있으므로 단절이 있어도 계속성의 요건이 충족될 수 있는 것으로 볼 수 있다. 따라서 '무는 ㉠과 관련하여 일시적인 단절이 있어도 계속성의 요건이 충족될 수 있다고 본다.'는 분석은 적절하다.

25 진술추론

정답 ③

정답 체크 ㄱ. 쟁점 1에서 갑은 외국에서 받은 형 집행이 K국에서 반드시 반영되어야 하는 것인데 현행 조항은 법관이 그것을 아예 반영하지 않고 외국에서 받은 형 집행을 무시할 수 있는 상황이 가능하기 때문에 개정이 필요함을 주장하고 있다. 이에 대해 ㄱ과 같이 을이 하나의 범죄에 대해 '동일한 국가'가 형벌권을 거듭 행사해서는 안 된다는 의미라고 해석하는 것이라면 갑과 을은 다른 주장을 하는 것이므로 ㄱ은 적절한 분석이다.

ㄴ. 쟁점 2에서 갑은 현행 조항이 신체의 자유를 과도하게 제한하는 위헌적 조문이라서 향후 국민 기본권의 침해를 피할 수 없으므로 개정이 필요함을 주장하고 있으나, 을은 현재 K국 법원이 위헌의 사례 없이 개정 문구대로 운영하기 때문에 현행 조항을 유지해도 된다고 주장한다. 이는 갑은 현행조항으로 헌법상 신체의 자유가 침해될 것을 전망하지만 을은 그러한 침해가 발생하지 않는다고 보는 입장이므로 ㄴ은 적절한 분석이다.

오답 체크 ㄷ. '외국에서 형의 집행을 받은 피고인에게 K국 법원이 형을 선고할 때에는 이미 집행된 형량을 공제해야 한다.'는 내용으로 K국 의회가 현행 조항을 개정한다면, 외국에서 받은 형의 집행은 K국에서 반드시 반영되어야 한다고 주장하는 갑은 이에 동의할 것이므로 ㄷ은 적절한 분석이 아니다.

1 법·규정의 적용

정답 ⑤

정답 체크 두 번째 조문 제2항에서 관계 중앙행정기관의 장은 기업·연구기관 등에 제1항에 따른 연구개발사업을 수행하게 하고 그 사업 수행에 드는 비용의 전부 또는 일부를 지원할 수 있다고 하였으므로 옳은 내용이다.

오답 체크
① 첫 번째 조문 제5항에서 실태조사는 현장조사, 서면조사, 통계조사 및 문헌조사 등의 방법으로 실시하되, 효율적인 실태조사를 위하여 필요한 경우에는 정보통신망 및 전자우편 등의 전자적 방식으로 실시할 수 있다고 하였으므로 실태조사는 전자적 방식으로 실시하는 것을 원칙으로 한다는 내용은 옳지 않다.
② 세 번째 조문에서 국가와 지방자치단체는 클라우드컴퓨팅기술 및 클라우드 컴퓨팅서비스의 발전과 이용 촉진을 위하여 조세감면을 할 수 있다고 하였으므로 지방자치단체가 조세감면을 할 수 없다는 내용은 옳지 않다.
③ 첫 번째 조문 제4항 제3호에서 클라우드 컴퓨팅 산업의 인력 현황 및 인력 수요 전망을 포함하여야 함을 알 수 있으므로 인력 수요에 대한 전망을 포함시킬 필요는 없다는 내용은 옳지 않다.
④ 첫 번째 조문 제3항에서 A부 장관은 클라우드컴퓨팅의 발전과 이용 촉진 및 이용자 보호와 관련된 중앙행정기관의 장이 요구하는 경우 실태조사 결과를 통보하여야 한다고 하였으므로 실태조사를 요구하는 주체는 A부 장관이 아니라 중앙행정기관의 장이고 결과를 통보받는 것은 관계 중앙행정기관의 장이 아니라 A부 장관임을 알 수 있다.

2 법·규정의 적용

정답 ⑤

정답 체크 두 번째 조문 제3항 후단에서 명령을 받은 자는 특별한 사유가 없으면 명령에 따라야 한다고 하였으므로 이를 반대 해석하면 특별한 사유가 있는 경우에는 그 명령을 따르지 않을 수 있다는 것을 알 수 있다.

오답 체크
① 첫 번째 조문 제3호에서 "방제"란 산림병해충이 발생하지 아니하도록 예방하거나, 이미 발생한 산림병해충을 약화시키거나 제거하는 모든 활동을 말한다고 하였으므로 산림병해충이 발생하지 않도록 예방하는 활동은 방제에 해당하지 않는다는 내용은 옳지 않다.
② 두 번째 조문 제2항에서 산림청장, 시·도지사, 시장·군수·구청장 또는 지방산림 청장은 산림병해충이 발생할 우려가 있거나 발생하였을 때에는 예찰·방제에 필요한 조치를 할 수 있다고 하였으므로 산림병해충 발생할 우려가 있는 경우, 예찰에 필요한 조치를 하여야 하는 주체는 수목의 판매자가 아니라 산림청장, 시·도지사, 시장·군수·구청장 또는 지방산림청장임을 알 수 있다.
③ 두 번째 조문 제5항에서 시·도지사 등은 제3항 각 호의 조치이행에 따라 발생한 농약대금, 인건비 등의 방제비용을 예산의 범위에서 지원할 수 있다고 하였으므로 산림병해충 발생으로 인한 조치 명령을 이행함에 따라 발생한 인건비는 시·도지사 등의 지원 대상이 아니라는 내용은 옳지 않다.
④ 두 번째 조문 제4항에서 해당 기관의 게시판 및 인터넷 홈페이지 등에 10일 이상 공고를 하여야 하는 경우를 설명하고 있는데, 이는 첫 번째 조문 제3항 제2호에 해당하는 경우이어야 한다. 그런데 산림병해충이 발생한 종묘에 대해 관할 구청장이 소독을 명한 경우는 제3항 제2호가 아니라 제3항 제1호이므로 이 경우에는 구청장이 소독을 명한 경우라도 그 내용을 구청 게시판 및 인터넷 홈페이지에 10일 이상 공고하여야 하는 의무가 있는 경우가 아니다.

3 법·규정의 적용

정답 ②

정답 체크 첫 번째 조문 제2항에서 위원장은 상임으로 한다고 하였고 세 번째 조문 제2항에서 감사는 상임으로 한다고 하였으므로 위원장과 감사는 상임으로 한다는 것은 옳은 내용이다.

오답 체크
① 첫 번째 조문 제4항에서 위원의 임기는 3년으로 한다고 하였고, 세 번째 조문 제3항에서 감사의 임기는 3년으로 한다고 하였으므로 감사와 위원의 임기는 다르다는 내용은 옳지 않다.
③ 첫 번째 조문 제3항 후반부에 위원장은 위원 중에서 호선한다고 하였으므로 위원장은 A부 장관이 위원 중에서 지명한다는 내용은 옳지 않다.
④ 첫 번째 조문 제2항에서 위원회는 위원장 1명을 포함한 9명 이내의 위원으로 구성한다고 하였으므로 위원회는 감사를 포함하여 9명으로 구성하여야 한다는 내용은 옳지 않다.
⑤ 두 번째 조문 제2항에서 위원회는 A부 장관의 인가를 받아 주된 사무소의 소재지에서 설립등기를 함으로써 성립한다고 하였으므로 위원회는 A부 장관의 인가 여부와 관계없이 성립할 수 있다는 내용은 옳지 않다.

4 법·규정의 적용

정답 ④

정답 체크 종전 대법원 판례에 따르면 제사주재자의 지위를 유지할 수 없는 특별한 사정이 없는 한 사망한 사람의 직계비속으로서 장남(장남이 이미 사망한 경우에는 장손자)이 제사주재자가 된다고 하였으므로 갑의 장남인 B가 제사주재자가 되어야 하나, B는 갑의 사망 시 이미 사망한 상황이므로 괄호 안의 내용이 적용되어 장손자인 D가 제사주재자가 된다.

반면 최근 대법원 판례에 따르면 공동상속인들 사이에 협의가 이루어지지 않으면, 제사주재자의 지위를 유지할 수 없는 특별한 사정이 없는 한 사망한 사람의 직계비속 가운데 남녀를 불문하고 최근친(最近親) 중 연장자가 제사주재자가 된다고 하였다고 하였으므로 최근친인 자녀 중에 연장자인 A가 제사주재자가 된다.

5 세부 내용 파악

정답 ①

정답 체크 1문단에서 자기조절을 하기 위해서는 도달하고 싶으나 아직 구현되지 않은 나의 미래 상태를 현재 나의 상태와 구별해 낼 수 있어야 한다고 하였으므로 자기조절을 위해서는 현재 나의 상태와 아직 구현되지 않은 나의 미래 상태를 구분할 수 있어야 한다는 내용은 옳다.

오답 체크
② 마지막 문단에서 내측전전두피질과 배외측전전두피질 간의 기능적 연결성이 강할수록 목표를 위해 에너지를 집중하고 지속적인 노력을 쏟아 부을 수 있는 능력이 높아진다고 하였으므로 내측전전두피질과 배외측전전두피질 간의 기능적 연결성이 약할수록 목표를 위한 집중력이 높아진다는 내용은 옳지 않다.
③ 1문단에 따르면 자기조절력은 스스로 목표를 설정하고 그 목표를 달성하기 위해 집념과 끈기를 발휘하는 능력을 말하며, 자기조절력의 하위 요소로는 자기절제와 목표달성 등이 있다고 하였다. 또한 2문단에서 자기절제는 충동을 통제하고 '일상적이고도 전형적인 혹은 자동적인 행동을 분명한 의도를 바탕으로 억제'하는 것이라고 하였으므로 목표달성을 위해서는 일상적이고 전형적인 행동을 강화하는 능력이 필요하다는 내용은 옳지 않다.

④ 3문단에서 끊임없이 자신을 되돌아보며 현재 나의 상태를 알아차리는 자기참조과정이 필요하다고 하였으므로 자신이 도달하고자 하는 대상에 집중하는 과정이 자기참조과정이라는 내용은 옳지 않다.

⑤ 1문단에서 자기조절력의 하위 요소로는 자기절제와 목표달성 등이 있다고 하였으므로 자기조절력이 자기절제의 하위 요소가 아니라 자기절제가 자기조절력의 하위 요소임을 알 수 있다.

6 문제해결

정답 ②

정답 체크 일의 자리부터 순서대로 각 자릿수에 대해 정리하면 다음과 같다.

- 네 명의 일의 자리 합은 18이다.
- 네 명의 십의 자리는 일의 자리 합에서 올라온 1과 네 명의 십의 자리를 더한 값이고 이것이 9가 되어야 하는데 이는 병이 8이 되어 19가 되는 경우만이 가능하다.
- 네 명의 백의 자리는 십의 자리 합에서 올라온 1과 네 명의 백의 자리를 더한 값이고 이것이 9가 되어야 하는데 이는 을과 병의 □의 합이 4가 되어 19가 되는 경우와 14가 되어 29가 되는 두 가지 경우가 가능하다. 하지만 네 명의 천의 자리는 백의 자리 합에서 올라온 수와 네 명의 천의 자리를 더한 값이고 이것이 9가 되어야 하는데 이것이 가능한 것은 네 명의 백의 자리가 19가 되는 경우뿐이다.
- 네 명의 만의 자리와 십만 자리는 천의 자리 합에서 올라온 1과 네 명의 만의 자리를 더한 값이고 이것이 19가 되어야 하는데 이는 갑과 정의 □의 합이 2가 되는 경우만이 가능하다.
- 이에 따라 갑과 정의 만의 자리 □의 합은 2, 을과 병의 백의 자리 □의 합은 4, 병의 십의 자리는 8이 된다.

따라서 보이지 않는 숫자의 합은 2+4+8=14가 된다.

7 문제해결

정답 ④

정답 체크 한 상자에 100g을 초과할 수 없다고 하였으므로 세 상자에 담을 수 있는 무게의 조합은 [100, 100, 70], [100, 90, 80], [90, 90, 90] 이렇게 세 가지밖에 없다. 이 세 가지 경우를 판단하면 다음과 같다.

<경우 1> 100, 100, 70인 경우

이 경우 70g의 상자에는 30g과 40g의 조합만이 가능한데, 그러면 다른 100g짜리 상자에 50g 공 2개가 들어가야만 한다. 이는 각 상자에는 적어도 2가지 색의 공을 담아야 한다는 두 번째 <조건>에 어긋난다.

<경우 2> 90, 90, 90인 경우

이 경우 50g짜리 공은 반드시 두 곳으로 나뉘어야 하는데 그 두 상자에는 모두 40g짜리가 들어가야 한다. 그러면 나머지 한 상자에는 30g 공 3개가 들어가야만 한다. 이는 각 상자에는 적어도 2가지 색의 공을 담아야 한다는 두 번째 <조건>에 어긋난다.

<경우 3> 100, 90, 80인 경우

이 경우 80g짜리 상자에는 50g, 30g이 들어가야 하는데 그러면 나머지 하나의 50g짜리 공이 100g에 들어가면 남은 공으로는 나머지 50g을 채울 수 없으므로 나머지 하나의 50g짜리 공은 90g짜리 상자에 들어가야 하며, 그 90g짜리 상자에 들어가는 나머지 공은 40g짜리가 된다. 그러면 100g짜리 상자에는 40g, 30g, 30g으로 채울 수 있게 된다. 이를 정리하면 100g 상자에는 40g+30g+30g이, 90g 상자에는 50g+40g이, 80g 상자에는 50g+30g이 들어가게 됨을 알 수 있다. 이를 바탕으로 <보기>를 판단해 보면 다음과 같다.

ㄴ. 각 상자에 담긴 공 무게의 합은 100g, 90g, 80g으로 모두 다르다.

ㄹ. 무게의 합이 가장 작은 상자는 80g짜리 상자인데 여기에는 파란색 공이 담기게 된다.

오답 체크 ㄱ. 30g짜리 빨간색 공 두 개는 100g짜리 상자에 담기게 된다.

ㄷ. 80g짜리 상자에는 빨간색 공과 파란색 공이 함께 담긴다.

8 문제해결

정답 ④

정답 체크 제시된 작품과 점수 가감 내용을 정리하면 다음과 같다.

현황 / 작품	기본 점수	스태프 인원	장르	감독의 최근 2개 작품 흥행 여부 (개봉연도)	총점
성묘	70	-	+10	-10	70
서울의 겨울	85	-10	-	-10	65
만날 결심	75	-	-		75
빅 포레스트	65	-	-	10	75

이때 세 번째 조건에서 최종점수가 75점 이상인 작품에 투자한다고 하였으므로 A사가 투자할 작품은 '만날 결심'과 '빅 포레스트'임을 알 수 있다.

9 세부 내용 파악

정답 ②

정답 체크 ㄱ. 1문단에서 암호문에서 평문으로 변환하는 것은 복호화라 한다고 하였으므로 복호화를 통하여 암호문을 평문으로 변환할 수 있다는 것은 옳은 내용이다.

ㄹ. 마지막 문단에서 오늘날 컴퓨팅 기술의 발전으로 인해 DES는 더 이상 안전하지 않아, DES보다는 DES를 세 번 적용한 삼중 DES(triple DES)나 그 뒤를 이은 AES(Advanced Encryption Standard)를 사용하고 있다고 하였으므로 삼중 DES 알고리즘이 DES 알고리즘보다 안전성이 높다는 것은 옳은 내용이다.

오답 체크 ㄴ. 3문단에서 비대칭키 방식의 경우에는 수신자가 송신자의 키를 몰라도 자신의 키만 알면 복호화가 가능하다고 하였으므로 비대칭키 방식의 경우, 수신자는 송신자의 키를 알아야 암호를 해독할 수 있다는 내용은 옳지 않다.

ㄷ. 2문단에서 알고리즘에는 메시지의 각 원소를 다른 원소에 대응시키는 '대체'와 메시지의 원소들을 재배열하는 '치환'이 있다고 하였다. 따라서 단어, 어절 등의 순서를 바꾸는 것은 대체가 아니라 치환이므로 옳지 않다.

10 문제해결

정답 ③

정답 체크 4문단에서 100비트로 구성된 키가 사용되었다면 체크해야 할 키의 수가 2^{100}개에 달한다고 하였으므로 2^{56}개의 키를 체크하는 것은 56비트로 구성된 키이고 60비트로 만들 수 있는 키는 2^{60}개의 키를 체크해야 한다는 것을 알 수 있다. 이에 따라 2^{56}개의 키를 모두 체크하는 컴퓨터는 60비트로 만들 수 있는 키를 1초에 모두 체크할 수 있는 컴퓨터에 비해 체크 속도가 2^{4}배가 된다. 그런데 2^{56}개의 키를 모두 체크하는 컴퓨터의 가격은 100만 원이고, 컴퓨터의 가격은 체크 속도가 2배가 될 때 10만 원씩 비싸진다고 하였으므로 2^{56}개의 키를 모두 체크하는 컴퓨터의 2^{4}배의 속도인 2^{60}개의 키를 모두 체크하는 컴퓨터의 가격은 40만 원이 비싸지게 되어 140만 원이 된다.

따라서 (가)에 해당하는 수는 1,400,000이다.

11 법·규정의 적용

정답 ①

정답 체크 첫 번째 조문 제4항 제1호에서 거짓이나 그 밖의 부정한 방법으로 지정을 받은 경우에는 지정을 취소하여야 함을 알 수 있으므로 옳은 내용이다.

오답 체크 ② 마지막 조문 제2항에서 A부 장관은 김치의 품질 향상과 국가 간 교역을 촉진하기 위하여 김치의 국제규격화를 추진하여야 한다고 하였으므로 김치의 국제규격화는 지양하여야 한다는 내용은 옳지 않다.

③ 두 번째 조문 제2항에서 A부 장관은 제1항에 따른 전문인력 양성을 위하여 대학·연구소 등 적절한 시설과 인력을 갖춘 기관·단체를 전문인력 양성기관으로 지정·관리할 수 있다고 하였으므로 적절한 시설을 갖추지 못한 대학인 경우에는 전문인력 양성기관으로 지정할 수 없다.

④ 두 번째 조문 제2항에서 국가와 지방자치단체는 세계 김치연구소의 효율적인 운영·관리를 위하여 필요한 경비를 예산의 범위에서 지원할 수 있다고 하였을 뿐 반드시 설립하여야 한다고 되어있지는 않으므로 옳지 않은 내용이다.

⑤ 마지막 조문 제1항 후단에서 개인 또는 단체에 대하여 필요한 지원을 할 수 있다고 하였으므로 지방자치단체가 김치의 해외시장 개척을 지원함에 있어서 개인은 그 지원대상이 아니라는 내용은 옳지 않다.

12 문제해결

정답 ④

정답 체크 제시된 <인쇄 규칙>에 따라 문서 A~D의 인쇄에 필요한 A4용지 장수를 파악한다.

- A는 2쪽짜리 보도자료인데 중요도가 상이므로 두 번째 <인쇄 규칙>의 두 번째 문장에 따라 A4용지 한 면에 1쪽씩 인쇄한다. 이에 따라 A4용지 2장을 사용한다.
- B는 34쪽짜리 보도자료인데 중요도가 중이므로 두 번째 <인쇄 규칙>의 첫 번째 문장에 따라 한 면에 2쪽씩 인쇄한다. 따라서 A4용지 17장을 사용한다.
- C는 5페이지짜리 보도자료인데 중요도가 하이므로 두 번째 <인쇄 규칙>의 첫 번째 문장에 따라 한 면에 2쪽씩 인쇄하고 세 번째 <인쇄 규칙>에 따라 양면 인쇄한다. 이에 따라 A4용지 2장을 사용한다.
- D는 3장짜리 설명자료인데 중요도가 상이지만 보도자료가 아니므로 이는 두 번째 <인쇄 규칙>의 두 번째 문장이 아니라 첫 번째 문장에 해당한다. 이에 따라 A4용지 2장을 사용한다.

따라서 문서 A, B, C, D 순으로 2+17+2+2=23장을 사용하게 된다.

13 세부 내용 파악

정답 ③

정답 체크 피얄라르 욘손의 아버지의 이름은 '욘+부칭'인데, A국에서는 부칭이 아닌 이름을 영어 알파벳 순서로 정렬하여 전화번호부를 발행한다고 하였으므로 J로 시작하는 욘을 이름으로 가진 '욘+부칭'이 T로 시작하는 토르라는 이름을 가진 '토르 아이나르손'보다 전화번호부에 먼저 나올 것이다.

오답 체크 ① 이름이 '피얄라르 토르손 아이나르소나르'로 불리는 사람은 아이나르의 아들인 토르의 아들인 피얄라르라는 것은 알 수 있지만 그의 할아버지인 아이나르의 부칭은 알 수 없다.

② 공식적인 자리에서 A국 사람들은 이름을 부르거나 이름과 부칭을 함께 부르며, 부칭만으로 서로를 부르지는 않는다고 하였으므로 '피얄라르 욘손'은 공식적인 자리에서 '피얄라르 욘손'이나 '피얄라르'라고 부를 수는 있어도 '욘손'으로 불리지는 않을 것이다.

④ 스테파운의 아들 욘의 부칭은 '스테파운손'이고 스테파운의 손자 피얄라르의 부칭은 피얄라르의 아버지에 따라 정해질 것이므로 반드시 같다고 볼 수는 없다.

⑤ 욘 스테파운손의 아들은 욘손이라는 부칭을 사용할 것이고, 욘 토르손의 딸은 '욘스도티르'라는 부칭을 사용할 것이므로 이 둘은 다른 부칭을 사용할 것이다.

14 논리퍼즐

정답 ③

정답 체크 마지막 <상황>에서 B팀 소속 선수 3명의 국내 순위는 각각 2위, 5위, 8위라고 하였는데 세 번째 <상황>에서 C팀 선수 중 국내 순위가 가장 낮은 선수가 A팀 선수 중 국내 순위가 가장 높은 선수보다 국내 순위가 높다고 하였으므로 1위부터 10위까지 순위를 순서대로 나타내면 C, B, C, C, B, A, A, B, A, A 순이 된다. 이를 바탕으로 <보기>를 판단하면 다음과 같다.

ㄱ. 국내 순위 1위와 3위 선수의 소속팀은 모두 C팀임을 알 수 있다.

ㄹ. 국내 순위 3위 선수와 4위 선수는 모두 C팀으로 같은 팀임을 알 수 있다.

오답 체크 ㄴ. A팀 소속 선수 중 국내 순위가 가장 낮은 선수는 10위이다.

ㄷ. 제시문에 따르면 순위가 높은 4명을 국가대표로 선발하지만 국가대표는 A, B, C팀 소속 선수가 최소한 1명씩은 포함되어야 하므로 C팀인 1위 선수, B팀인 2위 선수, C팀인 3위 선수 이후 A팀인 6위 선수가 국가대표에 선발되게 된다. 따라서 국가대표 중 국내 순위가 가장 낮은 선수는 6위이다.

15 문제해결

정답 ⑤

정답 체크 Q를 생산하기 위해서는 A와 B를 2:1로 혼합하여야 하고 이때 이 혼합물을 가공하면 B와 같은 부피의 Q가 생산된다고 하였으므로 Q를 100리터 생산하기 위해서는 A가 200리터, B가 100리터 필요하다.

한편 A를 생산하기 위해서는 X와 Y가 1:2의 비율로 혼합하여야 하고 이때 이 혼합물을 가공하면 X와 같은 부피의 A가 생산된다고 하였으므로 A를 200리터 생산하기 위해서는 X가 200리터, Y가 400리터 필요하다.

다음으로 B를 생산하기 위해서는 Z와 W를 혼합하여 만들거나 Z나 W만 사용하여 만든다고 하였고, 혼합하는 경우나 단독으로 사용하는 경우 모두 원료의 절반 부피의 B가 생산된다고 하였다. 그런데 Z는 4원, W는 3원이므로 이 둘을 혼합하는 것보다 W를 단독으로 사용하는 것이 최소의 비용으로 생산할 수 있으므로 B를 100리터 생산하기 위해서는 W를 200리터 사용하여야 한다. 이에 따라 X가 200리터, B가 400리터, W가 200리터 필요함을 알 수 있다.

따라서 Q를 100리터 생산하는 데 드는 최소 비용을 합산하면 1,600만원이 필요하다.

16 논리퍼즐

정답 ⑤

정답 체크 ㄷ. (n-2)번째 게임 종료 후 두 선수의 점수가 다른 두 가지 경우를 살펴보기로 한다.

<경우 1> 甲이 1점 이기는 경우

이 경우 (n-1)번째 경기에서 甲이 이기면 바로 甲이 경기의 승자가 되어버리고, 乙이 이기면 둘이 동점이 되어 n번째 게임에서 甲이 경기의 승자가 될 수 없다.

<경우 2> 乙이 1점 이기는 경우
이 경우 (n-1)번째 게임에서 甲이 이기면 둘이 동점이 되어 n번째 게임에서 甲이 경기의 승자가 될 수 없고, 乙이 이기면 바로 乙이 경기의 승자가 되어버린다. 결국 어떤 경우라도 甲이 n번째 게임에서 승자가 될 수 없게 된다. 따라서 n번째 게임에서 甲이 경기의 승자가 될 수 있는 것은 (n-2)번째 게임 종료 후 두 선수의 점수가 같은 경우일 때만 가능함을 알 수 있다.

ㄹ. (n-3)번째 게임에서 乙이 이겨서 乙이 승점 1점을 앞서는 상황이 되면 (n-2)번째, (n-1)번째, n번째 게임을 모두 甲이 이겨서 甲이 경기의 승자가 되는 것도 가능하다. 따라서 (n-3)번째 게임에서 乙이 이겼을 수도 있다.

오답 체크

ㄱ. 매 경기 1점의 승점을 누군가 얻게 되므로 짝수 번째 경기가 끝나면 두 선수 승점의 합이 짝수이고 홀수 번째 경기가 끝나면 두 선수 승점의 합이 홀수가 된다. 한편 어떤 선수가 승리한 경우에는 상대 선수보다 2점이 많은 상황인데 상대 선수의 승점이 홀수라면 승리한 선수의 승점도 그보다 2점 많은 홀수이므로 이 둘의 승점의 합은 짝수가 된다. 반면 패배한 선수의 승점이 짝수라면 승리한 선수의 승점도 그보다 2점 많은 짝수이므로 이 둘의 승점은 짝수가 된다. 결국 어떤 선수가 승리하는 상황이든 무조건 두 선수 승점의 합이 짝수이므로 승자가 나오는 경기는 짝수 번째일 수밖에 없다.

ㄴ. (n-1)번째 게임에서 乙이 이긴 경우, (n-2)번째 게임에서는 乙이 1점 이기는 경우, 동점인 경우, 乙이 1점 지는 경우로 세 가지 경우가 가능하다. 세 가지 경우를 살펴보면 다음과 같다.
<경우 1> (n-2)번째 게임에서 乙이 1점 이기고 있던 경우
(n-1)번째 게임에서 乙이 이기면 경기가 끝나기 때문에 甲이 경기의 승자가 될 수 없다.
<경우 2> (n-2)번째 게임에서 두 선수가 동점인 경우
(n-1)번째 게임에서 乙이 이기면 n번째 게임에서 甲이 이기더라도 동점이 될 뿐 甲이 경기의 승자가 될 수 없다.
<경우 3> (n-2)번째 게임에서 乙이 1점 지고 있던 경우
(n-1)번째 게임에서 乙이 이기면 n번째 게임에서 甲이 이기더라도 甲이 1점 앞설 뿐 경기의 승자가 될 수는 없다.
따라서 어떤 경우라도 (n-1)번째 게임에서 乙이 이긴 경우에는 甲이 경기의 승자가 될 수 없다.

17 논리퍼즐

정답 ②

정답 체크

만약 甲이 1위를 한 번도 하지 못했다면 3번의 승점으로 157점을 만들 수 없으므로 1위를 1번 이상 했다는 것을 알 수 있는데, 1위를 2번 이상 하게 되면 200점을 넘게 되므로 甲은 1위를 1번 했음을 알 수 있다. 한편 공동 순위로 점수를 만들 수 있는 경우를 정리하면 다음과 같다.

공동 순위가 3명인 경우		공동 순위가 2명인 경우	
순위	점수	순위	점수
1위	180/3=60	1위	150/2=75
2위	100/3	2위	80/2=40
3위	60/3=20	3위	50/2=25
4위	38/3	4위	30/2=15
5위	20/3=8	5위	18/2=9
6위	18/3=6	6위	14/2=7
7위	12/3=4	7위	10/2=5
8위	7/3	8위	6/2=3
9위	3명 불가능	9위	3/2
10위	3명 불가능	10위	2명 불가능

위의 각 경우에 한 번의 경기에서 얻은 점수를 합하여 57점이 나올 수 있는 경우는 甲을 포함한 2명이 공동 6위를 하여 甲이 7점을 얻고 나머지 한 번의 경기에서 2위를 하여 50점을 얻는 경우뿐이다. 따라서 甲이 치른 3경기의 순위는 1위, 2위, 공동 6위가 되며 이들을 합한 수는 9가 된다.

18 논리퍼즐

정답 ①

정답 체크

甲, 乙, 丙, 丁의 대화 내용을 정리하면 다음과 같다.

메뉴 / 사람	메일	공지	결재	문의
甲(2개)			X	
乙			O	
丙		O	O	O
丁		X	O	

제시문에서 각각은 '메일', '공지', '결재', '문의' 중 접속할 수 없는 메뉴가 각자 1개 이상 있다고 하였으므로 '공지', '결재', '문의'에 모두 접속할 수 있는 丙은 '메일'에 접속할 수 없다. 한편, 甲의 대화에서 甲이 접속하지 못하는 2개 메뉴에는 乙, 丙, 丁 모두 접속할 수 있다고 하였으므로 丙이 접속하지 못하는 '메일'과, 丁이 접속하지 못하는 '공지'는 甲은 접속할 수 있다. 그리고 乙의 대화에서 丙이나 丁이 접속하지 못하는 메뉴는 乙도 접속하지 못한다고 하였으므로 丁이 접속하지 못하는 메뉴인 '공지'는 乙도 접속할 수 없다.

메뉴 / 사람	메일	공지	결재	문의
甲(2개)	O	O	X	
乙		X	O	
丙	X	O	O	O
丁		X	O	

乙의 대화에 의해 丙이 접속하지 못하는 메뉴인 '메일'은 乙은 접속할 수 없음을 알 수 있고, 甲의 대화에서 甲은 2개 메뉴에 접속할 수 없다고 하였으므로 '문의'에는 접속할 수 없음을 알 수 있고 乙, 丙, 丁은 '문의'에 접속할 수 있게 된다. 이에 따라 甲은 '공지'에 접속할 수 있음을 알 수 있다.

메뉴 / 사람	메일	공지	결재	문의
甲(2개)	O	O	X	X
乙	X	X	O	O
丙	X	O	O	O
丁	( )	X	O	O

따라서 甲이 공지에 접속할 수 없다는 것은 옳지 않다.

오답 체크

② 乙은 메일과 공지에 접속할 수 없다.
③ 乙은 결재, 문의 2개의 메뉴에 접속할 수 있다.
④ 丁은 문의에 접속할 수 있다.
⑤ 甲과 丙은 모두 공지에 접속할 수 있다.

19 문제해결

정답 ③

정답 체크

A의 키를 a라고 정하고, B의 키를 b라고 정하고, 1층 바닥면에서 2층 바닥면까지의 높이를 X라고 정했을 때, 다음 두 문장에서 각각의 식이 만들어진다.

1) A가 1층 바닥면에 서 있고 B가 2층 바닥면에 서 있을 때, A의 머리 끝과 B 머리 끝의 높이 차이는 240cm이다. → X - a + b = 240

2) A와 B가 위치를 서로 바꾸는 경우, A와 B의 머리 끝의 높이 차이는 220cm이다. → X - b + a = 220

이 두 식을 더하면 2X = 460이므로 X = 230이 된다. 따라서 1층 바닥면에서 2층 바닥면까지의 높이는 230cm이다.

20 문제해결

정답 ④

정답 체크

첫 번째 조건에서 기준 인원이 30명 미만이거나 운영비가 1억 원 미만인 예술단체를 선정한다고 하였으므로 인원이 30명이고 운영비가 1억 원 이상인 A는 선정되지 못한다. 한편 B, C, D의 사업분야에 따른 선정방식을 적용하여 표를 정리하면 다음과 같다.

단체	사업분야	운영비 (억 원)	사업비 (억 원)	배정액 (억 원)
A	인원 및 운영비 조건에 맞지 않아 선정되지 않음			
B	교육	2.0	4.0	(2.0×0.5) + (4.0×0.2) = 1.8
C	공연	3.0	3.0	(3.0×0.2) + (3.0×0.5) = 2.1
D	교육	0.8	5.0	(0.8×0.5) + (5.0×0.2) = 1.4

한편 네 번째 조건에서 인원이 많은 단체부터 순차적으로 지급하지만, 예산 부족으로 산정된 금액 전부를 지급할 수 없는 단체에는 예산 잔액을 배정액으로 한다고 하였으므로 순서대로 지급받는 금액을 살펴보면 인원이 33명으로 가장 많은 D가 1.4억 원, 그 다음으로 인원이 많은 B가 1.8억 원을 지급받고 가장 인원이 적은 C는 2.1억 원을 지급받지만 남은 예산이 0.8억 원이므로 C는 0.8억을 지급받게 된다.

따라서 가장 많은 배정액을 지급받을 예술단체는 B이고, B 예술단체의 배정액은 1.8억 원 = 1억 8,000만 원이 된다.

21 논리퍼즐

정답 ③

정답 체크

甲과 丁의 대화에서 이 둘은 뒷줄에 앉았음을 알 수 있으므로 乙과 丙은 앞줄에 앉게 된다. 그런데 甲의 대화에서 교육 둘째 날에 甲의 앞사람이 결석했다고 하였는데 乙의 대화에서 乙은 둘째 날에 출석했다고 하였으므로 甲의 앞쪽에 앉은 사람은 丙이고 丁의 앞쪽에 앉은 사람은 乙임을 알 수 있다. 한편 교육 첫째 날과 마지막 날은 4명 모두 교육을 받았다고 하였으므로 甲~丁의 화요일, 수요일, 목요일 출석 여부를 정리하면 다음과 같다.

- 화요일: 甲의 대화에서 甲의 앞쪽에 앉은 丙만 결석했음을 알 수 있다.
- 수요일: 丙의 대화에서 丙의 뒤쪽에 앉은 甲만 결석했음을 알 수 있다.
- 목요일: 丁의 대화에서 丁과 丁의 앞쪽에 앉은 乙만 출석했고 甲, 丙은 결석했음을 알 수 있다.

이에 따라 출석 여부를 정리하면 다음과 같다.

사람	월	화	수	목	금	출석일수
甲	O	O	X	X	O	3일
乙	O	O	O	O	O	5일
丙	O	X	O	X	O	3일
丁	O	O	O	O	O	5일

제시문에서 직무교육을 이수하기 위해서는 4일 이상 교육을 받아야 한다고 하였으므로 3일만을 출석한 甲과 丙은 직무교육을 이수하지 못하게 된다. 따라서 직무교육을 이수하지 못한 사람은 甲과 丙이다.

22 논리퍼즐

정답 ④

정답 체크

두 다람쥐가 만나 그들의 차이만큼 도토리를 먹는데, 제시문에서 도토리를 모으고 먹는 모습이 매일 동일하게 반복되었다고 하였으므로 다람쥐들은 도토리를 먹은 후 다시 흩어져서 1개부터 10개까지 다시 도토리를 모아서 두 다람쥐가 만나는 과정을 반복하게 됨을 알 수 있다. 이때 두 다람쥐가 모여 5쌍을 이루게 되는데 첫째 날 다섯 쌍의 차이가 모두 동일하고 둘째 날도 다섯 쌍의 차이가 모두 동일하다고 하였으므로 각 쌍의 도토리 수의 차이가 1개인 경우부터 순서대로 살펴보아 다섯 쌍이 모두 동일한 차이를 나타내는 경우를 파악하는 것이 좋다. 편의상 도토리가 1개인 다람쥐를 1번, 2개인 다람쥐를 2번과 같이 나타내어 1~10번 다람쥐가 어떤 다람쥐와 쌍을 이루는지를 정리하면 다음과 같다.

다람쥐 \ 각 쌍의 차이	1개	2개	3개	4개	5개
1번	2번	3번	4번	5번	6번
2번	1번	4번	5번	6번	7번
3번	4번	1번	6번	7번	8번
4번	3번	2번	1번	8번	9번
5번	6번	7번	2번	1번	10번
6번	5번	8번	3번	2번	1번
7번	8번	5번	10번	3번	2번
8번	7번	6번	없음	4번	3번
9번	10번	없음	없음	없음	4번
10번	9번	없음	7번	없음	5번
가능 여부	가능	불가능	불가능	불가능	가능

이에 따라 첫째 날과 둘째 날은 1개 차이가 나는 경우와 5개 차이가 나는 경우만이 가능하고 이 둘의 차이는 4개이다.

따라서 (가)에 해당하는 수는 4이다.

23 문제해결

정답 ②

정답 체크

제시된 내용에 따라 일자별로 변화하는 물의 양을 정리하면 다음과 같다.

(단위: 리터)

일자	투입	사용	일별증감	기간 누적	물탱크 저장량
3/1~3/5	900	300	+600	+3,000	3,000
3/6~3/10	900	500	+400	+2,000	5,000
3/11~3/15	900	700	+200	+1,000	6,000
3/15 외벽 청소		1,000			5,000
3/16~3/31	900	700	+200	3,200	8,200
4/1~4/4	900	700	+200	800	9,000

이와 같이 정리하면 4월 4일 24시까지 채워지는 물의 양은 9,000리터이다. 다음 4월 5일 00:00~00:10에 900리터가 채워져서 9,900리터가 되고 당일 700리터를 사용하여 9,200리터가 남게 되는데 4월 6일 00:00~00:10 사이에 900리터를 채우려면 10,100리터가 되어 물탱크가 가득 차게 된다.

따라서 처음으로 물탱크가 가득 차는 날은 4월 6일이다.

24 문제해결

정답 ⑤

정답 체크

각 문제의 추가점수를 1번부터 4번까지 순서대로 정리하면 $\frac{1}{3}$, 1, $\frac{1}{3}$, 3이며 해당 점수를 맞춘 경우에는 기본점수 1점에 이 추가점수를 합산한 점수를 얻게 된다. 한편 5번과 6번은 정답률이 50%이므로 추가점수는 1점이 되고, 해당 문제를 맞춘 경우에는 기본점수 1점에 추가점수 1점을 얻게 된다. 이 점수를 반영하여 표를 정리하면 다음과 같다.

구분	1번	2번	3번	4번	5번	6번	1번~4번 점수 합계
甲	$1+\frac{1}{3}$	0	$1+\frac{1}{3}$	1+3			$\frac{20}{3}$
乙	$1+\frac{1}{3}$	0	$1+\frac{1}{3}$	0			$\frac{8}{3}$
丙	$1+\frac{1}{3}$	1+1	0	0			$\frac{10}{3}$
丁	0	1+1	$1+\frac{1}{3}$	0			$\frac{10}{3}$
비고					맞춘 경우 1+1		

ㄱ. 甲이 최종적으로 받을 수 있는 최대 점수는 5번과 6번을 모두 맞춘 경우이므로 1번~4번 점수 합계인 $\frac{20}{3}$에, 5번에서 2점, 6번에서 2점을 추가로 받아 $\frac{32}{3}$이 된다.

ㄴ. 1~4번 문제에서 받은 점수의 합은 $\frac{8}{3}$점을 받은 을이 가장 낮다.

ㄹ. 4명이 받은 점수는 1~4번 문제에서 받은 총합이 16점인데, 5번을 맞춘 2명이 받은 점수의 합인 4점과, 6번을 맞춘 2명이 받은 점수의 합인 4점을 합하면 총합은 24점이 된다.

오답 체크

ㄷ. 5번을 乙과 丙이 맞추고 6번을 乙과 丁이 맞추면 乙의 점수는 $\frac{20}{3}$, 丙의 점수는 $\frac{16}{3}$, 丁의 점수는 $\frac{16}{3}$이 되어 甲, 乙, 丙, 丁 모두가 5점을 넘는 상황이 가능하다.

25 문제해결

정답 ①

정답 체크

각 선수의 상황을 정리하면 다음과 같다.

두 번째 조건과 네 번째 조건에 의하면 각 선수의 2023년 12월 1일 점수는 2022년 12월 1일부터 2023년 11월 30일까지 점수를 합한 것이고 2024년 1월 1일의 총점은 2023년 1월 1일부터 2023년 12월 31일까지의 경기 결과에 따른 점수를 합산한 것이다. 따라서 2024년 1월 1일 총점수는 2022년 12월 1일부터 12월 31일까지 얻은 점수가 사라지고 2023년 12월 1일부터 2023년 12월 31일까지 얻은 점수가 추가된 점수이다. 그런데 매년 12월에는 챔피언십 대회만 열린다고 하였으므로 2024년 1월 1일의 순위 점수는 2022년 챔피언십 대회 점수가 사라지고 2023년 챔피언십 대회 점수가 추가된 점수이다. 이를 정리하면 다음과 같다.

선수	2023 총점	2024년 총점	2023년 대비 2024년 증감 (2023년 챔피언십 점수 – 2022년 챔피언십 점수)
A	7500	6000	−1500
B	7000	7250	+250
C	6500	7500	+1000
D	5000	7000	+2000

· D는 2000점이 증가되었는데, 이는 2023년에 얻은 점수가 2000점이고 2022년도에 얻은 점수가 0점일 때만 가능하다. 따라서 D의 2023년 챔피언십 대회의 순위는 1위이고 2022년도 챔피언십 대회의 순위는 4위 미만이다.

· A는 1500점이 감소되었는데, 이는 2023년도에 얻은 점수가 500점이고 2022년도에 얻는 점수가 2000점인 경우만 가능하다. 따라서 A의 2023년 챔피언십 대회의 순위는 3위이고 2022년 챔피언십 대회의 순위는 1위이다.

· C는 1000점이 증가되었는데, 이는 2023년도에 얻은 점수가 1000점이고 2022년도에 얻은 점수가 2000점인 경우이거나 2023년도에 얻은 점수가 0점이고 2022년도에 얻은 점수가 1000점인 경우만 가능하다. 그런데 2022년도에 얻은 점수가 2000점이면 A의 순위와 동률이 되어 불가능하므로 2023년도에 얻은 점수는 1000점이고 2022년도에 얻은 점수는 0점인 경우만 가능하다. 따라서 C의 2023년도 챔피언십 대회의 순위는 4위 미만이고 2022년도 챔피언십 대회의 순위는 2위이다.

· B는 250점이 증가되었는데, 이는 2023년도에 얻는 점수가 250점이고 2022년도에 얻은 점수가 0점인 경우이거나 2023년도에 얻은 점수가 500점이고 2022년도에 얻은 점수가 250점인 경우만 가능하다. 그런데 2023년도에 얻은 점수가 500점이면 A의 순위와 동률이 되어 불가능하므로 2023년도에 얻은 점수가 250점이고 2022년도에 얻은 점수가 0점인 경우만 가능하다. 따라서 B의 2023년도 챔피언십 대회의 순위는 4위이고 2022년도 챔피언십 대회의 순위는 4위 미만이 된다. 이를 정리하면 다음과 같다.

선수	2023년 챔피언십 점수 (순위)	2022년 챔피언십 점수 (순위)	증감
A	500(3위)	2000(1위)	−1500
B	250(4위)	0(4위 미만)	+250
C	1000(2위)	0(4위 미만)	+1000
D	2000(1위)	0(4위 미만)	+2000

이에 따라 보기를 정리하면 다음과 같다.

ㄱ. 2022년 챔피언십 대회의 우승자는 해당 대회에서 2000점을 획득한 A이다.

ㄴ. 2023년 챔피언십 대회의 4위는 해당 대회에서 250점을 획득한 B이다.

오답 체크

ㄷ. 2023년 챔피언십 대회의 우승자는 해당 대회에서 2000점을 획득한 D이다.

ㄹ. 2022년 챔피언십 대회 3위는 해당 자료만으로는 누구인지 알 수 없다.

자료해석

1 자료이해

정답 ④

정답 체크

각 도시별 치명률을 구해보면 다음과 같다.

- A: $\frac{16}{300} \times 100 \fallingdotseq 5.3\%$
- B: $\frac{1}{20} \times 100 = 5.0\%$
- C: $\frac{2}{50} \times 100 = 4.0\%$
- D: $\frac{6}{100} \times 100 = 6.0\%$
- E: $\frac{9}{200} \times 100 = 4.5\%$

따라서 치명률이 가장 높은 도시는 D, 가장 낮은 도시는 C이다.

2 자료이해

정답 ①

정답 체크

A구 공사와 B구 공사의 총 7건 평균 공사비는 22억 원이므로, B구 공사의 평균 공사비를 b로 설정하면, $\frac{(3 \times 30) + (4 \times b)}{7} = 22$이고, b = 16억 원이다.

B구 공사와 C구 공사 총 6건 평균 공사비는 24억 원이므로 C구 공사의 평균 공사비를 c로 설정하면, $\frac{(4 \times 16) + (2 \times c)}{6} = 24$이고, c = 40억 원이다.

따라서 A~C구 전체 평균 공사비는 $\frac{(3 \times 30) + (4 \times 16) + (2 \times 40)}{9} = 26$억 원이다.

3 자료변환

정답 ⑤

정답 체크

[문화예술교육 수강 이유 상위 5개 비율]은 <보고서>를 작성하는 데 사용되지 않았다.

오답 체크

① [문화예술교육 수강 경험 유무 및 수강 분야 구성비]는 <보고서> 내용 중 '문화예술교육 수강 경험이 있는 ~ 영화, 사진, 음악, 공예, 미술 순이었다'에 자료가 사용되었음을 알 수 있다.

② [문화예술교육 수강자의 연령대별 평균 지출 비용]은 <보고서> 내용 중 '문화예술교육 수강자의 평균 지출 비용은 ~ 가장 많았다'에 자료가 사용되었음을 알 수 있다.

③ [문화예술교육 수강자의 동반자 유형 구성비]는 <보고서> 내용 중 '또한 문화예술교육 수강자의 동반자 유형 구성을 살펴보면 ~ 비율은 18.4%였다'에 자료가 사용되었음을 알 수 있다.

④ [문화예술교육 인지 경로 상위 5개 비율]은 <보고서> 내용 중 '문화예술교육 인지 경로는 ~ 19.0%였다'에 자료가 사용되었음을 알 수 있다.

4 자료이해

정답 ⑤

정답 체크

각 어선 종류별 감척지원금을 구하면 다음과 같다.

- A: 170 + (60 × 3) + (6 × 5 × 6) = 530만 원
- B: 350 + (80 × 3) + (8 × 5 × 6) = 830만 원
- C: 200 + (150 × 3) + (10 × 5 × 6) = 950만 원
- D: 50 + (40 × 3) + (3 × 5 × 6) = 260만 원

따라서 감척지원금이 가장 많은 어선은 C이고, 가장 적은 어선은 D이다.

5 자료변환

정답 ⑤

정답 체크

ㄱ. [2019~2023년 '갑'국 주택 수 및 개인소유 주택 수]는 <보고서> 내용 중 "'갑'국 주택 수는 2022년~1.8% 증가하였다'에 자료가 사용되었음을 알 수 있다.

ㄴ. [2022년과 2023년 '갑'국 가구 수]는 가구 주택소유율을 구하기 위해 필요한 자료이므로 <보고서>의 내용 중 '가구 주택소유율은 2022년 56.3%에서 2023년 56.0%로 감소하였다'에 자료가 사용되었음을 알 수 있다.

ㄷ. [2023년 '갑'국 지역별 가구 주택소유율 상위 3개 지역]은 <보고서> 내용 중 '2023년 지역별 가구 주택소유율을 살펴보면, ~ C(61.0%)로 나타났다'에 자료가 사용되었음을 알 수 있다.

오답 체크

ㄹ. [2023년 '갑'국 가구주 연령대별 가구 주택소유율]은 <보고서>의 내용에 사용되지 않았다.

6 자료이해

정답 ④

정답 체크

제시된 <평가방법>에 따라 전투기별 점수를 부여하면 다음과 같다.

구분	A	B	C	D	E
최고속력	5	1	3	2	4
미사일 탑재 수	4	5	2	3	1
항속거리	4	1	2	3	5
가격	1	4	3	5	2
공중급유	1	1	0	1	0
자체수리	0	1	0	1	1
총점	15	13	10	15	13

다섯 번째 <평가방법>에 따르면 동점일 경우 그중에서 가격이 낮은 전투기를 구매하므로 A와 D 중 가격이 낮은, 즉 가격 평가 점수가 더 높은 D를 구매하게 된다.
따라서 '갑'국이 구매할 전투기는 D이다.

7 자료변환

정답 ③

정답 체크

ㄷ. [배달대행 및 퀵서비스 시장 진입을 위한 이륜자동차 평균 구입 비용]은 <보고서>의 내용 중 '운전자가 배달대행이나 퀵서비스 시장에 진입하기 위해서는 ~ 평균 구입 비용이 높았다'에 자료가 사용되었음을 알 수 있다.

ㄹ. [월평균 근로일수]는 <보고서> 내용 중 '월평균 근로일수도 배달대행이 퀵서비스보다 3일 이상 많은 것으로 나타났다'에 자료가 사용되었음을 알 수 있다.

오답 체크

ㄱ. [이륜자동차 운전 경력 구성비]는 <보고서>의 내용에 사용되지 않았다.
ㄴ. [서비스 제공 경력 구성비]는 <보고서>의 내용에 사용되지 않았다.

8 자료논리

정답 ②

정답 체크

- 첫 번째 <정보>에 따르면 A, B, C 중 대기업의 특허출원 건수가 가장 많으므로 제외가 된다. 따라서 B와 C는 연구개발, 전문서비스 업종 중에서 결정되는 것을 알 수 있으므로 선택지 ①, ④, ⑤는 소거된다.
- 두 번째 <정보>를 확인하지 않아도, 첫 번째 <정보>를 확인한 후 남아 있는 선택지 ②, ③에 의해 A가 전자부품임을 알 수 있다.
- 세 번째 <정보>에 따라 B와 C의 특허출원기업당 출원건수를 구하면 B는 $\frac{18+115+3,223}{1,154} \fallingdotseq 2.9$건이고, C는 $\frac{29+7+596}{370} \fallingdotseq 1.7$건이다. 이에 따라 B가 연구개발, C가 전문서비스임을 알 수 있다.

따라서 A가 전자부품, B가 연구개발, C가 전문서비스이다.

고득점자의 빠른 문제 풀이 Tip

세 번째 <정보>를 확인할 경우 '특허출원기업당 출원건수'는 계산을 하지 않아도 B: $\frac{3,356}{1,154}$은 분자가 분모의 2배 이상인 반면, C: $\frac{632}{370}$는 분자가 분모의 2배가 안 되기 때문에 B가 C보다 크다는 것을 알 수 있습니다.

9 자료이해

정답 ②

정답 체크

가격의 상승률은 가격지수로도 확인할 수 있다. 2018년 대비 2023년 가격 상승률은 $\frac{120.6-95.0}{95.0} \times 100 \fallingdotseq 26.9\%$이므로 옳은 설명이다.

오답 체크

① 가격지수 100일 때 가격은 5,276원이므로 가격지수가 80.0이면 $5,276 \times 0.8 \fallingdotseq 4,220$원이다. 따라서 짜장면 가격은 4,000원 이상이므로 옳지 않은 설명이다.

③ 2018년에 비해 2023년 판매단위당 가격이 2배 이상인 짜장면 주재료 품목은 2,250원에서 6,000원으로 오른 양파와 4,000원에서 15,000원으로 오른 청오이로 2개이다. 따라서 옳지 않은 설명이다.

④ 2020년 식용유 1,800ml, 밀가루 2kg, 설탕 2kg의 가격 합계는 $(3,980 \times 2) + (1,280 \times 2) + (1,350 \times 2) = 13,220$원이다. 따라서 15,000원 미만이므로 옳지 않은 설명이다.

⑤ 매년 판매단위당 가격이 상승한 짜장면 주재료 품목이 없으므로 옳지 않은 설명이다.

고득점자의 빠른 문제 풀이 Tip

② 2023년 가격지수는 120.6으로 지수 100 기준으로 이미 20% 이상 증가한 수입니다. 따라서 2018년 가격지수인 95.0 기준으로 120.6은 당연히 20% 이상 증가한 수임을 알 수 있습니다.

10 자료논리

정답 ②

정답 체크

- A: '참여 자치 단체 수'와 증감 방향이 매년 같은 것은 '어린이' 수이다.
- B: 운영 횟수당 교육 참여 어린이 수는 2020년이 $\frac{58,680}{35} \fallingdotseq 1,677$명이고, 2021년이 $\frac{61,380}{39} \fallingdotseq 1,574$명이다. 따라서 2021년이 2020년보다 '적었다'.
- C: 자원봉사자당 교육 참여 어린이 수는 2017년이 $\frac{10,265}{2,083} \fallingdotseq 4.9$명이고, 2019년이 $\frac{55,780}{2,989} \fallingdotseq 19$명이다. 따라서 2019년이 2017년보다 '많았다'.

따라서 A는 '어린이', B는 '적었다', C는 '많았다'이다.

고득점자의 빠른 문제 풀이 Tip

B와 C의 경우 계산이 아닌 분수 대소 비교로 판단할 수 있습니다.
B에서 분모는 35에서 39로 10% 이상 증가한 반면, 분자는 58,680에서 61,380으로 약 2,700(5%) 증가하여 분모 증가율이 분자 증가율보다 크므로 $\frac{58,680}{35} > \frac{61,380}{39}$임을 알 수 있습니다.
C에서 분자는 10,265에서 55,780으로 5배 이상 증가한 반면, 분모는 2,083에서 2,989로 2배 미만이므로 $\frac{10,265}{2,083} < \frac{55,780}{2,989}$임을 알 수 있습니다.

11 자료이해

정답 ④

정답 체크

ㄴ. 2023년 9월 결항편수는 국내선이 1,351편, 국제선 437편으로 국내선이 국제선의 $\frac{1,351}{437} \fallingdotseq 3.1$배이므로 옳은 설명이다.

ㄷ. 매년 1월과 3월에는 항공편 결항이 없었으므로 옳은 설명이다.

오답 체크

ㄱ. 2022년 3분기 국제선 지연편수는 $83+111+19=213$편이고 2021년 3분기 국제선 지연편수는 $11+61+46=118$이다. $213-118=95$편 증가하였으므로 옳지 않은 설명이다.

12 자료이해

정답 ③

정답 체크

계열별로 진학자 수가 20%씩 증가한다면 전체 진학자 수 150명이 20% 증가하는 것이므로 $150 \times 1.2 = 180$명이다. 이때 전체 진학률은 $\frac{180}{2,000} \times 100 = 9.0\%$이므로 옳지 않은 설명이다.

오답 체크

① A계열의 취업률은 $\frac{500}{800} \times 100 = 62.5\%$이므로 B계열의 취업률 57.1%보다 높다. 따라서 옳은 설명이다.

② 먼저, C계열의 진학률은 $\frac{40}{500} \times 100 = 8.0\%$이다. 진로 비결정 비율은 B계열이 $100-(57.1+7.1)=35.8\%$이고, C계열이 $100-(40+8)=52.0\%$이다. 진로 미결정 비율은 B계열이 C계열보다 낮으므로 옳은 설명이다.

④ 계열별로 취업자 수가 10%씩 증가한다면 전체 취업자 수 1,100명이 10% 증가하는 것이므로 $1,100 \times 1.1 = 1,210$명이다. 이때 전체 취업률은 $\frac{1,210}{2,000} \times 100 = 60.5\%$이므로 옳은 설명이다.

⑤ 진학률은 A계열이 7.5%, B계열이 7.1%, C계열이 8.0%로 C계열이 가장 높다. 따라서 옳은 설명이다.

13 자료이해

정답 ③

정답 체크

오이와 고추의 정식과 수확이 모두 가능한 달은 2월, 4월, 5월, 6월로 총 4개월이므로 서로 동일하다. 따라서 옳지 않은 설명이다.

오답 체크

① '촉성' 재배방식에서 정식이 가능한 달은 오이가 1월, 12월로 2개월이고, 고추는 12월로 1개월이다. 따라서 옳은 설명이다.

② 고추의 각 재배방식에서 파종 가능 시기와 정식 가능 시기를 살펴보면, '촉성'은 파종이 10월, 정식이 12월이므로 시기상 2개월 차이이다. '반촉성'은 파종이 11월, 정식이 2월로 3개월 차이이고, '조숙'은 파종 2월, 정식 4월로 2개월 차이, '보통'은 파종 3월, 정식 5월로 2개월 차이, '억제'는 파종 4월, 정식 6월로 2개월 차이이다. 따라서 모두 1개월 이상의 차이이므로 옳은 설명이다.

④ 고추는 수확이 가능한 재배 방식의 수는 7월에 '반촉성', '조숙', '보통', '억제'로 총 4개이므로 7월이 가장 많다. 따라서 옳은 설명이다.

⑤ 오이의 재배방식 중 수확이 가능한 달의 수가 가장 적은 것은 총 3개월(6월, 7월, 8월)인 '보통'이다. 따라서 옳은 설명이다.

14 자료이해

정답 ②

정답 체크 연도별 '굴'과 '새고막'의 면허어업 건수의 합과 전체 건수의 50%를 비교해 보면 다음과 같다.

- 2019년: 1,292 + 1,076 = 2,368건 > 4,521 × 0.5 ≒ 2,261건
- 2020년: 1,314 + 1,093 = 2,407건 > 4,751 × 0.5 ≒ 2,376건
- 2021년: 1,317 + 1,096 = 2,413건 > 4,740 × 0.5 = 2,370건
- 2022년: 1,293 + 1,115 = 2,408건 > 4,752 × 0.5 = 2,376건
- 2023년: 1,277 + 1,121 = 2,398건 > 4,453 × 0.5 ≒ 2,227건

따라서 '굴'과 '새고막'의 면허어업 건수의 합은 매년 전체의 50% 이상이므로 옳은 설명이다.

오답 체크 ① '김' 면허어업 건수는 2023년에 전년 대비 감소하였으므로 옳지 않은 설명이다.

③ '바지락'의 면허어업 건수의 전년 대비 증가율은 2020년이 $\frac{587-570}{570} \times 100 ≒ 3.0\%$이고, 2022년이 $\frac{582-576}{576} \times 100 ≒ 1.0\%$이다. 따라서 옳지 않은 설명이다.

④ '미역' 면허어업 건수는 2023년이 678건, 2020년이 920건으로 2020년이 더 많다. 따라서 옳지 않은 설명이다.

⑤ 2023년에 면허어업 건수가 전년 대비 증가한 양식 품목은 '새고막' 1개뿐이므로 옳지 않은 설명이다.

15 자료이해

정답 ①

정답 체크

- <보고서>의 내용 중 '2022년 캐나다산 목재펠릿 수입량은 2019년 대비 30배 이상이 되었다'라는 내용을 통해 <표 2>의 2022년 캐나다산 수입량은 <표 1>의 2019년 캐나다산 수입량인 11천 톤의 30배인 330천 톤 이상임을 알 수 있다. 이에 따라 E는 제외된다.
- <보고서>의 내용 중 '2022년 기준 러시아산이 우리나라 목재펠릿 수입량 2위를 차지하였다'라는 내용을 통해 <표 2>에서 국가별 수입 원산지 순위를 매겨보면, B국은 말레이시아가 2위, D국은 인도네시아가 2위이므로 B와 D는 제외된다.
- <보고서>의 내용 중 '인도네시아산 목재펠릿 수입량은 2019년 이후 꾸준히 증가해 2022년에는 말레이시아산 목재펠릿 수입량을 추월하였다'라는 내용을 통해 <표 2>를 확인하면, A국은 말레이시아가 400천 톤, 인도네시아가 416천 톤으로 인도네시아가 추월한 반면, C국은 말레이시아가 416천 톤, 인도네시아가 346천 톤으로 말레이시아가 더 많음을 알 수 있다. 이에 따라 C는 제외된다.

따라서 우리나라에 해당하는 국가는 A이다.

16 자료이해

정답 ⑤

정답 체크 ㄴ. 연도별 전체 공공한옥시설 중 '문화전시시설'의 비율은 다음과 같다.

- 2017년, 2018년: $\frac{8}{27} \times 100 ≒ 29.6\%$
- 2019년: $\frac{10}{28} \times 100 ≒ 35.7\%$
- 2020년: $\frac{11}{30} \times 100 ≒ 36.7\%$
- 2021년, 2022년: $\frac{12}{34} \times 100 ≒ 35.3\%$

따라서 전체 공공한옥시설 중 '문화전시시설'의 비율은 매년 20% 이상이므로 옳은 설명이다.

ㄷ. 2020년 대비 2022년 '주민이용시설' 증가율은 $\frac{8-6}{6} \times 100 ≒ 33.3\%$이며, '주거체험시설'의 증가율은 $\frac{5-3}{3} \times 100 ≒ 66.7\%$이다. 따라서 2020년 대비 2022년 공공한옥시설의 유형별 증가율은 '주거체험시설'의 증가율이 '주민이용시설' 증가율의 2배이므로 옳은 설명이다.

ㄹ. 2019년 '한옥숙박시설은 28 − 10 − 11 − 5 − 1 = 1개소임을 알 수 있고, '한옥숙박시설'이 '주거체험시설'보다 많은 연도는 2017년과 2018년뿐이므로 옳은 설명이다.

오답 체크 ㄱ. 2021년 '전통공예시설'은 34 − 12 − 8 − 4 = 10개소임을 알 수 있고, 2022년 '전통공예시설'은 전년 대비 감소하였으며, '한옥숙박시설'은 증감에 대해 변동이 없으므로 증감 방향이 다르다.

고득점자의 빠른 문제 풀이 Tip

ㄴ. 20%는 10%의 2배이므로 '문화전시시설'이 전체값 10%의 2배보다 큰 값인지를 확인하여 간단히 알 수 있습니다. 2017년 전체값 27의 10%는 2.7이며 2배인 20%는 5.2인 반면 '문화전시시설'은 8개로 5.4보다 크기 때문에 20% 이상임을 알 수 있습니다.

ㄷ. '주거체험시설의 증가율은 $\frac{2}{3}$이고, '주민이용시설'의 증가율은 $\frac{2}{6}$, 즉 $\frac{1}{3}$이므로 2배임을 알 수 있습니다.

17 자료이해

정답 ①

정답 체크 최저개발국 직접투자 비중 = $\frac{\text{최저개발국 직접투자 규모}}{\text{해외직접투자 규모}} \times 100$이므로 최저개발국 직접투자 규모 = 최저개발국 직접투자 비중 × 해외직접투자 규모임을 적용하여 2015년과 2023년의 최저개발국 직접투자 규모를 구하면 다음과 같다.

- 2015년: 31,205 × 2.8% ≒ 874백만 달러
- 2023년: 76,446 × 1.7% ≒ 1,230백만 달러

따라서 최저개발국 직접투자 규모는 2023년이 2015년보다 크므로 옳은 설명이다.

오답 체크 ② 2020년 최저개발국 직접투자 비중은 1.6%이고, 2021년 최저개발국 직접투자 비중은 1.9%로 전년보다 증가하였으므로 옳지 않은 설명이다.

③ 2018년 최저개발국 직접투자 규모는 40,657 × 1.8% ≒ 732백만 달러 = 7.32억 달러이므로 10억 달러 미만이다. 따라서 옳지 않은 설명이다.

④ 2023년 해외직접투자 규모의 전년 대비 증가율은 $\frac{76,446-57,299}{57,299} \times 100 ≒ 33.4\%$이다. 따라서 옳지 않은 설명이다.

⑤ 2017년 해외직접투자 규모는 전년 대비 증가하였으나, 최저개발국 직접투자 비중은 2016년 2.0%에서 2017년에 1.4%로 감소하였다. 따라서 옳지 않은 설명이다.

고득점자의 빠른 문제 풀이 Tip

① 2015년 해외직접투자 규모는 31,205백만 달러이고 2023년 해외직접투자 규모는 76,446백만 달러로 2023년이 2015년의 2배 이상이지만, 최저개발국 직접투자 비중은 2023년에 1.7%, 2015년 2.8%로 2015년 비중이 2017년의 2배 이하입니다. 따라서 계산을 하지 않아도 2023년의 최저개발국 직접투자 규모가 더 큰 값임을 알 수 있습니다.

③ 40,657백만 달러는 406.57억 달러이고, 1.8%를 대략 2%로 생각해보면 약 406억 달러의 2%는 약 8억 달러입니다. 따라서 10억 달러 이하임을 간단히 알 수 있습니다.

④ 근사값을 사용하여 57,299는 약 57로, 76,446은 약 76으로 반올림처리하면 $\frac{76-57}{57}=\frac{19}{57}$로 정리할 수 있습니다. 57의 40%는 10%의 4배인 $5.7\times4=22.8$이므로 19는 40% 이하임을 알 수 있습니다.

18 자료이해

정답 ④

정답 체크

ㄴ. A~E 중 가맹점당 매출액이 가장 큰 브랜드는 B이다. 전체 가맹점 매출액의 합은 '가맹점당 매출액×가맹점 수'로 구할 수 있으므로 가맹점 수와 가맹점당 매출액이 다른 브랜드에 비해 상대적으로 높은 A와 B를 비교해 본다.

- A: 14,737×583,999=8,606,393,263천 원
- B: 14,593×603,529=8,807,298,697천 원

따라서 B의 전체 가맹점 매출액이 더 크므로 옳은 설명이다.

ㄷ. 각주의 식에 따라 해당 브랜드 전체 가맹점 면적의 합 = $\frac{\text{해당 브랜드 전체 가맹점 매출액의 합}}{\text{가맹점 면적당 매출액}}$임을 적용하여 구한다. 또한 분자값인 브랜드 전체 가맹점 매출액의 합은 보기 ㄴ에서 확인했듯이 '가맹점당 매출액×가맹점 수'로 구할 수 있다. 따라서 A~E의 각 브랜드 전체 가맹점 면적의 합을 구하면 다음과 같다.

- A: $\frac{14,737\times583,999}{26,089}\fallingdotseq329,886m^2$
- B: $\frac{14,593\times603,529}{32,543}\fallingdotseq270,636m^2$
- C: $\frac{10,294\times465,042}{25,483}\fallingdotseq187,856m^2$
- D: $\frac{4,082\times414,841}{12,557}\fallingdotseq134,856m^2$
- E: $\frac{787\times559,684}{15,448}\fallingdotseq28,513m^2$

따라서 E의 전체 가맹점 면적의 합이 가장 작으므로 옳은 설명이다.

오답 체크

ㄱ. <표>에 제시된 1~5위 가맹점 수의 합은 14,737+14,593+10,294+4,082+787=44,493개이다. 전체 가맹점 수가 5만 개라면, 6위 이하의 가맹점 수는 50,000−44,493=5,507개이며, $\frac{5,507}{787}\fallingdotseq7.0$%이므로 6위 이하의 브랜드 수는 적어도 7개가 더 있을 수 있다. 따라서 5위까지의 5개 브랜드 수와 최소한으로 구한 7개의 브랜드까지 가능한 브랜드 수는 최소 12개이다. 따라서 옳지 않은 설명이다.

고득점자의 빠른 문제 풀이 Tip

ㄴ. 근삿값으로 정리하여 곱셈식 대소 비교로 판단해 보면, A는 약 147×584, B는 약 146×604로 정리해 볼 수 있고, 146에서 147은 1 증가하여 증가율은 약 1% 미만인 반면, 584에서 604로 증가량은 20이고 증가율은 약 3% 이상입니다. 따라서 B의 값이 더 크다는 것을 알 수 있습니다.

ㄷ. A~E의 브랜드 정보에서 가맹점 수를 비교해 보면, E의 가맹점 수가 787일 때, 다른 가맹점 수는 적게는 D의 4,082개로 5배 이상에서 많게는 A의 14,737개로 18배 이상입니다. 이렇게 E의 가맹점 수가 상대적으로 현저히 적은 반면, '가맹점 면적당 매출액'은 E를 기준으로 B가 2배를 조금 넘는 정도이고, 대부분 2배 미만의 차이를 두고 있습니다. 따라서 계산식에서 분자값은 상대적으로 많이 적은 반면, 분모값은 그만큼 큰 차이를 두지 않는다는 해석이며, 분자의 계산 결과는 E의 값이 가장 작다는 것을 예상할 수 있습니다.

19 자료이해

정답 ②

정답 체크

소각시설별로 '시설용량' 대비 '연간소각실적' 비율을 구하면 A가 $\frac{163,785}{800}\fallingdotseq205$, B가 $\frac{12,540}{48}\fallingdotseq261$, C가 $\frac{169,781}{750}\fallingdotseq226$, D가 $\frac{104,176}{400}\fallingdotseq260$, E가 $\frac{238,770}{900}\fallingdotseq265$로 E가 가장 높으므로 옳은 설명이다.

오답 체크

① '연간소각실적'은 E가 더 높고 C가 낮은 반면, '관리인원'은 C가 더 많고, E가 적다. 따라서 옳지 않은 설명이다.

③ '연간소각실적'은 A가 D의 $\frac{163,785}{104,176}\fallingdotseq1.57$배이다. 따라서 옳지 않은 설명이다.

④ 전체 '시설용량'에서 C의 '시설용량' 비중은 $\frac{750}{2,898}\times100\fallingdotseq25.9$%이다. 따라서 옳지 않은 설명이다.

⑤ 가동 일수는 $\frac{\text{연간소각실적}}{\text{시설용량}}$으로 구할 수 있다.
B의 2023년 가동 일수는 $\frac{12,540}{48}\fallingdotseq261$일이므로 옳지 않은 설명이다.

고득점자의 빠른 문제 풀이 Tip

③ D의 '연간소각실적'을 근삿값으로 약 104로 처리하여 1.5배를 하면 156입니다. 따라서 A는 D의 1.5배 이상임을 알 수 있습니다.

④ 전체 '시설용량' 2,898톤/일의 30%를 먼저 구합니다. 10%는 약 290톤/일이므로 30%는 290×3=870톤/일입니다. 따라서 C의 시설용량 750톤/일은 30% 미만임을 알 수 있습니다.

20 자료이해

정답 ①

정답 체크

2023년 식량작물 생산량의 전년 대비 감소율은
'갑'국 전체가 $\frac{4,331,597-4,456,952}{4,456,952}\times100\fallingdotseq-2.8$%,
A지역 전체가 $\frac{221,271-237,439}{237,439}\times100\fallingdotseq-6.8$%이다. 따라서 옳지 않은 설명이다.

오답 체크

② 2019년 대비 2023년 식량작물별 생산량 증감률을 구하면 다음과 같다.

- 미곡: $\frac{143,938-153,944}{153,944}\times100\fallingdotseq-6.5$%
- 맥류: $\frac{201-270}{270}\times100\fallingdotseq-25.6$%
- 잡곡: $\frac{30,740-29,942}{29,942}\times100\fallingdotseq2.7$%
- 두류: $\frac{10,054-9,048}{9,048}\times100\fallingdotseq11.1$%
- 서류: $\frac{36,338-30,268}{30,268}\times100\fallingdotseq20.1$%

따라서 2019년 대비 2023년 생산량 증감률이 가장 큰 A지역 식량작물은 맥류이므로 옳은 설명이다.

③ 2019년 A지역 전체 식량작물 생산 면적인 46,724ha의 절반은 23,362ha이고, 미곡의 생산 면적은 29,006ha으로 절반 이상이다. 매년 미곡의 생산 면적은 A지역 전체 식량작물 생산 면적의 절반 이상을 차지하므로 옳은 설명이다.

④ 2023년 식량작물별 생산 면적당 생산량은 미곡이 $\frac{143,938}{28,708}$ ≒ 5.0톤, 맥류가 $\frac{201}{98}$ ≒ 2.1톤, 잡곡이 $\frac{30,740}{6,317}$ ≒ 4.9톤, 두류가 $\frac{10,054}{5,741}$ ≒ 1.8톤, 서류가 $\frac{36,338}{5,678}$ ≒ 6.4톤이다. 따라서 2023년 생산 면적당 생산량은 서류가 가장 많으므로 옳은 설명이다.

⑤ A지역 전체 식량작물 생산량과 A지역 전체 식량 작물 생산 면적의 전년 대비 증감 방향은 매년 같으므로 옳은 설명이다.

고득점자의 빠른 문제 풀이 Tip

① 근삿값(반올림)을 사용하여 2022년 '갑'국 전체 생산량은 446으로 2023년 '갑'국 전체 생산량은 433으로 처리하면 감소율은 $\frac{13}{446}$이고, A지역 전체 생산량 역시 근삿값(반올림)을 사용하여 237에서 221로 감소율은 $\frac{16}{237}$입니다. 따라서 두 분수 중에서 분자는 크고 분모는 작은 $\frac{16}{237}$이 더 큰 비율임을 알 수 있습니다.

② 식량작물별 생산량을 모두 근삿값(반올림)을 사용하여 정리하면, 미곡은 154에서 144로 10 감소, 맥류의 증감량은 약 70, 잡곡은 변화량이 매우 적은 편이므로 제외합니다. 두류는 9에서 10으로 1 증가하였고, 서류는 30에서 36으로 6이 증가하였습니다. 따라서 맥류는 270에서 70의 비율로 대략 20% 이상이며 나머지는 모두 20% 이하이므로 맥류의 증감률이 가장 크다는 것을 알 수 있습니다.

④ 2023년 생산 면적당 생산량은 서류가 $\frac{36,338}{5,678}$로 대략 6 이상이며, 다른 식량작물은 모두 6 이하이므로 서류가 가장 많다는 것을 간단히 알 수 있습니다.

21 자료변환

정답 ④

정답 체크

ㄱ. 2020~2023년 '갑'국 전체 식량작물 생산 면적의 전년 대비 감소량은 2020년이 924,291 - 924,470 = -179ha, 2021년이 906,106 - 924,291 = -18,185ha, 2022년이 905,034 - 906,106 = -1,072ha, 2023년이 903,885 - 905,034 = -1,149ha이다. 따라서 옳은 내용이다.

ㄷ. 2019년 대비 연도별 A지역 맥류 생산 면적 증가율은 2020년이 $\frac{166-128}{128} \times 100$ ≒ 29.7%, 2021년이 $\frac{177-128}{128} \times 100$ ≒ 38.3%, 2022년이 $\frac{180-128}{128} \times 100$ ≒ 40.6%, 2023년이 $\frac{98-128}{128} \times 100$ ≒ -23.4%이다. 따라서 옳은 내용이다.

ㄹ. 2023년 A지역 식량작물별 생산량 구성비를 구하면 다음과 같다.

- 미곡: $\frac{143,938}{221,271} \times 100$ ≒ 65.1%
- 맥류: $\frac{201}{221,271} \times 100$ ≒ 0.1%
- 잡곡: $\frac{30,740}{221,271} \times 100$ ≒ 13.9%
- 두류: $\frac{10,054}{221,271} \times 100$ ≒ 4.5%
- 서류: $\frac{36,338}{221,271} \times 100$ ≒ 16.4%

따라서 옳은 내용이다.

오답 체크

ㄴ. 2021년 A지역 식량작물 생산량은 잡곡이 30,972톤, 서류가 35,576톤이지만, 그래프에는 정보가 반대로 표기되어 있으므로 옳지 않은 내용이다.

22 자료이해

정답 ①

정답 체크

지방소멸위험지수 = $\frac{\text{20~39세 여성 인구}}{\text{65세 이상 인구}}$임을 적용하여 구한다. E동, I동, K동의 지방소멸위험지수는 E동이 $\frac{1,272}{2,300}$ ≒ 0.55, I동이 $\frac{4,123}{2,656}$ ≒ 1.55, K동이 $\frac{3,625}{7,596}$ ≒ 0.48이고, 지방소멸위험 수준이 '주의' 지수가 0.5 이상 1.0 미만이므로 지방소멸위험 수준이 '주의'인 동은 A동, B동, D동, E동, J동, L동으로 총 6곳이다. 따라서 옳지 않은 설명이다.

오답 체크

② B동의 20~39세 여성 인구는 3,365×0.88 ≒ 2,961명으로 G동의 20~30세 여성인구 3,421명보다 적으므로 옳은 설명이다.

③ 지방소멸위험지수가 가장 높은 동은 $\frac{4,123}{2,656}$ ≒ 1.55인 I동이다. I동 '총인구'에서 '65세 이상 인구'의 비중은 $\frac{2,656}{23,813} \times 100$ ≒ 11.2%이므로 옳은 설명이다.

④ '총인구'가 가장 많은 동은 K동이며, 지방소멸위험지수도 K동이 $\frac{3,625}{7,596}$ ≒ 0.48로 가장 낮다. 따라서 옳은 설명이다.

⑤ 지방소멸위험 수준이 '보통'인 동은 C동, F동, G동, H동으로 '총 인구' 합은 29,204 + 16,792 + 19,163 + 27,146 = 92,305명이다. 따라서 옳은 설명이다.

고득점자의 빠른 문제 풀이 Tip

② B와 G의 '20~39세 여성 인구'는 곱셈 대소 비교로 판단할 수 있습니다. 3,365×88과 2,469×139로 두고 비교해 보면 2,469에서 3,365로 약 900이 증가하여 증가율이 50% 이하인 반면, 88에서 139로 약 50이 증가하여 증가율이 50% 이상입니다. 따라서 G의 2,469×139 결과가 더 크다는 것을 알 수 있습니다.

23 자료이해

정답 ③

정답 체크

처리주체 '공공'에서 '매립'의 비율은 $\frac{286}{1,143} \times 100$ ≒ 25.0%이고 처리주체 '자가'에서 '매립'의 비율은 $\frac{1}{21} \times 100$ ≒ 4.8%이다. 따라서 '공공'이 '자가'보다 높으므로 옳은 설명이다.

오답 체크

① 전체 처리실적 중 '매립'의 비율은 $\frac{291}{2,270} \times 100$ ≒ 12.8%이다. 따라서 옳지 않은 설명이다.

② 처리방법 중 '재활용'은 '공공'이 403만 톤, '위탁'이 870만 톤으로 '위탁'의 처리실적이 더 많다. 따라서 옳지 않은 설명이다.

④ 처리주체가 '위탁'인 폐기물 중 '재활용'의 비율은 $\frac{870}{1,106} \times 100$ ≒ 78.9%이다. 따라서 옳지 않은 설명이다.

⑤ '소각' 처리 생활계 폐기물 중 '공공'의 비율은 $\frac{447}{565} \times 100$ ≒ 79.1%이다. 따라서 옳지 않은 설명이다.

> **고득점자의 빠른 문제 풀이 Tip**
>
> ① 전체 처리실적인 2,270의 15%는 약 227(10%)과 약 113(5%)의 합으로 약 340입니다. 따라서 291은 15% 미만인 것을 알 수 있습니다.
>
> ③ 286은 1,143에서 약 114(10%)의 2배인 228(20%)보다 큰 수이므로 $\frac{286}{1,143}$은 대략 20% 이상임을 알 수 있습니다. 그러나 1은 21의 10%보다 도 작은 수이므로 $\frac{1}{21}$은 10% 이하입니다. 따라서 '매립'의 비율은 '공공'이 '자가'보다 높다는 것을 간단히 판단할 수 있습니다.

24 자료이해

정답 ④

정답 체크

ㄱ. <그림>에서 확인해 보면 2023년 처리 건수 상위 5개 시도는 경기, 서울, 경남, 경북, 부산이다. 이 중 경기, 서울, 경남은 모두 2022년 대비 우상향 또는 우측으로 이동하여 처리 건수가 증가하였다는 것을 알 수 있다. 경북의 경우 그래프에서 위치가 우하향으로 낮아진 것으로 보이지만, X축과 Y의 눈금 크기가 다르고 X축이 상대적으로 더 크기 때문에 계산을 하면, 2022년 처리 건수는 대략 300+100으로 약 400건이고, 2023년 처리 건수는 대략 600+80으로 약 680건임을 확인할 수 있으므로 총 처리 건수는 증가하였다.
또한 부산은 2022년에는 5위권에 없었으나 2023년에는 상위 5위로 진입하였으며, 2022년 처리 건수가 가장 낮은 인천(약 200+140=340건)보다 더 낮은 순위에서 2023년 약 500+80=580건으로 처리 건수가 증가한 것임을 알 수 있다.

ㄴ. 2023년 처리 건수가 가장 많은 시도는 <그림>에서 오른쪽 상단에 있는 경기이고, 2022년 인용률이 가장 높은 시도는 50.9%인 울산이다. 2023년 경기의 인용 건수는 약 380건이고, 2022년 울산의 인용 건수는 2022년 인천의 처리 건수인 약 350건 이하임을 알 수 있다.
처리 건수 350건 이하에 2022년 울산의 인용률 50.9%임을 적용하여 인용 건수를 구하면 350×0.509 ≒ 178건 이하이다. 경기의 인용 건수 약 380건은 울산의 인용 건수 178건 이하의 2배 이상이므로 옳은 설명이다.

오답 체크

ㄷ. 2023년은 지역별 정보가 모두 제시되지 않고 상위 5개 시도에 대한 정보만 제시되어 있으므로 매년 2020년부터 2023년까지 인용률이 매년 감소한 시도는 정확히 확인할 수 없다.

25 자료이해

정답 ⑤

정답 체크

제시된 <표>의 정보와 각주에 제시된 조건을 반영하여 각 직급별 1~4분위의 인원 및 임금을 정리하면 다음과 같다.

※ 각주 1)에 따라 분위별 임직원 수는 동일하다.
모든 임직원 수가 짝수이기 때문에 각주 3)의 조건은 모든 직급에 해당된다.

[공장 관리직]

<table>
<tr><th>임직원 수</th><th>시간당 임금 평균</th><th>1분위</th><th colspan="2">2분위</th><th colspan="2">3분위</th><th>4분위</th></tr>
<tr><td rowspan="3">4명</td><td rowspan="3">25,000원</td><td>1명</td><td colspan="2">1명</td><td colspan="2">1명</td><td>1명</td></tr>
<tr><td>Q1 (최고)</td><td></td><td colspan="2">중간값</td><td>Q3 (최고)</td><td>최고</td></tr>
<tr><td>15,000원</td><td></td><td colspan="2">25,000원</td><td>30,000원</td><td>( )</td></tr>
</table>

[공장 생산직]

<table>
<tr><th>임직원 수</th><th>시간당 임금 평균</th><th colspan="2">1분위</th><th colspan="2">2분위</th><th colspan="2">3분위</th><th colspan="2">4분위</th></tr>
<tr><td rowspan="3">52명</td><td rowspan="3">21,500원</td><td colspan="2">13명</td><td colspan="2">13명</td><td colspan="2">13명</td><td colspan="2">13명</td></tr>
<tr><td>최저</td><td>Q1 (최고)</td><td></td><td colspan="2">중간값</td><td>Q3 (최고)</td><td></td><td>최고</td></tr>
<tr><td>12,000원</td><td>20,500원</td><td></td><td colspan="2">23,500원</td><td>26,500원</td><td></td><td>31,000원</td></tr>
</table>

[본사 임원]

<table>
<tr><th>임직원 수</th><th>시간당 임금 평균</th><th colspan="2">1분위</th><th colspan="2">2분위</th><th colspan="2">3분위</th><th colspan="2">4분위</th></tr>
<tr><td rowspan="3">8명</td><td rowspan="3">( )</td><td colspan="2">2명</td><td colspan="2">2명</td><td colspan="2">2명</td><td colspan="2">2명</td></tr>
<tr><td>최저</td><td>Q1 (최고)</td><td></td><td colspan="2">중간값</td><td>Q3 (최고)</td><td></td><td>최고</td></tr>
<tr><td>24,000원</td><td>25,600원</td><td></td><td colspan="2">48,000원</td><td>48,000원</td><td></td><td>55,000원</td></tr>
</table>

[본사 직원]

<table>
<tr><th>임직원 수</th><th>시간당 임금 평균</th><th colspan="2">1분위</th><th colspan="2">2분위</th><th colspan="2">3분위</th><th colspan="2">4분위</th></tr>
<tr><td rowspan="3">36명</td><td rowspan="3">22,000원</td><td colspan="2">9명</td><td colspan="2">9명</td><td colspan="2">9명</td><td colspan="2">9명</td></tr>
<tr><td>최저</td><td>Q1 (최고)</td><td></td><td colspan="2">중간값</td><td>Q3 (최고)</td><td></td><td>최고</td></tr>
<tr><td>11,500원</td><td>16,800원</td><td></td><td colspan="2">23,500원</td><td>27,700원</td><td></td><td>29,000원</td></tr>
</table>

ㄱ. 공장 관리직은 각 분위당 1명씩이므로 중간값 25,000원은 2분위와 3분위의 평균이다. 따라서 2분위 '시간당 임금'은 20,000원이며, 시간당 임금 평균이 25,000원이므로 4분위 '시간당 임금'은 35,000원이다. 각 분위당 1명씩이므로 4분위 '시간당 임금'이 '최고' 금액을 의미한다. 따라서 옳은 설명이다.

ㄴ. 각주 3)에 따라 중간값은 2분위 중 가장 높은 사람과 3분위 중 가장 낮은 사람의 평균을 의미하고 Q3는 3분위 중 가장 높은 사람의 임금을 의미한다. 중간값과 Q3의 임금이 모두 48,000원으로 동일하므로 2분위 중 가장 높은 사람, 3분위 중 가장 낮은 사람, 3분위 중 가장 높은 사람까지 최소 3명 이상이 '시간당 임금'이 동일함을 알 수 있다. 따라서 옳은 설명이다.

ㄷ. 본사 임원은 보기 ㄴ에서 확인한 것과 같이 48,000원의 임금을 받는 사람이 최소 3명이고, 1분위 최저 임금 24,000원, 1분위 최고 임금 25,600원, 4분위 최고 임금 55,000원으로 3명을 알 수 있으며 정확히 알 수 없는 2명의 임금을 최소한의 임금으로 가정하여 평균을 구한다. 2분위에서 '시간당 임금'이 낮은 사람을 Q1과 같이 25,600원으로 가정하고 4분위에서 낮은 사람을 48,000원으로 가정하여 평균을 구하면

$$\frac{24,000+25,600+25,600+48,000+48,000+48,000+48,000+55,000}{8}$$

=40,275원이다. 따라서 옳은 설명이다.

오답 체크

ㄹ. '시간당 임금'이 23,000원 이상으로 확정할 수 있는 임직원은 공장 관리직에서 3분위가 1명, 4분위가 1명, 공장 생산직에서 3분위가 13명, 4분위가 13명, 본사 임원 전체가 8명, 본사 직원 3분위가 9명, 4분위가 9명으로 1+1+13+13+8+9+9=54명이다. 따라서 옳지 않은 설명이다.

바로 채점 및
성적 분석 서비스

2023년 기출문제 취약 유형 분석표 & 정답·해설

PSAT 전문가의 총평

2023년 민간경력자 PSAT의 경우 세 영역의 난도는 모두 평이했다.

1. 언어논리 영역: 실험의 결과를 추론하거나 논리 관계를 추론하는 문제가 출제되었으나, 대부분의 유형이 제시문의 독해 난도가 낮고 비교적 쉽게 정답 파악이 가능한 문제로 출제되어 난도는 평이했다.
2. 상황판단 영역: 문제해결과 논리퍼즐 유형에서 다소 시간이 오래 소요되는 문제가 일부 출제되었으나, 대부분 정오의 근거가 명확하여 전반적인 난도는 평이했다.
3. 자료해석 영역: 수치가 크고 복잡한 계산을 요구하는 문제가 일부 출제되었으나, 단순 비교를 통해 정답을 빠르게 찾을 수 있는 문제가 다수 출제되어 난도는 평이했다.

정답

언어논리

p.143

1	②	세부 내용 파악	**6**	③	세부 내용 파악	**11**	①	진술추론	**16**	⑤	논리추론	**21**	⑤	진술추론
2	①	세부 내용 파악	**7**	④	사례 유추	**12**	④	진술추론	**17**	④	사례 유추	**22**	③	진술추론
3	②	중심 내용 파악	**8**	②	사례 유추	**13**	①	사례 유추	**18**	②	세부 내용 파악	**23**	①	진술추론
4	③	중심 내용 파악	**9**	④	빈칸삽입	**14**	③	논증의 타당성	**19**	④	세부 내용 파악	**24**	⑤	빈칸삽입
5	③	세부 내용 파악	**10**	④	빈칸삽입	**15**	⑤	논리추론	**20**	⑤	진술추론	**25**	②	진술추론

상황판단

p.157

1	②	법·규정의 적용	**6**	①	문제해결	**11**	④	법·규정의 적용	**16**	①	문제해결	**21**	②	논리퍼즐
2	①	법·규정의 적용	**7**	⑤	문제해결	**12**	⑤	법·규정의 적용	**17**	②	문제해결	**22**	②	문제해결
3	⑤	법·규정의 적용	**8**	④	문제해결	**13**	②	문제해결	**18**	④	문제해결	**23**	④	논리퍼즐
4	③	법·규정의 적용	**9**	①	세부 내용 파악	**14**	④	문제해결	**19**	③	문제해결	**24**	③	문제해결
5	④	세부 내용 파악	**10**	⑤	문제해결	**15**	①	문제해결	**20**	③	논리퍼즐	**25**	⑤	법·규정의 적용

자료해석

p.171

1	①	자료논리	**6**	④	자료이해	**11**	③	자료논리	**16**	④	자료이해	**21**	③	자료이해
2	③	자료논리	**7**	①	자료이해	**12**	④	자료논리	**17**	④	자료이해	**22**	①	자료논리
3	②	자료논리	**8**	①	자료변환	**13**	⑤	자료변환	**18**	④	자료이해	**23**	③	자료이해
4	③	자료논리	**9**	②	자료이해	**14**	③	자료이해	**19**	②	자료이해	**24**	④	자료이해
5	⑤	자료이해	**10**	⑤	자료이해	**15**	⑤	자료이해	**20**	①	자료이해	**25**	②	자료이해

취약 유형 분석표

유형별로 맞힌 개수, 틀린 문제 번호와 풀지 못한 문제 번호를 적고 나서 취약한 유형이 무엇인지 파악해 보세요.
취약한 유형은 '민간경력자 PSAT 기출유형공략'으로 복습하고, 해커스잡 사이트(ejob.Hackers.com)에서 제공하는 <PSAT 영역별 핵심 이론 노트>로 관련 이론을 확인한 후 틀린 문제와 풀지 못한 문제를 다시 풀어보세요.

언어논리

유형	맞힌 개수	틀린 문제 번호	풀지 못한 문제 번호
세부 내용 파악	/6		
중심 내용 파악	/2		
빈칸삽입	/3		
문단배열	/0		
사례 유추	/4		
진술추론	/7		
논증의 타당성	/1		
논리추론	/2		
TOTAL	/25		

상황판단

유형	맞힌 개수	틀린 문제 번호	풀지 못한 문제 번호
법·규정의 적용	/7		
세부 내용 파악	/2		
문제해결	/13		
논리퍼즐	/3		
TOTAL	/25		

자료해석

유형	맞힌 개수	틀린 문제 번호	풀지 못한 문제 번호
자료이해	/16		
자료논리	/7		
자료변환	/2		
TOTAL	/25		

해설

언어논리

1 세부 내용 파악

정답 ②

정답 체크 2문단에서 순검군은 전문적인 치안 조직임을 알 수 있고, 순검군 설치는 도성을 방위하고 국왕을 지키는 군대의 기능과 도성의 치안 유지를 위한 경찰의 기능이 분리되고 전문화됨을 의미한다. 따라서 순검군 설치 이후에도 도성의 여러 성문을 방어하는 역할을 했던 위숙군의 임무는 유지되었음을 알 수 있다.

오답 체크
① 개경이 고려의 다른 어떤 지역보다 범죄 행위가 많이 발생했는지의 여부는 제시문을 통해 확인할 수 없다.
③ 3문단에서 정부가 급한 공무나 질병, 출생 등의 부득이한 경우에만 사전 신고를 받고 야간에 통행할 수 있도록 했음을 알 수 있으나 이 신고를 '검점군'에게 해야 했는지의 여부는 제시문을 통해 확인할 수 없다.
④ 2문단에서 순검군은 전문적인 치안 조직임을 알 수 있으므로 군대의 기능에 해당되는 성문 방어에 투입된 것으로 볼 수 없다.
⑤ 1문단에서 세 군사 조직이 본연의 업무뿐만 아니라 도성 안의 치안 활동을 담당했음을 알 수 있으나 2문단에서 순검군 조직 이후 군대의 기능과 경찰의 기능이 분리되었음을 확인할 수 있다. 따라서 순검군의 설치 이후 간수군을 비롯한 개경의 세 군사 조직은 군대의 기능과 경찰의 기능을 모두 수행한 것으로 볼 수 없다.

고득점자의 빠른 문제 풀이 Tip

일치 문제는 제시문의 특정 부분과의 일치 여부만이 아니라 제시문의 여러 단락에 걸친 정보와의 일치 여부도 확인해야 하므로 제시문의 전체적 흐름과 맥락을 독해할 수 있어야 합니다.

2 세부 내용 파악

정답 ①

정답 체크 2문단에서 윤관이 여진과의 전투를 통해 여진 지역에 동북 9성을 쌓았음을 알 수 있고, 3문단에서 이를 되찾기 위해 계속 공격하는 여진과의 전투가 거듭되면서 병사의 희생과 물자 소비가 증가하자 여진의 강화 요청을 받아들였음을 확인할 수 있다.

오답 체크
② 3문단에서 오연총은 동북 9성에 대한 방비를 강화하기 위해 파견한 인물임을 알 수 있을 뿐, 그가 웅주에 있던 윤관을 구출했는지의 여부는 알 수 없다.
③ 2문단에서 윤관은 가한촌에서 매복하고 있던 여진에게 기습을 당했으나 척준경의 분전 덕분에 영주로 탈출한 것이지 가한촌에 동북 9성을 완성한 것은 아니다.
④ 2문단에서 척준경은 가한촌에서 위기에 처한 윤관을 보고 10여 명의 결사대를 이끌고 분전하여 윤관이 영주로 탈출할 수 있는 계기를 만들어 주었음을 알 수 있을 뿐, 고려군을 이끌고 길주로 후퇴한 것은 아니다.
⑤ 1문단에서 숙종 9년에 별무반이 창설되었고, 별무반에는 신기군과 신보군, 경궁군이 있었음을 알 수 있으므로, 이들이 예종에 즉위하고 다음 해에 창설된 것은 아니다.

고득점자의 빠른 문제 풀이 Tip

제시문의 내용과 부합하는 내용은 제시문을 통해 확인할 수 있으면서 제시문의 내용과 일치하는 것이어야 합니다. 제시문의 내용을 자의적으로 해석하거나 상상해서는 안 됩니다.

3 중심 내용 파악

정답 ②

정답 체크 제시문은 우리의 먹는 행위가 인간과 비인간에 대한 우리의 태도를 드러냄으로써 관계망의 형성이나 유지 혹은 변화에 기여하게 되므로 먹거리의 생산뿐만 아니라 먹거리의 소비에도 윤리적 책임을 져야 함을 강조하고 있다.

오답 체크
① 제시문에서는 '먹는 행위'에 대한 윤리적 반성을 강조하고 있을 뿐, 육식을 지양할 것을 주장하는 것은 아니다.
③ 2문단에서 먹는 행위를 개인적 경험의 차원으로 축소하는 모습을 비판하며 3, 4문단에서 먹는 행위를 윤리적 반성의 대상으로 삼아야 함을 강조하고 있다.
④ 3문단에서 먹는 행위가 비인간 존재와 인간 사이의 관계를 만들어 냄을 제시하고 있으나 제시문은 이를 통해 먹는 행위가 윤리적 반성의 대상이 되어야 함을 강조하고 있다.
⑤ 제시문에서는 먹는 행위를 평가할 때 소비자와 생산자 중 누구의 윤리적 책임을 더 고려해야 하는가에 대해서 확인할 수 없다.

4 중심 내용 파악

정답 ③

정답 체크 제시문에서는 지역문화콘텐츠의 역할을 강조하면서 그간에 새로운 콘텐츠 발굴 및 제작에만 주력해 온 현실에서 벗어나 향유자에 의한 콘텐츠의 공유와 확산이 활발하게 이루어지고, 향유자가 콘텐츠의 소비, 매개, 재생산의 주체가 되는 향유를 위한 방안 개발을 강조하고 있다.

오답 체크
① 제시문에서는 지역문화콘텐츠 정책과 사업 방향을 비판하며 향유자 중심의 콘텐츠 개발을 강조하고 있을 뿐, 중앙정부와 지방자치단체의 협력을 통한 지역문화콘텐츠의 경쟁력 강화를 주장하고 있는 것은 아니다.
② 제시문에서는 그간에 새로운 콘텐츠의 발굴과 제작에만 주력해 온 현실을 비판하고 있다.
④ 제시문에서는 향유자가 콘텐츠의 소비, 매개, 재생산의 주체가 되는 향유를 위한 방안 개발을 강조하고 있을 뿐, 향유자 스스로 콘텐츠의 소비, 매개, 재생산의 주체임을 인식할 것을 요구하고 있는 것은 아니다.
⑤ 제시문에서는 지역문화콘텐츠의 정책과 사업 방향의 변화를 강조하고 있을 뿐, 중앙정부의 경제적 지원의 필요성을 제시하고 있는 것은 아니다.

5 세부 내용 파악

정답 ③

정답 체크 4문단에서 갈등영향분석서는 해당 사업을 수행하는 기관장 주관으로 갈등관리심의위원회의 자문을 거쳐 해당 사업과 관련된 주요 이해당사자들이 중립적이라고 인정하는 전문가가 갈등영향분석서를 작성해야 함을 확인할 수 있으므로, '정부'가 주관하여 중립적 전문가의 자문하에 해당 기관장이 작성해야 하는 것은 아님을 알 수 있다.

오답 체크

① 2문단에서 사업을 수행하는 기관장은 예비타당성조사 실시 기준인 총사업비를 판단지표로 활용하여 갈등영향분석의 실시 여부를 판단해야 함을 확인할 수 있으므로 정부가 갈등영향분석 실시 여부를 판단할 때 예비타당성 조사 실시 기준인 총사업비를 판단지표로 활용한다는 것은 제시문의 내용과 부합한다.

② 3문단에서 사업을 수행하는 기관장은 대상 시설이 기피 시설인지의 여부를 판단할 때 단독으로 판단하지 말고 지역 주민 관점에서 검토할 수 있도록 민간 갈등관리전문가 등의 자문을 거쳐야 함을 확인할 수 있으므로, 기피 시설 여부를 판단할 때 해당 사업을 수행하는 기관장이 별도의 절차 없이 단독으로 판단해서는 안 된다는 것은 제시문의 내용과 부합한다.

④ 4문단에서 갈등영향분석서는 반드시 모든 이해당사자들의 회람 후에 해당 기관장에게 보고되고 갈등관리심의위원회에서 심의되어야 함을 확인할 수 있으므로, 갈등영향 분석서를 작성한 후에는 이해당사자가 회람하는 절차가 있어야 한다는 것은 제시문의 내용과 부합한다.

⑤ 4문단에서 갈등영향분석을 시행하기로 결정했다면, 해당 사업을 수행하는 기관장 주관으로 갈등관리심의위원회의 자문을 거쳐야 함을 확인할 수 있으므로 갈등관리심의위원회는 갈등영향분석 실시 여부의 판단에 관여할 수 있다는 것은 제시문의 내용과 부합한다.

6 세부 내용 파악

정답 ③

정답 체크

4문단에서 3단계 지원은 복합요인 기초학력 부진학생 중 주의력결핍 과잉행동장애 또는 난독증 등의 문제로 학습에 어려움을 겪는 학생을 대상으로 이루어지며 의료지원단의 도움을 받을 수 있음을 확인할 수 있으므로 제시문을 통해 알 수 있는 내용이다.

오답 체크

① 4문단에서 3단계 지원이 복합요인 기초학력 부진학생 중 주의력결핍 과잉행동장애 또는 난독증 등의 문제로 학습에 어려움을 겪는 학생을 대상으로 ○○시 학습종합클리닉센터에서 이루어진다는 것을 알 수 있을 뿐, 몇 곳이 설치되어 있는지의 여부는 확인할 수 없다.

② 3문단에서 기초학력 부진판정을 받은 학생 중 복합적인 요인으로 어려움을 겪는 것으로 판정된 학생인 복합요인 기초학력 부진학생을 대상으로 학습멘토 프로그램을 운영한다는 것을 알 수 있으므로 기초학력 부진학생으로 판정된 학생은 학습멘토 프로그램에 참여할 수 없다는 ②번 선택지는 제시문과 일치하지 않는다.

④ 3문단에서 학습멘토 프로그램에 참여하는 지원인력이 ○○시의 인증을 받은 학습상담사라는 것을 알 수 있을 뿐, 3문단과 4문단의 학습멘토 프로그램 및 전문학습 프로그램이 ○○시의 인증을 받지 않아도 되는지의 여부는 알 수 없다.

⑤ 4문단에서 복합요인 기초학력 부진학생 중 난독증 등의 문제로 학습에 어려움을 겪는 학생들을 대상에게 3단계 지원이 이루어진다는 것을 알 수 있으나 이들이 기초학력 부진 판정을 받지 않았더라도 ○○시 학습종합클리닉센터에서 운영하는 프로그램에 참여할 수 있는지의 여부는 알 수 없다.

고득점자의 빠른 문제 풀이 Tip

제시문을 통해 알 수 있는 내용은 제시문에서 확인 가능하고 동시에 제시문의 내용과 일치하는 내용이므로 제시문을 자의적으로 해석하는 것은 금물입니다.

7 사례 유추

정답 ④

정답 체크

대화에서는 안내문의 청구 방법과 관련하여 연락처 정보만으로는 부족하며, 보험금 청구에 필요한 대표적인 서류들을 제시할 것을 제안하고 있으므로 연락처 정보만 제시하고 있는 ④번 선택지는 ㉠에 따라 <안내>를 수정한 것으로 적절하지 않다.

오답 체크

① '을'의 대화에서 가입대상을 'A시에 주민으로 등록한 사람'이라는 점을 명확하게 드러낼 것을 제안하고 있으므로 적절하다.

② '정'의 대화에서 보험기간뿐만 아니라 청구 기간에 대한 정보를 추가할 것을 제안하고 있으므로 적절하다.

③ '병'의 대화에서 기존 8종에서 새롭게 추가된 개 물림 사고와 사회 재난 사망사고를 함께 안내할 것을 제안하고 있으므로 적절하다.

⑤ '갑'의 두 번째 대화에서 누리집뿐만 아니라 코리아톡 앱을 통해서도 A시 시민안전보험에 관한 정보를 확인이 가능함을 안내할 계획을 밝히고 있으므로 적절하다.

8 사례 유추

정답 ②

정답 체크

'병'은 대화에서 통해 개인형 이동장치의 경음기 부착 여부가 사고 발생 확률에 유의미한 영향을 미친다는 주장을 하고 있으므로 경음기가 부착된 개인형 이동장치 1대당 평균 사고 발생 건수와 경음기가 부착되지 않은 개인형 이동장치 1대당 평균 사고 발생 건수에 해당하는 자료는 병의 의견을 검증하기에 적절하다.

오답 체크

ㄱ. '을'의 대화에서 원동기 면허가 없는 사람들도 개인형 이동장치를 이용할 수 있다는 언급을 확인할 수 있으나 연령에 따른 차이를 제시한 것은 아니므로 미성년자 중 원동기 면허 취득 비율과 19세 이상 성인 중 원동기 면허 취득 비율 관련 자료는 ㉠으로 보기 어렵다.

ㄷ. 갑, 을, 병, 정 모두 개인형 이동장치 등록 대수와 관련한 문제점을 언급하고 있지 않으므로 개인형 이동장치 등록 대수가 가장 많은 지역의 개인형 이동장치 사고 발생 건수와 개인형 이동장치 등록 대수가 가장 적은 지역의 개인형 이동장치 사고 발생 건수 관련 자료는 ㉠으로 보기 어렵다.

고득점자의 빠른 문제 풀이 Tip

추가적으로 필요한 자료 역시 제시문에서 언급된 내용에 관한 것이어야 하므로 자료의 필요성 여부를 자의적으로 고려해서는 안 됩니다.

9 빈칸삽입

정답 ④

정답 체크

갑이 말한 국가의 행복 정도는 국민 개인의 삶의 질 수치를 모두 더한 값이다. 그런데 (가)와 (나)에는 행복한 국가라면 그 국가 대다수의 국민이 높은 삶의 질을 누리고 있다고 보는 일반적인 직관과 갑의 주장이 충돌하는 경우를 제시해야 한다. 따라서 갑에 의하면 행복한 국가임에도 불구하고, 즉 국민들의 삶의 질 수치를 모두 더한 값이 상대적으로 큼에도 불구하고 실제로는 국민들이 높은 삶의 질을 누리지 못하는 경우를 들 수 있다. 그러므로 B국의 행복 정도가 A국의 행복 정도보다 크지만 B국에서 가장 높은 삶의 질을 지닌 국민이 A국에서 가장 낮은 삶의 질을 지닌 국민보다 삶의 질 수치가 낮은 경우, B국이 A국보다 더 행복한 국가라고 말해야 한다는 내용을 통해 갑의 주장을 비판할 수 있다.

10 빈칸삽입

정답 ④

정답 체크 제시문의 맥락에 따라 (가)에는 주관적 심리상태만으로는 충분하지 않고 그런 심리상태를 뒷받침하는 객관적 조건이 반드시 갖춰져 있어야 하는 경우, (나)에는 주관적 심리상태가 행복의 필수조건인 경우가 제시되어야 한다. 따라서 (가)에는 ㄴ. '자신이 행복하다고 느끼고 있으면서도 행복하지 않은 경우가 있을 수 있다.', (나)에는 ㄷ. '자신이 행복하지 않다고 느끼고 있으면서도 행복한 경우란 있을 수 없다.'가 들어가는 것이 적절하다.

11 진술추론

정답 ①

정답 체크 ㄱ. 제시문에서 약 투여 이외의 다른 요인이 개입되지 않았다는 점이 보장될 경우, 항생제 투여 이후 증상이 치유될 확률이 높아지면 긍정적 효과가, 반대로 확률이 낮아지면 부정적 효과가 있음을 확인할 수 있다. 따라서 투여된 약이 증상의 치유에 어떠한 효과도 없다는 것을 보이기 위해서는 약을 투여하더라도 증상이 치유될 확률에 변화가 없을 뿐 아니라 약의 투여 이외의 다른 요인이 개입되지 않았다는 것이 밝혀져야 한다는 것은 적절한 추론이다.

오답 체크 ㄴ. 투여된 약이 증상의 치유에 긍정적인 효과가 있다는 것을 보이기 위해서는 증상이 치유될 확률이 약의 투여 이전보다 이후에 더 높아지는 것을 보여야 하며 추가로 약 투여 이외의 다른 요인이 개입하지 않았다는 점이 보장되어야 하므로 적절한 추론으로 볼 수 없다.

ㄷ. 투여된 약이 증상의 치유에 긍정적인 효과가 없다는 것을 보이기 위해서는 약 투여 이외의 다른 요인이 개입되지 않았다는 전제하에 증상이 치유될 확률에 변화가 없거나 확률이 낮아지는 것을 보여야 하므로 적절한 추론으로 볼 수 없다.

12 진술추론

정답 ④

정답 체크 ㄴ. 병은 인공지능 로봇에게 의식이 있을 수도 있겠지만 인간의 필요에 의해서 만든 도구적 존재에게 도구적 지위를 부여하는 것에 반대하고 있으므로 '인공지능 로봇에게 의식이 있어도 도덕적 지위를 부여할 수 없다고 생각하는 사람이 있다.'라는 것은 적절한 분석이다.

ㄷ. 을은 갑과 마찬가지로 로봇에게 의식이 있다면 인공지능 로봇도 도덕적 지위를 갖는다고 생각하지만 로봇은 기계이므로 의식을 가질 수 없어 도덕적 지위를 부여할 수 없다고 주장한다. 따라서 인공지능 로봇에게 실제로 의식이 있다고 밝혀진다면 을은 인공지능 로봇에게 도덕적 지위를 부여할 것이므로 '인공지능 로봇에게 실제로 의식이 있다고 밝혀진다면, 네 명 중 한 명은 인공지능 로봇에게 도덕적 지위를 부여해야 하는가에 대한 입장을 바꿔야 한다.'라는 것은 적절한 분석이다.

오답 체크 ㄱ. 을은 로봇이 기계이므로 의식을 갖는 것이 가능하지 않다고 했으나 정은 로봇이 의식을 갖는지 갖지 않는지 상관없다고 했을 뿐 로봇이 의식을 갖지 않는다고 말하지는 않았으므로 '을과 정은 인공지능 로봇에게는 의식이 없다고 생각한다.'라는 것은 적절하지 않은 분석이다.

13 사례 유추

정답 ①

정답 체크 ㄱ. 예비전력이 50만kW일 때는 심각단계에 해당하므로 공공기관의 실내조명을 완전소등해야 하며, 예비전력이 180만kW일 때는 경계단계이므로 필수기기를 제외한 모든 사무기기 전원을 차단해야 한다. 또한 각 단계별 조치사항에는 그 전 위기단계까지의 조치사항이 포함되어야 하므로 경계단계 전 단계인 주의단계에 해당하는 50% 이상 소등도 이루어져야 한다.

오답 체크 ㄴ. 공공기관 냉방 온도는 25℃ 이상으로 설정해야 하므로 예비전력량, 취약계층 보호시설 여부와 무관하게 24℃로 설정할 수는 없다.

ㄷ. 장애인 승강기는 전력수급 위기단계와 관계없이 상시 가동해야 하므로 승강기 취약계층 보호시설 해당 여부에 따라 가동이 결정되는 것은 아니다.

고득점자의 빠른 문제 풀이 Tip

추론문제라 하더라도 주어진 정보와의 일치 여부를 정확하게 확인해야 하며 상황이나 조건을 가정하는 것은 적절하지 않습니다.

14 논증의 타당성

정답 ③

정답 체크 공직 자세 교육과정을 '공직', 리더십 교육과정을 '리더십', 글로벌 교육과정을 '글로벌', 직무 교육과정을 '직무', 전문성 교육과정을 '전문성'으로 표시하고, P or Q와 PX → QO는 논리적으로 동일한 명제이므로 P or Q 형태의 명제를 PX → QO 형태로 변환하여 제시된 내용을 정리하면 다음과 같다.

1. 공직O → 리더십O
2. 글로벌O → 직무O
3. 글로벌O → 전문성O
4. 리더십O → 전문성X

ㄱ. 공직X or 글로벌X ≡ 공직O → 글로벌X인데 1번 명제와 4번 명제와 3번 명제를 순서대로 연결하면 도출이 가능하므로 반드시 참이다.

ㄴ. 직무X → 글로벌X인데 이는 2번 명제의 대우이므로 반드시 참이다.

오답 체크 ㄷ. 공직X인데 공직X로 단정할 수 있는 명제는 존재하지 않으므로 반드시 참이라고 할 수는 없다.

고득점자의 빠른 문제 풀이 Tip

여러 조건 명제와 하나의 선언명제가 제시되어 있는데, P or Q와 PX → QO는 동일한 명제임을 이용하여 모든 명제를 조건명제로 나타낸 후 대우를 이용하여 문제를 해결하는 것이 좋습니다.

15 논리추론

정답 ⑤

정답 체크 제시된 내용을 정리하면 다음과 같다.

1. 모든 월요일에 참석한 위원은 수요일에 참석한 위원이다.
2. 모든 화요일에 참석한 위원은 수요일에 참석한 위원이 아니다.
3. 어떤 수요일에 참석한 위원은 목요일에 참석한 위원이다.

첫 번째 명제에서 월요일은 수요일에 포함되므로 다음과 같은 그림을 그려 나머지 요일과의 상관관계를 정리해 보자.

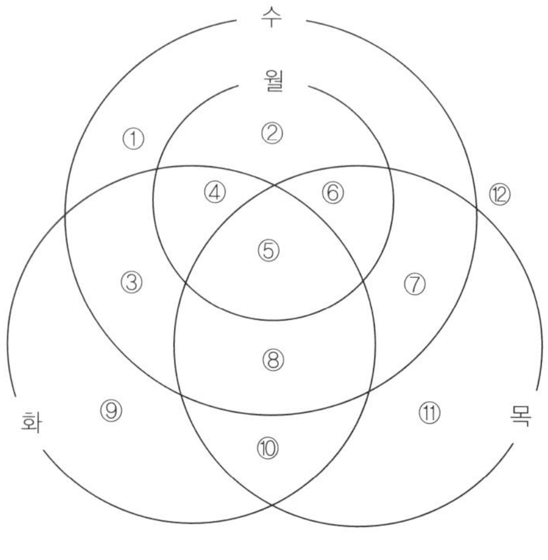

첫 번째 명제는 월요일이 수요일의 안에 포함된 형태로 이미 그림에 표시가 되어 있고, 두 번째 명제는 화요일에 참석한 인원 가운데 수요일에 참석한 인원은 없다는 것이므로 3, 4, 5, 8번 영역이 존재하지 않는다는 의미이며 세 번째 명제는 수요일에 참석한 인원 가운데 목요일에 참석한 인원이 존재한다는 의미이므로 두 번째 명제에서 삭제된 5, 8번 영역을 제외한 6, 7번 영역 가운데 최소 한 영역이 존재한다는 의미이다. 삭제된 부분을 빗금으로 표시하고 최소 한 영역이 존재한다는 것을 ⓥ를 연결하여 표시하면 다음과 같다.

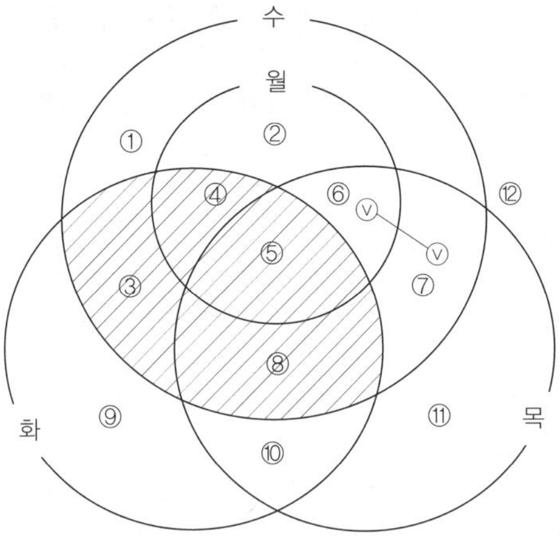

여기서 갑이 새롭게 입수한 정보를 포함하여 알 수 있는 것은 월요일에는 참석하지 않았지만 목요일에는 참석한 시험위원이 적어도 한 사람은 있다는 것인데 이는 7, 8, 10, 11번 영역 가운데 최소 한 군데가 존재한다는 의미이다. 따라서 각 선택지가 어떤 부분에 어떤 표시를 하라는 것인지, 그리고 그 표시를 추가했을 때 7, 8, 10, 11번 영역 가운데 최소 한 영역이 존재한다는 그림이 그려지는 것인지를 살펴봐야 한다.

이때 5번 선택지에서 말한 월요일에 참석한 시험위원 중에는 목요일에 참석한 시험위원은 없다는 것은 월요일에 참석한 위원이면서 목요일에 참석한 시험위원인 5, 6번 영역이 없다는 의미인데 이를 그림에 추가하면 다음과 같은 그림이 그려진다.

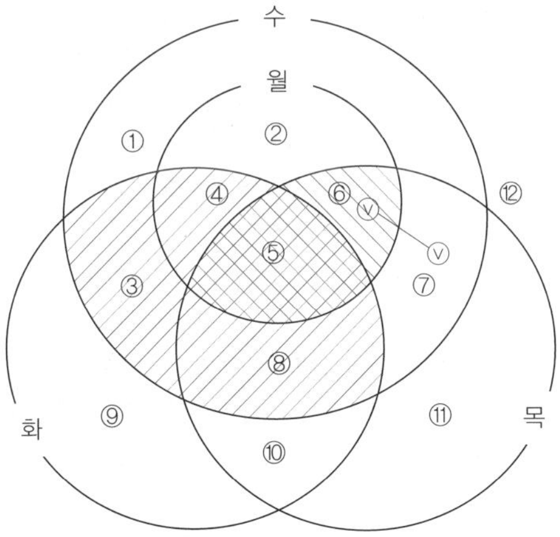

이에 의하면 7번 영역이 반드시 존재한다는 것을 알 수 있기 때문에 5번 선택지가 추가되면 "월요일에는 참석하지 않았지만 목요일에는 참석한 시험위원이 적어도 한 사람은 있다."라는 결론을 도출할 수 있게 된다.

오답 체크

① 월요일에 참석하지 않은 시험위원이 적어도 한 사람은 있다는 것은 월요일에 참석하지 않은 위원인 1, 3, 7, 8, 9, 10, 11, 12번 영역 가운데 최소 한 군데가 존재한다는 의미인데 이 정보가 추가된다고 하더라도 7, 8, 10, 11번 영역 가운데 최소 한 군데가 반드시 존재한다는 결론이 도출된다고 보장할 수 없다.

② 화요일에 참석하지 않은 시험위원이 적어도 한 사람은 있다는 것은 화요일에 참석하지 않은 위원인 1, 2, 6, 7, 11, 12번 영역 가운데 최소 한 군데가 존재한다는 의미인데 이 정보가 추가된다고 하더라도 7, 8, 10, 11번 영역 가운데 최소 한 군데가 반드시 존재한다는 결론이 도출된다고 보장할 수 없다.

③ 수요일에 참석한 시험위원 중 적어도 한 사람은 목요일에 참석하지 않았다는 것은 수요일에 참석한 위원 가운데 목요일에 참석하지 않은 인원이 존재한다는 것이고 이는 1, 2, 3, 4번 영역 가운데 최소 한 군데가 존재한다는 의미인데 이 정보가 추가된다고 하더라도 7, 8, 10, 11번 영역 가운데 최소 한 군데가 반드시 존재한다고 보장할 수 없다.

④ 목요일에는 참석하지 않았지만 월요일에는 참석한 시험위원이 적어도 한 사람은 있다는 것은 목요일에 참석하지 않은 위원 가운데 월요일에 참석한 시험위원이 존재한다는 의미이고 이는 2, 4번 영역 가운데 최소 한군데가 존재한다는 의미인데 이 정보가 추가된다고 하더라도 7, 8, 10, 11번 영역 가운데 최소 한 군데가 반드시 존재한다는 결론이 도출된다고 보장할 수 없다.

16 논리추론

정답 ⑤

정답 체크

5명의 대표자를 편의상 갑, 을, 병, 정, 무로 지칭하고 이들이 A, B, C, D 정책을 찬성하는지 여부를 정리하기 위해 표를 이용해 보자. 이때 첫 번째 정보에서 A에 찬성하는 대표자는 2명이고 두 번째 정보에서 A에 찬성하는 대표자는 모두 B에 찬성한다고 하였으므로 A에 찬성하는 대표자를 갑, 을로 놓고 이 둘이 모두 B도 찬성한다는 내용을 정리하면 다음과 같다.

구분	갑	을	병	정	무
A	O	O	X	X	X
B	O	O			
C					
D					

네 번째 정보에서 B와 D에 모두 찬성하는 대표자는 아무도 없다고 하였으므로 갑, 을은 D에는 반대함을 알 수 있다. 한편 다섯 번째 정보에서 D에 찬성하는 대표자는 2명이라고 하였으므로 이 둘을 병, 정으로 놓고 내용을 정리하면 다음과 같다.

구분	갑	을	병	정	무
A	O	O	X	X	X
B	O	O			
C					
D	X	X	O	O	X

네 번째 정보에서 B와 D에 모두 찬성하는 대표자는 아무도 없다고 하였으므로 병, 정은 B에 반대할 것이다. 그런데 세 번째 정보에서 B에 찬성하는 대표자 중에 C에 찬성하는 사람과 반대하는 사람은 동수라고 하였으므로 B에 찬성하는 대표자의 수는 짝수임을 알 수 있는데 갑, 을은 찬성하고 병, 정은 반대하므로 B에 찬성하는 사람은 2명만 가능하고 무는 B에 반대한다는 것을 알 수 있다. 이를 정리하면 다음과 같다.

구분	갑	을	병	정	무
A	O	O	X	X	X
B	O	O	X	X	X
C					
D	X	X	O	O	X

문제에서 각자 하나 이상의 정책에 찬성하고 하나 이상의 정책에 반대한다고 하였으므로 무는 C를 찬성한다. 그리고 여섯 번째 정보에서 D에 찬성하는 대표자는 모두 C에 찬성한다고 하였으므로 병, 정은 모두 C에 찬성한다. 한편 세 번째 정보에서 B에 찬성하는 대표자 중에 C에 찬성하는 사람과 반대하는 사람은 동수라고 하였으므로 갑과 을 중 한 명은 찬성이고 한 명은 반대임을 알 수 있다. 이를 정리하면 다음과 같다.

구분	갑	을	병	정	무
A	O	O	X	X	X
B	O	O	X	X	X
C	O: 1명, X: 1명		O	O	O
D	X	X	O	O	X

이를 토대로 보기를 살펴보자.

ㄱ. 무는 3개 정책에 반대하므로 3개 정책에 반대하는 대표자가 있음을 알 수 있다.

ㄴ. B에 찬성하는 대표자는 갑, 을 2명임을 알 수 있다.

ㄷ. C에 찬성하는 대표자는 4명인데 A가 2명, B가 2명, D도 2명이므로 C에 찬성하는 대표자가 가장 많음을 알 수 있다.

17 사례 유추

정답 ④

정답 체크

ㄴ. 2문단에 의하면 물질 A가 비활성화된 효소 B에 작용해서 B를 활성상태로 바꾸고 활성화된 효소 B는 자궁 근육 안에서 물질 C가 만들어지도록 하여 C가 일정 수준의 농도에 이르면 자궁 근육을 수축하게 하여 출산이 일어남을 알 수 있다. 따라서 ㄴ과 같이 임신 초기부터 효소 B가 모두 제거된 상태로 유지된 암쥐는 출산 시기가 되어도 자궁 근육의 수축이 일어나지 않는다는 추론은 적절하다.

ㄷ. 2문단에서 물질 C는 효소 B가 없으면 만들어지지 않는다는 것을 알 수 있지만, ㄷ과 같이 출산을 며칠 앞둔 암쥐의 자궁근육에 물질 C를 주입하여 물질 C가 일정 수준의 농도에 이르게 되면 출산이 유도된다는 추론은 적절하다.

오답 체크

ㄱ. 1문단에서 폐포가 정상적으로 기능을 발휘하려면 충분한 양의 계면활성제가 필요하다는 것을 알 수 있고, 2문단에서 임신한 쥐의 출산 일이 다가오면 쥐의 태아 폐포에서는 계면활성제가 분비되고 이 중 일부가 휴면상태의 대식세포를 활성화하여 물질 A를 분비하게 하는 것을 확인할 수 있다. 그러나 ㄱ과 같이 태아 시기 쥐의 폐포에서 물질 A가 충분히 발견되지 않는다면 그 쥐의 폐는 정상적으로 기능을 발휘할 수 없는지의 여부는 제시문을 통해 확인할 수 없으므로 적절하지 않은 추론이다.

18 세부 내용 파악

정답 ②

정답 체크

제시문에서 초기 형태의 수경을 쓰면 체내 압력이 수경 내압보다 커서 결막 출혈이 발생하는 반면 '큰눈'을 쓰면 잠수 시 수압에 의하여 폐가 압축되어 수압과 수경 내압이 같아질 때까지 폐의 공기가 기도와 비강을 거쳐 수경 내로 들어오기 때문에 잠수 시 결막 출혈이 일어나지 않는다는 것을 확인할 수 있다. 그러나 이를 통해 초기 형태의 수경과 큰눈의 수경 내압 정도를 비교할 수는 없으므로 적절하지 않다.

오답 체크

① 1문단에서 수경을 쓰면 빛이 공기에서 각막으로 굴절되어 망막에 들어오므로 상이 망막에 선명하게 맺혀서 물체를 뚜렷하게 볼 수 있다는 것과, 3문단에서 '부글래기'는 수경이라는 것을 알 수 있으므로 부글래기를 쓰고 잠수하면 빛이 공기에서 각막으로 굴절되어 망막에 들어와 물체를 뚜렷하게 볼 수 있다는 추론은 적절하다.

③ 3문단에서 수경 '부글래기'를 쓰면 잠수 시 결막출혈을 방지할 수 있고, 모슬포 지역의 해녀들이 부글래기를 사용한 적이 있다는 것을 알 수 있으므로 잠수 시 결막출혈을 방지할 수 있는 수경이 모슬포 지역에서 사용된 적이 있다는 추론은 적절하다.

④ 4문단에서 '왕눈'을 쓰면 잠수 시 수압에 의해 폐가 압축되어 수압과 수경 내압이 같아질 때까지 폐의 공기가 기도와 비강을 거쳐 수경 내로 들어온다는 것을 알 수 있으므로 왕눈을 쓰고 잠수하면 수경 내압과 체내 압력이 같아진다는 추론은 적절하다.

⑤ 2문단에서 잠수를 하면 몸은 물의 압력인 수압을 받게 되고 수압은 잠수 깊이가 깊어질수록 커진다는 것을 알 수 있으므로 체내 압력은 잠수하기 전보다 잠수했을 때가 더 크다는 추론은 적절하다.

19 세부 내용 파악

정답 ④

정답 체크

1문단에서 내부 양자효율은 불순물 함유율에 의해서만 결정되고 불순물 함유율이 낮을수록 내부 양자효율은 높아진다는 것과 2문단에서 외부 양자효율은 X의 굴절률에 의해서만 결정되고 굴절률이 클수록 외부 양자효율은 낮아진다는 것을 알 수 있다. 또한 같은 개수의 정공-전자 쌍이 주입될 경우 X에서 방출되는 광자의 개수는 외부 양자효율과 내부 양자효율을 곱한 값이 클수록 많아진다는 것을 알 수 있다. <실험>에서는 A와 B의 굴절률이 같지만 C보다는 작고, 방출되는 광자의 개수는 A가 가장 많았고 B와 C는 같은 결과가 발생했다. 따라서 굴절률이 같은 A와 B 중 광자의 개수에서 A가 많은 상황이 발생한 것이므로 B보다 A가 내부 양자효율이 높다는 것을 알 수 있고, 가장 높은 굴절률을 보였던 C가 B와 같은 광자 개수가 방출된 것으로 보아 C보다 B가 내부 양자효율이 높다는 것을 알 수 있다.

20 진술추론

정답 ⑤

정답 체크

ㄱ. 3문단에서 화석학적 증거에 따르면 침팬지와 사람의 분기 시점이 약 550만 년 전이므로 침팬지 이와 사람 머릿니 사이의 염기서열 차이는 550만 년 동안 누적된 변화로 볼 수 있음을 제시하고 있다. 이는 염기서열의 변화가 일정한 속도로 축적되었다는 것을 전제하는 내용이므로 '염기서열의 변화가 일정한 속도로 축적되는 것이 사실이라면 이 논증은 강화된다.'라는 평가는 적절하다.

ㄴ. 3문단을 보면 사람 몸니와 사람 머릿니의 분기 시점을 추정하기 위해 침팬지 이와 사람 머릿니의 염기서열을 비교하여 두 종 간의 염기서열에 차이가 나는 비율을 산출하는 방식을 쓰고 있다. 이는 침팬지와 사람이 공통 조상에서 분기되면서 침팬지 이와 사람 머릿니도 공통조상에서 분기되었다는 것을 전제하는 것이므로 '침팬지 이와 사람 머릿니 염기서열의 차이가 사람 몸니와 사람 머릿니 염기서열의 차이보다 작다면 이 논증은 약화된다.'라는 평가는 적절하다.

ㄷ. 3문단에서 침팬지와 사람의 분기 시점이 약 550만 년 전이라는 전제하에 사람이 옷을 입기 시작한 시점이 12만 년 전후로 추정하고 있다. 따라서 '염기서열 비교를 통해 침팬지와 사람의 분기 시점이 침팬지 이와 사람 머릿니의 분기 시점보다 50만 년 뒤였음이 밝혀진다면 이 논증은 약화된다.'라는 평가는 적절하다.

21 진술추론

정답 ⑤

정답 체크

ㄱ. A는 한 개체로 인한 행복의 증감을 다른 개체로 인한 행복의 증감으로 대체할 수 있다는 대체 가능성 논제를 받아들이고 있으므로 기다리지 않고 임신해서 심각한 건강 문제를 가진 아이를 낳은 을의 행위를 전체 행복을 감소시킨 행위로 판단하여 옳지 않은 것으로 평가할 것이다.

ㄴ. B는 공리주의자이므로 약을 먹지 않아서 심각한 건강 문제를 가진 아이를 낳은 갑의 행위에 대해 대체 가능성 논제의 수용여부와 무관하게 전체 행복을 감소시킨 행위로 판단하여 옳지 않은 것으로 평가할 것이다.

ㄷ. B는 A가 받아들이는 대체 가능성 논제가 존재하지 않는 대상의 고통과 쾌락을 도덕적 판단의 근거로 삼는다는 이유로 A를 비판한다. 따라서 B는 을의 행위에 대한 도적적 평가를 할 때 잉태되지 않은 존재의 쾌락이나 고통을 고려해서는 안 된다는 평가를 할 것이다.

22 진술추론

정답 ③

정답 체크

ㄱ. A는 한 개체로 인한 행복의 증감을 다른 개체로 인한 행복의 증감으로 대체할 수 있다는 대체 가능성 논제를 받아들이고 있으므로 현세대가 어떤 방식을 선택하느냐에 따라 미래세대의 구성원이 달라지므로 현세대는 미래세대가 겪는 고통에 대해 도덕적으로 책임이 없다는 B의 주장을 수용하기 어려운 것이다. 그러나 ㄱ과 같이 미래세대 구성원이 달라질 경우 미래세대가 누릴 행복의 총량이 변한다면 행복의 증감 여부를 판단하는 기준 역시 변하는 것이므로 ㉠은 약화되지 않는다.

ㄷ. 제시문에서는 현세대의 방식으로 인해 미래세대의 고통이 증가되었다면 현세대는 이에 대한 도덕적 책임이 있다는 것이 일반적인 직관임을 알 수 있다. 그러나 B는 이와 같은 일반적인 직관과 다른 주장을 제시하고 있으므로 A는 B의 주장을 수용하기 어려운 것이다. 그런데 일반적이 직관에 반하는 결론이 도출된다 하더라도 그러한 직관이 옳은지의 여부가 별도로 평가되어야 한다면 ㉠은 약화된다.

오답 체크

ㄴ. B는 존재하지 않는 대상의 고통과 쾌락을 도덕적 판단의 근거로 삼으면 안 된다는 주장을 제시하고 A는 이를 수용하기 어려워하고 있다. 이에 대해 아직 현실에서 존재하지 않는다는 이유로 미래세대를 도덕적 고려에서 배제하는 것이 불합리하다는 전제가 생긴다면 이는 존재하지 않는 대상의 고통과 쾌락 또한 도덕적 판단의 근거로 삼을 수 있다는 의미가 되므로 ㉠은 강화된다.

23 진술추론

정답 ①

정답 체크

제시문에서 (가)~(라)의 경우를 정리해 보면 다음과 같다.

구분		신청인이 같은 내용으로 민원이나 국민제안을 제출한 적이 있는지 여부	
		O	X
신청인이 이전에 제출한 민원의 거부 또는 국민제안의 불채택 사유가 근거 법령의 미비나 불명확에 해당하는지의 여부	O	(나), (다)	(라)
	X	(가)	(라)

ㄱ. (가)와 (나)는 같은 내용으로 민원이나 국민제안을 제출한 적이 있다는 점에서 공통적이므로 A에 '신청인이 같은 내용의 민원이나 국민제안을 신청한 적이 있는지 여부'가 들어가면 ㉠, ㉡이 같다는 판단은 적절하다.

오답 체크

ㄴ. (가)는 근거 법령의 미비나 불명확 때문이 아님을 알 수 있지만 (다)는 근거 법령의 미비 때문이므로 ㉠, ㉢이 다르다면 B에 '신청인이 이전에 제출한 민원의 거부 또는 국민제안의 불채택 사유가 근거 법령의 미비나 불명확에 해당하는지의 여부'가 들어간다는 판단은 적절하지 않다.

ㄷ. ㉤과 ㉥이 같다면 (가)와 (나)가 같다는 의미이고 이는 신청인이 같은 내용으로 민원이나 국민제안을 제출한 적이 있다는 의미이다. 그런데 (다)는 신청인이 같은 내용으로 민원이나 국민제안을 제출한 적이 있는 반면, (라)는 해당 사항이 없으므로 ㉦과 ㉧이 같다는 판단은 적절하지 않다.

고득점자의 빠른 문제 풀이 Tip

특정한 기준을 충족하는지의 여부는 특정한 기준이 포함하고 있는 모든 조건에 부합한다는 의미이므로 조건에 대한 이해가 꼼꼼하게 이루어졌는지를 확인해야 합니다.

24 빈칸삽입

정답 ⑤

정답 체크

을의 첫 번째 대화에서 '재난안전법'상 기능연속성계획을 수립하도록 규정된 기관에는 재난관리책임기관인 중앙행정기관·지방자치단체, 그리고 국회·법원·헌법재판소·중앙선거관리위원회가 있고, 재난관리책임기관에는 해당 기관의 장인 장관이나 시·도지사가, 국회·법원·헌법재판소·중앙선거관리위원회에서는 해당 기관의 행정사무를 처리하는 조직의 장이 기능연속성계획을 수립해야 한다는 것을 확인할 수 있다. 또한 을의 세 번째 대화에서도 '지난안전법'상 도의회가 연속성 있게 수행할 필요가 있는 핵심기능이 있는지를 판단할 권한은 해당 지방자치단체의 장에게 있음을 알 수 있다. 따라서 빈칸에는 A도지사의 판단에 따라 A도의회에 관한 기능연속성계획이 수립되어야 하는지의 여부를 결정한다는 내용이 들어가야 한다.

고득점자의 빠른 문제 풀이 Tip

빈칸에 들어갈 말은 빈칸 주변의 정보를 통해 확인해야 합니다. 문장은 결국 내용적인 유사성으로 연결되기 때문에 맥락과 흐름에 맞춰 주변 문장의 내용적 유사성을 확인하는 것이 정확한 정답을 고르는 방법입니다.

25 진술추론

정답 ②

정답 체크

ㄷ. [B시 교복 지원 조례] 제4조에서 지원대상을 B시에 주민등록이 되어 있는 학생으로 한정함으로써 A시에 주민등록을 두고 B시 관내에 있는 고등학교에 입학은 갑은 교복 구입비 지원을 받지 못하는 상황이 발생한다. 따라서 이를 'B시 관내 중·고등학교에 입학하는 학생'으로 개정하면 B시에 주민등록이 되어 있지 않더라도 교복 구입비를 지원받을 수 있다.

오답 체크

ㄱ, ㄴ. [A시 교복 지원 조례]에서는 학교를 A시 관내 중, 고등학교로 한정하고 교복구입비 지원대상을 교복을 입는 학교에 신입생으로 입학하는 1학년 학생과 다른 시, 도 또는 국외에서 제1호의 학교로 전입학하거나 편입학한 학생으로 정하고 있다. 이에 따라 B시에 주민등록을 두고 A시 관내에 있는 고등학교에 신입생으로 입학하는 을은 교복 구입비 지원을 받을 수 있으므로 [A시 교복 지원 조례]는 개정할 필요가 없다.

1 법·규정의 적용

정답 ②

정답 체크 첫 번째 소문 세6호에서 '"월력요항"이란…24절기 등의 자료를 표기한 것으로 달력 제작의 기준이 되는 자료를 말한다.'라고 하였으므로 옳은 내용이다.

오답 체크 ① 첫 번째 조문 제4호에서 "그레고리력"이란 윤년을 포함하는 양력을 말한다고 하였으므로 옳지 않다.

③ 두 번째 조문 제2항에서 윤초의 결정하는 관장하는 국제기구'라는 내용으로부터 윤초를 결정은 과학기술정보통신부장관이 하는 것이 아니라 해당 결정을 관장하는 국제기구에서 한다는 것을 알 수 있다.

④ 두 번째 조문 제1항에서 음력을 병행하여 사용할 수 있다고 하였으므로 옳지 않다.

⑤ 두 번째 조문 제3항에서 매년 6월 말까지 작성해야 하는 것은 그해의 월력요항이 아니라 다음 연도의 월력요항임을 알 수 있다.

2 법·규정의 적용

정답 ①

정답 체크 첫 번째 조문 제1항에서 새로운 법령등은 법령등에 '특별한 규정이 있는 경우를 제외'하고는 그 법령등의 효력 발생 전에 완성되거나 종결된 사실관계 또는 법률관계에 대해서는 적용되지 아니한다고 하였으므로 특별한 규정이 있는 경우에는 그 법령등의 효력 발생 전에 종결된 법률관계에 대해 적용될 수 있음을 알 수 있다.

오답 체크 ② 두 번째 조문에서 무효인 처분은 처음부터 그 효력이 발생하지 아니한다고 하였으므로 그 처분의 효력이 소멸되기 전까지는 유효한 것으로 통용된다는 것은 옳지 않다.

③ 세 번째 조문 제1항에서 '행정청은…전부나 일부를 소급하여 취소할 수 있다'라고 하였으므로 전부를 소급하여 취소할 수는 없다는 내용은 옳지 않다.

④ 첫 번째 조문 제2항에서 당사자의 신청에 따른 처분은 법령등에 특별한 규정이 있거나 처분 당시의 법령등을 적용하기 곤란한 특별한 사정이 있는 경우를 제외하고는 처분 당시의 법령등에 따른다고 하였으므로 당사자의 신청에 따른 처분은 처분 당시의 법령등을 적용하기 곤란한 특별한 사정이 있는 경우에도 처분 당시의 법령등에 따른다는 내용은 옳지 않다.

⑤ 세 번째 조문 제2항 제1호에 의하면 거짓이나 그 밖의 부정한 방법으로 처분을 받은 경우에는 취소로 인해 당사자가 입게 될 불이익과 취소로 달성되는 공익을 비교·형량할 필요가 없음을 알 수 있다.

3 법·규정의 적용

정답 ⑤

정답 체크 마지막 조문 제1항 제1호에서 자율방범대의 명칭을 사용하여 기부금품을 모집하는 행위는 법 위반 행위임을 알 수 있고 첫 번째 조문 제3항에서 경찰서장은 자율방범대원이 이 법을 위반하여 파출소장이 해촉을 요청한 경우에는 해당 자율방범대원을 해촉해야 한다고 되어 있으므로 옳은 내용이다.

오답 체크 ① 첫 번째 조문 제2항에서 자율방범대장이 추천한 사람을 자율방범대원으로 위촉할 수 있는 사람은 경찰서장이라고 되어 있으므로 옳지 않은 내용이다.

② 두 번째 조문 제3항에서 자율방범대원은 경찰과 유사한 복장을 착용해서는 안 된다고 되어 있으므로 옳지 않은 내용이다.

③ 세 번째 조문 제1항 제2호에서 영리목적으로 자율 방범대의 명의를 사용하는 행위를 해서는 안 된다는 내용은 있지만 3년 이하의 징역에 처해지는 행위는 제2호가 아닌 제3호이므로 옳지 않은 내용이다.

④ 두 번째 조문 제2항에서 자율방범대원은 자율방범활동을 하는 때에는 자율방범활동 중임을 표시하는 복장을 착용하고 자율방범대원의 신분을 증명하는 신분증을 소지해야 한다고 하였으므로 옳지 않은 내용이다.

4 법·규정의 적용

정답 ③

정답 체크 세 번째 조문 제2항 제2호에 의하면 허가를 받지 않고 허가 또는 변경허가를 받지 아니하고 사업장을 설치·운영하는 자에 대하여 해당 사업장의 폐쇄를 명할 수 있다고 되어 있으므로 옳은 내용이다.

오답 체크 ① 첫 번째 조문 두 번째 문장에서 허가받은 사항을 변경하는 경우에도 같다고 하였으므로 甲이 사업장 설치의 허가를 받은 경우, 이후 허가받은 사항을 변경하는 때에도 별도의 허가가 필요하다.

② 마지막 조문 제1호에서 허가를 받지 않고 사업장을 설치한 경우에는 7년 이하의 징역 또는 2억 원 이하의 벌금에 처한다고 하였는데 이는 반드시 징역과 벌금 두 가지에 모두 처한다는 뜻은 아니므로 옳지 않다.

④ 두 번째 조문에서 사업장의 설치로 인하여 지역배출허용총량의 범위를 초과하게 되면 이를 허가하여서는 아니 된다고 하였으므로 옳지 않다.

⑤ 세 번째 조문 제1항에서 부정한 방법으로 허가를 받은 자는 환경부장관은 그 허가를 취소할 수 있다고 되어 있으므로 옳지 않다.

5 세부 내용 파악

정답 ④

정답 체크 2문단에서 두유의 응고를 위해 응고제가 필요한데 예전에는 응고제로 간수를 사용했다고 하였으므로 간수는 두유에 함유된 식물성 단백질을 응고시키는 성질이 있다는 것을 알 수 있다.

오답 체크 ① 1문단에서 대두는 벼 베기가 끝나는 10월쯤 수확했다고 하였으므로 50여 년 전에는 5월쯤 그해 수확한 대두로 두부를 만들 수 있었다는 내용은 옳지 않다.

② 2문단에서 두부는 두유를 응고시킨 음식이라고 하였으므로 염화마그네슘으로 응고시키면 두부와 두유가 나온다는 말은 옳지 않다.

③ 1문단에서 맷돌에서 막 갈려 나온 콩비지에는 식물성 단백질에서 나는 묘한 비린내가 나는데 익히면 이 비린내는 없어진다고 하였으므로 익힌 콩비지에서는 식물성 단백질로 인해 비린내가 난다는 것은 옳지 않다.

⑤ 1문단에서 겨울이면 하루 종일 여름이면 반나절 정도 물에 담가둬야 한다고 하였으므로 옳지 않다.

6 문제해결

정답 ①

정답 체크 아기가 처음 먹은 양은 해열시럽과 배즙이 각각 4ml 섞인 8ml의 1/4인 2ml이다. 이 용액의 해열시럽과 배즙의 비율은 1:1이므로 아기가 처음 먹은 2ml 중 해열시럽은 1ml이다.

다음으로 아기가 먹은 양은 남은 용액 6ml와 사과즙 50ml가 섞인 56ml의 절반인 28ml이다. 이 용액의 해열시럽은 남긴 용액에 있던 3ml이므로 56ml의 용액 중 아기가 먹은 절반인 28ml에 있던 것은 해열시럽 1.5ml와 나머지 용액 26.5ml이다.

따라서 아기가 먹은 해열시럽은 첫 번째의 1ml와 두 번째의 1.5ml인데 정량은 4ml이므로 더 먹여야 하는 해열시럽은 1.5ml이다.

고득점자의 빠른 문제 풀이 Tip

이 문제에서 중요한 것은 아기가 먹은 해열제의 양이므로 다른 용액을 얼마나 먹었는지를 고려하지 않고 아기가 먹은 해열제의 양과 각 용액의 먹은 비율만을 고려하는 것이 좋습니다. 이에 의하면 처음에는 전체 용액의 1/4을 먹었으므로 해열제 역시 처음 용액에 있던 해열제 4ml의 1/4인 1ml를 먹었을 것입니다. 다음은 전체 용액의 절반을 먹었으므로 두 번째 용액에 남아있던 해열제 3ml의 절반인 1.5ml를 먹었을 것입니다. 따라서 전체 아기가 먹은 해열제는 2.5ml이고 남은 해열제는 1.5ml임을 알 수 있습니다.

7 문제해결

정답 ⑤

정답체크 각 주차장의 요금을 정리하면 다음과 같다.

구분	기본 1시간 요금(원)	추가 10시간 요금(원)	소계(원)	기타	총합(원)
A	2,000	20,000	22,000	-	22,000
B	경차 전용으로 이용 불가				
C	3,000	35,000	38,000	일 주차 20,000원	20,000
D	5,000	14,000	19,000	-	19,000
E	5,000	16,000 (18시부터 무료이므로 추가요금 8시간)	21,000	저공해 20% 할인	16,800

따라서 가장 주차요금이 가장 저렴한 곳은 E주차장이다.

8 문제해결

정답 ④

정답체크 두 번째 문단에서 근로소득과 사업소득의 합이 5,000만 원 이하인 청년이 가입할 수 있다고 하였는데 戊는 근로소득이 4,000만 원, 사업소득이 1,500만 원으로 5,500만 원이므로 5,000만 원이 넘기에 가입할 수 없다.
다음으로, 직전과세년도에 근로소득과 사업소득이 모두 없는 사람과 직전 2개년도 중 한 번이라도 금융소득 종합과세 대상자였던 사람은 가입할 수 없다고 하였는데 甲은 직전과세년도에 근로소득과 사업소득이 모두 없는 사람이고, 丙은 2022년에 금융소득 종합과세 대상자였으므로 甲과 丙도 제외된다.
한편 청년의 나이는 군복무기간을 제외하고 19~34세여야 하는데 乙은 군복무기간 없이 36세이므로 청년의 나이에 해당하지 않아 가입할 수 없다. 반면 丁은 나이는 35세지만 군복무기간이 2년이므로 2년을 제외하면 33세로 계산되어 청년의 나이에 해당하고 나머지 조건에도 어긋남이 없으므로 가입할 수 있게 된다.

9 세부 내용 파악

정답 ①

정답체크 세 번째 문단에서 EDC는 부향률이 2~5%라고 하였고 EDP의 부향률이 15~20%라고 하였으므로 EDP의 부향률이 EDC의 부향률보다 높다는 것을 알 수 있다.

오답체크
② 두 번째 문단에서 수증기 증류법은 한꺼번에 많은 양을 값싸게 얻을 수 있다는 장점이 있다고 하였으므로 흡수법이 많은 양의 향유를 값싸게 얻을 수 있는 방법이라는 내용은 옳지 않다.
③ 첫 번째 문단에서 오늘날 향수의 대부분은 천연향료와 합성향료를 배합하여 만들어진다고 하였으므로 오늘날 많이 사용되는 향수의 대부분은 식물성 천연향료로 만들어진다는 내용은 옳지 않다.
④ 두 번째 문단에서 원료가 고가이고 향유의 함유량이 적으며 열에 약하고 물에 잘 녹는 경우에는 흡수법이 이용된다고 하였으므로 고가이고 향유의 함유량이 적은 원료에서 향유를 추출하고자 할 때는 흡수법보다는 압착법이 이용된다는 내용은 옳지 않다.
⑤ 마지막 문단에서 EDC는 부향률이 2~5%로 지속시간이 1~2시간, EDT는 부향률이 5~15%로 지속시간이 3~5시간, EDP는 부향률이 15~20%로 5~8시간, Parfum은 부향률이 20~30%로 지속시간이 8~10시간임을 알 수 있는데 이 가운데 EDT가 일반적으로 가장 많이 사용된다고 하였으므로 부향률이 가장 높은 향수가 일반적으로 가장 많이 사용된다는 내용은 옳지 않다.

10 문제해결

정답 ⑤

정답체크 각각이 향수를 뿌린 시각과 향수의 종류를 감안하여 유지시간을 정리하면 다음과 같다.

구분	뿌린 시각	종류	지속시간	유지시간
甲	16:00	EDC	1~2시간	17:00~18:00
乙	9:30	Parfum	8~10시간	17:30~19:30
丙	11:00	EDP	5~8시간	16:00~19:00
丁	14:00	EDT	3~5시간	17:00~19:00
戊	15:00	EDP	5~8시간	20:00~23:00

따라서 가장 늦은 시각까지 향수의 향이 남아 있는 사람은 戊이다.

11 법·규정의 적용

정답 ④

정답체크 세 번째 조문 제4항에 의하면 관리청으로부터 수탁자로 지정받은 자는 위탁받은 관리, 운영업무의 전부 또는 일부를 재위탁하여서는 안 되는데 마지막 조문 제1항 제2호에 의하면 이를 위반하여 위탁받은 관리·운영업무의 전부 또는 일부를 재위탁한 자에게는 500만 원 이하의 과태료를 부과한다고 하였다. 따라서 관리청으로부터 해수욕장 관리·운영업무를 위탁받은 공익법인이 이를 타 기관에 재위탁한 경우, 관리청은 그 공익법인에 대해 300만 원의 과태료를 부과할 수 있다.

오답체크
① 두 번째 조문 제2항에서 관리청은 제1항에도 불구하고 해수욕장의 효율적인 관리·운영을 위하여 필요한 경우 관할 해수욕장 관리·운영업무의 일부를 위탁할 수 있다고 되어 있으므로 전부를 위탁할 수 있다는 내용은 옳지 않다.
② 첫 번째 조문에서 '…해수욕장 이용이나 운영에 상당한 불편을 초래하거나 효율성을 떨어뜨린다고 판단되는 경우에는 그러하지 아니하다.'라고 되어 있으므로 관리청이 해수욕장을 운영함에 있어 그 효율성이 떨어진다고 판단하는 경우에는 물놀이구역과 수상레저구역을 구분하지 않고 관리·운영할 수 있다.
③ 세 번째 조문 제3항에서 관리청이 해수욕장 관리·운영업무를 위탁하려는 경우 지역번영회·어촌계 등 지역공동체 및 공익법인 등을 수탁자로 우선 지정할 수 있다고 하였으므로 지역공동체를 수탁자로 우선 지정할 수 없다는 내용은 옳지 않다.

⑤ 두 번째 조문에서 '…이 경우 관리청은 해수욕장협의회의 의견을 듣고, 미리 관계 행정기관의 장과 협의하여야 한다.'라고 되어 있으므로 해수욕장의 개장기간 및 개장시간을 정함에 있어 해수욕장의 특성이나 여건 등을 고려하는 경우 관계 행정기관의장과 협의할 필요가 없다는 내용은 옳지 않다.

12 법·규정의 적용

정답 ⑤

정답 체크 두 번째 조문 제2항에서 훈련견 평가는 제1호의 기초평가와 제2호의 중간평가가 있음을 알 수 있는데 해당 조문 제3항에서 훈련견 평가 중 어느 하나라도 불합격한 훈련견은 유관기관 등 외부기관으로 관리전환할 수 있다고 하였으므로 기초평가에서 합격했더라도 결격사유가 있어 중간평가에 불합격한 훈련견은 유관기관으로 관리전환할 수 있음을 알 수 있다.

오답 체크
① 첫 번째 조문 제1항에서 '소방청장은 체계적인 구조견 양성·교육훈련 및 보급 등을 위하여 119구조견 교육대를 설치·운영하여야 한다.'라고 하였으므로 구조견 양성 및 교육훈련 등을 위하여 119구조견교육대를 설치하여야 하는 것은 중앙 119구조본부의 장이 아니라 소방청장이다.
② 세 번째 조문에서 '훈련견이 종모견으로 도입되기 위해서는 두 번째 조문 제2항에 따른 훈련견 평가에 모두 합격하여야 하며, 다음 각 호의 요건을 갖추어야 한다.'라고 되어 있으므로 세 번째 조문의 제2호인 생수 20개월 이상에 해당한다고 하더라도 훈련견 평가에 합격하지 못한 경우에는 훈련견 종모견으로 도입될 수 없다.
③ 세 번째 조문 제2호에 의하면 종모견으로 도입되기 위해서는 생후 20개월 이상이어야 하므로 생후 15개월에 종모견으로 도입될 수 있다는 내용은 옳지 않다.
④ 두 번째 조문 제2항 제2호 가목에 의하면 중간평가는 훈련 시작 12개월 이상이어야 한다. 그런데 생후 12개월에 훈련을 시작해 반년이 지난 훈련견은 훈련을 시작한지 6개월이 지났을 뿐이므로 다른 요건이 충족했더라도 중간평가에 합격한 것으로 볼 수 없다.

13 문제해결

정답 ②

정답 체크 산타클로스가 선물을 나눠주는 방식에 의할 때 착한 일 횟수는 5를 곱하므로 어린이들의 착한 일 횟수에 의한 점수는 甲, 乙, 丙, 丁, 戊의 순서대로 15, 15, 10, 5, 5점이 된다(착한 일 점수). 한편 울음 횟수가 순서대로 3, 2, 3, 0, 3이므로 ㉠에 해당하는 수를 선택지의 1, 2, 3, 4, 5를 각각 대입했을 때의 점수(울음 점수)를 산출하여 총점, 즉 착한 일 점수-울음 점수를 정리하면 다음과 같다.

어린이		甲	乙	丙	丁	戊	선물		
착한일 점수		15	15	10	5	5	A	B	X
㉠이 1일 때	울음 점수	3	2	3	0	3	甲, 乙	丙, 丁, 戊	-
	총점	12	13	7	5	2			
㉠이 2일 때	울음 점수	6	4	6	0	6	乙	甲, 丙, 丁	戊
	총점	9	11	4	5	-1			
㉠이 3일 때	울음 점수	9	6	9	0	9	-	甲, 乙 丙, 丁	戊
	총점	6	9	1	5	-4			
㉠이 4일 때	울음 점수	12	8	12	0	12	-	甲, 乙, 丁	丙, 戊
	총점	3	7	-2	5	-7			
㉠이 5일 때	울음 점수	15	10	15	0	15	-	甲, 乙, 丁	丙, 戊
	총점	0	5	-5	5	-10			

이에 의할 때 A를 1명, B를 3명, 선물을 받지 못한 아이가 1명인 경우는 ㉠이 2일 때뿐이다.

14 문제해결

정답 ④

정답 체크 甲이 현재까지 출력한 총량이 1,000쪽으로 고정되어 있는데 이는 보고서 쪽수×근무일 수×임원의 수이므로 근무일 수가 20일 초과이고 임원이 2명 이상이라고 하였을 때 보고서의 쪽수가 최대가 되려면 근무일 수와 임원의 수가 최소이어야 한다. 이에 근무일 수는 21일, 임원의 수는 2명이라고 보고 선택지별 보고서의 쪽수를 정리하면 다음과 같다.
① 5×21×2=210
② 8×21×2=336
③ 10×21×2=420
④ 20×21×2=840
⑤ 40×21×2=1,680
그런데 보고서의 전체 쪽수가 1,000쪽이므로 하루에 40쪽은 불가능하고 20쪽 이상은 가능하다. 20쪽 이상으로 1,000쪽을 정확히 맞추는 경우는 보고서 20쪽, 근무일 수 25일, 임원의 수 2명일 때 20×25×2=1,000이 가능하다. 따라서 甲이 작성한 보고서 한 건의 쪽수의 최댓값은 20쪽이다.

고득점자의 빠른 문제 풀이 Tip

보고서 한 건의 쪽수를 최대로 하려면 임원의 수는 최소여야 하는데 보고서의 총량이 1,000이므로 보고서 한 건의 쪽수가 정수임을 감안하더라도 임원의 수를 2로 놓는 것이 가능합니다. 그러면 보고서 한 건의 쪽수×근무일은 500이 되어야 하는데 근무일은 20일 초과이어야 하므로 보고서 한 건의 쪽수는 25 미만이어야 합니다. 한편 보고서 한 건의 쪽수를 24, 23, 22, 21, 20의 순서대로 대입하여 근무일 수를 조정하면 보고서 한 건의 쪽수는 20, 근무일 수는 25가 가능함을 알 수 있습니다.

15 문제해결

정답 ①

정답 체크 A와 C가 접속해 있던 시간은 서로 겹치지 않았는데 A가 13분, C는 17분이므로 09:00~09:30까지 이 둘이 접속해 있던 시간이 정확히 나눠짐을 알 수 있다. 그런데 E가 접속한 시간이 25분이므로 E가 접속했던 시간 내에 B와 D가 모두 접속을 해야 한 명만 접속한 시간이 만들어질 수 있다. 이를 정리하면 다음과 같다.
<경우 1: E가 09:00~09:25까지 접속한 경우>
한 명만 접속한 시각은 09:25~09:30까지 가능하다.
<경우 2: E가 09:05~09:30까지 접속한 경우>
한 명만 접속한 시각은 09:00~09:05까지 가능하다.
따라서 선택지 가운데 화상강의 시스템에 접속해 있던 시각으로 가능한 것은 09:04만이 가능하다.

16 문제해결

정답 ①

정답 체크 선택지의 각 숫자에 대해 4자리로 1, 2, 3, 4만을 이용하여 각 숫자의 곱으로 표현할 수 있는 경우의 수를 정리하면 다음과 같다.

구분	곱하기 조합	비밀번호에 사용되는 숫자	자릿수의 합
8	2×4	1, 1, 2, 4	8
	→ 2×2×2	1, 2, 2, 2	7
9	3×3	1, 1, 3, 3	8
10	2×5	불가능	-
12	2×6	불가능	-
	→ 2×2×3	1, 2, 2, 3	8
	3×4	1, 1, 3, 4	9
	→ 3×2×2	1, 3, 2, 2	8
16	2×8	불가능	
	→ 2×2×4	1, 2, 2, 4	9
	→ 2×2×2×2	2, 2, 2, 2	8
	4×4	1, 1, 4, 4	10
	→ 2×2×4	1, 2, 2, 4	9
	→ 2×2×2×2	2, 2, 2, 2	8

이 가운데 각 자리의 숫자를 모두 더한 값과 모두 곱한 값이 같은 것은 1, 1, 2, 4의 조합인 8뿐이다.

고득점자의 빠른 문제 풀이 Tip

선택지의 숫자를 곱으로 나타낼 수 있는 경우의 수가 합보다 더 적으므로 곱으로 나타낼 수 있는 경우를 먼저 정리한 후에 각 경우 자릿수의 합이 곱과 같은지를 살펴보는 것이 좋습니다.

17 문제해결

정답 ②

정답 체크 지원액 배정 지침 두 번째에 의하면 원격지 전보에 해당하는 신청자만 배정 대상자로 한다고 하였으므로 乙은 대상자가 되지 못한다. 한편 지침 네 번째에 의하면 배정대상자 신청액의 합이 지원 예산 총액을 초과할 경우에는 각 배정대상자의 '신청액 대비 배정액 비율'이 모두 같도록 삭감하여 배정한다고 하였는데 현재 예산은 160만 원이고 甲, 丙, 丁, 戊의 신청액의 합은 200만 원이므로 각 신청액에 160 / 200 = 0.8을 곱한 금액으로 삭감하면 된다. 따라서 甲에게 배정되는 금액은 70만 원에 0.8을 곱한 56만 원이 된다.

18 문제해결

정답 ④

정답 체크 세 번째 선정방식 두 번째 내용에서 '각 평가위원의 평가결과에서 최고점수와 최저점수를 제외한 나머지 3명의 점수를 산술평균하여 산정한다. 이때 최고점수가 복수인 경우 하나를 제외하며, 최저점수가 복수인 경우도 마찬가지이다.'라고 하였으므로 기술능력에 대한 평가위원 5명의 평가결과 가운데 최고점수와 최저점수 하나씩을 제외하고 평균을 산출하면 다음과 같다.

구분	갑	을	丙	정	무
A위원	68	65	~~73~~	~~75~~	65
B위원	68	~~73~~	69	70	~~60~~
C위원	68	~~62~~	69	~~65~~	60
D위원	~~68~~	65	~~65~~	65	70
E위원	~~72~~	65	69	75	~~75~~
평균	68	65	69	70	65

네 번째 선정방식에서 '기술능력 평가점수에서 만점의 85% 미만의 점수를 받은 업체는 선정에서 제외한다.'라고 하였는데 기술능력 평가점수의 만점은 80점이므로 만점의 85%인 68점 미만인 乙과 戊는 선정에서 제외된다.

마지막 선정방식에서 '기술능력 평가점수를 합산한 점수가 가장 높은 업체를 선정한다. 이때 동점이 발생할 경우, 기술능력 평가점수가 가장 높은 업체를 선정한다.'라고 하였는데 甲, 丙, 丁의 합산점수는 순서대로 81, 84, 84점이고 丙과 丁 가운데 기술능력 평가점수가 높은 기업은 丁이므로 사업자로 선정되는 업체는 丁이다.

19 문제해결

정답 ③

정답 체크 각각의 실적시간, 요일별 인정시간, 총합을 정리하면 다음과 같다.

구분	금요일 실적시간		금요일 인정시간	토요일 인정시간	합
	출근 전	퇴근 후			
甲	0:05	2:00	2:05	2:00	4:05
乙	1:00	1:55	2:55	0	2:55
丙	-	3:30	3:00 (개인용무시간 30분 제외)	1:30	4:30
丁	재택근무이므로 0		0	0	0
戊	2:00	3:30	4:00 (하루 최대 4시간)	0	4:00

따라서 금요일과 토요일의 초과근무 인정시간의 합이 가장 많은 근무자는 丙이다.

20 논리퍼즐

정답 ③

정답 체크 각각의 표시방법으로 표시된 내용을 많은 것과 적은 것 순서대로 정리하면 다음과 같다.

- A: -7개(○), 3개(×)
- B: 7개(V), 3개(×)
- C: 6개(○), 4개(/)
- D: 6개(V), 4개(○)
- E: 8개(/), 2개(×)

5개 과목 평균이 60점이라고 하였으므로 총점은 300점이고, 각 문항별 배점이 10점이라고 하였으므로 맞은 개수는 30개가 되어야 한다.

한편 과락은 50점 미만이므로 각 과목별로 적은 개수를 맞은 경우가 과락이 되는데 과락이 2과목이라고 하였으므로 A~E과목의 2과목씩을 과락으로 보았을 때의 총점을 정리하면 다음과 같다.

과락 과목	과목별 순서대로 맞은 개수	맞은 개수	과락 과목	과목별 순서대로 맞은 개수	맞은 개수
A, B	3, 3, 6, 6, 8	26	B, D	7, 3, 6, 4, 8	28
A, C	3, 7, 4, 6, 8	28	B, E	7, 3, 6, 6, 2	24
A, D	3, 7, 6, 4, 8	28	C, D	7, 7, 4, 4, 8	30
A, E	3, 7, 6, 6, 2	24	C, E	7, 7, 4, 6, 2	26
B, C	7, 3, 4, 6, 8	28	D, E	7, 7, 6, 4, 2	26

따라서 총합이 30개인 경우는 C와 D가 과락인 경우뿐이므로 A부터 E까지 각 과목의 점수를 순서대로 정리하면 70, 70, 40, 40, 80점이 된다.

21 논리퍼즐

정답 ②

정답 체크

제시된 일기의 내용에서 알 수 있는 정보를 정리하면 다음과 같다.

- 3번 일기: 11일과 15일 사이에 수요일이 있음을 알 수 있다.
- 6번 일기: 매달 마지막 일요일에만 대청소를 한다고 하였는데 그날 대청소를 했다고 하였으므로 6번 일기의 요일은 일요일이다.
- 5번 일기: 내일이 대청소를 하는 날이라고 했으므로 5번 일기의 요일은 토요일이다.

나머지 4월 5일, 11일, 15일의 요일을 알아야 하는데 문제에서 요구하는 식목일인 4월 5일의 요일을 a요일이라고 하면 4월 11일은 6일 뒤이므로 a－1요일, 4월 15일은 10일 뒤이므로 a＋3요일이 된다.

그런데 문제에서 각 일기는 서로 다른 요일의 일기라고 하였으므로 a, a－1, a＋3 가운데 수, 토, 일요일이 있어서는 안 된다. 그리고 이것이 가능한 것은 a가 화요일일 때뿐이다.

오답 체크

① a가 월요일이라면 11일인 a－1이 일요일이 되어 6번 일기의 일요일과 중복된다.

③ a가 목요일이라면 11일인 a－1이 수요일이 되어 3번 일기의 수요일과 중복된다.

④ a가 금요일이라면 11일인 a－1이 목요일이 되고 15일인 a＋3일이 월요일이 되는데 그러면 11일과 15일 사이인 3번 일기의 요일이 수요일이 될 수 없다.

⑤ a가 토요일이라면 11일인 a－1일이 금요일이 되고 15일인 a＋3일이 화요일이 되는데 그러면 11일과 15일 사이인 3번 일기의 요일이 수요일이 될 수 없다.

22 문제해결

정답 ②

정답 체크

ㄴ. 5번 누른 버튼이 있다면 해당 버튼의 층에서는 반드시 멈춰야 한다. 그런데 엘리베이터는 4층, 5층, 6＋a층, 6＋b층 이렇게 4번 멈췄다. 그러면 이 네 개 층 가운데 하나의 층이 5번 눌렸다는 뜻이 되고 나머지 세 개 층에서 최소 1번 이상 눌렀다는 것이다. 그런데 나머지 세 개 층을 1번만 누른 경우와 그렇지 않은 경우를 나누어 생각해 보면 다음과 같다.

<경우 1: 나머지 세 개 층을 1번씩만 누른 경우>

누른 횟수가 내린 층 포함 총 8번이 되므로 내리지 않은 층을 2번 눌러야 한다.

<경우 2: 나머지 세 개 층 외에 다른 층을 누르지 않은 경우>

이 세 개 층 가운데 하나의 층을 3번 누르고 나머지 두 개 층을 한 번씩 눌러야 한다.

이 두 경우 모두 어떤 상황이든 2번 이상 누른 다른 버튼이 반드시 존재함을 알 수 있다.

오답 체크

ㄱ. 한 승객이 4층을 5번 누르는 경우에는 나머지 9명이 총 5번의 버튼을 눌러야 하므로 승객 가운데 버튼을 누르지 않은 경우도 존재할 수 있다.

ㄷ. 4층을 1번, 5층을 5번, 6＋a층을 3번, 6＋b층을 1번 누르는 경우와 같이 4층을 가장 많이 누르지 않는 경우도 가능하다.

ㄹ. 4층을 1번, 5층을 1번, 6＋a층을 1번, 6＋b층을 1번 누르고 내리지 않은 층의 버튼을 6번 누르는 경우도 가능하다.

고득점자의 빠른 문제 풀이 Tip

ㄱ, ㄷ, ㄹ을 판단할 때 7명의 승객이 버튼을 10번 눌러 네 개 층에서 내리는 모든 경우의 수를 생각해서 판단하기보다는 보기에 주어진 내용의 반례를 찾아 반드시 옳지만은 않다는 결론을 내리는 것이 더 빠릅니다.

23 논리퍼즐

정답 ④

정답 체크

각 등장인물을 왼쪽에, 그 사람이 가지고 있는 연락처를 위쪽에 배치하여 표를 그리면 다음과 같다.

인물 \ 연락처	A	B	C	D	E
A					
B					
C					
D					
E					

왼쪽에 해당 인물이 가지고 있는 연락처의 수, 위쪽에 해당 인물의 연락처를 가지고 있는 사람의 수를 포함하여 제시문의 내용을 정리하면 다음과 같다.

인물 \ 연락처	A(3명)	B(2명)	C	D	E
A(3명)					
B(2명)					
C	O	X		X	X
D(2명)					
E	X	O	X	X	

A의 연락처를 가지고 있는 사람이 총 3명이라고 하였는데 E는 A의 연락처를 가지고 있지 않으므로 A의 연락처를 가지고 있는 사람은 B, C, D이다. 한편 두 번째 조건에서 B는 자신의 연락처를 가지고 있는 두 사람의 연락처는 가지고 있지 않으며 B가 연락처를 가지고 있는 두 사람은 B의 연락처를 가지고 있지 않다는 것을 알 수 있으므로 B는 자신의 연락처를 가지고 있는 E의 연락처를 가지고 있지 않고 B의 연락처를 가지고 있지 않은 C의 연락처는 B가 가지고 있음을 알 수 있다. 이를 정리하면 다음과 같다.

인물 \ 연락처	A(3명)	B(2명)	C	D	E
A(3명)					
B(2명)	O		O		X
C	O	X		X	X
D(2명)	O				
E	X	O	X	X	

B는 A의 연락처를 가지고 있으므로 A는 B의 연락처가 없을 것이고 B가 가지고 있는 연락처는 2개이므로 B는 D의 연락처가 없을 것이다. 아울러 B가 연락처를 가지고 있지 않은 D는 B의 연락처를 가지고 있다는 것을 알 수 있다. 이를 정리하면 다음과 같다.

인물 \ 연락처	A(3명)	B(2명)	C	D	E
A(3명)		X			
B(2명)	O		O	X	X
C	O	X		X	X
D(2명)	O	O			
E	X	O	X	X	

A는 3명의 연락처를 가지고 있다고 하였으므로 B를 제외한 3명의 연락처를 가지고 있고, D는 2명의 연락처를 가지고 있다고 하였으므로 C와 E의 연락처는 없을 것이다. 이에 따라 완성된 표는 다음과 같다.

인물 \ 연락처	A(3명)	B(2명)	C	D	E
A(3명)		X	O	O	O
B(2명)	O		O	X	X
C	O	X		X	X
D(2명)	O	O	X		X
E	X	O	X	X	

이에 의하면 D의 연락처를 가지고 있는 것은 A뿐임을 알 수 있다.

오답 체크
① A는 C, D, E의 연락처만을 가지고 있다.
② B는 A와 C의 연락처만을 가지고 있다.
③ C의 연락처를 가지고 있는 사람은 A, B 두 명이다.
⑤ E의 연락처를 가지고 있는 사람은 A 한 명이다.

24 문제해결

정답 ③

정답 체크 시침과 분침이 바뀌었는데도 실제 시각과 같은 시각을 가리키는 경우는 시침과 분침이 만나는 경우뿐이다. 문제에서 시계를 정오로 맞추었다고 하였으므로 정오 이후에 시침과 분침이 처음 만나는 시각은 오후 1시 5분에서 10분 사이이다.

25 법·규정의 적용

정답 ⑤

정답 체크 세 번째 조문 제2항에 의하면 다른 법령에 따라 지원을 받고 있다고 하더라도 같은 조문 제1항의 제3호의 아동양육비는 지급할 수 있다고 하였으므로 지원대상자가 다른 법령에 따른 지원을 받고 있는 경우에도 국가나 지방자치단체는 아동양육비를 지급할 수 있음을 알 수 있다.

오답 체크
① 두 번째 조문 제1항에서 지원대상자는 첫 번째 조문 제1호부터 제3호까지의 규정에 해당하는 자로 한다고 하였으므로 반드시 첫 번째 조문 제2호 라목에서 정의한 미혼자일 필요는 없다.
② 첫 번째 조문 제3호에서 아동은 취학 중인 경우에는 22세 미만을 말하되 병역의무를 이행하고 취학 중인 경우에는 병역의무를 이행한 기간을 가산한 연령 미만을 말한다고 하였으므로 18개월간 병역의무를 이행한 22세의 대학생 자녀를 양육하는 경우는 아동을 양육하는 경우가 된다. 그런데 배우자와 사별한 자가 아동을 양육하는 경우는 첫 번째 조문 제2호 가목에 해당하므로 두 번째 조문 제1항에 따라 지원대상자가 될 수 있다.
③ 두 번째 조문 제2항에서 부모가 사망하거나 그 생사가 분명하지 아니한 아동을 양육하는 조부 또는 조모는 지원대상자가 된다. 하지만 세 번째 조문 제1항에서 지원대상자의 복지 급여 신청이 있으면 복지급여를 실시하여야 한다고 되어 있으므로 부모의 생사가 불분명한 6세인 손자를 양육하는 조모에게는 복지 급여 신청이 없어도 생계비를 지급하여야 한다는 내용은 옳지 않다.
④ 세 번째 조문 제3항에서 아동양육비를 지급할 때에라도 제1, 2호 중 어느 하나에 해당하는 경우에는 예산의 범위에서 추가적인 복지 급여를 실시하여야 한다고 하였으므로 30세인 미혼모가 5세인 자녀를 양육하는 경우, 아동양육비를 지급할 때에도 추가적인 복지 급여를 실시할 수 있다.

1 자료논리

정답 ①

정답 체크 <입지조건>을 만족하지 않는 후보지를 제외한다.

- 나들목에서부터 거리가 6km 이내인 장소
  <그림> '나들목에서부터 거리'에서 6km와 8km 사이에 위치한 E를 제외한다.
- 역에서부터 거리가 8km 이내인 장소
  <그림> '역에서부터 거리'에서 8km 밖에 위치한 B를 제외한다.
- 지가가 30만 원/m^2 미만인 장소
  <그림> '지가'에서 30만 원/m^2 이상 구역에 포함된 D를 제외한다.
- 해발고도가 100m 이상인 장소
  <그림> '해발고도'에서 100m와 50m 사이에 위치한 C를 제외한다.

따라서 <입지조건>을 모두 만족하는 리조트 개발 후보지는 A이다.

2 자료논리

정답 ③

정답 체크 진료의사 수의 계가 143이므로 4월 7일의 진료의사 수는 143 - (23 + 26 + 25 + 30 + 15 + 4) = 20명이다.

따라서 4월 7일의 진료의사 1인당 진료환자 수는 580 / 20 = 29명이다.

3 자료논리

정답 ②

정답 체크 농산물별 수입량 = 농산물별 육로수입량 + 농산물별 해상수입량 + 농산물별 항공수입량이고, 농산물별 육로수입량 비중 = $\frac{\text{농산물별 육로수입량}}{\text{농산물별 수입량}}$ × 100임을 적용하여 구한다.

- 콩 = {2,593 / (2,593 + 105,340 + 246,117)} × 100 ≒ 0.7%
- 건고추 = {2,483 / (2,483 + 78,437 + 86,097)} × 100 ≒ 1.5%
- 땅콩 = {2,260 / (2,260 + 8,219 + 26,146)} × 100 ≒ 6.2%
- 참깨 = {2,024 / (2,024 + 12,986 + 76,812)} × 100 ≒ 2.2%
- 팥 = {2,020 / (2,020 + 7,102 + 42,418)} × 100 ≒ 3.9%

따라서 육로수입량 비중이 가장 큰 농산물은 땅콩이다.

고득점자의 빠른 문제 풀이 Tip

항목들의 크기를 비교하는 문제이므로 일일이 정확한 값을 계산하지 않아도 됩니다.

- 콩: 분모값이 가장 크지만 분자값은 건고추와 비슷하므로 비중이 가장 클 수 없습니다.
- 건고추: 분자값은 땅콩보다 약 10% 크지만, 분모값은 100% 이상 훨씬 크므로 비중이 가장 클 수 없습니다.
- 참깨: 분자값은 팥과 비슷하지만 분모값은 참깨가 훨씬 더 크므로 비중이 가장 클 수 없습니다.

콩, 건고추, 참깨를 제외하고 나면 땅콩과 팥이 남으므로 이 두 농산물만 비교합니다. 땅콩이 팥보다 분모값이 작고 분자값이 크므로 땅콩이 더 큰 값임을 알 수 있습니다.

4 자료논리

정답 ③

정답 체크 <선정방식>에 제시된 홍보업체 인지도 계산식에 따라 홍보업체별 인지도를 계산하면 다음과 같다.

구분	미디어채널 구독자 수 ×0.4(㉠)	SNS 팔로워 수×0.6 (㉡)	인지도 (㉠+㉡)
A	36	30	66
B	72	0	72
C	20	48	68
D	32	36	68
E	40	24	64
F	24	27	51

공공정책 홍보경력이 있는 홍보업체는 A, C, F이고, 이 중 인지도가 가장 높은 곳은 C이다. 또한 공공정책 홍보경력이 없는 홍보업체는 B, D, E이고, 이 중 인지도가 가장 높은 곳은 B이다.

따라서 <선정방식>에 따른 홍보업체는 B, C이다.

5 자료이해

정답 ⑤

정답 체크

ㄴ. <보고서>의 두 번째 단락에서 2013~2022년 국외 출원 특허 건수는 미국에 출원한 특허가 매년 가장 많았다고 했고, <표>에는 '갑'국 자료만 제시되어 있으므로 ['갑'국 국방연구소의 국외 출원 대상 국가별 특허 출원 건수]는 필요한 자료이다.

ㄷ. <보고서>의 세 번째 단락에서 2013~2022년 '갑'국 국방연구소는 2015년에만 상표권을 출원하였다고 했고, <표>에는 특허 출원 건수만 제시되어 있으므로 ['갑'국 국방연구소의 연도별 상표권 출원 건수]는 필요한 자료이다.

ㄹ. <보고서>의 세 번째 단락에서 실용신안은 2016년부터 2년마다 1건씩 총 4건을 국내 출원하였다고 했고, <표>에는 특허 출원 건수만 제시되어 있으므로 ['갑'국 국방연구소의 연도별 실용신안 출원 건수]는 필요한 자료이다.

오답 체크

ㄱ. <표>에서 국내 출원 + 국외 출원으로 '갑'국 국방연구소의 연도별 전체 특허 출원 건수를 확인할 수 있으므로 ['갑'국 국방연구소의 연도별 전체 특허 출원 건수]는 추가로 필요한 자료가 아니다.

6 자료이해

정답 ④

정답 체크

ㄴ. 연구개발 총지출액은 (연구개발 세액감면액)/(연구개발 총지출액 대비 연구개발 세액감면액 비율)로 구할 수 있다. 이를 계산하면 A국이 3,613 / 4.97 ≒ 727백만 달러, B국이 12,567 / 2.85 ≒ 4,409백만 달러, C국이 2,104 / 8.15 ≒ 258백만 달러, D국이 4,316 / 10.62 ≒ 406백만 달러, E국이 6,547 / 4.14 ≒ 1,581백만 달러이다. 따라서 B국이 가장 크므로 옳은 설명이다.

ㄷ. GDP 대비 연구개발 총지출액 비율은 (GDP 대비 연구개발 세액감면액 비율) / (연구개발 총지출액 대비 연구개발 세액감면액 비율)로 구할 수 있다. 이를 계산하면 A국이 0.20 / 4.97 ≒ 0.04, B국이 0.07 / 2.85 ≒ 0.02로 A국이 B국보다 높으므로 옳은 설명이다.

오답 체크

ㄱ. GDP는 (연구개발 세액감면액) / (GDP 대비 연구개발 세액감면액 비율)로 구할 수 있다. C국 GDP는 2,104 / 0.13 ≒ 16,184백만 달러, E국 GDP는 6,547 / 0.13 ≒ 50,362백만 달러로 C국이 E국보다 작으므로 옳지 않은 설명이다.

고득점자의 빠른 문제 풀이 Tip

ㄱ. C와 E의 연구개발 세액감면액은 약 3배 차이가 나지만 GDP 대비 연구개발 세액감면액 비율은 0.13으로 동일합니다. 따라서 정확한 값을 계산하지 않아도 연구개발 세액감면액이 약 3배 더 큰 E의 GDP가 C보다 약 3배 더 큼을 알 수 있습니다.

ㄴ. B국은 연구개발 세액감면액이 가장 크고, 연구개발 총지출액 대비 연구개발 세액감면액 비율이 가장 낮으므로 정확한 값을 계산하지 않아도 연구개발 총지출액이 가장 큽니다.

7 자료이해

정답 ①

정답 체크

ㄱ. 2014년부터 2022년까지 매년 농업진흥지역 면적은 전체 농지 면적의 50% 이하이므로 옳은 설명이다.

- 2014년: (81.5 / 175.9) × 100 ≒ 46.3%
- 2015년: (80.7 / 171.5) × 100 ≒ 47.1%
- 2016년: (80.9 / 173.0) × 100 ≒ 46.8%
- 2017년: (81.1 / 169.1) × 100 ≒ 48.0%
- 2018년: (81.0 / 167.9) × 100 ≒ 48.2%
- 2019년: (78.0 / 164.4) × 100 ≒ 47.4%
- 2020년: (77.7 / 162.1) × 100 ≒ 47.9%
- 2021년: (77.8 / 159.6) × 100 ≒ 48.7%
- 2022년: (77.6 / 158.1) × 100 ≒ 49.1%

오답 체크

ㄴ. 농업진흥지역 면적은 2016년, 2017년, 2021년에 증가하므로 옳지 않은 설명이다.

ㄷ. 2013년 이후 농업진흥지역 면적에서 반 면적이 차지하는 비중은 2013년에 15% 이상이므로 옳지 않은 설명이다.

- 2013년: (14.6 / 91.5) × 100 ≒ 16.0%
- 2014년: (9.9 / 81.5) × 100 ≒ 12.1%
- 2015년: (9.7 / 80.7) × 100 ≒ 12.0%
- 2016년: (9.7 / 80.9) × 100 ≒ 12.0%
- 2017년: (9.7 / 81.1) × 100 ≒ 12.0%
- 2018년: (9.7 / 81.0) × 100 ≒ 12.0%
- 2019년: (10.1 / 78.0) × 100 ≒ 13.0%
- 2020년: (9.8 / 77.7) × 100 ≒ 12.6%
- 2021년: (9.6 / 77.8) × 100 ≒ 12.3%
- 2022년: (8.9 / 77.6) × 100 ≒ 11.5%

고득점자의 빠른 문제 풀이 Tip

문제에서 요구하는 수치가 50%, 15% 등 5의 배수 단위로 제시되었으므로 일일이 정확한 값을 계산하지 말고 어림산하여 비교합니다. 특히 15%는 10% + 5%이므로 91.5의 15%는 대략 9.15 + 4.55로 빠르게 계산할 수 있습니다.

8 자료변환

정답 ①

정답 체크

- 2020년 농촌체험마을 방문객 수와 매출액이 2019년에 비해 75% 이상 감소하였다고 했고, 매출액이 2019년에 12,320천 원, 2020년에 3,180천 원이라면 이는 2020년에 2019년 대비 {(12,320 − 3,180) / 12,320} × 100 ≒ 74.2% 감소한 것이므로 ②, ④는 소거한다.
- 2020년 농촌민박 방문객 수와 매출액이 전년과 비교하여 30% 이상 줄어들었다고 했고, 매출액이 2019년에 96,932천 원, 2020년에 70,069천 원이라면 이는 2020년에 2019년 대비 {(96,932 − 70,069) / 96,932}} × 100 ≒ 27.7% 감소한 것이므로 ⑤는 소거한다.
- 2020년 농촌융복합사업장 방문객 수와 매출액이 전년과 비교해 줄어든 비율이 농촌체험마을보다 작다고 했고, 남은 선지 ①, ③의 농촌체험마을 매출액은 2020년에 2019년과 비교해 {(12,280 − 3,030) / 12,280} × 100 ≒ 75.3% 줄어들었다. 농촌융복합사업장의 매출액이 2019년에 6,309천 원, 2020년에 1,290천 원이라면 이는 2020년에 2019년 대비 {(6,309 − 1,290) / 6,309} × 100 ≒ 79.6% 감소한 것이므로 ③은 소거한다.

따라서 <방송뉴스>의 내용과 부합하는 자료는 ①이다.

고득점자의 빠른 문제 풀이 Tip

- 선택지별로 어떤 차이가 있는지 먼저 확인하여 필요한 정보만 빠르게 계산합니다. ①~⑤에 제시된 표에서 방문객 수는 선택지 간 모두 동일하므로 이는 계산하지 않아도 됩니다.
- 75% 이상 감소하였다는 것은 25% 미만 남아있다는 것임을 활용하여 빠르게 계산할 수 있습니다. 예를 들어, 농촌체험마을 2019년 매출액이 12,280천 원이고, 2020년에 2019년 대비 75% 이상 감소하였다는 것은 2020년 매출액은 12,280의 20% + 5% 미만 남아있는 것이므로 2,456 + 610 = 3,066 미만이어야 합니다.

9 자료이해

정답 ②

정답 체크

ㄱ. <그림>에서 수출량은 X축 값이므로 2021년 수출량이 전년 대비 증가하려면 2021년 항목이 2020년보다 우측에 위치하여야 한다. 그런데 농산물, 축산물, 수산물은 모두 2021년이 2020년보다 우측에 위치하므로 각각 전년 대비 증가하였다. 따라서 옳은 설명이다.

ㄷ. <그림>에서 $y = x$인 가상의 그래프를 그렸을 때, 수출량 대비 수입량 비율이 높을수록 $y = x$ 그래프 기준 좌상방에 위치하게 된다. 2020년 항목 중 가장 좌상방에 위치한 것은 임산물이고, 2021년 항목 중 가장 좌상방에 위치한 것도 임산물로 같다. 따라서 옳은 설명이다.

오답 체크

ㄴ. 농림축수산물 총수입량은 2020년이 400 + 400 + 150 + 100 = 1,050천만 톤이고, 2021년이 300 + 300 + 150 + 100 = 850천만 톤이므로 전년 대비 감소하였다. 따라서 옳지 않은 설명이다.

ㄹ. 2021년 수출량의 전년 대비 증가율은 농산물이 {(400 − 350) / 350} × 100 ≒ 14.3%, 임산물이 {(150 − 200) / 200} × 100 = −25.0%, 축산물이 {(250 − 150) / 250} × 100 = 40.0%, 수산물이 {(200 − 100) / 100} × 100 = 100.0%이다. 따라서 증가율이 가장 높은 것은 수산물이므로 옳지 않은 설명이다.

고득점자의 빠른 문제 풀이 Tip

ㄹ. 분자값인 2020년과 2021년의 수출량의 차는 각 X좌표 간의 거리이므로 농림축수산물 종류별 X좌표의 거리를 각각 비교합니다. 농산물은 1칸, 임산물은 −1칸 차이가 나고, 축산물과 수산물은 2칸 차이가 납니다. 분자값은 동일한 데 반해 분모값은 수산물보다 축산물이 더 크므로 증가율은 수산물이 더 큽니다. 분산형 차트에서 항목의 크기를 비교하는 문제이므로 정확한 계산값을 구하지 않아도 빠르게 해결할 수 있습니다.

10 자료이해

정답 ⑤

정답 체크

ㄴ. 1406년에 큰 비는 59 − (4 + 11 + 3 + 1 + 3 + 3 + 10 + 1 + 2) = 21건 발생하였다. '큰 비'가 가장 많이 발생한 연도는 1405년이고, '우박'이 가장 많이 발생한 연도도 1405년이므로 옳은 설명이다.

ㄷ. 1401~1418년 동안의 '큰 비' 발생 건수 합은 1+13+18+27+21+14+4+7+14+11+8+20+21+18+11+9+17=234건이다. 같은 기간 발생 건수 합 상위 5개 유형은 '천둥번개', '큰 비', '벼락', '우박', '짙은 안개'이므로 옳은 설명이다.

ㄹ. '짙은 안개' 발생 건수는 1402년에 41-(3+5+3+1+3+5+2+2+2)=15건, 1408년에 23-(4+3+1+1+3+1+3)=7건이다. 1402년에 가장 많이 발생한 자연재해 유형은 '짙은 안개'이고, 1408년에 가장 많이 발생한 자연재해 유형도 '짙은 안개'이므로 옳은 설명이다.

오답 체크 ㄱ. 연도별 전체 발생 건수 상위 2개 연도는 1405년 1406년이고, 하위 2개 연도는 1404년, 1408년이다. 각각의 발생 건수 합은 상위 2개 연도가 74+59=133건, 하위 2개 연도가 29+23=52건으로 상위 2개 연도의 발생 건수 합이 하위 2개 연도의 발생 건수 합의 3배 이상이 되지 않는다. 따라서 옳지 않은 설명이다.

11 자료논리

정답 ③

정답 체크 위원(장) 회의참석수당=위원(장) 안건검토비+회의참석비+교통비임을 적용하여 (가)~(라)의 총지급액을 정리하면 다음과 같다. <표>에 제시된 회의참석수당은 인당 지급되며, (가)~(라) 모두 위원장 1인+위원 2인이 참석하여 총 3인임에 유의한다.

구분	교통비(천 원)	회의 참석비(천 원)	안건검토비(천 원)
(가)	1급지 → 12×3=36	회의시간 1시간 → 150×3=450	전체위원회 소위 → 250+200×2=650
	총지급액=36+450+650=1,136		
(나)	2급지 → 16×3=48	회의시간 3시간 → 200×3=600	조정위원회 전체회의 → 200+150×2=500
	총지급액=48+600+500=1,148		
(다)	3급지 → 25×3=75	회의시간 1시간 → 150×3=450	전문위원회 → 200+150×2=500
	총지급액=75+450+500=1,025		
(라)	4급지 → 30×3=90	회의시간 4시간 → 200×3=600	기타 위원회 → 150+100×2=350
	총지급액=90+600+350=1,040		

따라서 총지급액이 가장 큰 회의는 (나)이고 세 번째로 큰 회의는 (라)이다.

12 자료논리

정답 ④

정답 체크

· 해당 출원인의 영향력 지수 $=\frac{\text{해당 출원인의 피인용도 지수}}{\text{IT 분야 전체 등록특허의 피인용도 지수}}$임을 적용하여 먼저 영향력 지수를 비교한다. 이때 분모값인 'IT 분야 전체 등록특허의 피인용도 지수'는 A~E에 모두 공통이므로 계산을 생략하여 분자값인 '해당 출원인의 피인용도 지수'만 비교한다. 이에 따라 해당 출원인의 피인용도 지수 $=\frac{\text{해당 출원인의 등록특허 피인용 횟수의 합}}{\text{해당 출원인의 등록특허 수}}$임을 적용하여 계산하면, $A=\frac{3+25}{2}=14$, $B=\frac{1+3+20}{3}=8$, $C=\frac{3+2+10+5+6}{5}=5.2$, $D=\frac{12+21+15}{3}=16$, $E=\frac{6+56+4+12}{4}=19.5$이므로 영향력 지수가 가장 큰 출원인은 E이다.

· 해당 출원인의 기술력 지수=해당 출원인의 영향력 지수×해당 출원인의 등록특허 수임을 적용하여 기술력 지수를 비교한다. 이때에도 역시 해당 출원인의 영향력 지수의 분모값인 'IT 분야 전체 등록특허의 피인용도 지수'가 A~E에 모두 공통이므로 계산을 생략하여 해당 출원인의 피인용도 지수×해당 출원인의 등록특허 수를 계산하면 해당 출원인의 등록특허 피인용 횟수의 합과 같다. 따라서 A=28, B=24, C=26, D=48, E=78이므로 기술력 지수가 가장 작은 출원인은 B이다.

고득점자의 빠른 문제 풀이 Tip

모든 수치를 정확한 값으로 계산하지 않아도 항목별 크기는 비교할 수 있습니다.

13 자료변환

정답 ⑤

정답 체크 2018년 양자기술 정부 R&D 투자금액의 분야별 비중은 양자컴퓨팅이 (61/350)×100≒17.4%, 양자내성암호가 (102/350)×100≒29.1%, 양자통신이 (110/350)×100≒31.4%, 양자센서가 (77/350)×100=22.0%이다. 그러나 이는 [2018~2022년 양자기술 정부 R&D 투자금액의 분야별 비중] 그래프에서 2018년이 아닌 2022년에 작성되어 있고, 2018년에 제시된 비중은 2022년에 해당하는 수치이다. 또한 2019년과 2021년에 제시된 비중도 서로 뒤바뀌어 제시되었다. 따라서 <표>를 이용하여 작성한 자료로 옳지 않다.

고득점자의 빠른 문제 풀이 Tip

선택지 중에서 계산하지 않는 것, 계산이 단순한 것, 계산 항목이 적은 것을 우선적으로 확인합니다.

⑤ 2018년 정부 R&D 투자금액은 양자내성암호보다 양자통신이 더 많습니다. 그러나 그래프에서 2018년 수치는 양자내성암호의 비중이 더 높게 제시되었으므로 정확하게 비중을 계산하지 않더라도 옳지 않은 자료임을 바로 알 수 있습니다.

14 자료이해

정답 ③

정답 체크 ㄱ. 2019년 솔잎혹파리 발생면적은 69,812-(29,325+6,380+1,576)=32,531ha이고, 2022년 참나무시들음병 발생면적은 58,451-(32,627+20,840+3,497)=1,487ha이다. 따라서 2019~2022년 발생면적이 매년 감소한 병해충은 '솔껍질깍지벌레'뿐이므로 옳은 설명이다.

ㄴ. 2018년 전체 병해충 발생면적은 32,235+38,976+7,718+1,636=80,565ha이다. 따라서 전체 병해충 발생면적이 전년 대비 증가한 해는 2018년뿐이므로 옳은 설명이다.

오답 체크 ㄷ. 2019년 '솔잎혹파리' 발생면적은 32,531ha이고, 이는 2022년 '참나무시들음병' 발생면적의 32,531/1,487≒21.9배이므로 옳지 않은 설명이다.

ㄹ. 2022년 병해충 발생면적의 전년 대비 증가율은 '참나무시들음병'이 {(1,487-1,240)/1,240}×100≒19.9%, '흰불나방'이 {(32,627-28,522)/28,522}×100≒14.4%이다. 따라서 '참나무시들음병'이 '흰불나방'보다 높으므로 옳지 않은 설명이다.

고득점자의 빠른 문제 풀이 Tip

ㄹ. 크기만 비교하면 되므로 정확한 값을 계산하지 않아도 됩니다. '참나무시들음병'은 약 240 증가하였으므로 1,240의 약 20%이고, '흰불나방'은 약 4,100 증가하였으므로 28,522의 약 15%입니다. 따라서 '참나무시들음병'의 증가율이 더 높음을 알 수 있습니다.

15 자료이해

정답 ⑤

정답 체크 체질량지수 = $\frac{체중}{신장^2}$이므로 <그림>에서 기울기가 20(㉠), 25(㉡), 30(㉢), 40(㉣)인 선을 그리면 다음과 같다.

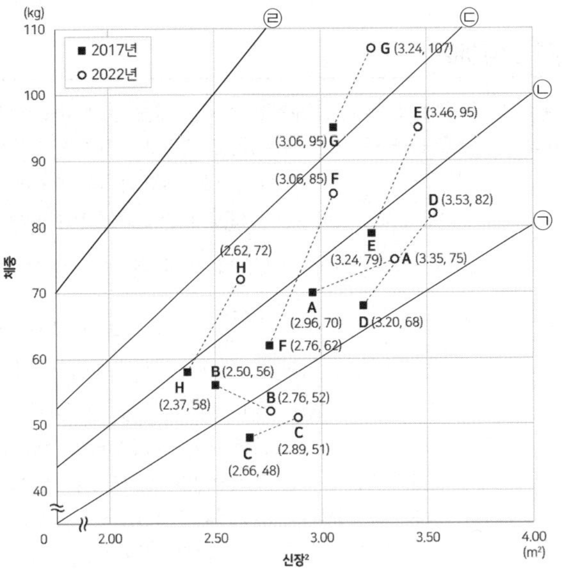

㉠ 아래에는 '저체중', ㉠과 ㉡ 사이에는 '정상', ㉡과 ㉢ 사이에는 '과체중', ㉢과 ㉣ 사이에는 '비만', ㉣ 위에는 '고도비만'으로 분류된 학생이 위치하게 된다. 이를 통해 체질량지수가 가장 큰 값은 '비만'으로 분류된 G이고, 체질량지수가 가장 작은 값은 '저체중'으로 분류된 B와 C 중 하나가 될 것임을 알 수 있다.
이에 따라 2022년 B, C, G의 체질량지수를 계산하면, B학생이 52 / 2.76 ≒ 18.8kg/m^2, C학생이 51 / 2.89 ≒ 17.6kg/m^2, G학생이 107 / 3.24 ≒ 33.0kg/m^{2}이므로 체질량지수 중 가장 큰 값은 33.0kg/m^2, 가장 작은 값은 17.6kg/m^{2}이고, 가장 큰 값은 가장 작은 값의 33.0 / 17.6 ≒ 1.9배로 2배 미만이다. 따라서 옳지 않은 설명이다.

오답 체크
① 체질량지수가 20 미만인 '저체중'은 ㉠의 아래에 위치하게 되고, 2022년에 B, C 2명, 2017년에 C 1명이므로 2022년이 2017년보다 많다. 따라서 옳은 설명이다.
② A~H학생 체중의 평균은 2017년이 (70 + 56 + 48 + 68 + 79 + 62 + 95 + 58) / 8 = 67kg, 2022년이 (75 + 52 + 51 + 82 + 95 + 85 + 107 + 72) / 8 ≒ 77.4kg이다. 따라서 2022년 A~H학생 체중의 평균은 2017년 대비 {(77.4 − 67) / 67} × 100 ≒ 15.5% 증가하였으므로 옳은 설명이다.
③ 체질량지수가 '정상'으로 분류된 학생은 ㉠과 ㉡ 사이에 위치하게 된다. 따라서 2017년과 2022년에 모두 '정상'으로 분류된 학생은 A, D 2명이므로 옳은 설명이다.
④ 신장의 차이가 가장 큰 학생은 신장^{2}의 차이도 가장 크다. 2017년과 2022년 신장^{2}의 차이는 A가 3.35 − 2.96 = 0.39m^2, B가 2.76 − 2.50 = 0.26m^2, C가 2.89 − 2.66 = 0.23m^2, D가 3.53 − 3.20 = 0.33m^2, E가 3.46 − 3.24 = 0.22m^2, F가 3.06 − 2.76 = 0.3m^2, G가 3.24 − 3.06 = 0.18m^2, H가 2.62 − 2.37 = 0.25m^{2}이다. 따라서 가장 큰 학생은 A이므로 옳은 설명이다.

16 자료이해

정답 ④

정답 체크
ㄱ. 스마트농업의 연구과제당 정부연구비는 2016년이 34,463 / 214 ≒ 161.0백만 원, 2017년이 34,098 / 301 ≒ 113.3백만 원, 2018년이 46,221 / 321 ≒ 144.0백만 원, 2019년이 63,493 / 608 ≒ 104.4백만 원, 2020년이 61,455 / 632 ≒ 97.2백만 원, 2021년이 72,138 / 713 ≒ 101.2백만 원, 2022년이 90,332 / 792 ≒ 114.1백만 원이다. 따라서 연구과제당 정부연구비가 가장 많은 해는 2016년이므로 옳은 설명이다.
ㄴ. 전체 정부연구비는 '자동화설비기기'가 27,082 + 19,975 + 23,046 + 25,377 + 22,949 + 24,330 + 31,383 = 174,142백만 원, '융합연구'가 3,861 + 9,540 + 15,154 + 27,513 + 26,829 + 31,227 + 40,723 = 154,847백만 원이다. 따라서 전체 정부연구비가 가장 많은 스마트농업 분야는 '자동화설비기기'이므로 옳은 설명이다.
ㄹ. 2019년 대비 2022년 정부연구비 증가율은 '데이터기반구축'이 {(18,226 − 10,603) / 10,603} × 100 ≒ 71.9%, '자동화설비기기'가 {(31,383 − 25,377) / 25,377} × 100 ≒ 23.7%, '융합연구'가 {(40,723 − 27,513) / 27,513} × 100 ≒ 48.0%이다. 따라서 증가율이 가장 높은 스마트농업 분야는 '데이터기반구축'이므로 옳은 설명이다.

오답 체크
ㄷ. 정부연구비가 전년 대비 감소한 2017년, 2020년을 제외하고 연도별 정부연구비의 전년 대비 증가율을 계산하면, 2018년이 {(46,221 − 34,098) / 34,098} × 100 ≒ 35.6%, 2019년이 {(63,493 − 46,221) / 46,221} × 100 ≒ 37.4%, 2021년이 {(72,138 − 61,455) / 61,455} × 100 ≒ 17.4%, 2022년이 {(90,332 − 72,138) / 72,138} × 100 ≒ 25.2%이다. 따라서 전년 대비 증가율이 가장 높은 해는 2019년이므로 옳지 않은 설명이다.

고득점자의 빠른 문제 풀이 Tip

ㄷ. 정부연구비의 증가율은 전년 대비 정부연구비 증가량이 많고, 전년도 정부연구비가 적을수록 큽니다. <그림>에서 전년 대비 정부연구비 증가량이 2022년과 유사한 해는 2019년이므로 두 연도를 중심으로 비교합니다. 전년 대비 정부연구비 증가량은 2022년이 90,332 − 72,138 = 18,194백만 원, 2019년이 63,493 − 46,221 = 17,272백만 원으로 증가량은 유사하지만 전년도 정부연구비는 2019년이 훨씬 적으므로 2019년의 증가율이 더 크게 됩니다.

17 자료이해

정답 ④

정답 체크
ㄴ. '산림시설 복구' 지원금액 중 산림청 지원금액의 최소 금액을 묻는 문제이다. <표 1>의 '산림시설 복구'를 제외한 모든 지원항목의 지원금액이 산림청 지원금액이더라도 최소한 33,008 − (5,200 + 2,954 + 10,930 + 1,540 + 1,320 + 520) = 10,544천만 원은 '산림시설 복구' 지원금액이다. 따라서 산림청의 '산림시설 복구' 지원금액은 1,000억 원 이상이므로 옳은 설명이다.
ㄹ. 전체 지방비 지원금액은 9,000 + 1,800 + 532 + 260 + 340 + 660 = 12,592천만 원이므로 '상·하수도 복구' 국비 지원금액인 10,930천만 원보다 크다. 따라서 옳은 설명이다.

오답 체크
ㄱ. 국비 지원금액 대비 지방비 지원금액 비율은 '주택 복구'가 1,800 / 5,200 ≒ 0.35이고, '생계안정 지원'이 660 / 1,320 = 0.5로 '주택 복구'보다 높다. 따라서 국비 지원금액 대비 지방비 지원금액 비율이 가장 높은 지원항목은 '주택 복구'가 아니므로 옳지 않은 설명이다.

ㄷ. 국토교통부 지원금액은 55,058 − (2,930 + 33,008 + 9,520 + 350 + 240) = 9,010천만 원이고, 전체 국비 지원금액의 20%는 55,058 × 0.2 = 11,011.6천만 원이다. 따라서 국토교통부 지원금액은 전체 국비 지원금액의 20% 미만이므로 옳지 않은 설명이다.

ㄹ. '특수 및 기타 건설공사' 안전관리비는 대상액이 100억 원인 경우 100억 × 0.0127 = 12,700만 원, 10억 원인 경우 10억 × 0.012 + 3,250천 = 1,525만 원이다. 대상액이 100억 원인 경우의 안전관리비는 10억 원인 경우의 12,700 / 1,525 ≒ 8.3배이므로 옳지 않은 설명이다.

18 자료이해

정답 ④

정답 체크 1종 면허 남자 응시자 수는 29,507 − 1,316 = 28,191명이고, 2종 면허 남자 응시자 수는 25,047 + 1,753 + 1,339 = 28,139명이다. 따라서 1종 면허 남자 응시자 수가 더 많으므로 옳은 설명이다.

오답 체크
① 2종 면허 응시자 수는 28,139 + 14,330 = 42,469명이고, 1종 면허 응시자 수는 29,507명으로 2종 면허 응시자 수는 1종 면허 응시자 수의 42,469 / 29,507 ≒ 1.4배이므로 옳지 않은 설명이다.
② 전체 합격률은 (44,012 / 71,976) × 100 ≒ 61.1%이므로 옳지 않은 설명이다.
③ 1종 보통 면허 합격률은 (15,346 / 24,388) × 100 ≒ 62.9%이고, 2종 보통 면허 합격률은 (26,289 / 39,312) × 100 ≒ 66.9%이므로 옳지 않은 설명이다.
⑤ 1종 대형 면허 여자 합격률은 (4 / 50) × 100 = 8%이고, 2종 소형 면허 여자 합격률은 (1 / 5) × 100 = 20%이므로 옳지 않은 설명이다.

19 자료이해

정답 ②

정답 체크
ㄱ. 국방비가 가장 많은 국가는 A국이고, A~E국 국방비 합은 8,010 + 195 + 502 + 320 + 684 = 9,711억 달러이다. A국의 국방비는 A~E국 국방비 합의 (8,010 / 9,711) × 100 ≒ 82.5%이므로 옳은 설명이다.
ㄹ. 군병력 1인당 국방비는 A국이 8,010억 / 133만 ≒ 60.2만 달러/인, D국이 320억 / 17만 = 18.8만 달러/인이다. A국의 군병력 1인당 국방비는 D국의 60.2 / 18.8 ≒ 3.2배이므로 옳은 설명이다.

오답 체크
ㄴ. 인구 1인당 GDP는 B국이 13,899억 / 4,722만 ≒ 2.9만 달러/인, C국이 16,652억 / 5,197만 ≒ 3.2만 달러/인이므로 B국이 C국보다 작다. 따라서 옳지 않은 설명이다.
ㄷ. 국방비가 많은 순서대로 나열하면 A, E, C, D, B 순이다. 그러나 GDP 대비 국방비 비율은 E가 684 / 30,706 ≒ 0.02, C가 502 / 16,652 ≒ 0.03으로 E보다 C가 더 높으므로 옳지 않은 설명이다.

고득점자의 빠른 문제 풀이 Tip

상대적인 크기를 비교하는 문제이므로 정확한 값을 계산하지 말고 어림계산합니다.

20 자료이해

정답 ①

정답 체크
ㄱ. 대상액이 10억 원인 경우, 안전관리비 = 대상액 × 요율 + 기초액임을 적용하여 구한다. 이 경우 안전관리비는 '일반건설공사(을)'가 10억 × 0.0199 + 5,500천 = 2,540만 원, '중건설공사'가 10억 × 0.0235 + 5,400천 = 2,890만 원으로 '일반건설공사(을)'가 '중건설공사'보다 적다. 따라서 옳은 설명이다.

오답 체크
ㄴ. 대상액이 4억 원인 경우, 안전관리비 = 대상액 × 요율임을 적용하여 구한다. 이 경우 안전관리비는 '일반건설공사(갑)'가 4억 × 0.0293 = 1,172만 원, '철도·궤도신설공사'가 4억 × 0.0245 = 980만 원이다. 두 종류의 안전관리비 차이는 1,172 − 980 = 192만 원이므로 옳지 않은 설명이다.

21 자료이해

정답 ③

정답 체크
ㄷ. 제20대 선거에서 '미주'의 선거인 수는 226,162 − (110,818 + 32,591 + 6,818 + 2,554) = 73,381명이고, 투표소당 선거인 수는 '미주'가 73,381 / 62 ≒ 1,184명/개소, '유럽'이 32,591 / 47 ≒ 693명/개소이다. 따라서 '미주'가 '유럽'보다 많으므로 옳은 설명이다.
ㄹ. 투표율 = $\frac{\text{투표자 수}}{\text{선거인 수}}$ × 100임을 적용하여 제19대 선거의 선거인 수를 구한다. 선거인 수 = $\frac{\text{투표자 수}}{\text{투표율}}$ × 100이므로 제19대 선거의 선거인 수는 '아주'가 (106,496 / 74.0) × 100 ≒ 143,914명, '미주'가 (68,213 / 71.7) × 100 ≒ 95,137명, '유럽'이 (36,170 / 84.9) × 100 ≒ 42,603명, '중동'이 (8,210 / 84.9) × 100 ≒ 9,670명, '아프리카'가 (2,892 / 85.4) × 100 ≒ 3,386명이다. 제20대 선거와의 선거인 수 차이는 '아주'가 143,914 − 110,818 ≒ 33,096명, '미주'가 95,137 − 73,381 ≒ 21,756명, '유럽'이 42,603 − 32,591 ≒ 10,012명, '중동'이 9,670 − 6,818 ≒ 2,852명, '아프리카'가 3,386 − 2,554 ≒ 832명으로, 차이가 큰 순서대로 나열하면 '아주', '미주', '유럽', '중동', '아프리카' 순이므로 옳은 설명이다.

오답 체크
ㄱ. 제20대 선거에서 '아주'의 투표소 수는 219 − (62 + 47 + 21 + 21) = 68개소로, '중동' 투표소 수의 68 / 21 ≒ 3.2배이다. 따라서 옳지 않은 설명이다.
ㄴ. 제20대선거에서 '유럽'의 투표율은 (25,629 / 32,591) × 100 ≒ 78.6%이므로 투표율이 가장 높은 지역은 '중동', 가장 낮은 지역은 '미주'이다. 따라서 '중동'과 '미주'의 제20대 선거 투표율 차이는 83.0 − 68.7 = 14.3%p이므로 옳지 않은 설명이다.

고득점자의 빠른 문제 풀이 Tip

ㄹ은 계산이 많고 복잡하므로 계산이 간단한 <보기>부터 접근합니다. ㄱ을 풀이하고 ㄷ을 풀이하였다면 ㄹ을 풀이하지 않고도 정답을 찾아낼 수 있습니다.

22 자료논리

정답 ①

정답 체크
· 마지막 <조건>에 따르면 2020년과 2021년의 해양사고 인명피해 인원 차이가 가장 큰 유형은 '화재폭발'이고, 해당 연도 해양사고 인명피해 인원 차이는 A가 9 − 8 = 1명, B가 27 − 25 = 2명, C가 3 − 2 = 1명, D가 8 − 3 = 5명, E가 79 − 76 = 3명으로 D가 가장 크다. 이에 따라 D가 '화재폭발'이므로 선택지 ②, ⑤가 소거된다.
· 두 번째 <조건>에 따르면 2020년 해양사고 발생 건수 대비 인명피해 인원의 비율이 두 번째로 높은 유형은 '전복'이고, 2020년 발생 건수 대비 인명피해 인원의 비율은 A가 $\frac{8}{277}$, B가 $\frac{25}{108}$, C가 $\frac{2}{69}$, D가 $\frac{8}{128}$, E가 $\frac{79}{203}$이다. 비율이 가장 높은 유형은 E, 두 번째로 높은 유형은 B이므로 B가 '전복'임을 알 수 있다. 이에 따라 ③이 소거된다.
· 세 번째 <조건>에 따르면 해양사고 발생 건수는 매년 '충돌'이 '전복'의 2배 이상이고, A, C, E 중에 발생건수가 매년 B의 2배 이상인 유형은 A이므로 A가 '충돌'이다. 이에 따라 ④가 소거된다.

따라서 A가 '충돌', B가 '전복', C가 '침몰', D가 '화재폭발', E가 '안전사고'이다.

23 자료이해

정답 ③

정답 체크 전체 단속건수는 2020년이 717+1,128+51+769+2,845+475=5,985건, 2021년이 130+355+40+1,214+1,064+484=3,287건이다. 따라서 2020년이 가장 많으므로 옳은 설명이다.

오답 체크 ① 2017년 '승차거부' 단속건수는 4,166-(1,110+125+1,001+123+241)=1,566건, 2018년 '방범등 소등위반' 단속건수는 4,131-(1,694+701+301+174+382)=879건이다. 위법행위 단속건수 상위 2개 유형은 2017년이 '승차거부', '정류소 정차 질서문란'이고, 2018년이 '승차거부', '방범등 소등위반'이므로 옳지 않은 설명이다.

② '부당요금' 단속건수 대비 '승차거부' 단속건수 비율은 2017년이 1,566/125≒12.5이고, 2020년이 717/51≒14.1로 2017년보다 2020년이 더 높으므로 옳지 않은 설명이다.

④ 2018년 '방범등 소등위반' 단속건수는 879건, 2020년 전체 단속건수는 5,985건, 2021년 전체 단속건수는 3,287건, 2022년 '방범등 소등위반' 단속건수는 2,067-(43+193+268+114+187)=1,262건이다. 전체 단속건수 중 '방범등 소등위반' 단속건수가 차지하는 비중은 2017년이 (1,001/4,166)×100≒24.0%, 2018년이 (879/4,131)×100≒21.3%, 2019년이 (825/5,354)×100≒15.4%, 2020년이 (769/5,985)×100≒12.8%, 2021년이 (1,214/3,287)×100≒36.9%, 2022년이 (1,262/2,067)×100≒61.1%로 2021~2022년에는 비중이 증가하므로 옳지 않은 설명이다.

⑤ 2017년 '승차거부' 단속건수는 1,566건, 2022년 '방범등 소등위반' 단속건수는 1,262건이므로 2017년 '승차거부' 단속건수가 2022년 '방범등 소등위반' 단속건수보다 많다. 따라서 옳지 않은 설명이다.

고득점자의 빠른 문제 풀이 Tip

제시된 <표>에 빈칸이 많으므로 빈칸을 계산하지 않아도 확인할 수 있는 선택지, 계산이 단순하고 계산 항목이 적은 선택지 순서로 풀이합니다. 이 문제는 ①~⑤ 모두 빈칸을 계산해야 하고, ②, ④는 비율 계산이므로 상대적으로 계산할 빈칸 개수가 적으면서 계산이 단순한 ③부터 풀이합니다.

③ <표>에서 2020년과 비슷하게 큰 수치가 많은 2019년의 각 유형별 차이값을 비교합니다. 제시된 유형 순서대로 2019년 기준 2020년과의 차이값을 어림계산하면 +1,200, +70, +390, +55, -2,300, -120입니다. 따라서 차이값을 모두 더하면 (-)이므로 정확한 값을 계산하지 않더라도 2020년이 2019년보다 건수가 더 많음을 알 수 있습니다.

24 자료이해

정답 ④

정답 체크 A~D의 경유 가격은 모두 매월 높아졌으므로 옳은 설명이다.

오답 체크 ① 정유사별 휘발유와 경유의 가격 차이는 다음과 같다.

구분	4월	5월	6월
A	1,843-1,840=3원/L	1,852-1,825=27원/L	2,014-1,979=35원/L
B	1,806-1,795=11원/L	1,894-1,849=45원/L	2,029-1,982=47원/L
C	1,806-1,801=5원/L	1,885-1,867=18원/L	2,013-2,006=7원/L
D	1,827-1,807=20원/L	1,895-1,852=43원/L	2,024-1,979=45원/L

휘발유와 경유의 가격 차이가 가장 큰 정유사는 4월에 D, 5월에 B, 6월에 B로 매월 같은 것은 아니므로 옳지 않은 설명이다.

② 4월에 휘발유 가격보다 경유 가격이 낮은 정유사는 없으므로 옳지 않은 설명이다.

③ 5월 휘발유 가격이 가장 높은 정유사는 C이고, 5월 경유 가격이 가장 높은 정유사는 D이다. 따라서 옳지 않은 설명이다.

⑤ 정유사별 5월과 6월 가격 차이는 다음과 같다.

구분	경유	휘발유
A	1,979-1,825=154원/L	2,014-1,852=162원/L
B	1,982-1,849=133원/L	2,029-1,894=135원/L
C	2,006-1,867=139원/L	2,013-1,885=128원/L
D	1,979-1,852=127원/L	2,024-1,895=129원/L

C의 5월과 6월 가격 차이는 경유가 휘발유보다 크지만, A, B, D는 휘발유가 경유보다 크므로 옳지 않은 설명이다.

25 자료이해

정답 ②

정답 체크 ㄴ. <정보>에 따라 4월 C의 경유 원가를 x라고 두고 계산하면 다음과 같다.

$1,806=(x+0.5x)\times1.1=1.5x\times1.1=1.65x$

$x=1,806/1.65≒1,095$

4월 C의 경유 원가가 1,095원/L이고 5월 C의 경유 원가가 4월과 같으므로, 5월 C의 경유 유류세를 y라고 두고 계산하면 다음과 같다.

$1,885=(1,095+y)\times1.1$

$y=(1,885/1.1)-1,095≒619$

5월 C의 경유 유류세는 619원/L로 600원/L 이상이므로 옳은 설명이다.

오답 체크 ㄱ. <정보>에 따라 5월 B의 휘발유 원가를 x라고 두고 계산하면 다음과 같다.

$1,849=(x+0.4x)\times1.1=1.4x\times1.1=1.54x$

$x=1,849/1.54≒1,201$

5월 B의 휘발유 원가는 1,201원/L로 1,300원/L 미만이므로 옳지 않은 설명이다.

ㄷ. <정보>에 따라 4월 D의 경유 원가를 x라고 두고 계산하면 다음과 같다.

$1,827=(x+0.5x)\times1.1=1.5x\times1.1=1.65x$

$x=1,827/1.65≒1,107$

4월 D의 경유 원가가 1,107원/L이므로 유류세는 1,107×0.5≒554원/L이다. 6월 D의 경유 원가를 y라고 두고 계산하면 다음과 같다.

$2,024=(y+554)\times1.1$

$y=(2,024/1.1)-554≒1,286$

6월 D의 원가가 1,286원/L이므로 6월 D의 경유 유류세는 원가의 (554/1,286)×100≒43.1%이다. 따라서 옳지 않은 설명이다.

고득점자의 빠른 문제 풀이 Tip

<보기>를 풀기 전에 <정보>에서부터 원가를 x라고 두었을 때 4월의 가격은 $1.65x$임을 미리 정리해둡니다.

바로 채점 및
성적 분석 서비스

2022년 기출문제 취약 유형 분석표 & 정답·해설

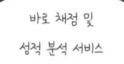

PSAT 전문가의 총평

2022년 민간경력자 PSAT의 경우 세 영역의 난도는 모두 평이했다.

1. 언어논리 영역: 대부분의 유형이 지문의 길이가 짧고 파악해야 할 정보량이 적은 문제로 출제되었으므로 전반적인 난도는 평이했다.
2. 상황판단 영역: 문제해결과 논리퍼즐 유형에서 복잡한 사고 과정을 요구하는 문제가 다수 출제되었으나, 세부 내용 파악과 법·규정의 적용 유형은 정오의 근거를 명확히 판단할 수 있는 문제로 출제되어 전반적인 난도는 평이했다.
3. 자료해석 영역: 정보량이 많은 <보고서> 형태의 문제와 각주를 변형하여 풀이하는 문제가 출제되었으나, 단순 비교를 통해 정답을 명확히 찾을 수 있는 문제가 다수 출제되었으므로 전반적인 난도는 평이했다.

정답

언어논리

p.187

1	⑤	세부 내용 파악	**6**	⑤	중심 내용 파악	**11**	④	진술추론	**16**	⑤	세부 내용 파악	**21**	④	진술추론
2	①	세부 내용 파악	**7**	①	빈칸삽입	**12**	⑤	논증의 타당성	**17**	④	논리추론	**22**	⑤	진술추론
3	①	세부 내용 파악	**8**	⑤	세부 내용 파악	**13**	③	빈칸삽입	**18**	③	논리추론	**23**	②	빈칸삽입
4	②	세부 내용 파악	**9**	①	세부 내용 파악	**14**	②	진술추론	**19**	④	논리추론	**24**	⑤	빈칸삽입
5	②	세부 내용 파악	**10**	③	세부 내용 파악	**15**	②	진술추론	**20**	③	세부 내용 파악	**25**	④	진술추론

상황판단

p.201

1	⑤	법·규정의 적용	**6**	②	문제해결	**11**	①	문제해결	**16**	③	문제해결	**21**	⑤	문제해결
2	①	법·규정의 적용	**7**	③	논리퍼즐	**12**	②	문제해결	**17**	④	논리퍼즐	**22**	④	논리퍼즐
3	⑤	법·규정의 적용	**8**	④	문제해결	**13**	③	문제해결	**18**	②	논리퍼즐	**23**	①	논리퍼즐
4	①	법·규정의 적용	**9**	②	세부 내용 파악	**14**	⑤	논리퍼즐	**19**	③	논리퍼즐	**24**	④	논리퍼즐
5	②	세부 내용 파악	**10**	③	세부 내용 파악	**15**	①	문제해결	**20**	③	논리퍼즐	**25**	④	법·규정의 적용

자료해석

p.215

1	①	자료이해	**6**	①	자료이해	**11**	②	자료이해	**16**	②	자료이해	**21**	③	자료논리
2	⑤	자료이해	**7**	④	자료이해	**12**	③	자료논리	**17**	②	자료이해	**22**	⑤	자료이해
3	④	자료변환	**8**	①	자료이해	**13**	③	자료논리	**18**	⑤	자료논리	**23**	①	자료논리
4	①	자료이해	**9**	⑤	자료논리	**14**	⑤	자료변환	**19**	③	자료이해	**24**	④	자료논리
5	②	자료이해	**10**	④	자료변환	**15**	④	자료이해	**20**	①	자료이해	**25**	②	자료이해

취약 유형 분석표

유형별로 맞힌 개수, 틀린 문제 번호와 풀지 못한 문제 번호를 적고 나서 취약한 유형이 무엇인지 파악해 보세요.
취약한 유형은 '민간경력자 PSAT 기출유형공략'으로 복습하고, 해커스잡 사이트(ejob.Hackers.com)에서 제공하는 <PSAT 영역별 핵심 이론 노트>로 관련 이론을 확인한 후 틀린 문제와 풀지 못한 문제를 다시 풀어보세요.

언어논리

유형	맞힌 개수	틀린 문제 번호	풀지 못한 문제 번호
세부 내용 파악	/10		
중심 내용 파악	/1		
빈칸삽입	/4		
문단배열	/0		
사례 유추	/0		
진술추론	/6		
논증의 타당성	/1		
논리추론	/3		
TOTAL	/25		

상황판단

유형	맞힌 개수	틀린 문제 번호	풀지 못한 문제 번호
세부 내용 파악	/3		
법·규정의 적용	/5		
문제해결	/8		
논리퍼즐	/9		
TOTAL	/25		

자료해석

유형	맞힌 개수	틀린 문제 번호	풀지 못한 문제 번호
자료이해	/15		
자료논리	/7		
자료변환	/3		
TOTAL	/25		

해설

언어논리

1 세부 내용 파악

정답 ⑤

정답 체크 2문단에 따르면 서희는 소손녕이 보낸 서신의 내용은 핑계일 뿐이라고 보았고, 그는 고려가 병력을 동원해 거란을 치는 일이 없도록 하겠다는 언질을 주면 소손녕이 철군할 것이라고 했으므로 서희는 고려가 거란에 군사적 적대 행위를 하지 않겠다고 약속하면 소손녕이 군대를 이끌고 돌아갈 것이라고 보았음을 알 수 있다.

오답 체크 ① 2문단에서 거란 장수 소손녕은 고구려 옛 땅이 거란의 것인데 고려가 감히 그 영역을 차지하고 있어 군사를 일으켜 그 땅을 찾아가고자 한다는 내용의 서신을 보냈으므로 거란이 압록강 유역에 살던 여진족이 고려의 백성이라고 주장한 것은 아님을 알 수 있다.

② 2문단에서 여진족은 발해의 지배를 받았었지만, 발해가 거란에 의해 멸망한 후에는 어느 나라에도 속하지 않은 채 독자적 세력을 이루고 있었음을 알 수 있다. 그러나 여진족이 발해의 지배에서 벗어나기 위해 거란과 함께 고려를 공격하였는지는 제시된 글에서 알 수 없다.

③ 3문단에서 소손녕이 서희의 요구를 수락하기로 하고 퇴각한 이후 고려는 북쪽 국경 너머로 병력을 보내 압록강 하류의 여진족 땅까지 밀고 들어가 영토를 넓혔으며, 그 지역에 강동 6주를 두었다고 했으므로 소손녕이 압록강 유역의 여진족 땅을 빼앗아 강동 6주를 둔 후 그곳을 고려에 넘긴 것이 아님을 알 수 있다.

④ 1문단에 따르면 송 태종이 거란을 공격하러 가는 길에 고려에 원병을 요청했으나, 고려는 이에 응하지 않았으므로 고려는 송 태종과 군사동맹을 맺지 않았음을 알 수 있다.

고득점자의 빠른 문제 풀이 Tip

세부 내용 파악 유형을 풀이할 때는 제시문의 표현과 선택지의 표현이 다르더라도 결국 '동일한 내용'을 말하고 있는지를 판단해야 하므로 각각의 표현보다는 내용에 집중하는 것이 좋습니다.

2 세부 내용 파악

정답 ①

정답 체크 1문단에 따르면 왜구가 황해도 해주 앞바다에서 조선군과 교전을 벌인 후 요동반도 방향으로 북상했고, 이에 따라 태종은 이종무에게 대마도를 정벌할 것을 명하여 이종무가 대마도 정벌에 나섰다. 또한 2문단에 따르면 이종무는 대마도 중간에 위치한 아소만의 초입인 두지포를 공격했으므로 해주 앞바다에 나타나 조선군과 싸운 대마도의 왜구가 요동반도를 향해 북상한 뒤 이종무의 군대가 대마도로 건너갔음을 알 수 있다.

오답 체크 ② 2문단에서 조선이 대마도를 공격하여 대마도주의 귀순을 받아내고자 했음은 알 수 있으나, 조선이 왜구의 본거지인 대마도를 공격하기로 하자 명의 군대도 대마도까지 가서 정벌에 참여했는지는 제시된 글에서 알 수 없다.

③ 이종무가 세종이 보내는 사절단에 포함되어 대마도를 여러 차례 방문하였는지는 제시된 글에서 알 수 없다.

④ 1문단에 따르면 태종은 이종무로 하여금 대마도를 정벌하고자 했고, 3문단에 따르면 대마도주의 귀순을 이끌어냈으므로 태종이 대마도 정벌을 준비하였지만, 세종의 반대로 뜻을 이루지 못한 것은 아님을 알 수 있다.

⑤ 2문단에서 이종무는 대마도주를 사로잡아 항복을 받아내기 위해 니로라는 곳에 병력을 상륙시켰으나, 그곳에서 매복한 적의 공격으로 조선군이 크게 패했다고 했으므로 조선군이 대마도주를 사로잡기 위해 상륙했다가 패배한 곳은 견내량이 아니라 니로임을 알 수 있다.

고득점자의 빠른 문제 풀이 Tip

세부 내용 파악 유형에서 정답 선택지는 제시문과 일치하는 내용이지만, 오답 선택지는 제시문을 통해 알 수 없는 내용이거나 제시문과 일치하지 않는 내용일 수 있으므로 오답 선택지를 소거하는 과정에서 정답의 근거가 될 수 없는 부분을 꼼꼼히 체크해야 합니다.

3 세부 내용 파악

정답 ①

정답 체크 3문단에 따르면 중세 이후 반유대주의 세력이 유대인에 대한 혐오를 정치적 선동의 도구로 이용하였고, 대다수의 독일인은 이러한 야만적인 정치적 선동에 동의를 표했으므로 혐오는 정치적 선동의 도구로 이용되었음을 알 수 있다.

오답 체크 ② 1문단에서 혐오의 감정이 특정 개인과 집단을 배척하기 위한 강력한 무기로 이용되었다고 했고, 3문단에 따르면 중세 이후 반유대주의 세력은 유대인 집단에게 혐오의 이미지를 부여했으므로 개인뿐만 아니라 집단도 혐오의 대상이 될 수 있음을 알 수 있다.

③ 3문단에서 히틀러는 유대인을 썩어가는 시체 속의 구더기라고 표현했고, 유대인에 대한 혐오를 암세포, 종양, 세균 등으로 묘사하면서 이들을 비인간적 존재로 전락시키는 의학적 담론이 유행하였다고 했으므로 혐오의 대상이 되는 집단은 비인간적으로 묘사되기도 함을 알 수 있다.

④ 1문단에서 인간에 대한 혐오의 감정을 사회 안정의 도구로 활용해야 한다거나 법적 판단의 근거로 삼아야 한다는 주장은 영미법의 오래된 역사에서 그리 낯설지 않다고 했으므로 혐오의 감정을 법적 판단의 근거로 삼아야 한다는 입장이 있었음을 알 수 있다.

⑤ 2문단에서 혐오는 특정 집단을 오염물인 것처럼 취급하고 자신은 오염되지 않은 쪽에 속함으로써 얻게 되는 심리적인 우월감 및 만족감과 연결되어 있다고 했으므로 인간에 대한 혐오의 감정은 타자를 혐오함으로써 주체가 얻을 수 있는 심리적인 만족감과 연관되어 있음을 알 수 있다.

4 세부 내용 파악

정답 ②

정답 체크 2문단에서 기업이 새로운 제품을 출시하면, 중고품 시장에서 판매되는 기존 제품은 진부화되고 그 경쟁력도 하락한다고 했으므로 계획적 진부화는 기존 제품과 동일한 중고품의 경쟁력을 높이지 않음을 알 수 있다.

오답 체크 ① 3문단에서 기존 제품을 사용하는 소비자 입장에서는 크게 다를 것 없는 신제품 구입으로 불필요한 지출과 실질적인 손실이 발생할 수 있다는 점에서 계획적 진부화는 부정적으로 인식된다고 했으므로 계획적 진부화로 소비자들은 불필요한 지출을 할 수 있음을 알 수 있다.

③ 2문단에서 소비자들의 요구가 다양해지고 그 변화 속도도 빨라지고 있어, 기업들은 이에 대응하기 위해 계획적 진부화를 수행하기도 한다고 했으므로 계획적 진부화는 소비자들의 요구에 대응하기 위하여 수행되기도 함을 알 수 있다.

④ 2문단에서 계획적 진부화의 첫 번째 이유로 신제품을 출시한 뒤 여기에 인상된 가격을 매길 수 있기 때문이라고 했으므로 계획적 진부화를 통해 기업은 기존 제품보다 비싼 신제품을 출시할 수 있음을 알 수 있다.

⑤ 2문단에 따르면 제품의 사용 기간을 결정짓는 요인은 심리적 특성에도 많은 영향을 받고 있다. 또한 소비자들의 요구가 다양해지고 그 변화 속도도 빨라지고 있어, 기업들은 이에 대응하기 위해 계획적 진부화를 수행하기도 하므로 계획적 진부화로 인하여 제품의 실제 사용 기간은 물리적으로 사용 가능한 수명보다 짧아질 수 있음을 알 수 있다.

5 세부 내용 파악

정답 ②

정답 체크 3문단에 따르면 국방 서비스를 시장에서 생산하여 판매한다면, 다른 이가 구매하는 국방 서비스에 자신도 무임승차할 수 있으므로 결과적으로 국방 서비스는 과소 생산되는 문제가 발생하여 비배제적 소비가 불가능하게 된다. 따라서 국방 서비스를 소비하는 모든 국민에게 그 비용을 지불하도록 한다면, 그 서비스는 비배제적으로 소비될 수는 없음은 알 수 있으나, 비경합적으로 소비될 수 없는지는 알 수 없다.

오답 체크 ① 2문단에 따르면 비배제성은 재화나 용역이 공급되었을 때 누군가 그 대가를 지불하지 않았다고 해서 그 사람이 그 재화나 용역을 소비하지 못하도록 배제할 수 없다는 것을 뜻한다. 이에 따라 유료 공연에서 일정한 돈을 지불하지 않은 사람의 공연장 입장을 차단한다면, 돈을 지불하지 않은 사람에게 재화나 용역을 소비하지 못하도록 배제한다는 것이므로 그 공연은 배제적으로 소비될 수 있음을 알 수 있다.

③ 1문단에 따르면 비경합성은 재화나 용역에 대한 누군가의 소비가 다른 사람의 소비 가능성을 줄어들게 하지 않는 것을 뜻한다. 이에 따라 이용할 수 있는 수가 한정된 여객기 좌석은 누군가가 좌석을 이용하면 다른 사람의 좌석 이용 가능성을 줄어들게 하는 것이므로 경합적으로 소비됨을 알 수 있다.

④ 3문단에 따르면 무임승차가 가능한 국방 서비스는 과소 생산되는 문제가 발생하므로 무임승차를 쉽게 방지할 수 없는 재화나 용역은 과소 생산될 수 있음을 알 수 있다.

⑤ 1문단에서 라디오 방송 서비스는 내가 그것을 이용한다고 해서 다른 사람의 소비 가능성이 줄어들지 않는 점에서 비경합적이라고 했으므로 라디오 방송 서비스는 여러 사람이 비경합적으로 소비될 수 없음을 알 수 있다.

6 중심 내용 파악

정답 ⑤

정답 체크 1문단에서 통일 과정에서 동독 주민들이 보여준 행동을 고려하면 흡수 통일은 오해의 여지를 주는 용어일 수 있다고 했고, 4문단에서 독일 통일의 과정에서 동독 주민들의 주체적인 참여를 확인할 수 있다고 했으므로 이 글의 핵심 논지는 '독일 통일의 과정에서 동독 주민들의 주체적 참여가 큰 역할을 하였다.'가 가장 적절하다.

오답 체크 ① 3문단에서 동독 주민들이 자유총선거에서 독일동맹을 선택한 것은 그들 스스로 급속한 통일을 지지한 것이라고 했으나, 이는 단순히 제시된 글과 일치하는 내용일 뿐이므로 글의 핵심 논지로 적절하지 않다.

② 1문단에서 통일 과정에서 동독 주민들이 보여준 행동을 고려하면 흡수 통일은 오해의 여지를 주는 용어일 수 있다고 했고, 4문단에서 독일 통일의 과정에서 동독 주민들의 주체적인 참여를 확인할 수 있다고 했으므로 글의 핵심 논지로 적절하지 않다.

③ 3문단에 따르면 동독과 서독이 「통화·경제·사회보장동맹의 창설에 관한 조약」, 「통일조약」을 체결하여 통일을 이루었으나, 단순히 제시된 글과 일치하는 내용일 뿐이므로 글의 핵심 논지로 적절하지 않다.

④ 3문단에서 동독 자유총선거를 위한 선거운동 과정에서 서독과 협력하는 동독 정당들이 생겨났고 이들 정당의 선거운동에 서두와 정치인들이 적극적으로 유세 지원을 하기도 했으나, 단순히 제시된 글과 일치하는 내용일 뿐이므로 글의 핵심 논지로 적절하지 않다.

고득점자의 빠른 문제 풀이 Tip

핵심 논지를 묻는 중심 내용 파악 유형에서는 세부적인 내용이 일치하는지 파악하는 데 시간을 쏟기보다는 제시문 전반에 걸쳐 필자가 말하고자 하는 바, 즉 글의 의도를 파악하는 것이 중요합니다.

7 빈칸삽입

정답 ①

정답 체크 (가) 1문단에 따르면 서양 사람들은 인체 비례를 신이 자연물에 숨겨 놓은 수많은 진리 중에서도 가장 아름다운 진리의 정수로 여겼고, 르네상스 시대 건축가들도 인체 비례와 관련 있는 기하 도형으로 건축물을 디자인하고자 했으므로 (가)에 들어갈 내용은 '인체 비례에 숨겨진 신의 진리를 구현한'이 가장 적절하다.

(나) 2문단에 따르면 건축에서 미적 표준으로 인체 비례를 활용하는 조형적 안목은 서양뿐 아니라 동양에서도 찾을 수 있으며, 그 예로 '구고현법'을 제시하고 있다. 이러한 구고현법의 삼각형은 서양에서 신성불가침의 삼각형이라 불렀던 것과 동일한 비례를 가지고 있으므로 (나)에 들어갈 내용은 통해 '조형미에 대한 동서양의 안목이 유사하였다'가 가장 적절하다.

8 세부 내용 파악

정답 ⑤

정답 체크 ⓜ의 앞에서 IMF는 자금을 지원받은 국가에 경제와 관련된 구조조정 프로그램을 실시하게 하였다고 했고, ⓜ의 뒤에서 슬로베니아의 사례를 통해 IMF 구조조정 프로그램의 실시 여부는 국가별 결핵 사망률과 일정한 상관관계가 있었다고 했으므로 ⓜ을 "실시 이후부터 결핵 사망률이 크게 증가했던 것"으로 수정하는 것이 적절하다.

오답 체크 ① '갑작스럽게 외부로부터 도입한 자본주의 시스템에 적응하는 일'이라는 내용은 동유럽 국가들이 자본주의 시장경제를 받아들인 이후 공통적으로 극심한 경제 위기를 경험하게 되었다는 내용과 연결된다.

②, ③ '자본주의 시스템 도입을 적극적으로 지지했던'과 '동유럽 지역 남성들의 과도한 음주와 흡연, 폭력과 살인 같은 비경제적 요소'라는 내용은 동유럽 국가 국민의 평균 수명이 급격하게 줄어든 사실에 대해 경제 체제의 변화와는 관련이 없다고 생각하는 일부 경제학자들이 비경제적인 요소를 원인으로 꼽았다는 내용과 연결된다.

④ 'IMF의 자금 지원을 받은 국가와 다른 기관에서 자금 지원을 받은 국가'라는 내용은 영국의 한 연구자가 해당 국가들의 건강 지표가 IMF의 자금 지원 전후로 어떻게 달라졌는지를 살펴보았다는 내용과 연결된다.

9 세부 내용 파악

정답 ①

정답 체크 제시문의 〈표〉에 따르면 일반 수험생 중 유증상자는 소형 강의실에서 시험을 치러야 한다. 이때 3문단에서 소형 강의실에서는 KF99와 KF94 마스크 착용을 권장하지만 의무 사항은 아니라고 했으므로 일반 수험생 중 유증상자는 KF80 마스크를 착용하고 시험을 치를 수 있음을 알 수 있다.

오답 체크 ② 제시문의 〈표〉에 따르면 일반 수험생 중 무증상자는 중대형 강의실에서 시험을 치러야 한다. 이때 3문단에서 중대형 강의실에서는 KF99와 KF94 마스크 착용을 권장하지만 의무 사항은 아니라고 했으므로 일반 수험생 중 무증상자는 KF80 마스크를 착용하고 시험을 치를 수 있음을 알 수 있다.

③ 제시문의 〈표〉에 따르면 자가격리 수험생 중 유증상자는 특별 방역 시험장에서 시험을 치러야 한다. 이때 3문단에서 특별 방역 시험장에서는 KF99 마스크를 의무적으로 착용해야 한다고 했으므로 자가격리 수험생 중 유증상자는 KF99 마스크를 착용하고 시험을 치러야 함을 알 수 있다.

④ 제시문의 〈표〉에 따르면 자가격리 수험생 중 무증상자는 특별 방역 시험장에서 시험을 치러야 한다. 이때 3문단에서 특별 방역 시험장에서는 KF99 마스크를 의무적으로 착용해야 한다고 했으므로 자가격리 수험생 중 무증상자는 KF94 마스크를 착용하고 시험을 치를 수 없음을 알 수 있다.

⑤ 제시문의 〈표〉에 따르면 확진 수험생은 생활치료센터에서 시험을 치러야 한다. 이때 3문단에서 생활치료센터에서는 각 센터장이 내린 지침을 의무적으로 따라야 한다고 했으므로 확진 수험생은 생활치료센터장이 허용하는 경우 KF80 마스크를 착용하고 시험을 치를 수 있음을 알 수 있다.

10 세부 내용 파악

정답 ③

정답 체크 ㄱ. 2문단에서 야생 조류 고병원성 AI 바이러스 검출 사례는 경기도에서 3건, 충남에서 2건 발표되었다고 했고, 가금류 고병원성 AI 바이러스 검출 사례는 야생 조류 AI 바이러스 검출 현황에 해당되지 않으므로 고병원성 AI 항목의 '8건'을 '5건'으로 수정하는 것은 적절하다.

ㄷ. 2문단에서 야생 조류 AI 바이러스 검출 현황은 고병원성 AI, 저병원성 AI, 검사중으로 분류하고 바이러스 미분리는 야생 조류 AI 바이러스 검출 현황에 포함하지 않는다고 했으므로 '바이러스 미분리 항목'을 삭제하는 것은 적절하다.

오답 체크 ㄴ. 2문단에서 야생 조류 AI 바이러스의 고병원성 여부를 확인하기 위해 검사 중인 건수는 9건이고, 제주도 하도리의 경우는 그중 하나라고 했으므로 야생 조류 AI 바이러스 검출 현황에서 검사 중 항목의 '9건'을 '8건'으로 수정하는 것은 적절하지 않다.

11 진술추론

정답 ④

정답 체크 ㄴ. C는 인간 존엄성이 인간 외의 다른 종에 대해서는 그 대상이 인간이라면 결코 용납하지 않았을 폭력적 처사를 정당화하는 근거로 활용된다고 했으므로 C의 주장은 화장품 안전성 검사를 위한 동물실험의 금지를 촉구하는 캠페인의 근거로 활용될 수 있다.

ㄷ. B는 존엄성을 신이 인간에게 부여한 독특한 지위로 생각함으로써 인간이 스스로를 지나치게 높게 보도록 했다는 점은 비판을 받아야 한다고 했고, C는 존엄성은 인간종이 그 자체로 다른 종이나 심지어 환경 자체보다 더 큰 가치가 있다고 생각하는 종족주의의 한 표현에 불과하다고 했으므로 B와 C는 인간에게 특권적 지위를 부여하는 인간 중심적인 생각을 비판한다는 점에서 공통적이다.

오답 체크 ㄱ. A는 존엄성이라는 개념이 존엄사와 관련한 논의에서 실질적인 기여를 하지 않는다는 주장을 하고 있으므로 존엄사를 인정한 연명의료결정법의 시행은 A의 주장을 약화하지 않는다.

고득점자의 빠른 문제 풀이 Tip

강화와 약화는 해당 논지나 주장에 대해 그 방향성을 같이하는가 달리하는 가로 확정할 수 있습니다. 즉 해당 논지나 주장과 무관한 내용에 대해서는 강화나 약화를 판단할 수 없습니다.

12 논증의 타당성

정답 ⑤

정답 체크 ㄱ. ㉠은 나를 있게 하는 것은 특정한 정자와 난자의 결합이며, 이 결합이 이루어진 바로 그 시점에서 나의 존재가 시작되는 것이므로 "내가 더 일찍 태어났더라면"이라고 말해도 그것이 실제로 내가 더 일찍 태어났을 가능성을 상상한 것이 아님을 설명하고 있다. 이에 따라 ㉠이 거짓이 되려면 '내가 더 일찍 태어나는 상황'을 상상할 수 있어야 하고, 이를 위해서는 특정 정자와 난자의 결합의 시점을 조절할 수 있다는 반례가 있어야 한다. 따라서 냉동 보관된 정자와 난자가 수정되어 사람이 태어난 경우를 고려한다는 것은 특정 정자와 난자의 결합의 시점을 조절할 수 있는 상황을 전제한다는 의미이고, 이는 '내가 더 일찍 태어나는 상황'을 상상할 수 있다는 것이므로 ㉠은 거짓이 된다.

ㄴ. "어떤 사건이 가능하면, 그것의 발생을 상상할 수 있다."라는 전제의 대우는 "그것의 발생을 상상할 수 없으면, 어떤 사건이 가능하지 않다."이다. 따라서 ㉠에 "어떤 사건이 가능하면, 그것의 발생을 상상할 수 있다."라는 전제를 추가하면 "내가 더 일찍 태어나는 것은 상상할 수 없으면, 내가 더 일찍 태어나는 것은 불가능하다."라는 ㉡을 이끌어 낼 수 있다.

ㄷ. "태어나기 이전의 비존재가 나쁘다면, 내가 더 일찍 태어나는 것이 가능하다."라는 전제의 대우는 "내가 더 일찍 태어나는 것이 불가능하다면, 태어나기 이전의 비존재는 나쁘지 않다."이다. 이는 "태어나기 이전의 비존재는 나쁘다."라는 ㉢과 모순이므로 ㉡의 부정을 이끌어 낼 수 있다.

13 빈칸삽입

정답 ③

정답 체크 (가) 1문단에 따르면 A는 생물 다양성을 보존해야 한다고 주장하며, 이를 위한 두 가지 전제를 제시하고 있고, 첫 번째 전제는 생물 다양성 보존이 우리가 원하는 이익을 얻기 위한 하나의 수단으로 간주될 수 있으며 그 수단이 최선의 수단이라는 것이다. 이때 결론은 생물 다양성을 보존할 의무와 필요성이 있다는 것이므로 두 번째 전제인 (가)에 들어갈 내용은 '어떤 것이 우리가 원하는 이익을 얻는 최선의 수단이라면 우리에게는 그것을 실행할 의무와 필요성이 있다'가 가장 적절하다.

(나) 3문단에 따르면 C는 대상의 가치를 평가할 때 그 대상이 갖는 도구적 가치와 내재적 가치를 구별한다. 또한 C는 생명체가 도구적 가치만을 갖는 것이 아니므로 생명체의 내재적 가치 또한 인정해야 한다고 주장하며, 모든 종은 보존되어야 한다는 결론을 도출하고 있다. 따라서 결론의 근거인 (나)에 들어갈 내용은 '모든 종은 그 자체가 본래부터 고유의 가치를 지니기'가 가장 적절하다.

고득점자의 빠른 문제 풀이 Tip

결론이 도출되는 과정에서 근거는 '이유'에 해당합니다. 따라서 필자가 주장하는 바를 뒷받침하는 이유가 무엇인지 정확히 확인하고, 이와 동일한 내용을 제시하고 있는 선택지를 찾아야 합니다.

14 진술추론

정답 ②

정답 체크

ㄷ. A는 생물 다양성이 우리가 원하는 이익을 얻는 최선의 수단이 될 수 있다고 주장하면서 자연적으로 존재하는 생명체의 도구적 가치를 인정하고 있고, C도 모든 생명체가 도구적 가치와 내재적 가치를 가진 존재라고 보고 있으므로 자연적으로 존재하는 생명체가 도구적 가치를 가지느냐에 대한 A와 C의 평가는 양립할 수 있다.

오답 체크

ㄱ. A는 우리가 원하는 이익을 위해 생물 다양성을 보존해야 한다고 주장하지만, B는 생물 다양성 보존이 반드시 우리가 원하는 이익을 얻는 최선의 수단이 아니라고 주장한다. 따라서 B는 A의 주장에 대한 근거가 타당하지 않다고 주장할 뿐, 생물 다양성을 보존하지 않아도 된다고 주장하는 것은 아님을 알 수 있다.

ㄴ. B는 A와 달리 우리가 원하는 이익을 얻고자 한다면 자연적으로 존재하는 생명체들을 대상으로 보존에 애쓰는 것보다는 합성 생물학을 통해 원하는 목표를 더 합리적이고 체계적으로 성취할 수 있을 것이라고 주장한다. 그러나 이는 A의 견해의 핵심 근거를 비판하는 주장일 뿐, A의 결론인 생물 다양성의 보존의 필요성의 참·거짓 여부를 제시하고 있는 것이 아니다. 따라서 B는 A의 결론이 반드시 참이 되지는 않는다고 비판하는 것은 아님을 알 수 있다.

15 진술추론

정답 ②

정답 체크

ㄷ. 갑은 증거 발견 후 가설의 확률 증가분이 있다면 증거가 가설을 입증할 수 있다고 주장하지만, 을은 어떤 증거가 해당 가설을 입증하려면 증거 발견 후 가설의 확률 증가분이 있고, 증거 발견 후 가설이 참일 확률도 1/2보다 클 때만이 증거가 가설을 입증할 수 있다고 주장한다. 따라서 갑의 입장에서 어떤 증거가 주어진 가설을 입증하는 정도가 작더라도, 을의 입장에서는 그 증거가 해당 가설을 입증하는 정도의 크기와 무관하게 증거 발견 후 가설이 참일 확률을 조금이라도 증가시켜 1/2보다 크게 하기만 하면 가설을 입증할 수 있다.

오답 체크

ㄱ. 갑의 입장에서 증거 발견 후 가설의 확률 증가분이 있다면 증거가 가설을 입증한다는 것은 알 수 있으나, 증거 발견 후 가설의 확률 증가분이 없는 상황에서는 증거가 가설을 입증할 수 있는지는 알 수 없다.

ㄴ. 을의 입장에서 어떤 증거가 주어진 가설을 입증할 경우 그 증거 발견 후 가설의 확률 증가분이 있고 증거 발견 후에 가설이 참일 확률이 1/2보다 크다는 것은 알 수 있으나, 증거 획득 이전에는 해당 가설이 참일 확률의 크기는 알 수 없다.

16 세부 내용 파악

정답 ⑤

정답 체크

2문단에 따르면 부여된 ISBN-10이 유효한 것이라면 이 ISBN-10의 열 개 숫자에 각각 순서대로 가중치를 곱해서 각 곱셈의 값을 모두 더한 값이 반드시 11로 나누어 떨어져야 한다. 따라서 확인 숫자 앞의 아홉 개의 숫자에 정해진 가중치를 곱하여 합한 값이 11의 배수인 ISBN-10이 유효하다면, 10개 숫자에 가중치를 곱해서 더한 값이 11로 나누어 떨어져야 하므로 마지막에 더하는 확인 숫자는 0이어야 함을 알 수 있다.

오답 체크

① 2문단에서 ISBN-10의 첫 번째 부분은 책이 출판된 국가 또는 언어 권역을 나타냄을 알 수 있다. 따라서 ISBN-10의 첫 번째 부분에 있는 숫자가 같더라도 반드시 같은 나라에서 출판된 책은 아님을 알 수 있다.

② 1문단에서 2007년부터는 13자리의 숫자로 구성된 ISBN은 ISBN-13이 부여되고, 2006년까지 출판된 도서에는 10자리의 숫자로 구성된 ISBN-10이 부여됨은 알 수 있으나, 임의의 책 ISBN-10에 숫자 3자리를 추가하여 그 책이 ISBN-13을 얻는지는 알 수 없다.

③ 2문단에서 ISBN-10의 세 번째 부분은 출판사에서 그 책에 임의로 붙인 번호를 나타낸다고 했으므로 ISBN-10이 '0-285-00424-7'인 책이 해당 출판사에서 424번째로 출판된 책인지는 알 수 없다.

④ 2문단에서 ISBN-10의 두 번째 부분은 국가별 ISBN 기관에서 그 국가에 있는 각 출판사에 할당한 번호를 나타낸다고 했으므로 ISBN-10의 두 번째 부분에 있는 숫자가 같은 서로 다른 두 권의 책은 동일한 출판사에서 출판된 책이 아님을 알 수 있다.

17 논리추론

정답 ④

정답 체크

제시된 내용을 기호화하면 다음과 같다.

- 조건 1: A O → B X
- 조건 2: B X → C X
- 조건 3: D X → C O
- 조건 4: A X → E X
- 조건 5: E X → C X

조건 1과 조건 4에서 A를 수강하는 경우와 A를 수강하지 않은 경우를 모두 제시하고 있으므로 갑이 A를 수강하는 경우를 경우 1, 갑이 A를 수강하지 않은 경우를 경우 2로 나누어 정리하면 다음과 같다.

	A	B	C	D	E
경우 1	O				
경우 2	X				

갑이 A를 수강하는 경우에는 조건 1에 따라 B를 수강하지 않고, B를 수강하지 않는 경우에는 조건 2에 따라 C도 수강하지 않는다. C를 수강하지 않는 경우에는 조건 3의 대우에 따라 D를 수강하게 된다.

	A	B	C	D	E
경우 1	O	X	X	O	
경우 2	X				

갑이 A를 수강하지 않는 경우에는 조건 4에 따라 E는 수강하지 않고, E를 수강하지 않는 경우에는 조건 5에 따라 C를 수강하지 않으며, C를 수강하지 않는 경우에는 조건 3의 대우에 따라 D를 수강하게 된다.

	A	B	C	D	E
경우 1	O	X	X	O	
경우 2	X		X	O	X

따라서 갑이 반드시 수강해야 할 과목은 D이다.

18 논리추론

정답 ③

정답 체크

제시문의 내용을 기호화하면 다음과 같다.

- 조건 1: (A O and D O) O
- 조건 2: (B O and D O) X
- 조건 3: A O → C X
- 조건 4: B O → C X

· 조건 5: (A O and B O) O

자격증은 A, B, C, D 총 네 종류이고, 조건 2는 '(B O and D O) X'이므로 다음과 같이 B와 D가 분리된 그림을 그려 각 영역의 존재 여부를 정리하면 다음과 같다.

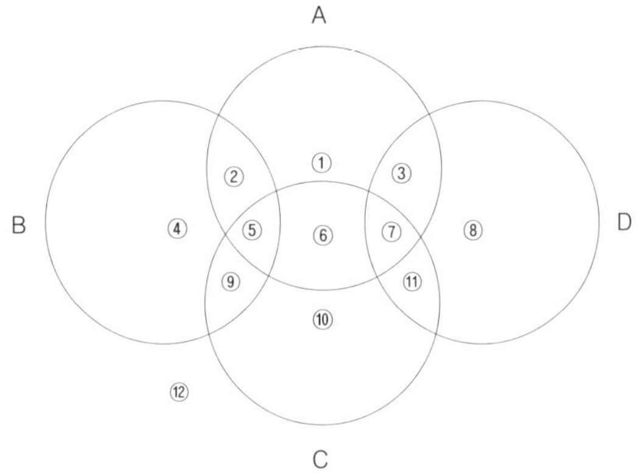

조건 3은 'A O → C X'이므로 A를 가진 후보자 중 C를 가진 후보자인 5, 6, 7번 영역은 존재하지 않고, 조건 4는 'B O → C X'이므로 B를 가진 후보자 중 C를 가진 후보자인 5, 9번 영역은 존재하지 않는다. 존재하지 않는 영역을 빗금으로 표시하여 이를 그림으로 정리하면 다음과 같다.

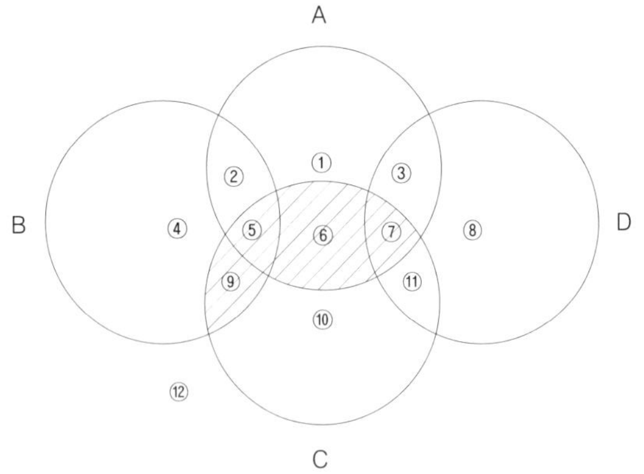

조건 1은 '(A O and D O) O'이므로 3번 영역과 7번 영역 가운데 최소 한 군데가 존재하여야 하나, 7번 영역이 삭제되었으므로 3번 영역만이 존재하게 된다. 또한 조건 5는 '(A O and B O) X'이므로 2번 영역과 5번 영역 가운데 최소 한 군데가 존재하여야 하나, 5번 영역이 삭제되었으므로 2번 영역만이 존재하게 된다. 이때 반드시 존재하는 영역에 ⓥ표시를 하면 다음과 같다.

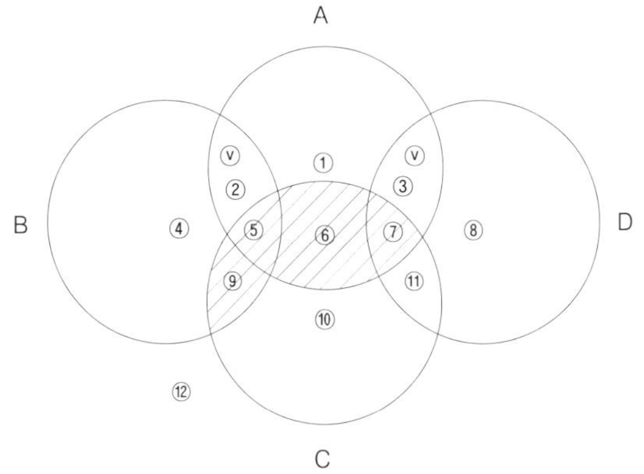

ㄱ. 네 종류 중 세 종류의 자격증을 가지고 있는 후보자는 5번 영역과 7번 영역을 의미하는데, 이 두 영역은 모두 삭제되었으므로 네 종류 중 세 종류의 자격증을 가지고 있는 후보자는 없다는 것은 반드시 참이다.

ㄴ. B를 가지고 있지 않은 후보자는 1, 3, 6, 7, 8, 10, 11, 12번 영역을 의미하는데, 이 중 3번 영역이 존재하므로 B를 가지고 있지 않은 후보자가 존재한다. 또한 D를 가지고 있지 않은 후보자는 1, 2, 4, 5, 6, 9, 10, 12번 영역을 의미하는데, 이 중 2번 영역이 존재하므로 D를 가지고 있지 않은 후보자도 존재한다. 그런데 B와 D를 동시에 가진 후보자는 없으므로 이 둘은 서로 다른 사람임을 알 수 있다. 따라서 어떤 후보자는 B를 가지고 있지 않고, 또 다른 후보자는 D를 가지고 있지 않다는 것은 반드시 참이다.

오답 체크 ㄷ. D를 가지고 있지 않은 후보자는 누구나 C를 가지고 있지 않다면, 이는 10번 영역이 존재하지 않는다는 의미이다. 이를 그림으로 정리하면 다음과 같다.

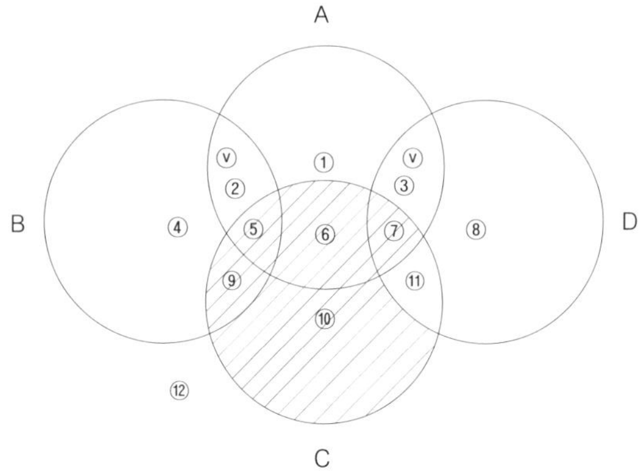

이 중 한 종류의 자격증만 가지고 있는 후보자는 1, 4, 8, 10번 영역을 의미하는데, 10번 영역은 존재하지 않고 1, 4, 8 영역에는 아무 표시가 없으므로 존재하는지 여부가 확실하지 않음을 알 수 있다. 따라서 네 종류 중 한 종류의 자격증만 가지고 있는 후보자가 있는지는 알 수 없으므로 반드시 참은 아니다.

고득점자의 빠른 문제 풀이 Tip

문제와 제시문의 내용을 말로 이해하려고 하기보다는 벤 다이어그램을 활용하여 시각화하면 정확한 정보를 판단할 수 있습니다.

19 논리추론

정답 ④

정답 체크 제시된 내용을 기호화하면 다음과 같다.

· 조건 1: 민원 O → 홍보 O
· 조건 2: (홍보 O → 민원 O) X
· 조건 3: 인사만 O
· 조건 4: (민원 O and 인사 O) X
· 조건 5: 세 개 이상 선호 X
· 조건 6: 갑-기획 O
· 조건 7: 을-민원 O

조건 7에 따르면 을이 선호하는 업무에는 민원 업무가 포함된다. 이때 조건 1은 '민원 O → 홍보 O'이고, 조건 4는 '(민원 O and 인사 O) X'이므로 을은 민원 업무와 홍보 업무를 선호하고, 인사 업무는 선호하지 않음을 알 수 있다. 또한 조건 5는 '세 개 이상 선호 X'이므로 을은 기획 업무를 선호하지 않는다. 한편 조건 6은 '갑-기획 O'이므로 이를 정리하면 다음과 같다.

	민원	홍보	인사	기획
갑				O
을	O	O	X	X

조건 3은 '인사만 O'이고, 갑과 을 모두 인사 업무만 선호하는 사원일 수는 없으므로 인사 업무만 선호하는 사원은 갑과 을이 아닌 다른 사원임을 알 수 있다. 이 다른 사원을 A라고 가정하여 정리하면 다음과 같다.

	민원	홍보	인사	기획
갑				O
을	O	O	X	X
A	X	X	O	X

조건 2는 '(홍보 O → 민원 O) X'이므로 홍보 업무를 선호하면서 민원 업무를 선호하지 않는 사원이 존재함을 알 수 있다. 이 사원을 B라고 가정하여 정리하면 다음과 같다.

	민원	홍보	인사	기획
갑				O
을	O	O	X	X
A	X	X	O	X
B	X	O		

이때 B는 을이나 A는 될 수 없지만, 갑이 될 가능성이 있다는 점을 고려하여 <보기>를 검토하면 다음과 같다.

ㄴ. B는 을과 다른 사원이므로 홍보 업무를 선호하는 사원은 을과 A로 최소 두 명이 존재한다. 따라서 적어도 두 명 이상의 신입사원이 홍보 업무를 선호한다는 것은 반드시 참이다.

ㄷ. 민원 업무와 홍보 업무는 을이 선호하고, 인사 업무는 A가 선호하고, 기획 업무는 갑이 선호한다. 따라서 조사 대상이 된 업무 중에, 어떤 신입사원도 선호하지 않는 업무는 없다는 것은 반드시 참이다.

오답 체크

ㄱ. 갑이 인사 업무를 선호하게 되면 갑도 을도 선호하지 않는 업무는 존재하지 않을 수도 있으므로 반드시 참은 아니다.

고득점자의 빠른 문제 풀이 Tip

민원 업무를 선호하는 신입사원은 모두 홍보 업무를 선호하였지만, 그 역은 성립하지 않았다는 것으로부터 홍보 업무를 선호하면서 민원 업무를 선호하지 않는 사원이 존재한다는 것을 정확히 파악해야 합니다. 한편, 모든 경우의 수가 확실히 정해지지 않는다고 하더라도 확실히 표시 가능한 부분을 정리한 후 선택지에서 묻는 부분에 대해 판단하는 것이 좋습니다.

20 세부 내용 파악

정답 ③

정답 체크

ㄱ. 2문단에서 햇빛 속에 있는 청색광이 공변세포에 있는 양성자 펌프를 작동시켜 공변세포 밖에 있는 칼륨이온과 염소이온이 공변세포 안으로 들어오게 한다고 했으므로 한 식물의 동일한 공변세포 안에 있는 칼륨이온의 양은, 햇빛이 있는 낮에 햇빛의 청색광만 차단하는 필름으로 식물을 덮은 경우가 덮지 않은 경우보다 적음을 추론할 수 있다.

ㄷ. 3문단에 따르면 수분스트레스를 받은 식물은 호르몬 A를 분비하고, 호르몬 A는 공변세포에 있는 수용체에 결합하여 공변세포 안에 있던 칼륨이온과 염소이온이 밖으로 빠져나가게 하므로 식물이 수분스트레스를 받으면 햇빛이 있더라도 기공이 열리지 않는다. 또한 4문단에 따르면 식물을 감염시킨 병원균 α는 공변세포의 양성자 펌프를 작동시키는 독소 B를 만들고, 이 독소는 공변세포의 부피를 늘려 기공이 닫혀 있어야 하는 때에도 열리게 한다. 따라서 호르몬 A를 분비하는 식물이 햇빛이 있는 낮에 보이는 기공 개폐 상태와 병원균 α에 감염된 식물이 햇빛이 없는 밤에 보이는 기공 개폐 상태는 다름을 추론할 수 있다.

오답 체크

ㄴ. 3문단에 따르면 수분스트레스를 받은 식물은 호르몬 A를 분비하고, 호르몬 A는 공변세포에 있는 수용체에 결합하여 공변세포 안에 있던 칼륨이온과 염소이온이 밖으로 빠져나가게 한다. 또한 2문단에서 공변세포에 있는 양성자 펌프가 작동하지 않아 공변세포 안에 있던 물이 밖으로 나가면 세포의 부피가 작아져서 기공이 닫힌다고 했으므로 수분스트레스를 받은 식물에 양성자 펌프의 작동을 못하게 하면, 햇빛이 있는 낮에도 기공이 열리지 않음을 알 수 있다.

21 진술추론

정답 ④

정답 체크

X 개구리 암컷의 수컷 선호 기준을 정리하면 다음과 같다.

- 수컷의 울음소리 톤이 일정할 경우: B<A<C
- 수컷의 울음소리 빈도가 높을 경우: C<B<A

ㄴ. 상황 1에서 암컷에게 들려준 소리가 B, C인 경우 암컷이 B로 이동했다는 것은 애초에 암컷이 울음소리 빈도에 가중치를 두었다는 것임을 알 수 있다. 그런데 상황 2에서 암컷이 A로 이동했다면, 애초의 판단 기준을 유지한 것이므로 ㉠은 강화되지만 ㉡은 강화되지 않는다.

ㄷ. 상황 1에서 암컷에게 들려준 소리가 A, C인 경우 암컷이 C로 이동했다는 것은 애초에 암컷이 울음소리 톤에 가중치를 두었다는 것임을 알 수 있다. 그런데 상황 2에서 암컷이 A로 이동했다면, 판단 기준에 변화가 발생한 것이므로 ㉠은 강화되지 않지만 ㉡은 강화된다.

오답 체크

ㄱ. 상황 1에서 암컷에게 들려준 소리가 A, B인 경우 암컷이 A로 이동했다는 것은 애초에 암컷이 울음소리 톤에 가중치를 두었다는 것임을 알 수 있다. 그런데 상황 2에서 암컷이 C로 이동했다면 애초의 판단 기준을 유지한 것이므로 ㉠은 강화되지만 ㉡은 강화되지 않는다.

22 진술추론

정답 ⑤

정답 체크

ㄱ. 입자이론에 따르면 물속에서의 빛의 속도는 공기 중에서보다 더 빠르고, 파동이론에 따르면 물속에서의 빛의 속도는 공기 중보다 더 느리다. 그런데 물속에 해당하는 경로 1을 통과한 빛이 공기에 해당하는 경로 2를 통과한 빛보다 스크린의 오른쪽에 맺혔다는 것은 물속을 통과한 빛의 속도가 더 빠르다는 것이므로 ㉠은 강화되고 ㉡은 약화된다.

ㄴ. 파동이론에 따르면 빛의 색깔은 파장에 따라 달라지며, 공기 중에서는 파장에 따라 파동의 속도가 달라지지 않지만 물속에서는 파장에 따라 파동의 속도가 달라진다. 반면, 입자이론에 따르면 빛의 속도는 빛의 색깔에 따라 달라지지 않는다. 따라서 색깔이 다른 두 빛 중 하나는 물속에 해당하는 경로 1을, 다른 하나는 공기에 해당하는 경로 2를 통과했을 때 경로 1을 통과한 빛이 경로 2를 통과한 빛보다 스크린의 왼쪽에 맺혔다면, 경로에 따라 빛의 속도가 다르다는 것이므로 ㉠은 약화되고 ㉡은 강화된다.

ㄷ. 파동이론에 따르면 빛의 색깔은 파장에 따라 달라지며 공기 중에서는 파장에 따라 파동의 속도가 달라지지 않지만 물속에서는 파장에 따라 파동의 속도가 달라진다. 반면, 입자이론에 따르면 빛의 속도는 빛의 색깔에 따라 달라지지 않는다. 따라서 색깔이 다른 두 빛이 모두 물속에 해당하는 경로 1을 통과했을 때 두 빛이 스크린에 맺힌 위치가 다르다면, 이는 색깔에 따라 빛의 속도가 다르다는 것이므로 ㉠은 약화되고 ㉡은 강화된다.

23 빈칸삽입

정답 ②

정답 체크 대화의 내용을 통해 2021년 A보조금과 2022년 B보조금의 신청 자격은 동일하다는 것을 알 수 있으므로 A보조금 신청 자격 사항에 해당하는 민원인의 농업인 및 농지 등록 여부는 확인할 필요가 없다. 다만, 이러한 신청 자격을 갖추었다 하더라도 A보조금을 부정한 방법으로 수령했다고 판정된 경우에는 B보조금을 신청할 수 없다고 했으므로 민원인의 부정 수령 판정 여부와 민원인의 이의 제기 여부를 파악해야 한다. 이때 을이 이의 제기 심의 기간에는 수령인이 부정한 방법으로 수령하지 않은 것으로 본다고 했으므로 이의 제기 기각 건에 민원인이 제기한 건이 포함되었는지를 확인하면 된다. 따라서 빈칸에 들어갈 내용은 '민원인의 부정 수령 판정 여부, 민원인의 이의 제기 여부, 이의 제기 기각 건에 민원인이 제기한 건이 포함되었는지 여부'가 가장 적절하다.

고득점자의 빠른 문제 풀이 Tip

행위의 적절성 여부가 특정 조건에 의해 결정되는 경우라면 주어진 조건 중에서 유의미한 것과 그렇지 않은 것을 구분할 수 있어야 합니다. 특히 실전 문제에서는 조건의 개수를 늘려 혼동을 유발하는 경우가 많으므로 무의미한 조건을 소거하는 과정이 꼭 필요합니다.

24 빈칸삽입

정답 ⑤

정답 체크 갑과 을의 세 번째 대화에서 갑은 교육법 제8조제1항에서는 '법령'이라는 용어를 사용하고 제10조제2항에서는 '조례'라는 용어를 사용하고 있으니 교육법에서는 '법령'과 '조례'를 구분하는 것으로 보인다고 주장한다. 반면, 을은 교육법 제8조제1항에서의 '법령'에는 '조례'가 포함된다고 해석하고 있고, 제10조제2항의 '조례'는 '법령'의 위임을 받아 제정되는 위임입법이므로 교육법 제8조제1항의 '조례'와 제10조제2항의 '조례'는 다른 문제라고 주장한다. 그리고 갑과 을의 마지막 대화에서 을은 학칙을 제정할 때에도 국가나 지자체에서 반드시 지킬 것을 요구하는 최소한의 한계를 법령의 범위라는 말로 표현한 것이라고 했으므로 학칙은 법령의 범위 안에 있어야 함을 알 수 있다. 또한 「학생인권조례」는 헌법에서 보장하고자 하는 기본권과 교육법에서 보장하고자 하는 학생의 인권에 관하여 제정된 것이므로 빈칸에 들어갈 내용은 '법령의 범위에 있는 「학생인권조례」의 내용에 반하는 학칙은 교육법에 저촉됩니다'가 가장 적절하다.

고득점자의 빠른 문제 풀이 Tip

빈칸에 들어갈 내용을 찾는 문제를 풀 때는 정보량을 필요한 만큼 확보해야 합니다. 즉, 빈칸 바로 앞·뒤 내용만 확인해도 되는 경우가 있지만, 문제에 따라 훨씬 더 많은 정보를 확인해야 하는 경우도 있으므로 동일한 유형의 문제라도 문제풀이 시간이 크게 달라질 수 있다는 것에 유의합니다.

25 진술추론

정답 ④

정답 체크 ㄴ. 쟁점 2와 관련하여, B가 △△국 국민이라면, B는 미국 사무소에서 근무하고 있으나 이 미국 사무소는 △△국 C법인의 사무소이므로 제○○조 제1항 제1호에 따라 외국에서 영업활동에 종사하는 사람으로 볼 수 있다. 이에 따라 B는 △△국 비거주자로 구분된다는 갑의 주장이 가능함을 알 수 있다. 그러나 B가 미국 국적의 외국인이라면, C법인 미국 사무소에서 근무한 것을 제○○조 제2항에 따라 국내에서 영업활동에 종사한 것으로 볼 수 있으므로 B는 △△국 비거주자로 구분되지 않는다는 을의 주장이 가능하다. 따라서 갑과 을 사이의 주장 불일치를 설명할 수 있다.

ㄷ. 쟁점 3과 관련하여, D의 길거리 음악 연주가 영업활동이 아닌 것으로 확정된다면, 제○○조 제1항 제1호에 따라 외국에서 영업활동에 종사하는 것이 아니고, 제○○조 제1항 제3호에 따라 외국인과 혼인하여 배우자의 국적국에 6개월 이상 체재한 것도 아니다. 따라서 갑의 주장은 그르고 을의 주장은 옳다.

오답 체크 ㄱ. 제○○조 제1항 제2호에 따르면 2년 이상 외국에서 체제하고 있는 사람의 경우 일시 귀국하여 3개월 이내의 기간 동안 체재한 경우 그 기간은 외국에 체재한 기간에 포함되는 것으로 본다. 이때 쟁점 1과 관련하여, △△국 국민 A가 매년 여름방학과 겨울방학 기간에 일시 귀국하여 2개월씩 체재하였을 때 체재한 '3개월 이내의 기간'이 귀국할 때마다 체재한 기간의 합으로 확정된다면, A가 체재한 기간은 3개월을 초과하게 된다. 따라서 갑의 주장은 그르고 을의 주장은 옳다.

1 법·규정의 적용

정답 ⑤

정답 체크 세 번째 법조문에서 A부 장관은 각 호의 어느 하나에 해당하는 때에는 인증을 취소할 수 있다고 하였고, 제1호의 경우에는 취소하여야 한다고 했으므로 제1호의 경우가 아닌 경우의 취소 여부는 재량사항이라고 보면 된다. 그런데 우수기업인 戊기업이 己기업을 흡수합병하면서 재평가 당시 일시적으로 방재관련 인력이 총 인원의 1.5%가 된 경우는 세 번째 법조문 제3호에 해당하므로 A부 장관은 戊기업의 인증을 취소하지 않을 수 있음을 알 수 있다.

오답 체크
① 두 번째 법조문 제3항에서 제3호의 경우 최초 평가에 한하여 해당 기준을 3개월 내에 충족할 것을 조건으로 인증할 수 있다고 하였으므로 甲기업이 다른 모든 기준을 충족하였으나 총 예산의 4%만을 재해경감 활동 비용으로 할애하였더라도 3개월 내에 5% 이상으로 상향하는 경우에는 우수기업으로 인증받을 수 있음을 알 수 있다.
② 세 번째 법조문에서 A부 장관은 인증받은 우수기업을 6개월마다 재평가한다고 하였으므로 A부 장관이 乙기업을 평가하여 2022. 2. 25. 우수기업으로 인증한 경우, 6개월이 되기 전인 2022. 6. 25.까지 재평가해야 하는 것은 아님을 알 수 있다.
③ 두 번째 법조문 제4항에서 평가 및 인증에 소요되는 비용은 신청하는 자가 부담함을 알 수 있다.
④ 세 번째 법조문에서 제1호의 경우에는 취소하여야 한다고 했고, 丁기업이 재난관리 전담조직을 갖춘 것처럼 거짓으로 신청서를 작성하여 우수기업으로 인증을 받은 경우는 제1호에 해당하므로 반드시 취소해야 함을 알 수 있다.

2 법·규정의 적용

정답 ①

정답 체크 첫 번째 법조문 제2항에 따르면 김가을의 가족관계등록부에 기록해야 하는 내용은 1. 등록기준지, 2. 성명·본·성별·출생연월일 및 주민등록번호, 3. 출생·혼인·사망 등 가족관계의 발생 및 변동에 관한 사항이다. 이 가운데 등록기준지는 두 번째 법조문에서 출생을 사유로 처음 등록을 하는 경우에는 등록기준지를 자녀가 따르는 성과 본을 가진 부 또는 모의 등록기준지로 한다고 하였다. 김가을은 김여름의 성과 본을 따랐음을 알 수 있으므로 김가을의 등록기준지는 김여름의 등록기준지가 되어야 한다. 따라서 박겨울의 등록기준지인 '서울특별시 마포구 △△로 3-33'은 기록해야 하는 내용이 아님을 알 수 있다.

오답 체크
② '부산광역시 남구 ◇◇로 2-22'는 김여름의 등록기준지이므로 첫 번째 법조문 제2항 제1호에 따라 기록해야 하는 내용이다.
③ '2021년 10월 10일'은 출생연월일이므로 첫 번째 법조문 제2항 제2호에 따라 기록해야 하는 내용이다.
④ '金海'는 본에 해당하므로 첫 번째 법조문 제2항 제2호에 따라 기록해야 하는 내용이다.
⑤ '남'은 성별에 해당하므로 첫 번째 법조문 제2항 제2호에 따라 기록해야 하는 내용이다.

3 법·규정의 적용

정답 ⑤

정답 체크 네 번째 법조문 제4항에서 시장 등은 직접 시행하는 정비사업에 관한 공사가 완료된 때에는 그 완료를 해당 지방자치단체의 공보에 고시해야 한다고 하였으므로 戊시장이 직접 시행하는 정비사업에 관한 공사가 완료된 때에는 그 완료를 戊시의 공보에 고시해야 한다.

오답 체크
① 세 번째 법조문에서 시장 등이 아닌 사업시행자가 정비사업을 시행하려는 경우에는 토지 등 소유자로 구성된 조합을 설립해야 한다고 하였으므로 甲특별자치시장이 직접 정비사업을 시행하려는 경우에는 토지 등 소유자로 구성된 조합을 설립하지 않아도 됨을 알 수 있다.
② 네 번째 법조문 제1항에서 시장 등이 아닌 사업시행자가 정비사업 공사를 완료한 때에는 시장 등의 준공인가를 받아야 한다고 하였으나, 동조 제4항에서 시장 등이 직접 시행하는 정비사업에 관한 공사가 완료된 때에는 그 완료를 해당 지방자치단체의 공보에 고시해야 한다고 되어 있을 뿐이므로 A도 乙군수가 직접 시행하는 정비사업에 관한 공사가 완료된 때에는 A도지사에게 준공인가신청을 하지 않아도 됨을 알 수 있다.
③ 다섯 번째 법조문 제2항에서 제1항에 따른 정비구역의 해제는 조합의 존속에 영향을 주지 않는다고 하였으므로 丙시장이 사업시행자 B의 정비사업에 관해 준공인가를 하더라도 토지 등 소유자로 구성된 조합의 해산에는 영향을 주지 않음을 알 수 있다.
④ 다섯 번째 법조문 제1항에서 정비구역의 지정은 공사완료의 고시가 있은 날의 다음 날에 해제된 것으로 본다고 하였으므로 丁시장이 사업시행자 C의 정비사업에 관해 공사완료를 고시하면, 정비구역의 지정은 고시한 날이 아니라 그 다음 날에 해제됨을 알 수 있다.

4 법·규정의 적용

정답 ①

정답 체크 첫 번째 법조문 제2항 제2호에 따르면 총톤수 100톤 미만인 부선은 소형선박이고, 두 번째 법조문 제1항에 따르면 소형선박 소유권의 이전은 계약당사자 사이의 양도합의와 선박의 등록으로 효력이 생긴다. 따라서 총톤수 80톤인 부선은 소형선박이므로 매수인 甲이 선박의 소유권을 취득하기 위해서는 매도인과 양도합의를 하고 선박을 등록해야 함을 알 수 있다.

오답 체크
② 두 번째 법조문 제2항에서 총톤수 20톤 이상인 기선은 선박의 등기를 한 후에 선박의 등록을 신청하여야 한다고 했으므로 총톤수 100톤인 기선의 소유자 乙이 선박의 등기를 하기 위해서 등록을 신청해야 하는 것이 아니라 등록을 하기 위해서 등기를 먼저 해야 함을 알 수 있다.
③ 두 번째 법조문 제2항에서 선박의 소유자는 선적항을 관할하는 지방해양수산청장에게 선박의 등록을 신청하여야 한다고 했으므로 해양수산부장관에게 등록을 신청해야 하는 것이 아님을 알 수 있다.
④ 두 번째 법조문 제3항에서 지방해양수산청장은 등록신청을 받으면 이를 선박원부에 등록하고 신청인에게 선박국적증서를 발급하여야 한다고 했으므로 등기를 신청한 것만으로 선박국적증서를 발급해야 하는 것은 아님을 알 수 있다.
⑤ 두 번째 법조문 제3항에서 선박 등록신청을 받으면 이를 선박원부에 등록하고 신청인에게 선박국적증서를 발급하여야 하는 주체는 관할 법원이 아니라 지방해양수산청장임을 알 수 있다.

5 세부 내용 파악

정답 ②

정답 체크 2문단에서 '보리 수확기는 여름이었지만 파종 시기는 보리 종류에 따라 달랐다. 가을철에 파종하여 이듬해 수확하는 보리는 가을보리, 봄에 파종하여 그해 수확하는 보리는 봄보리라고 불렀다.'고 하였으므로 봄보리의 재배기간이 가을보리보다 짧았음을 알 수 있다.

오답 체크
① 1문단에서 흰색 쌀은 가을철 논에서 수확한 벼를 의미한다고 하였고, 3문단에서 콩 수확기는 가을이라고 하였으므로 흰색 쌀과 콩 모두 가을에 수확했음을 알 수 있다.
③ 1문단에서 회색 쌀은 밭에서 자란 곡식을 가공함으로써 얻는다고 하였으므로 회색 쌀은 논이 아니라 밭에서 수확된 곡식을 가공한 것을 의미함을 알 수 있다.
④ 2문단에서 보릿고개는 보리를 수확하는 하지, 즉 낮이 가장 길고 밤이 가장 짧은 시기까지 지속되다가 사라지는 고개였다고 하였으므로 하지가 지나면서 더 심해지는 것은 아님을 알 수 있다.
⑤ 3문단에서 봄철 밭에서는 보리, 콩, 조가 함께 자라는 것을 볼 수 있었음을 알 수 있다.

6 문제해결

정답 ②

정답 체크 甲은 평균속력이 더 높을 것으로 예상되는 경로를 항상 선택한다고 하였으므로 속력 = $\frac{거리(A)}{시간(B)}$임을 적용하여 판단한다.
ㄱ. A가 증가하고 B가 감소하면 속력이 증가하므로 항상 대안경로를 선택하게 된다.
ㄷ. A와 B가 모두 감소하더라도 A의 감소 비율보다 B의 감소 비율이 낮으면 속력은 증가하므로 대안경로를 선택하는 경우가 있다.

오답 체크
ㄴ. A와 B가 모두 증가하더라도 A의 증가 비율보다 B의 증가 비율이 높으면 속력은 감소하므로 대안경로가 아닌 기존경로를 선택하는 경우도 있다.
ㄹ. A가 감소하고 B가 증가하면 항상 속력은 감소하므로 대안경로를 선택하는 경우는 없다.

7 논리퍼즐

정답 ③

정답 체크 228,000원이어야 할 결제 금액이 237,300원이 되었으므로 9,300원이 더 결제되었음을 알 수 있다. 따라서 선택지 가운데 9,300원이 더 계산되는 것이 가능한 경우를 찾는다.
이때 딸기가 1상자 더 계산되어 23,600원이 더 계산되고 복숭아가 1상자 덜 계산되어 14,300원이 덜 계산되면 23,600 - 14,300 = 9,300원이 더 결제되는 경우가 발생할 수 있다.

오답 체크
① 더 결제된 금액은 9,300원이고, 1상자의 가격이 가장 저렴한 복숭아도 14,300원이므로 이 과일이 2상자 더 계산된다면 이미 9,300원을 초과하게 된다. 따라서 한 과일이 2상자 더 계산된다면 9,300원이 더 계산되는 경우는 불가능하다.
② 1상자의 가격이 가장 저렴한 복숭아도 14,300원이므로 이 과일이 1상자 더 계산되고 이보다 더 비싼 과일이 1상자 더 계산된다면 이미 9,300원을 초과하게 된다. 따라서 두 과일이 각각 1상자 더 계산된다면 9,300원이 더 계산되는 경우는 불가능하다.
④ 1상자의 가격이 가장 비싼 사과가 1상자 더 계산되어 30,700원이 더 계산되고 가장 저렴한 과일인 복숭아와 그 다음으로 저렴한 과일인 딸기가 1상자 덜 계산되어 14,300+25,500=39,800원이 덜 계산된다면 39,800-30,700=9,100원이 덜 계산될 수 있다. 따라서 한 과일이 1상자 더 계산되고, 다른 두 과일이 각각 1상자 덜 계산되는 경우는 반드시 원래 계산보다 적게 계산되므로 9,300원이 더 계산되는 경우는 불가능하다.
⑤ 두 과일씩 짝을 지을 수 있는 경우의 수는 다음의 6가지이다. 각각의 경우 계산되는 결과를 정리하면 다음과 같다.

더 계산된 과일	더 계산된 값(A)	덜 계산된 과일	덜 계산된 값(B)	(A)+(B) 합계
사과, 귤	30,700 +25,500 =56,200원	복숭아, 딸기	14,300 +23,600 =37,900원	18,300원
사과, 복숭아	30,700 +14,300 =45,000원	귤, 딸기	25,500 +23,600 =49,100원	-4,100원
사과, 딸기	30,700 +23,600 =54,300원	귤, 복숭아	25,500 +14,300 =39,800원	14,500원
귤, 복숭아	25,500 +14,300 =39,800원	사과, 딸기	30,700 +23,600 =54,300원	-14,500원
귤, 딸기	25,500 +23,600 =49,100원	사과, 복숭아	30,700 +14,300 =45,000원	4,100원
복숭아, 딸기	14,300 +23,600 =37,900원	사과, 귤	30,700 +25,500 =56,200원	-18,300원

이 가운데 어떤 경우에도 9,300원이 더 계산되는 경우는 없다.

고득점자의 빠른 문제 풀이 Tip

주어진 제시문에서 더 계산된 값은 9,300원인데 ①과 ②는 이미 더 계산된 금액이 9,300원을 넘으므로 소거합니다. 한편 ④는 가장 저렴한 두 과일을 1상자씩 덜 계산하는 경우 14,300+23,600=37,900원을 덜 결제하게 되는데 가장 비싼 과일인 사과를 1상자 더 계산하더라도 30,700원을 덜 결제하게 되므로 소거합니다.
③과 ⑤는 각 선택지의 백의 자리만 고려하면서 옳고 그름을 판단해보는 것이 좋습니다. 제시문에서 더 계산된 값의 의미 있는 가장 끝자리인 백의 자리까지의 수는 300이고 각 과일 가격의 백의 자리까지의 수만 보면 사과는 700, 귤은 500, 복숭아는 300, 딸기는 600이다. 이때 ③은 한 과일이 1상자 더 계산되고 다른 한 과일이 1상자 덜 계산된 것이므로 각 과일의 백의 자리를 조합하여 +300을 만들 수 있는지 찾아보면 딸기의 +600과 딸기의 -300만이 가능한데 실제로 계산해보면 +9,300원이 되어 답이 됨을 알 수 있습니다.
한편 ⑤는 두 과일의 상자가 각각 1상자 더 계산되고 다른 두 과일이 각각 1상자 덜 계산된 것이므로 두 과일의 백의 자리를 조합하여 합한 값과 나머지 두 과일의 백의 자리를 조합하여 합한 값을 이용해서 +300을 만들 수 있는지 찾아봅니다. 이때 (사과+귤) : (복숭아+딸기) = 200 : 900, (사과+복숭아) : (귤+딸기) = 0 : 100, (사과+딸기) : (귤+복숭아) = 300 : 800이 되는데, +300이 가능한 것은 사과+귤에서 복숭아+딸기를 빼는 경우뿐입니다. 그런데 이를 계산하면 56,200 - 37,900 = 18,300이 되므로 옳지 않음을 알 수 있습니다.

8 문제해결

정답 ④

정답 체크 제시문에 따라 甲~戊의 휴가지원사업 참여 가능 여부를 확인하면 다음과 같다.

- 간호사 甲: 의료 법인의 근로자이면서 병·의원 소속 의사는 아니므로 참여할 수 있다.
- 노무사 乙: 중소기업의 근로자이지만 회계법인 소속의 노무사이므로 참여할 수 없다.
- 사회복지사 丙: 법인의 대표는 참여 대상에서 제외되는 것이 원칙이지만 丙은 사회복지법인의 대표이므로 참여할 수 있다.
- 회사원 丁: 참여 대상에 대기업 근로자는 참여 대상에 포함되지 않으므로 참여할 수 없다.
- 의사 戊: 병·의원 소속의 의사와 임원은 참여 대상에서 제외되는 것이 원칙이지만 戊는 병·의원 소속이 아닌 비영리민간단체의 임원이므로 참여할 수 있다.

따라서 휴가지원사업에 참여할 수 있는 사람은 甲, 丙, 戊이다.

9 세부 내용 파악

정답 ②

정답 체크 3문단에 따르면 선호순위가 높은 후보사업은 국민참여예산사업으로 결정되고, 8월에 재정정책자문회의의 논의를 거쳐 국무회의에서 정부예산안에 반영되며, 정부예산안이 국회에 제출되면 국회의 심의·의결을 거쳐 12월까지 예산안을 확정한다. 따라서 국민참여예산사업은 국회 심의·의결 전에 국무회의에서 정부예산안에 반영됨을 알 수 있다.

오답 체크
① 2문단에서 국민제안제도가 국민들이 제안한 사항에 대해 관계부처가 채택 여부를 결정하는 방식이라면, 국민참여예산제도는 국민의 제안 이후 사업심사와 우선순위 결정과정에도 국민의 참여를 가능하게 한다고 하였으므로 국민제안제도가 우선순위를 정하는 것은 아님을 알 수 있다.
③ 1문단에서 국민참여예산제도는 정부의 예산편성권과 국회의 예산심의·의결권 틀 내에서 운영됨을 알 수 있다.
④ 세 번째 문단에서 선호순위가 높은 후보사업은 국민참여예산사업으로 결정된 후에 8월에 재정정책자문회의의 논의를 거친다고 하였으므로 참여예산 후보사업이 재정정책자문회의의 논의를 거쳐 제안되는 것은 아님을 알 수 있다.
⑤ 네 번째 문단에서 예산국민참여단의 사업선호도는 오프라인 투표를 통해 조사한다고 하였으므로 예산국민참여단의 사업선호도 조사가 전화설문을 통해 이루어지는 것은 아님을 알 수 있다.

10 세부 내용 파악

정답 ③

정답 체크 수치 계산에 필요한 내용을 정리하면 다음과 같다.

- 2019년 국민참여예산사업에 800억 원이 반영(5문단)
- 2019년 국민참여예산사업 가운데 688억 원이 생활밀착형사업 예산, 나머지는 취약계층지원사업 예산
- 2020년 국민참여예산사업은 2019년도에 비해 25% 증가
  → 800억 원 × 1.25 = 1,000억 원
- 2020년 국민참여예산사업 가운데 870억 원이 생활밀착형사업 예산, 나머지는 취약계층지원 사업 예산

이를 표로 정리하면 다음과 같다.

구분	생활밀착형	취약계층지원	합계
2019년	688억 원	112억 원	800억 원
2020년	870억 원	130억 원	1,000억 원

따라서 국민참여예산사업 예산에서 취약계층지원사업 예산이 차지하는 비율은 2019년이 (112/800) × 100 = 14%이고, 2020년이 (130/1,000) × 100 = 13%이다.

11 문제해결

정답 ①

정답 체크 제시된 기준을 정리하면 다음과 같다.

- 기준 1: 법 – 시행령 – 시행규칙의 순서로 우선순위를 결정한다.
  단, 법규 체계가 같은 순위인 경우 소관 부서명의 가나다 명으로 우선순위를 결정한다.
- 기준 2: 기준 1에도 불구하고 하나의 부서에서 여러 개의 개정안을 보고하는 경우, 해당 부서의 첫 번째 보고 이후 나머지 개정안을 일괄하여 기준 1에 따라 모두 보고한다.
- 기준 3: 기준 1, 2에도 불구하고 보고자가 국장인 경우 가장 먼저 보고한다.

A, B, C, D, E 가운데 D법 시행령 개정안의 보고자가 국장이므로 기준 3에 의해 D법 시행령 개정안을 먼저 보고해야 한다. → 첫 번째 보고 D
다음으로 A와 B는 법 개정안, C는 시행령 개정안, E는 시행규칙 개정안이므로 A와 B가 소관 부서명의 가나다순에 따라 예산담당관 A법 개정안보다 기획담당관 B법 개정안을 먼저 보고한다. 이때 B와 C의 소관 부서가 모두 기획담당관이므로 기준 2에 의해 B와 C를 일괄하여 보고하는데, 법 개정안인 B를 먼저 보고한 후 법 시행령 개정안인 C를 보고한다. → 두 번째 보고 B, 세 번째 보고 C
남은 A와 E 가운데 법 개정안인 A를 보고한 후, 법 시행규칙 개정안인 E를 보고한다. → 네 번째 보고 A, 다섯 번째 보고 E
따라서 D, B, C, A, E순으로 보고하게 되므로 네 번째로 보고되는 개정안은 A법 개정안이다.

12 문제해결

정답 ②

정답 체크 <상황>에 따르면 창호 소요비용은 500만 원, 쉼터 소요비용은 900만 원이고, 제시문에 따르면 쉼터는 외부, 창호는 내부 수리이다. 각 사업별 지원기준에 따른 비용을 살펴보면 다음과 같다.

- 사업 A: 외부-본인 부담 10%, 나머지 90%를 1,250만 원 한도 내에서 지원 → 쉼터 수리비용 900만 원 중 810만 원 지원
  내부-지원X
- 사업 B: 담장과 쉼터 중 하나만 지원하며 쉼터에 대해서는 50만 원 한도 내에서 지원 → 쉼터 수리비용 50만 원 지원
  나머지 항목은 본인부담 50%, 나머지 50%를 1,200만 원 한도 내에서 지원 → 창호 수리비용은 500만 원 중 250만 원 지원

이를 정리하면 다음과 같다.

구분	쉼터	창호	총합
사업 A	810만 원	0원	810만 원
사업 B	50만 원	250만 원	300만 원

따라서 甲이 선택할 사업은 A이며, 받을 수 있는 지원금은 810만 원이다.

13 문제해결

정답 ③

정답 체크 각 방식에 따른 업무량을 정리하면 다음과 같다.

구분		월	화	수	목	금
기본업무량		60	50	60	50	60
방식1	업무량	100	80	60	40	20
	칭찬, 꾸중	칭찬	칭찬	-	꾸중	꾸중
방식2	업무량	0	30	60	90	120
	칭찬, 꾸중	꾸중	꾸중	-	칭찬	칭찬
방식3	업무량	60	60	60	60	60
	칭찬, 꾸중	-	칭찬	-	칭찬	-

ㄴ. 수요일은 어떤 방식으로도 칭찬이나 꾸중을 듣지 않는다.

ㄷ. 칭찬을 듣는 날수는 방식1이 월, 화 2일, 방식2가 목, 금 2일, 방식3이 화, 목 2일이다. 따라서 어느 방식을 선택하더라도 칭찬을 듣는 날수는 동일하다.

오답 체크 ㄱ. 방식1을 선택할 경우 화요일에는 칭찬을 듣는다.

ㄹ. 칭찬을 듣는 날수에서 꾸중을 듣는 날수를 뺀 값은 방식1이 0, 방식2가 0, 방식3이 2일이다. 따라서 칭찬을 듣는 날수에서 꾸중을 듣는 날수를 뺀 값을 최대로 하려면 방식3을 선택하여야 한다.

14 논리퍼즐

정답 ⑤

정답 체크 乙의 첫 번째 대화에 따르면 남자직원과 여자직원의 합은 1,000명이고 이 가운데 찬성하는 사람이 430명이며, 이는 남자직원의 40%와 여자직원의 50%의 합이다. 남자직원을 '남', 여자직원을 '여'로 두고 식을 정리하면 다음과 같다.

- 남 + 여 = 1,000
- 0.4남 + 0.5여 = 430

두 식을 연립하여 정리하면 남자직원은 700명, 여자직원은 300명, 연수를 희망하는 남자직원은 280명, 연수를 희망하는 여자직원은 150명이다.

한편 乙의 두 번째 대화에 따르면 연수를 희망하는 여자직원 중 B지역 희망 인원은 150 × 0.8 = 120명, 연수를 희망하는 남자직원 중 B지역 희망 인원은 280 × 0.4 = 112명이다.

이를 정리하면 다음과 같다.

구분		남자직원	여자직원
희망	A지역	168명	30명
	B지역	112명	120명
	전체	280명	150명
미희망		420명	150명
합계		700명	300명

ㄱ. 전체 직원 1,000명 중 남자직원은 700명이므로 50%를 넘는다.

ㄷ. A지역 연수를 희망하는 직원은 남자직원 168명, 여자직원 30명으로 전체 198명이므로 200명을 넘지 않는다.

ㄹ. B지역 연수를 희망하는 남자직원은 112명이므로 100명을 넘는다.

오답 체크 ㄴ. 연수 희망자 430명 가운데 여자직원은 150명으로 비율은 (150 / 430) × 100 ≒ 34.9%이므로 40%를 넘지 않는다.

15 문제해결

정답 ①

정답 체크 2020년 대비 2021년의 이익이 감소한 경우 지원금을 지급하므로 이익에 관해 제시된 내용을 식으로 정리하면 다음과 같다.

이익 = (판매량 × 판매가격) − (판매량 × 단위당 변동원가) − 고정원가
= 판매량 × (판매가격 − 단위당 변동원가) − 고정원가
= 40만 단위 × 400원 − 1억 원 = 0.6억 원

ㄴ. 2021년의 판매가격을 2020년 대비 5% 인하하고 나머지 변수인 판매량, 단위당 변동원가, 고정원가는 동일한 경우, 이익은 감소하므로 지원금을 받을 수 있다.

오답 체크 ㄱ. 2021년의 판매량, 판매가격, 단위당 변동원가, 고정원가가 2020년과 동일한 경우 이익도 변화가 없으므로 지원금을 받을 수 없다.

ㄷ. 2021년의 판매량이 2020년 대비 10% 증가하고 고정원가가 5% 감소하였으므로 판매량을 44만 단위, 고정원가를 9,500만 원으로 수정하고 판매가격과 단위당 변동원가는 그대로 두어 식을 정리하면 다음과 같다.

이익 = 44만 단위 × 400원 − 9,500만 원
= 1.76억 원 − 0.95억 원 = 0.81억 원

따라서 2020년 이익인 0.6억 원보다 0.21억 원이 증가했으므로 지원금을 받을 수 없다.

ㄹ. 2021년의 판매가격이 2020년 대비 5% 증가하고 판매량이 25% 증가하였으므로 판매가격을 2,100원, 판매량을 50만 단위로 수정하고 단위당 변동원가와 고정원가는 그대로 두어 식을 정리하면 다음과 같다.

이익 = 50만 단위 × 500원 − 1억 원
= 10.5억 원 − 8억 원 − 1억 원 = 1.5억 원

따라서 2020년 이익인 0.6억 원보다 0.9억 원이 증가했으므로 지원금을 받을 수 없다.

고득점자의 빠른 문제 풀이 Tip

'이익 = 판매량 × (판매가격 − 변동원가) − 고정원가'에서 '판매량 × (판매가격 − 변동원가)'를 A, '고정원가'를 B로 놓으면 이익 = A − B가 되는데 이를 토대로 ㄷ, ㄹ은 정확한 계산을 하지 않아도 빠르게 확인할 수 있습니다.

ㄷ. 판매량이 증가하고 고정원가가 감소하면 A는 증가하고 B는 감소합니다. 따라서 A − B는 증가하게 되어 이익은 전체적으로 증가합니다.

ㄹ. 판매가격이 증가하고 판매량이 증가하면 A가 증가하나 B는 변화가 없으므로 A−B는 증가하게 되어 이익은 전체적으로 증가합니다.

16 문제해결

정답 ③

정답 체크 甲, 乙, 丙의 작년과 올해의 성과급을 계산하면 다음과 같다.

구분	작년 성과급	올해 성과급
甲	$3,500 \times \frac{40+20}{2}\% = 1,050$만 원	4,000 × 40% = 1,600만 원
乙	$4,000 \times \frac{10+40}{2}\% = 1,000$만 원	4,000 × 40% = 1,600만 원
丙	$3,000 \times \frac{10+20}{2}\% = 450$만 원	3,500 × 10% = 350만 원

丙은 작년 대비 올해 성과급이 450만 원에서 350만 원으로 감소하였으므로 甲~丙 모두 작년 대비 올해 성과급이 증가한 것은 아니다.

오답 체크 ① 甲의 작년 성과급은 1,050만 원이다.

② 甲과 乙의 올해 성과급은 1,600만 원으로 동일하다.

④ 올해 연봉과 성과급의 합은 甲이 5,600만 원, 乙이 5,600만 원, 丙이 3,850만 원이다. 따라서 올해 연봉과 성과급의 합이 가장 작은 사람은 丙이다.

⑤ 甲, 乙, 丙의 작년 대비 올해 성과급 상승률을 정리하면 다음과 같다.

甲 = (1,600 − 1,50) / 1,050 ≒ 0.52

乙 = (1,600 − 1,000) / 1,000 = 0.6

丙 = (350 − 450) / 450 ≒ −0.22

따라서 상승률이 가장 큰 사람은 乙이다.

고득점자의 빠른 문제 풀이 Tip

⑤ 丙은 성과급이 감소하였으므로 제외하고, 작년에 甲보다 적은 성과급이었던 乙이 올해는 甲과 같은 성과급을 받게 되었으므로 정확히 계산하지 않아도 상승률이 가장 큰 사람은 乙이라는 것을 알 수 있습니다.

17 논리퍼즐

정답 ④

정답 체크

제시된 내용을 정리하면 다음과 같다.

- 전공: A > B > E, C > D
- 영어: E > F > G
- 적성: G > B, G > C

모든 시험에서 일정 점수 이상인 응시자는 모두 합격, 일정 점수 미만인 응시자는 모두 불합격이라고 하였으므로 어떤 시험에서 합격한 사람을 알 수 있다면 해당 시험에서 그 사람보다 성적이 높은 사람은 모두 합격임을 알 수 있다.

이때 B가 합격하였다면, 적성시험에서 B보다 성적이 높은 G가 합격하였음을 알 수 있고, G가 합격하였다면, 영어시험에서 G보다 성적이 높은 E와 F가 합격하였음을 알 수 있다. 따라서 B와 E가 합격하였다면, F와 G도 합격하였다.

오답 체크

① A가 합격하였다면, 전공시험 점수를 감안하더라도 A보다 성적이 낮은 응시자에 대한 정보는 알 수 없으며, 나머지 시험에 대한 정보도 없으므로 B가 합격하였는지는 알 수 없다. 따라서 A가 합격하였더라도 B가 합격하였는지는 알 수 없다.

② G가 합격하였다면, 영어시험에서 G보다 성적이 높은 E와 F가 합격하였음을 알 수 있고, 전공시험에서 E보다 성적이 높은 A와 B도 합격하였음을 알 수 있다. 그러나 C가 합격하였는지는 알 수 없다.

③ A가 합격하였다면, 전공시험 점수를 감안하더라도 A보다 성적이 낮은 응시자에 대한 정보는 알 수 없으며, 나머지 시험에 대한 정보도 없으므로 누가 합격하였는지 알 수 없다. 한편 B가 합격하였다면, 전공시험에서 B보다 성적이 높은 A와 적성시험에서 B보다 성적이 높은 G가 합격하였음을 알 수 있고 G가 합격하였다면, 영어시험에서 G보다 성적이 높은 E와 F가 합격하였음을 알 수 있다. 하지만 C와 D가 합격하였는지는 알 수 없다.

⑤ B가 합격하였다면, 전공시험에서 B보다 성적이 높은 A와 적성시험에서 B보다 성적이 높은 G가 합격하였음을 알 수 있고, G가 합격하였다면, 영어시험에서 G보다 성적이 높은 E와 F가 합격하였음을 알 수 있다. 그러나 이외에 누가 합격하였는지는 알 수 없으므로 B가 합격하였다면, 합격한 것으로 확정되는 사람은 B를 포함하여 A, B, E, F, G로 5명뿐이다.

18 논리퍼즐

정답 ②

정답 체크

ㄴ. 甲이 3점 슛에 2번 도전하여 甲의 합계 점수가 최소가 되는 경우는 2점 슛 3회 성공, 3점 슛 1회 성공, 3점 슛 1회 실패하는 경우로, 합계 점수 최솟값은 9점이다. 이때 乙이 3번의 성공으로 9점을 넘기 위해서는 3점 슛 2회 성공, 4점 슛 1회 성공이어야 한다. 따라서 甲이 3점 슛에 2번 도전하였고, 乙이 승리하였다면 乙은 4점 슛에 도전하였을 것이다.

오답 체크

ㄱ. 甲이 2점 슛을 4회 성공하고 2회차에서 4점 슛을 시도해서 실패한 경우에는 7점이 되는 경우도 가능하므로 甲의 합계 점수는 7점 이상이다.

ㄷ. 甲이 2점 슛을 4회 성공, 2회차에서 슛에 실패하여 총 7점을 얻고, 乙이 3점 슛을 2회, 4점 슛을 1회 성공, 3, 4회차에서 슛에 실패하여 총 8점을 얻을 경우 乙이 승리할 수도 있다.

19 논리퍼즐

정답 ③

정답 체크

군경계의 한 지점 a에서 왼쪽으로 12km 지점에 위치하는 다른 경계지점 b와 오른쪽으로 12km 지점에 위치하는 다른 경계지점 c까지의 길을 나타내면 다음과 같다.

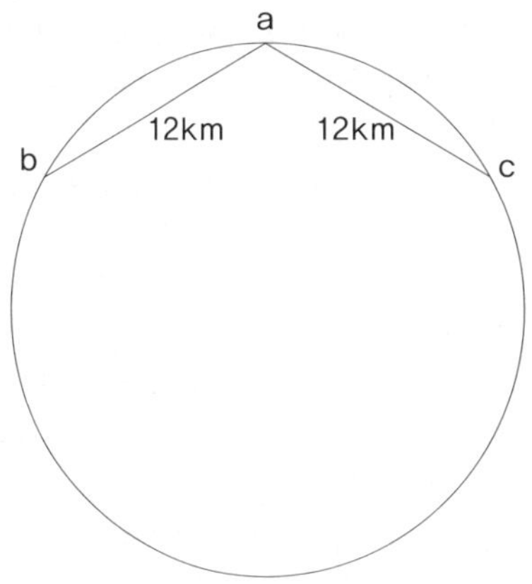

한편 A군은 반지름이 12km인 원모양이므로 a에서 A군의 중심으로 12km 지점에는 군의 중심 d가 위치하며, d로부터 b와 c까지의 거리도 12km이다. 즉, a, b, d를 잇는 도형은 정삼각형이 되고 a, c, d를 잇는 도형도 정삼각형이 된다. 이를 나타내면 다음과 같다.

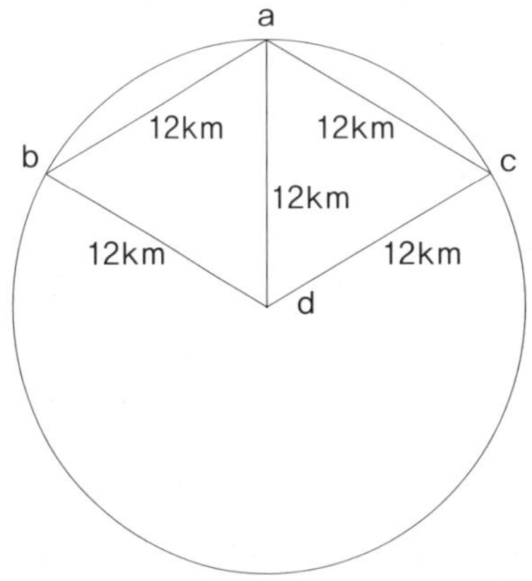

이와 같은 방식으로 각 양봉농가에서 12km 떨어진 거리에 있는 다른 지점을 연결하면 다음과 같이 각 점까지의 길이가 12km인 점이 7개까지 가능하다.

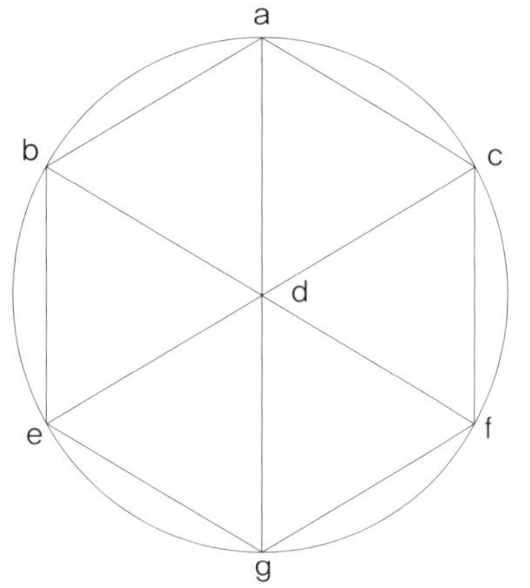

따라서 A군 양봉농가의 최대 수는 7개이다.

20 논리퍼즐

정답 ③

정답 체크

- 만약 그저께와 올해가 같은 해라면 그저께 만 21살이었던 사람이 올해 만 23살이 될 수는 없으므로 그저께와 올해의 연도는 달라야 한다. 이에 따라 올해가 2022년이므로 그저께는 2021년이다. 또한 만 22살이 되는 해가 올해라면 올해 또 다시 만 23살이 될 수는 없으므로 만 22살이 되는 해도 작년인 2021년임을 알 수 있다.
- 그저께 만 21살, 올해 만 23살이 되는 경우는 그저께 만 21살이었던 사람이 그저께와 같은 해에 만 22살이 되고 올해 만 23살이 되는 경우만이 가능하다. 이때 그저께가 작년이 되는 경우로 가능한 것은 현재 2022년 1월 1일이어서 그저께가 2021년 12월 30일이 되는 경우와 오늘이 2022년 1월 2일이어서 그저께가 2021년 12월 31일이 되는 경우 두 가지뿐이고, 그저께가 12월 31일이라면 12월 31일에 만 21살이 되고 같은 해에 만 22살이 될 수는 없으므로 그저께는 12월 30일이다.
- 만 나이는 자신이 태어난 날에 1살이 늘어나는 것이므로 2000년생은 2001년 자신의 생일에 만 1살이 되고 2002년 자신의 생일에 만 2살이 된다. 즉, 만 나이는 현재 생일인 연도에서 태어난 연도를 뺀 값이다. 甲은 2021년 12월 31일에 만 22세가 되었으므로 생일은 12월 31일이고 태어난 연도는 2021 - 22 = 1999년이다.

따라서 주민등록번호 앞 6자리인 991231의 각 숫자를 모두 곱하면 9×9×1×2×3×1=486이다.

21 문제해결

정답 ⑤

정답 체크

<상황>에서 올해 '기준 검사 건수'가 100건이라고 하였으므로 제시문에 따라 올해 직원별 최대 검사 건수를 정리하면 다음과 같다.

- 국장과 사무 처리 직원은 '기준 검사 검수'의 100%를 차감하므로 국장과 사무 처리 직원의 최대 검사 건수는 0건이다.
- 국장 및 사무 처리 직원을 제외한 모든 직원은 '기준 검사 건수'의 10%를 차감하므로 한 사람의 최대 검사 건수는 90건이다.
- 과장은 '기준 검사 건수'의 50%를 추가 삭감하므로 과장의 최대 검사 건수는 90 - 50 = 40건이다.

<상황> 네 번째 조건에 따르면 A검사국의 올해 검사 건수는 직원별로 최대 검사 건수의 합과 동일하고, <상황> 첫 번째 조건에 따르면 올해 A검사국에는 국장 1명, 과장 9명, 사무 처리 직원 10명, 나머지 직원 80명이 있으므로 올해 A검사국의 검사 건수는 다음과 같다.

구분	국장	과장	사무 처리 직원	나머지 직원	합계
인원	1명	9명	10명	80명	100명
1인당 검사 건수	0건	40건	0건	90건	-
합계	0건	360건	0건	7,200건	7,560건

이때 <상황> 세 번째 조건에 따르면 내년의 '기준 검사 건수'는 90건이므로 내년 직원별 최대 검사 건수는 다음과 같다.

- 국장과 사무 처리 직원은 '기준 검사 검수'의 100%를 차감하므로 국장과 사무 처리 직원의 최대 검사 건수는 0건이다.
- 국장 및 사무 처리 직원을 제외한 모든 직원은 '기준 검사 건수'의 10%를 차감하므로 한 사람의 최대 검사 건수는 81건이다.
- 과장은 '기준 검사 건수'의 50%를 추가 삭감하므로 과장의 최대 검사 건수는 81 - 45 = 36건이다.

<상황> 두 번째 조건에 따르면 내년에도 국장, 과장, 사무 처리 직원의 수는 올해와 동일하므로 나머지 직원의 수도 동일하다고 가정할 때 내년 A국의 최대 검사 건수는 다음과 같다.

구분	국장	과장	사무 처리 직원	나머지 직원	합계
인원	1명	9명	10명	80명	100명
1인당 검사 건수	0건	36건	0건	81건	-
합계	0건	324건	0건	6,480건	6,804건

<상황> 다섯 번째 조건에서 내년 A검사국의 예상 검사 건수는 올해 검사 건수의 120%라고 하였으므로 내년 검사 건수는 7,560 × 1.2 = 9,072건이다. 이에 따라 검사하는 데 인원이 더 필요한 건수는 9,072 - 6,804 = 2,268건이고 내년에는 한 사람당 81건을 처리하게 되므로 더 필요한 인원은 2,268 / 81 = 28명이다.

고득점자의 빠른 문제 풀이 Tip

국장과 사무직원은 검사 건수에 변동이 없고 과장과 나머지 직원의 검사 건수에만 변동이 있을 뿐입니다. 이때 내년의 '기준 검사 건수'는 올해보다 10% 감소하므로 과장은 360건의 10%인 36건이 감소하고, 나머지 직원은 7,200건의 10%인 720건이 감소하여 현재 직원으로 처리할 수 있는 최대 검사 건수는 36 + 720 = 756건이 감소합니다. 그런데 내년에는 올해보다 검사 건수가 20% 증가할 예정이므로 7,560 × 0.2 = 1,512건이 늘어나게 되고, 결국 1,512 + 756 = 2,268건을 검사하는 데 추가 인원이 필요하다는 것을 알 수 있습니다. 따라서 2,268건을 내년에 한 명당 처리하게 될 건수인 81로 나누면 28입니다.

22 논리퍼즐

정답 ④

정답 체크

현재 풀고 있는 문제의 번호를 a라고 하면, 바로 다음 회차에 풀이할 문제의 번호는 풀이 결과가 정답인 경우에 2a + 1, 풀이 결과가 오답인 경우에 (a / 2)의 정수값 + 1이다. 계산값이 25를 넘는 경우 25번 문제를 풀고 더 이상 풀지 않는다. 이를 토대로 甲, 乙, 丙이 각 회차별로 풀게 되는 문제의 번호를 3회차까지 정리하면 다음과 같다.

구분		1	2	3
甲	현재문제	1	3	7
	풀이 결과	O	O	X
	다음 문제	3	7	4
乙	현재 문제	1	3	7
	풀이 결과	O	O	O
	다음 문제	3	7	15
丙	현재 문제	1	3	2
	풀이 결과	O	X	O
	다음 문제	3	2	5

4회차의 풀이 결과는 정답인 경우와 오답인 경우로 나누어 가능한 경우를 확인한다.

<table>
<tr><th colspan="2">구분</th><th>1</th><th>2</th><th>3</th><th colspan="2">4</th></tr>
<tr><td rowspan="3">甲</td><td>현재 문제</td><td>1</td><td>3</td><td>7</td><td colspan="2">4</td></tr>
<tr><td>풀이 결과</td><td>O</td><td>O</td><td>X</td><td>O</td><td>X</td></tr>
<tr><td>다음 문제</td><td>3</td><td>7</td><td>4</td><td>9</td><td>3</td></tr>
<tr><td rowspan="3">乙</td><td>현재 문제</td><td>1</td><td>3</td><td>7</td><td colspan="2">15</td></tr>
<tr><td>풀이 결과</td><td>O</td><td>O</td><td>O</td><td>O</td><td>X</td></tr>
<tr><td>다음 문제</td><td>3</td><td>7</td><td>15</td><td>25</td><td>8</td></tr>
<tr><td rowspan="3">丙</td><td>현재 문제</td><td>1</td><td>3</td><td>2</td><td colspan="2">5</td></tr>
<tr><td>풀이 결과</td><td>O</td><td>X</td><td>O</td><td>O</td><td>X</td></tr>
<tr><td>다음 문제</td><td>3</td><td>2</td><td>5</td><td>11</td><td>3</td></tr>
</table>

이때 조건에서 한 사람이 같은 번호의 문제를 두 번 이상 푼 경우는 없었다고 하였고, 甲, 乙, 丙은 이미 2회차에 3번 문제를 풀었으므로 甲과 丙이 4회차에 푼 문제가 오답이어서 3번 문제를 다시 푸는 경우는 불가능하다. 또한 조건에서 풀 문제의 번호가 25번을 넘어갈 경우 25번 문제를 풀고 더 이상 문제를 풀지 않는다고 하였고, 乙은 7회차까지 모두 문제를 풀었으므로 乙이 4회차에 푼 문제가 정답이어서 25번 문제를 푸는 경우도 불가능하다.

이에 따라 5회차의 풀이 결과를 정답인 경우와 오답인 경우로 나누어 가능한 경우를 확인한다.

<table>
<tr><th colspan="2">구분</th><th>1</th><th>2</th><th>3</th><th>4</th><th colspan="2">5</th><th colspan="2">6</th><th colspan="2">7</th></tr>
<tr><td rowspan="3">甲</td><td>현재 문제</td><td>1</td><td>3</td><td>7</td><td>4</td><td colspan="2">9</td><td>19</td><td>5</td><td>25</td><td>11</td></tr>
<tr><td>풀이 결과</td><td>O</td><td>O</td><td>X</td><td>O</td><td>O</td><td>X</td><td colspan="2">O</td><td colspan="2">X</td></tr>
<tr><td>다음 문제</td><td>3</td><td>7</td><td>4</td><td>9</td><td>19</td><td>5</td><td>25</td><td>11</td><td colspan="2">-</td></tr>
<tr><td rowspan="3">乙</td><td>현재 문제</td><td>1</td><td>3</td><td>7</td><td>15</td><td colspan="2">8</td><td>17</td><td>5</td><td>9</td><td>3</td></tr>
<tr><td>풀이 결과</td><td>O</td><td>O</td><td>O</td><td>X</td><td>O</td><td>X</td><td colspan="2">X</td><td colspan="2">O</td></tr>
<tr><td>다음 문제</td><td>3</td><td>7</td><td>15</td><td>8</td><td>17</td><td>5</td><td>9</td><td>3</td><td colspan="2">-</td></tr>
<tr><td rowspan="3">丙</td><td>현재 문제</td><td>1</td><td>3</td><td>2</td><td>5</td><td colspan="2">11</td><td>23</td><td>6</td><td>25</td><td>13</td></tr>
<tr><td>풀이 결과</td><td>O</td><td>X</td><td>O</td><td>O</td><td>O</td><td>X</td><td colspan="2">O</td><td colspan="2">X</td></tr>
<tr><td>다음 문제</td><td>3</td><td>2</td><td>5</td><td>11</td><td>23</td><td>6</td><td>25</td><td>13</td><td colspan="2">-</td></tr>
</table>

乙이 5회차에 푼 문제가 오답이라면 6회차에 3번 문제를 풀어야 하는데, 乙은 이미 2회차에 3번 문제를 풀었으므로 乙이 5회차에 푼 문제는 정답이다. 이때 조건에서 세 사람이 맞힌 정답의 개수는 같았다고 하였으므로 甲과 丙 역시 5회차에 푼 문제가 정답이어야 한다. 이를 정리하면 다음과 같다.

구분		1	2	3	4	5	6	7
甲	현재 문제	1	3	7	4	9	19	25
	풀이 결과	O	O	X	O	O	O	X
乙	현재 문제	1	3	7	15	8	17	9
	풀이 결과	O	O	O	X	O	X	O
丙	현재 문제	1	3	2	5	11	23	25
	풀이 결과	O	X	O	O	O	O	X

ㄴ. 4회차에 정답을 맞힌 사람은 甲, 丙 2명이다.
ㄹ. 乙이 6회차에 푼 17번 문제는 오답이었으므로 7회차에 9번 문제를 풀었다.

오답 체크
ㄱ. 4회차에 甲이 푼 문제는 4번이고, 丙이 푼 문제는 5번이다.
ㄷ. 5회차에는 甲, 乙, 丙 모두 정답을 맞혔다.

23 논리퍼즐

정답 ①

정답 체크
첫 번째 조건에서 함께 식사하는 총 인원은 4명 이하라고 하였으므로 팀장 甲을 제외하면 최대 3명이 가능하다. 또한 두 번째 조건에서 단둘이 식사하지 않는다고 하였으므로 팀장 甲을 제외하면 최소 2명이 가능하다. 따라서 팀원 7명을 환영식사 그룹으로 나누면 2, 2, 3명씩 나누는 것이 가능하다. 이때 마지막 조건에서 신입사원 G는 부팀장과 함께 식사한다고 하였고 세 번째 조건에 따르면 부팀장은 A, B뿐이므로 A와 B를 △로 표시하여 G와 △를 한 팀으로 묶어 정리하면 다음과 같다.

구분	2명	2명	3명
경우 1	G, △		
경우 2			G, △

다섯 번째 조건에서 입사 동기인 E, F는 함께 식사한다고 하였으므로 가능한 경우의 수를 정리하면 다음과 같다.

구분	2명	2명	3명
경우 1	G, △	E, F	
경우 1-1	G, △		E, F
경우 2	E, F		G, △

네 번째 조건에서 같은 학교 출신인 C, D는 함께 식사하지 않는다고 하였으므로 C, D를 □로 표시하여 둘을 다른 그룹에 위치하게 하면 다음과 같다.

구분	2명	2명	3명
경우 1	G, △	E, F	
경우 1-1	G, △	□	E, F, □
경우 2	E, F	□	G, △, □

C, D가 같은 그룹에 위치하게 되는 경우 1을 삭제하고, 남은 부팀장 한 명을 경우 1-1과 경우 2에 △로 표시하여 정리하면 다음과 같다.

구분	2명	2명	3명
경우 1-1	G, △	□, △	E, F, □
경우 2	E, F	□, △	G, △, □

위 표에서 A는 △인데 △가 E와 함께 위치하는 경우는 없으므로 A는 E와 함께 환영식사에 참석할 수 없다.

오답 체크
② B는 경우 1-1과 경우 2에 따라 C와 함께 환영식사에 참석할 수 있다.
③ C는 경우 2에 따라 3명인 그룹에서 G와 함께 환영식사에 참석할 수 있다.
④ D는 경우 1-1에 따라 3명인 그룹에서 E와 함께 환영식사에 참석할 수 있다. 이 경우, 또 다른 □인 C는 2명인 그룹에서 △와 함께 위치하므로 C는 부팀장과 함께 환영식사에 참석하게 된다.

⑤ 경우 2에 따라 G를 포함하여 총 4명이 함께 환영식사에 참석할 수 있다. 이 경우, F는 2명인 그룹에 위치하므로 F가 참석하는 환영식사의 인원은 팀장을 포함하여 총 3명이다.

24 논리퍼즐

정답 ④

정답 체크 乙에게 서류를 전달한 후 곧바로 사무실로 돌아온 甲이 원래 예상했던 시각보다 2분 일찍 사무실로 복귀했다면 왕복 시간에서 2분이 덜 걸렸다는 의미이므로 乙은 원래 도착하려던 시각보다 1분 일찍 도착했다는 것을 알 수 있다.

한편 乙은 甲이 원래 도착했을 시각보다 일찍 출발하여 4분 뒤에 甲을 만났다고 하였는데, 甲을 만난 시각이 甲이 원래 도착하기로 한 시각보다 1분 이르므로 乙은 사무실 출발 후 甲을 만나는 데 걸린 시간인 4분에 甲이 원래 도착하기로 한 시간보다 이른 시간인 1분을 더한 5분 일찍 출발했다는 것을 알 수 있다.

따라서 ㉠에 해당하는 수는 5이다.

고득점자의 빠른 문제 풀이 Tip

甲이 도착하기로 한 시각을 기준으로 놓고 생각합니다. 예를 들어 甲이 12시 정각에 도착하기로 하고 출발하였는데 乙을 1분 일찍 만난 것이라면, 甲과 乙이 만난 시각은 11시 59분입니다. 한편 乙은 甲이 도착하기로 한 12시 정각보다 일찍 출발해서 4분이 지나 甲을 만났고, 甲을 만난 시각이 11시 59분이므로 乙이 출발한 시각은 11시 59분의 4분 전인 11시 55분입니다. 따라서 도착하기로 한 시각인 12시 정각보다 5분 일찍 출발했음을 알 수 있습니다.

25 법·규정의 적용

정답 ④

정답 체크 법조문 제3항 제2호에 따르면 재외공무원이 공무 외의 목적으로 일시귀국할 수 있는 기간은 연 1회 20일 이내이나, 동반가족의 치료를 위하여 일시귀국하는 경우에는 일시귀국의 횟수 및 기간에 산입하지 않는다. 乙은 동반자녀의 치료를 위해 1회 귀국하였으므로 아직 일시귀국의 횟수는 남아 있다. 그러나 법조문 제4항 제2호에서 재외공무원이 일시귀국 후 국내 체류기간을 연장하는 경우에는 장관의 허가를 받아야 한다고 하였으므로 국내 체류기간을 연장할 때에는 장관의 허가가 필요함을 알 수 있다.

오답 체크

① 법조문 제1항에서 재외공관에 근무하는 공무원이 공무로 일시귀국하고자 하는 경우에는 장관의 허가를 받아야 한다고 하였으므로 장관에게 신고한 것이 아니라 허가를 받았을 것임을 알 수 있다.

② 법조문 제2항에서 재외공무원 또는 그 배우자의 직계존·비속이 사망하거나 위독한 경우에는 공관장이 아닌 재외공무원은 공관장에게, 공관장은 장관에게 각각 신고하고 일시귀국할 수 있다고 하였으므로 장관의 허가를 받는 것이 아니라 장관에게 신고하여야 함을 알 수 있다.

③ 법조문 제3항 제1호에서 공무 외의 목적으로 일시귀국할 수 있는 기간은 연 1회 20일 이내로 한다고 하였으나 乙은 자녀의 치료를 위해 기간을 1회 연장하여 1회 귀국하였으므로 법조문 제3항 제2호에 따라 일시귀국 횟수 및 기간에 산입되지 않는다. 이에 따라 乙에게는 아직 일시귀국의 횟수가 남아 있다. 법조문 제2항에서 공관장이 아닌 재외공무원이 공무 외의 목적으로 일시귀국하려는 경우에는 공관장의 허가를 받아야 한다고 하였으므로 공관장이 아닌 乙이 직계존속의 회갑으로 인해 올해 3일간 추가로 일시귀국하기 위해서는 장관이 아니라 공관장의 허가를 받아야 함을 알 수 있다.

⑤ 법조문 제4항 제1호에서 재외공무원이 연 1회 또는 20일을 초과하여 공무 외의 목적으로 일시귀국하려는 경우에는 장관의 허가를 받아야 한다고 하였으므로 丙이 추가로 일시귀국하기 위해서는 공관장이 아니라 장관의 허가를 받아야 함을 알 수 있다.

자료해석

1 자료이해

정답 ①

정답 체크

· 15세 이상 인구=경제활동인구+비경제활동인구, ( )는 2020년 7월 대비 2021년 7월의 증감 인구수임을 적용하여 구한다. 2020년 7월 대비 2021년 7월의 증감 인구수는 15세 이상 인구가 −1만 5천 명, 경제활동인구가 +3만 명이므로 비경제활동인구는 −1만 5천−(+3만)=−4만 5천 명이다.

· 경제활동인구=취업자+실업자이고, 2021년 7월의 경제활동인구가 175만 7천 명, 실업자가 6만 1천 명이므로 취업자는 175만 7천−6만 1천=169만 6천 명이다.

따라서 A는 −4만 5천, B는 169만 6천이다.

2 자료이해

정답 ⑤

정답 체크

ㄱ. 2018~2019년 청구인이 내국인인 특허심판 청구건수는 2018년이 889+1,970=2,859건, 2019년이 795+359=1,154건이고, 2019년 청구인이 내국인인 특허심판 청구건수의 전년 대비 감소율은 {(2,859−1,154)/2,859}×100 ≒ 59.6%로 50% 이상이므로 옳은 설명이다.

ㄴ. 2021년 피청구인이 내국인인 특허심판 청구건수는 741+152=893건이고, 2021년 피청구인이 외국인인 특허심판 청구건수는 213+46=259건이다. 따라서 2021년 피청구인이 내국인인 특허심판 청구건수는 피청구인이 외국인인 특허심판 청구건수의 893/259 ≒ 3.4배이므로 옳은 설명이다.

ㄷ. 2017년 내국인이 외국인에게 청구한 특허심판 청구건수는 270건이고, 2020년 외국인이 외국인에게 청구한 특허심판 청구건수는 230건이므로 옳은 설명이다.

고득점자의 빠른 문제 풀이 Tip

ㄱ. 2019년 청구인이 내국인인 특허심판 청구건수의 전년 대비 감소율이 50% 이상이라면, 2019년 청구건수가 2018년 청구건수의 50%보다 작아야 합니다. 2018년 청구인이 내국인인 특허심판 청구건수의 50%는 2,859×0.5 ≒ 1,430건이고, 2019년 청구건수는 1,154건으로 1,430건보다 작으므로 감소율이 50% 이상임을 빠르게 비교할 수 있습니다.

3 자료변환

정답 ④

정답 체크

제시된 <보고서>의 두 번째 단락에서 2018년 이후 예식장과 결혼상담소의 사업자 수도 각각 매년 감소한다고 하였으나, [예식장 및 결혼상담소 사업자 수]에서 예식장 사업자 수는 2019년에 증가하고 있어 매년 감소한 것은 아니므로 <보고서>의 내용과 부합하지 않음을 알 수 있다.

4 자료이해

정답 ①

정답 체크

ㄱ. 24~26차 회의의 심의안건에 모두 동의한 위원은 기획재정부장관, 보건복지부장관, 여성가족부장관, 국토교통부장관, 해양수산부장관, 문화재청장으로 6명이므로 옳은 설명이다.

오답 체크

ㄴ. 심의안건에 부동의한 위원 수는 각각 24차 회의에 5명, 25차 회의에 6명, 26차 회의에 4명으로 매 회차 증가한 것은 아니므로 옳지 않은 설명이다.

ㄷ. A위원회의 전체 위원 수는 16명이므로 심의안건이 의결되기 위해서는 전체 위원의 $\frac{2}{3}$ 이상인 $16 \times \frac{2}{3} \fallingdotseq 10.7$명 이상, 즉 최소 11명이 동의해야 함을 알 수 있다. 25차 회의의 경우 심의안건에 동의한 위원의 수는 10명으로, 최소 동의 인원 수를 만족하지 않으므로 옳지 않은 설명이다.

5 자료이해

정답 ②

정답 체크

· <보고서>에 제시된 첫 번째 특징에 따르면 1990년대 이후 모든 시기에서 자본금액 1천만 원 미만 창업 건수가 자본금액 1천만 원 이상 창업 건수보다 많으므로 2010년대에 1천만 원 미만 창업 건수보다 1천만 원 이상 창업 건수가 더 많은 C가 소거된다.

· <보고서>에 제시된 세 번째 특징에 따르면 2020년 이후 전체 창업 건수는 1990년대 전체 창업 건수의 10배 이상이고, 전체 창업 건수를 계산하면 다음과 같다.

구분	1990년대	2020년 이후
A	198+11=209건	788+101=889건
B	46+0=46건	458+16=474건
D	27+3=30건	225+27=252건
E	4+0=4건	246+7=253건

이에 따라 2020년 이후 전체 창업 건수가 1990년대의 10배 미만인 A, D가 소거된다.

· <보고서>에 제시된 네 번째 특징에 따르면 2020년 이후 전체 창업 건수 중 자본금액 1천만 원 이상 창업 건수의 비중은 3% 이상이고, B가 (16/474)×100 ≒ 3.4%, E가 (7/253)×100 ≒ 2.8%이므로 E가 소거된다.

따라서 <보고서>의 내용에 부합하는 도시는 B이다.

고득점자의 빠른 문제 풀이 Tip

반드시 <보고서>에 제시된 순서대로 풀이해야 하는 것은 아닙니다. 세 번째 특징을 통해 2020년 이후 전체 창업 건수를 확인하면, 이를 이용하여 네 번째 특징을 곧바로 확인할 수 있으므로 두 번째 특징을 확인하지 않고도 정답을 빠르게 도출할 수 있습니다.

6 자료이해

정답 ①

정답 체크

ㄱ. 가공비용=가공단가×가공량임을 적용하여 구한다. A지역의 3등급 쌀 가공비용은 100×25=2,500천 원이고, B지역의 2등급 현미 가공비용은 97×25=2,425천 원이므로 옳은 설명이다.

오답 체크

ㄴ. 1등급 현미 전체의 가공비용은 105×106=11,130천 원, 2등급 현미 전체 가공비용은 97×82=7,954천 원이고, 1등급 현미 전체의 가공비용은 2등급 현미 전체 가공비용의 11,130/7,954 ≒ 1.4배이므로 옳지 않은 설명이다.

ㄷ. 가공단가의 감소폭을 적용해 가공비용 총액의 감소폭을 계산하여 비교한다. 3등급 쌀과 3등급 보리의 가공단가가 각각 10천 원/톤, 5천 원/톤만큼 감소하므로 지역별 가공비용 총액의 감소폭을 구하면 A가 10×25+5×7=285천 원, B가 10×55+5×5=575천 원, C가 10×20+5×2=210천 원이다. 따라서 가공비용 총액 감소폭은 C지역이 가장 작으므로 옳지 않은 설명이다.

고득점자의 빠른 문제 풀이 Tip

ㄱ. A지역의 3등급 쌀 가공량과 B지역의 2등급 현미 가공량은 각각 25톤으로 동일하고, 가공단가는 쌀이 현미보다 높으므로 가공비용을 계산하지 않더라도 A지역의 3등급 쌀 가공비용이 B지역의 2등급 현미 가공비용보다 큼을 빠르게 확인할 수 있습니다.

ㄷ. 3등급 쌀과 3등급 보리의 가공단가 외에 나머지 원료곡종 등급별 가공단가는 변경되지 않았으므로 3등급 쌀과 3등급 보리의 가공량이 적을수록 가공비용 총액 감소폭도 작아집니다. 따라서 A~C지역 중 3등급 쌀과 보리의 가공량이 가장 적은 C의 가공비용 총액 감소폭이 가장 작음을 알 수 있습니다.

7 자료이해

정답 ④

정답 체크 '갑'~'병'지역의 평가 항목에 등급별 배점을 적용하여 총점을 정리하면 다음과 같다.

지역 \ 평가 항목	편익	피해액	재해발생위험도	총점
갑	6	15	17	38
을	8	6	25	39
병	10	12	10	32

ㄱ. '재해발생위험도' 점수는 '병', '갑', '을' 지역 순으로 '을'지역이 가장 높고, 우선순위도 '병', '갑', '을' 지역 순으로 '을'지역이 가장 높으므로 옳은 설명이다.

ㄷ. '갑'~'병'지역의 '피해액' 점수와 '재해발생위험도' 점수의 합은 '갑'지역이 15+17=32점, '을'지역이 6+25=31점, '병'지역이 12+10=22점으로 '갑'지역 점수의 합이 가장 크므로 옳은 설명이다.

ㄹ. '갑'지역의 '편익' 등급이 B로 변경되면 '편익' 점수는 8점이 되고, '갑'지역의 3개 평가 항목 점수의 합은 8+15+17=40점으로 '갑'지역의 우선순위가 가장 높아지므로 옳은 설명이다.

오답 체크 ㄴ. 우선순위가 가장 높은 지역은 '을'이고, 가장 낮은 지역은 '병'이다. '을'과 '병'의 '피해액' 점수 차이와 '재해발생위험도' 점수 차이는 '피해액'이 12-6=6점, '재해발생위험도'가 25-10=15점으로 '재해발생위험도' 점수 차이가 더 크므로 옳지 않은 설명이다.

8 자료이해

정답 ①

정답 체크 ㄱ. 2017~2021년 동안의 특허 출원건수 합은 '식물기원' 유형이 5+7+9+12+25=58건, '동물기원' 유형이 4+2+11+10+15=42건, '미생물효소' 유형이 1+5+9+8+17=40건으로 '미생물효소' 유형이 가장 작으므로 옳은 설명이다.

오답 체크 ㄴ. 2019년 전체 특허 출원건수 대비 '식물기원' 유형의 특허 출원건수 비율은 (9/29)×100 ≒ 31.0%로 '동물기원' 유형의 비율인 (11/29)×100 ≒ 37.9%보다 낮으므로 옳지 않은 설명이다.

ㄷ. 2021년 특허 출원건수의 전년 대비 증가율은 '식물기원' 유형이 {(25-12)/12}×100 ≒ 108.3%, '동물기원' 유형이 {(15-10)/10}×100=50%, '미생물효소' 유형이 {(17-8)/8}×100=112.5%로 '미생물효소' 유형이 가장 높으므로 옳지 않은 설명이다.

고득점자의 빠른 문제 풀이 Tip

ㄴ. 연도별 전체 특허 출원건수 대비 '식물기원' 유형의 특허 출원건수 비율이 가장 높으려면 '식물기원' 유형의 특허 출원건수가 가장 많아야 합니다. 그러나 2019년에는 '동물기원' 유형의 특허 출원건수가 가장 많으므로 옳지 않은 설명임을 빠르게 확인할 수 있습니다.

ㄷ. 2021년 특허 출원건수가 전년 대비 2배 이상인 사료 유형은 '식물기원'과 '미생물효소' 유형입니다. 두 유형 모두 분자값은 분모값보다 1씩 크지만, 분모값은 '미생물효소' 유형이 더 작으므로 증가율 전체 값은 '미생물효소' 유형이 더 클 것임을 알 수 있습니다.

9 자료논리

정답 ⑤

정답 체크

- 2020년에 빈집 수가 전년 대비 증가한 지역은 서울특별시, 부산광역시, 광주광역시, 전라북도, 전라남도, 경상남도로 6개이므로 A는 '6'임을 알 수 있다.
- 2020년에 전년 대비 빈집비율이 가장 큰 폭으로 증가한 지역은 2019년 12.6%에서 12.9%로 증가한 전라북도이므로 B는 '전라북도'임을 알 수 있다.
- 2019년과 2020년 모두 빈집비율이 가장 높은 지역은 전라남도, 가장 낮은 지역은 서울특별시이다. 두 지역의 빈집비율 차이는 2019년에 15.5-3.2=12.3%p, 2020년에 15.2-3.2=12.0%p로 2019년에 비해 2020년이 감소했으므로 C는 '감소'임을 알 수 있다.

따라서 A는 6, B는 전라북도, C는 감소이다.

10 자료변환

정답 ④

정답 체크 ㄱ. 제시된 <보고서>의 첫 번째 단락에서 오후돌봄교실의 경우 2021년 기준 전체 초등학교의 98.9%가 참여하고 있다고 했으므로 [연도별 오후돌봄교실 참여 초등학교 수 및 참여율]은 추가로 필요한 자료임을 알 수 있다.

ㄴ. 제시된 <보고서>의 세 번째 단락에서 저녁돌봄교실의 경우 17시부터 22시까지 운영하고 있으나, 19시를 넘는 늦은 시간까지 이용하는 학생 비중은 11.2%에 불과하다고 했으므로 [2021년 저녁돌봄교실 이용학생의 이용시간별 분포]는 추가로 필요한 자료임을 알 수 있다.

ㄹ. 제시된 <보고서>의 마지막 단락에서 초등돌봄교실 담당인력 구성 및 현황에 대해 제시하고 있으므로 [2021년 초등돌봄교실 담당인력 현황]은 추가로 필요한 자료임을 알 수 있다.

오답 체크 ㄷ. 제시된 <표 1>에서 2021년 저녁돌봄교실 이용학생의 학년별 현황이 이미 주어졌으므로 [2021년 저녁돌봄교실 이용학생의 학년별 분포]는 <보고서>를 작성하기 위해 추가로 필요한 자료가 아님을 알 수 있다.

11 자료이해

정답 ②

정답 체크 ㄱ. 2018년 '전년 이월' 건수는 258-168=90건이고, 2016년과 2018년 '심판대상' 중 '전년 이월'의 비중은 2016년이 (96/322)×100 ≒ 29.8%, 2018년이 (90/258)×100 ≒ 34.9%로 2018년이 2016년보다 높으므로 옳은 설명이다.

ㄷ. 2017년 이후 '해당 연도 접수' 건수가 전년 대비 증가한 연도는 2019년과 2020년뿐이므로 2개 연도의 전년 대비 증가율을 구한다. 2019~2020년 '해당 연도 접수' 건수의 전년 대비 증가율은 2019년이 {(204 - 168) / 168} × 100 ≒ 21.4%, 2020년이 {(252 - 204) / 204} × 100 ≒ 23.5%로 2020년이 가장 높으므로 옳은 설명이다.

오답 체크

ㄴ. 다음 연도로 이월되는 건수는 2020년이 341-210=131건으로 가장 많으므로 옳지 않은 설명이다.

ㄹ. '재결' 건수는 2019년이 186건으로 가장 적고, '해당 연도 접수' 건수는 2018년이 168건으로 가장 적으므로 옳지 않은 설명이다.

고득점자의 빠른 문제 풀이 Tip

ㄱ. 비중을 직접 계산하는 것보다 분수의 크기를 비교하면 답을 빠르게 구할 수 있습니다. '심판대상' 중 '전년 이월'의 비중을 분수식으로 표현하면 2016년이 $\frac{96}{322}$, 2018년이 $\frac{90}{258}$입니다. 이때 $\frac{96}{322}$은 분모값이 분자값의 3배 이상이지만, $\frac{90}{258}$은 분모값이 분자값의 3배 미만이므로 분수의 크기는 2018년이 2016년보다 크다는 것을 빠르게 확인할 수 있습니다.

12 자료논리

정답 ③

정답 체크

- 심각한위기종, 멸종위기종, 취약종 3개 지표 중 하나로 분류되는 동식물종을 멸종우려종이라 하고, 멸종우려종 중 '고래류'가 차지하는 비중이 80% 이상임을 알 수 있다. 해양포유류 전체 멸종우려종 15 + 60 + 74 = 149종의 80% 이상은 149 × 0.8 ≒ 119종이므로 해양포유류 부류별 멸종우려종 수가 15 + 48 + 57 = 120종인 D가 '고래류'이다. 이에 따라 ①, ②가 소거된다.
- '해달류 및 북극곰'은 9개의 지표 중 멸종우려종 또는 관심필요종으로만 분류되었다고 했으므로 멸종위기종, 취약종, 관심필요종으로만 분류되는 B가 '해달류 및 북극곰'이다. 이에 따라 ④가 소거된다.
- '해우류'는 자료부족종으로 분류된 종이 없다고 했으므로 자료부족종이 0종인 B와 C 중 C가 '해우류'이고, 이에 따라 A가 '기각류'이다.

따라서 A는 '기각류', B는 '해달류 및 북극곰'이다.

13 자료논리

정답 ③

정답 체크

- 대여요금 = 잠금해제료 + 분당대여료 × 대여시간이므로 대여시간이 x분일 때 2021년 1월 기준 운영사별 대여요금을 식으로 정리하면 다음과 같다.
  - A: 0 + 200x
  - B: 250 + 150x
  - C: 750 + 120x
  - D: 1,600 + 60x
- <보고서>에 제시된 2022년 1월 기준 대여요금제에 따르면 운영사 (가)는 이용자의 대여시간이 몇 분이더라도 해당 대여시간에 대해 운영사 A~D 중 가장 낮은 대여요금을 제공하지 못하고 있으므로, 대여시간(x)의 범위를 나누어 최저 대여요금을 제공하는 운영사를 확인한다.

대여시간(x)	4분 이하	6~14분	16분 이상
최저 대여요금 운영사	A	B	D

대여시간(x)이 5분인 경우 운영사 A와 B가 동일한 최저 대여요금을 제공하고, 15분인 경우 B와 D가 동일한 최저 대여요금을 제공한다.
이에 따라 (가)는 C임을 알 수 있다.

- 운영사 (가)는 2월부터 잠금해제 이후 처음 5분간 분당대여료를 면제하는 것으로 대여요금제를 변경하였다고 했으므로 2022년 2월 기준 운영사 C의 변경된 대여요금은 다음과 같다.
  - 대여시간(x)이 5분 이하일 때: 750원
  - 대여시간(x)이 5분 초과일 때: 750 + 120(x - 5)
- 변경된 2월 기준 대여요금제로 운영사 A~D의 대여요금을 재산정하였을 때, 운영사 (나)를 구하기 위해서는 1월과 동일한 방식으로 대여시간(x)의 범위를 나누어 최저 대여요금을 제공하는 운영사를 확인한다.

대여시간(x)	3분 이하	4~24분	25분 이상
최저 대여요금 운영사	A	C	D

이에 따라 (나)는 B임을 알 수 있다.

- 운영사 (나)는 3월부터 분당대여료를 50원 인하하는 것으로 대여요금제를 변경하였다고 했으므로 운영사 B의 2022년 3월 기준 대여요금은 250 + 100x이다.
- 그 결과 대여시간(x)이 20분일 때, 3월 기준 대여요금제로 산정된 공유킥보드 대여요금은 운영사 C가 750 + 120 × (20 - 5) = 2,550원, 운영사 B가 250 + (100 × 20) = 2,250원이다.

따라서 공유킥보드 대여요금의 차이인 (다)는 2,550 - 2,250 = 300원이다.

고득점자의 빠른 문제 풀이 Tip

운영사 A는 잠금해제료가 없는 반면 분당대여료가 높고, 운영사 D는 잠금해제료가 높은 반면 분당대여료가 낮기 때문에 대여시간이 아주 짧으면 운영사 A~D 중 A의 대여요금이 가장 낮고, 대여시간이 아주 길면 운영사 D의 대여요금이 가장 낮습니다. 따라서 A, D를 제외한 B와 C의 대여요금을 우선적으로 비교하면 (가)를 빠르게 찾아낼 수 있습니다.

14 자료변환

정답 ⑤

정답 체크

제시된 <보고서>의 마지막 단락에서 2021년 방과후학교 지출 총액이 2019년 대비 50% 이상 감소하였다고 했으나, [방과후학교의 지출 총액과 참여율]에 따르면 2019년 대비 2021년 방과후학교 지출 총액의 감소율은 {(8,250 - 4,434) / 8,250} × 100 ≒ 46.3%이므로 <보고서>의 내용과 부합하지 않는 자료임을 알 수 있다.

15 자료이해

정답 ④

정답 체크

학교급별 여성 교장 비율 = $\frac{\text{학교급별 여성 교장 수}}{\text{학교급별 전체 교장 수}}$ × 100임을 적용하여 구한다. 1995년 학교급별 전체 교장 수는 초등학교가 222 / 0.038 ≒ 5,842명, 중학교가 181 / 0.076 ≒ 2,382명, 고등학교가 66 / 0.038 ≒ 1,737명이다. 이때 각 학교의 교장은 1명으로, 초등학교 수인 5,842개는 중학교 수와 고등학교 수의 합인 2,382 + 1,737 = 4,119개보다 많으므로 옳은 설명이다.

오답 체크

① 제시된 자료는 5년마다 조사한 자료이므로 중학교 여성 교장 비율이 매년 증가하는지는 알 수 없다.

② 초등학교 수는 2020년이 2,418 / 0.403 = 6,000개, 1980년이 117 / 0.018 ≒ 6,500개로 1980년이 더 많으므로 옳지 않은 설명이다.

③ 고등학교 수는 1985년이 60 / 0.04 = 1,500개, 1990년이 64 / 0.04 = 1,600개이다. 따라서 남성 교장 수는 1985년이 1,500 - 60 = 1,440명, 1990년이 1,600 - 64 = 1,536명으로 1990년이 더 많으므로 옳지 않은 설명이다.

⑤ 2020년 초등학교 여성 교장 수는 2000년의 2,418 / 490 ≒ 4.9배이므로 옳지 않은 설명이다.

고득점자의 빠른 문제 풀이 Tip

③ 1985년과 1990년의 고등학교 여성 교장 비율은 4.0%로 동일한 데 반해, 여성 교장 수는 1990년이 더 많으므로 전체 교장 수 및 남성 교장 수도 각각 1990년이 더 많을 것임을 알 수 있습니다.

16 자료이해

정답 ②

정답 체크

· <보고서>의 첫 번째 단락 두 번째 문장에서 TV 토론회 전에는 B후보자에 대한 지지율이 A후보자보다 10%p 이상 높게 집계되었다고 했으므로 TV 토론회 전 후보자 A와 B에 대한 지지율 차이가 36 - 29 = 7%p로 10%p 미만인 '마'지역이 소거된다.

· <보고서>의 두 번째 단락 첫 번째 문장에서 TV 토론회 후 '지지 후보자 없음'으로 응답한 비율이 줄었다고 했으므로 '지지 후보자 없음'으로 응답한 비율이 TV 토론회 전에는 100 - (31 + 59) = 10%였으나, TV 토론회 후에는 100 - (37 + 36) = 27%로 늘어난 '다'지역이 소거된다.

· <보고서>의 두 번째 단락 두 번째 문장에서 TV 토론회 후 A후보자에 대한 지지율 증가폭이 B후보자보다 큰 것으로 나타났다고 했으므로 TV 토론회 후 A후보자에 대한 지지율이 TV 토론회 전보다 하락한 '라'지역이 소거된다.

· <보고서>의 두 번째 단락 마지막 문장에서 TV 토론회 후 두 후보자간 지지율 차이가 3%p 이내에 불과하다고 했고, TV 토론회 후 '가'와 '나' 지역의 후보자 A와 B에 대한 지지율 차이는 '가'가 50 - 46 = 4%p, '나'가 41 - 39 = 2%p이므로 두 후보자간 지지율 차이가 3%p 이내가 아닌 '가'지역이 소거된다.

따라서 <보고서>의 내용에 해당하는 지역은 '나'이다.

17 자료이해

정답 ②

정답 체크

ㄱ. 제시된 각주를 변형하면, 업종별 스마트시스템 도입 업체 수 = 업종별 업체 수 × $\frac{\text{도입률}}{100}$임을 알 수 있다. 이에 따라 업종별 스마트시스템 도입 업체 수는 '기계장비'가 1,428 × 0.156 ≒ 223개, '소재'가 1,313 × 0.1 ≒ 131개, '금속제조'가 1,275 × 0.153 ≒ 195개, '자동차부품'이 766 × 0.351 ≒ 269개, '선박부품'이 466 × 0.114 ≒ 53개, '금형주조도금'이 265 × 0.17 ≒ 45개, '식품바이오'가 244 × 0.09 ≒ 22개, '항공기부품'이 95 × 0.284 ≒ 27개로 '자동차부품'이 가장 많으므로 옳은 설명이다.

ㄷ. 업체 수 대비 스마트시스템 고도화 업체 수가 가장 높은 업종을 구하기 위해서 제시된 각주를 변형하면 다음과 같다.

도입률 × 고도화율 = $\frac{\text{업종별 스마트시스템 고도화 업체 수}}{\text{업종별 업체 수}}$ × 10,000이므로 도입률과 고도화율이 가장 높은 '자동차부품'과 '항공기부품'만 비교한다. '자동차부품'과 '항공기부품'의 '도입률 × 고도화율'은 '자동차부품'이 35.1 × 27.1 ≒ 951.2이고, '항공기부품'이 28.4 × 37.0 = 1,050.8로 '항공기부품'이 더 높으므로 업체 수 대비 스마트시스템 고도화 업체 수는 '항공기부품'이 가장 높음을 알 수 있다. 따라서 옳은 설명이다.

오답 체크

ㄴ. 고도화율이 가장 높은 업종은 37.0%인 '항공기부품'이고, 제시된 각주 2)를 변형하면 '항공기부품'의 스마트시스템 고도화 업체 수는 (37.0 × 27) / 100 ≒ 10개이다. 그러나 스마트시스템 고도화 업체 수는 '자동차부품'이 (27.1 × 269) / 100 ≒ 73개로 가장 많으므로 옳지 않은 설명이다.

ㄹ. 도입률이 가장 낮은 업종은 '식품바이오'이고, 고도화율이 가장 낮은 업종은 '금형주조도금'이므로 옳지 않은 설명이다.

고득점자의 빠른 문제 풀이 Tip

ㄱ. '자동차부품'보다 업체 수가 적고 도입률도 낮은 '선박부품', '금형주조도금', '식품바이오', '항공기부품'은 확인하지 않고, '자동차부품'보다 업체 수가 많은 '기계장비', '소재', '금속제조' 위주로 확인합니다. '자동차부품' 업체 수는 '기계장비', '소재', '금속제조' 각각의 업체 수 절반보다 많지만, 도입률은 '자동차부품' 업체 수가 2배 이상이므로 스마트시스템 도입 업체 수가 가장 많은 업종은 '자동차부품'임을 알 수 있습니다.

18 자료논리

정답 ⑤

정답 체크

정지시거 = 반응거리 + 제동거리임을 적용하여 구한다. 이때 반응거리=운행속력×반응시간, 제동거리 = $\frac{(\text{운행속력})^2}{2\times\text{마찰계수}\times g}$이고 운전자 A~E는 운행속력이 20m/초로 모두 같으며, g는 10m/초^{2}로 가정했으므로 제동거리 = $\frac{20^2}{2\times\text{마찰계수}\times10} = \frac{20^2}{\text{마찰계수}}$임을 알 수 있다. 이에 따라 운전자별 반응거리와 맑은 날과 비 오는 날의 정지시거를 구하면 다음과 같다.

구분 / 운전자	반응거리(m)	맑은 날 정지시거(m)	비 오는 날 정지시거(m)
A	40	$40+\frac{20}{0.4}=90$	$40+\frac{20}{0.1}=240$
B	20 × 2.0 = 40	$40+\frac{20}{0.4}=90$	$40+\frac{20}{0.2}=140$
C	20 × 1.6 = 32	$32+\frac{20}{0.8}=57$	$32+\frac{20}{0.4}=82$
D	20 × 2.4 = 48	$48+\frac{20}{0.4}=98$	$48+\frac{20}{0.2}=148$
E	20 × 1.4 = 28	$28+\frac{20}{0.4}=78$	$28+\frac{20}{0.4}=128$

따라서 맑은 날과 비 오는 날의 운전자별 정지시거를 바르게 연결한 것은 운전자가 E, 맑은 날 정지시거가 78, 비 오는 날 정지시거가 128이다.

19 자료이해

정답 ③

정답 체크

ㄱ. 〈표〉에 따르면 2020년 어획량은 고등어가 가장 많고, 〈그림〉에 따르면 전년비가 100% 이상인 참다랑어, 멸치, 갈치, 전갱이, 조기는 2020년 어획량보다 2019년 어획량이 더 적으므로 참다랑어, 멸치, 갈치, 전갱이, 조기의 2019년 어획량은 고등어보다 더 적음을 알 수 있다. 이에 따라 광어, 고등어, 오징어의 2019년 어획량만 비교해 보면, 광어가 5,453 / 0.3 ≒ 18,176.7톤 미만, 오징어가 23,703 / 0.9 ≒ 26,336.7톤 미만, 고등어가 64,609 / 0.8 ≒ 80,761.3톤 초과로 고등어가 가장 많으므로 옳은 설명이다.

ㄷ. 평년비 = $\frac{\text{2020년 어획량}}{\text{2011~2020년 연도별 어획량의 평균}}$ × 100이고, 〈그림〉에 따르면 갈치의 2020년 어획량의 평년비는 120%보다 크므로 '2020년 어획량 > 2011~2020년 연도별 어획량의 평균'임을 알 수 있다. 이때 2021년 갈치 어획량이 2020년과 동일하다면, '2011~2020년 연도별 어획량의 평균'보다 더 큰 값이 더해지므로 갈치의 '2011~2021년 연도별 어획량의 평균'은 '2011~2020년 연도별 어획량의 평균'보다 큰 것을 알 수 있다. 따라서 옳은 설명이다.

오답 체크

ㄴ. 2019년 어획량과 2011~2020년 연도별 어획량의 평균을 비교하기 위해 제시된 각주를 변형한다.
$\frac{\text{평년비}}{\text{전년비}}$ = $\frac{\text{2019년 어획량}}{\text{2011~2020년 연도별 어획량의 평균}}$이므로 해당 값이 1보다 작으면 2019년 어획량이 2011~2020년 연도별 어획량의 평균보다 적은 것을 의미한다. 이때 그래프에 $y=x$인 임의의 선을 그었을 때 조기는 $y=x$의 좌상단에 위치하므로 조기는 2019년 어획량이 2011~2020년 연도별 어획량의 평균보다 많음을 알 수 있다. 따라서 옳지 않은 설명이다.

고득점자의 빠른 문제 풀이 Tip

ㄱ. 2019년 어획량 계산식에서 분모는 전년비, 분자는 2020년 어획량입니다. 이때 고등어의 2020년 어획량은 광어의 10배 이상, 오징어의 2배 이상이고, 고등어의 전년비는 광어의 약 2배, 오징어의 약 0.9배로 고등어의 광어, 오징어 각각에 대한 분자값의 증가율이 분모값의 증가율보다 크므로 구체적인 수치를 계산하지 않더라도 고등어의 어획량이 가장 많음을 빠르게 비교할 수 있습니다.

ㄴ. 각주에서 전년비와 평년비를 구하는 식을 보면 분자값은 동일하나 분모값만 다른 형태입니다. 따라서 각 어종의 전년비 > 평년비이면 2019년 어획량이 2011~2020년 연도별 어획량의 평균보다 적은 것이고, 전년비 < 평년비이면 2019년 어획량이 2011~2020년 연도별 어획량의 평균보다 많은 것임을 알 수 있습니다.

20 자료이해

정답 ①

정답 체크

ㄱ. 종합기록순위 5위인 선수의 '수영'기록은 1:20:19이다. 따라서 '수영'기록이 한 시간 이하인 선수는 종합기록순위 1위, 2위, 6위인 선수이고, 이들의 'T2'기록은 모두 3분 미만이므로 옳은 설명이다.

ㄴ. 영국 선수의 '종합'기록은 9:48:07이고, 종합기록 순위 2~10위 선수 중 종합기록 순위가 한 단계 더 높은 선수와의 '종합'기록 차이가 1분 미만인 선수는 종합기록순위 6위, 7위, 10위인 선수 3명뿐이므로 옳은 설명이다.

오답 체크

ㄷ. 종합기록순위 8위인 독일 국적 선수의 '달리기'기록을 제외하고, '달리기'기록 상위 3명은 종합기록순위 4위, 5위, 6위인 선수이며, 이들의 국적은 대한민국 또는 일본이다. 따라서 독일 국적 선수의 '달리기'기록과 관계없이 상위 3명의 국적이 모두 대한민국인 것은 아니므로 옳지 않은 설명이다.

ㄹ. 종합기록 순위 10위인 선수의 '수영'기록 순위는 4위이고, '수영'기록과 'T1'기록의 합산 기록 순위 역시 4위로 동일하므로 옳지 않은 설명이다.

21 자료논리

정답 ③

정답 체크

- 제조원가 = 고정원가 + 변동원가임을 이용하여 각주로 제시된 식을 정리하면 변동원가율+고정원가율=100임을 알 수 있다. 〈표〉에 주어진 변동원가율을 이용하여 제품 A~E의 고정원가율을 구하면 A는 60%, B는 40%, C는 60%, D는 80%, E는 50%이다.
- 각주 2)를 변형하면 제조원가 = $\frac{\text{고정원가}}{\text{고정원가율}}$ × 100이므로 앞서 구한 고정원가율과 〈표〉에 주어진 고정원가를 대입하여 제조원가를 계산하고, 각주 4)를 변형하면 매출액 = $\frac{\text{제조원가}}{\text{제조원가율}}$ × 100이므로 앞서 구한 제조원가와 〈표〉에 주어진 제조원가율을 대입하여 매출액을 계산한다. 이를 표로 나타내면 다음과 같다.

구분 / 제품	고정원가율 (%)	제조원가 (원)	매출액 (원)
A	60	(60,000 / 60) × 100 = 100,000	(100,000 / 25) × 100 = 400,000
B	40	(36,000 / 40) × 100 = 90,000	(90,000 / 30) × 100 = 300,000
C	60	(33,000 / 60) × 100 = 55,000	(55,000 / 30) × 100 ≒ 183,333
D	80	(50,000 / 80) × 100 = 62,500	(62,500 / 10) × 100 = 625,000
E	50	(10,000 / 50) × 100 = 20,000	(20,000 / 10) × 100 = 200,000

따라서 매출액이 가장 작은 제품은 C이다.

22 자료이해

정답 ⑤

정답 체크

ㄱ. 방위산업 국내 매출액은 2019년이 144,521 - 21,048 = 123,473억 원, 2020년이 153,867 - 17,624 = 136,243억 원이므로 방위산업의 국내 매출액은 2020년이 가장 크다. 또한 방위산업 총매출액 중 국외 매출액 비중 역시 2020년이 (17,624 / 153,867) × 100 ≒ 11.5%로 가장 작으므로 옳은 설명이다.

ㄴ. 2018년 대비 2020년 방위산업 분야별 매출액 증가율은 '기타'를 제외하고 '탄약' 분야가 {(25,351 - 24,742) / 24,742} × 100 ≒ 2.5%로 가장 낮으므로 옳은 설명이다.

ㄹ. 2020년 '갑'국 방위산업 총매출액 중 대기업 국외 매출액, 중소기업 총매출액이 모두 '항공유도' 분야 매출액이라고 가정하여, '항공유도' 분야 대기업 국내 매출액의 최솟값을 구한다. 2020년 방위산업의 대기업 국외 매출액과 중소기업 총매출액은 16,612 + 17,669 = 34,281억 원이고 해당 매출액이 모두 '항공유도' 분야 매출액이라면 '항공유도' 분야 대기업 국내 매출액은 최소 49,024 - 34,281 = 14,743억 원이므로 옳은 설명이다.

오답 체크

ㄷ. 2020년 방위산업의 기업유형별 종사자당 국외 매출액은 대기업이 16,612 / 27,249 ≒ 0.6억 원, 중소기업이 1,012 / 5,855 ≒ 0.17억 원이고, 대기업이 중소기업의 0.6 / 0.17 ≒ 3.5배이므로 옳지 않은 설명이다.

고득점자의 빠른 문제 풀이 Tip

ㄱ. 2018~2020년 '갑'국 방위산업의 국내외 매출액 중 2020년이 총매출액은 가장 크고, 국외 매출액은 가장 작으므로 국내 매출액은 2020년이 가장 큽니다. 따라서 방위산업 총매출액 중 국외 매출액 비중 역시 2020년이 가장 작음을 알 수 있습니다.

23 자료논리

정답 ①

정답 체크

- <보고서>의 두 번째 단락 첫 번째 문장에서 2018년 대비 2020년 방위산업 분야별 종사자 수는 '통신전자', '함정', '항공유도' 분야만 증가하고 나머지 분야는 감소하였다고 했으므로 A, C, D가 '통신전자' 또는 '함정' 또는 '항공유도'임을 알 수 있다.
- <보고서>의 두 번째 단락 두 번째 문장에서 매출액과 종사자 수 모두 매년 증가한 방위산업 분야는 '통신전자'뿐이라고 했으므로 매출액과 종사자 수가 매년 증가한 D가 '통신전자'임을 알 수 있다.
- <보고서>의 두 번째 단락 네 번째 문장에서 2018년 대비 2020년 '함정' 분야 종사자 수는 방위산업 분야 중 가장 많이 증가하였다고 했으므로 2018년 대비 2020년 종사자 수가 4,523 - 3,996 = 527명으로 가장 많이 증가한 C가 '함정'임을 알 수 있다.

따라서 '항공유도'에 해당하는 방위산업 분야는 A이다.

24 자료논리

정답 ④

정답 체크

이산화탄소 총배출량을 구하기 위해 제시된 각주를 변형한다. 각주 1)에 따라 총인구 = $\frac{\text{국내총생산}}{\text{1인당 국내총생산}}$이므로 각주 2)에 따라 이산화탄소 총배출량 = 1인당 이산화탄소 배출량 × $\frac{\text{국내총생산}}{\text{1인당 국내총생산}}$임을 알 수 있다. 이에 따라 국가별 이산화탄소 총배출량을 식으로 정리하면 다음과 같다.

- A: 16.6 × $\frac{\text{20조 4,941억}}{62,795}$ ≒ 54억 1,766만 톤CO_2eq.
- B: 9.1 × $\frac{\text{4조 9,709억}}{39,290}$ ≒ 11억 5,132만 톤CO_2eq.
- C: 12.4 × $\frac{\text{1조 6,194억}}{31,363}$ ≒ 6억 4,026만 톤CO_2eq.
- D: 7.0 × $\frac{\text{13조 6,082억}}{9,771}$ ≒ 97억 4,899만 톤CO_2eq.

따라서 A~D를 이산화탄소 총배출량이 가장 적은 국가부터 순서대로 바르게 나열하면 C, B, A, D 순이다.

고득점자의 빠른 문제 풀이 Tip

단위가 크고 수치가 많아 계산이 복잡하므로 비교하려는 두 분수식 간 분자값과 분모값의 증가율을 비교하는 방식으로 대소를 정리합니다. 먼저 A와 B를 비교하면, 분자값은 A가 B의 6배 이상이고, 분모값은 A가 B의 1.5배 이상이므로 A가 더 큰 수 임을 알 수 있습니다. 이에 따라 A가 B보다 앞에 배치된 ①, ②, ③이 소거됩니다.

다음으로 A와 D를 비교하면, 분자값은 A가 D의 3배 이상이고, 분모값 A가 D의 6배 이상이므로 A가 더 작은 수 임을 알 수 있습니다. 이에 따라 D가 A보다 앞에 배치된 ⑤가 소거됩니다.

25 자료이해

정답 ②

정답 체크

ㄱ. 전체 급속충전기 수 대비 '다중이용시설' 급속충전기 수의 비율은 2019년이 (2,606 / 5,390) × 100 ≒ 48.3%, 2020년이 (5,438 / 9,988) × 100 ≒ 54.4%, 2021년이 (8,858 / 15,003) × 100 ≒ 59.0%로 매년 증가했으므로 옳은 설명이다.

ㄷ. '주유소'의 2021년 급속충전기 수는 8,858 - (2,701 + 2,099 + 1,646 + 604 + 227 + 378 + 152) = 1,051대이다. '기타'를 제외하고, 2019년 대비 2021년 급속충전기 수의 증가율은 '주유소'가 {(1,051 - 125) / 125} × 100 = 740.8%로 가장 크므로 옳은 설명이다.

오답 체크

ㄴ. 2019~2021년 '공공시설' 급속충전기 수는 2019년이 1,595대, 2020년이 4,550 - (898 + 303 + 102 + 499) = 2,748대, 2021년이 6,145 - (1,275 + 375 + 221 + 522) = 3,752대이다. 2021년 '주차전용시설'과 '쇼핑몰' 급속충전기 수의 합은 1,275 + 2,701 = 3,976대로, 2021년 '공공시설' 급속충전기 수보다 많으므로 옳지 않은 설명이다.

ㄹ. 2019~2021년 '휴게소'의 급속충전기 수는 2019년이 2,606 - (807 + 125 + 757 + 272 + 79 + 64 + 27) = 475대, 2020년이 5,438 - (1,701 + 496 + 1,152 + 498 + 146 + 198 + 98) = 1,149대, 2021년이 2,099대로, '문화시설'의 급속충전기 수보다 매년 많은 것은 아니므로 옳지 않은 설명이다.

고득점자의 빠른 문제 풀이 Tip

ㄷ. 증가율이 아닌 배수를 비교하면 빠르게 확인할 수 있습니다. 2019년 대비 2021년 '주유소'의 급속충전기 수는 8배 이상이지만, 나머지 장소의 2021년 급속충전기 수가 2019년의 8배 이상인 경우는 없으므로 '주유소'의 증가율이 가장 큽니다.

바로 채점 및 성적 분석 서비스

2021년 기출문제 취약 유형 분석표 & 정답·해설

PSAT 전문가의 총평

2021년 민간경력자 PSAT의 경우 언어논리와 자료해석의 난도는 높았고, 상황판단 영역의 난도는 평이했다.

1. 언어논리 영역: 제시된 글에서 지문의 길이가 길고 파악해야 할 정보량이 많은 문제가 다수 출제되었으므로 전반적인 난도는 높았다.
2. 상황판단 영역: 법·규정의 적용 유형에서 단순 내용 일치 여부를 묻는 문제가 다수 출제되었고, 문제해결과 논리퀴즈 유형에서 조건의 의미를 명확하거나 계산 소요가 적은 다수 출제되어 전반적인 난도는 평이했다.
3. 자료해석 영역: 자료가 2개 이상 제시되는 문제가 다수 출제되었고, 계산 소요가 컸으므로 전반적인 난도는 높았다.

정답

언어논리

p.231

1	③	세부 내용 파악	6	⑤	세부 내용 파악	11	④	세부 내용 파악	16	①	빈칸삽입	21	③	진술추론
2	③	세부 내용 파악	7	⑤	빈칸삽입	12	①	빈칸삽입	17	③	논리추론	22	④	논증의 타당성
3	①	세부 내용 파악	8	①	빈칸삽입	13	①	세부 내용 파악	18	④	논리추론	23	⑤	논증의 타당성
4	②	세부 내용 파악	9	③	진술추론	14	④	세부 내용 파악	19	③	논리추론	24	②	진술추론
5	④	빈칸삽입	10	②	진술추론	15	⑤	세부 내용 파악	20	②	세부 내용 파악	25	④	진술추론

상황판단

p.245

1	①	법·규정의 적용	6	⑤	논리퍼즐	11	④	법·규정의 적용	16	①	논리퍼즐	21	②	논리퍼즐
2	⑤	법·규정의 적용	7	①	문제해결	12	①	법·규정의 적용	17	①	논리퍼즐	22	⑤	논리퍼즐
3	⑤	법·규정의 적용	8	③	문제해결	13	⑤	법·규정의 적용	18	③	논리퍼즐	23	③	문제해결
4	②	문제해결	9	③	문제해결	14	④	문제해결	19	②	문제해결	24	④	문제해결
5	④	논리퍼즐	10	②	문제해결	15	④	논리퍼즐	20	③	논리퍼즐	25	③	법·규정의 적용

자료해석

p.259

1	⑤	자료이해	6	③	자료변환	11	②	자료변환	16	③	자료논리	21	③	자료이해
2	⑤	자료변환	7	⑤	자료이해	12	⑤	자료변환	17	④	자료이해	22	③	자료이해
3	④	자료이해	8	②	자료이해	13	②	자료이해	18	⑤	자료이해	23	④	자료이해
4	②	자료논리	9	④	자료논리	14	①	자료이해	19	⑤	자료이해	24	①	자료이해
5	①	자료이해	10	①	자료이해	15	④	자료논리	20	②	자료논리	25	③	자료변환

취약 유형 분석표

유형별로 맞힌 개수, 틀린 문제 번호와 풀지 못한 문제 번호를 적고 나서 취약한 유형이 무엇인지 파악해 보세요.
취약한 유형은 '민간경력자 PSAT 기출유형공략'으로 복습하고, 해커스잡 사이트(ejob.Hackers.com)에서 제공하는 <PSAT 영역별 핵심 이론 노트>로 관련 이론을 확인한 후 틀린 문제와 풀지 못한 문제를 다시 풀어보세요.

언어논리

유형	맞힌 개수	틀린 문제 번호	풀지 못한 문제 번호
세부 내용 파악	/10		
중심 내용 파악	/0		
빈칸삽입	/5		
문단배열	/0		
사례 유추	/0		
진술추론	/5		
논증의 타당성	/2		
논리추론	/3		
TOTAL	/25		

상황판단

유형	맞힌 개수	틀린 문제 번호	풀지 못한 문제 번호
세부 내용 파악	/0		
법·규정의 적용	/7		
문제해결	/9		
논리퍼즐	/9		
TOTAL	/25		

자료해석

유형	맞힌 개수	틀린 문제 번호	풀지 못한 문제 번호
자료이해	/15		
자료논리	/5		
자료변환	/5		
TOTAL	/25		

해설

언어논리

1 세부 내용 파악

정답 ③

정답 체크 2문단에서 13세기 이후에 만들어진 향도의 대부분은 해당 마을의 모든 주민을 구성원으로 했으며, 마을 사람들이 관혼상제를 치를 때 그것을 지원했음을 알 수 있다. 따라서 '고려 후기에는 구성원들이 장례식을 치를 때 그것을 돕는 일을 하는 향도가 있었다.'는 것은 제시된 글의 내용과 부합한다.

오답 체크
① 2문단에서 향리들이 향도의 운영을 주도하던 때에는 같은 군현에 속한 향리들이 힘을 합쳐 향도를 만들었고, 13세기 이후에는 주민들이 자발적으로 마을 단위의 향도를 만들었음을 알 수 있다. 따라서 '고려 왕조가 불교 진흥을 위해 지방 각 군현에 향도를 조직하였다.'는 것은 제시된 글의 내용과 부합하지 않는다.
② 1문단에서 고려 초기의 향도는 '매향'을 했고, 당시 불교 신자들은 매향한 자리에서 나는 침향의 향기를 미륵불에게 바치는 제물이라고 여겼음을 알 수 있다. 따라서 '향도는 매향으로 얻은 침향을 이용해 향을 만들어 판매하는 일을 하였다.'는 것은 제시된 글의 내용과 부합하지 않는다.
④ 1문단에서 고려 초기에는 향도가 주도하는 매향과 석탑 조성 공사가 많았고, 군현의 하천 정비는 향도를 조직한 목적은 아님을 알 수 있다. 따라서 '고려 초기에 지방 향리들이 자신이 관할하는 군현의 하천 정비를 위해 향도를 조직하였다.'는 것은 제시된 글의 내용과 부합하지 않는다.
⑤ 2문단에서 12세기에 접어들면서 매향과 석탑 조성 공사의 횟수가 줄었음을 알 수 있다. 따라서 '고려 후기로 갈수록 석탑 조성 공사의 횟수가 늘었다.'는 것은 제시된 글의 내용과 부합하지 않는다.

고득점자의 빠른 문제 풀이 Tip

세부 내용 파악 유형은 대체로 제시문의 순서와 선택지의 순서가 일치하지 않으므로 글의 흐름과 맥락을 파악한 후 각 선택지에 해당하는 정보를 재확인하는 연습이 필요합니다.

2 세부 내용 파악

정답 ③

정답 체크 2문단에서 조일통어장정에는 일본인이 조일통상장정 제41관에 적시된 지방의 해안선으로부터 3해리 이내 해역에서 어업 활동을 하고자 할 때는 조업하려는 지방의 관리로부터 어업준단을 발급받아야 하며, 이를 받고자 하는 자는 소정의 어업세를 먼저 내야 함을 알 수 있다. 또한 이 장정 체결 직후에 일본은 조선해통어조합연합회를 만들었다고 했으므로 조선해통어조합연합회가 만들어져 활동하던 당시에 어업준단을 발급받고자 하는 일본인은 어업세를 내도록 되어 있었음을 알 수 있다.

오답 체크
① 1문단에서 조선해통어조합은 일본인의 어업 면허 신청을 대행하는 업무가 아닌 조선 어장에 대한 정보를 제공하는 역할을 했음을 알 수 있다.
② 2문단에서 조일통어장정에는 일본인이 조일통상장정 제41관에 적시된 지방의 해안선으로부터 3해리 이내 해역에서 어업 활동을 하고자 할 때는 조업하려는 지방의 관리로부터 어업준단을 발급받아야 한다고 했으나, 조선인이 어업 활동을 하는 것을 모두 금한다는 조항이 있는지는 알 수 없다.
④ 1문단에서 조일통상장정 제41관에는 "일본인이 조선의 전라도, 경상도, 강원도, 함경도 연해에서 어업 활동을 할 수 있도록 허용한다"는 내용이 있으나, 조선해통어조합연합회를 조직해 일본인이 한반도 연해에서 조업할 수 있도록 지원한다는 내용이 있는지는 알 수 없다.
⑤ 2문단에서 조일통상장정에는 제41관에 따라 일본인이 지방의 해안선으로부터 3해리 이내 해역에서 어업 활동을 하고자 할 때는 조업하려는 지방의 관리로부터 어업준단을 발급받아야 한다는 내용이 있다고 했고, 이 장정 체결 이후 일본은 조선해통어조합연합회를 만들어 일본인의 어업 면허가 아닌 어업준단 발급 신청을 지원했음을 알 수 있다.

고득점자의 빠른 문제 풀이 Tip

세부 내용 파악 유형은 제시문과 일치하는 내용, 제시문을 통해 확인할 수 없는 내용을 모두 포함하므로 제시문과의 내용 일치 여부와 제시문을 통해 내용을 확인할 수 있는지 여부를 모두 살펴보아야 합니다.

3 세부 내용 파악

정답 ①

정답 체크 2문단에서 긱 노동자들은 고용주가 누구든 간에 자신이 보유한 고유의 직업 역량을 고용주에게 판매하면서, 자신의 직업을 독립적인 '프리랜서' 또는 '개인 사업자' 형태로 인식한다고 했으므로 긱 노동자가 자신의 직업 형태에 대해 갖는 인식은 자신을 고용한 기업에 따라 달라지지 않음을 알 수 있다.

오답 체크
② 2문단에서 정보통신 기술의 발달은 긱을 더욱더 활성화한다고 했으나, 정보통신 기술의 발달이 프레카리아트 계급과 긱 노동자 집단을 확산시키는지는 제시문을 통해 알 수 없다.
③ 제시문은 프레카리아트 계급과 긱 노동자 집단의 특성을 설명하고 있을 뿐, 긱 노동자 집단이 확산하면 프레카리아트 계급이 축소되는지는 제시문을 통해 알 수 없다.
④ 1문단에서 프레카리아트는 불안정한 고용 상태에 놓여 있는 사람들, 즉 '위험한 계급'으로 전락하는 사람들을 의미하며, 이러한 사람들이 늘어나면 사회적 병폐들이 성행하여 우리 사회가 점점 불안해진다고 했음을 알 수 있다. 그러나 '위험한 계급'이 겪는 부정적인 경험이 적은 프레카리아트일수록 정규직 근로자로 변모할 가능성이 큰지는 제시문을 통해 알 수 없다.
⑤ 비정규직 근로자에 대한 노동 보장의 강화가 프레카리아트 계급을 축소시키고 긱 노동자 집단을 확산시키는지는 제시문을 통해 알 수 없다.

4 세부 내용 파악

정답 ②

정답 체크 2문단에서 르베리에는 관찰을 통해 얻은 천왕성의 궤도와 뉴턴의 중력 법칙에 따라 산출한 궤도 사이의 차이를 수학적으로 계산하여 해왕성의 위치를 예측했다고 했으므로 르베리에에 의하면 천왕성의 궤도를 정확하게 설명하기 위해서 뉴턴의 중력 법칙을 대신할 다른 법칙이 필요한 것은 아님을 알 수 있다.

오답 체크
① 3문단에서 르베리에는 수성의 궤도에 대해 관찰한 결과 뉴턴의 중력 법칙으로 예측한 궤도와 차이가 있음을 밝힌 뒤, 그 이유를 수성의 궤도에 미지의 행성이 영향을 끼치기 때문이라는 가설을 세웠다고 했으므로 르베리에에 의하면 수성의 궤도를 정확하게 설명하기 위해서는 뉴턴의 중력 법칙을 대신할 다른 법칙이 필요하지 않음을 알 수 있다.
③ 3문단에서 르베리에는 수성의 궤도가 뉴턴의 중력 법칙으로 예측한 궤도와 차이가 있다는 이유를 수성의 궤도에 미지의 행성이 영향을 끼치기 때문이라는 가설을 세웠고, 가설에 따라 이 행성을 발견했다고 주장하는 천문학자까지 나타났다고 했으므로 수성의 궤도에 대한 르베리에의 가설에 기반하여 연구한 천문학자가 있었음을 알 수 있다.
④, ⑤ 2문단에서 르베리에는 관찰을 통해 얻은 천왕성의 궤도와 뉴턴의 중력 법칙에 따라 산출한 궤도 사이의 차이를 수학적으로 계산하여 해왕성의 위치를 예측했고, 1문단에서 불칸을 예측하는 데 사용한 방식이 해왕성을 성공적으로 예측하는 데 사용한 방식과 동일했으므로 르베리에는 해왕성의 위치와 불칸의 존재를 수학적으로 계산하여 추정했음을 알 수 있다.

5 빈칸삽입

정답 ④

정답 체크
1문단에서 서구사회의 기독교적 전통에 속하는 이들은 자신들을 정상적인 존재로, 이러한 전통에 속하지 않는 적그리스도, 이교도, 나병과 흑사병에 걸린 환자들을 비정상적인 존재로 구별하려 했음을 알 수 있다. 또한 2~4문단에서 적그리스도, 이교도, 나병과 흑사병에 걸린 환자들에게 부과한 비정상성을 구체적인 형상을 통해 묘사하고 있으므로 빈칸에 들어갈 내용은 '서구의 기독교적 전통 하에서 추악한 형상은 그 전통에 속하지 않는 이들을 전통에 속한 이들과 구분짓기 위해 활용되었다.'가 가장 적절하다.

오답 체크
① 제시문에서는 서구사회의 기독교적 전통에 속하는 이들과 속하지 않는 이들을 구별하려 했음을 강조하고 있을 뿐, 서구의 종교인과 예술가들이 이방인을 추악한 이미지로 각인시키는 데 중심적인 역할을 한 것은 아니므로 빈칸에 들어갈 내용으로 적절하지 않다.
② 제시문에서는 서구사회의 기독교적 전통에 속하는 이들과 속하지 않는 이들을 구별하려 했음을 강조하고 있을 뿐, 서구의 기독교인들이 자신들보다 강한 존재를 추악한 존재로 묘사하여 심리적인 우월감을 확보한 것은 아니므로 빈칸에 들어갈 내용으로 적절하지 않다.
③ 제시문에서 동서고금을 막론하고 정상적 존재와 비정상적 존재의 명확한 구별을 위해 추악한 형상을 활용했는지는 알 수 없으므로 빈칸에 들어갈 내용으로 적절하지 않다.
⑤ 제시문에서 서구의 기독교인들이 자신들과는 다른 타자들을 추악하게 묘사했던 것이 다른 종교에 의해 자신들의 종교가 침해되는 것을 두려워했기 때문인지는 알 수 없으므로 빈칸에 들어갈 내용으로 적절하지 않다.

고득점자의 빠른 문제 풀이 Tip

빈칸삽입 유형에서는 특히 접속어의 도움을 받을 수 있는지를 확인하는 것이 좋습니다. 이 문제의 경우 새로운 단락이 시작되면서 '정리하자면'으로 이어지고 있으므로 빈칸에는 제시문 전체의 흐름과 맥락을 담을 수 있는 문장이 제시되어야 함을 알 수 있습니다.

6 세부 내용 파악

정답 ⑤

정답 체크
㉤의 앞에서 오타의 발생 원인을 평균 타이핑 속도와 평균 오타 수 간의 상관관계로만 분석할 경우 발생하는 평균주의의 문제점, 즉 '에르고딕 스위치'에 대해 설명하고 있다. 이때 도출된 평균치를 근거로 당신에게 내린 처방은 적절하지 않을 가능성이 높다는 내용과 연결되기 위해서는 ㉤을 '타이핑 실력이라는 요인이 통제되지 않은 상태에서'로 수정하는 것이 적절하다.

오답 체크
① '질적으로 동일해야 하며'라는 내용은 그룹의 평균을 활용해 개인에 대한 예측치를 이끌어낼 수 있다는 내용과 연결된다.
② '그룹의 평균적 행동을 통해 해당 그룹에 속해 있는 개인에 대한 예측'이라는 내용은 에르고딕 이론에 따르면 그룹의 평균을 활용해 개인에 대한 예측치를 이끌어낼 수 있다는 내용과 연결된다.
③ '실재하는 개인적 특성을 모조리 무시'라는 내용은 평균주의의 유혹에 속아 집단의 평균에 의해 개인을 파악한다는 내용과 연결된다.
④ '타이핑을 더 빠른 속도로 해야 한다'는 내용은 평균 타이핑 속도와 평균 오타 수를 비교한 결과 평균적으로 타이핑 속도가 더 빠를수록 오타 수가 더 적은 것으로 나타났다고 가정하는 내용과 연결된다.

7 빈칸삽입

정답 ⑤

정답 체크
갑의 세 번째 대화에 따르면 두 PC 간 자료를 공유하기 위한 두 번째 방법은 내부용 PC와 외부용 PC에 설치된 자료 공유 프로그램을 이용하는 것으로 이를 이용하면 두 PC 간 자료의 상호 공유가 가능하고, 갑의 다섯 번째 대화에 따르면 원칙적으로는 외부용 PC에서 자료를 받기 위하여 사용 가능한 이메일 계정은 ○○메일뿐임을 알 수 있다. 따라서 빈칸에 들어갈 내용은 '외부 자문위원의 PC에서 ○○메일 계정으로 자료를 보낸 뒤, 외부용 PC로 ○○메일 계정에 접속해 자료를 내려받아 자료 공유 프로그램을 이용하여 내부용 PC로 보내면 되겠네요.'가 가장 적절하다.

오답 체크
① 자료 공유 프로그램을 이용할 경우 프로젝트 팀장이 비밀번호를 입력해야 하므로 빈칸에 들어갈 내용으로 적절하지 않다.
② 원칙적으로 외부용 PC에서 자료를 보내거나 받기 위하여 사용 가능한 이메일 계정은 ○○메일뿐이나, 예외적으로 필요한 경우에 한해 보안부서에 공문으로 요청하여 승인을 받으면, 일반 이메일 계정에 접속하여 자료를 보내거나 받을 수 있다고 했으므로 빈칸에 들어갈 내용으로 적절하지 않다.
③, ④ 내부용 PC는 내부 통신망용이라 이메일 계정에 접속할 수 없으므로 빈칸에 들어갈 내용으로 적절하지 않다.

8 빈칸삽입

정답 ①

정답 체크
1문단에서 지역 역량 강화와 지역 가치 제고가 모두 이루어지면 A에서 A'으로 변화하며, 지역 역량이 강화되지 않은 채 지역 가치만 상승하는 사례가 젠트리피케이션이라고 했으므로 ㉠이 '지역 역량', ㉡이 '지역 가치'임을 알 수 있다. 또한 2문단에서 도시재생 사업의 모범적인 양상은 지역 자산화로, 이는 공동체 역량 강화 과정과 전문화 과정 두 단계로 이루어짐을 알 수 있다. 이때 공동체 역량 강화 과정을 통해 지역 가치와 지역 역량이 모두 낮은 상태에서 지역 역량을 키운다고 했으므로 ㉢이 '공동체 역량 강화'임을 알 수 있다. 한편 전문화 과정은 강화된 지역 역량의 토대 위에서 지역 가치 제고를 이끌어낸다고 했으므로 ㉣이 '전문화'임을 알 수 있다.

9 진술추론

정답 ③

정답 체크

ㄱ. (가)는 가능한 모든 결과들의 목록을 완전하게 작성한다면, 그 결과들 중 하나는 반드시 나타난다고 했으므로 로또 복권의 모든 가능한 숫자의 조합을 모조리 샀을 때 추첨이 이루어진다면 무조건 당첨되는 사례는 (가)로 설명할 수 있다.

ㄴ. (나)는 한 사람에게 특정 사건이 발생할 확률이 매우 낮더라도, 충분히 많은 사람에게는 그 사건이 일어날 확률이 매우 높을 수 있다고 했으므로 어떤 사람이 교통사고를 당할 확률은 매우 낮지만, 대한민국에서 교통사고는 거의 매일 발생한다는 사례는 (나)로 설명할 수 있다.

오답 체크

ㄷ. 주사위를 수십 번 던질 때보다 수십만 번 던질 때 1이 연속으로 여섯 번 나올 확률이 높아지는 사례는 (가)가 아닌 (나)로 설명할 수 있다.

10 진술추론

정답 ②

정답 체크

ㄷ. 연구 성과를 기준으로 공공 자원을 배분할 것을 주장하는 B에 대해 A는 비주류 분야의 연구를 통해 특정 분야에서 상충되는 내용을 가진 연구들이 많을수록 그 분야의 발전 가능성이 커질 수 있다고 주장한다. 따라서 성과만을 기준으로 연구자들을 차등 대우하면 연구자들의 사기가 저하되어 해당 분야 전체의 발전이 저해된다는 사실은 A의 주장을 강화하지만 B의 주장은 강화하지 않는다.

오답 체크

ㄱ. A는 연구 성과를 기준으로 공공자원을 배분하면 한 분야의 주류 연구자들이 자원을 독점하게 될 수 있다고 주장하므로 공공 자원을 연구 성과에 따라 배분하지 않으면 도덕적 해이가 발생할 가능성이 커진다는 사실은 A의 주장을 강화하지 않는다.

ㄴ. B는 공공 자원을 배분하는 기준으로 연구 성과가 우선되어야 공정성과 효율성을 높일 수 있고, 연구비 규모가 큰 과제일수록 더 우수한 성과를 얻는 경향이 강해지고 있다고 주장하므로 연구 성과에 대한 평가가 시간이 지나 뒤집히는 경우가 자주 있다는 사실은 B의 주장을 약화한다.

11 세부 내용 파악

정답 ④

정답 체크

3문단에서 고종이 채택한 조선 국기의 우측 하단에 있는 괘는 '조선의 기'의 좌측 하단에 있음을 알 수 있다. 또한 2문단에서 '조선의 기'의 좌측 하단에는 곤괘가 있다고 했고, 1문단에서 태극기에는 우측 하단에 땅을 상징하는 곤괘가 있음을 알 수 있다. 따라서 오늘날 태극기의 우측 하단에 있는 괘와 고종이 조선 국기로 채택한 기의 우측 하단에 있는 괘는 모두 땅을 상징함을 알 수 있다.

오답 체크

① 2문단에서 『해상 국가들의 깃발들』이라는 책에 이응준이 그린 것으로 짐작되는 '조선의 기'라는 이름의 기가 실려 있다고 했으나, 3문단에서 통리교섭사무아문이 각국 공사관에 배포한 국기는 '조선의 기'가 아닌 고종이 채택한 조선 국기임을 알 수 있다.

② 2문단에서 태극 문양을 그린 기는 개항 이전에도 조선 수군이 사용한 깃발 등 여러 개가 있었다고 했으므로 이응준이 만든 기가 태극 문양이 담긴 최초의 기는 아님을 알 수 있다.

③ 3문단에서 고종은 박영효가 바친 기를 조선 국기로 채택하여 통리교섭사무아문으로 하여금 배포하게 하였다고 했고, '조선의 기'의 좌측 상단에 있는 괘는 조선 국기의 우측 상단에 있다고 했으므로 통리교섭사무아문이 배포한 기의 우측 상단에 있는 괘와 '조선의 기'의 좌측 하단에 있는 괘가 상징하는 것은 다름을 알 수 있다.

⑤ 3문단에서 박영효가 그린 조선 국기의 좌측 상단에 있는 괘가 '조선의 기'에는 우측 상단에 있다고 했고, 2문단에서 이응준이 그린 '조선의 기'는 좌측 상단에 감괘, 우측 상단에 건괘가 있다고 했다. 또한 1문단에서 감괘는 물, 건괘는 하늘을 상징한다고 했으므로 박영효가 그린 기의 좌측 상단에 있는 괘는 하늘, 이응준이 그린 기의 좌측 상단에 있는 괘는 물을 상징함을 알 수 있다.

고득점자의 빠른 문제 풀이 Tip

제시문에서 비슷한 표현이 반복될 경우 정답을 고르는 과정에서 혼동의 여지가 있으므로 제시문을 집중해서 독해하되, 각 키워드에 특정한 기호로 표시하면서 독해하는 것이 좋습니다.

12 빈칸삽입

정답 ①

정답 체크

갑의 세 번째 대화에 따르면 현재까지 법률에서 조례를 제정하도록 위임한 사항은 10건인데, A시는 이 중 7건을 조례로 제정했고, 입법 예고 중인 것은 2건이므로 나머지 1건은 입법 예고가 필요한 사항임을 알 수 있다. 따라서 빈칸에 들어갈 내용은 '현재 조례로 제정하기 위하여 입법 예고가 필요한 것이 1건입니다.'가 가장 적절하다.

오답 체크

② 7월 10일 현재 기준으로는 올 한 해의 조례 제정 비율이 작년보다 높아지는지 알 수 없으므로 빈칸에 들어갈 내용으로 적절하지 않다.

③ 7월 10일 현재 기준으로는 올 한 해 총 9건의 조례를 제정하게 되는지 알 수 없으므로 빈칸에 들어갈 내용으로 적절하지 않다.

④ 현재까지 위임한 사항 10건 중 7건의 조례가 제정되어 조례 제정 비율은 90%가 아닌 70%이므로 빈칸에 들어갈 내용으로 적절하지 않다.

⑤ 7월 10일 현재 기준으로는 올 한 해 법률에서 조례를 제정하도록 위임받은 사항이 작년보다 줄어드는지 알 수 없으므로 빈칸에 들어갈 내용으로 적절하지 않다.

13 세부 내용 파악

정답 ①

정답 체크

제시된 표에 따르면 외부 참여 가능성이 높은 모형은 C이고, 4문단에서 C는 관료제의 영향력이 작고 통제가 약한 분야에서 주로 작동한다고 했으므로 외부 참여 가능성이 높은 모형은 관료제의 영향력이 작고 통제가 약한 분야에서 나타나기 쉬움을 알 수 있다.

오답 체크

② 제시된 표에 따르면 상호 의존성이 보통인 모형은 B이고, 2문단에서 배타성이 매우 강해 다른 이익집단의 참여를 철저하게 배제하는 것은 A의 특징이라고 했으므로 상호 의존성이 보통인 모형에서 배타성이 강한 것은 아님을 알 수 있다.

③ 제시된 표에 따르면 합의 효율성이 높은 모형은 A이고, 3문단에서 B가 특정 이슈에 대해 유기적인 연계 속에서 기능하면 A보다 더 효과적으로 정책 목표를 달성할 수 있다고 했으므로 합의 효율성이 높은 모형이 가장 효과적으로 정책 목표를 달성할 수 있는 것은 아님을 알 수 있다.

④ A에 참여하는 이익집단의 정책 결정 영향력이 B에 참여하는 이익집단의 정책 결정 영향력보다 큰지는 제시된 글을 통해 알 수 없다.

⑤ 제시된 표에 따르면 C는 지속성이 낮은 모형이고, 4문단에서 C는 참여자가 많아 합의가 어렵다고 했으나 C에서 참여자의 수가 많아질수록 네트워크의 지속성이 높아지는지는 알 수 없다.

고득점자의 빠른 문제 풀이 Tip

제시문과 선택지의 내용적인 차이를 확인해야 하므로 보다 제시문을 꼼꼼하고 정확하게 독해해야 합니다.

14 세부 내용 파악

정답 ④

정답 체크

ㄴ. FD 방식에서는 하나의 양자 상태에 두 개의 입자가 동시에 있는 경우는 허용되지 않으므로 두 개의 입자에 대해, 양자 상태의 가짓수가 많아지면 두 입자가 서로 다른 양자 상태에 각각 있는 경우의 수도 커짐을 알 수 있다.

ㄷ. 동일한 상황에 대해서 MB 방식은 두 입자가 구별되는 상황을 가정하고, BE 방식에서는 두 입자가 구별되지 않는 상황을 가정하므로 두 개의 입자에 대해, 양자 상태가 두 가지 이상이면 경우의 수는 BE 방식에서보다 MB 방식에서 언제나 크다는 것을 알 수 있다.

오답 체크

ㄱ. 두 개의 입자에 대해, 양자 상태가 두 가지이면 BE 방식에서 [aa |], [| aa], [a | a]가 가능하므로 경우의 수는 2가 아닌 3임을 알 수 있다.

15 세부 내용 파악

정답 ⑤

정답 체크

3문단에 따르면 학습된 공포 반응을 일으키는 소리 자극의 경우 청각 시상으로 전달된 소리 자극 신호는 학습을 수행하기 전보다 훨씬 센 강도의 신호로 증폭되어 측핵으로 전달되고, 4문단에 따르면 학습된 안정 반응을 일으키는 소리 자극의 경우 청각시상에서 만들어진 신호가 측핵으로 전달되는 것이 억제되기 때문에 측핵에 전달된 신호는 매우 미약해짐을 알 수 있다. 따라서 두 경우 모두 청각시상에서 측핵으로 전달되는 신호의 세기가 학습하기 전과 달라진다.

오답 체크

① 1문단에 따르면 측핵에 전달된 신호는 중핵으로 전달되어 중핵에서 신체의 여러 기관에 전달할 신호를 만들어서 반응이 일어나게 함을 알 수 있으나, 중핵에서 만들어진 신호의 세기가 강한 경우에는 학습된 안정 반응이 나타나는지는 알 수 없다.

② 4문단에 따르면 선조체에서 반응이 세게 나타나면 안정감을 느끼게 되어 학습된 안정 반응을 일으킴을 알 수 있으나, 학습된 공포 반응을 일으키지 않는 소리 자극이 선조체에서 약한 반응이 일어나게 하는지는 알 수 없다.

③ 3문단에 따르면 학습된 공포 반응을 일으키는 소리 자극의 경우 청각시상에서 소리 자극 신호가 측핵으로 전달됨은 알 수 있으나, 청각시상에서 선조체로 전달되는 자극 신호를 억제하는지는 알 수 없다.

④ 4문단에 따르면 학습된 안정 반응을 일으키는 소리 자극을 청각 시상에서 받게 되고 이 청각시상에서 만들어진 신호가 측핵으로 전달되는 것이 억제됨은 알 수 있으나, 청각시상에서 받는 소리 자극 신호의 상대적 강도는 알 수 없다.

16 빈칸삽입

정답 ①

정답 체크

공연 예술단의 수석대표의 조건을 정리하면 다음과 같다.

- 조건 1: 민간 문화 교류 증진을 목적으로 열린다면 공연 예술단의 수석대표는 정부 관료가 맡지 않는다.
- 조건 2: 공연 예술단의 수석대표는 고전음악 지휘자나 대중음악 제작자가 맡아야 한다.
- 조건 3: 현재 정부 관료 중에는 고전음악 지휘자나 대중음악 제작자가 없다.
- 조건 4: 전체 세대를 아우를 수 있는 사람이 아니면 수석대표를 맡을 수 없다.
- 조건 5: 갑이나 을이 수석대표를 맡는다면 A가 공연 예술단에 참가한다.
- 조건 6: 아이돌 그룹 A는 공연 예술단에 참가하는 것이 분명하다.

조건 1~3에 따라 고전음악 지휘자나 대중음악 제작자는 정부 관료가 아니므로 공연 예술단의 수석대표가 될 수 있음을 알 수 있다. 또한 조건 4에 따라 공연 예술단의 수석대표는 전체 세대를 아우르는 사람이고, 조건 5~6에 따라 갑이나 을이 수석대표를 맡을 것임을 알 수 있다. 이에 따라 '고전음악 제작자이거나 대중음악 제작자이면서 전체 세대를 아우를 수 있는 사람이 공연 예술단의 수석대표가 될 수 있다.'는 결론이 도출되므로 빈칸에 들어갈 내용은 '갑은 고전음악 지휘자이면서 전체 세대를 아우를 수 있기'가 가장 적절하다.

오답 체크

② 전체 세대를 아우를 수 있어야 한다는 조건이 충족되지 않았으므로 빈칸에 들어갈 내용으로 적절하지 않다.

③ 고전음악 지휘자이거나 대중음악 제작자라는 조건이 충족되지 않았으므로 빈칸에 들어갈 내용으로 적절하지 않다.

④, ⑤ 공연 예술단의 수석대표가 되기 위한 두 조건을 모두 충족하지 않았으므로 빈칸에 들어갈 내용으로 적절하지 않다.

17 논리추론

정답 ③

정답 체크

바다, 다은, 은경, 경아의 답변을 통해 참과 거짓 관계를 정리하면 다음과 같다.

- 바다: 다은이 범인이 아니라는 말은, 다은이 범인인 경우에만 거짓이고 나머지가 범인인 경우는 참이 된다.
- 다은: 은경이나 경아가 범인이라는 말은, 은경이 범인이거나 경아가 범인인 경우는 참이지만 나머지가 범인인 경우는 거짓이 된다.
- 은경: 경아가 범인이 아니라는 말은, 경아가 범인일 때에는 거짓이지만 나머지가 범인일 때는 참이 된다.
- 경아: 바다가 범인이라는 말은, 바다가 범인일 때에는 참이지만 나머지가 범인일 때에는 거짓이 된다.

이에 따라 참과 거짓 관계를 정리하면 다음과 같다.

범인 가정 / 답변	바다를 범인으로 가정하는 경우	다은을 범인으로 가정하는 경우	은경을 범인으로 가정하는 경우	경아를 범인으로 가정하는 경우
바다: 다은 범인 X	O	X	O	O
다은: 은경 범인 O or 경아 범인 O	X	X	O	O
은경: 경아 범인 X	O	O	O	X
경아: 바다 범인 O	O	X	X	X

이때 은경의 첫 번째 말은 상용화 아이디어에 대해 관심을 가진 사람이 있다는 의미이고, 경아의 첫 번째 말은 아무도 관심을 가지지 않았다는 의미로 둘이 서로 모순된다. 이에 따라 각 답변을 통해 범인으로 가능한 경우는 은경의 말만이 참이므로 다은이 범인인 경우, 경아의 말만이 거짓이므로 은경이 범인인 경우가 있다.

답변 \ 범인 가정	바다를 범인으로 가정하는 경우	다은을 범인으로 가정하는 경우	은경을 범인으로 가정하는 경우	경아를 범인으로 가정하는 경우
바다: 다은 범인 X	O	X	O	O
다은: 은경 범인 O or 경아 범인 O	X	X	O	O
은경: 경아 범인 X	O	O	O	X
경아: 바다 범인 O	O	X	X	X
	불가능			불가능

ㄱ. 은경이 범인인 경우에는 바다와 은경의 말이 모두 참일 수 있다. 따라서 반드시 참이다.

ㄷ. 용의자 중 거짓말을 한 사람이 단 한 명이면, 은경이 범인인 경우뿐이므로 용의자 중 거짓말한 사람이 단 한 명이면 은경이 범인이 된다. 따라서 반드시 참이다.

오답 체크 ㄴ. 은경이 범인인 경우에는 바다, 다은, 은경의 말이 참이므로 다은과 은경의 말이 모두 참인 것은 가능하다. 따라서 반드시 참은 아니다.

고득점자의 빠른 문제 풀이 Tip

각각 둘 이상의 진술을 하는 상황에서 거짓말을 하는 사람이 누구인지 가정하게 되면 고려해야 할 사항이 많으므로 범인이 누군지 가정하여 거짓말의 개수를 세는 방법으로 문제를 해결하는 것이 좋습니다.

18 논리추론

정답 ④

정답 체크 제시문의 내용을 기호화하면 다음과 같다.

- 명제 1: 개인 가안 포함 → 보건 가안 포함
- 명제 2: 2025팀 재편 → 개인 가안 포함 and 보건 가안 포함
- 명제 3: 개인 가안 포함 and 최팀장 총괄 → 손공정 담당
- 명제 4: 보건 가안 포함 → 2025팀 재편 or 보도자료 수정
- 명제 5: '최팀장 총괄 → 손공정 담당'은 거짓

조건 명제가 거짓이 되면, 전건은 참이 되고 후건은 거짓이 된다. 이에 따라 '최팀장 총괄 → 손공정 담당'이 거짓이라면 '최팀장 총괄 and 손공정 담당 X'가 참이므로 최팀장은 정책 브리핑을 총괄하고 손공정은 프레젠테이션을 담당하지 않음을 알 수 있다. 이때 명제 3의 대우는 '손공정 담당 X → 개인 가안 포함 X or 최팀장 총괄 X'이고, '최팀장 총괄'이 참이므로 개인건강정보 관리 방식 변경에 관한 가안은 정책제안에 포함되지 않음을 알 수 있다. 또한 명제 2의 대우는 '개인 가안 포함 X or 보건 가안 포함 X → 2025팀 재편 X'이고, '개인 가안 포함 X'가 참이므로 국민건강 2025팀은 재편되지 않음을 알 수 있다.

ㄴ. 국민건강 2025팀은 재편되지 않고, 이 팀의 최팀장이 다음 주 정책 브리핑을 총괄하므로 반드시 참이다.

ㄷ. 보건정보의 공적 관리에 관한 가안이 정책제안에 포함된다면, 국민건강 2025팀이 재편되지 않으므로 명제 4에 따라 '보도자료 수정'이 참이 되어 다음 주 정책 브리핑을 위해 준비한 보도자료가 대폭 수정될 것임을 알 수 있다. 따라서 반드시 참이다.

오답 체크 ㄱ. 개인건강정보 관리 방식 변경에 관한 가안은 정책제안에 포함되지 않음을 알 수 있으나, 보건정보의 공적 관리에 관한 가안도 정책제안에 포함되지 않는지는 알 수 없으므로 반드시 참은 아니다.

19 논리추론

정답 ③

정답 체크 제시된 조건을 정리하면 다음과 같다.

- 조건 1: 학회 참석자는 각각 하나의 해석만을 받아들임
- 조건 2: 상태 가설을 받아들이는 사람은 5명
- 조건 3: 상태 → 코펜하겐 or 보른
- 조건 4: 코펜하겐 or 보른 → 상태
- 조건 5: B 코펜하겐 and C 보른
- 조건 6: A 상태 and D 상태
- 조건 7: 아인슈타인 해석을 받아들이는 이가 있음

조건 6과 조건 3에 따라 A와 D가 상태 오그라듦 가설을 받아들이면 코펜하겐 해석이나 보른 해석 중 하나를 받아들임을 알 수 있다. 이때 조건 5에 따르면 B는 코펜하겐 해석을 받아들이고, C는 보른 해석을 받아들이므로 A와 D는 코페하겐 해석 또는 보른 해석을 받아들임을 알 수 있다.

만일 A와 D가 받아들이는 해석이 다르다면 조건 4에 따라 한 명은 코펜하겐 해석을, 다른 한 명은 보른 해석을 받아들이므로 해석을 받아들이는 경우를 정리하면 다음과 같다.

경우 \ 참석자	A	B	C	D	E	F	G	H
경우 1	코펜하겐	코펜하겐	보른	보른				
경우 2	보른	코펜하겐	보른	코펜하겐				

첫 번째 경우에는 A와 B가, 두 번째 경우에는 B와 D가 코펜하겐 해석을 받아들이므로 어떠한 경우에도 적어도 두 명은 코펜하겐 해석을 받아들인다. 따라서 반드시 참이다.

오답 체크 ① 다음 경우와 같이 아무도 많은 세계 해석을 받아들이지 않을 수도 있다.

참석자	A	B	C	D	E	F	G	H
해석	코펜하겐	코펜하겐	보른	코펜하겐	아인슈타인	코펜하겐	아인슈타인	아인슈타인

② 다음 경우와 같이 보른 해석을 받아들이는 이가 두 명이지만 A와 D가 받아들이는 해석이 같을 수도 있다.

참석자	A	B	C	D	E	F	G	H
해석	코펜하겐	코펜하겐	보른	코펜하겐	아인슈타인	많은 세계	보른	아인슈타인

④ 다음 경우와 같이 오직 한 명만이 많은 세계 해석을 받아들이지만 아인슈타인 해석을 받아들이는 이가 두 명이 아닐 수도 있다.

참석자	A	B	C	D	E	F	G	H
해석	코펜하겐	코펜하겐	보른	코펜하겐	아인슈타인	다른 해석	보른	많은 세계

⑤ 다음 경우와 같이 코펜하겐 해석을 받아들이는 이가 세 명이지만 A와 D 모두 보른 해석이 아닌 다른 해석을 받아들일 수도 있다.

참석자	A	B	C	D	E	F	G	H
해석	코펜하겐	코펜하겐	보른	코펜하겐	아인슈타인	많은 세계	보른	많은 세계

고득점자의 빠른 문제 풀이 Tip

제시된 조건을 정리하여 모든 경우의 수를 도출해서 문제를 해결하는 것도 가능하지만 각 선택지에 대해 반증을 찾아가며 풀이하는 것이 시간 소요를 줄일 수 있습니다.

20 세부 내용 파악

정답 ②

정답 체크 첫 번째와 두 번째 <실험 결과>에 따르면 학습 위주 경험을 한 실험군 1의 쥐에서 뇌 신경세포 한 개당 시냅스의 수가 크게 증가하고, 운동 위주 경험을 한 실험군 2의 쥐에서 뇌 신경세포 한 개당 모세혈관의 수가 크게 증가했으므로 학습 위주의 경험은 뇌 신경세포당 시냅스의 수에, 운동 위주의 경험은 뇌의 신경세포당 모세혈관의 수에 영향을 미침을 추론할 수 있다.

오답 체크

① 세 번째 <실험 결과>에 따르면 학습 위주 경험을 한 실험군 1의 쥐에서 대뇌 피질의 지각 영역에서 구조 변화가 나타났고, 운동 위주 경험을 한 실험군 2의 쥐에서 대뇌 피질의 운동 영역과 소뇌에서 구조 변화가 나타났음을 알 수 있으나, 대뇌 피질의 구조 변화가 학습 위주 경험보다 운동 위주 경험에 더 큰 영향을 받는지는 알 수 없다.

③ 첫 번째와 두 번째 <실험 결과>에 따르면 실험군 1의 쥐에서 뇌 신경세포 한 개당 시냅스의 수가 크게 증가하고, 실험군 2의 쥐에서 뇌 신경세포 한 개당 모세혈관의 수가 크게 증가했으므로 뇌의 특정 부위에 있는 신경세포의 수가 아닌 뇌의 신경세포당 시냅스 또는 모세혈관의 수를 늘린 것임을 추론할 수 있다.

④ <실험 결과>에 따르면 특정 형태의 경험이 뇌 신경세포 한 개당 시냅스의 수나 모세혈관의 수를 크게 증가하게 하고 뇌의 특정 영역에 구조 변화를 가져오게 한다는 것을 알 수 있으나, 뇌의 특정 영역에 발생한 구조 변화가 뇌의 신경세포당 모세혈관 또는 시냅스의 수를 변화시키는지는 알 수 없다.

⑤ <실험 결과>에 따르면 특정 형태의 경험이 뇌 신경세포 한 개당 시냅스의 수나 모세혈관의 수를 늘리고 뇌의 특정 영역에 구조 변화를 가져온다는 것을 알 수 있으나, 뇌가 영역별로 특별한 구조를 갖는 것이 그 영역에서 신경세포당 모세혈관 또는 시냅스의 수를 변화시켜 특정 형태의 경험을 더 잘 수행할 수 있게 하는 것인지는 알 수 없다.

21 진술추론

정답 ③

정답 체크

ㄱ. 방 1은 로봇개구리 소리만 들리는 환경이므로 음탐지 방법이 방해를 받지 않는 환경이고, 방 2는 로봇개구리 소리와 같은 소리가 추가로 들리는 환경이므로 음탐지 방법이 방해를 받는 환경임을 알 수 있다. 이때 <실험 결과>에서 방 1은 울음주머니가 있는 A와 울음주머니가 없는 B 사이에 유의미한 차이가 없었던 반면, 방 2에 B를 넣은 경우는 공격하지 않았으므로 음탐지 방법이 방해를 받는 환경에서는 초음파탐지 방법을 사용한다는 가설을 강화한다.

ㄴ. 방 2와 방 3은 로봇개구리 소리뿐만 아니라 다른 위치에서 소리가 추가로 들리는 환경이므로 모두 음탐지 방법이 방해를 받는 환경임을 알 수 있다. 이때 방 2와 방 3의 <실험 결과>가 상이하게 나타났으므로 X가 소리의 종류를 구별할 수 있다는 가설을 강화한다.

오답 체크

ㄷ. 방 1과 방 3의 <실험 결과>가 동일하게 나타났으므로 방 3과 같이 수컷 개구리의 울음소리와 전혀 다른 소리가 들리는 환경에서 X가 울음주머니의 움직임을 포착하여 위치를 찾아내는 초음파탐지 방법을 사용했다고 볼 수 없으므로 가설을 강화하지 않는다.

22 논증의 타당성

정답 ④

정답 체크

ㄴ. (3)에서 전통적 인식론이 두 가지 목표 중 어느 하나라도 달성할 수 없다면, 전통적 인식론은 폐기되어야 한다고 했으므로 (2)가 "전통적 인식론은 첫째 목표를 달성할 수 없거나 둘째 목표를 달성할 수 없다."로 바꾸어도 위 논증에서 (6)이 도출됨을 알 수 있다.

ㄷ. (4)는 (1)~(3)을 통해 도출된 결론이고, (5)의 전제이므로 (4)는 논증 안의 어떤 진술들로부터 나오는 결론일 뿐만 아니라 논증 안의 다른 진술의 전제임을 알 수 있다.

오답 체크

ㄱ. <논증>의 결론은 전통적 인식론이 두 가지 목표를 모두 달성할 수 없으므로 전통적 인식론은 폐기되어야 하고, 그 결과 인식론자는 심리학을 연구해야 한다는 것이다. 따라서 전통적인 인식론에 두 가지 목표 외에 "세계에 관한 믿음이 형성되는 과정을 규명하는 것"이 추가되더라도 전통적 인식론이 두 가지 목표를 모두 달성할 수 없을 경우 폐기되어야 한다는 결론은 변함이 없으므로 위 논증에서 (6)은 도출됨을 알 수 있다.

23 논증의 타당성

정답 ⑤

정답 체크

ㄱ. 제시문에서 '(1) 나는 당신에게 10만 원을 돌려주거나 당신은 나에게 10억 원을 지불한다', 즉 'A이거나 B'의 형식을 지닌 문장이 거짓이라고 가정하고 A의 거짓에 해당하는 '그는 당신에게 10만 원을 돌려주지 않는다'고 했음을 알 수 있다. 따라서 ㉠을 추론하는 데는 'A이거나 B'의 형식을 가진 문장이 거짓이면 A도 B도 모두 반드시 거짓이라는 원리가 사용되었음을 알 수 있다.

ㄴ. 제시문에서 (1)이 거짓이라고 가정하면 그는 당신에게 10만 원을 돌려준다는 것과 돌려주지 않는다는 것이 모두 성립하는 것은 가능하지 않으므로 (1)이 참일 수밖에 없다고 했음을 알 수 있다. 따라서 ㉡을 추론하는 데는 어떤 가정 하에서 같은 문장의 긍정과 부정이 모두 성립하는 경우 그 가정의 부정은 반드시 참이라는 원리가 사용되었음을 알 수 있다.

ㄷ. 제시문에서 추가 조건에 따라 (1)이 참이면 그가 10만 원을 돌려주지 않고 호화 여행은 제공한다고 했다. 이 추가 조건에 따라 (1)이 참이면 A에 해당하는 '그가 10만 원을 돌려준다'가 거짓이므로 B에 해당하는 '당신이 그에게 10억 원을 지불한다'가 반드시 참이어야 한다고 했음을 알 수 있다. 따라서 ㉢을 추론하는 데는 'A이거나 B'라는 형식의 참인 문장에서 A가 거짓인 경우 B가 반드시 참이라는 원리가 사용되었음을 알 수 있다.

24 진술추론

정답 ②

정답 체크

ㄴ. 철학의 일부 논증에서 귀납적 방법에 해당하는 귀추법의 사용이 불가피하다는 주장은 모든 지적 작업에서 귀납적 방법의 필요성을 부정하는 ㉡을 반박한다.

오답 체크

ㄱ. 과학의 탐구가 귀납적 방법에 의해 진행된다는 주장은 철학이라는 지적 작업에서 귀납적 방법이 불필요하다는 견해와 무관하므로 ㉠을 반박하지 않는다.

ㄷ. 연역 논리와 경험적 가설 모두에 의존한다는 것은 연역적 방법과 귀납적 방법을 모두 사용함을 의미한다. 이러한 지적 작업이 있다는 주장은 모든 지적 작업에서 귀납적 방법의 필요성을 부정하는 ㉡을 반박하지만, 이 지적 작업이 어느 분야의 지적 작업인지 알 수 없으므로 철학이라는 지적 작업에서 귀납적 방법이 불필요하다고 주장하는 ㉠을 반박하지 않는다.

25 진술추론

정답 ④

정답 체크

ㄴ. 을에 따르면 '모든 A는 B이다'를 'A는 B에 포함된다'라는 의미로 이해해야 하는데 사람들은 이를 'A와 B가 동일하다'라는 의미로 이해하는 잘못을 저지르는 경향이 있다고 했으므로 해당 심리 실험 결과는 을에 의해 설명된다.

ㄷ. 병에 따르면 사람들은 전제가 모두 '모든 A는 B이다'이라는 형태의 명제로 이루어진 것일 경우에는 결론도 그런 형태이기만 하면 타당하다고 생각하고, 전제 가운데 하나가 '어떤 A는 B이다'라는 형태의 명제로 이루어진 것일 경우에는 결론도 그런 형태이기만 하면 타당하다고 생각하는 경향이 있다고 했으므로 해당 심리 실험 결과는 병에 의해 설명된다.

오답 체크

ㄱ. 갑에 따르면 '어떤 A도 B가 아니다'나 '어떤 A는 B이다'라는 형태에서는 A와 B의 자리를 바꾸더라도 아무런 문제가 없지만, 사람들은 '모든 A는 B이다'를 '모든 B는 A이다'로 잘못 바꾸는 경향이 있다. 해당 심리 실험 결과는 "어떤 과학자는 운동선수이다."라는 전제를 "모든 운동선수는 과학자이다."로 잘못 이해한 것이므로 갑에 의해 설명되지 않는다.

1 법·규정의 적용

정답 ①

정답 체크

법조문 1항에서 사업주는 근로자가 가족돌봄휴직을 신청하는 경우 이를 허용하여야 한다고 했으나, 1항 단서에서 근로자 본인 외에도 조부모의 직계비속이 있는 경우에는 그러하지 아니함을 알 수 있다. 따라서 조부모와 부모를 함께 모시는 경우는 근로자 본인 외에도 조부모의 직계비속인 근로자의 부모가 있는 경우에 해당하므로 사업주는 가족돌봄휴직을 허용하지 않을 수 있다.

오답 체크

② 법조문 3항에서 가족돌봄휴직을 허용하지 아니하는 경우에는 해당 근로자에게 그 사유를 서면으로 통보하여야 함을 알 수 있다.

③ 법조문 2항 단서에서 근로자가 청구한 시기에 가족돌봄휴가를 주는 것이 정상적인 사업운영에 중대한 지장을 초래하는 경우에는 근로자와 협의하여 시기를 변경할 수 있다고 했으므로 사업주는 근로자의 가족돌봄휴가 시기를 근로자와 협의 없이 변경할 수 없음을 알 수 있다.

④ 법조문 4항 1호에서 가족돌봄휴직은 연간 최장 90일이라고 했으나, 2호에서 가족돌봄휴가 기간은 가족돌봄휴직 기간에 포함된다고 했으므로 근로자가 가족돌봄휴가를 8일 사용한 경우, 사업주는 근로자에게 8일을 제외하고 가족돌봄휴직을 허용해야 함을 알 수 있다.

⑤ 법조문 4항 2호에서 가족돌봄휴가 기간은 연간 최장 10일이라고 했으나, 3호에서 심각단계의 위기경보가 발령되는 경우 10일의 범위에서 연장할 수 있다고 했으므로 5일이 연장된 경우에 사업주는 근로자에게 연간 15일의 가족돌봄휴가를 허용할 수 있음을 알 수 있다.

2 법·규정의 적용

정답 ⑤

정답 체크

법조문 1항 1호에서 대가를 받지 아니하고 청소년이 포함되지 아니한 특정인에 한하여 상영하는 단편영화는 상영등급을 분류받지 않는다고 했으므로 영화업자는 초청한 노인을 대상으로 상영등급을 분류받지 않은 단편영화를 무료로 상영할 수 있다.

오답 체크

① 법조문 2항 단서에서 예고편영화는 제1호 또는 제4호로 분류한다고 했고, 제1호는 전체관람가, 제4호는 청소년 관람불가이므로 예고편영화는 12세 이상 관람가 상영등급을 받을 수 없다.

② 법조문 5항에서 제2항 제4호 규정에 의한 상영등급에 해당하는 영화, 즉 청소년 관람불가 영화의 경우에는 누구든지 청소년을 입장시켜서는 안 된다고 했으므로 청소년 관람불가 영화의 경우, 청소년은 부모와 함께인 경우라고 하더라도 영화관에 입장하여 관람할 수 없다.

③ 법조문 1항 2호에서 영화진흥위원회가 추천하는 영화제에서 상영하는 영화는 상영등급을 분류받지 않는다고 했으므로 상영등급 분류를 받지 않은 영화의 경우, 영화업자는 영화진흥위원회가 추천한 △△영화제에서 상영할 수 있다.

④ 법조문 2항 단서에서 청소년 관람불가 예고편영화는 청소년 관람불가 영화의 상영 전후에만 상영할 수 있다고 했으므로 영화업자는 청소년 관람불가 예고편영화를 15세 이상 관람가 영화의 상영 직전에 상영할 수 없다.

3 법·규정의 적용

정답 ⑤

정답 체크

법조문 2항 1호에 따르면 지반공사의 하자에 대한 담보책임 기간은 10년이고, 법조문 5항에 따르면 이 법에 규정된 것보다 매수인에게 불리한 특약은 효력이 없음을 알 수 있다. 따라서 乙이 지반공사의 하자에 대한 담보책임을 5년으로 정한 경우라도 이는 법조문 2항 1호에 따라 효력이 없고, 구분소유자에게 인도한 날과 사용승인일 중 어느 기준에 따르더라도 10년의 기간이 경과하지 않았으므로 2027. 10. 1. 그 하자가 발생한다면 乙은 담보책임을 진다.

오답 체크

① 법조문 2항 3호에 따르면 창호공사의 하자에 대한 담보책임 존속기간은 3년이고, 구분소유자에게 인도한 날과 사용승인일 중 어느 기준에 따르더라도 3년의 기간이 경과했으므로 丙은 2025. 7. 1.까지 담보책임을 지지 않음을 알 수 있다.

② 법조문 1항에 따르면 제2항 각 호의 하자에 대하여 과실이 없더라도 담보책임을 지므로 철골공사에 하자가 생긴 경우에는 그 하자에 과실이 없더라도 담보책임을 져야 함을 알 수 있다.

③ 법조문 2항 2호에 따르면 방수공사의 하자에 대한 담보책임 존속기간은 5년이고, 법조문 3항 1호에 따르면 전유부분의 담보책임은 구분소유자에게 인도한 날로부터 기산한다. 따라서 甲의 전유부분인 거실에 물이 새는 방수공사의 하자는 2020. 7. 1.부터 기산하여 5년 후까지 담보책임이 존재하므로 乙은 2025. 5. 1.까지가 아니라 2025. 7. 1. 까지 담보책임을 져야 함을 알 수 있다.

④ 법조문 2항 2호에 따르면 대지조성공사 하자에 대한 담보책임 존속기간은 5년이지만, 법조문 4항에 따르면 제2항 각 호의 하자로 인하여 건물이 멸실된 경우에는 담보책임 존속기간은 멸실된 날로부터 1년이다. 따라서 2023. 10. 1. 주차장 건물이 멸실된다면 丙은 이로부터 1년간 담보책임을 져야 함을 알 수 있다.

4 문제해결

정답 ②

정답 체크

계약 체결을 위한 절차와 기간을 순서대로 정리하면 계약 의뢰는 1일, 서류 검토는 2일, 입찰 공고는 긴급계약이므로 10일, 공고 종료 후 결과통지는 1일, 입찰서류 평가는 10일, 우선순위 대상자와 협상은 7일이 걸리므로 전체 소요기간은 1+2+10+1+10+7=31일이다. 이때 계약은 협상이 끝난 날의 다음 날에 체결된다고 했으므로 3월 30일에 계약을 의뢰해야 31일 뒤인 4월 29일에 마지막 순서인 우선순위 대상자와의 협상이 끝나고 그 다음 날인 4월 30일에 계약을 체결할 수 있다. 또한 공고 종료 후 결과통지는 1+2+10+1=14일째에 이루어지므로 공고 종료 후 결과통지 날짜는 3월 30일부터 14일째인 4월 12일이 된다.

따라서 계약 의뢰 날짜는 3월 30일, 공고 종료 후 결과통지 날짜는 4월 12일이다.

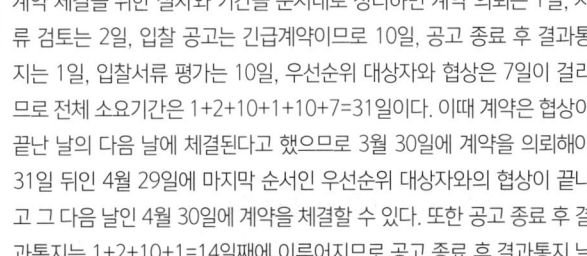

고득점자의 빠른 문제 풀이 Tip

소요기간이 끝난 날의 다음 날이 계약 체결일이므로 소요기간을 계산하는 데만 집중하지 말고 정확한 계산 일자를 판단해야 합니다. 또한 결과통지 날짜는 해당 날짜 자체를 묻는 것이므로 소요기간이 끝나는 날의 다음 날이 아니라 해당 날짜 자체를 판단해야 합니다.

5 논리퍼즐

정답 ④

정답 체크 세 번째 조건과 다섯 번째 조건에 따라 연구실 번호, 연구원, 책을 정리하면 다음과 같다.

연구실 번호	311	312	313	314	315
연구원	E	D			C
책	전환이론			사회혁신	복지실천

네 번째 조건에서 B에게 「연구개발」을 전달해야 한다고 했으므로 「연구개발」은 313호에 전달해야 하고, D에게 공공정책을 전달해야 한다고 했으므로 「공공정책」은 312호에 전달해야 함을 알 수 있다. 이에 따라 A는 314호에 있음을 알 수 있다.

연구실 번호	311	312	313	314	315
연구원	E	D	B	A	C
책	전환이론	공공정책	연구개발	사회혁신	복지실천

따라서 A에게 전달할 책의 제목은 「사회혁신」, A의 연구실 번호는 314호이다.

고득점자의 빠른 문제 풀이 Tip

연구실 번호, 연구원, 책의 제목이 옳게 짝지어진 것을 묻고 있으므로 이를 표로 정리합니다. 또한 세 번째 조건과 다섯 번째 조건에 따라 표의 빈칸을 먼저 정리한 후에 네 번째 조건에 따라 표의 빈칸을 채우면 간단히 풀이할 수 있습니다.

6 논리퍼즐

정답 ⑤

정답 체크 甲주무관의 첫 번째 진술에서 성과등급이 세 단계나 변한 주무관은 1명이고, 乙주무관의 첫 번째 진술에서 성과등급이 0단계 변한 사람도 1명임을 알 수 있다. 또한 甲주무관의 두 번째 진술에서 성과등급이 한 단계 변한 주무관 수는 두 단계 변한 주무관 수의 2배라고 했으므로 성과등급은 총 4단계로 최대 3단계까지 변할 수 있음을 고려하여 표를 정리하면 다음과 같다.

단계	0	1	2	3
인원	1	2a	a	1

이때 주무관은 모두 1+2a+a+1=20명이므로 성과등급이 2단계 변한 인원은 6명, 1단계 변한 인원은 12명임을 알 수 있다.
따라서 ㉠에 해당하는 수는 12이다.

고득점자의 빠른 문제 풀이 Tip

㉠은 성과등급이 한 단계 변한 주무관의 수입니다. 성과등급은 S, A, B, C의 4단계로 최대 3단계까지 변하는 것이 가능하므로 0, 1, 2, 3단계 변한 인원수에 대한 정보 위주로 확인합니다.

7 문제해결

정답 ①

정답 체크 결혼할 수 있는 부족과 자녀의 부족을 왼쪽은 남자, 오른쪽은 여자로 정리하면 다음과 같다.

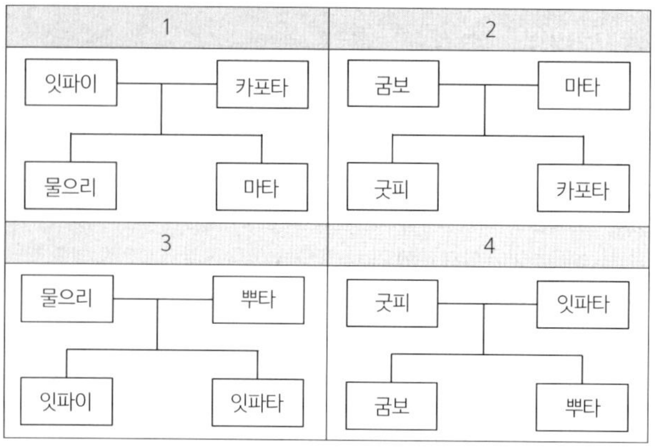

ㄱ. 친손자는 자기 아들의 아들을 의미한다. 물으리와 뿌타의 아들은 3에 따라 잇파이이고, 잇파이의 아들은 1에 따라 물으리이므로 물으리와 뿌타의 친손자는 물으리임을 알 수 있다. 이때 물으리는 3에 따라 뿌타와 결혼할 수 있으므로 물으리와 뿌타의 친손자는 뿌타와 결혼할 수 있음을 알 수 있다.

오답 체크

ㄴ. 잇파이와 카포타의 아들은 1에 따라 물으리이고, 물으리의 아들은 3에 따라 잇파이이므로 잇파이와 카포타의 친손자는 굿피가 아닌 잇파이이다.

ㄷ. 외손녀는 자기 딸의 딸을 의미한다. 굼보와 마타의 딸은 2에 따라 카포타이고, 카포타의 딸은 1에 따라 마타이므로 굼보와 마타의 외손녀는 카포타가 아닌 마타이다.

ㄹ. 친손녀는 자기 아들의 딸을 의미한다. 굿피와 잇파타의 아들은 4에 따라 굼보이고, 굼보의 딸은 2에 따라 카포타이므로 굿피와 잇파타의 외손녀는 카포타이다. 이때 카포타는 1에 따라 물으리가 아닌 잇파이와 결혼할 수 있다.

8 문제해결

정답 ③

정답 체크 날짜별로 甲의 수박 판매량과 판매액을 정리하면 다음과 같다.

(단위: 개, 만 원)

날짜	수박 판매량	이월 판매량	당일 판매량	이월 판매액 (20% 할인)	당일 판매액	일별 판매액
7월 1일	80	0	80	0	80	80
7월 2일	100	20	80	16	80	96
7월 3일	110	20	90	16	90	106
7월 4일	100	10	90	8	90	98
7월 5일	100	10	90	8	90	98
7월 6일	10	10	0	8	0	8

따라서 甲의 수박 총 판매액은 80+96+106+98+98+8=486만 원이다.

고득점자의 빠른 문제 풀이 Tip

날짜별로 수확한 수박의 양은 동일하지만 판매량이 달라지므로 이월 판매량과 당일 판매량을 표로 간단히 정리하여 빠르게 풀이합니다.

9 문제해결

정답 ③

정답 체크 제시된 내용을 정리하면 다음과 같다.

구분	전기(1kWh당)	도시가스(1m³당)
CO_2 배출량	2/5kg	2kg
사용 요금	20원	60원

ㄱ. 매월 전기 요금을 1만 2천 원 부담하는 가구의 전기 사용량은 12,000 / 20 = 600kWh, 월 CO_2 배출량은 600 × 2 / 5 = 240kg이고, 매월 도시가스 요금을 1만 2천 원 부담하는 가구의 도시가스 사용량은 12,000 / 60 = 200m³, 월 CO_2 배출량은 200 × 2 = 400kg이다. 따라서 전기 사용으로 인한 월 CO_2 배출량이 도시가스 사용으로 인한 월 CO_2 배출량보다 적음을 알 수 있다.

ㄴ. 매월 전기 요금을 5만 원 부담하는 가구의 전기 사용량은 50,000/20 = 2,500kWh, 월 CO_2 배출량은 2,500 × 2 / 5 = 1,000kg이고, 매월 도시가스 요금을 3만 원 부담하는 가구의 도시가스 사용량은 30,000 / 60 = 500m³이고, 월 CO_2 배출량은 500 × 2 = 1,000kg이다. 따라서 전기와 도시가스 사용에 따른 월 CO2 배출량이 동일함을 알 수 있다.

오답 체크 ㄷ. 전기 1kWh당 배출되는 CO_2의 양은 2/5kg이고 도시가스 1m³당 배출되는 CO_2의 양은 2kg이다. 이때 CO_2 배출 감소량에 비례하여 포인트를 지급한다고 했고, 전기 1kWh를 절약할 때보다 도시가스 1m³를 절약할 때의 CO_2 배출 감소량이 더 적으므로 전기 1kWh를 절약한 가구는 도시가스 1m³를 절약한 가구보다 적은 포인트를 지급받음을 알 수 있다.

10 문제해결

정답 ②

정답 체크 ㄷ. 네 번째 조건에서 3회 연속으로 사전평가를 신청하여 모두 부적정으로 판정받았다면, 향후 1년간 사전평가 신청이 불가능하다고 했고, 丙박물관이 2019년 하반기, 2020년 상반기, 2020년 하반기 사전평가에서 모두 '부적정'으로 판정된 것은 3회 연속으로 사전평가를 신청하여 모두 부적정으로 판정된 경우에 해당하므로 향후 1년간 사전평가 신청이 불가능함을 알 수 있다. 따라서 C는 丙박물관에 대한 2021년 상반기 사전평가를 신청할 수 없다.

오답 체크 ㄱ. 첫 번째 조건에서 지방자치단체는 공립 박물관·미술관을 설립하려는 경우 □□부로부터 설립타당성에 관한 사전평가를 받아야 한다고 했으나, 국비 지원 없이 설립하기로 한 경우는 사전평가와 관련이 없으므로 A는 甲미술관을 국비 지원 없이 설립하기로 하였더라도 반드시 사전평가를 받아야 한다.

ㄴ. 마지막 조건에서 사전평가 결과 '적정'으로 판정되는 경우, 지방자치단체는 부지매입비를 제외한 건립비의 최대 40%를 국비로 지원받을 수 있다고 했으므로 乙박물관은 부지매입비를 제외한 건물 건축비 40억 원에 대한 지원만을 받을 수 있다. 乙박물관이 사전평가에서 '적정'으로 판정될 경우, B는 최대 40 × 0.4 = 16억 원까지 국비를 지원받을 수 있다.

11 법·규정의 적용

정답 ④

정답 체크 법조문 4항에서 번호변경 통지를 받은 신청인은 주민등록증, 운전면허증, 여권, 장애인등록증 등에 기재된 번호의 변경을 위해서는 그 번호의 변경을 신청해야 한다고 했으므로 甲이 운전면허증에 기재된 주민등록번호를 변경하기 위해서는 변경신청을 해야 한다.

오답 체크 ① 법조문 1항에서 주민등록지의 시장 등에서 특별시장, 광역시장은 제외된다고 했고, 甲의 주민등록지는 A광역시이므로 A광역시장이 주민등록번호 변경 여부에 대한 결정을 청구해야 하는 것은 아님을 알 수 있다.

② 법조문 3항에서 주민등록지의 시장 등이 번호변경의 인용결정을 통보받은 경우에는 신청인의 번호를 지체 없이 변경하고 이를 신청인에게 통지해야 한다고 했으므로 주민등록번호변경위원회는 번호변경의 인용결정을 할 뿐이며, 번호변경은 주민등록지의 시장 등이 해야 함을 알 수 있다.

③ 법조문 3항 1호에서 번호의 앞 6자리 및 뒤 7자리 중 첫째 자리는 변경할 수 없다고 했으므로 甲의 주민등록번호는 980101-45678□□로 변경될 수 없다.

⑤ 법조문 5항에서 신청인은 통지를 받은 날부터 30일 이내에 주민등록지의 시장 등에게 이의신청을 할 수 있다고 했으므로 이의신청은 주민등록번호변경위원회가 아닌 주민등록지의 시장 등에게 해야 한다.

12 법·규정의 적용

정답 ①

정답 체크 네 번째 법조문 2항에 따르면 물품관리공무원은 물품관리관의 명령이 없으면 물품을 출납할 수 없다.

오답 체크 ② 첫 번째 법조문 1항에 따르면 각 중앙관서의 장은 그 소관 물품관리에 관한 사무를 다른 중앙관서의 소속 공무원에게 위임할 수 있으므로 A중앙관서의 장은 B중앙관서의 소속 공무원에게 위임할 수 있다.

③ 세 번째 법조문의 단서에 따르면 물품관리관이 국가의 시설에 보관하는 것이 물품의 사용이나 처분에 부적당하다고 인정하거나 그 밖에 특별한 사유가 있으면 국가 외의 자의 시설에 보관할 수 있다. 따라서 물품을 국가 외의 자의 시설에 보관할 수 있는 주체는 계약담당공무원이 아닌 물품관리관임을 알 수 있다.

④ 두 번째 법조문 1항에 따르면 물품관리관이 물품수급관리계획에 정해진 범위 밖의 물품에 대하여 필요할 때마다 물품의 취득에 관한 필요한 조치를 할 것을 청구해야 하는 대상은 물품출납공무원이 아니라 계약담당공무원임을 알 수 있다.

⑤ 마지막 법조문 1항에 따르면 물품출납공무원은 보관 중인 물품 중 수선이 필요한 물품이 있다고 인정하는 경우 계약담당공무원에게 청구하는 것이 아닌 물품관리관에게 보고해야 하고, 2항에 따르면 계약담당공무원에게 수선에 필요한 조치를 할 것을 청구하는 주체는 물품관리관임을 알 수 있다.

고득점자의 빠른 문제 풀이 Tip

중앙관서의 장, 소속 공무원, 물품관리관, 계약담당공무원, 물품출납공무원 등 여러 주체가 등장하므로 각 주체를 혼동하지 않도록 주의합니다.

13 법·규정의 적용

정답 ⑤

정답 체크 첫 번째 법조문 1항에 따르면 누구든지 법률에 의하지 아니하고는 우편물의 검열은 금지되어 있고, 동조 2항 1호에 따르면 1항을 위반하여 우편물을 검열한 경우에는 1년 이상 10년 이하의 징역과 5년 이하의 자격정지에 처함을 알 수 있다. 따라서 甲이 乙과 丙 사이의 우편물을 불법으로 검열한 경우, 2년의 징역과 3년의 자격정지에 처해질 수 있다.

오답 체크 ① 두 번째 법조문에 따르면 불법검열에 의하여 취득한 우편물은 징계절차에서 증거로 사용할 수 없으므로 甲이 불법검열에 의하여 취득한 乙의 우편물은 징계절차에서 증거로 사용할 수 없음을 알 수 있다.

② 두 번째 법조문에 따르면 공개되지 아니한 타인 상호간의 대화를 녹음 또는 청취한 내용은 증거로 사용할 수 없으나, 甲이 乙과의 대화를 녹음한 내용은 타인 상호간의 대화가 아닌 자신과 타인의 대화이므로 증거로 사용할 수 있다.
③ 첫 번째 법조문 2항에 따르면 공개되지 아니한 타인 상호간의 대화를 녹음하여 공개하는 경우 1년 이상 10년 이하의 징역과 5년 이하의 자격정지에 처함은 알 수 있으나, 벌금형에 대한 내용은 알 수 없으므로 1천만 원의 벌금에 처해질 수 있는지는 알 수 없다.
④ 첫 번째 법조문 3항에 따르면 단말기기 고유번호를 제공하거나 제공받아서는 안 되나, 동조 3항 단서에서 단말기의 개통처리를 위하여 제공하는 경우는 그러하지 아니하므로 이동통신사업자 甲이 乙의 단말기를 개통하기 위하여 단말기기 고유번호를 제공받은 경우는 처벌되는 행위가 아님을 알 수 있다.

14 문제해결

정답 ④

정답 체크

· 첫 번째 조건에 따르면 A와 B는 2020년도 총매출이 500억 원 이상이므로 제외되며, 우선 지원대상 사업분야에 해당하는 기업은 D, E, G임을 알 수 있다.
· 두 번째 조건에 따르면 지원 순서는 우선 지원대상 사업분야에 해당하지 않는 기업보다 우선 지원대상 사업분야에 해당하는 기업이 먼저 선정되고, 각 분야 내에서는 '소요 광고비×2020년도 총매출'이 작은 기업이 먼저 선정됨을 알 수 있다. 이를 정리하면 다음과 같다.

기업	2020년도 총매출 (억 원)	소요 광고비 (억 원)	사업분야	소요 광고비 ×2020년도 총매출(억 원)	지원 순서
C	400	3	농산물	3×400=1,200	다섯 번째
D	300	4	인공지능	4×300=1,200	세 번째
E	200	5	비대면	5×200=1,000	두 번째
F	100	6	의류	6×100=600	네 번째
G	30	4	백신	4×30=120	첫 번째

· 세 번째 조건에 따르면 지원금 상한액은 1억 2천만 원이고 해당 기업의 2020년 총매출이 100억 원 이하인 경우 상한액의 2배인 2억 4천만 원까지 지원받을 수 있으나, 지원금은 소요광고비의 2분의 1을 초과할 수 없으므로 G, E, D, F, C 순으로 지원금을 정리하면 다음과 같다.
  - G: 2020년 총매출이 100억 원 이하이므로 지원금 한도액은 2억 4천만 원이다. 이때 소요 광고비가 4억 원이고 그 2분의 1은 2억 원이므로 G가 받는 지원금은 2억 원이다.
  - E: 소요 광고비가 5억 원이고 그 2분의 1은 2억 5천만 원이나, 2020년 총매출이 100억 원을 초과하여 지원금 한도액은 1억 2천만 원이므로 E가 받는 지원금은 1억 2천만 원이다.
  - D: 소요 광고비가 4억 원이고, 그 2분의 1은 2억 원이나, 2020년 총매출이 100억 원을 초과하여 지원금 한도액은 1억 2천만 원이므로 D가 받는 지원금은 1억 2천만 원이다.
  - F: 소요 광고비가 6억 원이므로 그 2분의 1은 3억 원이다. 이때 2020년 총매출이 100억 원 이하이므로 지원금 한도액은 2억 4천만 원이다. 그러나 마지막 조건에 따라 예산 6억 원이 기업 G, E, D에 순차로 배정되므로 F가 받을 수 있는 최대 금액은 6 - 4.4 = 1.6억 원 = 1억 6천만 원이다.

따라서 기업 F가 받는 지원금은 1억 6천만 원이다.

고득점자의 빠른 문제 풀이 Tip

예산이 6억 원이라는 점, 지원 순서가 단순히 '소요 광고비×2020년도 총매출'이 작은 순뿐만 아니라 우선 지원대상 사업분야도 고려해야 하는 점, 지원 한도를 산정할 때 '2020년 총매출'을 감안해야 한다는 점 등 여러 조건이 복잡하게 얽혀 있으므로 조건을 놓치지 않도록 주의합니다.

15 논리퍼즐

정답 ④

정답 체크

제시된 조건을 정리하면 다음과 같다.
· 직원 수: 57명
· 소조직의 구성: 5명 소조직, 6명 소조직, 7명 소조직
· 5명 소조직, 6명 소조직, 7명 소조직이 각각 최소 1개 이상 존재
· 소조직의 수: 10개
· 한 직원이 여러 소조직에 소속되는 경우는 없으므로 소조직에 있는 직원의 합은 57명

6명 소조직의 수를 a, 7명 소조직의 수를 b라고 할 때 'a + b', '6a + 7b'의 값이 제시된 조건을 충족하는지에 따라 가능 여부를 정리하면 다음과 같다.

5명 소조직의 수	a+b	6a+7b	가능 여부
1개	9	52	X (a=11, b=-2)
2개	8	47	X (a=9, b=-1)
3개	7	42	X (a=7, b=0)
4개	6	37	O (a=5, b=1)
5개	5	32	O (a=3, b=2)
6개	4	27	O (a=1, b=3)
7개	3	22	X (a=-1, b=4)

따라서 5명으로 구성되는 소조직은 최소 4개, 최대 6개가 가능하므로 ㉠은 4, ㉡은 6이다.

고득점자의 빠른 문제 풀이 Tip

선택지에서 최소로 가능한 숫자가 1, 3, 4이므로 이 세 숫자를 적은 것부터 순서대로 판단했을 때 1, 3은 불가능함을 알 수 있습니다. 이후 최소로 가능한 숫자가 4임을 파악하고, 최대로 가능한 숫자인 6, 7 중 숫자가 큰 7부터 계산하면 불가능함을 알 수 있으므로 정답이 ④임을 판단할 수 있습니다.

16 논리퍼즐

정답 ①

정답 체크

부문별 업무역량 값을 재능 값 + 노력 값으로 표현할 때 재능은 이미 제시되어 있으므로 재능 값을 구하면 다음과 같다.

구분	기획력	창의력	추진력	통합력
재능 값	90×4=360	100×4=400	110×4=440	60×4=240

甲은 통합력의 업무역량 값을 최대로 만들고자 하고, 현재 추진력의 재능 값이 440이므로 통합력의 노력 값이 최소 201이어야 하고, 이에 따라 통합력에 투입할 노력은 최소 201/3=67이어야 한다. 이때 남은 노력 33을 다른 부문에 투입했을 때 다른 부문의 업무역량 값이 통합력의 업무역량 값인 441을 넘지 않아야 하므로 통합력의 업무역량 값인 441이 최대가 되도록 노력을 분산하는 경우는 다음과 같다.

구분	기획력	창의력	추진력	통합력
재능	90	100	110	60
재능 값	360	400	440	240
노력	20	13	0	67
노력 값	60	39	0	201
업무역량 값	420	439	440	441

따라서 甲이 통합력에 투입해야 하는 노력의 최솟값은 67이다.

고득점자의 빠른 문제 풀이 Tip

가장 값이 큰 추진력의 재능 값인 440을 계산한 후 통합력의 업무역량 값이 440보다 클 수 있도록 노력의 최솟값인 67을 투입한 후 나머지 노력 33을 기획력과 창의력에 분산하여 통합력의 업무 역량 값이 최대가 유지되는지를 판단하면 쉽게 풀이할 수 있습니다.

17 논리퍼즐

정답 ①

정답 체크 떡이 놓인 위치를 시계방향으로 1번부터 6번 자리로 정한 후 제시된 조건에 따라 1번 자리를 시작으로 회차마다 떡이 놓여 있는 자리를 정리하면 다음과 같다.

회차	떡이 놓여 있는 자리						시작	삭제
1회	1번	2번	3번	4번	5번	6번	1번	6번
2회	1번	2번	3번	4번	5번		1번	1번
3회		2번	3번	4번	5번		2번	3번
4회		2번		4번	5번		4번	2번
5회				4번	5번		4번	5번
6회				4번			4번	4번

마지막에 송편을 먹었다고 했으므로 4번 자리가 송편이 되고, 이를 기준으로 떡의 순서를 정리하면 다음과 같다.

회차	떡이 놓여 있는 자리						시작	삭제
1회	1번	2번	3번	4번	5번	6번	1번	6번
2회	1번	2번	3번	4번	5번		1번	1번
3회		2번	3번	4번	5번		2번	3번
4회		2번		4번	5번		4번	2번
5회				4번	5번		4번	5번
6회				4번			4번	4번
떡	호박떡	쑥떡	인절미	송편	무지개떡	팥떡		

마지막 6회차에서 먹은 떡이 4번 자리인 송편이라면 그 직전인 5회차에서 먹은 떡은 5번 자리인 무지개떡임을 알 수 있다.
따라서 마지막에 송편을 먹었다면 그 직전에 먹은 떡은 무지개떡이다.

고득점자의 빠른 문제 풀이 Tip

회차별로 어떤 떡을 먹었는지를 정리할 때 떡이 놓여 있는 자리를 기준으로 생각한 후, 제시된 조건에 따라 떡의 자리를 정하면 한 번의 규칙 적용으로 문제를 빠르게 풀이할 수 있습니다.

18 논리퍼즐

정답 ③

정답 체크 쌀 상품이 A~D 4개이므로 각 상품을 2개씩 조합하는 경우의 수는 A+B, A+C, A+D, B+C, B+D, C+D로 총 6가지이다. 이때 이 6가지 경우의 수에 대한 무게는 35kg, 39kg, 44kg, 45kg, 50kg, 54kg 중 하나이므로 각 경우의 수에 따라 두 상품의 무게가 무엇인지 정리한다.

- 무게는 A가 가장 무겁고, B, C, D 순서대로 무게가 가볍다고 했으므로 무게가 가장 무거운 54kg은 가장 무거운 A와 그 다음으로 무거운 B의 무게를 합친 수치이다. → A+B=54
- 무게가 가장 가벼운 35kg은 가장 가벼운 D와 그 다음으로 가벼운 C의 무게를 합친 수치이다. → C+D=35
- 남은 A+C, A+D, B+C, B+D 중에 무게가 가장 무거운 조합은 A+C이므로 50kg, 45kg, 44kg, 39kg 중에 가장 무거운 수치인 50kg은 A와 C의 무게를 합친 수치이다. → A+C=50
- (A+B+C+D)−(A+C)=89−50=39이므로 39kg은 B와 D의 무게를 합친 수치이다. → B+D=39
- A+B=54와 A+C=50을 더하면 2A+B+C=104이고, 2A와 104가 모두 짝수이므로 B+C의 무게도 짝수가 되어야 한다. 이때 44kg, 45kg 중에 짝수인 44kg이 B와 C의 무게를 합친 수치이고, 45kg이 A와 D의 무게를 합친 수치이다. → B+C=44, A+D=45
- 甲은 가장 무거운 상품과 가장 가벼운 상품을 제외하고 두 상품을 구매한다고 했으므로 B와 C의 무게를 구한다.
  (A+B)+(A+C)−(B+C)=2A이므로 2A=54+50−44=60 → A=30
  이에 따라 B=54−30=24, C=50−30=20

따라서 甲이 구매하려는 두 상품의 무게는 20kg, 24kg이다.

19 문제해결

정답 ②

정답 체크 A 괘종시계가 6시 정각을 알리기 위한 마지막 6번째 종을 치는 시각은 6시 6초라고 했으므로 이를 그림으로 나타내면 다음과 같다.

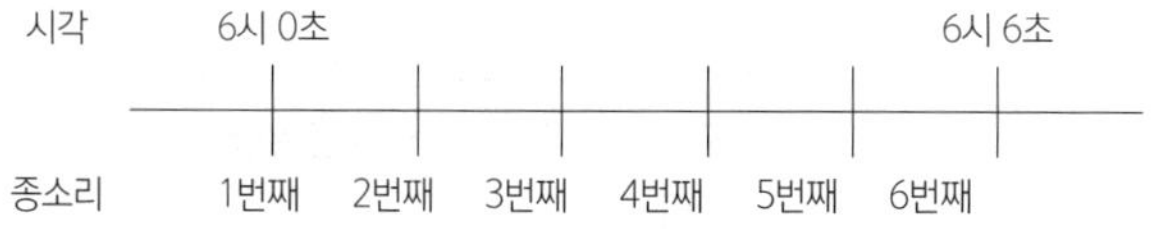

- 6시 정각에 1번째 종을 치기 시작한 후 6번째까지 종을 치는 데 걸리는 시간이 6초라는 것은 종소리의 간격이 5회일 때 걸리는 시간이 6초임을 의미한다.
- 11시 정각을 알리기 위해서는 총 11번의 종을 쳐야 한다. 1번째 종을 11시 정각에 친 후 나머지 11번째 종소리까지의 간격이 10회이고, 종소리의 간격이 5회일 때 6초가 걸리므로 종소리의 간격이 10회일 때는 그 2배인 12초가 걸린다.

따라서 A 괘종시계가 11시 정각을 알리기 위한 마지막 종을 치는 시각은 11시 12초이다.

고득점자의 빠른 문제 풀이 Tip

6시 정각은 1번째 종을 친 후 5번의 종을 더 쳐야 하고, 11시 정각은 1번째 종을 친 후 10번의 종을 더 쳐야 한다고 생각하면 문제의 핵심을 쉽게 이해할 수 있습니다. 한편 5회의 간격이 6초라는 것을 이용하여 1회의 간격은 $\frac{6}{5}$초가 되고 총 10회의 간격이 있는 경우 $\frac{6}{5}\times10=12$초라고 계산하는 것도 가능하지만, 간격의 횟수가 정확히 2배라는 것을 이용하면 계산을 하지 않고도 빠르게 풀이할 수 있습니다.

20 논리퍼즐

정답 ③

정답 체크

甲~戊는 해야 하는 일의 양이 동일하고, 甲은 丙이 아직 하지 못한 일의 절반에 해당하는 양의 일을 했으므로 甲이 한 일의 양이 a이면 丙이 하지 못한 일의 양은 2a가 된다. 또한 乙은 丁이 남겨 놓고 있는 일의 2배에 해당하는 일을 했으므로 丁이 하지 못한 일의 양이 b이면 乙이 한 일의 양은 2b가 된다. 이를 정리하면 다음과 같다.

구분	甲	乙	丙	丁	戊
한 일의 양	a	2b			
남은 일의 양			2a	b	

丙은 자신이 현재까지 했던 일의 절반에 해당하는 일을 남겨 놓고 있으므로 丙이 한 일의 양은 4a가 되고, 丁은 甲이 남겨 놓고 있는 일과 동일한 양의 일을 했으므로 丁이 한 일의 양과 甲이 남겨 놓고 있는 일의 양을 동일하게 c로 볼 수 있다. 또한 戊는 乙이 남겨 놓은 일의 절반에 해당하는 양의 일을 하였다고 했으므로 戊가 한 일이 d라면 乙이 남겨놓은 일은 2d가 된다. 이를 정리하면 다음과 같다.

구분	甲	乙	丙	丁	戊
한 일의 양	a	2b	4a	c	d
남은 일의 양	c	2d	2a	b	

각자가 해야 하는 일은 한 일의 양과 남은 일의 양의 합이고, 현재 丙이 한 일과 남은 일의 양이 하나의 미지수로 정리되어 있으므로 丙의 전체 일의 양인 6a를 기준으로 甲~戊 각자 한 일과 남은 일의 양을 정리하면 다음과 같다.

- 丙의 전체 일의 양은 6a
- 甲의 남은 일의 양인 c는 5a
- 丁이 한 일의 양인 c는 5a이므로 丁의 남은 일의 양인 b는 a
- 乙이 한 일의 양인 2b는 2a이므로 乙의 남은 일의 양인 2d는 4a
- 戊이 한 일의 양인 d는 2a이므로 戊의 남은 일의 양은 4a

이를 정리하면 다음과 같다.

구분	甲	乙	丙	丁	戊
한 일의 양	a	2a	4a	5a	2a
남은 일의 양	5a	4a	2a	a	4a

따라서 현재 시점에서 두 번째로 많은 양의 일을 한 사람은 丙이다.

고득점자의 빠른 문제 풀이 Tip

일의 양을 정확하게 계산하여 수치로 나타내는 것이 아니라 한 일과 남은 일간의 관계를 통해 문제를 풀이하는 것이므로 하나의 미지수로 통일하여 나타내는 것으로도 충분히 풀이할 수 있습니다.

21 논리퍼즐

정답 ②

정답 체크

<대화>의 내용을 정리하면 다음과 같다.

- 甲: 甲 > 丁
- 乙: 乙이 1위
- 丙: 甲, 乙 > 丙 > 丁
- 丁: 丁=4점

<대화>에 따라 성과점수가 큰 순서대로 甲~丁을 나열하면 乙, 甲, 丙, 丁 순이다. 이때 전체 성과점수는 30점, 丁의 성과점수는 4점, 각각의 점수는 모두 다른 자연수라고 했으므로 이에 따라 丙이 최대 성과점수를 받을 수 있는 경우를 정리하면 다음과 같다.

<경우 1> 丙의 성과점수가 8점인 경우

丙의 성과점수가 8점인 경우에는 甲은 최소 9점, 乙은 최소 10점이 된다. 이때 乙, 甲, 丙의 점수가 최소 27점이 되고, 丁의 점수인 4점과 합치면 최소 31점이 되어 총점 30점을 초과하므로 丙의 성과점수가 8점 이상일 수 없다.

<경우 2> 丙의 성과점수가 7점인 경우

丙의 성과점수가 7점인 경우에는 甲은 최소 8점, 乙은 최소 9점이 된다. 그러면 乙, 甲, 丙의 점수가 최소 24점이 되고, 丁의 점수인 4점과 합치면 최소 28점이 되어 2점이 남는다. 이때 남은 2점을 乙에게 1점, 甲에게 1점을 주어 순서대로 10, 9, 7, 4점을 만들거나 乙에게 2점을 전부 주어 순서대로 11, 8, 7, 4점을 만들 수 있으므로 丙의 성과점수가 7점인 경우는 가능하다.

따라서 丙이 받을 수 있는 최대 성과점수는 7점이다.

고득점자의 빠른 문제 풀이 Tip

조건에 맞게 甲~丁에게 부여될 점수의 순서를 먼저 정한 후, 문제에서 묻는 것이 丙의 최대 성과점수이므로 丙의 점수를 높은 점수부터 차례대로 검토하는 것이 좋습니다.

22 논리퍼즐

정답 ⑤

정답 체크

네 번째 조건에 따라 첫째 돼지 집의 면적을 6a로 가정하면 둘째 돼지 집의 면적은 3a, 셋째 돼지 집의 면적은 2a이므로 총 6a+3a+2a=11a가 된다. 이때 삼형제 집의 면적의 총합이 11m^2라고 했으므로 첫째 돼지 집의 면적은 6m^2, 둘째 돼지 집의 면적은 3m^2, 셋째 돼지 집의 면적은 2m^2임을 알 수 있다. 이때 1m^2당 재료비는 벽돌집이 6,000×15=9만 원, 나무집이 3,000×20=6만 원, 지푸라기집이 1,000×30=3만 원이고, 나무집은 지지대 비용으로 20만 원, 지푸라기집은 지지대 비용으로 5만 원이 추가된다. 이를 반영하여 각 선택지에 제시되어 있는 대로 비용을 정리하면 다음과 같다.

	첫째 돼지(6m^2)	둘째 돼지(3m^2)	셋째 돼지(2m^2)
①	벽돌집: 6×9=54만 원	나무집: (3×6)+20=38만 원	지푸라기집: (2×3)+5=11만 원
②	벽돌집: 6×9=54만 원	지푸라기집: (3×3)+5=14만 원	나무집: (2×6)+20=32만 원
③	나무집: (6×6)+20=56만 원	벽돌집: 3×9=27만 원	지푸라기집: (2×3)+5=11만 원
④	지푸라기집: (6×3)+5=23만 원	벽돌집: 3×9=27만 원	나무집: (2×6)+20=32만 원
⑤	지푸라기집: (6×3)+5=23만 원	나무집: (3×6)+20=38만 원	벽돌집: 2×9=18만 원

이때 마지막 조건에서 둘째 돼지 집을 짓는 재료 비용이 가장 많이 들었다고 했으므로 둘째 돼지의 집은 나무집임을 알 수 있다.

따라서 첫째 돼지의 집은 지푸라기집, 둘째 돼지의 집은 나무집, 셋째 돼지의 집은 벽돌집이다.

고득점자의 빠른 문제 풀이 Tip

문제에서 둘째 돼지 집을 짓는 재료 비용이 가장 많이 들었다고 했으므로 선택지별로 첫째 돼지 집의 비용과 둘째 돼지 집의 비용을 계산한 후, 셋째 돼지 집의 비용을 계산할 때에는 둘째 돼지 집의 비용이 더 적은 ①, ②, ③은 제외하고 ④, ⑤만을 판단하는 것이 좋습니다.

23 문제해결

정답 ③

정답 체크 <A기관 특허대리인 보수 지급 기준>과 <상황>에 따라 甲과 乙이 지급받는 보수를 정리하면 다음과 같다.

구분		甲	乙
착수금	기본료	120만 원	120만 원
	독립항 1개 초과분	0원 (독립항이 1개이므로 초과분은 0개)	10×4=40만 원 (독립항이 5개이므로 초과분은 4개)
	종속항	종속항이 2개이므로 3.5×2=7만 원	종속항이 16개이므로 3.5×16=56만 원
	명세서 20면 초과분	0원 (명세서가 14면이므로 초과분은 0면)	0.9×30=27만 원 (명세서가 50면이므로 초과분은 30면)
	도면	도면이 3도이므로 1.5×3=4.5만 원	도면이 12도이므로 1.5×12=18만 원
	소계	120+0+7+0+4.5 =131.5만 원	120+40+56+27+18 =261만 원 (세부항목 합산한 금액이 140만 원을 초과할 경우 착수금은 140만 원으로 함)
사례금		'등록결정'이므로 착수금과 동일하게 131.5만 원	'거절결정'이므로 0원
합계		131.5+131.5=263만 원	140+0=140만 원

따라서 甲과 乙이 지급받는 보수의 차이는 263-140=123만 원이다.

24 문제해결

정답 ④

정답 체크 사업자 A~C의 감점 사항을 정리하면 다음과 같다.

사업자	과태료 부과 횟수(감점)	제재 조치 횟수 및 감점			감점 합계
		경고(감점)	주의(감점)	권고(감점)	
A	3(-6)	-	-	6(-3)	-9
B	5(-10)	-	3(-4.5)	2(-1)	-15.5
C	4(-8)	1(-3)	2(-3)	-	-14

기본심사 항목별 점수와 감점 합계를 포함하여 사업자 A~C의 총점을 정리하면 다음과 같다.

사업자	기본심사 항목별 점수				감점	총점
	㉮	㉯	㉰	㉱		
A	20	23	17	?	-9	51+㉱
B	18	21	18	?	-15.5	41.5+㉱
C	23	18	21	16	-14	64

ㄴ. '허가 취소'로 판정되는 경우는 60점 미만인 경우이고, 현재 B의 점수는 41.5점이므로 B의 허가가 취소되지 않으려면 18.5점 이상이 필요하다. 이때 기본심사 점수는 자연수이므로 ㉱ 항목 점수가 19점 이상이어야 한다.

ㄷ. C가 2020년에 과태료를 부과받은 적이 없다면 과태료 부과 횟수로 감점된 -8점이 삭제되어 감점 합계가 6점으로 줄어들고 총점은 64+8=72점이 된다. 현재 C의 점수는 64점이므로 60점 이상 70점 미만인 '허가 정지'에 해당하나, 72점이 되면 70점 이상인 '재허가'로 판정받게 되어 판정 결과가 달라진다.

오답 체크 ㄱ. A의 ㉱ 항목 점수가 15점이라면 총점은 51+15=66점이 되고, A는 60점 이상 70점 미만인 '허가 정지' 판정을 받으므로 재허가를 받을 수 없다.

ㄹ. 기본심사 점수와 최종심사 점수 간의 차이는 감점으로 인해 발생하므로 기본심사 점수와 최종심사 점수 간의 차이가 가장 큰 사업자는 감점이 가장 큰 사업자를 의미한다. 따라서 감점이 가장 큰 사업자는 감점 합계가 -15.5점인 B이다.

25 법·규정의 적용

정답 ③

정답 체크 법조문 1항에 따라 각 검사지점의 수질검사빈도 충족 여부를 정리하면 다음과 같다.

검사지점	검사대상	검사빈도	규정	충족 여부
정수장 A	잔류염소	매일 1회	매일 1회 이상 (1호 가목)	O
정수장 B	질산성 질소	매일 1회	매주 1회 이상 (1호 나목)	O
정수장 C	일반세균	매월 1회	매주 1회 이상 (1호 나목)	X
수도꼭지 D	대장균	매주 1회	매월 1회 이상 (2호 가목)	O
배수지 E	잔류염소	매주 1회	매 분기 1회 이상 (3호)	O

수질검사빈도를 충족하지 못한 정수장 C를 제외하고, 법조문 2항에 따라 각 검사지점의 수질기준 충족 여부를 정리하면 다음과 같다.

검사지점	검사대상	검사결과	규정	충족 여부
정수장 A	잔류염소	2mg/L	4mg/L 이하	O
정수장 B	질산성 질소	11mg/L	10mg/mL 이하	X
수도꼭지 D	대장균	불검출/100mL	불검출/100mL	O
배수지 E	잔류염소	2mg/L	4mg/L 이하	O

따라서 수질검사빈도와 수질기준을 둘 다 충족한 검사지점은 A, D, E이다.

1 자료이해

정답 ⑤

정답 체크

ㄱ. 부산보다 사업비가 많은 지역은 경기, 강원, 충북, 충남, 전북, 전남, 경북, 경남으로 총 8개이므로 옳은 설명이다.

ㄴ. 사업비 상위 2개 지역은 강원과 경남이고, 이 두 지역의 사업비 합은 420+440=860억 원이다. 사업비 하위 4개 지역은 인천, 울산, 세종, 제주이고, 이 네 지역의 사업비 합은 80+120+0+120=320억 원이다. 따라서 강원과 경남의 사업비 합은 인천, 울산, 세종, 제주 사업비 합의 860/320≒2.7배이므로 옳은 설명이다.

ㄷ. 전체 사업비는 160+240+200+80+160+160+120+0+360+420+300+320+280+320+320+440+120=4,000억 원이고, 사업비가 전체 사업비의 10% 이상인 지역은 420억 원인 강원, 440억 원인 경남이므로 옳은 설명이다.

2 자료변환

정답 ⑤

정답 체크

제시된 <표>에서 수출은 제주권이 '보합'이었으나, <보고서>에서 수출은 동남권을 제외한 모든 권역이 '증가'라고 했으므로 <보고서>의 '수출' 부문이 <표>와 부합하지 않는다.

3 자료이해

정답 ④

정답 체크

ㄱ. 여성 건국훈장 포상 인원은 2014년에 2명, 2015년에 3명, 2016년에 4명, 2017년에 8명, 2018명에 11명으로 매년 증가하므로 옳은 설명이다.

ㄷ. 남성 애국장 포상 인원과 남성 애족장 포상 인원의 차이는 2014년이 (151-1)-(111-1)=40명, 2015년이 (194-3)-130=61명, 2016년이 (117-4)-87=26명, 2017년이 (108-8)-43=57명, 2018년이 (99-9)-(51-2)=41명으로 2015년이 가장 크므로 옳은 설명이다.

ㄹ. 건국포장 포상 인원 중 여성 비율이 가장 낮은 해는 (1/43)×100≒2.3%인 2017년이고, 2017년의 대통령표창 포상 인원 중 여성 비율은 (2/74)×100≒2.7%로 가장 낮으므로 옳은 설명이다.

오답 체크

ㄴ. 전체 포상 인원 중 건국훈장 포상 인원의 비중은 2014년이 (266/341)×100≒78.0%, 2015년이 (326/510)×100≒63.9%, 2016년이 (204/312)×100≒65.4%, 2017년이 (152/269)×100≒56.5%, 2018년이 (150/355)×100≒42.3%로 2018년 건국훈장 포상 인원은 전체 포상 인원의 절반 미만이므로 옳지 않은 설명이다.

고득점자의 빠른 문제 풀이 Tip

ㄴ. 2018년 전체 포상 인원과 건국 훈장 인원의 차이는 355-150=205명으로 건국 훈장 인원보다 많으므로 2018년 건국훈장 포상 인원은 전체 포상 인원의 절반 이상이 아님을 알 수 있습니다.

ㄷ. 괄호 안에 나타난 여성 포상 인원의 수치가 크지 않아 전체 포상 인원 수치로 대략적으로 비교해도 애국장 포상 인원과 애족장 포상 인원의 차이가 가장 큰 해는 2015년임을 알 수 있습니다.

ㄹ. 건국포장과 대통령 표창의 전체 포상 인원 대비 여성 포상 인원 비를 대략적으로 확인하면, 2017년 건국포장은 $\frac{1}{43}$, 대통령 표창은 $\frac{2}{74}=\frac{1}{37}$로 다른 항목보다 월등히 작음을 알 수 있습니다.

4 자료논리

정답 ②

정답 체크

제시된 <그림>에서 각각 A와 B의 항목 구성비를 확인하면, A는 전체 상담건수 중 관세사의 민원이 60% 이상을 차지하고 B는 관세사, 세관 항목의 상담건수 구성비가 비슷하다. 이에 따라 관세사의 상담건수 구성비가 (22,228/35,173)×100≒63.2%인 사전검증이 A이고, 민원인별 상담 건수가 각각 관세사 3,846건, 세관 3,835건인 화물이 B임을 알 수 있다. 따라서 A는 사전검증, B는 화물이다.

고득점자의 빠른 문제 풀이 Tip

A와 B의 민원인별 상담건수 구성비 순서로 항목을 확인합니다. 민원인별 상담건수 구성비가 큰 순서대로 항목을 나열하면 A는 '관세사, 무역업체, 기타, 선사/항공사, 개인, 세관' 순이고 이에 해당하는 항목은 사전검증입니다. B는 '관세사, 세관, 기타, 선사/항공사, 무역업체, 개인' 순이고 이에 해당하는 항목은 화물입니다.

5 자료이해

정답 ①

정답 체크

ㄱ. 2020년 상위 10개 스포츠 구단 중 전년보다 순위가 상승한 구단은 C, D, E, I로 총 4개이고, 순위가 하락한 구단은 F, H, J로 총 3개이므로 옳은 설명이다.

ㄴ. 2020년 상위 10개 스포츠 구단 중 미식축구 구단 가치액 합은 58+40+37=135억 달러, 농구 구단 가치액 합은 45+44+42=131억 달러이므로 옳은 설명이다.

오답 체크

ㄷ. 2020년 상위 10개 스포츠 구단 중 전년 대비 가치액 상승률이 가장 큰 구단은 {(42-33)/33}×100≒27.3%인 E이고, E구단의 종목은 농구이므로 옳지 않은 설명이다.

ㄹ. 연도별 상위 10개 스포츠 구단의 가치액 합은 2020년이 58+50+45+44+42+41+40+39+37+36=432억 달러, 2019년이 58+50+39+36+33+42+37+41+31+38=405억 달러로 2020년이 2019년보다 크므로 옳지 않은 설명이다.

고득점자의 빠른 문제 풀이 Tip

ㄷ. 2019년 대비 2020년에 구단 가치액이 상승한 C, D, E, G, I 중 E가 2019년 가치액이 가장 작으나 2019년 대비 2020년 가치액 상승액은 42-33=9억 달러로 가장 큽니다. 따라서 2019년 대비 2020년 가치액 상승률이 가장 큰 구단은 E이고, 이에 해당하는 종목은 농구임을 알 수 있습니다.

ㄹ. 2019년 대비 2020년 구단 가치액의 증감액은 0+0+6+8+9+(-1)+3+(-2)+6+(-2)=27억 달러로 2019년 대비 2020년에 구단 가치액이 증가했음을 알 수 있습니다.

6 자료변환

정답 ③

정답 체크

ㄴ, ㄷ. 제시된 <표>에서는 전공계열별 희망직업 취업 현황만을 확인할 수 있으나, <보고서> 두 번째 단락에서 전공계열별로 희망직업을 선택한 동기와 전공계열별 희망직업의 선호도 분포에 대해 제시하고 있다. 따라서 <보고서>를 작성하기 위해 추가로 이용한 자료는 [전공계열별 희망직업 선호도 분포]와 [전공계열별 희망직업 선택 동기 구성비]이다.

오답 체크 ㄱ, ㄹ. 제시된 <보고서>에서 [구인·구직 추이]와 [희망직업 취업여부에 따른 항목별 직장 만족도]는 알 수 없으므로 <보고서>를 작성하기 위해 추가로 이용한 자료가 아니다.

7 자료이해

정답 ⑤

정답 체크 성능지표=$\frac{\text{기준시간}}{\text{수행시간}}$임을 적용하여 구한다. 내비게이션의 성능지표는 7,020/500≒14.0으로 가장 낮으므로 옳은 설명이다.

오답 체크 ① 명령어 수는 양자 컴퓨팅이 문서 편집보다 많으나, 수행시간은 양자 컴퓨팅이 문서 편집보다 짧으므로 옳지 않은 설명이다.

② CPI가 가장 낮은 프로그램은 양자 컴퓨팅이고, 기준시간이 가장 긴 프로그램은 영상 압축이므로 옳지 않은 설명이다.

③ 인공지능 바둑의 수행시간은 10,490/18.7≒561초이고, 내비게이션의 수행시간은 500초이므로 옳지 않은 설명이다.

④ CPI=$\frac{\text{클럭 사이클 수}}{\text{명령어 수}}$임을 적용하여 구한다. 기준시간이 가장 짧은 내비게이션의 클럭 사이클 수는 1,250×1.0=1,250십억 개이다. 이때 내비게이션보다 기준시간이 더 긴 양자 컴퓨팅의 클럭 사이클 수는 659×0.44≒290십억 개로 내비게이션보다 적으므로 옳지 않은 설명이다.

고득점자의 빠른 문제 풀이 Tip

④ 클럭 사이클 수를 직접 계산하지 않더라도 양자 컴퓨팅의 명령어 수가 내비게이션보다 적고 CPI가 가장 낮으므로 양자 컴퓨팅의 클럭 사이클 수는 내비게이션보다 적음을 알 수 있습니다.

8 자료이해

정답 ②

정답 체크 ㄱ. 산불 발생건당 피해면적은 J지역이 약 5.4만 m^2/건으로 가장 크므로 옳은 설명이다.

ㄷ. 산불 발생건당 피해액은 D지역이 약 29,000/277≒104.7백만 원/건으로 가장 크고, B지역이 약 3,800/570≒6.7백만 원/건으로 가장 작으므로 옳은 설명이다.

오답 체크 ㄴ. 산불 발생건당 피해재적은 B지역이 약 92/570≒0.16천 m^3/건, J지역이 약 101/165≒0.61천 m^3/건으로 J지역이 가장 크고, E지역이 약 10/197≒0.05천 m^3/건, G지역이 약 7/492≒0.01천 m^3/건으로 G지역이 가장 작으므로 옳지 않은 설명이다.

ㄹ. 산불 피해면적=산불 발생건당 피해면적×산불 발생건수임을 적용하여 구한다. 산불 피해면적은 H지역이 약 0.7×623≒436.1만 m^2, A지역이 약 4×516≒2,064만 m^2로 A지역이 가장 크고, E지역이 약 0.3×197≒59.1만 m^2로 가장 작으므로 옳지 않은 설명이다.

고득점자의 빠른 문제 풀이 Tip

<그림 1>과 <그림 2>는 그래프의 세로축이 각각 산불 피해액, 산불 피해재적이고, <그림 3>은 그래프의 세로축이 산불 발생건당 피해면적임을 주의하여 풀이합니다. '산불 발생건수 대비 산불 피해액'과 '산불 발생건당 산불 피해재적'이 크려면 가로축의 수치는 작고 세로축의 수치는 커야 하므로 그래프 왼쪽 상단에 위치한 항목의 수치를 확인합니다.

9 자료논리

정답 ④

정답 체크 · 첫 번째 <정보>에서 B지역에서 타워크레인 작업제한 조치가 한 번도 시행되지 않은 '월'은 3개라고 했으므로 작업제한 조치가 시행되지 않은 '월'은 1월, 2월, 12월임을 알 수 있다. 이때 '설치' 작업제한 조치에 해당하는 순간 풍속은 15m/s 이상이므로 '가'는 15m/s 미만임을 알 수 있다.

· 두 번째 <정보>에서 매월 C지역의 최대 순간 풍속은 A지역보다 높고 D지역보다 낮다고 했으므로 '나'는 21.5m/s 초과 32.7m/s 미만임을 알 수 있다.

· 세 번째 <정보>에서 E지역에서 '설치' 작업제한 조치는 매월 시행되었고, '운전' 작업제한 조치는 2개 '월'을 제외한 모든 '월'에 시행되었다고 했으므로 2월과 11월에는 '설치' 작업제한 조치만 시행되었음을 알 수 있다. 이때 '운전' 작업제한 조치에 해당하는 순간 풍속은 20m/s 이상이므로 '다'는 15m/s 이상 20m/s 미만임을 알 수 있다.

따라서 '가'~'다'를 큰 것부터 순서대로 나열하면 '나', '다', '가'이다.

고득점자의 빠른 문제 풀이 Tip

제시된 <정보>에 따라 '가', '나', '다'의 최대 순간 풍속이 작업제한 기준 순간 풍속에 해당하는지 여부를 중점적으로 파악합니다.

10 자료이해

정답 ①

정답 체크 2015년 프랑스의 전체 발전량 중 원자력 발전량의 비중은 100.0-2.1-3.5-0.4-10.4-6.6=77.0%이므로 옳지 않은 설명이다.

오답 체크 ② 2015년 영국의 전체 발전량 중 신재생 에너지 발전량의 비중은 100.0-20.8-22.6-29.5-0.6-2.7=23.8%이고, 2010년 대비 2015년에 23.8-6.2=17.6%p 증가했으므로 옳은 설명이다.

③ 2010년 석탄 발전량은 미국이 일본의 1,994.2/309.5≒6.4배이므로 옳은 설명이다.

④ 2010년 대비 2015년 전체 발전량이 증가한 국가는 2010년 발전량이 633.1TWh, 2015년 발전량이 646.9TWh인 독일뿐이므로 옳은 설명이다.

⑤ 2015년 신재생 에너지 발전량의 비중은 미국이 100.0-19.2-34.1-31.8-0.9-6.3=7.7%, 영국이 23.8%로 2010년 대비 2015년 각 국가에서 신재생 에너지의 발전량과 비중은 모두 증가했으므로 옳은 설명이다.

고득점자의 빠른 문제 풀이 Tip

① 2010년과 2015년 프랑스의 전체 발전량 및 원자력 발전량을 비교하여 확인합니다. 2015년 프랑스의 전체 발전량은 2010년 대비 감소한 반면, 원자력 발전량은 2010년 대비 증가했으므로 2015년 프랑스의 전체 발전량 중 원자력 발전량의 비중은 75% 이상임을 알 수 있습니다.

11 자료변환

정답 ②

정답 체크 ㄱ. 제시된 <보고서>의 두 번째 단락에서 교통사고 사망자 수는 2015년 이후 매년 감소하였다고 했으므로 [연도별 전국 교통사고 사망자 수]는 추가로 이용한 자료이다.

ㄷ. 제시된 <보고서>의 두 번째 단락에서 전국 안전사고 사망자 수는 2015년 이후 매년 감소하다가 2018년에는 증가하였다고 했으므로 [연도별 전국 안전사고 사망자 수]는 추가로 이용한 자료이다.

오답 체크 ㄴ. 제시된 <보고서>의 세 번째 단락에 2019년 분야별 지역안전지수 등급에 대한 내용이 언급되었으나, [분야별 지역안전지수 4년 연속 (2015~2018년) 1등급, 5등급 지역(시·도)]에는 2019년 자료가 없으므로 추가로 이용한 자료가 아니다.

ㄹ. 제시된 <보고서>의 첫 번째 단락에 2019년 대형 안전체험관 규모에 대한 내용이 언급되었으나, [2018년 지역별 안전체험관 수]는 2019년에 관한 내용이 없으므로 추가로 이용한 자료가 아니다.

12 자료변환

정답 ⑤

정답 체크 2007년 10월 기준 평화유지활동을 수행 중이었던 임무단은 '수단 임무단', '소말리아 임무단', '코모로 치안 지원 임무단', '다르푸르 지역 임무단'으로 총 4개이므로 옳지 않은 설명이다.

오답 체크 ① 평화유지활동 중 가장 오랜 기간 동안 활동한 임무단은 2007년 1월부터 현재까지 활동한 '소말리아 임무단'이므로 옳은 설명이다.

② '코모로 선거감시 지원 임무단'은 2006년 3월부터 2006년 6월까지 약 4개월로 가장 짧은 기간 동안 활동했으므로 옳은 설명이다.

③ 아프리카연합이 현재까지 평화유지활동을 위해 파견한 임무단의 총 규모는 3,128+300+462+6,000+350+6,000+3,350+1,450+5,961=27,001명이므로 옳은 설명이다.

④ 수단에서는 '수단 임무단'과 '다르푸르 지역 임무단'이 활동했고, 코모로에서는 '코모로 선거감시 지원 임무단'과 '코모로 치안 지원 임무단'이 활동했으므로 옳은 설명이다.

13 자료이해

정답 ②

정답 체크 ㄱ. 국가채무는 2014년에 1,323×0.297≒393조 원, 2020년에 1,741×0.36≒627조 원이다. 따라서 2020년 국가채무는 2014년 국가채무의 1.5배인 393×1.5≒590조 원 이상이므로 옳은 설명이다.

ㄷ. 적자성채무는 2018년에 1,563×0.183≒286조 원, 2019년에 1,658×0.2≒332조 원으로 2019년부터 300조 원 이상이므로 옳은 설명이다.

오답 체크 ㄴ. 국가채무=적자성채무+금융성채무이므로 GDP 대비 국가채무 비율과 GDP 대비 적자성채무 비율의 차이가 GDP 대비 금융성채무 비율이다. GDP 대비 금융성채무 비율은 2018년에 34.1-18.3=15.8%, 2019년에 35.7-20.0=15.7%이므로 옳지 않은 설명이다.

ㄹ. 2017년 금융성채무는 32.6-16.9=15.7%로 국가채무의 50%인 32.6×0.5=16.3% 미만이므로 옳지 않은 설명이다.

14 자료이해

정답 ①

정답 체크 ㄱ. 주택규모가 이사 후 '대형'인 가구는 5+10+15=30가구이고, 이사 후 '중형'인 가구는 100-30-30=40가구이다. 따라서 주택규모가 이사 전 '소형'에서 이사 후 '중형'으로 달라진 가구는 40-30-10=0가구이므로 옳은 설명이다.

ㄴ. 전체 100가구 중 이사 전후 주택규모가 달라진 가구는 100-15-30-15=40가구로 전체 가구 수의 50% 이하이므로 옳은 설명이다.

오답 체크 ㄷ. 주택규모가 이사 전 '대형'에서 이사 후 '소형'으로 달라진 가구는 30-15-10=5가구이다. 주택규모가 '대형'인 가구 수는 이사 전후 모두 5+10+15=30가구로 동일하므로 옳지 않은 설명이다.

ㄹ. 이사 후 주택규모가 커진 가구 수는 0+5+10=15가구이고, 이사 후 주택규모가 작아진 가구 수는 10+5+10=25가구이므로 옳지 않은 설명이다.

15 자료논리

정답 ④

정답 체크 1,000kg의 재료가 '폐기처리' 공정에 전달 및 투입되는 과정과 각 공정에 투입되는 재료의 무게를 정리하면 다음과 같다.

전달 및 투입 과정	각 공정에 투입되는 재료의 무게
혼합 → 성형 → 재작업 → 폐기처리	· 혼합 → 성형: 1,000×1.0=1,000kg · 성형 → 재작업: 1,000×0.1=100kg · 재작업 → 폐기처리: 100×0.5=50kg
혼합 → 성형 → 조립 → 검사 → 폐기처리	· 혼합 → 성형: 1,000×1.0=1,000kg · 성형 → 조립: 1,000×0.9=900kg · 조립 → 검사: 900×1.0=900kg · 검사 → 폐기처리: 900×0.2=180kg
혼합 → 성형 → 재작업 → 조립 → 검사 → 폐기처리	· 혼합 → 성형: 1,000×1.0=1,000kg · 성형 → 재작업: 1,000×0.1=100kg · 재작업 → 조립: 100×0.5=50kg · 조립 → 검사: 50×1.0=50kg · 검사 → 폐기처리: 50×0.2=10kg

따라서 '폐기처리' 공정에 전달되어 투입되는 재료의 총량은 50+180+10=240kg이다.

고득점자의 빠른 문제 풀이 Tip

재료가 '폐기처리' 공정으로 전달되어 투입되는 과정을 빠르게 확인한 후 제조 공정도의 직진율에 따라 재료의 총량을 계산합니다.

16 자료논리

정답 ③

정답 체크 · 두 번째 <조건>에 따라 '연강수량'이 세계평균보다 많은 국가 A, B, D, G, H 중 '1인당 이용가능한 연수자원총량'이 가장 적은 A가 대한민국이다.

· 세 번째 <조건>에 따라 '1인당 연강수총량'이 세계평균의 5배인 16,427×5=82,135m^3/인 이상인 국가 E, F, G를 '연강수량'이 많은 국가부터 나열하면 G, E, F 순이므로 각각 뉴질랜드, 캐나다, 호주이다.

· 첫 번째 <조건>에 따라 '연강수량'이 세계평균의 2배 이상인 B와 G가 각각 일본 또는 뉴질랜드이며, G가 뉴질랜드이므로 B가 일본이다.

· 네 번째 <조건>에 따라 '1인당 이용가능한 연수자원총량'이 영국보다 적은 국가 C, D 중 '1인당 연강수총량'이 세계평균의 25% 이상인 국가가 중국이므로 16,427×0.25≒4,107m^3/인 이상인 C가 중국이다.

· 다섯 번째 <조건>에 따라 '1인당 이용가능한 연수자원총량'이 6번째로 많은 H가 프랑스이다.

따라서 A는 대한민국, B는 일본, C는 중국, E는 캐나다, F는 호주, G는 뉴질랜드, H가 프랑스이므로 국가명을 알 수 없는 곳은 D이다.

17 자료이해

정답 ④

정답 체크 ㄱ. 국어 평균 점수는 (90+85+60+95+75)/5=81점이므로 옳은 설명이다.

ㄷ. '갑'~'무'의 국어, 영어, 수학 점수에 가중치를 곱한 점수의 합은 '갑'이 36+18+30=84점, '을'이 34+17+28=79점, '병'이 24+20+34=78점, '정'이 38+13+40=91점, '무'가 30+20+40=90점으로 '정'의 점수가 가장 크므로 옳은 설명이다.

ㄹ. 여학생인 '을'과 '정'의 수학 평균 점수는 (70+100)/2=85점이고, 남학생인 '갑'과 '무'의 수학 평균 점수는 (75+100)/2=87.5점이다. '병'의 수학 점수는 85점으로 '병'의 성별과 무관하게 남학생의 수학 평균 점수가 더 높으므로 옳은 설명이다.

오답 체크 ㄴ. '갑'~'무'의 3개 과목 평균 점수는 '갑'이 (90+90+75)/3=85점, '을'이 (85+85+70)/3=80점, '병'이 (60+100+85)/3≒81.7점, '정'이 (95+65+100)/3≒86.7점, '무'가 (75+100+100)/3≒91.7점이고, 3개 과목 평균 점수가 가장 높은 '무'와 가장 낮은 '을'의 평균 점수 차이는 91.7-80≒11.7점이므로 옳지 않은 설명이다.

고득점자의 빠른 문제 풀이 Tip

ㄹ. 성별 수학 점수의 평균을 계산하지 않더라도 남학생과 여학생의 점수를 비교할 수 있으므로 성별 수학 점수의 합까지만 계산하여 풀이 소요 시간을 줄입니다.

18 자료이해

정답 ⑤

정답 체크 ㄱ. 2023년 인공지능반도체의 비중은 (325/2,686)×100≒12.1%이고, 인공지능반도체의 비중은 매년 증가하므로 옳은 설명이다.

ㄴ. 2027년 시스템반도체 시장규모는 1,179×(100/31.3)≒3,767억 달러로 2027년이 2021년보다 3,767-2,500≒1,267억 달러 증가하므로 옳은 설명이다.

ㄷ. 2025년 시스템반도체 시장규모는 657×(100/19.9)≒3,302억 달러이고, 2022년 대비 2025년의 시장규모 증가율은 인공지능반도체가 {(657-185)/185}×100≒255.1%, 시스템반도체가 {(3,302-2,310)/2,310}×100≒42.9%이다. 따라서 2022년 대비 2025년의 시장규모 증가율은 인공지능반도체가 시스템반도체의 255.1/42.9≒5.9배이므로 옳은 설명이다.

19 자료이해

정답 ⑤

정답 체크 ㄱ. 도착 화물보다 출발 화물이 많은 지역은 출발 화물이 977개이고 도착 화물이 390개인 A, 출발 화물이 944개이고 도착 화물이 797개인 B, 출발 화물이 472개이고 도착 화물이 355개인 D로 총 3개이므로 옳은 설명이다.

ㄷ. 지역 내 이동 화물을 제외할 때, 출발 화물과 도착 화물의 합이 가장 작은 지역은 (366-30)+(381-30)=687개인 C이고, C지역의 출발 화물과 도착 화물의 차이는 381-366=15개로 가장 작으므로 옳은 설명이다.

ㄹ. 도착 화물이 가장 많은 지역은 1,465개인 G이고, G지역은 출발 화물 중 지역 내 이동 화물의 비중이 (359/1,294)×100≒27.7%로 가장 크므로 옳은 설명이다.

오답 체크 ㄴ. 지역 내 이동 화물이 가장 적은 지역은 30개인 C이나, 도착 화물이 가장 적은 지역은 355개인 D이므로 옳지 않은 설명이다.

20 자료논리

정답 ②

정답 체크
- '을'의 첫 번째 <대화>에 따르면 4개 지자체 중 세종을 제외한 3개 지자체에서 4월 4일 기준 자가격리자가 전일 기준 자가격리자보다 늘어났으므로 자가격리 신규 인원보다 해제 인원이 더 많은 B가 세종이다.
- '을'의 두 번째 <대화>에 따르면 대전, 세종, 충북은 모니터링 요원 대비 자가격리자의 비율이 1.8 이상이므로 아래 <표>에 따라 C 또는 D가 각각 대전 또는 충북이다.

<표> 해당일 기준 자가격리자 및 모니터링 요원 대비 자가격리자 비율

구분 \ 지자체	A	B	C	D
자가격리자 합	9,778+7,796 =17,574명	1,287+508 =1,795명	1,147+141 =1,288명	9,263+7,626 =16,889명
모니터링 요원	10,142명	710명	196명	8,898명
자가격리자 비율	17,574/ 10,142≒1.7	1,795/710 ≒2.5	1,288/196 ≒6.6	16,889/ 8,898≒1.9

- '갑'의 세 번째 <대화>에 따르면 자가격리자 중 외국인이 차지하는 비중이 4개 지자체 가운데 (7,626/16,889)×100≒45.2%로 가장 큰 D가 대전이다.

따라서 C가 충북, D가 대전이다.

21 자료이해

정답 ③

정답 체크 월간 출근 교통비={출근 1회당 대중교통요금-(기본 마일리지+추가 마일리지)×$\left(\frac{\text{마일리지 적용거리}}{800}\right)$}×월간 출근 횟수임을 적용하여 직장인 '갑'~'병'의 월간 출근 교통비를 정리하면 다음과 같다.
- 갑: [3,200-(450+200)×{(600+200)/800}]×15=38,250원
- 을: [2,300-{350×(800/800)}]×22=42,900원
- 병: [1,800-(250+100)×{(400+200)/800}]×22=33,825원

따라서 월간 출근 교통비를 많이 지출하는 직장인부터 순서대로 나열하면 '을', '갑', '병'이다.

22 자료이해

정답 ③

정답 체크 ㄱ. 국민총소득 대비 공적개발원조액 비율이 UN 권고 비율보다 큰 국가는 룩셈부르크, 노르웨이, 스페인, 덴마크, 영국이다. 공적개발원조액 상위 15개 회원국에 없는 룩셈부르크를 제외한 국가들의 공적개발원조액 합이 4.3+2.7+2.5+19.4=28.9십억 달러, 즉 289억 달러로 250억 달러 이상이므로 옳은 설명이다.

ㄴ. 공적개발원조액 상위 5개국의 공적개발원조액 합은 33.0+24.1+19.4+12.0+11.7=100.2십억 달러이고 하위 14개 회원국의 공적개발원조액을 최대 2.5십억 달러로 가정하면, 29개 회원국의 공적개발원조액 합은 137.5+(2.5×14)=172.5십억 달러이다. 따라서 공적개발원조액 상위 5개국의 공적개발원조액 합은 개발원조위원회 29개 회원국 공적개발원조액 합의 50%인 172.5/2≒86.3십억 달러 이상이므로 옳은 설명이다.

오답 체크 ㄷ. 독일의 국민총소득은 24.1/0.61≒39.5십억 달러이고, 독일이 공적개발원조액만 30억 달러 증액하면 독일의 국민총소득 대비 공적개발원조액 비율은 (24.1+3.0)/39.5≒0.69%로 UN 권고 비율인 0.70% 미만이므로 옳지 않은 설명이다.

23 자료이해

정답 ④

정답 체크

ㄱ. 2021년 '오리' 생산액 전망치는 1,327×(1-0.0558)≒1,253.0십억 원으로 1.2조 원 이상이므로 옳은 설명이다.

ㄷ. '축산업' 중 전년 대비 생산액 변화율 전망치가 2022년보다 2023년이 낮은 세부항목은 2022년이 1.12%, 2023년이 0.88%인 우유, 2022년이 5.27%, 2023년이 3.34%인 오리로 총 2개이므로 옳은 설명이다.

ㄹ. 2020년 생산액 대비 2022년 생산액 전망치의 증감폭은 '재배업'이 {30,270×(1+0.0150)×(1-0.0042)}-30,270≒325.0십억 원, '축산업'이 {19,782×(1-0.0034)×(1+0.0070)}-19,782≒70.7십억 원으로 '재배업'이 '축산업'보다 크므로 옳은 설명이다.

오답 체크

ㄴ. 2021년 '돼지' 생산액 전망치는 7,119×(1-0.0391)≒6,840.6십억 원으로 같은 해 '농업' 생산액 전망치인 50,052×(1+0.0077)≒50,437.4십억 원의 (6,840.6/50,437.4)×100≒13.6%이므로 옳지 않은 설명이다.

고득점자의 빠른 문제 풀이 Tip

ㄹ. 전년 대비 생산액 변화율 전망치를 확인하여 2020년 대비 2022년에 재배업과 축산업이 각각 약 1%, 약 0.5% 정도 변화될 것으로 가정하면 재배업은 약 302십억 원, 축산업은 약 98십억 원 증가하므로 재배업의 변화량이 월등히 큰 것을 알 수 있습니다.

24 자료이해

정답 ①

정답 체크

장기저축급여 가입 회원 수는 전체 회원의 (744,733/852,000)×100≒87.4%이므로 옳지 않은 설명이다.

오답 체크

② 공제제도별 자산 규모 구성비에서 장기저축급여가 차지하는 비중은 64.5%, 금액은 27.3조 원이고, 공제제도의 총자산 규모는 (27.3/64.5)×100≒42조 원이므로 옳은 설명이다.

③ 자산 규모 상위 4개 공제제도별 가입 회원 수의 합은 744,733+40,344+55,090+32,411=872,578명이고, 2020년 공제회 회원 수는 85.2만 명이다. 따라서 자산 규모 상위 4개 공제제도 중 2개의 공제제도에 가입한 회원은 872,578-852,000=20,578명이므로 옳은 설명이다.

④ 충청의 장기저축급여 가입 회원 수 61,850명은 15개 지역 평균 장기저축급여 가입 회원 수인 744,733/15≒49,649명보다 많으므로 옳은 설명이다.

⑤ 장기저축급여 1인당 구좌 수는 449,579,295/744,733≒604구좌로 분할급여 1인당 구좌 수의 5배인 (2,829,332/32,411)×5≒436구좌보다 많으므로 옳은 설명이다.

고득점자의 빠른 문제 풀이 Tip

① 장기저축급여 가입 회원 수의 비중을 구체적으로 계산하지 않고 2020년 전체 회원의 85%를 간단히 계산합니다. 장기저축급여 가입 회원 수는 744,733명이고, 2020년 전체 회원의 85%는 85.2×0.85=72.4만 명이므로 장기저축급여 가입 회원 수는 전체 회원의 85% 이상임을 알 수 있습니다.

④ 제시된 자료를 꼼꼼히 확인하고 계산 과정을 줄입니다. 15개 지역 장기저축급여 가입 회원 수는 각 지역의 수치를 모두 더해야 하지만, '주요 공제제도별 가입 현황'에서 장기저축급여 가입자 수를 확인하면 수치를 바로 확인할 수 있습니다.

25 자료변환

정답 ③

정답 체크

<보도자료>에 따르면 2018년 기준 간접광고(PPL) 취급액은 전년 대비 14% 이상 증가하여 1,270억 원으로 나타났으며, 그 중 지상파TV와 케이블TV 간 비중의 격차는 5%p 이하로 조사되었음을 알 수 있다. 그러나 [간접광고(PPL) 취급액 현황]에서 간접광고(PPL) 취급액 중 지상파TV와 케이블TV가 차지하는 비중은 지상파TV가 (573/1,270)×100≒45.1%, 케이블TV가 (498/1,270)×100≒39.2%이고, 그 차이는 45.1-39.2≒5.9%p이므로 보도자료에 부합하지 않는 자료이다.

2020년 기출문제 취약 유형 분석표 & 정답·해설

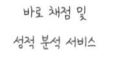

바로 채점 및 성적 분석 서비스

PSAT 전문가의 총평

2020년 민간경력자 PSAT의 경우 세 영역 모두 평이한 난도로 출제되었다.

1. 언어논리 영역: 제시된 지문들의 길이가 길었으나, 내용 파악이 어렵지 않아 전반적으로 난도가 평이했다.
2. 상황판단 영역: 제시된 조건에 따라 계산을 하거나 경우의 수를 고려해야 하는 논리퍼즐 유형의 출제 비중이 크게 증가했으나, 일부 문항을 제외하면 지문이 짧고 풀이가 간단한 편이라 전반적으로 난도가 평이했다.
3. 자료해석 영역: 제시된 자료를 분석하는 과정이 복잡하거나 여러 단계의 계산을 거쳐 답을 도출해야 하는 문제들의 출제 비중이 높았다. 또한, 자료변환 유형의 출제 비중이 늘었으며, 전반적으로 문제를 푸는 데 소요되는 시간이 길어 세 영역 중에는 난도가 가장 높았지만 전체적으로는 난도가 평이했다.

정답

언어논리

p.275

1	③	세부 내용 파악	**6**	⑤	세부 내용 파악	**11**	①	빈칸삽입	**16**	③	세부 내용 파악	**21**	②	논증의 타당성
2	①	세부 내용 파악	**7**	④	빈칸삽입	**12**	②	논리추론	**17**	①	빈칸삽입	**22**	②	진술추론
3	①	세부 내용 파악	**8**	②	세부 내용 파악	**13**	③	세부 내용 파악	**18**	⑤	진술추론	**23**	③	진술추론
4	⑤	세부 내용 파악	**9**	②	세부 내용 파악	**14**	③	세부 내용 파악	**19**	④	논리추론	**24**	②	진술추론
5	④	세부 내용 파악	**10**	④	빈칸삽입	**15**	④	빈칸삽입	**20**	③	논리추론	**25**	⑤	진술추론

상황판단

p.289

1	③	법·규정의 적용	**6**	④	문제해결	**11**	②	법·규정의 적용	**16**	④	문제해결	**21**	③	논리퍼즐
2	⑤	법·규정의 적용	**7**	②	논리퍼즐	**12**	⑤	법·규정의 적용	**17**	⑤	논리퍼즐	**22**	④	논리퍼즐
3	⑤	법·규정의 적용	**8**	⑤	문제해결	**13**	①	법·규정의 적용	**18**	②	문제해결	**23**	②	논리퍼즐
4	①	법·규정의 적용	**9**	⑤	논리퍼즐	**14**	③	세부 내용 파악	**19**	②	논리퍼즐	**24**	③	문제해결
5	①	세부 내용 파악	**10**	①	문제해결	**15**	④	세부 내용 파악	**20**	③	논리퍼즐	**25**	④	문제해결

자료해석

p.303

1	④	자료변환	**6**	⑤	자료이해	**11**	③	자료변환	**16**	②	자료이해	**21**	③	자료이해
2	③	자료논리	**7**	①	자료이해	**12**	④	자료이해	**17**	③	자료이해	**22**	②	자료이해
3	④	자료이해	**8**	②	자료변환	**13**	⑤	자료변환	**18**	②	자료이해	**23**	①	자료이해
4	①	자료이해	**9**	②	자료이해	**14**	⑤	자료이해	**19**	③	자료논리	**24**	⑤	자료이해
5	⑤	자료논리	**10**	④	자료이해	**15**	④	자료논리	**20**	①	자료이해	**25**	④	자료이해

취약 유형 분석표

유형별로 맞힌 개수, 틀린 문제 번호와 풀지 못한 문제 번호를 적고 나서 취약한 유형이 무엇인지 파악해 보세요.
취약한 유형은 '민간경력자 PSAT 기출유형공략'으로 복습하고, 해커스잡 사이트(ejob.Hackers.com)에서 제공하는 <PSAT 영역별 핵심 이론 노트>로 관련 이론을 확인한 후 틀린 문제와 풀지 못한 문제를 다시 풀어보세요.

언어논리

유형	맞힌 개수	틀린 문제 번호	풀지 못한 문제 번호
세부 내용 파악	/11		
중심 내용 파악	/0		
빈칸삽입	/5		
문단배열	/0		
사례 유추	/0		
진술추론	/5		
논증의 타당성	/1		
논리추론	/3		
TOTAL	/25		

상황판단

유형	맞힌 개수	틀린 문제 번호	풀지 못한 문제 번호
세부 내용 파악	/3		
법·규정의 적용	/7		
문제해결	/7		
논리퍼즐	/8		
TOTAL	/25		

자료해석

유형	맞힌 개수	틀린 문제 번호	풀지 못한 문제 번호
자료이해	/17		
자료논리	/4		
자료변환	/4		
TOTAL	/25		

해설

언어논리

1 세부 내용 파악

정답 ③

정답 체크 3문단에서 대통령이 국무회의 심의 결과에 구속되지 않는다는 점을 알 수 있다.

오답 체크 ① 1문단에서 정부는 대통령과 행정부로 구성되고, 행정부에 감사원이 있으며, 감사원은 대통령 소속 하에 있음을 알 수 있다.

② 3문단에서 대통령이 임의적으로 요청하는 사항에 응하여 자문을 개진하는 것과 달리 국무회의는 심의 사항이 헌법에 명시되어 있으며 해당 심의는 필수적이라는 점에서 단순한 자문기관이 아님을 알 수 있다.

④ 3문단에서 국무회의는 심의 사항이 헌법에 명시되어 있음을 알 수 있다.

⑤ 4문단에서 국무위원으로서 행정각부의 장은 대통령, 국무총리와 법적으로 동등한 지위를 갖는다는 것을 알 수 있다.

고득점자의 빠른 문제 풀이 Tip

제시문과의 부합여부를 묻는 문제는 제시문을 꼼꼼하게 읽는 것이 정답률을 높이는 유일한 방법입니다. 무조건 빠르게 풀려는 태도보다 틀리지 않겠다는 마음으로 제시문과 선택지의 내용을 비교해야 합니다.

2 세부 내용 파악

정답 ①

정답 체크 2문단에서 향안에 이름이 오르는 것을 입록이라고 불렀고, 1문단에서 향안에 이름이 오른 사람은 유향소의 장인 좌수 혹은 별감을 선출하는 선거에 참여할 수 있었음을 알 수 있다.

오답 체크 ② 2문단에서 삼향 조건을 갖춘 사람이 드물어 이 조건을 거두어들이는 유향소가 늘어났고, 그 결과 17세기에 삼향의 조건을 갖추지 않았다는 이유로 향안 입록을 거부하는 유향소가 크게 줄어든 것임을 알 수 있다. 따라서 아전의 부정행위를 막기 위해 17세기에 향안 입록 조건을 완화한 것은 아님을 알 수 있다.

③ 1문단에서 향안에 이름이 오른 사람은 유향소가 개최하는 회의에 참석해 지방행정에 관한 의견을 개진할 수 있었다고 했고, 3문단에서 입록 신청자를 받아들일지 결정하는 투표를 권점이라고 했으므로 유향소 회의에 참여할 자격을 얻기 위해서 향안에 입록된 후에 다시 권점을 통과해야 하는 것은 아님을 알 수 있다.

④ 3문단에서 서얼이나 상민과 혼인한 사람은 어떤 경우라도 향안에 입록될 수 없었고 이 규정이 사라진 적도 없었다고 했으므로 17세기에도 입록될 수 없었음을 알 수 있다.

⑤ 2문단에서 17세기에는 삼향의 조건을 갖추지 않았다는 이유로 향안 입록을 거부하는 유향소가 크게 줄었다고 했으므로 17세기에 새로이 유향소 회원이 된 모든 사람들이 삼향의 조건을 갖추고 권점을 통과한 인물은 아님을 알 수 있다.

고득점자의 빠른 문제 풀이 Tip

단순한 세부 내용 파악 유형의 문제일수록 불필요한 시간 손실을 막기 위해 긍정발문인지 부정발문인지를 확인하는 습관이 필요합니다.

3 세부 내용 파악

정답 ①

정답 체크 2문단에서 고려는 몽골이 침략해 들어오자 불교 신앙으로 국난을 극복하겠다는 뜻에서 '재조대장경'을 제작했다는 것과 3문단에서 『상정고금예문』을 몽골의 1차 고려 침략이 시작된 해에 발간했음을 알 수 있으므로 재조대장경판의 제작이 완료되기 전에 금속활자로 『상정고금예문』을 발간했음을 알 수 있다.

오답 체크 ② 1문단에서 거란에서 만든 대장경을 수입해 분석한 대장경은 '초조대장경'임을 알 수 있으나, '재조대장경'이 거란에서 들여온 대장경을 참고해 만든 것인지는 제시문을 통해 알 수 없다.

③ 1문단에서 고려 때 최초로 간행된 대장경이 '초조대장경'임을 확인할 수 있으나, 현재 남아있는 것 중 가장 오래된 것이 초조대장경판인지는 제시문을 통해 알 수 없다.

④ 3문단에서 『무구정광대다라니경』이 목판으로 찍어낸 것임을 알 수 있으나, '재조대장경'이 금속활자로 인쇄되었는지는 제시문을 통해 알 수 없다.

⑤ 2문단에서 고려가 몽골의 침략해 들어오자 불교 신앙으로 국난을 극복하겠다는 뜻에서 '재조대장경'을 제작했고, '재조대장경'을 '팔만대장경'이라고도 부른다는 것을 알 수 있으나, 불교 진흥을 위해 고려 시대에 만들어진 최초의 대장경이 팔만대장경인지는 제시문을 통해 알 수 없다.

고득점자의 빠른 문제 풀이 Tip

제시문의 내용을 바탕으로 객관적으로 확인 가능한 것만이 문제에서 요구한 '알 수 있는 내용'에 해당되므로 미루어 짐작하거나 통념으로 단정하지 않도록 주의해야 합니다.

4 세부 내용 파악

정답 ⑤

정답 체크 2문단에서 우리나라 『소년법』은 10세 이상 19세 미만의 소년 중 장래에 범법행위를 할 우려가 있는 소년을 우범소년으로 규정하여 소년사법의 대상으로 한다고 했고, 일부에서는 범죄를 저지르지 않았음에도 소년사법의 대상이 되는 우범소년제도에 대해 의문을 품기도 한다고 했다. 따라서 우리나라 소년법상 10세 이상 19세 미만의 소년은 범죄를 저지를 우려가 있으면 범죄를 저지르지 않아도 소년사법의 적용을 받을 수 있음을 알 수 있다.

오답 체크 ① 3문단에서 범행을 할 가능성이 있는 소년까지 사법의 대상으로 하는 소년사법이 국친 사상에 근거를 두고 있음을 알 수 있으나, 국친 사상이 소년사법의 대상 범위를 축소하는 철학적 기초인지는 제시문을 통해 알 수 없다.

② 3문단에서 범죄를 저지르지 않은 소년까지 사법의 대상으로 하는 소년사법이 국친 사상에 근거를 두고 있음을 알 수 있으나, 성인범도 국친 사상의 대상이 되어 범행할 가능성이 있으면 처벌을 받는지는 제시문을 통해 알 수 없다.

③ 2문단에서 우리나라 『소년법』은 10세 이상 14세 미만의 소년 중 형벌 법령에 저촉되는 행위를 한 자를 촉법소년으로 규정하여 소년사법의 대상으로 하고 있음을 알 수 있으나, 촉법소년이 범죄 의도를 소유할 수 없는 것으로 간주되는지는 제시문을 통해 알 수 없다.

④ 1문단에서 영국 관습법에 따르면 7세 이하의 소년은 범죄 의도를 소유할 능력이 없는 것으로 간주되고 있음을 알 수 있다.

5 세부 내용 파악

정답 ④

정답 체크 3문단에서 스틸은 기호에 대한 개인적인 호오이며, 몸에 각인된 것이어서 주체가 자유롭게 선택할 수 없다고 했으므로 같은 모어를 사용하는 형제라도 스틸은 다를 수 있음을 알 수 있다.

오답 체크 ① 4문단에서 에크리튀르는 선택할 수 있음을 알 수 있으나, 2문단과 3문단에서 랑그와 스틸은 선택할 수 없음을 알 수 있다.

② 3문단에서 개인의 호오 감각이 영향을 미치는 것은 스틸임을 알 수 있고, 방언에 대한 선택이 언어에 대한 개인의 호오 감각에 기인한 것은 아님을 알 수 있다.

③ 4문단에서 에크리튀르는 지역방언이 아닌 사회방언이라고 할 수 있다고 했으므로 동일한 에크리튀르를 사용하는 사람들이 같은 지역 출신인지는 알 수 없다.

⑤ 4문단에서 랑그는 외적인 규제, 스틸은 내적인 규제이며 에크리튀르는 이 두 가지 규제의 중간에 위치한다고 했으므로 스틸과 에크리튀르가 언어 규제상 성격이 같지 않음을 알 수 있다.

고득점자의 빠른 문제 풀이 Tip

제시문에서 '알 수 있는 것'은 제시문의 내용에서 확인할 수 있으면서도 제시문의 내용과 일치하는 것입니다. 따라서 제시문에서 언급하지 않거나 제시문의 내용을 부정하는 선택지는 정답이 될 수 없습니다. 무엇보다도 주관적 해석이 개입된 독해나 꼼꼼하지 않은 독해는 이 유형의 정답률을 떨어뜨리는 지름길임을 명심해야 합니다.

6 세부 내용 파악

정답 ⑤

정답 체크 2문단에서 정서주의자들은 도덕적 언어를 사람의 행위에 영향을 주거나 자신의 태도를 표현하는 목적으로 사용한다고 했고, 이러한 진술은 명령하는 것이라고 했음을 알 수 있다.

오답 체크 ① 1문단에서 감탄문 형식의 문장은 화자의 태도를 표현한다는 것을 확인할 수 있으나, 화자의 태도를 표현하는 문장이 참이거나 거짓인지는 제시문을 통해 알 수 없다.

② 3문단에서 정서주의자들에 따르면 태도를 표현하는 목적으로 도덕적 언어를 사용하는 것은 태도를 보고하는 것이 아님을 알 수 있다.

③ 1문단에서 "세종대왕은 조선의 왕이다."와 같은 정보를 전달하는 문장은 참 혹은 거짓을 판단할 수 있는 정보를 전달하고 있다고 했으므로 "세종대왕은 한글을 창제하였다."도 참 혹은 거짓을 판단할 수 있음을 알 수 있다.

④ 1문단에서 정서주의는 언어 사용의 세 가지 목적에 주목하고 있음을 알 수 있으나, 언어 사용의 가장 중요한 목적이 정보를 전달하는 것임은 알 수 없다.

7 빈칸삽입

정답 ④

정답 체크 3문단에서 알고리즘에 대해서도 민주주의와 마찬가지로 결론을 내릴 수 있다고 했고, 다른 모든 체제를 제외하면 민주주의가 세상에서 가장 나쁜 정치체제라는 말은 민주주의가 상대적으로 좋은 정치체제임을 역설하는 것이므로 이를 알고리즘에 적용해보면 ④가 적절하다.

오답 체크 ①, ②, ③, ⑤ 빈칸에 들어갈 내용은 알고리즘이 가지고 있는 문제들 때문에 알고리즘을 신뢰하지 않는 결론에 대한 비판이어야 하므로 적절하지 않다.

8 세부 내용 파악

정답 ②

정답 체크 2문단에서 "아이를 엄격한 방식보다는 너그러운 방식으로 키우는 것이 더 좋다"라는 문장은 절대적인 가치판단을 표현하는 것임을 알 수 있다.

오답 체크 ①, ③ 2문단에서 상대적인 가치판단은 경험적 진술이므로 모두 관찰을 통해 객관적인 과학적 테스트가 가능하고, '아이를 엄격한 방식보다는 너그러운 방식으로 키우는 것이 더 좋다.'라는 문장은 절대적인 가치판단을 표현한다. 절대적인 가치판단은 과학적 테스트를 통한 입증의 대상이 될 수 없다고 했으므로 상대적인 가치판단을 나타내는 경험적 진술도 아니고, 과학적 연구에 의해 객관적으로 입증될 수 있는 주장도 아님을 추론할 수 있다.

④, ⑤ 2문단에서 '아이를 행복하고 정서적으로 안정된 창조적인 개인으로 키우고자 한다면 아이를 엄격한 방식보다는 너그러운 방식으로 키우는 것이 더 좋다.'는 진술은 상대적인 가치판단을 표현한다. 이런 종류의 진술은 경험적 진술이고 경험적 진술은 과학적 테스트가 가능하다고 했으므로 추론할 수 있다.

9 세부 내용 파악

정답 ②

정답 체크 제시된 실험에서 1~3그룹은 먹이통으로 가게 한 후 다리 길이를 조절하여 돌아오게 했고, 4~6그룹은 먹이통으로 출발하기 전에 다리 길이를 조절했으므로 먹이통까지 다녀오는 왕복운동을 했음을 알 수 있다. 이때 1~3그룹은 다리 길이의 조절 정도에 따라 이동 거리가 다르고 4~6그룹은 다리 길이의 조절 정도와 무관하게 이동 거리가 같았으므로 개미는 걸음 수에 따라서 이동 거리를 판단한다는 것이 가장 적절한 가설이다.

오답 체크 ① 4~6그룹은 다리 길이와 무관하게 이동 거리가 같았으므로 개미의 이동 거리는 다리 길이에 비례한다는 것은 적절한 가설이 아니다.

③ 다리 끝을 분절한 1그룹과 4그룹 모두 개미가 이동을 했으므로 개미의 다리 끝 분절은 개미의 이동에 필수적인 부위라는 것은 적절한 가설이 아니다.

④ 개미의 다리 길이를 조절한 1, 2, 4, 5그룹 모두 이동 거리를 측정했으므로 개미는 다리 길이가 조절되고 나면 이동 거리를 측정하지 못한다는 것은 적절한 가설이 아니다.

⑤ 주어진 실험 결과를 통해서 개미가 먹이를 찾으러 갈 때와 둥지로 돌아올 때 이동 거리를 측정하는 방법이 다른지는 알 수 없으므로 개미는 먹이를 찾으러 갈 때와 둥지로 되돌아 올 때, 이동 거리를 측정하는 방법이 다르다는 것은 적절한 가설이 아니다.

10 빈칸삽입

정답 ④

정답 체크 ㉠: (3)을 도덕과 무관한 주장이라고 가정하고 있고, (3)을 '갑은 선한 사람이 아니고 을은 병을 싫어하지 않는다.'는 (4)가 부정하고 있으므로 ㉠에는 '어떤 주장이 도덕과 무관한 주장이라면 그 주장의 부정도 도덕과 무관한 주장이다.'라는 일반 원칙 B가 적절하다.

㉡: (4)를 도덕과 무관한 주장임을 전제하고 있고, (4)로부터 '갑은 선한 사람이 아니다.'라는 (5)가 도출되고 있으므로 ㉡에는 '도덕과 무관한 주장으로부터 도출된 것은 모두 도덕과 무관한 주장이다.'라는 일반 원칙 C가 적절하다.

㉢: 우리는 애초에 '갑은 선한 사람이다.'라는 (1)이 도덕적 주장이라는 점을 받아들였고, (1)이 부정한 것인 '갑은 선한 사람이 아니다.'라는 (5)가 도덕적 주장이라고 해야 하므로 ㉢에는 '어떤 주장이 도덕적 주장이라면 그 주장의 부정도 도덕적 주장이다.'라는 일반 원칙 A가 적절하다.

11 빈칸삽입

정답 ①

정답 체크 ㉠을 판단하기 위해 제시된 정보를 정리하면 다음과 같다.

전제 1: 신입직원 가운데 일부가 봉사활동에 지원했다.

전제 2: (   )

결론: 하계연수에 참여하지 않은 사람 중에 신입직원이 있다.

'신입직원', '봉사활동에 지원한 사람', '하계연수에 참여한 사람'간의 상관관계를 파악해야 하므로 이 셋의 관계를 다음과 같이 설정한다.

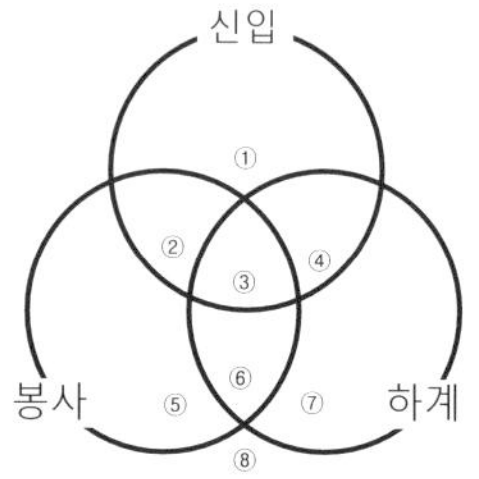

전제 1에서 신입직원 가운데 일부가 봉사활동에 지원했다고 하였으므로 ②, ③번 영역 중 최소 한 영역이 존재한다는 것을 알 수 있다.

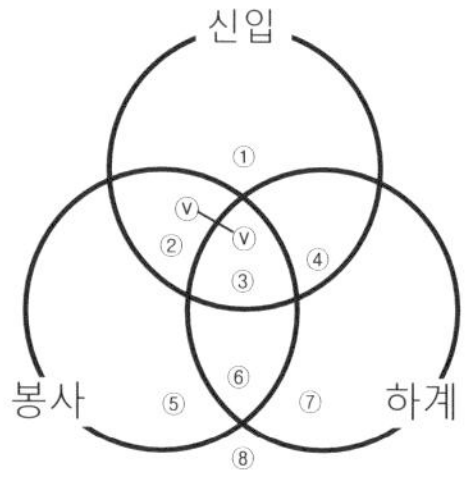

한편 결론에서 '하계연수에 참여하지 않은 사람 중에 신입직원이 있다.'고 하였는데, 이는 그림에서 ①번 영역과 ②번 영역 중 최소 한 영역이 존재한다는 의미이다. 이에 따라 선택지의 내용 중 ㉠에 어떤 전제가 들어갔을 때 ①번 영역이나 ②번 영역 중 최소 한 영역이 존재한다는 결론이 도출되는지 살펴봐야 한다. 선택지에 있는 ㉠의 내용은 총 세 가지이므로 이를 중심으로 확인한다.

<경우 1> 하계연수 참여자 가운데에는 봉사활동에 지원했던 사람이 없습니다.

이는 하계연수 참여자와 봉사활동에 지원한 사람의 교집합이 없다는 의미이므로 위 그림에서 ③번 영역과 ⑥번 영역은 존재하지 않는다는 의미이다. 이를 포함한 그림을 그려보면 다음과 같다.

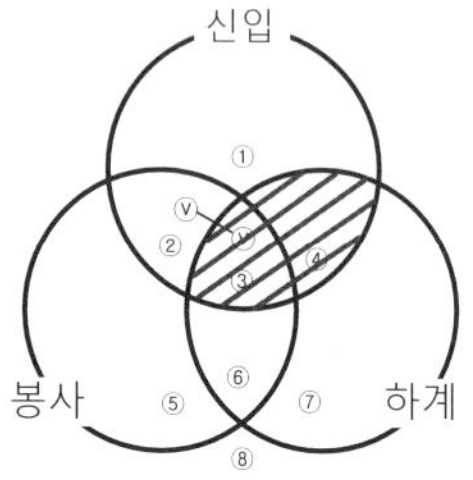

이 그림에 의하면 ③번 영역이 삭제되었으므로 ②번 영역이 반드시 존재한다는 것을 알 수 있고, 이에 따라 결론인 ①번 영역이나 ②번 영역 중 최소 한 영역이 존재한다는 내용이 도출된다. 따라서 ㉠에 들어갈 말이 될 수 있다.

<경우 2> 하계 연수 참여자는 모두 봉사활동에도 지원했던 사람입니다.

이는 하계연수 참여자 중에 봉사활동에 지원하지 않은 사람은 없다는 의미이므로 ④번 영역과 ⑦번 영역은 존재하지 않는다는 의미이다. 이를 포함한 그림을 그려보면 다음과 같다.

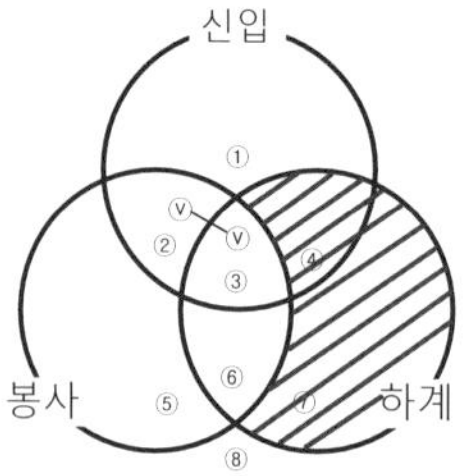

이 그림에 의하면 ①번 영역이나 ②번 영역 중 최소 한 영역이 반드시 존재한다는 결론은 도출되지 않는다. 따라서 ㉠에 들어갈 말이 될 수 없다.

<경우 3> 하계연수 참여자 가운데 봉사활동에도 지원했던 사람이 있습니다.

이는 하계 연수 참여자와 봉사활동에 지원한 사람이 교차하는 지점 가운데 최소 한 영역이 존재한다는 의미이다. 이를 그림으로 나타내면 다음과 같다.

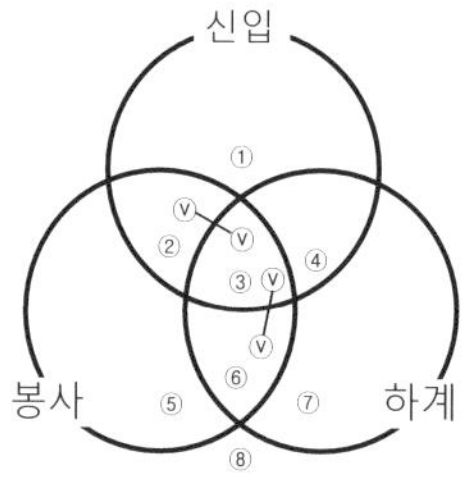

이 그림에 의하더라도 ①번 영역이나 ②번 영역 중 최소 한 영역이 반드시 존재한다는 결론은 도출되지 않는다. 따라서 ㉠에 들어갈 말이 될 수 없다.

따라서 ㉠에 들어갈 말은 '하계연수 참여자 가운데에는 봉사활동에 지원했던 사람이 없습니다.'이다.

한편 ㉡을 판단하기 위해 제시된 정보를 정리하면 다음과 같다.

전제 1: 신입직원 가운데 일부가 봉사활동에 지원했다.

전제 3: 봉사활동 지원자는 전부 하계연수에도 참여했다.

이에 따라 어떤 결론이 도출되는지 살펴봐야 한다. 이 역시 위와 같이 그림을 해결하는 것이 좋은데 전제 1은 ②번 영역과 ③번 영역 중 최소 한 영역이 존재한다는 의미이고 전제 3은 봉사활동 지원자 중에 하계연수에 참여하지 않은 사람은 없다는 의미이므로 ②번 영역과 ⑤번 영역은 존재하지 않는다는 의미다. 이를 그림으로 나타내면 다음과 같다.

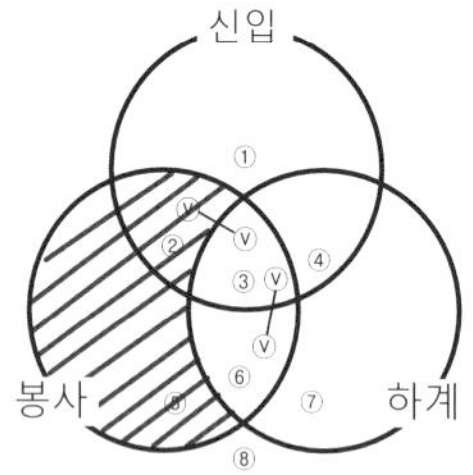

이를 토대로 선택지 ①과 ②의 ㉡을 살펴보면 다음과 같다.

<경우 1> 신입직원 가운데 하계연수 참여자가 있다.

이는 ③번 영역과 ④번 영역 중 최소 한 영역이 있다는 의미인데 위 그림에서 ③번 영역이 존재하므로 옳은 결론이다.

<경우 2> 신입직원 가운데 하계연수 참여자는 한 명도 없다.

이는 ③번 영역과 ④번 영역은 모두 존재하지 않는다는 의미인데 위 그림에서는 ③번 영역이 존재하므로 옳지 않은 결론이다.

따라서 ㉠은 '하계연수 참여자 가운데는 봉사활동에 지원했던 사람이 없습니다.'이고, ㉡은 '신입직원 가운데 하계연수 참여자가 있다.'이다.

고득점자의 빠른 문제 풀이 Tip

문제와 제시문의 내용을 말로 이해하려고 하기보다는 벤다이어그램을 활용하여 시각화하면 정확한 정보를 판단할 수 있습니다.

12 논리추론

정답 ②

정답 체크 제시된 명제를 기호화하면 다음과 같다.

- A O and B O and C O → D O or E O
- C O and D O → F O
- E X
- F O or G O → C O and E O
- H O → F X or G X

세 번째 명제에서 E는 참석하지 않는다고 했으므로 네 번째 명제의 '대우'에 따라 F와 G는 참석하지 않는다. 이를 정리하면 다음과 같다.

전문가	A	B	C	D	E	F	G	H
참석 여부					X	X	X	

F가 참석하지 않으므로 두 번째 명제의 '대우'에 따라 C가 참석하지 않거나 D가 참석하지 않는다. 이를 정리하면 다음과 같이 세 가지 경우가 나타난다.

전문가	A	B	C	D	E	F	G	H
경우 1			O	X	X	X	X	
경우 2			X	O	X	X	X	
경우 3			X	X	X	X	X	

이때 첫 번째 명제와 다섯 번째 명제에 의해 참석 여부가 확정되는 전문가는 없으므로 위 세 가지 경우에 따라 참석하는 전문가의 최대 인원 수는 경우 2에 따라 A, B, D, H가 참석하게 되어 최대 4명이다.

고득점자의 빠른 문제 풀이 Tip

확실한 정보로부터 도출되는 정보들만 정리한 후 확실하게 참석 여부가 결정되지 않는 경우를 빈칸으로 두어 최대한의 참석자가 존재하는 경우를 산정하면 됩니다.

13 세부 내용 파악

정답 ③

정답 체크 2문단에서 광해군이 대동법 시행을 받아들이자 경기도민들이 크게 환영했다고 했으므로 광해군이 국왕으로 재위할 때 공물을 쌀로 내게 하는 조치가 경기도에 취해졌음을 알 수 있다.

오답 체크
① 3문단에서 현종이 전라도 전역에 대동법을 확대 시행했다는 내용을 확인할 수 있으나 방납의 폐단을 없애기 위해 대동법을 전국 모든 지역에 시행했는지는 알 수 없다.
② 3문단에서 인조가 김육의 주장을 받아들여 강원도, 충청도, 전라도까지 대동법을 확대 시행했음을 알 수 있다.
④ 2문단에서 한백겸과 이원익의 제안으로 방납의 방식이 아닌 대동법을 시행한 임금은 광해군임을 알 수 있다.
⑤ 2문단에서 한백겸과 이원익 등이 대동법 시행을 제안했음은 알 수 있으나 상인이 관청의 의뢰를 받아 특산물을 생산지에서 구매해 대납하는 방납을 부당하다고 했는지는 알 수 없다.

고득점자의 빠른 문제 풀이 Tip

제시문의 내용을 부정하거나 제시문을 통해서 알 수 없는 내용은 제시문과 부합하는 것으로 볼 수 없으므로 정확하고 면밀한 독해가 필요합니다. 또한 제시문의 내용과 선택지의 내용을 비교, 검토할 수 있어야 합니다.

14 세부 내용 파악

정답 ③

정답 체크 2문단에서 요세는 무신집권자 최충헌이 명종을 쫓아내고 신종을 국왕으로 옹립한 해에 지눌과 함께 순천으로 근거지를 옮기는 도중 따로 독립하여 강진에서 백련사라는 결사를 새로 만들어 활동했음을 알 수 있다.

오답 체크
① 1문단에서 통일신라 초기에 화엄종 계통의 승려들이 수도에 대규모 신앙결사를 만들어 놓고 불교신앙에 관심을 가진 귀족들을 대상으로 불교 수행법을 전파했음은 알 수 있으나 화엄종이 돈오점수 사상을 전파하고자 신앙결사를 만들었는지는 알 수 없다.
② 2문단에서 조계선이라는 수행 방법을 강조한 것은 순천에서 정혜사를 수선사로 바꾸어 활동한 지눌임을 알 수 있으나 강진에서 요세가 만든 백련사가 조계선이라는 수행 방법을 고수했는지는 알 수 없다.
④ 2문단에서 순천으로 옮겨 간 지눌은 그곳에서 정혜사라는 명칭을 수선사로 바꾸어 활동했고, 요세는 강진에서 백련사라는 결사를 새로 만들어 활동했음을 알 수 있다.
⑤ 2문단에서 지눌이 만든 신앙결사에 참여해 함께 수행하는 승려였던 요세가 지눌과 함께 근거지를 옮기는 도중에 따로 독립했음은 알 수 있으나 지눌이 요세를 설득해 천태종으로 끌어들였는지는 알 수 없다.

15 빈칸삽입

정답 ④

정답 체크 제시문에서는 대안적 분쟁해결절차(ADR)가 재판보다 분쟁을 신속하게 해결한다고 알려진 이유가 법원에 지나치게 많은 사건이 밀려 있어 재판이 더디게 이루어지기 때문인데 이에 대응하기 위한 사법형 ADR 활성화 정책이 재판 정당성에 대한 국민의 인식을 떨어뜨려 민간형 ADR이 활성화되는 것도 저해하는 문제점을 제시하고 있다. 따라서 ADR 활성화를 위해서는 민간형 ADR에서 분쟁을 해결할 수 있도록 기준이 되는 판례를 법원이 많이 만들어야 한다는 것이므로 법원은 재판에 주력해야 하며 그것이 결과적으로 민간형 ADR의 활성화에도 도움이 된다는 내용이 적절하다.

오답 체크
① 제시문은 ADR의 활성화를 주장하고 있으므로 분쟁해결에 대한 사회적 관심을 높이도록 유도해야 한다는 내용은 적절하지 않다.
② 제시문에서는 판례확보를 통해 민간형 ADR 활성화를 주장하고 있으므로 재판이 추구하는 목표와 ADR이 추구하는 목표가 다르지 않다는 내용은 적절하지 않다.
③ 제시문에서는 법원으로 폭주하는 사건의 수를 줄이려면 ADR을 활성화해야 하는데 그러기 위해서는 새롭고 복잡한 사건에 대한 판례가 만들어져야 함을 주장하고 있으므로 법원으로 폭주하는 사건 수를 줄이기 위해 시민들의 준법의식을 강화해야 한다는 내용은 적절하지 않다.
⑤ 제시문에서는 민간형 ADR 기관의 전문성을 문제 삼는 것이 아니라 민간형 ADR에서 분쟁을 해결할 기준이 마련되지 않는 상황을 비판하고 있는 것이므로 민간형 ADR 기관의 전문성을 제고하여 분쟁 당사자들이 굳이 법원에 가지 않더라도 신속하게 분쟁을 해결할 수 있게 만들어야 한다는 내용은 적절하지 않다.

고득점자의 빠른 문제 풀이 Tip

제시문의 결론 부분에 들어갈 내용을 요구하고 있으므로 제시문의 전반적인 흐름과 맥락을 파악해야 정답을 확정할 수 있습니다.

16 세부 내용 파악

정답 ③

정답 체크 ㉢ 뒷문장에서 프롤레타리아트들은 자신의 처지가 자신의 능력과 업적에 의존한다는 의식이 약하고 사회적 상황이나 경기 변동, 법적으로 보장된 권력관계에 종속되어 있다는 의식이 강했으며, 자신의 처지가 주술적 힘, 신이나 우주의 섭리와 같은 것에 종속되어 있다는 견해에 부정적이었다고 했으므로 종교에 우호적이며 관심이 많았다는 ㉢의 내용은 흐름에 맞지 않음을 알 수 있다.

오답 체크 ① ㉠ 뒷문장에서 기독교 등 고대 종교의 포교활동은 노예와 날품팔이들보다는 소시민층, 즉 야심을 가지고 열심히 노동하며 경제적으로 합리적인 생활을 하는 계층을 겨냥하였다고 했으므로 노예와 날품팔이는 '특정한 종교 세력에 편입되거나 포교의 대상이 된 적이 없었다.'는 글의 흐름에 맞는다.

② ㉡ 뒷문장에서 하층 수공업자들은 특히 공인되지 않은 종파적 종교성에 기우는 경우가 흔하였다고 했으므로 '독특한 소시민적 종교 성향을 지니고 있었다.'는 글의 흐름에 맞는다.

④ ㉣ 뒷문장에서 프롤레타리아트들에게는 비종교적인 이념들이 삶을 지배하는 경향이 훨씬 우세했다고 했으므로 '특정 종교 이념을 창출하는 것은 쉽지 않았다.'는 글의 흐름에 맞는다.

⑤ ㉤ 뒷문장에서 프롤레타리아트 가운데 경제적으로 불안정한 최하위 계층과 지속적인 곤궁으로 인해 프롤레타리아트화의 위험에 처한 몰락하는 소시민계층을 포섭한 많은 종교는 원초적 주술을 사용하거나, 아니면 주술적·광란적 은총 수여에 대한 대용물을 제공했다고 했으므로 '종교적 포교의 대상이 되기 쉬웠다.'는 글의 흐름에 맞는다.

고득점자의 빠른 문제 풀이 Tip

제시문의 결론 부분에 들어갈 내용을 요구하고 있으므로 제시문의 전반적인 흐름과 맥락을 파악해야 정답을 확정할 수 있습니다.

17 빈칸삽입

정답 ①

정답 체크 2문단에서 A는 돌아온 말벌이 원형으로 배치된 돌멩이들의 중심으로 날아가는 것을 관찰할 수 있었다고 했으므로 먹이를 찾으러 간 말벌이 둥지로 돌아올 때 재질이 아닌 모양에 의존하여 방향을 찾는다는 것을 알 수 있다.

오답 체크 ②, ③, ④, ⑤ 2문단의 실험을 통해 물체의 재질이 아닌 물체로 만든 모양에 의존하여 방향을 찾는다는 것을 알 수 있으므로 적절하지 않다.

18 진술추론

정답 ⑤

정답 체크 2문단에서 입수 초기에는 장갑을 낄 때나 안 낄 때나 손의 열손실이 증가하다가 입수 초기가 지나면 손의 열손실은 시간에 따라 점차 감소하는데, 장갑을 낄 때보다 안 낄 때 더 빠르게 감소한다고 했으므로 입수 후 손의 열손실은 장갑을 낄 때나 안 낄 때나 시간이 지남에 따라 점차 감소함을 알 수 있다. 따라서 ㉠에 대한 진술로 적절하지 않다.

오답 체크 ① 1문단에서 손의 온도가 떨어지면 움직임이 둔해지고 정확도가 떨어져 물속에서의 작업 수행 능력이 감소된다고 했으므로 손의 온도가 해녀의 작업 수행 능력에 영향을 준다는 것은 ㉠에 대한 진술로 적절하다.

② 3문단에서 손의 열손실이 장갑을 낄 때보다 안 낄 때 더 작아지며 팔의 열손실도 장갑을 낄 때보다 안 낄 때 더 빠르게 감소한다고 했으므로 ㉠에 대한 진술로 적절하다.

③ 2문단에서 입수 초기에는 장갑을 낄 때나 안 낄 때나 손의 열손실이 증가하는데 장갑을 낄 때보다 안 낄 때 더 빠르게 증가한다고 했으므로 ㉠에 대한 진술로 적절하다.

④ 3문단에서 입수 후 손의 열절연도는 장갑을 낄 때보다 안 낄 때 더 빠르게 증가하여 입수 후 약 20분이 지나면 손의 열손실이 장갑을 낄 때보다 안낄 때 더 작아진다고 했으므로 ㉠에 대한 진술로 적절하다.

19 논리추론

정답 ④

정답 체크 제시된 내용을 정리하면 다음과 같다.

전제: 스키, 봅슬레이는 산악지역, 컬링, 쇼트트랙, 아이스하키는 해안지역에서 열림

조건 1: A~E는 서로 다른 종목을 관람함

조건 2: A와 B는 산악, 해안 중 서로 다른 곳에서 관람

조건 3: C 스키

조건 4: B 쇼트트랙 → D 봅슬레이

조건 5: E 쇼트트랙 or E 아이스하키 → A 봅슬레이

조건 3에서 C는 산악지역에서 열리는 스키를 관람한다는 것을 알 수 있다.

사람	A	B	C	D	E
종목			스키		
지역			산악		

한편 A와 B가 산악, 해안 중 각각 하나씩 관람하므로 D와 E는 모두 해안지역에서 열리는 경기를 관람한다. 이를 경우에 따라 정리하면 다음과 같다.

사람		A	B	C	D	E
경우1	종목		봅슬레이	스키		
	지역	해안	산악	산악	해안	해안
경우2	종목	봅슬레이		스키		
	지역	산악	해안	산악	해안	해안

A 또는 B가 봅슬레이를 관람하므로 D는 봅슬레이를 관람하지 않고, 조건 4의 '대우'에 의해 B는 쇼트트랙을 관람하지 않는다. 그런데 경우 1은 B가 봅슬레이를 관람하므로 쇼트트랙을 관람하지 않는다는 정보가 이미 반영되어 있으나, 경우 2는 B가 쇼트트랙을 보지 않는다는 정보가 추가되어야 한다. 이를 정리하면 다음과 같다.

사람		A	B	C	D	E
경우1	종목		봅슬레이	스키		
	지역	해안	산악	산악	해안	해안
경우2	종목	봅슬레이	쇼트트랙 X	스키		
	지역	산악	해안	산악	해안	해안

한편 조건 5의 '대우'에 따라 A가 봅슬레이를 관람하지 않으면 E는 쇼트트랙도 아이스하키도 관람하지 않는다. 이때 경우 2는 A가 봅슬레이를 관람하므로 정보가 추가되지 않지만 경우 1은 A가 봅슬레이를 관람하지 않으므로 이 정보가 추가된다. 그러면 E는 쇼트트랙과 아이스하키를 관람하지 않고, 봅슬레이는 B가, 스키는 C가 관람하고 있으므로 E가 관람하는 것은 컬링만이 가능하다. 이를 정리하면 다음과 같다.

사람		A	B	C	D	E
경우1	종목		봅슬레이	스키		컬링
	지역	해안	산악	산악	해안	해안
경우2	종목	봅슬레이	쇼트트랙 X	스키		
	지역	산악	해안	산악	해안	해안

ㄴ. B는 경우 1에서 봅슬레이를 관람하고, 경우 2에서 쇼트트랙을 제외하고 해안에서 열리는 종목을 관람하므로 B가 쇼트트랙을 관람하는 경우는 없다. 따라서 반드시 참이다.

ㄷ. 경우 2에 따라 E가 쇼트트랙을 관람하면 B는 해안에서 열리는 컬링이나 아이스하키를 관람하므로 반드시 참이다.

오답 체크 ㄱ. 경우 2에 따라 A가 봅슬레이를 관람하면 D는 컬링이나 쇼트트랙을 관람하는 경우도 가능하므로 반드시 참은 아니다.

20 논리추론

정답 ③

정답 체크 제시문의 내용을 정리하면 다음과 같다.

명제 1: A시는 동구나 서구 중 하나

명제 2: A시는 문화특화나 경제특화 중 하나

명제 3: 문화특화 → 유물 발견

명제 4: 동구 and 경제특화 → 부유

명제 5: 서구 → 아파트

병이 아파트에 살지는 않으므로 명제 5의 '대우'와 명제 1에 따라 병은 동구에 산다는 것을 알 수 있다. 이때 병이 경제특화지역에 거주한다면 명제 4에 따라 '동구' and '경제 특화'가 성립하므로 부유하다는 것을 알 수 있다.

오답 체크 ① 제시된 명제 중 '유물 발견'이 전건인 명제가 없으므로 유물이 발견된 지역에 사는 사람이 반드시 부유하다는 결론이 도출될 수 없다. 따라서 반드시 참은 아니다.

② 제시된 명제 중 '부유'가 전건인 명제가 없으므로 부유한 사람이 반드시 경제특화지역에 거주한다는 결론이 도출될 수 없다. 따라서 반드시 참은 아니다.

④ 제시된 명제 중 '유물 발견 X'가 후건인 명제가 없으므로 정이 아파트에 살지 않는다고 해서 반드시 유물이 발견되지 않은 지역에 거주한다는 결론이 도출될 수 없다. 따라서 반드시 참은 아니다.

⑤ 제시된 명제 중 '아파트 X'가 후건인 명제가 없으므로 무가 문화특화지역에 거주한다고 해서 반드시 아파트에 살지 않는다는 결론이 도출될 수 없다. 따라서 반드시 참은 아니다.

고득점자의 빠른 문제 풀이 Tip

선택지에 제시된 명제의 전건이나 후건이 제시문의 내용에서 찾을 수 없는 경우에는 결론이 도출되지 않으므로 그런 경우는 답이 되지 않는다고 판단하는 것이 좋습니다.

21 논증의 타당성

정답 ②

정답 체크 제시문의 명제를 정리하면 다음과 같다.

명제 1: 주관적 판단에 의존하는 규범 → 우연적 요소에 좌우된다.

명제 2: 우연적 요소로 좌우되는 규범 → 어느 것도 보편적으로 적용되지 않는다.

명제 3: 보편적으로 적용되지 않는 규범 → 그 무엇이든 객관성이 보장되지 않는다.

결론: 주관적 판단에 의존하는 규범 → 어느 것도 도덕 규범이 아니다.

따라서 추가해야 할 하나의 명제는 '객관성이 보장되지 않는 규범 → 어느 것도 도덕 규범이 아니다.'이므로 '객관성이 보장되지 않는 규범은 어느 것도 도덕적인 규범이 아니다.'가 적절한 명제임을 알 수 있다.

22 진술추론

정답 ②

정답 체크 ㄴ. 을은 공정한 법에 대해서만 선별적으로 준수의 의무를 부과하는 것이 타당하다는 것을 주장하고 있으므로 법 공정성을 판단하는 별도의 기준이 없다면 을의 주장은 약화된다.

오답 체크 ㄱ. 갑은 이 나라에서 시민으로 일정 기간 이상 살았다면 법을 그것의 공정성 여부와 무관하게 마땅히 지켜야만 하는 것이 우리 시민의 의무임을 주장하고 있으므로 예외적인 경우에 약속을 지키지 않아도 된다면 갑의 주장은 약화된다.

ㄷ. 병은 법의 선별적 준수는 전체 법체계의 유지에 큰 혼란을 불러올 우려가 있으므로 받아들여서는 안 된다는 것을 주장하고 있으므로 이민자를 차별하는 법이 존재한다고 하더라도 병의 주장은 약화되지 않는다.

23 진술추론

정답 ③

정답 체크 ㄱ. 제시문에서 영가설은 취해진 조치가 조치의 대상에 아무런 영향을 주지 않는다는 가설이고, 대립가설은 영향을 준다는 가설임을 알 수 있다. 따라서 <실험>에서 '쥐가 동일한 행동을 반복할 때 이전 행동에서 이루어진 강제조치가 다음 번 행동에 영향을 준다.'는 가설 1은 대립가설이고, '쥐가 동일한 행동을 반복할 때 이전 행동에서 이루어진 강제조치가 다음 번 행동에 영향을 주지 않는다.'는 가설 2는 영가설임을 알 수 있다.

ㄴ. <실험>에서 미로에 들어간 쥐가 갈림길에 도달했을 때 쥐가 한 쪽 방향으로 가도록 강제조치를 한 다음, 미로의 출구 부분에서 쥐를 꺼내 다시 미로의 입구에 집어넣으면 갈림길에서 대부분의 쥐들이 이전에 가지 않았던 방향으로 갔다고 했다. 따라서 이전 행동에서 이루어진 강제조치가 다음 번 행동에 영향을 준 것이므로 <실험>의 결과는 대립가설을 강화함을 알 수 있다.

오답 체크 ㄷ. <실험>에서 미로에 처음 들어간 쥐들에게 갈림길에서 50마리의 쥐들은 왼쪽 방향으로, 나머지 50마리의 쥐들은 오른쪽 방향으로 가도록 실험자가 강제조치하였더라도 대부분의 쥐들이 이전에 가지 않았던 방향으로 갔다면 이전 행동에서 이루어진 조치가 다음 번 행동에 영향을 준 것이다. 따라서 영가설은 강화되지 않음을 알 수 있다.

24 진술추론

정답 ②

정답 체크 ㄷ. 3문단과 4문단에서 식역 이하의 반복 점화는 시각적인 요인에 의해서가 아니라 언어적, 문화적 관습에 의한 것임을 알 수 있다. 따라서 한국어와 영어에 능숙한 사람에게 시각적으로 다른 '다섯'과 'five'를 프라임과 타깃으로 제시한 경우 'five'에 대한 반응이 더 빨랐다는 것은 언어적, 문화적 관습에 의해 식역 이하의 반복 점화가 나타났다는 것이므로 ㉠을 강화한다.

오답 체크 ㄱ. 1문단에서 식역 이하의 시각적 자극은 '보았다'고 답하는 경우가 거의 없다고 했으나 같은 낱말을 식역 이하로 반복하여 여러 번 눈앞에 제시해도 피험자들이 그 낱말을 인지하지 못하는지는 알 수 없으므로 ㉠을 강화하지 않는다.

ㄴ. 4문단에서 두 종류의 표기에 익숙한 언어적, 문화적 관습에 따라 'radio'와 'RADIO'를 같은 낱말로 인지할 경우 반복 점화가 나타남을 알 수 있으므로 샛별이 금성이라는 것을 아는 사람에게서 점화 효과가 발생하지 않았다면 샛별과 금성을 같은 낱말로 인지한 경우에도 반복 점화가 나타나지 않은 것이므로 ㉠을 약화한다.

25 진술추론

정답 ⑤

정답 체크

ㄱ. 갑은 우리가 알게 된 과학 지식의 수로, 병은 해결된 문제의 수로 과학의 성장 여부를 평가하고 있으므로 갑과 병 모두 과학의 성장 여부를 평가할 수 있는 어떤 기준이 있다는 것을 인정함을 알 수 있다.

ㄴ. 갑은 우리가 알게 된 과학 지식의 수가 증가하면 과학이 성장하는 것으로 보았으나 을은 알고 있는 과학지식이 옳지 않은 것으로 판정된다면 그만큼 과학 지식의 수가 감소하는 것으로 보고 있다. 따라서 을은 과학지식의 수가 누적적으로 증가한다는 갑의 주장을 비판하고 있음을 알 수 있다.

ㄷ. 정은 우리가 어떤 이론을 받아들이느냐에 따라 해결해야 할 문제가 달라지고, 해결된 문제의 수가 증가했는지 판단할 수도 없기 때문에 해결된 문제의 수로 과학이 성장한다고 말할 수는 없다고 주장한다. 따라서 정은 병이 과학의 성장 여부를 평가하는 근거로 제시한 해결된 문제의 수의 진위를 판단할 수 없다는 점을 들어 병을 비판하고 있음을 알 수 있다.

1 법·규정의 적용

정답 ③

정답 체크 두 번째 법조문 3항에서 실무위원회 위원이 될 수 있는 사람을 나열하고 있고, 3호에만 광역교통위원회의 위원장이 위촉하는 사람이 언급되어 있을 뿐 1호와 2호에는 광역교통위원회 위원장의 위촉과 관련된 요건은 언급되어 있지 않다. 따라서 광역교통위원회위원장의 위촉 없이도 실무위원회 위원이 될 수 있음을 알 수 있다.

오답 체크
① 두 번째 법조문 3항 3호에 따라 성별을 고려함을 알 수 있다.
② 두 번째 법조문 2항에서 실무위원회의 위원장은 광역교통위원회의 상임위원이 된다고 하였으므로 광역교통위원회의 구성원 가운데 실무위원회의 구성원이 되는 경우가 있음을 알 수 있다.
④ 첫 번째 법조문 1항 3호에서 광역교통위원회 위원이 될 수 있는 사람은 광역교통 관련 전문지식과 경험이 풍부한 사람이라고만 되어 있을 뿐 반드시 공무원이어야 한다는 요건은 없으므로 공무원이 아닌 사람도 광역교통위원회의 위원이 될 수 있다는 것을 알 수 있다.
⑤ 첫 번째 법조문 2항에서 광역교통위원회 위원은 국토교통부장관이 임명 또는 위촉한다고 하였으므로 광역교통위원회 위원은 행정안전부 소속 공무원이라고 하더라도 행정안전부장관이 아니라 국토교통부장관이 임명함을 알 수 있다.

2 법·규정의 적용

정답 ⑤

정답 체크 세 번째 법조문 1항에서 난자 또는 정자의 기증자가 배아의 보존기간을 5년 미만으로 정한 경우 이를 보존기간으로 한다고 했고, 마지막 법조문 1호에 따르면 피임기술의 개발을 위한 연구 목적에는 보존기간이 지난 잔여배아를 발생학적으로 원시선이 나타나기 전까지는 이용할 수 있음을 알 수 있다.

오답 체크
① 두 번째 법조문 3항에서 누구든지 반대급부를 조건으로 배아의 제공을 알선할 수 없다는 것을 알 수 있다.
② 세 번째 법조문 1항에서 배아의 보존기간은 원칙적으로 5년이고, 2항에서 예외적으로 기증자가 항암치료를 받는 경우 그 기증자의 보존기간을 5년 이상으로 정할 수 있음을 알 수 있다.
③ 두 번째 법조문 1항에서 누구든지 임신 외의 목적으로 배아를 생성해서는 안됨을 알 수 있다.
④ 마지막 법조문에서 보존기간이 지난 잔여배아를 원시선이 나타나기 전까지 연구목적으로 이용할 수 있음을 알 수 있다.

> **고득점자의 빠른 문제 풀이 Tip**
>
> 단순히 한 조항의 내용만을 확인하여 답을 결정할 수는 없고 여러 조항 간의 관계를 고려해서 답을 결정해야 하는 문제이므로 어떤 조항에 대한 내용과 연결되는지를 정확히 파악하는 것이 필요합니다.

3 법·규정의 적용

정답 ⑤

정답 체크 마지막 법조문 2항 1호에서 우수수입업소로 등록된 자가 수입하는 수입식품은 검사 전부 또는 일부를 생략할 수 있음을 알 수 있다.

오답 체크
① 첫 번째 법조문 1항에 의하면 수입신고를 하려는 자는 해당 수입식품의 안전성 확보 등을 위해 국내 자기업소가 아닌 해외제조업소에 대해 위생관리 상태를 점검해야 함을 알 수 있다.
② 첫 번째 법조문 4항에 의하면 우수수입업소 등록의 유효기간은 등록된 날로부터 3년이라고 하였으므로 2020년 2월 20일에 우수수입업소로 등록되었다면 그 등록은 2024년이 아니라 2023년 2월 20일까지 유효함을 알 수 있다.
③ 첫 번째 법조문 5항 1호에서 우수수입업소가 부정한 방법으로 등록된 경우에는 등록을 취소하여야 함을 알 수 있다.
④ 첫 번째 법조문 5항 2호에서 수입, 판매업의 시설기준을 위배하여 2개월 이상의 행정처분을 받고, 6항에 따라 등록이 취소된 경우에는 3년 동안 우수수입업소 등록을 신청할 수 없지만 등록이 취소되지 않고 시정명령만 받았다면 해당되지 않는 내용임을 알 수 있다.

> **고득점자의 빠른 문제 풀이 Tip**
>
> 기간을 계산해야 하는 경우 정확한 숫자를 놓치지 않아야 합니다. 또한 한 법조문 내에서도 취소나 시정 가운데 선택할 수 있는 경우가 있고 예외 조항으로 반드시 취소해야 하는 경우도 있으므로 해당되는 조항이 무엇인지 정확히 파악해야 합니다.

4 법·규정의 적용

정답 ①

정답 체크 ㄱ. 세 번째 법조문 1항에서 누구든지 공표된 저작물을 청각장애인을 위하여 한국수어로 변환하고 이러한 한국수어를 복제·배포·공연할 수 있음을 알 수 있다.

오답 체크
ㄴ. 세 번째 법조문 2항에서 한국어수어통역센터가 영리를 목적으로 하지 않을 경우 청각장애인의 이용에 제공하기 위하여 공표된 영화에 포함된 음성을 자막으로 변환하여 배포하는 행위가 가능함을 알 수 있다.
ㄷ. 두 번째 법조문 2항에서 공표된 어문저작물은 영리를 목적으로 하지 아니할 때 시각 장애인의 이용에 제공하기 위하여 녹음하여 복제하거나 전송할 수 있지만 피아니스트의 연주음악은 어문저작물에 해당되지 않음을 알 수 있다.

5 세부 내용 파악

정답 ①

정답 체크 1문단에서 공직부패가 사적 이익을 위해 공적 의무를 저버리고 권력을 남용하는 것이라면, 이해충돌은 공적 의무와 사적 이익이 대립하는 객관적 상황 자체를 의미한다고 하였으므로 권력남용과 관계없이 공적 의무와 사적 이익이 대립하는 객관적 상황 자체를 의미하는 것은 공직부패가 아니라 이해충돌임을 알 수 있다.

오답 체크
② 3문단에서 외관상 발생 가능성이 있는 것만으로도 이해충돌에 대해 규제하는 것이 정당화되고 있음을 알 수 있다.
③ 1문단에서 공적 의무와 사적 이익이 충돌한다는 점에서 이해충돌은 공직부패와 공통점이 있음을 알 수 있다.
④ 2문단에서 이해충돌은 일상적으로 발생하기 때문에 직무수행 과정에서 빈번하게 나타날 수 있음을 알 수 있다.
⑤ 2문단에서 전통적인 규제는 공직부패의 사전예방에 초점이 맞추어져 있었다고 했고, 3문단에서 최근에는 이해충돌에 대한 규제의 초점이 정부의 의사결정 과정과 결과에 대한 신뢰성 확보로 변화되고 있음을 알 수 있다.

6 문제해결

정답 ④

정답 체크

제시된 글에 따라 A서비스를 이용하기 위해 필요한 사항을 정리하면 다음과 같다.

- OO호텔에 마련된 체크인 카운터에서 위탁할 것, 투숙객 아니라도 서비스 이용 가능
- OO호텔 체크인 카운터 이용시간: 08:00~16:00
- 인천공항에서 13:00~24:00에 출발하는 국제선 노선 이용 승객일 것
- 괌, 사이판을 포함한 미주노선은 제외

이를 토대로 선택지를 살펴보면 ◇◇호텔 숙박, 21:00 출발, 인천공항 출발, 홍콩 도착 경우만 가능함을 알 수 있다.

오답 체크

① 출발지가 김포공항이므로 A서비스를 이용할 수 없다.
② 출발지가 김포공항이므로 A서비스를 이용할 수 없다.
③ 목적지가 사이판이므로 A서비스를 이용할 수 없다.
⑤ 항공기 출발시각이 10:00이므로 A서비스를 이용할 수 없다.

고득점자의 빠른 문제 풀이 Tip

제시문에 나타난 요건을 모두 갖춘 경우를 찾는 것보다 요건에 충족되지 않는 것들을 지워가는 방향으로 문제를 해결하는 것이 좋습니다.

7 논리퍼즐

정답 ②

정답 체크

제시된 글에 따라 각 국가의 수출액, 수입액을 정리하면 다음과 같다.

수입국 / 수출국	A	B	C	총 수출액
A	-	200	100	300
B	150	-	100	250
C	150	50	-	200
총 수입액	300	250	200	

2019년 국내총생산액은 A국이 1,000억 달러, B국이 3,000억 달러, C국이 2,000억 달러이므로 각 국의 총 수출액과 총 수입액에 따라 무역의존도를 계산하면 다음과 같다.

- A국 무역의존도 $= \frac{300+300}{1,000} = \frac{3}{5} = 0.6$
- B국 무역의존도 $= \frac{250+250}{3,000} = \frac{1}{6} \fallingdotseq 0.17$
- C국 무역의존도 $= \frac{200+200}{2,000} = \frac{1}{5} = 0.2$

따라서 2019년의 무역의존도가 높은 순서대로 세 국가를 나열하면 A, C, B이다.

고득점자의 빠른 문제 풀이 Tip

각 국의 총 수출액과 총 수입액을 표로 정리하면 수치를 간단히 구할 수 있습니다. 한편 분수의 대소를 비교할 때에는 각 수치를 소수로 나타내어 비교할 수도 있지만 분수의 성질을 이용하여 비교할 수도 있습니다. 예를 들어 $\frac{3}{5}$과 $\frac{1}{5}$을 비교하면 분모가 같은데 분자가 차이가 나기 때문에 분자만 비교하여 분자가 큰 $\frac{3}{5}$이 크고, $\frac{1}{5}$과 $\frac{1}{6}$을 비교할 때에는 분자가 같은데 분모가 차이가 나기 때문에 분모만 비교하여 분모가 작은 $\frac{1}{5}$이 크다고 판단할 수 있습니다.

8 문제해결

정답 ⑤

정답 체크

제시된 글에 따르면 평가 점수의 총합이 가장 높은 시안을 채택하고, 평가 점수의 총합이 동점일 경우 학습내용 점수가 가장 높은 시안을 채택한다.

시안 / 평가 항목(배점)	A	B	C	D	E
학습내용(30)	25	30	20	25	20
학습체계(30)	25	(㉠)	30	25	20
교수법(20)	20	17	(㉡)	20	15
학습평가(10)	10	10	10	5	10
학습매체(10)	10	10	10	10	10
총점	90	67+㉠	70+㉡	85	75

ㄱ. D와 E의 총점은 A보다 낮으므로 D나 E가 채택되지 않음을 알 수 있다.
ㄴ. ㉡의 점수가 가장 높은 20점이라도 총점이 90점이 되어 A와 동률이지만, 학습내용의 점수가 A보다 낮으므로 C가 채택되지 않음을 알 수 있다.
ㄷ. ㉠이 23점인 경우 B의 총점은 90점이 되는데, 이때 C의 ㉡이 최고 20점을 받더라도 A, B, C가 90점으로 동률이다. A, B, C가 동률일 때 B의 학습내용 점수가 가장 높으므로 B가 채택됨을 알 수 있다.

고득점자의 빠른 문제 풀이 Tip

㉠과 ㉡을 제외한 점수들만으로 먼저 총점을 산출해 놓고 접근하는 것이 좋습니다. 한편 동점이 발생하는 경우의 기준을 놓치지 않도록 주의합니다.

9 논리퍼즐

정답 ⑤

정답 체크

제시된 글에 따라 숫자코드 만드는 규칙을 정리하면 다음과 같다.
1) 한 번 그은 직선 위에 다른 직선을 겹쳐서 그을 수 없음
2) 4개 이상의 점에 도달하기 전에는 펜을 뗄 수 없음
3) 시작점과 동일한 점에서 펜을 뗄 수 없음
4) 그어진 직선이 지나는 점의 번호를 모두 나열할 것

이를 토대로 살펴볼 때 위 규칙에 어긋나지 않는 것은 9874126이다.

오답 체크

① 시작점을 포함하여 4개 이상의 점에 도달한 후 펜을 종이 위에서 뗄 수 있으나 숫자가 3개뿐이므로 2번 규칙에 어긋난다.
② 두 번째 5에서 세 번째 9로 간 직선과 세 번째 9에서 네 번째 5로 간 직선이 겹치므로 1번 규칙에 어긋난다.
③ 5번에서 시작에서 5번에서 끝나므로 3번 규칙에 어긋난다.
④ 첫 번째 6에서 두 번째 4로 간 직선의 중간에 5가 위치하기 때문에 6429870이 아니라 65429870이 되어야 하는데 5가 빠져있으므로 4번 규칙에 어긋난다.

10 문제해결

정답 ①

정답 체크

두 번째 지정 기준에서 전문의 수가 2명 이하인 경우는 제외된다고 했으므로 乙이 제외되고, 가장 가까이 있는 기존 산재보험 의료기관까지의 거리가 1km 미만인 경우는 제외된다고 했으므로 이에 해당하는 戊도 제외된다. 이 둘을 제외하고 배점을 정리하면 다음과 같다.

신청 병원	인력점수 (전문의 수)	경력 점수 (전문의 평균 임상경력)	행정처분 점수 (행정처분을 받은 적이 있는 의사 수)	지역별 분포 점수 (가장 가까이 있는 기존 산재보험 의료기관까지의 거리)	총합
甲	8	7×2=14	2	22×20%=4.4	28.4
丙	10	5×2=10	10	20×(-20%)=-4	26.0
丁	8	20	2	28×(-20%)=-5.6	24.4

따라서 점수가 가장 높은 甲이 선정된다.

고득점자의 빠른 문제 풀이 Tip

신청 현황에 있는 모든 병원의 점수 배점을 산출하기보다는 제외되는 요건이 있는지 먼저 살펴본 후 제외할 수 있는 곳은 제외하고 배점을 산출하여 계산을 줄입니다. 경력점수는 최대치가 정해져 있는 점, 지역별 분포 점수는 감점도 가능하다는 점을 고려하면서 실수하지 않도록 합니다.

11 법·규정의 적용

정답 ②

정답 체크 세 번째 법조문 2항 1호에서 I급 비밀 취급 인가권자는 II급, III급 비밀 취급 인가권도 동시에 가짐을 알 수 있는데, 세 번째 법조문 1항에 의하면 법원행정처장은 I급 비밀 취급 인가권을 가진다. 따라서 법원행정처장은 I급, II급, III급 비밀 모두에 대해 취급 인가권을 가짐을 알 수 있다.

오답 체크
① 네 번째 법조문 4항에서 비밀 취급의 인가 및 해제와 인가 등급의 변경은 문서로 하여야 함을 알 수 있다.
③ 네 번째 법조문 2항에서 비밀 취급의 인가는 대상자의 직책에 따라 필요한 최소한의 인원으로 제한하여야 함을 알 수 있다.
④ 네 번째 법조문 3항 1호에서 비밀 취급의 인가를 해제하여야 하는 사유로 중대한 보안사고를 들고 있는데 고의로 인한 경우 외에 중대한 과실로 인한 경우도 규정하고 있으므로 고의가 없었다고 하더라도 중대한 과실이 있었다면 그 취급의 인가를 해제할 수 있음을 알 수 있다.
⑤ 마지막 법조문 2항 단서에서 I급 비밀 취급을 인가하는 때에는 새로 신원조사를 실시하여야 함을 알 수 있다.

12 법·규정의 적용

정답 ⑤

정답 체크 두 번째 법조문 2호에서 매각할 수 없는 경우로 소유자 없는 부동산에 대하여 공고를 거쳐 국유재산으로 취득한 후 10년이 지나지 아니한 경우를 들고 있는데 단서에서 그 행정재산을 당해 용도로 사용하지 아니하게 된 경우에는 매각할 수 있는 것으로 되어 있다. 따라서 행정재산의 용도로 사용하던 소유자 없는 500제곱미터 면적의 토지를 공고를 거쳐 행정재산으로 취득한 후 이를 당해 용도로 사용하지 않게 된 경우에는 취득한 때로부터 10년이 경과하지 않았더라도 매각할 수 있다.

오답 체크
① 두 번째 법조문 1호에 의하면 중앙관서의 장이 행정목적으로 사용하기 위하여 그 국유재산으로 행정재산을 사용 승인한 경우에는 매각할 수 없음을 알 수 있다.
② 마지막 법조문 1항에서 총괄청의 매각승인 대상을 규정하면서 2항에서는 그 예외를 규정하고 있는데 1호에서 수의계약의 방법으로 매각하는 경우에는 총괄청의 승인을 받을 필요가 없다는 것을 알 수 있지만 지명경쟁인 경우에 대한 규정은 없으므로 매각방법이 지명경쟁인 경우에는 총괄청의 승인이 있어야 함을 알 수 있다.
③ 마지막 법조문 2항 3호에 의하면 법원의 확정판결로 인해 소유권이 변경되는 경우에는 총괄청의 승인이 필요 없음을 알 수 있다.
④ 마지막 법조문 2항 1호에 의하면 수의계약의 방법으로 매각하는 경우에는 총괄청의 승인이 필요 없음을 알 수 있다.

고득점자의 빠른 문제 풀이 Tip

매각이 가능한 경우와 그렇지 않은 경우, 매각을 할 수 있는 요건 등을 정확히 파악하는 것이 중요합니다. 특히 단서나 예외 조항에서 언급하고 있는 내용은 누락하지 않도록 주의합니다.

13 법·규정의 적용

정답 ①

정답 체크 (3)에 의하면 A국은 새로운 기술에 의한 발명인지를 판단하는데 있어 국내에서의 새로운 기술을 기준으로 하는 것을 선택하였으므로 이미 다른 나라에서 널리 알려진 것이라도 A국에서 알려지지 않은 새로운 기술로 알코올램프를 발명한 자는 특허권을 부여받을 수 있다.

오답 체크
② (5)에 의하면 A국은 특허권의 보호기간을 특허권을 부여받은 날로부터 10년으로 한정하였으므로 특허권을 부여받은 날로부터 11년이 지난 손전등의 제조·판매는 발명자의 허락이 필요 없다.
③ (1)에 의하면 A국은 새로운 발명에 대해 특허권이라는 독점권을 주는 제도를 선택하였을 뿐 금전적 보상을 주는 보상제도를 선택한 것이 아니므로 새로운 기술로 석유램프를 발명하였다고 하더라도 정부로부터 금전적 보상을 받을 수는 없다.
④ (2)에 의하면 A국은 신청에 의한 특허심사절차를 통해 특허권을 부여하는 방식을 선택하였으므로 새로운 기술로 필기구를 발명했다고 하더라도 특허심사 없이 다른 사람이 필기구를 제조·판매하는 것을 금지시킬 수는 없다.
⑤ (4)에 의하면 A국은 특허권의 효력 발생범위를 A국 영토 내로 한정하는 것을 선택하였으므로 다른 나라에서 제조·판매하는 것에 대해서 손해배상을 받을 수는 없다.

14 세부 내용 파악

정답 ③

정답 체크 3문단에서 공직자는 시민을 대표하기 때문에 훌륭한 인간상으로 시민의 모범이 되어야 한다는 이유를 들고 있다고 했고, 이는 '동등한 사생활 보호의 원칙' 지지자들의 근거가 아닌 동등한 사생활 보호의 원칙을 적용할 수 없다는 '축소된 사생활 보호의 원칙' 지지자들의 근거임을 알 수 있다.

오답 체크
① 3문단에서 공직자는 일반시민보다 우월한 권력을 가지고 있고 시민을 대표하기 때문에 축소된 사생활 보호의 원칙이 적용되어야 한다는 주장을 알 수 있다. 또한, 공직자는 일반시민이 아니기 때문에 동등한 사생활 보호의 원칙을 적용할 수 없으므로 축소된 사생활 보호의 원칙은 공직자와 일반시민의 사생활 보장의 정도가 달라야 한다고 보는 것임을 알 수 있다.
② 1문단에서 공직자의 사생활은 일반시민의 사생활만큼 보호될 필요가 없고, 비슷한 맥락에서 일찍이 플라톤은 통치자는 가족과 사유재산을 갖지 말아야 한다고 주장했으므로 통치자의 사생활에 대한 플라톤의 생각은 동등한 사생활 보호의 원칙보다 축소된 사생활 보호의 원칙에 더 가깝다고 할 수 있다.
④ 2문단에서 동등한 사생활 보호의 원칙은 공직자의 사생활도 일반시민과 동등한 정도로 보호되어야 하고, 이 원칙의 지지자들은 우선 공직자의 사생활 보호로 공적으로 활용가능한 인재가 증가한다는 점을 강조함을 알 수 있다.
⑤ 3문단에서 공직자는 일반시민보다 우월한 권력을 가지고 있고 시민을 대표한다는 것 때문에 축소된 사생활 보호의 원칙이 적용되어야 한다는 주장을 알 수 있다.

15 세부 내용 파악

정답 ④

정답 체크

ㄱ. 2단락에서 甲국에서는 보통, 중급, 고급을 구분하는 최소 옥탄가의 기준을 순서대로 각각 87, 89, 93으로 정했고, A시에서는 기준이 등급별로 2씩 낮으므로 순서대로 85, 87, 91이 된다. 따라서 A시에서 고급 휘발유로 판매되는 휘발유의 옥탄가는 91 이상임을 알 수 있다.

ㄴ. 1단락에서 간혹 실린더 내의 과도한 열이나 압력, 혹은 질 낮은 연료의 사용 등으로 인해 노킹 현상이 발생함을 알 수 있다.

ㄷ. 1단락에서 노킹 현상이란 공기·휘발유 혼합물의 조기 연소 현상으로 공기·휘발유 혼합물이 점화되기도 전에 연소되는 것으로, 노킹 현상이 일어나지 않는다면 일반적인 내연기관 내부의 실린더 속에서는 공기·휘발유 혼합물은 점화가 된 후에 연소된다는 것을 알 수 있다.

오답 체크

ㄹ. 1단락에서 연소는 휘발유의 주성분인 탄화수소가 공기 중의 산소와 반응하여 이산화탄소와 물을 생성하므로 이산화탄소는 연소를 위해 산소와 반응하는 물질이 아니라 연소로 인해 발생하는 물질임을 알 수 있다.

고득점자의 빠른 문제 풀이 Tip

일반적인 내연기관에서 발생하는 연소의 형태, 노킹 현상의 정의, 옥탄가 기준을 정확히 파악하는 것이 중요합니다. 특히 옥탄가 기준은 지역마다 다르므로 보기에서 묻는 옥탄가가 어느 지역에 대한 것인지 정확히 파악해야 합니다.

16 문제해결

정답 ④

정답 체크

제시된 글에 따라 국내이전비를 받기 위한 요건을 정리하면 다음과 같다.

- 거주지를 이전할 것
- 이사화물을 옮길 것
- 동일한 시·군 및 섬 안에서의 거주지 이전이 아닐 것
- 발령을 받은 후에 이전할 것

甲은 전임지와 신임지가 같은 울산광역시이므로 위 세 번째 조건에 어긋나고, 乙은 이사화물을 옮기지 않으므로 위 두 번째 조건에 어긋난다. 丙은 거주지를 이전하지 않으므로 위 첫 번째 조건에 어긋나고, 己는 이전일자가 발령일자보다 빨라 위 네 번째 조건에 어긋난다.

따라서 丁과 戊는 어긋나는 조건이 없으므로 국내이전비를 지급받을 수 있다.

고득점자의 빠른 문제 풀이 Tip

주어진 제시문에 해당하는 요건을 모두 갖추고 있는지 파악하기보다는 요건에 어긋나는 것을 하나씩 지워가는 것이 좋습니다.

17 논리퍼즐

정답 ⑤

정답 체크

직전에 누른 버튼과 현재 누른 버튼의 순서에 따른 말의 이동을 다시 정리하면 다음과 같다.

조합 1		조합 2		조합 3		조합 4	
직전	현재	직전	현재	직전	현재	직전	현재
→	→	→	←	←	←	←	→
시계방향 2칸		움직이지 않음		반시계방향 2칸		움직이지 않음	

이를 토대로 상황의 내용을 정리하면 다음과 같다.

순서	직전	현재	조합	결과	위치
1	-	←	-	맨 처음이므로 반시계방향 1칸	L
2	←	→	4	움직이지 않음	L
3	→	→	1	시계방향 2칸	B
4	→	←	2	움직이지 않음	B
5	←	←	3	반시계방향 2칸	L

따라서 甲의 말이 최종적으로 위치하는 칸은 L칸이다.

고득점자의 빠른 문제 풀이 Tip

제시문에 나타난 말의 이동에 관한 표는 누른 버튼이 먼저 제시되고 직전에 누른 버튼이 뒤에 제시되므로 순서대로 말의 이동을 파악하는 것에 혼란이 있을 수 있습니다. 따라서 순서에 맞게 조합을 정리한 후 적용하면 실수 없이 문제를 해결할 수 있습니다.

18 문제해결

정답 ②

정답 체크

상황의 내용을 정리하면 다음과 같다.

- 발표 시간: 2020년 2월 24일 오후 2시부터 오후 5시까지 총 3시간
- 발표 내용: 슬라이드 20면

이 내용을 기준에 따라 정리하면 다음과 같다.

- 참석 수당: 150,000원
  (기본료 100,000원+초과 1시간 50,000원=150,000 원)
- 원고료: 100,000원 (슬라이드 2면을 A4 1면으로 봄)

이때 참석수당과 원고료는 기타소득세와 주민세를 원천징수하므로, 이를 정리하면 다음과 같다.

- 기타소득세: (250,000원-250,000원×60%)×20%=20,000원
- 주민세: 20,000원×10%=2,000원

따라서 A기관이 원천징수 후 甲에게 지급하는 금액은 250,000-20,000-2,000=228,000원이다.

고득점자의 빠른 문제 풀이 Tip

기타소득, 기타소득세, 주민세의 정확한 정의와 계산법을 파악하여야 합니다. 특히 필요경비를 제외한 후에 세율을 적용한다는 것을 놓치지 않도록 합니다.

19 논리퍼즐

정답 ②

정답 체크

주어진 조건에 따라 알 수 있는 정보를 정리하면 다음과 같다.

정보 1. 비밀번호는 모두 다른 숫자로 구성

정보 2. 현재 표시된 숫자는 비밀번호에 사용된 숫자가 아니므로 비밀번호에 사용된 숫자는 0, 1, 2, 5, 7, 8

정보 3. 현재 짝수 자리에는 홀수가, 홀수 자리에는 짝수가 위치하므로 비밀번호는 순서대로 '짝, 홀, 홀, 홀, 짝'

정보 4. 가장 큰 숫자가 첫째 자리, 가장 작은 숫자가 다섯째 자리

정보 5. 비밀 번호의 둘째 자리 숫자는 현재 둘째 자리 숫자인 6보다 큰 숫자

정보 6. 서로 인접한 두 숫자의 차이는 5 이하

정보 3과 5에 의하면 두 번째 자리는 6보다 큰 홀수이므로 7 또는 9인데 정보 2에 의하면 9는 사용된 숫자가 아니므로 두 번째 자리는 7이다. 한편 정보 4에 의하면 첫 번째 자리가 가장 큰 숫자이며 짝수이어야 하는데 7보다 큰 짝수는 8밖에 없으므로 첫 번째 자리는 8이 된다.

짝	홀	홀	홀	짝
8	7			

세 번째 자리를 보면 남은 홀수는 1, 3, 5인데 정보 2에 의하면 3은 사용된 숫자가 아니고 정보 6에 의하면 두 번째 자리인 7과의 차이가 5이하이어야 하므로 가능한 숫자는 5이다. 네 번째 자리는 가능한 숫자 중에 남은 홀수인 1만 가능하다.

짝	홀	홀	홀	짝
8	7	5	1	

따라서 둘째 자리 숫자와 넷째 자리 숫자의 합은 7+1=8이 된다.

고득점자의 빠른 문제 풀이 Tip

문제 풀이에 영향을 주지는 않지만 다섯 번째 자리까지 살펴보면 가장 작은 숫자이어야 한다고 하였으므로 1보다 작은 짝수인 0이 됨을 알 수 있습니다. 이와 같은 문제는 주어진 정보를 보기 좋게 정리해야 정보를 놓치지 않고 빠르게 문제를 해결할 수 있습니다.

20 논리퍼즐

정답 ③

정답 체크

ㄱ. 5월 1일 토요일은 홀수일이므로 1234(짝수)차량에 대한 내용은 다음과 같다.

도시	제한	운행 가능여부
A, E, F, I	홀수일에는 홀수차량의 운행 제한	가능
B, G, H	홀수일에는 짝수차량의 운행 제한	불가
C, D	토요일에는 운행 제한 없음	가능

따라서 甲은 5월 1일(토)에 E시에서 차량번호가 1234인 차량을 운행할 수 있다.

ㄹ. 5월 15일 토요일은 홀수일이므로 9790(짝수)차량에 대한 내용은 다음과 같다.

도시	제한	운행 가능여부
A, E, F, I	홀수일에는 홀수차량의 운행 제한	가능
B, G, H	홀수일에는 짝수차량의 운행 제한	불가
C, D	토요일에는 운행 제한 없음	가능

따라서 D-E-F 경로를 이용하면 D시에서 F시로 이동할 수 있다.

오답 체크

ㄴ. 5월 6일 목요일은 짝수일이므로 5639(홀수)차량에 대한 내용은 다음과 같다.

도시	제한	운행 가능여부
A, E, F, I	짝수일에는 짝수차량의 운행 제한	가능
B, G, H	짝수일에는 홀수차량의 운행 제한	불가
C, D	목요일에는 끝자리 4, 9차량의 운행 제한	불가

따라서 D시에서 차량을 운행할 수 없으므로 A시에서 D시로 이동할 수 없다.

ㄷ. A시와 H시는 홀짝차량 운행이 정확히 반대이므로 A시에서 운행이 가능한 날에는 H시에서는 운행이 불가능하고 H시에서 운행이 가능한 날에는 A시에서 운행이 불가능하다. 따라서 A시에서 H시로 이동할 수 있는 날은 없다.

고득점자의 빠른 문제 풀이 Tip

보기에 제시된 날짜별로 각 차량의 운행이 가능한 도시와 그렇지 않은 도시를 파악해 놓고 내용을 파악하면 실수 없이 빠르게 문제를 해결할 수 있습니다.

21 논리퍼즐

정답 ③

정답 체크

ㄱ. A방향에서 보았을 때 모든 어린이의 뒤통수가 다 보이게 세우는 방법은 1번부터 키가 작은 순서대로 6번까지 차례로 세우는 방법 1가지뿐이다.

ㄴ. 키가 세 번째로 큰 아이를 5번 자리에 세우는 경우, 그 아이보다 큰 아이가 2명 이상이고 이 중 최소 1명은 1, 2, 3, 4번 자리에 서게 되므로 A방향에서 바라볼 때 키가 세 번째로 큰 아이는 보이지 않게 된다.

ㄷ. A방향에서 6번 자리에 서 있는 어린이의 뒤통수가 보이려면 6번 자리에 서있는 어린이가 가장 큰 경우이어야 한다. 그러면 B방향에서는 6번 자리에 서있는 어린이의 얼굴만 보일 수밖에 없다. 그런데 B방향에서 2명의 얼굴이 보이는 경우는 6번 자리에 서있는 어린이가 가장 큰 경우일 수 없다. 따라서 B방향에서 2명의 얼굴만 보이도록 어린이들을 세웠을 때, A방향에서 6번 자리에 서 있는 어린이의 뒤통수는 보이지 않는다.

오답 체크

ㄹ. 4번에 키가 가장 큰 아이를 세우고, 1번부터 3번까지 키가 작은 순서대로 세우고, 6번에 5번보다 키가 작은 아이를 세우면 B방향에서 3명의 얼굴이 보이면서 A방향에서 4명의 뒤통수가 보일 수 있다.

22 논리퍼즐

정답 ④

정답 체크

왼손잡이는 가위만 내고 오른손잡이는 보만 내며 양손잡이는 바위만 내므로, 왼손잡이는 오른손잡이를 이기고 오른손잡이는 양손잡이를 이기고 양손잡이는 왼손잡이를 이긴다.(왼>오, 오>양, 양>왼) 이를 토대로 3라운드를 마친 현재까지의 결과를 점수를 포함하여 정리하면 다음과 같다.

구분	1라운드	2라운드	3라운드	4라운드	5라운드
A팀	왼손잡이	왼손잡이	양손잡이		
B팀	오른손잡이	오른손잡이	오른손잡이		
결과	A승 +2	A승 +2	B승 +0		

ㄱ. 3라운드까지 A팀이 획득한 점수는 4점이고 B팀이 획득한 점수는 0점이므로 그 차이는 4점이다.

ㄷ. 남은 4, 5라운드에서 B팀이 왼손잡이를 출전시켜서 A팀의 오른손잡이를 이기고, 양손잡이를 출전시켜서 A팀의 왼손잡이를 이기는 경우에는 5점을 얻게 되어 게임에서 승리하는 경우가 있을 수 있다.

오답 체크

ㄴ. B팀은 현재까지 모두 오른손잡이만 출전시켰으므로 4, 5라운드는 왼손잡이 1명, 양손잡이 1명을 출전시켜야 한다. 그런데 A팀이 잔여라운드에서 모두 오른손잡이를 출전시키면 B팀이 왼손잡이를 출전시키는 경기는 B팀이 이겨서 2점을 얻고 양손잡이를 출전시키는 경기는 A팀이 이겨서 0점을 얻게 된다. 결국 최종적으로 A팀은 1, 2라운드에서 4점을 얻고 B팀은 왼손잡이를 출전시키는 경기만 이겨서 2점을 얻는다. 따라서 A팀이 게임에서 승리한다.

고득점자의 빠른 문제 풀이 Tip

'왼>오, 오>양, 양>왼'과 같이 누가 누구를 이기는지를 보기 좋게 정리한 후 경우의 수를 따져보는 것이 좋습니다.

23 논리퍼즐

정답 ②

정답 체크 두 번째 정보에서 丙은 30대 회사원이면서 수익률이 가장 높다고 하였고, 세 번째 정보에서 甲은 주식과 옵션에는 투자하지 않았다고 하였으며, 네 번째 정보에서 乙은 40대 회사원이면서 옵션에 투자하지 않았다고 했다. 첫 번째 정보에서 투자액이 가장 큰 사람은 50대 주부이고 주식에 투자하였다고 하였는데 甲은 주식에 투자하지 않았고, 乙, 丙은 회사원이므로 50대 주부는 丁이 된다. 마지막 정보의 채권에 투자하지 않은 60대 사업가는 甲이 된다.

구분	甲	乙	丙	丁
나이	60	40대	30대	50대
직업	사업가	회사원	회사원	주부
투자	주식x, 옵션x, 채권x	옵션x		주식
수익률			1위	
투자액				1위

이에 따라 甲은 선물에 투자했음을 알 수 있고 乙은 채권, 丙은 옵션에 투자한 것이 된다.

구분	甲	乙	丙	丁
나이	60	40대	30대	50대
직업	사업가	회사원	회사원	주부
투자	선물	채권	옵션	주식
수익률			1위	
투자액				1위

따라서 선물투자자는 60대 사업가인 甲임을 알 수 있다.

오답 체크 ① 채권투자자는 甲이 아니라 乙이다.
③ 투자액이 가장 큰 사람은 乙이 아니라 丁이다.
④ 회사원은 乙, 丙이고, 이 가운데 丙이 옵션에 투자했다.
⑤ 가장 높은 수익률을 올린 사람은 丙이며 선물이 아니라 옵션에 투자했다.

24 문제해결

정답 ③

정답 체크 상황을 정리하면 다음과 같다.

구분	학생	미세먼지 발생	미세먼지 감소	총 미세먼지
15시 50분	0			90
16시 00분	2	0	10분간 -15	75
16시 40분	5	40분간 1명당 20×2명=40	40분간 -60	55
18시 정각	0	80분간 1명당 40×5명=200	80분간 -120	135

학생이 모두 나갔을 때의 시각은 18시 정각이고 이때의 미세먼지 양은 135이다. 미세먼지의 양이 30이 되는 순간 자동으로 꺼진다고 하였으므로 공기청정기가 꺼질 때까지 감소시켜야 하는 미세먼지의 양은 105이다. 공기청정기는 10분에 15씩 감소시키므로 105를 감소시키기 위해 필요한 시간은 70분이다. 따라서 18시 정각의 70분 후인 19시 10분에 공기청정기가 꺼지게 된다.

고득점자의 빠른 문제 풀이 Tip

상황에서 언급된 시간별로 학생 수에 따라 발생한 미세먼지와 공기청정기가 감소시킨 미세먼지를 정리하면서 문제를 해결하는 것이 좋습니다.

25 문제해결

정답 ④

정답 체크 갑돌이가 패용한 AD카드를 통해 알 수 있는 내용을 정리하면 다음과 같다.

대회구분	올림픽	패럴림픽
탑승권한 코드	TM - 미디어 셔틀버스	T1 - VIP용 지정차량 TA - 선수단 셔틀버스
시설입장권한 코드	IBC - 국제 방송센터 HCC - 컬링센터 OFH - 올림픽 패밀리 호텔	ALL - 모든 시설
특수구역 접근권한 코드	4 - 프레스 구역 6 - VIP 구역	2 - 선수 준비 구역 6 - VIP 구역

올림픽 기간 동안 컬링센터 내부에 있는 선수준비 구역에 들어가려면 특수구역 접근 권한 코드에 2가 표기되어 있어야 하는데 갑돌이는 패럴림픽 AD카드에만 2가 있을 뿐 올림픽 AD카드에는 2가 없다. 따라서 올림픽 기간 동안에는 선수준비 구역에 들어갈 수 없다.

오답 체크 ① 패럴림픽 기간 동안 알파인 경기장 출입은 패럴림픽 AD카드에 HAL이나 ALL이 표기되어 있어야 하는데 갑돌이의 패럴림픽 AD카드에는 ALL이 표기되어 있으므로 출입 가능하다.
② 패럴림픽 기간 동안 VIP용 지정차량 탑승은 패럴림픽 AD카드에 T1이 표기되어 있어야 하는데 갑돌이의 패럴림픽 AD카드에는 T1이 표기되어 있으므로 탑승 가능하다.
③ 올림픽 기간 동안 올림픽 패밀리 호텔 출입은 올림픽 AD카드에 OFH나 ALL이 표기되어 있어야 하는데 갑돌이의 올림픽 AD카드에는 OFH가 표기되어 있으므로 출입 가능하다.
⑤ 올림픽 기간 동안 미디어 셔틀 버스 탑승은 TM이 표기되어 있어야 하고 국제 방송센터 출입은 IBC가 표기되어 있어야 하는데 갑돌이의 올림픽 AD카드에는 이 둘 모두 표기되어 있으므로 가능하다.

고득점자의 빠른 문제 풀이 Tip

갑돌이의 AD카드에 담겨 있는 정보를 그림이나 표로 간단히 정리한 후 선택지를 판단하는 것이 좋습니다.

1 자료변환

정답 ④

정답 체크

ㄱ. 제시된 <보고서>에 따르면 2019년 회계부정행위 신고 건수는 64건으로 2018년보다 29건 감소했고, 2018년에는 회계부정행위 신고 건수가 전년 대비 111.4% 증가하고 2019년에는 전년 대비 31.2% 감소했다. [회계부정행위 신고 현황]에서 2018년 회계부정행위 신고 건수는 93건, 2019년에는 29건 감소한 64건이고, 2018년과 2019년의 회계부정행위 신고 건수의 증가율은 111.4%, -31.2%이므로 <보고서>를 작성하기 위해 사용된 자료이다.

ㄴ. 제시된 <보고서>에 따르면 회계부정행위 신고 건수는 2013년부터 2016년까지 연간 최대 32건에 불과했고, [연도별 회계부정행위 신고 건수 추이(2013~2016년)]에서 2014년에 가장 높은 32건으로 나타나므로 <보고서>를 작성하기 위해 사용된 자료이다.

ㄷ. 제시된 <보고서>에 따르면 회계부정행위 신고에 대한 최대 포상금 한도가 2017년 11월 규정 개정 후 1억 원에서 10억 원으로 상향되었다고 했고, [회계부정행위 신고에 대한 최대 포상금 규정]에서 자산총액 5천억 원 이상 기업의 최대 포상금 한도가 개정 전 10,000만 원에서 개정 후 100,000만 원으로 상향되었으므로 <보고서>를 작성하기 위해 사용된 자료이다.

오답 체크

ㄹ. 제시된 <보고서>에서 [회계부정행위 신고 포상금 지급 현황]은 알 수 없으므로 <보고서>를 작성하기 위해 사용된 자료가 아니다.

2 자료논리

정답 ③

정답 체크

제시된 <표>에 따라 각 공법의 항목별 공사비 합은 다음과 같다.

공종	공법 (구분)	공사기간	항목별 공사비 합
토공사	A	4	4+6+4=14
	B	3	7+5+3=15
	C	3	5+5+3=13
골조공사	D	12	30+20+14=64
	E	14	24+20+15=59
	F	15	24+24+16=64
마감공사	G	6	50+30+10=90
	H	7	50+24+12=86

- <조건>에 따르면 공사는 세 가지 공종을 모두 포함하고, 공종별로 한 종류의 공법만을 적용해야 한다. 항목별 공사비는 해당 공법의 공사기간 동안 소요되는 해당 항목의 총비용이며, 총공사비를 최소화해야 하므로 공종별로 항목별 공사비의 합이 가장 작은 공법을 선택해야 한다.
- 공종별로 항목별 공사비 합이 가장 작은 공법은 토공사가 C 공법, 골조공사가 E 공법, 마감공사가 H 공법이므로 총공사비를 최소화하려면 공종별로 각각 C 공법, E 공법, H 공법을 적용해야 함을 알 수 있다. 또한 네 번째 <조건>에 따라 총공사기간은 공종별로 적용한 공법의 공사기간의 합이고, 공사기간은 C 공법이 3개월, E 공법이 14개월, H 공법이 7개월이다.

따라서 총공사기간은 3+14+7=24개월이다.

고득점자의 빠른 문제 풀이 Tip

각 공법의 항목별 공사비의 합을 계산할 때 공통되는 수치는 제외하고 계산합니다. 마감공사의 경우, G 공법과 H 공법의 재료비가 동일하므로 재료비를 제외하고 노무비와 경비만 더하면 H 공법이 더 작음을 쉽게 알 수 있습니다.

3 자료이해

정답 ④

정답 체크

ㄴ. 2018년 1학기에 비해 2018년 2학기에 장학생 수와 장학금 총액이 모두 증가한 장학금 유형은 A, C, D, E로 4개이므로 옳은 설명이다.

ㄹ. 2019년 1학기에 E의 장학생 수는 2,188명, 장학금 총액은 2,379백만 원으로 다른 학기보다 가장 많으므로 옳은 설명이다.

오답 체크

ㄱ. 2017~2019년 동안 매학기 장학생 수가 증가하는 장학금 유형은 없으므로 옳지 않은 설명이다.

ㄷ. 2019년 2학기에 장학생 1인당 장학금은 A가 372/104≒3.6백만 원, B가 70/20=3.5백만 원, C가 419/122≒3.4백만 원, D가 1,039/584≒1.8백만 원, E가 1,904/1,767≒1.1백만 원이다. 따라서 장학생 1인당 장학금이 가장 많은 장학금 유형은 A이므로 옳지 않은 설명이다.

4 자료이해

정답 ①

정답 체크

ㄱ. 직원 1인당 매출액은 A가 10/5=2.0억 원, B가 21/10=2.1억 원, C가 18/8≒2.3억 원, D가 10/3≒3.3억 원, E가 12/6=2.0억 원으로 D가 가장 많으므로 옳은 설명이다.

ㄴ. 목표매출액 달성률=$\frac{\text{매출액}}{\text{목표매출액}}$×100임을 적용하여 구한다. 목표매출액 달성률은 A가 (10/15)×100≒66.7%, B가 (21/26)×100≒80.8%, C가 (18/20)×100=90.0%, D가 (10/13)×100≒76.9%, E가 (12/16)×100=75.0%로 C가 가장 높으므로 옳은 설명이다.

오답 체크

ㄷ. 5개 지점 매출액의 평균은 71/5=14.2억 원이다. 따라서 5개 지점 매출액의 평균을 초과하는 지점은 B와 C 총 2곳이므로 옳지 않은 설명이다.

ㄹ. 5개 지점의 매출액이 각각 20%씩 증가한다면, 전체 매출액도 20% 증가한다. 따라서 전체 매출액은 71×(1+0.2)=85.2억 원으로 전체 목표 매출액인 90억 원을 초과하지 않으므로 옳지 않은 설명이다.

5 자료논리

정답 ⑤

정답 체크

- 제시된 <조건>에 따르면 1, 3라운드에는 각각 5발, 2, 4, 5라운드에는 각각 8발을 발사했고, 각 참가자의 라운드별 적중 횟수는 최소 1발부터 최대 5발까지이므로 1, 3라운드의 적중률은 1발당 20%, 2, 4, 5라운드의 적중률은 1발당 12.5%이다. 참가자별로 1발만 적중시킨 라운드 횟수는 2회 이하이고, A의 총적중 횟수의 최솟값과 C의 총적중 횟수의 최댓값을 구하는 것이므로 A의 2, 5라운드의 최솟값과 C의 1, 4라운드의 최댓값을 구하면 된다.
- A의 총적중 횟수가 최솟값이 되려면 1라운드에서 1발을 적중했으므로 2, 5라운드 중 1개의 라운드에서 1발, 나머지 1개의 라운드에서 2발을 적중해야 하고, 이때의 총적중 횟수는 10발이다.

· C의 총적중 횟수가 최댓값이 되려면 1, 4라운드에서 모두 최대로 적중해야 하므로 각각 5발을 적중해야 하고, 이때의 총적중 횟수는 24발이다.

따라서 A의 총적중 횟수의 최솟값과 C의 총적중 횟수의 최댓값의 차이는 24-10=14이다.

고득점자의 빠른 문제 풀이 Tip

괄호 안에 들어갈 수 있는 최댓값과 최솟값의 개념만 이해하면 문제를 빠르게 풀이할 수 있습니다.

6 자료이해

정답 ⑤

정답 체크

ㄷ. 초미세먼지 농도가 가장 낮은 강원도의 초미세먼지로 인한 조기사망자수는 443명, 충청북도의 초미세먼지로 인한 조기사망자수는 403명이다. 따라서 초미세먼지로 인한 조기사망자수는 강원도가 충청북도보다 많으므로 옳은 설명이다.

ㄹ. 연령표준화사망률은 대구가 약 27.5명/10만 명, 부산이 약 25명/10만 명으로 대구가 높지만, 초미세먼지로 인한 조기사망자수는 대구가 672명, 부산이 947명으로 대구가 적으므로 옳은 설명이다.

오답 체크

ㄱ. 초미세먼지로 인한 조기사망자수는 서울이 1,763명, 경기도가 2,352명으로 경기도가 가장 많으므로 옳지 않은 설명이다.

ㄴ. 연령표준화사망률이 높은 순서대로 지역을 나열하면 세종, 대구, 전라북도 순이나, 초미세먼지로 인한 조기사망자수는 세종이 49명, 대구가 672명, 전라북도가 638명으로 대구가 전라북도보다 많으므로 옳지 않은 설명이다.

7 자료이해

정답 ①

정답 체크

경기의 5톤 미만 어선 수는 2018년이 946+330+175+135+117=1,703척이고, 2019년이 910+283+158+114+118=1,583척이다. 따라서 2019년 경기의 5톤 미만 어선 수는 전년 대비 {(1,703-1,583)/1,703}×100≒7.0% 줄어 10% 미만이므로 옳은 설명이다.

오답 체크

② 2019년에 세종은 '1톤 미만' 어선 수가 전년보다 증가했으므로 옳지 않은 설명이다.

③ 2018년에 인천, 전북, 전남, 경북, 경남, 제주는 '1톤 이상 2톤 미만'부터 '4톤 이상 5톤 미만'까지 톤급이 증가할수록 어선 수가 감소하는 지역에 해당되지 않으므로 옳지 않은 설명이다.

④ '1톤 이상 2톤 미만' 어선 수가 많은 순서대로 세 번째까지 나열하면 2018년은 전남, 경남, 충남이고, 2019년은 전남, 경남, 부산이므로 옳지 않은 설명이다.

⑤ 2018년 '1톤 미만' 어선 수 대비 '3톤 이상 4톤 미만' 어선 수의 비는 인천이 191/147≒1.3이고, 제주가 335/142≒2.4이다. 2019년 '1톤 미만' 어선 수 대비 '3톤 이상 4톤 미만' 어선 수의 비는 인천이 174/98≒1.8이고, 제주가 349/123≒2.8이다. 따라서 2018년과 2019년 모두 '1톤 미만' 어선 수 대비 '3톤 이상 4톤 미만' 어선 수의 비가 가장 높은 지역은 제주이므로 옳지 않은 설명이다.

8 자료변환

정답 ②

정답 체크

제시된 <표>에서 유상거래 최저 가격은 2009년이 60원/kg, 2010년이 50원/kg, 2011년이 10원/kg, 2012년이 30원/kg, 2013년이 60원/kg이지만, [2009~2013년 유상거래 최고 가격과 최저 가격]에서는 2011년이 10원/kg이 아닌 40원/kg이므로 <표>를 이용하여 작성한 그래프로 옳지 않다.

오답 체크

① 2010~2013년 연도별 전체 거래의 건당 거래량은 2010년이 1,712,694/32≒53,521.7kg,2011년이1,568,065/25=62,722.6kg, 2012년이 1,401,374/32≒43,792.9kg, 2013년이 2,901,457/59≒49,177.2kg이므로 <표>를 이용하여 작성한 그래프이다.

③ 2013~2017년 유상거래 평균 가격은 2013년이 180원/kg, 2014년이 269원/kg, 2015년이 140원/kg, 2016년이 197원/kg, 2017년이 124원/kg이므로 <표>를 이용하여 작성한 그래프이다.

④ 2008년 전체 거래량 구성비는 무상거래가 {42,500/(42,500+73,394)}×100≒36.7%, 유상거래가 {73,394/(42,500+73,394)}×100≒63.3%이므로 <표>를 이용하여 작성한 그래프이다.

⑤ 2010년~2013년 무상거래 건수는 2010년이 9건, 2011년이 6건, 2012년이 7건, 2013년이 5건이고, 유상거래 건수는 2010년이 23건, 2011년이 19건, 2012년이 25건, 2013년이 54건이므로 <표>를 이용하여 작성한 그래프이다.

고득점자의 빠른 문제 풀이 Tip

각 선택지의 제목부터 확인하여 계산이 필요하지 않은 ②, ③, ⑤를 먼저 확인합니다. 계산이 필요한 선택지 중에서는 계산해야 하는 항목수가 많은 ①보다는 계산해야 하는 항목수가 적은 ④를 먼저 확인합니다. 또한 ④의 경우, 구성비의 항목이 무상거래와 유상거래 2개뿐이므로 무상거래 또는 유상거래 하나만 계산하여 계산을 최소화합니다.

9 자료이해

정답 ②

정답 체크

탈모 증상 경험자 중 탈모 증상 완화 시도 방법으로 미용실 탈모 관리를 받았다고 한 남성은 214×0.042≒9명이고, 여성은 115×0.113≒13명이므로 옳지 않은 설명이다.

오답 체크

① 20대부터 60대까지 남녀 각각 연령대가 높을수록 탈모 증상 경험자의 비율도 높으므로 옳은 설명이다.

③ 20대부터 60대까지 연령대가 낮을수록 탈모 증상 완화 시도를 하지 않았다고 응답한 비율이 낮으므로 옳은 설명이다.

④ 탈모 증상 경험자 중 부모의 탈모 경험이 있다고 한 응답자의 비율은 {236/(236+93)}×100≒71.7%이므로 옳은 설명이다.

⑤ 부모의 탈모경험 여부에 있다고 한 응답자의 수에서 탈모 증상의 심각성에 심각하지 않다고 한 응답자의 수를 제외하면 탈모 증상이 심각하다고 한 응답자 중 부모의 탈모 경험이 있다고 한 응답자는 최소 236-179=57명이므로 옳은 설명이다.

10 자료이해

정답 ④

정답 체크

ㄱ. 도입처(출산방식)별 자연적응률= $\frac{\text{도입처(출산방식)별 자연적응 반달가슴곰 수}}{\text{도입처(출산방식)별 전체 반달가슴곰 수}}\times 100$임을 적용하여 구한다. 도입처가 서울대공원인 반달가슴곰의 자연적응률은 (5/7)×100≒71.4%, 자연출산 반달가슴곰의 자연적응률은 (39/46)×100≒84.8%이므로 옳은 설명이다.

ㄷ. 도입처(출산방식)별 폐사율 $=\frac{\text{도입처(출산방식)별 폐사 반달가슴곰 수}}{\text{도입처(출산방식)별 전체 반달가슴곰 수}}$ ×100임을 적용하여 구한다. 반달가슴곰의 폐사율은 자연출산이 (5/46)×100≒10.9%, 증식장출산이 (1/8)×100=12.5%로 자연출산이 증식장출산보다 낮으므로 옳은 설명이다.

ㄹ. 도입처별 반달가슴곰의 폐사원인은 '자연사'가 8개체, '올무'가 3개체, '농약'이 1개체, '기타'가 3개체이고, 도입처가 러시아가 아닌 폐사 반달가슴곰은 4+1+1=6개체이다. 따라서 도입처가 러시아인 반달가슴곰 중 최소 8-6=2개체 이상은 폐사원인이 '자연사'이므로 옳은 설명이다.

오답 체크

ㄴ. 도입처(출산방식)별 생존율 $=\frac{\text{도입처(출산방식)별 생존 반달가슴곰 수}}{\text{도입처(출산방식)별 전체 반달가슴곰 수}}\times$ 100임을 적용하여 구한다. 자연출산 반달가슴곰의 생존율은 (41/46)×100≒89.1%로 90% 미만이므로 옳지 않은 설명이다.

고득점자의 빠른 문제 풀이 Tip

ㄴ. 전체 반달가슴곰 수는 생존 반달가슴곰 수와 폐사 반달가슴곰 수의 합이고, 자연출산 전체 반달가슴곰은 46개체, 자연출산 폐사 반달가슴곰은 5개체로 자연출산 폐사 반달가슴곰이 자연출산 전체 반달가슴곰의 10% 이상이므로 자연출산 생존 반달가슴곰은 자연출산 전체 반달가슴곰의 90% 미만임을 쉽게 알 수 있습니다.

11 자료변환

정답 ③

정답 체크

제시된 <보고서>에서 [2015~2017년 국내 드론 산업 관련 민간 R&D 기업규모별 투자 현황]은 알 수 없으므로 <보고서>의 내용을 작성하는 데 사용되지 않은 자료이다.

오답 체크

① 제시된 <보고서>의 두 번째 단락에서 2017년 국내 드론 활용 분야별 사업체수 중 농업과 콘텐츠 제작 분야의 사업체수가 전체의 80% 이상을 차지하고, 사업체수의 전년 대비 증가율은 교육 분야가 농업과 콘텐츠 제작 분야보다 각각 높았다고 했다. [2016~2017년 국내 드론 활용 분야별 사업체수 현황]에서 2017년 국내 드론 활용 분야별 사업체수 중 농업과 콘텐츠 제작이 차지하는 비중은 {(295+748)/(295+748+77+32+69+14)}×100≒84.5%이고, 교육 분야는 2017년에 전년 대비 약 3배 증가하여 증가율이 농업과 콘텐츠 제작 분야보다 월등히 높으므로 <보고서>의 내용을 작성하는 데 사용된 자료이다.

② 제시된 <보고서>의 첫 번째 단락에서 2013년과 비교하여 2018년에는 유럽 시장보다 아시아·태평양 시장의 점유율이 더 높아졌다고 했고, [2013년과 2018년 세계 드론 시장 점유율 현황]에서 2013년에 유럽은 16%, 아시아·태평양은 8%이지만, 2018년에 유럽은 21%, 아시아·태평양은 34%로 아시아·태평양의 점유율이 더 높아졌으므로 <보고서>의 내용을 작성하는 데 사용된 자료이다.

④ 제시된 <보고서>의 세 번째 단락에서 2015~2017년 기술 분야별 정부 R&D 예산 비중은 기반기술과 응용서비스기술의 예산 비중의 합이 매년 65% 이상이라고 했고, [2015~2017년 국내 드론 산업 관련 기술 분야별 정부 R&D 예산 비중 현황]에서 기반기술과 응용서비스기술 예산 비중의 합은 2015년이 52.2+18.2=70.4%, 2016년이 42.6+30.5=73.1%, 2017년이 31.5+36.4=67.9%이므로 <보고서>의 내용을 작성하는 데 사용된 자료이다.

⑤ 제시된 <보고서>의 두 번째 단락에서 2017년 국내 드론 활용 산업의 주요 관리 항목을 2013년 대비 증가율이 높은 항목부터 나열하면 조종자격 취득자수, 장치신고 대수, 드론 활용 사업체수 순이라고 했고, [2013~2017년 국내 드론 활용 산업의 주요 관리 항목별 현황]에서 2013년 대비 2017년 국내 드론 활용 산업의 주요 관리 항목별 증가율이 높은 항목도 조종자격 취득자수, 장치신고 대수, 드론 활용 사업체수 순이므로 <보고서>의 내용을 작성하는 데 사용된 자료이다.

12 자료이해

정답 ④

정답 체크

ㄴ. 항목별로 교육 만족도가 높은 순서대로 학년을 나열하면 '시설'과 '기자재' 항목 모두 1학년, 2학년, 4학년, 3학년 순이므로 옳은 설명이다.

ㄹ. 각 학년에서 교육 만족도가 가장 높은 항목은 모두 '전공' 항목이므로 옳은 설명이다.

오답 체크

ㄱ. 항목별 교육 만족도가 높은 순서대로 학년을 나열하면 '시설'과 '기자재' 항목 모두 1학년, 2학년, 4학년, 3학년 순이나, 응답인원이 많은 순서대로 학년을 나열하면 4학년, 3학년, 1학년, 2학년 순이므로 옳지 않은 설명이다.

ㄷ. 학년이 높아질수록 항목별 교육 만족도가 높아지는 항목은 없으므로 옳지 않은 설명이다.

13 자료변환

정답 ⑤

정답 체크

2017년 대비 2018년 1인 1일당 식물성 단백질 섭취량의 증감률은 A 지역이 {(25-25)/25}×100=0%, B 지역이 {(30-10)/10}×100=200%, C 지역이 {(20-20)/20}×100=0%, D 지역이 {(5-10)/10}×100=-50%이므로 <표>를 이용하여 작성한 그래프로 옳지 않다.

오답 체크

① 지역별 1인 1일당 동물성 단백질 섭취량은 단백질 섭취량에서 식물성 단백질 섭취량을 뺀 값이다. B 지역의 1인 1일당 동물성 단백질 섭취량은 2017년이 100-10=90g, 2018년이 100-30=70g, 2019년이 110-50=60g이므로 <표>를 이용하여 작성한 그래프이다.

② 지역별 1일 단백질 총섭취량은 1인 1일당 단백질 섭취량에 전체 인구를 곱한 값이다. 2019년 1일 단백질 총섭취량은 A 지역이 75×1,100=82,500g, B 지역이 110×1,000=110,000g, C 지역이 80×600=48,000g, D 지역이 50×100=5,000g이므로 <표>를 이용하여 작성한 그래프이다.

③ 2017년 1인 1일당 식물성 단백질 섭취량은 A 지역이 25g, B 지역이 10g, C 지역이 20g, D 지역이 10g이고, 1인 1일당 동물성 단백질 섭취량은 A 지역이 50-25=25g, B 지역이 100-10=90g, C 지역이 100-20=80g, D 지역이 50-10=40g이다. 따라서 2017년 지역별 1인 1일당 단백질 섭취량 구성비는 A 지역이 25:25=50:50, B 지역이 10:90=10:90, C 지역이 20:80=20:80, D 지역이 10:40=20:80이므로 <표>를 이용하여 작성한 그래프이다.

④ A 지역의 1인 1일당 동물성 단백질 섭취량과 식물성 단백질 섭취량의 차이는 2017년이 25-25=0g, 2018년이 35-25=10g, 2019년이 50-25=25g이고, C 지역의 1인 1일당 동물성 단백질 섭취량과 식물성 단백질 섭취량의 차이는 2017년이 80-20=60g, 2018년이 70-20=50g, 2019년이 60-20=40g이므로 <표>를 이용하여 작성한 그래프이다.

14 자료이해

정답 ⑤

정답 체크

ㄷ. 케이블PP의 광고매출액은 2016년이 18,537억 원, 2017년이 17,130억 원, 2018년이 16,646억 원, 2019년이 31,041-12,310-1,816-35-1,369-503=15,008억 원으로 매년 감소하므로 옳은 설명이다.

ㄹ. 2016년 대비 2019년 광고매출액 증감률은 모바일이 {(54,781-28,659)/28,659}×100≒91.1%로 세부 매체 중 가장 크므로 옳은 설명이다.

오답 체크

ㄱ. 모바일 광고매출액의 전년 대비 증가율은 2017년이 {(36,618-28,659)/28,659}×100≒27.8%, 2018년이 {(45,678-36,618)/36,618}×100≒24.7%, 2019년이 {(54,781-45,678)/45,678}×100≒19.9%로 매년 30% 미만이므로 옳지 않은 설명이다.

ㄴ. 2017년의 경우, 방송 매체 중 지상파TV 광고매출액이 차지하는 비중은 (14,219/35,385)×100≒40.2%, 온라인 매체 중 인터넷(PC) 광고매출액이 차지하는 비중은 (20,554/57,172)×100≒36.0%이므로 옳지 않은 설명이다.

고득점자의 빠른 문제 풀이 Tip

2019년 광고매출액이 2016년에 비해 50% 이상 변화가 있는 세부 매체는 모바일뿐이므로 수치 계산을 하지 않아도 바로 모바일이 가장 높다는 것을 알 수 있습니다.

15 자료논리

정답 ④

정답 체크

· 두 번째 조건에 따라 남부청과 북부청의 부동산 압류건수는 각각 2만 건 이하이므로 전체의 40%인 C는 남부청과 북부청이 아님을 알 수 있다.

· 세 번째 조건에 따라 지방청을 부동산 압류건수가 큰 값부터 순서대로 나열하면, C-A-B-서부청-D-동부청이고, 자동차 압류건수가 큰 값부터 순서대로 나열하면, C-B-서부청-A-D-동부청이다. 순서가 동일한 지방청은 C, D, 동부청이므로 C와 D가 각각 남부청과 중부청 중 하나이다. 이때, 두 번째 조건에 따라 C는 남부청과 북부청이 아니므로 C가 중부청이고, D가 남부청임을 알 수 있다.

· 첫 번째 조건에 따라 자동차 압류건수는 중부청인 C가 남동청의 2배 이상이어야 하므로 A가 남동청, B가 북부청임을 알 수 있다.

따라서 B는 북부청, D는 남부청이다.

16 자료이해

정답 ②

정답 체크

ㄱ. 제시된 <보고서>의 첫 번째 단락에서 2002년부터 2017년까지 국세 대비 국세청세수의 비율은 매년 증가 추세를 보인다고 했으므로 추가로 필요한 자료임을 알 수 있다.

ㄷ. 제시된 <보고서>의 첫 번째 단락에서 세목별로는 소득세(76.8조 원), 부가가치세(67.1조 원), 법인세(59.2조 원) 순으로 높고, 세무서별로 살펴보면 세수 1위는 남대문세무서(11.6조 원), 2위는 수영세무서(10.9조 원)이라고 했으므로 추가로 필요한 자료임을 알 수 있다.

오답 체크

ㄴ. 제시된 <보고서>에서 관세청 소관분에 대한 언급은 했으나 직접적으로 활용된 자료는 아니므로 추가로 필요한 자료가 아님을 알 수 있다.

ㄹ. 제시된 <표>에 국세청세수와 국세청 직원수 항목이 나타나 있으므로 추가로 필요한 자료가 아님을 알 수 있다.

17 자료이해

정답 ③

정답 체크

ㄴ. 경제적 중요도가 A인 메뚜기목, 총채벌레목, 풀잠자리목 중 '을'국에서 종의 수가 두 번째로 많은 분류군은 176종인 총채벌레목이므로 옳은 설명이다.

ㄷ. 해당 국가의 분류군별 종 다양성 $=\frac{\text{해당 국가의 분류군별 종의 수}}{\text{분류군별 전체 종의 수}}\times 100$ 임을 적용하여 구한다. 경제적 중요도가 C인 무시류, 고시류, 강도래목, 털이목, 이목, 부채벌레목, 밑들이목, 벼룩목, 날도래목 중 '갑'국의 분류군별 종 다양성이 가장 낮은 분류군은 (4/2,800)×100≒0.1%인 털이목이므로 옳은 설명이다.

오답 체크

ㄱ. 경제적 중요도가 S인 노린재목, 딱정벌레목, 벌목, 파리목, 나비목 중 '갑'국에서 종의 수가 세 번째로 많은 분류군은 2,791종인 벌목이므로 옳지 않은 설명이다.

ㄹ. 경제적 중요도가 S인 노린재목, 딱정벌레목, 벌목, 파리목, 나비목 중 '병'국의 분류군별 종 다양성이 10% 이상인 분류군은 노린재목, 벌목, 파리목으로 3개이므로 옳지 않은 설명이다.

18 자료이해

정답 ②

정답 체크

ㄱ. 각 사업의 6개 평가 항목 원점수의 합은 A 사업이 80+80+90+90+70+70=480점, B 사업이 90+90+80+80+70+70=480점으로 같으므로 옳은 설명이다.

ㄷ. 첫 번째 <조건>에 따라 각 사업의 최종 점수는 A 사업이 80×0.2+80×0.1+90×0.3+90×0.2+70×0.1+70×0.1=83점, B 사업이 90×0.2+90×0.1+80×0.3+80×0.2+70×0.1+70×0.1=81점이다. 따라서 두 번째 <조건>에 따라 최종 점수가 더 높은 A 사업을 신규 사업으로 최종 선정하므로 옳은 설명이다.

오답 체크

ㄴ. '사업적 가치'에 할당된 가중치의 합은 0.2+0.1=0.3, '공적 가치'에 할당된 가중치의 합은 0.3+0.2=0.5, '참여 여건'에 할당된 가중치의 합은 0.1+0.1=0.2이다. 따라서 '공적 가치'에 할당된 가중치의 합이 가장 크므로 옳지 않은 설명이다.

ㄹ. '정부정책 지원 기여도' 가중치와 '수익창출 기여도' 가중치를 서로 바꾼다면 최종 점수는 A 사업이 80×0.2+80×0.3+90×0.1+90×0.2+70×0.1+70×0.1=81점, B 사업이 90×0.2+90×0.3+80×0.1+80×0.2+70×0.1+70×0.1=83점이다. 따라서 B 사업을 신규 사업으로 최종 선정하므로 옳지 않은 설명이다.

고득점자의 빠른 문제 풀이 Tip

ㄱ. 원점수의 합을 계산하기보다 각 사업의 평가 항목 점수를 비교합니다. 원점수의 경우 A 사업과 B 사업 모두 90점이 2개, 80점이 2개, 70점이 2개이므로 계산하지 않아도 원점수의 합이 같음을 알 수 있습니다.

19 자료논리

정답 ③

정답 체크

· 제시된 <표>에 따르면 미국의 이미지 분야 순위는 2016년에 6위, 2017년에 4위, 2018년에 3위, 2019년에 1위로 매년 상승하고 있다.

· 제시된 <표>에 따르면 2019년 이미지 분야 순위와 실체 분야 순위의 차이가 가장 큰 국가는 이미지 분야 순위가 8위, 실체 분야 순위가 3위인 프랑스이다.

· 제시된 <표>에 따르면 2017년 이미지 분야 순위 상위 10개국 중 2016년에 비해 2017년 이미지 분야 순위가 상승한 국가는 독일, 캐나다, 미국, 스위스, 이탈리아, 호주로 총 6개국이다.

따라서 A는 상승, B는 프랑스, C는 6이다.

고득점자의 빠른 문제 풀이 Tip

빈칸의 앞뒤 부분을 읽고 필요한 부분의 자료만 확인하면 문제를 빠르게 풀 수 있습니다.

20 자료이해

정답 ①

정답 체크

발생가능성 지수와 영향도가 서로 동일한 위치를 점으로 표시하고 선으로 이으면 $y=x$인 보조선을 그릴 수 있다. 이를 <그림>에 나타내면 다음과 같다.

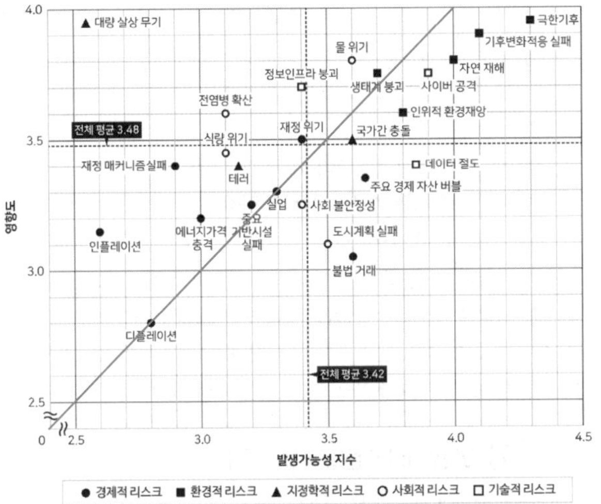

환경적 리스크의 발생가능성 지수 대비 영향도의 비가 1 이상이라면 각 환경적 리스크가 $y=x$인 보조선 위쪽에 위치해야 하지만, '생태계 붕괴'를 제외한 '인위적 환경재앙', '자연 재해', '기후변화적응 실패', '극한기후'가 모두 $y=x$인 보조선의 아래쪽에 위치해 있으므로 옳지 않은 설명이다.

오답 체크

② 영향도와 발생가능성 지수의 차이가 가장 큰 것은 $y=x$인 보조선과 가장 거리가 멀리 떨어진 글로벌 리스크인 '대량 살상 무기'이므로 옳은 설명이다.

③ '에너지가격 충격'의 영향도 대비 발생가능성 지수의 비가 1 이하라면 $y=x$인 보조선 위쪽에 위치해야 하므로 옳은 설명이다.

④ 영향도가 '전체 평균' 이상이면 점선으로 표시된 보조선 위쪽에, 발생가능성 지수가 '전체 평균' 이상이면 점선으로 표시된 보조선 오른쪽에 위치한다. 따라서 영향도와 발생가능성 지수가 각각의 '전체 평균' 이하인 경제적 리스크는 '재정 매커니즘 실패', '실업', '중요 기반시설 실패', '에너지가격 충격', '인플레이션', '디플레이션'으로 총 6개이지만, 영향도와 발생가능성 지수가 각각의 '전체 평균' 이상인 경제적 리스크는 0개이므로 옳은 설명이다.

⑤ 영향도가 '전체 평균' 이상이면 점선으로 표시된 보조선 위쪽에, 발생가능성 지수가 '전체 평균' 이상이면 점선으로 표시된 보조선 오른쪽에 위치해야 하고, 환경적 리스크인 '생태계 붕괴', '인위적 환경재앙', '자연 재해', '기후변화적응 실패', '극한기후'는 모두 보조선의 오른쪽 위에 위치하므로 옳은 설명이다.

고득점자의 빠른 문제 풀이 Tip

③ 발생가능성 지수 대비 영향도의 비가 아닌 영향도 대비 발생가능성 지수의 비를 묻고 있으므로 <그림>의 가로축과 세로축에 유의하여 문제를 풀이합니다.

21 자료이해

정답 ③

정답 체크

전체 멸종위기종 중 '조류'의 비율은 (63/264)×100≒23.9%이고, 각 분류의 멸종위기종에서 5종씩 지정을 취소했을 때의 전체 멸종위기종 중 '조류'의 비율은 {(63−5)/(264−35)}×100≒25.3%로 비율이 증가하므로 옳지 않은 설명이다.

오답 체크

① 멸종위기종으로 '포유류'만 10종을 추가로 지정한다면, 전체 멸종위기종 중 '포유류'의 비율은 {(20+10)/(264+10)}×100≒10.9%이므로 옳은 설명이다.

② 각 분류에서 멸종위기종 중 멸종위기 Ⅰ급의 비율은 '무척추동물'이 (4/32)×100=12.5%이고, '식물'이 (11/88)×100=12.5%이므로 옳은 설명이다.

④ 각 분류에서 멸종위기종 중 멸종위기 Ⅱ급의 비율은 '조류'가 (49/63)×100≒77.8%이고, '양서·파충류'가 (6/8)×100=75.0%이므로 옳은 설명이다.

⑤ '포유류'를 제외한 모든 분류에서 각 분류의 멸종위기종 중 멸종위기 Ⅱ급은 멸종위기 Ⅰ급보다 종 수가 더 많아 비율도 더 높으므로 옳은 설명이다.

고득점자의 빠른 문제 풀이 Tip

③ 각 분류의 멸종위기종에서 5종씩 지정을 취소하면, 조류를 포함하여 전체 분류 7개에서 총 35종이 취소되고, 이때 분모값인 전체 멸종위기종의 변화율은 10% 이상이지만, 분자값인 조류의 변화율은 10% 미만입니다. 따라서 분모의 감소율보다 분자의 감소율이 더 작으므로 전체에서 멸종위기종 중 '조류'의 비율은 증가합니다.

22 자료이해

정답 ②

정답 체크

'업무 만족도'는 동북청이 동남청보다 높지만, '인적 만족도'는 동북청과 동남청이 동일하므로 옳지 않은 설명이다.

오답 체크

① 모든 연령대에서 '업무 만족도'보다 '인적 만족도'가 높으므로 옳은 설명이다.

③ 응답자의 연령대가 높을수록 '업무 만족도'와 '인적 만족도'가 모두 높으므로 옳은 설명이다.

④ '업무 만족도', '인적 만족도', '시설 만족도'의 합은 경인청이 4.35+4.48+4.30=13.13점, 동북청이 4.20+4.39+4.28=12.87점, 호남청이 4.00+4.03+4.04=12.07점, 동남청이 4.19+4.39+4.30=12.88점, 충청청이 3.73+4.16+4.00=11.89점으로 경인청이 가장 크므로 옳은 설명이다.

⑤ 응답자 수는 총 101명이므로 남자 응답자 수가 x라면 여자 응답자 수는 $101-x$이다. 주어진 점수는 응답자의 조사항목별 만족도의 평균이므로 $\{4.07x+4.15(101-x)\}/101=4.12$이고, $x≒38$이다. 따라서 남자 응답자 수는 38명이고 여자 응답자 수는 101−38≒63명이므로 옳은 설명이다.

23 자료이해

정답 ①

정답 체크

ㄱ. <그림>에 따르면 2018년 총급여액이 1,000만 원이고 자녀가 1명인 가구의 2019년 근로장려금은 140만 원이므로 옳은 설명이다.

ㄷ. <그림>에 따르면 2018년 총급여액이 2,200만 원이고 자녀가 3명 이상인 가구의 2019년 근로장려금은 70만 원 미만이고, 2018년 총급여액이 600만 원이고 자녀가 1명인 가구의 2019년 근로장려금은 70만 원 이상이므로 옳은 설명이다.

오답 체크

ㄴ. <그림>에 따르면 2018년 총급여액이 600~800만 원인 무자녀 가구는 2019년 근로장려금이 70만 원으로 모두 동일하므로 옳지 않은 설명이다.

ㄹ. <그림>에 따르면 2018년 총급여액이 2,000만 원인 가구는 무자녀와 자녀 1명인 가구가 동일하게 2019년 근로장려금을 받을 수 없으므로 옳지 않은 설명이다.

24 자료이해

정답 ⑤

정답 체크

<그림>의 각 화살표 끝에 제시된 숫자의 합이 각 조사의 응답자 수이므로 1~3차 조사에서 찬성한 사람의 수에 따라 <그림>의 빈칸을 채우면 다음과 같다.

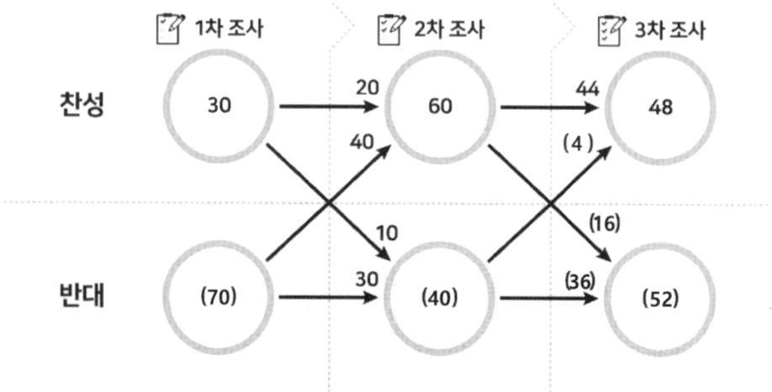

1~3차 조사에서 한 번도 의견을 바꾸지 않은 사람은 1~3차 모두 찬성한 사람과 1~3차 모두 반대한 사람 두 가지 경우이다.

1차 조사에서 찬성한 30명 중 2차 조사에서도 찬성한 사람은 20명이고, 2차 조사에서 찬성한 전체 60명 중 3차 조사에서 반대한 사람은 16명이다. 이때 1차, 2차 조사에서 모두 찬성한 20명 중 16명 모두가 3차 조사에서 반대하였다면 최소 20-16=4명이 1~3차 조사에서 한 번도 의견을 바꾸지 않았을 것이다.

한편, 1차 조사에서 반대한 70명 중 2차 조사에서도 반대한 사람은 30명이고, 2차 조사에서 반대한 전체 40명 중 3차 조사에서 찬성한 사람은 4명이다. 이때 1차, 2차 조사에서 모두 반대한 30명 중 4명 모두가 3차 조사에서 찬성했다면 최소 30-4=26명이 1~3차 조사에서 한 번도 의견을 바꾸지 않았을 것이다.

따라서 1~3차 조사에서 한 번도 의견을 바꾸지 않은 사람은 최소 4+26=30명이므로 옳은 설명이다.

오답 체크

① 1~3차 조사에 응답한 사람은 각각 100명이므로 옳지 않은 설명이다.

② 2차 조사에서 반대한 40명 중 3차 조사에서도 반대한 사람은 36명이므로 옳지 않은 설명이다.

③ 2차 조사에서 찬성한 60명 중 3차 조사에서 반대한 사람은 16명이므로 옳지 않은 설명이다.

④ 1차 조사에서 반대한 사람 중 3차 조사에서 찬성한 경우는 1~3차 조사에서 각각 '반대-찬성-찬성'한 경우와 '반대-반대-찬성'한 경우 두 가지이다.

1차 조사에서 반대한 70명 중 40명은 2차 조사에서 찬성하였다. 이에 따라 1차 조사에서 반대한 70명 중 2차 조사에서 찬성하고 3차 조사에서도 찬성한 사람은 최대 70-30-0=40명이다.

한편, 1차 조사에서 반대한 70명 중 30명은 2차 조사에서도 반대한 사람이다. 이에 따라 1차, 2차 조사에서 모두 반대한 30명 중 3차 조사에서 찬성한 사람은 최대 70-40-26=4명이다.

따라서 1차 조사에서 반대한 사람 중 3차 조사에서 찬성한 사람은 최대 4+40=44명이므로 옳지 않은 설명이다.

고득점자의 빠른 문제 풀이 Tip

1차 조사와 2차 조사에 찬성한다고 응답한 사람의 수로 각 빈칸을 빠르게 채운 후 선택지를 확인합니다.

25 자료이해

정답 ④

정답 체크

일병이 한 달 월급만을 사용하여 군내매점에서 해당 연도 가격으로 140개의 단팥빵을 구매하고 남은 금액은 2012년이 88,300-(600×140)=4,300원이고, 2016년이 161,000-(1,000×140)=21,000원으로 2016년이 2012년보다 21,000-4,300=16,700원 더 많으므로 옳은 설명이다.

오답 체크

① 이병 월급은 2020년이 2012년보다 {(408,100-81,700)/81,700}×100≒399.5% 증가했으므로 옳지 않은 설명이다.

② 2012년 대비 2016년 상병 월급 증가율은 {(178,000-97,800)/97,800}×100≒82.0%이고, 2016년 대비 2020년 상병 월급 증가율은 {(488,200-178,000)/178,000}×100≒174.3%이므로 옳지 않은 설명이다.

③ 단팥빵의 2012년 대비 2016년 가격인상률은 {(1,000-600)/600}×100≒66.7%이고, 2016년 대비 2020년 가격인상률은 {(1,400-1,000)/1,000}×100=40.0%이므로 옳지 않은 설명이다.

⑤ 병장이 한 달 월급만을 사용하여 군내매점에서 해당 연도 가격으로 구매할 수 있는 햄버거의 최대 개수는 2020년이 540,900/3,500≒154개이고, 2012년이 108,300/2,400≒45개로 2020년이 2012년의 154/45≒3.4배이므로 옳지 않은 설명이다.

고득점자의 빠른 문제 풀이 Tip

② 2016년 상병 월급은 2012년 대비 2배 미만으로 증가했으나, 2020년 상병 월급은 2016년 대비 2배 이상으로 증가했으므로 2012년 대비 2016년 상병 월급 증가율은 2016년 대비 2020년 상병 월급 증가율보다 더 작음을 알 수 있습니다.

2019년 기출문제 취약 유형 분석표 & 정답·해설

바로 채점 및 성적 분석 서비스

PSAT 전문가의 총평

2019년 민간경력자 PSAT의 경우 세 영역 모두 난도가 높았다.

1. 언어논리 영역: 제시된 글에서 파악해야 하는 정보의 양이 많아 문제 풀이에 소요되는 시간이 길었고, 글의 내용을 명확히 파악하기 어려운 문항의 출제 비중이 높아 난도가 높았다.
2. 상황판단 영역: 제시된 글의 단순 내용 파악이 바탕이 되는 세부 내용 파악 유형의 출제 비중이 크게 감소하였고, 문제해결 및 논리퍼즐 유형에서 많은 계산과 경우의 수를 고려해야 하는 문항의 출제 비중이 높아 난도가 높았다.
3. 자료해석 영역: 제시된 자료에서 항목 간의 관계를 정확히 파악해야 하는 문항과 계산에 소요되는 시간이 큰 문항의 출제 비중이 높았다. 이에 따라 전반적으로 문제를 푸는 데 소요되는 시간이 길어 난도가 높았다.

정답

언어논리

p.7

1	⑤	빈칸삽입	6	①	빈칸삽입	11	⑤	세부 내용 파악	16	③	빈칸삽입	21	④	세부 내용 파악
2	①	세부 내용 파악	7	①	진술추론	12	⑤	세부 내용 파악	17	⑤	진술추론	22	②	진술추론
3	①	세부 내용 파악	8	③	논증의 타당성	13	⑤	세부 내용 파악	18	②	진술추론	23	①	세부 내용 파악
4	②	세부 내용 파악	9	③	논증의 타당성	14	②	세부 내용 파악	19	④	논증의 타당성	24	③	세부 내용 파악
5	④	세부 내용 파악	10	③	논리추론	15	③	세부 내용 파악	20	④	논증의 타당성	25	⑤	빈칸삽입

상황판단

p.21

1	①	법·규정의 적용	6	②	문제해결	11	①	법·규정의 적용	16	⑤	문제해결	21	③	문제해결
2	②	법·규정의 적용	7	①	논리퍼즐	12	⑤	법·규정의 적용	17	④	논리퍼즐	22	②	논리퍼즐
3	④	법·규정의 적용	8	②	문제해결	13	②	법·규정의 적용	18	③	논리퍼즐	23	⑤	문제해결
4	①	세부 내용 파악	9	③	문제해결	14	②	세부 내용 파악	19	①	법·규정의 적용	24	④	문제해결
5	③	문제해결	10	⑤	문제해결	15	⑤	논리퍼즐	20	④	문제해결	25	①	법·규정의 적용

자료해석

p.35

1	④	자료변환	6	⑤	자료이해	11	⑤	자료이해	16	③	자료이해	21	④	자료이해
2	③	자료이해	7	①	자료이해	12	④	자료이해	17	①	자료논리	22	③	자료이해
3	④	자료변환	8	①	자료이해	13	①	자료이해	18	②	자료논리	23	③	자료이해
4	②	자료이해	9	⑤	자료이해	14	②	자료논리	19	③	자료이해	24	②	자료이해
5	⑤	자료이해	10	①	자료논리	15	③	자료이해	20	②	자료논리	25	⑤	자료이해

취약 유형 분석표

유형별로 맞힌 개수, 틀린 문제 번호와 풀지 못한 문제 번호를 적고 나서 취약한 유형이 무엇인지 파악해 보세요.
취약한 유형은 '민간경력자 PSAT 기출유형공략'으로 복습하고, 해커스잡 사이트(ejob.Hackers.com)에서 제공하는 <PSAT 영역별 핵심 이론 노트>로 관련 이론을 확인한 후 틀린 문제와 풀지 못한 문제를 다시 풀어보세요.

언어논리

유형	맞힌 개수	틀린 문제 번호	풀지 못한 문제 번호
세부 내용 파악	/12		
중심 내용 파악	/0		
빈칸삽입	/4		
문단배열	/0		
사례 유추	/0		
진술추론	/4		
논증의 타당성	/4		
논리추론	/1		
TOTAL	/25		

상황판단

유형	맞힌 개수	틀린 문제 번호	풀지 못한 문제 번호
세부 내용 파악	/2		
법·규정의 적용	/8		
문제해결	/10		
논리퍼즐	/5		
TOTAL	/25		

자료해석

유형	맞힌 개수	틀린 문제 번호	풀지 못한 문제 번호
자료이해	/18		
자료논리	/5		
자료변환	/2		
TOTAL	/25		

해설

언어논리

1 빈칸삽입
정답 ⑤

정답 체크 (마)는 '이 점에서'라는 표현을 통해 앞 내용과 이어지고 있고, (마)의 앞 내용은 충청도 방언은 충청도에서만 쓰이는 특유의 언어 요소만을 가리키는 것이 아니라 충청도 토박이들이 전래적으로 써 온 한국어 전부를 가리킨다는 내용이다. 2문단에서도 '가령 한국어를 예로 들면 한국어를 이루고 있는 각 지역의 말 하나하나, 즉 그 지역의 언어 체계 전부를 방언이라 한다.'고 했으므로 한국어는 표준어와 지역 방언의 공통부분만을 지칭하는 것이 아니라 전체를 지칭하는 개념이라는 내용이 들어가야 함을 알 수 있다.

오답 체크
① (가)에는 방언을 비표준어로서 낮잡아 보는 인식이 담겨 있다고 했고, 바른말을 써야 하는 아나운서가 방언을 써서는 안 된다는 생각에는 방언은 표준어가 아니라는 인식을 드러내는 것이므로 적절하다.
② (나)의 앞 문장은 방언을 낮잡아 보는 개념으로서의 방언이나 사투리는 표준어인 서울말이 아닌 어느 지역의 말을 가리키거나 더 나아가 (나)를 일컫는다고 했으므로 (나)에는 서울말이 아닌 어느 지역의 말보다 더 포괄적인 내용이 들어가야 함을 알 수 있다. 또한 (나)의 뒤 문장은 방언이 표준어보다 열등하다는 오해와 편견이 포함되어 있다는 내용으로 방언이나 사투리는 표준어가 아닌, 세련되지 못하고 격을 갖추지 못한 말이라는 내용은 방언이 열등하다는 편견을 드러내는 것이므로 적절하다.
③ (다)의 앞 문장은 사투리가 그 지역의 말 가운데 표준어에는 없는 그 지역 특유의 언어 요소만을 일컫기도 한다는 내용이고, (다)가 그러한 경우에 해당된다고 했으므로 사투리를 많이 쓰는 사람과는 의사소통이 어렵다는 내용은 적절하다.
④ (라)의 앞 내용은 방언은 한 언어를 형성하고 있는 하위 단위이며 서울말은 표준어이면서 한국어의 한 방언이라는 내용이고, (라)의 뒤 내용은 충청도 방언은 충청도 토박이들이 전래적으로 써 온 한국어 전부를 가리킨다는 내용이므로 나머지 지역의 방언들은 한국어라는 한 언어의 하위 단위이기 때문에 방언이라는 내용은 적절하다.

고득점자의 빠른 문제 풀이 Tip

빈칸에 들어갈 내용은 물리적으로 가까운 문장, 즉 빈칸 앞뒤의 내용을 통해 확인이 가능합니다. 특히, 지시어로 앞 내용을 이어받는 경우 앞 문장과의 내용적 유사성에 집중하는 것이 문제를 빠르고 정확하게 풀이하는 방법입니다.

2 세부 내용 파악
정답 ①

정답 체크

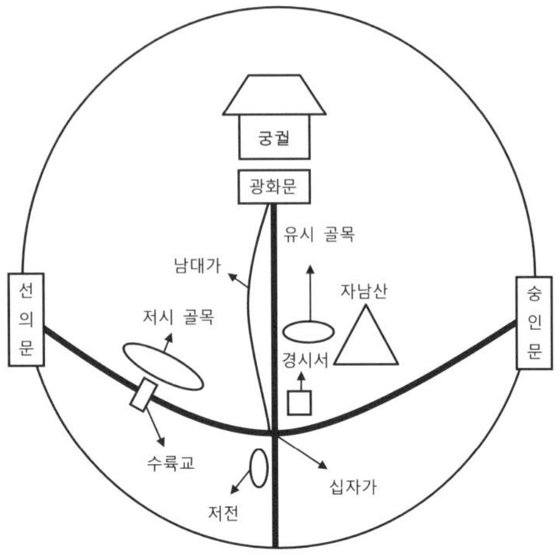

1문단에서 선의문과 숭인문을 잇는 큰 도로가 궁궐의 출입문인 광화문으로부터 도성 남쪽 출입문 방향으로 나 있는 다른 도로와 만나는데 이 교차점이 십자가이고, 2문단에서 십자가로부터 광화문까지 난 거리가 남대가라고 했으므로 남대가의 북쪽 끝에는 궁궐의 출입문인 광화문이 자리잡고 있었음을 알 수 있다.

오답 체크
② 1문단에서 선의문은 궁궐의 서쪽, 숭인문은 궁궐의 동쪽에 있으며, 3문단에서 십자가와 선의문 사이를 잇는 길의 중간 지점에 수륙교가 있었음을 알 수 있다. 또한 3문단에서 자남산은 숭인문 방향으로 난 도로 북쪽 편에 있다고 했으므로 자남산은 수륙교가 있던 것으로부터 동북쪽 방향에 있었음을 알 수 있다.
③ 3문단에서 수륙교의 옆에 저시 골목이 있었다고 했고, 2문단에서 경시서는 남대가의 남쪽 끝 지점에 있었다고 했으므로 저시 골목은 숭인문이 아닌 선의문과 경시서의 중간 지점에 위치해 있었음을 알 수 있다.
④ 3문단에서 선의문과 십자가를 연결하는 길의 중간 지점에는 저전이 아닌 저시 골목이 있었음을 알 수 있다.
⑤ 3문단에서 수륙교는 십자가와 선의문 사이를 잇는 중간 지점에 있었다고 했고, 유시 골목은 십자가에서 숭인문 방향으로 가는 도로 북쪽편에 자리한 자남산과 남대가 사이에 있었다고 했으므로 십자가에서 유시 골목으로 가는 길의 중간에 수륙교가 위치해 있지 않았음을 알 수 있다.

고득점자의 빠른 문제 풀이 Tip

구체적인 정보를 묻는 문제는 제시된 글의 내용을 정리해가면서 접근하는 것이 결과적으로 빠른 문제 풀이 방법이 됩니다. 특히 이 문제의 경우 대략적인 약도를 그려보는 것이 유용합니다.

3 세부 내용 파악
정답 ①

정답 체크 2문단에서 최초진입기업의 경우는 규모의 경제 효과를 얼마나 단기간에 이룰 수 있는가가 성공의 필수 요건이고, 후발진입기업의 경우는 절감된 비용을 마케팅 등에 효과적으로 투자하는 것이 성공의 핵심 조건이라고 했으나 최초진입기업이 후발진입기업에 비해 더 많은 마케팅 비용을 사용하는지는 알 수 없다.

오답 체크 ② 2문단에서 후발진입기업의 모방 비용은 최초진입기업이 신제품 개발에 투자한 비용 대비 65% 수준임을 알 수 있다.

③ 1문단에서 A효과란 기업이 시장에 최초로 진입하여 무형 및 유형의 이익을 얻는 것이라고 했고, 3문단에서 최초진입기업은 시장에 최초로 진입했기에 후발진입기업에 비해 인지도 측면에서 월등한 우위를 확보한다고 했으므로 최초진입기업이 후발진입기업에 비해 인지도 측면에서 우위에 있다는 것은 A효과에 해당함을 알 수 있다.

④ 2문단에서 후발진입기업의 경우 절감된 비용을 마케팅 등에 효과적으로 투자하여 최초진입기업의 기업의 시장 점유율을 단기간에 빼앗아 오는 것이 성공의 핵심 조건임을 알 수 있다.

⑤ 1문단에서 B효과는 후발진입기업이 최초진입기업과 동등한 수준의 기술 및 제품을 낮은 비용으로 개발할 수 있을 때만 가능하다고 했으므로 이것이 이루어지지 않는다면 B효과를 얻을 수 없음을 알 수 있다.

4 세부 내용 파악

정답 ②

정답 체크 1문단에서 1996년 당시 소주의 주세율은 증류식이 50%, 희석식이 35%였다고 했고, 2문단에서 소주의 주세율은 올리고 위스키의 주세율은 내려서 똑같이 72%로 맞추는 방식으로 2000년 1월 주세법을 개정했다고 했으므로 2000년 주세법 개정 결과 주세율은 증류식이 72-50=22%p, 희석식이 72-35=37%p 상승하여 희석식 소주가 증류식 소주보다 주세율 상승폭이 컸음을 알 수 있다.

오답 체크 ① 2문단에서 소주와 위스키가 직접적인 경쟁 관계에 있고, 동시에 대체관계가 존재하기 때문에 위스키에 높은 주세율을 적용하는 것은 WTO 협정에 위배된다는 것을 알 수 있으나 제품 간 대체 관계가 존재하면 세율이 같아야 하는지는 알 수 없다.

③ 2문단에서 2000년 1월에 소주와 위스키의 주세율을 똑같이 72%로 맞추는 방식으로 주세법을 개정했다는 것을 알 수 있으나 주세법 개정 이후 소주와 위스키의 세금 총액이 개정 전에 비해 증가하였는지는 알 수 없다.

④ 1문단에서 미국과 EU가 일본에 대한 WTO 판정을 근거로 한국에 대해서도 소주와 위스키의 주세율을 조정해 줄 것을 요구했다는 것을 알 수 있으나 캐나다도 한국에서 주세율을 조정하고자 했는지는 알 수 없다.

⑤ 1문단에서 EU와 미국이 한국을 WTO에 제소하여 WTO 패널이 한국의 패소를 결정했고, 2문단에서 패널의 판정에 따라 한국은 소주와 위스키 간 주세율의 차이를 해소해야 했음을 알 수 있으나 WTO 패널의 판정에 한국의 소주와 위스키의 주세율을 일본과 동일하게 하라는 권고가 포함되었는지는 알 수 없다.

5 세부 내용 파악

정답 ④

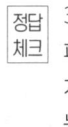

정답 체크 3문단에서 유전자 변형 작물을 재배하는 농지는 제초제에 내성을 가진 슈퍼잡초로 인해 어려움을 겪게 되었고, 이로 인해 제초제를 더 자주 사용하거나 여러 제초제를 섞어서 사용하거나 새로 개발된 제초제를 사용하여 농부들은 더 많은 비용을 지불할 수밖에 없었다고 했으므로 유전자 변형 작물 재배로 슈퍼잡초가 발생한 지역에서는 작물 생산 비용이 증가했음을 알 수 있다.

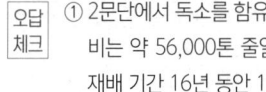

오답 체크 ① 2문단에서 독소를 함유한 유전자 변형 작물을 재배함으로써 살충제 소비는 약 56,000톤 줄일 수 있었으나 제초제의 경우에는 농약 사용이 재배 기간 16년 동안 183,000톤 증가했다고 했으므로 농약 중에서 살충제의 사용은 감소했음을 알 수 있다.

② 3문단에서 M사의 제초제인 글리포세이트에 내성을 가진 유전자 변형 작물을 재배하기 시작한 농부들이 해당 제초제를 매년 사용한 결과 그 지역에 글리포세이트에 대해 내성을 가진 잡초가 생겨났다고 했으므로 슈퍼잡초가 유전자 변형 작물을 도입한 해부터 곧바로 생겨난 것은 아님을 알 수 있다.

③ 2문단에서 유전자 변형 작물을 재배함으로써 일반 작물 재배와 비교하여 살충제 소비가 감소했음을 알 수 있으나 유전자 변형 작물을 도입한 후 일반 작물 재배의 경우에 살충제의 사용이 증가했는지는 알 수 없다.

⑤ 3문단에서 유전자 변형 작물을 재배하는 지역에 슈퍼잡초가 생겨났고 이를 제거하기 위해 결과적으로 농부들은 더 많은 비용을 지불해야 했다는 것을 알 수 있으나 일반 작물을 재배하는 지역에서 슈퍼잡초의 발생 정도가 어떠했는지는 알 수 없다.

6 빈칸삽입

정답 ①

정답 체크 빈칸의 앞 문장은 영국 의사 S가 알레르기는 병원균의 침입에 의해 발생하는 감염성 질병이라는 전통적인 이론에 맞서는 가설을 제시했다는 내용이고, 뒤 내용은 가족 구성원이 많은 집에 사는 아이들은 병균에 의한 잦은 감염 덕분에 알레르기 예방에 오히려 유리하다는 내용이다. 따라서 빈칸에는 알레르기는 병원균 침입이 발생할수록 알레르기가 예방된다는 내용이 들어가야 하므로 알레르기는 병원균 노출의 기회가 적을수록 발생 확률이 높아진다는 가설이 적절하다.

오답 체크 ② 2문단에서 동생이 많은 아이보다 손위 형제가 많은 아이가 알레르기에 걸릴 확률이 낮았다고 했으나 이는 알레르기가 병원균 침입에 의해 발생하는 질병이 아니라는 가설에 대한 근거이므로 가설로는 적절하지 않다.

③ 제시된 글에서 알레르기와 연령에 관한 상관관계를 언급하지 않았으므로 가설로는 적절하지 않다.

④ 1문단에서 알레르기는 도시화와 산업화가 진행되는 지역에서 매우 빠르게 증가하고 있다고 했고, 도시화에 따른 전염병 증가는 오히려 병원균 침입이 용이한 환경이 되는 것으로 지배적인 이론을 강화하므로 적절하지 않다.

⑤ 2문단에서 외동으로 자란 아이의 경우 형제가 서넛인 아이에 비해 꽃가루 알레르기에 취약했다고 했으나 이는 알레르기가 병원균 침입에 의해 발생한 질병이 아니라는 가설에 대한 근거이므로 가설로는 적절하지 않다.

7 진술추론

정답 ①

정답 체크 제시된 글의 논지는 참인 믿음은 다른 것에 대한 선호로는 설명될 수 없는 기초 선호의 대상이기 때문에 참인 믿음이 우리에게 아무런 이익이 되지 않거나 손해를 가져오는 경우에도 우리는 거짓인 믿음보다 참인 믿음을 가지기를 선호한다는 것이다. 따라서 대부분의 사람이 행복 기계에 들어가는 편을 택한다면 이는 거짓인 믿음을 선호한다는 것이므로 글의 논지는 약화된다.

오답 체크 ② 제시된 글의 논지는 우리가 거짓인 믿음보다 참인 믿음을 가지기를 선호한다는 것이므로 행복 기계의 존재 여부는 글의 논지를 강화하지도 약화하지도 않는다.

③ 치료를 위해 신체의 고통을 기꺼이 견디는 것은 추후 더 큰 신체의 고통을 피하고자 하는 것으로 기초 선호의 대상이므로 치료를 위해 신체의 고통을 견디는 사람들이 있다는 사실은 글의 논지를 강화한다.

④ 3문단에서 사람들은 참인 믿음을 기초 선호의 대상으로 여기기 때문에 행복 기계에 들어가 행복한 거짓 믿음 속에 사는 편을 택하지 않음을 알 수 있다. 따라서 행복 기계에 들어가지 않는 이유가 참과 무관한 실용적 이익임이 확인될 경우, 글의 논지는 약화된다.

⑤ 1문단에서 참인 믿음이 우리에게 아무런 이익이 되지 않거나 손해를 가져오는 경우에도 우리는 거짓인 믿음보다 참인 믿음을 가지기를 선호함을 알 수 있다. 따라서 실용적 이익이 없음에도 불구하고 우리가 수학적 참인 정리를 믿는 것을 선호한다는 사실은 글의 논지를 강화한다.

8 논증의 타당성

정답 ③

정답 체크 ㉡은 철학적 좀비와 인간이 행동 성향에서는 동일함을 의미한다. 또한 ㉤은 행동주의에 근거한 마음의 개념이므로 ㉥은 이러한 마음의 행동 성향이 동일하다면 철학적 좀비와 인간이 동일한 존재임을 의미한다. 따라서 ㉡과 ㉤은 논리적으로 무관하며 ㉥은 ㉤을 전제하고 있는 것이므로 ㉡과 ㉥이 모두 참이라 하더라도 ㉤이 반드시 참인지는 알 수 없다.

오답 체크 ① ㉠은 인간과 좀비의 의식에 대한 내용이고, ㉡은 인간과 좀비의 행동에 대한 내용이므로 ㉠과 ㉡은 동시에 참일 수 있다.

② ㉣이 참이라면 그 '대우'인 '인간이 고통을 느끼는 존재라면, 인간은 철학적 좀비와 동일한 존재가 아니다.'가 참이므로 이를 ㉠과 연결하면 ㉢도 반드시 참이다.

④ ㉥이 참이라면 그 '대우'인 '인간이 철학적 좀비와 동일한 존재라는 점을 인정하지 않는다면, 행동주의는 옳지 않다.'가 참이므로 이를 ㉢과 연결하면 ㉦도 반드시 참이다.

⑤ ㉤은 행동주의에 근거한 마음의 개념으로 행동주의를 긍정하고 있고, ㉦은 행동주의를 부정하고 있으므로 ㉤과 ㉦은 동시에 거짓일 수 없다.

9 논증의 타당성

정답 ③

정답 체크 ㄱ. 2문단에서 강화학습을 활용하는 모든 경우는 비지도학습에 속하며 의사결정트리 방식을 적용한 사례들 가운데 강화학습을 활용하는 머신러닝의 사례도 있다고 했으므로 의사결정트리 방식을 적용한 모든 사례가 지도학습의 사례라는 것은 거짓임을 알 수 있다.

ㄴ. 2문단에서 샤펠식 과정은 모두 지도학습에 속하며 의사결정트리 방식을 적용한 사례들 가운데 강화학습을 활용하는 머신러닝의 사례도 있다고 했으므로 샤펠식 과정의 적용 사례가 아니면서 의사결정트리 방식을 적용한 경우가 존재한다는 것은 참임을 알 수 있다.

오답 체크 ㄷ. 2문단에서 의사결정트리 방식을 적용한 사례들 가운데 강화학습을 활용하는 머신러닝의 사례가 있음을 알 수 있으나 강화학습을 활용하는 머신러닝 사례들 가운데 의사결정트리 방식이 적용되지 않은 경우가 없는지는 알 수 없으므로 참인지 거짓인지 알 수 없다.

10 논리추론

정답 ③

정답 체크 제시된 명제를 기호화면 다음과 같다.

- AO → BO
- ~(BO and CO)
- BO or DO
- CX → BX

첫 번째 명제와 네 번째 명제의 '대우'에 따라 A가 선정되면 B와 C가 모두 선정된다. 그러나 B와 C가 모두 선정되는 것은 두 번째 명제에 어긋나므로 A는 선정되지 않는다. 한편 A가 선정되지 않은 경우, B의 선정 여부에 따라 가능한 경우의 수를 정리하면 다음과 같다.

<경우 1> B가 선정되는 경우

B가 선정되면 두 번째 명제에 따라 C는 선정되지 않아야 하나, C가 선정되지 않으면 네 번째 명제에 따라 B도 선정되지 않는다. 이는 모순이므로 B는 선정될 수 없다.

<경우 2> B가 선정되지 않는 경우

B가 선정되지 않으면 세 번째 명제에 따라 D는 선정되어야 한다. 이때 C의 선정 여부는 더 이상 알 수 없으므로 가능한 경우는 다음 두 가지이다.

구분	A	B	C	D
경우 2-1	X	X	O	O
경우 2-2	X	X	X	O

ㄱ. A와 B 모두 선정되지 않으므로 A와 B 가운데 적어도 한 도시는 선정되지 않는다는 것은 반드시 참이다.

ㄷ. 어떤 경우든 D는 선정되므로 반드시 참이다.

오답 체크 ㄴ. C가 선정되지 않는지 알 수 없으므로 반드시 참은 아니다.

고득점자의 빠른 문제 풀이 Tip

주어진 명제를 기호화하여 모순되는 경우를 빠르게 찾아내고, 가능한 경우의 수를 줄입니다.

11 세부 내용 파악

정답 ⑤

정답 체크 2문단에서 '완전한 문자 체계란 구어의 범위를 포괄하는 기호 체계, 즉 시를 포함하여 사람들이 말하는 것은 무엇이든 표현할 수 있는 체계이다.'라고 했고 같은 문단에서 '라틴어, 고대 이집트 상형문자, 브라유 점자는 완전한 문자 체계이다.'라고 했으므로 고대 이집트 상형문자는 구어의 범위를 포괄하였음을 알 수 있다.

오답 체크 ① 2문단에서 수메르인들이 문자를 만들어 쓴 이유는 구어로는 하지 못할 일을 하기 위해서였다고 했으므로 원시 수메르어 문자 체계는 구어를 보완하는 도구였음을 알 수 있다.

② 2문단에서 원시 수메르어 문자 체계는 완전한 문자 체계가 아니었기 때문에 수메르어로 내용을 기록하는 일을 맡게 된 견습생이 자기 마음을 표현하는 시를 적고 싶었더라도 그렇게 할 수 없었다고 했으므로 원시 수메르어 문자 체계는 감정을 표현하는 일에 적합하지 않았음을 알 수 있다.

③ 2문단에서 수메르어는 기호를 읽고 쓸 줄 아는 사람은 얼마 되지 않았음을 알 수 있다.

④ 1문단에서 원시 수메르어 문자 체계는 두 종류의 기호를 사용하여 한 종류는 숫자를 나타내고, 다른 종류는 사물을 나타냈음을 알 수 있다.

12 세부 내용 파악

정답 ⑤

정답 체크 1문단에서 태조는 도첩을 신청할 때 반드시 면포 150필을 내야 한다는 규정을 공포했고, 2문단에서 세종은 태조가 세운 방침을 준수했다고 했으므로 세종 때 도첩 신청자가 내도록 규정된 면포 수량은 150필이다. 또한 3문단에서 세조는 도첩을 신청한 자가 내야 할 면포 수량을 30필로 낮추었고, 예종은 이 규정을 고쳐 면포 수량을 20필 더 늘렸다고 했으므로 예종 때 도첩 신청자가 내도록 규정된 면포 수량은 50필이다. 따라서 도첩 신청자가 내도록 규정된 면포 수량은 세종 때가 예종 때보다 많았음을 알 수 있다.

오답 체크
① 2문단에서 태종이 도첩을 위조해 승려 행세 하는 자를 색출하게 했음은 알 수 있으나 색출한 후 면포 30필을 내게 했는지는 알 수 없다.
② 1문단에서 태조 이성계는 국왕이 되자마자 앞으로 승려가 되려는 자는 도첩을 발급 받으라고 명했다고 했으므로 국왕이 되기 전부터 승려였던 자들에게는 면포를 거두지 않았음을 알 수 있다.
③ 3문단에서 세조는 이 문제를 해결하기 위해 즉위하자마자 담당 관청에 대책을 세우라고 했고, 수 년 후 담당 관청이 작성한 방안에 따라 불교 경전인 심경, 금강경, 살달타를 암송하는 자에게만 도첩을 주는 새 규정을 시행했음을 알 수 있다.
④ 3문단에서 예종은 도첩 신청자가 납부해야 할 면포 수량을 20필 더 늘리고 암송할 불경에 법화경을 추가하였다고 했고, 같은 문단에서 성종은 예종 때 만들어진 규정을 그대로 유지했다고 했으므로 성종은 심경, 금강경, 살달타, 법화경을 암송하는 자가 면포 50필을 납부할 때에만 도첩을 내주게 했음을 알 수 있다.

고득점자의 빠른 문제 풀이 Tip

'글에서 알 수 있는 내용'이란 글을 통해 추론할 수 있는 내용과 글의 내용과 일치하는 내용을 모두 포함하는 의미로 이해하는 것이 전략적입니다.

13 세부 내용 파악

정답 ⑤

정답 체크 3문단에서 총격 사건에서 총기를 발사한 경찰관이 겪는 심리증상의 정도는 총격 사건이 발생한 상황에서 경찰관 자신의 총기 사용이 얼마나 정당했는가와 반비례하고, 수적으로 열세인 것, 권총으로 강력한 자동화기를 상대하는 것 등이 총기 사용의 정당성을 높여줌을 알 수 있다. 따라서 범죄자가 경찰관보다 강력한 무기로 무장했을 경우 경찰관의 총기 사용 정당성을 높여주는 것이므로 경찰관이 총격 사건 후 경험하는 심리증상은 경찰관이 범죄자보다 강력한 무기로 무장했을 경우보다 약할 것임을 알 수 있다.

오답 체크
① 2문단에서 총격 사건이 일어나는 동안 발생하는 지각왜곡 중 83%가 시간왜곡, 56%가 시각왜곡, 63%가 청각왜곡을 경험했다고 했으므로 총격 사건 중에 경험하는 지각왜곡 중에서는 시간왜곡이 가장 빈번하게 나타남을 알 수 있다.
② 1문단에서 대부분의 미국 경찰관은 총격 사건을 경험하지 않고 은퇴한다고 했으므로 전체 미국 경찰관 중 총격 사건을 경험하는 사람은 경험하지 않는 사람보다 적음을 알 수 있다.
③ 3문단에서 총격 사건에서 총기를 발사한 경찰관이 경험하는 심리증상 중 위험 지각, 분노, 불면, 고립감 등은 특히 총격 피해자 사망 시에 잘 나타난다고 했으나 총격 피해자가 사망했을 경우 청각왜곡이 더 심각한지는 알 수 없다.
④ 제시된 글에서 지각왜곡과 심리증상의 상관관계는 알 수 없다.

14 세부 내용 파악

정답 ②

정답 체크 2문단에서 지에밥에 누룩, 효모와 물을 섞어 술독에 넣고 나서 며칠 지나면 당화과정과 발효과정이 거의 동시에 일어나며, 이 두 과정을 통해 지에밥의 녹말이 알코올로 바뀌게 된다고 했고, 같은 문단에서 당화과정과 발효과정 중에 나오는 에너지로 인하여 열이 발생하게 되며 이 열로 술독 내부의 온도인 품온이 높아짐을 알 수 있다.

오답 체크
① 1문단에서 탁주는 알코올 농도가 낮고, 청주는 탁주에 비해 알코올 농도가 높다고 했고, 같은 문단에서 청주의 탁도는 18ebc 이하, 막걸리의 탁도는 1,500ebc 이상인 술이라고 했으므로 청주와 막걸리의 탁도와 알코올 농도는 다름을 알 수 있다.
③ 2문단에서 누룩곰팡이가 갖고 있는 아밀라아제는 녹말을 엿당이나 포도당으로 분해하고, 이를 효모가 알코올로 분해함을 알 수 있다.
④ 2문단에서 효모가 엿당이나 포도당을 알코올로 분해한다고 했으나 효모의 양을 조절하여 청주와 막걸리를 구분하여 만들 수 있는지는 알 수 없다.
⑤ 2문단에서 술독에서는 미생물에 의한 당화과정과 발효과정이 거의 동시에 일어남을 알 수 있다.

15 세부 내용 파악

정답 ③

정답 체크
ㄱ. 2문단에서 사적 한계순생산가치란 한 기업이 생산과정에서 투입물 1단위를 추가할 때 그 기업에 직접 발생하는 순생산가치의 증가분이라고 했으므로 사적 한계순생산가치의 크기는 사회에 부가적인 편익을 발생시키는지의 여부와는 관련이 없음을 알 수 있다.
ㄴ. 2문단에서 사회적 한계순생산가치란 한 기업이 투입물 1단위를 추가할 때 발생하는 사적 한계순생산가치에 그 생산에 의해 부가적으로 발생하는 사회적 비용을 빼고 편익을 더한 것이라고 했으므로 어떤 기업이 투입물 1단위를 추가할 때 사회에 발생하는 부가적인 편익이나 비용이 없으면 사적 한계순생산가치와 사회적 한계순생산가치의 크기는 같음을 알 수 있다.

오답 체크
ㄷ. 2문단에서 사회적 한계순생산가치란 한 기업이 투입물 1단위를 추가할 때 발생하는 사적 한계순생산가치에 그 생산에 의해 부가적으로 발생하는 사회적 비용을 빼고 편익을 더한 것이라고 했으므로 기업 A와 기업 B가 동일한 투입물 1단위를 추가했을 때 각 기업에 의해 사회에 부가적으로 발생하는 비용이 같다면 편익의 차이에 따라 두 기업이 야기하는 사회적 한계순생산가치의 크기는 다를 수 있음을 알 수 있다.

고득점자의 빠른 문제 풀이 Tip

'글에서 추론할 수 있는 내용'은 제시된 글에 근거한 추론이어야 합니다. 따라서 <보기>의 ㄱ, ㄴ, ㄷ이 제시된 글과 일치하는지를 우선 확인해야 합니다.

16 빈칸삽입

정답 ③

정답 체크 제시된 글의 내용을 정리하면 다음과 같다.
- A: 귀납이 과학의 역사에서 사용된 경우가 드물다.
- B: 과학의 역사는 바람직한 방향으로 발전하지 않았다.
- C: 귀납주의는 실제로 행해진 과학적 탐구 방법의 특징을 드러내는 데 실패했다.
- D: 귀납주의에서는 수많은 과학적 지식을 정당화되지 않은 것으로 간주해야 한다.
- E: 귀납주의는 과학적 탐구 방법에 대한 잘못된 이론이다.

이때 글에 제시된 논증을 기호화하여 명제로 나타내면 다음과 같다.

- A → B or C
- B → D
- C → E
- ⓐ
- B or C
- ⓑ

ⓐ 다섯 번째 명제의 이유, 즉 B or C가 참이 되기 위한 전제가 들어가야 하고, 첫 번째 명제에서 전건긍정법을 통해 A를 도출할 수 있으므로 귀납이 과학의 역사에서 사용된 경우가 드물다는 ㄱ이 들어가는 것이 적절하다.

ⓑ A → B or C가 참이므로 두 번째 명제와 세 번째 명제에서 D or E를 도출할 수 있다. 따라서 E가 아니라면 선언지제거법을 통해 D를 도출할 수 있으므로 ㅁ이 들어가는 것이 적절하다.

오답 체크

ㄴ. 과학의 역사에서 귀납 외에도 다양한 방법들이 사용된 것은 제시된 논증과 무관하다.

ㄷ. B or C가 참이므로 이에 따라 D or E가 참임을 알 수 있으나 D and E가 항상 참인 것은 아니므로 적절하지 않다.

ㄹ. B or C가 참이므로 이에 따라 D or E가 참임을 알 수 있으나 E → D가 참인지는 알 수 없으므로 적절하지 않다.

17 진술추론

정답 ⑤

정답 체크

3문단에서 진리성 논제를 비판하는 사람들은 자료의 내용이 그것을 이해하는 주체의 인지 행위에서 분명한 역할을 수행한다는 이유로 틀린 '정보'도 정보로 인정되어야 한다고 말한다고 했으므로 거짓으로 밝혀질 자료도 그것을 믿는 사람의 인지 행위에서 분명한 역할을 한다면 정보라고 볼 수 있다는 주장은 ㉠에 대한 비판으로 적절하다.

오답 체크

① '정보'라는 표현이 일상적으로 사용되는 사례가 모두 적절한 것은 아니라는 주장은 적절하지 않은 사례도 있음을 의미한다. 또한 2문단에서 진리성 논제를 받아들이고 있는 그라이스는 거짓 '정보'는 아예 정보가 아니기 때문에 저급한 종류의 정보가 아니라고 했고, 이때의 '거짓 정보'는 '정보'라는 표현이 적절하지 않게 사용된 사례이므로 '정보'라는 표현이 일상적으로 사용되는 사례가 모두 적절한 것은 아니라는 주장은 ㉠을 강화한다.

② 진리성 논제는 올바른 문법 형식을 갖춘, 의미 있고 참인 자료를 정보라고 한다고 했으므로 올바른 문법 형식을 갖추지 못한 자료는 정보라는 지위에 도달할 수 없다는 주장은 ㉠을 강화한다.

③ 진리성 논제는 올바른 문법 형식을 갖춘, 의미 있고 참인 자료를 정보라고 한다고 했으므로 사실과 다른 내용의 자료, 즉 거짓인 자료를 숙지하고 있는 사람은 정보를 안다고 볼 수 없다는 주장은 ㉠을 강화한다.

④ 진리성 논제는 올바른 문법 형식을 갖춘, 의미 있고 참인 자료를 정보라고 한다고 했으나 거짓인 자료를 토대로 행동한 사람이 자신이 의도한 결과에 도달할 수 있는지와는 무관하다. 따라서 ㉠에 대한 비판으로 적절하지 않다.

18 진술추론

정답 ②

정답 체크

ㄷ. 제시된 글에서는 인간 본성이라는 복잡한 전체를 구성하고 있는 하부 체계들은 상호 간에 극단적으로 밀접하게 연관되어 있어 선별적으로 개선하려 들면 전체의 통일성을 무너지게 하므로 인간 본성을 구성하는 어떤 특성에 대해서도 인위적으로 개선하려는 시도를 해서는 안 된다고 주장하고 있다. 따라서 인간 본성의 하부 체계는 상호 분리된 모듈들로 구성되어 있기 때문에 인간 본성의 특정 부분을 인위적으로 변경하더라도 그 변화는 모듈 내로 제한된다는 주장은 인간 본성을 선별적으로 개선하려 들면 복잡한 전체를 무너뜨리는 위험성이 불가피하게 발생하게 된다는 글의 논증을 약화한다.

오답 체크

ㄱ. 제시된 글에서 인간 본성은 복잡한 전체임을 알 수 있으나 인간 본성이 인간이 갖는 도덕적 지위와 존엄성의 궁극적 근거인지는 알 수 없으므로 글의 논증을 강화하지도, 약화하지도 않는다.

ㄴ. 제시된 글에서 인간 본성을 인위적으로 변경하려는 사람들은 인간이 가져야 할 훌륭함이 무엇인지 스스로 잘 안다고 생각한다는 것은 알 수 있으나 모든 인간이 자신을 포함하여 인간 본성을 지닌 모든 존재가 지금의 상태보다 더 훌륭하게 되길 희망하는지는 알 수 없으므로 글의 논증을 강화하지도, 약화하지도 않는다.

고득점자의 빠른 문제 풀이 Tip

글의 논증을 약화하기 위해서는 주장을 부정하거나 반례를 제시해야 합니다. 글의 내용을 통해 알 수 없는 정보나 주장으로는 글의 논증을 약화시킬 수 없음에 유의합니다.

19 논증의 타당성

정답 ④

정답 체크

제시된 글에서 공군이 차기 전투기 도입 시 고려해야 할 사항을 정리하면 다음과 같다.

A: 비행시간이 길어야 함
B: 정비시간이 짧아야 함
C: 폭탄 적재량이 많아야 함
D: 공대공 전투능력이 높아야 함

이에 따라 명제를 기호화하여 정리하면 다음과 같다.

- C or D → ~B
- A → ~D
- B는 필수 조건
- A사: A and C
- 언론사: A and C

ㄴ. 세 번째 명제와 첫 번째 명제의 '대우'를 연결하면 B → ~C and ~D이므로 C와 D는 고려사항에서 제외된다. 이때 공군은 네 가지 고려사항 중에서 최소한 두 가지 이상을 통과한 기종을 선정해야 한다고 했고, B는 필수 조건이므로 A를 반드시 충족시켜야 한다. 따라서 '공군이 도입한 기종은 비행시간이 길다.'는 반드시 참이다.

ㄷ. 두 번째 명제의 '대우'에 따라 D → ~A이므로 '입찰한 업체의 기종이 공대공 전투능력이 높다면 그 기종은 비행시간이 짧다.'는 반드시 참이다.

오답 체크

ㄱ. 언론사는 A와 C를 충족하는 A사의 기종이 선정될 것으로 예측했으나 필수조건인 B가 반드시 충족되기 위해서는 C를 충족할 수 없으므로 '언론의 예측은 옳았다.'는 참이 아니다.

20 논증의 타당성

정답 ④

정답 체크 대화 내용을 기호화하면 다음과 같다.

- 전제 1: ~(AO and BO)
- 전제 2: CO → AO or BO
- 전제 3: AX and BO가 존재함
- 전제 4: ㉠
- 결론: AX and BO and CX가 존재함

우선 A, B, C를 선호 여부에 대한 모든 경우의 수로 정리하면 다음의 8가지가 가능하다.

구분	경우 1	경우 2	경우 3	경우 4	경우 5	경우 6	경우 7	경우 8
A	O	O	O	O	X	X	X	X
B	O	O	X	X	O	O	X	X
C	O	X	O	X	O	X	O	X

전제 1을 통해 경우 1과 경우 2가, 전제 2를 통해 경우 7이 존재하지 않음을 알 수 있고, 전제 3을 통해 경우 5와 경우 6 중에 최소 하나는 존재함을 알 수 있다. 이를 다시 정리하면 다음과 같다.

구분	경우 1	경우 2	경우 3	경우 4	경우 5	경우 6	경우 7	경우 8
A	O	O	O	O	X	X	X	X
B	O	O	X	X	O	O	X	X
C	O	X	O	X	O	X	O	X
가능 여부	존재 X	존재 X			최소 1개 존재		존재 X	

결론에서 경우 6이 반드시 존재한다고 했으므로 ㉠에는 경우 5를 존재하지 않게 하는 내용이 필요하다. 따라서 B를 선호하는 사람은 누구도 C를 선호하지 않는다는 내용은 경우 5를 존재하지 않게 하므로 경우 6이 반드시 존재한다는 결론을 도출할 수 있다.

오답 체크

① A를 선호하는 사람은 모두 C를 선호한다는 내용은 경우 4를 존재하지 않게 할 뿐이므로 결론을 도출할 수 없다.

② A를 선호하는 사람은 누구도 C를 선호하지 않는다는 내용은 경우 3을 존재하지 않게 할 뿐이므로 결론을 도출할 수 없다.

③ B를 선호하는 사람은 모두 C를 선호한다는 내용은 경우 6을 존재하지 않게 하므로 결론을 도출할 수 없다.

⑤ C를 선호하는 사람은 모두 B를 선호한다는 내용은 경우 3을 존재하지 않게 할 뿐이므로 결론을 도출할 수 없다.

고득점자의 빠른 문제 풀이 Tip

A, B, C의 선호 여부에 대한 모든 경우의 수를 도식화한 후, 주어진 조건에 맞지 않는 것을 소거하거나 조건에 맞는 경우를 찾아내는 방법으로 문제를 풀이합니다.

21 세부 내용 파악

정답 ④

정답 체크 1문단에서 최우가 죽고 최항이 집권했다고 했고, 2문단에서 몽골이 1253년 예쿠라는 장수를 보내 또 침입했으나 충주성의 천민들이 관군의 도움 없이 몽골군에 맞서 끝까지 성을 지켜냈다고 했으므로 최항이 집권한 시기에 예쿠가 이끄는 몽골군이 충주성을 공격했으나 점령하지 못했음을 알 수 있다.

오답 체크

① 1문단에서 몽골은 1235년에 세 번째로 침입했고, 1247년에 다시 침입했다고 했으므로 최우가 죽기 전까지는 총 네 차례 고려를 침입하였음을 알 수 있다. 또한 2문단에서 1253년에 예쿠라는 장수를 보내 침입, 이듬해 1254년에 자랄타이가 침입, 3문단에서 최항이 죽은 해에 자랄타이가 다시금 고려를 침입하였다고 했으므로 최우 집권 이후 몽골군은 모두 일곱 차례 고려를 침입하였음을 알 수 있다.

② 2문단에서 자랄타이는 최항이 육지로 나오라는 요구를 묵살한 이듬해인 1254년에 침입했다고 했고, 3문단에서 최항은 거듭된 전란에도 아랑곳하지 않고 강화도에서 권력을 휘둘렀다고 했으므로 자랄타이가 고려를 처음으로 침입하기 직전에는 최항이 집권하고 있었음을 알 수 있다.

③ 3문단에서 최의가 김준과 유경에 의해 죽었다는 것은 알 수 있으나 김준과 유경이 고려 국왕에게 권력을 되돌려주었는지는 알 수 없다.

⑤ 1문단에서 최우가 강화도로 수도를 옮긴 후 몽골은 살리타를 대장으로 하여 삼아 두 번째로 침입했음을 알 수 있다.

22 진술추론

정답 ②

정답 체크 1문단의 ㉠에 따르면 추잡하고 음란한 말, 신성 모독적인 말, 인신공격이나 타인을 모욕하는 말 등은 수정헌법 제1조의 보호대상이 아니다. 따라서 음란물이 저속하고 부도덕하다는 이유에서 음란물 유포를 금하는 명령은 이중기준론에 부합하는 것이므로 ㉠과 상충하지 않는다.

오답 체크

① 1문단에서 발언만으로도 누군가에게 해를 입히거나 사회의 양속을 해칠 말은 ㉠에 따라 수정헌법 제1조의 보호 대상이 아닌 표현이라고 했으므로 시민을 보호하기 위해 제한해야 할 만큼 저속한 표현의 기준을 정부가 정하는 것은 이중기준론에 부합하는 것이므로 ㉠과 상충하지 않는다.

③ 3문단에서 ㉡은 정부가 어떤 경우에도 표현되는 내용에 대한 평가에 근거해서 표현을 제한해서는 안 된다는 것이라고 했으므로 어떤 영화의 주제가 나치즘 찬미라는 이유에서 상영을 금하는 법령은 ㉡에 저촉된다.

④ 3문단에서 ㉡은 정부가 어떤 경우에도 표현되는 내용에 대한 평가에 근거해서 표현을 제한해서는 안 된다는 것이라고 했으므로 경쟁 기업을 비방하는 내용의 광고라는 이유로 광고의 방영을 금지하는 법령은 ㉡에 저촉된다.

⑤ 인신공격하는 표현으로 특정 정치인을 힐난하는 내용의 기획물에 대해 ㉠은 수정헌법 제1조가 보호하지 않는 표현으로, ㉡은 제한할 수 없는 표현으로 판단할 것이므로 TV 방송을 제재할 것인지에 관해서도 ㉠은 제재할 것으로, ㉡은 제재하지 않을 것으로 상반되게 답할 것임을 알 수 있다.

23 세부 내용 파악

정답 ①

정답 체크 1문단에서 주파수 재사용률을 높이기 위해 일정 거리 이상 떨어진 기지국은 동일한 주파수 대역을 다시 사용함을 알 수 있으나 주파수 재사용률을 높이기 위해 기지국의 전파 강도를 높이는지는 알 수 없다.

오답 체크

② 1문단에서 인접하지 않은 셀에서 이미 사용하고 있는 주파수 대역을 다시 사용하는 방식으로 셀을 구성하여 방대한 지역을 제한된 몇 개의 주파수 대역으로 서비스 할 수 있음을 알 수 있다.

③ 1문단에서 주파수 간섭 문제를 피하기 위해 인접한 셀들은 서로 다른 주파수 대역을 사용한다고 했으므로 인접 셀에서 같은 주파수 대역을 사용하면 주파수 간섭 문제가 발생할 수 있음을 알 수 있다.

④ 2문단에서 시스템 설계자는 평소 통화량이 많은 곳은 셀의 반지름을 줄이고 통화량이 적은 곳은 셀의 반지름을 늘려 서비스 효율성을 높인다고 했으므로 시스템 설계자는 서비스 지역의 통화량에 따라 셀의 반지름을 정함을 알 수 있다.

⑤ 2문단에서 하나의 기지국이 감당할 수 있는 최대 통화량은 일정하다고 했으므로 기지국 수를 늘리면 수용 가능한 통화량이 증가함을 알 수 있다.

24 세부 내용 파악

정답 ③

정답 체크

ㄱ. 3문단에서 당시 천체의 운동을 설명하는 유일한 이론은 아리스토텔레스의 자연학이었고, 연주시차가 관찰될 수 없을 만큼 별들이 멀리 떨어져 있다는 생각은 아리스토텔레스의 자연학과 양립할 수 없었기 때문에 티코 브라헤는 연주시차가 관찰되지 않았을 가능성을 부정했음을 알 수 있다.

ㄷ. 2문단에서 티코 브라헤는 코페르니쿠스 체계가 옳다면 연주시차가 관찰된다는 점에 주목하였으나 오랜 시간에 걸쳐 조사해도 연주시차는 전혀 관찰되지 않았다고 했고, 티코 브라헤는 이러한 논리적 절차에 따라 코페르니쿠스 체계를 반증했다고 했으므로 티코 브라헤의 반증은 '코페르니쿠스 체계가 옳다면 연주시차가 관찰된다. 연주시차는 관찰되지 않았다. 따라서 코페르니쿠스 체계는 옳지 않다'의 절차로 재구성할 수 있음을 알 수 있다.

오답 체크

ㄴ. 3문단에서 당시의 천문학 기술로는 누구도 연주시차를 관측할 수 없었고 티코 브라헤 또한 이 가능성을 고려했으나 당시 천체의 운동을 설명하는 유일한 이론이었던 아리스토텔레스의 자연학과 양립 불가능하다는 것을 근거로 연주시차를 부정하였다. 이는 티코 브라헤가 연주시차를 확인하지 못했다는 관찰 내용을 이론적으로 설명한 것이므로 티코 브라헤가 반증 과정에서 종교적 편견에 따른 비합리적 설명을 선택한 것이 아니라 관찰 내용에 대한 이론적 설명을 선택했음을 알 수 있다.

25 빈칸삽입

정답 ⑤

정답 체크

빈칸의 앞 내용은 노랑초파리와 세셸리아초파리는 Ir75a라는 동일한 유전자가 있음에도 노랑초파리에서만 후각수용체 단백질을 만드는 것으로 여겨져 오다가 세셸리아초파리도 프로피온산 냄새를 맡을 수 있다는 사실을 발견하였다는 내용이고, 빈칸의 뒤 내용은 세셸리아초파리의 Ir75a 유전자도 후각수용체 단백질을 만들지만 반응하는 냄새 분자의 목록이 달라졌다는 내용이다. 빈칸에는 세셸리아초파리가 프로피온산 냄새를 맡을 수 있다는 사실이 중요한 이유가 들어가야 하므로 프로피온산 냄새와 관련한 노랑초파리와 세셸리아초파리의 공통점이 들어가야 한다. 따라서 노랑초파리에서 프로피온산 냄새를 담당하는 후각수용체 단백질을 만드는 것도 Ir75a 유전자라는 내용이 가장 적절하다.

오답 체크

① 노니의 열매에서 프로피온산 냄새가 나지 않는 것은 그 동안 세셸리아초파리가 프로피온산 냄새를 맡을 수 있다는 사실을 발견하지 못했던 것을 강화하므로 적절하지 않다.

② 노랑초파리와 세셸리아초파리에서 프로피온산 냄새를 담당하는 후각수용체 단백질은 Ir75a 유전자와 상관이 있으므로 적절하지 않다.

③ 노랑초파리에서 프로피온산 냄새를 담당하는 후각수용체 유전자가 위유전자인지는 알 수 없으므로 적절하지 않다.

④ 2문단에서 이미 세셸리아초파리의 Ir75a 유전자도 후각수용체 단백질을 만든다는 것을 알 수 있으므로 그 발견이 중요한 이유로는 적절하지 않다.

1 법·규정의 적용

정답 ①

정답 체크

ㄱ. 마지막 법조문 2항에서 지방자치단체의 장은 사용·수익을 허가한 행정재산을 국가나 지방자치단체가 직접 공용 또는 공공용으로 사용하기 위하여 필요로 하게 된 경우에는 그 허가를 취소할 수 있음을 알 수 있다.

ㄴ. 세 번째 법조문 2항 2호에서 천재지변이나 재난을 입은 지역주민에게 일정기간 사용·수익을 허가하는 경우 사용료를 면제할 수 있음을 알 수 있다.

오답 체크

ㄷ. 마지막 법조문 1항 2호에서 행정재산의 관리를 게을리하거나 그 사용 목적에 위배되게 사용한 경우 지방자치단체 장은 허가를 취소할 수 있다고 했으나 마지막 법조문 2항과 3항에서 지방자치단체의 장은 사용·수익을 허가한 행정재산을 국가나 지방자치단체가 직접 공용 또는 공공용으로 사용하기 위하여 필요로 하게 된 경우에는 그 허가를 취소할 수 있고, 그 취소로 인하여 해당 허가를 받은 자에게 손실이 발생한 경우에는 이를 보상함을 알 수 있다. 따라서 D시의 행정재산에 대하여 사용허가를 받은 E기업이 사용 목적에 위배되게 사용한다는 이유로 허가가 취소되는 경우는 사용·수익을 허가한 행정재산을 국가나 지방자치단체가 직접 공용 또는 공공용으로 사용하기 위하여 필요로 하게 된 경우가 아니므로 D시의 장은 E기업의 손실을 보상하지 않음을 알 수 있다.

ㄹ. 두 번째 법조문 3항에서 사용·수익허가를 갱신 받으려는 자는 사용·수익허가기간이 끝나기 1개월 전에 지방자치단체의 장에게 사용·수익허가의 갱신을 신청하여야 한다고 했고, G에 대한 사용·수익허가기간은 2014년 3월 1일부터 5년 기한인 2019년 2월 28일까지이다. 따라서 G가 허가 갱신을 받으려면, 2019년 1월 31일까지 허가 갱신을 신청해야 함을 알 수 있다.

고득점자의 빠른 문제 풀이 Tip

제시된 법조문에서 주체, 행위, 요건, 효과 등을 중점적으로 이해합니다. 특히 ㄷ과 같이 다른 조항과 관련된 규정이 있는 경우는 그 내용을 자세히 확인합니다.

2 법·규정의 적용

정답 ②

정답 체크

세 번째 법조문 2항에서 화장을 하려는 자는 화장시설을 관할하는 시장 등에게 신고하여야 한다고 했으므로 甲을 C시 소재 화장시설에서 화장하려는 경우, 그 시설을 관할하는 C시의 장에게 신고해야 함을 알 수 있다.

오답 체크

① 두 번째 법조문 1항에서 사망한 때부터 24시간이 지난 후가 아니면 매장 또는 화장을 하지 못한다고 했고, 甲은 2019년 7월 10일 아침 7시에 사망했으므로 2019년 7월 10일에는 매장할 수 없음을 알 수 있다.

③ 마지막 법조문 1항과 2항에서 가족묘지, 종중·문중묘지를 설치·관리하려는 자는 해당 묘지 소재지를 관할하는 시장 등의 허가를 받아야 한다고 했으므로 甲의 자녀가 가족묘지를 설치·관리하려는 경우, 그 소재지의 관할 시장 등에게 신고가 아닌 허가를 받아야 함을 알 수 있다.

④ 세 번째 법조문 1항에서 매장을 한 자는 매장 후 30일 이내에 매장지를 관할하는 시장 등에게 신고하여야 한다고 했으나 자연장은 제외한다고 했으므로 甲의 유골의 골분을 자연장한 경우, 자연장 소재지의 관할 시장에게 신고 또는 허가를 받을 필요는 없음을 알 수 있다.

⑤ 세 번째 법조문 3항 1호에서 매장한 시신 또는 유골을 다른 분묘로 옮기거나 화장하는 경우에는 시신 또는 유골의 현존지와 개장지를 관할하는 시장에게 각각 신고하여야 한다고 했으므로 B시 소재 공설묘지에 있는 乙의 유골을 甲과 함께 D시 소재 공설묘지에 합장하려는 경우, B시의 장과 D시의 장의 허가를 받는 것이 아니라 각각 신고하여야 함을 알 수 있다.

고득점자의 빠른 문제 풀이 Tip

장례에 관한 법조문에서 허가 사항과 신고 사항을 정확하게 이해하고 문제를 풀이합니다.

3 법·규정의 적용

정답 ④

정답 체크

甲의 <상황>을 정리하면 다음과 같다.

- 1건의 특허출원
- 항의 수 3개
- 총 27면 서면으로 제출
- 특허심사 함께 청구

이에 따라 甲의 특허출원을 국어로 작성한 경우와 외국어로 작성한 경우를 정리하면 다음과 같다.

구분	국어로 작성한 경우	외국어로 작성한 경우
특허출원	1호 나목 66,000+1,000×7 =73,000원	1호 라목 93,000+1,000×7 =100,000원
특허심사	2호 143,000+44,000×3 =275,000원	2호 143,000+44,000×3 =275,000원
합계	73,000+275,000 =348,000원	100,000+275,000 =375,000원

따라서 甲이 납부해야 할 수수료는 국어로 작성한 경우 348,000원이고, 외국어로 작성한 경우 375,000원이다.

고득점자의 빠른 문제 풀이 Tip

특허출원료와 함께 특허심사청구료가 청구되고, 특허심사청구료의 경우 1항마다 수수료가 있다는 점에 유의합니다.

4 세부 내용 파악

정답 ①

정답 체크

1문단에서 수라는 올리는 시간 순서에 따라 각각 조수라, 주수라, 석수라로 구분되고 죽수라도 있었으며, 수라상은 원반과 협반에 차려졌다고 했고, 표의 둘째 날 상차림에서 죽수라, 조수라, 석수라를 3회 올렸으므로 협반은 총 3회 사용되었음을 알 수 있다.

오답 체크

② 2문단에서 미음상은 미음을 주식으로 한다고 했고, 표의 화성참 상차림에서는 미음이 주식인 상이 차려지지 않았음을 알 수 있다.

③ 1문단에서 수라는 올리는 시간 순서에 따라 조수라, 주수라, 석수라로 구분된다고 했고, 표의 첫째 날 낮과 둘째 날 낮의 상차림에서 주수라는 차려지지 않았음을 알 수 있다.

④ 2문단에서 반과상은 올리는 시간 순서에 따라 조다, 주다, 만다, 야다 등을 앞에 붙여서 달리 불렸으며 반과상은 찬과 후식류를 자기에 담아 한 상에 차렸다고 했고, 표의 첫째 날 밤과 둘째 날 밤의 상차림에서 야다반과가 차려졌으므로 후식류를 자기에 담은 상차림이 있었음을 알 수 있다.

⑤ 2문단에서 반과상은 국수를 주식으로 한다고 했고, 표의 첫째 날 상차림에서 조다반과, 주다반과, 야다반과, 둘째 날 상차림에서 주다반과, 야다반과가 차려졌으므로 총 5회 차려졌음을 알 수 있다.

고득점자의 빠른 문제 풀이 Tip

선택지를 대략적으로 살펴보았을 때, '협반', '미음', '주수라', '자기', '국수' 등이 주요 핵심어이므로 제시된 글에서 해당 단어가 포함된 문장을 우선적으로 확인합니다.

5 문제해결

정답 ③

정답 체크 제시된 <조건>을 정리하면 다음과 같다.

- '단어점수'=각기 다른 자음의 '자음점수' 합/단어를 구성하는 자음 종류의 개수
- 특정 자음의 '자음점수'=$2^{\text{특정 자음이 단어에 사용된 횟수}}$
- 사용되지 않는 자음의 '자음점수'=0

ㄱ. '각기'에서 사용된 자음은 ㄱ이고, 사용된 횟수는 3회이므로 '각기'의 단어점수는 $2^3/1=8$점이다. '논리'에서 사용된 자음은 ㄴ, ㄹ이고, 사용된 횟수는 각각 2회, 1회이므로 '논리'의 단어점수는 $(2^2+2^1)/2=3$점이다. 따라서 '각기'는 '논리'보다 단어점수가 더 높다.

ㄴ. 단어의 글자 수가 다른 경우를 확인한다. 단어가 '가', '가나'인 경우, '가'에 사용된 자음은 ㄱ이고, 사용된 횟수는 1회이므로 '가'의 단어점수는 $2^1/1=2$점이다. '가나'에서 사용된 자음은 ㄱ, ㄴ이고, 사용된 횟수는 각각 1회이므로 '가나'의 단어점수는 $(2^1+2^1)/2=2$점이다. 따라서 단어의 글자 수가 달라도 단어점수가 같을 수 있다.

오답 체크 ㄷ. 각주에서 의미가 없는 글자의 나열도 단어로 인정한다고 했으므로 단어의 글자 수가 4개인 경우를 확인한다. 단어가 '각각각각'인 경우, '각각각각'에 사용된 자음은 ㄱ이고, 사용된 횟수는 8회이므로 단어점수는 $2^8/1=256$점이다. 따라서 글자 수가 4개인 단어의 단어점수는 250점을 넘을 수 있다.

고득점자의 빠른 문제 풀이 Tip

제시된 <조건>에서 의미가 없는 글자의 나열도 단어로 인정한다고 했으므로 단어점수 비교 및 계산이 쉬운 단어의 예를 파악합니다.

6 문제해결

정답 ②

정답 체크 <국제해양기구의 의견>에서 '회의 시설'에서 C를 받은 도시는 제외한다고 했으므로 대전과 제주는 제외되고, <후보도시 평가표>와 <국제해양기구의 의견>에 따라 서울, 인천, 부산의 합산점수를 정리하면 다음과 같다.

구분	서울	인천	부산
1) 회의 시설 1,500명 이상 수용가능한 대회의장 보유 등	10	10	7
2) 숙박 시설 도보거리에 특급 호텔 보유 등	10	7	10
3) 교통 공항접근성 등	7	10+5	7
4) 개최 역량 대규모 국제행사 개최 경험 등	10	3	10
바다를 끼고 있는 도시	0	5	5
합산점수	37	40	39

따라서 국제행사의 개최도시로 선정될 곳은 합산점수가 40점으로 가장 높은 인천이다.

고득점자의 빠른 문제 풀이 Tip

제시된 <국제해양기구의 의견>에서 '회의 시설' 평가가 C인 도시는 제외한다고 했으므로 대전과 제주를 제외한 나머지 도시의 합산점수만 계산하여 빠르게 문제를 풀이합니다.

7 논리퍼즐

정답 ①

정답 체크 제시된 글의 조건을 정리하면 다음과 같다.

- 수요일을 제외하고 매일 영업
- 영업일은 하루에 A, B, C구역 중 하나를 청소
- 청소한 구역은 바로 다음 영업일에는 청소하지 않음
- A구역: 일주일에 1회
- B구역: 일주일에 2회, 단 청소한 후 영업일과 휴업일을 가리지 않고 이틀 간 청소하지 않음
- C구역: 일주일에 3회, 단 1회는 일요일

수요일을 제외하고 영업일에 A, B, C 중 한 구역을 청소하므로 수요일은 모두 청소를 하지 않음을 알 수 있다. C구역은 일요일에 청소 1회를 하고, 청소한 구역은 바로 다음 영업일에는 청소하지 않으므로 C구역은 월요일과 토요일에 청소를 하지 않는다. 이에 따라 구역별 청소 가능 여부를 표로 정리하면 다음과 같다.

구분	월	화	수	목	금	토	일
A (1회)			X				X
B (2회)			X				X
C (3회)	X		X			X	O

이때 C구역을 화요일에 청소하지 않을 경우, 목요일과 금요일 이틀 연속으로 청소해야 하나 청소한 구역은 바로 다음 영업일에는 청소하지 않는다고 했으므로 C구역은 화요일에 청소함을 알 수 있다. 이에 따라 화요일의 다음 영업일은 목요일이므로 C구역은 목요일에 청소할 수 없고, 금요일에 청소함을 알 수 있다.

구분	월	화	수	목	금	토	일
A (1회)		X	X		X		X
B (2회)		X	X		X		X
C (3회)	X	O	X	X	O	X	O

또한 B구역을 월요일에 청소하지 않을 경우, 목요일과 토요일에 청소해야 하나 B구역은 청소한 후 영업일과 휴업일을 가리지 않고 이틀 간 청소하지 않으므로 월요일에 청소함을 알 수 있다. 또한 B구역은 일주일에 2회 청소하고 만약 토요일에 청소하는 경우 청소한 후 이틀 간 청소하지 않는다는 조건에 유배되므로 B구역은 목요일에 청소함을 알 수 있다. 이에 따라 A구역은 토요일에 청소한다.

구분	월	화	수	목	금	토	일
A (1회)	X	X	X	X	X	O	X
B (2회)	O	X	X	O	X	X	X
C (3회)	X	O	X	X	O	X	O

따라서 B구역 청소를 하는 요일은 월요일과 목요일이다.

고득점자의 빠른 문제 풀이 Tip

제시된 글의 조건을 표로 도식화하여 정리합니다. 이때 세 번째 조건에서 청소하지 않는 경우는 청소한 다음 날이 아니라 다음 '영업일'이라는 점과 다섯 번째 조건에서 B구역은 청소한 후 영업일과 휴업일을 가리지 않고 이틀 간 청소하지 않는다는 점에 유의해야 합니다.

8 문제해결

정답 ②

정답체크 제시된 글과 <표>의 내용을 정리하여 방정식을 세우면 다음과 같다.

- A+C+E=76 … ⓐ
- C+F=58 … ⓑ
- A+D+E=100 … ⓒ
- D+F=82 … ⓓ
- (1-0.1)×B+D+F=127 … ⓔ

ㄴ. ⓓ를 ⓔ에 대입하여 정리하면 B=50만 원이다. 따라서 B업체의 할인 전 가격은 50만 원이다.

오답체크 ㄱ. A업체 가격이 26만 원일 경우, 이를 ⓐ에 대입하여 정리하면 C+E=50만 원이다. 이를 ⓑ에 대입하여 정리하면 F-E=8만 원이므로 E업체 가격이 F업체 가격보다 8만 원 싸다.

ㄷ. C업체 가격이 30만 원일 경우, 이를 ⓐ에 대입하여 정리하면 A+E=46만 원이다. 이를 ⓒ에 대입하여 정리하면 D=54만 원이고, 이를 ⓓ에 대입하여 정리하면 F=28만 원이다. 따라서 C업체의 가격이 30만 원일 경우, B, C, D, F업체의 가격은 알 수 있으나 A와 E업체의 가격은 알 수 없다.

ㄹ. ⓐ에 ⓒ를 대입하여 정리하면 D-C=24만 원이므로 D업체 가격이 C업체 가격보다 24만 원 비싸다.

9 문제해결

정답 ③

정답체크 ㄱ. 甲의 자본금액은 200억 원이고, 납부해야 할 주민세가 최소 금액인 경우는 자본금액 50억 원을 초과하는 법인으로서 종업원 수가 100명 이하인 경우이다. 따라서 甲이 납부해야 할 주민세 최소 금액은 20만 원이다.

ㄹ. 甲, 乙, 丙이 납부해야 할 주민세 금액의 합계가 최대인 경우는 甲이 자본금액 100억 원을 초과하는 법인으로서 종업원 수가 100명을 초과하는 경우, 乙이 자본금액 10억 원 초과 30억 원 이하 법인으로서 종업원 수가 100명을 초과하는 경우, 丙이 자본금액 100억 원을 초과하는 법인으로서 종업원 수가 100명을 초과하는 경우이다. 따라서 甲, 乙, 丙이 납부해야 할 주민세 금액의 합계는 최대 500,000+100,000+500,000=1,100,000원=110만 원이다.

오답체크 ㄴ. 乙의 자본금액은 20억 원이고, 종업원이 50명인 경우 그 밖의 법인으로 구분되므로 5만 원의 주민세를 납부해야 한다.

ㄷ. 丙의 종업원 수는 200명이고, 납부해야 할 주민세가 최소 금액인 경우는 자본금액이 10억 원 이하인 그 밖의 법인인 경우이다. 따라서 丙이 납부해야 할 주민세 최소 금액은 5만 원이다.

고득점자의 빠른 문제 풀이 Tip

제시된 표는 자본금액이 큰 순서로 나열되어 있으므로 이를 이용하여 甲, 乙, 丙이 해당 가능한 경우를 정리한 후에 주민세의 최소, 최고 금액을 파악하는 것이 좋습니다.

10 문제해결

정답 ⑤

정답체크 정성평가 기준은 지자체 및 민간분야와의 재난안전분야 협력, 재난관리에 대한 종합평가 두 항목이고, 두 항목 모두 '상', '중', '하'의 선정비율이 20:60:20이므로 5개의 평가대상기관 중 '상', '중', '하' 평가를 받은 기관 수는 1:3:1로 각각 1개, 3개, 1개임을 알 수 있다. 한편 평가표는 정량평가와 정성평가로 이루어져 있고, 정량평가는 수치가 모두 제시되었지만 정성평가는 일부 누락되어 있다. 이때 제시된 정성평가 기준으로 파악할 수 있는 것을 정리하면 다음과 같다.

- A기관의 정성평가는 20점이므로 정성평가 기준 두 항목 모두 '상' 평가를 받았음을 알 수 있고, '상' 평가를 받은 기관 수는 1개이므로 B, C, D, E 기관은 '상' 평가를 받지 못했음을 알 수 있다.
- B기관과 C기관의 정성평가는 11점이고, '상' 평가는 이미 A기관이 두 항목에서 모두 차지했으므로 B기관과 C기관은 첫 번째 항목에서 '중' 평가 6점, 두 번째 항목에서 '중' 평가 5점을 받았음을 알 수 있다.
- 정성평가 두 항목에서 A기관이 '상' 평가, B와 C기관이 '중' 평가를 받았으므로 D와 E기관은 두 항목에서 '중' 또는 '하' 평가를 받았음을 알 수 있다.

D가 첫 번째 항목과 두 번째 항목에서 받을 수 있는 평가 점수에 따라 가능한 경우의 수를 정리하면 다음과 같다.

구분		A	B	C	D	E
정량평가		71	80	69	74	66
<경우1> D가 '중'-'중'을 받은 경우	정성평가	20	11	11	11	4
	최종점수	91	91	80	85	70
<경우2> D가 '중'-'하'를 받은 경우	정성평가	20	11	11	7	8
	최종점수	91	91	80	81	74
<경우3> D가 '하'-'중'을 받은 경우	정성평가	20	11	11	8	7
	최종점수	91	91	80	82	73
<경우4> D가 '하'-'하'를 받은 경우	정성평가	20	11	11	4	11
	최종점수	91	91	80	78	77

따라서 E기관은 어떠한 경우에도 최종점수가 가장 낮아 5위임을 알 수 있다.

오답체크 ①, ② A기관과 B기관의 최종점수는 모든 경우에 91점으로 동일하다. 이때 최종점수가 동점일 경우에는 정성평가 점수가 높은 순서대로 순위를 결정한다고 했으므로 A기관은 항상 1위, B기관은 항상 2위임을 알 수 있다.

③ <경우 1>, <경우 2>, <경우 3>에 따라 C는 최종점수가 D보다 낮아 4위가 될 수 있음을 알 수 있다.

④ <경우 1>, <경우 2>, <경우 3>에 따라 D는 최종점수가 C보다 높아 3위가 될 수 있음을 알 수 있다.

11 법·규정의 적용

정답 ①

정답 체크

ㄱ. 첫 번째 법조문 1항에서 기획재정부장관은 각 국제금융기구에 출자를 할 때에는 국무회의의 심의를 거쳐 대통령의 승인을 받아 자유교환성 통화로 납입할 수 있음을 알 수 있다.

오답 체크

ㄴ. 첫 번째 법조문 1항에서 기획재정부장관은 각 국제금융기구에 출자를 할 때에는 국무회의의 심의를 거쳐 대통령의 승인을 받아 내국통화로 그 출자금을 한꺼번에 또는 분할하여 납입할 수 있음을 알 수 있다.

ㄷ. 첫 번째 법조문 2항에서 기획재정부장관은 제1항에 따라 내국통화로 출자하는 경우에 그 출자금의 전부 또는 일부를 국무회의의 심의를 거쳐 대통령의 승인을 받아 내국통화로 표시된 증권으로 출자할 수 있다고 했으나 출자금의 일부액을 미합중국통화로 표시된 증권으로 출자할 수 있는지는 알 수 없다.

ㄹ. 마지막 법조문 1항에서 기획재정부장관은 전조 제2항에 따라 출자한 증권의 전부 또는 일부에 대하여 각 국제금융기구가 지급을 청구하면 지체 없이 이를 지급하여야 한다고 했으므로 만약 출자금을 내국통화로 표시된 증권으로 출자하여 A국제금융기구가 그 지급을 청구할 경우에는 한국은행장이 아닌 기획재정부장관이 지체 없이 이를 지급하여야 함을 알 수 있다.

12 법·규정의 적용

정답 ⑤

정답 체크

제시된<상황>을 정리하면 다음과 같다.

- 2018년 3월 10일 그림에 대해 매수인 甲과 매도인 乙이 매매계약 체결 및 이행(매수인은 과실 없이 진품으로 믿음)
- 2018년 6월 20일 위작 확인

제시된 글의 내용을 정리하면 다음과 같다.

구분	매매물에 하자가 있는 경우	계약에 착오가 있는 경우
권리자	매수인	계약당사자
요건	과실이 없을 것 (매도인이 알았는지 여부나 과실 유무는 불문)	중대한 과실이 없을 것
발생 권리	계약해제권, 손해배상청구권	취소권
행사 가능 기간	하자 사실을 안 날로부터 6개월 내	착오를 벗어난 날로부터 3년 이내, 계약을 체결한 날로부터 10년 이내

매도인 乙이 위작임을 알았더라도 매수인 甲에게는 과실이 없으므로 하자담보책임을 물을 수 있고, 착오에 의한 계약취소도 할 수 있으나 2019년 6월 20일은 매수인이 하자 사실을 안 날로부터 6개월이 지난 경우이므로 하자담보책임을 물을 수는 없다. 이때 착오에 의한 계약취소는 착오를 벗어난 날로부터 3년 이내, 그리고 계약을 체결한 날로부터 10년 이내에 행사할 수 있으므로 착오를 이유로 취소할 수는 있음을 알 수 있다.

오답 체크

① 하자를 이유로 한 매매계약 해제는 매수인이 매도인에게 하자담보책임을 물어 행사할 수 있으므로 매도인 乙이 아닌 매수인 甲이 해제할 수 있음을 알 수 있다.

② 하자를 이유로 한 손해배상청구권은 매수인이 하자가 있는 사실을 안 날로부터 6개월 내에 행사해야 한다. 따라서 매수인 甲이 위작임을 안 시점은 2018년 6월 20일이므로 1년이 지난 시점인 2019년 6월 20일에는 매수인 甲이 매도인 乙에게 손해배상 청구를 할 수 없음을 알 수 있다.

③ 착오로 인한 취소는 착오를 벗어난 날로부터 3년 이내 혹은 계약을 체결한 날로부터 10년 이내에 행사해야 한다. 따라서 매수인 甲이 위작임을 안 시점은 2018년 6월 20일이므로 3년이 지나지 않은 2019년 6월 20일에는 착오를 이유로 취소할 수 있음을 알 수 있다.

④ 하자를 이유로 한 매매계약 해제는 매도인 乙이 위작이라는 사실을 알았는지 여부에 영향을 받지 않으나 매수인이 하자 사실을 안 날로부터 6개월 내에 행사해야 한다. 따라서 매수인 甲이 위작임을 안 시점은 2018년 6월 20일이므로 1년이 지난 시점인 2019년 6월 20일에는 매수인 甲이 매도인 乙과의 매매계약을 해제할 수 없음을 알 수 있다.

13 법·규정의 적용

정답 ②

정답 체크

첫 번째 법조문 4항에서 공공기관·금융기관·단체 등은 정당한 사유 없이 채무자 명의의 재산 및 신용에 관한 조회를 거부하지 못한다고 했으므로 재산명시절차의 관할법원으로부터 채무자 명의의 재산에 관해 조회를 받은 공공기관은 정당한 사유가 있는 경우에는 이를 거부할 수 있음을 알 수 있다.

오답 체크

① 첫 번째 법조문 1항에서 재산명시절차의 관할법원은 재산명시절차에서 채무자가 제출한 재산목록의 재산만으로 집행채권의 만족을 얻기에 부족한 경우, 그 재산명시를 신청한 채권자의 신청에 따라 금융기관에 채무자 명의의 재산에 관하여 조회할 수 있다고 했으므로 재산명시절차의 관할법원은 직권이 아닌 채권자의 신청에 따라 甲 명의의 재산에 관해 조회할 수 있음을 알 수 있다.

③ 마지막 법조문 1항에서 누구든지 재산조회의 결과를 강제집행 외의 목적으로 사용하여서는 안 됨을 알 수 있다.

④ 첫 번째 법조문 5항에서 조회를 받은 기관·단체의 장이 정당한 사유 없이 자료를 제출할 것을 거부한 때에는 결정으로 500만 원 이하의 과태료에 처함을 알 수 있다.

⑤ 첫 번째 법조문 2항에서 채권자가 제 1항의 신청을 할 경우에는 조회할 기관·단체를 특정하여야 하며 조회에 드는 비용을 미리 내야 함을 알 수 있다.

고득점자의 빠른 문제 풀이 Tip

제시된 법조문의 요건과 효과를 주의 깊게 살펴봐야 하며, 특히 위반 행위에 따라 처해지는 사항이 과태료인지 벌금인지 정확히 구분합니다.

14 세부 내용 파악

정답 ②

정답 체크

제시된 글에서 란돌트 시력 검사법에 따른 구분 가능한 최소 각도와 시력의 관계를 정리하면 다음과 같다.

구분 가능한 최소 각도	1′	2′	0.5′	4′
시력	1.0	0.5	2.0	0.25

따라서 시력=$\frac{1}{\text{구분 가능한 최소 각도}}$임을 알 수 있다.

ㄱ. 구분할 수 있는 최소 각도가 10′인 사람의 시력은 1/10=0.1임을 알 수 있다.

ㄴ. 2문단에서 천문학자 A는 5″까지의 차이도 구분할 수 있다고 했고, 1문단에서 1′의 1/60이 1″라고 했으므로 5″는 5/60=1/12임을 알 수 있다. 따라서 천문학자 A의 시력은 1/(1/12)=12인 것으로 추정됨을 알 수 있다.

오답체크 ㄷ. 구분할 수 있는 최소 각도가 1.25′인 甲의 시력은 1/1.25=0.8이고, 구분할 수 있는 최소 각도가 0.1′인 乙의 시력은 1/0.1=10이다. 따라서 乙의 시력이 甲의 시력보다 더 좋음을 알 수 있다.

고득점자의 빠른 문제 풀이 Tip

제시된 글에서 구분 가능한 최소 각도와 시력의 관계, 도·분·초의 관계를 수치나 표로 먼저 정리한 후 문제를 풀이합니다.

15 논리퍼즐

정답 ⑤

정답체크 제시된 글을 정리하면 다음과 같다.

- 최저음=A, 최고음=G
- ㉮는 A음이며 ㉮~㉸순으로 누르는 지점을 옮길 때마다 반음씩 높은 소리가 남
- 반음+반음=한음
- A-B, C-D, D-E, F-G는 한음 차이
- 반음 높은 음은 낮은 음의 이름 오른쪽에 # 표시함
- B-C, E-F는 반음 차이

위 내용을 표로 정리하면 다음과 같다.

지점	㉮	㉯	㉰	㉱	㉲	㉳	㉴	㉵	㉶	㉷	㉸
계이름	A	A#	B	C	C#	D	D#	E	F	F#	G

이때 ㉵를 누르고 줄을 튕기면 E음이 나고, <가락>에서 E음은 총 4번 나온다.

따라서 ㉵를 누른 상태로 줄을 튕기는 횟수는 4회이다.

고득점자의 빠른 문제 풀이 Tip

A~G음 중 한음 차이와 반음 차이를 주의하여 문제를 풀이합니다.

16 문제해결

정답 ⑤

정답체크 제시된 글을 정리하면 다음과 같다.

- 오탈락률= $\frac{\text{적합한 지원자 중 탈락시킨 지원자}}{\text{적합한 지원자}}\times100$
- 오채용률= $\frac{\text{부적합한 지원자 중 채용한 지원자}}{\text{부적합한 지원자}}\times100$

제시된 <상황>을 정리하면 다음과 같다.

구분	채용	탈락	합계
적합	320	480	800
부적합	40	360	400
합계	360	840	1200

따라서 ㉠은 (480/800)×100=60%이고, ㉡은 (40/400)×100 =10%이다.

고득점자의 빠른 문제 풀이 Tip

오탈락률과 오채용률의 정확한 정의를 파악한 후, 주어진 <상황>을 표로 정리하여 필요한 수치를 빠르게 계산합니다.

17 논리퍼즐

정답 ④

정답체크 미세먼지 비상저감조치가 시행된 12일, 13일, 14일에는 차량 홀짝제가 시행되었고, 甲은 12일에 본인의 자동차로 출근했으므로 甲의 자동차 번호 끝자리 숫자는 0 또는 짝수이다. 한편 乙은 이번 주에 이틀만 본인의 자동차로 출근했고, 乙의 자동차 번호 끝자리 숫자가 0 또는 짝수일 경우, 12일, 14일과 목요일, 금요일에 본인의 자동차로 출근할 수 있으므로 乙의 자동차 번호 끝자리 숫자는 홀수이다. 또한 丙은 13일에 본인의 자동차로 출근할 수 있었다고 했으므로 丙의 자동차 번호 끝자리 숫자는 홀수이다. 이때 甲이 이번 주에 총 4일을 본인의 자동차로 출근했고, 丙이 13, 15, 16일에만 본인의 자동차로 출근했다고 했으므로 이를 정리하면 다음과 같다.

요일	월	화	수	목	금
날짜	12일	13일	14일	15일	16일
	(비상저감 조치)				
운행 불가	홀수	0 또는 짝수	홀수	7, 8	9, 0
갑	O	X	O	O	O
을	X	O	X		
병	X	O	X	O	O

- 甲의 자동차 번호 끝자리 숫자는 0 또는 짝수이고, 목요일과 금요일에 본인의 자동차로 출근했으므로 甲의 자동차 번호 끝자리 숫자로 가능한 수 중 가장 큰 숫자는 6이다.
- 乙의 자동차 번호 끝자리 숫자는 홀수이고, 이틀만 본인의 자동차로 출근했으므로 목요일과 금요일 중 하루만 본인의 자동차로 출근했음을 알 수 있다. 따라서 乙의 자동차 번호 끝자리 숫자로 가능한 수 중 가장 큰 숫자는 乙이 목요일에 본인의 자동차로 출근하고 금요일에 운행 불가한 9이다.
- 丙의 자동차 번호 끝자리 숫자는 홀수이고, 목요일과 금요일에 본인의 자동차로 출근했으므로 丙의 자동차 번호 끝자리 숫자는 7 또는 9가 될 수 없다. 따라서 丙의 자동차 번호 끝자리 숫자로 가능한 수 중 가장 큰 숫자는 5이다.

따라서 甲, 乙, 丙의 자동차 번호 끝자리 숫자의 합으로 가능한 최댓값은 6+9+5=20이다.

고득점자의 빠른 문제 풀이 Tip

<상황>에 따라 甲, 乙, 丙이 본인의 자동차로 출근한 날을 정리한 후, 본인의 자동차로 출근이 불가능한 경우를 제외하면서 문제를 풀이합니다. 이때 미세먼지 비상저감조치가 시행되어 차량 홀짝제가 시행될 경우, 홀수인 날에는 자동차 번호 끝자리 숫자가 홀수인 차량을 운행하는 것임에 유의합니다.

18 논리퍼즐

정답 ③

정답체크 제시된 글에서 A, B, C의 규칙을 정리하면 다음과 같다.

- A: 3의 배수인 전구가 켜진 상태면 끄고, 꺼진 상태면 그대로 둔다.
- B: 2의 배수인 전구가 켜진 상태면 끄고, 꺼진 상태면 켠다.
- C: 3번 전구를 기준으로 왼쪽과 오른쪽 중 켜진 전구의 개수가 많은 쪽을 전부 끈다. 단, 켜진 전구의 개수가 같다면 양쪽에 켜진 전구를 모두 끈다.

이에 따라 전구가 켜진 상태를 O, 꺼진 상태를 X로 놓고 각 선택지의 경우를 순서대로 정리하면 다음과 같다.

<경우 1> A-B-C

전구 번호	1	2	3	4	5	6
처음 상태	O	O	O	X	X	X
A	O	O	X	X	X	X
B	O	X	X	O	X	O
C	O	X	X	X	X	X

<경우 2> A-C-B

전구 번호	1	2	3	4	5	6
처음 상태	O	O	O	X	X	X
A	O	O	X	X	X	X
C	X	X	X	X	X	X
B	X	O	X	O	X	O

<경우 3> B-A-C

전구 번호	1	2	3	4	5	6
처음 상태	O	O	O	X	X	X
B	O	X	O	O	X	O
A	O	X	X	O	X	X
C	X	X	X	X	X	X

<경우 4> B-C-A

전구 번호	1	2	3	4	5	6
처음 상태	O	O	O	X	X	X
B	O	X	O	O	X	O
C	O	X	O	X	X	X
A	O	X	X	X	X	X

<경우 5> C-B-A

전구 번호	1	2	3	4	5	6
처음 상태	O	O	O	X	X	X
C	X	X	O	X	X	X
B	X	O	O	O	X	O
A	X	O	X	O	X	X

따라서 마지막 사람이 방에서 나왔을 때, 방의 전구는 모두 꺼져 있었으므로 방에 출입한 사람의 순서는 B-A-C이다.

19 법·규정의 적용

정답 ①

정답 체크

ㄱ. 만 1세 미만 영유아 4명을 보육하는 어린이집은 보육교사 최소 배치 기준 (1)에 따라 보육교사 대 영유아비율이 1:3이므로 2명의 보육교사를 배치해야 한다. 만 1세 이상 만 2세 미만 영유아 5명을 보육하는 어린이집은 보육교사 최소 배치 기준 (2)에 따라 보육교사 대 영유아비율이 1:5이므로 1명의 보육교사를 배치해야 한다. 이때 (1)과 (2)는 혼합반을 편성할 수 있고 혼합반을 편성하는 경우 보육교사 대 영유아비율이 1:3이고, 영유아가 9명이므로 3명의 보육교사를 배치해야 한다. 따라서 최소 3명의 보육교사를 배치해야 함을 알 수 있다.

오답 체크

ㄴ. 만 1세 이상 만 2세 미만 영유아 6명을 보육하는 어린이집은 보육교사 최소 배치 기준 (2)에 따라 보육교사 대 영유아비율이 1:5이므로 2명의 보육교사를 배치해야 한다. 만 2세 이상 만 3세 미만 영유아 12명을 보육하는 어린이집은 보육교사 최소 배치 기준 (3)에 따라 보유교사 대 영유아비율이 1:7이므로 2명의 보육교사를 배치해야 한다. 이때 (2)와 (3)은 혼합반을 편성할 수 있고 혼합반을 편성하는 경우 보육교사 대 영유아비율이 1:5이고, 영유아가 18명이므로 4명의 보육교사를 배치해야 한다. 따라서 최소 4명의 보육교사를 배치해야 함을 알 수 있다.

ㄷ. 만 1세 미만 영유아 1명을 보육하는 어린이집은 보육교사 최소 배치 기준 (1)에 따라 보육교사 대 영유아비율이 1:3이므로 1명의 보육교사를 배치해야 한다. 만 2세 이상 만 3세 미만 영유아 2명을 보육하는 어린이집은 보육교사 최소 배치 기준 (3)에 따라 보육교사 대 영유아비율이 1:7이므로 1명의 보육교사를 배치해야 한다. 이때 (1)과 (3)은 혼합반을 편성할 수 없으므로 최소 2명의 보육교사를 배치해야 함을 알 수 있다.

20 문제해결

정답 ④

정답 체크

ㄱ. <성적 평정 기준표>에 따라 D와 F등급의 최소 비율이 0%이고, 이에 따라 D와 F 등급에 비율을 배정하지 않아도 되므로 모두에게 C 이상의 학점을 부여할 수 있다. 이때 각 등급 내에서 +와 0의 비율은 교수 재량으로 정할 수 있다고 했으므로 평정대상 전원에게 C^{+} 이상의 학점을 부여할 수 있다.

ㄷ. 상위 등급의 비율을 최대 기준보다 낮게 배정할 경우 잔여 비율을 하위 등급 비율에 가산하여 배정할 수 있다고 했고, 5명에게 A등급을 부여하면 A등급 배정 비율은 (5/20)×100=25%이다. A등급의 최대 비율인 30%에서 잔여 비율은 30-25=5%이므로 이를 B등급에 가산하면 B등급의 최대 배정 비율은 35+5=40%이고, B학점을 받을 수 있는 학생은 20×0.4=8명이다. 이때 각 등급 내에서 +와 0의 비율은 교수 재량으로 정할 수 있다고 했으므로 최대 8명의 학생에게 B^{+}학점을 부여할 수 있다.

ㄹ. 59점을 받은 학생은 20명 중18위이고, 평정대상에서 차지하는 비율은 (18/20)×100=90%이다. A등급과 B등급에 최대 비율인 30%와 35%를 배정할 경우 B학점 이상 받을 수 있는 학생은 20×0.65=13명이므로 59점 받은 학생에게 B 이상의 학점을 부여할 수 없다. 또한 A등급과 B등급의 비율 배정에 따라 F등급까지 비율을 배정받으므로 59점을 받은 학생에게 부여할 수 있는 학점은 C^{+}, C^{0}, D^{+}, D^{0}, F 중 하나이다.

오답 체크

ㄴ. 79점을 받은 학생은 20명 중 7위이고, 평정대상에서 차지하는 비율은 (7/20)×100=35%이다. A등급과 B등급의 최소 배정 비율인 10%와 20%를 배정할 경우 B학점 이상을 받을 수 있는 학생은 20×0.3=6명이므로 순위가 7위인 학생은 C학점을 받을 수 있다. 이때 각 등급 내에서 +와 0의 비율은 교수 재량으로 정할 수 있다고 했으므로 79점 받은 학생이 받을 수 있는 가장 낮은 학점은 C^{0}이다.

21 문제해결

정답 ③

정답 체크

제시된 글을 정리하면 다음과 같다.

· A시를 출발한지 20분 후 여기서부터 B시까지 거리의 딱 절반만큼 왔다고 했으므로 A시를 출발하여 20분 후의 거리는 B시까지 남은 거리의 절반이다. 따라서 A시를 출발하여 20분 후의 거리를 x라고 하면 A시부터 B시까지의 거리는 $x+2\times x=3x$이다.

· 그로부터 75km를 더 간 후 C시까지는 여기서부터 B시까지 거리의 딱 절반만큼 남았다고 했으므로 여기서부터 B시까지의 거리는 C시까지 남은 거리의 2배이다. 따라서 C시까지 남은 거리를 y라고 하면 B시부터 C시까지의 거리는 $2\times y+y=3y$이다.

위 내용을 그림으로 정리하면 다음과 같다.

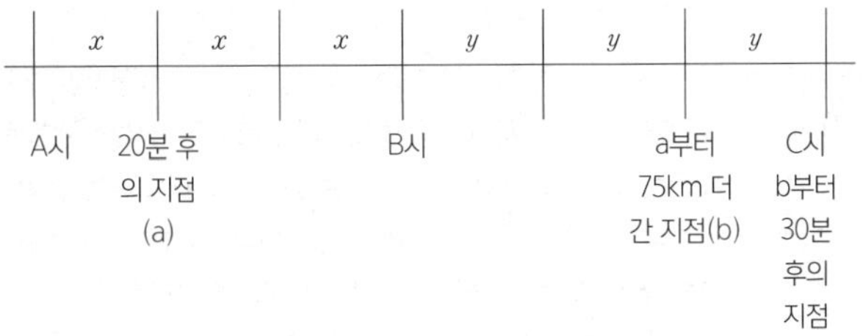

a부터 75km 더 간 b까지의 거리는 $2x+2y=75$이므로 $x+y=37.5$이다. 또한 A시에서 20분 후 지점까지의 거리는 x, x만큼 이동하는 데 소요된 시간은 20분이고, b에서 C시까지의 거리는 y, y만큼 이동하는 데 소요된 시간은 30분이다. 이때 $x+y$를 이동하는 데 소요된 시간이 50분이므로 자동차 속력은 $(37.5\times60)/50=45$km/h이다.

따라서 A시에서 B시까지 이동하는 데 소요된 시간은 $20\times3=60$분=1시간이므로 A시에서 B시까지 거리는 $45\times1=45$km이다.

고득점자의 빠른 문제 풀이 Tip

제시된 글에서 주어진 거리와 시간의 관계를 그림으로 정리한 후 방정식을 이용하여 문제를 풀이합니다.

22 논리퍼즐

정답 ②

정답 체크 5명은 각자 자신의 생일을 알고 있고, 자신을 제외한 나머지 4명의 생일이 언제인지는 모르지만, 3월생이 2명, 6월생이 1명, 9월생이 2명임을 알고 있다. 또한 5명은 <대화>의 진행에 따라 상황을 논리적으로 판단하고, 솔직하게 대답했다고 했으므로 이에 따라 다음 <대화>에서 추론할 수 있는 내용을 정리하면 다음과 같다.

· 민경: 지나야, 네 생일이 5명 중에서 제일 빠르니?

지나: 그럴 수도 있지만 확실히는 모르겠어.

지나의 생일이 6월이나 9월이라면 지나는 3월생이 2명이라는 사실을 알고 있으므로 아니라고 답했을 것임을 알 수 있다. 그러나 지나는 5명 중에서 자신의 생일이 제일 빠를 수도 있다고 답했으므로 지나의 생일은 3월이다.

이름	지나	정선	혜명	민경	효인
생일	3월				

· 정선: 혜명아, 네가 지나보다 생일이 빠르니?

혜명: 그럴 수도 있지만 확실히는 모르겠어.

혜명은 지나가 3월생이라는 것을 알고 있고, 자신의 생일이 더 빠를 수도 있다고 답했으므로 혜명의 생일은 3월이다.

이름	지나	정선	혜명	민경	효인
생일	3월		3월		

· 지나: 민경아, 넌 정선이가 몇 월생인지 알겠니?

민경: 아니, 모르겠어.

3월생 2명이 모두 밝혀졌으므로 정선, 민경, 효인 중 6월생 1명과 9월생 2명이 있음을 알 수 있다. 민경이 6월생이라면 정선이 9월생임을 안다고 답했을 것이나 민경은 정선이 몇 월생인지 모른다고 답했으므로 민경은 9월생이다.

이름	지나	정선	혜명	민경	효인
생일	3월		3월	9월	

· 혜명: 효인아, 넌 민경이보다 생일이 빠르니?

효인: 그럴 수도 있지만 확실히는 모르겠어.

효인의 생일이 6월이라면 민경이 몇 월생인지 알고 있으므로 민경보다 생일이 빠르다고 답했을 것이나 민경보다 생일이 빠를 수도 있지만 확실히는 모르겠다고 했으므로 효인의 생일은 9월이다.

이름	지나	정선	혜명	민경	효인
생일	3월	6월	3월	9월	9월

따라서 6월생은 정선이다.

고득점자의 빠른 문제 풀이 Tip

제시된 대화의 답변을 통해 생일로 가능한 경우를 판단하고, 불가능한 경우는 제외하면서 몇 월생인지 파악합니다.

23 문제해결

정답 ⑤

정답 체크 제시된 글에서 시내버스의 구간별 혼잡도 정보를 정리하면 다음과 같다.

탑승객의 수(명)	0~5	6~15	16~25	26~35	36~40
표시	매우쾌적	쾌적	보통	혼잡	매우혼잡

A-B구간 탑승객의 수는 20명이므로 ⓒ은 '보통'이다. 한편 B-C구간의 혼잡도는 '매우혼잡'이므로 해당 구간의 탑승객의 수는 36~40명이다. 이때 A에서 승차한 인원이 20명이고, B에서 하차한 인원이 10명이므로 B에서 승차 가능한 인원은 26~30명이다.

정류장	승차	하차	탑승객의 수	혼잡도 표시
A	20명	0명	20명	보통
B	26~30명	10명	36~40명	매우혼잡
C	5명	( )명	36~40명	매우혼잡

C-D구간의 혼잡도는 '매우혼잡'이므로 해당 구간의 탑승객의 수는 36~40명이고, B-C구간의 탑승객의 수는 36~40명, C에서 승차한 인원은 5명이다. 이때 C에서 하차한 인원이 최소인 경우는 B-C구간의 탑승객의 수가 36명, C에서 5명이 승차하여 탑승객의 수가 41명이 된 후 1명이 하차한 경우이다. C에서 하차한 인원이 최대인 경우는 B-C구간의 탑승객의 수가 40명이고, C에서 5명이 승차하여 탑승객의 수가 45명이 된 후 9명이 하차하여 C-D구간의 탑승객의 수가 36명이 된 경우이다. 따라서 C에서의 하차 가능한 인원은 1~9명이다.

정류장	승차	하차	탑승객의 수	혼잡도 표시
B	26~30명	10명	36~40명	매우혼잡
C	5명	1~9명	36~40명	매우혼잡

C-D구간의 탑승객의 수는 36~40명, 하차한 인원은 10명, 승차한 인원은 알 수 없으므로 D-E구간의 탑승객의 수가 최소인 경우는 C-D구간의 탑승객의 수가 36명이고, D에서 승차한 인원이 없어 탑승객의 수가 26명인 경우이고, 탑승객의 수가 최대인 경우는 C-D구간의 탑승객의 수가 36명이고, D에서 승차한 인원이 14명으로 탑승객의 수가 40명인 경우이다. 따라서 D-E구간의 탑승객의 수는 26~40명이 가능하고 ㉢은 '혼잡' 또는 '매우 혼잡'이다.

정류장	승차	하차	탑승객의 수	혼잡도 표시
C	5명	1~9명	36~40명	매우혼잡
D	0~14명	10명	26~40명	혼잡 or 매우혼잡

E-F구간의 혼잡도는 '보통'이므로 이 구간의 탑승객의 수는 16~25명이고, D-E구간의 탑승객의 수는 26~40명, E에서 승차한 인원은 15명이다. 이때 E에서 하차한 인원이 최소인 경우는 D-E구간의 탑승객의 수가 26명이고, E에서 15명이 승차하여 탑승객의 수가 41명이 된 후 16명이 하차한 경우이다. 한편 E에서 하차한 인원이 최대인 경우는 D-E구간의 탑승객의 수가 40명이고, E에서 15명이 승차하여 탑승객의 수가 55명이 된 후 39명이 하차하여 탑승객의 수가 16명인 경우이다. 따라서 E에서 하차 가능한 인원은 16~39명이다.

정류장	승차	하차	탑승객의 수	혼잡도 표시
D	0~14명	10명	26~40명	혼잡 or 매우혼잡
E	15명	16~39명	16~25명	보통

따라서 D-E구간의 탑승객의 수는 26~40명이므로 ㉢은 혼잡 또는 매우 혼잡이다.

오답 체크
① C정류장에서 하차한 사람은 1~9명이다.
② E정류장에서 하차한 사람은 16~39명으로 10명 초과이다.
③ ㉠에 들어갈 수 있는 최솟값과 최댓값의 합은 26+30=56이다.
④ A-B구간의 탑승객의 수는 20명이므로 ㉡은 보통이다.

24 문제해결

정답 ④

정답 체크
ㄴ. 사슴의 수명이 20년일 때 사슴으로 계속 사는 경우 총 효용은 20×40=800이고, 독수리로 사는 경우 총 효용은 (20-5)×50=750이다. 따라서 사슴은 여생의 총 효용이 줄어드는 선택은 하지 않는다고 했으므로 독수리를 선택하지 않음을 알 수 있다.
ㄷ. 호랑이로 살기 위해 포기해야 하는 수명이 13년일 때, 사슴의 남은 수명을 x라고 하면 호랑이로 사는 경우 총 효용은 $(x-13)\times200$이고, 사자로 사는 경우 총 효용은 $(x-14)\times250$이다. 이때 총 효용이 같은 경우는 $(x-13)\times200=(x-14)\times250$이므로 $x=18$이다. 따라서 사슴의 남은 수명이 18년인 경우 사자를 선택했을 때와 호랑이를 선택했을 때 여생의 총 효용이 같음을 알 수 있다.

오답 체크
ㄱ. 사슴의 남은 수명이 13년일 때 사슴으로 계속 사는 경우 총 효용은 13×40=520이고, 곰으로 사는 경우 총 효용은 (13-11)×170=340이다. 따라서 사슴은 여생의 총 효용이 줄어드는 선택은 하지 않는다고 했으므로 곰을 선택하지 않음을 알 수 있다.

25 법·규정의 적용

정답 ①

정답 체크
ㄹ. 3문단에서 재판중지는 전쟁이나 그 밖의 사유로 교통이 두절되어 당사자가 출석할 수 없는 경우 법원의 재판에 의해 절차진행이 정지되는 것을 의미하고, 이때는 법원의 취소재판에 의하여 중지가 해소되고 절차는 진행됨을 알 수 있다.

오답 체크
ㄱ. 2문단에서 사망한 당사자에게 이미 변호사가 소송대리인으로 선임되어 있을 때는 변호사가 소송을 대리하는 데 지장이 없어 절차는 중단되지 않는다고 했으므로 변호사 丙을 소송대리인으로 선임한 甲이 소송진행 중 사망한 경우, 절차진행은 중단되지 않음을 알 수 있다.
ㄴ. 2문단에서 소송대리인인 변호사의 사망도 중단사유가 아니라고 했으므로 甲의 변호사인 丙이 소송진행 중 사망한 경우, 절차진행은 중단되지 않음을 알 수 있다.
ㄷ. 3문단에서 당연중지는 천재지변이나 그 밖의 사고로 법원이 직무수행을 할 수 없게 된 경우에 법원의 재판 없이 당연히 절차진행이 정지되는 것을 말하고, 법원의 직무수행불능 상태가 소멸함과 동시에 중지도 해소되고 절차가 진행된다고 했으므로 소송진행 중 A법의 건물이 화재로 전소되어 직무수행이 불가능한 경우 절차진행은 중단이 아닌 중지되며, 이후 A법원의 속행명령이 아닌 직무수행불능 상태가 소멸함과 동시에 절차가 진행됨을 알 수 있다.

1 자료변환

정답 ④

정답 체크

ㄱ. 제시된 <보고서>의 세 번째 단락에서 국회 국민청원건수는 16대 이후로 감소하고 있고, 13대에 503건에서 지속적으로 증가해 16대에 765건으로 정점을 찍은 후 급감하여 19대에 들어 227건에 그쳐 13대 이후 최저 수준을 기록했다고 했으므로 추가로 필요한 자료임을 알 수 있다.

ㄷ. 제시된 <보고서>의 두 번째 단락에서 상임위원회당 처리 법안수가 13대 352/17≒20.7건에서 19대 6,626/16≒414.1건으로 20배 이상이 되었다고 했으므로 추가로 필요한 자료임을 알 수 있다.

ㄹ. 제시된 <보고서>의 첫 번째 단락에서 19대 국회의 의원입법안을 분석한 결과 16,728건이 발의되었고, 이는 국회의원 1인당 16,728/300≒55.8건으로 50건 이상의 법안이 제출된 셈이라고 했으므로 추가로 필요한 자료임을 알 수 있다.

오답 체크

ㄴ. 제시된 <보고서>에서 언급하지 않은 내용이므로 추가로 필요한 자료가 아님을 알 수 있다.

2 자료이해

정답 ③

정답 체크

ㄱ. <그림>과 <표>에서 A국은 인간개발지수가 0.75보다 낮으므로 도미니카공화국이고, 도미니카공화국의 인터넷 사용률은 52%이므로 옳은 설명이다.

ㄹ. <표>에서 1인당 GDP가 가장 높은 국가는 노르웨이이고, <그림>에서 노르웨이의 시민지식 평균점수는 약 560점으로 가장 높으므로 옳은 설명이다.

오답 체크

ㄴ. <그림>과 <표>에서 B국은 인간개발지수가 0.762인 멕시코이고, C국은 인간개발지수가 0.794인 불가리아이다. GDP 대비 공교육비 비율은 멕시코가 5.2%로 불가리아의 3.5%보다 높으므로 옳지 않은 설명이다.

ㄷ. <그림>과 <표>에서 D국은 인간개발지수가 0.901인 대한민국이고, 최근 국회의원 선거 투표율 하위 3개국은 멕시코, 칠레, 불가리아이므로 옳지 않은 설명이다.

3 자료변환

정답 ④

정답 체크

화재발생건수 대비 인명피해자수 비율은 2012년이 2,222/43≒51.7명/천 건, 2013년이 2,184/41≒53.3명/천 건, 2014년이 2,180/42≒51.9명/천 건, 2015년이 2,093/44≒47.6명/천 건, 2016년이 2,024/43≒47.1명/천 건, 2017년이 2,197/44 ≒49.9명/천 건이므로 <표>를 이용하여 작성한 그래프로 옳지 않다.

오답 체크

① '화재발생건수' 항목에 따라 옳게 작성되었으므로 <표>를 이용하여 작성한 그래프로 옳다.

② 인명피해자수 편차의 절대값은 각주에 따라 해당년도 인명피해자수에서 평균 인명피해자수를 뺀 값이다. 따라서 인명피해자수 편차의 절대값은 2012년이 |2,222-2,150|=72명, 2013년이 |2,184-2,150|=34명, 2014년이 |2,180-2,150|=30명, 2015년이 |2,093-2,150|=57명, 2016년이 |2,024-2,150|=126명, 2017년이 |2,197-2,150|=47명이므로 <표>를 이용하여 작성한 그래프로 옳다.

③ 화재 구조활동건수의 전년대비 증가량은 2013년이 400,089-427,735=-27,646건, 2014년이 451,050-400,089=50,961건, 2015년이 479,786-451,050=28,736건, 2016년이 609,211-479,786=129,425건, 2017년이 655,485-609,211=46,274건이므로 <표>를 이용하여 작성한 그래프로 옳다.

⑤ 화재발생건수의 전년대비 증가율은 2013년이 {(40,932-43,249)/43,249}×100≒-5.4%, 2014년이 {(42,135-40,932)/40,932}×100≒2.9%, 2015년이 {(44,435-42,135)/42,135}×100≒5.5%, 2016년이 {(43,413-44,435)/44,435}×100≒-2.3%, 2017년이 {(44,178-43,413)/43,413}×100≒1.8%이므로 <표>를 이용하여 작성한 그래프로 옳다.

고득점자의 빠른 문제 풀이 Tip

①을 제외한 모든 선택지에서 계산이 필요하므로 문제 풀이 시간 조절을 위해 다른 문제를 먼저 풀고 나중에 푸는 방법도 있습니다.

4 자료이해

정답 ②

정답 체크

ㄴ. 비수도권의 지가변동률이 수도권의 지가변동률보다 높은 연도는 2012년, 2013년, 2015년 총 3개 연도이므로 옳은 설명이다.

오답 체크

ㄱ. 비수도권의 지가변동률은 2013년과 2018년에 전년대비 감소하였으므로 옳지 않은 설명이다.

ㄷ. 전년대비 지가변동률 차이는 수도권이 2018년에 6.11-4.31=1.8%p로 가장 크고, 비수도권이 2017년에 3.97-2.97=1.0%p로 가장 크므로 옳지 않은 설명이다.

5 자료이해

정답 ⑤

정답 체크

2018년 '우수수준'의 학생비율은 <표>와 각주에 따라 학업성취도 점수 625점 이상과 550점 이상인 학생비율의 차이이다. 따라서 2018년 '우수수준'의 학생비율은 D국이 67-34=33%, B국이 72-42=30%로 D국이 B국보다 높으므로 옳은 설명이다.

오답 체크

① <그림>에서 '갑'국 남학생과 여학생의 평균점수 차이는 1998년이 588-571=17점, 2018년이 606-605=1점으로 1998년이 2018년보다 크므로 옳지 않은 설명이다.

② <그림>과 <표>에서는 2014년 '갑'국의 남학생과 여학생 수를 알 수 없으므로 2014년 '갑'국의 평균점수도 알 수 없다.

③ 각주에 따라 '수월수준'은 학업성취도 점수 625점 이상이고, <표>에서 2018년 '수월수준'의 학생비율은 I국이 10%로 G국과 H국의 7%보다 높다. 그러나 평균점수는 I국이 G국과 H국보다 낮으므로 옳지 않은 설명이다.

④ 2018년 주요 10개 국가 중 '기초수준 미달'의 학생비율이 가장 높은 국가는 100-91=9%인 F국이므로 옳지 않은 설명이다.

고득점자의 빠른 문제 풀이 Tip

① 제시된 <그림>에서 그래프 사이 간격이 연도별 '갑'국 남학생과 여학생의 평균점수 차이이므로 계산하지 않아도 평균점수 차이는 1998년이 2018년보다 큼을 알 수 있습니다.

6 자료이해

정답 ⑤

정답 체크

ㄷ. <표 2>에서 2017년 대비 2018년 '전체 제조업계 내 순위'와 '자동차 업계 내 순위'가 모두 상승한 브랜드는 AU와 HY 2개이므로 옳은 설명이다.

ㄹ. <표 1>에서 연도별 '자동차업계 내 순위' 기준 상위 7개 브랜드 가치평가액 평균은 2017년이 (248+200+171+158+132+56+38)/7≒143.3억 달러, 2018년이 (279+218+196+170+110+60+42)/7≒153.6억 달러로 2018년이 2017년보다 크므로 옳은 설명이다.

오답 체크

ㄱ. <표 2>에서 2017년 대비 2018년 '전체 제조업계 내 순위'가 하락한 브랜드는 FO, XO, NI이고, 이 중 XO는 <표 1>에서 2017년 대비 2018년 브랜드 가치평가액이 증가하였으므로 옳지 않은 설명이다.

ㄴ. 2017년과 2018년의 브랜드 가치평가액 차이는 FO가 132-110=22억 달러로 세 번째로 크므로 옳지 않은 설명이다.

7 자료이해

정답 ①

정답 체크

<표 2>에서 중규모, 대규모 가맹점의 결제건수가 모두 '서울' 지역의 결제건수라면, '서울' 지역 소규모 가맹점의 결제건수는 최소 142,248-(3,476+1,282)=137,490건이다. 따라서 '서울' 지역 소규모 가맹점의 결제건수는 137,000건을 초과하는 경우가 있을 수 있으므로 옳지 않은 설명이다.

오답 체크

② <표 1>에서 6대 광역시 가맹점의 결제건수 합은 148,323-142,248=6,075건이므로 옳은 설명이다.

③ <표 2>에서 가맹점 규모별 결제건수 대비 결제금액은 소규모가 250,390/143,565≒1.7만 원/건, 중규모가 4,426/3,476≒1.3만 원/건, 대규모가 2,483/1,282≒1.9만 원/건으로 중규모가 가장 작으므로 옳은 설명이다.

④ <표 1>에서 가맹점수 대비 결제금액은 '대구' 지역이 2,431/8≒303.9만 원/개로 가장 크므로 옳은 설명이다.

⑤ <표 1>에서 전체 가맹점수에서 '서울' 지역 가맹점수 비중은 (1,269/1,363)×100≒93.1%이므로 옳은 설명이다.

고득점자의 빠른 문제 풀이 Tip

④ 결제금액이 가맹점수의 몇 배인지 확인하여 계산 과정을 간단히 합니다. 대구의 결제금액은 가맹점수의 약 300배 이상이므로 나머지 지역의 결제금액이 가맹점수의 300배 이상인지 확인합니다.

8 자료이해

정답 ①

정답 체크

ㄱ. 전체(주시청)시간대 시청자평가지수=

$$\frac{\text{전체(주시청)시간대 만족도지수+전체(주시청)시간대 질평가지수}}{2}$$

임을 적용하여 구한다. <표>와 <그림>에 따라 A의 주시청 시간대 만족도지수는 (7.23×2)-7.20=7.26, B의 주시청 시간대 질평가지수는 (7.12×2)-7.23=7.01, D의 주시청 시간대 만족도지수는 (7.32×2)-7.23=7.41이다. 따라서 각 지상파 방송사는 전체 시간대와 주시청 시간대 모두 만족도지수가 질평가지수보다 높으므로 옳은 설명이다.

ㄴ. <표>와 <그림>에 따라 F의 주시청 시간대 만족도지수는 (7.91×2)-7.88=7.94, G의 주시청 시간대 질평가지수는 (7.13×2)-7.20=7.06이다. 따라서 각 종합편성 방송사의 질평가지수는 주시청 시간대가 전체 시간대보다 높으므로 옳은 설명이다.

오답 체크

ㄷ. <표>에서 각 지상파 방송사의 전체 시간대 시청자평가지수는 A가 (7.37+7.33)/2=7.35, B가 (7.22+7.05)/2≒7.14, C가 (7.14+6.97)/2≒7.06, D가 (7.32+7.16)/2=7.24이다. <그림>에서 D의 시청자평가지수는 주시청 시간대가 7.32로 전체 시간대 7.24보다 높으므로 옳지 않은 설명이다.

ㄹ. <표>에서 각 종합편성 방송사의 전체 시간대 시청자평가지수는 E가 (6.94+6.90)/2=6.92, F가 (7.75+7.67)/2=7.71, G가 (7.14+7.04)/2=7.09, H가 (7.03+6.95)/2=6.99이다. <표>와 <그림>에서 만족도지수는 주시청 시간대가 전체 시간대보다 높으면서 시청자평가지수는 주시청 시간대가 전체 시간대보다 낮은 방송사는 B 1개이므로 옳지 않은 설명이다.

9 자료이해

정답 ⑤

정답 체크

ㄴ. <표>와 <그림 2>에 따라 전체 상담건수 중 진로상담 건수는 5,340×0.45=2,403건이다. 이때 '진로컨설턴트'의 상담건수 641건이 모두 진로상담이고, '상담직원'의 상담건수 414건이 생활상담 또는 학업상담이라면 '교수'가 상담한 유형 중 진로상담이 차지하는 비중은 {(2,403-641)/4,285}×100≒41.1%이므로 옳은 설명이다.

ㄷ. <표>에서 상담건수가 많은 학년부터 순서대로 나열하면 4학년, 1학년, 2학년, 3학년 순이므로 옳은 설명이다.

ㄹ. <그림 1>에서 최소 한 번이라도 상담을 받은 학생 수는 3,826+496+174=4,496명으로 4,600명 이하이므로 옳은 설명이다.

오답 체크

ㄱ. <표>에서 학년별 전체 상담건수 중 '상담직원'의 상담건수가 차지하는 비중은 1학년이 (154/1,306)×100≒11.8%, 2학년이 (97/1,229)×100≒7.9%, 3학년이 (107/1,082)×100≒9.9%, 4학년이 (56/1,723)×100≒3.3%로 비중이 큰 학년부터 순서대로 나열하면 1학년, 3학년, 2학년, 4학년 순이므로 옳지 않은 설명이다.

고득점자의 빠른 문제 풀이 Tip

ㄱ. 분모 값이 작을수록, 분자 값이 클수록 분수 값은 큽니다. <표>에서 분모 값에 해당하는 전체 상담건수는 3학년이 2학년보다 작고, 분자 값에 해당하는 '상담직원'의 상담건수는 3학년이 2학년보다 큽니다. 따라서 계산하지 않아도 비중은 3학년이 2학년보다 큽니다.

10 자료논리

정답 ①

정답 체크

- 세 번째 <보기>에서 A, B, C의 영업이익을 합쳐도 D의 영업이익보다 적다고 했으므로 영업이익이 가장 적은 세 기업 '나', '다', '라'의 영업이익 합을 구하여 나머지 기업의 영업이익과 비교한다. '나', '다', '라'의 영업이익 합은 33,900+21,600+24,600=80,100백만 원으로 '마'의 영업이익보다 많고, '가'의 영업이익보다 적다. 따라서 '가'가 D, '나', '다', '라'가 각각 A, B, C 중 하나, '마'가 E임을 알 수 있다.
- 네 번째 <보기>에서 E는 B에 비해 직원 1인당 영업이익이 적다고 했으므로 직원 1인당 영업이익이 '마'의 30백만 원보다 많은 '가', '나' 중 한 곳이 B임을 알 수 있다. 이때 '가'는 D이므로 '나'가 B임을 알 수 있다.
- 첫 번째 <보기>에서 A는 B, C, E에 비해 직원 수가 많다고 했고, 직원 수=영업이익/직원 1인당 영업이익이므로 '다'의 직원 수는 21,600/18=1,200명이고, '라'의 직원 수는 24,600/7≒3,514명이다. 이에 따라 '라'가 A, '다'가 C임을 알 수 있다.

따라서 '나'는 B, '라'는 A이다.

고득점자의 빠른 문제 풀이 Tip

제시된 자료에 알맞은 항목을 찾는 문제의 경우 선택지를 소거하면서 문제를 풀어나갑니다. 세 번째 <보기>를 통해 '가'가 D, '마'가 E임을 알 수 있으므로 ②, ④, ⑤가 소거됩니다. 네 번째 <보기>를 통해 '나'가 B임을 알 수 있으므로 ③이 소거되어 정답이 ①임을 빠르게 확인할 수 있습니다.

11 자료이해

정답 ⑤

정답 체크 제시된 <보고서>의 세 번째 자료에서 연령대별 자원봉사자 등록 현황을 알 수 있고, 다섯 번째 자료에서 자원봉사 누적시간대별 자원봉사 참여자 수 현황을 알 수 있다. 그러나 연령별, 1일 시간대별 자원봉사 참여자수 현황은 알 수 없으므로 <보고서>의 내용을 작성하는 데 직접적인 근거로 활용되지 않은 자료이다.

오답 체크 ① 제시된 <보고서>의 두 번째 자료에서 자원봉사단체 등록 현황을 알 수 있으므로 <보고서>의 내용을 작성하는 데 직접적인 근거로 활용된 자료이다.

② 제시된 <보고서>의 첫 번째 자료에서 인구수 대비 자원봉사자 등록률을 통해 인구 현황을 알 수 있으므로 <보고서>의 내용을 작성하는 데 직접적인 근거로 활용된 자료이다.

③ 제시된 <보고서>의 첫 번째 자료에서 성별 자원봉사자 등록 현황을 알 수 있고, 세 번째 자료에서 연령대별 자원봉사자 등록 현황을 알 수 있으므로 <보고서>의 내용을 작성하는 데 직접적인 근거로 활용된 자료이다.

④ 제시된 <보고서>의 네 번째 자료에서 자원봉사자 활동 현황을 알 수 있으므로 <보고서>의 내용을 작성하는 데 직접적인 근거로 활용된 자료이다.

12 자료이해

정답 ④

정답 체크 ㄱ. 학과당 교원 수는 공립대학이 354/40≒9명, 사립대학이 49,770/8,353≒6명으로 공립대학이 사립대학보다 많으므로 옳은 설명이다.

ㄴ. 전체 대학 입학생 수에서 국립대학 입학생 수가 차지하는 비율은 (78,888/355,772)×100≒22.2%로 20% 이상이므로 옳은 설명이다.

ㄷ. 입학생 수 대비 졸업생 수의 비율은 국립대학이 (66,890/78,888)×100≒84.8%, 공립대학이 (1,941/1,923)×100≒100.9%이므로 옳은 설명이다.

오답 체크 ㄹ. 남성 직원 수는 국립대학이 8,987-3,254=5,733명, 공립대학이 205-115=90명, 사립대학이 17,459-5,259=12,200명으로 공립대학은 여성 직원 수가 더 많으므로 옳지 않은 설명이다.

고득점자의 빠른 문제 풀이 Tip

ㄱ. 교원 수가 학과 수의 몇 배인지 확인하여 문제를 빠르게 풀이합니다. 공립대학은 교원 수가 학과 수의 8배 이상이고, 사립대학은 교원 수가 학과 수의 8배 미만이므로 계산하지 않아도 학과당 교원 수는 공립대학이 사립대학보다 많음을 알 수 있습니다.

ㄷ. 공립대학은 졸업생 수가 입학생 수보다 많고, 국립대학은 졸업생 수가 입학생 수보다 적으므로 계산하지 않아도 입학생 수 대비 졸업생 수의 비율은 공립대학이 국립대학보다 높음을 알 수 있습니다.

13 자료이해

정답 ①

정답 체크 ㄱ. 매년 불법체류외국인수는 체류외국인수의 10% 이상이므로 옳은 설명이다.

ㄹ. 합법체류외국인 범죄건수가 체류외국인 범죄건수에서 차지하는 비중은 2014년이 (18,645/21,235)×100≒87.8%, 2015년이 (17,538/19,445)×100≒90.2%, 2016년이 (23,970/25,507)×100≒94.0%, 2017년이 (21,323/22,914)×100≒93.1%, 2018년이 (22,951/24,984)×100≒91.9%로 매년 80% 이상이므로 옳은 설명이다.

오답 체크 ㄴ. 불법체류외국인 범죄건수의 전년대비 증가율은 2017년이 {(1,591-1,537)/1,537}×100≒3.5%이고, 2018년이 {(2,033-1,591)/1,591}×100≒27.8%로 2018년이 가장 높다. 합법체류외국인 범죄건수의 전년대비 증가율은 2016년이 {(23,970-17,538)/17,538}×100≒36.7%이고, 2018년이 {(22,951-21,323)/21,323}×100≒7.6%로 2016년이 가장 높으므로 옳지 않은 설명이다.

ㄷ. 체류외국인 범죄건수가 전년에 비해 감소한 해는 2015년, 2017년이고, 2017년에 불법체류외국인 범죄건수가 전년에 비해 증가하였으므로 옳지 않은 설명이다.

14 자료논리

정답 ②

정답 체크
- 첫 번째 <조건>에 따라 2010년 대비 2020년 자동차 온실가스 배출량 기준 감소율은 A가 {(172.0-113.0)/172.0}×100≒34.3%, B가 {(157.4-97.0)/157.4}×100≒38.4%, C가 {(144.0-93.0)/144.0}×100≒35.4%, D가 {(118.2-100.0)/ 118.2}×100≒15.4%로 감소율이 가장 높은 B가 한국임을 알 수 있다.
- 두 번째 <조건>에 따라 2015년 한국과의 자동차 온실가스 배출량 기준 차이가 135.6-102.1=33.5g/km인 D가 일본임을 알 수 있다.
- 세 번째 <조건>에 따라 2020년 자동차 온실가스 배출량 기준은 미국이 한국과 벨기에보다 높으므로 A가 미국임을 알 수 있고, 이에 따라 C가 벨기에임을 알 수 있다.

따라서 A는 미국, B는 한국, C는 벨기에, D는 일본이다.

15 자료이해

정답 ③

정답 체크 ㄴ. C 사업 예산은 135×0.42×0.19≒10.8억 원이고, D 사업 예산은 135×0.19×0.51≒13.1억 원이므로 옳은 설명이다.

ㄷ. '경제복지' 분야 예산은 135×0.30=40.5억 원이고, B 사업과 C 사업 예산의 합은 135×0.42×(0.19+0.34)≒30.1억 원이므로 옳은 설명이다.

오답 체크 ㄱ. '교육' 분야 예산은 135×0.09≒12.2억 원이므로 옳지 않은 설명이다.

ㄹ. '도시안전' 분야 예산은 135×0.19≒25.7억 원이고, A-2 사업 예산은 135×0.42×0.47×0.48≒12.8억 원이다. 따라서 '도시안전' 분야 예산은 A-2 사업 예산의 25.7/12.8≒2배이므로 옳지 않은 설명이다.

16 자료이해

정답 ③

정답 체크 경종의 족내혼 후비 수는 28-24=4명이다. 태조부터 경종까지의 족내혼 후비 수의 합은 2+4=6명이고, 문종부터 희종까지의 족내혼 후비 수의 합은 1+1+2+1+1+1+1=8명이므로 옳지 않은 설명이다.

오답 체크 ① 전체 족외혼 후비 수의 합은 92명이고, 전체 족외혼 후비 수는 전체 족내혼 후비 수의 92/28≒3.3배로 3배 이상이므로 옳은 설명이다.

② 몽골출신 후비 수는 충숙왕이 8-1-2-1-1=3명으로 가장 많으므로 옳은 설명이다.
④ 태조의 후비 수 29명은 광종과 경종의 모든 후비 수의 합 2+1+4=7명의 29/7≒4.1배로 4배 이상이므로 옳은 설명이다.
⑤ 경종의 족내혼 후비 수는 4명이고, 충숙왕의 몽골출신 후비 수는 3명이므로 옳은 설명이다.

고득점자의 빠른 문제 풀이 Tip

간단한 사칙연산으로 빈칸을 계산할 수 있으므로 빈칸을 모두 채운 후 문제를 풀이합니다.

17 자료논리

정답 ①

정답 체크

ㄱ으로 선거구를 획정하면 '가', '나', '바' 지역에서 정당지지율이 90+80+60=230%인 A 정당, '다', '라', '아' 지역에서 정당지지율이 20+50+60=130%인 B 정당, '마', '자', '차' 지역에서 정당지지율이 20+60+40=120%인 B 정당, '사', '카', '타' 지역에서 정당지지율이 30+20+80=130%인 B 정당에서 국회의원이 선출된다. 따라서 B 정당에서 총 3명의 국회의원이 선출되므로 B정당의 국회의원이 가장 많이 선출되는 선거구 획정방법이다.

오답 체크

② ㄴ으로 선거구를 획정하면 '가', '마', '자' 지역에서 정당지지율이 90+60+30=180%인 A 정당, '나', '바', '차'에서 정당지지율이 80+60+20=160%인 A 정당, '다', '사', '카' 지역에서 정당지지율이 70+30+20=120%인 A 정당, '라', '아', '타' 지역에서 정당지지율이 50+60+80=190%인 B 정당에서 국회의원이 선출된다. 따라서 B 정당에서 총 1명의 국회의원이 선출된다.

③ ㄷ으로 선거구를 획정하면 '가', '나', '바' 지역에서 정당지지율이 90+80+60=230%인 A 정당, '다', '라', '사'에서 정당지지율이 70+40+30=140%인 A 정당, '마', '자', '차' 지역에서 정당지지율이 20+60+40=120%인 B 정당, '아', '카', '타' 지역에서 정당지지율이 60+20+80=160%인 B 정당에서 국회의원이 선출된다. 따라서 B 정당에서 총 2명의 국회의원이 선출된다.

④ ㄹ로 선거구를 획정하면 '가', '나', '다' 지역에서 정당지지율이 90+80+70=240%인 A 정당, '라', '아', '타' 지역에서 정당지지율이 50+60+80=190%인 B 정당, '마', '바', '자' 지역에서 정당지지율이 60+60+30=150%인 A 정당, '사', '차', '카' 지역에서 정당지지율이 40+60+40=140%인 C 정당에서 국회의원이 선출된다. 따라서 B 정당에서 총 1명의 국회의원이 선출된다.

⑤ ㅁ으로 선거구를 획정하면 '가', '마', '자' 지역에서 정당지지율이 90+60+30=180%인 A 정당, '나', '다', '바' 지역에서 정당지지율이 80+70+60=210%인 A 정당, '라', '사', '아' 지역에서 정당지지율이 50+30+60=140%인 B 정당, '차', '카', '타' 지역에서 정당지지율이 40+20+80=140%인 B 정당에서 국회의원이 선출된다. 따라서 B정당에서 총 2명의 국회의원이 선출된다.

18 자료논리

정답 ②

정답 체크

법정 필요 교원수는 A 대학이 900/22≒41명, B 대학이 30,000/19≒1,579명, C 대학이 13,300/20=665명, D 대학이 4,200/21=200명, E 대학이 18,000/20=900명이다. 이에 따라 법정 필요 교원수를 충족시키기 위해 충원해야 할 교원수는 A 대학이 41-44≒-3명, B 대학이 1,579-1,260≒319명, C 대학이 665-450=215명, D 대학이 200-130=70명, E 대학이 900-860=40명이다.

따라서 충원해야 할 교원수가 많은 대학부터 나열하면 B, C, D, E, A이다.

19 자료이해

정답 ③

정답 체크

ㄱ. 조사대상 공동주택의 실내 라돈 농도 평균값은 경기도가 서울특별시의 74.3/66.5≒1.1배이므로 옳은 설명이다.
ㄷ. 조사대상 공동주택 중 실내 라돈 농도가 실내 라돈 권고 기준치를 초과하는 공동주택은 대전광역시가 (27/201)×100≒13.4%, 경기도가 (37/697)×100≒5.3%, 강원도가 (47/508)×100≒ 9.3%, 충청북도가 (32/472)×100≒6.8%, 충청남도가 (46/448)×100≒10.3%, 전라북도가 (40/576)×100≒7.0%, 전라남도가 (32/569)×100≒5.6%, 경상북도가 (34/610)×100 ≒5.6%, 제주특별자치도가 (11/154)×100≒7.1%이다. 따라서 비율이 5% 이상인 행정구역은 9곳이므로 옳은 설명이다.

오답 체크

ㄴ. 서울특별시의 실내 라돈 농도의 경우 평균값은 광주광역시보다 크지만 중앙값은 광주광역시보다 작으므로 옳지 않은 설명이다.

고득점자의 빠른 문제 풀이 Tip

ㄱ. 1.1배는 기준수치의 10%를 더하는 것이므로 서울특별시 실내 라돈 농도 평균값의 10%를 더하여 비교하면 더 빠르게 계산할 수 있습니다. 서울특별시 실내 라돈 농도 평균의 10%는 6.65Bq/m^3이므로 1.1배는 66.5+6.65=73.15Bq/m^3입니다.

20 자료논리

정답 ②

정답 체크

- 기준강도가 35MPa 이하인 A, C는 각 시험체 강도가 모두 기준강도에서 3.5MPa을 뺀 값 이상이다. 또한 시험체 강도의 평균은 A가 (22.8+29.0+20.8)/3=24.2MPa, C가 (36.9+36.8+31.6)/3=35.1MPa로 A, C 모두 기준강도 이상이므로 (가)와 (나)는 합격이다.
- 시험체 강도가 35MPa 초과인 E는 시험체1 강도가 40.3MPa로 기준강도의 90%인 45×0.9=40.5MPa 미만이므로 (다)는 불합격이다.

따라서 (가)는 합격, (나)는 합격, (다)는 불합격이다.

21 자료이해

정답 ④

정답 체크

제시된 <표>와 <조건>에 따라 2018~2019년 메뉴별 제공횟수를 정리하면 다음과 같다.

구분 / 연도 / 메뉴	제공횟수			만족도	
	2017	2018	2019	2017	2018
A	40	40×(1+0.1)=44	44	87	75
B	34	34	34	71	72
C	45	45×(1-0.2)=36	36×(1-1)=0	53	35
D	31	31	31	79	79
E	40	40×(1-0.1)=36	36	62	77
F	60	60	60×(1-0.1)=54	74	68
G	-	250-(44+34+36+31+36+60)=9	9	-	73
H	-	-	250-(44+34+0+31+36+54+9)=42	-	-
전체	250	250	250	-	-

2019년 제공횟수는 메뉴 E가 36회로 메뉴 A의 44회보다 적으므로 옳지 않은 설명이다.

오답 체크 ① 메뉴 A~F 중 2017년 대비 2019년 제공횟수가 증가한 메뉴는 A 1개이므로 옳은 설명이다.
② 2018년 메뉴 G의 제공횟수는 9회이므로 옳은 설명이다.
③ 2019년 메뉴 H의 제공횟수는 42회이므로 옳은 설명이다.
⑤ 메뉴 A~G 중 2018년과 2019년 제공횟수의 차이는 메뉴 C가 36-0=36회로 가장 크고, 메뉴 F가 60-54=6회로 두 번째로 크므로 옳은 설명이다.

22 자료이해

정답 ③

정답 체크 각주 1)에서 2017년에는 A기업만 '갑' 자동차회사에 엔진과 변속기를 납품했다고 하였으므로 <그림 1>과 <그림 3>에 따라 2017년 '갑' 자동차회사가 납품받는 엔진 개수와 변속기 개수는 각각 10,000×0.5=5,000개이다. 또한 각주 3)에서 매년 '갑' 자동차회사가 납품받는 엔진 개수는 변속기 개수와 같다고 하였으므로 2018년 '갑' 자동차회사가 납품받는 엔진 개수와 변속기 개수는 각각 15,000/2=7,500개이다. 이에 따라 '갑' 자동차회사가 납품받은 엔진과 변속기 납품액 합은 2017년이 (100+80)×5,000=900,000만 원, 2018년이 (90+75)×7,500=1,237,500만 원으로 2018년이 2017년에 비해 {(1,237,500-900,000)/900,000}×100=37.5% 증가하였으므로 옳은 설명이다.

오답 체크 ① <그림 2>와 <그림 3>에 따라 2018년 A기업이 납품한 엔진과 변속기 개수는 각각 10,000×0.3=3,000개, 10,000×0.7=7,000개이다. A기업의 엔진 납품 개수는 2018년이 3,000개로 2017년의 80%인 5,000×0.8=4,000개 미만이므로 옳지 않은 설명이다.
② <그림 2>와 <그림 3>에 따라 2018년 B기업이 납품한 엔진과 변속기 개수는 각각 7,500-3,000=4,500개, 7,500-7,000=500개임을 알 수 있다. 변속기 납품 개수가 엔진 납품 개수의 (500/4,500)×100≒11.1%이므로 옳지 않은 설명이다.
④ '갑' 자동차회사가 납품받은 변속기 납품 개수는 2018년이 2017년의 7,500/5,000=1.5배로 2배 미만이므로 옳지 않은 설명이다.
⑤ 2018년 A, B기업의 엔진 납품액 합은 90×7,500=675,000만 원이고, 변속기 납품액 합은 75×7,500=562,500만 원이므로 옳지 않은 설명이다.

고득점자의 빠른 문제 풀이 Tip

문제를 풀이할 때는 풀이 과정이 적은 간단한 선택지부터 확인합니다. ③은 A, B 기업의 엔진 개수와 변속기 개수를 계산하지 않고 각주 3)과 <표>의 내용만으로 옳고 그름을 파악할 수 있으므로 가장 먼저 확인합니다.
⑤ 각주 3)에 따라 납품하는 엔진 개수와 변속기 개수는 서로 동일하므로 <표>의 수치만으로 옳고 그름을 파악할 수 있습니다. 납품 단가는 엔진이 변속기보다 크므로 계산하지 않아도 납품액의 합도 엔진이 더 클 것임을 알 수 있습니다.

23 자료이해

정답 ③

정답 체크 <표 2>에 따라 A~F 행정동의 인접 현황을 그림으로 나타내면 다음과 같다.

A(가/)	B(/)	C(나/)
D(/라)	E(/마)	F(다/)

이에 따르면 자치구 '다'에 속해 있는 행정동 F는 행정동 C, E와만 인접해 있다. 두 번째 <조건>에서 개편 전 한 자치구에는 2개의 행정동이 속한다고 했고, 세 번째 <조건>에서 동일 자치구에 속하는 행정동은 서로 인접하고 있다고 했으므로 행정동 C, E 중에 하나가 자치구 '다'에 속하는데, 이때 행정동 C는 자치구 '나'에 속하므로 행정동 E가 자치구 '다'에 속함을 알 수 있다. 또한 행정동 C는 행정동 B, E, F와 인접해있고, 행정동 E와 F는 자치구 '다'에 속하므로 행정동 B는 자치구 '나'에 속하고, 이에 따라 행정동 D는 자치구 '가'에 속함을 알 수 있다. 따라서 자치구 '가'의 인구 1,500+1,500=3,000명은 자치구 '나'의 인구 2,000+1,500=3,500명보다 적으므로 옳지 않은 설명이다.

오답 체크 ① 자치구 개편 전, 행정동 E는 자치구 '다'에 속하므로 옳은 설명이다.
② 행정동 A는 행정동 B, D와 인접하므로 자치구 개편 후 자치구 '라'에 속함을 알 수 있다. 또한 행정동 B는 행정동 A, C, D, E와 인접하므로 자치구 '라' 또는 '마'에 속하고, 행정동 C는 행정동 B, E, F와 인접하므로 자치구 '마'에 속한다. 행정동 F는 행정동 C, E와 인접하므로 자치구 '마'에 속한다. 따라서 행정동 C와 E는 같은 자치구에 속하므로 옳은 설명이다.
④ 두 번째 <조건>에 따라 자치구 개편 후 행정동 C, E, F 3개가 자치구 '마'에 속하므로 행정동 A, B는 자치구 '라'에 속함을 알 수 있다. 따라서 자치구 '라'의 인구 1,500+2,000+1,500=5,000명은 자치구 '마'의 인구 1,500+1,000+1,500=4,000명보다 많으므로 옳은 설명이다.
⑤ 행정동 B는 개편 전 자치구 '나'에 속하고, 개편 후 자치구 '라'에 속하므로 옳은 설명이다.

24 자료이해

정답 ②

정답 체크 <그림>과 <표>에 따라 A 기업 4개팀의 종목별 중간경기결과를 정리하면 다음과 같다.

구분	인사팀	기획팀	재무팀	법무팀
단체줄넘기	40	120 or 80	120 or 80	40
족구	30	90 or 60	90 or 60	30
피구	90 or 60	30	90 or 60	30
제기차기	60 or 40	60 or 40	20	20

재무팀이 남은 경기 중 2종목에서 이기더라도 기획팀이 종합 우승을 할 수 있으려면 기획팀의 종목별 승점합계가 가장 높아야 한다. 기획팀의 종목별 승점합계가 가장 높은 경우는 재무팀이 남은 경기 중 단체줄넘기 종목보다 승점이 낮은 족구와 피구 종목에서 이기고, 기획팀이 단체줄넘기와 제기차기 종목에서 이기는 경우이므로 이를 정리하면 다음과 같다.

구분	인사팀	기획팀	재무팀	법무팀
단체줄넘기	40	120	80	40
족구	30	60	90	30
피구	60	30	90	30
제기차기	40	60	20	20
승점합계	170	270	280	120

따라서 재무팀이 남은 경기 중 2종목에서 이기더라도 기획팀이 종합 우승을 할 수 있는 경우는 없으므로 옳지 않은 설명이다.

오답 체크 ① 인사팀, 기획팀, 재무팀의 경기결과와 상관없이 법무팀은 모든 종목에서 3·4위로 종목별 승점합계가 가장 낮아 종합 우승을 할 수 없으므로 옳은 설명이다.

③ 기획팀이 남은 경기에서 모두 지는 경우 종목별 승점합계는 다음과 같다.

구분	인사팀	기획팀	재무팀	법무팀
단체줄넘기	40	80	120	40
족구	30	60	90	30
피구	90 or 60	30	90 or 60	30
제기차기	60	40	20	20
승점합계	130+ (90 or 60)	210	230+ (90 or 60)	120

피구 종목에서 인사팀이 재무팀을 이겨도 종목별 승점합계는 인사팀이 130+90=220, 재무팀이 230+60=290이다. 따라서 피구 종목 경기결과에 상관없이 최종 대회성적이 가장 높은 재무팀이 종합 우승을 하게 되므로 옳은 설명이다.

④ 재무팀이 남은 경기에서 모두 지는 경우 종목별 승점합계는 다음과 같다.

구분	인사팀	기획팀	재무팀	법무팀
단체줄넘기	40	120	80	40
족구	30	90	60	30
피구	90	30	60	30
제기차기	60 or 40	60 or 40	20	20
승점합계	160+ (60 or 40)	240+ (60 or 40)	220	120

제기차기 종목에서 인사팀이 기획팀을 이기면 종목별 승점합계는 인사팀이 160+60=220, 기획팀이 240+40=280으로 기획팀이 종합 우승을 하고, 인사팀과 재무팀은 승점합계가 동일해진다. 이때 각주 2)에 따라 단체줄넘기 종목의 순위가 더 높은 재무팀이 종합 준우승을 하게 되므로 옳은 설명이다.

⑤ 인사팀이 남은 경기에서 모두 이기는 경우 종목별 승점합계는 다음과 같다.

구분	인사팀	기획팀	재무팀	법무팀
단체줄넘기	40	120 or 80	120 or 80	40
족구	30	90 or 60	90 or 60	30
피구	90	30	60	30
제기차기	60	40	20	20
승점합계	220	70+ (120 or 80) +(90 or 60)	80+ (120 or 80) +(90 or 60)	120

단체줄넘기와 족구 종목의 경기결과에 상관없이 인사팀의 종목별 승점합계는 기획팀 또는 재무팀보다 낮아 종합 우승을 할 수 없으므로 옳은 설명이다.

25 자료이해

정답 ⑤

정답 체크

<정보>에 따르면 청주 공장의 '최대공급량'은 500개이고, 부산 물류센터의 '최소요구량'은 400개이므로 청주 공장에서 부산 물류센터까지의 수송량은 500−300=400−200=200개이다. 이때 총 수송비용을 최소화하는 경우는 공장에서 물류센터까지의 수송량을 각 물류센터의 '최소요구량'과 동일하게 맞추는 경우이고, 개당 수송비용은 구미 공장에서 대구 물류센터까지 2천 원, 구미 공장에서 광주 물류센터까지 3천 원이다. 따라서 총 수송비용을 최소화할 때, 개당 수송비용이 더 큰 구미 공장에서 광주 물류센터까지의 수송량은 광주 물류센터의 '최소요구량'과 동일한 150개이다. 또한 구미 공장에서 대구 물류센터까지의 수송량은 대구 물류센터의 '최소요구량'인 200개 이상, 구미 공장의 '최대공급량'이 600개 이하이므로 600−200−150=250개 이하이다. 총 수송비용을 최소화해야 하므로 구미공장에서 대구 물류센터까지의 수송량은 200개이고, 총 수송비용의 최소 금액은 (200×5)+(200×2)+(150×3)+(300×4)+(200×2)+(300×2)=4,050천 원=405만 원이다.

한편 구미 공장의 '최대공급량'이 600개에서 550개로 줄어든다면, 총 수송비용을 최소화할 때 구미 공장에서 광주 물류센터까지의 수송량은 150개이고, 구미 공장에서 대구 물류센터까지의 수송량은 구미 공장의 '최대공급량'이 550개 이하이므로 550−200−150=200개이다.

따라서 구미 공장의 '최대공급량'이 600개에서 550개로 줄어들어도 각 공장에서 해당 물류센터까지의 수송량은 변동이 없으므로 총 수송비용의 최소 금액도 변동이 없어 옳지 않은 설명이다.

오답 체크

① 청주 공장에서 부산 물류센터까지의 수송량은 200개이므로 옳은 설명이다.

② 총 수송비용을 최소화할 때, 구미 공장에서 광주 물류센터까지의 수송량은 150개이므로 옳은 설명이다.

③ 총 수송비용의 최소 금액은 405만 원이므로 옳은 설명이다.

④ 구미 공장에서 서울 물류센터까지의 수송량은 0개이므로 구미 공장에서 서울 물류센터까지의 개당 수송비용이 7천 원에서 8천 원으로 증가해도 총 수송비용의 최소 금액은 변동이 없어 옳은 설명이다.

2018년 기출문제 취약 유형 분석표 & 정답·해설

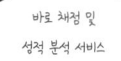

바로 채점 및 성적 분석 서비스

PSAT 전문가의 총평

2018년 민간경력자 PSAT의 경우 상황판단 영역의 난도가 높았고, 언어논리와 자료해석 영역은 난도가 낮았다.

1. 언어논리 영역: 문단배열 유형이 처음 출제되었으나 내용 파악이 용이하여 흐름을 파악하는 데 어렵지 않았고, 단순 이해 문항의 비중이 높아 전반적인 난도는 평이했다.
2. 상황판단 영역: 법·규정의 적용 유형에서 내용 이해와 함께 계산이 필요한 문항이 출제되었고, 문제해결 및 논리퍼즐 유형은 조건의 이해가 어렵고 많은 경우의 수를 고려해야 하는 문항의 비중이 높아 난도가 높았다.
3. 자료해석 영역: 제시된 자료에 대한 단순 이해가 바탕이 되는 문항과 간단한 계산으로 해결할 수 있는 문항의 비중이 높아 난도가 크게 낮았다.

정답

언어논리

p.51

1	④	빈칸삽입	6	④	세부 내용 파악	11	①	세부 내용 파악	16	①	세부 내용 파악	21	⑤	세부 내용 파악
2	④	세부 내용 파악	7	②	빈칸삽입	12	③	문단배열	17	①	진술추론	22	④	세부 내용 파악
3	③	세부 내용 파악	8	③	세부 내용 파악	13	②	세부 내용 파악	18	①	진술추론	23	②	세부 내용 파악
4	⑤	세부 내용 파악	9	④	세부 내용 파악	14	⑤	세부 내용 파악	19	③	빈칸삽입	24	⑤	빈칸삽입
5	②	세부 내용 파악	10	③	논리추론	15	②	진술추론	20	④	논리추론	25	②	논리추론

상황판단

p.65

1	③	세부 내용 파악	6	①	법·규정의 적용	11	④	법·규정의 적용	16	③	법·규정의 적용	21	⑤	문제해결
2	⑤	법·규정의 적용	7	③	문제해결	12	⑤	법·규정의 적용	17	①	문제해결	22	②	문제해결
3	⑤	세부 내용 파악	8	①	세부 내용 파악	13	⑤	세부 내용 파악	18	④	문제해결	23	③	논리퍼즐
4	②	법·규정의 적용	9	③	논리퍼즐	14	④	세부 내용 파악	19	④	문제해결	24	②	문제해결
5	①	법·규정의 적용	10	②	문제해결	15	⑤	법·규정의 적용	20	①	논리퍼즐	25	①	문제해결

자료해석

p.79

1	②	자료이해	6	②	자료이해	11	②	자료이해	16	⑤	자료이해	21	⑤	자료이해
2	⑤	자료이해	7	①	자료이해	12	②	자료논리	17	①	자료이해	22	③	자료이해
3	⑤	자료변환	8	④	자료이해	13	④	자료이해	18	③	자료이해	23	②	자료논리
4	①	자료이해	9	⑤	자료논리	14	⑤	자료이해	19	①	자료이해	24	④	자료논리
5	①	자료이해	10	③	자료이해	15	④	자료이해	20	③	자료이해	25	④	자료논리

취약 유형 분석표

유형별로 맞힌 개수, 틀린 문제 번호와 풀지 못한 문제 번호를 적고 나서 취약한 유형이 무엇인지 파악해 보세요.
취약한 유형은 '민간경력자 PSAT 기출유형공략'으로 복습하고, 해커스잡 사이트(ejob.Hackers.com)에서 제공하는 <PSAT 영역별 핵심 이론 노트>로 관련 이론을 확인한 후 틀린 문제와 풀지 못한 문제를 다시 풀어보세요.

언어논리

유형	맞힌 개수	틀린 문제 번호	풀지 못한 문제 번호
세부 내용 파악	/14		
중심 내용 파악	/0		
빈칸삽입	/4		
문단배열	/1		
사례 유추	/0		
진술추론	/3		
논증의 타당성	/0		
논리추론	/3		
TOTAL	/25		

상황판단

유형	맞힌 개수	틀린 문제 번호	풀지 못한 문제 번호
세부 내용 파악	/5		
법·규정의 적용	/8		
문제해결	/9		
논리퍼즐	/3		
TOTAL	/25		

자료해석

유형	맞힌 개수	틀린 문제 번호	풀지 못한 문제 번호
자료이해	/19		
자료논리	/5		
자료변환	/1		
TOTAL	/25		

언어논리

1 빈칸삽입

정답 ④

정답 체크 1문단에서 조선 후기 이앙법이 전국적으로 확산된 결과 농민 가운데 다수의 부농이 나타나게 되었다는 주장을 소개하고, 2문단과 3문단에서 이에 대한 A의 반론을 제시한다. 조선 후기 양반들이 대를 이을 장자에게만 전답을 상속해주면서 장자를 제외한 사람들은 영세한 소작인으로 전락했고, 반복된 자연재해로 경작지가 줄어들었기 때문에 이앙법의 효과를 기대하기 어려웠다는 내용이다. 따라서 A의 주장은 조선 후기에는 양반이든 농민이든 부농으로 성장할 수 있는 가능성이 높지 않았다는 내용이 적절하다.

오답 체크
① 3문단에서 반복된 자연재해로 전답의 상당수가 황폐해져 전체적으로 경작지가 줄어들었기 때문에 이앙법의 확산 효과를 기대하기 어려운 여건이었음을 알 수 있다. 그러나 이앙법의 확산 효과가 시기별, 신분별로 다르게 나타났는지는 알 수 없으므로 A의 주장으로 적절하지 않다.
② 2문단에서 조선 후기에 자녀 균분 상속제가 사라져 장자를 제외한 사람들은 영세한 소작인으로 전락했음을 알 수 있으나 이는 양반과 농민 가운데 다수의 부농이 나타나게 되었다는 주장에 대한 반론의 근거일 뿐이므로 A의 주장으로 적절하지 않다.
③ 3문단에서 집약적으로 농사를 짓게 되면 농업 생산력이 높아질 리 없다는 주장을 알 수 있으나 이는 양반과 농민 가운데 다수의 부농이 나타나게 되었다는 주장에 대한 반론의 근거일 뿐이므로 A의 주장으로 적절하지 않다.
⑤ 3문단에서 반복된 자연재해로 인해 경작지가 줄어 이앙법 확산의 효과를 기대하기 어려운 여건이었음을 알 수 있으나 대다수 농민들이 광작과 상업적 농업에 주력했는지는 알 수 없으므로 A의 주장으로 적절하지 않다.

고득점자의 빠른 문제 풀이 Tip

논설문을 독해할 때에는 최종적으로 피력하고자 하는 주장과 그 근거를 구분해야 합니다. 제시된 글에서는 장자 상속 풍습과 경작지의 축소, 농업 생산성의 저하를 근거로 부농의 탄생이 쉽지 않았음을 주장하고 있습니다.

2 세부 내용 파악

정답 ④

정답 체크 3문단에서 상업적 농업의 도입으로 인해 '저임금 구조의 고착화로 농장주와 농장 노동자 간의 소득 격차는 갈수록 벌어졌고, 농장 노동자의 처지는 위생과 복지의 양 측면에서 이전보다 더욱 열악해졌다.'고 했으므로 중간계급으로의 수렴현상이 아니라 계급의 양극화가 나타난 것임을 알 수 있다.

오답 체크
① 1문단에서 상업적 농업에 대해 설명하고 있으므로 판매를 위해 경작하는 농업은 흐름에 적절함을 알 수 있다.
② 2문단에서 지주와 소작인 간의 인간적이었던 관계가 사라진 상황에 비유하고 있으므로 농장주와 농장 노동자의 친밀하고 가까웠던 관계는 흐름에 적절함을 알 수 있다.
③ 2문단에서 농장 노동자는 시세대로 고용되어 임금을 받는 존재로 변화하고 시장은 대량 판매를 위해 변화했다고 했으므로 대규모 생산이 점점 더 강조되면서 기계가 인간을 대체하기 시작했다는 내용이 흐름에 적절함을 알 수 있다.
⑤ 4문단에서 자원의 불평등한 분배와 사회적 양극화가 심화되었다고 했으므로 재산권은 공유되기보다는 개별화되었다는 내용이 흐름에 적절함을 알 수 있다.

고득점자의 빠른 문제 풀이 Tip

세부 정보의 문맥적인 의미는 해당 부분의 앞뒤에 제시된 문장의 의미를 통해 파악할 수 있습니다.

3 세부 내용 파악

정답 ③

정답 체크 2문단에서 고전적 자유주의 전통에서 비롯된 자유에 대해 '이 전통에서 보자면, 자유란 '국가의 강제에 대립하여 자신의 사유 재산권을 자기 마음대로 행사할 수 있는 것'을 의미한다. 이 같은 자유 개념에 기초하고 있는 자유민주주의에서는 개인의 자유를 강조할수록 사회적 공공성은 약화될 수밖에 없다.'는 것을 알 수 있다.

오답 체크
① 1문단에서 북한이 '공화국'이라는 용어를 사용함에 따라 한국에서는 이 용어의 사용이 기피되었고 '자유민주주의'라는 용어가 훨씬 더 널리 사용되었다고 했으므로 한국 사회에서 자유민주주의라는 용어는 공화국의 이념을 충실하게 수용한 것이 아님을 알 수 있다.
② 1문단에서 임시정부가 출범하면서 '민주공화국'이라는 표현이 등장했고, 공화국이라는 용어는 공화의 개념에서 비롯되었다고 했으므로 민주공화국이라는 용어는 자유주의 전통을 따른 것이 아님을 알 수 있다.
④ 1문단에서 반공이 국시가 되면서 '공화국'보다는 '자유민주주의'라는 용어가 더 널리 사용되었으며 이때에도 민주주의보다는 자유가 강조되었다고 했으므로 공공성에 대한 관심이 증대된 것이 아님을 알 수 있다.
⑤ 3문단에서 1960년대 이후 자유민주주의가 개인주의와 결합하면서 사회적 공공성이 후퇴하였고, 그 결과 공동체 전체의 번영을 위한 공공성보다는 사유 재산의 증대를 위한 논리가 강화되었음을 알 수 있다.

4 세부 내용 파악

정답 ⑤

정답 체크 3문단에서 '또한 지식 통합 작업은 지식을 수집하여 독자들에게 제공하고자 하는 것이지만, 더 나아가면 지식의 수집뿐만 아니라 선별하고 배치하는 편집 권한까지 포함하게 된다.'고 했음을 알 수 있다.

오답 체크
① 2문단에서 미국 출판업계와 구글 간의 합의안이 도출되었으나 연방법원이 이 합의안을 거부하였다고 했으므로 구글과 저작권자의 갈등이 소송을 통해 해결되지 않았음을 알 수 있다.
② 3문단에서 구글의 지식 통합 작업을 통한 지식의 독점은 지식의 비대칭성을 강화하기 때문에 사회계약의 토대 자체가 무너질 수 있음을 알 수 있다.
③ 3문단에서 구글의 지식 통합 작업으로 인해 사람들이 알아도 될 것과 그렇지 않은 것을 결정하는 막강한 권력을 구글이 갖게 되는 상황이 초래될 수 있음을 알 수 있다.
④ 1문단에서 저작권 보호 기간이 지난 책들이 무료로 서비스되고 있다고 했으므로 지금까지 스캔한 1,500만 권의 책을 모두 무료로 서비스하는 것은 아님을 알 수 있다.

5 세부 내용 파악

정답 ②

정답 체크 2문단에서 '타자들로 가득한 현실을 경험함으로써 인간은 스스로 변화하는 동시에 현실을 변화시킬 동력을 얻는다.'는 것을 알 수 있다.

오답 체크
① 1문단에서 장기간 반복되는 일상은 체험행사에서 제공될 수 없음을 알 수 있다.
③ 2문단에서 가상현실은 가상현실을 체험하고 있는 자신을 재확인하게 하며, 실제와 가상의 경계를 모호하게 할 뿐 아니라 우리를 현실에 순응하도록 이끈다고 했으므로 가상현실이 실세와 가상 세계의 경계를 구분하여 자기 자신을 체험할 수 없도록 하는 것이 아님을 알 수 있다.
④ 2문단에서 경험은 타자와의 만남이지만 체험은 언제나 자기 자신만을 본다고 했으므로 체험사업이 아이들에게 타자와의 만남을 경험하게 하는 것이 아님을 알 수 있다.
⑤ 2문단에서 디지털 가상현실 기술은 경험을 체험으로 대체하려는 오랜 시도의 결정판이라고 했으므로 디지털 가상현실 기술은 아이들에게 경험이 아닌 체험을 제공함을 알 수 있다.

6 세부 내용 파악

정답 ④

정답 체크 3문단에서 '캐롤라인 제도의 주민이 북쪽을 찾기 위해 이용했던 북극성은 자기 나침반보다 더 정확하게 천구의 북극점을 가리킨다.'는 것을 알 수 있다.

오답 체크
① 1문단에서 고대에는 별을 통해 방위를 파악했으며, 최근까지도 서태평양 캐롤라인 제도의 주민은 별을 나침반처럼 이용하여 방위를 파악했음을 알 수 있다.
② 1문단에서 캐롤라인 제도의 주민들은 별을 나침반처럼 이용하여 여러 섬을 찾아다녔고 이때 남쪽의 방위는 남십자성을 이용하여 알아냈음을 알 수 있다.
③ 2문단에서 천구의 북극점은 자구 자전축의 북쪽 연장선상에 있기 때문에 천구의 북극점에 있는 별은 공전을 하지 않고 정지된 것처럼 보임을 알 수 있다.
⑤ 2문단에서 천구의 북극점에 있는 별을 제외하고 북극성을 포함한 별이 천구의 북극점을 중심으로 공전하는 것처럼 보이는 것은 지구가 자전하기 때문임을 알 수 있다.

7 빈칸삽입

정답 ②

정답 체크 ⓐ 선택지에 따라 ⓐ에 들어갈 수 있는 명제는 ㄱ, ㄴ이고, ⓐ 논증에 ㄱ을 대입하여 정리하면 다음과 같다.

P: 달은 지구를 항상 따라다닌다.
Q: 지구는 공전한다.
(가): $Q \rightarrow \sim P$
(나): P
(다): ~Q

이는 (가)의 후건을 부정하여 전건의 부정을 결론으로 이끌어내는 후건 부정법으로 (다)는 반드시 참인 논증이다.

반면, ⓐ 논증에 ㄴ을 대입하여 정리하면 다음과 같다.

P: 달은 지구를 항상 따라다닌다.
Q: 지구는 공전한다.
(가): $\sim P \rightarrow Q$
(나): P
(다): ~Q

이는 (가)의 전건을 부정하여 후건의 부정을 결론으로 이끌어내는 전건 부정의 오류로 (다)가 반드시 참인지 알 수 없으므로 적절하지 않다.

따라서 ⓐ는 지구가 공전한다면, 달은 지구를 따라다니지 못한다는 ㄱ이 적절하다.

ⓑ 당시 학자들 대부분은 육안을 통한 관찰로만 실제 존재를 파악할 수 있다고 믿었고, 육안으로 금성을 관찰할 경우 연중 금성의 외견상 크기가 변하지만 낮에 관찰하는 것이 더 정확하다고 믿었음을 알 수 있다. 갈릴레오가 망원경을 통한 관찰이 신뢰할 만하다는 것을 밤에 금성을 관찰할 때 망원경을 사용하면 빛 번짐 현상을 없앨 수 있다는 것을 강조함으로써 증명했다고 했으므로 ⓑ는 낮에 육안으로 관찰한 금성의 크기 변화와 밤에 망원경을 통해 본 금성의 크기 변화가 낮에 육안으로 관찰한 금성의 크기 변화와 유사하다는 내용인 ㅁ이 적절하다.

고득점자의 빠른 문제 풀이 Tip

선택지에서 ⓐ에 해당하는 것은 ㄱ과 ㄴ뿐이므로 해당 보기를 직접 (가)에 대입하여 논증이 타당한지 확인합니다. 또한 ⓑ는 당시 학자들이 신뢰하는 것과 갈릴레오가 주장하는 것을 일치시키기 위해 필요한 논증이 무엇인지 파악합니다.

8 세부 내용 파악

정답 ③

정답 체크
ㄱ. 2문단에서 신호를 위반하고 질주하는 행위가 응급환자를 태우고 병원 응급실로 달려가는 상황이라면 맥락에 따라 윤리적으로 정당화 가능한 행위로 판단될 것이라고 했으므로 어떤 행위가 윤리적으로 허용되는지의 여부는 그 행위가 이루어진 맥락에 따라 결정됨을 알 수 있다.
ㄷ. 2문단에서 우리가 윤리적으로 권장되는 행위나 윤리적으로 허용되는 행위에 대해 옳음이나 그름이라는 윤리적 가치 속성을 부여한다면, 이 행위들에는 윤리적으로 옳음이라는 속성이 부여될 것임을 알 수 있다.

오답 체크
ㄴ. 3문단에서 구체적인 행위에 대해 '윤리적으로 옳은가?'라는 질문을 할 때에는 해당 행위가 해야 하는 행위인지, 권장되는 행위인지, 혹은 허용되는 행위인지 따져볼 필요가 있다고 했으므로 '윤리적으로 옳은 행위가 무엇인가?'라는 질문에 답하기 위해서 적극적인 윤리적 의무에만 주목하는 것은 적절하지 않음을 알 수 있다.

9 세부 내용 파악

정답 ④

정답 체크 2문단에서 '만약 어떤 행위가 이성의 명령에 따른 것이 아닐 경우 그것이 결과적으로 의무와 부합할지라도 의무에서 나온 행위는 아니다. 의무에서 나온 행위가 아니라면 심리적 성향에서 비롯된 행위가 되는데, 심리적 성향에서 비롯된 행위는 도덕성과 무관하다.'고 했으나 이성의 명령에 따른 행위가 심리적 성향에 따른 행위와 일치하는 경우가 없는지는 알 수 없다.

오답 체크
① 1문단에서 동물의 행동을 선하다거나 악하다고 평가할 수 없는 이유는 동물이 단지 본능적 욕구에 따라 행동하기 때문이라고 했으므로 동물의 행위는 도덕적 평가의 대상이 아님을 알 수 있다.
② 3문단에서 감정이나 욕구는 주관적이어서 상황에 따라 변하기 때문에 보편적인 도덕의 원리가 될 수 없음을 알 수 있다.
③ 2문단에서 심리적 성향에 따른 행동은 감정과 욕구에 따른 것이기 때문에 도덕적 행위일 수 없음을 알 수 있다.
⑤ 2문단에서 어떤 행위가 이성의 명령에 따른 것이 아닐 경우 그것이 결과적으로 의무와 부합할지라도 의무에서 나온 행위는 아니며 의무에서 나온 행위가 아니라면 심리적 성향에서 비롯된 행위가 된다고 했으므로 인간의 행위 중에는 심리적 성향에서 비롯된 것도 있고 의무에서 나온 것도 있음을 알 수 있다.

10 논리추론

정답 ③

정답 체크 제시된 각 단체의 성격을 정리하면 다음과 같다.

- A: 자유무역협정을 체결한 갑국에 드라마 컨텐츠 수출
  올림픽 관련 사업은 하지 않음
- B: 올림픽 개막식 행사 주관
  □□부로부터 지원 받음
- C: 올림픽 폐막식 행사 주관
- D: 게임 개발로 각광
- E: 세계에 한국 음식문화 보급
  부가가치 창출이 가장 저조

1문단에서 어떤 형태로든 지원을 받고 있는 단체는 최종 후보가 될 수 없다고 했으므로 B는 최종 후보에서 제외되고, 2문단에서 가장 적은 부가가치를 창출한 단체는 최종 후보가 될 수 없다고 했으므로 E도 최종 후보에서 제외된다.
한편 남은 A, C, D에 대한 명제를 기호화하여 정리하면 다음과 같다.

- 명제 1: AX or CX → BO or EO
- 명제 2: DO → 자유무역협정 체결 국가와 교역하는 단체X

명제 1의 '대우'는 'B와 E가 모두 최종 후보가 되지 못한다면 A와 C 모두 최종 후보가 된다'이고, B와 E는 모두 최종 후보에서 제외되었으므로 A와 C가 모두 최종 후보가 된다는 것을 알 수 있다.
또한 명제 2의 '대우'는 '한국과 자유무역협정을 체결한 국가와 교역을 하는 단체가 최종 후보가 되면 D는 최종 후보가 되지 않는다.'이고, 한국과 자유무역협정을 체결한 갑국과 교역을 하는 A가 최종 후보가 되었으므로 D는 최종 후보가 되지 않는다. 따라서 최종 후보는 A와 C만 가능하다.
2문단에서 최종 선정은 최종 후보가 된 단체에서만 이루어진다고 했고, 1문단에서 최종 선정 시 올림픽 관련 단체를 엔터테인먼트 사업 단체보다 우선한다고 하였으므로 올림픽 폐막식 행사를 주관하는 C가 최종 선정됨을 알 수 있다.

고득점자의 빠른 문제 풀이 Tip

단체의 성격을 정리한 후에 제외되는 단체를 먼저 소거하고 제시된 글에서 주어진 조건을 기호화하여 정리하는 것이 좋습니다.

11 세부 내용 파악

정답 ①

정답 체크 3문단에서 '그리고 반드시 중문과 강당 사이를 회랑으로 연결하여 탑을 감쌌다.'고 했으므로 삼국시대의 사찰에서 탑은 중문과 강당 사이에 위치했음을 알 수 있다.

오답 체크
② 2문단에서 진신사리를 모시는 공간이 탑이었으나 진신사리는 그 수가 한정되어 있었기 때문에 삼국시대 말기에는 사리를 대신하여 작은 불상이나 불경을 모셨다고 했으므로 진신사리를 모시는 곳이 바뀐 것은 아님을 알 수 있다.
③ 2문단에서 진신사리를 모시는 공간은 탑이었으나 진신사리는 그 수가 한정되어 있었기 때문에 삼국시대 말기에는 사리를 대신하여 작은 불상이나 불경을 모셨다고 했으므로 삼국시대 말기에 진신사리가 부족하다고 해서 탑 안을 비워두었는지는 알 수 없다.
④ 3문단에서 삼국시대 사찰은 후대의 산사와 달리 도심 속 평지 사찰이었기 때문에 회랑이 필수적이었다고 했으나 삼국시대 이후에 평지 사찰과 산사를 막론하고 회랑을 세우지 않았는지는 알 수 없다.
⑤ 2문단에서 탑은 석가모니의 분신을 모신 곳으로 간주되어 사찰의 중심에 놓였다고 했으므로 사찰이 성역임을 나타내기 위해 탑을 사찰의 중심에 세운 것이 아님을 알 수 있다.

12 문단배열

정답 ③

정답 체크 선택지에 따라 가장 먼저 올 수 있는 문단은 (가), (나), (다)이다. (가)는 회전문의 구조를, (나)는 문의 의미를, (다)는 회전문의 특징을 설명하고 있으므로 가장 포괄적이고 일반적인 내용인 (나)가 첫 문단으로 와야 한다. 또한 (나)의 뒷부분에서 회전문의 구조와 기능에 대해 언급하고 있으므로 이와 유사한 내용을 담고 있는 (가)가 이어지는 것이 적절하다. 이어서 이러한 구조를 가진 회전문이 일부의 이용자들에게는 문으로서의 역할을 하지 못한다는 내용인 (라)가 오고, 결과적으로 회전문은 야만적이며 미개한 형태의 문임을 설명하는 (다)가 오는 것이 적절하다.

고득점자의 빠른 문제 풀이 Tip

자연스러운 문단의 배열은 보다 포괄적이고 일반적인 내용에서 구체적이고 세부적인 내용 순으로 이어지는 것이며, 이때 유사한 내용을 담은 문단끼리 인접하여 연결시켜야 합니다.

13 세부 내용 파악

정답 ②

정답 체크 3문단에서 문사 계층이 다양한 정치적 견해를 전달했으나 '그렇다고 하더라도 이들이 서구의 계몽사상가들처럼 기존의 유교적 질서와 다른 정치적 대안을 제시할 수는 없었다.'는 것을 알 수 있다.

오답 체크
① 3문단에서 문사 계층이 유교 윤리에서 벗어난 군주의 그릇된 행위를 비판하기도 했다고 했으나 사회적 갈등을 원활히 관리하지 못하는 군주가 교체될 수 있었는지는 알 수 없다.
③ 2문단에서 '조화'를 이상으로 생각하는 유교의 전통은 서구 민주주의 정치 전통과는 거리가 있다고 했고, 1문단에서 유교 전통은 동아시아에서의 민주주의 실현 가능성을 제한했다고 했으므로 유교 전통에서 서구의 민주주의와 다른 새로운 유형의 민주주의는 등장할 수 없었음을 알 수 있다.
④ 2문단에서 서구의 민주주의 사회에서는 '조화'를 이상으로 생각하는 유교의 전통과 달리 다양한 정치적 입장들이 독자적인 형태를 취하면서 경쟁하며 공존할 수 있었다고 했으므로 갈등하는 세력이 공존하는 정치가 유지될 수 있었던 것은 유교 전통이 아니라 민주주의 사회임을 알 수 있다.
⑤ 3문단에서 문사 계층이 유교 윤리에서 벗어난 군주의 그릇된 행위를 비판하기도 했으나 그들에게 정치는 윤리와 구별되는 독자적 영역으로 인식되지 못했다고 했고, 1문단에서 유교 전통은 동아시아에서의 민주주의의 실현 가능성을 제한했다고 했으므로 군주의 통치 행위에 대해 다양하게 비판할 수 있었던 유교 전통으로 인해 동아시아에서 민주주의가 발전한 것은 아님을 알 수 있다.

14 세부 내용 파악

정답 ⑤

정답 체크 3문단에서 '또한 사회적 동조가 있는 상태에서는 개인의 성향과 상관없이 루머를 사실이라고 믿는 경우가 많았다.'고 했으므로 사회적 동조가 있을 때 루머를 사실로 믿는 경향은 충동적인 성향과 무관함을 알 수 있다.

오답 체크
① 1문단에서 사람들이 사회적·개인적 불안감을 해소하기 위한 수단으로 루머에 의지함을 알 수 있다.
② 3문단에서 사회적 동조는 개인이 어떤 정보에 대해 판단하거나 그에 대한 태도를 결정하는 데 정당성을 제공함을 알 수 있다.

③ 4문단에서 소속된 집단으로부터 소외되지 않기 위해서 다수에 의해 지지되는 의견을 따라가는 현상이 발생하며 이와 같은 현상은 개인주의 문화권보다 집단주의 문화권에 있는 사람들에게서 더 잘 나타남을 알 수 있다.

④ 3문단에서 실제로 루머에 대한 지지 댓글을 많이 본 사람들은 루머에 대한 반박 댓글을 많이 본 사람들에 비해 루머를 사실로 믿는 경향이 더욱 강함을 알 수 있다.

15 진술추론

정답 ②

정답 체크

ㄴ. (나)에서 기술의 발전에 따른 풍요가 더 중요한 현상이며, 모든 사람의 삶이 풍요로워지는 데 초점을 맞춰야 한다고 했으므로 기술의 발전이 전 세계의 가난한 사람들에게 도움을 주며 혁신사례들이 모든 사람들의 소득과 행복 수준을 개선한다는 연구결과는 기술의 발전으로 인한 풍요를 강조하는 것으로 (나)의 논지를 강화한다.

오답 체크

ㄱ. (가)에서 기술의 발전이 경제적 풍요와 격차를 모두 가져온다고 했으므로 현재의 정보기술이 덜 숙련된 노동자보다 숙련된 노동자를 선호하고, 노동자보다 자본가에게 돌아가는 수익을 늘린다는 사실은 (가)의 논지를 강화한다.

ㄷ. (다)에서 삶에서 중요한 항목에 들어가는 비용의 증가율은 가계 소득의 증가율에 비해 훨씬 더 높아지고 있다고 했으므로 기술의 발전이 가져온 경제적 풍요가 엄청나게 벌어진 격차를 보상할 만큼은 아니라는 것을 보여주는 자료는 (다)의 논지를 강화한다.

고득점자의 빠른 문제 풀이 Tip

제시된 글에 대한 평가는 글의 핵심 내용에 대한 평가를 의미합니다. 따라서 제시된 글이 말하고자 하는 주제를 명확하게 정리한 후 <보기>의 내용을 검토해야 합니다.

16 세부 내용 파악

정답 ①

정답 체크

ㄱ. 2문단에서 지도 학습 방식은 컴퓨터가 사물을 분별하기 위해서 사전 학습 데이터가 반드시 제공되어야 함을 알 수 있다.

오답 체크

ㄴ. 2문단에서 자율 학습 방식을 응용하여 '심화신경망' 알고리즘을 활용한 기계학습 분야를 '딥러닝'이라고 일컫는다고 했고, 3문단에서 딥러닝 작업은 고도의 연산 능력이 요구된다고 했으므로 자율 학습은 낮은 연산 능력으로는 수행 가능하지 않음을 알 수 있다.

ㄷ. 3문단에서 고성능 CPU가 등장하면서 연산을 위한 시간의 문제는 자연스럽게 해소되었으며 딥러닝 기술의 활용 범위는 새로운 알고리즘이 개발된 후에야 넓어졌음을 알 수 있다.

17 진술추론

정답 ①

정답 체크

ㄱ. 1문단에서 우리가 멀리 있는 물체의 거리를 판단할 때 물체와 우리 사이에 혹은 물체 주위에 건물, 나무와 같은 친숙한 대상들이 어느 정도 거리에 위치해 있는지를 우선 지각한다고 했으므로 물체 주위에 친숙한 대상들이 보이지 않게 민수의 시야를 가린 경우, 민수는 대상을 보고도 얼마나 떨어져 있는지 판단하지 못한다는 진술은 글의 주장을 강화한다.

오답 체크

ㄴ. 1문단에서 거리에 대한 추론은 과거의 경험에 기초한다고 했으므로 아무것도 보이지 않는 밤에 안개 속 숲길에서 불빛까지의 거리를 어렵지 않게 짐작한다는 진술은 글의 주장을 약화한다.

ㄷ. 2문단에서 물체가 손이 닿을 정도로 아주 가까이 있는 경우는 두 눈과 대상이 위치한 한 점을 연결하는 두 직선이 이루는 각의 크기를 감지함으로써 물체까지의 거리를 알게 된다고 했으므로 태어날 때부터 한쪽 눈이 실명인 영호가 30센티미터 거리에 있는 낯선 물체 외엔 어떤 것도 보이지 않는 상황에서 그 물체까지의 거리를 옳게 판단한다는 진술은 글의 주장을 약화한다.

고득점자의 빠른 문제 풀이 Tip

글의 주장을 강화하기 위해서는 그 주장이 도출될 수 있는 조건들이 동일하다는 전제 하에 주장과 일치하는 결과가 제시되어야 합니다. 따라서 주장이 성립 가능한 조건, 즉 먼 거리의 경우와 가까운 거리의 경우에 해당하는 내용을 구분해서 확인해야 합니다.

18 진술추론

정답 ①

정답 체크

ㄱ. 1문단에서 동물실험은 동물이 자극에 반응하고 행동하는 양상이 인간과 유사하다는 것을 전제하면서도 인간과 동물이 다르기 때문에 동물을 실험에 이용해도 된다고 주장하는 모순이 발생하고 있다고 했으므로 '나'의 견해와 부합한다.

오답 체크

ㄴ. 2문단에서 인간의 우울증 연구를 위한 아기 원숭이 실험은 원숭이가 인간과 유사하게 고통과 우울을 느끼는 존재라는 사실을 가정하고 있다고 했으므로 인간과 동물 간 심리적 유사성이 불확실하기 때문에 동물실험이 모순적 상황에 있다는 것은 '나'의 견해와 부합하지 않는다.

ㄷ. 2문단에서 인간의 우울증 연구를 위한 아기 원숭이 실험은 사람에게는 차마 하지 못할 잔인한 행동을 동물들에게 하고 있는 것이라고 했으므로 아기 원숭이를 정서적으로 고립시키는 실험이 윤리적으로 정당화된다는 것은 '나'의 견해와 부합하지 않는다.

19 빈칸삽입

정답 ③

정답 체크

2문단에서 다른 사람들의 협조 성향을 이용하여 도움을 받으면서도 다른 사람에게 도움을 주지 않는 사람이 존재하기 위해 만들어져 있어야 하는 틈새에 대해 '이는 기생 식물이 양분을 빨아먹기 위해서는 건강한 나무가 있어야 하는 것과 같다.'고 했으므로 다른 사람들의 협조 성향을 이용하여 도움을 받으면서도 다른 사람에게 도움을 주지 않는 사람은 기생 식물에 해당함을 알 수 있다. 따라서 이러한 기생 식물이 양분을 빨아먹을 수 있는 틈새는 건강한 나무, 즉 많은 사람들이 진정으로 협조한다는 내용이 적절하다.

고득점자의 빠른 문제 풀이 Tip

빈칸삽입 유형에서는 빈칸 앞뒤 내용과의 유사성을 살펴야 합니다. 특히 '이는'과 같이 앞 말을 받는 지시어로 연결되어 있다면 내용적으로 동일한 진술이 이어지고 있다는 의미입니다.

20 논리추론

정답 ④

정답 체크

제시된 글에 나타난 조건을 정리하면 다음과 같다.

- 조건 1: 각 팀은 두 명 또는 세 명으로 구성
- 조건 2: 모든 사무관은 최소 한 번 출장에 참가
- 조건 3: 총괄 사무관은 한 명이며 네 지역 모든 출장에 참가
- 조건 4: 신임 사무관은 한 지역에만 출장, 다른 사무관은 두 지역 이상 출장에 참가

· 조건 5: 을은 갑과 단둘이 가는 한 번의 출장만 참가
· 조건 6: 병과 정이 함께 출장을 가는 경우는 단 한 번
· 조건 7: 광역시는 두 곳
· 조건 8: 두 명의 사무관만 두 광역시 모두에 출장

조건 4와 조건 5를 결합하면 신임 사무관은 한 지역 출장에만 참가하는데 을이 출장을 한 번만 참가하므로 신임 사무관은 을임을 알 수 있다. 또한 조건 3과 조건 5를 결합하면 갑은 출장에 단 한 번 참가한 을과 함께 갔으므로 모든 출장에 참가한 총괄 사무관임을 알 수 있다. 따라서 갑은 나머지 세 지역의 출장에도 참가해야 한다. 한편 조건 6에서 병과 정이 함께 출장을 가는 지역은 한 곳이라고 했으므로 네 지역을 A, B, C, D로 설정하고 조건을 정리하면 다음과 같다.

지역	A	B	C	D
출장에 참가한 사무관	을(신임), 갑(총괄)	갑, 병, 정	갑	갑

조건 4에서 을을 제외한 나머지 사무관은 두 지역 이상의 출장에 가야 한다고 했으므로 병이 출장에 가고 정은 가지 않는 지역이 최소 한 곳, 정이 출장에 가고 병은 출장에 가지 않는 지역이 최소 한 곳 있어야 한다. A는 조건 5에 따라 을과 갑만이 출장을 간 곳이고 B는 이미 세 명이 구성되었으므로 병과 정이 각각 출장을 가는 지역은 C, D이다. 한편 조건 8과 조건 5를 결합하면 한 곳만 출장에 참가한 을이 간 A는 광역시가 아님을 알 수 있다. 이를 정리하면 다음과 같다.

지역	A (광역시 X)	B	C	D
출장에 참가한 사무관	을(신임), 갑(총괄)	갑, 병, 정	갑, 병	갑, 정

조건 4에 의해 무는 최소 두 곳 이상 출장을 가야 하는데 가능한 곳은 C, D 밖에 없으므로 이를 채워서 정리하면 최종적으로 알 수 있는 정보는 다음과 같이 정리된다.

지역	A (광역시 X)	B	C	D
출장에 참가한 사무관	을(신임), 갑(총괄)	갑, 병, 정	갑, 병, 무	갑, 정, 무

따라서 정이 총 세 곳에 출장을 가는 것은 반드시 거짓이다.

오답 체크
① 갑은 이번 출장 업무를 총괄하는 사무관이므로 반드시 참이다.
② 을은 광역시에 출장을 가지 않으므로 반드시 참이다.
③ 병은 갑, 무와 함께 출장을 가는 지역이 있으므로 반드시 참이다.
⑤ 무는 두 곳에 출장을 가고 그 중 한 곳은 정과 함께 가므로 반드시 참이다.

고득점자의 빠른 문제 풀이 Tip

지역에 대해서는 광역시인지 아닌지의 여부만이 중요하므로 임의의 지역 A, B, C, D를 설정하여 각 사무관이 어떤 조합으로 출장을 가는지 정리하는 것이 좋습니다.

21 세부 내용 파악

정답 ⑤

정답 체크
2문단에서 '일본의 정책들은 함경도를 만주와 같은 경제권으로 묶음으로써 조선의 다른 지역과 경제적으로 분리시켰다.'고 했으므로 일본은 한반도 전체가 아닌 함경도만을 만주와 같은 경제권으로 묶는 정책을 폈음을 알 수 있다.

오답 체크
① 3문단에서 1935년 회령의 유선탄광에서 폭약이 터져 800여 명의 광부가 매몰돼 사망했던 사건이 있었고, 영화 <아리랑>의 감독 겸 주연이었던 나운규의 고향이 회령이었음을 알 수 있다.
② 2문단에서 일본은 조선의 최북단 지역이던 무산·회령·종성·온성을 중시하였고, 오지의 작은 읍이었던 무산·회령·종성·온성의 개발이 촉진되어 근대적 도시로 발전하였음을 알 수 있다.
③ 2문단에서 청진·나진·웅기 등은 대륙 종단의 시발점이 되는 항구이며 회령·종성·온성은 양을 목축하는 축산 거점으로 부상하였다고 했고, 3문단에서 나운규의 고향 회령에서 청진까지 철도가 부설되었다고 했으므로 축산 거점에서 대륙 종단의 시발점이 되는 항구까지 부설된 철도가 있었음을 알 수 있다.
④ 2문단에서 두만강변 원시림의 목재를 일본으로 수송하기 위해 함경선, 백무선 등의 철도를 잇따라 부설하였다고 했고, 1문단에서 일본은 식민지 조선의 북부 지역에서 광물과 목재 등 군수산업 원료를 약탈하는 데 주력하게 되었다고 했으므로 군수산업 원료를 일본으로 수송하는 것이 함경선 부설의 목적 중 하나였음을 알 수 있다.

22 세부 내용 파악

정답 ④

정답 체크
ㄴ. '영희가 초보운전자이고 철수가 이 사실을 알고 있다.'는 가정은 진술A에서 영희가 민호의 아내이고 철수가 이 사실을 알고 있다고 가정하는 것과 같다. 그렇다면 진술A로부터 '철수는 민호의 아내가 교통사고를 일으켰다고 믿는다.'가 도출될 수 있듯 '철수는 어떤 초보 운전자가 교통사고를 일으켰다고 믿는다.'가 도출됨을 알 수 있다.
ㄷ. 진술B에서는 철수가 가정한 사실을 알고 있는지의 여부는 관련이 없다. 따라서 영희가 동철의 엄마이지만 철수는 이 사실을 모르고 있다고 가정한다면, '교통사고를 일으켰다고 철수가 믿고 있는 사람은 동철의 엄마다.'가 도출됨을 알 수 있다.

오답 체크
ㄱ. 철수는 영희가 민호의 아내가 아니라는 것을 모를 수도 있으므로 '영희는 민호의 아내가 아니다.'라고 가정한다 해도 진술A에 의해 '철수는 민호의 아내가 교통사고를 일으켰다고 믿지 않는다.'가 반드시 도출되는 것은 아님을 알 수 있다.

23 세부 내용 파악

정답 ②

정답 체크
1문단에서 '주식회사가 생기기 이전에는 노동자가 생산수단들을 소유할 수 없었지만 이제는 거의 모든 생산수단이 잘게 쪼개져 누구나 그 일부를 구입할 수 있다.'는 것을 알 수 있다.

오답 체크
① 1문단에서 주주 자본주의는 주주의 이윤을 극대화하는 것을 회사 경영의 목표로 한다고 했으므로 주주 자본주의에서 주주의 이익과 사회적 공헌이 상충할 때 기업은 사회적 공헌을 우선적으로 선택하지 않을 것임을 알 수 있다.
③ 2문단에서 이해관계자 자본주의는 주주의 이익뿐만 아니라 이해관계자들 전체, 즉 노동자, 소비자, 지역사회 등을 고려해야 함을 알 수 있으나 지역사회의 일반 주민까지도 기업 경영의 전반적인 영역에서 주도적인 역할을 담당하는지는 알 수 없다.
④ 3문단에서 주주 자본주의와 이해관계자 자본주의가 혼합되면 기업은 주주의 이익을 최우선적으로 고려하지만, 노조 활동을 인정하고, 지역과 환경에 투자하며, 기부와 봉사 등 사회적 활동을 위해 노력하기도 한다고 했으므로 사회적 공헌활동은 주주 자본주의에서보다 강화될 것임을 알 수 있다.
⑤ 3문단에서 주주 자본주의와 이해관계자 자본주의가 혼합되더라도 기업은 주주의 이익을 최우선적으로 고려함을 알 수 있다.

24 빈칸삽입

정답 ⑤

정답 체크

㉠ B의 지름은 A의 지름의 절반이고, 두 번째 명제에서 모양과 두께가 같은 동일 재질의 원형 판이 진동할 때 발생하는 진동수는 판 지름의 제곱에 반비례한다고 했으므로 B의 지름은 A의 1/2이며 B의 진동수는 그 제곱의 역수인 A의 4배가 된다. 진동수가 2배가 될 때 한 옥타브 음이 높다고 했으므로 ㉠은 B가 A보다 두 옥타브 높다는 내용이 적절하다.

㉡ C가 A보다 2배 두껍고 첫 번째 명제에서 지름과 모양이 같은 동일 재질의 원형 판이 진동할 때 발생하는 진동수는 두께에 비례한다고 했으므로 C의 진동수는 A의 2배가 된다. 진동수가 2배가 될 때 한 옥타브 음이 높다고 했으므로 ㉡은 C가 A보다 한 옥타브 높다는 내용이 적절하다.

25 논리추론

정답 ②

정답 체크

A, B, C가 거짓말을 할 수 있는 경우는 다음과 같다.

구분	A	B	C
(1) 아무도 거짓말 하지 않은 경우	거짓	거짓	거짓
(2) 한 명이 거짓말 한 경우	참	거짓	참
(3) 두 명이 거짓말 한 경우	거짓	참	참
(4) 세 명이 거짓말 한 경우	거짓	거짓	거짓

(1)의 경우 A, B, C 모두 거짓말을 했으므로 아무도 거짓말을 하지 않았다는 가정을 위배하고, (3)의 경우 A만 거짓말을 하여 두 명이 거짓말을 했다는 가정에 위배하므로 가능한 경우는 (2)와 (4)이다. (2)와 (4)의 경우 B는 모두 거짓말을 했으므로 가해자인 것이 확실하고, (2)와 (4)의 경우에 모두 참만을 진술한 사람은 없으므로 가해자가 아닌 것이 확실한 사람은 없음을 알 수 있다.

고득점자의 빠른 문제 풀이 Tip

확실한 고정 조건이 주어지지 않았으므로 빠르게 경우의 수를 파악하는 표를 그리는 것이 중요합니다. <아래>에서 A, B, C가 '몇 명이 거짓말을 하고 있는지'를 진술하고 있으므로 이를 기준으로 가능한 경우를 구분합니다.

1 세부 내용 파악

정답 ③

정답 체크 2문단에서 '어떤 쟁점에 대해 지식수준과 관여도가 모두 낮은 공중은 '비활동 공중'이라고 한다. 그러나 쟁점에 대한 지식수준이 낮더라도 쟁점에 노출되어 쟁점에 대한 관여도가 높아지게 되면 이들은 '환기 공중'으로 변화한다.'고 했으므로 비활동 공중이 어떤 쟁점에 노출되면서 관여도가 높아지면 환기 공중으로 변함을 알 수 있다.

오답 체크
① 1문단에서 정책의 쟁점 관리는 정책 쟁점이 미디어 의제로 전환된 후부터 진행됨을 알 수 있다.
② 2문단에서 쟁점에 대한 지식수준과 관여도가 모두 낮은 공중은 '비활동 공중'이고 쟁점에 대한 지식수준이 높지만 관여도가 높지 않은 공중은 '인지 공중'임을 알 수 있다.
④ 3문단에서 환기 공중은 지식수준은 낮지만 쟁점 관여도가 높은 편이어서 문제해결에 필요한 지식을 얻게 된다면 '활동 공중'으로 변화한다고 했으므로 공중은 한 유형에서 다른 유형으로 변화할 수 있음을 알 수 있다.
⑤ 3문단에서 인지 공중은 사회의 다양한 쟁점에 관한 지식을 가지고 있지만 적극적으로 활동하지 않아 행동하지 않는 지식인이라고도 불린다고 했고, 이들의 관여도를 높여 활동 공중으로 이끄는 것은 매우 어렵다고 했으므로 인지 공중은 활동 공중으로 쉽게 변하지 않음을 알 수 있다.

고득점자의 빠른 문제 풀이 Tip

선택지를 대략적으로 살펴보았을 때, '미디어 의제', '비활동 공중', '환기 공중', '인지 공중' 등이 주요 핵심어이므로 제시된 글에서 해당 단어가 포함된 문장을 우선적으로 확인합니다.

2 법·규정의 적용

정답 ⑤

정답 체크 첫 번째 법조문 3항에서 시장·군수·구청장이 공공하수도를 설치하려면 시·도지사의 인가를 받아야 함을 알 수 있다.

오답 체크
① 마지막 법조문 2항에서 공공하수도가 둘 이상의 지방자치단체의 장의 관할구역에 걸치는 경우, 관리청이 되는 자는 인가를 받은 시장·군수·구청장으로 한다고 했으므로 A자치구와 B자치구에 걸치는 공공하수도의 경우, 공공하수도의 관리청은 인가를 받은 A자치구의 구청장임을 알 수 있다.
② 첫 번째 법조문 5항에서 시·도지사가 국가의 보조를 받아 공공하수도를 설치하려면, 그 설치에 필요한 재원의 조달 등에 관하여 환경부장관과 미리 협의하여야 함을 알 수 있다.
③ 첫 번째 법조문 4항에서 시장·군수·구청장은 공공하수도 설치에 관하여 인가받은 사항을 변경하거나 폐지하려면 시·도지사의 인가를 받아야 함을 알 수 있다.
④ 첫 번째 법조문 2항에서 고시한 사항을 변경 또는 폐지하고자 하는 때에도 또한 고시하여야 한다고 했으므로 시·도지사가 공공하수도 설치를 위해 고시한 사항은 변경할 수 있음을 알 수 있다.

고득점자의 빠른 문제 풀이 Tip

제시된 법조문에서 주체인 '시·도지사', '시장·군수·구청장' 등의 행위를 파악하여 선택지에 적용합니다. 또한 협의 당사자가 걸치는 경우의 관리 주체 등을 파악하는 것이 필요합니다.

3 세부 내용 파악

정답 ⑤

정답 체크 3문단에서 '그에 따르면 무관의 반열에 서는 자는 모두 굳세고 씩씩해 적을 막아낼 만한 기색이 있는 사람으로 뽑되, 도덕성을 첫째의 자질로 삼고 재주와 슬기를 다음으로 해야 한다고 강조하였다.'고 했으므로 다산은 무관의 자질로 재주와 슬기보다 도덕성이 우선한다고 보았음을 알 수 있다.

오답 체크
① 1문단에서 좌우별감은 좌수의 아랫자리임을 알 수 있다.
② 2문단에서 좌수후보자들에게 모두 종사랑의 품계를 주고 해마다 공적을 평가해 감사나 어사로 하여금 식년에 각각 9명씩을 추천하게 한다고 했으므로 다산이 주장하는 좌수 선발방법에 따르면, 좌수후보자는 향승이 아닌 감사나 어사가 9명을 추천함을 알 수 있다.
③ 3문단에서 다산은 아전을 임명할 때, 진실로 쓸 만한 사람을 얻지 못하면 자리를 채우기는 하되 정사는 맡기지 말라고 했음을 알 수 있다.
④ 2문단에서 좌수후보자들에게 모두 종사랑의 품계를 주고 해마다 공적을 평가해 감사나 어사로 하여금 각각 9명씩 추천하게 한다고 했고, 그 가운데 3명을 뽑아 경관에 임명한다고 했으므로 다산은 경관이 아닌 좌수후보자들에게 종사랑의 품계를 주어야 한다고 주장했음을 알 수 있다.

4 법·규정의 적용

정답 ②

정답 체크 지침 다에서 폐기 대상 판정시 위원들 사이에 이견이 있는 자료는 당해 연도의 폐기 대상에서 제외하고, 다음 연도의 회의에서 재결정한다고 했으므로 바로 다음 회의가 다음 연도에 열리지 않고 당해 연도에 열리는 경우, 바로 다음 회의에서 위원들 사이에 이견이 있는 자료의 폐기 여부가 논의되지 않을 수 있음을 알 수 있다.

오답 체크
① 지침 다에서 폐기심의위원회는 폐기 여부만을 판정하며 폐기 방법의 결정은 사서에게 위임한다고 했으므로 자료의 폐기 방법은 폐기심의위원회가 아니라 사서가 결정함을 알 수 있다.
③ 지침 다에서 회의는 폐기심의대상 목록과 자료의 실물을 비치한 회의실에서 진행되고, 위원들은 실물과 목록을 대조하여 확인하여야 한다고 했으므로 폐기심의위원회는 자료의 실물을 확인하지 않고 폐기 여부를 판정할 수 없음을 알 수 있다.
④ 지침 마에서 연도별로 폐기한 자료의 목록과 폐기 경위에 관한 기록은 보존하되, 폐기한 자료에 대한 내용은 도서관의 각종 현행자료 목록에서 삭제한다고 했으므로 폐기 경위에 관한 기록은 제거하지 않음을 알 수 있다.
⑤ 지침 가에서 도서관 직원은 이용하기 곤란하다고 생각되는 자료는 발견 즉시 회수하여 사무실로 옮겨야 하며, 지침 나에서 사무실에 회수된 자료는 사서들이 갱신하고, 폐기심의대상 목록으로 작성함을 알 수 있다.

고득점자의 빠른 문제 풀이 Tip

지침의 각 내용에서 '도서관 직원', '사서', '폐기심의위원회' 등의 주체와 대상, 할 수 있는 업무 등을 우선적으로 확인합니다.

5 법·규정의 적용

정답 ①

정답 체크 ㄱ. 두 번째 법조문 1항 1호에서 신청인은 피신청인의 주소지, 피신청인의 사무소 또는 영업소 소재지, 피신청인의 근무지를 관할하는 지방법원에 조정을 신청할 수 있음을 알 수 있다.

ㄷ. 세 번째 법조문 3항에서 조정조서는 판결과 동일한 효력이 있다고 했으므로 신청인과 피신청인 사이에 합의된 사항이 기재된 조정조서는 판결과 동일한 효력을 가짐을 알 수 있다.

오답 체크 ㄴ. 세 번째 법조문 1항에서 조정담당판사는 조정을 하지 아니하는 결정으로 사건을 종결시킬 수 있고, 신청인은 이 결정에 대해서 불복할 수 없음을 알 수 있다.

ㄹ. 마지막 법조문 2호에서 조정 불성립으로 사건이 종결된 경우에는 조정신청을 한 때에 민사소송이 제기된 것으로 봄을 알 수 있다.

ㅁ. 세 번째 법조문 1항에서 조정담당판사는 신청인이 부당한 목적으로 조정신청을 한 것임을 인정하는 경우에는 조정을 하지 아니하는 결정으로 사건을 종결시킬 수 있음을 알 수 있다.

6 법·규정의 적용

정답 ①

정답 체크 ㄱ. 두 번째 법조문 1항에서 시·도 교육감은 폐교재산을 교육용시설, 사회복지시설, 문화시설, 공공체육시설로 활용하려는 자에게 그 폐교재산의 용도와 사용 기간을 정하여 임대할 수 있다고 했으므로 폐교 소재의 시·군·구에 거주하지 않더라도 사회복지시설로 활용하려는 자에게 그 폐교재산을 임대할 수 있음을 알 수 있다.

ㄴ. 두 번째 법조문 2항에서 폐교재산을 임대하는 경우 연간 임대료는 해당 폐교재산평정가격의 1천분의 10을 하한으로 하고, 마지막 법조문 2항 1호에서 폐교재산의 연간 임대료 감액분은 연간 임대료의 1천분의 500을 초과하지 않는 범위에서 감액할 수 있음을 알 수 있다. 이때 연간 임대료의 최저액은 연간 임대료를 최대한 감액하는 경우이므로 연간 임대료의 하한인 1%에서 다시 50%를 감액한 연간 임대료의 0.5%이다. 따라서 폐교재산평정가격이 5억 원인 경우 연간 임대료의 최저액은 5억 원의 0.5%인 250만 원임을 알 수 있다.

오답 체크 ㄷ. 마지막 법조문 1항 3호에서 폐교가 소재한 시·군·구에 주민등록이 되어 있고 실제 거주하는 지역주민이 공동으로 폐교재산을 소득증대시설로 사용하려는 경우 연간 임대료를 감액할 수 있다고 했으므로 지역주민이 단독으로 사용하려는 경우에는 감액대상이 되지 않는다. 따라서 연간 임대료로 지불해야 할 최저액은 0.7%가 아닌 1천분의 10인 1%임을 알 수 있다.

ㄹ. 마지막 법조문 1항 2호에서 단체 또는 사인이 교육용시설, 사회복지시설, 문화시설 또는 공공체육시설로 사용하는 경우 폐교재산의 연간 임대료를 감액하여 임대할 수 있다고 했으므로 폐교재산을 활용하려는 자가 폐교 소재 지역주민이 아니어도 그 폐교재산을 공공체육시설로 사용할 수 있고 임대료 감액도 받을 수 있음을 알 수 있다.

고득점자의 빠른 문제 풀이 Tip

법·규정의 적용 유형은 주체와 행위를 위주로 살펴보아야 하는데 특히 임대받을 수 있는 주체, 임대료, 감액 대상, 감액 범위에 대한 법조문을 위주로 파악하는 것이 중요합니다.

7 문제해결

정답 ③

정답 체크 <예제>에서 축척이 1/25,000이라고 했으므로 등고선은 표고 10m마다 그린 것이고 A와 B의 표고 차이는 30m임을 알 수 있다. 한편 <측량학 수업 필기>에서 축척 1/50,000은 실제 수평 거리 50,000cm를 지도상에 1cm로 나타낸 것이라고 했으므로 <예제>와 같이 축척이 1/25,000인 경우에는 25,000cm를 1cm로 나타냈음을 알 수 있다. 이때 A와 B의 선분 길이가 4cm이므로 실제 거리는 4×25,000=100,000cm이고, 이를 m로 나타내면 1,000m이다.

<측량학 수업 필기>에서 경사도=$\frac{\text{두 지점 사이의 표고 차이}}{\text{두 지점 사이의 실제 수평 거리}}$라고 했으므로 산출된 수치를 대입하면 A와 B를 잇는 사면의 경사도는 30/1,000=0.03이다.

고득점자의 빠른 문제 풀이 Tip

제시된 <측량학 수업 필기>에서 표고 차이와 실제 수평 거리가 중요하므로 <예제>에서 축척이 1/25,000인 지도, 표고 차이, 실제 수평 거리를 빠르게 파악하고 단위를 혼동하지 않도록 주의하는 것이 중요합니다.

8 세부 내용 파악

정답 ①

정답 체크 ㄱ. 백신 A의 최소 접종연령은 12개월이고 1차와 2차의 최소 접종간격도 12개월이므로 최소 접종연령에 접종하고 2차 접종을 하게 되면 만 2세가 됨을 알 수 있다. 이때 2문단에서 최소 접종연령 및 최소 접종간격에서 4일 이내로 앞당겨서 일찍 접종한 경우에도 유효한 것으로 본다고 했으므로 만 2세가 되기 전에 백신 A의 예방접종을 2회 모두 유효하게 실시할 수 있음을 알 수 있다.

오답 체크 ㄴ. 생후 45개월에 백신 B를 1차 접종했다면 2차 접종은 4주 후인 46개월에, 3차 접종은 또 그 4주 후인 47개월에 할 수 있다. 4문단에서 백신 B는 만 4세 이후에 3차 접종을 유효하게 하는 경우 4차 접종을 생략할 수 있다고 했으나 3차 접종 기간이 47개월이라면 만 4세 이전이므로 백신 B의 4차 접종은 생략할 수 없음을 알 수 있다.

ㄷ. 생후 40일에 백신 C를 1차 접종했다면 4주 후인 40+28=68일에 2차 접종을 해야 함을 알 수 있다. 2문단에서 5일 이상 앞당겨서 일찍 접종했다면 무효로 간주한다고 했으므로 생후 60일에 한 2차 접종은 5일 이상 앞당겨서 한 접종으로 무효임을 알 수 있다.

고득점자의 빠른 문제 풀이 Tip

제시된 글에서 각 백신의 최소 접종연령과 최소 접종간격이 제시되어 있으므로 이를 위주로 <보기>의 사례에 적용하되 일, 주, 개월 등 날짜 단위에 주의하여야 합니다.

9 논리퍼즐

정답 ③

정답 체크 검은 블록이 있는 막대는 윗면과 아랫면에 적힌 숫자의 합이 7이 되고 검은 블록이 없는 막대는 윗면과 아랫면에 모두 숫자 0이 적혀있을 것이므로 그 합은 0이 된다. 따라서 <그림 2>에서 정육면체 윗면과 아랫면 숫자의 합은 검은 블록이 있는 막대의 개수×7이다. <그림 2>에서 전체 막대는 6×6=36개이고, 적힌 숫자가 0인 막대는 6개이므로 검은 블록이 있는 막대는 30개이다. 이에 따라 각 막대의 윗면과 아랫면 숫자를 전부 더한 값은 30×7=210임을 알 수 있다. 이때 윗면에 쓰인 숫자의 합이 109라고 했으므로 아랫면에 쓰인 숫자의 합은 210-109=101이다.

고득점자의 빠른 문제 풀이 Tip

제시된 글에서 막대의 윗면과 아랫면에 쓰이는 숫자의 규칙을 고려하여 각 막대의 윗면과 아랫면에 쓰인 숫자의 합이 7임을 파악해야 합니다. 또한 검은 블록이 없는 막대의 경우에는 그 합이 0임에 유의합니다.

10 문제해결

정답 ②

정답 체크

첫 번째 <상황>에 따르면 각 후보자는 3가지씩의 직무역량을 갖추고 있고, 두 번째 <상황>에 따르면 丙을 제외한 甲, 乙, 丁은 자원관리역량을 갖추고 있음을 알 수 있다. 네 번째 <상황>에 따르면 甲은 심리상담업무를 수행할 수 있다고 했으므로 의사소통역량과 대인관계역량을 갖추고 있고, 乙과 丙은 진학지도업무를 수행할 수 있다고 했으므로 문제해결역량과 정보수집역량을 갖추고 있음을 알 수 있다. 이를 정리하면 다음과 같다.

구분	의사소통 역량	대인관계 역량	문제해결 역량	정보수집 역량	자원관리 역량
甲	O	O			O
乙			O	O	O
丙			O	O	X
丁					O

세 번째 <상황>에서 丁이 진학지도업무를 제외한 모든 업무를 수행하려면 의사소통역량만 추가로 갖추면 된다고 했고, 심리상담업무, 위기청소년지원업무, 지역안전망구축업무를 위해서 필요한 역량은 의사소통역량, 대인관계역량, 문제해결역량, 자원관리역량이므로 丁은 의사소통역량을 제외하고 대인관계역량, 문제해결역량, 자원관리역량을 갖추고 있음을 알 수 있다.

구분	의사소통 역량	대인관계 역량	문제해결 역량	정보수집 역량	자원관리 역량
甲	O	O			O
乙			O	O	O
丙			O	O	X
丁	X	O	O		O

마지막 <상황>에서 대인관계역량을 갖춘 채용후보자는 2명이라고 했으므로 乙, 丙은 대인관계역량을 갖추고 있지 않음을 알 수 있다. 이때 모든 채용후보자가 3가지의 직무역량을 갖추고 있다는 것을 고려하여 나머지 표를 채우면 다음과 같다.

구분	의사소통 역량	대인관계 역량	문제해결 역량	정보수집 역량	자원관리 역량
甲	O	O	X	X	O
乙	X	X	O	O	O
丙	O	X	O	O	X
丁	X	O	O	X	O

이에 따라 후보자 각각이 맡을 수 있는 업무를 정리하면 甲은 심리상담업무, 지역안전망구축업무, 乙은 진학지도업무, 丙은 위기청소년지원업무, 진학지도업무, 丁은 지역안전망구축업무를 담당할 수 있다.
따라서 채용되는 2명은 서로 다른 업무를 맡아 4가지 업무를 빠짐없이 분담해야 한다고 했으므로 두 가지 업무가 가능한 후보자 甲, 丙이 채용된다.

오답 체크

① 甲과 乙이 채용되면 위기청소년지원업무를 수행할 수 없다.
③ 乙과 丙이 채용되면 심리상담업무와 지역안전망구축업무를 수행할 수 없다.
④ 乙과 丁이 채용되면 심리상담업무와 위기청소년지원업무를 수행할 수 없다.
⑤ 丙과 丁이 채용되면 심리상담업무를 수행할 수 없다.

고득점자의 빠른 문제 풀이 Tip

확실한 정보를 제시하는 <상황>을 우선적으로 정리한 후 나머지 <상황>을 고려하며 표를 채워나가는 것이 좋습니다. 심리상담업무는 의사소통역량과 대인관계역량을 필요로 하는데 그 둘을 모두 갖추고 있는 사람은 甲뿐이므로 甲이 있는 선택지를 먼저 선별하고 乙과 丙 가운데 乙이 채용되면 위기청소년지원업무를 맡을 수 있는 사람이 없으므로 ①을 제외하여 ②를 정답으로 빠르게 찾을 수 있습니다.

11 법·규정의 적용

정답 ④

정답 체크

4문단에서 어린이집, 유치원, 초·중·고등학교에서 공식적으로 주최하는 행사와 공식적인 상담에만 허용되었던 '자녀돌봄휴가'를 자녀의 병원진료·검진·예방접종 등에도 쓸 수 있도록 한다고 했으므로 변경 전 제도에서 공무원은 초등학교 1학년인 자녀의 병원진료를 위해서는 '자녀돌봄휴가'를 사용할 수 없었음을 알 수 있다.

오답 체크

① 3문단에서 생후 1년 미만의 영아를 자녀로 둔 공무원을 대상으로 1주일에 2일에 한해 1일에 1시간씩 단축근무를 허용하던 '육아시간'을 만 5세 이하 자녀를 둔 공무원을 대상으로 1주일에 2일에 한해 1일에 2시간 범위 내에서 사용할 수 있도록 하였다고 했으므로 변경된 현행 제도에서는 변경 전에 비해 '육아시간'의 적용 대상 및 시간이 확대되었음을 알 수 있다.
② 4문단에서 '자녀돌봄휴가'는 공무원 1인당 연간 최대 2일이고, 자녀가 3명 이상일 경우 1일을 가산할 수 있도록 하였다고 했으므로 변경된 현행 제도에 따르면 초등학생 자녀 3명을 둔 공무원은 연간 3일의 '자녀돌봄휴가'를 사용할 수 있음을 알 수 있다.
③ 2문단에서 '모성보호시간'을 임신 기간 전체로 확대하여 임신부터 출산시까지 근무시간을 1일에 2시간씩 단축할 수 있게 하였다고 했으므로 변경된 현행 제도에 따르면, 임신 5개월인 여성 공무원은 산부인과 진료를 받기 위해 '모성보호시간'을 사용할 수 있음을 알 수 있다.
⑤ 3문단에서 '육아시간'을 만 5세 이하 자녀를 둔 공무원을 대상으로 1주일에 2일에 한해 1일에 2시간 범위 내에서 사용할 수 있도록 하였다고 했으므로 변경된 현행 제도에 따르면, 만 2세 자녀를 둔 공무원은 '육아시간'을 사용하여 근무시간을 1주일에 총 4시간 단축할 수 있음을 알 수 있다.

12 법·규정의 적용

정답 ⑤

정답 체크

ㄷ. 마지막 법조문 1항에서 사업자가 고시된 중요정보를 표시·광고하지 않은 경우에는 1억 원 이하의 과태료를 부과한다고 했으므로 공정거래위원회는 5천만 원의 과태료를 부과할 수 있음을 알 수 있다.
ㄹ. 두 번째 법조문 1항에서 공정거래위원회는 상품 등이나 거래 분야의 성질에 비추어 소비자 보호를 위하여 필요한 경우에는 사업자가 표시·광고에 포함하여야 하는 사항과 표시·광고의 방법을 고시할 수 있음을 알 수 있다.

오답 체크

ㄱ. 두 번째 법조문 1항에서 공정거래위원회는 상품 등이나 거래 분야의 성질에 비추어 필요한 경우 사업자가 표시·광고에 포함하여야 하는 사항을 고시할 수 있다고 했으므로 공정거래위원회가 중요정보 고시 여부를 결정함에 있어 상품 등이나 거래 분야도 고려의 대상임을 알 수 있다.

ㄴ. 첫 번째 법조문 1항 4호에서 공정한 거래질서를 해칠 우려가 있는 비방적인 표시·광고 행위를 하거나 다른 사업자로 하여금 하게 하여서는 안 된다고 했고, 같은 법조문 2항에서 이 규정을 위반하는 경우 1억 5천만 원 이하의 벌금에 처한다고 했으므로 사업자 A에게는 과태료를 부과하는 것이 아니라 벌금에 처함을 알 수 있다.

고득점자의 빠른 문제 풀이 Tip

법·규정의 적용 유형은 주체와 행위를 위주로 살펴보아야 하는데 금지 행위와 그에 따른 처벌, 고시 내용 및 요건 등을 위주로 파악하는 것이 중요합니다.

13 세부 내용 파악

정답 ⑤

정답 체크 2문단에서 군국기무처가 심의하여 통과시킨 의안에 대해 '여기에는 1880년대 이래 개화운동에서 강조한 개혁안과 더불어 동학운동에서 요구한 개혁안이 포함되기도 하였다.'고 했으므로 군국기무처가 통과시킨 의안에는 동학운동에서 요구한 개혁안이 담기기도 하였음을 알 수 있다.

오답 체크
① 3문단에서 군국기무처는 고종이 그의 전제왕권을 제약한 군국기무처의 존재를 탐탁지 않게 여겨 12월 17일 칙령으로 폐지했음을 알 수 있다.
② 1문단에서 군국기무처의 이름은 1882년부터 1883년까지 존속하였던 기무처의 이름을 따서 흥선대원군이 명명했음을 알 수 있다.
③ 3문단에서 군국기무처의 기능은 청일전쟁에서 일본이 최초의 결정적인 승리를 거둔 1894년 9월 중순 이후 서서히 약화되기 시작하였고, 일본이 청일전쟁의 승리가 확실해지면서 군국기무처의 활동에 적극적인 개입정책을 쓰기 시작했다고 했으므로 군국기무처의 기능은 더욱 약화되었음을 알 수 있다.
④ 2문단에서 군국기무처가 실제로 활동한 기간은 약 3개월이었고, 이 기간 중 약 210건의 의안을 심의하여 통과시켰는데 그 중에 189개의 개혁의안이 포함되어 있었다고 했으므로 군국기무처가 실제 활동 기간 동안 통과시킨 개혁의안은 월 평균 189/3=63건임을 알 수 있다.

14 세부 내용 파악

정답 ④

정답 체크
ㄱ. 2문단에서 일본은 임기 6년의 참의원을 매 3년마다 1/2씩 선출한다고 했고, 프랑스 역시 임기 6년의 상원의원을 매 3년마다 1/2씩 선출한다고 했으므로 일본 참의원의 임기는 프랑스 상원의원의 임기와 같음을 알 수 있다.
ㄷ. 3문단에서 우리나라에서는 선거 무효 판결, 당선 무효, 당선인의 임기 개시 전 사망 등의 사유가 있는 경우에 재선거를 실시함을 알 수 있다.
ㄹ. 4문단에서 보궐선거는 의원이 임기 중 직책을 사퇴하거나 사망하는 등 부득이한 사유로 의정 활동을 수행할 수 없는 경우에 이를 보충하기 위해 실시되는 선거라고 했고, 다수대표제를 사용하는 대부분의 국가는 보궐선거를 실시한다고 했으므로 다수대표제를 사용하는 대부분의 국가에서는 의원이 임기 중 사망하였을 때 보궐선거를 실시함을 알 수 있다.

오답 체크
ㄴ. 2문단에서 미국은 임기 6년의 상원의원을 매 2년마다 1/3씩 선출한다고 했으므로 2년마다 전체 상원의원을 새로 선출하는 것은 아님을 알 수 있다.

15 법·규정의 적용

정답 ⑤

정답 체크 마지막 법조문 2항 2호에서 무죄재판서의 공개로 인하여 사건 관계인의 명예를 현저히 해칠 우려가 있는 경우에는 무죄재판서의 일부를 삭제하여 게재할 수 있다고 했으므로 戊는 무죄재판서의 일부를 삭제하여 게재할 수 있음을 알 수 있다.

오답 체크
① 첫 번째 법조문 1항에서 무죄재판을 받아 확정된 사건의 피고인은 무죄재판서를 법무부 인터넷 홈페이지에 게재하도록 해당 사건을 기소한 검사의 소속 지방검찰청에 청구할 수 있다고 했으므로 甲은 관할법원이 아니라 기소한 검사의 소속 지방검찰청에 청구할 수 있음을 알 수 있다.
② 첫 번째 법조문 3항에서 무죄재판서 게재 청구가 취소된 경우에는 다시 그 청구를 할 수 없다고 했으므로 무죄재판이 확정된 피고인 乙이 무죄재판서 게재 청구를 취소한 후 사망한 경우 乙의 상속인은 무죄재판서 게재 청구를 다시 할 수 없음을 알 수 있다.
③ 첫 번째 법조문 2항에서 상속인이 무죄재판서 게재를 청구할 경우 같은 순위의 상속인이 여러 명일 때에는 상속인 모두가 그 청구에 동의하였음을 소명하는 자료도 함께 제출하여야 한다고 했으므로 丙의 상속인은 같은 순위의 다른 상속인의 동의 없이는 무죄재판서 게재 청구를 할 수 없음을 알 수 있다.
④ 마지막 법조문 4항에서 무죄재판서의 게재기간은 1년으로 한다고 했으므로 丁의 무죄재판서는 법무부 인터넷 홈페이지에 3년이 아닌 1년간 게재됨을 알 수 있다.

16 법·규정의 적용

정답 ③

정답 체크 <상황>에 따르면 甲은 乙에게 옷의 수선을 맡겼으나 수선비를 지불하지 않았고 乙은 수선비를 받을 때까지 수선한 옷을 돌려주지 않겠다고 하였다. 이는 첫 번째 법조문(유치권의 내용)에 따라 물건에 관하여 생긴 채권을 변제 받을 때까지 그 물건을 유치할 수 있는 권리인 유치권을 행사하는 것으로 볼 수 있다.
ㄴ. 네 번째 법조문(경매)에서 유치권자는 채권의 변제를 받기 위하여 유치물을 경매할 수 있다고 했으므로 乙은 수선비의 변제를 받기 위해 그 옷을 경매할 수 있음을 알 수 있다.
ㄷ. 마지막 법조문(점유상실과 유치권소멸)에서 유치권은 점유의 상실로 인하여 소멸한다고 했으므로 甲이 수선을 맡긴 옷을 乙이 도둑맞아 점유를 상실하였다면 乙의 유치권은 소멸함을 알 수 있다.

오답 체크
ㄱ. 두 번째 법조문(유치권의 불가분성)에서 유치권자는 채권 전부의 변제를 받을 때까지 유치물 전부에 대하여 그 권리를 행사할 수 있다고 했으므로 甲이 수선비의 일부라도 지급하더라도 乙이 유치권을 행사할 수 있다. 따라서 乙은 수선한 옷을 돌려줄 필요가 없음을 알 수 있다.
ㄹ. 세 번째 법조문(유치권자의 선관의무) 2항에서 유치권자는 채무자의 승낙 없이 유치물의 사용, 대여 또는 담보제공을 하지 못하나 유치물의 보존에 필요한 사용은 그렇지 않다고 했으므로 甲이 수선비를 지급할 때까지, 유치물의 보존에 필요한 경우를 제외하고 乙은 수선한 옷을 甲의 승낙 없이 다른 사람에게 대여할 수 없음을 알 수 있다.

17 문제해결

정답 ①

정답 체크 A부처와 B부처에 각각 100명씩 있던 상황에서 첫 번째 인력지원 후, A부처는 A부처 인원 100명과 B부처 인원 9명을 더해 109명이 남았고 B부처는 91명이 남았다. 두 번째 인력지원 후, A부처 전체 인원 중 9명이 B부처로 다시 이동하였는데 이때 이동한 인원 중에 '기존 A부처에서 B부처로 이동한 인원'과 '기존 B부처에서 A부처로 왔다가 다시 B부처로 이동한 인원'을 알 수 없으므로 '기존 A부처에서 B부처로 이동한 인원'을 a, '기존 B부처에서 A부처로 왔다가 다시 B부처로 이동한 인원'을 b라고 하면 다음과 같이 정리할 수 있다.

구분	A부처		B부처	
	A부처 소속	B부처 소속	A부처 소속	B부처 소속
기존 인원	100	0	0	100
첫 번째 이동	100	9	0	91
두 번째 이동	100-a	9-b	a	91+b

두 번째 이동에서 전체 9명이 이동했으므로 a+b=9가 되고 b=9-a로 나타낼 수 있다. 이를 적용하여 표를 다시 정리하면 다음과 같다.

구분	A부처		B부처	
	A부처 소속	B부처 소속	A부처 소속	B부처 소속
기존 인원	100	0	0	100
첫 번째 이동	100	9	0	91
두 번째 이동	100-a	a	a	100-a

ㄱ. A부처에 B부처 소속 공무원이 3명 남아있다면 a=3이다. 따라서 B부처에 있는 A부처 소속 공무원은 3명이다.

ㄴ. B부처에 A부처 소속 공무원이 2명 남아있다면 a=2이다. 따라서 A부처에 있는 B부처 소속 공무원은 2명이다.

따라서 각 괄호 안에 들어갈 숫자의 합은 3+2=5이다.

고득점자의 빠른 문제 풀이 Tip

각각의 이동이 일어난 경우를 표로 정리하여 ㄱ과 ㄴ에서 묻고 있는 인원이 어느 소속 공무원인지 정확하게 파악합니다.

18 문제해결

정답 ④

정답 체크 <지원 기준>에 따라 <지원 신청 현황>에서 제외되는 것을 정리하면 다음과 같다.

- 두 번째 기준에서 국가 및 지방자치단체 소유 건물은 지원 대상에서 제외한다고 했으므로 丙이 제외된다.
- 세 번째 기준에서 전월 전력사용량이 450kWh 이상인 건물은 태양열 설비 지원 대상에서 제외한다고 했으므로 乙이 제외된다.
- 네 번째 기준에서 용량(성능)이 <지원 기준>의 범위를 벗어나는 신청은 지원 대상에서 제외한다고 했으므로 戊가 제외된다.

이때 제외되지 않은 신청자는 甲과 丁이고, 甲의 <지원 신청 현황>은 태양광, 용량(성능) 8kW, 공동주택이므로 kW당 80만원의 지원을 받게 된다. 따라서 甲이 받는 지원금은 8×80=640만 원이다. 丁의 <지원 신청 현황>은 지열, 용량(성능) 15kW, 수직밀폐형이므로 10kW초과의 적용을 받아 kW당 50만 원의 지원을 받게 된다. 따라서 丁이 받는 지원금은 15×50=750만 원이다.

따라서 가장 많은 지원금을 받는 신청자는 750만원을 받는 丁이다.

고득점자의 빠른 문제 풀이 Tip

<지원 기준>에 제외되는 기준이 많으므로 이 기준을 먼저 고려합니다. 丙, 乙, 戊가 제외되고 남은 신청자에 대한 <지원 기준>의 해당 사항을 정리하면 문제 풀이 시간을 단축할 수 있습니다.

19 문제해결

정답 ④

정답 체크 ㄱ. 甲이 짝수가 적힌 카드를 뽑은 경우, 짝수에는 어떤 수를 곱해도 짝수가 나오므로 어떤 카드를 뽑더라도 1차 시기 점수는 반드시 짝수이다. 다음 2차 시기에서 얻을 수 있는 점수 역시 2점이나 0점으로 짝수이므로 최종점수는 홀수가 될 수 없다.

ㄷ. 甲이 숫자 4가 적힌 카드를, 乙이 숫자 2가 적힌 카드를 뽑았다면 가능한 甲의 최종점수 최댓값은 1차 시기 12점과 2차 시기 2점을 더한 14점이고, 乙의 최종점수 최솟값은 1차 시기 0점과 2차 시기 0점을 더한 0점이다. 따라서 이 둘의 차이는 14점이다.

오답 체크 ㄴ. 甲이 숫자 2가 적힌 카드를 뽑았을 때 1차 시기에서 얻을 수 있는 점수의 경우의 수는 순서대로 3, 2, 1, 0을 곱했을 때의 점수인 6, 4, 2, 0으로 4가지이고, 2차 시기에서 얻을 수 있는 점수의 경우의 수는 2, 0점으로 2가지이다. 이때 가능한 최종점수를 정리하면 다음과 같다.

2차 시기 \ 1차 시기	6	4	2	0
2	8	6	4	2
0	6	4	2	0

따라서 가능한 최종점수는 8, 6, 4, 2, 0점이므로 5가지이다.

고득점자의 빠른 문제 풀이 Tip

가능한 최종점수의 경우를 파악할 때, 암산하는 것보다 1차 시기와 2차 시기에서 나올 수 있는 점수를 도식화하여 정리하면 문제 풀이 시간을 단축할 수 있습니다.

20 논리퍼즐

정답 ①

정답 체크 제시된 글과 두더지의 대화를 통해 각 두더지가 맞은 횟수를 정리하면 다음과 같다.

- 두더지A: 맞은 두더지 중 가장 적게 맞음, 맞은 횟수 짝수
- 두더지B: B=C
- 두더지C: A+C+D=(A+B+C+D+E)×(3/4)
- 두더지D: 0번 맞은 두더지 1마리, D≠0
- 두더지E: A+B+C+D+E=12

두더지E와 두더지C의 대화를 토대로 A+C+D=12×(3/4)=9임을 알 수 있다. 두더지D에 의하면 0번 맞은 두더지가 있는데 두더지A는 맞은 두더지이므로 해당되지 않고 두더지B와 C는 같은 횟수를 맞았는데 두더지B가 0번이면 두더지C도 0번을 맞아 0번 맞은 두더지가 2마리가 되므로 두더지B와 C도 해당되지 않는다. 또한 두더지D도 0번 맞은 두더지가 아니라고 했으므로 0번 맞은 두더지는 E가 된다. 이때 두더지E의 대화를 토대로 정리한 식은 A+B+C+D=12이고, A+C+D=9이므로 맞은 횟수는 두더지B가 3, 두더지C도 3이 된다.

두더지	A	B	C	D	E
맞은 횟수		3	3		0

그런데 두더지A는 맞은 두더지 중에 가장 적게 맞았으며 짝수만큼 맞았다고 했고, 두더지B와 C는 3번 맞았으므로 두더지A가 맞은 횟수는 2번이다. 이때 A+C+D=9이고, A=2, C=3이므로 두더지D가 맞은 횟수는 4번이다.

두더지	A	B	C	D	E
맞은 횟수	2	3	3	4	0

제시된 글에서 총 점수는 14점인데 대장 두더지를 맞혔을 때에는 2점, 나머지 두더지를 맞혔을 때는 1점을 획득한다고 했으므로 두더지 A가 대장 두더지임을 알 수 있다.

고득점자의 빠른 문제 풀이 Tip

<대화>에 나타난 정보를 간단한 수식으로 나타내면 정리하기 수월하며, 하나의 대화에서 얻을 수 있는 정보가 둘 이상일 수도 있음에 유의합니다.

21 문제해결

정답 ⑤

정답 체크

12명의 위원에게 각각 2표가 주어진 상황이고 기권 및 무효표는 없다고 했으므로 전체 득표를 합하면 24표이다.

ㄴ. 득표자가 총 3명이고 그 중 1명이 7표를 얻을 경우 나머지 2명이 얻은 표를 합하면 17표가 되어야 한다. 이때 7표를 얻은 득표자를 득표자 1, 나머지 2명을 득표자 2, 득표자 3으로 보았을 때 득표자 2와 득표자 3이 얻을 수 있는 득표수를 표로 정리하면 다음과 같다.

구분	경우 1	경우 2	경우 3	경우 4	경우 5	경우 6	경우 7	경우 8
득표자 1	7	7	7	7	7	7	7	7
득표자 2	1	2	3	4	5	6	7	8
득표자 3	16	15	14	13	12	11	10	9

이 중 최다 득표자가 1명이고, 1위를 선발하기 위해 추첨을 해야 하는 경우는 없으므로 위원장을 추첨으로 결정하지 않아도 된다.

ㄷ. 득표자 중 최다 득표자가 8표를 얻었고 추첨 없이 위원장이 결정되었다면, 나머지 득표자가 몇 명인지에 관계없이 8표보다 적은 득표를 해야 하고 그 표의 합은 16표여야 한다. 이때 8보다 작은 수 중에 가장 큰 수는 7이므로 7표를 받은 득표자가 2명이 있더라도 표의 합은 14표 밖에 되지 않아 2표가 남는다. 따라서 8, 7, 7표를 받은 득표자가 있을 경우 최소 1명 이상의 득표자가 더 필요하므로 득표자는 4명 이상이다.

오답 체크

ㄱ. 득표자 중 5표를 얻은 위원이 존재하고 추첨을 통해 위원장이 결정되었다면 총 투표수 24표 중 남은 표는 19표이다. 이때 득표자가 3명 이하일 경우 최다 득표자는 5표보다 많은 표를 받은 1명 또는 2명이다. 그러나 1명일 경우 최다 득표자는 추첨을 통해 위원장이 결정되지 않으므로 제외한다. 또한 최다 득표자가 2명일 경우 19표를 2명이 각각 동일하게 나누어 받아야 하는데 19표는 2명이 동일하게 나눌 수 없으므로 최소 1명 이상의 득표자가 더 필요함을 알 수 있다. 따라서 득표자 중 5표를 얻은 위원이 존재하고 추첨을 통해 위원장이 결정되었다면, 득표자는 3명 초과이다.

고득점자의 빠른 문제 풀이 Tip

ㄱ. 득표자가 3명 이하라고 했으므로 득표자가 4명 이상인 반례를 하나만 찾으면 바로 옳지 않음을 알 수 있습니다.

ㄷ. 8보다 작은 숫자 중 가장 큰 수를 이용해서 나머지 득표를 계산하면 옳고 그름을 어렵지 않게 판단할 수 있습니다.

22 문제해결

정답 ②

정답 체크

A~C 각각에게 작업을 맡기는 경우 1시간당 작업하는 면적은 A가 $2m^2$, B가 $1m^2$, C가 $1.5m^2$이다. 한편 시간×1시간당 작업하는 면적=일의 양이므로 작업에 걸리는 시간=일의 양/1시간당 작업하는 면적임을 알 수 있다.

ㄴ. B와 C에게 작업을 맡기는 경우 1시간당 작업하는 면적은 $2.5m^2$이고, 이들이 작업해야 하는 총 면적은 $60m^2$이다. 따라서 작업에 걸리는 시간=60/2.5=120/5=24시간이다.

오답 체크

ㄱ. A와 C만 작업하는 경우에는 시간당 $3.5m^2$를 작업할 수 있지만 A, B, C 모두 같이 작업하는 경우에는 시간당 $4.5m^2$를 작업할 수 있다. 따라서 작업을 가장 빠르게 끝내기 위해서는 A, B, C 모두에게 작업을 맡겨야 한다.

ㄷ. A, B, C에게 작업을 맡기는 경우 시간당 $4.5m^2$를 작업할 수 있으므로 소요되는 시간은 60/4.5시간이다. 이때 A, B, C가 받게 되는 비용은 (10+8+9)×(60/4.5)=360만 원이다. 반면 B와 C에게 작업을 맡기는 경우 시간당 $2.5m^2$를 작업할 수 있으므로 소요되는 시간은 24시간이다. 이때 B, C가 받게 되는 비용은 (8+9)×24=408만 원이다. 따라서 A, B, C에게 작업을 맡기는 경우 B, C에게 작업을 맡기는 경우보다 적은 비용이 든다.

고득점자의 빠른 문제 풀이 Tip

각 업체의 $1m^2$당 작업시간을 기준으로 수식을 정리하기보다 각 업체가 1시간당 작업할 수 있는 면적을 기준으로 놓고 수식을 정리하면 문제 풀이 시간을 단축할 수 있습니다.

23 논리퍼즐

정답 ③

정답 체크

왼손으로만 필기할 수 있는 사람, 오른손으로만 필기할 수 있는 사람, 양손으로 모두 필기할 수 있는 사람을 다음과 같이 그림으로 나타내어 왼손잡이를 왼쪽에, 오른손잡이를 오른쪽에 놓으면 양손잡이는 가운데 겹치는 부분이 된다.

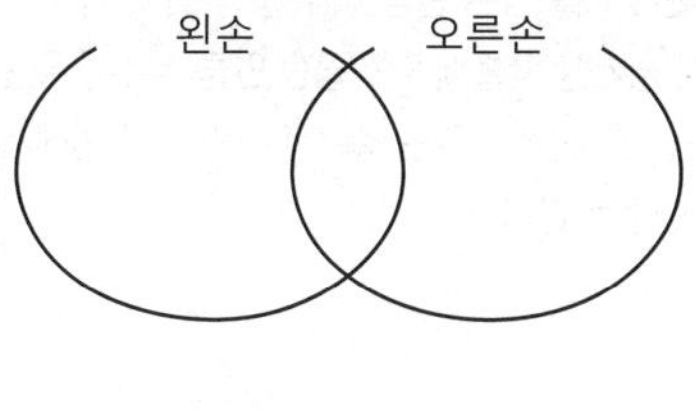

양손잡이 중 일부는 제대로 알아듣지 못해 질문 1, 2, 3에 모두 손을 들었다고 했으므로 이 인원을 a로 놓으면 다음과 같이 정리할 수 있다.

- 질문 1에 손을 든 참가자: 왼손잡이+a=16
- 질문 2에 손을 든 참가자: 오른손잡이+a=80
- 질문 3에 손을 든 참가자: 양손잡이=10

따라서 왼손잡이는 16-a, 오른손잡이는 80-a, 양손잡이는 10이다.

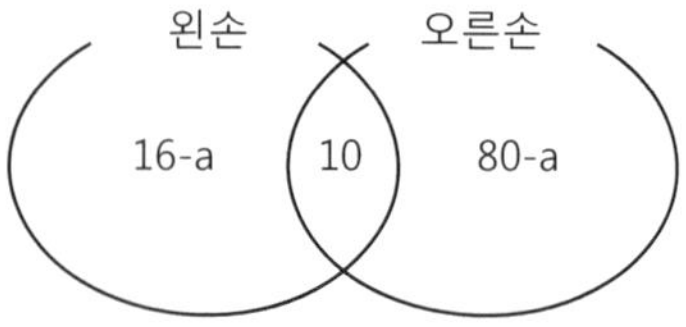

대회 참가자가 100명이라고 했으므로 16-a+10+80-a=100이고, a는 3이 된다. 따라서 왼손잡이는 13명, 오른손잡이는 77명, 양손잡이는 10명임을 알 수 있다.

ㄱ. 양손잡이는 총 10명이다.

ㄴ. 왼손잡이 수는 13명이므로 양손잡이인 10명보다 많다.

오답체크 ㄷ. 오른손잡이 수는 77명이고, 왼손잡이 수는 13명이므로 오른손잡이 수는 왼손잡이 수의 6배인 78명 미만이다.

고득점자의 빠른 문제 풀이 Tip

질문 3에 대해서는 손을 잘못 든 사람이 없는 것이므로 +a를 하지 않는다는 점에 주의합니다.

24 문제해결

정답 ②

정답체크 ㄴ. 4문단에서 경기에서 승리한 선수는 그 경기에서 패배할 확률에 K를 곱한 만큼 점수를 얻는다고 했고 패배할 확률이 가장 높은 경우는 1이므로 K=32라면, 엘로 점수의 최댓값은 32점이다. 따라서 한 경기에서 최대한 얻을 수 있는 엘로 점수는 32점 이하임을 알 수 있다.

ㄹ. 3문단에서 두 선수의 엘로 점수가 같다면 각 선수가 승리할 확률은 0.5로 같고, 만약 한 선수가 다른 선수보다 엘로 점수가 200점 높다면 그 선수가 승리할 확률은 약 0.76이 된다고 했으므로 엘로 점수 차이와 엘로 점수가 높은 선수가 승리할 확률은 비례관계임을 알 수 있다. 따라서 A가 B에게 승리할 확률이 0.80이라면 0.76보다 높은 수치이므로 A의 엘로 점수는 B의 엘로 점수보다 200점 이상 높을 것이다. 이때 B가 C에게 승리할 확률도 0.80이므로 A의 엘로 점수는 C의 엘로 점수보다 400점 이상 높을 것이다. 엘로 점수 차이가 정확히 400일 때, 엘로 점수가 400점 높은 선수가 승리할 확률은 다음과 같다.

$$P_{XY} = \frac{1}{1+10^{-(400-0)/400}} = \frac{1}{1+10^{-1}} = \frac{1}{1+\frac{1}{10}} = \frac{1}{\frac{11}{10}} ≒ 0.91$$

이는 엘로 점수가 정확히 400점 높은 사람이 이길 확률이 약 0.91이라는 의미이고, A는 C보다 400점 이상 높으므로 A가 이길 확률도 이보다 더 높음을 알 수 있다. 따라서 A가 C에게 승리할 확률은 0.9 이상이다.

오답체크 ㄱ. 2문단에서 두 선수가 승리할 확률의 합은 항상 1이 된다고 했으므로 두 선수가 경기할 때 한 선수가 승리할 확률을 a라고 하면 패배할 확률은 1-a이고, 한 선수가 승리할 확률은 다른 선수가 패배할 확률과 같다. 엘로 점수에 대해 4문단에서 경기에서 승리한 선수는 그 경기에서 패배할 확률에 K를 곱한 만큼 점수를 얻고, 경기에서 패배한 선수는 그 경기에서 승리할 확률에 K를 곱한 만큼 점수를 잃는다고 했으므로 경기에서 승리한 선수가 얻는 엘로 점수와 그 경기에서 패배한 선수가 잃는 엘로 점수는 같다.

ㄷ. 엘로 점수가 정확히 400점 높은 사람이 이길 확률은 약 0.91이다. 따라서 A가 B에게 패배할 확률이 0.1이라는 것은 A가 B에게 이길 확률이 0.9라는 의미이고, 이는 0.91보다 작은 수치이므로 두 선수의 엘로 점수의 차이도 400점 미만임을 알 수 있다.

고득점자의 빠른 문제 풀이 Tip

제시된 수치와 관련된 설명을 이해하여 엘로 점수 차이와 이길 확률의 비례관계를 파악하는 것이 필요합니다. 한편 글과 <보기>에서 '0.76', '200점', '0.9', '0.1', '400점'과 같은 숫자가 나오므로 공식을 여러 번 활용하기보다는 제시된 수치와 관련된 계산만을 하는 방향으로 문제를 해결하는 것이 좋습니다.

25 문제해결

정답 ①

정답체크 제1절부터 제14절까지 각 절의 시작 쪽, 끝 쪽과 '과학' 또는 '정책'이 포함되는 여부를 정리하면 다음과 같다.

절	1절	2절	3절	4절	5절	6절	7절	8절	9절	10절	11절	12절	13절	14절
시작	1	4	21	31	34	49	62	65	68	89	92	104	107	130
끝	3	20	30	33	48	61	64	67	88	91	103	106	129	133
여부		O			O	O				O		O		O

읽은 쪽수를 계산할 때에는 끝나는 쪽과 시작하는 쪽의 차이에 1을 더해야 한다. 따라서 만약 4절부터 7절까지 읽는다면 31쪽부터 64쪽까지이므로 64-31+1=34쪽을 읽는 것이 된다.

ㄱ. 甲은 3월 1일에 책을 읽기 시작했고, 제목에 '과학' 또는 '정책'이 들어간 절을 하루에 한 개 이상 읽는다고 했으므로 3월 1일에 최소 2절까지 읽어야 한다. 따라서 甲은 20쪽 이상 읽는다.

오답체크 ㄴ. 3월 3일에 6절까지 읽고, 3월 4일에 7절부터 11절까지 읽을 경우 103-62+1=42쪽으로 40쪽을 넘기므로 甲은 10절까지 읽을 수 있다. 따라서 3월 4일에 최대한 읽을 수 있는 양은 7절부터 10절까지인 91-62+1=30쪽이다. 3월 5일에 11절부터 14절까지 읽을 경우 133-92+1=42쪽으로 40쪽을 넘기므로 3월 5일까지 책 A를 모두 읽을 수는 없다.

ㄷ. 책을 하루에 최대한 많이 읽는 경우는 다음과 같다.

- 1일째: 1절~4절(1쪽~33쪽: 총 33쪽)-2절에 '과학' 또는 '정책'이 포함된다.
- 2일째: 5절~8절(34쪽~67쪽: 총 34쪽)-5절, 6절에 '과학' 또는 '정책'이 포함된다.
- 3일째: 9절~12절(68쪽~106쪽: 총 39쪽)-10절, 12절에 '과학' 또는 '정책'이 포함된다.
- 4일째: 13절~14절(107쪽~133쪽: 총 27쪽)-14절에 '과학' 또는 '정책'이 포함된다.

따라서 甲이 책 A를 다 읽으려면 최소 4일이 걸린다.

1 자료이해

정답 ②

정답 체크 ㄱ. 습도가 70%일 때 연간소비전력량은 제습기 A가 790kWh로 가장 적으므로 옳은 설명이다.

ㄷ. 습도가 40%일 때 제습기 E의 연간소비전력량은 660kWh이고, 습도가 50%일 때 제습기 B의 연간소비전력량은 640kWh이므로 옳은 설명이다.

오답 체크 ㄴ. 각 습도에서 연간소비전력량이 많은 제습기부터 순서대로 나열하면, 습도 60%일 때의 순서는 제습기 D, E, B, C, A이고, 습도 70%일 때의 순서는 제습기 E, D, B, C, A로 동일하지 않으므로 옳지 않은 설명이다.

ㄹ. 습도가 40%일 때 제습기 E의 연간소비전력량인 660kWh의 1.5배는 660×1.5=990kWh이고, 80%일 때의 연간소비전력량은 970kWh이므로 옳지 않은 설명이다.

고득점자의 빠른 문제 풀이 Tip

ㄹ. 1.5배는 기준 수치의 절반을 더하는 것이므로 곱셈보다 덧셈으로 바꿔 생각하면 더 간단하게 정리해볼 수 있습니다. 660의 절반은 330이므로 660의 1.5배는 660+330=990임을 덧셈을 통해 더 빠르게 구할 수 있습니다.

2 자료이해

정답 ⑤

정답 체크 ㄷ. 통신사 각각에 대해서 해당 통신사 스마트폰의 '통화성능' 평가점수의 합은 갑이 1+2+1=4점, 을이 1+1+1=3점, 병이 2+1+2=5점으로 병이 가장 높으므로 옳은 설명이다.

ㄹ. 평가항목별 평가점수를 비교해보면 '멀티미디어'는 스마트폰 I의 2점을 제외하고 모두 3점이다. 따라서 평가항목별 평가점수의 합은 '멀티미디어'가 가장 높으므로 옳은 설명이다.

오답 체크 ㄱ. 소매가격이 200달러인 스마트폰은 B, C, G이다. '종합품질점수'는 B가 2+2+3+1+2=10점, C가 3+3+3+1+1=11점, G가 3+3+3+2+2=13점으로 G가 가장 높으므로 옳지 않은 설명이다.

ㄴ. 소매가격이 가장 낮은 스마트폰은 H이고, '종합품질점수'는 F가 2+1+3+2+1=9점으로 가장 낮으므로 옳지 않은 설명이다.

고득점자의 빠른 문제 풀이 Tip

ㄷ. 평균값을 비교하는 경우 변량의 개수가 동일하다면 나누기 전 총합으로만 비교합니다.

3 자료변환

정답 ⑤

정답 체크 잔여석 수=공급석 수-탑승객 수임을 적용하여 구한다. 2017년 항공사별 잔여석 수는 A가 360-300=60만 개, B가 110-70=40만 개, C가 300-250=50만 개, D가 660-580=80만 개, E가 570-480=90만 개, F가 390-320=70만 개이므로 <표>를 이용하여 작성한 그래프로 옳지 않다.

고득점자의 빠른 문제 풀이 Tip

자료변환 유형은 선택지의 제목을 먼저 확인하여 계산이 필요하지 않은 선택지부터 확인하도록 합니다. 계산이 필요한 선택지 중에서는 비율 계산을 해야 하는 ③보다는 간단한 사칙연산으로 해결할 수 있는 ④와 ⑤를 먼저 확인합니다.

4 자료이해

정답 ①

정답 체크 2013~2017년 동안 투자액의 전년대비 증가율이 가장 높은 해는 투자액이 70억 원에서 250억 원으로 3배 이상 증가한 2015년이므로 옳지 않은 설명이다.

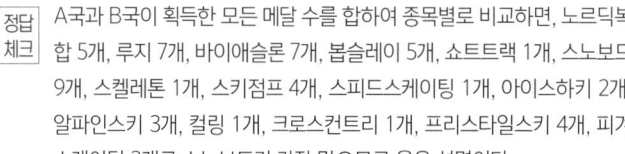

오답 체크 ② 2013~2017년 동안 투자건수의 전년대비 증가율은 2017년이 {(63-60)/60}×100=5%로 가장 낮으므로 옳은 설명이다.

③ 2012년과 2015년 투자건수의 합은 8+25=33건으로 2017년 투자건수 63건보다 작으므로 옳은 설명이다.

④ 투자액이 가장 큰 연도는 투자액이 390억 원인 2016년이므로 옳은 설명이다.

⑤ 꺾은선 그래프를 통해 투자건수는 매년 증가한 것을 알 수 있으므로 옳은 설명이다.

고득점자의 빠른 문제 풀이 Tip

② 2013~2017년 동안 투자건수의 전년대비 증가율은 꺾은선 그래프의 기울기를 통해 확인할 수 있습니다. 이때 그래프의 기울기(각도)가 동일하다면 기준수가 큰 쪽의 증가율이 더 낮습니다. 예를 들어, 10 → 13 → 16 → 19로 그래프가 증가하고 있다면 그래프는 기울기가 동일한 직선으로 증가하게 됩니다. 그러나 증가율은 3/10, 3/13, 3/16, 3/19으로 분모 값이 큰 쪽의 증가율이 낮아지게 됩니다. 제시된 자료에서 2012년 대비 2013년과 2016년 대비 2017년의 기울기가 비슷해 보이더라도 기준수가 큰 2017년의 증가율이 더 낮다는 것을 알 수 있습니다.

5 자료이해

정답 ①

정답 체크 A국과 B국이 획득한 모든 메달 수를 합하여 종목별로 비교하면, 노르딕복합 5개, 루지 7개, 바이애슬론 7개, 봅슬레이 5개, 쇼트트랙 1개, 스노보드 9개, 스켈레톤 1개, 스키점프 4개, 스피드스케이팅 1개, 아이스하키 2개, 알파인스키 3개, 컬링 1개, 크로스컨트리 1개, 프리스타일스키 4개, 피겨스케이팅 3개로 스노보드가 가장 많으므로 옳은 설명이다.

오답 체크 ② A국이 획득한 금메달 수는 총 3+3+3+3+1+1=14개이고, C국이 획득한 동메달 수는 총 2+2+1+2+1+3=11개로 같지 않으므로 옳지 않은 설명이다.

③ A국의 루지, 봅슬레이, 스켈레톤 종목에서 획득한 모든 메달 수의 합은 3+1+2+3+1+1=11개이고, C국이 크로스컨트리 종목에서 획득한 모든 메달 수의 합은 7+4+3=14개이다. 따라서 C국의 메달 수가 더 많으므로 옳지 않은 설명이다.

④ 메달을 획득한 종목의 수는 A국이 9개, B국이 11개, C국이 8개, D국이 9개이다. 따라서 메달을 획득한 종목의 수가 가장 많은 국가는 B국이므로 옳지 않은 설명이다.

⑤ 획득한 은메달 수는 A국이 1+1+1+1+1+1+3+1=10개, B국이 1+1+1+2+1+2=8개, C국이 1+3+1+1+4+4=14개, D국이 1+1+2+1+1+2=8개이다. 획득한 은메달 수가 많은 국가부터 순서대로 나열하면 C, A, B=D국 순이므로 옳지 않은 설명이다.

6 자료이해

정답 ②

정답 체크 <표 1>에서 흥행순위 1~20위 내에 든 영화 중 10월에 개봉된 영화는 '착한도시', '썬더맨', '동래산성'이고, 이 중 '썬더맨'은 국외제작영화이므로 옳지 않은 설명이다.

오답 체크 ① <표 1>에서 흥행순위 1~20위 내의 영화 중 한 편의 영화도 개봉되지 않았던 달은 2월이다. <표 2>에서 2월에는 국외제작영화 관객수가 6,282천 명으로 국내제작영화 관객수 8,900천 명보다 적으므로 옳은 설명이다.

③ <표 2>에서 매달 국외제작영화 개봉편수가 국내제작영화 개봉편수보다 많으므로 옳은 설명이다.

④ 국외제작영화 관객수가 가장 많았던 달은 관객수가 14,495천 명인 7월이다. <표 1>에서 흥행순위 1~20위 내에 든 영화 중 7월에 개봉된 영화는 '거미인간', '군함만', '슈퍼카인드'이고, 이 중 국외제작영화는 '거미인간', '슈퍼카인드' 2편이므로 옳은 설명이다.

⑤ 흥행순위가 1위인 영화는 '버스운전사'이고, 관객수는 12,100천 명이다. 이는 국내제작영화 전체 관객수 113,905천 명의 10%인 113,905×0.1≒11,391천 명 이상이므로 옳은 설명이다.

7 자료이해

정답 ①

정답 체크 ㄱ. 도망노비를 제외한 사노비가 차지하는 비율은 솔거노비와 외거노비의 합 또는 전체 사노비 비율에서 도망노비 비율을 뺀 값이다. 도망노비를 제외한 사노비가 차지하는 비율은 1720년에 40.0-11.5=28.5%로 가장 높으므로 옳은 설명이다.

ㄴ. 1720년 사노비 수는 2,228명 중 40%인 2,228×0.4≒891명이고, 1774년 사노비 수는 3,189명 중 34.8%인 3,189×0.348≒1,110명이다. 따라서 1774년에 사노비 수가 더 많으므로 옳은 설명이다.

오답 체크 ㄷ. 사노비 중 외거노비가 차지하는 비율은 각 조사년도의 전체인구수가 기준 수치로 동일하므로 비율만으로 정리할 수 있다. 사노비 중 외거노비가 차지하는 비율은 1720년이 (10/40)×100=25%이고, 1762년이 (8.5/31.7)×100≒26.8%로 1762년이 더 높으므로 옳지 않은 설명이다.

ㄹ. A지역 인구 중 솔거노비가 차지하는 비율은 1774년부터 이전 조사년도 대비 매년 높아지므로 옳지 않은 설명이다.

고득점자의 빠른 문제 풀이 Tip

ㄷ. 정확히 비율을 계산하지 않고 분수의 수치로 비교할 수 있습니다. 10/40은 분모가 분자의 4배이지만 8.5/31.7은 분모가 분자의 4배 이하이므로 8.5/31.7의 값이 더 크다는 것을 알 수 있습니다.

8 자료이해

정답 ④

정답 체크 'SOC 투자규모'는 2015년에 전년대비 25.4조 원에서 25.1조 원으로 감소하였으나 '총지출 대비 SOC 투자규모 비중'은 2015년에 전년대비 8.4%에서 8.6%로 증가하였다. 따라서 증감방향이 동일하지 않으므로 옳지 않은 설명이다.

오답 체크 ① 총지출은 (SOC 투자규모/총지출 대비 SOC 투자규모 비중)×100임을 적용하여 구한다. 2017년 총지출은 (23.1/6.9)×100≒334.8조 원으로 300조 원 이상이므로 옳은 설명이다.

② 2014년 'SOC 투자규모'의 전년대비 증가율은 {(25.4-20.5)/ 20.5}×100≒23.9%로 30% 이하이므로 옳은 설명이다.

③ 2014~2017년 동안 'SOC 투자규모'의 전년대비 감소율은 2015년이 {(25.4-25.1)/25.4}×100≒1.2%, 2016년이 {(25.1-24.4)/25.1}×100≒2.8%, 2017년이 {(24.4-23.1)/24.4}×100≒5.3%로 2017년이 가장 크므로 옳은 설명이다.

⑤ 2018년 'SOC 투자규모'의 전년대비 감소율이 2017년의 전년대비 감소율 {(24.4-23.1)/24.4}×100≒5.3%와 동일하다면 2018년 'SOC 투자규모'는 23.1×(1-0.053)≒21.9조 원이다. 따라서 2018년 'SOC 투자규모'는 20조 원 이상이므로 옳은 설명이다.

고득점자의 빠른 문제 풀이 Tip

계산이 필요 없는 ④를 먼저 확인하면 쉽게 답을 찾아낼 수 있는 문제입니다. 또한 나머지 선택지를 확인할 때에도 ①, ②는 정확한 계산보다는 어림 계산으로 비교하고 ③, ⑤는 분수의 특성을 고려하여 간단히 해석할 수 있도록 합니다.

⑤ 2018년 'SOC 투자규모'의 전년대비 감소율이 2017년과 동일하다면 1.3/24.4과 2018년 'SOC 투자규모'의 전년대비 감소량/23.1의 값이 동일해야 합니다. 분모는 24.4에서 23.1로 감소하였는데 분수 값이 같은 값으로 유지되려면 분자 값도 동일한 비율로 감소해야 합니다. 따라서 2018년 'SOC 투자규모'의 전년대비 감소량은 1.3조 원보다 작다고 볼 수 있습니다. 2017년 'SOC 투자규모'가 23.1조 원에서 1.3조 원 감소하면 21.8조 원이므로 2018년 'SOC 투자규모'는 21.8조 원보다 크다는 것을 알 수 있습니다.

9 자료논리

정답 ⑤

정답 체크
- 첫 번째 <조건>과 네 번째 <조건>으로 B+D+E=44,000원임을 알 수 있다. 이때 물품E의 가격은 16,000원이므로 B+D=28,000원이고, (가)+(다)=28,000원임을 알 수 있다.
- 세 번째 <조건>에서 '을'은 '병'보다 물품 가격의 합이 높으므로 A+C의 합은 44,000원보다 높아야 한다. 물품A의 가격은 24,000원이므로 물품C의 가격인 (나)는 20,000원 초과임을 알 수 있다.

따라서 (가)+(다)=28,000원이고, (나)는 20,000원을 초과해야 하므로 (가)는 13,000원, (나)는 23,000원, (다)는 15,000원이다.

고득점자의 빠른 문제 풀이 Tip

먼저 확인한 <조건>으로 선택지를 소거하여 정답이 되는 숫자 범위를 줄이도록 합니다. 첫 번째 <조건>과 네 번째 <조건>에서 (가)+(다)=28,000원임을 확인하였으므로 선택지에서 ①을 소거합니다. 세 번째 <조건>에서 (나)는 20,000원 초과임을 알 수 있으므로 ②, ③, ④를 소거하면 정답이 ⑤임을 알 수 있습니다.

10 자료이해

정답 ③

정답 체크 ㄴ. <표 2>의 각주에서 '학생비만율'은 경도 비만, 중등도 비만, 고도 비만의 구성비라고 했고, <그림>에서 연도별 학생비만율은 2013년이 7.6+5.7+1.4=14.7%, 2014년이 7.5+5.8+1.5=14.8%, 2015년이 7.6+6.0+1.4=15.0%, 2016년이 7.9 +6.1+1.6=15.6%, 2017년이 8.1+6.5+1.9=16.5%로 매년 증가하였으므로 옳은 설명이다.

ㄹ. <표 2>에서 2017년 중학생과 초등학생의 남녀 학생 간 '학생비만율' 차이는 중학생이 18.5-13.8=4.7%p이고, 초등학생이 17.4-11.7=5.7%p이다. 따라서 2017년 '학생비만율'의 남녀 학생 간 차이는 중학생이 초등학생보다 작으므로 옳은 설명이다.

오답 체크

ㄱ. <표 1>에서 중학교 여학생 평균 키는 2013년 160.0cm에서 2014년 159.5cm로 감소하였고, 2015년부터 2017년까지는 159.8cm로 동일하므로 옳지 않은 설명이다.

ㄷ. <표 2>에서 2017년 고등학교 남학생의 '학생비만율'은 알 수 있으나 2013년 고등학교 남학생의 '학생비만율'은 알 수 없다.

고득점자의 빠른 문제 풀이 Tip

ㄴ. '학생비만율=경도 비만+중등도 비만+고도 비만'을 계산하는 것보다 <그림>에서 전체 100%에서 '비만 아님'의 비율을 뺀 값을 확인하는 것이 더 간단합니다. 또한 <그림>에서 '비만 아님'의 비율이 매년 감소하였으므로 '학생비만율'은 매년 증가했음을 쉽게 알 수 있습니다.

11 자료이해

정답 ②

정답 체크

ㄴ. A국의 GDP는 18,562십억 달러로 나머지 5개국의 GDP의 합인 4,730+3,495+2,650+2,488+1,404=14,767십억 달러보다 크므로 옳은 설명이다.

오답 체크

ㄱ. GDP가 높은 국가일수록 'GDP 대비 국가자산총액'이 작으려면 막대그래프와 꺾은선 그래프가 반비례 관계여야 한다. 그러나 B국과 C국을 비교하면 GDP와 'GDP 대비 국가자산총액' 모두 B국이 C국보다 높으므로 옳지 않은 설명이다.

ㄷ. GDP 대비 국가자산총액(%)=$\frac{\text{국가자산총액}}{\text{GDP}}$×100임을 적용하여 구한다. D국의 국가자산총액은 (2,650×522)/100=13,833십억 달러이고, F국의 국가자산총액은 (1,404×828)/100=11,625.12십억 달러이다. 따라서 국가자산총액은 D국이 F국보다 크므로 옳지 않은 설명이다.

고득점자의 빠른 문제 풀이 Tip

ㄴ. 5개국의 GDP를 정확하게 더하여 계산하지 않고 앞 두 자리를 유효숫자로 설정하여 계산하면 쉽게 확인할 수 있습니다.

12 자료논리

정답 ②

정답 체크

· <규칙>에 따라 화살표로 연결된 수는 2에서 10까지의 자연수에서 약수나 배수 관계임을 알 수 있다. 따라서 범위 내에서 약수나 배수 관계가 없는 '7'이 (다)임을 알 수 있다.
· 10으로 화살표를 보내는 빈칸은 2가 되어야 하고 2와 연결된 화살표는 2의 배수이므로 모두 짝수임을 알 수 있다. 따라서 (가)와 (나)는 4, 6, 8 중 하나이고, (나)는 2의 화살표가 아닌 다른 하나의 화살표를 더 받고 있으므로 2와 3의 공배수인 6임을 알 수 있다.
· 나머지 2와 연결된 화살표를 가장 많이 받고 있는 (가)는 2와 4의 공배수인 8임을 알 수 있다.

따라서 '가', '나', '다'에 해당하는 수의 합은 8+6+7=21이다.

고득점자의 빠른 문제 풀이 Tip

생소한 유형일 수 있으므로 <규칙>을 정확히 이해하고 풀이합니다. 한 번에 이해가 안 되는 경우에는 억지로 문제를 해결하려 하지 말고 익숙한 유형의 문제를 먼저 푼 후에 보는 것이 좋습니다.

13 자료이해

정답 ④

정답 체크

ㄴ. 도시 A~E 중 예측 날씨와 실제 날씨가 일치한 일수는 도시 A가 6일, 도시 B가 7일, 도시 C가 5일, 도시 D가 4일, 도시 E가 3일이다. 따라서 예측 날씨와 실제 날씨가 일치한 일수가 가장 많은 도시는 B이므로 옳은 설명이다.

ㄷ. 7월 2일에는 예측 날씨와 실제 날씨가 일치한 도시가 없으므로 옳은 설명이다.

오답 체크

ㄱ. 도시 A의 예측 날씨가 '비'인 날은 7월 1일, 7월 4일, 7월 7일, 7월 8일이다. 이 중 7월 8일에 실제 날씨는 '맑음'이었으므로 옳지 않은 설명이다.

14 자료이해

정답 ⑤

정답 체크

1933년 미곡과 맥류 재배면적의 합은 1,118+963=2,081천 정보로 1933년 곡물 재배면적 전체의 70%인 2,714×0.7=1899.8천 정보 이상이므로 옳은 설명이다.

오답 체크

① 1932년 미곡의 재배면적은 1,100천 정보에서 998천 정보로 전년대비 감소하였으나 두류의 재배면적은 283천 정보에서 301천 정보로 전년대비 증가하였으므로 옳지 않은 설명이다.

② 1932년부터 1934년까지는 서류의 생산량이 두류의 생산량보다 많으므로 옳지 않은 설명이다.

③ 1930년부터 1933년까지는 잡곡의 재배면적이 서류의 재배면적의 2배 이상이지만 1934년에는 잡곡의 재배면적이 208천 정보, 서류의 재배면적이 138천 정보로 잡곡의 재배면적이 서류의 재배면적의 2배 미만이므로 옳지 않은 설명이다.

④ 재배면적당 생산량은 생산량/재배면적이다. 1934년 재배면적당 생산량은 서류가 2,612/138≒18.9천 석으로 가장 크므로 옳지 않은 설명이다.

고득점자의 빠른 문제 풀이 Tip

④ 모든 곡물에 대한 계산을 하지 않고 선택지에서 언급한 미곡의 값을 대략적으로 유추하여 그보다 큰 곡물이 있는지만 확인합니다. 1934년에 미곡과 서류는 생산량이 재배면적의 10배 이상인 반면 맥류, 두류, 잡곡은 10배 미만입니다. 따라서 미곡과 서류의 재배면적당 생산량만 계산하여 비교합니다.

15 자료이해

정답 ④

정답 체크

미국이 4대 분야에서 획득한 점수의 합은 5.0+1.9+4.2+4.3=15.4이고, 프랑스가 4대 분야에서 획득한 점수의 합은 3.4+2.8+5.0+3.7=14.9이다. 따라서 미국이 4대 분야에서 획득한 점수의 합이 프랑스보다 크므로 옳은 설명이다.

오답 체크

① 기술력 분야에서 가장 높은 점수를 받은 국가는 5.0인 프랑스이므로 옳지 않은 설명이다.

② 성장성 분야에서 점수가 가장 높은 국가는 4.2인 한국이고, 시장지배력 분야에서 점수가 가장 높은 국가는 5.0인 미국이므로 옳지 않은 설명이다.

③ 브랜드파워 분야에서 각국이 획득한 점수의 최댓값은 미국의 점수인 4.3이고, 최솟값은 일본의 점수인 1.1이다. 최댓값과 최솟값의 차이는 4.3-1.1=3.2로 3 초과이므로 옳지 않은 설명이다.

⑤ 시장지배력 분야의 점수는 일본이 1.7이고, 프랑스가 3.4로 일본이 프랑스보다 낮으므로 옳지 않은 설명이다.

고득점자의 빠른 문제 풀이 Tip

④ 미국과 프랑스가 4대 분야에서 획득한 점수의 합은 국가별 4대 분야 점수를 연결한 사각형의 면적으로 판단할 수 있습니다. 미국의 사각형 면적이 프랑스의 사각형 면적보다 더 넓으므로 미국이 4대 분야에서 획득한 점수의 합이 프랑스보다 큼을 알 수 있습니다.

16 자료이해

정답 ⑤

정답 체크

ㄴ. 에너지원단위(TOE/백만 원)=$\frac{에너지소비량(TOE)}{매출액(백만 원)}$임을 적용하여 구한다. 기업 A의 에너지소비량은 2014년이 100×0.25=25TOE, 2015년이 300×0.30=90TOE, 2016년이 400×0.25=100TOE, 2017년이 700×0.20=140TOE로 매년 증가하였으므로 옳은 설명이다.

ㄷ. 2016년 에너지소비량은 기업 A가 400×0.25=100TOE이고, 기업 B가 800×0.15=120TOE로 기업 B가 기업 A보다 많으므로 옳은 설명이다.

오답 체크

ㄱ. 에너지원단위는 <그림>의 세로축을 기준으로 확인한다. 기업 B는 매년 감소하였으나 기업 A는 2015년에 전년대비 증가하였으므로 옳지 않은 설명이다.

17 자료이해

정답 ①

정답 체크

ㄱ. 2016년 1분기 '느타리' 1kg의 도매가는 5,779원이고, 1분기 '팽이' 3kg의 도매가는 1,886×3=5,658원으로 '느타리' 1kg의 도매가가 더 높다. 2, 3, 4분기 역시 '느타리' 1kg의 도매가가 '팽이' 3kg의 도매가보다 높으므로 옳은 설명이다.

ㄴ. 2015년 매분기 '팽이'의 소매가는 <그림>을 통해 확인할 수 있다. 2016년 1분기 '팽이'의 소매가는 3,136원이고, 전년 동분기 대비 등락액이 -373원이므로 3,136원은 2015년 1분기 대비 373원이 떨어진 가격이다. 이에 따라 '팽이'의 소매가는 2015년 1분기에 3,136+373=3,509원이고, 2015년 2분기에 3,080-42=3,038원, 2015년 3분기에 3,080-60=3,020원, 2015년 4분기에 3,516-389=3,127원이다. 따라서 2015년 매분기 '팽이'의 소매가는 3,000원/kg 이상이므로 옳은 설명이다.

오답 체크

ㄷ. 2016년 1분기 '새송이'의 소매가는 5,233원이고, 2015년 4분기 '새송이'의 소매가는 5,363-45=5,318원이다. 따라서 2016년 1분기 '새송이'의 소매가는 2015년 4분기에 비해 하락했으므로 옳지 않은 설명이다.

ㄹ. 2016년 1분기 '느타리'의 소매가는 9,393원으로 도매가 5,779원의 1.5배인 5,779×1.5=8,668.5원을 초과하므로 옳지 않은 설명이다.

고득점자의 빠른 문제 풀이 Tip

ㄹ. 1.5배를 기준수의 절반을 더하는 것으로 생각하여 문제를 빠르게 해결합니다. 1분기 '느타리'의 도매가를 대략 5,800원으로 정리하고 절반인 2,900원을 더하면 8,700원이 약 1.5배 값이 됩니다.

18 자료이해

정답 ③

정답 체크

각주의 내용을 반영하여 <표>의 빈칸을 채우면 다음과 같다.

구분	갑	을	병	정	범위
A	7	8	8	6	2
B	4	6	8	10	(6)
C	5	9	8	8	(4)
D	6	10	9	7	4
E	9	7	6	5	4
중앙값	(6)	(8)	8	(7)	-
교정점수	(6)	8	(8)	7	-

ㄱ. 면접관 중 범위가 가장 큰 면접관은 범위가 6점인 B이므로 옳은 설명이다.

ㄷ. '병'의 교정점수는 8점으로 '갑'의 교정점수 6점보다 크므로 옳은 설명이다.

오답 체크

ㄴ. 응시자 중 중앙값이 가장 작은 응시자는 중앙값이 6점인 '갑'이므로 옳지 않은 설명이다.

19 자료이해

정답 ①

정답 체크

ㄱ. 원자재 무역수지가 적자인 경우는 수출액보다 수입액이 더 클 때이다. 2013년 한국, 중국, 일본 각각의 원자재 수출액과 수입액을 비교하면 모두 수입액이 더 크므로 옳은 설명이다.

오답 체크

ㄴ. 2013년 한국의 소비재 수출액은 138억 달러로 2000년 한국의 소비재 수출액 117억 달러에서 50%가 증가한 값인 117×1.5=175.5억 달러 미만이므로 옳지 않은 설명이다.

ㄷ. 무역특화지수의 값이 클수록 수출경쟁력이 높으므로 무역특화지수를 비교한다. 2013년 한국의 자본재 무역특화지수는 (3,444-1,549)/(3,444+1,549)≒0.38이고, 2013년 일본의 자본재 무역특화지수는 (4,541-2,209)/(4,541+2,209)≒0.35이다. 따라서 2013년 자본재 수출경쟁력은 일본이 한국보다 낮으므로 옳지 않은 설명이다.

고득점자의 빠른 문제 풀이 Tip

ㄷ. 분자와 분모의 관계를 통해 분수의 크기를 빠르게 비교할 수 있습니다. 2013년 한국의 자본재 무역특화지수는 (3,444-1,549)/(3,444+1,549)=1,895/4,993이고, 2013년 일본의 자본재 무역특화지수는 (4,541-2,209)/(4,541+2,209)=2,332/6,750입니다. 한국의 자본재 무역특화지수는 분모 값이 분자 값의 3배보다 작은 값이지만 일본의 자본재 무역특화지수는 분모 값이 분자 값의 약 3배 정도입니다. 분모의 값이 클수록 분수의 값은 작으므로 일본이 한국보다 자본재 무역특화지수가 낮음을 알 수 있습니다.

20 자료이해

정답 ③

정답 체크

ㄷ. D국의 여성 대학진학률이 4%p 상승하면 4+11=15%가 되어 대학진학률 격차지수는 15/15=1.00이 된다. 따라서 '간이 성평등지수'는 (0.70+1.00)/2=0.85로 0.80 이상이 되므로 옳은 설명이다.

오답 체크

ㄱ. A국의 여성 평균소득과 남성 평균소득이 각각 1,000달러씩 증가하면 A국의 평균소득 격차지수는 9,000/17,000≒0.53이다. A국의 '간이 성평등지수'가 0.80 이상이 되려면 평균소득 격차지수와 대학진학률 격차지수의 합이 1.60 이상이어야 하는데 0.53과 1.00의 합은 1.53으로 1.60보다 작으므로 옳지 않은 설명이다.

ㄴ. 각주에서 격차지수는 그 값이 1을 넘으면 1로 한다고 했으므로 B국의 여성 대학진학률이 85%이면 격차지수는 1을 넘으므로 1이 된다. 이때 B국의 '간이 성평등지수'는 (0.60+1.00)/2=0.80이고, C의 '간이 성평등지수'는 0.82로 C국이 B국보다 높으므로 옳지 않은 설명이다.

21 자료이해

정답 ⑤

정답 체크 <그림>에서 2018년 총 연봉의 전년대비 증가율을 통해 2017년 총 연봉을 구할 수 있다. A팀과 E팀 모두 2018년 총 연봉이 전년대비 50% 증가하였으므로 2017년 총 연봉은 A팀이 15/1.5=10억 원, E팀이 24/1.5=16억 원이다. 따라서 2017년 총 연봉은 E팀이 A팀보다 많으므로 옳지 않은 설명이다.

오답 체크 ① <표>에 따라 2018년 '팀 선수 평균 연봉'은 A팀이 15/5=3억 원, B팀이 25/10=2.5억 원, C팀이 24/8=3억 원, D팀이 30/6=5억 원, E팀이 24/6=4억 원으로 D팀이 가장 많으므로 옳은 설명이다.

② <그림>에서 2018년 선수 인원수의 전년대비 증가율을 통해 2018년 전년대비 증가한 선수 인원수를 구할 수 있다. C팀은 2018년에 전년대비 33.3%가 증가하여 2018년 선수 인원수가 8명이므로 2017년 선수 인원수는 8/(1+0.33)≒6명이다. D팀은 2018년에 전년대비 50%가 증가하여 2018년 선수 인원수가 6명이므로 2017년 선수 인원수는 6/(1+0.5)=4명이다. 따라서 2018년 전년대비 증가한 선수 인원수는 C팀과 D팀이 2명으로 동일하므로 옳은 설명이다.

③ 2018년 A팀의 선수 인원수는 전년대비 25% 증가하여 5명이므로 2017년 선수 인원수는 5/(1+0.25)=4명이다. 2018년 A팀의 총 연봉은 전년대비 50% 증가하여 15억이므로 2017년 총 연봉은 15/(1+0.5)=10억 원이다. 따라서 2017년 A팀의 '팀 선수 평균 연봉'은 10/4=2.5억 원이고, 2018년 A팀의 '팀 선수 평균 연봉'은 15/5=3억 원으로 전년대비 증가하였으므로 옳은 설명이다.

④ <그림>의 전년대비 증가율을 반영하여 전년대비 증가한 선수 인원수와 전년대비 증가한 총 연봉을 구한다. 2018년 선수 인원수가 전년대비 가장 많이 증가한 팀은 2017년 선수 인원수 10/(1+1.0)=5명에서 2018년 선수 인원수 10명으로 증가한 B팀이다. B팀의 총 연봉 또한 2017년 25/(1+1.5)=10억 원에서 2018년 25억 원으로 가장 많이 증가하였으므로 옳은 설명이다.

고득점자의 빠른 문제 풀이 Tip

③ A팀의 선수 인원수 증가율보다 총 연봉 증가율이 더 높습니다. 따라서 '팀 선수 평균 연봉'을 구하는 식에서 분모 값의 증가율보다 분자 값의 증가율이 크므로 분수 값인 팀 선수 평균 연봉은 증가하였음을 알 수 있습니다.

⑤ A팀과 E팀의 전년대비 총 연봉 증가율은 50%로 동일하므로 2018년 총 연봉이 더 많은 E팀이 2017년에도 총 연봉이 더 많다는 것을 알 수 있습니다.

22 자료이해

정답 ③

정답 체크 ㄴ, ㄷ. 제시된 <보고서>에서 '특히, 2016년에 A국은 정부연구개발비 대비 민간연구개발비 비율이 가장 작다. 이는 2014~2016년 동안, A국 민간연구개발에 대한 정부의 지원금액이 매년 감소한 데 따른 것으로 분석된다.'고 했으므로 추가로 필요한 자료임을 알 수 있다.

오답 체크 ㄱ. 제시된 <보고서>의 내용과 상관없는 자료이므로 추가로 필요한 자료가 아님을 알 수 있다.

ㄹ. 제시된 <보고서>에서 A~D국 모두 2015년에 비하여 2016년 연구개발비가 증가하였다고 했으므로 2014~2015년이 아닌 2016년의 전년대비 연구개발비 증가율에 대한 자료가 필요하다. 따라서 추가로 필요한 자료가 아님을 알 수 있다.

23 자료논리

정답 ②

정답 체크 <근무지 이동 지침>을 통해 이동 가능한 경우를 생각해본다.
별관 인원수는 40명을 넘지 않아야 하므로 본관 2층과 3층에서 1개 팀씩 이동하는 경우는 불가능하다. 따라서 가능한 경우는 본관 1층 1개 팀+본관 2층 1개 팀이 이동하는 경우와 본관 1층 1개 팀+본관 3층 1개 팀이 이동하는 경우이다. 이 중 인사팀은 이동하지 않으므로 본관 1층에서는 어떤 팀이든 16명의 인원이 이동한다. 별관 인원수는 40명을 넘지 않아야 하므로 2층에서는 21명인 기획2팀이 이동할 수 있고, 3층에서는 23명인 영업3팀이 이동할 수 있다. 이때 본관 1층 1개 팀+본관 2층 1개 팀이 이동하는 경우는 별관의 인원수가 16+21=37명이고, 본관 1층 1개 팀+본관 3층 1개 팀이 이동하는 경우는 별관의 인원수가 16+23=39명이다. 이 중 선택지에서 찾을 수 있는 경우는 본관 1층 1개 팀+본관 2층 1개 팀인 경우는 16+21=37명이다.
따라서 별관의 인원수가 37명일 때, 본관 1층의 인원수는 26명, 본관 2층의 인원수는 27명, 본관 3층의 인원수는 53명이다.

고득점자의 빠른 문제 풀이 Tip

별관 인원수는 40명을 넘지 않도록 한다는 <근무지 이동 지침>에 따라 ⑤를 먼저 제거한 후 나머지 선택지에서 별관 인원수가 37명인 경우와 38명인 경우 중 가능한 것을 확인하여 소거법으로 접근할 수 있습니다.

24 자료논리

정답 ④

정답 체크 <표 1>에서 각 팀 인원수를 미지수 a, b, c명으로 설명하면 A팀의 총 점수는 40a, B팀의 총 점수는 60b, C팀의 총 점수는 90c이다. <표 2>에서 A+B의 인원수는 80명이고, 평균점수는 52.5점이므로 A+B의 총 점수는 80×52.5=4,200점이다. 따라서 a+b=80명, 40a+60b=4,200점이므로 a=30명, b=50명이다. 이때 B+C의 인원수는 120명이고, B팀의 인원수는 50명이므로 C팀의 인원수는 70명이다.
따라서 (가)는 30+70=100이고, (나)는 {(30×40)+(70×90)}/100=75.0이다.

25 자료논리

정답 ④

정답 체크 일직선상의 이동이므로 출발점을 0점 기준으로 왼쪽을 (-), 오른쪽을 (+)로 가정한다. 주어진 <표>를 일직선상 이동 수치로 해석하면 다음과 같다.

구분	1회차	2회차	3회차	4회차	5회차	게임 종료 후 위치
A	-3	+1	+5			+3
B	-3	(가)	0			-2
C	0	0	0	(나)		0
D	0	0	0		(다)	-3

먼저 A는 3회차까지 이동한 후 값이 +3인데 게임 종료 후 위치 역시 +3이다. 따라서 4, 5회차에는 바위와 보로 지거나 비겼음을 알 수 있다. 또한 4회차에 B와 D가 가위인데 A가 바위로 진 것이 아니라면 C가 (나)에서 보를 내어 비겼음을 알 수 있다. 4회차에는 모두가 이동이 없으므로 D의 5회차인 (다)는 -3임을 알 수 있고, -3은 가위이다. 5회차에 A가 보를 내고 이동이 없었기 때문에 동일하게 보를 낸 B와 C도 이동이 없으므로 (가)는 +1임을 알 수 있고, +1은 바위이다.
따라서 (가)는 바위, (나)는 보, (다)는 가위이다.

2017년 기출문제 취약 유형 분석표 & 정답·해설

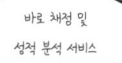

바로 채점 및
성적 분석 서비스

PSAT 전문가의 총평

2017년 민간경력자 PSAT의 경우 자료해석 영역의 난도가 높았고, 언어논리와 상황판단 영역의 난도는 평이했다.

1. 언어논리 영역: 제시된 글의 길이가 길지 않아 문제를 푸는 데 소요된 시간이 적었고, 글의 논지뿐 아니라 선택지의 내용도 비교적 명확하여 정답을 빠르게 파악할 수 있었다.
2. 상황판단 영역: 제시된 글의 길이가 짧아 내용을 파악하는 데 어려움이 없었고, 문제해결 및 논리퍼즐 유형에서 제시된 조건의 수가 적어 난도가 평이했다.
3. 자료해석 영역: 제시된 자료에서 항목 간의 관계를 정확히 파악해야 문제를 해결할 수 있는 다소 까다로운 문항이 출제되었고, 계산에 소요되는 시간이 큰 문항의 출제 비중이 높아 난도가 높았다.

정답

언어논리

p.95

1	②	세부 내용 파악	6	②	논증의 타당성	11	③	세부 내용 파악	16	①	논증의 타당성	21	③	진술추론
2	③	세부 내용 파악	7	⑤	세부 내용 파악	12	⑤	세부 내용 파악	17	④	진술추론	22	④	논리추론
3	⑤	중심 내용 파악	8	②	진술추론	13	③	세부 내용 파악	18	③	진술추론	23	②	세부 내용 파악
4	④	세부 내용 파악	9	①	세부 내용 파악	14	⑤	빈칸삽입	19	⑤	세부 내용 파악	24	④	논리추론
5	②	사례 유추	10	①	진술추론	15	⑤	세부 내용 파악	20	②	진술추론	25	①	진술추론

상황판단

p.109

1	④	세부 내용 파악	6	④	법·규정의 적용	11	①	세부 내용 파악	16	②	법·규정의 적용	21	③	논리퍼즐
2	⑤	세부 내용 파악	7	①	법·규정의 적용	12	③	세부 내용 파악	17	③	법·규정의 적용	22	③	논리퍼즐
3	①	세부 내용 파악	8	③	문제해결	13	②	세부 내용 파악	18	②	문제해결	23	⑤	문제해결
4	①	세부 내용 파악	9	⑤	문제해결	14	④	법·규정의 적용	19	②	문제해결	24	⑤	논리퍼즐
5	⑤	법·규정의 적용	10	①	문제해결	15	②	법·규정의 적용	20	④	문제해결	25	④	문제해결

자료해석

p.123

1	③	자료이해	6	②	자료이해	11	④	자료이해	16	③	자료이해	21	②	자료이해
2	③	자료이해	7	④	자료이해	12	④	자료논리	17	④	자료이해	22	②	자료이해
3	⑤	자료변환	8	③	자료논리	13	②	자료이해	18	④	자료이해	23	②	자료이해
4	⑤	자료이해	9	⑤	자료이해	14	④	자료논리	19	①	자료논리	24	①	자료이해
5	①	자료논리	10	⑤	자료이해	15	⑤	자료변환	20	①	자료이해	25	③	자료이해

취약 유형 분석표

유형별로 맞힌 개수, 틀린 문제 번호와 풀지 못한 문제 번호를 적고 나서 취약한 유형이 무엇인지 파악해 보세요.
취약한 유형은 '민간경력자 PSAT 기출유형공략'으로 복습하고, 해커스잡 사이트(ejob.Hackers.com)에서 제공하는 <PSAT 영역별 핵심 이론 노트>로 관련 이론을 확인한 후 틀린 문제와 풀지 못한 문제를 다시 풀어보세요.

언어논리

유형	맞힌 개수	틀린 문제 번호	풀지 못한 문제 번호
세부 내용 파악	/11		
중심 내용 파악	/1		
빈칸삽입	/1		
문단배열	/0		
사례 유추	/1		
진술추론	/7		
논증의 타당성	/2		
논리추론	/2		
TOTAL	/25		

상황판단

유형	맞힌 개수	틀린 문제 번호	풀지 못한 문제 번호
세부 내용 파악	/7		
법·규정의 적용	/7		
문제해결	/8		
논리퍼즐	/3		
TOTAL	/25		

자료해석

유형	맞힌 개수	틀린 문제 번호	풀지 못한 문제 번호
자료이해	/18		
자료논리	/5		
자료변환	/2		
TOTAL	/25		

언어논리

1 세부 내용 파악

정답 ②

정답 체크 2문단에서 친일파에 대해 '그들은 황국신민화의 이상이 실현되면 조선인과 일본인 그 누구도 우월한 지위를 가질 수 없다는 일제의 주장을 맹신하였다. 그리고 이러한 단계에 도달하기 위해서는 먼저 조선인 스스로 진정한 '일본인'이 되기 위한 노력을 다해야 한다고 선동하였다.'고 했으므로 친일파는 조선인들이 노력하기에 따라 황민으로서의 지위를 누릴 수 있다고 주장했음을 알 수 있다.

오답 체크
① 1문단에서 조선인이 황국의 진정한 신민으로 거듭나게 되면 일왕과 신민의 관계가 군신 관계에서 부자 관계로 변화한다고 했으므로 군신 관계가 강화되는 것은 아님을 알 수 있다.
③ 2문단에서 조선의 친일파는 황국신민화 정책으로 자신들의 친일 행위를 합리화했음을 알 수 있으나 황국신민화 정책이 친일파를 제외한 조선인이 독립운동의 필요성을 자각하는 계기가 되었는지는 알 수 없다.
④ 2문단에서 친일파가 조선인의 자각과 노력이 우선될 때 차별이 해소될 수 있다고 주장했음을 알 수 있으나 친일파가 조선인의 참정권 허용을 주장했는지는 알 수 없다.
⑤ 1문단에서 황국신민화는 조선인의 민족의식과 저항정신을 상실하게 하고자 하는 기만적 통치술이라고 했으므로 위계화된 현실을 극복하고자 한 것이 아님을 알 수 있다.

고득점자의 빠른 문제 풀이 Tip

글에 제시된 정보만으로는 알 수 없는 내용을 확대해석하지 않도록 유의합니다. ③은 황국신민화 정책과 독립운동의 필요성의 관계, ④는 친일파가 주장한 내용으로 구성되었으나 제시된 글에서는 확인할 수 없습니다.

2 세부 내용 파악

정답 ③

정답 체크 2문단에서 '그런데 유럽의 총칼에 의해 전쟁터에서 목숨을 잃은 아메리카 원주민보다 유럽에서 온 전염병에 의해 목숨을 잃은 원주민 수가 훨씬 많았다.'고 했으므로 아메리카 원주민 수 급감의 주된 원인은 전염병 감염임을 알 수 있다.

오답 체크
① 2문단에서 전염병이 원주민 생존자들의 사기를 떨어뜨렸음을 알 수 있으나 유럽인의 호전성을 높여주었는지는 알 수 없다.
② 2문단에서 스페인이 우위를 점할 수 있었던 것은 천연두 때문이었다고 했으므로 아스텍 제국의 저항을 무력화한 원동력은 스페인의 군사력이 아니라 전염병임을 알 수 있다.
④ 2문단에서 1519년의 전투에는 스페인의 군사적 강점과 아스텍족의 어리숙함이 함께 작용하였음을 알 수 있다.
⑤ 2문단에서 코르테스가 다시 침입했을 때 아스텍인들이 격렬히 저항한 것은 더 이상 어리숙하지 않았기 때문임을 알 수 있다.

고득점자의 빠른 문제 풀이 Tip

인과관계를 파악하는 내용으로 구성된 선택지는 원인이나 결과가 옳게 구성되었는지에 중점을 두고 글에 제시된 정보와 비교합니다. ①은 전염병의 결과, ②는 아스텍 제국의 무력화 원인, ③은 아메리카 원주민 수 급감의 주된 원인, ④는 1519년 전투 양상 변화의 원인을 파악하는 내용으로 구성되었으므로 정확한 내용 확인에 유의해야 합니다.

3 중심 내용 파악

정답 ⑤

정답 체크 1문단에서 기존의 교육 패러다임으로는 직업생태계의 빠른 변화에 대응하기 어려움을 주장한다. 3문단에서 세계 여러 나라에서 진행 중인 교육의 개혁 내용을 소개하며 우리 교육도 개혁을 생각하지 않으면 안 된다는 견해를 제시하고 있다. 따라서 중심 내용은 변화하는 직업 환경에 성공적으로 대응하는 능력에 초점을 맞춘 교육으로 개혁해야 한다는 내용이 적절하다.

오답 체크
① 제시된 글에서 한 국가의 교육이 당대의 직업구조에 영향을 받는지는 알 수 없으므로 중심 내용으로 적절하지 않다.
② 2문단에서 2030년에는 현존하는 직종 중 80%가 사라질 것이라고 했으나 이는 변화하는 직업에 성공적으로 대응할 수 있는 교육이 이루어져야 한다는 주장의 근거이므로 중심 내용으로 적절하지 않다.
③ 3문단에서 세계 여러 나라가 변화하는 세상에 대응하는 능력에 초점을 맞추어 교육을 개혁하고 있다고 했으나 이는 변화하는 직업에 성공적으로 대응할 수 있는 교육이 이루어져야 한다는 주장의 근거이므로 중심 내용으로 적절하지 않다.
④ 2문단에서 변화하는 직업 환경에 성공적으로 대응하는 능력을 기르는 교육이 필요하다고 했으나 유망 직업을 예측하는 일이 중요한지는 알 수 없으므로 중심 내용으로 적절하지 않다.

고득점자의 빠른 문제 풀이 Tip

글에 제시된 핵심어와 무관한 선택지를 먼저 소거합니다. ①의 '직업구조'와 ③의 '전통적인 교육', ④의 '미래의 유망 직업'은 제시된 글의 핵심어인 '직업생태계', '변화', '대응' 등과 관련이 없으므로 정답에서 제외합니다.

4 세부 내용 파악

정답 ④

정답 체크 1문단에서 '당시까지는 학습이란 뇌와 같은 중추신경계에서만 일어날 수 있을 뿐 면역계에서는 일어날 수 없다고 생각했다.'고 했으므로 에더의 실험 이전에도 중추신경계에서 학습이 일어날 수 있다고 생각했음을 알 수 있다.

오답 체크
① 2문단에서 시클로포스파미드가 면역세포 T세포의 수를 감소시켜 쥐의 면역계 기능을 억제함을 알 수 있다.
② 2문단에서 사카린 용액이라는 조건자극이 T세포 수의 감소라는 반응을 일으켰음을 알 수 있다.
③ 4문단에서 중추신경계와 면역계가 어떤 방식으로든 상호작용함을 알 수 있다.

⑤ 2문단에서 사카린 용액을 먹은 쥐의 T세포 수가 감소하는 것은 면역계의 반응임을 알 수 있다.

고득점자의 빠른 문제 풀이 Tip

실험에 관한 글에서는 실험 과정과 결과를 꼼꼼히 확인합니다. ①은 '시클로포스파미드'와 '면역세포', ②와 ⑤는 '사카린 용액'과 'T세포 수', ③과 ④는 '중추신경계'와 '면역계'의 관계에 대한 설명이므로 정확한 내용 파악에 유의해야 합니다.

5 사례 유추

정답 ②

정답 체크

ㄴ. 1문단에서 양국 관계부처 간의 방문 계획이 없어서 체결이 지연되고 이로 인해 양국 관계부처 간 불편이 야기될 가능성이 있는 경우에는 우편으로 서명문서를 교환할 수 있다고 했으므로 국외출장이 어려운 상황에서 시급한 약정의 조속한 체결을 위해 장관 간에 우편으로 서명문서를 교환한 것은 기관 간 약정이 적절하게 이루어진 사례임을 알 수 있다.

오답 체크

ㄱ. 2문단에서 해당 기관의 장이 사정상 직접 서명할 수 없어서 그의 위임을 받은 고위직 인사가 서명을 대신할 때, 정부기관장 명의의 전권위임장을 쓰는 것은 적절하지 않다고 했으므로 장관 명의의 전권위임장을 제출한 차관과 장관 간에 약정이 이루어진 것은 기관 간 약정이 적절하게 이루어진 사례가 아님을 알 수 있다.

ㄷ. 2문단에서 기관 간 약정에 서명을 할 때 양국 정상이 임석하는 것은 적절하지 않다고 했으므로 장관 간 약정을 체결할 때 양국 정상이 임석한 것은 기관 간 약정이 적절하게 이루어진 사례가 아님을 알 수 있다.

고득점자의 빠른 문제 풀이 Tip

제시된 사례를 먼저 읽고 글을 읽으며 해당 내용을 확인합니다. ㄱ은 '전권위임장', ㄴ은 '우편으로 서명문서 교환', ㄷ은 '양국 정상 임석'에 대한 내용이므로 제시된 글에서 관련 내용이 나오면 사례의 내용과 대조하여 꼼꼼히 확인합니다.

6 논증의 타당성

정답 ②

정답 체크

제시된 각 문장을 기호로 정리하면 다음과 같다.

· 갑O and 을O → 병O

· 병O → 정O

· 정X

정이 위촉되지 않으므로 두 번째 명제의 '대우'인 '정X → 병X'에 의해 병도 위촉되지 않음을 알 수 있다. 또한 첫 번째 명제의 '대우'는 '병X → 갑X or 을X'이고 적어도 한 명을 위촉한다고 했으므로 갑과 을이 모두 위촉되지 않는 상황은 없다. 따라서 다음의 두 가지 경우가 가능하다.

<경우 1>

갑	을	병	정
O	X	X	X

<경우 2>

갑	을	병	정
X	O	X	X

ㄷ. <경우 2>에 따라 갑이 위촉되지 않으면 을이 위촉되므로 반드시 참이다.

오답 체크

ㄱ. 병은 항상 위촉되지 않으므로 반드시 거짓이다.

ㄴ. 을은 위촉될 수도 있고 아닐 수도 있으므로 반드시 참은 아니다.

고득점자의 빠른 문제 풀이 Tip

명제를 기호화한 후 명제가 참일 때, '대우'만이 참임을 이용해서 제시된 내용을 도식화합니다. 이때 위촉되었는지 여부가 확정적인 경우부터 확인합니다.

7 세부 내용 파악

정답 ⑤

정답 체크

ㄱ. 3문단에서 탈억제는 사람들이 부정적인 감정을 강하게 느낄 때 잘 일어난다고 했으므로 부정적인 감정을 조절하는 교육 프로그램은 탈억제 현상을 감소시키는 데 도움이 될 것임을 알 수 있다.

ㄴ. 1문단에서 전전두엽 피질에 있는 뇌의 기제가 무례하게 행동하거나 분노를 표출하려는 충동을 억제하는 역할을 한다고 했으므로 전전두엽의 충동억제회로에 이상이 생기면 무례한 응답을 할 가능성이 높아짐을 알 수 있다.

ㄷ. 2문단에서 조절 기제가 잘 작동하기 위해서는 얼굴을 맞대고 대화하면서 실시간으로 피드백을 받을 수 있어야 한다고 했으므로 인터넷상에서도 면대면 실시간 대화의 효과를 낼 수 있다면 탈억제 현상이 감소할 수 있음을 알 수 있다.

8 진술추론

정답 ②

정답 체크

ㄴ. (가)에서 공동선을 증진하는 결과를 가져온다면 일반적인 도덕률을 벗어난 공직자 행위도 정당화될 수 있다고 했고, (다)에서 민주사회에서 공직자의 모든 공적 행위는 정당화될 수 있다고 했으므로 어떤 공직자가 일반적인 도덕률을 어기며 공동선을 증진했을 경우, (가)와 (다) 모두 그 행위는 정당화될 수 있다고 할 것임을 알 수 있다.

오답 체크

ㄱ. (가)에서 공동선을 증진하는 결과를 가져온다면 일반적인 도덕률을 벗어난 공직자의 행위는 정당화될 수 있다고 했고, (나)에서 일반적인 도덕률을 어긴 공직자의 행위가 최선이었다고 하더라도 잘못된 행위임을 부정할 수 없다고 했으므로 (가)와 (나) 모두 공직자가 공동선의 증진을 위해 일반적인 도덕률을 벗어난 행위를 할 수 있다고 전제하고 있음을 알 수 있다.

ㄷ. (나)는 공직자 역시 일반 시민 중 한 사람이라고 했으나 (다)는 공직자가 시민들을 대리한다고 했으므로 공직자도 일반 시민이라는 것을 주요 근거로 삼고 있는 것은 (나)뿐임을 알 수 있다.

고득점자의 빠른 문제 풀이 Tip

여러 입장이 제시되면 각 입장의 차이점을 파악하는 것에 중점을 둡니다. (가), (다)와 (나)의 입장 차이는 '도덕률을 벗어난 공직자 행위의 정당화'이므로 이를 중심으로 <보기>의 내용을 확인합니다.

9 세부 내용 파악

정답 ①

정답 체크

1문단에서 현장과 증거물을 중심으로 엮은 역사적인 이야기는 전설이라고 했고, 3문단에서 상주지방에 전하는 공갈못에 관한 이야기도 공갈못 생성의 증거가 될 수 있는 역사성을 가진 귀중한 자료라고 했으므로 공갈못 설화는 전설임을 알 수 있다.

오답 체크

② 1문단에서 설화 속에는 원도 있고 한도 있음을 알 수 있다.

③ 2문단에서 공갈못설화가 당시의 문헌 기록으로 전해지지 않는다는 것은 알 수 있지만 삼국의 사서에 농경생활에 관한 사건이 전혀 기록되지 않았는지는 알 수 없다.

④ 3문단에서 공갈못이 우리나라 3대 저수지의 하나이고, 관련 기록이 조선시대에 와서야 발견되었음은 알 수 있지만 3대 저수지 사건이 조선시대에 처음 기록되었는지는 알 수 없다.

⑤ 3문단에서 『일본서기』를 고려할 때 역사성과 현장성이 있는 전설을 가볍게 취급해서는 결코 안 된다고 했으므로 조선과 일본의 역사기술 방식의 차이가 전설에 대한 기록 여부에 있는 것은 아님을 알 수 있다.

고득점자의 빠른 문제 풀이 Tip

글에 제시된 정보만으로는 알 수 없는 내용을 확대해석하지 않도록 유의합니다.

③은 공갈못설화에 대한 정보를 통해 농경생활에 대한 정보를 판단하는 방식이고, ④는 공갈못의 기록에 대한 정보를 통해 저수지 사건의 기록에 대한 정보를 판단하는 방식으로 구성되었으나 제시된 글에서는 확인할 수 없는 내용입니다.

10 진술추론

정답 ①

정답 체크 제시된 글에서 뉴욕 인구는 약 900만이라고 했으므로 뉴욕시에 약 30만 마리의 쥐가 있다는 정보 (가)는 인구 한 명 당 쥐도 한 마리쯤 있을 것이라는 최종 결론 ㉢을 약화한다.

오답 체크 ② 한 가구의 면적이 몇 에이커인지 알 수 없으므로 런던의 주거 밀집 지역에 가구 당 평균 세 마리의 쥐가 있을 것이라는 정보 (나)는 1에이커당 쥐 한 마리가 있을 것이라고 추측한 첫 번째 전제 ㉠을 강화하지도, 약화하지도 않는다.

③ 자기 집에 있다고 생각하는 쥐의 수가 실제보다 20% 정도 더 많다는 정보 (다)는 인구 한 명당 쥐 한 마리는 있을 것이라는 최종 결론 ㉢과 무관하다.

④ 다양한 방법으로 조사한 결과가 서로 높은 수준의 일치를 보인다는 정보 (라)는 영국에 쥐가 4천만 마리쯤 있다는 중간 결론 ㉡과 무관하다.

⑤ (나)와 (다)가 참이면 주거 밀집 지역의 쥐의 수는 사람들이 자기 집에 있다고 생각하는 쥐의 수보다 20% 정도 더 많은 가구당 평균 세 마리이지만, 이 사실만으로 영국 전체 쥐의 수를 판단할 수 없으므로 (나)와 (다)가 참이더라도 영국에는 쥐가 4천만 마리쯤 있다는 중간 결론 ㉡이 참이 아닌지 알 수 없다.

고득점자의 빠른 문제 풀이 Tip

글 전체를 이해하기보다는 선택지 내용이 제시된 글의 내용을 강화하는지, 약화하는지만 파악합니다. 강화 여부만 파악해서 옳고 그름을 판단하면 될 뿐 강화하지 않는다고 해서 약화 여부까지 고려할 필요는 없습니다.

11 세부 내용 파악

정답 ③

정답 체크 3문단에서 삼별초의 난의 성격에 대해 '하나는 지배층 내부의 정쟁에서 패배한 무인 정권의 잔존세력이 일으킨 정치적 반란이고, 다른 하나는 민란의 전통과 대몽 항쟁의 전통을 계승한 백성들의 항쟁이다.'라고 했으므로 삼별초와 일반 백성들의 항전 목적은 같지 않았음을 알 수 있다.

오답 체크 ① 2문단에서 최우의 강화도 천도가 지배세력 내의 불만을 증폭시키고 백성들에게는 배신행위로 받아들여졌음을 알 수 있다.

② 1문단에서 야별초는 민란을 진압하는 데 사용되어 주로 지배자의 수탈에 저항하던 백성들을 상대했음을 알 수 있다.

④ 1문단과 3문단에서 삼별초는 설립 이후 진압될 때까지 집권자의 사병과 같이 이용되면서 무인 정권을 옹호하는 성격을 지녔음을 알 수 있다.

⑤ 3문단에서 삼별초는 개경의 중앙 정부에 반대하고 무인 정권을 회복하기 위해 반란을 일으켰음을 알 수 있다.

고득점자의 빠른 문제 풀이 Tip

긴 글이 제시되었으므로 선택지를 먼저 읽고 각 선택지의 핵심어를 파악하여 내용을 확인합니다. ①은 '최우의 강화도 천도', ②는 '야별초', ③은 '삼별초의 난의 목적', ④는 '삼별초의 무인 정권 옹호', ⑤는 '삼별초의 반란'이므로 글에서 관련 내용이 나왔을 때 선택지와 대조하여 꼼꼼히 확인합니다.

12 세부 내용 파악

정답 ⑤

정답 체크 3문단에서 '대략 기원전 4세기에 진나라는 세금 부과, 노역, 징집 등에 이용하기 위해 백성 대다수에게 성을 부여한 다음 그들의 호구를 파악한 것으로 알려져 있다.'고 했으므로 진나라가 성을 부여한 것은 국민을 효율적으로 통치하기 위한 것이었음을 알 수 있다.

오답 체크 ① 4문단에서 예로부터 중국에 부계전통이 있었음은 알 수 있으나 부계전통의 확립이 중국에서 처음 이루어졌는지는 알 수 없다.

② 3문단에서 백성 대다수에게 성을 부여했다는 것과 이것이 '오래된 100개의 성'이라는 뜻으로 '백성'을 의미하게 되었다는 것을 알 수 있으나 모든 백성에게 새로운 100개의 성을 부여했는지는 알 수 없다.

③ 4문단에서 진나라 이전에는 일반 백성의 경우 성이 없었음을 알 수 있으나 중국의 부계전통이 진나라 부계 성 정책을 시행함에 따라 만들어졌는지는 알 수 없다.

④ 4문단에서 부계 성을 따르도록 하는 진나라의 정책은 남편에게 우월한 지위를 부여하고, 가족 전체에 대한 재정적 의무를 지도록 했다고 했으므로 부계 성 정책은 지배 계층의 기존 성을 확산하려는 시도가 아니라 효율적 통치를 위한 것임을 알 수 있다.

고득점자의 빠른 문제 풀이 Tip

'모두'나 '반드시'등 '항상'의 의미를 포함하는 단어가 사용된 선택지는 예외가 없는지 확인합니다.

② '모든'이라는 관형사가 사용되었으나 글에서는 '대다수'라고 제시되었습니다.

13 세부 내용 파악

정답 ③

정답 체크 2문단에서 향도계는 장례에 대비하기 위해 구성되어 서울 시내 백성들에게 널리 퍼져 있었으며 향도계를 관리하는 조직인 도가의 내부 비밀조직이 검계임을 알 수 있다.

오답 체크 ① 2문단에서 향도계를 관리하는 조직이 도가임을 알 수 있으나 도가의 장이 향도계의 장을 겸임했는지는 알 수 없다.

② 2문단에서 검계가 향도계에서 비롯되었음을 알 수 있으나 향도계의 구성원 중에 검계 출신이 많은지는 알 수 없다.

④ 1문단에서 검계 일당은 모두 몸에 칼자국이 있었음을 알 수 있다.

⑤ 3문단에서 김홍연은 검계의 일원이 되지 못한 것이 아니라 지방 출신이라는 점이 출세하는 데 장애가 될 것을 염려하여 스스로 무과를 포기하고 왈짜가 된 것임을 알 수 있다.

고득점자의 빠른 문제 풀이 Tip

선택지를 먼저 읽고 각 선택지의 핵심어를 파악하여 내용을 확인합니다.
①은 '도가의 장', ②는 '향도계 구성원', ③은 '비밀조직', ④는 '칼자국', ⑤는 '김홍연'이므로 글에서 관련 내용이 나왔을 때 선택지와 대조하여 꼼꼼히 확인합니다.

14 빈칸삽입

정답 ⑤

정답 체크

(가) 2문단에서 예술가는 작품을 만드는 동안 예술 제도로부터 단절될 수 없다고 했으므로 (가)는 예술 제도와 예술가의 관계에 대한 내용인 ㄷ이 적절하다.

(나) 3문단에서 어린 아이들의 그림이나 놀이조차도 문화의 영향을 받지 않는 상태에서 이루어지지 않는다고 했으므로 (나)는 어린 아이들과 문화의 관계에 대한 내용인 ㄴ이 적절하다.

(다) 4문단에서 예술작품을 전혀 본 적 없는 상태에서 만들어낸 형상은 기존에 없는 형상이라 하더라도 예술작품을 창조한 것으로 볼 수 없다고 했으므로 예술작품의 창조와 문화의 관계에 대한 내용인 ㄱ이 적절하다.

고득점자의 빠른 문제 풀이 Tip

빈칸의 앞뒤 문장에 포함된 단어를 빠르게 확인합니다. (가)의 앞뒤에는 '예술가'와 '예술 제도', (나)의 앞에는 '어린 아이들'과 '문화', (다)의 앞뒤에는 '예술작품'과 '문화'가 제시되므로 <보기>에서 관련 단어를 찾아 연결합니다.

15 세부 내용 파악

정답 ⑤

정답 체크

2문단에서 군주정과 참주정은 일인 통치 체제이고, 4문단에서 제헌정과 민주정은 다수가 통치하는 체제임을 알 수 있다.

오답 체크

① 제시된 글에서 군주정, 귀족정, 제헌정, 참주정, 과두정, 민주정 여섯 가지의 정치체제를 확인할 수 있다.
② 1문단에서 정치체제 중 최선은 군주정이라고 했고, 4문단에서 타락한 정치체제 중에서는 민주정이 가장 덜 나쁜 것이라고 했으므로 군주정은 민주정보다 더 나은 정치체제임을 알 수 있다.
③ 2문단에서 최악의 정치체제는 참주정임을 알 수 있다.
④ 4문단에서 타락한 정치체제 중 민주정이 가장 덜 나쁜 것이라고 했으며, 민주정은 금권정으로부터 나왔다고 했으므로 과두정이 더 나쁜 정치체제임을 알 수 있다.

고득점자의 빠른 문제 풀이 Tip

개념을 설명하는 글이므로 선택지에서 설명하는 개념과 그 대상이 올바르게 매칭되었는지 비교합니다. ②는 '군주정', ③은 '참주정', ④는 '민주정'의 개념이 다른 대상과 연결되어 틀린 내용이 되었으므로 유의해야 합니다.

16 논증의 타당성

정답 ①

정답 체크

제시된 문장을 기호로 정리하면 다음과 같다.

- 전제 1: 젊음O and 섬세함O and 유연함O → 아름다움O
- 전제 2: 아테나 → 섬세함O and 유연함O
- 전제 3: 어떤 아름다움O → 훌륭함X
- 전제 4: 덕O → 훌륭함O
- 전제 5: 아테나 → 덕O
- 전제 6: 아름다움O and 훌륭함O → 행복함O
- 결론: 아테나 → 행복함O

'아테나는 행복하다.'는 결론을 도출하려면 전제 6에 따라 '아테나 → 아름다움O'과 '아테나 → 훌륭함O'이 필요하다. '아테나는 훌륭하다.'는 전제 5와 전제 4의 결합으로 도출이 가능하지만 '아테나는 아름답다.'는 제시된 전제들만으로는 도출되지 않는다. 따라서 '아테나는 아름답다.'가 도출되는 전제가 추가되어야 한다.

ㄱ. '아테나는 젊다.'가 추가되면 전제 1과 전제 2에 따라 '아테나는 아름답다.'가 도출되므로 '아테나는 행복하다.'는 결론이 도출된다.

오답 체크

ㄴ. '아테나는 훌륭하다.'는 전제 5와 전제 4의 결합으로 도출되므로 추가되더라도 '아테나는 행복하다.'는 결론이 도출되지 않는다.
ㄷ. 제시된 전제에서 '아테나는 아름답다.'가 도출되지 않으므로 추가되더라도 '아테나는 행복하다.'는 결론이 도출되지 않는다.

고득점자의 빠른 문제 풀이 Tip

제시된 내용을 기호화하여 전제들로부터 결론이 도출되기까지 결여된 부분이 무엇인지 파악합니다.

17 진술추론

정답 ④

정답 체크

ㄴ. 제시된 글에서 새로운 과학 이론의 발견을 위해서는 상상력과 예술적 감수성이 필요하다고 했으므로 과학 이론을 정립하는 과정이 예술가의 창작 작업과 유사하다는 진술은 제시된 글의 논지를 지지한다.
ㄷ. 예술 활동은 전적으로 임의적인 창작이 아니라 논리적 요소를 포함하는 창작이라고 했으므로 화가들이 수학자의 기하학 연구를 그림에 적용하고자 하였다는 진술은 제시된 글의 논지를 지지한다.

오답 체크

ㄱ. 과학과 예술의 관련성을 제시하고 있지 않으므로 과학과 예술은 서로 관련성이 있다는 제시된 글의 논지를 지지하지 않는다.

고득점자의 빠른 문제 풀이 Tip

제시된 글의 논지를 정확히 파악합니다. 이 글의 논지는 '과학과 예술은 무관하지 않다.'이므로 지지하는 진술을 찾기 위해서는 이에 반박하거나 주장과 무관한 내용에 유의해야 합니다.

18 진술추론

정답 ③

정답 체크

ㄱ. 암컷 카나리아에게 물질B를 주사하였더니 종 특유의 소리로 지저귀게 되었다는 것은 암컷에 없던 물질B를 주입했을 경우 수컷의 특성을 보인다는 의미이므로 ㉠을 지지한다.
ㄴ. 수컷 카나리아의 뇌에 물질B의 효과를 억제하는 성분의 약물을 투여했을 경우 종 특유의 울음소리를 내지 못한다는 것은 물질B가 종 특유의 소리를 내게 하는 요인임을 드러내는 것이므로 ㉠을 지지한다.

오답 체크

ㄷ. 기관A를 제거했음에도 종 특유의 소리로 지저귄다는 것은 물질B와 연관성이 없으므로 ㉠을 지지하지 않는다.

고득점자의 빠른 문제 풀이 Tip

과학적 원리를 설명하는 글이므로 원리의 과정을 꼼꼼히 확인합니다. 수컷에만 있는 기관A에서 물질B가 분비되고, 물질B가 뇌의 특정 부분을 발달시켜 종 특유의 소리를 낸다는 것에 유의하여 <보기>를 분석해야 합니다.

19 세부 내용 파악

정답 ⑤

정답 체크 ㉠의 앞부분에는 저조한 비행 성과는 비판하되 뛰어난 성과는 칭찬하지 않는 것이 바람직하다는 추론이 제시되어 있고, ㉠의 뒷부분에는 유난히 비행을 잘하거나 유난히 비행을 못하는 경우는 둘 다 흔치 않다는 사례가 제시되어 있다. 따라서 ㉠은 유난히 잘하거나 못하는 특별한 상황은 연속적으로 발생하기 어렵다는 점을 인식하지 못한 오류임을 알 수 있다.

오답 체크
① 제시된 글에서 칭찬의 순서가 비행 실력에 영향을 주는지는 알 수 없다.
② 2문단에서 칭찬과 비판 여부에 상관없이 어느 조종사가 유난히 비행을 잘하거나 못했다면 다음 번 비행에서는 평균 수준으로 돌아갈 확률이 높다고 했으므로 비판의 유효성과는 무관하다.
③ 제시된 글에서 훈련 시간이 비행 실력에 영향을 주는지는 알 수 없다.
④ 제시된 글에서 칭찬과 비판의 강도가 비행 실력에 영향을 주는지는 알 수 없다.

고득점자의 빠른 문제 풀이 Tip

밑줄 친 단어의 앞뒤에 있는 문장을 중심으로 읽어 내용을 파악합니다. ㉠의 앞에는 '오류'의 내용을, 뒤에는 '오류'의 구체적인 사례를 제시하고 있음에 유의합니다.

20 진술추론

정답 ②

정답 체크 ㄴ. 갑은 예술적 가치가 시각적으로 식별할 수 있는 특성으로 결정된다고 주장하고, 병은 원작이라는 사실 자체가 감상할 수 있는 대상이 되는 것이 아니라 시각적 특징에 예술적 가치가 부여됨을 주장하고 있으므로 시각적 특성만으로 진품과 위조품을 구별할 수 없다면 둘의 예술적 가치가 같을 수 있다는 주장에 대해 갑과 병 모두 동의할 것임을 알 수 있다.

오답 체크 ㄱ. 갑은 예술적 가치가 시각적으로 식별할 수 있는 특성으로 결정된다고 주장하고, 을은 예술품은 창의적이어야 한다고 주장한다. 따라서 예술적 가치로서의 창의성은 시각적 특성으로 드러나야 한다는 주장에 대해 갑과 을이 동의하는지는 알 수 없다.
ㄷ. 위조품이 고가에 거래되는 이유가 작품의 예술적 가치에 있다는 주장에 대해 예술 작품은 창의적이어야 한다는 을의 주장은 상충되므로 시각적 특징에 예술적 가치가 부여된다고 주장하는 병만 동의할 것임을 알 수 있다.

고득점자의 빠른 문제 풀이 Tip

여러 입장이 제시되면 쟁점과 이에 대한 각 입장의 차이점을 파악하는 것에 중점을 둡니다. 제시된 글에서는 '예술적 가치를 어디에 부여하는가'를 쟁점으로 하여, 갑과 병은 '시각적 특성', 을은 '창의성'에 예술적 가치를 부여한다는 차이점을 보입니다.

21 진술추론

정답 ③

정답 체크 2문단에서 측천무후가 만든 한자들은 그녀의 사후에 중국에서 사용된 사례가 발견되지 않았다고 했으므로 측천무후 즉위 이후 중국의 문서에 쓸 수 없었던 글자가 다라니경에서 쓰였다는 증거는 다라니경이 신라에서 인쇄된 것이 아니라 중국 인쇄물이라는 주장을 약화한다.

오답 체크
① 2문단에서 다라니경에는 측천무후가 최초로 사용한 12개의 특이한 한자가 포함되어 있다고 했으므로 다라니경 원전을 처음으로 한역한 사람이 측천무후 시대의 중국의 국사였다는 증거는 ㉠을 강화한다.
② 2문단에서 신라에서도 측천무후가 죽은 뒤에는 그녀가 발명한 한자들을 사용하지 않았을 것이라고 했으나 이는 다라니경의 인쇄 시기를 판단하는 증거와는 무관하므로 ㉠을 강화하지도, 약화하지도 않는다.
④ 2문단에서 다라니경이 늦어도 705년경에 인쇄된 것으로 판단할 수 있다고 했으므로 705년경에 중국에서 제작된 문서들이 다라니경과 같은 종이를 사용한 증거는 ㉠을 강화한다.
⑤ 2문단에서 다라니경은 늦어도 705년경에 인쇄되었을 것이라고 했으므로 705년 이후에 중국에서 다라니경에 쓰인 서체가 유행했다는 증거는 ㉠을 강화한다.

고득점자의 빠른 문제 풀이 Tip

밑줄 친 문장과 무관한 내용으로 구성된 선택지는 결론을 강화하거나 약화하는 사례가 될 수 없음에 유의해야 합니다.
② 다라니경이 어디에서 인쇄되었는지를 알 수 있는 증거가 아니므로 정답에서 먼저 소거합니다.

22 논리추론

정답 ④

정답 체크 ㄴ. 신용카드 거래가 사기 거래일 확률이 1,000분의 1이므로 10만 건 중 정당한 거래는 100,000×(999/1,000)=99,900건이고 사기 거래는 100,000×(1/1,000)=100건이다. A가 정당한 거래의 1%를 사기로, 사기 거래의 1%를 정당한 거래로 오판하므로 정당한 거래 99,900건 중에 1%인 99,900×(1/100)=999건이 사기 거래로 판정되고, 사기 거래 100건 중에 1%인 100×(1/100)=1건이 정당한 거래로 판정된다. 이를 표로 정리하면 다음과 같다.

<table>
<tr><th>구분</th><th>실제</th><th>판정</th></tr>
<tr><td rowspan="4">전체 거래
100,000건</td><td rowspan="2">정당한 거래
100,000×(999/1,000)
=99,900건</td><td>정당한 거래로 판정
99,900×(99/100)
=98,901건</td></tr>
<tr><td>사기 거래로 판정
99,900×(1/100)
=999건</td></tr>
<tr><td rowspan="2">사기 거래
100,000×(1/1,000)
=100건</td><td>정당한 거래로 판정
100×(1/100)=1건</td></tr>
<tr><td>사기 거래로 판정
100×(99/100)
=99건</td></tr>
</table>

따라서 A가 사기 거래를 정당한 거래라고 오판하는 건수(1건)는 정당한 거래를 사기 거래라고 오판하는 건수(999건)보다 적다.
ㄷ. 10만 건의 거래를 검사했을 때, A에 의해 사용 정지된 사례는 정당한 거래를 사기 거래로 판정한 999건과 사기 거래를 사기 거래로 판정한 99건을 합한 1,098건이고, 이 가운데 오판에 의한 카드 정지 사례는 999건이다. 이를 비율로 계산하면 (999/1,098)×100≒91.0%로 50%가 넘으므로 A는 폐기되어야 한다.

오답 체크 ㄱ. 사기 거래 중에서도 정당한 거래라고 판정하는 경우도 있으므로 A가 정당한 거래로 판정했다고 해서 모두 정당한 거래인 것은 아니다.

고득점자의 빠른 문제 풀이 Tip

조건이 수치로 제시되었을 때는 비교하기 쉽게 도식화하여 정리합니다. 특히 비율로 제시되는 문제는 실제 수치를 대입하면 문제를 간단하게 해결할 수 있는 경우가 많습니다.

23 세부 내용 파악
정답 ②

정답 체크 3문단에서 '살비아티는 지동설의 근거로서 사그레도가 언급하지 않은 항성의 시차를 중요하게 다룬다.'고 했고, 4문단에서 항성의 시차에 대해 '그렇다면 사그레도는 왜 이 중요한 사실을 거론하지 않았을까?'라고 했으므로 살비아티는 지동설의 근거로 항성의 시차를 중요하게 여겼으나 사그레도는 그렇지 않았음을 알 수 있다.

오답 체크 ① 4문단에서 심플리치오는 아리스토텔레스의 이론을 옹호하면서 지동설을 반박했음을 알 수 있다.

③ 2문단과 3문단에서 사그레도와 살비아티가 행성의 겉보기 운동을 근거로 코페르니쿠스의 지동설을 옹호하였음을 알 수 있다.

④ 4문단에서 심플리치오는 지동설에 대한 반박 근거로 항성의 시차가 관측되지 않음을 지적했음을 알 수 있다.

⑤ 3문단에서 살비아티는 지구의 공전을 전제로 할 때 나타나는 현상인 항성의 시차를 기하학적으로 설명했음을 알 수 있다.

고득점자의 빠른 문제 풀이 Tip

여러 인물과 견해가 제시되었으므로 선택지에서 설명하는 견해가 올바른지, 또 해당 설명이 올바른 인물과 연결되었는지 비교합니다.

② 살비아티의 견해를 사그레도와 연결하여 틀린 설명이 되었으므로 유의해야 합니다.

24 논리추론
정답 ④

정답 체크 제시된 진술을 순서대로 기호화하여 나타내면 다음과 같다.

- AX or BX
- BO or CO → DO
- CX and DX

이때 제시된 진술이 모두 거짓이라고 했으므로 다시 참인 진술로 나타내면 다음과 같다.

- AO and BO
- (BO or CO) and DX
- CO or DO

첫 번째 진술에 따르면 A와 B는 모두 전시되고, 두 번째 진술에 따라 D는 전시되지 않는다. 세 번째 진술에 따르면 이미 D가 전시되지 않으므로 C가 전시됨을 알 수 있다. 이를 표로 나타내면 다음과 같다.

A	B	C	D
O	O	O	X

따라서 전시되는 유물의 개수는 3개이다.

고득점자의 빠른 문제 풀이 Tip

거짓인 진술을 제시하였으므로 세 진술을 모두 참으로 만들어 둔 후에 문제를 해결합니다. 특히 '또는'의 부정은 '그리고'이며 조건명제 PO → QO가 거짓이 되는 경우는 PO and QX라는 점에 유의합니다.

25 진술추론
정답 ①

정답 체크 ㄱ. 2문단에서 A는 말처럼 생긴 모형 실험을 바탕으로 가설을 세웠으므로 실제 말에 대한 말파리의 행동반응이 말 모형에 대한 말파리의 행동반응과 다르다는 연구결과는 A의 가설을 약화한다.

오답 체크 ㄴ. 검은색이나 진한 갈색 몸통을 가진 말이 말파리의 공격에 취약하다는 연구결과는 얼룩말의 얼룩무늬가 말파리를 피하는 방향으로 진행된 진화의 결과라는 A의 가설을 강화한다.

ㄷ. 얼룩말 고유의 무늬 때문에 포식자의 눈에 잘 띈다는 내용은 얼룩말의 얼룩무늬가 말파리를 피하는 방향으로 진행된 진화의 결과라는 A의 가설과 무관하다.

고득점자의 빠른 문제 풀이 Tip

실험에 관한 글에서는 실험 과정과 결과를 꼼꼼히 확인합니다. 제시된 글에서는 얼룩말 모형과 말파리의 행동반응을 이용한 실험임을 유의하여 <보기>를 분석해야 합니다.

1 세부 내용 파악

정답 ④

정답 체크 3문단에서 '1956년에는 지방자치법을 개정하여 시·읍·면장을 주민직선을 통해 선출하도록 하였다. 이에 따라 같은 해 8월 8일 제2차 시·읍·면의회 의원선거와 동시에 최초로 주민직선에 의한 시·읍·면장 선거가 실시되었다.'는 내용을 통해 알 수 있다.

오답 체크
① 1문단에서 1949년 제정된 지방자치법에 따르면, 지방자치단체장 중 서울특별시장과 도지사는 대통령이 임명하고, 시·읍·면장은 지방의회가 선출했음을 알 수 있다.
② 1문단에서 1949년 제정된 지방자치법에 따르면, 지방자치단체장 중 시·읍·면장은 지방의회가 선출했음을 알 수 있다.
③ 2문단에서 전쟁 중인 1952년 4월 25일에 치안 불안 지역과 미수복 지역을 제외한 지역에서 시·읍·면의회 의원선거를 실시하였다고 했으므로 1952년에 모든 지역에서 지방선거가 실시된 것은 아님을 알 수 있다.
⑤ 3문단에서 1960년 12월 12일에 서울특별시의회 및 도의회 의원선거, 19일에 시·읍·면의회 의원선거, 26일에 시·읍·면장 선거, 29일에 서울특별시장 및 도지사 선거가 실시되었다고 했으므로 두 차례가 아니라 네 차례의 지방선거가 실시되었음을 알 수 있다.

고득점자의 빠른 문제 풀이 Tip

선택지를 대략적으로 살펴보았을 때, '지방자치법', '대통령', '시·읍·면장' 등이 주요 핵심어이므로 제시된 글에서 해당 단어가 포함된 문장을 우선적으로 확인합니다.

2 세부 내용 파악

정답 ⑤

정답 체크
ㄱ. 1문단에서 태어난 아기에게 처음 입히는 옷이 배냇저고리라고 했고, 2문단에서 아기가 태어난 지 약 20일이 지나면 배냇저고리를 벗는다고 했으므로 배냇저고리는 아기가 태어난 후 약 3주 간 입히는 옷임을 알 수 있다.
ㄷ. 2문단에서 돌띠저고리에는 긴 고름처럼 장수하기를 바라는 의미가 담겨있다고 했고, 3문단에서 백줄을 누빈 저고리는 장수하기를 바라는 의미를 담고 있다고 했으므로 돌띠저고리와 백줄을 누빈 저고리는 모두 장수하기를 바라는 의미임을 알 수 있다.
ㄹ. 3문단에서 첫 생일인 돌에 남자아기와 여자아기에게는 색동저고리를 입혔다고 했으므로 남자아기뿐만 아니라 여자아기에게도 첫 생일에는 색동저고리를 입혔음을 알 수 있다.

오답 체크
ㄴ. 1문단에서 남자아기의 배냇저고리는 재수가 좋다고 하여 시험이나 송사를 치르는 사람이 부적같이 몸에 지니는 풍습이 있었다고 했으나 여자아기의 배냇저고리에 관한 내용은 알 수 없다.

3 세부 내용 파악

정답 ①

정답 체크
ㄱ. 2문단에서 동일한 지진에 대해서 각 지역에 따라 진도가 달라질 수 있고, 진도는 각 나라별 실정에 따라 다른 기준이 채택된다고 했으므로 M5.6인 지진을 진도로 표시하면 나라별로 다르게 표시될 수 있음을 알 수 있다.
ㄴ. 1문단에서 리히터 규모는 지진파의 최대 진폭이 10배가 될 때마다 1씩 증가한다고 했으므로 M4.0인 지진의 지진파 최대 진폭은 M3.0인 지진의 지진파 최대 진폭의 10배이고, M3.0인 지진의 지진파 최대 진폭은 M2.0인 지진의 지진파 최대 진폭의 10배이므로 M4.0인 지진의 지진파 최대 진폭은 M2.0인 지진의 지진파 최대 진폭의 100배임을 알 수 있다.

오답 체크
ㄷ. 2문단에서 표시되는 로마 숫자가 클수록 지진을 느끼는 정도나 피해의 정도가 크다고 했으므로 진도 Ⅱ인 지진이 일어났을 때 사람이 느끼는 정도와 건물의 피해 정도를 정확히는 알 수 없으나 진도 Ⅱ인 지진의 피해 정도가 진도 Ⅳ인 지진보다 크지 않음은 알 수 있다.
ㄹ. 1문단에서 리히터 규모는 지진파의 최대 진폭이 10배가 될 때마다 1씩 증가하고, 이 때 지진에너지는 약 32배가 된다고 했으므로 M6.0인 지진의 지진에너지는 M3.0인 지진의 지진에너지의 32×32×32=32,768배임을 알 수 있다.

고득점자의 빠른 문제 풀이 Tip

ㄹ. 계산이 필요한 선택지는 정확한 계산이 필요한지 먼저 살펴본 후 대략적인 수치 비교로 빠르게 판단하여 문제를 해결합니다. 32^3과 10^3은 지수가 3으로 같고, 밑수가 다르므로 밑수의 크기가 큰 32^3이 계산을 하지 않고도 더 크다는 것을 알 수 있습니다.

4 세부 내용 파악

정답 ①

정답 체크
ㄱ. 과업의 일반조건 두 번째에서 연구진은 용역완료 후에라도 발주기관이 연구결과와 관련된 자료를 요청할 경우에는 관련 자료를 성실히 제출하여야 함을 알 수 있다.
ㄴ. 과업수행 전체회의 및 보고에서 착수보고 1회, 중간보고 2회, 최종보고 1회라고 했으므로 수시보고를 제외한 전체보고는 최소 4회이고, 전체회의는 착수보고 전, 각 중간보고 전, 최종보고 전이라고 했으므로 전체회의도 최소 4회이다. 따라서 전체회의 및 보고 횟수는 최소 8회임을 알 수 있다.

오답 체크
ㄷ. 연구진 구성 및 관리에서 연구진은 책임연구원, 공동연구원, 연구보조원으로 구성되고, 연구 수행기간 중 연구진은 구성원을 임의로 교체할 수 없다고 했으므로 연구보조원이라도 임의로 교체할 수 없음을 알 수 있다.
ㄹ. 과업의 일반조건 첫 번째에서 연구과제의 시작부터 종료까지 과업과 관련된 제반 비용의 지출행위에 대해서는 연구진이 책임을 져야 함을 알 수 있다.

5 법·규정의 적용

정답 ⑤

정답 체크
ㄱ. 첫 번째 법조문(청렴의 의무) 2항에서 공무원은 직무상의 관계가 있든 없든 그 소속 상관에게 증여하거나 소속 공무원으로부터 증여를 받아서는 아니 된다고 했으므로 공무원 甲의 행위는 규정 위반임을 알 수 있다.
ㄷ. 두 번째 법조문(정치운동의 금지) 2항 2호에서 공무원은 선거에서 특정 정당 또는 특정인을 지지 또는 반대하기 위해 기부금을 모집 또는 모집하게 하거나, 공공자금을 이용 또는 이용하게 하는 행위를 하여서는 아니 된다고 했으므로 공무원 丙의 행위는 규정 위반임을 알 수 있다.

ㄹ. 두 번째 법조문(정치운동의 금지) 2항 1호에서 공무원은 선거에서 특정 정당 또는 특정인을 지지 또는 반대하기 위해 투표를 하거나 하지 아니하도록 권유 운동을 하는 행위를 하여서는 아니 된다고 했으므로 공무원 戊의 행위는 규정 위반임을 알 수 있다.

오답 체크 ㄴ. 마지막 법조문(집단행위의 금지) 1항에서 공무원은 노동운동이나 그 밖에 공무 외의 일을 위한 집단행위를 하여서는 아니 된다고 했으나 사실상 노무에 종사하는 공무원은 예외로 한다고 했으므로 乙의 행위는 규정 위반이 아님을 알 수 있다.

6 법·규정의 적용

정답 ④

정답 체크 주어진 상황을 정리하면 다음과 같다.

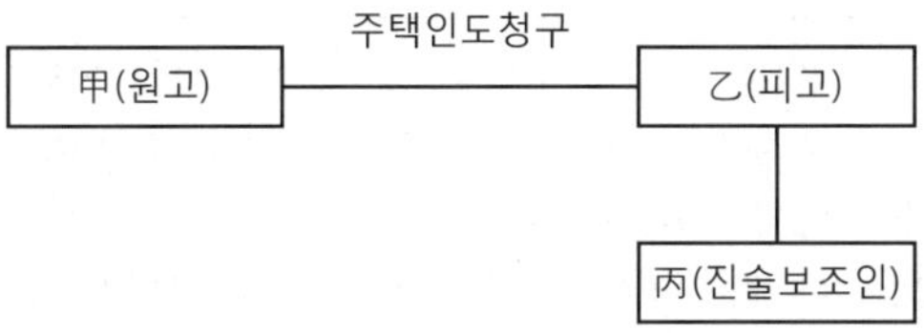

3문단에서 '따라서 진술보조인은 당사자를 대신해서 출석하여 진술할 수 없고, 상소의 제기와 같이 당사자만이 할 수 있는 행위도 할 수 없다.'고 했으므로 진술보조인 丙은 상소를 제기할 수 없음을 알 수 있다.

오답 체크
① 3문단에서 진술보조인에 의한 중개 또는 설명의 정확성을 확인하기 위해 진술보조인에게 질문할 수 있는데 그 질문은 법원만이 한다고 했으므로 甲은 재판에서 丙에게 직접 질문할 수 없음을 알 수 있다.
② 3문단에서 당사자 본인은 진술보조인의 중개 또는 설명을 즉시 취소할 수 있다고 했으므로 乙은 丙의 설명을 취소할 수 있음을 알 수 있다.
③ 2문단에서 법원은 진술보조인을 허가한 이후에도 언제든지 그 허가를 취소할 수 있다고 했으므로 1심 법원은 丙을 진술보조인으로 한 허가를 취소할 수 있음을 알 수 있다.
⑤ 2문단에서 진술보조인 제도를 이용하려는 당사자는 1심, 2심, 3심의 각 법원마다 서면으로 진술보조인에 대한 허가신청을 해야 한다고 했으므로 2심이 진행되는 경우, 2심 법원에 따로 허가를 받아야 진술보조인 자격이 유지됨을 알 수 있다.

고득점자의 빠른 문제 풀이 Tip

주어진 상황을 파악한 후에 이론에서 적용되는 내용을 정리해서 문제를 해결합니다. 특히 <상황>에 주어진 내용을 그림으로 표현해 두고 접근하면 좀 더 쉬운 이해가 가능합니다.

7 법·규정의 적용

정답 ①

정답 체크
ㄱ. 법조문(우수현상광고) 2항에서 우수의 판정은 광고에서 정한 자가 하고, 광고에서 판정자를 정하지 아니한 때에는 광고자가 판정한다고 했으므로 우수논문의 판정은 광고자 A청이 할 것임을 알 수 있다.
ㄴ. 법조문(우수현상광고) 3항에서 우수한 자가 없다는 판정은 할 수 없으나 광고에서 다른 의사표시가 있거나 광고의 성질상 판정의 표준이 정하여져 있는 때에는 그러하지 아니하다고 했으므로 우수논문이 없다는 판정이 이루어질 수 있음을 알 수 있다.

오답 체크
ㄷ. 법조문(우수현상광고) 4항에서 응모자는 제2항 및 제3항의 판정에 대하여 이의를 제기하지 못한다고 했으므로 甲, 乙, 丙 등은 우수의 판정에 대해 이의를 제기할 수 없음을 알 수 있다.
ㄹ. 법조문(우수현상광고) 5항에서 광고에 1인만이 보수를 받을 것으로 정한 때에는 추첨에 의하여 결정한다고 했으므로 수상자가 1명으로 정해져 있는 우수논문공모에서 甲과 乙이 동등한 최고점수로 판정되었을 경우 상금 수상자는 추첨으로 결정됨을 알 수 있다.

8 문제해결

정답 ③

정답 체크 가장 많은 식물을 재배할 수 있는 온도에 대해서 선택지에 15℃, 20℃만이 제시되므로 두 온도에서 재배 가능한 식물을 정리하면 다음과 같다.

재배 온도	재배 가능 식물
15℃	A, B, D, E
20℃	A, D, E

재배 가능한 식물은 20℃보다 15℃에서 더 많으므로 가장 많은 식물을 재배할 수 있는 온도는 15℃이다.
이때 상품가치의 총합이 가장 큰 온도에 대해서 선택지에 15℃, 20℃, 25℃가 제시되었지만 15℃에서 재배 가능한 식물은 20℃보다 식물 B가 더 많으므로 15℃에서 얻을 수 있는 상품가치의 총합도 B의 상품가치만큼 더 클 것임을 알 수 있다. 이에 따라 20℃를 제외하고 15℃와 25℃의 상품가치를 정리하면 다음과 같다.

재배 온도	재배 가능 식물	상품가치
15℃	A, B, D, E	85,000원
25℃	C, D, E	100,000원

이에 따라 상품가치의 총합이 가장 큰 온도는 25℃이다. 따라서 가장 많은 식물을 재배할 수 있는 온도는 15℃이고, 상품가치의 총합이 가장 큰 온도는 25℃이다.

고득점자의 빠른 문제 풀이 Tip

선택지에 주어진 내용을 표로 도식화하여 정리하면 한 눈에 쉽게 해결할 수 있습니다. 문제에서는 두 가지를 묻고 있으므로 하나를 먼저 해결해서 선택지를 지워낸 후에 다른 질문에 대해 답을 하는 것이 좋습니다. 한편 15℃와 25℃의 상품가치를 비교할 때에는 D와 E가 공통적으로 재배 가능한 식물이므로 전체 상품가치의 합을 계산하지 않고, 15℃의 A, B와 25℃의 C의 상품가치만을 비교하면 정답을 빠르게 찾을 수 있습니다.

9 문제해결

정답 ⑤

정답 체크 제시된 <상황>에 맞추어 제시된 글의 내용을 정리하면 다음과 같다.

A사무관 3월 출장내역		출장지	출장 시작 및 종료 시각	비고	합계
출장 1	내용	세종시	14시~16시	관용차량 사용	2
	금액	출장수당 1 교통비 2	-	교통비 -1	
출장 2	내용	인천시	14시~18시	13시 이후 출장 시작	4
	금액	출장수당 2 교통비 3	-	출장 수당 -1	
출장 3	내용	서울시	09시~16시	업무 추진비 사용	4
	금액	출장수당 2 교통비 3	-	출장 수당 -1	

따라서 A사무관이 3월 출장여비로 받을 수 있는 총액은 출장 1이 2만 원, 출장 2가 4만 원, 출장 3이 4만 원이므로 2+4+4=10만 원이다.

고득점자의 빠른 문제 풀이 Tip

각 출장내역에 따라 해당되는 내용을 주어진 표에 정리하면서 문제를 풀이합니다. 또한 비고를 확인하여 출장수당이 차감되는 경우를 찾고 적용하는 것에 유의해야 합니다.

10 문제해결

정답 ①

정답 체크

여행지	여행기간(한국시각 기준)	총비행시간(편도)	비행기 환승 여부
두바이	4박 5일	8시간	직항
모스크바	6박 8일	8시간	직항
방콕	4박 5일	7시간	1회 환승
홍콩	3박 4일	5시간	직항
뉴욕	4박 5일	14시간	직항

세훈의 첫 번째 말에서 월, 수, 금이 공휴일이고, 연가가 하루밖에 남지 않았다고 했으므로 세훈은 주말 포함해서 5일의 여행을 다녀올 수 있음을 알 수 있다. 이에 따라 여행기간이 8일인 모스크바는 제외된다. 한편 세훈의 두 번째 말에서 편도 총비행시간이 8시간 이내며, 직항 노선이 있는 곳을 간다고 했으므로 비행시간이 14시간인 뉴욕과 1회 환승을 해야 하는 방콕도 제외된다. 이때 제외된 여행지를 표시하면 다음과 같다.

여행지	여행기간(한국시각 기준)	총비행시간(편도)	비행기 환승 여부
두바이	4박 5일	8시간	직항
모스크바	6박 8일	8시간	직항
방콕	4박 5일	7시간	1회 환승
홍콩	3박 4일	5시간	직항
뉴욕	4박 5일	14시간	직항

세훈의 마지막 말에서 주어진 기간 내에서 최대한 길게 여행을 다녀온다고 했으므로 남은 여행지 중 일정이 짧은 홍콩이 제외된다. 따라서 세훈이 선택할 여행지는 두바이이다.

고득점자의 빠른 문제 풀이 Tip

제시된 글에서 확정적으로 결과가 결정되는 말을 우선적으로 적용하여 선택지를 소거하면 정답을 빠르게 찾을 수 있습니다. 세훈의 두 번째 말에서 편도 총비행시간이 8시간 이내며, 직항 노선이어야 하므로 ③, ⑤는 소거됩니다. 세훈의 첫 번째 말에서 연가가 하루밖에 남지 않았으므로 최대 5일을 여행할 수 있어 ②는 소거되고, 세훈의 마지막 말에서 최대한 길게 여행을 간다고 했으므로 ④가 소거되어 정답은 ①임을 알 수 있습니다.

11 세부 내용 파악

정답 ①

정답 체크

ㄱ. 1문단에서 주민투표법에서는 주민투표를 실시할 수 있는 권한을 지방자치단체장에게만 부여하고 있음을 알 수 있다.

ㄷ. 2문단에서 주민발의는 지방자치단체장에게 청구하도록 되어 있다고 했으므로 주민이 지방의회에 대해 직접 청구할 수는 없음을 알 수 있다.

오답 체크

ㄴ. 2문단에서 주민발의 청구에 필요한 주민의 수는 지방자치단체의 조례로 정하되 인구가 50만 명 이상인 대도시에서는 19세 이상 주민 총수의 100분의 1 이상 70분의 1 이하의 범위 내에서 정한다고 했으므로 인구가 70만 명인 甲시에서 주민발의 청구를 위해서는 19세 이상 주민 총수의 100분의 1 이상 70분의 1 이하의 범위에서 서명을 받아야 함을 알 수 있다.

ㄹ. 3문단에서 기초자치단체장에 대해서는 19세 이상 주민의 100분의 15 이상의 서명을 받아야 주민소환 실시를 청구할 수 있다고 했으므로 기초자치단체인 乙시의 丙시장에 대한 주민소환 실시의 청구를 위해서는 19세 이상 주민의 100분의 15 이상의 서명을 받아야 함을 알 수 있다.

12 세부 내용 파악

정답 ③

정답 체크

3문단에서 기원전 1세기경에 고대 로마시대의 이탈리아 지역에서 라자냐를 먹었다는 기록이 전해진다고 했고, 2문단에서 롱 파스타의 예로는 가늘고 기다란 원통형인 스파게티, 넓적하고 얇은 면 형태인 라자냐를 들 수 있다고 했으므로 이탈리아 지역에서는 기원전부터 롱 파스타를 먹었음을 알 수 있다.

오답 체크

① 2문단에서 속이 빈 원통형인 마카로니는 쇼트 파스타임을 알 수 있다.

② 3문단에서 이탈리아 남부의 시칠리아에서 아랍인들로부터 제조 방법을 전수받아 건파스타의 생산이 처음으로 이루어졌다고 했으므로 건파스타 제조 방법은 아랍인들로부터 시칠리아인에게 전수된 것임을 알 수 있다.

④ 4문단에서 세몰라 가루는 듀럼 밀을 거칠게 갈아 만든 황색의 가루임을 알 수 있다.

⑤ 3문단에서 시칠리아에서 재배된 듀럼 밀은 곰팡이나 해충에 취약했음을 알 수 있다.

13 세부 내용 파악

정답 ②

정답 체크

ㄷ. 2문단에서 영국에서도 로마의 공정거래 관련법의 영향을 받아 1353년에 에드워드 3세의 공정거래 관련법이 만들어졌음을 알 수 있다.

오답 체크

ㄱ. 1문단에서 자급자족경제에서 벗어나 물물교환이 이루어지고 상업이 시작된 시점부터 불공정거래 문제가 나타났음을 알 수 있다.

ㄴ. 1문단에서 기원전 4세기 아테네는 곡물 중간상들이 담합하여 일정 비율 이상의 이윤을 붙일 수 없도록 성문법으로 규정하고 있었으며, 해당 규정 위반 시 사형에 처해졌다고 했으므로 최고형은 벌금형이 아니라 사형이었음을 알 수 있다.

ㄹ. 1문단에서 기원전 4세기에 곡물 수입 항로가 위협받게 되자 물량 확보 경쟁이 치열해졌고, 이에 모든 곡물 중간상들이 담합하여 곡물 매입가격을 크게 하락시킨 후, 이를 다시 높은 가격에 판매하였다고 했으므로 곡물 중간상 사건은 곡물을 유통하지 않음으로 인해 발생한 것이 아님을 알 수 있다.

14 법·규정의 적용

정답 ④

정답 체크

ㄱ. 2문단에서 A국은 5가지 대기오염 물질 농도를 각각 측정하여 대기환경지수를 산정하고, 그 평균값을 통합지수로 한다고 했고 3문단에서 B국은 6가지 대기오염 물질의 농도를 각각 측정하여 대기환경지수를 산정하고, 이 가운데 가장 높은 대기환경지수를 통합지수로 사용한다고 했으므로 두 국가의 통합지수가 동일하더라도 각 대기오염의 농도는 다를 수 있음을 알 수 있다.

ㄷ. 2문단에서 A국은 5가지 대기오염 물질 농도를 각각 측정하여 대기환경지수를 산정하고, 그 평균값을 통합지수로 한다고 했으므로 대기오염 등급을 안다고 하더라도 특정 대기오염 물질 농도에 대한 정확한 수치는 파악할 수 없음을 알 수 있다.

ㄹ. B국 대기오염 등급 및 경보기준에 따르면 노랑은 대기오염 '나쁨' 등급이므로 B국 국민이 A국에서 경보색깔이 노랑인 것을 확인했다면 B국의 행동지침에 따라 외부활동을 자제할 것임을 알 수 있다.

오답 체크 ㄴ. 3문단에서 B국은 오염물질별 대기환경지수 중 101 이상인 것이 2개 이상일 경우에는 가장 높은 대기환경지수에 20을 더하여 통합지수를 산정한다고 했으므로 만약 B국의 대기오염물질 중 2개의 대기환경지수가 160과 120이라면 통합지수는 160에 20을 더한 180이 되므로 대기환경지수 중 가장 높은 것이 180 미만일 수도 있음을 알 수 있다.

고득점자의 빠른 문제 풀이 Tip

두 국가의 대기오염등급에 대한 차이를 고려하면서 제시된 글을 이해하도록 합니다. 특히 같은 용어인 '대기환경지수', '경보색깔', '행동지침' 등의 단어를 사용하더라도 그 의미가 다른 경우가 있으므로 유의해야 합니다.

15 법·규정의 적용

정답 ②

정답 체크 ㄴ. 법조문(술에 취한 상태에서의 운전 금지) 3항 1, 2, 3호에서 각각 혈중알콜농도의 차이에 따라 처벌을 달리하고 있고, 4항 1호에서 같은 혈중알콜농도라도 이전에 적발된 횟수에 따라 처벌을 달리하고 있음을 알 수 있다.

오답 체크 ㄱ. 법조문(술에 취한 상태에서의 운전 금지) 3항 3호에서 혈중알콜농도 0.05퍼센트의 상태에서 운전하여 1회 적발된 행위는 6개월 이하의 징역이나 300만 원 이하의 벌금에 처한다고 했고, 4항 2호에서 술에 취한 상태에서 운전을 하고 있다고 인정할 만한 상당한 이유가 있는 사람이 경찰공무원의 음주측정을 거부하는 행위는 1년 이상 3년 이하의 징역이나 500만 원 이상 1천만 원 이하의 벌금에 처한다고 했으므로 전자의 불법의 정도가 더 작음을 알 수 있다.

ㄷ. 법조문(술에 취한 상태에서의 운전 금지) 4항 1호에서 술에 취한 상태에서 자동차를 운전하여 2회 이상 적발된 자는 1년 이상 3년 이하의 징역이나 500만 원 이상 1천만 원 이하의 벌금에 처해짐을 알 수 있다.

16 법·규정의 적용

정답 ②

정답 체크 첫 번째 법조문(성년후견) 1항에서 가정법원은 본인, 배우자, 4촌 이내의 친족, 검사 또는 지방자치단체의 장의 청구에 의하여 성년후견개시의 심판을 한다고 했으므로 지방자치단체의 장이 가정법원에 성년후견개시의 심판을 청구할 수 있음을 알 수 있다.

오답 체크 ① 마지막 법조문(성년후견인의 선임) 2항에서 추가로 성년후견인을 선임할 수 있음을 알 수 있다.

③ 첫 번째 법조문(성년후견) 3항에서 일용품의 구입 등 일상생활에 필요하고 그 대가가 과도하지 아니한 법률행위는 성년후견인이 취소할 수 없음을 알 수 있다.

④ 마지막 법조문(성년후견인의 선임) 1항에서 성년후견인은 가정법원이 직권으로 선임할 수 있음을 알 수 있다.

⑤ 두 번째 법조문(피성년후견인의 신상결정) 2항에서 성년후견인이 피성년후견인을 치료 등의 목적으로 정신병원이나 그 밖의 다른 장소에 격리하려는 경우에는 가정법원의 허가를 받아야 함을 알 수 있다.

17 법·규정의 적용

정답 ③

정답 체크 두 번째 법조문(경계선 부근의 건축) 2항에서 건축에 착수한 후 1년을 경과하거나 건물이 완성된 후에는 손해배상만을 청구할 수 있다고 했으므로 이미 C건물이 완성된 경우, 乙은 그 건물의 철거를 청구할 수 없음을 알 수 있다.

오답 체크 ① 첫 번째 법조문(경계표, 담의 설치권) 2항에서 토지의 경계를 정하기 위한 측량비용은 토지의 면적에 비례하여 부담한다고 했으므로 측량비용 100만 원에 대해서는 甲이 60%인 60만 원을, 乙이 40%인 40만 원을 부담해야 함을 알 수 있다.

② 첫 번째 법조문(경계표, 담의 설치권) 1항에서 인접하여 토지를 소유한 자가 공동비용으로 통상의 경계표나 담을 설치할 경우 그 비용은 쌍방이 절반하여 부담한다고 했으므로 통상의 담을 설치하는 비용 100만 원에 대해서는 甲과 乙이 각각 50만 원씩 부담해야 함을 알 수 있다.

④ 세 번째 법조문(차면시설의무)에서 경계로부터 2미터 이내의 거리에서 창이나 마루를 설치하는 경우에는 적당한 차면시설을 하여야 한다고 했으므로 2미터 이내의 거리에 축조된 건물에 차면시설을 하면 창을 설치할 수 있음을 알 수 있다.

⑤ 마지막 법조문(지하시설 등에 대한 제한)에서 지하실공사를 하는 때에는 경계로부터 그 깊이의 반 이상의 거리를 두어야 한다고 했으므로 甲이 지하 깊이 2미터의 지하실공사를 하는 경우 B토지와의 경계로부터 1미터 이상의 거리를 두어야 함을 알 수 있다.

18 문제해결

정답 ②

정답 체크 <조건> 1에 따르면 자동차 유지비는 연 감가상각비, 연 자동차 보험료, 연 주유비용으로 산출한다.

<조건> 2에 따르면 연 감가상각비는 자동차 구매비용, 운행가능기간 종료 시 잔존가치, 운행가능기간을 이용하여 구한다.

- 첫 번째 <상황>에서 자동차 구매비용은 1,000만 원임을 알 수 있고, 두 번째 <상황>에서 운행가능기간 종료 시 잔존가치는 100만 원, 운행가능기간은 10년임을 알 수 있으므로 연 감가상각비는 (1,000−100)÷10=90만 원이다.
- 연 자동차 보험료는 표로 제시되어 있으며, 해당 비용을 알기 위해서는 차종과 보험가입시 운전경력, 블랙박스 설치 여부를 파악해야 한다. 첫 번째 <상황>에서 차종은 중형차임을 알 수 있고, 세 번째 <상황>에서 운전 경력이 2년 6개월, 블랙박스가 설치되어 있음을 알 수 있으므로 이에 따라 적용되는 보험료는 120만 원에서 10% 할인된 108만 원이다.
- 연 주유비용을 계산하기 위해서는 운행거리와 주유비를 알아야 한다. 네 번째 <상황>에서 매달 500km씩 차를 운행한다고 했고, <조건> 4에서 1리터당 10km를 운행할 수 있다고 했으므로 매달 50리터의 주유가 필요하고, 1년간 필요한 주유의 양은 600리터임을 알 수 있다. 주유비용이 리터당 1,500원이므로 연 주유비용은 600×1,500=90만 원이다.

따라서 자동차를 유지하는 데 소요될 총비용은 90+108+90=288만 원이다.

고득점자의 빠른 문제 풀이 Tip

제시된 <조건>에서 공식이 등장하는 경우에는 해당되는 항목을 혼동하지 않도록 정리합니다. 또한 각주의 내용은 놓치기 쉬우므로 주의해서 살펴봐야 합니다.

19 문제해결

정답 ②

정답 체크 각 지원자의 과목별 등급과 등급 총합을 정리하면 다음과 같다.

지원자	국어	수학	영어	등급 총합
甲	3	1	3	7
乙	3	1	2	6
丙	2	2	2	6
丁	4	1	2	7
戊	1	4	1	6

제시된 글에서 3개 과목 평균등급이 2등급(3개 과목 등급의 합이 6) 이내인 자를 선발한다고 했으므로 3개 과목 등급의 합이 6이 넘는 甲과 丁은 선발되지 않는다. 또한 이 조건을 만족하는 지원자가 여러 명일 경우, 3개 과목 원점수의 합산 점수가 가장 높은 자를 선발한다고 했으므로 乙, 丙, 戊의 원점수의 합산 점수는 다음과 같다.

지원자	국어	수학	영어	등급 총합	원점수 합산
甲	3	1	3	7	-
乙	3	1	2	6	267점
丙	2	2	2	6	266점
丁	4	1	2	7	-
戊	1	4	1	6	258점

따라서 입학 전형 합격자는 원점수의 합산 점수가 가장 높은 乙이다.

20 문제해결

정답 ④

정답 체크 제시된 글의 조건을 정리하면 다음과 같다.

- 원칙: 사용목적이 '사업 운영'일 것
- 예외 1: 품목당 단가가 10만 원 이하이면서 사용목적이 '서비스 제공'일 것
- 예외 2: 사용연한이 1년 이내일 것

이에 따라 <필요 물품 목록>을 살펴보면 다음과 같다.

품목	단가(원)	사용 목적	사용 연한	조건 해당
인형탈	120,000	사업 운영	2년	원칙
프로그램 대여	300,000	보고서 작성	6개월	예외 2
의자	110,000	서비스 제공	5년	해당 없음
컴퓨터	950,000	서비스 제공	3년	해당 없음
클리어파일	500	상담일지 보관	2년	해당 없음
블라인드	99,000	서비스 제공	5년	예외 1

따라서 허용되는 사업비 지출품목은 인형탈, 프로그램 대여, 블라인드이다.

고득점자의 빠른 문제 풀이 Tip

제시된 조건에 따라 선택지를 소거하면서 문제를 풀이하면 빠르게 정답을 찾을 수 있습니다. 사업목적이 '사업 운영'인 경우 지출이 가능하므로 지출가능 품목인 인형탈이 없는 ①, ②, ③은 소거됩니다. 그리고 사용연한이 1년 이내인 프로그램 대여는 지출가능 품목이므로 프로그램 대여가 없는 ⑤는 소거되어 정답이 ④임을 알 수 있습니다.

21 논리퍼즐

정답 ③

정답 체크 주어진 <표>의 음식을 기호화하여 정리하면 다음과 같다.

짜장면-a, 탕수육-b, 짬뽕-c, 볶음밥-d, 깐풍기-e

각 테이블에서 음식을 주문 내역별로 1그릇씩 주문했으므로 모든 테이블의 주문 내역과 총액은 2a+2b+2c+2d+2e=90,000원이고, a+b+c+d+e=45,000원임을 알 수 있다. 테이블 4와 테이블 5의 주문 내역의 합은 b+c+d+e=39,000원이므로 a는 45,000-39,000=6,000원임을 알 수 있다. 따라서 짜장면 1그릇의 가격은 6,000원이다.

고득점자의 빠른 문제 풀이 Tip

공통된 메뉴를 주문한 곳끼리 메뉴의 가격을 비교하면 문제 풀이 시간을 단축할 수 있습니다. 테이블 1과 4를 비교하면 짜장면이 짬뽕보다 1,000원 더 싸고, 테이블 2와 5를 비교하면 짬뽕이 볶음밥보다 1,000원 더 싸므로 짜장면은 볶음밥보다 2,000원 더 쌉니다. 이때 짜장면과 볶음밥을 주문한 테이블 3의 총액이 14,000원이고 짜장면은 볶음밥보다 2,000원 더 싸므로 짜장면은 6,000원, 볶음밥은 8,000원임을 알 수 있습니다.

22 논리퍼즐

정답 ③

정답 체크 두 번째 조건에서 B~F는 모두 20대라고 했으므로 D, E, F는 20~29살이다. 또한, 네 번째 조건에서 남자가 여자보다 많다고 했으므로 A, B, E, F는 모두 남자임을 알 수 있다. 이를 정리하면 다음과 같다.

친구	나이	성별	국적
A	37살	남자	한국
B	28살	남자	한국
C	22살	여자	중국
D	20~29살	여자	일본
E	20~29살	남자	중국
F	20~29살	남자	한국
G	38살	여자	중국

한편 세 번째 조건과 다섯 번째 조건에 따르면 가장 나이가 많은 사람은 왕자의 부하가 될 수 없고, 두 부하는 성별이 서로 다르면서 국적은 동일해야 한다. G는 나이가 가장 많으므로 제외되고, D는 혼자만 일본 국적을 가지고 있으므로 제외되며, A, B, F는 국적이 동일하나 성별도 모두 남자로 동일하므로 제외된다.

따라서 왕자의 부하는 20대이면서 성별이 서로 다르고, 국적이 중국으로 동일한 C와 E이다.

오답 체크
① A와 B의 성별이 동일하므로 왕자의 부하가 아니다.
② B와 F의 성별이 동일하므로 왕자의 부하가 아니다.
④ D와 F의 국적이 동일하지 않으므로 왕자의 부하가 아니다.
⑤ 가장 나이 많은 G가 포함되어 있으므로 왕자의 부하가 아니다.

23 문제해결

정답 ⑤

정답 체크 제시된 배치방식을 정리하면 다음과 같다.

- 1지망에 배치: 1지망 지원자가 많은 경우 성적순
- 1지망 배치되지 못한 경우 2지망에 배치: 지원자가 많은 경우 성적순
- 1, 2지망에 배치되지 못한 경우 인원 미달 부서로 배치

현재 1지망 지원자를 정리하면 다음과 같다.

정책팀 (2)	재정팀 (4)	국제팀 (1)
F	C, E	A, B, D, G

따라서 C, E, F의 팀은 정해진다.

A의 입사성적이 82점 이상이므로 D는 성적이 가장 낮다. 이에 따라 D는 요구인원이 1명인 국제팀에 배치될 수 없고 정책팀이나 재정팀에 배치되어야 한다. 두 번째 배치방식에 따라 2지망을 살펴보면 D의 2지망은 정책팀이고 A, G의 2지망 역시 정책팀이다. 국제팀에는 1명만 배치되므로 A나 G 가운데 1명은 2지망인 정책팀에 배치되어야 한다. 배치 방식에 따르면 2지망 지원자가 많은 경우 성적순으로 배치되므로 A나 G보다 성적이 낮은 D는 정책팀에 배치될 수 없다.

따라서 D는 인원 미달부서인 재정팀에 배치된다.

오답 체크 ① A가 90점인 경우 국제팀에는 입사성적이 93점으로 가장 높은 G가 배치된다.

정책팀 (2)	재정팀 (4)	국제팀 (1)
F	C, E	G
유보: A, B, D		

한편, 나머지 A, B, D는 2지망 부서에 배치되어야 하는데 B의 2지망인 재정팀은 현재 자리가 있으므로 B는 재정팀에 배치된다.

정책팀 (2)	재정팀 (4)	국제팀 (1)
F	B, C, E	G
유보: A, D		

A와 D의 2지망이 정책팀이고 2명 중 1명만 정책팀에 배치된다. 배치방식에 따르면 지원자가 많은 경우 성적순으로 배치하므로 90점으로 성적이 높은 A가 정책팀으로, 78점으로 성적이 낮은 D가 재정팀에 배치된다.

정책팀 (2)	재정팀 (4)	국제팀 (1)
A, F	B, C, D, E	G

② A가 95점인 경우에는 국제팀을 1지망으로 한 A, B, D, G 중에 A의 성적이 가장 높으므로 A가 국제팀에 배치된다.

③ A의 성적이 82점 이상이라는 조건만 알고 있는 경우, 앞서 살펴본 1지망 지원자를 다시 보면 다음과 같다.

정책팀 (2)	재정팀 (4)	국제팀 (1)
F	C, E	A, B, D, G

B는 A나 G보다는 성적이 낮은 상황이므로 국제팀에 배치될 수는 없고 정책팀이나 재정팀에 배치되어야 한다. B의 2지망은 재정팀이고, A, D, G 가운데 2지망이 재정팀인 사원은 없으므로 성적을 살펴볼 필요 없이 B는 재정팀에 배치된다.

④ 1지망을 정리한 표에 따라 C는 재정팀에 배치된다.

고득점자의 빠른 문제 풀이 Tip

글에 제시된 조건 중 확정적으로 결과가 결정되는 조건을 먼저 확인합니다. 요구인원과 지원인원이 초과하지 않는 C, E, F를 먼저 확인하고 나머지 조건을 고려하면 문제를 빠르게 풀이할 수 있습니다.

24 논리퍼즐

정답 ⑤

정답 체크 각 곡의 재생 시간을 초로 정리하면 A는 70초, B는 80초, C는 60초, D는 130초이며 각 곡의 첫 30초는 전주라고 했으므로 전주 부분을 분리하여 각 곡을 정리하면 A는 (30+40)초, B는 (30+50)초, C는 (30+30)초, D는 (30+100)초이다.

한편, 문제해결을 위해 필요한 조건을 정리하면 다음과 같다.

- 조건 1: 13시 20분 00초에 곡 시작
- 조건 2: 13시 23분 00초에 C 재생
- 조건 3: A를 듣고 있던 한 시점부터 180초(3분) 후 C 재생
- 조건 4: 13시 45분 00초에 어떤 곡의 전주 재생

각 선택지에 제시된 순서에 시간을 적용해서 정리하면 다음과 같다.

①	A 30+40	B 30+50	C 30+30	D 30+100	A 30+40	B 30+50	…
②	B 30+50	A 30+40	C 30+30	D 30+100	B 30+50	A 30+40	…
③	C 30+30	A 30+40	D 30+100	B 30+50	C 30+30	A 30+40	…
④	D 30+100	C 30+30	A 30+40	B 30+50	D 30+100	C 30+30	…
⑤	D 30+100	C 30+30	B 30+50	A 30+40	D 30+100	C 30+30	…

조건 2에 따르면 C가 곡이 시작된 180초 후에 재생되고 있어야 하는데 ③은 180초에 C가 재생되고 있지 않다.

조건 3에 따르면 A를 듣고 있던 한 시점부터 180초 후에 C가 재생되고 있어야 하는데 ②는 C가 180초가 지나기 전에 재생되고 ④는180초 후에도 C가 재생되고 있지 않다.

조건 4에 따르면 곡이 시작된 후 1,500초(25분) 후에 어떤 곡의 전주 부분이 재생되어야 한다. 이때 네 곡이 전부 재생되는 데에는 340초가 걸리므로 네 곡이 네 번 순환하면 340×4=1,360초가 걸린다. 1,500초 후에 전주 부분이 재생되고 있으려면 전체 곡이 네 번 순환 되고 140초가 지난 후에 어떤 곡의 전주가 재생되고 있어야 하는데 ①은 그 시간에 B의 전주 이후 부분이 재생되고 있다.

따라서 재생된 곡의 순서는 ⑤이다.

고득점자의 빠른 문제 풀이 Tip

선택지가 결과물로 구성되어 있는 경우에는 조건을 정리해서 순서를 찾아내기보다는 각 선택지가 조건에 맞는지 여부를 판단하면서 문제를 해결하는 것이 빠르고 정확합니다. 한편 주어진 시간을 초로 통일하면 문제를 빠르게 해결하는 데 도움이 됩니다.

25 문제해결

정답 ④

정답 체크

문제해결을 위해 필요한 <조건>을 정리하면 다음과 같다.

- <조건> 1: 4개 관광지를 한 번씩 관광
- <조건> 2: 궁궐은 10시와 14시에 시작하는 가이드투어만 가능하며 시작 시각까지 도착해야 함
- <조건> 3: 각 관광지의 관광에 2시간 소요

궁궐의 관광시간에 제약조건이 있으므로 궁궐의 관광시간에 따라 가능한 경우를 살펴보면 다음과 같다.

<경우 1> 10시에 궁궐 가이드투어를 하는 경우

10시에 궁궐 가이드투어를 하면 시간상 궁궐 이전에 관광할 수 있는 곳은 사찰이므로 사찰 관광을 시작한 후 10시에 궁궐 가이드투어를 한다. 궁궐 가이드투어가 끝난 12시 이후에 나머지 2개 관광지를 모두 볼 수 있는 순서 조합 중에 이동시간이 가장 짧은 것은 박물관 23분 → 분수공원 40분이며 이때 걸리는 시간은 관광시간 2×2=4시간, 이동시간 23+40=1시간 3분으로 총 소요시간이 5시간 3분이다. 그러나 마지막 도착지인 분수공원의 운영시간이 17시까지이므로 10시에 궁궐 가이드투어를 하면 다른 세 관광지 중 하나의 관광을 마칠 수 없다. 따라서 궁궐 관광은 14시에 해야 한다.

<경우 2> 14시에 궁궐 가이드투어를 하는 경우

14시에 궁궐 가이드투어를 하면 16시에 궁궐 관광이 끝나므로 관광지의 이동시간과 운영시간을 고려하면 16시 이후에 관광할 수 있는 경우는 없다. 따라서 궁궐 관광이 마지막이 되어야 한다. 이때 박물관이나 분수공원을 먼저 관광하면 박물관, 분수공원, 사찰 세 군데의 관광시간 6시간만 고려하더라도 14시까지 궁궐에 도착할 수 없으므로 사찰부터 관광을 시작해야 한다.

한편 사찰 → 박물관 → 분수공원 → 궁궐의 순서로 관광을 하면 궁궐 전까지 관광시간 2×3=6시간과 이동 시간 45+40+27=1시간 52분으로 총 7시간 52분이 소요되어 14시까지 궁궐에 도착하여 모든 관광지의 관광을 마칠 수 있다. 사찰 → 분수공원 → 박물관 → 궁궐 순서도 역시 궁궐 전까지 관광시간 2×3=6시간과 이동시간 40+40+23=1시간 43분으로 총 7시간 43분이 소요되어 궁궐에 14시까지 도착할 수 있다.

ㄱ. 사찰에서 관광을 시작해야 14시에 시작하는 궁궐을 관광할 수 있어 모든 관광을 마칠 수 있다.

ㄷ. 사찰 → 박물관 → 분수공원 → 궁궐의 조합과 사찰 → 분수공원 → 박물관 → 궁궐의 조합 모두 시간상 궁궐에 14시까지 도착할 수 있으므로 박물관과 분수공원의 관광 순서가 바뀌어도 무방하다.

오답 체크

ㄴ. 마지막 관광을 종료하는 시각은 궁궐 관광이 끝나는 16시이다.

고득점자의 빠른 문제 풀이 Tip

모든 경우의 수를 순서대로 고려하기보다는 제약조건이 많은 것부터 문제해결의 실마리를 찾는 것이 좋습니다. <조건> 2는 경우의 수가 두 가지이므로 먼저 고려하면 문제를 빠르게 풀이할 수 있습니다. 또한 전체적인 소요시간을 계산할 때에는 반드시 순서대로 할 필요는 없고 항목별로 계산해서 나중에 합산하는 것도 방법이 될 수 있습니다.

자료해석

1 자료이해
정답 ③

정답 체크 삶의 만족도가 한국보다 낮은 에스토니아, 포르투갈, 헝가리의 장시간근로자비율의 산술평균은 (3.6+9.3+2.7)/3=5.2%로 이탈리아의 장시간근로자비율인 5.4%보다 낮으므로 옳지 않은 설명이다.

오답 체크
① 삶의 만족도는 덴마크가 7.6점으로 가장 높고, 덴마크의 장시간근로자비율은 2.1%로 가장 낮으므로 옳은 설명이다.
② 한국의 장시간근로자비율 28.1%는 삶의 만족도가 가장 낮은 헝가리의 장시간근로자비율 2.7%의 10배 이상이므로 옳은 설명이다.
④ 여가·개인돌봄시간이 가장 긴 국가는 덴마크이고, 가장 짧은 국가는 멕시코이다. 덴마크와 멕시코의 삶의 만족도 차이는 7.6-7.4=0.2점이므로 옳은 설명이다.
⑤ 미국의 장시간근로자비율 11.4%보다 장시간근로자비율이 낮은 국가는 덴마크, 프랑스, 이탈리아, 에스토니아, 포르투갈, 헝가리이고, 모두 미국의 여가·개인돌봄시간 14.3시간보다 여가·개인돌봄시간이 기므로 옳은 설명이다.

고득점자의 빠른 문제 풀이 Tip

계산이 복잡하지 않고 자료에 빈칸 없이 수치가 모두 제시되어 비교적 쉬운 유형으로 볼 수 있습니다. 따라서 실수가 없도록 주의합니다.
③ 산술평균을 묻는 경우 '가평균'과 '편차' 개념을 활용하여 판단하는 연습을 해두는 것이 좋습니다.

2 자료이해
정답 ③

정답 체크 2010년 A성씨의 동 지역 인구 556명은 2010년 A성씨의 면 지역 인구의 10배인 53×10=530명 이상이므로 옳은 설명이다.

오답 체크
① 2010년 A성씨의 전체 가구 228가구는 1980년 A성씨의 전체 가구 80가구의 3배 미만이므로 옳지 않은 설명이다.
② 2010년 경기의 A성씨 가구는 105-(7+2+6+4+4+6+8+4)=64가구이고, 1980년 경기의 A성씨 가구는 35-(0+0+1+0+0+1+1+1)=31가구로 3배 미만이므로 옳지 않은 설명이다.
④ 1980년 A성씨의 인구가 부산보다 많은 광역자치단체는 서울, 인천, 경기 3곳이므로 옳지 않은 설명이다.
⑤ 1980년 대비 2010년의 A성씨 인구 증가폭은 서울이 183-122=61명, 경기가 216-124=92명으로 경기의 증가폭이 더 크므로 옳지 않은 설명이다.

고득점자의 빠른 문제 풀이 Tip

자료에 '소계'가 제시된 경우, 이를 이용하여 쉽게 채울 수 있는 빈칸은 빠르게 채워둔 뒤 내용을 확인합니다. 상대적으로 조금 더 계산이 필요한 ②, ⑤는 나중에 확인하고, 해결이 쉬운 ①, ③, ④부터 확인하여 시간 관리를 하는 것이 중요합니다.

3 자료변환
정답 ⑤

정답 체크 제시된 <보고서>의 세 번째 단락에서 2016년 A시 생활체육지도자의 자치구별 분포는 알 수 있지만, [2016년 생활체육지도자의 도시별 분포]는 알 수 없으므로 <보고서>의 내용을 작성하는 데 직접적인 근거로 활용되지 않은 자료이다.

오답 체크
① 제시된 <보고서>의 두 번째 단락에서 생활체육에 참여하지 않는 이유에 대해 '시설부족'이라고 응답한 비율이 30.3%라고 했고, [연도별 A시 시민의 생활체육 미참여 이유 조사결과]에서 2016년에 '시설부족'이 30.3%이므로 <보고서>의 내용을 작성하는 데 직접적인 근거로 활용된 자료이다.
② 제시된 <보고서>의 첫 번째 단락에서 생활체육 참여실태 조사 결과 '전혀 하지 않음'이라고 응답한 비율이 51.8%, 주 4회 이상이라고 응답한 비율이 28.6%라고 했고, [2016년 A시 시민의 생활체육 참여 빈도 조사결과]에서 '전혀 하지 않음'이 51.8%, '주 4회 이상'이 18.0+10.6=28.6%이므로 <보고서>의 내용을 작성하는 데 직접적인 근거로 활용된 자료이다.
③ 제시된 <보고서>의 세 번째 단락에서 2016년 북구의 인구가 445,489명, 동구의 인구가 103,016명이라고 했고, [2016년 A시의 자치구·성별 인구]에서 북구 445,489명, 동구 103,016명이므로 <보고서>의 내용을 작성하는 데 직접적인 근거로 활용된 자료이다.
④ 제시된 <보고서>의 두 번째 단락에서 2016년 A시의 공공체육시설은 총 388개소로 B시, C시의 공공체육시설 수의 50%에도 미치지 못하는 수준이라고 했고, [2016년 도시별 공공체육시설 현황]에서 A시 388개소, B시 2,751개소, C시 889개소이므로 <보고서>의 내용을 작성하는 데 직접적인 근거로 활용된 자료이다.

고득점자의 빠른 문제 풀이 Tip

선택지를 먼저 확인하여 비교해야 할 수치가 상대적으로 적은 ②, ⑤를 먼저 확인합니다. 또한 <보고서>를 볼 때는 수치 정보를 위주로 읽어 문제 풀이 시간을 단축합니다.

4 자료이해
정답 ⑤

정답 체크 사망자가 30명 이상인 사고B와 E를 제외하면 화재규모가 큰 사고 F, C, D, A 순으로 복구비용도 크므로 옳은 설명이다.

오답 체크
① 터널길이는 사고A가 가장 길지만, 사망자는 사고E가 가장 많으므로 옳지 않은 설명이다.
② 화재규모는 사고A가 가장 크지만, 복구기간은 사고B가 가장 기므로 옳지 않은 설명이다.
③ 복구기간은 사고F가 사고C보다 길고, 복구비용은 사고C가 사고 F보다 크므로 옳지 않은 설명이다.
④ 사고비용은 사고A가 4,200+(1×5)=4,205억 원으로 가장 크므로 옳지 않은 설명이다.

고득점자의 빠른 문제 풀이 Tip

선택지를 먼저 확인하여 계산을 하지 않아도 되는 것부터 풉니다. ④는 사고비용을 계산해야 하므로 나머지 네 개의 선택지를 먼저 풀이합니다.

5 자료논리

정답 ①

정답 체크

- 2005년 대비 2015년 독신 가구 실질세부담률이 가장 큰 폭으로 증가한 국가는 2005년 대비 증감이 5.26%p인 C이므로 C가 포르투갈임을 알 수 있다.
- 덴마크의 2015년 독신 가구와 다자녀 가구의 실질세부담률 차이 10.4%p보다 큰 A와 D가 각각 캐나다, 벨기에 중 한 국가임을 알 수 있다.
- 2015년 독신 가구 실질세부담률이 전년대비 감소한 A, B, E가 벨기에, 그리스, 스페인 중 한 국가이므로 A가 벨기에임을 알 수 있다.
- 2015년 독신 가구 실질세부담률은 스페인이 그리스보다 높으므로 B가 그리스, E가 스페인임을 알 수 있다.

따라서 A는 벨기에, B는 그리스, C는 포르투갈, D는 캐나다이다.

고득점자의 빠른 문제 풀이 Tip

각 기호에 해당하는 국가를 찾는 문제이므로 오답인 선택지를 소거하며 문제를 풉니다. 네 번째 <조건>에서 C가 포르투갈임을 알 수 있어 ②, ④가 소거되고, 첫 번째와 두 번째 <조건>을 통해 A가 벨기에임을 알 수 있어 ⑤가 소거됩니다. 세 번째 <조건>을 통해 B가 그리스임을 알 수 있으므로 정답은 ①입니다.

6 자료이해

정답 ②

정답 체크

ㄱ. 1451~1500년 홍수재해 발생건수는 총 1+3+4=8건이고, 조선전기 홍수재해 발생건수는 총 27+8+37=72건이다. 분류기간별로는 1501~1550년에 37건으로 가장 많이 발생했으므로 옳은 설명이다.

ㄷ. 2~7월의 가뭄재해 발생건수는 1+1+14+18+20+19=73건으로 전체 가뭄재해 발생건수 37+17+25=79건의 (73/79)×100≒92.4%이므로 옳은 설명이다.

오답 체크

ㄴ. 홍수재해는 1501~1550년 9월에도 1건 발생했으므로 옳지 않은 설명이다.

ㄹ. 1501~1550년에 홍수재해 발생건수는 37건, 가뭄재해 발생건수는 4+7+7+6+1=25건으로 홍수재해 발생건수가 더 많으므로 옳지 않은 설명이다.

고득점자의 빠른 문제 풀이 Tip

ㄷ. '90% 이상'을 확인하는 것보다 여사건이 '10% 이하'인지 확인해보는 것이 더 수월합니다. 2~7월을 제외한 기간에 가뭄재해 발생건수는 총 6건으로 전체 79건의 10% 이하이므로 2~7월의 가뭄재해 발생건수는 전체의 90% 이상임을 알 수 있습니다.

7 자료이해

정답 ④

정답 체크

국세와 지방세 징수액의 차이는 2016년이 216-62=154조 원으로 가장 크고, 국세와 지방세 감면율의 차이는 2013년이 32.7-15.6=17.1%p로 가장 크므로 옳지 않은 설명이다.

오답 체크

① 국세의 감면액이 지방세의 감면액보다 매년 더 많으므로 옳은 설명이다.

② 지방세의 감면율이 국세의 감면율보다 매년 더 높으므로 옳은 설명이다.

③ 2008년 대비 2016년 징수액 증가율은 국세가 {(216-138)/138}×100≒56.5%이고, 지방세가 {(62-41)/41}×100≒51.2%이므로 옳은 설명이다.

⑤ 국세 감면액과 지방세 감면액의 차이는 2014년이 33-15=18조 원, 2015년이 34-14=20조 원, 2016년이 33-11=22조 원으로 매년 증가하므로 옳은 설명이다.

고득점자의 빠른 문제 풀이 Tip

③ 증가율을 비교하는 경우 실제 증가율을 구하는 것보다 분수 형태의 식에서 분수의 크기를 비교하면 답을 빠르게 구할 수 있습니다.

④ 한 문장 안에 확인할 내용이 두 가지 이상인 경우 더 쉬운 부분부터 확인하도록 합니다. 국세 감면율과 지방세 감면율의 차이가 가장 큰 해는 그래프에서 높이 차이가 가장 큰 연도를 확인하면 되므로 더 빠르게 확인할 수 있습니다.

8 자료논리

정답 ③

정답 체크

- 시험점수가 같은 학생은 A, E, F뿐이므로 학생A의 시험점수는 9점임을 알 수 있다.
- 산술평균이 8.5점이므로 시험점수의 총합은 8.5×6=51점이고, 학생B, C, D의 시험점수의 합은 51-(9×3)=24점임을 알 수 있다.
- 최댓값은 10점이므로 학생B, C, D 중 시험점수가 10점인 학생이 있음을 알 수 있다.
- 나머지 <조건>에서 시험점수는 모두 자연수이고, 학생D가 학생C보다 시험점수가 4점이 높으므로 이에 따라 가능한 조합을 예상해본다. 학생C의 시험점수가 6점이면 학생D의 시험점수는 10점이 되고, 학생B, C, D의 시험점수의 합은 24점이 되어야 하므로 학생B의 시험점수는 24-6-10=8점이 된다.

따라서 학생A의 시험점수는 9점, 학생B의 시험점수는 8점, 학생C의 시험점수는 6점이다.

고득점자의 빠른 문제 풀이 Tip

두 번째 <조건>에서 학생A의 시험점수가 9점임을 알 수 있으므로 ①, ②가 소거됩니다. 다섯 번째 <조건>에서 학생C와 학생D의 시험점수 차이가 4점이므로 가능한 조합을 예상해볼 때, ③, ④, ⑤ 중 C가 6점이라고 한 선택지가 두 개이므로 6점을 먼저 대입하여 풀이 시간을 단축합니다.

9 자료이해

정답 ⑤

정답 체크

기준년도인 2002년 가격지수 100 대비 2015년 3월 가격지수의 상승률이 가장 낮은 품목은 가격지수가 151.7인 유지류이므로 옳지 않은 설명이다.

오답 체크

① 2015년 3월의 식량 가격지수는 2014년 3월에 비해 {(213.8-173.8)/213.8}×100≒18.7% 하락했으므로 옳은 설명이다.

② 식량 가격지수는 2014년 4월 211.5에서 2014년 9월 192.7까지 매월 하락했으므로 옳은 설명이다.

③ 2014년 3월 대비 2015년 3월 가격지수 하락 폭은 육류가 185.5-177.0=8.5, 낙농품이 268.5-184.9=83.6, 곡물이 208.9-169.8=39.1, 유지류가 204.8-151.7=53.1, 설탕이 254.0-187.9=66.1로 낙농품이 가장 큰 폭으로 하락했으므로 옳은 설명이다.

④ 육류의 가격지수는 2014년 3월 185.5에서 2014년 8월 212.0까지 매월 상승하다가 그 이후에는 매월 하락하고 있으므로 옳은 설명이다.

10 자료이해

정답 ⑤

정답 체크 창업교육을 미이수한 폐업 자영업자 중 생존기간이 10개월 이상인 폐업 자영업자의 생존비율은 약 68%이고, 생존기간이 10개월 미만인 자영업자의 비율은 약 100-68=32%이므로 옳은 설명이다.

오답 체크 ① 제시된 자료는 생존비율의 상대적 수치만을 나타낸 자료이다. 따라서 폐업 자영업자 수는 알 수 없다.

② 기간이 5개월 이상 48개월 이하인 구간에서 창업교육을 이수한 폐업 자영업자의 생존기간이 창업교육을 미이수한 폐업 자영업자의 생존기간보다 기므로 옳지 않은 설명이다.

③ 창업교육을 이수한 폐업 자영업자와 창업교육을 미이수한 폐업 자영업자의 생존비율 차이가 가장 큰 기간은 45개월 이상 48개월 이하인 구간이므로 옳지 않은 설명이다.

④ 창업교육을 이수한 폐업 자영업자 중 생존기간이 32개월 이상인 자영업자의 비율은 50% 미만이므로 옳지 않은 설명이다.

고득점자의 빠른 문제 풀이 Tip

⑤ <그림>은 생존기간이 해당 기간 '이상'인 자영업자의 비율임을 유의합니다.

11 자료이해

정답 ④

정답 체크 ㄱ. 지분율 상위 4개 회원국은 중국, 인도, 러시아, 독일이고, 이들의 투표권 비율을 합하면 26.06+7.51+5.93+4.15=43.65%이므로 옳은 설명이다.

ㄴ. 중국을 제외한 지분율 상위 9개 회원국 중 지분율과 투표권 비율의 차이는 인도가 8.52-7.51=1.01%p로 가장 크므로 옳은 설명이다.

ㄹ. 회원국의 지분율(%) = $\frac{\text{해당 회원국이 AIIB에 출자한 자본금}}{\text{AIIB의 자본금 총액}} \times 100$임을 적용하여 구한다. 독일과 프랑스의 지분율 합은 4.57+3.44=8.01%이고, AIIB의 자본금 총액이 2,000억 달러일 때 독일과 프랑스가 AIIB에 출자한 자본금의 합은 (8.01×2,000)/100=160.2억 달러이므로 옳은 설명이다.

오답 체크 ㄷ. A지역 회원국의 지분율 합은 30.34+8.52+3.81+3.76+3.42=49.85%로 B지역 회원국의 지분율 합의 3배인 (6.66+4.57+3.44+3.24+3.11)×3=63.06% 미만이므로 옳지 않은 설명이다.

고득점자의 빠른 문제 풀이 Tip

ㄹ. 2,000억 달러의 8%는 160억 달러이므로 8.01%는 계산하지 않아도 160억 달러 이상입니다.

12 자료논리

정답 ④

정답 체크 A, B, E구의 평균(1인당 소비량)을 각각 A, B, E라고 하면

- A+B=30.0 … ⓐ
- A+12.0=2E … ⓑ
- E=B+6.0 … ⓒ

ⓑ를 ⓐ에 대입하여 풀면 B-12.0=30.0-2E … ⓓ

ⓓ를 ⓒ에 대입하여 풀면 E는 16.0kg, A는 20.0kg, B는 10.0kg이다.

이때 A~E구의 변동계수는

- A: (5.0/20.0)×100=25%
- B: (4.0/10.0)×100=40%
- C: (6.0/30.0)×100=20%
- D: (4.0/12.0)×100≒33.3%
- E: (8.0/16.0)×100=50%

따라서 변동계수가 3번째로 큰 구는 D이고, 4번째로 큰 구는 A이다.

고득점자의 빠른 문제 풀이 Tip

제시된 <조건>과 각주의 공식, 자료의 수치를 이용하여 계산값을 구하고 순서를 비교하는 문제입니다. 계산에 오랜 시간이 소요될 수 있으므로 시간 조절을 위해 다른 문제를 먼저 풀고 나중에 푸는 방법도 있습니다.

13 자료이해

정답 ②

정답 체크 수도권의 마약류 단속 건수 비중은 22.1+35.8=57.9%로 마약류 단속 전체 건수의 50% 이상이므로 옳은 설명이다.

오답 체크 ① 대마 단속 전체 건수는 167건으로 마약 단속 전체 건수의 3배인 65×3=195건 미만이므로 옳지 않은 설명이다.

③ 마약 단속 건수가 없는 지역은 강원, 충북, 제주 3곳이므로 옳지 않은 설명이다.

④ 향정신성의약품 단속 건수는 대구·경북 지역이 138건으로 광주·전남 지역의 4배인 38×4=152건 미만이므로 옳지 않은 설명이다.

⑤ 강원 지역의 향정신성의약품 단속 건수는 35건으로 대마 단속 건수의 3배인 13×3=39건 미만이므로 옳지 않은 설명이다.

고득점자의 빠른 문제 풀이 Tip

자료에 제시된 정보를 꼼꼼히 볼 수 있도록 합니다. 각주에 제시된 '마약류'에 대한 설명과 <표>에 제시된 '마약'이 의미하는 범위가 다르다는 것을 유의하여 문제를 풀이합니다.

14 자료논리

정답 ④

정답 체크 심사위원 A~D의 점수를 합산하여 총점을 나타내면 다음과 같다.

정책 \ 심사위원	A	B	C	D	총점
가	1.0	1.0	0.5	0	2.5
나	1.0	1.0	0.5	1.0	3.5
다	0.5	0	1.0	0.5	2.0
라	(0)	1.0	0.5	(0)	1.5
마	1.0	(1.0)	1.0	0.5	3.5
바	0.5	0.5	0.5	1.0	2.5
사	0.5	0.5	0.5	1.0	2.5
아	0.5	0.5	1.0	(0)	2.0
자	0.5	0.5	(1.0)	1.0	3.0
차	(0)	1.0	0.5	0	1.5
평균(점)	0.55	0.70	0.70	0.50	-

따라서 폐기할 정책은 다, 라, 아, 차이다.

15 자료변환

정답 ⑤

정답 체크 제시된 <표>는 2013~2016년 기업과 정부의 R&D 과제 건수와 비율을 나타내고 있지만, [연도별 기업 및 정부 R&D 과제 건수의 전년대비 증가율(2014~2016년)]에서는 증가율이 아닌 <표>의 비율 수치를 그대로 나타내고 있으므로 <표>를 이용하여 작성한 그래프로 옳지 않다.

고득점자의 빠른 문제 풀이 Tip

자료변환 유형에서 표에 제시된 값을 이용하여 증감률이나 비중 등 새로운 값을 구해야 하는 선택지가 제시되기도 합니다. 그러나 이때 계산을 먼저 하기보다는 대략적인 추이와 순위 등을 파악할 수 있는 선택지를 먼저 확인합니다.

16 자료이해

정답 ③

정답 체크 제시된 <표>는 팀별 상대전적을 나타낸 것으로 하이픈(-)으로 채워진 대각선 칸을 중심으로 대칭을 이루므로 이를 적용하여 자료의 빈칸을 채우면 다음과 같다.

팀 \ 상대팀	A	B	C	D	E
A	-	(가)	(9-7-0)	(9-6-1)	(12-4-0)
B	6-10-0	-	(8-8-0)	(8-8-0)	(8-8-0)
C	7-9-0	8-8-0	-	8-8-0	(10-6-0)
D	6-9-1	8-8-0	8-8-0	-	(6-10-0)
E	4-12-0	8-8-0	6-10-0	10-6-0	-

팀의 시즌 승률(%)=$\frac{\text{해당 팀의 시즌 승리 경기수}}{\text{해당 팀의 시즌 경기수}}$×100임을 적용하여 구한다. A팀은 B~E팀과의 경기에서 패배한 경기수보다 승리한 경기수가 더 많으므로 모든 팀과의 승률이 50%가 넘는다. C팀의 시즌 경기수는 64경기이고, C팀이 승리한 경기수는 7+8+8+10=33경기이므로 팀의 시즌 승률은 (33/64)×100≒51.6%이다. 따라서 시즌 승률이 50% 이상인 팀은 A팀과 C팀으로 2팀이므로 옳지 않은 설명이다.

오답 체크
① (가)에 들어갈 내용은 A팀의 B팀에 대한 전적을 나타내므로 B팀이 A팀을 상대로 패배-승리-무승부의 순으로 표시되어야 한다. 따라서 (가)는 10승 6패 0무이므로 옳은 설명이다.
② B팀의 시즌 승률은 C, D, E팀에 대해서는 50%이지만, A팀에 대해서는 50% 이하이다. 따라서 전체 승률은 50% 이하이므로 옳은 설명이다.
④ C팀은 E팀을 상대로 10승 6패 0무를 기록하였으므로 옳은 설명이다.
⑤ 시즌 전체 경기 결과 중 무승부는 A팀과 D팀 간의 1경기이므로 옳은 설명이다.

고득점자의 빠른 문제 풀이 Tip

③ 해당 팀이 승리한 경기수가 시즌 경기수의 절반인 32 이상이면 계산하지 않아도 팀의 시즌 승률은 50% 이상입니다.

17 자료이해

정답 ④

정답 체크
ㄱ. 백화점과 TV홈쇼핑 모두 셔츠 상품군의 판매수수료율이 1위이므로 옳은 설명이다.
ㄷ. 디지털기기 상품군의 판매수수료율은 백화점이 11.0%이고, TV홈쇼핑이 21.9%이므로 옳은 설명이다.
ㄹ. 여행패키지 상품군의 판매수수료율은 TV홈쇼핑이 8.4%이고, 백화점은 순위권 내에 들지 못해 20.8% 초과 31.1% 미만이므로 옳은 설명이다.

오답 체크
ㄴ. 여성정장 상품군과 모피 상품군의 판매수수료율은 백화점이 각각 31.7%, 31.1%이나, TV홈쇼핑은 순위권 내에 들지 못해 28.7% 초과 36.8% 미만인 것만 알 수 있을 뿐이므로 백화점보다 낮은지는 알 수 없다.

고득점자의 빠른 문제 풀이 Tip

ㄴ, ㄹ. 판매수수료율 상위 5개, 하위 5개의 순위가 제시되어 있으므로 언급되지 않은 항목은 그 사이 순위입니다.

18 자료이해

정답 ④

정답 체크
ㄱ. 2016년에 공개경쟁채용을 통해 채용이 이루어진 공무원구분은 5급, 7급, 9급, 연구직으로 총 4개이므로 옳은 설명이다.
ㄴ. 2016년 우정직 채용 인원은 599명이고, 7급 채용 인원의 절반인 1,148/2=574명보다 많으므로 옳은 설명이다.
ㄹ. 2017년부터 9급 공개경쟁채용 인원을 전년대비 10%씩 늘리면 2016년에 3,000명, 2017년에 3,000×(1+0.1)=3,300명, 2018년에 3,300×(1+0.1)=3,630명이 된다. 나머지 채용 인원은 2016년과 동일하게 유지하여 채용하면 2018년의 전체 공무원 채용 인원은 2016년 총 인원에서 630명 증가하여 9,042+630=9,672명이다. 따라서 2018년 전체 공무원 채용 인원 중 9급 공개경쟁채용 인원의 비중은 (3,630/9,672)×100≒37.5%이므로 옳은 설명이다.

오답 체크
ㄷ. 연구직의 경력경쟁채용 인원은 357명으로 공개경쟁채용 인원인 17명보다 많으므로 옳지 않은 설명이다.

19 자료논리

정답 ①

정답 체크
· E는 인장강도와 압축강도 차이가 59-51=8N/mm^{2}로 두 번째로 크므로 E가 전나무임을 알 수 있다.
· 전단강도 대비 압축강도 비는 E가 51/7≒7.3N/mm^{2}로 가장 크고, C가 63/9=7N/mm^{2}로 두 번째로 크므로 C가 낙엽송임을 알 수 있다.
· 참나무의 기건비중은 오동나무 기건비중의 2.5배 이상이므로 B가 참나무, D가 오동나무임을 알 수 있고, 나머지 A가 소나무임을 알 수 있다.

따라서 A는 소나무, C는 낙엽송이다.

고득점자의 빠른 문제 풀이 Tip

두 가지 이상의 항목을 언급하는 <조건>보다 한 가지 항목에 대한 정보를 주는 <조건>을 먼저 확인합니다. 네 번째 <조건>이 '전나무'만 언급하고 있으므로 이를 먼저 확인하고, 나머지 <조건>을 연결하면 문제를 빠르게 풀 수 있습니다.

20 자료이해

정답 ①

정답 체크

ㄱ. $\text{도시폐기물량지수} = \frac{\text{해당년도 해당 국가의 도시폐기물량}}{\text{해당년도 한국의 도시폐기물량}}$임을 적용하여 구한다. 분모에 해당하는 2012년 한국의 도시폐기물량은 1,788만 톤으로 동일하므로 해당 국가의 도시폐기물량지수만 비교하면 된다. 2012년 도시폐기물량지수는 미국이 12.73으로 일본의 4배인 2.53×4=10.12보다 많으므로 옳은 설명이다.

ㄷ. 2012년에 스페인은 도시폐기물량 상위 10개국에 포함되지 않으므로 이탈리아의 도시폐기물량지수인 1.40 미만이고, 도시폐기물량은 1,788×1.40=2,503.2만 톤보다 적다. 2009년 스페인의 도시폐기물량은 1,901×1.33=2,528.33만 톤으로 2009년에 비해 2012년 스페인의 도시폐기물량은 감소하였으므로 옳은 설명이다.

오답 체크

ㄴ. 2011년 러시아의 도시폐기물량은 1,786×3.87=6,911.82만 톤으로 8,000만 톤 미만이므로 옳지 않은 설명이다.

ㄹ. 2012년에 터키가 8위, 영국이 9위로 터키가 영국보다 도시폐기물량이 더 많으므로 옳지 않은 설명이다.

고득점자의 빠른 문제 풀이 Tip

ㄱ, ㄹ. 같은 해의 도시폐기물량을 비교하는 경우, 국가별 도시폐기물량은 도시폐기물량지수와 비례함을 알 수 있습니다.

ㄴ, ㄷ. '~이상이다', '~에 비해 감소하였다'라고 제시되어 있을 경우, 값을 정확히 계산하는 것보다 근사값으로 계산하면 문제를 빠르게 풀 수 있습니다.

21 자료이해

정답 ②

정답 체크

ㄱ. 제시된 <표>는 대한민국 정부 부처 전체 및 주요 부처별 환경 R&D 예산 현황만 나타낼 뿐 미국에 대한 정보는 없으므로 제시된 <보고서>의 첫 번째와 세 번째 내용 작성을 위하여 2002년부터 2011년까지 미국의 전체 예산 및 환경 R&D 예산 자료가 추가로 필요함을 알 수 있다.

ㄷ. 제시된 <표>는 2011년 A, B, C, D, E부처의 환경 R&D 예산 현황만 나타낼 뿐 대한민국 정부 부처 전체 환경 R&D 예산 정보는 없으므로 제시된 <보고서>의 다섯 번째 내용 작성을 위해 2011년 대한민국 모든 정부 부처별 환경 R&D 예산 자료가 추가로 필요함을 알 수 있다.

오답 체크

ㄴ, ㄹ. 제시된 <보고서>에서 언급되지 않은 내용이므로 추가로 필요한 자료가 아님을 알 수 있다.

고득점자의 빠른 문제 풀이 Tip

<표>와 <그림>을 먼저 확인하지 않고, <보고서>의 내용을 먼저 보면서 해당 내용이 <표>와 <그림>에 제시되었는지 역으로 확인합니다.

22 자료이해

정답 ②

정답 체크

ㄱ. 당해 연도 전년이월 건수=전년도 처리대상 건수-전년도 처리건수와 $\text{처리율(\%)} = \frac{\text{처리 건수}}{\text{처리대상 건수}} \times 100$임을 적용하여 구한다. 2013년의 전년이월 건수는 8,278-6,444=1,834건이고, 2013년 처리대상 건수는 1,834+7,883=9,717건이다. 따라서 처리대상 건수가 8,226건으로 가장 적은 2016년의 처리율은 (6,628/8,226)×100≒80.6%이므로 옳은 설명이다.

ㄹ. $\text{인용률(\%)} = \frac{\text{인용 건수}}{\text{각하 건수+기각 건수+인용 건수}} \times 100$임을 적용하여 구한다. 인용률은 2012년이 {1,767/(346+4,214+1,767)}×100≒27.9%, 2014년이 {1,440/(482+6,200+1,440)}×100≒17.7%로 2012년이 2014년보다 높으므로 옳은 설명이다.

오답 체크

ㄴ. 2015년에 취하 건수는 163건에서 222건으로 전년대비 증가하였고, 기각 건수는 6,200건에서 5,579건으로 전년대비 감소하여 증감방향이 동일하지 않으므로 옳지 않은 설명이다.

ㄷ. 2013년 처리율은 (7,314/9,717)×100≒75.3%로 80% 미만이므로 옳지 않은 설명이다.

고득점자의 빠른 문제 풀이 Tip

ㄱ, ㄷ. '~이상이다'라고 제시되어 있을 경우, 값을 정확히 계산하지 말고 근사값으로 확인합니다. 또한 75%는 3/4, 80%는 4/5로 변환하여 크기를 비교할 수 있습니다.

23 자료이해

정답 ②

정답 체크

ㄱ. $\text{정당별 지방의회 의석점유율(\%)} = \frac{\text{정당별 지방의회 의석수}}{\text{지방의회 의석수}} \times 100$임을 적용하여 구한다. 정당D의 전국 지방의회 의석점유율은 2010년이 (39/616)×100≒6.3%, 2014년이 (61/669)×100≒9.1%로 2014년이 2010년보다 높으므로 옳은 설명이다.

ㄹ. 2010년 수도권 지방의회 의석수는 37+159+11+2=209석이고, 2014년 수도권 지방의회 의석수는 63+166+4+5=238석이다. 따라서 정당B의 수도권 지방의회 의석점유율은 2010년이 (159/209)×100≒76.1%, 2014년이 (166/238)×100≒69.7%로 2014년이 2010년보다 낮으므로 옳은 설명이다.

오답 체크

ㄴ. 정당C의 전국 지방의회 의석수는 2010년 82석에서 2014년 38석으로 감소하였으므로 옳지 않은 설명이다.

ㄷ. 2014년 정당B의 비수도권 지방의회 의석수는 318-166=152석이고, 정당A의 비수도권 지방의회 의석수는 252-63=189석이므로 옳지 않은 설명이다.

고득점자의 빠른 문제 풀이 Tip

ㄱ, ㄹ. 정확한 값을 도출하는 것이 아니라 점유율의 크기가 어느 쪽이 높은지, 낮은지 판단하는 것이므로 분수 형태의 식에서 크기를 비교하여 판단할 수 있습니다.

24 자료이해

정답 ①

정답 체크

ㄱ. 지연율(%)=$\frac{\text{총 지연 대수}}{\text{총 운항 대수}}$×100임을 적용하여 구한다. BK항공의 지연율은 (110/2,818)×100≒3.9%로 가장 낮고, 나머지 항공사의 지연율은 모두 10% 이상이므로 옳은 설명이다.

ㄴ. 항공사별 총 지연 대수 중 항공기 정비, 기상 악화, 기타로 인한 지연 대수의 합이 차지하는 비중이 가장 높은 항공사는 연결편 접속이 차지하는 비중이 가장 낮은 항공사이다. ZH항공은 총 지연 대수 417대 중 연결편 접속으로 인한 지연 대수가 135대로 (135/417)×100≒32.4%의 비중을 차지하고, 나머지 항공사는 모두 50% 이상의 비중을 차지하므로 옳은 설명이다.

오답 체크

ㄷ. 기상 악화로 인한 전체 지연 대수는 605대이고, 이 중 EK항공과 JL항공이 214+147=361대로 (361/605)×100≒59.7%의 비중을 차지하므로 옳지 않은 설명이다.

ㄹ. 항공기 정비로 인한 지연 대수 대비 기상 악화로 인한 지연 대수 비율은 8L항공이 36/4=9배로 가장 높으므로 옳지 않은 설명이다.

고득점자의 빠른 문제 풀이 Tip

ㄱ. 정확한 값을 도출하지 않고 10%, 5% 등의 값을 기준으로 비교하여 크기를 비교할 수 있습니다.

ㄴ, ㄷ. 50%를 기준으로 판단하면 보다 수월하게 해결할 수 있습니다.

25 자료이해

정답 ③

정답 체크

2016년 수강생 만족도에 따라 강사 A, B, D의 시급은 전년대비 5% 인상, C는 전년대비 10% 인상되었고, E는 동결되었으므로 2017년 강사 A~E의 시급은 다음과 같다.

A	B	C	D	E
55,000×(1+0.05)=57,750원	45,000×(1+0.05)=47,250원	54,600×(1+0.10)=60,060원	59,400×(1+0.05)=62,370원	48,000원

강사 C의 시급은 2016년에 54,600원이고, 2017년에 10%가 인상되어 60,060원이 되어야 하지만, 강사가 받을 수 있는 시급은 최대 60,000원이다. 따라서 강사 C의 2016년과 2017년 시급 차이는 60,000-54,600=5,400원으로 가장 크므로 옳은 설명이다.

오답 체크

① 강사 E는 2015년 수강생 만족도가 3.2점으로 시급이 동결되어 2016년 시급도 48,000원이므로 옳지 않은 설명이다.

② 2017년 시급은 강사 C가 10% 인상되어 60,060원이고, 강사 D가 5% 인상되어 62,370원이 되어야 하지만, 강사가 받을 수 있는 시급은 최대 60,000원이다. 따라서 2017년 시급은 강사 C와 D 모두 60,000원으로 동일하므로 옳지 않은 설명이다.

④ 강사 C는 2015년에 시급 52,000원에서 2016년에 시급 54,600원으로 {(54,600-52,000)/52,000}×100=5% 인상되어 2015년 수강생 만족도는 4.0점 이상 4.5점 미만이므로 옳지 않은 설명이다.

⑤ 2017년 강사 A의 시급은 57,750원이고, 강사 B의 시급은 47,250원으로 시급 차이는 57,750-47,250=10,500원이므로 옳지 않은 설명이다.

2016년 기출문제 취약 유형 분석표 & 정답·해설

바로 채점 및
성적 분석 서비스

PSAT 전문가의 총평

2016년 민간경력자 PSAT의 경우 언어논리와 자료해석 영역의 난도가 높았고, 상황판단 영역의 난도는 낮았다.

1. 언어논리 영역: 비판·논리적 사고가 요구되는 진술추론 유형의 출제 비중이 높고, 파악해야 할 내용이 많은 철학, 과학 소재의 글이 다수 출제되어 난도가 높았다.
2. 상황판단 영역: 제시된 글의 소재가 어렵지 않아 내용을 파악하기 용이했고 문제해결 및 논리퍼즐 유형에서 조건을 이해하고 경우의 수를 찾는 데 어려움이 없어 난도가 낮았다.
3. 자료해석 영역: 제시된 자료에 대한 높은 이해력이 요구되는 문항의 출제 비중이 늘었고, 상대적으로 낮은 난도에 해당하는 자료변환 유형이 출제되지 않아 난도가 높았다.

정답

언어논리

p.139

1	④	세부 내용 파악	**6**	④	논증의 타당성	**11**	⑤	중심 내용 파악	**16**	④	논증의 타당성	**21**	②	진술추론
2	④	세부 내용 파악	**7**	④	세부 내용 파악	**12**	③	세부 내용 파악	**17**	②	빈칸삽입	**22**	③	논증의 타당성
3	③	세부 내용 파악	**8**	②	진술추론	**13**	②	세부 내용 파악	**18**	④	세부 내용 파악	**23**	④	논리추론
4	⑤	빈칸삽입	**9**	①	진술추론	**14**	②	빈칸삽입	**19**	⑤	진술추론	**24**	⑤	진술추론
5	①	세부 내용 파악	**10**	④	논증의 타당성	**15**	①	사례 유추	**20**	③	진술추론	**25**	②	빈칸삽입

상황판단

p.153

1	④	세부 내용 파악	**6**	③	법·규정의 적용	**11**	①	세부 내용 파악	**16**	⑤	법·규정의 적용	**21**	⑤	논리퍼즐
2	②	세부 내용 파악	**7**	②	법·규정의 적용	**12**	④	세부 내용 파악	**17**	⑤	문제해결	**22**	③	문제해결
3	⑤	세부 내용 파악	**8**	①	논리퍼즐	**13**	④	세부 내용 파악	**18**	②	문제해결	**23**	②	문제해결
4	③	법·규정의 적용	**9**	③	문제해결	**14**	③	세부 내용 파악	**19**	①	문제해결	**24**	⑤	논리퍼즐
5	④	법·규정의 적용	**10**	④	논리퍼즐	**15**	①	법·규정의 적용	**20**	①	문제해결	**25**	④	문제해결

자료해석

p.167

1	①	자료이해	**6**	④	자료이해	**11**	⑤	자료이해	**16**	③	자료이해	**21**	③	자료이해
2	②	자료논리	**7**	⑤	자료이해	**12**	③	자료이해	**17**	③	자료논리	**22**	②	자료이해
3	①	자료이해	**8**	③	자료이해	**13**	⑤	자료논리	**18**	②	자료이해	**23**	⑤	자료이해
4	⑤	자료이해	**9**	④	자료논리	**14**	②	자료논리	**19**	①	자료이해	**24**	①	자료이해
5	④	자료이해	**10**	②	자료이해	**15**	②	자료이해	**20**	④	자료이해	**25**	①	자료이해

취약 유형 분석표

유형별로 맞힌 개수, 틀린 문제 번호와 풀지 못한 문제 번호를 적고 나서 취약한 유형이 무엇인지 파악해 보세요.
취약한 유형은 '민간경력자 PSAT 기출유형공략'으로 복습하고, 해커스잡 사이트(ejob.Hackers.com)에서 제공하는 <PSAT 영역별 핵심 이론 노트>로 관련 이론을 확인한 후 틀린 문제와 풀지 못한 문제를 다시 풀어보세요.

언어논리

유형	맞힌 개수	틀린 문제 번호	풀지 못한 문제 번호
세부 내용 파악	/8		
중심 내용 파악	/1		
빈칸삽입	/4		
문단배열	/0		
사례 유추	/1		
진술추론	/6		
논증의 타당성	/4		
논리추론	/1		
TOTAL	/25		

상황판단

유형	맞힌 개수	틀린 문제 번호	풀지 못한 문제 번호
세부 내용 파악	/7		
법·규정의 적용	/6		
문제해결	/8		
논리퍼즐	/4		
TOTAL	/25		

자료해석

유형	맞힌 개수	틀린 문제 번호	풀지 못한 문제 번호
자료이해	/20		
자료논리	/5		
자료변환	/0		
TOTAL	/25		

언어논리

1 세부 내용 파악
정답 ④

정답 체크 3문단에서 정약용은 '목민관이 청렴할 경우 백성을 비롯한 공동체 구성원에게 좋은 혜택이 돌아갈 것이다. 둘째, 청렴한 행위를 하는 것은 목민관 자신에게도 좋은 결과를 가져다준다.'고 했으므로 청렴이 백성에게 이로움을 줄 뿐 아니라 목민관 자신에게도 이로운 행위라고 보았음을 알 수 있다.

오답 체크
① 2문단에서 정약용은 청렴을 당위의 차원에서 주장하는 기존의 학자들과 달리 행위자 자신에게 실질적 이익이 된다는 점을 들어 설득한다고 했으므로 정약용이 청렴을 당위론 차원에서 정당화한 것이 아님을 알 수 있다.
② 2문단에서 정약용은 '지자는 인을 이롭게 여긴다.'는 공자의 말을 빌려 지혜로운 자는 청렴함을 이롭게 여긴다는 주관적 견해를 드러내고 있으므로 청렴을 택하는 것이 이롭다는 것은 공자의 뜻을 계승한 것이 아니라 정약용의 견해임을 알 수 있다.
③ 2문단에서 정약용은 지혜롭고 욕심이 큰 사람은 청렴을 택하지만 지혜가 짧고 욕심이 작은 사람은 탐욕을 택한다고 설명했으므로 정약용은 청렴한 사람이 욕심이 작다고 본 것이 아님을 알 수 있다.
⑤ 1문단에서 이황과 이이는 청렴을 사회 규율이자 개인 처세의 지침으로 강조하였다고 했으므로 이황과 이이는 청렴을 개인 처세의 지침뿐 아니라 사회 규율로도 보았음을 알 수 있다.

2 세부 내용 파악
정답 ④

정답 체크 4문단에서 금속 주화와는 달리 내재적 가치가 없는 지폐가 화폐로 받아들여지고 사용되기 위해서는 신뢰가 필수적이며 중국은 강력한 왕권이 이 신뢰를 담보할 수 있었다고 했으므로 중국에서 지폐 거래의 신뢰를 확보할 수 있었던 것은 강력한 국가 권력이 있었기 때문임을 알 수 있다.

오답 체크
① 2문단에서 유럽에서는 금화가 비교적 자유롭게 사용되었음을 알 수 있으나 지폐가 널리 통용되었는지는 알 수 없다. 오히려 4문단에서 17~18세기에 지폐의 법정화와 중앙은행의 설립 이후 금 태환을 보장하는 증서를 화폐로 사용하기 시작했고 그것이 오늘날의 지폐로 이어졌다고 했으므로 금화가 확산될 당시 유럽은 지폐가 널리 통용되지 않았음을 알 수 있다.
② 4문단에서 유럽에서는 중국과 달리 민간에서 발행한 지폐의 신뢰 확보가 쉽지 않아 정부가 나서기까지 오랜 시간이 걸렸다고 했으므로 지폐가 중국보다 늦게 통용되었음을 알 수 있다.
③ 1문단에서 중국에서는 기원전 8~7세기 이후 주나라에서부터 청동전이 유통되었고 이후 진시황이 중국을 통일하면서 가운데 네모난 구멍이 뚫린 원형 청동 엽전이 등장했다고 했으므로 청동 엽전이 중국에서 청동으로 만든 최초의 화폐는 아님을 알 수 있다.
⑤ 2문단에서 아시아의 통치자들이 금의 아름다움과 금이 상징하는 권력을 즐겼다는 점에서는 서구인들과 같았지만, 비천한 사람들이 화폐로 사용하기에는 금이 너무 소중하다고 여겼고, 유럽에서는 금화가 비교적 자유롭게 사용되어 대중들 사이에서 널리 유통되었음을 알 수 있다.

3 세부 내용 파악
정답 ③

정답 체크 2문단에서 '르네상스 이후 광장은 유럽의 여러 제후들이 도시를 조성할 때 일차적으로 고려하는 사항이 된다. 광장은 제후들이 권력 의지를 실현하는 데 중요한 역할을 할 수 있었기 때문이다.'라고 했으나 유럽의 여러 제후들이 거주민의 의견을 반영하기 위해 광장을 중요시했는지는 알 수 없다.

오답 체크
① 4문단에서 광장은 더 많은 자유를 향한 열정이 집결하는 곳이고, 특히 근대 이후 광장을 이러한 용도로 사용하는 것이 시민의 정당한 권리가 되었음을 알 수 있다.
② 1문단에서 광장을 의미하는 '아고라'는 물리적 장소만이 아니라 사람들이 모여서 하는 각종 활동과 모임도 의미함을 알 수 있다.
④ 3문단에서 프랑스 혁명 이후 광장은 저항하는 대중의 연대와 소통의 장이라는 의미도 갖게 되었음을 알 수 있다.
⑤ 3문단에서 우리나라의 역사적 경험에서도 광장은 유럽과 동일하게 권력과 그 의지를 실현하는 장이자 저항하는 대중의 연대와 소통의 장이었음을 알 수 있다.

4 빈칸삽입
정답 ⑤

정답 체크 3문단에서 조수 현상의 원인들에 대해 우리는 이런 설명들을 견주어 어떤 것이 다른 것보다 낫다는 것을 언제든 주장할 수 있으며, 나은 순으로 줄을 세워 가장 좋은 설명을 찾을 수 있다고 했고, 그 결과 조수 현상의 원인이 지구의 물과 달 사이에 작용하는 인력이라고 결론 내릴 수 있다고 했으므로 결론으로 내려진 설명은 나은 순으로 줄 세운 다른 설명들 중 가장 나은 것임을 알 수 있다. 따라서 빈칸에는 지구와 달 사이의 물질이 지구를 누르기 때문에 조수가 생긴다는 설명보다 지구의 물과 달 사이에 인력 때문에 조수가 생긴다는 설명이 더 낫다는 내용이 적절하다.

5 세부 내용 파악
정답 ①

정답 체크
ㄱ. 2문단에서 '허용형' 어머니는 오로지 아이의 욕망에만 관심을 지닌다고 했고, 3문단에서 '방임형' 어머니는 아이의 욕망에 무관심하다고 했으므로 허용형 어머니는 방임형 어머니에 비해 아이의 욕망에 높은 관심을 가짐을 알 수 있다.

오답 체크
ㄴ. 2문단에서 '허용형' 어머니의 아이는 충동적이고 즉흥적인 성향이 강하며 도덕적 책임 의식이 결여된 경우가 많음을 알 수 있으나 독재형 어머니의 아이의 도덕적 의식 수준은 알 수 없다.
ㄷ. 3문단에서 '방임형' 어머니의 경우 아이와 정서적으로 차단되어 있기 때문에 아이의 욕망에 무관심할 뿐만 아니라, 아이 입장에서도 어머니의 욕망을 전혀 파악할 수 없음을 알 수 있으나 독재형 어머니의 아이가 어머니의 욕망을 파악할 수 있는지는 알 수 없다.

6 논증의 타당성

정답 ④

정답 체크 회의를 개최하는 요일에 대한 정보를 기호화하면 다음과 같다.

- 월X
- (화O and 목O) or 월O
- 금X → 화X and 수X

첫 번째 명제에 따르면 월요일에는 회의를 개최하지 않으므로 두 번째 명제에 따라 화요일과 목요일에는 회의를 반드시 개최해야 한다.

월	화	수	목	금	토	일
X	O		O			

또한 세 번째 명제의 '대우'는 화O or 수O → 금O이고, 화요일에는 회의를 개최하므로 금요일도 회의를 반드시 개최해야 함을 알 수 있다.

월	화	수	목	금	토	일
X	O		O	O		

수요일, 토요일, 일요일에 대한 회의 개최 여부는 알 수 없으므로 회의를 반드시 개최해야 하는 날의 수는 3일이다.

고득점자의 빠른 문제 풀이 Tip

명제를 기호화한 후 '대우' 등을 이용해서 주어진 내용을 정리합니다. 요일을 모두 적어두고 개최 여부가 확정적인 경우부터 표시하며 문제를 해결하는 것이 좋습니다.

7 세부 내용 파악

정답 ④

정답 체크 3문단에서 '쥐에 주입된 인간의 신경교 세포는 그 기능을 그대로 간직한다. 그렇게 성장한 쥐들은 다른 쥐들과 잘 어울렸고, 다른 쥐들의 관심을 끄는 것에 흥미를 보였다. 이 쥐들은 미로를 통과해 치즈를 찾는 테스트에서 더 뛰어났다.'고 했고, 2문단에서 '과학자들은 이러한 화학적 신호의 연쇄반응을 통해 신경교 세포가 전체 뉴런을 조정한다고 추론했다.'고 했으므로 인간의 신경교 세포를 쥐에게 주입하면 그 신경교 세포가 쥐의 뉴런을 보다 효과적으로 조정할 것임을 알 수 있다.

오답 체크
① 3문단에서 쥐에 주입된 인간의 신경교 세포는 쥐가 자라면서 함께 성장하며 쥐의 뉴런과 완벽하게 결합되어 두뇌 전체에 걸쳐 퍼지게 된다는 사실을 알 수 있다. 그러나 이 과정에서 쥐의 뉴런이 전기 신호를 전달하지 못하는지 알 수 없다.
②, ③ 제시된 글에서 인간의 뉴런 세포를 쥐에게 주입할 경우 발생하는 결과는 알 수 없다.
⑤ 3문단에서 쥐에 주입된 인간의 신경교 세포는 그 기능을 그대로 간직함을 알 수 있다.

고득점자의 빠른 문제 풀이 Tip

제시된 글에서 확인할 수 없는 내용, 즉 제시된 글에서 언급하지 않은 내용에 대한 추론은 정답의 근거가 될 수 없습니다.

8 진술추론

정답 ②

정답 체크 ㄴ. <가설>에서 물질B는 단백질 '가'에 의해 물질A로, 단백질 '나'에 의해 물질C로 바뀐다고 했으므로 물질B의 농도가 암컷만 생산하는 온도에서 부화되고 있는 알에서 더 높다는 사례는 가설을 강화하지 않는다.

오답 체크
ㄱ. <가설>에서 수컷을 생산하는 온도에서 배양된 알에서는 물질C의 농도가 더 높고, 물질A와 물질C의 비율은 단백질 '가'와 단백질 '나'의 비율과 동일하다고 했으므로 수컷만 생산하는 온도에서 부화되고 있는 알이 훨씬 더 많은 단백질 '나'를 가지고 있다는 사례는 <가설>을 강화한다.
ㄷ. <가설>에서 암컷을 생산하는 온도에서 배양된 알에서는 물질A의 농도가 더 높고, 온도의 차에 의해 알의 내부에 물질A와 C의 상대적 농도 차이가 발생하여 이것이 파충류의 성을 결정한다고 했으므로 물질A의 농도가 물질C보다 높아진 경우 암컷이 생산되었다는 사례는 <가설>을 강화한다.

고득점자의 빠른 문제 풀이 Tip

제시된 글의 중심 내용 또는 세부 내용과 일치하는 사례는 해당 내용을 강화하는 것으로 볼 수 있습니다. 이 문제의 경우 <가설>의 내용과 일치하는지의 여부를 확인해야 합니다.

9 진술추론

정답 ①

정답 체크 이 글의 논지는 스마트폰의 매커니즘이 K의 두뇌 속에서 일어난다는 상황을 가정했을 때 그것을 K 자신의 기억이나 판단이라고 인정할 수 있다면, 그런 과정은 K 자신의 인지 능력이라고 평가해야 한다는 것이다. 따라서 논지를 비판하려면 K 자신의 기억이나 판단이라고 인정할 수 없다는 반례를 제시해야 한다. K가 메모를 참조해서 기억력 시험 문제에 답하는 것이 답을 기억하는 것으로 인정할 수 없다는 진술은 스마트폰의 기능을 K 자신의 기억이나 판단으로 인정한다는 글의 논지를 비판한다.

오답 체크
② 제시된 글에서 스마트폰이 K의 손바닥 위나 책상 위가 아니라 그의 두뇌 속에서 작동하고 있다고 가정해 보면 된다고 했으므로 종이와 연필의 도움을 받은 연산 능력은 논지와 무관하다.
③ 제시된 글의 논지는 스마트폰의 기능을 K 자신의 인지 능력으로 평가해야 한다는 것이므로 스마트폰에 원격으로 접속한다면 스마트폰을 손에 가지고 있는 것과 다름없다는 진술은 글의 논지와 무관하다.
④ 제시된 글에서는 스마트폰의 매커니즘이 K의 두뇌 속에서 일어난다는 상황을 가정할 뿐이므로 스마트폰 기능의 작동 위치는 글의 논지와 무관하다.
⑤ 제시된 글의 논지는 스마트폰의 기능을 K 자신의 인지 능력으로 평가해야 한다는 것이므로 스마트폰에 저장된 목록을 보는 것은 글의 논지와 무관하다.

고득점자의 빠른 문제 풀이 Tip

제시된 글의 논지에 대한 비판을 묻는 문제는 제시된 글의 논지를 명확하게 파악하는 것이 가장 우선적으로 이루어져야 합니다. 글의 논지가 '만일 K의 두뇌 속에서 일어난다면'이라는 상황을 가정했을 때 그것을 K 자신의 기억이나 판단이라고 인정할 수 있다면 그런 과정은 K 자신의 인지 능력이라고 평가해야 한다는 것임을 유의합니다.

10 논증의 타당성

정답 ④

정답 체크

㉠, ㉡, ㉢, ㉣, ㉤을 기호화하면 다음과 같다.
㉠ 윤리적O → 보편적O
㉡ 이성적O → 보편적O
㉢ 합리적O → 보편적O
㉣ 합리적O → 이성적O
㉤ 윤리적O → 합리적O
ㄴ. ㉡과 ㉣이 참일 때 이를 차례로 연결하면 '합리적O → 이성적O → 보편적O'이므로 ㉢인 '합리적O → 보편적O'는 반드시 참이다.
ㄷ. ㉠과 ㉢이 참이라고 할지라도 윤리적 판단과 합리적 판단의 관계를 알 수 없으므로 ㉤이 반드시 참은 아니다.

오답 체크

ㄱ. ㉠을 받아들일 수 없으려면 ㉠의 반례인 '윤리적O and 보편적X'가 참이어야 하지만 '1+1=2'라는 수학적 판단은 보편적으로 수용되지만 윤리적이지 않은 '보편적O and 윤리적X'의 예이므로 ㉠을 받아들일 수 없다고 할 수 없다.

고득점자의 빠른 문제 풀이 Tip

명제를 기호화한 후 '대우' 등을 이용해서 주어진 내용을 정리합니다. 특히 'P일 때만 Q이다.'의 형태는 'Q이면 P이다.'와 동치임을 주의하여야 합니다.

11 중심 내용 파악

정답 ⑤

정답 체크

2문단에서 피해야 할 두 개의 암초로 '첫째는 싹을 잡아당겨서 직접적으로 성장을 이루려는 것이다.', '둘째는 밭의 가장자리에 서서 자라는 것을 지켜보는 것이다.'라고 했으므로 의도적 개입과 방관적 태도 모두 잠재력을 발휘하는 데 방해가 될 수 있음을 알 수 있다.

오답 체크

① 맹자는 인위적인 노력을 경계하고 있으므로 적절하지 않음을 알 수 있다.
② 맹자는 방관적 태도를 경계하고 있으므로 적절하지 않음을 알 수 있다.
③ 제시된 글에서 명확한 목적성 설정과 관련된 언급은 확인할 수 없다.
④ 맹자는 인간의 무리한 개입을 경계하고 이와 더불어 방관적 태도 또한 경계하고 있으므로 적절하지 않음을 알 수 있다.

12 세부 내용 파악

정답 ③

정답 체크

3문단에서 '왕비의 아버지를 부르는 호칭인 부원군은 경우에 따라 책봉된 공신(功臣)에게도 붙여졌다.'는 것을 알 수 있다.

오답 체크

① 3문단에서 왕비의 딸은 공주라고 했고 세자가 왕이 되면 적실의 딸은 왕비의 딸이 되는 것이므로 공주로 호칭이 바뀔 것임을 알 수 있다.
② 2문단에서 시호에는 중국 천자가 내린 시호와 조선의 신하들이 올리는 시호가 있었음을 알 수 있으나 명나라 천자로부터 부여받은 묘호가 있었는지는 알 수 없다.
④ 1문단에서 우리가 조선의 왕을 부를 때의 호칭은 묘호임을 알 수 있다.
⑤ 3문단에서 선조, 인조, 철종, 고종의 생부는 모두 대원군의 칭호를 얻었고, 이들 중 살아 있을 때 대원군의 칭호를 받은 이는 흥선대원군 한 사람뿐이었다고 했으므로 생존하지 않았더라도 대원군이라는 칭호를 부여받았음을 알 수 있다.

13 세부 내용 파악

정답 ②

정답 체크

3문단에서 환경세 세수만큼 근로소득세를 경감하게 되면 근로자의 실질소득이 증대됨을 알 수 있다.

오답 체크

① 2문단에서 환경세 세수만큼 근로소득세를 경감하는 경우 환경보존과 경제성장이 조화를 이룰 수 있음을 알 수 있다.
③ 5문단에서 환경세 세수를 근로소득세 경감으로 재순환시키는 조세구조 개편은 한편으로는 노동의 공급을 늘리고, 다른 한편으로는 노동에 대한 수요를 늘린다고 했으므로 기업의 고용 증대에 미치는 효과를 기대할 수 있음을 알 수 있다.
④ 4문단에서 환경세는 노동자원보다는 환경자원의 가격을 인상시켜 상대적으로 노동을 저렴하게 하는 효과가 있으며, 이는 기업의 노동수요 증대로 이어짐을 알 수 있다.
⑤ 3문단에서 환경세 세수만큼 근로소득세를 경감하게 되면 근로자의 실질소득은 증대되고, 그 증대효과는 환경세 부과로 인한 상품가격 상승 효과를 넘어설 정도로 큼을 알 수 있다.

14 빈칸삽입

정답 ②

정답 체크

㉠ 2문단에서 목초지의 수용 한계를 넘어 양을 키우면 목초가 줄어들어 전체 생산량이 줄어든다고 했고, 3문단에서 제시한 상황은 수용 한계에 도달한 공동 목초지에서 농부들이 자신의 이익을 위해 사육 두수를 조금씩 늘린 상황이므로 ㉠은 농부들의 총 이익은 기존보다 감소한다는 내용이 적절하다.
㉡ 1문단에서 아담 스미스의 '보이지 않는 손'이라는 가정은 개인의 이익 추구 활동을 제한하지 않는 것이 전체 이윤을 극대화하는 것이라고 했고, 3문단에서 제시된 상황은 농부들의 개인 이익 추구 활동으로 총 이익이 감소한 상황이므로 ㉡은 한 사회의 전체 이윤이 감소한다는 내용이 적절하다.

고득점자의 빠른 문제 풀이 Tip

문맥의 의미를 파악하는 과정은 글의 앞부분에서 빈칸에 대응하는 내용을 찾는 과정으로 볼 수 있습니다. 즉, 제시된 글에서 목초지의 수용 한계를 넘는 것 =다른 농부들도 사육 두수를 늘리는 것임을 확인할 수 있습니다.

15 사례 유추

정답 ①

정답 체크

㉠ 알고리즘 A는 시력이 없는 개미가 다수의 개미 떼가 남긴 페로몬을 따라 개미집으로 먹이를 운반하는 과정에서 가장 짧은 경로가 만들어진다는 내용이므로 각 개체가 다수의 개체들이 선택하는 경로를 이용하여 자신의 이동 방향을 결정하는 특성인 정렬성이 적절하다.
㉡ 알고리즘 B는 반딧불이들이 초기에는 각자의 고유한 진동수에 따라 반짝거리다가 시간이 지날수록 상대방의 반짝거림에 맞추게 된다는 내용이므로 각 개체가 주변 개체들과 동일한 행동을 하는 특성인 결합성이 적절하다.

16 논증의 타당성

정답 ④

정답 체크 갑과 을의 대화에서 나타나는 명제들을 순서대로 정리하면 다음과 같다.

- 갑1: AO and BO → CO이다.
- 을1: 그리고 CX이다.
- 갑2: 따라서 AX or BX이다.
- 을2: 그래도 AO or DO이다.
- 갑3: 그럼 AO이다.
- 을3: 그건 (㉠) 라고 생각하기 때문이다.
- 갑4: 그리고 EO and FO이다.
- 을4: 그건 (㉡) 라고 생각하기 때문이다.

㉠ 갑1의 '대우'와 을1을 결합하면 갑2를 도출할 수 있으나 을2만으로 갑3을 도출할 수는 없다. 따라서 'AO or DO'에서 'AO'가 도출되려면 ㉠에 'DX'라는 정보가 필요함을 알 수 있다.

㉡ 갑4가 도출되기 위해서는 'EO and FO'라는 결론을 갖는 명제가 필요하다. 즉, '주어진 전제O → EO and FO'의 형태이거나 그 대우인 'EX or FX → 주어진 전제X'의 형태이어야 한다. 갑3과 갑2를 결합하면 'BX'가 도출되므로 ㉡은 'BX → EO and FO'가 적절함을 알 수 있다.

고득점자의 빠른 문제 풀이 Tip

전제들로부터 결론이 도출되기까지 결여된 부분에 대해 고려하면서 주어진 내용을 기호화하여 문제를 해결하는 것이 좋습니다.

17 빈칸삽입

정답 ②

정답 체크 5문단에서 '따라서 체중과 칼로리 섭취량이 비례한다는 사실에 입각했을 때, 서로의 대조군 설계에 대한 A연구팀과 B연구팀의 비판이 모두 설득력이 있는 것으로 밝혀진 셈이다.'라고 했으므로 ㉠과 ㉡에는 각각 A연구팀과 B연구팀의 비판 내용이 들어가야 한다. 따라서 ㉠은 B연구팀의 비판이 타당해야 하므로 878마리 붉은털원숭이의 평균 체중이 A연구팀의 대조군 원숭이의 평균 체중과 비교했을 때보다 덜 나가야 하고, ㉡은 A연구팀의 비판이 타당해야 하므로 878마리 붉은털원숭이의 평균 체중이 B연구팀의 대조군 원숭이의 평균 체중과 비교했을 때보다 더 나가야 함을 알 수 있다.

고득점자의 빠른 문제 풀이 Tip

문맥의 의미는 제시된 글의 내용에 대한 정확하고 세부적인 독해가 전제되어야 합니다. A연구팀은 B연구팀의 대조군의 칼로리 섭취량이 평균보다 낮다는 것을 지적했고 B연구팀은 A연구팀의 대조군의 칼로리 섭취가 높다는 것을 지적했다는 부분에 대한 꼼꼼한 독해가 필요합니다.

18 세부 내용 파악

정답 ④

정답 체크 제시된 정보를 혈당이 낮아졌을 때와 높아졌을 때를 구분하여 정리하면 다음과 같다.

- 혈당↓ → 혈중L의 양↓ → 시상하부 알파 부분 호르몬B 분비
  → 시상하부 감마 부분 호르몬D 분비 → 식욕↑
  → 시상하부 베타 부분 호르몬C 억제 → 물질대사↓
- 혈당↑ → 혈중L의 양↑ → 시상하부 알파 부분 호르몬A 분비
  → 시상하부 베타 부분 호르몬C 분비 → 물질대사↑
  → 시상하부 감마 부분 호르몬D 억제 → 식욕↓

따라서 혈당이 낮아지면, 시상하부 감마 부분에서 호르몬D가 분비됨을 알 수 있다.

19 진술추론

정답 ⑤

정답 체크 제시된 글에서는 M시에 있는 회사A의 직원 200명을 설문조사한 결과를 바탕으로 M시 회사원들의 청렴도를 낮은 것으로 평가하고 있다.

ㄱ. 회사A의 직원들이 사내용 물품을 개인적으로 사용한 정도가 설문의 결과보다 더 심한 경우를 말하고 있으므로 이는 논증의 결론을 강화한다.

ㄴ. M시에 있는 회사A뿐만 아니라 회사B에서도 비슷한 결과가 나왔다는 사실을 말하고 있으므로 논증의 결론을 강화한다.

ㄷ. M시에 있는 회사A의 직원들의 청렴도가 유독 낮았다는 사실을 말하고 있으므로 M시 회사원들의 청렴도를 낮다고 평가한 논증의 결론을 약화한다.

20 진술추론

정답 ③

정답 체크 ㄱ. 갑은 어떠한 경우에도 자살은 옳지 않은 행위이며 공동체에 해악을 끼치는 것이라고 했으므로 자살이 사회에 해악을 끼치는 것이 아니라는 을의 주장과 양립할 수 없음을 알 수 있다.

ㄴ. 을은 자살이 사회에 해악을 끼치는 것이 아니라고 했으므로 타인에게 해악을 주는 행위만이 도덕적 비판의 대상이 된다는 병의 주장과 양립할 수 있음을 알 수 있다.

오답 체크 ㄷ. 병은 자살의 경우라 하더라도 타인에게 해가 되지 않는 한 행할 수 있다고 했으므로 어떠한 경우에도 자살은 옳지 않은 행위라는 갑의 주장에 찬성하지 않을 것임을 알 수 있다.

21 진술추론

정답 ②

정답 체크 ㄷ. (나)의 평론가는 인문학 열풍이 시장 논리와 결부되어 인문학을 상품화하고 있다고 보고 있으며 (라)의 교수는 대학이 인문학의 대중화를 내세워 인문학을 상품화하고 있다고 평가하고 있으므로 인문학을 상품화한다는 시각에서 (나)의 평론가와 (라)의 교수 모두 이 열풍을 부정적인 것으로 바라보고 있음을 알 수 있다.

오답 체크 ㄱ. (가)의 PD는 인문학 관련 대중 강좌의 인기 원인을 교양 있는 삶에 대한 열망으로 보며 정신적 가치에 대한 성찰의 기회를 박탈당한 직장인들의 갈증을 인문학 관련 대중 강좌가 채워주고 있다고 언급하므로 인문학 열풍이 자발적인 현상이라 보고 있음을 알 수 있다. 그러나 (나)의 평론가는 인문학이 시장 논리와 결부되어 상품화되었다고 했으므로 시민들의 자발적 현상이라 보고 있지 않음을 알 수 있다.

ㄴ. (다)의 공무원은 '동네 인문학'을 자기 성찰의 기회를 얻고 삶에 대한 지혜를 얻어 동네를 살기 좋은 공동체로 만드는 과정으로 보고 있으므로 인문학 열풍이 개인의 성찰을 넘어 공동체의 개선에까지 긍정적인 영향을 미치는 것으로 보고 있음을 알 수 있다. 그러나 (가)의 PD는 인문학이 직장인들의 갈증을 채워주고 있다고 했으므로 공동체의 개선에까지 영향을 미치는 것으로 보는 것은 아님을 알 수 있다.

22 논증의 타당성

정답 ③

정답 체크

ㄷ. 3문단에서 그림문자로 구성된 글의 이해는 여성적인 사고 과정을, 표음문자로 구성된 글의 이해는 남성적인 사고 과정을 거치며, 대체로 여성은 여성적 사고를, 남성은 남성적 사고를 한다고 했으므로 표음문자 체계의 보편화가 여성의 사회적 권력을 약화시킨다는 결론을 이끌어 내기 위해서는 문자 체계와 사회적 권력의 관계를 알 수 있는 전제가 필요하다. 따라서 글을 읽고 이해하는 능력은 사회적 권력에 영향을 미친다는 전제가 추가되어야 한다.

오답 체크

ㄱ. 제시된 글의 결론은 표음문자 체계가 여성의 사회적 권력을 약화시켰다는 것이고 그림문자를 쓰는 사회에서 남성의 사회적 권력이 더 우월했다는 내용은 글의 결론과 모순되는 내용이므로 추가해야 할 전제가 아니다.

ㄴ. 2문단에서 표음문자는 개별 구성요소들이 하나로 결합되는 과정을 통해 이해되는 것이라고 했으나 기능적으로 분화된 복잡한 의사소통을 가능하도록 했는지는 글의 내용과 무관하므로 추가해야 할 전제가 아니다.

고득점자의 빠른 문제 풀이 Tip

결론에 대한 전제는 결국 제시된 글의 주장을 뒷받침하는 근거로 기능하게 됩니다. 따라서 제시된 글의 주장에 대한 원인을 생각해보면 정답을 빠르고 정확하게 찾을 수 있습니다.

23 논리추론

정답 ④

정답 체크

주어진 정보를 정리하면 다음과 같다.

- 포럼은 개회사, 발표, 토론, 휴식으로 구성, 휴식 생략 가능
- 포럼은 오전 9시 시작, 최대 180분
- 개회사는 1회(10분 or 20분), 포럼 첫 번째 순서
- 발표는 최대 3회(40분 or 50분), 각 발표시간은 동일
- 발표마다 토론 10분
- 휴식은 1회(20분), 최대 2회 가능

발표와 토론은 묶어서 생각할 수 있으므로 발표+토론은 50분 또는 60분이다.

발표를 50분씩 3회를 하면 발표와 토론시간은 (50+10)×3=180분이다. 이것만으로도 주어진 포럼시간을 모두 사용하여 개회사를 하게 되면 전체 포럼시간을 초과하므로 각 발표를 50분으로 했을 때, 발표를 3회 가질 수 있는 방법은 없음을 알 수 있다.

오답 체크

① 개회사 10분+(발표와 토론 50분×2회)=110분인 경우, 70분이 남는다. 개회사 10분+(발표와 토론 60분×2회)=130분인 경우, 50분이 남는다. 따라서 휴식을 2회 가질 수 있는 방법이 있다.

② 휴식을 생략하면 개회사 10분+(발표와 토론 50분×2회)=110분이므로 오전 9시에 포럼을 시작해서 오전 11시 이전에 끝낼 수 있는 방법이 있다.

③ 개회사 10분+(발표와 토론 50분×3회)=160분이므로 20분이 남는다. 따라서 휴식을 1회 가질 수 있는 방법이 있다.

⑤ 개회사 20분+(발표와 토론 50분×1회)=70분이므로 110분이 남는다. 따라서 휴식을 2회 가질 수 있는 방법이 있다.

고득점자의 빠른 문제 풀이 Tip

제시된 조건을 정리하되 각 선택지에 추가로 주어지는 조건도 정확하게 고려하여 각 선택지의 옳고 그름을 판단해야 합니다. 특히 '~하는 방법이 있다.'는 식의 질문은 한 가지 경우의 수라도 가능하면 옳은 선택지이므로 계산이 간단한 경우의 수로 확인합니다. 또한, 묶을 수 있는 항목은 묶어서 계산하면 계산에 소요되는 시간을 단축할 수 있습니다.

24 진술추론

정답 ⑤

정답 체크

3문단에서 미분화된 표피세포가 두 개의 피층세포와 접촉하는 경우엔 뿌리털세포로, 한 개의 피층세포와 접촉하는 경우엔 분화된 표피세포로 발달하며 서로 다른 형태의 세포로 분화되기 위해서는 유전자 A의 발현에 차이가 있어야 한다고 했으므로 미분화 표피세포가 어떤 세포로 분화될 것인지는 접촉하는 피층세포의 수에 따라 조절되는 유전자 A의 발현에 의해 결정됨을 알 수 있다.

오답 체크

① 3문단에서 유전자 A의 발현에 따라 미분화된 표피세포가 뿌리털세포로 분화되거나 분화된 표피세포로 분화된다고 했으므로 분화될 세포에 뿌리털이 있는지에 따라 유전자 A의 발현 조절이 이루어진다는 가설은 적절하지 않다.

② 3문단에서 미분화된 세포가 뿌리털세포나 분화된 표피세포로 분화되기 위해서는 유전자 A의 발현에 차이가 있어야 한다고 했으므로 미분화된 세포가 어느 세포로부터 유래하였는지에 따라 결정된다는 가설은 적절하지 않다.

③ 1문단에서 모든 세포는 발생 과정에서 발현되는 유전자의 차이로 인해 다른 형태의 세포로 분화된다고 했으므로 미분화 표피세포가 유전자 A를 가지고 있는지에 따라 분화가 결정된다는 가설은 적절하지 않다.

④ 3문단에서 미분화된 세포가 뿌리털세포나 분화된 표피세포로 분화되기 위해서는 유전자 A의 발현에 차이가 있어야 한다고 했으므로 미분화 표피세포층과 피층세포층의 위치에 의해 분화가 결정된다는 가설은 적절하지 않다.

25 빈칸삽입

정답 ②

정답 체크

(가) 2문단에서 파스칼은 산꼭대기에서 기압계의 수은주가 산기슭에서보다 3인치 이상 짧아진다는 페리에의 실험에 대해 누구도 자연이 산꼭대기에서보다 산기슭에서 진공을 더 싫어한다고 주장할 수 없다고 했으므로 (가)는 진공에 대한 자연의 혐오 강도는 고도에 구애받지 않는다는 ㄱ이 적절하다.

(나) 1문단에서 가설이 심각하게 불리한 실험 결과에 직면했을 때조차도 보조가설만을 적절히 변경하여 가설을 유지시킬 수 있다고 했으므로 (나)는 페리에의 실험 결과와 일치하는 보조가설을 끌어들여야 함을 알 수 있다. 따라서 진공에 대한 자연의 혐오가 고도의 증가에 따라 감소한다는 ㄷ이 적절하다.

1 세부 내용 파악

정답 ④

정답 체크 제시된 글을 토대로 1문단에서 나타난 단어들이 온돌의 어느 부분에 위치하는지 그려보면 다음과 같다.

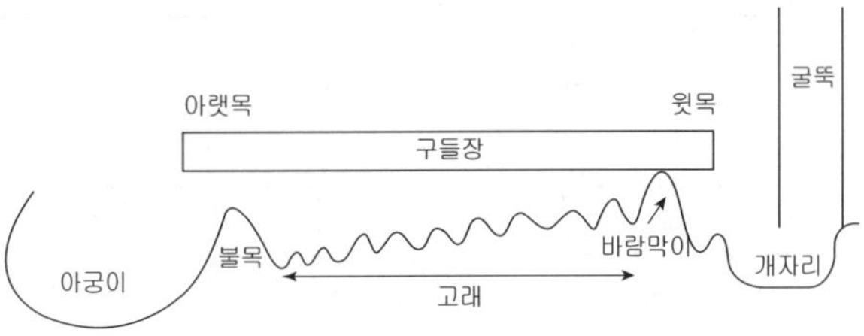

따라서 불목은 아랫목에 가깝고, 바람막이는 윗목에 가까울 것임을 알 수 있다.

오답 체크
① 3문단에서 불목은 아궁이와 고래 사이에 턱이 진 부분이라고 했으므로 아궁이가 불목과 개자리 사이에 있는 것이 아님을 알 수 있다.
② 2문단에서 고래 바닥은 아궁이가 있는 아랫목에서 윗목으로 가면서 높아지도록 경사를 줌을 알 수 있다.
③ 4문단에서 개자리가 깊을수록 열기와 연기를 머금는 용량이 커진다고 했으므로 개자리가 깊을수록 윗목의 열기를 유지하기 쉬웠을 것임을 알 수 있다.
⑤ 3문단에서 아궁이에서 타고 남은 재가 고래 속으로 들어가지 못하도록 막아주는 것은 불목임을 알 수 있다.

> **고득점자의 빠른 문제 풀이 Tip**
> 선택지를 대략적으로 살펴보았을 때, '아궁이', '불목', '고래 바닥', '개자리', '바람막이' 등이 주요 핵심어이므로 제시된 글에서 해당 단어가 포함된 문장을 우선적으로 확인합니다.

2 세부 내용 파악

정답 ②

정답 체크
ㄴ. 2문단에서 청백리는 작고한 사람들에 대한 호칭이었고, 살아있을 때는 염근리 또는 염리라고 불렀음을 알 수 있다.
ㄷ. 2문단에서 탐관오리로 지목돼 탄핵되었거나 처벌받은 관리는 장리 대장에 수록되어 본인의 관직생활에 불이익은 물론이고, 그 자손들이 과거를 보는 것도 허용되지 않았음을 알 수 있다.

오답 체크
ㄱ. 1문단에서 청백리를 선발하고 표창하는 제도는 중국에서 처음 시작되었음을 알 수 있다.
ㄹ. 3문단에서 조선시대에 청백리를 선발하는 방법은 일정하지 않았으며, 사헌부, 사간원 등에서 후보자를 의정부에 추천하기도 했음을 알 수 있다.

3 세부 내용 파악

정답 ⑤

정답 체크 3문단에서 베너그렌은 1957년에 알베그식 모노레일을 완성하였다고 했고, 4문단에서 사페즈식 모노레일은 1960년 오를레앙 교외에 시험선이 건설되었다고 했으므로 알베그식 모노레일이 사페즈식 모노레일 시험선보다 먼저 완성되었음을 알 수 있다.

오답 체크
① 3문단에서 1958년에는 기존의 강철레일·강철바퀴 방식에서 콘크리트 빔·고무타이어 방식으로 개량하였다고 했으므로 콘크리트 빔·고무타이어 방식은 1960년대 이전에 개발되었음을 알 수 있다.
② 2문단에서 1901년에 등장한 현수장치를 사용하는 모노레일이 독일 부퍼탈시의 전철교식 복선으로 건설되어 본격적인 운송수단으로서의 역할을 하였다고 했으므로 독일에서 모노레일이 본격적인 운송수단 역할을 수행한 것은 1950년대보다 훨씬 이전임을 알 수 있다.
③ 1문단에서 빔 위에 레일을 고정하고, 그 위를 강철바퀴 차량이 주행하는 모노레일도 있다고 했으므로 주행에 강철바퀴가 이용되느냐의 여부는 종래의 철도와 모노레일을 구분하는 기준이 될 수 없음을 알 수 있다.
④ 2문단에서 처음으로 실용화된 모노레일은 아일랜드의 밸리뷰니온사에서 건설한 것임을 알 수 있으나 오를레앙 교외에 전철교식 복선 모노레일을 아일랜드의 밸리뷰니온사가 건설하였는지는 알 수 없다.

4 법·규정의 적용

정답 ③

정답 체크 <사례>에 표시된 공공누리 마크는 다음과 같다.

공공누리 마크	이용조건의 의미
OPEN	· 공공저작물을 일정한 조건 하에 자유롭게 이용할 수 있다.
출처표시	· 이용하는 공공저작물의 출처를 표시해야 한다. 예컨대 "본 저작물은 OO공공기관에서 △△년 작성하여 개방한 □□ 저작물을 이용하였음"과 같이 출처를 표시해야 한다.
변경금지	· 공공저작물의 변경이 금지된다. 예컨대 공공저작물의 번역·편곡·변형·각색 등이 금지된다. · 이 마크가 표시되어 있지 않으면, 이용자는 해당 공공저작물의 내용이나 형식을 변경하여 이용할 수 있다.

이 중 OPEN에 저촉되는 내용은 없으므로 [출처표시]와 [변경금지]에 저촉되는 내용이 있으면 이용조건에 부합하지 않는다고 볼 수 있다.
[상업용금지]가 없으므로 상업적인 목적으로 보고서를 작성하는 행위는 문제되지 않는다. 또한 출처를 표시했으므로 [출처표시]에 저촉되지 않으며, 사진저작물과 그 설명문을 그대로 수록했으므로 [변경금지]에도 저촉되지 않음을 알 수 있다. 따라서 상업적인 목적으로 보고서를 작성하면서 출처를 표시하고 사진저작물과 그 설명문을 그대로 수록하는 행위는 '공공누리 마크' 이용조건에 부합함을 알 수 있다.

오답 체크
① 출처를 표시하지 않았으므로 [출처표시]에 저촉됨을 알 수 있다.
② 사진저작물의 색상을 다른 색상으로 변형했으므로 [변경금지]에 저촉됨을 알 수 있다.
④ 사진저작물을 다른 사진과 합성했으므로 [변경금지]에 저촉됨을 알 수 있다.
⑤ 사진저작물의 설명문을 영어로 번역하여 보고서에 수록했으므로 [변경금지]에 저촉됨을 알 수 있다.

> **고득점자의 빠른 문제 풀이 Tip**
> 제시된 마크의 내용을 토대로 선택지와 맞지 않는 부분을 소거하면 정답을 빠르게 찾을 수 있습니다. [출처표시]를 통해 ①이 소거되고, [변경금지]을 통해 ②, ④, ⑤가 소거되어 정답은 ③임을 알 수 있습니다.

5 법·규정의 적용

정답 ④

정답 체크

ㄱ. 첫 번째 법조문(물건의 공유) 2항에서 공유자의 지분은 균등한 것으로 추정한다고 했으므로 甲, 乙, 丙은 X에 대해 각자 1/3씩 지분을 갖게 됨을 알 수 있다.

ㄴ. 네 번째 법조문(공유물의 관리, 보존)에서 보존행위는 각자가 할 수 있다고 했으므로 甲은 단독으로 X에 대한 보존행위를 할 수 있음을 알 수 있다.

ㄹ. 마지막 법조문(지분포기 등의 경우의 귀속)에서 공유자가 그 지분을 포기하거나 상속인 없이 사망한 때에는 그 지분은 다른 공유자에게 각 지분의 비율로 귀속한다고 했으므로 甲이 상속인 없이 사망한 경우, 甲의 지분은 乙과 丙에게 각 지분의 비율에 따라 귀속됨을 알 수 있다.

오답 체크

ㄷ. 두 번째 법조문(공유지분의 처분과 공유물의 사용, 수익)에서 공유자는 자신의 지분을 다른 공유자의 동의 없이 처분할 수 있다고 했으므로 甲이 자신의 지분을 처분하기 위해서 다른 공유자의 동의를 얻지 않아도 됨을 알 수 있다.

고득점자의 빠른 문제 풀이 Tip

<보기>를 대략적으로 살펴보았을 때, '보존행위', '동의', '상속인' 등이 주요 핵심어이므로 제시된 법조문에서 해당 단어가 포함된 내용을 우선적으로 확인합니다.

6 법·규정의 적용

정답 ③

정답 체크

제시된 글에 따라 채권자와 채무자 사이에 손해배상액의 예정이 있는 경우 가능한 결과를 정리하면 다음과 같다.

- 채권자는 실손해액과 상관없이 예정된 배상액을 청구 가능하나, 실손해액이 예정액을 초과하더라도 초과액을 배상받을 수는 없음
- 다른 사유로 발생한 손해는 손해배상액 예정의 효력이 미치지 않으며, 이 경우 별도로 손해의 발생사실과 손해액을 증명하면 배상받을 수 있음

<사례>에서 나타난 손해는 '공사기간의 30일 지연'과 '불량자재 사용으로 인한 1,000만 원의 손해' 두 가지이다.

공사기간 지연의 경우 손해배상액을 예정한 사유이므로 지연기간 1일당 공사대금의 0.1%를 산정하여 받게 된다. 하지만 불량자재 사용으로 인한 손해는 손해배상액을 예정한 사유가 아니므로 따로 입증해야 받을 수 있고, <사례>에 따르면 각각 손해발생사실과 손해액을 증명했으므로 두 가지 모두 손해배상을 받을 수 있다. 따라서 최대 손해배상액은 1억 원의 0.1%에 30일을 곱한 300만 원과 1,000만 원의 합인 1,300만 원임을 알 수 있다.

고득점자의 빠른 문제 풀이 Tip

제시된 글에서 <사례>에 적용되는 내용을 정확히 파악하여 계산에 적용합니다. 이때 해당되는 내용을 일일이 계산하기보다는 전체적인 내용을 파악한 후 한 번에 계산하면 문제 풀이 시간을 단축할 수 있습니다.

7 법·규정의 적용

정답 ②

정답 체크

<상황>에 제시된 가족관계를 정리하면 다음과 같다.

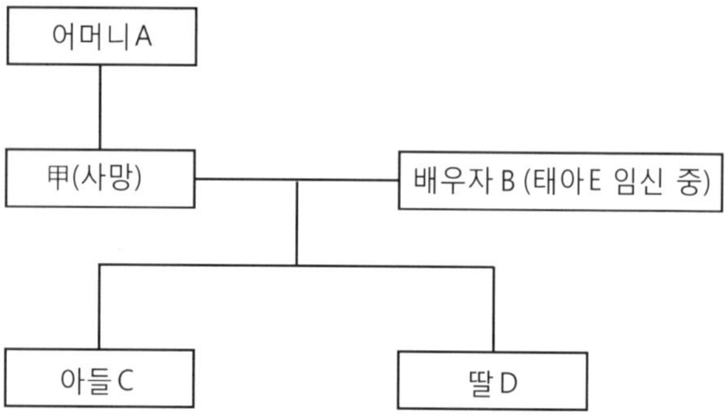

이때 현행법상 상속인 우선 순위는 다음과 같다.

- 1순위: 직계비속(사산되지 않은 경우의 태아 포함)
- 2순위: 직계존속
- 배우자: 직계비속과 직계존속이 있는 경우 직계비속, 직계존속과 공동상속인이 되며, 직계비속과 직계존속이 없는 경우 단독상속이 됨. 이때 상속분은 배우자가 직계비속이나 직계존속보다 50%를 더 받게 됨.

한편, 상속법 개정안의 내용은 다음과 같다.

- 상속분의 절반은 배우자에게 우선 배분
- 나머지 절반은 현행 규정대로 배분

태아 E가 사산되지 않았다는 가정하에 甲의 상속분을 정리하면 다음과 같다.

- 현행법: 배우자 B, 아들 C, 딸 D, 태아 E가 순서대로 1.5 : 1 : 1 : 1의 비율로 상속하므로 순서대로 상속재산 9억 원 중 3억 원, 2억 원, 2억 원, 2억 원을 상속받는다.
- 개정법: 9억 원 가운데 배우자가 50%인 4.5억 원을 우선 배분 받고 나머지 4.5억 원을 배우자 B, 아들 C, 딸 D, 태아 E가 순서대로 1.5 : 1 : 1 : 1의 비율로 상속하므로 순서대로 남은 상속재산 4.5억 원 중 1.5억 원, 1억 원, 1억 원, 1억 원을 상속받는다. 따라서 배우자 B는 총 4.5+1.5=6억 원을 상속받는다.

반면 태아 E가 사산되었다는 가정하에 상속분을 정리하면 다음과 같다.

- 현행법: 배우자 B, 아들 C, 딸 D가 순서대로 1.5 : 1 : 1의 비율로 상속하므로 순서대로 상속재산 9억 원 중 27/7억 원, 18/7억 원, 18/7억 원을 상속받는다.
- 개정법: 9억 원 가운데 배우자가 50%인 4.5억 원을 우선 배분 받고 나머지 4.5억 원을 배우자 B, 아들 C, 딸 D가 순서대로 1.5 : 1 : 1의 비율로 상속하므로 순서대로 나머지 상속재산 4.5억 원 중 13.5/7억 원, 9/7억 원, 9/7억 원을 상속한다. 따라서 배우자 B는 도합 4.5+(13.5/7)억 원을 상속받는다.

이에 따를 때, 개정안에 의하면 태아 E가 출생한 경우 배우자 B는 배분액 4.5억 원과 상속액 1.5억 원을 합해 총 4.5+1.5=6억 원을 상속받게 됨을 알 수 있다.

오답 체크

① 현행법에 의하면 E가 출생한 경우 B의 상속분은 3/9이므로 30%가 넘는 상속분을 갖게 됨을 알 수 있다.

③ 현행법에 의하면 E가 사산된 경우 B는 27/7억 원을 상속받게 됨을 알 수 있다.

④ 개정안에 의하면 E가 사산된 경우 B는 4.5+(13.5/7)억 원을 상속받게 됨을 알 수 있다.

⑤ E가 출생한 경우 B는 현행법에 의하면 3억 원, 개정안에 의하면 6억 원을 상속받게 되고, E가 사산된 경우 현행법에 의하면 27/7억 원, 개정안에 의하면 45/7억 원을 받게 되므로 E의 사산여부에 관계 없이 B가 상속받게 되는 금액은 현행법에 의할 때보다 개정안에 의할 때 50%가 넘는 비율로 증가한다.

> **고득점자의 빠른 문제 풀이 Tip**
> <상황>을 통해 가족관계를 정리한 후에 제시된 글에서 적용되는 내용을 찾아 해결합니다. 특히 가족관계를 정리할 때에는 부모관계나 부부관계 등을 나타내는 방법을 미리 정해두어 간단한 그림으로도 전반적인 가족관계를 파악할 수 있도록 하는 것이 좋습니다.

8 논리퍼즐

정답 ①

정답 체크 제시된 수식을 순서대로 정리하면 다음과 같다.

{(1 A 5) B (3 C 4)} D 6

1 A 5 는 두 수를 더해야 하는데 더한 값이 10 미만이므로 곱한다.
∴ 1 A 5=5

{5 B (3 C 4)} D 6

3 C 4 는 두 수를 곱해야 하는데 곱한 값이 10 이상이므로 그대로 곱한다.
∴ 3 C 4 = 12

(5 B 12) D 6

5 B 12 는 두 수의 차를 구해야 하는데 뺀 값이 10 미만이므로 곱한다.
∴ 5 B 12=60

60 D 6

60 D 6 은 큰 수를 작은 수로 나눠야 하는데 나눈 값이 10 이상이므로 그대로 나눈다.
∴ 60 D 6=10

10

따라서 <수식>을 계산한 값은 10이다.

> **고득점자의 빠른 문제 풀이 Tip**
> 제시된 내용을 정확히 이해한 후에 주어진 수식에 대입하여 문제를 해결합니다. 이 문제의 경우 '10 미만이면'이라는 가정이 추가되어 있으므로 각각의 연산 후의 결과가 10 미만인지 여부를 반드시 고려합니다.

9 문제해결

정답 ③

정답 체크 제시된 <표>를 펼친 손가락 개수와 그에 따른 甲의 판단으로 다시 나타내면 다음과 같다.

숫자	1	2	3	4	5
펼친 손가락 개수	1개	2개	3개	4개	5개
甲의 판단	1	2	3	4	5
숫자	6	7	8	9	10
펼친 손가락 개수	2개	3개	2개	1개	2개
甲의 판단	2	3	2	1	2

ㄱ. 물건의 가격과 甲이 지불하려는 금액이 일치하는 경우는 위의 표에서 숫자와 甲의 판단이 일치하는 경우이므로 물건의 가격은 5원 이하임을 알 수 있다.

ㄴ. 상인이 손가락 3개를 펼치는 경우는 숫자가 3일 때와 7일 때이므로 물건의 최대 가격은 7원임을 알 수 있다.

ㄷ. 물건의 가격과 甲이 지불하려는 금액이 8원 만큼 차이가 나는 경우는 위의 표에서 숫자와 甲의 판단의 차이가 8인 경우이다. 숫자가 9일 때와 10일 때 甲의 판단과 물건의 가격이 8만큼 차이가 나므로 물건의 가격은 9원이거나 10원임을 알 수 있다.

오답 체크 ㄹ. 甲이 물건의 가격을 초과하여 금액을 지불하는 경우는 숫자보다 甲의 판단이 큰 경우인데 위의 표에서 그런 경우는 없으므로 甲이 물건의 가격을 초과하는 금액을 지불하는 경우는 발생하지 않음을 알 수 있다.

> **고득점자의 빠른 문제 풀이 Tip**
> 펼친 손가락의 개수와 모양을 정리할 때 甲과 A국의 언어를 혼동하지 않도록 정리하는 것이 필요합니다. 이를 위해 각각의 펼친 손가락 모양에 甲의 판단에 따른 금액을 적어 두면 정답을 빠르게 찾을 수 있습니다.

10 논리퍼즐

정답 ④

정답 체크 제시된 <표>에 따라 각 라운드에서 사자바둑기사단이 호랑이바둑기사단을 이길 수 있는 확률이 0.6 이상이 되도록 출전선수를 정리하면 다음과 같다.

- 1라운드 (甲 출전): C, E
- 2라운드 (乙 출전): A, B, C
- 3라운드 (丙 출전): D, F, G

이때 C는 1라운드와 2라운드에 출전할 수 있으나 각 선수는 하나의 라운드에만 출전할 수 있으므로 가능한 경우를 정리하면 다음과 같다.

<경우 1> 1라운드에 C가 출전하는 경우
2라운드에 A, B 2명이 출전 가능하고 3라운드에 D, F, G 3명이 출전 가능하므로 경우의 수는 2×3=6가지이다.

<경우 2> 1라운드에 E가 출전하는 경우
2라운드에 A, B, C 3명이 출전 가능하고 3라운드에 D, F, G 3명이 출전 가능하므로 경우의 수는 3×3=9가지이다.

따라서 사자바둑기사단이 선발할 수 있는 출전선수 조합의 총 가짓수는 6+9=15가지이다.

> **고득점자의 빠른 문제 풀이 Tip**
> 제시된 조건 가운데 이길 수 있는 확률이 0.6 이상인 경우만 추려내어 적은 후 그들을 조합할 수 있는 경우의 수를 도출합니다. 한 선수가 하나의 라운드에만 출전할 수 있다는 조건이 있으므로 이 부분에 유의해야 합니다.

11 세부 내용 파악

정답 ①

정답 체크 2문단에서 '당도가 설탕보다 약 500배 정도 높은 사카린은 대표적인 인공감미료로 체내에서 대사되지 않고 그대로 배출된다는 특징이 있다.'고 했고, 3문단에서 '아스파탐은 1965년 위궤양 치료제를 개발하던 중 우연히 발견된 인공감미료로 당도가 설탕보다 약 200배 높다.'고 했으므로 사카린과 아스파탐은 설탕보다 당도가 높고, 사카린은 아스파탐보다 당도가 높음을 알 수 있다.

오답 체크 ② 2문단에서 사카린은 1879년 미국 존스 홉킨스 대학에서 화학물질의 산화반응을 연구하다가 우연히 발견됐다고 했고, 3문단에서 아스파탐은 위궤양 치료제를 개발하던 중 우연히 발견된 인공감미료라고 했으므로 사카린과 아스파탐 모두 설탕을 대체하기 위해 거액을 투자해 개발한 것은 아님을 알 수 있다.

③ 2문단에서 2001년 미국 FDA는 사카린을 다시 안전한 식품첨가물로 공식 인정하였고, 현재도 설탕의 대체재로 사용되고 있음을 알 수 있다.

④ 1문단에서 2009년 미국의 설탕, 옥수수 시럽, 기타 천연당의 1인당 연평균 소비량은 140파운드로 중국보다 9배가 많았다고 했으므로 2009년 기준 중국의 1인당 연평균 소비량은 20파운드 미만이었음을 알 수 있다.

⑤ 3문단에서 아스파탐도 발암성 논란이 끊이지 않았다고 했으나, 2문단에서 미국 FDA로부터 안전한 식품첨가물로 처음 공식 인정받은 것은 사카린이라고 했으므로 아스파탐이 안전한 식품첨가물로 공식 인정받았는지는 알 수 없다.

고득점자의 빠른 문제 풀이 Tip

선택지를 대략적으로 살펴보았을 때, '사카린', '아스파탐', '유해성 논란', '1인당 연평균 소비량', '미국 FDA' 등이 주요 핵심어이므로 제시된 글에서 해당 단어가 포함된 문장을 우선적으로 확인합니다.

12 세부 내용 파악

정답 ④

정답 체크

ㄱ. 1문단에서 조선시대 지방행정기관도 중앙행정기관과 같이 왕에 직속되어 있었음을 알 수 있다.

ㄷ. 2문단에서 지방행정기관의 장으로는 군에 군수, 그리고 현에 현감을 두었으며, 이들은 행정업무와 함께 일정한 수준의 군사·사법업무를 같이 담당하였다고 했으므로 군수와 현감이 행정업무와 군사업무, 사법업무를 담당했음을 알 수 있다.

ㄹ. 3문단에서 중앙에서는 파견한 지방행정기관장에 대한 관리와 감독을 철저히 했으며 이는 권력남용 등의 부조리나 지방세력과 연합하여 독자세력으로 발전하는 것을 막기 위한 조치였음을 알 수 있다.

오답 체크

ㄴ. 2문단에서 관찰사를 제외한 지방행정기관장이 수령으로 통칭되었다고 했으므로 관찰사는 수령이라고 부르지 않았을 것임을 알 수 있다.

13 세부 내용 파악

정답 ④

정답 체크

3문단에서 '외부 침입이 잦은 일부 지역에서 베일은 낯선 이방인의 시선으로부터 자신을 보호하는 수단으로 사용됐다.'고 했으므로 타인의 시선으로부터 자신을 보호하는 것도 사람들이 베일을 쓰는 이유 중 하나였음을 알 수 있다.

오답 체크

① 3문단에서 북아프리카의 투아레그족 남자들이 리탐이라고 부르는 남색의 면직물로 된 큰 베일을 썼다고 했으므로 여성만 착용하는 것은 아님을 알 수 있다. 또한, 2문단에서 여성의 베일은 남성에 대한 순종의 의미보다 햇볕이나 사막의 뜨거운 모래바람으로부터 얼굴을 보호하려는 것이 목적이었다고 했으므로 베일은 남성에 대한 겸허의 의미가 아님을 알 수 있다.

② 2문단에서 반다르 에아바스에 사는 수니파 여성들은 얼굴 보호를 위해 자수 장식이 있는 두꺼운 면직물로 된 마스크를 썼음을 알 수 있다.

③ 1문단에서 이슬람교 경전인 코란이 여성의 정숙함을 강조하지만, 베일로 얼굴을 감싸는 것을 의무로 규정하고 있는 것은 아님을 알 수 있다.

⑤ 2문단에서 베두인족 여성들은 은과 진주로 장식한 천이나 가죽 소재의 부르카로 얼굴 전체를 감쌌다고 했고, 3문단에서 투아레그족 남자들은 리탐이라고 부르는 남색의 면직물로 된 큰 베일을 썼다고 했으므로 리탐은 가죽이 아닌 면직물 소재로 만들었음을 알 수 있다.

14 세부 내용 파악

정답 ③

정답 체크

제시된 글의 내용을 정리하면 다음과 같다.

- 전용면적: 발코니 면적을 제외한 전용 생활공간
- 공용면적=주거공용면적+기타공용면적
  - (1) 주거공용면적: 거주를 위하여 공유하는 면적으로 공용계단, 공용복도 등의 면적을 더한 것
  - (2) 기타공용면적: 주거공용면적을 제외한 지하층, 관리사무소, 노인정 등의 면적을 더한 것
- 공급면적=전용면적+주거공용면적
- 계약면적=공급면적+기타공용면적=전용면적+주거공용면적+기타공용면적
- 서비스면적: 발코니 같은 공간의 면적으로 전용면적과 공용면적에서 제외됨

따라서 계약면적은 전용면적, 주거공용면적, 기타공용면적의 합을 의미함을 알 수 있다.

오답 체크

① 계약면적은 전용면적, 주거공용면적, 기타공용면적의 합이며, 발코니 면적은 전용면적에서 제외되므로 계약면적에서도 제외됨을 알 수 있다.

② 공급면적은 전용면적, 주거공용면적의 합이며, 관리사무소 면적은 기타공용면적에 해당하므로 공급면적에는 포함되지 않음을 알 수 있다.

④ 공급면적은 전용면적과 주거공용면적의 합이며, 주거공용면적에 해당하는 공용계단과 공용복도는 공급면적에도 포함됨을 알 수 있다.

⑤ 개별 세대 내 거실과 주방의 면적은 개별 세대 현관문 안쪽의 전용 생활공간으로서 전용면적에 해당되므로 공용면적에 해당하는 주거공용면적에 포함되지 않음을 알 수 있다.

15 법·규정의 적용

정답 ①

정답 체크

첫 번째 법조문 1항 1호에서 신속한 국민의 권리 보호 또는 예측 곤란한 특별한 사정의 발생 등으로 입법이 긴급을 요하는 경우, 행정청은 입법예고를 하지 않을 수 있음을 알 수 있다.

오답 체크

② 두 번째 법조문 3항에서 행정청은 입법안 전문의 복사에 드는 비용을 복사를 요청한 자에게 부담시킬 수 있음을 알 수 있다.

③ 첫 번째 법조문 1항의 2호에서 상위 법령 등의 단순한 집행을 위해 입법안을 마련한 경우에 입법예고를 하지 않을 수 있음을 알 수 있다.

④ 첫 번째 법조문 2항에서 법제처장은 입법예고를 하지 않은 법령안의 심사 요청을 받은 경우에 입법예고를 하는 것이 적당하다고 판단할 때에는 해당 행정청에 입법예고를 권고하거나 직접 예고할 수 있음을 알 수 있다.

⑤ 첫 번째 법조문 1항에서 법령 등을 폐지하려는 경우 해당 입법안을 마련한 행정청이 이를 예고하여야 함을 알 수 있다.

16 법·규정의 적용

정답 ⑤

정답 체크

제시된 글에서 '계약에 의하여 부동산의 소유권을 취득하려면 양수인 명의로 소유권이전등기를 마쳐야 한다.'고 했으므로 부동산X에 대하여 乙이 매매계약에 따라 甲에게 매매대금을 지급하였더라도 乙의 명의로 소유권이전등기를 마치지 않으면 소유권을 취득하지 못함을 알 수 있다.

오답 체크

① 부동산X에 대해 甲과 乙이 매매계약을 했으나 소유권 취득을 위해서는 소유권이전등기를 마쳐야 한다고 했으므로 乙이 대금을 지급하더라도 부동산X의 소유권을 취득하는 것은 아님을 알 수 있다.

② 부동산X를 乙이 경매로 취득한 것이므로 소유권 취득을 위해서는 등기가 필요 없다. 그러나 乙이 이 부동산X를 丙에게 증여하는 경우에는 계약으로 소유권이 변동되는 것이므로 丙은 소유권이전등기를 마치지 않으면 부동산X의 소유권을 취득할 수 없음을 알 수 있다.

③ 동산X의 소유권 취득을 위해서는 동산을 인도하여야 한다고 했으므로 동산X에 대하여 甲이 인도 없이 乙에게 증여하기로 한 계약만으로는 乙이 동산X의 소유권을 취득할 수 없음을 알 수 있다.

④ 부동산X를 乙과 丙은 상속으로 취득한 것이므로 소유권 취득을 위해서 등기가 필요 없음을 알 수 있다.

17 문제해결

정답 ⑤

정답 체크

제시된 글의 내용을 정리하면 다음과 같다.

- 1년에 50,000개의 폐연료봉 발생
- 습식저장소는 총 100,000개의 폐연료봉 저장 가능
- 건식저장소는 X, Y 2개
  - (1) X저장소
    - 300기의 캐니스터로 구성
    - 1기의 캐니스터가 9층이며 한 개의 층에 60개의 폐연료봉이 저장 가능하므로 1기의 캐니스터에 540개 저장 가능
    - 따라서 전체 300×540=162,000개 저장 가능
  - (2) Y저장소
    - 138,000개 저장 가능
- 습식저장소는 1개, 건식저장소X, Y 각각 1개인데 습식저장소는 50% 가 이미 채워져 있음

따라서 현재 저장할 수 있는 폐연료봉은 습식저장소에 50,000개, 건식저장소에 162,000+138,000=300,000개로 도합 350,000개의 폐연료봉을 저장할 수 있다. 이때 1년에 50,000개의 폐연료봉이 발생하므로 앞으로 최대 7년 동안 발생하는 폐연료봉을 현재의 임시저장소에 저장 가능하다. 따라서 A에 해당하는 숫자는 7이다.

고득점자의 빠른 문제 풀이 Tip

<상황>에서 습식저장소와 건식저장소가 각각 얼마나 비워져 있는지 파악한 후에 내용을 읽어 내려가면 좀 더 정확한 계산이 가능합니다.

18 문제해결

정답 ②

정답 체크

제시된 글과 <상황>에 따라 그림을 그려보면 다음과 같다.

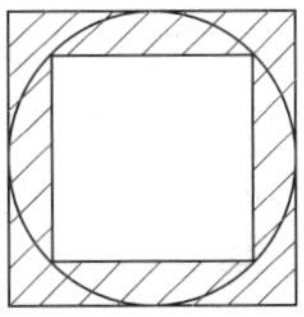

그림의 가운데 흰색 부분이 첫째 딸의 것이고 빗금 친 부분이 둘째 딸의 것이다. 이 그림에서 흰색 정사각형을 45도 회전시킨 후, 사각형을 4등분하는 대각선을 그리면 다음과 같다.

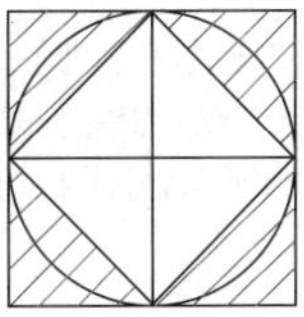

이때 4등분된 흰색 정사각형에서 흰색 삼각형과 빗금 친 삼각형은 크기가 같으므로 흰색 부분의 전체 크기는 빗금친 부분의 전체 크기와 같다.

따라서 전체 10,000m^2의 땅 중에서 甲이 둘째 딸에게 물려주려는 땅의 크기는 전체의 50%인 5,000m^2이다.

고득점자의 빠른 문제 풀이 Tip

<상황>에서 주어진 조건을 그림으로 그린 후 내용을 파악하는 것이 필요합니다. 도형에 관한 문제라고 해서 마름모 넓이 구하는 공식을 활용하려는 생각보다는 그림을 관찰해서 흰색 부분과 빗금 부분의 크기가 같음을 확인하면 문제 풀이 시간을 단축할 수 있습니다.

19 문제해결

정답 ①

정답 체크

ㄱ. A시설은 모든 평가항목에서 1등급을 받았으므로 가중치를 고려하여 평가점수의 총점을 계산하더라도 1등급으로 관리 정원을 감축하지 않아도 됨을 알 수 있다.

ㄴ. B시설은 모든 평가항목에서 1등급을 받지 못해 관리 정원을 감축해야 하지만, 모든 평가항목에서 최소 3등급은 받고 있으므로 정부의 재정지원은 받을 수 있음을 알 수 있다.

오답 체크

ㄷ. 가중치를 바꾸더라도 C시설은 환경개선에서 24점, 복지관리에서 13점, 복지지원에서 11점, 복지성과에서 6점, 중장기 발전계획에서 10점으로 총 64점을 받아 4등급이 되므로 정부의 재정지원을 받을 수 없음을 알 수 있다.

ㄹ. D시설은 환경개선 18점, 복지관리 14점, 복지지원 16점, 복지성과 12점, 중장기 발전계획 13점으로 총 73점을 받아 3등급이 되므로 관리 정원을 감축해야 하나 정부의 재정지원은 받을 수 있음을 알 수 있다.

고득점자의 빠른 문제 풀이 Tip

주어진 <표>를 그대로 계산하는 것이 아니라 그 의미에 따라 계산해야 하는 수치가 달라질 수 있으므로 <표>에서 변경하여 적용해야 하는 수치는 미리 적어두고 접근합니다. 또한 <보기>에서 ㄷ을 제외하고 모든 항목의 가중치가 일정하므로 가중치를 고려하지 않고 문제를 풀이할 수 있습니다.

20 문제해결

정답 ①

정답 체크

甲은 연속된 두 칸을 선택해야 하므로 甲이 선택할 수 있는 경우의 수는 3가지이고 乙은 네 칸 가운데 하나의 칸을 정하는 것이므로 乙이 정할 수 있는 경우의 수는 4가지이다. 甲과 乙이 선택 가능한 조합은 12가지이고, 각각의 경우에서 승리하는 사람을 표로 나타내면 다음과 같다.

甲의 선택 \ 乙의 선택	1	2	3	4
1 2	乙	乙	甲	甲
2 3	甲	乙	乙	甲
3 4	甲	甲	乙	乙

ㄱ. 甲이 무작위로 정할 경우 乙이 1을 선택하게 되면 乙이 이길 수 있는 확률이 1/3인 반면 2를 선택하게 되면 乙이 이길 수 있는 확률이 2/3가 된다. 따라서 乙은 1보다는 2를 선택하는 것이 승리할 확률이 높다.

오답 체크

ㄴ. 화살이 명중한 칸을 乙이 무작위로 정할 경우 甲은 2 3과 3 4 둘 중 어떤 선택을 하든 甲이 이길 수 있는 확률이 1/2로 동일하다.

ㄷ. 전체 12가지 경우의 수 가운데 甲이 이기는 경우와 乙이 이기는 경우는 6가지로 동일하다.

고득점자의 빠른 문제 풀이 Tip

甲과 乙의 선택에 따라 승패가 결정되는 경우를 정리한 후에 <보기>를 살펴보면 문제 풀이 시간을 단축할 수 있습니다.

21 논리퍼즐

정답 ⑤

정답 체크 1단계의 두 묶음의 구슬 개수를 알기 위해 3단계부터 가능한 구슬 묶음을 확인한다.

· 3단계에서 두 묶음을 각각 두 묶음씩으로 다시 나누어 총 네 묶음이 되도록 했으므로 3단계에서는 구슬이 두 묶음이었음을 알 수 있다. 이에 따라 가능한 구슬 묶음은 6개, 10개이다.

결과	1개, 5개, 5개, 5개
3단계	6개, 10개

· 2단계에서 5개 이상의 구슬이 있던 한 묶음에서 다른 묶음으로 5개의 구슬을 옮겼다고 했으므로 한 묶음에서 다른 묶음으로 구슬 5개를 옮긴 두 묶음이 있음을 알 수 있다. 이에 따라 가능한 구슬 묶음은 11개, 5개 또는 15개, 1개이다.

결과	1개, 5개, 5개, 5개
3단계	6개, 10개
2단계	11개, 5개 또는 15개, 1개

· 1단계에서 두 묶음은 다른 구슬 개수의 n배(n은 자연수)가 되도록 했으므로 2단계의 구슬 묶음 중 묶음 간 구슬 개수가 n배가 되는 것은 15개, 1개인 구슬 묶음임을 알 수 있다.

결과	1개, 5개, 5개, 5개
3단계	6개, 10개
2단계	11개, 5개 또는 15개, 1개
1단계	15개, 1개

따라서 1단계에서 甲이 나눈 두 묶음의 구슬 개수는 15개, 1개이다.

고득점자의 빠른 문제 풀이 Tip

조건의 방법대로 시행했을 때 가능한 정답을 추론하는 것보다 각 선택지를 대입하여 조건을 충족하는지 파악하고, 충족하지 않는 선택지를 소거하면 정답을 빠르게 찾을 수 있습니다.

22 문제해결

정답 ③

정답 체크 종류별 치킨이 가장 저렴한 가게는 프라이드치킨이 C, 양념치킨이 B, 간장치킨이 C, D이다. 프라이드치킨이 가장 저렴한 C에서는 배달가능 최소금액이 7,000원이므로 프라이드치킨만 주문할 수는 없다. 그런데 양념치킨이 가장 저렴한 B와 비교하면 C의 양념치킨이 1,000원 더 비싸기는 하지만 배달료는 C가 B보다 1,000원 더 저렴하므로 양념치킨을 C에서 주문하는 것도 가능하다. 따라서 C에서 프라이드치킨과 양념치킨 또는 프라이드치킨과 간장치킨을 주문하고, 나머지 하나를 다른 가게에서 주문하는 것이 가장 경제적이다.

<경우 1> C에서 프라이드치킨과 양념치킨을 주문하는 경우

간장치킨을 간장치킨 가격과 배달료가 가장 저렴한 D에서 주문할 때, 주문금액은 C가 5,000+8,000+1,000=14,000원이고, D가 8,000+1,000=9,000원이므로 총 23,000원이다.

<경우 2> C에서 프라이드치킨과 간장치킨을 주문하는 경우

양념치킨은 치킨 가격과 배달료를 합한 금액이 B와 D가 같으므로 B 또는 D에서 주문할 수 있다.

양념치킨을 B에서 주문하는 경우 주문금액은 C가 5,000+8,000+1,000=14,000원이고, B가 7,000+2,000=9,000원이므로 총 23,000원이다.

한편 양념치킨을 D에서 주문하는 경우에도 주문금액은 C가 5,000+8,000+1,000=14,000원이고, D가 8,000+1,000=9,000원이므로 총 23,000원이다.

위 경우를 표로 나타내면 다음과 같다.

프라이드치킨	양념치킨	간장치킨	배달료	총 주문금액
C 5,000원	C 8,000원	D 8,000원	C 1,000원, D 1,000원	23,000원
C 5,000원	B 7,000원	C 8,000원	C 1,000원, B 2,000원	23,000원
C 5,000원	D 8,000원	C 8,000원	C 1,000원, D 1,000원	23,000원

따라서 주문이 가능한 경우의 조합은 총 세 가지이다.

오답 체크
① <조건>에 따르면 A가게에서는 주문하지 않는다.
② <조건>에 따르면 세 가지 경우 모두 총 주문금액은 23,000원이다.
④ B가게가 휴업하는 것과 상관없이 총 주문금액은 달라지지 않는다.
⑤ '조건 2'를 고려하지 않는다면 C에서 22,000원으로 모든 치킨을 주문할 수 있다.

고득점자의 빠른 문제 풀이 Tip

제시된 <조건> 중에서 고정 조건을 먼저 적용하여 문제를 풀이합니다. 조건 1과 조건 3을 파악하면 C에서 프라이드치킨을 주문하는 것이 확정적으로 결정됩니다. 따라서 C에서 프라이드치킨을 주문하는 것을 적용하여 다른 경우의 수를 고려하면 문제 풀이 시간을 단축할 수 있습니다.

23 문제해결

정답 ②

정답 체크
ㄱ. 제시된 코드에서 5칸은 이미 정해져 있으므로 나머지 20칸으로 만들 수 있는 코드의 개수는 2^{20}개이다. $2^{20}=2^{10}\times2^{10}=1{,}024^2$개이므로 총 코드 개수는 100만 개를 초과한다.
ㄷ. 각 칸을 빨간색과 파란색으로도 채울 수 있다면 만들 수 있는 코드의 개수는 4^{20}이다. $4^{20}=2^{20}\times2^{20}$이고, 2^{20}개는 100만 개보다 크므로 기존 코드 개수 2^{20}보다 100만 배 이상 증가하게 된다.

오답 체크
ㄴ. 코드에서 하단 왼쪽의 2칸(B)만이 甲지역을 나타내는 것이므로 그 외의 23칸은 다른 지역에서 만들 수 있는 코드와 동일할 수 있다. 한편 B 부분에서 다른 지역이 나타낼 수 있는 코드는 (흰, 검), (검, 흰), (검, 검)이며, (검, 검)을 제외하고는 흰색을 1칸 채워야 하므로 이 흰색 칸 역시 甲지역의 코드와 동일할 수 있다. 따라서 甲지역과 다른 지역에서 만들 수 있는 코드는 최대 24칸이 동일할 수 있다.
ㄹ. 코드 제작 사용에 3칸이 더 주어지면 만들 수 있는 코드의 개수는 기존보다 2^3=8배 만큼 증가한다.

고득점자의 빠른 문제 풀이 Tip

정확한 계산보다는 <보기>에서 묻는 것의 옳고 그름을 파악하는 것에 중점을 둡니다.

ㄱ, ㄷ. 100만 개를 초과하는지 묻거나 100만 배 증가를 묻는 경우에는 정확한 수치보다는 100만 개를 초과하는지 여부만 판단하면 됩니다. 따라서 계산식을 끝까지 계산하기보다는 두 계산식을 비교해서 옳고 그름을 판단합니다.

24 논리퍼즐

정답 ⑤

정답 체크

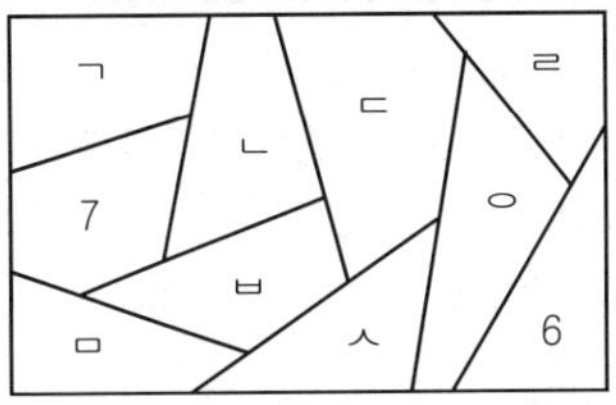

세 번째 <조건>에서 2는 모든 홀수와 인접한다고 했으므로 5개의 칸과 인접하며 주어진 7과도 인접하는 ㅂ에 2가 위치한다. 이때 ㄴ, ㄷ, ㅁ, ㅅ이 홀수이므로 나머지 ㄱ, ㄹ, ㅇ이 짝수임을 알 수 있다. 홀수를 동그라미로 표시하면 다음과 같다.

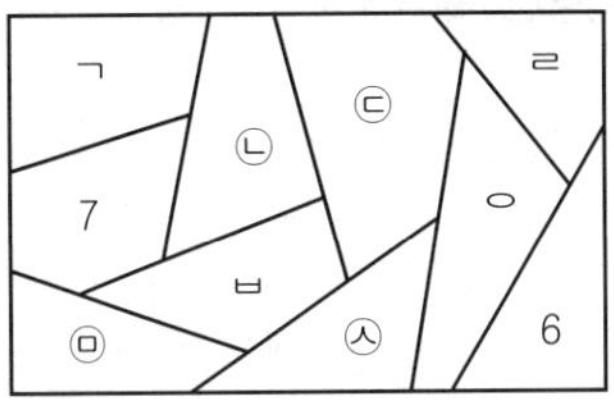

마지막 <조건>에서 10은 어느 짝수와도 인접하지 않는다고 했으므로 10은 ㄱ에 위치한다.

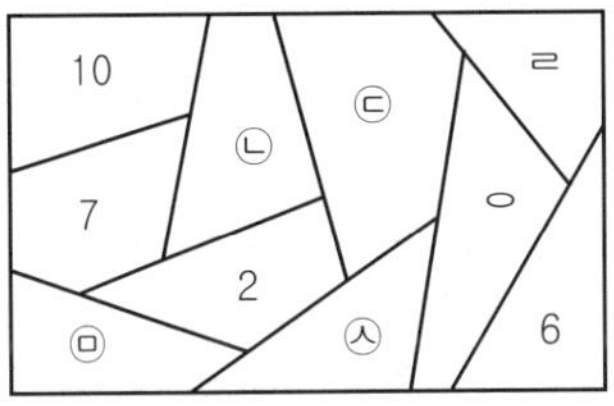

다섯 번째 <조건>에서 5는 가장 많은 짝수와 인접한다고 했으므로 5는 ㉢에 위치한다.

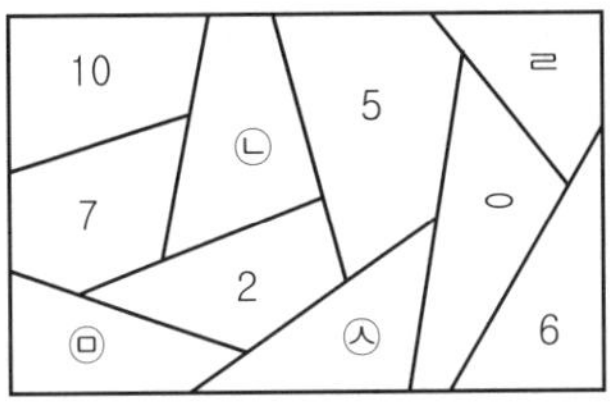

두 번째 <조건>에서 1은 소수와만 인접한다고 했으므로 1이 위치할 수 있는 위치는 ㉤이고, 이때 ㉦도 소수임을 알 수 있다.

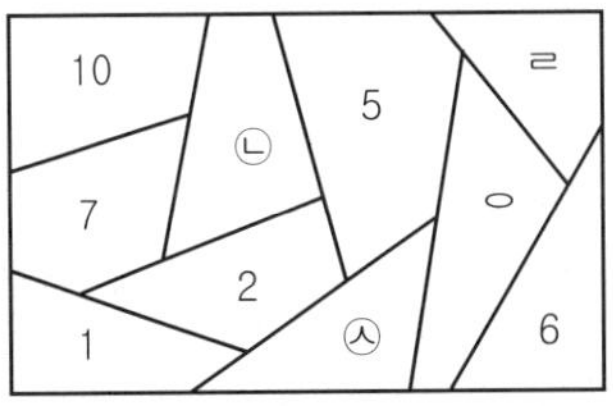

남은 홀수 3과 9 중 3이 소수이므로 ㉦에, 9가 ㉡에 들어가게 된다.

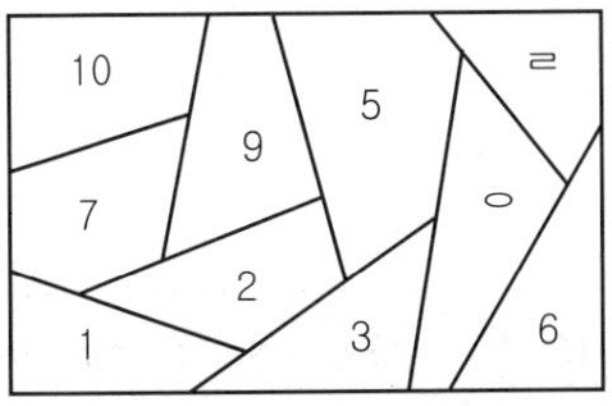

네 번째 <조건>에서 3에 인접한 숫자를 모두 더하면 16이 된다고 하였으므로 ㅇ에 8이 들어가고 나머지 ㄹ에 4가 들어가게 된다. 이렇게 해서 조건을 정리한 결과는 다음과 같다.

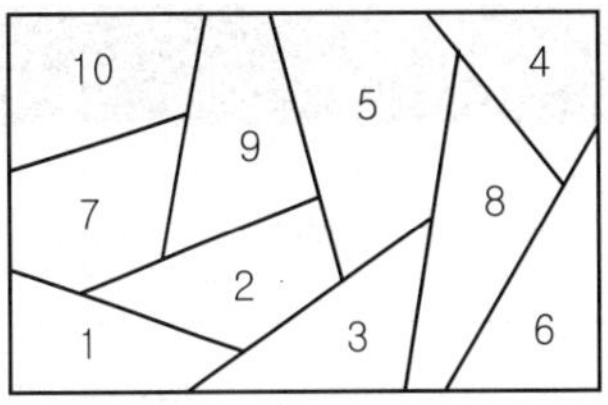

따라서 5와 인접한 숫자를 모두 더하면 2+3+4+8+9=26이다.

고득점자의 빠른 문제 풀이 Tip

제시된 조건 중 고정 조건을 기준으로 정한 후 조건을 도식화하여 문제를 풀이하면 문제 풀이 시간을 단축할 수 있습니다. <숫자판>에 7이 제시되어 있고, 2가 모든 홀수와 인접한다고 했으므로 7과 인접하고 인접한 칸이 5개인 곳에 2를 먼저 배치한 후, 나머지 변동 조건을 고려합니다.

25 문제해결

정답 ④

정답 체크

丁의 보조금 수급 이력 점수는 26점이고 이는 보조금 수급 이력이 3백만 원 미만일 때의 배점이다. 또한 보조금 수급 이력은 임업인이 제출하는 서류가 아닌 정부보유자료로 평가하므로 서류제출과는 관련이 없음을 알 수 있다.

오답 체크

① 甲의 총점이 가장 높음에도 불구하고 선정되지 않은 것은 보조금을 부당하게 사용하였거나 관련 법령을 위반하여 선정제외 대상인에 해당하기 때문임을 알 수 있다. 그러나 보조금 수급 이력 점수가 40점인 것은 보조금 수급 이력이 없다는 것이므로 보조금을 부당하게 사용한 것은 아니다. 따라서 甲은 관련 법령을 위반한 적이 있음을 알 수 있다.

② 甲과 丁의 2015년 산림청통계조사 표본농가 점수는 7점으로 표본농가에 포함되지 않았음을 알 수 있다.

③ 乙은 보조금 수급 이력이 없으므로 관련 법령 위반 경력이 없다면 선정제외 대상에 해당하지 않는다. 그런데도 동점자인 丙이 선정된 것은 동점 시 우선 선정기준의 영향을 받았기 때문이다. 동점 시 우선 선정기준에 따라 乙과 丙의 점수를 살펴보면 乙과 丙은 보조금 수급 이력 점수와 임산물 판매규모 점수가 동일하므로 연령이 높은 자에서 선정여부가 정해졌음을 알 수 있다. 따라서 丙이 乙보다 연령이 높음을 알 수 있다.

⑤ 乙과 丁의 임산물 관련 교육 이수 점수는 10점이므로 乙과 丁은 임산물 관련 교육을 이수하였고, 이를 증명하기 위해 이수증이나 수료증을 제출했음을 알 수 있다.

1 자료이해

정답 ①

정답 체크

ㄱ. 1인당 GDP가 2만 달러 이상인 국가는 A, B, C, D, E, F이고, 이 국가들은 모두 1인당 의료비지출액이 1천 달러 이상이므로 옳은 설명이다.

ㄴ. 1인당 의료비지출액은 A국이 약 3,500달러로 가장 많고, J국이 약 300달러로 가장 적다. 두 나라의 1인당 의료비지출액 차이는 3,500-300≒3,200달러이므로 옳은 설명이다.

오답 체크

ㄷ. 1인당 GDP는 E국이 가장 높고, J국이 가장 낮다. E국과 J국의 1인당 의료비지출액은 모두 2천 달러를 넘지 않아 두 나라의 1인당 의료비지출액 차이가 2천 달러 이상이 될 수 없으므로 옳지 않은 설명이다.

ㄹ. 1인당 GDP 상위 5개 국가는 A, B, C, E, F이고, 1인당 GDP 하위 5개 국가는 D, G, H, I, J이다. 1인당 GDP 상위 5개 국가의 1인당 의료비지출액 합은 3,500+2,700+2,500+1,700+1,200≒11,600달러로 1인당 GDP 하위 5개 국가의 1인당 의료비지출액 합의 5배인 (1,700+700+500+400+300)×5≒18,000달러 미만이므로 옳지 않은 설명이다.

고득점자의 빠른 문제 풀이 Tip

ㄹ. 1인당 GDP 하위 5개 국가의 의료비지출액 합은 약 3,600달러이므로 1인당 GDP 상위 5개 국가의 의료비지출액은 한 국가당 평균 3,600달러 이상이어야 합니다. 그러나 제시된 <그림>에서 A, B, C, E, F국 모두 3,600달러에 미치지 못하므로 옳지 않음을 알 수 있습니다.

2 자료논리

정답 ②

정답 체크

각 과목석차 백분율을 계산하면 다음과 같다.

- 국어: (270/300)×100=90.0% (8등급)
- 영어: (44/300)×100≒14.7% (3등급)
- 수학: (27/300)×100=9.0% (2등급)
- 과학: (165/300)×100=55.0% (5등급)

4개 과목 평균등급은 {(8×3)+(3×3)+(2×2)+(5×3)}/(3+3+2+3)≒4.7등급이다.

따라서 M의 범위는 4≤M<5이다.

3 자료이해

정답 ①

정답 체크

ㄱ. <표 1>에서 공적개발원조액은 2013년 522,783백만 원에서 2014년 580,552백만 원으로 580,552-522,783=57,769백만 원 증가하여 2013년도의 10%인 522,783×0.1=52,278.3백만 원 이상 증가하였으므로 옳은 설명이다.

ㄴ. <표 1>에서 전체 원조액에서 '양자' 지원형태로 공여한 원조액의 비중은 2013년이 (500,139/522,783)×100≒95.7%이고, 2014년이 (542,725/580,552)×100≒93.5%이므로 옳은 설명이다.

ㄹ. <표 3>에서 사업유형별 공적개발원조액의 비중이 2013년에 비해 2014년에 낮아진 사업유형은 프로젝트, 연수생초청, 민관협력으로 총 3개이므로 옳은 설명이다.

오답 체크

ㄷ. <표 2>에서 지원분야별 공적개발원조액 순위는 2013년이 '교육, 보건, 산업에너지, 공공행정, 농림수산, 긴급구호' 순이고, 2014년이 '교육, 보건, 공공행정, 농림수산, 산업에너지, 긴급구호' 순이므로 옳지 않은 설명이다.

ㅁ. <표 4>에서 지역별 공적개발원조액은 중동지역이 2013년 23,847백만 원에서 2014년 16,115백만 원으로 감소하였으므로 옳지 않은 설명이다.

고득점자의 빠른 문제 풀이 Tip

ㄴ. '양자' 지원형태로 공여한 원조액이 전체 원조액의 90% 이상이라는 것은 '다자' 지원형태로 공여한 원조액이 전체 원조액의 10% 미만이라는 것을 의미합니다. 2013과 2014년 모두 '다자' 지원형태로 공여한 원조액이 전체 원조액의 10% 미만이므로 '양자' 지원형태로 공여한 원조액이 전체 원조액의 90% 이상임을 빠르게 확인할 수 있습니다.

4 자료이해

정답 ⑤

정답 체크

에너지사용량 대비 GDP는 GDP/에너지사용량이고, 이는 제시된 그래프에서 y축/x축을 의미하는 기울기의 역수이다. B국의 기울기가 A국의 기울기보다 가파르므로 기울기의 역수는 A국이 B국보다 더 큼을 알 수 있다. 따라서 에너지사용량 대비 GDP는 A국이 B국보다 높으므로 옳지 않은 설명이다.

오답 체크

① y축을 기준으로 에너지사용량이 가장 많은 국가는 A국이고, 가장 적은 국가는 D국이므로 옳은 설명이다.

② 인구수를 나타내는 원의 면적은 C국과 D국이 비슷하지만 에너지사용량은 C국이 D국보다 높다. 따라서 1인당 에너지사용량은 C국이 D국보다 많으므로 옳은 설명이다.

③ x축을 기준으로 GDP가 가장 낮은 국가는 D국이고, 가장 높은 국가는 A국이므로 옳은 설명이다.

④ 인구수를 나타내는 원의 면적은 H국이 B국보다 작지만 GDP는 H국이 B국보다 높다. 따라서 1인당 GDP는 H국이 B국보다 높으므로 옳은 설명이다.

고득점자의 빠른 문제 풀이 Tip

⑤ 분모 값에 해당하는 에너지사용량은 A국과 B국이 큰 차이가 없으나 분자 값에 해당하는 GDP는 A국이 10,000십억 달러가 넘고, B국이 약 1,600십억 달러로 차이가 크므로 계산하지 않아도 에너지사용량 대비 GDP는 A국이 B국보다 높음을 알 수 있습니다.

5 자료이해

정답 ④

정답 체크

ㄴ. 농축수산물 전체 생산액은 매년 증가하는 반면 쌀 생산액은 전년대비 2013년에 감소하였고 2014년에는 소폭 증가하여 전체 생산액에서 차지하는 비중은 매년 감소하였으므로 옳은 설명이다.

ㄹ. 오리 생산액은 2012년에 10위 이내에 포함되지 못했으므로 10위 생산액인 5,324억 원보다 적고, 2013년에 6,490억 원, 2014년에 12,323억 원으로 매년 증가하였으므로 옳은 설명이다.

오답 체크

ㄱ. 감귤 생산액 순위는 2013년 9위에서 2014년 10위로 떨어졌고, 농축수산물 전체 생산액에서 차지하는 비중도 2013년 (8,108/ 350,889)×100≒2.3%에서 2014년 (9,065/413,643)×100≒2.2%로 감소하였으므로 옳지 않은 설명이다.

ㄷ. 상위 10위 이내에 매년 포함된 품목은 쌀, 돼지, 소, 우유, 고추, 닭, 달걀, 감귤 8개이므로 옳지 않은 설명이다.

6 자료이해

정답 ④

정답 체크

ㄴ. 당해년도 연봉=전년도 연봉×(1+전년도 성과평가등급에 따른 연봉인상률)임을 적용하여 구한다. A와 B의 2015년 성과평가등급에 따른 연봉인상률은 A가 (38,016-34,560)/34,560=0.1로 10%, B가 (28,875-26,250)/26,250=0.1로 10%이다. 따라서 성과평가등급은 A와 B 모두 Ⅱ이므로 옳은 설명이다.

ㄷ. C의 2015년 성과평가등급에 따른 연봉인상률은 (33,264-27,720)/27,720=0.2로 20%이다. 따라서 성과평가등급은 Ⅰ이므로 옳은 설명이다.

오답 체크

ㄱ. 2013년 성과평가등급에 따른 연봉인상률은 A가 (28,800-24,000)/24,000=0.2로 20%, B가 연봉에 변동이 없어 0%, C가 (25,200-24,000)/24,000=0.05로 5%, D가 (27,500-25,000)/25,000=0.1로 10%이다. 따라서 2013년 성과평가등급이 높은 사원부터 순서대로 나열하면 A, D, C, B이므로 옳지 않은 설명이다.

ㄹ. D의 성과평가등급에 따른 연봉인상률은 2014년이 (27,500-25,000)/25,000=0.1로 10%, 2015년이 연봉에 변동이 없어 0%, 2016년이 (30,250-27,500)/27,500=0.1로 10%이다. 따라서 성과평가에서 Ⅲ등급을 받은 적이 없으므로 옳지 않은 설명이다.

고득점자의 빠른 문제 풀이 Tip

연봉인상률을 모두 계산하는 것보다는 전년도 연봉에서 5%, 10%, 20%를 곱하여 당해년도 연봉과 비교하면 문제 풀이 시간을 단축할 수 있습니다.

7 자료이해

정답 ⑤

정답 체크

인도네시아인 방문객 수는 2002년에 상위 10위 내에 포함되지 않아 67천 명 미만이고, 2012년에 124천 명으로 124-67=57천 명 이상 증가하였으므로 옳은 설명이다.

오답 체크

① 미국인, 중국인, 일본인 방문객 수의 합은 2002년에 459+539+2,321=3,319천 명이고, 2012년에 662+2,220+3,289=6,171천 명이다. 따라서 2012년이 2002년의 6,171/3,319≒1.9배이므로 옳지 않은 설명이다.

② 2002년 대비 2012년 방문객 수의 증가율은 미국인이 {(662-459)/459}×100≒44.2%이고, 말레이시아인이 {(156-83)/83}×100≒88.0%이므로 옳지 않은 설명이다.

③ 전체 외국인 방문객 중 중국인 방문객 비중은 2002년이 (539,000/5,347,468)×100≒10.1%이고, 2012년이 (2,220,000/9,794,796)×100≒22.7%로 2012년이 2002년의 3배 미만이므로 옳지 않은 설명이다.

④ 2002년 외국인 방문객 수 상위 10개국 중 2012년 외국인 방문객 수 상위 10개국에 포함되지 않은 국가는 캐나다 1개이므로 옳지 않은 설명이다.

고득점자의 빠른 문제 풀이 Tip

② 배수를 활용하여 빠르게 해결할 수 있습니다. 방문객 수는 말레이시아가 83천 명에서 156천 명으로 거의 2배 가깝게 증가하였고, 미국이 459천 명에서 662천 명으로 2배 미만으로 증가하였으므로 옳지 않은 설명입니다.

8 자료이해

정답 ③

정답 체크

ㄱ. 주어진 <표>와 <그림>을 통해 2011년 잣나무 원목생산량을 먼저 확인한다. 2011년 전나무 원목생산량은 56.2만 m^3이고, 구성비가 14.1%이므로 2011년 잣나무 원목생산량과 비례식으로 나타내면 56.2:14.1=잣나무 원목생산량:3.7이다. 따라서 2011년 잣나무 원목생산량은 (56.2×3.7)/14.1≒14.7만 m^3이다. 따라서 2006년 대비 2011년 원목생산량의 증가율은 소나무가 {(92.2-30.9)/30.9}×100≒198.4%로 가장 크므로 옳은 설명이다.

ㄹ. 전체 원목생산량은 2009년이 38.6+8.3+54.0+38.7+69.4+42.7=251.7만 m^3, 2011년이 92.2+14.7+56.2+63.3+87.7+85.7=399.8만 m^3이다. 전체에서 소나무 원목생산량이 차지하는 비중은 2009년이 (38.6/251.7)×100≒15.3%이고, 2011년이 (92.2/399.8)×100=23.1%이므로 옳은 설명이다.

오답 체크

ㄴ. '기타'를 제외하고 2006년~2011년 동안 원목생산량이 매년 증가한 수종은 낙엽송과 참나무 2개이므로 옳지 않은 설명이다.

ㄷ. 2010년 참나무 원목생산량은 76.0만 m^3이고, 2010년 잣나무 원목생산량의 6배인 12.8×6=76.8만 m^3 미만이므로 옳지 않은 설명이다.

9 자료논리

정답 ④

정답 체크

· 청년층의 상대적 정부신뢰지수=전체국민 정부신뢰율-청년층 정부신뢰율임을 적용하여 구한다. A~D의 청년층 정부신뢰율은 다음과 같다.
A: 14.0-6.4=7.6%
B: 35.0-(-14.1)=49.1%
C: 48.0-(-9.1)=57.1%
D: 82.0-2.0=80.0%

· 청년층 정부신뢰율은 스위스가 그리스의 10배 이상이므로 A가 그리스, D가 스위스임을 알 수 있다.

· 청년층 정부신뢰율은 미국이 스위스보다 30%p 이상 낮으므로 B가 미국임을 알 수 있고, 나머지 C가 영국임을 알 수 있다.

따라서 A는 그리스, B는 미국, C는 영국, D는 스위스이다.

고득점자의 빠른 문제 풀이 Tip

첫 번째 <조건>에 따라 D가 스위스, A가 그리스이므로 B와 C는 영국 또는 미국임을 알 수 있습니다. 따라서 두 번째 <조건>은 확인하지 않고 빠르게 세 번째 <조건>을 통해 정답을 파악할 수 있도록 합니다.

10 자료이해

정답 ②

정답 체크

ㄱ. 1949년~2010년 동안 직전 조사년도에 비해 도시수가 증가한 조사년도는 1955년, 1960년, 1966년, 1970년, 1975년, 1985년, 2000년, 2005년, 2010년이고, 해당 조사년도에 도시화율도 모두 증가하였으므로 옳은 설명이다.

ㄷ. 도시화율(%)=$\frac{도시인구}{전체인구}$×100임을 적용하여 구한다. 전체인구는 1970년이 (20,857,782/49.8)×100≒41,883,096명으로 처음 4천만 명을 초과하였으므로 옳은 설명이다.

오답 체크

ㄴ. 1949년~2010년 동안 직전 조사년도 대비 도시인구 증가폭은 1960년이 12,303,103-6,320,823=5,982,280명 증가하여 가장 크고, 직전 조사년도 대비 도시화율 증가폭은 1975년이 58.3-49.8=8.5%p 증가하여 가장 크므로 옳지 않은 설명이다.

ㄹ. 평균도시인구=$\frac{도시인구}{도시수}$임을 적용하여 구한다. 1955년의 평균도시인구는 6,320,823/65≒97,243명이므로 옳지 않은 설명이다.

고득점자의 빠른 문제 풀이 Tip

ㄴ, ㄷ, ㄹ. 수치가 커 계산에 어려움이 있으므로 도시인구를 만 단위로 반올림하여 계산합니다.

11 자료이해

정답 ⑤

정답 체크

ㄴ. 5등급 요양기관 중 서울지역 요양기관의 비중은 (4/8)×100=50%이고, 2등급 요양기관 중 강원지역 요양기관의 비중은 (2/10)×100=20%이므로 옳은 설명이다.

ㄷ. 1등급 '상급종합병원' 요양기관 수는 37개소이고, 5등급을 제외한 '종합병원' 요양기관 수는 46-8=38개소이므로 옳은 설명이다.

ㄹ. '상급종합병원' 요양기관 중 1등급 요양기관의 비중은 (37/42)×100≒88.1%이고, 1등급 요양기관 중 '종합병원' 요양기관의 비중은 (30/67)×100≒44.8%이므로 옳은 설명이다.

오답 체크

ㄱ. 경상지역 요양기관은 총 16+1=17개소이고, 이 중 1등급 요양기관의 비중은 (16/17)×100≒94.1%이다. 서울지역 요양기관은 총 22+2+1+4=29개소이고, 이 중 1등급 요양기관의 비중은 (22/29)×100≒75.9%이다. 따라서 1등급 요양기관의 비중은 경상지역이 서울지역보다 크므로 옳지 않은 설명이다.

12 자료이해

정답 ③

정답 체크

극한기후 발생지수=4×$\left(\frac{A-B}{C-B}\right)$+1임을 적용하여 구한다. 호우의 발생지수는 4×{(3-0)/(16-0)}+1=1.75이고, 강풍의 발생지수는 4×{(1-0)/(16-0)}+1=1.25이다. 대설과 강풍의 발생지수의 합 1.00+1.25=2.25는 호우의 발생지수보다 크므로 옳은 설명이다.

오답 체크

① 한파의 발생지수는 4×{(5-0)/(16-0)}+1=2.25이고, 폭염의 발생지수가 5.00으로 가장 크므로 옳지 않은 설명이다.

② 호우의 발생지수는 1.75로 2.00 미만이므로 옳지 않은 설명이다.

④ 극한기후 유형별 발생지수의 평균은 (5.00+2.25+1.75+1.00+1.25)/5=2.25이므로 옳지 않은 설명이다.

⑤ 폭염의 발생지수는 강풍의 발생지수의 5.00/1.25=4배이므로 옳지 않은 설명이다.

고득점자의 빠른 문제 풀이 Tip

<산정식>에 의해 B=0, C=16이므로 극한기후 발생지수 식의 분자 값은 A에 비례하고, 분모 값은 16으로 고정된다는 것을 빠르게 파악할 수 있습니다.

13 자료논리

정답 ⑤

정답 체크

· <그림> (A)는 각 점과 연결된 점이 좌우로 두 개씩이므로 갑, 을, 병 회사의 부서 간 정보교환에서 두 부서씩 정보교환을 나타내는 '병' 회사임을 알 수 있다.

· <그림> (B)는 중심의 한 점을 기준으로 각 부서와 한 번씩만 연결되어 있으므로 모든 부서가 a부서와 정보교환을 나타내는 '갑' 회사임을 알 수 있다.

· <그림> (C)는 각 점의 위치에 따라 한 개에서 세 개의 점으로 연결되어 있으므로 '을' 회사임을 알 수 있다.

따라서 (A)는 '병', (B)는 '갑', (C)는 '을' 회사이다.

고득점자의 빠른 문제 풀이 Tip

항목을 고르는 문제의 경우 선택지를 소거하면서 문제를 풀 수 있도록 합니다. <그림> (A)가 '병' 회사임을 파악하면 ①, ②, ③, ④가 모두 소거되어 정답은 ⑤임을 알 수 있습니다.

14 자료논리

정답 ②

정답 체크

· 의료 종사자수는 IT 종사자수의 3배이므로 A와 B 또는 E와 F가 각각 의료와 IT임을 알 수 있다.

· 철강 업체수는 지식서비스 업체수의 2배이고, 이에 따라 D와 E 또는 D와 F가 각각 철강과 지식서비스이므로 D가 철강임을 알 수 있다. 또한 E 또는 F가 지식서비스이므로 A가 IT, B가 의료임을 알 수 있다.

· 부가가치율(%)=$\frac{부가가치액}{매출액}$×100임을 적용하여 구한다. 매출액은 F가 (61/39.1)×100≒156.0억 원으로 가장 낮으므로 F가 항공우주임을 알 수 있고, E가 지식서비스, 나머지 C가 석유화학임을 알 수 있다.

따라서 B는 의료, C는 석유화학, E는 지식서비스이다.

고득점자의 빠른 문제 풀이 Tip

간단하고 계산이 없는 <조건>부터 확인합니다. 첫 번째, 네 번째 <조건>이 계산이 없고 비교적 간단하므로 가장 먼저 확인한 후 세 번째 <조건>을 확인하여 정답을 추론합니다. 이에 따라 두 번째 <조건>은 확인하지 않아도 되므로 문제 풀이 시간을 단축할 수 있습니다.

15 자료이해

정답 ②

정답 체크

ㄱ. 온라인 도박 경험이 있다고 응답한 사람은 59+16+8=83명이므로 옳은 설명이다.

ㄷ. 온라인 도박 경험이 있다고 응답한 83명 중 오프라인 도박 경험이 있다고 응답한 8명의 비중은 (8/83)×100≒9.6%이고, 전체 응답자 500명 중 오프라인 도박 경험이 있다고 응답한 사람 2+6+8=16명의 비중은 (16/500)×100=3.2%이므로 옳은 설명이다.

오답 체크

ㄴ. 오프라인 도박에 대해, '경험은 없으나 충동을 느낀 적이 있음'으로 응답한 사람은 21+25+16=62명으로 전체 응답자 500명의 10% 이상이므로 옳지 않은 설명이다.

ㄹ. 온라인 도박에 대해 '경험이 없고 충동을 느낀 적도 없음'으로 응답한 사람은 250+21+2=273명으로 전체 응답자 500명의 50% 초과이므로 옳지 않은 설명이다.

16 자료이해

정답 ③

정답 체크

ㄴ. 사무관 A는 첫 번째 발언에서 배출농도 허용기준을 현행보다 20% 낮추어 '2.0kg/톤 이하'로 변경하는 것을 제안하였으므로 옳은 설명이다.

ㄹ. 각 산업단지의 총 배출량=배출농도×배출유량이므로 산업단지 가는 1.5×10=15kg/일, 나는 2.4×5=12kg/일, 다는 3.0×8=24kg/일, 라는 1.0×11=11kg/일이고, 총 배출량 허용기준인 12kg/일 이하를 만족하는 산업단지는 나, 라 2곳이므로 옳은 설명이다.

오답 체크

ㄱ. 사무관 A는 첫 번째 발언에서 배출농도 허용기준을 현행보다 20% 낮추어 '2.0kg/톤 이하'로 변경하는 것을 제안하였으므로 현행 유해물질 배출농도 허용기준은 2.0/0.8=2.5kg/톤임을 알 수 있다. 따라서 현행 유해물질 배출농도 허용기준 적용 시 가, 나, 라 3곳이 허용기준을 만족하므로 옳지 않은 설명이다.

ㄷ. 강화된 기준 적용 시 가, 라 2곳이 배출농도 허용기준을 만족하므로 옳지 않은 설명이다.

17 자료논리

정답 ③

정답 체크

ㄱ. 전·월세 전환율(%)=$\frac{\text{월세}\times 12}{\text{전세금}-\text{월세보증금}}$×100임을 적용하여 구한다. A의 전·월세 전환율이 6%라면, 전세금은 {(50×12)/6}×100+25,000=35,000만 원으로 3억 5천만 원이므로 옳은 설명이다.

ㄹ. E의 전·월세 전환율이 12%라면, 월세는 12×{(58,000−53,000)/(100×12)}=50만 원이므로 옳은 설명이다.

오답 체크

ㄴ. B의 전·월세 전환율은 {(60×12)/(42,000−30,000)}×100= 6%이므로 옳지 않은 설명이다.

ㄷ. C의 전·월세 전환율이 3%라면, 월세보증금은 60,000−{(70×12)/3}×100=32,000만 원으로 3억 2천만 원이므로 옳지 않은 설명이다.

고득점자의 빠른 문제 풀이 Tip

각주의 공식과 자료의 수치를 이용하여 계산값을 구하는 문제입니다. 모든 선택지가 계산이 필요하므로 시간 조절을 위해 다른 문제를 먼저 풀고 나중에 푸는 방법도 있습니다.

18 자료이해

정답 ②

정답 체크

ㄱ. 부정적 키워드 검색 건수에 비해 긍정적 키워드 검색 건수가 많았던 연도는 2001년, 2002년, 2007~2013년으로 총 9개년이므로 옳은 설명이다.

ㄷ. 2001~2013년 동안 전년대비 전체 검색 건수 증가율은 2002년이 {(3,047−1,486)/1,486}×100≒105.0%로 가장 높으므로 옳은 설명이다.

오답 체크

ㄴ. '세대소통' 키워드의 검색 건수는 2005년 이후 매년 증가하다가 2013년에 전년대비 감소하였으므로 옳지 않은 설명이다.

ㄹ. 2002년 전년대비 검색 건수 증가율은 '세대갈등'이 {(912−520)/520}×100≒75.4%, '세대격차'가 {(469−209)/209}×100≒124.4%, '세대소통'이 {(218−109)/109}×100=100%, '세대통합'이 {(1,448−648)/648}×100≒123.5%이다. 따라서 '세대갈등'이 전년대비 검색 건수 증가율이 가장 낮으므로 옳지 않은 설명이다.

고득점자의 빠른 문제 풀이 Tip

ㄱ. 긍정적 키워드 검색 건수가 전체 건수의 절반 이상이 되는 해를 확인하는 것이 조금 더 수월합니다. 2001년 전체건수 1,486건의 절반은 743건, 긍정적 키워드의 검색 건수는 109+648=757건이므로 절반 이상입니다. 2002년, 2007~2013년 또한 같은 방식으로 쉽게 해결할 수 있습니다.

ㄹ. 배수를 활용하여 빠르게 해결합니다. 2002년에 전년대비 검색 건수는 '세대소통', '세대격차', '세대통합'이 두 배 이상 증가한 반면, '세대갈등'은 520건에서 912건으로 두 배 미만 증가하여 증가율이 가장 낮음을 알 수 있습니다.

19 자료이해

정답 ①

정답 체크

ㄱ. 약품의 투입량이 20g일 때와 60g일 때 오염물질 제거량 차이는 A가 45−35≒10g, B가 37−25≒12g, C가 30−15≒15g으로 A가 가장 작으므로 옳은 설명이다.

ㄴ. 각 약품의 투입량이 20g일 때, 오염물질 제거량은 A가 35g, C가 15g으로 A가 C의 2배 이상이므로 옳은 설명이다.

오답 체크

ㄷ. 오염물질 30g을 제거하기 위해 필요한 투입량은 A가 10g, B가 30g, C가 60g으로 A가 가장 적으므로 옳지 않은 설명이다.

ㄹ. B와 C의 오염 물질 제거량 차이는 두 그래프 간격으로 알 수 있다. 약품 투입량이 20g일 때, B와 C의 오염물질 제거량 차이는 25−15=10g이므로 옳지 않은 설명이다.

고득점자의 빠른 문제 풀이 Tip

ㄱ. 오염물질 제거량 차이를 모두 계산하지 않고 A, B, C의 오염물질 제거량/약품 투입량의 기울기를 비교하면 A의 기울기가 가장 완만하므로 오염물질 제거량 차이가 가장 작음을 알 수 있습니다.

20 자료이해

정답 ④

정답 체크

ㄱ. 2012년 개인단의 신규 안치건수는 2009년부터 2012년까지 개인단 신규안치건수 합의{(606+132)/(719+176+606+132)}×100≒45.2%로 50% 이하이므로 옳은 설명이다.

ㄴ. 2009~2012년 신규 안치건수의 합은 관내가 719+606+632+557=2,514건이고, 관외가 176+132+221+134=663건이므로 옳은 설명이다.

ㄷ. 2012년 부부단 관내와 부부단 관외의 매출액이 2011년에 비해 각각 50% 증가한 것이라면, 2011년 부부단 관내 매출액은 330,000/(1+0.5)=220,000만 원이고, 부부단 관외 매출액은 171,000/(1+0.5)=114,000만 원이다. 따라서 2009년부터 2010년까지 부부단 관내 매출액은 323,900-220,000=103,900만 원, 부부단 관외 매출액은 291,800-114,000=177,800만 원으로 부부단 관외 매출액이 더 크므로 옳은 설명이다.

오답 체크

ㄹ. 2009~2012년 4개 안치유형의 신규 안치건수의 합은 개인단 관내가 719+606=1,325건, 개인단 관외가 176+132=308건, 부부단 관내가 632+557=1,189건, 부부단 관외가 221+134 =355건으로 개인단 관내의 합이 가장 크므로 옳지 않은 설명이다.

고득점자의 빠른 문제 풀이 Tip

ㄴ. 각 항목의 수치는 모두 관내 안치건수가 관외 안치건수보다 커 계산하지 않아도 알 수 있는 내용이므로 옳은 설명입니다.

ㄹ. 관내 안치건수가 관외 안치건수보다 훨씬 크므로 개인단 관내와 부부단 관내만 비교하면 문제를 빠르게 풀 수 있습니다.

21 자료이해

정답 ③

정답 체크

A자선단체의 수입액과 지출액은 항상 같으므로 수입액과 지출액을 각각 100으로 가정한다. <그림 2>에서 전체 지출액 중 국내사업비 지출액은 40%를 차지하므로 100×0.4=40이고, 해외사업비 지출액은 50%를 차지하므로 100×0.5=50이다. 이때 <그림 3>에서 국내사업비 지출액 중 아동복지 지출액은 40×0.45=18이고, <그림 4>에서 해외사업비 지출액 중 교육보호 지출액은 50×0.54=27이다. 두 지출액의 합은 18+27=45로 A자선단체 전체 지출액의 45%이므로 옳은 설명이다.

오답 체크

① <그림 1>에서 전체 수입액 중 후원금 수입액은 100×0.1=10이고, <그림 3>에서 국내사업비 지출액 중 아동복지 지출액은 40×0.45=18이므로 옳지 않은 설명이다.

② <그림 3>에서 국내사업비 지출액 중 아동권리지원 지출액은 40×0.27=10.8이고, <그림 4>에서 해외사업비 지출액 중 소득증대 지출액은 50×0.2=10이므로 옳지 않은 설명이다.

④ <그림 4>에서 해외사업비 지출액 중 식수위생 지출액은 50×0.05=2.5로 A 자선단체 전체 지출액의 2% 초과이므로 옳지 않은 설명이다.

⑤ A자선단체 전체 수입액이 6% 증가하고 지역사회복지 지출액을 제외한 다른 모든 지출액이 동일하게 유지된다면, 증가한 값은 모두 지역사회복지 지출액에 해당된다. <그림 3>에서 국내사업비 지출액 중 지역사회복지 지출액은 40×0.16=6.4이고, 전체 수입액이 100에서 6% 증가한 값인 6은 모두 지역사회복지 지출액에 해당되므로 지역사회복지 지출액은 6.4+6=12.4이다. 따라서 수입액이 6% 증가한 후의 지역사회복지 지출액은 수입액 증가 전의 지역사회복지 지출액의 12.4/6.4≒1.9배이므로 옳지 않은 설명이다.

22 자료이해

정답 ②

정답 체크

<표 2>에 따르면 '갑'은 A지점을 10시에 출발하여 B지점을 거쳐 C지점에 16시에 도착하였다. 이동거리는 200+400=600km이고, 총 6시간 중 1시간 이상을 B지점에서 머물렀다면 이동시간은 5시간 미만이 된다. 따라서 평균속력은 600/5=120km/h 이상으로 '갑'은 이동 중 120km/h 이상인 적이 있으므로 옳은 설명이다.

오답 체크

① '갑'의 경우, B → C구간의 거리는 400km이고, 자동차의 최고속력은 200km/h이므로 이동시간은 최소 400/200=2시간이다. 따라서 '갑'은 B지점에서 14시 이전에 출발하면 되므로 옳지 않은 설명이다.

③ '을'의 경우, B → C구간의 거리는 400km이고, 이동시간은 4시간이므로 평균속력은 400/4=100km/h이다. C → E구간의 거리는 200km이고, 이동시간은 2시간이므로 평균속력은 200/2=100km/h이다. 따라서 구간별 평균속력은 동일하므로 옳지 않은 설명이다.

④ B → C구간의 거리 400km를 이동하는 데 '을'은 4시간이 소요되었으나, '갑'은 2시간 이상 소요되었다는 것 이외에는 알 수 없다.

⑤ B → C → E구간의 거리는 400+200=600km이고, B → D → E 구간의 거리도 200+400=600km로 동일하므로 옳지 않은 설명이다.

23 자료이해

정답 ⑤

정답 체크

ㄴ. 전체 저수지 수에서 저수용량이 '10만 미만'인 저수지 수의 비중은 (2,668/3,226)×100≒82.7%로 80% 이상이므로 옳은 설명이다.

ㄷ. 관리기관이 농어촌공사인 저수지의 개소당 수혜면적 69,912/996≒70.2ha는 관리기관이 자치단체인 저수지의 개소당 수혜면적 29,371/2,230≒13.2ha의 70.2/13.2≒5.3배이므로 옳은 설명이다.

ㄹ. 저수용량이 '50만 이상 100만 미만'인 저수지 수는 100개소이다. 이 범위의 용량이 전체 저수용량에서 차지하는 비중이 최소 얼마 이상인지 확인하기 위해서는 100개소의 저수용량이 50만인 경우를 고려해야 한다. 따라서 저수용량이 50만일 때 저수용량 합은 50×100=5,000만 m^3=50,000천 m^3이고, 총 저수용량의 5%인 707,612×0.05=35,380.6천 m^3 이상이므로 옳은 설명이다.

오답 체크

ㄱ. 전체 저수지 수 3,226개소 중 제방높이가 '10 미만'인 저수지 수는 2,566개소이다. 이 중 관리기관이 자치단체인 저수지가 최소 몇 개소 이상인지 확인하기 위해서는 농어촌공사 저수지 수가 최대인 경우를 고려해야 한다. 따라서 관리기관이 농어촌공사인 저수지 모두 제방높이가 10 미만이면 관리기관이 자치단체인 저수지는 2,566-996=1,570개소이므로 옳지 않은 설명이다.

24 자료이해

정답 ①

정답 체크 1위부터 5위까지 국제선 운항 횟수의 합은 273,866+39,235+18,643+13,311+3,567=348,622회이고, 전체 운항 횟수는 353,272회이므로 353,272-348,622=4,650회는 다른 공항에서 운항되었음을 알 수 있다. 이때 6위 공항의 운항 횟수는 5위 CJ공항의 운항 횟수인 3,567회보다 적어야 하므로 적어도 2개 이상의 공항이 더 있는 것으로 볼 수 있다. 따라서 2015년 국제선 운항 공항 수는 7개 이상이므로 옳은 설명이다.

오답 체크 ② 2015년 KP공항의 국제선 운항 횟수인 18,643회는 국내선 운항 횟수의 1/3인 56,309/3≒18,769.7회 미만이므로 옳지 않은 설명이다.

③ <표 2>에는 전년대비 운항 횟수의 증가율만 제시되어 있으므로 실제 증가한 운항 횟수는 알 수 없다.

④ 국내선 운항 횟수 상위 5개 공항의 국내선 운항 횟수 합은 65,838+56,309+20,062+5,638+5,321=153,168회로 전체 국내선 운항 횟수의 90%인 167,040×0.9=150,336회 이상이므로 옳지 않은 설명이다.

⑤ 국내선 운항 횟수와 전년대비 국내선 운항 횟수 증가율 모두 상위 5개 안에 포함된 공항은 AJ, KP, TG로 총 3개이므로 옳지 않은 설명이다.

25 자료이해

정답 ①

정답 체크 ㄱ. <표 1>에 따라 원화 120,000원의 값을 각국의 화폐단위로 정리하면 A국이 100a, B국이 60b, C국이 600c, D국이 120d이다. <표 2>에 제시된 햄버거 가격으로 구매할 수 있는 햄버거 개수는 A국이 100a/5a=20개, B국이 60b/6b=10개, C국이 600c/40c=15개, D국이 120d/10d=12개로 A국이 가장 많이 구매할 수 있으므로 옳은 설명이다.

ㄴ. B국의 치킨 한 마리 가격 9b는 삼겹살 3인분 가격인 3b×3=9b와 동일하므로 옳은 설명이다.

오답 체크 ㄷ. C국의 삼겹살 4인분 가격은 30c×4=120c이고, A국의 햄버거 5개 가격은 5a×5=25a이다. 이를 원화로 계산하면 C국의 삼겹살 4인분 가격은 120×200=24,000원이고, A국의 햄버거 5개 가격은 25×1,200=30,000원으로 동일한 액수의 원화로 구매할 수 없으므로 옳지 않은 설명이다.

ㄹ. D국 화폐 대비 원화 환율이 1,000원/d인 경우 600,000원은 600d이고, 구매할 수 있는 치킨은 600d/20d=30마리이다. 반면 환율이 1,200원/d로 상승한 경우 600,000원은 500d이고, 구매할 수 있는 치킨은 500d/20d=25마리이다. 따라서 구매할 수 있는 치킨의 마리 수는 {(30-25)/30}×100≒16.7% 감소하므로 옳지 않은 설명이다.

2015년 기출문제 취약 유형 분석표 & 정답·해설

바로 채점 및 성적 분석 서비스

PSAT 전문가의 총평

2015년 민간경력자 PSAT의 경우 상황판단 영역의 난도가 높았고, 언어논리와 자료해석 영역은 난도가 낮았다.

1. 언어논리 영역: 논리적 사고를 측정하는 문항의 출제 비중이 높았으나 논증의 기본 이론만으로도 충분히 풀이가 가능하였고, 내용을 단순 파악하는 문항이 주를 이루어 난도가 평이했다.
2. 상황판단 영역: 2013~2014년에 비해 제시된 글의 길이가 길어졌으며 문제해결 및 논리퍼즐 유형에서 제시된 조건의 수가 증가하고 조건 간의 관계가 복잡하여 난도가 높았다.
3. 자료해석 영역: 자료를 단순 비교하는 문항이 주로 출제되어 전반적으로 난도가 낮았다.

정답

언어논리

p.183

1	②	세부 내용 파악	**6**	③	논증의 타당성	**11**	②	세부 내용 파악	**16**	④	논증의 타당성	**21**	⑤	세부 내용 파악
2	③	세부 내용 파악	**7**	①	논증의 타당성	**12**	④	세부 내용 파악	**17**	③	논증의 타당성	**22**	②	논리추론
3	④	세부 내용 파악	**8**	②	빈칸삽입	**13**	⑤	중심 내용 파악	**18**	⑤	논증의 타당성	**23**	⑤	진술추론
4	③	세부 내용 파악	**9**	①	진술추론	**14**	①	진술추론	**19**	②	진술추론	**24**	②	빈칸삽입
5	①	논리추론	**10**	⑤	세부 내용 파악	**15**	④	논증의 타당성	**20**	②	세부 내용 파악	**25**	①	세부 내용 파악

상황판단

p.197

1	③	세부 내용 파악	**6**	⑤	법·규정의 적용	**11**	①	세부 내용 파악	**16**	②	법·규정의 적용	**21**	⑤	논리퍼즐
2	②	세부 내용 파악	**7**	③	법·규정의 적용	**12**	①	세부 내용 파악	**17**	②	법·규정의 적용	**22**	③	문제해결
3	④	세부 내용 파악	**8**	③	문제해결	**13**	⑤	세부 내용 파악	**18**	②	문제해결	**23**	③	문제해결
4	④	법·규정의 적용	**9**	①	법·규정의 적용	**14**	①	세부 내용 파악	**19**	④	세부 내용 파악	**24**	⑤	논리퍼즐
5	⑤	세부 내용 파악	**10**	②	법·규정의 적용	**15**	④	문제해결	**20**	①	문제해결	**25**	④	논리퍼즐

자료해석

p.211

1	②	자료이해	**6**	④	자료이해	**11**	⑤	자료이해	**16**	④	자료이해	**21**	③	자료변환
2	②	자료이해	**7**	②	자료이해	**12**	①	자료이해	**17**	③	자료변환	**22**	④	자료이해
3	④	자료이해	**8**	①	자료논리	**13**	④	자료이해	**18**	⑤	자료이해	**23**	⑤	자료논리
4	⑤	자료이해	**9**	③	자료이해	**14**	③	자료이해	**19**	④	자료이해	**24**	①	자료이해
5	①	자료논리	**10**	①	자료이해	**15**	②	자료이해	**20**	⑤	자료이해	**25**	③	자료이해

취약 유형 분석표

유형별로 맞힌 개수, 틀린 문제 번호와 풀지 못한 문제 번호를 적고 나서 취약한 유형이 무엇인지 파악해 보세요.
취약한 유형은 '민간경력자 PSAT 기출유형공략'으로 복습하고, 해커스잡 사이트(ejob.Hackers.com)에서 제공하는 <PSAT 영역별 핵심 이론 노트>로 관련 이론을 확인한 후 틀린 문제와 풀지 못한 문제를 다시 풀어보세요.

언어논리

유형	맞힌 개수	틀린 문제 번호	풀지 못한 문제 번호
세부 내용 파악	/10		
중심 내용 파악	/1		
빈칸삽입	/2		
문단배열	/0		
사례 유추	/0		
진술추론	/4		
논증의 타당성	/6		
논리추론	/2		
TOTAL	/25		

상황판단

유형	맞힌 개수	틀린 문제 번호	풀지 못한 문제 번호
세부 내용 파악	/9		
법·규정의 적용	/7		
문제해결	/6		
논리퍼즐	/3		
TOTAL	/25		

자료해석

유형	맞힌 개수	틀린 문제 번호	풀지 못한 문제 번호
자료이해	/20		
자료논리	/3		
자료변환	/2		
TOTAL	/25		

해설

언어논리

1 세부 내용 파악

정답 ②

정답 체크 ㄷ. 1문단에서 공직의 기강은 상령하행만을 일컫는 것이 아니며 만약 명령이 법 바깥의 사적인 것인데 그것을 수행한다면 상령하행의 원칙을 잘못 이해한 것이라고 했으므로 하급자가 상급자의 명령을 언제나 수행해야 하는 것은 아님을 알 수 있다.

오답 체크 ㄱ. 1문단에서 고위의 상급자라 하더라도 그가 한 개인으로서 하급자를 반드시 복종하게 할 권위가 있는 것은 아니며 권위는 명령이 국가의 법제를 충실히 따랐을 때 비로소 갖춰지는 것이라고 했으므로 상급자의 직위가 높아야만 명령의 권위가 갖춰지는 것은 아님을 알 수 있다.

ㄴ. 2문단에서 조선시대에는 판서가 공적인 절차와 내용에 따라 명령하는데 아랫사람이 행하지 않으면 아랫사람을 파직하였으나 판서가 공적인 절차를 벗어나 사적인 명령을 내리면 미관말직이라 해도 이를 따르지 않는 것이 올바른 것으로 인정되었다고 했으므로 조선시대에는 상령하행이 제대로 준수되었음을 알 수 있다.

2 세부 내용 파악

정답 ③

정답 체크 1문단에서 테레민이라는 악기의 연주법과 작동 원리에 대해 설명하고 있고, 2문단에서 오른손으로는 수직 안테나와의 거리에 따라 음고를 조절하고 왼손으로는 수평 안테나와의 거리에 따라 음량을 조절하는 테레민의 연주 원리를 언급하고 있다. 또한 3문단에서는 어떻게 테레민에서 다른 음고의 음이 발생되는지 설명하고 있으므로 이어지는 내용은 음량 조절에 관한 설명이 이어질 것임을 알 수 있다.

오답 체크 ① 1문단에서 테레민은 손을 대지 않고 연주하는 악기라고 했으므로 수직 안테나에 손이 닿으면 소리가 발생하는 원리는 이어지는 내용으로 적절하지 않음을 알 수 있다.

② 2문단에서 왼손으로는 수평 안테나와의 거리에 따라 음량을 조절한다고 했으므로 왼손의 손가락의 모양에 따라 음고가 바뀌는 원리는 이어지는 내용으로 적절하지 않음을 알 수 있다.

④ 3문단에서 두 음파 사이에 존재하는 주파수의 차이값에 의해 가청주파수를 갖는 새로운 진동이 발생한다고 했으므로 가청주파수의 진동이 발생하는 원리는 이미 언급되어 이어지는 내용으로 적절하지 않음을 알 수 있다.

⑤ 2문단에서 오른손과 수직 안테나는 음고를 조절하는 회로에 속한다고 했으므로 손가락으로 음량을 변경하는 원리는 이어지는 내용으로 적절하지 않음을 알 수 있다.

고득점자의 빠른 문제 풀이 Tip

글의 내용은 테레민이 손을 대지 않고 연주하는 악기이며 연주하는 과정에서 오른손과 왼손이 각각 음고 조절과 음량 조절을 담당한다는 것입니다. 제시된 글에서는 오른손에 해당하는 음고 조절의 원리까지만 소개되고 있습니다.

3 세부 내용 파악

정답 ④

정답 체크 2문단에서 술탄 메흐메드 2세는 '역대 비잔틴 황제들이 제정한 법을 그가 주도하고 있던 법제화의 모델로 이용하였던 것이다.'라고 했으므로 술탄 메흐메드 2세는 단절이 아닌 연속성을 추구하는 것임을 알 수 있다.

오답 체크 ① 1문단에서 비잔틴 제국의 수도 콘스탄티노플이 이슬람교를 신봉하는 오스만인들에 의해 함락되었다고 했으므로 이 소식에 대한 교회의 반응을 영광스러운 사건이라고 고치는 것은 적절하지 않음을 알 수 있다.

② 1문단에서 비잔틴 제국의 86번째 황제였던 콘스탄티노스 11세가 전사하였다고 했으므로 이슬람 황제가 사라졌다고 고치는 것은 적절하지 않음을 알 수 있다.

③ 2문단에서 술탄 메흐메드 2세는 성소피아 성당을 파괴하지 않고 이슬람 사원으로 개조하도록 명령을 내렸다고 했고, 그리스 정교회 수사에게 총대주교직을 수여하고자 했다고 했으므로 기독교의 것들을 파괴했다고 고치는 것은 적절하지 않음을 알 수 있다.

⑤ 3문단에서 로마의 옛 명성을 찾기 위한 노력의 일환으로 로마 사람의 땅이라는 뜻을 지닌 루멜리아에 새로 수도를 정했으므로 오스만 제국이 아시아로 확대될 것이라는 확신을 보여주었다고 고치는 것은 적절하지 않음을 알 수 있다.

4 세부 내용 파악

정답 ③

정답 체크 ㄱ. 3문단에서 철학의 여인은 보에티우스가 병에 걸린 원인에 대해 만물의 궁극적인 목적이 선을 지향하는 데 있다는 것을 모르고 있기 때문이라고 했으므로 만물의 궁극적인 목적이 선을 지향하는 데 있다는 것을 깨달으면 건강을 회복할 수 있음을 알 수 있다.

ㄴ. 3문단에서 철학의 여인은 보에티우스가 세상이 어떤 통치 원리에 의해 다스려지는지 잊어버렸기 때문에 제멋대로 흘러가는 것이라고 믿고 있다고 했으므로 세상은 제멋대로 흘러가는 것이 아닌 정의에 의해 다스려진다는 것을 깨달으면 건강을 회복할 수 있음을 알 수 있다.

오답 체크 ㄷ. 3문단에서 철학의 여인은 보에티우스가 재산, 품위, 권좌, 명성과 같은 것들을 박탈당했다고 여기는 생각은 운명의 본모습을 모르기 때문에 비롯된 것이라고 했으므로 소유물들을 되찾을 방도를 안다고 해서 건강을 회복할 수 있는 것은 아님을 알 수 있다.

5 논리추론

정답 ①

정답 체크 갑돌, 을순, 병만, 정애의 평가 점수를 표로 정리하면 다음과 같다.

구분	대민봉사	업무역량	성실성	청렴도	총합
갑돌	상(3)	상(3)	상(3)	하(1)	10
을순	중(2)	상(3)	하(1)	상(3)	9
병만	하(1)	상(3)	상(3)	중(2)	9
정애	중(2)	중(2)	중(2)	상(3)	9

평가 점수 총합이 높은 순으로 선발한다고 했으므로 갑돌은 반드시 선발된다. 이때 동점자인 을순, 병만, 정애 중에 두 명이 선발되어야 하므로 <보기>의 기준에 따라 선발자를 확인한다.

ㄱ. 두 개 이상의 항목에서 상의 평가를 받은 후보자를 선발하게 되면 정애는 제외되므로 동점자 중 을순과 병만 두 명이 선발된다. 따라서 갑돌, 을순, 병만 세 명이 표창을 받는다.

오답 체크

ㄴ. 을순, 병만, 정애 중에 청렴도에서 하의 평가를 받은 사람이 없으므로 제외되는 후보자는 없다. 따라서 네 명이 모두 표창을 받는다.

ㄷ. 하의 평가를 받은 항목이 있는 후보자를 제외하면 을순과 병만이 제외되므로 정애만 선발된다. 따라서 갑돌, 정애 두 명이 표창을 받는다.

고득점자의 빠른 문제 풀이 Tip

제시된 표를 분석해서 세 명이 표창을 받게 되는 모든 경우를 추론하기보다는 <보기>의 내용을 적용해서 세 명이 표창을 받게 되는 경우를 확인하면 풀이 시간을 단축할 수 있습니다.

6 논증의 타당성

정답 ③

정답 체크

제시된 글을 기호화하여 정리하면 다음과 같다.

- 도덕성 결함O → 채용X
- 업무 능력 검증O and 추천O and 공직관 투철O → 채용O
- 채용O → 봉사정신O
- 철수: 공직관 투철O and 업무 능력 검증O

철수가 도덕성에 결함이 있다면, 첫 번째 명제에 따라 철수는 공무원으로 채용되지 않는다. 이때 두 번째 명제의 '대우'가 '채용X → 업무 능력 검증X or 추천X or 공직관 투철X'이고 네 번째 명제에서 철수는 공직관이 투철하고 업무 능력을 검증받았다고 했으므로 철수가 채용되지 않은 것은 추천을 받지 않았기 때문임을 알 수 있다.

따라서 첫 번째 명제와 두 번째 명제의 '대우'를 통해 철수가 도덕성에 결함이 있다면, 그는 인사추천위원회의 추천을 받지 않았음을 알 수 있다.

오답 체크

① 첫 번째 명제에서 도덕성에 결함이 있는 경우에는 채용되지 않는다는 것을 알 수 있지만 도덕성에 결함이 없는 경우에 대한 것은 명제의 '이'에 해당하므로 옳은지 그른지 알 수 없다.

② 세 번째 명제의 '대우'에서 봉사정신이 없는 경우에는 채용되지 않는다는 것을 알 수 있지만 봉사정신을 가지고 있는 경우에 대한 것은 명제의 '역'에 해당하므로 옳은지 그른지 알 수 없다.

④ 세 번째 명제에서 철수가 공무원으로 채용된다면 봉사정신이 있다는 것은 알 수 있지만 봉사정신이 있다는 사실만으로 인사추천위원회의 추천을 받았는지는 알 수 없다. 한편 첫 번째 명제의 '대우'에서 철수가 공무원으로 채용된다면 도덕성에 결함이 없다는 것을 알 수 있지만 도덕성에 결함이 없다는 사실만으로 인사추천위원회의 추천을 받았는지는 알 수 없다. 또한 두 번째 명제에서 세 조건이 모두 갖추어진 경우에는 채용된다는 사실을 알 수 있지만 인사추천위원회의 추천을 받은 경우에 대한 것은 명제의 '역'에 해당하므로 옳은지 그른지 알 수 없다. 따라서 철수가 올해 공무원으로 채용되었다는 사실만으로는 인사추천위원회의 추천을 받았는지 여부는 알 수 없다.

⑤ 두 번째 명제의 '대우'에서 공무원으로 채용되지 않은 경우 '업무 능력 검증'이나 '추천', '공직관 투철' 가운데 최소 하나가 결여되었다는 것을 알 수 있지만 도덕성에 결함이 있고 동시에 봉사정신도 없는지 여부는 알 수 없다.

고득점자의 빠른 문제 풀이 Tip

조건 명제에서 앞부분에 있는 조건이 전건, 뒷부분에 있는 조건이 후건일 때, 선택지의 전건과 후건이 제시된 명제의 전건과 후건에 있는지 찾아봅니다. 만약 선택지의 전건과 후건을 제시된 글에서 찾을 수 없다면 그 명제는 옳고 그름을 판단할 수 없는 것이므로 소거합니다.

① 선택지의 전건인 '도덕성 결함X'인 경우는 제시된 글에서 파악할 수 없습니다.

② 선택지의 전건인 '봉사정신O'인 경우는 제시된 글에서 파악할 수 없습니다.

7 논증의 타당성

정답 ①

정답 체크

ㄱ. A: 정상적인 주사위를 던질 때 3이 나올 것이다.
B: 정상적인 동전을 던질 때 앞면이 나올 것이다.
A의 확률이 1/6이고 B의 확률이 1/2이므로 A의 확률이 더 낮다. 두 번째 <원칙>에 따르면 확률이 낮은 문장의 정보의 양이 확률이 높은 문장의 정보의 양보다 많으므로 '정상적인 주사위를 던질 때 3이 나올 것이다.'가 더 많은 정보를 담고 있음을 알 수 있다.

오답 체크

ㄴ. A: 월성 원자력 발전소에 문제가 생기거나 고리 원자력 발전소에 문제가 생긴다.
B: 월성 원자력 발전소에 문제가 생긴다.
B가 참이면 A는 참이지만 그 '역'은 성립하지 않으므로 첫 번째 <원칙>에 따르면 A의 확률이 B의 확률보다 높다. 두 번째 <원칙>에 따르면 확률이 높은 문장의 정보의 양이 더 적으므로 '월성 원자력 발전소에 문제가 생기거나 고리 원자력 발전소에 문제가 생긴다.'가 더 적은 정보를 담고 있음을 알 수 있다.

ㄷ. A: 내년 예산에서는 국가균형발전 예산, 복지 예산, 에너지 절감관련 기술개발 예산이 모두 늘어난다.
B: 내년 예산에서는 국가균형발전 예산, 에너지절감 관련 기술 개발 예산이 모두 늘어난다.
A가 참이면 B는 참이지만 그 '역'은 성립하지 않으므로 첫 번째 <원칙>에 따르면 B의 확률이 더 높다. 두 번째 <원칙>에 따르면 확률이 높은 문장의 정보의 양이 더 적으므로 '내년 예산에서는 국가균형발전 예산, 복지 예산, 에너지절감 관련 기술개발 예산이 모두 늘어난다.'가 더 많은 정보를 담고 있음을 알 수 있다.

고득점자의 빠른 문제 풀이 Tip

문장 A와 B의 포함 관계와 확률로 정보의 양을 판단하는 문제입니다. A가 B에 포함되는 경우 A의 확률이 낮다는 점, 확률이 낮은 경우 정보의 양이 많다는 점에 유의하여야 합니다.

8 빈칸삽입

정답 ②

정답 체크

1문단에서 증언의 신뢰성은 증언하는 사람과 증언 내용에 의해 결정됨을 알 수 있다. 이 두 요인이 서로 대립할 경우에 대해 2문단에서 증언하는 사람이 거짓 증언을 할 확률과 증언 내용이 실제로 일어날 확률 중에서 더 큰 확률을 신뢰해야 함을 제시하고 있다. 따라서 어떤 사람이 거짓 증언을 할 확률이 그 증언 내용이 실제로 일어날 확률보다 작은 경우에만 증언을 신뢰해야 함을 알 수 있다.

고득점자의 빠른 문제 풀이 Tip

제시된 글에서 기적이 발생할 확률과 신뢰할 만한 사람이 거짓 증언을 할 확률을 비교하여 신뢰성을 판단해야 함을 주장하고 있습니다.

ㄴ. 2문단에서 신하가 임금을 받드는 데는 한계가 있고 한계가 있는 경우에는 때때로 의리가 은혜보다 앞서기도 한다고 했으므로 군신관계에서 의리가 은혜에 항상 우선하는 것은 아니라는 내용은 제시된 글과 일치함을 알 수 있다.

9 진술추론

정답 ①

정답 체크

ㄱ. A팀 연구진의 <연구결과>에서 흰쥐 실험을 통해 콩 속 제니스틴이 발암 물질에 노출된 비정상 세포가 악성 종양 세포로 진행되지 않도록 억제하는 효능을 갖고 있다는 사실을 밝혔다고 했으므로 A팀의 연구결과는 콩이 암의 발생을 억제하는 효과가 있다는 것을 뒷받침한다.

오답 체크

ㄴ. C팀 연구진의 <연구결과>에서 콩기름에서 추출된 화합물을 0.1ml, 0.5ml, 2.0ml씩 투여한 쥐의 원형탈모증 완치율이 18%, 39%, 86%를 기록했다고 했으므로 C팀의 연구결과는 콩기름 함유가 높은 음식을 섭취할수록 원형탈모증 발생률이 높게 나타난다는 것을 뒷받침하지 않는다.

ㄷ. 세 팀 연구진의 <연구결과>에서 A팀은 콩, B팀은 흰 콩, C팀은 콩기름을 통한 실험을 진행했으므로 세 팀의 연구결과는 검은 콩이 성인병, 폐암의 예방과 원형탈모증 치료에 효과가 있다는 것과 무관하다.

10 세부 내용 파악

정답 ⑤

정답 체크

1문단에서 임진왜란 이후 유일하게 남은 전주 사고의 실록의 원본을 강화도 마니산에 봉안했다고 했고, 2문단에서 마니산의 실록을병자호란 이후 강화도 정족산에 다시 봉안했음을 알 수 있다. 또한 3문단에서 정족산과 태백산의 실록이 지금 서울대학교에 보존되어 있다고 했으므로 현존하는 가장 오래된 실록은 서울대학교에 있음을 알 수 있다.

오답 체크

① 1문단에서 전란이 끝난 후 단 1벌의 실록이 남았고, 재인쇄 작업의 결과 원본을 포함해 모두 5벌의 실록을 갖추게 되었다고 했으므로 재인쇄한 실록은 4벌임을 알 수 있다.

② 3문단에서 태백산의 실록은 1930년에 경성제국대학으로 옮겨져 지금까지 서울대학교에 보존되어 있다고 했으므로 태백산에 보관하였던 실록은 현재 서울대학교에 있음을 알 수 있다.

③ 2문단에서 5벌의 실록 중 내란과 외척 침입으로 인해 1벌은 소실되었다고 했고, 3문단에서 일본이 오대산 실록을 일본 동경제국대학으로 반출했다고 했으므로 현재 한반도에 남아있는 실록은 모두 3벌임을 알 수 있다.

④ 3문단에서 조선 강점 이후 일제가 적상산에 보관하였던 실록을 구황궁 장서각으로 옮겼음을 알 수 있으나 훼손 여부는 알 수 없다.

11 세부 내용 파악

정답 ②

정답 체크

ㄷ. 2문단에서 군신관계는 의리로 합쳐진 것이라, 신하가 임금을 받드는 데 한계가 있으며 의리의 문제는 사람과 때에 따라 같지 않다고 했으므로 군신관계에서 신하들이 임금에 대해 의리를 실천하는 방식은 누구에게나 동일하다는 내용은 제시된 글과 상충함을 알 수 있다.

오답 체크

ㄱ. 2문단에서 부자관계는 천륜이어서 자식이 어버이를 봉양하는 데 한계가 없고, 한계가 없는 경우에는 은혜가 항상 의리에 우선한다고 했으므로 부자관계에서는 은혜가 의리보다 중요하다는 내용은 제시된 글과 일치함을 알 수 있다.

12 세부 내용 파악

정답 ④

정답 체크

3 문단에서 '이처럼 피타고라스주의자들은 수를 실재라고 여겼는데 여기서 수는 실재와 무관한 수가 아니라 실재를 구성하는 수를 가리킨다.'고 했으므로 피타고라스주의자들이 물리적 대상을 실재와 무관한 단위 점으로 나타낼 수 있다고 믿은 것이 아님을 알 수 있다.

오답 체크

① 1문단에서 피타고라스는 일현금을 사용하여 음정 간격과 수치 비율이 대응하는 원리를 발견했음을 알 수 있다.

② 4문단에서 피타고라스주의자들은 자연을 이해하는 데 있어 수학이 중요하다는 점을 알아차린 최초의 사상가들임을 알 수 있다.

③ 3문단에서 피타고라스주의자들은 '기회', '정의', '결혼'과 같은 추상적인 개념을 특정한 수의 가상적 특징과 연계시켰음을 알 수 있다.

⑤ 2문단에서 피타고라스주의자들은 수와 기하학의 규칙이 무질서하게 보이는 자연과 불가해한 가변성의 세계에 질서를 부여하며 자연의 온갖 변화는 조화로운 규칙으로 환원될 수 있다고 믿었음을 알 수 있다.

13 중심 내용 파악

정답 ⑤

정답 체크

1문단에서 공화제적 원리가 19세기 후반부터 한반도에서 공공 영역의 담론 및 정치적 실천 차원에서 표명되고 있었다고 소개하고 있다. 이에 대해 2문단에서 19세기 후반 국민이 스스로 정치적 주체가 되고자 했던 만민공동회를 첫 번째 사례로 언급하고 있고 3문단에서 19세기 후반 예산과 결산은 국민에게 공표할 일이라고 명시한 관민공동회의 헌의6조를 두 번째 사례로 언급하고 있다. 따라서 한반도에서 공화제적 원리는 이미 19세기 후반부터 담론 및 실천의 차원에서 표명되고 있었다는 내용이 핵심 내용으로 적절하다.

오답 체크

① 2문단에서 만민공동회는 전제적인 정부가 제한하려고 했던 정치 참여를 스스로 쟁취하고자 했음을 알 수 있으나 이는 공화제적 원리가 19세기부터 표명되고 있었다는 사례 중 하나이므로 핵심 내용으로 적절하지 않다.

② 3문단에서 19세기 후반 관민공동회의 헌의6조에 예산공개의 원칙이 표명되었음을 알 수 있으나 이는 공화제적 원리가 19세기부터 표명되고 있었다는 사례 중 하나이므로 핵심 내용으로 적절하지 않다.

③ 3문단에서 관민공동회가 발표한 헌의6조를 통해 예산과 결산은 국민에게 공표할 일로 명시하고 있었다는 것을 알 수 있으나 이러한 용어가 19세기에 이미 소개된 내용이라는 사실은 핵심 내용으로 적절하지 않다.

④ 2문단에서 대한민국의 헌법에 공화제적 원리가 19세기 후반 만민공동회를 통해 표명되었음을 알 수 있으나 이는 공화제적 원리가 19세기부터 표명되고 있었다는 사례 중 하나이므로 핵심 내용으로 적절하지 않다.

고득점자의 빠른 문제 풀이 Tip

글의 핵심 내용이란 제시된 글의 '주제'를 말하는 것으로 글 전체를 아우를 수 있는 글의 목적, 필자의 의도를 파악할 수 있어야 합니다.

14 진술추론

정답 ①

정답 체크

ㄱ. 2문단에서 A는 여성은 타고난 출산 기능 때문에 자연과 조화를 추구하고 여성성은 자연을 지배하는 기술과 대립할 수밖에 없다고 했으므로 A에 따르면 여성과 기술의 조화를 위해 자연과 조화를 추구하는 기술을 개발해야 함을 알 수 있다.

오답 체크

ㄴ. 3문단에서 B는 성별 분업 이데올로기와 불평등한 사회 제도에 의해 여성의 능력이 억눌리고 있다고 했고 여성은 '기술은 남성의 것'이라는 이데올로기를 어릴 적부터 주입 받게 되어 결국 기술 분야 진출을 거의 고려하지 않게 된다고 했으므로 B에 따르면 여성이 남성보다 기술 분야에 많이 참여하지 않는 것은 신체적 한계 때문이 아님을 알 수 있다.

ㄷ. 2문단에서 A는 남성성과 여성성이 가지고 있는 본질적 특성이 다르다고 주장하고, 3문단에서 B는 여성성과 남성성 사이에 근본적인 차이가 존재하지 않는다고 주장하고 있으나 어느 쪽에서도 한 사람이 남성성과 여성성을 동시에 갖고 있다는 주장은 알 수 없다.

고득점자의 빠른 문제 풀이 Tip

제시된 글에서 추론될 수 없는 내용에 대해서는 평가의 적절성을 판단할 수 없으므로 과도한 해석이나 추측을 하지 않도록 유의합니다.

15 논증의 타당성

정답 ④

정답 체크

2문단의 '스마트폰을 가지고 등교하지만 학교에 있는 동안은 사용하지 않는 학생들 중에 영어 성적이 60점 미만인 학생은 없다.'와 '방과 후 보충 수업을 받아야 하는 학생 가운데 영어 성적이 60점 이상인 학생은 없다.'의 '대우'를 결합하면 '스마트폰을 가지고 등교하지만 학교에 있는 동안은 사용하지 않는 학생들 중에 방과 후 보충 수업을 받아야 하는 학생은 없다.' 이므로 반드시 참이다.

오답 체크

① 1문단에서 국어 성적이 60점 미만인 학생이 20명, 영어 성적이 60점 미만인 학생이 20명이라고 했으나 만약 두 과목의 성적이 모두 60점 미만인 학생이 존재하게 되면 조사 대상자가 40명 미만이 될 수도 있으므로 반드시 참은 아니다.

② 2문단에서 방과 후 보충 수업을 받아야 하는 학생은 모두 영어 성적이 60점 미만이라고 했으나 그 '역'은 옳은지 그른지 알 수 없으므로 반드시 참은 아니다.

③ 1문단에서 스마트폰을 가지고 등교하는 학생들 중 국어 성적이 60점 미만인 학생이 20명이라고 했으나 국어 성적이 60점 미만인 학생이 모두 학교에 스마트폰을 가지고 등교하는지는 알 수 없으며, 학교에 있는 동안 스마트폰을 사용하는지 여부 역시 알 수 없으므로 반드시 참은 아니다.

⑤ 제시된 글에서 스마트폰을 가지고 등교하는 학생들 중 학교에 있는 동안 스마트폰을 사용하지 않는 학생들이 몇 명인지는 알 수 없다.

고득점자의 빠른 문제 풀이 Tip

선택지의 전제가 글에서 언급되지 않거나 언급되더라도 전제가 아니라 결론으로 언급한 경우에는 반례 등을 고려하면서 선택지의 옳고 그름을 판단합니다. 또한 주어진 명제가 참일 때 명제의 '대우'만이 참인 것에 유의하여 문제를 풉니다. ②는 명제의 '역'이 제시되었으므로 옳은지 그른지 알 수 없습니다.

16 논증의 타당성

정답 ④

정답 체크

각각의 명제를 기호화하여 정리하면 다음과 같다.

- 지혜O → 정열X
- 정열O → 고통O
- 사랑 원함O → 정열O
- 정열O → 행복X
- 지혜X → 사랑 원함O and 고통 회피O
- 고통 회피O → 지혜O

ㄴ. 세 번째 명제와 네 번째 명제를 차례로 연결하면 사랑 원함O → 정열O → 행복X이므로 사랑을 원하는 사람은 행복하지 않다는 명제는 반드시 참이다.

ㄷ. 첫 번째 명제와 세 번째 명제의 '대우'를 차례로 연결하면 지혜O → 정열X → 사랑 원함X이므로 지혜로운 사람은 사랑을 원하지 않는다는 명제는 반드시 참이다.

오답 체크

ㄱ. 첫 번째 명제와 네 번째 명제의 '이'를 차례로 연결하면 지혜O → 행복O이나, 명제의 '이'는 옳은지 그른지 알 수 없으므로 지혜로운 사람은 행복하다는 명제가 반드시 참은 아니다.

고득점자의 빠른 문제 풀이 Tip

선택지에 구성된 전제와 결론이 제시된 글을 정리한 내용에 존재하는지 먼저 살펴봅니다. 선택지의 전제와 결론이 정리한 글의 내용에 존재하는 경우에만 그 타당성 여부를 살펴보고 그렇지 않은 경우에는 반드시 참이 될 수 없다고 판단하는 것이 좋습니다. 다만 선택지의 전제나 결론이 제시된 글에 존재하는지 살펴볼 때에는 '대우'까지 고려해야 합니다.

17 논증의 타당성

정답 ③

정답 체크

제시된 글을 정리하면 다음과 같다.

- A팀이 제작하는 운영체제를 C팀의 전산 시스템에 설치하면 C팀의 보안 시스템에 오류 발생
- B팀이 제작하는 전원 공급 장치는 5%의 결함률(95%는 결함X)
- C팀의 전산 시스템에는 반드시 B팀이 제작한 전원 공급 장치 장착
- 만약 C팀의 보안 시스템에 오류가 있거나 전원 공급 장치에 결함이 있다면 C팀의 전산 시스템에는 오류 발생
- C팀의 전산 시스템에는 반드시 오류가 발생

C팀의 전산 시스템에 반드시 오류가 발생하기 위해서는 C팀의 보안 시스템에 오류가 발생하거나 전원 공급 장치에 결함이 있어야 한다. C팀의 보안 시스템에 오류가 발생하기 위해서는 A팀이 제작하는 운영체제를 C팀의 전산 시스템에 설치해야 하는데 선택지에는 A팀이 제작하는 운영체제를 C팀의 전산 시스템에 설치한다는 내용이 없다. 따라서 C팀의 전산 시스템에 반드시 오류가 발생한다는 결론을 이끌어내기 위해 추가해야 할 전제는 B팀이 제작하는 전원 공급 장치에 결함이 있다는 내용임을 알 수 있다.

18 논증의 타당성

정답 ⑤

정답 체크

각각의 명제를 간단히 정리하면 다음과 같다.

- 전제1: 절대빈곤 → 나쁨
- 전제2: 비슷하게 중요한 다른 일을 소홀히 하지 않고도 우리가 막을 수 있는 것 중에 절대빈곤이 존재함
- 전제3: 비슷하게 중요한 다른 일을 소홀히 하지 않고도 우리가 막을 수 있는 나쁜 일은 막아야 함

· 결론: 막아야 하는 절대빈곤O

전제와 결론에 등장하는 개념은 '절대빈곤', '나쁜 것', '비슷하게 중요한 다른 일을 소홀히 하지 않고도 막을 수 있는 것', '막아야 하는 것'이고, '절대빈곤'은 '나쁜 것'에 포함되므로 이들의 상관관계를 벤 다이어그램으로 나타내면 다음과 같다.

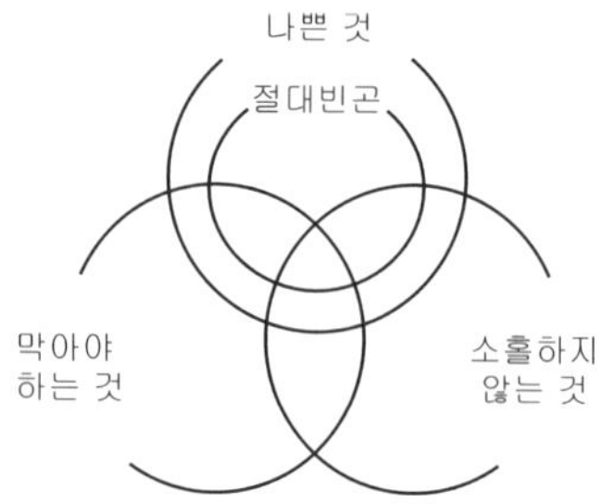

전제2와 전제3을 순서대로 표시해보면, 우선 전제2로부터 '소홀 하지 않는 것'과 '절대빈곤'이 중복되는 부분이 존재한다는 것을 알 수 있다. 따라서 그 부분을 ⓥ로 표시한다.

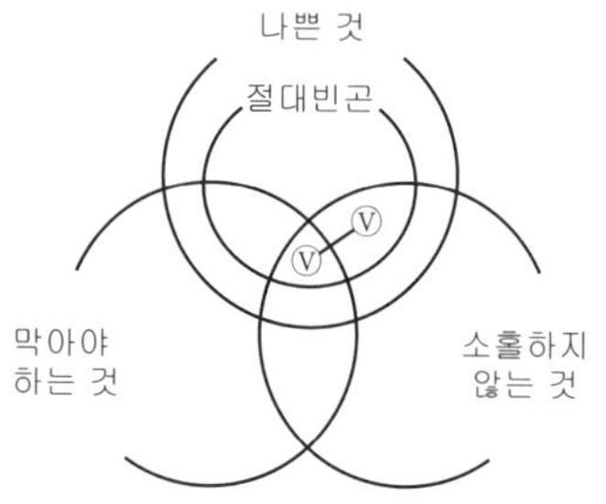

전제3에 따르면 '소홀하지 않는 것'이면서 '나쁜 것'은 모두 '막아야 하는 것'이므로 '소홀하지 않는 것'이면서 '나쁜 것' 중에 '막아야 하는 것'이 아닌 부분은 존재하지 않는다. 따라서 그 부분을 빗금으로 표시한다.

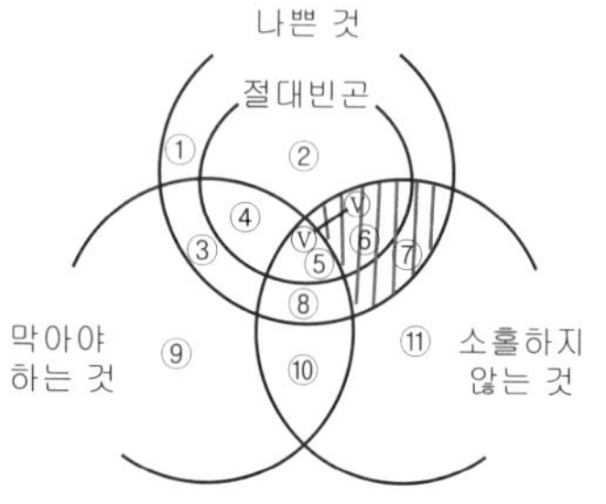

여기서 아무런 표시가 없는 부분은 '정보가 없으므로 존재할 수도 그렇지 않을 수도 있다'는 의미이다. 각 영역을 숫자로 표시해서 선택지를 살펴보면, 결론에서 언급하고 있는 '우리가 막아야 하는 절대빈곤'은 ④, ⑤영역을 의미하고 주어진 전제들로 ⑤영역이 반드시 존재한다는 점을 확인했으므로 '우리가 막아야 하는 절대빈곤'은 존재함을 알 수 있다. 따라서 다른 전제를 추가하지 않아도 주어진 전제만으로 결론은 도출될 수 있다.

오답 체크

① 모든 전제가 참이라면 결론이 도출되므로 옳지 않은 설명이다.

② 전제1을 논증에서 뺄 경우, '절대빈곤'과 '나쁜 것'의 관련성을 알 수 없어 우리가 막아야 하는 절대빈곤이 존재한다는 결론이 반드시 도출된다고 할 수 없으므로 옳지 않은 설명이다.

③ 비슷하게 중요한 다른 일을 소홀히 해도 막을 수 없는 절대빈곤이 있다는 전제가 추가되더라도 우리가 막아야 하는 절대빈곤이 존재한다는 결론은 도출될 수 있으므로 옳지 않은 설명이다.

④ 절대빈곤을 막는 일에 비슷하게 중요한 다른 일을 소홀히 하게 되는 경우가 많다는 전제가 추가되더라도 우리가 막아야 하는 절대빈곤이 존재한다는 결론은 도출될 수 있으므로 옳지 않은 설명이다.

고득점자의 빠른 문제 풀이 Tip

전제2는 조건 명제의 형태가 아니므로 '역, 이, 대우' 등 명제 간의 관계를 이용해서 단순히 나타내기 어렵습니다. 따라서 각각의 명제를 벤다이어그램으로 나타내어 상관관계를 파악하는 것이 좋습니다.

19 진술추론

정답 ②

정답 체크

제시된 글을 표로 정리하면 다음과 같다.

구분	(가)군	(나)군	(다)군	(라)군	대조군
적색광 1분	O	O	O	O	X
근적외선 4분	X	O	O	O	X
적색광 1분	X	X	O	O	X
근적외선 2분	X	X	X	O	X
발아율	80% 이상	2%	80% 이상	3%	3%

적색광을 마지막에 조사한 (가)군과 (다)군은 발아율이 높은 반면 적색광 후에 근적외선을 조사한 (나)군과 (라)군은 발아율이 높지 않으므로 상추씨의 발아율을 높이려면 적색광을 마지막에 조사해야 한다는 내용이 적절한 가설임을 알 수 있다.

오답 체크

① 근적외선을 조사하지 않은 (가)군이 근적외선을 조사한 (나)군과 (라)군보다 발아율이 훨씬 높으므로 적절한 가설이 아님을 알 수 있다.

③ 적색광을 한 번만 조사한 (가)군이 적색광과 근적외선을 번갈아 조사한 (라)군보다 발아율이 훨씬 높으므로 적절한 가설이 아님을 알 수 있다.

④ 적색광만을 조사한 (가)군이 근적외선을 마지막에 조사한 (나)군과 (라)군보다 발아율이 훨씬 높으므로 적절한 가설이 아님을 알 수 있다.

⑤ 적색광을 조사한 횟수가 근적외선을 조사한 횟수보다 더 적은 실험군은 제시되지 않았으며 오히려 적색광을 근적외선보다 더 많이 조사한 (가)군과 (다)군의 발아율이 훨씬 높으므로 적절한 가설이 아님을 알 수 있다.

고득점자의 빠른 문제 풀이 Tip

제시된 글을 도식화하여 선택지에서 묻는 내용을 빠르게 확인합니다. 이를 통해 선택지에서 묻는 내용에 대한 반례를 빠르게 찾을 수 있어 오답을 가려내는 데 도움이 될 수 있습니다.

20 세부 내용 파악

정답 ②

정답 체크

ㄴ. 3문단에서 '거짓 양성 비율'은 실제로 병에 걸리지 않은 사람들 중 양성 반응을 보인 사람들의 비율이며, 감염되지 않았을 때 음성 반응이 나올 확률은 '특이도'임을 알 수 있다. 따라서 어떤 검사법의 특이도가 100%라면 감염되지 않은 사람의 음성 반응이 나올 확률이 100%인 것이므로 거짓 양성 비율이 0%임을 알 수 있다.

오답 체크

ㄱ. 3문단에서 '민감도'는 감염되었을 때 양성 반응이 나올 확률이고, '특이도'는 감염되지 않았을 때 음성 반응이 나올 확률이라고 했으므로 민감도와 특이도는 상관관계가 있는 것이 아니며 민감도가 높을수록 특이도가 높은 것은 아님을 알 수 있다.

ㄷ. 민감도가 100%라면 감염되었을 때 양성 반응이 나올 확률이 100%인 것은 알 수 있지만 특이도가 100%인 것은 아니므로 감염되지 않았더라도 양성 반응을 보일 수 있음을 알 수 있다.

> **고득점자의 빠른 문제 풀이 Tip**
> 제시된 글에서 민감도와 특이도의 상관관계를 알 수 없으므로 민감도가 100%라 하더라도 특이도가 100%가 되는 것은 아니라는 점에 주의해야 합니다.

21 세부 내용 파악

정답 ⑤

정답 체크 3문단에서 '반면 커뮤니티 외부와 링크를 많이 가진 사람을 네트워크에서 제거하면 갑자기 네트워크가 와해되어 버렸다.'고 했음을 알 수 있다.

오답 체크 ① 1문단에서 빅데이터 분석이 샘플링과 설문조사 전문가들의 작업을 대체하고 있음을 알 수 있다.
② 4문단에서 기존의 통계학적 샘플링은 기술적 제약이 있던 시대에 개발된 것임을 알 수 있다.
③ 1문단에서 빅데이터 분석으로 샘플링과 설문지 사용에서 기인하는 편향이 사라졌다고 했으므로 샘플링이나 설문지를 사용하는 연구의 경우에는 어느 정도의 편향이 발생함을 알 수 있다.
④ 4문단에서 더 이상 샘플링이 사회현상 분석의 주된 방법이 될 수 없음을 알 수 있다.

22 논리추론

정답 ②

정답 체크 제시된 두 번째와 다섯 번째 정보를 통해 헌법가치 인식은 병만 가진 자질이고, 갑, 병, 정은 자유민주주의 가치확립이라는 자질을 지니고 있음을 알 수 있으므로 이 내용을 토대로 갑, 을, 병, 정이 지닌 자질을 표로 정리하면 다음과 같다.

구분	갑	을	병	정
자유민주주의 가치확립	O		O	O
건전한 국가관				
헌법가치 인식	X	X	O	X
나라사랑				

세 번째 정보의 '대우'는 헌법가치 인식의 자질을 지니고 있지 않으면, 건전한 국가관의 자질도 지니지 않는다는 것이므로 헌법가치 인식의 자질을 지니고 있지 않은 갑, 을, 정은 건전한 국가관도 지니지 않았음을 알 수 있다. 이때 네 번째 정보를 통해 건전한 국가관의 자질을 지닌 지원자는 병임을 알 수 있다.

구분	갑	을	병	정
자유민주주의 가치확립	O		O	O
건전한 국가관	X	X	O	X
헌법가치 인식	X	X	O	X
나라사랑				

첫 번째 정보에서 갑이 지닌 자질과 정이 지닌 자질 중 적어도 두 개는 일치한다고 했으므로 갑과 정은 나라사랑의 자질을 지녔음을 알 수 있다.

구분	갑	을	병	정
자유민주주의 가치확립	O		O	O
건전한 국가관	X	X	O	X
헌법가치 인식	X	X	O	X
나라사랑	O			O

나머지 빈칸에 대한 정보는 알 수 없으나 제시된 글에서 적어도 세 가지 자질을 지닌 사람을 채용한다고 했으므로 최대 두 가지의 자질을 지닌 갑, 을, 정은 채용될 수 없고, 최소 세 가지 자질을 지닌 병이 채용될 수 있음을 알 수 있다. 따라서 공무원으로 채용될 수 있는 최대 인원은 1명이다.

> **고득점자의 빠른 문제 풀이 Tip**
> 조건을 도식화할 때 확정적으로 결정된 조건을 먼저 채워나가면 문제를 쉽게 풀 수 있습니다. 문제에서 '헌법가치 인식'과 '자유민주주의 가치확립' 자질에 대한 정보가 확정적으로 제시되었으므로 이를 먼저 표시한 후 조건을 하나씩 채워나갑니다. 이 과정에서 확정적 정보만으로도 정답이 나오므로, 실제 문제풀이에서는 '나라사랑' 자질은 고려하지 않아도 됩니다.

23 진술추론

정답 ⑤

정답 체크 ㄴ. 제시된 글에서 B는 공개경쟁 시험을 통해 공직자를 임용해야 정실 개입의 여지가 줄어들 수 있다고 했으므로 공직자 임용과정의 공정성을 높일 필요성이 부각된다면, B의 주장은 설득력을 얻는다.
ㄷ. 제시된 글에서 C는 사회를 구성하는 모든 지역 및 계층으로부터 인구 비례에 따라 공무원을 선발해야 함을 주장하고 있으므로 인구의 절반을 차지하는 비수도권 출신 공무원의 비율이 1/4에 그쳐 지역 편향성을 완화할 필요성이 제기된다면, C의 주장은 설득력을 얻는다.

오답 체크 ㄱ. 제시된 글에서 A는 공직자 임용 기준을 정당에 대한 충성도와 공헌도로 정해야 함을 주장하고 있으므로 공직자 임용이 정치적 중립성을 보장할 필요성이 대두된다면, A의 주장은 설득력을 얻지 못한다.

24 빈칸삽입

정답 ②

정답 체크 2문단에서 '이 기술을 사용하면 하나의 송신기로부터 전송된 하나의 신호가 다중 경로를 통해 안테나에 수신된다.'고 했고, 같은 문단에서 '이 때 안테나에 수신된 신호들 중 일부 경로를 통해 수신된 신호의 크기가 작더라도 나머지 다른 경로를 통해 수신된 신호의 크기가 크면 수신된 신호들 중 가장 큰 것을 선택하여 안정적인 송수신을 이루려는 것이 A 기술이다.'라고 했으므로 이를 액체와 배수관에 비유해서 설명하면 액체는 전송된 '신호'이며 배수관은 신호를 흘려 보내는 '경로'에 해당함을 알 수 있다.

25 세부 내용 파악

정답 ①

정답 체크 제시된 글은 지구 주위 환경뿐만 아니라 보편적 자연법칙까지도 인류와 같은 생명이 진화해서 살아가기에 알맞은 범위로 맞춰져 있음을 설명하고 있다. 이에 대해 2문단에서 강한 핵력의 강도가 겨우 0.5% 다르거나 전기력의 강도가 겨우 4% 다를 경우에도 탄소나 산소는 우주에서 합성되지 않아 생명 탄생의 가능성도 사라진다고 했으므로 탄소가 없는 상황에서 생명이 자연적으로 진화할 수 있다는 내용은 글의 결론과 상충한다.

오답 체크 ②, ③, ④, ⑤ 제시된 글의 결론은 지구 주위 환경이나 보편적인 자연법칙까지도 지금과 약간의 차이만 발생했더라도 태양계나 지구가 탄생할 수 없었을 뿐만 아니라 생명 또한 진화할 수 없었을 것으로 보고 있다. 따라서 지구 주위 환경이나 자연법칙에 미세한 변화가 있었다면 현재와 같지 않았을 것임을 제시하는 선택지의 내용은 모두 제시된 글의 결론을 지지한다.

1 세부 내용 파악

정답 ③

정답 체크 1문단에서 '오늘날 우리가 부르는 애국가의 노랫말은 외세의 침략으로 나라가 위기에 처해 있던 1907년을 전후하여 조국애와 충성심을 북돋우기 위하여 만들어졌다.'고 했으므로 오늘날 우리가 부르는 애국가의 노랫말은 1896년 『독립신문』에 게재되지 않았음을 알 수 있다.

오답 체크 ① 2문단에서 1935년 해외에서 활동 중이던 안익태가 오늘날 우리가 부르고 있는 국가를 작곡하였고, 대한민국 임시정부는 이 곡을 애국가로 채택해 사용했으나 이는 해외에서만 퍼져 나갔다고 했으므로 1940년에 해외에서는 안익태가 만든 애국가 곡조를 들을 수 있었음을 알 수 있다.

② 4문단에서 주요 방송국의 국기강하식 방송, 극장에서의 애국가 상영 등은 1980년대 후반 중지되었음을 알 수 있다.

④ 5문단에서 약식 절차로 국민의례를 행할 때 애국가를 부르지 않고 연주만 하는 의전행사나 시상식·공연 등에서는 전주곡을 연주해서는 안 됨을 알 수 있다.

⑤ 2문단에서 안익태는 1935년에 오늘날 우리가 부르는 국가를 작곡하였고, 1948년에 현재의 노랫말과 함께 안익태가 작곡한 곡조의 애국가가 정부의 공식 행사에 사용되었음을 알 수 있다.

고득점자의 빠른 문제 풀이 Tip

선택지를 대략적으로 살펴보았을 때, '안익태', '국기강하식', '『독립신문』', '시상식' 등이 주요 핵심어이므로 제시된 글에서 해당 단어가 포함된 문장을 우선적으로 확인합니다.

2 세부 내용 파악

정답 ②

정답 체크 ㄴ. 3문단에서 『경국대전』에 따르면 1470년대에는 경공장에서 청색 물을 들이는 장인이 30여 명에 달할 만큼 청색 염색이 활발했다고 했으므로 1470년대에 청색 염색이 활발했음을 보여주는 기록이 『경국대전』에 남아 있음을 알 수 있다.

오답 체크 ㄱ. 2문단에서 조선 후기로 오면서 중인 이하의 여자들은 외출할 때 장옷 대신 치마를 썼음을 알 수 있다.

ㄷ. 1문단에서 중인의 경우 정3품은 홍포에 협지금띠를 두르고 흑피화를 신었음을 알 수 있다.

ㄹ. 3문단에서 쪽잎으로 만든 남색 염료는 조선 중기에 염료의 으뜸으로 등장했다가 합성염료의 출현으로 다시 왕좌에서 물러나게 되었다고 했으므로 조선에서 합성염료의 출현 이후에는 쪽잎을 따서 만든 남색 염료가 합성염료보다 더 적게 사용되었음을 알 수 있다.

3 세부 내용 파악

정답 ④

정답 체크 1문단에서 최상은 '아주 옛날'의 청렴한 관리이고, 최하는 '오늘날'의 청렴한 관리라고 했으므로 『상산록』은 '오늘날'의 청렴한 관리보다 '아주 옛날'의 청렴한 관리가 상대적으로 더 청렴하다고 평가했음을 알 수 있다.

오답 체크 ① 2문단에서 청렴하다 하여도 과격한 행동과 각박한 정사는 인정에 맞지 않기 때문에 군자가 따를 바가 못 된다고 했음을 알 수 있다.

② 1문단에서 최상은 '아주 옛날'의 청렴한 관리라고 했으므로 '조금 옛날'의 청렴한 관리는 최상이 아님을 알 수 있다.

③ 1문단에서 최하는 이미 규례가 된 것이라면 명분이 바르지 않아도 먹지만 규례가 되어 있지 않은 것은 먹지 않는 오늘날의 청렴한 관리이지만 옛날 같으면 형벌에 처했을 것이라고 했으므로 '오늘날'의 청렴한 관리는 '아주 옛날'에는 청렴한 관리로 여겨지지 않았을 것임을 알 수 있다.

⑤ 2문단에서 청렴하다 하여도 과격한 행동과 각박한 정사는 인정에 맞지 않으니 군자가 따를 바가 못 된다고 했고, 북제의 고적사문은 그 사례로 제시되었으므로 북제의 고적사문은 모범이 될 만한 수령이 아님을 알 수 있다.

4 법·규정의 적용

정답 ④

정답 체크 정부부처 4급 공무원 상당의 보수를 받는 별정직 공무원D는 재산등록 의무자인 '4급 이상의 별정직 공무원'에 해당하고, 아들은 친족의 범위인 '본인의 직계비속'에 해당하며, 승용차는 등록대상 재산인 '자동차'에 해당하므로 재산등록 대상임을 알 수 있다.

오답 체크 ① 시청에 근무하는 4급 공무원A는 재산등록 의무자인 '4급 이상의 공무원'에 해당하고, 아파트는 등록대상 재산인 '부동산에 관한 소유권'에 해당하지만 동생은 등록대상 친족의 범위에 해당하지 않으므로 재산등록 대상이 아님을 알 수 있다.

② 시장B는 재산등록 의무자인 '지방자치단체장'에 해당하고, 1,500만 원의 정기예금은 등록대상 재산인 '1천만 원 이상의 예금'에 해당하지만 결혼한 딸은 등록대상 친족의 범위에서 제외되는 '혼인한 직계비속인 여성'에 해당하므로 재산등록 대상이 아님을 알 수 있다.

③ 도지사C는 재산등록 의무자인 '지방자치단체장'에 해당하고, 아버지는 등록대상 친족의 범위인 '본인의 직계존속'에 해당하지만 지식재산권은 연간 1천만 원 이상의 소득이 있어야 하는데 C의 아버지가 소유한 지식재산권은 연간 600만 원의 소득이 있을 뿐이므로 재산등록 대상이 아님을 알 수 있다.

⑤ 정부부처 4급 공무원E는 재산등록 의무자인 '4급 이상의 공무원'에 해당하고, 1,000만 원 상당의 다이아몬드는 등록대상 재산인 '품목당 5백만 원 이상의 보석류'에 해당하지만 이혼한 전처는 등록대상 친족의 범위에 해당하지 않으므로 재산등록 대상이 아님을 알 수 있다.

고득점자의 빠른 문제 풀이 Tip

선택지에서 친족, 대상 재산의 사례를 보여주고 있으므로 제시된 글에서 재산등록 의무자, 친족, 재산 대상을 표시하여 선택지에 적용하는 것이 필요합니다.

5 세부 내용 파악

정답 ⑤

정답 체크 ㄴ. 1문단에서 1 rem은 몸무게 1g당 감마선 입자 5천만 개가 흡수된 양이라고 했으므로 몸무게 50kg인 사람이 500조 개의 감마선 입자에 해당하는 방사선을 흡수한 경우 5kg당 50조 개=1kg당 10조 개=1g당 100억 개의 감마선 입자를 흡수하여 200rem 정도로 피해를 입은 것임을 알 수 있다. 2문단에서 방사선에 200rem 정도로 피해를 입는다면 머리카락이 빠지기 시작하고 구역질이 남을 알 수 있다.

ㄷ. 2문단에서 가벼운 손상은 정상적인 신체 기능에 거의 영향을 미치지 않고, 이 경우 '문턱효과'가 있다고 함을 알 수 있다.

ㄹ. 1문단에서 체르노빌 사고 현장에서 소방대원의 몸에 흡수된 감마선 입자는 400조 개 이상이었다고 했으므로 소방대원의 몸무게가 80kg이었다면 8kg당 40조 개=1kg당 5조 개=1g당 50억 개 이상의 감마선 입자를 흡수한 것이므로 100rem 이상의 피해를 입었음을 알 수 있다.

오답 체크 ㄱ. 1문단에서 1rem은 몸무게 1g당 감마선 입자 5천만 개가 흡수된 양이라고 했으나 이는 피해 정도에 대한 단위일 뿐 정확히 몇 개의 입자가 흡수된 양인지를 측정하는 것이 아니다. 즉 같은 rem이라면 몸무게에 상관없이 피해 정도는 유사하다. 2문단에서 300rem 정도라면 수혈이나 집중적인 치료를 받지 않는 한 방사선 피폭에 의한 사망 확률이 50%에 달한다고 했으므로 120kg 이상인 사람도 수혈이나 치료를 받지 않으면 사망할 확률이 50%임을 알 수 있다.

6 법·규정의 적용

정답 ⑤

정답 체크 세 번째 법조문(연간 국회운영기본일정 등) 1항에서 의장은 국회의 연중 상시운영을 위하여 각 교섭단체대표의원과의 협의를 거쳐 매년 12월 31일까지 다음 연도의 국회운영기본일정을 정하여야 함을 알 수 있다. 같은 조문에서 6월 30일까지 정하여야 한다고 규정한 것은 다음 연도의 국회운영기본일정이 아니라 당해 연도의 국회운영기본일정임을 알 수 있다.

오답 체크 ① 두 번째 법조문(국회의 임시회) 2항에서 국회의원 총선거 후 최초의 임시회는 의원의 임기개시 후 7일째에 집회한다고 하였고, <상황>에서 국회의원의 임기가 5월 30일에 시작된다고 했으므로 첫 번째 임시회는 4월 27일이 아니라 5월 30일의 7일 뒤인 6월 6일임을 알 수 있다.

② 첫 번째 법조문(국회의 정기회)에서 정기회는 매년 9월 1일에 집회한다고 하였고, 세 번째 법조문(연간 국회운영기본일정 등) 2항 2호에서 정기회의 회기는 100일을 초과할 수 없다고 했으므로 올해 국회의 정기회가 9월 1일에 집회한다면 100일이 초과하지 않는 12월 8일 이내에 폐회함을 알 수 있다.

③ 세 번째 법조문(연간 국회운영기본일정 등) 2항 2호에서 정기회의 회기는 100일, 임시회의 회기는 매 회 30일을 초과할 수 없고, 같은 조 같은 항 1호에서 임시회는 8, 10, 12월을 제외한 매 짝수월 1일에 집회한다고 했으므로 내년도 국회의 회기는 130일이 아니라 190일을 초과할 수 없음을 알 수 있다.

④ 두 번째 법조문(국회의 임시회) 1항에서 임시회의 집회요구가 있을 때 의장은 집회기일 3일 전에 공고한다고 했으므로 국회의장의 임시회 집회공고 없이 5월 1일에 임시회가 집회될 수 없음을 알 수 있다.

고득점자의 빠른 문제 풀이 Tip

선택지를 대략적으로 살펴보았을 때, 날짜가 많이 등장하므로 각 선택지에 해당하는 법조문을 정확히 파악해서 날짜를 계산해야 합니다.

7 법·규정의 적용

정답 ③

정답 체크 2문단에서 '이러한 소급효 제한의 취지로 인해 동일한 형벌조항에 대해서 헌법재판소가 여러 차례 합헌결정을 한 때에는 최후에 합헌결정을 선고한 날의 다음 날로 소급하여 그 형벌조항의 효력이 상실되는 것으로 본다.'고 했으므로 <상황>에서 간통죄의 효력이 상실되는 날은 2008.10.30. 다음 날임을 알 수 있다. 乙은 2010.6.1. 간통죄로 집행유예를 받았고 효력이 상실된 후에 형사처벌을 받은 것이므로 재심청구가 가능하다. 한편 3문단에서 '또한 그 유죄판결로 인해 실형을 선고받고 교도소에서 복역하였던 사람은 구금 일수에 따른 형사보상금 청구가 인정되며, 벌금형을 선고받아 이를 납부한 사람도 형사보상금 청구가 인정된다.'고 했으나 乙은 교도소에서 복역하지 않았으므로 형사보상금 청구는 인정되지 않음을 알 수 있다.

오답 체크 ① 甲은 2007.10.1. 간통죄로 1년의 징역형이 확정되어 교도소에서 복역했으므로 간통죄의 효력이 상실되기 이전에 형사처벌을 받은 것이 된다. 따라서 재심청구와 형사보상금 청구 모두 인정되지 않음을 알 수 있다.

② 乙은 재심청구는 인정되나 형사보상금 청구는 인정되지 않음을 알 수 있다.

④ 丙은 2013.8.1. 간통죄로 1년의 징역형이 확정되어 교도소에서 복역했으므로 간통죄의 효력이 상실된 이후에 형사처벌을 받은 것이 된다. 따라서 재심청구와 형사보상금 청구가 모두 인정됨을 알 수 있다.

⑤ 丙은 실형을 선고받고 교도소에서 복역했으므로 구금일수에 따른 형사보상금 청구가 인정됨을 알 수 있다.

8 문제해결

정답 ③

정답 체크 ㄷ. 총 3번의 경기를 치러야 우승할 수 있는 자리는 A, B, C, D, K 5개이고, 총 4번의 경기를 치르고 우승할 수 있는 자리는 E, F, G, H, I, J 6개이다. 따라서 총 4번의 경기를 치러야 우승할 수 있는 자리에 배정될 확률이 총 3번의 경기를 치르고 우승할 수 있는 자리에 배정될 확률보다 높음을 알 수 있다.

오답 체크 ㄱ. 9경기 후 결승에 올라올 수 있는 자리인 E, F, G, H, I, J, K는 바로 다음 날인 10경기에서 결승을 치러야 한다. 반면 A, B, C, D의 자리는 1차전(1, 2경기), 2차전(6경기), 3차전(10경기) 모두 이틀 연속으로 경기를 치르지 않는다. 따라서 이틀 연속 경기를 하지 않으면서 최소한의 경기로 우승할 수 있는 자리는 A, B, C, D로 총 4개임을 알 수 있다.

ㄴ. 첫 번째 경기에 승리한 경우 두 번째 경기 전까지 3일 이상을 경기 없이 쉴 수 있는 자리는 A, B, C, D, E, F 6개이다. 따라서 첫 번째 경기에 승리한 경우 두 번째 경기 전까지 3일 이상을 경기 없이 쉴 수 있는 자리에 배정될 확률은 6/11으로 확률이 50% 이상임을 알 수 있다.

고득점자의 빠른 문제 풀이 Tip

부전승이 있는 경우를 주의합니다. 또한 경기 일정을 파악할 때에는 1경기부터 파악하는 방법도 있지만 10경기부터 역으로 파악하는 방법도 생각해 볼 수 있습니다.

9 법·규정의 적용

정답 ①

정답 체크 甲의 <상황>에 대해 정리하면 다음과 같다.

- 층간소음 수인한도: 주간 등가소음도 40dB(A), 야간 등가소음도 35dB(A) 모두 초과
- 층간소음 배상 기준금액: 10개월, 650,000원
- 배상금액 가산기준
  - (1) 해당 없음
  - (2) 등가소음도가 주간과 야간에 모두 수인한도를 초과했으므로 30% 이내에서 가산
  - (3) 해당 없음

이에 따라 1인당 배상금액은 650,000+(650,000×0.3)=845,000원에 해당하고 부부 2인이므로 도합 1,690,000원이 최대 배상금액이다.

乙의 <상황>에 대해 정리하면 다음과 같다.

- 층간소음 수인한도: 야간 최고소음도 50dB(A), 야간 등가소음도 35dB(A) 모두 초과
- 층간소음 배상 기준 금액: 1년 6개월, 800,000원

· 배상금액 가산기준
(1) 야간에 최고소음도와 등가소음도가 모두 수인한도를 초과했으므로 30% 이내에서 가산
(2) 해당 없음
(3) 수험생 1명에게 20% 이내에서 가산

이에 따라 피해자 가족 4명 가운데 3명의 배상금액은 1인당 800,000+(800,000×0.3)=1,040,000원에 해당하고 수험생은 800,000+800,000×(0.3+0.2)=1,200,000원에 해당하므로 최대 배상금액은 (1,040,000×3)+1,200,000=4,320,000원이다.

따라서 甲과 乙의 최대 배상금액은 甲이 1,690,000원이고, 乙이 4,320,000원이다.

고득점자의 빠른 문제 풀이 Tip

숫자들을 중심으로 내용을 정확히 파악한 후에 필요한 숫자들을 정리하면 문제 풀이 시간을 단축할 수 있습니다. 특히 수인한도, 기준금액, 가산기준 등에 적용되는 내용을 정확히 파악하는 것이 필요합니다.

10 법·규정의 적용

정답 ②

정답 체크 정류소 명칭 변경 절차에서 홀수달 1일에 하지 않은 신청은 그 다음 홀수달 1일 신청으로 간주한다고 했으므로 8월 16일에 신청한 정류소 명칭 변경 신청은 9월 1일에 신청한 것으로 간주된다. 명칭 변경 승인이 신청일로부터 5일 이내, 명칭 변경에 따른 정비가 승인일로부터 7일 이내, 정비결과 보고가 정비완료일로부터 3일 이내로 이루어지므로 늦어도 9월 16일까지는 정비결과가 시장에게 보고됨을 알 수 있다.

오답 체크
① 7월 2일에 정류소 명칭 변경을 신청한 경우는 홀수달 1일에 하지 않은 신청이므로 그 다음 홀수달 1일인 9월 1일에 신청한 것으로 간주된다. 따라서 시장은 신청일로부터 5일 이내인 9월 6일까지 승인 여부를 결정해야 함을 알 수 있다.
③ 정류소 명칭 부여기준에서 명칭을 2개를 병기할 경우 우선순위대로 한다고 했고, 4순위가 아파트, 5순위가 기타라고 했으므로 '가나서점·가나3단지아파트'가 아니라 '가나3단지아파트·가나서점'이 명칭 부여기준에 적합함을 알 수 있다.
④ 정류소 명칭 부여기준에서 글자 수는 15자 이내로 제한한다고 했으므로 '다라중학교·다라동1차아파트'는 명칭 부여기준에 적합함을 알 수 있다.
⑤ 정류소 명칭 부여기준에서 명칭은 2개 이내로 제한한다고 했으므로 '마바구도서관·마바시장·마바물산'이라는 명칭은 부여될 수 없음을 알 수 있다.

고득점자의 빠른 문제 풀이 Tip

선택지에서 묻는 것이 날짜인지, 명칭 부여기준인지 등을 정확히 파악하여 해당되는 내용을 찾아 적용하는 것이 필요합니다. 특히 날짜를 계산할 때 주어진 날짜로만 계산하는 것이 아니라 홀수달 1일을 기준으로 한다는 점에 유의합니다.

11 세부 내용 파악

정답 ①

정답 체크 2문단에서 '일제는 이러한 민중의 정서를 잘 알고 있었기에 무궁화를 말살하려 했다. 예를 들어 무궁화를 캐 온 학생에게 상을 주고, 무궁화를 캐낸 자리에는 벚꽃을 심었다.'고 했으므로 일제는 무궁화 말살을 위해 학생들이 무궁화를 캐도록 유도했음을 알 수 있다.

오답 체크
② 2문단에서 일제가 국권을 강탈한 후에도 무궁화에 대한 민중의 사랑은 더욱 깊어졌음을 알 수 있다.
③ 1문단에서 무궁화에 관한 가장 오래된 기록은 중국 동진시대의 문인 곽복이 쓴 『산해경』이라는 지리서에 있다고 했으므로 최치원의 국서는 무궁화에 관한 가장 오래된 기록이 아님을 알 수 있다.
④ 3문단에서 핍박 속에서도 일부 단체나 학교는 무궁화를 겨레의 상징물로 사용하였음을 알 수 있다.
⑤ 3문단에서 조선소년군은 무궁화가 새겨진 스카프를 착용했고, 서울중앙학교는 모자에 무궁화를 새겼다가 문제가 되어 무궁화를 월계수로 대체하여야 했다고 했으므로 무궁화를 월계수로 대체한 것은 조선소년군이 아닌 서울중앙학교임을 알 수 있다.

12 세부 내용 파악

정답 ①

정답 체크 ㄴ. 1문단에서 <일월오봉도>의 해는 오른편에 위치한 두 작은 봉우리 사이의 하늘에, 달은 왼편의 두 작은 봉우리 사이의 하늘에 떠 있다고 했으므로 조선 후기 대다수의 <일월오봉도>에서는 해가 달보다 오른쪽에 그려져 있음을 알 수 있다.

오답 체크
ㄱ. 2문단에서 <일월오봉도>는 왕이 죽고 나면 그 시신을 모시던 빈전과 혼전에도 사용되었고 제사에 배향된 영정 초상 뒤에도 놓였음을 알 수 있다.
ㄷ. 2문단에서 <일월오봉도>는 그 자체로 왕의 존재를 지시하는 동시에 왕만이 전유할 수 있는 것이라고 했으므로 왕비나 세자의 존재를 표상하기 위해 사용되지 않았음을 알 수 있다.
ㄹ. 1 문단에서 <일월오봉도>는 하늘과 땅, 다섯 개의 산봉우리로 상징되는 '삼라만상'을 시각화한 것이고, 이는 조선의 왕이 '통치하는 대상'을 시각적으로 응축한 것이라고 했으므로 다섯 개의 산봉우리는 왕을 나타내는 상징물이 아닌 통치하는 대상을 나타내는 상징물임을 알 수 있다.

고득점자의 빠른 문제 풀이 Tip

<보기>를 대략적으로 살펴보았을 때, '왕의 죽음', '배치', '해', '달', '다섯 개의 산봉우리' 등이 핵심어이므로 제시된 글에서 해당 단어가 포함된 문장을 우선적으로 확인합니다.

13 세부 내용 파악

정답 ⑤

정답 체크 2문단에서 언급한 기단의 기호를 정리하면 다음과 같다.
· 해양성기단: m, 대륙성기단: c
· 한대기단: P, 열대기단: T
· 기단이 그 하층의 지표면보다 따뜻할 때: w
  기단이 그 하층의 지표면보다 차가울 때: k
· 적도기단: E, 북극기단: A

3문단에서 언급한 기단의 성질을 기호와 함께 정리하면 다음과 같다.
· 시베리아기단
  - 대륙성기단: c, 한대기단: P, 우리나라 지표면보다 차가움: k
· 북태평양기단
  - 해양성기단: m, 열대기단: T, 우리나라 지표면보다 더움: w
· 오호츠크해기단
  - 해양성기단: m, 한대기단: P, 우리나라 지표면보다 차가움: k

따라서 시베리아기단은 cPk, 북태평양기단은 mTw, 오호츠크해기단은 mPk이다.

고득점자의 빠른 문제 풀이 Tip

해양성-대륙성, 한대-열대, 적도-북극과 같이 기준이 되는 내용이 많으므로 기준을 정리한 후에 해당하지 않는 선택지를 소거하면 문제 풀이 시간을 단축할 수 있습니다.

14 세부 내용 파악

정답 ①

정답 체크 <상황>에서 甲이 원하는 근무형태는 다음과 같다.

- 사무실 출근
- 주 40시간의 근무시간
- 이틀은 아침 7시에 출근하여 12시간씩 근무, 나머지 사흘은 5~6시간의 근무
- 5일 근무

3문단에서 "근무시간선택형'은 주 5일 근무를 준수해야 하지만 1일 8시간을 반드시 근무해야 하는 것은 아니다. 근무가능 시간대는 06:00 ~24:00이며 1일 최대 근무 시간은 12시간이다.'라고 했으므로 甲에게 가장 적절한 유연근무제는 근무시간선택형임을 알 수 있다.

오답 체크
② 甲은 사흘은 5~6시간을 근무할 계획이고, 시차출퇴근형은 1일 8시간 근무체제를 유지해야 하므로 적절하지 않음을 알 수 있다.
③ 甲은 주 40시간의 근무시간을 지킬 예정이고, 시간제근무는 주 40시간보다 짧은 시간을 근무하는 것이므로 적절하지 않음을 알 수 있다.
④ 甲은 주 5일을 근무할 계획이고, 집약근무형은 주 3.5~4일만을 근무하는 것이므로 적절하지 않음을 알 수 있다.
⑤ 甲은 사무실에 출근하여 일하는 것을 원하고, 재택근무형은 자택에서 근무하는 것이므로 적절하지 않음을 알 수 있다.

고득점자의 빠른 문제 풀이 Tip

<상황>과 선택지를 대략적으로 살펴보았을 때, '유연근무제'와 '유연근무제의 종류'가 핵심어로 제시되어 있고, 제시된 글에서 핵심어가 '작은 따옴표'로 강조되어 있으므로 제시된 글에서 핵심어를 포함한 문장을 우선적으로 확인합니다.

15 문제해결

정답 ④

정답 체크
ㄱ. 카르다노의 표현 방식을 정리하면 다음과 같다.
- x^3 → cub⁹
- x → reb⁹
- + → p:
- = → aeq̄lis

따라서 $x^3+4x+2=0$은 cub⁹ p: 4reb⁹ p: 2 aeq̄lis 0이라고 썼을 것임을 알 수 있다.

ㄴ. 스테빈의 표현 방식을 정리하면 다음과 같다.
- x^3 → 1③
- $2x$ → 2①
- = → egales á

따라서 $x^3+4x+2=0$은 1③+4①+2 egales á 0이라고 썼을 것임을 알 수 있다.

ㄹ. 헤리옷의 표현 방식을 정리하면 다음과 같다.
- x^3 → xxx
- x → x
- 숫자×문자 → 숫자·문자

따라서 x3+4x+2=0은 xxx+4·x+2=0이라고 썼을 것임을 알 수 있다.

오답 체크
ㄷ. 기랄드의 표현 방식을 정리하면 다음과 같다.
- x^3 → (3)
- x → (1)

따라서 $x^3+4x+2=0$은 1(3)+4(1)+2=0이라고 썼을 것임을 알 수 있다.

고득점자의 빠른 문제 풀이 Tip

숫자와 기호를 정확히 정리해서 문제를 해결하는 것이 오히려 빠른 문제 풀이에 도움이 됩니다.

16 법·규정의 적용

정답 ②

정답 체크 법조문에 따라 각 시설의 내용을 정리하면 다음과 같다.

- 당구장
  - 두 번째 법조문(정화구역에서의 금지시설) 1항 7호에 따르면 유치원 및 대학교를 제외하고는 금지되는 시설이다.
  - 유치원에서는 허용되는 시설이므로 <표>의 ⓒ에는 O가 들어간다.
  - 두 번째 법조문(정화구역에서의 금지시설) 2항에 따르면 당구장은 교육감이 학교환경위생정화위원회의 심의를 거쳐 허용 가능하기도 한 시설이고, 세 번째 법조문(제한이 완화되는 구역)에 따르면 당구장 시설이 허용 가능한 구역은 정화구역 전체이므로 <표>의 ⓐ에는 △가 들어간다.
- 만화가게
  - 두 번째 법조문(정화구역에서의 금지시설) 1항 5호에 의해 유치원 및 대학교를 제외하고는 금지되는 시설이다.
  - 두 번째 법조문(정화구역에서의 금지시설) 2항에 따르면 만화가게는 교육감이 학교환경위생정화위원회의 심의를 거쳐 허용 가능하기도 한 시설이고, 세 번째 법조문(제한이 완화되는 구역)에 따르면 만화가게가 허용 가능한 구역은 상대정화구역이므로 <표>의 ⓑ에는 △가 들어간다.
- 호텔
  - 두 번째 법조문(정화구역에서의 금지시설) 1항 8호에 의해 금지되는 시설이다.
  - 두 번째 법조문(정화구역에서의 금지시설) 2항에 따르면 호텔은 교육감이 학교환경위생정화위원회의 심의를 거쳐 허용 가능하기도 한 시설이고, 세 번째 법조문(제한이 완화되는 구역)에 따르면 호텔이 허용 가능한 구역은 상대정화구역이므로 <표>의 ⓓ에는 △가 들어간다.

따라서 ⓐ은 △, ⓑ은 △, ⓒ은 O, ⓓ은 △이다.

고득점자의 빠른 문제 풀이 Tip

<표>에서 묻는 시설이 어느 조문에 해당하는지 파악하는 것이 필요합니다. 한편 여러 조문 간의 입체적인 해석이 필요하므로 예외나 부가 설명 부분을 놓치지 않도록 주의해야 합니다.

17 법·규정의 적용

정답 ②

정답 체크 제시된 글에서 [다수의견], [별개의견], [반대의견]의 내용을 정리하면 다음과 같다.

구분		다수의견	별개의견	반대의견
㉠ 국가 또는 공공단체		국가배상책임O	국가배상책임O	국가배상책임O
공무원 개인	㉡ 고의 또는 중과실	불법행위 손해배상책임O	불법행위 손해배상책임O	불법행위 손해배상책임X
	㉢ 경과실	불법행위 손해배상책임X	불법행위 손해배상책임O	불법행위 손해배상책임X

※ 단, 반대의견의 경우 국가 또는 공공단체에 대한 공무원의 내부적 책임은 면제되지 않음

위 표의 ㉠에 따르면 공무원의 과실 종류에 관계없이 국가 또는 공공단체는 피해자에게 국가배상책임을 지므로 [다수의견], [별개의견], [반대의견]의 입장이 모두 일치함을 알 수 있다.

오답 체크
① 위 표의 ㉢에 따르면 공무원의 경과실로 인한 직무상 불법행위로 국민에게 손해가 발생한 경우, [다수의견]에 의하면 공무원 개인이 피해자에게 배상책임을 지지 않지만 [별개의견]에 의하면 배상책임을 지므로 [다수의견]과 [별개의견]은 일치된 입장이 아님을 알 수 있다.
③ 위 표의 ㉡과 ㉢에 따르면 공무원이 직무상 불법행위로 국민에게 손해배상책임을 지는 데 있어서, [다수의견]에 의하면 중과실일 때에는 손해배상책임을 지고 경과실일 때에는 손해배상책임을 지지 않아 경과실과 중과실을 구분하는 반면 [반대의견]에 의하면 모두 손해배상책임을 지지 않으므로 경과실과 중과실을 구분하지 않음을 알 수 있다.
④ 위 표의 각주에 따르면 [반대의견]은 공무원의 중과실로 인한 직무상 불법행위로 국민에게 손해가 발생한 경우, 피해자에 대해서는 공무원의 책임이 면제되지만 국가 또는 공공단체에 대한 공무원의 책임은 면제되지 않음을 알 수 있다.
⑤ 위 표의 ㉡에 따르면 공무원의 고의 또는 중과실로 인한 직무상 불법행위로 국민에게 손해가 발생한 경우, [다수의견]과 [별개의견]에 의하면 공무원 개인이 피해자에게 배상책임을 지지만, [반대의견]에 의하면 배상책임을 지지 않음을 알 수 있다.

고득점자의 빠른 문제 풀이 Tip

문장의 형태로 되어 있는 내용은 공통점과 차이점을 파악해서 표로 정리한 후에 문제를 해결하는 것이 바람직합니다.

18 문제해결

정답 ②

정답 체크 3개의 조명시설에 의해 주택 A~E에 도달하는 빛의 조도를 계산하면 다음과 같다.

구분	A	B	C	D	E
조명시설(36)	36/2=18	36/2=18	36/4=9	36/8=4.5	36/12=3
조명시설(24)	24/8=3	24/4=6	24/2=12	24/2=12	24/6=4
조명시설(48)	48/12=4	48/8=6	48/6=8	48/2=24	48/2=24
합계	25	30	29	40.5	31

따라서 빛의 조도가 30을 초과하여 관리대상주택으로 지정된 주택은 D와 E 2채이다.

고득점자의 빠른 문제 풀이 Tip

각 조명이 A~E에 어떤 영향을 주는지를 하나의 표로 만든 후 순서대로 빠르게 수치를 기입하여 정리하면 문제 풀이 시간을 단축할 수 있습니다. 또한 문제에서는 30을 초과하는 경우를 묻고 있으므로 '초과'와 '이상' 등의 표현에 유의해야 합니다.

19 세부 내용 파악

정답 ④

정답 체크 2문단에서 '1678년에 발행된 상평통보는 초주단자전이라 불리는데, 상평통보 1문(개)의 중량은 1전 2푼이고 화폐 가치는 은 1냥을 기준으로 400문으로 정하였으며 쌀 1되가 4문이었다.'고 했고, 은 1근=16냥이므로 은 1근은 같은 해에 주조·발행된 상평통보 400×16=6,400문의 가치를 가짐을 알 수 있다.

오답 체크
① 2문단에서 초주단자전의 중량은 1전 2푼, 3문단에서 당이전의 중량은 2전 5푼, 5문단에서 중형상평통보의 중량은 1전 7푼이라고 했으므로 셋 중 가장 무거운 것은 당이전임을 알 수 있다.
② 3문단에서 1679년에 은 1냥에 대한 공인 교환율은 100문이라고 했고, 4문단에서 1689년에 은 1냥이 당이전 400~800문이 될 정도로 그 가치가 폭락하였다고 했으므로 경우에 따라 상평통보의 가치는 1/4 이하로 떨어지기도 하였음을 알 수 있다.
③ 4문단에서 1678년부터 1680년까지 상평통보 주조·발행량은 약 6만 관으로 추정되고, 1681년부터 1689년까지의 상평통보 주조·발행량은 약 17만 관이었다고 했으므로 1678년부터 1689년까지 주조·발행된 상평통보는 약 6+17=23만 관이다. 따라서 1관은 1,000문이므로 23만 관은 23×1,000=2억 3,000만 문임을 알 수 있다.
⑤ 4문단에서 조정이 부족한 재원을 마련하기 위해 상평통보의 발행을 증대했음을 알 수 있다.

20 문제해결

정답 ①

정답 체크 패스워드에 부여되는 점수를 정리하면 다음과 같다.

문자 구성		점수
세 가지 종류 이상	8자 이상	10
	7자 이하	8
두 가지 종류 이하	10자 이상	10
	9자 이하	8
동일한 문자가 연속		-2
<키보드> 가로열 상 인접한 키 연속		-2
사용자 아이디 전체가 그대로 포함		-3

각 선택지 암호의 점수를 정리하면 다음과 같다.

문자 구성	세 가지 종류 이상		두 가지 종류 이하		동일 문자 연속	가로 인접	아이디 포함	합산
	8자 이상	7자 이하	10자 이상	9자 이하				
점수	10	8	10	8	−2	−2	−3	
10H&20Mzw	○	−	−	−	−	−	−	10
KDHong!	−	○	−	−	−	−	○	5
asjpeblove	−	−	○	−	−	○ (a,s)	−	8
SeCuRiTy*	○	−	−	−	−	○ (T,y)	−	8
1249dhqtgml	−	−	○	−	−	○ (1,2)	−	8

따라서 패스워드로 가장 안전한 것은 10H&20Mzw이다.

고득점자의 빠른 문제 풀이 Tip

점수를 부여하는 기준을 하나의 표로 도식화하여 빠르게 수치를 기입하면 문제 풀이 시간을 단축할 수 있습니다.

21 논리퍼즐

정답 ⑤

정답 체크 <정렬 방법>을 제시된 순서대로 정리하면 다음과 같다.

<정렬 대상>

15, 22, 13, 27, 12, 10, 25, 20

(1) 가장 오른쪽의 수인 피벗 20을 제외시킴

15, 22, 13, 27, 12, 10, 25

(2), (3), (4) 첫 번째 위치 교환(피벗보다 큰 수 중 가장 왼쪽의 수인 22와 피벗보다 작은 수 중 가장 오른쪽의 수인 10의 위치를 교환)

15, 10, 13, 27, 12, 22, 25

(5) 두 번째 위치 교환(피벗보다 큰 수 중 가장 왼쪽의 수인 27과 피벗보다 작은 수 중 가장 오른쪽의 수인 12의 위치 교환)

15, 10, 13, 12, 27, 22, 25

따라서 <정렬 대상>에서 두 번째로 위치를 교환해야 하는 두 수는 27과 12이다.

고득점자의 빠른 문제 풀이 Tip

주어진 <정렬 방법>에서 피벗을 중심으로 왼쪽의 수와 오른쪽의 수를 찾는 방법을 혼동하지 않도록 유의해야 합니다.

22 문제해결

정답 ③

정답 체크 정확도가 80%라는 것은 참을 거짓으로 판단할 확률이 20%이고, 거짓을 참으로 판단할 확률도 20%라는 것을 의미하며 전체 건수 중에 20% 건수에 대해 잘못 판단한다는 것이다.

ㄱ. 탐지 대상이 되는 진술이 총 100건이라면, 20%인 20건에 대해서는 옳지 않은 판단을 내릴 가능성이 가장 높을 것임을 알 수 있다.

ㄴ. 탐지 대상이 되는 진술 100건 가운데 참인 진술이 20건이라면, 거짓인 진술은 80건이 된다. 이 중 참인 진술을 참으로 판단할 가능성이 있는 건수는 20건의 80%인 16건이고 거짓인 진술을 참으로 판단할 가능성이 있는 건수는 80건의 20%인 16건이므로 거짓말 탐지기가 100건 중 참으로 판단하는 것은 총 32건일 가능성이 가장 높음을 알 수 있다.

ㄹ. 거짓말 탐지기의 정확도가 90%이고 탐지 대상이 되는 진술 100건 가운데 참인 진술이 10건인 경우, 거짓인 진술은 90건이다. 이 중 참인 진술을 참으로 판단하는 건수는 10건의 90%인 9건이고 거짓인 진술을 참으로 판단하는 건수는 90건의 10%인 9건이므로 탐지기가 참으로 판단한 18건 가운데 거짓인 진술은 9건일 가능성이 가장 높음을 알 수 있다.

오답 체크 ㄷ. 탐지 대상이 되는 진술 100건 가운데 참인 진술이 10건인 경우, 거짓인 진술은 90건이다. 거짓말 탐지기의 정확도가 80%인 경우와 100%인 경우를 비교하면, 거짓말 탐지기의 정확도가 80%인 경우 참인 진술을 참으로 판단하는 건수는 10건의 80%인 8건이고 거짓인 진술을 참으로 판단하는 건수는 90건의 20%인 18건이므로 총 26건을 참으로 판단하게 된다. 반면 거짓말 탐지기의 정확도가 100%인 경우 참으로 판단하는 진술은 10건이다. 따라서 거짓말 탐지기의 정확도가 높아진다면 참으로 판단하는 진술이 오히려 적어지게 됨을 알 수 있다.

고득점자의 빠른 문제 풀이 Tip

ㄷ. 거짓말 탐지기의 정확도가 달라지는 경우를 묻고 있으므로 임의의 숫자를 대입하여 수치를 비교하여 문제를 풀이합니다. 이때 제시된 글에서 언급한 거짓말 탐지기의 정확도 80%와 그보다 높은 정확도인 100%를 대입하면 문제 풀이 시간을 단축할 수 있습니다.

23 문제해결

정답 ③

정답 체크 도시별 경기장의 최대수용인원과 좌석 점유율을 정리하면 다음과 같다.

구분	최대 수용인원	좌석 점유율	경기당 관중수	개수	최대 관중수
대도시	3만 명	60%	30,000×0.6=1만 8천 명	5	9만 명
중소 도시	2만 명	70%	20,000×0.7=1만 4천 명	5	7만 명

올 시즌 전체 누적 관중수는 90,000+70,000=16만 명이고, 내년 시즌부터 4개의 대도시와 6개의 중소도시에서 경기가 열린다면 내년 시즌 전체 누적 관중수는 (18,000×4)+(14,000×6)=15만 6천 명이다. 이는 올 시즌 대비 {(160,000−156,000)/160,000}×100=2.5% 줄어든 것임을 알 수 있다.

오답 체크 ① 매일 5개 경기장에서 각각 한 경기가 열린다고 했으므로 1일 최대 관중수는 다섯 경기 모두 대도시에서 열릴 경우인 30,000×0.6×5=9만 명임을 알 수 있다.

② 중소도시 경기장의 좌석 점유율이 10%p 높아진다면 중소도시 경기장 한 곳의 관중수는 20,000×0.8=1만 6천명이고, 대도시 경기장 한 곳의 관중수는 1만 8천 명이므로 대도시 경기장 한 곳의 관중수가 중소도시 경기장 한 곳의 관중수보다 많음을 알 수 있다.

④ 한 시즌 당 각 경기장에서 열리는 경기의 횟수는 10개 경기장 모두 동일하고, 매일 5개 경기장에서 각각 한 경기가 열린다고 했으므로 이틀 동안에는 대도시에서 다섯 경기, 중소도시에서 다섯 경기를 한다. 대도시 경기장의 좌석 점유율이 중소도시 경기장과 같다면 대도시의 경기당 관중수는 30,000×0.7=2만 1천 명이고, ○○리그의 1일 평균 관중수는 {(21,000×5)+(14,000×5)}/2=8만 7천 5백 명이므로 11만 명을 초과하지 않음을 알 수 있다.

⑤ 중소도시 경기장의 최대수용인원이 대도시 경기장과 같고 좌석 점유율이 그대로라면, 경기당 관중수가 30,000×0.7=2만 1천 명이 되므로 ○○리그의 1일 평균 관중수는 {(18,000×5)+(21,000×5)}/2=9만 7천 5백 명이므로 11만 명을 초과하지 않음을 알 수 있다.

고득점자의 빠른 문제 풀이 Tip

문장의 형태로 되어 있는 자료들을 도식화하면 수월하게 접근할 수 있습니다. 또한 '○○리그의 1일 평균 관중수'와 같이 문제에서 정확히 주어지지 않은 수치의 파악이 필요한 경우 경기당 관중수를 대입하여 그 의미를 이해하는 것이 필요합니다.

24 논리퍼즐

정답 ⑤

정답 체크

7월은 31일까지 있으므로 일요일부터 토요일까지 꽉 찬 일주일이 반드시 4번은 존재한다. 실제 달력을 그려 이를 나타내면 다음과 같다.

일	월	화	수	목	금	토
·	·	·	·	·	·	·
·	·	·	·	·	·	·
·	·	·	·	·	·	·
·	·	·	·	·	·	·

7월 마지막 월요일이 네 번째 월요일이라고 했으므로 7월 1일은 화요일, 수요일, 목요일, 금요일인 경우만 가능하다. 나머지 경우는 월요일이 5번이 된다.

일	월	화	수	목	금	토
		1	2	3	4 (1)	5 (2)
6 (3)	7 (4)	8 (5)	9 (6)	10 (7)	11 (8)	12 (9)
13 (10)	14 (11)	15 (12)	16 (13)	17 (14)	18 (15)	19 (16)
20 (17)	21 (18)	22 (19)	23 (20)	24 (21)	25 (22)	26 (23)
27 (24)	28 (25)	29 (26)	30 (27)	31 (28)	(29)	(30)
(31)						

7월 마지막 금요일이 네 번째 금요일이라고 하였으므로 7월 1일은 화요일이어야 함을 알 수 있다.

일	월	화	수	목	금	토
		1	2	3	4	5
6	7	8	9	10	11	12
13	14	15	16	17	18	19
20	21	22	23	24	25	26
27	28	29	30	31		

따라서 8월 1일은 금요일이다.

25 논리퍼즐

정답 ④

정답 체크

· 네 번째 <조건>에서 A 입장에서 왼편에 앉은 사람이 파란 모자를 쓰고 있다고 했으므로 그림으로 나타내면 다음과 같다.

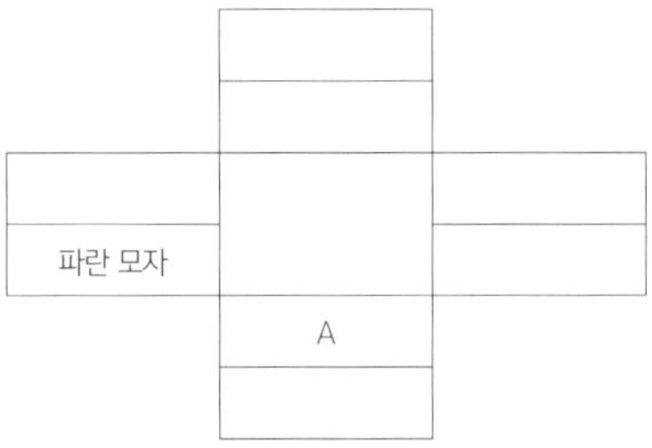

· 여섯 번째 <조건>에서 C 맞은편에 앉은 사람이 빨간 모자를 쓰고 있고, 세 번째 <조건>에서 A와 B는 여자이고 C와 D는 남자라고 했으므로 다음의 두 가지 경우가 가능하다.

<경우 1> 여자 A의 왼편에 남자 C가 앉을 경우

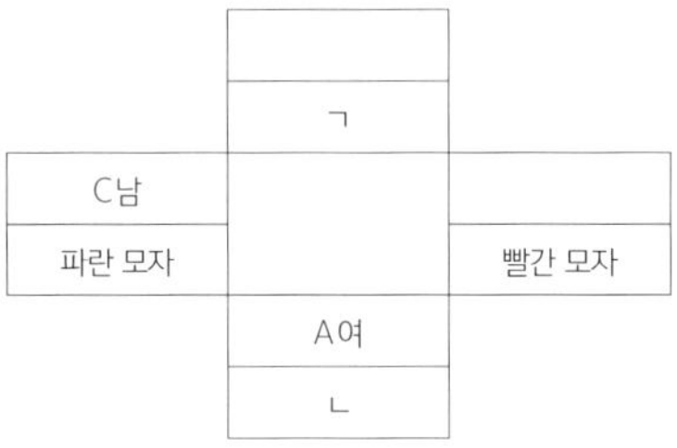

<경우 2> 여자 A의 맞은편에 남자 C가 앉을 경우

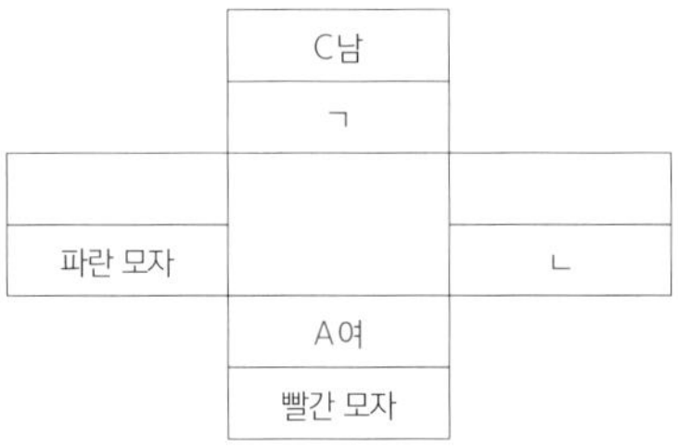

· 마지막 <조건>에서 노란 모자를 쓴 사람과 초록 모자를 쓴 사람 중 한 명은 남자, 한 명은 여자이고, 그림에서 ㄱ과 ㄴ 칸에 들어갈 색은 노란색과 초록색이므로 이 두 칸에는 각각 남자 혹은 여자가 들어가야 한다.

<경우 1> 여자 A의 왼편에 남자 C가 앉을 경우

<경우 2> 여자 A의 맞은편에 남자 C가 앉을 경우

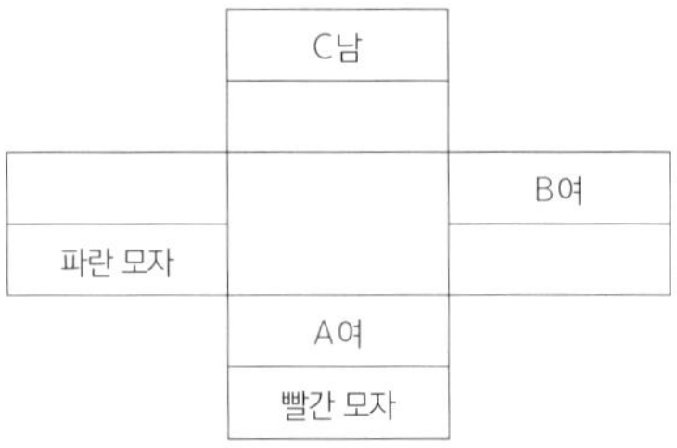

그러면 성별이 정해지지 않은 남은 한 칸이 다음 그림과 같이 채워지게 된다.

<경우 1> 여자 A의 왼편에 남자 C가 앉을 경우

<경우 2> 여자 A의 맞은편에 남자 C가 앉을 경우

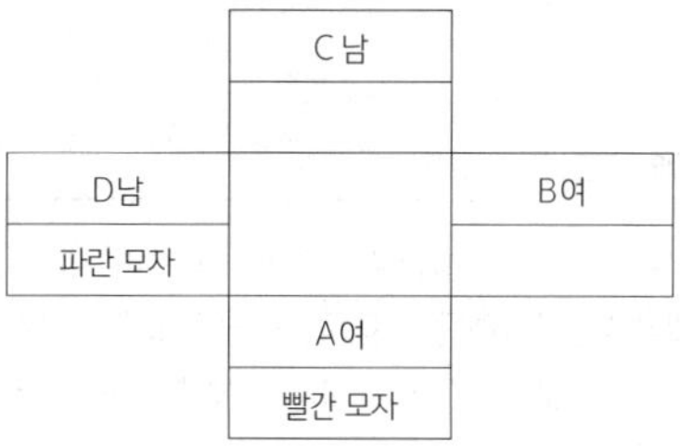

· 일곱 번째 <조건>에서 D 맞은편에 앉은 사람은 노란 모자를 쓰고 있지 않다고 했으므로 이를 그림으로 나타내면 다음과 같다.

<경우 1> 여자 A의 왼편에 남자 C가 앉을 경우

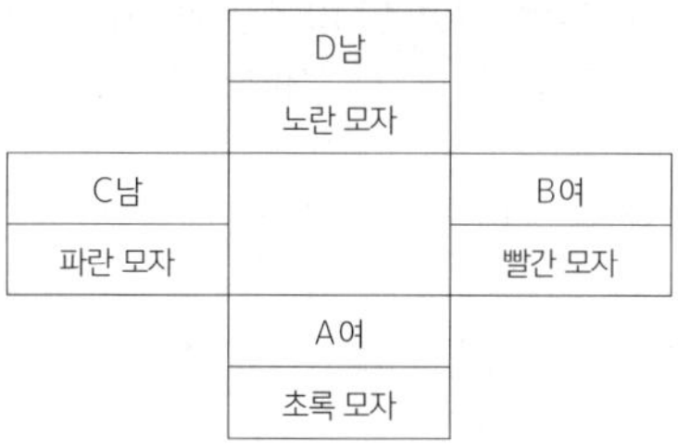

<경우 2> 여자 A의 맞은편에 남자 C가 앉을 경우

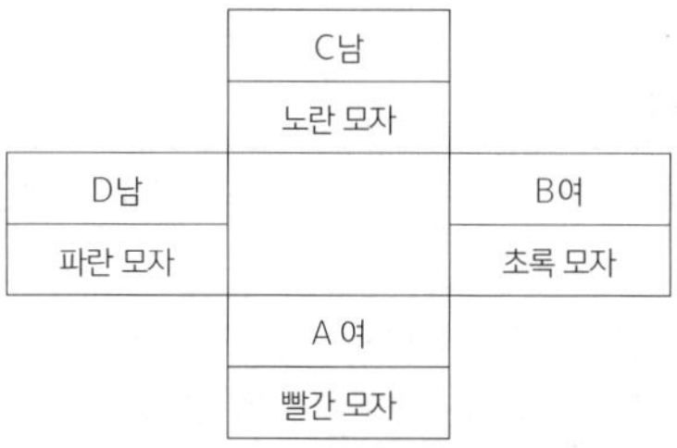

· 다섯 번째 <조건>에서 B 입장에서 왼편에 앉은 사람은 초록 모자를 쓰고 있지 않다고 했으므로 일곱 번째 조건은 <경우 2>만 가능함을 알 수 있다.

따라서 초록 모자를 쓰고 있는 사람은 B이고, A 입장에서 왼편에 앉은 사람은 D이다.

고득점자의 빠른 문제 풀이 Tip

중요한 조건을 먼저 급하게 찾아내려는 것보다 처음부터 끝까지 조건 전체를 정리한 후에 중요한 조건을 찾아내는 과정을 거칩니다. 경우의 수가 나뉠 때는 두 경우를 하나의 틀 안에 표시하는 것보다 각각 도식화하여 그려놓고 나중에 조건과 맞지 않는 것을 지워내면 문제 풀이 시간을 단축할 수 있습니다.

1 자료이해

정답 ②

정답 체크

ㄱ. 성과 점수가 가장 높은 과제는 5.12점인 '비용부담완화', 가장 낮은 과제는 3.84점인 '보육인력 전문성 제고'이고, 두 점수 차이는 5.12−3.84=1.28점이므로 옳은 설명이다.

ㄴ. '보육인력 전문성 제고' 과제의 성과 점수는 3.84점, 추진 필요성 점수는 3.70점으로 3.84−3.70=0.14점 차이이고, 다른 과제보다 점수 차이가 가장 작으므로 옳은 설명이다.

오답 체크

ㄷ. 6대 과제의 추진 필요성 점수의 평균은 (4.15+3.36+3.64+3.70+3.42+3.49)/6≒3.63점으로 3.70점 미만이므로 옳지 않은 설명이다.

고득점자의 빠른 문제 풀이 Tip

ㄷ. 굳이 계산해보지 않아도 추진 필요성 점수 중 3.70점을 초과하는 과제는 '비용부담완화'뿐이고, 나머지 과제는 모두 3.70점 이하이므로 쉽게 판단할 수 있습니다.

2 자료이해

정답 ②

정답 체크

ㄱ. 인용률(%)=$\frac{\text{인용 건수}}{\text{심리·의결 건수}}$×100임을 적용하여 구한다. 인용률은 2010년이 (4,990/30,472)×100≒16.4%, 2011년이 (4,640/28,923)×100≒16.0%, 2012년이 (3,983/24,987)×100≒15.9%, 2013년이 (4,713/24,405)×100≒19.3%, 2014년이 (4,131/25,270)×100≒16.3%로 2013년에 가장 높으므로 옳은 설명이다.

ㄷ. '심리 · 의결 건수'의 소계를 이용하여 2011년 각하 건수와 2014년 각하 건수를 구해보면 2011년 각하 건수는 28,923−23,284−4,640=999건이고, 2014년 각하 건수는 25,270−19,164−4,131=1,975건이다. 따라서 각하 건수가 가장 적은 해는 2011년이므로 옳은 설명이다.

오답 체크

ㄴ. 취하·이송 건수는 2011년에 1,001건에서 1,063건으로, 2013년에 1,015건에서 1,850건으로 증가했으므로 옳지 않은 설명이다.

ㄹ. 접수 건수의 연도별 증감방향은 '감소, 감소, 증가, 감소'이고, 심리·의결 건수의 연도별 증감방향은 '감소, 감소, 감소, 증가'이므로 옳지 않은 설명이다.

고득점자의 빠른 문제 풀이 Tip

ㄱ. 정확한 계산을 하지 않아도 2013년에 분모 값인 심리 · 의결 건수가 가장 작고, 분자 값인 인용 건수는 2010년 다음으로 크므로 인용률이 가장 높을 것임을 예상할 수 있습니다. 2010년은 분자 값인 인용 건수가 가장 크지만, 분모 값인 '심리 · 의결 건수'도 가장 크기 때문에 2013년보다 인용률이 낮습니다.

3 자료이해

정답 ④

정답 체크

ㄱ. <표>에서 3D 입체영상 분야의 3개국 전체 특허출원 건수 5,655건 중 일본 특허출원 건수는 3,620건으로 (3,620/5,655)×100 ≒64.0%를 차지하므로 옳은 설명이다.

ㄴ. <그림 1>에서 한국과 미국의 그래프를 보면 2007~2010년 동안 한국 특허출원 건수가 미국 특허출원 건수보다 많으므로 옳은 설명이다.

ㄹ. <그림 2>에서 2010년에 한국과 일본 그래프의 간격이 가장 좁으므로 옳은 설명이다.

오답 체크

ㄷ. <그림 2>에서 2003년 이후 한국과 미국의 그래프를 보면 2009년에 한국 특허출원 건수가 미국 특허출원 건수보다 많으므로 옳지 않은 설명이다.

4 자료이해

정답 ⑤

정답 체크

2009~2012년 동안 게임 매출액과 음원 매출액을 비교해보면 2009년에 게임 매출액은 485백만 원이고, 음원 매출액은 199백만 원으로 두 매출액의 차이는 2배 이상이지만 나머지 해에는 모두 2배 미만이므로 옳지 않은 설명이다.

오답 체크

① 2007년 이후 매출액이 매년 증가한 콘텐츠 유형은 영화뿐이므로 옳은 설명이다.

② SNS의 매출액은 2011년 104백만 원에서 2012년 341백만 원으로 3배 이상 증가하였으나 다른 콘텐츠는 2배 미만 증가하였으므로 옳은 설명이다.

③ 영화 매출액은 매년 전체 매출액의 50% 정도를 차지하므로 옳은 설명이다.

④ 모든 콘텐츠 매출액이 전년보다 증가한 해는 2012년뿐이므로 옳은 설명이다.

5 자료논리

정답 ①

정답 체크

<지급 방식>에 따라 각각의 탄소포인트를 계산해보면 다음과 같다.

- A: 0+2,500+5,000=7,500포인트
- B: 10,000+2,500+5,000=17,500포인트
- C: 10,000+1,250+5,000=16,250포인트
- D: 5,000+2,500+2,500=10,000포인트

따라서 탄소포인트를 가장 많이 지급받는 가입자는 B, 가장 적게 지급받는 가입자는 A이다.

6 자료이해

정답 ④

정답 체크

'갑'시의 남성 인구는 200명, 여성 인구는 300명이므로 거주 구역별 실제 인구는 다음과 같다.

구분	A	B	C	합
남성	30	110	60	200
여성	126	90	84	300

ㄴ. C구역 인구는 60+84=144명, A구역 인구는 30+126=156명으로 A구역 인구가 더 많으므로 옳은 설명이다.

ㄹ. B구역 남성 인구의 절반은 110/2=55명으로 이들이 C구역으로 이주하게 되면 C구역 인구는 144+55=199명이고, '갑'시 전체 인구의 40%인 500×0.4=200명 이하이므로 옳은 설명이다.

오답 체크

ㄱ. A구역 남성 인구는 30명, B구역 여성 인구는 90명이므로 옳지 않은 설명이다.

ㄷ. C구역 여성 인구는 84명, 남성 인구는 60명이므로 옳지 않은 설명이다.

7 자료이해

정답 ②

정답 체크

ㄱ. A지역 노인복지관의 비중은 (1,336/4,377)×100≒30.5%, 자원봉사자의 비중은 (8,252/30,171)×100≒27.4%로 모두 25% 이상이므로 옳은 설명이다.

ㄷ. 복지종합지원센터 1개소당 자원봉사자수는 E지역이 1,188명으로 가장 많고, 복지종합지원센터 1개소당 등록노인 수 역시 E지역이 59,050명으로 가장 많으므로 옳은 설명이다.

오답 체크

ㄴ. 복지종합지원센터 1개소당 노인복지관 수가 100개소 이하인 지역은 1,336/20=66.8개소인 A, 126/2=63개소인 B, 60개소인 I이므로 옳지 않은 설명이다.

ㄹ. 노인복지관 1개소당 자원봉사자 수는 H지역이 2,185/362≒6명, C지역이 970/121≒8명으로 C지역이 더 많으므로 옳지 않은 설명이다.

고득점자의 빠른 문제 풀이 Tip

ㄱ. 25% 이상인지 확인해보려면 비율을 구하는 것보다 약 4배의 값을 비교하는 것이 더 수월합니다. A지역 노인복지관 1,336개소의 4배는 5,000개소 이상이므로 1,336은 4,377의 25% 이상임을 알 수 있습니다. 또한 A지역의 자원봉사자 8,252명의 4배는 32,000명 이상이므로 8,252는 30,171의 25% 이상임을 알 수 있습니다.

8 자료논리

정답 ①

정답 체크

· 첫 번째 <조건>에 따라 2014년 중국 대상 해외직구 반입 전체 금액은 같은 해 독일 대상 해외직구 금액 80,171천 달러의 2배 이상이므로 A가 중국임을 알 수 있다.

· 세 번째 <조건>에 따라 2014년 호주 대상 해외직구 반입 전체 금액은 2013년 호주 대상 해외직구 반입 전체 금액인 2,535천 달러의 10배 미만이므로 D가 호주임을 알 수 있다.

· 네 번째 <조건>에 따라 2014년 일본 대상 목록통관 금액은 2013년 일본 대상 목록통관 금액인 2,755천 달러의 2배 이상이므로 B가 일본임을 알 수 있고, 나머지 C가 영국임을 알 수 있다.

따라서 A는 중국, B는 일본, C는 영국, D는 호주이다.

9 자료이해

정답 ③

정답 체크

ㄴ. <표 1>에서 2013년 전문 서비스용 로봇 평균단가는 159.0천 달러/개로, 제조용 로봇 평균단가의 3배인 54.6×3=163.8천 달러/개 미만이므로 옳은 설명이다.

ㄷ. <표 3>에서 전문 서비스용 분야인 건설, 물류, 의료, 국방의 로봇 R&D 예산의 구성비를 합하면 13+3+22+12=50%이므로 옳은 설명이다.

오답 체크

ㄱ. <표 1>에서 2013년 전체 로봇 시장규모의 70%는 15,000×0.7=10,500백만 달러이고, 2013년 제조용 로봇 시장규모는 9,719백만 달러이므로 옳지 않은 설명이다.

ㄹ. <표 2>에서 개인 서비스용 로봇 시장규모는 교육 분야의 경우 매년 감소했으므로 옳지 않은 설명이다.

10 자료이해

정답 ①

정답 체크

ㄱ. 공급의무율(%)=$\frac{\text{공급의무량}}{\text{발전량}}$×100임을 적용하여 구한다. 공급의무량은 2012년이 55,000×0.014=770GWh, 2013년이 51,000×0.02=1,020GWh, 2014년이 52,000×0.03=1,560GWh이다. 따라서 공급의무량은 매년 증가하므로 옳은 설명이다.

ㄴ. 2012년 대비 2014년 자체공급량의 증가율은 {(690-75)/75}×100=820%이고, 2012년 대비 2014년 인증서구입량의 증가율은 {(160-15)/15}×100≒966.7%이므로 옳은 설명이다.

오답 체크

ㄷ. 이행량(GWh)=자체공급량+인증서구입량임을 적용하여 구한다. 이행량은 2012년이 75+15=90GWh, 2013년이 380+70=450GWh, 2014년이 690+160=850GWh이다. 공급의무량과 이행량의 차이는 2012년이 770-90=680GWh, 2013년이 1,020-450=570GWh, 2014년이 1,560-850=710GWh로 2013년에 전년대비 감소하므로 옳지 않은 설명이다.

ㄹ. 이행량에서 자체공급량이 차지하는 비중은 2012년이 (75/90)×100≒83.3%, 2013년이 (380/450)×100≒84.4%, 2014년이 (690/850)×100≒81.2%로 2013년에 전년대비 증가하므로 옳지 않은 설명이다.

고득점자의 빠른 문제 풀이 Tip

ㄴ. 배수를 이용하여 빠르게 구합니다. 2012년 대비 2014년 자체공급량은 75GWh에서 690GWh로 10배 미만 증가하였고, 인증서구입량은 15GWh에서 160GWh로 10배 이상 증가하였으므로 2012년 대비 2014년 자체공급량의 증가율이 더 작음을 알 수 있습니다.

11 자료이해

정답 ⑤

정답 체크

ㄴ. 경남보다 PC 보유율이 낮은 지역은 충남, 전북, 전남, 경북이고, 이 지역은 인터넷 이용률도 모두 경남보다 낮으므로 옳은 설명이다.

ㄹ. PC 보유율보다 인터넷 이용률이 높은 지역은 전북, 전남, 경남이므로 옳은 설명이다.

오답 체크

ㄱ. PC 보유율이 네 번째로 높은 지역은 경기이고, 인터넷 이용률이 네 번째로 높은 지역은 광주이므로 옳지 않은 설명이다.

ㄷ. 울산의 인터넷 이용률은 85.0%이고, 인터넷 이용률이 67.8%로 가장 낮은 전남의 1.3배인 67.8×1.3=88.14% 미만이므로 옳지 않은 설명이다.

12 자료이해

정답 ①

정답 체크

ㄱ. 제시된 <보고서>의 네 번째 문장에서 2007년 이후 기초·원천기술연구에 대한 투자규모가 지속적으로 확대되었다고 했으므로 2007년 이후 우리나라 기초·원천기술연구 투자규모 현황 자료가 추가로 필요함을 알 수 있다.

ㄴ. 제시된 <보고서>의 마지막 문장에서 2013년의 논문 1편당 평균 피인용횟수는 4.55회로 SCI 과학기술 논문 발표수 상위 50개 국가 중 32위를 기록했다고 했으므로 2009~2013년 연도별 SCI 과학기술 논문 발표수 상위 50개 국가의 논문 1편당 평균 피인용횟수 자료가 추가로 필요함을 알 수 있다.

오답 체크

ㄷ. 제시된 <보고서>에서 언급하지 않은 내용이므로 추가로 필요한 자료가 아님을 알 수 있다.

ㄹ. 제시된 <표>에서 알 수 있는 내용이므로 추가로 필요한 자료가 아님을 알 수 있다.

13 자료이해

정답 ④

정답 체크 ㄴ. <그림>에서 공채의존도가 가장 낮은 국가는 D이고, <표>에서 D의 국민부담률은 22.9+29.1=52.0%이다. 따라서 D의 국민부담률은 E에 이어 두 번째로 높으므로 옳은 설명이다.

ㄹ. <표>에서 E의 잠재적부담률은 62.4+5.1=67.5%이다. 따라서 잠재적부담률이 가장 낮은 국가는 잠재적부담률이 34.7+9.9=44.6%인 B이므로 옳은 설명이다.

오답 체크 ㄱ. <표>에서 B와 E의 잠재적부담률은 각각 34.7+9.9=44.6%, 62.4+5.1=67.5%이고, C의 조세부담률은 49.3-10.8=38.5%이다. 따라서 잠재적부담률이 가장 높은 국가는 E이고, 조세부담률이 가장 높은 국가는 C이므로 옳지 않은 설명이다.

ㄷ. <표>에서 A의 사회보장부담률은 38.9-23.0=15.9%이다. 사회보장부담률은 E가 가장 높고, <그림>에서 공채의존도는 A가 가장 높으므로 옳지 않은 설명이다.

고득점자의 빠른 문제 풀이 Tip

각주에 제시된 식을 이용하여 간단한 계산으로 <표>의 빈칸을 채울 수 있으므로 빈칸을 먼저 채운 후 문제를 풀이합니다.

14 자료이해

정답 ③

정답 체크 아파트실거래가격지수가 100.0이라는 것은 해당 월의 아파트 실거래 가격이 1월 아파트 실거래 가격과 동일하다는 의미이고, '다' 지역의 3월 아파트 실거래가격지수가 100.0으로 '다' 지역의 1월과 3월의 아파트 실거래 가격은 같으므로 옳은 설명이다.

오답 체크 ①, ② <표>의 정보는 '가'~'다' 지역별 아파트실거래가격지수로서 1월을 100.0으로 보았을 때의 상대적인 값을 나타낸 수치이다. 각 지역별로 1월 아파트 실거래 가격과 비교는 할 수 있으나 정확한 아파트 실거래 가격은 알 수 없으므로 옳지 않은 설명이다.

④ '가' 지역의 1월 아파트실거래가격지수인 100.0이 1억 원이면 7월 실거래가격지수 104.0은 1월 대비 4%가 오른 것으로 1×1.04=1억 4백만 원이므로 옳지 않은 설명이다.

⑤ 2013년 7~12월 동안 각 지역별 아파트실거래가격지수를 보면 '다' 지역은 12월에 103.0에서 102.6으로 전월대비 하락했으므로 옳지 않은 설명이다.

15 자료이해

정답 ②

정답 체크 ㄱ. 에탄올 주입량이 0.0g일 때 쥐A~E의 렘수면시간 평균은 (88+73+91+68+75)/5=79분이고, 에탄올 주입량이 4.0g일 때 렘수면시간 평균은 (31+40+46+24+24)/5=33분이므로 옳은 설명이다.

ㄷ. 에탄올 주입량이 0.0g일 때와 1.0g일 때의 렘수면시간 차이가 가장 큰 쥐는 렘수면시간 차이가 88-64=24분인 쥐A이므로 옳은 설명이다.

오답 체크 ㄴ. 에탄올 주입량이 2.0g일 때, 쥐B와 쥐E의 렘수면시간 차이는 60-39=21분으로 20분 초과이므로 옳지 않은 설명이다.

ㄹ. 쥐B와 D는 에탄올 주입량이 1.0g일 때보다 2.0g일 때 렘수면시간이 증가하였으므로 옳지 않은 설명이다.

고득점자의 빠른 문제 풀이 Tip

ㄱ. 평균을 계산해보지 않아도 에탄올 주입량이 0.0g일 때 쥐A, D, E의 렘수면시간은 에탄올 주입량이 4.0g일 때의 2배 이상이 되므로 쥐A~E 렘수면 시간 평균은 2배 이상임을 알 수 있습니다.

16 자료이해

정답 ④

정답 체크 ㄱ. 2004~2013년 강풍 피해금액 합계는 93+140+69+11+70+2+267+9=661억 원, 풍랑 피해금액 합계는 57+331+241+70+3=702억 원이므로 옳은 설명이다.

ㄴ. 2012년 태풍 피해금액은 8,765억 원으로 2012년 전체 피해금액의 90%인 9,620×0.9=8,658억 원 이상이므로 옳은 설명이다.

ㄹ. 2010년과 2011년 피해금액이 큰 자연재해 유형부터 순서대로 나열하면 '호우, 태풍, 대설, 풍랑, 강풍' 순서로 동일하므로 옳은 설명이다.

오답 체크 ㄷ. 피해금액이 매년 10억 원보다 큰 자연재해 유형은 호우와 대설이므로 옳지 않은 설명이다.

17 자료변환

정답 ③

정답 체크 제시된 <표>에서 전체 항목은 '토목'과 '건축'으로만 구성되어 있고, 2009~2014년 동안 토목의 수주액보다 건축의 수주액이 매년 더 많다. 그러나 [건설공사 전체 수주액의 공종별 구성비]에서 매년 토목의 수주액 구성비가 건축의 수주액 구성비보다 크므로 <표>를 이용하여 작성한 그래프로 옳지 않다.

18 자료이해

정답 ⑤

정답 체크 2014년 조례발의 건수는 1,824건으로 2012년 조례발의 건수의 1.5배인 (751+626+39)×1.5=2,124건 미만이므로 옳지 않은 설명이다.

오답 체크 ① 2012년 조례발의 건수는 751+626+39=1,416건이고, 이 중 단체장발의 건수는 751건으로 조례발의 건수의 50%인 1,416×0.5=708건 이상이므로 옳은 설명이다.

② 2011년 단체장발의 건수는 1,149-(486+35)=628건으로 2013년 의원발의 건수인 804건보다 적으므로 옳은 설명이다.

③ 2014년 주민발의 건수는 1,824-(905+865)=54건이고, 주민발의 건수는 매년 증가하였으므로 옳은 설명이다.

④ 2010년 의원발의 건수는 924-(527+23)=374건이다. 2014년 의원발의 건수는 865건으로 2010년과 2011년 의원발의 건수의 합인 374+486=860건보다 많으므로 옳은 설명이다.

고득점자의 빠른 문제 풀이 Tip

⑤ 배수를 이용하여 빠르게 문제를 풀이합니다. 1,416건의 절반은 708건이므로 1,416건의 1.5배는 1,416+708=2,124건입니다.

19 자료이해

정답 ④

정답 체크 ㄱ. 2010년 한국의 섬유수출액은 126억 달러, 인도의 섬유수출액은 241억 달러이고, 두 차이는 241-126=115억 달러이므로 옳은 설명이다.

ㄴ. 2006년 한국의 섬유수출액이 177억 달러이고, 이는 세계 전체 섬유수출액의 5%에 해당되는 값이다. 따라서 전체는 5% 값의 20배이므로 2006년 세계 전체 섬유수출액은 177×20=3,540억 달러임을 알 수 있다. 따라서 2010년 세계 전체의 섬유수출액 6,085억 달러는 2006년 세계 전체 섬유수출액의 2배인 3,540×2=7,080억 달러 이하이므로 옳은 설명이다.

ㄹ. 2010년 중국의 의류수출액은 1,542억 달러로, 세계 전체 의류수출액의 50%인 3,515×0.5=1,757.5억 달러 이하이므로 옳은 설명이다.

오답 체크 ㄷ. 2010년 한국 원단수출액의 전년대비 증가율은 (110-90/90)×100≒22.2%, 의류수출액의 전년대비 증가율은 (16-14/14)×100≒14.3%이고, 두 증가율의 차이는 22.2-14.3≒ 7.9%p로 10%p 미만이므로 옳지 않은 설명이다.

고득점자의 빠른 문제 풀이 Tip

계산을 하지 않아도 되거나 간단한 계산이 요구되는 <보기>부터 확인합니다. 비중, 증가율을 계산해야 하는 ㄴ과 ㄷ보다 간단한 사칙연산과 배수를 이용하여 문제를 풀이하는 ㄱ과 ㄹ을 먼저 풀이합니다.

20 자료이해

정답 ⑤

정답 체크 ㄷ. 출석률(%)=$\frac{\text{출석자 수}}{\text{소환인원}}$×100임을 적용하여 구한다. D지방법원의 출석률은 (57/191)×100≒29.8%이므로 옳은 설명이다.

ㄹ. A~E지방법원의 전체 소환인원은 1,880+1,740+716+191+420=4,947명이다. 이 중 A지방법원의 소환인원이 차지하는 비율은 (1,880/4,947)×100≒38.0%로 35% 이상이므로 옳은 설명이다.

오답 체크 ㄱ. B지방법원의 출석의무자 수는 1,740-495-508=737명이고, A지방법원의 출석의무자 수는 1,880-533-573=774명으로 B지방법원이 더 적으므로 옳지 않은 설명이다.

ㄴ. 실질출석률(%)=$\frac{\text{출석자 수}}{\text{출석의무자 수}}$×100임을 적용하여 구한다. E지방법원의 실질출석률은 (115/174)×100≒66.1%이고, C지방법원의 실질출석률은 (189/343)×100≒55.1%로 E지방법원이 더 높으므로 옳지 않은 설명이다.

고득점자의 빠른 문제 풀이 Tip

ㄷ. 25% 이상인지 확인하는 것이므로 57/191이 1/4보다 큰 값인지 확인하여 빠르게 풀이합니다.

21 자료변환

정답 ③

정답 체크 제시된 <보고서>에서 언급되지 않은 내용이므로 <보고서>의 내용을 작성하는 데 직접적인 근거로 활용되지 않은 자료임을 알 수 있다.

오답 체크 ①, ② 제시된 <보고서>의 첫 번째 내용을 작성하는 데 직접적인 근거로 활용된 자료임을 알 수 있다.

④ 제시된 <보고서>의 두 번째 내용을 작성하는 데 직접적인 근거로 활용된 자료임을 알 수 있다.

⑤ 제시된 <보고서>의 네 번째, 다섯 번째 내용을 작성하는 데 직접적인 근거로 활용된 자료임을 알 수 있다.

고득점자의 빠른 문제 풀이 Tip

<보고서>가 줄글 형식이 아닌 네 개의 내용으로 나누어져 제시되어 있으므로 선택지의 자료와 빠르게 비교하면서 문제를 풀이합니다. 이때, <보고서>의 한 가지 내용이 한 가지 선택지와 연결되는 것이 아니라 여러 선택지와 연결될 수 있으므로 유의합니다.

22 자료이해

정답 ④

정답 체크 ㄱ. 주택보급률(%)=$\frac{\text{주택수}}{\text{가구수}}$×100임을 적용하여 구한다. <표>에서 주택보급률과 가구수가 매년 증가하고 있기 때문에 주택수 역시 매년 증가함을 알 수 있으므로 옳은 설명이다.

ㄷ. 1인당 주거공간의 전년대비 증가율은 2001년이 {(17.2-13.8)/13.8}×100≒24.6%, 2002년이 {(20.2-17.2)/17.2}×100≒17.4%, 2003년이 {(22.9-20.2)/20.2}×100≒13.4%, 2004년이 {(24.9-22.9)/22.9}×100=8.7%로 2001년에 전년대비 증가율이 가장 크므로 옳은 설명이다.

ㄹ. 가구당 주거공간(㎡/가구)=$\frac{\text{주거공간 총면적}}{\text{가구수}}$임을 적용하여 구한다. 주거공간 총면적은 2000년이 58.5×10,167=594,769.5㎡이고, 2004년이 94.2×12,995=1,224,129㎡이다. 따라서 2004년 주거공간 총면적은 2000년 주거공간 총면적의 2배인 594,769.5×2=1,189,539㎡ 이상이므로 옳은 설명이다.

오답 체크 ㄴ. 주택보급률만으로는 주택을 두 채 이상 소유한 가구수를 알 수 없다.

고득점자의 빠른 문제 풀이 Tip

ㄷ. 1인당 주거공간은 매년 증가하고 있으므로 분모 값에 해당하는 1인당 주거공간의 수치는 2000년에 가장 작고, 분자 값에 해당하는 전년대비 1인당 주거공간의 변화량은 2001년에 가장 큽니다. 따라서 계산해보지 않아도 2001년에 1인당 주거공간의 전년대비 증가율이 가장 크다는 것을 알 수 있습니다.

23 자료논리

정답 ⑤

정답 체크 <정보>와 <표>를 통해 세울 수 있는 B, C, D, E기업의 생산이력 계산식은 다음과 같다.

- 1월: 손실비가 0.0이므로 B+C=23,000개이다.
- 2월: 손실비가 0.5이므로 (B+D)×0.5=17,000개이다.
- 3월: 손실비가 0.0이고, E기업은 기본생산능력의 20%에 해당하는 초과생산량이 발생하였다고 했으므로 C+(1+0.2)×E=22,000개이다.
- C기업과 E기업의 기본생산능력은 동일하므로 3월 식에 대입하여 계산하면 C기업과 E기업의 기본생산능력은 10,000개/월임을 알 수 있다. 이를 1, 2월 식에 대입하여 계산하면 B기업의 기본생산능력은 13,000개/월이고, D기업의 기본생산능력은 21,000개/월이다.

따라서 기본생산능력이 가장 큰 기업은 D, 세 번째로 큰 기업은 B이다.

고득점자의 빠른 문제 풀이 Tip

<정보>에서 C와 E기업의 기본생산능력이 동일한 것, B, C, D기업은 초과생산량이 발생하지 않았다는 것, E기업은 3월에 기본생산능력의 20%에 해당하는 초과생산량이 발생하였다는 것을 정확히 반영하여 문제를 풀이합니다.

24 자료이해

정답 ①

정답 체크 2013년 10월 스마트폰 기반 웹 브라우저 중 상위 5종 전체 비율이 94.39%이므로 나머지 종류의 웹 브라우저 비율은 100-94.39=5.61%이다. 나머지 종류는 5위인 1.30%보다 비율이 작기 때문에 최대 5위와 동일한 1.30%라고 가정하더라도 5.61÷1.30≒4.31이므로 최소 5개 이상의 종류가 더 있음을 알 수 있다. 따라서 스마트폰 기반 웹 브라우저는 최소 10종 이상이므로 옳은 설명이다.

오답 체크
② 2014년 1월 PC 기반 웹 브라우저 이용률 순위는 인터넷 익스플로러, 파이어폭스, 크롬, 사파리, 오페라 순이고, 스마트폰 기반 웹 브라우저 이용률 순위는 사파리, 안드로이드 기본 브라우저, 크롬, 오페라, 인터넷 익스플로러 순으로 이 중 크롬은 모두 3위로 동일하므로 옳지 않은 설명이다.
③ PC 기반 웹 브라우저 이용률 순위 중 2013년 10월, 11월, 2014년 1월에는 2위가 파이어폭스, 3위가 크롬이지만 2013년 12월에는 2위가 크롬, 3위가 파이어폭스이므로 옳지 않은 설명이다.
④ 스마트폰 기반 웹 브라우저 이용률 순위 중 2013년 10월과 2014년 1월 이용률의 차이는 크롬이 10.87-6.85=4.02%p, 오페라가 6.91-4.51=2.40%p로 차이가 2%p 이상인 것은 2종이므로 옳지 않은 설명이다.
⑤ 스마트폰 기반 이용률 상위 3종 웹 브라우저 이용률의 합은 2013년 10월이 55.88+23.45+6.91=86.24%, 11월이 55.61+25.22+8.33=89.16%, 12월이 54.82+25.43+9.70=89.95%, 2014년 1월이 54.97+23.49+10.87=89.33%로 매월 90% 미만이므로 옳지 않은 설명이다.

고득점자의 빠른 문제 풀이 Tip

⑤ 스마트폰 기반 이용률 상위 3종의 합을 구하는 것보다 상위 5종 전체 이용률에서 스마트폰 기반 이용률 하위 2종의 합을 뺀 값이 90% 이상인지 확인하여 빠르게 풀이합니다.

25 자료이해

정답 ③

정답 체크
ㄴ. 1789년 대비 1837년 인구 감소율이 가장 큰 지역은 인구지수 감소율이 (888-584)/888×100≒34.2%인 평안이므로 옳은 설명이다.
ㄷ. 인구지수 $=\frac{\text{해당연도 해당지역 인구}}{\text{1648년 해당지역 인구}}\times 100$임을 적용하여 구한다.
1864년 경상 지역 인구는 (358×425)/100≒1,522천 명으로 인구가 가장 많으므로 옳은 설명이다.

오답 체크
ㄱ. 1648년 강원 지역 인구는 54천 명이고, 1753년 강원 지역 인구지수는 724이므로 1753년 강원 지역 인구는 (54×724)/100≒391천 명이다. 따라서 강원 지역 인구 391천 명은 1648년 전라 지역 인구 432천 명보다 적으므로 옳지 않은 설명이다.
ㄹ. 1904년 경기 지역 인구는 (81×831)/100≒673천 명이고, 함경 지역 인구는 (69×1,087)/100≒750천 명으로 함경 지역 인구가 차지하는 비중이 더 크므로 옳지 않은 설명이다.

고득점자의 빠른 문제 풀이 Tip

ㄴ. 1789년 대비 1837년 인구지수가 감소한 지역은 충청, 전라, 경상, 강원, 황해, 평안, 함경 지역입니다. 이 중 평안 지역은 약 300이상 감소하여 다른 지역에 비해 1789년 인구지수 대비 감소량이 훨씬 크기 때문에 감소율을 구해보지 않아도 인구 감소율이 가장 큰 것을 알 수 있습니다.

2014년 기출문제 취약 유형 분석표 & 정답·해설

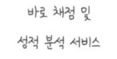

바로 채점 및 성적 분석 서비스

PSAT 전문가의 총평

2014년 민간경력자 PSAT의 경우 언어논리 영역의 난도가 높았고, 자료해석과 상황판단 영역은 난도가 낮거나 평이했다.

1. 언어논리 영역: 생소한 소재로 작성된 글이 다수 출제되어 지문을 이해하는 데 오랜 시간이 소요되었으며, 독해 문항에 논증 이론이 결합해 전반적으로 난도가 높았다.
2. 상황판단 영역: 제시된 글의 길이가 짧아 내용 파악이 용이했고, 상대적으로 난도가 높은 문제해결 및 논리퍼즐 유형의 출제 비중이 감소하여 난도가 낮았다.
3. 자료해석 영역: 자료의 수치가 크고 계산에 소요되는 시간이 큰 문항들의 출제 비중이 높았으나 제시된 자료를 해석하고 이해하는 것이 까다롭지 않아 평이한 난도로 출제되었다.

정답

언어논리

p.227

1	③	세부 내용 파악	6	①	세부 내용 파악	11	③	중심 내용 파악	16	④	세부 내용 파악	21	⑤	진술추론
2	⑤	세부 내용 파악	7	③	사례 유추	12	④	세부 내용 파악	17	②	세부 내용 파악	22	④	진술추론
3	②	세부 내용 파악	8	⑤	논리추론	13	④	세부 내용 파악	18	③	논증의 타당성	23	③	진술추론
4	①	세부 내용 파악	9	①	사례 유추	14	②	세부 내용 파악	19	②	세부 내용 파악	24	④	진술추론
5	②	세부 내용 파악	10	⑤	논증의 타당성	15	①	중심 내용 파악	20	③	논증의 타당성	25	⑤	빈칸삽입

상황판단

p.241

1	④	세부 내용 파악	6	②	법·규정의 적용	11	②	세부 내용 파악	16	①	문제해결	21	①	문제해결
2	①	세부 내용 파악	7	③	법·규정의 적용	12	①	세부 내용 파악	17	⑤	법·규정의 적용	22	③	문제해결
3	②	세부 내용 파악	8	③	법·규정의 적용	13	⑤	세부 내용 파악	18	②	법·규정의 적용	23	③	문제해결
4	④	세부 내용 파악	9	④	법·규정의 적용	14	④	세부 내용 파악	19	⑤	문제해결	24	⑤	문제해결
5	③	세부 내용 파악	10	②	논리퍼즐	15	①	세부 내용 파악	20	⑤	문제해결	25	④	논리퍼즐

자료해석

p.255

1	②	자료논리	6	②	자료논리	11	④	자료논리	16	④	자료변환	21	⑤	자료논리
2	④	자료이해	7	④	자료이해	12	⑤	자료이해	17	①	자료이해	22	②	자료논리
3	⑤	자료이해	8	③	자료이해	13	②	자료이해	18	①	자료변환	23	③	자료이해
4	③	자료변환	9	⑤	자료이해	14	①	자료이해	19	②	자료이해	24	③	자료이해
5	④	자료이해	10	②	자료이해	15	③	자료이해	20	⑤	자료이해	25	①	자료이해

취약 유형 분석표

유형별로 맞힌 개수, 틀린 문제 번호와 풀지 못한 문제 번호를 적고 나서 취약한 유형이 무엇인지 파악해 보세요.
취약한 유형은 '민간경력자 PSAT 기출유형공략'으로 복습하고, 해커스잡 사이트(ejob.Hackers.com)에서 제공하는 <PSAT 영역별 핵심 이론 노트>로 관련 이론을 확인한 후 틀린 문제와 풀지 못한 문제를 다시 풀어보세요.

언어논리

유형	맞힌 개수	틀린 문제 번호	풀지 못한 문제 번호
세부 내용 파악	/12		
중심 내용 파악	/2		
빈칸삽입	/1		
문단배열	/0		
사례 유추	/2		
진술추론	/4		
논증의 타당성	/3		
논리추론	/1		
TOTAL	/25		

상황판단

유형	맞힌 개수	틀린 문제 번호	풀지 못한 문제 번호
세부 내용 파악	/10		
법·규정의 적용	/6		
문제해결	/7		
논리퍼즐	/2		
TOTAL	/25		

자료해석

유형	맞힌 개수	틀린 문제 번호	풀지 못한 문제 번호
자료이해	/17		
자료논리	/5		
자료변환	/3		
TOTAL	/25		

해설

언어논리

1 세부 내용 파악

정답 ③

정답 체크

1문단에서 '화랑도 내에는 여러 무리가 있었는데 각 무리는 화랑 한 명과 자문 역할의 승려 한 명 그리고 진골 이하 평민에 이르는 천 명 가까운 낭도들로 이루어졌다.'고 했고, 2문단에서 '진골 출신만이 될 수 있었던 화랑은 도솔천에서 내려온 미륵으로 여겨졌고 그 집단 자체가 미륵을 숭상하는 무리로 일컬어졌다.'고 했으므로 미륵이라고 간주되는 화랑은 여러 명이 있었음을 알 수 있다.

오답 체크

① 1문단에서 화랑은 진골 귀족 가운데 낭도의 추대를 받아 선발되었음을 알 수 있다.

② 2문단에서 화랑 김유신이 거느린 무리를 당시 사람들이 용화향도라고 불렀다고 했으나 화랑도의 본래 이름이 용화향도인지는 알 수 없다.

④ 1문단에서 낭도들은 자발적으로 화랑도에 가입하였음을 알 수 있다.

⑤ 3문단에서 화랑도는 신분 계층 사회에서 발생하기 쉬운 알력이나 갈등을 조정하는 데에 기여했다고 했으므로 화랑도가 신라의 신분제도를 해체하는 데 기여한 것은 아님을 알 수 있다.

고득점자의 빠른 문제 풀이 Tip

세부 내용 파악 유형의 경우 제시된 글과 선택지의 표현 차이를 확인해야 합니다. 즉 표현이 달라지면서 내용도 달라졌는지, 표현은 달라졌지만 내용은 유지되고 있는지에 대한 정확한 파악이 필요합니다.

2 세부 내용 파악

정답 ⑤

정답 체크

1문단에서 '시립은 궁내의 행사 때 국왕의 곁에 서서 국왕의 신변을 보호하는 것이고, 배종은 어가가 움직일 때 호위하는 것이며, 의장은 왕이 참석하는 중요한 의식에서 병장기와 의복을 갖추고 격식대로 행동하는 것을 말한다.'고 했고, 2문단에서 '겸사복은 기병이 중심이며 시립과 배종을 주로 담당하였다.'고 했으므로 어가 호위, 즉 배종은 겸사복의 주요 임무 중 하나였음을 알 수 있다.

오답 체크

① 2문단에서 겸사복은 금군 중 최고 정예 부대였으며, 서얼과 양민에 이르기까지 두루 선발되었음을 알 수 있다.

② 2문단에서 금군 중 하나인 우림위는 겸사복이나 내금위보다 낮은 대우를 받았지만 중앙군 소속의 갑사보다는 높은 대우를 받았다고 했으므로 금군에 해당되는 모든 부대는 갑사보다 높은 대우를 받았음을 알 수 있다.

③ 2문단에서 겸사복은 1409년, 우림위는 1492년에 만들어졌음을 알 수 있다.

④ 2문단에서 겸사복이 금군 중 최고 정예 부대였다고 했으므로 내금위 병사들의 무예가 가장 뛰어났던 것은 아님을 알 수 있다.

고득점자의 빠른 문제 풀이 Tip

세부 내용 파악 유형의 경우 글의 내용 순서와 선택지의 순서가 일치하지 않는 경우가 많으므로 집중력 있는 독해가 무엇보다도 중요합니다.

3 세부 내용 파악

정답 ②

정답 체크

2문단에서 '하지만 소설과 영화는 인물, 배경, 사건과 같은 이야기 구성 요소들을 공유하고 있다 하더라도 이야기를 전달하는 방법에 뚜렷한 차이를 보인다.'고 했으므로 소설과 영화는 이야기 전달 방식이 다름을 알 수 있다.

오답 체크

① 2문단에서 인물의 내면 의식을 드러낼 때 영화는 대사나 화면 밖의 목소리를 통해 전달하거나 연기자의 표정이나 행위를 통해 암시적으로 표현한다고 했으므로 영화 또한 인물의 내면 의식을 직접적으로 표현할 수도 있음을 알 수 있다.

③ 3문단에서 소설과 영화는 각자 독자적인 예술 양식으로서의 특징을 지니고 있음을 알 수 있으나 영화와 소설의 표현 방식의 발달 정도는 알 수 없다.

④ 2문단에서 소설과 영화의 중개자는 각각 서술자와 카메라이기에 그로 인한 서술 방식의 차이도 크다는 점을 알 수 있으나 영화가 카메라의 촬영 기술과 효과에 따라 주제가 달라지는지는 알 수 없다.

⑤ 3문단에서 영화는 모든 것을 영상과 음향으로 표현해야 하기 때문에 심리적 갈등이나 내면 묘사, 내적 독백 등은 소설과 다른 방식으로 나타내야 한다고 했으므로 영화는 소설과 다른 방식으로 화면이 구성됨을 알 수 있다.

4 세부 내용 파악

정답 ①

정답 체크

2문단에서 A에 대해 '그는 산업 민주주의를 옹호했는데 그 까닭은 그것이 노동자들의 소득을 증진시키기 때문이 아니라 자치에 적합한 시민의 역량을 증진시키기 때문이었다.'고 했으므로 A가 경제권력을 분산시키는 방식을 택한 것은 시민의 역량 증진을 위한 것임을 알 수 있다.

오답 체크

② 2문단에서 B는 민주주의가 성공하기 위해서는 거대 기업에 대응할 만한 전국 단위의 정치권력과 시민 정신이 필요하다고 생각했음을 알 수 있다.

③ 2문단에서 A와 B 모두 경제 정책이 자치에 적합한 시민 도덕을 장려하는 경향을 지녀야 한다고 보았음을 알 수 있다.

④ 3문단에서 1930년대 대공황 이후 미국의 경제 회복은 시민의 자치 역량과 시민 도덕을 육성하는 경제 구조 개혁보다는 중앙정부의 지출 증가에서 시작되었다고 했으므로 시민 자치 역량의 증진을 강조하는 A와 B의 정치경제학은 1930년대 미국의 경제 위기 해결에 주도적 역할을 하지 못했음을 알 수 있다.

⑤ 3문단에서 케인즈 경제학에 입각한 중앙정부의 지출 증가로 미국은 자치에 적합한 시민 도덕을 강조할 필요가 없는 경제 정책을 펼쳐나갔음을 알 수 있다.

5 세부 내용 파악

정답 ②

정답 체크 1문단에서 복지란 다른 시민의 기본권을 침해하지 않는 한, 각 시민이 갖고 있는 현재의 선호들만 만족시키는 것이라는 이론P를 소개하고 있다. 이에 대해 2문단에서는 이론P의 근거에 대해 반론을 제기하고 있다. 따라서 이 글의 결론은 이론P를 부정하는 내용인 복지를 시민의 현재 선호를 만족시키는 것으로 보는 이론은 받아들이기 어렵다는 내용이 적절하다.

오답 체크
① 2문단에서 선호하는 시점과 만족하는 시점은 시간차가 존재한다고 했으나 현재 선호와 과거 선호의 강렬함을 현재 시점에서 비교하는 것은 공정하지 않다는 반론을 포함하지 않으므로 결론으로 적절하지 않다.
③ 2문단에서 과거와 현재의 선호 중 과거의 선호가 더 강렬할 수도 있다고 했으나 어느 선호가 더 강렬한 선호인지 결정하는 것의 중요성은 글에서 알 수 없으므로 결론으로 적절하지 않다.
④ 2문단에서 과거와 현재의 선호 중 과거의 선호가 더 강렬할 수도 있다고 했으나 과거의 선호를 만족시키는 것의 중요성은 글에서 알 수 없으므로 결론으로 적절하지 않다.
⑤ 복지가 무엇인지 정의하는 것의 가능성에 대한 문제는 이론P의 복지에 대한 정의가 잘못되었다는 글의 논지와는 무관하므로 결론으로 적절하지 않다.

6 세부 내용 파악

정답 ①

정답 체크 3문단에서 전화번호를 단기기억할 때는 이미 존재하는 신경세포의 연결을 통한 신호 강도가 높아지고 그 상태가 수분에서 수개월까지 유지됨으로써 가능하며, 이처럼 신경세포 간 연결 신호의 강도가 상당 기간 동안 증가된 상태로 유지되는 현상을 '장기 상승 작용'이라고 함을 알 수 있다.

오답 체크
② 2문단에서 해마는 기존의 장기기억을 유지, 변형하는 부위가 아니라고 했고, 3문단에서 운동 기술은 반복을 통해 학습되고 일단 학습되면 잊혀지기 어렵다고 했으므로 이미 습득한 운동 기술은 해마가 손상되더라도 실행할 수 있음을 알 수 있다.
③ 1문단에서 장기기억과 단기기억은 모두 대뇌피질에 저장됨을 알 수 있다.
④ 2문단에서 해마와 대뇌피질 간 연결의 일시적인 변화가 영구히 지속되면 그 단기기억은 장기기억으로 저장됨을 알 수 있으나 새로운 단기기억이 이전에 저장되었던 장기기억에 영향을 주는지는 알 수 없다.
⑤ 3문단에서 장기 상승 작용은 신경세포 간 연결 신호 강도가 상당 기간 동안 증가되는 상태로 유지되는 현상이며 이러한 현상에 글루탐산의 역할이 중요하다고 했으므로 글루탐산이 신경세포 간 새로운 연결의 형성을 유도하는 것은 아님을 알 수 있다.

7 사례 유추

정답 ③

정답 체크 제시된 글에 따르면 차감법은 특정한 수행 과제를 관장하는 두뇌 영역을 추정하는 방법으로 과제P를 수행할 때 나타나는 양상에서 과제P를 수행하지 않을 때 나타나는 양상을 차감하는 것이다. 이에 따라 오른손의 단순한 움직임을 관장하는 두뇌 영역을 알고 싶다면 오른손만을 움직일 때 나타나는 양상C에서 아무 동작도 하지 않을 때 나타나는 양상A를 차감해야 하므로 차감법의 올바른 적용임을 알 수 있다.

오답 체크
① 피실험자가 손으로 도구를 사용하지도 않고 단순한 손동작도 하지 않을 때는 <보기>의 알파 상태를 의미하는 것이고, 이때 두뇌의 자기 신호 강도가 0인지 알 수 없으므로올바른 적용이 아님을 알 수 있다.
② 왼손의 단순한 움직임을 관장하는 두뇌 영역을 알고 싶다면 왼손만을 움직일 때 나타나는 양상B에서 아무 동작도 하지 않을 때 나타나는 양상A를 차감해야 하므로 올바른 적용이 아님을 알 수 있다.
④ 왼손으로 도구를 사용하는 과제를 관장하는 두뇌 영역을 알고 싶다면 왼손으로 도구를 사용하는 것만 할 때 나타나는 양상D에서 아무 동작도 하지 않을 때 나타나는 양상A를 차감해야 하므로 올바른 적용이 아님을 알 수 있다.
⑤ 도구를 사용하는 과제를 관장하는 두뇌 영역을 알고 싶다면 왼손과 오른손으로 도구를 사용할 때 나타나는 양상을 모두 알아야 차감법을 통해 값을 구할 수 있으나 <보기>에서는 오른손으로 도구를 사용할 때 나타나는 양상을 제시하고 있지 않으므로 차감법을 적용할 수 없음을 알 수 있다.

8 논리추론

정답 ⑤

정답 체크 갑, 을, 병의 진술을 정리하면 다음과 같다.

구분	진술 1	진술 2
갑	A 광주	D 서울
을	B 광주	C 세종
병	C 광주	D 부산

각각의 두 진술 중 하나는 참이고 다른 하나는 거짓이므로 하나의 진술을 참이라고 가정하면 가능한 경우는 다음과 같다.

<경우 1> 갑의 진술 1이 참인 경우

갑의 진술 1이 참이면 A의 근무지는 광주이고, A, B, C, D는 각기 다른 한 도시에서 근무한다고 했으므로 을의 진술 1과 병의 진술 1은 거짓이 된다. 한편 각각에서 한 진술의 진실 여부가 정해지면 나머지 한 진술은 그와 반대가 되므로 이를 정리하면 다음과 같다.

구분	진술 1	진술 2
갑	A 광주(참)	D 서울(거짓)
을	B 광주(거짓)	C 세종(참)
병	C 광주(거짓)	D 부산(참)

A는 광주, C는 세종, D는 부산에 근무하므로 B는 서울에 근무함을 알 수 있다.

<경우 2> 갑의 진술 2가 참인 경우

갑의 진술 2가 참이면 D의 근무지는 서울이 된다. 이때 D의 근무지는 부산이라고 한 병의 진술 2는 거짓이 되고 병의 진술 1이 참이 되어 C의 근무지는 광주가 된다. 이에 따라 B의 근무지가 광주라고 한 을의 진술 1은 거짓이 되고 을의 진술 2가 참이 된다. 이를 정리하면 다음과 같다.

구분	진술 1	진술 2
갑	A 광주(거짓)	D 서울(참)
을	B 광주(거짓)	C 세종(참)
병	C 광주(참)	D 부산(거짓)

그러나 이 경우 C의 근무지가 광주이면서 동시에 세종이 되므로 제시된 조건에 어긋난다.

따라서 갑의 진술 1이 반드시 참임을 알 수 있다.

ㄱ. A의 근무지는 광주이므로 반드시 참이다.
ㄴ. B의 근무지는 서울이므로 반드시 참이다.
ㄷ. C의 근무지는 세종이므로 반드시 참이다.

고득점자의 빠른 문제 풀이 Tip

특정한 진술을 정해 그 진술이 참인 경우와 거짓인 경우 두 가지 상황으로 나누어 살펴보는 것이 좋습니다. 이때 어떤 진술의 진실 여부가 정해지면 해당 인물의 나머지 진술도 진실 여부가 정해지는데 그로 인해 알 수 있는 정보를 보기 쉽게 정리해가면서 다른 진술의 진실 여부를 빠르게 파악합니다.

9 사례 유추

정답 ①

정답 체크 3문단에서 이미지 리타겟팅에 대해 '이는 A×B의 이미지를 C×D 화면에 맞추기 위해 해상도와 화면 비율을 조절하거나 이미지의 일부를 잘라 내는 방법 등으로 이미지를 수정하는 것이다. 이러한 수정에서 입력 이미지에 있는 콘텐츠 중 주요 콘텐츠는 그대로 유지되어야 한다.'고 했고, ㉠ 다양한 접근은 이를 만족시키는 방법을 연구하는 방향이다. 그러나 화면 전반에 걸쳐 흩어져 있는 콘텐츠를 무작위로 추출하여 화면을 재구성하는 것은 주요 콘텐츠를 유지하기가 어려울 수 있으므로 ㉠의 사례로 적절하지 않음을 알 수 있다.

오답 체크 ②, ③, ④, ⑤ 해상도와 화면 비율을 조절하거나 이미지의 일부를 잘라 내는 방법을 취하면서 주요 콘텐츠를 유지하고 있으므로 ㉠의 사례로 적절함을 알 수 있다.

10 논증의 타당성

정답 ⑤

정답 체크 ㉠, ㉡이 모두 참이라고 해서 유전자가 우주에서 지구로 유입되었을 가능성이 크다는 결론 ㉢이 반드시 도출되는지는 알 수 없으나 ㉢이 참인 경우 ㉠과 ㉡, 그리고 ㉣도 반드시 참이 되므로 ㉠, ㉡, ㉢이 모두 참이면, ㉣은 반드시 참이다.

오답 체크

① 유전자가 자연발생했다는 전제 ㉡은 지구와 지구 외부 우주에서 유전자가 자연발생할 확률에 대한 내용을 포함하지 않으므로 지구에서 유전자가 자연발생할 확률이 지구 외부 우주에서 유전자가 자연발생할 확률보다 훨씬 작다는 결론 ㉤이 반드시 참은 아니다.

② 지구에서 유전자가 자연발생할 확률이 지구 외부 우주에서 유전자가 자연발생할 확률보다 훨씬 작다는 내용만으로는 구체적으로 그 확률이 얼마인지 알 수 없다. 따라서 전제 ㉤이 참이더라도 지구에서 유전자가 자연발생할 확률은 $1/10^{100}$보다 작지만, 지구 외부 우주에서 유전자가 자연발생할 확률은 $1/10^{50}$보다 크다는 결론 ㉠이 반드시 참은 아니다.

③ 지구에서 유전자가 자연발생할 확률이 지구 외부 우주에서 유전자가 자연발생할 확률보다 작고 유전자가 자연발생하였다는 전제가 참이더라도, 유전자가 우주에서 지구로 유입되었을 가능성이 크다는 결론 ㉢이 반드시 참은 아니다.

④ 유전자가 자연발생했다는 전제와 유전자가 우주에서 지구로 유입되었을 가능성이 크다는 전제가 참이더라도 지구에서 유전자가 자연발생할 확률이 지구 외부 우주에서 유전자가 자연발생할 확률보다 훨씬 작다는 결론 ㉤이 반드시 참은 아니다.

고득점자의 빠른 문제 풀이 Tip

제시된 글 전체를 파악하기보다는 선택지에서 묻는 내용 간의 관계만 고려하면 문제를 빠르게 풀이할 수 있습니다.

11 중심 내용 파악

정답 ③

정답 체크 1문단에서는 다도해를 개방성의 측면과 고립성의 측면에서 바라볼 수 있음을 소개하고 있다. 또 3문단에서는 다도해 문화의 대표적 사례로 '진도 다시래기'를 들며 다도해의 문화적 특징을 일방적인 관점에서 접근해서는 안 된다는 글쓴이의 견해가 드러나 있다. 따라서 글의 논지는 다도해의 문화적 특징을 논의할 때 개방성의 측면을 간과해서는 안 된다는 내용이 적절하다.

오답 체크

① 1문단에서 다도해가 오래전부터 유배지로 이용되어 고립과 단절의 이미지가 있으나 다도해는 개방성의 측면과 고립성의 측면에서 모두 조명될 수 있다고 했으므로 유배지로서의 다도해 역사를 이해하는 것은 논지로 적절하지 않다.

② 2문단에서 다도해에 관한 연구에서 육지에 비해 옛 모습의 문화가 많이 남아 있다는 점이 거론되지만 육지에서도 다도해와 같은 옛 모습의 문화를 확인할 수 있다고 했으므로 논지로 적절하지 않다.

④ 2문단에서 실제로는 육지에도 무당과 굿당이 많은데도 관념적으로 섬을 특별하게 여긴다고 하며 다도해의 관념적 측면이 지나치게 강조되는 점을 비판하고 있으므로 논지로 적절하지 않다.

⑤ 3문단에서 '진도 다시래기'가 고대 역사서의 기록과 흡사하다고 했으나 이는 다도해의 문화적 특징을 일방적인 관점에서 접근해서는 안 된다는 주장의 근거이므로 논지로 적절하지 않다.

12 세부 내용 파악

정답 ④

정답 체크 2문단에서 '청일전쟁 이후 러시아의 영향력이 강해져 조선의 철도 궤간으로 광궤를 채택할 것인지 아니면 표준궤를 채택할 것인지를 두고 러시아와 대립하기도 했지만 결국 일본은 표준궤를 강행하였다.'고 했으므로 청일전쟁 이후 러시아는 조선의 철도를 자국의 철도와 같은 광궤로 할 것을 주장했음을 알 수 있다.

오답 체크

① 3문단에서 러일전쟁 과정에서 일본은 자국의 열차를 그대로 사용하기 위해 러시아가 건설한 철도 구간을 협궤로 개조하는 작업을 시작했다고 했으므로 러일전쟁 당시 일본 국내의 철도는 협궤였음을 알 수 있다.

② 4문단에서 표준궤를 채택한 조선 철도는 압록강 철교가 준공되자 일본 신바시에서 부산 항로를 건너 만주까지 이어지는 철도 수송 체계가 구축되었다고 했으므로 부산에서 만주까지 잇는 철도는 표준궤였음을 알 수 있다.

③ 3문단에서 서구 열강이 중국에 건설한 철도는 기본적으로 표준궤였으나 만주 지역 철도 중 러시아가 건설한 구간은 광궤였다고 했으므로 러일전쟁 이전 만주 지역의 철도는 일부만 광궤였음을 알 수 있다.

⑤ 1문단에서 유럽의 일부 국가들이 기존의 영국 규격, 즉 표준궤를 따랐다가 열차 속력과 운송량, 건설 비용 등을 고려하여 궤간을 조정했다고 했으므로 영국의 표준궤가 경제적 부담을 줄여준 것은 아님을 알 수 있다.

13 세부 내용 파악

정답 ④

정답 체크 2문단에서 '하지만 한국 사회의 경우 근대화가 급속하게 압축적으로 이루어졌기 때문에 서구 사회와 같은 근대적 개인주의 문화가 제대로 정착하지 못했다.'고 했으므로 한국의 근대화 과정에서 개인주의 문화가 정착하지 못한 이유는 가족주의 문화 때문이 아니라 급속하게 압축적으로 이루어진 근대화 때문임을 알 수 있다.

오답 체크

① 1문단에서 전통적 공동체가 힘을 잃은 한국의 근대화 과정에서는 가족주의가 강조되었음을 알 수 있다.

② 3문단에서 전통적 공동체 문화는 학연과 지연을 매개로 하여 유사가족주의의 형태로 나타났음을 알 수 있다.

③ 2문단에서 서구 사회의 근대화 과정에서는 개인주의 윤리나 문화가 사회적 긴장과 불안을 해소하는 역할을 담당했지만 한국은 가족주의 문화가 그 역할을 담당했음을 알 수 있다.

⑤ 2문단에서 한국 사회에서는 가족주의 문화가 근대화 과정의 긴장과 불안을 해소하는 역할을 담당했음을 알 수 있다.

14 세부 내용 파악

정답 ②

정답 체크

ㄷ. 2문단에서 은행이 채무자가 원하는 실물자산을 매입할 경우 은행이 실물자산의 소유권을 그대로 보유하면 이자라라고 했으므로 소유권 이전 없이 은행이 채무자에게 부동산을 임대한 경우는 이자라임을 알 수 있다.

오답 체크

ㄱ. 2문단에서 투자자와 사업자가 공동으로 사업에 대한 책임과 이익을 나누어 가지면 무샤라카라고 했으므로 사업에 대한 책임이 사업자에게만 있는 경우는 무샤라카가 아님을 알 수 있다.

ㄴ. 2문단에서 이스티스나는 투자자인 은행이 건설 자금을 투자하고 사업자는 건설을 담당한다고 했으므로 은행과 사업자가 공동으로 투자하여 사업을 수행하고 이익을 배분하는 경우는 이스티스나가 아님을 알 수 있다.

15 중심 내용 파악

정답 ①

정답 체크

1문단에서는 사회적 자본이 늘어나면, 사회 구성원 간의 협조적인 행위가 가능해지고 정치 참여도가 높아진다는 A의 이론을 소개하고 있다. 이어 2문단에서 A의 주장은 사이버공동체가 활성화되었으나 정치 참여는 활성화되지 않은 오늘날에는 잘 맞지 않는다는 반론을 제기한 후 3문단에서 오늘날 사이버공동체를 중심으로 한 정치 참여를 더 잘 이해하기 위해서는 '정치적 자본' 개념의 도입이 필요함을 강조하고 있다. 따라서 글의 논지는 사이버공동체를 통해 축적된 사회적 자본에 정치적 자본이 더해질 때 정치 참여가 활발해진다는 내용이 적절하다.

오답 체크

② 3문단에서 사회적 자본과 정치 참여 사이를 정치적 자본이 매개할 때 정치 참여가 활성화된다고 했으므로 사회적 자본이 정치적 자본을 포함한다는 내용은 글의 논지로 적절하지 않다.

③ 2문단에서 사이버공동체에서 사회적 자본의 증가는 정치 참여를 활성화시킬 것으로 기대했으나 활성화되지 않았다고 했으므로 사회적 자본이 많으면 민주주의가 실현된다는 내용은 글의 논지로 적절하지 않다.

④ 2문단에서 요즘 젊은이들은 각종 사이버공동체에 자발적으로 참여하는 수준은 높다고 했으나 사이버공동체의 특수성이 시민들의 정치 참여를 어렵게 하는지는 알 수 없으므로 글의 논지로 적절하지 않다.

⑤ 2문단에서 요즘 젊은이들은 사이버공동체에 자발적으로 참여하는 수준은 높지만 투표나 다른 정치 활동에는 무관심하거나 정치를 혐오하기도 한다고 했으므로 사이버공동체의 자발적 참여 증가가 정치 참여를 활성화시킨다는 내용은 글의 논지로 적절하지 않다.

16 세부 내용 파악

정답 ④

정답 체크

2문단에서 컴퓨터의 수학 공식 프로그램에 대해 '즉, 일련의 정확한 계산 결과로 만든 것이지만, 무작위적인 것처럼 보이는 수열을 만들어 낸다.'고 했으므로 컴퓨터가 만들어 내는 수열 중에는 인간의 능력으로 예측하기 어려운 것처럼 보이는 경우도 있음을 알 수 있다.

오답 체크

① 3문단에서 컴퓨터는 완전히 무작위적인 수열을 아직 만들어 내지 못하고 있으며 앞으로도 불가능함을 알 수 있으나 제시된 글에서 인간이 완전히 무작위적인 규칙과 공식들을 컴퓨터에 입력할 수 있는지는 알 수 없다.

② 3문단에서 완전히 무작위적인 수열이 되기 위해서는 두 가지 기준을 통과해야 한다고 했으나 같은 수가 연속해서 나오는 것에 대한 제한 조건은 없으므로 같은 수가 5번 이상 연속으로 나와도 완전히 무작위적인 수열이 될 수 있음을 알 수 있다.

③ 2문단에서 시작수는 사용자가 직접 입력할 수도 있지만 컴퓨터에 내장된 시계에서 얻을 수도 있다고 했으므로 사용자가 시작수를 직접 입력하지 않아도 컴퓨터는 수열을 만들 수 있음을 알 수 있다.

⑤ 모든 수가 같은 횟수만큼 나오는 것과 인간의 능력으로 수열의 패턴을 예측할 수 있는 것은 서로 무관하므로 어떤 수열의 패턴이 예측 가능하더라도 그 수열에 모든 수가 같은 횟수만큼 나오는지는 알 수 없다.

17 세부 내용 파악

정답 ②

정답 체크

ㄴ. 제시된 글에서 의심할 수 없는 공리들을 참이라고 받아들이면 이로부터 연역적 증명을 통해 나오는 결론이 참이라는 것을 받아들여야만 한다고 했으므로 연역적으로 증명된 수학적 정리를 거부하려면 공리 역시 거부해야 함을 알 수 있다.

오답 체크

ㄱ. 제시된 글에서 수학적 정리는 의심할 수 없는 공리들이 참이라는 전제를 바탕으로 연역적 증명이 이루어져야 한다고 했으므로 연역적으로 증명된 모든 것이 수학적 정리인 것은 아님을 알 수 있다.

ㄷ. 어떤 삼각형의 세 각의 합이 오차 없이 측정되었더라도, 측정되지 않은 어떤 삼각형에서는 다른 결과가 나타날 수 있다는 의문이 남는다고 했으므로 그 결과는 수학적 정리로 받아들일 수 없음을 알 수 있다.

고득점자의 빠른 문제 풀이 Tip

수학적 정리는 연역적 방법으로 증명하는 것을 필요조건으로 볼 수 있으나 연역적 방법으로 증명되었다고 해서 모두 수학적 정의가 되는 것은 아닙니다. 의심할 수 없는 공리들을 참으로 받아들여야 하는 전제가 필요하기 때문입니다.

18 논증의 타당성

정답 ③

정답 체크

제시된 글을 정리하면 다음과 같다.

- 전제 1: 갑순과 정순 중 적어도 한 명은 급식 지원을 받는다.
- 전제 2: 갑순이 급식 지원을 받지 않으면 병순이 급식 지원을 받는다.
- 결론: 병순은 급식 지원을 받는다.

전제 1에서 가능한 경우를 모두 정리하면 다음과 같다.

경우	갑순	을순	병순	정순
1	O	-	-	O
2	O	-	-	X
3	X	-	-	O

각각의 경우에 전제 2를 적용하면 다음과 같다.

경우	갑순	을순	병순	정순
1	O	-	-	O
2	O	-	-	X
3	X	-	O	O

위의 경우 1과 경우 2는 을순과 병순의 급식 지원 여부에 따라 각각 4가지 경우의 수가 있고, 경우 3은 을순의 급식 지원 여부에 따라 2가지 경우의 수가 있다. 가능한 경우의 수를 모두 나타내면 다음과 같다.

경우	갑순	을순	병순	정순
1	O	O	O	O
2	O	O	X	O
3	O	X	O	O
4	O	X	X	O
5	O	O	O	X
6	O	O	X	X
7	O	X	O	X
8	O	X	X	X
9	X	O	O	O
10	X	X	O	O

이때 각 <보기>의 전제가 추가되었을 때 제외되는 경우를 정리하면 다음과 같다.

ㄱ. 갑순이 급식 지원을 받는다고 했으므로 경우 9, 10이 제외된다.

ㄴ. 을순이 급식 지원을 받는다고 했으므로 경우 3, 4, 7, 8, 10이 제외된다.

ㄷ. 을순이 급식 지원을 받으면, 갑순은 급식 지원을 받지 않는다고 했으므로 을순이 급식 지원을 받는 경우 1, 2, 5, 6, 9 중 갑순이 급식 지원을 받는 경우 1, 2, 5, 6이 제외된다.

ㄹ. 을순과 정순 둘 다 급식 지원을 받지 않으면, 병순이 급식 지원을 받는다고 했으므로 을순과 정순 둘 다 급식 지원을 받지 않는 경우 7, 8 중 병순이 급식지원을 받지 않는 경우 8이 제외된다.

이때 전제 ㄴ, ㄷ이 추가되면 ㄴ에 의해 경우 3, 4, 7, 8, 10이 제외되고, ㄷ에 의해 경우 1, 2, 5, 6이 제외되므로 경우 9만 남게 된다.

경우	갑순	을순	병순	정순
9	X	O	O	O

따라서 결론을 이끌어내기 위해 추가해야 할 두 전제는 ㄴ, ㄷ이다.

오답 체크

① ㄱ에 의해 경우 9, 10이 제외되고 ㄴ에 의해 경우 3, 4, 7, 8, 10이 제외되므로 경우 1, 2, 5, 6이 남게 된다.

경우	갑순	을순	병순	정순
1	O	O	O	O
2	O	O	X	O
5	O	O	O	X
6	O	O	X	X

따라서 병순이 급식 지원을 받지 못하는 경우가 있음을 알 수 있다.

② ㄱ에 의해 경우 9, 10이 제외되고 ㄹ에 의해 경우 8이 제외되므로 경우 1, 2, 3, 4, 5, 6, 7이 남게 된다.

경우	갑순	을순	병순	정순
1	O	O	O	O
2	O	O	X	O
3	O	X	O	O
4	O	X	X	O
5	O	O	O	X
6	O	O	X	X
7	O	X	O	X

따라서 병순이 급식 지원을 받지 못하는 경우가 있음을 알 수 있다.

④ ㄴ에 의해 경우 3, 4, 7, 8, 10이 제외되고, ㄹ에 의해 경우 8이 제외되어 경우 1, 2, 5, 6, 9가 남게 된다.

경우	갑순	을순	병순	정순
1	O	O	O	O
2	O	O	X	O
5	O	O	O	X
6	O	O	X	X
9	X	O	O	O

따라서 병순이 급식 지원을 받지 못하는 경우가 있음을 알 수 있다.

⑤ ㄷ에 의해 경우 1, 2, 5, 6이 제외되고, ㄹ에 의해 경우 8이 제외되어 경우 3, 4, 7, 9, 10이 남게 된다.

경우	갑순	을순	병순	정순
3	O	X	O	O
4	O	X	X	O
7	O	X	O	X
9	X	O	O	O
10	X	X	O	O

따라서 병순이 급식 지원을 받지 못하는 경우가 있음을 알 수 있다.

고득점자의 빠른 문제 풀이 Tip

전제에서 도출 가능한 결론을 모두 도출한 뒤에 각각의 <보기>를 대입해봅니다. 이때 제외되는 항목을 제거하고 남은 항목을 확인하면 정확하고 빠르게 문제를 풀 수 있습니다.

19 세부 내용 파악

정답 ②

정답 체크

2문단에서 경작지가 6군데로 분산되었을 때는 기아의 위험에서 완전히 자유롭지 않지만 7군데 이상으로 분산되었을 때 수확량이 기아를 피할 수 있는 정도로 보장된다는 것을 알 수 있다. 골란드는 자신의 가설이 통계 자료들에 의해 뒷받침된다고 했으므로 가설의 내용은 이 연구 결과와 동일할 것임을 알 수 있다. 따라서 ㉠은 경작하는 밭들을 일정 군데 이상으로 분산시킨다면 기아의 위험을 피할 수 있다는 내용이 적절하다.

오답 체크

①, ③, ④, ⑤ 2문단에서 골란드가 세운 가설이 통계 자료들에 의해 뒷받침된다고 했으므로 경작하는 밭들을 여러 곳으로 분산시켰을 때 기아를 피할 수 있는 수확량이 보장된다는 조사 내용과 무관한 내용은 가설로 적절하지 않다.

고득점자의 빠른 문제 풀이 Tip

제시된 글에서 골란드의 가설이 통계 자료들에 의해서 뒷받침되고 있다는 것을 알 수 있으므로 선택지에서 골란드의 연구결과와 동일한 내용을 찾으면 됩니다.

20 논증의 타당성

정답 ③

정답 체크

제시된 내용을 정리하면 다음과 같다.

- 전제 1: 전문관 한 명 이상 임용
- 전제 2: 갑 부적격 판정 → 갑 임용X
- 전제 3: 동일 지역 출신 두 사람 이상 임용X
- 전제 4: 적어도 여성 한 명 임용
- 전제 5: 여성은 갑과 을
- 전제 6: 병과 을이 동일 지역
- 전제 7: 병 임용 → 을 임용X

· 결론: 병 임용X

갑이 부적격 판정을 받는다면 전제 2에 따라 갑은 전문관으로 임용되지 못할 것이고, 갑이 임용되지 못한다면 전제 4와 5에 따라 을은 반드시 임용된다. 이때 전제 7의 '대우'에 따라 을이 임용되면 병은 임용될 수 없음을 알 수 있다. 따라서 '병은 전문관으로 임용되지 못할 것이다.'라는 결론을 이끌어 내기 위해 필요한 전제는 '갑은 조사 결과 부적격 판정을 받을 것이다.'가 적절하다.

오답 체크

① 갑이 전문관으로 임용된다는 전제가 추가되더라도 을의 임용 여부는 알 수 없으므로 병이 임용되지 못한다는 결론을 이끌어 낼 수 없다.

② 을이 임용되지 못한다는 전제가 추가되면 전제 4와 5에 따라 갑이 반드시 임용됨을 알 수 있으나 병이 임용되지 못한다는 결론은 이끌어 낼 수 없다.

④ 병이 전문관으로 임용된다면, 갑도 전문관으로 임용될 것이라는 전제의 '대우'는 갑이 전문관으로 임용되지 못한다면 병도 전문관으로 임용되지 못한다는 것이다. 그러나 갑의 임용 여부는 알 수 없으므로 병이 임용되지 못한다는 결론을 이끌어 낼 수 없다.

⑤ 갑이 적격 판정을 받는다면, 갑이 전문관으로 임용될 것이라는 전제가 추가되더라도 을의 임용 여부는 알 수 없으므로 병이 임용되지 못한다는 결론을 이끌어낼 수 없다.

21 진술추론

정답 ⑤

정답 체크

ㄱ. 갑은 난자의 매매를 불법화해야 한다고 주장하고, 을은 난자 등과 같은 신체의 일부를 금전적 대가 지불의 대상으로 만들어선 안 된다고 주장하여 두 사람 모두 난자 기증의 상업화에 반대하므로 을은 갑의 주장을 지지한다.

ㄴ. 병은 난자 기증이 여러 가지 부담을 감수해야 하기에 보상 없이 이루어지기 어렵다고 주장하고 있으므로 난자 제공 시 감수해야 하는 어렵고 위험한 일들의 사례를 제시한 정의 주장은 병의 주장을 지지하는 근거로 사용될 수 있다.

ㄷ. 난자 제공에 대한 금전적 대가 지불에 대해 을은 반대하고 병은 찬성하므로 둘의 입장은 양립불가능하다.

22 진술추론

정답 ④

정답 체크

2문단에서 고대사회를 생계경제로 정의하는 것은 오해라는 견해를 제시하며 고대사회는 연간 필요 소비량에 맞먹는 잉여 식량을 생산할 정도로 풍족했고, 생계경제라는 개념은 서구의 근대적인 이데올로기로 과학적 개념도구가 아니라고 했으므로 고대사회에서도 잉여 식량을 생산하며 이를 축제로 해소할 정도로 충분히 풍족했다는 내용은 글의 입장을 강화한다.

오답 체크

① 2문단에서 고대사회가 생계경제 사회라는 것은 오해라고 했으므로 고대사회가 경제적으로 풍요로웠던 것이 생계경제 체제 때문이라는 내용은 글의 입장을 약화한다.

② 2문단에서 고대사회에서도 종종 잉여 식량을 생산하였다고 했으므로 산업사회로 이행하면서 경제적 잉여가 발생하였다는 내용은 글의 입장을 약화한다.

③ 1문단에서 자연재해에 의해서도 유지가 어렵게 될 수 있는 사회는 생계경제라고 했고, 2문단에서 고대사회를 생계경제로 규정하는 것에 반대하는 견해가 드러나므로 고대사회가 자연재해나 전쟁으로 인해 항상 불안정한 상황에 처해 있었다는 내용은 글의 입장을 약화한다.

⑤ 2문단에서 생계경제라는 개념이 산업 국가들의 저발전 세계에 대한 전략의 방향을 잡는 데 기여했다는 사실은 두렵기까지 하다고 했으므로 유럽의 산업 국가들에 의해 저발전된 아프리카의 생활 여건이 개선되었다는 내용은 글의 입장을 약화한다.

23 진술추론

정답 ③

정답 체크

2문단에서 가설 A는 인간 선조들은 수상생활을 하였으며 이로 인해 인류는 몸의 털이 거의 없어졌다고 주장했음을 소개하고 있다. 그러나 호수나 강에 인간의 생존을 위협하는 수인성 바이러스가 퍼져 있고, 인간의 피부가 수인성 바이러스에 대한 방어력이 없다는 사실은 인간이 수상생활에 적합하지 않음을 의미하므로 이는 인간이 진화 초기에 수상생활을 하면서 몸의 털이 없어졌다는 가설 A를 약화한다.

오답 체크

① 인간 선조들의 화석이 고대 호수 근처에서 가장 많이 발견되었다는 사실은 선조들의 수상생활 가능성을 높이는 내용이므로 인간의 선조들은 수상생활을 했다는 가설 A를 강화한다.

② 털 없는 신체나 피하 지방 같은 특징을 수생 포유류들도 가지고 있다는 사실은 선조들의 수상생활 가능성을 높이는 내용이므로 인간의 선조들은 수상생활을 했다는 가설 A를 강화한다.

④ 열대 아프리카 지역에서 고대로부터 내려온 전통 생활을 유지하고 있는 주민들이 옷을 거의 입지 않는다는 사실은 인간이 자신을 더 효과적으로 보호할 수 있는 의복이나 다른 수단들을 활용할 수 있었을 때 비로소 털이 없어지는 진화가 가능하다는 가설 B를 약화한다.

⑤ 옷이나 인공물들이 사용된 시기가 인류 진화의 마지막 단계에 한정된다는 사실은 인간의 털이 인류 진화 초기에 거의 없어졌다고 보는 진화론의 입장과 상충하므로 가설 B를 약화한다.

24 진술추론

정답 ④

정답 체크

ㄴ. 제시된 글에서 어린이를 실험 대상에서 배제시키면 어린이를 더욱 커다란 위험에 몰아넣게 되어 도덕적이지 않다고 했으므로 어린이를 실험 대상에 포함시키지 않더라도 어린이 환자가 안전하게 치료받지 못하는 위험에 빠지지 않을 수 있다는 주장은 '도덕적 딜레마 논증'에 대한 비판으로 적절하다.

ㄷ. 제시된 글에서 어린이를 실험 대상에서 배제시키지 않으면 제한적인 동의능력만을 가진 존재를 실험 대상에 포함시키는 것이어서 도덕적이지 않다고 했으므로 어린이의 동의능력을 적합하게 보완하면 어린이를 실험 대상에 포함시켜도 도덕적 잘못이 아닐 수 있다는 주장은 '도덕적 딜레마 논증'에 대한 비판으로 적절하다.

오답 체크

ㄱ. 제시된 글에서 어린이를 실험 대상에서 배제시키거나 배제시키지 않거나 도덕적인 잘못을 저지를 수밖에 없다고 했으므로 어린이를 실험 대상으로 하는 연구는 모두 거부되어야 한다는 주장은 '도덕적 딜레마 논증'에 대한 비판으로 적절하지 않다.

25 빈칸삽입

정답 ⑤

정답 체크 제시된 글에는 행동의 자유를 가진 존재가 아니라면, 도덕적 책임을 가질 필요가 없다는 주장이 소개되었다. 반면 <사례>에서 '나'는 다른 행동의 가능성과 행동의 자유가 없었음에도 도덕적 책임을 가져야 한다고 생각했으므로 ㉢이 거짓이라고 보임을 알 수 있다. 이를 통해 철학자 A는 결정론이 참일 경우 우리는 도덕적 책임을 가지는 존재가 아니라는 결론 ㉤을 반박하였다.

고득점자의 빠른 문제 풀이 Tip

주장에 대한 반박, 반론은 전제가 거짓임을 증명하는 방식으로 가능합니다. 제시된 글에서는 ㉠, ㉡, ㉢을 전제로 하여 ㉣, ㉤의 결론을 내리고 있으므로 <사례>에서 글의 전제가 부정되는 내용을 찾아야 합니다.

1 세부 내용 파악

정답 ④

정답 체크

ㄷ. 2문단에서 오늘날 문화국가에서의 문화정책은 그 초점을 문화가 생겨날 수 있는 문화풍토를 조성하는 데 두어야 한다고 했으므로 다양한 문화가 생겨날 수 있는 문화풍토를 조성하는 정책은 문화국가원리에 부합함을 알 수 있다.

ㄹ. 2문단에서 과거 국가절대주의 사상의 국가관이 지배하던 시대에는 국가의 적극적인 문화간섭정책이 당연한 것으로 여겨졌다고 했으므로 국가절대주의 사상의 국가관이 지배하던 시대에는 국가가 특정 문화만을 선호하여 지원할 수 있었음을 알 수 있다.

오답 체크

ㄱ. 1문단에서 우리나라는 건국헌법 이래 문화국가의 원리를 헌법의 기본원리로 채택하고 있음을 알 수 있다.

ㄴ. 3문단에서 엘리트문화뿐만 아니라 서민문화, 대중문화도 그 가치를 인정하고 정책적인 배려의 대상으로 하여야 한다고 했으므로 엘리트문화도 정부의 정책적 배려대상임을 알 수 있다.

고득점자의 빠른 문제 풀이 Tip

<보기>를 대략적으로 살펴보았을 때, '문화국가원리', '엘리트문화', '국가절대주의 사상' 등이 주요 핵심어이므로 제시된 글에서 해당 단어가 포함된 문장을 우선적으로 확인합니다.

2 세부 내용 파악

정답 ①

정답 체크

ㄱ. 2문단에서 우리 회화에서 '진경산수화'가 새로운 회화영역으로 본격적으로 발전한 것은 중국의 남종화 양식에 바탕을 두고 우리나라 경관을 특유의 화풍으로 그린 겸재 정선에게서 비롯되었다고 했으므로 진경산수화는 중국 남종화 양식의 영향을 받았음을 알 수 있다.

오답 체크

ㄴ. 1문단에서 '진경(眞景)'과 달리 '진경(眞境)'은 그 의미가 선경의 뜻으로만 사용되었으며 여기에 새 의미를 부여한 사람은 실학자 이익이라고 했고, 2문단에서 우리 회화에서 '진경산수화'가 새로운 회화영역으로서 본격적으로 발전한 것은 겸재 정선에게서 비롯되었다고 했으므로 이익은 새 의미를 부여한 사람일 뿐 실제로 진경산수화가 본격적으로 발전하기 시작한 것은 겸재 정선에 의한 것임을 알 수 있다.

ㄷ. 2문단에서 진경산수화는 실경을 바탕으로 작가가 경치를 보고 느낀 감동과 환희까지 투영한 그림으로 보면 될 것이라고 했으므로 진경산수화가 현실세계와 무관한 이상세계를 그린 것은 아님을 알 수 있다.

ㄹ. 1문단에서 이익은 선경의 탈속성을 제거하였고, 이것이 18세기 후반 강세황에 의해 적극 수용되어 진경(眞景)이란 말로 자리 잡게 된 것이라고 했으므로 진경(眞景)이란 단어는 18세기 후반에 정착됐음을 알 수 있다.

3 세부 내용 파악

정답 ②

정답 체크

1문단에서 '19세기 중엽에는 '벨로시페드'라는 자전거가 등장했는데, 이 자전거는 앞바퀴 쪽에 달려 있는 페달을 밟아 이동이 가능했다. 이 페달은 1861년 에르네스트 미쇼가 드레지엔을 수리하다가 아이디어를 얻어 발명한 것이었다.'고 했으므로 벨로시페드의 페달은 드레지엔의 수리과정에서 얻은 아이디어로 발명되었음을 알 수 있다.

오답 체크

① 1문단에서 최초의 자전거는 1790년 시브락 백작이 발명한 '셀레리페르'라는 것이 정설이고, 이후 1813년 만하임의 드라이스 폰 자이에르브론 남작이 선보인 '드레지엔'은 방향 전환이 가능한 핸들이 추가되었다고 했으므로 18세기에 발명된 셀레리페르는 핸들로 방향을 전환할 수 없었음을 알 수 있다.

③ 2문단에서 1868년 5월에 처음으로 열린 자전거 스피드 경주에서 제임스 무어가 우승했고, 그가 다음 해 열린 파리-루앙 간 최초의 도로 사이클 경주에서도 우승했다고 했으므로 도로 사이클 경주가 개최된 것은 19세기 초가 아니라 후반임을 알 수 있다.

④ 3문단에서 1885년에는 안전 커버가 부착되고 두 바퀴의 지름이 똑같은 자전거가 발명되었다고 했고, 2문단에서 1868년 5월 생클루드 공원에서 처음으로 자전거 스피드 경주가 열렸다고 했으므로 두 바퀴의 지름이 똑같은 자전거가 발명된 것은 최초의 자전거 스피드 경주가 열린 이후임을 알 수 있다.

⑤ 3문단에서 1879년에 큰 기어와 뒷바퀴 사이에 체인이 달린 자전거가 발명되었고, 1888년에 스코틀랜드의 수의사 던롭이 공기 타이어를 고안했다고 했으므로 체인을 단 자전거가 공기 타이어가 부착된 자전거보다 먼저 발명되었음을 알 수 있다.

고득점자의 빠른 문제 풀이 Tip

선택지를 대략적으로 살펴보았을 때, '셀레리페르', '벨로시페드', '사이클 경주', '공기 타이어' 등이 주요 핵심어이므로 제시된 글에서 해당 단어가 포함된 문장을 우선적으로 확인합니다.

4 세부 내용 파악

정답 ④

정답 체크

ㄱ. 1문단에서 스위스 지방자치단체들 간의 사회적·경제적 격차는 그다지 심하지 않고 완벽에 가까운 사회보장제도가 시행되고 있다고 했으므로 스위스 국민은 어느 주에 살더라도 사회보장을 잘 받을 수 있음을 알 수 있다.

ㄹ. 3문단에서 연방정부의 만장일치 혹은 압도적 다수로 결정하는 제도는 타협이 이루어질 때까지 많은 시간이 소요되어 시급한 문제의 처리나 위급상황 발생시에는 문제점이 나타날 수 있다고 했으므로 스위스에서는 연방정부의 의사결정 방식으로 인해 국가의 중요 안건을 신속하게 결정하기 어려울 수 있음을 알 수 있다.

오답 체크

ㄴ. 2문단에서 연방국가인 스위스의 정치제도적 특징은 직접민주주의에 있고, 국민발의나 국민투표와 같은 직접민주주의 제도를 통해 헌법이나 법률의 개정을 제안하거나 연방정부 또는 연방의회가 이미 인준한 헌법이나 법률조항을 거부하기도 한다고 했으므로 연방정부에서 결정된 사항이라도 국민투표에 부칠 수 있음을 알 수 있다.

ㄷ. 3문단에서 연방정부는 모든 안건을 만장일치 혹은 압도적 다수로 결정하여 국가수반이나 행정부의 수반은 없는 것과 다름없다고 했으므로 스위스의 국가수반은 강력한 리더십을 발휘할 수 없음을 알 수 있다.

5 세부 내용 파악

정답 ③

정답 체크

ㄴ. 사업개요의 2. 사업대상에서 초등학교 재학생이라면 만 13세 이상도 포함한다고 했으므로 내년 초등학교 졸업을 앞둔 만 14세 취약계층 학생은 사업대상에 해당함을 알 수 있다.

ㄷ. 운영계획의 1. 지역별 인력구성에서 전담공무원이 3명이고 아동통합서비스 전문요원은 대상 아동 수에 따라 최대 7명까지 배치가 가능하다고 했으므로 대상 아동 수가 많은 지역이더라도 해당 사업의 전담공무원과 아동통합서비스 전문요원을 합한 인원은 10명을 넘을 수 없음을 알 수 있다.

오답 체크

ㄱ. 사업개요의 2. 사업대상에서 0세는 출생 이전의 태아와 임산부를 포함한다고 했으므로 임신 6개월째인 취약계층 임산부도 사업대상에 해당함을 알 수 있다.

ㄹ. 운영계획의 2. 사업예산에서 사업예산의 최대 금액은 기존사업지역 3억 원, 신규사업지역 1억 5천만 원으로 제한한다고 했으므로 해당 사업을 신규로 추진하고자 하는 △△시는 사업예산을 최대 3억 원이 아니라 1억 5천만 원까지 국비로 지원받을 수 있음을 알 수 있다.

고득점자의 빠른 문제 풀이 Tip

<보기>에서 묻는 '사업대상', '전담공무원', '사업예산' 등의 주요 항목을 제시된 글에서 우선적으로 확인합니다.

6 법·규정의 적용

정답 ②

정답 체크

법이 폐지되는 4가지 경우를 간단히 정리하면 다음과 같다.

(가) 시행기간 종료될 경우 폐지

(나) 신법에서 구법의 일부 또는 전부를 폐지한다고 명시한 경우 폐지

(다) 신법과 구법이 모순되는 경우 구법의 자동 폐지(단, 신일반법은 구특별법 폐지 불가)

(라) 조건의 성취나 목적을 달성할 경우 폐지

ㄱ. 유효기간이 규정되어 있는 경우이므로 (가)에 해당한다.

ㄴ. 신법에서 구법의 일부를 폐지하는 규정을 명시한 경우이므로 (나)에 해당한다.

ㄷ. 규율하고자 했던 목적이 달성된 경우이므로 (라)에 해당한다.

ㄹ. 신일반법이 구특별법을 폐지하지 못하는 경우이므로 (다)에 해당한다.

따라서 (가)는 ㄱ, (나)는 ㄴ, (다)는 ㄹ, (라)는 ㄷ이다.

고득점자의 빠른 문제 풀이 Tip

제시된 글의 (가), (나), (다), (라)의 차이를 파악하여 <보기>에 대입하는 것이 필요합니다. 이때 (가)에 ㄱ이 해당하므로 ③, ④, ⑤가 소거되고, (다)에 ㄹ이 해당하므로 정답은 ②임을 알 수 있습니다.

7 법·규정의 적용

정답 ③

정답 체크

법조문 4호에서 복합건축물로서 연면적 5,000m^2 이상인 경우에는 모든 층에 스프링클러설비를 설치해야 한다고 했으므로 연면적 15,000m^{2}인 5층 복합건축물의 모든 층에는 스프링클러설비를 설치해야 함을 알 수 있다.

오답 체크

① 법조문 5호에서 교정 및 군사시설의 경우 경찰서 유치장에 스프링클러설비를 설치해야 한다고 했으나 경찰서 민원실은 포함하지 않으므로 경찰서 민원실은 해당 없음을 알 수 있다.

② 법조문 1호에서 종교시설로서 수용인원이 100명 이상인 경우에는 모든 층에 스프링클러설비를 설치해야 한다고 했으나 사찰은 제외한다고 했으므로 사찰은 해당 없음을 알 수 있다.

④ 법조문 2호에서 층수가 3층 이하인 건축물은 바닥면적 합계가 6,000m^2 이상인 경우에 스프링클러설비를 설치해야 한다고 했으므로 바닥면적 합계가 5,000m^{2}인 물류터미널은 해당 없음을 알 수 있다.

⑤ 법조문 3호에서 의료시설 중 정신의료기관은 해당 용도로 사용되는 바닥면적의 합계가 600m^2 이상인 경우에 스프링클러설비를 설치해야 한다고 했으므로 바닥면적의 합계가 500m^{2}인 정신의료기관은 해당 없음을 알 수 있다.

8 법·규정의 적용

정답 ③

정답 체크

ㄴ. 첫 번째 질문의 두 번째 답변에서 비영리법인은 증여세 납세의무를 부담한다고 했으므로 乙이 비영리법인 丙에게 기부한 경우, 丙은 증여세를 납부할 의무가 있음을 알 수 있다.

ㄷ. 첫 번째 질문의 세 번째 답변에서 수증자가 국외거주자이면 증여받은 국외 예금도 증여세 부과대상이라고 했으므로 丁이 자신의 국외 예금을 해외에 거주하고 있는 아들에게 증여한 경우, 증여세 부과대상임을 알 수 있다. 이때 원칙적으로 증여세 납부의무는 수증자가 부담하지만 두 번째 질문의 첫 번째 답변에서 수증자가 국외거주자인 경우, 증여자는 연대납세의무를 부담한다고 했으므로 丁도 연대납세의무를 지게 됨을 알 수 있다.

오답 체크

ㄱ. 첫 번째 질문의 첫 번째 답변에서 증여세는 원칙적으로 수증자가 부담한다고 했으므로 甲이 국내거주자 장남에게 증여한 경우, 甲은 원칙적으로 증여세를 납부할 의무가 없음을 알 수 있다.

ㄹ. 두 번째 질문의 두 번째 답변에서 수증자가 증여세를 납부할 능력이 없다고 인정되는 경우로서 체납처분을 하여도 조세채권의 확보가 곤란한 경우에는 증여자가 연대납세의무를 부담한다고 했으므로 戊로부터 증여받은 국내거주자 己가 현재 파산상태로 인해 체납처분을 하여도 조세채권의 확보가 곤란한 경우, 戊와 己는 연대납세의무가 있음을 알 수 있다.

9 법·규정의 적용

정답 ④

정답 체크

두 번째 법조문(지역구 국회의원 후보자의 확정) 1항에서 지역구 국회의원 후보자는 공천위원회의 추천을 받아 최고위원회의 의결로 확정한다고 했으므로 전략지역, 비전략지역 모두 최고위원회가 공천위원회의 추천을 받아 국회의원 후보자를 의결로 확정함을 알 수 있다.

오답 체크

① 마지막 법조문(비례대표 국회의원 후보자 확정)에서 비례대표 국회의원 후보자는 국민공천배심원단의 심사를 거쳐 최고위원회의 의결로 확정한다고 했으므로 후보자를 최종적으로 확정하는 것은 최고위원회임을 알 수 있다.

② 두 번째 법조문(지역구 국회의원 후보자의 확정) 4항에서 국민공천배심원단은 공천위원회에서 추천한 전략지역 후보자에 대해 심사하고 최고위원회에 재의요구를 권고할 수 있다고 했으므로 전략지역 국회의원 후보자를 추천할 수 있는 것은 공천위원회임을 알 수 있다.

③ 첫 번째 법조문(국민공천배심원단) 2항에서 국민공천배심원단은 국회의원 후보자 중 비전략지역 후보자를 제외한 전략지역 및 비례대표 후보자를 심사대상으로 한다고 했으므로 비전략지역 후보자는 심사대상이 아님을 알 수 있다. 또한 두 번째 법조문(지역구 국회의원 후보자의 확정) 4항에서 국민공천배심원단은 공천위원회에서 추천한 전략지역 후보자에 대해 적격여부를 심사하여 재의요구를 권고할 수 있다고 했으므로 국민공천배심원단은 비전략지역 국회의원 후보자에 대해서는 재의를 요구할 수 없음을 알 수 있다.

⑤ 두 번째 법조문(지역구 국회의원 후보자의 확정) 4항에서 국민공천배심원단은 재적 3분의 2 이상의 의결로 최고위원회에 재의요구를 권고할 수 있음을 알 수 있다.

고득점자의 빠른 문제 풀이 Tip

<보기>를 대략적으로 살펴보았을 때, '후보자의 확정', '후보자의 추천', '재의요구' 등이 주요 핵심어이므로 제시된 법조문에서 해당 단어가 포함된 문장을 우선적으로 확인합니다.

10 논리퍼즐

정답 ②

정답 체크

ㄴ. 짝수는 (가) 2, 6, 8, (나) 4, 6, (다) 6, 8이고 모두 짝수 다음에 짝수가 연이어 오지 않으므로 옳은 설명이다.

ㄷ. (가), (나), (다) 모두 동일한 숫자가 두 번 이상 사용되지 않으므로 옳은 설명이다.

오답 체크

ㄱ. (다)에서 3 다음에 9가 연이어 오므로 옳지 않은 설명이다.

ㄹ. (가)에서 3 다음에 6, (나)에서 1 다음에 4, (다)에서 3 다음에 9가 오므로 옳지 않은 설명이다.

11 세부 내용 파악

정답 ②

정답 체크

ㄱ. 1문단에서 1493년 콜럼버스에 의해 에스파냐에 옥수수가 소개되었다고 했고, 2문단에서 감자는 1539년 페루에서 처음 눈에 띄어 이 무렵 에스파냐를 통해 이탈리아에 감자가 전해졌다고 했으므로 유럽에는 감자보다 옥수수가 먼저 들어왔음을 알 수 있다.

ㄷ. 3문단에서 18세기 기록을 보면 파종량 대 수확량은 호밀의 경우 1 대 6인데 비해 옥수수는 무려 1 대 80이었다고 했으므로 옥수수의 파종량 대비 수확량이 호밀보다 10배 이상 높았음을 알 수 있다.

오답 체크

ㄴ. 1문단에서 에스파냐에 소개된 옥수수는 16세기 초에는 카스티야, 안달루시아, 카탈류냐, 포르투갈에서 재배되었고, 그 후에 프랑스, 이탈리아, 판노니아, 발칸 지역 등으로 보급되었다고 했고, 2문단에서 감자는 에스파냐를 통해 이탈리아에 전해졌다고 했으나 유럽에서 감자와 옥수수를 처음 재배한 곳이 이탈리아인지는 알 수 없다.

ㄹ. 3문단에서 18세기에 유럽에서 인구가 크게 증가하고 대규모 기근을 계기로 감자와 옥수수가 널리 보급되었음을 알 수 있다. 또한 1문단에서 옥수수는 16세기까지 주곡의 자리를 차지하지 못했고, 2문단에서 감자는 18세기에 이르러서야 주곡의 자리를 차지했다고 했으므로 감자와 옥수수가 주곡의 자리를 차지한 것은 16세기가 아닌 18세기 이후임을 알 수 있다.

12 세부 내용 파악

정답 ①

정답 체크

ㄱ. 3문단에서 조선 개국 후인 1401년 조선 태종은 명나라와의 관계를 고려하여 공신인 후와 백을 각각 군과 부원군으로 바꾸도록 했다고 했으므로 조선 태종시대의 공신은 부원군 작위를 받을 수 있었음을 알 수 있다.

오답 체크

ㄴ. 2문단에서 비왕족에 대한 오등작제가 제도적으로 완성된 것은 고려 문종 때이고, 현후는 식읍 1,000호, 현백은 700호, 개국자는 500호에 품계는 셋 모두 정5품이라고 했으므로 고려 문종 때 완성된 봉작제에 따르면 현후와 현백이 받는 품계는 같았음을 알 수 있다.

ㄷ. 2문단에서 비왕족에 대한 오등작제에서 현남은 300호에 종5품으로 하였다고 했으므로 현남 작위에 봉해진 사람은 비왕족임을 알 수 있다.

13 세부 내용 파악

정답 ⑤

정답 체크

ㄷ. 3문단에서 피페린을 5~8% 함유하고 있는 검은 후추는 피페린의 함유량이 더 적은 흰 후추보다 매운 맛이 강하다고 했으므로 검은 후추가 흰 후추보다 매우며, 더 매운 후추 맛을 원하는 사람은 흰 후추보다 검은 후추를 선택할 것임을 알 수 있다.

ㄹ. 2문단에서 후추는 통후추 상태로는 향미가 오랫동안 보존되지만 갈아 놓으면 향미를 빨리 잃는다고 했으므로 일반적으로 후추는 사용 직전에 갈아 쓰는 것이 미리 갈아놓은 것보다 향미가 더 강할 것임을 알 수 있다.

오답 체크

ㄱ. 3문단에서 후추는 열매에 들어있는 피페린이라는 성분 때문에 매운 맛이 나며 피페린을 5~8% 함유하고 있는 검은 후추는 피페린의 함유량이 더 적은 흰 후추보다 매운 맛이 강하다고 했으므로 피페린 함유량이 많을수록 더 매울 것임을 알 수 있다.

ㄴ. 1문단에서 흰 후추는 열매가 완전히 익었을 때 수확함을 알 수 있다.

14 세부 내용 파악

정답 ④

정답 체크

2문단에서 '이후 영국에서는 1860년 식품의약품법이, 1872년 식품첨가물법이 제정되었다.'고 했으므로 식품의약법이 제정된 후 식품첨가물법이 제정되기까지 12년이 걸렸음을 알 수 있다.

오답 체크

① 1문단에서 영국에서 빵이나 홍차도 불량식품 목록에서 예외가 아니었고, 이는 유럽대륙이나 북아메리카에서도 흔히 볼 수 있었던 일이라고 했으므로 북아메리카에서도 불량식품 문제가 있었음을 알 수 있다.

② 2문단에서 1850년 발간된 의학 잡지 『란세트』가 식품 분석을 위한 영국 위생위원회가 창설된다고 발표하였다고 했으므로 영국 위생위원회가 창설된 것은 1850년 이후임을 알 수 있다.

③ 1문단에서 영국의 빅토리아시대에 대도시의 빈곤층이 주식으로 삼았던 빵이나 그들이 마셨던 홍차도 불량식품 목록에서 예외가 아니었음을 알 수 있다.

⑤ 2문단에서 초콜릿 견본 70개 가운데 벽돌가루를 이용해 적갈색을 낸 초콜릿이 39개에 달한다는 사실이 밝혀졌다고 했으므로 영국 위생위원회의 분석 대상에 오른 초콜릿 견본 중 벽돌가루가 들어간 것의 비율은 초콜릿 견본 70개 중 50%가 넘었음을 알 수 있다.

15 세부 내용 파악

정답 ①

정답 체크

ㄱ. 총지원금은 2013년에 14,000백만 원에서 2014년에 13,000백만 원으로 줄었고, 지원 인원은 2013년에 3,000명에서 2014년에 2,000명으로 감소했다. 이때 2014년의 지원 인원은 2013년 대비 2/3로 감소한 반면 총지원금은 그보다 적은 비율로 감소했으므로 1인당 평균 지원금은 더 많아졌음을 알 수 있다.

오답 체크

ㄴ. 참여자의 우대요건에서 저소득층, 장기실업자, 여성가장 등 취업취약계층을 우대한다고 했으나, 이는 우대사항일 뿐이므로 저소득층, 장기실업자, 여성가장이 아니어도 사업에 참여할 수 있음을 알 수 있다.

ㄷ. 근로조건에서 4대 사회보험 보장여부에 모두 표시되어 있으므로 4대 사회보험을 보장받음을 알 수 있다.

ㄹ. 참여자의 주된 참여자 항목 가운데 중장년에 표시되어 있으므로 주된 참여자는 청년층이 아니라 중장년층임을 알 수 있다.

고득점자의 빠른 문제 풀이 Tip

ㄱ. 1인당 평균 지원금을 계산하지 않고 분수의 수치 비교로 빠르게 풀 수 있습니다. 2013년 1인당 평균 지원금인 14,000/3,000은 분자 값이 분모 값의 약 4배이고, 2014년 1인당 평균 지원금인 13,000/2,000은 분자 값이 분모 값의 약 6배이므로 2014년 1인당 평균 지원금이 더 많음을 알 수 있습니다.

16 문제해결

정답 ①

정답 체크

각 평가의 핵심 내용을 정리하면 다음과 같다.

- A평가
  - 총사업비가 500억 원 이상이면서 국비가 300억 원 이상인 사업으로 건설공사가 포함된 사업
  - 단, 법령에 따라 설치하거나 추진하여야 하는 사업은 제외
- B평가
  - 도시개발사업, 도로, 철도건설사업(도시철도 포함), 공항건설사업
- C평가
  - 도시개발사업: 부지면적 10만 m^2 이상
  - 철도건설사업: 정거장 1개소 이상, 총길이 5km 이상

<사례>의 甲과 乙 사업에 대한 평가 결과를 정리하면 다음과 같다.

甲사업

- A평가 – 총사업비 520억 원 중 국비 100억 원이므로 불필요하다.
- B평가 – 도시개발사업이므로 필요하다.
- C평가 – 도시개발사업이면서 부지면적 12만 5천 m^2이므로 필요하다.

따라서 甲사업은 2개의 평가가 필요함을 알 수 있다.

乙사업

- A평가 – 총사업비 4,300억 원이 전액 국비지만 법령에 따라 추진하므로 불필요하다.
- B평가 – 철도건설사업이므로 필요하다.
- C평가 – 철도건설사업이면서 정거장 7개소, 총길이 18km이므로 필요하다.

따라서 乙사업은 2개의 평가가 필요함을 알 수 있다.

고득점자의 빠른 문제 풀이 Tip

제시된 글의 A, B, C평가에서 실시하는 핵심 내용을 파악하여 정리한 후, <보기>에 적용하면 문제 풀이 시간을 단축할 수 있습니다.

17 법·규정의 적용

정답 ⑤

정답 체크

丙: 비영리법인 여부와 관계없이 재화를 공급하고 있으므로 사업자이고, 8년째 공예품을 판매하고 있으므로 계속성·반복성이 있으며 다른 사업자에게 고용되거나 종속된 경우가 아니므로 독립성도 있다. 따라서 사업자등록을 해야 한다.

丁: 재화를 공급하고 있으므로 사업자이고, 10년 동안 발명품을 판매하고 있으므로 계속성·반복성이 있으며 다른 사업자에게 고용되거나 종속된 경우가 아니므로 독립성도 있다. 따라서 사업자등록을 해야 한다.

오답 체크

甲: 재화를 공급하는 사람이므로 사업자이고, 재화의 공급 주체가 다른 사업자에게 고용되거나 종속되지 않았으므로 독립성도 있으나 카메라 1대를 인터넷 중고 카페에 매물로 1회 등록한 것은 계속성·반복성이 있는 것이 아니므로 사업자등록을 하지 않아도 된다.

乙: 재화를 공급하는 사람이므로 사업자이고, 재화를 계속적으로 공급하고 있으므로 계속성·반복성이 있으나 영업사원으로서 다른 사업자에게 고용되어 있어 독립성이 없으므로 사업자등록을 하지 않아도 된다.

고득점자의 빠른 문제 풀이 Tip

<사례>가 제시된 조건을 충족하는지 묻고 있으므로 먼저 핵심 조건을 정리하여 <사례>에 적용하면 문제 풀이 시간을 단축할 수 있습니다.

18 법·규정의 적용

정답 ②

정답 체크

ㄷ. 법조문 1항에서 개발부담금 징수권의 권리를 행사할 수 있는 시점부터 5년간 행사하지 않으면 소멸시효가 완성된다고 했으므로 2년이 경과한 후는 아직 소멸시효가 완성되지 않은 시점이다. 또한 법조문 2항 1호에서 납부고지를 하면 개발부담금 징수권의 소멸시효는 중단됨을 알 수 있다.

오답 체크

ㄱ. 법조문 3항 1호에서 중단된 소멸시효는 고지한 납부기간이 지난 시점부터 새로이 진행한다고 했으므로 개발부담금 징수권의 소멸시효는 고지한 납부기간이 지난 시점부터 중단되는 것이 아닌 새로 시작되는 것임을 알 수 있다.

ㄴ. 법조문 1항에서 개발부담금 징수권의 소멸시효의 완성은 3년이 아니라 5년임을 알 수 있다.

ㄹ. 법조문 1항에서 환급청구권의 소멸시효의 완성은 3년이 아니라 5년임을 알 수 있다.

19 문제해결

정답 ⑤

정답 체크

최소득표율(%)= $\frac{\text{유권자 1인당 투표수}}{\text{유권자 1인당 투표수+선거구당 의석수}}$ ×100임을 적용하여 구한다. 甲국과 乙국 각각의 유권자 1인당 투표수와 선거구당 의석수는 다음과 같다.

구분	유권자 1인당 투표수	선거구당 의석수
甲국	2	3
乙국	3	5

유권자 1인당 투표수와 선거구당 의석수에 따른 甲국과 乙국의 최소 득표율은 다음과 같다.

- 甲국={2/(2+3)}×100=40%
- 乙국={3/(3+5)}×100=37.5%

따라서 한 선거구에서 당선에 필요한 최소 득표율은 甲국이 40%, 乙국이 37.5%이다.

고득점자의 빠른 문제 풀이 Tip

공식의 핵심어에 해당하는 수치를 빠르게 이해하여 적용하는 것이 필요합니다.

20 문제해결

정답 ⑤

정답 체크 지방재정위기 사전경보지표에 따라 제시된 <현황>에 주의와 심각을 표시하면 다음과 같다.

지표 / 지방자치단체	통합재정수지적자 비율	예산대비 채무비율	채무상환비 비율	지방세 징수액 비율	금고잔액 비율	공기업 부채비율	주의	심각
A	주의		주의				2	0
B	주의	주의		주의	주의		4	0
C				주의	주의	심각	2	1
D	심각	주의	심각				1	2

6개의 사전경보지표 중 '심각'이 2개 이상이면 중점관리대상으로 지정되며 '주의' 2개는 '심각' 1개로 간주한다고 했으므로, '심각'이 2개인 D, '주의'가 4개인 B, '주의'가 2개이고 '심각'이 1개인 C가 중점관리대상임을 알 수 있다.

따라서 지방자치단체 중 중점관리대상은 B, C, D 세 곳이다.

고득점자의 빠른 문제 풀이 Tip

제시된 <현황>의 각 수치를 <기준>의 경보구분에 적용하여 표시하면 문제 풀이 시간을 단축할 수 있습니다.

21 문제해결

정답 ①

정답 체크
- Broca 보정식

  Broca 보정식은 표준체중을 구한 후에 실제체중이 어느 정도 비율로 차이 나는지를 가지고 판단하는 방식이다. Broca 보정식에 따르면 신장 180cm의 표준체중은 (180−100)×0.9=72kg이고, 표준체중을 기준으로 비만 정도를 계산하면 (85/72)×100≒118.1%이므로 甲은 '체중과잉'임을 알 수 있다.
- 체질량 지수

  체질량 지수는 체중을 신장의 제곱으로 나눈 값으로 체질량 지수=체중/(신장)^{2}이다. 이에 따른 甲의 체질량 지수는 85/(1.8)^2≒26.2이므로 '경도비만'에 해당한다.

따라서 甲의 비만정도는 Broca 보정식으로 체중과잉, 체질량 지수로 경도비만이다.

고득점자의 빠른 문제 풀이 Tip

어림 계산을 통해 문제 풀이 시간을 단축할 수 있습니다. Broca 보정식에서 표준체중의 120%는 비만입니다. 甲이 '비만'이려면 체중이 72×1.2=86.4kg 이상이어야 하나 甲의 체중은 85kg으로 86.4kg 미만이므로 '체중과잉'임을 알 수 있습니다.

22 문제해결

정답 ③

정답 체크 여섯 사람이 각각 들러야 하는 장소와 소요시간을 정리하면 다음과 같다.

구분	장소	소요시간
가은	은행	30분
나중	편의점	10분
다동	화장실+패스트푸드점	20+25분
라민	서점+화장실	20+20분
마란	-	-
바솜	-	-

여섯 사람은 함께 출발하기로 했고, 소요시간이 가장 긴 다동이 현재 시각부터 45분 후에 돌아오므로 12시 35분 이후에 출발하는 버스를 이용해야 한다. 이때 가장 일찍 출발하는 버스가 12시 45분 버스이지만 잔여좌석이 5석이므로 여섯 사람이 함께 출발할 수 없다. 따라서 바로 다음에 출발하는 버스 중 잔여좌석이 충분한 13시 버스를 이용해야 하며 이때 대전 도착 예정시각은 15시이다.

고득점자의 빠른 문제 풀이 Tip

여섯 사람이 가야 할 곳을 표시해서 가장 오래 걸리는 사람을 기준으로 시간을 파악합니다. 단, 여섯 사람이라는 점을 고려해서 잔여좌석도 확인해야 합니다.

23 문제해결

정답 ③

정답 체크 전체 화장 단계 중 '로션 바르기 → 수분크림 바르기 → 썬크림 바르기 → 피부화장 하기'는 생략할 수 없으므로 기본적으로 매력 지수 2+2+6+20=30점이 주어지며 10.5분의 시간이 소요된다. 20분 이후부터는 1분당 4점의 매력 지수가 깎이므로 나머지 화장 단계의 소요 시간이 총 9.5분을 넘으면 그 시간 이후부터는 1분당 매력 지수가 4점씩 깎인다. 甲은 화장 단계 중 7개만 선택했다고 했으므로 남은 네 단계 중 하나씩 생략해보면서 세 단계의 소요 시간과 매력 지수의 합을 정리하면 다음과 같다.

구분	점수	소요 시간	초과 시간	감점	합산
눈썹 그리기 생략	95	25.5	16	−64	31
눈화장 하기 생략	82	18.5	9	−36	46
립스틱 바르기 생략	97	28	18.5	−74	23
속눈썹 붙이기 생략	47	13.5	4	−16	31

최대 매력 지수가 도출되는 경우는 눈화장 하기를 생략하는 경우이고 이때 甲의 최대 매력 지수는 기본 매력 지수+추가 매력 지수인 30+46=76점이다.

24 문제해결

정답 ⑤

정답 체크 제시된 방법대로 상자를 정리하면 다음과 같다.

- 방법 1: 도착한 순서대로 상자에 넣되 10kg이 넘지 않게 한다.
  6, (5, 5), (4, 2, 3), 6, (5, 4), 5, 7, 8
  방법 1에 따라 정리하면 상자는 8개가 필요하다.
- 방법 2: 무거운 순서대로 상자에 넣되 10kg이 넘지 않게 한다.
  8, 7, 6, 6, 5, 5, 5, 5, 4, 4, 3, 2
  ↓
  8, 7, 6, 6, (5, 5), (5, 5), (4, 4), (3, 2)
  방법 2에 따라 정리하면 상자는 8개가 필요하다.

ㄴ. 방법 1의 경우, 10kg까지 채워진 상자에 들어간 짐은 (5, 5) 1개뿐이므로 10kg까지 채워지지 않은 상자들에 들어간 짐의 무게는 총 6+4+2+3+6+5+4+5+7+8=50kg이다.

ㄷ. 방법 2의 경우, 10kg이 채워진 상자는 (5, 5)와 (5, 5) 2개이다.

오답 체크 ㄱ. 방법 1과 방법 2의 경우, 필요한 상자의 개수는 8개로 동일하다.

25 논리퍼즐

정답 ④

정답 체크 위쪽 출입구를 가, 아래쪽 출입구를 나라고 했을 때, 전체 관람객이 한 바퀴 또는 반 바퀴를 돌며 관람하는 경우는 네 가지이고 이를 정리하면 다음과 같다.

- 경우 1: 가 출입구로 들어와서 한 바퀴를 돌며 관람하는 경우
- 경우 2: 가 출입구로 들어와서 반 바퀴를 돌며 관람하는 경우
- 경우 3: 나 출입구로 들어와서 한 바퀴를 돌며 관람하는 경우
- 경우 4: 나 출입구로 들어와서 반 바퀴를 돌며 관람하는 경우

구분	출입구	바퀴 수	D전시관	B전시관
경우 1	가 → 가	한 바퀴	O	O
경우 2	가 → 나	반 바퀴	X	O
경우 3	나 → 나	한 바퀴	O	O
경우 4	나 → 가	반 바퀴	O	X

전체 관람객 400명 중 200명이 한 바퀴를 돌았다고 했으므로 경우 1+경우 3=200명이고, 반 바퀴를 돌며 관람한 관광객이 200명이므로 경우 2+경우 4=200명임을 알 수 있다. 또한 D전시관 앞을 지나거나 관람한 인원이 350명이고, 한 바퀴를 돌며 관람한 관람객이 200명이라고 했으므로 경우 4의 관람객의 인원은 350-200=150명이고, 경우 2의 관람객의 인원은 200-150=50명이다. 따라서 B전시관 앞을 지나가거나 관람한 총 인원은 경우 1, 경우 2, 경우 3의 합인 200+50=250명이다.

고득점자의 빠른 문제 풀이 Tip

전체 관람객 수의 합은 400명이고, D전시관 앞을 지나가거나 관람한 인원이 350명이므로 경우 2의 관람객은 50명입니다. 또한 한 바퀴를 돈 관람객은 200명이고 B전시관 앞을 지나가거나 관람하므로 B전시관 앞을 지나가거나 관람한 총인원은 50+200=250명임을 알 수 있습니다.

1 자료논리

정답 ②

정답 체크

- 인천 공장의 가능 가동시간이 가장 길다고 했으므로 공장D가 인천임을 알 수 있다.
- 공장A의 실가동률은 (300/400)×100=75%, 공장B의 실가동률은 (150/200)×100=75%로 같으므로 A와 B가 각각 서울과 부산 중 하나임을 알 수 있다.
- 부산과 광주 공장의 실제 가동시간 합은 서울과 인천 공장의 실제 가동시간 합보다 작다고 했고, 공장D가 인천, 공장A와 B 중 한 곳이 서울이므로 서울과 인천 공장의 실제 가동시간 합이 더 크려면 공장A가 서울임을 알 수 있다.

따라서 공장A가 위치한 도시는 서울, 공장D가 위치한 도시는 인천이다.

고득점자의 빠른 문제 풀이 Tip

계산을 하지 않고 확정적인 정보를 추론할 수 있는 네 번째 <정보>를 먼저 확인합니다.

2 자료이해

정답 ④

정답 체크

ㄱ. A안건과 C안건이 상정되면 선호순위에 의해서 갑은 1 순위로 C안건에 투표하고, 을은 1 순위로 A안건에 투표한다. 병은 A안건과 C안건 중에서 C안건이 2 순위로 더 높으므로 C안건에 투표하게 된다. 따라서 다수결 원칙에 따라 C안건이 채택되므로 옳은 설명이다.

ㄴ. B안건은 병이 1 순위로 선호하고, 갑과 을이 모두 2 순위로 선호하고 있어 다른 어떤 안건과 상정되어도 채택이 가능하므로 옳은 설명이다.

ㄹ. D안건은 갑의 선호순위 3 순위이고, 을과 병의 선호순위 4 순위인 안건이다. 따라서 A, B, C 어떤 안건과 상정이 되어도 채택되지 못하므로 옳은 설명이다.

오답 체크

ㄷ. C안건이 상정되는 경우는 (A와 C), (B와 C), (C와 D)이고, (A와 C)인 경우와 (C와 D)인 경우에는 갑, 을, 병 선호순위에 의해 C안건이 채택되지만, (B와 C)인 경우에는 B안건이 채택된다. 따라서 C안건이 상정되어 채택되는 경우는 (A와 C), (C와 D) 2가지이므로 옳지 않은 설명이다.

3 자료이해

정답 ⑤

정답 체크

원아 1인당 교사면적은 국립이 7.5㎡, 사립이 7.2㎡로 국립이 사립보다 크므로 옳지 않은 설명이다.

오답 체크

① 사립의 원아 1인당 교지면적은 13.2㎡로, 공립의 원아 1인당 교지면적의 2배인 6.1×2=12.2㎡ 이상이므로 옳은 설명이다.

② 유치원당 교사면적이 가장 큰 유형부터 순서대로 나열하면 사립, 국립, 공립 순이므로 옳은 설명이다.

③ 유치원 유형 중 국립만 유치원당 교지면적이 유치원당 교사면적보다 작으므로 옳은 설명이다.

④ 유치원당 교지면적 중 사립이 국립의 1,478.4/255.0≒5.8배이고, 유치원당 교사면적은 사립이 국립의 806.4/562.5≒1.4배이므로 옳은 설명이다.

고득점자의 빠른 문제 풀이 Tip

계산이 필요하지 않은 ②, ③, ⑤를 우선적으로 확인하여 문제 풀이 시간을 단축합니다.

4 자료변환

정답 ③

정답 체크

제시된 <표>에서 무 이외의 모든 채소의 조사단위는 10kg이므로 무를 제외한 채소 1kg당 금일가격은 모두 옳은 수치이지만, 무의 조사단위는 15kg로 1kg당 금일가격은 8,500/15≒566.7원이므로 <표>를 이용하여 작성한 그래프로 옳지 않다.

고득점자의 빠른 문제 풀이 Tip

자료변환 유형에서 제시된 자료의 항목과 수치뿐만 아니라 단위도 꼼꼼히 확인할 수 있도록 합니다. 제시된 <표>는 채소와 곡물의 조사단위가 각각 다르므로 유의합니다.

5 자료이해

정답 ④

정답 체크

ㄱ. 논 가뭄 피해면적이 가장 큰 지역과 밭 가뭄 피해면적이 가장 큰 지역은 전남으로 동일하므로 옳은 설명이다.

ㄷ. 전체 논 가뭄 피해면적은 147,890ha로 전체 논 재배면적의 15%인 1,145,095×0.15=171,764.25ha 이하이므로 옳은 설명이다.

ㄹ. 경북의 밭 재배면적 대비 밭 가뭄 피해면적 비율은 (16,702/152,137)×100≒11.0%이고, 경남의 밭 재배면적 대비 밭 가뭄 피해면적 비율은 (6,756/72,686)×100≒9.3%로 경북의 밭 재배면적 대비 밭 가뭄 피해면적 비율이 더 크므로 옳은 설명이다.

오답 체크

ㄴ. 논 가뭄 피해 발생기간이 가장 긴 지역은 전남이고, 밭 가뭄 피해 발생기간이 가장 긴 지역은 경남이므로 옳지 않은 설명이다.

고득점자의 빠른 문제 풀이 Tip

ㄷ. 전체 논 재배면적의 10%는 약 114,000ha이고, 5%는 약 57,000ha입니다. 따라서 15%는 114,000+57,000≒171,000ha이므로 피해면적인 147,890ha는 15% 이하입니다.

6 자료논리

정답 ②

정답 체크

- 제시된 <그림>에서 처음에 각 항아리에 차 있는 물의 양은 15L 항아리에는 15L, 10L 항아리에는 5L, 4L 항아리에는 0L가 있음을 알 수 있다.
- <수행순서>에 따라 각 단계별 물의 양을 정리하면 다음과 같다.

구분	15L 항아리	10L 항아리	4L 항아리
1단계	11L	5L	4L
2단계	6L	10L	4L
3단계	10L	10L	0L
4단계	10L	6L	4L
5단계	14L	6L	0L
6단계	15L	5L	0L

따라서 최종적으로 10L 항아리에 남아있는 물의 양은 5L이다.

7 자료이해

정답 ④

정답 체크 1인당 금융대출액은 금융대출액/인구 수이다. 수도권 1인당 금융대출액은 469,374/24,472≒19.2백만 원으로 전국 1인당 금융대출액인 699,430/50,034≒14.0백만 원보다 많으므로 <표>의 자료에서 도출할 수 있다.

오답 체크 ① 인구밀도는 인구/면적이다. <표>에는 전국 및 수도권의 면적이 제시되어 있지 않아 알 수 없으므로 <표>의 자료에서 도출할 수 없다.
② 전국 및 수도권의 면적은 제시되어 있지 않아 알 수 없으므로 <표>의 자료에서 도출할 수 없다.
③ 각 산업별 생산액은 제시되어 있지 않아 알 수 없으므로 <표>의 자료에서 도출할 수 없다.
⑤ 대학 재학생 수는 제시되어 있지 않아 알 수 없으므로 <표>의 자료에서 도출할 수 없다.

고득점자의 빠른 문제 풀이 Tip

④ 수치가 크므로 천의 자리까지 유효숫자를 설정하여 계산하면 문제를 쉽게 해결할 수 있습니다. 1인당 금융대출액은 전국이 699/50≒14백만 원이고, 수도권이 469/24≒20백만 원으로 수도권 1인당 금융대출액이 더 많음을 알 수 있습니다.

8 자료이해

정답 ③

정답 체크 인구(만 명)는 연구개발비/인구 만 명당 연구개발비이다. 이때 연구개발비는 단위가 십억 원이고, 인구 만 명당 연구개발비의 단위는 백만 원이므로 2009년 인구는 37,929,000/7,781≒4,875만 명이고, 2010년 인구는 43,855,000/8,452≒5,189만 명이다. 따라서 2009년에 비해 2010년 '갑'국 인구는 증가하였으므로 옳은 설명이다.

오답 체크 ① 연구개발비의 공공부담 비중은 계속 증가하다가 2010년에 28.0%로 전년대비 감소하였으므로 옳지 않은 설명이다.
② 전년대비 인구 만 명당 연구개발비 증가량은 2007년이 6,460−5,662=798백만 원, 2008년이 7,097−6,460=637백만 원, 2009년이 7,781−7,097=684백만 원, 2010년이 8,452−7,781=671백만 원으로 2007년에 가장 많이 증가하였으므로 옳지 않은 설명이다.
④ 전년대비 연구개발비 증가액은 2007년이 31,301−27,346=3,955십억 원, 2008년이 34,498−31,301=3,197십억 원, 2009년이 37,929−34,498=3,431십억 원, 2010년이 43,855−37,929=5,926십억 원으로 2008년에 가장 작으므로 옳지 않은 설명이다.
⑤ 연구개발비의 전년대비 증가율은 2009년이 9.9%로 가장 작고, 연구개발비의 민간부담 비중은 전체 100.0%에서 공공부담 비중을 뺀 값이다. 따라서 민간부담 비중은 2006년이 100.0−24.3=75.7%로 가장 크므로 옳지 않은 설명이다.

고득점자의 빠른 문제 풀이 Tip

③ 연구개발비와 인구 만 명당 연구개발비의 단위는 다르나 비교 대상 간의 단위가 동일하므로 단위를 고려하지 않고 문제를 풀 수 있습니다.

9 자료이해

정답 ⑤

정답 체크 ㄷ. GDP 대비 제조업 생산액 비중은 (GDP 대비 식품산업 생산액 비중/제조업 생산액 대비 식품산업 생산액 비중)×100이다. 2012년 GDP 대비 제조업 생산액 비중은 (3.42/12.22)×100≒28.0%이고, 2007년 GDP 대비 제조업 생산액 비중은 (3.40/13.89)×100≒24.5%로 2012년이 더 크므로 옳은 설명이다.
ㄹ. GDP는 (식품산업 생산액/GDP 대비 식품산업 생산액 비중)×100이다. 2008년 '갑'국 GDP는 (36,650/3.57)×100≒1,026,610.6십억 원≒1,027조 원이므로 옳은 설명이다.

오답 체크 ㄱ. 제조업 생산액은 (식품산업 생산액/제조업 생산액 대비 식품산업 생산액 비중)×100이다. 2012년 제조업 생산액은 (43,478/12.22)×100≒355,793.8십억 원이고, 2001년 제조업 생산액은 (27,685/17.98)×100≒153,976.6십억 원이다. 2012년 제조업 생산액은 2001년 제조업 생산액의 355,793.8/153,976.6≒2.3배로 4배 미만이므로 옳지 않은 설명이다.
ㄴ. 2005년 이후 식품산업 매출액의 전년대비 증가율은 2011년이 {(44,448−38,791)/38,791}×100≒14.6%로 가장 크므로 옳지 않은 설명이다.

고득점자의 빠른 문제 풀이 Tip

ㄴ. 2005년 이후 식품산업 매출액의 전년대비 증가율은 2009년과 2011년의 식품산업 매출액이 거의 같은 것을 이용하여 비교해볼 수 있습니다. 2009년과 2011년 매출액은 비슷한 반면 전년도인 2008년과 2010년의 매출액 중 2010년 매출액이 더 적어 2011년 식품산업 매출액의 전년대비 증가량이 더 크므로 전년대비 증가율도 2011년이 더 큽니다.

10 자료이해

정답 ②

정답 체크 ㄱ. 2013년 11월 전세가격 지수가 모두 100 이상으로 7개 도시 모두 아파트 평균 전세가격이 상승하였음을 알 수 있으므로 옳은 설명이다.
ㄷ. 전세수급 동향 지수는 ('부족' 응답비율−'충분' 응답비율)+100이고, 7개 도시의 아파트 전세수급 동향 지수는 모두 100 이상으로 '부족'이 '충분'보다 더 많음을 알 수 있으므로 옳은 설명이다.

오답 체크 ㄴ. 제시된 <표>는 2012년 11월 평균 전세가격 대비 2013년 11월 평균 전세가격 지수를 나타낸 자료로 상승률은 알 수 있으나 실제 전세가격 상승액은 알 수 없으므로 옳지 않은 설명이다.
ㄹ. 광주의 전세수급 동향 지수는 101.3으로 '부족' 응답비율이 '충분' 응답비율보다 1.3%p 더 많음을 알 수 있다. '부족' 응답비율이 60% 이상이라면 '충분' 응답비율은 40% 이하가 되어 '부족'과 '충분' 응답비율의 차이가 20%p 이상이므로 옳지 않은 설명이다.

고득점자의 빠른 문제 풀이 Tip

각주에 제시된 정보의 양이 많으므로 먼저 각주의 내용을 이해하고 문제를 풀이합니다.

11 자료논리

정답 ④

정답 체크 · 제시된 <표>에서 가족상담건수 총합은 180건이므로 제시된 <정보>를 통해 알 수 있는 내용을 정리하면 다음과 같다.

구분	2013년 상반기	2013년 하반기	총 상담건수
일반상담가	120×0.4=48건	120×0.6=72건	120건
전문상담가			60건
총 상담건수	180×0.3=54건	180×0.7=126건	180건

· 이를 통해 나머지 빈칸도 채우면 다음과 같다.

구분	2013년 상반기	2013년 하반기	총 상담건수
일반상담가	120×0.4=48건	120×0.6=72건	120건
전문상담가	54-48=6건	126-72=54건	60건
총 상담건수	180×0.3=54건	180×0.7=126건	180건

따라서 2013년 하반기 전문상담가에 의한 가족상담건수는 54건이다.

12 자료이해

정답 ⑤

정답 체크 2012년 현장검증 건수는 1,577-725=852건이고, 전년에 비해 현장검증 건수가 감소한 해는 2010년과 2013년이다. 2010년 서류검증 건수는 1,395-630=765건이고, 2010년과 2013년에 서류검증 건수는 모두 전년대비 증가하였으므로 옳은 설명이다.

오답 체크 ① 2013년 산업 신기술검증 전체비용은 68+1,609=1,677천만 원으로 전년대비 감소하였으므로 옳지 않은 설명이다.

② 2012년 현장검증 건수는 1,577-725=852건으로 2012년 서류검증 건수인 725건보다 많으므로 옳지 않은 설명이다.

③ 서류검증 건당 비용은 서류검증 비용/서류검증 건수이다. 서류검증 건당 비용은 2012년이 102/725≒0.14천만 원으로 가장 크므로 옳지 않은 설명이다.

④ 2011년 현장검증 비용은 1,745-41=1,704천만 원이다. 전년대비 현장검증 비용이 감소한 연도는 2013년뿐이므로 옳지 않은 설명이다.

고득점자의 빠른 문제 풀이 Tip

③ 서류검증 건당 비용은 2008년이 54/755, 2012년이 102/725로 2012년이 분자 값이 더 크고, 분모 값이 더 작으므로 계산하지 않아도 2012년 서류검증 건당 비용이 더 큼을 알 수 있습니다.

13 자료이해

정답 ②

정답 체크 26~30세 응답자 51명의 15%는 51×0.15≒8명이고, 26~30세 응답자 중 4회 이상 방문한 응답자는 5+2=7명으로 26~30세 응답자 비율의 15% 미만이므로 옳은 설명이다.

오답 체크 ① 전체 응답자 113명 중 20~25세 응답자는 53명으로 전체 응답자의 50% 미만이므로 옳지 않은 설명이다.

③ 31~35세 응답자의 1인당 평균 방문횟수는 {(1×3)+(2.5×4)+ (4.5×2)}/9≒2.4회이므로 옳지 않은 설명이다.

④ 전체 응답자 113명 중 직업이 학생 또는 공무원인 응답자는 49+ 2=51명으로 전체 응답자의 50% 미만이므로 옳지 않은 설명이다.

⑤ 20~25세 응답자 53명 중에서 전문직 응답자는 0명에서 7명까지 가능하다. 20~25세 전문직 응답자가 7명인 경우 전체 응답자 중 20~25세인 전문직 응답자 비율은 (7/113)×100≒6.2%로 5% 이상이므로 옳지 않은 설명이다.

14 자료이해

정답 ①

정답 체크 전국 월별 영상회의 개최건수의 전월대비 증가율은 3월이 {(114-68)/68}×100≒67.6%로 가장 높고, 5월이 {(96-61)/61}×100≒ 57.4%로 두 번째로 높으므로 옳지 않은 설명이다.

오답 체크 ② 전국 월별 영상회의 개최건수를 분기별로 정리하면 1/4분기는 77+68+114=259건, 2/4분기는 61+96+97=254건, 3/4분기는 92+102+120=314건, 4/4분기는 88+68+99=255건으로 3/4분기에 가장 많으므로 옳은 설명이다.

③ 영상회의 개최건수는 전남이 442건으로 가장 많으므로 옳은 설명이다.

④ 인천과 충남의 영상회의 개최건수의 합은 65+54=119건이다. 9월의 개최건수 120건 중에서 119건이 인천과 충남의 개최건수라면 나머지 1건만이 다른 지역에서 개최된 것이므로 9월에 개최한 지역은 총 3개로 옳은 설명이다.

⑤ 강원, 전북, 전남의 영상회의 개최건수의 합은 76+93+442=611건으로 전국 영상회의 개최건수의 50%인 1,082×0.5=541건 이상이므로 옳은 설명이다.

15 자료이해

정답 ③

정답 체크 전산장비 가격은 (전산장비 연간유지비/전산장비 가격 대비 연간유지비 비율)×100이고, 각 장비별 가격을 구해보면 다음과 같다.

- A: (322/8.0)×100=4,025만 원
- B: (450/7.5)×100=6,000만 원
- C: (281/7.0)×100≒4,014만 원
- D: (255/5.0)×100=5,100만 원
- E: (208/4.0)×100=5,200만 원
- F: (100/3.0)×100≒3,333만 원

따라서 가격이 가장 낮은 전산장비는 F이므로 옳은 설명이다.

오답 체크 ① B의 연간유지비는 450만 원으로 D의 연간유지비인 255만 원의 2배 미만이므로 옳지 않은 설명이다.

② 가격이 가장 높은 전산장비는 B이므로 옳지 않은 설명이다.

④ E의 가격이 C의 가격보다 높으므로 옳지 않은 설명이다.

⑤ A를 제외한 전산장비 중 E는 C, D보다 연간유지비는 낮으나 가격은 더 높으므로 옳지 않은 설명이다.

고득점자의 빠른 문제 풀이 Tip

전산장비 가격에 대한 선택지가 많으므로 A~F의 전산장비 가격을 모두 구해 놓은 후 문제를 푸는 것이 더 수월합니다.

16 자료변환

정답 ④

정답 체크 제시된 <보고서>의 두 번째 단락에서 국내 휘발유 가격대비 경유 가격이 상승하였다고 했지만, [2008년 OECD 국가의 자동차 연료별 상대가격]에서는 알 수 없는 정보이므로 <보고서>를 작성하는 데 활용되지 않은 자료이다.

오답 체크 ① 제시된 <보고서>의 첫 번째 단락에서 국내 자동차 등록대수는 2008년에 1,732만 대라고 했고, [연도별 국내 자동차 등록현황]에서 2008년 국내 자동차 등록대수가 17,325천 대이므로 <보고서>를 작성하는 데 활용된 자료이다.

② 제시된 <보고서>의 세 번째 단락에서 2007년 기준으로 국내 대기오염물질 배출량 중 자동차 배기가스가 차지하는 비중은 일산화탄소가 67.5%, 질소산화물이 41.7%, 미세먼지가 23.5%라고 했고, [2007년 국내 주요 대기오염물질 배출량]에서 대기오염물질 배출량은 일산화탄소 67.5%, 질소산화물 41.7%, 미세먼지 23.5%이므로 <보고서>를 작성하는 데 활용된 자료이다.

③ 제시된 <보고서>의 첫 번째 단락에서 운송수단별 수송분담률은 자동차가 2008년에 75% 이상의 비중을 차지한다고 했고, [2008년 국내 운송수단별 수송분담률]에서 자동차 수송분담률은 75.4%이므로 <보고서>를 작성하는 데 활용된 자료이다.

⑤ 제시된 <보고서>의 첫 번째 단락에서 2008년 자동차 1대당 인구는 우리나라가 2.9명으로 미국에 비해 2배 이상이라고 했고, [2008년 국가별 자동차 1대당 인구]에서 자동차 1대당 인구는 한국이 2.9명, 미국이 1.2명이므로 <보고서>를 작성하는 데 활용된 자료이다.

고득점자의 빠른 문제 풀이 Tip

<보고서>에서 ㄹ은 기둥 지름 대비 부연의 폭의 비율에 대한 계산이 필요한 내용입니다. 따라서 나머지 ㄱ, ㄴ, ㄷ을 먼저 판단하여 정답을 확인하는 것이 더 효율적입니다.

ㄹ. 기둥 지름 대비 부연 폭의 비율은 부연의 폭/기둥 지름입니다. 따라서 최솟값은 기둥 지름과 부연 폭의 차이가 가장 큰 무량사 극락전이고, 최댓값은 기둥 지름과 부연 폭의 차이가 가장 작은 남원 광한루가 됩니다.

17 자료이해

정답 ①

정답체크
ㄱ. 2011년과 2012년 모두 페이스북의 이용률이 가장 높으므로 옳은 설명이다.
ㄴ. 2012년 소셜미디어 이용률 4위는 구글플러스이고, 2011년 소셜미디어 이용률 4위는 링크트인이므로 옳은 설명이다.
ㄹ. 2011년에 비해 2012년 이용률이 감소한 소셜미디어는 페이스북 1개이므로 옳은 설명이다.

오답체크
ㄷ. 2011년에 비해 2012년 이용률이 가장 큰 폭으로 증가한 소셜미디어는 62-45=17%p 증가한 유튜브이므로 옳지 않은 설명이다.
ㅁ. 2011년 이용률이 50% 이상인 소셜미디어는 페이스북뿐이므로 옳지 않은 설명이다.

고득점자의 빠른 문제 풀이 Tip

<보기>의 개수가 많으므로 계산을 하지 않아도 되는 ㄱ, ㄹ, ㅁ부터 우선적으로 확인합니다.

18 자료변환

정답 ①

정답체크
제시된 <표>에서 서울에서 출발하여 경기에 도착한 화물 유동량은 0.6백만 톤이지만 [수도권 출발 지역별 경기 도착 화물 유동량]에서는 서울에서 출발하여 경기에 도착한 화물 유동량이 78.4백만 톤으로 작성되어 있다. 따라서 <표>를 이용하여 작성한 그림으로 옳지 않다.

19 자료이해

정답 ②

정답체크
ㄱ. 다포양식은 숭례문, 문묘 대성전, 창덕궁 인정전, 화엄사 각황전, 무량사 극락전, 덕수궁 중화전 6개, 주심포양식은 봉정사 화엄강당, 장곡사 상대웅전 2개, 익공양식은 관덕정, 남원 광한루, 창의문 3개이므로 옳은 설명이다.
ㄹ. 기둥 지름 대비 부연 폭의 비율은 무량사 극락전이 0.35/2.20≒0.16척으로 최소이고, 남원 광한루가 0.55/1.40≒0.39척으로 최대이므로 옳은 설명이다.

오답체크
ㄴ. 11개 전통 건축물의 기둥 지름은 무량사 극락전이 2.20척으로 최대이므로 옳지 않은 설명이다.
ㄷ. 남원 광한루 부연의 폭과 높이는 각각 0.55척으로 동일하다. 따라서 모든 건축물의 부연이 높이가 폭보다 크지는 않으므로 옳지 않은 설명이다.

20 자료이해

정답 ⑤

정답체크
학습성과 항목 각각에 대해 대학 졸업생 보유도와 산업체 고용주 보유도 차이가 가장 큰 학습성과 항목은 차이가 4.0-3.1=0.9인 '직업윤리'이므로 옳지 않은 설명이다.

오답체크
① 대학 졸업생의 보유도와 중요도 간의 차이가 가장 큰 학습성과 항목은 차이가 3.7-2.8=0.9인 '국제적 감각'이고, 산업체 고용주의 보유도와 중요도 간의 차이가 가장 큰 학습성과 항목 역시 차이가 4.0-2.8=1.2인 '국제적 감각'이므로 옳은 설명이다.
② 대학 졸업생 설문결과에서 중요도가 가장 높은 학습성과 항목은 중요도가 4.1인 '실험능력'이므로 옳은 설명이다.
③ 산업체 고용주 설문결과에서 중요도가 가장 높은 학습성과 항목은 중요도가 4.2인 '기본지식'이므로 옳은 설명이다.
④ 대학 졸업생 설문결과에서 보유도가 가장 낮은 학습성과 항목은 보유도가 2.6인 '시사지식'이므로 옳은 설명이다.

21 자료논리

정답 ⑤

정답체크
각 묘목의 건강성 평가점수를 구하면 다음과 같다.
· A: (0.7×30)+(15/9)×30+(0×40)=71점
· B: (0.7×30)+(9/12)×30+(1×40)=83.5점
· C: (0.7×30)+(17/17)×30+(1×40)=91점
· D: (0.9×30)+(12/18)×30+(0×40)=47점
· E: (0.8×30)+(10/15)×30+(1×40)=84점
따라서 평가점수가 두 번째로 높은 묘목은 E, 가장 낮은 묘목은 D이다.

22 자료논리

정답 ②

정답체크
제시된 <조건>에 따라 자릿수를 비교하여 기호의 대소 관계를 정리해 본다.
· 세 번째 <조건>에 따라 '☆△□'보다 '☆○△'이 큰 수이므로 △<○임을 알 수 있다.
· 네 번째 <조건>에 따라 '□☆○'이 '□△☆'보다 큰 수이므로 ☆>△임을 알 수 있다.
· 다섯 번째 <조건>에 따라 '○□☆'보다 '○△☆'이 큰 수이므로 □<△임을 알 수 있다.
· 정리하면 (○, ☆)>△>□이 되고, 수익률 중 가장 높은 값은 532이므로 가장 높은 수익률은 A의 하반기 수익률 '☆○△'와 C의 하반기 수익률 '○△☆' 중 하나임을 알 수 있다. 이때 C의 하반기 수익률 '○△☆'이 532인 경우 ☆<△이 되므로 A의 하반기 수익률 '☆○△'이 532임을 알 수 있다.
따라서 ☆=5, ○=3, △=2이고, □=1이다.

고득점자의 빠른 문제 풀이 Tip

세 번째, 네 번째, 다섯 번째 <조건>을 먼저 확인하여 ☆, ○, △, □의 대소 관계를 파악합니다.

23 자료이해

정답 ③

정답 체크 '갑'국 전체 군인의 1인당 월지급액은 군인수 비중을 반영한 가중평균으로 구할 수 있다. 2013년 11월 '갑'국 전체 군인의 1인당 월지급액은 (105,000×30)+(120,000×20)+(125,000×30)+(100,000×20)/100=113,000원이므로 옳지 않은 설명이다.

오답 체크
① 2013년 12월에 1인당 월지급액이 모두 동일한 액수만큼 증가한다면 11월 1인당 월지급액이 가장 적은 해병대가 전월대비 증가율이 가장 높으므로 옳은 설명이다.
② 2013년 12월에 1인당 월지급액이 해군이 10% 증가한다면 전월대비 120,000×0.1=12,000원 증가하고, 해병대가 12% 증가한다면 전월대비 100,000×0.12=12,000원 증가하게 되어 증가분은 같으므로 옳은 설명이다.
④ 2013년 11월 육군, 해군, 공군의 월지급액을 모두 합하면 (105,000×30)+(120,000×20)+(125,000×30)=9,300,000원이고, 해병대 월지급액 100,000×20=2,000,000원의 4배 이상이므로 옳은 설명이다.
⑤ 2013년 11월 공군과 해병대의 월지급액 차이는 (125,000×30)-(100,000×20)=1,750,000원이고, 육군과 해군의 월지급액 차이 (105,000×30)-(120,000×20)=750,000원의 2배 이상이므로 옳은 설명이다.

24 자료이해

정답 ③

정답 체크 전세계 승인 품목의 총합은 200개이고, 이 중 국내에서 승인된 품목은 11+51+18+6+1+4+1=92개이므로 국내에서 승인되지 않은 품목 108개에 대한 비율은 (108/200)×100=54%이다. 따라서 전세계 승인 품목 중 국내에서 승인되지 않은 품목의 비율은 50% 이상이므로 옳은 설명이다.

오답 체크
① 제시된 <표>는 승인받은 품목 현황이다. 각 품목의 승인 국가 수의 합은 120개이지만, 한 국가에서 여러 품목을 승인하여 품목별로 중복되는 국가가 있을 수 있다. 따라서 승인 품목이 하나 이상인 국가 수는 알 수 없다.
② 전세계 승인 품목은 국내 승인 품목을 포함한다고 했으므로 전세계 승인 품목 200개에는 국외와 국내에서 동시에 승인된 품목도 포함될 수 있다. 따라서 200개 중에 국내 승인 품목인 92개를 뺀 나머지 108개의 품목이 모두 국외에서 승인된 품목인지 알 수 없다.
④ 면화의 국내 승인 품목은 A유형과 B유형이 9개로 동일하므로 옳지 않은 설명이다.
⑤ 면화와 감자의 전세계 승인 품목은 B유형이 각각 10개, 0개로 20개 미만이므로 옳지 않은 설명이다.

25 자료이해

정답 ①

정답 체크
ㄱ. 2012년에 비해 2013년 평균연봉 순위가 상승한 기업은 그래프에서 순위의 변동이 없는 A, E, J를 연결한 중심 대각선보다 기울기가 낮은 B, C, G, H, I, K, N으로 7개이므로 옳은 설명이다.
ㄴ. 2012년 대비 2013년 평균연봉 순위 하락폭이 가장 큰 기업은 4위에서 13위로 하락한 M이다. M의 평균연봉비는 0.79이고, 2012년 대비 2013년 평균연봉 감소율은 100-79=21%로 감소율도 가장 크므로 옳은 설명이다.

오답 체크
ㄷ. 2012년 대비 2013년 평균연봉 순위 상승폭이 가장 큰 기업은 7위에서 2위로 상승한 B이다. B의 평균연봉비는 1.27로 평균연봉이 27% 상승하였으나, N의 평균연봉비는 1.33으로 평균연봉이 33% 상승하여 평균연봉 증가율은 N이 가장 크므로 옳지 않은 설명이다.
ㄹ. 2012년에 비해 2013년 평균연봉이 감소한 기업은 평균연봉비가 1 미만인 기업이다. A와 J는 2012년에 비해 2013년 평균연봉이 감소하였지만 순위에 변동이 없으므로 옳지 않은 설명이다.
ㅁ. M은 2012년에 4위로 10위 이내였으나 2013년에는 13위로 10위권 밖이므로 옳지 않은 설명이다.

바로 채점 및
성적 분석 서비스

2013년 기출문제 취약 유형 분석표 & 정답·해설

PSAT 전문가의 총평

2013년 민간경력자 PSAT의 경우 상황판단 영역의 난도가 높았고, 언어논리와 자료해석 영역의 난도는 평이했다.

1. 언어논리 영역: 제시된 글의 길이가 짧은 편이었고, 핵심 내용과 논지를 쉽게 찾을 수 있어 전반적으로 난도가 낮았다.
2. 상황판단 영역: 제시된 글의 길이가 길어지고 생소한 과학 소재의 출제 비중이 높아 많은 시간이 소요되었다. 또한 문제해결 유형에서 필요한 조건을 선별하기 어려운 문항의 출제 비중이 높아 난도가 높았다.
3. 자료해석 영역: 자료이해 유형에서는 단순한 자료 이해를 요구하는 쉬운 문항의 출제 비중이 높아 난도가 낮았고, 자료논리와 자료변환 유형에서는 고려해야 할 항목과 계산이 많아 난도가 높았다.

정답

언어논리

p.271

1	⑤	세부 내용 파악	**6**	⑤	세부 내용 파악	**11**	①	세부 내용 파악	**16**	③	세부 내용 파악	**21**	④	진술추론
2	①	세부 내용 파악	**7**	①	세부 내용 파악	**12**	④	세부 내용 파악	**17**	②	세부 내용 파악	**22**	④	세부 내용 파악
3	②	세부 내용 파악	**8**	①	진술추론	**13**	④	세부 내용 파악	**18**	⑤	세부 내용 파악	**23**	②	진술추론
4	⑤	세부 내용 파악	**9**	④	논증의 타당성	**14**	①	세부 내용 파악	**19**	①	논증의 타당성	**24**	⑤	진술추론
5	③	세부 내용 파악	**10**	③	논증의 타당성	**15**	②	사례 유추	**20**	③	사례 유추	**25**	⑤	진술추론

상황판단

p.285

1	③	세부 내용 파악	**6**	⑤	세부 내용 파악	**11**	④	세부 내용 파악	**16**	①	문제해결	**21**	①	논리퍼즐
2	①	세부 내용 파악	**7**	③	문제해결	**12**	⑤	세부 내용 파악	**17**	④	법·규정의 적용	**22**	②	논리퍼즐
3	②	세부 내용 파악	**8**	④	문제해결	**13**	①	세부 내용 파악	**18**	②	세부 내용 파악	**23**	②	법·규정의 적용
4	⑤	법·규정의 적용	**9**	①	문제해결	**14**	③	법·규정의 적용	**19**	④	문제해결	**24**	③	문제해결
5	⑤	법·규정의 적용	**10**	⑤	문제해결	**15**	②	법·규정의 적용	**20**	③	논리퍼즐	**25**	④	세부 내용 파악

자료해석

p.299

1	②	자료이해	**6**	①	자료이해	**11**	③	자료이해	**16**	②	자료이해	**21**	①	자료변환
2	②	자료논리	**7**	⑤	자료이해	**12**	③	자료논리	**17**	⑤	자료이해	**22**	③	자료변환
3	⑤	자료변환	**8**	③	자료이해	**13**	③	자료이해	**18**	④	자료이해	**23**	①	자료논리
4	①	자료논리	**9**	①	자료이해	**14**	④	자료이해	**19**	⑤	자료이해	**24**	②	자료이해
5	④	자료이해	**10**	②	자료이해	**15**	②	자료논리	**20**	④	자료이해	**25**	④	자료논리

취약 유형 분석표

유형별로 맞힌 개수, 틀린 문제 번호와 풀지 못한 문제 번호를 적고 나서 취약한 유형이 무엇인지 파악해 보세요.
취약한 유형은 '민간경력자 PSAT 기출유형공략'으로 복습하고, 해커스잡 사이트(ejob.Hackers.com)에서 제공하는 <PSAT 영역별 핵심 이론 노트>로 관련 이론을 확인한 후 틀린 문제와 풀지 못한 문제를 다시 풀어보세요.

언어논리

유형	맞힌 개수	틀린 문제 번호	풀지 못한 문제 번호
세부 내용 파악	/15		
중심 내용 파악	/0		
빈칸삽입	/0		
문단배열	/0		
사례 유추	/2		
진술추론	/5		
논증의 타당성	/3		
논리추론	/0		
TOTAL	/25		

상황판단

유형	맞힌 개수	틀린 문제 번호	풀지 못한 문제 번호
세부 내용 파악	/9		
법·규정의 적용	/6		
문제해결	/7		
논리퍼즐	/3		
TOTAL	/25		

자료해석

유형	맞힌 개수	틀린 문제 번호	풀지 못한 문제 번호
자료이해	/16		
자료논리	/6		
자료변환	/3		
TOTAL	/25		

언어논리

1 세부 내용 파악

정답 ⑤

정답 체크 1문단에서 '중세 동아시아 의학의 특징은 강력한 중앙권력의 주도 아래 통치 수단의 방편으로 활용되었다는 점이다.'라고 했고, 같은 문단에서 '권력자들은 최상의 의료 인력과 물자를 독점적으로 소유함으로써 의료를 충성에 대한 반대급부로 삼았다.'고 했으므로 중세 동아시아의 권력자는 의료 인력과 약재를 독점하여 신료의 충성을 유도하였음을 알 수 있다.

오답 체크
① 2문단에서 혜민국은 상설 기관이 아니라 전염병 유행과 같은 비상시에 주로 기능하는 임시 기관이었다고 했으므로 역병을 예방하기 위해 혜민국을 설치한 것이 아님을 알 수 있다.
② 1문단에서 국왕은 일년 중 정해진 날에 종4품 이상의 신료에게 납약을 내렸으며, 납약은 중세국가에서 약재가 위세품으로 작용하였음을 보여주는 사례라고 했으므로 납약을 하사한 것은 병든 문무백관의 치료를 위한 것이 아니었음을 알 수 있다.
③ 1문단에서 고려가 가부장적인 이데올로기에 입각하여 의료를 신민 지배의 한 수단으로 삼았음을 알 수 있으나 이데올로기가 고려시대 전염병의 발병률에 어떤 영향을 미쳤는지는 알 수 없다.
④ 1문단에서 중세 동아시아의 의학은 통치수단의 방편으로 활용되었고 권력자들이 의료를 충성에 대한 반대급부로 삼았다고 했으므로 중세 동아시아 의학이 상·하층 신민의 질병을 치료하기 위한 목적으로 발전한 것이 아님을 알 수 있다.

2 세부 내용 파악

정답 ①

정답 체크 1문단에서 '한 실험에 따르면, 전자 심의에서는 시각적 커뮤니케이션이 없었지만 토론이 지루해지지 않았고 오히려 대면 심의에서는 드러나지 않았던 내밀한 내용들이 쉽게 표출되었다.'고 했으나 전자 심의에서 내밀한 내용이 표출된다는 점이 신뢰를 증진시킬 수 있는지는 알 수 없다.

오답 체크
② 1문단에서 한 실험은 대면 심의 집단이 질적 판단을 요하는 복합적 문제를 다루는 경우 전자 심의 집단보다 우월하다는 결과를 보여주었음을 알 수 있다.
③ 1문단에서 인터넷은 소극적이고 내성적인 사람들이 자신의 의견을 적극 표출하도록 만들 수 있다는 장점이 있음을 알 수 있다.
④ 2문단에서 정치적 사안을 심의하려면 토론자들이 서로 간에 신뢰하고 있을 뿐 아니라 심의 결과에 대해 책임의식을 느끼고 있어야 함을 알 수 있다.
⑤ 2문단에서 정치적 영역의 심의는 불확실한 문제들과 깊이 관련되어 있고, 어려운 정치적 결정일수록 참여자들 사이에 타협과 협상을 필요로 함을 알 수 있다.

3 세부 내용 파악

정답 ②

정답 체크 2문단에서 타일러의 견해에 대해 '이것은 아놀드가 가졌던 문화에 대한 규범적 시각에서 탈피하여 원시적이든 문명적이든 차별을 두지 않고 문화의 보편적 실체를 확립했다는 점에서 의의가 있다.'고 했으므로 타일러는 원시적이고 야만적인 사회에서도 문화는 존재한 것으로 판단했음을 알 수 있다.

오답 체크
① 2문단에서 타일러는 독일 낭만주의자들의 문화와 문명에 대한 개념적 구분을 배격하고 문화와 문명이 별개의 것이 아니라 문명을 단지 문화가 발전된 단계로 보았다고 했으므로 문명을 문화가 발전된 단계로 인식한 것은 독일 낭만주의자가 아니라 타일러임을 알 수 있다.
③ 2문단에서 타일러는 18세기 프랑스 계몽주의자들의 개념에 따라 문화와 문명이 별개의 것이 아니라 문명을 문화가 발전된 단계로 본 것이라고 했으므로 프랑스 계몽주의자들은 문화와 문명을 본질적으로 다르게 보지 않았음을 알 수 있다.
④ 1문단에서 아놀드는 문화를 민족의 혼이나 정신적 특성으로 보고 문명을 물질적인 것에 국한시키는 구분을 받아들였고, 산업혁명이 진행 중인 도시의 하층민과 그들의 저급한 삶을 치유하기 위해 문화라는 해결책을 제시하였다고 했으나 아놀드가 문화의 다양성이 집단이 발전해 온 단계가 다른 데서 비롯되었다고 보았는지는 알 수 없다.
⑤ 2문단에서 타일러는 아놀드가 가졌던 문화에 대한 규범적 시각에서 탈피하여 원시적이든 문명적이든 차별을 두지 않고 문화의 보편적 실체를 확립했음을 알 수 있다.

4 세부 내용 파악

정답 ⑤

정답 체크 2문단에서 '결핵균과 달리 나균은 오로지 숙주세포 안에서만 살 수 있기 때문에 수많은 대사과정을 숙주에 의존한다.'고 했고, 같은 문단에서 '이에 따라 세포 내에 기생하는 기생충과 병균처럼 나균에서도 유전자 기능의 대량 상실이 일어나게 되었다.'고 했으므로 화석화된 나균 유전자의 대부분은 나균이 숙주세포에 의존하는 대사과정과 관련된 유전자일 것임을 알 수 있다.

오답 체크
① 2문단에서 결핵균과 달리 나균은 오로지 숙주세포 안에서만 살 수 있다고 했으므로 결핵균은 숙주세포가 없어도 생존이 가능했을 것임을 알 수 있다.
② 1문단에서 나균은 제 기능을 하지 못하는 화석화된 유전자를 가지고 있다고 했고, 2문단에서 세포 내에 기생하는 기생충과 병균처럼 나균에서도 유전자 기능의 대량 상실이 일어나게 되었다고 했으므로 기생충에서도 제 기능을 하지 못하는 유전자의 화석화가 일어났을 것임을 알 수 있다.
③ 2문단에서 숙주세포 유전자들이 나균의 유전자가 수행하는 온갖 일을 도맡아 해주다 보니, 나균이 가지고 있던 많은 유전자의 기능이 필요 없게 되어 유전자 기능을 대량 상실하고 화석화되었음을 알 수 있으나 숙주세포 유전자가 화석화되었는지는 알 수 없다.
④ 3문단에서 유전자의 화석화와 기능 상실은 특정 계통의 진화 방향에 제약을 가하는 것이고, 새로운 환경에 적응하기 위해 화석화된 유전자의 기능이 필요하다고 하더라도 다시 회복할 수 없다고 했으므로 어떤 균의 화석화된 유전자는 이 균이 새로운 환경에 적응하는 데 기능하지 못할 것임을 알 수 있다.

5 세부 내용 파악

정답 ③

정답 체크 2문단에서 '오히려 해이해진 기강을 단속하여 백성을 잘 다스린다는 평가를 받는 수령들은 남형이나 혹형, 남살을 일삼는 경우가 많았다.'고 했으므로 과도한 형벌을 일삼는 수령들이 유능하다는 평가를 받기도 했음을 알 수 있다.

오답 체크 ① 3문단에서 도적 체포와 치안 유지를 위해 백성들과 직접 접촉을 했던 포교, 포졸, 관교 등의 비리나 폭력이 심각하였음을 알 수 있으나 포교의 비리보다 포졸의 비리가 더 많았는지는 알 수 없다.

② 1문단에서 조선의 수령은 태형 50대 이하의 처벌은 언제나 실행할 수 있고 경우에 따라서는 최고 형벌인 사형도 내릴 수 있는 사법권을 가지고 있었음을 알 수 있다.

④ 3문단에서 하급 관속들의 백성들에 대한 불법적인 폭력은 수령의 과도한 사법권 행사와 함께 사회 불안을 조장하는 주요 요소였음을 알 수 있다.

⑤ 3문단에서 하급 관속이 백성들에게 사적인 형벌을 마구 휘둘렀음을 알 수 있으나 그들이 법규에 따라서 처벌되었는지는 알 수 없다.

6 세부 내용 파악

정답 ⑤

정답 체크 2문단에서 '공영방송은 양질의 프로그램 제작을 위해 상대적으로 더 많은 재원을 필요로 하게 되었고, 이를 위해 수신료 인상이 필요했지만, 시청자들은 이에 동의하지 않았다.'고 했으므로 시청자들이 양질의 공영방송 프로그램을 즐기게 되었다고 보기 어려움을 알 수 있다.

오답 체크 ① 3문단에서 디지털 융합형 미디어가 발전하면서 디지털 미디어에 익숙한 젊은 시청자들은 채널을 통해 제공하는 일방향 서비스에 의존적이지 않다고 했으므로 기존의 공영방송은 일방향 서비스를 제공해왔음을 알 수 있다.

② 3문단에서 개별 국가의 정체성 형성을 담당하던 공영방송은 국경을 넘나드는 새로운 플랫폼에 속수무책인 상황에 처하게 되었다고 했으므로 공영방송은 국가의 정체성과 관련된 개념임을 알 수 있다.

③ 2문단에서 다채널 방송은 공영방송이 제공해 온 차별적인 장르들을 더 전문적인 내용으로 더 많은 시간 동안 제공하게 되었다고 했으므로 다채널 방송 중에는 공영방송의 프로그램과 동일한 장르의 채널이 존재함을 알 수 있다.

④ 1문단에서 공영방송은 사영방송의 등장이 진정한 '위기'를 불러오지는 않았다고 했고, 2문단에서 다채널 방송의 등장이라는 위기에도 불구하고 주류방송으로서의 지위를 굳건히 지켜냈다고 했고, 3문단에서 새로운 플랫폼에 속수무책인 상황에 처하게 되었다고 했으므로 새로운 플랫폼이 탄생하기 전까지 공영방송은 주류방송의 위치를 차지하고 있었음을 알 수 있다.

7 세부 내용 파악

정답 ①

정답 체크 ㄴ. 4문단에서 당분을 섭취하면 아기가 흥분한다는 것은 사실이 아니며, 당분을 섭취하면 흥분한다는 어떤 연구 결과도 보고된 바가 없다고 했으므로 아기의 흥분된 행동과 당분 섭취 간의 인과적 관계는 확인된 바가 없음을 알 수 있다.

오답 체크 ㄱ. 3문단에서 엄마의 모유에 알레르기 반응을 일으키는 아기는 없음을 알 수 있으나 엄마가 갖지 않은 알레르기를 아기도 갖지 않는지는 알 수 없다.

ㄷ. 1문단에서 육아 훈수를 두는 주변 사람들이 많은데 어디까지 믿어야 할지 헷갈리는 때가 대부분이라고 했으나 이것으로 육아에 관한 훈수가 모두 모두 비과학적인 속설에 근거하는지는 알 수 없다.

8 진술추론

정답 ①

정답 체크 ㄱ. 2문단에서 도덕적인 사람은 행복할 것이며, 행복한 것은 그에게 이익을 준다고 했으므로 도덕적으로 살고 있음에도 불행한 사람이 존재한다면 글의 논증을 약화한다.

오답 체크 ㄴ. 2문단에서 도덕적인 것은 이익이 된다고 했고, 도덕적으로 살지 않는 것은 이익이 되지 않는다는 주장은 제시된 글에서 설명하는 결론의 '이'에 해당되므로 글의 논증으로부터 추론되지 않는다.

ㄷ. 1문단에서 혼이나 정신, 눈과 귀 모두 각각 고유의 기능을 잘 수행한다고 했고, 2문단에서 올바름 혹은 도덕적임은 혼이나 정신의 훌륭한 상태라고 했으나 눈이나 귀가 도덕적인지는 알 수 없다. 따라서 글의 논증과 무관하다.

고득점자의 빠른 문제 풀이 Tip

논증에 대한 평가는 제시된 글의 주장을 긍정하면 강화하는 것으로, 부정하면 약화하는 것으로 볼 수 있습니다. <보기> 중 ㄱ은 글의 내용을 부정하여 논증을 약화하는 반례가 되었으므로 유의합니다.

9 논증의 타당성

정답 ④

정답 체크 각각의 논증을 기호화하여 정리하면 다음과 같다.

· 영희

전제 1: 갑 A부처 발령O → 을 B부처 발령O

전제 2: 을 B부처 발령X

결론: 갑 A부처 발령X

전제 1의 '대우'에 해당하므로 결론은 반드시 참이다.

· 철수

전제 1: 갑 A부처 발령O → 을 A부처 발령O

전제 2: 을 A부처 발령O

결론: 갑 A부처 발령O

전제 1의 '역'에 해당하므로 결론이 반드시 참은 아니다.

· 현주

전제 1: 갑 A부처 발령X or 을, 병 모두 C부처 발령O

전제 2: 갑 A부처 발령O

결론: 을, 병 모두 C부처 발령O

전제 1에서 두 조건 중 적어도 하나는 부합해야 하므로 전제 2에 따라 결론은 반드시 참이다.

따라서 결론이 반드시 참인 논증을 펼친 사람은 영희와 현주이다.

고득점자의 빠른 문제 풀이 Tip

논증을 기호화하여 구조를 이해한 후 타당성을 검토합니다. 이때 명제의 '대우'만이 참임에 유의하며, '또는'으로 연결된 선언명제에서 조건 중 하나가 부정되면 나머지 하나는 반드시 긍정되어야 한다는 선언지제거법에 대한 내용을 알아두면 문제 풀이 시간을 단축할 수 있습니다.

10 논증의 타당성

정답 ③

정답 체크 제시된 글의 내용을 정리하면 다음과 같다.

A국	현실적으로 실행 가능한 대안만을 채택, B원칙의 실현을 목표로 함
B원칙	실현하기 위해서 적어도 하나의 전략이 실행되어야 함
C전략	B원칙을 실현하기에 충분하나 현실적으로 실행 불가능함
D전략	실행 가능하며, E정책과 더불어 실행할 경우 B원칙의 실현이 가능함
결론	D전략 채택이 확실함

B원칙을 실현하기 위해서는 적어도 하나의 전략이 실행되어야 한다고 했으므로 A국의 외교정책에서 D전략이 채택되는 것이 확실해지기 위해서는 B원칙을 실현할 수 있는 다른 전략이 없다는 전제를 추가해야 함을 알 수 있다.

오답 체크
① B원칙을 실현하기 위해서는 적어도 하나의 전략이 실행되어야 한다고 했고, D전략과 C전략의 목표가 동일하다고 해서 D전략이 채택되는 것이 확실해지지는 않으므로 추가해야 할 전제가 아니다.
② B원칙을 실현하기 위해서는 적어도 하나의 전략이 실행되어야 한다고 했고, A국의 외교정책에서 C전략이 B원칙에 부합한다면 D전략이 채택되지 않을 수도 있으므로 추가해야 할 전제가 아니다.
④ B원칙을 실현하기 위해서는 적어도 하나의 전략이 실행되어야 한다고 했으나 C전략과 D전략 이외의 전략을 쓰게 될 수도 있으므로 추가해야 할 전제가 아니다.
⑤ E정책과 함께 D전략이 실행될 경우 B원칙이 실현될 것이라고 했으나 C전략과 E정책이 함께 실행될 수 없다고 해도 C전략과 D전략 이외의 전략을 쓰게 될 수도 있으므로 추가해야 할 전제가 아니다.

고득점자의 빠른 문제 풀이 Tip

결론이 도출되는 과정을 표로 정리함으로써 필요한 전제를 확인할 수 있습니다. 또한 결론에 대한 전제는 결국 글의 주장을 뒷받침하는 근거이므로 글의 주장을 명확히 확인하고 이를 강화하는 내용을 찾으면 됩니다.

11 세부 내용 파악

정답 ①

정답 체크 1문단에서 '처음 조선에 수입되기 시작한 영국 자본계 정제당은 1905년 러일전쟁 이후 일본정부가 정책적으로 지원한 일본의 정제당으로 교체되었다.'고 했고, 3문단에서 '사업 기회를 포착한 설탕 무역업자들이 정부로부터 생산 설비를 위한 자금을 지원 받고, 미국이 원조하는 원료당의 배정에서도 특혜를 받으며 제당업에 뛰어들었다.'고 했으므로 개항 이후 제당업 성장의 배경에는 정책적 지원과 특혜가 있었음을 알 수 있다.

오답 체크
② 1문단에서 제1차 세계대전 발발 후에도 세계적으로 설탕 시세가 고가로 유지되었음을 알 수 있다.
③ 2문단에서 대일본제당 조선지점은 평안남도와 황해도 일대에서 재배한 사탕무의 생산성이 낮아 국제적인 경쟁력이 없는 것으로 판명되어 정제당업으로 전환하였다고 했으므로 설탕의 운송비 절감을 위해 정제당업으로 전환한 것이 아님을 알 수 있다.
④ 2문단에서 대일본제당은 저렴한 자바 원료당을 조선에 독점적으로 공급하면서 생산 기반을 구축하였고, 상품 시장인 만주와 지리적으로 근접한 이점을 활용하여 운송비를 절감함으로써 호황을 누렸다고 했으므로 조선이 설탕의 상품 시장이자 원료 공급지로 개발된 것이 아님을 알 수 있다.
⑤ 3문단에서 설탕은 가격 통제 대상이 아니었기 때문에 제당회사들은 설탕 가격을 담합하여 높은 가격을 유지했다고 했으므로 정부는 제당회사들의 설탕 가격 담합을 단속하지 않았음을 알 수 있다.

12 세부 내용 파악

정답 ④

정답 체크 2문단에서 경제 위기를 극복하기 위해 '이 과정에서 기존의 경제 시스템을 각국의 실정에 부합하도록 전환하기 위한 다양한 모색도 활발해질 것으로 보인다.'고 했으나 새로운 단일 경제체제를 공동 개발하는 방안을 논의하고 있는지는 알 수 없다.

오답 체크
① 1문단에서 금융 위기로 인해 신자유주의는 더 이상 주류적 지위를 유지하지 못하고 퇴조해갈 것이 거의 확실하다고 했으므로 신자유주의의 권위가 세계적 불황을 촉발시킨 금융 위기로 인해 위협받고 있음을 알 수 있다.
② 4문단에서 신자유주의 이후의 모델에 관한 해답은 고전적 문헌이나 기상천외한 이론에 있지 않고 우리 경제의 현실에서 찾아야 함을 알 수 있다.
③ 3문단에서 북유럽 모델은 신자유주의의 이식 정도가 낮아서 금융 위기의 충격을 덜 받고 있음을 알 수 있다.
⑤ 2문단에서 세계 각국은 경제 위기를 극복하기 위해 기존의 경제 시스템을 각국의 실정에 부합하도록 전환하는 다양한 모색을 할 것으로 보임을 알 수 있다.

13 세부 내용 파악

정답 ④

정답 체크 3문단에서 '주로 서울 지역에서 '살쾡이'로 발음하기 때문에 '살쾡이'를 표준어로 삼았다.'고 했으므로 '살쾡이'가 가장 광범위하게 사용되어 표준어로 정해진 것은 아님을 알 수 있다.

오답 체크
① 2문단에서 '삵'에 비해 '살쾡이'가 후대에 생겨난 단어일 뿐이고, '호랑이'란 단어도 이런 식으로 생겨났다고 했으므로 '호랑이'는 '호'보다 나중에 형성된 단어임을 알 수 있다.
② 2문단에서 '호랑이'는 '호'와 '랑'으로 구성되어 있으면서도 '호랑이와 이리'란 뜻을 가진 것이 아니라 그 뜻은 '범'이라고 했으므로 두 단어가 합쳐져 하나의 대상을 지시할 수 있음을 알 수 있다.
③ 3문단에서 '살쾡이'는 남한의 표준어로 지정되었으나 북한의 사전에서는 '살쾡이'를 찾을 수 없고 '살괭이'만 찾을 수 있다고 했으므로 '살쾡이'가 남·북한 사전 모두에 실려 있는 것은 아님을 알 수 있다.
⑤ 3문단에서 '살쾡이'는 '살괭이', '삵괭이' 또는 '삭괭이'로도 말하는 지역이 있으며, '삵'의 'ㄱ' 때문에 뒤의 '괭이'가 된소리가 되어 '삭꽹이' 또는 '살꽹이'로 말하는 지역도 있다고 했으므로 '살쾡이'의 방언이 다양하게 나타나는 것은 지역의 발음 차이 때문임을 알 수 있다.

14 세부 내용 파악

정답 ①

정답 체크 ㄱ. 1문단에서 측분비 방법은 세포가 신호 전달 물질을 분비하여 근접한 거리에 있는 표적세포에 신호를 전달하는 방법이라고 했고, 2문단에서 신경세포 사이의 신호 전달은 신경세포에서 분비되는 신경전달물질에 의해 일어난다고 했으므로 신경전달물질에 의한 신호 전달은 측분비 방법을 통해 이루어짐을 알 수 있다.

오답 체크
ㄴ. 1문단에서 내분비 방법은 세포가 신호 전달 물질의 일종인 호르몬을 분비하여 호르몬이 표적세포에 신호를 전달하는 방법이라고 했고, 3문단에서 표적세포에서 반응을 일으키는데 걸리는 시간은 호르몬이 신경전달물질보다 더 오래 걸린다고 했으므로 내분비 방법이 측분비 방법보다 더 느린 반응을 일으킬 것임을 알 수 있다.
ㄷ. 1문단에서 직접 결합 방법은 세포가 표적세포와 직접 결합하여 신호를 전달하는 방법이라고 했으므로 하나의 세포가 표적세포로 신호를 전달하기 위해서 신호 전달 물질의 분비가 필수적인 것은 아님을 알 수 있다.

15 사례 유추

정답 ②

정답 체크 ㄷ. 제시된 <개요>의 현황 분석 부분에서는 연말정산 자동계산 프로그램 사용 방법의 복잡성과 그로 인한 이용자의 혼란을 다루고 있으므로 연말정산 기간 중 자동계산 프로그램 사용 방법에 관한 문의 전화가 폭주했다는 사례는 현황 분석에 해당하는 내용임을 알 수 있다.

오답 체크 ㄱ. 제시된 <개요>의 현황 분석 부분에서는 연말정산 자동계산 프로그램 문제점을 다루고 있으므로 자동 상담 시스템을 개발할 경우 이용자 불만이 감소된다는 내용은 결론으로 제시할 수는 있으나 현황 분석에 해당하는 내용이 아님을 알 수 있다.

ㄴ. 제시된 <개요>의 현황 분석 부분에서 연말정산 기간에 대한 내용은 제시되어 있지 않으므로 연말정산 기간을 정확히 알지 못해 마감 기한이 지나서 세무서를 방문하는 사람이 증가한 사례는 현황 분석에 해당하는 내용이 아님을 알 수 있다.

16 세부 내용 파악

정답 ③

정답 체크 ㄱ. 2문단에서 북부 이주민들은 청교도라는 교파에 속한 이들로 스스로를 '순례자'로 칭했을 만큼 엄격한 종교 규율을 지켰고, 뉴잉글랜드의 이주자들은 해안에 상륙하자마자 맨 먼저 한 일이 자치를 위한 사회 규약을 만드는 일이었다고 했으므로 북부 이주민은 종교 규율과 사회 규약을 중시했음을 알 수 있다.

ㄴ. 1문단에서 남부로 이주한 영국 이주민들은 가난한 형편을 면하기 위해 이주하였다고 했고, 2문단에서 북부 이주민들을 아메리카로 이끈 것은 순수한 종교적 신념과 새로운 사회에 대한 열망이었다고 했으므로 남·북부 이주민 사이에는 이주 목적의 차이가 있음을 알 수 있다.

오답 체크 ㄷ. 2문단에서 북부 이주민은 새로운 사회에 대한 열망이 이주의 목적이었고 남부 이주민들은 기존의 사회 체계를 기반으로 자신들의 사회를 건설하였다고 했으므로 남부 이주민이 북부 이주민보다 영국 사회 체계를 유지하려는 성향이 강했음을 알 수 있다.

17 세부 내용 파악

정답 ②

정답 체크 ㄴ. 2문단에서 18세기 이후 영국에서는 타르를 함유한 그을음 속에서 일하는 굴뚝 청소부들이 다른 사람들보다 피부암에 더 잘 걸린다는 정설이 있었다고 했으므로 19세기에 타르와 암의 관련성은 이미 보고되어 있었음을 알 수 있다.

오답 체크 ㄱ. 2문단에서 담배 두 갑에 들어 있는 니코틴이 화학적으로 정제되어 혈류 속으로 주입된다면 그것은 치사량이 된다고 했으나 3문단에서 타르와 피부암에 관련한 근거들이 흡연이 폐암의 주요 원인이라는 가설을 증명하기에는 충분하지 않다고 했으므로 화학적으로 정제된 니코틴이 폐암을 유발하는지는 알 수 없다.

ㄷ. 제시된 글에서 니코틴과 타르가 동시에 신체에 흡입될 경우 폐암 발생률이 증가하는지는 알 수 없다.

18 세부 내용 파악

정답 ⑤

정답 체크 ㄱ. 2문단에서 A의 얼음을 녹이는 데 필요한 열량은 B의 물을 화씨 140도까지 올릴 수 있는 정도의 열량과 같았으나 이 열이 실제로 온도계에 변화를 주지 않기 때문에 '잠열'이라 불렀다고 했으므로 A의 온도계로는 잠열을 직접 측정할 수 없었음을 알 수 있다.

ㄴ. 2문단에서 블랙의 실험을 통해 얼음이 녹는점에 있더라도 완전히 녹기까지에는 열량이 필요함을 알 수 있고, 블랙은 이를 잠열이라 불렀다고 했으므로 얼음이 녹는점에 이르러도 완전히 녹지 않는 것은 잠열 때문임을 알 수 있다.

ㄷ. 2문단에서 A는 얼음이 녹으면서 생긴 물과 녹고 있는 얼음의 온도가 일정하게 유지되었는데 이 상태가 얼음이 완전히 녹을 때까지 지속되었음을 알 수 있다.

19 논증의 타당성

정답 ①

정답 체크 제시된 논증을 기호화하여 정리하면 다음과 같다.

- 전제 1: 테러 증가 → A국 국방비 지출 증가O
- 전제 2: A국 국방비 지출 증가X or A국 증세 정책 실행
- 전제 3: A국 증세 정책 실행 → 세계 경제 침체
- 결론: 세계 경제 침체

전제 1, 2, 3을 차례로 결합하면 '테러 증가 → A국 국방비 지출 증가O → A국 증세 정책 실행 → 세계 경제 침체'이다. 따라서 '세계 경제 침체'라는 결론이 도출되기 위해서는 '테러 증가'나 'A국 국방비 지출 증가O'라는 내용이 확정되는 명제가 필요하다.

따라서 '테러 증가'라는 전제가 추가되면 위 논증에 따라 '세계 경제 침체'라는 결론이 도출된다.

오답 체크 ② 증세 정책을 실행하여야 결론이 도출되므로 감세 정책을 실행한다는 전제는 결론을 이끌어낼 수 있는 전제가 아니다.

③ 국방비 지출이 증가하여야 결론이 도출되므로 국방비 지출이 늘어나지 않는다는 전제는 결론을 이끌어낼 수 있는 전제가 아니다.

④ '테러 증가'나 'A국 국방비 지출 증가O'라는 내용을 확정할 수 있는 명제가 아니므로 결론을 이끌어낼 수 있는 전제가 아니다.

⑤ '테러 증가'나 'A국 국방비 지출 증가O'라는 내용을 확정할 수 있는 명제가 아니므로 결론을 이끌어낼 수 있는 전제가 아니다.

고득점자의 빠른 문제 풀이 Tip

제시된 논증을 기호화한 후에 결론이 포함된 전제를 역으로 찾아나가면서 연결합니다. 그 후 결론을 확정할 수 있는 전제가 어떤 것인지 살펴보는 것이 좋습니다.

20 사례 유추

정답 ③

정답 체크 제시된 글에서 우리는 '증거의 없음'을 '없음의 증거'로 오인하곤 한다는 사실을 알 수 있다. 그러나 어떤 피의자가 확실한 알리바이가 있다는 것을 확인하는 것은 그 피의자가 범죄 현장에 있지 않았다는 증거가 '있는 것'이므로 '증거의 없음'을 '없음의 증거'로 오인하는 사례로 적절하지 않음을 알 수 있다.

오답 체크 ① 다양한 물질의 전기 저항을 조사한 것이 모든 물질의 전기 저항을 조사한 것은 아니므로 해당 상황에서 전기 저항이 0인 경우가 없었다는 것을 전기 저항이 0인 물질은 없다고 결론 내린 것은 '증거의 없음'을 '없음의 증거'로 오인하는 사례로 적절함을 알 수 있다.

② 술과 담배를 즐긴 사람이 몸에 어떤 이상도 발견되지 않았다는 것을 그 사람에게 술과 담배가 무해하다는 결론을 내리는 것은 '증거의 없음'을 '없음의 증거'로 오인하는 사례로 적절함을 알 수 있다.

④ 주변에서 빛을 내는 것을 조사한 것이 모든 대상을 조사한 것은 아니므로 주변에서 열 발생이 동반되지 않는 것은 없었다는 것을 열을 내지 않는 발광체는 없다고 결론 내린 것은 '증거의 없음'을 '없음의 증거'로 오인하는 사례로 적절함을 알 수 있다.

⑤ 현재까지 외계 지적 생명체가 발견되지 않았다고 해서 앞으로도 발견되지 않으리라는 보장을 할 수는 없으므로 외계 지적 생명체가 발견되지 않았다는 것을 외계 지적 생명체는 존재하지 않는다고 결론 내린 것은 '증거의 없음'을 '없음의 증거'로 오인하는 사례로 적절함을 알 수 있다.

21 진술추론

정답 ④

정답 체크 제시된 글의 핵심 주장은 뉴턴의 역학 이론과 아인슈타인의 상대성 이론이 특수 상황에서는 유사한 진술을 도출할 수 있다 하더라도 각 이론의 변수에 대한 정의가 다를 경우에는 같은 법칙으로 볼 수 없다는 것이다. 뉴턴 역학에 등장하는 질량은 상대성 이론에도 동일하게 등장하지만 뉴턴 역학에서는 속도와 무관한 것으로 정의된 변수인 반면 상대성 이론에서는 속도에 의존하여 변할 수 있는 것으로 정의된 변수이므로 글의 핵심 주장을 강화한다.

오답 체크 ① 제시된 글에서는 뉴턴 역학과 상대성 이론 중에서 어떤 것이 태양계 행성들의 공전궤도를 더 정확히 계산할 수 있는지는 언급하지 않으므로 글의 핵심 주장과 무관하다.

② 제시된 글에서는 핵심 주장은 뉴턴 역학과 상대성 이론이 다루고 있는 변수의 정의가 다르면 같은 법칙으로 볼 수 없다는 것이므로 두 이론이 양립 가능하다는 것은 글의 핵심 주장과 무관하다.

③ 2문단에서 뉴턴 이론의 공간적 위치, 시간, 질량은 상대성 이론의 공간적 위치, 시간, 질량과 다르다고 했으므로 일상적으로 만나는 물체들의 운동을 상대성 이론을 써서 기술하면 뉴턴 역학이 내놓는 것과 동일한 결론에 도달한다는 것은 글의 핵심 주장을 약화한다.

⑤ 제시된 글의 핵심 주장은 뉴턴 역학과 상대성 이론이 다루고 있는 변수의 정의가 다르면 같은 법칙으로 볼 수 없다는 것이므로 물리적 현상을 어떤 이론이 설명할 수 있는가에 관한 것은 글의 핵심 주장과 무관하다.

22 세부 내용 파악

정답 ④

정답 체크 소크라테스의 네 번째 진술에서 수의 경우에는 특정한 수에서 어떤 수를 빼거나 더하면 곧바로 다른 수가 되어 버리지만 이것은 상 일반에 적용되는 이치가 아니라고 했으므로 이름에 자모를 더하거나 빼는 것과 수에 수를 더하거나 빼는 것은 서로 같은 이치를 따르지 않음을 알 수 있다.

오답 체크 ① 소크라테스의 네 번째 진술에서 상은, 그것이 상이려면 상이 묘사하는 대상의 성질 모두를 상에 배정해서는 결코 안 된다고 했으므로 어떤 사물과 완전히 일치하는 복제물은 상이 아니라는 것은 소크라테스의 견해임을 알 수 있다.

②, ③ 소크라테스의 다섯 번째 진술에서 무엇이 빠지거나 더해지면 더 이상 상이 아니라고 해서는 안 된다고 했으므로 훌륭한 이름(상)에 자모 한 둘(색이나 형태)을 더하거나 빼더라도 그것은 여전히 이름(상)이라는 것은 소크라테스의 견해임을 알 수 있다.

⑤ 소크라테스의 네 번째 진술에서 상이나 이름에 대해서는 다른 종류의 이치를 찾아야 하며, 무엇이 빠지거나 더해지면 더 이상 상이 아니라고 해서는 안 된다고 했으므로 이름에 자모를 더하거나 빼는 것과 상에 색이나 형태를 더하거나 빼는 것은 같은 이치를 따른다는 것은 소크라테스의 견해임을 알 수 있다.

23 진술추론

정답 ②

정답 체크 ㄷ. (나)에서 단풍의 화려한 색은 나무가 해충에 보내는 경계 신호로서 진딧물처럼 겨울을 나기 위해 가을에 적당한 나무를 골라서 알을 낳는 곤충들을 향해 나무가 자신의 경계 태세가 얼마나 철저한지를 알려 주는 신호임을 설명하고 있다. 또한 진딧물은 이러한 신호들에 반응해서 가장 형편없이 단풍이 든 나무에 내려앉는다고 했으므로 가을에 인위적으로 어떤 나무의 단풍색을 더 진하게 만들었더니 그 나무에 알을 낳는 진딧물의 수가 줄었다는 연구 결과는 (나)의 주장을 강화한다.

오답 체크 ㄱ. (가)에서 가을이 오면 잎을 떨어뜨리고자 잎자루 끝에 떨켜가 생기면서 가지와 잎 사이의 물질 이동이 중단되어 엽록소에 의해 가려진 색소가 자연스럽게 드러나는 것을 단풍의 원리로 설명하고 있으므로 단풍이 드는 나무 중에서 떨켜를 만들지 않는 종이 있다는 연구 결과는 (가)의 주장을 약화한다.

ㄴ. (가)에서는 단풍이 엽록소에 의해 가려졌던 카로틴, 크산토필과 같은 색소가 자연스럽게 드러나서 발생하는 것으로 설명하고 있으므로 식물의 잎에서 주홍빛을 내는 색소가 가을에 새롭게 만들어진다는 연구 결과는 (가)의 주장을 약화한다.

24 진술추론

정답 ⑤

정답 체크 ㄱ. 4문단에서 트랜스 지방이 혈관에 나쁜 저밀도지방단백질(LDL)의 혈중 농도는 증가시키고 혈관에 좋은 고밀도지방단백질(HDL)의 혈중 농도는 감소시켜 심장병이나 동맥경화를 유발하고 악화시킨다고 하였다. 따라서 쥐의 먹이에 함유된 트랜스 지방 함량을 2% 증가시키자 쥐의 심장병 발병률이 25% 증가하였다는 사례는 트랜스 지방이 심혈관계에 해롭다는 주장을 강화한다.

ㄴ. 3문단에서 마가린이나 쇼트닝은 트랜스 지방의 함량이 높다고 했으므로 사람들이 마가린을 많이 먹는 지역에서 마가린의 트랜스 지방 함량을 낮추자 동맥경화의 발병률이 1년 사이에 10% 감소하였다는 사례는 트랜스 지방이 심혈관계에 해롭다는 주장을 강화한다.

ㄷ. 3문단에서 패스트푸드에는 트랜스 지방이 많이 들어있다고 했고, 4문단에서 트랜스 지방은 혈관에 좋은 고밀도지방단백질(HDL)의 혈중 농도를 감소시켜 심장병이나 동맥경화를 유발하고 악화시킨다고 하였다. 따라서 성인 1,000명에게 패스트푸드를 일정 기간 지속적으로 섭취했을 때 HDL의 혈중 농도가 섭취 전에 비해 20% 감소하였다는 사례는 트랜스 지방이 심혈관계에 해롭다는 주장을 강화한다.

25 진술추론

정답 ⑤

정답 체크 ㄱ. 갑의 주장은 절대적으로 확실한 지식은 존재하지 않는다는 것이며 을의 주장은 감각 경험을 통해서 절대적으로 확실한 지식을 얻을 수 있다는 것이므로 갑의 결론과 을의 결론은 양립 불가능하다.

ㄴ. 갑의 주장은 절대적으로 확실한 지식은 존재하지 않는다는 것이며 병의 주장은 거듭 의심하는 방법을 사용하여 절대적으로 확실한 지식을 발견했다는 것이므로 갑의 결론과 을의 결론은 양립 불가능하다.

ㄷ. 을의 주장은 감각 경험을 통해서 절대적으로 확실한 지식을 얻을 수 있다는 것이고 병의 주장은 거듭 의심하는 방법을 사용하여 절대적으로 확실한 지식을 발견했다는 것이므로 을과 병은 모두 절대적으로 확실한 지식이 있다고 주장한다.

1 세부 내용 파악

정답 ③

정답 체크 4문단에서 주서의 자격 요건은 엄격하였고, 반드시 문과 출신자여야 하였다고 했으므로 양반자제라고 하더라도 무과 출신자는 주서로 임명될 수 없었음을 알 수 있다.

오답 체크
① 2문단에서 승정원에는 6승지가 있고, 6승지 아래에는 각각 정7품 주서 2인이 있었다고 했으므로 2명이 아니라 총 12명의 주서가 있었음을 알 수 있다.
② 2문단에서 도승지를 비롯하여 좌승지, 우승지, 좌부승지, 우부승지, 동부승지는 모두 같은 품계인 정3품 당상관이었음을 알 수 있다.
④ 2문단에서 좌부승지가 병방 업무를 맡았다고 했으나 1문단에서 승정원은 국왕 직속 관청이었다고 했으므로 병조에 소속된 것은 아니었음을 알 수 있다.
⑤ 4문단에서 주서를 역임한 뒤에 홍문관·사간원·사헌부 등의 언관으로 진출하였음을 알 수 있다.

고득점자의 빠른 문제 풀이 Tip
선택지를 대략적으로 살펴보았을 때, '승정원과 주서', '도승지와 동부승지의 품계', '무과 출신자와 주서', '좌부승지, 병조, 병방 업무', '홍문원과 사간원, 언관' 등이 주요 핵심어이므로 제시된 글에서 해당 단어가 포함된 문장을 우선적으로 확인합니다.

2 세부 내용 파악

정답 ①

정답 체크
ㄱ. 2문단에서 피카레스크 소설은 그 배경이 된 시대의 사회상, 특히 여러 계층의 사람들이 살아가는 모습을 생생하게 그려낸다고 했으므로 피카레스크 소설을 통해 그 배경이 된 시대의 생활상을 파악할 수 있음을 알 수 있다.
ㄴ. 1문단에서 피카레스크 소설에서 주인공인 파카로는 항상 '나'의 시점에서 자신의 경험을 생생하게 서술한다고 했으므로 피카레스크 소설 속에서 주인공은 자신의 경험을 1인칭 시점에서 이야기함을 알 수 있다.

오답 체크
ㄷ. 1문단에서 주인공은 오히려 자신의 계략에 희생당하는 인물이라고 했으므로 피카레스크 소설은 주인공이 행복한 삶을 영위하는 것으로 결말지어지지 않음을 알 수 있다.
ㄹ. 3문단에서 『라사리요 데 토르메스』는 출판되자마자 커다란 성공을 거둔 후 종교 재판소로부터 출판을 금지당했음을 알 수 있다.

3 세부 내용 파악

정답 ②

정답 체크
ㄱ. 2문단에서 지붕만 있는 건축으로는 넓은 공간을 만들 수 없으며 공간에 대한 욕구가 커지고 건축술이 발달하면서 건축은 점차 수직으로 선 구조체가 지붕을 받치는 구조로 발전하였다고 했으므로 수직 벽체를 만들게 됨에 따라서 더 넓은 공간의 건축물을 지을 수 있게 되었음을 알 수 있다.
ㄹ. 4문단에서 전축은 조선 후기에 화성의 건설에 이용되었고, 3문단에서 전축은 흙벽돌을 고온의 불에 구워 만든 전돌을 이용해 벽을 만든 것임을 알 수 있다.

오답 체크
ㄴ. 4문단에서 향토건축은 기단이나 담장, 혹은 성벽을 만드는 구조로 사용되었음을 알 수 있다.
ㄷ. 4문단에서 토담 방식으로 건물을 지은 예는 많지 않았다고 했으므로 토담 방식이 당시 대부분의 건축물에 활용된 것은 아니었음을 알 수 있다.

고득점자의 빠른 문제 풀이 Tip
<보기>를 대략적으로 살펴보았을 때, '수직 벽체', '향토건축', '토담 방식', '전축'과 '전돌' 등이 주요 핵심어이므로 제시된 글에서 해당 단어가 포함된 문장을 우선적으로 확인합니다.

4 법·규정의 적용

정답 ⑤

정답 체크 3문단에서 전문심리위원이 당해 사건에 관하여 증언이나 감정을 한 경우에는 법원이 그에 대한 별도의 조처를 하지 않더라도 그는 이후의 재판절차에 참여할 수 없게 됨을 알 수 있다.

오답 체크
① 2문단에서 전문심리위원이 당사자, 증인 또는 감정인 등 소송관계인에게 질문하기 위해서는 재판장의 허가를 얻어야 함을 알 수 있다.
② 2문단에서 전문심리위원은 재판부의 구성원이 아니므로 판결 내용을 정하기 위한 판결의 합의나 판결문 작성에는 참여할 수 없음을 알 수 있다.
③ 2문단에서 전문심리위원은 증인이나 감정인이 아니기 때문에 그의 설명이나 의견은 증거자료가 아님을 알 수 있다.
④ 3문단에서 법원은 상당한 이유가 있는 때에는 직권 또는 당사자의 신청에 의해 전문심리위원의 지정결정을 취소할 수 있으나 당사자의 합의로 그 지정결정을 취소할 것을 신청한 때에는 법원은 그 결정을 취소하여야 함을 알 수 있다.

5 법·규정의 적용

정답 ⑤

정답 체크 제시된 법조문에서 규정하고 있는 용어들을 정리하면 다음과 같다.
- 재외동포
  - 재외국민 또는 외국국적동포
- 재외국민
  가. 대한민국의 국민
  나. 외국의 영주권을 취득하였거나 영주할 목적으로 외국에 거주한 자
  (1) 외국의 영주권을 취득
    - 거주국으로부터 영주권 또는 이에 준하는 거주목적의 장기체류 자격을 취득한 경우
  (2) 영주할 목적으로 외국에 거주
    - 해외이주자로서 거주국으로부터 영주권을 취득하지 아니한 경우
- 외국국적동포
  가. 대한민국의 국적을 보유하였던 자 또는 그 직계비속
    - 대한민국의 국적을 보유하였던 자는 대한민국정부 수립 전에 국외로 이주한 동포 포함
  나. 외국국적을 취득한 자
  다. 대통령령으로 정하는 자
  (1) 대한민국의 국적을 보유하였던 자로서 외국국적을 취득한 자
  (2) 부모의 일방 또는 조부모의 일방이 대한민국의 국적을 보유하였던 자로서 외국국적을 취득한 자

따라서 과거에 대한민국 국적을 보유하였던 자로서 현재 브라질 국적을 취득한 자는 외국국적동포에서 다. (1)에 해당하므로 외국국적동포임을 알 수 있다.

오답 체크

① 재외국민은 가.에서 대한민국의 국민이라고 했고, 재외국민은 재외동포에 포함되므로 대한민국 국민도 재외동포가 될 수 있음을 알 수 있다.

② 재외국민은 나. (2)에서 영주할 목적으로 외국에 거주하고 있는 자라고 했고, 해외이주자로서 거주국으로부터 영주권을 취득하지 아니한 자라고 했으므로 영주권을 취득하지 않더라도 재외국민이 될 수 있음을 알 수 있다.

③ 할아버지가 대한민국 국적을 보유하였던 미국 국적자는 외국국적동포에서 다. (2)에 해당하므로 재외국민이 아니라 외국국적동포임을 알 수 있다.

④ 외국국적동포는 나.에서 외국국적을 취득하였어야 하므로 대한민국 국민은 외국국적동포가 될 수 없음을 알 수 있다.

고득점자의 빠른 문제 풀이 Tip

선택지를 대략적으로 살펴보았을 때, '재외동포', '영주권', '미국 국적자', '외국국적동포' 등이 주요 핵심어이므로 제시된 법조문에서 해당 단어가 포함된 내용을 우선적으로 확인합니다.

6 세부 내용 파악

정답 ⑤

정답 체크

A 사건은 경복궁 내에 전등이 설치된 것을 설명하고 있으므로 <근대 문물의 수용 연대>에 따라 1887년임을 알 수 있다. 전신은 1885년에 수용되었으므로 1887년에 전신을 이용하여 어머니께 소식을 전하는 아들은 볼 수 있었음을 알 수 있다.

오답 체크

① 광혜원은 1885년에 설립되었으나 전화는 1896년에 수용되었으므로 1887년에 광혜원에서 전화를 거는 광경은 볼 수 없었음을 알 수 있다.

② 독립문은 1897년에 건축되었으므로 1887년에는 볼 수 없었음을 알 수 있다.

③ 서대문에서 청량리 구간의 전차는 1898년에 도입되었으므로 1887년에는 볼 수 없었음을 알 수 있다.

④ 한성순보는 1884년에 폐간되었으므로 1887년에 한성순보를 읽고 있는 관리는 볼 수 없었음을 알 수 있다.

고득점자의 빠른 문제 풀이 Tip

A 사건이 일어난 연도인 1887년을 파악한 후 그 이전에 일어난 사건에 표시를 해 두고 문제를 해결하면 문제 풀이 시간을 단축할 수 있습니다.

7 문제해결

정답 ③

정답 체크

글에 제시된 정기검진의 시작 시기와 주기를 정리하면 다음과 같다.

항목		시작 시기	주기
위암	일반	만 40세	2년
대장암	일반	만 50세	1년
	가족력	만 40세	1년
유방암	일반	만 40세	2년
	가족력	만 25세	1년
폐암	흡연자	만 40세	1년
	비흡연 여성	만 60세	1년
간암	간경변증 또는 B형, C형 간염 바이러스 보균자	만 30세	6개월

ㄱ. 위암 검진은 만 40세가 시작 시기이므로 만 38세 甲이 첫 정기검진까지 남은 기간은 2년이다.

ㄴ. 만 33세 乙은 대장암 가족력이 있으므로 만 40세가 대장암 검진 시작 시기이고, 첫 정기검진까지 남은 기간은 7년이다.

ㄷ. 만 25세 丙은 가족력이 있으므로 만 25세가 유방암 검진 시작 시기이고, 첫 정기검진까지 남은 기간은 0년이다.

ㄹ. 폐암 검진은 만 40세가 시작 시기이므로 만 36세 丁이 첫 정기검진까지 남은 기간은 4년이다.

따라서 첫 정기검진까지의 기간이 가장 적게 남은 사람부터 순서대로 나열하면 丙, 甲, 丁, 乙이다.

8 문제해결

정답 ④

정답 체크

제시된 <조건>의 표를 정리하면 다음과 같다.

평가 기준 \ 대안	(ㄱ) 안전그물 설치	(ㄴ) 전담반 편성	(ㄷ) CCTV 설치	(ㄹ) 처벌 강화	(ㅁ) 시민자율 방범
효과성	8	5	5	9	4
기술적 실현가능성	7	2	1	6	3
경제적 실현가능성	6	1	3	8	1
행정적 실현가능성	6	6	5	5	5
법적 실현가능성	6	5	5	5	5
합계	33	19	19	33	18

우선순위는 ㄱ, ㄹ이 1순위 또는 2순위, ㄴ, ㄷ이 3순위 또는 4순위, ㅁ이 5순위이다.

합계점수가 같은 경우에는 법적 실현가능성 → 효과성 → 행정적 실현가능성 → 기술적 실현가능성 점수가 높은 대안 순으로 우선순위를 정한다. ㄱ이 ㄹ보다 법적 실현가능성 점수가 높으므로 ㄱ의 우선순위가 높다. ㄴ, ㄷ은 법적 실현가능성과 효과성 점수가 같지만 ㄴ이 ㄷ보다 행정적 실현가능성 점수가 높으므로 ㄴ의 우선순위가 높다.

따라서 2순위는 ㄹ, 4순위는 ㄷ이다.

고득점자의 빠른 문제 풀이 Tip

제시된 <조건>의 표에 합계를 적어 놓은 후 우선순위를 정하는 기준을 확인하여 문제를 풉니다.

9 문제해결

정답 ①

정답 체크

제시된 <결과>를 표로 정리하면 다음과 같다.

구분	甲	乙
합계 점수	1,590점	-
이동거리	1,400미터	1,250미터
사과	0개	2개
복숭아	0개	5개
토끼	4마리	0마리
여우		1마리
사슴		2마리

<규칙>에 제시된 각 항목별 점수를 적용해서 정리하면 다음과 같다.

구분	甲		乙	
	결과	점수	결과	점수
합계 점수	1,590점		1,560점	
이동거리 (1미터 당 1점)	1,400미터	1,400점	1,250미터	1,250점
사과(5점)	0개	0점	2개	10점
복숭아(10점)	0개	0점	5개	50점
토끼(30점)	4마리	190점	0마리	0점
여우(50점)			1마리	50점
사슴(100점)			2마리	200점

위 내용을 토대로 할 때, 甲과 乙 중 승리한 사람은 甲임을 알 수 있다. 또한 甲이 사냥한 동물 4마리로 190점을 만들 수 있는 조합은 토끼 3마리와 사슴 1마리이다.

고득점자의 빠른 문제 풀이 Tip

甲이 사냥한 동물의 종류 및 수량은 모든 선택지가 서로 다르므로 190점을 만드는 방법을 생각하기보다는 각 선택지가 190점이 되는지 먼저 파악하면 문제 풀이 시간을 단축할 수 있습니다.

10 문제해결

정답 ⑤

정답 체크 제시된 <규칙>에 따라 나팔꽃은 1회 재배·수확하는데 3분이 걸리므로 1시간 동안 20회 재배·수확할 수 있고, 한 송이에 필요한 물방울은 2개이므로 12개의 물방울로 3분 동안 6송이의 나팔꽃을 재배·수확할 수 있다. 따라서 1시간 동안 재배·수확할 수 있는 나팔꽃은 20×6=120송이다. 이와 같은 방법으로 1시간 동안 재배·수확할 수 있는 꽃들의 양을 정리하면 다음과 같다.

구분	재배·수확 시간 (회 당)	시간 당 재배·수확 횟수	물방울 (송이 당)	회 당 재배·수확 가능한 송이	시간 당 재배·수확 가능한 송이
나팔꽃	3분	20회	2개	6송이	120송이
무궁화	5분	12회	4개	3송이	36송이
수선화	10분	6회	2개	6송이	36송이
장미	12분	5회	6개	2송이	10송이
해바라기	20분	3회	4개	3송이	9송이

이를 토대로 획득할 수 있는 도토리와 하트를 정리하면 다음과 같다.

구분	시간 당 재배·수확 가능한 송이	도토리 (송이 당)	도토리 (총합)	하트 (송이 당)	하트 (총합)
나팔꽃	120송이	2개	240개	1개	120개
무궁화	36송이	3개	108개	5개	180개
수선화	36송이	5개	180개	10개	360개
장미	10송이	10개	100개	15개	150개
해바라기	9송이	25개	225개	20개	180개

따라서 도토리를 가장 많이 획득할 수 있는 꽃은 나팔꽃이고, 하트를 가장 많이 획득할 수 있는 꽃은 수선화이다.

고득점자의 빠른 문제 풀이 Tip

꽃마다 시간 당 재배·수확 가능한 송이 수를 파악하여야 하며, 간단한 숫자들의 계산이므로 빠르게 정리하여 해결합니다.

11 세부 내용 파악

정답 ④

정답 체크
ㄱ. 2문단에서 백목련은 중국에서 들여왔고, 3문단에서 일본목련은 일본에서 들여왔음을 알 수 있다.
ㄴ. 2문단에서 우리나라 원산의 목련은 꽃잎이 좁고 얇으며 꽃잎이 뒤로 젖혀질 만큼 활짝 피는 반면 백목련은 꽃이 다 피어도 절반 정도밖에 벌어지지 않는다고 했으므로 백목련과 우리나라 원산의 목련은 꽃이 벌어지는 정도로 구별 가능함을 알 수 있다.
ㄷ. 3문단에서 일본목련은 우리나라 원산의 목련과는 달리 잎이 핀 다음에 꽃이 핀다고 했으므로 우리나라 원산의 목련은 꽃이 핀 다음에 잎이 핀다는 것을 알 수 있다.

오답 체크
ㄹ. 3문단에서 일본목련은 일본인들이 '호오노끼'라 부르면서 한자로는 '후박'이라고 표기하여 우리나라에서 자라는 늘푸른나무인 후박나무로 잘못 알고 있는 경우가 많다고 했으므로 우리나라의 늘푸른나무인 후박나무와 일본의 호오노끼는 다른 나무임을 알 수 있다.

12 세부 내용 파악

정답 ⑤

정답 체크 4문단에서 스마트 엔트리 서비스 이용 중에 여권 또는 개인정보가 변경된 경우에는 등록센터를 방문하여 변경사항을 수정해야 함을 알 수 있다.

오답 체크
① 2문단에서 복수국적자인 대한민국 국민은 외국여권으로는 가입할 수 없음은 알 수 있으나 스마트 엔트리 서비스 자체에 가입할 수 없는지는 알 수 없다.
② 2문단에서 미국인의 경우 한·미 자동출입국심사서비스 상호이용 프로그램에 따라 국내체류 중인 등록외국인이 아니어도 가입이 가능함을 알 수 있다.
③ 4문단에서 스마트 엔트리 서비스에 가입한 사람은 출입국시 스마트 엔트리 서비스 게이트 또는 일반심사대에서 심사를 받을 수 있다고 했으므로 항상 스마트 엔트리 서비스 게이트에서 심사를 받아야 하는 것은 아님을 알 수 있다.
④ 3문단에서 대한민국 국민은 스마트 엔트리 서비스 가입을 위한 수수료가 면제됨을 알 수 있다.

고득점자의 빠른 문제 풀이 Tip

복수국적자인 대한민국 국민, 국내체류 중인 등록외국인, 한·미 자동출입국심사서비스 상호이용 프로그램을 이용해야 하는 미국인 등 가입 대상을 정확히 구분하는 것이 필요합니다.

13 세부 내용 파악

정답 ①

정답 체크 4문단에서 적정 기술을 적용한 제품에 대해 '그러나 문제는 대부분의 제품들이 온라인 상이나 보고책자 상에만 존재하고 있으며, 실용화되어 널리 쓰이고 있는 제품을 찾아보기가 매우 힘들다는 점이다.'라고 했으므로 적정 기술은 실제 활용의 측면에서 해결해야 할 과제가 있음을 알 수 있다.

오답 체크

② 4문단에서 대부분의 제품 개발자들은 다국적 기업에 비해 사업 규모나 유통 인프라가 매우 영세하다고 했으므로 적정 기술은 기술력이 앞선 다국적 기업에 의해 전적으로 개발되고 있다고 할 수 없음을 알 수 있다.

③ 2문단에서 적정 기술이 반드시 첨단 기술을 배제하는 것은 아니라고 했으므로 첨단 기술이 적정 기술 개발에 적용되지 않는 것은 아님을 알 수 있다.

④ 3문단에서 현재 세계의 지도자들이 논의하고 있는 불균형 발전의 문제는 충분히 의제화되어 있고, 그 원인에 대해서도 어느 정도 규명이 이루어지고 있으며 적정 기술은 문제해결에 상당한 수준의 기여를 할 수 있음을 알 수 있다.

⑤ 1문단에서 적정 기술은 저소득층의 기본적인 욕구를 충족시키는 제품을 개발하는 데 사용되는 기술임을 알 수 있으나 4문단에서 제품을 꼭 필요로 하는 사람들에게 구매의 기회조차 제공해 주지 못한다고 했으므로 자선의 목적으로 무상 공급하는 제품에 적용되는 기술은 아님을 알 수 있다.

14 법·규정의 적용

정답 ③

정답 체크

구기자의 유통이력 신고의무는 2010년 8월 1일부터 발생했으므로 2012년 2월에 판매한 수입자는 유통이력에 대한 신고의무가 있다. 따라서 구기자를 수입하여 건강음료 제조공장에 판매한 수입자C는 유통이력 신고의무가 있는 사람임을 알 수 있다.

오답 체크

① 선글라스의 유통이력 신고의무는 2010년 2월 1일부터 발생하므로 2009년 10월에 판매한 도매상A는 유통이력에 대한 신고의무가 없음을 알 수 있다.

② 당귀의 유통이력 신고의무는 2010년 8월 1일부터 발생하므로 2010년 5월에 판매한 수입자B는 유통이력에 대한 신고의무가 없음을 알 수 있다.

④ 냉동복어의 유통이력 신고의무는 2009년 8월 1일부터 발생했으므로 2011년 1월에 판매하면 유통이력에 대한 신고의무가 있다. 그러나 매운탕을 만들어 소비자에게 판매한 음식점 주인D는 최종소비자에 해당하므로 유통이력에 대한 신고의무가 없음을 알 수 있다.

⑤ 냉동옥돔의 유통이력 신고의무는 2013년 2월 1일에 발생하므로 2012년 8월에 양도한 도매상E는 유통이력에 대한 신고의무가 없음을 알 수 있다.

고득점자의 빠른 문제 풀이 Tip

선택지에 주어진 품목에 대한 시행일자뿐만 아니라 당사자가 유통이력에 대한 신고의무가 있는 사람인지 여부를 파악합니다.

15 법·규정의 적용

정답 ②

정답 체크

ㄱ. 첫 번째 법조문(인공임신중절수술의 허용한계) 1항에서 인공임신중절수술은 본인과 배우자의 동의를 받아야 하고, 같은 조항 1호에서 본인이나 배우자가 대통령령으로 정하는 우생학적 또는 유전학적 신체질환이 있는 경우에 할 수 있음을 알 수 있다. 이때 시행령(인공임신중절수술의 허용한계) 1항에서 임신 24주일 이내인 사람만 할 수 있다고 했으므로 인공임신중절수술이 허용됨을 알 수 있다.

ㄷ. 첫 번째 법조문(인공임신중절수술의 허용한계) 1항 5호에서 인공임신중절수술은 임신의 지속이 보건의학적 이유로 모체의 건강을 심각하게 해치고 있는 경우에 가능하다고 했고, 첫 번째 법조문(인공임신중절수술의 허용한계) 2항에서 배우자의 실종으로 동의를 받을 수 없으면 본인의 동의만으로 수술을 할 수 있음을 알 수 있다. 이때 시행령(인공임신중절수술의 허용한계) 1항에서 임신 24주일 이내인 사람만 할 수 있다고 했으므로 인공임신중절수술이 허용됨을 알 수 있다.

오답 체크

ㄴ. 시행령(인공임신중절수술의 허용한계) 1항에서 인공임신중절수술은 임신 24주일 이내인 사람만 할 수 있음을 알 수 있다.

ㄹ. 첫 번째 법조문(인공임신중절수술의 허용한계) 1항에서 인공임신중절수술은 각 호의 어느 하나에 해당하는 경우에만 가능한데 남편이 실업자가 된 경우는 해당하지 않음을 알 수 있다.

고득점자의 빠른 문제 풀이 Tip

인공임신중절수술의 허용 가능 조건, 가능 시기, 동의 여부를 먼저 파악해서 충족되지 않는 <보기>를 먼저 소거하면 문제 풀이 시간을 단축할 수 있습니다.

16 문제해결

정답 ①

정답 체크

甲, 乙, 丙이 태어난 날짜, 냉동캡슐에 들어간 날짜, 해동된 날짜를 정리하면 다음과 같다.

구분	태어난 날짜	냉동캡슐에 들어간 날짜	해동된 날짜	현재
甲	2086년	태어난 날짜로부터 19년 뒤인 2105년	현재로부터 7년 전인 2113년 9월 7일	2120년 9월 7일
乙	2075년	태어난 날짜로부터 26년 뒤인 2101년	현재로부터 1년 5개월 전인 2119년 4월 7일	
丙	2083년 5월 17일	태어난 날짜로부터 20년 10개월 뒤인 2104년 3월 17일	현재로부터 일주일 전인 2120년 8월 31일	

이를 토대로 甲, 乙, 丙의 냉동되어 있던 기간과 나이를 정리하면 다음과 같다.

구분	냉동기간	나이
甲	2105년부터 2113년 9월 7일까지 약 8년	19년+7년=26세
乙	2101년부터 2119년 4월 7일까지 약 18년	26년+1년 5개월 =27세 5개월
丙	2104년 3월 17일부터 2120년 8월 31일까지 약 16년 5개월	20년 10개월+일주일 =약 20세 10개월

ㄱ. 甲, 乙, 丙이 냉동되어 있던 기간은 순서대로 8년, 약 18년, 약 16년 5개월로 모두 다름을 알 수 있다.

오답 체크

ㄴ. 대화를 나눈 시점에서 甲은 26세이고, 丙은 약 20세 10개월이므로 甲이 丙보다 나이가 많음을 알 수 있다.

ㄷ. 가장 이른 연도에 냉동캡슐에 들어간 사람은 2101년에 들어간 乙임을 알 수 있다.

고득점자의 빠른 문제 풀이 Tip

각 <대화>에서 주어진 정보가 여러 기준으로 제시되어 있으므로 태어난 시점, 냉동캡슐에 들어간 시점, 깨어난 시점으로 기준을 통일해서 정리하는 것이 좋습니다.

17 법·규정의 적용

정답 ④

정답 체크

ㄴ. 주세 납부 대상은 알코올 함유량이 100분의 1 이상인 맥주이므로 관세의 부과기준 및 관세율에 따라 반드시 관세를 내야 함을 알 수 있다.

ㄷ. 알코올 함유량이 0.8%인 수입 맥아음료는 알코올 함유량이 100분의 0.5를 초과하므로 30%의 관세를 납부해야 함을 알 수 있다.

오답 체크

ㄱ. 알코올 함유량이 1%인 수입 맥아음료는 알코올 함유량이 100분의 0.5를 초과하여 맥주로 분류되므로 30%의 관세와 72%의 주세를 납부해야 함을 알 수 있다.

고득점자의 빠른 문제 풀이 Tip

<보기>에서 알코올 함유량이 퍼센트로 제시되어 있으므로 제시된 글의 알코올 함유량을 퍼센트로 변환하여 정리하면 문제 풀이 시간을 단축할 수 있습니다.

18 세부 내용 파악

정답 ②

정답 체크

ㄴ. 두 번째 기본 원칙에서 비타민 A성분이 포함된 제품은 각질관리 제품과 같이 사용하면 과도하게 각질이 제거되어 피부에 자극을 주고 염증을 일으킨다고 했으므로 비타민 A성분이 포함된 주름개선 제품과 비타민 B성분이 포함된 각질관리 제품은 같이 사용할 경우 부작용을 일으킴을 알 수 있다.

오답 체크

ㄱ. 세 번째 기본 원칙에서 AHA성분이 포함된 제품을 사용할 때는 보습 및 탄력관리에 유의해야 하며 자외선 차단제를 함께 사용해야 함을 알 수 있다.

ㄷ. 첫 번째 기본 원칙에서 비타민 B성분이 포함된 제품을 비타민 K성분이 포함된 제품과 함께 사용하면 양 성분의 효과가 극대화됨을 알 수 있다.

19 문제해결

정답 ④

정답 체크

공연시간과 제시된 <조건>에 따라 甲이 공연을 볼 수 있는 날을 정리하면 다음과 같다.

- 첫 번째 <조건>에 따라 토요일과 일요일에 있는 공연은 볼 수 있다.
- 두 번째, 세 번째, 네 번째 <조건>에 따라 평일 가운데 공연을 볼 수 있는 날은 수요일뿐이다.
- 다섯 번째 <조건>에서 베토벤 또는 브람스의 곡이 최소한 1곡이라도 공연되는 날짜에만 공연을 본다고 했고, 모든 곡은 <작품별 공연개시일>에 표시된 날부터 연속하여 총 3일 동안 공연된다고 했으므로 베토벤이나 브람스의 곡이 공연되는 날짜를 정리하면 다음과 같다.

4/1(월)	4/2(화)	4/3(수)	4/4(목)	4/5(금)	4/6(토)	4/7(일)
		· 브람스 - 바이올린 협주곡	· 브람스 - 바이올린 협주곡 · 베토벤 - 전원 교향곡	· 브람스 - 바이올린 협주곡 · 베토벤 - 전원 교향곡	· 베토벤 - 전원 교향곡	· 브람스 - 교향곡 제3번

4/8(월)	4/9(화)	4/10(수)	4/11(목)	4/12(금)	4/13(토)	4/14(일)
· 브람스 - 교향곡 제3번	· 브람스 - 교향곡 제3번	· 브람스 - 교향곡 제2번	· 브람스 - 교향곡 제11번 · 브람스 - 교향곡 제2번	· 브람스 - 교향곡 제11번 · 브람스 - 교향곡 제2번	· 브람스 - 교향곡 제11번	

이 가운데 공연을 볼 수 있는 날은 수, 토, 일요일이므로 4월 3일, 6일, 7일, 10일, 13일에 공연을 볼 수 있다.
따라서 공연을 볼 수 있는 최대 일수는 5일이다.

고득점자의 빠른 문제 풀이 Tip

다섯 번째 <조건>에서 베토벤이나 브람스의 곡이 반드시 포함되어야 하고 모든 곡은 총 3일 동안 공연된다고 했으므로 곡이 있는 날을 포함해서 3일을 표시한 후에 甲이 공연을 갈 수 있는 요일인 수, 토, 일요일과 겹치는 날을 파악하는 것이 좋습니다.

20 논리퍼즐

정답 ③

정답 체크

A팀의 최종성적은 5승 7패이고, A팀과의 경기를 제외한 12팀 간의 경기는 모두 무승부라고 했으므로 12팀 가운데 5팀은 0승 11무 1패, 나머지 7팀은 1승 11무 0패라는 것을 알 수 있다. 이때, 기존의 승점제와 새로운 승점제를 적용하여 점수를 정리하면 다음과 같다.

팀	최종성적	기존의 승점제	새로운 승점제
A팀	5승 7패	10점	15점
A팀과의 경기에서 승리한 7팀	1승 11무 0패	13점	14점
A팀과의 경기에서 패배한 5팀	0승 11무 1패	11점	11점

따라서 기존의 승점제를 적용할 때 A팀의 순위는 13위이고, 새로운 승점제를 적용할 때 A팀의 순위는 1위이다.

고득점자의 빠른 문제 풀이 Tip

A팀과의 경기를 제외한 12팀 간의 경기는 모두 무승부라고 했으므로 A팀, A팀과의 경기에서 승리한 7팀, A팀과의 경기에서 패배한 5팀으로 구분하여 각각의 승점을 파악합니다.

21 논리퍼즐

정답 ①

정답 체크 제시된 글을 정리하면 다음과 같다.

- 1부터 5까지는 주어진 대로 표현한다.
- 6부터 9까지는 각각 1부터 4까지의 숫자 앞에 'o'를 붙여서 표현한다.
- 5의 배수는 5를 포함하는 두 개 숫자의 곱으로 표현한다.
- 5의 배수를 제외한 11 이상의 숫자는 '더하기'라는 뜻을 가진 'i'를 중간에 넣고 5의 배수와 1부터 4 사이의 숫자 하나를 순서대로 넣어서 표현한다.

ㄱ. 30은 5의 배수이므로 5를 포함하는 두 개 숫자의 곱으로 표현한다. 이때 6×5에서 6은 1의 앞에 o를 붙인 otai이고, 5는 luna이므로 otailuna로 표현한다.

ㄴ. ovariluna i tolu는 ovariluna와 tolu의 합이다. 여기서 ovariluna는 ovari와 luna의 곱이고, ovari는 숫자 4인 vari 앞에 o를 붙여 쓴 것이므로 9이다. 따라서 ovariluna는 9×5=45이고, tolu는 숫자 3이므로 ovariluna i tolu는 숫자 45+3=48이다.

22 논리퍼즐

정답 ②

정답 체크 Ⓟ가 1회 이동해서 위치할 수 있는 곳과 2회 이동해서 위치할 수 있는 곳을 각각 ①과 ②로 표시하면 다음과 같다.

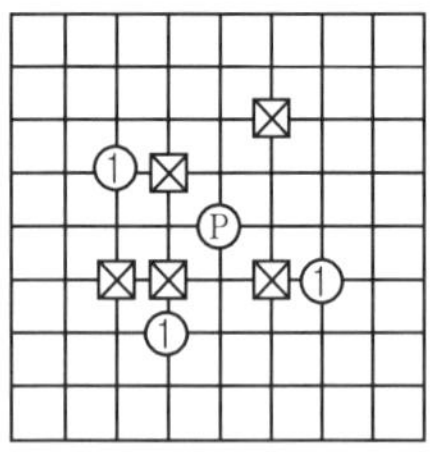

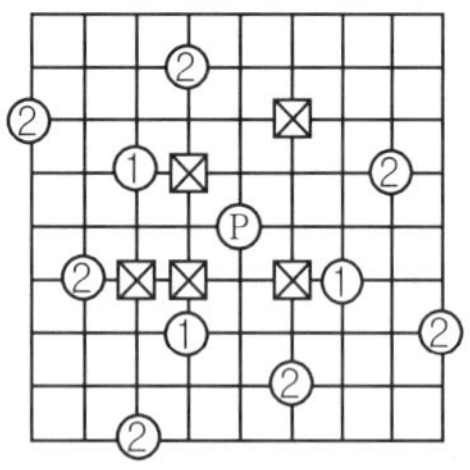

여기서 B는 가장 위에 있는 ② 위치와 일치하므로 B는 2회 이동해서 위치할 수 있음을 알 수 있다.

한편 Ⓟ가 2회 이동해서 위치할 수 있는 그림에 A, C, D, E를 표시한 아래 그림에 따르면 나머지 A, C, D, E 가운데 ②에서 1회 이동해서 위치할 수 있는 곳은 D뿐이다.

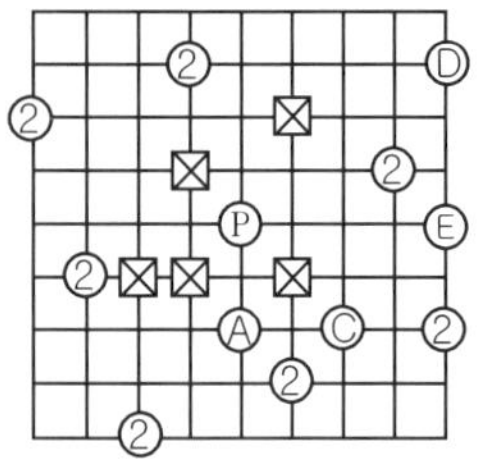

따라서 Ⓟ가 3회 이하로 이동해서 위치할 수 있는 곳은 B와 D이다.

고득점자의 빠른 문제 풀이 Tip

2회 이동해서 위치할 수 있는 곳까지 표시해두면 3회 이하로 이동해서 위치할 수 있는 곳을 파악하는 데 어려움이 없습니다. 따라서 2회 이동해서 위치할 수 있는 곳까지 빠르게 표시해놓을 수 있도록 합니다.

23 법·규정의 적용

정답 ②

정답 체크 A정당이 회계보고를 해야 하는 <상황>에 대해 정리하면 다음과 같다.

구분		회계보고 기준	회계보고 시점
2010년 1월 1일부터 2010년 12월 31일까지의 회계보고		다음 연도 2월 15일	2011년 2월 15일
2011년 12월 5일 대통령선거 참여	2011년 1월 1일부터 2011년 12월 25일까지의 회계보고	당해 선거일 후 40일	2012년 1월 14일
	2011년 12월 26일부터 2011년 12월 31일까지의 회계보고	다음 연도 2월 15일	2012년 2월 15일
2012년 3월 15일 국회의원 총선거 참여	2012년 1월 1일부터 2012년 4월 4일까지의 회계보고	당해 선거일 후 30일	2012년 4월 14일
	2012년 4월 5일부터 2012년 12월 31일까지의 회계보고	다음 연도 2월 15일	2013년 2월 15일

2011년 1월 1일부터 2012년 12월 31일까지 중앙선거관리위원회에 회계보고를 한 총 횟수는 2013년 2월 15일의 회계보고를 제외한 총 4회이다.

고득점자의 빠른 문제 풀이 Tip

공직선거에 참여한 연도의 회계보고는 공직 선거일 후 20일까지와 그 이후에 두 가지 경우로 나뉜다는 것에 유의하며 문제를 풉니다.

24 문제해결

정답 ③

정답 체크

ㄱ. A장관은 네팔어, F장관은 에스파냐어를 사용하므로 네팔어와 에스파냐어의 통역이 가능한 통역관을 배석하여야 한다. 乙이 네팔어와 영어를 통역할 수 있고, 丙이 에스파냐어와 한국어를 통역할 수 있으나 乙과 丙이 통역하기 위해서는 영어와 한국어를 통역할 통역관이 필요하므로 丁이 함께 배석하여야 함을 알 수 있다.

ㄴ. H장관은 한국어를 사용하므로 통역관이 丁밖에 없다면 영어, 스와힐리어를 사용하는 장관과 의사소통을 할 수 있다. 따라서 B, E, G장관이 영어나 스와힐리어를 사용하므로 H장관은 최대 3명의 장관과 의사소통을 할 수 있음을 알 수 있다.

ㄹ. 4명의 통역관이 모두 회담에 참석하면 통역관이 통역 불가능한 카자흐어, 러시아어를 사용하는 D장관을 제외하고 모든 장관이 서로 의사소통이 가능하다. 이때 러시아어를 사용할 수 있는 C장관이 통역관의 역할을 겸하면 D장관도 다른 장관들과 의사소통이 가능하다. 따라서 8명의 장관과 4명의 통역관이 모두 회담에 참석하면 모든 장관들은 서로 의사소통이 가능함을 알 수 있다.

오답 체크

ㄷ. 통역관 丁이 없더라도 G장관은 스와힐리어를 사용하는 E장관과 의사소통을 할 수 있고, E장관이 통역관의 역할을 겸하면 다른 장관과도 의사소통을 할 수 있음을 알 수 있다.

고득점자의 빠른 문제 풀이 Tip

제시된 표에서 장관과 통역사의 같은 사용언어를 별도로 표시하여, <보기>에 적용하면 문제 풀이 시간을 단축할 수 있습니다.

25 세부 내용 파악

정답 ④

정답 체크 전 세계 쌀 생산량을 x라고 할 때 인도, 중국, 일본, A국의 벼 재배면적, 쌀 생산량, 단위면적 당 쌀 생산량은 다음과 같다.

국가	벼 재배면적 (헥타르)	쌀 생산량 (톤)	단위면적 당 쌀 생산량(톤/헥타르)
인도	4,300(1위)	$0.2x$(2위)	5.0/3
중국	3,300	$0.3x$(1위)	-
일본	-	-	4.5
A국	-	-	5.0(1위)

ㄱ. 중국의 단위면적 당 쌀 생산량은 $0.3x$/3,300톤이고, 인도의 단위면적 당 쌀 생산량은 $0.2x$/4,300톤이다. 인도의 단위면적 당 쌀 생산량 대비 중국의 단위면적 당 쌀 생산량은 ($0.3x$/3,300)/($0.2x$/4,300)≒2.0으로 약 2배임을 알 수 있다.

ㄴ. 일본의 벼 재배면적이 A국보다 400헥타르가 클 때 A국의 벼 재배면적을 y라고 하면 다음과 같이 나타낼 수 있다.

국가	벼 재배면적 (헥타르)	쌀 생산량 (톤)	단위면적 당 쌀 생산량(톤/헥타르)
인도	4,300(1위)	$0.2x$(2위)	5.0/3
중국	3,300	$0.3x$(1위)	-
일본	y+400 (3,300보다 적음)	-	4.5
A국	y	-	5.0(1위)

쌀 생산량=단위면적 당 쌀 생산량×벼 재배면적이므로 일본의 쌀 생산량은 (y+400)×4.5톤이고, A국의 쌀 생산량은 5y톤이다. 일본의 쌀 생산량에서 A국의 쌀 생산량을 빼면 4.5y+1,800-5y=-0.5y+1,800톤이고, 일본의 벼 재배면적이 중국의 벼 재배면적보다 적으므로 y+400은 3,300보다 적다. 따라서 y가 2,900보다 적어 -0.5y+1,800은 양수가 되므로 일본의 연간 쌀 생산량은 A국보다 많음을 알 수 있다.

오답 체크 ㄷ. 인도의 쌀 생산량은 (5.0/3)×4,300≒7,166.7톤이므로 인도의 연간 쌀 생산량은 11,000톤 이하임을 알 수 있다.

고득점자의 빠른 문제 풀이 Tip

주어지지 않은 수치를 x나 y로 표현하여 문제를 해결하고, ㄴ과 같이 양을 비교하는 경우에는 정확한 수치를 계산하기보다는 차이가 양수인지 음수인지 파악하여 빠르게 문제를 해결하는 것이 좋습니다.

1 자료이해

정답 ②

정답 체크

ㄱ. <그림>에서 2005년 이후 항공기사고 발생 건수는 2, 4, 7, 9건으로 매년 증가하였으므로 옳은 설명이다.

ㄷ. <표>에서 순항단계 항공기사고 발생 비율은 37.9%이고, 착륙단계 항공기사고 발생 비율은 29.4%로 두 비율의 합은 37.9+29.4=67.3%이므로 옳은 설명이다.

오답 체크

ㄴ. <표>에서 비행단계별 항공기사고 발생 건수가 많은 것부터 순서대로 나열하면 순항, 착륙, 상승, 접근 순이므로 옳지 않은 설명이다.

ㄹ. 항공기사고 발생 건수의 전년대비 증가율이 100% 이상이 되려면 항공기사고 발생 건수가 전년대비 두 배 이상이 되어야 한다. <그림>에서 2006년의 항공기사고 발생 건수는 전년대비 두 배이므로 증가율이 100%이지만 2007년과 2008년의 발생 건수는 전년대비 두 배 미만이므로 옳지 않은 설명이다.

2 자료논리

정답 ②

정답 체크

- <그림 1>에서 2006년 대비 2010년 특허출원 건수 증가율이 가장 높은 국가는 특허출원 건수가 210천 건에서 391천 건으로 증가한 C이므로 C가 중국임을 알 수 있다.
- <그림 1>에서 2007년 대비 2010년 특허출원 건수가 가장 큰 폭으로 감소한 국가는 특허출원 건수가 396천 건에서 344천 건으로 감소한 B이므로 B가 일본임을 알 수 있다.
- <그림 2>에서 2007년 이후 상표출원 건수가 매년 감소한 것은 특허출원 건수가 매년 132, 127, 126, 121천 건으로 감소한 D이므로 D가 한국임을 알 수 있다.
- B는 일본, C는 중국, D는 한국이므로 A는 미국임을 알 수 있다. <그림 2>에서 2010년 상표출원 건수는 미국이 일본보다 368−113=255천 건, 즉 25만 5천 건 많은 것을 알 수 있다.

따라서 A는 미국, B는 일본, C는 중국, D는 한국이다.

고득점자의 빠른 문제 풀이 Tip

선택지를 소거하여 조건을 모두 확인하지 않고 빠르게 문제를 풀이할 수 있습니다. 첫 번째 <보기>를 통해 C가 중국인 것을 알 수 있으므로 ③, ④, ⑤를 소거하여 ①, ② 중에 정답이 있음을 알 수 있습니다. 따라서 한국이나 미국에 대한 <보기> 한 가지만 더 확인하여 답을 빠르게 도출합니다.

3 자료변환

정답 ⑤

정답 체크

승용차 1대당 통행발생량(통행)=$\frac{\text{승용차 통행발생량}}{\text{승용차 보유대수}}$임을 적용하여 구한다. 이때 <표>에 제시된 승용차 보유대수는 '천' 단위이고, 승용차 통행 발생량은 '만' 단위이므로 단위를 맞춰 계산하면 승용차 1대당 통행발생량은 동구가 280/84≒3.3통행, 중구가 320/97≒3.3통행, 서구가 610/187≒3.3통행, 유성구가 330/116≒2.8통행, 대덕구가 250/85≒2.9통행이므로 <표>를 이용하여 작성한 그래프로 옳지 않다.

고득점자의 빠른 문제 풀이 Tip

자료변환 유형에서 자료의 정보와 각 선택지의 제목을 비교하여 ⑤처럼 계산이 필요한 선택지보다 ①, ②, ③, ④처럼 자료의 정보를 직관적으로 옮겨 놓은 선택지를 먼저 확인합니다.

4 자료논리

정답 ①

정답 체크

- 1989년 징수세액이 5,000억 원보다 적은 세목 중 상속세, 자산재평가세, 증권거래세가 A, B, D에 해당되므로 C가 부가가치세임을 알 수 있다.
- 1989년에 비해 1999년에 징수세액이 10배 이상 증가한 세목은 A와 B이므로 상속세와 자산재평가세가 A 또는 B임을 알 수 있다. 이에 따라 D가 증권거래세임을 알 수 있다.
- A, B 중 1999년에 비해 2009년에 징수세액이 증가한 세목은 A이므로 A가 상속세임을 알 수 있다. 이에 따라 B가 자산재평가세임을 알 수 있다.

따라서 A는 상속세, B는 자산재평가세, C는 부가가치세, D는 증권거래세이다.

5 자료이해

정답 ④

정답 체크

전일과 순위가 동일함을 의미하는 기호 '−'를 통해 3월 24일 C음원차트의 순위는 2위이고, 3월 27일 A음원차트의 순위는 7위, E음원차트의 순위는 5위임을 알 수 있다.

날짜	음원차트					평균 순위
	A	B	C	D	E	
3월 24일	□(↑)	6(↑)	2(↑)	4(↑)	2(↑)	4.2
3월 25일	6(↑)	2(↑)	2(−)	2(↑)	1(↑)	2.6
3월 26일	7(↓)	6(↓)	5(↓)	6(↓)	5(↓)	5.8
3월 27일	7(−)	□(↑)	□(□)	7(↓)	5(−)	6.0

3월 27일에 C음원차트의 순위를 예상하기 위해서는 B음원차트를 먼저 확인해야 한다. B음원차트는 전일대비 순위가 상승하였으므로 순위는 가장 낮은 경우 5위에서 가장 높은 경우 1위까지 예상할 수 있다. 3월 27일 평균 순위가 6.0위이므로 5개 차트의 순위 총합은 6.0×5=30이다. A, D, E음원차트 순위의 합은 7+7+5=19이므로 B와 C음원차트 순위의 합은 11이다. B음원차트가 1~5위일 때, C음원차트는 6~10위로 순위가 전일대비 하락하므로 옳은 설명이다.

오답 체크

① 평균 순위가 가장 높았던 날은 3월 25일이고, 이때 C음원차트의 순위는 전일과 동일하므로 옳지 않은 설명이다.

② 3월 24일 5개 음원차트별 순위의 합은 4.2×5=21이고, A음원차트의 순위는 21−(6+2+4+2)=7위이므로 옳지 않은 설명이다.

③ 5개 음원차트별 순위가 전일대비 모두 하락한 날은 3월 26일이고, 평균 순위가 가장 낮았던 날은 3월 27일이므로 옳지 않은 설명이다.

⑤ 평균 순위는 3월 25일에 전일대비 상승하였으므로 옳지 않은 설명이다.

6 자료이해

정답 ①

정답 체크 2004년 대비 2005년 서울, 부산, 광주의 실질 성장률은 각각 서울이 1.0%에서 2.2%, 부산이 0.6%에서 3.0%, 광주가 1.5%에서 6.5%로 증가하여 모두 2004년의 2배 이상이므로 옳은 설명이다.

오답 체크
② 2004년에 실질 성장률이 가장 높은 도시는 울산이고, 2005년에 실질 성장률이 가장 높은 도시는 광주이므로 옳지 않은 설명이다.
③ 2001년 부산의 실질 성장률은 7.9%로 2000년에 비해 증가하였으므로 옳지 않은 설명이다.
④ 2002년 대비 2003년 실질 성장률이 5%p 이상 감소한 도시는 서울이 8.0-1.3=6.7%p, 인천이 10.7-2.4=8.3%p, 광주가 9.5-1.6=7.9%p, 울산이 15.8-2.6=13.2%p 감소하여 모두 4개이므로 옳지 않은 설명이다.
⑤ 2000년 실질 성장률이 가장 높은 도시는 광주이고, 2007년 실질 성장률이 가장 낮은 도시는 대전이므로 옳지 않은 설명이다.

7 자료이해

정답 ⑤

정답 체크 <그림>에 따라 2010년 동남권의 단위 재배면적당 마늘 생산량은 60,000/4,000=15톤이고, 2011년 동남권의 단위 재배면적당 마늘 생산량이 동일하다면 <표>에 따라 2011년 동남권의 마늘 생산량은 5,000×15=75,000톤이므로 옳은 설명이다.

오답 체크
① <그림>에서 동남권의 마늘 생산량은 2009년까지 매년 전년대비 증가하였으나 2010년에 전년대비 감소하였으므로 옳지 않은 설명이다.
② <그림>에서 2006~2010년 동안 단위 재배면적당 양파 생산량은 2006년이 169,434/2,747≒61.7톤, 2007년이 208,626/2,961≒70.5톤, 2008년이 199,684/2,864≒69.7톤, 2009년이 274,336/3,289≒83.4톤, 2010년이 309,538/4,500≒68.8톤으로 2008년과 2010년에 전년대비 감소하였으므로 옳지 않은 설명이다.
③ <그림>과 <표>에 따라 2010년 동남권의 양파 재배면적은 4,500ha이므로 2010년 울산의 양파 재배면적은 4,500-56-4,100=344ha이고, 2011년 울산의 양파 재배면적은 5,100-40-4,900=160ha이다. 따라서 2011년 울산의 양파 재배면적은 전년에 비해 감소하였으므로 옳지 않은 설명이다.
④ <그림>에서 2009년까지는 마늘 재배면적이 더 크지만 2010년에는 양파 재배면적이 더 크다. 또한 <표>에서 양파 재배면적은 5,100ha이고, 마늘 재배면적은 5,000ha로 양파 재배면적이 더 크므로 옳지 않은 설명이다.

고득점자의 빠른 문제 풀이 Tip

② 분모 값과 분자 값의 증가율로 판단할 수 있습니다. 분모 값에 해당하는 2009년 대비 2010년 양파 재배면적은 3,289ha에서 4,500ha로 약 50% 정도 증가한 반면 분자 값에 해당하는 양파 생산량은 274,336톤에서 309,538톤으로 약 10% 정도 증가하였습니다. 분모 값의 증가율이 분자 값의 증가율보다 훨씬 크므로 분수 값은 감소함을 알 수 있습니다.

8 자료이해

정답 ③

정답 체크 '아'의 성실성점수는 375-80-(85×2)-(2×20)=85점이고, '라'의 성실성점수는 255-85-(50×2)-(0×20)=70점이다. 따라서 '아'의 성실성 점수는 '라'와 다르므로 옳지 않은 설명이다.

오답 체크
① '가'의 평가점수는 80+90+(95×2)+(2×20)=400점이고, '자'의 평가점수는 75+90+(95×2)+(1×20)=375점이다. '가'의 평가점수가 400점으로 지원자 중 가장 높으므로 옳은 설명이다.
② '라'의 성실성점수는 255-85-(50×2)-(0×20)=70점이므로 60점인 '다'보다 높지만 80점인 '마'보다는 낮으므로 옳은 설명이다.
④ S등급 지원자는 평가점수가 350점 이상으로 '가', '사', '아', '자'총 4명이므로 옳은 설명이다.
⑤ '차'의 체력점수는 {290-60-70-(0×20)}/2=80점이고, 여기서 체력점수를 5점 더 받으면 85점이 된다. 이때 평가점수는 10점이 높아진 300점이 되어 A등급이 되므로 옳은 설명이다.

고득점자의 빠른 문제 풀이 Tip

숫자의 구성이 복잡하지 않은 빈칸 계산의 경우 먼저 빈칸을 빠르게 채운 뒤에 선택지를 보는 것이 오히려 문제를 풀 때 수월합니다.

9 자료이해

정답 ①

정답 체크
ㄱ. <표>에서 1991년 대비 2010년의 품목별 총 항만 수출액과 A항만 수출액이 모든 품목에서 증가하였으므로 옳은 설명이다.
ㄴ. <그림 1>과 <그림 2>에서 1991년 대비 2010년에 A항만 처리 분담률이 감소한 항목은 기계류, 광학·정밀기기, 플라스틱제품, 전기·전자로 모두 4개이므로 옳은 설명이다.

오답 체크
ㄷ. 1991년 대비 2010년의 A항만 수출액 증가율은 광학·정밀기기가 {(11,415-335)/335}×100≒3,307.5%로 가장 높으므로 옳지 않은 설명이다.
ㄹ. 1991년 대비 2010년 플라스틱제품의 A항만 처리 분담률은 {(93.8-49.6)/93.8}×100≒47.1% 감소하였으므로 옳지 않은 설명이다.

고득점자의 빠른 문제 풀이 Tip

ㄷ. 배수를 이용하여 증가율을 유추할 수 있습니다. <표>에서 1991년 대비 2010년 A항만 수출액은 자동차가 14,873/537≒27.7배 증가한 반면 광학·정밀기기는 11,415/335≒34.1배 증가하였으므로 1991년 대비 2010년 A항만 수출액 증가율은 광학·정밀기기가 가장 높습니다.
ㄹ. 계산해보지 않아도 플라스틱제품은 93.8%에서 49.6%로 약 절반 이하 감소하였음을 알 수 있습니다.

10 자료이해

정답 ②

정답 체크 2015년 전체 에너지 효율화 시장규모에서 '사무시설' 유형이 차지하는 비중은 (21.7/78.5)×100≒27.6%로 30% 이하이므로 옳은 설명이다.

오답 체크
① '주거시설' 유형의 에너지 효율화 시장규모는 2011년에 전년대비 {(6.4-5.7)/5.7}×100≒12.3%, 2012년에 전년대비 {(7.2-6.4)/6.4}×100=12.5% 증가하였으므로 옳지 않은 설명이다.
③ 2015년과 2020년은 5년 단위로 예상 규모만 제시되어 있어 2016년, 2017년, 2018년, 2019년의 시장규모는 알 수 없다.
④ 2011년 '산업시설' 유형의 에너지 효율화 시장규모는 전체 에너지 효율화 시장규모의 (23.9/46.0)×100≒52.0%로 50% 초과이므로 옳지 않은 설명이다.
⑤ 2010년 대비 2020년 에너지 효율화 시장규모는 '공공시설' 유형이 2.5억 달러에서 10.0억 달러로 4배 증가하여 증가율이 가장 높을 것으로 전망되므로 옳지 않은 설명이다.

고득점자의 빠른 문제 풀이 Tip

'15% 이상 증가', '30% 이하' 등의 선택지를 확인하는 경우 증감률이나 비율을 정확히 구하려고 하지 말고 기준 값의 15%, 30%를 대략적으로 구하여 비교하고 판단합니다.

11 자료이해

정답 ③

정답 체크 <그림 1>에서 미혼녀와 미혼남의 인원수 차이는 2006년이 26,415−14,720=11,695명이고, 2007년이 41,293−29,659=11,634명으로 2배 이상이 아닌 거의 비슷한 수치이므로 옳지 않은 설명이다.

오답 체크

① <그림 1>에서 2004년 이후 미혼녀 인원수는 매년 증가하고 있으므로 옳은 설명이다.

② <그림 1>에서 2007년 미혼녀 인원수는 29,659명으로 2006년 미혼녀 인원수의 2배인 14,720×2=29,440명 이상이므로 옳은 설명이다.

④ <그림 2>에서 공무원 수는 9,644명이고, 변호사 수는 3,888명으로 공무원 수는 변호사 수의 2배인 3,888×2=7,776명 이상이므로 옳은 설명이다.

⑤ <그림 2>에서 회계사 수는 5,315명이고, 승무원 수는 2,580명으로 회계사 수는 승무원 수의 2배인 2,580×2=5,160명 이상이므로 옳은 설명이다.

고득점자의 빠른 문제 풀이 Tip

③ <그림 1>에서 미혼남과 미혼녀 그래프의 간격이 인원수 차이를 의미하므로 수치 간 간격이 2배 이상인지 확인하면 간단히 해결할 수 있습니다.

12 자료논리

정답 ③

정답 체크 먼저 <그림 1>과 <그림 2>를 이용하여 영업팀 A, B, C, D의 연매출액을 계산한다.

- A는 1분기 매출액 50억 원 중 10%, 2분기 매출액 100억 원 중 10%, 3분기 매출액 100억 원 중 30%, 4분기 매출액 200억 원 중 15%를 차지하고 있으므로 연매출액은 (50×0.1)+(100×0.1)+(100×0.3)+(200×0.15)=75억 원이다.

  이와 같이 B, C, D의 연매출액을 구해보면 다음과 같다.
- B: (50×0.2)+(100×0.2)+(100×0.2)+(200×0.4)=130억 원
- C: (50×0.3)+(100×0.2)+(100×0.25)+(200×0.15)=90억 원
- D: (50×0.4)+(100×0.5)+(100×0.25)+(200×0.3)=155억 원

따라서 2011년 연매출액이 가장 많은 영업팀은 D이고, 가장 적은 영업팀은 A이다.

고득점자의 빠른 문제 풀이 Tip

정확히 계산을 하지 않아도 <그림 2>의 영업팀별 매출액 비중을 통해 매출액을 예상해 볼 수 있습니다. 전체적으로 D의 비중이 가장 높은 것은 쉽게 판단됩니다. 4분기에 B의 비중이 D보다 조금 더 높긴 하지만 1분기와 2분기에 그 이상의 차이로 앞서고 있는 것을 알 수 있습니다. 또한 A의 비중이 가장 낮은 것 역시 어렵지 않게 확인할 수 있습니다.

13 자료이해

정답 ③

정답 체크 전월대비 학교폭력 신고 건수 증가율은 2월이 {(1,100−600)/600}×100≒83.3%, 3월이{(2,400−1,100)/1,100}×100≒118.2%, 4월이{(3,600−2,400)/2,400}×100=50.0%로 3월이 가장 높으므로 옳은 설명이다.

오답 체크

① 신고자별 학교폭력 신고 건수는 월별 학교폭력 신고 건수와 월별 학교폭력 신고자 비율을 곱한 값이다. 1월에 학부모의 학교폭력 신고 건수는 600×0.55=330건으로 학생 본인의 신고 건수의 2배인 600×0.28×2=336건 미만이므로 옳지 않은 설명이다.

② 학부모의 학교폭력 신고 건수는 2월이 1,100×0.464=510.4건이고, 3월이 2,400×0.413=991.2건으로 3월에 전월대비 증가했으므로 옳지 않은 설명이다.

④ 학생 본인의 학교폭력 신고 건수는 4월이 3,600×0.59=2,124건이고, 1월이 600×0.28=168건이다. 따라서 학생 본인의 학교폭력 신고 건수는 1월이 4월의 10%인 2,124×0.1=212.4건 미만이므로 옳지 않은 설명이다.

⑤ 학교폭력 신고 건수와 주요 신고자 유형별 비율만 제시되어 있을 뿐 학교폭력 발생 건수에 대해서는 알 수 없다.

고득점자의 빠른 문제 풀이 Tip

② 월별 학교폭력 신고 건수는 매월 증가하였고, 월별 학부모 신고 비율은 매월 감소하였습니다. 그러나 신고 건수의 증가율이 학부모 신고 비율의 감소율보다 훨씬 크므로 직접 계산하지 않아도 월별 학부모의 학교폭력 신고 건수는 매월 증가했음을 알 수 있습니다.

③ 전월대비 학교폭력 신고 건수는 3월에 1,100에서 2,400으로 2배 이상 증가하였으나 2월과 4월에는 2배 이하로 증가하였으므로 증가율은 3월이 가장 높음을 알 수 있습니다.

④ 1월과 4월의 전체 신고 건수는 6배 증가하였고, 학생 본인의 신고 비율은 2배 이상 증가하여 실제 학생 본인의 신고 건수는 12배 이상 증가했음을 알 수 있습니다.

14 자료이해

정답 ④

정답 체크

ㄱ. 평균 연령이 높은 순서대로 나열하면, 남자 국가대표선수의 종목 순서는 '사격, 농구, 테니스, 역도, 수영, 축구'이고, 여자 국가대표선수의 종목 순서는 '사격, 농구, 역도, 테니스, 축구, 수영'이므로 옳지 않은 설명이다.

ㄴ. 평균 신장이 큰 순서대로 나열하면, 남자 국가대표선수의 종목 순서는 '농구, 테니스, 수영, 축구, 사격, 역도'이고, 여자 국가대표선수의 종목 순서는 '농구, 테니스, 수영, 역도, 축구, 사격'이므로 옳지 않은 설명이다.

ㄷ. 역도와 축구의 경우 여자 국가대표선수의 평균 연령이 남자 국가대표선수의 평균 연령보다 높으므로 옳지 않은 설명이다.

오답 체크

ㄹ. 모든 종목에서 남자 국가대표선수가 여자 국가대표선수보다 평균 신장이 크므로 옳은 설명이다.

고득점자의 빠른 문제 풀이 Tip

<그림 1>과 <그림 2>의 가로축, 세로축 수치 간격은 각각 2세, 5cm로 모두 같으나 수치 시작 값과 마지막 값이 다르다는 것에 주의해야 합니다.

15 자료논리 정답 ②

정답 체크

- A: <표 2>에서 1991년 이후 인구자연증가율이 매년 감소한 나라는 보스니아 헤르체고비나임을 알 수 있다.
- B: <표 1>에서 1999년 출생률이 가장 높은 나라는 49.7명인 아프가니스탄임을 알 수 있다.
- C: <표 1>에서 1991년 이후 출생률이 매년 감소한 나라는 아랍에미리트와 보스니아 헤르체고비나이고, A는 보스니아 헤르체고비나이므로 C가 아랍에미리트임을 알 수 있다.

따라서 A는 보스니아 헤르체고비나, B는 아프가니스탄, C는 아랍에미리트이다.

16 자료이해 정답 ②

정답 체크

아내의 총 양육활동 참여시간은 금요일이 48+199+110+128+55+18+70+11+24=663분이고, 토요일이 48+234+108+161+60+21+101+10+20=763분으로 금요일에 비해 토요일에 양육활동 참여시간이 증가했으므로 옳지 않은 설명이다.

오답 체크

① 토요일에 남편의 참여시간이 가장 많았던 양육활동유형은 73분인 정서활동이므로 옳은 설명이다.
③ 남편의 양육활동 참여시간은 금요일이 4+4+2+25+3+1+5+1+1=46분이고, 토요일이 8+14+9+73+6+2+24+1+3=140분이므로 옳은 설명이다.
④ 금요일에 아내의 참여시간이 많았던 양육활동 유형 4가지는 식사, 정서, 가사, 외출활동 순이므로 옳은 설명이다.
⑤ 아내의 양육활동유형 중 금요일에 비해 토요일에 참여시간이 가장 많이 감소한 것은 24−20=4분이 감소한 교육활동이므로 옳은 설명이다.

고득점자의 빠른 문제 풀이 Tip

② 총 양육활동 참여시간을 비교하는 경우 직접 계산을 하는 것보다 항목별 비교를 통해 빨리 해결할 수 있습니다. 대부분의 유형에서 토요일에 참여시간이 증가하였고 가사와 의료간호, 교육에서만 참여시간이 총 7분 감소하였으므로 토요일의 총 양육활동 참여시간은 증가했음을 알 수 있습니다.

17 자료이해 정답 ⑤

정답 체크

회주철 수도관의 '보수과정 실수' 파손 건수는 43건으로 회주철 수도관의 총 파손 건수의 10%인 334×0.1=33.4건 이상이므로 옳지 않은 설명이다.

오답 체크

① 덕타일주철 수도관의 파손 건수가 50건 이상인 파손원인은 '시설노후'와 '수격압'으로 2가지이므로 옳은 설명이다.
② 회주철 수도관의 총 파손 건수는 334건이고, 덕타일주철 수도관의 총 파손건수는 232건으로 회주철 수도관의 총 파손 건수가 더 많으므로 옳은 설명이다.
③ 주철 수도관의 파손 원인별 파손 건수에서 '자연재해' 파손건수가 2건으로 가장 적으므로 옳은 설명이다.
④ 주철 수도관의 '시설노후' 파손 건수는 176건으로 주철 수도관의 총 파손 건수의 30%인 566×0.3=169.8건 이상이므로 옳은 설명이다.

18 자료이해 정답 ④

정답 체크

'수확 벌채'로 얻은 원목 212만 m^3 중 96%인 212×0.96=203.52만 m^3가 목재로 이용되고 목재로 이용된 원목 전체 399만 m^3 중에서 55%인 399×0.55=219.45만 m^3가 보드용으로 이용되었다. 목재로 이용된 원목 399만 m^3에서 '수확 벌채'를 제외한 '숲가꾸기 벌채'와 '피해목 벌채'의 양이 399−203.52=195.48만 m^3이므로 이것만으로는 보드용으로 이용된 원목의 양 219.45만 m^3를 채울 수가 없다. 따라서 '수확 벌채'의 원목 중 적어도 일부는 보드용으로 이용되었음을 알 수 있으므로 옳은 설명이다.

오답 체크

① 원목 벌채량 중 목재로 이용된 양은 399만 m^3이고, 목재로 미이용된 양은 447만 m^3이므로 옳지 않은 설명이다.
② '숲가꾸기 벌채'로 얻은 원목 중 목재로 이용된 원목은 583×0.27=157.41만 m^3이고 '수확 벌채'로 얻은 원목 중 목재로 이용된 원목은 212×0.96=203.52만 m^3으로 '수확 벌채'로 얻은 원목이 차지하는 비율이 더 높으므로 옳지 않은 설명이다.
③ 보드용으로 이용된 원목의 양은 399×0.55=219.45만 m^3이므로 옳지 않은 설명이다.
⑤ '피해목 벌채'로 얻은 원목 중 목재로 미이용된 양은 51×0.25=12.75만 m^3이므로 옳지 않은 설명이다.

고득점자의 빠른 문제 풀이 Tip

② 원목량 583만 m^3과 212만 m^3는 '수확 벌채'가 '숲가꾸기 벌채'의 절반에 못 미치는 정도이지만 비율은 96%와 27%로 '수확 벌채'가 3배 이상 높으므로 계산을 하지 않아도 212만 m^3의 96% 값이 더 크다는 것을 확인할 수 있습니다.

19 자료이해 정답 ⑤

정답 체크

2010년 서울과 경기 지역 직장어린이집 수의 합은 109+95=204개소로, 2010년 전국 직장어린이집 수의 절반인 401/2=200.5개소 이상이므로 옳은 설명이다.

오답 체크

① <그림 1>에서 2000~2010년 동안 전국 직장어린이집 수는 2001년에 204개소에서 196개소로 전년대비 감소하였으므로 옳지 않은 설명이다.
② 2006년 대비 2008년 전국 직장어린이집 수는 {(350−298)/298}×100≒17.4% 증가하였으므로 옳지 않은 설명이다.
③ 2010년 인천 지역 직장어린이집 수는 26개소로 2010년 전국 직장어린이집 수의 5%인 401×0.05=20.05개소를 초과하므로 옳지 않은 설명이다.
④ 2000~2010년 동안 전국 직장어린이집 수의 전년대비 증가율이 10% 이상인 연도는 {(236−199)/199}×100≒18.6% 증가한 2003년과 {(298−263)/263}×100≒13.3% 증가한 2006년 두 해이므로 옳지 않은 설명이다.

20 자료이해

정답 ④

정답 체크 ㄱ. 제시된 <보고서> 세 번째 단락의 '국세청 세입은 1966년 국세청 개청 당시 700억 원에서 2009년 154조 3,305억 원으로 약 2,200배 증가하였다.'는 내용은 제시된 <표>에 없으므로 '1966~2009년 연도별 국세청 세입액'에 대한 자료가 추가로 필요함을 알 수 있다.

ㄷ. 제시된 <보고서> 두 번째 단락의 '서울지역에서는 도봉세무서의 세수 규모가 2,862억 원으로 가장 적은 것으로 나타났다.'는 내용은 제시된 <표>에 없으므로 '서울 소재 세무서별 세수 규모'에 대한 자료가 추가로 필요함을 알 수 있다.

ㄹ. 제시된 <보고서> 세 번째 단락의 '전국 세무서 수는 1966년 77개에서 1997년 136개로 증가하였다가 2009년 107개로 감소하였다.'는 내용은 제시된 <표>에 없으므로 '1966~2009년 연도별 전국 세무서 수'에 대한 자료가 추가로 필요함을 알 수 있다.

오답 체크 ㄴ. 제시된 <보고서>에 '2009년 국세청 세입총액의 세원별 구성비'에 대한 내용은 언급되지 않았으므로 추가로 필요하지 않음을 알 수 있다.

21 자료변환

정답 ①

정답 체크 제시된 <보고서>의 다섯 번째 내용에서 '1995년과 2007년 도시근로자가구당 월평균 교통비지출액 비중의 차이는 소득 10분위가 소득 1분위보다 작았다.'고 했지만, [소득분위별 도시근로자가구당 월평균 교통비지출액 현황]에서 1995년과 2007년의 소득 1분위 교통비지출액 비중 차이는 8.7-7.0=1.7%p이고, 소득 10분위는 14.6-10.3=4.3%p로 소득 10분위의 차이가 더 크므로 <보고서>의 내용과 부합하지 않는 자료이다.

오답 체크 ② 제시된 <보고서>의 두 번째 내용에서 월평균 교통비지출액은 1995년 120.3천 원에서 2007년 282.4천 원으로 증가하였으므로 <보고서>의 내용과 부합하는 자료이다.

③ 제시된 <보고서>의 세 번째 내용에서 월평균 교통비지출액의 비중이 큰 항목부터 나열하면 1995년에는 자동차구입 29.9%, 연료비 21.9%, 버스 18.3%, 보험료 7.9%, 택시 7.1%의 순이고, 2007년에는 연료비 39.0%, 자동차구입 23.3%, 버스 12.0%, 보험료 6.2%, 정비 및 수리비 3.7%의 순이므로 <보고서>의 내용과 부합하는 자료이다.

④ 제시된 <보고서>의 네 번째 내용에서 월평균 교통비지출액은 사무직이 1995년 151.8천 원에서 2007년 341.4천 원으로 증가하였고, 생산직이 1995년 96.3천 원에서 2007년 233.1천 원으로 증가하였으므로 <보고서>의 내용과 부합하는 자료이다.

⑤ 제시된 <보고서>의 첫 번째 내용에서 월평균 소비지출액은 1995년 1,231천 원에서 2007년 2,349천 원으로 증가하였으므로 <보고서>의 내용과 부합하는 자료이다.

22 자료변환

정답 ③

정답 체크 <표 1>에는 각국의 여성과 남성 흡연율만 제시되어 있을 뿐 국가 전체 흡연율은 알 수 없으므로 <표>를 이용하여 작성한 그래프로 옳지 않다.

고득점자의 빠른 문제 풀이 Tip

자료변환 유형은 먼저 제시된 자료의 정보와 각 선택지의 주제를 비교하여 자료를 통해 확인 가능한 것과 알 수 없는 것, 계산이 필요한 것과 직관적으로 확인 가능한 것 등을 선별하여 조금 더 빠르게 해결할 수 있습니다.

23 자료논리

정답 ①

정답 체크 <2012년 양육수당 지급조건>과 <표 1>, <표 2>의 내용을 활용하여 2012년 5월분의 양육 수당을 구한다.

- 가: A(22개월, 일반)=15.0만 원
- 나: B(16개월, 농어촌)=17.7만 원
  C(2개월, 농어촌)=20.0만 원
  양육수당의 총합은 17.7+20.0=37.7만 원이다.
- 다: D(23개월, 장애아동)=20.5만 원
- 라: E(40개월, 일반)=10.0만 원
  F(26개월, 일반)=10.0만 원
  양육수당의 총합은 10.0+10.0=20.0만 원이다.
- 마: G(58개월, 일반, 2011년 1월부터 해외 체류 중)는 신청일 현재 90일 이상 해외에 체류하고 있는 아동이므로 지급대상에서 제외
  H(35개월, 일반)=10.0만 원
  I(5개월, 일반)=20.0만 원
  양육수당의 총합은 10.0+20.0=30.0만 원이다.

따라서 2012년 5월분의 양육 수당이 많은 가구부터 순서대로 나열하면 '나 - 마 - 다 - 라 - 가'이다.

24 자료이해

정답 ②

정답 체크 ㄱ. 해당 월 가격 괴리율(%)= $\left(\frac{\text{해당 월 시장가격}-\text{해당 월 이론가격}}{\text{해당 월 이론가격}}\right)\times 100$ 임을 적용하여 구한다. 해당 월 가격 괴리율이 0% 이상이 되려면 해당 월 시장가격이 해당 월 이론가격보다 크거나 같아야 한다. 따라서 시장가격이 이론가격보다 큰 달은 2, 3, 5, 7월로 총 4개이므로 옳은 설명이다.

ㄷ. 전월대비 가격 괴리율이 증가한 달은 시장가격/이론가격의 기울기가 전월대비 가파른 달을 의미한다. 따라서 기울기가 전월대비 가파른 달은 2, 5, 7월로 총 3개이므로 옳은 설명이다.

오답 체크 ㄴ. 전월대비 이론가격이 증가한 달은 3월, 4월이므로 옳지 않은 설명이다.

ㄹ. 전월대비 시장가격이 가장 큰 폭으로 증가한 달은 5월이고, 6월은 5월 대비 큰 폭으로 감소하였으므로 옳지 않은 설명이다.

고득점자의 빠른 문제 풀이 Tip

수식을 활용해야 하는 ㄱ과 ㄷ보다 제시된 자료에서 옳고 그름을 바로 파악할 수 있는 ㄴ과 ㄹ을 먼저 확인하여 빠르게 문제를 풀이합니다.

25 자료논리 정답 ④

정답 체크 <표>와 <소득세 결정기준>을 근거로 소득세를 구한다.

- A: 금융소득세=5,000×0.15=750만 원
  근로소득세=(1,000×0.05)+{(5,000−1000)×0.1}+{(10,000−5,000)×0.15}+{(15,000−10,000)×0.2}=2,200만 원
  소득세 산출액은 750+2,200=2,950만 원이다.
- B: 근로소득세=(1,000×0.05)+{(5,000−1000)×0.1}+{(10,000−5,000)×0.15}+{(20,000−10,000)×0.2}+{(25,000−20,000)×0.25}=4,450만 원
- C: 근로소득세=(1,000×0.05)+{(5,000−1000)×0.1}+{(10,000−5,000)×0.15}+{(20,000−10,000)×0.2}=3,200만 원
- D: 금융소득세=5,000×0.15=750만 원
  근로소득세=(1,000×0.05)+{(5,000−1000)×0.1}+{(10,000−5,000)×0.15}+{(20,000−10,000)×0.2}+{(25,000−20,000)×0.25}=4,450만 원
  소득세 산출액은 750+4,450=5,200만 원이다.

따라서 소득세산출액이 가장 많은 사람은 D, 가장 적은 사람은 A이다.

고득점자의 빠른 문제 풀이 Tip

A~D의 연소득 현황을 비교해보면 소득세산출액을 모두 계산하지 않아도 정답을 유추할 수 있습니다. D의 금융소득이 30,000만 원이므로 과세표준에 따라 소득세산출액이 가장 많음을 알 수 있습니다. 따라서 ①, ②, ③이 소거되어 소득세산출액이 A와 C 중에 누가 더 적은지 비교하면 됩니다. 이때 과세표준에 따라 A와 C의 소득세산출액은 1억 원 이하분까지 동일한 값이므로 각각 1억 원 초과분과 금융소득세를 계산하여 정답을 구합니다.

바로 채점 및 성적 분석 서비스

2012년 기출문제 취약 유형 분석표 & 정답·해설

PSAT 전문가의 총평

2012년 민간경력자 PSAT의 경우 자료해석과 상황판단 영역의 난도가 높았고, 언어논리 영역의 난도는 낮았다.

1. 언어논리 영역: 내용의 단순 파악에 중점을 둔 문항의 출제 비중이 높았고, 제시된 글 역시 단순 개념을 설명하는 형식이 많아 난도가 낮았다.
2. 상황판단 영역: 제시된 조건을 조합하는 과정이나 조건을 조합한 결과를 도출하는 논리퍼즐 유형이 처음 출제되었다. 이로 인해 문제해결 유형과 함께 조건을 파악하는 문항의 출제 비중이 높아져 난도가 높았다.
3. 자료해석 영역: 제시된 자료에서 항목 간의 관계를 파악하고, 이를 문제에 적용하여 해결하는 것이 까다로웠다. 또한 계산을 통해 해결하는 문항의 출제 비중이 높아 난도가 약간 높았다.

정답

언어논리

p.317

1	②	세부 내용 파악	**6**	①	진술추론	**11**	①	세부 내용 파악	**16**	⑤	세부 내용 파악	**21**	①	세부 내용 파악
2	②	세부 내용 파악	**7**	③	세부 내용 파악	**12**	③	세부 내용 파악	**17**	④	빈칸삽입	**22**	①	진술추론
3	④	세부 내용 파악	**8**	③	논증의 타당성	**13**	④	세부 내용 파악	**18**	②	논증의 타당성	**23**	⑤	논증의 타당성
4	③	세부 내용 파악	**9**	②	세부 내용 파악	**14**	⑤	빈칸삽입	**19**	①	진술추론	**24**	④	논리추론
5	④	빈칸삽입	**10**	⑤	진술추론	**15**	①	세부 내용 파악	**20**	⑤	세부 내용 파악	**25**	③	진술추론

상황판단

p.331

1	⑤	세부 내용 파악	**6**	④	세부 내용 파악	**11**	④	세부 내용 파악	**16**	⑤	법·규정의 적용	**21**	①	법·규정의 적용
2	①	세부 내용 파악	**7**	①	논리퍼즐	**12**	②	세부 내용 파악	**17**	①	문제해결	**22**	④	문제해결
3	①	법·규정의 적용	**8**	③	문제해결	**13**	④	법·규정의 적용	**18**	①	논리퍼즐	**23**	⑤	문제해결
4	②	법·규정의 적용	**9**	④	문제해결	**14**	⑤	법·규정의 적용	**19**	③	논리퍼즐	**24**	②	문제해결
5	③	문제해결	**10**	②	문제해결	**15**	⑤	세부 내용 파악	**20**	③	문제해결	**25**	③	논리퍼즐

자료해석

p.345

1	①	자료이해	**6**	③	자료이해	**11**	③	자료변환	**16**	④	자료이해	**21**	⑤	자료논리
2	①	자료변환	**7**	④	자료이해	**12**	③	자료이해	**17**	②	자료이해	**22**	①	자료이해
3	④	자료논리	**8**	②	자료이해	**13**	②	자료변환	**18**	④	자료이해	**23**	②	자료이해
4	③	자료이해	**9**	⑤	자료이해	**14**	⑤	자료이해	**19**	③	자료논리	**24**	⑤	자료이해
5	②	자료이해	**10**	⑤	자료논리	**15**	②	자료논리	**20**	④	자료논리	**25**	①	자료이해

취약 유형 분석표

유형별로 맞힌 개수, 틀린 문제 번호와 풀지 못한 문제 번호를 적고 나서 취약한 유형이 무엇인지 파악해 보세요.
취약한 유형은 '민간경력자 PSAT 기출유형공략'으로 복습하고, 해커스잡 사이트(ejob.Hackers.com)에서 제공하는 <PSAT 영역별 핵심 이론 노트>로 관련 이론을 확인한 후 틀린 문제와 풀지 못한 문제를 다시 풀어보세요.

언어논리

유형	맞힌 개수	틀린 문제 번호	풀지 못한 문제 번호
세부 내용 파악	/13		
중심 내용 파악	/0		
빈칸삽입	/3		
문단배열	/0		
사례 유추	/0		
진술추론	/5		
논증의 타당성	/3		
논리추론	/1		
TOTAL	/25		

상황판단

유형	맞힌 개수	틀린 문제 번호	풀지 못한 문제 번호
세부 내용 파악	/6		
법·규정의 적용	/6		
문제해결	/9		
논리퍼즐	/4		
TOTAL	/25		

자료해석

유형	맞힌 개수	틀린 문제 번호	풀지 못한 문제 번호
자료이해	/16		
자료논리	/6		
자료변환	/3		
TOTAL	/25		

언어논리

1 세부 내용 파악

정답 ②

정답 체크 2문단에서 '음정과 음계는 수학적 질서를 통해 음악의 예술적 특성과 음악의 미적 가치를 효과적으로 전달했다.'고 했으므로 음악의 미적 가치는 수학적 질서를 통해 드러날 수 있음을 알 수 있다.

오답 체크
① 2문단에서 고대에도 음악과 수, 음악과 수학의 관계는 음악을 설명하는 중요한 사고의 틀로 작동했음을 알 수 있다.
③ 2문단에서 건축적 비례를 음악에 연결시킨 사례는 확인할 수 있으나 건축학 이론이 현대 음악의 특성을 건축설계에 반영하는지는 알 수 없다.
④ 1문단에서 우리는 음악을 일반적으로 감정의 예술로 이해함을 알 수 있으나 음악을 감각의 예술로 이해해야 하는지는 알 수 없다.
⑤ 1문단에서 음악을 구성하는 원리로 수학의 원칙과 질서 등이 활용된다고 했고, 2문단에서 고대, 중세, 현대에 이르기까지 음악과 수, 음악과 수학의 관계가 밀접하다는 것을 알 수 있으나 이는 수학적 질서를 통해 음악이 구현된다는 의미이지 수의 상징적 의미가 음악의 수학적 질서를 통해 구체화된다는 의미는 아님을 알 수 있다.

고득점자의 빠른 문제 풀이 Tip

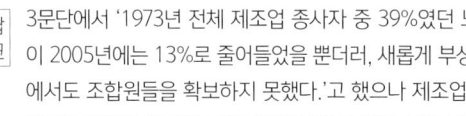

글에서 확인할 수 있는 내용인지의 여부만을 판단합니다. ③은 건축학 이론과 현대 음악의 특성의 관계, ④는 음악을 감각의 예술로 이해, ⑤는 수의 상징적 의미와 음악의 수학적 질서를 파악하는 내용으로 구성되었으나 제시된 글에서는 확인할 수 없습니다.

2 세부 내용 파악

정답 ②

정답 체크 2문단에서 '얼음은 물에 있던 둥근 모양의 입자가 밀려나가고 이미 물 안에 있던 삼각형 모양의 입자들이 함께 결합하여 만들어진다. 또는 밖으로부터 들어온 삼각형 모양의 물 입자가 함께 결합하여 둥근 모양의 물 입자를 몰아내고 물을 응고시킬 수도 있다.'고 했으므로 삼각형 모양의 물 입자는 둥근 모양의 물 입자에서 변화한 것이 아니라 이미 물 안에 있거나 밖에서 들어오는 것임을 알 수 있다.

오답 체크
① 1문단에서 특정한 구름이 바람에 의해 강력하고 지속적으로 압축되거나 습기를 포함하고 있는 구름들이 옆에 나란히 놓여서 서로 압박하는 경우도 있음을 알 수 있다.
③ 2문단에서 얼음은 물에 있던 둥근 모양의 입자가 밀려나가고 이미 물 안에 있던 삼각형 모양의 입자들이 함께 결합하여 만들어진다고 했으므로 물에는 둥근 모양의 입자뿐 아니라 삼각형 모양의 입자도 있음을 알 수 있다.
④ 1문단에서 구름은 물을 응고시켜서 우박을 만드는데 특히 봄에 이런 현상이 빈번하게 생김을 알 수 있다.
⑤ 2문단에서 얼음은 이미 물 안에 있던 삼각형 모양의 입자들이 함께 결합하거나 밖으로부터 들어온 삼각형 모양의 물 입자가 결합하여 만들어진다고 했으므로 얼음에는 삼각형 모양의 물 입자들이 결합되어 있음을 알 수 있다.

고득점자의 빠른 문제 풀이 Tip

추론할 수 있는 내용이란 제시된 글을 근거로 할 수 있는 생각을 의미하므로 글과 일치하는 내용을 바탕으로 한 추론이라면 추론 가능한 것이고, 글과 일치하지 않는 내용을 바탕으로 한 추론이라면 불가능한 추론입니다. 따라서 선택지의 내용이 제시된 글의 내용과 일치하는지를 확인합니다.

3 세부 내용 파악

정답 ④

정답 체크 3문단에서 '1973년 전체 제조업 종사자 중 39%였던 노동조합원의 비율이 2005년에는 13%로 줄어들었을 뿐더러, 새롭게 부상한 서비스업 분야에서도 조합원들을 확보하지 못했다.'고 했으나 제조업 분야 내에서의 노동조합 가입률 하락이 산업구조의 변화로 인한 서비스업의 성장 때문이었는지는 알 수 없다.

오답 체크
① 3문단에서 1973년 전체 제조업 종사자 중 39%였던 노동조합원의 비율이 2005년에는 13%로 줄어들었음을 알 수 있다.
② 4문단에서 1970년대 중반 이후 기업들은 보수적 성향의 정치적 영향력에 힘입어 노동조합을 압도할 수 있게 되었으며, 이러한 노동조합의 몰락은 정치와 기업이 결속한 결과라고 했으므로 1970년대 중반 이후 노동조합의 몰락에는 보수주의적 정치도 일조하였음을 알 수 있다.
③ 2문단에서 지금 미국경제를 주도하는 것은 서비스업이며, 이러한 산업구조로의 변화는 많은 제조업 제품을 주로 수입에 의존하게 되었기 때문임을 알 수 있다.
⑤ 4문단에서 1970년대 말과 1980년대 초에는 노동조합을 지지하는 노동자 20명 중 적어도 한 명이 불법적으로 해고되었다고 했으므로 당시 미국 기업이 노동조합을 지지하는 노동자들에게 행한 조치 중에는 합법적이지 못한 경우도 있었음을 알 수 있다.

4 세부 내용 파악

정답 ③

정답 체크 1문단에서 '왕세자의 책봉을 위해 책례도감을 설치하였는데, 책례도감에서는 의장과 물품을 준비하고, 행사가 끝나면 책례도감의궤를 작성하였다.'고 했고, 2문단에서 '왕이나 왕세자의 혼례식 전 과정은 가례도감의궤로 남겨졌다.'고 했으므로 책봉례와 가례가 거행될 때 의궤를 작성했음을 알 수 있으나 모든 통과의례가 거행될 때마다 행사의 내용을 의궤로 남겼는지는 알 수 없다.

오답 체크
① 1문단에서 실제로 조선시대를 통틀어 적장자로서 왕위에 오른 왕은 일곱 명에 불과했다고 했으므로 왕이 된 왕세자가 모두 적장자는 아니었음을 알 수 있다.
② 2문단에서 왕세자는 책봉례 후 성균관에 입학하는 사대부 자녀와 마찬가지로 성균관 입학례를 치렀으며 일반 사대부의 자녀는 보통 혼례를 치르기 전에 관례를 치른다고 하였으므로 사대부의 자녀도 입학례, 관례, 혼례의 통과의례를 거칠 수 있었음을 알 수 있다.
④ 2문단에서 왕세자는 입학례 후 성인이 되는 통과의례로 관례를 치르고 성인이 된 왕세자는 곧이어 가례를 행하였다고 했으므로 왕세자의 대표적 통과의례 중 성인이 된 후 치른 의례는 가례임을 알 수 있다.

⑤ 2문단에서 왕세자는 책봉례 후 성균관 입학례를 치렀고, 입학례 이후에 거행되는 관례는 왕세자가 성인이 되는 통과의례이며 관례를 치르고 성인이 된 왕세자는 곧이어 가례를 행하였다고 했으므로 왕세자의 통과의례는 대개 책봉례, 입학례, 관례, 가례의 순서로 거행되었음을 알 수 있다.

5 빈칸삽입

정답 ④

정답 체크

(가) 1문단에서 필요조건의 원인을 제거하면 결과가 일어나지 않게 할 수 있다고 했으므로 원인에 해당하는 뇌염모기를 박멸한다면 결과에 해당하는 뇌염 발생을 막을 수 있다는 예시 ㄴ이 적절하다.

(나) 2문단에서 충분조건의 원인을 발생시키면 결과가 일어나게 할 수 있다고 했으므로 콜라병이 총알에 맞는 원인이 발생한다면 그것이 깨지는 결과가 나타난다는 예시 ㄷ이 적절하다.

(다) 3문단에서 필요충분조건의 원인을 일으켜서 결과를 일으키고 원인을 제거해서 그 결과를 제거할 수 있다고 했으므로 물체에 힘을 가하는 원인을 일으켜서 물체의 속도가 변하는 결과를 일으키고, 물체에 힘이 가해지는 원인을 발생시키지 않으면 물체의 속도가 변하는 결과도 발생하지 않는다는 예시 ㄱ이 적절하다.

고득점자의 빠른 문제 풀이 Tip

<보기>에서 제시한 상황을 원인과 결과로 나누어 제시된 글에 대입하면 문제를 간단하게 해결할 수 있습니다.

6 진술추론

정답 ①

정답 체크

2문단에서 '경험론자들은 인간이 아무것도 적혀 있지 않은 '빈 서판'같은 마음을 가지고 태어나며 모든 관념과 지식은 경험에 의해 형성된다고 주장한 반면, 생득론자들은 인간이 태어날 때 이미 외부의 정보를 처리하는 데 필요한 관념들을 가지고 있다고 주장했다.'고 했으므로 만일 촉각을 통해 인지한 형태와 시각만으로 인지한 형태를 연결하는 시험에서 긍정적인 결과가 나오면 생득론자들의 입장이 강화되고, 부정적인 결과가 나오면 경험론자들의 입장이 강화될 것임을 알 수 있다. 실험의 결과는 둘 중 아무 것이나 마구 고른 경우와 거의 차이가 없다고 했으므로 물리눅스의 물음에 부정적인 답변이 나와 경험론자들의 견해가 강화되었음을 알 수 있다.

고득점자의 빠른 문제 풀이 Tip

제시된 글에서 물리눅스의 질문에 대해 생득론자는 '예'의 견해를, 경험론자는 '아니오'의 견해를 제시했음을 읽어내야 합니다.

7 세부 내용 파악

정답 ③

정답 체크

1문단에서 '의사는 의학박사만큼 교육에 종사하기는 어려웠지만 의학교육의 일부를 담당했다.'고 했고 2문단에서 '지방마다 의사를 두지는 못하였으므로 의사가 없는 지방에서는 의사의 업무 모두를 약점사가 담당했다.'고 했으므로 의사가 없는 지방에서는 약점사가 의학교육을 담당할 수도 있었음을 알 수 있다.

오답 체크

① 1문단에서 의학박사에 비해 관품이 낮은 의사들은 실력이 뒤지거나 경력이 부족했음을 알 수 있으나 의사들 가운데 실력이 뛰어난 사람이 의학박사로 임명되었는지는 알 수 없다.

② 제시된 글에서 약점사의 의학 실력이 의사들보다 뛰어났는지는 알 수 없다.

④ 2문단에서 약점사를 향리들 중에서 임명했음을 알 수 있으나 의사가 향리들 중에서 임명되었는지는 알 수 없다.

⑤ 2문단에서 약점은 약점사들이 환자들을 치료하는 공간이었음을 알 수 있으나 의사들의 진료 공간이 어디였는지는 알 수 없다.

고득점자의 빠른 문제 풀이 Tip

제시된 글을 통해 할 수 있는 추론은 제시된 글에 나와 있는 내용을 바탕으로 한 추론일 수밖에 없으므로 글의 내용과의 일치 여부를 확인합니다. 약점사와 의학박사에 관한 구체적인 내용을 정확히 독해해야 혼동없이 정답을 골라낼 수 있습니다.

8 논증의 타당성

정답 ③

정답 체크

논증을 기호화하여 정리하면 다음과 같다.

(나) 전제 1: 비 옴 → 박물관 감
전제 2: 날씨 좋음 → 소풍 감
전제 3: 비 옴 or 날씨 좋음
결론: 박물관 감 or 소풍 감
이는 양도논법(딜레마 논법)으로 반드시 참이다.

(다) 전제 1: 영희는 철학도 or 과학도
전제 2: 과학도X
결론: 철학도
이는 선언명제에서 선언지 가운데 하나가 부정되면 나머지 하나는 긍정되어야 한다는 선언지제거법이므로 반드시 참이다.

오답 체크

(가) 전제 1: 삼촌이 약속 지킴 → 어린이대공원 감
전제 2: 어린이대공원 감
결론: 삼촌이 약속 지킴
이는 전제 1의 '역'에 해당하는 논증이며, 후건긍정의 오류로 반드시 참은 아니다.

(라) 전제 1: 싫어하지 않음 → 데리러 옴
전제 2: 싫어함
결론: 데리러 오지 않음
이는 전제 1의 '이'에 해당하는 논증이며, 전건부정의 오류로 반드시 참은 아니다.

(마) 전제 1: 유학을 감 → 군대에 못 감
전제 2: 군대에 못 감 → 결혼 미룸
전제 3: 결혼 미룸 → 헤어짐
결론: 헤어지지 않음 → 군대에 못 감
전제 2와 전제 3을 연결하면 '군대에 못 감 → 헤어짐'이고, 그 '대우'인 '헤어지지 않음 → 군대에 감'만 반드시 참이다. 따라서 '헤어지지 않음 → 군대에 못 감'은 참과 거짓을 알 수 없으므로 반드시 참은 아니다.

고득점자의 빠른 문제 풀이 Tip

논증을 기호화하여 구조를 이해한 후 오류에 해당하는 것은 지워나가는 것이 좋습니다.

9 세부 내용 파악

정답 ②

정답 체크 제시된 글에 따라 애기장대의 꽃의 구조를 위치상 가장 바깥쪽을 1, 가장 안쪽을 4로 설정하여, 유전자에 따른 애기장대 꽃의 구조를 정리하면 다음과 같다.

위치	1(가장 바깥쪽)	2	3	4 (가장 안쪽)
유전자	A	A+B	B+C	C
애기장대 꽃의 구조	꽃받침	꽃잎	수술	암술

ㄱ. 유전자 A가 결여된다면 유전자 A가 정상적으로 발현하게 될 꽃의 위치에 유전자 C가 발현한다고 했으므로 유전자 A가 결여된 돌연변이 애기장대는 바깥쪽에서부터 C, B+C, B+C, C가 발현한다. 따라서 암술, 수술, 수술 그리고 암술의 구조를 가질 것임을 알 수 있다.

ㄷ. 유전자 C가 결여된다면 유전자 C가 정상적으로 발현하게 될 꽃의 위치에 유전자 A가 발현한다고 했으므로 유전자 C가 결여된 돌연변이 애기장대는 바깥쪽에서부터 A, A+B, A+B, A가 발현한다. 따라서 꽃받침, 꽃잎, 꽃잎 그리고 꽃받침의 구조를 가질 것임을 알 수 있다.

오답 체크 ㄴ. 유전자 B가 결여된 돌연변이 애기장대는 바깥쪽에서부터 A, A, C, C가 발현하므로 꽃받침, 꽃받침, 암술 그리고 암술의 구조가 될 것임을 알 수 있다.

ㄹ. 유전자 A와 B가 결여되면 유전자 C만 발현하므로 암술만 존재하는 구조를 가질 것임을 알 수 있다.

고득점자의 빠른 문제 풀이 Tip

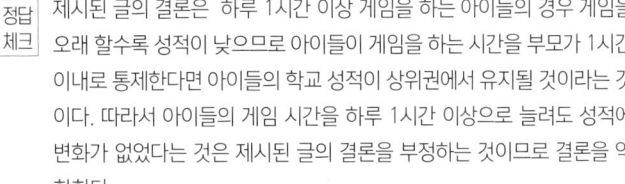

유전자 A, 유전자 C와 달리 유전자 B는 결여되어도 다른 유전자가 대신 발현되지 않는 것에 유의합니다.

10 진술추론

정답 ⑤

정답 체크 제시된 글의 결론은 하루 1시간 이상 게임을 하는 아이들의 경우 게임을 오래 할수록 성적이 낮으므로 아이들이 게임을 하는 시간을 부모가 1시간 이내로 통제한다면 아이들의 학교 성적이 상위권에서 유지될 것이라는 것이다. 따라서 아이들의 게임 시간을 하루 1시간 이상으로 늘려도 성적에 변화가 없었다는 것은 제시된 글의 결론을 부정하는 것이므로 결론을 약화한다.

오답 체크 ① 제시된 글에서 게임을 하는 시간과 책 읽는 시간의 상관관계를 언급하고 있지 않으므로 글의 결론과 무관하다.

② 제시된 글에서 아이들의 게임 시간을 1시간 이내로 통제하면 학교 성적이 상위권에서 유지될 것이라고 했으므로 하루 1시간 이상 3시간 이내 게임을 하던 아이들의 게임 시간을 줄였으나 성적이 오르지 않은 것은 글의 결론을 약화한다.

③ 하루에 게임을 하는 시간을 1시간 이내로 줄인 아이들이 여분의 시간을 책 읽는 데 썼다는 것이 성적을 오르게 해주었는지는 알 수 없으므로 게임 시간을 하루 1시간 이내로 통제하면 성적이 상위권에서 유지될 것이라는 글의 결론과 무관하다.

④ 제시된 글에서 1시간 이내로 게임을 하는 아이들은 1시간 이상 게임을 하는 아이들보다 성적이 높고 1시간 이상 게임을 하는 아이들의 경우 게임을 더 오래 하는 아이들의 성적이 더 낮다고 했으므로 평균 이하의 성적을 보이는 아이들이 하루에 3시간 이상씩 게임을 했다는 것은 글의 결론을 강화한다.

11 세부 내용 파악

정답 ①

정답 체크 4문단에서 '판매자들은 고객들이 대안 산업군 전체에서 하나를 선택하게 되는 과정을 주목하지 못한다. 반면에 대체재의 가격 변동, 상품 모델의 변화, 광고 캠페인 등에 대한 새로운 정보는 판매자들에게 매우 큰 관심거리이므로 그들의 의사결정에 중요한 역할을 한다.'고 했으므로 판매자들은 대안재보다 대체재 관련 정보에 민감하게 반응함을 알 수 있다.

오답 체크 ② 4문단에서 소비자들은 구매를 결정하기 전에 대안적인 상품들을 놓고 저울질하지만 파는 사람의 입장이 됐을 때는 그런 과정을 생각하지 못함을 알 수 있다.

③ 1문단에서 대체재는 형태는 달라도 동일한 핵심 기능을 제공하는 제품이나 서비스라고 했고, 2문단에서 재무 소프트웨어와 회계사는 모두 회계 작업을 수행한다는 측면에서 형태는 다르지만 동일한 기능을 갖고 있다고 했으므로 재무 소프트웨어와 회계사는 서로 대안재가 아니라 대체재의 관계에 있음을 알 수 있다.

④ 제시된 글에서 소비자들이 대안재와 대체재 중 무엇을 더 선호하는지는 알 수 없다.

⑤ 1문단에서 대안재는 기능과 형태는 다르나 동일한 목적을 충족하는 제품이나 서비스라고 했고, 3문단에서 카페는 영화관과 기능은 다르지만 사람들은 여가 시간을 보내기 위한 목적으로 영화관 또는 카페를 선택한다고 했으므로 영화관과 카페는 서로 대체재가 아니라 대안재의 관계에 있음을 알 수 있다.

12 세부 내용 파악

정답 ③

정답 체크 1문단에서 조선시대의 궁궐은 남쪽에서 북쪽에 걸쳐 외전, 내전, 후원의 순서로 구성되고, 2문단에서 왕비의 기거 활동 공간인 중궁전은 중전 또는 중궁이라고도 불리며 궁궐 중앙부의 가장 깊숙한 곳에 위치함을 알 수 있다. 또한 3문단에서 후원은 궁궐의 북쪽 산자락에 있는 원유를 가리킨다고 했으므로 궁궐 남쪽에서 공간적으로 가장 멀리 위치한 곳은 중궁전이 아니라 후원임을 알 수 있다.

오답 체크 ① 3문단에서 후원은 금원이라고도 불렀으며 후원에는 내농포라는 소규모 논을 두고 왕이 직접 농사를 체험하였다고 했으므로 내농포는 금원에 배치되었음을 알 수 있다.

② 2문단에서 내전은 왕과 왕비의 공식 활동과 일상적인 생활이 이루어지는 공간이며, 주요 인물들을 만나 정치 현안에 대해 의견을 나누는 곳이었음을 알 수 있다.

④ 1문단에서 외전은 왕이 의례, 외교, 연회 등 정치 행사를 공식적으로 치르는 공간이라고 했으므로 외국 사신을 응대하는 국가의 공식 의식은 외전에서 거행되었음을 알 수 있다.

⑤ 2문단에서 동궁은 세자의 활동 공간이며 세자가 동궁이라 불리기도 했음을 알 수 있다.

13 세부 내용 파악

정답 ④

정답 체크 4문단에서 '에너지가 방출되는 빠르기를 '일률'이라 한다.'고 했고, 5문단에서 '초코칩 과자가 같은 질량의 TNT보다 더 많은 에너지를 갖고 있지만, 물질 대사라는 화학 과정을 거쳐서 훨씬 더 느리게 에너지를 방출한다.'고 했으므로 초코칩 과자는 에너지가 방출되는 빠르기가 느려 일률은 낮으나 그 에너지는 같은 질량의 TNT가 가진 에너지보다 더 많음을 알 수 있다.

오답 체크

① 1문단의 표에서 각각의 물체가 1g 당 가지고 있는 에너지는 TNT가 0.65kcal, 초코칩 과자가 5kcal, 우라늄-235가 2천만kcal이므로 우라늄-235는 같은 질량의 초코칩 과자나 TNT보다 훨씬 많은 에너지를 가지고 있음을 알 수 있다.

② 1문단의 표에서 컴퓨터 충전기의 1g 당 에너지는 0.1kcal이고, TNT의 1g 당 에너지는 0.65kcal이다. 따라서 동일한 양 0.65kcal를 저장하려면 컴퓨터 충전기는 65g이 필요하고 TNT는 1g이 필요하므로 동일한 양의 에너지를 저장하는 데 필요한 질량은 컴퓨터 충전기가 TNT보다 큼을 알 수 있다.

③ 5문단에서 초코칩 과자가 같은 질량의 TNT보다 더 많은 에너지를 갖고 있지만 물질 대사라는 화학 과정을 거쳐서 훨씬 더 느리게 에너지를 방출한다고 했으므로 어떤 물체에 화학적 에너지가 많이 저장되어 있다고 해서 빠르게 방출되는 것은 아님을 알 수 있다.

⑤ 5문단에서 초코칩 과자가 같은 질량의 TNT보다 더 많은 에너지를 갖고 있지만 물질 대사라는 화학 과정을 거쳐서 훨씬 더 느리게 에너지를 방출함을 알 수 있다.

14 빈칸삽입

정답 ⑤

정답 체크

(가) 1문단에서 플라톤은 궤변으로 떠들어대는 무능한 민주주의 정치 지도자들을 비판했다고 했으므로 (가)는 민주주의를 이끄는 정치인들의 실체가 엉터리 의사와 같다는 내용인 ㄹ이 적절하다.

(나) 2문단에서 플라톤은 대중들의 정치 참여가 국가의 발전 가능성을 높여준다고 생각했다고 했으므로 (나)는 플라톤이야말로 참여 민주주의의 원조격이라는 내용인 ㄴ이 적절하다.

(다) 3문단에서 플라톤은 대중들이 주권자일 수는 있어도 결코 지배자가 될 수는 없는 존재라고 생각했다고 했으므로 (다)는 민주주의를 내세우지만 동시에 대중들의 정치 참여를 제한하는 것이 플라톤 정치 이론의 실체라는 내용인 ㄷ이 적절하다.

(라) 4문단에서 플라톤의 태도는 대중들을 정치의 주인인 것처럼 착각하게 만든 후 정치적 실권은 실상 소수 엘리트들에게 넘겨주는 '사이비' 민주주의 체제를 가능하게 한 것처럼 보인다고 했으므로 (라)는 플라톤의 정치 이론은 일인 독재 정치 체제보다 더 기만적인 정치 체제라는 내용인 ㄱ이 적절하다.

고득점자의 빠른 문제 풀이 Tip

문장과 문장 간의 내용적인 유사성을 살펴보는 것이 중요합니다. 각각의 빈칸에 들어가야 할 내용은 <보기>에서 빈칸의 앞부분과 동일하거나 유사한 내용을 찾아야 합니다.

15 세부 내용 파악

정답 ①

정답 체크

1문단에서 두 기둥 사이에 보를 연결한 구조에 대해 '이런 구조는 기둥에 대해 수직으로 작용하는 하중에는 강하지만 수평으로 가해지는 하중에는 취약하다. 따라서 기둥과 보 사이에 가새를 넣어 주어야 하며, 이를 통해 견고한 구조가 실현된다.'고 했으므로 가새는 수평 하중에 약한 구조를 보완하는 것임을 알 수 있다.

오답 체크

② 2문단에서 가새는 보에 가해지는 수직 하중의 일부도 기둥으로 전달하는 역할을 함을 알 수 있다.

③ 2문단에서 기둥과 보 그리고 가새가 서로 연결되어 삼각형 형태를 이루면 목조 건축물의 골조는 더 안정된 구조를 이룰 수 있음을 알 수 있다.

④ 2문단에서 가새의 크기와 그것이 설치될 위치를 설계할 때에는 수평 하중의 영향만 고려함을 알 수 있다.

⑤ 2문단에서 대부분의 가새는 하나의 보와 이 보의 양 끝에 수직으로 연결된 두 기둥에 설치되므로 마주보는 짝으로 구성됨을 알 수 있다.

16 세부 내용 파악

정답 ⑤

정답 체크

3문단에서 '왕실의 고풍스러운 의례가 전파로 송출되기 시작하면서, 급변하는 사회를 혼란스러워 하던 대중은 전통적 왕실 의례에서 위안을 찾았다. 국민의 환호와 열광 속에 화려한 마차를 타고 개선로를 통과하는 군주에게는 어수선한 시대의 안정적 구심점이라는 이미지가 부여되었다.'고 했으므로 제2차 세계대전 이후 전통적 영국 왕실 의례의 부활은 대중들에게 위안과 안정을 주는 역할을 했음을 알 수 있다.

오답 체크

① 1문단에서 1937년 영국에서 거행된 조지 6세의 대관식에 귀족들은 대부분 자동차를 타고 왔으며 동원된 마차는 단 세 대밖에 없었다고 했고, 2문단에서 1953년 엘리자베스 2세의 대관식은 전통적인 방식으로 모든 외국 왕족과 국가 원수를 마차에 태웠다고 했으므로 1953년 의전 행사 방식은 1937년과 달랐음을 알 수 있다.

② 3문단에서 영국 대중은 전통적 왕실 의례에서 위안을 찾았음을 알 수 있으나 영국 왕실 의례가 지역 간 통합에 순기능으로 작동했는지는 알 수 없다.

③ 2문단에서 1953년 엘리자베스 2세의 대관식에서 부족한 일곱 대의 마차를 영화사에서 추가로 임대했음을 알 수 있으나 영화가 영국 왕실 의례가 대중에 미치는 영향력을 잘 보여주었는지는 알 수 없다.

④ 3문단에서 영국 왕실의 고풍스러운 의례가 전파로 송출되었다고 했으므로 시대의 변화에 따라 영국 왕실 의례의 장엄함과 섬세함이 왕실 외부로 알려지게 되었음을 알 수 있다.

17 빈칸삽입

정답 ④

정답 체크

제시된 글에서 갑은 훌륭한 예술을 '예술가가 경험한 감정이 잘 전달되어 감상자도 그런 감정을 느끼게 되는 예술'로 정의하고 있다. 이때 '천박한 감정을 느낀 예술가가 그 감정을 표현하여 감상자 역시 그런 감정을 느낀다면, 그런 예술이 훌륭한 예술인가?'라는 을의 물음에 대해 갑의 대답이 일관적이기 위해서는 긍정적인 대답이어야 한다. 그러나 을이 갑의 대답을 모순이라고 했으므로 (가)는 을의 물음에 대해 부정적인 대답을 했음을 알 수 있다. 또한 갑의 대답이 모순인 이유는 갑이 스스로 정의한 예술의 개념을 부정하고 있기 때문이므로 (나)는 훌륭한 예술에 대한 갑의 정의와 앞뒤가 맞지 않는다는 내용임을 알 수 있다.

고득점자의 빠른 문제 풀이 Tip

'모순'이란 '어떤 사실의 앞뒤, 또는 두 사실이 이치상 어긋나서 서로 맞지 않는 것'을 의미합니다. 따라서 을이 갑의 대답에 대해 모순이라고 비판했다면 이는 갑이 자신의 생각이나 발언을 부정한 것임을 추론할 수 있습니다.

18 논증의 타당성

정답 ②

정답 체크

제시된 명제를 도식화하면 다음과 같다.

명제 1: AO → BO

명제 2: AO → EO

명제 3: CO → EO

명제 4: DO → BO

명제 5: CX → BX

D가 참석한다는 결론을 이끌어 낼 수 있는 명제가 없으므로 반드시 참인지 알 수 없다.

오답 체크

① 명제 1과 명제 5의 '대우'를 차례로 연결하면 도출 가능하므로 반드시 참이다.

③ 명제 5와 명제 4의 '대우'를 차례로 연결하면 도출 가능하므로 반드시 참이다.

④ 명제 4와 명제 5의 '대우'를 차례로 연결하면 도출 가능하므로 반드시 참이다.

⑤ 명제 3의 '대우'와 명제 5를 차례로 연결하면 도출 가능하므로 반드시 참이다.

고득점자의 빠른 문제 풀이 Tip

조건 명제에서 앞부분에 있는 조건이 전건, 뒷부분에 있는 조건이 후건일 때, 선택지의 전건과 후건이 제시된 명제의 전건과 후건에 있는지 확인합니다. 만약 선택지의 전건과 후건을 제시된 명제에서 확인할 수 없다면 그 명제는 옳고 그름을 판단할 수 없는 것임에 유의합니다.

이처럼 제시된 명제를 통해 도출할 수 있는 결론을 찾아내는 것보다 선택지의 내용을 제시된 명제에서 찾아낼 수 있는지만 판단하면 문제 풀이 시간을 단축할 수 있습니다.

19 진술추론

정답 ①

정답 체크

ㄱ. 제시된 글에서 강한 프로그램의 원리에 의하면 자연과학이 제공하는 믿음이 특정 전문가 집단의 공동체적 활동에 의해 생산됨을 알 수 있다. 따라서 자연과학자들의 탐구도 과학자들의 공동체에서 이루어지는 활동의 산물이라는 진술은 강한 프로그램의 원리를 지지한다.

ㄴ. 제시된 글에서 강한 프로그램의 원리에 의하면 어떤 문제가 우선적으로 탐구되어야 할 중요한 문제인지, 그 문제를 어떤 방식으로 풀어야 옳은지 등에 대한 판단은 사회적 맥락 속에서 이루어짐을 알 수 있다. 따라서 어떤 연구 주제가 중요한지, 어떤 이론을 선택할지 등은 사회적 맥락 속에서 결정된다는 진술은 강한 프로그램의 원리를 지지한다.

오답 체크

ㄷ. 제시된 글에서 강한 프로그램의 원리에 의하면 자연과학이 제공하는 믿음은 특정 전문가 집단의 공동체적 활동에 의해 생산되므로 자연과학 이론이 사회과학 이론보다 더 객관적 사실에 근거하여 형성된다는 진술은 강한 프로그램의 원리를 지지하지 않는다.

ㄹ. 학문의 분야별 생산성과 발전에 관한 내용은 강한 프로그램의 원리와 무관하다.

20 세부 내용 파악

정답 ⑤

정답 체크

제시된 글에서 '흄은 집수리에 합의한 적이 없다는 이유로 지불을 거절했다.'고 했으므로 흄에게는 집수리의 필요성 여부와 무관하게 합의 여부가 지불을 결정하는 요인임을 알 수 있다. 따라서 '집수리에 대한 합의가 없었더라도 필요한 집수리를 했다면, 집수리 비용을 지불할 의무가 생겨난다.'는 주장은 흄이 반대하는 주장임을 알 수 있다.

오답 체크

①, ②, ③, ④ 집수리에 대한 합의가 이루어지지 않았다면 집수리의 필요성 여부와 무관하게 지불할 의무가 없다는 주장이므로 흄이 반대하는 주장이 아님을 알 수 있다.

21 세부 내용 파악

정답 ①

정답 체크

1문단에서 '여기서 경합성이란 한 사람이 어떤 재화나 서비스를 소비하면 다른 사람의 소비를 제한하는 특성을 의미하며, 배제성이란 공급자에게 대가를 지불하지 않으면 그 재화를 소비하지 못하는 특성을 의미한다.'고 했으므로 체증이 심한 유료 도로는 내가 이용하면 다른 사람의 소비를 제한하게 되어 경합성을 갖고, 대가를 지불해야 이용할 수 있어 배제성도 갖는다. 따라서 a에 해당함을 알 수 있다.

오답 체크

② 2문단에서 케이블 TV를 즐기기 위해서는 시청료를 지불해야 한다고 했으므로 배제성을 갖고, 누군가의 시청이 다른 사람의 시청을 제한하지는 않아 비경합성을 가지므로 c에 해당함을 알 수 있다.

③ 1문단에서 많은 재화나 서비스는 경합성과 배제성을 지닌 '사유재'에 해당한다고 했으므로 사먹는 아이스크림과 같은 사유재는 a에 해당함을 알 수 있다.

④ 1문단에서 공공재는 비경합적이면서도 비배제적인 특성을 가진 재화나 서비스를 말한다고 했으므로 국방 서비스와 같은 공공재는 d에 해당함을 알 수 있다.

⑤ 2문단에서 영화 관람이라는 소비 행위는 비경합적이지만 배제가 가능하다고 했으므로 c에 해당함을 알 수 있다.

22 진술추론

정답 ①

정답 체크

갑: (가)는 도덕성의 기초는 이성이지 동정심이 아니라고 했고, (다)는 도덕성의 기초는 이성이 아니라 오히려 동정심이라고 했으므로 (가)와 (다)는 양립할 수 없다.

을: (나)는 인간의 동정심은 동일한 상황에서도 경우에 따라 다르기 때문에 신뢰할 만하지 않다고 했으므로 동정심은 일관적이지 않으며 때로는 변덕스럽고 편협하다고 주장하는 (가)를 지지한다.

오답 체크

병: (가)는 도덕성의 기초는 이성이며 동정심은 도덕성의 기초가 될 수 없다고 주장하므로 동정심의 도덕적 역할을 전적으로 부정하고 있다. 반면 (라)는 동정심이 전적으로 신뢰할 만한 것은 아니지만 도덕성의 기반에서 동정심을 완전히 제거하는 것은 도덕의 풍부한 원천을 모두 내다 버리는 것이라고 주장하므로 동정심의 도덕적 역할을 전적으로 부정하지는 않는다.

정: (나)는 동정심은 신뢰할 만하지 않다고 주장하고, (라)는 동정심은 전적으로 신뢰할 만한 것은 아니지만 성숙하게 함양해야 한다고 주장한다. 둘의 주장이 상충하지 않으므로 모순관계가 아님을 알 수 있다.

23 논증의 타당성

정답 ⑤

정답 체크

- 전제 1: 실천적 지혜가 있는 사람 → 덕을 알고 실행에 옮기는 사람
- 전제 2: 덕을 알고 실행에 옮기는 사람 → 실천적 지혜가 있는 사람
- 결론: 실천적 지혜가 있는 사람 → 자제력이 있는 사람

결론을 이끌어 내기 위해서는 전제 2와 결론에서 '덕을 알고 실행에 옮기는 사람'과 '자제력'이 있는 사람 사이의 관계를 알 수 있는 전제가 필요하다. 즉, '덕을 알고 실행에 옮기는 사람은 자제력이 있다.'는 전제가 있으면 실천적 지혜가 있는 사람은 자제력이 있는 사람이 된다. 따라서 '아는 덕을 실행에 옮기는 사람은 자제력이 있다.'의 '대우'인 '자제력이 없는 사람은 아는 덕을 실행에 옮기는 사람이 아니다.'를 추가하면 논증이 타당해짐을 알 수 있다.

고득점자의 빠른 문제 풀이 Tip

제시된 글을 통해 확인할 수 있는 논증의 구조를 파악하여 결론이 도출되기 위해 필요한 명제를 찾으면 됩니다. 또한 명제와 '대우'는 동치관계임을 유의합니다.

24 논리추론

정답 ④

정답 체크

7개 행정구역의 인접 여부를 조건에 따라 정리한다. 이때, 인접한 행정구역은 선으로 연결하고 그렇지 않은 경우는 선으로 연결하지 않는 방법으로 그림을 나타낼 수 있다.

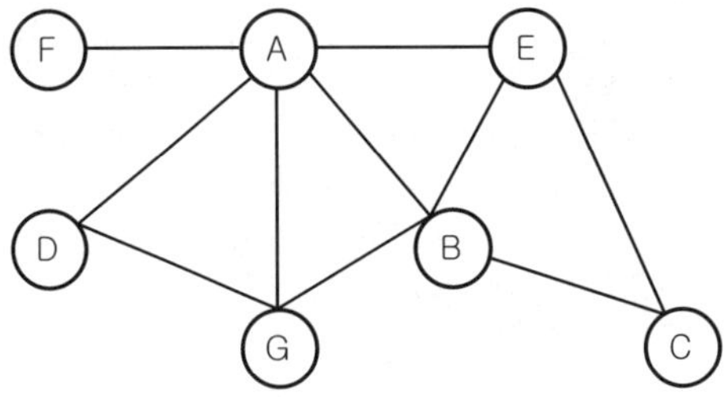

선으로 연결된 행정구역은 인접한 구역이고, 이들은 서로 같은 정책을 추진할 수 없다는 것을 염두에 두고 선택지를 살펴본다.

E가 d정책을 추진하면, G가 인접한 구역은 a정책을 추진하는 A, b정책을 추진하는 B, 추진하는 정책이 정해져 있지 않은 D이다. 따라서 E가 d정책을 추진하면, G는 c 이외에 d정책도 추진할 수 있으므로 반드시 참은 아니다.

오답 체크

① E는 A, B, C와 인접하고 있으므로 a, b, c정책은 추진할 수 없다. 따라서 나머지 d정책만을 추진해야 하므로 반드시 참이다.

② F는 A와 인접하고 있으므로 a정책은 추진할 수 없지만 b, c, d 중 하나의 정책을 추진할 수 있으므로 반드시 참이다.

③ D가 d정책을 추진하면, G가 인접한 구역은 a정책을 추진하는 A, b정책을 추진하는 B, d정책을 추진하는 D이다. 따라서 G는 나머지 c정책만 추진할 수 있으므로 반드시 참이다.

⑤ G가 d 정책을 추진하면, D가 인접한 구역은 a정책을 추진하는 A, d정책을 추진하는 G이다. 따라서 D는 나머지 b, c 중 하나의 정책만 추진할 수 있으므로 반드시 참이다.

고득점자의 빠른 문제 풀이 Tip

인접한 구역을 그림으로 쉽게 정리한 후에 선택지에서 주어진 조건들을 추가해가면서 옳고 그름을 파악하는 것이 좋습니다.

25 진술추론

정답 ③

정답 체크

ㄱ. 2문단에서 탈리도마이드는 생쥐 실험에서 안전성을 인정받고 임신부들이 복용했으나 기형아가 1만여 명이나 태어났다고 했으므로 동물 실험 결과, 안전하다고 판단된 약물은 사람에게도 안전하다는 주장은 제시된 글에 의해 반박될 수 있다.

ㄴ. 2문단에서 항생제로 지금까지도 널리 사용되는 페니실린은 사람에게는 안전하지만 일부 설치류에게는 치명적인 독성을 나타낸다고 했으므로 어떤 약물이 사람에게 안전하다면 동물에게도 안전하다는 주장은 제시된 글에 의해 반박될 수 있다.

ㄷ. 3문단에서 기존에 동물 실험이나 임상 시험에서 독성이 나타나 후보 목록에서 제외되었던 물질이 최근 들어 재조명되는 사례가 늘고 있다고 했으므로 신약 개발을 위한 임상 시험에서 독성이 나타난 물질은 어느 누구에게도 투여해서는 안 된다는 주장은 제시된 글에 의해 반박될 수 있다.

오답 체크

ㄹ. 3문단에서 동물에게 독성이 나타나더라도 사람에게 독성이 없는 것으로 판명되거나 일부 사람에게는 독성이 나타나더라도 이에 내성이 있는 사람에게는 투여 가능한 경우가 있다고 했으나 내성이 있는 사람에게 부작용이 나타난 약물이 모든 사람에게 부작용이 나타나는지는 알 수 없으므로 제시된 글에 의해 반박될 수 있는지 알 수 없다.

고득점자의 빠른 문제 풀이 Tip

'다음 글에 의해 반박될 수 있는 주장'이란 제시된 글의 내용을 부정하는 것이므로 글의 내용과 일치하지 않는 주장이 무엇인지 확인합니다. 이때 글의 내용을 정면으로 부정하는 내용이 아니라면 반박 가능성 여부를 알 수 없는 주장입니다.

1 세부 내용 파악

정답 ⑤

정답 체크

ㄱ. 1문단에서 가입자 및 피부양자에게 2년마다 1회 무료로 건강검신을 실시한다고 했으므로 작년에 건강검진을 무료로 받은 甲의 피부양자는 올해 연이어 건강검진을 무료로 받을 수 없음을 알 수 있다.

ㄷ. 2문단에서 현금급여는 가입자 또는 피부양자가 긴급하거나 기타 부득이한 사유로 인하여 지정된 요양기관 이외의 의료기관에서 부상에 대하여 요양을 받은 경우 요양비를 지급하는 것이라고 했으므로 의료기관이 아닌 마을 주민으로부터 치료를 받은 丙은 요양비를 지급받을 수 없음을 알 수 있다.

ㄹ. 2문단에서 본인부담액보상금은 전체 보험가입자의 보험료 수준별로 상위 20%는 연간 400만 원의 진료비를 초과하는 경우, 그 초과액을 공단이 부담하는 제도라고 했으므로 진료비로 400만 원을 지출한 丁은 400만 원을 초과하는 금액이 존재하지 않아 공단으로부터 지원받을 수 있는 진료비가 없음을 알 수 있다.

오답 체크

ㄴ. 2문단에서 현금급여는 가입자 또는 피부양자가 긴급하거나 기타 부득이한 사유로 인하여 요양기관 외의 장소에서 출산을 한 경우 요양비를 지급하는 것이라고 했으므로 갑작스러운 진통으로 인해 자기 집에서 출산한 경우, 공단으로부터 요양비를 지급받을 수 있음을 알 수 있다.

고득점자의 빠른 문제 풀이 Tip

<보기>를 대략적으로 살펴보았을 때, '무료 건강검진', '출산', '400만 원' 등이 주요 핵심어이므로 제시된 글에서 해당 단어가 포함된 문장을 우선적으로 확인합니다.

2 세부 내용 파악

정답 ①

정답 체크

1문단에서 '삼국시대 이후인 남북국시대에는 서민과 귀족이 모두 우리 고유의 두루마기인 직령포를 입었다. 그런데 귀족은 직령포를 평상복으로만 입었고, 서민과 달리 의례와 같은 공식적인 행사에는 입지 않았다.'고 했으므로 남북국시대의 서민들은 귀족과 달리 공식적인 행사에도 직령포를 입었음을 알 수 있다.

오답 체크

② 1문단에서 귀족층은 중국옷을 그대로 받아들여 입었지만, 서민층은 우리 고유의 복식을 유지하여 복식의 이중 구조가 나타났다고 했으므로 모든 계층에서 중국옷을 그대로 받아들여 입지는 않았음을 알 수 있다.

③ 1문단에서 조선 중기나 후기에 들어서면서 마고자와 조끼를 입기 시작했는데, 조끼는 서양 문물의 영향을 받은 것이었다고 했으므로 서양 문물의 영향으로 인해 입기 시작한 것은 마고자가 아니라 조끼임을 알 수 있다.

④ 2문단에서 조선시대에는 무관 상복의 흉배에 호랑이를 수놓았다고 했고, 같은 문단에서 구군복은 임금이 입었던 것에만 흉배를 붙였다고 했으므로 무관이 입던 구군복에는 흉배가 없었음을 알 수 있다.

⑤ 2문단에서 문무백관의 상복도 곤룡포와 모양은 비슷했고, 무관 상복의 흉배에는 호랑이를, 문관 상복의 흉배에는 학을 수놓았다고 했으므로 문관의 흉배에는 호랑이가 아니라 학이 수놓아져 있었음을 알 수 있다.

3 법·규정의 적용

정답 ①

정답 체크

ㄱ. 부양의무자 甲
- 배우자: 1호에 해당된다.
- 75세 아버지: 2호에 해당된다.
- 15세 자녀: 3호에 해당된다.
- 20세 자녀: 장애가 없으므로 3호에 해당되지 않는다.
- 장애 6급을 가진 39세 처제: 4호에 해당된다.

따라서 甲의 부양가족 수는 4명이다.

ㄴ. 부양의무자 乙
- 배우자: 1호에 해당된다.
- 58세 장인: 2호에서 직계존속은 60세 이상이라고 했으므로 해당되지 않는다.
- 56세 장모: 2호에서 직계존속은 60세 이상이어야 하지만 여성은 55세 이상이라고 했으므로 해당된다.
- 16세 조카: 조카는 직계존속이나 직계비속이 아니므로 해당되지 않는다.
- 18세 동생: 장애가 없으므로 4호에 해당되지 않는다.

따라서 乙의 부양가족 수는 2명이다.

고득점자의 빠른 문제 풀이 Tip

<보기>에 제시된 인물 간의 관계가 '직계존속', '직계비속'인지 파악하고 '나이', '장애등급'에 유의하여 제시된 글의 정보를 확인합니다.
- 직계존속: 조상으로부터 직계로 내려와 자기에 이르는 사이의 혈족으로 부모, 조부모 등을 이릅니다.
- 직계비속: 자기로부터 직계로 이어져 내려가는 혈족으로 아들, 딸, 손자, 증손 등을 이릅니다.

4 법·규정의 적용

정답 ②

정답 체크

ㄱ. 원산지 표시방법 (가)의 3)에서 원산지가 다른 돼지고기를 섞은 경우에는 그 사실을 표시한다고 했으므로 국내산 돼지고기와 프랑스산 돼지고기를 섞은 돼지갈비를 유통할 때 '돼지갈비(국내산과 프랑스산을 섞음)'로 표시해야 함을 알 수 있다.

ㄹ. 원산지 표시방법 (나)의 1)에서 조리한 닭고기를 배달을 통하여 판매·제공하는 경우 그 조리한 음식에 사용된 닭고기의 원산지를 포장재에 표시한다고 했고, (나)의 2)에서 이 경우 원산지 표시는 (가)의 기준에 따른다고 했으므로 국내산 닭을 이용하여 양념치킨으로 조리한 후 배달 판매할 때 '양념치킨(국내산)'으로 표시해야 함을 알 수 있다.

오답 체크

ㄴ. 원산지 표시방법 (가)의 1)에서 수입한 돼지는 2개월 이상 사육한 경우에 국내산으로 표시할 수 있다고 했으므로 국내에서 1개월 간 사육한 덴마크산 돼지를 삼겹살로 유통할 때는 국내산 표시를 할 수 없음을 알 수 있다.

ㄷ. 원산지 표시방법 (가)의 1)에서 수입한 오리는 1개월 이상 사육한 경우에 국내산으로 표시할 수 있다고 했으므로 훈제오리 자체를 수입한 경우는 (가)의 1)에 해당하지 않아 유통할 때는 국내산 표시를 할 수 없음을 알 수 있다.

> **고득점자의 빠른 문제 풀이 Tip**
>
> <보기>에서 어떤 항목에 대해 묻는지 파악하여 해당되는 내용을 빠르게 찾는 것이 중요합니다. 특히 해당되는 수입 축산물의 종류, 개월 수 등을 중점적으로 파악합니다.

5 문제해결

정답 ③

정답 체크 <오늘 아침의 상황>과 <은희의 취향>을 정리하면 다음과 같다.

- 상황 1: 스트레스를 받음-휘핑크림이나 우유거품을 추가함
- 상황 2: 아침식사를 하지 못해 배가 고픔-데운 우유가 들어간 커피를 마심
- 상황 3: 다른 음식 없이 커피만 마심-다른 음식이 없으므로 데운 우유를 빼지 않음
- 상황 4: 피곤하지만 휘핑크림은 넣지 않음-초코시럽을 추가하지 않음

이에 따라 선택할 커피를 살펴보면 다음과 같다.
상황 4에 의해 휘핑크림이 들어간 카페 비엔나와 카페 모카가 제외된다.
상황 2에 의해 데운 우유가 들어가지 않은 에스프레소와 카페 아메리카노가 제외된다.
상황 4와 상황 1에 의해 우유거품이 없는 카페 라떼가 제외된다.
따라서 최종적으로 선택되는 것은 우유거품과 데운 우유가 들어간 카푸치노이다.

> **고득점자의 빠른 문제 풀이 Tip**
>
> <커피의 종류>, <은희의 취향>, <오늘 아침의 상황>에 '우유거품'과 '휘핑크림'처럼 제한적인 특징이 있는지 확인합니다. <오늘 아침 상황>에서 '휘핑크림'을 넣지 않는다고 했고, <은희의 취향>에서 스트레스를 받으면 '휘핑크림' 또는 '우유거품'을 추가한다고 했으므로 '우유거품'이 들어간 커피를 주문할 것임을 빠르게 확인할 수 있습니다.

6 세부 내용 파악

정답 ④

정답 체크

ㄱ. A학자는 청소년들이 폭력성이 강한 드라마를 자주 보면 폭력성향이 강해지고, 이것이 폭력행위의 증가로 이어진다고 했으므로 A의 주장에 따르면 텔레비전에서 폭력물을 방영하는 것을 금지한다면 청소년 폭력행위는 줄어들 것임을 알 수 있다.

ㄷ. B학자는 폭력성향이 강한 청소년들은 폭력을 일삼는 드라마에 더 끌리는 경향이 있다고 했으므로 B의 주장에 따르면 폭력물을 자주 본다는 것은 강한 폭력성향의 원인이 아니라 결과임을 알 수 있다.

ㄹ. A학자는 청소년들이 폭력성이 강한 드라마를 보면 폭력성향이 강해진다고 했고, B학자는 폭력성향이 강한 청소년이 폭력을 일삼는 드라마에 더 끌린다고 했으므로 A, B의 주장에 따르면 청소년 폭력성향과 폭력물 시청은 상관관계가 있음을 알 수 있다.

오답 체크

ㄴ. A학자의 주장에 남성과 여성의 차이에 대한 내용이 없으므로 남성 청소년들이 여성 청소년들보다 폭력물에서 보이는 세계를 현실이라고 믿는 경향이 더 강한지는 알 수 없다.

7 논리퍼즐

정답 ①

정답 체크 원문의 알파벳을 <암호표>의 맨 왼쪽 줄에서 찾고, 암호 변환키의 알파벳을 <암호표>의 맨 위쪽 줄에서 찾아 그 교차점에 있는 알파벳을 암호문으로 한다고 했으므로 제시된 <보기>의 암호 변환키와 암호문을 이용해서 역으로 원문을 찾을 수 있다. <보기>의 가장 앞에 있는 문자를 볼 때 암호 변환키의 B가 암호문의 I가 되려면 원문은 H임을 알 수 있다. 나머지 문자도 이와 같이 정리하면 다음과 같다.

› 암호 변환키 (↓ 원문)

		①			③		⑤	②	⑥				④	
	A	B	C	D	E	F	G	H	I	J	K	L	M	N
④ A	A	B	C	D	E	F	G	H	I	J	K	L	M	N
B	B	C	D	E	F	G	H	I	J	K	L	M	N	A
⑤ C	C	D	E	F	G	H	I	J	K	L	M	N	A	B
D	D	E	F	G	H	I	J	K	L	M	N	A	B	C
E	E	F	G	H	I	J	K	L	M	N	A	B	C	D
F	F	G	H	I	J	K	L	M	N	A	B	C	D	E
G	G	H	I	J	K	L	M	N	A	B	C	D	E	F
① H	H	I	J	K	L	M	N	A	B	C	D	E	F	G
② I	I	J	K	L	M	N	A	B	C	D	E	F	G	H
③ J	J	K	L	M	N	A	B	C	D	E	F	G	H	I
⑥ K	K	L	M	N	A	B	C	D	E	F	G	H	I	J
L	L	M	N	A	B	C	D	E	F	G	H	I	J	K
M	M	N	A	B	C	D	E	F	G	H	I	J	K	L
N	N	A	B	C	D	E	F	G	H	I	J	K	L	M

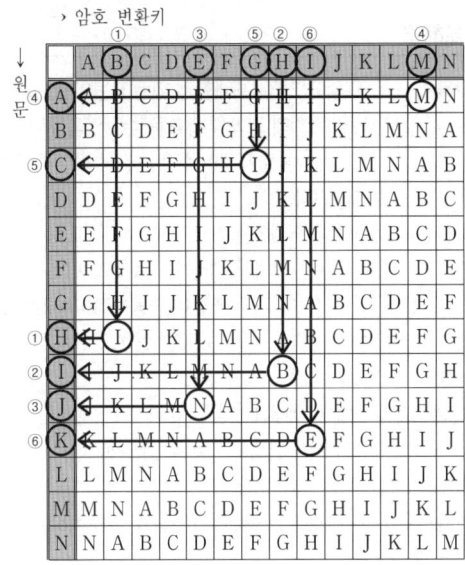

따라서 암호 변환키가 BHEMGI이고, 암호문이 IBNMIE일 때 원문은 HIJACK이다.

> **고득점자의 빠른 문제 풀이 Tip**
>
> 선택지에서 일부 글자를 빠르게 확인하여 정답을 찾습니다. 첫 번째 원문인 H를 해독하면 ①, ②, ③만 남고, ①, ②, ③의 마지막 원문이 모두 다르므로 마지막 원문인 K를 찾으면 ①이 정답임을 빠르게 찾을 수 있습니다.

8 문제해결

정답 ③

정답 체크 乙이 오전 7시 30분에 일어나면 乙의 숫자는 0, 7, 3, 0의 합인 10이다. 반면 甲이 오전 6시 30분 전에 일어날 때, 6시 20분에 일어나면 甲의 숫자는 0, 6, 2, 0의 합인 8이 되어 甲이 이길 수 있지만 6시 29분에 일어나면 甲의 숫자는 0, 6, 2, 9의 합인 17이 되어 甲이 지게 된다. 따라서 甲이 지는 경우도 발생할 수 있으므로 반드시 甲이 이기는 것은 아니다.

오답 체크

① 甲이 오전 6시 정각에 일어나면 甲의 숫자는 0, 6, 0, 0의 합인 6이 된다. 이때 乙은 앞의 두 숫자가 0, 7로 고정이므로 숫자의 합은 항상 7 이상이다. 따라서 반드시 甲이 이긴다.

② 乙이 오전 7시 59분에 일어나면 甲의 숫자는 0, 7, 5, 9의 합인 21이 되며 이는 乙이 만들 수 있는 숫자 중 가장 큰 숫자이다. 이때 甲은 앞의 두 자리가 0, 6으로 고정이고 뒤의 두 자리는 최대5, 9이므로 甲의 최댓값은 0, 6, 5, 9의 합인 20이 된다. 따라서 반드시 乙이 진다.

④ 甲과 乙이 정확히 1시간 간격으로 일어나면 뒤의 두 자리 숫자는 항상 같고 앞의 두 자리 숫자는 甲이 항상 1이 적으므로 반드시 甲이 이긴다.

⑤ 甲과 乙이 정확히 50분 간격으로 일어나는 경우, 甲이 6시 30분에 일어나면 乙은 7시 20분에 일어나는 것이 된다. 이때 뒤의 두 자리 숫자는 乙의 숫자가 甲의 숫자보다 1이 적고, 앞의 두 자리 숫자는 乙이 甲보다 1이 크므로 甲과 乙은 비기게 된다.

고득점자의 빠른 문제 풀이 Tip

제시된 <조건>에서 甲은 오전 6시에서 오전 6시 59분 사이에 일어나므로 앞의 두 자리가 0, 6으로 고정이고 乙은 오전 7시에서 7시 59분 사이에 일어나므로 앞의 두 자리가 0, 7로 고정입니다. 따라서 뒤의 두 자리만을 비교하면서 선택지를 살펴보는 것이 좋습니다.

9 문제해결

정답 ④

정답 체크 작물 A, B, C, D 중에 1월에 재배할 수 있는 작물이 없으므로 총 재배 가능 기간은 2월~12월로 최대 11개월을 활용할 수 있음을 알 수 있다. 이 기간에 A, B, C, D 중 세 작물을 재배할 수 있는 경우와 두 작물을 재배할 수 있는 경우는 다음과 같다.

<경우 1> 세 작물을 재배하는 경우

총 재배 가능 기간은 최대 11개월이므로 1회 재배 기간을 고려할 때 A, C, D와 B, C, D 두 가지 조합이 가능하다. 이 가운데 A, C, D 조합의 수익은 800+500+350=1,650만 원이고 B, C, D 조합의 수익은 1,000+500+350=1,850만 원이다.

<경우 2> 두 작물을 재배하는 경우

두 작물을 재배할 때를 살펴보면 두 작물을 재배해서 1,850만 원 이상의 소득을 얻을 수 있는 경우는 없다.

따라서 B, C, D 세 작물을 재배해서 얻을 수 있는 1,850만 원이 최대 소득임을 알 수 있다.

고득점자의 빠른 문제 풀이 Tip

제시된 글에 따라 甲이 내년에 작물을 재배하여 최대로 얻을 수 있는 소득을 구하는 것이므로 선택지에 나타난 최대 소득이 얼마인지 확인하고, 그 소득에 가능한 조합은 무엇일지 고려합니다.

⑤ 작물 A, B, D 조합을 재배할 때의 소득이며, 작물 A, B, D의 재배 기간은 4+5+3=12개월이므로 총 재배 가능 기간인 11개월을 초과하므로 정답에서 제외됩니다.

④ 작물 B, C, D를 재배할 때 소득이며, 작물 B, C, D를 재배하는 기간의 합이 5+3+3=11개월로 총 재배 가능 기간과 동일하고, 재배 가능 시기가 겹치지 않으므로 최대로 얻을 수 있는 소득으로 정답이 됩니다.

10 문제해결

정답 ②

정답 체크 유권자 수를 적용하여 A지역의 그림을 그려보면 다음과 같다.

① 60명	② 10명	③ 10명
④ 10명	⑤ 30명	⑥ 10명
⑦ 10명	⑧ 10명	⑨ 60명

전체 인원이 210명이므로 유권자 수가 동일한 3개의 선거구로 나누면 한 선거구의 유권자 수는 70명이어야 한다. ①구역과 ⑨구역의 인구가 60명이고, 한 선거구의 유권자 수는 70명이므로 이 두 구역을 기준으로 선거구를 나누는 경우의 수를 확인한다. 이때 같은 선거구에 속하는 구역들은 사각형의 한 변이 적어도 그 선거구에 속하는 다른 한 구역의 사각형의 한 변과 맞닿아 있어야 하므로 ①구역은 ②구역 또는 ④구역과 같은 선거구가 되어야 하고, ⑨구역은 ⑧구역 또는 ⑥구역과 같은 선거구가 되어야 한다. 따라서 가능한 선거구는 다음과 같다.

<경우 1-1> ①구역은 ②구역, ⑨구역은 ⑧구역과 통합되는 경우

① 60명	② 10명	③ 10명
④ 10명	⑤ 30명	⑥ 10명
⑦ 10명	⑧ 10명	⑨ 60명

<경우 1-2> ①구역은 ②구역, ⑨구역은 ⑥구역과 통합되는 경우

① 60명	② 10명	③ 10명
④ 10명	⑤ 30명	⑥ 10명
⑦ 10명	⑧ 10명	⑨ 60명

이러한 경우 ⑨구역은 위와 같이 ⑧구역이나 ⑥구역과 통합된다. 그런데 <경우 1-2>는 ③구역이 다른 구역의 사각형과 맞닿은 변이 없으므로 <경우 1-1>만 가능하다.

<경우 2-1> ①구역은 ④구역, ⑨구역은 ⑧구역과 통합되는 경우

① 60명	② 10명	③ 10명
④ 10명	⑤ 30명	⑥ 10명
⑦ 10명	⑧ 10명	⑨ 60명

<경우 2-2> ①구역은 ④구역, ⑨구역은 ⑥구역과 통합되는 경우

① 60명	② 10명	③ 10명
④ 10명	⑤ 30명	⑥ 10명
⑦ 10명	⑧ 10명	⑨ 60명

이러한 경우 ⑨구역은 위와 같이 ⑧구역이나 ⑥구역과 통합된다. 그런데 <경우 2-1>은 ⑦구역이 다른 구역의 사각형과 맞닿은 변이 없으므로 <경우 2-2>만 가능하다.

따라서 A지역을 <조건>에 따라 유권자 수가 동일한 3개의 선거구로 나누려고 할 때 가능한 경우의 수는 2가지이다.

고득점자의 빠른 문제 풀이 Tip

전체 인구 수와 선거구별 인구 수를 토대로 경우의 수를 파악하여 형태 조건에 어긋나는 경우를 지워가는 것이 좋습니다.

11 세부 내용 파악

정답 ④

정답 체크 1문단에서 'WTO에 제소한 이후에도 양국은 우호적인 해결을 위하여 비공개로 60일 간의 협의를 가진다.'고 했고, 같은 문단에서 '그 협의를 통해 분쟁이 해결되지 않은 경우, WTO에 제소한 국가가 패널설치를 요구하면 분쟁해결기구는 이를 설치한다.'고 했으므로 제소국인 A국은 협의를 통해 분쟁이 해결되지 않으면 분쟁해결기구에 패널설치를 요구할 수 있음을 알 수 있다.

오답 체크 ① 1문단에서 WTO에 제소한 이후에도 양국은 우호적인 해결을 위하여 비공개로 60일 간의 협의를 가진다고 했으므로 협의의 진행은 비공개이며 협의의 주체는 A, B 양국임을 알 수 있다.

② 2문단에서 분쟁당사국 국민은 분쟁당사국 사이에 별도의 합의가 없는 한 패널위원이 될 수 없다고 했으므로 원칙적으로 패널위원은 A국과 B국의 국민을 포함하지 않음을 알 수 있다.
③ 3문단에서 상소기구보고서는 분쟁당사국의 참여 없이 작성된다고 했으므로 상소기구보고서는 분쟁당사국과 합의하여 작성되는 것은 아님을 알 수 있다.
⑤ 2문단에서 분쟁당사국이 분쟁해결기구에 상소의사를 통보하지 않는 한 패널보고서는 회원국 전체에 회람된 날로부터 60일 이내에 분쟁해결기구에서 채택된다고 했으므로 B국이 패널보고서를 회람한 후 60일 이내에 상소의사를 통보할 경우 분쟁해결기구는 패널보고서를 채택하지 않음을 알 수 있다.

고득점자의 빠른 문제 풀이 Tip

제시된 글에서 예외적인 상황인 '별도의 합의가 없는 한', '통보하지 않는 한'과 '없으면' 등이 포함된 문장에 유의하여 문제를 풀이합니다.

12 세부 내용 파악

정답 ②

정답 체크 ㄹ. 1문단에서 성골과 진골은 왕족임을 알 수 있고, 2문단에서 골품에 따른 신분 등급은 고정된 것이 아니어서, 진골의 신분이었다가도 경우에 따라서는 한 등급 강등되어 6두품이 되는 사례도 있었다고 했으므로 진골은 왕족이더라도 신분이 강등되는 경우가 있었음을 알 수 있다.

오답 체크 ㄱ. 2문단에서 두품층은 6두품에서 1두품까지 있었는데 숫자가 클수록 신분이 높았고, 6두품에서 4두품까지는 상위 신분층이었다고 했으므로 4두품은 상위 신분층이면서 5두품보다는 낮은 신분층이었음을 알 수 있다.
ㄴ. 3문단에서 신라 17개 관등 가운데 제1관등인 이벌찬에서 제5관등인 대아찬까지는 진골만이 맡을 수 있었다고 했으므로 진골이 오를 수 있는 최고 관등은 이벌찬임을 알 수 있다.
ㄷ. 3문단에서 두품층은 골품제의 신분에 따라 관등이 제한되는 것에 불만이 많았고, 이를 무마하기 위해 상한 관등에 몇 개의 관등을 더 세분하는 중위제를 실시했다고 했으므로 골품제도에 불만을 지닌 사람을 위한 제도가 마련되기도 했음을 알 수 있다.

13 법·규정의 적용

정답 ④

정답 체크 두 번째 법조문(카드사용의 일시정지 또는 해지) 1항 2호에서 카드사용대금을 3회 연속하여 연체한 경우에 카드사가 해지를 통보할 수 있다고 했으므로 카드사가 회원 E에게 2회의 카드사용 대금 연체 사실을 통보한 경우에는 신용카드사용이 일시정지 또는 해지될 수 없음을 알 수 있다.

오답 체크 ① 두 번째 법조문(카드사용의 일시정지 또는 해지) 3항에서 본인회원은 가족회원의 동의 없이 가족회원의 카드사용의 일시정지 또는 해지를 통보할 수 있다고 했으므로 본인회원인 A가 가족회원인 딸 B의 동의 없이 B의 카드사용 해지를 카드사에 통보한 경우에는 해지가 될 수 있음을 알 수 있다.
② 두 번째 법조문(카드사용의 일시정지 또는 해지) 2항에서 회원은 카드사에 언제든지 카드사용의 일시정지를 통보할 수 있다고 했으므로 가족회원인 C가 자신의 카드사용의 일시정지를 카드사에 통보한 경우에는 일시정지가 될 수 있음을 알 수 있다.
③ 마지막 법조문(카드사의 의무 등) 1항과 2항에서 회원이 1년 이상 카드를 사용하지 않은 경우 카드사는 전화, 서면 등으로 회원의 계약 해지의사를 확인하고 회원이 해지의사를 밝히면 계약이 해지된다고 했으므로, 카드사가 회원 D에게 전화로 계약 해지의사를 묻고 D가 해지의사를 밝힌 경우 해지가 될 수 있음을 알 수 있다.
⑤ 두 번째 법조문(카드사용의 일시정지 또는 해지) 1항 1호와 4항에서 입회신청서의 기재사항을 허위로 작성한 경우 회원에게 그 사유와 그로 인한 카드사용의 일시정지를 통보할 수 있고, 통보한 때에 효력이 발생한다고 했으므로 입회신청서를 허위로 기재한 회원 F에게 카드사가 그 사실과 카드사용의 일시정지를 통보한 경우에는 일시정지가 가능함을 알 수 있다.

고득점자의 빠른 문제 풀이 Tip

선택지를 대략적으로 살펴보았을 때, '회원', '동의 없이', '2회' '허위', '해지의사' 등이 주요 핵심어이므로 제시된 법조문에서 해당 단어가 포함된 조항을 우선적으로 확인합니다.

14 법·규정의 적용

정답 ⑤

정답 체크 법조문(출국의 금지) 1항 4호에서 5천만 원 이상의 지방세를 정당한 사유 없이 그 납부기한까지 내지 않은 사람에 대해 6개월 이내의 기간을 정하여 출국을 금지할 수 있다고 했으므로 2천만 원의 지방세를 내지 않은 戊에 대하여는 출국을 금지할 수 없음을 알 수 있다.

오답 체크 ① 법조문(출국의 금지) 1항 1호에서 형사재판에 계류 중인 사람은 6개월 이내의 기간을 정하여 출국을 금지할 수 있다고 했으므로 현재 고등법원에서 항소심이 진행 중인 甲에 대하여 5개월 간 출국을 금지할 수 있음을 알 수 있다.
② 법조문(출국의 금지) 1항 3호에서 2천만 원 이상의 추징금을 내지 않은 사람은 6개월 이내의 기간을 정하여 출국을 금지할 수 있다고 했으므로 추징금 2천 5백만 원을 내지 않은 乙에 대하여 3개월 간 출국을 금지할 수 있음을 알 수 있다.
③ 법조문(출국의 금지) 2항 1호에서 소재를 알 수 없어 기소중지결정이 된 사람은 3개월 이내의 기간을 정하여 출국을 금지할 수 있다고 했으므로 소재를 알 수 없어 기소중지결정이 된 강도사건 피의자 丙에 대하여 2개월 간 출국을 금지할 수 있음을 알 수 있다.
④ 법조문(출국의 금지) 1항 2호에서 징역형이나 금고형의 집행이 끝나지 않은 사람은 6개월 이내의 기간을 정하여 출국을 금지할 수 있다고 했으므로 징역 2년을 선고받고 그 집행이 끝나지 않은 丁에 대하여 3개월 간 출국을 금지할 수 있음을 알 수 있다.

15 세부 내용 파악

정답 ⑤

정답 체크 ㄴ. 2문단에서 B이론에 따르면 비행친구와의 접촉이 청소년 비행에 미치는 영향력의 정도는 초기보다는 중기를 거쳐 후기에 이를수록 커지므로 B이론에서는 청소년의 연령과 비행친구의 영향력 간에는 반비례의 관계가 아니라 비례의 관계가 있다고 보는 것임을 알 수 있다.
ㄷ. 3문단에서 C이론에 따르면 '후기 진입자'는 성장 과정에서 비행친구와 접촉하면서 모방 등을 통해 청소년기에 일시적으로 비행을 저지르는 비행청소년들을 말하므로 C이론에서는 모범생인 청소년이 고교시절 비행친구를 사귀게 되더라도 성인이 되어서는 비행을 저지를 가능성이 높지 않다고 보는 것임을 알 수 있다.

오답 체크 ㄱ. 1문단에서 A이론은 자기통제력이라는 내적 성향이 유년기의 문제행동, 청소년 비행뿐만 아니라 성인의 범죄도 설명할 수 있는 중요한 원인 중 하나라고 봄을 알 수 있다.

고득점자의 빠른 문제 풀이 Tip

<보기>와 제시된 글이 A, B, C이론으로 구분되어 있으므로 각 이론의 내용을 중점으로 파악합니다.

ㄱ. '자기통제력'이 주요 핵심어이므로 해당 단어를 중점으로 A이론의 내용을 파악합니다.

ㄴ. '영향력'이 주요 핵심어이므로 해당 단어를 중점으로 B이론의 내용을 파악합니다.

ㄷ. '초기 진입자', '후기 진입자'가 주요 핵심어이므로 해당 단어를 중점으로 C이론의 내용을 파악합니다.

16 법·규정의 적용

정답 ⑤

정답 체크 3문단에서 '감치결정이 있으면, 법원공무원 또는 국가경찰공무원이 증인을 교도소, 구치소, 경찰서 유치장에 유치함으로써 이를 집행한다.'고 했으므로 감치결정을 받은 증인 戊에 대하여 법원공무원은 그를 경찰서 유치장에 유치할 수 있음을 알 수 있다.

오답 체크 ① 4문단에서 법원은 정당한 사유 없이 출석하지 않은 증인을 구인하도록 명할 수 있고, 구인을 하기 위해서는 법원에 의한 구속영장 발부가 필요하다고 했으므로 증인 甲이 정당한 사유 없이 출석하지 않은 경우, 법원은 구속영장을 발부하여 증인을 구인할 수 있음을 알 수 있다.

② 2문단에서 법원은 과태료결정을 한 이후 증인의 증언이나 이의 등에 따라 그 결정 자체를 취소하거나 과태료를 감할 수 있다고 했으므로 과태료결정을 받은 증인 乙이 증인신문기일에 출석하여 증언한 경우, 법원은 과태료결정을 취소할 수 있음을 알 수 있다.

③ 4문단에서 증인을 구인하면 법원에서 그를 인치하고, 인치한 때부터 24시간 내에 석방해야 한다고 했으므로 증인 丙을 구인한 경우, 법원은 증인신문을 마치지 못하더라도 인치한 때부터 24시간 이내에 그를 석방해야 함을 알 수 있다.

④ 3문단에서 증인이 감치의 집행 중에 증언을 한 때에는 법원은 바로 감치결정을 취소하고 그 증인을 석방해야 한다고 했으므로 7일의 감치결정을 받고 교도소에 유치 중인 증인 丁이 유치 후 3일이 지난 때에 증언을 했다면, 법원은 그를 석방해야 함을 알 수 있다.

17 문제해결

정답 ①

정답 체크 제시된 <조건>과 <기준>에 따라 각 컴퓨터의 점수를 정리하면 다음과 같다.

항목 / 컴퓨터	램 메모리 용량 (Giga Bytes)		하드 디스크 용량 (Tera Bytes)		가격 (천 원)		총점
	조건	점수	조건	점수	조건	점수	
A	4	0	2	50	500	200	250
B	16	100	1	0	1,500	100	200
C	4	0	3	100	2,500	0	100
D	16	100	2	50	2,500	0	150
E	8	50	1	0	1,500	100	150

따라서 甲이 구입할 컴퓨터는 각 항목별 점수의 합이 가장 큰 A이다.

고득점자의 빠른 문제 풀이 Tip

가격 항목에 주어진 가중치에 주의하며 표의 숫자 옆에 해당하는 점수를 적어서 문제를 풀이합니다.

18 논리퍼즐

정답 ①

정답 체크 휴대폰의 숫자 배열을 중심으로 키보드의 숫자 배열을 괄호 안에 표시하여 나타내면 다음과 같다.

1 (7)	2 (8)	3 (9)
4 (4)	5 (5)	6 (6)
7 (1)	8 (2)	9 (3)
@ (0)	0 (0)	# (.)

ㄱ. 휴대폰 숫자 배열에서의 '46×5'는 키보드 숫자 배열에서도 '46×5'이므로 계산 결과는 옳게 산출될 것이다.

ㄴ. 휴대폰 숫자 배열에서의 '789+123'은 키보드 숫자 배열에서 '123+789'이므로 계산 결과는 옳게 산출될 것이다.

ㄷ. 휴대폰 숫자 배열에서의 '159+753'은 키보드 숫자 배열에서 '753+159'이므로 계산 결과는 옳게 산출될 것이다.

오답 체크 ㄹ. 휴대폰 숫자 배열에서의 '753+951'은 키보드 숫자 배열에서 '159+357'이므로 계산 결과는 옳지 않게 산출될 것이다.

ㅁ. 휴대폰의 숫자 배열에서의 '789-123'은 키보드 숫자 배열에서 '123-789'이므로 계산 결과는 옳지 않게 산출될 것이다.

고득점자의 빠른 문제 풀이 Tip

<휴대폰의 숫자 배열>과 <키보드의 숫자 배열>의 차이점을 찾아 문제를 풀이합니다. <휴대폰의 숫자 배열>의 1행과 3행의 위치가 <키보드의 숫자 배열>의 3행과 1행에 위치하며, 사칙연산에서 '+', '×'는 두 항의 위치 변화가 계산 결과에 영향을 미치지 않고, '-', '÷' 은 두 항의 위치 변화가 계산 결과에 영향을 미치는 것에 유의해야 합니다.

19 논리퍼즐

정답 ③

정답 체크 그림에서 甲, 乙, 丙, 丁이 걷는 경기장의 반지름은 순서대로 5m, 15m, 25m, 35m이다. 따라서 이들이 한 바퀴 돌 때의 거리는 순서대로 10πm, 30πm, 50πm, 70πm가 된다. 이때 10분 동안 甲, 乙, 丙, 丁은 순서대로 7, 5, 3, 1 바퀴를 돌았다고 했으므로 이들이 10분 동안 움직인 거리를 함께 정리하면 다음과 같다.

구분	甲	乙	丙	丁
반지름	5m	15m	25m	35m
둘레	10πm	30πm	50πm	70πm
10분 동안 바퀴수	7바퀴	5바퀴	3바퀴	1바퀴
10분 동안 거리	70πm	150πm	150πm	70πm

평균속력은 거리/시간인데 시간은 10분으로 모두 동일하므로 움직인 거리가 긴 사람이 평균속력이 빠르다고 할 수 있다. 따라서 甲, 乙, 丙, 丁 중 평균속력이 가장 빠른 사람부터 순서대로 나열한 것은 乙=丙, 甲=丁이다.

고득점자의 빠른 문제 풀이 Tip

제시된 조건에서 동일하게 적용되는 사항은 계산에 포함시키지 않고 비교하여 정답을 빠르게 찾습니다. 甲, 乙, 丙, 丁이 원 위를 걸은 시간이 모두 10분이므로 평균속력이 가장 빠른 사람은 가장 많은 거리를 걸은 사람임을 파악합니다. 이때 움직인 총 거리는 원의 둘레와 바퀴 수의 곱이고, 모두 원의 둘레를 구하기 위해 반지름에서 동일하게 2π를 곱하므로 2π를 제외하고 각각의 반지름과 바퀴 수의 곱으로 甲, 乙, 丙, 丁의 평균속력을 빠르게 비교할 수 있습니다.

20 문제해결

정답 ③

정답 체크 4시간 45분간의 주차에 대해 부과되는 요금은 3시간 초과인 경우이므로 1시간 초과~3시간까지는 30분마다 500원을, 3시간 이후에는 30분마다 2,000원이 추가되며 잔여시간이 30분 미만인 경우에는 30분으로 간주한다. 이를 토대로 甲의 주차 요금을 정리하면 다음과 같다.

시간	요금기준	적용	요금
최초 1시간 이하	주차 요금 면제	-	0원
1시간 초과~3시간	30분당 500원	30분-4회	2,000원
3시간 초과~4시간 45분	30분당 2,000원	30분-4회	8,000원

따라서 甲의 주차 요금은 2,000+8,000=10,000원이다.

고득점자의 빠른 문제 풀이 Tip

4시간 45분간 주차했으므로 3시간 초과인 경우에 따른다는 점, 매 30분마다 비용이 부과된다는 점, 잔여시간이 30분 미만인 경우 30분으로 계산한다는 점, 처음 1시간 주차 요금은 면제한다는 점 등을 고려하여야 합니다. 따라서 계산할 때에는 1시간~3시간과 3시간~4시간 45분을 구분하여 계산하되, 1시간~3시간을 30분이 4번, 3시간~4시간 45분을 30분이 4번이라고 파악하여 계산하면 문제 풀이 시간을 단축할 수 있습니다.

21 법·규정의 적용

정답 ①

정답 체크 두 번째 규정에서 근로자가 퇴직하는 경우, 퇴직일까지 사용하지 않은 월차는 퇴직일에 월급여와 함께 월차수당으로 지급한다고 했으므로 甲이 7월 20일에 퇴직한다면 7월 말일이 아닌 7월 20일에 월급여와 월차수당을 함께 지급받음을 알 수 있다.

오답 체크 ② 첫 번째 규정에 따르면 乙이 6월 9일에 퇴직할 경우, 乙은 6월에 12일 이상 근무하지 않아 월차가 발생하지 않으므로 6월분의 월차수당을 받을 수 없음을 알 수 있다.

③ 첫 번째 규정에 따르면 丙이 3월 12일 입사하여 같은 해 7월 20일에 퇴직할 경우, 3월부터 7월까지 5일의 월차가 부여되나 두 번째 규정에 따르면 퇴직한 월의 월차는 월차수당으로만 지급한다고 했으므로 丙은 최대 4일의 월차를 사용할 수 있음을 알 수 있다.

④ 첫 번째 규정에 따르면 丁은 1월 초부터 같은 해 12월 말까지 결근 없이 근무했으므로 12일의 월차가 부여되나 두 번째 규정에 따르면 매년 12월의 월차는 월차수당으로만 지급한다고 했으므로 丁은 최대 11일의 월차를 사용할 수 있음을 알 수 있다.

⑤ 첫 번째 규정에 따르면 戊는 9월 20일에 입사하여 같은 해 12월 31일까지 월차를 사용하지 않고 근무했으므로 월차는 12일 이상 근무하지 않은 9월을 제외한 10월부터 12월까지 3일이므로 戊는 최대 3일분의 월차수당을 받을 수 있음을 알 수 있다.

고득점자의 빠른 문제 풀이 Tip

매년 12월과 퇴직한 월의 근무로 인해 발생한 월차는 월차수당으로만 지급한다는 점, 퇴직하는 경우에는 매달 말일이 아니라 퇴직일에 월차수당을 지급한다는 점을 주의합니다.

22 문제해결

정답 ④

정답 체크 ㄱ. 13:00는 B시간대이므로 공휴일 B시간대를 살펴본다. 공휴일 B시간대는 배차 간격이 60분이므로 매시간 정각에 출발한다. 따라서 13:00에 버스가 출발한다.

ㄴ. 모든 버스는 24:00 이내에 종착지에 들어와야 하고, 버스 운행에 소요되는 총 시간은 2시간이므로 막차는 반드시 22:00 이전에 출발해야 한다.

ㄹ. 09:30은 A시간대이므로 A시간대를 살펴본다. A시간대에 평일은 20분, 일요일(공휴일)은 40분마다 버스가 출발하므로 평일과 일요일에는 매시간 30분에 버스가 출발할 수 없다. 그러나 토요일은 배차 간격이 30분이므로 출발지에서 09:30에 버스가 출발할 수 있다.

오답 체크 ㄷ. 막차는 C시간대이고, C시간대에 버스 출발 시간은 14:00이다. 또한 일요일 C시간대의 버스 배차 간격은 75분이므로 2시 이후의 버스 출발 시간은 15:15, 16:30, 17:45, 19:00, 20:15, 21:30, 22:45이다. C시간대에 버스가 22:45에 출발할 경우 버스 운행에 소요되는 총 시간이 2시간이므로 도착하는 시간은 24:00를 초과하게 된다. 따라서 C시간대에 막차가 출발하는 시간은 21:30이고 종착지에 도착하는 시간은 23:30이다.

고득점자의 빠른 문제 풀이 Tip

모든 요일에서 각 시간대가 변경되는 시각은 12:00와 14:00입니다. 따라서 <보기>에서 묻는 시간대는 다른 시간대를 고려할 필요 없이 해당 시간대에 대해서만 판단하면 됩니다.

23 문제해결

정답 ⑤

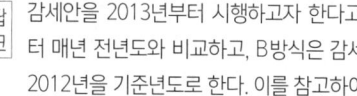

정답 체크 감세안을 2013년부터 시행하고자 한다고 했으므로 A방식은 2013년부터 매년 전년도와 비교하고, B방식은 감세안이 시행된 해의 직전 연도인 2012년을 기준년도로 한다. 이를 참고하여 A, B방식의 세수 감소 총액을 계산하면 다음과 같다.

연도	세수 총액	A방식		B방식(기준년도: 2012년)	
		전년도와 비교	누적합계	기준년도와 비교	누적합계
2012	42조 5,000억 원	-	-	-	-
2013	41조 8,000억 원	7,000억 원	7,000억 원	7,000억 원	7,000억 원
2014	41조 4,000억 원	4,000억 원	1조 1,000억 원	1조 1,000억 원	1조 8,000억 원
2015	41조 3,000억 원	1,000억 원	1조 2,000억 원	1조 2,000억 원	3조 원

ㄱ. A방식에 따라 계산한 2013년의 세수 감소액은 42조 5,000억 원에서 41조 8,000억 원을 뺀 7,000억 원이다.

ㄴ. B방식에 따라 계산한 2014년까지의 세수 감소 총액은 2012년을 기준으로 2013년의 감소분인 7,000억 원과 2014년의 감소분인 1조 1,000억 원을 누적적으로 합산한 1조 8,000억 원이다.

ㄷ. A방식에 따라 계산한 2015년까지의 세수 감소 총액은 1조 2,000억 원이고 B방식으로 계산한 2015년까지의 세수 감소 총액은 3조 원이다. 따라서 이 둘의 세수 감소 총액의 차이는 3조 원에서 1조 2,000억 원을 뺀 1조 8,000억 원이다.

고득점자의 빠른 문제 풀이 Tip

제시된 표의 옆에 A방식과 B방식에 의한 감소분을 적어두되 <보기>를 판단할 때에는 A와 B 모두 단순히 감소분만 비교하는 것이 아니라 감소분을 '누적적'으로 합계하는 방식임에 유의합니다.

24 문제해결

정답 ②

정답 체크 그림에서 동그라미 안의 숫자는 각 도별 소주 생산량, 해당 동그라미로 향하는 화살표 옆 숫자는 다른 도에서 해당 도로 이동한 소주의 양, 해당 동그라미에서 밖으로 향하는 화살표 옆 숫자는 다른 도로 이동한 소주의 양이므로 각 도의 소주소비량과 $LOFI_{자도소주}$를 식으로 다시 나타내면 다음과 같다.

- 각 도의 소주 소비량=소주 생산량+그 도의 동그라미로 향하는 화살표 옆 숫자의 합-밖으로 향하는 화살표 옆 숫자의 합
- $LOFI_{자도소주}(\%)=\frac{소주\ 생산량-밖으로\ 향하는\ 화살표\ 옆\ 숫자의\ 합}{소주\ 생산량}\times 100$

ㄴ. LOFI가 75% 이상이면 해당 지역은 독립적인 시장으로 본다고 했으므로 A도와 B도가 하나의 도일 때 LOFI를 살펴본다. A+B도의 소주생산량은 300+100=400이고, A+B도에서 밖으로 향하는 화살표 옆 숫자의 합은 5+30=35이므로 A+B도의 $LOFI_{자도소주}$는 {(400-35)/400}×100≒91.3%이다. 따라서 LOFI가 75% 이상이므로 독립적인 시장으로 볼 수 있다.

오답 체크 ㄱ. A도의 소주 생산량은 300, A도로 향하는 화살표 옆 숫자의 합은 15+20=35, A도에서 바깥으로 향하는 화살표 옆 숫자의 합은 40+5+30=75이므로 A도의 소주 소비량은 300+35-75=260이다. 따라서 A도에서는 소주의 생산량이 소비량보다 더 많음을 알 수 있다.

ㄷ. LOFI가 75% 이상이면 해당 지역은 독립적인 시장으로 본다고 했으므로 C도의 LOFI를 살펴본다. C도의 소주 생산량은 100, C도에서 밖으로 향하는 화살표 옆 숫자의 합은 10+15=25로 C도의 $LOFI_{자도소주}$는 {(100-25)/100}×100=75% 이상이므로 독립적인 시장으로 볼 수 있다.

고득점자의 빠른 문제 풀이 Tip

분수 값을 계산할 때에는 비교하려는 숫자보다 큰지 작은지만 판단하면 됩니다.

ㄴ. 365/400는 어림산으로 80%가 넘는다는 것을 알 수 있으므로 독립적인 시장의 여부를 빠르게 파악할 수 있습니다.

25 논리퍼즐

정답 ③

정답 체크 4 → 1 → 1의 순서로 숫자가 호명되었고, 게임 규칙에 따라 A, B, C, D, E가 배정받는 번호와 술래가 되는 순서를 정리하면 다음과 같다.

구분	A	B	C	D	E
시작	3(술래)	4	5	1	2
1회 (4호명)	2	3(술래)	4	5	1
2회 (1호명)	4	5	1	2	3(술래)
3회 (1호명)	1	2	3(술래)	4	5

따라서 네 번째 술래는 C이다.

고득점자의 빠른 문제 풀이 Tip

제시된 조건을 고려하여 첫 번째 술래인 A를 기준으로 도식화하면 정답을 빠르게 찾을 수 있습니다. 또한 술래가 배정됨에 따라 술래를 기준으로 오른쪽 편에 있는 사람들이 순서대로 '4'와 '5'를 배정받고 왼쪽 편에 있는 사람들이 순서대로 '2'와 '1'를 배정받음을 파악하면 정답을 빠르게 찾을 수 있습니다.

1 자료이해

정답 ①

정답 체크

ㄱ. 1993년 폭-수심비 최댓값은 측정지점 5.5km 지점에서 약 560이므로 옳은 설명이다.

오답 체크

ㄴ. 1983년과 1993년의 폭-수심비 차이가 가장 큰 측정지점은 1983년의 폭-수심비가 약 180이고, 1993년의 폭-수심비가 약 560인 측정지점 5.5km 지점이므로 옳지 않은 설명이다.

ㄷ. 1983년 폭-수심비 최댓값은 측정지점 9km 지점에서 약 290이고, 최솟값은 측정지점 4km 지점에서 약 90이다. 두 차이는 290-90≒200으로 300보다 크지 않으므로 옳지 않은 설명이다.

고득점자의 빠른 문제 풀이 Tip

ㄴ. 두 그래프 간의 수치를 보지 않고 그래프의 높이 차이가 눈에 띄게 큰 측정지점을 확인하여 문제를 빠르게 풀이합니다.

ㄷ. 폭-수심비 최댓값이 300보다 큰 지점이 없으므로 최댓값과 최솟값의 차이를 계산해보지 않아도 답을 빠르게 구할 수 있습니다.

2 자료변환

정답 ①

정답 체크

제시된 <보고서>의 두 번째 내용에서 '2007~2010년 동안 19세 이상 성인 남성의 현재흡연율과 월평균음주율은 각각 매년 증가하였다.'고 했지만, [19세 이상 성인의 현재흡연율]에서 남성의 흡연율은 2008년 47.7%에서 2009년 46.9%로 감소하였으므로 <보고서>에 제시된 내용과 부합하지 않는다.

오답 체크

② 제시된 <보고서>의 첫 번째 내용에서 '30세 이상 성인 중 남성의 경우 30대의 비만율이 가장 높았으며, 여성의 경우 60대의 비만율이 가장 높았다.'고 했고, [30세 이상 성인의 연령대별 비만율(2010년)]에서 30대 남성의 비만율이 42.3%로 가장 높고, 60대 여성의 비만율이 43.3%로 가장 높으므로 <보고서>에 제시된 내용과 부합한다.

③ 제시된 <보고서>의 두 번째 내용에서 '2007~2010년 동안 19세 이상 성인 남성의 현재흡연율과 월평균음주율은 각각 매년 증가하였다.'고 했고, [19세 이상 성인의 월평균음주율]에서 남성의 월평균음주율은 매년 증가하였으므로 <보고서>에 제시된 내용과 부합한다.

④ 제시된 <보고서>의 첫 번째 내용에서 2010년 19세 이상 성인의 비만율은 남성 36.3%, 여성 24.8%라고 했고, [19세 이상 성인의 비만율]에서 2010년 남성의 비만율은 36.3%, 여성의 비만율은 24.8%이므로 <보고서>에 제시된 내용과 부합한다.

⑤ 제시된 <보고서>의 두 번째 내용에서 '같은 기간 동안 19세 이상 성인 남성과 여성의 간접흡연노출률도 각각 매년 증가하였다.'고 했고, [19세 이상 성인의 간접흡연노출률]에서 남성과 여성의 간접흡연노출률은 모두 매년 증가하였으므로 <보고서>에 제시된 내용과 부합한다.

3 자료논리

정답 ④

정답 체크

- A: <그림 1>에서 '매우 불만족'은 0.2%이고, '약간 불만족'은 0.7% 이므로 '불만족'은 0.2+0.7=0.9%임을 알 수 있다.
- B: <그림 2>에서 '안내정보서비스' 부문에서만 여성의 만족도가 남성의 만족도보다 높게 나타났음을 알 수 있다.
- C: <표>에서 '음식', '쇼핑', '안내정보서비스' 부문에서 가장 높은 만족도를 보인 연령대는 50대 이상임을 알 수 있다.
- D: <그림 3>에서 외국인 관광객 성별 지역축제에 대한 이미지 분석 결과 여성은 남성에 비해 '독특하다'의 이미지를 더 강하게 인식하고 있음을 알 수 있다.

따라서 A는 '0.9%', B는 '안내정보서비스', C는 '50대 이상', D는 '독특하다'이다.

고득점자의 빠른 문제 풀이 Tip

옳은 항목을 고르는 문제의 경우 선택지를 소거하여 정보를 다 확인하지 않고 빠르게 문제를 풀이합니다. A와 B의 정보를 통해 ③과 ④ 중에 정답이 있다면 D는 확인할 필요가 없습니다.

4 자료이해

정답 ③

정답 체크

ㄷ. <표>에서 미국 소셜광고 시장 규모는 2011년 25.4억 달러에서 2014년 55.9억 달러로 성장하였으나, 2014년 세계 소셜광고 시장의 50%인 119.0×0.5=59.5억 달러 미만이므로 옳지 않은 설명이다.

오답 체크

ㄱ. <그림 1>에서 세계 소셜네트워크 서비스 이용자는 2011년 12.0억 명이고, 2014년 18.5억 명이다. 18.5억 명은 12.0억 명에서 50% 증가한 값인 12.0×(1+0.5)=18.0억 명 이상이므로 옳은 설명이다.

ㄴ. <그림 2>에서 2012년 세계 소셜광고 시장 규모의 전년대비 성장률은 48.1%이고, 시장 규모는 77.0억 달러에 이를 것으로 예측되므로 옳은 설명이다.

ㄹ. <표>에서 2011년 사업자별 시장 점유율은 페이스북이 67%로 가장 높고, 소셜게임, 트위터, 링크드인이 그 뒤를 잇고 있으므로 옳은 설명이다.

ㅁ. <표>에서 2014년에 페이스북의 시장 점유율은 67%이고, 2012년 페이스북의 시장 점유율은 71%로 71-67=4%p 감소할 전망이므로 옳은 설명이다.

고득점자의 빠른 문제 풀이 Tip

ㄷ. 2014년 세계 소셜광고 시장 규모의 50%는 약 60억 달러이므로 옳지 않은 설명임을 빠르게 파악할 수 있습니다.

5 자료이해

정답 ②

정답 체크

2011년 20대 여성취업자는 1,918천 명이고, 2010년 20대 여성취업자는 1,946천 명으로 2011년에 전년대비 1,946-1,918=28천 명 감소하였다. 이는 2010년 20대 여성취업자의 3%인 1,946×0.03≒58천 명 미만이므로 옳지 않은 설명이다.

오답 체크

① 20대 여성취업자는 2004년 2,233천 명에서 매년 감소하였으므로 옳은 설명이다.

③ 2011년에 50대 여성취업자가 2,051천 명으로 20대 여성취업자 1,918천 명보다 많으므로 옳은 설명이다.

④ 2007~2010년 동안 전체 여성취업자의 전년대비 증감폭은 2007년이 9,826-9,706=120천 명, 2008년이 9,874-9,826=48천 명, 2009년이 9,874-9,772=102천 명, 2010년이 9,914-9,772=142천 명으로 2010년이 가장 크므로 옳은 설명이다.

⑤ 전체 여성취업자 중 50대 여성취업자가 차지하는 비율은 2005년이 (1,407/9,526)×100≒14.8%이고, 2011년이 (2,051/10,091)×100≒20.3%로 2011년이 2005년보다 높으므로 옳은 설명이다.

고득점자의 빠른 문제 풀이 Tip

② 정확히 1,946천 명의 3%를 계산하는 것보다 1% 값이 약 19천 명 정도이므로 3배는 57천 명 정도로 어림하여 확인하는 것이 빠릅니다.
④ 증감폭은 증감률이 아닌 증감량이라는 것을 헷갈리지 않도록 합니다.
⑤ 정확히 비율을 구하는 것보다 분모 값의 증가율과 분자 값의 증가율로 대략적으로 판단합니다. 분모 값은 9,526에서 10,091로 500 정도 증가하여 약 5% 정도 증가하였고, 분자 값은 1,407에서 2,051로 600 정도 증가하여 40% 이상 증가하였습니다. 따라서 분자 값의 증가율이 더 크므로 분수 값은 더 커졌다고 해석할 수 있습니다.

6 자료이해

정답 ③

정답 체크 <그림>에서 2009년 여성과 남성의 기대수명이 모두 상위 5위 이내인 OECD국가는 일본과 스위스이다. 일본은 여성의 기대수명이 1위, 남성의 기대수명이 4위이고, 스위스는 여성의 기대수명이 3위, 남성의 기대수명이 1위이므로 옳은 설명이다.

오답 체크 ① <표>에서 2003년 대비 2009년 한국 남성의 기대수명은 73.9세에서 76.8세로 {(76.8-73.9)/73.9}×100≒3.9% 증가하였으므로 옳지 않은 설명이다.
② <그림>에서 2009년 일본 남성의 기대수명은 79.6세로 일본 여성의 기대수명 86.4세의 90%인 86.4×0.9=77.76세를 초과하므로 옳지 않은 설명이다.
④ <표>에서 2006년과 2009년 한국 남성의 기대수명 차이는 76.8-75.7=1.1세이고, 같은 기간 한국 여성의 기대수명 차이는 83.8-82.4=1.4세로 한국 여성의 기대수명 차이가 더 크므로 옳지 않은 설명이다.
⑤ <그림>에서 2009년 스위스 여성과 스웨덴 여성의 기대수명 차이는 84.6-83.4=1.2세이고, 두 나라 남성의 기대수명 차이는 79.9-79.4=0.5세이므로 옳지 않은 설명이다.

고득점자의 빠른 문제 풀이 Tip

② '~90% 이상(이하)이다.'인 경우 90% 값을 구하는 것보다 전체에서 10% 값을 빼서 확인하는 것이 더 빠릅니다. 2009년 일본 여성의 기대수명인 86.4세의 10%는 8.64이므로 90%는 86.4-8.64=77.76세임을 알 수 있습니다.

7 자료이해

정답 ④

정답 체크 보충급여를 도입한 국가의 수는 14개로 소득비례급여를 도입한 국가의 수인 26개보다 적으므로 옳지 않은 설명이다.

오답 체크 ① 기여비례급여는 사회기여방식에 따라 퇴직준비금식과 강제가입식으로 나뉜다. 퇴직준비금식에 따라 기여비례급여를 도입한 국가는 싱가포르, 말레이시아, 인도, 인도네시아로 총 4개국이고, 강제가입식에 따라 기여비례급여를 도입한 국가는 칠레, 멕시코, 아르헨티나, 페루, 콜롬비아로 총 5개 국가이다. 따라서 기여비례급여를 도입한 국가는 총 9개이므로 옳은 설명이다.
② 삼원체계로 분류된 국가 중 비부담 방식을 도입한 국가는 정액급여와 보충급여를 모두 포함하여 이스라엘, 라트비아, 덴마크, 캐나다로 총 4개 국가이므로 옳은 설명이다.
③ 일원체계로 분류된 국가의 수와 이원체계로 분류된 국가의 수는 각각 17개국으로 동일하므로 옳은 설명이다.
⑤ 정액급여를 도입한 국가 중 일원체계로 분류된 국가는 본인부담 방식인 네덜란드, 아이슬랜드와 본인비부담 방식인 뉴질랜드, 브루나이로 총 4개국이다. 정액급여를 도입한 국가 중 이원체계로 분류된 국가는 본인부담 방식인 일본, 영국, 노르웨이, 핀란드, 아일랜드로 총 5개국이다. 따라서 일원체계로 분류된 국가의 수는 이원체계로 분류된 국가의 수보다 적으므로 옳은 설명이다.

8 자료이해

정답 ②

정답 체크 <표 2>에서 2005년 전체 참여공동체는 122개소이고, 이중 전남지역 참여공동체는 32개소이다. 2005년 전체 참여공동체 중 전남지역 참여공동체가 차지하는 비율은 (32/122)×100≒26.2%로 30% 미만이므로 옳지 않은 설명이다.

오답 체크 ① <표 3>에서 참여어업인은 2004년 5,107명에서 매년 증가하였으므로 옳은 설명이다.
③ <표 2>에서 충북지역을 제외하고, 2004년 대비 2011년 참여공동체 증가율은 인천지역이 {(43-6)/6}×100≒616.7%로 가장 낮으므로 옳은 설명이다.
④ <표 1>에서 각 어업유형별 참여공동체는 마을어업, 양식어업, 어선어업, 복합어업, 내수면어업 모두 2006년 이후 매년 증가하였으므로 옳은 설명이다.
⑤ <표 2>에서 2009년 충남지역보다 참여공동체가 많은 지역은 전남, 경북, 경남지역으로 3곳이고, 2010년에도 충남지역보다 참여공동체가 많은 지역은 전남, 경북, 경남지역 3곳이므로 옳은 설명이다.

고득점자의 빠른 문제 풀이 Tip

② 정확한 비율을 계산하지 않고 122의 30%를 구하여 32와 비교합니다. 122의 10%는 12.2이므로 3배인 30%는 12.2×2=36.6입니다. 따라서 32개소인 전남지역 참여공동체는 전체 참여공동체 중 30% 미만임을 알 수 있습니다.
③ 증가율을 직접 계산하지 않고 배수 차이를 비교합니다. 인천지역은 2004년 6개소에서 2011년 43개소로 약 7배 증가했으나 다른 지역은 대부분 10배 이상 증가하였으며, 10배 이상 증가하지 않은 전북지역도 5개소에서 44개소로 약 9배 증가하여 인천보다 증가율이 높음을 알 수 있습니다.

9 자료이해

정답 ⑤

정답 체크 각 국가는 나머지 세 국가와 한 경기씩 총 세 경기를 하였으므로 승, 무, 패의 합이 3이어야 한다. 또한 무승부는 두 국가 간의 결과이므로 무승부의 합은 짝수여야 하고, 승리와 패배는 한 경기에서 동시에 일어나는 결과이므로 승리하거나 패배한 경기의 합은 같아야 한다.
A국의 경기 합이 3이어야 하므로 A국은 1무를 거두었고, 무승부의 합의 짝수여야 하므로 C국 역시 1무를 거두었다. D국의 경기 합이 3이어야 하므로 D국은 2승을 거두었고, 승과 패의 합은 같아야 하므로 B국은 1승 1패를 거두었다. 득점과 실점의 합 역시 같아야 하므로 득점의 합이 1+3+3+4=11점이면 실점의 합도 11점이므로 C국의 실점은 2이다.
따라서 B국과 C국은 1승 1무 1패로 성적이 같고, 승점도 (3×1)+(1×1)+(0×1)=4점으로 같으므로 옳지 않은 설명이다.

오답 체크 ① B국의 성적은 1승 1무 1패이므로 옳은 설명이다.
② 모든 국가는 각각 1무씩 거두었으므로 옳은 설명이다.
③ D국은 2승을 거두었으므로 옳은 설명이다.

④ 득점과 실점의 합은 같기 때문에 C국의 실점은 2이므로 옳은 설명이다.

고득점자의 빠른 문제 풀이 Tip

각주의 조건과 최종 성적의 특성을 이해하여 자료의 빈칸을 먼저 채운 뒤에 선택지를 확인합니다. 또한 B국과 C국의 성적은 1승 1무 1패로 동일하므로 승점은 계산하지 않아도 동일하다는 것을 알 수 있습니다.

10 자료논리

정답 ⑤

정답 체크 2011년 식료품·비주류 음료 소비지출인 E를 구하기 위해서는 2011년 총소비지출인 D를 먼저 구해야 한다. 이때

$$\text{슈바베계수}(\%)=\frac{\text{주거·수도·광열 소비지출}}{\text{총소비지출}}\times100\text{과}$$

$$\text{엥겔계수}(\%)=\frac{\text{식료품·비주류음료 소비지출}}{\text{총소비지출}}\times100\text{임을 적용하여 구한다.}$$

2011년 슈바베계수는 10.15%이므로 D는 (20,300/10.15)×100=200,000억 원이고, 2011년 엥겔계수는 14.18%이므로 E는 (14.18×200,000)/100=28,360억 원이다.

오답 체크
① 2008년 엥겔계수는 14.11%이고, A는 (14.11×100,000)/100=14,110억 원이다.
② 2009년 슈바베계수는 9.81%이고, B는 (9.81×120,000)/100=11,772억 원이다.
③ 2010년 엥겔계수는 13.86%이고, 슈바베계수는 10.07%로 C는 13.86-10.07=3.79%p이다.
④ 2011년 슈바베계수는 10.15%이고, D는 (20,300/10.15)×100=200,000억 원이다.

고득점자의 빠른 문제 풀이 Tip

각주의 공식과 자료의 수치를 이용하여 계산 값을 구하는 문제입니다. 모든 선택지가 계산이 필요하므로 시간 조절을 위해 다른 문제를 먼저 풀고 나중에 푸는 방법도 있습니다.

④, ⑤ 동일한 연도에 함께 있는 D와 E를 먼저 확인합니다. 선택지에 제시된 수치인 200,000과 27,720을 대입하여 2011년 엥겔계수가 14.18%가 맞는지 확인하고 D와 E 중에 틀린 값이 있는지 파악합니다.

11 자료변환

정답 ③

정답 체크 2007년 방송사별 제재 건수 중 법정제재는 총 90건이다. 따라서 <표>에 제시된 21건, 25건, 12건, 32건은 백분율인 %값이 될 수 없다. [2007년 법정제재 건수의 방송사별 구성비]는 방송사별 제재 건수가 그대로 반영되어 있으므로 <표>를 이용하여 작성한 그래프로 옳지 않다.

고득점자의 빠른 문제 풀이 Tip

③ 제시된 <표>와 그래프의 수치가 일치하는 경우에는 제시된 단위가 동일한지 반드시 확인합니다.

⑤ <표>는 방송사별 권고 건수가 위에서부터 차례로 A, B, C, D순으로 제시된 반면 [2008년과 2009년 방송사별 권고 건수]는 위에서부터 차례로 D, C, B, A로 <표>와 반대로 제시된 점을 유의합니다.

12 자료이해

정답 ③

정답 체크
ㄱ. 전체 학생 수는 55명이고, 중앙에 위치한 학생은 앞뒤로 각각 27명씩 둔 28번째 학생이어야 한다. 따라서 체육점수가 낮은 학생부터 나열하면 28번째 학생은 5점이므로 옳은 설명이다.
ㄹ. 체육점수에서 5점을 받은 학생이 학급에서 23명으로 가장 많으므로 옳은 설명이다.

오답 체크
ㄴ. 4~6점을 받은 학생 수는 43명이고, 전체 학생 수 55명에서 차지하는 비율은 (43/55)×100≒78.2%로 86% 미만이므로 옳지 않은 설명이다.
ㄷ. 학급의 체육점수 산술평균은 {(1×1)+(2×0)+(3×5)+(4×10)+(5×23)+(6×10)+(7×5)+(8×0)+(9×1)+(10×0)}/55=5점이고, 최고점 9점과 최저점 1점을 제외한 53명의 산술평균은 {(3×5)+(4×10)+(5×23)+(6×10)+(7×5)}/53=5점이므로 옳지 않은 설명이다.

고득점자의 빠른 문제 풀이 Tip

ㄴ. 비율을 계산하지 않고 55명의 80%를 대략적으로 먼저 구해보면 55의 10%는 5.5이므로 8배인 80%는 44임을 알 수 있습니다. 따라서 43은 80% 이하입니다.

ㄷ. 최고점과 최저점이 각 1명씩으로 동일하므로 최고점과 최저점을 제외하고 구한 산술평균은 학급의 체육점수 산술평균과 같습니다.

13 자료변환

정답 ②

정답 체크 제시된 <보고서>에서 국내 IPTV 서비스 매출액에 관한 내용은 확인할 수 없으므로 <보고서>를 작성하는 데 직접적인 근거로 활용되지 않았다.

오답 체크
① 제시된 <보고서>의 두 번째 단락에서 '2010년 4사분기 국내 IPTV 서비스 가입자 수는 308만 6천 명이고, Pre-IPTV와 IPTV서비스 가입자 수의 합계는 365만 9천 명이다.'라고 했으므로 <보고서>를 작성하는 데 직접적인 근거로 활용되었다.
③ 제시된 <보고서>의 첫 번째 단락에서 '2010년 세계 통신서비스 형태별 가입자 수를 살펴보면, 이동전화 서비스 가입자 수는 세계 인구의 79%에 해당하는 51억 6,700만 명으로 가장 많았고, 그 다음으로는 유선전화, 인터넷, 브로드밴드 순서로 가입자가 많았다.'고 했으므로 <보고서>를 작성하는 데 직접적인 근거로 활용되었다.
④ 제시된 <보고서>의 첫 번째 단락에서 '2009년 세계 지역별 통신서비스 시장 매출액의 합계는 1조 3,720억 달러에 달하였으며, 2012년에는 1조 4,920억 달러일 것으로 추정된다.'고 했으므로 <보고서>를 작성하는 데 직접적인 근거로 활용되었다.
⑤ 제시된 <보고서>의 두 번째 단락에서 '우리나라의 경우 2008~2010년 GDP에서 정보통신기술(ICT) 산업이 차지하는 비중은 매년 증가하여 2010년에는 11.2%였다.'고 했으므로 <보고서>를 작성하는 데 직접적인 근거로 활용되었다.

고득점자의 빠른 문제 풀이 Tip

선택지의 제목을 먼저 확인하여 키워드가 <보고서>에 제시되어 있는지부터 확인하도록 합니다. ①, ③, ④, ⑤에 대한 내용은 <보고서>에서 그대로 찾을 수 있는 반면, '국내 IPTV 서비스 매출액'에 대한 내용은 제시되지 않은 것을 알 수 있습니다. 또한 <보고서>의 단위와 선택지 자료의 단위가 일치하지 않는 경우에 유의합니다.

③ 제시된 <보고서>의 단위는 '만 명'이고, 자료의 단위는 '백만 명'입니다.

④ 제시된 <보고서>의 단위는 '억 달러'이고, 자료의 단위는 '십억 달러'입니다.

14 자료이해

정답 ⑤

정답 체크 실제수요가 3,000개 이하인 제품유형 A, B, C, D는 수요예측치와 실제수요가 같음을 의미하는 중앙선($y=x$) 아래쪽에 있어 수요예측치가 실제수요보다 더 크므로 옳은 설명이다.

오답 체크
① 수요예측 오차가 가장 작은 제품유형은 중앙선에 가까이 위치해야 한다. G는 중앙선에서 가장 멀리 있어 수요예측 오차가 가장 큰 제품유형이므로 옳지 않은 설명이다.
② 실제수요가 큰 제품유형은 세로축을 기준으로 위쪽에 위치하고, 수요예측 오차가 작은 제품유형은 중앙선에 가까이 위치해야 한다. 실제수요가 가장 큰 제품유형은 I로, J보다 실제수요가 크고 J보다 중앙선에서 멀리 있어 수요예측 오차도 더 크므로 옳지 않은 설명이다.
③ 수요예측치가 가장 큰 제품유형은 가로축을 기준으로 가장 오른쪽에 위치한 J이고, 실제수요가 가장 큰 제품유형은 I이므로 옳지 않은 설명이다.
④ 실제수요가 3,000개를 초과한 제품유형은 E, F, G, H, I, J 6가지로 전체 제품유형 수의 50%인 10×0.5=5가지를 초과하므로 옳지 않은 설명이다.

15 자료논리

정답 ②

정답 체크 <표>와 <산식>을 이용하여 이용객 선호도를 정리하면 다음과 같다.

입장료	사우나 유무	이용객 선호도
5,000원	유	4.0+3.3=7.3점
	무	4.0+1.7=5.7점
10,000원	유	3.0+3.3=6.3점
	무	3.0+1.7=4.7점
20,000원	유	0.5+3.3=3.8점
	무	0.5+1.7=2.2점

따라서 이용객 선호도가 세 번째로 큰 조합은 입장료가 5,000원이고, 사우나 유무가 '무'이다.

16 자료이해

정답 ④

정답 체크 자살률이 가장 높은 국가는 A국이고, A국의 1인당 GDP는 약 17천 달러이다. 자살률이 두 번째로 높은 국가는 B국이고, B국의 1인당 GDP는 약 29천 달러이다. A국의 1인당 GDP는 B국의 1인당 GDP의 50%인 29×0.5=14.5천 달러 이상이므로 옳은 설명이다.

오답 체크
① 1인당 GDP가 가장 낮은 국가는 S국이고, 자살률이 가장 낮은 국가는 T국이므로 옳지 않은 설명이다.
② 1인당 GDP가 4만 달러 이상인 국가는 K국이고, K국의 자살률은 10명을 초과하므로 옳지 않은 설명이다.
③ 자살률이 가장 높은 국가는 약 23명인 A국이고, 자살률이 가장 낮은 국가는 약 3명인 T국이다. 두 나라의 자살률 차이는 약 20명으로 15명 초과이므로 옳지 않은 설명이다.
⑤ C국보다 자살률과 1인당 GDP가 모두 낮은 국가는 G, H, I, O, S국으로 5개국이고, C국보다 자살률과 1인당 GDP가 모두 높은 국가는 B국 1개국이므로 옳지 않은 설명이다.

고득점자의 빠른 문제 풀이 Tip

②, ⑤ 제시된 기준에 맞게 가로축과 세로축에 선을 그려 확인하면 보다 쉽게 파악할 수 있습니다.

17 자료이해

정답 ②

정답 체크 '용기디자인'의 점수는 A음료가 약 4.5점으로 가장 높고, C음료가 약 1.5점으로 가장 낮으므로 옳은 설명이다.

오답 체크
① C음료는 8개 항목 중 '단맛'의 점수가 약 4점으로 가장 높으므로 옳지 않은 설명이다.
③ A음료와 B음료의 점수를 항목별로 비교해보면 '단맛'과 '쓴맛'에서만 B음료의 점수가 더 높고 나머지 6개 항목에서는 A음료의 점수가 더 높으므로 옳지 않은 설명이다.
④ 소비자평가 결과의 항목별 점수의 합은 B음료가 약 2.5+2.5+2.5+4+3+1+1.5+2=19점이고, D음료가 약 2.8+3.5+4+2.3+2.5+2.7+3.5+4=25.3점으로 D음료가 B음료보다 크므로 옳지 않은 설명이다.
⑤ '색'의 점수가 가장 높은 음료는 A음료이고, '단맛'의 점수가 가장 높은 음료는 B와 C음료이므로 옳지 않은 설명이다.

고득점자의 빠른 문제 풀이 Tip

여러 항목을 비교해야 하는 ③, ④, ⑤보다는 한 가지 항목에 대해서 가장 높은 것과 가장 낮은 것을 확인하는 ①, ②를 먼저 확인하여 문제를 빠르게 풀이합니다.

18 자료이해

정답 ④

정답 체크 관중수용률(%)=$\frac{\text{연간 관중 수}}{\text{연간 경기장 수용규모}}$×100임을 적용하여 구한다. 2009년 배구의 연간 관중 수는 4,843×0.304≒1,472천 명이고, 핸드볼의 연간 관중 수는 2,756×0.438≒1,207천 명이다. 따라서 2009년 연간 관중 수는 배구가 핸드볼보다 많으므로 옳은 설명이다.

오답 체크
① 축구의 연간 관중 수는 2008년이 40,574×0.287≒11,645천 명이고, 2009년이 37,865×0.29≒10,981천 명으로 2009년에 전년대비 감소하였으므로 옳지 않은 설명이다.
② 2011년 야구의 관중수용률은 65.7%로 농구의 관중수용률 59.5%보다 높으므로 옳지 않은 설명이다.
③ 관중수용률이 매년 증가한 종목은 야구와 축구 2개이므로 옳지 않은 설명이다.
⑤ 2007~2011년 동안 농구와 핸드볼의 연간 경기장 수용규모의 증감 추이는 2006년에서 2007년에 농구는 5,899천 명에서 6,347천 명으로 증가한 반면 핸드볼은 3,230천 명에서 2,756천 명으로 감소하였으므로 옳지 않은 설명이다.

고득점자의 빠른 문제 풀이 Tip

① 계산하지 않고 수치 변화를 통해 증감을 확인하는 연습을 하도록 합니다. 2008년과 2009년의 축구 수용규모와 관중수용률을 비교해보면 관중수용률은 28.7%에서 29.0%로 큰 차이가 없는 반면 수용규모는 40,574천 명에서 37,865천 명으로 큰 폭으로 감소하였으므로 연간 관중 수는 2009년에 전년대비 감소함을 알 수 있습니다.

19 자료논리

정답 ③

정답 체크 · <그림 1>을 통해 2010~2011년 동안 변리사 A와 B의 전체 특허출원 건수는 30+15=45건임을 알 수 있다.

- <그림 2>를 통해 전체 특허출원 건수는 2010년에 45×0.2=9건이고, 2011년에 45×0.8=36건임을 알 수 있다.
- <그림 3>을 통해 변리사A의 전체 특허출원 건수는 2010년에 30×0.2=6건이고, 2011년에 30×0.8=24건임을 알 수 있다.

따라서 2010년 변리사B의 특허출원 건수는 9-6=3건이고, 2011년 변리사B의 특허출원 건수는 36-24=12건이므로 2011년은 2010년의 12/3=4배이다.

고득점자의 빠른 문제 풀이 Tip

<그림 2>에 제시된 변리사A와 B의 전체 특허출원 건수 연도별 구성비와 <그림 3>에 제시된 변리사A의 전체 특허출원 건수 연도별 구성비가 동일한 것은 각각의 구성 비율이 변함이 없는 것이므로 변리사 B의 전체 특허출원 건수 역시 20%와 80%인 것을 유추할 수 있습니다. 따라서 계산을 하지 않고도 4배임을 알 수 있습니다.

20 자료논리

정답 ④

정답 체크

해당 사분기 매출액 증감계수 $=\frac{\text{해당 사분기 매출액}-\text{직전 사분기 매출액}}{\text{직전 사분기 매출액}}$임을 적용하여 구한다. 이를 다시 나타내면 해당 사분기 매출액=(해당 사분기 매출액 증감계수×직전 사분기 매출액)+직전 사분기 매출액=직전 사분기 매출액×(해당 사분기 매출액 증감계수+1)이다.

- 사원A의 2011년 1사분기 매출액은 4억이고,
  2사분기 매출액 증감계수는 1.0이므로 2사분기 매출액은 4×(1.0+1)=8억이다.
  3사분기 매출액 증감계수는 0.5이므로 3사분기 매출액은 8×(0.5+1)=12억이다.
  4사분기 매출액 증감계수는 -0.5이므로 4사분기 매출액은 12×(-0.5+1)=6억이다.
- 사원B의 2011년 1사분기 매출액은 6억이고,
  2사분기 매출액 증감계수는 0.5이므로 2사분기 매출액은 6×(0.5+1)=9억이다.
  3사분기 매출액 증감계수는 -0.5이므로 3사분기 매출액은 9×(-0.5+1)=4.5억이다.
  4사분기 매출액 증감계수는 1.0이므로 4사분기 매출액은 4.5×(1.0+1)=9억이다.
- 사원C의 2011년 1사분기 매출액은 2억이고,
  2사분기 매출액 증감계수는 -0.5이므로 2사분기 매출액은 2×(-0.5+1)=1억이다.
  3사분기 매출액 증감계수는 3.0이므로 3사분기 매출액은 1×(3.0+1)=4억이다.
  4사분기 매출액 증감계수는 1.0이므로 4사분기 매출액은 4×(1.0+1)=8억이다.

따라서 2011년 4사분기의 매출액이 큰 사원부터 나열하면 B, C, A이다.

고득점자의 빠른 문제 풀이 Tip

각주에 제시된 식을 계산하기 쉽게 정리하여 문제를 풀이합니다.

21 자료논리

정답 ⑤

정답 체크

- 2011년 8월에 전년동월 대비 화재건수가 증가한 화재장소는 D와 F이다. 따라서 D와 F는 각각 위험물보관소와 임야 중 한 곳임을 알 수 있다.
- 2011년 1~8월 동안 화재건수가 100건이 넘지 않는 화재장소는 D와 E이다. 따라서 D와 E는 각각 위험물보관소와 선박 중 한 곳임을 알 수 있다. 첫 번째 <보기>와 세 번째 <보기>를 통해 D는 위험물보관소이고, F는 임야, E는 선박임을 알 수 있다.
- 2011년 1~8월 동안 화재건수가 많은 상위 두 곳은 A와 B이다. 따라서 A와 B는 각각 사무실과 주택 중 한 곳임을 알 수 있다.
- 2011년 1~8월 동안 주택과 차량에서 발생한 화재건수의 합은 사무실에서 발행한 화재건수보다 적다고 했으므로 두 번째 <보기>에 따라 A와 B 중에 화재건수가 더 많은 B가 사무실이다. 따라서 A는 주택이고, C는 차량임을 알 수 있다.

따라서 A는 주택, C는 차량, F는 임야이다.

고득점자의 빠른 문제 풀이 Tip

동일한 항목에 대한 내용이 제시된 <보기>를 묶어서 확인합니다. 첫 번째와 세 번째 <보기>는 위험물보관소에 대해, 두 번째와 네 번째 <보기>는 사무실과 주택에 대해 제시하고 있으므로 이를 동시에 확인합니다.

22 자료이해

정답 ①

정답 체크

ㄱ. 2009년 비대면거래 건수 비중은 39.3+12.6+34.4=86.3%이고, 2011년 비대면거래 건수 비중은 39.1+12.4+36.3=87.8%이다. 따라서 2011년의 비대면거래 건수 비중이 2009년 대비 87.8-86.3=1.5%p 증가하였으므로 옳은 설명이다.

ㄷ. 2007~2011년 동안 매년 비대면거래 중 업무처리 건수가 가장 적은 제공방식은 매년 비중이 가장 적은 텔레뱅킹이므로 옳은 설명이다. 이는 실제 건수가 제시되어 있지 않더라도 매년 전체 중에 차지하는 비중이 가장 작은 것으로 확인이 가능하다.

오답 체크

ㄴ. 제시된 <표>에는 금융서비스 제공방식별 업무처리 건수 비중만 제시되었을 뿐 실제 대면거래 건수나 비대면거래 건수는 제시되지 않아 매년 건수가 감소하였는지는 알 수 없다.

ㄹ. 제시된 <표>에는 대면거래 건수 비중만 제시되었을 뿐 대면거래 금액은 제시되지 않아 알 수 없다.

고득점자의 빠른 문제 풀이 Tip

ㄱ. 비대면거래 건수 비중은 대면거래와 비대면거래 건수 비중의 합 100.0%와 대면거래 건수 비중의 차이입니다. CD/ATM, 텔레뱅킹, 인터넷뱅킹 항목을 모두 더하여 값을 구하는 경우 소요시간이 길어질 수 있음을 유의합니다.

ㄴ. '비중'이나 '지수' 등 상대적 수치만 제시되어 있는 자료의 경우, 제시된 항목 간에 절대적 수치(금액, 건수, 인원 등)의 크기 관계는 알 수 없으므로 이에 대한 <보기>나 선택지가 있는지 먼저 확인하여 제외합니다.

23 자료이해

정답 ②

정답 체크

ㄱ. 2008년 화물차 1대당 월평균 에너지 사용량은 용달화물이 761리터로 가장 적으므로 옳은 설명이다.

ㄷ. 2010년 화물차 1대당 월평균 에너지 효율성이 큰 분야부터 나열하면 일반화물이 27.2톤·km/리터, 개별화물이 11.1톤·km/리터, 용달화물이 4.1톤·km/리터이므로 옳은 설명이다.

오답 체크

ㄴ. 2009년 화물운송실적이 가장 큰 분야를 확인하려면 분야별로 화물운송에 사용된 화물차 대수에 대한 정보가 필요하다. 제시된 <표>는 1대당 월평균 화물운송실적만 제시되었을 뿐 분야별 화물차 대수는 제시되지 않아 알 수 없다.

ㄹ. 2008~2010년 동안 각 분야의 화물차 1대당 월평균 에너지 효율성은 일반화물이 27.6, 25.7, 27.2톤·km/리터로 감소한 뒤 증가하였고, 개별화물은 21.9, 16.2, 11.1톤·km/리터로 매년 감소하였으며 용달화물은 4.9, 5.2, 4.1톤·km/리터로 증가한 뒤 감소하였으므로 옳지 않은 설명이다.

24 자료이해

정답 ⑤

정답 체크

ㄴ. 5일이동평균 = $\frac{\text{해당거래일 포함 최근 거래일 5일 동안의 일별 주가의 합}}{5}$ 임을 적용하여 구한다. 7거래일의 5일이동평균은 (7,620+7,720+7,780+7,820+7,830)/5=7,754원이고, 5일이동평균은 거래일마다 상승하였으므로 옳은 설명이다.

ㄷ. 8거래일의 5일이동평균은 7,790원이므로 4거래일부터 8거래일까지 5일 동안의 일별 주가의 합은 7,790×5=38,950원이고, 8거래일의 일별 주가는 38,950-(7,720+7,780+7,820+7,830)=7,800원이다. 따라서 2거래일 이후 일별 주가가 직전거래일 대비 가장 많이 상승한 날은 7,720-7,620=100원이 상승한 4거래일이므로 옳은 설명이다.

ㄹ. 5거래일 이후 해당거래일의 일별 주가와 5일이동평균 간의 차이는 5거래일이 7,780-7,652=128원, 6거래일이 7,820-7,706=114원, 7거래일이 7,830-7,754=76원, 8거래일이 7,800-7,790=10원으로 거래일마다 감소하였으므로 옳은 설명이다.

오답 체크

ㄱ. 일별 주가는 7거래일 7,830원에서 8거래일 7,800원으로 하락하였으므로 옳지 않은 설명이다.

고득점자의 빠른 문제 풀이 Tip

ㄱ, ㄷ. 8거래일의 5일이동평균이 7,790원이므로 편차를 통해 8거래일의 일별 주가를 구할 수 있습니다. 4거래일부터 5일 동안의 일별 주가인 7,720원, 7,780원, 7,820원, 7,830원, 8거래일 일별 주가와 8거래일의 5일이동평균과의 차이인 편차를 합하면 0이 되어야 합니다. 7거래일까지의 일별 주가에 대한 각 편차를 나열해보면 -70, -10, +30, +40이고, 편차의 합은 -70-10+30+40=-10입니다. 따라서 8거래일의 일별 주가는 편차가 +10이 되어야 하므로 7,790+10=7,800원입니다.

ㄴ. 7거래일의 5일이동평균이 전일의 5일이동평균보다 상승했는지는 수치의 변화만으로 판단할 수 있습니다. 7거래일의 5일이동평균은 6거래일의 5일이동평균에 포함되는 2거래일의 일별 주가 7,590원이 제외되고, 7거래일의 일별 주가 7,830원이 포함되어 제외되는 값보다 포함되는 값이 더 크므로 평균값이 커진다는 것을 알 수 있습니다.

25 자료이해

정답 ①

정답 체크

<그림 1>에 제시된 산업 중 서비스업에 대한 투자건수와 <그림 2>를 활용하여 비례식을 만들 수 있다. <그림 1>에서 2009년 외국기업 국내 투자건수의 서비스업 비율은 65.9%이고, <그림 2>에서 외국기업의 국내 서비스업의 투자건수는 680건이다. 이때 2009년 외국기업 국내 투자건수를 A라고 하면 65.9:680=100:A의 비례식을 세울 수 있고, A는 (680×100)/65.9≒1,031.9건이다. 2010년 외국기업 국내 투자건수를 B라고 하면 비례식은 68.7:687=100:B이고, B는 (687×100)/68.7=1,000건이다. 따라서 외국기업 국내 투자건수는 2010년이 2009년보다 적으므로 옳은 설명이다.

오답 체크

② 2008년 외국기업 국내 투자건수의 서비스업 비율은 67.8%, 외국기업의 국내 서비스업 투자건수는 572건, 외국기업 국내 투자건수의 농·축·수산·광업 비율은 5.9%이므로 농·축·수산·광업에 대한 투자건수를 C라고 하면 67.8:572=5.9:C의 비례식을 세울 수 있다. C는 (572×5.9)/67.8≒49.8건으로 60건 미만이므로 옳지 않은 설명이다.

③ <그림 1>에서 외국기업 국내 투자건수 중 제조업이 차지하는 비율은 2009년 17.1%에서 2010년 13.6%로 감소하였으므로 옳지 않은 설명이다.

④ <그림 1>에서 외국기업 국내 투자건수 중 각 산업이 차지하는 비율의 순위는 2008년, 2010년, 2011년은 1위가 서비스업, 2위가 제조업, 3위가 전기·가스·수도·건설업, 4위가 농·축·수산·광업으로 동일하지만 2009년에는 3위가 농·축·수산·광업이고, 4위가 전기·가스·수도·건설업이므로 옳지 않은 설명이다.

⑤ <그림 2>에서 외국기업의 국내 서비스업 투자건당 투자금액은 2008년이 823/572≒1.4백만 달러, 2009년이 1,448/680≒2.1백만 달러, 2010년이 1,264/687≒1.8백만 달러, 2011년이 2,766/553≒5.0백만 달러로 2010년에 전년대비 감소하므로 옳지 않은 설명이다.

고득점자의 빠른 문제 풀이 Tip

① 비례식에서 정확히 계산하지 않고도 2009년과 2010년 투자건수의 증감을 대략적으로 확인할 수 있습니다.

2009년 → 65.9:680=100:A

2010년 → 68.7:687=100:B

2009년 식의 좌변 수치의 관계를 보면 65.9와 680은 10배 이상이므로 A는 100의 10배 이상으로 1,000을 넘는 것을 유추할 수 있습니다. 2010년 식의 좌변 수치의 관계는 68.7과 687은 정확히 10배이므로 B는 100의 10배인 1,000이 됩니다. 따라서 2009년은 1,000 이상의 값이고, 2010년 1,000이므로 2010년이 2009년보다 적습니다.

⑤ 투자건당 투자금액은 계산하지 않아도 2009년과 2010년의 그래프 수치를 통해 감소하였음을 해석할 수 있습니다. 분모 값인 투자건수는 680에서 687로 증가하였고, 분자 값인 투자금액은 1,448에서 1,264로 감소하였습니다. 분모 값은 증가하고 분자 값은 감소했으므로 분수 값은 감소함을 알 수 있습니다.

바로 채점 및
성적 분석 서비스

2011년 기출문제 취약 유형 분석표 & 정답·해설

PSAT 전문가의 총평

2011년 민간경력자 PSAT의 경우 전반적인 난도는 평이했다.

1. 언어논리 영역: 제시된 글의 논지 파악이 쉽지 않은 문항도 있었으나 대부분의 경우 내용 파악이 용이한 짧은 글이 제시되어 난도가 낮았다.
2. 상황판단 영역: 문제해결 유형에서 많은 경우의 수를 고려하는 문항이 있었으나 그 외의 유형에서 내용 파악이 용이한 소재의 글이 출제되어 난도가 평이했다.
3. 자료해석 영역: 복잡한 계산으로 해결하는 문항의 비중이 적었고, 제시된 자료를 이해하고 이를 바탕으로 정답을 파악하는 데 어려움이 없어 난도가 높지 않았다.

정답

언어논리

p.361

1	⑤	세부 내용 파악	**6**	②	중심 내용 파악	**11**	①	세부 내용 파악	**16**	③	세부 내용 파악	**21**	⑤	진술추론
2	④	세부 내용 파악	**7**	④	세부 내용 파악	**12**	④	세부 내용 파악	**17**	④	세부 내용 파악	**22**	④	진술추론
3	⑤	빈칸삽입	**8**	②	진술추론	**13**	③	세부 내용 파악	**18**	③	사례 유추	**23**	①	진술추론
4	③	세부 내용 파악	**9**	②	논리추론	**14**	①	세부 내용 파악	**19**	②	논증의 타당성	**24**	④	진술추론
5	②	세부 내용 파악	**10**	②	세부 내용 파악	**15**	⑤	세부 내용 파악	**20**	③	진술추론	**25**	①	세부 내용 파악

상황판단

p.375

1	③	세부 내용 파악	**6**	②	문제해결	**11**	①	세부 내용 파악	**16**	②	문제해결	**21**	⑤	세부 내용 파악
2	④	세부 내용 파악	**7**	④	문제해결	**12**	⑤	세부 내용 파악	**17**	④	문제해결	**22**	④	문제해결
3	④	법·규정의 적용	**8**	②	법·규정의 적용	**13**	③	세부 내용 파악	**18**	⑤	법·규정의 적용	**23**	⑤	문제해결
4	⑤	법·규정의 적용	**9**	④	세부 내용 파악	**14**	④	법·규정의 적용	**19**	②	세부 내용 파악	**24**	②	문제해결
5	④	법·규정의 적용	**10**	①	법·규정의 적용	**15**	①	법·규정의 적용	**20**	③	문제해결	**25**	③	문제해결

자료해석

p.389

1	④	자료이해	**6**	④	자료이해	**11**	①	자료이해	**16**	②	자료이해	**21**	③	자료이해
2	①	자료이해	**7**	④	자료이해	**12**	③	자료이해	**17**	⑤	자료이해	**22**	④	자료이해
3	②	자료변환	**8**	⑤	자료이해	**13**	④	자료이해	**18**	②	자료이해	**23**	③	자료이해
4	⑤	자료이해	**9**	①	자료이해	**14**	③	자료이해	**19**	④	자료이해	**24**	②	자료이해
5	②	자료이해	**10**	③	자료논리	**15**	⑤	자료변환	**20**	①	자료논리	**25**	①	자료논리

취약 유형 분석표

유형별로 맞힌 개수, 틀린 문제 번호와 풀지 못한 문제 번호를 적고 나서 취약한 유형이 무엇인지 파악해 보세요.
취약한 유형은 '민간경력자 PSAT 기출유형공략'으로 복습하고, 해커스잡 사이트(ejob.Hackers.com)에서 제공하는 <PSAT 영역별 핵심 이론 노트>로 관련 이론을 확인한 후 틀린 문제와 풀지 못한 문제를 다시 풀어보세요.

언어논리

유형	맞힌 개수	틀린 문제 번호	풀지 못한 문제 번호
세부 내용 파악	/14		
중심 내용 파악	/1		
빈칸삽입	/1		
문단배열	/0		
사례 유추	/1		
진술추론	/6		
논증의 타당성	/1		
논리추론	/1		
TOTAL	/25		

상황판단

유형	맞힌 개수	틀린 문제 번호	풀지 못한 문제 번호
세부 내용 파악	/8		
법·규정의 적용	/8		
문제해결	/9		
논리퍼즐	/0		
TOTAL	/25		

자료해석

유형	맞힌 개수	틀린 문제 번호	풀지 못한 문제 번호
자료이해	/20		
자료논리	/3		
자료변환	/2		
TOTAL	/25		

해설

언어논리

1 세부 내용 파악

정답 ⑤

정답 체크 1문단에서 철소는 '또한 철 제련에 필요한 물이 풍부하게 있는 곳이어야 했다.'고 했고, 2문단에서 '갑천의 풍부한 수량은 철제품을 운송하는 수로로 적합했을 뿐 아니라, 제련에 필요한 물을 공급하는 데에도 유용하였다.'고 했으므로 풍부한 물은 명학소에 철소를 설치하는 데 이점이었음을 알 수 있다.

오답 체크
① 2문단에서 공주의 명학소는 철소였지만 다른 철소와 달리 철이 생산되지 않았다고 했으므로 모든 철소에서 철이 생산된 것은 아님을 알 수 있다.
② 2문단에서 명학소는 제련에 필요한 숯을 생산하는 곳이었음을 알 수 있다.
③ 2문단에서 망이와 망소이가 공주 명학소에서 반란을 일으켰음을 알 수 있으나 그들이 철제품 생산 기술자였는지는 알 수 없다.
④ 3문단에서 명학소민이 일반 군현민뿐 아니라 다른 철소민보다도 무거운 부담을 지고 있었음을 알 수 있다.

2 세부 내용 파악

정답 ④

정답 체크 4문단에서 '사냥꾼은 사물의 전체적인 균형에 대해서는 무관심하다. 사냥꾼이 하는 유일한 일은 사냥감으로 자기 자루를 최대한 채우는 것이다.'라고 했으므로 사냥꾼은 세상을 바꾸는 일보다 이용하는 데에 관심이 있음을 알 수 있다.

오답 체크
① 1문단에서 유토피아는 전적으로 인간의 지혜로 설계된 세계라고 했으므로 유토피아는 신이 완성한 것이 아님을 알 수 있다.
② 3문단에서 정원사는 자신이 바람직하게 여기는 배치도를 머리에 떠올린 후 정원을 그 이미지에 맞추어 개조한다고 했으므로 정원사는 세상에 대한 인간의 적극적인 개입을 지양하지 않음을 알 수 있다.
③ 1문단에서 유토피아를 설계하는 사람은 완전히 뜯어고쳐야 할만큼 이 세상이 잘못되어 있다고 생각한다고 했고, 2문단에서 산지기는 인위적인 간섭을 최소화하면서 맡겨진 땅의 자연적 균형을 유지하는 것이 목적이라고 했으므로 산지기는 인간과 자연이 조화되는 유토피아를 설계하지 않음을 알 수 있다.
⑤ 2문단에서 산지기의 신념은 신이 설계한 자연에 담긴 지혜와 조화를 유지하고자 하는 것이고, 3문단에서 정원사의 신념은 자신이 노력하지 않으면 세상이 무질서해질 것이라는 것이고, 4문단에서 사냥꾼의 태도는 사물의 전체적인 균형에 무관심한 것이라고 했으므로 신이 부여한 정연한 질서가 세계에 있다는 믿음은 산지기의 태도에서만 나타남을 알 수 있다.

3 빈칸삽입

정답 ⑤

정답 체크
(가) 1문단에서 보호지역의 숫자는 생물다양성의 보존과 지속가능한 이용 정책의 성공 여부를 피상적으로 알려주는 지표에 지나지 않으며, 보호지역 관리에 충분한 인력을 투입하는 것이 필요하다고 했으므로 (가)는 실질적인 보호지역 관리에 해당하는 ㄹ이 적절하다.
(나) 2문단에서 생태계 훼손에 대한 비용 부담은 높이고 생물다양성의 보존, 강화, 복구 노력에 대해서는 보상을 한다고 했으므로 (나)는 생물다양성 유지를 위한 비용에 해당하는 ㄴ이 적절하다.
(다) 3문단에서 이전에는 무료로 이용할 수 있었던 것에 대해 요금을 부과함으로써 생태계의 무분별한 이용을 억제하는 것이 이 제도의 골자라고 했으므로 (다)는 생태계 이용과 관련된 요금에 해당하는 ㄱ이 적절하다.
(라) 4문단에서 친환경 농산물, 무공해 비누, 생태 관광 등에 대한 인기가 증대되고 있는 현상은 소비자들이 친환경 제품이나 서비스에 더 비싼 값을 지불할 수도 있다는 사실을 보여주는 사례라고 했으므로 (라)는 생물다양성 친화적 제품과 관련된 상품에 해당하는 ㄷ이 적절하다.

4 세부 내용 파악

정답 ③

정답 체크 3문단에서 1997년 말 외환위기를 계기로 재벌 중심의 경제성장 방식의 한계가 지적되었고 우리 경제는 고용창출과 경제성장을 주도할 새로운 기업군을 필요로 하게 되었으며 이로 인해 벤처기업 육성 정책이 시행되었음을 알 수 있다.

오답 체크
① 1문단에서 미국 나스닥의 주가 급상승이 한국의 주가 흐름과 거의 일치함을 알 수 있으나 해외 주식시장의 주가 상승이 국내 벤처버블 발생의 주요 원인이 되었는지는 알 수 없다.
② 1문단에서 1999~2000년 동안 한국뿐 아니라 전세계 주요 국가에서 벤처버블이 나타났다고 했으므로 전세계 모든 국가에서 벤처버블이 발생한 것은 아님을 알 수 있다.
④ 2문단에서 초고속 인터넷의 확대는 인터넷을 활용한 비즈니스가 높은 잠재력을 가진 기업으로 인식되는 효과를 낳았음을 알 수 있으나 대기업 침체의 요인이 되었는지는 알 수 없다.
⑤ 3문단에서 외환위기로 인한 재벌기업의 침체는 벤처기업이라는 새로운 기업의 필요성을 불러왔음을 알 수 있으나 이러한 사실이 해외 주식을 대규모로 매입하는 계기가 되었는지는 알 수 없다.

고득점자의 빠른 문제 풀이 Tip

세부 내용 파악 유형에서는 선택지 내용 전체가 글의 내용과 일치하는지를 끝까지 확인해야 합니다. 선택지 내용 중의 일부가 제시된 글과 일치한다 하더라도 나머지 부분에서 비약이나 왜곡이 있는 경우가 있기 때문입니다.
①, ④, ⑤는 글에 제시된 내용만으로는 알 수 없는 내용으로 구성되었고, ②는 일부 국가에서 발생한 것이 전체에서 발생한 것으로 구성되었으므로 확대 해석에 유의합니다.

5 세부 내용 파악

정답 ②

정답 체크 ㄱ. 1문단에서 팔레스타인 해방기구의 조직은 주변 아랍국가들의 지원에 의지하던 팔레스타인 사람들이 자기 힘으로 영토를 되찾기 위해 총을 든 것임을 알 수 있다.

ㄷ. 2문단에서 게릴라 조직들은 이스라엘은 물론이고 제국주의에 봉사하는 아랍국가들의 집권층, 그리고 미국을 공격 목표로 삼았다고 했으므로 아랍권 내 세력들도 공격 대상으로 삼았음을 알 수 있다.

오답 체크

ㄴ. 2문단에서 제 3차 중동전쟁 이후에는 팔레스타인 해방기구의 온건노선을 비판하는 여러 게릴라 조직이 탄생했고, 나세르가 사망함으로써 팔레스타인 해방운동이 불리해졌다고 했으므로 팔레스타인 해방운동을 지지했던 정권이 무너지고 반 아랍민족주의 정권이 들어선 것은 중동전쟁이 아닌 나세르의 사망으로 인한 것임을 알 수 있다.

ㄹ. 1문단에서 아랍국가 중 군주제 국가들은 이스라엘과 정면충돌할까 두려워 팔레스타인 해방기구를 자기 영토 안에 받아들이지않으려 했음을 알 수 있다.

6 중심 내용 파악

정답 ②

정답 체크

1문단에서 동물의 가축화를 '노예화 또는 착취'로 바라보는 시각은 잘못이며 동물들의 관점에서 인간과의 거래는 엄청난 성공이라고 주장하는 폴란의 견해를 소개하고 있다. 그러나 2문단에서 필자는 어떤 생명체가 태어나도록 하는 것이 항상 좋은 일인지 반문하며 돼지를 먹기 위해 태어나게 하고, 먹기 위해 죽이는 일은 정당하지 않음을 주장한다. 따라서 이 글의 핵심 논지는 생명체를 죽이기 위해서 그 생명체를 태어나게 하는 일은 정당화되기 어렵다는 내용이 적절하다.

오답 체크

① 제시된 글에서 종 다양성의 보존에 대한 내용은 알 수 없다.

③ 2문단에서 어떤 돼지가 태어나서 쾌적하게 살다가 이른 죽음을 맞게 된다면, 그 돼지를 태어나게 하는 것이 좋은 일인지 반문하며 비판을 드러내고 있으므로 핵심 논지로 적절하지 않다.

④ 1문단에서 동물의 가축화에 대한 폴란의 견해를 제시하고 있으나 이 내용이 틀린 정보에 근거하는지는 알 수 없다.

⑤ 2문단에서 어떤 생명체를 태어나게 해서 그 생명체가 속한 종의 생존과 번성에 도움을 준다면 그 생명체에게 좋은 일이라고 주장하는 폴란의 견해를 비판하고 있으므로 핵심 논지로 적절하지 않다.

7 세부 내용 파악

정답 ④

정답 체크

2문단에서 '이러한 문화 자본 때문에 과학자들과 대중 사이에 불연속성이 생겨난다. 여기서 중요한 것은 이러한 불연속성의 형태와 정도이다.'라고 했고, 3문단에서 '예를 들어 수리물리학, 광학, 천문학 등의 분야는 대중과 유리된 불연속성의 정도가 상대적으로 컸다.'고 했으므로 과학자와 대중의 불연속성은 동일한 정도로 나타나지 않음을 알 수 있다.

오답 체크

① 1문단에서 과학과 비과학의 경계가 오랜 역사적 투쟁을 통해서 만들어졌음을 알 수 있다.

② 2문단에서 과학자들이 '문화 자본'을 소유하고 있음을 알 수 있으나 획득 시기는 알 수 없다.

③ 3문단에서 수학의 언어를 익힌 사람만이 자연의 책을 읽어낼 수 있음을 알 수 있으나 수학 언어가 과학과 비과학을 가르는 보편적인 기준인지는 알 수 없다.

⑤ 제시된 글에서 과학과 비과학의 경계가 수리물리학에서 가장 먼저 생겨났는지는 알 수 없다.

고득점자의 빠른 문제 풀이 Tip

②, ③, ⑤ 글에 제시된 내용만으로는 알 수 없는 내용으로 구성되었으므로 확대해석에 유의합니다.

8 진술추론

정답 ②

정답 체크

밑줄 친 부분은 평균값으로 어떤 집단의 특성을 드러내는 것은 편리하고 유용하지만 평균값만으로는 집단의 실상을 제대로 드러내지 못한다는 주장이다. 평균값이 집단의 실상을 드러내지 못한다는 것은 평균값과 집단의 실상이 다르다는 것이므로 C지역의 평균 소득은 높지만 평균값과 달리 그 지역 사람들의 실상은 대부분 빈곤하다는 사례는 글의 주장을 강화한다.

오답 체크

① A지역과 B지역의 차이를 드러내고 있을 뿐 평균값의 한계를 제시하는 것은 아니므로 글의 주장을 강화하지 않는다.

③ D지역의 평균 신장과 뚱뚱한 정도는 서로 다른 속성이므로 글의 주장을 강화하지 않는다.

④ E지역과 F지역의 차이를 드러내고 있을 뿐 평균값의 한계를 제시하는 것은 아니므로 글의 주장을 강화하지 않는다.

⑤ G지역의 평균 기온과 그 지역 사람들의 수영 가능 여부는 서로 다른 속성이므로 글의 주장을 강화하지 않는다.

9 논리추론

정답 ②

정답 체크

제시문의 조건을 기호화하여 정리하면 다음과 같다.

- 조건 2: D>C
- 조건 3: G>F
- 조건 4: 순위 C-F or F-C
- 조건 5: 순위 B=1, E=7
- 조건 6: C>A+F → C>A, C>F

조건 2와 조건 6을 연결하면 D>C>A+F가 되고, 이를 조건 4와 연결하면 C시 바로 다음에 F시가 오게 되므로 D>C>F>A가 된다. 한편 조건 3에 따라 D, G>C>F>A가 되고 조건 5에 따라 B>D, G>C>F>A>E가 됨을 알 수 있다. 따라서 D시나 G시의 인구 순위를 확정할 수 있는 정보가 추가로 필요하다.

이때 C시와 D시의 인구 순위가 바로 인접하게 되면 B>G>D>C>F>A>E로 배열되므로 추가로 필요한 정보임을 알 수 있다.

오답 체크

①, ③, ④, ⑤ 이미 주어진 조건에서 파악할 수 있으므로 추가로 필요한 정보가 아님을 알 수 있다.

고득점자의 빠른 문제 풀이 Tip

많고 적음은 '>'로 표시하고 인접해있는 경우는 '-'로 표시하는 등 제시된 정보를 기호로 정리하면 정보를 쉽게 파악할 수 있습니다. 한편 정보를 통해 알 수 있는 것을 묻는 것이 아니라 순위대로 빠짐없이 배열하기 위해 필요한 추가 정보를 묻고 있다는 것에 유의합니다.

10 세부 내용 파악

정답 ②

정답 체크

2문단에서 의사들은 한 행동이 정신병 증상인지 아닌지를 판정하는 기준에 대한 가설을 세우고, 이 가설 하에서 모든 행동을 이해하려고 들었음을 알 수 있다. 그러나 좋은 가설은 가설이 참이 되는 상황과 거짓이 되는 상황을 명료하게 판정할 수 있는 가설이고, 의사들이 세웠던 가설은 이런 특성을 갖지 못했다고 했으므로 의사들의 가설은 진위 여부가 명료하게 판별되지 않는 가설이었음을 알 수 있다.

고득점자의 빠른 문제 풀이 Tip

의사들의 오류는 '좋은 가설이 갖는 특성'을 갖지 못해서 발생한 것이므로 '좋은 가설의 특성'에 관한 내용을 정확히 확인해야 합니다.

11 세부 내용 파악

정답 ①

정답 체크

ㄱ. 4문단에서 갑오개혁에 부정적이었던 한말의 지사 황현조차 갑오정권의 조세금납화 정책에 대해 긍정적인 평가를 한 것은 새로 개정된 신법이 반포되자 백성들이 모두 발을 구르고 손뼉을 치며 기뻐하여 그들이 다시 태어난 듯 희색을 감추지 못하였기 때문이라고 했으므로 백성들은 조세금납 전면화를 환영하였음을 알 수 있다.

오답 체크

ㄴ. 2문단에서 대동법의 시행으로 방납의 폐단이 줄어들었다고 했고, 4문단에서 동전으로 조세를 납부하는 것이 전면화되면서 여러 잡세들이 없어지게 되었다고 했으므로 대동법 시행이 아니라 조세금납 전면화에 따라 방납과 잡세가 사라졌음을 알 수 있다.

ㄷ. 3문단에서 대동법과 함께 동전으로 세금을 납부하는 대전납이 실시되었다고 했으므로 갑오개혁으로 조세금납이 전면적으로 시행되기 이전에도 이미 조세금납이 시행되고 있었음을 알 수 있다.

ㄹ. 2문단에서 대동법의 시행으로 인해 토지가 많은 양반의 부담이 늘어난 반면 농민들의 부담은 감소되었다고 했으므로 대동법 시행에 따라 양반의 부담이 감소된 것은 아님을 알 수 있다.

12 세부 내용 파악

정답 ④

정답 체크

2문단에서 '공여국 쪽에서는 실제 도움이 절실한 개인들에게 우선적으로 혜택이 가기를 원하지만, 수혜국 쪽에서는 자국의 경제 개발에 필요한 부문에 개발원조를 우선 지원하려고 한다.'고 했으므로 개발원조에서 공여국과 수혜국이 생각하는 지원의 우선순위가 일치하지 않음을 알 수 있다.

오답 체크

① 2문단에서 공여국은 실제 도움이 절실한 개인들에게 우선적으로 혜택이 가기를 원함을 알 수 있으나 문화 부문에 원조의 혜택이 돌아가기를 원하는지는 알 수 없다.

② 2문단에서 수혜국은 자국의 경제 개발에 필요한 부문에 개발원조를 우선 지원하려고 한다고 했으므로 수혜국이 자국의 빈민에게 원조의 혜택이 우선적으로 돌아가기를 원하는 것은 아님을 알 수 있다.

③ 2문단에서 수혜국은 집단주의적 문화가 강함을 알 수 있으나 이것이 공여국의 개발원조계획 참여를 저조하게 만드는지는 알 수 없다.

⑤ 1문단에서 개발원조를 받았어도 라틴 아메리카와 아프리카의 많은 나라들이 여전히 부채에 시달리고 있음을 알 수 있으나 이 부채위기가 원조정책에 기인하는지는 알 수 없다.

13 세부 내용 파악

정답 ③

정답 체크

ㄱ. 1문단에서 겸애는 남의 부모를 나의 부모처럼 여기고, 남의 집안을 내 집안처럼 여기고, 남의 국가를 나의 국가처럼 여기는 것임을 알 수 있다.

ㄴ. 2문단에서 묵자에게 있어 누군가를 사랑한다는 것은 그 사람을 현실적으로 이롭게 하겠다는 의지를 함축한다고 했으므로 묵자의 겸애에는 상대방에게 실질적인 이익을 베푸는 것이 함축되어 있음을 알 수 있다.

오답 체크

ㄷ. 1문단에서 겸애는 정치적 질서나 위계적 구조를 긍정한다는 특징을 지니며 이런 의미에서 묵자의 겸애는 평등한 사랑이라기보다는 불평등한 위계질서 속에서의 사랑이라고 했으므로 겸애는 만민평등이라는 이념의 실현을 촉진하는 것이 아님을 알 수 있다.

14 세부 내용 파악

정답 ①

정답 체크

ㄱ. 3문단에서 창충사는 향리 일족 내 특정한 가계가 중심이 되어서 건립한 사당이라고 했고, 4문단에서 창충사는 여러 향리 가운데 신씨가 중심이 되어 세운 사당이라고 했으므로 창충사는 양반 가문이 아니라 향리가 세운 사당임을 알 수 있다.

ㄴ. 2문단에서 향리들이 건립한 사당은 양반들이 건립한 것에 비하면 얼마 되지 않는다고 했으므로 향리보다 양반이 세운 사당이 더 많음을 알 수 있다.

오답 체크

ㄷ. 1문단에서 17, 18세기에 걸쳐 각 지역 양반들에 의해 서원이나 사당 건립이 활발하게 진행되었음을 알 수 있으나 향리가 서원을 세웠는지는 알 수 없다.

ㄹ. 4문단에서 창충사는 무신란을 진압하다가 죽은 신씨 가문의 다섯 향리를 추모하기 위해 건립되었다고 했으므로 창충사에 모셔진 신씨 가문의 향리는 다섯 명임을 알 수 있다.

15 세부 내용 파악

정답 ⑤

정답 체크

3문단에서 '사람들은 상처를 받을 수 있기 때문에, 그리고 자신의 몸에 발생할지도 모르는 고통의 가능성을 너무나 두려워하기 때문에 각종 계약을 맺어야 할 필요성을 느낀다.'고 했고, '결국 사회의 탄생은 인간이라는 존재의 육체적 속성에 뿌리를 두고 있다. 사회가 생겨난 근원은 신체상의 고통이다.'라고 했으므로 인간은 타인의 침해로 인한 신체적 고통을 피하기 위해 계약을 맺는 것임을 알 수 있다.

오답 체크

① 2문단에서 만인에 대한 만인의 투쟁 상태는 끊임없는 유혈 사태가 아니라 그런 사태가 일어날 가능성으로 인한 지속적인 불안감에서 비롯되며, 사회를 구성하는 동기와 근거는 바로 인간이 서로에 대해 느끼는 공포와 불안이라고 했으므로 인간이 고안해 낸 다양한 사회 형태가 공포와 불안을 완화시키지 못하는 것은 아님을 알 수 있다.

② 2문단에서 행동을 제한하는 규약이 없다면 도처에 수시로 간섭이나 침해가 이뤄질 수밖에 없다고 했으므로 인간 행동에 대한 지나친 규제가 타인에 대한 간섭과 침해를 발생시키는 것은 아님을 알 수 있다.

③ 1문단에서 사회는 타인과 어울리고 싶어 하는 끊임없는 충동이나 노동의 필요 때문에 생겨나지 않았음을 알 수 있다.

④ 1문단에서 사회가 구성되면 모든 것이 허용되는 시절은 끝나게 되며 무제약적으로 자유를 추구하던 시절이 끝나게 되는 것이라고 했으므로 인간이 계약을 맺어 공동체를 만든 이유가 자유를 제약 없이 누리기 위한 것이 아님을 알 수 있다.

16 세부 내용 파악

정답 ③

정답 체크

2문단에서 '자연 상태에서 각 개인은 이 자연법의 질서에 따라 권리를 누려 왔다. 그런데 사회가 점점 복잡해지고 분업화 되었다.'고 했으므로 분업화와 분권화는 인간이 자유를 지키기 위해 추진한 것이 아니라 자유를 누리는 과정에서 자연스럽게 이루어진 것임을 알 수 있다.

오답 체크

① 1문단에서 로크는 종래 왕당파의 낡은 왕권 신격화 이론과 가부장제 사상을 부정했다고 했으므로 왕은 신성한 사람이 아니며, 신은 왕에게 통치권을 부여하지 않았다고 생각했음을 알 수 있다.

② 2문단에서 만일 정부권력자가 본래의 약속을 어기고 신민의 인권을 침해·유린하면 신민들은 저항권을 행사하여 새로운 정부를 수립할 수 있다고 했으므로 로크는 신민들의 자발적인 합의로 구성된 권력기구라 하더라도 해체될 수 있다고 생각했음을 알 수 있다.

④ 2문단에서 실정법이 만들어지기 이전의 자연법은 생명, 자유 및 재산에 대한 권리인 천부인권을 내용으로 하며 자연 상태에서 각 개인은 이 자연법의 질서에 따라 권리를 누려 왔음을 알 수 있다.

⑤ 2문단에서 사회가 점점 복잡해지고 분업화 되었으며 갈등이 각자의 선의로 해결될 수 없기 때문에 사람들은 사회계약을 통해 권력기구를 만들기로 합의했음을 알 수 있다.

17 세부 내용 파악

정답 ④

정답 체크 제시된 글에서 여러 차별에 존재하는 문제에 대해 '왜냐하면 특정 집단들 사이의 차별 대우가 정당화되기 위해서는 그 집단들 사이에 합당한 차이가 있어야 하는데 그렇지 않기 때문이다. 인종차별주의, 종교적 편견, 민족주의에서는 합당한 차이를 찾을 수 없다.'고 했으므로 특정 집단들 사이의 차별 대우는 합당한 차이가 있어야 정당화됨을 알 수 있다.

오답 체크 ① 제시된 글에서 대학의 예를 들어 합당한 차이가 있다면 차별적 지원은 정당화될 수 있다고 했으므로 정당한 경우에는 특정 집단이 다른 집단보다 더 큰 이익을 획득할 수 있음을 알 수 있다.

② 제시된 글에서 특정 집단들 사이의 차별 대우가 정당화되기 위해서는 그 집단들 사이에 합당한 차이가 있어야 함을 알 수 있으나 특정 집단 내 구성원들 사이의 차별 대우가 정당화될 수 없는지는 알 수 없다.

③ 제시된 글에서 특정 집단에 속한 구성원들이 다른 집단 구성원들의 이익을 고려해야 하는지는 알 수 없다.

⑤ 제시된 글에서 합당한 차이가 있다면 특정 집단들 사이에서 차별 대우가 정당화될 수 있음을 알 수 있으나 합당한 차이가 있는 특정 집단의 구성원들 사이에서도 차별 대우가 정당화될 수 있는지는 알 수 없다.

고득점자의 빠른 문제 풀이 Tip

세부 내용 파악 유형에서 '이끌어 낼 수 있는 것'은 제시된 글에서 추론이 가능한 내용을 의미하며 이러한 추론은 글의 내용을 바탕으로 가능한 것입니다. 특히 이 글과 같이 제시된 글이 논설문인 경우 핵심 주장 이외에 다른 내용은 이끌어 낼 수 없음에 유의합니다.

18 사례 유추

정답 ③

정답 체크 1문단에서 '시각도란 대상물의 크기가 관찰자의 눈에 파악되는 상대적인 각도이다.'라고 했고, '시각도는 대상의 크기와 대상에서 관찰자까지의 거리 두 가지 모두에 의존하며, 대상이 가까울수록 그 시각도가 커진다.'고 했으므로 다른 크기의 대상들이 동일한 시각도를 만들어 내는 사례인 ㉠은 다른 크기의 대상들이 각각 다른 거리에서 같은 크기로 보이는 상태를 의미함을 알 수 있다. 따라서 가까운 화분과 멀리 떨어진 고층 빌딩이 같은 크기로 지각되는 것은 다른 크기의 대상이 다른 거리에 위치하여 동일한 시각도를 만들어 내는 사례임을 알 수 있다.

오답 체크 ① 어떤 물체의 크기가 옆에 같이 놓인 연필의 크기를 통해 지각되는 것은 다른 크기의 대상들이 동일한 시각도를 만들어 내는 것과 무관하므로 ㉠에 해당하는 사례가 아님을 알 수 있다.

② 고공을 날고 있는 비행기에서 지상의 사물을 지각하는 것은 각각 다른 거리에 위치한 다른 크기의 대상의 시각도를 비교하는 것에 해당하지 않으므로 ㉠에 해당하는 사례가 아님을 알 수 있다.

④ 차창 밖으로 보이는 집의 크기를 이용해 차와 집과의 거리를 지각하는 것은 동일한 시각도로 보이는 것과 무관하므로 ㉠에 해당하는 사례가 아님을 알 수 있다.

⑤ 빠르게 달리는 차 안에서 볼 때 가까이 있는 물체는 멀리 있는 물체에 비해 빠르게 지나가는 것은 동일한 시각도로 보이는 것과 무관하므로 ㉠에 해당하는 사례가 아님을 알 수 있다.

19 논증의 타당성

정답 ②

정답 체크 기본 방침을 기호화하면 다음과 같다.

· 방침 1: A O → B O
· 방침 2: C O → D O
· 방침 3: A나 C중 최소 하나 추진

이 가운데 방침 3에 따라 가능한 경우의 수를 정리하면 다음과 같다.

구분	A	B	C	D
경우 1	O		O	
경우 2	O		X	
경우 3	X		O	

방침 1에서 A O → B O라고 했으므로 경우 1과 2는 B를 추진하고, 방침 2에서 C O → D O라고 했으므로 경우 1과 3은 D를 추진해야 한다.

구분	A	B	C	D
경우 1	O	O	O	O
경우 2	O	O	X	
경우 3	X		O	O

경우 2의 D와 경우 3의 B는 O와 X 두 가지 경우가 모두 가능하다. 이를 정리하면 다섯 가지 경우가 가능함을 알 수 있다.

구분	A	B	C	D
경우 1	O	O	O	O
경우 2-1	O	O	X	O
경우 2-2	O	O	X	X
경우 3-1	X	O	O	O
경우 3-2	X	X	O	O

A를 추진하지 않기로 결정한 경우는 3-1과 3-2이고, 추진하는 사업은 경우 3-1일 때 세 개, 경우 3-2일 때 두 개이므로 반드시 참은 아니다.

오답 체크 ① 다섯 가지 경우 모두 최소 두 사업은 추진하므로 반드시 참이다.

③ B를 추진하지 않기로 결정하는 경우는 3-2이고, 이 경우 C는 추진하므로 반드시 참이다.

④ C를 추진하지 않기로 결정하는 경우는 2-1과 2-2이고, 이 경우 B는 추진하므로 반드시 참이다.

⑤ D를 추진하지 않기로 결정하는 경우는 2-2이고, 이 경우 A와 B는 추진하고 C는 추진하지 않는다. 따라서 다른 세 사업의 추진 여부가 모두 정해지므로 반드시 참이다.

고득점자의 빠른 문제 풀이 Tip

경우의 수가 적은 것부터 정리하여 가능한 경우의 수를 모두 나타낸 후에 선택지를 판단하는 것이 좋습니다.

20 진술추론

정답 ③

정답 체크 ㄴ. 신이 명령한 적이 없더라도 착한 행위가 있을 수 있다는 주장은 착한 행위 중에는 신이 명령하지 않은 것도 있다는 의미이다. 따라서 신이 어떤 행위를 하라고 명령하지 않는다면 그 행위는 착한 것이 아니라는 답변을 반박한다.

ㄷ. 신이 장기 기증을 하라고 명령했다는 그 어떤 증거나 문서가 존재하지 않는데도 장기 기증은 착한 행위라는 주장은 착한 행위 중에는 신이 명령하지 않은 것도 있다는 의미이다. 따라서 신이 어떤 행위를 하라고 명령하지 않는다면 그 행위는 착한 것이 아니라는 답변을 반박한다.

오답 체크

ㄱ. 오직 신의 명령이 있어야만 정직함이 착한 행위가 될 수 있다는 주장은 어떤 행위가 착한 행위가 되기 위해서는 신이 그 행위를 하라고 명령해야 한다는 답변을 지지한다.

ㄹ. 사람들이 신의 명령이라고 말한다고 해서 그것이 정말로 신의 명령인 것은 아니라는 주장은 신의 명령인지 아닌지의 여부를 사람이 판단할 수 없다는 의미이다. 따라서 어떤 행위가 착한 행위가 되기 위해서는 신이 그 행위를 하라고 명령해야 한다는 주장과는 무관하다.

고득점자의 빠른 문제 풀이 Tip

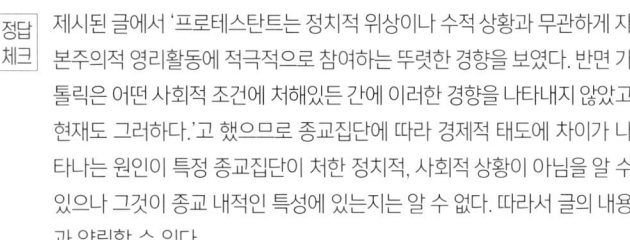

반박은 반드시 '주장이 있을 때' 가능합니다. 따라서 제시된 글에서 핵심적으로 주장하는 바를 명료하게 정리하여 주장과 그 반례를 파악하면 반박 내용을 빠르게 찾을 수 있습니다.

21 진술추론

정답 ⑤

정답 체크

제시된 글에서 '프로테스탄트는 정치적 위상이나 수적 상황과 무관하게 자본주의적 영리활동에 적극적으로 참여하는 뚜렷한 경향을 보였다. 반면 가톨릭은 어떤 사회적 조건에 처해있든 간에 이러한 경향을 나타내지 않았고 현재도 그러하다.'고 했으므로 종교집단에 따라 경제적 태도에 차이가 나타나는 원인이 특정 종교집단이 처한 정치적, 사회적 상황이 아님을 알 수 있으나 그것이 종교 내적인 특성에 있는지는 알 수 없다. 따라서 글의 내용과 양립할 수 있다.

오답 체크

① 제시된 글에서 다른 유럽국가들의 프로테스탄트는 종교적 이유로 박해를 받을 때조차 적극적인 경제활동으로 사회의 자본주의 발전에 기여했다고 했으므로 유럽의 종교집단이 사회의 자본주의 발전에 기여하지 못했다는 것은 제시된 글의 내용과 상충한다.

② 제시된 글에서 독일 가톨릭의 경우에는 영리활동에 적극적으로 참여하는 경향이 없거나 뚜렷하게 나타나지 않는다고 했으므로 독일 가톨릭이 정치 영역에서 배제되었기 때문에 영리활동에 적극적으로 참여했다는 것은 제시된 글의 내용과 상충한다.

③ 제시된 글에서 독일 가톨릭의 경제적 태도는 다른 유럽국가들의 프로테스탄트와 대조적이라고 했으므로 독일 가톨릭의 경제적 태도가 모든 종교적 소수집단에 폭넓게 나타나는 보편적인 경향이라는 것은 제시된 글의 내용과 상충한다.

④ 제시된 글에서 다른 유럽국가들의 프로테스탄트는 종교적 이유로 박해를 받을 때조차 적극적인 경제활동으로 사회의 자본주의 발전에 기여했으나 독일 가톨릭은 어떤 사회적 조건에 처해있든 간에 이러한 경향을 나타내지 않았고 현재도 그러하다고 했으므로 프로테스탄트와 가톨릭의 금욕적 성격이 두 종교집단에 동일한 경제적 행동을 하도록 추동했다는 것은 제시된 글의 내용과 상충한다.

고득점자의 빠른 문제 풀이 Tip

양립할 수 있는 것은 글의 내용과 일치하는 것과 글의 내용과 일치하지는 않지만 상충하지도 않는 것, 즉 제시된 글만으로는 알 수 없는 것을 모두 포함합니다. 따라서 양립할 수 있는 내용을 찾는 문제에서는 글의 내용과 상충하는 선택지를 소거하면 됩니다.

22 진술추론

정답 ④

정답 체크

제시된 글에서 필자는 마을과 공장에 민주적 원리를 차별적으로 적용한 미국의 이중적 태도를 비판하고 일관된 민주적 원리가 적용되어야 한다고 주장하고 있다. 따라서 마을 운영이 정치적인 문제에 속하는 것과 달리 공장 운영은 경제적 문제에 속하므로 전적으로 소유주의 권한에 속한다는 주장은 마을과 공장의 문제는 별개의 것이어서 일관된 민주적 원리가 불필요하다는 내용이므로 글의 주장을 반박한다.

오답 체크

① 공장 운영에 관한 법적 판단이 어디에서 이루어져야 하는지는 공장에도 민주적 원리가 적용되어야 한다는 이 글의 주장과 무관하다.

② 대부분의 자본가들이 폴맨 마을과 같은 마을을 경영하는지 여부는 공장에도 민주적 원리가 적용되어야 한다는 이 글의 주장과 무관하다.

③ 미국이 우선시하는 민주적 가치가 무엇인지는 공장에도 민주적 원리가 적용되어야 한다는 이 글의 주장과 무관하다.

⑤ 공장에서 이루어지고 있는 소유와 경영의 분리가 사회의 다른 영역에도 적용되어야 한다는 진술은 공장에도 민주적 원리가 적용되어야 한다는 이 글의 주장과 무관하다.

23 진술추론

정답 ①

정답 체크

제시된 글에는 높은 수준의 합리적 사람은 선호를 합리적으로 판별할 수 있으며, 높은 수준의 합리적 사람이 선호하는 쾌락은 더 가치가 있으므로 그에 따라 우리는 쾌락의 가치 서열을 정할 수 있다는 논증이 나타나 있다. 대부분의 사람은 시 한 편과 호떡 한 개 중에서 호떡을 선택한다는 진술은 대부분의 사람이 내리는 선택에 대한 것이므로 높은 수준의 합리적 사람이 선호하는 쾌락으로 가치 서열을 정할 수 있다는 글의 논증과는 무관하다.

오답 체크

② 제시된 글에서는 높은 수준의 합리적 사람이 선호하는 쾌락은 동일하다는 전제하에 높은 수준의 합리적 사람이 선호하는 쾌락으로 쾌락의 가치 서열을 정할 수 있다고 주장하고 있다. 따라서 높은 수준의 합리적 개인들 사이에서도 쾌락의 선호가 다를 수 있음은 글의 논증을 반박한다.

③ 제시된 글에서는 높은 수준의 합리적 사람이 그 어떤 쾌락보다도 행복을 선호한다면 이는 행복이 최고 가치라는 것을 뜻한다고 주장하고 있다. 따라서 높은 수준의 합리적 사람이 행복을 최고 가치로 여긴다고 해서 행복이 최고 가치인 것은 아니라는 주장은 글의 논증을 반박한다.

④ 제시된 글에서는 높은 수준의 합리적 사람은 자신의 선호를 합리적으로 판별할 수 있는 사람이라고 규정하고 있다. 따라서 자신의 선호를 판별할 수 있는 높은 수준의 합리적 능력을 지닌 사람들은 실제로 존재하지 않는다는 주장은 글의 논증을 반박한다.

⑤ 제시된 글에서는 높은 수준의 합리적 사람이 선호하는 것을 통해서 쾌락의 가치 서열을 정할 수 있다고 주장하고 있다. 따라서 오랜 시간 숙고한다 하더라도 질적 가치의 위계를 정할 수 있는 사람은 없다는 주장은 글의 논증을 반박한다.

24 진술추론

정답 ④

정답 체크 2문단에서 순수 미술의 종언 이후의 예술에 대해 '이제 모든 것이 가능하며, 그 어떠한 것이라도 예술이 될 수 있다.'고 했고, 3문단에서 '따라서 미적 본질이 없기 때문에 그 어떤 일상 사물도 예술작품이 될 수 있고, 그럼에도 예술작품과 일상 사물이 구분된다는 것은 부정되지 않는다.'고 했으므로 순수미술 대상과 일상적 대상이 명백하게 다르다는 평가는 이 글의 논지를 약화시킨다.

오답 체크 ① 3문단에서 오늘날에는 예술작품의 고유한 미적 가치가 사라졌다고 했으므로 예술작품에 고유한 미적 본질이 없다는 것은 이 글의 논지를 강화시킨다.

② 3문단에서 뒤샹의 소변기는 순수 미술이 추구했던 미적인 본질이 아니라 비가시적 의미의 대상이기 때문에 예술작품이 될 수 있다고 했으므로 소변기가 고유한 미적 가치를 갖고 있다는 것은 이 글의 논지를 약화시킨다.

③ 1문단에서 팝아트가 전통적 철학의 종언을 선언하는 분석철학과 유사함을 알 수 있으나 동일한 영역이라고 제시하고 있는 것은 아니므로 분석철학과 팝아트가 서로 다른 영역이라는 것은 이 글의 논지와 무관하다.

⑤ 2문단에서 더 이상 모든 예술작품에 공통적인 단 하나의 순수한 본질, 즉 가시적인 어떤 본질은 요구되지 않는다고 했으므로 가시적 본질이 예술과 비예술의 구분 기준이 된다는 것은 이 글의 논지를 약화시킨다.

25 세부 내용 파악

정답 ①

정답 체크 3문단에서 두 귀에 도달하는 소리의 크기 차이에 대해 '하지만 이런 차이는 소리에 섞여 있는 여러 음파들 중 고주파에서만 일어나고 저주파에서는 일어나지 않는다. 따라서 소리가 저주파로만 구성되어 있는 경우 소리의 크기 차이를 이용한 위치 추적은 효과적이지 않다.'고 했으므로 고주파로만 구성된 소리가 저주파로만 구성된 소리보다 음원의 위치를 파악하기 쉬움을 알 수 있다.

오답 체크 ② 2문단에서 두 귀에 도달하는 소리의 시간차는 음원이 정중앙에서 어느 한쪽으로 치우친 정도에 영향을 받음을 알 수 있으나 두 귀에 도달하는 소리의 시간차가 클수록 청자와 음원의 거리가 먼지는 알 수 없다.

③ 3문단에서 소리가 저주파로만 구성되어 있을 경우 소리의 크기 차이를 이용한 위치 추적은 효과적이지 않다고 했으나 2문단과 4문단에서 소리가 두 귀에 도달하는 데 걸리는 시간차와 음색의 차이를 이용한 위치 추적은 가능함을 알 수 있다.

④ 3문단에서 머리가 소리 전달을 막는 장애물로 작용하기 때문에 왼쪽과 오른쪽 귀에 들리는 소리에 크기 차이가 발생하여 음원의 위치를 파악한다고 했으므로 머리가 소리를 막지 않는다면 소리의 크기 차이로 음원의 위치를 파악할 수 없으나 2문단과 4문단에서 소리가 두 귀에 도달하는 데 걸리는 시간차와 음색의 차이를 이용한 위치 추적은 가능함을 알 수 있다.

⑤ 4문단에서 두 귀에 도달하는 소리의 음색 차이는 머리와 귓바퀴의 굴곡이 소리를 변형시키기 때문에 생겨남을 알 수 있다.

1 세부 내용 파악

정답 ③

정답 체크 1문단에서 '2007년을 기준으로 신재생에너지의 구성비를 살펴보면 폐기물이 77%, 수력이 14%, 바이오가 6.6%, 풍력이 1.4%, 기타가 1%이었으며, 이들 신재생에너지가 전체 에너지에서 차지하는 비율은 2.4%에 불과했다.'고 했으므로 폐기물이 전체 에너지에서 차지하는 비율은 77×0.024≒1.8%에 지나지 않아 폐기물을 이용한 에너지가 전체 에너지에서 차지하는 비율은 매우 낮음을 알 수 있다.

오답 체크
① 1문단에서 신재생에너지의 비율을 11%로 확대하려는 것은 탄소배출량 감축과 성장동력 육성이라는 두 마리 토끼를 잡기 위한 전략이라고 했으므로 환경보전을 위해 경제성장을 제한해야 하는 것은 아님을 알 수 있다.
② 1문단에서 신재생에너지는 수소, 연료전지, 석탄 가스화 복합발전 등의 신에너지와 태양열, 태양광, 풍력, 바이오, 수력, 지열, 폐기물 등의 재생가능에너지를 통칭한다고 했고, 신에너지는 신재생에너지 구성비에서 기타 1%에 포함되어 있으므로 신에너지가 전체 에너지에서 차지하는 비율은 재생가능에너지보다 작음을 알 수 있다.
④ 2문단에서 정부는 신재생에너지의 공급을 위한 다양한 규제정책도 도입해야 할 것이라고 했으므로 정부는 녹색성장을 위해 규제정책을 포기하는 것이 아님을 알 수 있다.
⑤ 2문단에서 산업파급효과가 큰 태양광, 연료전지, 풍력 분야에 대한 국산화 지원과 더불어 예산 대비 보급효과가 큰 바이오 연료, 폐기물 연료 분야에 대한 지원을 강화하기 위한 정책도 개발되어야 한다고 했으나 산업파급효과가 큰 에너지 분야보다 예산 대비 보급효과가 큰 에너지 분야에 대한 지원이 시급한지는 알 수 없다.

고득점자의 빠른 문제 풀이 Tip

신재생에너지의 종류에 대한 정확한 구조와 구성비의 파악이 필요하며 특히 숫자가 많이 등장하므로 이와 관련된 내용을 혼동하지 않도록 주의합니다.

2 세부 내용 파악

정답 ④

정답 체크 2문단에서 축축하고 둥근 목구멍에서 물소리 'ㅇ'이 나온다고 했고, 1문단에서 음양오행 상으로 겨울은 수라고 했으므로 자음 ㅇ은 계절상 겨울에 해당한다고 볼 수 있으나 1문단에서 땅소리 'ㅡ'를 어둡게 하면 가을소리 'ㅓ'가 된다고 했으므로 모음 ㅓ는 계절상으로 겨울에 해당하지 않음을 알 수 있다.

오답 체크
① 2문단에서 기본 자음을 각각 오행에 대입하였다고 했고, 오음은 오행의 상생순서에 따라 물소리 'ㅇ', 나무소리 'ㄱ', 불소리 'ㄴ', 흙소리 'ㅁ', 쇳소리 'ㅅ'이 나온다고 했으므로 기본 자음은 ㄱ, ㄴ, ㅁ, ㅅ, ㅇ임을 알 수 있다.
② 1문단에서 한글의 제자원리를 『주역』의 천지인 삼재와 음양오행원리로 설명할 수 있다고 했고, 중성의 기본 모음자 'ㆍ'는 하늘의 둥근 모양을, 'ㅡ'는 땅의 평평한 모양을, 'ㅣ'는 사람이 서 있는 모양을 각각 본뜬 것이라고 했으므로 중성의 기본 모음자는 삼재에 근거하여 만든 것임을 알 수 있다.
③ 2문단에서 오음은 오행의 상생순서에 따라 나온다고 했고, 순서대로 물소리 'ㅇ', 나무소리 'ㄱ', 불소리 'ㄴ', 흙소리 'ㅁ', 쇳소리 'ㅅ'이 나온다고 했으므로 오행의 상생순서는 수→목→화→토→금임을 알 수 있다.
⑤ 2문단에서 기본 자음을 각각 오행에 대입하고, 나머지 자음은 이 기본자에 획을 더하여 만든 것이라고 했으므로 한글 자음은 자음의 기본자와 그 기본자에 획을 더한 것으로 구성되어 있음을 알 수 있다.

고득점자의 빠른 문제 풀이 Tip

선택지를 대략적으로 살펴보았을 때, '삼재'와 '오행', '모음'과 '자음', '겨울' 등이 핵심어이므로 제시된 글에서 해당 단어가 포함된 문장을 우선적으로 확인합니다.

3 법·규정의 적용

정답 ④

정답 체크
ㄱ. 법조문(정의) 1호 가목에서 자동차는 차에 해당하고, 2호에서 '자동차'라 함은 철길이나 가설된 선에 의하지 않고 원동기를 사용하여 운전되는 차라고 했으므로 경운기는 차에 해당함을 알 수 있다.
ㄴ. 법조문(정의) 1호 라목에서 자전거는 차에 해당함을 알 수 있다.
ㅁ. 법조문(정의) 1호 다목에서 원동기장치자전거는 차에 해당하고, 3호 가목에서 이륜자동차 가운데 배기량 125cc 이하의 이륜자동차는 원동기장치자전거에 해당한다고 했으므로 50cc 스쿠터는 원동기장치자전거로 차에 해당함을 알 수 있다.

오답 체크
ㄷ. 법조문(정의) 1호 마목에서 유모차 및 보행보조용 의자차는 차에서 제외한다고 했으므로 유모차는 차에 해당하지 않음을 알 수 있다.
ㄹ. 법조문(정의) 1호 마목에서 철길이나 가설된 선에 의하여 운전되는 것은 차에서 제외한다고 했으므로 기차는 차에 해당하지 않음을 알 수 있다.

4 법·규정의 적용

정답 ⑤

정답 체크
ㄴ. 첫 번째 법조문 2항에서 정기회의 회기는 100일, 임시회의 회기는 30일을 초과할 수 없다고 했고, 두 번째 법조문에서 의회는 헌법 또는 법률에 특별한 규정이 없는 한 재적의원 과반수의 출석과 출석의원 과반수의 찬성으로 의결한다고 했으므로 정기회와 임시회 회기의 상한일수는 상이하나 의결정족수는 특별한 규정이 없는 한 동일함을 알 수 있다.
ㄷ. 세 번째 법조문에서 의회에 제출된 법률안 및 기타의 의안은 회기 중에 의결되지 못한 이유로 폐기되지 않으나, 의회의원의 임기가 만료된 때에는 그렇지 않다고 했으므로 乙의원의 임기가 만료되면 그 의안은 폐기됨을 알 수 있다.
ㄹ. 두 번째 법조문에서 가부동수인 때에는 의안이 부결된 것으로 본다고 했고, 마지막 법조문에서 부결된 안건은 같은 회기 중에 다시 발의 또는 제출하지 못한다고 했으므로 임시회에서 丙의원이 제출한 의안이 가부동수로 부결되면 丙의원은 동일 회기 중에 그 의안을 다시 발의할 수 없음을 알 수 있다.

오답 체크
ㄱ. 첫 번째 법조문 1항에서 의회의 임시회는 대통령 또는 의회재적의원 4분의 1 이상의 요구에 의하여 집회가 되고, 3항에서 대통령이 임시회의 집회를 요구할 때 기간과 집회요구의 이유를 명시한다고 했으므로 대통령이 아닌 甲의원이 혼자서 임시회의 기간과 이유를 명시하여 집회요구를 하더라도 임시회는 소집되지 않음을 알 수 있다.

고득점자의 빠른 문제 풀이 Tip

<보기>를 대략적으로 살펴보았을 때, '정기회', '임시회', '집회요구', '의결정족수', '폐기', '가부동수' 등이 핵심어이므로 제시된 법조문에서 해당 단어가 포함된 문장의 주체와 행위를 우선적으로 확인합니다.

5 법·규정의 적용

정답 ④

정답체크

ㄱ. 두 번째 법조문(경영상 이유에 의한 해고의 제한) 3항에서 사업장에 근로자의 과반수로 조직된 노동조합이 있는 경우에는 그 노동조합에 해고 기준 등에 관하여 통보하고 성실하게 협의하여야 하고, 4항에서 이 요건을 갖추어 해고한 경우에 정당한 이유가 있는 해고를 한 것으로 본다고 했으므로 甲회사가 근로자의 과반수로 조직된 노동조합과 협의하지 않고 전체 근로자의 절반을 정리해고한 경우, 그 해고는 정당한 이유가 있는 해고가 아님을 알 수 있다.

ㄴ. 마지막 법조문(해고사유 등의 서면통지) 1항과 2항에서 근로자를 해고하려면 해고사유와 해고시기를 서면으로 통지하여야 하고, 해고는 서면으로 통지하여야 효력이 있다고 했으므로 乙회사가 무단결근을 이유로 근로자를 해고하면서 그 사실을 구두로 통지한 경우, 그 해고는 효력이 없는 해고임을 알 수 있다.

ㄷ. 세 번째 법조문(해고의 예고)에서 근로자를 해고하려면 적어도 30일 전에 예고를 하여야 하고, 30일 전에 예고를 하지 않았을 때에는 30일분 이상의 통상임금을 지급하여야 하나, 근로자가 고의로 사업에 막대한 지장을 초래한 경우에는 그렇지 않다고 했으므로 丙회사가 고의는 없었으나 사업에 막대한 지장을 초래한 근로자를 예고 없이 즉시 해고한 경우, 그 근로자에게 30일분 이상의 통상임금을 지불해야 함을 알 수 있다.

오답체크

ㄹ. 마지막 법조문(해고사유 등의 서면통지) 2항에서 근로자에 대한 해고는 서면으로 통지하여야 효력이 있다고 했으므로 丁회사가 근로자를 해고하면서 그 사실을 서면으로 통지하지 않은 경우, 그 해고는 효력이 없음을 알 수 있다.

6 문제해결

정답 ②

정답체크

(가)건물의 밑면이 정사각형이고 높이는 밑면 한 변 길이의 2배라고 했으므로 (가)건물의 옆면의 넓이는 밑면 넓이의 2배이다. 또한 (나)건물은 (가)건물을 그대로 눕혀놓은 것이라고 했으므로 (가)건물은 옆면이 4개, 밑면이 1개이고, (가)건물을 기준으로 (나)건물은 옆면이 3개, 밑면이 2개이다.

이때 밑면의 넓이를 a라고 하면 (가)건물을 페인트칠 하는 넓이는 (4×2a)+(1×a)=9a이고 (나)건물을 페인트칠 하는 넓이는 (3×2a)+(2×a)=8a이다. (가)건물은 36통의 페인트가 필요하다고 했으므로 넓이 a를 칠하는 데 4통의 페인트가 필요함을 알 수 있다. 따라서 (나)건물을 페인트칠 하는 작업에 필요한 페인트는 최소 8×4=32통이다.

고득점자의 빠른 문제 풀이 Tip

건물의 특정한 한 변을 미지수로 놓고 문제를 해결해 나갈 수도 있지만 방정식을 이용해야 하는 번거로움이 있을 수 있습니다. 따라서 특정한 면의 넓이 자체를 미지수로 놓고 전체 면의 넓이를 파악하면 불필요한 계산을 생략할 수 있습니다.

7 문제해결

정답 ④

정답체크

각 유형의 시간별 생산량과 생산성을 표로 정리하면 다음과 같다.

구분		0~8시간	8~10시간	10~12시간
A유형	생산량	96	120−96=24	144−120=24
	생산성	96/8=12	24/2=12	24/2=12
B유형	생산량	96	110−96=14	120−110=10
	생산성	96/8=12	14/2=7	10/2=5
C유형	생산량	96	100−96=4	96−100=−4
	생산성	96/8=12	4/2=2	(−4)/2=−2

ㄱ. 일일 기본 근로시간은 8시간이므로 이때의 일일 생산성은 A유형, B유형, C유형 모두 12로 동일함을 알 수 있다.

ㄷ. B유형 근로자가 이틀 동안 10시간씩 근무하는 경우의 총생산량은 110+110=220이고 첫째 날 12시간, 둘째 날 8시간 근무하는 경우의 총생산량은 120+96=216이므로 이틀 동안 10시간씩 근무하는 경우의 총생산량이 첫째 날 12시간, 둘째 날 8시간 근무하는 경우의 총생산량보다 많음을 알 수 있다.

ㄹ. 초과근무 시 최초 두 시간 동안의 생산성은 A유형이 12, B유형이 7, C유형이 2로 A유형 > B유형 > C유형 순임을 알 수 있다.

오답체크

ㄴ. B유형은 초과근무 시간이 증가함에 따라 생산성은 12 → 7 → 5로 하락하고 C유형도 12 → 2 → −2로 하락하므로 B유형과 C유형 모두 생산성이 하락함을 알 수 있다.

고득점자의 빠른 문제 풀이 Tip

생산량 기준 시간이 모두 동일하므로 일일이 생산성을 구하지 않고 생산량만 비교하여 풀 수 있습니다.

ㄱ. 기본 근로 시간이 같고 그에 따른 생산량도 같으므로 생산성을 직접 계산하지 않아도 문제를 풀이할 수 있습니다.

ㄹ. 초과 근무 시 최초 두 시간 동안 생산량은 A유형 > B유형 > C유형이므로 생산성 역시 같은 순서임을 알 수 있습니다.

8 법·규정의 적용

정답 ②

정답체크

ㄱ. 시험감독자를 속여 타인을 대리하여 응시했으므로 위계에 해당하고 위계의 상대방이 국가시행시험의 시험감독자이므로 공무원의 직무집행을 방해한 경우이다. 따라서 위계에 의한 공무집행방해죄에 해당함을 알 수 있다.

ㄹ. 타인의 소변을 자신의 소변으로 속였으므로 위계에 해당하고 위계의 상대방이 수사기관이므로 공무원의 직무집행을 방해한 경우이다. 따라서 위계에 의한 공무집행방해죄에 해당함을 알 수 있다.

오답체크

ㄴ. 조합장이 경찰공무원에게 전화로 폭언하며 협박한 경우는 사람의 판단을 그르치게 하는 술책이 아닌 협박이므로 위계로써 공무원의 직무집행을 방해한 경우라고 볼 수 없다. 따라서 위계에 의한 공무집행방해죄에 해당하지 않음을 알 수 있다.

ㄷ. 출입국관리공무원이 사업장 관리자를 기망했으므로 위계에 해당하나 방해한 직무가 甲회사의 사업이므로 공무원의 직무집행을 방해한 경우라고 볼 수 없다. 따라서 위계에 의한 공무집행방해죄에 해당하지 않음을 알 수 있다.

9 세부 내용 파악

정답 ④

정답 체크

ㄱ. 甲은 다른 문화의 관습에 대해 관용적이고 개방적인 태도를 취해야 한다고 했으므로 일부 이슬람 국가에서 여성들에게 운전면허증을 발급하지 않는 관습을 다른 국가가 비판하는 것은 옳지 않다고 주장할 것임을 알 수 있다.

ㄴ. 乙은 甲의 주장에 반대하며, 다른 사회의 규칙을 비판하는 것이 허용될 수 있다고 보고 있으므로 싱가포르 정부가 절도죄로 체포된 자에게 태형을 가한 일을 야만적인 행위라며 비난한 미국 정부의 행동은 정당하다고 옹호할 것임을 알 수 있다.

ㄹ. 乙은 甲의 주장에 반대하며, 다른 사회의 관습이 우리 사회의 관습보다 도덕적으로 열등하다고 말할 수 있다고 보고 있으므로 서로 다른 문화를 가진 사회들 간에 도덕적 수준의 차이가 존재할 수 있다고 봄을 알 수 있다.

오답 체크

ㄷ. 甲은 어떤 특정 사회의 규칙이 다른 사회의 규칙보다 더 좋다고 판단할 수 있는 객관적 기준이 없다고 했으므로 甲은 자국 문화가 우월하다는 주장을 하지 않을 것임을 알 수 있다. 따라서 다른 사회의 문화에 대한 상대주의적 태도가 자국 문화의 절대적 우월성에 대한 믿음으로 이어지지 않음을 알 수 있다.

고득점자의 빠른 문제 풀이 Tip

甲을 '개방적 태도를 취하는 사람', 乙을 '무조건적인 관용을 인정하지 않는 사람' 등으로 이름 붙인 후에 <보기>를 읽어 내려갈 때 甲, 乙 대신에 이름 붙인 내용으로 대체해서 읽으면 견해에 대한 혼동을 줄일 수 있습니다.

10 법·규정의 적용

정답 ①

정답 체크

ㄹ. 마지막 법조문(등록의 취소) 1항 2호에서 정당은 의회의원 총선거에 참여하여 의석을 얻지 못하고 유효투표총수의 100분의 2 이상을 득표하지 못하면 정당 등록을 취소한다고 했고, 정당 丁은 의석은 얻지 못하였으나 1,000만 표 가운데 25만 표를 얻음으로써 유효투표총수의 100분의 2 이상인 2.5%를 획득했으므로 정당 등록이 유지됨을 알 수 있다.

오답 체크

ㄱ. 첫 번째 법조문(성립) 2항 2호에서 시·도당은 각 1,000명 이상의 당원을 가져야 한다고 했으나 정치인 甲은 5개 시·도에서 4,000명의 당원을 모집하였다. 따라서 각 시·도당의 인원이 1,000명에 미치지 못하므로 정당으로 성립될 수 없음을 알 수 있다.

ㄴ. 세 번째 법조문(창당준비위원회의 활동범위) 1항과 2항에서 중앙당 창당준비위원회는 중앙선거관리위원회에의 결성신고일부터 6월 이내에 한하여 창당활동을 할 수 있고, 이 기간 이내에 중앙당의 창당등록신청을 하지 않으면 기간만료일의 다음날에 그 창당준비위원회가 소멸된 것으로 본다고 명시하였다. 따라서 乙은 결성신고일부터 6월이 지난 후 창당등록신청을 한 정치인 乙은 정당이 성립되지 않음을 알 수 있다.

ㄷ. 마지막 법조문(등록의 취소) 1항 1호에서 요건의 흠결이 선거일 전 3월 이내에 생긴 때에는 선거일 후 3월까지 정당 등록의 취소를 유예한다고 했으므로 정당 丙의 시·도 당원 수가 총선거를 2개월 앞둔 시점에서 2개 도의 당원 수가 줄어든 경우 선거관리위원회는 선거 1개월 후가 아닌 선거일 후 3월까지는 정당 등록의 취소를 유예하여야 한다. 또한 정당 丙은 2개 도의 당원 수가 줄어들었으나 여전히 각각의 도에 1,000명의 당원 수가 있어 요건의 흠결이 아니므로 정당 丙의 등록은 취소되지 않음을 알 수 있다.

고득점자의 빠른 문제 풀이 Tip

법조문의 개수가 많거나 내용이 긴 경우에는 <보기>의 내용을 먼저 살펴본 후에 그 내용을 중심으로 법조문을 읽으면 좀 더 수월하게 해결할 수 있습니다. 특히 계산을 필요로 하는 ㄱ, ㄹ은 해당 계산을 위해 필요한 법조문을 정확히 파악하는 것이 중요합니다.

11 세부 내용 파악

정답 ①

정답 체크

1문단에서 '소나무재선충병에 걸린 나무는 치료약이 없어 잎이 붉은 색으로 변하면서 100% 고사한다.'고 했고, 3문단에서 '소나무재선충병을 예방하기 위해서는 외관상 건강한 소나무에 아바멕틴 나무주사를 2년에 1회 실시한다.'고 했으므로 소나무재선충병에 대처하기 위해서는 무엇보다도 사전예방이 중요함을 알 수 있다.

오답 체크

② 2문단에서 소나무재선충병의 피해 면적은 2006년에 최대 7,871ha로 급증하였다고 했으므로 소나무재선충이 가장 넓은 지역의 수목을 감염시킨 연도는 2005년이 아닌 2006년임을 알 수 있다.

③ 1문단에서 소나무재선충병에 주로 감염되는 수종은 소나무, 해송 및 잣나무 등이라고 했으므로 소나무재선충병이 소나무에서만 발생하는 것은 아님을 알 수 있다.

④ 3문단에서 외관상 건강한 소나무에 아바멕틴 나무주사를 2년에 1회 실시한다고 했고, 소나무 잎의 상태를 육안으로 관찰하여 이상 징후가 있는 나무는 대상목에서 제외한다고 했으므로 나무주사를 놓기 직전에 소나무의 상태를 파악하기 위한 별도의 화학실험은 하지 않음을 알 수 있다.

⑤ 1문단에서 소나무재선충병에 걸린 나무는 치료약이 없어 잎이 붉은 색으로 변하면서 100% 고사한다고 했으므로 소나무재선충으로 인해 잎이 붉은 색으로 변색된 소나무는 나무주사를 통해서도 소생시킬 수 없음을 알 수 있다.

12 세부 내용 파악

정답 ⑤

정답 체크

다문화주의 정책의 내용을 정리하면 다음과 같다.

소극적 다문화주의 정책	차별적인 대우 철폐
적극적 다문화주의 정책	1. 고유한 관습과 규칙을 일반 법체계에 수용 2. 사회진출을 위한 특별 지원 3. 정치참여 기회 확대 4. 자치권 부여

ㄴ. 의회의원 비례대표선거를 위한 각 정당명부에서 소수집단 출신 후보자의 공천비율을 확대하는 것은 적극적 다문화주의 정책 가운데 정치참여 기회 확대에 해당함을 알 수 있다.

ㄷ. 공무원 시험이나 공공기관 입사 시험에서 소수집단 출신에게 가산점을 부여하는 것은 적극적 다문화주의 정책 가운데 사회진출을 위한 특별 지원에 해당함을 알 수 있다.

ㄹ. 특정 지역의 다수 주민을 이루는 소수집단에게 그 지역의 치안유지를 위한 자치경찰권을 부여하는 것은 적극적 다문화주의 정책 가운데 자치권 부여에 해당함을 알 수 있다.

오답 체크

ㄱ. 교육이나 취업에서 소수집단 출신에게 불리한 차별적인 규정을 폐지하는 것은 차별적인 대우의 철폐이므로 소극적 다문화주의 정책에 해당함을 알 수 있다.

13 세부 내용 파악

정답 ③

정답 체크 난류 채식주의자의 유형은 순수 채식주의자가 먹는 음식에 더하여, 계란은 먹되 유제품은 먹지 않는다고 했으므로 유제품인 치즈가 들어있는 치즈계란토스트는 난류 채식주의자가 먹을 수 있는 음식이 아님을 알 수 있다.

오답 체크 ① 과식주의자는 오직 견과류나 과일 등 열매 부분만 먹는다고 했으므로 호두를 으깨어 얹은 모듬 생과일은 과식주의자가 먹을 수 있는 음식임을 알 수 있다.

② 우유 채식주의자는 순수 채식주의가 먹는 음식에 더하여, 유제품은 먹되 계란은 먹지 않는다고 했으므로 단호박 치즈오븐구이는 우유 채식주의자가 먹을 수 있는 음식임을 알 수 있다.

④ 유란 채식주의자는 순수 채식주의자가 먹는 음식에 더하여, 유제품과 계란도 먹으며, 우유도 먹는다고 했으므로 생크림을 곁들인 삶은 계란은 유란 채식주의자가 먹을 수 있는 음식임을 알 수 있다.

⑤ 생선 채식주의 및 준 채식주의자는 유란 채식주의자가 먹는 음식에 더하여, 생선도 먹는다고 했으므로 연어훈제구이는 생선 채식주의 및 준 채식주의자가 먹을 수 있는 음식임을 알 수 있다.

14 법·규정의 적용

정답 ④

정답 체크 ㄴ. 두 번째 법조문(감사의 보조기구) 2항 2호에서 정보시스템감사사 자격증을 갖고 있는 직원을 감사인으로 임명할 수 있다고 했고, 이외의 직급이나 기간에 대한 요건은 없으므로 경력 2년의 5급 직원 乙은 감사인으로 임명될 수 있음을 알 수 있다.

ㄹ. 두 번째 법조문(감사의 보조기구) 4항에서 감사업무는 감사가 소관부서장과 협의하여 소속 직원이 수행하게 할 수 있다고 했고, 이외의 직급이나 기간에 대한 요건은 없으므로 인사부장과 협의하여 계약 업무를 2년간 담당한 인사부서 5급 직원 丁에게 감사업무를 수행하게 할 수 있음을 알 수 있다.

오답 체크 ㄱ. 두 번째 법조문(감사의 보조기구) 2항 1호에서 4급 이상인 직원을 감사인으로 임명할 수 있다고 했으므로 5급 직원 甲은 원칙적으로 감사인으로 임명될 수 없음을 알 수 있다.

ㄷ. 두 번째 법조문(감사의 보조기구) 3항 2호에서 징계 이상의 처분을 받은 날로부터 3년이 경과되지 않은 자는 결격사유에 해당하여 감사인이 될 수 없다고 했으므로 2년 전에 징계를 받은 丙은 감사인으로 임명될 수 없음을 알 수 있다.

15 법·규정의 적용

정답 ①

정답 체크 ㄱ. 법조문 1항 2호와 3호에 탄핵소추의 대상이 규정되어 있고, 2호는 2항에 따라 재적의원 과반수의 찬성으로 의결하지만 3호는 3항에 따라 재적의원 3분의 2 이상의 찬성으로 의결한다고 했으므로 탄핵소추의 대상에 따라 탄핵소추를 의결하는데 필요한 정족수가 다름을 알 수 있다.

ㄴ. 법조문 1항 1호에서 의회가 의결할 수 있는 것은 국무총리 또는 국무위원의 해임 건의일 뿐 해임 자체는 아니므로 의회 재적의원 과반수의 찬성이 있더라도 의회가 직접 국무위원을 해임시킬 수는 없음을 알 수 있다.

오답 체크 ㄷ. 법조문 1항 6호의 대통령이 재의를 요구한 법률안에 대한 재의결은 4항에 따라 의회 재적의원 과반수의 출석과 출석의원 3분의 2 이상의 찬성으로 의결한다. 반면 법조문 1항 3호, 4호, 5호에 해당하는 안건의 의결은 3항에 따라 의회 재적의원 3분의 2 이상의 찬성으로 의결한다. 의결정족수는 의회 재적의원의 3분의 2 이상의 찬성이 의회 재적의원의 과반수의 출석과 출석의원 3분의 2 이상의 찬성보다 크므로 대통령이 재의를 요구한 법률안을 의회가 재의결하는 데 필요한 의결정족수가 가장 큰 것은 아님을 알 수 있다.

ㄹ. 법조문 1항 4호에서 헌법개정안은 3항에 따라 재적의원 3분의 2 이상의 찬성으로 의결함을 알 수 있다.

고득점자의 빠른 문제 풀이 Tip

제시된 법조문 1항 각 호에서 규정하고 있는 대상이 다르고 대상마다 의결정족수에 차이가 있으므로 이를 정확히 파악하여 문제를 해결합니다.

16 문제해결

정답 ②

정답 체크 제시된 생존가능성을 표로 정리하면 다음과 같다.

기준	생존가능성 높음	생존가능성 낮음
비상구	가, 나, 라, 마	다
복도	나, 다, 라, 마	가
기내 가운데 열	가, 나, 다	라, 마

따라서 모든 조건에서 생존가능성이 높은 경우에 해당하는 것은 '나'이므로 생존가능성이 가장 높은 좌석은 '나'이다.

고득점자의 빠른 문제 풀이 Tip

제시된 조건에 해당하지 않는 좌석을 소거하면 문제 풀이 시간을 단축할 수 있습니다. 첫 번째 조건에서 '다'를 제외하고, 두 번째 조건에서 '가'를 제외하고, 세 번째 조건에서 '라', '마'를 제외하면 '나'가 생존가능성이 가장 높은 좌석임을 알 수 있습니다.

17 문제해결

정답 ④

정답 체크 ㄱ. 현재 다수의 청중평가단이 2순위로 선호하는 가수는 50명이 2순위로 투표한 A이다. 그러나 기존의 탈락자 선정방식에 따르면 청중평가단의 선호순위 가운데 1순위만을 고려해서 투표하게 되므로 1순위 득표수가 가장 적은 A는 탈락하게 된다. 따라서 기존의 탈락자 선정방식에 의하면 다수의 청중평가단이 2순위로 선호하는 가수도 탈락할 수 있다.

ㄴ. 가장 선호하는 가수 한 명에게만 투표하는 기존의 탈락자 선정방식에 따르면 1순위 득표수가 가장 적은 A가 탈락하게 된다.

ㄷ. 4순위 표가 가장 많은 사람을 탈락시킬 경우 40명이 4순위로 투표한 C가 탈락하게 된다.

오답 체크 ㄹ. 가장 선호하는 가수 두 명의 이름을 우선순위 없이 적어서 제출하는 방식으로 투표할 경우, 득표수는 1순위와 2순위 득표수의 합이므로 A는 10+50=60표, B는 20+30=50표, C는 30+10=40표, D는 40+10=50표를 받게 된다. 따라서 최저득표자는 A가 아니라 C이다.

고득점자의 빠른 문제 풀이 Tip

각 <보기>마다 묻는 것에 대한 기준이 다르므로 선호도 조사결과에 제시된 내용을 전체적으로 파악하기보다는 <보기>에서 묻는 기준에 해당하는 내용만 확인하여 문제를 해결하는 것이 좋습니다.

18 법·규정의 적용

정답 ⑤

정답 체크 규정 2의 가에서 최근 2년 이내에 3회 이상 고발 또는 과징금 처분을 받은 법인 및 그 대표자와 책임 있는 임원은 정부포상 대상자 추천에 제한된다고 했으므로 2009년 7월 이후 2011년 8월 현재까지 공정거래관련법 위반으로 고발에 따른 과징금 처분을 2회 받은 기업은 정부포상 대상자 추천에 제한되지 않음을 알 수 있다.

오답 체크 ① 규정 1의 나에서 금고 이상의 형을 받고 그 집행이 종료된 후 5년을 경과하지 않은 자는 정부포상 대상자 추천에서 제한된다고 했으므로 금고 1년 형을 선고 받아 복역한 후 2009년 10월에 출소한 자는 정부포상 대상자 추천을 받을 수 없음을 알 수 있다.

② 규정 1의 가에서 형사재판에 계류 중인 자는 정부포상 대상자 추천에서 제한된다고 했으므로 2011년 8월 현재 형사재판에 계류 중인 자는 정부포상 대상자 추천을 받을 수 없음을 알 수 있다.

③ 규정 2의 나에서 최근 1년 이내 3회 이상 시정명령 처분을 받은 법인 및 그 대표자와 책임 있는 임원은 정부포상 대상자 추천에서 제한된다고 했으므로 2010년 10월 이후 2011년 8월 현재까지, 공정거래관련법 위반으로 3회 시정명령 처분을 받은 기업의 대표자는 정부포상 대상자의 추천을 받을 수 없음을 알 수 있다.

④ 규정 1의 마에서 포상추천일 전 2년 이내에 벌금형 처벌을 받은 자로서 1회 벌금액이 200만 원 이상인 자는 정부포상 대상자 추천에서 제한된다고 했으므로 2010년 1월 500만 원의 벌금형 처분을 받은 자는 정부포상 대상자의 추천을 받을 수 없음을 알 수 있다.

고득점자의 빠른 문제 풀이 Tip

제시된 문제의 현재 시점이 '2011년 8월'임에 유의합니다. 또한 선택지에서 나타나는 수치와 '금고형', '선고', '계류', '벌금형' 등의 단어에 유의하며 규정을 읽어 내려가면 문제 풀이 시간을 단축할 수 있습니다.

19 세부 내용 파악

정답 ②

정답 체크 ICC가 재판관할권을 행사하기 위해서는 다음 두 가지 중에 최소 하나의 조건을 충족해야 한다.

- 조건 1: 범죄가 발생한 국가가 범죄발생 당시 ICC 재판관할권을 인정하고 있었을 것
- 조건 2: 범죄 가해자의 현재 국적국이 ICC 재판관할권을 인정할 것

ㄱ. 범죄가 발생한 국가는 범죄발생 당시 ICC 재판관할권을 인정하고 있던 B국이므로 조건 1을 충족한다. 범죄를 저지른 가해자 甲이 ICC 재판관할권을 인정하지 않는 A국 국민으로 조건 2를 충족하지 않더라도 재판관할권을 행사하기 위해서는 둘 중 하나의 조건만 충족하면 되므로 ICC가 재판관할권을 행사할 수 있음을 알 수 있다.

ㄷ. 범죄가 발생한 국가는 범죄발생 당시 ICC 재판관할권을 인정하고 있던 F국이므로 조건 1을 충족한다. 범죄를 저지른 가해자 丙의 현재 국적국이 어디인지 제시되지 않아 조건 2를 충족하는지 알 수 없지만 재판관할권을 행사하기 위해서는 둘 중 하나의 조건만 충족하면 되므로 ICC가 재판관할권을 행사할 수 있음을 알 수 있다.

오답 체크 ㄴ. 범죄가 발생한 국가는 범죄발생 당시 ICC 재판관할권을 인정하고 있지 않던 D국이므로 조건 1을 충족하지 않는다. 또한 범죄를 저지른 가해자 乙은 ICC 재판관할권을 인정하지 않는 C국의 국민으로 조건 2도 충족하지 않는다. 따라서 乙의 범죄에 대해서는 ICC가 재판관할권을 행사할 수 없음을 알 수 있다.

ㄹ. 범죄가 발생한 국가는 범죄발생 당시 ICC 재판관할권을 인정하고 있지 않던 G국이므로 조건 1을 충족하지 않는다. 한편, 범죄를 저지른 가해자 丁의 현재 국적국은 제시되지 않았으나 만약 G국인 경우에는 ICC재판관할권을 인정하지 않으므로 조건 2도 충족하지 않는다. 따라서 丁의 범죄에 대해서는 ICC가 재판관할권을 행사할 수 없음을 알 수 있다.

고득점자의 빠른 문제 풀이 Tip

범죄 발생국과 범죄 가해자의 현재 국적이 중요하므로 이와 관련 없는 내용들은 제외하고 사례를 파악하는 것이 좋습니다.

20 문제해결

정답 ③

정답 체크 문제에 제시된 甲의 상황을 정리하면 다음과 같다.

1. 자경농민
2. 농지를 상속으로 받음
3. 공시지가 3억 5천만 원
4. 신고액 5억 원

- 취득세는 자경농민이 농지를 상속으로 취득하는 경우에는 비과세된다. 따라서 甲은 취득세를 납부하지 않으며, 취득세의 10%로 산출되는 농어촌특별세도 납부하지 않는다.
- 등록세는 자경농민이 농지를 상속으로 취득하는 경우에는 취득가액의 0.3%로 산출한다. 한편 지방교육세는 등록세액의 20%이다.
- 취득가액은 신고가액과 공시지가 중 큰 금액으로 한다고 했고, 甲의 신고가액은 5억 원, 공시지가는 3억 5천만 원이므로 이 중 큰 금액인 5억 원을 취득가액으로 한다.

5억 원은 50,000만 원이므로 등록세는 5억 원의 0.3%인 50,000×0.003=150만 원이고, 지방교육세는 등록세액의 20%로 150×0.2=30만 원이다. 따라서 甲이 납부해야 할 세금액은 150+30=180만 원이다.

고득점자의 빠른 문제 풀이 Tip

농지를 상속받은 사람이 자경농민인 것, 세금마다 기준금액이 다른 것에 주의하여 문제를 해결합니다.

21 세부 내용 파악

정답 ⑤

정답 체크 ㄱ. 2문단에서 종묘의 정전에는 19위의 왕과 30위의 왕후 신주가 모셔졌다고 했으므로 19+30=49위의 신주가 모셔져 있을 것임을 알 수 있다.

ㄷ. 1문단에서 정전의 서쪽을 상석으로 한다고 했고, 2문단에서 위대한 업적을 남긴 왕의 신위를 그대로 정전에 두기 위해 건물을 일렬로 잇대어 증축하였다고 했으므로 상석인 서쪽은 그대로 두기 위해 시대가 지남에 따라 정전은 동쪽으로 증축되었을 것임을 알 수 있다.

ㄹ. 1문단에서 처음 종묘를 건축했을 당시 태조는 자신의 4대조(목조-익조-탁조-환조)까지 왕으로 추존하고, 서쪽을 상석으로 하여 제1실에 목조를, 제2실에 익조의 신위를 모셨다고 했으므로 서쪽 제3실은 익조의 다음 왕인 탁조의 신위를 모셨을 것임을 알 수 있다.

오답 체크 ㄴ. 3문단에서 영녕전에는 추존조인 4왕(목조-익조-탁조-환조)을 정중앙에 모시고 정전과 마찬가지로 서쪽을 상석으로 차례대로 모셨다고 했으므로 서쪽 제1실에는 익조의 신위가 아닌 목조의 신위가 모셔져 있을 것임을 알 수 있다.

22 문제해결

정답 ④

정답 체크 현재까지의 축구대회 경기결과를 정리하면 다음과 같다.

구분	A	B	C	D	승	무	패	득/실	승점
A		4:1		1:0	2	0	0	5/1	6
B	1:4		2:0		1	0	1	3/4	3
C		0:2		2:1	1	0	1	2/3	3
D	0:1		1:2		0	0	2	1/3	0

ㄱ. A팀이 C팀과의 경기에서 이긴다면 A팀의 승점은 9점, C팀의 승점은 3점이 된다. 이때 B팀과 D팀의 경기 중 어떤 팀이 이기더라도 두 팀의 승점 중에 A팀의 승점과 동률이거나 넘는 경우는 나올 수 없다. 따라서 A팀은 B팀과 D팀의 경기 결과에 상관없이 무조건 16강에 진출한다.

ㄴ. A팀과 C팀이 1 : 1로 비기고 B팀이 D팀과 0:0으로 비기는 경우를 정리하면 다음과 같다.

구분	A	B	C	D	승	무	패	득/실	승점
A		4:1	1:1	1:1	2	1	0	6/2	7
B	1:4		2:0	0:0	1	1	1	3/4	4
C	1:1	0:2		2:1	1	1	1	3/4	4
D	0:1	0:0	1:2		0	1	2	1/3	1

이때 승점이 가장 많은 A팀은 조 1위로 16강에 진출하게 되고 승점이 동일한 B팀과 C팀은 둘 중 한 팀만 16강에 진출하게 된다. 승점이 동일한 경우에는 골득실차 - 다득점 - 승자승 - 추첨의 순서에 따라 조 순위를 결정하는데, B팀과 C팀은 골득실차, 다득점까지 3/4로 동일하므로 승자승에 따라 순위를 정해야 한다. 따라서 B팀이 C팀에게 2 : 0으로 이겼으므로 B가 조 2위가 되어 A팀과 B팀이 16강에 진출한다.

ㄷ. 현재 A팀의 승점은 6점, C팀의 승점은 3점, D팀의 승점은 0점이고, A팀과 C팀의 경기와 B팀과 D팀의 경기가 남은 상황이다. 이때 C팀과 D팀이 동시에 16강에 올라가려면 두 팀 모두 현재 1위인 A팀의 승점보다 높거나 동일해져야 한다. C팀과 D팀이 각각의 경기에서 어떤 결과를 거두더라도 C팀, D팀이 동시에 A팀의 승점보다 높거나 동일해지는 경우는 없다. 따라서 C팀과 D팀이 동시에 16강에 진출할 가능성은 전혀 없다.

오답 체크 ㄹ. D팀이 B팀에 승리하고 A팀이 C팀에 승리하는 경우, A팀은 3승으로 1위가 확정되고 B팀, C팀, D팀은 1승 2패로 승점은 동률이 되어 골득실차에 의해 2위를 결정하게 된다. 이때 D팀은 B팀에게 승리했으므로 D팀의 골득실차는 -1 이상, B팀의 골득실차는 -2 이하이고, C팀은 A에게 패배했으므로 C팀의 골득실차 -2 이하이다. 따라서 D팀은 마지막 경기의 결과에 따라 16강에 진출할 수 있다.

고득점자의 빠른 문제 풀이 Tip

ㄹ. D팀의 최대 승점과 득/실점을 계산해두면 문제 풀이 시간을 단축할 수 있습니다.

23 문제해결

정답 ⑤

정답 체크 甲의 지출내역을 정리하면 다음과 같다.

- 운임은 철도운임·선박운임·항공운임으로 구분하고, [별표 1]에서 철도운임은 실비로 계산한다고 했으므로 KTX(일반실)를 이용한 甲은 20,000+20,000=40,000원을 정산받는다.
- 숙박비는 숙박하는 밤의 수에 따라 지급하되 출장기간이 2일 이상인 경우에 지급액은 출장기간 전체 총액 한도 내 실비로 계산한다고 했으므로 출장기간이 2박 3일인 甲의 숙박비 총액 한도는 80,000원이다. 이때 甲이 실제 지출한 숙박비는 45,000+30,000=75,000원으로 총액 상한액을 넘지 않으므로 甲은 75,000원을 정산받는다.
- 식비는 여행일수에 따라 지급한다고 했으므로 출장기간이 2박 3일인 甲은 20,000×3=60,000원을 정산받는다.
- 일비는 여행일수에 따라 지급한다고 했으므로 출장기간이 2박 3일인 甲은 20,000×3=60,000원을 정산받는다.

따라서 甲이 정산받는 여비의 총액은 40,000+75,000+60,000+60,000=235,000원이다.

고득점자의 빠른 문제 풀이 Tip

규정에 제시된 운임, 숙박비, 식비, 일비의 지급 방법과 [별표 1]을 파악하고 <甲의 지출내역>에 적용하여 문제를 풉니다. 숙박비의 경우 1박당 실비로 지급하는 것이 아닌 출장기간 전체의 총액 한도 내 실비로 지급되는 것에 유의해야 합니다.

24 문제해결

정답 ②

정답 체크 A팀, B팀, C팀, D팀의 현재까지 득점 합계는 각각 11, 9, 8, 12점이다.

ㄹ. D팀이 종목 마에서 2위를 하면 D팀의 총점은 15점이 되고, 이때 A팀이 종목 마에서 1위를 한다면 A팀의 총점도 15점이 된다. 총점에서 동점이 나올 경우에는 1위 종목의 수 → 2위 종목의 수 → 공동 순위의 순으로 결정한다고 했으므로 이를 적용해보면, A팀과 D팀의 1위 종목의 수는 2개로 동일하고, 2위 종목은 D팀이 2개, A팀이 1개로 D팀이 더 많다. 따라서 D팀이 종목 마에서 2위를 하게 되면 A팀이 종목 마에서 1위를 하더라도 종합 순위 1위는 D팀으로 확정된다.

오답 체크 ㄱ. A팀이 종목 마에서 1위를 한다면 A팀의 총점은 15점이다. 이때 D팀이 종목 마에서 2위를 한다면 D팀의 총점도 15점이므로 1위 종목의 수 → 2위 종목의 수 → 공동 순위의 순으로 순위를 결정해야 한다. A팀과 D팀의 1위 종목의 수는 2개로 동일하고, 2위 종목은 D팀이 2개, A팀이 1개로 D팀이 더 많으므로 종합 순위 1위는 D팀이 된다. 반면 A팀이 종목 마에서 1위를 하고 D팀이 종목 마에서 3위 이하를 하는 경우에는 종합 순위 1위는 A팀이 된다. 이와 같이 경우에 따라 1위 팀이 달라질 수 있으므로 A팀이 종목 마에서 1위를 하더라도 종합 순위 1위는 확정되지 않는다.

ㄴ. B팀이 종목 마에서 C팀에게 순위에서 뒤진다고 하더라도 순위 차이가 1인 경우에는 두 팀의 총점이 같다. 총점에서 동점이 나올 경우에는 1위 종목의 수 → 2위 종목의 수 → 공동 순위의 순으로 순위를 결정한다고 했으므로 B팀이 3위, C팀이 2위를 하는 경우에는 1위 종목의 수가 1개인 B팀이 1위 종목의 수가 0개인 C팀보다 종합 순위에서 앞서게 된다. 따라서 B팀이 종목 마에서 C팀에게 순위에서 뒤진다고 하더라도 종합 순위에서 뒤지지 않을 수도 있다.

ㄷ. C팀이 종목 마에서 1위를 하고 B팀이 종목 마에서 4위를 하여 C팀의 최종 점수가 12점, B팀의 최종 점수가 10점이 되면 C팀이 최하위로 확정되지 않는다.

고득점자의 빠른 문제 풀이 Tip

<보기>에서 조건을 적용할 때, 반례를 고려하며 문제를 풀이합니다.

ㄱ. D팀이 종목 마에서 2위를 할 경우 반례가 발생할 수 있습니다.

ㄴ. 종목 마에서 B팀이 3위, C팀이 2위를 하는 경우 반례가 발생할 수 있습니다.

ㄷ. 종목 마에서 C팀이 1위, B팀이 4위를 하는 경우 반례가 발생할 수 있습니다.

25 문제해결

정답 ③

정답 체크

- <甲의 구매내역>에서 물품가격과 운송료로 지불한 금액을 원화로 정리하면 다음과 같다.
  전자기기 가격: 120×1,200=144,000원
  미국에서 한국까지의 운송료: 30×1,200=36,000원
  이에 따라 물품 가격과 운송료로 지불한 총 금액은 144,000+36,000=180,000원이다.
- 甲에게 부과될 과세를 계산하기 위한 과세표준을 원화로 정리하면 다음과 같다.
  판매자에게 지급한 물품 가격: 120×1,100=132,000원
  0.9kg인 전자기기의 미국에서 한국까지의 운송료: 10,000원
  따라서 과세표준은 132,000+10,000=142,000원이다.
- 과세표준이 15만 원 미만이고, 개인이 사용할 목적으로 수입하는 물건에 대해서는 관세를 면제한다. 甲이 구매한 전자기기는 개인이 사용할 목적으로 구입한 것이고 과세표준은 142,000원으로 15만 원 미만이므로 관세면제 대상이다. 이에 따라 관세는 부과되지 않는다.

따라서 甲이 전자기기의 구입으로 지출한 총 금액은 전자기기 가격과 미국에서 한국까지의 운송료의 합인 144,000+36,000=180,000원이다.

고득점자의 빠른 문제 풀이 Tip

제시된 규정의 예외사항에 유의하여 문제를 풀이합니다. 과세표준을 고려할 때 미국에서 한국까지의 운송료는 <국제선편요금>임을 확인하고, <甲의 구매 내역>에서 미국 내 세금 및 미국 내 운송료는 없음에 유의합니다.

1 자료이해

정답 ④

정답 체크

ㄴ. A사가 조사한 시청률과 B사가 조사한 시청률 간의 차이는 예능프로그램이 약 20-11=9%p로 가장 크므로 옳은 설명이다.

ㅁ. A사의 조사에서는 오디션프로그램 시청률이 약 22%, 뉴스 시청률이 약 20%로 오디션프로그램이 뉴스보다 시청률이 높고, B사의 조사에서는 오디션프로그램 시청률이 약 19%, 뉴스 시청률이 약 23%로 뉴스가 오디션프로그램보다 시청률이 높으므로 옳은 설명이다.

오답 체크

ㄱ. B사가 조사한 일일연속극 시청률은 약 41%로 40% 이상이므로 옳지 않은 설명이다.

ㄷ. 오디션프로그램의 시청률은 A사의 조사결과가 약 22%로, B사의 조사결과인 약 19%보다 더 높으므로 옳지 않은 설명이다.

ㄹ. 주말연속극의 시청률은 A사와 B사의 조사결과 모두 25%이므로 옳지 않은 설명이다.

고득점자의 빠른 문제 풀이 Tip

그래프의 가로축과 세로축을 헷갈려 실수하는 경우만 주의한다면 빠르게 수치를 비교하여 정답을 도출할 수 있습니다.

ㄴ. A사와 B사가 조사한 시청률이 서로 동일한 수치를 점으로 표시하고 선으로 이으면 $y=x$인 그래프가 됩니다. 따라서 A, B사의 시청률 간의 차이가 가장 큰 것은 그래프에서 가장 멀리 떨어져 있는 예능프로그램이 된다는 것을 수치를 비교하지 않고도 빠르게 알 수 있습니다.

2 자료이해

정답 ①

정답 체크

자료의 빈칸을 계산하여 정리하면 다음과 같다.

구분 \ 연도		1차 년도	2차 년도	3차 년도	4차 년도
이자비용(A) [=(전년도 E) x 0.1]		-	900	(930)	(963)
액면이자(B)		-	600	600	600
사채발행차금	상각액(C) [=(당해년도 A) -(당해년도 B)]	-	300	(330)	(363)
사채발행차금	미상각잔액(D) [=(전년도 D) -(당해년도 C)]	3,000	2,700	(2,370)	(2,007)
사채장부가액(E) [=(전년도 E) +(당해년도 C)]		9,000	9,300	(9,630)	9,993

3차년도의 사채장부가액은 9,630백만 원으로 96억 원을 초과하므로 옳지 않은 설명이다.

오답 체크

② 3차년도, 4차년도의 상각액은 전년도 대비 매년 증가하므로 옳은 설명이다.

③ 3차년도, 4차년도의 이자비용은 전년도 대비 매년 증가하므로 옳은 설명이다.

④ 3차년도, 4차년도의 미상각잔액은 전년도 대비 매년 감소하므로 옳은 설명이다.

⑤ 3차년도 대비 4차년도의 사채장부가액 증가액은 9,993-9,630=363백만 원으로 4차년도의 상각액과 일치하므로 옳은 설명이다.

고득점자의 빠른 문제 풀이 Tip

모든 선택지가 3차년도, 4차년도에 대한 설명이므로 제시된 <표>의 빈칸을 먼저 채운 후 문제를 풀이합니다.

3 자료변환

정답 ②

정답 체크

제시된 <표 2>의 단위는 '명'이고, [국가별 여성 유방암 발생자 수]의 단위는 '십만 명'이다. 단위가 다름에도 <표 2>의 수치를 그대로 사용하고 있으므로 <표>에 근거하여 정리한 것으로 옳지 않다.

4 자료이해

정답 ⑤

정답 체크

ㄴ. 2009년 훈련지원금 총액은 10,256억 원으로 1조 원을 넘어 제시된 기간 중 최고치를 기록하였으므로 옳은 설명이다.

ㄹ. 훈련인원은 매년 실업자가 재직자보다 적었으므로 옳은 설명이다.

ㅁ. 1인당 훈련지원금은 훈련지원금/훈련인원이다. 분모 값이 되는 훈련인원은 매년 실업자가 재직자보다 훨씬 적고, 분자 값이 되는 훈련지원금은 실업자와 재직자가 비슷하여 1인당 훈련지원금은 매년 실업자가 재직자보다 많았으므로 옳은 설명이다.

오답 체크

ㄱ. 2010년에 실업자 훈련인원은 전년대비 증가했지만 실업자 훈련지원금은 감소했으므로 옳지 않은 설명이다.

ㄷ. 2006년 대비 2010년 실업자 훈련인원의 증가율은 {(304-102)/ 102}×100≒198.0%이고, 2006년 대비 2010년 실업자 훈련지원금 증가율은 {(4,362-3,236)/3,236}×100≒34.8%이다. 2006년 대비 2010년 실업자 훈련인원의 증가율은 실업자 훈련지원금 증가율의 7배인 34.8×7=243.6% 미만이므로 옳지 않은 설명이다.

고득점자의 빠른 문제 풀이 Tip

ㅁ. 수치의 차이가 크기 때문에 계산하지 않아도 빠르게 비교하여 답을 파악할 수 있습니다.

5 자료이해

정답 ②

정답 체크

ㄱ. <표 1>에서 회원기금원금은 2007년과 2008년에 전년대비 감소하였으므로 옳지 않은 설명이다.

ㄷ. 회원급여저축총액=회원급여저축원금+누적이자총액임을 적용하여 구한다. <표 1>과 <표 3>에 따라 2010년 누적이자총액은 37,952-26,081=11,871억 원이고, 2010년 회원급여저축총액에서 누적이자총액이 차지하는 비중은 (11,871/37,952)×100≒31.3%이므로 옳지 않은 설명이다.

오답 체크

ㄴ. <표 2>에서 공제회의 회원 수가 가장 적은 해는 2008년이고, <표 1>에서 2008년에 목돈수탁원금도 가장 적으므로 옳은 설명이다.

ㄹ. <표 2>에서 1인당 평균 계좌 수가 가장 많은 해는 2010년이고, <표 1>에서 2010년에 회원기금원금도 가장 많으므로 옳은 설명이다.

6 자료이해

정답 ④

정답 체크 2005년 이후 전년에 비해 친환경 농산물 총생산량이 처음으로 감소한 시기는 2009년이고, 2009년 1월 1일부터 저농약 인증 자체가 폐지되었으므로 옳은 설명이다.

오답 체크
① 저농약 신규 인증 중단은 2007년이고, 2007년 이후 친환경 농산물 총생산량은 전년대비 '증가, 감소, 증가'하므로 옳지 않은 설명이다.
② 저농약 인증 폐지는 2009년이고, 친환경 농산물 총생산량에서 저농약 농산물 생산량이 차지하는 비중은 2008년에 (18,550/50,955)×100≒36.4%로 절반 미만을 차지하므로 옳지 않은 설명이다.
③ 저농약 신규 인증이 중단된 2007년 이후 친환경 농산물 총생산량에서 무농약 농산물 생산량이 차지하는 비중은 2008년에 (25,368/50,955)×100≒49.8%로 50% 미만이므로 옳지 않은 설명이다.
⑤ 2005년 이후 무농약 농산물 생산량의 전년대비 증가폭은 2006년이 10,756-9,193=1,563백 톤, 2007년이 14,345-10,756=3,589백 톤, 2008년이 25,368-14,345=11,023백 톤, 2009년이 38,082-25,368=12,714백 톤, 2010년이 54,687-38,082=16,605백 톤으로 2010년에 증가폭이 가장 크므로 옳지 않은 설명이다.

7 자료이해

정답 ④

정답 체크
ㄱ. 30세 미만 여성이 양성평등정책에 찬성하는 비율은 (90/100)×100=90%이고, 30세 이상 여성이 양성평등정책에 찬성하는 비율은 (60/100)×100=60%이므로 옳은 설명이다.
ㄴ. 30세 이상 여성이 양성평등정책에 찬성하는 비율은 (60/100)×100=60%이고, 30세 이상 남성이 양성평등정책에 찬성하는 비율은 (48/100)×100=48%이므로 옳은 설명이다.
ㄹ. 양성평등정책에 찬성하는 남성은 78+48=126명으로 전체 남성 200명의 절반 이상이므로 옳은 설명이다.

오답 체크
ㄷ. 양성평등정책에 찬성하는 여성의 비율은 {(90+60)/200}×100=75%이고, 남성의 비율은 {(78+48)/200}×100=63%로 양성평등정책에 찬성하는 비율의 성별 차이는 75-63=12%p이다. 양성평등정책에 찬성하는 30세 미만의 비율은 {(90+78)/200}×100=84%이고, 30세 이상의 비율은 {(60+48)/200}×100=54%로 양성평등정책에 찬성하는 비율의 연령별 차이는 84-54=30%p이다. 따라서 양성평등정책에 찬성하는 비율의 연령별 차이가 성별 차이보다 크므로 옳지 않은 설명이다.

고득점자의 빠른 문제 풀이 Tip

ㄱ, ㄴ. 제시된 <표>의 합계가 모두 100명으로 같기 때문에 비율을 따로 계산하지 않고도 빠르게 비교할 수 있습니다.

8 자료이해

정답 ⑤

정답 체크
ㄱ. 2008년 이후 전체교통사고 발생건수는 매년 감소하였으므로 옳은 설명이다.
ㄷ. 전체교통사고 발생건수 중 음주교통사고 발생건수의 비중은 2006년이 (25/231)×100≒10.8%, 2007년이 (31/240)×100≒ 12.9%, 2008년이 (25/220)×100≒11.4%, 2009년이 (26/214)×100≒12.1%, 2010년이 (30/213)×100≒14.1%로 2010년에 가장 높으므로 옳은 설명이다.
ㄹ. 2010년 음주교통사고의 분기별 발생건수는 2010년 교통사고 발생건수의 월별 구성비를 통해 알 수 있다. <그림>에서 2010년 음주교통사고 발생건수의 월별 구성비의 합은 1사분기(1, 2, 3월)가 6.7+6.3+7.4=20.4%, 2사분기(4, 5, 6월)가 8.0+8.3+7.9=24.2%, 3사분기(7, 8, 9월)가 10.1+8.5+9.4=28.0%, 4사분기(10, 11, 12월)가 9.4+10.1+7.9=27.4%로 3사분기에 가장 크므로 옳은 설명이다.

오답 체크
ㄴ. 2010년 음주교통사고 발생건수는 2006년 대비 {(30-25)/25}×100=20% 증가하였으므로 옳지 않은 설명이다.

고득점자의 빠른 문제 풀이 Tip

ㄷ. 비중을 계산할 때 분모 값인 전체교통사고 발생건수는 2010년이 가장 적고 분자 값인 음주교통사고 발생건수는 2010년이 두 번째로 많으므로 정확히 계산해보지 않아도 2010년에 전체 교통사고 발생건수 중 음주교통사고 발생건수의 비중이 가장 높다는 것을 알 수 있습니다.

9 자료이해

정답 ①

정답 체크
ㄱ. 직원 1인당 총자산은 한국씨티은행이 700/3,000≒0.23천억 원이고, 국민은행이 2,700/18,000≒0.15천억 원이므로 옳은 설명이다.
ㄴ. 총자산순이익률=$\frac{\text{당기순이익}}{\text{총자산}}$이고, 총자산순이익률은 한국씨티은행이 3/700≒0.004, SC제일은행이 4/800≒0.005, 외환은행이 9/1,000≒0.009, 하나은행이 2/1,500≒0.001, 우리은행이 9/2,200≒0.004, 신한은행이 7/2,200≒0.003, 국민은행이 6.5/2,700≒0.002로 하나은행이 가장 낮고 외환은행이 가장 높으므로 옳은 설명이다.

오답 체크
ㄷ. 직원 1인당 당기순이익은 당기순이익/직원수이다. 당기순이익은 신한은행이 약 7천억 원, 외환은행이 약 9천억 원이고, 직원수는 원의 면적과 정비례하므로 신한은행이 외환은행보다 많다. 따라서 분자 값인 당기순이익은 외환은행이 더 많고, 분모 값인 직원수는 외환은행이 더 적어 직원 1인당 당기순이익은 외환은행이 신한은행보다 많으므로 옳지 않은 설명이다.
ㄹ. 당기순이익은 우리은행이 약 9천억 원으로 가장 많고, 하나은행이 약 2천억 원으로 가장 적으므로 옳지 않은 설명이다.

고득점자의 빠른 문제 풀이 Tip

ㄴ. 총자산순이익률은 분자 값이 그래프의 세로축, 분모 값이 그래프의 가로축이므로 기울기를 통해 빠르게 비교할 수 있습니다.

10 자료논리

정답 ③

정답 체크
· '마' 기관은 '나' 기관보다 민간소비 증가율이 0.5%p 더 높을 것으로 전망하였으므로 민간소비 증가율이 3.6%인 E가 '나' 기관이고, 민간소비 증가율이 4.1%인 A, B 중 하나가 '마' 기관임을 알 수 있다.
· '가' 기관과 '나' 기관은 2011년 실업률을 동일하게 전망하였으므로 E가 전망한 실업률 3.5%와 동일하게 실업률을 전망한 A가 '가' 기관임을 알 수 있다. 이때 A가 '가' 기관이므로 B가 '마' 기관임을 알 수 있다.
· '다' 기관은 경제 성장률을 6개 기관 중 가장 높게 전망하였으므로 경제 성장률이 5.0%로 가장 높은 F가 '다' 기관임을 알 수 있다.
· 설비투자 증가율을 7% 이상으로 전망한 기관은 B, C, F이고, B는 '마' 기관, F는 '다' 기관이므로 C가 '라' 기관임을 알 수 있다.

따라서 A는 '가' 기관, B는 '마' 기관, C는 '라' 기관, D는 '바' 기관, E는 '나' 기관, F는 '다' 기관이다.

고득점자의 빠른 문제 풀이 Tip

제시된 <보고서>에서 확실히 알 수 있는 내용부터 확인하여 선택지를 소거하면서 문제를 풀 수 있도록 합니다. '마' 기관은 '나' 기관보다 민간소비 증가율이 0.5%p 더 높을 것으로 전망하였으므로 민간소비 증가율이 3.6%인 E가 '나' 기관임을 알 수 있어 ①, ④, ⑤가 소거됩니다. '다' 기관은 경제 성장률을 6개 기관 중 가장 높게 전망하였으므로 경제 성장률이 5.0%로 가장 높은 F가 '다' 기관임을 알 수 있어 ②가 소거되어 ③이 정답임을 빠르게 구할 수 있습니다.

11 자료이해

정답 ①

정답 체크 국내 지식산업센터에서 개별입지가 차지하는 비중은 (175/324)×100 ≒54.0%로 60% 미만이므로 옳지 않은 설명이다.

오답 체크
② 인천지역의 지식산업센터 수는 7+11=18개이고, 수도권의 지식산업센터 수는 127+18+133=278개이다. 수도권의 지식산업센터 수는 전국 합계의 80%인 324×0.8=259.2개를 넘으므로 옳은 설명이다.
③ 경기지역의 지식산업센터 수는 개별입지가 100개, 계획입지가 133-100=33개이므로 옳은 설명이다.
④ 경남지역의 지식산업센터 수는 2+15=17개이고, 동남권의 지식산업센터 수는 9+1+17=27개이다. 대경권의 지식산업센터 수는 4+2=6개이고, 동남권의 지식산업센터 수는 대경권의 4배인 6×4=24개 이상이므로 옳은 설명이다.
⑤ 6대 광역시 중 계획입지에 조성된 지식산업센터 수가 개별입지에 조성된 지식산업센터 수보다 적은 지역은 계획입지에 조성된 지식산업센터 수가 0개, 개별입지에 조성된 지식산업센터 수가 1개인 울산광역시뿐이므로 옳은 설명이다.

12 자료이해

정답 ③

정답 체크
ㄴ. 약물 투여 후 완치된 환자수는 약물A가 11+10=21명, 약물B가 12+14=26명, 약물C가 8+6=14명, 약물D가 10+13=23명으로 완치된 환자수가 많은 약물부터 나열하면 B, D, A, C이므로 옳은 설명이다.
ㄷ. 완치된 환자수는 '가' 질병의 경우 2+3+2+4+1+2+4+2=20명, '나' 질병의 경우 3+4+6+4+2+1+2+5=27명, '다' 질병의 경우 6+3+4+6+5+3+4+6=37명으로 '다' 질병의 완치된 환자수가 가장 많으므로 옳은 설명이다.

오답 체크
ㄱ. 완치된 전체 남성 환자수는 11+12+8+10=41명이고, 완치된 전체 여성 환자수는 10+14+6+13=43명이므로 옳지 않은 설명이다.
ㄹ. 전체 환자수는 120명이고, 약물D를 투여 받고 완치된 환자수는 10+13=23명으로 전체 환자수 대비 약물D를 투여 받고 완치된 환자수의 비율은 (23/120)×100≒19.2%이므로 옳지 않은 설명이다.

고득점자의 빠른 문제 풀이 Tip

전체 환자수를 구할 때 제시된 <표>의 합계를 이용하는 실수를 하지 않도록 하고, 각주의 정보에 유의하며 문제를 풀이합니다.

13 자료이해

정답 ④

정답 체크
ㄱ. 2000~2004년 동안 '갑'의 소득과 X재화 구매량은 각각 매년 증가하였으므로 옳은 설명이다.
ㄴ. 2001년 '갑'의 X재화의 전년대비 구매량 변화율은 100.0%이고, 전년대비 소득변화율은 50.0%로 '갑'의 X재화의 전년대비 구매량 변화율이 전년대비 소득변화율보다 크므로 옳은 설명이다.
ㄹ. 2006년 '갑'의 전년대비 소득변화율은 14.3%이고, X재화의 전년대비 구매량 변화율은 -5.3%이므로 X재화의 소득탄력성은 -5.3/14.3≒-0.4이다. 열등재는 소득탄력성이 0보다 작으므로 옳은 설명이다.

오답 체크
ㄷ. 2004년 '갑'의 전년대비 소득변화율은 20.0%이고, X재화의 전년대비 구매량 변화율은 11.1%이므로 X재화의 소득탄력성은 11.1/20.0=0.555이다. 사치재는 소득탄력성이 1보다 큰 정상재이므로 옳지 않은 설명이다.

고득점자의 빠른 문제 풀이 Tip

계산을 하지 않아도 되는 <보기>부터 먼저 확인합니다.
ㄴ. X재화의 전년대비 구매량 증가율은 제시된 <표>의 X재화의 전년대비 구매량 변화율을 의미하고, 전년대비 소득증가율은 제시된 <표>의 전년대비 소득변화율과 동일한 의미임을 유의합니다.
ㄹ. X재화의 전년대비 구매량 변화율이 음수이기 때문에 계산하지 않아도 열등재라는 것을 알 수 있습니다.

14 자료이해

정답 ③

정답 체크 <표 2>에서 총양식어획량에서 조피볼락이 차지하는 비율은 2009년에 (254/520)×100≒48.8%로 50% 미만이므로 옳지 않은 설명이다.

오답 체크
① <표 1>에서 총어업생산량의 전년대비 증가율은 2007년이 {(327.5-303.2)/303.2}×100≒8.0%이고, 2008년이 {(336.1-327.5)/ 327.5}×100≒2.6%이므로 옳은 설명이다.
② 2005년부터 2009년까지 내수면어업의 어업생산량은 매년 증가하였으므로 옳은 설명이다.
④ 2009년 양식어획량이 전년대비 감소한 어종은 조피볼락, 감성돔, 참돔, 농어이고, 감소율은 조피볼락이 {(280-254)/280}×100≒9.3%, 감성돔이 {(46-35)/46}×100≒23.9%, 참돔이 {(45-37)/45}×100≒17.8%, 농어가 {(15-14)/15}×100≒6.7%로 농어의 감소율이 가장 작으므로 옳은 설명이다.
⑤ 기타 어류를 제외하고 양식어획량이 많은 어종을 순서대로 나열하면, 2005년과 2009년의 순서는 '조피볼락, 넙치류, 참돔, 감성돔, 숭어, 농어'로 동일하므로 옳은 설명이다.

15 자료변환

정답 ⑤

정답 체크 제시된 <보고서>의 첫 번째 단락에서 2011년 2월 국내 거주 외국인의 해외 출국자 수에 대해 작성되었지만, 2011년 2월 내국인의 해외 출국현황에 대해서는 작성되지 않았으므로 <보고서>의 작성에 사용되지 않았다.

오답 체크
① 제시된 <보고서>의 첫 번째 단락에서 2011년 2월 외국인 입국자 수는 전년 동월 대비 약 4.4%의 낮은 증가에 그쳐 667,089명을 기록하였다고 했으므로 <보고서>의 작성에 사용되었다.
② 제시된 <보고서>의 두 번째 단락에서 태국, 말레이시아, 베트남 등의 입국자 수는 전년 동월 대비 증가하였으나, 대만의 입국자 수는 감소했다고 했으므로 <보고서>의 작성에 사용되었다.
③ 제시된 <보고서>의 두 번째 단락에서 승무원, 유학·연수, 기타 목적이 전년 동월 대비 각각 13.5%, 19.6%, 38.3% 증가하였으나, 업무와 관광 목적은 각각 2.3%, 3.5% 감소하였다고 했으므로 <보고서>의 작성에 사용되었다.
④ 제시된 <보고서>의 두 번째 단락에서 남성이 335,215명, 여성이 331,874명 입국하였다고 했으므로 <보고서>의 작성에 사용되었다.

16 자료이해

정답 ②

정답 체크

ㄱ. <표>에서 2008년 총자산 대비 이자수익 비율은 A은행이 2.9%이고, B은행의 절반인 6.1/2=3.05%에 미치지 못하므로 옳은 설명이다.

ㄹ. <그림>에서 A은행의 영업수익 중 이자수익이 차지하는 비중은 2004년에 비해 2008년에 55.3-51.1=4.2%p 증가하였으므로 옳은 설명이다.

오답 체크

ㄴ. 영업수익=이자수익+비이자수익임을 적용하여 구한다. A은행의 2008년 총자산 대비 비이자수익 비율은 5.2-2.9=2.3%p이고, 시중은행의 2008년 총자산 대비 비이자수익 평균 비율은 7.2-5.2=2.0%p이므로 옳지 않은 설명이다.

ㄷ. A은행 영업수익의 전년대비 증가율은 2008년에 {(133.4-123.6)/123.6}×100≒7.9%로 10% 미만이므로 옳지 않은 설명이다.

고득점자의 빠른 문제 풀이 Tip

<표>와 <그림>의 수치를 통해 간단하게 정답을 파악할 수 있는 ㄱ, ㄹ을 먼저 확인합니다.

17 자료이해

정답 ⑤

정답 체크

ㄴ. <표>에서 2005년부터 2009년까지 중앙정부기관에 복무하는 공익근무요원 수와 전체 공익근무요원 수의 증감방향은 '감소, 감소, 증가, 감소, 증가'로 일치하므로 옳은 설명이다.

ㄷ. 정부산하단체에 복무하는 공익근무요원 수는 2004년 대비 2009년에 {(6,135-4,194)/6,135}×100≒31.6% 감소하였으므로 옳은 설명이다.

ㄹ. 기타 기관을 제외하고, 2005년 공익근무요원 수의 전년대비 감소율은 중앙정부기관이 {(6,536-5,283)/6,536}×100≒19.2%, 지방자치단체가 {(19,514-14,861)/19,514}×100≒23.8%, 정부산하단체가 {(6,135-4,875)/6,135}×100≒20.5%로 지방자치단체의 감소율이 가장 크므로 옳은 설명이다.

오답 체크

ㄱ. <그림>에서 전체 공익근무요원 수 중 기타 기관에 복무하는 공익근무요원 수가 차지하는 비중은 2008년에 17.7%에서 2009년에 17.1%로 감소하였으므로 옳지 않은 설명이다.

18 자료이해

정답 ②

정답 체크

ㄴ. 네 가지 모든 속성에서 척도 중간값 이상의 평가를 받은 공급업체 유형은 민간업체, 영농법인, 농협, 대형 공급업체로 총 네 개이므로 옳은 설명이다.

ㄹ. 할인점은 공급력 속성에서 가장 낮은 선호도를 보이므로 옳은 설명이다.

오답 체크

ㄱ. 외식업체 구매담당자들은 품질 속성에서 민간업체보다 농협을 선호하므로 옳지 않은 설명이다.

ㄷ. 가격적정성 속성에서 가장 선호도가 높은 공급업체 유형은 민간업체이므로 옳지 않은 설명이다.

ㅁ. 개인 납품업자는 품질 속성에서만 가장 낮은 선호도를 보였으므로 옳지 않은 설명이다.

고득점자의 빠른 문제 풀이 Tip

제시된 <보고서>를 처음부터 읽지 않고 밑줄 친 부분부터 읽으며 <그림>과 비교해야 합니다. 이때 <그림>의 가로축과 세로축에 유의하여 문제를 풀이합니다.

19 자료이해

정답 ④

정답 체크

ㄱ. 제시된 <표>는 세계 에너지 수요 현황 및 전망만 나타낼 뿐 <보고서>의 첫 번째 단락에 제시된 국제 유가와 천연가스 가격에 대한 내용은 없으므로 '1990년~2035년 국제 유가와 천연가스 가격 현황 및 전망'에 대한 자료를 추가로 이용했음을 알 수 있다.

ㄴ. 제시된 <표>에는 <보고서>의 첫 번째 단락에 제시된 비OECD 국가들의 높은 경제성장률과 세 번째 단락에 제시된 중국과 인도의 경제성장률에 대한 내용이 없으므로 '1990년~2035년 국가별 경제성장률 현황 및 전망'에 대한 자료를 추가로 이용했음을 알 수 있다.

ㄷ. 제시된 <표>에는 <보고서>의 첫 번째 단락에 제시된 비OECD 국가들의 높은 인구증가율에 대한 내용이 없으므로 '1990년~2035년 국가별 인구증가율 현황 및 전망'에 대한 자료를 추가로 이용했음을 알 수 있다.

오답 체크

ㄹ. 제시된 <보고서>에서 언급되지 않은 내용이므로 추가로 이용하지 않았음을 알 수 있다.

20 자료논리

정답 ①

정답 체크

· 2010년 대비 2030년에 전체 석유수요 증가규모가 가장 큰 지역은 A이므로 A가 중국임을 알 수 있다.

· 2010년 대비 2030년에 전력생산부문의 석유수요 규모가 감소하는 지역은 D이므로 D가 남미임을 알 수 있다.

· 2010년 대비 2030년에 교통부문의 석유수요 증가규모가 해당 지역 전체 석유수요 증가규모의 50%인 지역은 전체 석유수요 증가규모가 120+40+60+20=240백만 TOE이고, 교통부문의 석유수요 증가규모가 240×0.5=120백만 TOE인 C이므로 C가 중동임을 알 수 있다.

· 2010년 대비 2030년 전체 석유수요 증가규모가 동일한 지역은 B와 C이고, C가 중동이므로 B가 인도임을 알 수 있다.

따라서 A는 중국, B는 인도, C는 중동, D는 남미이다.

고득점자의 빠른 문제 풀이 Tip

해당 지역을 간단하게 바로 파악할 수 있는 두 번째, 세 번째 <보기>를 먼저 확인합니다.

21 자료이해

정답 ③

정답 체크

ㄴ. 2010년 외국인 소유 토지면적의 전년대비 증가율은 전년대비 증감면적/2009년 외국인 소유 토지면적이므로 증가율이 큰 지역은 전년대비 증감면적이 크고, 2009년 외국인 소유 토지면적이 작은 지역이다. 따라서 2010년 외국인 소유 토지면적의 전년대비 증가율은 서울이 {332/(3,918-332)}×100≒9.3%로 가장 크므로 옳은 설명이다.

ㄹ. 2009년 외국인 소유 토지면적이 가장 큰 지역부터 나열하면 전남이 38,044-128=37,916천 m^2, 경기가 38,999-1,144=37,855천 m^2, 경북이 29,756-603=29,153천 m^2로 전남, 경기 다음으로 경북의 토지면적이 세 번째로 크므로 옳은 설명이다.

오답 체크

ㄱ. 2009년 외국인 소유 토지면적은 전남이 38,044-128=37,916천 m^2로 가장 크고, 경기는 38,999-1,144=37,855천 m^2로 두 번째로 크므로 옳지 않은 설명이다.

ㄷ. 2010년에 외국인 소유 토지면적이 가장 작은 지역은 대구이고, 2009년 외국인 소유 토지면적은 토지면적이 1,509-36=1,473천 m^2인 대전이 가장 작으므로 옳지 않은 설명이다.

고득점자의 빠른 문제 풀이 Tip

제시된 <표>에서 면적의 수치가 다른 항목들과 비교했을 때 상대적으로 크거나 작은 지역을 골라서 문제를 푼다면 시간을 단축할 수 있습니다. 수치가 크기 때문에 간단한 계산으로 해결할 수 있는 ㄱ, ㄷ, ㄹ부터 먼저 확인합니다.

22 자료이해

정답 ④

정답 체크

ㄱ. A지역의 보육시설 공급률은 (231/512)×100≒45.1%이고, 보육시설 이용률은 (196/512)×100≒38.3%이다. A지역의 보육시설 공급률과 보육시설 이용률의 차이는 45.1-38.3≒6.8%p로 10%p 미만이므로 옳은 설명이다.

ㄴ. 영유아 인구수가 10만 명 이상인 지역은 A, B, E, G, I지역이고, 보육시설 공급률은 A지역이 (231/512)×100≒45.1%, B지역이 (71/152)×100≒46.7%, E지역이 (375/726)×100≒51.7%, G지역이 (67/118)×100≒56.8%, I지역이 (109/188)×100≒58.0%로 보육시설 공급률이 50% 미만인 지역은 A지역과 B지역 2곳이므로 옳은 설명이다.

ㄹ. C지역의 보육시설 공급률이 50%라고 가정하면 C지역의 보육시설 정원은 (50×86)/100=43천 명이고, C지역의 보육시설 정원충족률은 (35/43)×100≒81.4%이므로 옳은 설명이다.

오답 체크

ㄷ. 영유아 인구수가 가장 많은 지역은 E지역이고, E지역의 보육시설 이용률은 (283/726)×100≒39.0%이다. 영유아 인구수가 가장 적은 지역은 J지역이고, J지역의 보육시설 이용률은 (25/35)×100≒71.4%이다. E지역과 J지역의 보육시설 이용률의 차이는 71.4-39.0≒32.4%p로 40%p 미만이므로 옳지 않은 설명이다.

고득점자의 빠른 문제 풀이 Tip

모든 <보기>가 계산을 요구하므로 어림 계산을 활용하여 문제를 빠르게 풀이합니다.

23 자료이해

정답 ③

정답 체크

ㄱ. 전출한 직원보다 전입한 직원이 많은 팀은 A, B, C, F팀이고, 이들의 전입 직원수의 합은 16+13+13+15=57명이다. A, B, C, F팀의 전입 직원수의 합은 기업 내 전체 전출·입 직원수의 70%인 75×0.7≒53명을 초과하므로 옳은 설명이다.

ㄹ. 식품 사업부에서 식품 사업부로 전출·입한 직원수는 17명이고, 외식 사업부에서 외식 사업부로 전출·입한 직원수는 15명이므로 동일한 사업부 내에서 전·출입한 직원수 17+15=32명은 전체 전출·입 직원수의 50%인 75×0.5≒38명 미만이므로 옳은 설명이다.

오답 체크

ㄴ. 직원이 가장 많이 전출한 팀은 E팀이고, 직원이 가장 많이 전입한 팀은 A팀이다. E팀에서 A팀으로 전출한 직원은 6명이고, E팀에서 전출한 직원의 40%는 20×0.4=8명이므로 옳지 않은 설명이다.

ㄷ. 식품 사업부에서 외식 사업부로 전출한 직원수는 18명이고, 외식 사업부에서 식품 사업부로 전출한 직원수는 25명이므로 옳지 않은 설명이다.

고득점자의 빠른 문제 풀이 Tip

<표>의 수치와 계산이 간단하기 때문에 각주를 통해 표 읽기를 이해하고 빠르게 문제를 풀이합니다.

24 자료이해

정답 ②

정답 체크

ㄱ. <표 1>에서 2008년부터 2010년까지 의약품의 특허출원은 매년 감소하였으므로 옳은 설명이다.

ㄷ. <표 2>에서 2010년 다국적기업의 원료의약품 특허출원 103건은 <표 1>에서 2010년 원료의약품 특허출원의 20%인 500×0.2=100건 이상이므로 옳은 설명이다.

오답 체크

ㄴ. <표 1>에서 2010년 기타 의약품 특허출원 1,220건은 2010년 전체 의약품 특허출원의 30%인 4,719×0.3=1,415.7건 미만이므로 옳지 않은 설명이다.

ㄹ. 2010년 다국적기업에서 출원한 완제의약품 특허출원 중 다이어트제 특허출원에 대한 내용은 알 수 없다.

고득점자의 빠른 문제 풀이 Tip

<표>를 먼저 보지 말고 제시된 <보고서>의 내용을 먼저 확인하면서 <표>를 확인합니다.

25 자료논리

정답 ①

정답 체크

단순이동평균은 해당 월 직전 6개월간 판매고의 평균을 말하고 7월의 단순이동평균은 401.2백만 원이므로 1월부터 6월까지 판매고의 합은 401.2×6=2,407.2백만 원이다. 2월부터 7월까지 판매고의 합은 1월 판매고를 빼고 7월 판매고를 더한 2,407.2-330+438=2,515.2백만 원이고, 8월의 단순이동평균은 2월부터 7월까지 판매고의 평균인 2,515.2/6=419.2백만 원이다.

이러한 방식으로 9월부터 12월까지의 단순이동평균을 구해보면,

9월의 단순이동평균은 3월부터 8월까지 판매고의 평균이므로 (2,515.2-410+419)/6=420.7백만 원이다.

10월의 단순이동평균은 4월부터 9월까지 판매고의 평균이므로 (2,524.2-408+374)/6≒415.0백만 원이다.

11월의 단순이동평균은 5월부터 10월까지 판매고의 평균이므로 (2,490.2-514+415)/6≒398.5백만 원이다.

12월의 단순이동평균은 6월부터 11월까지 판매고의 평균이므로 (2,391.2-402+451)/6=406.7백만 원이다.

따라서 2010년 7월부터 12월까지의 단순이동평균은 7월이 401.2백만 원, 8월이 419.2백만 원, 9월이 420.7백만 원, 10월이 415.0백만 원, 11월이 398.5백만 원, 12월이 406.7백만 원이다.

고득점자의 빠른 문제 풀이 Tip

월별 단순이동평균을 계산하면서 계산 수치와 그래프의 수치가 차이를 보이는 선택지를 소거하면서 문제를 풀이합니다.

계산을 하지 않아도 1월보다 7월이 판매고가 많으므로 8월이 7월의 단순이동평균보다 높고, 2월보다 8월이 판매고가 많으므로 9월이 8월의 단순이동평균보다 높음을 알 수 있습니다. 3월이 9월보다 판매고가 많으므로 10월이 9월의 단순이동평균보다 낮고, 4월이 10월보다 판매고가 많으므로 11월이 10월의 단순이동평균보다 낮음을 알 수 있습니다. 마지막으로 5월보다 11월이 판매고가 많으므로 12월이 11월의 단순이동평균보다 높음을 알 수 있습니다.

Note

Note

Note